古代漢語

【典藏本】

出版紀念

普通高等教育"十二五"國家級規劃教材

古 代 漢 語

（典藏本）

第 一 冊

主　編　王　力

編　者　（以姓氏筆畫爲序）

吉常宏　祝敏徹　馬漢麟　郭錫良

許嘉璐　趙克勤　劉益之　蕭　璋

中 華 書 局

圖書在版編目(CIP)數據

古代漢語:典藏本/王力主編. —北京:中華書局,2016. 9
(2025. 6 重印)
ISBN 978-7-101-11723-3

Ⅰ. 古… Ⅱ. 王… Ⅲ. 古漢語-高等學校-教材 Ⅳ. H109. 2

中國版本圖書館 CIP 數據核字(2016)第 074929 號

書 名	古代漢語(典藏本)(全四册)	
主 編	王 力	
責任印製	管 斌	
出版發行	中華書局	
	(北京市豐臺區太平橋西里 38 號 100073)	
	http://www. zhbc. com. cn	
	E-mail:zhbc@ zhbc. com. cn	
印 刷	三河市宏達印刷有限公司	
版 次	2016 年 9 月第 1 版	
	2025 年 6 月第 8 次印刷	
規 格	開本/880×1230 毫米 1/32	
	印張 55⅝ 插頁 10 字數 1266 千字	
印 數	27001-29000 册	
國際書號	ISBN 978-7-101-11723-3	
定 價	298. 00 元	

出版説明

　　1961 年，全國高等學校文科教材編選計劃會議後，成立了古代漢語編寫小組，由主編王力先生負責全盤工作。1962 年中華書局出版了《古代漢語》第一、二册，1963 年出版了第三册，1964 年出版了第四册。上個世紀 80 年代，由主編王力先生全面負責，對教材進行了全面修訂，1981 年第二版出版。上世紀 90 年代，根據現實需求，我們重排了書稿，並由郭錫良先生主持對書稿進行了校改，1999 年出版了校定重排本。現在四册分别累計印刷了 60 次左右，二百餘萬册。這是我國第一部古代漢語教材，影響及於國内外，推動了學術研究，培養了不少人才，爲我國的高等教育事業作出了貢獻。

　　今年是王力先生去世 30 周年，我們特地重新排版編校，推出《古代漢語》典藏本，以紀念他爲我國高等教育事業作出的貢獻。

中華書局編輯部

2016 年 8 月 10 日

目　録

修訂本序

    《古代漢語》出版後,得到了廣大讀者的熱情鼓勵,也陸續收到了許多寶貴意見。時間過去將近二十年了,1978 年教育部在武漢召開教學工作會議,又重新確定這部書作爲全國高等學校文科的統一教材之一,理應進行必要的修訂。但原編寫組的劉益之、馬漢麟兩位同志已先後去世,吉常宏、趙克勤兩位同志變動了工作崗位,要進行修訂工作,實屬不易。今年教育部調集了原編寫組現有成員組織修訂小組,用半年時間,進行一次全面修訂。

    在修訂以前,我們曾派編寫人員到一些高等學校徵求意見,得到了各校領導和任課教師的熱情支持。有些老教授帶病參加座談會,有些任課教師把意見逐條寫在紙上,交給我們。特別是南京大學洪誠教授去世前不久還在病榻上給我們提出了自己的寶貴意見。這對我們的修訂工作,是很大的鼓勵和幫助。大多數意見,我們都接受了。有些意見,未能接受,這有兩方面的原因:一是因爲有的問題我們還有自己的想法;二是有的意見雖然我們完全贊同,但修訂組的成員本職任務重,修訂時間短,不可能做很大的改動。這次修訂,我們首先是把已經發現的錯誤改正過來,同時努力吸收近二十年來古代漢語教學和研究中的某些成果;由於具體執筆修訂諸同志的認真努力，修改增補分量遠遠超過預訂計劃，僅字數就增加了十餘萬，使本書的内容得到進一步充實，質量也相應有所提高。

本書修訂工作由主編王力（北京大學）全面負責，具體執筆修訂的成員五人，分工如下：

文選部分：

　　　許嘉璐（北京師範大學）

　　　趙克勤（商務印書館）

常用詞部分：

　　　吉常宏（山東大學）

通論部分（包括緒論及附録）：

　　　郭錫良（北京大學）

　　　祝敏徹（蘭州大學）

原編寫組文選部分負責人北京師範大學蕭璋教授也花了很多時間，認真審閱了文選部分的修改稿。我的助手張雙棣同志參加了常用詞部分的引例核查工作。

這次修訂，改正了書中的不少錯誤，這是與許多同志的熱情關懷、積極提供寶貴意見分不開的。我們謹致以深切的謝忱。但由於修訂組大多數同志已經多年未從事古代漢語的教學工作，加以時間緊迫，肯定還將留下一些錯誤，希望廣大讀者特別是從事古代漢語教學工作的同志們仍然不吝賜教，以利將來進一步修訂。

　　　　　　　　　　　　　　　　王　力

　　　　　　　　　　　　　　　1980 年 6 月

序

古代漢語這一門課程,過去在不同的高等學校中,在不同的時期內,有種種不同的教學內容。有的是當做歷代文選來教,有的是當做文言語法來教,有的把它講成文字、音韻、訓詁,有的把它講成漢語史。目的要求是不一致的。

經過 1958 年的教育革命,大家進一步認識到教學必須聯繫實際,許多高等學校都重新考慮古代漢語的教學內容,以爲它的目的應該是培養學生閱讀古書的能力,而要達到這一個目的,必須既有感性知識,又有理性知識。必須把文選的閱讀與文言語法、文字、音韻、訓詁等理論知識密切結合起來,然後我們的教學纔不是片面的,從而提高古代漢語的教學效果。至於漢語史,則應該另立一科;漢語史是理論課,古代漢語是工具課,目的要求是不相同的。

北京大學在 1959 年進行了古代漢語教學的改革,把文選、常用詞、古漢語通論三部分結合起來,取得了較好的教學效果。此外還有許多高等學校都以培養閱讀古書能力作爲目的,改進了古代漢語的教學。

北京大學 1959 年度的古代漢語講義衹印了上中兩冊,1960 年經過了又一次改革,另印了上中下三冊,都沒有公開發行。講義編寫主要由王力負責，參加工作的有林燾、唐作藩、郭錫良、曹先擢、吉常宏、趙克勤、陳紹鵬。此外，北京大學中國語言文學系語言專業 1957 級同學也參加了 1960 年度的古代漢語中下兩册的文選部分的編寫工作，研究生陳振寰、進修教師徐朝華也參加了上册的部分編寫工作。

　　1961 年 5 月，高等學校文科教材編選計劃會議開過後，成立了古代漢語編寫小組，決定以北京大學古代漢語講義爲基礎並參考各校古代漢語教材進行改寫，作爲漢語言文學專業的教科書。編寫小組集中了北京大學、北京師範大學、中國人民大學、南開大學、蘭州大學古代漢語教學方面一部分人力，分工合作，進行編寫。

　　本書除由主編王力負責全盤工作外，編寫小組内部再分爲文選組和常用詞通論組。文選組由蕭璋負責，常用詞通論組由馬漢麟負責。具體分工如下：

　　　文選部分執筆人：

　　　　蕭　璋（北京師範大學）　　劉益之（中國人民大學）

　　　　許嘉璐（北京師範大學）　　趙克勤（北京大學）

　　　常用詞部分執筆人：

　　　　王　力（北京大學）　　吉常宏（北京大學）

　　　通論部分（包括緒論及附録）執筆人：

　　　　馬漢麟（南開大學）　　郭錫良（北京大學）

　　　　祝敏徹（蘭州大學）

　　編寫小組的任務是艱鉅的。北京大學的講義衹是初稿，距離公開出版的要求尚遠。這次幾個學校的同志在一起合作，除了肯定文選、常用詞、通論三部分結合的總原則以外，一方面充分利用了北京大學原有的成果；另一方面又在很大程度上加以必要的修改和補充。文選部分更換了一些篇目，重寫了解題和説明，特別是在注釋方面作了很大的變動。常用詞部分變更了一些體例和解釋，並且隨着文選的更換而改變了詞條的次序。通論的章節和内容也都作了很大的變動。

每一篇稿子都經過組内討論，組外傳觀並簽注意見，最後由主編人決定。有些比較重要的問題還經過全體討論。我們自始至終堅持了這種討論方式；我們認爲這樣做可以集思廣益，更好地貫徹百家爭鳴的精神和發揮集體主義精神，從而進一步提高了書的質量。

1962 年 1 月，上册討論稿出版。在這個時候，召集了座談會，出席者有丁聲樹、朱文叔、吕叔湘、洪誠、殷孟倫、陸宗達、張清常、馮至、魏建功諸先生，姜亮夫先生也提出了詳細的書面意見。會議共開了一個星期，主要是討論上册的内容，但最後也對中下册的内容交換了意見。

上册討論稿分寄各高等學校和有關單位後，陸續收到了回信。有些是集體的意見，有些是專家個人的意見。

從 1962 年 1 月下旬起，我們開始進行上册的修訂工作，同時考慮到，上中下三册應該壓縮爲上下兩册，以便更適合於教學計劃的要求。體例上也作了改動，把文選各篇的説明移作注解，或逕行删去。我們的修訂工作除充分地吸收專家們和各校的意見，進行必要的修改外，還趁此機會再深入發現問題，改寫了不少的地方，上册增加了一個單元，其他單元也進行了部分的改寫。因此，直到同年 7 月底，纔算把上册修訂完畢。

本書全稿曾請葉聖陶先生審閱。

總起來説，這一本《古代漢語》上册已經四易其稿。我們知道其中的缺點還是很多的;如果有若干成績的話,那是和黨的領導分不開的,也是和全國專家們以及擔任古代漢語的教師同志們的鼓勵和幫助分不開的。我們編寫小組雖然衹有九個人,但是這一本書的編成,則有千百人的勞動在内。我們謹在這裏向曾提寶貴意見的專家們和同志們表示深切的謝忱。

　　最後,我們希望讀者特別是從事古代漢語教學工作的同志們隨時不吝賜教,讓我們能够根據廣大群衆的意見來修訂這本書,使它逐漸趨於完善。

王　力

1962 年 7 月

凡　例

一、本書包括三個内容:1.文選;2.常用詞;3.古漢語通論。這三個内容不是截然分離的三個部分,而是以文選爲綱,其他兩部分跟它有機地結合在一起的。因此,在安排這些内容的時候,不但要照顧縱的方面的系統性,即三者本身特別是文選的系統性,而且要照顧横的方面的系統性,即三者之間結合上的系統性。在常用詞和通論的縱的方面系統性顯得不够的地方,常常是爲了照顧横的方面的系統性和文選的縱的方面的系統性,因爲三部分的密切結合是這一部教材的特點。有必要指出,所謂三部分密切結合,也不是强求三者處處機械地相結合。如果勉强那樣做,勢必多所遷就,結果會破壞了三者本身特別是文選的系統性。

二、本書原分爲上下兩册,再各分一、二兩分册。每册七個單元,每一個單元都包括文選、常用詞、通論三個部分。修訂本改爲一、二、三、四册。

三、文選的次序安排,大致是既按時代,又按文體,有的還照顧到由易到難、循序漸進的原則。一、二册選的基本上是先秦時代的作品;三、四册選的是漢魏南北朝唐宋元的作品。一、二册先列《左傳》《戰國策》,次列《論語》《禮記》及諸子,後列《詩經》《楚辭》。

三、四册先列散文，次列駢體文、辭賦，後列詩歌。

四、對於重要著作和重要作家，前面都有簡單的介紹。

五、注釋一般採用傳統的説法。其中有跟一般解釋不一樣的，則注明"依某人説"。但不兼採衆説，以免增加學生負擔。特別是避免客觀主義，如説另一解釋"亦通"。教員如不同意這一種解釋，可以採用別家的説法。

六、本書注釋遇着的確難懂的地方就承認它不好懂，姑且援引一説以供參考，或者注"疑有誤字""疑有衍文"等，不勉强解説，以免牽强附會。

七、本書不作煩瑣的考證。有些明顯的錯字就根據其他版本或後人的校訂改了，但對傳誦較廣的經書，雖經後人校訂，而無其他版本可據，則不改。有時候，由於版本不同而字異，改不改無關重要，也不改。無論是哪一種情況，都在注中略加説明。

八、本書解釋詞義，指的是那詞本身固有的意義，而不是從上下文猜測出來的意義。如果在本文中必須解釋得更靈活一些纔能使學生更容易了解，就用"等於説""指""這裏指"等字樣，指出那詞在這樣語言環境可以這樣了解的意義，並且一般都先注出那詞本身固有的意義。這表示，那詞在這裏所有的意義是在它的固有意義的基礎上產生的，而且到了別的語言環境就不再具有這種意義。

九、有些詞語是一般注釋家所不注的，爲了便利初學起見，凡是跟現代漢語距離較遠的，我們都注上了。三、四册隨着學生古文水平的提高，注釋逐漸減少。

一〇、在注釋中，我們特別注意關於語法的説明。這樣，文選部分可以跟通論部分更密切地結合，而且可以補充通論之所不及。

不過也不能注得太繁了；教員遇必要時還可以加以適當的補充。

一一、本書注釋的術語不用文言，例如不說“怒貌”而說“發怒的樣子”，不說“猶言”而說“等於說”。對於詞語的解釋，力求用跟古代漢語相當的現代漢語。祇有在找不到合適的現代漢語詞句來解釋的時候，纔酌用淺近的文言。對於句子的串講，也儘量用跟原句語法結構相同或相近的現代漢語。如不可能則意譯，用“大意是”標出。

一二、一、二册的常用詞大致是以《春秋三傳》《詩經》《論語》《孟子》《莊子》書中出現十次以上的詞爲標準，而予以適當的增減。減的是人名、地名和本書文選中不出現的詞，以及古今詞義沒有差別的詞，增的是古今詞義差別較大而又相當常用的詞。三、四册的常用詞一部分也是先秦的常用詞，另一部分是漢魏南北朝的常用詞。至於唐宋以後產生的新詞，則不再收錄。

一三、常用詞的次序安排，儘可能做到以類相從。但是，由於照顧到跟文選相配合，同類的詞可以在不同的單元中出現。書後另附檢字表，以便檢查。

一四、每一單元所收常用詞在 60—80 之間。這些詞必須是在文選中出現過的。但是它們的詞義有些可以是後面的文選中纔講到的，甚至有些（極少數）是本書的文選所講不到的。

一五、常用詞一般祇收單音詞。雙音詞和詞組酌量收一些（極少數），附在單音詞後面。

一六、在常用詞之中，我們也祇收常用的意義。不常用的意義，特別是僻義，因爲實踐意義不大，學生可以暫時不掌握它們。

一七、一個詞有兩種意義以上者，先講本義，再講引申義。《說文》中所講的本義有些是不可靠的，所以這裏所講的本義不一定跟

《説文》符合。在講本義時，也不指明是本義，學生可以自己領會。有時候，《説文》所講的本義並不錯，但是由於不是常用的意義，我們也就不講了。

一八、引申義分爲近引申和遠引申兩種。近引申義衹附在本義（或它所從出的意義）後面，不另立一種意義；遠引申義則另立一種意義。假借義也另立一種意義。

一九、我們是用現代漢語解釋古代漢語，而不是用古代漢語解釋古代漢語。例如“往”被解釋爲“去”，意思是説古代的“往”等於現代的“去”，不是説古代的“往”等於古代的“去”。凡遇古今詞義相等時，則以本字釋本字。例如“來”被解釋爲“來”，意思是説古代的“來”等於現代的“來”。

二〇、古今差別較大的詞義，加⊙號以唤起注意。

二一、在常用詞中，凡遇後起的意義都注明“後起義”字樣。凡未注明“後起義”的地方，即使舉了後代的例子，這個意義也是繼承上古的。

二二、常用詞舉例儘可能舉文選中已經讀過的或將來會讀到的。舉已經讀過的，可以總結已知的詞義；舉將要讀到的，可以先打一個基礎。對於本書文選中所没有的例子，必要時加以適當的解釋。

二三、每一種詞義不一定衹舉一個例子。對於古今詞義差別較大的地方，往往多舉一兩個例子，表示這個意義在現代雖然消失了或罕見了，但它在古代却是常見的。

二四、詞義和語法有一定的聯繫，常用詞部分解釋詞義，有時也談某些語法現象，以便更好地了解詞義。

二五、對於某些義近的詞，另立詞義辨析一項，以［辨］爲標識。

如果義近的兩個詞分別在兩個單元中出現，就等它們全都出現後再進行詞義辨析。如果是兩個以上的詞，就不一定等它們全都出現。有些詞，由於它們的詞義跟現代漢語没有什麽差别，在常用詞中没有爲它們另立詞條，但是在詞義辨析中仍舊拿來跟義近的詞作比較，這樣對於古代詞義的掌握，是有更大的好處的。

二六、通論不都是系統性的理論，其中有些是學習古代漢語所必備的基本知識。通論所涉及的範圍很廣，但是儘可能做到衹講最基本的東西。

二七、通論大致包含六方面的知識：

（1）關於字典及古書注釋的知識。這些知識是學生開始接觸古代漢語原始材料時所必須具備的。

（2）關於詞彙方面的知識，其中包括文字學的知識，訓詁學的知識，名物典章制度的基本知識等。

（3）關於語法方面的知識。

（4）關於音韻方面的知識，主要是説明詩騷用韻問題，詩詞曲的聲律問題。

（5）關於修辭的問題以及古書句讀、古文結構等問題。

（6）關於文體的特點問題，主要是講賦的構成和駢體文的構成。

二八、通論的次序安排，依照下面的兩個原則：

（1）循序漸進的原則。例如剛開始時先教學生怎樣查字典辭書，怎樣辨别古今詞義的異同，然後講文字學的基本知識和語法上的主要問題，等等。

（2）配合文選的原則。例如在文選講到《詩經》時，通論就講《詩經》的用韻；在文選講到賦和駢體文時，通論就講賦的構成和駢體文的構成；在文選講到唐詩、宋詞、元曲時，通論就講詩律、詞律和曲律。

二九、文字學主要是講字形和字義的關係。祇是舉例説明，不是逐字分析。

三〇、語法祇講古今語法差別較大的地方。虛詞祇講一些重要的和常見的。所講的虛詞也祇講它們的一般用法。其餘的虛詞和其餘的用法則在文選的注釋中隨時講解。

三一、關於名物典章制度，祇是把它作爲一個重要的問題提出來加以強調，引起學生的重視。這種知識要靠長期積累，不是短時間就能充分掌握的。因此，這一部分力求簡要。

三二、通論舉例，儘可能從已讀的文選中舉出，也可以舉將來纔讀到的文選中的例子。有時候，某一個問題必須加以説明，而本書文選中沒有合適的例子可舉，也可以從古書中另找一些易懂的例子(少數)。

三三、通論不能講得太多太細；二、四册後面都有若干附錄，以備學生要求深入者參考。

教學參考意見

（1980 年修訂本）

本書此次修訂，得到了許多任課教師的寶貴意見。由於各種原因，有一些意見未能接受。我們認爲有責任在這裏解釋一下，以供教學上的參考。

（1）關於教材分量的問題

此書四大册，許多學校特別是師範學院表示講不完，希望我們壓縮一半。我們認爲各校古代漢語的課時不一樣，材料多了，可以有選擇地教，不必全教。有些學校古代漢語課時較多，如果我們削減教材，對這些學校反而不便。

課時不够，可以删去《古代文化常識》不講；再不够，可以删去一些長篇文章（如《淮陰侯列傳》《霍光傳》）和長篇詞曲（如《鶯啼序》《西廂記》）。總之，要删到分量適合課時，不宜趕進度，勉强把全書教完。

（2）關於文選、常用詞、通論三結合的問題

我們仍舊堅持三結合的原則。有人主張把文選、常用詞、通論分爲三册，我們不贊成。那樣就成爲三個課程，不是一個課程了。我們認爲文選、常用詞、通論三個內容應該是有機聯繫，應該互相穿插地教。此次徵求意見，也有同志鼓勵我們堅持三結合原則。

這是這部教材的特點,我們堅持這樣做。

(3)關於常用詞的教學問題

有的同志認爲,常用詞不好教,學生記不住常用詞的各個義項,看不懂例句,不如取消常用詞。現在有了《古漢語常用字字典》,學生讀古書不懂字義時,可以查看《古漢語常用字字典》。

我們認爲,這是教授法的問題。常用詞不需要講授。教師先指導一下,然後讓學生自學。也不需要死記每一個詞的每一個義項,祇要注意記住古今不同的義項(以⊙號爲記)。記不牢也不要緊,將來遇到類似的語句,會想起這個詞義來的。某些例句看不懂也不要緊,祇懂得一個大意就行了。

教材中的常用詞的作用,和《古漢語常用字字典》的作用是不同的。人們閱讀古書,祇有看不懂某一語句時,纔去查字典。有時候,自己以爲看懂了,其實是不懂。在這種情況下,他是不會去查字典的。例如,《左傳·隱公元年》:"小人有母,皆嘗小人之食矣,未嘗君之羹。"《史記·項羽本紀》:"吾翁即若翁,必欲烹而翁,則幸分我一杯羹。"許多人誤解"羹"爲"羹湯",不會再去查字典。如果學了常用詞,知道"羹"是帶汁的肉,就不會誤解爲"羹湯"了。教材中的常用詞是識字教育,與作爲工具書的字典的作用是截然不同的。

(4)關於語法的教學問題

有的同志批評説,本書的語法講得太零碎,不全面,不系統。希望我們講得更詳細些。

這也是教授法的問題。我們把古漢語的語法講得比較簡單,是假定學生先學習了現代漢語語法。古今語法差別不大,古今相同的語法不必再講,以免浪費時間,教學效果不好。本來許多學校古代漢語的課時就嫌不夠，如果我們全面系統地講授語法，勢必影響講授文選的時間，那就得不償失。如果講課教師知道班上學生沒有學過現代漢語語法，可以根據需要，爲他們補課。

這也關係到課程的目的性問題。本課程的目的是培養學生閱讀古書的能力。我們認爲，古代漢語的問題，主要是詞彙的問題，語法的關係不大，因爲語法富於穩定性，古今語法的差別是不大的。學生們讀不懂古書，在多數情況下，都是因爲他們不懂文字的意義，而不是因爲他們不懂古代語法。我們在古代漢語課程中，不講語法是不對的，大講語法也是不必要的。

（5）關於語法體系的問題

有的同志認爲，本書講語法時應該採用中學課本的暫擬語法系統。特別是師範學院，在別的課程中用的是暫擬語法系統，在古代漢語這一課程中用的是另一語法體系，非常不便。

我們認爲，王力主編的《古代漢語》不用王力的語法體系，是說不過去的①。況且本書涉及的語法體系（如以"之"字爲介詞，"所"字爲代詞）並不是王力自己的語法體系，而是馬建忠以及許多語法學家的語法體系。講課教師如果認爲不合適，可以改用暫擬語法系統或其他語法體系。在語法問題上，應該提倡百家爭鳴。

（6）關於難句的注釋問題

古書中有些難句，後人有各種不同的解釋，我們採用其中一說，注明依某人說。有的同志認爲，應該把諸說羅列出來，以供選擇。我們認爲這種做法不妥。因爲我們的學生初學古代漢語，還

---

① 王力注：我最近寫了一本《古代漢語常識》，爲了照顧中學教課的方便，採用了暫擬語法系統，引起了很多人的誤會，以爲我放棄了我的語法體系了，我在這裏聲明一句，我沒有放棄我的語法體系。

没有分析判斷的能力,羅列衆説反而使他們無所適從。教師如果不同意我們所採的一説,也可以另採他説講授。

有些句子本來並非難句,後來被曲解了,我們爲了恢復其本來面目,採用了傳統的解釋,也注明依某人説。例如《詩經·魏風·伐檀》:"不稼不穡,胡取禾三百億兮?"注:"億,十萬,指禾把的數目(依鄭玄説)。"言外之意,是反對俞樾的曲解(他以"億"爲"繶")。

緒　論

中國的文化是悠久的,我們擁有極其豐富的文化遺産,必須批判地予以繼承。要繼承文化遺産,就要讀古書,讀古書就要具有閱讀古書的能力,所以我們必須學習古代漢語。時代越遠,語言與現代的距離也就越大;正是由於中國文化是悠久的,所以古代漢語的學習更顯得重要。我們必須掃除語言的障礙,纔能充分地接觸我們的文化遺産;然後纔談得上從中剔除其糟粕,吸收其精華。如果連書都讀不懂,哪能辨別精華和糟粕呢?

"古代漢語"是中國語言文學系的基礎課之一,其教學目的是培養學生閱讀中國古書的能力。我們必須明確地認識到:"古代漢語"是一門工具課;通過這一課程的學習,使我們能更好地掌握古代漢語,以便閱讀古代文獻,批判地繼承我國古代的文化遺産。

古代漢語是一個比較廣泛的概念,大致説來它有兩個系統:一個是以先秦口語爲基礎而形成的上古漢語書面語言以及後來歷代作家仿古的作品中的語言,也就是通常所謂的文言;一個是唐宋以來以北方話爲基礎而形成的古白話。根據本課程的目的任務,我們學習和研究的對象主要是前者,即上古的文學語言以及歷代模仿它的典範作品。這裏所謂文學語言,是語言巨匠們在全體人民所使用的語言的基礎上高度加工的結果。重點是先秦的典範作品。這不僅因爲先秦時代距離現在較遠，作品比較難懂；而且因爲先秦的典範作品的語言是歷代文學語言的源頭，影響極爲深遠。學習先秦典範作品的語言，可以收到溯源及流、舉一反三的效果。至於古白話，由於它同現代漢語非常接近，比較容易讀懂，所以我們不拿它作爲學習和研究的對象。

這門課程的對象確定了，還要考慮它的教學内容和教學方法。前人學習古代漢語，重視感性認識，强調多讀熟讀，所謂“讀書百遍，其義自見”。在工具書的幫助下，日積月累，也就逐漸地掌握到一定數量的文言語彙，領會到文言用詞造句的一些規律。但是没有上昇到理性認識，往往認識模糊，知其然而不知其所以然。如果要提高一步，還要學習所謂“小學”（文字、音韻、訓詁）。“五四”以後，高等學校在古代語文教學方面，分設了文字、音韻、訓詁、語法等課。這些都是基礎知識課，並不以培養閱讀古書能力爲目的。顯而易見，這兩種做法都有很大的片面性，不適合於今天的需要。

有人曾經希望學習古代漢語時有一把鑰匙，學生掌握了這把鑰匙，就能開一切古籍之門，不是講一篇懂一篇，不講就不懂。這種願望是可以理解的。但是有没有這樣一把鑰匙呢？如果想不經過循序漸進的認真學習，很輕易地就具備閱讀古書的能力，這樣的鑰匙自然是没有的。如果説，認真考慮教學内容，講究教授和學習的方法，使學生能够觸類旁通，執一馭萬，那是完全可能的。

理性認識依賴於感性認識，感性認識有待於發展爲理性認識，這是辯證唯物主義的認識論。學習古代漢語必須把對古代漢語的感性認識和理性認識結合起來，纔可望收到預期的效果。

感性認識是學習語言的必要條件，感性認識越豐富越深刻，語言的掌握也就越牢固越熟練。要獲得古代漢語的感性認識，就必須大量閱讀古代的典範作品。因此，本書文選部分佔有極其重要的地位。所選的文章一般是歷代的名篇，都是語言有典範性的優秀作品，而絕大多數又是思想性和語言的典範性相結合的。其中有講讀的，有閱讀的。我們要求結合注釋，徹底讀懂，並希望多讀熟讀，最好能夠背誦若干篇，這不但可以踏踏實實地掌握一些古代的語言材料，而且還可以培養我們對古代漢語的"語感"，這種基本的實踐工夫，大大有助於豐富我們的感性認識。如果能夠堅持不懈，必然會有得於心。反之，如果離開感性認識而侈談古代漢語的規律，那麼所得到的不過是一些抽象的空洞的概念，對於培養閱讀古書的能力是不會有多大幫助的。

我們這樣説，絲毫沒有輕視理論知識的意思，恰恰相反，我們認爲學習古代漢語的基本理論知識也是非常重要的。因爲認識有待於深化，認識的感性階段有待於發展到理性階段。單靠大量閱讀後的一些零星體會和心得，那是很不夠的，還必須繼承前人對古代漢語的研究成果。所以本書中有古漢語通論部分，闡述古代漢語詞彙、文字、語法、音韻以及修辭表達、文體特點等方面的基本理論知識，以加深學生對古代漢語的認識，使學生能把讀過的作品拿來跟它相印證。這樣既有材料，又有觀點，對古代漢語纔算有了比較全面的了解。但是，我們講通論的目的並不在於傳授有關古代漢語的系統理論，而是從幫助提高古漢語的閱讀能力出發的；因此，各部分知識並不强求其完整性和系統性。

學習古代漢語，對於語音、語法、詞彙這三方面的知識，都應該學習，但首先應該强調詞彙方面。因爲音韻衹在閱讀古代的詩詞歌賦時，問題纔比較突出；至於語法，古今差別不大，問題容易解決；而詞彙是處在差不多不斷變化之中，有些詞，古代常用，現在變得罕用或根本不用了，有些詞古今意義或者完全不同，或者大同小異，讀古書時，一不留神，就會指鹿爲馬，誤解了詞義。因此，我們學習古代漢語，重點必須放在詞彙上。至於詞彙，重點又需放在掌握常用詞上。古代漢語裏的詞並不都是同樣重要的，有些僻字僻義祇出現在個別的篇章或著作裏，它們不是常用詞，我們祇在讀到這些作品時纔須要了解它們的意義，翻檢字典辭書，就可以解決問題，可以暫時不必費很大的力量去掌握。至於常用詞就不同了，祇要我們閱讀古書，幾乎無時無地不和它們接觸；我們如果掌握了它們一般的常用的意義，我們就能掃除很多的文字障礙。過去有人專門鑽研僻字僻義，那不是學習本課程的迫切任務；正是這些常用詞似懂非懂，纔使人們對古代作品的了解，不是囫圇吞棗，就是捕風捉影。掌握常用詞也可以説是掌握了一把鑰匙，它把文言詞彙中的主要問題解決了，就不會再是頭痛醫頭，腳痛醫腳，講一篇懂一篇，不講就不懂了。常用詞的掌握一方面是感性認識，另一方面也是理性認識。説它是感性認識，因爲詞彙的系統性遠不像語法那樣强，要掌握每個詞的詞義和用法，非一個一個地掌握不可。我們如果有計劃地掌握一千多個常用詞，也就能基本上解決閱讀古書時在詞彙方面的困難。這些常用詞不可能在課堂上一一講授，要求學生在課外自習時切實掌握，特別注意古今詞義上的細微差別，防止一知半解，一覽而過。我們説常用詞的掌握也是理性知識，因爲把各書的常用詞的詞義集中在一起，需要一番概括的工夫。古人對古書詞義的注釋，往往祇照顧到在特定的上下文裏講得通就算了，而有些字典按字收列許多古代注釋家的訓詁，就顯得五花八門，雜然紛陳。其實，許多表面上看來像是分歧的意義，都可以概括爲一個基本意義,或者再加上一兩個或者再多一點的引申義,就可以説明百分之九十以上的問題。這樣删繁就簡,芟翦枝節,突出主幹,也就是高度概括的過程。學生有了這種訓練,就有了一些真工夫,會大大提高閲讀古書的能力。

文選、常用詞、古漢語通論,不是彼此孤立的,而是相互爲用的。如果祇掌握常用詞而不講讀作品,那就祇能獲得一些關於字義的零碎知識。如果祇講讀作品而不掌握常用詞,那就講一篇,懂一篇,不講的仍舊不懂。如果祇熟讀一些作品和掌握一些常用詞,而没有關於古漢語的基本理論知識,那就不能融會貫通,概括全面。如果祇有關於古漢語的基本理論知識,而不掌握實際材料(文選、常用詞),那就是空中樓閣,對於培養閲讀古書的能力,不會起多大的作用。因此,我們要學好"古代漢語"這一課程,就非全面地掌握這三部分的内容不可。

語言是思想的直接現實,我們不能離開文章的思想内容專從所謂語言的角度去培養閲讀古書的能力。如果我們不了解古人的思想,也就無法了解古人的語言;如果我們對某一作品的思想内容没有正確的認識,也就不能認爲我們已經真正讀懂了它。

語言是有繼承性的,現代漢語是古代漢語的繼承和發展。現代漢語的語法詞彙和修辭手段都是從古代文學語言裏繼承和發展過來的。在語法方面,有許多古代虛詞和結構形式就常常運用在現代漢語尤其是現代書面語言裏,在詞彙方面也是這樣。因此,學習古代漢語雖然以培養閲讀古書能力爲主要目的,但是,古代的文學語言掌握好了,對於提高我們現代漢語的語言修養也會有很大的幫助。毛澤東同志在《反對黨八股》裏説:

　　我們還要學習古人語言中有生命的東西。由於我們没有努力學習語言,古人語言中的許多還有生氣的東西我們就没有充分地合理地利用。當然我們堅決反對去用已經死了的語彙和典故,這是確定了的,但是好的仍然有用的東西還是應該繼承。①

要想學習古人語言中有生命的東西,就必須熟悉古人所用的文學語言。

我們應該重視語言的繼承性,但是也應該看到現代漢語比古代漢語更加豐富,更加精密完善。學習古代漢語,無論是爲了培養閱讀古籍的能力還是爲了提高現代漢語的語言修養,我們都必須以"古爲今用"爲原則,反對厚古薄今,以古非今,這是堅定不移的。

---

① 《毛澤東選集》第三卷 838 頁。

第一單元

文　選

左　傳

　　《左傳》是我國第一部敘事詳細的完整的歷史著作。關於《左傳》的作者和成書時代，歷來有過許多爭論，比較可信的說法是：《左傳》是春秋時魯國史官左丘明所作，後來經過許多人增益。一般人認爲它原是一部獨立的歷史著作，但也有人認爲是傳（zhuàn）《春秋》的（《春秋》是魯國的一部大事年表性質的歷史書）。到了晉代，杜預纔把它分年附在《春秋》的後邊。

　　《左傳》所記載的歷史年代大致和《春秋》相當，同起於公元前722年，但訖年比《春秋》晚28年，即止於公元前453年。它比較系統地詳細地記述了春秋時代各國的政治、經濟、軍事和文化等方面的一些事件，在一定程度上真實地反映了那個時代的面貌，是研究中國古代社會的很有價值的歷史文獻。

　　《左傳》在文學上和語言上的成就很大。作者既善於突出事物的本質，用簡括的語句寫出複雜紛繁的事物（特別是善於寫戰爭），也善於用極少的筆墨刻畫出人物的細微動作和内心活動，使人物躍然紙上。《左傳》有許多外交辭令也很出色。

《左傳》爲後代歷史著作和敘事散文樹立了典範,後代的一些偉大作家如司馬遷等,都從中吸取了營養。

自東漢以來,爲《左傳》作注的很多,現在最通行的是《十三經注疏》中的《春秋左傳注疏》(晉杜預注,唐孔穎達疏)。

鄭伯克段于鄢(隱公元年)〔1〕

初,鄭武公娶于申,曰武姜〔2〕。生莊公及共叔段〔3〕。莊公寤生〔4〕,驚姜氏,故名曰“寤生”,遂惡之〔5〕。愛共叔段,欲立之。亟請於武公,公弗許〔6〕。及莊公即位〔7〕,爲之請制〔8〕。公曰:“制,巖邑也〔9〕,虢叔死焉〔10〕,佗邑唯命〔11〕。”請京,使居之,謂之京城大叔〔12〕。

〔1〕本文表現了鄭國統治階級内部的互相傾軋以及鄭莊公(“莊”是死後的諡號,下文的“武”“隱”同)的陰險毒辣和虛僞。《左傳》本無篇目,篇目是後加的。鄭,國名,姬姓,在今河南新鄭縣等地。鄭伯,指鄭莊公。春秋時有五等爵:公、侯、伯、子、男。鄭屬伯爵。克,戰勝。段,莊公之弟。鄢(yān),鄭地名,在今河南鄢陵縣境。隱公,魯隱公。《春秋》是以魯國的紀元編年的。隱公元年即公元前722年。

〔2〕初,當初。這是追述往事的習慣説法,在本文意指鄭伯克段于鄢以前的事。申,國名,姜姓,在今河南南陽縣。娶于申,從申國娶妻(即娶申國國君之女)。武姜,“武”表示丈夫爲武公,“姜”表示母家姓姜。

〔3〕共(gōng),國名,在今河南輝縣。叔,排行在末的,年少的。在這裏“叔”表示段是莊公的弟弟。段後出奔共,所以稱爲共叔段。

〔4〕寤(wù),通“牾”,逆,倒着。寤生,胎兒腳先出來(依黄生説,見《義府》卷二),等於説難産。

〔5〕遂,等於説從此就。惡(wù),憎恨。之,指莊公。

〔6〕亟(qì)，屢次。弗，不。

〔7〕及，到了。即位，天子或諸侯就職叫即位。

〔8〕替段請求制這個地方。爲(wèi)，介詞。制，又名虎牢，在今河南滎縣東，原是東虢(guó)國的領地，東虢爲鄭所滅，制遂爲鄭地。

〔9〕巖，險要。邑，人所聚居的地方，大小不定(依孫詒讓説，見《周禮正義》"里宰"疏)。

〔10〕虢叔，東虢國的君。死焉，死在那裏。

〔11〕佗，同"他"。唯命，是"唯命是聽"的省略。

〔12〕姜氏請求京，莊公使共叔段住在那裏，稱他爲京城大叔。京，鄭邑名，在今河南滎陽縣東南。大(tài)，後來寫作"太"。

　　祭仲曰："都城過百雉，國之害也〔1〕。先王之制，大都不過參國之一〔2〕，中五之一，小九之一。今京不度，非制也〔3〕。君將不堪〔4〕。"公曰："姜氏欲之，焉辟害〔5〕？"對曰："姜氏何厭之有〔6〕？不如早爲之所〔7〕，無使滋蔓〔8〕，蔓難圖也〔9〕；蔓草猶不可除〔10〕，況君之寵弟乎？"公曰："多行不義，必自斃〔11〕，子姑待之〔12〕。"

　　既而大叔命西鄙北鄙貳於己〔13〕。公子吕曰〔14〕："國不堪貳〔15〕，君將若之何〔16〕？欲與大叔，臣請事之〔17〕；若弗與〔18〕，則請除之。無生民心〔19〕。"公曰："無庸，將自及〔20〕。"

　　大叔又收貳以爲己邑〔21〕，至于廩延〔22〕。子封曰："可矣。厚將得衆〔23〕。"公曰："不義不暱，厚將崩〔24〕。"

〔1〕祭(zhài)仲，鄭大夫。城，指城牆。雉，量詞，長三丈，高一丈。國，國家。

〔2〕參，三。國，國都。參國之一，國都的三分之一。古制，侯伯之國，城牆爲三百雉。三分之一就是百雉。

〔3〕不度,不合法度。非制,不是先王的制度。

〔4〕您將要受不了,即無法控制的意思。堪,經得起。

〔5〕姜氏要這樣,哪裏能够避開禍害? 辟,後來寫作"避"。焉,疑問代詞,
　　哪裏。

〔6〕姜氏有什麽滿足? 厭,滿足。之,代詞,複指提前的賓語"何厭"。

〔7〕不如早點安排他個地方。意指早點給段换個便於控制的地方。爲,動
　　詞,在這裏指"安排"之類的意思。之,指共叔段,作"爲"的間接賓語。
　　所,處所,"爲"的直接賓語。

〔8〕不要使他發展。無,通"毋",不要。滋,滋長。蔓,蔓延。

〔9〕圖,圖謀,這裏指設法對付。

〔10〕蔓草,蔓延的野草。猶,尚且,還(hái)。

〔11〕不義,指不義的事情。斃,倒下去。

〔12〕子,古代對人的尊稱。姑,姑且。之,代詞,指段自斃事。

〔13〕既而,不久。鄙,邊邑。貳,兩屬,屬二主。貳於己,一方面屬於莊公,一
　　方面屬於自己。

〔14〕公子吕,字子封,鄭大夫。

〔15〕國家受不了兩屬的情況。

〔16〕若之何,奈何,怎麽辦?

〔17〕〔如果〕打算〔把鄭國〕送給大叔,就請您允許我侍奉他。

〔18〕若,假如。

〔19〕不要使民生二心。

〔20〕用不着,〔他〕將會自己趕上〔災禍〕。庸,用。及,趕上。

〔21〕貳,指前兩屬的地方。原先該地是兩屬,現在段則正式收爲自己所有。

〔22〕至,到。廩延,鄭邑名,在今河南延津縣北。

〔23〕厚,指土地擴大。衆,百姓,這裏指民心。

〔24〕這句是説,段既然不義,就不能籠住民心,土地佔多了就要垮臺。這是就
　　"厚將得衆"而説的雙關話。暱,通"昵",黏,這裏指能團結人。崩,山
　　塌,這裏指垮下來,崩潰。

大叔完聚，繕甲兵，具卒乘[1]，將襲鄭。夫人將啟之[2]。公聞其期[3]，曰："可矣!"命子封帥車二百乘以伐京[4]。京叛大叔段。段入于鄢。公伐諸鄢[5]。五月辛丑[6]，大叔出奔共[7]。

遂寘姜氏于城潁[8]，而誓之曰[9]："不及黃泉，無相見也[10]。"——既而悔之[11]。

〔1〕完，修葺(qì)，指修城。聚，指聚集百姓。繕，修理、製造。甲，戎衣，鎧(kǎi)甲。兵，武器。具，準備。卒，步兵。乘(shèng)，兵車。

〔2〕夫人，指武姜。啟之，爲段開城門，即作内應。啟，開門。

〔3〕期，段襲鄭的日期。

〔4〕帥，通"率"。春秋時都是車戰，兵車一乘有甲士(帶盔甲的兵士)三人，步卒七十二人。二百乘，共甲士 600 人，步卒 14400 人。以，連詞。

〔5〕諸，"之於"的合音字。

〔6〕古人以干支紀日，五月辛丑，即隱公元年五月二十三日。

〔7〕奔，快跑。出奔，指逃到外國避難。此句後面略有删節。

〔8〕寘(zhì)，放置，安頓，這裏有放逐的意思。城潁，鄭邑名，在今河南臨潁縣西北。

〔9〕誓之，向她發誓。

〔10〕黃泉，地下的泉水，黃色，這裏指墓穴。這句等於説這輩子咱們不見面了。

〔11〕之，指寘姜氏于城潁並發誓事。

潁考叔爲潁谷封人[1]，聞之，有獻於公[2]。公賜之食。食舍肉[3]。公問之。對曰："小人有母[4]，皆嘗小人之食矣[5]，未嘗君之羹。請以遺之[6]。"公曰："爾有母遺，繄我獨無[7]!"潁考叔曰："敢問何謂也[8]?"公語之故，且告之悔[9]。對曰："君何患焉[10]? 若闕地及泉〔11〕，隧而相見〔12〕，其誰曰不然〔13〕？"公從之。公入而賦〔14〕："大隧之中，其樂也融融。"姜出而賦："大隧之外，其樂也洩洩〔15〕。"遂爲母子如初〔16〕。

〔1〕潁考叔，鄭大夫。潁谷，鄭邊邑，在今河南登封縣西南。封，疆界。封人，管理疆界的官。

〔2〕有獻，有所獻。

〔3〕舍，放着，後來寫作"捨"。

〔4〕小人，潁考叔自己謙稱。

〔5〕我的食物〔她〕都吃過了。嘗，這裏是"吃"的意思。

〔6〕遺(wèi)，給，這裏指留給。之，指其母。

〔7〕爾，你。緊(yī)，句首語氣詞。

〔8〕敢，表謙敬的副詞。何謂，說的是什麼意思？這話怎麼講？

〔9〕語(yù)，告訴。之，間接賓語。語之故，把緣故告訴他。告之悔，把心裏後悔的事告訴了他。語法結構同於"語之故"。

〔10〕您在這件事情上憂慮什麼呢？

〔11〕闕，挖。

〔12〕隧，用如動詞，挖隧道。

〔13〕誰說不是這樣？其，語氣副詞，加強反問。然，代詞，指黃泉相見。

〔14〕入，在這裏與下面的"出"互文見義，即籠統表示莊公和姜氏進出隧道。賦，賦詩。這裏是莊公所賦的詩的一部分。

〔15〕洩洩(yìyì)，和"融融"的意思差不多，都是形容快樂的樣子。

〔16〕從此作母親作兒子還和當初一樣。

　　君子曰〔1〕：潁考叔，純孝也〔2〕。愛其母，施及莊公〔3〕。詩曰："孝子不匱，永錫爾類〔4〕。"其是之謂乎〔5〕？

〔1〕君子，作者的假託，《左傳》中習用的發表評論的方式。

〔2〕純,篤厚。

〔3〕施(yì),延,擴展,等於説擴大影響。

〔4〕見《詩經·大雅·既醉》。孝子的孝没有窮盡,永久把它給與你(指孝
　　子)的同類。匱(kuì),盡。錫,賜,給與。

〔5〕大概是説這種情況吧。其,表委婉的語氣副詞。是,這個,作“謂”的賓
　　語。之,代詞,複指“是”。

齊桓公伐楚(僖公四年)〔1〕

　　四年,春,齊侯以諸侯之師侵蔡〔2〕。蔡潰〔3〕,遂伐
楚。楚子使與師言曰〔4〕:“君處北海,寡人處南海〔5〕,唯
是風馬牛不相及也〔6〕。不虞君之涉吾地也〔7〕,何故?”
管仲對曰〔8〕:“昔召康公命我先君大公曰〔9〕:‘五侯九
伯,女實征之,以夾輔周室〔10〕。’賜我先君履〔11〕:東至于
海,西至于河,南至于穆陵,北至于無棣〔12〕。爾貢包茅不
入〔13〕,王祭不共〔14〕,無以縮酒〔15〕,寡人是徵〔16〕;昭王
南征而不復〔17〕,寡人是問〔18〕。”對曰:“貢之不入,寡君之
罪也〔19〕,敢不共給〔20〕?昭王之不復,君其問諸水濱〔21〕!”

　　師進,次于陘〔22〕。

〔1〕本文寫齊桓公爲稱霸天下而伐楚,但楚也毫不示弱,齊終未達目的。齊
　　桓公,春秋五霸之一。齊屬侯爵,故文中稱齊侯。僖公四年即公元前
　　656年。

〔2〕以,率領。參加這次戰役的有魯、宋、陳、衛、鄭等國。師,軍隊。蔡,國
　　名,姬姓,在今河南省汝南、上蔡等地。

〔3〕潰,潰敗。

〔4〕楚君派〔使者〕跟諸侯之師説。楚子,楚成王。楚屬子爵,故稱楚子。這

是春秋筆法,實際上楚已僭稱王了。與,介詞,跟,和。

〔5〕處(chǔ),居住。寡人,謙詞,君王自稱,意思是"寡德之人"。齊臨渤海(古人稱爲北海),楚境不到南海,這裏衹是甚言其遠。

〔6〕馬牛牝牡相誘也不相及(依孔穎達説)。唯,句首語氣詞。風,放,指牝牡相誘。這是譬喻兩國相距甚遠,一向互不相干。

〔7〕不虞,不料。涉,本來是淌水過河的意思,這裏當進入講。不説齊進攻而説涉,是委婉的辭令。

〔8〕管仲,齊大夫,姓管,名夷吾,字仲。

〔9〕召(shào)康公,周成王時太保(官名)召公奭(shì),因其封地在召(今陝西岐山縣),所以稱召公,"康"是他的謚號。先君,後代君臣對本國已故君王的稱呼。大公,即姜太公,名尚,齊之始祖。大(tài),後來寫作"太"。

〔10〕五侯,即公侯伯子男五等爵。九伯,九州之長。"五侯九伯"在這裏泛指所有的諸侯。女(rǔ),你,後來寫作"汝"。實,語氣副詞,表示命令或期望。征,討伐,這裏是説有征伐之權。夾輔,輔佐。

〔11〕履,踐踏,這裏指足迹所踐踏的地方,即齊國可以征伐的範圍。

〔12〕海,指黃海渤海。河,黃河。穆陵,地名,即今山東臨朐(qú)縣南的穆陵關。無棣(dì),齊國的北境,在今山東無棣縣附近。

〔13〕茅,菁茅,楚地特産。包茅,裏成捆兒的菁茅。入,納,這裏指納貢。

〔14〕周王的祭祀用品供給不上。共,供給,後來寫作"供"。

〔15〕沒有用來縮酒的東西。縮酒,滲酒,祭祀時的儀式之一:把酒倒在束茅上滲下去,就像神飲了一樣(依鄭玄説,見《周禮·甸師》注)。

〔16〕我來索取它。是,代詞,指包茅,"徵"的賓語。徵,索取。下文"寡人是問"結構同此。

〔17〕周昭王晚年荒於國政,人民恨他,傳説當他巡行到漢水時,當地人民故意弄了一隻用膠黏的船給他,行至江心,船解體,昭王溺死。征,行,這裏指巡狩(帝王巡視各地)。復,回。按:這都是齊進攻楚的藉口。

〔18〕問,指責問。

〔19〕寡君,臣子對別國人謙稱自己的國君爲寡君。

〔20〕敢,謙詞,等於説豈敢。

〔21〕您還是到水邊去問吧! 其,表委婉的語氣詞。諸,"之於"的合音字。水濱,水邊。

〔22〕次,軍隊臨時駐紮。陘(xíng),山名,在今河南偃城縣南。

夏,楚子使屈完如師〔1〕。師退,次于召陵〔2〕。

齊侯陳諸侯之師〔3〕,與屈完乘而觀之〔4〕。齊侯曰:"豈不穀是爲? 先君之好是繼〔5〕! 與不穀同好〔6〕,如何?"對曰:"君惠徼福於敝邑之社稷〔7〕,辱收寡君〔8〕,寡君之願也。"齊侯曰:"以此衆戰〔9〕,誰能禦之〔10〕! 以此攻城,何城不克!"對曰:"君若以德綏諸侯〔11〕,誰敢不服? 君若以力,楚國方城以爲城〔12〕,漢水以爲池〔13〕,雖衆,無所用之〔14〕!"

屈完及諸侯盟〔15〕。

〔1〕屈完,楚大夫。如,往,到……去。

〔2〕召(shào)陵,地名,在今河南偃城縣東。

〔3〕齊侯把諸侯之師陳列出來。按:這是向楚示威。

〔4〕乘(chéng),乘車。

〔5〕難道爲了我?〔祇是爲了〕繼承先君的友好關係〔罷了〕。按:這是虛僞的外交辭令。不穀,不善,諸侯的謙稱。兩個"是"字都是代詞,複指提前的賓語。

〔6〕同好(hào),共同友好。

〔7〕承蒙您向我國社稷之神求福,意思是您不毀滅我國。惠,敬詞,意思是您這樣做是表現了您的恩惠。徼(yāo),求。敝邑,謙稱自己的國家。社,土神。稷,穀神。

〔8〕辱,謙詞,意思是您這樣做使您蒙受了恥辱。收,收容。

〔9〕衆,名詞,指衆將士。

〔10〕禦,抵擋。

〔11〕綏(suí),安撫。

〔12〕楚國拿方城當作城牆。方城,山名,在今河南葉縣南。“方城”是“以”的
　　　賓語,提在“以”前。

〔13〕結構同上句。池,護城河。

〔14〕没有用它的地方。

〔15〕盟,訂立盟約。

宫之奇諫假道(僖公五年)〔1〕

　　晉侯復假道於虞以伐虢〔2〕。宫之奇諫曰:“虢,虞之
表也〔3〕。虢亡,虞必從之。晉不可啟,寇不可翫〔4〕。一
之謂甚,其可再乎〔5〕? 諺所謂‘輔車相依,脣亡齒寒’
者〔6〕,其虞虢之謂也。”

〔1〕本文寫晉侯向虞國借道,宫之奇看出晉的陰謀,力諫虞公。他有力地駁
　　斥了虞公迷信宗族關係和神權的思想,指出存亡在人不在神,應該實行
　　德政,民不和則神不享。這反映了當時的民本思想。宫之奇,虞大夫。
　　諫(jiàn),用言語糾正尊長的錯誤。假,借。假道,借路,這裏專指軍隊借
　　路,通過別國領土。

〔2〕晉侯,指晉獻公。復,又。僖公二年晉曾向虞借道伐虢,滅下陽。虞,國
　　名,武王所封,爲大(tài)王之子虞仲的後代,在今山西平陸縣東北六十
　　里。虢(guó),國名,文王封其弟叔於上陽(今河南陝縣東南),號西虢。

〔3〕表,外面。

〔4〕啟,開啟,這裏指假道,使晉得以實現其野心。寇,凡兵作於内爲亂,於外
　　爲寇。翫(wán),習慣而不留心,等於説放鬆警惕。

〔5〕一次已經算是過分了,還可以來個第二次嗎? 謂,通“爲”(依王念孫説,

見《經傳釋詞》引）。甚，厲害，過分。其，語氣詞，加強反問。

〔6〕輔，面頰。車，牙牀骨。

公曰："晉，吾宗也〔1〕，豈害我哉?"對曰："大伯虞仲，大王之昭也〔2〕。大伯不從，是以不嗣〔3〕。虢仲虢叔，王季之穆也〔4〕；爲文王卿士〔5〕，勳在王室，藏於盟府〔6〕。將虢是滅，何愛於虞〔7〕？且虞能親於桓莊乎，其愛之也〔8〕？桓莊之族何罪，而以爲戮〔9〕？不唯偪乎〔10〕？親以寵偪〔11〕，猶尚害之，況以國乎〔12〕？"

〔1〕宗，同姓，同一宗族。晉、虞、虢都是姬姓國，同一祖先。

〔2〕大(tài)伯、虞仲，大王的長子、次子。昭，宗廟在左的位次。古者昭穆相承，左爲昭，右爲穆。大王於周爲穆，穆生昭，故大王之子爲昭。

〔3〕不從，指不從隨父側。大伯知道大王要傳位給他的小弟弟王季，所以和虞仲一起出走。是以，因此。嗣，繼承〔王位〕。

〔4〕虢仲、虢叔，虢的開國祖，王季的次子和三子，文王的弟弟。王季於周爲昭，昭生穆，故虢仲、虢叔爲王季之穆。

〔5〕當過文王的卿士。卿士，執掌國政的大臣。

〔6〕在王室有功勳，因功受封時的典策藏在盟府中。盟府，主管盟誓典策的政府部門。宮之奇以上這幾句話是針對虞公的"晉，吾宗也"説的，意思是：如果説到同宗的關係，那麼虢在姬姓中的地位比虞高，虢晉之間比虞晉之間親，因爲虢這一支是從王季那裏分出來的，王季做了周君，而虞的祖先虞仲並没做周君，而且虢還是周的功臣。

〔7〕〔晉〕將要連虢都滅了，對虞還愛什麼呢？是，代詞，複指提前的賓語"虢"。

〔8〕再説晉之愛虞，能比桓莊之族更親嗎？桓莊，桓叔與莊伯，這裏指桓莊之族。桓叔是獻公的曾祖，莊伯是獻公的祖父，桓莊之族是獻公的同祖兄弟。這句話是一種特殊的倒裝句法。其，指晉。之，指虞。全句等於説：

晉之愛虞也，能親於桓莊乎？

〔9〕桓莊之族有什麽罪而把他們殺了？莊公二十五年晉獻公盡誅同族羣公
　　子。以爲戮，拿〔他們〕當作殺戮的對象，等於説把他們殺了。以，介詞，
　　後面的賓語省略。戮，殺，這裏用如名詞。

〔10〕唯，因爲(參用王引之説，見《經傳釋詞》)。偪，通“逼”，逼近，這裏有威
　　脅的意思。

〔11〕至親而以寵勢相逼。寵，在尊位。

〔12〕“以國”後面承上省略了“偪”字。

　　公曰：“吾享祀豐絜〔1〕，神必據我〔2〕。”對曰：“臣聞
之〔3〕：鬼神非人實親，惟德是依〔4〕。故周書曰：‘皇天無
親，惟德是輔〔5〕，’又曰：‘黍稷非馨，明德惟馨〔6〕，’又
曰：‘民不易物，惟德繄物〔7〕，’如是，則非德民不和，神不
享矣。神所馮依〔8〕，將在德矣。若晉取虞〔9〕，而明德以
薦馨香〔10〕，神其吐之乎〔11〕？”

〔1〕享，把食物獻給鬼神。享祀，泛指一切祭祀。豐，豐富，指祭品盛多。絜，
　　通“潔”。

〔2〕據，依(依王引之説，見《經義述聞》)。據我，即依附於我，等於説保佑我。

〔3〕之，指下面要説的一番道理。

〔4〕鬼神不親人，祇依德。實、是，都是代詞，複指提前的賓語“人”“德”。下
　　文“惟德是輔”結構同此。惟，祇。德，指有德行的人。

〔5〕所引《周書》早已亡逸，這兩句今見於僞古文《尚書·蔡仲之命》。大意
　　是：上天對於人沒有親疏的不同，祇是有德的人上天纔保佑他。皇，大。
　　輔，輔佐，這裏指保佑。

〔6〕這兩句也是《周書》上的，今見於僞古文《尚書·君陳》。大意是：黍稷並
　　不是馨(xīn)香，光明的德行纔是馨香。黍，黃黏米。稷，不黏的黍子。
　　黍稷在這裏泛指五穀，爲祭祀的物品。馨，遠處可以聞到的香氣。古人

認爲祭祀時鬼神前來享用祭品的香氣。惟,句中語氣副詞,表肯定。

〔7〕這兩句也是《周書》上的,今見於僞古文《尚書・旅獒》。今本《尚書》"民"作"人","繄"作"其"。大意是:人們拿來祭祀的東西並不改變(祭品是相同的),〔但是〕祇有有德的人的祭品纔算〔真正的〕祭品。繄,語氣副詞。

〔8〕馮(píng),即後來的"憑",這裏和"依"義近。

〔9〕取,取得,指滅掉。

〔10〕明德,使德明。以,表目的的連詞。薦,獻,這裏指向神獻。馨香,指黍稷。

〔11〕其,語氣詞,加強反問。吐,指不食所祭之物。宮之奇的意思是:晉國如果明其德,使享祀豐絜,神也會保佑晉的,那麼享祀豐絜就並不能使虞幸免於難。

　　弗聽,許晉使。宮之奇以其族行〔1〕。曰:"虞不臘矣〔2〕。在此行也,晉不更舉矣〔3〕。"

　　冬,十二月丙子朔〔4〕,晉滅虢,虢公醜奔京師〔5〕。師還,館于虞〔6〕。遂襲虞,滅之〔7〕。

〔1〕以其族行,指率領全族離開虞。

〔2〕虞國不能舉行臘祭了。臘,年終舉行的一種祭祀,這裏用如動詞。

〔3〕更(gèng),副詞,再。舉,指舉兵。晉即以滅虢之兵滅虞,所以不須要再舉兵。此句下文略有刪節。

〔4〕十二月初一。丙子,該月初一正逢干支的丙子。朔,每月的第一天。

〔5〕醜,虢公名。京師,周的都城。

〔6〕還,回來。館,公家爲賓客所設的住處,這裏用如動詞,等於説住賓館。

〔7〕下文略有刪節。

燭之武退秦師(僖公三十年)〔1〕

　　晉侯秦伯圍鄭〔2〕,以其無禮於晉〔3〕,且貳於楚也[4]。晉軍函陵，秦軍氾南[5]。佚之狐言於鄭伯曰[6]："國危矣！若使燭之武見秦君，師必退。"公從之。辭曰："臣之壯也[7]，猶不如人；今老矣，無能爲也已[8]。"公曰："吾不能早用子，今急而求子，是寡人之過也[9]。然鄭亡[10]，子亦有不利焉！"許之[11]。

〔1〕燭之武，鄭大夫。

〔2〕晉侯，指晉文公。秦伯，指秦穆公。

〔3〕以，因。其，人稱代詞，代鄭。晉文公爲公子時逃亡在外，經過鄭國，鄭文公没有以禮待他。

〔4〕貳，參看第10頁《鄭伯克段于鄢》〔13〕"貳於己"注。

〔5〕軍，用如動詞，屯兵。函陵，地名，在今河南新鄭縣北。氾(fán)，水名，指東氾，今已湮，故道在今河南中牟縣南。

〔6〕佚之狐，鄭大夫。鄭伯，指鄭文公。

〔7〕辭，推辭。壯，壯年。

〔8〕不能做什麽啦。也已，略等於"矣"。

〔9〕這是我的過錯。是，指示代詞，作句子主語，指上文"吾不能早用子，今急而求子"。

〔10〕然，連詞，表轉折，等於説然而。

〔11〕許之，〔燭之武〕答應了鄭文公。

　　夜縋而出[1]。見秦伯曰："秦晉圍鄭，鄭既知亡矣[2]。若亡鄭而有益於君，敢以煩執事[3]。越國以鄙遠[4]，君知其難也[5]；焉用亡鄭以陪鄰[6]？鄰之厚，君之薄也。若舍鄭以爲東道主[7]，行李之往來[8]，共其乏困[9]，君亦無所害。且君嘗爲晉君賜矣[10]，許君焦、瑕，朝濟而夕設版焉[11]，君之所知也。夫晉何厭之有？既東封鄭[12]，又欲肆其西封[13]；若不闕秦，將焉取之[14]？闕秦以利晉，唯君圖之[15]。”

秦伯説[16]，與鄭人盟。使杞子、逢孫、楊孫戍之[17]，乃還。

〔1〕縋(zhuì)，用繩子弔着重東西，這裏指用繩子縛住燭之武從城牆上送下來。

〔2〕既，已經。

〔3〕冒昧地拿“亡鄭”這件事麻煩您。敢，表謙敬的副詞。煩，麻煩。執事，辦事人員。這是客氣話，實際指秦伯本人。

〔4〕越，超越。以，表目的的連詞。鄙，邊邑，用如動詞。秦在西，鄭在東，晉在二者之間，所以説秦是越過一個國家，以遼遠的鄭國作爲邊邑。

〔5〕其，指“越國以鄙遠”事。

〔6〕焉用，哪裏用得着。陪，增加(土地)。鄰，指晉。

〔7〕舍，捨棄，不取(不滅掉)，後來寫作“捨”。東道主，東方道上的主人(鄭在秦東)。“以”字後省略了賓語“鄭”。

〔8〕行李，外交使節。

〔9〕共，供應，後來寫作“供”。乏困，本來行而無資叫乏，居而無食叫困，這裏指使者往來時館舍資糧的不足。

〔10〕嘗，曾經。賜，恩惠。爲賜，等於説施恩。晉君，在這裏是間接賓語。

〔11〕焦、瑕，二地名，都在今河南陝縣附近。濟，渡河，指晉惠公(文公之弟，比文公先爲晉君)渡河歸國。版，打土牆用的夾版，這裏指版築的土牆，防禦工事。晉惠公依靠秦力得以回國爲君，曾許以焦瑕作爲報答，但回國後，就不承認了。朝、夕，極言兩件事距離很近。

〔12〕以鄭爲東面的疆界。封，疆界，用如動詞。

〔13〕肆，伸展。

〔14〕〔晉〕如果不使秦受到虧損，將從哪裏得到它所要取得的土地呢？

〔15〕唯，表希望的語氣詞。圖，考慮。之，指“闕秦以利晉”。

〔16〕説,喜悦,高興,後來寫作"悦"。

〔17〕杞子等三人都是秦大夫。戍(shù),駐紮,防守。

　　子犯請擊之〔1〕。公曰:"不可。微夫人之力不及此〔2〕。因人之力而敝之,不仁〔3〕;失其所與,不知〔4〕;以亂易整,不武〔5〕。吾其還也〔6〕。"亦去之〔7〕。

〔1〕子犯,即狐偃,晉文公的舅父。

〔2〕微,帶有假設語氣的否定副詞,略同於"非",等於説假如不是。夫(fú),指示代詞。夫人,那人,指秦穆公。重耳是靠他的力量回國的,所以這樣説。

〔3〕因,藉,靠。敝,壞,這裏指損害。

〔4〕與,聯合。所與,同盟者。知(zhì),後來寫作"智"。

〔5〕這裏的"武"和上文的"仁",都是上古時的抽象的道德觀念。

〔6〕其,表示委婉的語氣詞。

〔7〕去,離開。注意:"去"字跟現代的意義很不相同。之,指鄭。

蹇叔哭師(僖公三十二年)〔1〕

　　冬,晉文公卒。庚辰〔2〕,將殯于曲沃〔3〕。出絳〔4〕,柩有聲如牛〔5〕。卜偃使大夫拜〔6〕,曰:"君命大事〔7〕,將有西師過軼我〔8〕。擊之,必大捷焉。"

〔1〕這裏選的,是著名的秦晉殽(xiáo)之戰的一部分。文中表現了蹇(jiǎn)叔預見到勞師以襲遠必然失敗,結果不出其所料。蹇叔,秦國元老。

〔2〕庚辰,魯僖公三十二年十二月十日。

〔3〕殯(bìn),停柩待葬。古代風俗,人死先停柩,然後擇日安葬。曲沃,晉地名,是晉宗廟所在地,在今山西聞喜縣東。周代君主的棺柩要"朝于祖考之廟",因此要在那裏暫時停放。

〔4〕絳(jiàng),晉國都,在今山西翼城縣東南。

〔5〕柩(jiù),裝了死屍的棺材。

〔6〕卜偃,晉掌卜筮之官,名偃。拜,古代的一種禮節,跪下後雙手合抱在胸前,頭低到手上。

〔7〕君,指晉文公。大事,《左傳》成公十三年:"國之大事,在祀與戎。"這裏是指戎(軍事)。

〔8〕西師,西方的軍隊,指秦師。軼(yì),後車超過前車。過軼,這裏是越過的意思。晉在秦鄭之間,秦侵鄭,必定要路過晉。卜偃聞秦密謀,所以說這話來引起警惕。

　　杞子自鄭使告于秦曰[1]:"鄭人使我掌其北門之管[2],若潛師以來[3],國可得也。"穆公訪諸蹇叔[4]。蹇叔曰:"勞師以襲遠,非所聞也[5]。師勞力竭,遠主備之,無乃不可乎[6]?師之所爲,鄭必知之。勤而無所,必有悖心[7]。且行千里,其誰不知[8]?"公辭焉[9]。召孟明、西乞、白乙[10],使出師於東門之外。蹇叔哭之[11],曰:"孟子,吾見師之出而不見其入也[12]。"公使謂之曰[13]:"爾何知!中壽,爾墓之木拱矣[14]!"

〔1〕杞子,見第22頁《燭之武退秦師》注〔17〕。使,使人。

〔2〕管,類似於現代的鎖鑰。

〔3〕假若秘密派軍隊前來。潛,隱藏在水面下,這裏指隱蔽地行動。潛師,指秘密行軍。

〔4〕秦穆公向蹇叔諮問這件事。訪,諮詢,徵求意見。諸,之於。

〔5〕使軍隊很疲勞去襲擊遠方,不是我所聽見過的事。非所聞,是委婉的說法,實際上是說我不贊成。遠,指鄭,下文"遠主"是指鄭君。

〔6〕無乃,表委婉語氣的副詞,大概,恐怕。

〔7〕勤,勞苦。無所,指無所得。悖(bèi)心,悖逆之心。

〔8〕其,語氣詞,加強反問。

〔9〕辭,不接受。

〔10〕孟明,姓百里,名視,是秦另一元老百里奚之子。西乞,名術。白乙,名丙。三人都是秦國大將。

〔11〕之,指師。

〔12〕之,介詞。其,等於"師之"("之"也是介詞)。

〔13〕秦穆公使人對他説。謂,對……説。

〔14〕你知道什麽? 你如果在中壽的年齡死去,你墓上的樹也該長到兩手合抱那麽粗了。這是罵蹇叔早就該死了。中壽,約指活到六七十歲。蹇叔大約已七八十歲,過了中壽的年齡。木,樹。拱,兩手合抱。

　　蹇叔之子與師^{〔1〕}。哭而送之曰:"晉人禦師必於殽^{〔2〕}。殽有二陵焉^{〔3〕}:其南陵,夏后皋之墓也^{〔4〕};其北陵,文王之所辟風雨也^{〔5〕}。必死是間^{〔6〕},余收爾骨焉^{〔7〕}。"

　　秦師遂東^{〔8〕}。

〔1〕與(yù),參加。

〔2〕殽,通"崤",山名,在今河南洛寧縣西北,地勢極險。

〔3〕殽有兩陵在那裏。陵,大山。殽有二山,稱爲東陵西陵,相距三十五里。下文南陵即西陵,北陵即東陵。

〔4〕夏后皋,夏天子皋,夏桀的祖父。后,君。

〔5〕文王,周文王。所辟風雨,避風雨的地方。

〔6〕是,代詞,這,指二陵。間,當中。

〔7〕焉,在那裏。

〔8〕遂,副詞,接着就。東,用如動詞,向東〔進發〕。

晉靈公不君(宣公二年)^{〔1〕}

　　晉靈公不君。厚斂以彫牆^{〔2〕}。從臺上彈人,而觀其辟丸也[3]。宰夫胹熊蹯不孰[4]，殺之，寘諸畚[5]，使婦人載以過朝[6]。趙盾、士季見其手[7]，問其故而患之[8]。將諫，士季曰：“諫而不入[9]，則莫之繼也[10]。會請先[11]，不入，則子繼之[12]。”三進及溜，而後視之[13]。曰：“吾知所過矣[14]，將改之。”稽首而對曰[15]：“人誰無過？過而能改[16]，善莫大焉[17]。詩曰：‘靡不有初，鮮克有終[18]，’夫如是[19]，則能補過者鮮矣。君能有終，則社稷之固也[20]，豈惟羣臣賴之[21]。又曰：‘衮職有闕，惟仲山甫補之[22]，’能補過也。君能補過，衮不廢矣[23]。”

[1]本文着重表彰了敢於直諫、忠於國事的趙盾。晉靈公，名夷皋，晉襄公之子，文公之孫，是歷史上有名的暴君。君，用如動詞。不君，不行君道。宣公二年即公元前607年。

[2]厚，重。斂，賦稅。厚斂，加重賦稅。彫，畫，一本作“雕”。

[3]彈(tán)人，用彈弓射人。辟(bì)，躲避，後來寫作“避”。丸，彈子。

[4]宰夫，廚子。胹(ér)，燉。熊蹯(fán)，熊掌。孰，熟，後來寫作“熟”。

[5]畚(běn)，草繩編成的筐子一類的器物。

[6]載，用車裝。過朝，經過朝廷。靈公是以殺人爲兒戲，並想借此讓衆人怕自己(依孔穎達説)。

[7]趙盾，晉正卿(相當於首相)，諡號宣子。士季，名會，晉大夫。其手，宰夫的手。

[8]問宰夫被殺的原因，並爲這件事憂慮。

[9]不入，不納，這裏指不接受諫言。

[10]莫，否定性的無定代詞，等於説没有誰。之，代詞，指趙盾，等於説“您”，在這裏做“繼”的賓語。

[11]先，動詞，這裏是説先諫。

〔12〕之,等於說"我"。

〔13〕三進,往前走了三次。及,到。溜,通"霤",房頂瓦壠滴水處,指屋簷下。士會往前走一段路,就伏到地下行禮,靈公知道他要進諫,所以假裝沒看見,士會祇好又往前走,再行禮,這樣往前走了三次已到簷下,靈公無可迴避了,纔理他。

〔14〕我知道我所犯的錯誤了。靈公想把士會的話擋回去,所以搶先說話。

〔15〕稽首,古人最恭敬的禮節,動作近似於磕頭,但要先拜,然後雙手合抱按地,頭伏在手前邊的地上並停留一會,整個動作都較緩慢。

〔16〕前一"過"字是名詞,指過錯;後一"過"字是動詞,指犯了錯誤。

〔17〕沒有任何善事能比這個更大的了。

〔18〕引自《詩經·大雅·蕩》。大意是:沒有誰向善沒一個開始,但很少能堅持到底。靡,沒有誰,作用同"莫"。初,開始。鮮(xiǎn),少。克,能。

〔19〕夫,句首語氣詞,表示下面要發表議論。

〔20〕社稷就鞏固了。之,介詞。

〔21〕賴,依靠。之,指"君能有終"。

〔22〕引自《詩經·大雅·烝民》。大意是:周宣王有沒盡職的地方,祇有仲山甫來彌補。衮,天子之服,這裏指天子。職,職責。闕,通"缺",過失。仲山甫,周宣王的大臣。

〔23〕這話有雙關的意思。您能補救您的過失,您的衮袍就可以不被廢掉了。意思是您的君位就丟不了了。

猶不改[1]。宣子驟諫[2]。公患之,使鉏麑賊之[3]。晨往,寢門闢矣[4]。盛服將朝[5],尚早,坐而假寐[6]。麑退,歎而言曰:"不忘恭敬,民之主也。賊民之主,不忠;棄君之命,不信[7]。有一於此[8],不如死也。"觸槐而死[9]。

〔1〕猶,還(hái),仍。

〔2〕驟,多次。

〔3〕患,厭惡。鉏麑(chúní),晉力士。賊,殺。上“之”字指驟諫,下“之”字指趙盾。

〔4〕寢門,臥室的門。闢,開。

〔5〕盛服,正其衣冠,也就是“穿戴整齊”的意思。

〔6〕假寐(mèi),不脱衣冠瞌睡。

〔7〕信,守信用。

〔8〕在不忠不信中有一樣。

〔9〕觸,撞。

秋九月,晉侯飲趙盾酒〔1〕,伏甲將攻之〔2〕。其右提彌明知之〔3〕,趨登曰〔4〕:“臣侍君宴,過三爵〔5〕,非禮也。”遂扶以下〔6〕。公嗾夫獒焉〔7〕。明搏而殺之〔8〕。盾曰:“棄人用犬,雖猛何爲〔9〕!”鬬且出〔10〕。提彌明死之〔11〕。

〔1〕晉侯賜給趙盾酒喝。飲(yìn),使……喝,也就是給……喝。

〔2〕伏,埋伏。甲,鎧甲,這裏指穿鎧甲的武士。

〔3〕右,車右,又稱驂乘。古制,一車乘三人,尊者在左,御者在中,驂乘居右;但君王或戰爭時的主帥居中,御者在左。車右都是有勇力之士,任務是執干戈以禦敵,並負責戰爭中的力役之事。提彌明,人名。

〔4〕快步走上堂去。

〔5〕爵,古代飲酒器。三爵,《詩·小雅·賓之初筵》鄭玄箋:“三爵者,獻也,醻也,酢也。”

〔6〕緊接着就扶着〔趙盾〕走下堂去。

〔7〕嗾(sǒu),唤狗的聲音,用如動詞,嗾使。夫(fú),指示代詞,那個。獒(áo),猛犬。《爾雅·釋畜》:“狗四尺爲獒。”

〔8〕搏,徒手打,搏鬬。

〔9〕何爲,做什麽? 也就是“頂得了什麽?”

〔10〕一邊打,一邊出去。且,連詞,一邊……一邊。

〔11〕死之，爲他(趙盾)死了，即殉難的意思。

　　初，宣子田於首山〔1〕，舍于翳桑〔2〕。見靈輒餓〔3〕，問其病，曰："不食三日矣。"食之〔4〕，舍其半〔5〕。問之，曰："宦三年矣〔6〕，未知母之存否。今近焉，請以遺之〔7〕。"使盡之〔8〕，而爲之簞食與肉〔9〕，實諸橐以與之〔10〕。既而與爲公介〔11〕，倒戟以禦公徒〔12〕，而免之〔13〕。問何故，對曰："翳桑之餓人也。"問其名居〔14〕，不告而退。——遂自亡也〔15〕。

〔1〕田，打獵，後來寫作"畋"。首山，又名首陽山，在今山西永濟縣南。

〔2〕舍，住一宿。翳桑，地名(依王引之説，見《經義述聞》)。

〔3〕靈輒，人名。餓，指因挨餓而病倒。

〔4〕食(sì)之，給他東西吃。"食"的用法同上文"飲"。

〔5〕靈輒留下食物的一半沒吃。

〔6〕宦(huàn)，當貴族的僕隸。

〔7〕現在離她近了，請允許把〔這一半〕給她吃。遺(wèi)，給。

〔8〕盡，用如動詞，這裏是吃盡的意思。

〔9〕並且給他預備一筐飯和肉。爲，作，這裏有"預備"的意思。簞(dān)，盛飯用的竹筐。食(sì)，飯。

〔10〕橐(tuó)，口袋。以，連詞。

〔11〕既而，不久。與(yù)，參加。介，甲，指甲士。

〔12〕把兵器倒過頭來擋住靈公手下的人。

〔13〕免之，使趙盾免於難。

〔14〕名，名字。居，住處。

〔15〕亡，逃走，指趙盾逃亡(依王引之説，見《經義述聞》)。

　　乙丑〔1〕，趙穿攻靈公於桃園〔2〕。宣子未出山而復〔3〕。大史書曰〔4〕："趙盾弑其君〔5〕。"以示於朝〔6〕。

宣子曰："不然〔7〕。"對曰："子爲正卿,亡不越竟〔8〕,反不討賊〔9〕,非子而誰?"宣子曰："烏呼〔10〕！'我之懷矣,自詒伊慼〔11〕',其我之謂矣！"

〔1〕宣公二年九月二十六日。

〔2〕攻,當爲"殺"字之誤(依王引之説,見《經義述聞》)。桃園,靈公的園囿。

〔3〕山,晉國國界處的山。復,回來。

〔4〕大(tài)史,後來寫成"太史",官名,專管記載國家大事,這裏是指晉太史董狐。書,寫,指記事。

〔5〕弒(shì),古代下殺上叫弒。太史這樣記載是爲了維護宗法社會的正統思想和等級觀念。無論國君如何無道,也祇可諫,不可殺,殺君就是大逆不道。史官以此爲記事的準則,當然不會寫出真正的歷史。

〔6〕把上面的話拿到朝廷上公布。

〔7〕不是這樣。然,代詞。

〔8〕竟,國境,邊境,後來寫作"境"。

〔9〕反,返回,後來寫作"返"。討,討伐。賊,大逆不道的人,這裏指趙穿。

〔10〕烏呼,即"嗚呼",感歎詞。

〔11〕杜預説這兩句是逸詩。可能是引自《詩經·邶風·雄雉》,今本《詩經》"伊慼"作"伊阻"。趙盾引這兩句的意思是:由於我懷念祖國,反而自己找來了憂患。之,介詞。懷,眷戀。詒,通"貽",給。伊,指示代詞,那個。慼,憂。

孔子曰："董狐,古之良史也〔1〕,書法不隱〔2〕。趙盾,古之良大夫也,爲法受惡〔3〕。惜也,越竟乃免〔4〕。"

〔1〕良史,好史官。

〔2〕書法,記事的原則。隱,隱諱。

〔3〕爲(wèi),爲了。法,指書法。惡,指惡名。

〔4〕照孔子看來,董狐的書法是對的,趙盾也沒罪,祇是因爲史官的記事原則

而受屈。“越竟”就是孔子提出的解決這個矛盾的方法：“越竟則君臣之義絶，可以不討賊”（見杜注）。這反映了孔子的正統觀念。

齊晉鞌之戰(成公二年)〔1〕

癸酉〔2〕，師陳于鞌〔3〕。邴夏御齊侯〔4〕，逢丑父爲右〔5〕。晉解張御郤克，鄭丘緩爲右〔6〕。齊侯曰：“余姑翦滅此而朝食〔7〕！”不介馬而馳之〔8〕。郤克傷於矢〔9〕，流血及屨，未絶鼓音〔10〕。曰：“余病矣〔11〕！”張侯曰：“自始合〔12〕，而矢貫余手及肘〔13〕；余折以御，左輪朱殷〔14〕。豈敢言病？吾子忍之〔15〕。”緩曰：“自始合，苟有險〔16〕，余必下推車。子豈識之〔17〕？——然子病矣〔18〕。”張侯曰：“師之耳目，在吾旗鼓，進退從之〔19〕。此車一人殿之，可以集事〔20〕。若之何其以病敗君之大事也〔21〕？擐甲執兵，固即死也〔22〕；病未及死，吾子勉之〔23〕！”左并轡〔24〕，右援枹而鼓〔25〕，馬逸不能止〔26〕，師從之〔27〕。齊師敗績〔28〕。逐之，三周華不注〔29〕。

〔1〕鞌(ān)之戰是《左傳》中著名的戰役之一，這裏衹録全文的一部分。文中表現了由於齊師驕傲、晉軍同仇敵愾，決定了齊的潰敗。鞌，齊地名，在今濟南附近。成公二年即公元前589年。

〔2〕成公二年的六月十七日。

〔3〕師，指齊晉的軍隊。陳，擺開陣勢。

〔4〕邴夏給齊侯趕車。邴夏，齊大夫。齊侯，指齊頃公，桓公之孫，名無野。

〔5〕逢(páng)丑父，齊大夫。右，見《晉靈公不君》“右”字注。

〔6〕解(xiè)張（下文又稱張侯）、鄭丘緩，都是晉臣。“鄭丘”是複姓。郤(xì)克，又稱郤獻子，晉大夫，是這次戰役中晉軍的主帥。

〔7〕姑,姑且。翦滅,剪除消滅。此,指晉軍。朝食,吃早飯。

〔8〕介,甲,這裏用如動詞。不介馬,不給馬披上甲。古代車戰,馬要披甲。
　　馳之,使勁趕馬,指驅馬進擊。

〔9〕傷於矢,被箭所傷。

〔10〕血一直流到鞋上,仍然擊鼓不息。古代車戰,主帥居車當中,自掌旗鼓,
　　指揮三軍。鼓聲是前進的號令。

〔11〕病,等於現在說重病、病厲害了,這裏指受傷很重。

〔12〕從一開始交戰。

〔13〕箭射進我的手,一直穿到肘。

〔14〕我把箭折斷了來繼續駕車,左邊的車輪都成了深紅色(被血染的)。朱,
　　紅色。殷(yān),紅中帶黑。

〔15〕吾子,尊稱,比"子"更親熱些。

〔16〕苟,如果。險,這裏指難走的路。

〔17〕你難道知道這些嗎? 豈,副詞,難道。

〔18〕然,然而,但是。子,指郤克。

〔19〕大意是,全軍都注意着我們車上的旗鼓,前進和後退都聽從旗鼓的指揮。

〔20〕殿,鎮守。集事,成事。

〔21〕若之何,奈何。其,語氣詞。以,因。敗,壞。君,指國君。

〔22〕穿上鎧甲,拿起武器(指參加戰鬥),本來就抱定了必死的決心。擐
　　(huàn),穿。固,副詞,本來。即,動詞,走向。

〔23〕勉,努力。

〔24〕御者本雙手執轡,這時解張把轡并在左手。并,動詞。轡(pèi),韁繩。

〔25〕援,拽過來。枹(fú),也寫作"桴",鼓槌。鼓,動詞,打鼓。

〔26〕逸,狂奔。

〔27〕軍隊隨着主帥的車趕上去。

〔28〕敗績,大敗。

〔29〕晉師追趕齊師,圍着華不注山繞了三圈。逐,追趕。周,動詞,繞。華不
　　注,山名,在今濟南東北。

　　韓厥夢子輿謂己曰[1]:"旦辟左右[2]。"故中御而從齊侯[3]。邴夏曰:"射其御者,君子也。"公曰:"謂之君子而射之,非禮也[4]。"射其左,越于車下[5];射其右,斃于車中[6]。綦毋張喪車[7],從韓厥曰:"請寓乘[8]。"從左右,皆肘之[9],使立於後。韓厥俛定其右[10]。

〔1〕韓厥,晉大夫,在這次戰役中任司馬(掌管祭祀、賞罰等軍政)。子輿,韓厥的父親。

〔2〕旦,早晨。辟,避開,後來寫作"避"。左右,指兵車左右兩側。這兩句是插敘頭天夜裏的事。

〔3〕中御,指韓厥代替御者,立在車的中央御車。韓厥非主將,本應居左。從,追趕。

〔4〕齊侯在戰爭中講"禮",是迂腐的,同時也與古人所謂戎事以殺敵爲禮不合。

〔5〕越,墜。

〔6〕斃,仆倒。按:《左傳》中像這樣記載卜筮和夢極爲靈驗的事很多,其實是硬行牽合的。

〔7〕綦(qí)毋張,晉大夫,姓綦毋,名張。

〔8〕請允許我搭你的車。寓,寄,指附搭。

〔9〕站在左邊和右邊,〔韓厥〕都用肘制止。因爲綦毋張是寄乘,所以說是"從"。肘,用如動詞。之,指綦毋張。

〔10〕俛,同"俯",低下身子。定,放穩當。其右,指原來在右邊被射倒的人。

　　逢丑父與公易位[1]。將及華泉[2],驂絓於木而止[3]。丑父寢於轏中[4],蛇出於其下,以肱擊之[5],傷而匿之[6],故不能推車而及[7]。韓厥執縶馬前[8],再拜稽首[9],奉觴加璧以進[10],曰:"寡君使羣臣爲魯衛請[11],曰無令輿師陷入君地[12]。下臣不幸,屬當戎行[13]，無所逃隱[14]，且懼奔辟而忝兩君[15]。臣辱戎士[16]，敢告不敏，攝官承乏[17]。"丑父使公下，如華泉取飲[18]。鄭周父御佐車，宛茷爲右[19]，載齊侯以免[20]。韓厥獻丑父，郤獻子將戮之。呼曰[21]："自今無有代其君任患者[22]，有一於此，將爲戮乎[23]？"郤子曰："人不難以死免其君[24]，我戮之不祥。赦之，以勸事君者[25]。"乃免之[26]。

〔1〕易位，換位置。丑父知道齊侯可能被擒，所以和齊侯易位。

〔2〕華泉，泉名，在華不注山下，流入濟水（見《水經注》）。

〔3〕驂（cān），古代用馬駕車，轅馬兩旁的馬叫驂。絓，通"挂"，後來寫作"掛"，絆住。

〔4〕輚（zhàn），棚車，即用木條橫排編成車箱的輕便車子。

〔5〕肱（gōng），胳膊從肩到肘的部分，這裏泛指胳膊。

〔6〕傷，丑父手臂受傷。匿，藏，指隱瞞。之，指所受的傷。從"丑父寢於輚中"至此，是作者插敘頭天夜裏的事。

〔7〕及，被〔韓厥〕趕上了。

〔8〕韓厥執縶站在齊侯馬前。縶，絆馬索。

〔9〕再拜稽首，比稽首更重的一種禮，先拜，然後稽首（參看第26頁《晉靈公不君》注〔15〕）。

〔10〕奉，捧。觴，一種盛酒器，功用如後代的酒杯。璧，玉環的一種。進，奉獻。這三句是寫韓厥對齊侯修"殞命"之禮（即俘獲敵國國君時的禮儀）。

〔11〕鞌之戰的前奏是齊伐魯、衛侵齊。魯衛敗，到晉國請救兵，所以韓厥說是替魯衛請求。這以下韓厥所説的話，都是委婉的外交辭令。

〔12〕不要讓許多軍隊深入您的國土，即不要讓晉軍進一步攻進齊境。無，通"毋"，不要。輿，衆多，許多。

〔13〕下臣,韓厥自稱。這是人臣對別國國君的自謙之辭。屬,恰巧。當,遇。戎行(háng),兵車的行列,指齊軍。

〔14〕没有逃走躲藏的地方。隱,躲藏。

〔15〕而且怕〔因爲〕逃跑躲避而給兩國國君帶來恥辱。忝(tiǎn),辱。

〔16〕〔因爲我在軍隊裏,〕使戎士受辱,這是説充數當個戎士。

〔17〕我冒昧地向您告稟,我是不會辦事的;人材缺乏,自己衹好承擔充數。言外之意即我要履行職責,俘虜你。敏,聰明。攝官,兼職。承,承擔。

〔18〕如,動詞,往。飲,用如名詞,指水。

〔19〕佐車,副車。鄭周父、宛茷(fèi),都是齊臣。

〔20〕丑父已冒充爲齊侯,這時讓齊侯借着取水的工夫逃走。免,免於被俘。

〔21〕丑父呼。

〔22〕直到目前爲止,没有能代替自己國君承擔患難的人。自今,從現在追溯到以前。

〔23〕〔現在〕這裏有了一個,將要被殺掉嗎? 爲,等於説被。

〔24〕不把"以死免其君"看作難事。免,指使〔其君〕脱身。

〔25〕勸,鼓勵。

〔26〕免,釋放。

楚歸晉知罃(成公三年)〔1〕

晉人歸楚公子穀臣與連尹襄老之屍于楚〔2〕,以求知罃〔3〕。於是荀首佐中軍矣,故楚人許之〔4〕。

〔1〕本文表彰了知罃(zhìyīng)忠君愛國、對楚不卑不亢的精神。歸,送還。知罃,晉臣,他父親是荀首。荀首封於知(又寫作"智"),於是以邑爲氏。

〔2〕穀臣,楚莊王的兒子。連尹,楚官名。襄老,楚臣。宣公十二年(公元前597年)晉楚邲(地名,在今河南鄭州市東)之戰時,晉知罃被俘,晉卻擒獲了穀臣,射死了襄老,把屍首運回晉國。現在晉要用穀臣和襄老的屍體換回知罃。

〔3〕求,索取。

〔4〕於是,在這時候。於,介詞。是,代詞。中軍,古代出師分爲上中下(或左中右)三軍。主帥親率中軍。佐中軍,即當了副元帥。按:晉楚邲之戰時,晉雖失敗,但未喪元氣,楚一時還無力制服晉。這時能幹的荀首已被提拔爲副帥,楚怕晉尋事,所以答應送回知罃。

王送知罃曰〔1〕:"子其怨我乎?"對曰:"二國治戎〔2〕,臣不才,不勝其任〔3〕,以爲俘馘〔4〕。執事不以釁鼓〔5〕,使歸即戮〔6〕,君之惠也。臣實不才,又誰敢怨〔7〕?"王曰:"然則德我乎〔8〕?"對曰:"二國圖其社稷,而求紓其民〔9〕,各懲其忿以相宥也〔10〕,兩釋纍囚以成其好〔11〕。二國有好,臣不與及〔12〕,其誰敢德〔13〕?"王曰:"子歸,何以報我〔14〕?"對曰:"臣不任受怨,君亦不任受德〔15〕,無怨無德,不知所報〔16〕。"王曰:"雖然,必告不穀〔17〕。"對曰:"以君之靈〔18〕,纍臣得歸骨於晉〔19〕,寡君之以爲戮〔20〕,死且不朽〔21〕。若從君之惠而免之,以賜君之外臣首〔22〕,首其請於寡君而以戮於宗〔23〕,亦死且不朽。若不獲命〔24〕,而使嗣宗職〔25〕,次及於事〔26〕,而帥偏師以脩封疆〔27〕,雖遇執事,其弗敢違〔28〕;其竭力致死〔29〕,無有二心,以盡臣禮〔30〕,所以報也〔31〕。"王曰:"晉未可與爭。"重爲之禮而歸之〔32〕。

〔1〕王,指楚共王。

〔2〕戎,軍旅。治戎,整頓軍備。這裏以"治戎"代替"進行戰爭",是一種外交辭令。

〔3〕不才,等於説不中用。勝(shēng),擔當得起。任,職務。

〔4〕俘,戰爭時生俘的人。馘(guó),割取敵方戰死者左耳。"俘馘"在這裏

即指俘虜。

〔5〕執事,辦事人員。這是客氣話,實際指楚共王本人。釁(xìn),上古的一種祭禮,殺牲以血塗鐘鼓,這裏指以戰俘代牲釁鼓。不以釁鼓,等於説不把我殺掉。

〔6〕即,動詞,就,接近。戮,殺,用如名詞。即戮,等於説接受殺戮。

〔7〕又敢怨誰呢?這裏"誰"是"怨"的賓語,下文"誰敢德"結構與此相同。

〔8〕然則,〔既然〕如此,那麽……。然,代詞。則,連詞。德,用如動詞,感恩。

〔9〕兩國都爲自己的國家考慮,設法解除人民的痛苦。紓,緩和,解除。

〔10〕各懲一時之忿,而互相原諒。懲(chéng),懲戒。忿,怒氣,怨恨。宥(yòu),寬赦,這裏當原諒講。

〔11〕釋,釋放。纍,捆綁。囚,囚犯。纍囚,被捆綁起來的俘虜。成,全。好(hào),友好。

〔12〕與(yù),參與。及,趕上。與及,等於説發生關係。

〔13〕其,語氣詞,加強反問。知罃的意思是:你並不是爲了我而釋放我,我憑什麽對你感恩?

〔14〕何以,用什麽。

〔15〕我擔當不了受怨,您也擔當不了受德。這是説我沒什麽可恨你的,你也不值得我感激。任,擔當。

〔16〕不知所報,不知道報答什麽。

〔17〕雖然這樣,〔也〕一定得告訴我。雖,連詞,等於現代的"雖然"。然,代詞,這樣。不穀,見第15頁《齊桓公伐楚》〔5〕"不穀"注。

〔18〕以,靠。靈,福。

〔19〕纍臣能回到晉國。纍臣,知罃自稱。歸骨,把骨頭帶回去,這是客氣話。

〔20〕等於説假若我的國君把我殺掉。寡君,見第15頁《齊桓公伐楚》〔19〕注。戮,用如名詞,指殺的對象。

〔21〕等於説死了將很光榮。

〔22〕把我賜給您的外臣荀首。外臣,臣子對別國君主稱本國的臣。

〔23〕其,將。請,請求。宗,祖廟。古代家族權力很大,可以根據家法殺人。

〔24〕如果得不到命令,即晉君不准我父親這樣做。

〔25〕嗣,繼承。宗職,宗子(宗族首領,世襲)的職務。

〔26〕按次序擔任到軍事的職務。事,指軍事。

〔27〕帥,通"率"。偏師,副帥副將所屬的軍隊,這裏是客氣的説法。脩,治理。封疆,邊界。"封"和"疆"在這裏是同義詞。脩封疆,指保衛邊疆。

〔28〕其,將。下句"其"字同。違,躲避。弗敢違,這是委婉的説法,暗指我將跟您打起來。

〔29〕竭,盡。致死,等於説效死,即貢獻出生命。

〔30〕用〔這個〕來盡到臣對君應有的禮。按:禮的意義甚廣。"臣禮"指人臣所應盡的義務。竭力致死,無有二心,就是臣禮的表現。"臣禮"是對晉君説,不是對楚王説。知罃的意思是説:忠晉即所以報楚。

〔31〕〔這就是〕用來報答你的。

〔32〕很隆重地給他舉行禮儀,並把他送回去了。爲,在這裏有"行"的意思。

祁奚薦賢(襄公三年)〔1〕

　　祁奚請老〔2〕。晉侯問嗣焉〔3〕,稱解狐〔4〕——其讎也〔5〕。將立之而卒〔6〕。又問焉。對曰:"午也可〔7〕。"於是羊舌職死矣〔8〕。晉侯曰:"孰可以代之〔9〕?"對曰:"赤也可〔10〕。"於是使祁午爲中軍尉〔11〕,羊舌赤佐之。

〔1〕祁奚,晉人,從成公十八年(即三年前)起,任中軍尉(尉,軍尉,平時掌軍政,戰時兼任主將的御者。中軍尉,中軍的軍尉)。薦,推舉。賢,指賢者,品德高尚而且有才能的人。襄公三年,即公元前570年。

〔2〕請老,告老,請求退休。

〔3〕晉侯向祁奚問接替中軍尉職務的人。晉侯,指晉悼公。嗣,用如名詞,指接替中軍尉職務的人。焉,指示代詞兼語氣詞。問嗣焉,等於説問嗣於祁奚。

〔4〕稱,舉。解(xiè)狐,晉臣。

〔5〕讎,仇敵。

〔6〕正要立解狐,解狐死了。卒,死。

〔7〕午,祁午,祁奚之子。也,句中語氣詞。

〔8〕於是,當這時候。羊舌職,晉臣,姓羊舌,名職,任中軍尉佐之職(即副中軍尉)。

〔9〕孰,誰。

〔10〕赤,羊舌赤,字伯華,羊舌職之子。

〔11〕於是,略等於現代的"於是"。

君子謂祁奚於是能舉善矣〔1〕。稱其讎,不爲諂〔2〕;立其子,不爲比〔3〕;舉其偏,不爲黨〔4〕。商書曰:"無偏無黨,王道蕩蕩〔5〕",其祁奚之謂矣。解狐得舉,祁午得位,伯華得官〔6〕:建一官而三物成,能舉善也〔7〕。夫唯善,故能舉其類〔8〕。詩云:"惟其有之,是以似之〔9〕。"祁奚有焉。

〔1〕君子,見第12頁《鄭伯克段于鄢》注〔1〕。於是,在這件事情上。舉,推薦。善,指賢者。

〔2〕諂(chǎn),諂媚。不爲諂,不算是諂。

〔3〕比(bì),爲私利而無原則地結合,這裏是指偏愛自己親人。

〔4〕偏,直屬的下級。黨,動詞,和"比"意思相近,這裏指袒護自己的儕類。

〔5〕見《尚書·洪範》。相傳《洪範》爲商代箕子所作,所以稱爲《商書》。無偏,沒有偏向自己親人的事。這裏的"偏"和上文"舉其偏"的"偏"意義不同。無黨,沒有袒護自己儕類的事。王道,封建統治階級設想的一種理想的政治。蕩蕩,平坦開闊的樣子,這裏指平正無私。

〔6〕得舉,因解狐未得官而死,所以祇說"得舉"。得位、得官,同義。

〔7〕立了一個中軍尉而三件〔好〕事做成了,是由於能舉善啊。

〔8〕正因爲〔自己〕善,所以能舉薦跟自己一樣的人。夫(fú),句首語氣詞。

〔9〕見《詩經・小雅・裳裳者華》。《詩經》"惟"作"維"。在這裏的意思是：衹有有德的人，纔能舉薦像自己一樣的人。

子産不毀鄉校(襄公三十一年)〔1〕

鄭人游于鄉校，以論執政〔2〕。然明謂子産曰〔3〕："毀鄉校，何如〔4〕?"子産曰："何爲〔5〕? 夫人朝夕退而游焉〔6〕，以議執政之善否〔7〕。其所善者，吾則行之；其所惡者，吾則改之。是吾師也，若之何毀之? 我聞忠善以損怨〔8〕，不聞作威以防怨〔9〕。豈不遽止〔10〕? 然猶防川〔11〕：大決所犯〔12〕，傷人必多，吾不克救也；不如小決使道〔13〕，不如吾聞而藥之也〔14〕。"然明曰："蔑也今而後知吾子之信可事也〔15〕，小人實不才〔16〕。若果行此，其鄭國實賴之〔17〕，豈唯二三臣〔18〕?"仲尼聞是語也〔19〕，曰："以是觀之，人謂子産不仁，吾不信也。"

〔1〕子産，鄭大夫，名公孫僑，子産是字，春秋時有名的政治家。執政二十餘年，使處在晉楚雙重壓迫之下的弱小鄭國獲得安定，並受到各國尊重。鄉校，鄉間的公共場所。既是學校，又是鄉人聚會議事的地方。

〔2〕執政，指掌握政權的人。

〔3〕然明，鄭大夫，姓鬷(zōng)，名蔑，字然明。

〔4〕何如，如何，等於説怎麼樣。

〔5〕何爲，幹什麼?

〔6〕夫，句首語氣詞，引起議論。退，指工作完畢回來。

〔7〕議，談論。善否(pǐ)，好和不好。

〔8〕忠善，用如動詞，爲忠善。損怨，減少怨恨。

〔9〕防，堵住。

〔10〕難道不能很快地制止？遽(jù)，急，迅速。

〔11〕但是就像堵大川一樣。川，河流。

〔12〕大決所造成的災害。決，堤防潰決。

〔13〕不如開個小口子讓〔川〕暢通。道，疏導，後來寫作"導"。

〔14〕不如我聽取〔他們的議論〕並且把它當作苦口良藥。藥，用如動詞，以……爲藥。之，指鄭人的議論。

〔15〕今而後，從今以後。信，誠然，的確。可事，可以成事。

〔16〕小人，然明自謙之稱。

〔17〕其，語氣詞。

〔18〕豈袛是我們這些做官的〔賴之〕。二三，泛指複數。

〔19〕仲尼，孔子的字。是，這。下文"以是觀之"的"是"同。

常 用 詞(一) 60字

言語謂訪請召報告諫討　反復舍次如　馳驟侵襲奔亡逐及執免　享薦　圖虞　克堪有無

昭穆　勤乏　亂整　兩貳

兵車甲介卒乘　君師姑女　族黨讎　河防城池田館

1.【言】

(一)動詞。説話，説。《論語·鄉黨》："食不語，寢不~。"《左傳·成公二年》："豈敢~病？"引申爲談問題，對某事表示意見。《左傳·僖公四年》："楚子使與師~曰。"《戰國策·趙策三》："勝也何敢~事？"(勝：趙勝。平原君自稱。)《史記·廉頗藺相如列傳》："趙括自少時學兵法，~兵事。"

(二)名詞。話，言論。《論語·公冶長》："聽其~而觀其行。"引申爲一句話爲一言。《論語·爲政》："詩三百，一~以蔽之，曰

'思無邪'。"(詩三百:詩經三百篇。)又一個字爲一言。《論語·衞靈公》:"子貢問曰:'有一～而可以終身行之者乎?'子曰:'其"恕"乎!'"《史記·老子韓非列傳》:"於是老子乃著書上下篇,言道德之意,五千餘～。"又如"五～詩""七～詩"。

2.【語】

(一)動詞。談話。《論語·鄉黨》:"食不～,寢不言。"李白《夜宿山寺》詩:"不敢高聲～,恐驚天上人。"

(二)讀 yù。告訴。《左傳·隱公元年》:"公～之故,且告之悔。"《論語·陽貨》:"居! 吾～女。"(居:坐下。女:你。)

(三)名詞。言論,話。《論語·季氏》:"吾聞其～矣,未見其人也。"

(四)諺語,俗話。《穀梁傳·僖公二年》:"～曰:'脣亡則齒寒。'"《後漢書·黃瓊傳》:"常聞～曰:'嶢嶢者易缺,皦皦者易汙。'"

[辨]言,語。在古代漢語裏,"言"是自動地跟人説話,"語"則是指回答別人的問話,或是和人談論一件事情,兩者區別很清楚。如《左傳·僖公三十年》"佚之狐言於鄭伯曰",這是佚之狐主動向鄭伯進言,《宣公二年》的"歎而言曰",是自動地慨歎,《成公二年》的"豈敢言病","言病"也是説自動説出自己受傷。這些地方的"言"都不能換成"語"。"言""語"用作及物動詞時,分別更是明顯。"言"一般祇能帶指事物的賓語(言病,言事),如果指人,也祇能他指,不能指談話的對方。"語"既能帶指事物的賓語,例如《莊子·在宥》:"又奚足以語至道。"帶指人的賓語時,可以指稱談話的對方,例如《論語·陽貨》:"吾語女。"還可以帶雙賓語,例如《左傳·隱公元年》:"公語之故。"《莊子·在宥》:"吾語女至道。"總

之,在先秦,"語"字的"告訴"這一意義,是"言"字所不具備的。"諺語"一義,更是"言"所沒有的。

3.【謂】

(一)對〔某人〕說。《左傳·僖公三十二年》:"公使~之曰。"《論語·公冶長》:"子~子貢曰。"

(二)叫,叫做,認爲。《詩經·王風·葛藟》:"~他人父。"《論語·陽貨》:"懷其寶而迷其邦,可~仁乎?"引申爲指稱,意指。《左傳·隱公元年》:"其是之~乎!"又《宣公二年》:"其我之~矣!"

(三)評論〔人物〕。《論語·公冶長》:"子~子産,有君子之道四焉。"《論語·八佾》:"子~韶盡美矣,又盡善也。"(韶:舜時的音樂名。)

(四)通"爲"。《左傳·僖公五年》:"一之~甚,其可再乎?"〔以~〕以爲。王安石《答司馬諫議書》:"某則以~受命於人主,議法度而修之於朝廷,以授之於有司,不爲侵官。"

〔辨〕謂,曰。"謂"是"說"的意思,後面有引語,但不與引語緊接;"曰"字後面緊跟着就是引語。小說裏常有某人"說道","謂"等於"說","道"等於"曰"。"謂""曰"與"言""語"分別更大,因爲"謂""曰"後面必須有引語(這裏指的是"謂"的第一義),"言""語"後面不一定有引語。

4.【訪】

(一)諮詢。《尚書·洪範》:"王~于箕子。"《左傳·僖公三十二年》:"穆公~諸蹇叔。"注意:上古漢語的"訪",是諮詢的意思,不可誤會爲探望。"王訪于箕子",是說周武王向箕子諮詢關於"天道"的意見。"穆公訪諸蹇叔",是說秦穆公向蹇叔諮詢關於襲擊鄭國的意見。都不是簡單的拜訪。"訪"的直接賓語是事,不是人。

所以第一例中有"于"字,表示箕子是間接賓語;第二例中有"諸"字,它是"之於"的合音,"之"指襲鄭這件事。

(二)拜訪(後起義)。孟浩然《訪袁拾遺不遇》詩:"洛陽~才子,江嶺作流人。"(江嶺:江西庾嶺。)引申爲探尋〔古迹,名勝〕。王勃《滕王閣序》:"~風景於崇阿。"蘇軾《石鐘山記》:"至唐李渤始~其遺蹤。"

(三)查訪,偵查(晚起義)。方苞《獄中雜記》:"又九門提督所~緝糾詰,皆歸刑部。"

5.【請】

請,請求。《左傳・隱公元年》:"亟~於武公。"注意:"請"字後面帶動詞時,有兩種不同的意義:第一種是請你做某事。《左傳・隱公元年》:"則~除之。"第二種是請你允許我做某事,"請"後動詞表示我的行爲。《左傳・隱公元年》:"臣~事之。"在上古漢語裏,第二種情況比較常見。《左傳・宣公二年》:"會~先。"《孟子・梁惠王上》:"王好戰,~以戰喻。"引申爲請求給予,後面跟着的是名詞。《左傳・隱公元年》:"爲之~制。"《論語・雍也》:"冉子爲其母~粟。"

6.【召】

呼喚,特指上對下的呼喚。《左傳・僖公三十二年》:"~孟明、西乞、白乙,使出師於東門之外。"引申爲招致,導致。《荀子・勸學》:"故言有~禍也,行有招辱也。"

[辨]召,招。用口叫人來爲"召",用手招人來爲"招"。《荀子・勸學》:"登高而招,臂非加長也,而見者遠。"

7.【報】

(一)斷獄,判決罪人。《韓非子・五蠹》:"~而罪之。"《漢書·張湯傳》：“傳爰書,訊鞫論～。”（爰書:録有犯人口供的判決文書。鞫:詳盡審問。）

（二）受了別人的東西以後,還送給他東西以爲回答。《詩經·衛風·木瓜》：“投我以木瓜,～之以瓊琚。”引申爲回答別人的恩惠或仇恨,即報恩或報仇。《左傳·成公三年》：“無怨無德,不知所～。”又引申爲天對人的善惡的報復。《荀子·宥坐》：“爲善者天～之以福,爲不善者天～之以禍。”

（三）奉命辦事完畢,回來報告。《戰國策·齊策四》：“廟成,還～孟嘗君曰。”

（四）給回信,答覆。司馬遷《報任安書》：“闕然久不～,幸勿爲過。”

8.【告】

（一）告訴。《左傳·隱公元年》：“且～之悔。”特指以大事報告祖宗或上帝。歐陽修《五代史·伶官傳·序》：“則遣從事以一少牢～廟。”

（二）規勸,舊讀入聲,讀如梏 gù。此義一般衹用於“忠告”。《論語·顏淵》：“忠～而善道之。”

[辨]（1）報,告。“報”字一般用於復命,“告”字用於告訴,所以它們的差別頗大。（2）告,語。在“告訴”的意義上,“告”與“語”是同義詞,但對上就衹能用“告”,不能用“語”。（3）告,誥。“告”與“誥”同音同義,後來分化了:告上爲“告”,告下爲“誥”。

9.【諫】

用言語糾正君父或尊長的過失叫做諫。《左傳·宣公二年》：“宣子驟～。”《論語·里仁》：“事父母幾～。”（幾:不顯露,暗地裏。）

10.【討】

（一）研究。《論語·憲問》:“世叔~論之。”（討:研究。論:評論。）引申爲治理。《左傳·宣公十二年》:“其君無日不~國人而訓之。”

（二）聲討。《左傳·宣公二年》:“亡不越竟,反不~賊。”引申爲征伐,征討。《左傳·隱公九年》:“鄭伯爲王左卿士,以王命~之。伐宋。”又《十年》:“以王命~不庭,不貪其土。”（不庭:不來朝見。）

11.【反】

（一）翻轉,顛倒。《詩經·周南·關雎》:“輾轉~側。”《孟子·公孫丑上》:“以齊王,由~手也。”引申爲相反,對立。《論語·顏淵》:“君子成人之美,不成人之惡。小人~是。”又爲反而,反倒。《詩經·邶風·谷風》:“~以我爲讎。”

（二）造反,叛亂。《史記·項羽本紀》:“日夜望將軍至,豈敢~乎?”

（三）回來。《左傳·宣公二年》:“~不討賊。”《孟子·梁惠王下》:“比其~也,則凍餒其妻子。”這個意義後來寫作“返”。引申爲退還,歸還。《左傳·僖公二十三年》:“公子受飧~璧。”（飧:同“餐”。）《孟子·梁惠王下》:“王速出令,~其旄倪。”（旄:通“耄”,老人。倪:小孩。）又爲反省。《孟子·公孫丑上》:“自~而不縮。”（縮:直。不縮:沒有理。）

12.【復】

（一）動詞。回來,回去。《左傳·僖公四年》:“昭王南征而不~。”又《宣公二年》:“宣子未出山而~。”注意:“復”是“往”的反面,所以説“往~”。“復”又與“反”是同義詞（都是“回來”）,所以説"反～"。"復"與"來"意義也相近,所以又説"來～"。引申爲回復,報復。《孟子·梁惠王上》:"有～於王者曰。"又《滕文公下》:"爲匹夫匹婦～讎也。"又爲還原。《僞古文尚書·咸有一德》:"伊尹既～政厥辟。"(辟:君。厥辟:他的君。指太甲。)後代有"～辟""～位"。

(二)副詞。再,又。《左傳·僖公五年》:"晉侯～假道於虞以伐虢。"《史記·項羽本紀》:"項王乃馳,～斬漢一都尉。"又《淮陰侯列傳》:"水上軍開入之,～疾戰。"注意:在這種意義上,古代説"復",不説"再"。

[辨]反,復。在"回來"這個意義上,這兩個字是同義詞,没有什麼差别。但"反"用得更廣泛些。

13.【舍】

(一)賓館,招待所。《莊子·説劍》:"夫子休就～。"(請您休息,住在賓館裏。)引申爲房舍。

(二)住一夜。特指行軍或狩獵的臨時住宿。《左傳·莊公三年》:"凡師一宿爲～。"又《宣公二年》:"宣子田於首山,～于翳桑。"

(三)軍行三十里爲一舍。《左傳·僖公二十三年》:"其辟(避)君三～。"又二十五年:"退一～而原降。"(原:周邑。)

(四)放棄,不要,不取。這種意義後來寫作"捨"(shě)。《左傳·隱公元年》:"食～肉。"又《宣公二年》:"食之,～其半。"又《僖公三十年》:"若～鄭以爲東道主。"引申爲釋放。《孟子·梁惠王上》:"～之,吾不忍其觳觫。"又《萬章上》:"始～之,圉圉焉。"今仍簡化爲"舍"。

14.【次】

(一)依順序排列。《左傳·成公三年》:"～及於事。"《史記·

陳涉世家》：“陳勝、吳廣皆~當行。”注意：古代“次”不用作量詞。引申爲次第在後的，等級較差的。司馬遷《報任安書》：“太上不辱先，其~不辱身。”又：“~之又不能拾遺補闕。”

（二）臨時駐紮。《左傳·僖公四年》：“師進，~於陘。”又：“師退~於召陵。”引申爲外出旅行停留。《穆天子傳》卷五：“仲秋甲戌，天子東遊，~于雀梁。”

15.【如】

（一）往，到……去。《左傳·僖公四年》：“楚子使屈完~師。”又《成公十三年》：“文公~齊，惠公~秦。”

（二）像。《詩經·衞風·淇奧》：“~切~磋，~琢~磨。”《史記·項羽本紀》：“猛~虎，很~羊。”引申爲依照。柳宗元《三戒》：“犬皆~人意。”［不~］不及，比不上。《左傳·僖公三十年》：“臣之壯也，猶不~人。”《戰國策·齊策一》：“自以爲不~。”

（三）形容詞詞尾。《論語·述而》：“子之燕居，申申~也（很嚴肅的樣子），夭夭~也（很舒服的樣子）。”

（四）如果。《論語·先進》：“~或知爾，則何以哉？”《孟子·梁惠王上》：“王~知此，則無望民之多於鄰國也。”

（五）連詞。或。《論語·先進》：“方六七十，~五六十。”又：“宗廟之事，~會同。”

16.【馳】

（一）馬快跑。《左傳·宣公十二年》：“遂疾進師，車~卒奔。”（馬駕車快跑，士卒飛奔。）《莊子·秋水》：“騏驥驊騮，一日而~千里。”特指驅馬追擊敵軍。《左傳·莊公十年》：“公將~之。”又《成公二年》：“不介馬而~之。”又爲打馬使快跑。《孟子·滕文公上》：“好~馬試劍。”《漢書·周亞夫傳》：“上自勞軍，至霸上及棘門軍，直～入。"引申爲疾行。成語有"風～電掣"。

（二）傳播，流布。《韓詩外傳》卷八："然其名聲～於後世。"孟郊《同年春燕》詩："英名日四～。"

（三）向往，奔向。《隋書・史祥傳》："身在邊隅，情～魏闕。"（魏闕：也叫象魏。皇帝所居的宮闕。）

[辨] 馳，驅。二者是同義詞，都有馬快跑和趕馬快跑的意思。如《詩經・鄘風・載馳》"載馳載驅"都是馬快跑，《大雅・板》"無敢馳驅"則都是使快跑（意爲放縱）。但後來"馳"字主要沿着"快跑"這個意思發展下去，所以引申出"疾行"（如"風馳電掣"）、"流布"（如"名馳宇宙"）等意義。"驅"則着重向"使快跑"的意思方面發展，所以逐漸引申出"策驅""驅使""驅逐"和"驅除"等用法來。二者有了明顯的區別。

17.【驟】

（一）馬跑。《詩經・小雅・四牡》："載～駸駸。"（駸駸 qīnqīn，馬快跑的樣子。）引申爲快速，疾。《老子》二十三章："～雨不終日。"

（二）屢次。《左傳・宣公二年》："宣子～諫。"

18.【侵】

進攻，特指沒有鐘鼓的進攻。《左傳・僖公四年》："齊侯以諸侯之師～蔡。"引申爲冒犯。《國語・楚語下》："無相～瀆。"又爲侵奪，欺凌。《孟子・梁惠王下》："狄人～之。"《史記・游俠列傳・序》："豪暴～凌孤弱。"

19.【襲】

（一）衣一套叫一襲。《漢書・昭帝紀》："賜衣被一～。"

（二）重疊。《楚辭・懷沙》："重仁～義兮。"引申爲重複，因襲，沿用。《史記・秦始皇本紀》：“五帝不相復,三代不相~。”《後漢書・宦者傳・論》：“漢興,仍~秦制。”又爲繼〔封爵,職位〕。《三國志・魏書・武帝紀》：“漢高祖之起,曹參以功封平陽侯,世~爵土。”

(三)乘人不備而進攻。《左傳・隱公元年》：“繕甲兵,具卒乘,將~鄭。”又《僖公三十二年》：“勞師以~遠。”

[辨]侵,襲,伐。《左傳・莊公二十九年》：“凡師有鐘鼓曰伐,無曰侵,輕曰襲。”“伐”是正式的戰爭,所以有鐘鼓,而且進攻的國家總要找一些“聲討”的理由,如“包茅不入”“無禮”“貳於楚”等(參看第六單元“伐”字條)。“侵”就不需要任何理由,祇是“不宣而戰”。“侵”與“伐”是不同的,所以《左傳・僖公四年》說：“侵蔡,遂伐楚。”“襲”比“侵”更富於秘密性質,祇是偷偷地進攻,所以《左傳・僖公三十二年》說：“若潛師以來,國可得也。”

20.【奔】

(一)跑。《莊子・田子方》：“夫子~逸絕塵。”特指戰敗逃跑。《論語・雍也》：“~而殿。”(殿:在後面。)

(二)逃亡〔到外國〕。《左傳・莊公八年》：“〔鮑叔牙〕奉公子小白出~莒。”(莒 jǔ:國名。)又《僖公四年》：“重耳~蒲,夷吾~屈。”(重耳,夷吾:都是晉獻公的兒子。蒲,屈:都是地名。)引申爲逃走〔到某地〕。文天祥《指南録後序》：“得間~真州。”(得間 jiàn:找機會。)

(三)男女相悦,不依舊禮教的規定而自相結合。《詩經・王風・大車》：“豈不爾思,畏子不~。”《周禮・地官・媒氏》：“~者不禁。”《史記・司馬相如列傳》：“文君夜亡~相如。”

21.【亡】

(一)逃跑。《左傳・宣公二年》：“問其名居,不告而退,遂自~

也。"《孟子·梁惠王下》:"昔者所進,今日不知其~也。"特指出奔,逃到外國去。《左傳·宣公二年》:"~不越竟。"引申爲失掉(讓它跑掉)。《戰國策·楚策四》:"~羊而補牢,未爲遲也。"

(二)滅亡。跟"存"相對。《左傳·僖公三十年》:"然鄭~,子亦有不利焉。"《戰國策·魏策四》:"且秦滅韓~魏。"

(三)死。跟"存"相對。《論語·雍也》:"~之!命矣夫!"

(四)讀 wú。通"無"。《論語·雍也》:"今也則~。"又《顏淵》:"人皆有兄弟,我獨~。"

22.【逐】

(一)追趕,追捕,追回來。《尚書·費誓》:"臣妾逋逃,無敢越~。"(越逐:指越過軍壘去追捕。)《周易》睽(kuí)卦:"喪馬勿~。"《漢書·蒯通傳》:"秦失其鹿,天下共~之。"用於抽象意義,表示追求。《韓非子·難一》:"以有盡~無已。"

(二)追擊。《左傳·莊公十年》:"遂~齊師。"又《成公二年》:"齊師敗績,~之。"

注意:(一)(二)兩個義項都不能解作"驅逐"。因爲(一)像逐馬、逐鹿,都是追回來的意思,並非把它趕走;(二)像逐齊師,更不是把敵軍趕走,追擊是爲了殺傷和擒獲。

(三)〔把別人〕趕出去。《左傳·僖公二十三年》:"以戈~子犯。"(子犯:人名,即狐偃。)引申爲驅逐,放逐。《史記·李斯列傳》:"非秦者去,爲客者~。"又《管晏列傳》:"三仕三見~。"(見:被。)《楚辭·哀郢》:"信非吾罪而棄~兮。"[~臣][~客]被貶謫的官。宋之問《途中寒食》詩:"南浸作~臣。"杜甫《夢李白》詩:"~客無消息。"

[**辨**]追,逐。二字一般用起來沒有分別。試比較《左傳·桓公

六年》"請追楚師"與《莊公十年》"遂逐齊師"。但是，"放逐"的意義不能説成"追"。而"挽回"的意義又祇能説成"追"(《論語·微子》"往者不可諫，來者猶可追")，不能説成"逐"。

23.【及】

(一)追趕上。《左傳·成公二年》："故不能推車而~。"引申爲達到。《左傳·隱公元年》："若闕地~泉，隧而相見，其誰曰不然？"又《成公二年》："將~華泉。"引申爲到那個時候。《左傳·成公二年》："病未~死。"爲趁這個時候。《戰國策·趙策四》："願~未填溝壑而託之。"又引申爲品行趕得上。《論語·公冶長》："非爾所~也。"又引申爲涉及，發生關係。《論語·衛靈公》："言不~義。"

(二)與。用爲連詞。《左傳·隱公元年》："生莊公~共叔段。"又用爲介詞。《左傳·僖公四年》："屈完~諸侯盟。"

24.【執】

(一)捉拿，拘捕，擒獲。《左傳·僖公五年》："遂襲虞，滅之，~虞公。"

(二)拿着。《論語·述而》："雖~鞭之士，吾亦爲之。"引申爲掌握。《論語·季氏》："陪臣~國命，三世希不失矣。"[~事](1)任事。《論語·子路》："居處恭，~事敬。"(2)主事[的官]。《尚書·盤庚下》："邦伯師長百~事之人，尚皆隱哉。"(邦伯，師長：指諸侯公卿。隱：痛苦。)(3)服務的人。用於對人的尊稱。不直稱他本人，而以他左右服務者來替代。《左傳·僖公三十年》："敢以煩~事。"楊修《答臨淄侯牋》："又嘗親見~事握牘持筆，有所造作。"(牘：木簡。)

(三)志向相同的朋友。《禮記·曲禮上》："~友稱其仁也。"又："見父之~，不謂之進不敢進。"[父~]父親的至交。杜甫《贈衛八處士》詩:"怡然敬父~,問我來何方。"

25.【免】

(一)脱身,使脱身。《禮記·曲禮上》:"臨財毋苟得,臨難毋苟~。"《左傳·成公二年》:"人不難以死~其君。"引申爲釋放。《左傳·成公二年》:"乃~之。"又爲脱掉。《左傳·僖公三十三年》:"~冑入狄師。"

(二)罷免(後起義)。《漢書·文帝紀》:"遂~丞相勃,遣就國。"

26.【享】

把食物獻給鬼神。《周易》隨卦:"王用~于西山。"《尚書·盤庚上》:"兹予大~于先王。"《左傳·僖公五年》:"吾~祀豐絜,神必據我。"引申爲鬼神享受祭品。《孝經·孝治》:"祭則鬼~之。"再引申爲人享受福祿。《左傳·僖公二十三年》:"而~其生禄。"

27.【薦】(荐)

(一)獸所吃的草。《莊子·齊物論》:"麋鹿食~。"《漢書·終軍傳》:"隨畜~居。"(薦居:依水草而居,無常處。)

(二)草席。《楚辭·九歎·逢紛》:"薜荔飾而陸離~兮,魚鱗衣而白蜆裳。"(陸離:美玉。)曹植《九詠》:"茵~兮蘭席。"又動詞。墊在下面。賈誼《弔屈原賦》:"章甫~履。"

(三)向鬼神進獻物品,特指無牲的祭祀。《左傳·隱公三年》:"可~於鬼神。"又《僖公五年》:"而明德以~馨香,神其吐之乎?"又爲一般的祭獻,奉獻,進獻。《論語·鄉黨》:"君賜腥,必熟而~之。"(腥:生肉。)又引申爲向君主進獻或推舉賢才。《孟子·萬章上》:"堯~舜於天。"《漢書·雋不疑傳》:"〔暴〕勝之遂表~不疑。"(暴勝之:人名。)

[辨]薦,祭。二字在祭的意義上爲同義詞。細分則無牲而祭曰薦,薦而加牲曰祭(《穀梁傳·桓公八年》注)。《左傳·僖公五年》:"而明德以薦馨香。"馨香指的是黍稷之類。(《禮記·郊特牲》注:"馨香謂黍稷。")後世薦祭不再區別。

28.【圖】

(一)考慮,反復考慮。《左傳·僖公三十年》:"闕秦以利晉,唯君~之。"又《成公三年》:"二國~其社稷。"[不~]想不到。《論語·述而》:"不~爲樂之至於斯也。"引申爲設法對付。《左傳·隱公元年》:"無使滋蔓,蔓難~也。"《漢書·高帝紀》:"羽可~。"(羽:項羽。)

(二)圖畫。《論語·子罕》:"鳳鳥不至,河不出~。"(這裏的"圖"指的是八卦圖。傳說伏羲氏據以畫成八卦。)引申爲地圖,圖表。《史記·蕭相國世家》:"何獨先入收秦丞相御史律令~書藏之。"又:"以何具得秦~書也。"(何:指蕭何。)按:"圖書"原是兩個詞,圖是地圖,《史記·刺客列傳》:"圖窮而匕首見。"書是戶口册及其他書籍。

29.【虞】

(一)意料。《左傳·僖公四年》:"不~君之涉吾地也。"[不~]意料不到的事(多指壞的)。《詩經·大雅·抑》:"用戒不~。"(戒:警戒,戒備。)

(二)欺騙。《左傳·宣公十五年》:"我無爾詐,爾無我~。"

30.【克】

(一)戰勝,攻破。《左傳·隱公元年》:"鄭伯~段于鄢。"又《僖公四年》:"以此攻城,何城不~?"引申爲克服。《論語·顏淵》:"~己復禮爲仁。"(依朱熹説:克,勝;己,身之私欲。克己,等於説克服自己的私欲。)

（二）能。《詩經・大雅・蕩》：“靡不有初,鮮~有終。”《左傳・宣公二年》引此文。

31.【堪】

經得起。受得住。《左傳・隱公元年》：“君將不~。”又：“國不~貳。”《論語・雍也》：“人不~其憂。”引申爲可。杜甫《房兵曹胡馬》詩：“所向無空闊,真~託死生。”又《解悶》詩：“復憶襄陽孟浩然,清詩句句盡~傳。”注意:上古漢語的“堪”字是一般動詞,常帶賓語;後代用作助動詞,放在動詞的前面。

32.【有】

（一）有。《左傳・隱公元年》：“小人~母。”特指領有,佔有。《孟子・公孫丑上》：“武丁朝諸侯,~天下。”又特指具有某種美德。《左傳・襄公三年》：“詩云:‘惟其有之,是以似之。’祁奚~焉。”（祁奚有此美德。）

（二）通“又”。一般用於稱數法。“有”字放在兩位數的中間。《論語・爲政》：“吾十~五而志於學。”《孟子・萬章上》：“舜相堯二十~八載。”甚至可以用兩個“有”字。《尚書・堯典》：“朞三百~六旬~六日。”（一週年是三百六十六日。）“餘”字前面,也常常加“有”字。《戰國策・齊策一》：“鄒忌脩八尺~餘。”《孟子・盡心下》：“由文王至於孔子五百~餘歲。”這是上古稱數法的特點。

（三）名詞詞頭。《尚書・皋陶謨》：“何遷乎~苗。”又：“亮采~邦。”又用於有些形容詞前。《詩經・邶風・擊鼓》：“不我以歸,憂心~忡。”[~司]掌管某方面事物的官吏。《史記・廉頗藺相如列傳》：“召~司案圖。”

33.【無】

（一）動詞。沒有。《詩經・豳風・七月》：“~衣~褐,何以卒歲。"《左傳·成公三年》:"～怨～德,不知所報。"字又寫作"无"。
"無"字也表示"無論""不論"。李斯《諫逐客書》:"是以地～四方,
民～異國。"這種用法常放在一對反義詞的前面。《漢書·高后
紀》:"～少長,皆斬之。"又《田儋傳》:"政事～巨細,皆決于橫。"
(橫:田橫。)也可以用兩個"無"字。韓愈《師說》:"是故～貴～
賤,～長～少,道之所存,師之所存也。"〔～乃〕副詞。表示委婉語
氣。等於説衹怕、恐怕。《左傳·僖公三十二年》:"師勞力竭,遠主
備之,～乃不可乎?"《論語·季氏》:"求!～乃爾是過與?"(求:
冉求。)

(二)副詞。放在動詞前面,表示禁止。《尚書·盤庚上》:
"汝～侮老成人。"《左傳·隱公元年》:"～使滋蔓。"這個意義也寫
作"毋"。《史記·項羽本紀》:"毋妄言,族矣!"引申爲否定副詞,
義近於"不",用來否定不該做的事。《論語·學而》:"君子食～求
飽,居～求安。"又《公冶長》:"願～伐善,～施勞。"《戰國策·楚策
一》:"子～敢食我也。"也寫作"毋"。《史記·張儀列傳》:"子毋讀
書遊説,安得此辱乎?"

〔辨〕無,不。"無"是動詞(指其第一義),它所否定的是名詞;
"不"是副詞,它所否定的是形容詞和動詞。因此,"無"字後面的形
容詞和動詞往往帶名詞性,如"無上""無窮""無畏";"不"字後面
的名詞則帶動詞性,如"不君""不臣""不國"。上古時代,"無"字
有時有"不"的意思,"不"字卻没有"無"的意思。後來"無"和
"不"的分別就更清楚了。

34.【昭】

(一)明亮。《詩經·大雅·抑》:"昊天孔～。"(昊天:上天;
孔:甚。)又動詞。顯示,使彰明。《左傳·桓公二年》:"是以清廟茅

屋……~其儉也。"

（二）宗廟的次序，始祖廟居中，左爲昭，右爲穆。天子七廟，始祖廟之外，有三昭三穆。諸侯五廟，有二昭二穆。大夫三廟，一昭一穆。父爲昭，則子爲穆；父爲穆，則子爲昭。《左傳·僖公五年》："大伯、虞仲，大王之~也。"（大伯、虞仲是大王的兒子，所以説"大王之~也"。）

35.【穆】

（一）和。《詩經·大雅·烝民》："~如清風。"成語有"和~""雍~""安~"。在這個意義上，"穆"與"睦"差不多。

（二）敬。《尚書·金縢》："我其爲王~卜。"雙音詞有"肅~"。〔~~〕肅敬的樣子。《禮記·曲禮下》："天子~~。"

（三）宗廟的次序。跟"昭"相對。《左傳·僖公五年》："虢仲、虢叔，王季之~也。"（王季是大王的兒子，是昭，而昭的兒子是穆。）

36.【勤】

（一）疲勞，辛苦。跟"逸"相對。《論語·微子》："四體不~，五穀不分。"《孟子·滕文公上》："將終歲~動。"《莊子·天下》："其生也~。"

（二）努力工作，不偷懶。跟"怠""惰"相對。《尚書·梓材》："先王既~用明德。"《僞古文尚書·蔡仲之命》："克~無怠。"

〔辨〕勤，勞。"勤"與"勞"是同義詞，所以《左傳·僖公三十二年》前面説"勞師以襲遠"，後面説"勤而無所"，"勞"與"勤"是前後呼應的。"勤民"是"使民辛苦"，例如《左傳·僖公三十三年》："秦違蹇叔，而以貪勤民。"這個意義，後來可以説成"勞民"。"勤民"另一意義是"爲民辛苦"，例如《左傳·僖公二十八年》："非神敗令尹，令尹其不勤民，實自敗也。"這個意義不能説成"勞民"。

37.【乏】

缺少，特指食用的缺少。《左傳·僖公三十年》：“行李之往來，供其~困。”《戰國策·齊策四》：“孟嘗君使人給其食用，無使~。”又動詞。缺乏。《左傳·桓公六年》：“今民各有心，而鬼神~主。”注意：“疲乏”是後起的意義。

38.【亂】

（一）没有秩序。跟“整”相對。《左傳·僖公三十年》：“以~易整，不武。”特指政治上没有秩序，跟治相對。《孟子·滕文公下》：“天下之生久矣，一治一~。”引申爲擾亂，破壞。《論語·微子》：“欲絜其身而~大倫。”

（二）樂曲的末章。《論語·泰伯》：“關雎之~。”辭賦的結束語也叫“亂”。《楚辭·哀郢》：“~曰……”

39.【整】

整齊，有秩序。跟“亂”相對。《左傳·僖公三十年》：“以亂易~，不武。”又動詞。整頓。《左傳·宣公十二年》：“子姑~軍而經武乎！”

40.【兩】

（一）數詞。成對的兩個，雙方。《莊子·秋水》：“~涘渚崖之間，不辨牛馬。”（涘：岸。）又《讓王》：“~臂重於天下也，身亦重於~臂。”《左傳·成公二年》：“且懼奔辟，而忝~君。”《荀子·勸學》：“事~君者不容。”雙音詞有“~手”“~翼”“~廡”“~京”“~端”“~造”“~袖”等。引申爲二。杜甫《南鄰》詩：“野航恰受~三人。”

（二）數詞用作狀語。雙方施行同一行爲，或遭受同一行爲。《左傳·成公三年》：“~釋纍囚以成其好。”《荀子·勸學》：“目不能~視而明，耳不能~聽而聰。”現代成語有“~全其美”“~敗俱傷"等。

（三）量詞。成雙纏起作用的東西，或以雙爲單位的名詞，往往以"兩"爲量詞，車有兩輪，所以車以"兩"爲單位（後代寫成"輛"）。《詩經·召南·鵲巢》："之子于歸，百~御之。"鞋子成雙纏起作用，所以屨以"兩"爲單位（後代説成"雙"）。《詩經·齊風·南山》："葛屨五~。"後來"兩"用作重量單位，二十四銖(zhū)爲一兩，十六兩爲一斤。據《漢書·律曆志》説，十二銖爲一龠(yuè)，兩龠爲一兩，所以叫"兩"。

41.【貳】

（一）副的。與"正"相對。《周禮·天官·大宰》："乃施法於官府，而建其正，立其~。"（指副職。）又《秋官·大司寇》："皆受其~而藏之。"（指副本。）《孟子·萬章下》："帝館甥于~室。"（指副宫。帝：帝堯。館：使居住。甥：女壻，指帝舜。）引申爲輔助，輔佐。《僞古文尚書·周官》："~公弘化，寅亮天地，弼予一人。"

（二）重複一次。《論語·雍也》："不遷怒，不~過。"

（三）屬於二主，事二主。《左傳·隱公元年》："既而大叔命西鄙北鄙~于己。"引申爲不專一。跟"壹"相對。《僞古文尚書·大禹謨》："任賢勿~，去邪勿疑。"又爲離異，生二心。《左傳·僖公二十三年》："子盍蚤自~焉。"（蚤：通"早"。）

（四）不一樣，不相同。《孟子·滕文公上》："從許子之道，則市賈不~。"

[辨]二，貳，兩，再。"二"是一般數目字，"貳"與"二"雖同音，但它衹用於特殊場合，如"貳屬""貳事""二心"等。"貳"用作"二"，是後代的假借用法。"二"和"兩"在上古有很大的分别。"兩"是指自然成雙的事物，如"兩手""兩端""兩翼"；"二"則表示

一般數目,不能取代"兩"的上述作用。就後來稱數方面而言,"兩"的用法,選擇條件較嚴,如"十二"不能説"十兩","第二"也不能説成"第兩";"二"在這方面則較自由。另外,"兩"能作副詞,"二"則無此作用。"兩"和"再"有表面的相似處,但實際内容完全不同。如"兩説"和"再説","兩度"和"再度"。就是同用來作狀語,二者所表示的内容也不相同。如"兩得"是説得到兩樣東西,"再得"則表示一種東西得到了兩次。

42.【兵】

(一)兵器,武器。《左傳·隱公元年》:"繕甲~。"又《成公二年》:"擐甲執~。"《孟子·梁惠王上》:"棄甲曳~而走。"

(二)持兵器的人,士兵,軍隊。《左傳·襄公元年》:"敗其徒~於洧上。"(徒兵:步兵。洧 wěi:水名,在今河南。)引申爲戰陣之事,軍事,戰爭。《左傳·隱公三年》:"公子州吁,嬖人之子也,有寵而好~。"《禮記·禮運》:"而~由此起。"《史記·孫子吳起列傳》:"世傳其~法。"

43.【車】

(一)車子。上古的車,除用於運輸和旅行以外,還有一種重要的用途,就是用於戰爭(兵車)。《左傳·隱公元年》:"命子封帥~二百乘以伐京。"《論語·憲問》:"桓公九合諸侯,不以兵~。"

(二)牙牀。《左傳·僖公五年》:"諺所謂輔~相依,脣亡齒寒者,其虞虢之謂也。"按:這個意義衹用於"輔~相依"這個成語裏。

"車"字讀 jū、chē 二音。

44.【甲】

(一)古代軍人穿的皮做的護身衣服。《左傳·成公二年》:"擐~執兵。"引申爲披甲執兵的人,即甲士。《左傳·宣公二年》:

"伏~將攻之。"引申爲動物身上有保護功用的硬殼。如"龜~"。

(二)天干的第一位。古代以干支紀日。《尚書·牧誓》:"時~子昧爽,王朝至于商郊。"(昧爽:將明未明之時。)《楚辭·哀郢》:"~之鼂吾以行。"後來也用來紀年。引申爲居第一位,用如動詞(較後起的意義)。《漢書·貨殖傳》:"秦楊以田農而~一州。"《史記·魏其武安侯列傳》:"治宅~諸第。""甲第"二字連用指大宅(因爲有甲乙次第)。《史記·孝武本紀》:"賜列侯~第。"

45.【介】

(一)疆界。《詩經·周頌·思文》:"無此疆爾~。"這個意義後來寫作"界"。引申爲居中,在中間。《左傳·襄公九年》:"~居二大國之間。"《戰國策·趙策三》:"勝請爲紹~而見之於將軍。"現代漢語有雙音詞"媒~""~紹"。又特指居賓主之間作傳言人(有時是代言)。《禮記·檀弓下》:"子服惠伯爲~。"

(二)特立,直立(都是指品行)。《孟子·盡心上》:"柳下惠不以三公易其~。"又用來形容物體直立的樣子。《水經注·盧江水》:"又有孤石,~立大湖中。"[耿~]光明正大,具有卓越的操守。形容詞。《楚辭·離騷》:"彼堯舜之耿~兮,既遵道而得路。"《韓非子·五蠹》:"不養耿~之士。"

(三)量詞。個。祇限於"一~"。《尚書·秦誓》:"如有一~臣。"後來用作謙稱。《三國志·魏書·管寧傳》:"自陳一~野生,無軍國之用。"王勃《滕王閣序》:"勃三尺微命,一~書生。"

(四)甲。特指披甲執兵的人,即甲士。《左傳·宣公二年》:"既而與爲公~。"用如動詞時,表示披甲。《左傳·成公二年》:"不~馬而馳之。"[~蟲]有甲殼的蟲。《淮南子·説山》:"~蟲之動以固。"

（五）通"芥"。比喻微末的事物。《孟子·萬章上》:"一~不以與人,一~不以取諸人。"《戰國策·齊策四》:"孟嘗君爲相數十年,無纖~之禍者,馮諼之計也。"

46.【卒】

（一）步兵。《左傳·隱公元年》:"具~乘。"又《成公十六年》:"臣之~實奔。"

（二）終,終於。《戰國策·趙策三》:"~爲天下笑。"

（三）死,上古特指諸侯大夫的死。《左傳·僖公三十二年》:"冬,晉文公~。"

（四）通"猝"（cù）,匆忙急遽的樣子。《孟子·梁惠王上》:"~然問曰:'天下惡乎定?'"

[辨]軍,士,卒,兵。"軍"是集體名詞,跟"士""卒""兵"都不同。上古"兵"和"卒"有很大的區別:"卒"是戰士,而"兵"一般是指器械。《左傳·文公七年》:"訓卒利兵。""卒"是人,所以要訓練;"兵"是戈矛之類,所以要"利"（磨它,使它鋒利）。"士"和"卒"的分別是:作戰時,士在戰車上面,卒則徒步。

47.【乘】

（一）平聲,讀 chéng。動詞。駕車,乘車。《左傳·僖公四年》:"與屈完~而觀之。"《論語·衛靈公》:"~殷之輅。"（輅 lù:車之一種。）引申爲乘船。《詩經·邶風·二子乘舟》:"二子~舟,汎汎其景。"又引申爲憑藉,趁着。《孟子·公孫丑上》:"雖有智慧,不如~勢。"《史記·淮陰侯列傳》:"此~勝而去國遠鬬,其鋒不可當。"

（二）去聲,讀 shèng。名詞。兵車,包括一車四馬。《左傳·隱公元年》:"繕甲兵,具卒~。"（這裏的"乘"指車和士。）又量詞。

春秋時代，兵車一乘有甲士三人，步卒七十二人。《左傳·隱公元年》：“命子封帥車二百~以伐京。”古人所謂“千~之國”“萬~之國”，是指國家具有這樣的武裝力量。又出使的車、田獵的車也都以“乘”爲量詞。《莊子·列禦寇》：“其往也，得車數~。”

注意：春秋時代，車馬相連，有車必有馬，有馬必有車。《論語·公冶長》：“陳文子有馬十乘”，這是説他有十乘車的馬，即四十匹馬。《論語·雍也》：“~肥馬”，這是説駕車用的是肥馬。不可理解爲“騎馬”。

48.【君】

（一）封建時代天子和諸侯的通稱。跟“臣”相對。《左傳·文公十三年》：“天生民而樹之~。”又《成公二年》：“人不難以死免其~。”《孟子·離婁上》：“欲爲~，盡~道；欲爲臣，盡臣道。”注意：秦漢以來，實行中央集權，“君”祇能指稱天子。[~子]（1）春秋時代貴族男子的通稱，往往包含尊敬義。《左傳·成公二年》：“謂之~子而射之，非禮也。”（2）指統治者。《孟子·滕文公上》：“無~子莫治野人。”（3）舊時指有才德的人。《論語·學而》：“人不知而不愠，不亦~子乎？”（4）妻稱夫。《詩經·王風·君子于役》：“~子于役，不知其期。”

（二）戰國時代貴族、功臣的封號。如齊國田文號“孟嘗~”，趙國的趙勝號“平原~”，樂毅爲“望諸~”。引申爲一般尊稱。《史記·孫子吳起列傳》：“於是孫子（臏）謂田忌曰：‘~弟重射，臣能令~勝。’”（弟：但，祇管。）又《魏其武安侯列傳》：“上乃曰：‘~除吏已盡未？’”又：“上怒曰：‘~何不遂取武庫！’”（上：指漢武帝。）

（三）指父母。《周易》家人卦：“家人有嚴~焉，父母之謂也。”引申爲子孫對祖先的稱呼。《尚書》僞孔傳序：“先~孔子，生於周末。"後世特指父親。王勃《滕王閣序》:"家~作宰,路出名區。"

49.【師】

(一)軍隊二千五百人爲一師。一般泛指軍隊。《左傳·僖公四年》:"齊侯以諸侯之~侵蔡。"又《僖公三十二年》:"使出~於東門之外。"

(二)傳授知識技術的人,老師。跟"弟子"相對。《論語·衛靈公》:"當仁不讓於~。""師"又用如動詞。司馬遷《報任安書》:"若望僕不相~。"(望:怨。僕:自謙之稱。)韓愈《師說》:"巫醫樂師百工之人,不恥相~。"

(三)樂官。上古樂師一般用盲人充任。《論語·衛靈公》:"故相~之道也。"(相 xiàng:引導、佐助〔盲人〕。)先秦有"~曠""~摯""~冕"。(曠、摯、冕:都是人名。)

50.【姑】

(一)父之姊妹。《詩經·邶風·泉水》:"問我諸~。"

(二)夫之母。《左傳·昭公二十八年》:"伯石始生,子容之母走謁諸~。"(伯石剛生下來的時候,子容的母親跑去告訴她的婆婆。諸:"之於"的合音。)朱慶餘《近試上張水部》詩:"洞房昨夜停紅燭,待曉堂前拜舅~。"(按:公婆並稱時,則稱"舅~"。也稱"~嫜"。)

(三)夫之姊妹。古詩《爲焦仲卿妻作》:"新婦初來時,小~始扶牀。"

(四)姑且,暫且。《左傳·隱公元年》:"子~待之。"《戰國策·齊策四》:"君~高枕爲樂矣。"

51.【女】

(一)婦女。特指未嫁的女子。《詩經·周南·關雎》:"窈窕淑~,君子好逑。"又《邶風·靜女》:"靜~其姝,俟我于城隅。"也泛指女性。《楚辭·離騷》:"衆~嫉余之蛾眉兮。"《周易·序卦》:"有男~,然後有夫婦。"用作定語時,表示女的,女性的。《詩經·小雅·斯干》:"乃生~子。"(女子:女性的孩子。)

(二)女兒。《荀子·成相》:"妻以二~,任以事。"杜甫《贈衛八處士》詩:"昔別君未婚,兒~忽成行。"

(三)星宿名。二十八宿之一。但"牛~"連稱時,"女"則是指織女星。

(四)讀 rǔ。你,你們。《詩經·魏風·碩鼠》:"逝將去~。"《左傳·僖公四年》:"五侯九伯,~實征之。"這個意義又寫作"汝"。

[辨]婦,女。已嫁的爲"婦",未嫁的叫"女"。有時候已嫁未嫁的女性都可統稱爲"女",如《詩經·衛風·氓》的"女也不爽"的"女"就是已婚的,但未婚的女性決不能稱"婦"。

52.【族】

(一)親屬。一般指同姓的親屬。《左傳·僖公五年》:"宮之奇以其~行。"用作動詞,表示滅族。這是專制時代的殘酷刑法之一。《史記·項羽本紀》:"毋妄言,~矣!"引申爲種類。《淮南子·俶真》:"萬物百~。"雙音詞有"水~""語~"。

(二)聚結。《莊子·養生主》:"每至於~,吾見其難爲,怵然爲戒。"又《在宥》:"雲氣不待~而雨。"又爲叢聚。《爾雅·釋木》:"木~生爲灌。"引申爲衆,一般。《莊子·養生主》:"~庖月更刀,折也。"

53.【黨】

(一)上古時代,五百家爲黨。《論語·雍也》:"以與爾鄰里鄉~乎。"又《子路》:"宗族稱孝焉,鄉~稱弟(悌)焉。"

(二)親族,姻戚。《禮記·坊記》:"睦於父母之~。"舊有
"父~""母~""妻~"等名。

(三)集團,集團的成員。《左傳·襄公二十一年》:"皆欒氏
之~也。"[~與]同黨的人。《漢書·霍光傳》:"後桀~與有譖光
者。"引申爲袒護,偏袒,憑私人交情。《尚書·洪範》:"無偏無~。"
《左傳·襄公三年》:"舉其偏,不爲~。"按:在古代漢語中,"黨"指
集團時,一般祇用於貶義,所以引申爲偏袒。

[辨]黨,党。古代二字不同。雖同都是姓,但"黨"讀 zhǎng,
"党"讀 dàng(今讀上聲)。我國古代少數民族名(西羌的別種)
"党項"的"党",更不作"黨"。

54.【讎】(讐)

仇人。《左傳·襄公三年》:"稱解狐,其~也。"又:"稱其~,不
爲諂。"關於"仇"與"讎"的分別,參看"仇"字條。

55.【河】

專有名詞。黃河。《左傳·僖公四年》:"東至于海,西至
于~。"《孟子·梁惠王上》:"~內凶,則移其民於~東。"《呂氏春
秋·察傳》:"晉師三豕涉~。"引申爲一般河流。杜甫《春望》詩:
"國破山~在。"注意:在上古時代,"河"專指黃河。即使在後代,
除非用於雙音的河名(如"交河"),或"河山""山河"連用,否則
一般仍指黃河。如杜甫《前出塞》詩:"隔~見胡騎,倏忽數
百羣。"

56.【防】

(一)名詞。河堤,河壩。《呂氏春秋·慎小》:"巨~容螻而
漂邑殺人。"(大堤有洞穴容螻蛄,就會潰決,漂沒城邑,淹死
人民。)

（二）動詞。築堤防水。《左傳·襄公三十一年》：“然猶～川，大決所犯，傷人必多。”引申爲提防，防備。古詩《君子行》：“君子～未然，不處嫌疑間。”

57.【城】

城牆，高大的圍牆（指圍繞都邑的）。《左傳·隱公元年》：“都～過百雉，國之害也。”又《僖公四年》：“以此攻～，何～不克？”用如動詞時表示築城，造城。《詩經·邶風·擊鼓》：“土國～漕。”（土：動詞。作土功。國：國都。漕：地名。）又《小雅·出車》：“～彼朔方。”（朔方：古地名。）注意：在古代漢語裏，“城”字祇指防禦用的建築物，不指政治區域。

[辨]城，郭。“城”與“郭”並稱的時候，“城”指内城，“郭”指外城。《孟子·公孫丑上》：“三里之城，七里之郭。”“城郭”二字連用時，也就指一般的城。

58.【池】

（一）護城河。《左傳·僖公四年》：“楚國方城以爲城，漢水以爲～。”《禮記·禮運》：“城郭溝～以爲固。”《孟子·公孫丑上》：“城非不高也，～非不深也。”注意：“池”在上古漢語裏，一般多作“護城河”講。

（二）積水的凹地。《莊子·逍遥遊》：“南冥者，天～也。”《孟子·梁惠王上》：“數罟不入洿～。”後世指園林中或風景區的方形水塘。

59.【田】

（一）農田。《孟子·梁惠王上》：“百畝之～，勿奪其時。”引申爲耕種（此義又寫作“佃”）。楊惲《報孫會宗書》：“～彼南山。”

（二）打獵。《左傳·宣公二年》：“宣子～於首山。”《孟子·梁惠王下》:"今王~獵於此。"後來寫作"畋"。

60.【館】

招待所,客舍。《左傳·襄公三十一年》:"乃築諸侯之~。"又動詞。住,安置。《左傳·僖公五年》:"師還,~于虞。"《孟子·萬章下》:"帝~甥於貳室。"(帝:帝堯。甥:壻,指舜。貳室:副宮。)引申爲華麗的房屋(後起義)。王勃《滕王閣序》:"臨帝子之長洲,得仙人之舊~。"

[辨]館,舍。"館"和"舍"是同義詞,都是館驛或客舍。所以"館舍"二字可以連用。《戰國策·趙策二》:"今奉陽君捐館舍。"(捐:抛棄。捐館舍,婉言指死。)當然,"舍"字的其他意義則是"館"字所不具備的。

古漢語通論

(一)怎樣查字典辭書

學習古代漢語,常常會遇到一些比較生僻的字和詞,既不知道它們的讀音,又不了解它們的意義;也常常會遇到一些字和詞,它們同現代常見的意義差別很遠;還常常會遇到一些成語典故,不大好懂。這些都要依靠字典和辭書來解決。因此,在學習古代漢語的過程中,必須學會使用常用的字典和辭書。要查閱字典辭書,須要懂得它們的編排體例。漢語字典辭書編排的方式主要有三種:

(1)按音序排列。現在通行的是按照漢語拼音字母次序排列,祇要學會漢語拼音方案,就能很快查出所要查找的字詞。但是,在拼音方案公布之前的幾十年內,有按注音字母順序排列的;在古代則大多是按平水韻 106 韻排列①。

（2）按部首和筆畫排列。把同一部首的字歸在一起，部首的先後以筆畫多少爲序；同一部首內，筆畫少的列前，筆畫多的列後。例如：口部是三畫，排在心部之前，同在口部，"召"字兩畫（部首的筆畫不計），排在三畫"名"字之前，筆畫相同時，再按起筆的筆形排列。一般是把起筆分成點（、）、橫（一）、直（丨）、撇（丿）四種或點、橫、直、撇、折（乛）五種，依次排列。例如：同是口部六畫，"咬"字在"哂"字之前，"哂"字在"咽"字之前，"咽"字在"哈"字之前。

（3）按編碼排列。把漢字按照一定的原則分別編出號碼，通行的是四角號碼檢字法。漢字是方形的，都有四個角，角的形式共有十種，用 0 至 9 十個號碼來代表。四個角的順序是先左上角，次右上角；再次是左下角，最後是右下角。每字得四碼。例如：

左上角　　　右上角

詩

左下角　　　右下角

左上角"頭"的代碼是 0，右上角"叉"的代碼是 4，左下角"方"的代碼是 6，右下角"叉"的代碼是 4。"詩"的四角號碼是 0464②。

三種排檢法各有利弊。按漢語拼音順序排列，查字迅速方便，但是不明字音或讀音不準時，就很難找到要查的字。部首排列和編碼排列不存在拼音排列的缺點，可是有的字歸屬哪一部、多少畫，卻不易確定；有些字角的歸類要靠死記，如不常用，容易忘記。

---

① 平水韻是唐宋以後人們寫詩所用的詩韻，上平聲 15 韻，下平聲 15 韻，上聲 29 韻，去聲 30 韻，入聲 17 韻，共 106 韻。參看本書第四冊《古漢語通論·詩律（上）》和附錄二《詩韻常用字表》。
② 四角號碼查字法可參考《辭源》修訂本第四冊《索引説明》。

總的來說，要查漢語的字典辭書，部首檢字法是一定要掌握的。

下面介紹一些常用的字典和辭書及其使用方法作爲參考。

1.《康熙字典》《中華大字典》

《康熙字典》是張玉書、陳廷敬等三十人奉敕編纂的，書成於康熙五十五年（公元1716年）。它是在明代梅膺祚的《字彙》和張自烈的《正字通》的基礎上編成的。字頭按部首排列，分成214部；部首又按十二地支，分成子丑寅卯辰巳午未申酉戌亥十二集，每集又各分上、中、下三卷。筆畫少的部首排在前面，同部首的字再按筆畫數目排列。過去有一首歌訣説明各集部首筆畫的數目，便於人們記憶："一二子中三丑寅，四卯辰巳五午未，六在未申七在酉，八九戌部餘亥存。"今本裝訂成一册。全書共收字47035個，是清代以前收字最多的一部字典。注音、釋義都勝過以前的字書。出版以後，風行一時，被奉爲圭臬，流傳兩百多年，影響很大，至今還有一定的參考價值。

這部字典的釋字體例是先音後義。每字下面先列歷代主要韻書的反切①，然後解釋字義，每義之下一般都引古書爲證。如果這個字有別音別義，便再解釋別音別義。試舉"社"字爲例（見下頁）：

由這個例子可以看出，《康熙字典》對字的注音和釋義主要是引用前人的意見，很少有編者自己的見解。它解釋字音和字義，除引用古代韻書或字書的解釋之外，一般還引用古注。這對我們查閲字的古音古義，無疑是有幫助的。

《康熙字典》由於是"御定"的，在清代長期無人敢加批評，其實它的缺點錯誤還是很多的。直至道光七年（公元1827年），王引之

---

① 　什麼是"反切"，詳見下文。

奉旨作《字典考證》①，纔糾正了它的引書錯誤 2588 條。辛亥革命以後，批評的意見纔多起來；1981 年王力作《康熙字典音讀訂誤》，又糾正了它在音讀方面的錯誤，共八類五千九百多條②。使用《康熙字典》時，應該同時參考這兩部書。《康熙字典》注音用反切，釋義用文言，造成理解的困難，現在有了新型的字典辭書，它的實用價值已經大大降低。

　　《中華大字典》是由陸費逵、歐陽溥存主編的，1915 年由中華書局出版。它是繼《康熙字典》後出現的第二部大型字典，也用部首排列，收字四萬八千多個，比《康熙字典》多收了一些近代的方言字和翻譯用的新字。主編陸費逵在序言中批評了《康熙字典》的四大缺點，全書在體例方面作了一些改進，注音主要採用《集韻》的反切，還加注直音，釋義也比較簡明，並採用了一些清人的訓詁研究成果。《中華大字典》確有勝過

---

① 《字典考證》附在今本《康熙字典》之後。
② 《康熙字典音讀訂誤》1988 年由中華書局出版，2015 年收入《王力全集》第 14 卷。

《康熙字典》之處，但是它實際上是在《康熙字典》的基礎上進行整理、增删、修訂的，取捨不一定都很允當。因此它雖然比《康熙字典》後出，卻不能取而代之；兩部書互有短長，須要參照使用，取長補短。

2.《辭源》《辭海》

《辭源》是商務印書館編印的，出版於 1915 年。參加編寫的有陸爾奎、方毅等五十多人。這是近代出版最早的一部以語詞爲主，兼顧百科常識的大辭書。這部書也是用的部首排列法，沿用《康熙字典》的 214 個部首，單字字頭下大量收列古今的複音詞或詞組，先釋單字，再釋複音詞語。單字先注音，後釋義。例如：

左面圖版中“市野切，馬韻”就是“社”字的注音，“馬韻”是説“社”字在上聲馬韻（這是平水韻的韻目）。《辭源》的注音是採取傳統的反切方法。它全部採用清代李光地的《音韻闡微》的反切，這是一種改良的反切，在現代注音方式產生以前，這樣做是很有意義的。它不僅拼音比較簡便，較易讀出現代音，而且適合北方官話的語音標準，具有規範化的意義。《辭源》釋義基本上是先説明詞義或用法，然後再引書證或綜述引文大意。有的還引古注對書證進行解釋。例如“社”字下立了五個義項，下面分層解説。“（一）土地神主也”是第一個釋義，“〔詩〕以社以方”是引的《詩經》中的話作例證，“〔疏〕”以後的話是唐代孔穎達對《詩經》這句話的解釋。

《辭源》基本上奠定了漢語現代詞典編纂的體例格局，其意義

社 shè 常者切,上,馬韻,禪。
ㄕㄜˋ

㊀土地之神。左傳昭二九年:"共工氏有子曰句龍,爲后土,……后土爲社。"參見"后土"。祭土神也曰社。詩小雅甫田:"以我齊明,與我犧羊,以社以方。"㊁指祭土神之所,即社宮、社廟。左傳昭十七年:"伐鼓於社。"書禹貢"厥貢惟土五色"漢孔安國傳:"王者封五色土爲社,建諸侯,則各割其方色土與之,使立社。"㊂古代地方基層行政單位,相當於"里"。左傳昭二五年:"自莒疆以西,請致千社。"注:"二十五家爲社。"疏:"禮有里社,……以二十五家爲里,故知二十五家爲社也。"又:方六里爲社。見管子乘馬士農工商。後世志趣信仰相同者結合的團體亦稱社。如晉慧遠結蓮社、明張溥建復社,以及各種文社、詩社之類。㊃社日的省稱。宋詩鈔徐鉉騎省集鈔寒食日作:"過社紛紛燕,新晴淡淡霞。"㊄社倉、社學等有時也省稱爲社。明會要五六社倉:"宋則準民間正税之數,取二十一以爲社。"續文獻通考五十學校郡國鄉黨之學:"令各府州縣,訪保明師,民間幼童年十五以下者,送社讀書。"

是很大的。《辭源》出版後,同比它出版稍晚的《辭海》一起,風行全國,滿足了知識界的廣泛需要。但是,由於出版較早,雖經續編修訂,缺誤仍在所難免,加上時代發展,許多內容已經不適應需要。商務印書館1958年開始組織修訂,並與《辭海》作了分工。《辭源》不再作爲語詞和百科兼收的綜合性詞典,而是一部"以語文爲主,百科爲副"的幫助閱讀古籍的語文工具書,專收古漢語詞彙。修訂工作由廣西、廣東、湖南、河南四省(區)的修訂組承擔,編纂工作由吳澤炎、黃秋耘、劉葉秋負責,參加修訂工作的主要人員達一百多人。全書改動相當大,首先是刪去現代自然科學、社會科學和應用技術方面的詞語,然後再改變全部注音,增補古籍中常見而舊《辭源》未收的詞條,修正錯誤,復核書證,加注引書的作者和篇目,更換部分書證。例如:新《辭源》"社"字。

《辭源》(修訂本)的注音採取漢語拼音字母和注音字母注今音,這當然比反切注音進步、方便;它仍保留了反切注音,但是性質已經跟原來不同。因爲它注反切是意在溯源,用來標誌這個字的中古音;因此它不再用《音韻闡微》的反切,而是一般用《廣韻》的反切，《廣韻》未收的字或未收的音，再用《集韻》或其他韻書或字書的反切。反切後面加注聲、韻、調地位。上面"常者切"是"社"字在《廣韻》中的反切，後面是標明它的音韻地位是在上聲馬韻，聲母是禪母。舊《辭源》第一個義項衹引了《詩經》一個書證，修訂本雖然保留了這個書證，但是不僅引得長一些，意思完整，同時還增注了部類名"小雅"和篇名"甫田"。增加《左傳》一個書證，這無疑對理解和核對都更加方便。第三個義項舊《辭源》是引用《漢書》作書證，顯然時代太晚，修訂本改引《左傳》，這就更符合溯源的要求。《辭源》修訂後，全書共收單字 12890 個，複合詞語 84134 條，總字數一千一百多萬字，是目前一部幫助閱讀古籍的較大、較好的辭書。它分成四冊出版，1979 年出版第一冊，1983 年出齊，1988 年又出版了合訂本。爲了閱讀古籍的需要，《辭源》（修訂本）仍然使用繁體字，按部首編排。衹是部首有所合併和調整，由原來的 214 部改爲 208 部。最後附有《四角號碼索引》和《漢語拼音索引》，可以幫助查檢。

　　《辭海》是中華書局編印的，出版於 1936 年，由舒新城、沈頤、張相等人主編，參加編寫的有一百多人。它編印比《辭源》晚，在體例和釋義上自然都有改進，最顯著的是引書注明篇名，便於核對原書。其次釋義比《辭源》更具概括性，行文也通俗一些。例如：《辭海》"社"字。

　　在條目的收列方面《辭海》更注意吸收現代科學的詞語(如"社評""社會革命""社會民主主義"等),卻删除了一些《辭源》收録的較爲偏僻的古代詞語(如:"社鬼""社祭""社飯"等)。百科性的内容比《辭源》的比率大。因此 1958 年《辭海》修訂時,爲了同《辭源》分工,決定改成一部綜合性辭書。修訂工作先後由舒新城、陳望道等主持。參加修訂工作的主要編寫人員有五百多人。1965 年由中華書局出版了《辭海》(未定稿),1978 年 12 月重新安排最後定稿,1979 年分三册由上海辭書社出版,1980 年又出版了縮印本(一册)。全書共收單字 14872 個,複合詞語 91706 條,總字數一千三百多萬字。《辭海》(修訂本)雖然收古代詞語比《辭源》(修訂本)少得多,但是有些百科性的古代詞語在《辭源》(修訂本)中找不着,卻能在新版《辭海》中查到。例如:"祖咏""神珙""神會""福王"是古代的人名,"宋州""祖州""神府"是古代的地名,"神武軍"是禁軍名,"禪機"是佛教名詞,"私名"是《墨經》的邏輯術語。新《辭海》是按部首排列的,由於使用簡體字作字頭,將原來的 214 部調整爲 250 部。字的歸部原則是"依據字形定部",即不管部偏旁與字義的關係,祇根據位置來確定歸部。如上下兩個偏旁都可作部首的字,取上不取下;左、右兩個偏旁都可作部首的字,取左不取右。書前附有《部首查字法查字説明》,可供參考。另外書前還附有《筆畫查字表》,書後附有《漢語拼音索引》,可以檢索。

3.《漢語大字典》《漢語大詞典》

　　《漢語大字典》和《漢語大詞典》是 20 世紀末由國家組織編寫的兩部大型的語文工具書。它們都是"古今兼收,源流並重"的。《漢語大字典》偏重收集古今的漢字,《漢語大詞典》偏重收集漢語的古今複音詞語。

　　《漢語大字典》是由湖北、四川兩省出版部門組織兩省有關專業工作者協作編寫的。由徐中舒、李格非、趙振鐸等主編，參加編寫的有三百多人。全書共八卷，一千五百多萬字。1986 年由四川辭書出版社和湖北辭書出版社出版第一卷，1990 年出齊。它共收列單字五萬六千個左右，比《康熙字典》《中華大字典》還多收近萬字。編者的意圖是注重歷史地反映漢字形音義的發展。在字形方面，單字條目下收列了能够反映形體演變關係的、有代表性的甲骨文、金文、小篆和隸書的形體；在字音方面，除儘可能注出現代讀音外，還收列了中古的反切，標注了上古的韻部。當我們遇到了在《辭源》《辭海》中找不到的字時，《漢語大字典》是最好的顧問。如果我們想了解字形、字音的歷史演變時，《漢語大字典》也是一部比較便當的工具書。可惜在釋義方面，這部字典過於求細，忽視詞義的概括性，加以書成衆手，難免出現義項分合不當、釋義不確的情況，有待修訂。《漢語大字典》是按部首排列的，它的部首是以傳統的《康熙字典》214 部爲基礎，刪併成 200 部。單字歸部也基本上與《康熙字典》相同。每卷前面都列有該卷的檢字表，第八卷列有全書的《筆畫檢字表》，可供檢索。

　　《漢語大詞典》是由上海市、山東省、江蘇省、安徽省、浙江省、福建省五省一市組織有關專業工作者共同編寫的。由羅竹風主編，參加編寫的有四百多人。1986 年由上海辭書出版社出版了第一卷，其餘各卷從 1988 年起改由新成立的漢語大詞典出版社出版，至 1993 年出齊，共十二卷。這是一部大型的、歷史性的漢語語文辭典，全書五千餘萬字，共收詞目三十七萬條左右。這部詞典收集的複音詞語空前豐富，傳世古籍中的複音詞語基本上都能在這部大詞典中找到。它同《辭源》《辭海》一樣，所收詞目有單字條目和多字條目之分。單字也是按部首排列的,部首同《漢語大字典》相同,也是 200 部。多字條目按"以字帶詞"的原則,列在單字條目之後,多字條目的次序再按字數和筆畫的多少排列。詞典另有檢索和附錄一卷,列有《音序檢字表》和《筆畫檢字表》,可供檢索。

4.《新華字典》《現代漢語詞典》《古漢語常用字字典》

《新華字典》《現代漢語詞典》雖然是兩部現代漢語工具書,但是對閱讀古書也是有參考價值的。《新華字典》是新華辭書社編纂的,主持其事的是魏建功。1953 年出版注音字母音序排列本,1954年出版部首排列本,1959 年又出版漢語拼音字母音序排列本,1979年修訂重排,以後又不斷修改補充,成爲目前流行最廣的字典。這本字典是供中等文化程度的人使用的,收字範圍大致以現代漢語所用的字爲限,釋義也祇限於現代漢語的用法。但是,它也適當收錄了古代文獻中的詞彙,以及歷史上的外來語。本書注音釋義都用現代口語以及被現代口語吸收了的文言詞語,因此對我們學習古代漢語也有一些幫助。使用這部字典時,除按照音序進行查閱外,還可以按照前面所附部首檢字表查字。

《現代漢語詞典》是中國社會科學院語言研究所詞典編輯室編的,呂叔湘和丁聲樹先後任主編。它是以記錄普通話語彙爲主的中型現代語文詞典,收詞目五萬六千多條。1956 年開始編寫,1960年出試印本,徵求意見,1965 年出版試用本。這是一部釋義精確、體現目前漢語研究水平的好辭書。但是在試用本出版後十多年,1979 年纔由商務印書館正式出版。1996 年出版了修訂本,增加了一些新的詞語,删改了少量舊詞舊義,詞目增加到六萬多條。這部詞典不僅因爲它收了一些舊詞語、舊意義和書面上還常見的文言詞語,我們閱讀古書時可以查考,還因爲它釋義比較精確,有助於我們通過現代的精確釋義去理解它的古義。

《古漢語常用字字典》是 1974—1975 年由北京大學中文系漢語專業的師生和北京齒輪廠等單位的工人編寫的,1979 年由商務印書館出版。這本字典收古漢語常用字三千七百多個,後附難字表,收難字二千六百多個。它是在王力主編的《古代漢語》(即本書)常用詞的基礎上編寫的。在釋義解詞中,重視詞義的概括性和各義之間的內部聯繫,注釋簡明通俗,適用於初學古漢語的讀者。可惜由於當時的編寫條件,引用書證範圍很窄,又未能考慮時代先後,是一缺陷。1993 年出版了修訂本,除增補了一些條目外,對原書的引例作了較大的修改。它是按《漢語拼音方案》的音序排列的,前面附有《部首檢字》,可供檢索。

5.《說文解字》《經籍籑詁》

《說文解字》的作者是東漢許慎。東漢和帝永元十二年(公元 100 年)寫成初稿,安帝建光元年(公元 121 年)定稿。這是中國文字學的奠基之作,也是我國第一部系統完備的字典。它收字 9353 個,另有重文 1163 個。每個字都是先列小篆形體,然後進行說解,先釋字義,後說形體結構。例如:《說文解字》第一頁、第二頁(見下頁)

這是 1963 年中華書局的影印本。書框上的楷書是爲了方便今天的讀者而新增的,雙行小字是宋代徐鉉校定《說文解字》時增加的注釋和反切注音(注意:徐鉉採用孫愐《唐韻》的反切,不能代表許慎時代的讀音)。許慎所說解的字義是他認定的本義。他根據小篆的形體來分析字形結構,說解字義,大部分是可信的。由於時代的限制和古文字材料的不足,也會有些錯誤,上面所引用的第一頁,就是問題比較多的。我們要分析字形結構或探討詞的本義時,

說文解字第一上

漢　太尉祭酒許慎記

宋　右散騎常侍徐鉉等校定

十四部　六百七十二文　重八十一

凡萬六百三十九字

文三十一　新附

一　惟初太始道立於一造分天地化成萬物凡一之屬皆从一　於悉切

元　始也从一从兀　徐鍇曰元者善之長也故从一　愚袁切　古文一

天　顛也至高無上从一大　他前切

丕　大也从一不聲　敷悲切

吏　治人者也从一从史史亦聲　徐鍇曰吏之治人心主於一故从一　力置切

《說文一上一部》　上部　一

丄　高也此古文上指事也凡丄之屬皆从丄　時掌切　丄篆文上

帝　諦也王天下之號也从丄朿聲　都計切　古文帝

旁　溥也从二闕方聲　步光切　古文旁　亦古文旁　雨籀文

丅　底也指事　胡雅切　丅篆文丅

示　天垂象見吉凶所以示人也从二二古文上三垂日月星也觀乎天文以察時變示神事也凡示之屬皆从示　神至切　古文示　文四　重七

祜　上諱　徐鉉等曰此漢安帝名也　福也

禮　履也所以事神致福也从示从豊豊亦聲　靈啟切　古文禮

禧　禮吉也从示喜聲　許其切

禛　以真受福也从示真聲　側鄰切

祿　福也从示彔聲　盧谷切

禎　祥也从示貞聲　陟盈切

祥　福也从示羊聲一云善　似羊切

祉　福也从示止聲　敕里切

福　祐也从示畐聲　方六切

祐　助也从示右聲　于救切

祺　吉也从示其聲　渠之切　籀文从基

祇　敬也从示氏聲　巨支切

禔　安福也从示是聲易曰禔既平　市支切

《說文一上示部》　示部　二

一般都應參考《説文解字》。許慎在分析小篆的形體結構時，從中概括出五百四十個偏旁作爲部首，然後把所收集的九千多個字列入這五百四十個部首中去，這是他的一大創造，對後世的檢字法有很深遠的影響。但是《説文》部首的排列没有統一的標準，一般是儘量把篆文形體相近或相關的部首排在一起，例如：“三、王、玉、珏”相從，“人、乚（化）、匕、从、比、北”相從；同部首的字是儘量把意義相近的字擺在一起，例如：口部，“喟、㖉、吻、嚨、喉”相從，“喘、呼、吸、嘘、吹”相從。這種排列方法是無法貫徹到底的，而且許慎也没有嚴格遵守它，因此從《説文解字》中檢字是很困難的。清代一些研究《説文》的人根據《康熙字典》的 214 部另編“通檢”，其中比較通行的是黎永春的《説文通檢》，可供檢索。中華書局新印本書末附有楷體筆畫檢字表①，可以檢索部首，也可以檢索正文諸字。

　　唐宋以後，研究《説文》的非常多，清代極盛，最受推重的有四大家：即著《説文解字注》的段玉裁，著《説文解字義證》的桂馥，著《説文句讀》的王筠，著《説文通訓定聲》的朱駿聲。段玉裁的《説文解字注》是學習、研究《説文》的最佳注本，朱駿聲的《説文通訓定聲》對字義的來源和發展有較細緻的分析，都是對我們學習、研究古代漢語很有幫助的工具書。

　　《經籍籑詁》是清代阮元主編的，出版於清嘉慶三年（公元1798 年）。這是一部專門收集唐代以前各種古書注解的字典。它在編排上用的是韻母排列法，按平水韻 106 韻編次被釋的字；以一韻爲一卷，全書 106 卷，每字之下，羅列唐以前各種古書注解對這個字的解釋。這對我們閱讀唐以前的古書很有幫助。平水韻的韻部系統同現代漢語的韻母系統差別很大，查檢很不方便。近年影

---

①　編者注：2013 年中華書局本有音序、筆畫索引。

印本《經籍籑詁》多在前面附有筆畫索引。

6.《經傳釋詞》《詞詮》

這是兩部專門討論古漢語虛詞用法的著作,也可以説是虛詞詞典。

《經傳釋詞》是清代學者王引之所著,出版於清嘉慶二十四年(公元 1819 年)。全書共解釋虛詞 160 個,編排次序是按照古聲母的順序排列的①。這本書在虛詞的特殊用法上,引證豐富的材料,分析排比,作出了許多精彩的結論,糾正了前人的失誤。但是在虛詞的通常用法上,卻談得很少。

《詞詮》是近人楊樹達所著,1928 年由商務印書館出版,1954年以後改由中華書局重印。這本書收字五百以上,所講的內容,既包括虛詞的通常用法,也包括虛詞的特殊用法,引例豐富,比較通俗易懂,對初學古漢語的人比較適用。編排體例是按當時通行的注音字母的次序,不採《經傳釋詞》的辦法。注音字母的次序現在人們也已生疏,可以利用它的部首目錄。

除了這兩部虛詞著作外,清人劉淇的《助字辨略》和何樂士等編著的《古代漢語虛詞通釋》(北京出版社出版)也可供參考。

7.《詩詞曲語辭匯釋》

《詩詞曲語辭匯釋》是近人張相所著,1953 年由中華書局出版。這是研究詩詞曲中特殊詞語的一部專著。書中一般是解釋單詞或詞組的意義,有時還由意義的解釋推及於詞源(或語源)的探討和語法的分析。被解釋的單詞或詞組,都是唐宋元明間流行於詩詞曲中的特殊詞語。這部書能幫助讀詩詞曲的人了解這些特殊詞語

----

① 卷一至卷四是喉音聲母的字,卷五是牙音聲母的字,卷六是舌音聲母的字,卷七是半舌半齒聲母的字,卷八、卷九是齒音聲母的字,卷十是脣音聲母的字。

的意義和用法。使用這部書時,可利用書末附載的筆畫索引進行查閱。

　　字典、辭書都要給字和詞注音。《漢語拼音方案》公布後,自然都應該用它注音。在此以前,有種種不同的注音方法,"五四"以後常用的是注音字母,更早一些一般是用直音或反切。直音即用同音字來注音,如"根,音跟"。反切是用兩個字合注一個字的音,稱爲"某某切"(唐以前稱爲"某某反"),上字取聲母,下字取韻母和聲調(反切下字和被切字的聲調是一致的),合成被注字的音。例如"毛"字可以用"莫袍切"來注音,因爲"莫"(mò)的聲母是 m-,"袍"(páo)的韻母是-ao,把 m-和-ao 合起來,正好成爲"毛"的音máo。反切的辦法很陳舊,但是較老的字典或辭書(如《康熙字典》、舊《辭源》《辭海》)都用它。由於古今字音的不同,我們用現代的讀音來"切",有時並不能得出正確的讀音。要全面掌握反切法,須要有音韻學的知識。

　　在使用一部字典或辭書的時候,必須先做到三件事:第一,先看序和出版年月,這樣可以對它的編纂經過、使用範圍和材料收集的起訖點有一個大致的認識。第二,細讀凡例,凡例一般就是使用法,不了解凡例,就很難順利地使用。第三,注意書後有沒有補遺、勘誤、附錄之類的東西。這三件事看似小事,其實很重要。有些人查字典,祇圖省事,事先不做好這些準備工作,結果常常走彎路,反而費了時間。

(二)古今詞義的異同

　　語言是發展的,學習語言要有歷史發展的觀點。現代漢語是從古代漢語的基礎上發展起來的，我們又必須承認語言的繼承性，看到古今漢語相同的方面；但是更應該重視語言的發展，看到古今漢語相異的方面。繼承和發展，是矛盾的統一，忽視任何一方面，都是不對的。語言的各方面，詞彙變化最快。舊詞不斷消亡，新詞不斷産生，詞義不斷演變。在學習古代漢語時，我們必須特別注意古今詞義的異同。

有沒有這樣的一些詞：它們的意義直到今天仍舊是幾千年前的意義，幾乎沒有發生變化的呢？有的。例如“雞”“牛”“大”“小”“笑”“釣”等，它們所指稱的仍舊是幾千年前的同一概念。這些是屬於基本詞彙的詞，是詞彙的重要組成部分，同時也是語言的繼承性、穩固性的重要表現之一。但是，像這種意義幾乎沒有變化的詞，在漢語詞彙中祇佔極少數。

有沒有這樣的一些詞：它們的現代意義和古代意義是毫無關係的呢？也是有的。例如“該”字在上古和中古都祇當“完備”講①，宋玉《招魂》：“招具該備，永嘯呼些。”王逸注：“該，亦備也。”到了中古以後纔有“應當”的意義，在這後起的意義和“完備”的意義之間，我們看不出繼承的關係來②。又如“搶”（qiǎng）字，現代是搶劫的意思；《莊子·逍遥遊》中“搶（qiāng）榆枋”的“搶”，是“突過”的意思，《戰國策·魏策四》中“以頭搶（qiāng）地爾”的“搶”，是“撞”的意思，都和“搶劫”的意義無關。再如尋找的“找”

---

① 古代漢語裏，字和詞在大多數情況下是一致的；因此，研究古代漢語，傳統上都以字爲單位。本書爲了行文的方便，沿用了傳統的辦法，在論及某個具體的單音詞時，往往不稱“某詞”而稱“某字”，如不說“‘該’這個詞”，而說“‘該’字”，以下皆同此（祇是行文上這樣，但我們實際上還是以詞爲單位）。

② 《説文》：“該，軍中約也。”段玉裁注：“凡俗云‘應該’者，皆本此。”但是“軍中約”的意思沒有史料可以證明。

（zhǎo）。《集韻》有個"找"字，那是"划船"的"划"（huá）的異體字，和"尋找"的意義無關，讀音也完全不同。像這樣使用同一形體而古今意義無關的詞，在漢語詞彙中更是少數。這少數字，有的祇是同一個字，古今用法不同，表示不同的詞；有的則是因爲我們的研究不够，它們的來歷還没有被發現罷了。

就一般情況來説，古義和今義是既有聯繫，又有區别的。由於語言的繼承性，今義從古義的基礎上發展出來，今古之間必然要發生關係。有些關係是比較明顯的，有些關係是比較隱晦的；有些關係非常密切，竟致使一般人分辨不出古今詞義的細微區别；有些關係相當疏遠，卻又令人誤以爲没有關係。我們對於古今詞義的關係，不管是密切的還是疏遠的，都應該加以注意。

在異同的問題上，難處不在同，而在異；不在"迥别"，而在"微殊"。

假使古代漢語的詞都像"雞""牛""笑""釣"等一樣，古今詞義相同，我們讀古書的困難就會小得多。假使古代的詞是死去了的，現代罕用的，當然對閱讀古書會帶來一定困難；但我們一查字典，也就解決了問題。例如"儺"（nuó）字，舊《辭海》説是"驅逐疫鬼"，《現代漢語詞典》説是"舊時迎神賽會，驅逐疫鬼"，我們一看也就懂了。又如上文所舉的"該"（又寫作"賅"）字，我們知道它在古代祇有"完備"的意義，和現代"應當"的意義截然不同，那也好辦，我們很容易就把古今詞義分辨得清清楚楚。祇有在古今詞義"微殊"的情況下，最容易產生誤解，例如"勸"字，我們讀到《左傳·成公二年》的時候，很可能把"以勸事君者"了解爲"以此規勸事君的人們"。事實上，上古的"勸"祇有"勉勵"和"鼓勵"的意思，這裏的"勸"，祇能作"勉勵"講。至於"善言規勸"和"勸解"的意義，是漢魏以後很晚纔有的。我們如果把古今詞義之間這種細微的差別忽略過去了，那就沒有真正地讀懂古書。

又以“給”字爲例。當我們讀《戰國策·齊策》，讀到“孟嘗君使人給其食用”一句的時候，很容易把“給”字解作“給與”（給予）。的確，這樣講似乎也講通了。爲什麼說“也講得通”呢？一則因爲現代“給”字所具有的“給與”的意義本來就是從古代“供給”的意義發展來的，所以二者自然能有共通之點；二則因爲這樣講也能適應上下文。但是，這一句話的“給”字絕對不能解作“給與”，因爲在那個時代“給”字還沒有這種意義。

又以“再”字爲例。“再”字在上古祇有“兩次”（或“第二次”）的意思。《左傳·莊公十年》：“一鼓作氣，再而衰，三而竭。”《左傳·僖公五年》：“一之謂甚，其可再乎？”這些“再”字都祇能解作“兩次”（或“第二次”）。要注意“再”和“復”的分別：“再”字表示動作的數量，它代替了“二”（古人不說“二而衰，三而竭”，也不說“一之爲甚，其可二乎？”），“復”字祇表示行爲的重復，不表示數量。例如《戰國策·趙策》：“有復言令長安君爲質者，老婦必唾其面。”這裏是“重復”的意思，所以用“復”，不能用“再”。現代漢語的“再”相當於古代的“復”，假如拿“再”的現代意義去理解古書中的“再”（特別是上古），就會産生誤解。

總之，詞義是隨着時代的推移而産生發展變化的，時代不同，詞義就可能有變化。我們一定要注意這一點，不能不加考察地以今義去理解古書中的詞彙。學習古代漢語，必須在字、詞、句方面狠下功夫，有一個“求甚解”的態度，認真學會辨析古今詞義的異同，進而還應該對先秦、兩漢和唐宋以後的詞義差別給予高度的注意。

在解釋古代詞義方面，《説文》所講的詞義基本上是可靠的。例如許慎在"再"字下面説："一舉而二也。"意思是説"同一的動作進行兩次"。這是非常恰當的解釋。《辭海》根據别的書把"再"字解作"重也、仍也"，已經不够確切，假定有人在解釋先秦的作品時，把"再"解作"復也、又也"，那就完全錯了。

我們要正確地了解古代的詞義，就必須依靠比較好的字典和辭書。《辭源》《辭海》在字義的解釋上比較慎重。試看《辭海》對"勸"字的解釋：

> 【勸】去怨切，音券，願韻。(一)勉也。禮表記："使民有所勸勉愧恥以行其言"，此爲勸勉他人；又論語爲政："舉善而教不能則勸"，此爲受教而知所勸勉。(二)俗謂以言説使人聽從曰勸。

(一)是"勸"的古義，(二)是"勸"的後起意義，《辭海》把它們分得清清楚楚，這對我們了解古代詞義無疑是有幫助的[①]。但是《辭海》仍往往把古今詞義混在一起，容易令人發生誤解。試看《辭海》對"給"字所下的解釋：

> 【給】基揖切，音急，緝韻。(一)足也。孟子梁惠王："秋省斂而助不給。"(二)供也。左傳僖四年："敢不共給"，給亦供也。漢書張湯傳："用善書，給事尚書"，謂供給書寫之事。(三)賜與曰給。晉書輿服志："四望三望夾望車，形制如皂輪，王公大臣有勳德者特給之。"按凡與人以物亦曰給。(四)言辭捷給也。參閲口給條。

口給的"給"是特殊的意義，這裏不討論。(一)(二)兩個意義是上古的意義，本來都不錯。(三)"賜與"和"與人以物曰給"，則是後起的意義，混在一起就分不清時代了。我們看《辭源》《辭海》的時

[①] 新版《辭海》《辭源》都以"勸告"作爲第一義，反而不如舊《辭海》正確(文中《辭海》《辭源》均指舊版)。

候,自己要下一些判斷。從所舉的例子來看,還是可以解決一些問題的。這裏(一)(二)所舉的是《孟子》《左傳》的例子,可見它們是上古的意義;(三)"賜與"的意義舉的是《晉書》的例子,《晉書》是唐代的著作。至於"與人以物曰給",未舉出古代的例子。可見是後起義,至少在上古不是常用義。但是《辭源》《辭海》在古今詞義異同方面還做得很粗疏①,不能單純依靠它所舉的例子來斷定詞義的時代先後。

　　有些文字學家的專著,對古今詞義的異同問題,解決得比較好,沒有將古今的詞義混爲一談。他們或者祇指出詞的古義,例如許慎《説文》對"給"的解釋是:"給,相足也。"段玉裁在注解"給"字時説:"相足者,彼不足,此足之也,故從合。""對不足者供給",這是"給"的本義,他們的注解都祇解釋了"給"的本義。另外,他們還往往指出古今詞義的不同,如徐灝在他的《説文解字注箋》裏,對"兩"字的解釋是這樣的:

　　　　引申之,凡雙行者皆曰兩。故車兩輪,帛兩端,屨兩枚,皆以兩偶
　　(稱)。説卦傳"參天兩地而倚數",兩猶耦也,重也。許訓爲再,再亦重
　　也。今直用爲一二之數,非古義矣。

徐灝的意思是説,今天"兩"字當"二"字講,不是古代的意義了。他的意見是對的。

　　但是,古人由於時代的局限,他們的解釋不能像現代人在詞典裏給詞下定義那樣富於科學性。他們雖然心知其意,由於當時字書的體例不夠完善,祇知道用同義詞解釋,找不到一個適當的同義詞的時候,就祇能得其近似了。許慎在"兩"字下面不寫"二也",而寫"再也",已經是值得贊揚的,因爲他清楚地知道"兩"字不等於

---

① 《辭源》(修訂本)在詞義訓釋方面有較大提高。

"二"。他寫一個"再也"，表示"重"的意思，因爲他找不到更合適的同義詞了。

漢語詞義的研究，過去長期停留在古書訓釋的階段，雖有不少成果，但目前還沒有一部字典或任何别的著作解決了詞義的時代差别問題。因此，我們今天在閱讀古書時，除了查閱字典和文字學專著之外，有時還需要自己利用科學方法，進行比較歸納，解決古書中遇到的詞義問題。詞義在古書中的應用，是帶有普遍性的；因爲詞義是具有社會性的，社會對它有共同的理解。例如《左傳》"再"字共見四十七次，都是"兩次"（或"第二次"）的意義，没有一次是"復"的意義的。再拿《公羊傳》《穀梁傳》《墨子》《論語》《莊子》《孟子》《荀子》等書比較，也都没有例外。這樣，我們就用確鑿的事實證明了《説文》"一舉而二也"的解釋是不錯的。有些事實甚至是前人所没有發現的，衹要進行深入的研究，必然續有發現。

（三）單音詞，複音詞，同義詞

我們研究古代漢語的時候，須要了解單音詞和複音詞的關係，複音詞和同義詞的關係，因爲這有助於我們更徹底地了解古代漢語。

我們隨便把一篇古文翻譯成爲現代漢語，就會發現譯文比原文長了許多。這主要是因爲古代漢語的詞彙以單音詞爲主，而現代漢語的詞彙以複音詞（主要是雙音詞）爲主。例如"蹇叔之子與師"（《左傳·僖公三十二年》）這一個句子中，"子"字在現代一般總説成"兒子"，"與師"更非譯成兩個複音詞"參加軍隊"不可。

古代單音詞和現代複音詞的對比，主要有三種情況：第一種情況是換了完全不同的詞，例如"與"變成"參加"，"師"變成"軍隊"；

第二種情況是加上詞尾詞頭，如"虎"變成"老虎"，"杯"變成"杯子"，"石"變成"石頭"；第三種情況是利用兩個同義詞作爲詞素，構成一個複音詞，例如"兒"和"子"是同義詞，合起來成爲複音詞"兒子"。

最值得注意的是第三種情況。有許多古代的單音詞，作爲詞來看，可以認爲已經死去了；但是作爲詞素來看，它們還留存在現代漢語裏。舉例來説，古代漢語有單音詞"慮"字。《論語·衛靈公》："人無遠慮，必有近憂。"《詩經·小雅·雨無正》："弗慮弗圖。"但是，在現代漢語裏，"慮"字衹作爲詞素留存在"顧慮""考慮"等雙音詞裏，或者衹出現在"深謀遠慮""深思熟慮"等成語裏，而不能作爲單音詞自由運用了。

漢語大部分的雙音詞都是經過同義詞臨時組合的階段的。這就是説，在最初的時候，衹是兩個同義詞的並列，還沒有凝結成爲一個整體，一個單詞。這可以從兩方面證明：第一，最初某些同義詞的組合沒有固定的形式，幾個同義詞可以自由組合，甚至可以顛倒。例如"險""阻""隘"是同義詞①，在上古常常單用，又可以互相組合。《左傳·僖公二十二年》既有"隘而不列""阻而鼓之"，又有"不以阻隘也""阻隘可也"。後兩句"阻"和"隘"雖然連在一起，但顯然還是兩個詞。在《史記·孫子吴起列傳》中有"馬陵道陜（狹），而旁多阻隘"，"阻"和"隘"組合得緊一些。又《史記·淮陰侯列傳》"恐吾至阻險而還"，是"阻"和"險"相結合。同時我們還可以看到，《左傳·成公十三年》有"險阻"（踰越險阻），《離騷》中有"險隘"（路幽昧以險隘）。這説明三個同義詞組合時，各自的獨立性還很强，沒有組成新的單一的詞，還是自由組合的情況。第

---

① "隘"單用時，是狹的意思，同"險""阻"的區别較大。

二,古人對於這一類同義詞,常常加以區別。例如"婚姻"很早就成爲複音詞,《左傳・成公十三年》"寡君不敢顧婚姻",但是《説文》還説"婦家爲婚,壻家爲姻"。"饑饉"在後來也成了複音詞,但是朱熹注《論語》還説"穀不熟曰饑,菜不熟曰饉"。今天,我們讀古書的時候,應當把這些詞當作複音詞來理解,這樣纔能得到一個完整的概念。但是,詞素的本來意義不能不管,因爲分析複音詞中的詞素,不但能够幫助我們説明這些複音詞是怎樣形成的,而且可以從後代詞義和本來意義不同的比較中看出複音詞的完整性,從而把複音詞和同義詞區別開來。

這一類複音詞的每一個詞素,往往保存着一定的獨立性。這就是説,在這個地方它是複音詞的詞素,在其他地方它又可以獨立成爲一個單音詞。例如《戰國策・齊策》:"齊王聞之,君臣恐懼。""恐懼"可以認爲複音詞,但是《論語・顏淵》:"君子不憂不懼。"《孟子・梁惠王下》:"吾甚恐。""恐"和"懼"都能獨立運用。又如《左傳・宣公二年》:"不忘恭敬,民之主也。"這裏"恭敬"是複音詞,但是《論語・子路》:"居處恭,執事敬。"可見"恭"與"敬"又可以分開來用。又如《論語・學而》:"與朋友交,而不信乎?""朋友"可以認爲複音詞,但是《論語・學而》又説:"有朋自遠方來,不亦樂乎?"《禮記・儒行》:"其交友有如此者。"這種可分可合的情況,跟單純的複音詞是大不相同的。

古代漢語中有一種複音詞值得注意。這種複音詞是用兩個單音的近義詞或反義詞作爲詞素組成的;其中一個詞素的本來意義成爲這個複音詞的意義,另一個詞素衹是作爲陪襯。例如:

今有一人,入人園圃,竊其桃李。(墨子・非攻上)

(種樹的地方叫園,種菜的叫圃。這裏衹"園"起作用,"圃"字無義。)

懷怒未發,休祲降於天。(戰國策・魏策四)

（休，吉兆；祲，妖氣。這裏祇“祲”起作用，“休”字無義。）

多人不能無生得失。（史記·刺客列傳）

（人多了不能無失。“得”字無義。）

罵其妻曰：“生子不生男，有緩急，非有益也。”（史記·文帝本紀）

（有急。“緩”字無義。）

有人把這種複音詞叫做“偏義複詞”。

有些從詞組變來的固定組合，如果拆開來講與整體的意義完全不同，那也應該認爲是複合詞。這一類詞有“天下”“足下”“君子”“小人”“先生”“將軍”等。

真正單純的複音詞在古代漢語裏比較少見，但也佔一定的數量。

單純的複音詞，絕大部分是聯緜字。例如“倜儻”“忸怩”“造次”“鎡基”“抑鬱”“徘徊”“觳觫”“逡巡”“逍遥”“須臾”等。聯緜字中的兩個字僅僅代表單純複音詞的兩個音節，古代注釋家有時把這種聯緜字拆成兩個詞，當作詞組加以解釋，那是絕大的錯誤。例如“披靡”是草木隨風偃仆的樣子，也用來比喻軍隊的潰敗。《史記·項羽本紀》“漢軍皆披靡”，張守節正義云：“靡，言精體低垂。”又如“辟易”是倒退的樣子。《史記·項羽本紀》“人馬俱驚，辟易數里”，張守節正義云：“言人馬俱驚，開張易舊處，乃至數里。”單講“靡”字，則“披”字沒有着落；“辟”字當“闢”字講（開張），“易”字當“更易”講，這是望文生義。這些都是不對的。

總而言之，當我們閱讀古書的時候，遇着同義詞連用時，不要輕易地看成複音詞；遇着聯緜字時，千萬不要拆開來講。

* * * *

上面我們敘述了關於單音詞和複音詞的關係中的一些問題，

下面再簡單談談有關辨析同義詞方面的幾個問題。

　　古代漢語裏，同義詞很多。《説文解字》《爾雅》等書，主要是以同義詞來解釋字義。但是，絕大多數同義詞的意義都不是完全相等的；同義詞彼此之間，有同也有異，或者含義有差別，或者使用範圍有寬有窄，或者使用條件有所不同。

　　同義詞的辨析，對我們正確理解古書有很大的幫助。本書在常用詞部分，一般是用同義詞間的相互對比相互辨別來解釋同義詞的詞義的。例如“畏”和“懼”是同義詞，《老子》：“民不畏死，奈何以死懼之？”《論語・顏淵》：“君子不憂不懼。”《左傳・僖公二十二年》：“猶有懼焉。”《戰國策・楚策》：“猶百獸之畏虎也。”它們都作怕或害怕講。但是它們的使用範圍和使用條件有所不同，意義也不完全相等。它們的差別是：“畏”字多用作及物動詞，“懼”字多用作不及物動詞；“懼”字用作及物動詞時，往往是使動用法（使……畏），“畏”字很少有使動用法；“畏”字有敬服的意思，“懼”字沒有這種意義。又如“能”和“得”，古代都表示可能的意義，都用作助動詞，但它們的使用條件有所不同。“能”字用於表示能力所及，《論語・八佾》：“夏禮，吾能言之。”“得”字則用於表示客觀條件的容許，《論語・微子》：“孔子下，欲與之言，趨而避之，不得與之言。”這兩個句子裏，“能”與“得”不能互換。我們閱讀古書，要注意同義詞間這種細微的差別；否則，對古漢語的理解，就會比較膚淺。

　　古代漢語中有些詞用於泛指和用於特指，意義是不同的。《詩經・豳風・七月》：“十月納禾稼。”“禾”是泛指穀類；但是在“禾麻菽麥”一句中，“禾”是專指粟而言。“稻”字也有泛指和特指的分別：泛指則包括黏者（糯米）不黏者（粳米）；特指則專指黏者，與秔

（粳米）相對。泛指則"禾"與"穀"是同義詞；特指則不是同義詞。特指則"稻"與"稬"（糯）是同義詞；泛指則不是同義詞。泛指，段玉裁叫做"渾言"；特指，段玉裁叫做"析言"。一般來説，這類同義詞連用時是泛指的意義，對舉時是特指的意義。例如"恭"和"敬"，《論語・子路》："居處恭，執事敬。"用於特指，意義有分別。朱熹注："恭主容，敬主事，恭見于外，敬主乎中。"指出了二者的分別："恭"着重在外貌，"敬"着重在内心。連用時，如《左傳・宣公二年》："不忘恭敬，民之主也。"就用不着區別了。這樣看古漢語的詞彙，纔是全面的。

（四）詞的本義和引申義

　　所謂詞的本義，就是詞的本來的意義。漢語的歷史是非常悠久的，在漢字未産生以前，遠古漢語的詞可能還有更原始的意義，但是我們現在已經無從考證了。今天我們所能談的祇是上古文獻史料所能證明的本義。了解這種本義，對我們閱讀古書有很大的幫助。

　　一個詞往往不祇具有一個意義。當它們有兩個以上的意義的時候，其中應該有一個是本義[1]，另外還有一個或一些引申義。所謂引申義，是從本義"引申"出來的，即從本義發展出來的。舉例來説，"向"字的本義是"向北的窗户"（《説文》"向，北出牖也"），《詩經・豳風・七月》："塞向墐户。"（塞好朝北的窗子，用泥塗好柴門。）由朝北的窗户這個本義，引申爲"朝着"或"對着"。又如"道"字，它的本義是"路"，《詩經・秦風・蒹葭》："道阻且長。"引申爲達到道德標準的途徑，《論語・里仁》："朝聞道，夕死可矣。"又引申

---

[1]　有些詞的本義已經消失，如"試"字。詳見古漢語通論（五）165頁。

爲正當的手段,《論語・里仁》:"不以其道得之,不處也。"等等。

詞義的引申和詞義的更替應該區別開來。詞義的更替是指某詞在産生新的意義的時候同時排斥了舊的意義,例如"腳"字的本義是"小腿"(《説文》"腳,脛也"),後來"腳"字變爲指"足",也就不再指小腿了。詞義的引申是指某詞産生了新的意義以後,並不排除原始意義。例如"道"字雖然産生了一些新義,但是路的意義一直保存到現代漢語裏。這類情況很多,也最重要。一方面,這增强了語言的穩固性,使語言不至於面目全非;另一方面,這使語言豐富化了。

清代的文字學家如段玉裁、朱駿聲等,都非常重視本義和引申義的關係,因爲這種研究方法對於徹底了解詞義是一種以簡馭繁的科學方法。試看段玉裁對"理"字的解釋①:

> 戰國策"鄭人謂玉之未理者爲璞",是理爲剖析也。玉雖至堅而治之得其鰓理,以成器不難,謂之理。凡天下一事一物,必推其情至於無憾,而後即安,是之謂天理,是之謂善治,此引申之義也。戴先生(指戴震)孟子字義疏證曰:"理者,察之而幾微,必區以別之名也,是故謂之分理。在物之質曰肌理,曰腠理,曰文理。得其分則有條而不紊,謂之條理。"鄭(玄)注樂記曰:"理者分也。"許叔重(慎)曰:"知分理之可相別異也。"古人之言天理何謂也? 曰:理也者,情之不爽失也,未有情不得而理得者也。天理云者,言乎自然之分理也。自然之分理,以我之情,絜人之情,而無不得其平是也。

這樣抓住本義去説明各種引申義,就會處處都通,而且令人明白:雖然一個詞有許多意義,但是它們之間是互相聯繫着的,而且往往是環繞着一個中心。比如:朝拜、朝廷、朝向的"朝"就都是從朝見

①　見段玉裁《説文解字注》玉部。

的"朝"引申出來的。也有的是一環套一環,幾個引申義同本義之間的距離有遠近之分。仍以"朝"字爲例,它的本義是早晨的意思(《説文》"朝,旦也"),引申爲朝見,由朝見再引申爲朝廷,由朝廷又引申爲朝代。

　　近的引申義很容易令人意識到,例如長短的"長"引申爲長久的"長",尊長的"長"引申爲首長的"長"。遠的引申義就不容易令人意識到,例如長短的"長"引申爲首長的"長",不但意義遠了,連讀音都改變了。其實長短的"長"和滋長的"長",意義還是相當近的,因爲草木滋長(zhǎng)是越來越長(cháng)了。然後滋長的"長"引申爲長幼的"長",再引申爲首長的"長"。本書在講常用詞的時候,近的引申義不另立一義,較遠的引申義則另立一義,以便學習。

　　文字學家憑什麽辨别本義呢? 主要是憑字形。分析字形,能説明字的本義,從而有助於了解詞的本義。許慎的《説文》主要是憑字形來説明字的本義。現在有了甲骨文和金文,在字形的辨認上又有所補充。試就上文所舉的"向、道、理、長"四個字加以討論。《説文》:"向,北出牖也,从宀(mián),从口①。詩曰:'塞向墐户。'"宀表示房子,房子開一個口,就是窗。但是,甲骨文比篆文更能説明問題。"向"字在甲骨文裏是𡤲,分明畫的是房子和窗口。《説文》:"道,所行道也,从辵(chuò),从首。一達謂之道。"朱駿聲訂正説:"按从辵,首聲。"辵表示走路,因此可以證明道的本義和走路有關。《説文》:"理,治玉也。从玉,里聲。""理"字左邊的王就是玉字,因此可以證明"理"的本義與玉有關。"長"字的問題比較複雜。《説文》:"長(𠖺),久遠也,从兀,从匕。亾聲。兀者高遠意

---

① 楷書"向"字的宀變爲宀了。

也;久則變化。亇者倒亡也。"《說文》這個説法顯然是穿鑿附會。按:甲骨文"長"作𣎒,象人頭上的長髮。我們認爲可能是當初造字的人用這個字來標誌語言中長短的"長"這個詞。長久這個意義是由長短這個意義發展出來的,不可能是本義。

爲了充分證明字形和詞義的關係,我們再舉出下面的幾個例子:

引　《説文》:"開弓也,从弓丨。"《孟子·盡心下》:"君子引而不發。"開弓像是把弓弦拉長了,所以"引"有延長的意義。《詩經·小雅·楚茨》:"子子孫孫,勿替引之(勿替,不廢)。"《周易·繫辭》:"引而伸之。"開弓是把箭導向後方,所以"引"又有"導"的意義。《詩經·大雅·行葦》:"以引以翼(引,導;翼,扶助)。"開弓既是向後拉,所以"引"又有引退的意義。《戰國策·趙策》:"秦軍引而去。"

發　《説文》:"射發也,从弓,癹(pō)聲。"《詩經·召南·騶虞》:"壹發五豝。"射發是箭離弦,所以引申爲出發、發出等意義。

解　《説文》:"判也,从刀判牛角(按:甲骨文从雙手解牛角)。"這是本義。《莊子·養生主》載庖丁爲文惠君解牛的"解",就是用的本義。分解、溶解等義都從此引申而出。解説的"解",意義較遠,其實解説就是分析(朱駿聲引皇氏説),引申的綫索也是清楚的。

責　《説文》:"求也,从貝,朿(cì)聲。"王筠説:"謂索求負家償物也。""責"就是"債"字,但是它在上古可用作動詞,兼有討債的意義。它之所以从貝,因爲貝表示財。《左傳·昭公二十年》:"使有司(主管機關)寬政,毀關(去掉關税),去禁(廢除各種禁令),薄斂(減少田租),已責(停止討債)。"這是"責"的本義。不難理解,由此引申，索取已經允許過的錢財也可以叫"責"，《左傳·桓公十三年》："宋多責賂（財物）于鄭。"由索取的意義引申出要求的意義；《左傳·僖公十五年》："西鄰責言，不可償也。"這裏用"償"字和"責"字相照應，顯示着"責"字仍有討債的意思，但是已經變爲比喻了。《左傳·閔公二年》"修己而不責人"，意思是説修自己的道德而不要求別人修德。由這個意義再引申，就是指摘過失的意思了，《左傳·僖公二十七年》："責無禮也。"這些意義的引申過程是非常明顯的。

　　習　《説文》："數飛也，从羽，白（自）聲。""數（shuò）飛"是屢飛的意思。《禮記·月令》："鷹乃學習。"這是本義。引申爲溫習的"習"，因爲溫習是反復多次的行爲；又爲習慣的"習"，因爲習慣也是由反復多次的行爲所形成的。

　　抓住一個詞的本義，就像抓住了這個詞的綱，紛繁的詞義都變爲簡單而有系統的了。對本義有了體會，對於某些詞義可以推想而知，而且也可以了解得更透徹。詞典裏某些詞共有十幾個甚至幾十個意義，其實從引申的觀點看，許多詞義都可以合併。例如"解"字，依《辭海》共有四個讀音，二十七個意義。實際情況並不是這樣紛繁的。現在試看舊《辭海》所載"解"字的前九個意義[①]：

　　（1）判也，剖分也。莊子養生主："庖丁解牛。"左傳宣四年："宰夫解黿。"

　　（2）離散也。漢書陳餘傳："恐天下解也。"注："謂離散其心也。"

　　（3）説也，析言事理也。荀子非十二子："閉約而無解。"史記呂后紀："君知其解乎？"正義："謂解説也。"

　　（4）脱也，免除也。禮曲禮："解屨不敢當階。"疏："脱也。"漢書孔光

------

① 《辭源》（修訂本）前八個義項與之基本相同。

傳："於法無所解①。"注："免也。"

（5）開放也。後漢書耿純傳贊："嚴城解扉。"

（6）曉悟也。三國志魏志賈詡傳："太祖與韓遂、馬超戰渭南，問計于詡；對曰：'離之而已。'太祖曰：'解。'"注："謂曉悟也。"

（7）意識也。詳見解條。

（8）消釋怨隙也。如云和解。

（9）達也。莊子秋水："無南無北，奭然四解。"（奭 shì）

第一個意義是本義。第二個意義是引申義，"恐天下解也"的"解"就是解體，不必曲解爲"離散其心"。第三個意義是另一引申義，"閉約而無解"的"解"，原義是解繩結（約，繩結）。荀子這句話是用來做比喻的，是說解釋古書中難懂的話，也正像解結。第六個意義"曉悟"就是第三個意義"解說"的引申義。第七個意義"見解"的"解"也就是"了解"的"解"，當與（6）合併。第八個意義"和解"的"解"，也是由"解繩"的"解"引申出來的。第四個意義與第三個意義有糾纏，"解履"的"解"也就是"解繩"的"解"，"於法無所解"的"解"纔是解脱的意思，和解繩的意義相近。第五個意義是第四個意義的引申。第九個意義的解釋是錯誤的，成玄英注《莊子》云"奭然無礙"，可見"四解"就是四面開放的意思，應該和第五個意義合併。抓住了本義，我們就可以把（1）（2）合併，（3）（6）（7）合併，（4）（5）（8）（9）合併，由九個意義歸併成了三個意義。

　　有一種情況值得注意，那就是不同的兩個字在意義上可以發生關係。這是因爲引申義距離較遠，一般人已經不再意識到它是一個意義的引申，爲了要求區別，就另造一個字來代表它。例如懈怠的"懈"，本作"解"，《詩經·大雅·烝民》"夙夜匪解"，《孝經》

---

① 《漢書·孔光傳》原作"於法無以解"，舊《辭海》誤。

引作"夙夜匪懈";由解散的意義引申爲懈怠的意義,本來是很自然的(依徐灝説)。現在我們説"鬆懈","鬆"正是"解"的意思。又如豎(竪)字。《説文》𠬪部:"豎,豎立也。"其實"豎"就是"樹"的引申義(依羅振玉説)。"樹"由栽種引申爲樹立。讓人感覺是另一種意義,所以另造一個"豎"字。《後漢書·靈帝紀》:"槐樹自拔倒豎。"當時"樹"既當"木"講,假使寫成"槐樹自拔倒樹",反而不好懂了。

　　詞除了本義和引申義之外,還有假借義。朱駿聲在解釋詞義的時候,一般分爲三部分:第一部分依照《説文》的解釋(有時加以訂正),作爲本義;第二部分是轉注,即引申義;第三部分是假借,用朱駿聲的話來説,即所謂"本無其意,依聲託字"。朱駿聲的辦法是對的。假借的意義和本義是不相干的,我們仍以"解"字爲例,《辭海》認爲"解"字同"獬",同"蟹",通"嶰"(地名),通"澥"(海),同"廨",通"邂"(解后即邂逅)。這些都是假借。"解"字之所以具有這些意義,衹是借用,而不是從本義引申出來的。

第二單元

文　選

戰　國　策

　　《戰國策》是一部戰國時代的史料彙編，作者已無可考。流傳到現在的本子是經西漢劉向整理過的，分爲東周、西周、秦、齊、楚、趙、魏、韓、燕、宋、衞、中山十二國，共三十三篇。書名亦爲劉向所擬定。

　　這部書記載了戰國時期二百三四十年間各國在政治、軍事、外交方面的一些動態以及策士們遊説諸侯或互相辯論時所提出的政治主張和鬥爭策略，同時也反映了尖鋭的階級矛盾和複雜激烈的鬥爭，暴露了統治者的荒淫殘暴、愚蠢自私，顯示了人民在封建壓榨、兼併戰爭中的痛苦生活。其中對策士的作用作了不少誇大，不盡合乎史實。

　　《戰國策》的語言，流暢犀利，是論辯文的典型。每論述一個問題，都能反復縱橫，曲盡其意。對人物性格的刻畫，深刻而具體；又善於運用寓言故事來説明抽象的道理，所以它對後世的文學語言有很大的影響。

　　對這部書，前人衹作了些零星的校勘工作，還談不上系統地整理。東漢高誘的注，已經殘缺。目前通用的本子是清嘉慶時黃丕烈重刊的宋姚氏本。商務印書館國學基本叢書本就是根據黃本排印的。

馮諼客孟嘗君(齊策)〔1〕

　　齊人有馮諼者〔2〕，貧乏不能自存〔3〕，使人屬孟嘗君〔4〕，願寄食門下〔5〕。孟嘗君曰："客何好〔6〕?"曰："客無好也。"曰："客何能?"曰："客無能也。"孟嘗君笑而受之，曰："諾〔7〕。"

　　左右以君賤之也〔8〕，食以草具〔9〕。居有頃〔10〕，倚柱彈其劍，歌曰："長鋏歸來乎〔11〕，食無魚!"左右以告〔12〕。孟嘗君曰："食之，比門下之客〔13〕。"居有頃，復彈其鋏，歌曰："長鋏歸來乎，出無車!"左右皆笑之，以告。孟嘗君曰："爲之駕〔14〕，比門下之車客〔15〕。"於是乘其車，揭其劍〔16〕，過其友曰〔17〕："孟嘗君客我〔18〕!"後有頃，復彈其劍鋏，歌曰："長鋏歸來乎，無以爲家〔19〕!"左右皆惡之〔20〕，以爲貪而不知足。孟嘗君問："馮公有親乎?"對曰："有老母。"孟嘗君使人給其食用〔21〕，無使乏。於是馮諼不復歌。

〔1〕《戰國策》原來没有小標題，這是編者加的，以下各篇同。諼(xuān)，一本作"煖"，《史記·孟嘗君列傳》作"驩"，都讀 xuān。客，用如動詞，這裏當作客講。孟嘗君，姓田，名文，齊國的貴族，封於薛(故城在今山東滕縣東南)，孟嘗君是他的封號。他是戰國四公子之一(另外三個是：魏國的信陵君、趙國的平原君、楚國的春申君)，門下有食客數千人。本文寫

孟嘗君的門客馮諼爲他出謀畫策來鞏固他的政治地位。

〔2〕者,語氣詞,表提頓。

〔3〕存,存在,這裏指生活。

〔4〕屬(zhǔ),囑託。後來寫作"囑"。

〔5〕寄食,就是依靠別人吃飯,這裏指到孟嘗君門下作食客。

〔6〕何好(hào),愛好什麼。

〔7〕諾(nuò),答應的聲音。

〔8〕左右,指在孟嘗君左右爲他辦事的人。以,認爲。賤,用如動詞,意動用法。賤之,以之爲賤,等於説看不起他。

〔9〕食(sì),給……吃。草具,粗惡的飲食。具,饌具,飲食的東西。

〔10〕呆了不久。

〔11〕長鋏啊,咱們還是回去吧! 鋏(jiá),劍把,這裏指劍。

〔12〕以告,把〔馮諼唱歌的事〕告訴〔孟嘗君〕。"以"是介詞,賓語省略了。

〔13〕比照一般門客。

〔14〕給他準備車馬。這是雙賓語結構。

〔15〕車客,可以坐車的客。

〔16〕揭,高舉。

〔17〕過,指拜訪。

〔18〕客我,以我爲客,也就是把我當客。客,用如動詞。

〔19〕没有用來養家的東西,等於説没法養家。爲,動詞。

〔20〕惡(wù),厭惡。

〔21〕給,供應,使足。

後孟嘗君出記〔1〕,問門下諸客:"誰習計會〔2〕,能爲文收責於薛者乎〔3〕?"馮諼署曰〔4〕:"能。"孟嘗君怪之,曰:"此誰也?"左右曰:"乃歌夫'長鋏歸來'者也〔5〕。"孟嘗君笑曰:"客果有能也! 吾負之〔6〕,未嘗見也。"請而見之,謝曰〔7〕:"文倦於事〔8〕,憒於憂〔9〕,而性懧愚〔10〕,

沉於國家之事[11]，開罪於先生[12]。先生不羞[13]，乃有意欲爲收責於薛乎[14]？"馮諼曰："願之[15]。"於是約車治裝[16]，載券契而行[17]。辭曰："責畢收[18]，以何市而反[19]？"孟嘗君曰："視吾家所寡有者。"

〔1〕記，大約是文告之類。

〔2〕習，熟習。計會(kuài)，就是會計。

〔3〕責(zhài)，債務，債款，後來寫作"債"。

〔4〕署，簽名。

〔5〕就是唱那"長鋏歸來"的人啊。乃，就是。夫，指示代詞，當"那"講。

〔6〕我對不住他。

〔7〕謝，道歉。

〔8〕我因瑣事搞得疲勞。於，介詞，表涉及的對象，下句的"於"同。事，指瑣事。

〔9〕因憂慮搞得心煩意亂。憒(kuì)，心亂。

〔10〕懦(nuò)，同"懦"，懦弱。

〔11〕沉，沉溺。

〔12〕開罪，等於説得罪。

〔13〕不羞，不以爲羞。

〔14〕乃，卻，竟。爲(wèi)，介詞。

〔15〕之，代詞。指"爲收責於薛"。

〔16〕約車，套車。約，束。治裝，整理行裝。

〔17〕券(quàn)契，大致和後世的契據合同相當。借貸雙方各持一份書牘(竹木做成的)，刻齒其旁，以便合齒驗證。所以下文説"合券"。

〔18〕畢收，完全收了。

〔19〕用收回的債款買什麼東西回來？以，介詞。市，買。反，返回，後來寫作"返"。

　　　驅而之薛[1]，使吏召諸民當償者[2]，悉來合券[3]。

券徧合[4]，起，矯命以責賜諸民[5]，因燒其券[6]，民稱萬歲。

　　長驅到齊[7]，晨而求見[8]。孟嘗君怪其疾也[9]，衣冠而見之[10]，曰：“責畢收乎？來何疾也？”曰：“收畢矣。”“以何市而反？”馮諼曰：“君云‘視吾家所寡有者’，臣竊計君宫中積珍寶[11]，狗馬實外廄[12]，美人充下陳[13]，君家所寡有者以義耳[14]。竊以爲君市義[15]。”孟嘗君曰：“市義奈何[16]？”曰：“今君有區區之薛[17]，不拊愛子其民[18]，因而賈利之[19]。臣竊矯君命，以責賜諸民，因燒其券，民稱萬歲，乃臣所以爲君市義也[20]。”孟嘗君不説[21]，曰：“諾。先生休矣[22]！”

〔1〕驅，本爲趕馬，這裏指駕車。之，往。

〔2〕當償者，應當還債的人。

〔3〕悉，盡，都。

〔4〕徧，同“遍”。徧合，普遍地合過了。

〔5〕起，站起來。矯命，假託命令。以責賜諸民，把債款賜給老百姓。

〔6〕因，於是。

〔7〕長驅，一直趕着車，指毫不停留。

〔8〕清晨就求見孟嘗君。

〔9〕疾，快。

〔10〕穿好衣服戴好帽子來接見他，以表示恭敬。衣、冠，都是名詞用如動詞。

〔11〕竊，謙詞，私自。計，考慮。

〔12〕實，和下句的“充”是同義詞，都當充實講。廄（jiù），馬房。

〔13〕下陳，等於説後列。

〔14〕以，疑是衍文。

〔15〕我用債款替你買了義。以,介詞,用。爲(wèi),介詞。

〔16〕奈何,怎麼樣。

〔17〕區區,小小的。

〔18〕拊(fǔ),和"撫"的意思差不多。子其民,以其民爲子,就是把薛地的人民看成自己的子女。子,用如動詞。

〔19〕賈(gǔ)利之,用商賈之道向人民圖利。賈,藏貨待賣叫做賈。

〔20〕這就是我用來替你買義的方式啊。所,代詞。以,介詞。這裏的"所以"意思是"用來……的方式",不同於現代漢語的"所以"。

〔21〕説(yuè),喜悦,高興。後來寫作"悦"。

〔22〕休,停止。休矣,等於説算了吧。

後朞年〔1〕,齊王謂孟嘗君曰〔2〕:"寡人不敢以先王之臣爲臣〔3〕!"孟嘗君就國於薛〔4〕。未至百里〔5〕,民扶老攜幼,迎君道中〔6〕。孟嘗君顧謂馮諼:"先生所爲文市義者,乃今日見之〔7〕!"

〔1〕朞(jī)年,一周年。古代單説"朞",也指一周年。朞,又寫作"期"。

〔2〕齊王,指齊湣(mǐn)王。

〔3〕我不敢把先王的臣作爲我的臣。這是委婉語,實際上是撤他的職。先王,指齊宣王。

〔4〕就國,前往自己的封邑。

〔5〕還差百里沒到。

〔6〕君,指孟嘗君。

〔7〕大意是:先生替我買義的道理,今天纔見到了。乃,副詞,纔。

馮諼曰:"狡兔有三窟,僅得免其死耳〔1〕;今君有一窟,未得高枕而臥也〔2〕。請爲君復鑿二窟!"孟嘗君予車五十乘〔3〕,金五百斤,西遊於梁〔4〕,謂惠王曰〔5〕:"齊放其大臣孟嘗君於諸侯〔6〕,諸侯先迎之者,富而兵强。"

於是梁王虛上位[7]，以故相爲上將軍[8]，遣使者黃金千斤，車百乘，往聘孟嘗君[9]。馮諼先驅[10]，誡孟嘗君曰[11]："千金，重幣也[12]；百乘，顯使也[13]。齊其聞之矣[14]。"梁使三反[15]，孟嘗君固辭不往也[16]。

〔1〕僅，纔。耳，語氣詞，同"而已"，相當於現代漢語的"罷了"。

〔2〕高枕而臥，把枕頭墊得高高的躺着，比喻沒有憂慮。高，用如動詞。

〔3〕予，給。

〔4〕梁，就是魏國。魏原都安邑，惠王遷都大梁（今河南開封），所以也叫梁。

〔5〕惠王，即梁惠王。

〔6〕齊國放逐他的大臣孟嘗君到各諸侯國去。放，放逐。

〔7〕虛上位，就是把上位（指相位）空出來。虛，用如動詞，使……虛。

〔8〕把原來的宰相調爲上將軍。故，原來。

〔9〕"黃金"前省略了介詞"以"。

〔10〕先驅，先趕車回去。

〔11〕誡，告誡。

〔12〕千金，等於説金千斤。幣，這裏指聘幣，是古代聘請人時送的禮物。

〔13〕顯使，顯貴的使臣。

〔14〕齊國大概聽説了。其，句中語氣詞，表示委婉語氣。

〔15〕梁國的使臣往返三次。

〔16〕固辭，堅決推辭。

齊王聞之，君臣恐懼。遣太傅賫黃金千斤[1]，文車二駟[2]，服劍一[3]。封書謝孟嘗君曰[4]："寡人不祥[5]，被於宗廟之祟[6]，沉於諂諛之臣[7]，開罪於君。寡人不足爲也[8]；願君顧先王之宗廟[9]，姑反國統萬人乎[10]！"馮諼誡孟嘗君曰："願請先王之祭器，立宗廟於薛[11]！"廟成，還報孟嘗君曰："三窟已就[12]，君姑高枕爲樂矣！"

　　孟嘗君爲相數十年，無纖介之禍者[13]，馮諼之計也。

〔1〕太傅，官名。賫(jī)，通"齎"，拿東西送人。

〔2〕文車二駟，繪有文彩的四馬車兩輛。駟，這裏指四馬拉的車的單位。

〔3〕服劍，佩帶的劍。

〔4〕封書，封好了書信。謝孟嘗君，向孟嘗君道歉。

〔5〕不祥，不善。

〔6〕遭受祖宗降下的災禍。被，遭受。宗廟，這裏借指祖宗。祟(suì)，神禍。

〔7〕諂諛(chǎnyú)，巴結逢迎。

〔8〕我是不值得您幫助的。爲，指幫助。

〔9〕顧，顧念。

〔10〕姑，副詞，暫且。統，治理。萬人，指全國人民。

〔11〕希望你向齊王請求先王傳下來的祭器，在薛建立宗廟。按：古人重視宗
　　廟，這樣就可以使孟嘗君的地位更加鞏固。

〔12〕就，完成。

〔13〕纖(xiān)，細。介，通"芥"，小草。纖介，是細小的意思。

趙威后問齊使(齊策)[1]

　　齊王使使者問趙威后[2]，書未發[3]，威后問使者
曰："歲亦無恙耶[4]？民亦無恙耶？王亦無恙耶？"使者
不説，曰："臣奉使使威后[5]，今不問王而先問歲與民，豈
先賤而後尊貴者乎[6]？"威后曰："不然[7]。苟無
歲[8]，何以有民[9]？苟無民，何以有君？故有問，舍本
而問末者耶[10]？"

〔1〕趙威后，趙惠文王的妻。本文寫她的政治見解，突出了她的民本思想。

〔2〕齊王，指襄王的兒子，名建。使(shì)者，奉使命的人。問，聘問，是當時

諸侯之間的一種禮節。

〔3〕書,指齊王給趙威后的書信。發,啟封。

〔4〕歲,收成。恙(yàng),憂患,災害。耶,表疑問的語氣詞。

〔5〕第一個"使"是名詞,當使命講;第二個"使"是動詞,當出使講。使威后,出使到威后這裏來。兩個"使"字都讀去聲(shì)。

〔6〕難道把賤的攔在前頭,把尊貴的攔在後頭嗎? 先、後,都用如動詞,使動用法。賤,指民衆。

〔7〕不然,不是這樣。

〔8〕苟,假設連詞,假如。

〔9〕何以,靠什麽。

〔10〕大意是:有問話不問根本而問末節的嗎? 本,指歲與民。末,指君。

乃進而問之曰:"齊有處士曰鍾離子〔1〕,無恙耶? 是其爲人也〔2〕,有糧者亦食〔3〕,無糧者亦食;有衣者亦衣〔4〕,無衣者亦衣。是助王養其民也〔5〕,何以至今不業也〔6〕? 葉陽子無恙乎〔7〕? 是其爲人,哀鰥寡〔8〕,卹孤獨〔9〕,振困窮〔10〕,補不足〔11〕。是助王息其民者也〔12〕,何以至今不業也? 北宮之女嬰兒子無恙耶〔13〕? 徹其環瑱〔14〕,至老不嫁,以養父母。是皆率民而出於孝情者也〔15〕,胡爲至今不朝也〔16〕? 此二士弗業,一女不朝,何以王齊國、子萬民乎〔17〕? 於陵子仲尚存乎〔18〕? 是其爲人也,上不臣於王〔19〕,下不治其家,中不索交諸侯〔20〕。此率民而出於無用者〔21〕,何爲至今不殺乎?"

〔1〕處士,有才能而未曾出來做官的人。鍾離,是複姓。

〔2〕是,指示代詞,指鍾離子,這裏當這個人講。

〔3〕食(sì),給食物吃。下句的"食"同。

〔4〕第一個"衣"(yī)是名詞,當衣服講;第二個"衣"(yì)用如動詞,給衣服穿。下句的兩個"衣"字分別同此兩"衣"字。

〔5〕是,指以上的行爲。

〔6〕何以,因爲什麼。不業,不使他成就功業(意思是不用他)。業,用如動詞。

〔7〕葉(舊讀 shè)陽子,齊國的處士。葉陽,複姓。

〔8〕哀,憐憫。鰥(guān),年老無妻。寡,寡婦。

〔9〕卹(xù),顧念。孤,年少無父。獨,年老無子。

〔10〕振,救濟。

〔11〕不足,指缺少衣食。

〔12〕息,動詞,蕃殖。鰥寡孤獨困窮的人得到救濟,不至於死亡,就是使民蕃殖。

〔13〕北宮,複姓。嬰兒子,姓北宮的女子的名字。

〔14〕徹,拿掉。環,指耳環。瑱(tiàn),用玉或石做的耳塞。

〔15〕率,領導。孝情,孝心。

〔16〕胡爲,爲什麼。"胡"是疑問代詞,當"什麼"講。不朝,不上朝。古代婦女有封號的纔能上朝,所以這裏的"不朝"實際上是指不加封號。

〔17〕王齊國,爲齊國之王。王(wàng),動詞,當成爲王講。子萬民,把人民看成自己的子女。這和統治階級所說的"爲民父母"是同樣的意思。子,用如動詞。

〔18〕於(wū)陵,齊邑名,在今山東長山縣西南。子仲,齊國的隱士。

〔19〕不臣於王,不向王稱臣,就是不做官。臣,用如動詞,當稱臣講。

〔20〕索,求。

〔21〕無用,沒有作用,等於說同統治者不合作。

江乙對荆宣王(楚策)〔1〕

荆宣王問羣臣曰:"吾聞北方之畏昭奚恤也〔2〕,果誠何如〔3〕？"羣臣莫對〔4〕。江乙對曰："虎求百獸而食之〔5〕，得狐。狐曰：'子無敢食我也〔6〕！天帝使我長百獸〔7〕，今子食我，是逆天帝命也。子以我爲不信〔8〕，吾爲子先行〔9〕，子隨我後，觀百獸之見我而敢不走乎〔10〕？'虎以爲然〔11〕，故遂與之行，獸見之皆走。虎不知獸畏己而走也，以爲畏狐也。今王之地方五千里〔12〕，帶甲百萬〔13〕，而專屬之昭奚恤〔14〕。故北方之畏奚恤也，其實畏王之甲兵也〔15〕——猶百獸之畏虎也〔16〕。"

〔1〕江乙，一本作"江一"，魏人，有智謀，當時在楚國做官。荆宣王，就是楚宣王，因楚又稱荆。宣王名良夫。

〔2〕北方，當時指中原各諸侯之國。昭奚恤（xù），楚國的貴族，是當時的名將。之，介詞，作用在於取消"北方畏昭奚恤"的獨立性，使它作爲"聞"的賓語。

〔3〕真正怎麽樣呢？"果"和"誠"是同義詞，都是真正的意思。何如，怎麽樣。

〔4〕莫，否定性無定代詞，相當於現代漢語的"没有誰"或"没有人"。

〔5〕求，尋找。

〔6〕無敢，不敢。

〔7〕長（zhǎng），首領，這裏用如動詞。長百獸，做羣獸的首領。

〔8〕信，言語真實。不信，指説謊。

〔9〕我爲你在前邊走。爲（wèi），介詞。行，相當於現代漢語的"走"。

〔10〕走，相當於現代漢語的"跑"，這裏指逃跑。

〔11〕老虎以爲狐的話説得很對。以爲，認爲，覺得。然，對，不錯。

〔12〕"地"和"方"不是一個詞，讀到"地"時應略停一下。方五千里，五千里見方，即東至西五千里，南至北五千里。不要誤會爲五千方里。

〔13〕帶甲，披鎧甲，這裏指披鎧甲的戰士。

〔14〕專，專一，單獨。屬（zhǔ），委託。之，指百萬軍隊。這句意思是，把百萬

軍隊專託付給昭奚恤。

〔15〕其實,這件事(指北方之畏昭奚恤)的實情。"其實"是狀語,"北方之畏奚恤"是本句的主語,"畏王之甲兵"是本句的謂語。甲兵,這裏指軍隊。

〔16〕猶,好像。

莊辛說楚襄王(楚策)〔1〕

　　莊辛謂楚襄王曰:"君王左州侯,右夏侯〔2〕,輦從鄢陵君與壽陵君〔3〕,專淫逸侈靡〔4〕,不顧國政,郢都必危矣〔5〕!"襄王曰:"先生老悖乎〔6〕?將以爲楚國祆祥乎〔7〕?"莊辛曰:"臣誠見其必然者也〔8〕,非敢以爲國祆祥也。君王卒幸四子者不衰〔9〕,楚國必亡矣!臣請辟於趙〔10〕,淹留以觀之〔11〕。"

〔1〕莊辛,楚人,楚莊王之後,因而以莊爲姓。說(shuì),勸說,說服。楚襄王,就是楚頃襄王,懷王的兒子,名橫。懷王被秦昭王扣留,死在秦國。襄王不思發奮圖强,反而親信小人,荒淫自恣,結果遭到秦國的連年進攻,兵敗地削。本文就是寫這次大失敗前後莊辛的兩次諫諍。文中用層層比喻說明了祇圖目前享樂,對敵人喪失警惕,就必然招致嚴重後患的道理。

〔2〕你左面有州侯,右面有夏侯(意思是州侯、夏侯整天不離你的左右)。州侯、夏侯,都是襄王的寵臣。

〔3〕車後跟隨着鄢陵君和壽陵君。輦(niǎn),上古用人拉的車子。秦漢以後纔專指君王坐的車子。從(zòng),跟隨,侍從。注意:是鄢陵君等跟隨楚王,不是楚王跟隨鄢陵君等。鄢陵君、壽陵君,也都是襄王的寵臣。

〔4〕一味地放蕩奢侈。淫,越過常度。逸,放縱。侈,奢侈。靡,浪費。"淫逸"指行爲放蕩,"侈靡"指生活上浪費。

〔5〕郢(yǐng)都,楚國的國都郢,在今湖北江陵縣北。

〔6〕老悖(bèi)，年老而糊塗。悖，惑亂。

〔7〕還是認爲這是楚國不祥之兆呢？ 將，選擇連詞，還是。祥，吉凶的預兆。祅(後來寫作"妖")祥，不祥的預兆。

〔8〕我的的確確看到你這種行爲的必然結果啊。

〔9〕卒幸，始終寵愛。者，代詞，用在主謂結構後面，組成一個名詞性詞組。衰，減。

〔10〕辟，躲避。後來寫作"避"。

〔11〕淹，也當留講。

　　莊辛去之趙〔1〕，留五月，秦果舉鄢、郢、巫、上蔡、陳之地〔2〕。襄王流揜於城陽〔3〕。於是使人發騶徵莊辛於趙〔4〕。莊辛曰："諾。"

　　莊辛至。襄王曰："寡人不能用先生之言，今事至於此，爲之奈何〔5〕？"莊辛對曰："臣聞鄙語曰〔6〕：'見兔而顧犬〔7〕，未爲晚也；亡羊而補牢〔8〕，未爲遲也。'臣聞昔湯武以百里昌〔9〕，桀紂以天下亡〔10〕。今楚國雖小，絕長續短〔11〕，猶以數千里〔12〕，豈特百里哉〔13〕？

〔1〕去，離開，指離開楚國。之，往。

〔2〕舉，攻下。鄢(yān)，在今湖北宜城縣境。巫，今四川巫山縣。上蔡，今河南上蔡縣。陳，今河南淮陽縣。按《史記·六國年表》，楚襄王二十年，秦攻取鄢；二十一年，攻取郢；二十二年，攻取巫。襄王逃在陳。没有攻下上蔡和陳的記載，和本文所説不同。

〔3〕流揜(yǎn)，流亡困迫。城陽，就是成陽，在今河南息縣西北。

〔4〕發，派遣。騶(zōu)，騎士。徵，召。

〔5〕對這怎麽辦？

〔6〕鄙語，俗語。

〔7〕顧，回頭看。

〔8〕亡,失掉,丢了。牢,這裏指羊圈。

〔9〕湯,商代開國之君。武,武王,周代開國之君。以,介詞。昌,興盛。

〔10〕桀,夏代最後的國君;紂,商代最後的國君。兩人都是歷史上有名的
　　　暴君。

〔11〕等於説截長補短。絶,截。

〔12〕猶,尚,還(hái)。以,用,這裏當憑藉講。

〔13〕豈特,豈但,豈止。

　　“王獨不見夫蜻蛉乎〔1〕?六足四翼,飛翔乎天地之
間〔2〕,俛啄蚊虻而食之〔3〕,仰承甘露而飲之〔4〕。自以
爲無患,與人無爭也;不知夫五尺童子,方將調飴膠絲〔5〕,
加己乎四仞之上〔6〕,而下爲螻蟻食也〔7〕。

〔1〕獨,副詞,表示反問,略等於現代漢語的“難道”。夫(fú),指示代詞,那。
　　　下文“不知夫”的“夫”同。蜻蛉(líng),即蜻蜓。

〔2〕翔(xiáng),盤旋地飛而不扇動翅膀。乎,介詞,於。

〔3〕俛,同“俯”,這裏指向下。啄(zhuó),鳥用嘴鴰(qiān)。這裏用的是擴
　　　大義,因蜻蜓不是鳥類。虻(máng),小蚊(依王筠説,見《説文句讀》
　　　“蝱”字注)。

〔4〕承,接。甘,甜美。

〔5〕方將,正要。調飴(yí)膠絲,調和糖漿,黏在絲上(綁在竿頭,用來黏取飛
　　　蟲)。飴,糖漿。膠,黏。

〔6〕加己,加在自己身上。仞,周尺八尺,一説七尺。

〔7〕螻,螻蛄。蟻,螞蟻。

　　“夫蜻蛉其小者也〔1〕,黃雀因是以〔2〕。俯噣白
粒〔3〕,仰棲茂樹〔4〕,鼓翅奮翼〔5〕。自以爲無患,與人無
爭也;不知夫公子王孫〔6〕,左挾彈〔7〕,右攝丸〔8〕,將加
己乎十仞之上,以其類爲招〔9〕。晝游乎茂樹,夕調乎酸

醎[10]。倏忽之間，墜於公子之手[11]。

〔1〕蜻蛉〔的事〕是其中的小事啊。其，其中的，指代祇圖享樂、喪失警惕以致遭遇不幸的事。

〔2〕因是以，如同這樣呢（參用王引之説，見《經傳釋詞》）。因，猶，如同。是，指示代詞，這樣。以，通“已”，句末語氣詞。

〔3〕噣，啄。白粒，指米粒。

〔4〕棲，止息。

〔5〕鼓，鼓動。奮，振動。

〔6〕公子，最初用來稱諸侯的兒子，後來用以稱官宦人家的兒子。王孫，貴族的子孫。

〔7〕左手把着彈（dàn）弓。

〔8〕右手安上彈丸，拉緊弓弦。攝，引持。

〔9〕把黃雀的頸作爲彈射的目的物（依王念孫説，見《讀書雜誌》）。類，當爲“頸”字之誤。招，射的目的物。

〔10〕酸醎，指調味的作料。醎，同“鹹”。

〔11〕倏（shū）忽，頃刻，極言時間的迅速短暫。據王念孫説，這句是衍文，因前面已説了“夕調乎酸醎”，就用不着再説這句了。金正煒《戰國策補釋》認爲這句當在“晝游乎茂樹”之上。

　　“夫黃雀其小者也，黃鵠因是以[1]。游於江海，淹乎大沼[2]，俯噣鱔鯉[3]，仰齧蔆衡[4]，奮其六翮[5]，而凌清風[6]，飄搖乎高翔[7]，自以爲無患，與人無爭也；不知夫射者，方將脩其碆盧[8]，治其矰繳[9]，將加己乎百仞之上，被劚磻[10]，引微繳[11]，折清風而抎矣[12]。故晝游乎江河，夕調乎鼎鼐[13]。

〔1〕黃鵠（hú），俗名天鵝，像雁，但比雁大。

〔2〕沼（zhǎo），池。

〔3〕鱔(shàn)，即鱔魚。一本作"鱣"。

〔4〕囓(niè)，咬。蔆，同"菱"。衡，就是荇(xìng)，一種水草。

〔5〕翮(hé)，羽毛的莖，這裏指鳥的大羽毛。六翮，指翅膀，鳥翅一般有六根大羽毛。

〔6〕凌，駕，乘。

〔7〕乎，詞尾。

〔8〕脩，整治。磻(bō)，石製的箭頭。一本作"猝"。盧，黑弓。

〔9〕治，和"脩"同義。矰(zēng)，弋(yì)射的箭。繳(zhuó)，繫在箭上的生絲綫，用來射鳥，可以靠它收回來。

〔10〕被，遭受。劖(jiàn)，銳利。一本作"礛"。礛(bō)，同"磻"。

〔11〕引，拖着。微，輕細。

〔12〕在清風中夭折而墜落下來了。折，夭折，指被射殺。抎，通"隕"(yǔn)，墜落。

〔13〕鼎鼐(nài)，都是古代烹煮的器具。鼐，大鼎。

　　"夫黃鵠其小者也，蔡靈侯之事因是以〔1〕。南游乎高陂〔2〕，北陵乎巫山〔3〕，飲茹溪之流〔4〕，食湘波之魚〔5〕，左抱幼妾，右擁嬖女〔6〕，與之馳騁乎高蔡之中〔7〕，而不以國家爲事；不知夫子發方受命乎靈王〔8〕，繫己以朱絲而見之也〔9〕。

〔1〕蔡靈侯，蔡國的國君，名般，弒父景侯，自立爲君。一本作"蔡聖侯"。蔡國在今河南上蔡縣。

〔2〕高陂(bēi)，高丘。

〔3〕陵，昇，登。巫山，在今四川巫山縣。

〔4〕茹溪，水名，在巫山縣北。流，指水。

〔5〕湘波，就是湘水，在湖南。

〔6〕嬖(bì)，形容詞，寵愛。

〔7〕馳騁(chěng)，快馬加鞭地趕車。高蔡，今河南上蔡縣。

〔8〕子發，楚大夫。依《左傳・昭公十一年》所載，受靈王之命圍蔡的是公子
　　棄疾，不是子發。靈王，一本作“宣王”。

〔9〕用紅繩綁上蔡靈侯帶他去見楚靈王。己，指蔡靈侯。朱絲，紅繩。見
　　(xiàn)，使……見。這裏指解送去見楚靈王。之，指蔡靈侯。

　　“蔡靈侯之事其小者也，君王之事因是以。左州侯，右
夏侯，輂從鄢陵君與壽陵君，飯封禄之粟〔1〕，而載方府之
金〔2〕，與之馳騁乎雲夢之中〔3〕，而不以天下國家爲事；
不知夫穰侯方受命乎秦王〔4〕，填黽塞之内〔5〕，而投己乎
黽塞之外〔6〕。”

　　襄王聞之，顔色變作〔7〕，身體戰慄〔8〕。於是乃以執
珪而授之爲陽陵君〔9〕，與淮北之地也〔10〕。

〔1〕飯，吃。封禄之粟，指以封地賦税作俸給的穀物。禄，俸給。粟，這裏泛
　　指穀物。

〔2〕載，用車裝載。方府，楚倉庫名。

〔3〕雲夢，雲夢澤，即今湖北江陵至蘄春間的大湖區域。

〔4〕穰(ráng)侯，秦昭王母宣太后之弟，姓魏，名冉，封在穰(今河南鄧縣東
　　南)。秦王，指秦昭王。

〔5〕填，指布滿軍隊。黽(méng)塞，就是平靖關，在今河南信陽市南。内，秦
　　將白起攻破鄢郢，在黽塞之南，所以説“内”。

〔6〕投，抛擲。外，楚王被迫出奔城陽，在黽塞之北，所以説“外”。

〔7〕變作，就是改變。

〔8〕戰慄，哆嗦。

〔9〕執珪(guī)，楚國的爵位名。陽陵君，給莊辛的封號。

〔10〕與，通“舉”，攻下。楚王用莊辛之計，收復了淮北之地(見劉向《新序》)。

魯仲連義不帝秦(趙策)〔1〕

　　秦圍趙之邯鄲〔2〕。魏安釐王使將軍晉鄙救趙〔3〕，

畏秦,止於蕩陰〔4〕,不進。

　　魏王使客將軍辛垣衍間入邯鄲〔5〕,因平原君謂趙王曰〔6〕:"秦所以急圍趙者,前與齊湣王爭強爲帝〔7〕,已而復歸帝,以齊故〔8〕;今齊湣王已益弱〔9〕,方今唯秦雄天下〔10〕,此非必貪邯鄲,其意欲求爲帝。趙誠發使尊秦昭王爲帝〔11〕,秦必喜,罷兵去〔12〕。"平原君猶豫未有所決。

〔1〕事在趙孝成王八年(公元前258年)。魯仲連,齊人,一生不做官,好爲人排難解紛。義,根據正義,名詞用作狀語。不帝秦,不尊秦王爲帝。帝,用如動詞。本文生動地刻畫了反對妥協投降及功成不居的魯仲連、國難當頭束手無策的平原君和祇圖名利毫無政治遠見的辛垣衍。

〔2〕邯鄲(hándān),趙國國都,今河北邯鄲縣。

〔3〕魏安釐(xī)王,魏昭王的兒子,名圉(yǔ)。釐,通"僖"。晉鄙,魏國的大將。

〔4〕蕩陰,今河南湯陰縣,是趙魏兩國交界的地方。

〔5〕客將軍,別國人在魏做將軍,所以稱客將軍。辛垣,複姓。間(jiàn)入,指偷偷地進入。

〔6〕因,靠,通過。平原君,趙孝成王的叔父,名勝,封平原君,是戰國四公子之一,當時爲趙相。趙王,指孝成王,名丹。

〔7〕周赧王二十七年(公元前288年),齊湣王(宣王子,名地)稱東帝,秦昭王(名稷)稱西帝。

〔8〕已而,過了不久。歸帝,歸還帝號,也就是取消了帝號。以,因。蘇代勸齊湣王取消了帝號,秦昭王因之也取消帝號,所以説"以齊故"。

〔9〕秦圍邯鄲時,齊湣王已死二十餘年,此句疑有誤。意思可能是"今之齊比湣王時益弱"。益,更加。

〔10〕方今,現在。雄,用如動詞,稱雄。

〔11〕誠,真,這裏含有假設的意思。

〔12〕去,指離開邯鄲。

　　此時魯仲連適游趙〔1〕,會秦圍趙〔2〕,聞魏將欲令趙尊秦爲帝,乃見平原君曰:"事將奈何矣〔3〕?"平原君曰:"勝也何敢言事?百萬之衆折於外〔4〕,今又内圍邯鄲而不去〔5〕。魏王使客將軍辛垣衍令趙帝秦,今其人在是〔6〕。勝也何敢言事?"魯連曰〔7〕:"始吾以君爲天下之賢公子也〔8〕,吾乃今然後知君非天下之賢公子也〔9〕。梁客辛垣衍安在〔10〕?吾請爲君責而歸之〔11〕!"平原君曰:"勝請爲紹介而見之於先生〔12〕。"

　　平原君遂見辛垣衍曰:"東國有魯連先生〔13〕,其人在此,勝請爲紹介而見之於將軍。"辛垣衍曰:"吾聞魯連先生,齊國之高士也〔14〕。衍,人臣也,使事有職〔15〕,吾不願見魯連先生也。"平原君曰:"勝已泄之矣〔16〕。"辛垣衍許諾〔17〕。

〔1〕適,副詞,正巧,恰在這時。

〔2〕會,副詞,正巧碰上。

〔3〕奈何,怎麼辦。

〔4〕趙孝成王六年(公元前260年),秦將白起大破趙兵於長平(在今山西高平縣西北),坑趙降兵四十餘萬人。折,挫敗。

〔5〕内,狀語,指深入國内。去,離開,使動用法,指打敗秦軍使之離開。

〔6〕其人,那個人。其,指示代詞。是,指示代詞,等於説"這裏"。

〔7〕魯連,即魯仲連。

〔8〕始,當初。

〔9〕乃,副詞,這纔。

〔10〕梁,就是魏。見第105頁《馮諼客孟嘗君》注〔4〕。安在,在哪裏。安,疑

問代詞。

〔11〕歸之,使之歸,就是叫他回去。

〔12〕紹介,即介紹。原文作“勝請爲召而見之於先生”,今據《史記·魯仲連列傳》校正。見(xiàn)之,使之見。

〔13〕東國,指齊國。因齊在趙的東方,所以稱東國。

〔14〕高士,品行高尚而不做官的人。

〔15〕使臣的事,有一定的職守。

〔16〕泄,泄露。之,指辛垣衍到趙國來這件事。

〔17〕許諾,答應。

　　魯連見辛垣衍而無言。辛垣衍曰:“吾視居此圍城之中者,皆有求於平原君者也;今吾視先生之玉貌,非有求於平原君者,曷爲久居此圍城之中而不去也〔1〕?”魯連曰:“世以鮑焦無從容而死者,皆非也〔2〕。今眾人不知,則爲一身〔3〕。彼秦者〔4〕,棄禮義而上首功之國也〔5〕,權使其士〔6〕,虜使其民〔7〕;彼則肆然而爲帝〔8〕,過而遂正於天下〔9〕,則連有赴東海而死矣〔10〕,吾不忍爲之民也〔11〕!所爲見將軍者,欲以助趙也〔12〕。”辛垣衍曰:“先生助之奈何?”魯連曰:“吾將使梁及燕助之,齊楚則固助之矣〔13〕。”辛垣衍曰:“燕,則吾請以從矣〔14〕;若乃梁〔15〕,則吾乃梁人也,先生惡能使梁助之耶〔16〕?”魯連曰:“梁未睹秦稱帝之害故也〔17〕;使梁睹秦稱帝之害〔18〕,則必助趙矣。”辛垣衍曰:“秦稱帝之害將奈何?”魯仲連曰:“昔齊威王嘗爲仁義矣〔19〕,率天下諸侯而朝周。周貧且微〔20〕,諸侯莫朝,而齊獨朝之。居歲餘〔21〕,周烈王崩〔22〕,諸侯皆弔,齊後往。周怒,赴於齊曰〔23〕:‘天崩地坼〔24〕,天子下席〔25〕,

東藩之臣田嬰齊後至[26]，則斮之[27]！'威王勃然怒曰[28]：'叱嗟[29]！而母[30]，婢也！'卒爲天下笑[31]。故生則朝周[32]，死則叱之[33]，誠不忍其求也[34]。彼天子固然[35]，其無足怪[36]。"

[1]曷(hé)爲，爲什麽。曷，疑問代詞，何。

[2]世人中凡是認爲鮑焦由於心地狹隘而死的那些人，都不對(意思是都認識錯了)。按：魯仲連説這話，在於説明鮑焦不是爲個人利害而死。以，以爲(認爲)。鮑焦，周時隱士，相傳因不滿當時政治，抱木餓死。從容，指胸襟寬大。無從容，指心地狹隘。

[3]一般人不了解鮑焦，以爲他是爲他個人打算。隱喻魯仲連不是爲個人打算。《史記》没有"今"字。

[4]彼，指示代詞，那個。者，語氣詞，表提頓。

[5]上，尚，崇尚。首功，斬首之功。秦制：爵二十級，作戰時斬得敵人的首級(腦袋)越多，爵位越高。這就是獎勵作戰時多殺敵人。

[6]以權詐之術來使用他的士。權，詐術，名詞用作狀語。

[7]把他的人民當奴隸來使用。虜，這裏當奴隸講。古人把俘虜做爲奴隸。虜也是名詞用作狀語。

[8]那秦國假如毫無忌憚地自稱爲帝。則，假設連詞，假如。《史記》作"即"。肆然，放肆地，毫無忌憚地。

[9]這句話不好懂，疑有誤字。《史記》作"過而爲政於天下"。司馬貞《索隱》："謂以過惡而爲政也。"以備參考。

[10]有，含"祇有"的意思。赴，奔向。矣，《史記》作"耳"。

[11]等於説我不忍於給他當老百姓。原句是雙賓語句。

[12]我見你的原因，就是想借此幫助趙國。爲(wèi)，介詞。所爲，表示原因。以，介詞。

[13]固，副詞，本來。

[14]燕國嗎，那麽請您允許我認爲它是會聽從你的。請，客氣語，有請求允許

的意思。以,以爲,認爲。

〔15〕若乃,至於。

〔16〕惡(wū),怎麼,疑問代詞做狀語。

〔17〕睹(dǔ),看見。

〔18〕使,假設連詞,假如。

〔19〕齊威王,名嬰齊,宣王的父親。爲仁義,等於説行仁義。

〔20〕微,弱小。

〔21〕等於説過了一年多的時間。

〔22〕周烈王,名喜。崩,封建時代帝王死的專稱。

〔23〕赴,使人奔告喪事,即報喪,後來寫作“訃”。

〔24〕天崩地坼(chè),比喻天子死。坼,裂開。

〔25〕天子,這裏指繼承烈王的新君顯王(名扁)。下席,指孝子離開原來的宮室,寢在苫(shān,草墊子)上守喪。

〔26〕東藩,指齊國。藩的本義是籬笆,引申爲屏蔽的意思。古代封建諸侯,爲的是屏藩王室,所以稱諸侯爲藩國。齊國在東方,故稱東藩。

〔27〕斮(zhuó),斬殺。

〔28〕勃然,生氣時變了色的樣子。然,詞尾。

〔29〕叱嗟(chìjiē),怒斥的聲音。

〔30〕而,代詞,你的。

〔31〕卒,終於。爲,介詞,表被動。

〔32〕生,指周烈王活着的時候。

〔33〕死,指周烈王死後。叱,大聲斥罵。

〔34〕忍,忍受。求,指苛求。

〔35〕固然,本來這樣,指憑自己是天子,隨便作威作福。

〔36〕不值得奇怪。其,語氣詞,表示委婉語氣。

　　辛垣衍曰:“先生獨未見夫僕乎〔1〕?十人而從一人者,寧力不勝、智不若耶〔2〕?畏之也。”魯仲連曰:“然梁之比於秦[3]，若僕耶[4]？"辛垣衍曰："然[5]。"魯仲連曰："然則吾將使秦王烹醢梁王[6]！"辛垣衍怏然不悦[7]，曰："嘻[8]！亦太甚矣，先生之言也[9]！先生又惡能使秦王烹醢梁王？"魯仲連曰："固也[10]！待吾言之：昔者鬼侯、鄂侯、文王[11]，紂之三公也[12]。鬼侯有子而好[13]，故入之於紂[14]。紂以爲惡[15]，醢鬼侯。鄂侯爭之急，辨之疾[16]，故脯鄂侯[17]。文王聞之，喟然而歎[18]，故拘之於牖里之庫百日[19]，而欲令之死[20]。——曷爲與人俱稱帝王，卒就脯醢之地也[21]？

〔1〕僕，奴僕。

〔2〕寧，疑問副詞，難道。若，動詞，及。不若，比不上。

〔3〕比於秦，跟秦國比。

〔4〕若，像。

〔5〕然，副詞，表示同意，等於説"是的"。

〔6〕然則，既然這樣，那麽。烹醢(hǎi)，都是古代的酷刑。醢，剁成肉醬。

〔7〕怏(yàng)然，不高興的樣子。

〔8〕嘻，驚歎聲。

〔9〕甚，厲害，過分。"先生之言"是主語部分，"亦太甚"是謂語部分，謂語部分前置，表示的感歎語氣比較強烈。

〔10〕固，本來，當然。

〔11〕鬼侯、鄂侯、文王，都是紂時的諸侯。鬼侯的封地在今河北臨漳縣境；鄂侯的封地在今山西寧鄉縣境；文王就是周文王，他的封地在今陝西户縣一帶。

〔12〕公，這裏指諸侯。

〔13〕子，指女兒。在上古時代，子本是男女的通稱。好，貌美。

〔14〕入，進獻。

〔15〕惡(è)，醜。

〔16〕辨，通“辯”。疾，跟上句的“急”同義。

〔17〕脯(fǔ)，乾肉，這裏用如動詞，作成肉乾。

〔18〕喟(kuì)然，歎氣的樣子。

〔19〕牖(yǒu)里，一作“羑里”，在今河南湯陰縣北。

〔20〕令，一本作“舍”。

〔21〕爲什麼一個人跟別人都稱王，終於走向被脯被醢的地位呢？這暗指梁和秦都是稱王的平等國家，不應甘居人下，處於受秦宰割的地位。《史記》無“帝”字，當依《史記》。

　　“齊閔王將之魯[1]，夷維子執策而從[2]，謂魯人曰：‘子將何以待吾君[3]？’魯人曰：‘吾將以十太牢待子之君[4]。’夷維子曰：‘子安取禮而來待吾君[5]？彼吾君者，天子也。天子巡狩[6]，諸侯辟舍[7]，納筦鍵[8]，攝衽抱几[9]，視膳於堂下[10]；天子已食[11]，退而聽朝也[12]。’魯人投其籥[13]，不果納[14]，不得入於魯。將之薛[15]，假涂於鄒[16]。當是時，鄒君死，閔王欲入弔。夷維子謂鄒之孤曰[17]：‘天子弔，主人必將倍殯柩[18]，設北面於南方[19]，然後天子南面弔也。’鄒之羣臣曰：‘必若此，吾將伏劍而死[20]。’故不敢入於鄒。鄒魯之臣，生則不得事養[21]，死則不得飯含[22]，然且欲行天子之禮於鄒魯之臣，不果納[23]。今秦萬乘之國，梁亦萬乘之國，俱據萬乘之國，交有稱王之名[24]。睹其一戰而勝，欲從而帝之，是使三晉之大臣[25]，不如鄒魯之僕妾也。

〔1〕齊閔王，就是齊湣王。齊湣王十七年，燕合五國之兵共攻齊，湣王逃跑到衛，因態度傲慢而激怒了衛人，於是離開衛國要到魯國去。

〔2〕夷維子,齊人,以邑爲姓。夷維,今山東濰縣。子,男子的美稱。策,馬鞭。

〔3〕子,你們。何以,指用什麽禮節。

〔4〕太牢,牛羊豕各一。十太牢,就是牛羊豕各十隻。

〔5〕你們從哪裏取這種禮節來款待我們的國君? 安,疑問代詞,哪裏。夷維子因以十太牢待滑王是待諸侯之禮,他要魯人以天子之禮待滑王,所以提出質問。

〔6〕巡狩(shòu),天子巡視諸侯之國。

〔7〕諸侯離開自己的宫室而讓給天子,自己居住在外。辟,避開,離開,後來寫作"避"。

〔8〕等於説把鎖鑰交給天子。納,繳納。筦(同"管")鍵,《史記》作"筦籥",筦指鎖外面的管狀部分,鍵指插入鎖管内的部分。

〔9〕提起衣襟,捧着几案。攝,持,提起。衽(rèn),衣襟。

〔10〕諸侯在堂下伺候着天子在堂上吃飯。視膳,等於説伺候别人吃飯。

〔11〕已食,吃完了飯。

〔12〕諸侯退回自己的朝廷上去聽政辦公。

〔13〕投其籥,指閉關下鎖。

〔14〕等於説没有讓滑王入境。果,副詞,表示成爲事實,常以"不果"二字連用。納,使入。

〔15〕薛,見第100頁《馮諼客孟嘗君》注〔1〕。

〔16〕假涂,借道。涂,通"塗",途。鄒,小國名,在今山東鄒縣。

〔17〕孤,父親死了,兒子叫孤。這裏指已故鄒君的兒子。

〔18〕倍,背,指不正面對着。殯、柩,見第22、23頁《蹇叔哭師》注〔3〕〔5〕。倍殯柩,不正面對着靈柩。古代喪禮,未葬時,靈柩停在西階上,喪事主人位於東階上,正面對着靈柩。天子來弔時,主人則站在西階上,面向北哭。

〔19〕在〔西階〕上的南面設置坐南向北的主人位置。面,動詞,向。下文"南面"的"面"同。下文"天子南面弔"指天子於階上南面而弔。

〔20〕等於説我們將用劍自刎而死。這是委婉語,實意是堅決拒絶。

〔21〕事養,侍奉供養。

〔22〕飯(fàn)含,把米放在死人口中叫飯,把玉放在死人口中叫含。連上句,極言鄒魯之貧弱,以致國君生時不能侍養,死後也無力備飯含的東西。

〔23〕然而當齊想對鄒魯之臣行天子之禮時,鄒魯之臣還終於没有讓湣王入境。然,連詞,然而。且,副詞,還。

〔24〕萬乘之國,擁有一萬輛兵車的國,是大國。交,皆,都。

〔25〕三晉,春秋時的晉國分裂爲韓、趙、魏三國,所以稱韓、趙、魏爲三晉。晉國本是春秋時的强國,這裏用"三晉",含有諷意。

　　"且秦無已而帝[1],則且變易諸侯之大臣[2],彼將奪其所謂不肖而予其所謂賢,奪其所憎而與其所愛[3];彼又將使其子女讒妾爲諸侯妃姬[4],處梁之宫[5],梁王安得晏然而已乎[6]?而將軍又何以得故寵乎[7]?"

　　於是辛垣衍起,再拜謝曰:"始以先生爲庸人[8],吾乃今日而知先生爲天下之士也!吾請去,不敢復言帝秦!"

〔1〕無已,没有止境。帝,用如動詞,稱帝。

〔2〕且,將。變易,撤换。

〔3〕予、與,都是給的意思。二字《史記》都作"與"。不肖,不賢,不才。

〔4〕子女,這裏專指女。讒妾,善於毁賢嫉能的妾。

〔5〕處,住。

〔6〕梁王哪裏能平安地了事呢? 晏然,平安地。

〔7〕故寵,舊日的尊榮地位。

〔8〕庸人,平凡的人。

　　秦將聞之,爲卻軍五十里[1]。適會魏公子無忌奪晉鄙軍以救趙擊秦[2],秦軍引而去[3]。

　　於是平原君欲封魯仲連,魯仲連辭讓者三[4],終不肯受。平原君乃置酒[5]，酒酣[6]，起，前[7]，以千金爲魯連壽[8]。魯連笑曰："所貴於天下之士者，爲人排患、釋難、解紛亂而無所取也[9]；即有所取者[10]，是商賈之人也[11]。仲連不忍爲也。"遂辭平原君而去，終身不復見[12]。

[1]卻軍，退兵。

[2]魏公子無忌，就是信陵君，魏昭王的少子，安釐王的異母弟，也是戰國四公子之一。他託魏王的愛姬如姬盜出兵符，假傳魏王的命令奪得晉鄙軍去救趙。事詳《史記·魏公子列傳》。

[3]引，向後退。

[4]三，多次。

[5]置酒，設置酒宴。

[6]酒酣，酒喝得很暢快的時候。

[7]前，動詞，指走到魯仲連面前。

[8]爲魯連壽，等於說祝魯連長壽。這是雙賓語結構。

[9]排，排除。釋，消除。解，解開，也有除去的意思。這三個詞在這裏是同義詞。

[10]即，假如。

[11]是，指示代詞，做主語。商賈(gǔ)，商人的統稱，古代以販賣貨物者爲商，藏貨待賣者爲賈。

[12]不再來見平原君。

觸讋説趙太后（趙策）[1]

趙太后新用事[2]，秦急攻之。趙氏求救於齊。齊曰："必以長安君爲質[3]，兵乃出[4]。"太后不肯，大臣强諫[5]。太后明謂左右[6]："有復言令長安君爲質者〔7〕,老婦必唾其面〔8〕。"

〔1〕事在趙孝成王元年(公元前265年)。觸讋(chùzhé),趙國的左師(官名)。《史記·趙世家》、1973年長沙馬王堆三號漢墓出土的帛書《戰國策》作"觸龍"。趙太后,就是趙威后,孝成王的母親。本文寫愛國的觸讋針對趙太后的自私心理,巧妙地説服了趙太后。

〔2〕新,剛開始。用事,這裏指執政。公元前266年,趙惠文王死,子孝成王立,年幼,所以由趙太后執政。

〔3〕長安君,趙太后最小的兒子的封號。質(zhì),抵押。當時諸侯間結盟,常常把自己的子孫交給對方做抵押,以取得信任。

〔4〕乃,副詞,這裏當"纔"講。

〔5〕强(qiǎng)諫,竭力諫静。

〔6〕明謂,明明白白地説給。

〔7〕者,代詞,這裏代人,相當於"的人"。

〔8〕老婦,趙太后自稱。唾其面,吐口水在他的臉上。

　　左師觸讋願見太后,太后盛氣而揖之〔1〕。入而徐趨〔2〕,至而自謝曰:"老臣病足〔3〕,曾不能疾走〔4〕,不得見久矣,竊自恕〔5〕,而恐太后玉體之有所郄也〔6〕,故願望見太后。"太后曰:"老婦恃輦而行。"曰:"日食飲得無衰乎〔7〕?"曰:"恃粥耳。"曰:"老臣今者殊不欲食〔8〕,乃自强步〔9〕,日三四里,少益耆食〔10〕,和於身〔11〕。"太后曰:"老婦不能。"太后之色少解〔12〕。

〔1〕太后很生氣地等着他。揖,《史記·趙世家》作"胥","揖"當是"胥"字傳寫之誤。"胥"通"須",等待。

〔2〕徐,慢慢地。趨,快步走。當時臣見君,按禮當快步走,祇因觸讋腳上有毛病,所以祇能徐趨,其實祇不過作出趨的姿勢罷了。

〔3〕病足,腳上有毛病。

〔4〕曾,放在"不"字前面,加强否定的語氣。疾走,快跑。

〔5〕自恕,自己原諒自己。

〔6〕玉體,等於説貴體。古人把玉看成貴重的寶物,這裏用玉來表示貴重。郄(xì),不舒適。

〔7〕日,每天,時間名詞做狀語。得無,類似現代漢語的"該不會"。衰,減少。

〔8〕今者,這裏當"近來"講。殊,很。

〔9〕自己卻勉强散散步。乃,這裏當"卻"講。步,動詞,慢慢走。注意它和"趨"的區别。

〔10〕少(shǎo),副詞,稍稍。益,副詞,更加。耆,通"嗜",喜愛。

〔11〕和,這裏指舒適。

〔12〕太后的怒色稍稍地消了一些。解,消。

　　左師公曰:"老臣賤息舒祺〔1〕,最少,不肖〔2〕;而臣衰〔3〕,竊愛憐之〔4〕,願令得補黑衣之數〔5〕,以衛王宫。没死以聞〔6〕。"太后曰:"敬諾〔7〕!年幾何矣〔8〕?"對曰:"十五歲矣。雖少,願及未填溝壑而託之〔9〕。"太后曰:"丈夫亦愛憐其少子乎〔10〕?"對曰:"甚於婦人〔11〕。"太后笑曰:"婦人異甚〔12〕!"對曰:"老臣竊以爲媪之愛燕后〔13〕,賢於長安君〔14〕。"曰:"君過矣〔15〕!不若長安君之甚〔16〕!"左師公曰:"父母之愛子,則爲之計深遠〔17〕。媪之送燕后也,持其踵爲之泣〔18〕,念悲其遠也〔19〕,亦哀之矣。已行〔20〕,非弗思也,祭祀必祝之,祝曰:'必勿使反〔21〕!'豈非計久長,有子孫相繼爲王也哉〔22〕?"太后曰:"然。"

〔1〕賤息,對人謙稱自己的兒子。息,子。舒祺,觸讋兒子的名字。

〔2〕不肖,見第124頁《魯仲連義不帝秦》注〔3〕。

〔3〕衰,衰老。

〔4〕憐,愛。古漢語裏,"憐"和"愛"在親愛這一意義上是同義詞。

〔5〕希望讓他得以補充衛士的數目。這是客氣的説法,意思就是請求讓他當一名衛士。得,表示客觀情況的容許。黑衣,衛士的代稱,因當時王宮的衛士都穿黑衣。

〔6〕冒着死罪把這話告訴你。没死,就是昧死("昧"通"冒")。以,介詞,省略了賓語。聞,使聞,即稟告的意思。

〔7〕敬諾,等於説遵命。

〔8〕幾何,多少。

〔9〕及,趁。填溝壑(hè),指死後没人埋葬,屍體被扔在山溝裏;這裏是謙虚的説法,就是指死。

〔10〕丈夫,男子的通稱。

〔11〕比婦人厲害。於,介詞,在形容詞後表比較。

〔12〕異甚,特別厲害,"異"是狀語。

〔13〕媪(ǎo),對年老婦人的尊稱。燕后,趙太后的女兒,嫁到燕國爲后,所以稱爲燕后。

〔14〕賢,勝,超越。

〔15〕過,動詞,錯。

〔16〕不像〔愛〕長安君那樣厲害。

〔17〕計深遠,等於説作長遠打算。計,動詞,打算,考慮。

〔18〕握着她的腳後跟爲她而哭。持,握。踵(zhǒng),腳後跟。

〔19〕惦念着她而且傷心她遠嫁於外。

〔20〕已經走了之後。

〔21〕一定别讓她回來。古代女子出嫁,祇有被棄纔回娘家。諸侯的女兒遠嫁到他國,祇有被廢或亡國後纔回到本國,所以趙太后祭祀時祝女兒别回來。反,回來,後來寫作"返"。

〔22〕難道不是作長遠打算,希望燕后有子孫世世代代相繼爲王嗎?也、哉,都是語氣詞,"也"表判斷,"哉"表反問,語氣的重點落在"哉"字上。

　　左師公曰:"今三世以前[1]，至於趙之爲趙[2]，趙主之子孫侯者，其繼有在者乎[3]？"曰:"無有。"曰:"微獨趙[4]，諸侯有在者乎[5]？"曰:"老婦不聞也[6]。""此其近者禍及身，遠者及其子孫。豈人主之子孫則必不善哉？位尊而無功，奉厚而無勞[7]，而挾重器多也[8]。今媼尊長安君之位[9]，而封之以膏腴之地[10]，多予之重器[11]，而不及今令有功於國；一旦山陵崩[12]，長安君何以自託於趙[13]？老臣以媼爲長安君計短也[14]。故以爲其愛不若燕后[15]。"太后曰:"諾，恣君之所使之[16]！"於是爲長安君約車百乘，質於齊，齊兵乃出。

[1]三世，就是三代，父子相繼爲一世。這裏的"三世以前"，指趙肅侯時。

[2]上推到趙氏開始建成趙國的時候。指趙烈侯由晉國的一個大夫成爲萬乘之國的國君。

[3]繼，指繼承人，就是後嗣。

[4]微獨，不僅，不但。

[5]這句話的主語不是"諸侯"，而是"諸侯之子孫侯者，其繼"。

[6]不聞，沒有聽説。

[7]奉，通"俸"，指俸禄。勞，功勞。

[8]挾，持。重器，貴重的寶物，指金玉珍寶鐘鼎等。

[9]尊長安君之位，使長安君的地位很高。

[10]膏腴(yú)，肥沃。

[11]予，給。

[12]山陵崩，比喻君死，是一種委婉的説法。這裏比喻趙太后死去。

[13]長安君憑什麽在趙國寄託身軀呢？

[14]以，認爲。

[15]其愛，指對長安君的愛。

〔16〕任憑你怎樣支使他。恣,任憑。

　　子義聞之〔1〕,曰:"人主之子也,骨肉之親也,猶不能恃無功之尊〔2〕,無勞之奉,而守金玉之重也;而況人臣乎!"

〔1〕子義,趙國的賢士。

〔2〕猶,還。尊,指尊高的地位。

常　用　詞(二)　　62字

　　辭謝責讓爭　使令屬託　往來去從違即就趨赴　戰擊引却馮據　約解釋　具給計謀會習　疾病餓厭　哀崩

　　匱困侈靡　寡少微强固　再三

　　帝后王侯子息　宗廟　詩書禮樂

61.【辭】

　　(一)口供。《尚書·呂刑》:"兩造具備,師聽五~。"(兩造:訴訟的雙方。師:獄官。)《漢書·趙廣漢傳》:"有詔即訊,~服。"(訊:審問。)

　　(二)言詞,話。《呂氏春秋·察傳》:"~多類非而是,多類是而非。"引申爲言之成文的,文辭。《周易》乾卦:"修~立其誠。"《論語·衛靈公》:"~達而已矣。"這種意義與"詞"相通,後來常寫作"詞"。引申爲口實,借口。《三國志·吳書·周瑜傳》:"挾天子以征四方,動以朝廷爲~。"

　　(三)文體的一種。曹丕《典論·論文》:"王粲長於~賦。"《文心雕龍·辨騷》:"名儒~賦,莫不擬其儀表。"又如書有"楚~",文章有"歸去來~"。

（四）不受。《論語·雍也》：“與之粟九百，～。”引申爲推辭。《左傳·僖公三十年》：“～曰：‘臣之壯也，猶不如人；今老矣，無能爲也已。’”又爲告別。《戰國策·趙策三》：“遂～平原君而去。”又爲躲避。如說“不～辛苦”。

按：《說文》於第一義寫作“辤”，其他義作“辭”。實際上，二者同音，是可以通用的；而且即使在第一義，古書一般也都作“辭”，不作“辤”。

62.【謝】

（一）道歉。《戰國策·齊策四》：“宣王～曰：‘寡人有罪國家。’”又：“封書～孟嘗君。”又《趙策四》：“入而徐趨，至而自～曰。”又《魏策四》：“秦王色撓，長跪而～之。”注意：在上古漢語裏，這種意義最爲常見。

（二）辭。《禮記·曲禮上》：“大夫七十而致事，若不得～，則必賜之几杖。”（致事：退職。）《史記·儒林列傳》：“～絶賓客。”成語有“閉門～客”。

（三）告，告訴。古詩《爲焦仲卿妻作》：“多～後世人，戒之慎勿忘！”

（四）對別人的幫助或贈與表示感激。《韓非子·外儲說左下》：“解狐舉邢伯柳爲上黨守，柳往～之曰：‘子釋罪，敢不下拜。’曰：‘舉子，公也；怨子，私也。子往矣，怨子如初也。’”《漢書·張湯傳》：“嘗有所薦，其人來～。”按：這與現代的意義一樣，但上古不多見。

（五）衰退，凋謝（後起義）。范縝《神滅論》：“形～則神滅。”杜甫《九日》詩：“干戈衰～兩相催。”

63.【責】

（一）讀 zhài。債務，債款。《戰國策·齊策四》：“先生不羞，

乃有意欲爲收~於薛乎?"按:這個意義在上古都祇寫作"責",後代
纔寫作"債"。

（二）要求。《左傳·桓公十三年》:"宋多~賂於鄭。"（賂:財
物。）引申爲對別人或自己道德品行上的要求。《論語·衞靈公》:
"躬自厚而薄~於人。"今成語有"求全~備"。再引申爲用言語批
評別人。《戰國策·趙策三》:"梁客辛垣衍安在?吾請爲君~而
歸之。"

（三）責任。《孟子·公孫丑下》:"有言~者不得其言則去。"

64.【讓】

（一）責備。《左傳·僖公五年》:"公使~之。"《史記·項羽本
紀》:"二世使人~章邯。"

（二）退讓,不跟別人爭奪權利,跟"爭"相對。這是儒家所提倡
的一種社會道德。《戰國策·趙策三》:"魯仲連辭~者三,終不肯
受。"《禮記·禮運》:"刑仁講~。"引申爲謙讓。《論語·先進》:
"其言不~。"又《衞靈公》:"當仁不~於師。"

（三）把權益和職位讓給別人。《尚書·舜典》:"禹拜稽首,~
于稷、契暨皋陶。"《論語·泰伯》:"三以天下~。"〔禪~〕以帝位讓
給別人。《後漢書·逸民傳·論》:"恥聞禪~。"引申爲先人後己,
避讓。如"~路""~座"。

65.【爭】

（一）跟別人搶着要同一個東西。《左傳·隱公十一年》:"公
孫閼(è)與潁考叔~車。"引申爲競爭。《左傳·成公三年》:"晉未
可與~。"《戰國策·楚策一》:"自以爲無患,與人無~也。"又《趙策
三》:"前與齊閔王~强爲帝。"又引申爲了眞理而與人辯論。《戰
國策·趙策三》:"鄂侯~之急。"現代成語有"據理力~"。

（二）讀 zhèng，去聲。諫，規勸。"～臣""～友""～子"，都見於《孝經》。後來寫成"諍"。

66.【使】

（一）使，叫，讓。《左傳·僖公三十年》："～杞子、逢孫、楊孫戍之。"又《僖公三十二年》："鄭人～我掌其北門之管。"又《隱公元年》："無～滋蔓。"

（二）讀 shì，去聲。奉使命（外交上的）。《論語·子路》："～於四方，不辱君命。"又名詞。奉使命的人，使臣。《戰國策·齊策四》："千金，重幣也；百乘，顯～也。"又："梁～三反。"《漢書·蘇武傳》："匈奴～來。"又："單于使～曉武。"（第一個"使"字讀上聲，動詞；第二個"使"字讀去聲，名詞。）[～者]派遣爲代表的人，奉使命的人。《戰國策·齊策四》："遣～者黃金千斤，車百乘，往聘孟嘗君。"《史記·項羽本紀》："項王～者來。"

（三）連詞。假使。《論語·泰伯》："如有周公之才之美，～驕且吝，其餘不足觀也已。"《史記·魏其武安侯列傳》："上曰：'～武安侯在者，族矣！'"

67.【令】

（一）發出命令。《論語·子路》："其身正，不～而行；其身不正，雖～不從。"《孟子·離婁上》："既不能～，又不受命。"注意："令"字在古代往往用作不及物動詞。又名詞。命令。《孟子·梁惠王下》："王速出～。"

（二）舊讀 líng。使。《戰國策·趙策四》："有復言～長安君爲質者，老婦必唾其面。"杜甫《北征》詩："遂～半秦民，殘害爲異物。"引申爲假使。《史記·魏其武安侯列傳》："～我百歲後，皆魚肉之矣。"[就～]縱使，即使。胡銓《上高宗封事》："就～敵決可和，盡如倫議,天下後世謂陛下何如主也?"(倫:王倫。當時的投降派。)

(三)總其事的官。春秋時代,楚國的相稱"~尹"。《論語·公冶長》:"~尹子文三仕爲~尹。"秦漢以後,政府部門的主管人稱"令",如"中書~""郎中~"。又縣的長官也叫"令"。秦漢時代,縣滿萬戶者稱"令",不滿者稱"長"。《後漢書·董宣傳》:"後特徵爲洛陽~。"後世縣官都稱"令"。方苞《獄中雜記》:"有洪洞~杜君者。"

(四)文體的一種。《昭明文選》有"令"一類。蕭統《文選序》:"又詔誥教~之流,表奏牋記之列。"

(五)時令。《禮記·月令》:"孟春行夏~,則雨水不時。"又:"〔季冬之月〕諭時~,以待來歲之宜。"

(六)形容詞。善的,好的。《詩經·大雅·卷阿》:"~聞~望。"又《魯頌·閟宮》:"~妻壽母。"引申爲對別人親屬的敬詞。如:"~尊""~兄""~弟"等。

68.【屬】

(一)讀 zhǔ,動詞。連接。《莊子·馬蹄》:"萬物羣生,連~其鄉。"引申爲跟隨。《史記·項羽本紀》:"項王渡淮,騎能~者百餘人耳。"

(二)讀 shǔ。隸屬。《史記·項羽本紀》:"項羽由是始爲諸侯上將軍,諸侯皆~焉。"又:"當陽君、蒲將軍皆~項羽。"

(三)讀 zhǔ,動詞。通"囑"。請託,委託。《戰國策·齊策四》:"使人~孟嘗君,願寄食門下。"又《楚策一》:"今王之地方五千里,帶甲百萬,而專~之昭奚恤。"

(四)讀 shǔ。種類。《周禮·春官·龜人》:"掌六龜之~。"〔若~〕你們這班人。《史記·項羽本紀》:"不者,若~皆且爲所虜。"〔吾~〕我們這班人。《史記·項羽本紀》:"章將軍等詐吾~降諸侯。"

69.【託】

(一)寄託。《戰國策·趙策四》:"長安君何以自~於趙?"杜甫《大麥行》詩:"安得如鳥有羽翅,~身白雲歸故鄉。"［~名］名義上是……。《三國志·吳書·周瑜傳》:"然~名漢相,挾天子以征四方。"

(二)委託。《戰國策·趙策四》:"願及未填溝壑而~之。"諸葛亮《出師表》:"恐~付不效,以傷先帝之明。"

(三)假託,借故推託。《後漢書·姜肱傳》:"~以它辭。"

［辨］託,托。上古沒有"托"字。"托"是後代"託"的通俗寫法。宋代以後,"託身""託故"等,有人寫成"托"。但是,"托"字有它自己所特有的意義,表示用手掌承着東西,如"托缽"。又有引申義,如"襯托"。這些"托"字不能寫成"託"。

70.【往】

去,到某處去。《左傳·僖公三十年》:"行李之~來。"又《宣公二年》:"晨~,寢門闢矣。"引申爲過去(指時間),從前。《論語·八佾》:"既~不咎。"又《微子》:"~者不可諫,來者猶可追。"

71.【來】

(一)小麥。《詩經·周頌·思文》:"貽我~牟。"(牟:大麥。)又《臣工》:"於皇~牟!"(於皇:歎美之辭。)

(二)來。跟"往"相對。《戰國策·齊策四》:"~何疾也?"又有使動用法,表示"使他來"。《論語·季氏》:"故遠人不服,則修文德以~之。"又:"遠人不服而不能~也。"《孟子·滕文公上》:"放勳曰:'勞之~之。'"注意:舊日於用作使動時讀作 lài,後來常寫作"徠"。成語有"以廣招~"。引申爲將來。《論語·微子》:"~者猶可追。”“來年”“來日”連用表示“明年”“明日”。《孟子·滕文公下》：“以待～年然後已。”又：“何待～年？”漢樂府《善哉行》：“～日大難，口燥脣乾。”

（三）句終語氣詞。《孟子·離婁上》：“盍歸乎～！”《莊子·人間世》：“嘗以語我～！”又：“子其有以語我～！”

72.【去】

（一）離開。《左傳·僖公三十年》：“亦～之。”《孟子·公孫丑下》：“孟子～齊。”注意：上古的“去”是“離開”，跟“就”相反，所以説“去就”。離開某地就是不停留在某地，跟“留”相反，所以説“去留”。離開某人就是不從某人，所以説“去從”。今成語還有“何～何從”。上古的“去”一般都帶賓語，《戰國策》《史記》等書，“去”字可以不帶賓語，但仍是離開某地的意義，略等於現代漢語所謂“走了”。《戰國策·趙策三》：“今又内圍邯鄲而不～。”又：“遂辭平原君而～。”今成語還有“揚長而～”“拂袖而～”。引申爲距離（指時間或地點）。《孟子·公孫丑上》：“紂之～武丁未久也。”又《離婁下》：“地之相～也千有餘里。”

（二）舊讀 qǔ，上聲。除掉，去掉。跟“取”相對。《論語·顏淵》：“～兵。”《孟子·滕文公下》：“什一，～關市之征。”

[辨]去，往。上古“去”和“往”的意義大不相同。“來”的反面不是“去”，而是“往”。“往”不能帶賓語，“去”經常帶賓語。“去”是離開，“往”是走向目的地，可見是迥然不同的。“孟子去齊”這一句話，若依現代漢語解釋，是“孟子到齊國去”，而依古代漢語解釋，則是“孟子離開了齊國”，意義正相反。這是必須嚴格辨別的。

73.【從】

（一）跟隨。《論語·微子》：“子路～而後。”引申爲歸順。《左傳·莊公十年》：“民弗～也。”又爲依順,聽從。《左傳·隱公元年》：“公～之。”又爲參與。如“～事”“～政”。[～而]表示乙事是甲事的繼續。《戰國策·趙策三》：“睹其一戰而勝,欲～而帝之。”《孟子·梁惠王上》：“及陷於罪,然後～而刑之。”

(二)舊讀 zòng,去聲。隨行,侍從。《左傳·莊公十年》：“戰則請～。”《孟子·滕文公下》：“後車數十乘,～者數百人。”《莊子·列禦寇》：“一悟萬乘之主而～車百乘者,商之所長也。”《三國志·吳書·魯肅傳》：“乘犢車,～吏卒。”注意:“從車百乘”不是跟隨百乘車,而是有百乘車隨從。“從吏卒”不是跟隨吏卒,而是有吏卒隨從。這裏有被動的意義。“從”又用作名詞,如“僕～”“扈～”“驂～”等。

(三)舊讀 zòng。次於最親的。指堂房親屬。如伯叔之子年長於己者爲“～兄”,姪爲“～子”。

(四)介詞。表示從某一處所出發。《左傳·宣公二年》：“～臺上彈人。”也表示時間。白居易《長恨歌》：“～此君王不早朝。”

(五)讀 zōng(陰平聲)。直。跟“橫”相對。南北曰“從”,東西曰“衡”。《詩經·齊風·南山》：“衡～其畝。”[合～]戰國時代的政治術語。指聯合南北諸國來對抗秦國。按:從衡,後來寫成“縱橫”。“合從”寫作“合縱”。

(六)讀 cōng。[～容]形容詞。舉動合乎禮貌的樣子。《禮記·緇衣》：“～容有常。”又爲不迫促,自然。《史記·魏其武安侯列傳》：“酒酣,～容言曰。”

74.【違】

(一)離開,避開。《左傳·成公十六年》：“有淖於前,乃皆左右,相～於淖。”(淖:泥坑。這是説,晉軍都分向左右兩邊,避開這

個泥坑。)又《成公三年》:"雖遇執事,其弗敢~。"(弗敢違:不避一
戰。)引申爲謙詞,指離開您的教益,離別(後起義)。蘇軾《答謝民
師書》:"近奉~。"

(二)違反,違背。《孟子·梁惠王上》:"不~農時,穀不可勝
食也。"

75.【即】

(一)動詞。走近,靠近,走向。《詩經·衛風·氓》:"來~我
謀。"《論語·子張》:"~之也溫。"(靠近他,〔覺得他〕溫和可親。)
今成語有"若~若離""可望不可~"。又用於抽象意義。《左傳·
成公二年》:"擐甲執兵,固~死也。"《論語·子路》:"善人教民七
年,亦可以~戎矣。"(即戎:從事作戰。)今成語有"~景生情"。〔~
位〕(1)就位。《儀禮·士冠禮》:"~位於門東,西面。"(西面:朝
西。)(2)登上君主的位。《左傳·隱公元年》:"及莊公~位。"〔~
席〕(1)就席。《儀禮·士冠禮》:"右還~席坐。"(2)在酒席座上。
也指當場。如"~席賦詩"。〔~事〕(1)往就其事。《後漢書·黃瓊
傳》:"豈~事有漸,將順王命乎?"(2)接觸眼前的事物,即景。陶潛
《始春懷古田舍》詩:"雖未量歲功,~事多所欣。"

(二)動詞。就在〔當前的時間或地點〕。《史記·項羽本紀》:
"項羽~日因留沛公與飲。"又:"~其帳中斬宋義頭。"《漢書·高帝
紀》:"項伯許諾,~夜復去。"又《蘇武傳》:"~時誅滅。"

(三)副詞。就。《戰國策·楚策一》:"〔蘇秦〕~陰與燕王謀,
破齊共分其地。""即"字在判斷句中,可以譯爲"就是"。《左傳·
襄公八年》:"非其父兄,~其子弟。"《史記·項羽本紀》:"梁父~楚
將項燕。"

(四)連詞。如果,假如。《戰國策·趙策三》:"~有所取者,是

商賈之人也。"《史記·李將軍列傳》:"虜多且近,~有急,奈何?"

（五）連詞。則。《史記·項羽本紀》:"公徐行~免死,疾行則及禍。"又:"先~制人,後則爲人所制。"又《廉頗藺相如列傳》:"使趙不將括~已,若必將之,破趙軍者必括也。"注意:這個意義後代少用。

76.【就】

（一）走近,靠近,接近,親近,趨向,走向,走上。跟"去"相對（因爲"去"是離開）;又跟"避"相對。《孟子·梁惠王上》:"望之不似人君,~之而不見所畏焉。"（這是"走近"。）《荀子·勸學》:"金~礪則利。"（這是"接近"。）又:"故君子居必擇鄉,遊必~士。"（這是"親近"。）又:"施薪若一,火~燥也;平地若一,水~溼也。"（這是"趨向"。）《戰國策·趙策三》:"曷爲與人俱稱帝王,卒~脯醢之地也?"（這是"走上"。）今雙音詞有"~職""~業",成語有"避重~輕"等。

（二）成功,達到目的。《戰國策·齊策四》:"三窟已~。"今有雙音詞"成~"。

77.【趨】

快步走。《論語·微子》:"~而辟之,不得與之言。"又特指禮貌性的快走。《論語·季氏》:"〔孔子〕嘗獨立,鯉~而過庭。"（鯉:孔鯉,孔子的兒子。）《戰國策·趙策四》:"入而徐~。"（徐趨:指表示出"趨"的樣子。觸讋是借以作進說辭的引子。）秦漢以來,皇帝以允許大臣"入朝不趨"作爲特殊的恩寵和禮遇。引申爲嚮往,歸向。《文心雕龍·鎔裁》:"剛柔以立本,變能以~時。"今成語有"~炎附勢""大勢所~"。

78.【赴】

（一）奔向,投向。《莊子·秋水》:"~水則接腋持頤。"《孟子·梁惠王上》：“天下之欲疾其君者，皆欲~愬於王。”（愬：告訴，申訴。）又特指投向凶險的處所或危險的事物。《戰國策·趙策三》：“則連有~東海而死耳。”《荀子·議兵》：“若~水火，入焉焦沒耳。”（入火則被燒焦，入水則被淹沒。）曹植《白馬篇》：“捐軀~國難，視死忽如歸。”今成語有“~湯蹈火”“共~時艱”等。後來用爲一般的“奔向”。杜甫《詠懷古迹》詩：“羣山萬壑~荊門。”

（二）奔告喪事。《左傳·襄公十九年》：“鄭公孫蠆卒，~於晉大夫。”（蠆：讀 chài。）《戰國策·趙策三》：“周烈王崩，諸侯皆弔，齊後往。周怒，~於齊曰。”這個意義後來寫作“訃”。

79.【戰】

（一）打仗。《左傳·僖公四年》：“以此衆~，誰能禦之？”《孟子·梁惠王上》：“王好~，請以~喻。”

（二）害怕。《詩經·小雅·小旻》：“~~兢兢，如臨深淵。”［~慄］由於害怕而發抖。《戰國策·楚策四》：“襄王聞之，顏色變作，身體~慄。”

80.【擊】

打，敲打。《詩經·邶風·擊鼓》：“~鼓其鏜。”（鏜：鼓聲。）引申爲攻打，進攻。《左傳·僖公三十年》：“子犯請~之。”《戰國策·趙策三》：“奪晉鄙軍以救趙，~秦。”

81.【引】

（一）開弓。《孟子·盡心下》：“君子~而不發。”（發：射出去。）引申爲延長。《詩經·小雅·楚茨》：“子子孫孫，勿替~之。”（勿替：不廢。）引申爲牽引。《禮記·檀弓上》：“兄弟之子，猶子也，蓋~而進之也。”《孟子·滕文公下》：“~而置之莊嶽之間。”（莊嶽：齊都城中的地名。）又爲伸長。《左傳·成公十三年》：“我君景公~領西望。”又爲遥控。王勃《滕王閣序》：“控蠻荆而~甌越。”

（二）向後退。《戰國策·趙策三》：“秦軍~而去。”引申爲離開。賈誼《弔屈原賦》：“鳳漂漂其高逝兮，固自~而遠去。”

82.【却】(卻)

（一）退，使退。《戰國策·趙策三》：“秦將聞之，爲~軍五十里。”現代有雙音詞“退~”。

（二）不受。《孟子·萬章下》：“~之，~之爲不恭。”今成語有“~之不恭”。注意：“却”又寫作“卻”，但不能寫作“郤”，“郤”音隙，地名，姓。

[辨]引，却。“引”是退却的姿態，“却”是退却的行爲。二者並不相同。“引而去”不能説成“却而去”。

83.【馮】

（一）讀 píng。依凭。《漢書·酈食其傳》：“食其~軾下齊七十餘城。”引申爲依傍，依賴。《左傳·僖公五年》：“神所~依，將在德矣。”又《哀公七年》：“~恃其衆。”這種意義後來寫成“憑”“凭”。

（二）也讀 píng。侵犯。《周禮·夏官·大司馬》：“~弱犯寡。”[~陵]侵犯。庾信《哀江南賦》：“~陵畿甸。”

（三）讀 féng。秦漢時郡名“~翊”，在今陝西大荔縣。

84.【據】(据)

手靠着。《莊子·德充符》：“~槁梧而瞑。”(瞑：同“眠”。)又《盗跖》：“~軾低頭。”又《漁父》：“左手~膝，右手持頤。”(頤：下巴。)引申爲依附。《左傳·僖公五年》：“吾享祀豐絜，神必~我。”《詩經·邶風·柏舟》：“亦有兄弟，不可以~。”引申爲證據(後起義)。郭璞《爾雅序》：“援~徵之。”韓愈《柳子厚墓誌銘》：“議論證~今古。”

[辨]馮,據。在依附的意義上,“馮”與“據”是同義詞,所以“馮軾”又説成“據軾”。《左傳·僖公五年》,上文説“神必據我”,下文説“神所馮依”,可見“據”就是“馮依”。後代“憑據”變成了雙音詞,當“證據”講,原意是人所依傍作爲證明的東西。祇有某些習慣用途上稍有不同。例如“據理力爭”不説“憑理力爭”。

85.【約】

(一)纏,束縛。《詩經·小雅·斯干》:“~之閣閣。”(閣閣:上下嚴緊的樣子。)曹植《美女篇》:“攘袖見素手,皓腕~金環。”“約車”即將馬繫在車轅下(套車)。《戰國策·齊策四》:“於是~車治裝,載券契而行。”又《趙策四》:“於是爲長安君~車百乘,質於齊。”用作名詞時表示繩索,繩子。《老子》二十七章:“善結無繩~而不可解。”引申爲約束。《論語·子罕》:“博我以文,~我以禮。”[~束](1)盟約,規章。《史記·高祖本紀》:“待諸侯至而定~束耳。”又《廉頗藺相如列傳》:“趙括既代廉頗,悉更~束。”(2)諾言,信用。《史記·廉頗藺相如列傳》:“未嘗有堅明~束者也。”再引申爲簡要。《孟子·離婁下》:“博學而詳説之,將以反説~也。”又《公孫丑上》:“又不如曾子之守~也。”《文心雕龍·情采》:“故爲情者要~而寫真,爲文者淫麗而煩濫。”成語有“由博反~”。又引申爲少,節儉,如説“儉~”。

(二)訂約。《史記·項羽本紀》:“懷王與諸侯~,曰:‘先破秦入咸陽者王之。’”又名詞。盟約。賈誼《過秦論》:“於是從散~解。”又爲邀約,約會。《戰國策·趙策四》:“李兌~五國以伐秦。”又《燕策一》:“欲并代,~與代王遇於勾注之塞。”趙師秀《約客》詩:“有~不來過夜半,閑敲棋子落燈花。”

86.【解】

(一)分解,指分解動物(原義是解牛)。《莊子·養生主》:"庖丁爲文惠君~牛。"《左傳·宣公四年》:"宰夫將~黿。"引申爲把糾結着的東西解開。《孟子·公孫丑上》:"民之悦之,猶~倒懸也。"(這是解下來。)《禮記·月令》:"孟春之月,東風~凍。"(這是溶解。)《戰國策·趙策三》:"所貴於天下之士者,爲人排患釋難~紛亂而無所取也。"(這是排解。)李白《清平調》其三:"~釋春風無限恨。"(這是消解。)引申爲對一種道理的解釋。《史記·吕太后本紀》:"君知其~乎?"又爲曉悟,懂得,理解。《莊子·天地》:"知其愚者,非大愚也,知其惑者,非大惑也;大惑者終身不~,大愚者終身不靈。"杜甫《月夜》詩:"遥憐小兒女,未~憶長安。"

(二)讀 xiè。鬆弛,懈怠。《詩經·大雅·烝民》:"夙夜匪~。"這個意義後代寫作"懈"。

87.【釋】

(一)解開,放下〔原來拿着或背着的東西〕,放掉。《莊子·養生主》:"庖丁~刀對曰。"《穀梁傳·昭公二十九年》:"民如~重負。"《史記·孫子吳起列傳》:"彼必~趙而自救。"引申爲釋放,赦免。《左傳·成公三年》:"兩~纍囚以成其好。"又爲溶解。《老子》十五章:"涣兮若冰之將~。"又爲分解,排解。《戰國策·趙策三》:"爲人排患~難解紛亂而無所取也。"

(二)解説,解釋。《左傳·襄公二十九年》:"'春,王正月,公在楚。'~不朝正於廟也。"(朝正於廟:古代君主正月要朝祭太廟。)現代有雙音詞"注~""解~"等。

〔辨〕解,釋,放。"解"和"釋"在某些意義上有相通處。如都有"解開"或"鬆開"的意思,所以冰塊消融可以説"解凍",又可説

“渙然冰釋”；又都有“分析”“解説”的意思，所以可以説“注解”，也可説“注釋”。在其他意義上，二者各有自己的習慣用法。“放”不具備“解”和“釋”的上述意義。“放”的一個突出的意義是“使事物向四外擴散”。所以把牛羊趕出去餵養爲“放牧”，將人趕到邊遠地方叫“放逐”，不守規矩、任意而行爲“放蕩”。這種意思也是“解”“釋”所没有的。在現代漢語中，由“解”“釋”“放”構成的複合詞，仍有明顯的區别。如“解開”和“放開”、“解放”和“釋放”、“開釋”和“開放”，應用的範圍、對象都不一樣。

88.【具】

（一）設食，準備酒席。《禮記·内則》：“若未食，則佐長者視~。”《史記·魏其武安侯列傳》：“請語魏其侯帳~。”又：“早帳~至旦。”（帳：設置帷帳。）引申爲餐。《戰國策·齊策四》：“食以草~。”《史記·項羽本紀》：“爲太牢~。”（太牢：牛、羊、豕。）

（二）動詞。具有。《孟子·公孫丑上》：“冉牛、閔子、顔淵則~體而微。”（三人都具有聖人的全體，但未够廣大。）現代變爲雙音詞“~有”“~備”。引申爲準備。《左傳·隱公元年》：“繕甲兵，~卒乘。”杜甫《同元使君春陵行》：“呼兒~紙筆。”

（三）副詞。義同“俱”。《詩經·小雅·節南山》：“民~爾瞻。”引申爲盡，完全。杜甫《寄薛三郎中》詩：“其樂難~陳。”

（四）才具，才能。杜甫《自京赴奉先縣詠懷》詩：“當今廊廟~，構厦豈云缺？”引申爲器具（後起義）。

89.【給】

（一）讀 jǐ。形容詞。豐足（指食用）。跟“乏”相反。《孟子·梁惠王下》：“春省耕而補不足，秋省斂而助不~。”（省：視察。斂：收穫。）《史記·扁鵲倉公列傳》：“其家~富。”《後漢書·曹褒傳》：

"其秋大熟,百姓~足。"

（二）讀jǐ。動詞。供應〔食用〕,使足,使不匱乏。《戰國策·齊策四》:"孟嘗君使人~其食用。"司馬遷《報任安書》:"虜救死扶傷不~。"注意:上古"給"字意義和現代意義距離很遠。上古"給"字不表示"給予"。例如《左傳·隱公元年》"欲與大叔",不能説成"欲給大叔"。

[辨]與,予,給。"與"和"予"自古同音,而且在"給予"的意思上同義。"給"則和"與""予"大有區別。"給"用作動詞時,不是表示一般的"給予",而是表示"供給",並且一般祇限於供給食用。作"給予"解的"給",是後起義,讀gěi。

90.【計】

結算,算賬。《戰國策·齊策四》:"問門下諸客:誰習~會。"《莊子·庚桑楚》:"今吾日~之而不足,歲~之而有餘。"引申爲打算,盤算,謀畫。《戰國策·趙策四》:"父母之愛子則爲之~深遠。"名詞。計策。《戰國策·齊策四》:"孟嘗君爲相數十年,無纖介之禍者,馮諼之~也。"

91.【謀】

（一）考慮,計畫,商議。《左傳·莊公十年》:"肉食者~之。"又:"未能遠~。"《詩經·衛風·氓》:"來即我~。"又名詞。計畫,計策。《論語·衛靈公》:"小不忍則亂大~。"有時指算計。《論語·季氏》:"而~動干戈於邦内。"

（二）營求,謀求。《論語·衛靈公》:"君子~道不~食。"

92.【會】

（一）動詞。會合,聚會,特指盟會、宴會等。《左傳·桓公十五年》:"公~齊侯于艾。"又名詞。引申爲機會。成語有"適逢其~"。

（二）副詞。正巧（指時間）。《戰國策·趙策三》："~秦圍趙。"《史記·項羽本紀》："~天大雨。"在這種意義上，"會"與"適"同義，所以二字可以連用。《戰國策·趙策三》："適~魏公子無忌奪晉鄙軍以救趙擊秦。"

（三）讀 guài（今讀 kuài）。年終結賬，又泛指算賬。[~計]記賬的工作。《周禮·天官·司會》："聽其~計。"又作"計會"。《戰國策·齊策四》："問門下諸客：'誰習計~，能爲文收責於薛者乎？'"

93.【習】

（一）鳥反復地飛，頻繁地飛。《禮記·月令》："鷹乃學~。"引申爲反復練習，鑽研。《論語·學而》："學而時~之。"又："傳不~乎？"引申爲熟習，通曉。《戰國策·齊策四》："問門下諸客：'誰~計會，能爲文收責於薛者乎？'"

（二）人們受客觀事物反復影響所產生的反應習慣。《論語·陽貨》："性相近也，~相遠也。"《荀子·大略》："政教~俗，相順而後行。"今成語有"~以爲常""~焉不察"。

94.【疾】

（一）病。《論語·泰伯》："曾子有~。"

（二）恨，痛恨。《論語·季氏》："君子~夫舍曰欲之而必爲之辭。"《孟子·梁惠王上》："天下之欲~其君者，皆欲赴愬於王。"

（三）快，速。跟"徐"相對。《莊子·天道》："不徐不~。"《戰國策·齊策四》："來何~也？"又《趙策四》："老臣病足，曾不能~走。"

95.【病】

（一）重病。《左傳·宣公二年》："見靈輒餓，問其~。"《論語·述而》：“子疾~，子路請禱。”又《衞靈公》：“在陳絕糧，從者~，莫能興。”引申爲一般的病。《莊子·列禦寇》：“秦王有~召醫。”

（二）有病。《戰國策·趙策四》：“老臣~足。”（足有病。）又表示毛病在於。《孟子·告子下》：“夫道若大路然，豈難知哉？人~不求耳。”又表示以爲憾事。《論語·衞靈公》：“君子~無能焉，不~人之不己知也。”枚乘《七發》：“僕~未能也。”

[辨]疾，病。一般的病叫“疾”；重病叫“病”。《論語·子罕》：“子疾病。”注：“疾甚曰病。”譯成現代漢語是：“孔子病了，病得很重。”但就現有史料看，“疾”和“病”單用時，並無分別。如病重既可説“病篤”，又可説“疾革”（革，音 jí，通“亟”）。但是，“疾”的第二義和“病”的第二義仍然有很大的差別。“疾”的第三義更是“病”字所沒有的。

96.【餓】

挨餓。《左傳·宣公二年》：“見靈輒~。”《論語·季氏》：“伯夷叔齊~於首陽之下。”《孟子·公孫丑上》：“野有~莩而不知發。”又《告子下》：“勞其筋骨，~其體膚。”杜甫《醉時歌》：“但覺高歌有鬼神，焉知~死填溝壑！”注意：在上古漢語裏，“餓”字不當簡單的肚子餓講。直到唐代還是如此。

[辨]飢，饑，餓。這三個字古代不同義。“飢”是現在所説的一般的“肚子餓”，“餓”是嚴重的飢，指沒有飯吃，受到死亡的威脅。所以吃不飽的稱“飢民”，而餓死者爲“餓莩”。其詞義區別極明顯。“饑”是指五穀不熟所形成的饑荒。“饑”與“飢”古不同音，一般不通用。上古文獻中個別混用的地方，可能是後代傳寫之誤。《韓非子·飾邪》：“家有常業，雖飢不餓。”可見二者是有區別的。《禮記·檀弓下》：“齊大饑，黔敖爲食於路，以待餓者而食之。”其中的

"饑"不能換成"飢"或"餓";其中的"餓"也不能換成"飢"或"饑"。後代"飢""餓"混用的情況多見,"飢""饑"混用的情況罕見。

97.【厭】

(一)飽。"厭"字用於"吃飽"的意義時,一般寫作"饜"。《孟子·離婁下》:"其良人出,則必饜酒肉而後反。"引申爲滿足。《左傳·隱公元年》:"姜氏何~之有?"又《僖公三十年》:"夫晉何~之有?"《論語·述而》:"學而不~。"

(二)討厭,憎惡。《左傳·隱公十一年》:"天而既~周德矣。"《論語·鄉黨》:"食不~精,膾不~細。"

(三)讀 yà。鎮壓。《左傳·昭公二十六年》:"將以~衆。"特指用迷信的方法去鎮壓。《史記·高祖本紀》:"秦始皇帝常曰'東南有天子氣',於是因東遊以~之。"[~勝]用迷信的方法鎮壓。《漢書·王莽傳下》載王莽鑄"威斗",想用它"~勝衆兵"。

[辨]飽,厭。"飽"與"厭"是同義詞。但"飽"字一般衹用於"吃飽",而"厭"則經常用於抽象的意義。"飽"字是不及物動詞,"厭"是及物動詞,所以説"饜酒肉"。"飽"字可以用作狀語,如"飽食","厭"字没有這種用法。

98.【衰】

(一)力量減退。跟"盛"相對。《左傳·莊公十年》:"一鼓作氣,再而~,三而竭。"引申爲衰老。《戰國策·趙策四》:"而臣~。"又爲減少。《戰國策·趙策四》:"日食飲得無~乎?"《孟子·盡心下》:"禮貌未~。"又爲衰弱,衰微。《孟子·滕文公下》:"聖人之道~。"又:"世~道微。"杜甫《北征》詩:"不聞夏殷~,中自誅褒妲。"

(二)讀 cuī。等差。《左傳·桓公二年》:"各有分親,皆有等~。"又《襄公二十五年》:"且天子之地一圻,列國一同,自是以~。"(圻 qí:方千里。同:方百里。衰:遞減。)

(三)讀 cuī。喪服名。三年喪將麻布披於胸前。《論語·子罕》:"子見齊~者。"(齊:指麻布緝邊。)這個意義後代寫作"縗"。

99.【崩】

山塌下來。《左傳·成公五年》:"梁山~。""崩"又用於抽象的意義,表示"崩潰"。《左傳·隱公元年》:"不義不暱,厚將~。"《論語·季氏》:"邦分~離析而不能守也。"引申爲死,特指天子死。《戰國策·趙策三》:"周烈王~。"按:以"崩"指天子死,顯然是一種比喻。所以《戰國策·趙策》在敘述周烈王崩的訃告時說:"天~地圻,天子下席。"又觸讋對趙太后說:"一旦山陵~,長安君何以自託於趙?"(趙太后不是天子,但當時周天子無權,趙太后爲一國之主,所以也能以"山陵崩"爲比喻。)

[辨]崩,薨,卒,死,没(歿)。在封建社會中,等級的分別很嚴,連死也分了等級。《禮記·曲禮》:"天子死曰崩,諸侯曰薨,大夫曰卒,士曰不禄,庶人曰死。"《唐書·百官志》:"凡喪,二品以上稱薨,五品以上稱卒,自六品達於庶人稱死。"《左傳》對諸侯有時也稱"卒"。《僖公三十二年》:"冬,晉文公卒。"至於唐代,"卒"字的用法更變爲不嚴格的了。杜甫《自京赴奉先縣詠懷》:"入門聞號咷,幼子飢已卒。"這"卒"衹泛指死。"歿"也是泛指死。上古一般衹寫作"没"。《孟子·滕文公上》:"昔者孔子没。"賈誼《過秦論》上:"孝公既没。"《論語·學而》:"父在觀其志,父没觀其行。"《楚辭·懷沙》"伯樂既没",《史記·屈原賈生列傳》引作"伯樂既歿兮"。

100.【匱】

(一)匣。近似後代的櫃。《莊子·胠篋》:"將爲胠篋探囊發~

之盜而爲守備。”

（二）盡，缺乏。《詩經·大雅·既醉》：“孝子不~，永錫爾類。”《左傳·隱公元年》引此文。

101.【困】

（一）無路可走。“~窮”指生活艱難。《論語·堯曰》：“四海~窮。”“乏~”“~乏”，指缺乏〔吃的、穿的、用的〕。《左傳·僖公三十年》：“行李之往來，供其乏~。”

（二）遇到困難，被難住。《論語·季氏》：“~而學之，又其次也。”引申爲困住。《論語·子罕》：“不爲酒~。”歐陽修《五代史伶官傳序》：“而智勇多~於所溺。”

102.【侈】

過多。《莊子·駢拇》：“駢拇枝指，出乎性哉，而~於德。”（駢拇：指腳的大拇指與第二指相連合爲一指。枝指：指手生有六指。）《文心雕龍·鎔裁》：“駢拇枝指，由~於性。”引申爲邪，放肆，不檢束。《孟子·梁惠王上》：“放辟邪~，無不爲已。”又爲奢侈，跟“儉”相對。《戰國策·楚策四》：“專淫逸~靡，不顧國政。”

103.【靡】

（一）無。《詩經·大雅·蕩》：“~不有初，鮮克有終。”（《左傳·宣公二年》引此文。）又《小雅·采薇》：“~室~家。”

（二）倒下。《左傳·莊公十年》：“望其旗~。”〔披~〕也是倒下。《漢書·司馬相如傳》：“風之所被，罔不披~。”又用來形容兵敗如山倒的情況。《史記·項羽本紀》：“項王大呼馳下，漢軍皆披~。”

（三）浪費。《戰國策·楚策四》：“專淫逸侈~。”《禮記·檀弓上》：“若是其~也，死不如速朽之愈也。”

104.【寡】

(一)少。《戰國策·齊策四》:"視吾家所~有者。"《論語·季氏》:"不患~而患不均。"[~人]寡德之人。諸侯的自稱。《戰國策·齊策四》:"~人不祥。"

(二)老而無夫。《戰國策·齊策四》:"哀鰥~,卹孤獨。"後來指死了丈夫。如"新~"。

105.【少】

(一)多的反面。《孟子·梁惠王上》:"鄰國之民不加~,寡人之民不加多。"又副詞。稍,略。《戰國策·趙策四》:"~益嗜食,和於身。"又:"太后之色~解。"又指時間短暫。《孟子·萬章上》:"始舍之,圉圉焉,~則洋洋焉,攸然而逝。"(按:這是放魚於池的情況。)注意:上古"稍"字祇當"漸"講,而"少"字則相當於現代的"稍"。

(二)輕視,瞧不起。《史記·蘇秦列傳》:"顯王左右素習知蘇秦,皆~之。"《論衡·程材》:"世俗共短儒生,儒生亦自相~。"

(三)讀 shào。少年,青年。《戰國策·趙策四》:"十五歲矣。雖~,願及未填溝壑而託之。"注意:古人所謂"少",包括少年和青年。凡未滿三十歲都叫"少"。

(四)讀 shào。副職之名。如封建社會的"~師""~保""~傅"為"太師""太保""太傅"之副,"~司馬""~司寇"為"大司馬""大司寇"之副,"詹事"之副稱"~詹事",縣令之副稱"~府"。

[辨]寡,少。"寡"和"少"是同義詞。可能是方言的差別。《論語》《左傳》於多寡的意義說"寡"不說"少"。

106.【微】

(一)隱蔽,藏匿。《左傳·哀公十六年》:"白公奔山而縊,其徒~之。"引申爲未顯露的。《禮記·坊記》："夫禮者,所以章疑別~以爲民坊者也。"(坊:同"防"。)又副詞,表示暗暗地。《禮記·坊記》:"~諫不倦。"引申爲微小,細微。《孟子·公孫丑上》:"冉牛、閔子、顏淵則具體而~。"[~言](1)微妙之言。《漢書·藝文志》:"昔仲尼没而~言絕。"(2)暗暗地説。《史記·魏其武安侯列傳》:"武安侯乃~言太后風上。"又爲低賤,卑下。《史記·高祖本紀》:"羣臣皆曰:'大王起~細,誅暴逆,平定四海。'"又:"高祖起~細。""微時"指微賤的時候,未發迹的時候。《漢書·王陵傳》:"高祖~時,兄事陵。"又《外戚列傳》:"上乃詔求~時故劍。"又爲衰微。《詩經·邶風·式微》:"式~式~,胡不歸?"(式:語氣詞。)《戰國策·趙策三》:"周貧且~。"

(二)義略同"非"。但衹用於事後的假設。《左傳·僖公三十年》:"~夫人之力不及此。"《論語·憲問》:"~管仲,吾其被髮左衽矣!"[~獨]不但,非但。《戰國策·趙策四》:"~獨趙,諸侯有在者乎?"

107.【强】(彊)

(一)有力,强盛。跟"弱"相對。《孟子·梁惠王上》:"弱固不可以敵~。"《戰國策·趙策三》:"前與齊閔王爭~爲帝。"引申爲有餘,用於數目的後面(後起義)。《木蘭辭》:"賞賜百千~。"

(二)上聲,讀 qiǎng。竭力,勉力。《戰國策·趙策四》:"大臣~諫。"引申爲强迫,勉强。《孟子·滕文公上》:"~曾子。"

108.【固】

(一)堅固,特指地理險要,或城郭堅固,便於防守。《論語·季氏》:"今夫顓臾,~而近於費。"引申爲堅持(用作狀語)。"固守",指堅守。賈誼《過秦論》上:"秦孝公據殽函之固,擁雍州之地,君臣～守，以窺周室。”“固辭”，指堅辭。《戰國策・齊策四》：“梁使三反，孟嘗君～辭不往也。”

（二）副詞。本來，當然。《孟子・梁惠王上》：“弱～不可以敵強。”又：“臣～知王之不忍也。”［～然］（1）本來的樣子。《莊子・養生主》：“因其～然。”（2）本來如此。《戰國策・趙策三》：“彼天子～然。”

［辨］堅，固，剛，强。“堅”的本義是土硬，“剛”的本義是刀硬（“鋼”字由此發展而來），“强”的本義是弓有力，“固”的本義是四面閉塞，難攻易守。由本義的不同，可以看出它們之間的差別。“固”字用於城郭險阻的時候，不是“堅”“剛”“强”所能代替的。“强”字用於本義時，如杜甫《前出塞》“挽弓當挽强”，也不是其他三字所能代替的。“堅”“剛”“强”三字的分別又可以從它們的反義詞“脆”“柔”“弱”看出來。當然，四字相通的地方是有的。

109.【再】

副詞。兩次，第二次。《左傳・莊公十年》：“一鼓作氣，～而衰，三而竭。”又《僖公五年》：“一之爲甚，其可～乎？”《論語・公冶長》：“季文子三思而後行，子聞之曰：‘～，斯可矣。’”注意：古人表示動作的量，於一次到十次，都用一般數目字，如“一鼓作氣”“三思而後行”“六出祁山”“九伐中原”等等，唯獨“兩次”不用“二”，而用“再”。

［辨］兩，再，復，更，又。“兩”字可以用作副詞，但它的意義和“再”不同。“兩”指雙方，指動作的面（參看第一單元“兩”字條）；“再”指兩次，指動作的量。“再”和“復”更須要嚴格地區別開來。說“再”時着眼在次數（兩次）；說“復”時，着眼在行爲的重復，所以不止兩次也可以說“復”。現代漢語的“再”相當於古代的“復”；假

如拿現代意義去看古代的"再"字(特別是上古漢語),就會産生誤解。例如"三年再會",在上古是説"三年之内會面兩次";如果了解爲"三年之後再見",那就錯了。"更"的副詞意義是從"改變""更換"發展來的。所以用作副詞時有"另外""重新"的意思。《左傳·僖公五年》的"晉不更舉矣"是説晉國不須另外出兵。它所强調的是新情況,不在次數。"又"則是加强語氣,帶有感情色彩。如《左傳·莊公十年》:"肉食者謀之,又何間焉?"同時還可表示意思上更進一層,或語氣轉折。如《左傳·昭公十二年》:"爲賦蓼蕭,弗知,又不答賦。"(蓼蕭:《詩經·小雅》的篇名。)

110.【三】

數目字。《戰國策·齊策四》:"狡兔有~窟。"又泛指多次。《戰國策·趙策三》:"魯仲連辭讓者~,終不肯受。"泛指多次的"三"字,舊讀去聲(sàn)。

111.【帝】

(一)古人觀念中的天神,整個宇宙的主宰者。《尚書·洪範》:"~乃震怒。"《列子·湯問》:"〔操蛇之神〕告之于~。~感其誠。"又稱"上帝"。《詩經·大雅·大明》:"上~臨汝。"也稱"天帝"(少見)。《戰國策·楚策一》:"今子食我,是逆天~命也。"引申爲泛指尊神。《漢書·高帝紀》:"吾子,白~子也,化爲蛇當道,今者赤~子斬之。"

(二)人間的最高統治者,皇帝。《尚書·舜典》:"二十有八載,~乃殂落。"(帝:指堯。殂 cú 落:死。)《楚辭·離騷》:"~高陽之苗裔兮。"

112.【后】

(一)君主,人君,天子。《左傳·僖公三十二年》:"其南陵,夏～皋之墓也。"《楚辭·離騷》："昔三～之純粹兮。"有時指諸侯。《尚書·舜典》："班瑞于羣～"（班：頒發。）〔～土〕地神。《國語·越語下》："皇天～土。"

（二）君王之妻爲"后"，母爲"太后"。《戰國策·齊策四》："齊王使使者問趙威～。"又《趙策四》："趙太～新用事。"

（三）通"後"。《禮記·大學》："知止而～有定，定而～能靜。"

113.【王】

（一）帝王，天子。《左傳·僖公四年》："爾貢包茅不入，～祭不共，無以縮酒。"又《僖公五年》："勳在～室。"注意：本來殷周時代，祇有天子纔可稱"王"，例如"紂""周文～"等。但春秋時的諸侯國楚、吳、越等稱了"王"，戰國時的諸侯又都普遍稱"王"，於是"王"逐漸降低。自秦始皇起，天子改稱"皇帝"，"王"便成了臣子的最高封爵。如西漢初，韓信先封"齊王"，後改"楚王"，劉濞(bì)爲吳王。

（二）讀 wàng。動詞。統治天下（作天下之王）。《孟子·梁惠王上》："然而不～者，未之有也。"又："德何如則可以～矣？"

114.【侯】

五等爵的第二等。《左傳·僖公三十年》："晉～秦伯圍鄭。"《漢書·李廣傳》："武帝封子延年爲～。"按：侯的地位，隨着時代而降低。漢代的侯，食邑很小。注意："侯"與"候"音義都不同。

115.【子】

（一）兒女。一般指兒子。《戰國策·趙策四》："丈夫亦愛憐其少～乎？"有時指女兒。《戰國策·趙策三》："鬼侯有～而好。"《論語·先進》："孔子以其兄之～妻之。"（妻，讀去聲，嫁給。）注意："子"的最初意義是孩兒，不論男性或女性都可稱"子"。《詩經·小雅·斯干》"乃生男子""乃生女子"，其中"男""女"都是定語，

“男子”等於今天所謂“男孩”，“女子”等於今天所謂“女孩”。

（二）男子的尊稱，用來專指有德的人，等於“夫子”。《論語·鄉黨》：“～退朝。”《左傳·僖公三十二年》：“孟～，吾見師之出而不見其入也。”引申爲對人的尊稱，可以譯成現代漢語的“您”。《左傳·僖公三十年》：“吾不能早用～，今急而求～。”注意：在此情況下，“子”字仍是名詞，所以它的前面可加“吾”字作爲定語。《左傳·隱公十一年》：“吾～其奉許叔以撫柔此民也。”《孟子·公孫丑上》：“吾～與子路孰賢?”在姓氏後面或謚號後面加“子”仍是尊稱。如“孔～”“莊～”“荀～”、“趙宣～”（趙盾）、“韓獻～”（韓厥）、“魏莊～”（魏絳）。在儒家的著作（如《論語》《禮記》）中，“子”常專指孔子。《論語·學而》：“～曰學而時習之，不亦説乎?”

（三）子爵，五等爵的第四等。《左傳·僖公四年》：“楚～使屈完如師。”

（四）地支名。《左傳·僖公五年》：“冬十二月丙～朔，晉滅虢。”

116.【息】

（一）氣息（一呼一吸爲一息）。《莊子·逍遙遊》：“生物之以～相吹也。”引申爲歎氣。《史記·高祖本紀》：“喟然太～。”（太息：長歎。）諸葛亮《出師表》：“未嘗不歎～痛恨於桓靈也。”

（二）休息。《禮記·檀弓下》：“公叔禺人遇負杖入保者～。”引申爲停止，止息。《漢書·賈誼傳》：“百姓素朴，獄訟衰～。”陶潛《歸去來辭》：“請～交以絕遊。”

（三）增長，跟“消”相對。《莊子·秋水》：“消～盈虛。”注意：現代漢語的“消息”表示“音信”，是後起的意義。

（四）兒子。《戰國策·趙策四》：“老臣賤～舒祺。”

117.【宗】

(一)祖廟。《左傳·成公三年》:"首其請於寡君而以戮於~。"引申爲祖先,祖宗。《左傳·成公三年》:"若不獲命,而使嗣~職。"

(二)宗族。同祖曰"宗"。《左傳·僖公五年》:"晉吾~也,豈害我哉?"按,上古同姓必同祖,也一定同宗;後代同姓不一定同祖,所以同姓也不一定同宗。引申爲同出一祖的派別,宗派。如佛教、道教都分南~、北~。又爲某一學術領域中值得繼承的人。《晉書·陸雲傳》:"百代文~,一人而已。"王勃《滕王閣序》:"騰蛟起鳳,孟學士之詞~。"

(三)朝見。《周禮·春官·大宗伯》:"〔諸侯朝天子〕春見曰朝,夏見曰~。"〔朝~〕朝見。《尚書·禹貢》:"江漢朝~于海。"引申爲歸向。《史記·孔子世家》:"孔子布衣,傳十餘世,學者~之。"又爲尊敬。《儀禮·士昏禮》:"~爾父母之言。"

118.【廟】

祭祀祖先的地方。賈誼《過秦論》上:"一夫作難而七~隳。""宗廟"二字常常連用。《戰國策·齊策四》:"寡人不祥,被於宗~之祟。"《論語·先進》:"宗~之事。"引申爲一般供奉神的地方(後起義)。注意:上古衹有祖廟稱"廟",神廟不稱"廟"。到了後代,道教稱"廟",佛教稱"寺"。

[辨]宗,廟。"宗廟"二字連用等於一個單詞。分用時,"宗"指供奉神主的地方,而"廟"則規模較大。後代於"宗廟"的意義單用時,稱"廟"不稱"宗"。

119.【詩】

(一)文體的一種。《尚書·舜典》:"~言志。"曹丕《典論·論文》:"銘誄尚實,~賦欲麗。"陶潛《歸去來辭》:"臨清流而賦~。"

（二）專指《詩經》。《左傳·隱公元年》："～曰：'孝子不匱。'"
又《宣公二年》："～曰：'靡不有初，鮮克有終。'"《論語·爲政》：
"子曰：'～三百，一言以蔽之，曰：思無邪。'"又《季氏》："曰：'學～
乎？'"注意：在古代漢語中凡稱"詩曰""詩云"，都是指的《詩經》，
沒有例外。先秦兩漢如果單說"詩"，一般也是指的《詩經》。後代
就不同了。

120.【書】

（一）寫，寫字。《左傳·宣公二年》："大史～曰：'趙盾弑其
君。'"《論語·衛靈公》："子張～諸紳。"（子張把孔子的話寫在衣
帶上。）引申爲字。《史記·項羽本紀》："～足以記名姓而已。"後漢
桓靈時童謠："舉秀才，不知～。"

（二）信。《戰國策·齊策四》："封～謝孟嘗君曰。"又《齊策
四》："～未發。"今雙音詞有"書信"。

（三）《尚書》（《書經》）的專稱。《論語·爲政》："～云：'孝乎
惟孝。'"《孟子·盡心下》："盡信～則不如無～；吾於武成，取二三
策而已矣。"（武成：《尚書》篇名。）"詩書"連用，指《詩經》和《尚
書》。《論語·述而》："詩～執禮，皆雅言也。"引申爲一般的書籍。
《論語·先進》："何必讀～，然後爲學？"

121.【禮】

（一）社會的典章制度與傳統習慣。《論語·爲政》："殷因於
夏～，所損益可知也。"（因：繼承。損益：增減。）又《先進》："爲國
以～。"《禮記·禮運》："大人世及以爲～。"注意：在古文獻中"禮"
也作"礼"。

（二）禮貌，禮節，典禮。《左傳·僖公三十年》："以其無～於
晉，且貳于楚也。"

(三)行爲的規範。《左傳·成公三年》:"其竭力致死,無有二心,以盡臣~。"

122.【樂】

(一)讀 yuè。音樂。《論語·子路》:"事不成,則禮~不興。"

(二)讀 lè。快樂,愉快。《論語·學而》:"有朋自遠方來,不亦~乎?"又名詞。《左傳·隱公元年》:"其~也融融。"《論語·雍也》:"回也不改其~。"

(三)讀 yào。喜愛。《論語·雍也》:"知者~水,仁者~山。"(知:同"智"。)

古漢語通論
(五)漢字的構造

我們在討論詞的本義和引申義的時候說過,文字學家主要是憑字形來辨別本義,這是因爲漢字是屬於表意體系的文字,字形和意義有密切的關係,分析字形有助於對本義的了解。我們學習古代漢語,有必要了解漢字形體的構造。

關於漢字形體的構造,傳統有六書的說法。《周禮·地官·保氏》說,保氏(官名,掌教育)以六藝教國子(公卿大夫的子弟),六書是六藝之一,但是沒有說明六書的內容。班固《漢書·藝文志》說:"古者八歲入小學。故周官保氏掌養國子,教之六書,謂象形、象事、象意、象聲、轉注、假借。"鄭眾注《周禮》,以爲六書是象形、會意、轉注、處事、假借、諧聲。許慎《說文解字·敘》以爲六書是指事、象形、形聲、會意、轉注、假借。由此看來,三家對於六書的解說基本上是相同的。清代以後,一般人於六書的名稱大致採用許慎

的(祇有形聲有時也稱諧聲),於次序則採用班固的。這樣,六書的名稱和次序如下表:

(1)象形 　　(2)指事 　　(3)會意

(4)形聲 　　(5)轉注 　　(6)假借

　　許慎在《説文解字·叙》裏解釋六書時還各舉了兩個字爲例。象形以日月爲例,指事以上下爲例,形聲以江河爲例,這都容易了解。會意以武信爲例。武字本作 ,从止从戈,《左傳·宣公十二年》説"夫文,止戈爲武",意思是以武力止息干戈,保衛和平,這雖然是春秋時代的思想,但是可以説明武字是會意;信字从人从言,表示人言以誠信爲貴。假借是"本無其字,依聲託事",以令長爲例。令本是"發號"的令,後來借用爲"縣令"的令;長本是"久遠"的長,後來借用爲"縣長"的長(zhǎng)[①]。這也比較容易了解。最不好懂的是轉注。許慎説:"轉注者,建類一首,同意相受;考老是也。"後代的説文家對於轉注的解釋,爭論最多,這裏不須要一一列舉。值得介紹的有三家:第一家是江聲,他認爲所謂"建類一首"是指《説文》部首,而《説文》在每一部首下都説凡某之屬皆从某(如"凡木之屬皆从木"),那就是"同意相受"。第二家是戴震,他認爲轉注就是互訓(轉相爲注,互相爲訓),《説文》考字下説"老也",老字下説"考也",就是互訓的例子。第三家是朱駿聲,他在《説文通訓定聲》裏説:"轉注者,體不改造,引意相受;令長是也。"他不但修改了轉注的定義,而且更換了轉注的例字。按照朱駿聲的説法,當古人從某一本義引申出另一意義時,不另造一字,那就是轉注,他認爲令長不是假借,而是引申,所以舉爲轉注的例字。朱駿聲的説

[①]　此據《説文解字·叙》段玉裁注。《説文》:"令,發號也。"又:"長,久遠也。"漢律:縣萬户爲令,減萬户爲長。

法不是没有理由的,他不迷信古人的精神,是值得肯定的。

　　應該指出,古人並不是先定出六書的原則然後纔造字的。文字是社會歷史發展到一定階段的産物,創造文字的並不是某一個人,不可能事先訂好條例再着手造字。六書祇是後人根據漢字的實際情況,加以客觀分析所得出的結論。這種分析是合乎漢字實際情況的,它是漢字創造和應用的邏輯結果,在上古時代,人們能作出這種分析,是難能可貴的。正是由於分析是客觀的,所以在文字教學上能起良好的作用,歷來研究文字形音義的人必先講究六書,不是没有理由的。

　　《漢書·藝文志》説,六書是造字之本,這是不夠全面的説法。六書中祇有象形、指事、會意、形聲是造字之法;至於轉注和假借,則是用字之法,因爲根據轉注和假借的原則並不能産生新字。

　　今天我們對於漢字的構造可以作更科學的説明。首先應該認爲轉注、假借和漢字的構造無關;其次,對於象形、指事、會意、形聲還可以作更合理的分類:一類是没有表音成分的純粹表意字(包括象形、指事、會意);一類是有表音成分的形聲字。現在從這個論點的基礎上再加以闡述。

　　在文字的創造時期,象形是最基本的原則。象形文字以圖畫爲基礎,但圖畫決不是文字。原始社會的圖畫常常是畫一樣東西或是一件事情,用以告訴別人或是幫助自己記憶,而不是簡單地表示一個概念,更没有固定的讀音。直到圖畫表示的概念固定了,綫條簡略了,成爲形象化的符號,而且和語言裏的詞發生了聯繫,有了一定的讀音(這一點很重要),纔成爲文字。例如:

　　　　　　馬　　　　　鹿

　　　　　　（以上是甲骨文）

這類象形字雖然還帶有濃厚的繪形意味,但它和圖畫卻有了質的差別。後來爲了書寫便利,進一步減少它的繪形意味,加强它的符號性,成爲:

馬　　　　　　鹿

（以上是篆書）

篆書筆畫圓轉,使得一部分字在一定程度上還保存着象形的意味。

　　我們說象形是基本原則,是因爲會意和形聲在多數情況下也都是以象形爲基礎的。所謂會意字,常常是兩個象形字的結合。《左傳·成公二年》"故不能推車而及",甲骨文及字作 ,金文作 ,畫一個人和一隻手(又),象追及之意。《論語·微子》"子路從而後",甲骨文從字作 ,畫兩個人,象相從隨行。形聲字也可以是兩個象形字的結合,不過其中一個象形字不取其義,祇取其聲,用爲表音的成分罷了。例如沐字,《説文》説:"沐,濯髮也;从水,木聲。"水和木都是象形字,"濯髮"的意義雖然和木無關,但是和水是有關係的。所以我們可以認爲上古漢字基本上是一種象形文字①。

　　概念有具體的,又有抽象的。抽象的概念是畫不出來的,所以六書中有指事一類。但是真正的指事字是很少的。爲什麽呢? 因爲抽象的概念也可以不用指事,而通過會意字來表示,例如上文所舉的武字和信字。抽象的概念還可以通過形聲字來表示,例如恩字从心,因聲。相反地,具體的概念也可以通過"象形兼指事"來表示,例如 (本)字下面一畫,表示樹根之所在, (刃)字左邊一畫,表示刀刃之所在。這些情況更可以證明,漢字是以象形爲基本原則的。

---

① 　注意:象形文字和象形字不同。象形文字是世界各種文字當中的一個類型;象形字則是六書之一。

　　但是我們不能由此得出結論説,六書當中象形一類最爲重要。實際上,形聲纔是一種最能產的造字方式。在漢字發展的過程中,形聲字所佔的比重日漸增長,就可以充分地説明這一點。

　　形聲字是由意符和聲符兩部分組成的。意符表示形聲字本義所屬的意義範疇,聲符表示形聲字的聲音。意符相同的形聲字,在意義上大都和意符所標示的事物或行爲有關,例如以貝爲意符的形聲字:財貨賄資齎贈賞賜貸責貿賒貪費貴賤,等等,都是和財物有關的字;以言爲意符的形聲字:語談請謁謀訪許諾諷讀訓誨譬諭論議諫諍誅討誹謗誣讒,等等,都是和言語有關的字;謹謙誠諒等字雖然是關於人的品德的,它們和言語的關係還是不難理解的。

　　但是,我們所説的意義範疇是一個比較寬泛廣闊的範圍,意義範疇並不等於詞義的本身。因此意符相同並不就意味着詞義相同。這一點可以由下面這一事實來證明,就是全部以貝或言爲意符的形聲字並不都是等義詞。有極少數的形聲字,其意符可能是表示詞義的,例如趨字,《説文》説:"趨,走也;从走,芻聲。"(《説文》又説:"走,趨也。")但是這種情況是個別的。就絕大多數的形聲字而論,意符並不表示詞義。我們不能從意符知道它們的本義。但是如果我們已經知道某一形聲字的幾個意思,則可以根據意符來辨認哪一個是本義或比較原始的意義,哪些是引申義或假借義。上一節通論裏所舉的責字和發字,可以爲例。現在再舉幾個例子如下:

　　過　《左傳·隱公元年》"大都不過參國之一",意思是超過;《左傳·宣公二年》:"人誰無過?過而能改,善莫大焉",意思是過錯,犯錯誤;《論語·公冶長》"由也,好勇過我",意思是勝過;《論語·微子》"楚狂接輿歌而過孔子",意思是走過、經過。《説文》

説："過,度也;从辵(辶),咼聲。"以辵爲意符的形聲字都和行走的意思有關,可見走過、經過是本義,超過、勝過是引申義,過錯、犯錯誤則是較遠的引申意義了。

　　征　《左傳・僖公四年》"五侯九伯,女實征之,以夾輔周室",這是征伐;又"昭王南征而不復,寡人是問",這是旅行;《孟子・滕文公下》"什一,去關市之征",這是征税。征是证的異體字,《説文》説:"证,正行也;从辵,正聲。征或从彳。"作爲意符,彳和辵相通(參看下文),大都表示行走方面的意思,可見旅行是本義,征伐是引申義,征税是假借義。

　　舉　《左傳・僖公五年》"晉不更舉矣",意思是舉兵;《論語・衛靈公》"君子不以言舉人,不以人廢言",意思是舉薦;《孟子・梁惠王上》"吾力足以舉百鈞,而不足以舉一羽",意思是舉起來;《楚辭・漁父》"舉世皆濁我獨清",意思是全(形容詞);《孟子・梁惠王下》"舉欣欣然有喜色而相告",意思是都(副詞)。《説文》説:"舉,對舉也;从手,與聲。"段玉裁、朱駿聲都説,對舉謂以兩手舉之。以手爲意符的形聲字大都指和手有關的動作,可見舉起來是本義,舉兵、舉薦是引申義,當全、都講是假借義。

　　叔　叔字通常表示年少,所以叔父是比父親年少的父輩。但是這是假借義。叔的本義是用手拾,《詩經・豳風・七月》"九月叔苴",用的是本義。《説文》説:"叔,拾也;从又,尗聲。"以又(指右手)爲意符也表示手的動作,叔字从又,段玉裁説"於此知拾爲本義也",段玉裁的話是對的。

　　由此看來,掌握形聲字的意符,對於區別詞義,加深對詞義的理解,是有幫助的。

　　在討論形聲字的意符的時候,有幾點值得提一提:

　　第一,上文説過,意符是表示形聲字的本義所屬的意義範疇的,因此它和假借義没有關係,和引申義也没有必然的聯繫。有些形聲字我們看不出它的意符和《説文》所提供的古義有什麽直接聯繫,例如試字,《説文》説,从言式聲,當用講,這個意義和意符言字所表示的意義範疇之間的關係,實在難以理解。在這種情況下,我們寧願説試的本義可能早已消失了。還有一種情況,有些形聲字的本義是被《説文》保存下來了,在文字結構上也有所反映,但是在古代文獻裏這個本義並不處於主要地位,上文提到的叔字就是一個例子。又如權字,《説文》説:"權,黄華木也;从木,雚聲。一曰反常。"權字在古代的常用義不是黄華木,而是反常,即權變的意思,例如《孟子・離婁上》:"男女授受不親,禮也;嫂溺援之以手,權也。"由此引申爲權詐,《戰國策・趙策》:"彼秦者,棄禮義而上首功之國也,權使其士,虜使其民。"權字在古代的另一常用義是秤錘,《莊子・胠篋》:"爲之權衡以稱之,則並與權衡而竊之。"又用如動詞,當稱講,《孟子・梁惠王上》:"權,然後知輕重;度,然後知長短。"以上都是假借義。顯而易見,這些意義都和權字所从的木無關。

　　第二,從掌握意符辨認本義來説,我們要注意後起的形聲字,後起形聲字的所謂意符,不一定表示本義所屬的意義範疇。試以懸字爲例,看來這個字可以了解爲从心縣聲。但是,懸掛的意思和心有什麽聯繫呢?(而我們又很難説懸掛不是本義而是假借義。)其實懸本作縣,《説文》説"縣,繫也;从係持鼎(倒首)",是一個會意字。金文更能説明問題,字作💩,象木上以系懸繫着一個人頭。由此可知縣的本義是懸掛,假借爲州縣的縣。後起的懸字从心,其實是無義可取的。又如影字,古書上一般寫作景。《説文》説"景,日光也；从日，京聲”（依段玉裁校）。本來就是形聲字，以日爲意符是有理由的。《顔氏家訓·書證篇》説：“凡陰景者因光而生，故即爲景。”這説明陰景是引申義。如果我們誤以爲後起的影字所加的彡是意符，那就會百思而不得其解。我們指出這一點，不是提倡寫本字，是希望不必拘泥於所謂意符去深求本義。

第三，有些意符由於它們所表示的意義範疇關係密切，可以互相通用。例如《説文》説彳是小步的意思，辵是乍行乍止的意思，所以彳辵足走等意符有時可以相通。這就產生了一些異體字如：征延、徯蹊、趠逴、踣趦，等等[①]。又如言口欠三個意符也比較相近，所以詠咏、嘯歗、訢欣成爲異體字。言和心又有相通之處，所以誖又寫作悖。異體字也可以是聲符的替换，《左傳·隱公元年》“不義不暱，厚將崩”的暱字，李善《文選注》四十一引作昵，就是一個例子。《孟子·梁惠王上》“天下之欲疾其君者，皆欲赴愬於王”的愬字其實就是謭（訴），這就不僅是意符的通用，而且是聲符的替换了。關於異體字，下一節通論還要作較詳細的討論，這裏暫不細説。

討論漢字的構造，應該提到許慎的《説文解字》。這是一部極有價值的書，一則因爲許慎的時代去古未遠，古漢字的形音義很多賴以保存下來；二則因爲許慎自己博學多聞，六書的道理靠許慎闡明的地方不少。今天我們看到比篆書更早的甲骨文、金文等古文字，能够據以補充或修正許慎的解釋[②]，但是如果没有《説文》作爲

---

① 這是根據《説文》對彳辵二字的解釋來説的。如果從形體看，彳來源於行，甲骨文行字作，象四通八達的路，《詩經·周南·卷耳》“嗟我懷人，寘彼周行”，用行的本義。行作爲偏旁常省作，就是彳；金文从彳的字往往加上止，這就成爲辵了。

② 例如“爲”字，甲骨文作，金文作，象手牽着一頭象，表示“役象以助勞”，最初是勞作的意思，引申爲作爲的爲。小篆變作，説文認爲“爲”的本義是母猴，从爪，下面畫個母猴，那完全是推測之詞。

橋梁,我們就很難接近比篆書更早的文字。《說文》是中國古代語言學的寶藏。

　　540部首的建立,是許慎《說文解字》的重大創造。許慎根據當時對文字形音義關係的理解,按照六書的原則,把篆文的形體構造加以分析和歸類,從中概括出540個偏旁作爲部首,凡同一偏旁的字都系屬其下,例如桂松桃李等字都在木部。許慎又把形體相似或意義相近的部首排在一起,這樣540部首就像分爲若干大類,成爲有一定系統性的部首體系。

　　上文說過,形聲字是由意符和聲符兩部分組成的,但是意符和部首是兩個不同的概念。意符對聲符而言,部首對所統屬的各個字而言①。由於形聲字的意符同時又是形體構造上的偏旁,所以原則上意符都可以作爲部首,但是部首不一定都是形聲字的意符。這理由很簡單,一則因爲部首所統屬的字不一定都是形聲字,例如貝部的負贅質等字,言部的計討設等字;二則因爲有些部首本身就不是形聲字的意符,例如部首丰放雔等等,在這類部首下,沒有一個形聲字。但是從《說文》全書來看,形聲字約佔總字數的百分之八十以上。在絕大多數的情況下,我們可以說部首就是意符。

　　說文540部首是值得研究的,因爲它是文字學原則的部首,而不是檢字法原則的部首。前者是依照六書體系的,後者則在一定程度上擺脫了六書的體系。明代梅膺祚的《字彙》把部首減爲214部,具體字的歸部也有很大的出入。在檢字上,214部比540部方便些,後代的字典辭書如《康熙字典》《辭海》等,一般都按照《字

─────────────────

① 《說文》有少數部首如三、彔、燕、五、甲等沒有所統屬的字。

彙》的部首歸字①,但是有些地方難免喪失《説文》部首原有的作用。例如舅字從男臼聲,《説文》歸男部,《字彙》歸臼部;發字從弓癹聲,《説文》歸弓部,《字彙》歸癶部,等等。研究文字學的人在討論字的本義的時候,所根據的是《説文》部首,而不是後代的部首。當然,《説文》部首還不是盡善盡美,有的部首可以合併或調整。具體字的歸部也有未妥之處。例如詹字,《説文》説"多言也",但是不在言部而在八部;又如詞字,《説文》説"意内而言外也",但是不在言部而在司部(司部所統屬的祇有詞一個字)。不過這種情況並不多見。

在漢字發展的過程中,隸書(楷書的前身)的産生是一次重大的改革,這種改革直接影響到漢字的構造,改變了篆書和篆書以前的古文字的面貌。象形字沒有象形的意味了,會意字和形聲字,有很多不容易分析了。例如香字,《説文》説:"𪏛,芳也;從黍,從甘。《春秋傳》曰:黍稷馨香。"是一個會意字;又如書字,《説文》説:"書,箸也;從聿(筆),者聲。"是一個形聲字;但是香、書都不能根據隸變以後的構造來分析。我們研究漢字的構造,也應該有歷史主義的觀點。

(六)古今字,異體字,繁簡字

一個字原則上祇應有一個形體,不需要兩種以上的寫法。但是漢字是一種具有幾千年歷史的文字,使用漢字的人又非常多,在漢字發展過程中,有些字出現了兩種以上的寫法,那是很自然的。古書上常常可以見到一些形體分歧的字。現在漢字簡化以後,字

---

① 《新華字典》按簡化字編排,删減歸併爲189部,新版《辭海》調整爲250部,《漢語大字典》和《漢語大詞典》改成200部。

的形體統一起來了,這給人民羣衆學習文化帶來了很大的便利。對一般人來說,祇要掌握了簡化後的漢字就够了;但對我們學習古代漢語的人來說,如果祇掌握現在通行的形體劃一的簡化字,而不了解那些形體分歧的字,閱讀古書時就會遇到不少困難。

不同形體的字可以分爲三大類:1.古今字;2.異體字;3.繁簡字。下面分別加以敘述。

1.古今字

在上古時代,特別是先秦時代,漢字的數量比後代要少得多。許慎的《説文解字》祇收了 9353 個字,其中有許多是僻字,常用字實際上祇有三四千個。例如《四書》(《大學》《中庸》《論語》《孟子》)總共祇用了 4466 個字。宋代編輯的《廣韻》收字 26194 個,清代成書的《康熙字典》收字 47035 個,這並不能説明宋代、清代使用的漢字要比漢代多好幾倍。其實,各個時代一般使用的漢字很可能一直在五六千個左右。漢字增多的原因有三:(一)適應社會發展的需要而不斷產生新字;(二)各個時代逐漸衰亡的字仍然保存在字典中;(三)上古漢字"兼職"現象多,後代不斷分化。例如一個"辟"字就兼有後代的避、闢、僻、嬖、譬等字的意義:

　　從臺上彈人,而觀其辟丸也。(左傳・宣公二年)

　　(後來寫作避。)

　　欲辟土地,朝秦楚,莅中國,而撫四夷也。(孟子・梁惠王上)

　　(後來寫作闢①。)

　　苟無恒心,放辟邪侈,無不爲已。(同上)

　　(後來寫作僻。)

　　友便辟,友善柔,友便佞,損矣。(論語・季氏)

---

① 　現在"闢"又簡化爲"辟"。

（後來寫作嬖。）

君子之道，辟如行遠，必自邇；辟如登高，必自卑。（中庸）

（後來寫作譬。）

再舉兩個字來看：《説文》裏没有"債"字，這不等於説上古没有"債"這個概念，這個概念當時是由"責"字表示的（見《戰國策·齊策》）。《説文》裏有"捨"字，但是十三經裏完全没有"捨"字，這也不等於説先秦没有"捨"這個概念，這個概念當時是由"舍"字表示的（見《左傳·僖公三十年》）。

由此看來，"責""舍"等是較古的字，"債""捨"等是比較後起的字。我們可以把"責債""舍捨"等稱爲古今字①。但是，我們不要誤會，以爲"責""舍"等字已經被廢棄了，它們的職務已經完全由"債""捨"等字代替了。要知道，"責""舍"所移交給"債""捨"的祇是它們所擔任的幾個職務當中的一個，它們還有别的職務（責任，房舍等）並没有卸掉。

古今字很多，現在再舉一些例子（古字在前，今字在後，今字不見於《説文》的歸 a 組，見於《説文》的歸 b 組）如下：

　a.大太　　弟悌　　閒間　　説悦　　埶熱　　竟境　　隊墜　　涂塗
　　赴訃　　馮憑　　賈價②　　屬囑　　厭饜　　縣懸　　陳陣
　b.共供　　辟避　　知智　　昏婚　　田畋　　戚慼　　反返　　錯措
　　卷捲　　尸屍

一般人常常以後世所習用的字去衡量古書中的字，以爲上面兩組中的第二個字纔是"正字"或"本字"。譬如説，人們總以爲先

---

① 現在"捨"又簡化爲"舍"。

② "悌""境""墜""塗""價"等是《説文》新附字。許慎《説文解字》540 部共收 9353 字，重文 1163 字。宋代徐鉉等校定《説文》，增補 400 多字，分别附在有關的各部之後，其中大都是"經典相承傳寫及時俗要用，而《説文》不載者"，這便是所謂新附字。

有一個"悅"字作爲本字，衹是經常寫一個"說"字來代替它。這是
一種誤解。既然是先有一個本字"悅"，爲什麼上古的經書中不用，
倒反寫成"說"字呢？合理的解釋衹能是：上古没有"悅"字。戰國
時代有些書（如《莊子》），"說""悅"並用，可能是後人改的；經書不
見"悅"字，是因爲後人認爲它是經，不敢改，所以纔維持了原樣。
《孟子》有"悅"字，那是因爲《孟子》到宋代纔被尊稱爲經。許慎
《說文》没有收"悅"字，這説明許慎時代"悅"字或者還没有産生，
或者是産生了，但因它是俗字，所以没有收。凡是《說文》所不收的
（ a 類），文字學家們都承認是後起字（今字），這没有什麼問題。但
是，從前的文字學家們由於迷信《說文》，對於《說文》所收的字（ b
類），不但不敢認爲是後起字，反而認爲是本字，同時認爲第一個字
是假借字。例如"舍"字，朱駿聲在《說文通訓定聲》裏説它假借爲
"捨"；而在"捨"字條下説："經傳皆以舍爲之。"既然"皆以舍爲
之"，可見"舍"纔是本字，"捨"顯然是後起字。又如"嘗"字，本來
是從旨尚聲的形聲字，以旨爲意符，旨的意符是甘，甘旨是美味，所
以《說文》"嘗"字下説"口味之也"。又因"嘗"字經常用作"何嘗"
"未嘗"的嘗，所以人們又在"嘗"字旁邊加了個意符"口"，用來
表示"嚐滋味"的"嚐"。假如不了解這種情況，就會對"未嘗君之
羹"這類的用法發生誤解。其實"嚐"字的歷史很短，所以一般字典
没有收録，現在漢字簡化，又把它給簡化掉了。由此可知，所謂"本
字"，實際上有許多都是後起字。

　　我們對於古今字的態度應該是：（1）了解古今字的關係，從而
掌握古書的詞義；（2）承認文字發展的事實，不要厚古薄今和是古
非今。從前有些文人專寫"本字"，不寫後起字，那是不值得提
倡的。

2.異體字

異體字跟古今字的分別是:兩個(或兩個以上的)字的意義完全相同,在任何情況下都可以互相代替。

在古代,同一個詞造出兩個或更多的字來代表,那是難免的。例如:

　　棄弃　齋齎　睹覩　厩廄　詒貽　諭喻

　　鷄雞　蚓螾　照炤　憑凭　罪辠

從前文字學家們根據《説文》,把異體字分爲正體、變體、俗體等。《説文》所載的,被認爲正體;《説文》所不載的,被認爲變體或俗體。這種分別往往是武斷的。

異體字有下列幾種情況:

(1)會意字與形聲字之差。如"泪"是會意字,"淚"是形聲字;"岩"是會意字,"巖"是形聲字。

(2)改換意義相近的意符。如從攴束聲的"敕",變成了從力束聲的"勅"。從欠的"歎",變成了從口的"嘆"。從糸的"綺",變成了從衣的"袴"。

(3)改換聲音相近的聲符。如"綫"從戔得聲,而"線"卻是從泉得聲了。"袴"從夸得聲,後來改成從庫得聲了。

(4)變換各成分的位置。有的是改變聲符和意符的位置,如"慚慙""和咊""鵝鵞鵞"等。有的祇是改變了聲符或意符的寫法,如"花"又寫作"苍"。

有一件事值得注意:有些異體字最初是完全同義的,但是後來有了分工。例如"諭喻",先秦兩漢都通用:

　　君子喻於義,小人喻於利。(論語·里仁)

　　寡人諭矣!(戰國策·魏策四)

　　乃使人與秦吏行縣鄉邑,告諭之。(史記·高祖本紀)

王好戰,請以戰喻。(孟子·梁惠王上)

誼追傷之,因以自諭。(漢書·賈誼傳)

前三例中的"喻"和"諭"都是懂得、曉諭的意思,後二例中的"喻"和"諭"都是比喻的意思。可見這兩個字通用。但到了後代,"詔諭""曉諭"的"諭"不能寫作"喻",而"比喻"的"喻"也不能寫作"諭"。原來是異體字,後來不是異體字了。

有三種情況不能認爲是異體字:

第一,有些字,雖然意義相近,後代讀音也相同,但不能把它們當作異體字。例如"寘"和"置",就"放置"這一意義説,二者相通,可是"置"還有一些別的意義是"寘"所没有的,況且這兩個字的古音也不一樣,所以"寘"和"置"不是異體字。同樣的情況還有一些字,例如"寔"和"實"。

第二,有些字,它們之間的關係交錯複雜,有相通之處,也有不通之處,也不能把它們看作異體字。例如"雕""彫""凋",雕的本義是鳥名(又寫作鵰),彫的本義是彫琢、繪飾,凋的本義是凋傷、凋零。在《説文》裏,它們是分爲三個字的。由於它們是同音字,所以在某一意義上常常通用。拿雕字來説,彫飾的彫可以寫作雕,《左傳·宣公二年》"厚斂以彫牆",一本作雕。彫琢的彫更經常寫作雕,例如《文心雕龍》、"雕蟲小技"等。至於凋傷一義,上古也曾寫作雕,例如《國語·周語》"民力雕盡",但後來就不通用了。拿彫字來説,它曾經和凋傷、凋零的凋通用,《論語·子罕》"歲寒然後知松柏之後彫也",一本作彫;《荀子·子道》"故勞苦彫萃而能無失其敬",就寫作彫;但後代也很少這樣通用了。再拿凋字來説,它的意義最窄,祇表示凋傷、凋零,不能表示雕刻、彫飾。而凋和彫都不能表示雕鳥的雕。由此看來,這三個字之間的關係是很複雜的,它們不是異體字。其他像遊和游、修和脩都是這樣。

第三,有些字通用是有條件的,更不能認爲是異體字。例如
"亡"和"無"相通,《論語·雍也》:"今也則亡。"(如今就没有了)
但並不是所有用"無"的地方都可以换成"亡"。後來這種用法祇限
於"亡何""亡慮"等少數固定形式。又如"沽"和"酤",在買酒或賣
酒這個意義上是相通的,看來似乎像異體字,可是酤的對象祇能是
酒,而沽的對象可以是酒,可以是玉,也可以是別的東西。意義廣
狹不同,嚴格地説,這不能算是異體字。

3.繁簡字

簡體字可以追溯到甲骨文時代。漢代民間應用的簡體字就有
不少;北魏時代,亂字已經簡化爲乱,和現在公布的簡化字相同;宋
元以來簡體字在廣大人民羣衆中間又有進一步的發展。今天我國
通行的簡化字,絶大部分都是歷代相傳下來的。

我們學習古代漢語既要掌握簡化字,又要掌握繁體字;因爲一
般古書都用的是繁體字①。學習繁體字,要注意繁體字和簡化字之
間的三種關係:

第一,絶大多數的簡化字跟繁體字是一對一的關係,我們祇要
把繁體字記住就行了。例如:

爱:愛　　罢:罷　　办:辦　　达:達　　递:遞　　矾:礬

茧:繭　　籴:糴　　窃:竊　　灶:竈　　隶:隸　　粪:糞

祇有少數是一對二、一對三或一對四的關係。例如:

当:當噹　　尽:盡儘　　坛:壇罎　　干:干幹乾

系:系係繫　　　　　台:台臺檯颱

第二,有些簡化字是可以從古書中找出根據來的。其中有些
是本字,有些是異體字或通用字。例如:

---

① 爲了便於學習,我們在本書後面附有簡化字與繁體字對照表,以供查閱。

舍:捨　古今字。

网:網　网是網的本字。

荐:薦　古通用。

气:氣　氣本作气，餼本作氣。

夸:誇　古通用。

礼:禮　古異體字。

踊:踴　古通用。

粮:糧　異體字。

启:啟　開啟的啟本作启。

了解這些關係，我們可由此知道古代已經有了這些字，今天簡化，祇是選擇了筆畫較少的，放棄了筆畫較繁的。我們切不要以爲現在的"舍"字在古代都該是"捨"，現在的"荐"字在古代都該是"薦"。這樣，反而是弄錯了。

　　第三，有些簡化字和繁體字本來在詞義上是毫不相干的，或顯然有區別。僅僅因爲是同音的關係，簡化時就採用了那個筆畫較簡的。這就是説，在古書中，本來是有分別的兩個字（或三個字），經過簡化之後，混爲一個了。這種情況最值得注意。如果用現在簡化字所代表的那個詞義去解釋古書，就會發生誤解。現在舉些例字分別加以説明。

　　后後　在先秦少數古籍中曾以"后"代"後"，但不普遍，後代一般不再通用。至於"君主""皇后"的意思，決不能寫作"後"。《孟子·梁惠王下》："書曰：'傒我后，后來其蘇！'"兩個"后"字都是指商湯而言。《左傳·僖公三十二年》"夏后皋之墓也"中的"后"，也是指君，這些"后"字決不能寫作"後"。

　　适適　在古代漢語中"适"和"適"是根本不同的兩個字。"适"音 kuò，"適"音 shì。《論語·憲問》："南宮适問於孔子曰……"這裏"适"不是"適"字。又宋代有人叫洪适。這種地方如果不知道它和"適"的區別，就會弄錯了。

　　征徵　這兩個字在古代漢語中，除了在徵賦（税）的意義上有時相通之外,決不混同。"征"是旅行(特指在外服役)、征伐。徵是證驗、徵兆、徵辟、徵求;又是音樂中的五聲之一(用於這個意義時讀 zhǐ)。像《論語·八佾》的"夏禮吾能言之,杞不足徵也"中的"徵",決不能寫作"征";《戰國策·燕策》中的"爲變徵之聲"的"徵",決不能換成"征"。反過來看,《左傳·僖公四年》"昭王南征而不復"中的"征",不能改作"徵";《周易》的"征夫不復",也不能寫作"徵夫"。

　　余餘　"余"是第一人稱代詞,"餘"是剩餘的意思。在古籍中兩個字如果都寫作"余",或都寫作"餘",許多話就會無法解釋①。如屈原《離騷》"僕夫悲余馬懷兮"中的"余",如果換成"餘","餘馬"就不通了;杜甫"隔籬呼取盡餘杯"的詩句,如果把"餘"換作"余",那就成了"盡我的杯"了。

　　像這種情況還非常多,我們祇能舉其一隅。總之,我們學習古代漢語,祇有懂得了簡體字與繁體字之間的這種分合關係,纔能有效地掌握它們,纔能正確地理解古代作品。

---

① 　1986 年重新發表《簡化字總表》時規定:"在余和餘字意義可能混淆時,仍用餘。"

第三單元

文　選

論　語

　　《論語》是孔子門人及其再傳弟子集成的。書中輯録了孔子的言行和一些孔子弟子的言行，是一部儒家學派的經典著作。漢初所傳的《論語》，有古論、齊論、魯論之分。古論出自孔子壁中，用古文字寫成，孔安國曾爲之作訓解，但已失傳。齊論爲齊人所學；魯論爲魯人所傳。東漢鄭玄就魯論篇章，參考齊論，爲之作注，今亦殘佚。魏時的何晏集漢儒以來各家之説，成《論語集解》，這就是我們今天所看到的最早的《論語》注本。後來，《論語》逐漸被人重視，研究的人也很多。至唐文宗時，被列入經書。宋朱熹又把它與《大學》《中庸》（《禮記》中的兩篇）、《孟子》合爲《四書》，並爲《論語》《孟子》作了集注，成爲官定的讀本，《論語》從此更爲一般人所重視了。

　　孔子名丘，字仲尼，春秋魯國人，出身於没落奴隸主貴族。生於公元前551年，死於公元前479年。他曾在魯國做過官，但主要是從事於學術和教育活動。他是我國古代一位大教育家、大思想家和大政治家，是儒家學派的創始人。

《論語》共二十篇,内容包括政治主張、教育原則、倫理觀念、品德修養等方面。語言簡而易曉,含蓄有致,爲語録的典範。其中有很多總結社會生活經驗的言論,後來逐步發展爲格言和成語,對後代文學語言有很大的影響。

《論語》通行的注本有《論語注疏》(魏何晏集解,宋邢昺疏)和宋朱熹的《論語集注》,清劉寶楠的《論語正義》。今人楊伯峻的《論語譯註》也有一定的參考價值。

學　而[1]

(1)子曰[2]:“學而時習之[3],不亦説乎[4]? 有朋自遠方來[5],不亦樂乎? 人不知而不愠[6],不亦君子乎[7]?”

[1]“學而”是篇名。《論語》本來没有篇名,後人摘取每篇第一句的兩個字作爲篇名。

[2]子,男子的尊稱,這裏指孔子。

[3]時,以時,按時。時習,按時誦習(依王肅説)。

[4]説(yuè),喜悦,高興,後來寫作“悦”。

[5]上古朋和友是有區别的:同門(師)爲朋,同志爲友。

[6]人不知,指别人不了解自己。愠(yùn),惱怒。

[7]君子,舊指道德高尚的人。

(2)曾子曰[1]:“吾日三省吾身[2]:爲人謀而不忠乎[3]? 與朋友交而不信乎? 傳不習乎[4]?”

[1]曾子,名參(shēn),字子輿,孔子的弟子。

[2]日,每天。省(xǐng),看,檢查。

[3]爲(wèi),介詞。謀,策劃,考慮,這裏指考慮事情。

[4]傳(chuán),傳授,這裏指老師傳授的知識。習,復習,温習。

（3）子曰：“君子食無求飽[1]，居無求安，敏於事而慎於言[2]，就有道而正焉[3]，可謂好學也已[4]。”

〔1〕無，通“毋”。

〔2〕敏於事，在辦事情上敏捷。慎於言，在説話上謹慎。

〔3〕大意是：在學業上有弄不清楚的地方，向有道德的人請教，以正定其是非（依邢昺説）。就，走向，接近。

〔4〕好，讀 hào，去聲。已，通“矣”。

爲　政

（1）子曰：“温故而知新，可以爲師矣。”

（2）子曰：“學而不思則罔[1]，思而不學則殆[2]。”

〔1〕罔，指罔然無所得。

〔2〕殆，疑惑（從王引之説，見《經義述聞·通説上》）。

（3）子曰：“由[1]，誨女知之乎[2]？知之爲知之，不知爲不知，是知也[3]。”

〔1〕由，仲由，字子路，孔子的弟子。

〔2〕誨，教導。女，第二人稱代詞，後來寫作“汝”。

〔3〕是，指示代詞，指“知之爲知之，不知爲不知”。這幾句大意是：知道就是知道，不知道就是不知道，這纔是真正的“知”。

（4）子曰：“人而無信，不知其可也[1]。大車無輗，小車無軏[2]，其何以行之哉！”

〔1〕而，連詞，這裏含有假設的意思，等於説如果。可，可以，行。

〔2〕大車，指牛車。輗（ní），連接牛車轅端與軛（横木）的關鍵。小車，指馬車。軏（yuè），連接馬車轅端與衡（横木）的關鍵。

里　仁

　　(1)子曰:"朝聞道,夕死可矣。"

　　(2)子曰:"參乎[1]!吾道一以貫之[2]。"曾子曰:"唯[3]!"子出,門人問曰:"何謂也?"曾子曰:"夫子之道,忠恕而已矣[4]。"

〔1〕參,曾參,孔子的弟子。

〔2〕一以貫之,指用一個道理把一切事物之理貫串起來。以,介詞,有"用"或"拿"的意思。"一"是"以"的賓語,提到前面去了。

〔3〕唯,答應的聲音。

〔4〕恕,就是孔子所説的"己所不欲,勿施於人"的道理。

　　(3)子曰:"君子喻於義[1],小人喻於利。"

〔1〕喻,明白,懂得。

　　(4)子曰:"見賢思齊焉[1],見不賢而內自省也[2]。"

〔1〕思齊,想要和他看齊。齊,用如動詞。

〔2〕內,內心。自省(xǐng),自我檢查。意思是説:看見不賢的人,就要自我反省,看有沒有同他一樣的毛病。

公　冶　長[1]

　　(1)宰予晝寢[2],子曰:"朽木不可雕也[3],糞土之牆,不可杇也[4]。於予與何誅[5]!"子曰:"始吾於人也[6],聽其言而信其行;今吾於人也,聽其言而觀其行。於予與改是[7]。"

〔1〕公冶長,孔子的弟子,公冶是複姓。

〔2〕宰予,字子我,孔子的弟子。晝寢,白天睡覺。

〔3〕朽,腐爛。

〔4〕杇(wū),同"圬",塗牆,這裏指粉刷。

〔5〕於,介詞,有"對於"的意思。與(yú),語氣詞,下文的"與"同。誅,譴責。

這句是説:對於宰予這樣的人,責備什麼呢(即不值得責備的意思)。

〔6〕始,等於説先前、起初。

〔7〕改是,改變了這個(聽其言而信其行)。

　　(2) 子貢問曰〔1〕:"孔文子何以謂之文也〔2〕?"子曰:"敏而好學〔3〕,不恥下問〔4〕,是以謂之文也。"

〔1〕子貢,姓端木,名賜,子貢是他的字,孔子的弟子。

〔2〕孔文子,名圉(yǔ),衛國大夫。"文"是他的諡號。謂,叫做。

〔3〕敏,理解問題快。

〔4〕下問,向不如自己的人請教。

　　(3) 季文子三思而後行〔1〕,子聞之曰:"再〔2〕,斯可矣〔3〕。"

〔1〕季文子,名行父(fǔ),魯國大夫。"文"也是諡號。三,古人説三的時候,往往不指確數的"三",而祇表示次數很多。但這裏和"再"相對,所以仍應看做確數。

〔2〕再,兩次,和"又""復"等字不同。

〔3〕斯,就。

　　(4)顔淵季路侍〔1〕。子曰:"盍各言爾志〔2〕。"子路曰:"願車馬衣輕裘〔3〕,與朋友共〔4〕,敝之而無憾〔5〕。"顔淵曰:"願無伐善〔6〕,無施勞〔7〕。"子路曰:"願聞子之志。"子曰:"老者安之,朋友信之,少者懷之〔8〕。"

〔1〕顔淵,名回,字子淵,孔子的弟子。季路,即子路。侍,卑者陪伴在尊者身旁叫侍。

〔2〕盍(hé)，"何不"的合音字。

〔3〕裘，皮衣。唐石經初刻本無輕字(見阮元《論語注疏校勘記》)。

〔4〕共，動詞，指共同享用。

〔5〕把它用壞了也不懊惱。敝，破，壞，這裏是使動用法。憾，懊惱。

〔6〕伐，誇耀。

〔7〕無施勞，指不把勞苦的事加在別人身上。

〔8〕對老年人，使他們安，對平輩的人(朋友)，使他們能信任我，對少年人，使他們歸依我。懷，歸(依孔安國説)。

雍　也

(1)哀公問〔1〕："弟子孰爲好學?"孔子對曰："有顏回者好學〔2〕，不遷怒，不貳過〔3〕。不幸短命死矣。今也則亡〔4〕! 未聞好學者也。"

〔1〕哀公，魯哀公。

〔2〕者，語氣詞。

〔3〕遷，移。不遷怒，不把怒氣轉移到與那件事無關的人身上。貳，重複一次。不貳過，不重犯同樣的錯誤。

〔4〕亡，通"無"。

(2)子曰："賢哉回也! 一簞食，一瓢飲〔1〕，在陋巷，人不堪其憂〔2〕，回也不改其樂。賢哉回也!"

〔1〕飲，用如名詞，飲料。

〔2〕不堪，忍受不了。

(3)冉求曰〔1〕："非不説子之道〔2〕，力不足也。"子曰："力不足者，中道而廢〔3〕，今女畫〔4〕。"

〔1〕冉(rǎn)求，字子有，孔子的弟子。

〔2〕説(yuè)，喜歡，後來寫作"悦"。道，這裏指孔子的學説。

〔3〕中道,半路。廢,停止,這裏指因疲乏而走不動了(參照《禮記·表記》"中道而廢"鄭玄注)。

〔4〕畫,畫界,畫斷。指給自己畫定一個界限,不肯前進。

述　而

(1)子曰:"默而識之〔1〕,學而不厭〔2〕,誨人不倦,何有於我哉〔3〕?"

〔1〕識(zhì),記住。

〔2〕厭,滿足。

〔3〕對我來説有什麼呀? 也就是説:這三件事對我來説都不難。

(2)子曰:"德之不脩〔1〕,學之不講〔2〕,聞義不能徙〔3〕,不善不能改,是吾憂也。"

〔1〕脩,通"修",培養。

〔2〕講,講習,研究。

〔3〕大意是:聽到了應當做的事(義),卻不能放下暫時可以不做的事,而改從應當做的事。

(3)子曰:"飯疏食〔1〕,飲水,曲肱而枕之〔2〕,樂亦在其中矣。不義而富且貴,於我如浮雲。"

〔1〕飯,舊讀上聲,動詞,吃。疏食(舊讀 sì),粗糧。

〔2〕曲,彎曲,使動用法。肱(gōng),泛指胳膊。枕(zhèn),動詞,當枕頭用。

(4)葉公問孔子於子路〔1〕,子路不對。子曰:"女奚不曰:'其爲人也,發憤忘食,樂以忘憂,不知老之將至云爾〔2〕。'"

〔1〕葉(舊讀 shè)公,名諸梁,楚國大夫。

〔2〕云爾,如此而已。

（5）子曰：“三人行，必有我師焉[1]。擇其善者而從之，其不善者而改之[2]。”

〔1〕三人，等於説幾個人，並非確指“三”。行，走路。焉，指示代詞兼語氣詞，這裏指代“三人”。

〔2〕這兩句意思是：選擇他們的優點加以學習，他們身上的缺點作爲自己的借鑑，借以改正自己身上與他們相同的缺點。

（6）子曰：“若聖與仁，則吾豈敢？抑爲之不厭[1]，誨人不倦，則可謂云爾已矣[2]。”公西華曰[3]：“正唯弟子不能學也[4]！”

〔1〕抑，轉折連詞，這裏有“不過”的意思。爲之，指學習“聖人之道”。

〔2〕云爾已矣，等於“云爾”。

〔3〕公西華，姓公西，名赤，字子華，孔子的弟子。

〔4〕唯，句中語氣詞，表示判斷。

泰　伯

曾子曰：“士不可以不弘毅[1]，任重而道遠：仁以爲己任[2]，不亦重乎？死而後已[3]，不亦遠乎？”

〔1〕弘，大，這裏指心胸寬廣。毅，剛强。

〔2〕仁以爲己任，即“以仁爲己任”。

〔3〕已，停止。

子　罕

（1）子在川上曰：“逝者如斯夫[1]，不舍晝夜[2]！”

〔1〕逝者，消逝的事物。斯，指示代詞，指川水。夫（fú），感歎語氣詞。

〔2〕不舍晝夜，是説川水日夜不停地流。舍，止。

(2)子曰:"三軍可奪帥也〔1〕,匹夫不可奪志也。"

〔1〕這句是説:三軍人數雖多,如果軍心不齊,它的主將也會被人奪走。三軍,古代一萬二千五百人爲一軍,諸侯大國有三軍。

(3)子曰:"歲寒,然後知松柏之後彫也〔1〕。"

〔1〕彫,通"凋",凋謝,凋零。

鄉　黨

廄焚〔1〕,子退朝,曰:"傷人乎?"不問馬。

〔1〕廄(jiù),馬棚。

先　進

(1)子貢問:"師與商也孰賢〔1〕?"子曰:"師也過〔2〕,商也不及〔3〕。"曰:"然則師愈與〔4〕?"子曰:"過猶不及〔5〕。"

〔1〕師,顓(zhuān)孫師,字子張。商,卜商,字子夏。兩人都是孔子的弟子。

〔2〕過,超過。

〔3〕不及,没有達到。

〔4〕愈(yù),勝過。與(yú),疑問語氣詞。

〔5〕猶,像……一樣。這句是説:超過或没有達到,都是不好。孔子以"中庸之道"作爲行爲的準則,所以認爲"過"與"不及"同樣不好。

(2)季氏富於周公〔1〕,而求也爲之聚斂而附益之〔2〕。子曰:"非吾徒也! 小子鳴鼓而攻之可也〔3〕!"

〔1〕季氏,季孫氏,魯大夫,權威大於魯侯。於,介詞。富於周公,比周公富。

〔2〕求,冉求。聚斂,指搜刮錢財。附益,增加。

〔3〕徒,徒黨。小子,指門人。鳴,這裏是使動用法。

（3）子路問："聞斯行諸[1]?"子曰："有父兄在,如之何其聞斯行之[2]!"冉有問："聞斯行諸?"子曰："聞斯行之。"公西華曰："由也問'聞斯行諸',子曰'有父兄在';求也問'聞斯行諸',子曰'聞斯行之'。赤也惑,敢問。"子曰："求也退[3],故進之[4];由也兼人[5],故退之。"

〔1〕聞,聽見,這裏指聽見了應當做的事,即"聞義"。斯,就,馬上。行,實行,實踐。諸,"之乎"的合音字。

〔2〕如之何,等於如何。

〔3〕退,指遇事畏縮不前。

〔4〕進,使動用法。下文"退"的用法同此。

〔5〕兼人,指勝人。這是説子路喜歡勝過別人。

（4）子路、曾晳、冉有、公西華侍坐[1]。子曰："以吾一日長乎爾,毋吾以也[2]。居則曰[3]:'不吾知也[4]。'如或知爾[5],則何以哉[6]?"

子路率爾而對曰[7]:"千乘之國[8],攝乎大國之間[9],加之以師旅[10],因之以饑饉[11]。由也爲之,比及三年[12],可使有勇,且知方也[13]。"

夫子哂之[14]。

"求,爾何如?"

對曰:"方六七十,如五六十[15],求也爲之,比及三年,可使足民[16]。如其禮樂,以俟君子[17]。"

"赤,爾何如?"

對曰:"非曰能之,願學焉[18]。宗廟之事[19],如會同[20],端章甫[21],願爲小相焉[22]。"

　　"點,爾何如?"

　　鼓瑟希[23],鏗爾,舍瑟而作[24],對曰:"異乎三子者之撰[25]。"

　　子曰:"何傷乎[26]?亦各言其志也[27]!"

　　曰:"莫春者,春服既成[28],冠者五六人[29],童子六七人[30],浴乎沂[31],風乎舞雩[32],詠而歸[33]。"

　　夫子喟然歎曰[34]:"吾與點也[35]。"

〔1〕曾皙(xī),名點,曾參的父親,孔子的弟子。

〔2〕這兩句話歷來有不同的解釋,今依孔安國説,大意是:不要因爲我的年紀比你們大,就不敢回答我的問題。以,介詞,因爲。乎,於。爾,你們。

〔3〕居,閒呆着,指平日在家的時候。

〔4〕知,了解。

〔5〕或,無定代詞,有人。

〔6〕等於説:你們打算做些什麽事情呢?

〔7〕率爾,輕率急忙的樣子。

〔8〕乘,兵車。擁有一千輛兵車的國家在當時祇能算中等國家。

〔9〕攝,逼近。攝乎大國之間,意爲處於大國中間不得伸展。

〔10〕加,加到……上。之,指千乘之國。師旅,指侵略軍隊。

〔11〕因之,等於説繼之。饑,穀不熟。饉,菜不熟。饑饉,泛指荒年。

〔12〕比及,等到了。

〔13〕方,義方,道義。

〔14〕哂(shěn),笑。

〔15〕如,或者。下文"如會同"的"如"同。這兩句是指周圍六七十里和五六十里的小國家。

〔16〕足民,即使民富足。

〔17〕如,若,至於。俟,等待。

〔18〕我不敢説我能够做，但是，我願在這方面學習。

〔19〕宗廟之事，指諸侯祭祀祖先的事。

〔20〕會，指諸侯會盟。同，指諸侯共同朝見天子。

〔21〕端，古人用整幅布做的禮服，又叫玄端。章甫，一種禮帽。端和章甫這裏都用如動詞，即穿着禮服，戴着禮帽。這裏指小相所服（依劉寶楠説）。

〔22〕相(xiàng)，在祭祀或會盟時，主持贊禮和司儀的人。按：宗廟會同，都是諸侯的事。公西華願爲小相，祇是謙詞。

〔23〕希，稀，這裏是説瑟的聲音已近尾聲。

〔24〕鏗，象聲詞。鏗爾，等於説鏗然，這裏形容推瑟發出的聲音。在古代漢語中，象聲和繪景是用同一種構詞法，所以加“爾”或“然”（比較：率爾、喟然）。舍，捨棄，後來寫作“捨”，這裏指放下。作，起，這裏指站起來。

〔25〕撰，才具(才幹)，指從事政治工作的才能。

〔26〕傷害什麼呢？意思是“有什麼關係呢”。

〔27〕亦，副詞，這裏有“祇是”“不過是”的意思。

〔28〕莫(mù)，後來寫作“暮”。莫春，指三月。者，語氣詞。

〔29〕冠(guàn)者，成年人。古時，到了二十歲的男子，須行冠禮，此後，就算成年人了，所以用冠者稱成年人。

〔30〕童子，未冠的少年。

〔31〕沂(yí)，水名，在今山東曲阜縣南。

〔32〕風，用如動詞，吹風，乘涼。舞雩(yú)，是古時求雨的壇，在曲阜縣東面。

〔33〕詠，唱歌。

〔34〕喟(kuì)然，長歎的樣子。

〔35〕與(yù)，贊成，同意。孔子當時知道他的政治主張已經實行不了，所以這樣説。

　　三子者出，曾皙後。曾皙曰：“夫三子者之言何如〔1〕？”

　　子曰：“亦各言其志也已矣〔2〕！”

曰:"夫子何哂由也?"

曰:"爲國以禮,其言不讓〔3〕,是故哂之〔4〕。唯求則非邦也與〔5〕?安見方六七十如五六十而非邦也者〔6〕?唯赤則非邦也與?宗廟會同,非諸侯而何〔7〕?赤也爲之小,孰能爲之大〔8〕?"

〔1〕夫(fú),指示代詞。

〔2〕已矣,罷了。

〔3〕讓,謙讓。

〔4〕是故,等於説因此。

〔5〕這句大意是:〔子路談的固然是治理國家的大事,〕難道冉有説的就不是治國大事嗎?唯,句首語氣詞,幫助判斷。邦,國家。

〔6〕安見,怎見得。者,語氣詞。

〔7〕不是諸侯的事情是什麽?這是説:那也是國家大事啊!

〔8〕公西華衹能給諸侯做小相,那麽誰能給諸侯做大相呢?之,指諸侯。小,小相。爲之小,是雙賓語結構,下句同此。

顔　淵

(1)司馬牛問君子〔1〕,子曰:"君子不憂不懼。"曰:"不憂不懼,斯謂之君子已乎?"子曰:"内省不疚〔2〕,夫何憂何懼?"

〔1〕司馬牛,名耕,字子牛,孔子的弟子。問君子,問怎樣纔算是君子。

〔2〕内省(xǐng),内心反省。疚,病,這裏指有愧於心。

(2)司馬牛憂曰:"人皆有兄弟,我獨亡〔1〕。"子夏曰:"商聞之矣〔2〕:'死生有命,富貴在天〔3〕。'君子敬而無失〔4〕,與人恭而有禮,四海之内皆兄弟也〔5〕——君子何患乎無兄弟也?"

〔1〕亡,通"無"。

〔2〕聞之矣,聽説過這樣的話了。

〔3〕這兩句反映了宿命論觀點。

〔4〕敬,嚴肅。失,這裏指放縱、隨便。

〔5〕四海之内,古人認爲中國四境有海環繞,所以稱中國爲四海之内或海内。

　　(3) 子貢問政〔1〕。子曰:"足食,足兵,民信之矣〔2〕。"子貢曰:"必不得已而去〔3〕,於斯三者何先〔4〕?"曰:"去兵。"子貢曰:"必不得已而去,於斯二者何先?"曰:"去食。——自古皆有死,民無信不立〔5〕。"

〔1〕問政,問怎樣管理政事。

〔2〕民信之,人民信任國家。

〔3〕去,去掉。

〔4〕何先,先做哪一樣,這裏是説先去掉哪一樣。

〔5〕人民對政府没有信任,國家就立不住。

　　(4) 棘子成曰〔1〕:"君子質而已矣〔2〕,何以文爲〔3〕?"子貢曰:"惜乎!夫子之説君子也〔4〕,駟不及舌〔5〕!文猶質也,質猶文也,虎豹之鞟,猶犬羊之鞟〔6〕。"

〔1〕棘子成,衛國的大夫。

〔2〕質,樸質無華。

〔3〕何以,何用,爲什麼用。文,文采。爲,句末語氣詞,經常與"何以"相應。

〔4〕夫子,指棘子成。這句意思是:夫子這樣説明君子,真可惜呀!"夫子之説君子也"是主語,"惜乎"是謂語。

〔5〕四匹馬拉的車也追不上已經説出了的話。舌,這裏指説出的話。

〔6〕文猶質也,質猶文也,等於説文質不分。鞟(kuò),去掉了毛的皮。這幾

句是説:如果祇要質不要文,那麼君子與非君子就不能區別了,就像虎豹
的鞟和犬羊的鞟不能區別一樣。

(5) 哀公問於有若曰[1]:"年饑,用不足[2],如之
何?"有若對曰:"盍徹乎[3]?"曰:"二[4],吾猶不足,如
之何其徹也?"對曰:"百姓足,君孰與不足[5]？百姓不
足,君孰與足?"

[1]有若,即有子。

[2]國家的財用不足。

[3]盍,何不。徹,十分抽一的税率,這裏用如動詞。

[4]二,指十分抽二的税率。

[5]百姓富足了,您跟誰不富足呢？意思是,您也富足了。

(6) 子曰:"聽訟[1],吾猶人也。必也[2],使無
訟乎!"

[1]訟,訴訟。聽訟,斷案。

[2]必,一定,必須。

(7) 季康子患盜[1],問於孔子。孔子對曰:"苟子之
不欲[2],雖賞之不竊[3]。"

[1]盜,偷東西的人。

[2]苟,如果。欲,指貪財。之,介詞。

[3]賞,獎勵。

子　路

(1)子路曰:"衛君待子而爲政,子將奚先[1]?"子曰:
"必也,正名乎[2]?"子路曰:"有是哉,子之迂也[3]！奚
其正[4]?"子曰:"野哉由也[5]！君子於其所不知,蓋闕

如也〔6〕。名不正，則言不順。言不順，則事不成〔7〕。事不成，則禮樂不興〔8〕。禮樂不興，則刑罰不中〔9〕。刑罰不中，則民無所措手足〔10〕。故君子名之必可言也，言之必可行也。君子於其言，無所苟而已矣〔11〕。"

〔1〕奚，何。奚先，先做什麽？

〔2〕正，使動用法。名，名稱，名分。正名，使名分正。儒家按照自己的標準，要求社會上的人各從其類，各守其位，行事都合乎他的名分。

〔3〕迂，遠，這裏指遠離實踐。後代凡脫離實際，而祇知道搬書本，都叫做迂。這句大意是：你竟迂到了這種程度。"子之迂也"是主語，"有是哉"是謂語。

〔4〕爲什麽要"正"？意思是没有正名的必要。其，句中語氣詞，加强反問語氣。

〔5〕野，鄙陋。

〔6〕蓋，句首語氣詞，有"大概"的意思，實際上表示肯定。闕，通"缺"。如，詞尾。闕如，指存疑，即闕而不論。

〔7〕事，指政事。

〔8〕禮樂，指教化。興，盛。

〔9〕不中（zhòng），指不得當。

〔10〕措，放。今本"措"作"錯"。無所措手足，没有放手脚的地方，意思是説不知如何是好。

〔11〕苟，不嚴肅，跟"敬"相對。

　　（2）子曰："其身正，不令而行〔1〕；其身不正，雖令不從。"

〔1〕令，下命令。行，指教化得以推行。

　　（3）子適衞，冉有僕〔1〕。子曰："庶矣哉〔2〕！"冉有曰："既庶矣，又何加焉〔3〕？"曰："富之。"曰："既富矣，又何加焉?"曰:"教之。"

〔1〕僕,駕車。

〔2〕〔衛國〕人真多啊! 庶,衆,指人多。

〔3〕何加,增添些什麽? 意思是再辦些什麽。

(4)子夏爲莒父宰[1],問政。子曰:"無欲速[2],無見小利。欲速則不達[3],見小利則大事不成。"

〔1〕莒父(jǔfǔ),魯邑名。宰,相當於縣長之類的官。

〔2〕辦事不要企圖很快成功。

〔3〕達,到達。不達,指達不到目的。

(5)子貢問曰:"鄉人皆好之[1],何如?"子曰:"未可也。""鄉人皆惡之,何如?"子曰:"未可也。不如鄉人之善者好之,其不善者惡之。"

〔1〕好(hào),動詞,喜歡,跟"惡"(wù)相對。

憲　問

(1)子曰:"爲命[1],裨諶草創之[2],世叔討論之[3],行人子羽修飾之[4],東里子産潤色之[5]。"

〔1〕命,辭令,指外交場合的言辭。

〔2〕裨諶(píchén),鄭國大夫。草創,指起草。

〔3〕世叔,游吉,鄭大夫。討,研究。論,評論。注意"討論"與今義的差別。

〔4〕行人,外交官。子羽,姓公孫,名揮,鄭大夫。修飾,指對文章進行修改。

〔5〕東里,地名,子産所居。潤色,指修辭方面的加工。

(2)子路曰:"桓公殺公子糾,召忽死之,管仲不死[1]。"曰[2]:"未仁乎[3]?"子曰:"桓公九合諸侯[4],不以兵車[5],管仲之力也。如其仁,如其仁[6]!"

〔1〕齊襄公無道,鮑叔牙奉公子小白出奔莒國。後來襄公被殺,管仲和召忽
奉公子糾出奔魯國。魯送公子糾回齊國,沒有打進去,而公子小白先進
入齊國,做了國君,就是齊桓公。桓公使魯國殺了公子糾,把管、召二人
送回齊國。召忽自殺了,管仲請坐囚車至齊。由於鮑叔牙的推薦,管仲
作了齊桓公的相。"召忽死之,管仲不死"就是指這件事。死之,等於說
"殉難"。

〔2〕這個"曰"字和前一個"曰"字是同一人說話,這種重複的"曰"字常常表
示另起一個頭。這裏表示敘事已畢,再用"曰"字提出問題。

〔3〕不算是仁吧?

〔4〕九合,指多次會合。

〔5〕不憑藉武力。

〔6〕如,等於說乃。如其仁,〔這〕就是他的仁(依王引之說,見《經傳釋詞》)。

  (3)子貢曰:"管仲非仁者與?桓公殺公子糾,不能
死,又相之〔1〕!"子曰:"管仲相桓公,霸諸侯,一匡天
下〔2〕,民到于今受其賜〔3〕。微管仲,吾其被髮左衽
矣〔4〕!豈若匹夫匹婦之爲諒也,自經於溝瀆而莫之
知也〔5〕!"

〔1〕相,輔佐。

〔2〕匡,匡正。

〔3〕賜,恩惠,好處。

〔4〕微,〔如果〕沒有。其,句中語氣詞,有"恐怕"的意思。被(pī),通"披"。
衽(rèn),衣襟。左衽,衣襟左掩。被髮左衽,指當時所謂"夷狄"(四方
外族)的風俗,意思是說中原被夷狄所佔。

〔5〕匹夫匹婦,指庶人,百姓。諒,信用,這裏指道義上的固執。經,上弔,弔
死。瀆(dú),小渠。

  (4)子曰:"其言之不怍〔1〕,則爲之也難。"

〔1〕怍(zuò),慚愧。

　　(5)子曰:"君子道者三〔1〕,我無能焉:仁者不憂,知者不惑,勇者不懼。"子貢曰:"夫子自道也〔2〕。"

〔1〕君子道,君子之道。

〔2〕自道,自己説自己。

　　(6)子曰:"不患人之不己知,患其不能也〔1〕。"

〔1〕其,指自己。

　　(7)子路宿於石門〔1〕,晨門曰〔2〕:"奚自〔3〕?"子路曰:"自孔氏〔4〕。"曰:"是知其不可而爲之者與?"

〔1〕石門,地名,在今山東省平陰縣北。

〔2〕晨門,掌管早晚開閉城門的人,即守門的人。

〔3〕奚,何。奚自,從哪裏〔來〕。

〔4〕孔氏,指孔子。

衛靈公

　　(1)子曰:"志士仁人,無求生以害仁〔1〕,有殺身以成仁。"

〔1〕害,損害。

　　(2)子曰:"人無遠慮,必有近憂〔1〕。"

〔1〕遠慮,長遠的打算。近憂,迫身的憂患。

　　(3)子曰:"君子不以言舉人〔1〕,不以人廢言〔2〕。"

〔1〕大意是:君子不因爲這個人言論好就薦舉他。言,言論。舉,薦舉,推舉。

〔2〕大意是:不因爲這個人不好就廢棄他的好言論。

　　(4)子貢問曰:"有一言而可以終身行之者乎〔1〕?"子曰:"其恕乎〔2〕。己所不欲,勿施於人〔3〕。"

〔1〕一言,這裏指一個字。

〔2〕其,句首語氣詞,有"大概"的意思。

〔3〕"己所不欲,勿施於人"這八個字說明什麽是"恕"。

(5)子曰:"過而不改,是謂過矣〔1〕。"

〔1〕過,錯誤。第一個"過"用如動詞,第二個"過"爲名詞。

(6)子曰:"吾嘗終日不食,終夜不寢,以思,無益;不如學也。"

(7)子曰:"當仁〔1〕,不讓於師。"

〔1〕碰到要發揮仁的精神的時候。當,動詞。當仁,按字面解釋是"在仁的面前"。

季　氏〔1〕

季氏將伐顓臾〔2〕。冉有季路見於孔子〔3〕,曰:"季氏將有事於顓臾〔4〕。"

孔子曰:"求,無乃爾是過與〔5〕?夫顓臾,昔者先王以爲東蒙主〔6〕,且在邦域之中矣〔7〕。是社稷之臣也〔8〕,何以伐爲〔9〕?"

冉有曰:"夫子欲之〔10〕;吾二臣者,皆不欲也。"

孔子曰:"求,周任有言曰〔11〕:'陳力就列〔12〕,不能者止。'危而不持〔13〕,顛而不扶〔14〕,則將焉用彼相矣〔15〕?且爾言過矣。虎兕出於柙〔16〕,龜玉毀於櫝中〔17〕,是誰之過與?"

冉有曰:"今夫顓臾,固而近於費〔18〕,今不取,後世必爲子孫憂。"

孔子曰："求！君子疾夫舍曰欲之而必爲之辭[19]。丘也聞有國有家者[20]，不患寡而患不均，不患貧而患不安[21]。蓋均無貧[22]，和無寡[23]，安無傾[24]。夫如是[25]，故遠人不服，則脩文德以來之[26]。既來之，則安之[27]。今由與求也，相夫子[28]，遠人不服而不能來也，邦分崩離析而不能守也[29]，而謀動干戈於邦内[30]，吾恐季孫之憂不在顓臾，而在蕭牆之内也[31]。"

〔 1 〕季氏，季孫氏，魯國最有權勢的貴族，這裏指季康子，名肥。

〔 2 〕顓臾(zhuānyú)，小國，是魯國的屬國，故城在今山東費縣西北。

〔 3 〕冉有和季路當時都是季康子的家臣。見(xiàn)，謁見。

〔 4 〕事，指軍事。

〔 5 〕恐怕要責備你吧？無乃，這裏有"恐怕要"的意思。是，代詞，複指賓語"爾"。過，責備。

〔 6 〕先王，指周之先王。東蒙主，主祭東蒙山神的人。東蒙，即蒙山，在今山東蒙陰縣南四十里，西南接費縣界。主，主祭人。

〔 7 〕指在魯國疆土裏邊。

〔 8 〕是，代詞，指顓臾。社稷，代表"國家"，這裏指魯國。

〔 9 〕爲，語氣詞。

〔10〕夫子，指季康子。

〔11〕周任，古代的良史。

〔12〕陳，陳列，擺出來。陳力，這裏有"量力"的意思。列，位次，職位。

〔13〕危，不穩，這裏指站不穩。持，把着。

〔14〕顛，倒，跌。扶，攙着。

〔15〕相(xiàng)，扶着瞎子走路的人。

〔16〕兕(sì)，獨角犀。柙(xiá)，關猛獸的籠子。

〔17〕龜玉都是寶物。龜，龜版，用來占卜。玉，指玉瑞和玉器。玉瑞用來表示

爵位,玉器用於祭祀。櫝(dú),匣子。

〔18〕固,指城郭堅固。近,靠近。費(bì),季氏的私邑,即今山東費(fèi)縣。

〔19〕君子厭惡那種態度:想這樣,卻撇開不談,而一定要爲它作些別的説辭。
　　疾,痛恨。夫,代詞,那種。舍,捨棄,撇開,後來寫作"捨"。

〔20〕"國"是諸侯統治的政治區域。"家"是卿大夫統治的政治區域。

〔21〕這兩句話應該是:"不患貧而患不均,不患寡而患不安。"這樣上下文纔講
　　得通。《春秋繁露・制度篇》和《魏書・張普惠傳》引《論語》均作"不患
　　貧而患不均"。寡,指人口少。

〔22〕大意是:財富分配公平合理,上下各得其分,就没有貧困。

〔23〕大意是:上下和睦,人民都願歸附,就没有人口少的現象。

〔24〕大意是:國家安定,就没有傾覆的危險。

〔25〕夫,句首語氣詞。

〔26〕文,文教,指禮樂。來,使……來〔歸附〕。

〔27〕安,用如動詞,使……安定。

〔28〕相(xiàng),輔佐。

〔29〕分崩離析,等於説四分五裂。

〔30〕干,盾牌。戈,古代用來刺殺的一種長柄兵器。干戈,指軍事。

〔31〕蕭牆,國君宮門内當門的小牆,又叫做屏。全句是説季氏見疑於哀公,將
　　有内變(依方觀旭説,見《論語正義》)。

陽　貨

(1)陽貨欲見孔子[1],孔子不見。歸孔子豚[2]。孔
子時其亡也而往拜之[3]。遇諸塗[4]。

謂孔子曰:"來! 予與爾言。曰[5]:懷其寶而迷其
邦[6],可謂仁乎? 曰:不可。——好從事而亟失時,可謂
知乎[7]? 曰:不可。——日月逝矣,歲不我與[8]。"孔子

曰:"諾! 吾將仕矣。"

〔1〕陽貨,名虎,季氏家臣中最有權勢的人。欲見(xiàn)孔子,想讓孔子謁
　　見他。

〔2〕歸,通"饋",贈送。豚,小猪,這裏是指做熟了的小猪。

〔3〕時,伺,窺探。亡,不在。陽貨送孔子豚是打算讓孔子回拜他,借此能見
　　得着孔子,孔子不願和陽貨見面,趁他不在家的時候去回拜。

〔4〕塗,通"途"。

〔5〕這裏的"曰"和下文的兩個"曰不可"都是陽貨自問自答(依毛奇齡説,見
　　《論語稽求篇》)。

〔6〕懷,揣在懷裏。懷寶,比喻懷藏着才能。迷,亂。這是説孔子有政見藏着
　　不拿出來而使魯國迷亂。

〔7〕好(hào)從事,指喜歡從事於政治。亟(qì),屢次。時,時機。知(zhì),
　　有智慧,聰明,後來寫作"智"。

〔8〕與,等於説等待。"我"是"與"的前置賓語。

　　(2)子曰:"鄉原〔1〕,德之賊也〔2〕。"

〔1〕原,通"愿",忠厚。鄉原,等於説好好先生。鄉里的人多數認爲他忠厚,
　　實際上他是同流合汙,以博取忠厚之名。

〔2〕德的敗壞者。

微　子

　　(1)齊人歸女樂〔1〕,季桓子受之〔2〕,三日不朝。孔
子行。

〔1〕歸,見本頁《陽貨》章注〔2〕。女樂(yuè),女子歌舞隊。

〔2〕季桓子,季孫斯,魯國的上卿。

　　(2)楚狂接輿歌而過孔子曰〔1〕:"鳳兮〔2〕! 鳳兮!
何德之衰〔3〕? 往者不可諫〔4〕,來者猶可追〔5〕。已

而[6]！已而！今之從政者殆而[7]！”

孔子下[8]，欲與之言。趨而辟之，不得與之言。

〔1〕接輿，姓陸，名通，字接輿(依邢昺説)，楚國的隱者，爲了避世，假裝瘋狂，
所以稱爲楚狂。歌而過孔子，一邊唱着，一邊走過孔子的旁邊。

〔2〕鳳，比喻孔子。兮，語氣詞，多見於詩歌韻文，用在句末和句中，大致和現
代漢語的“啊”相近。

〔3〕爲什麼德行這樣衰微呢？這是譏諷孔子不能隱退。

〔4〕諫，諫止。

〔5〕未來的事還可能來得及。暗指孔子現在隱退還來得及。

〔6〕算了吧！而，語氣詞。

〔7〕現在從事政治的人危險了！殆，危險。

〔8〕下，下車(從包咸注)。

(3) 長沮桀溺耦而耕[1]。孔子過之，使子路問津焉[2]。

長沮曰：“夫執輿者爲誰[3]？”子路曰：“爲孔丘。”曰：“是魯孔丘與？”曰：“是也。”曰：“是知津矣[4]！”

問於桀溺。桀溺曰：“子爲誰？”曰：“爲仲由。”曰：“是魯孔丘之徒與[5]？”對曰：“然[6]。”曰：“滔滔者，天下皆是也[7]，而誰以易之[8]？且而與其從辟人之士也，豈若從辟世之士哉[9]？”耰而不輟[10]。

子路行以告[11]。夫子憮然[12]，曰：“鳥獸不可與同羣[13]。吾非斯人之徒與而誰與[14]？天下有道，丘不與易也[15]。”

〔1〕長沮(jū)、桀溺，都是當時的隱士。長沮、桀溺可能不是這兩個人的真實
姓名。耦，古代的一種耕作方法，即兩人各執一耜(sì，犁)，同耕一尺寬

之地(兩耜合耕,耕出之地的寬度恰爲一尺)。耦而耕,用耦耕的方法
來耕。

〔2〕津,渡口。

〔3〕那個在車上拿着繮繩的人是誰? 執,這裏有執轡(繮繩)的意思。執輿,
是執轡於車的意思(從邢昺疏)。

〔4〕三個"是"字都是代詞,當"這個人"講。是也,這裏有"〔是〕這個人"的
意思。

〔5〕徒,徒黨。

〔6〕然,等於説是的。

〔7〕洪水瀰漫,天下都是這樣。比喻社會紛亂。因問渡口,故借水作比喻。
滔滔,水瀰漫的樣子。

〔8〕你們和誰來改變它呢? 以,與。易,改變(依朱熹説)。

〔9〕再説,你跟隨"避人之士"(指孔子躲避壞人,不同他們合作),難道趕得
上跟隨"避世之士"(躲避亂世的人,桀溺自謂)嗎? 且,連詞,這裏有"再
説"的意思。而,你,指子路。"與其"和"豈若"相呼應,等於現代"與其"
和"不如"相呼應。

〔10〕櫌(yōu),播種以後,用土蓋上。輟(chuò),中斷。

〔11〕以告,把這話告訴了孔子,"以"後省略了賓語。

〔12〕憮(wǔ)然,發愣的樣子。

〔13〕鳥獸〔我們〕不可以跟它們同羣,即不能隱居山林,必須在社會中生活。

〔14〕我不是跟人羣在一起而是跟誰在一起呢? 這是説不能隱居。斯,這。
徒,徒衆。斯人之徒,等於説人羣。兩個"與"字都當"跟……在一起"講。

〔15〕"與"字後面省略了賓語。

(4)子路從而後〔1〕,遇丈人〔2〕,以杖荷蓧〔3〕。

子路問曰:"子見夫子乎?"

丈人曰:"四體不勤〔4〕,五穀不分〔5〕,孰爲夫子?"植
其杖而芸〔6〕。

子路拱而立[7]。

止子路宿[8]，殺雞爲黍而食之[9]，見其二子焉[10]。

明日，子路行。以告。子曰：“隱者也。”使子路反見之。至則行矣[11]。

子路曰：“不仕無義。長幼之節，不可廢也；君臣之義，如之何其廢之？欲潔其身而亂大倫[12]！君子之仕也，行其義也。道之不行，已知之矣[13]。”

〔1〕子路跟隨孔子而落在後面。

〔2〕丈人，老人。

〔3〕荷(hè)，扛。蓧(diào)，古代除草用具。

〔4〕四體，四肢。勤，勞。

〔5〕五穀，稻、黍(黃米)、稷(與黍相似，不黏，即穈子)、麥、菽(豆)。分，辨別(依朱熹説)。

〔6〕植，倚(依孔安國説)。芸，通“耘”，除草。

〔7〕拱，拱手，表示敬意。

〔8〕止，留。

〔9〕爲黍，作黃米飯。

〔10〕使二子拜見子路。見(xiàn)，使見。

〔11〕到了丈人家裏的時候，原來丈人已經走(出門)了。

〔12〕想使自己身子乾淨，卻亂了大倫。倫，人倫，古代社會所規定的人與人之間的正常關係。大倫，指君臣之義。

〔13〕〔自己的〕學説行不通，〔自己〕早已知道了。

子　張

(1) 子夏之門人問交於子張[1]。子張曰：“子夏云何？”對曰：“子夏曰：‘可者與之[2]，其不可者拒之〔３〕。'"子張曰:"異乎吾所聞〔４〕。君子尊賢而容衆〔５〕,嘉善而矜不能〔６〕。我之大賢與,於人何所不容〔７〕?我之不賢與,人將拒我,如之何其拒人也?"

〔１〕交,指交友之道。

〔２〕可以交往的,就跟他在一起。與,見第201頁《微子》注〔14〕。

〔３〕拒,拒絕。

〔４〕和我所聽到的不同。乎,於。

〔５〕容,包容。衆,普通人。

〔６〕嘉,贊美。矜,同情。不能,指無能的人。

〔７〕何所不容,即"所不容者爲何",也就是"無所不容"的意思。

(2)子貢曰:"君子之過也,如日月之食焉〔１〕。過也,人皆見之;更也,人皆仰之〔２〕。"

〔１〕食,蝕,後來寫作"蝕"。

〔２〕更(gēng),改變。仰,敬仰。

(3)衛公孫朝問於子貢〔１〕,曰:"仲尼焉學〔２〕?"子貢曰:"文武之道〔３〕,未墜於地,在人〔４〕。賢者識其大者〔５〕,不賢者識其小者。莫不有文武之道焉。夫子焉不學,而亦何常師之有〔６〕?"

〔１〕公孫朝,衛大夫。公孫,複姓。

〔２〕焉學,從哪裏學。

〔３〕文武,指周文王和周武王。

〔４〕在人,在於人們之中,是說人們還有能記得的(依朱熹說)。

〔５〕識(zhì),記住。其大者,其中之大者。其,指文武之道。下文"其小者"同。

〔６〕亦,又。何常師之有,等於說有何常師。之,代詞,複指賓語"何常師"。

禮　記

　　《禮記》是一部資料彙編性質的書。是七十子後學者和漢代學者所記。其所記錄的都是戰國秦漢間儒家的言論,特別是關於禮制方面的言論,內容很複雜。其中有的是解釋禮經(即《儀禮》),有的是考證和記載禮節制度,有的是記述某項禮節條文和某項政令,有的是談關於禮制的理論。此外,還有些篇幅是專門記錄孔子和七十子的言論以及孔門和時人的雜事的。其中有很多東西是封建性的糟粕,但這部書所收集的資料反映出古代社會倫理觀念、宗法制度、階級關係和儒家各派的思想等等,對研究這些問題還有不少參考價值。其中有些言論,是值得批判地繼承的。

　　《禮記》有兩種本子,都是漢人輯錄的。戴德輯錄本叫《大戴禮記》,原有八十五篇,現存三十九篇。戴聖輯錄的叫《小戴禮記》,共四十九篇,就是現在通行的《禮記》,東漢鄭玄給它作了注,唐孔穎達作了疏。這就是所謂《禮記注疏》,是最通行的注本。此外較通行的還有元代陳澔的《禮記集說》和清代朱彬的《禮記訓纂》、孫希旦的《禮記集解》。

有子之言似夫子(檀弓上)[1]

　　有子問於曾子曰[2]:"問喪於夫子乎[3]?"曰:"聞之矣。'喪欲速貧[4],死欲速朽[5]。'"有子曰:"是非君子之言也。"曾子曰:"參也聞諸夫子也。"有子又曰:"是非君子之言也。"曾子曰:"參也與子游聞之。"有子曰:"然。然則夫子有爲言之也[6]。"

〔1〕《檀弓》是《禮記》的篇名。原篇没有小標題,以下各篇同。

〔2〕有子,即有若。

〔3〕在夫子那裏聽説過丢官罷職的事情嗎?問,當作"聞"(依《經典釋文》)。喪(sàng),失去,丢掉,這裏作丢官罷職講。夫子,指孔子,下同。

〔4〕丢了官,希望快點窮。

〔5〕死了,希望快點腐爛。

〔6〕有爲(wèi),有所爲(wèi),是"有目的"的意思。

　　曾子以斯言告於子游。子游曰:"甚哉,有子之言似夫子也〔1〕!昔者,夫子居於宋,見桓司馬自爲石椁〔2〕,三年而不成。夫子曰:'若是其靡也〔3〕,死不如速朽之愈也〔4〕。'死之欲速朽,爲桓司馬言之也〔5〕。南宫敬叔反〔6〕,必載寶而朝〔7〕。夫子曰:'若是其貨也〔8〕,喪不如速貧之愈也。'喪之欲速貧,爲敬叔言之也。"

〔1〕有子的話像夫子,〔像得〕可厲害啊!"有子之言似夫子"是主語,"甚"是謂語。

〔2〕桓司馬,桓魋(tuí)。椁(guǒ),同"槨",套在棺材外面的大棺材。

〔3〕"其靡若是"的倒裝。靡,奢侈,浪費。是,代詞,指"自爲石椁,三年而不成"的情況。

〔4〕愈,比較好。

〔5〕爲,介詞,這裏有"針對"的意思。

〔6〕南宫敬叔,即魯孟僖子的兒子仲孫閲。反,回到魯國。他曾失去魯國官位而離開過魯國。

〔7〕載,以車裝載。寶,珍寶,寶物。南宫敬叔這樣做,是想行賄以求復位。

〔8〕貨,財物,這裏用如動詞,當以財物收買別人講,就是賄賂。這一句和上文"若是其靡也"句法相同。

　　曾子以子游之言告於有子。有子曰:"然。吾固曰非夫子之言也。"曾子曰:"何以知之?"有子曰:"夫子制於中都,四寸之棺,五寸之椁[1],以斯知不欲速朽也[2]。昔者,夫子失魯司寇[3],將之荆[4],蓋先之以子夏,又申之以冉有[5],以斯知不欲速貧也。"

〔1〕實即"夫子制四寸之棺五寸之椁於中都"的意思,不過語序稍有不同。制,規定。中都,魯國的都邑。故城在今山東汶上縣西。孔子曾經做過中都宰,所以他能在中都制定些制度。四寸五寸都指厚度。

〔2〕以斯,等於説因此。

〔3〕失掉魯司寇官位。

〔4〕荆,楚國。之荆,指到楚國應聘。

〔5〕用子夏先去表明孔子的意思,又用冉有去重申這個意思。蓋,句首語氣詞,表示確定。

戰 于 郎 (檀弓下)[1]

　　戰于郎。公叔禺人遇負杖入保者息[2]。曰[3]:"使之雖病也[4],任之雖重也[5],君子不能爲謀也[6],士弗能死也[7],不可,我則既言矣[8]!"與其鄰重汪踦往[9],皆死焉。魯人欲勿殤重汪踦[10],問於仲尼。仲尼曰:"能執干戈[11],以衛社稷,雖欲勿殤也,不亦可乎?"

〔1〕春秋時魯哀公十一年(公元前484年),齊國進攻魯國,魯國和齊國在郎那個地方作戰。郎,魯國地名,在今山東魚臺縣。

〔2〕公叔禺(yú)人,魯昭公的兒子。負杖,把杖(扁擔之類)放在頸上,兩手扶着,等於今天的横挑。保,城堡,後來寫作"堡"。息,歇息。當時戰事很緊,魯軍不利,人們逃避齊軍,走累了,所以負杖入堡休息。

〔3〕公叔禺人説。

〔4〕使,指徭役。之,代詞,指民,下句同。病,勞苦。

〔5〕任,負擔,使動用法。任之,指使人民負擔賦稅。

〔6〕君子,上層統治者。爲(wéi),動詞,籌劃。謀,計謀,策略。

〔7〕士,統治階級的下層分子。死,指爲國犧牲。

〔8〕我既然是説出來了〔我自己就該行動起來〕。則,表示加強肯定。

〔9〕重,當作"童",下同。往,這裏指奔向齊軍。

〔10〕不把童子汪踦(qí)當殤(shāng)看待。也就是説魯國對汪踦想不用兒童的喪禮,用成人的喪禮。殤,未成年(未滿二十歲)而死叫殤。

〔11〕干戈,泛指武器。

苛政猛於虎(檀弓下)

　　孔子過泰山側,有婦人哭於墓者而哀〔1〕。夫子式而聽之〔2〕。使子路問之曰:"子之哭也,壹似重有憂者〔3〕?"而曰〔4〕:"然。昔者,吾舅死於虎〔5〕,吾夫又死焉〔6〕,今吾子又死焉。"夫子曰:"何爲不去也?"曰:"無苛政〔7〕。"夫子曰:"小子識之〔8〕,苛政猛於虎也。"

〔1〕婦人哭於墓者,等於説在墓前哭的婦人。

〔2〕式,通"軾",車前橫木,這裏用如動詞,扶軾。古時乘車,遇有應表敬意的事,乘者即俯身扶軾。在這裏,孔子扶軾是表示對婦人哭墓的注意和關懷。

〔3〕您這樣哭,實在像連着有了幾椿傷心事似的? 壹,副詞,表示肯定,有"實在""的確"等意思。重(chóng),重疊。

〔4〕而,等於"乃"。

〔5〕昔者,從前。舅,指丈夫的父親。

〔6〕焉,代詞兼語氣詞,等於説於虎。下句同。

〔7〕苛政,暴政。

〔8〕小子,老師叫學生可稱小子,這裏指子路。識(zhì),記住。

大　同(禮運)〔1〕

　　昔者仲尼與於蜡賓〔2〕,事畢,出遊於觀之上〔3〕,喟然而歎。仲尼之歎,蓋歎魯也〔4〕。言偃在側曰〔5〕:"君子何歎〔6〕?"孔子曰:"大道之行也〔7〕,與三代之英〔8〕,丘未之逮也〔9〕,而有志焉〔10〕。

〔1〕同,和,平。大同,高度的和平,實際是指原始共產社會的那種局面,是當時知識分子由於對現實不滿而產生的復古思想。

〔2〕與(yù)於蜡賓,參加到蜡祭陪祭者的行列裏邊。與,參加。蜡(zhà),古代國君年終祭祀叫蜡。賓,指陪祭者。

〔3〕觀(guàn),宗廟門外兩旁的高建築物。又名闕。

〔4〕蓋,大概。

〔5〕言偃,孔子的弟子,姓言名偃,字子游。

〔6〕君子,指孔子。

〔7〕大道,指原始共產社會的那些準則。行,實行。

〔8〕三代,指夏商周。英,傑出的人物,這裏指英明的人主禹湯文武。

〔9〕逮(dài),趕上。之,代詞,指"大道之行與三代之英"的時代,是"逮"的賓語。

〔10〕有志焉,指有志於此。孔子這句話是説:大道實行的時代和三代英明之主當政的時代,我都沒有趕上,可是我心裏嚮往。

　　"大道之行也,天下爲公〔1〕。選賢與能〔2〕,講信脩睦〔3〕。故人不獨親其親,不獨子其子〔4〕,使老有所終〔5〕,壯有所用〔6〕,幼有所長〔7〕,矜寡孤獨廢疾者皆有所養〔8〕,男有分〔9〕,女有歸〔10〕。貨惡其棄於地也,不必藏於己〔11〕;力惡其不出於身也,不必爲己〔12〕。是故謀閉

而不興[13]，盜竊亂賊而不作[14]，故外户而不閉[15]，是謂
大同。

〔1〕天下成爲公共的。

〔2〕與，通"舉"（依王引之説，見《經義述聞》）。能，有才能的人。

〔3〕講信，講求信用。脩睦，調整人與人之間的關係，使它達到和睦。

〔4〕第一個"親"和第一個"子"都用如動詞，是"以……爲親"和"以……爲
子"的意思。

〔5〕有所終，等於説晚年能得到照顧。所，代詞。下面三個"所"字同。

〔6〕有所用，等於説有用處。

〔7〕有所長(zhǎng)，等於説有使他們成長的各種措施。

〔8〕有所養，等於説有供養。矜，通"鰥"(guān)。

〔9〕分(fèn)，職分，職務。

〔10〕歸，出嫁，這裏指夫家。

〔11〕財物，〔人們〕恨它被扔在地上〔都想收起來〕，但不一定藏在自己家裏。
貨，財物。棄，扔。

〔12〕力氣，〔人們〕恨它不從自己身上使出來〔都想使出來〕，但不一定爲了自
己。身，自身。

〔13〕謀，指姦詐之心。閉，閉塞。興，起，生。

〔14〕盜竊、造反和害人的事情不發生。亂，指造反。賊，指害人。作，興起。

〔15〕外，用如動詞。外户，從外面把門扇合上。閉，用門閂插門。

　　"今大道既隱，天下爲家[1]。各親其親，各子其子，
貨力爲己；大人世及以爲禮[2]，城郭溝池以爲固[3]，禮
義以爲紀[4]，以正君臣[5]，以篤父子[6]，以睦兄
弟[7]，以和夫婦[8]，以設制度，以立田里[9]，以賢勇
知[10]，以功爲己[11]。故謀用是作，而兵由此起[12]。禹
湯文武成王周公，由此其選也[13]。此六君子者，未有不謹

於禮者也。以著其義〔14〕，以考其信〔15〕，著有過〔16〕，刑仁講讓〔17〕，示民有常〔18〕。如有不由此者〔19〕，在執者去〔20〕，眾以爲殃〔21〕，是謂小康〔22〕。"

〔1〕隱，消逝不見。天下爲家，天下成爲私家的。

〔2〕大人，指天子諸侯。父子相傳叫"世"，兄弟相傳叫"及"。"世及"是介詞"以"的賓語，提前。下兩句同。

〔3〕溝池，指護城河。固，這裏指賴以防守的建築及工事。

〔4〕紀，綱紀，準則。

〔5〕以，介詞，後面省掉賓語（指"禮"）。下七句同。正，用如動詞，使動用法，即"使……正常"。

〔6〕篤，用如動詞，即"使……純厚"。

〔7〕睦，用如動詞，即"使……和睦"。

〔8〕和，用如動詞，即"使……和諧"。

〔9〕里，住處，這裏指有關田里的制度。

〔10〕賢勇知，把有勇有謀的當作賢人。賢，用如動詞，意動用法。知(zhì)，後來寫作"智"。當時盜賊並起，所以需要智勇的人（依孔穎達説）。

〔11〕立功作事，只是爲了自己，不爲他人（依孔穎達説）。

〔12〕用，由。"是"和下文"兵由此起"的"此"字，都代表上文"今大道既隱……以功爲己"這段的情況。兵，指戰亂。

〔13〕大意是：禹湯文武成王周公因此成爲三代諸王中的傑出人物。選，指選拔出來的人物，也就是傑出的人物。

〔14〕用〔禮〕來表彰他們(民)做對了的事。"以"下省賓語（指"禮"）。著，顯露，這裏是使動用法。其，指下文"示民有常"的"民"。

〔15〕用〔禮〕來成全他們(民)講信用的事。考，成全。

〔16〕"以著其有過"之省。用〔禮〕來揭露〔他們〕有過錯的事。著，彰明，這裏是使動用法，有揭露的意思。

〔17〕刑，法則。刑仁，把合於仁的行爲定爲法則。講，提倡。讓，不爭。

〔18〕“以示民有常”之省。用〔禮〕指示給人民要有常規。

〔19〕由,用。此,指禮。

〔20〕埶,勢力,權力,後來寫作“勢”,這裏指職位。去,罷免,黜(chù)退,這裏有被罷免的意思。

〔21〕老百姓以此(指統治者不用禮)爲禍害。

〔22〕小康,小安。小康對大同而言,含有不及“大同”的意思。

教學相長(學記)

　　雖有嘉肴〔1〕,弗食,不知其旨也〔2〕。雖有至道〔3〕,弗學,不知其善也。是故學然後知不足〔4〕,教然後知困〔5〕。知不足然後能自反也〔6〕,知困然後能自强也〔7〕。故曰教學相長也〔8〕。兑命曰:“學學半〔9〕。”其此之謂乎〔10〕?

〔1〕肴,本指成塊的帶骨頭的熟肉,這裏泛指魚肉。

〔2〕旨,味美。

〔3〕至,好到極點的。

〔4〕是故,因此。知不足,知道自己有不够之處。

〔5〕知困,知道自己有搞不通之處。困,不通。

〔6〕自反,反求之於自己。

〔7〕自强(qiǎng),自己督促自己。

〔8〕教學相長,教和學是互相推進的。長(zhǎng),這裏指推進。

〔9〕兑(yuè)命,即説(yuè)命,《尚書》的一個篇名。學學半,前一學字音xiào,指教人。後一學字音xué,指向人學。今《尚書》作“斆學半”。意思是説教佔學的一半。

〔10〕參看第13頁《鄭伯克段于鄢》〔5〕“其是之謂乎”注。

博　學(中庸)

博學之[1]，審問之[2]，慎思之[3]，明辨之[4]，篤行之[5]。有弗學，學之弗能，弗措也[6]。有弗問，問之弗知[7]，弗措也。有弗思，思之弗得[8]，弗措也。有弗辨，辨之弗明，弗措也。有弗行，行之弗篤，弗措也。人一能之，己百之[9]；人十能之，己千之。果能此道矣[10]，雖愚必明[11]，雖柔必强[12]。

〔1〕博學，多方面地學。博，寬廣。之，指學的對象。

〔2〕審問，詳細地問。之，指問的對象。

〔3〕慎思，慎重地考慮。之，指思的對象。

〔4〕明辨，明確地分辨。之，指辨的對象。

〔5〕篤行，踏踏實實地實行。之，指行的對象。

〔6〕大意是：除非不學，學了就一定要學會，學不會，不罷休。有弗學，按字面講是"有不學的時候"或"有不學的東西"，實際應了解爲"不學則已"（依朱熹説）。措，放下。以下四句做此。

〔7〕知，懂。

〔8〕弗得，指不得結果。

〔9〕別人學它一次就會，我卻要學它一百次（多下功夫，精益求精）。下句做此。

〔10〕果真能實行這個方法。道，方法。

〔11〕愚，糊塗。

〔12〕柔，脆弱，這裏指意志脆弱。强，堅强，這裏指意志堅强。

誠　意(大學)

所謂誠其意者[1]，毋自欺也，如惡惡臭[2]，如好好色〔3〕。此之謂自謙〔4〕。故君子必慎其獨也〔5〕。

小人閒居爲不善〔6〕，無所不至〔7〕，見君子而後厭然揜其不善而著其善〔8〕。人之視己，如見其肺肝然〔9〕，則何益矣〔10〕？此謂誠於中，形於外〔11〕。故君子必慎其獨也。

曾子曰："十目所視，十手所指，其嚴乎〔12〕！"

富潤屋〔13〕，德潤身，心廣體胖〔14〕。故君子必誠其意。

〔1〕誠，用如動詞，使動用法，"使……誠實"。意，意念，念頭。

〔2〕惡(wù)，動詞，厭惡。臭(xiù)，氣味。惡(è)臭，不好聞的氣味。

〔3〕好(hào)，動詞，愛好。好(hǎo)色，指美女。色，顏色，容貌，特指女子的顏色。

〔4〕大意是把這個叫作自己不虧心。此，代詞，指"誠其意，毋自欺"。謙，同"慊"(qiè)，滿足。自謙，指"自我滿足"，不是爲了別人纔要求誠意(參用朱熹説)。

〔5〕所以君子對獨居〔這件事〕必須謹慎。

〔6〕閒(xián)居，獨居。

〔7〕没有什麽達不到的。意思是説壞事做盡。

〔8〕厭然，掩藏的樣子。揜，同"掩"。著其善，顯示他的好的〔德行〕。

〔9〕如……然，像……的樣子。

〔10〕那麽有什麽好處呢？則，那麽。何益，這裏有"有什麽好處"的意思。

〔11〕誠於中，裏邊有實在的東西，這裏指心中藏着惡念。形，用如動詞，露出原形。

〔12〕十目、十手，甚言監視的人之多。嚴，嚴肅可畏。

〔13〕富足了就能使屋子光彩。潤，用如動詞，即"使……潤"，這裏指"使……光彩"。

〔14〕廣，寬。胖(pán)，安泰舒坦。注意："胖"與現代漢語的"胖"音義都
　　不同。

常 用 詞(三)　65字

　　知識見示視觀望　矜哀卹憾恕憤患　持措拱　攻竊誅翦脩講
設立

　　忠信諒正邪辟好惡恭敬慎苟　顯著

　　相帥士僕御右　盜賊　國家社稷　仁義道德　文質　色臭
先前後內外閒

123.【知】

　　(一)知道，懂得，了解。《論語・學而》："人不~而不慍。"《左
傳・僖公三十二年》："爾何~?"《論語・先進》："居則曰：'不吾~
也。'"又名詞。知識，知覺。《論語・子罕》："吾有~乎哉? 無~
也。"《荀子・王制》："草木有生而無~。"

　　(二)讀 zhì。知識豐富，經驗豐富，見解高明。形容詞。《左
傳・僖公三十年》："失其所與，不~。"這種意義後來又寫作"智"。
《孟子・告子上》："無或乎王之不智也。"(或：通"惑"。)又名詞。
《孟子・公孫丑上》："雖有~慧，不如乘勢。"

124.【識】

　　(一)知道，認識，能辨別。《孟子・梁惠王上》："不~有諸?"又
《梁惠王下》："吾何以~其不才而舍之?"《論語・陽貨》："多~於鳥
獸草木之名。"

　　(二)去聲，讀 zhì。記住。《論語・述而》："默而~之。"又《子
張》："賢者~其大者，不賢者~其小者。"引申爲表記(後起義)。現

代變爲雙音詞"標~"(標誌)。

[辨]知,識,記。"知"是一般的知道,"識"常常是比較深的認識。至於"知"當"智"講,"識"當"記"講,更没有共同之處了。"識"和"記"的區别是,"識"(zhì)爲記住,"記"等於記得。"記"是"識"的結果。雖然"記"也有當"記住"講的,如《莊子·山木》有"弟子記之",但一般多作"記得"講。

125.【見】

(一)看見。《論語·里仁》:"~賢思齊焉,~不賢而内自省也。"又名詞。見解,見識。如"高~""遠~"。

(二)讀 xiàn。謁見,拜見。《左傳·莊公十年》:"曹劌請~。"《論語·季氏》:"冉有季路~於孔子。"又《微子》:"~其二子焉。"(使其二子拜見子路。)注意:"見"字讀 xiàn 時,一般都當不及物動詞用。"見其二子"的"見"是使動用法(使拜見),所以是及物動詞。至於及物動詞的"見"字(包括省略賓語的"見"),就衹讀作 jiàn,作"見面"講,不作"謁見"講。例如《左傳·僖公三十年》:"若使燭之武~秦君,師必退。"

(三)讀 xiàn。被看見,出現。《戰國策·燕策三》:"圖窮而匕首~。"《論語·泰伯》:"天下有道則~,無道則隱。"按:上古没有"現"字,中古也很罕見。凡"出現"的意義在上古都寫作"見"。

(四)等於説"被"。《楚辭·漁父》:"衆人皆濁我獨清,衆人皆醉我獨醒,是以~放。"《莊子·秋水》:"吾長~笑於大方之家。"《史記·廉頗藺相如列傳》:"臣誠恐~欺於王而負趙。"有時候,"見"字表示一方面對另一方面施以某種行爲。如"見教"表示"教我"。

126.【示】

給看。《老子》三十六章:"國之利器不可以~人。"引申爲指示,顯示,使人明白某種道理。《禮記·禮運》:"刑仁講讓,~民有常。"

127.【視】

(一)看。《禮記·大學》:"十目所~,十手所指。"《左傳·莊公十年》:"下~其轍。"引申爲看待。《左傳·成公三年》:"荀罃善~之。"又爲按照。《孟子·萬章下》:"天子之卿受地~侯。"(按照侯的身份受地。)[~……爲]比……更(後起義)。孫樵《書褒城驛壁》:"蓋當時~他驛爲壯。"

(二)通"示"。"示"本是"使看"的意思,所以能用"視"字表示。《詩經》《尚書》《禮記》都有這種"視"字。《漢書》多以"視"爲"示"。如《高帝紀》敘述張良勸劉邦把棧道燒掉,一方面可以防止諸侯來侵襲,另一方面"亦~項羽無東意"(也讓項羽看見劉邦沒有向東進軍的意思)。

128.【觀】

(一)有目的地看,觀察。《左傳·僖公二十三年》:"曹共公聞其駢脅,欲~其裸;浴,薄而~之。"(駢脅:肋骨合併在一起。薄:迫近,走到跟前。)《論語·公冶長》:"今吾於人也,聽其言而~其行。"引申爲觀賞,欣賞。《左傳·隱公五年》:"公將如棠~魚者。"(如:到,往。棠:魯國地名。)又:"遂往,陳魚而~之。"又名詞。值得欣賞的事物。如說"洋洋大~""壯~"。引申爲一般的觀看,眺望。《孟子·盡心上》:"故~於海者難爲水。"陶淵明《歸去來辭》:"時矯首而遐~。"(矯首:抬頭。遐:遠。)

(二)讀 guàn,去聲。高大可見的建築物。《左傳·宣公十二年》:"收晉屍以爲京~。"這是指把敵人的屍體堆積起來封上土的高大的土堆(留給人看以誇耀武功)。宗廟或宮庭大門外兩旁的高建築物,又名闕。《禮記·禮運》:"出遊於~之上。"引申爲臺榭(高臺上的房子)。《左傳·哀公元年》:"宮室不~。"又爲一般的高大華麗的建築物,如樓閣之類。漢代有"東~""白虎~"。又爲道教的廟宇(後起義)。劉禹錫《玄都觀桃花》詩:"玄都~裏桃千樹,盡是劉郎去後栽。"

129.【望】

(一)向遠處看。《左傳·莊公十年》:"登軾而~之。"(軾:車前端的橫木。)《戰國策·趙策四》:"故願~見太后。"引申爲希望,盼望。《孟子·梁惠王上》:"王如知此,則無~民之多於鄰國也。"

(二)名譽,名望。《詩經·大雅·卷阿》:"令聞令~。"(令:好。)今成語有"德高~重"。

(三)古人於陰曆的每月十五前後,日月相望,月光滿盈時叫"望"。又特稱十五日爲"望日"。《漢書·蘇武傳》:"以武著節老臣,令朝朔~。"(朔:初一。)又《張禹傳》:"罷就第,以列侯朝朔~。"[既~]陰曆的十六日。《尚書·召誥》:"惟二月既~。"蘇軾《前赤壁賦》:"七月既~。"按:這個意義《說文》作"朢"。

(四)怨,怨恨,責怪。司馬遷《報任安書》:"若~僕不相師。"《史記·汲鄭列傳》:"黯褊心不能無少~。"

注意:"望"字有平去兩讀。第(二)(三)(四)三種意義都讀去聲(wàng),第(一)義既可以讀平聲,又可以讀去聲。

[辨]視,望,觀,看,見,睹。"視"是近看,所以能引申出"視察"的意思。"望"是遠看,所以可引申出"盼望"的意思。"觀"是有目的地看,所以能引申出"欣賞"的意思。"觀"可遠可近(如觀潮,觀戰,觀棋)。"見"是"視"和"望"的結果,所以《禮記·大學》說"心不在焉,視而不見",《戰國策·趙策》說"故願望見太后"。

"睹"是"見"的同義詞(但少用),故可說"熟視無睹""耳聞目睹"。"看"是探望。《韓非子·外儲説左下》:"梁東新爲鄴令,其姊往看之。"早期的"看"是訪問、探望的意思(《世説新語》一書有許多這類"看"字),最初與"視"不同義,後來纔逐漸同義。一般在古文中多用"視",詩歌則多用"看"。

130.【矜】

(一)矛柄。賈誼《過秦論》上:"鉏耰棘~,非銛於鉤戟長鎩也。"(耰 yōu:鋤柄。銛 xiān:鋒利。鎩 shā:長刃矛。)也寫作"矠"。

(二)自誇。《史記·淮陰侯列傳》:"不伐己功,不~其能。"李密《陳情表》:"本圖宦達,不~名節。"

(三)憐憫,同情。《公羊傳·宣公十五年》:"見人之厄則~之。"《論語·子張》:"嘉善而~不能。"李密《陳情表》:"凡在故老,猶蒙~育。"

(四)讀 guān,通"鰥"。老而無妻的人。《禮記·禮運》:"~寡孤獨廢疾者皆有所養。"引申爲没有妻的成年男人。後代一般都祇寫作"鰥"。

131.【哀】

悲傷。《禮記·檀弓下》:"有婦人哭於墓者而~。"引申爲憐憫,同情。《戰國策·齊策四》:"~鰥寡。"又《趙策四》:"念悲其遠也,亦~之矣。"《論語·子張》:"如得其情,則~矜而勿喜。"

132.【卹】(恤)

(一)憂,憂慮。《詩經·邶風·谷風》:"我躬不閲,遑恤我後。"(我自己都不〔爲丈夫〕容納,還來得及憂慮我走後的事嗎?閲:容納。)引申爲顧念,顧惜。《戰國策·齊策四》:"哀鰥寡,~孤獨。"胡銓《上高宗封事》:"竭民膏血而不～,忘國大仇而不報。"

(二)救濟。《周禮·春官·典瑞》:"以～凶荒。"賈誼《過秦論》中:"百姓困窮而主弗收～。"范縝《神滅論》:"不恤親戚,不憐窮匱。"

133.【憾】

心中不滿,懊惱。《論語·公冶長》:"敝之而無～。"《孟子·梁惠王上》:"是使民養生喪死無～也。"《左傳·襄公二十九年》:"美哉猶有～。"現代雙音詞有"遺～"。注意:現代漢語裏的"遺憾"是一個詞;在古代漢語裏,"遺～"是一個詞組,等於"遺恨"。現代"遺憾"的意思古人祇說單音詞"憾"或"恨"。"憾"與"恨"是同義詞,上古"恨"字一般也不解作"怨恨"。參看"恨"字條。

134.【恕】

將自己的心度別人的心。《論語·衛靈公》:"其～乎! 己所不欲,勿施於人。"又《里仁》:"夫子之道,忠～而已矣。"依《論語》,"恕"是"己所不欲,勿施於人",這是作爲道德標準來説。引申爲饒恕,寬恕。《戰國策·趙策四》:"竊自～。"《楚辭·離騷》:"羌内～己以量人兮,各興心而嫉妒。"

135.【憤】

煩悶。司馬遷《報任安書》:"是僕終已不得舒～懣以曉左右。"引申爲憋悶。《論語·述而》:"不～不啟。"(對學生要等他道理想不出來,心中憋悶,纔啟發他。)又:"發～忘食。"又爲感情激動(後起義)。杜甫《秦州見敕》詩:"忠臣辭～激,烈士涕飄零。"

[辨]憤,怒,忿。"憤"與"怒"在上古漢語裏,意義的差別很大。"發憤"跟"發怒"的意義全不相干,後來逐漸接近。"忿"是生氣,怨恨,與"怒"義近。古代"憤""忿"不同音("憤"讀濁音,"忿"

讀清音）。

136.【患】

擔心，發愁。《論語·顏淵》：“季康子~盜。”又《季氏》：“不~貧而~不安。”又《憲問》：“不~人之不己知，~其不能也。”又名詞。憂患，麻煩。《孟子·告子下》：“入則無法家拂士，出則無敵國外~者，國恒亡。”“患”字有平去兩讀；但用作名詞時，一般祇讀去聲。

[辨]憂，患。“憂”與“患”爲同義詞。一般地說，“憂”多用於比較嚴重的場合。有時没有分別，如“内憂外患”。

137.【持】

拿着。《孟子·公孫丑下》：“子之~戟之士一日而三失伍。”引申爲把着使不動搖或墜落。《論語·季氏》：“危而不~，顛而不扶。”《孟子·滕文公上》：“疾病相扶~。”現代雙音詞有“支~”“維~”“護~”“劫~”“挾~”等。

138.【措】

放下，放。《論語·子路》：“則民無所~手足。”（措：今本作“錯”。）又用於抽象意義。《禮記·中庸》：“學之弗能，弗~也。”又引申爲安放。《禮記·禮器》：“~則正。”[~意]留意。《戰國策·魏策四》：“且秦滅韓亡魏，而君以五十里之地存者，以君爲長者，故不~意也。”按：“措”字在古書中常寫作“錯”。

139.【拱】

拱手，兩手在胸前相合，一般是用左手握住右手。這是表示恭敬的姿勢。《論語·微子》：“子路~而立。”“拱手”又用於比喻的意義，表示容易取得。賈誼《過秦論》上：“於是秦人~手而取西河之外。”引申爲兩手做合抱姿勢。這種意義常用來説明樹木的大小。《左傳·僖公三十二年》：“中壽，爾墓之木~矣。”

140.【攻】

(一)進攻,攻打。《左傳·僖公四年》:"以此~城,何城不克?"引申爲指責〔過失,罪惡〕。《論語·先進》:"小子鳴鼓而~之可也。"又《顏淵》:"無~人之惡。"

(二)進行工作,特指匠人及其他手工業的工作,如建築、雕琢等。《詩經·大雅·靈臺》:"庶民~之,不日成之。"又《小雅·鶴鳴》:"它山之石,可以~玉。"引申爲做學問或接受某種專門訓練。韓愈《師說》:"聞道有先後,術業有專~。"

141.【竊】

(一)偷。《論語·顏淵》:"苟子之不欲,雖賞之不~。"《莊子·胠篋》:"彼~鈎者誅,~國者爲諸侯。"注意:凡"偷竊"的意義,在先秦都說"竊"或"盜"。參看"偷"字條。

(二)偷偷地,暗地裏。《史記·孫子吳起列傳》:"~載與之齊。"

(三)謙詞。表示自己的話不一定說得對,自己的行爲不一定做得對。《戰國策·趙策四》:"~愛憐之。"又:"老臣~以爲媼之愛燕后,賢於長安君。"司馬遷《報任安書》:"僕~不遜,近自託於無能之辭。"

[辨]盜,竊。用作動詞時,"竊"與"盜"是同義詞。但是"盜"字又是名詞,表示"盜賊";"竊"字不用作名詞。

142.【誅】

(一)譴責。《論語·公冶長》:"於予與何~?"成語有"口~筆伐"。

(二)殺戮〔有罪惡的人〕。《荀子·正論》:"~紂,斷其首。"引申爲剷除。《楚辭·卜居》:"寧~鋤草茅以力耕乎?"

（三）要求，要別人負責供給東西。《左傳·襄公三十一年》："~求無時。"又《莊公八年》："反，~履於徒人費。"（費：人名。）

143.【翦】

翦斷。《詩經·召南·甘棠》："勿~勿伐。""翦"又用於比喻，表示削弱或消滅。《左傳·成公十三年》："又欲闕~我公室，傾覆我社稷。"又《成公二年》："余姑~滅此而朝食。"又表示"裁去"。《文心雕龍·鎔裁》："~截浮詞謂之裁。"俗作"剪"。

144.【脩】（修）

（一）乾肉。古人用來送禮。《論語·述而》："自行束~以上，吾未嘗無誨焉。"（束脩：十塊乾肉成爲一束。）引申爲乾。《詩經·王風·中谷有蓷(tuī)》："中谷有蓷，暵(hàn)其~矣。"

（二）培養，增進，改進，加強。《左傳·成公十三年》："吾與女同好棄惡，復~舊德。"又《桓公元年》："~好於鄭。"又《桓公六年》："隨侯懼而~政。"《論語·季氏》："則~文德以來之。"

（三）修理，修葺，修飾。《左傳·成公三年》："而帥偏師以~封疆。"《左傳·宣公十二年》："鄭人~城。"

（四）長。《詩經·小雅·六月》："四牡~廣。"《戰國策·齊策一》："鄒忌~八尺有餘。"《楚辭·離騷》："紛吾既有此內美兮，又重之以~能。"（脩能等於說長才。）引申爲善，美。《楚辭·離騷》："老冉冉其將至兮，恐~名之不立。"

[辨]修，脩。依《說文》，"修"是修飾，"脩"是乾肉。由於二字同音，一般可以通用；但"乾肉"的意義決不能寫作"修"。

145.【講】

（一）講和，和解。《戰國策·西周策》："而秦未與魏~也。"《史記·項羽本紀》："業已~解。"又《樗里子甘茂列傳》："與魏~，

罷兵。”“講”本身就有“講和”的意義,後來變爲雙音詞“~和”。胡
銓《上高宗封事》:“〔秦〕檜曰敵可~和,〔孫〕近亦曰可和。”

（二）謀畫。《左傳·襄公五年》:“~事不令。”（不令:不善。）
又爲研究,商討。《論語·學而》:“德之不脩,學之不~。”《左傳·
宣公十六年》:“武子歸而~求典禮。”韓愈《張中丞傳後序》:“二公
之賢,其~之精矣。”引申爲講究,重視。《禮記·禮運》:“~信脩
睦。”注意:在上古漢語裏,“講”字沒有現代的“講話”的意思。《禮
記·禮運》的“講於仁”,乃是討論,議論。

146.【設】

（一）安排,擺設,建立。《禮記·禮運》:“以~制度,以立田
里。”《文心雕龍·鎔裁》:“情理~位,文采行乎其中。”

（二）假設連詞。假如,如果。《史記·魏其武安侯列傳》:“~
百歲後,是屬寧有可信者乎?”（是屬:這些人。）〔~如〕比如,例如。
白居易《與元九書》:“~如‘北風其涼’,假風以刺威虐也。”

147.【立】

（一）站着。《論語·微子》:“子路拱而~。”《莊子·養生主》:
“提刀而~。”〔~待〕比喻事情很快就要到來。賈誼《過秦論》中:
“故其亡可~而待。”引申爲建立,設立,樹立。《戰國策·齊策四》:
“~宗廟于薛。”《禮記·禮運》:“以設制度,以~田里。”

（二）登上帝王或諸侯的位置。賈誼《過秦論》下:“子嬰~。”引
申爲使登上某一個位置。《史記·項羽本紀》:“項羽乃~章邯爲雍
王。”《左傳·襄公三年》:“將~之而卒。”

（三）副詞。立刻,馬上。《史記·項羽本紀》:“沛公至軍,~誅
殺曹無傷。”現代變爲雙音詞“立刻”“立即”。

148.【忠】

盡力做好分內的事,盡力做好別人付託的事,對別人負責。《左傳・莊公十年》:"～之屬也。"又《宣公二年》:"賊民之主,不～。"《論語・學而》:"爲人謀而不～乎?"注意:上古"忠"字意義很廣,不限於忠君。這是階級社會產生的一種倫理觀念,後來被統治階級利用來專指忠君。

149.【信】

(一)言語真實,不虛僞。《老子》八十一章:"～言不美,美言不～。"《戰國策・楚策一》:"子以我爲不～。"《左傳・莊公十年》:"犧牲玉帛,弗敢加也,必以～。"(加:指虛報)引申爲對人的一種道德,指對人真誠,不虛僞。《論語・學而》:"與朋友交而不～乎?"又爲守信,實踐諾言。《左傳・宣公二年》:"棄君之命,不～。"

(二)相信,認爲可靠。《論語・公冶長》:"始吾於人也,聽其言而～其行。"《左傳・襄公三十一年》:"人謂子產不仁,吾不～也。"按:這個意義和現代漢語一樣。

(三)副詞。真的,的確。《左傳・襄公三十一年》:"蔑也今而後知吾子之～可事也。"《孟子・公孫丑上》:"～能行此五者,則鄰國之民仰之若父母矣。"

(四)使者,送信的人(後起義)。《世説新語・雅量》:"謝公與人圍棋,俄而謝玄淮上～至,看書竟,默然無言。"注意:不但上古的"信"字不當"書信"講,連中古的"信"字也不當"書信"講。"書信"的意義是從送信的人的意義再引申出來的。

(五)讀 shēn,通"伸"。《周易・繫辭下》:"尺蠖之屈,以求～也。"(尺蠖:蟲名。)又:"屈～相感。"

150.【諒】

(一)形容詞。誠實。《論語·季氏》:"友直,友~,友多聞。"引申爲固執(指道義方面)。《論語·憲問》:"豈若匹夫匹婦之爲~也?"

(二)動詞。相信别人的真實。《詩經·鄘風·柏舟》:"母也天只,不~人只!"引申爲原諒。又引申爲料想。漢樂府《戰城南》:"野死~不葬,腐肉安能去子逃?"

151.【正】

(一)不偏,跟"偏"相對;不斜,跟"斜""邪"相對(邪就是斜)。《論語·鄉黨》:"席不~不坐。"引申爲正當,合適。《論語·子路》:"名不~則言不順。"又爲作風正派。《論語·憲問》:"齊桓公~而不譎。"(譎 jué:姦詐。)用如動詞時,表示使正。《論語·堯曰》:"君子~其衣冠。"

(二)主管人,長(zhǎng)。如古代樂官之長稱"樂~"。《儀禮·大射》:"樂~命大師曰。"後世有"村~""里~"。

(三)副詞。恰好。《論語·述而》:"~唯弟子不能學也。"

(四)讀 zhēng。陰曆每年的第一個月叫"~月"。《左傳·隱公十年》:"十年春王~月,公會齊侯、鄭伯于中丘。"引申爲指曆法。《尚書·甘誓》:"怠棄三~。"(三正:指三種曆法。)杜預《春秋序》:"所用之厤(曆),即周~也。"[~朔]每年的第一個月爲"正",每月的第一日叫"朔","~朔"連用指曆法。《史記·曆書》:"漢得土德,宜更元,改~朔,易服色。"後來"~朔"指帝王的年號,"奉……~朔"表示歸順某王朝。左思《魏都賦》:"思稟~朔,樂率貢職。"《後漢書·南蠻傳》:"前世所不至,~朔所未加。"

152.【邪】

（一）斜的。《詩經・小雅・采菽》："～幅在下。"（邪幅：即現在所謂綁腿，因爲斜綁在腿上，所以叫邪幅。）

（二）不正直，邪曲。《孟子・梁惠王上》："放辟～侈，無不爲已。"按："邪"與"斜"自古同音，本是通用的字。後代逐漸有了分別：於第一義寫作"斜"，第二義寫作"邪"。

（三）讀 yé。疑問語氣詞，略等於"與"（歟）。《戰國策・趙策三》："寧力不勝、智不若～？"又寫作"耶"。《戰國策・齊策四》："民亦無恙耶？"

153.【辟】

（一）讀 bì。法。《詩經・小雅・雨無正》："～言不信。"（法度之言，而不聽信。）

（二）君，君主。《詩經・大雅・文王有聲》："皇王維～。"又《棫樸》："濟濟～王。"（濟濟：容貌美的樣子。）現代有雙音詞"復～"。

（三）徵召。《後漢書・黃憲傳》："憲初舉孝廉，又～公府。"又《徐穉傳》："屢～公府，不起。"又："穉嘗爲太尉黃瓊所～。"

（四）讀 pì。刑，刑法。《尚書・呂刑》："墨～疑，赦；其罰百鍰。"（墨：古代五刑之一，即臉上刺字。鍰 huán：古代度量單位，六兩爲鍰。）又："劓～疑，赦；其罰惟倍。"（劓 yì：五刑之一。割去鼻子。）［大～］古代五刑之一。死刑。《尚書・呂刑》："大～疑，赦；其罰千鍰。"《禮記・文王世子》："其死罪，則曰某之罪在大～。"

（五）躲避。《左傳・隱公元年》："姜氏欲之，焉～害？"又《成公二年》："且～左右。"這個意義後來寫作"避"。

（六）開闢。《孟子・梁惠王上》："欲～土地，朝秦楚。"又《離婁上》:"～草萊任土地者次之。"這個意義後來寫作"闢"。

(七)不正。《孟子·梁惠王上》:"放～邪侈。"這個意義後來作"僻"。

(八)卑賤而得寵的。《論語·季氏》:"友便～,友善柔,友便佞,損矣!"《戰國策·齊策四》:"王使人爲冠,不使左右便～。"(便辟:善於迎合人意而得寵的小人。)這個意義後來寫作"嬖"。

154.【好】

(一)貌美。《戰國策·趙策三》:"鬼侯有子而～。"古樂府《陌上桑》:"秦氏有～女。"《禮記·大學》:"如好～色。"

(二)美好,良好。跟"惡"(è)相對。《詩經·鄭風·緇衣》:"緇衣之～兮。"《論語·子張》:"窺見室家之～。"

(三)讀 hào,去聲。友好,友愛。《詩經·小雅·斯干》:"兄及弟矣,式相～矣。"《左傳·成公三年》:"兩釋纍囚以成其～。"

(四)也讀 hào,去聲。動詞。愛好,喜歡。跟"惡"(wù)相對。《論語·公冶長》:"敏而～學。"

155.【惡】

(一)罪惡,不良的行爲。跟"善"相對。《左傳·宣公二年》:"爲法受～。"《論語·顏淵》:"君子成人之美,不成人之～。"

(二)貌醜。跟"好"(hǎo)相對,又跟"美"相對。《戰國策·趙策三》:"鬼侯有子而好,故入之於紂。紂以爲～。"《孟子·離婁下》:"雖有～人,齋戒沐浴,則可以祀上帝。"引申爲不好。《論語·里仁》:"士志於道,而恥～衣～食者,未足與議也。"又《鄉黨》:"色～不食,臭～不食。"(臭:氣味。)

(三)讀 wù,去聲。動詞。討厭,不喜歡。跟"好"(hào)相對。《左傳·隱公元年》:"故名曰寤生,遂～之。"《禮記·禮運》:"貨～

其棄於地也,不必藏於己;力~其不出於身也,不必爲己。"

(四)讀 wū,平聲。疑問代詞作狀語。哪裏。《戰國策·趙策三》:"先生又~能使秦王烹醢梁王?"[~乎]等於説"於何"。《論語·里仁》:"君子去仁,~乎成名?"《孟子·梁惠王上》:"天下~乎定?"

156.【恭】(共)

恭敬,有禮貌。《左傳·宣公二年》:"不忘~敬,民之主也。"《論語·顏淵》:"君子敬而無失,與人~而有禮。"

157.【敬】

(一)嚴肅。《左傳·宣公二年》:"不忘恭~。"《論語·子路》:"居處恭,執事~,與人忠。"

(二)動詞。尊敬,尊重。《論語·先進》:"門人不~子路。"

[辨]恭,敬。"恭"與"敬"是同義詞。分開來説,"恭"着重在外貌方面,"敬"着重在内心方面。"敬"的意義比"恭"的意義廣泛,往往指一種内心的修養,嚴肅對待自己。如《論語·公冶長》:"其行己也恭,其事上也敬。"又《顏淵》:"君子敬而無失,與人恭而有禮。"又《子路》:"居處恭,執事敬。"又《季氏》:"貌思恭,……事思敬。"這些例子都可以説明"恭"和"敬"在分用時是有區別的。

158.【慎】

小心。《論語·學而》:"敏於事而~於言。"特指警惕自己。《禮記·大學》:"故君子必~其獨也。"

159.【苟】

(一)苟且,不嚴肅。跟"敬"相對。《論語·子路》:"無所~而已矣。"《禮記·曲禮上》:"臨財毋~得,臨難毋~免。"今有成語"一絲不~"。

（二）如果。《戰國策·齊策四》:"～無歲,何以有民? ～無民,何以有君?"《論語·顏淵》:"～子之不欲,雖賞之不竊。"賈誼《論積貯疏》:"～粟多而財有餘,何爲而不成?"

160.【顯】

動詞。放光明。形容詞。光明的。一般衹用於抽象意義。《詩經·大雅·大明》:"不～其光。"《孟子·滕文公下》:"書曰:'丕～哉,文王謨!'"引申爲顯貴,在社會上層。《戰國策·齊策四》:"百乘,～使也。"《孟子·離婁下》:"而未嘗有～者來。"

161.【著】

（一）顯露。《禮記·中庸》:"誠則形,形則～,～則明。"又《大學》:"揜其不善而～其善。"成語有"見微知～"。現代有雙音詞"顯～"。

（二）寫下來。司馬遷《報任安書》:"僕誠已～此書。"《漢書·杜周傳》:"前王所是,～爲律。"這個意義又寫作"箸"。

（三）讀 zhuó,舊讀入聲。附著。《左傳·宣公四年》:"～於丁寧。"(丁寧:鉦,樂器名。古時行軍用以節止步伐。)這個意義又寫作"着"。引申爲多種意義。如"～意"表示用心。宋玉《九辯》:"惟～意而得之。""～手"表示下手(後來表示開始做)。《晉書·杜預傳》:"兵威已振,譬如破竹,數節之後,皆迎刃而解,無復～手處也。""～鞭"表示馬上加鞭(意指行動)。《晉書·劉琨傳》:"吾枕戈待旦,常恐祖生先吾～鞭。"(祖生:指祖逖。)"～花"表示開花。王維《雜詩》:"來日綺窗前,寒梅～花未?"等等。[土～]定居於一地,不是遊牧的。《史記·西南夷列傳》:"其俗或土～,或移徙。"《漢書·張騫傳》:"身毒國在大夏東南,可數千里,其俗土～。"後來指世代居住本地的人("著"改讀 zhù)。

（四）讀 zhuó，舊讀入聲。穿〔衣〕。《南史·劉瓛傳》：“方下牀~衣立。”岑參《白雪歌》：“都護鐵衣冷難~。”又名詞。穿著。陶潛《桃花源記》：“男女衣~悉如外人。”

注意：（1）讀 zhuó 的“著”，近代俗寫作“着”，以别於讀 zhù 的“著”。現代“著”“着”分爲二字。（2）“附著”的“著”和“著衣”的“著”，舊讀不同音。前者讀直略切，濁音入聲；後者讀張略切，清音入聲。今吳粤等方言裏，此二義讀音不同。普通話則無别。

162.【相】

（一）仔細看，審察。《詩經·鄘風·相鼠》：“~鼠有皮。”《左傳·隱公十一年》：“~時而動。”引申爲辨察人的身體容色，以判斷他的命運。這是封建社會的迷信。《左傳·文公元年》：“内史叔服能~人。”《史記·淮陰侯列傳》：“~君之面，不過封侯，又危不安；~君之背，貴乃不可言。”

（二）助。《尚書·吕刑》：“今天~民。”《左傳·昭公四年》：“晉楚唯天所~。”特指扶助盲人。《論語·衛靈公》：“固~師之道也。”（師：指樂師，上古樂師一般以盲人充當。）又名詞。扶助盲人的人。《論語·季氏》：“危而不持，顛而不扶，則將焉用彼~矣？”引申爲扶助君主的人，略等於後代所謂宰相。《左傳·襄公四年》：“信而使之，以爲己~。”《孟子·公孫丑上》：“夫子加齊之卿~。”用作動詞時，表示作某國或某人的相。《莊子·秋水》：“惠子~梁。”

（三）贊禮者。《論語·先進》：“願爲小~焉。”以上（一）（二）（三）都讀去聲（xiàng）。

（四）互相。《左傳·隱公元年》：“不及黄泉，無~見也。”引申爲共同。《孟子·離婁下》：“而~泣於中庭。”又指單方面對另一方面。《列子·湯問》：“雜然~許。”（相許：指贊成愚公的意見，等於説"贊成他"。)

163.【帥】

率領。《左傳・隱公元年》:"命子封~車二百乘以伐京。"引申爲率領軍隊的人,大將。《論語・子罕》:"三軍可奪~也,匹夫不可奪志也。"

164.【士】

(一)男子,特指未婚的男子。跟"女"相對。《詩經・召南・野有死麕》:"有女懷春,吉~誘之。"又《鄭風・溱洧》:"維~與女,伊其相謔。"

(二)武士,甲士。《左傳・襄公十年》:"諸侯之~門焉。"(門:攻打城門。)按:士與卒不同(卒是步卒)。

(三)統治階級的下層。上古把人分爲五個等級,即天子、諸侯、大夫、士、庶人。戰國時代,士又指勇士,壯士。《戰國策・魏策四》:"此三子,皆布衣之~也。"

(四)文士,讀書人。這是知識分子階層,和"武士"的"士"不同。儒家常常把士看作道德較高的人物。《論語・子路》:"行己有恥,使於四方,不辱君命,可謂~矣。"又《泰伯》:"~不可以不弘毅。"又《衛靈公》:"志~仁人,無求生以害仁,有殺身以成仁。"

(五)獄官,執法官。《孟子・盡心上》:"舜爲天子,皋陶爲~,瞽瞍殺人,則如之何?"(瞽瞍:舜的父親。)又《告子下》:"管夷吾舉於~。"(按:管仲因於獄官,桓公舉以爲相。)在這個意義上,又稱爲"士師"。《論語・微子》:"柳下惠爲~師。"

165.【僕】

(一)奴隸的一個等級。《左傳・昭公七年》:"天有十日,人有十等,……故王臣公,公臣大夫,大夫臣士,士臣皁,皁臣輿,輿臣隷,隷臣僚,僚臣~,~臣臺。"(據此,士以上是各級奴隷主,皂以下爲各級奴隷。)奴隷的通稱。《詩經·小雅·正月》:"民之無辜,並其臣~。"又爲奴僕。《戰國策·趙策三》:"先生獨未見夫~乎?"後世指被僱來服役的人。《徐霞客遊記》:"時夫~俱阻險行後,余亦停弗上。"又爲對己的謙稱。司馬遷《報任安書》:"~非敢如此也。"白居易《與元九書》:"~既受足下書。"

(二)駕車的人。《詩經·小雅·正月》:"屢顧爾~。"《楚辭·離騷》:"~夫悲余馬懷兮。"引申爲駕車。《論語·子路》:"子適衛,冉有~。"(冉有:人名。)這個意義後代罕用。

166.【御】

(一)駕駛車馬。《論語·爲政》:"樊遲~。"《左傳·成公二年》:"邴夏~齊侯。"引申爲駕御其他東西。《莊子·逍遙遊》:"列子~風而行。"又名詞。御車的人。《左傳·成公十六年》:"其~屢顧。"

(二)形容詞。屬於天子的。《史記·平準書》:"出~府禁藏以贍之。"(禁藏 zàng:皇帝的錢財。贍 shàn:供給。)《洛陽伽藍記·法雲寺》:"寺在西陽門外三里~道南。"

(三)抵禦,抵抗。《詩經·邶風·谷風》:"亦以~冬。"這個意義後來寫作"禦"。

[辨]御,禦。二字一般不通用。"御"的第一、二兩義,不能寫作"禦"。至於"抵禦"的意義,後代一般祇寫作"禦",不寫作"御"。先秦古籍一般也都寫作"禦"。如《詩經·大雅·緜》:"予曰有禦侮。"《孟子·梁惠王上》:"誰能禦之?"《莊子·馬蹄》:"毛可以禦風寒。"

167.【右】

(一)右邊。《左傳·成公二年》:"射其左,越於車下;射其~,

驂於車中。"古人以右爲尊。《漢書・高帝紀》："無能出其~者。"
(没有人能勝過他。)引申表示尊尚。《淮南子・氾論》："兼愛,尚
賢,~鬼,非命,墨子之所立也。"[左~]指近臣。《孟子・梁惠王
下》："左~皆曰賢,未可也。"又指左右執事的人,實指其本人。司
馬遷《報任安書》："以曉左~。"

(二)陪乘的人,參乘(驂乘)。《左傳・宣公二年》："其~提彌
明知之。"

168.【盜】

偷。《左傳・文公十八年》："~器爲姦。"《荀子・不苟》："~名
不如~貨。"(貨:財物。)又名詞。偷東西的人,小偷。《論語・顔
淵》："季康子患~。"又《陽貨》："其猶穿窬之~也與?"(穿窬:穿壁
踰牆。)《莊子・胠篋》："將爲胠篋探囊發匱之~而爲守備。"

169.【賊】

(一)毁,害。《論語・先進》："~夫人之子。"(害了人家的兒
子。)又特指殺害。《左傳・宣公二年》："使鉏麑~之。"又名詞,指
敗壞者。《論語・陽貨》："鄉原,德之~也。"引申爲凶狠,狠毒。
《史記・游俠列傳》："少時陰~。"

(二)違法亂紀,犯上作亂的人。《左傳・宣公二年》："反不
討~。"

[辨]盜,賊。用作動詞時,上古"盜"字祇指偷東西,"賊"字指
毁害。用作名詞時,"盜"字一般指偷竊東西的人,而"賊"字指亂
臣。"盜""賊"二字的上古意義,跟現代意義差不多正好相反。現
在普通話所謂"賊"(偷東西的人)上古叫"盜";現在所謂"強盜"上
古叫"賊"。《荀子・儒效》："故人無師無法,而知(智)則爲盜,勇
則爲賊。"可見盜是偷竊的,賊是搶劫的。當然,上古強盜也可以稱

"盗",例如盗跖就是傳説中的强盗的首領;但偷東西的決不稱"賊"。

170.【國】

(一)國家。《孟子·梁惠王上》:"寡人之於~也,盡心焉耳矣。"周代諸侯的領土叫國,西漢諸侯王的封邑也叫國。西漢的一國略等於一郡,所以常"郡國"連稱。

(二)國都,首都。《左傳·隱公元年》:"先王之制,大都不過參~之一。"《戰國策·齊策四》:"願君顧先王之宗廟,姑反~統萬人乎?"《孟子·離婁下》:"徧~中無與立談者。"注意:先秦"國"字當首都講的,例子可以舉得很多。

[辨]邦,國。"邦"與"國"是同義詞。但"邦"字不當"首都"講。

171.【家】

(一)家,家庭。與現代的"家"字同義。指房子或指人。《論語·子張》:"窺見室~之好。"《孟子·梁惠王上》:"數口之~可以無飢矣。"

(二)大夫所統治的政治區域。跟"國"相對。《論語·季氏》:"丘也聞有國有~者,不患寡而患不均,不患貧而患不安。"又《公冶長》:"千室之邑,百乘之~,可使爲之宰也。""國家"二字連用是一個並列結構,指諸侯的國和大夫的家。《孟子·滕文公上》:"惡能治國~?"

172.【社】

土地之主,土神。又名"后土"。古人封土爲社,各栽種其土所宜種之樹。因此,"社"又指祭祀土神的地方。《左傳·昭公十七年》:"伐鼓於~。"(伐鼓:打鼓。)

173.【稷】

（一）穀名，跟黍相似，但不黏。《詩經·王風·黍離》：“彼～之穗。”

（二）穀神。［社～］土神與穀神。古代用作國家的象徵。《論語·季氏》：“是社～之臣也。”《禮記·檀弓下》：“能執干戈以衛社～。”

174.【仁】

中國古代哲學，特別是儒家哲學，理想中的一種道德標準。它是指人與人相處的道理，是有具體的階級內容的。《論語·述而》：“若聖與～，則吾豈敢？”又《憲問》：“桓公殺公子糾，召忽死之，管仲不死。曰：未～乎？”

175.【義】

（一）合理的事，應該做的事。跟仁一樣，這是封建的倫理道德之一。《論語·述而》：“聞～不能徙，不善不能改，是吾憂也。”引申爲道理。《孟子·梁惠王上》：“申之以孝悌之～。”白居易《與元九書》：“皆所以陳古今詩歌之～。”又形容詞。行爲合理的。《左傳·隱公元年》：“不～不暱，厚將崩。”

（二）意義，意思。《論衡·自紀》：“察文以～可曉。”《世說新語·文學》：“立異～于衆賢之外。”

176.【道】

（一）路，道路。《戰國策·齊策四》：“民扶老携幼，迎君～中。”《論語·雍也》：“中～而廢。”又《泰伯》：“任重而～遠。”引申爲途徑（抽象的意義）。《孟子·梁惠王下》：“交鄰國有～乎？”

（二）達到某種道德標準或思想標準的途徑。《論語·里仁》：“朝聞～，夕死可矣。”引申爲正當的手段。《論語·里仁》：“不以其~得之,不處也。"又爲封建社會所認爲好的政治措施和政治局面。《論語·衛靈公》:"邦有~則仕,邦無~則卷而懷之。"

(三)思想,學説。《論語·里仁》:"吾~一以貫之。"又《雍也》:"非不説子之~。"引申爲方法,技巧。《論語·子張》:"雖小~,必有可觀者焉。"又爲道理,規律。《莊子·養生主》:"臣之所好者~也。"

(四)述説。《論語·憲問》:"夫子自~也。"又《季氏》:"樂~人之善。"《孟子·梁惠王上》:"仲尼之徒,無~桓文之事者。"

(五)引導。後來寫作"導"。《左傳·襄公三十一年》:"小決使~。"《論語·子張》:"~之斯行。"又《爲政》:"~之以政。"

按:舊時於(一)(二)(三)義,即用作名詞時,讀上聲;於(四)(五)義,即用作動詞時,讀去聲。

[辨]道,路。就道路的意義説,二者是同義詞。但用於抽象意義時,"路"較簡單,"道"的許多引申義都是"路"所沒有的。如"思想""學説""方法""技巧""道理""規律"等。就是"途徑"這個意義,一般也多用"道",不用"路"。

177.【德】

(一)道德,修養。《論語·子罕》:"吾未見好~如好色者也。"又《述而》:"~之不脩,學之不講。"按:儒家所謂"德",往往指心中能辨別是非善惡。引申爲作風,品行。《論語·顏淵》:"君子之~風,小人之~草。"按:"德"指品行時,不限於好的方面。《尚書·盤庚下》有"凶~",《僞古文尚書·泰誓》有"穢~"。今雙音詞有"私~"。又特指好的品質。《荀子·勸學》:"積善成~。"

(二)恩惠,德澤。《左傳·成公三年》:"無怨無~,不知所報。"《孟子·公孫丑上》:"且以文王之~,百年而後崩,猶未洽於天下。"

《史記·項羽本紀》:"吾爲若~。""德"又引申爲動詞,表示感激。
《左傳·成公三年》:"然則~我乎?"

178.【文】

(一)彩色交錯爲文。《孟子·告子上》:"令聞廣譽施於身,所
以不願人之~繡也。"引申爲華麗有文采,跟"質"相對。《論語·顔
淵》:"君子質而已矣,何以~爲?"[~章]在繪畫和刺繡上,青與赤
相交錯爲文,赤與白相交錯爲章。"文章"最初也是指"文繡""文
采"。《荀子·禮論》:"雕琢刻鏤黼黻~章,所以養目也。"(黼 fǔ:
禮服上繡的黑白交錯的花紋。黻 fú:禮服上繡的青黑相交的花
紋。)引申爲文辭。《文心雕龍·情采》:"聖賢書辭,總稱~章,非采
而何?"

(二)文獻。《論語·學而》:"行有餘力,則以學~。"又《子
罕》:"文王既没,~不在兹乎!"蕭統《文選序》:"世質民淳,斯~未
作。"[~學]指文獻和經典。《論語·先進》:"~學:子游,子夏。"
《韓非子·五蠹》:"而諸先生以~學取。"注意:古代所謂"文學"和
今天所謂"文學"不同。

(三)獨體的漢字叫"文",如"日""月""牛""馬"等。引申爲
文字。《孟子·萬章上》:"故説詩者不以~害辭。"(辭:指句子。不
要因爲一個字而損害了全句的意義。)

(四)文章。蕭統《文選序》:"騷人之~,自兹而作。"

(五)文化教育。跟"武"相對。《論語·季氏》:"遠人不服,則
脩~德以來之。"

(六)舊讀 wèn。動詞。裝飾,增添文采。《論語·憲問》:"~
之以禮樂。"引申爲掩飾。《論語·子張》:"小人之過也,必~。"蘇
軾《答謝民師書》:"揚雄好爲艱深之辭,以~淺易之説。"成語有"~

過飾非"。

179.【質】

(一)讀 zhì。抵押。《戰國策·趙策四》:"必以長安君爲~,兵乃出。"又《燕策三》:"燕太子丹~于秦。"

(二)本質,本體,本性。《荀子·勸學》:"其~非不美也。"《文心雕龍·情采》:"夫水性虛而漣漪結,木~實而花萼振。"

(三)樸實,樸素。跟"文"相對。《論語·雍也》:"文~彬彬,然後君子。"蕭統《文選序》:"世~民淳。"

(四)正,正直。《論語·顏淵》:"~直而好義。"用作動詞時,表示向別人求正,以定是非。《禮記·中庸》:"~諸鬼神而無疑。"又《曲禮上》:"疑事無~。"引申爲詢問,責問。今有雙音詞"~問"。[~明]正明,天大亮。《儀禮·既夕禮》:"~明滅燭。"《禮記·昏義》:"~明贊見婦於舅姑。"(贊:唱名,稱名。)方苞《獄中雜記》:"~明啟鑰。"

(五)砧板。[鈇~][斧~]斬人的刑具。《史記·廉頗藺相如列傳》:"君不如肉袒伏斧~請罪。"這個意義又寫作"鑕"。

按:(二)(三)(四)舊讀入聲,(一)(五)舊讀去聲。今普通話無別。

180.【色】

(一)臉上的氣色,表情。《孟子·梁惠王上》:"民有飢~。"又:"舉欣欣然有喜~。"《楚辭·漁父》:"顏~憔悴。"《戰國策·楚策四》:"顏~變作。"又《趙策四》:"太后之~少解。"

(二)女色。在封建社會裏,統治階級以婦女爲玩物,所以稱婦女的容貌爲"色"。《論語·季氏》:"少之時,血氣未定,戒之在~。"《禮記·大學》:"如好好~。"

（三）色彩。《老子》十二章：“五～令人目盲。”

[辨]顏，色。顏指額，色指臉上的表情，二字有密切關係，所以常常連用。但是，“色”字在上古可以當“色彩”講，“顏”字不能當“色彩”講。女色也不能稱爲“顏”。

181.【臭】

（一）讀 xiù。氣味。《周易·繫辭上》：“其～如蘭。”《禮記·大學》：“如惡（wù）惡～。”引申爲壞的氣味，“香”的反面。讀 chòu。《墨子·尚賢下》：“腐～餘財。”又爲發臭。《尚書·盤庚中》：“今予命汝一，無起穢以自～。”（汝：你們。一：專一。）按：本來作氣味講的“臭”也讀 chòu，後來纔讀 xiù，以別於香臭的“臭”。

（二）讀 xiù。動詞，聞〔氣味〕。《荀子·禮論》：“三～之，不食也。”這個意義後代寫作“嗅”或“齅”。

182.【先】

（一）動詞。先行，先做某事。《左傳·宣公二年》：“會請～。”《論語·顏淵》：“於斯三者何～？”又《子路》：“衛君待子而爲政，子將奚～？”《禮記·檀弓上》：“昔者夫子失魯司寇，將之荊，蓋～之以子夏，又申之以冉有。”

（二）形容詞，副詞。時間在前的。次序在前的。跟“後”相對。《戰國策·齊策四》：“馮諼～驅。”引申爲去世的〔上代或長輩〕。《戰國策·齊策四》：“願君顧～王之宗廟。”司馬遷《報任安書》：“太上不辱～。”[～生]（1）年長的人。此義後代罕用。（2）有道德學問的。用來作對人的尊稱。《戰國策·趙策三》：“東國有魯連～生，其人在此。”

183.【前】

（一）動詞。向前，前進。《戰國策·趙策三》：“酒酣，起，～，以千金爲魯連壽。”又《齊策四》：“齊宣王見顔斶，曰：‘斶~！’”《史記·魏其武安侯列傳》：“及至壁門，莫敢~。”成語有“勇往直~”“畏縮不~”。

（二）臉所向的一面。跟“後”相對。《孟子·梁惠王上》：“便嬖不足使令於~與？”引申爲發生在前的，次序在前的。《孟子·梁惠王下》：“而孟子之後喪踰~喪。”《戰國策·趙策一》：“~事之不忘，後事之師。”《史記·項羽本紀》：“~時某喪，使公主某事。”

184.【後】

（一）動詞。走在後面，落後。《論語·微子》：“子路從而~。”又《先進》：“三子者出，曾皙~。”

（二）位置在後的。跟“前”相對。《論語·子罕》：“瞻之在前，忽焉在~。”《史記·淮陰侯列傳》：“其勢糧食必在其後。”又爲時間在後的，次序在後的。跟“先”相對，又跟“前”相對。《戰國策·齊策一》：“暮年之~。”《史記·廉頗藺相如列傳》：“括前~所亡凡四十五萬。”又：“以先國家之急而~私讎也。”注意：除個別古書外，“後”字都不寫作“后”。

按：“先”“前”“後”三字都能作動詞，這是和現代漢語大不一樣的地方。

185.【內】

（一）內，內室。《詩經·唐風·山有樞》：“子有廷~，弗洒弗埽。”（廷：中廷。）又《大雅·抑》：“洒埽廷~。”《漢書·晁錯傳》：“家有一堂二~。”引申爲裏邊。《論語·顔淵》：“四海之~，皆兄弟也。”又爲內心。《論語·里仁》：“見不賢而~自省也。”又：“~省不疚，夫何憂何懼？”引申爲內部，特指國家內部或家庭內部。《戰國策·趙策三》：“今又~圍邯鄲而不去。”《孟子·梁惠王下》：“~無怨女。"(怨女：到了結婚年齡而未結婚的女子。)

(二)指妻妾。《左傳・僖公十七年》："齊侯好~，多內寵。"〔~人〕(1)妻妾。《禮記・檀弓下》："〔文伯之喪〕~人皆行哭失聲。"(2)後代謙稱自己的妻子。〔~子〕卿大夫的嫡妻。《左傳・僖公二十四年》："以叔隗爲~子，而己下之。"後代謙稱自己的妻子。

(三)通"納"。《孟子・萬章上》："若己推而~之溝中。"

186.【外】

外面。跟"內"相對。《戰國策・楚策四》："塡黽塞之內，而投己乎黽塞之~。"引申爲外部，特指國家的外部或家庭的外部。《戰國策・趙策三》："百萬之衆折於~。"《孟子・梁惠王下》："~無曠夫。"(曠夫：到了結婚年齡而未結婚的男子。)

187.【間】

(一)讀 jiàn。夾縫，間隙。《莊子・養生主》："彼節者有~，而刀刃者無厚。"《史記・管晏列傳》："晏子爲齊相，出，其御之妻從門~而闚其夫。"(闚：同"窺"。)引申爲置身其中。《左傳・莊公十年》："肉食者謀之，又何~焉?"又爲間隔，間斷。《戰國策・齊策一》："時時而~進。"又爲抄近路，抄小路。《史記・項羽本紀》："從酈山下道芷陽~行。"又《廉頗藺相如列傳》："故令人持璧歸，~至趙矣。"這個意義後來寫作"間"。

(二)讀 jiàn。離間，挑撥。《史記・廉頗藺相如列傳》："秦之~言曰。"又："趙王信秦之~。"蘇軾《范增論》："漢用陳平計，~疏楚君臣。"這個意義後來也寫作"間"。

(三)讀 jiàn。副詞。偷偷地，暗暗地。《戰國策・趙策三》："魏王使客將軍辛垣衍~入邯鄲。"《史記・陳涉世家》："又~令吳廣之次所旁叢祠中。"這個意義後來也寫作"間"。

（四）讀 jiān。中間。《論語・先進》："攝乎大國之～。"《孟子・離婁下》："其～不能以寸。"這個意義後來也寫作"間"。

（五）讀 xián。閑着，無事可做。《孟子・公孫丑上》："今國家～暇。"這個意義後來有人寫作"閑"。但不能作"間"。

［辨］閒，間，閑。上古本來無"間"字，後代凡作"間"的，上古都作"閒"（有些古籍經後人改過，也有刻寫訛錯。如《史記》的"閒"，有的版本作"間"）。後代於"閒暇"的"閒"仍作"閒"，於"閒隙"的"閒"改作"間"，以示區別。依《説文》，"閒"的本義是"門隙"，"閑"的本義是"柵欄"，所以二者的引申義大不相同。在一般情況下，"閒"和"閑"是不相通的；衹在"閒暇"的意義上，偶可作"閑"。

古漢語通論

（七）判斷句，也字

判斷句是以名詞或名詞性的詞組爲謂語，表示判斷的。在現代漢語裏，判斷句的主語和謂語之間一般要用繫詞（判斷詞）"是"字來聯繫，例如"我是中國人"。但是在秦漢以前，判斷句一般不用繫詞，而是在謂語後面用語氣詞"也"字來幫助判斷。例如：

制，巖邑也。（左傳・隱公元年）

虢，虞之表也。（左傳・僖公五年）

董狐，古之良史也。（左傳・宣公二年）

而母，婢也。（戰國策・趙策三）

都城過百雉，國之害也。（左傳・隱公元年）

有時候在主語後面用語氣詞"者"字表示提頓，然後再在謂語後面用語氣詞"也"字。例如：

彼秦者，棄禮義而尚首功之國也。（戰國策・趙策三）

彼吾君者，天子也。（同上）

南冥者，天池也。（莊子·逍遙遊）

臣之所好者，道也。（莊子·養生主）

這種用"也"字煞句和用"者""也"照應的句子，是古代漢語判斷句的典型結構。

　　在先秦時代，有些"是"字容易被人誤解爲繫詞，實際上是指示代詞作判斷句的主語或謂語。例如：

是吾師也。（左傳·襄公三十一年）

是社稷之臣也。（論語·季氏）

在這兩個例子裏，"是"字用作主語，"吾師""社稷之臣"是謂語。

若士必怒，伏屍二人，流血五步，天下縞素，今日是也。（戰國策·魏策四）

（今天就是這樣。）

取之而燕民悦，則取之。古之人有行之者，武王是也。（孟子·梁惠王下）

湯之問棘也是已①。（莊子·逍遥遊）

在這三個例子裏，"是"字用作謂語，"今日""武王""湯之問棘"是主語。

　　在判斷句中，人們所判斷的不限於人或物，有時候是一件事情，這件事情在前面敍述過了，然後用指示代詞"是"字或"此"字複指，使意義更爲明確。例如：

吾不能早用子，今急而求子，是寡人之過也。（左傳·僖公三十年）

知之爲知之，不知爲不知，是知也。（論語·爲政）

虎兕出於柙，龜玉毁於櫝中，是誰之過與？（論語·季氏）

我騰躍而上，不過數仞而下，翱翔蓬蒿之間，此亦飛之至也。（莊子·

---

① "是已"略等於"是也"，"已"字也是語氣詞。

逍遥遊)

在第一個例句裏，"是"字複指"吾不能早用子，今急而求子"這件事情，其餘由此類推。

　　但是，在古代漢語裏，這種用來複指的指示代詞往往不用。這樣，好像不是判斷句，其實仍是判斷句。例如：

　　　　君惠徼福於敝邑之社稷，辱收寡君，(是)寡君之願也。(左傳·僖公四年)

　　　　許君焦瑕，朝濟而夕設版焉，(是)君之所知也。(左傳·僖公三十年)

　　　　執事不以釁鼓，使歸即戮，(是)君之惠也。(左傳·成公三年)

在第一個例子裏，"君惠徼福於敝邑之社稷，辱收寡君"是主語，"寡君之願也"是謂語，其餘由此類推。

　　有些判斷句由於主語所指的人或事物已經在上文出現，所以省略主語，這種情況一般出現在對話裏。例如：

　　　　對曰："翳桑之餓人也。"(左傳·宣公二年)

　　　　子曰："隱者也。"(論語·微子)

　　　　子曰："非吾徒也①。"(論語·先進)

　　古代漢語判斷句的謂語前面常用副詞"乃"字來加強肯定，用副詞"非"字來表示否定。先看用"乃"字的判斷句：

　　　　吾乃梁人也。(戰國策·趙策三)

　　　　是乃仁術也。(孟子·梁惠王上)

　　　　孟嘗君怪之，曰："此誰也?"左右曰："乃歌夫'長鋏歸來'者也。"(戰國策·齊策四)

從上面這些例句裏，我們不難看出，判斷句用"乃"字，肯定的意味強，而且往往帶有辯白或申明的口氣。"吾乃梁人也"，這意味着"吾非燕人""吾非趙人"等等。這種用法的"乃"字相當於現代漢

-----

① "非"字是否定副詞，下文就要談到。

語的“便（是）”“就（是）”，因此在現代漢語的書面語言裏，“乃”字還可以加在“是”字的前面，説成“乃是”。

再看用“非”字的判斷句：

> 是非君子之言也。（禮記·檀弓上）
>
> 此庸夫之怒也，非士之怒也。（戰國策·魏策四）
>
> 管仲非仁者與？（論語·憲問）

這種用法的“非”字雖然可以譯成現代漢語的“不是”，但是，嚴格地説，它的語法作用是作爲一個否定副詞來否定謂語的，它不是否定性的繫詞，不是“不”和“是”的結合體。

在討論古代漢語判斷句的時候，有一個“爲”字值得提出來説一説：

> 吾乃今日而知先生爲天下之士也！（戰國策·趙策三）
>
> 知之爲知之，不知爲不知，是知也。（論語·爲政）
>
> 長沮曰：“夫執輿者爲誰？”子路曰：“爲孔丘。”（論語·微子）
>
> 四體不勤，五穀不分，孰爲夫子？（同上）

這類句子裏的“爲”字，很像現代漢語的繫詞“是”。其實古代漢語的“爲”字是一個涵義非常廣泛的動詞①，在上面這些例句裏，雖然可以用現代的“是”字來對譯，但不必認爲就是上古的真正的繫詞。在上古漢語裏，用“爲”字的判斷句非常罕見，而且限於一定的場合。就以上面所舉的例句而論，例一“先生爲天下之士”不是獨立的句子，而是全句謂語動詞“知”的賓語。例二“爲”字的前後兩項，字面相同。例三“爲”字後面是疑問代詞，這句話在上古更常見的説法是：“夫執輿者誰也？”不用“爲”字。《戰國策·齊策四》：“孟嘗君怪之，曰：此誰也？”《孟子·離婁下》：“追我者誰也？”可以爲

---

① 　關於“爲”字，古漢語通論（八）裏還要討論。

證。"夫執輿者爲誰""爲孔丘",其實都是以敘述句的形式代替了判斷①。例四"爲"字的動詞意義更爲明顯。總的説來,上古用"也"字煞句的判斷句一般不能用"爲"字,所以像"制,巖邑也"不能説成"制爲巖邑也",這是值得注意的。

判斷句是表示判斷的,但是在語言實踐中,我們會遇到某些判斷句,它們的主語和謂語的關係,不能按照形式邏輯的要求來加以分析。這在現代漢語是如此,在古代漢語也是如此。例如《戰國策·齊策四》:"馮諼先驅,誡孟嘗君曰:千金,重幣也;百乘,顯使也。齊其聞之矣。"千金和重幣可以構成判斷,但是百乘指的是車馬,顯使指的是人臣,照形式邏輯講,就很難構成判斷,可是這句話的意思還是可以了解的。又如《左傳·莊公十年》:"夫戰,勇氣也。一鼓作氣,再而衰,三而竭。"戰,不能説等於勇氣,人們祇能説作戰是靠勇氣的,或者説,勇氣是打勝仗的條件之一,等等。但是,照字面講,這句話又祇能解作"打仗就是勇氣"。對於這種內容壓縮了的判斷句,我們不應該以詞害義。

判斷句有一種最常見的活用法,就是採用判斷句的形式來解釋原因。例如:

> 孟嘗君爲相數十年,無纖介之禍者,馮諼之計也。(戰國策·齊策四)
>
> 桓公九合諸侯,不以兵車,管仲之力也。(論語·憲問)
>
> 良庖歲更刀,割也;族庖月更刀,折也。(莊子·養生主)

在現代漢語裏,"是"字也可以用來解釋原因。由此可見解釋原因和判斷在性質上是相近的;又可以證明語言既有發展又有繼承的道理。

---

① 當然,從句子的語氣説,"夫執輿者爲誰"是疑問句。

現在講到"也"字。

從"也"字的位置看,有兩種"也"字:1.煞句的"也"字;2.句中的"也"字。現在分別加以敘述。

1.煞句的"也"字

煞句的"也"字一般用於判斷句的句尾來幫助判斷,這是"也"字的基本用法。這一點,上文已經説過。現在要講的是由這種基本用法引申出來的用法:

第一,"也"字常用在因果句的句尾。例如:

嫗之送燕后也,持其踵爲之泣,念悲其遠也。(戰國策·趙策四)

置杯焉則膠,水淺而舟大也。(莊子·逍遥遊)

古之人與民偕樂,故能樂也。(孟子·梁惠王上)

前兩個例子是由果溯因,説明真相;最後一個例子是由因及果,進行推理:都用"也"字煞句。

第二,説話人對所説的事情的真實性表示深信不疑,也用"也"字煞句。例如:

蔓難圖也。(左傳·隱公元年)

若潛師以來,國可得也。(左傳·僖公三十二年)

吾見師之出,而不見其入也。(同上)

客無好也。(戰國策·齊策四)

今君有一窟,未得高枕而臥也。(同上)

三軍可奪帥也,匹夫不可奪志也。(論語·子罕)

由於説明因果關係和確認事情的真實性都帶有論斷的性質,所以用"也"字煞句是很自然的。

此外,古代漢語表示命令的句子也往往用"也"字煞句。例如:

不及黃泉,無相見也。(左傳·隱公元年)

以吾一日長乎爾,毋吾以也。(論語·先進)

其實"也"字的這種用法,和前面所講的用法仍然是相通的。

有一種情況值得注意:如果句中有疑問代詞或疑問副詞,"也"字似乎也帶了疑問語氣。例如:

> 孟嘗君怪之,曰:"此誰也?"(戰國策·齊策四)

> 責畢收乎? 來何疾也? (同上)

> 曷爲久居此圍城之中而不去也? (戰國策·趙策三)

> 豈若匹夫匹婦之爲諒也? (論語·憲問)

> 如之何其拒人也? (論語·子張)

有人認爲這種"也"字的作用和"邪"(耶)字相同,那是不對的。"也"字和"邪"(耶)字區別在於:(1)"也"字本身不表示疑問,"邪"(耶)字本身表示疑問。例如《莊子·齊物論》:"子知子之所不知邪?"就不能換用"也"字,一換"也"字就不是疑問句了。(2)"也"字雖然用在疑問句裏,但仍然帶有一點確定語氣,所以"也"字後面容許再用疑問語氣詞。例如《論語·先進》:"唯求則非邦也與?"又如《莊子·齊物論》:"我果是也,而果非也邪?"

2.句中的"也"字

"也"字有時用在單句或複句中作語氣詞,表示頓宕。

有的"也"字用在單句中的主語(其中有的是主謂結構作主語)之後。例如:

> 午也可。(左傳·襄公三年)

> 師也過,商也不及。(論語·先進)

> 求也爲之,比及三年,可使足民。(同上)

> 今由與求也相夫子。(論語·季氏)

> 鳥之將死,其鳴也哀。(論語·泰伯)

> 且夫水之積也不厚,則其負大舟也無力。(莊子·逍遥遊)

前四例"也"字是用在一般主語之後,後二例"也"字是用在主謂結構所充任的主語之後。後面兩個句子如果譯成現代漢語，似乎可以把"也"字譯爲現代的"得"字，例如"水之積也不厚"，可譯爲"水積得不多"。但是，這祇是詞序上的偶合，事實上"得"並不相當於"也"，因爲這兩句話古今的語法結構是不大相同的。下面古漢語通論（十三）討論"之"字時還要討論這種句子（參看本書第二册453頁—455頁）。

有的"也"字不是用在單句主語之後，而是用在時間副詞（或詞組）之後。例如：

今也則亡。（論語·雍也）

今也，南蠻鴃舌之人，非先王之道。（孟子·滕文公上）

當是時也，禹八年於外，三過其門而不入。（同上）

有的"也"字是用在複句中的第一個分句之後，這個分句往往是表示時間修飾的分句。例如：

臣之壯也，猶不如人；今老矣，無能爲也已。（左傳·僖公三十年）

媪之送燕后也，持其踵爲之泣，念悲其遠也。（戰國策·趙策四）

大道之行也，天下爲公。（禮記·禮運）

且而與其從辟人之士也，豈若從辟世之士哉？（論語·微子）

前面三個例子就是表示時間修飾的分句。

（八）敘述句，矣字，焉字

敘述句是以動詞爲謂語、敘述人或事物的行動變化的。在古代漢語裏，敘述句的結構一般和現代漢語沒有什麼不同。例如：

冬，晉文公卒。（左傳·僖公三十二年）

晉侯秦伯圍鄭。（左傳·僖公三十年）

初，鄭武公娶於申。（左傳·隱公元年）

齊侯以諸侯之師侵蔡。（左傳·僖公四年）

公賜之食。(左傳·隱公元年)

鄭人使我掌其北門之管。(左傳·僖公三十二年)

馬逸不能止。(左傳·成公二年)

虎求百獸而食之。(戰國策·楚策一)

在上面所舉的這些例句裹,"公賜之食"是雙賓語句。"賜食"是一個動賓詞組,"食"(食物)是直接賓語;"之"指穎考叔,是"賜食"的對象,是間接賓語。類似的例子如:

公語之故,且告之悔。(左傳·隱公元年)

多予之重器。(戰國策·趙策四)

一般説來,動詞如果是"賜""予""遺""語""告"等字,大致總有兩個賓語:一個是指物的直接賓語,一個是指人的間接賓語。間接賓語放在動詞和直接賓語之間。這種句法古今是相同的。

但是上古漢語能帶有雙賓語的並不限於上述這一類動詞,一般的及物動詞也可以帶有雙賓語。例如:

欲見賢人而不以其道,猶欲其入而閉之門也。(孟子·萬章下)

紾兄之臂而奪之食,則得食;不紾,則不得食;則將紾之乎?(孟子·告子下)

(紾 zhěn,扭轉。)

天生民而立之君。(左傳·襄公十四年)

"閉門"是一個動賓詞組,"門"是直接賓語;"之"指賢人,是"閉門"的對象,是間接賓語。其餘由此類推。

在一般的及物動詞中,最值得注意的是動詞"爲"(wéi)字。這個詞在古代的涵義非常廣泛,但是在具體的上下文中,它的涵義比較具體。隨着應用的場合不同,我們可以把它理解爲"作""做""造""治""處理""安排"等等。古書上有許多句子是用"爲"字作動詞而後面帶有雙賓語的。例如:

不如早爲之所。(左傳·隱公元年)

且君嘗爲晉君賜矣。(左傳·僖公三十年)

而爲之簞食與肉,實諸橐以與之。(左傳·宣公二年)

重爲之禮而歸之。(左傳·成公三年)

吾不忍爲之民也。(戰國策·趙策三)

君子疾夫舍曰欲之而必爲之辭。(論語·季氏)

對於上面這類例句,最容易發生兩種誤解:或以爲第一第二兩個例子裏的"爲"字是介詞(讀 wèi);或以爲第五個例子裏的"爲之民"等於説"爲其民"。這都是不對的。試就第三個例子來分析:"爲簞食與肉"是一個動賓詞組,"簞食"與"肉"是動詞"爲"的直接賓語;"之"指靈輒,是間接賓語。其餘由此類推。

我們還要注意賓語的位置。在一般情況下,賓語是放在動詞的後面的;但是,有時候爲了強調賓語,可以把賓語提前,在賓語後面用"是"字、"實"字或"之"字複指。例如:

豈不穀是爲? 先君之好是繼。(左傳·僖公四年)

將虢是滅,何愛於虞? (左傳·僖公五年)

鬼神非人實親,惟德是依。(同上)

姜氏何厭之有? (左傳·隱公元年)

商書曰"無偏無黨,王道蕩蕩",其祁奚之謂矣。(左傳·襄公三年)

有時候還在提前的賓語的前面用"惟"(唯)字,構成"惟(唯)……是……""惟(唯)……之……"的説法。例如:

故周書曰:"皇天無親,惟德是輔。"(左傳·僖公五年)

率師以來,唯敵是求。(左傳·宣公十二年)

父母唯其疾之憂。(論語·爲政)

不務張其義,齊其信,唯利之求。(荀子·王霸)

現代還説"唯你是問""唯利是圖",就是這種語法的殘留。

有一點須要注意:如果被提前的賓語是代詞,一般就祇用"之"

字複指。例如：

　　　"我之懷矣，自詒伊慼"，其我之謂矣！（左傳·宣公二年）

　　　詩曰"孝子不匱，永錫爾類"，其是之謂乎！（左傳·隱公元年）

　　　太甲曰："天作孽，猶可違，自作孽，不可活"，此之謂也。（孟子·公孫
丑上）

　　　魯頌曰："戎狄是膺，荆舒是懲。"周公方且膺之，子是之學，亦爲不善
變矣。（孟子·滕文公上）

由此可見，用代詞"是"字或"之"字複指提前的賓語，是古代漢語變
更動賓詞序的一種語法手段；即使被提前的賓語本身是代詞，也並
不排斥這種語法手段。但是，現代漢語没有這種句法了，因此這類
句子譯成現代漢語時是無需把這種"是"字或"之"字直譯出來的。

　　　下面討論上古漢語表示行爲數量的句法。

　　　在上古漢語裏，表示行爲數量的句法，一般是把數詞直接放在
動詞的前面，而不用表示動量的量詞。例如：

　　　三進及溜，而後視之。（左傳·宣公二年）

　　　桓公九合諸侯，不以兵車，管仲之力也。（論語·憲問）

　　　禹八年於外，三過其門而不入。（孟子·滕文公上）

　　　騏驥一躍，不能十步；駑馬十駕，功在不舍。（荀子·勸學）

現代漢語動量的表示法，一般是把表示動量的數量詞放在動詞的
後面，比如"九合"，現代漢語則説"會合九次"（"九"在這裏衹表示
多次，不是實數），不但用了動量詞，而且詞序也變動了。

　　　從句子成分看，古代漢語放在動詞前面表示動量的數詞，是作
爲狀語來修飾動詞的。假如説話人要强調某一行爲的數量，可以
改變句法：把數詞從動詞前面移到句尾，並在這個數詞的前面用
"者"字，讓它同前面的詞語隔開，這樣，"者"字前面的詞語就充當
了全句的主語，移到句尾的數詞就上昇爲全句的謂語。例如：

於是平原君欲封魯仲連,魯仲連辭讓者三,終不肯受。(戰國策・趙策三)

范增數目項王,舉所佩玉玦以示之者三。(史記・項羽本紀)

表示動量的數詞從動詞前面的狀語的位置上昇到全句的謂語的位置,自然就顯得突出而重要了。和現代漢語比較,"魯仲連辭讓者三""舉所佩玉玦以示之者三"雖然可以譯作"魯仲連辭讓了多次""把佩帶的玉玦舉起多次來向他示意",但是語法結構是大不相同的。

以上所討論的敘述句,它們的主語都是謂語動詞所表示的行爲的主動者。但是,和現代漢語一樣,古代漢語敘述句的主語也可以是謂語動詞所表示的行爲的被動者。例如:

蔓草猶不可除,況君之寵弟乎?(左傳・隱公元年)

君能補過,袞不廢矣。(左傳・宣公二年)

諫行言聽。(孟子・離婁下)

就謂語動詞來説,"蔓草"是被"除"的,"袞"是被"廢"的,等等。但是,這衹能説是意念上的被動,還不是上古漢語真正表示被動的句法。

在先秦時代,真正的被動句所佔的比重很小。當説話人有必要運用被動句時,一般在動詞後面用"於"字以引進行爲的主動者。例如:

郤克傷於矢,流血及屨。(左傳・成公二年)

東敗於齊,長子死焉;西喪地於秦七百里;南辱於楚。(孟子・梁惠王上)

這裏要注意的是:不是介詞"於"字本身能表示被動,而是動詞用於被動的意義;但是,由於用"於"字引進了行爲的主動者,被動的意義就更加明顯了。還要注意古代這種用"於"字的被動句的詞序和現代漢語不同:在現代漢語裏,表示被動的介賓詞組放在動詞前面(大樹被風吹倒了);在上古漢語裏,引進行爲主動者的"於"字介賓詞組放在動詞後面("東敗於齊")。

有時候用"爲"(wéi)字表示被動:

> 父母宗族,皆爲戮没。(戰國策·燕策三)

> 卒爲天下笑。(戰國策·趙策三)

> 不爲酒困。(論語·子罕)

後來又有"爲……所"式:

> 嬴聞如姬父爲人所殺。(史記·魏公子列傳)

> 先即制人,後則爲人所制。(史記·項羽本紀)

> 征和二年,衛太子爲江充所敗。(漢書·霍光傳)

這種結構形式在秦漢以後的古書中最爲常見,並且一直沿用到現代漢語的書面語裏。

表示被動的,除"爲"字外,還有"見"字和"被"字。例如:

> 盆成括見殺。(孟子·盡心下)

> 吾長見笑於大方之家。(莊子·秋水)

> 國一日被攻,雖欲事秦,不可得也。(戰國策·齊策一)

> 信而見疑,忠而被謗,能無怨乎?(史記·屈原列傳)

但是這不是上古漢語被動句的主要形式,這裏就不詳細討論了。

古代漢語敘述句經常應用的語氣詞是"矣"字和"焉"字。

1.矣

"矣"字是一個表示動態的語氣詞。它意味着事物的變化和發展。在一般情況下,"矣"字總是把事物發展的現階段作爲新的情況告訴別人。例如:

> 吾知所過矣。(左傳·宣公二年)

(原先不知道,現在知道了。)

寢門闢矣。(同上)

(原先是關着,現在開了。)

余病矣。(左傳·成公二年)

(本來是好好的,現在受重傷了。)

王無親臣矣。(孟子·梁惠王下)

(本來有親臣,現在沒有了。)

有些句子用了表示時間的副詞如"已""既""嘗"等字,表示某一情況已經如此或曾經有某一情況;句尾用"矣"字,是説話人把它當作新的情況告訴別人。例如:

平原君曰:"勝已泄之矣。"(戰國策·趙策三)

鄭既知亡矣。(左傳·僖公三十年)

且君嘗爲晉君賜矣。(同上)

昔齊威王嘗爲仁義矣。(戰國策·趙策三)

有時候,某一情況還沒有出現,但是預料它將會出現,用"矣"字也是把它當作新的情況告訴別人。例如:

孔子曰:"諾,吾將仕矣。"(論語·陽貨)

虞不臘矣。(左傳·僖公五年)

在多數情況下,這是一個偏正複句,偏句表示一個假設,正句表示在這個條件下的後果。例如:

君能補過,衮不廢矣。(左傳·宣公二年)

使梁睹秦稱帝之害,則必助趙矣。(戰國策·趙策三)

微管仲,吾其被髮左衽矣。(論語·憲問)

無論表示已經如此或行將如此,"矣"字總是報道一種新情況。

表示可能性的句子雖然也屬於敘述句,但是並不表示一種過程。在這類句子裏,"矣"字仍然報道一種新情況。例如:

公聞其期,曰:"可矣!"(左傳·隱公元年)

朝聞道，夕死可矣。（論語·里仁）

（注意"可也"和"可矣"的分别："可也"是簡單的判斷，"可矣"則包含"以前未可而現在可以"的意思。）

吾惛，不能進於是矣。（孟子·梁惠王下）

以形容詞爲謂語的描寫句同樣可以用"矣"字，因爲描寫句同樣可以報道新情況。例如：

國危矣。（左傳·僖公三十年）

今老矣。（同上）

夫如是，則能補過者鮮矣。（左傳·宣公二年）

有時候，描寫句的謂語部分被提到前面去，後面再用"也"字煞句（也有不用"也"字的），這樣就增加了誇張的語氣。但是"矣"字本身並不表示誇張語氣。例如：

嘻！亦太甚矣，先生之言也！（戰國策·趙策三）

甚矣吾衰也！久矣吾不復夢見周公！（論語·述而）

祈使句用"矣"字，這是祈使者希望對方實現某種行爲或完成某種事情。例如：

先生休矣！（戰國策·齊策四）

君姑高枕爲樂矣！（同上）

總起來説，"矣"字的語法意義跟現代漢語語氣詞"了"（啦）字的語法意義相當；絶大多數的"矣"字都可以譯成現代的"了"字。

"矣"字又可以用於疑問句，在這種情況下，"矣"字仍保持着原來的語法意義，不過由於句子裏有疑問代詞或疑問副詞，所以"矣"字似乎也幫助表示疑問語氣罷了。例如：

年幾何矣？（戰國策·趙策四）

事將奈何矣？（同上）

何如斯可謂之士矣？（論語·子路）

德何如則可以王矣？（孟子·梁惠王上）

2.焉

"焉"字是一個指示代詞兼語氣詞。我們說它是指示代詞,因爲它常常指代某一範圍或方面;我們說它是語氣詞,因爲它經常用於敘述句的句尾來表示停頓,就一般情況說,它的後面不再加別的語氣詞。

"焉"字所指代的範圍或方面,常與處所或人物有關。例如:

制,巖邑也,虢叔死焉。(左傳・隱公元年)

(虢叔死在那裏。)

余收爾骨焉。(左傳・僖公三十二年)

(我在那裏收你的屍骨。)

文王之囿方七十里,芻蕘者往焉,雉兔者往焉。(孟子・梁惠王下)

(砍柴的、打獵的,都到那裏去。)

三人行,必有我師焉。(論語・述而)

(必有我師在此三人之中。)

見賢思齊焉。(論語・里仁)

(見賢則思齊於賢,即思與之齊。)

非曰能之,願學焉。(論語・先進)

(願在這方面學習。)

君子道者三,我無能焉。(論語・憲問)

(我於此三者都無能。)

吾聞庖丁之言,得養生焉。(莊子・養生主)

(於此得養生之道。)

這種用法的"焉"字,如果前面是形容詞,就指代比較的對象。例如:

晉國,天下莫強焉。(孟子・梁惠王上)

(晉國,天下沒有哪個國家比它強大。)

過而能改,善莫大焉。(左傳・宣公二年)

（沒有哪一種善事比這個更大。）

我們應該注意"之"和"焉"的區別：在和動詞結合時，"之"字用在及物動詞的後面，"焉"字用在不及物動詞的後面。試看上文所舉的例子："非曰能之，願學焉"，這裏的"能"字在古代是及物動詞，"學"字用作不及物動詞。同一動詞，加"之"或加"焉"，詞義不同："死焉"的"死"是不及物動詞，是一般的意義，如"虢叔死焉"；"死之"的"死"是及物動詞，表示殉難，如《左傳·宣公二年》"提彌明死之"。

"焉"字雖然是一個代詞，但由於它的位置經常是在句尾，所以它逐漸取得了語氣詞的性質。有時候，它和"於"字介賓詞組同時出現，它的代詞性就冲淡了，而它的語氣詞性質就更爲突出了。例如：

　　寡人之於國也，盡心焉耳矣。（孟子·梁惠王上）

　　（"焉"和"於國"同時出現。）

　　夫子言之，於我心有戚戚焉。（同上）

　　（"焉"和"於我心"同時出現。）

有時候，"焉"字雖然沒有和"於"字介賓詞組同時出現，但也完全失去了代詞性，祇能算是純粹的語氣詞，帶有指點引人注意的語氣。例如：

　　擊之，必大捷焉。（左傳·僖公三十二年）

　　宗廟之事，如會同，端章甫，願爲小相焉。（論語·先進）

　　君以爲易，其難也將至矣；君以爲難，其易也將至焉。（國語·晉語四）

　　子曰："君子病無能焉，不病人之不己知也。"（論語·衛靈公）

最後兩個例子最富有啟發性，這兩個例子都是平行的句法，第三個例子上文用"矣"下文用"焉"，第四個例子上文用"焉"下文用

"也",試加比較,可以看出"焉"字所表示的語氣來。這種用法的"焉"字有點像現代漢語的"啊"字,但不是每一句的"焉"字都能用"啊"來對譯。以上祇算"焉"字的活用法,"焉"字的正常用法仍然應該是指示代詞兼語氣詞。

正如"矣"字一樣,"焉"字也可以用於疑問句,在這種情況下,"焉"字仍然保持着原來的語法意義,不過由於句子裏有疑問代詞或疑問副詞,所以"焉"字似乎也幫助表示疑問語氣罷了。例如:

> 君何患焉?(左傳·隱公元年)
>
> 既富矣,又何加焉?(論語·子路)
>
> 王若隱其無罪而就死地,則牛羊何擇焉?(孟子·梁惠王上)

此外,古書上還有些"焉"字用於句中,似乎起着承上啟下的作用。例如:

> 命舟牧覆舟,五覆五反,乃告舟備具於天子,天子焉始乘舟。(吕氏春秋·季春紀)
>
> 公輸子自魯南遊楚,焉始爲舟戰之器。(墨子·魯問)
>
> 必知亂之所自起,焉能治之;不知亂之所自起,則不能治。(墨子·兼愛上)

這種"焉"字又可以寫作"安"或"案",《荀子》書中比較常見。例如:

> 故先王聖人安爲之立中制節。(荀子·禮論)
>
> 是案曰是,非案曰非。(荀子·臣道)

有人把這種"焉"字解釋爲"於是""乃""則",認爲是連詞。其實這種用法的"焉"字和指示代詞的"焉"字仍然相通。如果説,指示代詞的"焉"字用於句尾有可能逐漸取得語氣詞的性質,那麼當它用於句中從而逐漸取得某種關聯詞的性質並不是不可能的。但是"焉"字的這種用法似乎並沒有得到充分的發展,所以一般古書上並不常見。

（九）否定句，否定詞

　　表示否定的句子叫做否定句。否定句中必須有否定詞。否定詞可以是副詞，如"不""弗""毋""勿""未""否""非"；可以是動詞，如"無"；也可以是代詞如"莫"（"莫"字是一個否定性的無定代詞，漢代以前很少當"勿"字講，見下文）。例如：

　　　朽木不可雕也。（論語·公冶長）

　　　公弗許。（左傳·隱公元年）

　　　己所不欲，勿施於人。（論語·衛靈公）

　　　小人有母，皆嘗小人之食矣，未嘗君之羹。（左傳·隱公元年）

　　　王斗曰："否。……"（戰國策·齊策四）

　　　是非君子之言也。（禮記·檀弓上）

　　　大車無輗，小車無軏，其何以行之哉？（論語·爲政）

　　　自經於溝瀆而莫之知也。（論語·憲問）

　　在上古漢語裏，用"不""毋""未""莫"四個否定詞的否定句有一個特點：賓語如果是一個代詞，一般總是放在動詞的前面。例如：

　　　居則曰："不吾知也。"（論語·先進）

　　　以吾一日長乎爾，毋吾以也。（論語·先進）

　　　我無爾詐，爾無我虞①。（左傳·宣公十五年）

　　　大道之行也，與三代之英，丘未之逮也。（禮記·禮運）

　　　諫而不入，則莫之繼也。（左傳·宣公二年）

在第一個例子裏，"吾"是"知"的賓語，放在"知"的前面，現代漢語卻衹能説"不知道我"（不了解我）。第二個例句"毋吾以也"中的

---

① "無"同"毋"，下文就要談到。

“吾”是動詞“以”的賓語，放在“以”的前面；但按現代漢語的結構，“吾”必須放在“以”的後面。其餘由此類推。有人把上面所舉的這類句子叫做倒裝句，那是不對的。在上古漢語裏，這是最正常的結構，而不是“倒裝”。這個規律在用否定詞“未”“莫”的句子裏最爲嚴格，很少例外。直到後代，由於仿古的關係，古文家仍然運用這一類結構。

至於用“弗”“勿”“非”“無”四個否定詞的否定句，就不能運用這種結構了，這是因爲“弗”“勿”所限制的動詞一般不帶賓語（見下文），“非”字是否定整個謂語的，而“無”字本身就是動詞。

從賓語來看，如果賓語不是代詞，即使是否定句也不能用這種結構。“君”“子”一類的字不是真正的代詞，也大多不用這種結構。例如：

　　誰能出不由戶？何莫由斯道也？（論語・雍也）

　　雖不得魚，無後災。（孟子・梁惠王上）

　　未絕鼓音。（左傳・成公二年）

　　若不許君，將焉用之？（左傳・昭公四年）

　　吾不能早用子。（左傳・僖公三十年）

現在我們把古代漢語中常用的九個否定詞“不”“弗”“毋”“勿”“未”“否”“非”“無”“莫”分別加以敘述。

1.不，弗

“不”和“弗”在詞彙意義上是相同的，它們都是表示一般的否定，但是，它們的語法意義有細微的區別。區別在於：“不”字後面的動詞既可以是及物動詞又可以是不及物動詞；既可以帶賓語，又可以不帶賓語。例如：

　　仁者不憂，知者不惑，勇者不懼。（論語・憲問）

　　老婦不聞也。（戰國策・趙策四）

不問馬。(論語・鄉黨)

“弗”字後面的動詞一般是及物動詞,而且動詞後面往往不帶賓語。例如:

> 欲與大叔,臣請事之。若弗與,則請除之。(左傳・隱公元年)
>
> 已行,非弗思也,祭祀必祝之。(戰國策・趙策四)
>
> 一簞食,一豆羹,得之則生,弗得則死。(孟子・告子上)
>
> 亟請於武公,公弗許。(左傳・隱公元年)
>
> 雖有嘉肴,弗食,不知其旨也。(禮記・學記)

“弗”字後面的動詞帶賓語的,非常少見,如“雖與之俱學,弗若之矣”(《孟子・告子上》)。

“不”和“弗”都不能否定名詞。用在“不”字後面的名詞用如形容詞或動詞;用在“弗”字後面的名詞用如及物動詞。例如:

> 晉靈公不君。(左傳・宣公二年)
>
> 臣實不才,又誰敢怨?(左傳・成公三年)
>
> 君子不器。(論語・爲政)
>
> 小信未孚,神弗福也。(左傳・莊公十年)

2.毋,勿

“毋”和“勿”在詞彙意義上是相同的,它們通常用於祈使句,表示禁止或勸阻,等於現代漢語的“不要”或“別”。例如:

> 大毋侵小。(左傳・襄公十九年)
>
> 毋妄言,族矣!(史記・項羽本紀)
>
> 己所不欲,勿施於人。(論語・衛靈公)
>
> 左右皆曰可殺,勿聽。(孟子・梁惠王下)

古書上“毋”字常常寫作“無”字。例如:

> 無使滋蔓。(左傳・隱公元年)
>
> 無生民心。(同上)
>
> 不及黃泉,無相見也。(同上)

　　無令輿師陷入君地。(左傳·成公二年)

　　無欲速,無見小利。(論語·子路)

　　在語法意義上,"毋"和"不"相當,"勿"和"弗"相當。"毋"字後面的動詞一般帶賓語,"勿"字後面的動詞一般不帶賓語。但是,正如"不"和"弗"的區別不嚴格一樣,"毋"和"勿"的區別也不嚴格。《孟子·梁惠王上》"百畝之田,勿奪其時",動詞後面卻是帶賓語的。

　　正如"不""弗"後面的名詞用如動詞,"毋""勿"後面的名詞也用如動詞。下面是"毋"字後面的名詞用如動詞的例子:

　　毋友不如己者。(論語·學而)

　　王無罪歲,斯天下之民至焉。(孟子·梁惠王上)

　　有時候,"勿"字並非用於祈使句,而是用於陳述句。這樣,它就不再表示禁止;它的意義和"不"字差不多。例如:

　　齊侯欲勿許。(左傳·襄公三年)

　　魯人欲勿殤童汪踦。(禮記·檀弓下)

3.未

　　"未"字表示事情還沒有實現,等於現代漢語動詞前的"沒有"。例如:

　　小人有母,皆嘗小人之食矣,未嘗君之羹。(左傳·隱公元年)

　　宣子未出山而復。(左傳·宣公二年)

　　未聞好學者也。(論語·雍也)

　　見牛未見羊也。(孟子·梁惠王上)

　　"未嘗"是一個凝固形式(不是"未嘗君之羹"的"未嘗"),它表示"不曾"或"沒有……過"的意思。"未"和"未嘗"的區別是:"未"着重在和將來實現的可能性對比(《孟子·滕文公下》"什一,去關市之征,今茲未能;請輕之,以待來年"),或和已經實現的事情

對比(《論語‧先進》"由也,昇堂矣,未入於室也")。而"未嘗"則
是簡單地否定過去。例如:

　　孟嘗君笑曰:"客果有能也,吾負之,未嘗見也。"(戰國策‧齊策四)

　　三年之後,未嘗見全牛也。(莊子‧養生主)

　　子食於有喪者之側,未嘗飽也。(論語‧述而)

　　有時候,"未"字並非用來表示事情還沒有實現,它祇表示一種
委婉的否定。在這種情況下,它和"不"字的意義差不多。例如:

　　今君有一窟,未得高枕而臥也。(戰國策‧齊策四)

　　見兔而顧犬,未爲晚也;亡羊而補牢,未爲遲也。(戰國策‧楚策四)

　　所食之粟,伯夷之所樹與? 抑亦盜跖之所樹與? 是未可知也。(孟
子‧滕文公下)

　　肉食者鄙,未能遠謀。(左傳‧莊公十年)

4.否

　　"否"字和作爲應答之詞的"然"字是對立的。常用於單詞句,
等於現代漢語的"不"或"不是的"。例如:

　　孟子曰:"許子必種粟而後食乎?"曰:"然。""許子必織布而後衣乎?"
曰:"否。許子衣褐。"(孟子‧滕文公上)

　　宣王説,曰:"寡人愚陋,守齊國,唯恐夫抎(yún,失也)之,焉能有四
焉?"王斗曰:"否。……"(戰國策‧齊策四)

　　"否"字又用在肯定否定迭用的句子裏,它表示否定的一面。
例如:

　　宦三年矣,未知母之存否。(左傳‧宣公二年)

5.非

　　"非"字用於判斷句裏,否定謂語和主語的關係。例如:

　　是非君子之言也。(禮記‧檀弓上)

　　管仲非仁者與? (論語‧憲問)

　　是何異於刺人而殺之,曰:"非我也,兵也。"(孟子‧梁惠王上)

這種"非"字雖可譯成現代的"不是",但它的語法意義和"不是"完全不同:"不是"是繫詞"是"字前面加否定詞"不"字;"非"字在上古漢語裏不是繫詞,它是一個簡單的否定副詞,它所否定的是整個謂語。這一點,我們在古漢語通論(七)裏已經討論過了。

"非"字又用來否定行爲或性質,表示對某一事實的否認。在這種情況下,它往往具有撇開的作用。例如:

> 非不説子之道,力不足也。(論語·雍也)
>
> 非曰能之,願學焉。(論語·先進)
>
> 我非愛其財而易之以羊也。(孟子·梁惠王上)
>
> 城非不高也,池非不深也,兵革非不堅利也,米粟非不多也,委而去之,是地利不如人和也。(孟子·公孫丑下)

有時候,它不是撇開,而是用於假設。在這種情況下,"非"字等於説"若非"或"若無"。例如:

> 吾非至於子之門則殆矣。(莊子·秋水)
>
> 民非水火不生活。(孟子·盡心上)
>
> 五十非帛不煖,七十非肉不飽。(同上)

古書上"非"字又寫作"匪"。例如:

> 我心匪石,不可轉也。(詩經·邶風·柏舟)
>
> 匪來貿絲,來即我謀。(詩經·衞風·氓)

6.無

"無"是"有"的反面,它所否定的是名詞或名詞性詞組。這名詞或名詞性詞組是"無"字的賓語。例如:

> 人誰無過?(左傳·宣公二年)
>
> 無怨無德,不知所報。(左傳·成公三年)
>
> 位尊而無功,奉厚而無勞。(戰國策·趙策四)
>
> 大車無輗,小車無軏,其何以行之哉?(論語·爲政)
>
> 人無遠慮,必有近憂。(論語·衞靈公)

且夫水之積也不厚，則其負大舟也無力。（莊子·逍遙遊）

"無"字在某些古書上又寫作"无"。《周易》一律寫作"无"，《莊子》大多數地方寫作"无"。例如：

不出户庭，无咎。（周易·節）

（咎：災禍。）

自夫子之死也，吾无以爲質矣，吾无與言之矣。（莊子·徐无鬼）

有的古書上又寫作"毋"。例如：

然使十人樹之，一人拔之，則毋生楊矣。（韓非子·説林上）

衆口所移，毋翼而飛。（戰國策·秦策三）

"無"又可以説成"無有"，意義差不多。例如：

自今無有代其君任患者，有一於此，將爲戮乎？（左傳·成公二年）

其竭力致死，無有二心。（左傳·成公三年）

雖無有質，誰能間之？（左傳·隱公三年）

（質：人質。間 jiàn：離間。）

左師公曰："今三世以前，至於趙之爲趙，趙王之子孫侯者，其繼有在者乎？"曰："無有。"（戰國策·趙策四）

偶然又説"不有"，或者用在否定詞的後面表示雙重否定；或者用在無主語的分句裏。例如：

詩曰："靡不有初，鮮克有終。"（左傳·宣公二年）

不有祝鮀之佞，而有宋朝之美，難乎免於今之世矣。（論語·雍也）

（祝：宗廟之官。鮀 tuó：人名，衞國的大夫，有口才。朝：人名，宋國的公子，有美色。）

"不"和"無"在語法上的分工是："不"字是副詞，它所否定的是形容詞和動詞；"無"字是動詞，它所否定的是名詞。前面已經説過，"不"字後面的名詞用如動詞或形容詞，"無"字後面的動詞或形容詞則用如名詞。例如：

貧而無諂，富而無驕。（論語·學而）

（朱熹注:"常人溺於貧富之中,而不知所以自守,故必有二者之病。"可見無諂無驕不等於不諂不驕。）

蓋均無貧,和無寡,安無傾。(論語·季氏)

（朱熹注:"均則不患於貧而和,和則不患於寡而安,安則不相疑忌,而無傾覆之患。"可見無貧無寡無傾不等於不貧不寡不傾。）

孟嘗君曰:"客何好?"曰:"客無好也。"曰:"客何能?"曰:"客無能也。"(戰國策·齊策四)

是使民養生喪死無憾也。(孟子·梁惠王上)

數口之家可以無飢矣。(同上)

"無"字又用於祈使句,表示禁止或不同意,意義和"毋"字完全相同。見上文。

7.莫

"莫"字是一個否定性的無定代詞,現代漢語裏沒有和它相當的代詞。如果要把它的意義譯成現代漢語,可以譯爲"沒有誰""沒有哪一種東西(事情)"等等。"莫"字前面可以出現它所代替的名詞,也可以不出現它所代替的名詞。例如:

羣臣莫對。(戰國策·楚策一)

（羣臣沒有誰回答。）

過而能改,善莫大焉。(左傳·宣公二年)

（沒有哪一種善事比這個更大。）

天下之水,莫大於海。(莊子·秋水)

諫而不入,則莫之繼也。(左傳·宣公二年)

自經於溝瀆,而莫之知也。(論語·憲問)

前三個例子都有"莫"字所代替的名詞或名詞性的詞組,後兩個例子沒有。

上古時期"莫"字有時也用作否定副詞,相當於"不"。例如:

聞免父之命,不可以莫之奔也。(左傳·昭公二十年)

人知其一,莫知其他。(詩經·小雅·小旻)

漢代以後,"莫"字常常用於祈使句,當"勿"字講,表示禁止。例如:

秦王車裂商君以徇曰:"莫如商鞅反者。"(史記·商君列傳)

(徇:示衆。)

作書與内舍,便嫁莫留住!(陳琳:飲馬長城窟行)

傳語風光共流轉,暫時相賞莫相違。(杜甫:曲江二首)

(十)疑問句,疑問詞

在古代漢語裏,句子一般須有疑問詞的幫助,方能發出疑問。有時候用疑問代詞,有時候用疑問語氣詞,有時候是二者都用。例如:

其誰曰不然?(左傳·隱公元年)

則將焉用彼相矣?(論語·季氏)

孰爲夫子?(論語·微子)

子見夫子乎?(同上)

是誰之過與?(論語·季氏)

在上古漢語裏,疑問句裏的疑問代詞賓語也必須放在動詞的前面。例如:

吾誰欺?欺天乎?(論語·子罕)

鄉人長於伯兄一歲,則誰敬?曰:敬兄。(孟子·告子上)

(比較"誰欺"和"欺天"、"誰敬"和"敬兄"這些動賓結構的賓語的位置。)

於予與何誅?(論語·公冶長)

既富矣,又何加焉?(論語·子路)

衛君待子而爲政,子將奚先?(同上)

梁客辛垣衍安在?(戰國策·趙策三)

臣實不才,又誰敢怨?(左傳·成公三年)

二國有好,臣不與及,又誰敢德?(同上)

第一、第二兩個例子最富有啓發性,疑問代詞作賓語就在動詞前面,不是疑問代詞就在後面。有時候,動詞前面有助動詞,疑問代詞賓語就放在助動詞前面,上面所舉的最後兩個例子就是這樣。

　　疑問代詞用作介詞的賓語時,也受這個規律的制約,它們也必須放在介詞的前面。例如:

百姓足,君孰與不足?百姓不足,君孰與足?(論語·顏淵)

曷爲久居此圍城之中而不去也?(戰國策·趙策三)

何由知吾可也?(孟子·梁惠王上)

大車無輗,小車無軏,其何以行之哉?(論語·爲政)

子歸,何以報我?(左傳·成公三年)

苟無歲,何以有民?苟無民,何以有君?(戰國策·齊策四)

　　上古漢語這種疑問代詞賓語前置的詞序,一直爲後代古文家所遵守。例如:

東野之書,耿蘭之報,何爲而在吾側也?(韓愈:祭十二郎文)

噫!微斯人吾誰與歸?(范仲淹:岳陽樓記)

將何適而非快?(蘇轍:黃州快哉亭記)

　　疑問代詞賓語前置的規則,比否定句代詞賓語前置的規則更爲嚴格,可以說基本上沒有例外。祇有"何如"又說成"如何",好像是例外,其實這兩種詞序都出現在上古漢語裏。在先秦時代,它們已經是一個凝固形式,意思是"怎麼樣""怎樣"和"怎麼辦"。例如:

與不穀同好,如何?(左傳·僖公四年)

傷未及死,如何勿重?(左傳·僖公二十二年)

鄉人皆好之,何如?(論語·子路)

吾聞北方之畏昭奚恤也,果誠何如?(戰國策·楚策一)

以五十步笑百步，則何如？（孟子・梁惠王上）

陛下以絳侯周勃何如人也？（史記・張釋之馮唐列傳）

　　古書上還有"若何""何若""奈何"的説法（含義與"何如""如何"相同），但没有説成"何奈"的。例如：

使歸就戮于秦，以逞寡君之志，若何？（左傳・僖公三十三年）

美之與惡，相去何若？（老子二十章）

事將奈何矣？（戰國策・趙策三）

秦稱帝之害將奈何？（同上）

先生助之奈何？（同上）

孟嘗君曰："市義奈何？"（戰國策・齊策四）

　　古代又有"如……何""若……何""奈……何"的説法，當中插入代詞、名詞或其他詞語，意思是"把（對）……怎麽樣（怎麽辦）"。例如：

年饑，用不足，如之何？（論語・顔淵）

如受吾幣而不假吾道，則如之何？（穀梁傳・僖公二年）

以君之力，曾不能損魁父之丘，如太行王屋何？（列子・湯問）

晉侯謂慶鄭曰："寇深矣，若之何？"（左傳・僖公十五年）

力拔山兮氣蓋世，時不利兮騅不逝！騅不逝兮可奈何？虞兮！虞兮！
奈若何？（史記・項羽本紀）

（"奈若何"就是"奈汝何"。）

陳文子見崔武子曰："將如君何？"（左傳・襄公二十三年）

不能正其身，如正人何？（論語・子路）

　　在古代漢語裏，"如之何""若之何"又是一個凝固形式，有時候用在動詞前面表示反問，譯成"怎麽"；有時候用在詢問句的末尾，譯成"怎麽樣"。例如：

我之不賢與，人將拒我，如之何其拒人也？（論語・子張）

若之何其以病敗君之大事也？（左傳・成公二年）

蓺麻如之何？衡從其畝。（詩經·齊風·南山）

疑問詞分爲兩大類：第一類是疑問代詞，第二類是疑問語氣詞。現在分別加以敘述。

1.疑問代詞

（1）誰，孰，何

"誰"字跟現代漢語的"誰"一樣，是指人的疑問代詞。例如：

孟嘗君怪之，曰："此誰也？"（戰國策·齊策四）

且行千里，其誰不知？（左傳·僖公三十二年）

君若以德綏諸侯，誰敢不服？（左傳·僖公四年）

"孰"字經常表示選擇。它可以指人，也可以指事物。例如：

哀公問："弟子孰爲好學？"（論語·雍也）

子貢問："師與商也孰賢？"（論語·先進）

吾子與子路孰賢？（孟子·公孫丑上）

以上指人。

獨樂樂，與人樂樂，孰樂？（孟子·梁惠王下）

（獨自作樂快樂呢，還是與衆人共聽音樂快樂呢？第一、第三"樂"字讀 yuè，其餘"樂"字讀 lè。）

禮與食孰重？（孟子·告子下）

膾炙與羊棗孰美？（孟子·盡心下）

以上指事物。

"孰"字用來指人時，也有不表示選擇的；這時，它就和"誰"字沒有分別了。相反地，"何"字也偶然可以表示選擇。例如：

孰可以代之？（左傳·襄公三年）

孰能爲之大？（論語·先進）

孰爲夫子？（論語·微子）

於斯三者何先？（論語·顏淵）

前面三個例子都可以換用"誰"字，最後一個例子似乎應該用"孰"

字,但是"孰"字一般不用作直接賓語,所以用"何"字了。

古書上常常見到"孰與"二字連用,以比較人物的高下或事情的得失。例如:

　　我孰與城北徐公美?（戰國策·齊策一）

　　田侯召大臣而謀曰:"救趙孰與勿救?"（同上）

　　公之視廉將軍,孰與秦王?（史記·廉頗藺相如列傳）

這種"孰與"和《論語·顏淵》"百姓足,君孰與不足"裏的"孰與"不同。第一個例子是説"我與城北徐公孰美",第二個例子含有"救趙與勿救孰得孰失"的意思。第三個例子是説"您看廉將軍與秦王比較,誰強誰弱?"

"何"字和現代漢語的"什麽"相當,是指物的疑問代詞。例如:

　　孟嘗君曰:"客何好?"（戰國策·齊策四）

　　門人問曰:"何謂也?"（論語·里仁）

　　内省不疚,夫何憂何懼?（論語·顏淵）

"誰""何"都可以用作定語（"孰"字不能）,但是"誰"字後面一般用"之"字,"何"字後面不能用"之"字。例如:

　　是誰之過與?（論語·季氏）

　　以此攻城,何城不克?（左傳·僖公四年）

"何"字又可用作狀語,表示"爲什麽""怎麽"的意思。例如:

　　夫子何哂由也?（論語·先進）

　　吾何愛一牛?（孟子·梁惠王上）

　　先生坐,何至於此?（戰國策·魏策四）

當它用作狀語的時候,被修飾的不一定是及物動詞,有時候也可以是不及物動詞或形容詞。例如:

　　吾何快於是?（孟子·梁惠王上）

　　責畢收乎? 來何疾也?（戰國策·齊策四）

（2）安，惡，焉，胡，奚，曷

　　這六個疑問代詞衹能用作賓語（動詞賓語和介詞賓語）和狀語，用作狀語要比用作賓語常見。先看用作賓語的例子：

　　　　梁客辛垣衍安在？（戰國策·趙策三）

　　　　爲民父母，行政，不免於率獸而食人，惡在其爲民父母也？（孟子·梁惠王上）

　　　　“天下惡乎定？”吾對曰：“定於一。”（同上）

　　　　（“惡乎”等於説“於何”。）

　　　　胡爲至今不朝也？（戰國策·齊策四）

　　　　國胡以相恤？（賈誼：論積貯疏）

　　　　天下之父歸之，其子焉往？（孟子·離婁上）

　　　　衛君待子而爲政，子將奚先？（論語·子路）

　　　　許子奚爲不自織？（孟子·滕文公上）

　　　　奚以知其然也？（莊子·逍遥遊）

　　　　曷爲與人俱稱帝王，卒就脯醢之地也？（戰國策·趙策三）

　　　　“途之人可以爲禹”，曷謂也？（荀子·性惡）

“安”“惡”是指處所的疑問代詞，可以譯成“哪裏”；“胡”“奚”“曷”和“何”字相當，可以譯成“什麽”。作爲賓語，“惡”字衹用於“惡在”“惡乎”，而很少用在其他動詞和介詞前面。

　　再看用作狀語的例子：

　　　　子安取禮而來待吾君？（戰國策·趙策三）

　　　　梁王安得晏然而已乎？（同上）

　　　　先生又惡能使秦王烹醢梁王？（同上）

　　　　姜氏欲之，焉辟害？（左傳·隱公元年）

　　　　若不闕秦，將焉取之？（左傳·僖公三十年）

　　　　不稼不穡，胡取禾三百廛兮？（詩經·魏風·伐檀）

　　　　或謂孔子曰：“子奚不爲政？”（論語·爲政）

天曷不降威？（尚書・商書・西伯戡黎）

君子于役，不知其期。曷至哉？（詩經・王風・君子于役）

作爲狀語，“安”“惡”“焉”一般表示反問，可以譯成“哪裏”“怎麼”；“胡”“奚”“曷”一般詢問原因，可以譯成“爲什麼”；但是最後一個例子裏的“曷”字是詢問未來的時間的，這種用法是《詩經》語法的特點之一，別的古書上很少見到。此外，“曷”字用作狀語時，和“盍”字相通，表示“何不”的意思，這裏不詳細敘述了。

2.疑問語氣詞

（1）乎，諸

疑問語氣詞“乎”字，表示純粹的疑問。“乎”字譯成現代漢語，有時要譯成“嗎”，有時要譯成“呢”，這要看它用在什麼樣的疑問句裏。在是非問句裏，發問的人把一件有疑問的事情全部説出來，要求對方作肯定或否定的答覆，往往用語氣詞“乎”字，這種“乎”字要譯成“嗎”。例如：

孟嘗君問：“馮公有親乎？”（戰國策・齊策四）

子路問曰：“子見夫子乎？”（論語・微子）

有一言而可以終身行之者乎？（論語・衛靈公）

許子冠乎？（孟子・滕文公上）

在選擇問句裏，“乎”字要譯成“呢”。例如：

襄王曰：“先生老悖乎？將以爲楚國祅祥乎？”（戰國策・楚策四）

孟子曰：“敬叔父乎？敬弟乎？”（孟子・告子上）

有一件事值得注意，在先秦時代，句中已經用了疑問代詞的所謂特指問句，極少用“乎”字，這可以從本節通論所舉的若干特指問句裏看到。這是因爲既然句中用了疑問代詞把疑問之點提出來了，不用“乎”字，仍然可以了解爲疑問句。秦漢以後，特指問句用“乎”字纔漸漸多起來。例如：

軫不之楚,何歸乎?(史記·陳軫列傳)

孰爲汝多知乎?(列子·湯問)

特指問句裏的"乎"字要譯成"呢"。

　　"乎"字跟疑問代詞、否定詞以及常見的"豈"字、"寧"字相呼應時,往往表示反問。例如:

其何傷於日月乎?(論語·子張)

梁王安得晏然而已乎?(戰國策·趙策三)

愛之能勿勞乎?忠焉能勿誨乎?(論語·憲問)

先生獨未見夫僕乎?(戰國策·趙策三)

計中國之在海内,不似稊米之在大倉乎?(莊子·秋水)

豈先賤而後尊貴者乎?(戰國策·齊策四)

王侯將相寧有種乎?(史記·陳涉世家)

反問句是無疑而問,祇是用問句的形式表示肯定或否定,並不一定要求回答。跟疑問代詞相呼應的"乎"字譯成現代的"呢",其餘的"乎"字譯成現代的"嗎"。

　　"乎"字跟"其"(表示委婉語氣)、"無乃"(表示恐怕是的意思)、"得無"(表示該不會的意思)等詞相呼應的時候,表示一種委婉語氣,略等於現代的"吧"字。例如:

其是之謂乎?(左傳·隱公元年)

子其怨我乎?(左傳·成公三年)

其恕乎!(論語·衛靈公)

無乃不可乎?(左傳·僖公三十二年)

日食飲得無衰乎?(戰國策·趙策四)

有時候,"乎"字並不表示疑問,而是表示感歎。例如:

長鋏歸來乎!(戰國策·齊策四)

必也正名乎!(論語·子路)

善哉!技蓋至此乎!(莊子·養生主)

"諸"字是"之乎"的合音。"諸"字用於句尾的時候,可以用"之乎"去解釋,但是祇表示疑問和反問。例如:

> 子路問:"聞斯行諸?"子曰:"有父兄在,如之何其聞斯行之?"(論語·先進)

> (注意比較"行諸"和"行之"。)

> 雖有粟,吾得而食諸?(論語·顏淵)

> 舉爾所知。爾所不知,人其舍諸?(論語·子路)

> 文王之囿,方七十里,有諸?(孟子·梁惠王下)

> 不識有諸?(孟子·梁惠王上)

(2)與(歟),邪(耶)

"與"(歟)字略等於現代漢語的"嗎"字或"呢"字。"與"和"乎"的分別是:除了有疑問代詞或在選擇問句而外,"與"字一般不表示純粹的疑問。用"與"的時候,在多數情況下,是說話人猜想大約是這樣一件事情,但是還不能深信不疑,要求對話人加以證實。因此,純粹表示疑問的"乎"字不能換成"與"字,例如"傷人乎?"不能換成"傷人與?""馮公有親乎?"不能換成"馮公有親與?"下面是一些用"與"字的例子:

> 管仲非仁者與?(論語·憲問)

> 是魯孔丘與?(論語·微子)

> 是魯孔丘之徒與?(同上)

> 然則師愈與?(論語·先進)

> 然則廢釁鐘與?(孟子·梁惠王上)

> 管仲以其君霸,晏子以其君顯,管仲晏子猶不足爲與?(孟子·公孫丑上)

上面這種是非問句中,"與"的疑問語氣不是很強的。但是在有疑問代詞的句子裏,或者在選擇問句裏,"與"字的疑問語氣強得多。例如：

> 是誰之過與？（論語·季氏）

> 丘何爲是栖栖者與？（論語·憲問）

> 求之與？ 抑與之與？（論語·學而）

"邪"（耶）字和"與"（歟）字的語法作用相同。在先秦,有的古書祇用"與"不用"邪",如《論語》《孟子》;《春秋》三傳也祇有《左傳》用了一個"邪"字。《老子》《莊子》用"邪"很多,《荀子》也是用"邪"多於"與"。"邪"和"與"古音相近,它們的不同大概是方言不同的緣故。下面是一些用"邪"字的例子：

> 古之所以貴此道者何？ 不曰以求得,有罪以免邪？（老子）

> 天之蒼蒼,其正色邪？ 其遠而無所至極邪？（莊子·逍遥遊）

> 今子欲以子之梁國而嚇我邪？（莊子·秋水）

> 威后問使者曰："歲亦無恙耶？ 民亦無恙耶？ 王亦無恙耶？"（戰國策·齊策四）

> 治亂,天邪？（荀子·天論）

"與"和"邪"也都能用於反問。例如：

> 十人而從一人者,寧力不勝智不若耶？（戰國策·趙策三）

> 唯求則非邦也與？（論語·先進）

> 此非以賤爲本邪？（老子）

> 夫天機之所動,何可易邪？（莊子·秋水）

（3）哉

"哉"字的主要用途有二：一是表示反問,一是表示感歎。"哉"字表示反問略等於現代的"呢"字（祇有和"豈"字相呼應時纔等於現代的"嗎"字）。它永遠不表示純粹的疑問;而且,一般地説,要有疑問代詞或"豈"字跟它呼應,纔能表示反問。例如：

> 大車無輗,小車無軏,其何以行之哉？（論語·爲政）

> 何有於我哉？（論語·述而）

彼且惡乎待哉？（莊子·逍遙遊）

晉，吾宗也，豈害我哉？（左傳·僖公五年）

且而與其從辟人之士也，豈若從辟世之士哉？（論語·微子）

“乎哉”連用時可以表示純粹的疑問，那是“乎”字所帶有的語法意義，而“哉”字祇是加強“乎”字的語氣。例如：

若寡人者，可以保民乎哉？（孟子·梁惠王上）

不識此語誠然乎哉？（孟子·萬章上）

但是，有時候是“乎哉”連用表示反問。例如：

吾何慊乎哉？（孟子·公孫丑下）

（慊 qiàn：恨。）

“哉”字表示感歎時，略等於現代的“啊”字。例如：

管仲之器小哉！（論語·八佾）

硜硜然小人哉！（論語·子路）

舍其路而弗由，放其心而不知求，哀哉！（孟子·告子上）

“哉”字和它前面的形容詞也可以提到句首，構成倒裝句，表示強烈的感歎語氣。例如：

賢哉回也！（論語·雍也）

野哉由也！（論語·子路）

上面我們敘述了兩類疑問詞——疑問代詞和疑問語氣詞。下面我們再來簡單討論一下與疑問句或疑問語氣詞有關的幾種語法現象。

（1）幾種表示反問的習慣説法

第一，“不亦……乎”。例如：

學而時習之，不亦説乎？有朋自遠方來，不亦樂乎？人不知，而不慍，不亦君子乎？（論語·學而）

仁以爲己任，不亦重乎？死而後已，不亦遠乎？（論語·泰伯）

"不亦……乎"是古代的一種比較委婉的反問説法。

第二,"何以……爲"。例如:

> 君子質而已矣,何以文爲?（論語·顔淵）
>
> 是社稷之臣也,何以伐爲?（論語·季氏）
>
> 然則又何以兵爲?（荀子·議兵）

這種句子,實際上是"爲"的疑問代詞賓語"何"放在作狀語的介詞結構前面了,意思是"用……做什麽"。第一個例句是説"君子質樸就行了,用文采做什麽?"這是無疑而問,是古代表示反問的一種説法。這種"爲"字,由於處在句尾,意義已經虛化,也可以處理爲語氣詞。

在"何以……爲"這個格式裏,"何"字可以用别的疑問詞如"奚""惡""安"等來替换;"以"字也可以用"用"字來替换。例如:

> 奚以之九萬里而南爲?（莊子·逍遙遊）
>
> 惡用是鶃鶃者爲哉?（孟子·滕文公下）

古代漢語裏介詞"以"字是可以省去的,因而"何以……爲"句中也可以省去"以",説成"何……爲"。例如:

> 項王笑曰:"天之亡我,我何渡爲?"（史記·項羽本紀）
>
> 湯爲天子大臣,被惡言而死,何厚葬爲?（漢書·張湯傳）

"我何渡爲"意即"我渡河做什麽","何厚葬爲"意即"厚葬做什麽"。

第三,"何……之有"。

"何……之有"是"有何……"的倒裝,是"有什麽……"的意思。"何厭之有"就是"有什麽滿足呢"（"之"字複指"厭"字）。例如:

> 姜氏何厭之有?（左傳·隱公元年）
>
> 夫晉何厭之有?（左傳·僖公三十年）

（2）語氣詞的連用

疑問語氣詞不僅可和疑問語氣詞連用（像上面所講的"乎
哉"），而且也可以和直陳語氣詞連用。例如：

唯求則非邦也與？（論語·先進）

豈非計久長，有子孫相繼爲王也哉？（戰國策·趙策四）

斯謂之君子已乎？（論語·顏淵）

女爲周南召南矣乎？（論語·陽貨）

連用的語氣詞，都分別擔負了表達語氣的任務；這些例子中，"也"
"矣""已"等表直陳語氣，"與""乎""哉"等表疑問或反問語氣。
不過語氣的重點一般落在最後一個語氣詞上，所以上面這些句子
都是疑問句或反問句。

第四單元

文　選

孟　子

　　孟子名軻，字子輿，戰國時鄒（今山東鄒縣）人。約生於公元前372年，死於公元前289年。他受業於孔子的孫子子思的弟子，繼承了孔子的政治思想體系，是繼孔子之後儒家學派的一位大師。

　　孟子處於列國諸侯混戰最激烈的時代，他提出了“民貴君輕”、對人民作一定的讓步、反對掠奪性的戰爭等主張。他以“平治天下”爲己任，遊說諸侯，反對“霸道”，提倡以“仁”“義”爲中心的所謂“仁政”“王道”。他發展了孔子的“宗周”思想，希望在諸侯中選出一個能够王天下的君主。當時各國諸侯正熱衷於征伐混戰，認爲他的主張迂闊不切實際，都不採納，於是他退而與弟子著述，其著作就是留傳到現在的《孟子》。

　　孟子長於辯論，善用譬喻。他的文章氣勢磅礴，感情奔放，在先秦諸子散文中極爲突出，對後世散文有很大的影響。

　　《孟子》在宋以前，祇列於諸子之林，宋始列於經部。南宋朱熹又把它編入《四書》，並爲之作集注，此後研究《孟子》的人也就漸漸多起來。

《孟子》共七篇（各篇分上下）。現在通行的注本有《十三經注疏》本（東漢趙岐注，宋孫奭疏），宋朱熹的《四書集注》，和清焦循的《孟子正義》。

寡人之於國也(梁惠王上)〔1〕

梁惠王曰："寡人之於國也，盡心焉耳矣〔2〕：河內凶〔3〕，則移其民於河東〔4〕，移其粟於河內；河東凶亦然〔5〕。察鄰國之政〔6〕，無如寡人之用心者。鄰國之民不加少，寡人之民不加多〔7〕，何也？"

〔1〕孟子在這裏指出了梁惠王所用的"愛民"臨時措施，與鄰國之政實際上是五十步與百步之比，他認爲治國的根本之道是實行"仁政"。梁惠王，即魏惠王（魏是國名），姓魏名罃，因魏都大梁，故又稱梁惠王。"惠"是謚號。"梁惠王"是《孟子》的一篇（後面的"公孫丑"等同），"寡人之於國也"是其中的一章，題目是編者加的，後面的"齊桓晉文之事"等同。

〔2〕耳矣，等於說已矣，"耳"和"矣"都是句尾語氣詞，連用等於說啦。盡心焉耳矣，大意是：〔總算〕盡了心啦。

〔3〕河內，指黃河北岸，今河南沁陽縣一帶。凶，荒年。

〔4〕河東，黃河以東，今山西西南部。

〔5〕亦然，也是這樣。

〔6〕察，觀察。

〔7〕加，更。以上幾句反映了戰國時的這一社會狀況：人民生活痛苦，渴望較安定的生活；勞動力的缺乏迫使有些統治者對人民做些讓步以便"奪民"。

孟子對曰："王好戰，請以戰喻〔1〕。填然鼓之〔2〕，兵刃既接〔3〕，棄甲曳兵而走〔4〕，或百步而後止〔5〕，或五十步而後止。以五十步笑百步，則何如？"

曰:"不可,直不百步耳[6],是亦走也[7]。"

[1]請,請允許我。喻,比喻。

[2]填,象聲詞,形容鼓聲。然,詞尾。鼓,用如動詞,擊鼓。擊鼓是進軍的信號。

[3]刃,鋒刃。既,已經。接,接觸。兵刃既接,等於説已經交鋒。

[4]棄,扔掉。曳(yè),拖着。走,跑,這裏指奔逃。

[5]或,有人。

[6]不過不到百步罷了。直,僅,不過。

[7]這也是逃跑啊。是,指"五十步而後止"。

曰:"王如知此,則無望民之多於鄰國也[1]。不違農時[2],穀不可勝食也[3]。數罟不入洿池[4],魚鼈不可勝食也。斧斤以時入山林[5],材木不可勝用也。穀與魚鼈不可勝食,材木不可勝用,是使民養生喪死無憾也[6]。養生喪死無憾,王道之始也[7]。

"五畝之宅[8],樹之以桑,五十者可以衣帛矣[9]。雞豚狗彘之畜[10],無失其時[11],七十者可以食肉矣。百畝之田,勿奪其時,數口之家可以無飢矣。謹庠序之教[12],申之以孝悌之義[13],頒白者不負戴於道路矣[14]。七十者衣帛食肉,黎民不飢不寒[15],然而不王者[16],未之有也[17]。

"狗彘食人食而不知檢[18],塗有餓莩而不知發[19],人死,則曰:'非我也,歲也[20]。'是何異於刺人而殺之[21],曰:'非我也,兵也?'王無罪歲[22],斯天下之民至焉[23]。"

[1]無,通"毋",不要。下文"王無罪歲"的"無"同。

〔2〕不耽誤農業生産的季節,意思是説春夏秋不讓人民服役。

〔3〕糧食吃不完。勝(shēng),盡。

〔4〕數(cù),密。罟(gǔ),網。洿(wū),濁水不流。洿池,即池塘。據説上
　　古不許用密網捕魚,不滿一尺的魚不得食用,以免有礙魚的生長繁殖。

〔5〕斤,砍樹的斧子。以時,按照一定的時候,指草木凋落的時候,那時生長
　　的季節已過。

〔6〕養生,供養活着的人。喪死,爲死了的人辦喪事。憾,遺憾。

〔7〕王道,孟子理想中的政治。孟子認爲“養生喪死”祇是王道的開端。

〔8〕五畝,合現在一畝二分多。宅,宅院,人們居住的房舍。一夫一婦受宅五
　　畝、田百畝,這是當時儒家的理想。

〔9〕衣(yì),用如動詞。帛,絲織品。據説古代一般人到了五十歲,如果養
　　蠶,就可以衣帛,否則祇能衣麻。

〔10〕豚(tún),小猪。彘(zhì),猪。畜(xù),養,指養育。

〔11〕無,通“毋”。時,指繁殖的時機。

〔12〕謹,謹慎,這裏指謹慎從事。庠(xiáng)、序,都是學校,殷代叫序,周代叫
　　庠。教,教化。

〔13〕用孝悌之義反復地修“庠序之教”。申,重復,指反復進行。孝,順從並奉
　　養父母。悌(tì),敬愛兄長。義,道理。

〔14〕頒,通“斑”。頒白,頭髮半白。負,背(bēi)。戴,指把東西頂在頭上。

〔15〕黎,衆。

〔16〕然,這樣,指上兩句所説。王(wàng),統一天下而稱王。

〔17〕之,代詞,賓語提前。

〔18〕食人食,吃人所吃的東西。檢,通“斂”,收積、儲藏。

〔19〕塗,通“途”。餓莩(piǎo),餓死的人。發,指開倉濟民。

〔20〕歲,年成。

〔21〕是,代詞,指上述情況。何,疑問副詞,等於説有什麼。異,不同。殺,指
　　致人於死地。

〔22〕罪歲,歸罪於歲。

〔23〕斯,則。

齊桓晉文之事(梁惠王上)〔1〕

　　齊宣王問曰〔2〕:"齊桓晉文之事,可得聞乎?"孟子對曰:"仲尼之徒,無道桓文之事者〔3〕,是以後世無傳焉〔4〕,臣未之聞也〔5〕。無以,則王乎〔6〕?"

　　曰:"德何如,則可以王矣?"曰:"保民而王,莫之能禦也〔7〕。"曰:"若寡人者,可以保民乎哉〔8〕?"曰:"可。"曰:"何由知吾可也〔9〕?"曰:"臣聞之胡齕曰〔10〕:'王坐於堂上,有牽牛而過堂下者。王見之,曰:"牛何之〔11〕?"對曰:"將以釁鐘〔12〕。"王曰:"舍之! 吾不忍其觳觫〔13〕,若無罪而就死地〔14〕。"對曰:"然則廢釁鐘與〔15〕?"曰:"何可廢也,以羊易之。"'不識有諸〔16〕?"曰:"有之。"曰:"是心足以王矣〔17〕。百姓皆以王爲愛也〔18〕,臣固知王之不忍也。"

〔1〕從本章中可以看出,孟子認爲"王道"之未行,不是由於統治者的"不能",而是由於他們"不爲"。在他看來,祇要統治者把不忍之心推廣到百姓身上(即推恩),就可以王天下。齊桓,齊桓公。晉文,晉文公。

〔2〕齊宣王,姓田名辟疆。其祖先爲春秋時姜姓齊國的大夫,後放逐齊康公奪得齊國政權。齊宣王是田氏齊國的第四代君。

〔3〕道,説。儒家學派稱道堯舜禹湯文武等"先王之道",不主張"霸道",所以孟子這樣説。

〔4〕傳,傳述。

〔5〕未之聞,結構同前篇的"未之有"。

〔6〕無以,即無已,不停止(依朱熹説)。意思是説:您如果一定要談一談。則

王(wàng),意思是説:那麽就談談王天下的道理吧。

〔7〕保,安。禦,阻擋,指阻擋他王天下。

〔8〕若,像。乎哉,兩個疑問語氣詞連用,加强疑問語氣,略等於"嗎"。

〔9〕何由,從哪裏。

〔10〕我從胡齕那裏聽説。之,指下面一番話。胡齕(hé),齊宣王左右的近臣。

〔11〕之,動詞,到……去。

〔12〕"以"後面省略了賓語(指"牛")。釁,見第36頁《楚歸晉知罃》注〔5〕。

〔13〕觳觫(húsù),恐懼的樣子。

〔14〕好像没有罪過的人,平白地走向殺場(參用孫奭説)。若,好像。就,走向。

〔15〕然則,既然如此,那麽就。

〔16〕識,知道。諸,"之乎"的合音字。

〔17〕是,代詞,這種。足以王(wàng),足够用來王天下。

〔18〕愛,吝嗇,吝惜。

王曰:"然〔1〕。誠有百姓者〔2〕。齊國雖褊小〔3〕,吾何愛一牛? 即不忍其觳觫,若無罪而就死地,故以羊易之也。"曰:"王無異於百姓之以王爲愛也〔4〕。以小易大,彼惡知之〔5〕? 王若隱其無罪而就死地〔6〕,則牛羊何擇焉〔7〕?"王笑曰:"是誠何心哉〔8〕? 我非愛其財而易之以羊也,宜乎百姓之謂我愛也〔9〕。"曰:"無傷也〔10〕。是乃仁術也〔11〕,見牛未見羊也。君子之於禽獸也,見其生,不忍見其死;聞其聲,不忍食其肉。是以君子遠庖廚也〔12〕。"

〔1〕是的。

〔2〕的確有像百姓所説的情況。

〔3〕褊(biǎn),狹窄。

〔４〕異,動詞,奇怪。

〔５〕彼,代詞,他們,指百姓。惡(wū),何,哪裏。

〔６〕隱,心裏難過,可憐。

〔７〕牛和羊挑選什麼呢？孟子是説牛和羊没有什麼可挑選的,都是無罪而就死地,同樣要殺的。

〔８〕這(指以小易大)真是什麼想法呢？是,指示代詞。下文"是乃仁術也"的"是"同此。

〔９〕宜,應當。乎,在這裏表感歎。"百姓之謂我愛也"是"宜乎"的主語。之,介詞。

〔10〕無傷,没有損害,等於説没有關係。

〔11〕仁術,仁道,行仁政的途徑。

〔12〕遠,用如動詞,使……遠。庖廚,廚房。

王説,曰:"詩云:'他人有心,予忖度之〔１〕。'夫子之謂也。夫我乃行之,反而求之,不得吾心〔２〕。夫子言之,於我心有戚戚焉〔３〕。此心之所以合於王者〔４〕,何也?"曰:"有復於王者曰〔５〕:'吾力足以舉百鈞,而不足以舉一羽〔６〕;明足以察秋毫之末,而不見輿薪〔７〕。'則王許之乎〔８〕?"曰:"否!""今恩足以及禽獸,而功不至於百姓者〔９〕,獨何與〔10〕? 然則一羽之不舉,爲不用力焉〔11〕;輿薪之不見,爲不用明焉;百姓之不見保〔12〕,爲不用恩焉。故王之不王,不爲也,非不能也。"曰:"不爲者與不能者之形〔13〕,何以異〔14〕?"曰:"挾太山以超北海〔15〕,語人曰〔16〕:'我不能。'是誠不能也。爲長者折枝〔17〕,語人曰:'我不能。'是不爲也,非不能也。故王之不王,非挾太山以超北海之類也;王之不王,是折枝之類也。老吾老,以及人之老[18];幼吾幼,以及人之幼[19]:天下可運於掌[20]。詩云:'刑于寡妻,至于兄弟,以御于家邦[21]。'言舉斯心加諸彼而已[22]。故推恩足以保四海[23],不推恩無以保妻子[24]。古之人所以大過人者[25],無他焉[26],善推其所爲而已矣。今恩足以及禽獸,而功不至於百姓者,獨何與?權,然後知輕重[27];度,然後知長短[28]。物皆然,心爲甚[29],王請度之[30]。——抑王興甲兵[31],危士臣[32],構怨於諸侯[33],然後快於心與?"

〔1〕引自《詩經·小雅·巧言》。忖(cǔn),揣測。度(duó),心裏衡量。這裏"忖度'連用就是推測的意思。

〔2〕這是說:我就那樣做了,反過來追究一下我這種行動,自己也不了解自己的思想。

〔3〕戚戚,心動的樣子。

〔4〕合,符合。王,音 wàng。

〔5〕復,告。

〔6〕鈞,三十斤。一羽,一根羽毛。

〔7〕明,視力。下文"爲不用明"的"明"同此。察,等於說看清楚。毫,毛,獸類秋季生出新絨毛,最細。末,尖端。輿,車。薪,柴。

〔8〕許,應允,等於說同意。

〔9〕功,功德,功績。

〔10〕偏偏又是什麼原因呢?

〔11〕爲(wèi),因爲。下面兩句的"爲"字同。

〔12〕見保,被安撫。

〔13〕形,具體的表現。

〔14〕怎樣區別? 何以,憑什麼。

〔15〕挾(xié),夾在胳膊下。太山,即泰山。超,跳過。北海,渤海,在齊之北。

〔16〕語(yù)，告訴。

〔17〕長者，老者。枝，通"肢"。折枝，指按摩。

〔18〕第一個"老"字用如動詞，敬愛；第二個"老"字用如名詞，指老者。

〔19〕第一個"幼"字用如動詞，愛護；第二個"幼"字指幼者。

〔20〕運，轉動。這句是比喻王天下的容易。

〔21〕引自《詩經・大雅・思齊》。刑，通"型"，用如動詞，示範。寡妻，寡德之妻(和"寡人"一樣，是謙稱)，也就是嫡妻。御，治。家邦，家和國。

〔22〕〔這話〕是說把這種(愛自己親人的)心加之於別人身上罷了。

〔23〕推，推廣。四海，等於說天下。

〔24〕妻子，妻和子女。

〔25〕大過，大大勝過。

〔26〕他，別的。

〔27〕權，秤錘，用如動詞，指稱東西。

〔28〕度(duó)，量(liáng)。

〔29〕大意是：凡物都是這樣，心特別是這樣。甚，形容詞，厲害。

〔30〕"王請"等於"請王"。

〔31〕抑，連詞，還是。興甲兵，使甲兵動起來，即發動戰爭。興，起，使動用法。甲兵，見第11頁《鄭伯克段于鄢》注〔1〕。

〔32〕危，使動用法，使士臣陷於危險。士，士卒。臣，臣子。

〔33〕構，動詞，結。怨，仇恨。

　　王曰："否。吾何快於是？將以求吾所大欲也〔1〕。"曰："王之所大欲，可得聞與？"王笑而不言。曰："爲肥甘不足於口與〔2〕？輕煖不足於體與〔3〕？抑爲采色不足視於目與〔4〕？聲音不足聽於耳與？便嬖不足使令於前與〔5〕？王之諸臣，皆足以供之，而王豈爲是哉？"曰："否，吾不爲是也。"曰："然則王之所大欲可知已〔6〕：欲辟土地〔7〕,朝秦楚〔8〕,莅中國〔9〕,而撫四夷也〔10〕。以若所爲,求若所欲〔11〕,猶緣木而求魚也〔12〕。”

王曰:“若是其甚與〔13〕?”曰:“殆有甚焉〔14〕。緣木求魚,雖不得魚,無後災;以若所爲,求若所欲,盡心力而爲之〔15〕,後必有災。”曰:“可得聞與?”曰:“鄒人與楚人戰,則王以爲孰勝〔16〕?”曰:“楚人勝。”曰:“然則小固不可以敵大〔17〕,寡固不可以敵衆,弱固不可以敵强。海内之地〔18〕,方千里者九〔19〕,齊集有其一〔20〕;以一服八〔21〕,何以異於鄒敵楚哉?蓋亦反其本矣〔22〕?今王發政施仁〔23〕,使天下仕者皆欲立於王之朝〔24〕,耕者皆欲耕於王之野,商賈皆欲藏於王之市〔25〕,行旅皆欲出於王之塗〔26〕,天下之欲疾其君者,皆欲赴愬於王〔27〕。其若是,孰能禦之〔28〕?”

〔1〕所大欲,最想得到的東西。

〔2〕爲(wèi),因爲。下文直到“吾不爲是也”,“爲”字皆同。肥甘,指肥美的食品。

〔3〕輕煖,指又輕又暖的衣服。煖,同“暖”。

〔4〕采,彩色,後來寫作“彩”。

〔5〕便嬖(piánbì),即“便辟”,親幸的人。

〔6〕已,通“矣”。

〔7〕辟(pì),開闢,後來寫作“闢”。辟土地,指擴大領土。

〔8〕使秦楚入朝稱臣。朝,使動用法,使……朝見。

〔9〕莅(lì),監臨,等於説據有。中國,對四夷而言,指黄河流域周王朝所統治的地方,即中原地帶。

〔10〕撫,安撫,使……安定。四夷,指當時四方少數民族。這是古人對四方外

族的輕蔑稱呼。

〔11〕若,如此,這樣。

〔12〕緣,攀登。木,樹。

〔13〕是"其甚若是與"的倒裝。是,指緣木而求魚。甚,厲害。

〔14〕祇怕有比這厲害的。殆,副詞,祇怕。

〔15〕盡心力,盡心盡力。

〔16〕孰,誰。

〔17〕固,當然,本來。

〔18〕海內,等於説天下。

〔19〕方千里者九,是説海內共有九倍方千里的地。舊説指九州,但不可拘泥,因爲不可能是平均每州方千里(朱熹注《禮記·王制》,已對每州方千里的説法加以辨正)。

〔20〕集,會集,指截長補短計其面積。

〔21〕服,使動用法,使……降服。

〔22〕蓋,同"盍"(hé),何不。反,回到,後來寫作"返"。本,根本,這裏指王道仁政。下文"盍亦反其本矣"同此。

〔23〕發政,發布政令,"政"指王道的政令。施仁,推行仁道。

〔24〕仕者,做官的人。

〔25〕商賈,參看第 125 頁《魯仲連義不帝秦》注〔11〕。藏,囤積。

〔26〕行旅,指外出行路的人。

〔27〕愬,通"訴"。赴愬,跑來告訴〔你〕。

〔28〕其,語氣詞。若,像。禦,阻擋。

王曰:"吾惛〔1〕,不能進於是矣〔2〕。願夫子輔吾志,明以教我〔3〕。我雖不敏,請嘗試之〔4〕。"曰:"無恒產而有恒心者〔5〕,惟士爲能〔6〕。若民,則無恒產因無恒心〔7〕。苟無恒心〔8〕,放辟邪侈〔9〕,無不爲已〔10〕。及陷於罪〔11〕,然後從而刑之〔12〕,是罔民也〔13〕。焉有仁人

在位,罔民而可爲也！是故明君制民之産[14],必使仰足以
事父母,俯足以畜妻子[15],樂歲終身飽[16],凶年免於死
亡,然後驅而之善[17],故民之從之也輕[18]。今也,制民
之産,仰不足以事父母,俯不足以畜妻子,樂歲終身苦,凶
年不免於死亡。此惟救死而恐不贍[19],奚暇治禮義
哉[20]？王欲行之,則盍反其本矣？五畝之宅,樹之以桑,
五十者可以衣帛矣。雞豚狗彘之畜,無失其時,七十者可
以食肉矣。百畝之田,勿奪其時,八口之家可以無飢矣。
謹庠序之教,申之以孝悌之義,頒白者不負戴於道路矣。
老者衣帛食肉,黎民不飢不寒,然而不王者,未之
有也[21]。"

〔1〕惛,昏,思想昏亂。

〔2〕不能做到這種地步了。進,進一步。

〔3〕明,明白地,指把王政之道講清楚。教,教導。

〔4〕嘗,試。在這裏"嘗"與"試"是同義詞連用。

〔5〕恒,常。恒産,指能長久維持生活的産業,如田里、樹木、牲畜等。恒心,
　　長久不變的心,這裏的"心"是指善心。

〔6〕祇有"士"是能够這樣的。

〔7〕若,至於。因,因而。

〔8〕苟,假如。

〔9〕放,放縱。辟(pì),指行爲不正,後來寫作"僻"。邪,和"辟"同義。侈,和
　　"放"同義。這裏"放辟邪侈"是泛指一切不守封建社會秩序的行爲。

〔10〕已,通"矣"。

〔11〕及,等到。

〔12〕從,等於說跟着。刑,用如動詞,對……用刑罰。

〔13〕罔,網,用如動詞,張羅網。罔民,對人民張羅網,也就是促使民陷於罪的

意思。

〔14〕明君,明智的君。制,規定。

〔15〕畜,養活。因爲在孟子看來,妻子比夫父低一等,所以説"俯足以畜妻子"。

〔16〕大意是:假使一輩子都遇豐年,就一輩子都可以吃飽。樂歲,豐年。

〔17〕驅,驅使,督促。之,到……去。

〔18〕輕,容易。

〔19〕此,指上述情況。惟,祇。贍(shàn),足。

〔20〕哪裏有閒工夫去從事禮義。暇,閒暇。

〔21〕以上一段,參看第284頁《寡人之於國也》注〔8〕—〔17〕。

文王之囿(梁惠王下)

齊宣王問曰:"文王之囿方七十里〔1〕,有諸?"孟子對曰:"於傳有之〔2〕。"曰:"若是其大乎〔3〕?"曰:"民猶以爲小也。"曰:"寡人之囿方四十里,民猶以爲大,何也?"曰:"文王之囿方七十里,芻蕘者往焉〔4〕,雉兔者往焉〔5〕。與民同之〔6〕,民以爲小,不亦宜乎?臣始至於境〔7〕,問國之大禁〔8〕,然後敢入。臣聞郊關之內〔9〕,有囿方四十里,殺其麋鹿者如殺人之罪〔10〕,則是方四十里,爲阱於國中〔11〕,民以爲大,不亦宜乎?"

〔1〕文王,周文王。囿(yòu),天子諸侯養禽獸的地方。

〔2〕傳(zhuàn),記載史實的古書。

〔3〕是,指方七十里。

〔4〕芻,牧草。蕘,柴。"芻蕘"在這裏都用如動詞,指割草、打柴。芻蕘者,割草打柴的人。

〔5〕雉兔者,獵取野雞和兔子的人。

〔6〕和人民共同使用它。

〔7〕始,初,剛。境,指齊的國境。

〔8〕大禁,重要的禁令。

〔9〕郊關,國都之外百里爲郊,郊外有關(依朱熹説)。

〔10〕麋(mí),鹿的一種,較大。

〔11〕則是,那麼這是。阱(jǐng),捕獸的陷坑。

所謂故國者 (梁惠王下)〔1〕

孟子見齊宣王曰:"所謂故國者,非謂有喬木之謂也,有世臣之謂也〔2〕。王無親臣矣〔3〕,昔者所進〔4〕,今日不知其亡也〔5〕。"

〔1〕本章表現了孟子的"進賢"的主張,這是其王道内容的一部分。文中還反映了他的傾聽國人意見的思想。

〔2〕人們所説的"故國",不是指的有喬木,而是指的有世臣。之,指示代詞,複指"有喬木"和"有世臣"。故,舊。喬,高。世臣,纍世修德之臣。

〔3〕親臣,可以親信的臣。

〔4〕昔,從前。者,語氣詞。進,舉用,提拔。

〔5〕亡,逃亡出走(依朱熹説)。

王曰:"吾何以識其不才而舍之〔1〕?"

曰:"國君進賢,如不得已〔2〕,將使卑踰尊,疏踰戚〔3〕,可不慎與?左右皆曰賢,未可也;諸大夫皆曰賢,未可也;國人皆曰賢,然後察之,見賢焉,然後用之。左右皆曰不可,勿聽;諸大夫皆曰不可,勿聽;國人皆曰不可,然後察之,見不可焉,然後去之〔4〕。左右皆曰可殺,勿聽;諸大夫皆曰可殺,勿聽;國人皆曰可殺,然後察之,見可殺焉,然後殺之。故曰國人殺之也。如此，然後可以爲民父母[5]。"

〔1〕何以，根據什麼，舍，指不用。

〔2〕不得已，不能不如此，指不能不進賢。

〔3〕踰，超過。戚，親。在當時各國用人都祇注意用尊者親者，孟子則主張在不得已的情況下打破這種等級和宗族的限制來進賢。

〔4〕去之，去掉他，指不用。

〔5〕封建統治者把自己説成是保護撫養人民的。"爲民父母"就是用比喻的方法説明愛民。

夫子當路於齊(公孫丑上)[1]

公孫丑問曰[2]："夫子當路於齊[3]，管仲晏子之功[4]，可復許乎[5]？"

孟子曰："子誠齊人也！知管仲晏子而已矣。或問乎曾西曰[6]：'吾子與子路孰賢？'曾西蹵然曰[7]：'吾先子之所畏也[8]。'曰：'然則吾子與管仲孰賢？'曾西艴然不悦曰[9]：'爾何曾比予於管仲[10]！管仲得君，如彼其專也[11]！行乎國政[12]，如彼其久也！功烈[13]，如彼其卑也！爾何曾比予於是！'"曰[14]："管仲，曾西之所不爲也[15]，而子爲我願之乎[16]？"

〔1〕本章反映了孟子反對"霸道"、提倡"王道"的思想。

〔2〕公孫丑，孟子弟子，姓公孫名丑。

〔3〕路，指仕途。當路，即當道，指身居要職，掌握政權。這句是假設之辭。

〔4〕晏子，姓晏名嬰，春秋時人，曾相齊靈公、莊公、景公，是有名的政治家。功，功業。

〔5〕許,興起。

〔6〕乎,通"於"。曾西,孔子弟子曾參(世稱曾子)的孫子。

〔7〕蹵(cù)然,恭敬不安的樣子。"然"是詞尾。

〔8〕先子,指曾參。古人稱自己已死的前輩時,常稱"先子"。畏,敬畏。曾子
　　自認爲學問不如子路,所以敬畏他。

〔9〕艴(fú)然,生氣的樣子。

〔10〕何曾,等於説何乃(依趙岐説),略等於現代漢語的"爲什麼竟"。

〔11〕得君,指與君相得,也就是遇君,指受到齊桓公的賞識。如彼其專,即"其
　　專如彼"的倒裝。下文"如彼其久""如彼其卑"的結構相同。專,專一,
　　這裏指管仲一人得君。

〔12〕行乎國政,就是行國政。

〔13〕功烈,功業。卑,卑劣,不足道。在孟子看來,"得君""行乎國政"是管仲
　　的有利條件,應該成就"王道"的事業,但管仲卻以"霸道"輔佐齊桓公,
　　所以孟子借曾西的話斥之爲"卑"。

〔14〕這個"曰"字不表示另一人説話,而是表示"更端"(換一個話頭)。參看
　　第194頁《憲問》注〔2〕。

〔15〕爲,做。所不爲,不做的那種人。

〔16〕爲,通"謂",以爲。

　　　曰:"管仲以其君霸〔1〕,晏子以其君顯〔2〕,管仲晏子
猶不足爲與?"

　　　曰:"以齊王,由反手也〔3〕!"

　　　曰:"若是,則弟子之惑滋甚〔4〕。且以文王之德〔5〕,
百年而後崩〔6〕,猶未洽於天下〔7〕。武王、周公繼之〔8〕,
然後大行〔9〕。今言王若易然〔10〕,則文王不足法與〔11〕?"

〔1〕以,介詞,憑着。霸,指行霸道。

〔2〕顯,顯名。

〔3〕王，音 wàng。由，通"猶"，如同。反手，翻手，這是極言王天下之易。

〔4〕滋，益，更。

〔5〕且，連詞，等於説"再説"。

〔6〕百年，文王活了九十七歲，百年是舉整數。崩，古人稱天子死叫崩。

〔7〕〔其德澤〕還没有浸潤到全天下。洽，霑，潤。

〔8〕武王，文王之子。周公，武王之弟，曾輔佐武王。文武周公，都是儒家所推崇的統治者。

〔9〕大行，指德化大行於天下。

〔10〕王，音 wàng。若，像。易然，很容易的樣子。

〔11〕法，效法。

　　曰："文王何可當也〔1〕？由湯至於武丁，賢聖之君六七作〔2〕，天下歸殷久矣〔3〕，久則難變也。武丁朝諸侯〔4〕，有天下，猶運之掌也。紂之去武丁未久也〔5〕，其故家遺俗，流風善政，猶有存者〔6〕，又有微子、微仲、王子比干、箕子、膠鬲〔7〕，皆賢人也，相與輔相之〔8〕，故久而後失之也。尺地莫非其有也，一民莫非其臣也〔9〕，然而文王猶方百里起〔10〕，是以難也。齊人有言曰：'雖有智慧，不如乘勢〔11〕；雖有鎡基，不如待時〔12〕。'今時則易然也。夏后殷周之盛〔13〕，地未有過千里者也，而齊有其地矣〔14〕。雞鳴狗吠相聞，而達乎四境，而齊有其民矣〔15〕。地不改辟矣〔16〕，民不改聚矣〔17〕，行仁政而王，莫之能禦也〔18〕。且王者之不作，未有疏於此時者也〔19〕；民之憔悴於虐政〔20〕，未有甚於此時者也。飢者易爲食，渴者易爲飲〔21〕。孔子曰：'德之流行，速於置郵而傳命〔22〕。'當今之時，萬乘之國行仁政，民之悦之，猶解倒懸也〔23〕。故事半古之人,功必倍之^[24]。惟此時爲然。"

〔1〕當,相配,等於説配得上。

〔2〕湯、武丁,都是殷代的君王。賢聖之君,指湯、太甲、太戊、祖乙、盤庚、武丁等。作,興起。六七作,興起了六七次。

〔3〕歸,歸附,這裏是指天下人願意作殷的屬民。

〔4〕朝諸侯,使諸侯來朝。

〔5〕紂,商代末世君,歷史上有名的暴君。去,離。

〔6〕故家,有功勳的舊臣之家。遺俗,先代留下的良好習俗。流風,流傳下來的好風尚。

〔7〕這五個人都是紂王時的賢臣。其中微子、比干、箕子被孔子稱爲三仁。

〔8〕相與,等於説共同。輔相(xiàng),輔佐協助。

〔9〕没有一尺地不是他所有的,没有一個民不是他的臣子。

〔10〕猶,通"由"。起,興起。

〔11〕勢,時機,形勢。

〔12〕鎡(zī)基,鋤(依王念孫説,見《廣雅疏證》)。時,指農時。

〔13〕夏后,即夏代。盛,指最强盛的時候。

〔14〕其地,這樣〔大〕的地方。

〔15〕大意是,雞犬之聲延綿不斷,一直達到四面的邊界。這是極言人多。

〔16〕改辟,再開闢。

〔17〕改聚,再聚集。

〔18〕没有任何人能阻擋他。之,"禦"的賓語。

〔19〕疏,指時間隔得久遠。

〔20〕憔悴(qiáocuì),困苦。

〔21〕這是説:在人民困苦時行仁政,最容易爲人民接受。

〔22〕置、郵,都是古代傳遞政令的方法。置驛,即馬遞;郵驛,即車遞(依朱熹説)。

〔23〕好比解下倒弔着人的繩子。

〔24〕事情比古人少做了一半,而收效高一倍。

許　行(滕文公上)〔1〕

有爲神農之言者許行〔2〕,自楚之滕,踵門而告文公曰〔3〕:"遠方之人,聞君行仁政,願受一廛而爲氓〔4〕。"文公與之處〔5〕。其徒數十人,皆衣褐〔6〕,捆屨織席以爲食〔7〕。

陳良之徒陳相,與其弟辛,負耒耜而自宋之滕〔8〕,曰:"聞君行聖人之政,是亦聖人也,願爲聖人氓。"

〔1〕在本章中,許行等人出於對當時暴政的厭惡而提出恢復到原始共產社會的主張。孟子著重從社會分工的必然性和事物間的質的差別性批駁了許行之説。

〔2〕爲,這裏指研究。神農,傳説中的遠古酋長,是"三皇"之一,因爲相傳是他開始教人民耕種的,所以叫神農。言,等於説學説。先秦諸子中有一派是"農家",認爲如果世上所有的人都從事耕作,天下就會不治而治,因此假託神農之言主張"君臣並耕"。許行即屬這一派。

〔3〕滕(téng),國名,在今山東滕縣西南。踵,腳後跟,用如動詞。踵門,足至門(依朱熹説),指走到門上。

〔4〕廛(chán),一般百姓的住宅(依孫詒讓説,見《周禮正義·地官·載師》)。氓(méng),自外地遷來的民(依段玉裁説,見《説文解字注》)。

〔5〕與,給。處,名詞,住所,這裏即指"廛"。

〔6〕衣(yì),穿。褐(hè),粗毛編織的衣服,是當時貧苦人的衣服。

〔7〕捆,砸。屨,鞋。捆屨,即做鞋。編麻鞋草鞋時要邊編邊砸,可以使鞋結實。以爲食,等於説以此爲生。

〔8〕耒耜(lěisì),犁。鏵叫耜,犁柄叫耒。

陳相見許行而大悦,盡棄其學而學焉〔1〕。陳相見孟子,道許行之言曰:"滕君,則誠賢君也;雖然[2],未聞道也[3]。賢者與民並耕而食[4],饔飧而治[5];今也,滕有倉廩府庫[6],則是厲民而以自養也,惡得賢[7]!"

[1]第一個"學"字用如名詞,指所學的。第二個"學"字是動詞。

[2]雖然這樣。

[3]道,名詞,指許行所認爲的古聖賢治國之道。

[4]賢者,指古代的賢君。並,一起,一齊。

[5]饔(yōng),早餐。飧(sūn),晚飯。"饔飧"在這裏用如動詞,指自己做飯。治,指治理天下。

[6]倉廩(lǐn),糧食庫。府庫,藏財帛的地方。

[7]則是,那麼這是。厲,病。厲民,使人民困苦。自養,供養自己。惡(wū),哪裏。惡得賢,哪裏够得上稱爲賢君呢? 許行認爲滕君在當時雖然可稱爲賢君,但是還不能達到古聖賢的標準。

　　孟子曰:"許子必種粟而後食乎?"曰:"然。""許子必織布然後衣乎?"曰:"否。許子衣褐[1]。""許子冠乎[2]?"曰:"冠。"曰:"奚冠[3]?"曰:"冠素[4]。"曰:"自織之與?"曰:"否,以粟易之。"曰:"許子奚爲不自織[5]?"曰:"害於耕[6]。"曰:"許子以釜甑爨[7],以鐵耕乎[8]?"曰:"然。""自爲之與?"曰:"否,以粟易之。"

[1]褐是用毛編織的,所以不算是織布(依趙岐説)。

[2]冠,用如動詞,戴帽子。

[3]奚冠,戴什麼帽子。

[4]素,生絲織成的絹帛,不染色。這是説許行戴生絹做的帽子。

[5]奚爲,爲什麼。

[6]對耕種有妨害。

[7]釜(fǔ),鍋。甑(zèng),瓦做的蒸東西的炊具。爨(cuàn),炊,燒火

做飯。

〔8〕鐵,指鐵製的農具。

　　"以粟易械器者,不爲厲陶冶〔1〕;陶冶亦以械器易粟者,豈爲厲農夫哉?且許子何不爲陶冶,舍皆取諸其宮中而用之〔2〕?何爲紛紛然與百工交易〔3〕?何許子之不憚煩〔4〕?"

　　曰:"百工之事,固不可耕且爲也。""然則治天下,獨可耕且爲與〔5〕?有大人之事,有小人之事〔6〕。且一人之身而百工之所爲備〔7〕,如必自爲而後用之,是率天下而路也〔8〕。故曰:或勞心〔9〕,或勞力。勞心者治人,勞力者治於人〔10〕;治於人者食人〔11〕,治人者食於人:天下之通義也〔12〕。

〔1〕陶,燒製陶器。冶,冶煉鐵器。"陶、冶"在這裏指製造釜甑和鐵製農具的匠人。

〔2〕〔一切東西〕都衹從自己家裏拿來用。舍,止。按:"舍"字不好懂,姑從舊注。宮,室。注意:上古時"宮"還没用來專指帝王的宮室。

〔3〕紛紛然,忙碌的樣子。百工,從事各種工藝生産的人。

〔4〕不憚煩,不怕麻煩。

〔5〕獨,單單,偏。

〔6〕在《孟子》中,"大人"與"君子"同義,指統治者;"小人"與"野人"同義,指被統治者。

〔7〕所爲,所做的東西。備,具備。這是説,一個人的生活要具備各行各業所生産的東西。

〔8〕路,疲勞,羸弱(依王念孫説,見《讀書雜誌》)。

〔9〕或,代詞,有人。

〔10〕勞心者、勞力者,指上文"大人、小人"。治於人,被人治。

〔11〕食(sì),等於説供養。

〔12〕通義,一般的道理。按:這段話反映了孟子的政治觀點與歷史觀。他主
　　張社會的發展需要人們有所分工,同時又認爲人民羣衆衹能從事體力勞
　　動,養活統治階級,更把剥削階級和被剥削階級的對立看成永恒不變的
　　合理的社會秩序。這就爲歷代統治者剥削和壓迫統治勞動人民提供了
　　理論根據。

　　“當堯之時,天下猶未平〔1〕。洪水橫流〔2〕,氾濫於
天下。草木暢茂,禽獸繁殖,五穀不登〔3〕,禽獸偪人〔4〕。
獸蹄鳥迹之道〔5〕,交於中國〔6〕。堯獨憂之,舉舜而敷治
焉〔7〕。舜使益掌火〔8〕,益烈山澤而焚之〔9〕,禽獸逃匿。
禹疏九河〔10〕,瀹濟漯〔11〕,而注諸海〔12〕;決汝漢,排淮泗,
而注之江〔13〕;然後中國可得而食也〔14〕。當是時也,禹八
年於外,三過其門而不入,雖欲耕,得乎〔15〕?

〔1〕平,平定,指治理好。

〔2〕洪,大。橫流,不順水道,亂流。

〔3〕登,成熟。

〔4〕偪,後來寫作“逼”,這裏是威脇的意思。

〔5〕獸蹄鳥迹形成的道路。

〔6〕交,縱橫交錯。中國,指中原一帶。

〔7〕敷,治(依趙岐説),指治水土。

〔8〕益,舜的臣。掌火,掌管火。這是説使益任主火之官。

〔9〕益在山澤燃起大火來燒它。烈,用如動詞。

〔10〕疏,開通。九河,相傳是禹在黃河下游爲了疏濬黃河而開鑿的九條支流,
　　其故道已不可考。

〔11〕瀹(yuè),疏導。濟(jǐ)、漯(tà),都是水名,故道都在今山東省。

〔12〕注,使……流入。諸,之於。海,指今黃海。

〔13〕決,打開缺口,導引水流。汝,汝水,在今河南,東流入淮河。漢,漢水。排,排除,指排除水道淤塞。淮,淮河。泗,泗水,源出山東泗水縣,古代泗水在今江蘇淮陰附近入淮,今泗水流入運河,衹是古代泗水的上游。江,長江。按:汝漢淮泗四水,衹有漢水流入長江,這裏可能是記述的錯誤(依朱熹説)。

〔14〕指洪水退了,纔可以耕種並收穫糧食。

〔15〕得乎,等於説成嗎。

　　"后稷教民稼穡,樹藝五穀〔1〕,五穀熟而民人育〔2〕。人之有道也〔3〕,飽食、煖衣、逸居而無教〔4〕,則近於禽獸。聖人有憂之〔5〕,使契爲司徒〔6〕,教以人倫〔7〕:父子有親,君臣有義,夫婦有別,長幼有敘,朋友有信〔8〕。放勳曰:'勞之來之〔9〕,匡之直之〔10〕,輔之翼之〔11〕,使自得之〔12〕,又從而振德之〔13〕。'聖人之憂民如此,而暇耕乎?

〔1〕后稷,名棄,周的始祖。"稷"本是主管農事的官名,堯任命棄爲稷,周人因稱棄爲后稷("后"是"君"的意思)。稼穡(sè),農業上種叫稼,收叫穡,這裏泛指農事。樹、藝,都是種植的意思。

〔2〕育,生養,這裏有得以生存、繁殖的意思。

〔3〕人之有道也,等於説"人之爲道也"(依王念孫之説,是《經傳釋詞》引)。這句引起下文,是説關於人的道理。

〔4〕等於説吃得飽,穿得暖,住得安逸卻没有受到教育。

〔5〕有,通"又"。這是承上"堯獨憂之"而言。

〔6〕契(xiè),堯的臣子,商的始祖。司徒,官名,掌管教育等事。

〔7〕人倫,古代社會所規定的人與人之間的正常關係。以下五句即所謂五倫。

〔8〕別,分別。敘,通"序",等次。

〔9〕放勳,堯的號。勞(lào),慰勞。來(lài),使……來(來歸順)。

〔10〕匡，正，使……正直，即糾正。

〔11〕翼，保護。

〔12〕自得，指自得其善性。

〔13〕振，救濟。德，用如動詞，指對人民施恩惠。以上是堯囑咐契的話（依朱熹説）。

　　“堯以不得舜爲己憂，舜以不得禹、皋陶爲己憂〔1〕。夫以百畝之不易爲己憂者，農夫也〔2〕。分人以財謂之惠，教人以善謂之忠，爲天下得人者謂之仁〔3〕；是故以天下與人易，爲天下得人難〔4〕。孔子曰〔5〕：‘大哉，堯之爲君〔6〕！惟天爲大，惟堯則之〔7〕，蕩蕩乎，民無能名焉〔8〕！君哉，舜也〔9〕！巍巍乎，有天下而不與焉〔10〕！’堯舜之治天下，豈無所用其心哉？亦不用於耕耳。

〔1〕皋陶(yáo)，舜的法官。相傳禹和皋陶曾幫助舜治理天下。

〔2〕以田地種不好爲自己的憂慮的人，是農夫。夫(fú)，句首語氣詞。百畝，參看第284頁《寡人之於國也》注〔8〕。易，治。

〔3〕這裏的“惠”“忠”“仁”，是孟子隨文而做的解釋，並不能概括這三個詞在當時的全部涵義。

〔4〕把天下讓給人容易，但是要爲天下找到更賢的人卻很難。

〔5〕見《論語·泰伯》，但文字頗有出入。

〔6〕大哉，等於説偉大啊，是全句的謂語。下文“君哉”同。

〔7〕則，法則，用如動詞，效法。

〔8〕蕩蕩乎，廣大遼闊的樣子。名，用如動詞，指用言語來稱贊形容。

〔9〕君哉，指得人君之道。

〔10〕巍巍乎，高大的樣子。與(yù)，參與。不與，等於説不相干（依朱熹説）。有天下而好像跟自己不相干，是説不以有天下爲榮。

　　“吾聞用夏變夷者，未聞變於夷者也〔1〕。陳良，楚産也[2]，悦周公、仲尼之道[3]，北學於中國；北方之學者，未能或之先也[4]。彼所謂豪傑之士也[5]。子之兄弟，事之數十年，師死而遂倍之[6]。昔者，孔子没[7]，三年之外，門人治任將歸[8]，入揖於子貢，相嚮而哭，皆失聲[9]，然後歸。子貢反，築室於場，獨居三年[10]，然後歸。他日，子夏、子張、子游，以有若似聖人，欲以所事孔子事之，强曾子[11]。曾子曰：‘不可。江漢以濯之[12]，秋陽以暴之[13]，皜皜乎不可尚已[14]！’今也，南蠻鴃舌之人[15]，非先王之道；子倍子之師而學之，亦異於曾子矣。吾聞出於幽谷，遷於喬木者[16]，未聞下喬木而入於幽谷者。魯頌曰：‘戎狄是膺，荆舒是懲[17]。’周公方且膺之[18]，子是之學[19]，亦爲不善變矣[20]。”

〔1〕夏，指當時中原各國（這些國家當時文化較發達）。變夷，使夷同化。變於夷，被夷同化。夷，見第290頁《齊桓晉文之事》注〔10〕。

〔2〕楚産，出生在楚地的人。當時楚地文化也很發達，但孟子仍斥之爲夷。

〔3〕周公，見第297頁《夫子當路於齊》注〔8〕。

〔4〕或，有人。先，用如動詞，指超過。之，“先”的賓語，指陳良。

〔5〕豪傑，才能出衆的人。

〔6〕倍，通“背”，背叛。

〔7〕没，通“殁”，死。

〔8〕任，擔子，指行李。治任，收拾行裝。上古時代，弟子爲老師服心喪三年（哀痛與喪父相仿，但不服喪服，所以稱心喪），所以三年過後門人散去。

〔9〕嚮，向。相嚮，面對面。失聲，悲不成聲。

〔10〕場，墓前供祭祀用的場地。子貢因對孔子感情深摯，所以又守墓三年。

〔11〕有若，即有子，參看第205頁《有子之言似夫子》注〔2〕。聖人，指孔子。

强(qiǎng),勉强。强曾子,勉强曾子〔也這樣做〕。

〔12〕濯,洗。以,介詞,用。"江漢"是"以"的賓語。下句結構同此。

〔13〕秋陽,秋天的太陽。周曆的七八月相當於夏曆的五六月,正是陽光最強的時候。暴(pù),曬,後來寫作"曝"。

〔14〕皜(hào),光明潔白。尚,通"上"。不可尚,指任何人達不到孔子的境界。

〔15〕鴃(jué),鳥名,又名伯勞,叫的聲音不好聽,孟子用"鴃舌"來比喻許行的話難聽。許行是楚人,所以孟子這樣説,這是孟子歧視非華夏之國的偏見。

〔16〕出於幽谷,遷於喬木,是用《詩經·小雅·伐木》的話。幽谷,幽暗的山谷。《詩經》是説鳥,孟子則用來比喻人改邪歸正。

〔17〕引自《詩經·魯頌·閟宮》。膺,擊。荊,國名,就是楚。舒,南方的小國,從屬於楚。懲,使人受創而警懼。

〔18〕方且,將要。

〔19〕是,指戎狄荊蠻。"是"是"學"的賓語,提前用"之"複指。

〔20〕變,即承上文"用夏變夷"的"變"。

　　"從許子之道,則市賈不貳,國中無僞〔1〕;雖使五尺之童適市〔2〕,莫之或欺〔3〕。布帛長短同,則賈相若〔4〕;麻縷絲絮輕重同〔5〕,則賈相若;五穀多寡同,則賈相若;屨大小同,則賈相若。"

　　曰:"夫物之不齊,物之情也〔6〕:或相倍蓰,或相什百,或相千萬〔7〕。子比而同之〔8〕,是亂天下也。巨屨小屨同賈,人豈爲之哉〔9〕?從許子之道,相率而爲僞者也,惡能治國家!"

〔1〕賈(jià),價格,後來寫作"價"。貳,同"二"。國中,都城中。

〔2〕五尺,相當於現在的三尺多。適,到……去。

〔３〕等於説没有人騙他。之,代詞。或,句中語氣詞。

〔４〕相若,相像,也就是相同。

〔５〕縷(lǚ),綫。

〔６〕情,指自然之理。

〔７〕或,有的。蓰(xǐ),五倍。什百、千萬,都是説的倍數。什,十倍。

〔８〕比,平列,等於説同等看待。同,等同起來,等於説劃一。

〔９〕孟子是説物之不齊是自然的道理,它們有精粗的分別,就有大小的分別一樣。假如大鞋小鞋同價,人們豈肯做大鞋出賣呢? 若不論精粗,使之同價,人們又豈肯做精的出賣呢?(參用朱熹説)

攘　雞(滕文公下)

　　戴盈之曰〔１〕:“什一,去關市之征〔２〕,今兹未能〔３〕;請輕之〔４〕,以待來年然後已〔５〕。何如?”

　　孟子曰:“今有人日攘其鄰之雞者〔６〕,或告之曰:‘是非君子之道。’曰:‘請損之〔７〕,月攘一雞,以待來年然後已。’如知其非義,斯速已矣〔８〕,何待來年?”

〔１〕戴盈之,宋國大夫。

〔２〕什一,孟子所主張的古代田賦法,即征收農產品的十分之一。關市之征,指在關市征收的商業税。征,抽税。戴盈之是説,實行什一之賦,去掉關市之征。注意:什一指農業税,關市之征指商業税,這是兩件事。

〔３〕今兹,今年。

〔４〕輕之,使田賦和關市之征減輕些。

〔５〕來年,明年。已,停止,指完全廢除。

〔６〕現在有個每天偷鄰家的雞的人。這是假設之詞。攘,本指扣留自己跑來的家禽牲畜,和“偷”有些不同;在本文中就是偷的意思。者,代詞,指前面的“人”。

〔7〕損,減少。

〔8〕斯,則。已,停止。

陳 仲 子(滕文公下)〔1〕

匡章曰〔2〕:"陳仲子,豈不誠廉士哉〔3〕!居於陵,三日不食,耳無聞,目無見也〔4〕。井上有李,螬食實者過半矣〔5〕,匍匐往將食之〔6〕,三咽〔7〕,然後耳有聞,目有見。"

〔1〕陳仲子,有人説就是於陵子仲,參看第108頁《趙威后問齊使》注〔18〕。陳仲子是齊國的隱士,不食不義之禄,孟子在這裏指出陳仲子不可能徹底體現自己的操守。

〔2〕匡章,齊人。

〔3〕廉,廉潔,指不取不義之財。

〔4〕聞、見,指聽覺、視覺。

〔5〕井臺上有李子,螬蟲吃掉果肉已經超過一半了。螬(cáo),樹上的一種蟲。

〔6〕匍匐,爬。將,拿過來。

〔7〕咽,嚥,吞。三咽,吞了三口。

孟子曰:"於齊國之士,吾必以仲子爲巨擘焉〔1〕。雖然,仲子惡能廉〔2〕!充仲子之操〔3〕,則蚓而後可者也〔4〕。夫蚓,上食槁壤〔5〕,下飲黄泉。仲子所居之室,伯夷之所築與〔6〕?抑亦盗跖之所築與〔7〕?所食之粟,伯夷之所樹與〔8〕?抑亦盗跖之所樹與?是未可知也〔9〕。"

〔1〕巨擘(bò),手的大拇指。孟子用來比喻陳仲子在齊國的士中是最好的。

〔2〕惡(wū)，疑問代詞。惡能廉，怎能做到廉呢？

〔3〕充，滿，這裏是説無一處不貫徹體現。操，操守。

〔4〕蚓，蚯蚓。這是説假使要徹底體現陳仲子的操守，衹好變成蚯蚓。

〔5〕槁壤，乾土。

〔6〕伯夷，殷時孤竹國君長子，反對武王伐紂，不食周粟，餓死首陽山。伯夷在封建時代一直被統治階級推崇爲廉潔之士。

〔7〕抑亦，作用同"抑"，還是。盜跖(zhí)，相傳爲春秋時的大盜，名跖。

〔8〕樹，動詞，種植。

〔9〕孟子的意思是：陳仲子不能脱離別人而生活，一與別人發生關係，"廉"的原則就被打破了。

　　曰："是何傷哉？彼身織屨〔1〕，妻辟纑〔2〕，以易之也〔3〕。"

　　曰："仲子，齊之世家也〔4〕。兄戴，蓋禄萬鍾〔5〕。以兄之禄爲不義之禄而不食也，以兄之室爲不義之室而不居也。避兄離母，處於於陵〔6〕。他日歸，則有饋其兄生鵝者〔7〕；己頻顣曰〔8〕：'惡用是鶂鶂者爲哉〔9〕！'他日，其母殺是鵝也，與之食之〔10〕。兄自外至，曰：'是鶂鶂之肉也！'出而哇之〔11〕。以母則不食〔12〕，以妻則食之；以兄之室則弗居，以於陵則居之；是尚爲能充其類也乎〔13〕？若仲子者，蚓而後充其操者也。"

〔1〕身，自己。

〔2〕辟(pī)，績麻，就是把麻分開，把短的績長。纑(lú)，練麻，即漂治麻縷。

〔3〕之，指"粟""室"。

〔4〕世家，世世代代爲卿大夫的家族。

〔5〕戴，陳仲子兄之名。蓋(gě)，齊地名，戴的采邑(戴收租税的地方)。鍾，六斛四斗(一斛等於十斗)。

〔6〕處(chǔ),居住。

〔7〕他日,另一日,等於説有一天。餽(kuì),贈送。鶂,即鵝字。生鶂,活鵝。

〔8〕頻,通"顰",皺眉。顣(cù),皺着鼻子。頻顣,指皺着眉不高興的樣子。

〔9〕鶃鶃(yì),鵝叫的聲音。爲,語氣詞。

〔10〕與,給。第一個"之"字指陳仲子,第二個"之"字指鵝。

〔11〕哇(wā),吐。

〔12〕以,因。以母,因爲是母親〔的食物〕。下面三個"以"字同。

〔13〕這還算是能够把自己的操守體現在一切行爲當中嗎? 類,同樣的事情。

弈　秋(告子上)

　　孟子曰:"無或乎王之不智也〔1〕。雖有天下易生之物也,一日暴之,十日寒之〔2〕,未有能生者也。吾見亦罕矣〔3〕,吾退而寒之者至矣〔4〕,吾如有萌焉何哉〔5〕! 今夫弈之爲數〔6〕,小數也。不專心致志〔7〕,則不得也。弈秋,通國之善弈者也〔8〕。使弈秋誨二人弈:其一人專心致志,惟弈秋之爲聽〔9〕;一人雖聽之,一心以爲有鴻鵠將至〔10〕,思援弓繳而射之〔11〕。雖與之俱學,弗若之矣〔12〕。爲是其智弗若與〔13〕? 曰:非然也〔14〕。"

〔1〕無,勿。或,通"惑",想不通。乎,於。

〔2〕暴(pù),曬。寒,用如動詞,使……寒,等於説凍。

〔3〕見,指見齊王。罕,稀少。

〔4〕寒之者,比喻和孟子抱不同主張的人,指姦佞諂媚之臣。

〔5〕在王身上有點爲善的萌芽,我又能怎麼樣呢? 萌,植物的芽,這裏是比喻齊王在思想上接受孟子學説而爲善的苗頭。如……何,等於説如之何,即奈何。

〔6〕弈(yì),下圍棋。數,指技藝。

〔7〕致,極,即"盡"的意思。致志,等於説用盡心思。

〔8〕弈秋,"秋"是人名,因善弈,所以稱"弈秋",這是古人稱名的習慣。通國,全國。

〔9〕等於説唯弈秋是聽,即衹聽弈秋的。

〔10〕鴻鵠(hú),就是鵠(依朱駿聲説,見《説文通訓定聲》),天鵝。

〔11〕援,取過來。繳,見第114頁《莊辛説楚襄王》注〔9〕。

〔12〕弗若,不如,不及。兩個"之"字都指上文專心致志的那個人。

〔13〕爲,通"謂",認爲。是,這個人。

〔14〕這個"曰"字表示同一人自問後的自答。非然,不是這樣。

舜發於畎畝之中(告子下)

孟子曰:"舜發於畎畝之中〔1〕,傅説舉於版築之間〔2〕,膠鬲舉於魚鹽之中〔3〕,管夷吾舉於士〔4〕,孫叔敖舉於海〔5〕,百里奚舉於市〔6〕。故天將降大任於是人也〔7〕,必先苦其心志,勞其筋骨,餓其體膚,空乏其身〔8〕,行拂亂其所爲〔9〕,所以動心忍性,曾益其所不能〔10〕。

〔1〕發,起,指被起用。畎(quǎn),田間的水溝。畝,田壟。"畎畝"連用泛指田野。據説舜耕於歷山,三十歲纔被堯舉用。

〔2〕傅説(yuè),殷代高宗武丁的相。舉,被舉用,被選拔。版,築土牆用的夾板。築,擣土用的杵。築牆時先把土倒在夾板中,再用築擣結實。據説傅説在傅巖(地名)爲人築牆,後來武丁就命他以傅爲氏。

〔3〕膠鬲(gé),參看第298頁《夫子當路於齊》注〔7〕。膠鬲最初販賣魚鹽,被周文王舉薦於紂。

〔4〕管夷吾,即管仲,參看第194頁《憲問》注〔1〕"桓公殺公子糾"。士,獄官。舉於士,指從獄官手裏被釋放並舉用。

〔5〕孫叔敖,姓孫,名叔敖,春秋時楚人,隱居海濱,後楚莊王舉以爲相。

〔6〕百里奚,春秋時虞人,曾被楚人捉去放牛,秦穆公知其名,把他贖買到秦,舉以爲相。舉於市,等於說從奴隸市場中被舉拔。

〔7〕任,責任,擔子。

〔8〕空乏,資財缺乏,使動用法。空乏其身,就是使他身受貧窮之苦。

〔9〕行,行爲。拂,違背。亂,擾。所爲,指想要做的。

〔10〕借此使他們心裏常常保持警惕,使他們的性格變得堅強,使他們增加了能力。動心,使心驚動。忍,堅。曾,通"增"。益,與增同義。增益其所不能,大意是說對他們本來不能做的事有所增加,等於說增加了他們的能力。

　　"人恒過〔1〕,然後能改;困於心,衡於慮,而後作〔2〕;徵於色,發於聲,而後喻〔3〕。入則無法家拂士〔4〕,出則無敵國外患者〔5〕,國恒亡。然後知生於憂患,而死於安樂也〔6〕!"

〔1〕恒,常。過,犯錯誤。

〔2〕困,苦,指苦苦思索。衡,通"橫",梗塞,指不順利。作,奮起,指有所作爲。

〔3〕徵,察驗。色,容色,臉色。喻,了解。這幾句是說一般人沒有預見性,要等到犯了錯誤然後能改;要等到困難來了纔着急,纔能奮發有爲;顯出臉色來,然後纔被人們所了解。

〔4〕入,指國内。法家,有法度的世臣。拂(bì),通"弼",匡正過失。拂士,能直諫匡過的臣。

〔5〕出,指國外。

〔6〕孟子的意思是憂患使人勤奮,因而得生;安樂使人怠惰,可使身亡。

常　用　詞(四)　　65字

行走出入之適進退踰逸偪　決治　樹藝　事畜　保愛　傷害

比喻

　　誠僞善淫凶　疏戚　饑孰　滋烈贍　共同殊異

　　斤鈞鍾倍　政教法術勢數　朝野塗江關　官府　衣冠屨商賈
旅徒　年歲

188.【行】

　　（一）讀 háng。名詞。道路。《詩經・豳風・七月》：“遵彼
微～。”《詩經・周南・卷耳》：“寘彼周～。”（周行：大路，公路。）

　　（二）動詞。走路，走。跟“止”相對。《論語・述而》：“三
人～，必有我師焉。”引申爲走了，不留在原來的地方了。《論語・
微子》：“使子路反見之，至則～矣。”又：“孔子～。”又爲實際地做，
實施，辦。《論語・先進》：“子路問：‘聞斯～諸？’”《孟子・梁惠王
上》：“夫我乃～之，反而求之，不得吾心。”現代有雙音詞“實行”。

　　（三）副詞。將，快。曹丕《與吳質書》：“別來～復四年。”杜甫
《送率府程錄事還鄉》：“鄙夫～衰謝。”（鄙夫：自謙之詞。）

　　（四）讀 xìng，去聲。名詞。行爲，一般指道德上的表現。《論
語・公冶長》：“聽其言而觀其～。”《莊子・逍遙遊》：“～比一鄉。”

　　（五）讀 háng。行列。《左傳・成公二年》：“屬當戎～，無所逃
隱。”杜甫《贈衛八處士》詩：“兒女忽成～。”

189.【走】

　　（一）跑，逃跑。《戰國策・楚策一》：“獸見之皆～。”《孟子・
梁惠王上》：“棄甲曳兵而～。”今成語有“～馬看花”。

　　（二）讀 zòu，去聲。奔向。《孟子・離婁上》：“民之歸仁也，猶
水之就下，獸之～壙也。”（壙：原野。）今成語有“～投無路”（但不再
讀去聲）。

　　[辨] 行，走。古代所謂“行”，現代叫“走”（比較“行路”“走

路”）。古代所謂“走”，現代叫“跑”（比較“走馬”“跑馬”）。祇有
華南方言（如粵方言、客家方言等）還保存古義。

190.【出】

出，出去，出來。跟“入”相對。《論語·先進》：“三子者～。”又
特指“出門”。《孟子·梁惠王下》：“魯平公將～。”《離婁下》：“其
良人～，則必饜酒肉而後反。”“入”與“出”對舉時，在某些情況下，
“入”表示國內或家內，“出”表示國外或家外。《孟子·告子下》：
“入則無法家拂士，～則無敵國外患者，國恒亡。”從“出去”的意義
引申爲“出妻”（休妻）。另引申爲超出，超過。《論語·鄉黨》：“祭
肉不～三日。”又爲支出。《禮記·王制》：“量入以爲～。”又表示拿
出。柳宗元《送薛存義序》：“凡民之食于上者，～其十一傭乎吏。”
又爲出現。蘇軾《後赤壁賦》：“山高月小，水落石～。”

191.【入】

（一）進，進去，進來。《孟子·滕文公上》：“三過其門而不～。”
注意：在這個意義上，古人說“入”不說“進”。“入”字與“出”字對
舉，有時表示國內或家內。《論語·學而》：“弟子～則孝，出則弟。”

（二）納。《戰國策·秦策四》：“～其社稷之臣於秦。”《左傳·
宣公二年》：“諫而不～。”

192.【之】

（一）動詞。到〔某地〕去。《孟子·梁惠王上》：“牛何～？”《戰
國策·齊策四》：“驅而～薛。”又《趙策三》：“齊閔王將～魯。”又《楚
策四》：“莊辛去～趙。”注意：上古漢語有“去之”的說法，但“去”字
祇表示離開某地，“之”字方是表示到某地去。“莊辛去～趙”是說
莊辛離開了楚國而到趙國去。

（二）指示代詞。此，這。《詩經·周南·桃夭》：“～子于歸。”

《莊子・逍遙遊》:"～二蟲又何知?"

(三)人稱代詞。他,她,它(又指複數)。用作賓語。《孟子・梁惠王上》:"是何異於刺人而殺～?"又:"以羊易～。"《論語・爲政》:"詩三百,一言以蔽～,曰:思無邪。"

(四)介詞。的。《孟子・梁惠王上》:"王道～始也。"

193.【適】

(一)動詞。到〔某地〕去。《論語・子路》:"子～衞。"《孟子・滕文公上》:"雖使五尺之童～市,莫之或欺。"《莊子・逍遙遊》:"彼且奚～也?"

(二)嫁。《儀禮・喪服》子夏傳:"女子子～人者。"又《喪服》注:"凡女行於大夫以上曰'嫁',行於士庶人曰'～人'。"歐陽修《江鄰幾墓誌銘》:"女三人,長～秘書丞錢袞,餘尚幼。"

(三)副詞。正巧,恰在這個時候。《戰國策・趙策三》:"此時魯仲連～遊趙。"

(四)讀 dí,通"嫡"。正妻所生的。《左傳・文公十八年》:"殺～立庶。"(庶:非正妻所生的。)

[辨]之,如,適,往,赴。在到某地去的意義上,"之""如""適"沒有什麽分別。"之齊""如齊""適齊"可以互換;可能是方言的不同。"往"和這三個詞的分別較大。這三個詞帶直接賓語,而"往"不帶直接賓語,上古不說"往齊"。《孟子・滕文公下》:"匍匐往將食之。"目的地是不言而喻的。又《梁惠王上》:"芻蕘者往焉,雉兔者往焉。"說"往焉"不說"往之",就是因爲"往"字不能帶直接賓語。《孟子・滕文公下》:"往之女家。"正是由於"往"不能帶直接賓語,所以後面再加動詞"之"字。"赴"字和其他四字分別很大,因爲它表示奔向(特別是奔向水火或凶險之境),而不是簡單的往。

"赴"字在詞性上卻跟"之""如""適"相同,因爲它能帶直接賓語。

194.【進】

(一)向前走,推進。跟"退"相對。《論語·雍也》:"非敢後也,馬不~也。"《左傳·僖公四年》:"師~,次于陘。"引申爲到朝廷去做官。《孟子·公孫丑上》:"治亦~,亂亦~。"又爲使到朝廷裏來,任用。《孟子·梁惠王下》:"國君~賢。"又爲向在上者推薦。司馬遷《報任安書》:"今少卿乃教以推賢~士。"

(二)獻納。《戰國策·齊策一》:"羣臣~諫。"《史記·廉頗藺相如列傳》:"身所奉飲而~食者以十數。"

[辨]進,入。"進"與"入"在古代不是同義詞。"進"的反面是"退","入"的反面是"出"。現代漢語所謂"進去""進來",古人祇説"入",不説"進"。例如"入門",在古代不能説成"進門"。

195.【退】

(一)向後走,後退。跟"進"相對。《周易》乾卦:"知進而不知~。"引申爲撤退。《左傳·僖公四年》:"師~,次于召陵。"又指從朝廷、從父親、從老師處回來。《詩經·召南·羔羊》:"~食自公。"(退食:退朝而食于家。自公:自公門而出。)《孟子·告子上》:"吾~而寒之者至矣。"《論語·季氏》:"鯉~而學詩。"(鯉:孔鯉。孔子之子。)又《爲政》:"~而省其私,亦足以發,回也不愚。"再引申爲不在朝廷任職。《孟子·公孫丑上》:"治則進,亂則~。"《楚辭·離騷》:"~將復修吾初服。"范仲淹《岳陽樓記》:"是進亦憂,~亦憂。"

(二)不與人競爭。《禮記·曲禮上》:"是以君子恭敬撙節~讓以明禮。"《史記·外戚世家》:"由此爲~讓君子。"引申爲退縮。《論語·先進》:"求也~,故進之。"

196.【踰】

越過。《詩經·鄭風·將仲子》:"無~我牆。""踰"又用於比喻或抽象的意義。《論語·子張》:"大德不~閑。"《孟子·梁惠王下》:"將使卑~尊,疏~戚。"注意:"踰"也可以寫作"逾"。

197.【逸】

(一)逃走。《左傳·桓公八年》:"隨侯~。"揚雄《解嘲》:"往者周網解結,羣鹿爭~。"引申爲奔跑得很快。《左傳·成公二年》:"馬~不能止。"引申爲隱遁。《論語·微子》:"~民伯夷、叔齊。"又《堯曰》:"舉~民。"又爲散失,如説"~文""~周書"。在這個意義上又可作"軼",如"~聞""~事"。也可作"佚"。又爲超出常格,卓越。《後漢書·蔡邕傳》:"太尉馬日磾馳往謂允曰:'伯喈(蔡邕之字)曠世~才,多識漢事,當續成漢史,爲一代大典。'"杜甫《春日憶李白》詩:"清新庾開府,俊~鮑參軍。"

(二)放縱,安逸,安樂。《孟子·滕文公上》:"~居而無教,則近於禽獸。"《戰國策·楚策四》:"專淫~侈靡,不顧國政。"這個意義也可寫作"泆""佚"。《左傳·隱公三年》:"驕奢淫泆,所自邪也。"《史記·三王世家》:"無長好佚樂馳騁弋獵淫康,而近小人。"

198.【偪】

侵逼,逼近。《孟子·滕文公上》:"禽獸~人。"《左傳·僖公五年》:"桓莊之族何罪,而以爲戮? 不唯~乎?"注意:"偪"後代多寫作"逼"。

199.【決】(决)

(一)打開缺口,導引水流。《孟子·滕文公上》:"~汝漢,排淮泗,而注之江。"又《告子上》:"~諸東方則東流。"引申爲洪水把堤岸沖開。《左傳·襄公三十一年》:"大~所犯,傷人必多。"

（二）判定,決定。《戰國策·趙策三》:"平原君猶豫未有所~。"《楚辭·卜居》:"余有所疑,願因先生~之。"

200.【治】

（一）舊讀平聲(chí)。治水,防禦它或疏導它。《孟子·告子下》:"禹之~水,水之道也。"引申爲處理,進行某種工作。《孟子·滕文公上》:"然則~天下獨可耕且爲與?"又:"惡能~國家?"又:"門人~任將歸。"又《梁惠王上》:"奚暇~禮義哉?"《莊子·馬蹄》:"伯樂善~馬,而陶匠善~埴木。"(陶:燒窯工人。匠:木匠。埴 zhí:陶土,黏土。)《左傳·成公三年》:"二國~戎。"按:"治"字的引申義應用甚廣,凡加於名詞的前面,就表示對此事物進行應有的處理。

（二）去聲。形容詞。治理好了的。特指國家被治理得很好,太平。跟"亂"相對。《論語·泰伯》:"舜有臣五人而天下~。"《戰國策·齊策》:"齊國大~。"

［辨］治,理。"治"是"治水","理"是"治玉"。治國家可以叫做"治",也可叫做"理"。如"治亂"可以説成"理亂"。但是在這個意義上,上古多説"治",少説"理"。唐代因避唐高宗李治的諱,於是常常把"治"説成"理"。如韓愈《原毁》:"其國家可幾而理歟!"《送李愿歸盤谷序》:"理亂不知。"柳宗元《永州韋使君新堂記》:"將使繼公之理者,視其細知其大也。"這是讀唐人作品所應該注意的。

201.【樹】

（一）動詞。種植,栽種。《孟子·梁惠王上》:"五畝之宅,~之以桑。"又《滕文公上》:"后稷教民稼穡,~藝五穀。"又《滕文公下》:"所食之粟,伯夷之所~與?抑亦盜跖之所~與?"成語有"十年~木,百年~人"。

（二）名詞。樹木。《左傳・昭公二年》："有嘉~焉,宣子譽之。"《史記・孫子吳起列傳》："龐涓死於此~之下。"

按:舊時於動詞的"樹"讀上聲,名詞的"樹"讀去聲。今無別。

[辨]樹,木。"樹"和"木"的顯著區別有兩點:(1)"樹"可以是動詞,"木"不可以用作動詞;(2)"木"可以當"木材"講,"樹"不可以當"木材"講。先秦的"樹"字,一般祇用作動詞。《詩經・鄭風・將仲子》："無折我樹杞。"疏:"無損折我所樹之杞木。"這是正確的解釋。"樹"作爲動詞時,也不限於種木,還可以種草。《詩經・衛風・伯兮》："焉得諼草(萱草),言樹之背(背:北堂)。"動詞"種"字,戰國時代纔出現。《孟子・滕文公上》："許子必種粟而後食乎?"

202.【藝】(蓺)

（一）種植。《詩經・唐風・鴇羽》："不能~黍稷。"《孟子・滕文公上》："樹~五穀。"

（二）才能,技能,本領。《尚書・金縢》："能多材多~。"

203.【事】

（一）事情。《孟子・梁惠王上》："齊桓晉文之~,可得聞乎?"又《公孫丑上》："故~半古之人,功必倍之。"注意:"事"字隨着上下文的不同,而帶有比較特殊的意義,如指"軍事""戰事""急事"等。《論語・季氏》："季氏將有~於顓臾。"《左傳・成公二年》："此車一人殿之,可以集~。"

（二）動詞。侍奉,指爲君主或父母服務。《左傳・隱公元年》："欲與大叔,臣請~之。"《孟子・梁惠王上》："必使仰足以~父母。"妻對夫也稱事。《史記・廉頗藺相如列傳》："始妾~其父。"在國與國的關係上,也有所謂"事"。《孟子·梁惠王下》:"惟仁者爲能以大~小……惟智者爲能以小~大。"

（三）動詞。從事於。《漢書·張騫傳》:"漢方欲~滅胡。"杜甫《新婚別》詩:"努力~戎行。"

204.【畜】

（一）讀 xù。養。《孟子·梁惠王上》:"雞豚狗彘之~,無失其時。"又:"俯不足以~妻子。"

（二）讀 xù。積聚,儲藏。《孟子·離婁上》:"苟爲不~,終身不得。"《荀子·天論》:"~積收藏於秋冬。"這個意義又寫作"蓄"。《禮記·王制》:"無三年之蓄。"

（三）讀 chù。家養的禽獸。《左傳·昭公二十五年》:"爲六~五牲三犧,以奉五味。"（六畜:指馬牛羊雞犬豕）。

205.【保】

撫養。《尚書·康誥》:"若~赤子。"引申爲安。《孟子·梁惠王上》:"~民而王,莫之能禦也。"注意:這種"保"字還不是"保護"的意思,而衹是"安"的意思。下文"~四海""~妻子"也都衹是"安"的意思。又引申爲守住。《左傳·哀公二十七年》:"乃先~南里以待之。"

206.【愛】

（一）愛。《左傳·隱公元年》:"~其母。"引申爲憐惜。《左傳·僖公二十二年》:"~其二毛。"（二毛:指有花白頭髮的人。）

（二）捨不得,不願意放棄,吝惜。《孟子·梁惠王上》:"百姓皆以王爲~也。"又:"吾何~一牛?"《老子》四十四章:"甚~必大費。"注意:上古"愛"字很多是當"捨不得"講的,不要誤會爲"親愛"的"愛"。

207.【傷】

(一)受傷,特指戰鬥時遭受創傷。《左傳·成公二年》:"郤克～於矢。"引申爲損害。《論語·子張》:"其何～於日月乎?""何傷"二字獨用(後面加"乎"字),原意是"損害了什麼",可以譯成現代漢語"有什麼關係?"《論語·先進》:"何～乎?""無傷"二字獨用(後面加"乎"字)原意是"沒有損害什麼",可以譯成現代漢語"沒有什麼關係"。

(二)悲傷。《詩經·周南·卷耳》:"維以不永～。"

208.【害】

(一)損害,傷害。《左傳·僖公三十年》:"君亦無所～。"《論語·衞靈公》:"志士仁人,無求生以～仁,有殺身以成仁。"引申爲嫉妒。《史記·屈原賈生列傳》:"上官大夫與之同列,爭寵而心～其能。"又爲妨礙。《孟子·滕文公上》:"～於耕。"

(二)名詞。禍害,害處。跟"利"相對。《左傳·隱公元年》:"都城過百雉,國之～也。"又:"姜氏欲之,焉辟～?"《世説新語·雅量》:"客問淮上利～。"

(三)通"曷"。何不。《孟子·梁惠王上》:"湯誓曰:'時日～喪。'"

209.【比】

(一)擺在一起。《文心雕龍·情采》:"五音～而成韶夏。""比"又用於抽象意義,表示當作同類看待。《孟子·滕文公上》:"子～而同之,是亂天下也。"司馬遷《報任安書》:"刑餘之人,無所～數。"又:"而世俗又不能與死節者次～。"(次:也是"擺在一起"。)引申爲比較,較量。賈誼《過秦論》上:"試使山東之國與陳涉度長絜大,～權量力,則不可同年而語矣。"

（二）讀 bì,去聲。偏袒,偏心自己人。《左傳·襄公三年》:
"立其子,不爲~。"今成語有"朋~爲姦"。

（三）讀 bì,去聲。及。表示等到了〔那個時候〕。《孟子·梁
惠王下》:"~其反也,則凍餒其妻子。"有時"比及"連用。《論語·
先進》:"求也爲之,~及三年,可使足民。"

（四）《詩》六義之一。六義是:風,雅,頌;賦,比,興。"比"是
比喻。白居易《與元九書》:"關於美刺~興者。"(美:頌揚。刺:諷
刺。)黄遵憲《人境廬詩草序》:"復古人~興之體。"

210.【喻】

（一）曉得,了解。《戰國策·魏策四》:"寡人~矣。"《孟子·
告子下》:"徵於色,發於聲,而後~。"

（二）天子告臣民、上告下叫喻,亦作"諭"。《史記·司馬相如
列傳》:"上聞之,乃使相如責唐蒙,因~告巴蜀民以非上意。"《漢
書·司馬相如傳》作"諭"。

（三）比喻。《孟子·梁惠王上》:"王好戰,請以戰~。"

注意:"喻""諭"古代無分別,直到漢代還互相混用,後來漸漸
有了分工。於"比喻"的意義用"喻"不用"諭";在"曉得"或"使人
知道"的意義上,用"諭"不用"喻"。

211.【誠】

（一）真心,不詭詐,不虛僞。跟"詐"相對,又跟"僞"相對。
《周易》乾卦:"脩辭立其~。"《禮記·樂記》:"著~去僞。"

（二）副詞。實在,的確。《孟子·公孫丑上》:"子~齊人
也。"引申爲假設之詞。《戰國策·趙策三》:"趙~發使尊秦昭王
爲帝,秦必喜,罷兵去。"司馬遷《報任安書》:"僕~以著此書,藏
之名山,傳之其人,通邑大都,則僕償前辱之責,雖萬被戮,豈有

悔哉?”

212.【僞】

人爲的。《荀子·性惡》:"人之性惡,其善者~也。"引申爲詭詐,不誠實。《孟子·滕文公上》:"從許子之道,相率而爲~者也。"又爲假的,非真的。《楚辭·哀郢》:"被以不慈之~名。"注意:在這個意義上,先秦說"僞"不說"假"。

213.【善】

(一)好,指美好。《莊子·逍遙遊》:"夫列子御風而行,泠然~也。"

(二)好,指有道德。跟"惡"相對。《論語·子路》:"不如鄉人之~者好之,其不~者惡之。"

(三)好,指高明,有本領,擅長。《孟子·告子上》:"弈秋,通國之~弈者也。"又《滕文公上》:"子是之學,亦爲不~變矣。"

(四)好,指做得對。《左傳·襄公三十一年》:"夫人朝夕退而游焉,以議執政之~否。"

(五)好,指令人滿意的。《論語·子罕》:"求~賈而沽諸?"(賈:同"價"。)

214.【淫】

(一)過分而不得當,過度。《戰國策·楚策四》:"專~逸侈靡。"《論語·八佾》:"關雎樂而不~。"《禮記·曲禮下》:"非其所祭而祭之,名曰~祀。"

(二)不正當的男女關係,淫邪。《左傳·宣公四年》:"~于邘子之女。"(邘:同"鄖"yún。春秋時國名,在今湖北安陸縣。)《楚辭·離騷》:"謠諑謂余以善~。"引申爲貪色,縱慾。《左傳·成公二年》:"今納夏姬,貪其色也;貪色爲~。"

215.【凶】

（一）不吉利。跟"吉"相對。《楚辭·卜居》："此孰吉孰~？"

（二）饑荒。《孟子·梁惠王上》："河內~，則移其民於河東。"
又："~年免於死亡。"

216.【疏】

（一）稀疏。跟"密"相對，又跟"數"相對。（"數"就是"密"。）
《老子》七十三章："天網恢恢，~而不失。"《漢書·霍光傳》："~眉
目，美須髯。"引申爲關係遠，不親。《孟子·梁惠王下》："將使卑踰
尊，~踰戚。"又引申爲同樣的行爲重複的時間相隔得久。也跟
"數"相對。《孟子·公孫丑上》："且王者之不作，未有~於此時
者也。"

（二）疏通，特指疏通江河。《孟子·滕文公上》："禹~九河。"
現代變爲雙音詞"~通"。

（三）讀 shù，去聲。分條登記或分條陳說。《漢書·匈奴傳》：
"~記以計識其人衆畜牧。"又《李廣蘇建傳》："數~光過失。"（光：
霍光。）引申爲上給皇帝的奏議。如漢鼂錯有《論貴粟~》。杜甫
《秋興》詩（其三）："匡衡抗~功名薄，劉向傳經心事違。"

（四）讀 shù，去聲。注解的一種。一般是疏通經義並對古人
的注加以引申和說明。如《左傳》是杜預注，孔穎達疏。

注意：（一）可以寫作"疎"，（二）（三）（四）不可以寫作"疎"。

217.【戚】

（一）兵器之一種，像大斧。《詩經·大雅·公劉》："弓矢斯
張，干戈~揚。"陶潛《讀山海經》詩（其十）："刑天舞干~。"

（二）憂患，悲哀。《莊子·大宗師》："哭泣無涕，中心不~。"這
種意義也寫作"慼"。《左傳·宣公二年》："我之懷矣，自詒伊慼。"

(三)親,親屬。《孟子·梁惠王下》:"將使卑踰尊,疏踰~。"注意:上古所謂"戚",包括父母兄弟等。後代纔專指族外的親屬。

218.【饑】

五穀不成熟,荒年。《論語·先進》:"因之以~饉。"又《顏淵》:"年~,用不足。"

[辨]飢,饑。"飢"與"饑"古音不相同(飢屬脂部,饑屬微部);它們既不是異體字,也不是通用字。"飢"用於"飢餓","饑"用於"饑荒",分別是顯著的。《左傳》"饑""飢"絕不相混,《孟子》"饑"字有時當"飢餓"講,但"飢"字絕不當"饑荒"講。中古"飢""饑"讀音相同,纔漸漸混用了。

219.【孰】

(一)熟,煮熟了的。《左傳·宣公二年》:"宰夫胹熊蹯不~。"引申爲深透,深入。《荀子·議兵》:"凡慮事欲~。"《史記·廉頗藺相如列傳》:"唯大王與羣臣~計議之。"今成語有"深思~慮"。"~視"連用,指看了又看。《戰國策·齊策一》:"明日,徐公來,~視之。"今成語有"~視無睹"。這個意義後來寫作"熟"。

(二)五穀豐年。跟"饑"相對。又寫作"熟"。《孟子·滕文公上》:"五穀熟而民人育。"

(三)誰,哪個。《論語·雍也》:"哀公問弟子~爲好學。"《孟子·梁惠王上》:"鄒人與楚人戰,則王以爲~勝?"按:"孰"字多用於選擇問,跟"誰"不盡相同。又可指事物。《論語·八佾》:"是可忍也,~不可忍也?"這種意義不能寫作"熟"。

[辨]誰,孰。這兩個詞是同義詞,但也有細微的分別。"誰"專指人,"孰"則兼指物。"孰"用於選擇問,"誰"不用於選擇問。"孰與徐公美"不能説成"誰與徐公美";"弟子孰爲好學"不能説成"弟

子誰爲好學"。但是"孰"也用於非選擇問,當其指人時(如"孰爲夫子"),"孰"和"誰"就完全同義了。

220.【滋】

(一)增益,增長。《左傳·隱公元年》:"無使~蔓。"現代有雙音詞"~長"。

(二)副詞。更加。《孟子·公孫丑上》:"若是,則弟子之惑~甚。"《史記·魏其武安侯列傳》:"是以竇太后~不悅魏其等。"

221.【烈】

(一)火猛。《左傳·昭公二十年》:"夫火~,民望而畏之,故鮮死焉。"引申爲强烈、猛烈。[~士](1)視死如歸的勇士。《莊子·秋水》:"白刃交於前,視死若生者,~士之勇也。"(2)有節操、有作爲的人。曹操《步出夏門行(龜雖壽)》:"~士暮年,壯心不已。"

(二)事業。《孟子·公孫丑上》:"功~,如彼其卑也。"賈誼《過秦論》上:"及至始皇,奮六世之餘~。"

222.【贍】

讀shàn。足够。《孟子·公孫丑上》:"以力服人者,非心服也,力不~也。"又《梁惠王上》:"此惟救死而恐不~,奚暇治禮義哉?"引申爲充足、豐富。《文心雕龍·情采》:"心術既形,英華乃~。"引申爲供給別人財物(後起義)。《晉書·羊祜傳》:"祿俸所資,皆以~給九族,賞賜軍士。"

223.【共】

(一)讀gǒng,上聲。通"拱"。拱手。《論語·鄉黨》:"子路~之。"引申爲環繞。《論語·爲政》:"譬如北辰,居其所而衆星~之。"

(二)讀gōng,平聲。通"供"。供給,供應。《左傳·僖公四年》:"王祭不~。"又《僖公三十年》:"行李之往來,~其乏困。"

(三)讀 gōng,平聲。通"恭"。《左傳·文公十八年》:"父義,母慈,兄友,弟~,子孝。"

(四)副詞。共同。《論語·子罕》:"可與~學。"又動詞,表示共同享受,或共同佔有。《論語·公冶長》:"與朋友~,敝之而無憾。"又表示具有共同的情況。《孟子·滕文公上》:"夏曰'校',殷曰'序',周曰'庠';'學'則三代~之。"

224.【同】

同,一樣。跟"異"相對。《孟子·滕文公上》:"布帛長短~,則賈相若。"又動詞,表示共同享受。《孟子·梁惠王下》:"與民~樂也。"又:"與百姓~之。"又表示同屬。《論語·微子》:"鳥獸不可與~羣。"

[辨]共,同。在"共同"的意義上,"共"和"同"仍有分別。"共"跟"分"相對,"同"跟"異"相對。作"一樣"講時,祇能用"同",所以"布帛長短同"不能換成"布帛長短共"。

225.【殊】

(一)死。《漢書·高帝紀》:"其赦天下~死以下。"(殊死以下:指死刑以下。)《史記·淮陰侯列傳》:"軍皆~死戰,不可敗。"

(二)不同,有分別。《文心雕龍·鎔裁》:"善敷者辭~而意顯。"范縝《神滅論》:"名~而體一也。"[~方](1)不同的方面。《漢書·藝文志》:"時世主,好惡~方。"(2)不同的區域。班固《西都賦》:"~方異類,至於三萬里。"引申爲特別的,卓越超羣的,特別好的。諸葛亮《出師表》:"蓋追先帝之~遇,欲報之於陛下也。"古詩《陌上桑》:"坐中數千人,皆言夫婿~。"

(三)副詞。起加強語氣的作用。略似現代漢語的"很"。《戰國策·趙策四》:"老臣今者~不欲食。"

226.【異】

(一)不同。跟"同"相對。《論語·微子》:"我則~於是。"又《先進》:"~乎三子者之撰。"引申爲奇特。柳宗元《鈷鉧潭西小丘記》:"不匝旬而得~地者二。"[~日][~時](1)往日,往時。《漢書·高帝紀》下有"~日"秦民公大夫(第七級爵位)以上的,能和縣令抗禮(平等對待)的記載。又《食貨志》下載"~時"有小車的商人分等納税。(2)將來。《戰國策·齊策六》:"願王之察之~日。"白居易《與元九書》:"~時相見。"胡銓《上高宗封事》:"且安知~時金人無厭之求,不加我以無禮如劉豫也哉?"[~物]不同之物。《莊子·大宗師》:"假於~物,託於同體。"引申爲:(1)指別的行業。《國語·齊語》:"不見~物而遷焉。"今成語有"見~思遷"。(2)指死亡的人。賈誼《鵩鳥賦》:"化爲~物兮,又何足患?"杜甫《北征》詩:"殘害爲~物。"(3)指珍奇的物品。《後漢書·班昭傳》:"每有貢獻~物。"

(二)奇怪,覺得奇怪。《孟子·梁惠王上》:"王無~於百姓之以王爲愛也。"陶潛《桃花源記》:"漁人甚~之。"

227.【斤】

(一)斧子一類的工具。《孟子·梁惠王上》:"斧~以時入山林。"《莊子·徐无鬼》:"匠石運~成風。"(石:人名。)

(二)稱物的單位。《墨子·號令》:"賜黃金二十~。"《戰國策·齊策四》:"孟嘗君予車五十乘,金五百~。"

(三)[~~]明察的樣子。《詩經·周頌·執競》:"~~其明。"今成語有"~~計較"。

228.【鈞】

(一)三十斤。《孟子·梁惠王上》:"吾力足以舉百~。"

(二)陶匠做陶器時,模子下面旋轉的工具叫鈞。《淮南子·原道》:"～旋轂轉。"用於比喻,"大鈞"或"洪鈞"指天。賈誼《鵩鳥賦》:"大～播物兮。"張華《答何劭》:"洪～陶萬類。"

(三)通"均"。同樣。《孟子·告子上》:"～是人也,或爲大人,或爲小人。"

229.【鍾】

(一)量名。六斛四斗。《孟子·滕文公下》:"兄戴,蓋禄萬～。"

(二)積聚。《國語·周語下》:"澤,水之～也。"《世説新語·傷逝》:"情之所～,正在我輩。"成語有"一見～情"。

[辨]鐘,鍾。"鐘"是"鐘鼓"的"鐘","鍾"是"量名",一般是區別開來的。有時候,"鍾"也被假借爲"鐘"。《孟子·梁惠王上》"將以釁鐘",或本作"鍾"。但是"千鍾""萬鍾"的"鍾"和"鍾情"的"鍾"卻不寫作"鐘"。"姓鍾"的"鍾"也不能寫作"鐘"。

230.【倍】

(一)背向,背着。《戰國策·趙策三》:"天子弔,主人必將～殯柩。"《史記·淮陰侯列傳》:"右～山陵。"引申爲違背。《孟子·滕文公上》:"師死而遂～之。"

(二)加倍。《孟子·公孫丑上》:"故事半古之人,功必～之。"《文心雕龍·鎔裁》:"雖翫其采,不～領袖。"

231.【政】

統治管理的工作,特指國家的統治管理。《論語·子路》:"衛君待子而爲～。"《孟子·梁惠王上》:"察鄰國之～,無如寡人之用心者。"

232.【教】

（一）動詞。教導。司馬遷《報任安書》：“～以慎於接物，推賢進士爲務。”又名詞。教育。《孟子·梁惠王上》：“謹庠序之～。”又《滕文公上》：“飽食煖衣，逸居而無～，則近於禽獸。”

（二）名詞。文體的一種。諸侯、王公的命令叫“教”。蕭統《文選序》：“又詔誥～令之流，表奏牋記之列。”引申爲官府的文告。蘇軾《答謝民師書》：“所示書～及詩賦雜文。”又爲書信中的敬詞，指對方的話或要求。蘇軾《答謝民師書》：“未能如～。”

（三）讀 jiāo。動詞。使。一般多用於詩詞。杜甫《奉酬嚴公》詩：“草茅無徑欲～鋤。”白居易《琵琶行》：“曲罷常～善才服。”（善才：唐代樂師之稱。）金昌緒《春怨》詩：“打起黃鶯兒，莫～枝上啼。”

233.【法】

（一）法令，法律。上古的“法”，着重在規定刑罰。《老子》五十七章：“～令滋彰，盜賊多有。”《韓非子·五蠹》：“儒以文亂～，俠以武犯禁。”

（二）制度。賈誼《過秦論》上：“内文～度，務耕織。”

（三）動詞。效法，學習好的榜樣。《孟子·公孫丑上》：“則文王不足～與？”

（四）方法，辦法，法子。《墨子·備城門》：“子墨子曰：‘守城之～，必數城中之木，十人之所舉爲十挈，五人之所舉爲五挈。’”又《旗幟》：“守城之～，木爲蒼旗，火爲赤旗。”

234.【術】

（一）道路，街巷。《禮記·月令》：“皆脩封疆，審端徑～。”（端正其徑路。）《漢書·刑法志》：“圜圃～路。”左思《蜀都賦》：“亦有甲第，當衢向～。”

（二）道。《孟子·梁惠王上》：“是乃仁~也。”枚乘《上書諫吳王》：“上不絕三光之明，下不傷百姓之心者，有王~也。”引申爲方式，方法。《孟子·告子下》：“教亦多~矣。”王安石《答司馬諫議書》：“所操之~多異故也。”［方~］技藝。古代把懷有特種技能者如醫藥、卜筮等歸爲一類，叫“方~”。《後漢書》有《方術列傳》。《北史·周澹傳》：“多方~，尤善醫藥。”

235.【勢】

（一）力量，權力。《荀子·正論》：“天子者~位至尊，無敵於天下。”《戰國策·齊策四》：“斗趨見王爲好~，王趨見斗爲好士。”

（二）形勢，某種情況所形成的局面。《孟子·告子上》：“今夫水，搏而躍之可使過顙，激而行之可使在山，是豈水之性哉？其~則然也。”“勢”又用作狀語，表示具體情況所決定。《孟子·離婁上》：“公孫丑問曰：‘君子之不教子何也？’孟子曰：‘~不行也。’”成語有“~不兩立”。［其~］用作狀語表示“勢必”。《史記·淮陰侯列傳》：“今井陘之道，車不得方軌，騎不得成列，其~糧食必在其後。”又：“此所謂驅市人而戰之，其~非置之死地，使人人自爲戰。”引申爲機會。《孟子·公孫丑上》：“雖有智慧，不如乘~。”《莊子·秋水》：“時~適然。”

236.【數】

（一）數目，數量。《莊子·秋水》：“號物之~謂之萬。”

（二）技藝，特指博弈之類的技藝。《孟子·告子上》：“今夫弈之爲~，小~也。”

（三）占卜。《楚辭·卜居》：“~有所不逮，神有所不通。”再引申爲命運。王維《老將行》：“衛青不敗由天幸，李廣無功緣~奇。”又舊日迷信有“天~”“大~”“氣~”“劫~”等説法。

（四）幾（表示不確定的數目）。《孟子·梁惠王上》："～口之家可以無飢矣。"又《滕文公上》："其徒～十人。"

（五）讀 shǔ，上聲。計算。《莊子·秋水》："雜而下者不可勝～也。"

（六）讀 shuò。時間相隔得短。跟"疏"相對。《論語·里仁》："朋友～，斯疏矣。"《禮記·祭義》："祭不欲～，～則煩。"

（七）讀 cù。密。跟"疏"相對。《孟子·梁惠王上》："～罟不入洿池。"

237.【朝】

（一）讀 zhāo。早晨。跟"暮""夕"相對。《論語·里仁》："～聞道，夕死可矣。"《莊子·逍遥遊》："～菌不知晦朔。"［崇～］［終～］從天明至食時（將近日中的時間）爲終朝（崇朝）。《詩經·鄘風·蝃蝀》："崇～其雨。"《老子》二十三章："飄風不終～。"

（二）讀 cháo。動詞。朝見，臣在早晨拜見君主。《左傳·宣公二年》："盛服將～。"《戰國策·趙策三》："率天下諸侯而～周。"又表示使朝見。《孟子·梁惠王上》："欲辟土地，～秦楚，而撫四夷也。"

（三）讀 cháo。名詞。朝廷，朝見君主的地方。《孟子·梁惠王上》："使天下仕者皆欲立於王之～。"《戰國策·齊策一》："於是入～見威王。"引申爲朝代。杜牧《赤壁》詩："自將磨洗認前～。"

238.【野】

（一）郊外，田野。《孟子·梁惠王上》："耕者皆欲耕於王之～。"《史記·淮陰侯列傳》："使～無所掠。"又形容詞。不是城市的，不是家中豢養的。《莊子·天地》："民如～鹿。"引申爲朝廷之外。如"在～"。

（二）粗野，不文。跟“文”相對。《論語·雍也》：“質勝文則~。”

239.【塗】

（一）路。《論語·陽貨》：“遇諸~。”《孟子·梁惠王上》：“~有餓莩而不知發。”這種意義又寫作“涂”。《戰國策·趙策三》：“將之薛，假~於鄒。”後代又寫作“途”。陶淵明《歸去來辭》：“實迷~其未遠，覺今是而昨非。”今成語有“道聽~説”“半~而廢”。

（二）泥。《孟子·公孫丑上》：“立於惡人之朝，與惡人言，如以朝衣朝冠坐於~炭。”《莊子·秋水》：“此龜者，寧其死爲留骨而貴乎？寧其生而曳尾於~中乎？”引申爲塗飾。《穀梁傳·襄公二十四年》：“臺榭不~。”又爲塗抹，塗改（後起義）。李商隱《韓碑》：“點竄堯典舜典字，~改清廟生民詩。”

240.【江】

專有名詞。長江，揚子江。《孟子·滕文公上》：“決汝漢，排淮泗，而注之~。”又：“~漢以濯之。”引申爲一般的河流（後起義）。注意：“江”字一般總是指長江，如“江東”是長江之東。“江南”是長江之南。即使在後代，除非加上另一個江名（如“浙江”），或加上數目字（如“三江”“九江”），或“江山”連用，否則仍指長江。杜甫《秋興》詩：“~間波浪兼天湧，塞上風雲接地陰。”“江間”指長江中間。

［辨］江，河。“江”與“河”既然都是專名，當然不是同義詞。後代被引申爲一般河流的意義時，則變爲同義詞。但是，北方的河流多稱“河”，如漳河、渭河等；南方的河流多稱“江”，如湘江、灕江、嘉陵江等，都是受了“江”“河”的本義的影響。

241.【關】

（一）門閂。《左傳·襄公二十三年》：“臧紇斬鹿門之~以出。”

又動詞。關門(門上了門)。陶淵明《歸去來辭》:"門雖設而常~。"

(二)出入國境的關口。《周禮·地官·司關》:"凡四方之賓客敂~,則爲之告。"(敂 kòu:到。賓客:指來朝聘的諸侯,卿大夫等。)引申爲國防上的關。賈誼《過秦論》上:"秦人開~而延敵。"又爲關卡,稅關。《孟子·滕文公下》:"去~市之征。"

(三)通過,經歷。《韓非子·問田》:"不試於屯伯,不~乎州郡,故有失政亡國之患。"《漢書·霍光傳》:"上令吏民得奏封事,不~尚書。"

(四)關連,關涉。司馬遷《報任安書》:"夫以中才之人,事有~於宦豎,莫不傷氣,而況於慷慨之士乎?"

242.【宮】

(一)房屋,住宅。《論語·子張》:"譬之~牆。"《孟子·滕文公上》:"且許子何不爲陶冶,舍皆取諸其~中而用之?"後來專指帝王所住的房屋,宮殿(秦漢以後的意義)。賈誼《過秦論》中:"作阿房~。"杜甫《詠懷古迹》詩(其四):"先主窺吳幸三峽,崩年亦在永安~。"

(二)五聲之一。古代音樂,宮商角徵羽爲五聲。《禮記·樂記》:"~亂則荒,其君驕。"

(三)古代五刑之一,閹割之刑。《尚書·吕刑》:"~辟疑,赦;其罰六百鍰。"

[辨]宮,室。先秦時代,"宮"與"室"是同義詞。自從"宮"字專指帝王住宅以後,它就和"室"字大有區別了。

243.【府】

(一)藏財物的地方。《孟子·滕文公上》:"今也滕有倉廩~庫,則是厲民而以自養也。"《史記·項羽本紀》:"籍吏民,封~庫,而待將軍。"成語有"天~之國"。"天府"原意是天的倉庫。

（二）官府。諸葛亮《出師表》："宮中~中，俱爲一體。"引申爲大官的住宅。如"~第"。又爲對人家庭的尊稱。如"~上"。

244.【衣】

（一）衣服，有時候特指上衣。《詩經·邶風·綠衣》："綠兮~兮，綠~黃裳。"（裳：讀 cháng。下衣。）又《豳風·七月》："九月授~。"［布~］平民。《戰國策·魏策四》："大王嘗聞布~之怒乎？"

（二）讀 yì，去聲。動詞。穿〔衣〕。《孟子·梁惠王上》："老者~帛食肉。"又《滕文公上》："許子~褐。"又指給人穿衣。《詩經·小雅·斯干》："載~之裳。"

245.【冠】

（一）古代帽子的總稱。《楚辭·漁父》："新沐者必彈~。"又爲動詞。戴冠。《孟子·滕文公上》："許子~乎？"

（二）讀 guàn，去聲。古代的一種禮。古代男子二十歲時舉行成人禮，開始戴冠。［~者］指成年人。《論語·先進》："~者五六人。"［弱~］指剛成年。王勃《滕王閣序》："無路請纓，等終軍之弱~。"

（三）讀 guàn，去聲。超出衆人的，居第一位的，到了頂的。《漢書·丙吉傳》："蕭曹爲~。"（蕭：蕭何；曹：曹參。）白居易《與元九書》："~于卷首。"今雙音詞有"~軍"。

246.【屨】

鞋子。《孟子·滕文公上》："其徒數十人，皆衣褐，捆~織席以爲食。"注意：上古沒有"鞋"字，"屨"就是"鞋"。

247.【商】

（一）做生意的人。《左傳·僖公三十三年》："鄭~人弦高將市於周。"《孟子·梁惠王上》:"～賈皆欲藏於王之市。"

（二）五聲之一。《禮記·樂記》:"～亂則陂,其官壞;角亂則憂,其民怨。"（陂 pō:不平。）《古詩十九首》:"清～隨風發,中曲正徘徊。"

（三）星宿名,即心宿。杜甫《贈衛八處士》詩:"人生不相見,動如參與～。"

（四）朝代名。成湯取代夏之後建立的王朝。盤庚時遷於殷,所以又稱爲"殷"或"殷～"。

（五）估量,計算。《漢書·趙充國傳》:"虜必～軍進退,稍引去。"［～略］［～摧］［～量］表示討論。《晉書·阮籍傳》:"籍嘗於蘇門山遇孫登,與～略終古及棲神導氣之術。"引申爲現代的"商量"。

248.【賈】

（一）讀 gǔ。賣。《詩經·邶風·谷風》:"～用不售。"（用:因此。售:賣出去。）又爲買。《左傳·昭公二十九年》:"平子每歲～馬。"引申爲招惹。《左傳·桓公十年》:"吾焉用此以～害也。"

（二）讀 gǔ。做生意的人。《孟子·梁惠王上》:"商～皆欲藏於王之市。"

（三）讀 jià。價格。《論語·子罕》:"求善～而沽諸?"（沽:賣。）《孟子·滕文公上》:"布帛長短同,則～相若。"這個意義後來寫作"價"。

［辨］商,賈。運貨販賣的叫"商",囤積營利的叫"賈"。所以説"行商坐賈"。後世不再區別。

249.【旅】

（一）軍隊五百人爲旅。《左傳·哀公元年》:"有田一成,有衆一～。"引申爲一般的軍隊。《論語·先進》:"加之以師～。"《詩經·大雅·皇矣》：“王赫斯怒，爰整其~。”又爲衆。成語有“~進~退”（隨衆進退）。

（二）行。“行旅”二字連用，表示旅行的人。《孟子·梁惠王上》：“行~皆欲出於王之塗。”引申爲寄居。《史記·陳杞世家》：“羈~之臣。”

250.【徒】

（一）步行。《周易》賁卦：“舍車而~。”《論語·先進》：“不可~行也。”按：不憑藉交通工具叫“徒”，所以陸行不用車叫“~行”，水行不用船叫“~涉”。引申爲步兵。《左傳·昭公二十五年》：“帥~以往。”

（二）徒黨。有時候指手下的人。《左傳·宣公二年》：“倒戟以禦公~。”有時候指同類。《論語·微子》：“吾非斯人之~與而誰與？”有時候指同一集團，同一學派，同一政治主張的人。《論語·先進》：“非吾~也。”又《微子》：“是魯孔丘之~與？”《孟子·梁惠王上》：“仲尼之~，無道桓文之事者。”引申爲徒弟，門徒。《吕氏春秋·誣徒》：“人之情，惡異於己者，此師~相與造怨尤也。”又：“所加於人，必可行於己，若此則師~同體。”

（三）空。形容詞。《孟子·離婁上》：“~善不足以爲政，~法不能以自行。”又副詞。徒然，没有效果。《左傳·襄公二十五年》：“齊師~歸。”今成語有“~勞無功”。

（四）副詞。衹，但，僅僅。《戰國策·魏策四》：“夫韓魏滅亡，而安陵以五十里之地存者，~以有先生也。”《孟子·公孫丑上》：“非~無益，而又害之。”《史記·廉頗藺相如列傳》：“强秦之所以不敢加兵於趙者，~以吾兩人在也。”

251.【年】

(一)年成,收成。《春秋·宣公十六年》:"冬,大有～。"《詩經·周頌·豐年》:"豐～多黍多稌。"鄭箋:"豐年,大有年也。"

(二)年。《孟子·滕文公上》:"禹八～於外,三過其門而不入,雖欲耕,得乎?"

(三)年齡。《戰國策·趙策四》:"～幾何矣?"《孟子·萬章上》:"～已七十矣。"引申爲壽命。《莊子·逍遥遊》:"小～不及大～。"又《養生主》:"可以盡～。"

252.【歲】

(一)木星。古人分黄道爲十二個星次,大致和西洋的十二宫相當。木星每年運行一個星次,十二年爲一周。十二星次的名稱是"星紀""大梁"等。《左傳·襄公二十八年》:"～在星紀。"(星紀:大致相當於摩羯宫。)

(二)年。《莊子·秋水》:"死已三千～矣。"《孟子·盡心下》:"由孔子而來,至於今,百有餘～。"引申爲時間,光陰。《論語·陽貨》:"日月逝矣,～不我與。"這種意義後代常以"歲月"連用。陶潛《雜詩》八首:"～月不待人。"又:"荏苒～月頹。"

(三)年齡。《莊子·漁父》:"六十九～矣。"

(四)年成,年景,收成。《左傳·哀公十六年》:"國人望君如望～焉。"《戰國策·齊策四》:"～亦無恙耶?"《孟子·梁惠王上》:"人死,則曰:'非我也,～也。'"又:"王無罪～。"

[辨]年,歲。在年齡和年成的意義上,二者是同義詞,但是在習慣用法上有些差別。在表示年齡的時候,"年"字多放在數目字的前面("年七十")。偶有放在數目字後面的,如《左傳·僖公二十三年》:"對曰:'我二十五年矣!又如是而嫁,則就木焉。請待

子.'"這種情況古代少見,後代更不這樣説."歲"字則放在數目字的後面("七十歲")."年"不泛指"光陰","歲"不表示"壽命".習慣上"望歲"(盼望豐收)不説"望年","忘年交"(不拘年齡輩份的朋友)不説"忘歲交"等等.

古漢語通論
(十一)詞類的活用

在古代漢語裏,某詞屬於某一詞類還是比較固定的,各類詞在句中的職務也有一定的分工.例如名詞經常用作主語、賓語、定語,動詞經常用作謂語,形容詞經常用作定語、謂語和狀語(《戰國策·趙策四》"趙太后新用事""老臣病足,曾不能疾走",又"齊湣王已益弱"),等等.這種情況,古今是相同的.

但是,在上古漢語裏,詞類活用的現象比現代漢語更多一些,有些詞可以按照一定的語言習慣而靈活運用.古書中比較常見的是名詞用如動詞,形容詞用如動詞,名詞用作狀語,動詞用作狀語,等等.由於仿古的關係,在後世古文家的作品裏,還常常可以見到這類活用的情況.

在這一節裏,我們準備討論以下幾個問題:(1)名詞用如動詞,(2)動詞、形容詞、名詞的使動用法,(3)形容詞、名詞的意動用法,(4)名詞用作狀語,(5)動詞用作狀語.

1.名詞用如動詞①

古代漢語名詞可以用如動詞的現象相當普遍.例如:

從左右,皆肘之.(左傳·成公二年)

---

① 這裏所討論的衹限於用如一般的動詞.名詞的使動用法和意動用法見下文.

晉靈公不君。（左傳・宣公二年）

孟嘗君怪其疾也，衣冠而見之。（戰國策・齊策四）

鄂侯爭之急，辨之疾，故脯鄂侯。（戰國策・趙策三）

馬童面之，指王翳曰：“此項王也。”（史記・項羽本紀）

夫子式而聽之。（禮記・檀弓下）

曹子手劍而從之。（公羊傳・莊公十三年）

假舟檝者，非能水也，而絶江河。（荀子・勸學）

左右欲刃相如。（史記・廉頗藺相如列傳）

秦師遂東。（左傳・僖公三十二年）

漢敗楚，楚以故不能過滎陽而西。（史記・項羽本紀）

上面所舉的例子可以分爲兩類：前九個例子是普通名詞用如動詞，後兩個例子是方位名詞用如動詞。

　　我們怎能知道某一名詞用如動詞呢？這是由上下文決定的。我們鑒別某一名詞是不是用如動詞，須要從整個句子的意思來考慮，同時還要注意它在句中的地位，以及它前後有哪些詞類的詞和它相結合，跟它構成什麽樣的句法關係①。就一般情況説，代詞前面的名詞用如動詞（“肘之”“面之”），因爲代詞不受名詞修飾；副詞特別是否定副詞後面的名詞用如動詞②（“遂東”“不君”）；能願動詞後面的名詞也用如動詞（“能水”“欲刃”）。此外還有一些辨認的方法，比如説，肯定了賓語以後，就會知道賓語前面的名詞用如動詞（“脯鄂侯”“手劍”）。

2.動詞、形容詞、名詞的使動用法

　　所謂動詞的使動用法，顧名思義，就是主語所代表的人物並不施行這個動詞所表示的動作，而是使賓語所代表的人或事物施行

這個動作。例如《左傳・隱公元年》:"莊公寤生,驚姜氏。"這不是説莊公本人吃驚,而是説莊公使姜氏吃驚。

在古代漢語裏,不及物動詞常常有使動用法。不及物動詞本來不帶賓語,當它們以使動用法出現在句中的時候,也就能帶有賓語了。例如:

> 焉用亡鄭以陪鄰?(左傳・僖公三十年)
>
> 晉人歸楚公子穀臣與連尹襄老之屍於楚,以求知罃。(左傳・成公三年)
>
> 大車無輗,小車無軏,其何以行之哉?(論語・爲政)
>
> 小子鳴鼓而攻之可也。(論語・先進)
>
> 求也退,故進之;由也兼人,故退之。(同上)
>
> 故遠人不服,則修文德以來之。(論語・季氏)

有時候不及物動詞的後面雖然不帶賓語,但是從上下文的意思看,仍是使動用法。例如《論語・季氏》:"遠人不服而不能來也。"這個"來"字是使遠人來的意思。

古代漢語及物動詞用如使動的情況比較少見。及物動詞本來帶有賓語,在形式上和使動用法沒有什麼區別,區別祇在意義上。使動的賓語不是動作的接受者,而是主語所代表的人物使它具有這種動作。例如《孟子・梁惠王上》"朝秦楚",不是齊宣王朝見秦楚之君,相反地,是齊宣王使秦楚之君朝見自己。

下面各句中的及物動詞是使動用法:

> 問其病,曰:"不食三日矣。"食之。(左傳・宣公二年)
>
> 左右以君賤之也,食以草具。(戰國策・齊策四)
>
> (食:讀爲 sì。)
>
> 晉侯飲趙盾酒。(左傳・宣公二年)
>
> (飲:讀爲 yìn。)

這些動詞由於後代把它們讀成另一個音,與純粹的及物動詞區別開來,就顯得是另一個詞了。

　　但是後代並沒有改變所有的使動用法的及物動詞的讀音,而且改變讀音的也不限於使動用法的動詞,因此我們不能完全根據古書注解裏的讀音來判斷一個及物動詞在具體的句子裏是純粹的及物動詞或是使動用法。要判斷是純粹的及物動詞或是使動用法,非從上下文觀察不可。試仍以"朝"字爲例:《孟子·公孫丑上》"武丁朝諸侯"和《孟子·公孫丑下》"孟子將朝王",結構相同,前一個"朝"字是使動用法,後一個"朝"字是純粹的及物動詞。又如《漢書·李廣蘇建傳》"欲因此時降武",《史記·項羽本紀》"涉間不降楚",前一個"降"字是使動用法,後一個"降"字是純粹的及物動詞。我們在這些地方一定要辨認清楚,以免發生誤解。

　　使動用法是古代漢語的語法特點之一。它實際上是以動賓式的結構表達了兼語式的内容,我們試把兼語前面的表示使令意義的動詞去掉,並把兼語後面的動詞移到兼語前面去,這樣就成了使動。試比較——

　　　　使姜氏驚。　　　　　　　　驚姜氏。
　　　　晉侯使趙盾飲酒。　　　　　晉侯飲趙盾酒。

顯而易見,使動用法比兼語式的句法精煉。我們這樣分析,祇是爲了便於了解使動用法,不是説使動用法是由兼語式改造過來的,相反地,在上古漢語裏,這種兼語式反而是罕見的。這一點應該注意。

　　使動用法這個語法特點造成一些特殊現象。舉例説,"勝之"和"敗之"意義相同,就因爲"勝"字被用爲一般的及物動詞,而"敗"字是使動用法,"戰勝了他"和"打敗了他"(使他打了敗仗),意義就是一樣的了。

　　在古代漢語裏,形容詞也常常被用如使動,使賓語所代表的人或事物具有這個形容詞所表示的性質或狀態。例如《論語·堯曰》"君子正其衣冠","正"字用如使動,意思是使其衣冠正。下面各句中的形容詞是使動用法:

> 今媪尊長安君之位。(戰國策·趙策四)
>
> 冉有曰:"既庶矣,又何加焉?"曰:"富之。"(論語·子路)
>
> 以正君臣,以篤父子,以睦兄弟,以和夫婦。(禮記·禮運)
>
> 是以君子遠庖廚也。(孟子·梁惠王上)
>
> 抑王興甲兵,危士臣,構怨於諸侯,然後快於心與?(同上)
>
> 什一,去關市之征,今茲未能;請輕之。(孟子·滕文公下)
>
> 固國不以山溪之險。(孟子·公孫丑下)
>
> 必先苦其心志,勞其筋骨,餓其體膚,空乏其身。(孟子·告子下)

　　前面我們已經敘述過名詞用如一般動詞的情況。在古代漢語裏,名詞也偶然用如使動。例如:

> 吾見申叔,夫子所謂生死而肉骨也。(左傳·襄公二十二年)
>
> (杜預注:"已死復生,白骨更肉。")
>
> 齊桓公合諸侯而國異姓。(史記·晉世家)

第一例"生死"與"肉骨"爲對。"生死"不是並列結構,而是動賓結構,"生"字是不及物動詞用如使動,意思是使死者復生;同樣,"肉骨"也不是並列結構,而是動賓結構,"肉"字是名詞用如使動,意思是使白骨生肉。正因爲"生死""肉骨"是兩個動賓結構,所以中間能用"而"字連接。第二例"國"字是名詞用如使動,意思是使異姓立國。

　　古代漢語裏名詞用如使動的情況非常罕見,這裏就不多談了。

3.形容詞、名詞的意動用法

　　所謂形容詞的意動用法,不是説使賓語所代表的人或事物具有這個形容詞所表示的性質或狀態,而是主觀上認爲他具有這種性質或狀態。例如《孟子・盡心上》"孔子登東山而小魯",不是説孔子使魯國變小了,而是説孔子登上東山覺得魯國小了(以魯爲小)。再舉一些例子:

> 左右以君賤之也,食以草具。(戰國策・齊策四)
>
> 以賢勇知。(禮記・禮運)
>
> 甘其食,美其服,安其居,樂其俗。(老子八十章)
>
> 是故明君貴五穀而賤金玉。(晁錯:論貴粟疏)

形容詞用如意動,它後面的成分就是它的賓語。從意思上看,"甘其食"就是以其食爲甘,"美其服"就是以其服爲美。這也是非常精煉的句法。

在古代漢語裏,名詞也可以用如意動。名詞用如意動,意思是把賓語所代表的人或事物看成爲這個名詞所表示的人或事物。例如:

> 夫人之,我可以不夫人之乎?(穀梁傳・僖公八年)
>
> 不如吾聞而藥之也。(左傳・襄公三十一年)
>
> 故人不獨親其親,不獨子其子。(禮記・禮運)
>
> 友風而子雨。(荀子・賦)

關於形容詞用如使動和意動,有兩件事情值得注意:

第一,我們衡量形容詞用如動詞(使動、意動)和衡量名詞用如動詞,其標準大致相似。就一般情況説,代詞前面的形容詞一定用如使動或意動("富之""輕之""苦其心志"是使動,"賤之""甘其食"是意動),因爲代詞照例是不被形容詞所修飾的,代詞前面的形容詞祇能用如動詞。此外,肯定了賓語之後,就會知道賓語前面的形容詞用如動詞("危士臣"是使動,"賢勇知"是意動),等等。

第二,同一個形容詞在句中是使動用法還是意動用法,常常是靠上下文來分辨。例如"左右以君賤之也"，"賤"字用如意動，因爲它不是使之賤的意思；但是《孟子·告子上》"趙孟之所貴，趙孟能賤之"，"賤"字則用如使動，因爲它是使之賤的意思。

4.名詞用作狀語

我們這裏所討論的用作狀語的名詞，是指普通名詞來說的。普通名詞用作狀語，有的表示比喻，有的表示對待人的態度，有的表示處所或工具。下面分別加以敘述。

第一，表示比喻。這是拿用作狀語的那個名詞所表示的人或事物的行動特徵，來描繪動詞所表示的行動的方式或狀態。例如：

> 豕人立而啼。（左傳·莊公八年）
>
> 狐鳴呼曰："大楚興，陳勝王。"（史記·陳涉世家）
>
> 其後秦稍蠶食魏。（史記·魏公子列傳）
>
> 天下雲集而響應，贏糧而景從。（賈誼:過秦論）
>
> 各鳥獸散，猶有得脱歸報天子者。（漢書·李廣蘇建傳）

"人立而啼"，意思是像人似地站着啼哭。其餘由此類推。這種用法，修辭的意味非常濃厚。

第二，表示對待人的態度。這是把動詞賓語所代表的人，當作用作狀語的那個名詞所表示的人或事物來對待。例如：

> 彼秦者，……虜使其民。（戰國策·趙策）
>
> 今而後知君之犬馬畜伋。（孟子·萬章下）
>
> （君:指魯繆公。伋 jí:孔子的孫子子思的自稱。）
>
> 君爲我呼入，我得兄事之。（史記·項羽本紀）
>
> 齊將田忌善而客待之。（史記·孫子吳起列傳）

"虜使其民"，意思是把秦國的人民當作俘虜（奴隸）來使用。其餘由此類推。

第三，表示處所或工具。例如：

舜勤於民事而野死。（國語・魯語上）

童子隅坐而執燭。（禮記・檀弓上）

夫以秦王之威，而相如廷叱之。（史記・廉頗藺相如列傳）

秦王車裂商君以徇。（史記・商君列傳）

（車裂：用車把人肢體拖裂，是古代的酷刑。徇：示衆。）

羣臣後應者，臣請劍斬之。（漢書・霍光傳）

上面所舉的五個例子，前三個是表示處所的，後兩個是表示工具的。這類用作狀語的名詞，有的雖然前面可以加上適當的介詞去理解，但是不宜認爲是省略了介詞。試以“童子隅坐而執燭”爲例，如果說成“童子於隅坐而執燭”，倒反不大合乎古代的語言習慣了。同樣的，“車裂商君”也不宜認爲是“以車裂商君”的省略。

　　以上我們討論了普通名詞用作狀語。我們怎能知道某一普通名詞用作狀語呢？用作狀語的名詞和用作主語的名詞一樣，其位置都在動詞（謂語）的前面，因此，就一般情況說，凡動詞（謂語）前面的名詞在意思上不能認爲是用作主語的，就應該認爲是用作狀語。根據同樣的道理，有些名詞性詞組，它們在句中的作用，實際上和用作狀語的單個名詞大略相同。例如：

力不足者中道而廢。（論語・雍也）

樂歲終身飽。（孟子・梁惠王上）

縱江東父兄憐而王我，我何面目見之！（史記・項羽本紀）

　　在討論古代漢語名詞用作狀語的時候，我們應該注意時間名詞的用法。古代漢語的時間名詞，和現代漢語的時間名詞一樣，它們在句中作爲狀語以表示時間修飾，可以說是這一類詞的經常性的職務之一。例如：

五月辛丑，大叔出奔共。（左傳・隱公元年）

夜縋而出。（左傳・僖公三十年）

朝濟而夕設版焉。(同上)

長驅到齊,晨而求見。(戰國策·齊策四)

這一點,無須多加討論。須要討論的是古代漢語中"歲""月""日"等字的用法。這些字,按照古代的語言習慣常常被用作狀語,但是,它們用作狀語時所表示的意義和它們平時的意義有所不同,已經不是單純的時間修飾。

第一,"歲""月""日"放在具有行動性的動詞前面,有"歲歲"(每年)、"月月"(每月)、"日日"(每天)的意思,表示行動的頻數或經常。例如:

良庖歲更刀,割也;族庖月更刀,折也。(莊子·養生主)

今有人日攘其鄰之雞者。(孟子·滕文公下)

第二,"日"字放在動詞或形容詞的前面,當"一天一天"講,表示情況的逐漸發展。例如:

田單兵日益多,乘勝,燕日敗亡。(史記·田單列傳)

事日急。(史記·魏其武安侯列傳)

賤妾守空房,相見常日稀。(古詩為焦仲卿妻作)

第三,"日"字用在句首主語的前面,當"往日"講,用來追溯過去。例如:

日君以夫公孫段為能任其事,而賜之州田。(左傳·昭公七年)

(君:指晉平公。州:地名。)

日起請夫環,執政弗義,弗敢復也。(左傳·昭公十六年)

(起:韓起自稱。弗敢復:不敢復求環。)

這些用法都不是現代漢語單個的時間名詞"年""月""日"所能有的。

5.動詞用作狀語

動詞用作狀語的情況頗為罕見。用作狀語的動詞一般祇限於不及物動詞。例如：

> 廣……殺其二人，生得一人，果匈奴射雕者也。（史記·李將軍列傳）
>
> 爭割地而賂秦。（賈誼：過秦論）

　　但是動詞用作狀語之後，用"而"字（或"以"字）和動詞謂語連接，這種情況就比較多了。例如：

> 夜縋而出。（左傳·僖公三十年）
>
> 坐而假寐。（左傳·宣公二年）
>
> 詠而歸。（論語·先進）
>
> 子路拱而立。（論語·微子）
>
> 仰而視之。（莊子·秋水）
>
> 箕踞以罵。（戰國策·燕策三）
>
> （箕踞：像簸箕似地蹲坐在地上，這是一種傲慢的姿態。）

至於用動賓詞組作狀語，那就更多了。它們多數是表示行爲的方式的，有一些是表示時間的。有時加"而"字（或"以"字），有時不加。例如：

> 觸槐而死。（左傳·宣公二年）
>
> 太后曰："老婦恃輦而行。"（戰國策·趙策四）
>
> 保民而王，莫之能禦也。（孟子·梁惠王上）
>
> 有牽牛而過堂下者。（同上）
>
> 挾太山以超北海。（同上）

以上表示方式。

> 故君父至尊親，送其終也，有時而既。（楊惲：報孫會宗書）
>
> 先帝知臣謹慎，故臨崩寄臣以大事也。（諸葛亮：出師表）

以上表示時間。

　　動詞（或動賓詞組）用作狀語，在詞序上和連動式一樣，在意思上和連動式不同。連動式一般表示一先一後的行爲，不分主次，例如"公入而賦"（《左傳·隱公元年》），"入而徐趨，至而自謝"（《戰

國策・趙策四》),"右援枹而鼓"(《左傳・成公二年》)。動詞(或
動賓詞組)用作狀語,是修飾動詞謂語的,有主有次,我們必須細玩
文意,加以區別。

(十二)人稱代詞,指示代詞,者字,所字

代詞大致可以分爲三類,即人稱代詞、指示代詞和疑問代詞。
關於疑問代詞,我們在古漢語通論(十)裏已經討論過了,現在討論
人稱代詞和指示代詞。此外,還討論兩個特別的代詞:"者"字和
"所"字。

1.人稱代詞

人稱代詞有"吾""我""予"(余),"女"(汝)"爾""若""而"
"乃","其""之"等。

(1)"吾""我""予"(余)都屬於第一人稱。例如:

吾日三省吾身。(論語・學而)

老吾老,以及人之老;幼吾幼,以及人之幼。(孟子・梁惠王上)

我非愛其財而易之以羊也,宜乎百姓之謂我愛也。(同上)

三人行,必有我師焉。(論語・述而)

願夫子輔吾志,明以教我。(孟子・梁惠王上)

詩云:"他人有心,予忖度之。"夫子之謂也。(孟子・梁惠王上)

啟予足,啟予手。(論語・泰伯)

王如用予,則豈徒齊民安? 天下之民舉安。(孟子・公孫丑下)

余收爾骨焉!(左傳・僖公三十二年)

自始合,而矢貫余手及肘。(左傳・成公二年)

名余曰正則兮,字余曰靈均。(楚辭・離騷)

在上古漢語裏,"我"和"予"(余)可以用作主語、賓語、定語;
"吾"可以用作主語、定語,但一般不用作賓語。《莊子・齊物論》

“今者吾喪我”，這是一個典型的例子，不能換成“今者我喪吾”或“今者吾喪吾”。但是這衹是位置的關係；如果在否定句裏，賓語放在動詞的前面，卻又可以用“吾”字了。例如：

> 居則曰：“不吾知也。”（論語・先進）

> 我勝若，若不吾勝。（莊子・齊物論）

> （我勝你，你勝不了我。）

（2）“女”（汝）“爾”“若”“而”“乃”都屬於第二人稱。例如：

> 力不足者中道而廢，今女畫。（論語・雍也）

> 往之女家。（孟子・滕文公下）

> （去到你的家，指出嫁。）

> 誨女知之乎？（論語・爲政）

> 爾何曾比予於管仲！（孟子・公孫丑上）

> 盍各言爾志？（論語・公冶長）

> 如或知爾，則何以哉？（論語・先進）

> 五侯九伯，若實征之，以夾輔周室。（史記・齊世家）

> （《左傳》作“女實征之”。）

> 吾翁即若翁。（史記・項羽本紀）

> 吾語若。（莊子・人間世）

> 且而與其從辟人之士也，豈若從避世之士哉？（論語・微子）

> 必欲烹而翁，則幸分我一杯羹。（史記・項羽本紀）

> 必欲烹乃翁，幸分我一杯羹。（漢書・項籍傳）

“而”和“乃”都有一個特點，就是不能用作賓語（連否定句的賓語都不能）。它們一般也不用作主語。這樣，常見的情況就衹是用作定語了。

（3）“其”和“之”同屬第三人稱，“其”字略等於現代漢語“他的”“她的”“它的”；“之”字略等於現代漢語的“他”“她”“它”。例如：

管仲以其君霸,晏子以其君顯。(孟子·公孫丑上)

今吾於人也,聽其言而觀其行。(論語·公冶長)

二國圖其社稷,而求紓其民。(左傳·成公三年)

愛共叔段,欲立之。(左傳·隱公元年)

師之所爲,鄭必知之。(左傳·僖公三十二年)

雖有天下易生之物也,一日暴之,十日寒之,未有能生者也。(孟子·
告子上)

上面的例子表明:"其"字祇能用作定語,"之"字祇能用作賓語。

在上古漢語裏,"其"字不能用作主語。在許多地方"其"字很像主語,其實不是;這是因爲"其"字所代替的不是簡單的一個名詞,而是名詞加"之"字①。例如:

孟子,吾見師之出而不見其入也。(左傳·僖公三十二年)

("不見其入"等於説不見師之入。)

且夫水之積也不厚,則其負大舟也無力。(莊子·逍遥遊)

王若隱其無罪而就死地,則牛羊何擇焉?(孟子·梁惠王上)

("隱其無罪而就死地"等於説隱牛之無罪而就死地。)

這些地方的"之"字不能譯爲現代漢語的"的"。同理,這些地方的"其"字也不能譯爲"他的""她的""它的",祇能譯爲"他""她""它"。但是,從語法結構上看,正如這些地方的名詞必須認爲是定語一樣,"其"字也必須認爲是定語,不能認爲是主語。因爲這種"其"字祇能和後面的成分合成一個詞組作整個句子的主語(如"其負大舟")或賓語(如"其入"),而不是"其"字本身能用作主語。這是古今語法的一個不同之點。中古以後,偶然有人把"其"字用作主語,那是不合上古語法規律的。古文家仍舊遵用上古語法。

上古第三人稱代詞不用作主語,在這種情況下,或者用名詞做

————————

① 這種"之"字的用法將在古漢語通論(十三)裏討論。

主語,或者省略主語。例如:

　　若從君之惠而免之,以賜君之外臣首,首其請於寡君而以戮於宗,亦死
且不朽。(左傳·成公三年)

　　(用名詞"首"做主語。)

　　孔子下,欲與之言。趨而辟之,不得與之言。(論語·微子)

　　("趨而辟之"的主語是"接輿","不得與之言"的主語是"孔子"。)

　"之"和"其"雖然同屬第三人稱,但是可以靈活運用:有時候是
說話人本人自稱,有時候是指稱對話人。例如:

　　若從君之惠而免之,以賜君之外臣首,首其請於寡君而以戮於宗,亦死
且不朽。(左傳·成公三年)

　　("免之"的"之":説話人知罃自稱。)

　　士季曰:"諫而不入,則莫之繼也。會請先,不入,則子繼之。"(左傳·
宣公二年)

　　("莫之繼也"的"之":指稱趙盾。"則子繼之"的"之":士季自稱。)

　　〔滕世子〕謂然友曰:"吾他日未嘗學問,好馳馬試劍;今也,父兄百官
不我足也,恐其不能盡於大事,子爲我問孟子。"(孟子·滕文公上)

　　("恐其不能盡於大事"等於説恐我之不能盡於大事。)

　　天子發政於天下之百姓,言曰:"聞善而不善,皆以告其上。……"(墨
子·尚同上)

　　(而:與。其上:你們的上司。)

　有時候,"其"字不能解作"他的""她的""它的",祇能解作
"那""那樣的"。這種"其"字是指示代詞。例如:

　　或曰:"以子之矛陷子之楯,何如?"其人弗能應也。(韓非子·難一)

　　臣竊以爲其人勇士,有智謀。(史記·廉頗藺相如列傳)

　　富與貴,是人之所欲也;不以其道得之,不處也。(論語·里仁)

　　夏后殷周之盛,地未有過千里者也,而齊有其地矣。雞鳴狗吠相聞,而
達乎四境,而齊有其民矣。(孟子·公孫丑上)

在上古漢語裏,人稱代詞是單複數同形的。這就是説,"我們"仍用"吾""我"等字表示,"你們"仍用"女""爾"等字表示,"他們的"仍用"其"字表示,"他們"仍用"之"字表示,並不像後代用"我等""汝等""彼等"。例如:

魯衞諫曰:"齊疾我矣! 其死亡者皆親暱也。子若不許,仇我必甚。"(左傳·成公二年)

子路、曾晳、冉有、公西華侍坐。子曰:"以吾一日長乎爾,毋吾以也。居則曰:'不吾知也。'如或知爾,則何以哉?"(論語·先進)

百工居肆以成其事。(論語·子張)

(肆:作坊。)

彼奪其民時,使不得耕耨以養其父母。(孟子·梁惠王上)

詩三百,一言以蔽之,曰:思無邪。(論語·爲政)

故遠人不服,則脩文德以來之。既來之,則安之。(論語·季氏)

"吾儕""若屬"等,等於説"我們這一班人""你們這一班人"。例如:

吾儕何知焉?(左傳·昭公二十四年)

若屬皆且爲所虜!(史記·項羽本紀)

古人常用謙稱和尊稱。謙稱代替了第一人稱,尊稱代替了第二人稱。謙稱和尊稱都是名詞(或形容詞用如名詞),不是代詞,所以它們不受代詞規律的制約(在否定句中不放在動詞前面);但是,從詞義上説,它們又表示了"我"或"你"。例如:

昭王南征而不復,寡人是問。(左傳·僖公四年)

雖然,必告不穀。(左傳·成公三年)

欲與大叔,臣請事之。(左傳·隱公元年)

小人有母,皆嘗小人之食矣。(同上)

老婦恃輦而行。(戰國策·趙策四)

僕非敢如此也。(司馬遷:報任安書)

愚以爲宮中之事,事無大小,悉以咨之。(諸葛亮:前出師表)

以上是謙稱。

越國以鄙遠,君知其難也。(左傳·僖公三十年)

大王嘗聞布衣之怒乎?(戰國策·魏策四)

王無異於百姓之以王爲愛也。(孟子·梁惠王上)

陛下亦宜自謀。(諸葛亮:前出師表)

吾不能早用子,今急而求子。(左傳·僖公三十年)

諾! 先生休矣!(戰國策·齊策四)

頃者足下離舊土,臨安定。(楊惲:報孫會宗書)

以上是尊稱。

此外,自稱其名也是一種謙稱,稱人之字也是一種尊稱。例如:

文倦於事,憒於憂,而性懧愚,沉於國家之事,開罪於先生。(戰國策·齊策四)

丘也聞有國有家者,不患寡而患不均,不患貧而患不安。(論語·季氏)

惲家方隆盛時,乘朱輪者十人。(楊惲:報孫會宗書)

以上自稱其名。

今少卿抱不測之罪。(司馬遷:報任安書)

東野之役於江南也,有若不釋然者。(韓愈:送孟東野序)

以上稱人之字。

總的來看,古代漢語的人稱代詞用得少些,有兩個原因:(1)古代漢語省略主語的地方較多,而且第三人稱代詞不用作主語;(2)謙稱和尊稱代替了人稱代詞。

2.指示代詞

古代漢語的指示代詞有"是""此""斯""茲""彼"等。例如:

德之不脩,學之不講,聞義不能徙,不善不能改,是吾憂也。(論語·述而)

是乃仁術也。(孟子·梁惠王上)

當是時也,禹八年於外,三過其門而不入,雖欲耕,得乎?(孟子·滕文公上)

故謀用是作,而兵由此起。(禮記·禮運)

王如知此,則無望民之多於鄰國也。(孟子·梁惠王上)

逝者如斯夫,不舍晝夜!(論語·子罕)

有美玉於斯。(同上)

言舉斯心加諸彼而已。(孟子·梁惠王上)

彼一時,此一時也。(孟子·公孫丑下)

文王既没,文不在兹乎!(論語·子罕)

就一般説,"是""此""斯""兹"是近稱,表示"這""這個""這裏"等;"彼"是遠稱,表示"那""那個""那裏"。值得注意的是:"是"字和現代漢語的"是"字不同。"是"和"此"是同義詞,它們常常可以互换,試比較:

是心足以王矣。(孟子·梁惠王上)

此心之所以合於王者,何也?(同上)

今其人在是。(戰國策·趙策三)

其人在此。(同上)

"是""此""彼"可以指人,略等於説"這人""那人"。例如:

爾何曾比予於是!(孟子·公孫丑上)

此誰也?(戰國策·齊策四)

或問子産。子曰:"惠人也。"問子西。曰:"彼哉!彼哉!"(論語·憲問)

(祇説"那人哪!那人哪!"不加以評論。)

後來"彼"字發展成爲帶有人稱代詞的性質,差不多完全等於現代的"他"或"他們"。例如:

彼丈夫也,我丈夫也,吾何畏彼哉?(孟子·滕文公上)

　　彼陷溺其民。(孟子·梁惠王上)

但是,"彼"字始終没有完全喪失它的指示性。由於它表示遠指,所以它又常常帶着輕視的意味(如"彼哉! 彼哉!")。它到底不是正式的人稱代詞,所以古代漢語裏一般不用它來表示"他"或"他們"的意義。

　　指示代詞"是""此"等字可以用作主語、定語、賓語。"是"字用作賓語有時候可以放在動詞的前面。例如:

　　爾貢包茅不入,王祭不共,無以縮酒,寡人是徵;昭王南征而不復,寡人是問。(左傳·僖公四年)

　　先秦時代,"之"字也用作指示代詞,等於説"此"或"彼"。例如:

　　之子于歸,宜其室家。(詩經·周南·桃夭)

　　(于歸:出嫁。)

　　之二蟲又何知?(莊子·逍遥遊)

　　"夫"(fú)字,也是一個指示代詞,但是指示性很輕,和現代漢語對譯時有時可以不必譯出。例如:

　　小子何莫學夫詩?(論語·陽貨)

　　食夫稻,衣夫錦。(同上)

　　非夫人之爲慟而誰爲?(論語·先進)

有時候,一個比較複雜的結構被用作賓語,"夫"字放在動詞和賓語的中間,還是指示代詞。例如:

　　君子疾夫舍曰欲之而必爲之辭。(論語·季氏)

　　左右曰:"乃歌夫'長鋏歸來'者也。"(戰國策·齊策四)

　　指示代詞還有"然"字和"爾"字,它們經常用作句子的謂語。"然"字略等於現代漢語的"這樣""那樣""這麽""那麽"。

　　其誰曰不然?(左傳·隱公元年)

河東凶亦然。（孟子・梁惠王上）

物皆然,心爲甚。（同上）

單說"然"字,是應答之詞,表示"是的""正是這樣"。例如：

王曰："然。"（孟子・梁惠王上）

"爾"字的用途沒有"然"字那樣普遍。它也表示"這樣""那樣"。例如：

相去萬餘里,故人心尚爾。（古詩十九首）

問君何能爾? 心遠地自偏。（陶淵明:飲酒詩）

古代漢語還有一個無定代詞"或"字值得提出來說一說。這個"或"字通常用來指人,而且祇用作主語。例如：

或問乎曾西曰："吾子與子路孰賢?"（孟子・公孫丑上）

或告之曰："是非君子之道。"（孟子・滕文公下）

如或知爾,則何以哉?（論語・先進）

現代漢語沒有和它相當的代詞,譯成現代漢語可以作"有人"。

有時候"或"字前面出現先行詞,"或"字指代其中的某些人或某一個人。例如：

唐人或相與謀。（左傳・定公三年）

（有些唐國人在一起商議。）

宋人或得玉。（左傳・襄公十五年）

（有一個宋國人得到一塊玉。）

在古代漢語裏,常常用兩個以上的"或"字,前後相應,以表示列舉。在這種情況下,"或"字仍然是無定代詞,它既可以指人（譯爲"有人"）,又可以指物（譯爲"有的"）。例如：

或百步而後止,或五十步而後止。（孟子・梁惠王上）

夫物之不齊,物之情也:或相倍蓰,或相什百,或相千萬。（孟子・滕文公上）

這種用法的"或"字並不是表示選擇的連詞,不能譯爲"或者",這是應該注意的。

3."者"字

"者"字是一個特別的指示代詞,它通常用在形容詞、動詞或動詞詞組的後面組成一個名詞性的詞組,表示"……的人""……的事物"。例如:

老者安之,朋友信之,少者懷之。(論語・公冶長)

仁者不憂,知者不惑,勇者不懼。(論語・憲問)

飢者易爲食,渴者易爲飲。(孟子・公孫丑上)

往者不可諫,來者猶可追。(論語・微子)

仲尼之徒無道桓文之事者。(孟子・梁惠王上)

雖有天下易生之物也,一日暴之,十日寒之,未有能生者也。(孟子・告子上)

不爲者與不能者之形何以異?(孟子・梁惠王上)

有時候,"者"字用在主謂結構的後面組成一個名詞性的詞組。例如《論語・雍也》:"力不足者中道而廢,今女畫。"

"者"字詞組譯成現代漢語有時候可以簡單地譯作"……的",但是古代漢語的"者"並不等於現代漢語的"的",因爲這兩個字的性質和用法並不完全相同。例如"勇者"固然可以譯作"勇敢的",但是現代還可以說"勇敢的人",而古代卻不能說"勇者人"。現代能說"誰的""我的""木頭的"之類,古代的"者"字沒有這種用法。

"者"字還可以用在數詞後面表示幾種人,幾件事情,或者幾樣東西。"的"字沒有這種用法。例如:

老而無妻曰鰥,老而無夫曰寡,老而無子曰獨,幼而無父曰孤。此四者,天下之窮民而無告者。(孟子・梁惠王下)

("四者"指代鰥寡獨孤四種人。)

子貢問政。子曰:"足食,足兵,民信之矣。"子貢曰:"必不得已而去,

於斯三者何先?"曰:"去兵。"(論語·顏淵)

（"三者"指代足食、足兵、民信之三件事情。）

魚,我所欲也;熊掌亦我所欲也。二者不可得兼,舍魚而取熊掌者也。(孟子·告子上)

（"二者"指代魚和熊掌兩樣東西。）

下面附帶説一説語氣詞"者"字的用法。

語氣詞"者"字用在判斷句的主語後面表示提頓,這在古漢語通論(七)里已經説過。這種"者"字又常常用在"有"字的賓語後面,和"有"字及其賓語組成一個名詞性詞組,作下文的主語("有"字的賓語衹是下文概念上的主語)。例如:

有顏回者好學,不遷怒,不貳過。不幸短命死矣。(論語·雍也)

楚之南有冥靈者,以五百歲爲春,五百歲爲秋;上古有大椿者,以八千歲爲春,八千歲爲秋。(莊子·逍遥遊)

窮髮之北有冥海者,天池也。(同上)

齊人有馮諼者,貧乏不能自存。(戰國策·齊策四)

宋人有曹商者,爲宋王使秦。(莊子·列禦寇)

在時間詞"今""昔"等字的後面也常常用"者"字,例如:

老臣今者殊不欲食。(戰國策·趙策四)

今者臣來,過易水,蚌方出曝。(戰國策·燕策二)

昔者,吾舅死於虎,吾夫又死焉,今吾子又死焉。(禮記·檀弓下)

昔者所進,今日不知其亡也。(孟子·梁惠王下)

古者蒼頡之作書也,自環者謂之"私",背私謂之"公"。(韓非子·五蠹)

曩者辱賜書,教以慎於接物,推賢進士爲務。(司馬遷:報任安書)

有時候不用"者"字,例如"今吾子又死焉";有時候換用"也"字,例如"今也,制民之産,仰不足以事父母,俯不足以畜妻子,樂歲終身苦,凶年不免於死亡"(《孟子·梁惠王上》)。

語氣詞"者"字又常常用在假設分句或結果分句的後面表示停頓。例如：

> 入則無法家拂士，出則無敵國外患者，國恒亡。（孟子·告子下）

> 然而不勝者，是天時不如地利也。（孟子·公孫丑下）

4."所"字

"所"字也是一個特別的指示代詞，它通常用在及物動詞的前面和動詞組成一個名詞性的詞組，表示"所……的人""所……的事物"。"所"字所指代的一般是行爲的對象。例如：

> 奪其所憎而與其所愛。（戰國策·趙策三）

> 管仲，曾西之所不爲也。（孟子·公孫丑上）

> 許君焦瑕，朝濟而夕設版焉，君之所知也。（左傳·僖公三十年）

> 君子於其所不知，蓋闕如也。（論語·子路）

> 王之所大欲可得聞與？（孟子·梁惠王上）

這種"所"字詞組譯成現代漢語有時候可以簡單地作"（所）……的"，但是古代漢語的"所"不等於現代漢語的"的"，因爲這兩個字的性質和用法不相同。

由於"所"字和動詞結合以後組成的詞組帶有名詞性，所以能夠被定語所修飾（通常用介詞"之"字爲介），例如"曾西之所不爲""君之所知""須臾之所學"（《荀子·勸學》），等等。"其"字代替一個名詞加"之"，所以也能做"所"字詞組的定語，例如"其所憎""其所愛"。

"所"字詞組雖然帶有名詞性，但是離開上下文，它本身一般不能明白表示是人還是事物，更不能具體表示是什麼人、什麼事物。因此還可以在動詞後面再加名詞，舉出人或事物的名稱。例如：

> 仲子所居之室，伯夷之所築與？抑亦盜跖之所築與？所食之粟，伯夷之所樹與？抑亦盜跖之所樹與？是未可知也。（孟子·滕文公下）

光不敢以圖國事，所善荆卿可使也。（史記・刺客列傳）

　　我們還要注意和及物動詞結合以後"所"和"者"的異同。例如"所見"指代"見"的對象，"見者"指代行爲的主動者。試比較：

　　始臣之解牛之時，所見無非牛者。（莊子・養生主）

　　（我看見的牛沒有不是全牛的。）

　　見者驚猶鬼神。（莊子・達生）

　　（看見的人都吃驚，以爲像鬼神那樣。）

但是，如果動詞前面用了"所"字，那麼動詞後面的"者"字就指代行爲的對象了，這時"所"字起着指示行爲對象的作用，"所……者"這樣的詞組仍然帶有名詞性。例如：

　　所愛者，撓法活之；所憎者，曲法誅滅之。（史記・酷吏列傳）

　　其所善者，吾則行之；其所惡者，吾則改之。（左傳・襄公三十一年）

　　孟嘗君曰："視吾家所寡有者。"（戰國策・齊策四）

　　"所"字又常常用在介詞"從""以""爲""與"等字的前面，指代介詞所介紹的對象，它們所表示的是：行爲發生的處所，行爲賴以實現的工具手段和方式方法，產生某種行爲的原因，以及與行爲有關的人物，等等。"所"字和介詞以及介詞後面的動詞（或動賓詞組）相結合組成的詞組也帶有名詞性。例如：

　　楚人有涉江者，其劍自舟中墜於水，遽契其舟，曰："是吾劍之所從墜。"（呂氏春秋・察今）

　　（表示劍從墜的地方。）

　　彼兵者，所以禁暴除害也，非爭奪也。（荀子・議兵）

　　（表示用來禁暴除害的工具。）

　　其竭力致死，無有二心，以盡臣禮，所以報也。（左傳・成公三年）

　　（表示用來報答的方式。）

　　儒以文亂法，俠以武犯禁，而人主兼禮之，此所以亂也。（韓非子・五蠹）

（表示亂的原因。）

古之人所以大過人者無他焉，善推其所爲而已矣。（孟子·梁惠王上）

（表示大過人的原因。"者"字稱代，"所"字指示。）

梁乃召故所知豪吏，諭以所爲起大事。（史記·項羽本紀）

（表示起大事的原因。）

所爲見將軍者，欲以助趙也。（戰國策·趙策三）

（表示見將軍的原因。"者"字稱代，"所"字指示。）

其妻問所與飲食者，則盡富貴也。（孟子·離婁下）

（表示與之飲食的人。"者"字稱代，"所"字指示。）

其實上古漢語的"所"字本來就可以直接用在及物動詞、不及物動詞或動賓詞組的前面，指代上述與行爲有關的各個方面，並不需要介詞表示。例如：

冀之北土，馬之所生，無興國焉。（左傳·昭公四年）

（"所"指代生的處所。）

其北陵，文王之所辟風雨也。（左傳·僖公三十二年）

（"所"指代避風雨的處所。）

南方有鳥焉，名曰蒙鳩，以羽爲巢，而編之以髮，繫之葦苕。風至苕折，卵破子死。巢非不完也，所繫者然也。（荀子·勸學）

（注意：繫的對象是巢，繫巢的處所是葦苕，"所繫者"指葦苕而言。"者"字稱代，"所"字指示。）

西方有木焉，名曰射干，莖長四寸，生於高山之上，而臨百仞之淵。木莖非能長也，所立者然也。（同上）

（"所立者"表示立的處所，指高山而言。"者"字稱代，"所"字指示。）

蘭槐之根是爲芷，其漸之滫，君子不近，小人不服。其質非不美也，所漸者然也。（同上）

（注意：漸的對象是芷，用來漸芷的東西是滫，"所漸者"指滫而言。

“者”字稱代,“所”字指示。)

　　大官大邑,身之所庇也。(左傳·襄公三十一年)

　　(“所”指代託庇的憑藉。)

　　諾,恣君之所使之!(戰國策·趙策四)

　　(“所”指代“使之”的方式方法。這句是說任憑您怎樣支使他。)

　　他日,子夏、子張、子游以有若似聖人,欲以所事孔子事之,强曾子。
(孟子·滕文公上)

　　(“所”指代“事孔子”之道,等於說欲以所以事孔子事之。)

　　彼曾史楊墨師曠工倕離朱,皆外立其德,而以爐亂天下者也,法之所无
用也。(莊子·胠篋)

　　(“所”指代“无用”的道理或原因,等於說法之所以無用也。)

　　邪穢在身,怨之所構。(荀子·勸學)

　　(“所”指代“構”的原因,等於說怨之所以構。)

這種用法似乎比較特殊,其實應該説這也是上古漢語“所”字的基
本用法。後來介詞的運用日益普遍,出現了“所從……”“所
以……”“所爲……”“所與……”等等①,但是這種基本用法並沒有
完全被這類新興的結構所代替,所以我們在同一篇作品裏既能看
到“大官大邑,身之所庇也”的説法,又能看到“大官大邑,所以庇身
也”的説法。

　　在上古漢語裏,“所”字還可以用在某些帶有形容性的詞語的
前面,指代描述的對象。這樣組成的詞組也帶有名詞性。例如:

　　殺所不足而爭所有餘,不可謂智。(墨子·公輸)

　　(“所不足”指人民而言,“所有餘”指土地而言。)

　　夫處窮閭陋巷,困窘織屨,槁項黄馘者,商之所短也;一悟萬乘之主而

---

① 　注意:上古漢語的“所以……”和現代漢語的“所以”不同,現代的“所以”是連詞,上
古和它大致相當的是“故”,例如“求也退,故進之;由也兼人,故退之”(《論語·先
進》)。但是現代的“所以”是從上古的“所以……”發展來的,這裏不準備細説。

從車百乘者,商之所長也。(莊子・列禦寇)

但是這種用法在古書裏並不常見。

在古代漢語裏,我們常常見到"有所……""無所……""何所……"的説法。例如:

平原君猶豫未有所決。(戰國策・趙策三)

故人不獨親其親,不獨子其子,使老有所終,壯有所用,幼有所長,矜寡孤獨廢疾者皆有所養,男有分,女有歸。(禮記・禮運)

所貴於天下之士者,爲人排患、釋難、解紛亂而無所取也;即有所取者,是商賈之人也。仲連不忍爲也。(戰國策・趙策三)

若舍鄭以爲東道主,行李之往來,共其乏困,君亦無所害。(左傳・僖公三十年)

我之大賢與,於人何所不容?(論語・子張)

任天下勇武,何所不誅?(史記・淮陰侯列傳)

"有所……""無所……"是動賓詞組,"所"字詞組用作動詞"有"或"無"的賓語。"何所……"是主謂倒裝的疑問句式,"所"字詞組用作主語,"何"字用作謂語,"何所不容"就是"所不容(者)何";這種説法在意思上帶有周遍性,"何所不容"意思是"無所不容"。

普通高等教育"十二五"國家級規劃教材

古 代 漢 語

（典藏本）

第 二 册

主　編　王　力

編　者　（以姓氏筆畫爲序）

　　　　吉常宏　祝敏徹　馬漢麟　郭錫良

　　　　許嘉璐　趙克勤　劉益之　蕭　璋

中 華 書 局

目　録

第五單元

文 選

墨 子

墨子名翟,戰國初魯國人。約生於公元前 480 年,死於公元前 420 年。他是一位出身於小生産者階層的哲學家,是墨家學派的創始人。

墨子認爲人類一切罪惡的根源是"不相愛",因而提倡"兼愛"。墨子同情人民的疾苦,他認爲給人民帶來災難的,莫過於統治者爲了爭權奪利而發動的戰爭。因此他反對不義的戰爭,提倡"非攻"。他還反對統治者揮霍浪費,所以又提出"節用""節葬""非樂"等主張,希望限制王公貴族的奢侈,減輕人民的負擔。他還提出"尚賢""尚同"等主張。這在當時來說,都有一定的進步意義。

墨子也有落後的一面,如他提倡迷信,相信鬼神等。

《墨子》一書是墨翟的門徒們根據他的遺教編纂而成的,現存五十三篇。清末有孫詒讓的《墨子閒詁》最爲詳審。

非 攻[1]

今有一人,入人園圃[2],竊其桃李,衆聞則非之[3],

上爲政者得則罰之〔4〕。此何也？以虧人自利也〔5〕。至攘人犬豕雞豚者，其不義又甚入人園圃竊桃李〔6〕。是何故也？以虧人愈多，其不仁兹甚〔7〕，罪益厚〔8〕。至入人欄廐〔9〕，取人馬牛者，其不仁又甚攘人犬豕雞豚。此何故也？以其虧人愈多。苟虧人愈多〔10〕，其不仁兹甚，罪益厚。至殺不辜人也〔11〕，扡其衣裘〔12〕，取戈劍者，其不義又甚入人欄廐，取人馬牛。此何故也？以其虧人愈多。苟虧人愈多，其不仁兹甚矣，罪益厚。當此〔13〕，天下之君子皆知而非之，謂之不義。今至大爲攻國〔14〕，則弗知非，從而譽之，謂之義。此可謂知義與不義之別乎？

〔1〕《非攻》共有上中下三篇。這裏選的是上篇。

〔2〕種樹的地方叫園，種菜的地方叫圃。這裏園圃是偏義複詞，圃字無義。

〔3〕非，非難，責備。

〔4〕爲政者，執政的人。得，得到，這裏指捕獲。

〔5〕以，因爲。

〔6〕至，至於。攘，見《孟子·攘雞》注。豚(tún)，小豬。

〔7〕兹，通"滋"，更。

〔8〕厚，這裏當"重"講。

〔9〕欄，古時稱牛馬的圈。廐，馬棚。這裏欄廐泛指牛馬的圈。

〔10〕苟，假如。

〔11〕辜(gū)，罪。也，語氣詞，引起下文。

〔12〕扡(tuō)，同"拖"，這裏指拽(zhuài)下來。

〔13〕當此，對此。

〔14〕爲，動詞。"攻國"是動賓詞組作賓語用。

　　殺一人，謂之不義，必有一死罪矣〔1〕。若以此説往〔2〕,殺十人,十重不義〔3〕,必有十死罪矣;殺百人,百重不義,必有百死罪矣。當此,天下之君子皆知而非之,謂之不義。今至大爲不義,攻國,則弗知非,從而譽之,謂之義。情不知其不義也〔4〕,故書其言以遺後世〔5〕;若知其不義也,夫奚説書其不義以遺後世哉〔6〕?

〔1〕一,一重(chóng)。

〔2〕假如按照這種解釋類推。若,假如。此説,指"殺一人,必有一死罪"的道理。往,這衹是習慣説法,没有"去"的意義,而衹表示類推。

〔3〕十重(chóng),即十倍。

〔4〕情,誠,實在。

〔5〕所以把稱贊攻國的話記載下來遺留給後世。

〔6〕奚説,怎樣解釋。

今有人於此,少見黑曰黑,多見黑曰白,則以此人不知白黑之辯矣〔1〕;少嘗苦曰苦,多嘗苦曰甘,則必以此人爲不知甘苦之辯矣。今小爲非,則知而非之;大爲非攻國,則不知非,從而譽之,謂之義,此可謂知義與不義之辯乎?是以知天下之君子也,辯義與不義之亂也〔2〕。

〔1〕辯,通"辨",下同。

〔2〕亂,混亂,指混爲一談。

老　子

關於老子這個人,歷來説法不一。有人以爲他就是春秋時楚國人老聃(dān),和孔子同時而年長於孔子,並説他"著書上下篇,言道德之意"。但是《老子》一書的思想,具有濃厚的戰國時代的色

彩。它不可能是春秋時代的産物。大概是老子的後學者根據他的
學説加以發揮補充而成的,成書於戰國時代。

　　老子的哲學思想基本上是客觀唯心主義的。他用虛無的本體
"道"代替商周以來的天命觀,同時否定客觀世界的物質本原。老
子的哲學思想也含有樸素的辯證法的因素,提出"有無相生,難易
相成,長短相形,高下相傾"等命題,並且講到"福兮禍之所倚,禍兮
福之所伏"等禍福依一定條件互相轉化的道理。

　　《老子》凡八十一章,約五千字,基本上是韻文。其較重要的注
本是魏時王弼的《老子注》和後人假託題作"漢河上公撰"的《老子
章句》。今人對《老子》作了不少整理研究工作,如馬敍倫的《老子
校詁》、高亨的《老子正詁》等,都可參考。

（一）

　　天下皆知美之爲美, 斯惡已[1]; 皆知善之爲善,
斯不善已。故有無相生[2], 難易相成[3], 長短相形[4],
高下相傾[5], 音聲相和[6], 前後相隨[7]。是以聖人處
無爲之事[8], 行不言之教[9], 萬物作焉而不辭[10], 生而
不有[11], 爲而不恃[12], 功成而弗居[13]。夫唯不居, 是以
不去[14]。

[1]如果天下的人都知道美好的東西是美的,就顯露出醜來了。斯,則。惡,
　　　醜。已,通"矣"。
[2]生,存。相生,等於説互相依存。
[3]成,成就,即"相反相成"的"成"。
[4]形,表現,顯現。一本作"較"。長短是相對的,有了長纔顯出短來。今人
　　　還有"相形見絀"的説法。

〔5〕傾,傾斜,等於説依靠。

〔6〕音,單音。聲,和聲。和,和協。

〔7〕這幾句是説正反兩方面都是互相依存的,不能分割開,即相反相成的意思。這種相對觀念是合乎辯證法的。

〔8〕處……事,等於説"行……事"。處無爲之事,就是順其自然,無爲而治的意思。

〔9〕施行不用言詞説教的教化,實際上是採取放任主義。

〔10〕作,興起。"不辭"二字不好懂。魏源解作"萬物作焉而後應之不辭耳,此因應無爲之道也"。"不辭"就是不拒絶。完全隨應萬物,也就是無爲而治的意思(見《老子本義》)。

〔11〕有,據爲私有。

〔12〕有所施爲,但是不倚靠,這是説不求達到什麼目的。

〔13〕這句也是指順着自然,並不自己居功。

〔14〕正因爲不自居〔功〕,所以也離不開〔功〕。去與居是反義詞,有居然後有去,沒有居哪裏還有去? 老子是説,不居功的人正是有功的人。

(二)

三十輻共一轂〔1〕;當其無,有車之用〔2〕。埏埴以爲器〔3〕;當其無,有器之用〔4〕。鑿户牖以爲室〔5〕;當其無,有室之用〔6〕。故有之以爲利〔7〕,無之以爲用。

〔1〕本章説明"有""無"的依存關係和相互作用。輻,車的輻條。轂(gǔ),車輪中心有圓孔的圓木,裏邊貫軸,外邊承輻。

〔2〕就在於它的無,纔有了車子的作用。無,指轂中空處。

〔3〕埏,以土和泥,揉和。埴(zhí),黏土。埏埴,用水和黏土,揉成可制器皿的泥坯。

〔4〕這裏的"無"指器中空。

〔5〕户,房門。牖(yǒu),窗子。

〔6〕這裏的"無"指室中空。

〔7〕這裏的"有"和下文的"無"都是抽象了的哲學概念。利,實利。

（三）

天之道,其猶張弓與〔1〕？高者抑之,下者舉之〔2〕；有餘者損之,不足者補之。天之道損有餘而補不足,人之道則不然〔3〕:損不足以奉有餘。孰能有餘以奉天下〔4〕？唯有道者〔5〕。是以聖人爲而不恃,功成而不處〔6〕。其不欲見賢邪〔7〕！

〔1〕道,這裏相當於現在所説的規律。其,表測度的語氣詞。張弓,把弦安在弓上。

〔2〕抑,指把弦壓低。舉,指把弦昇高。

〔3〕人之道,指社會上通常奉行的法則。

〔4〕奉,供給。

〔5〕有道者,有德的人。

〔6〕處,居,參見本册第369頁《老子》(一)注〔13〕。

〔7〕見(xiàn),表現出。一本無"邪"字。

（四）

小國寡民〔1〕。使有什伯之器而不用〔2〕,使民重死而不遠徙〔3〕。雖有舟輿,無所乘之〔4〕；雖有甲兵,無所陳之〔5〕；使民復結繩而用之〔6〕。甘其食,美其服,安其居,樂其俗〔7〕。鄰國相望,雞犬之聲相聞,民至老死不相往來。

〔1〕小、寡,都用如動詞,使動用法。本章反映了老子"小國寡民"的思想,他

　　主張毀掉一切文明，回到原始共產社會中去。

〔２〕什，十倍；伯，通"佰"，百倍。什伯之器，效用十倍百倍的工具。

〔３〕重死，以死爲重，即愛惜生命。"重"是意動用法。

〔４〕這是説雖然有船有車，也沒有乘坐的必要。

〔５〕陳，陳列。

〔６〕復，重新。結繩，相傳在文字出現以前人們記事的方法。"民"一本作
　　"人"。

〔７〕甘，美，意動用法，以……爲美。"美""安""樂"同此。

莊　子

　　莊子名周，戰國時蒙（在今河南商邱縣）人。生卒年月不詳，大
約和孟子同時或稍後。莊子曾做過蒙漆園吏，是一個小官，一生過
着窮苦的生活。他繼承並發展了老子的思想，和老子同是道家學
派的代表人物，世稱老莊。

　　《莊子》一書，包括内篇七篇、外篇十五篇、雜篇十一篇，共三十
三篇。一向認爲内篇大體是莊周自著，外篇、雜篇則是莊周後學
所作。

　　莊子認爲一切事物經常在變化着，人對這種變化是無可奈何
的，祇有服從。因此他主張"無爲"，放棄生活中的一切鬥爭。又認
爲一切事物都是相對的，連人的認識也是如此。因此他否定知識，
否定一切事物的質的差别，説什麼大小、貴賤、壽夭、生死、是非、善
惡、得失、榮辱等都是一樣的，要求人們在無是非、無得失、無榮辱
的虚無飄渺的境界中逍遥漫遊。他極力否定現實，主張消極地逃
避現實，脱離社會。在政治上，他反對人間的一切措施，要求社會
毁掉一切文明，回到最原始的時代。這些思想對後世起了使人消

極頹廢的作用。

　　不過莊子的思想也有他積極的一面。他痛恨並無情地揭露了當時那個“竊鈎者誅、竊國者爲諸侯”的不合理的社會，他拒絕和統治者合作，鄙視富貴利祿，並辛辣地嘲笑那些追求名利的人。這對以後封建社會裏某些知識分子的反禮教、反封建統治，起了一定的作用。

　　莊子的文章，想像力很强，文筆變化多端，具有濃厚的浪漫主義色彩，並富有幽默諷刺的意味，對後世文學語言影響很大。

　　古人給《莊子》作注的有晉代的司馬彪、孟氏、崔譔、向秀、郭象五家，現存的衹有郭注本十卷。唐代有成玄英爲郭象注作疏。清代有王先謙的《莊子集解》和郭慶藩的《莊子集釋》。今人劉武的《莊子集解内篇補正》對王先謙的集解有不少的糾正和補充，也值得參考。

北冥有魚（逍遥遊）[1]

　　北冥有魚，其名爲鯤[2]。鯤之大，不知其幾千里也；化而爲鳥，其名爲鵬。鵬之背，不知其幾千里也；怒而飛[3]，其翼若垂天之雲[4]。是鳥也，海運則將徙於南冥[5]。南冥者，天池也[6]。齊諧者[7]，志怪者也[8]。諧之言曰：“鵬之徙於南冥也，水擊三千里[9]，摶扶搖而上者九萬里[10]，去以六月息者也[11]。”野馬也[12]，塵埃也，生物之以息相吹也[13]。天之蒼蒼[14]，其正色邪[15]？其遠而无所至極邪[16]？其視下也[17]，亦若是則已矣[18]。且夫水之積也不厚[19]，則其負大舟也无力[20]。

覆杯水於坳堂之上[21]，則芥爲之舟[22]。置杯焉則膠[23]，水淺而舟大也。風之積也不厚，則其負大翼也无力。故九萬里則風斯在下矣[24]，而後乃今培風[25]；背負青天而莫之夭閼者[26]，而後乃今將圖南[27]。蜩與學鳩笑之曰[28]："我決起而飛[29]，搶榆枋[30]，時則不至[31]，而控於地而已矣[32]，奚以之九萬里而南爲[33]？"適莽蒼者[34]，三飡而反[35]，腹猶果然[36]；適百里者，宿舂糧[37]；適千里者，三月聚糧[38]。之二蟲又何知[39]？小知不及大知[40]，小年不及大年[41]。奚以知其然也[42]？朝菌不知晦朔[43]，蟪蛄不知春秋[44]：此小年也。楚之南有冥靈者[45]，以五百歲爲春，五百歲爲秋；上古有大椿者[46]，以八千歲爲春，八千歲爲秋。而彭祖乃今以久特聞[47]，衆人匹之[48]，不亦悲乎？

〔1〕《逍遥遊》是《莊子·內篇》中的第一篇，這裏祇節錄了前半篇。"北冥有魚"這個標題是編者加的。莊子在這段文章裏闡述了他的無所待的思想。他認爲萬物如有所待纔能運行，就不能真正達到逍遥遊的境界，祇有毫無所待，纔能逍遥自得。他所説的無所待，實際是要人們一切任其自然，與萬物混爲一體，超脱現實，與世無爭，取消人在社會中的一切作用。

〔2〕冥，通"溟"。北冥，北方的海。鯤（kūn），傳説中的大魚。

〔3〕怒，振奮，這裏是指鼓起翅膀。

〔4〕若垂天之雲，好像天邊的雲彩。

〔5〕海運，指在大海上運行。南冥，南方的海。

〔6〕天池，天然形成的池，所以叫天池。

〔7〕齊諧，人名。

〔8〕志,記載,後來寫作"誌"。怪,指怪異的事。

〔9〕水擊,指鵬起飛時,距水面還近,翅膀在水面上搧動。

〔10〕摶(tuán),指振翅拍擊。扶搖,旋風。

〔11〕鵬離開北海用六個月的時間飛到南海纔休息。去,離開。息,休息。

〔12〕野馬,指春日野外林澤中的霧氣,蒸騰如奔馬,所以叫做野馬。

〔13〕息,氣息,呼吸時進出的氣。連前是說野馬、塵埃的動蕩都是生物用氣息
　　　吹拂的結果。比起鵬之高飛遠揚,大小之差雖然懸殊,但都是有所憑藉
　　　纔能運動。

〔14〕蒼蒼,深藍色。

〔15〕其,語氣詞,表委婉語氣,略等於現代漢語的"大概"。下句的"其"同。
　　　正色,真正的顏色。邪,通"耶",句末語氣詞。

〔16〕无所至極,沒有到盡頭的地方。極,盡。

〔17〕其,人稱代詞。代鵬。

〔18〕也像這個罷了。連上句是說鵬從高空向下看,也像人從地上向上看天,
　　　都不一定得到真相。則已,等於說"而已"。

〔19〕且夫,表示再說一層道理。

〔20〕負,載。

〔21〕覆,倒(dào)。坳(ào),窪下。坳堂,堂上低窪之處。

〔22〕芥,小草。爲之舟,等於說給它(水)當船,也就是做爲水中的船。"之"
　　　和"舟"是雙賓語。

〔23〕膠,黏住,指不能動。

〔24〕斯,於是。風……在下,風……在鵬之下。

〔25〕而後乃今,等於說然後纔。培,憑,憑藉、依賴。培風,等於說乘風(依王
　　　念孫說,見《讀書雜誌》)。

〔26〕夭閼(è),聯緜字,動詞,表示攔阻。

〔27〕圖南,計劃着向南飛。

〔28〕蜩(tiáo),蟬。學鳩,小鳥名。

〔29〕決(xuè),迅速的樣子。

〔30〕搶(qiāng)，突過。榆，榆樹。枋(fāng)，檀樹。

〔31〕有時或者飛不到。時則，等於説時或。

〔32〕控，投，這裏指落下。

〔33〕哪裏用得着飛到九萬里的高處去再向南飛呢？奚以，哪裏用得着。之，到……去。爲，表疑問的句末語氣詞。

〔34〕適，到……去。莽蒼，郊野之色。這裏指近郊。

〔35〕飡，同"餐"。反，返回，後來寫作"返"。

〔36〕果然，飽的樣子。

〔37〕出發前一宿擣米。舂(chōng)，擣去米的外皮。糧，旅行所需的糧食。

〔38〕出發前三個月就聚集糧食。

〔39〕之，指示代詞，這。二蟲，指蜩與學鳩(依俞樾説，見《諸子平議》)。

〔40〕知(zhì)，智慧，後來寫作"智"。

〔41〕年，指壽命。

〔42〕根據什麽知道它這樣呢？

〔43〕朝菌，一種生長期很短的菌類植物，朝生暮死，所以叫"朝菌"。晦，夏曆每月的最後一日。朔，夏曆每月的最初一日。

〔44〕蟪蛄(huìgū)，一名寒蟬。舊説，寒蟬春生夏死，夏生秋死，壽命不到一年，所以説不知春秋。

〔45〕冥靈，樹名。

〔46〕椿，椿樹。

〔47〕彭祖，傳説中長壽的人，據説活了八百歲。乃今，而今，等於説如今。久，指長壽。特，獨。聞，指聞名於世。

〔48〕衆人，一般人。匹，配，這裏當"比"講。這句是説一般人談到長壽，就舉出彭祖來相比。

　　湯之問棘也是已〔1〕："窮髮之北〔2〕，有冥海者，天池也。有魚焉，其廣數千里〔3〕，未有知其修者〔4〕，其名爲鯤。有鳥焉，其名爲鵬，背若太山，翼若垂天之雲；摶扶揺羊角而上者九萬里〔5〕,絶雲氣〔6〕,負青天,然後圖南,且適南冥也〔7〕。斥鴳笑之曰〔8〕:'彼且奚適也？我騰躍而上,不過數仞而下〔9〕,翱翔蓬蒿之間〔10〕,此亦飛之至也〔11〕。而彼且奚適也？'"——此小大之辯也〔12〕。

〔1〕湯,商湯。棘,湯時的大夫。是已,略等於"是也"。

〔2〕窮髮,不毛之地,指上古傳說中極遠的北方地帶。

〔3〕廣,寬。

〔4〕修,長。

〔5〕羊角,也是旋風。因風向上迴旋像羊角,所以叫羊角。

〔6〕絶,直上穿過。

〔7〕且,將。

〔8〕斥鴳(yàn),小雀。

〔9〕下,降下。

〔10〕翱(áo)翔,盤旋飛舞,逍遥自得的樣子。

〔11〕至,最高限度。

〔12〕辯,通"辨",分別。

故夫知效一官〔1〕,行比一鄉〔2〕,德合一君〔3〕,而徵一國者〔4〕,其自視也亦若此矣〔5〕。而宋榮子猶然笑之〔6〕。且舉世而譽之而不加勸〔7〕,舉世而非之而不加沮〔8〕,定乎內外之分〔9〕,辯乎榮辱之境〔10〕,斯已矣〔11〕。彼,其於世〔12〕,未數數然也〔13〕。雖然,猶有未樹也〔14〕。夫列子御風而行〔15〕,泠然善也〔16〕,旬有五日而後反〔17〕。彼於致福者〔18〕,未數數然也。此雖免乎行〔19〕,猶有所待者也〔20〕。若夫乘天地之正,而御六氣之辯〔21〕,以遊无窮者〔22〕,彼且惡乎待哉〔23〕？故曰:至人无己〔24〕,神人无功〔25〕,聖人无名〔26〕。

〔1〕知效一官,才智能勝任一官之職。知(zhì),才智。效,功效,這裏作勝任解。官,官職。

〔2〕品行能適合一鄉之人的心意。行(xìng),品行。比,合。

〔3〕道德符合一君之心。

〔4〕能力能取信於一國之人。而,能(依郭慶藩説),能力。徵,信,這裏作取信解。

〔5〕其,指上述的四種人。此,指斥鴳。

〔6〕宋榮子,戰國時宋人。猶然,笑的樣子。

〔7〕舉世,所有同時代的人。舉,全。之,代宋榮子,下句的"之"同。加,更。勸,鼓勵,這裏是被動用法,可以解作"努力"。

〔8〕非,責難。沮(jǔ),止,這裏解作喪氣、洩勁。

〔9〕定,確定。内,指我。外,指物。分,分別。

〔10〕辯,通"辨",分辨。境,界限。

〔11〕這就罷了,等於説不過如此罷了。斯,此。已,止。這是説宋榮子衹做到這一步就完了,還不能達到"無己"的境界。

〔12〕彼,指宋榮子。其於世,他對於人世。

〔13〕没有着急的樣子,也就是淡於人世。數數(shuòshuò),等於説汲汲(依成玄英説),着急的樣子。

〔14〕還有未樹立的。指没有樹立無所不可、逍遥自得之德。

〔15〕列子,名禦寇,鄭人。御風,駕着風。

〔16〕泠(líng)然,輕妙的樣子。

〔17〕旬,十天。有,通"又"。旬有五日,十五天。上古的稱數法,整數後面有零數時,中間常常插進一個"有"字。

〔18〕他對於求福的事。致,使……至。致福,等於説求福。

〔19〕免乎行,免得走路。

〔20〕待,指依靠。有所待,有依靠的東西(指風)。

〔21〕若夫,至於。天地,萬物的總名。正,指自然之性。乘天地之正,指順萬物之性。六氣,陰、陽、風、雨、晦、明。辯,通"變",與上文的"正"相對。乘、御,借駕車來比喻,與上文"御風"相應。

〔22〕无窮,指時間的無始無終、空間的無邊無際。

〔23〕他還依靠什麼啊! 且,還。

〔24〕无己,指忘我,就是物我不分。

〔25〕无功,順自然,不立功。

〔26〕无名,不立名。

不龜手之藥（逍遥遊）

惠子謂莊子曰〔1〕:"魏王貽我大瓠之種〔2〕,我樹之成〔3〕,而實五石〔4〕。以盛水漿,其堅不能自舉也〔5〕。剖之以爲瓢,則瓠落无所容〔6〕。非不呺然大也〔7〕,吾爲其无用而掊之〔8〕。"莊子曰:"夫子固拙於用大矣〔9〕。宋人有善爲不龜手之藥者〔10〕,世世以洴澼絖爲事〔11〕。客聞之,請買其方百金〔12〕。聚族而謀曰:'我世世爲洴澼絖,不過數金,今一朝而鬻技百金〔13〕,請與之。'客得之,以説吳王〔14〕。越有難〔15〕,吳王使之將〔16〕,冬,與越人水戰,大敗越人。裂地而封之〔17〕。能不龜手一也〔18〕,或以封〔19〕,或不免於洴澼絖,則所用之異也〔20〕。今子有五石之瓠,何不慮以爲大樽〔21〕,而浮乎江湖,而憂其瓠落无所容,則夫子猶有蓬之心也夫〔22〕!"

〔1〕惠子,姓惠名施,宋人,曾爲梁惠王相,莊子的朋友。但《莊子》各篇中有關惠施與莊子的故事,多半是寓言的性質。這篇文章闡發了"无用之用"的主張。"无用之用"是從不同的角度看待事物,認爲事物没有同一的客

觀標準。

〔2〕魏王,即梁惠王,詳見第一册第282頁《寡人之於國也》注〔1〕。貽(yí),送給。瓠(hù),葫蘆。

〔3〕樹,種植。成,成熟。

〔4〕實,果實,指結成的葫蘆。五石,是説葫蘆很大,有五石的容積。

〔5〕不能自舉,大意是本身禁不起舉。漿,飲料。堅,用如名詞,指堅固的程度。

〔6〕瓠落,聯緜字,即廓落,大(參《爾雅·釋詁》郭璞注、邢昺疏)。无所容,等於説没有適於它容納的東西,也就是大而無當的意思。

〔7〕呺(xiāo)然,空虚巨大的樣子。

〔8〕爲(wèi),因爲。掊(pǒu),打破。

〔9〕大意是你實在是不善於利用大的東西了。固,副詞,當然是,實在是。

〔10〕龜(jūn),通"皸",皮膚凍裂。

〔11〕洴(píng),浮。澼(pī),在水裏漂洗。絖(kuàng),同"纊",絲絮。事,事業,職業。

〔12〕方,藥方。百金,金百斤。

〔13〕鬻(yù),賣。

〔14〕説(shuì),説服,勸説别人,使他聽從自己的意見。

〔15〕難(nàn),亂事,指軍事行動。越有難,等於説越入侵。

〔16〕吴王派他統率軍隊。將,動詞。

〔17〕分出一塊土地封給他。

〔18〕一,一樣。

〔19〕或,無定代詞,有的人。以封,靠它得到封賞。

〔20〕所用之異,用的方法不同。

〔21〕慮,考慮(參用朱駿聲説,見《説文通訓定聲》),想辦法。樽,本指酒器,這裏指形狀像酒樽,縛在身上用來凫水的東西(作用等於救生圈)。

〔22〕那麼你還有蓬草那樣的心呀! 這是説,你的心像蓬草那樣屈曲不通。猶,還。蓬,蓬草,彎曲不直。

庖丁解牛（養生主）

庖丁爲文惠君解牛[1]。手之所觸[2]，肩之所倚[3]，足之所履[4]，膝之所踦[5]，砉然嚮然[6]。奏刀騞然[7]，莫不中音[8]：合於桑林之舞[9]，乃中經首之會[10]。

[1]庖，廚子。丁，廚子的名字（依《經典釋文》）。文惠君，即梁惠王。解牛，分卸牛的肢體。這個故事告訴我們，祇有經過反復實踐，並且真正掌握了客觀規律以後，對自己所處理的事纔能得心應手，運用自如。但莊子的本意卻在宣揚他的養生之道。

[2]所觸，接觸的地方。

[3]倚，靠。

[4]履，踩。

[5]踦（yǐ），指用一條腿的膝蓋頂住。

[6]砉（音 huà，依崔譔說），象聲詞。然，詞尾。嚮，通“響”，《經典釋文》稱或本“嚮”下無“然”字。以無“然”字爲妥。這幾句是說，因爲庖丁知道牛體關節所在，所以凡他手肩足膝所觸及的地方，關節都發出砉砉的響聲。

[7]奏，進。騞（huō），象聲詞，聲音大於“砉”（依崔譔說），這裏是形容進刀解牛的聲音。

[8]中（zhòng）音，指合於音節。

[9]桑林，湯時的樂曲名。“桑林之舞”即用“桑林”伴奏的舞蹈，這裏指舞的節拍旋律。

[10]乃，而。經首，堯時的樂曲名。會，指節奏。

文惠君曰：“譆，善哉[1]！技蓋至此乎[2]？”

庖丁釋刀對曰[3]：“臣之所好者，道也[4]；進乎技矣〔5〕。始臣之解牛之時，所見无非牛者〔6〕；三年之後，未嘗見全牛也〔7〕。方今之時〔8〕，臣以神遇而不以目視〔9〕，官知止而神欲行〔10〕。依乎天理〔11〕，批大郤〔12〕，導大窾〔13〕，因其固然〔14〕，技經肯綮之未嘗〔15〕，而況大軱乎〔16〕！良庖歲更刀，割也〔17〕；族庖月更刀，折也〔18〕。今臣之刀十九年矣，所解數千牛矣，而刀刃若新發於硎〔19〕。彼節者有閒，而刀刃者无厚〔20〕；以无厚入有閒，恢恢乎其於遊刃必有餘地矣〔21〕！是以十九年而刀刃若新發於硎。雖然，每至於族〔22〕，吾見其難爲，怵然爲戒〔23〕，視爲止，行爲遲〔24〕。動刀甚微〔25〕，謋然已解〔26〕，如土委地〔27〕。提刀而立，爲之四顧，爲之躊躇滿志〔28〕；善刀而藏之〔29〕。”

　　文惠君曰：“善哉！吾聞庖丁之言，得養生焉〔30〕。”

〔1〕譆(xī)，同“嘻”，贊歎聲。善，好。

〔2〕蓋，通“盍”，在這裏即“何”的意思(依王引之説，見《經傳釋詞》)。

〔3〕釋，放下。

〔4〕道，道理，指事物的規律。

〔5〕進乎技，比技術進了一步。乎，於。

〔6〕大意是：所看見的牛没有不是全牛的。

〔7〕未曾見過整個的牛。這是説庖丁對牛體已經非常了解，所以祇看到牛的筋骨結構。

〔8〕方，當。方今之時，等於説現在。

〔9〕我以精神〔跟它〕接觸，而不用眼睛看。遇，會合，這裏有接觸的意思。

〔10〕官知，這裏指視覺。神欲，指精神活動。“官知止”是承上“不以目視”而言；“神欲行”是承上“以神遇”而言。

〔11〕依，按照。天理，指天然的組織結構。

〔12〕批，擊。郤(xì)，空隙。指牛筋骨間的空隙。

〔13〕把刀子引向骨節的空竅。窾(kuǎn)，空(kòng)。

〔14〕因，順着。固然，原來的那樣，指牛體的本來的結構。

〔15〕技，技巧。經，經過。肯，緊附在骨上的肉。綮，筋肉聚結處。未嘗，未曾。這是説，遊刃於空隙，未嘗經過肯綮(依郭象、成玄英説)。

〔16〕軱(gū)，大骨。

〔17〕歲，每年。更，換。

〔18〕族，衆，等於説一般的。折，等於説砍斷。庖丁的意思是：良庖和族庖換刀換得勤，因爲他們不懂得牛體的結構，生割硬砍。

〔19〕發，出。硎，磨刀石。新發於硎，新從磨刀石上磨出來。

〔20〕節，骨節。閒(jiàn)，名詞，間隙，縫兒。厚，指厚度。无厚，沒有厚度，這是極言其薄。

〔21〕恢恢，很寬綽的樣子。遊刃，使刃遊動。

〔22〕族，交錯聚結，這裏指筋骨交錯聚結的地方。

〔23〕怵然，害怕的樣子，等於説小心翼翼地。戒，警惕。爲(wèi)，介詞，後面省了賓語“之”，下面“爲止”“爲遲”皆同。

〔24〕止，這裏有集中在某一點上的意思。“視爲止”，等於説目光爲之集中。行，指動作。遲，緩慢。

〔25〕微，輕。

〔26〕謋(huò)，象聲詞，形容牛體解開的聲音(參用成玄英説)。

〔27〕委，堆積。

〔28〕“爲之”的“爲”讀去聲，下句同。四顧，四處看望。躊躇，悠然自得的樣子。滿志，心滿意足。

〔29〕善，等於説拭。

〔30〕養生，指養生之道。

胠　篋(節録)[1]

　　將爲胠篋、探囊、發匱之盜而爲守備[2],則必攝緘縢[3],固扃鐍[4],此世俗之所謂知也[5]。然而巨盜至,則負匱、揭篋、擔囊而趨[6],唯恐緘縢扃鐍之不固也。然則鄉之所謂知者[7],不乃爲大盜積者也[8]?

〔1〕胠(qū),從旁邊開。篋(qiè),箱子一類的東西。

〔2〕探,掏。囊,口袋。發,開。匱(guì),後代寫成"櫃",大型的儲藏東西的器具。第一個"爲"念 wèi,介詞。第二個"爲"念 wéi,動詞。

〔3〕攝,指勒緊。緘(jiān)、縢(téng),都是繩子。

〔4〕固,用如動詞,使動用法,弄結實。扃(jiōng),閂子。鐍(jué),插閂之處。"扃鐍"略相當於"鎖鑰"。

〔5〕知(zhì),智,下"知"同。

〔6〕揭,負戴,背(bēi)負。

〔7〕鄉(xiàng),通"嚮""向",先前。

〔8〕不乃……也,不就是……嗎? 積,聚積。下面略有删節。

　　夫川竭而谷虛[1],丘夷而淵實[2];聖人已死,則大盜不起,天下平而无故矣[3]。聖人不死,大盜不止。雖重聖人而治天下[4],則是重利盜跖也[5]。爲之斗斛以量之[6],則並與斗斛而竊之[7];爲之權衡以稱之[8],則並與權衡而竊之;爲之符璽以信之[9],則並與符璽而竊之;爲之仁義以矯之[10],則並與仁義而竊之。

〔1〕川,山泉流出後尚未注入谷中叫川。竭,乾。

〔2〕丘,小山。夷,平。淵,山谷。實,滿。

〔3〕故,事故。

〔4〕重聖人,使聖人〔之法〕重要起來(依成玄英説)。重,用如動詞,使動

用法。

〔5〕是,指"重聖人"。重利,厚利,使……有厚利。

〔6〕斛(hú),十斗爲斛。爲之斗斛,給天下〔之人〕制定斗斛。這是雙賓語結構。以,連詞。量(liáng),動詞,用斗斛衡量。之,代詞,指被量之物。

〔7〕與,介詞,連。之,指所量之物。下三句語法與〔6〕〔7〕同。

〔8〕權,秤錘。衡,秤桿。稱(chēng),動詞。

〔9〕符,古代用來作憑據的東西,用竹、木、玉、銅等製成。刻上文字,分成兩半,兩方各執一半,合起來,可驗真偽。璽(xǐ),印。信,信用,用如動詞,有立信用的意思。

〔10〕仁義,指仁義之道。矯,糾正。

　　何以知其然邪?彼竊鈎者誅〔1〕,竊國者爲諸侯。諸侯之門,而仁義存焉。則是非竊仁義聖知邪〔2〕?故逐於大盜、揭諸侯、竊仁義並斗斛權衡符璽之利者〔3〕,雖有軒冕之賞弗能勸〔4〕,斧鉞之威弗能禁〔5〕。此重利盜跖而使不可禁者,是乃聖人之過也。故曰:"魚不可脱於淵,國之利器不可以示人。"〔6〕彼聖人者,天下之利器也,非所以明天下也〔7〕。

〔1〕鈎,衣帶鈎。這裏代表一般不值錢的東西。

〔2〕是,代詞,指"諸侯之門,而仁義存焉"這種情況。知(zhì),智。

〔3〕逐,追隨。揭,舉。揭諸侯,等於説居諸侯之上。

〔4〕軒,古代大夫以上的人所坐的車子,車上兩邊有屏障。冕,古代大夫以上的人所戴的禮帽。軒冕連用,指高官厚禄。勸,鼓勵。

〔5〕鉞,大斧子。斧和鉞都是古代殺人所用的東西。斧鉞連用指刑戮之事。

〔6〕兩句見《老子》。國之利器,指聖人的法制。示人,給人看。

〔7〕明,顯示。

　　故絶聖棄知〔1〕,大盜乃止;摘玉毀珠〔2〕,小盜不起;

焚符破璽〔3〕,而民朴鄙〔4〕;掊斗折衡〔5〕,而民不爭;殫殘天下之聖法〔6〕,而民始可與論議〔7〕。擢亂六律〔8〕,鑠絕竽瑟〔9〕,塞瞽曠之耳〔10〕,而天下始人含其聰矣〔11〕;滅文章〔12〕,散五采〔13〕,膠離朱之目〔14〕,而天下始人含其明矣〔15〕;毀絕鉤繩〔16〕,而棄規矩〔17〕,攦工倕之指〔18〕,而天下始人有其巧矣。故曰:大巧若拙。削曾史之行〔19〕,鉗楊墨之口〔20〕,攘棄仁義〔21〕,而天下之德始玄同矣〔22〕。

〔1〕絕,斷絕。知(zhì),智。

〔2〕擿,通"擲"(zhì)。

〔3〕破,弄破。

〔4〕朴,通"樸",樸實。鄙,鄙陋無知。

〔5〕掊(pǒu),打破。

〔6〕殫(dān),盡。殫殘,使……盡,使……殘。

〔7〕與論議,即與之(指民)論議。與,介詞。

〔8〕拔掉律管,使六律混亂。擢(zhuó),拔掉。亂,用如動詞,使動用法,使……亂。六律,古代用竹管的長短審定樂音的高低,按高低情況分樂音爲十二類,用十二個長短不同的竹管作標準。其中又分陰陽各六。陽聲的叫六律,陰聲的叫六吕。這裏的六律,既指律管,又指樂律。

〔9〕鑠(shuò),銷毀。竽(yú),笙一類的樂器。竽瑟,這裏泛指樂器。

〔10〕曠,人名,春秋晉平公時的著名樂師,又稱"師曠"。他是盲人,所以也叫"瞽曠"。相傳他最會審音辨律。

〔11〕含,保藏。聰,耳力。

〔12〕滅,消滅。文章,古代以青色和赤色相配合叫做"文",以赤色和白色相配合叫做"章"。文章,這裏泛指"文采"。

〔13〕使五色各自分離(不相配合)。散,使動用法,使……分離。五采,五色。

〔14〕膠,黏住。離朱,一名離婁,相傳是古代眼力最好的人。

〔15〕明,眼力。

〔16〕鈎,定曲綫的工具。繩,定直綫的工具。

〔17〕規,定圓形的工具。矩,定方形的工具。

〔18〕攦(lì),折斷。工倕(chuí),相傳是堯時候的巧匠。

〔19〕削,削除。曾,曾參,有孝行。史,史鰌(qiū),字子魚,又稱史魚,是衛靈公時的直臣。靈公寵小人彌子瑕而疏賢臣蘧伯玉,史魚勸諫不聽。史魚死,以尸諫,孔子稱贊他説:"直哉史魚。"

〔20〕鉗(qián),夾住。楊,楊朱。墨,墨翟。

〔21〕攘(rǎng),排除。

〔22〕玄,幽暗。玄同,有混同的意思。

　　彼人含其明[1],則天下不鑠矣[2];人含其聰,則天下不累矣[3];人含其知[4],則天下不惑矣;人含其德,則天下不僻矣[5]。彼曾史楊墨師曠工倕離朱,皆外立其德,而以爚亂天下者也[6],法之所无用也[7]。

〔1〕人,指天下之人。下同。

〔2〕鑠,毁壞。

〔3〕累,憂患。

〔4〕知(zhì),智。

〔5〕僻,邪僻。

〔6〕外立其德,意思是炫耀誇飾標名於外。爚(yuè),指炫(xuàn)耀。爚亂,等於説迷惑或迷亂。

〔7〕大意是:這是聖智之法之所以没有用的道理。

百川灌河(秋水)

　　秋水時至,百川灌河[1]。涇流之大,兩涘渚崖之間[2],不辯牛馬[3]。於是焉河伯欣然自喜[4],以天下之美爲盡在己。順流而東行,至於北海;東面而視〔5〕,不見水端〔6〕。於是焉河伯始旋其面目〔7〕,望洋向若而歎曰〔8〕:"野語有之曰〔9〕:'聞道百,以爲莫己若'者〔10〕,我之謂也。且夫我嘗聞少仲尼之聞,而輕伯夷之義者〔11〕,始吾弗信,今我睹子之難窮也〔12〕,吾非至於子之門,則殆矣〔13〕。吾長見笑於大方之家〔14〕。"

〔1〕時,以時(按季節)。河,黃河。

〔2〕涇(jīng),通。涇流,等於説無阻的水流。涘(sì),岸。渚(zhǔ),水中的小塊陸地。崖,高的河岸。

〔3〕辯,通"辨"。

〔4〕焉,語氣詞。河伯,河神,相傳姓馮(píng),名夷。欣然,高興的樣子。

〔5〕東面,臉朝東。

〔6〕端,盡頭。

〔7〕旋,掉轉。

〔8〕望洋,聯緜詞,仰視的樣子。若,海神的名字。

〔9〕野語,俗語。

〔10〕道,道理。百,泛指事物之多。莫己若,没有誰能趕得上自己。若,像,比得上。"己"是"若"的賓語。

〔11〕少,意動用法,覺得……少。聞,指見聞,這裹是學問的意思。輕,意動用法,認爲……輕。

〔12〕窮,盡。這裹是走到盡頭的意思。

〔13〕〔假如〕我不是來到你的門前,就危險了。殆,危險。

〔14〕長,長久。見笑,被笑。大方之家,大道之家,指有很高的道德修養的人。

莊子釣於濮水(秋水)

　　莊子釣於濮水〔1〕,楚王使大夫二人往先焉〔2〕,曰:

“願以境内累矣[3]！”莊子持竿不顧曰[4]：“吾聞楚有神龜，死已三千歲矣；王巾笥而藏之廟堂之上[5]。此龜者，寧其死爲留骨而貴乎[6]？寧其生而曳尾於塗中乎[7]？”二大夫曰：“寧生而曳尾塗中。”莊子曰：“往矣[8]，吾將曳尾於塗中。”

〔1〕濮水，水名，在今河南濮陽縣南。

〔2〕楚王，指楚威王。先，指先去表明意圖。

〔3〕〔楚王〕願意拿國家麻煩您了。境内，國境以内，這裏指整個國家。累，拖累，麻煩。這句是委婉的説法。

〔4〕顧，回頭看。

〔5〕王，楚王。笥(sì)，竹箱。巾、笥，都用如動詞。廟堂，即宗廟。這句是説，楚王把神龜裝在竹箱裏用巾蓋住，保存在宗廟之内，以供占卜之用。

〔6〕寧，寧肯。寧，楊樹達等以之歸爲副詞，是對的。副詞有聯結作用。爲，介詞，爲了。

〔7〕曳，見第一册第283頁《寡人之於國也》注〔4〕。塗，汙泥。

〔8〕去吧！

惠子相梁(秋水)

　　惠子相梁[1]，莊子往見之。或謂惠子曰：“莊子來，欲代子相。”於是惠子恐，搜於國中，三日三夜。莊子往見之，曰：“南方有鳥，其名爲鵷鶵[2]，子知之乎？夫鵷鶵，發於南海[3]，而飛於北海；非梧桐不止[4]，非練實不食[5]，非醴泉不飲[6]。於是鴟得腐鼠[7]，鵷鶵過之，仰而視之曰：‘嚇[8]！’今子欲以子之梁國而嚇我邪[9]？”

〔1〕相(xiàng)，扶助君主的人，略等於後代的宰相。這裏用如動詞，指做宰

相。下文"欲代子相"的"相"同。

〔2〕鵷鶵(yuānchú),鳳類。

〔3〕發,出發。

〔4〕止,停止,這裏指棲息。相傳鳳凰一類的鳥,衹棲息在梧桐樹上。

〔5〕練實,舊注"練實,竹實"(成玄英説)。未詳。

〔6〕醴,一種甜酒。醴泉,甜美的泉水。

〔7〕於是,在這時。鴟(chī),鷂鷹。注意,鴟不是鴟鵂(鴞),鴟鵂是猫頭鷹。

〔8〕嚇(hè),發怒聲。

〔9〕嚇本是象聲詞,這裏用如動詞。

運斤成風(徐无鬼)

莊子送葬,過惠子之墓。顧謂從者曰:"郢人堊慢其鼻端〔1〕,若蠅翼〔2〕。使匠石斲之〔3〕。匠石運斤成風〔4〕,聽而斲之〔5〕,盡堊而鼻不傷。郢人立不失容〔6〕。宋元君聞之〔7〕,召匠石曰:'嘗試爲寡人爲之〔8〕。'匠石曰:'臣則嘗能斲之,雖然,臣之質死久矣〔9〕!'自夫子之死也〔10〕,吾无以爲質矣! 吾无與言之矣〔11〕!"

〔1〕郢(yǐng),楚國的都城。郢人,也就是楚人。堊(è),刷牆的白土。這裏用如動詞,指用白土刷牆。慢,通"漫",塗抹牆壁,這裏指誤塗。這句是説,郢人刷牆時,有小點飛泥落在鼻尖上。

〔2〕鼻尖上的白土,像蒼蠅翅一樣薄。

〔3〕石,匠人的名字。匠,古代專指木匠。斲(zhuó),砍。

〔4〕運,掄動。斤,鏟子。運斤成風,指斧子掄動起來帶出了一股風。這裏極言揮斧時的迅猛。

〔5〕聽(tìng),順,從,即隨心所欲的意思。

〔6〕失容,失去常態。

〔7〕宋元君,宋元公。

〔8〕嘗,也是試。

〔9〕質,本來是箭靶,這裏引申爲對象的意思,即指郢人。

〔10〕夫子,指惠施。

〔11〕意思是説,自從惠子死後,就沒有和我談論道理的人了。與,介詞,後面
　　　省略了賓語。之,代詞,指莊子的理論。

曹商使秦(列禦寇)

　　宋人有曹商者,爲宋王使秦。其往也,得車數乘;王説
之〔1〕,益車百乘〔2〕。反於宋〔3〕,見莊子曰:“夫處窮閭
阨巷〔4〕,困窘織屨〔5〕,槁項黄馘者〔6〕,商之所短
也〔7〕;一悟萬乘之主而從車百乘者〔8〕,商之所長也。”莊
子曰:“秦王有病召醫:破癰潰痤者〔9〕,得車一乘;舐痔
者〔10〕,得車五乘。——所治愈下,得車愈多〔11〕。子豈治
其痔邪? 何得車之多也? 子行矣〔12〕!”

〔1〕王,指秦王。説(yuè),悦。

〔2〕益,增加。

〔3〕反,返回,後來寫作“返”。

〔4〕窮閭,偏僻的里巷。阨,通“隘”(ài),狹窄。

〔5〕窘,窮困。織屨(jù),打草鞋。

〔6〕槁,乾枯。項,脖子。馘(xù),臉。這句是形容人面黄肌瘦的樣子。

〔7〕當時困窮,算是我的短處。

〔8〕一,一旦,一下子。悟,使動用法。萬乘之主,這裏指秦王。從,使動用
　　　法,使……隨從着。

〔9〕破、潰,都是使動用法。癰(yōng),毒瘡。痤(cuó),小瘡。

〔10〕舐(shì),舐。

〔11〕舐痔是很骯髒的，而得車較多，所以説“所治愈下，得車愈多”。莊子是
　　　説，曹商得車百乘，其所幹的勾當一定很卑鄙。

〔12〕行，走。等於説去你的吧！

荀　子

　　荀子名況，時人尊稱爲荀卿，漢人避宣帝諱（宣帝名詢），稱爲孫卿，戰國末期趙國人。他雖屬於儒家學派，但也受到各家的影響，成爲先秦諸子中的一位集大成者。他反對迷信，認爲鬼神是不存在的。他主張既要順乎自然規律，也要發揮人的主觀能動作用。在對自然界的認識方面，他是一位樸素的唯物論者。

　　荀子是性惡論者，他認爲人性是惡的，但後天的客觀環境可以使它改變，所以他特別強調學習。

　　他主張法後王，在政治上主張用禮、法和術來維持社會秩序。因此可以説，荀子已經超脱了儒家思想的束縛，他的學説，對以後的法家思想的發展有一定的影響。

　　《荀子》一書，現存三十二篇。其中大多數是他親手所寫，小部分出於門人之手。《荀子》有唐代的楊倞注。現在通行的注本是清代王先謙的《荀子集解》，採集各家之説很豐富。今人梁啓雄的《荀子簡釋》，注釋簡要，便於初學。

勸　學(節録)〔1〕

　　君子曰：學不可以已〔2〕。青，取之於藍而青於藍〔3〕；冰，水爲之而寒於水。木直中繩〔4〕，輮以爲輪〔5〕，其曲中規〔6〕，雖有槁暴〔7〕，不復挺者〔8〕，輮使

之然也[9]。故木受繩則直,金就礪則利[10],君子博學而日參省乎己[11],則知明而行無過矣[12]。故不登高山,不知天之高也;不臨深谿[13],不知地之厚也;不聞先王之遺言[14],不知學問之大也。干越夷貉之子[15],生而同聲,長而異俗,教使之然也。

　　詩曰[16]:“嗟爾君子[17],無恒安息[18],靖共爾位[19],好是正直[20]。神之聽之[21],介爾景福[22]。”神莫大於化道[23],福莫長於無禍[24]。

〔1〕勸,鼓勵。這篇文章強調了學習的重要性,指出祇有善於利用外物並自強不息,纔能在學業上有傑出的成就。

〔2〕已,停止。

〔3〕青,青色,也就是現在所謂藍色。藍,染青色的植物。

〔4〕中(zhòng),符合,適合。繩,指匠人用來取直的墨綫。

〔5〕輮,通“煣”(róu),用火熨木使彎曲。

〔6〕規,圓規,匠人用來取圓的工具。

〔7〕槁暴(pù),通“薧暴”,翹棱,木頭由於受潮曝晒而變形,即今所謂翹(qiáo)了。

〔8〕挺,直。

〔9〕然,這樣。

〔10〕金,指金屬製成的刀劍等。礪(lì),磨刀石。利,鋭利。

〔11〕博學,廣泛地學習。參,檢驗。省(xǐng),檢查。乎,於。

〔12〕知(zhì),智慧。行(xìng),行爲。過,過失。

〔13〕谿,谷。

〔14〕先王,指古代的賢明君主。

〔15〕干,小國名,後來被吳國滅掉。越,國名。夷,東方的外族。貉,即貊(mò),北方的少數民族。

〔16〕見《詩經·小雅·小明》。

〔17〕嗟,感歎詞。爾,你們。

〔18〕不要常安然無事地歇着。無,通"毋"。恆,常。息,歇息。

〔19〕安心地供奉你的職位。靖,通"靜"(依朱熹説)。共,供,供職(依朱駿聲説),後來寫作"供"。

〔20〕喜歡這正直的道理。好(hào),喜歡。

〔21〕神,指天神。第一個"之"是介詞。第二個"之"是代詞,指"靖共爾位,好是正直"。聽,等於説察。

〔22〕〔神會〕賜給你大福。介,給予。景,大。

〔23〕神,是指精神修養。道,指聖賢之道。化,變化,起變化。化道,等於説化於道。

〔24〕長(cháng),也是大的意思。

　　吾嘗終日而思矣,不如須臾之所學也〔1〕;吾嘗跂而望矣〔2〕,不如登高之博見也〔3〕。登高而招〔4〕,臂非加長也,而見者遠〔5〕;順風而呼,聲非加疾也,而聞者彰〔6〕;假輿馬者,非利足也〔7〕,而致千里〔8〕;假舟檝者,非能水也〔9〕,而絶江河〔10〕。君子生非異也〔11〕,善假於物也。

〔1〕須臾(yú),極短的時間。

〔2〕跂(qǐ),提起腳後跟。

〔3〕博,廣。博見,見得廣。

〔4〕招,招手。

〔5〕見者遠,看見的人很遠,等於説人們在很遠的地方也可以看見。

〔6〕彰,清楚。這裏指聽得清楚。

〔7〕假,憑藉。輿,車。利,便利。利足,指善於走路。

〔8〕致,使……至。

〔9〕檝,同"楫"(jí),船槳。能水,指能泅水,"水"用如動詞。

〔10〕絶,橫渡。

〔11〕生,通“性”(從王念孫説,見《讀書雜誌》)。

　　南方有鳥焉,名曰蒙鳩〔1〕,以羽爲巢,而編之以髮,繫之葦苕〔2〕。風至苕折,卵破子死。巢非不完也〔3〕,所繫者然也〔4〕。西方有木焉,名曰射干〔5〕,莖長四寸,生於高山之上,而臨百仞之淵。木莖非能長也,所立者然也。蓬生麻中〔6〕,不扶而直;白沙在涅〔7〕,與之俱黑。蘭槐之根是爲芷〔8〕,其漸之滫〔9〕,君子不近,庶人不服〔10〕。其質非不美也,所漸者然也。故君子居必擇鄉,遊必就士〔11〕,所以防邪僻而近中正也。

〔1〕蒙鳩,又叫鷦鷯(jiāoliáo),也叫巧婦。

〔2〕苕(tiáo),蘆葦的穗。

〔3〕完,完整。

〔4〕等於説繫的處所使它這樣。

〔5〕射(yè)干,植物名,白花長莖,生於高地。

〔6〕蓬,草名。

〔7〕涅(niè),黑泥。今本《荀子》没有這兩句,據王念孫説補(見《讀書雜誌》)。

〔8〕蘭槐,香草名。是,指示代詞,複指根。

〔9〕其,等於説“若”。漸(jiān),浸。之,指芷。滫(xiǔ),臭水。漸之滫,等於説漸之於滫。

〔10〕服,佩帶。

〔11〕遊,有目的地旅行。就,接近,這裏指結交。士,指賢士。

　　物類之起,必有所始〔1〕;榮辱之來,必象其德〔2〕。肉腐出蟲,魚枯生蠹;怠慢忘身,禍災乃作〔3〕。强自取柱,柔自取束〔4〕;邪穢在身,怨之所構〔5〕。施薪若一,火就燥也〔6〕；平地若一，水就溼也〔7〕。草木疇生，禽獸羣焉〔8〕，物各從其類也。是故質的張而弓矢至焉〔9〕，林木茂而斧斤至焉，樹成蔭而衆鳥息焉，醯酸而蜹聚焉〔10〕。故言有召禍也，行有招辱也。君子慎其所立乎〔11〕！

〔1〕這句是説，物類的興起，一定有它開始的原因。

〔2〕象，像。象其德，等於説依照各人的德性。

〔3〕忘身，指忘記了自身的利害。作，起。

〔4〕剛强的東西自己導致折斷，柔弱的東西自己導致約束。柱，通"祝"，這裏當"斷"講（從王引之説，見《讀書雜誌》）。

〔5〕構，集結。

〔6〕這兩句大意是説，把柴同樣地放在那裏，火總是向比較乾燥的柴燒去。施，鋪陳。若一，像一樣。

〔7〕水就溼，指水向潮溼的地方流。

〔8〕疇，通"儔"，同類。疇生，同類的草木生長在一起。"羣焉"應爲"羣居"（依王念孫説，見《讀書雜誌》）。

〔9〕質，箭靶。的，箭靶正中的圓心。張，指張掛起來。

〔10〕醯（xī），醋。蜹（ruì），同"蚋"，蟲名，蚊類。

〔11〕立，指立身行事。

積土成山，風雨興焉〔1〕；積水成淵，蛟龍生焉〔2〕；積善成德，而神明自得〔3〕，聖心備焉〔4〕。故不積跬步〔5〕，無以至千里；不積小流，無以成江海。騏驥一躍〔6〕，不能十步；駑馬十駕〔7〕，功在不舍〔8〕。鍥而舍之〔9〕，朽木不折；鍥而不舍，金石可鏤〔10〕。螾無爪牙之利〔11〕，筋骨之强，上食埃土，下飲黄泉，用心一也〔12〕。蟹六跪而二螯〔13〕，非蛇蟺之穴無可寄託者〔14〕，用心躁也〔15〕。是故無冥冥之志者，無昭昭之明；無惛惛之事者，無赫赫之功[16]。行衢道者不至[17]，事兩君者不容[18]。目不能兩視而明[19]，耳不能兩聽而聰[20]。螣蛇無足而飛[21]，梧鼠五技而窮[22]。詩曰[23]："尸鳩在桑，其子七兮[24]。淑人君子[25]，其儀一兮[26]。其儀一兮，心如結兮[27]。"故君子結於一也[28]。

〔1〕積土成山，就能在那裏産生風雨。

〔2〕蛟，古代傳説中能發洪水的一種龍。

〔3〕而，連詞，這裏當"則"字講。神明，指人的智慧。得，獲得。

〔4〕聖心，聖人的思想。備，具備。

〔5〕蹞，同"跬"（kuǐ），半步。按：古人以再舉足爲步，古人所謂蹞（或跬），等於今天所謂一步。

〔6〕騏驥，良馬名。

〔7〕駑馬，劣馬。十駕，馬拉車一天叫一駕，十駕也就是積十天的路程。

〔8〕功，成績。不舍（shě），不止，這裏指不停止前進。

〔9〕鍥（qiè），雕刻。

〔10〕鏤（lòu），也是雕刻。

〔11〕螾，同"蚓"，蚯蚓。

〔12〕這是用心專一〔的緣故〕。

〔13〕跪，腿。六跪應當是八跪之誤（依盧文弨説。見《荀子》謝墉校本）。螯（áo），節足動物前面的鉗夾。

〔14〕蟺，通"鱔"。

〔15〕躁，浮躁，不專一。

〔16〕冥冥，昏暗不明的樣子。冥冥之志，這裏指精誠專一的精神。昭昭，明顯的樣子。昭昭之明，指智慧豁然貫通。惛惛，略等於冥冥。惛惛之事，指默默無聞的工作。赫赫，略等於昭昭。赫赫之功，指出類拔萃的事業。

〔17〕衢道，四通的路，等於説歧路。

〔18〕不容，不被雙方所寬容。

〔19〕兩視，同時看兩樣東西。明，看得清楚。

〔20〕聰，聽得清楚。

〔21〕螣(téng)蛇，據說是龍類，能興雲霧而游於空中。

〔22〕"梧"當爲"鼫"(shí)(依楊倞說)。鼫鼠，形狀像兔子。技，技能。據說
這種鼠"能飛不能上屋；能緣(爬樹)不能窮木(爬到樹頂)；能游不能渡
谷；能穴(挖洞)不能掩身；能走不能先人"，所以說"五技而窮"。

〔23〕見《詩經・曹風・鳲鳩》。

〔24〕尸鳩，即"鳲鳩"，布穀鳥。毛傳："鳲鳩之養其子，朝從上下，莫(暮)從下
上，平均如一。"這是說尸鳩喂小鳥，平均對待，始終如一。

〔25〕淑人，善良的人。

〔26〕儀，儀表，態度。其儀一，態度始終不變。

〔27〕如結，像東西凝結在一起不散，比喻專心。

〔28〕這是說君子爲學或做工作都應當把精神集中在一點上。

呂氏春秋

《呂氏春秋》是戰國末年秦相國呂不韋的食客們共同撰寫的。
原書分十二紀(六十篇)、六論(三十六篇)、八覽(六十四篇)，加上
序意，應該有一百六十一篇，但現在八覽裏缺了一篇，所以全書現
存一百六十篇。因爲書中有八覽，後人也叫這部書爲《呂覽》。

這部書由於是集體著述，思想很不統一，很多地方甚至相互矛
盾。在文字上也有雜湊的痕迹。大致說來，它的思想是以儒家、道
家爲主，兼採墨、法、名、農各派的學說。所以從東漢的班固起，都
把《呂氏春秋》列爲雜家的著作。它既有各家的精華，也有各家的
糟粕。由於它想調和各家的觀點使之成爲《呂氏春秋》的新的思想
體系，所以有不少主張都不及原來各家的說法徹底。

《吕氏春秋》還没有較好的注本。東漢高誘的注,今天看來簡單了一些。清代人作了不少校勘工作,基本上補正了原文的脱漏和錯誤。現在通行的是清代畢沅的校刻本。比較完善的要算近人許維遹的《吕氏春秋集釋》。

察　傳[1]

夫得言不可以不察[2],數傳而白爲黑,黑爲白。故狗似玃[3],玃似母猴[4],母猴似人,人之與狗則遠矣。此愚者之所以大過也[5]。

聞而審,則爲福矣;聞而不審,不若不聞矣[6]。齊桓公聞管子於鮑叔[7],楚莊聞孫叔敖於沈尹筮[8],審之也,故國霸諸侯也。吴王聞越王勾踐於太宰嚭[9],智伯聞趙襄子於張武[10],不審也,故國亡身死也。

〔1〕察,審察。傳(chuán),傳聞。

〔2〕“得”應作“傳”(依王念孫説,見《讀書雜誌》《吕氏春秋》校本)。

〔3〕玃(jué),大母猴。

〔4〕母猴,又叫沐猴、獼猴,比玃稍小。

〔5〕過,用如動詞,指犯錯誤。

〔6〕而,假設連詞,等於説如果。審,審察。

〔7〕管子,即管仲。鮑叔,即鮑叔牙。參看第一册第194頁《憲問》注〔1〕。

〔8〕楚莊,楚莊王。孫叔敖,見第一册第312頁《舜發於畎畝之中》注〔5〕。沈尹筮,楚國大夫,名筮,“沈”是邑名,“尹”是官名。他把孫叔敖推薦給楚莊王。

〔9〕太宰,官名。嚭(pǐ),伯嚭,春秋時吴國人。吴國打敗了越國後,越王勾踐賄賂伯嚭,要他勸説吴王接受越國求和的請求,吴王聽了伯嚭的話。後來勾踐發憤圖强,終於滅了吴國。

〔10〕智伯,名瑶,晉國荀首的後代(荀首封於智,以邑爲姓),晉哀公時的權臣,
　　和韓趙魏並稱爲晉國的四大家。趙襄子,名無恤,晉卿趙衰的後代,世襲
　　爲晉卿。張武,晉人,智伯的家臣,他勸説智伯糾合韓魏,把趙襄子圍在
　　晉陽,後來趙襄子用張孟談計,暗地聯合韓魏,滅了智伯。

　　凡聞言必熟論〔1〕,其於人必驗之以理。魯哀公問於孔子曰:"樂正夔一足〔2〕,信乎？"孔子曰:"昔者舜欲以樂傳教於天下,乃令重黎舉夔於草莽之中而進之〔3〕,舜以爲樂正。夔於是正六律〔4〕,和五聲〔5〕,以通八風〔6〕,而天下大服。重黎又欲益求人〔7〕,舜曰:'夫樂,天地之精也〔8〕,得失之節也〔9〕。故唯聖人爲能和樂之本也〔10〕。夔能和之,以平天下〔11〕,若夔者一而足矣〔12〕。'故曰'夔一足',非'一足'也。"宋之丁氏家無井,而出溉汲〔13〕,常一人居外〔14〕。及其家穿井,告人曰:"吾穿井得一人。"有聞而傳之者曰:"丁氏穿井得一人。"國人道之,聞之於宋君〔15〕。宋君令人問之於丁氏,丁氏對曰:"得一人之使〔16〕,非得一人於井中也。"求聞之若此〔17〕,不若無聞也。子夏之晉,過衛,有讀史記者曰:"晉師三豕涉河〔18〕。"子夏曰:"非也,是己亥也。夫己與三相近,豕與亥相似〔19〕。"至於晉而問之,則曰,晉師己亥涉河也。

〔1〕熟,深透。

〔2〕樂(yuè)正,樂官之長。夔(kuí),人名,相傳爲舜的掌管音樂的官。

〔3〕重(zhòng)黎,人名,相傳爲顓頊(zhuānxū)的後代,堯的掌管時令的官,後爲舜臣。草莽,等於説草野,指民間。

〔4〕六律,見本册第385頁《肤篋》注〔8〕。

〔5〕五聲,即宫商角徵(zhǐ)羽五音。

〔6〕通,調和。八風,八方的風,又叫八卦之風,這裏指陰陽之氣。

〔7〕益求人,多找些像夔這樣的人。

〔8〕精,精華。

〔9〕節,這裏有“關鍵”的意思。古人很重視音樂,認爲音樂的興廢,是一個國家治亂的關鍵。

〔10〕這句應該是:“故唯聖人爲能和;和,樂之本也。”(依許維遹説。)大意是:衹有聖人纔能做到和,而和是音樂中最根本的東西。

〔11〕平,使動用法,使……安定。

〔12〕像夔這樣的人,有一個就够了。

〔13〕出,出門。溉,灌注。汲,從井中打水。溉汲,就是打水的意思。

〔14〕常常派一人住在外面,專管打水。

〔15〕聞,使動用法。

〔16〕使,使用。這句意思是説,現在家裏有了井,無須專派一人住在外面打水,等於多得到一人使用。

〔17〕聞,本作“能”,依畢沅校改。

〔18〕史記,記載歷史的書。涉河,過黄河。

〔19〕古文“己”作“𢀳”,與“三”字相似;亥、豕,古文同形,即𢀌。己亥,干支紀日。

辭多類非而是,多類是而非〔1〕,是非之經〔2〕,不可不分,此聖人之所慎也。然則何以慎? 緣物之情及人之情,以爲所聞,則得之矣〔3〕。

〔1〕大意是:言辭很多是似是而非,似非而是。類,像。

〔2〕經,界,界綫。

〔3〕遵循着事物的規律和人的情理,用這種方法來審察自己所聽到的傳聞,就可以得到真實的情況。緣,循着,順着。爲,這裏指審察。

韓 非 子

　　韓非,戰國末期韓國的諸公子,是當時儒派大師荀卿的學生。韓非繼承和發展了荀子的法術思想,同時又吸取了他以前的法家學説,成爲法家的集大成者。秦始皇十四年(公元前233年),因受李斯的讒害,被殺於秦。他的著作後人稱作《韓非子》。他反對以血統爲中心的等級制度,提倡"貴族""民萌"(氓)平等;反對"用人唯親",提倡"用人唯賢";反對儒家的"禮治",提倡"法治";同時還提出"術"(君主駕馭臣民的手段)和"勢"(君主的權力)來和"法"相輔相成。

　　韓非的文章在先秦諸子散文中是很具特色的:嚴刻峻峭,周密細緻。

　　《韓非子》現存五十五篇,通行的注本是清人王先慎的《韓非子集解》。今人陳奇猷的《韓非子集釋》、梁啟雄的《韓子淺解》,搜集的資料比較完備,可以參考。

五　蠹(節録)[1]

　　儒以文亂法[2],俠以武犯禁[3],而人主兼禮之[4],此所以亂也。夫離法者罪[5],而諸先生以文學取[6];犯禁者誅,而羣俠以私劍養[7]。故法之所非,君之所取;吏之所誅,上之所養也。法趣上下,四相反也,而無所定[8]。雖有十黃帝[9],不能治也。故行仁義者非所譽[10],譽之則害功[11];工文學者非所用[12],用之則亂法。楚之有直躬[13],其父竊羊而謁之吏[14]。令尹曰:"殺之[15]。"以爲直於君而曲於父[16]，報而罪之[17]。以是觀之，夫君之直臣，父之暴子也[18]。魯人從君戰，三戰三北[19]，仲尼問其故，對曰："吾有老父，身死莫之養也。"仲尼以爲孝，舉而上之[20]。以是觀之，夫父之孝子，君之背臣也[21]。故令尹誅而楚姦不上聞[22]，仲尼賞而魯民易降北，上下之利，若是其異也。而人主兼舉匹夫之行[23]，而求致社稷之福，必不幾矣[24]。

〔1〕蠹(dù)，蛀蟲。韓非認爲儒者、游俠、縱橫家、患御者（國君的近臣）、商工之民，都是對國家有害的人，故合稱爲五蠹。他在斥責"五蠹"的同時，還抨擊了時政，從正面提出了重農尚武，以法制治國的主張。這篇文章是韓非闡發自己法家思想的代表作。

〔2〕儒，儒家。文，指古代文獻經典。法，法制。

〔3〕俠，游俠。禁，禁令。

〔4〕人主，指國君。兼禮之，都以禮對待他們。

〔5〕離，通"罹"(lí)，觸犯。罪，治罪。

〔6〕諸先生，指上文所謂"儒"。文學，與上文的"文"同義，不是現代所謂"文學"。取，錄用，被動用法。

〔7〕以私劍養，意思是靠着行刺的行徑被養。

〔8〕法，指法之所非。趣，通"取"，指君之所取。上，指上之所養。下，指吏之所誅。這是說這四種情況自相矛盾而沒有一定的標準。

〔9〕黃帝，軒轅氏，傳說中遠古時代的好帝王。

〔10〕非所譽，不是〔應當〕稱譽的人。

〔11〕功，指耕戰之事。

〔12〕工，擅長，精通。

〔13〕之，爲"人"字之誤（依松皋圓說。見《韓非子纂聞》）。直躬，直身而行的人（指品行，參用朱熹說，見《論語集注》）。

〔14〕謁之吏，向官吏報告這件事。謁，稟告。

〔15〕令尹，楚官職名，相當於後代的宰相。之，指直躬。

〔16〕認爲他對君忠，對父親卻不孝。曲，不直，這裏指不孝。

〔17〕報，判決。罪，治罪。

〔18〕暴，下凌上叫暴，這裏指不孝。

〔19〕北，敗走。

〔20〕舉，舉薦。上，用如動詞。上之，使之上，等於説置之上位。

〔21〕背臣，叛臣。

〔22〕楚姦，楚國壞人的犯罪行爲。上聞，向上報告使國君了解。聞，使聽見，相當於報告。

〔23〕舉，指稱讚。

〔24〕幾，庶幾，希望。

　　古者蒼頡之作書也〔1〕，自環者謂之“私”〔2〕，背私謂之“公”〔3〕。公私之相背也，乃蒼頡固以知之矣〔4〕。今以爲同利者，不察之患也〔5〕。然則爲匹夫計者〔6〕，莫如脩行義而習文學〔7〕。行義脩則見信，見信則受事〔8〕；文學習則爲明師，爲明師則顯榮〔9〕。此匹夫之美也。然則無功而受事，無爵而顯榮，有政如此，則國必亂，主必危矣。故不相容之事，不兩立也〔10〕。斬敵者受賞，而高慈惠之行〔11〕；拔城者受爵祿〔12〕，而信廉愛之説；堅甲厲兵以備難〔13〕，而美薦紳之飾〔14〕；富國以農，距敵恃卒〔15〕，而貴文學之士；廢敬上畏法之民，而養游俠私劍之屬〔16〕：舉行如此〔17〕，治强不可得也〔18〕。國平養儒俠〔19〕，難至用介士〔20〕，所利非所用〔21〕，所用非所利。是故服事者簡其業〔22〕，而游學者日衆，是世之所以亂也。

〔1〕蒼頡,相傳爲黄帝的史官,據説我國的文字是由他創造的。書,指文字。

〔2〕自環,自繞。私,盧文弨曰:"説文引作自營爲厶,營環本通用,私當作
　　厶。"按:古文"厶"作"",所以説"自環者謂之私"。

〔3〕公,从"八"从"厶","八"等於説背,有"相違背"的意思。

〔4〕固,本來。以,通"已"。

〔5〕現在認爲公私利益一致,那是没有經過仔細考察的毛病。同利,指公私
　　的利益相同。

〔6〕計,計劃,考慮。者,語氣詞。

〔7〕"行"當作"仁",下句"行義脩"的"行"同此(依王先慎説)。

〔8〕受事,指接受國君委任的工作。

〔9〕顯榮,顯貴榮耀。

〔10〕不兩立,等於説不並存。

〔11〕高,意動用法,以……爲高,這裏有"推崇"的意思。

〔12〕拔,指攻陷。

〔13〕堅,堅固,使動用法。甲,甲冑。厲,磨,後來作"礪"。備,防備。

〔14〕美,意動用法,以……爲美。薦,通"搢",插的意思。紳,衣帶。儒者的服
　　裝,要插笏(音 hù,古代臣朝見君時所拿的手版)於衣帶間,所以稱薦紳。

〔15〕距,通"拒"。恃,依靠。

〔16〕廢,指棄而不用。屬,略等於現代的"輩"。

〔17〕舉行,等於説措施。

〔18〕治,和"亂"相對,指國家太平。强,强盛。

〔19〕平,太平。

〔20〕介士,即甲士。

〔21〕國家給以利益的人不是國家要用的人。

〔22〕服事,即服役。服事者,泛指從事勞動的人。簡,這裏有怠慢、荒廢的
　　意思。

　　　今境内之民皆言治,藏商管之法者家有之〔1〕,而國愈

貧;言耕者衆,執末者寡也〔2〕。境内皆言兵,藏孫吳之書
者家有之〔3〕,而兵愈弱;言戰者多,被甲者少也〔4〕。故
明主用其力,不聽其言〔5〕;賞其功〔6〕,必禁無用〔7〕;故
民盡死力以從其上。夫耕之用力也勞,而民爲之者,曰:可
得以富也〔8〕;戰之爲事也危,而民爲之者,曰:可得以貴
也。今修文學,習言談,則無耕之勞而有富之實,無戰之危
而有貴之尊,則人孰不爲也? 是以百人事智而一人用
力〔9〕。事智者衆,則法敗;用力者寡,則國貧。此世之所
以亂也。故明主之國,無書簡之文〔10〕,以法爲教;無先王
之語〔11〕,以吏爲師;無私劍之捍〔12〕,以斬首爲勇。是境
内之民,其言談者必軌於法〔13〕,動作者歸之於功〔14〕,爲
勇者盡之於軍〔15〕。是故無事則國富〔16〕,有事則兵强,此
之謂王資〔17〕。既畜王資而承敵國之釁〔18〕,超五帝侔三
王者〔19〕,必此法也。

〔1〕商,商鞅,秦孝公之相。管,管仲。法,指有關法令方面的書。家,每家。

〔2〕耒(lěi),犂。

〔3〕孫,孫武,春秋時吳國人,或指戰國時齊國的孫臏。吳,吳起,先爲魏文侯
　　將,後爲楚悼王相。他們都是有名的軍事家。

〔4〕言戰,談論戰略。被,通"披"。被甲,指參加戰鬥。

〔5〕明主用人的力,不聽人的空言。兩個"其"字都是泛指。

〔6〕其,也是泛指。

〔7〕無用,指對國家没有用處的儒家和游俠的活動。

〔8〕以富,靠〔耕種〕富足起來。

〔9〕事智,從事智力活動,指"修文學""習言談"。用力,指從事耕戰等體力
　　勞動。

〔10〕書簡，就是書籍。簡，竹簡，上古没有紙，把文字寫在竹簡上，稱爲簡策。書簡之文，就是上文所謂文學。

〔11〕先王之語，古聖王的遺言遺教。

〔12〕捍，通"扞"，干犯，即指上文"俠以武犯禁"。

〔13〕軌，用如動詞，這裏有"遵循"的意思。

〔14〕動作者，指勞動人民。歸，使動用法。功，指農耕之事。

〔15〕盡之於軍，使他們全部到軍隊中去服務。

〔16〕無事，無戰事，指國家太平。

〔17〕資，等於説資本。王資，建立王業的資本，這是比喻。

〔18〕畜，通"蓄"。承，通"乘"，指趁機會。釁(xìn)，縫隙，這裏引申爲破綻、弱點的意思。

〔19〕侔(móu)，相等。五帝，説法不一，一般是指黄帝，顓頊(zhuānxū)，帝嚳(kù)，堯，舜。三王，指夏禹，商湯，周文王。

　　今則不然。士民縱恣於内〔1〕，言談者爲勢於外〔2〕。外内稱惡〔3〕，以待强敵，不亦殆乎？故羣臣之言外事者，非有分於從衡之黨，則有仇讎之患，而借力於國也〔4〕。從者，合衆弱以攻一强也；而衡者，事一强以攻衆弱也。皆非所以持國也〔5〕。今人臣之言衡者，皆曰："不事大〔6〕，則遇敵受禍矣！"事大未必有實〔7〕，則舉圖而委〔8〕，效璽而請兵矣〔9〕。獻圖則地削，效璽則名卑。地削則國削，名卑則政亂矣。事大爲衡，未見其利也，而亡地亂政矣。人臣之言從者，皆曰："不救小而伐大，則失天下〔10〕，失天下則國危，國危而主卑。"救小未必有實，則起兵而敵大矣。救小未必能存，而交大未必不有疏〔11〕，有疏則爲强國制矣。出兵則軍敗，退守則城拔。救小爲從，未見其利，而亡地敗軍矣。

〔1〕士民,指儒士、游俠。縱,放肆。恣,驕横。内,指國内。

〔2〕言談者,指縱横家。爲勢於外,指借國外的力量造成自己的權勢。外,指
　　國外。

〔3〕稱,舉,行。

〔4〕大意是羣臣中向國君談外交事務的人,不是屬於合縱家或連横家一黨,
　　就是個人有仇怨,而想借國家的力量報私仇。外事,外交事務。分,指分
　　屬。非……則,不是……就是。從,通"縱",即合縱。戰國時蘇秦倡合縱
　　之説,説服六國共同對秦。衡,通"横",即連横。爲了對付合縱,張儀倡
　　連横之説,使六國各自和秦結成聯盟,以便各個擊破。患,一本作"忠"。

〔5〕持國,保持住國家。

〔6〕事大,事奉大國。

〔7〕實,指實際行動。"未"是衍文,下文"救小未必有實"中的"未"同此(依
　　俞樾説,見《諸子平議》)。

〔8〕圖,地圖。委,交付。

〔9〕效,獻。璽,國君的印。請,指請求大國發落。"兵"字是衍文(依俞樾説,
　　見《諸子平議》)。

〔10〕失天下,指失去天下人的信任。

〔11〕王先慎認爲"交"當作"敵"。以"敵"爲是。這兩句大意是:援救小國未
　　必一定能使它存在,而以大國爲敵,未必不會有疏忽。

　　是故事强,則以外權市官於内〔1〕;救小,則以内重求
利於外〔2〕,國利未立,封土厚禄至矣;主上雖卑,人臣尊
矣;國地雖削,私家富矣。事成則以權長重〔3〕,事敗則以
富退處〔4〕。人主之聽説於其臣,事未成而爵禄已尊矣。
事敗而弗誅,則游説之士,孰不爲用矰繳之説〔5〕,而徼倖
其後〔6〕?故破國亡主,以聽言談者之浮説,此其故何

也〔7〕? 是人君不明乎公私之利,不察當否之言〔8〕,而誅罰不必其後也〔9〕。皆曰:"外事,大可以王,小可以安〔10〕。"夫王者,能攻人者也,而安則不可攻也;强則能攻人者也,治則不可攻也。治强不可責於外,内政之有也〔11〕。今不行法術於内,而事智於外,則不至於治强矣〔12〕。

〔1〕外權,國外的權勢。市,買。市官,指獵取官位。内,指國内。

〔2〕重,指權勢。内重,指國内的權勢。外,指國外。

〔3〕以權長重,指縱横家憑藉權勢在國内得到長期重用。

〔4〕退處,指隱居。

〔5〕矰繳,見第一册第114頁《莊辛説楚襄王》注〔9〕。矰繳之説,指縱横家用來獵取功名富貴的虛言浮辭。

〔6〕這句是説,縱横家希望事敗之後能徼倖地免禍。其後,指事敗以後。

〔7〕國君甘願冒着破國亡主的危險,去聽縱横家的空談,他們這樣做的原因是什麼呢? "此""其"都是指示代詞,指上面的話。

〔8〕當(dàng),適當。否,這裏指不適當。

〔9〕在縱横家事敗以後没有堅決給他們懲罰。必,一定,有"堅決執行"的意思。不必其後,等於説不必於其後。

〔10〕王(wàng),統一天下。"大""小"都指外交活動的效果。

〔11〕責,求。外,這裏指外交活動。有,取。内政之有,從内政中取得。

〔12〕至,達到。此處有删節。

　　夫明王治國之政,使其商工游食之民少而名卑〔1〕,以寡趣本務而趨末作〔2〕。今近習之請行〔3〕,則官爵可買;官爵可買,則商工不卑也矣。姦財貨賈得用於市〔4〕,則商人不少矣。聚斂倍農〔5〕,而致尊過耕戰之士〔6〕,則耿介之士寡〔7〕,而高價之民多矣〔8〕。

〔1〕游食之民,指没有定居的人,如商賈、工匠等。

〔2〕趣,通"趨","寡"字當爲衍文(依《韓非子纂聞》)。本務,根本的事務,指
農業。"趨"當爲"外"(依王先慎説)。外,用如動詞,有"排斥""疏遠"
的意思。末作,不重要的行業,指工商。

〔3〕近習,指國君左右親近的人。請,指近習的請求。行,實行。

〔4〕貨賈(gǔ),指投機的商業活動。用,這裏有"施行"的意思。

〔5〕這是説商人聚積的錢財比農民的收入要多一倍。

〔6〕致尊,指得到社會的尊重。過,超過。

〔7〕耿介,光明正大。

〔8〕"高價"當爲"商賈"(依《韓非子纂聞》)。

　　是故亂國之俗:其學者,則稱先王之道以籍仁義〔1〕,
盛容服而飾辯説〔2〕,以疑當世之法〔3〕,而貳人主之
心〔4〕。其言古者〔5〕,爲設詐稱〔6〕,借於外力,以成其
私〔7〕,而遺社稷之利〔8〕。其帶劍者,聚徒屬立節操以顯
其名〔9〕,而犯五官之禁〔10〕。其患御者〔11〕,積於私
門〔12〕,盡貨賂〔13〕,而用重人之謁〔14〕,退汗馬之勞〔15〕。
其商工之民,修治苦窳之器〔16〕,聚沸靡之財〔17〕,蓄積待
時〔18〕,而侔農夫之利〔19〕。——此五者,邦之蠹也。人主
不除此五蠹之民,不養耿介之士,則海内雖有破亡之國,削
滅之朝〔20〕,亦勿怪矣。

〔1〕以,而。籍,通"藉",憑藉。籍仁義,指憑藉仁義進行説教。

〔2〕盛,整。盛容服,指講究容貌服裝。飾辯説,修飾辭令。

〔3〕疑,惑亂。

〔4〕貳,不專一,這裏是使動用法。

〔5〕"古"當爲"談"(依顧廣圻説,見《韓非子識誤》)。

〔6〕爲,通"僞"。爲設,虚構事實。詐稱,説謊弄假。

〔7〕私,指個人利益。

〔8〕遺,丟掉,不管。

〔9〕徒屬,黨徒。

〔10〕五官,指司徒,司馬,司空,司士,司寇。五官之禁,泛指國家的禁令。

〔11〕患御,等於説近習。

〔12〕私門,指貴族世卿之門。

〔13〕盡,用作動詞,指搜括盡。

〔14〕用,採用,接受。重人,指有權勢的重要人物。謁,請託。

〔15〕汗馬之勞,指戰功。

〔16〕苦,粗劣。窳(yǔ),有毛病。

〔17〕商人工匠積聚了許多供人揮霍的財物。沸靡,奢侈揮霍。

〔18〕囤積貨物,等待時機。

〔19〕侔,通"牟",謀取。

〔20〕削滅,被動用法。朝,朝廷。

常 用 詞(五)　 63字

　　説聽毀譽勸　居登臨過　稱量　鬻市假　離合　因改　作爲
取求奉致得　益竭

　　堅利完備陳故窮難夷平庸　已必　一參什伯

　　晦朔時世期　官吏爵　權衡　果實　聰明功名　北中下

　　253.【説】

　　(一)説明,解釋。《論語·八佾》:"成事不~。"(已經作了的,不要再解釋了。)又名詞。《墨子·非攻上》:"若以此~往,殺十人,十重不義,必有十死罪矣。"

　　(二)學説,主張,説法。《孟子·滕文公下》:"我亦欲正人心,息邪~。"《韓非子·難一》："矛楯之~也。"

（三）讀 shuì。説服。《孟子·盡心下》："~大人則藐之。"《史記·淮陰侯列傳》："廣武君~成安君曰。"

（四）讀 yuè。喜悦。《論語·學而》："學而時習之，不亦~乎?"《左傳·僖公三十年》："秦伯~，與鄭人盟。"這個意義後代寫作"悦"。

254.【聽】

（一）讀 tīng，又讀 tìng。聽。《禮記·檀弓下》："夫子式而~之。"引申爲理會。《韓非子·五蠹》："先王勝其法，不~其泣。"

（二）舊讀 tìng。聽從。《禮記·曲禮下》："三諫而不~，則逃之。"《漢書·張騫傳》："其勢宜~。"

（三）讀 tīng。舊又讀 tìng。治理，判斷。《論語·顔淵》："~訟吾猶人也，必也，使無訟乎!"成語有"垂簾~政"。[~事]（1）治理政事。《漢書·韓延年傳》："是日移病不~事。"（2）名詞。中堂叫"~事"。《世説新語·政事》："~事前除雪後猶溼。"《晉書·陶侃傳》作"廳事"。後代"客廳"的"廳"即由處理政事的中堂逐漸發展而來。

（四）讀 tìng。任從，由着，放任。《莊子·徐无鬼》："匠石運斤成風，~而斵之。"今成語有"~其自然"。

255.【毁】

（一）損壞，傷害。《論語·季氏》："龜玉~於櫝中，是誰之過與?"

（二）毁謗，説別人的壞話。跟"譽"相對。《孟子·離婁上》："有不虞之譽，有求全之~。"《韓非子·五蠹》："譽輔其賞，~隨其罰。"

256.【譽】

稱贊。《墨子·非攻上》:"從而~之,謂之義。"引申爲好名聲。《孟子·告子上》:"令聞廣~施於身。"現代變爲雙音詞"名~"。

按:動詞的"譽"讀平聲(yú),名詞的譽讀去聲(yù)。

257.【勸】

鼓勵,獎勵。與"懲""沮"相對。《莊子·胠篋》:"雖有軒冕之賞弗能~。"《左傳·成公二年》:"我戮之不祥。赦之,以~事君者。"又《成公三年》:"所以懲不敬而~有功也。"又表示奮勉。《論語·爲政》:"舉善而教不能,則~。"引申爲鼓動,勸説(説明道理使人聽從)的意思。《左傳·僖公五年》:"陳轅宣仲怨鄭申侯之反己於召陵,故~之城其賜邑。"《史記·高祖本紀》:"亞父是時~項羽遂下滎陽。"王維《渭城曲》:"~君更盡一杯酒,西出陽關無故人。"[~進]封建時代臣子勸説其所事之主正式即皇帝位。《晉書·溫嶠傳》:"乃以爲左長史,檄告華夷,奉表~進。"《宋書·武帝紀中》:"於是陳留王虔嗣等二百七十人,及宋臺羣臣,並上表~進。"

258.【居】

(一)坐。《論語·陽貨》:"~,吾語女!"引申爲居住的意思。《孟子·滕文公下》:"仲子所~之室,伯夷之所築與? 抑亦盜跖之所築與?"又爲處在。《孟子·離婁上》:"~下位而不獲於上。"又名詞。住處。《左傳·宣公二年》:"問其名~,不告而退。"又爲當或任。《老子》二章:"功成而弗~。"今成語有"~之不疑"。

(二)用於"有頃""久之""傾之"的前面,表示相隔了一段時間,意義比較虛。《戰國策·齊策四》:"~有頃,倚柱彈其劍,歌曰。"《史記·李將軍列傳》:"~久之,孝景崩。"又:"~頃之,石建卒。”

259.【登】

（一）從低處走上高處。《荀子·勸學》：“故不~高山，不知天之高也。”今成語有“一步~天”。

（二）成，特指莊稼成熟。《孟子·滕文公上》：“五穀不~。”

260.【臨】

（一）從高處往低處看。《荀子·勸學》：“不~深谿，不知地之厚也。”《詩經·秦風·黄鳥》：“~其穴，惴惴其慄。”今成語有“居高~下”。引申爲從上監視着。《詩經·大雅·大明》：“上帝~女。”又爲從上面到下面來。這個意義往往被用作敬詞。《左傳·襄公三年》：“請君~之。”後代雙音詞有“蒞~”“光~”。又用於抽象的意義，表示遇到。《論語·述而》：“必也~事而懼，好謀而成者也。”

（二）對着書畫的範本進行摹倣（後起義），如説“~摹”“~帖”。

（三）衆人相聚而哭。《左傳·宣公十二年》：“卜~于大宫。”又：“國人大~，守陴者皆哭。”（陴 pí：城上的短牆。）又特指衆人定時在靈柩前哭。《漢書·霍光傳》：“朝暮~。”按：這個意義舊讀 lìn。

261.【過】

（一）走過，經過。《論語·微子》：“孔子~之，使子路問津焉。”《吕氏春秋·察傳》：“子夏之晉，~衞。”引申爲超過，勝過。《左傳·隱公元年》：“大都不~參國之一。”《論語·公冶長》：“由也，好勇~我。”又爲過分。《戰國策·齊策四》：“王聞之~矣。”

（二）名詞。過錯。《左傳·宣公二年》：“人誰無~？”又動詞。犯錯誤。《論語·學而》：“~則勿憚改。”《左傳·宣公二年》：“~而能改，善莫大焉。”

注意:第一義讀平聲(guō)或去聲(guò),第二義祇讀去聲。

262.【稱】

(一)稱量物體的輕重。《莊子·胠篋》:"爲之權衡以～之。"

(二)舉。《詩經·豳風·七月》:"～彼兕觥,萬壽無疆。"引申爲舉薦,推舉。《左傳·襄公三年》:"祁奚請老,晉侯問嗣焉,～解狐。"

(三)稱頌,稱道。《國語·周語中》:"君子不自～也。"《禮記·檀弓下》:"其仁不足～也。"引申爲稱述,述説。《史記·淮陰侯列傳》:"常～義兵不用詐謀奇計。"

(四)讀 chèn。相稱,適合,配得上。《洛陽伽藍記·開善寺》:"朝臣莫不～力而去。"今雙音詞有"～職""相～"。

263.【量】

(一)讀 liáng。動詞,計算物體容積。《莊子·胠篋》:"爲之斗斛以～之。"引申爲量長短。枚乘《上書諫吳王》:"石稱丈～,徑而寡失。"

(二)讀 liàng。名詞。斗斛之類的量器。《論語·堯曰》:"謹權～。"《左傳·昭公三年》:"齊舊四～:豆、區、釜、鍾。"引申爲容積,分量。《論語·鄉黨》:"唯酒無～,不及亂。"又《子張》:"多見其不知～也。"又爲度量衡的規定。《史記·秦始皇本紀》:"器械一～。"(甲胄戈矛之類的大小長短輕重都有統一規定。)

(三)讀 liàng。才具,才華抱負。《三國志·蜀書·諸葛亮傳》:"劉備以亮有殊～,乃三顧亮於草廬之中。"又《吳書·周瑜傳》注:"瑜雅～高致。"又特指寬容人的限度,度量。《晉書·武帝紀》:"帝宇～弘厚,容納讜正。"(讜 dǎng:直言。)《南史·宋高帝紀》:"上少有大～。"

(四)讀 liàng。審察,揣度。《孟子·公孫丑上》:"～敵而後進。"王安石《答司馬諫議書》:"而某不～敵寡衆。"今成語有"～力而行"。

264.【鬻】

讀 yù。賣。《莊子·逍遙遊》:"今一朝而～技百金,請與之。"

265.【市】

(一)交易物品的場所,市場。《孟子·滕文公上》:"從許子之道,則～賈不貳。"《韓非子·五蠹》:"姦財貨賈得用於～,則商人不少矣。"按:"城市""市鎮"由此意義發展而來。

(二)買。《戰國策·齊策四》:"責畢收,以何～而反?"又:"竊以爲君～義。"

266.【假】

(一)借。《左傳·僖公五年》:"晉侯復～道於虞以伐虢。"引申作憑藉的意思。《荀子·勸學》:"～輿馬者,非利足也,而致千里。"又:"君子生非異也,善～於物也。"又"假寐"二字連用,指不脱衣冠睡覺。《左傳·宣公二年》:"坐而～寐。"

(二)不是真的。《史記·淮陰侯列傳》:"大丈夫定諸侯,即爲真王耳,何以～爲!"注意:在"真假"這個意義上,先秦一般祇用"僞",兩漢以後纔用"假"。

(三)如果。《史記·淮陰侯列傳》:"～令韓信學道謙讓。"

[辨]假,借。在上古漢語中表示"借用"這個概念的時候,一般祇用"假",不用"借"。"假道於虞"一般不能説"借道於虞"。中古以後,則多用"借"而少用"假"。

267.【離】

(一)分散,分離。跟"合"相對,又跟"即"相對。《論語·季氏》：“邦分崩~析而不能守也。”《楚辭·九章·哀郢》：“民~散而相失兮，方仲春而東遷。”今成語有“若即若~”“悲歡~合”。

（二）遭受，觸犯。《楚辭·離騷》：“進不入以~尤兮，退將復脩吾初服。”《韓非子·五蠹》：“夫~法者罪，而諸先生以文學取。”在這個意義上，又寫作“罹”。

268.【合】

（一）閉，合攏。跟“開”相對。《戰國策·燕策二》：“蚌~而拑其喙。”漢樂府《上邪》：“冬雷震震，夏雨雪，天地~，乃敢與君絕！”引申爲對合，符合。《戰國策·齊策四》：“使吏召諸民當償者，悉來~券。”又爲會合。《論語·憲問》：“桓公九~諸侯。”

（二）兩軍接觸（交戰）。《左傳·成公二年》：“自始~而矢貫余手及肘。”《史記·蕭相國世家》：“多者百餘戰，少者數十~。”近代雙音詞“回~”由此發展而來。

（三）應該（後起義）。杜甫《歲晏行》：“好惡不~長相蒙。”白居易《與元九書》：“始知文章~爲時而著，歌詩~爲事而作。”

（四）全（後起義）。《舊唐書·陸德明傳》：“~朝賞歎。”

269.【因】

（一）動詞。依靠，憑藉。《左傳·僖公三十年》：“~人之力而敝之，不仁。”《楚辭·卜居》：“余有所疑，願~先生決之。”引申爲順着。《莊子·養生主》：“~其固然。”又爲接着。《論語·先進》：“加之以師旅，~之以饑饉。”又爲因襲。《論語·爲政》：“殷~於夏禮。”[~而]趁此，就此。《史記·陳涉世家》：“不如~而立之。”

（二）介詞。表示“通過”的意思。《戰國策·趙策三》：“魏王使客將軍辛垣衍間入邯鄲，~平原君謂趙王曰。”

（三）介詞。表示“由於”的意思。《史記·衛將軍驃騎列傳》：

"～前使絕國功,封騫博望侯。"(絕國:遼遠的國家。騫:指張騫。)注意:這是介詞,後面跟着的是名詞、代詞或名詞性詞組,和現代漢語連詞"因爲"不同。但連詞"因爲"由此發展而來。

(四)名詞。緣由。鄒陽《獄中上梁王書》:"無～而至前。"

(五)副詞。於是。《戰國策・齊策四》:"以責賜諸民,～燒其券。"《史記・陳涉世家》:"嬰後聞陳王已立,～殺襄彊。"蘇軾《石鐘山記》:"余自齊安舟行適臨汝……～得觀所謂石鐘者。"

270.【改】

變更,更換。《論語・雍也》:"回也不～其樂。"《韓非子・五蠹》:"今有不才之子,父母怒之弗爲～。"

[辨]更,改。在古代漢語中,"更"除了有"改變"的意義之外,還有"調換""替代""交替"的意思,而"改"卻沒有。例如《莊子・養生主》"良庖歲更刀"的"更",不能換成"改"。

271.【作】

(一)起來。《論語・先進》:"舍瑟而～。"又用於抽象的意義,表示"興起"。《孟子・公孫丑上》:"賢聖之君六七～。"今成語有"精神振～""掌聲大～"。

(二)創造,製作。《論語・述而》:"述而不～。"《孟子・梁惠王上》:"始～俑者,其無後乎!"

272.【爲】

(一)做,造作。《戰國策・齊策四》:"王使人～冠。"按:"爲"字是一個動詞,是"做"的意思,但古人"爲"的含義非常廣泛,在具體的上下文中,它的涵義比較具體。《論語・先進》:"～國以禮。"又《陽貨》:"女～周南召南矣乎?"又《微子》:"殺雞～黍而食之。"《孟子・告子下》:"固哉高叟之～詩也!"《左傳・隱公元年》:"不如早~之所。”又《僖公三十年》：“且君嘗~晉君賜矣。”我們可以隨文譯爲“治”“學”“煮”“解”“給”……但是不能認爲“爲”字本身有這些意義。引申爲當作，作爲。《莊子·逍遥遊》：“世世以洴澼絖~事。”又爲變成，成爲。《莊子·逍遥遊》：“化而~鳥。”又爲叫作。《莊子·逍遥遊》：“北冥有魚，其名~鯤。”《荀子·勸學》：“蘭槐之根是~芷。”

又爲算做，算是。《論語·爲政》：“知之~知之，不知~不知。”《孟子·梁惠王上》：“不~不多矣。”“以爲”連用相當於現代説：“把……當作……”《左傳·僖公三十年》：“若舍鄭以~東道主。”

（二）略等於“是”。《孟子·公孫丑上》：“爾~爾，我~我。”

（三）介詞。被。《韓非子·五蠹》：“必~鯀禹笑矣。”

（四）讀 wèi。動詞。爲了某人的利益，站在某人的一方面。《左傳·僖公四年》：“豈不穀是~？”《論語·述而》：“夫子~衞君乎？”

（五）讀 wèi。介詞。替，給。《莊子·養生主》：“庖丁~文惠君解牛。”又因爲。《孟子·梁惠王上》：“始作俑者，其無後乎！~其象人而用之也。”《莊子·養生主》：“~之四顧。”介詞後面的賓語，有時可以省略。《莊子·養生主》：“怵然~戒，視~止，行~遲。”

（六）語氣詞，常跟疑問代詞相呼應，表示疑問語氣。《論語·顔淵》：“君子質而已矣，何以文~？”又《季氏》：“何以伐~？”

[辨] 作，爲。“作”的本義是站起來，因此，當“作”用於“做”的意義的時候，也常常含有“興起”“創造”“建立”的意思。至於“爲”字，一般衹表示“做”，有時也表示“治理”等，所以跟“作”是有區别的。

273.【取】

（一）拿，拿來佔有。《左傳·僖公三十年》：“若不闕秦，將焉~

之?"引申爲採取。《孟子·盡心下》："吾於武成,～二三策而已
矣!"(武成:《尚書》中的一篇。)又爲從中取出。《荀子·勸學》:
"青～之於藍,而青於藍。"注意:"取"的反面是"舍"(捨),所以"取
舍"對舉(取:要;舍:不要);又和"與"(予)相對,故又有所謂"取
與"(取:拿人家的東西;與:拿東西給人家);又是"去"的反面,故
還有所謂"去取"(去:抛棄;取:要)。

(二)攻取,攻下,佔領。《左傳·文公八年》:"秦人伐晉,～武
城。"《史記·廉頗藺相如列傳》:"大破之,～陽晉。"

(三)娶〔妻〕。《詩經·齊風·南山》:"～妻如之何?"《論語·
述而》:"君～於吳爲同姓。"(魯和吳都是姬姓國。)這個意義後來寫
作"娶"。

274.【求】

(一)找,尋找。《孟子·梁惠王上》:"猶緣木而～魚也。"又
《告子上》:"人有雞犬放,則知～之。"求的結果是"得"(找到),所
以常和"得"字相應。《戰國策·楚策一》:"虎～百獸而食之,得
狐。"《史記·廉頗藺相如列傳》:"～人可使報秦者,未得。"引申爲
要求,責求。《論語·學而》:"君子食無～飽,居無～安。"又《微
子》:"無～備於一人。"今成語有"～全責備"。

(二)向別人求得利益。《戰國策·齊策一》:"四境之内莫不
有～於王。"又《趙策三》:"吾視居此圍城之中者,皆有～於平原君
者也。"引申爲請求。《戰國策·趙策四》:"趙氏～救於齊。"

[辨]請,求。在古漢語中,"請"和"求"不是同義詞。在"請
求"的意義上,二者也有細微差別。"請"多表示請對方讓我做某
事,"求"則多表示請對方做某事。"求救於齊"一般不説"請救於
齊"。

275.【奉】

(一)兩手恭敬地捧着。《左傳·成公二年》："再拜稽首,~觴加璧以進。"引申爲恭敬地接受下來(抽象意義)。如説"~命"。

(二)陪從〔在上位者〕。《左傳·莊公八年》："管夷吾、召忽~公子糾來奔。"

(三)供養。《老子》七十七章："損不足以~有餘。"又爲侍奉。《孟子·告子上》："妻妾之~。"

(四)通"俸"。《戰國策·趙策四》："位尊而無功,~厚而無勞。"

276.【致】

(一)給與,送給,獻出。《左傳·文公六年》："盡具其帑,與其器用財賄,……送~諸竟。"(竟:通"境"。)《論語·子張》："士見危~命。"雙音詞有"~敬""~意"。

(二)使至,導致。《荀子·勸學》："假輿馬者,非利足也,而~千里。"《韓非子·五蠹》："而~尊過耕戰之士。"又:"而求~社稷之福,必不幾矣。"今成語有"學以~用"。

[辨]至,致。"至"是"到","致"是"使到來"。"至"字是不及物動詞,"致"是及物動詞。"招致""導致"的意義不寫作"至","到來"的意義不寫作"致"。《孟子·萬章上》："莫之致而至者命也。""致"與"至"不可以互換,因爲前者是及物動詞而後者是不及物動詞的緣故。

277.【得】

(一)獲得,得到。跟"失"相對。《左傳·襄公十五年》："楚人或~玉。"《孟子·梁惠王上》："雖不~魚,無後災。"用於抽象意義時表示得到某種好處。《莊子·養生主》："吾聞庖丁之言,~養生焉。"《孟子・公孫丑下》："～道多助,失道寡助。"引申爲事情做對了,得當。揚雄《解嘲》："叔孫通起於枹鼓之間,解甲投戈,遂作君臣之儀,～也。"《漢書・敘傳》："歷古今之～失。"

(二)表示情況容許,有"能做到"的意思。《論語・顏淵》："雖有粟,吾～而食諸?"《孟子・滕文公上》："雖欲耕,～乎?"《戰國策・燕策二》："漁者～而並禽之。"

278.【益】

(一)水漫出來,漲。《呂氏春秋・察今》："澭水暴～,荆人弗知。"注意:在這個意義上,後來都寫作"溢",但在先秦許多古籍中都作"益"。引申爲多或富裕。《呂氏春秋・貴當》："其家必日～。"

(二)增加。跟"損"相對。《莊子・秋水》："禹之時,十年九潦,而水弗爲加～;湯之時,八年七旱,而崖不爲加損。"《孟子・告子下》："曾～其所不能。"(曾:增。)

(三)副詞。更加。《孟子・梁惠王下》："如水～深,如火～熱。"

(四)利益,好處。跟"損"相對。《僞古文尚書・大禹謨》："滿招損,謙受～。"《論語・衛靈公》："吾嘗終日不食,終夜不寢,以思,無～,不如學也。"又形容詞。有益的。《論語・季氏》："～者三友,損者三友。"

279.【竭】

枯竭。跟"盈"相對。《左傳・莊公十年》："彼～我盈,故克之。"引申爲盡,把所有的都用上。《左傳・成公三年》："其～力致死,無有二心。"《楚辭・卜居》："～智盡忠。"

280.【堅】

硬,結實。跟"脆"相對。《莊子・逍遙遊》："以盛水漿,其～不能自舉也。"注意：古代没有"硬"字，"堅"就是"硬"。用作狀語時，表示緊緊地。如"～守""～持"。用作動詞時，表示使牢固。《史記·淮陰侯列傳》："～營勿與戰。"今成語有"～壁清野"。又用如名詞。《史記·陳涉世家》："將軍身披～執鋭。"《後漢書·光武帝紀》："衝其中～。"

281.【利】

（一）鋭利，快。一般指兵器或工具的鋭利。跟"鈍"相對。《荀子·勸學》："金就礪則～。"《孟子·公孫丑下》："兵革非不堅～也。"注意：古代對於刀刃鋒利這個意義祇用"利"，不用"快"。引申爲言語鋒利，會説話。《論語·陽貨》："惡～口之覆邦家者。"今成語有"談鋒犀～"。

（二）利益。跟"害"相對。《論語·憲問》："見～思義。"又動詞。《墨子·非攻上》："以虧人自～也。"又形容詞。《左傳·僖公三十年》："然鄭亡，子亦有不～焉。"

［辨］鋭，利。"鋭"指鋒芒尖鋭，"利"指刃口快。泛指則没有分别。

282.【完】

（一）完整，完善，没有損壞。《荀子·勸學》："巢非不～也。"杜甫《石壕吏》詩："出入無～裙。"現代變成爲雙音詞"～整""～全""～善""～美"等。用如動詞時表示使之完整。

（二）修繕，修葺。《左傳·隱公元年》："大叔～聚，繕甲兵。"《孟子·萬章上》："父母使舜～廩。"（廩 lǐn：倉房。）注意：古代漢語中的"完"没有"完了""完畢"的意義。"完了""完畢"這種引申義是後起的。

283.【備】

（一）完備，齊備。《論語·微子》：“無求～於一人。”《荀子·勸學》：“而神明自得，聖心～焉。”《戰國策·齊策四》：“世無騏驎騄耳，王駟已～矣。”現代變爲雙音詞“完～”“具～”。

（二）防備。《左傳·僖公三十二年》：“師勞力竭，遠主～之。”《莊子·胠篋》：“將爲胠篋、探囊、發匱之盜而爲守～。”

［辨］完，備。兩者都含“全”的意思，但側重點不同。“備”着重在數量，有“什麼都有”的意思，所以“求全責備”不能改作“求全責完”。“完”着重在完整，所以“完卵”“完裙”都不能説成“備”。

284.【陳】

（一）陳列。《左傳·隱公五年》：“～魚而觀之。”《論語·季氏》：“～力就列。”［下～］賓主相見陳列禮品之處，位在堂下，故稱“下陳”。古代統治者將財物、婢妾填充內庭，叫做“充下陳”。《戰國策·齊策四》：“狗馬實外廄，美人充下～。”

（二）陳述，陳説。《孟子·公孫丑下》：“吾非堯舜之道，不敢以～於王前。”《楚辭·離騷》：“跪敷衽以～詞兮。”（敷衽：平展衣襟。）《古詩十九首》：“歡樂難具～。”

（三）陣。《論語·衞靈公》：“衞靈公問～於孔子。”《史記·淮陰侯列傳》：“出，背水～。”注意：古代文獻中，“陣”多作“陳”。

（四）舊。跟“新”相對。《詩經·小雅·甫田》：“我取其～。”

285.【故】

（一）原因。《左傳·隱公元年》：“公語之～。”《墨子·非攻上》：“此何～也。”又用作連詞，表示“所以”“因此”。《論語·先進》：“求也退，～進之；由也兼人，～退之。”《孟子·公孫丑上》：“～事半古之人，功必倍之。”

（二）事變，事故。《國語·鄭語》：“王室多～。”《孟子·盡心上》：“父母俱存，兄弟無～。”現代有雙音詞“事～”。

（三）舊的，歷史悠久的。《論語·爲政》：“温～而知新。”《戰國策·齊策四》：“以～相爲上將軍。”《孟子·梁惠王下》：“所謂～國者，非謂有喬木之謂也。”［～舊］平日有接觸的人，朋友。《論語·泰伯》：“～舊不遺，則民不偷。”（偷：薄。）［～人］舊友。孟浩然《過故人莊》詩：“～人具雞黍，邀我至田家。”今成語有“非親非～”。

（四）故意。《僞古文尚書·大禹謨》：“刑～無小。”（故意犯罪的人，就是情節輕也要懲處。）今成語有“明知～犯”。

286.【窮】

（一）阻塞不通。跟“通”或“達”相對。《楚辭·天問》：“阻～西征，巖何越焉？”（傳説禹的父親鯀被舜流放於羽山，西行度越險阻，墜崖而死。）《莊子·列禦寇》：“夫處～閭阨巷。”王勃《滕王閣序》：“豈效～途之哭？”引申爲到盡頭。《山海經·大荒南經》：“南海之中有氾天之山，赤水～焉。”（赤水：水名。窮焉：源頭到此山爲止。）陶潛《桃花源記》：“欲～其源。”又爲走投無路。《史記·項羽本紀》：“～來從我，不忍殺之。”《三國志·魏書·邴原傳》：“～鳥入懷。”

（二）極，盡。《禮記·樂記》：“～高極遠而測深厚。”王勃《滕王閣序》：“～睇眄於中天。”韓愈《柳子厚墓誌銘》：“故卒死於～裔。”今熟語有“無～無盡”。

（三）生活困難，無依靠。《孟子·梁惠王下》：“老而無妻曰鰥，老而無夫曰寡，老而無子曰獨，幼而無父曰孤，此四者，天下之～民而無告者。”《戰國策·齊策四》：“振困～，補不足。”

（四）不得仕進，不能顯貴。跟“通”“達”相對。這是由第一義發展而來。《孟子・盡心上》：“~則獨善其身,達則兼善天下。”《莊子・德充符》：“~達貧富。”又《讓王》：“古之得道者,~亦樂,通亦樂。”王勃《滕王閣序》：“~且益堅,不墜青雲之志。”

[辨]貧,窮。在古代(特別是上古),“貧”和“窮”是完全不同的兩個概念。缺乏衣食金錢,叫“貧”不叫“窮”,不能顯貴衹能叫“窮”,決不叫“貧”。從它們的反義詞也可以看得很清楚:“貧”的對面是“富”,“窮”的對面是“通”或“達”。《莊子・德充符》：“死生存亡,窮達貧富。”“窮達”對舉,“貧富”對舉,是很明顯的。“困窮”連用時,包括有“貧困”的意思,後來“窮”單用也漸漸能表示“貧”了。不過這是很晚的事情了。

287.【難】

(一)不容易,困難。跟“易”相對。《老子》二章：“故有無相生,~易相成。”又十二章：“~得之貨,令人行妨。”《論語・憲問》：“貧而無怨~,富而無驕易。”

(二)讀 nàn。責備。《孟子・離婁下》：“於禽獸又何~焉?”又爲詰問,反駁。《史記・廉頗藺相如列傳》：“奢不能~。”王安石《答司馬諫議書》：“闢邪説,~壬人。”(壬人:佞人,巧言諂媚之人。)今有雙音詞“責~”“非~”。又爲名詞。辯駁的觀點,論點。《漢書・高帝紀》：“〔漢王〕以問張良,良發八~。”又《公孫賀等傳・贊》：“〔桓寬〕極其論~,著數萬言。”

(三)讀 nàn。禍亂,亂事。《左傳・成公十三年》：“利吾有狄~。”《莊子・逍遥遊》：“越有~,吴王使之將。”起事叫“發~”。《漢書・項籍傳》：“天下初發~。”又爲災難,患難。《左傳・莊公三十年》：“自毁其家,以紓楚國之~。”(紓:解除。)杜甫《登樓》詩：“萬方多~此登臨。”

288.【夷】

(一)平,平坦。《老子》五十三章:"大道甚~,而民好徑。"《韓非子·五蠹》:"千仞之山,跛牂易牧者,~也。"(牂 zāng:母羊。)用如動詞,表示剷平,挖平。《左傳·成公十六年》:"塞井~竈,陳於軍中。"《國語·周語下》:"是以人~其宗廟。"

(二)剷除。《左傳·隱公六年》:"見惡如農夫之務去草焉,芟~蘊崇,絕其本根,勿使能殖。"(芟 shān:割除。蘊崇:堆積。)引申爲滅族。《史記·秦本紀》:"誅三父等而~三族。"(三父:人名。)《漢書·李廣傳》:"大臣無罪~滅者數十家。"

(三)我國古代東部地區的種族名。《孟子·離婁下》:"舜生於諸馮,遷於負夏,卒於鳴條,東~之人也。"(諸馮、負夏、鳴條,都是我國東部古地名)。又泛指漢族以外的民族,和"夏"相對。《論語·八佾》:"~狄之有君,不如諸夏之亡也。"(狄:古代北部的種族名。)《孟子·滕文公上》:"吾聞用夏變~者,未聞變於~者也。"王勃《滕王閣序》:"臺隍枕~夏之交。"

289.【平】

(一)平坦。《漢書·李陵傳》:"尚四五十里,得~地。"引申爲公正,公平。《詩經·小雅·節南山》:"赫赫師尹,不~謂何?"

(二)平定。《孟子·滕文公上》:"當堯之時,天下猶未~。"

290.【庸】

(一)用。一般祇見於"無~"這種固定形式。《左傳·隱公元年》:"無~,將自及。"後代成語有"無~諱言"。[登~]指舉薦賢才。《尚書·堯典》:"若時登~。"

(二)平庸,平凡,一般,中等。《戰國策·魏策四》:"此~夫之怒也,非士之怒也。"賈誼《過秦論》上:"材能不及中~。"今成語有

“～～碌碌”。

（三）副詞。豈，難道。《左傳·莊公十四年》：“～非貳乎？”韓愈《師説》：“夫～知其年之先後生於吾乎？”［～詎］豈，難道。《莊子·齊物論》：“～詎知吾所謂知之非不知邪？～詎知吾所謂不知之非知邪？”

291.【已】

（一）動詞。停止。《論語·泰伯》：“死而後～。”《荀子·勸學》：“學不可以～。”今成語有“稱贊不～”“精進不～”。［不得～]表示情勢所迫，不能不這樣做（不能停止）。《論語·顔淵》：“必不得～而去，於斯三者何先？”《孟子·滕文公下》：“予豈好辯哉？予不得～也？”引申爲止於，限於。動詞。《莊子·馬蹄》：“馬知～此矣。”［而～］［而～矣］略等於現代漢語的“罷了”。《孟子·梁惠王上》：“言舉斯心加諸彼而～。”《孟子·公孫丑上》：“子誠齊人也，知管仲晏子而～矣！”也可以説成“也～矣”。《論語·先進》：“亦各言其志也～矣。”

（二）副詞。已經。《論語·微子》：“道之不行，～知之矣！”

（三）語氣詞。通“矣”。《孟子·梁惠王上》：“然則王之所大欲可知～。”

292.【必】

副詞，一定。《墨子·非攻上》：“～有一死罪矣。”《莊子·養生主》：“恢恢乎其於遊刃～有餘地矣！”注意：有時跟“矣”連用，放在句末。《史記·項羽本紀》：“楚擊其外，趙應其内，破秦軍～矣。”又用如動詞或形容詞，表示“必行”。《韓非子·五蠹》：“故明主～其誅也。”又：“是以賞莫如厚而信，使民利之；罰莫如重而～，使民畏之。”《漢書·宣帝紀贊》：“孝宣之治，信賞～罰。”又表示堅信。《史

記·淮陰侯列傳》:"且漢王不可~。"又:"故臣以爲足下~漢王之
不危己,亦誤矣。"

293.【一】

(一)基數。《左傳·隱公元年》:"大都不過參國之~。"又用如
動詞或形容詞,表示"統一""一致"。《孟子·梁惠王上》:"孰能~
之?"《韓非子·五蠹》:"法莫如~而固,使民知之。"

(二)專一。《荀子·勸學》:"用心~也。"

(三)相同,一樣。《孟子·離婁下》:"先聖後聖,其揆~也。"
《荀子·天論》:"故君子之所以日進,與小人之所以日退,~也。"

(四)全。《禮記·雜記下》:"~國之人皆若狂。"《左傳·宣公
十四年》:"~國謀之,何以不亡?"用作狀語,表示一概,全都。《詩
經·邶風·北風》:"政事~埤益我。"(埤 pí 益我:堆在我身上。)

(五)副詞。乃,竟。《戰國策·齊策一》:"靖郭君之於寡人,~
至於此乎!"[~何]副詞。多麼。《戰國策·燕策一》:"此~何慶弔
相隨之速也!"杜甫《石壕吏》詩:"吏呼~何怒,婦啼~何苦?"

[辨]一,壹。"一"的意義比"壹"廣得多。"壹"一般祇用於
"專一"的意義。該用"壹"的地方可以用"一",如《荀子·勸學》:
"用心一也。"但該用"一"的地方,一般不用"壹"。

294.【參】

(一)讀 sān。三分。《左傳·隱公元年》:"大都不過~國
之一。"

(二)讀 shēn。星宿名。《詩經·召南·小星》:"嘒彼小星,
維~與昴。"(嘒 huì:微小的樣子。昴 mǎo:星宿名。)

(三)[~差](cēncī),不整齊的樣子。《詩經·周南·關雎》:
"~差荇菜,左右流之。"

（四）讀cān，通“驂”。［~乘］即車右。司馬遷《報任安書》：“同子~乘。”參看“右”字條。按：“~加”“~與”是後起義。

［辨］三，參。“三”的意義比“參”廣。“參”祇用於“三分”，或配合成三。該用“參”的地方有時可以用“三”，但該用“三”的地方決不能用“參”。“三”在古代漢語中有時是表極數，如《論語·先進》“南容三復白圭”，在這種情況下“三”讀去聲。“參”則無此用法。

295.【什】

（一）作爲一個單位的十。軍隊中十人爲“什”。《逸周書·大聚》：“十夫爲~。”《禮記·祭器》：“軍旅~伍。”（伍：作爲一個單位的五。）《史記·匈奴列傳》：“亦各置千長，百長，~長。”古時五家爲保，十家相連爲“什伍”。《史記·商君列傳》：“令民爲~伍。”《詩經》的雅和頌每十篇爲一“什”。如《小雅》有“鹿鳴之~”，《大雅》有“文王之~”，《周頌》有“清廟之~”。［~物］家庭日用之物。《後漢書·祭肜傳》：“下至居室~物，大小無不悉備。”

（二）詩篇。這是由於《詩經》雅頌十篇爲一“什”，所以後代泛稱詩篇爲“~篇”，後來又省稱“什”。《文心雕龍·情采》：“昔詩人~篇，爲情而造文。”蕭統《文選序》：“故與夫篇~，雜而集之。”白居易《與元九書》：“‘餘霞散成綺，澄江靜如練’‘離花先委露，別葉乍辭風’之~，麗則麗矣。”

（三）十倍。《孟子·滕文公上》：“或相~百，或相千萬。”《老子》八十章：“使有~伯之器而不用。”

（四）十分，表示分數。《孟子·滕文公上》：“其實皆~一也。”注意：“十”與“什”同音，在口語中沒有分別；在書面上，作爲分母的時候，寫作“什”是爲了便於區別。

　　[**辨**]十,什。二者同音,意義也同源,但用法不一樣。"十"用於基數和序數,而"什"不用於基數和序數。"什"表示作爲單位的十,"十"無此用法。因此"什伍"不能作"十伍","什長"也不能作"十長"。至於"什"表示十倍或十分,這種地方可以換成"十"。《莊子·達生》"而失者十一",指十分之一。韓愈《應科目時與人書》"蓋十八九矣",指十分之八九。

296.【伯】

　　(一)長(zhǎng),大的。《孟子·告子上》:"鄉人長於~兄一歲,則誰敬?"《詩經·邶風·泉水》:"問我諸姑,遂及~姊。"注意:上古不用數字排行,衹用"伯""仲""叔""季"。"伯"是老大,"仲"是老二,"叔"和"季"都指較小的,不一定是老三、老四。説"伯兄""伯姊"就是指"大哥""大姐",説"伯父"是指比父親年長的父輩。上古單稱"伯""叔"不是指後世的"伯父""叔父"。"伯""叔"指"伯父""叔父"是較後的意義。

　　(二)古代五等爵(公,侯,伯,子,男)之一。《左傳·僖公三十年》:"晉侯秦~圍鄭。"

　　(三)通"霸"。尊長。所謂"稱霸"就是"稱尊""稱長","霸諸侯"就是作諸侯的首腦。司馬遷《報任安書》:"絳侯誅諸呂,權傾五~。"

　　(四)通"佰"。作爲一個單位的百。又表示百倍。例皆見"什"字條。

297.【晦】

　　(一)陰曆每月的最後一天。《莊子·逍遙遊》:"朝菌不知~朔。"

　　(二)天色昏暗。跟"明"相對。《詩經·鄭風·風雨》:"風雨如~。"引申爲一般的黑暗,不清楚。歐陽修《醉翁亭記》:"~明變化者,山間之朝暮也。"比喻不顯達或隱逸。《晉書·隱逸傳·論》:"君子之行殊塗,顯~之謂也。"

298.【朔】

(一)陰曆每月的初一。《論語·八佾》:"子貢欲去告~之餼羊。"《莊子·逍遙遊》:"朝菌不知晦~。"

(二)北方。曹植《朔風詩》:"仰彼~風,用懷魏都。"杜甫《詠懷古迹》五首:"一去紫臺連~漠。"

299.【時】

(一)季節(指春,夏,秋,冬)。《論語·陽貨》:"天何言哉?四~行焉,百物生焉!"《孟子·梁惠王上》:"不違農~,穀不可勝食也。"

(二)時候。《莊子·養生主》:"始臣之解牛之~。"引申爲時機,機會。《論語·陽貨》:"好從事而亟失~。"用如副詞,表示按時。《莊子·秋水》:"秋水~至。"《論語·學而》:"學而~習之。"注意:上古"時"字用如副詞時,一般都當"以時"(按時)講,不當"時常"講。

300.【世】

(一)三十年爲一世。《論語·子路》:"如有王者,必~而後仁。"(如有受天命的王者,一定要等三十年,然後仁政纔能大行。)引申爲一生,一輩子。《論語·衛靈公》:"君子疾没~而名不稱焉。"(疾:恨。没世:終身。)

(二)父子相繼爲一世,世代。《孟子·離婁下》:"君子之澤,五~而斬。"(斬:絶,斷絶。)也泛指前代或後代。《論語·季氏》:"今不取,後~必爲子孫憂。"《楚辭·離騷》:"鷙鳥之不羣兮,自前～而固然。”注意:父子相繼,上古稱“世”不稱“代”;自從唐人避唐太宗的廟諱(李世民),纔改“世”爲“代”。

(三)時代。《論語·雍也》:“難乎免於今之～矣!”《莊子·逍遥遊》:“且舉～而譽之而不加勸,舉～而非之而不加沮。”陶潛《桃花源記》:“問今是何～。”

301.【期】

(一)一定的時間,期限。《詩經·王風·君子于役》:“君子于役,不知其～。”又動詞。約會。《詩經·鄘風·桑中》:“～我乎桑中。”引申爲期望。《韓非子·五蠹》:“不～修古,不法常可。”

(二)讀 jī。一周年。《論語·陽貨》:“宰我問三年之喪,～已久矣。”也稱“～月”。《論語·子路》:“苟有用我者,～月而已可也;三年有成。”在這個意義上也寫作“朞”。

[辨]時,世,期。“時”和“世”祇有用“時代”的意義時纔是同義詞。例如《莊子·馬蹄》“赫胥氏之時”可以説成“赫胥氏之世”。其餘不能互换。“時”和“期”在泛指“時間”時是同義詞。現代有雙音詞“時期”。但二者分用時有區别。“時”的本義是“時令”(四時),後來纔用來指“時間”“時候”。“期”則是指“固定的時期”,如三天,五天,三年,五年。在“期限”的意義上决不能用“時”。“期”與“世”不易混。

302.【官】

(一)行政機關(指處所)。《論語·子張》:“不見宗廟之美,百～之富。”《墨子·尚賢中》:“不能治千人者,使處於萬人之～。”(有一萬屬員的行政機關。)注意:這個意義可以説成“官府”(官與府是並列結構)。《荀子·彊國》:“及都邑～府,其百吏肅然。”引申爲行政職務。《左傳·成公二年》:“敢告不敏,攝～承乏。”又《襄公

三年》："伯華得~。"注意:這個意義可以説成"官守"或"官職"（官
與守,官與職,都是並列結構）。《左傳·昭公二十三年》："信其鄰
國,慎其~守。"又《襄公三十一年》："臣有臣之威儀,其中畏而愛
之,故能守其~職。"又引申爲行政機關的首長。《論語·憲問》:
"百~總己,以聽於冢宰。"（所有機構中的長官都全面負責他的職
務而服從太宰的統一領導。）注意:"官"字在上古用於"行政機構"
和"職務"的意義最多,用於最後一個意義的很少。

（二）耳,目,口,鼻,心叫"五官"。《莊子·養生主》:"~知止
而神欲行。"這裏"官"指目。《荀子·君道》:"人之百事,如耳目鼻
口之不可以相借~也。"

303.【吏】

（一）官吏,特指下級的小官員。《戰國策·齊策四》:"使~召
諸民當償者,悉來合券。"注意:據《説文》説,"吏"是"治人者也",
所以凡官吏皆可稱"吏"。但是由於詞義的演變,後來"吏"一般祇
指一般的小官員或吏卒。《韓非子·五蠹》:"州部之~,操官兵,推
公法,而求索姦人。"這裏的"吏"指吏卒之類。

（二）法官。司馬遷《報任安書》:"因爲誣上,卒從~議。"賈誼
《過秦論》上:"俛首係頸,委命下~。"

［辨］官,吏。"官"一般指的是機構和職務,"吏"指的是人。
這樣,上古所謂"吏",略等於後代所謂"官"。上古大官小官都稱
"吏",後代"吏"專指各級政府機構中從事具體工作的辦事人員。
有時"吏"雖也指稱高級官員,但那是有條件的。如"封疆大吏"。
"官"在後代可以指稱一般官員,但行政職務的意義仍舊沿用。如
王安石《答司馬諫議書》的"以爲侵官、生事"。

304.【爵】

（一）古代酒器之一種。《左傳·莊公二十三年》：“虢公請器，王與之～。”又《宣公二年》：“臣侍君宴，過三～，非禮也。”

（二）爵位，古代貴族的等級。舊説指公，侯，伯，子，男，又指卿，大夫，士。《韓非子·五蠹》：“官～可買，則商工不卑也矣。”

（三）通“雀”。《孟子·離婁上》：“爲叢敺～者鸇也。”（叢：叢林。敺 qū：趕。鸇：猛禽，鷂鷹之類。）

305.【權】

（一）秤，秤錘。《莊子·胠篋》：“爲之～衡以稱之。”用如動詞，表示衡量。《孟子·梁惠王上》：“～，然後知輕重。”

（二）權力，權勢，職權。賈誼《過秦論》上：“比～量力。”《史記·項羽本紀》：“項王乃疑范增與漢有私，稍奪之～。”注意：古代漢語裏，衹有“權力”的意思，没有“權利”的意思。古代也“權利”連用，但所指的是威勢和貨財。《荀子·勸學》：“是故～利不能傾也。”（威勢和貨財不能動摇他。）[～貴]有權勢的貴官。李白《夢遊天姥吟留别》詩：“安能摧眉折腰事～貴？”韓愈《柳子厚墓誌銘》：“其後以不能媚～貴，失御史。”

（三）權變，變通，靈活性。跟“經”相對。《公羊傳·桓公十一年》：“～者反於經。”（經：原則。）《孟子·離婁上》：“男女授受不親，禮也；嫂溺援之以手者，～也。”今成語有“通～達變”，雙音詞有“～宜”。引申爲隨機應變。“～謀”，指策略。多用於貶義。《漢書·孔光傳》：“光素聞傅太后爲人剛暴，長于～謀。”“～詐”，指欺騙手段。《漢書·刑法志》：“作爲～詐，以相傾覆。”“～略”，也指“策略”，但用於褒義。《晉書·祖逖傳》：“多～略，是以少長咸宗之。”“～術”，也指“策略”，但用於貶義。《宋史·徐誼傳》：“三代聖王,有至誠而無~術。"

306.【衡】

(一)駕車用的工具,軛上的橫木。《莊子·馬蹄》:"夫加之以~扼。"(扼:軛。)[抗~][爭~]敵對,匹敵。《史記·酈生陸賈列傳》:"欲以區區之越與天子抗~爲敵國。"《洛陽伽藍記·王子坊》:"卿之財産應得抗~。"又:"常與高陽爭~。"

(二)稱重量的器具,秤,天平。《莊子·胠篋》:"爲之權~以稱之。"又動詞。衡量。《淮南子·主術》:"~之於左右,無私輕重。"

(三)通"橫"。《詩經·齊風·南山》:"~從其畝。"("衡從"即"橫縱"。)賈誼《過秦論》上:"外連~而鬥諸侯。"

[辨]權,衡,度,量。"權""衡"是關於輕重的,二字的意義也稍有不同(見"衡"字條)。"度"是關於長度的;"量"是關於容量的。四者是不一樣的。

307.【果】

(一)果子,果實。《禮記·曲禮上》:"賜~於君前。"《韓非子·五蠹》:"民食~蓏蜯蛤。"

(二)充盈,充實。《莊子·逍遙遊》:"腹猶~然。"

(三)堅決。《論語·子路》:"言必信,行必~。"現代雙音詞有"~斷""~敢"。

(四)形容詞或副詞。表示成爲事實。一般用於否定。《孟子·梁惠王下》:"君是以不~來也。"又《公孫丑》下:"聞王命而遂不~。"陶潛《桃花源記》:"聞之,欣然規往。未~,尋病終。"

(五)副詞。果然。《戰國策·楚策一》:"~誠何如?"《禮記·中庸》:"~能此道矣,雖愚必明,雖柔必强。"

308.【實】

(一)果實,種子。《莊子·逍遥遊》:"魏王貽我大瓠之種,我樹之成,而~五石。"《詩經·王風·黍離》:"彼稷之~。"

(二)充實。跟"虛"相對。《莊子·山木》:"向也虛而今也~。"(向:從前。)《荀子·王制》:"府庫已~。"引申爲實際內容。和"名"相對。《莊子·逍遥遊》:"名者~之賓也。"《荀子·正名》:"制名以指~。"今成語有"名不副~"。

(三)句中語氣詞。在敘述句中,用在動詞前面加强語氣。《詩經·邶風·北門》:"天~爲之。"《左傳·僖公五年》:"鬼神非人~親,惟德是依。"蘇軾《賈誼論》:"非才之難,所以自用者~難。"

309.【聰】

耳力好,聽覺敏銳。跟"聾"相對。《孟子·離婁上》:"師曠之~,不以六律不能正五音。"引申爲聽得清楚。《荀子·勸學》:"目不能兩視而明,耳不能兩聽而~。"引申爲明智。《禮記·中庸》:"唯天下至聖,爲能~明睿知。"(睿 ruì:深明通達。)注意:上古"聰明"連用也是作爲兩個詞看待的。後代纔變爲雙音詞,指"有智慧",現代又當"悟性好"講,都是逐漸引申而來的。

310.【明】

(一)亮,光明。《詩經·齊風·雞鳴》:"東方~矣。"引申爲明白,清楚。《楚辭·卜居》:"物有所不足,智有所不~。"又用如副詞,表示"明白地"。《孟子·公孫丑下》:"我~告子。"用在動詞及其賓語的後面,表示"事情是很明顯的"。《戰國策·齊策一》:"此不叛寡人~矣。"又引申爲證明。《韓非子·五蠹》:"何以~其然也?"又爲英明。諸葛亮《出師表》:"恐託付不效,以傷先帝之~。"

(二)眼力,視力。《孟子·梁惠王上》:"~足以察秋毫之末。"

司馬遷《報任安書》：“左丘失～，厥有國語。”今有“雙目失～”。又形容詞。眼力好，視覺銳敏。《孟子・離婁上》：“離婁之～，公輸子之巧，不以規矩不能成方員。”引申爲看得清楚。《荀子・勸學》：“目不能兩視而～。”

311.【功】

工作，包括農事、勞役、文事、武事等。《詩經・豳風・七月》：“載纘武～。”又《大雅・崧高》：“世執其～。”成語有“～虧一簣”“計日程～”。引申爲成績，成就。《孟子・公孫丑上》：“故事半古之人，～必倍之。”《荀子・勸學》：“駑馬十駕，～在不舍。”引申爲功業，事業。《孟子・公孫丑上》：“管仲晏子之～，可復許乎？”再進而引申爲功勞，功勳。《史記・項羽本紀》：“勞苦而～高如此，未有封侯之賞。”

312.【名】

（一）名字。《莊子・逍遙遊》：“其～爲鯤。”又動詞。稱名，命名。《論語・子路》：“故君子～之必可言也。”《楚辭・離騷》：“～余曰正則兮，字余曰靈均。”

（二）名義，爵號。《莊子・天下》：“易以道陰陽，春秋以道～分。”（名分：人所居的名義及其應守的本分。）《左傳・昭公三十二年》：“慎器與～。”《論語・子路》：“必也正～乎！”

（三）名譽，名望。《禮記・中庸》：“必得其～。”

313.【北】

（一）北方。《莊子・逍遙遊》：“窮髮之～，有冥海者，天池也。”

（二）敗逃。《韓非子・五蠹》：“魯人從君戰，三戰三～。”又：“仲尼賞而魯民易降～。”賈誼《過秦論》上：“追亡逐～。”

314.【中】

（一）内部，中間，中心。《論語·季氏》：“龜玉毀於櫝~，是誰之過與？”引申爲中等。《論語·雍也》：“~人以上，可以語上也。”《戰國策·齊策一》：“上書諫寡人者，受~賞。”[~國]指中原一帶。《孟子·滕文公上》：“獸蹄鳥迹之道，交於~國。”《三國志·吳書·周瑜傳》：“驅~國士衆，遠涉江湖之間。”

（二）讀 zhòng。射中。《孟子·萬章下》：“由射於百步之外也，其至，爾力也；其~，非爾力也。”引申爲適合，符合。《莊子·養生主》：“莫不~音。”《荀子·勸學》：“木直~繩。”又：“其曲~規。”

315.【下】

（一）形容詞。下面的，下級的。跟“上”相對。《莊子·逍遙遊》：“故九萬里則風斯在~矣。”《左傳·成公二年》：“~臣不幸，屬當戎行。”引申爲低。跟“高”相對。《老子》二章：“高~相傾。”注意：上古没有“低”字，凡“低”的意義都説“下”。

（二）動詞。降下，走下。《論語·八佾》：“揖讓而升，~而飲。”《莊子·逍遙遊》：“不過數仞而~。”

按：形容詞的“下”舊讀上聲，動詞的“下”舊讀去聲，今皆讀去聲。

古漢語通論

（十三）連詞，介詞

1.連詞

古代漢語常用的連詞有“與”“及”“且”“而”“以”“則”“於是”

"故""是故""然""況""而況""雖""若""如""苟"等等。例如：

今由與求也相夫子。(論語·季氏)

生莊公及共叔段。(左傳·隱公元年)

公語之故,且告之悔。(同上)

今臣之刀十九年矣,所解數千牛矣,而刀刃若新發於硎。(莊子·養生主)

焉用亡鄭以陪鄰?(左傳·僖公三十年)

屨大小同,則賈相若。(孟子·滕文公上)

孟嘗君使人給其食用,無使乏。於是馮諼不復歌①。(戰國策·齊策四)

求也退,故進之;由也兼人,故退之。(論語·先進)

是故質的張而弓矢至焉。(荀子·勸學)

(是故,本義是"這個緣故",可以看作雙音詞,等於單説"故"。)

吾不能早用子,今急而求子,是寡人之過也。然鄭亡,子亦有不利焉。(左傳·僖公三十年)

(然,然而,但是。)

蔓草猶不可除,況君之寵弟乎?(左傳·隱公元年)

(況,何況。)

技經肯綮之未嘗,而況大軱乎?(莊子·養生主)

雖有智慧,不如乘勢;雖有鎡基,不如待時。(孟子·公孫丑上)

(雖,雖然,即使。)

若使燭之武見秦君,師必退。(左傳·僖公三十年)

---

① "於是"用在句首,本來是"在這時候"的意思,例如《左傳·成公三年》:"於是荀首佐中軍矣,故楚人許之。"由於用於句首,所以發展爲雙音的連詞,略等於現代的"於是"。《左傳·襄公三年》:"祁奚請老。晉侯問嗣焉,稱解狐——其讎也。將立之而卒。又問焉。對曰:'午也可。'於是羊舌職死矣。晉侯曰:'孰可以代之?'對曰:'赤也可。'於是使祁午爲中軍尉,羊舌赤佐之。"前一個"於是"當"在這時候"講,後一個"於是"是連詞。這是要依據上下文,細玩文意,來加以區别的。

王如知此,則無望民之多於鄰國也。(孟子・梁惠王上)

苟虧人愈多,其不仁兹甚矣,罪益厚。(墨子・非攻上)

古代漢語的連詞很多,現在衹提出"而""以""則"三個連詞來加以討論,並附帶説明古書上常見的"然而""雖然""然則"的用法。

（1）而

連詞"而"字的作用是連接形容詞、動詞或動詞性的詞組,表示兩種性質或兩種行爲的聯繫。例如:

敏於事而慎於言。(論語・學而)

子温而厲,威而不猛,恭而安。(論語・述而)

以上是兩種性質的聯繫。

朝濟而夕設版焉。(左傳・僖公三十年)

臣以神遇而不以目視。(莊子・養生主)

以上是兩種行爲的聯繫。

"而"字還可以連接兩個句子,表示兩件事情的聯繫。例如:

彼節者有間,而刀刃者無厚。(莊子・養生主)

故令尹誅而楚姦不上聞,仲尼賞而魯民易降北。(韓非子・五蠹)

在古代漢語裏,"而"字一般不連接名詞或名詞性的詞組,連接名詞或名詞性詞組的,是連詞"與"字和"及"字(例見上文)[①]。《荀子・勸學》"蟹六跪而二螯","而"字所以能連接"六跪"和"二螯",是因爲它們在這裏用作謂語而帶有描述的性質,這是應該注意的。

"而"字可以用於順接,也可以用於逆接。所謂順接,是説相連接的兩項在意思上有某種類似,或者有密切的關係,中間没有轉折。例如:

———————

① 這是就一般情况説,或許有個别例外。

美而艷。(左傳・桓公元年)

任重而道遠。(論語・泰伯)

是故質的張而弓矢至焉;林木茂而斧斤至焉;樹成蔭而衆鳥息焉;醯酸而蜹聚焉。(荀子・勸學)

順接的"而"字有時可以譯爲"而且",有時可以譯爲"就""便"(注意位置不同),這要看具體的上下文。但是更多的情況是現代口語不用與"而"字相當的連詞,現代書面語言仍舊沿用"而"字。

所謂逆接,是説相連接的兩項在意思上相反,或者不相諧調;不是事理相因,語意連貫,而是有個轉折。例如:

辭多類非而是,多類是而非。(吕氏春秋・察傳)

目不能兩視而明,耳不能兩聽而聰。(荀子・勸學)

遠人不服而不能來也,邦分崩離析而不能守也,而謀動干戈於邦内。(論語・季氏)

逆接的"而"字可以譯爲"卻""可是""但是"。

有時候,"而"字用在一句話的主語和謂語之間,細玩文意,實際上也是一種逆接。例如:

先生獨未見夫僕乎? 十人而從一人者,寧力不勝,智不若耶? 畏之也。(戰國策・趙策三)

(這意味着十人不應該從一人,而從一人。)

君子而不仁者有矣夫。(論語・憲問)

(這意味着君子應該仁,而不仁。)

有時候,"而"字用在主語和謂語之間,含有假設的意思,可以譯爲"如果"。例如:

人而無信,不知其可也。(論語・爲政)

人而無恒,不可以作巫醫。(論語・子路)

士而懷居,不足以爲士矣。(論語・憲問)

其實這種用法仍然是和逆接的用法相通的。《詩經・鄘風・相鼠》："相鼠有皮,人而無儀。人而無儀,不死何爲?"可以證明這一點。

有一點值得注意:所謂順接和逆接,袛是從具體的上下文的意思看的,並不是説"而"字有兩種性質。順接和逆接也不是截然分開的。例如《論語‧公冶長》:"始吾於人也,聽其言而信其行;今吾於人也,聽其言而觀其行。"第一個"而"字似乎是順接,第二個"而"字似乎是逆接,其實這兩個"而"字的作用都是表示兩種行爲的聯繫,在性質上是毫無分別的。

"而"字還可以用在狀語和動詞之間。例如:

> 太后盛氣而揖之。(戰國策‧趙策四)
>
> 吾嘗終日而思矣,不如須臾之所學也。(荀子‧勸學)
>
> 子路率爾而對。(論語‧先進)

(2)以

連詞"以"字也是用來連接兩個動詞或動詞性的詞組的,它表示在時間上一先一後的兩種行爲的聯繫。《左傳‧成公二年》"余折以御",就是一個例子。"而"字也有這種用法,例如《左傳‧隱公元年》:"公入而賦。"這在古漢語通論(十一)裏已經説過了。

用"以"字連接動詞或動詞性詞組的時候,後一行爲往往是前一行爲的目的,或者是前一行爲所產生的結果。例如:

> 晉侯復假道於虞以伐虢。(左傳‧僖公五年)
>
> ("假道於虞"的目的是"伐虢"。)
>
> 勞師以襲遠,非所聞也。(左傳‧僖公三十二年)
>
> ("勞師"的目的是"襲遠"。)
>
> 焉用亡鄭以陪鄰?(左傳‧僖公三十年)
>
> ("亡鄭"的結果是"陪鄰"。)
>
> 志士仁人,無求生以害仁,有殺身以成仁。(論語‧衛靈公)

("求生"的結果是"害仁";"殺身"的目的是"成仁"。)

但是"以"字本身並不表示目的或結果。後一行爲是前一行爲的目的還是結果,這是從具體的上下文的意思來看的。這種連詞"以"是由介詞"以"進一步虛化而成的。

　　和"而"字一樣,"以"字也可以用在狀語和動詞之間,但是不如"而"字常見。例如:

　　　　若潛師以來,國可得也。(左傳・僖公三十二年)

　　　　願夫子輔吾志,明以教我。(孟子・梁惠王上)

　　(3)則

　　連詞"則"字一般用來連接條件複句中的分句,表示條件的分句在前,表示結果的分句在後。這種用法的"則"字可以譯爲"就"或"便"。例如:

　　　　諫而不入,則莫之繼也。(左傳・宣公二年)

　　　　君能有終,則社稷之固也。(同上)

　　　　故遠人不服,則修文德以來之。(論語・季氏)

　　　　王如知此,則無望民之多於鄰國也。(孟子・梁惠王上)

　　　　聖人已死,則大盜不起,天下平而無故矣。(莊子・胠篋)

　　"則"字又常常用於緊縮句,但是這種緊縮句也正是條件複句的緊縮。例如:

　　　　用之則行,舍之則藏。(論語・述而)

　　　　得之則生,弗得則死。(孟子・告子上)

　　　　故木受繩則直,金就礪則利。(荀子・勸學)

　　　　獻圖則地削,效璽則名卑。(韓非子・五蠹)

　　有時候沒有用"則"字,從句子的意思上也可以看出是條件和結果的關係。例如:

　　　　今不取,後世必爲子孫憂。(論語・季氏)

　　　聖人不死,大盜不止。(莊子·胠篋)

　　　民無信不立。(論語·顏淵)

但是沒有用"則"字的緊縮句不一定都是條件複句的緊縮。可能是因果關係,例如"肉腐出蟲,魚枯生蠹"(《荀子·勸學》);也可能是時間修飾,例如"食不語,寢不言"(《論語·鄉黨》)。我們閱讀古書時應該細心分辨。

　　有時候,"則"字所連接的兩項並不是條件和結果的關係,祇是第二件事情的出現,不是第一件事情的施事者所預期到的,這時候也用"則"字。在這種情況下,"則"字不能譯作"就"或"便",而是含有"原來已經"的口氣。例如:

　　　使子路反見之,至則行矣。(論語·微子)

　　　其子趨而往視之,苗則槁矣。(孟子·公孫丑上)

　　　公使陽處父追之,及諸河,則在舟中矣。(左傳·僖公三十三年)

　　現代漢語沒有和這種用法相當的連詞。

　　"則"字又可以用在意思相對待的並列的分句裏,以表示一種對比。例如:

　　　入則無法家拂士,出則無敵國外患者,國恒亡。(孟子·告子下)

　　　子女玉帛,則君有之;羽毛齒革,則君地生焉。(左傳·僖公二十三年)

在這種情況下,"則"字前面的詞語有時候是表示時間修飾。例如:

　　　鄒魯之臣,生則不得事養,死則不得飯含。(戰國策·趙策三)

　　　是故無事則國富,有事則兵強,此之謂王資。(韓非子·五蠹)

　　(4)然而,然則,雖然

　　在古代漢語裏,"然"和"而"、"然"和"則"、"雖"和"然"常常連用,成爲"然而""然則""雖然"這幾種形式;其中"然"字是指示代詞,"而""則""雖"纔是真正的連詞。我們在閱讀古書的時候,應當把它們當中的兩個成分分開來理解。

"然而"中的"然"字表示"如此"。"然而"實際上等於説"如此,可是……"。例如:

> 七十者衣帛食肉,黎民不飢不寒;然而不王者,未之有也。(孟子·梁惠王上)

> 夫環而攻之,必有得天時者矣;然而不勝者,是天時不如地利也。(孟子·公孫丑下)

"然則"中的"然"字也是表示"如此"。"然則"實際上等於説"如此,就……"。例如:

> 對曰:"……臣實不才,又誰敢怨?"王曰:"然則德我乎?"(左傳·成公三年)

> 魯仲連曰:"然梁之比于秦若僕耶?"辛垣衍曰:"然。"魯仲連曰:"然則吾將使秦王烹醢梁王。"(戰國策·趙策三)

現代漢語用"雖然"的地方,上古漢語祇用一個"雖"字。古代"雖"字和"然"字也常常連用,但是"然"字還有實在意義,"雖然"實際上應作"雖然如此"講。例如:

> 對曰:"臣不任受怨,君亦不任受德,無怨無德,不知所報。"王曰:"雖然,必告不穀。"(左傳·成公三年)

> 雖然,每至於族,吾見其難爲,怵然爲戒,視爲止,行爲遲。(莊子·養生主)

2.介詞

古代漢語常用的介詞有"以""於""爲""與""之"等等。例如:

> 野馬也,塵埃也,生物之以息相吹也。(莊子·逍遙遊)

> 夫鵷鶵發於南海,而飛於北海。(莊子·秋水)

> 庖丁爲文惠君解牛。(莊子·養生主)

> 冬,與越人水戰,大敗越人。(莊子·逍遙遊)

不聞先王之遺言,不知學問之大也。(荀子・勸學)

下面討論介詞"以""於""爲""之"的用法。

(1)以

"以"字本來是一個動詞,意思是"用",例如《論語・憲問》:"桓公九合諸侯,不以兵車,管仲之力也。""以"字又表示"以爲"(認爲)的意思,例如《戰國策・趙策四》:"老臣以媪爲長安君計短也。"但是更常見的是用作介詞,它是由動詞"以"虛化而來的。

介詞"以"字的主要用法有兩種:第一種,表示行爲以某物爲工具或憑藉,在意義上雖然可以譯成現代的"用"或"拿",但是它具有更純粹的介詞性質。"以"的賓語所表示的事物,可以是具體的,也可以是比較抽象的。例如:

> 許子以釜甑爨,以鐵耕乎?(孟子・滕文公上)
>
> 臣以神遇而不以目視。(莊子・養生主)
>
> 君若以德綏諸侯,誰敢不服?(左傳・僖公四年)
>
> 以亂易整,不武。(左傳・僖公三十年)
>
> 儒以文亂法,俠以武犯禁。(韓非子・五蠹)

第二種,引進原因,在意義上略等於現代的"因爲",但是"以"字後面的話應該認爲是介詞的賓語。例如:

> 左右以君賤之也,食以草具。(戰國策・齊策四)
>
> 君子不以言舉人,不以人廢言。(論語・衛靈公)
>
> 以母則不食,以妻則食之。(孟子・滕文公下)
>
> 今子欲以子之梁國而嚇我邪?(莊子・秋水)

關於"以"字組成的介賓詞組,在詞序上有兩種變化值得注意:第一,整個介賓詞組可以放在動詞前面,也可以放在動詞(及其賓語)的後面。再舉幾個放在後面的例子:

> 五畝之宅,樹之以桑,五十者可以衣帛矣。(孟子・梁惠王上)

　　我非愛其財而易之以羊也。(同上)

　　南方有鳥焉,名曰蒙鳩,以羽爲巢,而編之以髮,繫之葦苕。(荀子・勸學)

　　凡聞言必熟論,其於人必驗之以理。(吕氏春秋・察傳)

　　第二,爲了強調介詞"以"的賓語,可以把賓語提到"以"的前面。例如:

　　吾道一以貫之。(論語・里仁)

　　詩三百,一言以蔽之,曰:思無邪。(論語・爲政)

　　江漢以濯之,秋陽以暴之,皜皜乎不可尚已!(孟子・滕文公上)

有時候,提前的賓語是代詞"是"字。"是以"等於説"因此"。例如:

　　敏而好學,不恥下問,是以謂之文也。(論語・公冶長)

　　仲尼之徒無道桓文之事者,是以後世無傳焉。(孟子・梁惠王上)

　　是以十九年而刀刃若新發於硎。(莊子・養生主)

　　"以"字後面的賓語所指的事物,如果已經在上文出現過,這賓語就可以省略。這時候"以"字可以譯成現代漢語的"拿來""拿去",但是"以"字的詞性和它們並不完全相同。例如:

　　小人有母,皆嘗小人之食矣,未嘗君之羹。請以遺之。(左傳・隱公元年)

　　若亡鄭而有益於君,敢以煩執事。(左傳・僖公三十年)

　　王見之,曰:"牛何之?"對曰:"將以釁鐘。"(孟子・梁惠王上)

　　魏王貽我大瓠之種,我樹之成而實五石,以盛水漿,其堅不能自舉也。(莊子・逍遥遊)

　　表示憑藉或引進原因的"以"字,它的賓語也可能承上省略。這時候"以"字仍表示"藉此""因此"的意思。例如《莊子・逍遥遊》:"能不龜手一也,或以封,或不免於洴澼絖,則所用之異也。"不過這種省略的情況比較少見。

“無以”，等於説“没有什麽可以拿來……”；“有以”，等於説“有什麽可以拿來……”。例如：

> 爾貢包茅不入，王祭不共，無以縮酒，寡人是徵。（左傳·僖公四年）

> 自夫子之死也，吾無以爲質矣！（莊子·徐无鬼）

> 臣乃得有以報太子。（戰國策·燕策三）

（2）於（于，乎，諸）

“於”字的用法大致可以分爲三種：第一種，引進處所；第二種，引進比較的對象；第三種，引進行爲的主動者。“於”字的第三種用法在古漢語通論（八）裏已經講過了，現在討論第一種用法和第二種用法。

第一種用法的“於”字略等於現代的“在”“到”“從”“對於”“在……方面”等意義。例如：

> 子路宿於石門。（論語·憲問）

> 王坐於堂上。（孟子·梁惠王上）

以上表示“在”。

> 海運則將徙於南冥。（莊子·逍遥遊）

> 河内凶，則移其民於河東，移其粟於河内。（孟子·梁惠王上）

以上表示“到”。

> 虎兕出於柙。（論語·季氏）

> 青，取之於藍而青於藍。（荀子·勸學）

以上表示“從”。

> 問於桀溺。（論語·微子）

> 當仁不讓於師。（論語·衛靈公）

> 己所不欲，勿施於人。（同上）

> 季氏將有事於顓臾。（論語·季氏）

以上表示“向”或“對”。

始吾於人也，聽其言而信其行；今吾於人也，聽其言而觀其行。（論語・公冶長）

不義而富且貴，於我如浮雲。（論語・述而）

以上表示"對於"。

敏於事而慎於言。（論語・學而）

夫子固拙於用大矣。（莊子・逍遥遊）

以上表示"在……方面"。

以上引進處所的"於"字可以分爲若干小類，衹是從現代漢語與古代漢語的對比上說的；至於古代漢語本身，並不須要這樣分別。試看《論語・季氏》"虎兕出於柙，龜玉毁於櫝中"，兩句的句式是相同的；第一個"於"字解作"從"，第二個"於"字解作"在"，都衹是受了前面動詞的影響，"於"字本身的詞義和詞性都没有發生變化。

再説，古代漢語的"於"字，比現代漢語的"在""到"等具有更純粹的介詞性。因此，往往"在於"連用，"至於"連用。"在"和"至"在古代漢語裏是動詞，不是介詞，動詞與介詞連用是完全合理的。例如：

其耳目在於旗鼓。（國語・晉語）

不似豪末之在於馬體乎？（莊子・秋水）

今恩足以及禽獸，而功不至於百姓者，獨何與？（孟子・梁惠王上）

雖然，每至於族，吾見其難爲。（莊子・養生主）

吾非至於子之門，則殆矣。（莊子・秋水）

在討論"於"字引進處所這一用法時，有一件事值得提出來說一説。那就是在古人的思想表達中常常有"今……於此"的説法，字面上是説此時此地，實際上是表示一種假設。例如：

今有人於此，少見黑曰黑，多見黑曰白，則以此人不知白黑之辯矣；少

嘗苦曰苦,多嘗苦曰甘,則必以此人爲不知甘苦之辯矣。(墨子·非攻上)

　　今王田獵於此,百姓聞王車馬之音,見羽旄之美,舉疾首蹙頞而相告曰:"吾王之好田獵,夫何使我至於此極也? 父子不相見,兄弟妻子離散。"(孟子·梁惠王下)

有時候衹説"……於此(斯)",也是表示假設。例如:

　　有楚大夫於此,欲其子之齊語也,則使齊人傅諸? 使楚人傅諸? (孟子·滕文公下)

　　有美玉於斯,韞匵而藏諸? 求善賈而沽諸? (論語·子罕)

這種假設的情況,通常是作爲比喻來説明某個問題的。

　　用"於"字組成的介賓詞組,除表示"對於"必須放在動詞前面外,其餘有的偶爾也放在動詞之前,《孟子·梁惠王上》"夫子言之,於我心有戚戚焉",就是一個例子。但是更多的是放在動詞之後("宿於石門""坐於堂上")。中古以後,放在動詞前面的漸漸多起來了,不過古文家大致還是遵用上古的語法。

　　有時候,可以不用"於"字,《史記》常用這種語法。例如:

　　晉軍函陵,秦軍氾南。(左傳·僖公三十年)

　　寡人有罪國家。(戰國策·齊策)

　　吾聞秦軍圍趙王鉅鹿。(史記·項羽本紀)

　　將軍戰河北,臣戰河南。(同上)

　　項王則夜起飲帳中。(同上)

　　引進處所的"於"字也可以用來引進時間。例如:

　　子於是日哭,則不歌。(論語·述而)

　　繁啟蕃長於春夏,畜積收藏於秋冬。(荀子·天論)

　　第二種用法的"於"字略等於現代的"比",一般用於描寫句。例如:

　　季氏富於周公。(論語·先進)

　　叔孫武叔語大夫於朝曰:"子貢賢於仲尼。"(論語·子張)

王如知此，則無望民之多於鄰國也。（孟子・梁惠王上）

且王者之不作，未有疏於此時者也；民之憔悴於虐政，未有甚於此時者也。（孟子・公孫丑上）

小子識之，苛政猛於虎也。（禮記・檀弓）

我們要注意古今詞序的不同：在古代漢語裏，表示比較的介賓詞組放在形容詞的後面（“苛政猛於虎”）；在現代漢語裏，表示比較的介賓詞組放在形容詞的前面（“苛政比老虎更兇猛”）。

有時候，不是比較程度，祇是指出異同，也可以用同樣的結構。例如：

我則異於是，無可無不可。（論語・微子）

是何異於刺人而殺之，曰：“非我也，兵也。”（孟子・梁惠王上）

“于”字大致等於“於”，但是上古“于”“於”不同音。《尚書》《詩經》一般用“于”，《論語》除引《尚書》而外，通例不用“于”，《孟子》大多數用“於”，這跟時代或作者編者的方言有關。也有一些古書是“于”“於”並用的，如《左傳》。在這些書裏，“于”“於”是有大致的分工的：如果所介的是地名，一般用“于”不用“於”；如果在被動句或描寫句裏，一般用“於”不用“于”。很少例外。

“乎”字也可以當“於”字用。例如：

浴乎沂，風乎舞雩。（論語・先進）

千乘之國，攝乎大國之間。（同上）

以吾一日長乎爾。（同上）

異乎三子者之撰。（同上）

或問乎曾西曰。（孟子・公孫丑上）

雞鳴狗吠相聞而達乎四境。（同上）

但是，“乎”字不是在任何情況下都能代替“於”字的。比如（甲）被動句通常不用“乎”字（“東敗於齊”不説“東敗乎齊”）；（乙）“對於”的意義不用“乎”字（“始吾於人也”不説“始吾乎人也”）。相反地，有一種特殊情況卻衹用“乎”不用“於”：“惡乎”的意義是“於何”（詞序不同），不能説成“惡於”。在上古時代，一般也不用“於何”。例如：

> 君子去仁，惡乎成名？（論語·里仁）
>
> 敢問夫子惡乎長？（孟子·公孫丑上）

“諸”字等於説“之於”，它是“之”“於”二字的合音。例如：

> 殺之，寘諸畚。（左傳·宣公二年）
>
> 穆公訪諸蹇叔。（左傳·僖公三十二年）
>
> （訪之於蹇叔；向蹇叔諮詢此事。）
>
> 子張書諸紳。（論語·衛靈公）
>
> （書之於紳；把它寫在衣帶上。）
>
> 言舉斯心加諸彼而已。（孟子·梁惠王上）

後代有人把“諸於”二字連用，那是謬誤的仿古，因爲“諸”字已經代表“之於”，自然不能再加“於”字了。

（3）爲

介詞“爲”字讀 wèi，略等於現代的“給”“替”或“因爲”。例如：

> 及莊公即位，爲之請制。（左傳·隱公元年）
>
> 爲人謀而不忠乎？（論語·學而）
>
> 而求也爲之聚斂而附益之。（論語·先進）
>
> 爲長者折枝。（孟子·梁惠王上）
>
> 然則一羽之不舉，爲不用力焉；輿薪之不見，爲不用明焉；百姓之不見保，爲不用恩焉。（孟子·梁惠王上）

介詞“爲”字後面的賓語可以省略。例如：

> 君子不能爲謀也。（禮記·檀弓下）
>
> 每至於族，吾見其難爲，怵然爲戒，視爲止，行爲遲。（莊子·養生主）

(4)之

介詞"之"字的用法是放在定語和名詞之間,把定語介紹給名詞,有的略等於現代漢語的"的"。例如:

仲尼之徒無道桓文之事者,是以後世無傳焉。(孟子·梁惠王上)

今臣之刀十九年矣。(莊子·養生主)

其翼若垂天之雲。(莊子·逍遥遊)

是故無冥冥之志者,無昭昭之明;無惛惛之事者,無赫赫之功。(荀子·勸學)

"之"字還有一種用法最值得注意,那就是把它用在主語謂語之間,取消句子的獨立性。所謂取消句子的獨立性,就是使句子在形式上詞組化,意思上不完整,如果不依賴一定的上下文,就不能獨立存在。細分起來,有兩種情況:

第一,在一個分句的主語謂語之間用"之"字,表示語意未完,讓聽者或讀者等待下文。例如:

左師公曰:"父母之愛子,則爲之計深遠。"(戰國策·趙策四)

苟子之不欲,雖賞之不竊。(論語·顏淵)

虢射曰:"皮之不存,毛將安傅?"(左傳·僖公十四年)

("傅"同"附"。)

單說"父母愛子",是一個獨立而完整的句子,現在在主語"父母"和謂語"愛子"之間用一個"之"字,説成"父母之愛子",這就在形式上詞組化了,不能認爲有獨立性了;在意思上也顯得話還沒有説完,聽者或讀者必然等待下文——"則爲之計深遠"。其餘兩個例子,也可以作同樣的分析。

在表示時間修飾的分句裏,最容易見到這種"之"字。例如:

臣之壯也,猶不如人。(左傳·僖公三十年)

媪之送燕后也,持其踵爲之泣,念悲其遠也,亦哀之矣。(戰國策·趙

策四）

君子之至於斯也,吾未嘗不得見也。(論語·八佾)

鵬之徙於南冥也,水擊三千里。(莊子·逍遥遊)

可以說這是上古漢語表示時間修飾經常用的一種句法。《莊子·養生主》"始臣之解牛之時,所見無非牛者",既在主語謂語之間用"之"字,又說"之時",倒反而少見。

第二,這種"之"字又常常用在充當主語或賓語的主謂結構之間。先看做主語的主謂結構之間用"之"字的例子:

貢之不入,寡君之罪也。(左傳·僖公四年)

子之哭也,壹似重有憂者?(禮記·檀弓下)

民之悦之,猶解倒懸也。(孟子·公孫丑上)

湯之問棘也是已。(莊子·逍遥遊)

有時候,不是在主語謂語之間用"之"字,而是在主語和"於"字介賓詞組之間用"之"字,這樣形成的結構再做句子的主語。例如:

寡人之於國也,盡心焉耳矣。(孟子·梁惠王上)

君子之於禽獸也,見其生,不忍見其死;聞其聲,不忍食其肉。(同上)

再看做賓語的主謂結構之間用"之"字的例子:

宦三年矣,未知母之存否。(左傳·宣公二年)

歲寒,然後知松柏之後彫也。(論語·子罕)

唯恐緘縢扃鐍之不固也。(莊子·胠篋)

又況聞樊將軍之在乎!(戰國策·燕策三)

無或乎王之不智也。(孟子·告子上)

上面所討論的在主語和謂語之間加"之"字的句法,其主語都是名詞。假如這個名詞已經在上文出現,就常常用一個"其"字來代替它,因爲"其"字所代替的正是名詞加介詞"之"字。例如:

宋人有曹商者,爲宋王使秦。其往也,得車數乘。(莊子·列禦寇)

孟子,吾見師之出,而不見其入也。(左傳·僖公三十二年)

陽貨矙孔子之亡也，而饋孔子蒸豚；孔子亦矙其亡也，而往拜之。（孟子・滕文公下）

（"矙"kàn，視，瞧。）

第一個例子裏的"其往也"，等於説"曹商之往也"；第二個例子裏的"其入也"，等於説"師之入也"；第三個例子裏的"其亡也"，等於説"陽貨之亡也"。再舉兩個例子：

其視下也，亦若是則已矣。（莊子・逍遥遊）

彼，其於世，未數數然也。（同上）

（十四）句首句中語氣詞；詞頭，詞尾

1.句首句中語氣詞

語氣詞不一定在句尾；有些虛詞，它們的位置在句首或句中，同樣地能起表示語氣的作用。關於句尾語氣詞，我們在前面幾節通論講判斷句、敘述句和疑問句的時候，已經大略地談過了。現在再談句首句中語氣詞。在這裏我們着重討論"夫""其""唯"三個字。

（1）夫

"夫"（fú）字用於句首，表示要發議論。它是從指示代詞"夫"字發展來的，已經變成了純粹的語氣詞，不能再解作"這個"或"那個"。現代漢語裏沒有適當的虛詞可以和它對譯。下面是用句首語氣詞"夫"字的例子：

夫得言不可以不察，數傳而白爲黑，黑爲白。（呂氏春秋・察傳）

夫處窮閭阨巷，困窘織屨，槁項黃馘者，商之所短也；一悟萬乘之主而從車百乘者，商之所長也。（莊子・列禦寇）

夫如是，故遠人不服，則脩文德以來之。既來之，則安之。（論語・季

氏）

　　"且夫""故夫""今夫"略等於説"且""故""今"，但是增加了
"夫"字，也是表示要發議論。例如：

　　　　且夫水之積也不厚，則其負大舟也無力。（莊子·逍遥遊）

　　　　故夫知效一官，行比一鄉，德合一君，而徵一國者，其自視也亦若此矣。
（同上）

　　　　今夫顓臾，固而近於費。（論語·季氏）

　　"若夫"則等於"至於"：

　　　　此雖免於行，猶有所待者也；若夫乘天地之正，而御六氣之辯，以遊無
窮者，彼且惡乎待哉？（莊子·逍遥遊）

（2）其

　　語氣詞"其"字用於句首或句中，表示委婉的語氣。在陳述句
或疑問句裏，它表示"大概""恐怕"等意思；在祈使句裏，它就簡單
地表示委婉的語氣，略等於現代漢語句末語氣詞"吧"字或"啊"字
所表示的委婉語氣。例如：

　　　　吾其被髮左衽矣！（論語·憲問）

　　　　（我們恐怕已經變爲夷狄了吧！）

　　　　王之好樂甚，則齊國其庶幾乎！（孟子·梁惠王上）

　　　　（那麼齊國大概差不多了吧！）

　　　　吾其還也。（左傳·僖公三十年）

　　　　（我還是回去吧。）

　　　　其是之謂乎？（左傳·隱公元年）

　　　　（大概是説這個吧？）

　　　　其我之謂矣！（左傳·宣公二年）

　　　　（大概就是説我了吧！）

以上是陳述句和疑問句。

　　　　君其問諸水濱。（左傳·僖公四年）

(您還是向水濱追問吧。)

吾子其無廢先君之功!(左傳·隱公三年)

(您可別廢棄了先君的事業啊!)

以上是祈使句。

"其"字又可加重反問的語氣。例如:

一之謂甚,其可再乎?(左傳·僖公五年)

欲加之罪,其無辭乎?(左傳·僖公十年)

其誰曰不然?(左傳·隱公元年)

其誰不知?(左傳·僖公三十二年)

其何以行之哉!(論語·爲政)

其何傷於日月乎?(論語·子張)

這種加重反問語氣的"其"字,往往用在疑問代詞的前面。

(3)惟(唯、維)

"惟"字用在句子的開頭,是古人所謂的發語詞。在記敘文中,"惟"往往用在全文的開始,引出年月日。例如:

惟十有三年春,大會于孟津。(尚書·泰誓上)

惟十有三祀,王訪于箕子。(尚書·洪範)

(祀,年)

"唯"字用作句首語氣詞時,有時是表示希望。例如:

闕秦以利晉,唯君圖之。(左傳·僖公三十年)

(希望您考慮考慮這個。)

唯荊卿留意焉。(戰國策·燕策三)

(希望您把這件事放在心上。)

"唯"字用於句首又可以幫助判斷語氣。例如《左傳·僖公四年》:"唯是風馬牛不相及也。"

"惟""維"用於句中,也是幫助判斷語氣。例如:

黍稷非馨,明德惟馨。(左傳·僖公五年)

髧彼兩髦,實維我儀。(詩經·鄘風·柏舟)

厥土惟白壤。(尚書·禹貢)

民惟邦本,本固邦寧。(僞古文尚書·五子之歌)

除了上述的"夫""其""惟(唯、維)"等外,還有許多句首句中語氣詞。例如"爾有母遺,繄我獨無"(《左傳·隱公元年》),"民不易物,惟德繄物"(《左傳·僖公五年》),這個"繄"字也是句首句中語氣詞。這些都不一一列舉了。

2.詞頭,詞尾

詞頭、詞尾不是一個詞,它們祇是詞的構成部分,本身沒有詞彙意義,祇表示詞性。有些詞頭也不專門表示一種詞性。在那種情況下,就真正是有音無義了。

(甲)關於詞頭,我們祇講"有""其""言""于""薄"五字。

(1)有

"有"字作爲詞頭,用於專名的前面。常見的有上古時代的朝代名、國名、部族名等。例如:

我不可不監于有夏,亦不可不監于有殷。(尚書·召誥)

上及有虞,下及五伯。(莊子·大宗師)

禹攻有扈。(莊子·人間世)

鯀納有莘氏女,生禹。(史記·夏本紀)

"有"字又用於某些名詞的前面。例如:

友于兄弟,施于有政。(論語·爲政)

孔甲擾于有帝。(左傳·昭公二十九年)

(孔甲,夏王。擾,順。帝,上帝。)

"有"字又用於某些形容詞的前面。例如:

不我以歸,憂心有忡。(詩經·邶風·擊鼓)

(有忡,等於"忡忡",心中不寧的樣子。)

有洸有潰。(詩經·邶風·谷風)

("有洸有潰"等於"洸洸潰潰",形容水激怒潰決的樣子。)

"有"字還有一種特別的用途,在這裏順便講一講,就是"有"字嵌入數目字的中間,表示整數和零數的關係。在上古時代,"十五"也常説成"十有五","三百六十六"也常説成"三百六十有六"。例如:

吾十有五而志於學。(論語·爲政)

必有寢衣,長一身有半。(論語·鄉黨)

舜相堯二十有八載。(孟子·萬章上)

朞三百有六旬有六日。(尚書·堯典)

(朞jī,一周年。)

但是這種用法的"有"字不是詞頭,這是應該注意的。

(2)其

"其"字用作詞頭,一般用於形容詞或不及物動詞的前面。例如:

擊鼓其鏜,踴躍用兵。(詩經·邶風·擊鼓)

北風其涼,雨雪其雱。(詩經·邶風·北風)

(雨雪,降雪。雱pāng,雪盛的樣子。)

八月其穫,十月隕蘀。(詩經·豳風·七月)

(穫,收穫。隕蘀,葉子落下來。)

(3)言

"言"字用作詞頭,放在動詞的前面。例如:

言告師氏,言告言歸。(詩經·周南·葛覃)

翹翹錯薪,言刈其楚。(詩經·周南·漢廣)

陟彼南山,言采其蕨。(詩經·召南·草蟲)

(4)于

"于"字用作詞頭,也放在動詞的前面。例如:

　　之子于歸,宜其室家。(詩經·周南·桃夭)

　　君子于役,不知其期。(詩經·王風·君子于役)

　　王于興師,修我戈矛,與子同仇。(詩經·秦風·無衣)

（5）薄

"薄"字用作詞頭,也放在動詞的前面。例如:

　　薄汙我私,薄澣我衣。(詩經·周南·葛覃)

　　薄伐玁狁,至于大原。(詩經·小雅·六月)

此外還有一些詞頭如"載""誕""式"等字,它們的情況比較複雜,不一定都放在動詞前面。這裏就不細講了。值得注意的是:除"有"字外,這些詞頭一般祇用於詩歌,散文中很少用到。

（乙）關於詞尾,我們着重講一個"然"字。"然"字是一個指示代詞,表示"這樣""那樣"。當"然"字放在形容詞後面的時候,它的指示性就減輕了,變了詞尾的性質。例如:

　　辛垣衍怏然不悦。(戰國策·趙策三)

　　文王聞之,喟然而歎。(同上)

　　硜硜然小人哉!(論語·子路)

　　夫子憮然。(論語·微子)

　　填然鼓之。(孟子·梁惠王上)

　　舉欣欣然有喜色。(同上)

　　天油然作雲,沛然下雨,則苗浡然興之矣。(同上)

"乎""焉""如""爾"等字,用作詞尾時,它們的作用和"然"字相等。例如:

　　煥乎其有文章。(論語·泰伯)

　　我心憂傷,惄焉如擣。(詩經·小雅·小弁)

　　孔子於鄉黨,恂恂如也,似不能言者。(論語·鄉黨)

　　子路率爾而對。(論語·先進)

這些詞尾加在形容詞的後面,能增加形象化的色彩。甚至本來不是形容詞的,也變爲形容詞的性質,例如"欣"字本來是動詞,但"欣欣然"卻是形容詞;單説"欣然"也變了形容詞,例如《莊子·秋水》:"於是焉河伯欣然自喜。"

第六單元

文　選

詩　經

　　《詩經》是我國最早的一部詩歌總集，收周代詩歌三百零五篇，分為風、雅、頌三類。

　　風包括周南、召南、邶、鄘、衛、王、鄭、齊、魏、唐、秦、陳、檜、曹、豳等十五部分，合稱十五國風（簡稱國風），共一百六十篇。大部分是民間歌謠，小部分是貴族作品。

　　雅分大雅、小雅，共一百零五篇。小雅，大部分是貴族的作品，小部分是民間歌謠。大雅則全是貴族的作品，其中有敘事詩，有祭祀詩。

　　頌有周頌、魯頌、商頌，共四十篇。周頌產生於西周前半期，魯頌大約是公元前 7 世紀魯國的詩，商頌大約是公元前 8、7 世紀宋國的詩。這些詩多半是西周、魯國和宋國的最高統治者用於宗廟祭祀的樂歌，也都是貴族的作品。

　　《詩經》產生的時代，上自西周初期（公元前 11 世紀），下至春秋中期（公元前 6 世紀），共約五百多年。除極少數是西周作品外，大部分是東周時代的作品。它所包括的時期是如此之長，題材又十分廣泛,所以反映了當時社會的各個方面,如複雜的社會生活和階級鬥爭,人民大衆的思想和感情等,具有很强的現實主義精神。

《詩經》不僅在我國文學史上有極重要的地位,就是在漢語發展史上的地位也是非常重要的。它反映了周初到春秋中葉文學語言的真實面貌,具有豐富的詞彙,尤其在研究上古音韻方面,它是極爲重要的資料。

《詩經》的"經"字是漢儒加上去的,先秦祇稱爲詩,不稱詩經。《詩經》經秦火後,至漢復傳,傳詩者共有四家,即齊、魯、韓、毛。齊人轅固所傳的叫齊詩,魯人申培所傳的叫魯詩,燕人韓嬰所傳的叫韓詩,魯人毛亨所傳的叫毛詩。四家解詩,多有不同。自東漢鄭玄爲毛傳(原名詁訓傳,傳音 zhuàn)作箋後,學毛詩的漸多,以後其他三家逐漸衰廢,而且先後亡佚了。現在的《詩經》就是毛亨所傳的。

歷代的《詩經》注本和研究《詩經》的著作很多,通行的較好的注本有:《毛詩正義》(漢毛亨傳,東漢鄭玄箋,唐孔穎達疏),《詩集傳》(宋朱熹著),《詩毛氏傳疏》(清陳奐著),《毛詩傳箋通釋》(清馬瑞辰著)。歷代的解詩者爲時代所限,解釋《詩經》,不盡符合《詩經》的原意,甚至作了一些歪曲。因此,我們讀這些注本時,必須抱審慎的態度,對古人的解說,既不可迷信,也不應一筆抹煞。

國　風

關　雎(周南)[1]

關關雎鳩[2],在河之洲[3]。窈窕淑女[4],君子好逑[5]。

参差荇菜[6]，左右流之[7]。窈窕淑女，寤寐求之[8]。

求之不得，寤寐思服[9]。悠哉悠哉[10]，輾轉反側[11]。

参差荇菜，左右采之。窈窕淑女，琴瑟友之[12]。

参差荇菜，左右芼之[13]。窈窕淑女，鐘鼓樂之[14]。

〔1〕關雎（jū），篇名。《詩經》每篇都用第一句裏的幾個字（一般是兩個字）作爲篇名。周南，西周初期，周公旦住東都洛邑（在今河南洛陽東北），統治東方諸侯。周南當是在周公統治下的南方（今洛陽以南直到湖北）的詩歌。《關雎》是一首情歌，寫一個男子思慕一位女子，並設法去追求她。

〔2〕關關，鳥的和鳴聲。雎鳩，一種水鳥。

〔3〕洲，水中的陸地。這裏以在小洲上叫的雎鳩引出下文兩句話，這種表達方法叫做興（xìng）。興用一種事物引出自己想要説的事物，兩種事物之間有一定的聯繫，但在解釋時，不能牽强附會。

〔4〕窈窕（yǎotiǎo），美好的樣子。淑，品德好。

〔5〕逑（qiú），配偶。

〔6〕参差（cēncī），長短不齊。荇（xìng），一種水草，可以吃。

〔7〕向左邊右邊尋找。流，順水之流而取（依朱熹説）。

〔8〕寤（wù），睡醒。寐（mèi），睡着了。

〔9〕服，想。思服，想念。

〔10〕悠（yōu），思（依毛傳）。

〔11〕輾轉，轉動。反側，翻來覆去。

〔12〕琴瑟，都是古代的樂器。琴有五弦或七弦，瑟有二十五弦。友，親愛。這是説用琴瑟作樂來表達愛她之意。

〔13〕芼（mào），選擇。

〔14〕用鐘鼓奏樂來使她快樂。

〔韻部〕鳩、洲、逑，幽部。流、求，幽部。得、服、側，職部。采、友，之部。芼，宵部;樂,藥部,宵藥合韻。

卷　耳(周南)〔1〕

采采卷耳〔2〕,不盈頃筐〔3〕。嗟我懷人〔4〕,寘彼周行〔5〕。

陟彼崔嵬〔6〕,我馬虺隤〔7〕。我姑酌彼金罍〔8〕,維以不永懷〔9〕。

陟彼高岡,我馬玄黃〔10〕。我姑酌彼兕觥〔11〕,維以不永傷〔12〕。

陟彼砠矣〔13〕,我馬瘏矣〔14〕。我僕痡矣〔15〕,云何吁矣〔16〕!

〔1〕這首詩寫一個采卷耳的婦女懷念她遠行在外的愛人,想像他在外的各種情況。

〔2〕采采,茂盛鮮明的樣子。卷耳,又名苓耳,一種菊科植物,嫩苗可以吃。

〔3〕盈,滿。頃筐,斜口筐子,後高前低。

〔4〕嗟(juē),歎詞。懷,想念。

〔5〕寘,放。彼,指示代詞,那。周行(háng),大道(依朱熹説)。

〔6〕這句以下都是婦人想像她愛人在外的情況。陟(zhì),登。崔嵬(wéi),高山。

〔7〕我,婦人設想的她愛人的自稱。以下幾個"我"同。虺隤(huītuí),病。

〔8〕姑,姑且。酌,斟酒喝。罍(léi),盛酒器。這是説從金罍裏舀酒喝。

〔9〕維,句首語氣詞。以,介詞,它的賓語省略了,這裏是"藉此"的意思。永,長。懷,想念。

〔10〕玄黃,病。

〔11〕觥(gōng),飲酒器。兕(sì)觥,形似兕頭的觥。

〔12〕永傷,長久的憂思。

〔13〕砠(jū)，有土的石山。

〔14〕瘏(tú)，病。

〔15〕痡(pū)，病。

〔16〕我多麼憂愁啊！云，詞氣詞。吁(xū)，憂愁。

[韻部]筐、行，陽部。虺、隤、罍、懷，微部。岡、黄、觥、傷，陽部。砠、瘏、痡、吁，魚部。

桃　夭(周南)〔1〕

桃之夭夭〔2〕，灼灼其華〔3〕。之子于歸〔4〕，宜其室家〔5〕。

桃之夭夭，有蕡其實〔6〕。之子于歸，宜其家室。

桃之夭夭，其葉蓁蓁〔7〕。之子于歸，宜其家人。

〔1〕這是一篇祝賀女子出嫁的輕快活潑的短詩。詩人熱情地贊美新娘，並祝她婚後生活幸福。

〔2〕夭夭(yāoyāo)，少壯的樣子。

〔3〕灼灼(zhuózhuó)，花盛的樣子，形容桃花火一般地紅艷。華，同"花"。

〔4〕之，這，指示代詞。子，指女子。于，動詞詞頭。歸，出嫁。後世就用"于歸"指出嫁。

〔5〕能使夫妻關係和諧、家庭和美。宜，和順，用如動詞，使動用法。室家，泛指夫妻。《左傳·桓公十八年》："男有室，女有家。"下文"家室""家人"同義。

〔6〕有，形容詞詞頭。蕡(fén)，大的樣子。實，果實。

〔7〕蓁蓁(zhēnzhēn)，樹葉繁盛的樣子。

[韻部]華、家，魚部。實、室，質部。蓁、人，真部。

芣　苢(周南)〔1〕

采采芣苢〔2〕，薄言采之〔3〕。采采芣苢，薄言有之〔4〕。

　　采采芣苢,薄言掇之〔5〕。采采芣苢,薄言捋之〔6〕。

　　采采芣苢,薄言袺之〔7〕。采采芣苢,薄言襭之〔8〕。

〔1〕這是一篇反映勞動的詩歌,是婦女們採集芣苢時唱的。詩中刻畫了採芣
　　苢的勞動過程,洋溢着飽滿的勞動熱情。

〔2〕采采,茂盛鮮明的樣子。芣苢(fúyǐ),植物名,就是車前子。

〔3〕薄言,都是動詞詞頭。

〔4〕有,取得。

〔5〕掇(duō),摘取。

〔6〕捋(luō),成把地順着莖採下。

〔7〕袺(jié),手提着衣襟兜着。

〔8〕襭(xié),把衣襟掖在帶間兜着。

［韻部］采、有,之部。掇、捋,月部。袺、襭,質部。

北　門(邶風)〔1〕

　　出自北門,憂心殷殷〔2〕。終窶且貧〔3〕,莫知我艱。
已焉哉〔4〕！天實爲之,謂之何哉〔5〕！

　　王事適我〔6〕,政事一埤益我〔7〕！我入自外,室人交
徧讁我〔8〕。已焉哉！天實爲之,謂之何哉！

　　王事敦我〔9〕,政事一埤遺我〔10〕！我入自外,室人交
徧摧我〔11〕。已焉哉！天實爲之,謂之何哉！

〔1〕邶(bèi),國名,周武王封紂子武庚在這裏,後來併入衛國。在今河南淇
　　縣以北至湯陰縣一帶。這篇詩寫一個生活困難又不堪公務之苦的小官
　　吏的慨歎,反映了最高統治者和下層官吏的矛盾。

〔2〕殷殷,憂愁的樣子。

〔3〕終,既已。窶(jù),窮到沒法講求禮節。且,而且。貧,窮到沒法生活(指

缺乏衣食金錢）。

〔4〕算了吧！

〔5〕謂之何，等於説奈之何（依王念孫説，見《經傳釋詞》引）。

〔6〕王事，指君王命令服勞役之事。適，摘（擲）字的省借（依馬瑞辰説，見
　　《毛詩傳箋通釋》）。適我，投給我。

〔7〕政事，指賦税的事。一，一概，全部。埤（pí），厚，等於説重重地。益我，
　　加給我。

〔8〕室人，家裏人。交，更迭（替换）。徧，同“遍”，都。讁（zhé），同“謫”，
　　責怪。

〔9〕敦我，和“適我”同義。

〔10〕遺，加。

〔11〕摧，折磨。

〔韻部〕門、殷、貧、艱，文部；爲、何，歌部。適、益、讁，錫部；爲、何，歌部。敦，
　　文部；遺、摧，微部，文微合韻。爲、何，歌部。

靜　女(邶風)〔1〕

　　靜女其姝〔2〕，俟我於城隅〔3〕。愛而不見，搔首
踟躕〔4〕。

　　靜女其孌〔5〕，貽我彤管〔6〕。彤管有煒〔7〕，説懌
女美〔8〕。

　　自牧歸荑〔9〕，洵美且異〔10〕。匪女之爲美〔11〕，美人
之貽〔12〕。

〔1〕這是寫一個男子赴他情人的約會的詩。詩中刻畫了他見到那女子前後
　　的不同心情。

〔2〕靜，閒雅安詳。其，形容詞詞頭。姝（shū），美麗。

〔3〕俟（sì），等候。城隅，指城上的角樓。

〔4〕搔,撓(náo)。踟躕(chíchú),走來走去。

〔5〕孌(luán),嬌美。

〔6〕貽(yí),贈給。彤(tóng),紅色。彤管,到底是什麽,向來説法不一,一説是紅色管狀的初生的草,就是下文的"荑"。此説較妥。

〔7〕有,形容詞詞頭。煒(wěi),紅而有光。

〔8〕説(yuè),即後來的"悦"。懌(yì),喜歡。女,你,後來寫作"汝",指彤管。

〔9〕牧,放牧牛羊的地方。歸(kuì),通"饋",贈給。荑(tí),剛長出的茅(草名)。

〔10〕洵(xún),確實。異,與衆不同。

〔11〕不是你(指荑)本身美。匪,通"非"。

〔12〕因爲你是美人贈給的。

[韻部]姝、隅、躕,侯部。孌、管,元部。煒,微部;美,脂部,微脂合韻。荑、美,脂部。異,職部;貽,之部,職之合韻。

柏　舟(鄘風)〔1〕

　　汎彼柏舟〔2〕,在彼中河〔3〕。髧彼兩髦〔4〕,實維我儀〔5〕。之死矢靡它〔6〕。母也天只〔7〕! 不諒人只〔8〕!

　　汎彼柏舟,在彼河側。髧彼兩髦,實維我特〔9〕。之死矢靡慝〔10〕。母也天只! 不諒人只!

〔1〕鄘(yōng),國名,周武王把他的弟弟管叔封在這裏,後來併入衛國。故城在今河南汲縣境。這篇詩寫一個姑娘自己找好了對象,不顧母親的阻撓,誓死忠於愛情,不肯改變主意,表現了她的强烈的鬥爭性。

〔2〕汎,漂浮。柏舟,用柏木造的船。

〔3〕中河,就是河中。

〔4〕髧(dàn),髮下垂的樣子。兩髦(máo),男子没到成人時,披着頭髮,下齊眉毛,分向兩邊梳着,叫作"兩髦"。

〔5〕維，句中語氣詞，幫助判斷語氣。儀，配偶。

〔6〕之，至。矢，通"誓"。靡(mǐ)，没有。它(tuō)，同"他"，指示代詞，别的。
　　　這裏指别的心，就是"二心"。

〔7〕母親啊！天啊！只，語氣詞，帶有感歎意味。

〔8〕諒，相信。人，人家，實指自己。

〔9〕特，配偶。

〔10〕慝(tè)，通"忒"(tè)，更改，變動。

〔韻部〕河、儀、它，歌部；天、人，真部。側、特、慝，職部；天、人，真部。

牆　有　茨（鄘風）〔1〕

　　牆有茨〔2〕，不可埽也〔3〕。中冓之言〔4〕，不可道也〔5〕；所可道也〔6〕，言之醜也〔7〕。

　　牆有茨，不可襄也〔8〕。中冓之言，不可詳也〔9〕；所可詳也，言之長也〔10〕。

　　牆有茨，不可束也〔11〕。中冓之言，不可讀也〔12〕；所可讀也，言之辱也〔13〕。

〔1〕相傳這是諷刺衛國統治階級荒淫無恥的詩。衛宣公死後，他的妻宣姜和
　　他的庶長子公子頑私通，衛國人作了這篇詩來諷刺他們。

〔2〕茨(cí)，蒺藜。

〔3〕埽，同"掃"，掃除。

〔4〕中冓(gòu)之言，指内室裏淫僻的話。

〔5〕道，說。

〔6〕可說的話啊。

〔7〕談起它來真醜惡啊。言，談論。

〔8〕襄，除去。

〔9〕詳，細說。

〔10〕談起它來話長啊。

〔11〕束,舊注"束而去之",含有"收拾乾淨"的意思。

〔12〕讀,誦言(依朱熹説),等於説公開地説出來。

〔13〕辱,恥辱。

[韻部]塒、道、道、醜,幽部。襄、詳、詳、長,陽部。束、讀、讀、辱,屋部。

相　鼠(鄘風)〔1〕

相鼠有皮〔2〕,人而無儀〔3〕。人而無儀,不死何爲〔4〕?

相鼠有齒,人而無止〔5〕。人而無止,不死何俟?

相鼠有體〔6〕,人而無禮。人而無禮,胡不遄死〔7〕?

〔1〕這也是諷刺當時統治階級荒淫無恥的詩。説他們連老鼠都不如,表現了
　　人民對統治階級的痛恨和鄙視。

〔2〕看那老鼠還有一張皮。相(xiàng),仔細看。

〔3〕儀,合於禮貌的外表或舉動。

〔4〕何爲,做什麼。

〔5〕止,容止,指守禮法的行爲。

〔6〕體,肢體。

〔7〕胡,爲什麼。遄(chuán),快。

[韻部]皮、儀、儀、爲,歌部。齒、止、止、俟,之部。體、禮、禮、死,脂部。

氓(衛風)〔1〕

氓之蚩蚩〔2〕,抱布貿絲〔3〕,匪來貿絲,來即我謀〔4〕。送子涉淇〔5〕,至于頓丘〔6〕,匪我愆期〔7〕,子無良媒。將子無怒〔8〕,秋以爲期〔9〕。

〔1〕衞,國名,周武王把他的弟弟康叔封在這裏,在今河南北部及河北南部。

　　《氓》是一首棄婦詩,反映了封建社會裏婦女的痛苦,不僅是對那薄倖的
　　　男子而且是對男權社會的强烈的控訴。

〔2〕氓(méng),民,這裏指詩中的男主角。蚩蚩(chīchī),忠厚的樣子。

〔3〕布,幣。上古以布爲貨幣。貿,交易,買。

〔4〕來就我商量〔婚事〕。即,就。

〔5〕涉,渡。淇,河名,在今河南北部。

〔6〕頓丘,地名,在今河南清豐縣。

〔7〕愆(qiān),錯,過。愆期,過期,指拖延日期。

〔8〕將(qiāng),願。

〔9〕以秋天爲結婚的時期。"秋"是"以"的賓語。

　　乘彼垝垣^{〔1〕},以望復關^{〔2〕}。不見復關,泣涕漣
漣^{〔3〕};既見復關,載笑載言^{〔4〕}。爾卜爾筮^{〔5〕},體無咎
言^{〔6〕}。以爾車來^{〔7〕},以我賄遷^{〔8〕}。

〔1〕乘,登。垝(guǐ),毁壞,倒塌。垣,牆。

〔2〕復關,地名,是那個男子住的地方。

〔3〕涕,淚。漣漣,淚流的樣子。

〔4〕載,動詞詞頭。

〔5〕卜,在龜甲上鑽個小坑,用火炙燒,根據龜甲上燒出的裂紋來判斷吉凶。
　　筮(shì),用蓍(shī)草的莖來占卦。

〔6〕體,卦體,就是用龜蓍占卜所顯示的現象。咎言,不吉利的話。

〔7〕以,介詞。

〔8〕賄,財物。

　　桑之未落^{〔1〕},其葉沃若^{〔2〕}。于嗟鳩兮^{〔3〕},無食桑
葚^{〔4〕}!于嗟女兮,無與士耽^{〔5〕}!士之耽兮,猶可説
也^{〔6〕};女之耽兮,不可説也。

〔1〕這句話表時間。表時間的分句裏,主謂之間加上介詞"之",取消它的獨
　　立性,更顯示出它和主句的密切關係。

〔2〕沃若,潤澤的樣子。若,詞尾。連上句比喻自己年輕貌美。

〔3〕于(xū)嗟,感歎詞。于,通"吁"。鳩,斑鳩。兮(xī),語氣詞,相當於現代漢語的"啊"。

〔4〕桑葚(shèn),桑的果實。據説斑鳩吃了桑葚能醉,這句話比喻女子不要沉溺在愛情裏。

〔5〕士,未婚男子的通稱。耽(dān),沉溺在歡樂裏,這裏有"迷戀"的意思。

〔6〕説,通"脱",解脱。

桑之落矣,其黃而隕〔1〕。自我徂爾〔2〕,三歲食貧〔3〕。淇水湯湯〔4〕,漸車帷裳〔5〕。女也不爽〔6〕,士貳其行〔7〕。士也罔極〔8〕,二三其德〔9〕。

〔1〕其黃,指其葉黃。隕(yǔn),落下。這兩句比喻自己容顏衰老。

〔2〕徂(cú),往。徂爾,往你那裏去。

〔3〕三歲,三年。食貧,吃的東西缺乏。

〔4〕湯湯(shāngshāng),水大的樣子。

〔5〕漸,浸漬。帷裳,指車圍子。連上句是説被遺棄後渡淇水回來的情況。

〔6〕爽,差錯。

〔7〕貳,不專一,用如動詞。行,行爲。

〔8〕罔,無。罔極,等於説無常,沒有準。

〔9〕把他的心變了,等於説變了心。二三,用如動詞,使動用法,有改變、反覆的意思。

三歲爲婦,靡室勞矣〔1〕;夙興夜寐〔2〕,靡有朝矣〔3〕!言既遂矣〔4〕,至于暴矣〔5〕;兄弟不知,咥其笑矣〔6〕!靜言思之〔7〕,躬自悼矣〔8〕!

〔1〕沒有家務勞動,意思是丈夫還愛自己,不使自己從事家務勞動。靡,沒有。室勞,家務勞動。

〔2〕夙(sù)興,早起。夜寐,晚睡。這句是説自己卻早起晚睡,從事家務勞動。

〔３〕無有片刻之暇。朝(zhāo),早晨。這裏指短時間。

〔４〕你的心願已經滿足了。言,句首語氣詞。既,已經。遂,順心,滿意。

〔５〕暴,橫暴。

〔６〕咥(xì),笑的樣子。笑,譏笑。

〔７〕言,動詞詞頭。

〔８〕躬,自身,自己。悼,傷心。

及爾偕老〔１〕,老使我怨。淇則有岸,隰則有泮〔２〕。總角之宴〔３〕,言笑晏晏〔４〕,信誓旦旦〔５〕,不思其反〔６〕。反是不思〔７〕,亦已焉哉〔８〕!

〔１〕及,同。偕老,夫妻共同生活到老。

〔２〕隰(xí),窪濕的地方。泮(pàn),水邊。連上句是説:淇水和窪濕之地都有個邊緣。言外之意是自己的愁怨卻沒有個盡頭。

〔３〕總,扎。小孩子的頭髮扎成抓髻叫“總角”。宴,快樂。

〔４〕晏晏,溫和,柔順。連上句是説:兩人在童年的時候是很好的。

〔５〕信誓,表示誠信的誓言。旦旦,通“怛怛”,誠懇的樣子。

〔６〕反,違反,變心。連上句是説:那時發下的誓言很誠懇,沒想到他以後會變心。

〔７〕反是,違反這誓言。是,指示代詞,指“誓”。

〔８〕已,罷了,算了。連上句是説:他既然違反了誓言不思念舊情,那就算了吧。

〔韻部〕蚩、絲、絲、謀、淇、丘、期、媒、期,之部。垣、關、關、漣、關、言、言、遷,元部。落、若,鐸部;甚、耽,侵部;説、説,月部;隕、貧,文部;湯、裳、爽、行,陽部;極、德,職部。勞、朝、笑,宵部;暴、悼,藥部;宵藥合韻。怨、岸、泮、宴、晏、旦、反,元部;思、哉,之部。

木　瓜(衛風)〔１〕

投我以木瓜〔２〕,報之以瓊琚〔３〕。匪報也,永以爲好也〔4〕。

　　投我以木桃〔5〕,報之以瓊瑤〔6〕。匪報也,永以爲好也。

　　投我以木李〔7〕,報之以瓊玖〔8〕。匪報也,永以爲好也。

〔1〕這篇詩寫情人互相贈送東西以表愛情。

〔2〕投,扔,這裏作送給解。木瓜,果類,形橢圓。

〔3〕瓊(qióng),美玉。琚(jū),佩玉的一種。瓊琚,美麗的佩玉。

〔4〕好,愛。

〔5〕木桃,就是桃。

〔6〕瑤,美玉。

〔7〕木李,就是李子。

〔8〕玖(jiǔ),黑色的玉。

[韻部]瓜、琚,魚部;報、好,幽部。桃、瑤,宵部;報、好,幽部。李、玖,之部;報、好,幽部。

黍　離(王風)〔1〕

　　彼黍離離,彼稷之苗〔2〕。行邁靡靡〔3〕,中心搖搖〔4〕。知我者謂我心憂,不知我者謂我何求〔5〕。悠悠蒼天〔6〕!此何人哉〔7〕?

　　彼黍離離,彼稷之穗。行邁靡靡,中心如醉。知我者謂我心憂,不知我者謂我何求。悠悠蒼天!此何人哉?

　　彼黍離離,彼稷之實。行邁靡靡,中心如噎〔8〕。知我者謂我心憂,不知我者謂我何求。悠悠蒼天!此何人哉?

〔1〕周平王遷洛邑,是爲東周,領土在今洛陽一帶。東周王國境内的詩歌就

叫王風。這篇詩是寫流浪者的憂憤。一個找不到出路而流落他鄉的客子,觸景生情,聯想到自己的悲慘遭遇,不禁悲憤交集。

〔2〕黍,今北方叫黍子。稷,不黏的黍。離離,纍纍下垂的樣子。之,用在主語和謂語之間的介詞。這兩句是說我來時黍已離離垂穗,而稷祇長苗而未長穗(依鄭玄説)。

〔3〕行,道。邁,行。行邁,道上走。靡靡,緩慢的樣子。

〔4〕中心,就是心中。搖搖,心神不定的樣子。

〔5〕求,尋找。

〔6〕悠悠,遙遠的樣子。

〔7〕此,不知指的是誰,有人説就是指不知我的人。

〔8〕噎(yē),塞住。

[韻部]離、靡,歌部;苗、搖,宵部;憂、求,幽部;天、人,真部。離、靡,歌部;穗、質部,醉,物部,質物合韻;憂、求,幽部;天、人,真部。離、靡,歌部;實、噎,質部;憂、求,幽部;天、人,真部。

君子于役(王風)〔1〕

　　君子于役〔2〕,不知其期〔3〕。曷至哉〔4〕?雞棲于塒〔5〕,日之夕矣〔6〕,羊牛下來〔7〕。君子于役,如之何勿思〔8〕!

　　君子于役,不日不月〔9〕。曷其有佸〔10〕?雞棲于桀〔11〕,日之夕矣,羊牛下括〔12〕。君子于役,苟無飢渴〔13〕!

〔1〕這篇詩寫妻子思念在遠方長期服役沒有歸期的丈夫。

〔2〕君子,這裏指丈夫。于,動詞詞頭。役,戍守邊疆。

〔3〕期,指服役的期限。

〔4〕什麽時候回到家來呢?曷,等於説何時。

〔5〕塒(shí),在牆壁上鑿成的雞窩。

〔6〕之,主謂之間的介詞。

〔7〕下來,指從高處回來。

〔8〕如之何,等於説怎麼。勿思,不想念。

〔9〕不計日子,不計月份。日、月,都用如動詞。

〔10〕有,通"又"。佸(huó),聚會。有佸,再會。

〔11〕桀,木椿。

〔12〕括,至。

〔13〕苟,尚(依王引之説,見《經傳釋詞》),表示希望。希望丈夫在外免於
　　飢渴。

〔韻部〕期、哉、塒、來、思,之部。月、佸、桀、括、渴,月部。

風　雨(鄭風)〔1〕

　　風雨淒淒〔2〕,雞鳴喈喈〔3〕。既見君子〔4〕,云胡
不夷〔5〕?

　　風雨瀟瀟〔6〕,雞鳴膠膠〔7〕。既見君子,云胡
不瘳〔8〕?

　　風雨如晦〔9〕,雞鳴不已〔10〕。既見君子,云胡不喜?

〔1〕鄭風,鄭國的民間歌謡。這篇詩寫一個女子正在想念她的愛人而愛人就
　　回來了的喜悦心情。

〔2〕淒淒,寒涼。

〔3〕喈喈(jiējiē),雞叫聲。

〔4〕君子,指丈夫。

〔5〕云,句首語氣詞(參用王引之説,見《經傳釋詞》)。胡,爲什麼。夷,這裏
　　指心情舒暢。

〔6〕瀟瀟,又猛又急。

〔7〕膠膠,雞叫聲。

〔8〕瘳(chōu),病好了。

〔9〕晦,夜晚。如晦,指昏暗得好像夜晚。

〔10〕已,止。

〔韻部〕淒、喈、夷,脂部。瀟、膠、瘳,幽部。晦、已、喜,之部。

伐　檀(魏風)〔1〕

坎坎伐檀兮〔2〕,寘之河之干兮〔3〕,河水清且漣
猗〔4〕。不稼不穡〔5〕,胡取禾三百廛兮〔6〕？不狩不
獵〔7〕,胡瞻爾庭有縣貆兮〔8〕？彼君子兮〔9〕,不素
餐兮〔10〕!

〔1〕魏,國名,這是春秋時代的魏國,國君姓姬。最初受封的不知是誰,後爲
　　晉獻公所滅,故城在今山西芮城縣東北。這篇詩對不勞而獲的過着寄生
　　生活的剝削階級,給以嚴屬的質問與尖銳的諷刺。

〔2〕坎坎(kǎnkǎn),用斧砍木的聲音。伐,砍。檀,樹名,木材可以造車。

〔3〕寘,放。干,岸。

〔4〕漣,風吹水面,紋如連鎖叫漣。猗(yī),語氣詞,用法同“兮”。

〔5〕稼,耕種。穡(sè),收穫。

〔6〕廛(chán),一夫所居曰廛,三百廛指三百夫所耕之田穀,甚言其多,不一
　　定是確數。下文“三百億”“三百囷”的用法同此。

〔7〕狩(shòu),冬天打獵,這裏泛指打獵。

〔8〕瞻,望見。縣,懸掛,後來寫作“懸”。貆(huán),就是獾(huān)。

〔9〕君子,指靠剝削而生活的統治者。

〔10〕素餐,白吃,指不勞而食。這是一句諷刺話。

坎坎伐輻兮〔1〕,寘之河之側兮,河水清且直猗〔2〕。
不稼不穡,胡取禾三百億兮〔3〕？不狩不獵,胡瞻爾庭有縣

特兮〔4〕？彼君子兮,不素食兮!

〔1〕輻,車輪上的輻條。伐輻,砍取製輻的木材。下章"伐輪"仿此。

〔2〕直,直波。

〔3〕億,十萬,指禾把的數目(依鄭玄説)。

〔4〕特,三歲的獸。

坎坎伐輪兮〔1〕,寘之河之漘兮〔2〕,河水清且淪猗〔3〕。不稼不穡,胡取禾三百囷兮〔4〕？不狩不獵,胡瞻爾庭有縣鶉兮〔5〕？彼君子兮,不素飧兮〔6〕!

〔1〕輪,車輪。

〔2〕漘(chún),水邊。

〔3〕淪,小的波紋。

〔4〕囷(qūn),圓形的穀倉,也就是囤。

〔5〕鶉(chún),就是鵪(ān)鶉。

〔6〕飧(sūn),熟食,這裏指吃飯。

[韻部]檀、干、漣、廛、貆、餐,元部。輻、側、直、億、特、食,職部。輪、漘、淪、囷、鶉、飧,文部。

碩　鼠(魏風)〔1〕

碩鼠碩鼠〔2〕,無食我黍!三歲貫女〔3〕,莫我肯顧〔4〕。逝將去女〔5〕,適彼樂土〔6〕。樂土樂土,爰得我所〔7〕。

碩鼠碩鼠,無食我麥!三歲貫女,莫我肯德〔8〕。逝將去女,適彼樂國。樂國樂國,爰得我直〔9〕。

碩鼠碩鼠,無食我苗!三歲貫女,莫我肯勞〔10〕。逝將去女,適彼樂郊。樂郊樂郊,誰之永號〔11〕？

〔１〕這篇詩寫農民對統治者沈重剝削的憤恨和對美好生活的嚮往。

〔２〕碩(shuò)鼠,大老鼠,這裏比喻剝削者。

〔３〕侍奉你多年。三歲,極言其時間長,不是確指三年。貫,侍奉。女(rǔ),
你,後來寫作"汝"。這裏指鼠,也就是指剝削者。

〔４〕顧,顧念,照顧。

〔５〕逝,通"誓"。

〔６〕適,到……去。樂土,可以安居樂業的地方。下兩章"樂國""樂郊"都是
同樣的意思。按:這種地方祇是詩人的理想,在當時實際上是不存在的。

〔７〕爰(yuán),於是,即在這裏。所,處所,指可以安居的地方。

〔８〕德,用如動詞,加惠。

〔９〕直,通"植",相當於"所",這裏指適宜的處境(依王引之説,見《經義述
聞》)。

〔10〕勞,慰問。

〔11〕誰去了還長歎呢? 之,往。永號,長歎。

[韻部]鼠、黍、女、顧、女、土、土、所,魚部。鼠、女、女,魚部;麥、德、國、國、直,
職部。鼠、女、女,魚部;苗、勞、郊、郊、號,宵部。

鴇　羽(唐風)〔１〕

　　蕭蕭鴇羽〔２〕,集于苞栩〔３〕。王事靡盬〔４〕,不能藝
稷黍〔５〕。父母何怙〔６〕? 悠悠蒼天! 曷其有所〔７〕?

　　蕭蕭鴇翼,集于苞棘〔８〕。王事靡盬,不能藝黍稷。父
母何食? 悠悠蒼天! 曷其有極〔９〕?

　　蕭蕭鴇行〔10〕,集于苞桑。王事靡盬,不能藝稻
粱〔11〕。父母何嘗〔12〕? 悠悠蒼天! 曷其有常〔13〕?

〔１〕唐,國名,周成王封他的弟弟叔虞於此。叔虞子燮父徙居晉水旁,改稱
晉。這首詩是寫農民在徭役重壓之下發出的無可奈何的呻吟。

〔2〕肅肅,鳥振動羽翼的聲音。鴇(bǎo),雁類。

〔3〕苞,叢生。栩(xǔ),櫟(lì)樹。

〔4〕盬(gǔ),止息(依王引之説,見《經義述聞》)。

〔5〕藝,種植。

〔6〕怙(hù),依靠。

〔7〕什麼時候纔能得其所呢(指能得安居)? 曷,指何時。

〔8〕棘(jí),酸棗樹。

〔9〕極,盡頭。

〔10〕行,翮,羽莖,這裏指翅。

〔11〕粱,像小米的一種穀物。

〔12〕嘗,吃。

〔13〕什麼時候纔能有正常的生活呢? 常,指正常的情況。

〔韻部〕羽、栩、盬、黍、怙、所,魚部。翼、棘、稷、食、極,職部。行、桑、粱、嘗、
　　常,陽部。

蒹　葭(秦風)〔1〕

　　蒹葭蒼蒼〔2〕,白露爲霜。所謂伊人〔3〕,在水一
方〔4〕。遡洄從之〔5〕,道阻且長〔6〕。遡游從之〔7〕,宛
在水中央〔8〕。

〔1〕秦,在今陝西甘肅一帶。這是一首懷念人的詩。詩中寫追尋所懷念的
　　人,但終於是可望而不可即。

〔2〕蒹(jiān),荻,像蘆葦。葭(jiā),蘆葦。蒼蒼,茂盛的樣子。

〔3〕伊人,那人。伊,指示代詞。

〔4〕在河的另一邊。

〔5〕遡(sù),通"溯",逆着河流向上游走。洄,彎曲的水道。從,就。

〔6〕阻,險阻,難走。

〔7〕游,流,指直流的水道。

〔8〕宛,彷彿,副詞。

　　蒹葭萋萋〔1〕,白露未晞〔2〕。所謂伊人,在水之涘〔3〕。遡洄從之,道阻且躋〔4〕。遡游從之,宛在水中坻〔5〕。

〔1〕萋萋,茂盛的樣子。

〔2〕晞(xī),乾。

〔3〕湄(méi),水和草交接的地方,也就是岸邊。

〔4〕躋(jī),昇高。

〔5〕坻(chí),水中高地。

　　蒹葭采采〔1〕,白露未已〔2〕。所謂伊人,在水之涘〔3〕。遡洄從之,道阻且右〔4〕。遡游從之,宛在水中沚〔5〕。

〔1〕采采,茂盛鮮明的樣子。

〔2〕已,止,指乾了。

〔3〕涘(sì),水邊。

〔4〕右,向右拐彎,也就是説道路彎曲。

〔5〕沚(zhǐ),水中陸地。

〔韻部〕蒼、霜、方、長、央,陽部。萋、湄、躋、坻,脂部;晞,微部,脂微合韻。采、已、涘、右、沚,之部。

黄　鳥(秦風)〔1〕

　　交交黄鳥〔2〕,止于棘〔3〕。誰從穆公〔4〕?子車奄息〔5〕。維此奄息〔6〕,百夫之特〔7〕。臨其穴〔8〕,惴惴其慄〔9〕。彼蒼者天,殲我良人〔10〕!如可贖兮,人百其身〔11〕。

〔1〕秦穆公死後,用一百七十七人殉葬,其中有爲人民所敬重的子車氏三弟

　　兄。這篇詩就是哀悼他們的。

〔2〕交交,鳥叫聲。

〔3〕止,停留。

〔4〕從,指從死,即殉葬。

〔5〕子車奄息,人名,子車是氏。

〔6〕維,句首語氣詞。

〔7〕能和一百人相配的人(指他的才能)。特,匹敵,配。

〔8〕穴,墓穴。

〔9〕惴惴(zhuìzhuì),害怕的樣子。慄,哆嗦。連上句是説奄息身臨墓穴殉葬
　　時的恐怖情況。

〔10〕殲(jiān),消滅。良人,善人。

〔11〕大意是:如果可以替换的話,我們每個人都願意拿一百個身體(死一百
　　次)去换他的性命。贖,贖身,這裏指替换。

　　　交交黄鳥,止于桑。誰從穆公? 子車仲行。維此仲
行,百夫之防〔1〕。臨其穴,惴惴其慄。彼蒼者天,殲我良
人! 如可贖兮,人百其身。

〔1〕能當(比)得一百人的人。防,當,比。

　　　交交黄鳥,止于楚〔1〕。誰從穆公? 子車鍼虎。維此
鍼虎,百夫之禦〔2〕。臨其穴,惴惴其慄。彼蒼者天,殲我
良人! 如可贖兮,人百其身。

〔1〕楚,一種叢生的樹木,又叫荆。

〔2〕能抵得一百人的人。禦,抵。

[韻部]棘、息、息、特,職部;穴、慄,質部;天、人、身,真部。桑、行、行、防,陽
　　部;穴、慄,質部;天、人、身,真部。楚、虎、虎、禦,魚部;穴、慄,質部;天、
　　人、身,真部。

無　衣(秦風)[1]

豈曰無衣[2]？與子同袍[3]。王于興師[4]，修我戈矛[5]，與子同仇[6]。

豈曰無衣？與子同澤[7]。王于興師，修我矛戟[8]，與子偕作[9]。

豈曰無衣？與子同裳[10]。王于興師，修我甲兵[11]，與子偕行[12]。

〔1〕這篇詩是寫秦國人民慷慨從軍，相互友愛，同仇敵愾的愛國精神的。詩中表現出對戰爭的樂觀與無畏，充滿着昂揚熱烈的情緒。

〔2〕衣，上衣，泛指衣服。

〔3〕袍，長衣。

〔4〕于，動詞詞頭。興師，起兵。

〔5〕戈矛，都是長柄的兵器。

〔6〕同仇，你我的仇敵是共同的。

〔7〕澤，指汗衣。

〔8〕戟，一種長柄的兵器。

〔9〕偕，一同，一起。作，起。偕作，一塊兒行動起來。

〔10〕裳，下衣。

〔11〕甲，鎧甲。兵，兵器。

〔12〕行，行走。偕行，指一塊兒上戰場。

〔韻部〕衣，微部，師，脂部，微脂合韻；袍、矛、仇，幽部。衣、師，微脂合韻；澤、戟、作，鐸部。衣、師，微脂合韻；裳、兵、行，陽部。

月　出(陳風)[1]

月出皎兮[2]。佼人僚兮[3]，舒窈糾兮[4]。勞心悄兮〔5〕。

月出皓兮。佼人懰兮,舒懮受兮。勞心慅兮〔6〕。

月出照兮。佼人燎兮,舒夭紹兮。勞心慘兮〔7〕。

〔1〕陳,周武王把舜的後人封在這裏,在今河南開封以東到安徽亳縣一帶。
　　這一篇是月下懷人的詩。在形式上,它是具有特殊風格的雙聲疊韻詩。

〔2〕皎,與第二章的"皓"都是皎潔光明的意思。

〔3〕佼(jiǎo)人,美人。僚(liǎo),和第二章的"懰"(liǔ),第三章的"燎",都
　　是嬌美的樣子。

〔4〕舒,緩,指女子舉止從容閒雅。窈糾(yǎojiǎo),和第二章的"懮(yǒu)
　　受",第三章的"夭紹",都是形容女子身材苗條,體態輕盈,行步時柔美多
　　姿的樣子。

〔5〕勞心,憂心。悄,憂愁的樣子。

〔6〕慅(cǎo),憂愁的樣子。

〔7〕慘,當作懆(依朱熹説)。懆音 cǎo,憂愁不安。

〔韻部〕皎、僚、悄,宵部;糾,幽部,宵幽合韻。皓、懰、受、慅,幽部。照、燎、紹、
　　懆(慘),宵部。

七　月(豳風)〔1〕

七月流火〔2〕,九月授衣〔3〕。一之日觱發〔4〕,二之
日栗烈〔5〕。無衣無褐〔6〕,何以卒歲〔7〕?三之日于
耜〔8〕,四之日舉趾〔9〕。同我婦子〔10〕,饁彼南畝〔11〕。
田畯至喜〔12〕。

〔1〕豳(bīn),也作"邠",國名,在今陝西旬邑縣西至彬縣一帶。這篇詩寫我
　　國上古時代農民受剝削壓迫的情況。他們終年辛勤勞動,而絕大部分的
　　勞動是爲"公"的,最好的生產果實都被統治者佔去,自己卻得不到温飽,
　　過着悲慘的生活。

〔2〕七月,夏曆七月。流,向下行。火,星宿名,或稱"大火",就是"心宿"。周時夏曆六月黄昏時候,心宿出現於南方,方向最正,位置最高。到了七月,就偏西向下了。

〔3〕授衣,把裁製冬衣的工作交給婦女們去作。

〔4〕一之日,指周曆一月的日子,就是夏曆十一月,下文的"二之日"是夏曆十二月,"三之日"是夏曆一月(正月),"四之日"是夏曆二月。夏曆三月不叫五之日,祇稱爲春。從四月到十月就依照夏曆,也就是現在農村裏還沿用的農曆。觱(bì)發,大風觸物的聲音。

〔5〕栗烈,等於説凜冽(lǐnliè),寒冷。

〔6〕褐,參看第一册第299頁《許行》注〔6〕。

〔7〕靠什麼來過完這一年呢? 意思是没法過冬。卒,終了。

〔8〕于,爲,這裏指修理。耜(sì),農具,是犁的一種。

〔9〕趾,腳。舉趾,指舉足下地,開始耕種。

〔10〕同,偕同,動詞。我,家長自稱(依朱熹説)。婦子,女人和小孩子。

〔11〕饁(yè),送飯。南畝,泛指田地。

〔12〕農官來到田間,〔看到大家都在勞動,〕心中歡喜。田畯(jùn),農官。

　　七月流火,九月授衣。春日載陽〔1〕,有鳴倉庚〔2〕。女執懿筐〔3〕,遵彼微行〔4〕,爰求柔桑〔5〕。春日遲遲〔6〕,采蘩祁祁〔7〕。女心傷悲,殆及公子同歸〔8〕。

〔1〕春,指夏曆三月。載,開始。陽,天氣和暖。

〔2〕有,動詞詞頭。倉庚,鳥名,就是黄鶯。

〔3〕懿筐,深筐。

〔4〕遵,循,順着……走。微行,小道。

〔5〕爰,於是,在這裏。柔桑,嫩桑葉。

〔6〕遲遲,緩慢的樣子,指白天長。

〔7〕蘩(fán),菊科植物,又名白蒿。用煮蘩的水滋潤蠶子,蠶就容易出來。祁祁,衆多,指采蘩的人多。

〔8〕衹怕被公子强迫帶回家去。殆,副詞,衹怕。公子,指國君之子。

　　七月流火,八月萑葦〔1〕。蠶月條桑〔2〕,取彼斧斨〔3〕,以伐遠揚〔4〕,猗彼女桑〔5〕。七月鳴鵙〔6〕,八月載績〔7〕。載玄載黄〔8〕,我朱孔陽〔9〕,爲公子裳。

〔1〕萑(huán),荻的別名,是葦的一種。葦,蘆葦。萑葦,在這裏用如動詞,指收割萑葦。八月萑葦長成,收割下來,可做蠶箔。

〔2〕蠶月,養蠶的月份,指三月。條桑,截取桑樹的枝條,以備採摘桑葉。

〔3〕斨(qiāng),方孔的斧子。

〔4〕遠揚,指長得長而高揚的枝條。

〔5〕猗,借作“掎”(jǐ),牽引,拉着。女桑,就是柔桑。

〔6〕鵙(jué),鳥名,又叫伯勞。

〔7〕載,開始。績,撚成麻綫,準備織布用。

〔8〕載,則(依孔穎達説)。玄,黑紅色。“玄”和“黄”都用如動詞,指染成玄色黄色。

〔9〕朱,大紅。孔,很。陽,鮮明。

　　四月秀葽〔1〕,五月鳴蜩〔2〕。八月其穫〔3〕,十月隕蘀〔4〕。一之日于貉〔5〕,取彼狐貍〔6〕,爲公子裘。二之日其同〔7〕,載纘武功〔8〕。言私其豵〔9〕,獻豜於公〔10〕。

〔1〕秀,植物開花。葽(yāo),植物名,也叫遠志。

〔2〕鳴蜩(tiáo),蟬叫。

〔3〕其,動詞詞頭。穫,收穫。

〔4〕蘀(tuò),草木的葉落地。隕蘀,指葉子落下來。

〔5〕于,動詞詞頭。貉(hé),像狐貍的一種獸,這裏用如動詞,指獵取貉。

〔6〕貍,同“狸”,野貓。注意:上古時“狐”和“貍(狸)”分指兩種動物,兩字合成一個詞是較晚的事。

〔7〕同,指會合衆人(在打獵之前)。

〔8〕載,則。纘(zuǎn),繼續。武功,指田獵之事。

〔9〕言,動詞詞頭。私,用如動詞,指獵者私人佔有。豵(zōng),一歲的豬,這
　　裹泛指小獸。

〔10〕豜(jiān),三歲的豬,這裹泛指大獸。公,公家,指統治者。

　五月斯螽動股〔1〕,六月莎雞振羽〔2〕。七月在
野〔3〕,八月在宇〔4〕,九月在戶,十月蟋蟀入我牀下。穹
窒熏鼠〔5〕,塞向墐戶〔6〕。嗟我婦子,曰爲改歲〔7〕,入此
室處〔8〕。

〔1〕斯螽(zhōng),蝗類。股,腿。古人把這種蟲振翅發出的聲音看成是腿和
　　腿磨擦出來的。

〔2〕莎(suō)雞,蟲名,就是紡織娘。振羽,指振翅發聲。

〔3〕在野,和下邊的"在宇""在戶""入我牀下"的主語都是蟋蟀。

〔4〕宇,屋簷,這裹指屋簷下。

〔5〕穹(qióng),窮究,指把所有的洞穴都找到。窒,堵塞,指堵洞穴。熏,用
　　煙熏。

〔6〕向,朝北的窗户。冬天把它堵住,以免寒風吹入。墐(jìn),塗。農民編柴
　　竹做門,冬天塗上泥。

〔7〕曰,句首語氣詞。爲,算是。改歲,更改年歲,指過年。這是指周曆,和上
　　文的"卒歲"指夏曆不同。

〔8〕處,居住。以上是説居處的簡陋。

　六月食鬱及薁〔1〕,七月亨葵及菽〔2〕。八月剝棗,十
月穫稻〔3〕。爲此春酒〔4〕,以介眉壽〔5〕。七月食瓜,八
月斷壺〔6〕,九月叔苴〔7〕。采荼薪樗〔8〕,食我農夫〔9〕。

〔1〕鬱(yù),植物名,果實像李子。薁(yù),一種野葡萄。這兩種植物的果
　　實都可以吃。

〔2〕亨(pēng),煮。後來寫作"烹"。葵,菜名。菽,豆,這裹指豆葉。

〔3〕剝(pū),打。棗和稻都是釀酒的原料。

〔４〕春酒,冬天釀酒,經過春纔做成,所以叫春酒。

〔５〕介,求。眉壽,長壽。人老了眉上有長毛,叫秀眉,所以稱長壽爲眉壽。

〔６〕斷,指摘下。壺,葫蘆。

〔７〕叔,拾取。苴(jū),麻的種子,可以吃。

〔８〕荼(tú),苦菜。薪樗(chū),拿樗當柴。薪,用如動詞。樗,臭椿。

〔９〕食(sì),給……吃,這裏指養活。

　　九月築場圃〔１〕,十月納禾稼〔２〕:黍稷重穋〔３〕,禾麻菽麥〔４〕。嗟我農夫,我稼既同〔５〕,上入執宮功〔６〕。晝爾于茅〔７〕,宵爾索綯〔８〕。亟其乘屋〔９〕,其始播百穀〔１０〕。

〔１〕場,打穀場。圃,菜園。築場圃,築場於圃。古代場圃同地。春夏爲圃,秋冬爲場。

〔２〕納,指把糧納入穀倉。禾稼,泛指一般穀物。

〔３〕重(tóng),通“穜”,早種晚熟的穀。穋(lù),同“稑”,晚種早熟的穀。

〔４〕禾,這裏專指一種穀物,就是現在的小米。菽,豆。

〔５〕同,集中,指農民把收打下的穀物集中送入公家的穀倉。

〔６〕上入,到公家去。執,指服役。宮,室,這裏指統治者的住宅。功,事。這句是説爲統治者服家内勞役。

〔７〕爾,代詞,你,這裏不一定有所指。于,往。茅,草名,這裏用如動詞,指採取茅。

〔８〕宵,夜裏。索,繩索,這裏用如動詞,絞,搓。綯(tāo),繩。

〔９〕亟,急。乘,昇,登。乘屋,指登上屋頂去修屋頂(這裏是指修理農忙時所居住的蓋在田野中的屋子)。

〔１０〕其始,指歲始,即春初。

　　二之日鑿冰沖沖〔１〕,三之日納于凌陰〔２〕。四之日其蚤〔３〕,獻羔祭韭〔４〕。九月肅霜〔５〕,十月滌場〔６〕。

朋酒斯饗[7]，曰殺羔羊[8]。躋彼公堂[9]，稱彼兕
觥[10]，萬壽無疆[11]。

〔1〕沖沖，鑿冰的聲音。

〔2〕凌陰，冰窖。凌，冰。

〔3〕蚤，通"早"，這裏指早朝(依朱熹説)，是一種祭祀儀式。

〔4〕獻上羔羊，祭以韭菜。這是對司寒之神的祭祀(上古藏冰取冰都要祭祀
　　司寒之神)，祭後打開冰窖，取出使用。韭，古韭字。

〔5〕肅霜，等於肅爽(依王國維説，見《觀堂集林》)，指天高氣爽。

〔6〕滌場，把打穀場清掃乾淨。

〔7〕朋酒，兩壺酒。斯，指示代詞，複指酒。饗(xiǎng)，鄉人在一起飲酒。

〔8〕曰，句首語氣詞。

〔9〕躋，登。公堂，公共場所。

〔10〕稱，舉起。兕觥，參看本册第 465 頁《卷耳》注〔11〕。

〔11〕無疆，沒有疆界，就是無限的意思。

〔韻部〕火、衣，微部；發、烈、褐、歲，月部；耜、趾、子、畝、喜，之部。火、衣，微
　　部；陽、庚、筐、行、桑，陽部；遲、祁，脂部；悲、歸，微部。火、葦，微部；桑、
　　斨、揚、桑，陽部；鵙、績，錫部；黃、陽、裳，陽部。蔓，宵部；蜩，幽部，宵幽
　　合韻；穫、蘀、貉、鐸部；貍、裘，之部；同、功、豵、公，東部。股、羽、野、宇、
　　户、下、鼠、户、處，魚部。奧、菽，覺部；棗、稻、酒、壽，幽部；瓜、壺、苴、樗、
　　夫，魚部。圃、稼，魚部；穆，覺部；麥，職部；覺職合韻；同、功，東部；茅、
　　綯，幽部；屋、穀，屋部。沖，冬部，陰，侵部；冬侵合韻；蚤、韭，幽部；霜、
　　場、饗、羊、堂、觥、疆，陽部。

小　雅

節　南　山[1]

節彼南山[2]，維石巖巖[3]。赫赫師尹[4]，民具爾

瞻[5]。憂心如惔[6]，不敢戲談[7]。國既卒斬[8]，何用不監[9]？

[1]這是一首控訴執政者的詩。詩人對窮兇極惡的大(太)師尹氏表示無比的憤怒。

[2]節，高峻的樣子。

[3]維，句首語氣詞。巖巖，山石堆積的樣子。

[4]赫赫，勢位顯盛的樣子。師，太師的簡稱，是周代最高的官職。尹，尹氏，太師的姓。

[5]具，俱，都。爾瞻，看着你。注意：這不是否定句，但代詞賓語卻放在動詞之前。

[6]惔(tán)，通"炎"，焚燒。

[7]戲談，戲笑談論。這句是說人民怕師尹的威勢，不敢戲談。

[8]卒，盡，完全。斬，斷絕，指國家命運已到斷絕的時候。

[9]何用，何以，因爲什麼。監，察。

節彼南山，有實其猗[1]。赫赫師尹，不平謂何[2]？天方薦瘥[3]，喪亂弘多[4]。民言無嘉[5]，憯莫懲嗟[6]。

[1]實，廣大。猗，同"阿"(依王引之說，見《經義述聞》)，指山隅。有，形容詞詞頭。

[2]不平，不公平。謂何，說什麼，也就是還有什麼可說？

[3]天正屢次降下災難。薦，重，屢次。瘥(cuó)，病，災難。

[4]死喪禍亂既大且多。弘，大。

[5]人民〔對師尹〕的議論沒有好的。嘉，善。

[6]竟然沒有人來制止他。憯(cǎn)，曾，這裏當竟然講。懲，制止。嗟，句尾語氣詞(參用王引之說，見《經傳釋詞》)。

尹氏大師[1]，維周之氐[2]。秉國之均[3]，四方是

維〔4〕，天子是毗〔5〕，俾民不迷〔6〕。不弔昊天〔7〕，不宜
空我師〔8〕。

〔1〕大師，就是太師。

〔2〕維，語氣詞，幫助判斷語氣。氐（dǐ），通"柢"，根本。這句説尹氏地位的
　　重要。

〔3〕執掌國家的大權。秉，執掌。均，通"鈞"，製陶器所用的轉輪，借以比喻
　　國家的大權。

〔4〕四方，指全國。是，指示代詞，複指四方。維，維持。

〔5〕毗（pí），輔佐。這句的語法結構和上句同。

〔6〕俾，使。迷，指迷失方向。

〔7〕弔，善，好。昊（hào）天，就是天。

〔8〕空，窮。師，衆。連上句是説那不好的老天爺，不該叫這個人佔據高位，
　　致使我們這些老百姓窮困。

　　弗躬弗親〔1〕，庶民弗信〔2〕。弗問弗仕〔3〕，勿罔君
子〔4〕。式夷式已〔5〕，無小人殆〔6〕。瑣瑣姻亞〔7〕，則
無膴仕〔8〕。

〔1〕躬、親，都是名詞用如動詞，指親自作事。這句是説周王不親自管理
　　政事。

〔2〕庶民，衆民，就是老百姓。

〔3〕周王不詢問君子，不叫君子做官。

〔4〕罔，欺騙。君子，指賢臣。

〔5〕式，語氣詞，表示祈使。夷，平，這裏指消除。已，止，這裏指制止。這是
　　説周王對上述不合理的事應加以消除和制止。

〔6〕不要因小人〔而使國家〕陷於危險。殆，危。

〔7〕瑣瑣，微小的樣子。姻亞，女壻的父親叫姻，兩壻相稱叫亞（就是連襟）。

〔8〕不要叫他做大官。膴（wǔ），厚。仕，做官。

　　昊天不傭〔1〕，降此鞠訩〔2〕。昊天不惠，降此大

戾〔3〕。君子如屆〔4〕,俾民心闋〔5〕;君子如夷〔6〕,惡怒
是違〔7〕。

〔1〕傭(chōng),均,平。

〔2〕鞫,窮,極。訩,禍亂。

〔3〕戾,惡。大戾,類似鞫訩。

〔4〕屆,至。這句是説君子如果來管理政治。

〔5〕可使百姓的怒氣平息。闋(què),息。

〔6〕君子如果心平,也就是説如果沒有不平。

〔7〕就可以消除老百姓的憎惡與憤怒。違,去,消除。

　　不弔昊天,亂靡有定〔1〕。式月斯生〔2〕,俾民不
寧〔3〕。憂心如酲〔4〕,誰秉國成〔5〕?不自爲政,卒勞
百姓〔6〕。

〔1〕定,止。

〔2〕這句話很不好懂。鄭玄説:"用月此生,言月月益甚也。"朱熹説:"禍患與
　　歲月增長。"

〔3〕寧,安寧。

〔4〕酲(chéng),酒病。

〔5〕國成,國政的成規。

〔6〕連上句是説,由於周王不親自管理政事,始終使老百姓勞苦疲弊。卒,
　　始終。

　　駕彼四牡〔1〕,四牡項領〔2〕。我瞻四方,蹙蹙靡
所騁〔3〕。

〔1〕牡,雄性的獸,這裏指公馬。

〔2〕項,大。領,脖子。項領,指馬肥壯。

〔3〕蹙蹙(cùcù),局縮不得舒展。騁(chěng),奔馳。靡所騁,沒有馳騁的
　　地方。

方茂爾惡[1]，相爾矛矣[2]；既夷既懌[3]，如相
醻矣[4]。

〔1〕茂，盛。這句等於説當你（尹氏）怨惡正盛的時候。

〔2〕你就看着你的矛了。指要動武殺人。相，視。

〔3〕夷，平，指心平氣和。懌(yì)，喜悦。

〔4〕醻，同"酬"，勸酒。連上句是説當你心平氣和高興的時候，就像賓主相互
勸酒時一樣的和氣。以上四句説小人性情無常。

昊天不平，我王不寧。不懲其心[1]，覆怨其正[2]。

〔1〕尹氏不警戒自己的心，也就是説不自警戒。

〔2〕反而怨恨別人對他的糾正。覆，反。正，糾正。

家父作誦[1]，以究王訩[2]。式訛爾心[3]，以畜
萬邦[4]。

〔1〕家父(fǔ)，周大夫，就是這篇詩的作者。誦，這裏指詩。

〔2〕究，追究。訩，通"凶"，指惡人。王訩，指尹氏。

〔3〕訛(é)，化，改變。爾，這裏指周王。

〔4〕畜，養。

[韻部]巖、瞻、惔、談、斬、監，談部。猗、何、瘥、多、嘉、嗟，歌部。師、氏、毗、
迷、師，脂部；維，微部，脂微合韻；均、天，真部。親、信，真部；仕、子、已、
殆、仕，之部。傭、訩，東部；惠、戻、屆、闋，質部；夷，脂部；違，微部，脂微
合韻。定、生、寧、醒、成、政、姓，耕部。領、騁，耕部。惡、懌、鐸部；矛、
醻，幽部。平、寧、正，耕部。誦、訩、邦，東部。

大　雅

公　劉[1]

篤公劉[2]！匪居匪康[3]。迺場迺疆[4]，迺積迺

倉[5]。迺裹餱糧[6]，于橐于囊[7]，思輯用光[8]。弓矢斯張[9]，干戈戚揚[10]，爰方啟行[11]。

〔1〕這是周人自己敘述開國歷史的詩篇之一，歌頌周的遠祖公劉率領部落從邰(tái，今陝西武功縣)遷豳的事蹟。詩中生動地刻畫了公劉這個英雄形象。

〔2〕公劉對於民事多麼忠誠啊！"篤"是謂語，"公劉"是主語。謂語提前，表示感情加重。篤，厚，這裏指忠誠。公劉，后稷的曾孫，名劉；公是國人對國君的尊稱。

〔3〕匪，通"非"，不。居、康，都是安的意思。這句是説公劉在邰不敢安居，指不敢以當前的情況爲滿足而享受安樂。

〔4〕迺，同"乃"，這裏當"於是"講。場(yì)，田的小界。疆，田的大界。兩個詞都用如動詞，指修治田畝。

〔5〕積，指在露天積聚糧食(依朱熹説)。倉，用如動詞，把糧食存在倉内。

〔6〕裹，包。餱(hóu)糧，乾糧。

〔7〕于，介詞，在。橐(tuó)，没底的口袋，裝上東西後，用繩綁住兩頭。囊(náng)，有底的口袋。

〔8〕想使他的人民和睦，從而發揚光大他的國家。輯，和睦。用，以，等於説"從而"。光，發揚光大。

〔9〕斯，指示代詞，複指賓語"弓矢"。張，綁上弓弦。

〔10〕干，盾。戈，平頭戟。戚，兵器的一種，像大斧。揚，大斧。

〔11〕爰，於是。方，開始。啟行，動身，出發，指由邰遷往豳。

篤公劉！于胥斯原[1]。既庶既繁[2]，既順迺宣[3]，而無永歎[4]。陟則在巘[5]，復降在原[6]。何以舟之[7]？維玉及瑤[8]，鞞琫容刀[9]。

〔1〕于，動詞詞頭。胥，相(xiàng)看，視察。斯原，這塊原野(指豳地的原野)。

〔2〕庶、繁，都是衆多的意思，指隨公劉來的人很多。

〔３〕順,安,指安於新居。宣,遍,指住得普遍,就是各處都有人住(依朱熹說)。

〔４〕永歎,長歎。

〔５〕陟,見本册第465頁《卷耳》注〔6〕。巘(yǎn),小山。

〔６〕原,廣而平的土地。連上句是說公劉上下山原,視察地勢。

〔７〕用什麽環繞着他? 等於說他身上帶着什麽? 舟,通"周",環繞,這裏指腰間佩帶。

〔８〕維,語氣詞,幫助判斷語氣。

〔９〕有鞞有琫的佩刀。鞞(bǐng),刀鞘的裝飾物。琫(běng),刀柄的裝飾物。容刀,裝飾過的佩刀。

　　篤公劉! 逝彼百泉〔１〕,瞻彼溥原〔２〕。陟陟南岡,乃覯于京〔３〕。京師之野〔４〕,于時處處,于時廬旅,于時言言,于時語語〔５〕。

〔１〕逝,往。百泉,衆泉。

〔２〕溥(pǔ),廣大。連上句是說公劉往有很多泉水的地方去,視察廣大的原野。

〔３〕看到了京邑。覯(gòu),看見。京,豳的邑名。

〔４〕京師,等於說京邑。

〔５〕于時,就是"於是"。處,居住。旅,暫居。"言"和"語"均見常用詞(一)。廬旅,疑原作"廬廬"或"旅旅"(依馬瑞辰說,見《毛詩傳箋通釋》)。處處、旅旅、言言、語語,都是動詞複說,表示人民安居樂業、笑語歡樂的情況。

　　篤公劉! 于京斯依〔１〕。蹌蹌濟濟〔２〕,俾筵俾几〔３〕,既登乃依〔４〕。乃造其曹〔５〕,執豕于牢〔６〕,酌之用匏〔７〕。食之飲之〔８〕,君之宗之〔９〕。

〔１〕就安居在京,指定居在京。依,這裏當安居講。

〔２〕蹌蹌(qiāngqiāng),濟濟(jǐ),羣臣有威儀的樣子,指從容端莊。

〔3〕使人爲衆賓鋪席設几。俾，使。筵（yán），竹席，這裏用如動詞，指鋪席。
　　几，一種矮桌，是坐時憑依的用具，這裏也用如動詞，設几。

〔4〕登，指登上筵席。依，指憑几。

〔5〕造，到。曹，羣，這裏指猪羣。

〔6〕執，捉。豕，猪。牢，指猪圈。這句是説用猪肉做食物。

〔7〕酌之，給衆賓客斟酒喝。匏，葫蘆，這裏指把葫蘆剖開做成的舀酒器。

〔8〕請衆賓客吃飯喝酒。

〔9〕君、宗，都用如動詞，指當君王、當宗主。"君"是就執掌國政而言，"宗"
　　是就在宗族中的地位而言，二者是一回事。之，代詞，指衆賓（即羣臣）。

　　　篤公劉！既溥既長〔1〕，既景迺岡〔2〕，相其陰陽〔3〕，
觀其流泉〔4〕。其軍三單〔5〕，度其隰原〔6〕，徹田爲
糧〔7〕。度其夕陽〔8〕，豳居允荒〔9〕。

〔1〕土地開墾的面積又廣又長。

〔2〕景（yǐng），後來寫作"影"，用如動詞，指測日影（爲了定方向）。岡，用如
　　動詞，指登高岡（爲瞭望遠方）。

〔3〕陰，山北。陽，山南。這句是説視察地勢是否寒暖得宜，以便耕種。

〔4〕指視察其地能否灌溉。

〔5〕單，通"禪"，有更番代替的意思。三單，把軍隊分成三批，輪班服役。

〔6〕度（duó），測量。隰（xí），低溼的地方。

〔7〕徹，治，指開荒墾田。爲糧，生產糧食。

〔8〕夕陽，這裏指傍晚纔能看到太陽的地方，也就是山的西面。這句是説爲
　　了擴展耕地，又勘測山西面的土地。

〔9〕豳人居住的地方的確很大了。居，指住的地方。允，實在，的確。荒，大。

　　　篤公劉！于豳斯館〔1〕。涉渭爲亂〔2〕，取厲取
鍛〔3〕。止基迺理〔4〕，爰衆爰有〔5〕。夾其皇澗，遡其過
澗〔6〕。止旅迺密〔7〕，芮鞫之即〔8〕。

〔1〕就在豳地修建房舍。館，用如動詞，指造房舍。

〔2〕渭,渭水。亂,用船横渡。水以正常流動爲順,横渡即攪亂了水的順流,所以叫亂。這句是説渡過渭水取材造船,以便來往(依朱熹説)。

〔3〕厲,較硬的磨刀石,後來寫作"礪"。鍛,錘鍛金屬時所用的石砧。

〔4〕止基,居處的基址。理,治理好。

〔5〕人民越來越多,越來越富足。衆,人多,有,財足。

〔6〕有的在皇澗兩岸住着,有的面向過澗住着。皇澗、過澗,二水名。遡,這裏當面向講。

〔7〕旅,寄居。密,繁多。

〔8〕芮(ruì),一作汭,水邊向内凹處。鞫(jū),圯,水邊向外凸處。之,指示代詞,複指芮和鞫。即,就。連上句是説陸續遷來止居的人日益繁密,就叫他們就近水邊曲折之地居住。

[韻部]康、疆、倉、糧、囊、光、張、揚、行,陽部。原、繁、宣、歎、巘、原,元部;瑤、刀,宵部。泉、原,元部;岡、京,陽部;野、處、旅、語,魚部。依、依,微部,濟、几,脂部,微脂合韻;曹、牢、匏、幽,幽部;飲,侵部,宗,冬部,侵冬合韻。長、岡、陽,陽部;泉、單、原,元部;糧、陽、荒,陽部。館、亂、鍛,元部;理、有,之部;澗、澗,元部;密、即,質部。

頌

噫　嘻(周頌)〔1〕

噫嘻成王! 既昭假爾〔2〕,率時農夫,播厥百穀〔3〕。駿發爾私,終三十里〔4〕。亦服爾耕〔5〕,十千維耦〔6〕。

〔1〕這是周人歌頌成王教民勤於農事的詩。

〔2〕成王既已把他的誠敬之心表達於上帝。噫嘻,歎詞,表贊頌。成王,周武王的兒子,名誦。昭,表明。假,至,達。古書中凡言"昭假"都指祀上帝而言。爾,句末語氣詞,在這裏相當於"矣"。

〔3〕率領這些農夫,教民耕田,播種百穀。時,通"是",這些。農夫,管田的官

吏。古代設田官，每三十里分爲一部，由一個田官來主持。厥（jué），指示代詞，那。

〔4〕大力開發你們的全部三十里的私田（這是農夫秉承成王的意旨教民的話）。駿，大。發，開發，這裏指耕種。爾，你們，指人民。私，指私田，就是民田。終，竟，指全部。三十里，指三十里見方。據鄭玄的説法，每一萬人所耕的地共三十三里多見方，這裏説"三十里"，祇是舉其成數。

〔5〕亦，語氣詞，加強肯定語氣。服，從事。這句是説你們要從事於耕作。

〔6〕十千，就是萬人。耦，見第一册第200頁《微子》注〔1〕。這是號召人民萬人並力從事耕作。

常 用 詞（六）　　66字

遵徂征歸陟降　流放遊浮集　采叔振援操秉舉　斯伐　稼穡穫納　交錯　被任負　施用制貽　懷慕懲悼

淑幸偷薄　險阻悠皇永　孔亟庶

裘褐裳　庭宇畝所　驂馴策矢　躬身領武　仇耦

316.【遵】

順着道路走。《詩經・豳風・七月》："～彼微行。"《楚辭・離騷》："既～道而得路。"又《九章・哀郢》："～江夏以流亡。"引申爲依照，按照。《尚書・洪範》："～王之義。"《孟子・離婁上》："～先王之法而過者，未之有也。"（依照先王的法度行事而犯過錯的，從來沒有這種人。）

317.【徂】

往。《詩經・衞風・氓》："自我～爾，三歲食貧。"又《豳風・東山》："我～東山，滔滔不歸。"

318.【征】

(一)遠行。《左傳·僖公四年》:"昭王南~而不復。"在這個意義上經常是"征夫"連用。《詩經·小雅·何草不黄》:"哀我~夫,獨爲匪民。"後來"征夫"也泛指行人。陶潛《歸去來辭》:"問~夫以前路。"

(二)征伐。上伐下,"有道"伐"無道"叫"征"。《左傳·僖公四年》:"五侯九伯,女實~之。"《孟子·梁惠王上》:"彼陷溺其民,王往而~之,夫誰與王敵?"

(三)抽稅。《孟子·滕文公下》:"什一,去關市之~。"又《盡心下》:"有布縷之~。"

319.【歸】

(一)女子出嫁。《詩經·周南·桃夭》:"之子于~,宜其室家。"

(二)回家,回國。《論語·先進》:"風乎舞雩,詠而~。"《左傳·成公三年》:"子~何以報我?"又表示"使之歸""送歸"。《左傳·成公三年》:"晉人~楚公子穀臣與連尹襄老之尸于楚。"引申爲"最後回到某一地點"。《周易·繫辭下》:"天下同~而殊塗。"引申爲歸附、歸屬、匯聚的意思。《論語·子張》:"天下之惡皆~焉。"

(三)讀 kuì,贈送。通"饋"。《論語·陽貨》:"~孔子豚。"又《微子》:"齊人~女樂。"

[辨]歸,還。"歸"的第二意義和"還"有相似之處:都有"回"的意思。不過"歸"特指"回國""回家";"還"祇是表示簡單的"回來"。

320.【陟】

登,上。一般指登山或登高。《詩經·周南·卷耳》:"~彼高

岡。"引申爲提昇〔官職〕。韓愈《送李愿歸盤谷序》："理亂不知，
黜~不聞。"（黜 chù：罷免官職。）

321.【降】

（一）讀 jiàng。從高處走下來。跟"陟"相對。《詩經·大雅·
公劉》："陟則在巘，復~在原。"引申爲下降，落下。《詩經·周南·草
蟲》："我心則~。"又表示"天把某事物給人"。《詩經·小雅·節南
山》："~此鞠訩。"《孟子·告子下》："故天將~大任於是人也。"引申
爲降低。如說"~職"。

（二）讀 xiáng。投降。司馬遷《報任安書》："李陵既生~，隤其
家聲。"又表示使投降。《漢書·蘇武傳》："宜皆~之。"又："欲因此
時~武。"引申爲制服，降服（後起義）。劉禹錫《贈日本僧智藏》詩：
"深夜~龍潭水黑，新秋放鶴野田青。"

322.【流】

（一）水流動。《孟子·滕文公上》："洪水橫~。"又名詞。河
流。《楚辭·九章·哀郢》："順風波以從~兮。"又《漁父》："寧赴
湘~，葬身於江魚之腹中。"又指河水的主幹。跟"源"相對。如說
"源遠~長"。引申爲流傳。《孟子·公孫丑上》："其故家遺俗，~
風善政，猶有存者。"[~亡] 飄泊。《楚辭·離騷》："寧溘死以~亡
兮。"又《九章·哀郢》："遵江夏以~亡。"[~言]（1）放出謠言。
《尚書·金縢》："管叔及其羣弟乃~言于國。"（2）謠言。《禮記·
儒行》："聞~言不信。"[~離] 雙聲聯緜字。指由於階級壓迫和災
荒戰亂而轉徙離散。《漢書·薛廣德傳》："人民~離。"

（二）古代刑罰的一種，即放逐。《尚書·舜典》："~共工于幽
州。"（共工：傳説是堯時候的官。）

（三）派別。《漢書·藝文志》："道家者~，蓋出於史官。"又

《敍傳》:"劉向司籍,九~以別。"引申爲品級。《南史·王僧綽傳》:"參掌大選,究識~品。"

323.【放】

(一)驅逐。《戰國策·齊策四》:"齊~其大臣孟嘗君於諸侯。"《楚辭·卜居》:"屈原既~,三年不得復見。"又《漁父》:"屈原既~,遊於江潭。"

(二)放縱,不檢束。《孟子·梁惠王上》:"~僻邪侈,無不爲已。"又《告子上》:"~其心而不知求。"

324.【遊】

(一)閒逛,隨意旅行。《楚辭·漁父》:"屈原既放,~於江潭。"《莊子·馬蹄》:"含哺而熙,鼓腹而~。"(口裏含着食物嬉戲,肚子吃得鼓鼓地到處遊逛。)引申爲有目的地旅行,多指求仕,求學。《楚辭·卜居》:"寧誅鋤草茅以力耕乎?將~大人以成名乎?"《荀子·勸學》:"故君子居必擇鄉,~必就士。"《孟子·梁惠王下》:"王之臣,有託其妻子於其友,而之楚~者。"又《盡心上》:"~於聖人之門者難爲言。"古代所謂"~説"和"周~列國",都是有目的地旅行。

(二)交際,交往。陶潛《歸去來辭》:"請息交以絕~。"

[辨]遊,游。二字是同音詞,意義也常常相通。就字形説,"游"是關於水的,"遊"是關於行走的。但在實際應用上,凡關於行走方面的"遊"都可以寫作"游"(遊藝:游藝;遊子:游子;遊宦:游宦);關於水的"游",則不能寫作"遊"。

325.【浮】

浮在水面。跟"沈(沉)"相對。《詩經·小雅·菁菁者莪》:"載沉載~。"引申爲乘船水行。《論語·公冶長》:"乘桴~於海。"(桴 fú:筏子。)《楚辭·九章·哀郢》:"將運舟而下~兮,上洞庭而下江。"引申爲虛妄,不合實際。如説"~誇""~名"。

326.【集】

（一）鳥羣停在樹上。《詩經·唐風·鴇羽》:"肅肅鴇羽,~于苞栩。"（肅肅:翅膀的聲音。鴇 bǎo:鳥名,似雁而大。苞:叢生的。）引申爲鳥羣停息在一起。范仲淹《岳陽樓記》:"沙鷗翔~。"引申爲聚合。《詩經·小雅·頍(kuǐ)弁》:"如彼雨雪,先~維霰。"賈誼《過秦論》上:"天下雲~而響應。"又爲聚會,一般指親友的集會。王羲之《蘭亭宴集序》:"羣賢畢至,少長咸~。"《世説新語·言語》:"謝太傅寒雪日内~。"（内集:家庭的聚會。）

（二）詩文的彙集。曹丕《與吳質書》:"頃撰其遺文,都爲一~。"後人分著述爲四部,即"經、史、子、~"。

（三）成就,成。《左傳·桓公五年》:"既而萃於王卒,可以~事。"（萃:集中。王卒:指周天子的軍隊。）又《成公二年》:"此車一人殿之,可以~事。"

327.【采】

（一）用手指摘取。《詩經·周南·關雎》:"參差荇菜,左右~之。"引申爲擇,採取。《史記·秦始皇本紀》:"~上古帝位號,號曰'皇帝'。"在"摘取""採取"的意義上,後來一般寫作"採"。

（二）有彩色花紋的帛（絲織品）。《漢書·貨殖傳》:"文~千匹。"注意:在這個意義上後來寫作"綵",今天所説的"張燈結綵",就是用綵綢紮結成各種飾物的意思。引申爲顏色,彩色。《孟子·梁惠王上》:"抑爲~色不足視於目與?"在這個意義上後來一般寫作"彩"。又引申爲文章的辭藻。《文心雕龍·情采》:"聖賢書辭,總稱文章,非~而何?"又:"繁~寡情,味之必厭。"

（三）讀 cài。古代卿大夫所受封的土地叫"采",也叫"采邑",

或稱"食邑"。《禮記·禮運》:"大夫有~。"《後漢書·馮魴傳》:"〔其先〕食~馮城,因以氏焉。"這個意義又寫作"寀"。

[辨]采,採,彩,綵。最初祇有一個"采"字,後來因意義不同而分化爲"採""彩""綵"。採摘的"采"寫成"採",彩色的"采"寫成"彩",綵綢的"采"寫成"綵"。但是在古籍中,採摘的"采"仍常常沿用"采"字。杜甫《佳人》詩:"摘花不插髮,采柏動盈掬。"

328.【叔】

(一)用手拾取。《詩經·豳風·七月》:"九月~苴。"

(二)排行在末的,年少的。"叔父"原意是比父親年少的父輩。古人的表字常用"叔"字(如"~齊"),那是表示他是幼子。按:伯、仲、叔、季是古人的排行,"叔"可以是最末的,但對"季"來說卻又不是最末的。

329.【振】

(一)搖動,抖動。《詩經·豳風·七月》:"六月莎雞~羽。"《楚辭·漁父》:"新浴者必~衣。"(振衣:抖動衣服去掉塵土。)引申爲舉起來。賈誼《過秦論》上:"~長策而御宇內。"(長策:長的鞭子。宇內:四海之内,天下。指當時的全中國。)又爲振奮,奮發。今成語有"~奮人心""委靡不~"。引申爲發生,發出。《文心雕龍·情采》:"木質實而花萼~。"

(二)救濟。《戰國策·齊策四》:"~困窮,補不足。"《孟子·滕文公上》:"又從而~德之。"這個意義後代多寫作"賑"。

[辨]振,震。"振"與"震"同音,本可通用。但從字形上説,"振"是振動,"震"是雷震,一般還是有區別的。"震動"不同於"振動"。"震動"是受外力影響所引起的顫動,義近"震驚";"振動"祇是搖動。至於"雷震"的"震"不寫作"振","振救"的"振"不寫作

"震",區別更大了。

330.【援】

拉,拽(zhuài)。《孟子·離婁上》:"嫂溺~之以手。"又:"嫂溺不~,是豺狼也。"引申爲拿,拿過來。《楚辭·九歌·國殤》:"~玉枹兮擊鳴鼓。"又爲打救,幫助。《後漢書·耿弇傳》:"乃招迎匈奴烏桓以爲~助。"

331.【操】

（一）拿住,握在手裏。《楚辭·九歌·國殤》:"~吴戈兮被犀甲。"《韓非子·五蠹》:"~官兵,推公法,而求索姦人。"

（二）操守,堅持自己認爲正確的行爲。《孟子·滕文公下》:"充仲子之~,則蚓而後可者也。"引申爲品行,品德。《漢書·張湯傳》:"雖賈人,有賢~。"現代有雙音詞"~行"。按:"節~""德~"的"操"讀 cào。

332.【秉】

（一）禾把。《詩經·小雅·大田》:"彼有遺~,此有滯穗。"（遺秉、滯穗:都是指收穫後掉在田裏的莊稼。）范縝《神滅論》:"豈不以僧有多稌之期,友無遺~之報?"（稌 tú:稻子。）

（二）手拿着。《詩經·鄭風·溱洧》:"士與女,方~蕳兮。"（蕳 jiān:蘭花。）用於抽象意義時,表示主持,掌握。《詩經·小雅·節南山》:"~國之均。"又:"誰~國成?"

[辨]援,持,操,把,秉。這五個詞都是關於手的動作的。其中以"援"字爲最容易區別,它是用手拉,其他四個都沒有這種意義。"持""操""把"是同義詞,所以在用法上有交錯現象。"持"字用於一般的意義,用途最廣。"秉"字用途最狹,後代一般衹用於抽象意義了。

333.【舉】

(一)舉起來,抬起來。《孟子·梁惠王上》:"吾力足以~百鈞,而不足以~一羽。"又用於抽象意義,表示使自己超出一般人。《楚辭·漁父》:"何故深思高~,自令放爲?"又引申爲舉薦,提拔。《左傳·襄公三年》:"~其偏,不爲黨。"《論語·衛靈公》:"君子不以言~人,不以人廢言。"《孟子·告子下》:"傅説~於版築之間。"又引申爲發動,特指起兵。《左傳·僖公五年》:"晉不更~矣。"成語有"大~進攻"。

(二)攻下。《孟子·梁惠王下》:"以萬乘之國伐萬乘之國,五旬而~之。"《穀梁傳·僖公二年》:"獻公亡虢五年而後~虞。"

(三)形容詞。全。《楚辭·漁父》:"~世皆濁我獨清。"今成語有"~國歡騰"。又副詞。全都。《孟子·梁惠王下》:"~欣欣然有喜色而相告曰。"

334.【斯】

(一)砍。《詩經·陳風·墓門》:"墓門有棘,斧以~之。"

(二)代詞。這,這個,這樣。《論語·顏淵》:"於~三者何先?"《楚辭·漁父》:"何故至於~?"

(三)連詞。那麼,這樣……就。《孟子·梁惠王上》:"王無罪歲,~天下之民至焉。"

335.【伐】

(一)砍,砍伐。《詩經·周南·汝墳》:"~其條枚。"又《魏風·伐檀》:"坎坎~檀兮。"

(二)進攻,征伐。《左傳·隱公元年》:"公~諸鄢。"又《僖公四年》:"蔡潰,遂~楚。"

(三)誇耀。《論語·公冶長》:"願無~善,無施勞。"又《雍也》:"孟之反不~。"

[辨]征,伐。最初"征"是褒義詞,"伐"是中性詞。"征"祇用於上(天子)進攻下(諸侯),有道的進攻無道的。"伐"用於諸侯國之間,不是上對下,也不一定限於有道對無道;不過起兵的一方總得有個理由,而且進軍的時候還必須有鐘鼓,以表示自己的行動是公開的(否則叫"襲")。後來因爲經常是"征伐"連用,"討伐"連用,所以也逐漸用於褒義。

336.【稼】

(一)禾的穗和果實。《詩經・豳風・七月》:"十月納禾~。"

(二)種田。《詩經・魏風・伐檀》:"不~不穡,胡取禾三百億兮?"《孟子・滕文公上》:"后稷教民~穡。"

337.【穡】

收割〔禾麥〕。例見"稼"字條。注意:"稼穡"是經常連用的,在這種情況下都是泛指農事。

338.【穫】

收割莊稼。《詩經・豳風・七月》:"八月其~。"又:"十月~稻。"

[辨]穫,獲。"穫"專用於農事收成;"獲"既用於狩獵方面"取得"的意義,也用於戰爭方面"取得"的意義,還用於一般"取得"的意義。"穫""獲"的意義雖然有相通之處,但古書分用甚嚴。

339.【納】

(一)收,收進。跟"出"相對。《尚書・舜典》:"夙夜出~朕命。"又爲送進。《詩經・豳風・七月》:"十月~禾稼。"又爲讓他進來或進去。《禮記・中庸》:"驅而~諸罟擭陷阱之中。"(罟 gǔ:捕禽獸的網。擭 huò:捕獸的籠子。)成語有"閉門不~"。又爲收容。

《左傳·文公十六年》："諸侯誰~我？"

（二）獻納，上繳。《左傳·僖公三十年》："~玉於王與晉侯。"
又《襄公十七年》："~此以請死也。"

注意：在古代（尤其是上古）漢語中，"納"多寫作"内"（本應作
"内"），後來纔寫作"納"。

340.【交】

（一）縱橫交錯，交叉。《孟子·滕文公上》："獸蹄鳥迹之道，~
於中國。"引申爲交接，交融。白居易《與元九書》："未有聲入而不
應，情~而不感者。"用如名詞，表示交界，接壤之處。王勃《滕王閣
序》："臺隍枕夷夏之~。"又用作狀語，表示交叉着，交互，交相。
《楚辭·九歌·國殤》："矢~墜兮士爭先。"文天祥《指南録後序》：
"使轍~馳。"[~口]異口同聲地。韓愈《柳子厚墓誌銘》："~口薦
譽之。"

（二）交往，交際，交遊。《論語·學而》："與朋友~而不信乎？"
《孟子·梁惠王下》："~鄰國有道乎？"引申爲結識朋友。《論語·
子張》："子夏之門人問~於子張。"用作名詞，表示友誼。如説"~
情""知~""深~"。

341.【錯】

（一）鑲嵌。在金屬器物上雕鏤，然後將另一種鎔金傾入，待冷
卻後，磨錯使平。《漢書·食貨志》有"~刀"，是一種錢幣。[金~
刀]嵌金的佩刀。張衡《四愁詩》："美人贈我金~刀。"

（二）錯雜，交叉。《詩經·小雅·楚茨》："爲賓爲客，獻酬
交~。"《楚辭·九歌·國殤》："車~轂兮短兵接。"又用作副詞。
《禮記·中庸》："譬如四時之~行。"注意：上古"錯"字不當"錯誤"
講，後代一般文言文，也很少當"錯誤"講的。

(三)磨石。《詩經·小雅·鶴鳴》:"它山之石,可以爲~。"

(四)通"措",安放,放置,捨。《論語·爲政》:"舉直~諸枉,則民服。"《戰國策·魏策四》:"故不~意也。"

按:舊時於(一)(二)(三)讀入聲,(四)讀去聲(音同"醋")。今普通話無別。

342.【被】

(一)被子。《楚辭·招魂》:"翡翠珠~。"

(二)蒙受,遭受,受到。《孟子·離婁上》:"而民不~其澤。"《戰國策·齊策四》:"寡人不祥,~於宗廟之祟。"引申爲使蒙受。《楚辭·九章·哀郢》:"又~以不慈之僞名。"注意:上古"被"字一般不表示被動。

(三)通"披"。《論語·憲問》:"微管仲,吾其~髮左衽矣!"《楚辭·九歌·國殤》:"操吳戈兮~犀甲。"又《九歌·山鬼》:"~薜荔兮帶女蘿。"

343.【任】

(一)舊讀 rén,平聲。負擔。《詩經·大雅·生民》:"是~是負。"又表示使負擔。《禮記·檀弓下》:"使之雖病也,~之雖重也。"引申爲擔當。《左傳·成公三年》:"臣不~受怨,君亦不~受德。"

(二)讀 rèn,去聲。名詞。負擔。《論語·泰伯》:"~重而道遠。"又:"仁以爲己~。"引申爲責任,職務。《左傳·成公三年》:"臣不才,不勝其~。"又動詞。任用,使用。《僞古文尚書·大禹謨》:"~賢勿貳,去邪勿疑。"今成語有"~人唯賢"。

344.【負】

(一)揹,載。《莊子·逍遙遊》:"水之積也不厚,則其~大舟也無力。"又:"絶雲氣,~青天。"《孟子・梁惠王上》:"頒白者不~戴於道路矣。"又用於抽象意義。如説"~責""~債"。引申爲靠着。《孟子・盡心下》:"虎~嵎。"今成語有"~隅頑抗"。又爲仗恃,依仗。《史記・廉頗藺相如列傳》:"秦貪,~其彊以空言求璧。"又《魏其武安侯列傳》:"武安~貴而好權。"

(二)對不起人。《戰國策・齊策四》:"客果有能也! 吾~之,未嘗見也。"今成語有"忘恩~義"。雙音詞有"辜~"(孤~)。

(三)敗。跟"勝"相對。《史記・陳丞相世家》:"無益於勝~之數。"

345.【施】

(一)施行,實行。《論語・爲政》:"~於有政。"《孟子・梁惠王上》:"王如~仁政於民。"

(二)加(加於人或物)。《論語・衛靈公》:"己所不欲,勿~於人。"《莊子・大宗師》:"利澤~於萬物。"

(三)讀 yì,去聲。移,延及。《詩經・周南・葛覃》:"葛之覃兮,~于中谷。"(覃:延。)又用於抽象意義。《左傳・隱公元年》:"愛其母,~及莊公。"在這個意義上又讀 shì。

(四)讀 shì,去聲。給與恩惠。《論語・雍也》:"博~於民,而能濟衆。"又引申爲施捨。范縝《神滅論》:"務~不關周急。"

346.【用】

(一)使用,應用。《詩經・大雅・公劉》:"酌之~匏。"《左傳・宣公二年》:"棄人~犬。"又用於抽象意義。《孟子・梁惠王上》:"無如寡人之~心者。"引申爲任用。《孟子・梁惠王下》:"見賢焉,然後~之。"引申爲施行,實行,做。《孟子・告子上》:"則凡可以得生者,何不~也?"[~事]掌權,當權。《戰國策・趙策四》:

"趙太后新~事。"

（二）名詞。用處。《論語・學而》："禮之~,和爲貴。"《老子》十一章："故有之以爲利,無之以爲~。"范縝《神滅論》："神者形之~。"

（三）名詞。費用,指錢財。《論語・顏淵》："年饑,~不足。"《戰國策・魏策四》："吾~多。"［器~］器具（包括兵器農具等）。《荀子・王霸》："百工忠信而不楛,則器~巧便而財不匱矣。"（楛hù:粗糙。）［財~］費用,指錢財。《孟子・盡心下》："無政事,則財~不足。"

（四）以。《孟子・滕文公上》："吾聞~夏變夷者,未聞變於夷者也。"［是~］是以,等於現代漢語的"因此"。《論語・公冶長》："不念舊惡,怨是~希。"

347.【制】

（一）裁製［衣裳］。《詩經・豳風・東山》："~彼裳衣。"這個意義後來寫作"製"。

（二）寫作,作品。蕭統《文選序》："戒畋遊則有長楊羽獵之~。"又："答客指事之~。"又："衆~鋒起。"這個意義多寫作"製"。

（三）禁止,遏抑。《淮南子・脩務》："人不能~。"引申爲控制,管制,掌握。賈誼《過秦論》上："履至尊而~六合。"又："秦有餘力而~其敝。"

（四）規定。《孟子・梁惠王上》："今也~民之産,仰不足以事父母,俯不足以畜妻子。"引申爲法定的規章。《左傳・隱公元年》："今京不度,非~也。"《禮記・禮運》："以設~度,以立田里。"又引申爲規模。范仲淹《岳陽樓記》："增其舊~。"

348.【貽】(詒)

贈給,送給。《莊子·逍遥遊》:"魏王~我大瓠之種。"《詩經·邶風·靜女》:"~我彤管。"引申爲遺留,留給。《左傳·宣公二年》:"我之懷矣,自~伊慼。"

349.【懷】

(一)想念。《詩經·周南·卷耳》:"嗟我~人。"又《鄭風·將仲子》:"仲可~也。"引申爲留戀。《左傳·宣公二年》:"我之~矣,自詒伊慼。"賈誼《弔屈原賦》:"何必~此都也?"

(二)歸向,歸附。《尚書·皋陶謨》:"安民則惠,黎民~之。"又爲使來歸附。賈誼《論積貯疏》:"~敵附遠,何招而不至?"〔~柔〕表示招之來而讓他安居。《詩經·周頌·時邁》:"~柔百神。"後世有所謂"~柔政策"。

(三)胸前。《論語·陽貨》:"子生三年,然後免於父母之~。"又動詞,表示在胸前抱着,或撱(chuāi)着。《論語·陽貨》:"~其寶而迷其邦,可謂仁乎?"《楚辭·懷沙》:"~瑾握瑜兮,窮不知所示。"引申爲心裏存有某種心情。《戰國策·魏策四》:"~怒未發,休祲降於天。"(休:吉兆。祲 jīn:不祥之氣。)又引申爲心意,心情,情緒(後起義)。陶淵明《飲酒》詩:"問子爲誰歟?田父有好~。"

350.【慕】

愛戀,思念。《孟子·萬章上》:"人少,則~父母。"《楚辭·九歌·山鬼》:"子~予兮善窈窕。"引申爲羨慕,仰慕,傾慕,嚮往。《史記·游俠列傳》:"而少年~其行,亦輒爲報仇。"

351.【懲】

(一)自己受創(失敗教訓)而知戒。《詩經·周頌·小毖》:"予其~而毖後患。"(毖 bì:謹慎。我可要接受過去的教訓而警戒自己，以提防將來的禍患。）《楚辭·離騷》：“雖體解吾猶未變兮，豈余心之可~！”又《九歌·國殤》：“首身離兮心不~。”又表示使人受創而警懼。《孟子·滕文公上》：“荊舒是~。”今有雙音詞“~戒”“~罰”。

（二）苦於。《列子·湯問》：“~山北之塞，出入之迂也。”

352.【悼】

傷感。《詩經·衞風·氓》：“靜言思之，躬自~矣！”引申爲追念死去的人（後起義）。元稹《遣悲懷》詩：“潘岳~亡又費辭。”現代雙音詞有“追~”“~念”。

353.【淑】

好，善。《詩經·周南·關雎》：“窈窕~女，君子好逑。”諸葛亮《前出師表》：“性行~均。”

354.【幸】

（一）逢凶化吉，免於災禍。形容詞。《論語·雍也》：“不~短命死矣。”又名詞。《禮記·中庸》：“小人行險以徼~。”（徼：求。）引申爲非分地取得某種東西或實現某種願望，如懶惰而能過好日子，做壞事而能免於刑罰。《左傳·宣公十六年》：“善人在上，則國無~民。”《荀子·王制》：“無功不賞，無罪不罰；朝無~位，民無~生。”又爲運氣好，境遇好。《左傳·成公二年》：“下臣不~，屬當戎行。”《論語·述而》：“丘也~，苟有過，人必知之。”又爲希望。司馬遷《報任安書》：“闕然久不報，~勿爲過。”

（二）天子有所至叫“幸”。《漢書·酷吏傳》：“上~鼎湖，病久。”杜甫《詠懷古迹》五首：“蜀主窺吳~三峽。”又天子寵愛或得到天子的寵愛也叫“幸”。《史記·項羽本紀》：“有美人名虞，常~從。”又：“財物無所取，婦女無所~。”又爲上愛下之稱。《漢書·霍光傳》:"公主内行不修,近~河間丁外人。"

355.【偷】

(一)苟且,不嚴肅。《楚辭·離騷》:"惟夫黨人之~樂兮。"又《卜居》:"與波上下,~以全吾軀乎?"

(二)薄,不厚道。《論語·泰伯》:"故舊不遺,則民不~。"

(三)懶惰。《國語·晉語一》:"其下~以幸。"《荀子·王制》:"使百吏免盡而衆庶不~。"(免:通"勉"。盡:盡力。)

(四)偷盜,偷竊(後起義)。《淮南子·道應》:"楚有善爲~者。"《漢書·張敞傳》:"求問長安父老~盜酋長數人。"《論衡·逢遇》:"竊簪之臣,親於子反;雞鳴之客,幸於孟嘗。子反好~臣,孟嘗愛偶客也。"

按:(一)(二)(三)又可寫作"媮",但(四)習慣上不這樣寫。注意:(一)(二)(三)義極易與(四)相混,應嚴加辨別。

356.【薄】

(一)薄。跟"厚"相對。《詩經·小雅·小旻》:"如臨深淵,如履~冰。"用於抽象的意義時,仍跟"厚"相對。《左傳·僖公三十年》:"鄰之厚,君之~也。"引申爲少,小。《孟子·離婁下》:"~乎云爾,惡得無罪?"又爲酒味不濃。《莊子·胠篋》:"魯酒~而邯鄲圍。"又爲不厚道。如"~俗"。

(二)迫近。《楚辭·九章·哀郢》:"堯舜之抗行兮,瞭杳杳而~天。"成語有"義~雲霄"。

(三)鄙視,輕視。《史記·孫子吳起列傳》:"曾子~之。"

357.【險】

(一)地勢不平坦,難以通過。《左傳·成公二年》:"苟有~,余必下推車。"《楚辭·離騷》:"路幽昧以~隘。"又《九歌·山鬼》:

"路～難兮獨後來。"引申爲險要的地方。《孟子·公孫丑下》："固國不以山谿之～。"賈誼《過秦論》下："繕津關，據～塞，修甲兵而守之。"注意：上古漢語"險"字很少當"危險"講。《禮記·中庸》的"小人行險以徼幸"，也還是以險阻作比喻。後代纔引申爲危險。

[～阻]崎嶇的地方。《左傳·成公十三年》："跋履山川，踰越～阻。"《史記·項羽本紀》："項王至，漢軍畏楚，盡走～阻。"又用於抽象意義。《左傳·僖公二十八年》："～阻艱難，備嘗之矣。"

（二）艱難。《荀子·榮辱》："安利者常樂易，危害者常憂～。"

358.【阻】

路難走。《詩經·秦風·蒹葭》："道～且長。"引申爲阻礙，妨礙（後起義）。注意：在上古漢語裏"阻止"的意義寫作"沮"，很少寫作"阻"。《孟子·梁惠王下》："嬖人有臧倉者沮君。"《莊子·逍遙遊》："舉世非之而不加沮。"祇有《呂氏春秋·知士》，"阻止"義作"阻"，如："能自知人，故非之弗爲阻。"

359.【悠】

（一）思。《詩經·周南·關雎》："～哉～哉，輾轉反側。""悠"也可以重疊起來用，表示深思的樣子。《詩經·邶風·終風》："～～我思。"

（二）遼遠和深遠的樣子。在這個意義上都是"悠悠"疊用。《詩經·王風·黍離》："～～蒼天！此何人哉？"又《鄘風·載馳》："驅馬～～，言至于漕。"引申爲閒靜的樣子。王勃《滕王閣詩》："閒雲潭影日～～。"崔顥《黃鶴樓》詩："白雲千載空～～。"又可以說成"～然"。陶淵明《飲酒》詩："採菊東籬下，～然見南山。"

360.【皇】

（一）大。《楚辭·離騷》："朕～考曰伯庸。"又《九章·哀郢》：

"~天之不純命兮。"《詩經·大雅·皇矣》:"~矣上帝。"引申爲美盛鮮明。《詩經·小雅·皇皇者華》:"~~者華。"成語有"富麗堂~"。

(二)君。《尚書·洪範》:"惟~作極。"《楚辭·離騷》:"恐~輿之敗績。"《周禮·春官·外史》:"掌三~五帝之書。"(三皇:傳説中最古的三個帝王。)《史記·秦始皇本紀》:"古有天~,有地~,有泰~。"又:"朕爲始~帝。"自秦始皇以後,"皇帝"成爲雙音詞,指最高統治者。

(三)[鳳~]傳説中的神鳥。雄的叫"鳳",雌的叫"皇",統稱"鳳~"。《尚書·益稷》:"鳳~來儀。"《詩經·大雅·卷阿》:"鳳~于飛。"這個意義後來寫作"凰"。

[辨]帝,王,皇。起初"帝"指天神,"王"指最高統治者,殷商後期,最高統治者也稱"帝",如"帝甲""帝乙""帝辛"。在《詩經》中,"帝""王"區别得很清楚,"帝"是上帝,"王"是天子,"帝"和"王"基本上是神與人的分别。戰國時代,諸侯也可以稱"帝",如《戰國策·趙策三》:"前與齊湣王爭强爲帝。"秦以後天子稱帝,於是臣子、貴戚就可以封爲"王"了,"帝"與"王"就成了君與臣的分别了。此外,先秦文獻已見"皇帝",不過所指的不是天子而是天帝,秦始皇始以皇帝自稱。以後"皇"雖也單用來指稱天子,但也僅見於"高皇""太上皇""上皇"等語詞中,一般都是"皇帝"並稱。

361.【永】

水流長。《詩經·周南·漢廣》:"江之~矣,不可方思。"(方:乘筏渡過。思,語氣詞,等於"兮"。)引申爲一般的長。《詩經·魏風·碩鼠》:"誰之~號?"又引申爲時間久遠,久長。《詩經·衞風·木瓜》:"匪報也,~以爲好也。"

362.【孔】

很,甚。《詩經‧豳風‧七月》:"我朱～陽。"又《東山》:"其新～嘉,其舊如之何?"(嘉:好。)

363.【亟】

(一)讀 qì,去聲。屢次,頻頻。《左傳‧隱公元年》:"～請於武公。"《論語‧陽貨》:"好從事而～失時。"

(二)讀 jí,舊讀入聲。趕快。《詩經‧豳風‧七月》:"～其乘屋。"

364.【庶】

(一)多,繁多,衆多。《論語‧子路》:"～矣哉!"現代有雙音詞"富～"。[～人]百姓,平民。《論語‧季氏》:"天下有道,則～人不議。"[庶子]又稱"衆子","庶"就是"衆"的意思。嫡子與庶子,簡稱"嫡庶"。先秦禮制,嫡子祇有一人,往往就是正妻所生的長子。嫡子有繼位之權。凡非嫡子都是"庶子"。後代以正妻所生爲嫡子,妾所生爲庶子。

(二)差不多(一般用於褒義)。《論語‧先進》:"回也其～乎!"(顔回差不多達到了道德標準了!)[～幾]同"庶"。差不多,大約。《孟子‧梁惠王下》:"吾王～幾無疾病與?"

[辨]衆,庶。"衆"可以用作名詞,"庶"一般不作名詞用,如"吾從衆"這句話,"衆"不能換成"庶"。此外,"衆人""庶人"也有區別:"衆人"指一般的人,對所謂聖賢或傑出的人物而言;"庶人"指百姓,對統治者而言。

365.【裘】

皮衣,皮襖。《詩經‧豳風‧七月》:"取彼狐貍,爲公子～。"《論語‧公冶長》:"願車馬衣輕～,與朋友共。"

366.【褐】

粗毛編織的衣服，這是古代勞動者所穿的。《詩經·豳風·七月》：“無衣無~，何以卒歲?”《孟子·滕文公上》：“許子衣~。”後來就成爲一般下層人或貧賤者的服飾的通稱。左思《詠史》詩：“披~出閶闔，高步追許由。”在封建社會中做了官叫“釋~”，意思是說，脫掉了貧賤者的衣裳換上了官服。揚雄《解嘲》：“或釋~而傅。”後代新進士及第授官，也叫“釋~”。

367.【裳】

下衣，裙子。跟“衣”相對。《詩經·豳風·七月》：“爲公子~。”又《邶風·綠衣》：“綠衣黃~。”注意：古人穿的下衣叫裳（cháng）。男子的禮服，衣與裳分，燕居所穿者，衣和裳相連的叫深衣。婦女的禮服和燕居之服，衣裳皆連。“裳”不同於今天所說的衣裳，也不能理解爲褲子。

368.【庭】

（一）堂前叫庭。《詩經·魏風·伐檀》：“胡瞻爾~有縣貆兮?”在這個意義上往往“庭內”連言，“庭戶”連言。《詩經·大雅·抑》：“夙興夜寐，灑埽~內。”（內：內室。）《周易》節卦：“不出戶~。”

（二）堂階下平地無屋之處叫庭。《孟子·離婁下》：“與其妾訕其良人，而相泣於中~。”古詩：“~中有奇樹。”在這個意義上往往“門庭”連言。《周禮·天官·閽人》：“掌埽門~。”

369.【宇】

（一）屋簷。《詩經·豳風·七月》：“八月在~。”“在宇”指在宇下。引申爲房屋。蘇軾《水調歌頭》詞：“唯恐瓊樓玉~，高處不勝寒。”

（二）上下四方（天下）。賈誼《過秦論》上：“有席捲天下，包

舉~內,囊括四海之意。"又:"振長策而御~内。"[~宙]上下四方爲
"宇",古往今來爲"宙"。"宇"指空間,"宙"指時間。後代專指空
間,等於說"天地間"。

(三)氣度,儀表。《世説新語·雅量》:"世以此定二王(子猷,
子敬)神~。"成語有"器~軒昂"。

370.【畝】(晦)

(一)土地單位量詞。上古時代,寬一步、長百步爲一畝。《孟
子·梁惠王上》:"五~之宅,樹之以桑。"

(二)田,壟,經常用來泛指農田。《詩經·豳風·七月》:"饁
彼南~。""畎畝"二字常常連用,也往往泛指農田。《孟子·告子
下》:"舜發於畎~之中。"(畎:田中溝。)"壟畝"連用,也泛指農田。
范縝《神滅論》:"小人甘其壟~。"

371.【所】

(一)處所。《詩經·衛風·碩鼠》:"爰得我~。"《左傳·隱公
元年》:"不如早爲之~。"又用於抽象意義,表示恰當的位置。諸葛
亮《出師表》:"必能使行陣和睦,優劣得~也。"

(二)代詞。《左傳·僖公三十年》:"君之~知也。"又:"失其~
與,不知。"

(三)不定數詞,表示估計數字。《尚書·君奭》:"多歷年~。"
《史記·留侯世家》:"父去里~復還。"又《李將軍列傳》:"前未到
匈奴陳二里~止。"(陳:通"陣"。)

372.【驂】

三匹馬駕一輛車。《詩經·小雅·采菽》:"載~載駟。"又特指
兩旁的馬。《楚辭·九歌·國殤》:"左~殪兮右刃傷。"

373.【駟】

四匹馬駕一輛車。《論語·顏淵》:"~不及舌。"《戰國策·齊策四》:"世無騏驎騄駬,王~已備矣。"又量詞。《論語·季氏》:"齊景公有馬千~。"《戰國策·齊策四》:"文車二~。"

374.【策】

(一)竹製的馬鞭子。賈誼《過秦論》上:"振長~而御宇内。"用作動詞,表示打馬使前進。《論語·雍也》:"~其馬曰。"今有雙音詞"鞭~"。

(二)寫字的竹簡(或木簡),簡策。《禮記·中庸》:"文武之政,布在方~。"(方:木版。)《孟子·盡心下》:"盡信書,則不如無書;吾於武成,取二三~而已矣。"(武成:《尚書》中的篇名。)漢代臣子奉旨議論政事,或回答天子的問話,都寫在竹簡上,叫"對策"。揚雄《解嘲》:"~非甲科。"又賈誼著有"治安策",後來發展成爲文體的一種。又引申爲籌畫,計畫。

(三)計策,計謀。揚雄《解嘲》:"曾不能畫一奇,出一~。"今成語有"出謀獻~""束手無~"。

(四)蓍草作的籌碼,用來占卜的。《楚辭·卜居》:"乃端~拂龜曰:'君將何以教之?'"又:"龜~誠不能知此事!"

(五)拐杖。《淮南子·墜形》:"夸父棄其~,是爲鄧林。"又動詞。拄〔杖〕,扶〔杖〕。曹植《苦思行》:"~杖從我遊。"陶淵明《歸去來辭》:"~扶老以流憩。"(扶老:拐杖。憩 qì:休息。)注意:"策"又可寫作"筴"。但在不同的意義上,常有不同的習慣寫法。"鞭策"的"策"作"策"作"筴"都常見。"簡策""計策""策杖"的"策"多作"策"。"龜策"的"策"多作"筴"。

375.【矢】

（一）箭。《左傳·成公二年》：“自始合，而~貫余手及肘。”《楚辭·九歌·國殤》：“~交墜兮士爭先。”成語有“無的放~”。

（二）誓。《詩經·鄘風·柏舟》：“之死~靡它。”又《衛風·考槃》：“永~弗告！”

376.【躬】

身體。《論語·堯曰》：“萬方有罪，罪在朕~。”引申爲自身，自己。《詩經·邶風·谷風》：“我~不閱，遑恤我後？”（閱：容。我自身尚且不能見容，又哪有工夫憂慮我走後的事？）《詩經·衛風·氓》：“靜言思之，~自悼矣！”《論語·衛靈公》：“~自厚而薄責於人。”又引申爲親自。諸葛亮《前出師表》：“臣本布衣，~耕於南陽。”

377.【身】

（一）軀幹。《論語·鄉黨》：“長一~有半。”《楚辭·九歌·國殤》：“首~離兮心不懲。”《戰國策·秦策二》：“首~分離，骨暴草澤。”又指身軀的全體。《孟子·告子下》：“餓其體膚，空乏其~。”又引申爲生命。《楚辭·卜居》：“寧正言不諱以危~乎？”［終~］終生，一輩子。《孟子·梁惠王上》：“樂歲終~飽，凶年不免於死亡。”《戰國策·趙策三》：“遂辭平原君而去，終~不復見。”“身”又表示自身。《韓非子·五蠹》：“而~爲天下笑。”又用於抽象的意義，表示本人的德行。《論語·學而》：“吾日三省吾~。”《禮記·大學》：“欲齊其家者，先脩其~。”《楚辭·漁父》：“安能以~之察察，受物之汶汶者乎？”

（二）副詞。親自。《孟子·滕文公下》：“彼~織屨。”《韓非子·五蠹》：“禹之王天下也，~執耒臿以爲民先。”（臿 chā：鍬一類的工具。)

[辨]躬,身。在身體的意義上,二字爲同義詞,但習慣用法不同,"躬"專指人身,"身"又可指物身。《爾雅·釋木》:"樅,松葉柏身。檜,柏葉松身。""身"字可以用於抽象意義,指品節,如"修~""守~""潔~"。"躬"字的這種用法很少見。

378.【領】

(一)脖子。《詩經·衞風·碩人》:"~如蝤蠐。"(蝤蠐 qiúqí:天牛的幼蟲,色極白。)《左傳·昭公七年》:"引~北望。"(引領:伸脖子。)[首~](1)頭和脖子。古代有斬首之刑,故以免遭殺戮保全性命叫"保首~"或"全首~"。《左傳·襄公十三年》:"獲保首~以歿於地。"楊惲《報孫會宗書》:"豈意得全首~,復奉先人之丘墓乎?"(2)頭目(後起義)。某些集團的領導人。

(二)衣領,領子。《荀子·勸學》:"若挈(qiè)裘~。"[~袖](1)領子和袖子。《文心雕龍·鎔裁》:"雖翫其采,不倍~袖。"(2)代表人物。《晉書·裴秀傳》:"後進~袖有裴秀。"

(三)統率,率領。楊惲《報孫會宗書》:"總~從官。"《漢書·霍光傳》:"~胡越兵。"

[辨]領,頸。二字是同義詞,一般没有分别。衹是"頸"又特指脖子的前部,所以"刎(wěn)頸"不能説成"刎領"。

379.【武】

(一)足迹。《詩經·大雅·生民》:"履帝~敏歆。"(履:踐。敏:拇指。歆:震動,驚異。踏了上帝足印的拇指部分而感到驚異。)《楚辭·離騷》:"忽奔走以先後兮,及前王之踵~。"(踵:腳後跟。)

(二)勇武。《詩經·鄭風·羔裘》:"孔~有力。"(孔:很。)引申爲古代的戰爭道德之一。善戰,善勝,善於對待戰爭和善於制止戰爭都叫“武”。《左傳·僖公三十年》:“以亂易整,不～。”

380.【仇】

(一)對,儔類,儔輩。《詩經·周南·兔罝》:“公侯好～。”引申爲配偶。《左傳·桓公二年》:“嘉耦曰妃,怨耦曰～。”

(二)仇敵。《詩經·秦風·無衣》:“與子同～。”引申爲仇恨。《史記·游俠列傳》:“亦輒爲報～。”

[辨]仇,讎。二字在古代不同音:“仇”讀如“求”(現在作爲姓,還讀如“求”),“讎”讀如“酬”。但二字同義,所以古書中常“仇讎”連用。《左傳·成公十三年》:“君之仇讎而我之昏姻也。”

381.【耦】

讀 ǒu,上聲。古代的一種耕作方法,據說是二人並耕或二耜並作。《論語·微子》:“長沮桀溺～而耕。”《詩經·周頌·噫嘻》:“亦服爾耕,十千維～。”引申爲雙數。又引申爲配偶。《左傳·桓公六年》:“太子曰:‘人各有～;齊大,非吾～也。’”注意:後來於雙數和配偶的意義,一般都寫作“偶”,不再寫作“耦”了。但“耦耕”的“耦”仍不能寫作“偶”。

古漢語通論

(十五)《詩經》的用韻

中國和外國古代的詩歌,差不多都有一定的格律;用韻是構成詩歌格律的主要手段之一。漢族人民的詩歌從一開始就是有韻的。《詩經》三百零五篇中祇有七篇沒有韻,這七篇都在祭祀詩裏(《周頌》《商頌》)。至於國風、《小雅》和《大雅》,就沒有一篇是沒有韻的。要徹底了解詩歌的内容，必須了解它的格律，當然也就要了解它怎樣用韻。

在本節裏，我們主要談兩點：第一是《詩經》的韻例，第二是《詩經》的韻部。

談到韻例和韻部，首先就必須把韻和韻母分別開來。因爲韻例和韻部都是韻的問題，而不是韻母的問題。韻母是指一個音節中除聲母以外其他音素的總和，包括韻頭、主要元音和韻尾，而韻則祇指主要元音和韻尾（如果有韻尾的話）。韻頭不同的字如：檀 tán 干 gān 漣 lián 廛 chán 貆 huán 餐 cān，是可以互相押韻的。這些互相押韻的字放在同樣的位置上就構成詩韻。漢語詩韻一般是放在句尾的，習慣上叫做韻腳。

1.《詩經》的韻例

韻例就是關於用韻的格律：什麼地方用韻，什麼地方不用韻，和怎樣用韻。我們舉幾首詩作例子來説明《詩經》的韻例。字的下面加△號、○號、＊號的都是韻腳。

> 關關雎鳩，在河之洲。窈窕淑女，君子好逑。
> 參差荇菜，左右流之。窈窕淑女，寤寐求之。
> 求之不得，寤寐思服。悠哉悠哉，輾轉反側。
> 參差荇菜，左右采之。窈窕淑女，琴瑟友之。
> 參差荇菜，左右芼之。窈窕淑女，鐘鼓樂之。
>
> （周南・關雎）
>
> 采采芣苢，薄言采之。采采芣苢，薄言有之。
> 采采芣苢，薄言掇之。采采芣苢，薄言捋之。
> 采采芣苢，薄言袺之。采采芣苢，薄言襭之。
>
> （周南・芣苢）
>
> 靜女其姝，俟我於城隅。愛而不見，搔首踟躕。

静女其孌,貽我彤管。彤管有煒,説懌女美。

自牧歸荑,洵美且異。匪女之爲美,美人之貽。

（邶風·静女）

汎彼柏舟,在彼中河。髧彼兩髦,實維我儀。之死矢靡它。母也天只!
不諒人只!

汎彼柏舟,在彼河側。髧彼兩髦,實維我特。之死矢靡慝。母也天只!
不諒人只!

（鄘風·柏舟）

坎坎伐檀兮,寘之河之干兮,河水清且漣猗。不稼不穡,胡取禾三百廛
兮? 不狩不獵,胡瞻爾庭有縣貆兮? 彼君子兮,不素餐兮!

坎坎伐輻兮,寘之河之側兮,河水清且直猗。不稼不穡,胡取禾三百億
兮? 不狩不獵,胡瞻爾庭有縣特兮? 彼君子兮,不素食兮!

坎坎伐輪兮,寘之河之漘兮,河水清且淪猗。不稼不穡,胡取禾三百囷
兮? 不狩不獵,胡瞻爾庭有縣鶉兮? 彼君子兮,不素飧兮。

（魏風·伐檀）

碩鼠碩鼠,無食我黍! 三歲貫女,莫我肯顧。逝將去女,適彼樂土。樂
土樂土,爰得我所。

碩鼠碩鼠,無食我麥! 三歲貫女,莫我肯德。逝將去女,適彼樂國,樂
國樂國,爰得我直。

碩鼠碩鼠,無食我苗! 三歲貫女,莫我肯勞。逝將去女,適彼樂郊,樂
郊樂郊,誰之永號?

（魏風·碩鼠）

以上六篇詩的用韻格式基本上反映了整部《詩經》的韻例。

第一,從韻在句中的位置來看,句尾韻是最普遍的形式。例如
《關雎》第一、三章,《静女》全詩,《碩鼠》全詩。

《詩經》裏有不少的詩句以代詞或語氣詞收尾,韻往往在代詞

或語氣詞的前面①，可以看做句中韻，也有人把它看做變相的句尾韻。例如《關雎》第二、四、五章和《伐檀》全詩都用的是這種句中韻。句尾的代詞或語氣詞常用的有"之""我""矣""也""只""思""止""兮""猗"等。有的代詞或語氣詞完全相同，例如《關雎》第二、四、五章都用"之"，有的不完全相同，例如《伐檀》各章第三句用"猗"，其他用"兮"。

　　第二，從第一章中所用的韻數來看，可以分爲一韻到底的和換韻的兩類。舉例來説，《靜女》第一章是一韻到底，第二章"孌"和"管"押韻，"煒"和"美"押韻，換了一次韻。又如《關雎》第五章（依鄭玄所分），都是一韻到底；但若依照一般人所分，《關雎》祇有三章，第一章四句，第二、三章各八句，那麽第二、三章就算換韻了。在上引的六首詩中，每章的韻腳用一種符號標出的，就是一韻到底；用兩種或三種符號標出的，就是換韻的②。

　　第三，從韻腳相互的距離來看，情況比較複雜。概括起來，大致可以分爲三種：

　　（1）句句押韻。《詩經》押韻一般都很密，句句押韻的不少。例如《靜女》第二章和《碩鼠》第一章。

　　（2）隔句押韻。一般是奇句不押韻，偶句押韻。這是《詩經》裏最常見的押韻方式。例如《關雎》的第二、四、五章，都是第二句和第四句押韻。此外還有一種常見的押韻方式，就是首句入韻，第三句以下纔是奇句不押韻。例如《關雎》的第一、三章和《靜女》的第一章都是首句入韻而後偶句押韻的。

　　（3）交韻。這是奇句和奇句押韻，偶句和偶句押韻。例如《靜

---

① 　語氣詞一般是不能看做韻腳的，但也有少數例外。
② 　交韻例外，不算換韻。

女》第三章的第一句"黃"和第三句"美"押韻,第二句"異"和第四句"貽"押韻。

後兩種押韻的形式都有許多變化的情況。例如《伐檀》各章都是在第一、二、三、五、七、九等句用韻,文選中《君子于役》的兩章都在第二、三、四、六、八等句用韻,都是變相的隔句押韻。又如《柏舟》全詩和《碩鼠》第二、三章的用韻形式,雖不是純粹的交韻,但是基本上可以歸入交韻一類。

《詩經》用韻的格式是多樣的,因爲它是民歌或者模擬民歌的詩體;民歌是隨口唱的,隨口用韻,隨時轉韻,也就是所謂"天籟"。在這裏還有許多變化的情況,我們不再一一列舉。格式多樣化,這是《詩經》用韻特點的一個方面;但是最主要的格式卻是兩種:一是隔句押韻的句尾韻,一是首句入韻而後隔句押韻的句尾韻。這兩種押韻的格式成了後代詩歌押韻的準繩。

2.《詩經》的韻部

韻部就是指押韻字的歸類,互相押韻的字原則上就屬同一個韻部。押韻的詩,讀起來應該是音韻和諧的,但是《詩經》的韻腳,用現代漢語的語音去讀,有許多地方並不和諧。例如《關雎》第一、二章,現在也還是押韻的,第三、四、五章按現代音讀就不押韻了。又如《靜女》第三章,如果根據現代語音,就會把"黃"看成同"異""貽"押韻,而不知道它是同"美"押韻的。總之,會出現三種情況:一是古代押韻,現在也還押韻;二是古代押韻,現在不押了;三是古代不押,現在反而押韻了。這是爲什麼呢? 因爲語音是隨着歷史的發展而發展的,《詩經》距離現在已經兩千多年,上古的語音和現代的語音差別是很大的。在談到《詩經》的用韻時,我們首先就必須充分地認識這一點。明代陳第就懂得了這個道理,清代以來,研究音韻的學者們就按照《詩經》用韻的實際情況概括出《詩經》時代的韻部來,叫做"古韻",他們所謂"古韻"指的就是上古時代(主要指先秦)的韻部。

他們是怎樣歸納概括的呢? 舉例來説,《關雎》第三章的"得""服""側"押韻,如果照現代普通話的讀音,"得"讀爲 dé,"側"讀爲 cè,"服"讀爲 fú,那是不和諧的。可以肯定地説,這三個字在上古的韻一定相同。要麽它們的韻母都是 e,"得"字讀 de,"側"字讀 ce,"服"字讀 fe;要麽它們的韻母都是 u,"服"字讀 fu,"得"字讀 du,"側"字讀 cu。當然,還有一種可能,那就是它們的韻母既不是 e,也不是 u,而是第三種音。根據音韻學家的研究,我們知道它們是入聲字,應該是以-k 音收尾的,它們的韻大概是一個-ek。現在廣州話在某種程度上還反映這種情況。

《關雎》中"得""服""側"三字押韻,在上古同屬一個韻部;而《伐檀》第二章裏,"側"字又跟"輻""直""億""特""食"押韻,那麽"得""服"和"輻""直""億""特""食"也就應該同屬一個韻部。《伐檀》中的"直"字在《碩鼠》第二章裏又跟"德""國"押韻,那麽"德""國"也就和"得""服"同屬一個韻部了。"得"字和"服"字又各自聯繫其他的字,這樣相互聯繫,越聯越多,就成爲一個相當大的韻部了。清人通過歸納《詩經》的用韻,發覺同《廣韻》的出入很大,於是打破唐韻的拘束,該合的合,該分的分,逐步建立了《詩經》的韻部系統。

有些在《詩經》裏没有用作押韻的字,古音學家又根據先秦别的詩歌韻文和散文中的韻語(見後)和諧聲偏旁把它歸入韻部,這樣就得出整個先秦古韻。一般地説,同一諧聲偏旁也就同屬一個韻部。例如我們已知"側"字屬於"得""服"一類,那麽"則""測"也不會屬於別的韻部。但是後起的形聲字就不一定能够由此類推。

在古韻的分部方面,清代的古音學家作了許多工作。段玉裁的《六書音均表》、江有誥的《詩經韻讀》、王念孫的《詩經羣經楚辭韻譜》,對我們今天查考和了解《詩經》用韻都是較好的參考書。從顧炎武開始把古韻分爲十部,到段玉裁分爲十七部,江有誥分爲二十一部,黃侃分爲二十八部,等等,越分越細,越分越精。現在綜合各家的意見,把先秦古韻分爲三十部。每一部舉一個代表字作爲韻目,它們的名稱是:

1.之　部	2.職　部	3.蒸　部
4.幽　部	5.覺　部	6.冬　部
7.宵　部	8.藥　部	
9.侯　部	10.屋　部	11.東　部
12.魚　部	13.鐸　部	14.陽　部
15.支　部	16.錫　部	17.耕　部
18.脂　部	19.質　部	20.真　部
21.微　部	22.物　部	23.文　部
24.歌　部	25.月　部	26.元　部
	27.緝　部	28.侵　部
	29.葉　部	30.談　部

至於先秦的常用字分屬於什麼部,可查看附錄(三)《上古韻部及常用字歸部表》。

《詩經》的押韻,除冬部應歸侵部外,情況基本上與這三十部相合。同部相押,不同部就不相押。當然也有合韻的情況。所謂合韻,就是鄰近的韻互相通押。大約是兩種情況:第一種是非入聲韻和入聲韻通押,例如《關雎》第五章"芼"和"樂"相押(宵藥合韻),

《靜女》第三章"貽"和"異"相押(之職合韻)①;第二種是韻母近似
通押,例如《七月》第四章以"蜩"押"葽"(幽宵合韻),大約就是用
eu 押 au②,第七章以"麥"押"穋"(職覺合韻),韻母也是很鄰近的。

　　古韻三十部具有很大的普遍性;它不但適用於《詩經》,而且適
用於同時代的其他詩歌韻文。《楚辭》在時代上比《詩經》晚了至少
二三百年,在地域上也相差很遠,但是《楚辭》的用韻和《詩經》基本
上是一致的,祇是冬部已經從侵部分化出來。先秦的文獻,不但詩
歌押韻,連散文也有押韻的。《周易》大部分押韻,《老子》差不多全
部押韻;其他各書,也常常有用韻的地方。而這些韻語所用的韻
部,也和《詩經》的韻部相合。例如:

　　　公入而賦:"大隧之中,其樂也融融。"(冬部)
　　　姜出而賦:"大隧之外,其樂也洩洩。"(月部)
　　　　　　　　　　　　　　　　　　　(左傳·隱公元年)

　　　長鋏歸來乎,食無魚!(魚部)
　　　長鋏歸來乎,出無車!(魚部)
　　　長鋏歸來乎,無以爲家!(魚部)
　　　　　　　　　　　　　　　　　　　(戰國策·齊策)

　　　鳳兮鳳兮,何德之衰?往者不可諫,來者猶可追。(微部)
　　　已而已而,今之從政者殆而!(之部)
　　　　　　　　　　　　　　　　　　　(論語·微子)

　　　雖有智慧,不如乘勢。(月部)
　　　雖有鎡基,不如待時。(之部)
　　　　　　　　　　　　　　　　　　　(孟子·公孫丑上)

----

① 有許多古音學家把之職等幾對陰聲韻和入聲韻合在一起,那麼它們就不算合韻了。
② 《邶風·柏舟》"舟""髦"相押也是幽宵合韻,但是許多音韻學家不認爲這是押韻。

故有無相生，難易相成，長短相形(一作較，無韻)，高下相傾。(耕部)

功成而弗居。夫惟不居，是以不去。(魚部)

三十輻，共一轂。(職屋合韻，這是《老子》的特點。)

五色令人目盲，五音令人耳聾，五味令人口爽，馳騁畋獵令人心發狂，難得之貨令人行妨。(盲爽狂妨，陽部；聾，東部，東陽合韻。)

　　　　　　　　　　　　　　　　　　　　(老子十二章)

野語有之曰："聞道百，以爲莫己若"者，……(鐸部)

　　　　　　　　　　　　　　　　　　　　(莊子·秋水)

蓬生麻中，不扶而直；白沙在涅，與之俱黑。(職部)

　　　　　　　　　　　　　　　　　　　　(荀子·勸學)

　　語音隨着歷史的發展而發展，《詩經》的韻腳，到了後代，念起來就不和諧了。這個問題遠在六朝的時候就產生了。當時的人，爲了說明《詩經》押韻和諧，於是認爲某字該改讀某音，這就是所謂"叶韻"，或稱"叶句"(叶 xié，同"協"，就是和諧的意思)。到了宋代，有的人更全面採用"叶音"的辦法來說明《詩經》的用韻。例如朱熹在注《關雎》第四章時說："采，叶此禮反；友，叶羽已反。"用淺顯的話來說，朱熹的意思就是：在這裏"采"要讀作"妻"字的上聲，"友"要念作"以"字的聲音。他在注《匏有苦葉》第四章時又說："友，叶羽軌反。"就是說，"友"在這裏又要念作"委"字的聲音了。這就是說，詩人把某字臨時改讀爲某音，以求和諧。這種觀念是錯誤的；因爲照這樣字音隨着上下文變化，所規定的"叶音"是隨意的，不規則的。這種錯誤，在於他們沒有看到語言發展的事實，不知道古今的語音並不相同。清代古音學興起以後，叶音說早已受到徹底批判，但是直到現在仍有人錯誤地沿用叶音說。因此，我們認爲，在閱讀古詩時，要了解古今語音是不同的，最好能有一些音韻學知識；但是在朗誦古代的詩歌韻文時，完全可以按照現代普通話的讀音來朗誦。我們不可能用古音來念古代的詩歌韻文，也没有必要；更不能採用前人那種改讀韻腳的辦法（即叶音），因爲那是不科學的。

（十六）雙聲疊韻和古音通假

在本節裏，我們談兩個問題：雙聲疊韻和古音通假。這兩個問題有一定的聯繫，了解雙聲疊韻，有助於我們更好地了解古音通假的道理，因此我們先從雙聲疊韻談起。

雙聲，指的是兩個字的聲母相同；疊韻，指的是兩個字的韻相同。例如在現代漢語裏，"珍珠"是雙聲，因爲"珍"zhēn 和"珠"zhū 的聲母都是 zh；"光芒"是疊韻，因爲"光"guāng 和"芒"máng 的韻都是 ang（韻頭不同也算疊韻）。

在我們接觸上古漢語的時候，問題比較複雜些，因爲上古的語音系統和現代的語音系統不同。我們必須對上古的語音系統有所了解，然後能認識上古的雙聲疊韻。在上一節裏，我們已經知道《詩經》用韻所反映出來的先秦韻部系統和現代漢語不同；我們還應該知道先秦的聲母系統也是和現代漢語不一樣的。這樣纔不至於把上古的雙聲疊韻和現代的雙聲疊韻混爲一談。舉例來説，"芣苢"在上古是疊韻，同屬之部，但現在卻不是疊韻，普通話念作 fúyǐ。"知識"在今天是疊韻，上古卻不是，"識"字屬有韻尾 -k 的職部，"知"字卻屬没有韻尾 -k 的支部，今天的廣州話仍然反映這種情況。又如"微妙"在先秦是雙聲，因爲它們的古代聲母都是 m；"威望"在先秦反而不是雙聲，因爲威字在先秦屬於零聲母，而望字的聲母是 m。當然，古今音的系統也有很多相一致的地方，例如"輾轉"古今都是疊韻，"栗烈"古今都是雙聲。但是在許多情況下，古今音是不相同的。爲了便於了解上古的雙聲問題,我們有必要對先秦的聲母系統有所了解。

依照傳統的説法,有所謂三十六字母,字母實際上就是聲母;古代没有拼音字母,所以衹好找出三十六個漢字作爲聲母的代表。這三十六個字母是:見溪羣疑,端透定泥,知徹澄娘,幫滂並明,非敷奉微,精清從心邪,照穿牀審禪,影曉匣喻,來日。這三十六字母大致反映了唐宋時代漢語聲母系統的情況。至於上古的聲母系統,據初步研究共有三十二個。拿三十六字母來比較,有的要合併一些,有的要分出一些。合併的有兩類:一是知徹澄娘要與端透定泥合併,都是舌尖音;二是非敷奉微與幫滂並明相同,都是雙脣音。分化成兩類的,首先是照穿牀審四個字母,其中一類接近精清從心,是齒音;另一類接近端透定泥,是舌音。唐宋以後的喻母在上古也分爲兩類,一類與匣母相同,另一類接近定母。現在將這三十二個聲母按舊時的分類列表如下:

牙音	見	溪	羣	疑	
舌音	端(知)	透(徹)	定(澄)	泥(娘)	余(喻四)
	章(照三)	昌(穿三)	船(牀三)		書(審三) 禪
脣音	幫(非)	滂(敷)	並(奉)	明(微)	
齒音	精	清	從		心　　邪
	莊(照二)	初(穿二)	崇(牀二)		山(審二)
喉音	影	曉	匣(喻三)		
半舌				來	
半齒				日	

本書附録(四)按三十二個聲母分别列舉了一些常用字,可供參考。疊韻既是同韻部的字,也可以查閱本書附録(三)《上古韻部及常用

字歸部表》。

　　雙聲疊韻和上古漢語的構詞法有密切的關係。上古漢語裏的雙音詞比現代漢語要少得多，而在這些雙音詞中，除了疊音詞（如"夭夭"）之外，不少雙音詞的兩個音節有雙聲疊韻的關係。這些雙聲疊韻詞大都用來描繪聲色形狀，古書注解常常用貌字來解釋。例如《詩經·周南·關雎》："參差荇菜，左右流之。"朱熹注："參差，長短不齊之貌。"這種詞，古人稱爲"聯緜字"。聯緜字雖然也有不屬於雙聲疊韻的（如浩蕩、滂沱），但是，屬於雙聲疊韻的聯緜字佔絕大多數。例如：

　　（1）雙聲：參差（關雎）、踟躕（靜女）、栗烈（七月）、觱發（七月）、繽紛（離騷）、侘傺（哀郢）、容與（哀郢）、憔悴（漁父）、突梯（卜居）、滑稽（卜居）、猶豫（趙策）、便嬖（孟子·梁惠王上）

　　（2）疊韻：窈窕（關雎）、虺隤（卷耳）、窈糾（月出）、懮受（月出）、夭紹（月出）、顑頷（離騷）、須臾（哀郢）、嬋媛（哀郢）、觳觫（孟子·梁惠王上）

　　（3）雙聲兼疊韻：輾轉（關雎）

　　除了形容詞性的聯緜字以外，還有名詞性的聯緜字。例如：

　　（1）雙聲：蟋蟀（七月）、蝃蝀（蝃蝀）、伊威（東山）

　　（2）疊韻：崔嵬（卷耳）、茉苴（茉苴）、倉庚（七月）、蠨蛸（東山）、薜荔（山鬼）、鎡基（孟子·公孫丑上）

　　以上所説的是純粹的雙音詞。此外還有一些經常用在一起的同義詞或近義詞也往往有雙聲疊韻的關係。例如：

　　（1）雙聲：玄黄（卷耳）、説懌（靜女）、灑埽（東山）、轙羈（離騷）、饑饉（論語·先進）、親戚（孟子·公孫丑下）、妻妾

（孟子・離婁下）、肯綮（莊子・養生主）

（2）疊韻：涕泗（澤陂）、經營（何草不黃）、貪婪（離騷）、剛强
（國殤）

在上面的例子中，有些非常接近聯緜字，如玄黃、剛强等，有些顯然祇能算兩個詞，如妻妾、灑埽、涕泗等。

雙聲疊韻的應用範圍是非常廣泛的。除許多雙音詞和成對的同義詞、近義詞有雙聲疊韻的關係外，古人還利用這樣的聯緜字來加强詩歌的音樂性。《關雎》用了一個疊音詞和八個雙聲疊韻的聯緜字，就是一個例子。《月出》更是一首具有特殊風格的雙聲疊韻詩，三章內容雷同，祇是運用雙聲疊韻法，化一章爲三章，從而取得了迴環反復的效果。

雙聲疊韻的分析是和語音系統的描寫相聯繫的。前人對上古聲母和韻部的分合，看法不盡相同，因此在具體分析某些字是否雙聲疊韻時，看法也就不完全一致。例如脂微不分的古音學家就認爲"伊威"不但是雙聲，而且是疊韻；質月不分的古音學家就認爲"栗烈""薾發"也都是雙聲兼疊韻。古韻分部，越早的古音學家分得越少；聲母分類也並不一致。因此前人談雙聲疊韻一般都比較寬，聲母或韻部相近而不盡相同的，也認爲是雙聲疊韻。這是值得注意的。

所謂古音通假，就是古代漢語書面語言裏同音或音近的字的通用和假借。語言裏的"詞"是音義的結合物，古人在記錄語言裏的某一個"詞"的時候，往往用聲音相同或相近的字來書寫，有時寫成這個樣子，有時寫成那個樣子。兩個字形體不同，意義不同，祇是由於聲音相同或相近，古人就用甲字來代替乙字。例如早晨的zǎo①，這個詞本該寫成"早"，但是《孟子・離婁下》"蚤起，施從良

――――――――
① 這是現代漢語的讀音；至於上古怎樣讀，還沒有定論。

人之所之”，卻寫成“蚤”，《詩經・豳風・七月》“四之日其蚤”，也寫成“蚤”。“蚤”的本義是跳蚤，早晨的“早”所以寫成“蚤”，祇是因爲二者聲音相同，在記錄語言裏 zǎo（早，早晨）這個詞的時候，“早”“蚤”二字通用。從“蚤”字説，它所以當“早晨”講，也祇是因爲它和“早”聲音相同，被假借爲“早”，借用了“早”的意義。換句話説，“蚤”是“早”的假借字，“早”是“蚤”的假借義。總之，古音通假是古書裏字形分歧的現象之一，這種現象須要從上古語音的角度加以説明。

　　假借字的産生，大致有兩種情況：一種是本有其字，而人們在書寫的時候，寫了一個同音字，如：表示“小擊”的意思本字是“攴”，人們書寫時寫作“剥”，《詩經・豳風・七月》：“八月剥棗。”“剥”是“攴”的假借字。第二種是本無其字，從一開始就借用一個同音字來表示。如：(1)第一人稱代詞没有一個本字，從一開始就借用本義是一種鋸類工具的“我”來表示，後來一直沿用，並没有爲它再造字，也没有爲表示“我”字本義的那個詞造字。(2)“躲避”“開闢”“邪僻”等意義也都没有本字，祇是借用本義是“法”的“辟”字來表示。爲了文字表達的精確，後來爲“躲避”的意義造了“避”字，爲“開闢”的意義造了“闢”字，爲“邪僻”的意義造了“僻”字。“避、闢、僻”等字都是後起的區别字，不能認爲是“辟”的本字，不能説“辟假借爲避”等，因爲“辟”和避、闢、僻等不是在同一個歷史平面上産生的。(3)表示選擇的疑問代詞没有本字，一開始就借用本義是“食物加熱到可吃的程度”的“孰”字來表示，後來没有爲這個疑問代詞造字，而是替“孰”字本義所表示的詞造了“熟”字。“衰弱、衰減”的意義没有本字，一開始就借用本義是“蓑衣”的“衰”字來表示。後來没有爲“衰弱、衰減”這個意義造字，而是爲“蓑衣”這個意義造了"蓑"字。我們不能認爲"熟"是"孰"的本字、"蓑"是"衰"的本字、"孰"是"熟"的假借字、"衰"是"蓑"的假借字。如果這樣認爲，那是不合乎漢字發展的歷史事實的。

還有一種情況，爲一個字的引申義造的後起區別字和這個字之間的關係，根本没有假借的關係，而被人們誤認爲假借。如："坐"字的本義是"坐下"，引申爲"座位"的意思，後來爲這個引申義造了區別字"座"。我們决不能認爲"坐"假借爲"座"，"座"是"坐"的本字①。

下面再舉一些假借字的例子：

"唯"字的本義是答應（《説文》"唯，諾也"），所以從口；"惟"字的本義是思惟（《爾雅》"惟，思也"），所以從心；"維"字的本義是維繫（《爾雅》"維，係也"），所以從糸（mì，糸就是絲）。這三個字的本義是互不相通的。《論語·里仁》"曾子曰'唯'"；這個"唯"不能換成"惟"或"維"。《詩經·大雅·生民》"載謀載惟"（又考慮，又思惟）；這個"惟"不能換成"唯"或"維"。《詩經·小雅·節南山》"四方是維"；這個"維"不能換成"唯"或"惟"。但是這三個字都經常被借用爲句首或句中語氣詞。例如：

> 闕秦以利晉，唯君圖之。（左傳·僖公三十年）
>
> 正唯弟子不能學也。（論語·述而）
>
> 唯求則非邦也與？（論語·先進）
>
> 詩云："周雖舊邦，其命惟新。"（孟子·滕文公上）
>
> 髧彼兩髦，實維我儀。（詩經·鄘風·柏舟）
>
> 維此奄息，百夫之特。（詩經·秦風·黄鳥）

---

① 有人説，本字就是專用字。這牽涉到"本字"的定義問題。古人所謂本字，不是這個意思。我們反對的不是"本字"這個名稱，反對的是把這種現象認爲是通假。

節彼南山,維石巖巖。(詩經・小雅・節南山)

《左傳》和《論語》比較喜歡用"唯",《孟子》用"惟",《詩經》用"維"。《詩經・大雅・文王》"其命維新",《孟子》引用時寫成"其命惟新"。由此可以引出結論:(1)假借字的形式比較自由,往往祇要同音或音近就行;(2)但是也要根據習慣,在同一地域和同一時期,寫法還是相當一致的。

麋,本義是鹿一類的動物。《孟子・梁惠王上》:"王立於沼上,顧鴻雁麋鹿。"假借爲"眉",《荀子・非相》:"伊尹之狀,而無須麋。"

惠,本義是仁慈,恩惠。《論語・里仁》:"君子懷刑,小人懷惠。"假借爲"慧",《列子・湯問》:"甚矣,汝之不惠。"

歸,本義是女子出嫁,《詩經・周南・桃夭》:"之子于歸,宜其室家。"假借爲"饋"(餽),即贈的意思,《論語・陽貨》:"歸孔子豚。"

直,本義爲曲的反面,《詩經・小雅・大東》:"其直知矢。"假借爲"特"(但),《孟子・梁惠王上》:"直不百步耳,是亦走也。"

何,本義是負荷,《詩經・小雅・無羊》:"何蓑何笠。"假借爲疑問代詞,表示"什麽"。《左傳・僖公四年》:"以此攻城,何城不克。"

由,本義爲"從",《論語・雍也》:"誰能出不由戶。"假借爲"猶",《孟子・梁惠王下》:"今之樂由古之樂也。"《孟子・公孫丑上》:"以齊王由反手也。"

曾,本義爲乃(副詞),《論語・先進》:"曾由與求之問。"假借爲"增",《孟子・告子下》:"曾益其所不能。"又假借爲"層"。《楚辭・招魂》:"曾臺累榭。"

辯,本義爲巧言(依《説文》則本義爲治),《禮記・王制》:"言僞而辯。"假借爲"辨"，《墨子·非攻》："則必以此人爲不知黑白之辯矣。"《莊子·秋水》："兩涘渚崖之間，不辯牛馬。"《孟子·告子上》："萬鍾則不辯禮義而受之。"（朱熹集注本"辯"作"辨"。）

輮，本義爲車網（車輪的外匡）。假借爲"煣"，《荀子·勸學》："木直中繩，輮以爲輪，其曲中規。"

矢，本義爲箭，《説文》："矢，弓弩矢也。"假借爲"誓"，《詩經·鄘風·柏舟》："之死矢靡它。"

慝，本義爲姦慝，《國語·魯語下》："下無姦慝。"假借爲"忒"，《詩經·鄘風·柏舟》："之死矢靡慝。"

具，本義爲具辦。《説文》："具，共置也。"假借爲"俱"，《詩經·小雅·節南山》："赫赫師尹，民具爾瞻。"

舟，本義是船。假借爲"周"，《詩經·大雅·公劉》："何以舟之？"

時，本義是一年四季的季，《説文》："時，四時也。"假借爲"是"，《詩經·周頌·噫嘻》："率時農夫，播厥百穀。"

鼀，本義是一種水生動物，《説文》："鼀，匿鼀也。"假借爲"朝"，《楚辭·哀郢》："甲之鼀吾以行。"

假借字的形成，根據這樣一個原則：語音必須相同或相近。有時候假借字與本字雖然也可以祇是雙聲或者疊韻，但是如果韻部相差很遠，即使是雙聲，也不能假借；如果聲母相差很遠，即使是疊韻，也不能假借。就上面所舉的例子來説，早、蚤，唯、惟、維，惠、慧，由、猶，曾、增，辯、辨，慝、忒，具、俱，舟、周，既然完全同音，自然没有什麼可以討論的。"輮"讀平聲，"煣"讀上聲，它們之間都祇有聲調上的差異，也没有什麼問題。"直"和"特"古音同屬職部，它們的上古聲母都是定母，可以説既是雙聲，又是疊韻。其餘各例都可以作類似的分析。可見假借字必須是同音字,至少也要是聲音十分相近的字。這是假借字的原則,也是所謂古音通假的原則。

古音通假的現象,古書裏常見,不明了古音通假,就難免望文生訓,誤解古書的原意。例如"歸孔子豚"的"歸"就很可能誤解爲"歸還"的"歸","八月剝棗"的"剝"就很可能誤解爲"剝皮"的"剝",等等。清代的學者王引之説:"學者改本字讀之,則怡然理順;依借字解之,則以文害辭。"①王引之的意見無疑是正確的。

運用古音通假的原則來研究古書的詞義,可以解決一些疑難問題。上文所談的假借字,是一般讀古書的人都懂的,都同意的。除此以外,我們還可以根據古音通假的原則,發現前人所沒有發現的假借字,説明前人所沒有説明的問題。清代學者王念孫、王引之等人就善於這樣做,他們能夠擺脱字形的束縛,從聲音上去尋求古義。他們把古代漢語當做有聲的語言來處理,不是僅僅當做文字來處理,這是他們比前人更科學的地方。他們實際上是把訓詁學推進到了一個新階段。

現在我們舉一些例子來説明古音通假的原則在訓詁學上的運用。

《戰國策·楚策四》:"將加己乎十仞之上,以其類爲招。"王念孫説:"以其類爲招,類當爲頸字之誤也,招,旳也,言以其頸爲準旳也。"王念孫之所以會這樣説,一方面是因爲他看出了下列兩條確證:《吕氏春秋·本生》"萬人操弓,共射一招",高誘注:"招,埻旳也。"以及《文選》阮籍《詠懷》詩注引此作"以其頸爲旳"。另一方面還因爲他看出了"招"和"旳"古音十分近似,"招"古屬照母,"旳"古屬端母,發音方法相同,發音部位接近;"招"古韻屬宵部,

---

① 王引之《經義述聞》卷三十二"經文假借"條。

“旳”古韻屬藥部,宵藥二部關係十分密切,依照古音通假的原則,它們自然是可以通的。

《左傳·昭公元年》:“不靖其能;其誰從之。”杜預注:“安靖賢能,則衆附從。”王引之不同意杜預對“靖”字的解釋,他認爲“其能”既然是指上文“處不辟汙,出不逃難”的羣吏,那麼説“安靖其處不辟汙,出不逃難,則文不成義矣”。他還看到文中既有“靖其能”,又有“賞其賢”;既説“子若免之,以勸左右,可也”,又説“請免之以靖能者”,因此斷定“靖與賞意當相近”,“有表章風勸之義”,“當讀爲旌”。王引之爲什麼敢於斷定“靖”就是“旌”呢? 這是因爲“以六書之例求之,靖從青聲,青從生聲,旌亦從生聲。故旌字得通作靖”。也就是説,王引之是根據古音通假的原則,“靖”和“旌”同在耕部,聲母也很相近,“靖”是從母字,“旌”是精母字。

《詩經·豳風·七月》“八月斷壺”,毛傳:“壺,瓠也。”“壺”“瓠”同音,“壺”是“瓠”的假借字,這是大家都同意了的。朱駿聲更進一步説明“瓠即壺盧之合音”。“壺盧”就是“葫蘆”。朱駿聲之所以認爲“瓠”是“葫蘆”的合音,正是由於“瓠”字和“葫”字同音之外還有它和“蘆”字疊韻。

古音通假的原則在訓詁學上雖然起了很大的作用,但是也產生了一些流弊。原因是有些學者沒有嚴格遵守古音通假的原則,他們把雙聲疊韻看成萬應靈丹,主觀地肯定某一意義,再去找雙聲疊韻的證據。有時候,甲字和乙字雖是雙聲,但是韻部相差很遠;有時候,二字雖是疊韻,但是聲母相差很遠;有時候,二字雖然讀音相近,甚至相同,但是沒有其他證據,單憑語音方面的近似也不能完全解決問題。例如上文所舉王念孫證明“招”“旳”相通,如果沒有《呂氏春秋》“萬人操弓共射一招”的確鑿證據,單憑雙聲疊韻,那就完全缺乏説服力了。

　　在初學古代漢語的時候，自然還不能要求正確地運用古音通假的原則。本節闡述古音通假的理論，祇是爲了更透徹地了解文選的注解罷了。

第七單元

文　選

楚　辭

　　楚辭是公元前 4 世紀到 3 世紀之間由楚國屈原等人在民間歌謠的基礎上進行加工、創造而成的一種新的詩歌形式。它的句法參差錯落,打破了《詩經》以四言爲主的格調;篇幅也較長。這些都宜於反映更爲複雜的思想内容。楚辭作品都是"書楚語,作楚聲,紀楚地,名楚物"的,所以具有濃厚的地方色彩。漢代人把這種別具風格的文體稱之爲"楚辭",以後又稱爲"騷體"。

　　楚辭最主要的作家是屈原。屈原名平,原是他的字。他出生於楚國的貴族家庭,受過很好的文化教養,有着很高的文學和政治才能,青壯年時代頗得楚懷王信任。他嚮往賢能政治,主張建立正確的法度,使國家富强。但他被讒見疏,此後又被流放,這期間雖曾被召回,但爲時不久又被放逐,直到投水自沈。在流放期中,他面對着政治的腐敗,國運的垂危,寫出了許多悲憤沈痛、憂國憂民的詩歌。他的主要作品有《離騷》《九歌》《天問》《九章》等。

　　此外,如宋玉、唐勒、景差等人也是當時有名的楚辭作家;漢代的淮南小山、枚乘、王逸等人也寫了一些模倣楚辭形式的作品,在思想性和藝術性方面略有遜色。

　　西漢劉向把屈原宋玉等人的作品和模倣楚辭形式的作品彙編成集，題爲《楚辭》。現在最早的《楚辭》注本是東漢王逸的《楚辭章句》。現在較好的《楚辭》注本有宋洪興祖《楚辭補注》、宋朱熹《楚辭集注》、清蔣驥《山帶閣注楚辭》。近人聞一多、郭沫若等，在楚辭的研究上也有許多精闢的見解。

<h1 style="text-align:center">離　騷(節録)[1]</h1>

　　帝高陽之苗裔兮[2]，朕皇考曰伯庸[3]。攝提貞于孟陬兮[4]，惟庚寅吾以降[5]。皇覽揆余初度兮[6]，肇錫余以嘉名[7]。名余曰正則兮，字余曰靈均[8]。紛吾既有此内美兮[9]，又重之以脩能[10]。扈江離與辟芷兮[11]，紉秋蘭以爲佩[12]。汩余若將不及兮[13]，恐年歲之不吾與。朝搴阰之木蘭兮[14]，夕攬洲之宿莽[15]。日月忽其不淹兮[16]，春與秋其代序[17]。惟草木之零落兮[18]，恐美人之遲暮[19]。不撫壯而棄穢兮[20]，何不改乎此度[21]？乘騏驥以馳騁兮，來吾道夫先路[22]！

[1]《離騷》是《楚辭》中最長的一篇，是屈原的代表作，集中表現了詩人憂國憂民、不肯與世沈浮的高尚精神，以及自己的政治理想不能實現的苦悶。離，通"罹"，遭。騷，憂，愁。"離騷"即罹憂，亦即遭到憂愁的意思(依班固説，見《離騷贊序》)。

[2]高陽，古帝顓頊(zhuānxū)的稱號。裔，衣服的末邊(參用朱駿聲説)。苗裔，子孫。楚之始祖熊繹是顓頊之後，事周成王，封於楚。傳國至楚武王熊通，生子瑕，受封於屈，遂以屈爲氏，屈原即其後代，所以屈原説自己是顓頊的子孫。

〔3〕朕,我。秦始皇以前凡人都可以自稱朕,自秦始皇起始專用爲皇帝自稱。
皇,大。古人稱已死的父親叫考,也稱皇考。伯庸,屈原父親的字。

〔4〕攝提,攝提格的簡稱,攝提格是寅年的別名。貞,當,正當。孟,始。陬
(zōu),正月,夏曆的正月是寅月。孟陬,等於説孟春正月。

〔5〕惟,句首語氣詞。庚寅,指庚寅日。降,降生。這兩句是説正當寅年寅月
寅日我降生。

〔6〕皇,皇考的簡稱。覽,觀察。揆,度(duó),測度。度,等於説時節(依朱
熹説),指生庚年月。

〔7〕肇,始。錫,通“賜”。嘉,美好。

〔8〕屈原名平,原是字。“正則”“靈均”包含了其名與字的意義。

〔9〕紛,盛多的樣子。内美,内在的美。這是説自己生於良辰,有着天地賦予
的美質,也就是本質好的意思。

〔10〕重(chóng),加……上。脩,長。能,才。脩能,等於説長才。

〔11〕扈,披,楚地方言。離,香草名,一名蘼蕪。辟(pì),偏僻,幽僻,後來寫作
“僻”。芷,白芷,也是香草。辟芷,等於説生長在幽僻之處的白芷。

〔12〕紉,連接,聯綴。蘭,蘭花,秋天開花,所以又稱秋蘭。佩,佩帶在身上的
裝飾品。

〔13〕汩(yù),水流疾速的樣子,這是説時光快得像流水一樣。

〔14〕搴(qiān),拔取。阰(pí),山名。木蘭,香樹名。

〔15〕攬,採。宿莽,冬生不死的草。這兩句以採摘香草比喻自己修養品德。

〔16〕忽,快速的樣子。淹,久留。

〔17〕代,更遞。序,次序。代序,即代謝,輪換的意思。

〔18〕惟,思念。零、落,都是掉下來的意思。

〔19〕美人,喻楚懷王。遲,晚。遲暮,指年紀大。

〔20〕撫,持(依《文選》五臣注),等於説趁着。穢,指穢惡的行爲。這句是説
楚懷王不能趁着壯年除去穢惡之行。

〔21〕此度,指現時的法度。

〔22〕這兩句的大意是:你應該乘駿馬而奔馳啊(比喻任用賢才,奮發有爲),請

來,我在前面給你帶路。道,引導,後來寫作"導"。

　昔三后之純粹兮[1],固衆芳之所在[2]。雜申椒與菌桂兮[3],豈維紉夫蕙茝[4]?彼堯舜之耿介兮[5],既遵道而得路。何桀紂之猖披兮[6],夫唯捷徑以窘步[7]。惟夫黨人之偷樂兮[8],路幽昧以險隘。豈余身之憚殃兮,恐皇輿之敗績[9]。忽奔走以先後兮[10],及前王之踵武[11]。荃不察余之中情兮[12],反信讒而齌怒[13]。余固知謇謇之爲患兮[14],忍而不能舍也[15]。指九天以爲正兮[16],夫唯靈脩之故也[17]。曰黄昏以爲期兮,羌中道而改路[18]。初既與余成言兮[19],後悔遁而有他[20]。余既不難夫離別兮,傷靈脩之數化[21]。

〔1〕三后,指禹、湯、文王。純,絲不雜。粹,米不雜。"純粹"在這裏指美德。

〔2〕衆芳,喻羣賢。連上句的大意是:三王之所以有純粹的美德,是因爲能舉用羣賢。

〔3〕申,地名(依朱熹説)。椒,香木名,就是花椒。菌桂,香木名,桂之一種,有人説就是肉桂。這裏"申椒菌桂"喻羣賢。

〔4〕維,通"唯",獨。蕙、茝(zhǐ),都是香草,這裏也是喻羣賢。

〔5〕耿,光明。介,大。耿介,等於説光明正大。

〔6〕猖披,穿衣而不繫帶的樣子,比喻狂亂。

〔7〕捷,邪出。徑,小道。捷徑,斜出的小道。窘,窮迫。窘步,等於説走投無路。

〔8〕黨,朋黨,朋比爲奸的不正當的結合。黨人,指當時結黨營私包圍在楚懷王左右的小人。偷,苟且。偷樂,等於説苟安。

〔9〕皇,君。輿,車。皇輿,譬喻國家。敗績,車覆(依戴震説)。這句是説怕君國傾危。

〔10〕忽,快速的樣子。先、後,動詞,走在前面,走在後面,等於説效力左右。

〔11〕踵,腳後跟。武,足迹。這句是説自己要追蹤前王。

〔12〕荃(quán),香草名,喻懷王。中情,内心。

〔13〕讒,用言語誣害好人,這裏指讒言。齌(jì),疾速。齌怒,疾怒,馬上惱怒起來。

〔14〕謇謇(jiǎnjiǎn),忠貞的樣子。

〔15〕忍,指忍受這種禍患。舍,停止,這裏指停止而不進言。

〔16〕九天,指八方之天與中央之天(依王逸説)。這句是説讓上天作公正的判斷。

〔17〕靈,神。脩,遠。靈脩指有神明遠見之德的人,指懷王。

〔18〕羌,楚辭所特有的語氣詞。洪興祖説這兩句爲後人所加。

〔19〕成言,把話説定了。

〔20〕遁,隱。這句是説中道悔恨,隱匿其情,而有他志(依王逸説)。

〔21〕數(shuò),屢次。化,變化。

　　余既滋蘭之九畹兮〔1〕,又樹蕙之百畝。畦留夷與揭車兮〔2〕,雜杜衡與芳芷〔3〕。冀枝葉之峻茂兮〔4〕,願竢時乎吾將刈〔5〕。雖萎絶其亦何傷兮〔6〕,哀衆芳之蕪穢〔7〕。

〔1〕滋,栽種。畹(wǎn),十二畝(依王逸説)。

〔2〕畦(xī),五十畝,這裏用如動詞,是種一畦的意思。留夷、揭車,都是香草名。

〔3〕杜衡,香草名。芷,就是"茝"。

〔4〕冀,希望。峻,高大。

〔5〕竢(sì),俟,等待。刈,收割。以上六句是以香草比喻賢者,意思是説自己辛勤培養賢才以備時用。

〔6〕萎,枯萎。絶,凋落。

〔7〕蕪穢,荒蕪雜亂,喻羣賢與小人同流合汙。這兩句是説衆賢潔身而死不足傷,同流合汙實可哀。

眾皆競進以貪婪兮,憑不猒乎求索[1]。羌內恕己以量人兮[2],各興心而嫉妒[3]。忽馳騖以追逐兮[4],非余心之所急。老冉冉其將至兮[5],恐脩名之不立[6]。朝飲木蘭之墜露兮,夕餐秋菊之落英[7]。苟余情其信姱以練要兮[8],長顑頷亦何傷[9]。擥木根以結茝兮[10],貫薜荔之落蘂[11]。矯菌桂以紉蕙兮[12],索胡繩之纚纚[13]。謇吾法夫前脩兮[14],非世俗之所服[15]。雖不周於今之人兮[16],願依彭咸之遺則[17]。

〔1〕憑,滿,指眾人所貪求的已經滿了。猒,同“厭”。

〔2〕恕,寬恕。量,度(duó)。恕己以量人,等於說原諒自己,揣度別人。

〔3〕興心,等於說起壞心腸。

〔4〕騖,也是馳的意思。馳騖,等於說奔馳。

〔5〕冉冉(rǎnrǎn),漸漸。

〔6〕脩,美。

〔7〕英,花。這兩句是說自己從事品德的修養,晝夜不息。

〔8〕信,的確。姱(kuā),美好。練,選。要,要道。練要,擇要道而行(依洪興祖說)。

〔9〕顑頷(kǎnhàn),餓得面黃肌瘦的樣子。

〔10〕擥(lǎn),同“攬”,持。

〔11〕薜荔(bìlì),香草名。

〔12〕矯,舉。

〔13〕索,用如動詞,擰成繩子。胡繩,香草名。纚纚(xǐxǐ),繩子擰得很好的樣子。以上四句是說自己用香草做成服飾,這是比喻自己自修品德,效法前賢。

〔14〕謇,句首語氣詞。法,效法。前脩,前代的賢人。

〔15〕服,用,佩。

〔16〕周,合。

〔17〕彭咸,殷代賢大夫,諫其君不聽,投水而死。則,法。

　　長太息以掩涕兮〔1〕,哀民生之多艱！余雖好脩姱以
鞿羈兮〔2〕,謇朝誶而夕替〔3〕。既替余以蕙纕兮〔4〕,又
申之以攬茝〔5〕。亦余心之所善兮,雖九死其猶未悔〔6〕！

〔1〕太息,歎氣。掩涕,等於說拭淚(依洪興祖説)。

〔2〕鞿(jī),馬口上的韁繩。羈,馬絡頭。二字這裏用如動詞,屈原以馬受羈
　　束比喻自己。

〔3〕誶(suì),諫。替,廢,指自己被廢棄。

〔4〕纕(xiāng),佩帶。蕙纕,蕙草做的佩帶。

〔5〕申,重復。這兩句是説:君王因爲我佩戴衆香廢棄我,但我重復攬持
　　芳茝。

〔6〕九死,等於說死多次。"九"字不是指實數,祇是甚言其多。

　　怨靈脩之浩蕩兮〔1〕,終不察夫民心。衆女嫉余之蛾
眉兮〔2〕,謠諑謂余以善淫〔3〕。固時俗之工巧兮〔4〕,偭
規矩而改錯〔5〕;背繩墨以追曲兮〔6〕,競周容以爲度〔7〕。
忳鬱邑余侘傺兮〔8〕,吾獨窮困乎此時也。寧溘死以流亡
兮〔9〕,余不忍爲此態也！

〔1〕浩蕩,放蕩自恣,不深思熟慮的樣子。

〔2〕衆女,喻衆姦臣。蛾眉,形如蠶蛾之眉的眉毛(依顔師古説),形容貌美。

〔3〕謠,謠言。諑(zhuó),誣衊。善淫,善爲淫邪。

〔4〕工巧,等於説善於取巧。

〔5〕偭(miǎn),違背。規,定圓形的工具。矩,定方形的工具。錯,通"措",
　　置。改錯,等於説改變安排。

〔6〕繩墨,匠人用來打直綫的工具,即墨斗。追,隨。這兩句是比喻時人反常
　　妄作,違背正道,追隨邪僻。

〔7〕周容，苟合求容。度，法度，法則。

〔8〕忳(tún)，憂愁的樣子。鬱邑，也是憂愁的樣子。"忳鬱邑"是三字狀語。三字狀語是前面一個形容詞，後面跟着一個聯緜字或疊音詞，這是楚辭中常見的結構。侘傺(chàchì)，不得志的樣子。

〔9〕寧，寧願。溘(kè)，忽然。

　　鷙鳥之不羣兮〔1〕，自前世而固然。何方圜之能周兮〔2〕，夫孰異道而相安！屈心而抑志兮，忍尤而攘詬〔3〕；伏清白以死直兮〔4〕，固前聖之所厚〔5〕。

〔1〕鷙(zhì)鳥，鳥之猛者，如鷹、鵰之類。不羣，不與〔衆鳥〕同羣，比喻忠貞自守，不同流合汙。

〔2〕圜，通"圓"。周，合。

〔3〕尤，罪過。攘，取，指不推辭，忍受。詬(gòu)，恥辱。

〔4〕伏，通"服"，服膺。伏清白，指懷抱清白之志，也就是堅守清白之志。死直，爲忠直而死。

〔5〕厚，重，指看重。

　　悔相道之不察兮〔1〕，延佇乎吾將反〔2〕。回朕車以復路兮〔3〕，及行迷之未遠。步余馬於蘭皋兮〔4〕，馳椒丘且焉止息〔5〕。進不入以離尤兮〔6〕，退將復脩吾初服〔7〕。製芰荷以爲衣兮〔8〕，集芙蓉以爲裳〔9〕。不吾知其亦已兮，苟余情其信芳。高余冠之岌岌兮〔10〕，長余佩之陸離〔11〕。芳與澤其雜糅兮〔12〕，唯昭質其猶未虧〔13〕。忽反顧以遊目兮，將往觀乎四荒〔14〕。佩繽紛其繁飾兮〔15〕，芳菲菲其彌章〔16〕。民生各有所樂兮，余獨好脩以爲常。雖體解吾猶未變兮〔17〕，豈余心之可懲〔18〕！

〔1〕相(xiàng)，視。道，道路。察，審，清楚。

〔2〕延,長久。佇,跂足而望。

〔3〕回,轉過來。復路,走回頭路。

〔4〕步,慢慢走,在這裏是使動用法。皋,水邊的地。蘭皋,有蘭的皋。

〔5〕椒丘,上有椒樹的山丘。且焉止息,暫且在那裏休息。

〔6〕進,指進仕。入,納。離,通"罹"。

〔7〕退,指退隱。初服,未仕前的服飾。這句是説退隱之後還要繼續培養自
　　　己的才德。下文的"衣""裳""冠""佩"都是説"初服"。

〔8〕芰(jì),菱。

〔9〕芙蓉,荷花。

〔10〕岌岌,高的樣子。

〔11〕陸離,美好的樣子(依許慎説)。

〔12〕芳,指香草。澤,有光澤,指玉佩有光澤。糅(róu),雜。

〔13〕昭,明潔的。

〔14〕荒,遠。四荒,四方荒遠之地。

〔15〕繽(bīn)紛,盛多的樣子,是形容"繁飾"的。繁飾,衆多的飾物。

〔16〕芳菲菲,香氣很盛。"菲菲"是形容"芳"的。

〔17〕體解,肢解,古代的一種酷刑。

〔18〕懲,受創而知戒。

〔韻部〕庸、降,東冬合韻;名、均,耕真合韻;能、佩,之部;與、莽、序,魚部;暮、
　　　度、路,鐸部。在、茝,之部;路、步,鐸部;隘、繽,錫部;武、怒、舍、故,魚
　　　部;路、他、化,鐸歌合韻。畝、芷,之部;刈、穢,月部。索、姱,鐸部;急、
　　　立,緝部;英、傷,陽部;藥、纕,支部;服、則,職部。茝、悔,之部。心、淫,
　　　侵部;錯、度,鐸部;時、態,之部。然、安,元部;詬、厚,侯部。反、遠,元
　　　部;息、服,職部;裳、芳,陽部;離、虧,歌部;荒、章、常、懲,陽蒸合韻。

山　鬼〔1〕

若有人兮山之阿〔2〕,被薜荔兮帶女蘿〔3〕。既含睇

兮又宜笑〔4〕,子慕予兮善窈窕〔5〕。

〔1〕《山鬼》是屈原《九歌》中的一篇。《九歌》原是楚國民間祭歌,共十一篇
　　（前十篇每篇祭一個神,末篇爲送神曲）,後經過屈原的加工整理再創作,
　　成爲現在這個樣子。《九歌》反映了楚地人民的生活和精神面貌。山鬼,
　　即山神,女性。有人認爲本文歌辭是一對男女的對話,但認爲是山鬼（女
　　巫扮）自述似更妥當些。詩人在這裏賦予山神以人的性格,歌頌了山鬼
　　對愛情的忠貞,反映了楚地人民的愛情生活。

〔2〕若,好像。若有人,好像有個人。阿,彎曲處,角落。

〔3〕被(pī),通“披”。薜荔,蔓生香草,這裏指薜荔做成的衣裳。帶,用如動
　　詞,把……當成帶子,等於説繫着。女蘿,又名兔絲、松蘿,一種蔓生
　　植物。

〔4〕睇(dì),微微斜視,這裏指微微斜視的那種含情的眼神。宜笑,指口齒美
　　好,適宜於笑。

〔5〕子,山鬼稱自己所思慕的對象,下文“公子”“君”同。予,山鬼自稱,下文
　　“余”“我”同。善,指好的品行。窈窕,美好的樣子。

　　乘赤豹兮從文狸〔1〕,辛夷車兮結桂旗〔2〕。被石蘭
兮帶杜衡〔3〕,折芳馨兮遺所思〔4〕。余處幽篁兮終不見
天〔5〕,路險難兮獨後來〔6〕。

〔1〕從,跟隨,使動用法。文狸,毛色有花紋的野猫。

〔2〕辛夷,香草,又名木筆、迎春。辛夷車,用辛夷做成的車。結,編織。桂
　　旗,用桂枝做的旗。

〔3〕石蘭,蘭草的一種,又名山蘭。杜衡,又名馬蹄草。二者都是香草。

〔4〕芳馨,泛指香花香草。遺(wèi),贈送給。

〔5〕余,山鬼自稱。篁(huáng),竹林。幽篁,幽深的竹林。終,始終。

〔6〕險,道路難走。後來,遲到,來晚了。

　　表獨立兮山之上〔1〕,雲容容兮而在下〔2〕。杳冥冥
兮羌晝晦〔3〕,東風飄兮神靈雨〔4〕,留靈脩兮憺忘歸〔5〕,

歲既晏兮孰華予^[6]?

〔1〕表,突出地。

〔2〕容容,飄動的樣子。

〔3〕杳,深遠的樣子。冥冥,黑暗的樣子。杳冥冥,形容天色陰暗。晦,陰暗。

〔4〕雨,用如動詞,降雨。

〔5〕大意是:因爲挽留住靈脩(山鬼思念的人),在一起盡享歡樂,忘了歸去。憺(dàn),安樂的樣子。

〔6〕年歲已經遲暮,誰能使我年輕呢?晏,晚。華,同"花",使動用法,這裏有"使……年輕"的意思。

　　采三秀兮於山間^[1],石磊磊兮葛蔓蔓^[2]。怨公子兮悵忘歸^[3],君思我兮不得閒^[4]。

〔1〕三秀,靈芝草的別名。靈芝一年開花三次,故稱"三秀"(秀,開花)。

〔2〕磊磊(lěilěi),亂石堆積的樣子。葛,一種蔓生植物。蔓蔓,蔓延的樣子。這兩句是說山鬼採折花草的不易,同時表明山鬼對所思念的人的真誠。

〔3〕悵,惆悵,失望。

〔4〕你想念我,可是抽不出一點時間來〔與我相會〕。這是山鬼未會到所思念的人時自己爲對方設想的解怨之辭。

　　山中人兮芳杜若^[1],飲石泉兮蔭松柏^[2]。君思我兮然疑作^[3]。靁填填兮雨冥冥^[4],猨啾啾兮狖夜鳴^[5]。風颯颯兮木蕭蕭^[6],思公子兮徒離憂^[7]。

〔1〕山中人,山鬼自稱。芳杜若,像杜若一樣芳香。杜若,香草。

〔2〕石泉,山中泉水。蔭,動詞。蔭松柏,以松柏爲蔭,也就是住在松柏之下的意思。

〔3〕大意是:你是否想念我呢?我既相信,又產生懷疑。然,與"疑"相對,指不疑。

〔4〕靁,即"雷"字。填填,雷聲,如同"隆隆"。

〔5〕猨,即"猿"字。啾啾(jiūjiū),猿的哀叫聲。狖(yòu),長尾猿。

〔6〕颯颯(sàsà)，風聲。蕭蕭，風吹樹木發出的聲音。

〔7〕徒，白白地。離，通"罹"。離憂，等於説自找憂愁。

[韻部]阿、蘿，歌部；笑、窕，宵部。狸、旗、思、來，之部。下、雨、予，魚部。間、蔓、閒，元部。若、柏、作，鐸部；冥、鳴，耕部；蕭、憂，幽部。

國　殤〔1〕

　　操吴戈兮被犀甲〔2〕，車錯轂兮短兵接〔3〕。旌蔽日兮敵若雲〔4〕，矢交墜兮士爭先〔5〕。

〔1〕《國殤》是屈原《九歌》中的一篇，是追悼爲國犧牲的戰士的祭歌。殤(shāng)，有兩個意思：未成年的人夭折叫殤，在外而死也叫殤。國殤，指爲國犧牲死於戰場的戰士。

〔2〕操，拿着。吴戈，吴國造的戈，指好戈。被(pī)，通"披"。犀甲，犀牛皮製成的甲。

〔3〕錯，相交錯。轂，見本册第369頁《老子》(二)注〔1〕。這句是説兩方迫近展開混戰。

〔4〕旌(jīng)，用羽毛裝飾的旗子。"旌蔽日""敵若雲"，是説敵軍衆多。

〔5〕交墜，交相墜落，指流矢在雙方的陣地上紛紛墜落。

　　凌余陣兮躐余行〔1〕，左驂殪兮右刃傷〔2〕。霾兩輪兮縶四馬〔3〕，援玉枹兮擊鳴鼓〔4〕。天時墜兮威靈怒〔5〕，嚴殺盡兮棄原壄〔6〕。

〔1〕凌，侵犯。躐(liè)，踐踏。行(háng)，行列。

〔2〕殪(yì)，死。右，指右驂。刃傷，爲兵刃所傷。

〔3〕霾，通"埋"。縶(zhí)，絆。

〔4〕援，拿過來。枹(fú)，鼓槌。玉枹，用玉裝飾的枹。

〔5〕天時，天象。墜，通"懟"(duì)，恨。一本作"懟"。威靈，神靈。

〔6〕嚴，悲壯地。殺盡，被殺盡。壄，古"野"字。

　　出不入兮往不反，平原忽兮路超遠[1]。帶長劍兮挾秦弓[2]，首身離兮心不懲[3]。誠既勇兮又以武[4]，終剛强兮不可凌[5]。身既死兮神以靈[6]，魂魄毅兮爲鬼雄[7]。

[1]忽，遼闊渺茫的樣子。超遠，遥遠。

[2]秦弓，秦國製造的弓，指好弓。

[3]懲，參看《離騷》"豈余心之可懲"注。

[4]以，通"已"。勇，指戰鬥的精神。武，武藝，指戰鬥的能力（參用蔣驥説）。

[5]終，自始至終。

[6]神以靈，精神由此靈顯。

[7]鬼雄，鬼中的英雄。

[韻部]甲、接、葉部；雲、先，文部。行、傷，陽部；馬、鼓、怒、壄，魚部。反、遠，元部；弓、懲、凌、雄，蒸部。

哀　郢[1]

　　皇天之不純命兮[2]，何百姓之震愆[3]？民離散而相失兮，方仲春而東遷[4]。

[1]《哀郢》是屈原《九章》中的一篇，可能作於頃襄王二十一年（公元前278年）。這年秦將白起攻陷郢都，屈原目擊祖國垂危，人民離散，悲憤已極，於是作這篇《哀郢》。篇中表現詩人對流離失所的人民的深切同情和對祖國的無限懷念，心情十分沈重。篇末轉悲痛爲激憤，指出國破家亡的原因，在於小人得勢，君王昏庸。

[2]皇，大。皇天，等於説老天爺。純，專一。不純命，不專一其命，指天失其常道。這是雙關語，兼指楚王。

[3]震，動蕩不得安寧。愆（qiān），罪，這裏指遭罪，受苦。

[4]方，正當。仲春，舊曆二月。東遷，向東遷徙。郢都失陷後，楚遷都於陳

（今河南淮陽縣），陳在楚東，所以説東遷。

　　去故鄉而就遠兮[1]，遵江夏以流亡[2]。出國門而
軫懷兮[3]，甲之鼂吾以行[4]。發郢都而去閭兮[5]，怊
荒忽其焉極[6]？楫齊揚以容與兮[7]，哀見君而不再得。
望長楸而太息兮[8]，涕淫淫其若霰[9]。過夏首而西浮
兮[10]，顧龍門而不見[11]。心嬋媛而傷懷兮[12]，眇不知
其所蹠[13]。順風波以從流兮[14]，焉洋洋而爲客[15]。淩
陽侯之氾濫兮[16]，忽翱翔之焉薄[17]。心絓結而不解
兮[18]，思蹇産而不釋[19]。

[1]遠，遠方。

[2]遵，沿着……走。夏，夏水，今名長夏河，在今湖北省境内，水已改道。因
　　江夏相距很近，所以楚辭中江夏常並稱。

[3]國，指國都郢。軫（zhěn），悲痛。懷，懷念。

[4]甲，甲日那一天。鼂（zhāo），通“朝”，早晨。

[5]發郢都，從郢都出發。閭（lú），里巷之門，這裏指故居。

[6]怊（chāo），遠的樣子。荒忽，也是遠的樣子。“怊荒忽”是三字狀語。這
　　種狀語結構是形容詞加聯緜字。極，動詞，到盡頭。

[7]楫（jí），船槳。揚，舉起。容與，猶豫，指船徘徊不進的樣子。

[8]楸（qiū），梓樹。太息，歎息。

[9]涕，淚。淫淫，淚落紛紛的樣子。霰（xiàn），細雪粒。

[10]夏首，夏水流入長江之處。西浮，向西浮行。舟行之曲處，路有向西者
　　　（依蔣驥説）。

[11]龍門，郢都的東門。

[12]嬋媛（chányuán），有所牽掛的樣子。

[13]眇，通“渺”，遥遠的樣子。蹠（zhí），腳踏地。不知其所蹠，不知道腳踏在
　　　什麼地方，即不知道到哪裏去。

〔14〕從流,順着水流。

〔15〕焉,於是。洋洋,飄流無所歸宿的樣子。客,旅客,流浪者。

〔16〕凌,乘。陽侯,波神名。相傳陽侯是古代陵陽國的諸侯,溺水而死,成爲
　　波神。這裏用"陽侯"代表波浪。

〔17〕忽,快速的樣子。薄,止,停下來。

〔18〕絓(guà),懸掛。絓結,比喻心中鬱結。

〔19〕蹇產,聯緜字,屈曲的樣子。思蹇產,即心情不舒暢的意思。釋,放開,
　　放下。

　　將運舟而下浮兮〔1〕,上洞庭而下江〔2〕。去終古之
所居兮〔3〕,今逍遥而來東〔4〕。

〔1〕運舟,行舟。

〔2〕上、下,指南北。古代以南爲上(依蔣驥説)。這裏説"上洞庭",因洞庭
　　湖在南邊。

〔3〕終古,永古,等於説自很古的時候起。終古之所居,指祖先以來所居住的
　　地方。

〔4〕逍遥,這裏是漂泊的意思。

　　羌靈魂之欲歸兮〔1〕,何須臾而忘反〔2〕?背夏浦而
西思兮〔3〕,哀故都之日遠〔4〕。登大墳以遠望兮〔5〕,聊
以舒吾憂心〔6〕。哀州土之平樂兮〔7〕,悲江介之
遺風〔8〕。

〔1〕羌,語氣詞。

〔2〕須臾,片刻。

〔3〕浦,水邊。西思,向西想望,指懷念郢都。

〔4〕故都,指郢。

〔5〕墳,水中高地。

〔6〕聊,姑且。

〔7〕州土,指楚國的土地。平,土地廣闊。樂,人民生活安樂。

〔8〕介,側,畔。江介,江邊,指沿江兩岸的地方。遺風,古代遺留下來的美好的風俗習慣。這兩句是痛心"平樂"和"遺風"遭到敵人的破壞。

　　當陵陽之焉至兮〔1〕？淼南渡之焉如〔2〕？曾不知夏之爲丘兮〔3〕,孰兩東門之可蕪〔4〕？心不怡之長久兮〔5〕,憂與愁其相接。惟郢路之遼遠兮〔6〕,江與夏之不可涉。忽若去不信兮〔7〕,至今九年而不復〔8〕。慘鬱鬱而不通兮〔9〕,蹇侘傺而含慼〔10〕。

〔1〕當,面對着。陵陽,古地名,未詳。

〔2〕淼(miǎo),大水茫茫望不到邊際的樣子。如,到……去。

〔3〕夏,通"廈",高大的房屋。丘,廢墟。

〔4〕爲什麼兩東門可以荒蕪呢？孰,何(用蔣驥説)。兩東門,指郢都的兩個東門。

〔5〕怡,快樂。

〔6〕惟,語氣詞。

〔7〕忽若,忽然。去,離開,這裏指被放逐。不信,不被信任。

〔8〕不復,不能回去。

〔9〕慘,心情愁慘。鬱鬱,淤結的樣子。不通,指心情不能通暢。

〔10〕蹇,困苦。侘傺(chàchì),失意的樣子。慼,悲傷。上句的"慘鬱鬱",本句的"蹇侘傺",都是三字狀語。

　　外承歡之汋約兮〔1〕,諶荏弱而難持〔2〕。忠湛湛而願進兮〔3〕,妒被離而鄣之〔4〕。堯舜之抗行兮〔5〕,瞭杳杳而薄天〔6〕。衆讒人之嫉妒兮,被以不慈之僞名〔7〕。憎慍惀之脩美兮〔8〕,好夫人之忼慨〔9〕。衆踥蹀而日進兮〔10〕,美超遠而逾邁〔11〕。

〔1〕外,表面上。承歡,指奉承君王的歡心。汋(chuò)約,聯緜字,美好的樣子,這裏指媚態。

〔2〕諶(chén)，誠，實際上。荏(rěn)，與“弱”同義。荏弱，等於説軟弱，脆弱。難持，難以自持，指不能有堅定的操守。這兩句是指誤國的小臣。

〔3〕湛湛(zhànzhàn)，忠厚的樣子。進，被進用。

〔4〕妒，這裏指妒嫉的人。被(pī)離，聯綿字，分散的樣子。鄣，同“障”，擋住。

〔5〕抗行(xìng)，高尚的行爲。

〔6〕瞭杳杳，高遠的樣子。薄，迫近。

〔7〕用“不慈”這一偽名加到堯舜身上。被，等於説加上。這兩句是説堯舜把天下傳給賢者(堯傳舜，舜傳禹)，而没有傳給自己的兒子，衆讒人就説他們不慈。

〔8〕慍惀(yùnlǔn)，心裏有所藴積而不善表露。脩，在這裏與“美”同義。

〔9〕夫(fú)人，指那些小人們。忼慨，這裏指口頭上能説會道善於做出激昂慷慨的樣子。

〔10〕衆，指小人們。蹀蹀(qièdié)，聯綿字，小步走的樣子。這裏指奔走鑽營的狀態。

〔11〕美，指好人。超遠，這裏是疏遠的意思。逾，通“愈”。邁，遠。

亂曰〔1〕：曼余目以流觀兮〔2〕，冀壹反之何時〔3〕？鳥飛反故鄉兮，狐死必首丘〔4〕。信非吾罪而棄逐兮，何日夜而忘之〔5〕？

〔1〕亂，音樂的末章。楚辭裏面的“亂”，實際上是全篇的結束語。

〔2〕曼，引。曼目，舉目。流觀，周流觀覽，指隨着景物的流動而觀覽。

〔3〕冀，希望。壹，同“一”。壹反，回去一次。

〔4〕首丘，頭向着土丘。這兩句是説禽獸至死也想念自己出生的地方，何況人呢？

〔5〕大意是：我怎麽能白天黑夜忘掉它呢？這是説我永遠也忘不了它。

[韻部]愆、遷，元部。亡、行，陽部；極、得，職部；霰、見，元部；蹀、客、薄、釋，鐸部。江、東，東部。反、遠，元部。心、風，侵部。如、蕪，魚部；接、涉，葉部；

復、惑,覺部。持、之,之部;天、名,真耕合韻;慨、邁,物月合韻。時、丘、之,之部。

卜　居[1]

　　屈原既放三年,不得復見[2]。竭知盡忠,而蔽鄣於讒[3]。心煩慮亂,不知所從。乃往見太卜鄭詹尹曰[4]:"余有所疑,願因先生決之[5]。"詹尹乃端策拂龜[6],曰:"君將何以教之[7]?"

[1]本篇相傳爲屈原所作,實際上是楚國人在屈原死後爲悼念他而記載下來的有關傳説。文中表現了當時社會的黑暗腐敗,表現了屈原的憤慨和不滿,歌頌了他堅持真理,不與姦佞同流合汙的精神。卜,占卦。居,處(chǔ),這裏指處世之道。

[2]放,放逐。見,指見到楚懷王。

[3]知(zhì),智。竭知,用盡了智慧。讒,指讒佞之人。

[4]太卜,官名,卜官之長。鄭詹尹,太卜的姓名。

[5]因,借着,靠着。決,決定。

[6]策,蓍(shī)草。端策,把策擺端正。龜,龜殼。拂龜,拂去龜殼上的灰土。策和龜都是占卜用的工具。

[7]你將用什麼指教我呢? 這是客氣話,實際是説"你要占卜什麼事呢?"

　　屈原曰:"吾寧悃悃款款朴以忠乎[1]? 將送往勞來斯無窮乎[2]? 寧誅鋤草茅以力耕乎[3]? 將遊大人以成名乎[4]? 寧正言不諱以危身乎[5]? 將從俗富貴以媮生乎[6]? 寧超然高舉以保真乎[7]? 將哫訾栗斯喔咿儒兒以事婦人乎[8]? 寧廉潔正直以自清乎[9]? 將突梯滑稽如脂如韋以絜楹乎[10]? 寧昂昂若千里之駒乎[11]? 將氾

汜若水中之鳧[12]，與波上下，偷以全吾軀乎？寧與騏驥亢軛乎[13]？將隨駑馬之迹乎[14]？寧與黃鵠比翼乎[15]？將與雞鶩爭食乎[16]？此孰吉孰凶？何去何從？世溷濁而不清[17]：蟬翼爲重，千鈞爲輕；黃鐘毀棄，瓦釜雷鳴[18]；讒人高張[19]，賢士無名[20]。吁嗟默默兮，誰知吾之廉貞！"

〔1〕"寧……將……"，即"寧願……還是"。悃悃(kǔnkǔn)款款，忠心耿耿的樣子。朴以忠，樸實而忠誠。

〔2〕勞(lào)，慰勞，這裏指歡迎。送往勞來，指到處周旋逢迎。無窮，即無往而不通。

〔3〕誅，這裏與"鋤"同義。力耕，指勤勞地耕作，"力"字用作狀語。

〔4〕遊大人，往來於大人之間，指逢迎達官貴人。成名，指建立榮譽。

〔5〕危身，使自己受到危害。

〔6〕媮(yú)，同"愉"。媮生，指身安樂(依王逸説)。

〔7〕真，本性。

〔8〕呢訾(zúzī)、栗(當作"粟")斯、喔咿(wòyī)、儒兒，都是聯緜字，摹擬强作笑顏以承人意的樣子。婦人，指鄭袖，楚懷王的寵妃，主張聯秦。

〔9〕自清，使自己清白。清，使動用法。

〔10〕突梯、滑(gǔ)稽，都是聯緜字，都是圓轉的樣子。脂，脂膏。韋，熟皮。絜(xié)，測量，量直的東西叫度，量圓的東西叫絜(依戴震説)。楹，柱子。柱子是圓的，測量時必須順着圓面測量，比喻趨炎附勢，與世沈浮。

〔11〕昂昂，不甘向人低頭的樣子。

〔12〕汜汜，浮游無定的樣子。鳧(fú)，野鴨。

〔13〕騏、驥(jì)，都是好馬。亢，舉。軛，車轅前面用來駕馬的部分。與騏驥亢軛，跟騏驥一塊兒駕車，也就是與騏驥並駕齊驅的意思。

〔14〕隨駑馬之迹，等於説跟着駑馬走。

〔15〕比翼，並翅飛翔。

〔16〕鶩(wù),鴨。

〔17〕溷(hùn),也是"濁"的意思。

〔18〕黃鐘,六律之一,器最大而聲最宏亮,這裏指樂器。六律,參見本册第385頁《胠篋》注〔8〕。瓦釜(fǔ),陶土製的鍋。雷鳴,像雷一樣的發出聲音。這兩句是説黃鐘本該讓它奏樂,卻被毀棄了;瓦釜本來不是樂器,卻讓它雷鳴起來。黃鐘比喻下文的賢士,瓦釜比喻下文的讒人。

〔19〕高張,侈大,指在高位。

〔20〕無名,没有名位,指不被任用。

　　詹尹乃釋策而謝,曰:"夫尺有所短,寸有所長〔1〕;物有所不足,智有所不明〔2〕;數有所不逮〔3〕,神有所不通〔4〕。用君之心,行君之意〔5〕,龜策誠不能知此事。"

〔1〕大意是:尺長於寸,但是當一尺還不夠的時候,就算有所短;寸短於尺,但是當一寸已經有餘的時候,就算有所長(依朱熹説)。

〔2〕物有欠缺不全的地方,人的智慧有不明事理的地方。

〔3〕數,術數,這裏指占卦。逮,達到。

〔4〕通,溝通。以上幾句是用來比喻卜官替人占卦,並不能任何時候都解決問題。

〔5〕君,指屈原。

〔韻部〕讒、從,談東合韻。忠、窮,冬部;耕、名、身、生、真、人、清、楹,耕真合韻;訾、斯、咫、兒,支脂合韻;梯、稽、脂、韋,脂微合韻;駒、軀,侯部;軛、迹,錫部;翼、食,職部;凶、從,東部;清、輕、鳴、名、貞,耕部。長、明、通,陽東合韻;意、事,之職合韻。

漁　父〔1〕

　　屈原既放,遊於江潭〔2〕,行吟澤畔〔3〕;顔色憔悴,形容枯槁〔4〕。漁父見而問之曰:"子非三閭大夫與〔5〕? 何故至於斯〔6〕？"

〔1〕本篇也是屈原死後楚國人爲悼念他而記載下來的有關傳説。本篇表現了屈原不願同流合汙，寧願"伏清白以死直"的高尚品質。漁父(fǔ)，漁翁。父，男子的美稱。

〔2〕潭，水淵。江潭，在這裏泛指江湖之間。

〔3〕澤畔，等於説水邊。

〔4〕顔，眉目之間。色，顔氣(臉色)。形，身形。容，容貌。槁，乾枯。

〔5〕三閭大夫，楚國官名，主管楚國屈、景、昭三姓王族的事物。

〔6〕爲什麽弄到這個地步？

屈原曰："舉世皆濁我獨清，衆人皆醉我獨醒，是以見放〔1〕。"

〔1〕是以，因此。見，被。

漁父曰："聖人不凝滯於物〔1〕，而能與世推移。世人皆濁，何不淈其泥而揚其波〔2〕？衆人皆醉，何不餔其糟而歠其醨〔3〕？何故深思高舉，自令放爲〔4〕？"

〔1〕凝滯(zhì)，凍結不流，這裏指固執不變。物，指客觀時勢。

〔2〕淈(gǔ)，渾濁，使動用法，即弄渾濁。

〔3〕餔(bū)，吃。糟，酒糟。歠(chuò)，同"啜"，喝。醨(lí)，薄酒。這兩句的意思是説：你爲什麽不同流合汙呢？

〔4〕深思，指憂國憂民。高舉，行爲超出一般，與衆不同。令，使得。自令放，自己招致放逐。爲，句末語氣詞，表示疑問。

屈原曰："吾聞之：新沐者必彈冠，新浴者必振衣〔1〕。安能以身之察察，受物之汶汶者乎〔2〕？寧赴湘流，葬身於江魚之腹中，安能以皓皓之白，而蒙世俗之塵埃乎？"

〔1〕沐，洗頭。浴，洗澡。彈冠、振衣，指去掉衣帽上的灰塵。

〔2〕察察，潔白。汶汶(ménmén)，汙濁。

　　漁父莞爾而笑,鼓枻而去[1]。歌曰:"滄浪之水清兮,可以濯吾纓[2];滄浪之水濁兮,可以濯吾足[3]。"遂去,不復與言。

[1]莞(wǎn)爾,微笑的樣子。鼓,拍打。枻(yì),船旁板。

[2]滄浪,水名。濯(zhuó),洗滌。纓,帽帶子。

[3]這幾句也是"不凝滯於物,而與世推移"的意思。

[韻部]清、醒,耕部。移、波、醨、爲,歌部。汶、塵,文真合韻。清、纓,耕部;濁、足,屋部。

常　用　詞(七)　71字

　　徵收發封棄　俟遷徙　遺失存　處坐遇接承扶　刺折戮　問對許　省審　慮怨忍快　興廢變

　　曲直長小　貪廉　輕重　狂殆危

　　面口齒耳目指　飯食服飾　布斗　式檢　英靈豪

　　然且或曾更漸　俱並　而若爾

382.【徵】

　　(一)召。特指君召臣。《尚書·舜典》:"舜生三十~庸。"(徵庸:被召用。徵:召。庸:用。)《戰國策·楚策四》:"於是使人發騶~莊辛於趙。"《後漢書·黃瓊傳》:"近魯陽樊君被~。"

　　(二)求,索取。《左傳·僖公四年》:"爾貢苞茅不入……寡人是~。"現代雙音詞"~求"由此發展而來。

　　(三)證明,驗證。《論語·八佾》:"殷禮吾能言之,宋不足~也。"引申爲預兆。《史記·項羽本紀》:"兵未戰而先見敗~。"

　　(四)讀 zhǐ。五音之一(宮、商、角、徵、羽爲五音)。"徵"是 g

(5),"變徵"是 f#(4#)。《戰國策·燕策三》:"荆軻和而歌,爲變~之聲。"(變徵之聲:指 f#調,這是高亢的調。)注意:"徵""征"二字古音相差很遠,意義也不相通,古書中絶不互用。

[辨]徵,召,辟。在"上召喚下"這種意義上,三者是相同的;但又有細微的差別。"徵"和"辟"多用於"召他來授給他官職"的意義上,如説"徵爲郎""辟爲掾"。"召"除了用於上述意義外,還用於一般的召,而且不限於君召臣。如《禮記·曲禮上》:"父召無諾。""徵"和"辟"(尤其是辟)不能這樣用。

383.【收】

(一)逮捕。《詩經·大雅·瞻卬》:"此宜無罪,女反~之。"《後漢書·班超傳》:"如令鄯善~吾屬,送匈奴,骸骨長爲豺狼食矣。"又:"遂叱吏士~廣汎等,於陳睦故城斬之。"

(二)收取,收掩。《左傳·僖公三十二年》:"余~爾骨焉。"韓愈《左遷至藍關示姪孫湘》詩:"好~吾骨瘴江邊。"

(三)聚集,收集。《史記·陳涉世家》:"行~兵。"《後漢書·光武帝紀》:"出城南門,於外~兵。"又爲收取。《史記·淮陰侯列傳》:"漢輒使人~其精兵。"

(四)收容,接納。《左傳·僖公四年》:"辱~寡君。"

(五)割取成熟的農作物。《荀子·天論》:"畜積~臧於秋冬。"(臧:藏。)《史記·太史公自序》:"夫春生,夏長,秋~,冬藏,此天道之大經也。"

384.【發】

(一)把箭射出去。《詩經·召南·騶虞》:"壹~五豝。"《孟子·公孫丑上》:"射者正己而後~。"《史記·項羽本紀》:"樓煩目不敢視,手不敢~。"現代"~砲"的"發"和量詞"若干~砲彈"的

"發"由此發展而來。引申爲派出,派遣。《戰國策·楚策四》:"於是使人~騶徵莊辛於趙。"《史記·淮陰侯列傳》:"~使使燕。"《漢書·龔遂傳》:"郡聞新太守至,~兵以迎。"現代有雙音詞"打~"。

(二)出,出發。《莊子·養生主》:"是以十九年而刀刃若新~於硎。"又《秋水》:"夫鵷鶵~於南海,而飛於北海。"《楚辭·九章·哀郢》:"~郢都而去閭兮。"今成語有"朝~夕至"。引申爲起,起用。《孟子·告子下》:"舜~於畎畝之中。"

(三)啟封,開。《戰國策·齊策四》:"書未~。"《史記·淮陰侯列傳》:"韓信使者至,~書。"《莊子·胠篋》:"將爲胠篋、探囊、~匱之盜而爲守備。"又特指開糧倉賑濟災民。《孟子·梁惠王上》:"塗有餓莩而不知~。"又特指花開。杜甫《立春》詩:"忽憶兩京梅~時。"李商隱《無題》詩:"春心莫共花爭~。"又引申爲掀開。《史記·項羽本紀》:"於是大風從西北而起,折木~屋。"又用於抽象意義,啟發。《論語·述而》:"不憤不啟,不悱不~。"又爲闡發。《論語·爲政》:"退而省其私,亦足以~。"

385.【封】

(一)加土培育樹木。《左傳·昭公二年》:"宿(季武子)敢不~殖此樹。"引申爲聚土築墳。《左傳·文公三年》:"~殽尸而還。"《禮記·樂記》:"~王子比干之墓。"

(二)古代帝王把土地分給人作爲他的領土或食邑。《孟子·告子下》:"周公之~於魯,爲方百里也。"《史記·項羽本紀》:"項氏世世爲楚將,~於項,故姓項氏。"又《魏公子列傳》:"安釐王即位,~公子爲信陵君。"

(三)古代帝王在泰山上築壇祭天。《大戴禮·保傅》:"~泰山而禪梁父。"(在泰山旁的梁父山築壇祭地叫禪。)《史記·秦始皇本紀》:"議~禪望祭山川之事。"《水經注·汶水》:"光武~泰山。"

(四)界域,疆界。《左傳·僖公三十年》:"既東~鄭,又欲肆其西~。"又《成公三年》:"次及於事,而帥偏師以修~疆。"後代有"~疆大臣"的説法。

(五)大。《左傳·定公四年》:"吳爲~豕長蛇,以薦食上國。"《楚辭·離騷》:"羿淫遊以佚田兮,又好射夫~狐。"(羿 yì:人名。夏時的諸侯。田:畋獵。)引申爲厚。《國語·晉語八》:"引黨以~己。"又《楚語下》:"是勤民以自~也。"

(六)封閉,封合。《戰國策·齊策四》:"齊王聞之……~書謝孟嘗君曰。"杜甫《寄杜位》詩:"~書兩行淚。"

386.【棄】

拋棄。《左傳·宣公二年》:"~人用犬,雖猛何爲?"《戰國策·趙策三》:"彼秦者,~禮義而上首功之國也。""棄市"二字連用,表示在市上處以死刑,爲人所共棄。《史記·高祖本紀》:"誹謗者族,偶語者~市。"引申爲違背,背棄。《左傳·宣公二年》:"~君之命,不信。"今成語有"背信~義"。

387.【俟】(竢)

讀 sì,等待。《詩經·邶風·靜女》:"~我於城隅。"《論語·先進》:"如其禮樂,以~君子。"《楚辭·離騷》:"願~時乎吾將刈。"賈誼《弔屈原賦》:"~罪長沙。"

388.【遷】

(一)變換地方,遷移。《詩經·衛風·氓》:"以爾車來,以我賄~。"《楚辭·九章·哀郢》:"方仲春而東~。"又爲轉移。《論語·雍也》:"不~怒,不貳過。"

（二）〔官吏〕調職。有時指昇官。《史記·屈原賈生列傳》："孝文帝悅之，超~，一歲中至大中大夫。"《漢書·霍光傳》："稍~諸曹侍中。"又《張禹傳》："由是~光禄大夫。"嵇康《與山巨源絶交書》："間聞足下~，悵然不喜。"有時指降職。爲區别於昇官，說"左遷"（古人以"右"爲尊，以"左"爲下）。《史記·張丞相列傳》："吾極知其左~。"〔~客〕降職到外地做官的人。李白《黄鶴樓聞笛》詩："一爲~客去長沙。"范仲淹《岳陽樓記》："~客騷人，多會於此。"

389.【徙】

（一）遷移。《論語·述而》："聞義不能~，不善不能改，是吾憂也。"《漢書·張禹傳》："~家蓮勺。"

（二）調職，多指降職。《史記·淮陰侯列傳》："~齊王信爲楚王。"又《魏其武安侯列傳》："上恐太后誅夫，~爲燕相。"

〔辨〕遷，徙。"遷"和"徙"相近，但就其本義來説，則差别較大。"遷"原指由下到上的遷移（《説文》"遷，登也"）。所以《詩經·小雅·伐木》説："出自幽谷，遷於喬木。"又《周易·益》："君子以見善則遷，有過則改。"遷善就是向上。由此引申，那麽"遷官"和"徙官"也就不同：遷是昇遷，徙是調職或降職。《史記》《漢書》於這兩個字的用法有别。例如《史記·萬石君列傳》，石奮由太子傅降爲諸侯相，稱爲"徙"（"徙奮爲諸侯相"）；石慶由太子傅昇爲御史大夫，稱爲"遷"（"遷爲御史大夫"）。又《張丞相列傳》，高祖想讓周昌去輔佐愛子趙王如意，把周昌由御史大夫調爲趙相，很感歉然，委婉地説"極知其左遷"，但《史記》敘事時仍説："徙御史大夫周昌爲趙相。"

390.【遺】

（一）失掉。《詩經・小雅・谷風》："棄予如～。"引申爲忘掉，忽略。《史記・淮陰侯列傳》："審毫釐之小計，～天下之大數。"司馬遷《報任安書》："次之又不能拾～補闕。"

（二）留下來的。《孟子・公孫丑上》："其故家～俗，流風善政，猶有存者。"《列子・湯問》："鄰人京城氏之孀妻有～男。"

（三）讀 wèi，去聲。留給，送給。《左傳・隱公元年》："小人有母，皆嘗小人之食矣，未嘗君之羹。請以～之。"又《宣公二年》："今近焉，請以～之。"引申爲餽贈，贈送。《史記・魏公子列傳》："欲厚～之，不肯受。"又特指送信。《史記・魏公子列傳》："公子姊爲趙惠文王弟平原君夫人，數～魏王及公子書。"《搜神記・韓憑夫婦》："妻密～憑書。"

391.【失】

（一）喪失，失掉。跟"得"相對。《孟子・公孫丑上》："故久而後～之也。"《莊子・徐无鬼》："郢人立不～容。"引申爲錯過。《孟子・梁惠王上》："雞豚狗彘之畜，無～其時。"《史記・淮陰侯列傳》："時者難得而易～也。"

（二）做錯了事情，動詞。又名詞，也跟"得"相對。《史記・魏公子列傳》："我豈有所～哉？"又《淮陰侯列傳》："臣聞智者千慮，必有一～；愚者千慮，必有一得。"現代有雙音詞"過～"。

392.【存】

（一）存在，不及物動詞。跟"亡"相對。《史記・淮陰侯列傳》："置之亡地而後～。"又《游俠列傳》："侯之門，仁義～。"《莊子・胠篋》："諸侯之門，而仁義～焉。"又使動用法，表示使不死，使不亡。《史記・魏公子列傳》："已卻秦～趙。"

（二）思念，關心。《詩經・鄭風・出其東門》：“雖則如雲,匪我思~。”引申爲問候。《史記・魏公子列傳》：“臣迺市井鼓刀屠者,而公子親數~之。”曹操《短歌行》：“越陌度阡,枉用相~。”

393.【處】

（一）讀 chǔ。居住。《左傳・僖公四年》：“君~北海,寡人~南海。”《周易・繫辭下》：“上古穴居而野~。”引申爲立身,存身。揚雄《解嘲》：“~不諱之朝。”

（二）名詞,讀 chù。居住的地方。司馬遷《報任安書》：“何~不勉焉?”崔顥《長干行》：“君家住何~?”

（三）讀 chǔ。治,作,施行。《老子》二章：“是以聖人~無爲之事,行不言之教。”引申爲安排,安置。《漢書・張安世傳》：“上自~置其里居。”又爲按照過失大小,給以適當的安排,懲戒。今有雙音詞“~分”“判~”。

394.【坐】

（一）古人鋪席於地,兩膝著席,臀部壓在腳跟上,叫做“坐”。《論語・鄉黨》：“席不正不~。”又《先進》：“冉有公西華侍~。”舊讀上聲。

（二）坐位,名詞。《史記・項羽本紀》：“請以劍舞,因擊沛公於~殺之。”又《魏公子列傳》：“公子引侯生坐上~。”在這種意義上後來寫作“座”,讀去聲。陶潛《詠荆軻》詩：“飲餞易水上,四座列羣英。”

（三）因……犯的罪（或錯誤）。《漢書・龔遂傳》：“羣臣~陷王於惡不道,皆誅死者二百餘人。”《後漢書・光武帝紀》：“吾昔以虎牙將軍圍翟義,~不生得以見責讓。”［~法］犯法（因而受到處分）。《史記・魏其武安侯列傳》：“~法去官。”《漢書・灌夫傳》：“~法免。”［隨~］連坐。《史記・廉頗藺相如列傳》：“妾得無隨~乎?"

（四）因。樂府相和歌辭《陌上桑》："來歸相怨怒,但~觀羅敷。"

395.【遇】

（一）碰見(不是約會的見面)。《詩經·鄭風·野有蔓草》："邂逅相~。"《論語·陽貨》："~諸塗。"又用於抽象的意義。《莊子·養生主》："臣以神~而不以目視。"《詩經·王風·中谷有蓷》："~人之不淑矣。"

（二）對待,待遇。《史記·魏公子列傳》："然公子~臣厚。"又《淮陰侯列傳》："漢王~我甚厚。"又："不如因而立,善~之。"

（三）被君主信任,得行其道,叫作遇。《孟子·梁惠王下》："吾之不~魯侯,天也。"又《公孫丑下》："千里而見王,不~故去。"杜甫《相從歌》："垂老~君未恨晚。"〔知~〕被君主或在上位者賞識並受到特別好的待遇。《北史·宋弁傳》："因是大被知~。"也說"~知"。韓愈《送李愿歸盤谷序》："大丈夫之~知於天子。"

396.【接】

（一）交接,接觸。《孟子·梁惠王上》："兵刃既~。"《楚辭·九歌·國殤》："車錯轂兮短兵~。"又用於抽象意義。嵇康《與山巨源絕交書》："久與事~,疵釁日興。"現代變爲雙音詞"~觸""~近"。注意:古代"接"字不當"連"講,但"連"的意義是從"接觸"發展來的。

（二）交際,招待。《孟子·萬章下》："其交也以道,其~也以禮。"《史記·屈原列傳》："出則~遇賓客。"又《魏公子列傳》："然信陵君之~巖穴隱者,不恥下交,有以也。"現代有雙音詞"~待"。注意:古代的"接"字不當"迎"講,但"迎"的意義是從"交際"的意義發展來的。

397.【承】

（一）捧着。《左傳·成公十六年》：“使行人執榼~飲。”（行人：掌管出使聘問的大夫。榼 kè：盛酒的器皿。）《漢書·文帝紀》：“持節~詔。”引申爲雙手接受。多用於抽象意義，表示在下的接受在上的吩咐，命令，恩惠等。《左傳·僖公十五年》：“敢不~命。”賈誼《弔屈原賦》：“恭~嘉惠兮，俟罪長沙。”又引申爲承擔，擔任。《左傳·成公二年》：“敢告不敏，攝官~乏。”（乏：指人材缺乏。）[~歡]奉承君王的歡顏。用於貶義。《楚辭·九章·哀郢》：“外~歡之汋約兮。”後代用於褒義。白居易《長恨歌》：“~歡侍宴無閑暇。”也指侍奉父母。後代有“~歡膝下”的説法。

（二）繼承。《詩經·小雅·天保》：“如松柏之茂，無不爾或~。”《三國志·吳書·魯肅傳》：“孤~父兄餘業。”

398.【扶】

攙着，攙起。《論語·季氏》：“危而不持，顚而不~。”引申爲輔佐。杜甫《秋日夔州詠懷一百韻》：“耿賈~王室，蕭曹拱御筵。”（耿：耿弇。賈：賈復。都是光武帝的名將。蕭：蕭何。曹：曹參。都是漢高祖的功臣。）[~疏]樹木枝葉茂密四布的樣子。揚雄《解嘲》：“枝葉~疏。”陶潛《讀山海經》詩：“孟夏草木長，繞屋樹~疏。”

399.【刺】

（一）扎，用尖長的武器殺傷。《孟子·梁惠王上》：“是何異於~人而殺之。”《史記·淮陰侯列傳》：“信能死，~我；不能死，出我袴下！”

（二）用尖鋭的話指出別人的壞處。《詩經·魏風·葛屨》：“維是褊心，是以爲~。”《漢書·龔遂傳》：“面~王過，王至掩耳起走。”後代“諷刺”“譏刺”的意義由此發展而來，但是後代所謂“諷刺”“譏刺”往往是用旁敲側擊的話去指摘別人的錯誤或缺點，而上古所謂“刺”則多是直接指出過錯。

（三）名刺（後起義），相當於後世的名片。《後漢書·禰衡傳》：“建安初，來遊許下，始達潁川，乃陰懷一～，既而無所之適，至於～字漫滅。”

注意：“刺”不等於“剌”。“剌”從“束”，“剌”從“束”。“剌”讀 là。

400.【折】

（一）讀 zhé，及物動詞。把東西弄斷。《詩經·鄭風·將仲子》：“無～我樹杞。”〔～獄〕斷案，判斷訟事。《周易·豐》：“君子以～獄致刑。”《論語·顏淵》：“片言可以～獄者，其由也與！”（由：仲由。）引申爲挫折，特指軍事上的挫敗。《史記·淮陰侯列傳》：“～北不救。”《三國志·吳書·周瑜傳》：“今曹操新～衂，方憂在腹心。”（衂 nǜ：挫折。）

（二）不及物動詞。斷了。《左傳·昭公十一年》：“末大必～。”《淮南子·天文》：“〔共工〕怒而觸不周之山，天柱～，地維絕。”岑參《白雪歌》：“北風卷地白草～。”這個意義後來讀 shé。

（三）讀 zhē。轉，反轉。《戰國策·西周策》：“周必～而入於韓。”引申爲彎曲。《淮南子·覽冥》：“河九～注於海。”《晉書·陶潛傳》：“吾不能爲五斗米～腰。”李白《夢遊天姥吟留別》詩：“安能摧眉～腰事權貴？”又爲使理屈。胡銓《上高宗封事》：“引古誼以～之。”

401.【戮】

(一)殺,處決,處以死刑。《左傳·成公三年》:"首其請於寡君而以~於宗。"《史記·項羽本紀》:"梁父即楚將項燕,爲秦將王翦所~者也。"在這個意義上也寫作"僇"。

(二)"戮力"二字連用,表示"合力""併力"的意思。《史記·項羽本紀》:"將~力而攻秦。"又《淮陰侯列傳》:"相與~力攻秦。"在這個意義上又寫作"勠"。

402.【問】

(一)提出問題,詢問。《左傳·隱公元年》:"敢~何謂也?"引申爲追究,責問。《左傳·僖公四年》:"昭王南征而不復,寡人是~。"《漢書·龔遂傳》:"吏毋得~。"又爲問候,慰問。《漢書·張禹傳》:"太官致餐,侍醫視疾,使者臨~。"

(二)贈送,餽贈。《詩經·鄭風·女曰雞鳴》:"雜佩以~之。"漢樂府《有所思》:"何用~遺君?"

(三)音信,書信。曹丕《與吳質書》:"書~致簡。"

403.【對】

(一)回答在上的提問。《左傳·隱公元年》:"公問之。~曰:'小人有母,皆嘗小人之食矣,未嘗君之羹。'"《論語·雍也》:"哀公問:'弟子孰爲好學?'孔子~曰:'有顏回者好學,不遷怒,不貳過。不幸短命死矣。今也則亡!未聞好學者也。'"注意:有時"對"並不是真回答什麼問題,祇是在上的説了,在下的接着説,也叫"對"。《左傳·隱公元年》:"公語之故,且告之悔。~曰:'君何患焉?'"又《宣公二年》:"曰:'吾知所過矣,將改之。'稽首而~曰:'人誰無過?'"注意:在古代漢語裏"對"字一般祇用於對上回答,對下回答則不用"對"。《論語·先進》:"子貢問:'師與商也孰賢?'子曰:'師也過,商也不及。'"這裏不能説"子對曰"。

（二）面對。《史記·萬石君列傳》:"~案不食。"曹操《短歌行》:"~酒當歌。"

404.【許】

（一）應允。跟"辭"相對。《左傳·隱公元年》:"亟請於武公,公弗~。"又《僖公五年》:"弗聽,~晉使。"《漢書·張禹傳》:"以老病乞骸骨,上加優再三,迺聽~。"現代有雙音詞"允~"。注意:上古的"許"字和現代的"許",意義雖然非常相近,但是不完全相同。上古的"許"字一般衹有"應允"的意思,沒有"容許"的意思。

（二）表示不能確定的零數。吳均《與宋元思書》:"自富陽至桐廬,一百~里。"《水經注·漸江水》:"山有石壁二十~丈。"［幾~］多少。《古詩十九首》:"河漢清且淺,相去復幾~?"

（三）［何~］何處。陶潛《五柳先生傳》:"先生不知何~人也。"又爲如何,怎樣。謝朓《在郡臥病》詩:"良儀意何~?"［如~］這樣。指達到這樣程度。朱熹《觀書有感》詩:"問渠那得清如~? 爲有源頭活水來。"

405.【省】

（一）讀 xǐng。視,視察,察看。《周禮·春官·大宗伯》:"~牲鑊。"（牲:作祭品的牛羊豕。鑊 huò:煮牲的器具。）《禮記·月令》:"命有司~囹圄,去桎梏。"（囹圄 língyǔ:監獄。）引申爲看望父母,探望尊長。《禮記·曲禮上》:"昏定而晨~。"（昏定:指伺候父母安睡。）《三國志·吳書·周瑜傳》:"瑜從父尚爲丹陽太守,瑜往~之。"《洛陽伽藍記·王子坊》:"江陽王繼來~疾。"後代説"~親""歸~"則專指探望父母,非親屬關係則很少用"省"了。引申爲檢查,反省。《論語·學而》:吾日三~吾身。"又《爲政》:"退而~其私。"《荀子·勸學》:"君子博學而日參~乎己。"注意:這些意義都不能讀 shěng。

(二)讀 shěng。減少。《左傳·僖公二十一年》:"貶食~用。"今熟語有"~吃儉用"。

(三)讀 shěng。天子所居之地,宮禁。"省中"即"宮中"。《漢書·昭帝紀》載:漢昭帝即位時纔八歲,讓他的姐姐在"省中"照顧他的生活。引申爲國家的中央行政機關名稱。《晉書·張華傳》:"齊王冏輔政,摯虞致箋於冏曰:'間於張華没後入中書~,得華先帝時答詔本草。'"《洛陽伽藍記·景明寺》:"~府之決疑。"唐有六省,"尚書省"爲其中之一。杜甫《醉時歌》:"諸公衮衮登臺~。"元代中央行政機關叫"中書省",又於各路(各行政區)設"行中書省"(中書省的派出機關),簡稱"行省",最後又簡稱爲"省"。現在的"省"由此發展而來。

406.【審】

(一)詳細,詳盡。《禮記·中庸》:"博學之,~問之。"引申爲明白,清楚,確實。司馬遷《報任安書》:"由此言之,勇怯,勢也;彊弱,形也,~矣。"

(二)觀察,審察。《吕氏春秋·察傳》:"聞而~,則爲福矣;聞而不~,不若不聞矣。"賈誼《過秦論》下:"察盛衰之理,~權勢之宜。"

407.【慮】

思量,打算,考慮。《論語·衛靈公》:"人無遠~,必有近憂。"《史記·淮陰侯列傳》:"臣聞智者千~,必有一失;愚者千~,必有一得。"又:"願足下孰~之。"引申爲心思,意念。《孟子·告子下》:"困於心,衡於~,而後作。"《楚辭·卜居》:"心煩~亂,不知所從。"

注意:古代的"慮"不當"憂愁""耽心"講,跟"憂"區別很嚴。

[辨]計,慮,圖,謀。這四個字是同義詞,其間祇有細微的分別。"計"是心中盤算,着重在訂計畫或定計策;"慮"是反復思考,着重在把事情想透;"圖"是考慮後有所決定,有時表示打算對付別人;"謀"的意義比較接近"圖",但它又另有咨詢的意思。四個字常常可以相通,所以"熟慮"可以説成"熟計","宏圖"可以説成"宏謀";有時常常對文,如"深謀遠慮""詐謀奇計"等。

408.【怨】

(一)心懷不滿,埋怨,抱怨。《左傳·襄公三十一年》:"我聞忠善以損~,不聞作威以防~。"《論語·憲問》:"~天,不尤人。"《楚辭·離騷》:"~靈脩之浩蕩兮,終不察夫民心。"

(二)恨。《左傳·成公三年》:"子其~我乎?"《史記·魏其武安侯列傳》:"武安於是大~灌夫魏其。"用作名詞,表示仇恨。《左傳·成公三年》:"無~無德,不知所報。"《孟子·梁惠王上》:"構~於諸侯。"今成語有"恩~分明"。

409.【忍】

(一)忍耐。《左傳·成公二年》:"吾子~之。"《論語·衛靈公》:"小不~則亂大謀。"

(二)狠心。《史記·項羽本紀》:"君王爲人不~。"又爲兇殘,如説"殘~"。

(三)忍心。《孟子·梁惠王上》:"臣固知王之不~也。"又:"見其生,不~見其死;聞其聲,不~食其肉。"

410.【快】

(一)高興。《孟子·梁惠王上》:"然後~於心與?"又:"吾何~於是?"《史記·魏公子列傳》:"公子行數里,心不~。"現代有成語

“親痛仇~”“拍手稱~”和雙音詞“愉~”“~樂”“痛~”等。

（二）迅疾，速。《晉書·王湛傳》：“此馬雖~，然力薄不堪苦行。”樂府《折楊柳歌辭》：“健兒須~馬，~馬須健兒，跛跋黃塵下，然後別雄雌。”

411.【興】

（一）起，起來。《論語·衛靈公》：“從者病，莫能~。”《三國志·吳書·周瑜傳》：“瑜乃自~，案行軍營。”引申爲舉，發。《孟子·梁惠王上》：“抑王~甲兵，危士臣。”《三國志·吳書·周瑜傳》：“孫堅~義兵，討董卓。”

（二）發達，昌盛。跟“廢”相對。《論語·子路》：“事不成，則禮樂不~。”司馬遷《報任安書》：“稽其成敗~壞之紀。”

（三）讀 xìng，去聲，興致，興趣（後起義）。《世說新語·任誕》：“吾本乘~而行，~盡而返。”

412.【廢】

（一）捨棄，停止，廢棄。《論語·微子》：“長幼之節不可~也。”《孟子·梁惠王上》：“然則~釁鐘與？”

（二）衰敗。跟“興”相對。《孟子·離婁上》：“國之所以~興存亡者亦然。”引申爲無用的。如說“~物”“作~”。

（三）除去職位。有時指皇帝被廢。《漢書·霍光傳》：“古者~放之人，屏於遠方。”（屏 bǐng：棄。）有時指官吏被廢（革職）。歐陽修《蘇氏文集序》：“子美官至大理評事集賢校理而~。”

（四）殘廢。《莊子·讓王》：“右手攫之，則左手~。”特指癱瘓。《史記·淮陰侯列傳》：“項王喑噁叱咤，千人皆~。”（廢：指嚇得像癱瘓一樣。）《後漢書·鄭玄傳》：“起~疾。”（能使手足癱瘓者站起來。）

(五)疲極不能行動。《論語・雍也》:"力不足者,中道而~。"
《禮記・中庸》:"君子遵道而行,半塗而~,吾弗能已矣。"

413.【變】

(一)改變,變動,變化。《戰國策・楚策四》:"襄王聞之,顏色~作。"《孟子・公孫丑上》:"久則難~也。"

(二)事變。特指天象的某些變化。古人迷信,認爲天象變化是上天對最高統治者的警告。《漢書・張禹傳》:"上懼~異數見。"又:"親問禹以天~。"又指自然災異或人事方面的禍患(如叛亂等)。《史記・淮陰侯列傳》:"善遇之,使自爲守,不然~生。"又:"舍人弟上~,告信欲反狀於呂后。"

414.【曲】

(一)彎曲。跟"直"相對。《荀子・勸學》:"其~中規。"[河~]黃河彎曲處,指今山西永濟一帶。《列子・湯問》:"河~智叟笑而止之。"[心~]内心深處。《詩經・秦風・小戎》:"亂我心~。"引申爲理屈。也跟"直"相對。《左傳・僖公二十八年》:"我~楚直。"又爲邪曲,不正派。《戰國策・秦策五》:"以~合於趙王。"《楚辭・離騷》:"背繩墨以追~兮。"(這裏"曲"字雙關:既指曲折,又指邪曲。)

(二)偏僻的鄉村,鄉里。都是對通都大邑而言。《莊子・秋水》:"~士不可以語於道者,束於教也。"[鄉~](1)指遠離通都大邑的僻鄉。《史記・游俠列傳・序》:"誠使鄉~之俠,予季次、原憲比權量力,效功於當世,不同日而論矣。"(予:與。季次、原憲:皆孔子弟子。)司馬遷《報任安書》:"長無鄉~之譽。"(2)家庭久居的地方,本鄉本土。《戰國策・秦策一》:"出婦嫁鄉~者,良婦也。"

(三)局部,一部分。跟"全"相對。《老子》二十二章:"~則全,枉則直。"《荀子·解蔽》:"凡人之患,蔽於一~,而闇於大理。"
(闇 àn:不明。)

（四）讀 qǔ。歌曲,樂曲。《宋玉對楚王問》:"是其~彌高,其
和彌寡。"《三國志·吳書·周瑜傳》:"故時人謠曰:'~有誤,周郎
顧。'"按:歌曲的"曲"古與曲直的"曲"同音(都讀入聲),今普通話
有別。

415.【直】

（一）不彎曲。跟"曲"相對,又跟"枉"相對。《荀子·勸學》:
"木~中繩。"引申爲正直。《論語·衛靈公》:"~哉史魚!"(史魚:
人名。)又《顏淵》:"能使枉者~。"(枉:不正直。)《楚辭·離騷》:
"伏清白以死~兮。"引申爲有理。《左傳·僖公二十八年》:"師~
爲壯。"用作動詞時,表示認爲有理。《史記·魏其武安侯列傳》:
"上自魏其時,不~武安。"

（二）當,對着。《儀禮·士冠禮》:"~東序西面。"(序:廂房。)
《史記·匈奴列傳》:"諸左方王將居東方,~上谷。"(上谷:郡名。)
《漢書·刑法志》:"魏之武卒,不可以~秦之銳士。"引申爲輪值,輪
班。《晉書·羊祜傳》:"悉統宿衞,入~殿中。"這個意義又寫作
"值"。

（三）物與價相當,價值。《戰國策·齊策三》:"象牀之~千
金。"(象牀:象牙做的牀。)《史記·平準書》:"乃以白鹿皮方尺,緣
以藻繢,爲皮弊,直四十萬。"又《魏其武安侯列傳》:"生平毀程不識
不~一錢。"《洛陽伽藍記·白馬寺》:"白馬甜榴,一實~牛。"又爲
報酬。《後漢書·班超傳》:"爲官寫書受~,以養老母。"這個意義
後來寫作"值"。

（四）副詞。意義略同"特",表示"衹""衹是""但"的意思。

《孟子·梁惠王上》:"～不百步耳,是亦走也。"《戰國策·魏策四》:
"雖千里不敢易也,豈～五百里哉?"

(五)副詞。簡直。《韓非子·三守》:"然則羣臣～莫敢忠主憂
國以爭社稷之利害。"杜甫《八月十五夜月》詩:"此時瞻白兔,～欲
數秋毫!"林升《題臨安邸》詩:"暖風薰得遊人醉,～把杭州作
汴州!"

416.【長】

(一)長。跟"短"相對。《詩經·秦風·蒹葭》:"道阻且～。"
引申爲時間久。《老子》七章:"天～地久。"又用爲副詞,表示永遠
地,長遠地。《莊子·秋水》:"吾～見笑於大方之家。"

(二)擅長。《孟子·公孫丑上》:"敢問夫子惡乎～?"《莊子·
列禦寇》:"一悟萬乘之主而從車百乘者,商之所～也。"

(三)讀 zhǎng,上聲。滋生,滋長,生長。《孟子·公孫丑上》:
"勿助～也。"又:"予助苗～矣。"引申爲人的成長。《論語·憲問》:
"幼而不孫弟,～而無述焉,老而不死,是爲賊。"(孫:遜。弟:"悌"
的本字。)《三國志·吳書·周瑜傳》:"瑜～壯有姿貌。"

(四)也讀 zhǎng。年紀大的。跟"幼"相對。《論語·微子》:
"～幼之節不可廢也。"[～者](1)老者。《孟子·梁惠王上》:"爲～
者折枝。"(2)有道德的人,忠厚的人。《史記·項羽本紀》:"吾知
公～者。"《漢書·龔遂傳》:"君安得～者之言而稱之?"

(五)也讀 zhǎng。官名,小於縣令。大縣的長官叫"令",小縣
的長官叫"長"。《三國志·吳書·周瑜傳》:"瑜觀術終無所成,求
爲居巢～。"又:"後領春穀～。"又秦時縣之下設亭,亭有亭長。《史
記·項羽本紀》:"烏江亭～檥船待。"

417.【小】

小。跟"大"相對。《戰國策·楚策四》:"夫黃雀其~者也。"《孟子·梁惠王下》:"曰:'若是其大乎?'曰:'民猶以爲~也。'"又特指邪惡的人,壞人。《詩經·邶風·柏舟》:"憂心悄悄,愠于羣~。"《漢書·龔遂傳》:"今大王親近羣~,漸漬邪惡。"[~人](1)小民,庶人。跟"大人""君子"相對。《孟子·滕文公上》:"有大人之事,有~人之事。"《論語·陽貨》:"君子學道則愛人,~人學道則易使也。"封建統治者輕視勞動人民,稱之爲"小人",而且加以汙蔑。"小人"又用來謙稱自己。《左傳·隱公元年》:"~人有母,皆嘗~人之食矣,未嘗君之羹。"(2)品德不好的人。跟"君子"相對。《禮記·大學》:"~人閒居爲不善。"[~子](1)老師對學生的稱呼。《禮記·檀弓下》:"~子識之,苛政猛於虎也。"《論語·陽貨》:"~子何莫學夫詩?"又《先進》:"~子鳴鼓而攻之可也。"(2)對神或尊長謙稱自己。《尚書·湯誓》:"悉聽朕言,非台~子,敢行稱亂。"(台:代詞,我。)又《金縢》:"予~子新命于三王。"《史記·太史公自序》:"遷俯首流涕曰:'~子不敏,請悉論先人所次舊聞弗敢闕。'"

418.【貪】

不擇手段地取得財物。跟"廉"相對。《左傳·襄公二十三年》:"~貨棄命。"引申爲對各種東西不知滿足地追求。《左傳·文公十八年》:"~于飲食。"《楚辭·離騷》:"眾皆競進以~婪兮,憑不厭乎求索。"

419.【廉】

(一)堂的邊。《儀禮·鄉飲酒》:"設席于堂~東上。"[~隅]廉是邊,隅是角。比喻操守,氣節。《禮記·儒行》:"砥礪~隅。"成語有"~隅自守"。

（二）在財物的取與上要求自己嚴格，不貪。跟"貪"相對。《孟子‧離婁下》："可以取，可以無取，取傷~。"又《滕文公下》："陳仲子豈不誠~士哉?"引申爲清白高潔，潔身自愛，有節操。《楚辭‧卜居》："寧~潔正直以自清乎?"又："誰知吾之~貞?"［孝~］漢代選舉制度中由郡國推薦的合格者的稱號（意思指既孝且廉的人）。《漢書‧武帝紀》："初令郡國舉孝~。"

（三）價格低（後起義）。王禹偁《黃岡竹樓記》："以其價~而工省也。"

420.【輕】

分量小。跟"重"相對。《孟子‧梁惠王上》："權，然後知~重。"《楚辭‧卜居》："蟬翼爲重，千鈞爲~。"引申爲容易，輕易。《孟子‧梁惠王上》："故民從之也~。"晁錯《論貴粟疏》："此令臣~背其主而民易去其鄉。"又爲輕視。《戰國策‧魏策四》："而君逆寡人者，~寡人與?"《漢書‧龔遂傳》："宣帝望見，不副所聞，心內~焉。"

421.【重】

（一）讀 zhòng。分量大。跟"輕"相對。《孟子‧滕文公上》："麻縷絲絮輕~同，則賈相若。"引申爲重要。《孟子‧告子下》："色與禮孰~?"又爲看重，重視。《莊子‧刻意》："衆人~利，廉士~名。"又引申爲莊重，厚重，不輕率。《論語‧學而》："君子不~則不威，學則不固。"又爲隆重。《左傳‧成公三年》："~爲之禮而歸之。"又爲貴重。《戰國策‧趙策四》："而挾~器多也。"［輜~］軍用的糧草、器械等物品。《史記‧淮陰侯列傳》："從間道絕其輜~。"

（二）讀 chóng，形容詞。重疊的，重複的。《周易‧繫辭下》："~門擊柝，以待暴客。"（擊柝 tuò：打更。）《荀子‧賦篇》："~樓疏堂。"又名詞，表示"層"。《莊子‧列禦寇》："夫千金之珠必在九~

之淵。”《史記·項羽本紀》：“漢軍及諸侯兵圍之數~。”又爲再，加上，增加。動詞（在這個意義上又讀 zhòng）。《楚辭·離騷》：“紛吾既有此内美兮，又~之以脩能。”《後漢書·范滂傳》：“今子相隨，是~吾禍也。”

422.【狂】

（一）狗發瘋。《晉書·五行志》：“早歲，犬多~死。”引申爲人瘋癲。《吴越春秋》卷三：“子胥之吴，乃被髮佯~，跣足塗面，行乞於市。”《史記·淮陰侯列傳》：“蒯通説不聽，已詳~爲巫。”又爲一般的失卻常態，狂亂，《老子》十二章：“馳騁田獵，令人心發~。”又引申爲放蕩，不受拘束。《論語·陽貨》：“古之~也肆，今之~也蕩。”《漢書·酈食其傳》：“然吏、縣中賢豪不敢役，皆謂之~生。”王維《輞川閒居贈裴秀才迪》詩：“~歌五柳前。”（五柳：陶淵明自號五柳先生。）又爲浮誇，虚妄。如説“~妄”。

（二）聲勢大的。韓愈《進學解》：“迴~瀾於既倒。”今成語有“~風暴雨”。

423.【殆】

（一）危險。《莊子·秋水》：“吾非至於子之門，則~矣。”

（二）副詞。表示推測或不肯定，大概，恐怕，也許。《孟子·梁惠王上》：“~有甚焉。”《文心雕龍·情采》：“言隱榮華，~謂此也。”

424.【危】

（一）高。《莊子·盜跖》：“使子路去其~冠，解其長劍。”《列子·黄帝篇》：“履~石，臨百仞之淵。”李白《蜀道難》詩：“噫吁戲，~乎高哉！”引申爲不穩，不安定。《論語·季氏》：“~而不持。”又《泰伯》：“~邦不入。”成語有“居安思~”“高而不~”。引申爲危險，危急。《孟子·梁惠王上》：“上下交征利，而國~矣。”《論語·子

張》："士見~致命。"又使動用法,表示使危險,使受到危害。《孟子·
梁惠王上》："~士臣,構怨於諸侯。"

（二）二十八宿之一。

[辨]危,殆。二者都含有"危險"的意思,但"危"的應用範圍
較廣,"殆"的應用範圍較狹。"危"可以用作形容詞,及物動詞,不
及物動詞,並且有使動用法;而"殆"祇能用作不及物動詞和副詞。

425.【面】

（一）臉。《莊子·秋水》："於是焉河伯始旋其~目。"《漢書·
張禹傳》："卜者愛之,又奇其~貌。"注意:在這種意義上,古代説
"面"不説"臉"。

（二）動詞。面向,面對着。《論語·雍也》："雍也可使南~。"
（古代君主和臨民的官面向南而坐,這是説仲弓的道德足以做官
了。）又《衛靈公》："恭己正南~而已矣。"《莊子·秋水》："東~而
視,不見水端。"注意:在古代漢語裏"南面""東面"等不等於"南
方""東方"。

（三）當面。《漢書·龔遂傳》："~刺王過。"成語有"耳提~命"
"~授機宜"。

[辨]臉,面。"臉",是晚出的字（《説文》没有"臉"字）,大約
是魏晉以後纔産生的。"臉"最初指頰,並常常指婦女目下頰上可
施脂粉的部分,例如白居易《王昭君》詩:"眉銷殘黛臉銷紅。"後來
漸與"面"同義。

426.【口】

（一）嘴。《孟子·梁惠王上》："爲肥甘不足於~與?"《莊子·
胠篋》："鉗楊墨之~。"注意:在這種意義上,古人説"口"不説
"嘴"。引申爲孔穴。《墨子·備穴》："勿令離竈~。"陶潛《桃花源

記》:"山有小~,髣髴若有光。"

(二)一人叫"一口"。《孟子·梁惠王上》:"數~之家,可以無飢矣。"又:"八~之家,可以無飢矣。"《漢書·龔遂傳》:"令~種一樹榆。"[生~]活捉來的敵人,即俘虜。《後漢書·班超傳》:"斬首千餘級,多獲生~。"又:"陰緩所得生~。"

427.【齒】

(一)排列於脣前的牙。《左傳·僖公五年》:"脣亡~寒者,其虞虢之謂也。"引申爲泛指牙齒。白居易《與元九書》:"未老而~髮早衰白。"人的牙齒的生長與脱落,標志着年齡的增長,所以"齒"又引申爲歲數,年齡。《孟子·公孫丑下》:"鄉黨莫如~。"庾信《哀江南賦·序》:"藐是流離,至於暮~。"歐陽修《蘇氏文集序》:"子美之~少於予。"(子美:蘇舜欽的字。)

(二)排列,並列。《左傳·隱公十一年》:"寡人若朝於薛,不敢與諸任~。"(薛國爲任姓。"諸任"指薛的同姓國。)引申爲同類,類別。韓愈《師説》:"巫醫樂師百工之人,君子不~。""爲人所不~",意即"不爲人視爲同類"。

[辨]牙,齒。"牙"是牙牀後部的大牙,"齒"是排列在前面的牙。所以"脣亡齒寒"不能説成"脣亡牙寒"。"齒"的各種引申義"牙"都没有。

428.【耳】

(一)耳朵。《荀子·勸學》:"~不能兩聽而聰。"[~食]用耳朵吃東西,比喻對傳聞的話不加分析而就相信。《史記·六國年表·序》:"學者牽於所聞,見秦在帝位日淺,不察其終始,因舉而笑之,不敢道,此與以~食無異。"

(二)語氣詞。有"而已""罷了"的意思。("耳"是"而已"的合音字。）《孟子·梁惠王上》：“直不百步~，是亦走也。”《戰國策·齊策四》：“狡兔有三窟，僅得免其死~。”《三國志·吳書·周瑜傳》：“徒忌二袁、呂布、劉表與孤~。”這個意義又寫作“爾”。《戰國策·魏策四》：“布衣之怒，亦免冠徒跣，以頭搶地爾。”

（三）語氣詞。表示肯定。《孟子·梁惠王上》：“寡人之於國也，盡心焉~矣。”《史記·淮陰侯列傳》：“諸將易得~；至如信者，國士無雙。”又《刺客列傳》：“且吾所爲者極難~。”

429.【目】

（一）眼。《荀子·勸學》：“~不能兩視而明。”《禮記·大學》：“十~所視，十手所指。”用如動詞時表示注視或以目示意。《國語·周語上》：“國人莫敢言，道路以~。”《史記·項羽本紀》：“范增數~項王，舉所佩玉玦以示之者三。”

（二）條目。《論語·顏淵》：“顏淵曰：‘請問其~。’”

［辨］眼，目。二者爲同義詞。“目”字產生得早，大約在文字的初創時期就有了。“眼”字晚出。先秦古籍中，用“目”的多，用“眼”的少；兩漢以後的作品，用“眼”的逐漸多起來，後來在口語中竟取代了“目”的“眼睛”這一意義。“目”的其他的用法是“眼”所沒有的。

430.【指】

（一）手指。名詞。《莊子·駢拇》：“駢拇枝~，出乎性哉。”《文心雕龍·鎔裁》：“駢拇枝~，由侈於性。”引申爲用手指。動詞。《禮記·大學》：“十目所視，十手所~。”

（二）名詞。意之所指，旨趣。《孟子·告子下》：“軻也請無問其詳，願聞其~。”《漢書·藝文志·諸子略》：“今異家者，各推所長，窮知究慮，以明其~。”這個意義也寫作“旨”。《周易·繫辭下》：“其旨遠,其辭文。"

431.【飯】

(一)動詞。吃〔飯〕。《論語·述而》:"～疏食,飲水。"又使動用法,給飯吃。鄒陽《獄中上梁王書》:"甯戚～牛車下。"《史記·淮陰侯列傳》:"有一漂母見信飢,～信。"又《游俠列傳》:"夷吾桎梏,百里～牛。"注意:上古"飯"字一般用作動詞。

(二)名詞。米飯,食物。《禮記·曲禮上》:"共～不澤手。"(澤手:手沾上髒物。)又:"毋搏～。"(不把飯弄成團,一次取很多。)

動詞的"飯"舊讀上聲,名詞的"飯"讀去聲。今無別。

432.【食】

(一)吃。《左傳·隱公元年》:"～舍肉。"《戰國策·齊策四》:"長鋏歸來乎,～無魚!"

(二)讀 shí。名詞。吃的東西。《左傳·隱公元年》:"小人有母,皆嘗小人之～矣。"又《莊公十年》:"衣～所安,弗敢專也,必以分人。"

(三)讀 sì。給吃。《戰國策·齊策四》:"左右以君賤之也,～以草具。"又:"～之比門下之客。"《史記·項羽本紀》:"以惡食～項王使者。"又《淮陰侯列傳》:"解衣衣我,推食～我。"

(四)讀 sì。名詞。飯。《論語·述而》:"飯疏～,飲水。"又《雍也》:"一簞～,一瓢飲。"《左傳·宣公二年》:"而爲之簞～與肉,實諸橐以與之。"

注意:舊時名詞的"食"泛指一切食物時,讀 shí;專指飯時,讀 sì。動詞作主動用法時讀 shí;作使動用法時讀 sì。

433.【服】

(一)事,特指政務。《詩經·大雅·蕩》:"曾是在位,曾是在～。”《僞古文尚書·旅獒》：“無替厥～。”（替：廢。）用作動詞，表示從事。《禮記·曲禮上》：“～官政。”今有雙音詞“～役”“～務”。

（二）駕車的馬在中央夾轅者。《詩經·鄭風·大叔于田》：“兩～齊首，兩驂如手。”（驂 cān：在服馬兩側者。）用作動詞，表示以牛馬駕車。《周易·繫辭下》：“～牛乘馬。”賈誼《弔屈原賦》：“驥垂兩耳，～鹽車兮。”

（三）信服，服從。《尚書·舜典》：“四罪而天下咸～。”《論語·季氏》：“遠人不～而不能來也。”又爲使信服，使服從。《孟子·公孫丑上》：“以力～人者，非心服也。”

（四）衣服。《論語·先進》：“春～既成。”《孟子·告子下》：“子服堯之～。”用作動詞，表示穿或戴。《詩經·周南·葛覃》：“～之無斁。”（斁 yì：厭。）《論語·衞靈公》：“乘殷之輅，～周之冕。”（輅 lù：車。冕 miǎn：大夫以上的禮冠。）又特指喪服。按照封建的宗法制，規定居喪有五種不同質地的衣服。即：斬衰（cuī），齊（zī）衰，大功，小功，緦（sī）麻。用這五種不同的衣服，來表示死者和自己的親屬關係的遠近。引申爲居喪。《史記·魏其武安侯列傳》：“灌夫有～。”又：“夫安敢以～爲解？”

（五）吃〔藥〕。《禮記·曲禮下》：“醫不三世，不～其藥。”〔～食〕爲求長生吃藥。《古詩十九首》：“～食求神仙，多爲藥所誤。”

（六）傳說上古王畿（京都及其近郊）之外，每五百里爲一服（一區），共有五服。即：甸服，侯服，綏服，要（yāo）服，荒服。《尚書·禹貢》：“五百里甸～……五百里侯～……五百里要～……”《史記·五帝本紀》：“方五千里，至於荒～。”

（七）盛箭的器具。《詩經·小雅·采薇》：“象弭魚～。”（弭 mǐ：弓兩端受弦的地方。象弭：象牙做的弭。魚服：魚皮做的服。）

《史記·周本紀》:"檿弧箕~。"(檿 yàn:山桑。檿弧:山桑木弓。箕:木名。)這個意義又寫作"箙"。

434.【飾】

(一)打扮,裝飾。《論語·鄉黨》:"君子不以紺緅~。"(紺 gàn:天青色。緅 zōu:鐵色。飾:指衣服上鑲邊。)《文心雕龍·情采》:"夫鉛黛所以~容。"引申爲文辭方面的加工。《論語·憲問》:"行人子羽修~之。"《文心雕龍·情采》:"文采所以~言。"又:"藻~以辯雕。"引申爲掩飾。《莊子·盜跖》:"辯足以~非。"《後漢書·范滂傳》:"不得隱~。"今成語有"文過~非",雙音詞有"粉~"。

(二)名詞。服裝,服飾,修飾品。《左傳·昭公元年》:"子晳盛~入,布幣而出。"《楚辭·離騷》:"佩繽紛其繁~兮。"雙音詞有"首~"。

[辨]裝,飾。在用作名詞時,"裝"着重表示衣服,"飾"則着重表示服裝之外的一些裝飾品;在用作動詞時,"裝"衹表示裝束,"飾"則表示裝扮之後再增添些顏色或文采。在"打扮""修飾"這種意義上,"裝"衹用於具體方面,不能用在抽象的方面;"飾"則兩方面都可以用。

435.【布】

(一)麻布。古代"布帛"並稱,絲織品稱"帛",麻織品稱"布"。《孟子·滕文公上》:"許子必織~而後衣乎?"又:"~帛長短同,則賈相若。"[~衣]上古時代庶民衹能穿布衣,不能穿絲織品,所以"布衣"就成了庶人的代稱。《戰國策·魏策四》:"大王嘗聞~衣之怒乎?"《史記·淮陰侯列傳》:"始爲~衣時,貧無行。"後來又成爲一般士人的專稱。杜甫《詠懷五百字》:"杜陵有~衣,老大意轉拙。”

(二)先秦的一種貨幣。由第一意義發展而來。(在未有貨幣的時代,人們以物易物,逐漸以布作爲交換的媒介。《詩經·衞風·氓》:“抱~貿絲。”)《荀子·榮辱》:“餘刀~,有囷窌,然而衣不敢有絲帛。”(刀、布:都是錢。囷:穀倉。窌:同“窖”jiào。)

(三)陳列,展開。《左傳·昭公元年》:“~幣而出。”《禮記·中庸》:“文武之政,~在方策。”《文心雕龍·鎔裁》:“然後舒華~實。”在這種意義上,後來又寫作“佈”。現代雙音詞“分~”“宣~”“公~”都由此發展而來。

436.【斗】

(一)有柄的酒器。《詩經·大雅·行葦》:“酌以大~。”(酌:以斗取酒注入飲器中。)《史記·項羽本紀》:“玉~一雙,欲與亞父。”又:“玉~一雙,再拜奉大將軍足下。”

(二)量糧食的用具,十升爲斗。《莊子·胠篋》:“爲之~斛以量之,則並與~斛而竊之。”又:“掊~折衡,而民不爭。”引申爲容量單位。《晉書·陶潛傳》:“吾不能爲五~米折腰。”[刁~]古代行軍用的器皿,容量一斗,晝間用來煮飯,夜間用來敲擊打更。《史記·李將軍列傳》:“不擊刁~以自衞。”

(三)二十八宿之一。《詩經·小雅·大東》:“維北有~,不可以挹酒漿。”(斗:指南斗,共六星,因在箕星之北,所以説“維北有~”。)王勃《滕王閣序》:“龍光射牛~之墟。”[北~]星宿名,屬大熊星座,共七星。《楚辭·九歌·東君》:“援北~兮酌桂漿。”注意:如“斗牛”連用,都是指南斗,不是北斗。

437.【式】

(一)法式,楷模。《僞古文尚書·微子之命》:“萬邦作~。”蕭統《文選序》：“孝敬之准 ～。”用如動詞，效法，“以……爲楷模”。《後漢書・崔寔傳》：“使人主師五帝而～三王。”

（二）通“軾”。用如動詞，古人乘（立乘）車時，伏身憑扶車前的橫木（軾）以表示恭敬。《僞古文尚書・武成》：“封比干墓，～商容閭。”（商容：商代的賢人。）《禮記・檀弓下》：“夫子～而聽之。”

438.【檢】

（一）法則，法度，方式。曹丕《典論・論文》：“曲度雖均，節奏同～。”《文心雕龍・物色》：“然物有恒姿，思無定～。”

（二）收斂，檢點。《孟子・梁惠王上》：“狗彘食人食而不知～。”引申爲查看，查驗。現代有雙音詞“～查”“～驗”。

439.【英】

（一）花。《詩經・鄭風・有女同車》：“顏如舜～。”（舜：植物名，即木槿。）《楚辭・離騷》：“朝飲木蘭之墜露兮，夕餐秋菊之落～。”陶潛《桃花源記》：“落～繽紛。”引申爲文采，辭藻。《文心雕龍・情采》：“必術既形，～華乃贍。”

（二）人物之美的，傑出的。《禮記・禮運》：“大道之行也，與三代之～，丘未之逮也。”《孟子・盡心上》：“得天下～才而教育之。”陶潛《詠荆軻》：“飲餞易水上，四座列羣～。”

440.【靈】

（一）事神的女巫。《楚辭・九歌・東皇太一》：“～偃蹇兮姣服。”（偃蹇：形容舞蹈的姿態。）又《雲中君》：“～連蜷兮既留。”（連蜷：形容女巫迎神導引的樣子。）引申爲神，神靈。《楚辭・九歌・雲中君》：“～皇皇兮既降。”又《湘夫人》：“～之來兮如雲。”又爲鬼神的精神意志。《楚辭・九歌・國殤》：“天時墜兮威～怒。”又爲鬼神的反應（後起義）。如“～驗”“心誠則～”。

(二)對死者之稱。韓愈《祭十二郎文》："使建中遠具時羞之奠,告汝十二郎之~。"(建中:人名。時羞:應時的珍饈。)又如"~柩""~牀"等。

(三)人的精神(對肉體而言)。《楚辭·九章·哀郢》:"羌~魂之欲歸兮,何須臾而忘返?"《文心雕龍·情采》:"若乃綜述性~,敷寫器象。"引申爲機敏,不呆滯。今成語有"心~手巧"。

441.【豪】

(一)長而尖銳的毛。《莊子·齊物論》:"天下莫大於秋~之末。"在這個意義上也可以寫作"毫"。《孟子·梁惠王上》:"明足以察秋毫之末。"

(二)卓越的人物,豪傑。賈誼《過秦論》上:"山東~俊遂並起而亡秦族矣。"《史記·游俠列傳》:"此豈非人之所謂賢~閒者邪?"引申爲魁首,居首的。《史記·秦始皇本紀》:"徙天下~富於咸陽。"《洛陽伽藍記》卷四:"而河間獻王琛最爲~首。"又爲行爲突出常格,豪邁。《史記·魏公子列傳》:"平原君之游,徒~舉耳,不求士也。"又爲橫暴,強橫。《史記·游俠列傳》:"~暴侵凌孤弱。"陶潛《詠荆軻》詩:"~主正怔營。"又如說"~吏""~強"。

[辨]英,豪,俊,傑。就人的才能、品德方面的品題説,四者是同義詞。古人於四者曾有許多強生分別的解釋,衆説紛紜,都不可靠。如説才能過十人爲"豪",過百人爲"傑",過千人爲"俊",過萬人爲"英"等等。"英""俊""傑"一直用於褒義,"豪"在後來有時用於貶義。如説"土豪劣紳"。但在古代,所謂"土豪"也祇不過是"地方上的首腦"的意思。

442.【然】

(一)燒,引火點着。《孟子·公孫丑上》:"若火之始~,泉之始

達。"賈誼《治安策·序》:"火未及～,因謂之安。"這個意義後代都
寫作"燃"。

(二)代詞。這樣,那樣。《論語·憲問》:"古之人皆～。"《孟
子·梁惠王上》:"河東凶亦～。"又:"物皆～。"又《公孫丑上》:"惟
此時爲～。"今熟語有"所以～""想當～"。[～則]這樣……那麼,那
麼。《孟子·滕文公上》:"～則治天下獨可耕且爲與?"[～後]這
樣……纔。《論語·子罕》:"歲寒～後知松柏之後凋也。"《孟子·
滕文公上》:"～後中國可得而食也。"[～而]但是。韓愈《燕喜亭
記》:"吾州之山水名天下,～而無與燕喜者比。"這個意義又可單説
"然"。《史記·高祖本紀》:"周勃重厚少文,～安劉氏者必勃也。"

(三)是的,對,用來表示同意別人的話。《孟子·滕文公上》:
"孟子曰:'許子必種粟而後食乎?'曰:'～。'"又:"曰:'許子以釜
甑爨,以鐵耕乎?'曰:'～。'"加否定詞"不",表示不同意。《史
記·項羽本紀》:"宋義曰:'不～。'""然之"連用,表示"以之爲
然",即"認爲……是對的"。《史記·淮陰侯列傳》:"信～之。"[～
諾]諾言。按:"然"和"諾"都是答應別人的話,連起來成爲名詞,
表示"諾言"。《史記·游俠列傳》:"而布衣之徒,設取予～諾。"又
《魏其武安侯列傳》:"好任俠,已～諾。"

(四)詞尾,表示"……的樣子"。《論語·微子》:"夫子憮～
曰。"《孟子·梁惠王上》:"填～鼓之。"

443.【且】

(一)連詞。而且。《左傳·隱公元年》:"公語之故,～告之
悔。"又用來表示推進一層。《論語·季氏》:"～爾言過矣。"《孟
子·公孫丑上》:"～王者之不作,未有疏於此時者也。"[～夫]表示
再説一層道理。賈誼《過秦論》:"～夫天下非小弱也。"

(二)連詞。又。《詩經·小雅·魚麗》:"君子有酒,旨~多。"又:"多~旨。"(旨:美。)[且……且……]表示"又……又……",或"一方面這樣,一方面那樣"。《史記·淮陰侯列傳》:"上~怒~喜。"又:"~喜~憐之。"

(三)副詞。將要,快要。《史記·項羽本紀》:"不者,若屬皆~爲所虜。"又《魏公子列傳》:"趙寇至,~入界。"又:"吾攻趙,旦暮~下。"

(四)副詞。尚且,還。《孟子·公孫丑下》:"管仲~猶不可召,而況不爲管仲者乎?"

(五)副詞。暫且。《詩經·鄭風·溱洧》:"~往觀乎?"又爲姑且。《詩經·唐風·山有樞》:"~以喜樂。"

[辨]且,將。在"將要"的意義上,"且"和"將"是同義詞。但"將"表示一般的"將來","且"表示"快要",稍有不同。

444.【或】

(一)無定代詞。表示"有人",但不知道姓名,或不指稱姓名。《孟子·公孫丑上》:"~問乎曾西曰。"又"人或"連用。《史記·淮陰侯列傳》:"人~説信曰。""或"字放在名詞後面,表示衹有一部分而不是全部如此,略等於現代的"有的"。《漢書·張禹傳》:"篇第~異。"有時兩個或兩個以上的"或"字前後呼應着用,等於說"有的這樣,有的那樣"。《孟子·梁惠王上》:"~百步而後止,~五十步而後止。"又《滕文公上》:"~相倍蓰,~相什百,~相千萬。"注意:後來連詞"或"雖然由此發展而來,但上古的"或"還不是連詞。

(二)副詞。也許,或許。范縝《神滅論》:"刃之與利,~如來説。"

445.【曾】

（一）讀 zēng。祖之父爲"曾祖"，孫之子爲"曾孫"。又孫以下都可叫"曾孫"。《詩經·小雅·信南山》："～孫田之。"

（二）讀 zēng。副詞（用來加强語氣），略等於"竟""竟然""乃"。《詩經·衛風·河廣》："誰謂河廣？～不容刀！誰謂宋遠？～不崇朝！"《戰國策·趙策四》："老臣病足，～不能疾走。"《孟子·公孫丑上》："爾何～比予於管仲！"

（三）讀 céng。副詞。曾經。《史記·孟嘗君列傳》："孟嘗君～待客夜食。"

446.【更】

（一）讀 gēng，平聲。改變。《論語·子張》："君子之過也，如日月之食焉。過也，人皆見之；～也，人皆仰之。"現代變爲雙音詞"～改"。引申爲換。《莊子·養生主》："良庖歲～刀，割也；族庖月～刀，折也。"現代有雙音詞"變～""～動""～換""～迭"。

（二）讀 gèng，去聲。副詞。重新，另外。《左傳·僖公五年》："晉不～舉矣。"《漢書·藝文志》："方今去聖久遠，道術缺廢，無所～索。"《後漢書·班超傳》："何故不遣而～選乎？"又："～立元孟爲焉耆王。"

447.【漸】

（一）流入。《尚書·禹貢》："東～于海。"引申爲浸泡。《荀子·勸學》："蘭槐之根是爲芷，其～之滫，君子不近，庶人不服。"引申爲慢慢滲透，習染。《漢書·龔遂傳》："今大王親近羣小，～漬邪惡。"

（二）進。《尚書·顧命》："〔周成王〕疾大～。"（大漸：特別加重。）引申爲徐進。《周易·漸》："鴻～于干……鴻～于陸。"（鴻從一處漸進到另一處。干:水邊。)又引申爲事情逐漸發展。《周易·坤·文言》:"非一朝一夕之故,其所由來者~矣。"引申爲副詞。慢慢地,逐漸地。白居易《與元九書》:"年齒~長。"

448.【俱】

(一)動詞。在一起,同去或同來。《史記·魏公子列傳》:"臣客屠者朱亥可與~。"又《魏其武安侯列傳》:"魏其侯過灌夫,欲與~。"陶潛《讀山海經》詩:"微雨從東來,好風與之~。"

(二)副詞。皆,都。《戰國策·趙策三》:"曷爲與人~稱帝王,卒就脯醢之地也?"《史記·項羽本紀》:"赤泉侯人馬~驚,辟易數里。"

[辨]俱,具。二字古代不同音:"俱"舉朱切,音拘;"具"其遇切,音懼。在先秦時代,"具"偶然當"俱"講,如《詩經·小雅·節南山》:"民具爾瞻。"但後來二字大有區別。"俱"表示兩個以上的人同做一件事,如《孟子·告子上》"雖與之俱學",《史記·項羽本紀》"毋從俱死也";"具"表示行爲的範圍,如《史記·項羽本紀》"具告以事""具告沛公"。

449.【並】

(一)動詞。平行,平列。《莊子·馬蹄》:"族與萬物~。"(族:叢聚。)賈誼《過秦論》中:"~殷周之迹。"

(二)副詞。一起,一齊。《孟子·滕文公上》:"賢者與民~耕而食。"《莊子·胠篋》:"爲之斗斛以量之,則~與斗斛而竊之;爲之權衡以稱之,則~與權衡而竊之。"

450.【而】

(一)連詞。連接兩種性質或兩種行爲。《論語·爲政》:"温故~知新。"又《泰伯》:"任重~道遠。"《史記·孫子吳起列傳》:"龐涓既事魏,得爲惠王將軍,~自以爲能不及孫臏。”

(二)連詞。表示結果或目的。《荀子·勸學》:“是故質的張~弓矢至焉;林木茂~斧斤至焉。”《史記·孫子吳起列傳》:“彼必釋趙~自救。”表示結果的,義近“則”;表示目的的,義近“以”。

(三)連詞。表示假設。《詩經·鄘風·相鼠》:“人~無儀,不死何爲?”《論語·爲政》:“人~無信,不知其可也。”

(四)連詞。連接狀語和動詞。《莊子·養生主》:“提刀~立。”《荀子·勸學》:“吾嘗終日~思矣。”

(五)代詞。你,你的。《論語·微子》:“滔滔者,天下皆是也,~誰以易之?”又:“且~與其從辟人之士也,豈若從辟世之士哉?”《史記·項羽本紀》:“必欲烹~翁,則幸分我一杯羹。”

451.【若】

(一)動詞。像。《論語·憲問》:“豈~匹夫匹婦之爲諒也?”《莊子·逍遙遊》:“其翼~垂天之雲。”又《養生主》:“而刀刃~新發於硎。”引申爲相同,一樣。《孟子·滕文公上》:“布帛長短同,則賈相~。”又引申爲及,比得上,常用於否定句和反問句。《論語·學而》:“未~貧而樂,富而好禮者也。”又《微子》:“豈~從辟世之士哉?”

(二)代詞。你,你的。《莊子·齊物論》:“~勝我,我不~勝。”《史記·項羽本紀》:“吾翁即~翁,必欲烹而翁,則幸分我一杯羹。”[~屬]爾等,你們這些人。《史記·項羽本紀》:“不者,~屬皆且爲所虜。”

(三)連詞。表示假設,等於“如果”。《左傳·僖公三十年》:“~亡鄭而有益於君,敢以煩執事。”《孟子·梁惠王上》:“王~隱其無罪而就死地,則牛羊何擇焉?”

(四)連詞。表示另提一件事,略等於現代的"至於""至如"。《孟子·梁惠王上》:"～民,則無恒產因無恒心。"又説成"若夫"。《孟子·梁惠王下》:"～夫成功則天也。"又説成"若其"(較晚的説法)。蕭統《文選序》:"～其讚論之綜緝辭采,序述之錯比文華。"

(五)連詞。表示選擇,等於現代的"或"。《史記·魏其武安侯列傳》:"願取吳王～將軍頭,以報父之仇。"《漢書·食貨志》:"時有軍役～水旱,民不困乏。"注意:古代的"或"字不是真正的連詞(參看"或"字條),祇有"若"字纔是真正的連詞。

(六)形容詞詞尾。表示"……的樣子"。與"然"略同。《詩經·衛風·氓》:"桑之未落,其葉沃～。"

452.【爾】

(一)代詞。你,你們;你的,你們的。《論語·八佾》:"～愛其羊,我愛其禮。"又《先進》:"以吾一日長乎～,毋吾以也。"《詩經·衛風·氓》:"以～車來,以我賄遷。"《論語·公冶長》:"盍各言～志。"

(二)指示代詞。這,這樣。陶潛《飲酒》詩:"問君何能～? 心遠地自偏。"

(三)形容詞性或副詞性詞尾。《論語·先進》:"鏗～,舍瑟而作。"又:"子路率～而對曰。"又《陽貨》:"夫子莞～而笑曰。"

(四)語氣詞。通"耳"。《孟子·萬章上》:"鬱陶思君～。"《顏氏家訓·名實》:"勢如葵藿～。"

古漢語通論

(十七)古書的注解(上)

我國比較重要的古籍,前人大都作過注解。今天我們要想比

較順利地讀懂一部古書,一般都要參看舊注。有些文字比較艱深
的古書,如果不參看舊注甚至根本無法讀懂。

　　注解古書的工作開始於漢代。秦以前的許多典籍傳到漢代,
由於種種原因(如語言的發展、口授和傳抄的錯誤等),漢代人已經
不能完全讀懂;於是有一些人專門爲這些古書做注解,像毛亨、孔
安國、馬融、鄭玄等,都是著名的注解家。鄭玄對先秦的經書,像
《周易》《毛詩》《周禮》《儀禮》《禮記》《論語》等書,都曾作過注解。
這些注解對我們了解先秦古籍非常有用,如果沒有漢代學者這一
番辛勤的工作,有許多先秦古籍我們今天是很難讀懂的。

　　到了唐代,距離漢代又有六七百年了,許多漢人的注解在唐代
人看起來,又不是那麼容易理解了,於是出現了一種新的注解,作
者不僅解釋正文,而且還給前人的注解作注解。這種注解一般叫
做"疏",也叫"正義"。例如現在最通行的《十三經注疏》中的《詩
經》①,就是漢毛亨傳,漢鄭玄箋,唐孔穎達等正義。毛傳、鄭箋的

----

①　《十三經注疏》大多數是漢朝人或魏晉人做的注,唐宋人做的疏,各部書的注疏人
　　如下:
　　《周易》:魏王弼、韓康伯注,唐孔穎達等正義;
　　《尚書》:舊題漢孔安國傳,唐孔穎達等正義;
　　《詩經》:漢毛亨傳,漢鄭玄箋,唐孔穎達等正義;
　　《周禮》:漢鄭玄注,唐賈公彥疏;
　　《儀禮》:漢鄭玄注,唐賈公彥疏;
　　《禮記》:漢鄭玄注,唐孔穎達等正義;
　　《春秋左傳》:晉杜預注,唐孔穎達等正義;
　　《春秋公羊傳》:漢何休注,唐徐彥疏;
　　《春秋穀梁傳》:晉范寧注,唐楊士勛疏;
　　《論語》:魏何晏集解,宋邢昺疏;
　　《孝經》:唐玄宗注,宋邢昺疏;
　　《爾雅》:晉郭璞注,宋邢昺疏;
　　《孟子》:漢趙岐注,宋孫奭疏。

"傳"和"箋"，當時都各有特定的意義，"傳"指闡明經義，"箋"有補充與訂正毛傳的意思，一方面對毛傳簡略隱晦的地方加以闡明，另一方面把不同於毛傳的意見提出，使可識別。

先秦經書的注解一般都比較難讀。這一方面是因爲注解家數繁多，各有側重，看法也常常不一，取捨之間，有時很不容易決定；另一方面是因爲注文比較簡略，注解的體例和術語對一般讀者來說都比較生疏。要想讀懂先秦經書的注解，我們首先要對它們的體例有大致的了解。

下面我們舉出《詩經·魏風·碩鼠》第一章作爲例子來說明經書注疏的體例。

上面是中華書局影印的阮刻本《十三經注疏》的影印件。大字是正文，雙行小字是注疏。前面沒有"箋云"的注是毛傳，如"貫事也”；“箋云”之後的注是鄭箋；圓圈之後“貫古亂反……”是唐陸德明《經典釋文》對正文和注文的注音①。【疏】字以下纔是孔穎達的疏。宋代以前，注和疏是分成兩本書印行的；宋代以後，爲了便於閱讀，纔把注和疏合成一本書。注和疏合成一本後，疏一般放在一段正文之後，如果一段中有幾個注，疏就放在幾個注之後，如果一段中祇有一個注，疏就放在一個注之後；上面這個例子就是把疏放在幾個注之後。疏一般是先疏正文，再疏注文。先略引被疏的文字，一般是起訖各引兩三個字（如“‘碩鼠’至‘得我所’”，“傳‘貫事’”，“箋‘碩大’至‘是徙’”），然後再疏，中間用圓圈隔開。有時是直解正文，如“國人疾其君重斂畏人，比之碩鼠……”；有時是疏證和發揮毛傳和鄭箋，這裏是首先説明毛傳和鄭箋的來源，如毛傳“貫事也”，正義曰“《釋詁》文”，又如鄭箋“碩大也”，正義曰“《釋詁》文”（《釋詁》指《爾雅·釋詁》，孔穎達認爲毛傳和鄭箋這裏都是根據《爾雅·釋詁》來注解正文的）；接着就考證名物，如“《釋獸》於鼠屬有鼫鼠……”。可見疏的内容是很豐富的。

一部重要的古代作品，注解的人常常很多，後來就有人把各家的注選集在一起，再加上自己的注解，成爲集注或集解，例如何晏注《論語》，就是集解。試舉《論語》第一句爲例（改爲横排，正文大字，注解雙行小字，以下同）：

子曰。學而時習之。不亦説乎。<small>馬曰。子者。男子之通
稱。謂孔子也。王曰。</small>

① 《經典釋文》簡名《釋文》，它彙集了唐代以前各家給先秦經書（包括《老子》和《莊子》，因爲《老子》《莊子》在唐代也被稱爲經）所做的注釋（以注音爲主，也有少數義訓），經過作者一番選擇，成爲我國早期別具風格的注音（兼釋義）總集之一。先秦古籍中的注音，一般都摘自《經典釋文》。這部書本來是脱離具體注釋對象的一部完整的專著，宋代以後，人們纔把它的注釋移到每本書的相應的正文之下。

時者。學者以時誦習之。誦習
以時。學無廢業。所以爲説懌。

其中“馬曰”的“馬”指馬融，“王曰”的“王”指王肅。在讀“集解”之類的著作時，首先要細讀它的序，這樣纔可以知道集的是哪幾家，“某曰”的“某”指的是哪一個人（也有序裏没有提到的，這多半在注中第一次出現某人時用全名，以後祇用他的姓）。

注解常見的情況有下列四種：

第一，釋詞。如上例“馬曰‘子者，男子之通稱，謂孔子也’”。馬融就祇注釋了“子”字。

第二，串講。把一句或幾句連串起來講解。如前例鄭箋對“三歲貫女，莫我肯顧”兩句作了串講：“我事女三歲矣，曾無教令恩德來顧眷我。”這種方式雖然表面上没有釋詞，但實際上是在串講中附帶地注釋了詞義，如以“事”釋“貫”，以“眷”釋“顧”都是。又如上例“王曰‘時者，學者以時誦習之。誦習以時，學無廢業，所以爲説懌’”。王肅不但解釋了“時”字，並且把“學而時習之，不亦説乎”全句串講了一下。

第三，釋詞並串解，這是頭兩種方式的同時使用。如上例“王曰‘時者，學者以時誦習之。誦習以時，學無廢業，所以爲説懌’”。王肅不但解釋了“時”字，並且把“學而時習之，不亦説乎”全句串解了一下。

第四，通釋全章大意。如現在流傳的漢趙岐注宋孫奭疏的《孟子章句》，就是採用既釋字句也釋全章大意的辦法。《孟子章句》每章之後都有“章指”，“章指”是通釋全章正文的大意的。例如《孟子·梁惠王上》“寡人之於國也”章的後面有：“章指言：‘王化之本，在於使民養生喪死之用備足，然後導之以禮義；責己矜窮，則斯民集矣。’”這種辦法，爲的是使文章的意義更爲明顯，幫助讀者對全章的大意有一個總的了解。

　　要想讀懂先秦經書的注解,除了要了解經書注疏的體例和注解的各種情況之外,我們還要對經書中的注解術語有一個大致的了解。注解的術語很多,這裏不可能一一列舉,我們祇介紹幾個較爲常見的術語。

　　1.**曰,爲,謂之**　使用這幾個術語時,被釋的詞總是放在"曰""爲""謂之"的後面。這幾個術語的作用相同,它們不僅用來釋義,並且用來分別同義詞或近義詞之間的細微差別。例如:

　　　　《論語·先進》:"加之以師旅,因之以饑饉。"朱熹注:"穀不熟曰饑,菜不熟曰饉。"

　　　　《爾雅·釋天》:"穀不熟爲饑,蔬不熟爲饉。"

　　　　《穀梁傳·襄公二十四年》:"二穀不升謂之饑,三穀不升謂之饉。"

　　　　《詩經·衛風·淇奧》:"如切如磋,如琢如磨。"(《論語·學而》引此)毛傳:"治骨曰切,象曰磋,玉曰琢,石曰磨。"

　　　　《爾雅·釋器》:"骨謂之切,象謂之磋,玉謂之琢,石謂之磨。"

"饑"與"饉"是同義詞,"切""磋""琢""磨"是近義詞,注釋家有時用"曰",有時用"爲",有時用"謂之"來區分它們。在注釋並區分這類同義詞或近義詞時,既可用"曰",也可用"爲",也可用"謂之",可見"曰""爲""謂之"的作用是相同的。這種"曰""爲""謂之"略等於現代漢語的"叫做"。

　　2.**謂**　"謂"和"謂之"不同。前面説過,使用"謂之"時,被釋的詞總是放在"謂之"的後面;使用"謂"時,被釋的詞則都是放在"謂"的前面。可見這兩個術語的差別是很明顯的。"謂"這個術語,往往是在以具體釋抽象、或以一般釋特殊的情況下,纔用上它。例如:

　　　　《論語·爲政》:"道之以政,齊之以刑,民免而無恥。"孔安國注:"政謂法教。"

　　　　《論語·子罕》:"後生可畏。"何晏注:"後生謂少年。"

“政”的概念比較抽象,故用比較具體的概念“法教”來注釋它;“後生”的概念比較特殊,故用比較一般的概念“少年”來注釋它。這都是爲了幫助讀者理解原文。

3.貌 “貌”字一般用在動詞或形容詞的後面。使用“貌”字時,被釋的詞往往是表示某種性質或某種狀態的形容詞。例如:

《詩經・衞風・氓》:“桑之未落,其葉沃若。”朱熹注:“沃若,潤澤貌。”

《論語・陽貨》:“夫子莞爾而笑。”何晏注:“莞爾,小笑貌。”

《論語・子罕》:“夫子循循然善誘人。”何晏注:“循循,次序貌。”

這種“貌”字略等於現代漢語的“……的樣子”。

4.猶 使用這個術語時,釋者與被釋者往往就是同義或近義的關係。例如:

《詩經・魏風・伐檀》:“坎坎伐輻兮,寘之河之側兮。”毛傳:“側,猶厓也。”

《詩經・小雅・節南山》:“赫赫師尹,不平謂何?”箋云:“謂何,猶云何也。”

用“厓”釋“側”,用“云何”釋“謂何”;因爲“云”“謂”義同,“側”“厓”義近。這種“猶”字略等於現代漢語的“等於説”。

以上“曰”“爲”“謂之”“謂”“貌”“猶”六個術語,都是單純用於釋義的。

5.之言,之爲言 使用這兩個術語時,必然是聲訓;除了釋義之外,釋者與被釋者之間有時是同音的關係,有時是雙聲疊韻的關係。例如:

《論語・季氏》:“吾恐季孫之憂,不在顓臾,而在蕭牆之内也。”鄭玄注:“蕭之言肅也。牆謂屏也。君臣相見之禮至屏而加肅敬焉,是以謂之蕭牆。”

《論語・爲政》:“爲政以德,譬如北辰,居其所,而衆星共之。”朱熹注:“政之爲言正也,所以正人之不正也;德之爲言得也,得於心而不失也。”

"肅""正""得"除了從意義上分別注釋了"蕭""政""德"之外,釋者與被釋者之間還有語音上的關係:"肅""蕭"雙聲,"正""政"同音,"得""德"同音。

6.讀爲,讀曰 這兩個術語是用本字來説明假借字。例如:

《詩經·衛風·氓》:"淇則有岸,隰則有泮。"鄭箋:"泮讀爲畔。"

《禮記·曲禮》:"國君則平衡,大夫則綏之,士則提之。"鄭玄注:"綏讀曰妥。"

"泮"和"綏"是假借字,"畔"和"妥"是本字。

7.讀若,讀如 這兩個術語一般是用來注音。例如:

《説文》:"噲,咽也。从口,會聲。或讀若快。"

有時,"讀若""讀如"的作用和"讀曰""讀爲"相同,也是用本字來説明假借字。例如:

《禮記·儒行》:"起居竟信其志。"鄭玄注:"信,讀如屈伸之伸,假借字也。"

"讀爲""讀曰"和"讀若""讀如"的分別就在於:前者必然是用本字破假借字;後者則一般是用於注音,但有時也是用本字來破假借字。

(十八)古書的注解(下)

從漢代學者注經開始,其後魏晉南北朝各代,注解古書的範圍都有所擴展。唐人除了爲先秦經書做注疏工作之外,也爲漢以下的其他古書做了注解。例如司馬遷的《史記》,在唐代就有司馬貞的《史記索隱》和張守節的《史記正義》;蕭統的《文選》,在唐代就有李善注和五臣注。這些注解,有的是以人名地名的考證和史實的考核爲主,有的是以詞語的出處和典故的來源的考證爲主。例如司馬貞、張守節對《史記》所做的注解,都較多地集中在人名地名的考證和史實的考核方面。這類古書的注解,有的在考核史實之中增補了許多後代難得的史料;南朝宋裴松之的《三國志》注就有這個特點。

　　古代作家一般都喜歡引經據典,尤其是中古時期,引經據典幾乎成爲一種重要的修辭手段。因此,注解這些文學作品時,注明出典就成了注解家的首要任務。李善《文選》注就是如此。當時人們批評他的注解是"釋事而忘義"(這個批評不一定完全正確,李善注解中的釋義工作雖然做得比較少,但是他並不是完全不釋義)。試看他在揚雄《解嘲》中的一段注解:

> 之舉以三公。或倚夷門而笑，應劭曰：侯嬴也。秦伐趙，求救，然告無恩。韋昭曰：笑人不知己也。或橫江潭而漁，漁父也。史記曰：趙氏齊春秋曰李……或七十說而不遇，見應東方朝上書曰……或立談而封侯，成王再還見嬴，周曰：食上鄉故也。客也……或枉千乘於陋巷，或七十。或擁篲而先驅。然擁其士，儆其士。燕昭……布衣之士，從夫子而趨。柏公之士……輕其士，儆其鄰。是以士頗得信其舌而奮其筆，窒隙蹈瑕而無所詘也。李奇曰：君上之下也。當今縣令不請士，郡守不迎師，羣卿不揖客，將相不俛眉。言奇者見疑，行殊者得辟。
>
> 【文選卷】　李善注

這段原文雖然有一些對於今人來說較難理解的詞語,如"枉""詘""窒隙蹈瑕"等,但原文中更難理解的是每句話的用典,如果沒有李善的注解，即使唐代的一般讀者也難以知道每句話用的是什麼典，也就難以理解每句話的內容了。

有時，李善不是注明典故的來源，而是指出某些詞語的出處。例如：

既無伯叔。終鮮兄弟。_{毛詩曰。終鮮兄弟。維予與女。}（李密：陳情表）

臣之進退。實爲狼狽。_{孔叢子。孔子曰。吾於狼狽見聖人之志。荀悅漢紀論曰。周勃狼狽失據。}

塊然
囚執。（同上）

過蒙拔擢。寵命優渥。_{毛詩曰。既優既渥。}豈敢盤桓。有所希冀。_{周易曰。初九。盤桓利居貞。}（同上）

這三個例子中，他指出了"終鮮兄弟""狼狽""優渥""盤桓"等詞語的出處。這種注解，也有助於讀者充分領會作品詞句的意思。

有時，他也釋義，不過他往往是轉引古注或古代字書對這個字的注釋。例如：

拳拳之忠。終不能自列。_{禮記。子曰。回得一善。拳拳不失之矣。鄭玄曰。拳拳。捧持之貌。}
説文曰。
列。分解也。（司馬遷：報任安書）

門衰祚薄。晚有兒息。_{字書曰。祚。福也。}（李密：陳情表）

有些古書的注解，除了注明出典之外，並能劃分段落，詮釋大意，從而幫助讀者分析和鑑賞作品。試舉仇兆鰲注杜甫《春望》爲例：

國破山河在。城春草木深。感時花濺淚。恨別鳥驚心。烽火連三月。家書抵萬金。白頭搔更短。渾欲不勝簪。 此憂亂傷春而作也。上四。春望之景。覩物傷懷。下四。春望之情。遭亂思家。趙汸曰。烽火句。應感時。家書句。應恨別。但下句又

因上句而生。髮白更短。愁亂思家所致。○齊國策。王蠋曰。國破君亡。吾不能存。庾信詩。山河不復論。呂氏春秋。春氣至則草木生。楚辭。余感時兮

悽愴。拾遺記。漢獻帝爲李傕所敗。后以淚濺帝衣。秦嘉詩。一別懷萬恨。聞人蒨詩。林有驚心鳥。園多奪目花。……

注文前面先劃分段落,詮釋大意,後面再逐詞逐句地注明出典。這樣做,對於閱讀和鑑賞這首詩的人,確有幫助。

另外有一類古書的注解,往往側重在闡明哲學思想上。其中有的是闡明原著中的哲理,也有的是在闡明原著哲理時從中寄寓了注者自己的思想觀點。比如《莊子》,這是一部文字深奧的古書,但是郭象注與成玄英疏的重點卻不擺在字句的解釋方面。試看《逍遙遊》中的一段注疏:

之二蟲又何知。【注】二蟲。謂鵬蜩也。對大於小。所以均異趣也。夫趣之所以異。豈知異而異哉。

皆不知所以然而自然耳。自然耳。不爲也。此逍遙之大意。　【疏】郭注云。二蟲。鵬蜩也。大於小。所以均異趣也。且大鵬摶風九萬。

小鳥決起榆枋。雖復遠近不同。適性均也。咸不知道里之遠近。各取足而自勝。天機自張。不知所以。既無意於高卑。豈有情於優劣。逍遙之致。

其在茲乎。……

郭注和成疏都用了很多筆墨闡明"之二蟲又何知"這一句話中所包含的"自然""不爲"之類的老莊哲理。

關於注音,也有新的發展。早期的注解一般是用直音法或"讀若""讀如"等術語注音,後來反切逐漸被注解家用來注音了。例如李善《文選》注:

侍中侍郎郭攸之費禕於宜反董允等。(諸葛亮:出師表)

是以申徒狄蹈雍之河。雍,一龍切徐衍負石入海。(鄒陽:獄中上梁王書)

　　昔者司馬喜臏_{鼻引}腳於宋。卒相中山。（鄒陽：獄中上梁王書）

　　陛下亦宜自謀。以咨諏_{足俱}善道。察納雅言。深追先帝遺詔。（諸葛亮：出師表）

“鼻引”即“鼻引切”，是注“臏”字的音；“足俱”即“足俱切”，是注“諏”字的音。如果我們以爲“鼻引”是釋“臏”字的意義，“足俱”是釋“諏”字的意義，那就錯了。

　　關於注音，有一個術語值得提出來説一説，那就是“如字”。古書上某字注以“如字”，通常是告訴讀者，在這特定的上下文裏，這個字要按照它本來的讀音讀。例如《禮記·大學》：“所謂誠其意者，毋自欺也，如惡惡臭，如好好色。此之謂自謙。”《經典釋文》説：

　　　惡惡，上烏路反，下如字……好好，上呼報反，下如字。

這是説第一個“惡”字讀“烏路反”，是去聲，第二個“惡”字要讀它本來的音，即惡劣的“惡”，舊讀入聲；第一個“好”字讀“呼報反”，是去聲，第二個“好”字要讀它本來的音，即美好的“好”，是上聲。

　　有時候一個字的下面注“如字”，又注別的反切（或直音），表明這個字在這特定的上下文裏傳統有不同的讀法。例如《論語·公冶長》：“季文子三思而後行。”《經典釋文》説：

　　　三思，息暫反，又如字。

這是説這裏“三”字有去聲的讀法（變讀），又有平聲的讀法（如字）。讀法不同，往往講法不同。例如《論語·微子》：“四體不勤，五穀不分。”《經典釋文》説：

　　　不分，包云如字，鄭扶問反，分猶理。

這是説這裏“分”字有平聲的讀法（如字），又有去聲的讀法（變讀）。包鄭兩家的讀音，反映了對“分”字的不同的理解。

古書上常常有一字異讀的情況。不同的讀音往往表示了詞義或詞性的不同。例如音樂的"樂"和快樂的"樂"，解說的"說"、遊說的"說"和喜說的"說"（悅），等等。異讀有時衹表現爲聲調上的差異。例如施行的"施"讀平聲，施與的"施"讀去聲；聽聞的"聽"讀平聲，聽從的"聽"讀去聲。但是這衹是詞義上的轉變。有時候聲調不同，不僅是詞義上而且是詞性上的轉變，這種情況最值得注意。例如王侯的"王"是名詞，讀平聲，王天下的"王"是動詞，讀去聲；操持的"操"是動詞，讀平聲，節操的"操"是名詞，讀去聲；愛好的"好"是動詞，讀去聲，美好的"好"是形容詞，讀上聲；厭惡的"惡"是動詞，讀去聲，惡劣的"惡"是形容詞，讀入聲。

利用四聲來區別詞義和詞性，這是漢語的特點之一。漢魏學者看到了這個特點，並體現於古書注音。有的文字學家認爲這是六朝經師注解古書時的强生分別，顯然作出這一論斷的論據是不足的；雖然有些異讀後來消失了，但是也有不少字的異讀還保留在現代漢語裏，如"好"（hǎo）"好"（hào）"惡"（è）"惡"（wù）之類；有些字的異讀雖然在現代漢語普通話裏已經混同了，但是仍保留在某些方言裏，例如上昇的"上"讀上聲，在上的"上"讀去聲，現在廣州話仍有區別。

唐代以後，宋代學者也做了不少注解古書的工作。例如朱熹就著有《周易本義》《詩集傳》《大學章句》《論語集注》《孟子集注》《中庸章句》《楚辭集注》等。朱熹能不受漢代學者的束縛，直接從正義入手，他做的注解，有時比較近情近理，平易可通。

清代學者幾乎對每一種重要的經典都做了新的注解，他們鑽研漢唐人的注解，根據具體材料判斷前人的是非，解決了古書中許多疑難問題。他們對古書字句的解釋要求非常嚴格，做出了許多成績。例如陳奐的《詩毛氏傳疏》、馬瑞辰的《毛詩傳箋通釋》、劉寶楠的《論語正義》、焦循的《孟子正義》、王先謙的《莊子集解》、郭慶藩的《莊子集釋》，等等，都有很大的參考價值。自然，清人有些注解，極力要求無一字無來歷，不免過於瑣細。例如劉寶楠的《論語正義》注《論語》"子曰學而時習之不亦説乎"一句，幾乎每一個字都作了詳細的考證，這一句並不難懂的話，就注了將近一千字；其中一個"曰"字就注了一百多字，繁徵博引，極爲詳盡，但是實用價值不大。

　　除了爲古書做注解和考證工作之外，清代學者還作了許多古籍校勘的工作。阮元爲《十三經注疏》所作的《校勘記》，就是一例。《校勘記》除校正十三經正文的錯誤之外，更多的是校正注疏中的錯誤（《校勘記》附在《十三經注疏》每卷之後，我們閱讀十三經時，應該參閱）。校勘學上有些專門術語，我們應當有所了解。試舉校勘學上常用的兩個術語爲例：

　　1.**衍文**　"衍文"簡稱"衍"，也叫"衍字"。這個術語用來指明古籍中多出了文字的現象。例如《詩經・邶風・柏舟》："汎彼柏舟，亦汎其流。"鄭箋："舟載渡物者，今不用，而與衆物汎汎然俱流水中。"阮元《校勘記》："'與'下衍'衆'字，小字本無。"又如《左傳・僖公四年》："漢水以爲池。"阮元《校勘記》："《釋文》無'水'字。云：或作'漢水以爲池'，'水'字衍。"又如《禮記・檀弓》："從母之夫，舅之妻，二夫人相爲服。"俞樾在《古書疑義舉例》卷五中說："'夫'字衍文也，'二人'兩字合爲'夫'。"

　　2.**脫文**　"脫文"簡稱"脫"（有時作"敓"或"奪"），也叫"脫字"。這個術語專指古籍中脫落了文字的現象。例如《詩經・周南・桃夭》孔穎達疏："此云家人，家猶夫也，猶婦也。"阮元《校勘記》："'猶婦'上當脱'人'字。"又如《詩經・衞風・碩人》孔穎達疏："獢嗟云：'頎而長兮。'孔世家云：'頎然而長。'故爲長貌。"阮元《校勘記》："'孔'下脱'子'字。"

　　清代學者除了爲專書做注解和校勘工作之外，還利用讀書札記的形式，對古書的詞句詮釋和文字校訂提出自己的看法，其中常常有非常精闢的見解。重要的如王念孫的《讀書雜誌》、王引之的《經義述聞》、俞樾的《古書疑義舉例》，等等，這些都是讀上古典籍不可缺少的參考書。

　　學習古代漢語，參閲古書的注解是十分必要的。我們讀古書，能直接讀白文（就是不附注解的文章）固然很好；如果能參考前人的注解來讀，就能體會得更深刻。對先秦的文章，更是如此。阮元曾有一段話談到讀注解的重要：

　　　　竊謂士人讀書，當從經學始，經學當從注疏始。空疏之士，高明之
　　　徒，讀注疏不終卷而思臥者，是不能潛心研索，終身不知有聖賢諸儒經傳
　　　之學矣。至於注疏諸義，亦有是有非；我朝經學最盛，諸儒論之甚詳，是
　　　又在好學深思實事求是之士，由注疏而推求尋覽之也。（見《十三經注
　　　疏・重刻宋板注疏總目録》）

我們今天讀古書的目的，自然和阮元的時代完全不同。但是讀古書應先接觸先秦作品（其中自然包括所謂經書），讀先秦作品要依靠注解，這個方法在今天仍然是有用的。

　　阮元提到應該依靠注解，但不要迷信注解，這一點尤其重要。實際上不衹是對注解，就是對正文也應該如此。古書傳到現在，由於傳寫和其他種種原因，其中常常有錯字。注解家對這些錯字，有的看出來了，有的就不免以訛傳訛，根據錯字做了錯誤的注解。所以我們必須學會判斷古注是非的本領。"五四"後出版了不少古書

選本,其中的注解往往利用前人的研究成果,注文大都是用現代口語(或淺近文言)寫的,可供初學古代漢語的人參考。

附　録

(一)簡化字與繁體字對照表

　　本表收録中國文字改革委員會自 1956 年以來公布的四批簡化字,共 517 個。

　　凡簡化字與繁體字都見於古代,而在意義上或用法上有所不同的,本表後面另附有説明,以供查閲。

　　〔A〕 爱愛　碍礙　祆襖

　　〔B〕 罢罷　摆擺襬　办辦　板闆　帮幫　宝寶　报報　备備
笔筆　币幣　毕畢　毙斃　边邊　变變　标標　表錶　别彆　宾
賓　卜蔔　补補

　　〔C〕 才纔　参參　惨慘　蚕蠶　仓倉　层層　产産　搀攙
谗讒　馋饞　尝嘗　偿償　厂廠　长長　彻徹　陈陳　尘塵
衬襯　称稱　惩懲　迟遲　齿齒　冲衝　虫蟲　丑醜　筹籌　处
處　触觸　出齣　础礎　刍芻　疮瘡　辞辭　从從　聪聰　丛叢
窜竄

　　〔D〕 达達　带帶　担擔　胆膽　单單　当當噹　档檔　党黨
导導　灯燈　邓鄧　敌敵　籴糴　递遞　淀澱　点點　电電　垫
墊　冬鼕　东東　冻凍　栋棟　动動　斗鬥　独獨　断斷　对對
队隊　吨噸　夺奪　堕墮

　　〔E〕 恶惡噁　尔爾　儿兒

[F] 发發髮　范範　矾礬　飞飛　奋奮　粪糞　坟墳　丰豐　风風　凤鳳　妇婦　复復複　麸麩　肤膚

[G] 盖蓋　干幹乾　赶趕　个個　巩鞏　沟溝　构構　购購　谷穀　顾顧　刮颳　关關　观觀　广廣　归歸　龟龜　柜櫃　过過　国國

[H] 汉漢　号號　轰轟　后後　护護　壶壺　沪滬　画畫　划劃　华華　怀懷　坏壞　欢歡　环環　还還　会會　秽穢　汇匯彙　伙夥　获獲穫

[J] 几幾　机機　击擊　际際　剂劑　济濟　挤擠　积積　饥飢饑　鸡鷄　极極　继繼　家傢　价價　夹夾　艰艱　荐薦　坚堅　歼殲　监監　茧繭　舰艦　鉴鑒鑑　拣揀　姜薑　将將　奖奬　浆漿　桨槳　酱醬　讲講　胶膠　借藉　阶階　节節　疖癤　洁潔　尽盡儘　紧緊　仅僅　进進　烬燼　惊驚　竞競　旧舊　举舉　剧劇　据據　惧懼　卷捲　觉覺

[K] 开開　克剋　垦墾　恳懇　夸誇　块塊　矿礦　亏虧　困睏　扩擴

[L] 腊臘　蜡蠟　来來　兰蘭　拦攔　栏欄　烂爛　劳勞　痨癆　乐樂　类類　累纍　垒壘　里裏　礼禮　丽麗　厉厲　励勵　离離　历曆歷　隶隸　俩倆　帘簾　联聯　恋戀　怜憐　炼煉　练練　粮糧　两兩　辆輛　了瞭　疗療　辽遼　猎獵　临臨　邻鄰　灵靈　龄齡　岭嶺　刘劉　浏瀏　龙龍　楼樓　娄婁　录錄　陆陸　虏虜　卤鹵滷　卢盧　庐廬　泸瀘　芦蘆　炉爐　乱亂　罗羅　屡屢　虑慮　滤濾　驴驢

[M] 迈邁　买買　卖賣　麦麥　蛮蠻　么麼　霉黴　蒙濛懞矇　梦夢　弥彌瀰　面麵　庙廟　灭滅　蔑衊　亩畝

［N］难難　恼惱　脑腦　拟擬　酿釀　镊鑷　宁寧　农農

［O］欧歐

［P］盘盤　辟闢　苹蘋　凭憑　朴樸　扑撲

［Q］齐齊　气氣　启啟　岂豈　千韆　迁遷　签簽籤　牵牽
墙墻牆　蔷薔　枪槍　乔喬　侨僑　桥橋　壳殼　窍竅　窃竊
亲親　寝寢　庆慶　穷窮　琼瓊　秋鞦　区區　趋趨　权權　劝
勸　确確

［R］让讓　扰擾　热熱　认認　荣榮

［S］洒灑　伞傘　丧喪　扫掃　啬嗇　杀殺　晒曬　伤傷
舍捨　摄攝　沈瀋　审審　渗滲　声聲　胜勝　圣聖　绳繩　湿
濕　适適　时時　实實　势勢　师師　寿壽　兽獸　数數　术術
树樹　书書　帅帥　双雙　松鬆　苏蘇嘛　肃肅　虽雖　随隨
岁歲　孙孫

［T］态態　台臺檯颱　摊攤　滩灘　瘫癱　坛壇罎　叹嘆
誉謄　体體　条條　粜糶　铁鐵　听聽　厅廳　头頭　图圖　团
團糰

［W］袜襪　洼窪　万萬　弯彎　网網　为爲　伪僞　韦韋
卫衛　稳穩　务務　无無　雾霧

［X］牺犧　系係繫　戏戲　习習　吓嚇　虾蝦　献獻　咸鹹
显顯　宪憲　县縣　向嚮　响響　乡鄉　协協　写寫　胁脅　泻
瀉　亵褻　衅釁　兴興　选選　旋鏇　悬懸　学學　寻尋　逊遜

［Y］压壓　亚亞　哑啞　艳艷　严嚴　盐鹽　厌厭　养養
痒癢　样樣　阳陽　尧堯　钥鑰　药藥　叶葉　爷爺　业業　医
醫　义義　仪儀　艺藝　亿億　忆憶　隐隱　阴陰　蝇蠅　应應
营營　拥擁　佣傭　踊踴　痈癰　优優　犹猶　邮郵　忧憂　余

餘　御禦　吁籲　郁鬱　与與　誉譽　屿嶼　远遠　园園　跃躍
云雲　运運　酝醞

　　[Z]杂雜　赃贓　灶竈　凿鑿　枣棗　斋齋　战戰　毡氈
赵趙　这這　折摺　征徵　症癥　证證　郑鄭　只衹隻　帜幟
职職　致緻　制製　执執　滞滯　质質　种種　众衆　钟鐘鍾
肿腫　昼晝　朱硃　筑築　烛燭　专專　庄莊　壮壯　装裝　妆
妆　状狀　桩樁　准準　浊濁　总總　纵縱　钻鑽

説　明

　　[C]才纔——才,始,僅;又才能。纔,僅。二字本通用;但才能的才,決不與纔通用。

　　冲衝——冲的意義是幼小,空虚;用作動詞時表示一直向上(冲天)。衝的意義是突擊、衝撞;用作名詞時表示交叉路口。這兩個字在古書裏一般是區別得很清楚的。

　　丑醜——二字古不通用。丑是地支名。醜是醜惡的醜。

　　出齣——齣是近代産生的字,來歷不明。

　　[D]淀澱——淀,淺水泊。澱,沉澱,滓泥。

　　斗鬥——斗,升斗。鬥,鬥爭。

　　[F]发發髮——發,發射,出發。髮,頭髮。

　　范範——范,姓。範,模範。

　　丰豐——丰,丰滿,丰采(風采,風度)。豐,豐富。二字在古書裏一般不通用。丰字比較罕用。

　　复復複覆①——反復的復本作复,但是復和複覆並不是同義

————————

①　1986年重新發表《簡化字總表》時,對個别字作了調整,規定"覆"不再作爲"复"的繁體字。

詞。複衹用於重複和複雜的意義;復字等於現代的"再",它不表示複雜,一般也不用作形容詞來表示重複。覆用於覆蓋、顛覆的意義,而這些意義決不能用復或複。

[G] 干幹乾——干是干戈的干,讀 gān,和讀 gàn 的幹没有什麼關係。乾枯的乾和干戈的干也絶不相通。乾枯的乾,近時有人寫作乾,但古書中没有乾字。特別應該注意的是乾坤的乾(qián),讀音完全不同,規定不能簡化爲干。

谷穀——谷,山谷。穀,百穀(稻麥等)。二字不通用。

[H] 后後——后,君王,皇后。後,先後。有些古書曾經以后代後,但用得很不普遍,後代一般不再通用。至於君王、皇后的后,則絶不寫作後。

画畫,划劃——古代計畫的畫不寫作劃。劃是後起字,並且衹表示錐刀劃開。划是划船的划(也是後起字),與計劃的畫更是没有關係。

汇匯彙——匯,匯合。彙,種類。

伙夥——伙,伙伴,傢伙。夥,很多。

获獲穫——獲,獲得。穫,收穫。二字不通用。

[J] 几幾——几是几案的几。幾是幾何的幾。二字絶不相通。

饥飢饑——飢,飢飽。饑,饑饉。上古一般不相通,後代漸混。

价價——价,善。價,價格。二字不通用。

荐薦——《説文》:"荐,席也。"又:"薦,獸之所食草。"二字古通用,都有重複、陳獻、推薦等義。

借藉——借,借貸。藉,憑藉。二字一般不通用。注意:狼藉的藉(jí)不能簡化爲借。

尽盡儘——盡,完全,竭盡。儘,達到極限。儘是後起字,本寫作盡。

卷捲——卷,卷曲;又書卷。捲,收捲。上古捲多寫作卷。

[K] 克剋——克,能,勝。剋,剋制。

夸誇——夸,奢侈,夸大,自大。誇,大言,自大。在自大、夸大的意義上,二字古通用。

困睏——困,勞倦,窮困。睏是困的後起字,專用於疲乏想睡的意義。

[L] 腊臘——腊(xī),乾肉。臘,陰曆十二月。

蜡蠟——蜡,即蛆;又音 zhà,古祭名。蠟,油脂中的一種,蠟燭。

累纍——累,積累,牽累,纏縛。纍,連綴,纏縛。在“纏縛”這個意義上,二字古通用。

里裏——里,鄉里。裏,衣内,《詩經·邶風·緑衣》:“緑衣黄裏。”内,《左傳·僖公二十八年》:“表裏山河。”二字古不通用。

历曆歷——歷,經歷。曆,曆數。歷曆一般是有分别的。在古書中,曆數的曆可以用歷,但經歷的歷絶不用曆。

帘簾——帘,酒家幟(後起字)。簾,門簾。

了瞭——了,了解。瞭,眼睛明亮。後來又有雙音詞“瞭望”。

[M] 么麽——么(yāo),幺的俗體,細小,與麽没有關係。

蒙濛懞矇——蒙,披蓋,遭受。濛,微雨的樣子。懞,懞懂,不明白。矇,矇矓,眼力不好。

弥彌瀰——彌,滿,更。瀰,瀰漫,水大的樣子。

面麵——面,臉部。麵(麪的後起字),糧食磨成的粉。二字不通用。

蔑衊——蔑是蔑視的蔑。衊是誣衊的衊。

[N] 宁寧——宁是貯的本字,與寧没有關係。

[P] 辟闢——辟,法,刑,君。闢,開闢。上古辟曾經通用作闢,後代不通用。

苹蘋——苹,草名,蒿的一種,《詩經·小雅·鹿鳴》:"食野之苹。"又同萍。蘋,草名,一名田字草,讀 pín;蘋果是後起的,舊寫作蘋,讀 píng,簡化字作苹。

凭憑——憑依的憑本作凭,又作馮,淜。

[Q] 气氣——依文字學説,氣本作气,但是現在簡化爲气的字,一般古書都寫作氣。

启啟——開啟的啟本作启。

千韆——千,數目。韆,鞦韆。

签簽籤——簽與籤意義相近,但簽押不能作籤押;竹籤、牙籤不能作竹簽、牙簽。

秋鞦——秋,四季中的第三季。鞦,鞦韆。

[S] 舍捨——舍,客館,居室;又放棄。捨,放棄。捨本作舍。

沈瀋——沈,沉(chén)的本字;又沈(shěn),姓。瀋,汁;又地名(瀋陽)。

适適——适,讀 kuò,《論語》有南宫适,人名。適,到〔某地〕去,正巧。

术術——术(zhú),原寫作朮,植物名,有白朮、蒼朮,與術不相通。

松鬆——松鬆古代不同音。松,松樹。鬆,鬆緊。

[T] 台臺檯颱——這四個字的意義各不相同。台(yí),我;又三台(tái),星名。臺,樓臺。檯(後起字),桌子。颱,颱風。

[W] 网網——网是網的本字。

无無——二字古代通用,但一般祇寫作無。

[X] 系係繫——這三個字意義相近,上古往往通用。後代逐漸分工,世系、系統、體系作系,關係和"是"的意義作係,縛的意義作繫。

咸鹹——咸,皆。鹹,鹹淡。不通用。

向嚮——嚮與向意義相近,但嚮導不作向導。在上古,嚮可通響,向不通響。

衅釁——二字古代通用。

[Y] 痒癢——痒,病,《詩經·小雅·正月》:"癙憂以痒。"在這個意義上,痒癢不相通。

叶葉——叶(xié),同協:"叶音""叶韻"。叶與葉音義皆不同。

踊踴——二字古代通用。

余餘①——余,我。餘,剩餘。二字不通用。

御禦——御,駕馭車馬。禦,阻當,防禦。

吁籲——吁(xū),歎聲:"長吁短歎"。籲(yù),呼:"籲天""呼籲"。

郁鬱——二字古不同音。郁郁,有文采的樣子;馥郁,香氣濃。鬱,草木叢生;又憂鬱。按:郁鬱有相通之處,但憂鬱的鬱決不作郁。

与與——賜與的與本作与。

云雲——依《説文》,云是雲的本字。但是在古書中,云謂的云和雲雨的雲已經有了明確的分工,決不相混。

---

① 1986 年重新發表《簡化字總表》時,規定在"余"和"餘"意義可能混淆時,不用"余"代"餘"。

［Z］折摺——二字古不同音,亦不通用。折,折斷,屈折。摺,摺疊。

征徵——二字古不同音。征,行,征伐,征税。徵,徵召,徵求,徵信。按:衹征税的意義古書偶然用徵,其餘意義都不相通。特別要注意的是宫商角徵羽(五音)的徵,讀音是 zhǐ,不能簡化爲征。

症癥——症(zhèng),病症。癥(zhēng),癥結。

只衹隻——只,語氣詞,這個意義不能作衹或隻。只在中古以後與衹通,表示“單只”的意思。副詞只與量詞隻在古書中絶不通用。

致緻——緻是密的意思:“細緻”;古與致通。當然,這衹是説用緻的地方可以用致,不是説用致的地方可以用緻。

制製——制,制裁,法度,君命。製,製造。製造的意義在古代也可以用制。

钟鐘鍾——鐘,樂器。鍾,酒器;又聚,《國語・周語》:“澤,水之所鍾也。”上古鐘多作鍾,但酒器的鍾、鍾聚的鍾及姓鍾的鍾不作鐘。

筑築——筑,樂器名。築,建築。二字不通用。

准準——准是準的俗體,但近代有了分工:准字衹用於允許、決定等近代意義,而水準、準繩等古代意義則寫作準。一般古書衹有準字,没有准字。

(二)漢字部首舉例

(1)口部之類:口舌甘旨言欠

(2)心部

(3)目部之類:目見

（4）頁部之類：頁首面耳鼻齒

（5）肉部之類：肉骨血身

（6）手部之類：手又支

（7）足部之類：足止走辵彳行

（8）人部之類：人儿

（9）大部之類：大立

（10）士部、女部、子部、男部

（11）鬼部之類：鬼巫

（12）示部

（13）疒部

（14）天文方面：日月風雨气

（15）地理方面：土邑山厂石阜

（16）宫室方面：宀广尸門户

（17）衣服器用方面：衣巾黹革韋糸网攴弓矢戈矛刀斤皿缶瓦

（18）金玉財寶方面：金玉貝

（19）水部、火部

（20）植物之類：艸木竹禾米食西

（21）動物之類：馬牛羊豕鹿犬鳥隹虫魚黽鼠

（1）口部之類

口部的字，大致可以分爲四類：

第一類是跟口有關的器官，如喉、吻（嘴邊）、噣（zhòu，鳥嘴）、喙（huì，獸嘴）等。

第二類是跟口有關的行爲，如含（从口，今聲）、嚼（據《説文》，嚼是噍的異體字）、吮、噬（shì，咬）、啼（啼是嗁的異體字，《説文》有嗁，無啼）、叫等。

第三類是象聲詞，如呱（gū，小兒哭聲）、啾（jiū，小兒聲）等。這一類字上古較少，後代纔多起來。

第四類是屬於語言方面的事情，如命（从口从令，會意，令亦聲）、問（从口，門聲）、唯（答應）、咨（諮詢）等。

舌部可以認爲口部的分支。舌字本身就从口。

甘部可以認爲口部的分支。甘字篆文作曰，表示嘴裏有好吃的東西。旨嘗二字值得討論一下：

旨，《説文》：“旨，美也；从甘，匕聲。”本義是味美。《禮記・學記》：“雖有嘉肴，弗食，不知其旨也。”

嘗，本義是辨別滋味（《説文》“嘗，口味之也”）；从旨（味美），尚聲。

《説文》旨嘗都屬旨部，現在一般字典把旨歸入日部，把嘗歸入口部，看不出意符來了。

言部可以認爲口部的分支。言字本身就从口。跟語言有關的意義，原則上从言从口都可以，例如諭喻、譁呼等；有時候甚至既从口又加言，例如諮（後起字）。

言部的字，大致可以分爲三類：

第一類是動詞，如諫、謗、讒、誣、諱、謂、諾、謝、許等。在這一類中，有幾個字值得討論一下：

謀，本義是諮詢。《説文》：“慮難曰謀。”《左傳・襄公四年》：“咨難爲謀。”有困難的事提出來商量叫謀，所以从言。《左傳・莊公十年》：“肉食者謀之。”

訪，本義也是諮詢。《説文》：“汎謀曰訪。”（廣泛地諮詢）《爾雅・釋詁》：“訪，謀也。”所以从言。《左傳・僖公三十二年》：“穆公訪諸蹇叔。"

　　誅,本義是責。斥責是言語的事,所以从言。《論語·公冶長》:"於予與何誅?"

　　識,本義是知(懂),是記住。《説文》忘字下注云:"不識也。"忘就是記不住。古人所謂識,指的是記住古人傳下來的話,所以从言。《論語·述而》:"默而識之,學而不厭,誨人不倦。"

　　第二類是名詞,如詩、詞等。《説文》詞字在司部。朱駿聲認爲詞字應屬言部,从言,司聲。

　　第三類是形容詞。這一類字多與道德有關,如謹、誠、信、諒、詐等(信字《康熙字典》歸入人部)。這些字值得討論一下:

　　謹,本義是謹慎,特別是在言語上多加小心,所以从言。《論語·鄉黨》:"其在宗廟朝廷,便便言,唯謹爾。"

　　誠,本義是誠實,特別是在言語上不虛僞,所以从言。《周易·文言》:"修辭立其誠。"

　　信,本義也是誠實。《説文》:"信,誠也。"言語真實叫做信,所以从言。《老子》:"信言不美,美言不信。"

　　諒,本義也是誠實。《説文》:"諒,信也。"所以从言。《論語·季氏》:"友直,友諒,友多聞。"(跟正直、誠實、學問淵博的人交朋友。)

　　詐,本義是不誠實,最初的意思是謊騙,所以从言。《説文》:"詐,欺也。"《左傳·宣公十五年》:"我無爾詐。"

　　言部和心部有相通之處,所以誤又寫作悮,悖又寫作誖(現在一般祇寫作悖)。

　　欠部也和口部有關。欠字的篆文是𣢍,上半是气字(氣的本字),下半是人字。表示人在呵氣。現在我們説"打呵欠"正是這個欠字。因此,有關呵氣的動作往往从欠。例如吹字从欠从口,因爲吹就是"出氣"(見《説文》)①。歎字从欠,因爲歎是太息(據《文選》注引),太息就是呵長氣。唏嘘(xīxū)多寫作欷歔,是大哭後的抽息聲,所以也从欠。歡欣都从欠,徐鍇説:"喜動聲氣,故从欠。"歌字从欠,徐鍇説:"歌者,長引其聲以誦之也。"長引其聲,也須要呵長氣,所以从欠。此外,有關吸氣的動作也往往从欠。歙(xī)是鼻子吸氣,所以从欠。飲、歠(chuò)、歃(shà)都是喝,喝也須要吸氣,所以也从欠。飲字篆文作𩚜(歙),从欠,酓聲,《説文》立有歙部。歠字《説文》在歙部。

欠部和口部、言部都有相通之處。因此,歎又寫作嘆(有些文字學家認爲歎嘆有分别,那是靠不住的),歔又寫作嘯(現在一般祇寫作嘯),歐又寫作嘔(現在嘔吐一般祇寫作嘔),歌又寫作謌,歡又寫作讙。

(2)心部

心部字的偏旁共有三種寫法:①寫作心,放在字的下部或中部,例如意、念、恩、惠、愛、憂等(惠字《説文》在叀部。愛字《説文》作㤅,从心,旡聲,在心部;《説文》别有夎(愛)字,从夊,㤅聲,在夊部;先秦經典皆假愛爲㤅。憂字《説文》作悥,在心部;《説文》别有憂字,在夊部;先秦經典皆假憂爲悥)。②寫作忄,放在字的左邊,如性、情、憤、恨等。③寫作小,放在字的下部,如恭、慕、忝等。

心部的情況比較簡單,一般都是關於心理的意義。有些是大的概念,如意、志、性、情等。主要是性和情兩類的字。所謂性類的字,是關於人的德性和品質的,如忠、恭、悍、惰、怠、慈、懦、愚等;所

---

① 吹在《説文》中重見,口部有吹字,欠部也有吹字。

謂情類的字,是關於人的心理活動的,如怨、怒、恨、恐、悔、惜、惕、悲、愁、慚、慰等。下面提出三個字來討論:

惟,本義是思惟,所以从心。《詩經‧大雅‧生民》:"載謀載惟。"

息,本義是呼吸;从自,从心。自就是鼻字,呼吸是用鼻子的。段玉裁説:"心氣必從鼻出,故从心自。"古代科學不發達,所以人們以爲氣是從心裏呼出來的。引申則口裏出氣也叫息,所以長歎叫做太息。《楚辭‧九章‧哀郢》:"望長楸而太息兮。"

慢,本義是怠慢,傲慢(不是緩慢),所以从心。《孟子‧梁惠王下》:"是上慢而殘下也。"《荀子‧不苟》:"君子寬而不僈。"僈慢同①。

(3)目部之類

目部的字都是跟眼睛有關的意義(如瞻、睡等),但是有些字的本義已經不爲一般人所了解了。下面提出幾個字來討論:

省(xǐng),本義是細看。省字應在目部,《説文》把省字歸入眉部,那是錯的;不過眉字也从目。引申爲省察的意義。《論語‧學而》:"吾日三省吾身。"《論語‧爲政》:"退而省其私。"

相,本義也是細看。《説文》:"相,省視也。从目,从木。"从木的意思不大好懂,但是目的意思十分明顯。《詩經‧鄘風‧相鼠》:"相鼠有皮。"

眷,本義是回頭看。《説文》:"眷,顧也。"《詩經‧大雅‧皇矣》:"乃眷西顧。"

見部可以認爲目部的分支。見字篆文作𧢲,本身就从目,从人

---

① 《説文》有慢字,無僈字。

（儿即人字）。有些字從目從見都可以,例如睹字也可以寫作覩。

　　見部指有關視覺的動作,如觀、覽等;又指有關會晤的行爲,如覲(jìn,朝見)、覯(gòu,見面)、覿(dí,見面;《説文》新附字)等。下面提出兩個字來討論:

　　視,本義是看;從見,示聲。注意:這個字在見部,不在示部,因爲它的意符是見,不是示(視和示在意義上也有關係,那是另一問題)。

　　覺,本義是睡醒;從見,學省聲。覺字從見,和睡眠從目是一樣的道理。睡眠和醒覺都和眼睛有關:睡着就閉上了眼睛,睡醒就張開了眼睛。《莊子·齊物論》:"覺而後知其夢也。"

　　(4)頁部之類

　　頁(xié)就是頭(不是書頁的頁),篆文作𩠐,從百(首),從儿(人),指的是人頭。因此,從頁的字都與頭面的意義有關,如頭、頂、頰、頸等。有些從頁的字,現在看來,本義不大明顯。舉例討論如下:

　　顏,本義是額,所以從頁。

　　顛,本義是頭頂,所以從頁。《詩經·秦風·車鄰》:"有馬白顛。"引申爲山頂,寫作巓。

　　題,本義是額;從頁,是聲。《詩經·周南·麟之趾》:"麟之定,振振公姓。"毛傳:"定,題也。"《楚辭·招魂》:"彫題黑齒。"注:"題,額(額)也。"《戰國策·趙策二》:"黑齒雕題。"鮑云:"刻其額。"

　　領,本義是脖子(頸),所以從頁。《孟子·梁惠王上》:"如有不嗜殺人者,則天下之民,皆引領而望之矣。"

項,本義是脖子的後部,所以从頁。《廣韻》:"頸在前,項在後。"《後漢書·左雄傳》:"項背相望。"

頌,本義是大頭;形容詞。《詩經·小雅·魚藻》:"有頌其首。"

頗(pō),本義是頭偏,所以从頁。引申爲一般的偏。《尚書·洪範》:"無偏無頗。"(今本頗作陂)

顧,本義是回頭看。因爲回頭,所以从頁。《莊子·秋水》:"莊子持竿不顧。"顧和眷本義都是回頭看,是同義詞;但是二者詞義上有細微的差別,《説文》眷字下段玉裁注:"凡顧眷並言者,顧者,還視也;眷者,顧之深也。顧止於側而已,眷則至於反,故毛云反顧;許渾言之,故言顧也。"

頓,本義是頓首(磕頭),所以从頁。《戰國策·燕策三》:"太子避席頓首。"

首部可以認爲頁部的分支。有人説,頁字就是首字。

面部也可以認爲頁部的分支。面字篆文作⬚,裏邊是個頁,即首字。

附帶談談耳部、鼻部、齒部。下面祇挑幾個值得特別注意的字來談一談:

聖,本義爲通達事理。通達事理從多聞得來,所以从耳。

聰,本義是耳朵好,聽覺敏鋭,所以从耳。《孟子·離婁上》:"師曠之聰,不以六律不能正五音。"

聞,本義是聽見;从耳,門聲。

齅(嗅),《説文》:"以鼻就臭也;从鼻,从臭,臭亦聲。"臭,氣味。拿鼻子去聞有香味(或臭味)的東西,叫做齅(嗅)。

鼾(hān),熟睡時的鼻息聲,所以从鼻。

齡,年齡;从齒,令聲。這是《説文》新附字。齒字有年齡的意義,所以从齒。《孟子·公孫丑下》:"天下有達尊三:爵一,齒一,德一。"

(5) 肉部之類

肉部字的偏旁有兩種寫法:寫作肉,一般放在字的下部,如腐(這類字很少);寫作⺼,放在字的左邊或下部,如腹、背(這類字佔極大部分)。依照現代的寫法,肉部的偏旁和日月的月,字形上不容易分辨。但是從意義上還可以辨別,例如朝朔等字和天文時令有關,自然是从日月的月,不是从肉。

肉部的字,就它們的意義來説,大致可以分爲兩類:

第一類是名詞,指身體的部分,特別是除頭部以外的部分及各種內臟。例如肩、肘、股、肱(《説文》作厷,肱是厷的異體字)、腋(《説文》作亦)、脅、腹、背、腳、脛、肝、膽、肺、腸等。

第二類是形容詞,指有關身體的某些性狀,如肥、腯(tú,也是肥)、腴(yú,也是肥)、腫、脹(《説文》無脹字,《左傳·成公十年》:"將食,張,如廁,陷而卒。"《玉篇》引作脹)、膩、臞(qú,瘦)、腥①、臊等。

下面提出幾個字來討論:

肯,本義是緊緊附著在骨上的骨間肉,所以从肉。篆文作⿰冎肉,从肉,从冎省。《莊子·養生主》:"技經肯綮之未嘗。"

膏,本義是脂肪,所以从肉。

臘,本義是歲終祭,祭神用肉,所以从肉。《左傳·僖公五年》:"虞不臘矣!"(虞國等不到歲終祭神就要被滅亡了!)

膳,本義是備辦伙食,一般指上等的餐,即肉食,所以从肉。

---

① 據《説文》,腥本指長有緣蟲的幼蟲的猪肉;腥臊的腥,本字作胜,《説文》:"胜,犬膏臭也,从肉,生聲,一曰不熟也。"但先秦經典中腥臊的腥不用胜,而用腥。

《左傳·閔公二年》：“以朝夕視君膳者也。”

胡，本義是牛脖子下垂的肉，引申爲獸類脖子的垂肉，所以從肉。《詩經·豳風·狼跋》：“狼跋其胡。”（跋 bá，踐踏。）

脩，本義是乾肉，所以從肉。

肉部和口部有相通之處，所以脣又寫作唇。

骨部可以認爲肉部的分支。骨字本身就是從冎（guǎ，剮），從肉。段玉裁說去肉爲冎（《説文》：“冎，剔人肉置其骨也”），在肉中爲骨。凡跟骨頭有關的意義都從骨，如骸（hái）、骼（gé）、髑髏（dúlóu，死人頭骨）等。體字從骨，因爲整個身體都是有骨的。

附帶談談血部。血部有衊（miè）字，是以血塗汙的意思。從血的衈字，《説文》作衈，意思是血祭（殺牲用血塗器物）。《孟子·梁惠王上》：“將以釁鐘。”

身部也可以認爲肉部的分支。身部除部首外，常用詞衹有身的同義詞躬和軀，這裏無須詳細討論。

（6）手部之類

手部字的偏旁有兩種寫法：在字的下部寫作手（少數），如拳、掌等；在字的左邊寫作扌（多數），如指、揮等。

手部的字，除極少數名詞如手、指、拳、掌、技等，以及極少數形容詞如拙以外，絕大多數都是動詞，表示與手有關的動作。下面提出一些字來討論：

抑，本義是用手按低。《老子》：“高者抑之，下者舉之。”《説文》抑在印部，是𢑚字的俗體。

揚，本義是用手舉起。《禮記·檀弓下》：“杜簣洗而揚觶。”鄭注：“舉爵於君也。”後代所謂揚鞭，也是這個意義。

承，本義是雙手捧着或接受。篆文作𠬝，從手，從卪（jié），從𠬞

（gǒng）。《左傳・襄公二十五年》：“承飲而進獻。”（杜注：“承飲，奉觴。”）

把，本義是拿着。《史記・刺客列傳》：“左手把秦王之袖。”

探，本義是把手深深地伸進去拿東西。《莊子・胠篋》：“將爲胠篋、探囊、發匱之盜而爲守備。”

捷，本義是獲得戰利品。大捷，是獲得許多戰利品。引申爲戰勝的意義。

援，本義是攀引。《爾雅・釋獸》：“猱猨善援。”又拽過來，拿過來。《左傳・成公二年》：“右援枹而鼓。”《楚辭・九歌・國殤》：“援玉枹兮擊鳴鼓。”

撫（fǔ），本義是用手輕輕地按着或拍着，對人是表示愛意。撫愛、撫慰、安撫都是這個意義。對物則是按。《孟子・梁惠王下》：“撫劍疾視。”

操，本義是拿着。《史記・項羽本紀》：“大王來何操？”

擁，本義是抱。《史記・項羽本紀》：“噲即帶劍擁盾入軍門。”

又部可以認爲手部的分支。又的本義是右手，篆文作ㄋ，象形。從又的字例如：

叔，本義是拾。《詩經・豳風・七月》：“九月叔苴。”

取，本義是拿，拿來用。《論語・陽貨》：“取瑟而歌。”《孟子・告子上》：“舍魚而取熊掌者也。”

受，本義是接過來。《史記・項羽本紀》：“亞父受玉斗。”按：受字《説文》入丑（biào）部，甲骨文受作𤔲，這是一人的手拿着東西交給另一人的手，中間是舟字，舟不是船，而是盛物器。

攴（pū）部也可以認爲手部的分支。《説文》：“攴，小擊也；從又，卜聲。”按：攴就是扑字（扑字《説文》未收），攴扑都以卜爲聲符,从又等於从手,所以知道是扑字。攴在字的右邊,多數寫成攵。政教等字都从攴,可能是由於奴隸社會初期的政教是和鞭子分不開的,奴隸主靠鞭子來施行他們的所謂政教(《尚書·舜典》:"扑作教刑。"可見教是要扑的)。攴既是擊的意義,所以从攴的字有敲,有敂。敂字今寫作扣或叩,叩也是敲,所以敲門説成叩門,敲鐘説成叩鐘(《説文》無叩字;扣的本義是牽馬)。从攴的字不都是打擊的意義;有些字衹表示某種動作或行爲,例如收、赦、改、夏(更)、變、救、啟等。

放字本義是逐,最初也可能與鞭打有關。《説文》另立放部。

下面再談幾個與手有關的字:

戒,本義是警戒(防敵人來襲)。篆文作𢦐,从兩手持戈。廾(gǒng)是𦥑的簡化。後代説戒嚴就是這個意義。戒,《説文》在廾部。

兵,本義是武器。篆文作𠔿,从雙手持斤,斤是斧子。六是𦥑的簡化。兵,《説文》在廾部。

要(yāo),本義是腰,《説文》在臼(jǔ)部(臼:叉手也)。篆文作𡢁,象兩手叉腰。《墨子·兼愛中》:"楚靈王好士細要。"

執,本義是拘捕罪人,《説文》在幸(niè)部,丮(jǐ,後來寫成丸),从幸(後來寫成幸)。丮是拿的意思;幸,《説文》:"所以驚人也。"《孟子·盡心上》:"桃應問曰:'舜爲天子,皋陶爲士,瞽瞍(舜父)殺人,則如之何?'孟子曰:'執之而已矣。'"

埶(藝),本義是種植,《説文》在丮部,从丮,从坴(lù)。坴是土塊。《詩經·唐風·鴇羽》:"不能蓺黍稷。"

(7)足部之類

足部的字,意義都與腳有關。大致可以分爲兩類:第一類是名詞，如蹏（蹄）①、蹟（《説文》以爲迹字的異體字，收在辵部迹字下）等；第二類是動詞，如跨、踰、躋、跪、跽、跣、踐、蹴等。此外有極少數形容詞，如跛。下面提出兩個字來討論：

路，本義是道路。因爲路是人走出來的，所以从足。

距，本義是雞距（雄雞腳後突出像腳趾的部分）。《左傳·昭公二十五年》：“季氏介其雞，郈氏爲之金距。”（介其雞，給雞穿上盔甲；爲之金距，給雞加上金距，以便鬥雞。）

止部可以認爲足部的分支。止的本義是腳（依朱駿聲説）。腳趾的趾就是這個止，由腳的意義轉到趾的意義，這是意義縮小了。後人給止加足成趾，弄得意符重複了。从止的字都表示和腳有關的意義。下面提出三個字來討論：

歷，本義是經過，引申爲經歷，閲歷。

歸，本義是女子出嫁，从止，从婦省，自（堆）聲。《詩經·周南·桃夭》：“之子于歸。”

步，本義是步行。甲骨文作，象兩腳走路。《説文》有步部。

走部也可以認爲足部的分支。走字金文作，象人奔跑，兩手擺動，下面畫一隻腳。《孟子·梁惠王上》：“棄甲曳兵而走。”走部都是一些與行走有關的字，如趨、赴等。下面提出三個字來討論：

趣，本義是疾走（快跑），和趨差不多；又解作催促（本是催人快走），和促差不多。《詩經·大雅·棫樸》：“左右趣之。”毛傳：“趨也。”《史記·項羽本紀》：“數使使趣齊兵。”（項梁屢次派遣使者催促齊國出兵。）

越，本義是越過。《左傳·宣公二年》：“惜也，越竟乃免。”

---

① 《説文》有蹏字，無蹄字，今本經典多作蹄。

超，本義是跳過。《孟子・梁惠王上》："挾太山以超北海。"

辵(chuò)部也可以認爲足部的分支。《説文》："辵，乍行乍止也；从彳(chì)从止。"其實"辵"和"行"同義(依王筠説)。《説文》："彳，小步也。"其實彳是"行"字的左半，止就是脚，辵部偏旁，後代都寫作"辶"。凡从辵的字都和行走的意義有關。少數是名詞，如迹(跡)、道(道路)等；絶大多數都是動詞，如巡、過、進、退(《説文》彳部復字的古文)、逝、逾、迎、遇、逃、追等。這一部的字很多，下面提出一些常用字來討論：

邁，本義是行。《詩經・王風・黍離》："行邁靡靡。"

徒，本義是步行(徒步)；从辵，土聲，本該寫成辻。後代的人把辵的上半寫在左邊，辵的下半寫在土字下面(從字从辵，从从，徙字从辵，止聲，也是同樣的情形)。現在徒字在一般字典中改入彳部。

遵，本義是順着走。《詩經・豳風・七月》："遵彼微行。"

適，本義是往。《莊子・逍遙遊》："適千里者三月聚糧。"

造，本義是至(從朱駿聲説)。《儀禮・士喪禮》："造於西階下。"造詣、深造都是這個意義。

逆，本義是迎。《左傳・成公十四年》："宣伯如齊逆女。"

通，本義是通過(窮的反面，窮是走不通)。《周易・繫辭》："往來不窮謂之通。"

違，本義是離去。《詩經・小雅・節南山》："惡怒是違。"

迷，本義是迷了路。《楚辭・離騷》："及行迷之未遠。"

關於遠近的意義，如遠、遼、遥、逴(遥、逴是《説文》新附字)、近、邇、迫(近也)等，因爲最初是就行路説的，所以从辵。關於遲速的意義，如遲、迅、速等，最初也是就行路説的。如果從古文字説，辵是由𢓊變來的(𢓊是㣇的左半)，則遠近似乎是就路途説的。

彳部也可以認爲足部的分支。《説文》："彳,小步也。"彳部的字,擇要討論如下:

徑,本義是小路。《論語·雍也》："行不由徑。"

復,本義是往而復來。《周易·泰》："無往不復。"

往,來的反面。

循,本義是順着走,與遵同義。《左傳·僖公四年》："循海而歸。"《左傳·昭公七年》："循牆而走。"《左傳·昭公二十三年》:"循山而南。"

徐,本義是慢走。《戰國策·趙策四》："入而徐趨,至而自謝曰:'老臣病足,曾不能疾走。'"引申爲慢。

待,本義是等待。

徧(遍),本義是周匝,引申爲普遍。《詩經·邶風·北門》:"室人交徧讁我。"

後,本義是遲到,後到,最後走。《論語·雍也》："非敢後也,馬不進也。"《論語·先進》："曾皙後。"《論語·微子》:"子路從而後。"

足,止,走,辵,彳,這五個部原則上是相通的。例如迹又作跡,踰又作逾。有些寫法,後代與《説文》有分歧。例如征,《説文》作延,跱,《説文》作跱。有些字,《説文》有或體,如後又作逡。這些都可以證明相通的道理。

行部也可以認爲足部的分支。《説文》："行,人之步趨也。"甲骨文作 ,顯然是道路。《説文》所説的祇是行的引申義。因此,從行的字都與道路的意義有關。行部的字,聲符夾在中間。下面提出幾個字來討論:

行,本義是路。《詩經·豳風·七月》："遵彼微行。"《詩經·

周南·卷耳》:"寘彼周行。"

術,本義爲邑中道(據《説文》)。《漢書·刑法志》:"園囿術路。"引申爲抽象的道或法。《孟子·梁惠王上》:"是乃仁術也。"

街,本義是四通道;从行,圭聲。

衢,本義也是四通道。《説文》:"四達謂之衢;从行,瞿聲。"《荀子·勸學》:"行衢道者不至。"

衝,本義是通道,即交叉路口。《左傳·昭公元年》:"及衝,擊之以戈。"(趕到了交叉路口,用戈打他。)"衝要""首當其衝",都是這個意義的引申。

(8)人部之類

人部絕大多數的字都是在字的左邊加上一個亻旁,亻就是人。人部的情況很複雜,區別起來大致可以分爲下列幾類:

(a)名詞,表示人的類別,如俊、傑、儒、俠、仇等。這一類的字不多。

(b)形容詞,表示人的德性,如倨、傲、儉、侈、仁等。這一類的字也不多。

(c)動詞,表示人的行爲。這一類的字很多。如企、仰、伏、侍、依、倚、伸、僵、偃、仆、借、付、償、仕、使、侵、伐、俘、侮等。

下面提出一些字來討論:

倫,本義是類(指人的種類)。《禮記·曲禮下》:"儗人必於其倫。"(儗:同"擬",比較。同類的人纔好比較。)引申爲"人倫"的"倫"。

偶,本義是偶像(就是俑),所以从人。《史記·孟嘗君列傳》:"見木偶人與土偶人相與語。"

伯,本義是兄弟當中年長者。

仲,本義是兄弟當中排行第二的。

伍,本義是五人組成的集體,特指軍隊編制中的"伍"。《史記·項羽本紀》:"願賜骸骨歸卒伍。"又户籍五家爲伍。

什,本義是十人組成的集體。賈誼《過秦論》上:"而倔起什伯之中。"

負,本義是背(bēi)在背上(依徐灝説);從人,從貝。《説文》入貝部,其實該入人部。《孟子·梁惠王上》:"頒白者不負戴於道路矣。"

儋(擔),本義是挑在肩上。《國語·齊語》:"負任儋何(荷)。"

何(hè,荷),本義是扛在肩上。例見上。

作,本義是起來。《論語·先進》:"舍瑟而作。"

俱,本義是偕同,在一起。《史記·項羽本紀》:"梁與籍俱觀。"

仍,本義是依舊,照舊(不改動)。《論語·先進》:"仍舊貫。"(貫:事。)

代,本義是更遞(一個接替一個)。《孟子·滕文公下》:"暴君代作。"(作:起來,出來。)

傷,本義是受傷,所以從人。《史記·項羽本紀》:"漢王傷。"

係,本義是縛;從人,從系(繫),系亦聲。《孟子·梁惠王下》:"若殺其父兄,係累其子弟。"(累:縛。)

儿(rén)部實際上也就是人部,因爲把人字寫在字的下面,纔變成ᄼ,隸書變成儿。下面提出幾個從儿的字來討論:

兒,本義是嬰孩。引申爲兒子。《史記·項羽本紀》:"外黄令舍人兒年十三。"(外黄縣令的門客的兒子纔十三歲。)

兄,本義是哥哥。《説文》另立兄部。

皃,就是貌字,本義是容貌。《説文》另立皃部。

先,本義是走在前面。甲骨文作🐾,金文作🐾,从人,从止(腳)。《論語·先進》:"先進於禮樂。"《説文》另立先部。

元,本義是人頭(依孫詒讓説)。《孟子·滕文公下》:"勇士不忘喪其元。"《説文》元字在一部。

(9)大部之類

大字篆文作🧍,象人的正面形。所以大字在最初是人的意義,可能是大人的意義。从大等於从人,从大的字的意義往往和人類或人事有關。从大的字有少數和大小的大有關,例如夸、奢等。《説文》另立奢部。下面提出幾個从大的字來討論:

夷,本義是東方之人(依段玉裁説)。《論語·子路》:"雖之夷狄,不可棄也。"(之:往。)

亦,篆文作🧍,即古腋字(依《説文》)。《説文》另立亦部。

奔,篆文作🧍,《説文》从夭,賁省聲;金文作🧍,从夭,从三止,象人奔走。从夭也等於从大,曲其上筆。《説文》在夭部。

交,篆文作🧍,从大,象交形。《説文》另立交部。

夫,篆文作🧍,甲骨文作🧍,金文作🧍。本義是男人。上加一畫,祇是要跟大字的音義區別開來(依孫詒讓説)。《詩經·豳風·七月》:"食我農夫。"《説文》另立夫部。

天,篆文作🧍,金文作🧍。天應是顛的本字,顛就是頭頂。《周易·睽》:"其人天且劓。"馬注:"剠(黥)鑿其額曰天。"頭上有青天,故引申爲天地的天。《説文》天字在一部。

立部可以認爲大部的分支。立,篆文作🧍,甲骨文作🧍,象人站在地上。這個人也就是大字。一般字典裏的某些立部字在《説文》裏並不屬於立部,例如竟、章都在音部。音樂完了叫竟,音十爲章。

下面提出幾個从立的字來討論：

竝（並），本義是兩人並肩而立。《莊子·馬蹄》：“族與萬物並。”《説文》另立竝部。

端，本義是直立（端正地站着）。《莊子·山木》：“顔回端拱還目而窺。”成玄英疏：“顔生既見孔子擊木而歌，於是正身回目而視。”

竦（sǒng），从立，束聲；本義是企待。《漢書·韓信傳》：“竦而望歸。”注：“謂引領舉足也。”

俟，同俟，本義是等待。《論語·鄉黨》：“君命召，不俟駕行矣。”

頴（sī），站着等待。《漢書·翟方進傳》：“下車立頴。”通作須。《詩經·邶風·匏有苦葉》：“卬須我友。”（卬音 áng，我。）

（10）士部、女部、子部、男部

就原則上説，士部的字和男子有關；女部的字和婦女有關；子部的字和小孩有關。例如：

士部：壻（从士，胥聲，又作婿；本義是丈夫）。

女部：妻、婦、妃、母（母字《説文》在女部）、嫗（yù，老太婆）、媼（ǎo，義同嫗）、姑、姊、妹、妣（母親，後來指死去的母親）、嫂、姨、婢、妊（懷孕）、娠（shēn，義同妊）。

子部：孺（孩子）、孟（長子）、季（幼子）、孤（幼而無父）、孕。

由於上古曾經有過一個時代是女權社會，上古的姓氏多數加上女旁，如姜、姚、姬、嬴、媯（guī）、姒（sì。《説文》無姒字）等。連“姓”字本身也是女部字。關於婚姻的字也是女部字，例如嫁、娶、姻、媵（yìng，陪嫁。《説文》無媵字）、媒、妁（shuò，與媒同義）等。奴字兼指男女兩性，但是也入女部。

　　古人也根據男女兩性的特點,造了一些字。例如壯字从士,因爲健壯、丁壯和戰爭有關,那是男子的事;姝、孌(嫡字的籀文)等字从女,因爲這些形容詞常常應用在女子方面。

　　到了男權社會的時代,從文字上可以看見許多侮辱女性的痕迹,例如姦、奸、嬖、妄、妬、婪、嫉、嫌、妨等都是女部字。其中有些字已經被後人改成另一寫法,例如婾改成偷,嬾改成懶。

　　士部的字,常用的祇有三個(士、壯、壻);現在一般字典中的士部字,有許多在《說文》裏並不屬於士部。下面提出幾個女部和子部的字來討論:

　　好,本義是美,特指女子的美。《戰國策・趙策三》:“鬼侯有子而好。”古詩《陌上桑》:“秦氏有好女。”

　　佞,从女,仁聲(依徐鍇說);本義是有才。《左傳・成公十三年》:“寡人不佞。”特指有口才。《論語・雍也》:“不有祝鮀之佞。”引申爲僞善,口是心非,强辯。《論語・衛靈公》:“遠佞人。”《論語・先進》:“是故惡夫佞者。”因此,佞字有褒義,也有貶義。

　　字,本義是生子,所以从子。《論衡・氣壽篇》:“婦人疏字者子活,數乳者子死。”(婦女生子不密的,所生的小孩就活,生子密的,所生的小孩就死。《論衡》這句話說得太絕對了,但是節制生育對母子都有好處卻是對的。)引申爲撫育的意義。任昉《奏彈劉整》:“氾毓字孤。”(氾毓:人名。字孤:撫養孤兒。)

　　孩,本義是小兒笑(《說文》以爲孩是咳字的古文,收在口部咳字下)。《孟子・盡心上》:“孩提之童。”趙注:“孩提,二三歲之間,在襁褓知孩笑,可提抱者也。”引申爲孩兒的意義。

　　附帶談談《說文》男部。男字从田,从力,表示在農業社會中,男子是主要勞動力。男部有舅甥二字。舅从男,臼聲;甥从男,生聲。舅與甥是相對待的名詞，都是男性，所以從男。

(11) 鬼部之類

鬼部的字很少。下面討論魂、魄、醜三個字：

魂，從鬼，云聲。古人迷信，以爲人死後靈魂可以脱離軀殼而存在，所以從鬼。《楚辭·九歌·國殤》：“魂魄毅兮爲鬼雄。”

魄，從鬼，白聲。從鬼的理由與魂字同。

醜，本義爲貌醜；從鬼，酉聲。現在一般字典歸入酉部。醜從鬼，因爲古人以爲鬼的相貌是醜惡的。引申爲惡的意義。《詩經·鄘風·牆有茨》：“言之醜也！”

《説文》有一個巫部，在這裏附帶談一談。巫部有覡(xí)字。覡是男巫；從巫，從見，因爲古人迷信，以爲巫能見鬼。《荀子·正論》：“出户而巫覡有事。”巫部有靈字。靈，從巫，霝(零)聲，是靈字的異體字。楚人謂巫爲靈。《楚辭·九歌·東皇太一》：“靈偃蹇兮姣服。”(偃蹇：舞蹈的樣子。姣：美。女巫穿着美麗的服装舞蹈着。)一般字典靈字歸入雨部。

(12) 示部

示是古祇字(依徐鍇説)。祇(qí)是地神，神是天神。《周禮·春官》：“大宗伯之職掌建邦之天神、人鬼、地示之禮。”(大宗伯：官名。)因此，凡從示的字都和神祇有關。古書上常見的示字表示視的使動用法，示是給人看(使視)，所以視字常作示字用，《史記·項羽本紀》：“持三日糧以示士卒必死。”《漢書》作“視”。使視的示和地神的示在意義上不一定有聯繫。《説文》：“示，天垂象，見吉凶，所以示人也；從二(二即上字)，三垂，日月星也。”那是牽强附會的説法。甲骨文示常常寫作丅，既不從二(上)，也不從三垂。

示部的字大致可以分爲四類：第一類是關於神的類别，如神

(天神)、祇(地神)、社(土神)等;第二類是關於祭祀的類别,如祭、祀、祠(春祭)、礿(夏祭)、禘(五年大祭)、禪(祭天,據《説文》)、祝(禱告)、祈(求福)、禱(告事求福)、祓(fú,除惡祭)、禳(祭求免災)等;第三類是關於宗廟的,如祖(祖廟)、祏(shí,宗廟中藏神主的石屋)等;第四類是關於禍福之事的,如福、禄(福)、祥、禎(福)、祜(福)、祉(福)、禍(害)、祟(神禍)等。

下面提出兩個字來討論:

禮,从示,从豊(lǐ),豊亦聲。據《説文》,禮的本義是"所以事神致福",豊則是"行禮之器"。古人對於祭祀,禮節最重,所以禮字从示。依王國維的説法,醴、禮在甲骨文裏都祇寫作豊,豊表示兩串玉放在器皿中。古人行禮以玉,所以豊是行禮之器。從豊繁化爲豐,再從豐繁化爲禮。但是,儘管這個示旁是後加的,也顯示了古人把禮節和祭祀聯繫起來。

禁,本義是禁忌。《説文》:"禁,吉凶之忌也;从示,林聲。"上古時代,迷信觀念很重,巫覡代表鬼神説話,禁止人做某些事情。引申爲禁令的意義。《孟子·梁惠王下》:"臣始至於境,問國之大禁,然後敢入。"

(13)疒部

疒(chuáng)部[1],俗名疾扇兒。疒字古書中未見,我們祇要知道它表示疾病就行了。疒部的字,最常見的有疾、病、痛、疽、痔、痹(麻痹)、疫、瘧等。

疲和瘦都入疒部,古人把疲勞和瘦弱都看成病狀。癡(痴)被看成疾病,因爲上古所謂癡不是傻,而是白癡(依桂馥説)。

瘥(差)和瘉(癒、愈)都是病好了的意思。病好了也與疾病有

---

[1]　編者注:疒,《説文》女戹切。《廣韻》兩見:陽韻士莊切;麥韻尼戹切。

關，所以從疒（但最初祇寫作差和愈）。

痕，本義是瘢痕（傷痕或瘡疤），所以從疒。《通俗文》：“創瘢曰痕。”引申爲痕迹的意義。

疚，本義是病，引申爲心中難過。《論語·顏淵》：“內省不疚，夫何憂何懼？”此字《說文》未收。

疒部和肉部有相通之處，如腫又作瘇，腈又作瘠、瘄、痑。

（14）天文方面

關於天文的部首，有日、月、風、雨等部。日部有名詞昃（秋曰昃天）、星、晨、時等字，形容詞明（《說文》有朙部，以明爲朙字的古文）、暗、昭、昧、晚等字，動詞有昇（《說文》新附字）、曬等字；月部有朗字；雨部有雲、雪、露、霜、雷等字；風部有飄、颺等字。下面提出幾個字來討論：

景，本義爲日光。引申爲日影，再引申爲一切影子。賈誼《過秦論》上：“贏糧而景從。”

暴，本義爲曬太陽。後代寫作曝，從兩日，重複了。《孟子·滕文公上》：“秋陽以暴之。”現代還有成語“一暴十寒”（也出自《孟子》）。

朔，本義爲陰曆每月初一。《莊子·逍遙遊》：“朝菌不知晦朔。”

望，《說文》朔望的望作望（在壬部），觀望的望作望（在亡部），古書一律寫作望。甲骨文作𦣹，金文作𦣻，又作𦣺，象人望月。

朝，本義爲早晨。篆文作𦩅，《說文》在倝（gàn）部，從倝，舟聲。倝從旦，㫃（yǎn）聲（《說文》解釋㫃字說“日始出，光倝倝也”）。金文朝字作𦨶、𦩎，字從日。甲骨文有一個𦩅字，有人認爲是朝字，象日出草叢中而月亮還沒有下去；也有人認爲是萌字。

震,本義爲響雷。《詩經·小雅·十月之交》:"爗爗震電。"(爗爗音 yèyè,光盛的樣子。)引申爲聞雷而驚。《詩經·大雅·常武》:"如雷如霆,徐方震驚。"(霆,急雷:又當電講。徐:國名。)

零,本義爲餘雨(依《說文》)。引申爲落雨。《詩經·鄘風·定之方中》:"靈雨既零。"(靈雨:好雨。)又引申爲凝結起來的。《詩經·鄭風·野有蔓草》:"零露溥兮。"

附帶講一講气部。气,包括人所呼出的氣和空氣,古書一般寫作氣。《荀子·王制》:"水火有氣而無生……人有氣,有生,有知,亦有義。"《莊子·齊物論》:"夫大塊噫氣,其名爲風。"

氣字從米,气聲,《說文》入米部,本義是送給人米粟芻薪之類。後人借氣爲气,又另造餼字以代替氣字。現在氣字簡化爲气,回到古本字,反而合理了。

(15)地理方面

關於地理的部首,有土部、邑部、山部、厂(hàn)部、石部、阜部等。

土部有名詞,表示關於土的名詞,如地、壤、埃等;又表示疆界的名稱,如疆(《說文》田部畺的異體字)、境等①;又表示關於建築物的名稱(因上古建築以築土爲主),如城、墉、垣、堵、堂、壘等。有形容詞,表示土的性質,如坦、堅(《說文》入臤部)等。有動詞,表示土的變化,如坼(chè,地裂,《說文》㘴字);又表示對土或用土的動作,如埽(掃)、填、塗(用泥,《說文》新附字)等。下面提出幾個字來討論:

基,本義爲牆根。《詩經·周頌·絲衣》:"自堂徂基。"(從堂上走到堂下廟門外的牆根。)

---

① "境"是《說文》新附字。

塞,本義爲邊塞,因爲是要害之地,所以从土。《漢書・李廣傳》:"使陵將五校兵隨後行,至塞。"

塊,《説文》凷的異體字,本義爲土塊。《左傳・僖公二十三年》:"乞食於野人,野人與之塊。"

壞,本義爲建築物遭到破壞。因爲建築物的字往往从土,所以壞字也从土。《韓非子・説難》:"天雨牆壞。"

邑部,在字的右邊寫作阝。邑部的字,有些是國名和邑名,如鄭、邨、鄘、鄶(檜)、鄧、邳、邯鄲等;有些是有關國邑和行政區域的名稱,如邦、郡、都、郊等。現在提出幾個字來討論:

鄙,本義爲五百家(户口單位)。引申爲邊邑。《左傳・隱公元年》:"既而大叔命西鄙北鄙貳於己。"

鄰,本義爲五家(户口單位)。《論語・雍也》:"以與爾鄰里鄉黨乎!"(拿來給你的鄰里鄉黨的人吧! 鄭注:"五家爲鄰,五鄰爲里,萬二千五百家爲鄉,五百家爲黨。")引申爲鄰近的人或鄰居的人。

郵,本義爲傳遞文書的驛舍。《孟子・公孫丑上》:"德之流行,速於置郵而傳命。"

郎,本義爲魯邑名。《禮記・檀弓下》:"戰於郎。"

山部字有名詞,表示山名,如嵩(《説文》新附字)、岱(泰山)、嵲;又表示山的種類,如嶽、岑(山小而高)、巒(山小而鋭);又表示關於山的部分,如岡、巖、岫(xiù,山穴)等。有形容詞,表示山的形狀,如峻(陵的異體字)、巍(《説文》入嵬部)、崔嵬、嵯峨、崝(嶒)嶸等①。有動詞,表示山的變化,如崩。島字从山,因爲古人以爲島是水中的小山。岸字从山,因爲岸的本義是山邊(依徐灝説)。

────────

① 《説文》有崝字,無嶒字,嶒是後起字。

關於山部,下面祇討論一個崇字。

崇,本義爲山高;从山,宗聲。王羲之《蘭亭集序》:"此地有崇山峻嶺。"

厂(hàn)部,俗名叫打廈兒。厂字是山崖的意義,所以从厂的字多與山崖的意義有關。下面提出幾個字來討論:

厓,本義爲山陵之厓(依《説文》)。《左傳・隱公元年》:"厓將崩。"(崩是山崩,厓也是山厓,以山喻人。)《説文》厓字入屵部,屵、厓是古今字(依徐灝説)。

原,篆文作𤍎(原),本義是水源,从泉出厂下。《孟子・離婁下》:"資之深則取之左右逢其原。"這個意義,後代加水旁作源,而以原字作爲原野的原。《説文》原字入灥(xún)部。

厲,本義是磨刀石。因爲與巖石有關,所以从厂。《史記・高祖功臣侯者年表》:"使河如帶,泰山若厲。"今字加石作礪。

石部是一些與石有關的字,如碑、磬、磨、硎(磨、硎二字不見於《説文》)等。現在提出幾個字來討論:

碎,本義是把石碾碎,所以从石。

破,本義是石碎,所以从石。引申爲擊敗敵人。

研,本義是磨。後代的硯字,實際上應該是研字。

礎,本義爲柱下石(《説文》新附字)。《淮南子・説林》:"山雲蒸,柱礎潤。"

阜部,在字的左邊寫作阝。阜部的字一般都是與山有關的。阜字的本義是無石之山。依《説文》,有石之山爲山,無石之山爲阜。《詩經・小雅・天保》:"如山如阜。"下面提出幾個字來討論:

陵,本義爲大阜。《左傳・僖公三十二年》:"殽有二陵焉。"引申爲陵墓。

阿（ē），本義爲大陵。《詩經·小雅·菁菁者莪》：“在彼中阿。”

陸，本義爲高平地（依《說文》）。《說文》：“阜，大陸，山無石者。”可見陸是高而上平的土山。《國語·齊語》：“陸阜陵墐。”（墐，溝上道。）引申爲陸地，跟水相對。

陽，本義是山南，所以從阜。《詩經·召南·殷其靁》：“在南山之陽。”

陰，本義是山北，所以從阜。華陰（地名）因在華山之北，故稱華陰。

隅，本義是山角。《詩經·小雅·綿蠻》：“綿蠻黃鳥，止於丘隅。”（綿蠻，鳥聲。）

阻，本義是山路難行。宋玉《高唐賦》：“妾在巫山之陽，高丘之阻。”指險阻之處。

險，與阻同義。《孟子·公孫丑下》：“固國不以山谿之險。”

限，與阻同義。《戰國策·秦策一》：“南有巫山黔中之限。”

與高下有關的動詞也多從阜，因爲阜表示高處。例如陟（登）、降（走下來）、隤（即頹，墜下）、隕（從高處落下來）、陷（自高而陷入於下）等。隊字的本義是從高處掉下來。《墨子·七患》：“今有負其子而汲者，隊其子於井中。”（汲，打水。）後人加土作墜[①]。

阜是土山。因此，從阜的字多與高的意思有關。例如：

階，本義爲臺階，與現代義同。

除，本義爲殿階。《漢書·李廣傳》：“扶輦下除。”

陛，本義爲自卑登高的殿階。舊說天子之陛九級。陛下作爲對天子的尊稱，這是因爲羣臣對天子不敢直接稱呼，呼陛下的人轉

告天子。

際,本義爲兩牆相合之縫,牆高,所以从阜。引申爲接界處,中間。《史記》有《秦楚之際月表》。

隙,本義爲壁際孔,壁高,所以从阜。《漢書·魏豹傳》:"如白駒過隙。"

防,本義爲隄壩,隄壩須高起,纔能防水,所以从阜。《周禮·稻人》:"以防止水。"

土部與阜部有相通之處,如階又作堦;又與石部相通,塙是確的本字(塙的本義是土堅不可拔,引申爲堅定不移)。

山部與厂部有相通之處,如崖又作厓(厓、崖是古今字,《説文》分爲二字,誤)。

(16)宮室方面

關於宮室的部首,主要是五個:宀(mián)部、广(yǎn)部、尸部、門部、户部。

宀部俗名寶蓋兒,表示居住的所在。家、宅、室、宮(《説文》另立宮部)等字都明白地表示了這種意義。下面提出幾個字來討論:

宗,本義是祖廟。《左傳·成公三年》:"首其請於寡君而以戮於宗。"

宇,本義是屋簷。《詩經·豳風·七月》:"八月在宇。"

安,定,窝(《説文》以寧爲寧願字,入丂部,丂音kǎo;以窝爲安寧字,入宀部。經典都作寧),本義都是平安。上古人民生活條件不好,所以能住在房子裏就算平安。

宴,本義也是平安,引申爲安樂。《左傳·閔公元年》:"宴安酖毒,不可懷也。"

官,本義是官府,所以从宀。《説文》入𠂤(duī)部。

宿,本義是住宿。住宿必在房子裏,所以从宀。寄,本義爲寄宿,从宀也是這個道理。

寢①,本義是睡覺,睡覺在房子裏,所以从宀。寐、寤从宀,也是這個道理。

寬,本義是屋寬大,所以从宀。

客,本義是賓客。賓客寄宿在主人家裏,所以从宀。

广部和宀部一樣,都是表示房屋的。府、廬、庭、庫、庖、廄、廁、廛、廟都明顯地表示了這種意義。下面討論幾個广部字:

序,本義是東西牆。《尚書·顧命》:"西序東嚮。"

廉,本義是堂的邊。《儀禮·鄉飲酒禮》:"設席於堂廉東上。"

廢,本義是房子傾倒,沒有用處了。引申爲廢棄,廢止。

尸部的字分爲性質很不相同的兩大類:第一類等於人部的分支。尸字金文作𠆤,象人形。从尸的字有居(踞、蹲)、展(轉身、輾轉)、尻(kāo,屁股)、尾等。這一類和宮室無關,這裏不詳細討論。第二類是宀部的分支,从尸等於从屋省,表示與宮室有關的事物。例如:

屋,本義爲帷幕,後代寫作幄。《詩經·大雅·抑》:"尚不愧於屋漏。"鄭箋:"屋,小帳也。"

屛,本義爲照壁。上古又稱"蕭牆"(見《論語·季氏》)。

層,本義爲重屋(樓房)。引申爲樓房的各層。

門部的字,意義都與門户有關,如門、閭(里門)、開、閉等。下面提出幾個字來討論:

閨,本義爲小門,上圓下方,其狀如圭。《公羊傳·宣公六年》:

---

① 《説文》寢臥之寢作寑。今本經典多作寢。

“有人荷畚自闉而出者。”

闕，宮門（或廟門）外兩旁的高建築物（樓觀），又名觀，中間是道路。

闢，本義是開門。《左傳·宣公二年》：“晨往，寢門闢矣。”

闊，本義爲寬廣。闊字從門，寬字從宀，廣字從广，都表示寬廣的概念起源於房屋的寬廣。

閒（jiān），本義爲門隙；從門月，會意。段玉裁説：“門開而月入，門有縫而月光可入，皆其意也。”這個意義後來又寫作間。引申爲閒暇的閒，讀xián，這個意義後來又寫作閑。

閑（xián），本義爲柵欄；從門中有木，會意。《論語·子張》：“大德不踰閑。”這是用於抽象的意義。引申爲防閑（防備禁止）。

關，本義爲門閂（shuān）。《左傳·襄公二十三年》：“臧紇斬鹿門之關以出。”

户部的字，意義也與門户有關。兩户曰門，半門曰户。户是單扇的門。从户的字一般表示與單扇的門有關的事物。例如：

扉，本義是門扇。《左傳·襄公二十八年》：“子尾抽桷擊扉三。”王維詩：“日暮掩柴扉。”

扇，本義也是門扉。木做的叫扉，竹或葦做的叫扇。《禮記·月令》：“乃修闔扇。”（闔即扉。）

扃（jiōng），本義是門閂。

房，本義是在旁之室。堂之内爲室，室之左右爲房。王筠説：“古之房室皆用户，廟門大門始用門。”《詩經·王風·君子陽陽》：“右招我由房。”朱注：“由，從也；房，東房也。”

（17）衣服器用方面

關於服飾器用方面，有衣部、巾部、黹（zhǐ）部、革部、韋部、糸

（mì）部、网部、𡗗（yǎn）部、弓部、矢部、戈部、矛部、刀部、斤部、皿部、缶（fǒu）部、瓦部等。

衣部，在字的左邊寫作衤。這一部是關於衣服的字，如衣、袂、襟（《説文》作裣）等。也有少數動詞，如袒、裸（《説文》認爲嬴的異體字）、裁等。有些字，衣服的意義已經不再能顯示出來了，例如初字的本義是裁衣之始（初字《説文》入刀部），裕字的本義是衣物充裕，衹是根據《説文》纔知道的。

从巾的字大部分表示與布有關的意義。如布、帛（《説文》立帛部）、帷、幄、幕、幟（《説文》新附字）等。幣字的本義是帛（用來送禮的），所以从巾。常字的本義是旗子（從朱駿聲説），韓愈《元和聖德詩》：“天兵四羅，旂常婀娜。”巾部與衣部相通，所以裙又寫作帬。

黹部的字很少。黹是刺繡品，所以古代的刺繡工作稱爲鍼黹（鍼，同“針”）。黹部比較常用的字衹有聯緜字黼黻（fǔfú），意義是禮服上的繡飾。

革部和韋部相近。革和韋都是獸皮，因此，从革从韋的字差不多都表示皮革的製成品。鞮（鞋）字之所以从革，正由於它的原始意義是革履（與履有別）；鞭字从革也由於它的本義是皮鞭。韤（襪、袜）字之所以从韋，因爲它在最初是皮做的，而且是長統的。顧炎武説：“古人之韤，大抵以皮爲之。”下面提出兩個字來討論：

勒，本義是馬絡頭。用皮做的，所以从革。後代引申爲馬銜。杜甫《麗人行》詩：“白馬嚼齧黃金勒。”

韜（弢），本義是弓或劍的套子。引申爲韜藏的意義。

革韋兩部常常相通，如韤又作韤。

糸部表示與絲麻有關的意義。絹、綃、繩、繭、絮、紡、織等的本義都非常明顯。維是維繫的維（《説文》説是車蓋維），績是績麻的

績,絶是絲斷,繼是絲續,細是絲微,結是結繩,也都無可懷疑。紙字從系,也由於紙是麻絮做的。下面提出幾個字來討論:

經,本義是經緯的經,即織時的直行絲。《論衡・量知》:"紡績織經。"

綏,本義爲車中索(人們扳着它上車的)。《論語・鄉黨》:"升車必正立執綏。"

緒,本義是絲的頭緒。張衡《南都賦》:"白鶴飛兮繭曳緒。"

統,本義是總束衆絲的緒。《淮南子・泰族訓》:"繭之性爲絲,然非得女工煮以熱湯,而抽其統紀,則不能成絲。"

有一件事值得注意,就是關於顏色的字,一般都從系,如紅、紺(gàn,天青,紅青)、紫、絳(大赤)、綠等。這因爲顏色是抽象的概念,必須依附於具體的事物。古人對於顏色,印象最深刻的是染絲,所以有關顏色的字多數從系。還有素字更是有趣。素字用作名詞時,表示生帛。古樂府《上山采蘼蕪》:"新人工織縑,故人工織素。"用作形容詞時,表示白色。《詩經・召南・羔羊》:"素絲五紽。"(紽音 tuó,量詞。)因爲生帛還没有染過,所以是白色。

網字古又作罔,而网則是罔、網的本字,《説文》立网部。現在網字簡化爲网,是採用了古本字。网的變形是罒,所以罒頭(俗名偏四兒)的字一般都等於從网。羅字從网,因爲羅的本義是網。現在我們還說"天羅地網"。

㫃部是《説文》的部首,《康熙字典》把㫃部字都歸了方部,其實㫃部和方部没有關係。㫃部的字,多數和旗幟有關係,如旂、旗、旄、旌、旛等。

弓部、矢部、戈部、矛部,這四部的字,一般都和兵器有關。例如:

彊(强),本指弓强(有力)。杜甫《前出塞》詩:"挽弓當挽强。"用的是本義。但是《説文》彊、强分爲二字,强从虫,弘聲,在虫部,本義是蚚(qí,米穀中的小黑蟲)。

引,本義是拉弓。

張,弛,本義是弓弦的緊張和鬆弛。

彎是動詞,表示彎弓。

彈,本義是發射彈丸。《左傳·宣公二年》:"從臺上彈人,而觀其辟丸也。"

矯,本義是"揉箭箝"(用來把箭桿揉直的一種器具),引申爲矯枉,矯正。

戚,本義是大斧。《説文》入戌部,戌字从戈。

矜,本義是矛柄。賈誼《過秦論》上:"鉏櫌棘矜。"

刀部、斤部,這兩部多數是動詞,表示刀斧(斤)的動作。刀部有切、刻、剖、剥等;斤部有斫、斷、斷等。注意:形容詞利字从刀,因爲它的本義是鋭利。《孟子·公孫丑下》:"威天下不以兵革之利。"

皿部、缶部、瓦部,這三部都和陶器有關。皿部有盆、盂、盌等;缶部有餅、缸等;瓦部有甓、甑等。注意:缺字从缶,因爲缺的本義是器破(依《説文》)。缶部和瓦部常常相通,如瓶又作缾,甖又作罌等。

(18)金玉財寶方面

金和玉在古代都被認爲寶貴的東西。金部有金屬的名稱,如銅、銀、鐵、錫等;有金屬工具的名稱,如釜(《説文》鬴的異體字)、鑊、鋤(即《説文》鉏字)等;有冶金手工業的動作,如鑄、鍛、鍊等;有利用金屬工具的動作,如鏤(本義是剛鐵)、釣等;有金屬品的性質,如鋭、鈍、銛等。玉在字的左邊寫作王。玉部有玉的名稱,如瓊、

玖、球等;有玉製物品的名稱,如璧、環、玦、珩、璜等;有治玉手工業的動作,如琱(彫)、琢等。下面提出幾個字來討論:

鏡,在古代是用銅製成的,所以从金。

鑑(鑒),銅製的承水器,鑑裏有水,可以照人,所以鑑有鏡子的作用。《詩經·邶風·柏舟》:"我心匪鑒。"毛傳:"鑒所以察形也。"後世鏡子也就叫鑑。《唐書·魏徵傳》:"以銅爲鑑,可正衣冠。"又動詞,察看。《國語·吳語》:"王盍亦鑑於人,無鑑於水。"字又作監。

鎮,本義是鎮壓,即以金或玉壓在他物上,所以从金。《楚辭·九歌·湘夫人》:"白玉兮爲鎮。"王注:"以白玉鎮坐席也。"

理,本義是治玉,所以从玉。

瑞,本義是玉製的符信,所以从玉。引申爲祥瑞。

貝部一般表示與財物有關的意義,因爲古人曾經用貝殼作爲貨幣。有名詞,如財、貨、資、賄等。有形容詞,如貴、賤等,因爲貴賤的本義是財物價值的貴賤。有動詞,如買、購、賞、賜、贈等。下面提出幾個字來討論:

貪,本義是貪財物,所以从貝。

費,本義是耗費財物,所以从貝。《老子》四十四章:"甚愛必大費。"(太吝嗇了一定會破財)

賀,本義是以禮物相慶賀,所以从貝。

賈(gǔ),本義是把財物買來又賣去,所以从貝。引申爲商賈。

賦,本義是賦稅,賦稅是財物,所以从貝。《論語·公冶長》:"千乘之國,可使治其賦也。"

質,本義是以財物抵押,所以从貝。引申爲人質。《左傳·隱公三年》:"周鄭交質。"(互相以人爲抵押)

(19) 水部、火部

水部和火部關係不很密切,應該分開來談。

水在字的左邊寫作氵。水部有名詞,表示江河的名稱,如江、河、淮、漢、涇、渭、洛等;又表示水利的名稱,如溝、渠、瀆等。有關於水的形容詞,如深、淺、清、濁(《説文》深、濁又是河流名)等。有動詞,表示水的動作,如流(古文作㳅,入㞢 zhuǐ 部)、湧(《説文》作涌)、潰等。下面提出幾個字來討論:

決,本義是江河打開缺口,所以從水。

没,本義是沈没在水裏。

注,本義是灌進,所以從水。

測,本義是測量水的深淺。

渴,本義是乾涸,古書上常用爲飢渴的渴字。《孟子·公孫丑上》:"渴者易爲飲。"飢渴的渴《説文》作潐。

淫,本義爲浸潤,所以從水。又當久雨講,後代寫作霪。

激,本義是水流急。"激烈"的本義是水急火烈。

準,本義是水準(水平),所以從水。

火在字的左邊寫作火,在字的下邊寫作灬。火部有名詞,表示與火有關的東西,如煙、炭、灰、燭等。有關於火(特別是火光)的形容詞,如炳、燦(《説文》新附字)。有動詞,表示火(特別是火光)的動作,如照、耀(耀)等;又表示用火的動作,如焚、熬、煎、煣等。下面提出兩個字來討論:

熲(jiǒng),本義是火光,從火頃聲。

然,本義是燃燒。後代加火作燃,意符重複了。《孟子·公孫丑上》:"若火之始然,泉之始達。"

光,本義是明,篆文作炗,《説文》:"从火在人上,光明意也。"

附帶説一説：烏、無、燕等字本來都不屬於火部，後代字典纔歸入火部，所以不要拿火的意義去説明這些字。

火部、光部和日部有相通之處，如燿又寫作耀、曜，煇又寫作輝、暉等。

(20) 植物之類

《説文》關於植物的部首，主要有艸、木、竹、禾等部。艸部主要是有關草本植物的一些概念；木部除了木名之外，還有木器名；竹部主要是竹器名；禾部主要是農作物。下面提出一些字來討論：

苦，本義是"大苦"（藥草名），所以從艸，其味極苦，引申爲一切的苦。

落，本義是落葉。

華（依《説文》當作蕐），本義是花。《詩經‧周南‧桃夭》："桃之夭夭，灼灼其華。"

葺，以茅蓋屋，引申爲修葺，仍由補充一些茅草而來。

薄，本義爲林薄的薄。木叢生爲林，草叢生爲薄。

蔣(jiāng)，菰蔣，即茭白。

蘇，本義是紫蘇（藥名）。

藉，本義是以茅藉地（墊在地上）。

蓋，本義是蓋屋的茅草。引申爲掩蓋。

析，本義是破木；從木，從斤，會意。斤是斧子。《詩經‧齊風‧南山》："析薪如之何，匪斧不克。"

構，本義是以木架屋，所以從木。

樸，本義是未經彫飾的木。引申爲樸實，樸素。

楚，本義是叢木。《詩經‧周南‧漢廣》："言刈其楚。"一名荆（依段玉裁説）。

權,本義爲黄華(花)木,所以从木。

梁,本義是橋梁,所以从木。

檢,《說文》:"書署也。"古人在木版上寫信或寫短文,上面再加一版,寫收信人和寄信人的姓名(然後緄扎起來加封),類似後世的信封和書的封面,這叫做"檢"。引申爲檢查。

杯(依《說文》當作桮),本來是用木製的,所以从木。但因杯是器皿,所以又寫作盃。椀、盌亦同。

節,本義是竹節,所以从竹。

符,本義是符信,符信是竹做的。

篇,本義是書篇,上古書用竹簡,所以篇字从竹。

簡,寫字的竹簡,所以从竹。

策(筴),馬鞭,用竹做的,所以从竹。《莊子·馬蹄》:"而後有鞭筴之威。"

箸,本義是筷子。後人寫作筯。

算,古人計算用竹籌,所以从竹。

秀,本義是禾吐穗,所以从禾。《論語·子罕》:"苗而不秀者有矣夫。"

秋,本義是禾穀熟。《尚書·盤庚上》:"若農服田力穡,乃亦有秋。"

秉,本義是手持一把禾(《說文》入又部)。《詩經·小雅·大田》:"彼有遺秉。"

租,本義是地租,地租收的是穀物。

稅,賦稅收的也是穀物。

積,本義是積聚禾穀。《詩經·周頌·良耜》:"穫之挃挃,積之栗栗。"(挃挃 zhìzhì,收穫的聲音。栗栗:衆多的樣子。)

艸、木、竹、禾四部互有相通之處。薪雖從艸,但《詩經》説析薪,可見薪是木柴。荆、楚本是一物(楚國又稱荆),但荆字從艸而楚字從木。藩、籬本是一物,但藩字從艸而籬字從竹。苗字從艸,而秀字從禾。

附帶討論米部、食部、酉部。

米部可以認爲禾部的分支,因爲米部有粱有粟。但是米部有它的特點,主要表示與米糧有關的概念。例如:

粒,本義是米粒。絶糧又説成絶粒。

精,本義是米經過選擇。《論語·鄉黨》:"食不厭精。"

粗,本義是米粗。

粲,本義是舂得最白的米。引申爲上好的餐飯。《詩經·鄭風·緇衣》:"還予授子之粲兮。"

食部和米部有些關係。餌(《説文》鬻部鬻字的異體字,鬻音ěr)、飴(古以芽米熬之,類似後世的麥芽糖)、餳(糖醬)都從食,不從米。饘(zhān)就是粥(厚者曰饘,稀者曰粥),但粥從米而饘從食。餻字(《説文》新附字)或從米作糕。下面提出幾個字來討論:

餘,本義是穀米豐足吃不完,引申爲富餘,多餘。《孟子·滕文公下》:"則農有餘粟,女有餘布。"

館,本義是招待所,供膳食,所以從食。《詩經·鄭風·緇衣》:"適子之館兮。"《左傳·襄公三十一年》:"乃築諸侯之館。"(招待諸侯的。)

餉,本義是送東西給人吃。《孟子·滕文公下》:"有童子以黍肉餉。"

酉部字主要是關於酒的意義。酉字甲骨文作??、??,金文作??、??,象酒尊,並假借爲酒字。尊字甲骨文作??,金文作??,象雙手捧着

酒尊;後人加木作樽,或加缶作罇。酉部有關於酒的名詞,如醴
(lǐ)、醯(xī,醋,《説文》入皿部)等。有關於酒的形容詞,如醇
(chún)、醨(lí)等。有關於酒的動詞,如釀、酌、酬(勸酒,《説文》醻
的異體字)、酹(lèi,以酒沃地)、酣、醉、醒(《説文》新附字)等。

(21)動物之類

動物方面,有馬部、牛部、羊部、豕部、鹿部、犬部(犬在字的左
邊寫成犭)、鳥部、隹(zhuī)部(隹也是鳥)、虫(huǐ)部、魚部、黽
(mǐn)部(黽,蛙)、鼠部等。這些部的字,多數是很明顯地屬於跟
部首所舉的動物同一類的或是有關的,不必一一説明。下面衹舉
出一些較特殊的例子加以解釋:

駁,本義是馬色不純。引申爲一般的不純。後來有雙音詞"斑
駁""駁雜"等。

駭,本義是馬驚。驚,本義也是馬驚。

驅,本義是趕馬。《詩經·鄘風·載馳》:"載馳載驅,歸唁
衛侯。"

驟,本義是馬快跑。《詩經·小雅·四牡》:"駕彼四駱,載驟駸
駸。"(駱,白色黑鬣尾的馬;駸駸音 qīnqīn,馬快跑的樣子。)

牢,本義是牛欄。

物,本義是雜色牛(依羅振玉説)。

特,本義是公牛。

牽,本義是牽牛。

美,本義是味美;從羊,從大,會意,羊大則味美。上古時代,羊
爲主要的肉食,所以從羊。

羣,本義爲羊羣。《詩經·小雅·無羊》:"誰謂爾無羊? 三百
維羣。"

豪,本義是箭豬,引申爲毫毛。《漢書·高帝紀》:"秋豪無所犯。"秋豪即秋毫。《孟子·梁惠王上》:"明足以察秋毫之末,而不見輿薪。"

麗,本義是兩鹿並行,所以从鹿。

塵,鹿行揚土爲塵,本作麤,从麤鹿。

狀,本義爲犬形,引申爲一切形狀。

狂,本義爲狂犬,引申爲一般的狂。

獨,《説文》:"羊爲羣,犬爲獨。"犬好鬥,所以常常是孤獨的。

鳴,本義爲鳥鳴,所以从鳥,从口,會意。引申爲凡出聲皆曰鳴。

隻,本義爲鳥一隻,《説文》:"从又(手)持隹,持一隹曰隻,持二隹曰雙。"

雙,本義是兩鳥,从又(手)持兩隹。《説文》在雔(chóu)部。

集,本義是鳥停在樹上;从隹,从木,會意。集字本作雧,从三隹(羣鳥),故引申爲集合的意義。《説文》入雥(zá)部。

離,是鸝的本字。

虹,又名螮蝀(dìdòng),狀似虫,所以从虫(據《説文》)。

鮮,本義是魚名。引申爲一般的魚。《老子》六十章:"治大國若烹小鮮。"再引申爲肉食新鮮的鮮。有人認爲新鮮的鮮是鱻字的假借字。

竄,本義爲逃藏;从鼠在穴中,會意。此字在穴部,但也从鼠,故附於此。

犬部與豸部相通,所以貓又寫作猫,貍又寫作狸。豺狼同類,但是豺从豸而狼从犬。

鹿部與犬部相通,所以麞又寫成獐。

鳥部與隹部相通,所以鴈又寫作雁,雞又寫作鷄,難又寫作鸘,雅又寫作鴉,離又寫作鸝。

虫部與魚部相通,所以鰕又寫作蝦。

黽部與虫部相通,所以鼃又寫作蛙,蜘蛛又寫作鼅鼄。

黽部與魚部相通,所以鼈又寫作鱉,鼇又寫作鰲。

以上所講的部首,並不是全面的,有些小部就不講了。

（三）上古韻部及常用字歸部表

本表除收録本書文選《詩經》《楚辭》中的全部入韻字外,還收録先秦古籍中的一般常用字。本表收在同一韻部的字,按今音的韻母次序排列,韻母的次序是:

a	ia	ua	
e	o	uo	
	ie		üe
	i(ㄭ,ㄭ)		er
		u	ü
ai		uai	
ei		uei	
ao	iao		
ou	iu		
an	ian	uan	üan
en	in	uan	ün
ang	iang	uang	
eng	ing	ong、ueng	iong

韻母相同,再按聲母、聲調爲序。少數不規則變化的字,排在最後。

一、之部

兹滋孳孜淄輜緇錙菑子秄梓滓字牸慈鷀詞祠辭伺司絲思緦偲笥似
祀姒耜寺嗣飼俟涘竢之芝止趾址沚芷祉痔峙庤時治志誌痣箈癡蚩
媸嗤持恥齒詩時塒蒔鰣史使駛始士仕事恃市侍而腪耳餌珥刵鄙坯
丕伾駓邳嚭否痞圮擬薿狸李里理裏俚鯉悝吏姬箕基萁己紀記跽忌
欺其萁期旗萁淇祺騏麒琪綦起屺杞芑熙嘻僖熹徙屣葰喜禧梟醫疑
嶷怡詒貽飴頤矣已以苢部不菩母拇畝晦芣罘負婦俖鶝郁埋薶霾殆
迨怠紿待胎苔台臺駘抬態乃奶耐來萊徠賚睞災哉栽宰載再在才材
財裁采採彩菜鰓腮豺茝該垓賅改咍咳孩骸海亥駭挨埃唉礙杯倍蓓
胚醅培陪賠佩媒煤禖梅苺每龜悝灰恢詼悔賄晦誨洧鮪剖掊謀某否
圖久玖灸疚舊樞丘邱蚯裘郵尤訧疣有友羑又右佑祐宥囿侑敏能

二、職部

德得特慝忒勒則側廁惻測塞色穡嗇革克剋刻劾核踣墨默國馘幗或
惑戒誡械織職直值殖植置幟陟騭熾飭敕食蝕飾識戠軾試弒拭奭逼
偪匿曎力亟殛棘極稷冀驥息熄媳異翼意薏憶臆噫弋翊翌牧服鵩伏
茯福輻蝠幅菖匐副富域蜮緎昱煜或麥代袋岱貸賽北背備邶賊黑

三、蒸部

崩繃朋鵬棚夢馮登蹬等嶝鐙凳磴隥鄧瞪騰滕縢塍藤膽騰棱增憎曾
矰罾繒鄫甑贈層蹭僧徵癥烝蒸拯證稱偁澄澂懲乘塍承丞橙升昇陞
勝繩澠乘剩塍仍礽亙恒冰掤憑凝陵綾菱凌兢興膺鷹應蠅縢肱弓躬
薨弘宏紘閎竑翃鈜泓穹芎熊雄朕肯孕

四、幽部

笛迪滌牡郭荸秭俘孚浮蜉桴皁戮鑄倏儵戊務鶩騖霧婺旭軌昚篍褒
包苞胞枹雹寶保堡葆褓緥飽報抱菢鮑鉋泡袍炮庖咆匏砲茅矛蟊卯
昴茆冒帽瞀林懋袤茂島檮搗導道稻蹈幬條滔韜縚謟慆熹濤陶匋綯

萄騊討牢醪老嫪糟遭棗早蚤皂造糙曹槽漕嘈草騷搔慅掃皋考攷烤嗥好晧浩暤翱彪彫雕鵰凋琱調莜陶舀窈牟侔眸麰繆缶搜蒐餿廋溲叟州洲周週舟肘帚紂宙胄酎抽瘳惆稠綢儔籌疇醻躊愁仇讎酬儵丑醜臭收手守首瘦狩受綬授售壽柔揉輮蹂謬狃扭紐鈕蟉流硫旒劉瀏懰留騮瘤鎦柳綹溜餾霤鳩糾赳酒九韭就鷲究救廄臼舅咎秋楸湫鞦鰌酋蝤遒囚泅求球逑賕虯羞修脩休朽秀袖岫憂優麀悠攸幽呦由油游遊輶猶猷酉莠黝誘柚鼬幼

五、覺部

寂戚慼目睦穆苜腹複覆蝮复復鰒馥督毒篤陸戮稑蹙蹴肅夙宿縮妯軸竹竺筑築逐祝俶叔菽淑孰塾雔梏酷嚳鵠匊菊鞫鞠趜畜蓄旭鬻育毓逵燠薁澳竈告誥靠奥隩窖粥肉六學

六、冬部

降洚絳芃風楓豐酆灃諷鳳冬彤佟統農膿儂濃襛穠醲隆窿宗鬃踪粽綜琮淙崧宋中忠衷終螽潨仲衆忡充沖蟲種崇銃戎絨狨融躬宫窮

七、宵部

猫毛芼旄髦耄眊刀舠倒到菿盜叨桃逃撈勞癆嘮澇澡藻躁燥操召招昭沼兆照詔超抄鈔弨巢嘲朝潮晁炒吵梢捎筲稍韶少紹邵劭高膏羔糕縞槁犒蒿豪毫號壕濠秏昊鎬號熬敖嗷獒鷔驁傲鑣表苗描眇秒渺廟妙貎弔挑佻祧迢苕窕跳眺潦燎僚遼繚鷯療交郊蛟茭鮫焦蕉鷦驕嬌狡絞姣矯皎繳皦教校較醮噍轎敲蹻譙樵憔喬橋僑蕎翹悄俏峭誚鞘宵消銷霄硝道梟驍鴞肴殽淆小曉孝效校笑肖夭妖要腰邀肴搖瑤窑遥謡姚堯咬葽鷂徼竅

八、藥部

樂鶴駁搦犖卓桌焯酌灼濯擢綽芍妁爍鑠弱沃虐瘧謔爵爝傕雀確推約躍龠籥藥的翟耀溺櫟礫激皦瀑曝籲暴爆豹皃貌悼淖罩櫂勺杓釣

掉耀嫋削耀藥鑿

九、侯部

誅蛛株邾朱珠硃銖洙茱拄主駐註柱注住蛀炷廚櫥躕芻雛樞姝輸叟數戍豎樹澍儒濡乳孺侮縷褸屢拘駒俱聚句屨具趨區驅軀鴝取娶趣需須鬚嬃禺隅愚俞逾榆渝愉瑜傴遇寓愈喻諭兜斗抖鬥豆逗脰荳偷婾投頭嘍樓僂蔞螻搜籔漏鏤瘻緅陬鄒騶走奏騶縐狗苟構購媾覯雊姤詬摳口叩扣寇后厚後歐謳鷗甌毆偶耦藕嘔慪懦

十、屋部

殼剝涿捉琢啄斲濁鐲泜齪握渥幄齷珏角慤岳嶽卜扑撲濮僕璞樸木沐赴訃獨讀櫝牘瀆犢禿祿碌鹿麓漉簏轆綠族鏃足簇蔟促俗速粟蠋躅燭囑矚屬觸韣蜀漱束辱褥縟蓐穀轂谷哭斛觳穀屋局跼曲續玉獄欲慾浴竇褥奏嗾嗽觳角

十一、東部

幫邦蚌棒龐厖庬江講耩虹腔項巷撞窗幢雙瀧蓬篷捧蒙濛朦矇封葑峯蜂鋒烽丰逢縫奉俸東董懂凍棟動洞峒恫通同銅桐筒童瞳僮桶捅痛慟籠聾朧瓏攏隴壠瑽縱總肉驄從从鬆松聳送訟頌誦潀鐘鍾種踵腫重衝舂寵茸顒容熔溶蓉工攻功公恭供龔拱鞏貢共空孔恐控烘洪紅鴻虹閧翁蓊甕蚣邛凶兇訩雍雝雛甕饔邕癰臃擁庸傭鏞墉甬勇湧俑踊用

十二、魚部

巴笆豝芭把耙葩馬罵禡挐家葭瑕假賈蝦稼嫁價遐蝦霞瑕暇夏廈下鴉牙芽衙雅訝迓瓜寡夸誇姱跨胯譁華花驊遮者車奢舍捨社謨模所姐且邪冶野迤補哺捕布佈怖鋪蒲脯匍葡圃普浦溥舖莽夫鈇膚跗敷痡扶蚨芙府腑俯斧甫脯黼撫釜輔付賦傅父附駙鮒賻都堵賭覩杜肚妒徒屠瘏塗途茶圖土吐兔菟奴駑帑拏努弩怒盧爐蘆鱸壚鸕廬臚魯

虜租祖組阻俎詛粗徂殂蘇穌酥素豬瀦諸煮渚著箸助貯宁初除儲躇
鋤褚楚礎處樗梳疏蔬書抒舒紓暑鼠黍署薯恕曙如茹汝孤呱觚姑辜
沽酤鴣蛄古估牯鹽罟詁股殻鼓瞽賈蠱故固錮雇顧枯刳苦庫褲呼謼
滹胡湖糊葫魝蝴鬍狐弧瓠壺乎虎琥滸戽戶扈滬怙祜互烏嗚汙洿巫
誣吾梧鼯吳蜈無蕪毋五伍午忤武舞憮廡悟寤晤誤女閭呂侶旅簪慮
疽雎砠菹居据裾據舉莒筥矩榘沮鋸倨踞據巨拒距炬秬詎鉅遽懼
蛆祛胠渠蕖瞿衢去胥墟虛噓吁徐許栩詡絮敘緒序壻淤迂紆魚漁於
余餘予輿歟虞娛于盂語嶼與雨宇禹羽圉譽預豫芋御禦

十三、鐸部

霸灞怕帕詐榨乍詫擇澤坼赦射麝胳擱閣格骼各客壑赫嚇額惡亳泊
箔伯帛舶粕迫魄摸膜莫寞漠陌貊貉鐸託襗籜柝魄諾洛落絡駱烙雒
昨祚阼胙作柞酢怍錯措厝索朔槊愬斫若箬郭虢椁廓鞹蠖霍藿穫鑊
獲借藉謝榭夜掖腋被略掠腳卻蹠尺斥赤石釋碧逆籍藉戟惜夕昔
席蓆隙郤亦奕弈譯懌斁驛繹步暮慕墓幕縛妬度渡路潞賂輅露鷺醋
庶護濩白百柏拍宅窄拆薄

十四、陽部

榜膀謗傍滂雱旁徬仿螃忙芒茫邙盲虻氓方坊芳妨防房魴倣紡仿髣
舫訪放當璫襠黨蕩盪盪湯鐺堂螳棠唐塘螗糖倘囊曩郎廊狼莨琅瑯
稂朗浪閬臧贓葬奘藏倉滄蒼鶬喪桑顙張章樟彰漳璋麞長掌帳漲丈
仗杖障昌倡猖閶菖倀萇腸場裳常償嘗嫦敞暢鬯悵唱商傷殤觴賞上
尚攘攘穰壤讓岡崗剛綱康慷亢伉抗犺杭航頏沆卬昂盎釀良梁
粱量糧涼兩緉魎諒亮姜疆僵殭韁薑將漿襁繈蔣槳獎彊醬匠羌槍斨
蹌鎗強牆戕嬙薔搶鄉香相湘廂箱緗襄纕翔祥詳庠痒享響饗想餉向
嚮象像央秧殃鴦泱易楊陽揚煬暘瘍颺羊洋佯鞅養仰快漾樣恙莊裝
壯狀瘡牀創愴霜孀爽光洸廣獷匡筐狂誆況貺曠壙纊框眶礦荒肓黃

潢璜簧皇湟惶徨遑隍煌蝗篁凰謊晃愰汪王亡忘尪往网罔輞魍惘旺
妄望彭盟萌珉猛孟瞠根更庚鶊羹梗埂綆鯁骾坑吭衡蘅横瑝黌兵丙
炳秉柄病並明皿京景境竟鏡競倞卿黥勃鯨慶英迎影映䚟兄永泳詠
罳䉓

十五、支部

灑佳崖涯卦挂掛罣蛙窪衛鞋攜觟訾髭龇紫吡雌疵此沘斯廝釃虒知
蜘支枝肢厄只咫枳軹紙智豸箎褫踟匙豉翅豕是氏兒俾睥髀裨婢鼙
弭遞題提醍媞褆緹騠蹄倪霓猊蜺睨輗麗驪鸝儷邐雞技伎妓芰歧岐
跂衹芪疷谿醯兮奚蹊傒寯徙纚躧稗牌買賣柴曬卑碑薢圭閨規闚
窺奎

十六、錫部

畫劃責簀幘策冊讁謫隔膈覈厄軶扼解蟹懈邂鶃漬束刺賜實啻寔湜
適擘臂避辟璧壁劈霹癖譬僻鬩辟甓滴嫡鏑敵狄荻帝蒂諦禘締惕剔
惕逖曆歷鬲積擊繫迹蹟績析淅晰哲錫裼系繁閱係縊溢鎰益易場鷁
役疫辟派脈摘隘

十七、耕部

爭箏正征鉦整諍鄭政楨檉蟶呈程醒裎成誠城盛逞騁生甥笙聲省聖
盛耕耿硜鏗并餅屏併偋平評苹屏瓶萍聘鳴名銘冥溟暝瞑螟茗命丁
釘頂鼎訂定聽廳汀廷庭亭停町梃挺寧濘鈴伶零齡苓蛉聆翎玲囹靈
領嶺令莖荊驚精睛菁旌經涇警儆井頸到敬靜靖淨勁徑逕清青蜻輕
傾情晴擎請頃磬馨星腥猩馨形刑型硎陘滎醒幸倖性姓鶯櫻嚶鸚嬰
纓攖瓔縈盈楹贏嬴瑩營塋螢熒郢穎潁榮扃坰炯迥泂瓊甍貞禎楨偵
姘聘

十八、脂部

皆階喈偕諧資姿咨粢諮姊秭恣自茨瓷次私死四駟泗尿脂衹旨指恉

雄鷗遲坻師獅尸屍鳲矢示視嗜爾邇二貳比妣秕匕陛比篦庇枇砒毗
貔琵枇蚍迷彌瀰獮灑米氏低羝底抵牴邸弟悌娣第梯荑綈涕剃泥禰
犁黎藜鱺梨禮醴澧履利稽筓稘飢几麂濟霽薺劑妻淒悽妻棲齊臍蠐
祁耆鰭啟启榮縈西犀細伊咿夷姨痍詣齋篩揩楷鍇眉湄嵋楣美謎媚
癸揆葵夔牝

十九、質部

八戛黠瑟趺迭飶垤絰耋咥鐵涅陧節結袺拮桔詰屆切頡襭血屑噎譎
闋血穴肆姪致疐質躓至窒秩袟帙櫛叱螲失實室日鼻閉秘閟毖必畢
匹泌祕蜜謐密嚏替隸戾莅栗慄疾嫉蒺吉詰佶即計繼季悸鯽七漆器
棄悉蟋一壹乙羿殪噎懿肄逸佚軼抑橘怵賉洫喬鷸欻遹矞繘穗惠
蕙蟪

二十、真部

編蝙編扁匾徧遍篇偏翩騙諞沔丏眄麪顛巔癲滇電甸佃畋鈿天田填
闐瑱年憐堅千阡牽繾賢弦絃舷蚿烟胭咽濱玄絢泫眩衒炫淵珍榛蓁
溱臻真縝積鎮瑱嗔瞋陳塵臣身申伸紳呻神慎人仁恩賓濱瀕殯鬢擯
臏續頻蘋顰嚬岷緡民泯鄰鱗燐麟轔璘藺津矜緊進晉搢縉盡燼藎親
秦辛新薪莘信因姻茵絪寅夤螾引蚓尹印胤筍均鈞荀詢洵恂旬汛訊
迅濬殉徇筠勻佞

二十一、微部

火機譏饑幾璣畿蟣祈圻頎豈希稀晞欷豨俙衣依沂遺排俳徘開凱愷
鎧塏哀衰乖淮懷槐壞悲裴枚飛非扉緋霏菲騑妃腓肥淝匪篚蜚誹菲
斐翡餒雷擂礨纍嫘蕾壘未誄累堆推薙隤罪崔催摧雖綏睢追錐佳騅
椎誰水薙瑰歸鬼魁傀愧媿餽揮回迴茴毀燬虺諱微威葳巋帷維惟唯
薇魏韋違圍幃闈猥委尾偉葦煒緯魏畏

二十二、物部

訥紇齕勃渤歿没佛拙茁倔崛掘篳曁既乞气氣訖迄饐毅屹仡弗紱拂
突卒猝出黜怵術述骨窟忽惚笏兀軏勿物律屈詘戌聿鬱概溉慨愾嘅
愛曖優瑷帥率悖妹昧魅寐沸費内類對隊退醉淬焠倅崒翠萃瘁粹碎
祟誶邃遂隧燧櫃貴潰匱饋彙位未味慰胃謂渭蝟

二十三、文部

典殿澱腆殄艱薦荐先銑洗跣燹限眼軫疹紾診川舛釧悛員圓奔賁本
笨噴盆門悶分吩芬紛氛雰焚汾棼蚡墳粉糞奮憤忿分份震振賑辰晨
宸詵裖蜄脣忍刃仞軔認靭根跟艮懇墾痕很狠恨彬邠貧旻閔憫吝巾
斤筋僅瑾饉謹槿芹覲近靳芹勤懃欣炘昕矕焮裈闉湮堙殷慇銀垠齦
隱敦頓囤沌盾鈍遯屯豚臀論崙淪倫輪綸侖掄論尊遵村存忖寸孫猻
蓀殞損諄準准椿春漘純蒓醇淳鶉蠢隼順舜瞬袞綸昆崑琨鯤坤緄閫
困睏昏婚閽菫渾魂混溷恩温文紋雯蚊汶聞吻刎問紊廬軍君窘竣俊
駿晙浚峻郡困逡羣裙熏薰燻勳循巡馴遜訓云雲耘鄖隕閏潤殞允慍
蘊醖運暈韻旂西洗

二十四、歌部

罷麻痲他它那哪差沙紗鯊裟阿加嘉枷痂珈笳袈架駕化瓦蛇歌哥戈
柯軻珂苛科蝌稞窠顆可課訶呵何河菏禾和穌盉荷賀莪哦娥峨鵝俄
蛾訛吡譌餓波玻跛簸坡婆頗破磨魔摩多墮惰拖駝紽陀沱跎酡佗儺
羅蘿鑼裸贏贏左佐坐座磋搓蹉瘥嵯娑挲莎瑣鎖鍋過果裹貨禍窩渦
我嗟茄伽也癱靴摘螞媧池馳弛侈施彼披羆皮疲糜糜麾靡地離籬醨
漓禠蘺罹羈奇畸寄騎觭崎奇騎琦錡羲犧曦猗漪宜儀侈蟻齮倚椅迤
匜詷義議差被隨隋髓吹炊垂睡媯詭跪虧麾撝危爲偽

二十五、月部

拔跋魃妭鈸茇發伐筏閥堡茷罰髮怛妲狚笪靼達大獺闥撻紮札扎察

刹殺鍛瞎鐟辇轄軋刮鴰話襪蜇哲轍折浙徹撤舌設熱割葛渴喝曷褐
遏撥末抹沫奪掇褹脱捋撮輟啜惙説聒佸括栝适銛闊豁活斡鼃憋苅
別瞥撇瞥滅蔑篾巇揑涅埤齧臬陧闃列烈洌裂劣埒鋝揭桀傑訐羯竭
碣截介界芥疥契鍥歇蠍楔絜紲褻泄洩媟拽謁絶厥蹶蕨橛決抉訣觖
缺闕雪曰悦閲月刖越戉鉞粤滯制製世勢誓逝筮噬澨敝幣弊斃蟪棣
厲勵礪蠣例隸祭際稷薊契憩藝囈曳刈乂拜敗浿邁勘逮帶泰奈柰賴
癩籟瀨蔡蠆蓋丐害藹靄艾夬儈澮膾檜獪快噲外貝狽需沛旆袂廢肺
芾吠兊蜕最歲綴贅税悦鋭叡睿劊會繪薈彗慧穢

二十六、元部

班斑般搬瘢板版半絆伴拌攀潘番槃盤磻磐鼙蟠判泮叛畔蠻謾饅鰻
蔓慢嫚縵幔漫槾墁曼蕃藩翻旛番幡煩蘋蹯燔膰蕃繁繋樊攀反返販
飯丹單殫簞疸旦誕但憚彈壇檀坦袒炭歎難蘭瀾闌讕攔欄懶爛攢贊
讚瓚餐殘粲燦璨散繖饘旃氈鸇醆琖盞展輾棧戰纏躔鄽廛蟬禪單嬋
澶鏟剗産闡顫山氊扇煽訕汕疝善鱔蟮鄯繕擅膳饍禪嬗然燃豃干乾
竿肝玕稈幹旰骬寒韓邗釬汗罕漢熯旱翰瀚捍扞犴閈安鞍岸按案
鞭邊邉變辨辯卞抃汴忭弁昪便辮緶梗片縣綿棉免娩勉俛冕緬湎悗
面麪碾輦撚連漣鰱蓮練鍊楝凍戀艱間奸姦煎湔戔箋牋籛肩豣簡柬
揀剪剪蹇謇繭筧跰諫澗鐧箭濺踐賤餞建鍵健腱薦見遷惥錢前淺遣
繾仙秈鮮閑嫻癇閒涎癬顯莧線羨憲獻霰峴現縣焉薦嫣鄢顔延筵蜓
蜑綖言研妍沿巘演偃蝘雁贗晏顔諺啽堰硯燕嚥讌宴端崏短斷鍛段
緞湍團摶暖煖鑾鸞孿欒圝攣臠巒卵亂鑚纘纂篹筭專磚顓轉撰饌篆
傳穿椽遄喘軟阮官棺觀冠關管琯館貫灌鸛觀冠慣寬歡驩讙桓洹
貆狟還環鬟寰圜鐶緩浣唤焕奂涣换逭患宦擐𤣥畹彎灣完丸紈芄莞
頑椀盌皖綰晚挽輓宛婉菀腕琬玩翫惋腕萬鬹娟捐涓鵑捲雋卷倦圈
胃詮銓痊筌荃全泉牷權拳顴踡蜷畎犬勸券軒宣喧暄萱諼旋漩璿懸

選烜渲蜎冤鴛緣元沅黿原源嫄袁園轅猿爰援媛猨垣遠院苑願愿
怨巽

二十七、緝部

答搭褡苔沓塌遝納軜衲雜颯恰洽袷澀鴿閤蛤頜合盒迨汁執縶蟄摯
贄鷙濕十什拾立粒笠苙集輯檝戢急級伋汲及岌給緝茸泣吸歙翕習
襲隰揖邑悒發挹入

二十八、侵部

凡帆梵汎耽眈眈酖探撢貪覃潭譚南楠男諵喃婪簪參驂蠶慘憯三湛
摻杉衫感堪戡勘含涵錮頗喊撼菡憾玲譖黯暗闇簟添忝舔栜念緘
減鹹僭潛黔鈐綅咸鹹譖岑涔森枕朕鴆琛郴沉忱諶深審滲葚甚壬稔
荏飪任妊絍袵品林淋琳霖臨廩凜懍賃褖綟今金衿襟錦禁浸侵欽嶔
衾琴芩禽擒寢沁心歆音暗瘖陰吟淫霪飲窨廕蔭尋潯禀

二十九、葉部

乏法榻遢蹋闒邋臘蠟厘眨插歃褻翣夾裌莢頰鋏甲狹峽匣狎俠挾鴨
押壓愶攝涉韘嗑盍闔蝶諜牒聶躡獵躡鬣接睫捷劫妾怯愜篋脅協挾
燮饜壓葉業曄饁燁

三十、談部

氾范範犯擔儋聃膽擔淡啖憺澹談郯惔痰澹毯藍籃襤覽攬濫纜暫慚
霑沾覘詹瞻占斬站佔攙幨襜讒饞巉鑱蟾諂芟苫閃剡贍髥染冉苒甘
柑敢紺闞瞰蚶憨酣邯庵菴鵪唵砭貶點玷店坫疙甜恬黏鮎廉鐮簾
匳濂斂臉殮瀲監礛兼縑鶼鮴檢瞼儉鑑鑒監檻漸劍籤簽僉謙箝鉗拑
嗛嵌塹槧欠埝歉纖孅銛銜嫌險獫嶮鎌陷臽焰淹閹醃閹巖炎鹽簷閻
嚴奄掩晻魘琰剡儼驗厭猒魘豔艷焰釅

(四)上古聲母及常用字歸類表

　　本表把上古三十二個聲母按傳統的發音部位分類(喉、牙、舌、齒、脣）排列出來，列舉常用字，以供參考。收在同一聲母下的字，按今音的韻母次序排列，與附錄（三）相同。

一、喉音

（1）影母

阿鴉鴨押壓亞軋揠窪蛙挖惡遏厄扼軛窩渦倭幹握渥幄齷沃謁噎約猗漪伊醫衣依揖一壹倚掎縊暗殪翳懿肆意邑悒浥憶億臆抑益烏嗚汙屋淤迂紆嫗鬱郁彧哀埃唉藹靄矮愛曖璦隘偎煨萎威猥委畏慰尉熬坳襖媼奧懊澳夭妖么窈要歐鷗甌毆嘔憂優麀幽黝幼庵諳鵪安鞍暗闇按案淹閹醃焉鄢嫣烟燕閼胭奄掩偃蝘厭魘晏堰燕嚥咽宴豌彎灣碗宛婉菀畹腕惋蜎冤鴛淵苑怨恩音陰瘖因姻茵絪湮堙殷懇飲隱廕蔭印蘊慍醞益汪枉鷹膺鶯櫻鸚英嬰攖纓縈紆嫈螢影應映翁甕雍壅邕擁

（2）曉母

哈蝦瞎花譁化呵喝豁赫嚇火伙夥貨霍藿歇蠍脅血靴醯羲犧曦巇嘻嬉僖禧熹熙希稀晞欷吸喜戲餼呼虎滸琥庨笏虛噓吁許詡栩酗煦畜蓄旭咍海醢黑灰麾撝揮輝暉徽悔毀煅賄晦誨喙諱卉蒿薅好郝栲囂曉孝吼休朽嗅憨鼾喊罕漢暵掀險獫顯憲獻歡驩喚焕渙免軒喧暄萱壎烜咺絢釁焮昏婚閽葷熏曛薰勳勛訓夯香鄉享響饗向嚮荒肓慌謊亨興馨兄凶兇匈洶胸

（3）匣（中古的匣母和喻三）母

霞瑕遐暇狹峽洽匣狎俠轄下夏廈華驊滑猾樺畫話劃何河菏禾和龢合盒盍闔曷貉劾核賀褐鶴活禍穫鑊或惑獲諧鞋攜協挾頡絜械薤蟹邂學穴兮奚傒檄繫系胡湖糊葫觳鬍弧狐壺瓠乎蝴斛縠殼戶滬扈怙祜互護孩骸亥害駭淮懷槐壞回迴茴匯潰會繪惠蕙慧蟪豪毫號壕浩皓顥昊鎬看涌效傚校侯喉猴厚後后候垸醢含函涵頷邯寒韓撼菡憾

旱汗捍翰瀚艦檻咸鹹銜嫌閑嫺賢弦舷陷餡限莧見現縣桓貆還環寰
鬟圜緩浣換幻患宦豢完丸紈皖莞玄懸泫眩炫衒痕很恨渾魂混圂溷
行航杭降項巷黃簧璜皇煌惶遑凰蝗篁晃幌恒衡蘅桁橫莖形型刑陘
滎杏荇幸螢熒弘黌宏閎竑紅洪鴻虹訌閧

曰越戉鉞粵樾熁于盂竽雩雨宇禹羽芋域彙爲帷韋違圍幃韙闈偉煒
葦緯衛位胃渭謂蝟尤郵疣有友又右佑祐宥囿侑炎員圓圜袁園猿轅
爰援垣遠院瑗媛云雲耘芸隕殞韻運暈王往旺瑩榮

二、牙音

（4）見母

家加枷嘉猳佳莢頰鋏假賈椵甲稼嫁架駕價瓜刮劀寡挂卦歌哥戈
鴿割葛閣格骼隔革个個各柯鍋郭國虢幗馘果裹過括皆階稭喈街揭
結劫孑羯潔解介界芥疥屆戒誡偕厥蹶蕨決訣抉譎攫覺玨催雞笄
羈畸飢肌几基箕萁姬機譏饑激擊急級汲伋吉棘亟殛机麂己幾給戟
計繼繫薊髻寄冀驥紀記既暨季姑沽辜蛄孤觚古估牯股瞽賈蠱骨汩
轂穀谷故固錮雇顧忽惚居車裾拘駒俱橘菊鞠掬舉莒矩據鋸倨踞句
屨該垓賅改概溉蓋丐乖柺怪夬會儈澮檜膾繪瑰圭閨規龜歸詭軌
簋癸鬼劌桂貴高膏篙皋羔糕稿縞杲搞告誥絞狡佼姣矯皎繳噭腳角
教校較叫徼梟勾鈎溝狗苟垢穀夠構購媾姤鳩糾究赳糾九久玖韭灸
救廄疚甘柑泔干肝乾竿感敢捍贛幹旰緘監兼縑兼艱姦肩堅豣減
鹼檢簡柬揀蹇繭鑑監劍諫澗建見官棺觀冠鰥關管貫灌罐盥慣涓鵑
蠲捲卷眷畎跟根艮亘今金襟巾斤筋矜錦緊謹禁勁袞鯀滾昆崑琨鯤
均鈞君軍岡剛綱鋼缸肛港崗疆僵殭薑繮姜江襁講購降絳光廣礦更
庚羹耕梗骾耿埂兢京荊驚經涇景警儆頸到境敬竟鏡勁徑肱公工功
攻弓躬宮恭供龔拱鞏貢共垌扃炯

（5）溪母

掐恰誇姱跨胯珂軻科窠蝌顆殼可課克刻客闊廓鞨怯惬篋契鍥闕缺
闚卻確愨摧溪谿觭欺崎啟棨綮綺企起杞屺芑豈乞跂器棄亞气氣泣
枯刳骷窟哭苦庫褲酷磬袪胠笉區嘔驅屈詘麯曲去墟開揩凱愷鎧塏
闓慨楷鍇忾削塊快噲盔虧窺魁奎睽傀喟恢詼考攷烤靠犒敲蹺巧竅
摳口叩扣寇丘邱蚯堪戡龕勘看刊坎堁侃瞰闞謙慳愆騫褰牽嗛遣繾
譴欠歉縴寬款犬勸券懇墾肯欽嶔衾坤髡綑閫困康糠慷抗伉亢羌腔
匡筐曠壙纊框眶坑鏗硜卿輕傾頃慶磬罄空孔恐控芎穹

（6）羣母

桀傑杰竭碣茄伽掘倔崛瘸屐極技妓伎芰騎暨忌悸期局侷巨拒距炬
詎遽醵劇具俱懼瞿衢渠跪櫃喬橋僑蕎翹臼舅咎舊樞求球逑裘仇虯
儉件鍵健鉗箝黔鈐乾虔茺倦圈卷蜷拳權僅厪瑾饉近琴芩禽擒勤懃
芹窘郡羣強狂競鯨黥勃擎檠共瓊蚩窮邛

（7）疑母

牙芽衙涯崖訝迓瓦蛾鵝俄娥峨訛譌額餓愕顎萼鄂噩鰐我臥業虐瘧
月刖嶽岳樂倪霓魑猊輗蜺擬逆宜儀疑凝蟻藝刈詣羿誼義議劓屹鷊
吳蜈吾梧齬五伍午仵忤誤悟晤寤兀魚漁禺隅愚虞娛語御馭禦遇寓
玉獄皚獃礙艾外危桅峗巍僞魏敖熬螯獒驁翱傲堯咬偶耦藕岸巖嚴
顏言研妍儼眼齦雁彥諺啀硯阮玩頑元沅黿原源願愿吟銀垠齦卬昂
凝迎喁顒

三、舌音

（8）端（中古端、知兩母）母

答搭奔妲靼打得德多掇朵氏低胝隄滴嫡鏑的底抵牴邸柢帝蒂諦嚏
都督堵賭覩篤妒蠹蠹戴帶堆碓對刀舠島搗禱倒到刁貂雕凋琱釣
弔鳥兜斗抖陡鬥耽躭酖湛擔丹單簞殫膽疸旦掂顛巔癲滇點典玷店

坫墊殿端短斷鍛敦墩頓當瑞黨擋登燈等凳丁釘叮頂鼎訂東冬董懂
凍棟

刴吒㟧蟄輒哲磔謫卓桌涿琢啄輟知蜘縶觰徵智致輊質置窒猪誅蛛
株邾竹築竺貯著駐註摘追綴朝着罩嘲啁肘晝沾霑鱣邅展輾站轉傳
珍貞禎鎮瑱張長漲帳脹椿徵癥中忠衷冢

(9) 透(中古透、徹兩母)母

他它塔獺踏榻闟撻忒慝忑拖脫託妥唾柝橐拓魄籜撻貼帖鐵饕梯踢
剔體替屜涕剃薙愓逖倜突禿土吐兔菟台胎態太汰泰推腿退蛻蛻叨
滔掏韜綯彄條饕討佻挑桃跳糶偷婾透貪坍灘攤癱忐毿坦探炭歎添
天忝腆覥瑱湍疃吞湯鏜倘躺燙趟聽廳汀町珽通桶捅統痛

詫徹撤戳螭魑絺郗瘛笞恥飭敕褚楮黜忲畜蠱拆坼齔超抽瘳丑覘覘偵
琛郴椿倀昶暢悵鬯瞠撐蟶檉禎逞騁仲寵

(10) 定(中古定、澄兩母)母

達大特奪鐸舵馱墮惰度鍍陀駝沱跎紽酡鼉跌疊碟牒蝶諜迭瓞垤絰
鼟笛迪敵狄荻翟糴滌覿弟悌娣第睇遞棣褅締地啼蹄綈稊荑題提醍
獨讀牘犢瀆檀毒杜肚度渡鍍徒屠途塗茶圖突凸待怠殆迨紿代袋岱
黛玳逮埭苔臺抬駘隊兌預導道稻蹈盜悼幬濤燾桃逃咷陶淘掉調蓚
條調迢苕窕挑豆逗痘荳竇頭投淡啖憺澹誕但憚彈蛋覃潭譚鐔曇談
痰壇檀袒簟墊電奠殿澱甸佃畋鈿淀甜恬田填闐殄珍斷段緞團摶囤沌
盾鈍遁遯屯豚臀蕩盪宕碭唐糖塘螗棠堂螳鄧滕騰謄藤縢錠定亭停
廷庭霆蜓艇挺梃動洞恫峒同銅桐筒童僮瞳潼彤佟慟

擇澤轍蟄着濁濯擢擲池馳篪踟遲墀坻持术秫茶逐舳蠋躅杼宁苧紵箸
柱住除儲躇櫥櫥躕翟縋墜椎槌鎚櫂召趙肇兆晁朝潮軸妯紂宙胄酎
紬綢稠籌儔疇躊湛綻纏塵躔篆傳椽朕鴆陣沉陳塵橙丈杖仗長萇腸
場撞幢鄭澄澂懲棖呈程酲重仲沖蟲

（11）泥（中古泥、娘兩母）母

納衲那訥挪懦糯諾捏聶鑷躡涅泥尼呢怩你膩暱匿溺奴孥駑努弩怒
女忸乃迺奶耐鼐奈柰餒內猱譊鐃呶腦惱鬧淖嫋尿槈紐扭狃鈕男南
楠諵喃難赧黏拈鮎年碾撚攆念暖嫩囊曩娘釀能寧佞濘農儂膿濃

（12）來母

拉邋臘蠟辣剌樂勒仂捋羅蘿鑼籮邏騾螺腡裸摞洛落駱絡獵鬣躐烈
列裂劣略掠犂黎藜鱺離籬灘蘺縭罹驪鸝梨犛狸嫠氂犖禮澧醴蠡李
里裏理鯉俚悝例厲勵礪蠣麗儷隸戾唳荔詈利痢蒞吏立粒笠苙栗慄
力曆歷瀝櫪礫鬲盧爐鑪顱瀘蘆鱸壚鸕轤廬臚魯滷虜擄路賂露潞
璐輅鷺祿碌鹿麓簏轆陸戮錄驢閭呂侶旅脊縷褸屢履慮律綠來萊徠
淶睞賚誺賴癩籟瀨勒雷擂纍嫘蕾磊累壘耒誄酹纇類淚肋撈勞癆牢
醪嘮老潦烙酪落燎僚遼撩繚療聊寥蓼了廖料鐐樓耬婁螻摟簍漏陋
鏤瘻流硫旈劉瀏留榴瘤琉柳綹餾溜雷六婪嵐藍籃襤闌蘭攔瀾覽攬
懶濫纜爛廉鐮簾匳帘濂連漣鰱聯憐蓮斂臉殮練鍊煉棟戀鑾鸞孿欒
卵亂林淋琳霖臨鄰燐鱗麟嶙轔璘凜廩懍賃吝藺遴論崙輪倫綸侖掄
郎廊狼琅榔瑯莨郎浪良涼量糧梁粱兩緉亮諒輛冷陵凌菱綾鯪靈鈴
伶零齡玲聆翎瓴羚囹領嶺令龍籠曨聾朧瓏隆窿隴壟弄

（13）余（喻四）母

耶爺也野冶夜葉頁曳拽掖液腋悅閱躍籥淪鑰移迻夷姨痍彝怡貽詒
胰頤圯遺迤匜已以苡柂裔易異溢鎰逸佚軼泆佾亦奕弈譯繹驛嶧懌
斁場疫役予余餘旴輿歟俞榆逾愉瑜臾腴庾庾與窬譽豫預愈裕喻
諭籲聿裔通鷸育毓昱煜鬻欲慾浴峪維惟唯搖謠窯遙瑤姚陶鷂耀曜
藥攸悠由油游遊猶猷輶妯酉莠牖卣羑誘柚釉鹽簷檐閻延筵蜒埏綖
沿琰剡演衍兗豔灩焰鳶緣淫婬寅夤螾引蚓尹胤勻允孕羊洋佯徉
陽楊揚瘍煬颺養癢恙樣漾蠅盈楹贏嬴瀛營塋郢穎穎塍融容熔溶蓉

庸備墉甬勇湧俑踴恿用佣

(14)章(照三)母

遮摺折者赭蔗柘鷓淛拙酌灼斫焯支枝肢卮梔衹脂祇之芝汁織隻執
職摭跖紙只咫軹枳旨指止趾址沚阯芷制製寘至摯贄鷙志誌痣識幟
桎蛭質鑽鷙炙諸朱硃珠侏絑燭煮渚主麈囑矚螯注炷蛀鑄祝錐佳贅
惴昭招召沼照詔周週賙舟州洲粥帚呪詹瞻占氈饘鸇旃梅佔戰顫專
磚顓針斟箴真甄枕診疹畛軫縝積振震賑諄準准章樟漳彰璋鄣掌障
瘴正征鉦整拯證症政終螽鐘鍾蛊種腫踵衆

(15)昌(穿三)母

車扯撦綽啜鴟蚩嗤娼侈齒尺熾叱赤斥出處杵觸樞姝吹炊弨醜臭蟾
襜闡川穿喘舛串釧嗔瞋稱春蠢昌倡猖闖菖鯧敞廠氅唱傗秤充衝
憧銃

(16)船(牀三)母

蛇舌射麝實食蝕示諡秫贖術述船神葚脣漘盾吮順乘塍繩澠剩朕

(17)書(審三)母

奢賒捨舍赦攝設説爍鑠翅啻施尸屍鳲著詩濕失識豕弛矢屎始世勢
試弑式軾拭飾室適釋奭書舒抒紓輸叔菽暑鼠黍庶恕戍條束水税悦
燒少收手首守獸狩苫羶扇煽陝閃深身申伸呻紳娠審沈哂矧舜瞬商
傷殤觴賞晌餉升昇陞聲勝聖春

(18)禪母

佘折社涉碩匙豉時塒蒔鰣十什拾寔石誓逝噬筮氏是視嗜市恃侍殊
殳孰熟淑署薯蜀屬墅曙竪樹澍誰垂睡瑞韶勺芍紹邵劭召讎酬受綏
授壽售蟾禪蟬單嬋澶鋋贍善膳部嬋擅遄忱諶晨辰宸臣甚腎慎蜃純
蒓蓴醇淳鶉常嘗償嫦裳徜上尚承丞成城盛

（19）日母

惹熱若箬弱日駬兒而腼鮞爾邇耳洱餌珥二貳刵如茹儒濡汝乳孺入
辱褥縟蓐蕤蕊芮枘蜹饒蟯擾繞柔揉輮蹂肉髶然燃胹染冉苒廿軟壬
任人仁稔忍苒妊紝刃認靭仞軔閏潤瓤攘禳穰壤讓仍礽戎絨茸

四、齒音

（20）精母

匝則作左佐做嗟接睫節癤姐借爵觜觜髭訾資姿咨粢諮兹滋孳孜紫姊
秭子梓恣躋齎齏積即鶺擠脊祭際稷濟霽鯽稷跡蹟績租卒鏃足祖組
蹙災栽哉宰載再嘴最醉橇遭糟早蚤棗澡藻躁竈焦蕉椒鷦僬剿醮醥
雀簪攢贊讚尖殲煎箋剪翦戩僭箭濺薦鑽纂纘鐫稧綏津儘浸進晉搢
縉尊樽遵俊駿畯僬臧贓葬將漿槳獎蔣醬增曾憎罾甑繒甀精晶旌睛
菁井櫼鬃宗猣縱蹤總粽綜

（21）清母

擦搓磋蹉撮瑳挫銼剉錯措厝切且妾鵲雌此泚玼刺束次妻淒悽妻七
漆戚砌緝葺粗醋猝簇蔟蹴促疽睢趨取娶趣猜採采彩菜蔡崔催灌璀
焠啐脆毳翠操糙草悄愀俏峭秋楸湫鰍鞦參驂餐慘憯粲燦璨簽僉遷
千仟阡淺塹槧倩蒨茜佘窬爨悛詮銓痊荃侵駸親寢村忖寸竣倉蒼艙
滄鶬傖槍搶蹌鏘蹭清青鯖蜻請聰璁驄囪匆忽蔥樅

（22）從母

雜砸昨鑿坐座祚胙阼柞酢作瘥嵯捷截藉絕嚼爝漬眥眥自字牸疵瓷
茨慈磁集輯疾蒺籍瘠薺劑寂齊臍蠐族徂殂聚在才財材裁纔賊罪摧
萃悴瘁皂造曹槽嘈噍樵譙憔誚就鷲酋遒蝤暫瓚鏨慚殘漸踐賤餞荐
潛錢前雋泉全盡秦存雋藏臟匠牆嬙檣薔贈曾層靜靖婧靚淨情晴叢
琮淙从從

(23)心母

撒颯卅薩塞娑蓑梭莎鎖瑣索些楔寫瀉卸薛削雪伺斯撕廝私司絲思緦偲死賜四泗駟肆笥棲西犀息熄悉蟋膝惜析淅晰晳媳昔腊錫洗璽徙細蘇酥甦素訴愬溯速肅夙宿粟胥須鬚婿戌絮壻恤腮鰓塞賽粹雖綏睢髓碎歲繐祟邃燥臊騷搔掃嫂鞘消宵霄硝銷逍蕭簫瀟小篠笑肖嘯修羞宿秀銹繡三傘散姍珊暹纖孅銛仙秈鮮先躚癬獮銑跣冼線霰酸狻算蒜祘宣瑄選渲心辛新薪信匈孫猻蓀飧損筍隼濬浚峻荀詢洵恂汛訊巽遜迅桑喪顙嗓松菘淞嵩悚竦聳慫送宋

(24)邪母

邪斜謝榭詞祠辭辤兕似祀巳杞姒耜汜寺嗣飼夕習襲隰席蓆俗徐序敘緒續嶼隨隋遂隧燧穗囚泅袖岫涎羡旋璇璿鏇燼尋潯旬循巡馴殉徇詳祥翔庠象像橡誦頌訟

(25)莊(照二)母

紮查扎札鮓眨詐榨抓爪責幘簀仄昃側捉齜淄輜菑錙緇滓笫櫛齋窄債笊鄒騶縐斬醆盞譖榛臻蓁溱莊裝妝壯諍

(26)初(穿二)母

柵叉差插察岔剎惻測策册齪廁初芻楚礎釵揣嘬抄鈔炒吵攙鑱剗懺羼篡閂拴涮參讖襯齔瘡窗闖創愴

(27)崇(牀二)母

閘鍘茬乍鐲俟士仕柿事鋤雛寨砦豺儕柴巢驟愁棧饞讒巉孱潺撰饌岑涔狀牀崇

(28)山(審二)母

灑沙紗鯊杉殺煞鎩傻刷澀瑟嗇穡色縮所朔槊數師獅蝨史使駛梳疏蔬漱篩骰曬衰帥率蟀梢捎筲鞘稍潲搜颼餿蒐庾溲瘦産摻衫芟山刪潸訕汕疝森參詵駪滲霜孀雙爽生牲笙甥省

五、脣音

（29）幫（中古幫、非兩母）母

巴犯八霸波播鉢撥剝博駁伯跛簸迫憋別逼彼鄙匕比妣筆蔽蓖閉襞
裨俾臂泌祕閟毖庇痹畀畢必碧璧辟壁補卜布佈濮譜圃擺百柏拜杯
碑卑悲北貝輩背臂彎褒包胞苞剝寶保堡葆褓鴇飽報豹爆臕鑣標飆
彪表班斑頒般搬板版扮半絆砭鞭編蝙邊邊蝙貶窆褊扁匾變徧遍奔
賁本畚彬斌邠豳賓濱瀕殯鬢儐擯幫邦浜榜膀蒡謗崩綳絣迸檳冰兵
稟秉丙炳邴昺柄餅並併擤

發法髮蝠幅輻府腑俯斧甫脯黼付坿賦傅富腹複非扉緋飛匪篚誹
廢痱沸否缶藩蕃反返販畈分吩粉糞奮噴方坊枋倣昉航放風封葑諷

（30）滂（中古滂、敷兩母）母

葩怕帕坡頗潑叵破粕魄撇瞥睥批砒坏披丕伾杯紕劈霹嚭匹癖媲澼
譬屁僻醭怖鋪撲仆菩普溥浦璞樸拍湃派胚醅沛霈配抛泡砲炮飄漂
縹剽剖攀潘番盼判泮篇偏翩騙片噴繽姘品聘滂霶雱胖烹澎怦砰
抨俜

敷孵郛莩稃麩郭俘孚拂彿撫拊赴訃副覆蝮妃霏菲騑斐肺費汎泛氾
芬紛氛雰芳妨仿彷訪捧豐灃酆峯蜂鋒烽丰

（31）並（中古並、奉兩母）母

拔跋魃茇耙杷琶罷爬鈸勃渤泊箔帛舶薄婆鄱別蹩鼻敝獘陛髀婢避
比篦弼愎鼙皮疲坢脾裨陴牝貔枇琵蚍否痞圮闢擗躄餺哺捕部簿步
埠蒲菩脯葡匍僕瀑曝白稗敗排俳徘牌倍蓓背悖焙被備培陪賠裴邳
佩珮靊抱鮑暴袍咆庖匏跑瓢殍莩瘢瓣辦伴拌盤槃磐蟠皤叛畔辨辯
弁昇卞汴忭辮便緶梗駢諞笨盆臏貧頻瀕蘋顰嬪牝傍棒蚌旁膀彷龐
朋鵬彭膨篷蓬病並憑馮凭平坪評蘋瓶屏萍洴

乏伐閥罰佛符苻夫蚨扶芙鳧浮蜉桴匐罘涪服鵩伏茯袱釜腐輔父附

駙鮒賻婦負阜縛復复馥鰒肥淝腓翡吠帆凡煩繁蘩燔璠膰藩蕃樊礬
范範犯梵飯焚汾棼蚡枌墳憤忿分份防房魴肪馮逢縫鳳奉俸

(32)明(中古明、微兩母)母

麻痳馬瑪罵禡摸魔磨摩麼饃模謨膜末抹沫没歿莫寞漠墨默陌貊貉
滅蔑篾懱迷謎糜糜彌瀰獼麋靡弭密蜜宓謐覓冪汩姥母拇畝牡暮
慕墓募幕木沐目穆牧睦苜埋霾買賣邁勱麥脈梅枚媒煤莓玫眉嵋湄
楣霉黴每浼美袂妹昧媚魅寐貓毛髦旄芼茅矛蟊卯昴茆冒帽瑁耄貌
茂貿懋瞀麥苗描藐渺秒眇廟妙繆謀眸侔牟某謬蠻瞞蹣謾鰻饅蔓滿
慢嫚縵漫幔墁曼綿棉眠免勉娩冕緬愐湎俛沔澠丏眄面麪門捫悶懣
岷緡閩旻閔憫敏愍泯倡皿忙芒茫邙尨厖盲虻氓莽蟒漭薨萌盟蒙濛
艨朦矇檬猛懵孟夢明鳴名銘冥溟暝冪瞑螟茗酩命

襪巫誣無毋蕪武鵡舞憮廡侮務霧鶩騖婺物勿微薇尾娓未味晚挽輓
萬万蔓曼文紋蚊雯聞吻刎紊問扪磑亡忘罔網惘輞魍妄望

普通高等教育"十二五"國家級規劃教材

古 代 漢 語

（典藏本）

第 三 册

主　編　王　力

編　者　（以姓氏筆畫爲序）

　　　　吉常宏　祝敏徹　馬漢麟　郭錫良

　　　　許嘉璐　趙克勤　劉益之　蕭　璋

中 華 書 局

目　録

第八單元

文　選

史　記

《史記》，漢司馬遷著。司馬遷字子長，龍門（今陝西韓城縣北）人，生於公元前 145 年，卒年不詳。

司馬遷的父親司馬談，漢武帝時任太史令，學問很淵博。他曾立志要寫一部史書，但没來得及動筆就死了。司馬遷繼承了他父親的遺志。

司馬遷自幼刻苦學習，二十歲起，曾多次出遊，這使他在知識、思想觀點以至語言等方面爲寫作《史記》做好了準備。

他三十八歲時繼任太史令，動手整理史料，四十二歲時開始寫《史記》。在《史記》“草創未就”時，因他爲李陵投降匈奴一事辯護，觸怒了武帝，竟遭宫刑，精神上受到極大的打擊。出獄後任中書令（由宦者擔任的掌管文書奏事的官）。他用主要精力繼續寫《史記》，一直到死。他把滿腔的不平和憤慨，一齊傾注入《史記》中。經過多年不懈的努力，終於完成了這部空前巨著。

《史記》是我國第一部紀傳體的通史，是偉大的名著。它反映了我國漢以前三千年間政治、經濟、文化各方面的發展過程。司馬遷繼承並發展了漢以前各種史書的優點，建立了全新的體系。全書包括十二本紀、十表、八書、三十世家和七十列傳，共一百三十篇，五十二萬多字（其中有幾篇由西漢褚少孫修改和補充）。“本紀”記載帝王的事蹟和社會上的重大變化；“表”記載歷代世系、列國關係和職官更迭；“書”記載典章制度、天文地理等；“世家”記載王侯外戚的事蹟；“列傳”記載事蹟可傳或行狀可序的人物。其中本紀、世家和列傳是優秀的傳記文學，有着高度的藝術成就和深刻的思想内容，對我們今天認識封建社會的本質有一定的幫助。

司馬遷作《史記》善於突出人物的性格特徵，通過人物的言行來表現人物。所用語言生動形象，繁簡得當，往往祇用寥寥數語就使讀者如見其人，如聞其聲。司馬遷在運用口語上的努力，也值得注意。

兩千多年來《史記》産生了極其巨大的影響，後代散文家無不從中吸取營養，而作者所創造的體例，更爲後代的“正史”樹立了楷模。

歷來爲《史記》作注的很多，現在最通行的是所謂“三家注”本：南朝宋裴駰集解、唐司馬貞索隱、張守節正義。

淮陰侯列傳[1]

淮陰侯韓信者，淮陰人也。始爲布衣時[2]，貧，無行[3]，不得推擇爲吏[4]；又不能治生商賈[5]。常從人寄食飲，人多厭之者。常數從其下鄉南昌亭長寄食[6]，數月，亭長妻患之，乃晨炊蓐食[7]。食時信往，不爲具食。信亦知其意，怒，竟絶去。信釣於城下，諸母漂[8]，有一母見信飢，飯信，竟漂數十日[9]。信喜，謂漂母曰：“吾必有以重報母。"母怒曰："大丈夫不能自食[10]，吾哀王孫而進食[11]，豈望報乎?"淮陰屠中少年有侮信者，曰："若雖長大[12]，好帶刀劍，中情怯耳[13]。"衆辱之曰[14]："信能死，刺我；不能死，出我袴下[15]!"於是信孰視之[16]，俛出袴下，蒲伏[17]。一市人皆笑信，以爲怯。

〔1〕淮陰，秦縣名，在今江蘇省淮安市。作者在本篇中以同情的筆調敘述韓信的一生，把他寫成一個素懷大志、富有將才，並有一定政治眼光的軍事家。作者肯定韓信在統一天下的過程中所起的作用，同時對他自矜功伐等缺點給予批評。

〔2〕始，等於説當初。布衣，庶人。

〔3〕無行(xìng)，無善行。

〔4〕推擇，推舉選擇。

〔5〕治生，相當於"謀生"，指從事農耕、工藝、經商等謀生手段。

〔6〕常，通"嘗"。數，音 shuò。下鄉，淮陰的屬鄉。鄉下設亭。南昌，亭名。

〔7〕在牀上就把飯吃了(依張晏説)。蓐，通"褥"。這是極言吃飯時間之早。

〔8〕母，當時對年老婦女的通稱。漂，在水中拍洗縣絮。

〔9〕大意是：連續幾十天直到漂絮工作完畢，都給韓信飯吃。竟，終，等於説"到……完"。

〔10〕食(sì)，使動用法。自食，等於説自己養活自己。

〔11〕哀，可憐。王孫，等於説公子，尊稱。

〔12〕若，你。

〔13〕中情，內心。怯，勇的反義詞。

〔14〕衆，用作狀語，當衆。

〔15〕袴，通"胯"。袴下，兩腿之間。

〔16〕孰，熟的本字。孰視，即熟視，意思是用眼睛盯着〔他〕很久。

〔17〕蒲伏，即"匍匐"，爬。

及項梁渡淮[1]，信杖劍從之，居戲下[2]，無所知名。項梁敗，又屬項羽[3]，羽以爲郎中[4]。數以策干項羽[5]，羽不用。漢王之入蜀[6]，信亡楚歸漢[7]。未得知名，爲連敖[8]。坐法當斬[9]，其輩十三人皆已斬，次至信，信乃仰視，適見滕公[10]，曰："上不欲就天下乎[11]？何爲斬壯士！"滕公奇其言，壯其貌，釋而不斬；與語，大説之。言於上，上拜以爲治粟都尉[12]，上未之奇也。信數與蕭何語[13]，何奇之。

〔1〕項梁，秦末楚人，當時起義將領之一。項梁和他的姪子項羽起兵吳中（今江蘇省吳縣及其附近之地），立楚懷王孫心爲楚懷王，自號武信君，屢敗秦軍，後來在定陶（在今山東定陶縣西北）爲秦將章邯打敗被殺。渡淮，項梁起兵不久，曾由東陽（在今江蘇寶應縣西北）西行，渡淮北進。

〔2〕戲（huī），通"麾"，大將之旗。戲下，等於説部下。

〔3〕項羽，項梁的姪子，名籍，羽是字。項梁死後，羽爲諸侯上將軍，統率各路起義軍，大破秦兵，攻破函谷關，焚秦都咸陽（在今陝西咸陽市東），殺秦降王子嬰，分封天下，自號西楚霸王。後來與劉邦爭天下，被劉邦打敗，自殺。

〔4〕郎中，管守衛的小官。

〔5〕干，求，指欲以策謀求得進用。

〔6〕漢王，即漢高祖劉邦。項羽分封天下，封劉邦爲漢王，王巴、蜀、漢中三郡，都南鄭（今陝西漢中市）。

〔7〕亡楚，從楚逃出。

〔8〕連敖，楚官名。

〔9〕坐法，犯法。

〔10〕滕公，夏侯嬰，劉邦好友。劉邦爲沛公，以嬰爲太僕，劉邦即帝位，封嬰爲汝陰侯。因爲他曾任滕縣令，所以也稱爲滕公。

〔11〕上,秦漢以來對皇帝的通稱,這裏指劉邦。就,成就。就天下,等於説成
　　就天下的事業。
〔12〕拜,授官,即任命。治粟都尉,管糧餉的軍官。
〔13〕蕭何,劉邦的丞相,在楚漢之爭中起了不小的作用,後來封爲鄼侯。

　　至南鄭,諸將行道亡者數十人〔1〕。信度何等已數言
上〔2〕,上不我用,即亡。何聞信亡,不及以聞〔3〕,自追
之。人有言上曰:"丞相何亡。"上大怒,如失左右手。居一
二日,何來謁上,上且怒且喜,罵何曰:"若亡,何也?"何曰:
"臣不敢亡也,臣追亡者。"上曰:"若所追者誰?"何曰:"韓
信也。"上復罵曰:"諸將亡者以十數,公無所追;追信,詐
也。"何曰:"諸將易得耳,至如信者,國士無雙〔4〕。王必
欲長王漢中,無所事信〔5〕;必欲爭天下,非信無所與計事
者。顧王策安所決耳〔6〕!"王曰:"吾亦欲東耳〔7〕,安能
鬱鬱久居此乎?"何曰:"王計必欲東〔8〕,能用信,信即留;
不能用,信終亡耳。"王曰:"吾爲公以爲將〔9〕。"何曰:"雖
爲將,信必不留。"王曰:"以爲大將。"何曰:"幸甚!"於是
王欲召信拜之。何曰:"王素慢,無禮,今拜大將,如呼小兒
耳,此乃信所以去也。王必欲拜之,擇良日,齋戒〔10〕,設壇
場〔11〕,具禮,乃可耳。"王許之。諸將皆喜,人人各自以爲
得大將。至拜大將,乃韓信也,一軍皆驚。

〔1〕行(háng),輩。諸將行,等於説將官們。道亡,半路上逃走。
〔2〕韓信猜想蕭何已經不止一次對劉邦説過。度(duó),揣測。
〔3〕聞,使動用法,指使劉邦知道韓信逃走了。
〔4〕國士,國家的奇士。
〔5〕無所事,等於説用不着。

〔6〕衹不過王的計策從哪方面決定罷了。顧,衹不過。

〔7〕東,用如動詞,指向東出關與項羽爭奪天下。

〔8〕計,計劃、打算。

〔9〕第一個"爲"字當因爲講。爲公,等於說瞧在你的份上。

〔10〕齋戒,古人祭祀前專心致志有所戒慎,通常要沐浴更衣,戒酒葷。這裏說
　　　拜將也要齋戒。

〔11〕壇,土臺。場,場地,指廣場。

　　信拜禮畢,上坐。王曰:"丞相數言將軍,將軍何以教
寡人計策?"信謝〔1〕。因問王曰:"今東鄉爭權天下,豈非
項王邪〔2〕?"漢王曰:"然。"曰:"大王自料勇悍仁彊孰與
項王?"漢王默然良久,曰:"不如也。"信再拜賀曰:"惟信
亦以爲大王不如也。然臣嘗事之,請言項王之爲人也。項
王暗噁叱咤〔3〕,千人皆廢〔4〕,然不能任屬賢將〔5〕,此特
匹夫之勇耳。項王見人,恭敬慈愛,言語嘔嘔〔6〕;人有疾
病,涕泣分食飲;至使人有功當封爵者,印刓敝〔7〕,忍不能
予〔8〕。此所謂婦人之仁也。項王雖霸天下而臣諸侯,不
居關中而都彭城。有背義帝之約而以親愛王〔9〕,諸侯不
平。諸侯之見項王遷逐義帝,置江南〔10〕,亦皆歸逐其主而
自王善地。項王所過,無不殘滅者,天下多怨,百姓不親
附,特劫於威〔11〕,彊耳〔12〕。名雖爲霸,實失天下心。故
曰其彊易弱。今大王誠能反其道,任天下武勇,何所不誅!
以天下城邑封功臣,何所不服! 以義兵從思東歸之士〔13〕,
何所不散〔14〕! 且三秦王爲秦將〔15〕,將秦子弟數歲矣,所
殺亡不可勝計,又欺其衆降諸侯。至新安〔16〕,項王詐阬秦

降卒二十餘萬[17]，唯獨邯、欣、翳得脱，秦父兄怨此三人，痛入骨髓。今楚彊以威王此三人，秦民莫愛也。大王之入武關，秋毫無所害，除秦苛法，與秦民約，法三章耳[18]。秦民無不欲得大王王秦者。於諸侯之約，大王當王關中，關中民咸知之。大王失職入漢中[19]，秦民無不恨者[20]。今大王舉而東[21]，三秦可傳檄而定也[22]。"於是漢王大喜，自以爲得信晚，遂聽信計，部署諸將所擊。

〔1〕謝，謙讓，謙謝。

〔2〕大意是：現在你向東方去爭奪天下，對手難道不是項王嗎？鄉（xiàng），向，後來寫作"嚮"。

〔3〕喑（yìn）噁（wù），滿懷怒氣。叱（chì）咤（zhà），發怒的聲音。這是形容項羽凶猛的樣子。

〔4〕廢，癱瘓，這裏指嚇得像癱瘓了一樣。

〔5〕任屬（zhǔ），任用委託。

〔6〕嘔嘔（xūxū），和悦的樣子。

〔7〕印章的棱角磨損壞了。刓（wán），磨去棱角。敝，損壞。

〔8〕忍不能予，等於説捨不得給。

〔9〕義帝，即楚懷王心。項羽分封天下時，先尊懷王爲義帝。當初懷王與諸侯約定，"先破秦入咸陽者王之"。後來劉邦先破關入咸陽，項羽卻把關中一帶分封給秦降將章邯、司馬欣和董翳，所以説背義帝之約。親愛，指親近喜愛的人。王（wàng），封王。

〔10〕項羽分封天下後，隨即命義帝由彭城（今江蘇徐州市）遷至長沙郴（chēn）縣（今湖南郴縣）。義帝行至半路，又被項羽派人殺死。

〔11〕劫，脅迫。劫於威，被威所逼迫。

〔12〕彊（qiǎng），勉强。《漢書》作"彊服"。這裏可能是脱了一個"服"字（依王念孫説）。

〔13〕這句意思是,打着義兵的旗號,率領着想東歸的戰士。從,跟隨,使動用法。

〔14〕散,指被擊潰。

〔15〕三秦王,指封在大約相當於戰國時秦地的三王:雍王章邯,塞王司馬欣,翟王董翳。

〔16〕新安,地名,在今河南澠池縣東。

〔17〕據《項羽本紀》載,章邯等投降項羽時,手下秦卒有二十萬,投降後,項羽等諸侯軍虐待秦卒,秦卒有怨言,項羽等恐怕他們不服,於是把他們繫殺掩埋在新安城南。詐,騙。阬,掩埋。先騙降,而後繫殺掩埋。

〔18〕法三章,"殺人者死,傷人及盜抵罪"。

〔19〕失職,失去應得的職位,指未能王關中。

〔20〕這是說由於劉邦失職,秦民没有不感到遺憾的。恨,憾。

〔21〕舉,指舉兵。

〔22〕三秦,指章邯、司馬欣、董翳所佔有的地區。檄(xí),古代徵召曉諭一類的文書。傳檄而定,指不用武力,一道文書就能收服。

八月,漢王舉兵東出陳倉〔1〕,定三秦。漢二年,出關,收魏、河南〔2〕,韓、殷王皆降〔3〕。合齊趙共擊楚〔4〕。四月,至彭城,漢兵敗散而還。信復收兵,與漢王會滎陽〔5〕,復擊破楚京索之間〔6〕。以故,楚兵卒不能西。

〔1〕八月,漢元年(公元前206年)八月。當時各諸侯國都有自己的紀年。陳倉,秦縣名,在今陝西寶雞市東。

〔2〕魏,指魏王豹。豹本爲戰國魏之諸公子,後在楚懷王心部下,立爲魏王。項羽分封諸侯,想自己佔有魏地,於是徙魏豹於河東,爲西魏王。此時豹從劉邦擊楚。河南,指河南王申陽。陽是項羽所立,都雒陽(即洛陽,在今河南洛陽市東北)。

〔3〕韓、殷王,指韓王鄭昌、殷王司馬卬(áng)。二人都是項羽所立。

〔4〕齊,指齊王田榮。趙,指趙王趙歇。

〔5〕滎陽，秦郡名，郡治在今河南滎陽縣東北。
〔6〕京，參看第一册第9頁《鄭伯克段于鄢》注〔12〕。索，索亭，又名大索城，即今河南滎陽縣治。

　　漢之敗卻彭城，塞王欣、翟王翳亡漢降楚，齊趙亦反漢與楚和。六月，魏王豹謁歸視親疾[1]，至國[2]，即絶河關反漢[3]，與楚約和。漢王使酈生説豹[4]，不下[5]。其八月，以信爲左丞相，擊魏。魏王盛兵蒲坂[6]，塞臨晉[7]，信乃益爲疑兵[8]，陳船欲度臨晉，而伏兵從夏陽以木罌缻渡軍[9]，襲安邑[10]。魏王豹驚，引兵迎信，信遂虜豹，定魏爲河東郡。漢王遣張耳與信俱[11]，引兵東，北擊趙、代。後九月[12]，破代兵，禽夏説閼與[13]。信之下魏破代，漢輒使人收其精兵，詣滎陽以距楚[14]。

〔1〕謁，請求。親，這裏指母親（依顏師古説）。
〔2〕至國，到了自己的封地。
〔3〕絶河關，斷絶黄河西岸臨晉關的交通。河關，即臨晉關，後來又名蒲津關。在今山西永濟縣西。
〔4〕酈(lì)生，酈食其(yìjī)，劉邦的謀士。説(shuì)，勸説。
〔5〕下，降(xiáng)。
〔6〕盛，多，用如動詞，指聚集很多。蒲坂，也在今永濟縣西，在黄河東岸。
〔7〕塞，堵塞，等於説封鎖。
〔8〕益，增。益爲疑兵，多設些使敵人疑惑的軍隊。即虛張旗鼓，迷惑敵人。
〔9〕夏陽，地名，在今陝西韓城縣南。缻(fǒu)，同“缶”。罌缻，都是甕類。木罌缻，木製的形體像甕的器物。軍士以木甕縛在身上，增大浮力。
〔10〕安邑，地名，在今山西夏縣北。
〔11〕俱，動詞，同行。張耳被陳餘趕出趙地後即歸漢。
〔12〕後九月，即閏九月。

〔13〕禽,擒獲,後來寫作"擒"。夏説(yuè),代王陳餘之相。閼與(yùyǔ),地名,在今山西和順縣西北。

〔14〕距,通"拒"。

　　信與張耳以兵數萬,欲東下井陘擊趙〔1〕。趙王、成安君陳餘聞漢且襲之也,聚兵井陘口,號稱二十萬。廣武君李左車説成安君曰〔2〕:"聞漢將韓信涉西河〔3〕,虜魏王,禽夏説,新喋血閼與〔4〕。今乃輔以張耳,議欲下趙,此乘勝而去國遠鬭,其鋒不可當。臣聞'千里餽糧〔5〕,士有飢色;樵蘇後爨〔6〕,師不宿飽〔7〕'。今井陘之道,車不得方軌〔8〕,騎不得成列,行數百里,其勢糧食必在其後。願足下假臣奇兵三萬人,從閒路絶其輜重〔9〕。足下深溝高壘,堅營勿與戰。彼前不得鬭,退不得還,吾奇兵絶其後,使野無所掠,不至十日,而兩將之頭可致於戲下。願君留意臣之計! 否,必爲二子所禽矣!"成安君,儒者也〔10〕,常稱"義兵不用詐謀奇計",曰:"吾聞兵法'十則圍之〔11〕,倍則戰',今韓信兵號數萬,其實不過數千,能千里而襲我,亦已罷極〔12〕,今如此避而不擊,後有大者,何以加之〔13〕! 則諸侯謂吾怯,而輕來伐我〔14〕。"不聽廣武君策。

〔1〕井陘(xíng),漢縣名,即今河北井陘縣東北之井陘口。

〔2〕李左車,趙國的謀士。廣武君,李左車的封號。

〔3〕西河,指龍門河,在今陝西大荔縣境。

〔4〕喋(dié),通"蹀",踐踏,踩。喋血,踩着血走,指血戰。

〔5〕這是説從千里之外送糧給軍士吃。餽(kuì),通"饋",送。

〔6〕這是説現打柴做飯。樵,打柴。蘇,打草。爨(cuàn),燒飯。

〔7〕宿,久,指經常。

〔8〕方,並。軌,兩輪間的距離。方軌,即兩車並行。

〔9〕閒(jiàn)路,偏僻抄近的小道。

〔10〕儒者,等於說書生。

〔11〕十,兵力等於敵人的十倍。

〔12〕罷,通"疲"。罷極,疲憊。

〔13〕加,等於說勝。

〔14〕輕,輕易。"輕來伐我",一本作"輕我伐我"。《漢書》亦作"輕來伐我"。

　　廣武君策不用。韓信使人閒視〔1〕,知其不用,還報,則大喜,乃敢引兵遂下。未至井陘口三十里,止舍〔2〕。夜半傳發〔3〕。選輕騎二千人〔4〕,人持一赤幟,從閒道萆山而望趙軍〔5〕。誠曰:"趙見我走,必空壁逐我〔6〕,若疾入趙壁〔7〕,拔趙幟,立漢赤幟。"令其裨將傳飧〔8〕,曰:"今日破趙會食〔9〕。"諸將皆莫信,詳應曰〔10〕:"諾。"謂軍吏曰:"趙已先據便地爲壁〔11〕,且彼未見吾大將旗鼓,未肯擊前行,恐吾至阻險而還。"信乃使萬人先行,出,背水陳〔12〕。趙軍望見而大笑。平旦〔13〕,信建大將之旗鼓,鼓行出井陘口。趙開壁擊之,大戰良久。於是信、張耳詳棄鼓旗,走水上軍〔14〕。水上軍開入之〔15〕,復疾戰。趙果空壁爭漢鼓旗,逐韓信、張耳。韓信、張耳已入水上軍,軍皆殊死戰〔16〕,不可敗。信所出奇兵二千騎,共候趙空壁逐利〔17〕,則馳入趙壁,皆拔趙旗,立漢赤幟二千。趙軍已不勝,不能得信等,欲還歸壁,壁皆漢赤幟,而大驚,以爲漢皆已得趙王將矣。兵遂亂,遁走,趙將雖斬之,不能禁也。於是漢兵夾擊,大破虜趙軍,斬成安君泜水上〔18〕,禽趙王歇。

〔1〕閒(jiàn)視,等於説暗中偵察。

〔2〕舍,軍隊停下來住一夜。止舍,停下來過夜。

〔3〕傳發,傳令出發。

〔4〕輕騎(jì),輕裝的騎兵。

〔5〕萆(bì),隱蔽。萆山,在山上隱蔽。

〔6〕壁,軍隊的營壘。

〔7〕若,你們。

〔8〕大意是:命令裨將傳送食物給軍士吃。裨將,副將。飱,通"餐",食物。

〔9〕會食,集合吃飯。

〔10〕詳,通"佯",假裝。

〔11〕便,利。便地,有利的地形。

〔12〕出,指出井陘口。陳,戰陣,後來寫作"陣"。背水陳,背向河水擺開陣勢。

〔13〕平旦,天大亮。

〔14〕水上軍,水邊的軍隊。

〔15〕開,指陣列閃開缺口。

〔16〕殊,也是死。殊死戰,即拚死命作戰。

〔17〕空壁逐利,是説軍隊全部離開了營壘,爭取主動勝利。

〔18〕泜(chí)水,在井陘口附近。

信乃令軍中毋殺廣武君,有能生得者購千金〔1〕。於是有縛廣武君而致戲下者,信乃解其縛,東鄉坐〔2〕,西鄉對,師事之。

〔1〕購,懸重賞徵求。

〔2〕鄉,向,後來寫作"嚮"。古以東向爲尊。

諸將效首虜〔1〕,休〔2〕,畢賀〔3〕,因問信曰:"兵法'右倍山陵,前左水澤〔4〕'。今者將軍令臣等反背水陳,曰‘破趙會食’，臣等不服。然竟以勝，此何術也?”信曰：
“此在兵法，顧諸君不察耳。兵法不曰‘陷之死地而後生，
置之亡地而後存[5]’？且信非得素拊循士大夫也[6]，此
所謂驅市人而戰之，其勢非置之死地，使人人自爲戰[7]；
今予之生地[8]，皆走，寧尚可得而用之乎?”諸將皆服，
曰：“善！非臣所及也。”

[1]效，呈獻。

[2]休，結束。

[3]畢，皆，都。《漢書》正作“皆”。

[4]右面後面靠山，前面左面靠水。倍，背對着。《漢書》正作“背”。

[5]這兩句話見於《孫子・九地篇》。上文兩次引兵法，也都出於《孫子》。
字句略有出入。

[6]這是説：我不可能在平日撫愛軍隊。拊，通“撫”。拊循，撫愛。這句話照
應上文“信之下魏破代，漢輒使人收其精兵以距楚”。

[7]非，“非……不可”的意思。

[8]今，這裏有假設的意思。

於是信問廣武君曰：“僕欲北攻燕，東伐齊，何若而有
功?”廣武君辭謝曰：“臣聞‘敗軍之將，不可以言勇；亡國
之大夫，不可以圖存’。今臣敗亡之虜，何足以權大事
乎[1]?”信曰：“僕聞之，百里奚居虞而虞亡[2]，在秦而秦
霸，非愚於虞而智於秦也，用與不用，聽與不聽也。誠令成
安君聽足下計，若信者亦已爲禽矣；以不用足下，故信得侍
耳。”因固問曰：“僕委心歸計[3]，願足下勿辭!”廣武君
曰：“臣聞‘智者千慮，必有一失；愚者千慮，必有一得’。
故曰‘狂夫之言，聖人擇焉’。顧恐臣計未必足用，願效愚

忠。夫成安君有百戰百勝之計，一旦而失之，軍敗鄗
下[4]，身死泜上。今將軍涉西河，虜魏王，禽夏説閼與，一
舉而下井陘，不終朝破趙二十萬衆[5]，誅成安君，名聞海
內，威震天下。農夫莫不輟耕釋耒，褕衣甘食[6]，傾耳以
待命者[7]。若此，將軍之所長也。然而衆勞卒罷，其實難
用。今將軍欲舉倦罷之兵，頓之燕堅城之下[8]，欲戰恐
久，力不能拔，情見勢屈[9]，曠日糧竭[10]。而弱燕不服，
齊必距境以自彊也[11]。燕齊相持而不下[12]，則劉項之
權未有所分也[13]。若此者，將軍所短也。臣愚，竊以爲亦
過矣[14]。故善用兵者不以短擊長，而以長擊短。”韓信
曰：“然則何由[15]？”廣武君對曰：“方今爲將軍計，莫如案
甲休兵[16]，鎮趙，撫其孤[17]，百里之內，牛酒日至，以饗
士大夫醳兵[18]。北首燕路[19]，而後遣辯士奉咫尺之
書[20]，暴其所長於燕[21]，燕必不敢不聽從。燕已從，使
諠言者東告齊[22]，齊必從風而服，雖有智者，亦不知爲齊
計矣。如是，則天下事皆可圖也。兵固有先聲而後實者，
此之謂也。”韓信曰：“善！”從其策。發使使燕，燕從風而
靡[23]。乃遣使報漢，因請立張耳爲趙王，以鎮撫其國。漢
王許之，乃立張耳爲趙王。

〔1〕權，權衡，這裏用如動詞。

〔2〕百里奚，參看第一册第 312 頁《舜發於畎畝之中》注〔6〕。他原爲虞大夫，
　　虞亡之後纔相秦繆公。

〔3〕委，交託。委心，等於説交心。歸，依從。歸計，等於説聽從你的謀畫。

〔4〕鄗(hào)，地名，在今河北高邑縣。

〔５〕朝,從早晨到食時。不終朝,即不到一上午。

〔６〕褕(yú),美。

〔７〕傾耳,指聽話時把耳朵傾斜還就對方表示專心。這是説人們怕不久就要國破家亡,因此衹顧眼前享受,靜等着命令。

〔８〕頓,困,使動用法。

〔９〕情,指軍隊的實情。見(xiàn),古代以"見"爲"現"。這裏有暴露的意思。

〔10〕曠日,多費時日。

〔11〕距,通"拒"。距境,在邊境上拒守。

〔12〕指韓信與燕齊相持,不是説燕與齊相持。下,降。

〔13〕權,秤錘,這裏比喻輕重、分量。

〔14〕我私下裏認爲你也錯了。竊,私下裏,謙詞。過,動詞,錯。

〔15〕由,遵循〔道路〕。何由,該走向哪裏?

〔16〕案,通"按"。案甲休兵,即按兵不動。

〔17〕鎮,安定。孤,遺孤,指趙國陣亡者的後代。

〔18〕醳(yì),醉酒,使動用法。"饗""醳"在這裏都有犒勞的意思。

〔19〕首,向着。

〔20〕咫(zhǐ),八寸。古時書簡約長一尺。

〔21〕暴(pù),顯露,顯示。

〔22〕諈,通"諼",詭詐。諈言者,説話善於詭辯的人,即辯士。

〔23〕從風而靡,指投降。

　　楚數使奇兵渡河擊趙,趙王耳、韓信往來救趙,因行定趙城邑〔１〕,發兵詣漢。楚方急圍漢王於滎陽,漢王南出,之宛葉閒〔２〕,得黥布〔３〕。走入成皋〔４〕,楚又復急圍之。六月,漢王出成皋,東渡河,獨與滕公俱,從張耳軍脩武〔５〕。至,宿傳舍〔６〕。晨,自稱漢使,馳入趙壁。張耳、韓信未起,即其臥內上奪其印符,以麾召諸將〔７〕,易置

之[8]。信、耳起,乃知漢王來,大驚。漢王奪兩人軍,即令
張耳備守趙地,拜韓信爲相國[9],收趙兵未發者
擊齊[10]。

〔1〕從而邊行軍邊安定了趙國所有的城邑。

〔2〕宛,秦縣名,今河南南陽市。葉,地名,在今河南葉縣南。

〔3〕黥(qíng)布,姓英,因犯罪被黥(古刑法之一,犯罪者先刻其面,然後用墨
　　塗黑),於是人稱他爲黥布。秦末他起兵於江湖之間,稱當陽君,初歸項
　　羽,被封爲九江王,這時叛楚降漢。後來受封爲淮南王。漢十一年(公元
　　前 196 年)反,被殺。

〔4〕成臯,即春秋鄭邑制,參看第一册第 9 頁《鄭伯克段于鄢》注〔8〕。

〔5〕脩武,地名,即今河南獲嘉縣的小脩武。

〔6〕傳(zhuàn)舍,驛站供應行人住宿的房舍。

〔7〕臥内,臥室。麾,指揮。

〔8〕改變諸將的職位。

〔9〕相國,相當於丞相。這裏指趙的相國。

〔10〕趙兵未發者,指沒有發遣到滎陽去的趙兵。

　　信引兵東,未渡平原[1],聞漢王使酈食其已説下齊,
韓信欲止。范陽辯士蒯通説信曰[2]:"將軍受詔擊齊,而
漢獨發間使下齊,寧有詔止將軍乎[3]?何以得毋行也!
且酈生一士,伏軾掉三寸之舌[4],下齊七十餘城;將軍將
數萬衆,歲餘乃下趙五十餘城。爲將數歲,反不如一豎儒
之功乎?"於是信然之,從其計,遂渡河。齊已聽酈生,即留
縱酒,罷備漢守禦[5]。信因襲齊歷下軍[6],遂至臨
菑[7]。齊王田廣以酈生賣己,乃亨之[8],而走高密[9],
使使之楚請救。

〔1〕未從平原渡過黃河。平原，地名，在今山東平原縣南。

〔2〕范陽，秦縣名，在今河北定興縣南。蒯（kuǎi）通，本名徹，因避漢武帝諱，
　　當時史書改稱“通”。

〔3〕獨，衹不過。間使，暗中派來的使臣，等於說密使。寧，難道。

〔4〕這是說酈生乘車入齊，衹憑一張嘴。掉，搖，這裏指鼓弄。

〔5〕罷，指撤退、撤走。

〔6〕歷下，今山東省濟南市。

〔7〕臨菑（zī），當時的齊都，即今山東臨淄縣。

〔8〕亨（pēng），烹，後來寫作“烹”。

〔9〕高密，今山東高密縣。

　　韓信已定臨菑，遂東追廣至高密西。楚亦使龍且將，號稱二十萬，救齊。齊王廣、龍且併軍與信戰。未合〔1〕，人或說龍且曰：“漢兵遠鬭窮戰〔2〕，其鋒不可當。齊楚自居其地戰，兵易敗散〔3〕。不如深壁，令齊王使其信臣招所亡城。亡城聞其王在，楚來救，必反漢。漢兵二千里客居，齊城皆反之，其勢無所得食，可無戰而降也。”龍且曰：“吾平生知韓信爲人，易與耳〔4〕。且夫救齊，不戰而降之，吾何功！今戰而勝之，齊之半可得〔5〕，何爲止！”遂戰，與信夾濰水陳〔6〕。韓信乃夜令人爲萬餘囊，滿盛沙，壅水上流，引軍半渡，擊龍且；詳不勝，還走〔7〕。龍且果喜曰：“固知信怯也。”遂追信渡水。信使人決壅囊，水大至，龍且軍大半不得渡，即急擊，殺龍且。龍且水東軍散走〔8〕，齊王廣亡去。信遂追北至城陽〔9〕，皆虜楚卒。

〔1〕尚未交鋒。

〔2〕窮，極、盡。窮戰，盡力作戰。

〔3〕這是説兵士離家近,都戀家,容易逃散。其,指齊楚。

〔4〕易與,等於説容易對付。

〔5〕指自己受封可得齊國之半(依顔師古説)。

〔6〕濰水,即今山東的濰河,流經濰縣。

〔7〕引軍半渡,指帶領軍隊沒有全部渡過河。詳,通"佯",假裝。

〔8〕水東軍,未及渡河留在河東的軍隊。

〔9〕北,敗。追北,追擊敗兵。城陽,在今山東莒縣。

漢四年,遂皆降[1]。平齊。使人言漢王曰:"齊僞詐多變,反覆之國也。南邊楚[2]。不爲假王以鎮之[3],其勢不定。願爲假王便[4]。"當是時,楚方急圍漢王於滎陽,韓信使者至,發書,漢王大怒,罵曰:"吾困於此,旦暮望若來佐我,乃欲自立爲王!"張良、陳平躡漢王足[5],因附耳語曰:"漢方不利,寧能禁信之王乎! 不如因而立,善遇之,使自爲守;不然,變生。"漢王亦悟,因復罵曰:"大丈夫定諸侯,即爲真王耳,何以假爲!"乃遣張良往,立信爲齊王,徵其兵擊楚。

〔1〕齊國城邑皆降。

〔2〕邊,靠近。

〔3〕假王,暫時代理的王。

〔4〕便,便利,對國家有利。

〔5〕躡(niè),踩。

楚已亡龍且,項王恐,使盱眙人武涉往説齊王信曰[1]:"天下共苦秦久矣,相與勠力擊秦[2]。秦已破,計功割地,分土而王之,以休士卒。今漢王復興兵而東,侵人之分[3],奪人之地;已破三秦,引兵出關,收諸侯之兵以東擊楚,其意非盡吞天下者不休,其不知厭足如是甚也。且漢王不可必[4],身居項王掌握中數矣,項王憐而活之;然得脫,輒倍約,復擊項王,其不可親信如此。今足下雖自以與漢王爲厚交,爲之盡力用兵,終爲之所禽矣。足下所以得須臾至今者[5],以項王尚存也。當今二王之事,權在足下。足下右投則漢王勝[6],左投則項王勝。項王今日亡,則次取足下。足下與項王有故,何不反漢與楚連和,參分天下王之? 今釋此時,而自必於漢以擊楚,且爲智者固若此乎?"韓信謝曰:"臣事項王,官不過郎中,位不過執戟[7],言不聽,畫不用,故倍楚而歸漢。漢王授我上將軍印,予我數萬衆,解衣衣我,推食食我,言聽計用,故吾得以至於此。夫人深親信我,我倍之不祥,雖死不易。幸爲信謝項王!"

〔1〕盱眙(xūyí),秦縣名,在今江蘇盱眙縣東北。

〔2〕勠力,合力。

〔3〕分(fèn),指封王時所分的區域。

〔4〕必,等於説極端相信。下文"自必於漢"的"必","必漢王之不危己"的"必",皆同。

〔5〕須臾,這裏是遲延的意思。

〔6〕右,指向西方。下句的"左"指向東方。

〔7〕執戟,郎中管守衞,執戟。

武涉已去,齊人蒯通知天下權在韓信,欲爲奇策而感動之,以相人説韓信曰[1]:"僕嘗受相人之術。"韓信曰:"先生相人何如?"對曰:"貴賤在於骨法[2],憂喜在於容色,成敗在於決斷,以此參之[3],萬不失一。"韓信曰:

"善。先生相寡人何如?"對曰:"願少間〔4〕。"信曰:"左右去矣!"通曰:"相君之面,不過封侯,又危不安。相君之背〔5〕,貴乃不可言。"韓信曰:"何謂也?"蒯通曰:"天下初發難也,俊雄豪桀建號一呼〔6〕,天下之士雲合霧集,魚鱗雜遝〔7〕,熛至風起〔8〕。當此之時,憂在亡秦而已。今楚漢分爭,使天下無罪之人肝膽塗地〔9〕,父子暴骸骨於中野〔10〕,不可勝數。楚人起彭城,轉鬥逐北,至於滎陽,乘利席卷,威震天下。然兵困於京索之間,迫西山而不能進者〔11〕,三年於此矣。漢王將數十萬之衆,距鞏雒〔12〕,阻山河之險,一日數戰,無尺寸之功,折北不救〔13〕,敗滎陽,傷成皋,遂走宛葉之間,此所謂智勇俱困者也。夫銳氣挫於險塞,而糧食竭於内府〔14〕,百姓罷極怨望,容容無所倚〔15〕。以臣料之,其勢非天下之賢聖,固不能息天下之禍。當今兩主之命縣於足下〔16〕。足下爲漢則漢勝〔17〕,與楚則楚勝〔18〕。臣願披腹心〔19〕,輸肝膽〔20〕,效愚計,恐足下不能用也。誠能聽臣之計,莫若兩利而俱存之,參分天下,鼎足而居,其勢莫敢先動。夫以足下之賢聖,有甲兵之衆,據彊齊,從燕趙〔21〕,出空虛之地而制其後〔22〕,因民之欲,西鄉爲百姓請命〔23〕,則天下風走而響應矣〔24〕,孰敢不聽!割大弱彊〔25〕,以立諸侯;諸侯已立,天下服聽而歸德於齊。案齊之故〔26〕,有膠泗之地〔27〕。懷諸侯之德,深拱揖讓〔28〕,則天下之君王相率而朝於齊矣。蓋聞'天與弗取,反受其咎;時至不行,反受其殃'〔29〕。願足下孰慮之!"韓信曰:"漢王遇我甚厚,載我以其車,衣我以其衣,食我以其食。吾聞之,乘人之車者載人之患,衣人之衣者懷人之憂,食人之食者死人之事[30];吾豈可以鄉利倍義乎?"蒯生曰:"足下自以爲善漢王,欲建萬世之業,臣竊以爲誤矣。始常山王、成安君爲布衣時,相與爲刎頸之交[31]。後爭張黶、陳澤之事,二人相怨[32]。常山王背項王,奉項嬰頭而竄[33],逃歸於漢王。漢王借兵而東下[34],殺成安君泜水之南,頭足異處,卒爲天下笑。此二人相與,天下至驩也[35];然而卒相禽者,何也?患生於多欲,而人心難測也。今足下欲行忠信以交於漢王,必不能固於二君之相與也,而事多大於張黶、陳澤。故臣以爲足下必漢王之不危己,亦誤矣。大夫種、范蠡存亡越[36],霸句踐,立功成名而身死亡。野獸已盡而獵狗亨。夫以交友言之,則不如張耳之與成安君者也;以忠信言之,則不過大夫種、范蠡之於句踐也;此二人者,足以觀矣。願足下深慮之!且臣聞勇略震主者身危,而功蓋天下者不賞。臣請言大王功略:足下涉西河,虜魏王,禽夏説,引兵下井陘,誅成安君,徇趙,脅燕,定齊,南摧楚人之兵二十萬,東殺龍且,西鄉以報。此所謂功無二於天下,而略不世出者也[37]。今足下戴震主之威,挾不賞之功,歸楚,楚人不信,歸漢,漢人震恐。足下欲持是安歸乎!夫勢在人臣之位,而有震主之威,名高天下,竊爲足下危之!"韓信謝曰:"先生且休矣,吾將念之[38]!"

〔1〕借着給韓信相面來勸説韓信。相人,給人相面。

〔2〕骨法,骨格,骨相。

〔3〕參,參驗。

〔4〕間(jiàn),這裏指與衆人隔開,即屏退衆人。

〔5〕背,雙關語,明説脊背,暗指背叛。

〔6〕桀,傑,古代多以"桀"爲"傑"。建號,建立名號,指自稱侯王。

〔7〕像魚鱗那樣重疊聚積在一起。雜遝(tà),疊韻聯緜字,重疊紛繁的樣子。

〔8〕熛(biāo),火花迸起。"熛""風"都用作狀語。

〔9〕肝膽塗地,喻慘死。

〔10〕中野,田野之中。

〔11〕迫,近,挨近。西山,指成皋以西的山地。

〔12〕鞏,秦縣名,在今河南鞏縣西南。雒,即雒陽(洛陽)。

〔13〕折,挫折。北,敗。不救,挽救不了。

〔14〕内府,等於説倉庫。

〔15〕容容,動蕩不安的樣子。

〔16〕命,命運。縣(xuán),懸掛,後來寫作"懸"。

〔17〕爲,等於説助。

〔18〕與,動詞,與……親善,結盟。

〔19〕披,剖開。

〔20〕輸,等於説獻出。"披腹心,輸肝膽",後來也説成"披肝瀝膽",表示竭盡忠誠。

〔21〕從,使動用法。

〔22〕出兵到劉項力量薄弱的地方,以牽制他們的後方。

〔23〕鄉(xiàng),向。齊在劉項之東,所以説"西鄉"。爲百姓請命,等於説替百姓説話,指制止劉項之爭,減少人民的痛苦。

〔24〕響,名詞,回聲。響應,像回聲一樣地反應。"響應"與"風走"是並列結構。

〔25〕弱,使動用法。大、彊,都用如名詞。

〔26〕案,等於説據,佔有。故,指舊有的疆土。

〔27〕膠,膠河。泗,泗水。膠泗指今山東東部和南部。

〔28〕懷,安撫。之,當依《漢書・蒯通傳》作"以"(依王念孫説,見《讀書雜誌》)。深拱,等於説高拱,指兩手拱得很高,不必有所作爲。揖讓,指外表作出謙虛的樣子。

〔29〕這是諺語。取,古音在侯部,咎,古音在幽部。漢代侯幽通押。行、殃,同在陽部。

〔30〕死人之事,爲人家的事而死。

〔31〕常山王,即張耳。成安君,即陳餘。相與,等於説相交。刎頸之交,雖割頸也不反悔的交情,即誓同生死的至交。

〔32〕張耳與陳餘本爲至交。秦將章邯打敗項梁軍後,又大敗趙軍。當時趙歇爲王,陳餘爲將,張耳爲相,都逃至鉅鹿(秦縣名,在今河北鉅鹿縣)。陳餘率數萬人駐在鉅鹿北,章邯軍駐在鉅鹿南。章邯急攻鉅鹿,張耳召陳餘,陳餘以爲寡不敵衆,不敢出兵。於是張耳派張黶(yǎn)、陳澤去責備陳餘,陳餘不得已,讓二人率五千人試攻秦軍,結果全軍覆没。鉅鹿解圍以後,張耳深恨陳餘,並追問張黶、陳澤二人下落,陳餘一氣卸印出走,從此二人結下怨仇。

〔33〕奉項嬰頭,奉(pěng),後來寫作"捧"。嬰,環抱。猶言捧頸抱頭,形容很狼狽。

〔34〕指劉邦利用韓信、張耳的兵力東進。

〔35〕驩,通"歡"。至驩,最好的交情。

〔36〕大夫種,姓文名種。文種與范蠡(lǐ)都是春秋時越王句踐的大臣,曾使已經滅亡的越國復興,使句踐稱霸諸侯,但後來文種被迫自殺,范蠡逃亡。

〔37〕大意是:計謀極高,是世上所稀有的(依顏師古説)。

〔38〕念,等於説思考。

　　後數日,蒯通復説曰:"夫聽者,事之候也〔1〕;計者,事之機也[2];聽過計失而能久安者[3],鮮矣。聽不失一二者[4],不可亂以言[5];計不失本末者[6],不可紛以辭。夫隨廝養之役者[7],失萬乘之權;守儋石之禄者[8],闕卿相之位[9]。故知者,決之斷也[10];疑者,事之害也。審毫釐之小計,遺天下之大數[11],智誠知之,決弗敢行者[12],百事之禍也。故曰,猛虎之猶豫,不若蜂蠆之致螫[13],騏驥之跼躅[14],不如駑馬之安步[15];孟賁之狐疑[16],不如庸夫之必至也[17];雖有舜禹之智,吟而不言[18],不如瘖聾之指麾也[19]。此言貴能行之。夫功者難成而易敗,時者難得而易失也。時乎時,不再來[20]。願足下詳察之。"韓信猶豫,不忍倍漢。又自以爲功多,漢終不奪我齊。遂謝蒯通。蒯通説不聽,已詳狂爲巫[21]。

〔1〕大意是:聽取意見是事情成功的徵兆。聽,聽取意見。者,語氣詞。候,徵候,迹象。

〔2〕機,樞機,樞紐,關鍵。

〔3〕聽過,聽取意見犯了錯誤,也就是吸取了錯誤的意見。計失,定計失算,也就是打錯了主意。

〔4〕大意是:聽取十次意見連一二次都没有失誤。

〔5〕亂,惑亂。

〔6〕大意是考慮問題能權衡輕重。

〔7〕隨,順從,聽任,等於説安於。廝養,劈柴養馬的隸卒。

〔8〕儋,即"擔"。石,音 shí。儋石都是穀米的量名。

〔9〕闕,等於説失。

〔10〕王念孫説這句應作"決者知之斷",意思是作事堅決不疑,是智者果斷的表現(見《讀書雜誌》)。

〔11〕大數,等於説大計。

〔12〕決定了,但是不敢做。

〔13〕蠆(chài),蝎子一類的毒蟲。螫(shì),用毒刺刺人。

〔14〕踟(jú)躕,等於説躑躅,徘徊不前。

〔15〕安步,穩步走路。

〔16〕孟賁(bēn),古代的勇士。

〔17〕必至,一定達到目的。

〔18〕吟,通"噤"(jìn),嘴閉着(依段玉裁説)。

〔19〕瘖(yīn),啞巴。麾,通"揮"。

〔20〕這句話大約是諺語。時與來押韻,古音同在之部。

〔21〕已,後來。詳,通"佯"。詳狂,假裝瘋癲。

　　漢王之困固陵〔1〕,用張良計召齊王信〔2〕,遂將兵會垓下〔3〕。項羽已破,高祖襲奪齊王軍。漢五年正月,徙齊王信爲楚王,都下邳〔4〕。

〔1〕固陵,地名,在今河南淮陽縣西北。漢四年,劉項約定平分天下而罷兵,但劉邦馬上又進兵追擊項羽,並與韓信等約會師共擊項羽,至固陵,韓信等不至,楚大敗漢軍,於是劉邦祇好躲進營壘。這裏所説"困固陵"即指此事。

〔2〕劉邦在固陵失利,問張良對韓信等該怎麼辦。張良建議把自陳(今河南淮陽縣)以東到海邊一帶地方都給韓信,使韓信等各爲自己打仗,漢借以滅楚。這裏所説"張良計"即指此。

〔3〕垓(gāi)下,地名,在今安徽靈璧縣東南。

〔4〕下邳,秦縣名,在今江蘇邳縣東。

　　信至國,召所從食漂母,賜千金。及下鄉南昌亭長,賜百錢,曰:"公,小人也,爲德不卒〔1〕。"召辱己之少年令出袴下者,以爲楚中尉〔2〕。告諸將相曰:"此壯士也,方辱我時，我寧不能殺之邪？殺之無名，故忍而就於此〔３〕。"

〔１〕卒，終，完。爲德不卒，做好事有始無終。

〔２〕中尉，官名，這裏指諸侯王國的中尉，管捕盜賊。

〔３〕就，成就。就於此，指自己達到眼前的地位。

　　項王亡將鍾離昧家在伊廬〔１〕，素與信善。項王死後亡歸信。漢王怨昧，聞其在楚，詔楚捕昧。信初之國，行縣邑〔２〕，陳兵出入。漢六年，人有上書告楚王信反。高帝以陳平計，天子巡狩會諸侯〔３〕。南方有雲夢〔４〕，發使告諸侯會陳："吾將遊雲夢。"實欲襲信，信弗知。高祖且至楚，信欲發兵反。自度無罪，欲謁上，恐見禽。人或説信曰："斬昧謁上，上必喜，無患。"信見昧計事，昧曰："漢所以不擊取楚，以昧在公所。若欲捕我以自媚於漢，吾今日死，公亦隨手亡矣。"乃罵信曰："公非長者。"卒自剄。信持其首謁高祖於陳。上令武士縛信，載後車。信曰："果若人言：'狡兔死，良狗亨；高鳥盡，良弓藏；敵國破，謀臣亡〔５〕。'天下已定，我固當亨。"上曰："人告公反。"遂械繫信〔６〕。至雒陽，赦信罪，以爲淮陰侯。

〔１〕鍾離昧(mò)，鍾離是複姓。伊廬，在今江蘇灌雲縣附近。

〔２〕行，巡視。

〔３〕巡狩，天子親往諸侯境內巡視。天子所至，諸侯都要來朝見。

〔４〕雲夢，參看第一册第 115 頁《莊辛説楚襄王》注〔3〕。

〔５〕亨、藏、亡，古音都在陽部。

〔６〕械，拘束手足的刑具，這裏用作狀語。

　　信知漢王畏惡其能，常稱病不朝從〔１〕。信由此日怨望，居常鞅鞅〔２〕，羞與絳灌等列〔３〕。信嘗過樊將軍噲〔４〕,噲跪拜送迎,言稱臣,曰:“大王乃肯臨臣〔５〕!”信出門笑曰:“生乃與噲等爲伍〔６〕!”上常從容與信言諸將能不〔７〕,各有差〔８〕。上問曰:“如我,能將幾何?”信曰:“陛下不過能將十萬。”上曰:“於君何如?”曰:“臣多多而益善耳。”上笑曰:“多多益善,何爲爲我禽?”信曰:“陛下不能將兵,而善將將,此乃信之所以爲陛下禽也。且陛下所謂天授,非人力也。”

〔１〕朝從,朝見,從行。諸侯要按時朝見皇帝,皇帝出行要從行。

〔２〕鞅鞅(yàngyàng),同“快快”,失意的樣子。

〔３〕絳,指絳侯周勃,最初從劉邦起事,多有軍功,高祖、惠帝時兩次任太尉。灌,指潁陰侯灌嬰,曾在楚漢之爭中立功,文帝時任太尉、丞相。等列,同列。

〔４〕過,訪問。樊噲(kuài),從劉邦起事,封爲舞陽侯。

〔５〕臨,居高視下,這裏指地位高的人來看地位低的人,敬詞。

〔６〕伍,也是等列的意思。

〔７〕常,通“嘗”。從容,指閒暇時。能,形容詞,有才能。不,通“否”。

〔８〕等於説各有長短。差(cī),高低不齊。

陳豨拜爲鉅鹿守〔１〕,辭於淮陰侯。淮陰侯挈其手,辟左右〔２〕,與之步於庭。仰天歎曰:“子可與言乎?欲與子有言也。”豨曰:“唯將軍令之!”淮陰侯曰:“公所居,天下精兵處也〔３〕;而公,陛下之信幸臣也。人言公之畔〔４〕,陛下必不信;再至,陛下乃疑矣;三至,必怒而自將。吾爲公從中起〔５〕,天下可圖也。”陳豨素知其能也,信之。曰:“謹奉教!”漢十年,陳豨果反。上自將而往,信病不從。陰使人至豨所,曰:“弟舉兵〔６〕,吾從此助公。”信乃謀與家臣夜詐詔赦諸官徒奴[7]，欲發以襲呂后、太子[8]。部署已定，待豨報。其舍人得罪於信[9]，信囚，欲殺之。舍人弟上變[10]，告信欲反狀於呂后。呂后欲召，恐其黨不就[11]，乃與蕭相國謀，詐令人從上所來，言豨已得死[12]，列侯羣臣皆賀。相國紿信曰[13]："雖疾，彊入賀。"信入，呂后使武士縛信，斬之長樂鍾室[14]。信方斬，曰："吾悔不用蒯通之計，乃爲兒女子所詐[15]，豈非天哉！"遂夷信三族[16]。

[1]陳豨(xī)，漢將。漢建國後曾屢隨劉邦平定叛亂，後爲劉邦所疑，於是反，最後被殺。守，郡守。

[2]辟，避，使動用法。

[3]鉅鹿北控燕代，當時駐有重兵，所以韓信這樣説。

[4]畔，通"叛"。

[5]中，指京城中。從中起，即起兵作内應。

[6]弟，通"第"，但，祇管。

[7]徒，罪犯。奴，奴隸。官徒奴，没入官中的徒奴。

[8]呂后，劉邦之妻，名雉。太子，名盈，即漢惠帝。

[9]舍人，即門客。

[10]上變，上書報告急變的事情。

[11]黨(tǎng)，通"儻"，倘若，萬一。就，等於説來。

[12]得，這裏指擒獲。

[13]紿(dài)，欺騙。

[14]長樂，漢宮名。鍾室，掛鐘(樂器)的屋子。

[15]兒女子，婦人小子，指呂后。

[16]夷，滅。三族，父族、母族、妻族。

　　高祖已從豨軍來，至，見信死，且喜且憐之，問信死亦何言。呂后曰:“信言恨不用蒯通計。”高祖曰:“是齊辯士也。”乃詔齊捕蒯通。蒯通至,上曰:“若教淮陰侯反乎?”對曰:“然,臣固教之。豎子不用臣之策,故令自夷於此。如彼豎子用臣之計,陛下安得而夷之乎?”上怒曰:“亨之!”通曰:“嗟乎! 冤哉,亨也!”上曰:“若教韓信反,何冤?”對曰:“秦之綱絶而維弛[1],山東大擾,異姓並起,英俊烏集。秦失其鹿[2],天下共逐之,於是高材疾足者先得焉。蹠之狗吠堯[3],堯非不仁,狗固吠非其主。當是時,臣唯獨知韓信,非知陛下也。且天下鋭精持鋒[4],欲爲陛下所爲者甚衆,顧力不能耳[5],又可盡亨之邪!”高帝曰:“置之[6]!”乃釋通之罪[7]。

〔1〕綱,網上的大繩,用來張網的。維,繫車蓋的繩。“綱”“維”比喻國家的法度。

〔2〕鹿,比喻帝位。

〔3〕蹠,通“跖”,即盗跖。參看第一册第309頁《陳仲子》注〔7〕。

〔4〕鋭,利,使動用法。精,指純鐵。鋒,利刃。精、鋒在這裏等於説武器。

〔5〕顧,但,衹不過。

〔6〕置,赦免。

〔7〕釋,解除,等於説赦。

太史公曰:“吾如淮陰,淮陰人爲余言:韓信雖爲布衣時,其志與衆異。其母死,貧無以葬,然乃行營高敞地[1],令其旁可置萬家[2]。余視其母冢,良然。假令韓信學道謙讓,不伐己功,不矜其能,則庶幾哉[3]! 於漢家,勳可以比周、召、太公之徒,後世血食矣[4]。不務出此[5],而天下已集〔6〕,乃謀畔逆。夷滅宗族,不亦宜乎!"

〔1〕營,求。

〔2〕這是想將來用萬户守冢。

〔3〕庶幾,差不多。

〔4〕血食,指得到享祭。享祭鬼神要殺牲,所以説"血食"。

〔5〕此,指"學道謙讓,不伐己功,不矜其能"。

〔6〕集,和,指太平。

魏其武安侯列傳〔1〕

　　魏其侯竇嬰者〔2〕,孝文后從兄子也〔3〕。父世觀津人〔4〕。喜賓客。孝文時,嬰爲吳相〔5〕,病免〔6〕。孝景初即位〔7〕,爲詹事〔8〕。梁孝王者〔9〕,孝景弟也。其母竇太后愛之,梁孝王朝,因昆弟燕飲〔10〕。是時上未立太子,酒酣〔11〕,從容言曰〔12〕:"千秋之後傳梁王〔13〕。"太后驩〔14〕。竇嬰引卮酒進上〔15〕,曰:"天下者,高祖天下;父子相傳,此漢之約也。上何以得擅傳梁王!"太后由此憎竇嬰。竇嬰亦薄其官〔16〕,因病免〔17〕。太后除竇嬰門籍〔18〕,不得入朝請〔19〕。孝景三年〔20〕,吳楚反〔21〕,上察宗室、諸竇毋如竇嬰賢〔22〕,乃召嬰。嬰入見,固辭謝病不足任〔23〕。太后亦慙。於是上曰:"天下方有急,王孫寧可以讓邪!"乃拜嬰爲大將軍〔24〕,賜金千斤。嬰乃言袁盎、欒布諸名將賢士在家者進之〔25〕。所賜金,陳之廊廡下〔26〕,軍吏過,輒令財取爲用〔27〕,金無入家者〔28〕。竇嬰守滎陽,監齊趙兵〔29〕。七國兵已盡破,封嬰爲魏其侯。諸游士賓客爭歸魏其侯。孝景時,每朝議大事,條侯、魏其侯[30],諸列侯莫敢與亢禮[31]。

〔1〕這篇是竇嬰、田蚡和灌夫的合傳。在這裏,作者深刻地揭露了統治階級的内部矛盾,表示了對當時黑暗政治的批判和譴責。

〔2〕魏其(jī),漢縣名,竇嬰的采邑,在今山東臨沂縣南。竇嬰字王孫。

〔3〕孝文后,漢文帝劉恒的皇后,即下文的竇太后。從兄,堂兄。

〔4〕這是説:自他父親以前,世世代代爲觀津人。觀津,漢縣名,在今河北武邑縣東南。

〔5〕吳相,吳王濞(bì)的相。濞是劉邦兄劉仲的兒子。

〔6〕因病免職。

〔7〕孝景,即漢景帝,名啟,文帝的兒子。

〔8〕詹事,官名,掌管皇后太子宫中事務。

〔9〕梁孝王,名武,"孝"爲諡號。

〔10〕這是説梁孝王以兄弟身份來參加宴飲,不行君臣之禮。昆,兄。昆弟,兄弟。燕,通"宴"。

〔11〕酣(hān),喝酒盡興。

〔12〕閒談着説。

〔13〕千秋之後,死了之後,這樣説是爲了避免説"死"。

〔14〕驩,通"歡"。

〔15〕引,拉,在這裏等於説拿過來。卮(zhī),圓形酒器。進,進獻。上,指景帝。這裏有指景帝失言,進酒示罰之意。

〔16〕薄,意動用法,指嫌官職小。

〔17〕(藉)因病離職。

〔18〕門籍,出入宫門的名籍。這是二尺竹牒,上記姓名、年紀、形貌,懸於宫門,核對相符纔能入門。

〔19〕朝請,漢制,諸侯朝見天子,春天叫朝,秋天叫請。外戚按時入宫朝見,也稱朝請。

〔20〕當公元前 154 年。

〔21〕這是漢初的一次較大的變亂。吳楚,指參加變亂的吳楚等七國:吳王濞、
楚王戊、膠西王卬、膠東王雄渠、菑川王賢、濟南王辟光、趙王遂。七國之
中,吳爲主謀,楚爲大國,所以史稱“吳楚七國”。

〔22〕毋,通“無”。

〔23〕謝病,等於説推託有病。

〔24〕大將軍,武官名,掌征伐,地位次於丞相。

〔25〕袁盎,字絲,曾任吳相,官至奉常。後被梁孝王派人刺死。欒布,漢名將,
曾爲梁大夫,梁王彭越被誅後拜爲都尉。文帝時爲燕相,官至將軍。七
國事平,以功封鄃(yú)侯。進,推薦。

〔26〕廡(wǔ),也是“廊”的意思。

〔27〕過,指前來謁見。財,通“裁”,酌量。

〔28〕家,指室内。

〔29〕滎陽當南北之衝,東捍吳楚,北拒齊趙。攻打吳楚的軍隊由主帥周亞夫
自將,攻打齊趙的軍隊,由竇嬰遥制。

〔30〕條侯,即周亞夫,絳侯周勃之子,文帝時改封於條(在今河北省景縣境)。

〔31〕列侯,漢制,劉姓子孫封侯者,謂之諸侯。異姓功臣封侯者,謂之列侯,也
叫徹侯。亢,通“抗”,抗衡。亢禮,彼此以平等禮節相待。

孝景四年,立栗太子[1],使魏其侯爲太子傅[2]。孝
景七年,栗太子廢,魏其數爭,不能得。魏其謝病,屏居藍
田南山之下數月[3],諸賓客辯士説之,莫能來[4]。梁人
高遂乃説魏其曰:“能富貴將軍者,上也;能親將軍者,太后
也。今將軍傅太子,太子廢而不能爭。爭不能得,又弗能
死。自引謝病[5],擁趙女[6],屏閒處而不朝[7]。相提
而論[8],是自明揚主上之過[9]。有如兩宮螫將軍[10],
則妻子毋類矣[11]。”魏其侯然之,乃遂起,朝請如故。

〔1〕栗太子,景帝長子,名榮,栗姬所生。後來被廢,所以從母姓稱栗太子。

〔2〕太子傅,官名,掌輔佐教導太子。太子傅有太傅、少傅之別。

〔3〕屏(bǐng),退隱。藍田,漢縣名,在今陝西藍田縣西。藍田南山之下,大概是當時朝貴退休遊樂之地。

〔4〕來,回來,使動用法,使竇嬰回到京城來。

〔5〕引,指隱退。

〔6〕趙女,指美女。古人認爲趙地女子多貌美,所以常用“趙女”代表美女。

〔7〕閒處,閒居。

〔8〕兩相比對來說。

〔9〕明,明顯地。揚,張揚。

〔10〕有如,假如。兩宮,東宮(長樂宮)西宮(未央宮)。指太后、景帝,當時太后住東宮,景帝住西宮。螫(shì),惱怒。

〔11〕妻子,這裏指一家大小。毋,通“無”。類,種。毋類,指全家被誅。

　　桃侯免相〔1〕,竇太后數言魏其侯。孝景帝曰:“太后豈以爲臣有愛不相魏其〔2〕! 魏其者,沾沾自喜耳〔3〕,多易〔4〕。難以爲相持重〔5〕。”遂不用,用建陵侯衛綰爲丞相〔6〕。

〔1〕桃侯,劉舍。桃,漢縣名,在今河北衡水縣西南。

〔2〕臣,景帝對太后自稱。有愛,有所吝惜。相,使動用法。

〔3〕沾沾,輕薄的樣子(依顏師古說)。

〔4〕易,輕率。

〔5〕持重,等於說擔當重任。

〔6〕建陵,漢縣名,在今江蘇沭陽縣西北。綰,音 wǎn。

　　武安侯田蚡者〔1〕,孝景后同母弟也〔2〕。生長陵〔3〕。魏其已爲大將軍後,方盛,蚡爲諸郎〔4〕,未貴,往來侍酒魏其,跪起如子姪〔5〕。及孝景晚節〔6〕,蚡益貴

幸,爲太中大夫[7]。蚡辯有口[8],學槃盂諸書[9],王太
后賢之。孝景崩,即日太子立[10],稱制[11],所鎮撫多有
田蚡賓客計筴[12]。蚡弟田勝,皆以太后弟,孝景後三年封
蚡爲武安侯[13],勝爲周陽侯[14]。

〔1〕武安,漢縣名,田蚡(fén)的采邑,即今河北武安縣。

〔2〕孝景后,姓王,所以下文又稱王太后。孝景后與田蚡是同母異父的姐弟。

〔3〕長陵,漢縣名,在今陝西咸陽市東北。孝景后父親死後,母親改嫁至長陵
　　田氏,生蚡、勝,所以説生長陵。

〔4〕諸郎,指議郎、中郎、侍郎、郎中等郎官,負責值勤保衛殿門、出充車騎、侍
　　奉皇帝等,屬郎中令(郎中令後來改名光禄勳)。

〔5〕姪,當依《漢書》作"姓"。"子姓"等於説子孫(參用王引之説,見《讀書雜
　　誌》)。

〔6〕晚節,晚年。

〔7〕太中大夫,官名,掌議論,屬郎中令。

〔8〕辯,能言善辯。口,指口才。

〔9〕槃,通"盤"。槃盂,相傳是黄帝的史官孔甲所作的書,凡二十六篇,今已
　　亡。《漢書·藝文志》把它歸入雜家。槃盂諸書,《槃盂》一類的書。

〔10〕太子,指太子徹,即漢武帝,他是景帝的次子。栗太子被廢後就立他爲
　　太子。

〔11〕稱制,代天子執政,這裏指王太后臨朝聽政,武帝即位時僅十六歲。

〔12〕鎮,鎮壓。撫,安撫。所鎮撫,用來鎮撫各地的辦法。筴,通"策"。

〔13〕孝景後三年,即公元前141年。漢景帝在位共十六年,分前中後,前七
　　年,中六年,後三年。

〔14〕周陽,漢縣名,在今山西聞喜縣東。

武安侯新欲用事爲相,卑下賓客[1],進名士家居者貴
之,欲以傾魏其諸將相[2]。建元元年[3],丞相綰病免,

上議置丞相、太尉[4]。籍福説武安侯曰：“魏其貴久矣，天下士素歸之。今將軍初興，未如魏其。即上以將軍爲丞相，必讓魏其。魏其爲丞相，將軍必爲太尉。太尉、丞相尊等耳，又有讓賢名。”武安侯乃微言太后風上[5]，於是乃以魏其侯爲丞相，武安侯爲太尉。籍福賀魏其侯，因弔曰[6]：“君侯資性喜善疾惡[7]，方今善人譽君侯，故至丞相；然君侯且疾惡，惡人衆，亦且毀君侯。君侯能兼容[8]，則幸久；不能，今以毀去矣[9]。”魏其不聽。

〔1〕對賓客謙恭自下。

〔2〕這是説想借以壓過魏其這些將相們。傾，壓過。

〔3〕建元，漢武帝的第一個年號。建元元年，即公元前140年。

〔4〕太尉，官名，掌管軍事的最高官員。景帝時曾一度廢掉，這時復設。

〔5〕微，暗暗地。風，通“諷”，微言勸告。

〔6〕弔，跟“賀”相對。因魏其位至丞相而賀，因隱伏危機而弔。

〔7〕君侯，漢代對列侯之拜爲丞相者的稱呼。

〔8〕兼容，指連惡人一並包容。

〔9〕今，即將，馬上就會。去，指離職。

　　魏其、武安俱好儒術，推轂趙綰爲御史大夫[1]，王臧爲郎中令[2]。迎魯申公[3]，欲設明堂[4]，令列侯就國[5]，除關[6]，以禮爲服制[7]，以興太平。舉適諸竇宗室毋節行者[8]，除其屬籍[9]。時諸外家爲列侯[10]，列侯多尚公主[11]，皆不欲就國。以故，毀日至竇太后[12]。太后好黄老之言[13]，而魏其、武安、趙綰、王臧等務隆推儒術，貶道家言。是以竇太后滋不説魏其等[14]。及建元二年，御史大夫趙綰請無奏事東宫。竇太后大怒，乃罷逐趙

綰、王臧等,而免丞相、太尉,以柏至侯許昌爲丞相〔15〕,武
彊侯莊青翟爲御史大夫〔16〕。魏其、武安由此以侯家居。
武安侯雖不任職,以王太后故,親幸,數言事,多效,天下吏
士趨勢利者,皆去魏其歸武安。武安日益橫〔17〕。

〔1〕推轂,推車輪前進,這裏指推薦。趙綰,當時著名的儒者。御史大夫,官
名,在秦漢時爲副丞相。

〔2〕王臧,也是著名的儒者。郎中令,官名,九卿之一。上文的"諸郎""太中
大夫"就是郎中令的下屬。

〔3〕魯申公,姓申名培,魯國著名的大儒,以治《詩經》著稱,所謂《魯詩》即他
所傳,今已亡佚。趙綰、王臧都是他的學生,二人既貴,於是勸武帝迎魯
申公,武帝任他爲太中大夫。後來趙綰、王臧免官自殺,他也免官歸魯,
不久病死。

〔4〕明堂,歷來說法不一,這裏的明堂是用來朝諸侯的處所。趙綰、王臧要
附會古制,設明堂以朝諸侯,但自己又不能完成此事,所以把魯申公
迎來。

〔5〕就國,當時列侯多住在京城,並不在自己封地內,現在要使列侯各歸封
國,所以説"就國"。

〔6〕除關,除去關禁。當時列侯出入全要有證件,要受檢查。

〔7〕按照禮來制訂吉凶的服制。

〔8〕適,通"謫"。舉適,舉發譴責。

〔9〕這是説從宗譜中去其名。屬籍,指宗譜。

〔10〕外家,外戚。

〔11〕尚,上攀而爲婚配叫尚。

〔12〕毀,指對竇嬰等人的誹謗。日至,每天傳到。

〔13〕黃老,指黃帝、老子,二人被尊爲道家的鼻祖,於是就用"黃老"代表道家。

〔14〕滋,益,更加。説(yuè),悦的本字。

〔15〕柏至,漢地名,不詳所在。

〔16〕武彊,漢縣名,在今河北武强縣東北。

〔17〕横(hèng),放肆。

建元六年,竇太后崩,丞相昌、御史大夫青翟坐喪事不辦〔1〕,免。以武安侯蚡爲丞相,以大司農韓安國爲御史大夫〔2〕。天下士郡國諸侯愈益附武安。〔3〕

〔1〕喪事不辦,没有把喪事辦好。

〔2〕大司農,官名,九卿之一。掌管租税賦役。

〔3〕"國"是衍文,當據《漢書》删(依王念孫説,見《讀書雜誌》)。

武安者,貌侵〔1〕,生貴甚〔2〕。又以爲諸侯王多長〔3〕,上初即位,富於春秋〔4〕,蚡以肺腑爲京師相〔5〕,非痛折節以禮詘之〔6〕,天下不肅〔7〕。當是時,丞相入奏事,坐語移日〔8〕,所言皆聽。薦人或起家至二千石〔9〕,權移主上〔10〕。上乃曰:"君除吏已盡未〔11〕?吾亦欲除吏。"嘗請考工地益宅〔12〕,上怒曰:"君何不遂取武庫〔13〕!"是後乃退〔14〕。嘗召客飲,坐其兄蓋侯南鄉〔15〕,自坐東鄉〔16〕,以爲漢相尊,不可以兄故私橈〔17〕。武安由此滋驕,治宅甲諸第〔18〕。田園極膏腴,而市買郡縣器物相屬於道。前堂羅鐘鼓,立曲旃〔19〕;後房婦女以百數。諸侯奉金玉狗馬玩好,不可勝數。

〔1〕侵,通"寝",短小醜陋。

〔2〕生出來就很尊貴。

〔3〕多長,多爲年長之人。

〔4〕春秋,等於説歲月。富於春秋,即年紀尚輕的意思。年輕人未來的歲月還很多,所以稱富。

〔5〕肺腑,等於説心腹(依張守節説)。

〔6〕痛,等於説狠狠地。折節、屈節,意思是降低身份,這裏是使諸侯王對自己屈節的意思。詘,通"屈"。詘之,使他們屈服。

〔7〕肅,敬畏。

〔8〕移日,日影移動,表示時間很久。

〔9〕起家,起用於家,也就是由布衣起用。二千石,指禄秩爲二千石的官員。漢代二千石的官地位很高,包括太子太傅少傅、州牧郡太守等,禄秩僅次於九卿。

〔10〕大權從皇帝那裏移到自己手中。

〔11〕除吏,任命官吏。

〔12〕考工,官名,掌管製造器械之事。考工地,指考工官衙的地。

〔13〕武庫,收藏武器的庫房。

〔14〕退,指收斂,斂迹。

〔15〕其兄,王太后的哥哥、田蚡的同母異父兄王信。蓋,縣名,在今山東沂水縣西北。

〔16〕漢代室内的坐次以東向爲尊。

〔17〕橈(náo),屈,使相位的尊嚴受屈。

〔18〕甲,用如動詞,等於説居第一位。第,第宅,即大宅子。

〔19〕旃(zhān),純色帛做成的旌旛。曲旃,曲柄的旃。田蚡立曲旃在當時是僭越的(參用《史記集解》説)。

魏其失竇太后,益疏不用,無勢。諸客稍稍自引而怠傲〔1〕,唯灌將軍獨不失故〔2〕。魏其日默默不得志,而獨厚遇灌將軍。

〔1〕稍稍,漸漸。引,走開,指離開魏其。

〔2〕故,指故態。

灌將軍夫者,潁陰人也〔1〕。夫父張孟,嘗爲潁陰侯嬰舍人〔2〕,得幸,因進之至二千石。故蒙灌氏姓爲灌孟〔3〕。

〔1〕潁陰,漢縣名,在今河南許昌市。

〔2〕潁陰侯,姓灌名嬰,曾隨劉邦起兵,文帝時任丞相。

〔3〕蒙,冒。

吳楚反時,潁陰侯灌何爲將軍〔1〕,屬太尉〔2〕,請灌孟爲校尉〔3〕,夫以千人與父俱〔4〕。灌孟年老,潁陰侯彊請之〔5〕,鬱鬱不得意,故戰常陷堅〔6〕,遂死吳軍中。軍法:父子俱從軍,有死事,得與喪歸。灌夫不肯隨喪歸,奮曰:"願取吳王若將軍頭〔7〕,以報父之仇。"於是灌夫被甲持戟,募軍中壯士所善願從者數十人〔8〕。及出壁門〔9〕,莫敢前。獨二人及從奴十數騎馳入吳軍〔10〕。至吳將麾下〔11〕,所殺傷數十人。不得前,復馳還,走入漢壁,皆亡其奴〔12〕,獨與一騎歸。夫身中創十餘,適有萬金良藥,故得無死。夫創少瘳〔13〕,又復請將軍曰:"吾益知吳壁中曲折〔14〕,請復往。"將軍壯義之,恐亡夫,乃言太尉。太尉乃固止之。吳已破,灌夫以此名聞天下。潁陰侯言之上,上以夫爲中郎將〔15〕。數月,坐法去。後家居長安,長安中諸公莫弗稱之〔16〕。孝景時,至代相〔17〕。孝景崩,今上初即位,以爲淮陽天下交〔18〕,勁兵處〔19〕,故徙夫爲淮陽太守,建元元年,入爲太僕〔20〕。二年,夫與長樂衛尉竇甫飲〔21〕,輕重不得〔22〕。夫醉,搏甫——甫,竇太后昆弟也——上恐太后誅夫,徙爲燕相。數歲,坐法去官,家居長安。

〔1〕灌何,灌嬰之子,這時已承襲父爵。

〔2〕即周亞夫,當時亞夫任太尉。

〔3〕請,向太尉請求。校尉,武官名。

〔4〕俱,動詞,同行。

〔5〕這是説周亞夫嫌灌孟年老,不想用他爲校尉,經潁陰侯强請而後用之。
　　之,指灌孟。

〔6〕陷,指衝鋒陷陣。灌孟是想借此表示自己不老。

〔7〕若,或。

〔8〕所善願從者,與自己相好而願意随着自己去的人。

〔9〕壁,軍營。

〔10〕從奴,随從灌夫的家奴。

〔11〕麾,大將的旗幟。

〔12〕把家奴都喪失盡了。注意"皆"字的語法作用。

〔13〕少,稍。瘳(chōu),病愈。

〔14〕曲折,等於説底細。

〔15〕中郎將,皇帝的侍從武官,統率中郎,屬郎中令。

〔16〕諸公,指諸權貴。

〔17〕代相,代王之相。

〔18〕淮陽,漢郡名,即今河南淮陽縣。天下交,四面八方交會的地點。

〔19〕强大的軍隊所在的地點。

〔20〕太僕,官名,九卿之一,掌管皇帝車馬。

〔21〕衞尉,武官名,九卿之一,負責保衛宫禁。

〔22〕輕重不得,指禮數的輕重不得其平。

　　灌夫爲人剛直,使酒〔1〕,不好面諛。貴戚諸有勢在己之右〔2〕,不欲加禮,必陵之〔3〕;諸士在己之左,愈貧賤,尤益敬,與鈞〔4〕。稠人廣衆〔5〕,薦寵下輩〔6〕。士亦以此多之〔7〕。夫不喜文學〔8〕,好任俠〔9〕,已然諾〔10〕。諸所與交通〔11〕,無非豪桀大猾〔12〕。家累數千萬,食客日數十百人。陂池田園〔13〕。宗族賓客爲權利〔14〕,橫於潁川〔15〕。潁川兒乃歌之曰:"潁水清,灌氏寧;潁水濁,灌氏族〔16〕。"灌夫家居雖富,然失勢,卿相侍中賓客益衰〔17〕。及魏其侯失勢,亦欲倚灌夫引繩批根生平慕之後棄之者〔18〕。灌夫亦倚魏其而通列侯宗室爲名高〔19〕。兩人相爲引重,其游如父子然〔20〕。相得驩甚〔21〕,無厭,恨相知晚也。

〔1〕使酒,因酒而使氣,等於説發酒瘋。

〔2〕右,等於説上。(古人除乘車外,以右爲上位,以左爲下位。)

〔3〕陵,對人不禮貌。

〔4〕鈞,通"均"。與鈞,跟〔他們〕平等。

〔5〕稠,多。

〔6〕薦,等於説推重。寵,光榮,使動用法。

〔7〕多,用如動詞,意動用法,這裏有"推重""稱揚"等意思。

〔8〕文學,指文章經術。

〔9〕任,講信任。俠,好意氣,敢抱不平。

〔10〕已,動詞,等於説完成、兑現。然諾,諾言。

〔11〕交通,等於説交往。

〔12〕桀,通"傑"。猾(huá),姦詐,用如名詞。

〔13〕這是説有陂池田園。

〔14〕權,勢力。利,錢財。爲權利,指追逐權勢錢財。

〔15〕潁川,漢郡名,在今河南省中部和東南部一帶。灌夫的家鄉潁陰即屬潁川郡。

〔16〕族,滅族。"清""寧"押韻(耕部);"濁""族"押韻(屋部)。

〔17〕卿相侍中這類賓客日益減少。侍中,加官名。在原有官職上加"侍中"就可以出入宮禁,成爲皇帝的親近。能加"侍中"的,有列侯、將軍、卿大夫等。

〔18〕大意是也想倚靠灌夫來糾正那些生平仰慕他們而後來抛棄他們的人。

引繩和批根都是木工的事。引繩,使合於繩墨;批根(批削根株),以便造成木器(參用郭嵩燾説,見《史記札記》)。四字連用,等於一個及物動詞"糾正"的意思。

〔19〕通,等於説交往。

〔20〕游,交遊。

〔21〕相得,指情投意合。

　　灌夫有服[1],過丞相[2]。丞相從容曰[3]:"吾欲與仲孺過魏其侯[4],會仲孺有服。"灌夫曰:"將軍乃肯幸臨況魏其侯[5],夫安敢以服爲解[6]!請語魏其侯帳具[7],將軍旦日蚤臨[8]!"武安許諾。灌夫具語魏其侯如所謂武安侯[9]。魏其與其夫人益市牛酒[10],夜灑掃,早帳具至旦[11]。平明[12],令門下候伺[13]。至日中[14],丞相不來。魏其謂灌夫曰:"丞相豈忘之哉?"灌夫不懌[15],曰:"夫以服請,宜往。"乃駕,自往迎丞相。丞相特前戲許灌夫[16],殊無意往。及夫至門,丞相尚臥。於是夫入見,曰:"將軍昨日幸許過魏其,魏其夫妻治具[17],自旦至今,未敢嘗食。"武安鄂[18],謝曰:"吾昨日醉,忽忘與仲孺言[19]。"乃駕往,又徐行,灌夫愈益怒。及飲酒酣,夫起舞屬丞相[20],丞相不起,夫從坐上語侵之。魏其乃扶灌夫去[21],謝丞相。丞相卒飲至夜,極驩而去。

〔1〕服,喪服。

〔2〕過,過門拜訪。

〔3〕從容曰,等於説閒談着説。

〔4〕仲孺,灌夫的字。

〔5〕況,通"貺"(kuàng),賜,等於説賞光。

〔6〕解,解説,這裏是推託的意思。

〔7〕帳,用如動詞,設置帷帳。具,備辦酒宴。

〔8〕旦日,明日。

〔9〕大意是:灌夫把對武安侯説的話都告訴了魏其侯。具,副詞,完全。如所謂武安侯,如同他跟武安侯説的一樣。

〔10〕益市,多買。

〔11〕早,天快亮的時候。旦,太陽剛露出地面,即清晨。

〔12〕平明,天正明,即天大亮。

〔13〕候伺,窺探,探望。

〔14〕日中,中午。

〔15〕不懌(yì),不高興。

〔16〕特,衹不過。

〔17〕具,酒食。

〔18〕鄂,通"愕",驚訝。

〔19〕忽,忘。忽忘,同義詞連用。

〔20〕屬(zhǔ),等於説邀請。這是邀請對方代己起舞。

〔21〕扶,攙着,架着。

　　丞相嘗使籍福請魏其城南田〔1〕。魏其大望〔2〕,曰:"老僕雖棄〔3〕,將軍雖貴,寧可以勢奪乎!"不許。灌夫聞,怒罵籍福。籍福惡兩人有郤〔4〕,乃謾自好謝丞相〔5〕,曰:"魏其老且死,易忍,且待之〔6〕。"已而武安聞魏其、灌夫實怒不予田,亦怒曰:"魏其子嘗殺人,蚡活之。蚡事魏其,無所不可;何愛數頃田?且灌夫何與也〔7〕?吾不敢復求田!"武安由此大怨灌夫、魏其。

〔1〕請,這裏是求索的意思。

〔2〕望,怨。

〔3〕老僕，魏其自稱，謙詞。棄，被廢棄。

〔4〕惡（wù），等於説不願意看見。兩人，指魏其、武安。郤（xì），通“隙”，隙，
　　　釁隙、嫌隙。

〔5〕謾（mán），説謊。好謝丞相，替魏其説了一些好話委婉地謝絕了丞相的
　　　請求。

〔6〕魏其老了，將要死了，容易忍耐，你姑且等待着吧。這幾句話是籍福替魏
　　　其婉辭謝絕了以後説的。

〔7〕與（yù），參預。

　　元光四年春〔1〕，丞相言：“灌夫家在潁川，横甚，民苦
之。請案〔2〕！”上曰：“此丞相事，何請！”灌夫亦持丞相陰
事〔3〕：爲姦利〔4〕，受淮南王金與語言〔5〕。賓客居
間〔6〕，遂止，俱解〔7〕。夏，丞相取燕王女爲夫人，有太后
詔，召列侯宗室皆往賀。魏其侯過灌夫，欲與俱。夫謝曰：
“夫數以酒失得過丞相〔8〕，丞相今者又與夫有郤。”魏其
曰：“事已解。”強與俱。飲酒酣，武安起爲壽〔9〕，坐皆避
席伏〔10〕。已，魏其侯爲壽，獨故人避席耳，餘半膝席〔11〕。
灌夫不悦。起行酒〔12〕，至武安，武安膝席曰：“不能滿
觴。”夫怒，因嘻笑曰：“將軍貴人也！”屬之〔13〕。時武安不
肯。行酒次至臨汝侯〔14〕，臨汝侯方與程不識耳語〔15〕，又
不避席。夫無所發怒，乃罵臨汝侯曰：“生平毀程不識不直
一錢，今日長者爲壽，乃效女兒呫囁耳語〔16〕！”武安謂灌
夫曰：“程、李俱東西宫衛尉〔17〕，今衆辱程將軍〔18〕，仲孺
獨不爲李將軍地乎〔19〕！”灌夫曰：“今日斬頭陷胸〔20〕，何
知程李乎！”坐乃起更衣〔21〕，稍稍去。魏其侯去，麾灌夫
出〔22〕。武安遂怒，曰：“此吾驕灌夫罪〔23〕。”乃令騎留灌

夫。灌夫欲出不得。籍福起爲謝,案灌夫項令謝。夫愈
怒,不肯謝。武安乃麾騎縛夫,置傳舍[24],召長史曰[25]:
"今日召宗室,有詔。"劾灌夫罵坐不敬,繫居室[26]。遂案
其前事[27],遣吏分曹逐捕灌氏支屬[28],皆得棄市罪[29]。
魏其侯大媿[30],爲資使賓客請[31],莫能解。武安吏皆爲
耳目,諸灌氏皆亡匿,夫繫,遂不得告言武安陰事。

〔 1 〕元光,漢武帝的第二個年號。元光四年,當公元前 131 年。

〔 2 〕案,查辦。

〔 3 〕陰事,秘密事。

〔 4 〕作犯法的事來求利。姦,指犯法。

〔 5 〕大意是:受了淮南王的財物並且説了不該説的話。事詳後。淮南王,劉
　　　邦的庶孫劉安,數年後謀反,事洩自殺。著有《淮南子》。

〔 6 〕居間,指在當中調停。

〔 7 〕解,和解。

〔 8 〕得過丞相,得罪於丞相。

〔 9 〕爲壽,獻祝壽之辭。當時的習慣,在宴會上要相互敬酒祝壽。

〔10〕避席,離開席。避席伏,表示不敢當。

〔11〕餘半,餘下的一半人。膝,用如動詞。膝席,置膝於席上,就是長跪在
　　　席上。

〔12〕行酒,依次敬酒。

〔13〕屬,等於説請。

〔14〕次,按順序。臨汝侯,潁陰侯灌嬰的孫子灌賢。潁陰的封爵傳到灌嬰嫡
　　　孫灌彊時,因犯法而絶封。元光二年,武帝另封灌賢爲臨汝侯。臨汝,漢
　　　地名,即今河南臨汝縣臨汝鎮。

〔15〕程不識,漢武帝時名將,此時任長樂宮衛尉。

〔16〕女兒,等於説兒女。呫(chè)囁(niè),耳語的聲音,等於説唧唧咕咕。

〔17〕李,指李廣,也是當時名將,此時任未央宮衛尉。當時程、李齊名。

〔18〕衆,用作狀語,當衆。

〔19〕不爲李將軍地,等於説不給李將軍留餘地。

〔20〕陷胸,指矛戟穿胸。

〔21〕坐,座位,後來寫作"座"。這裏指座上的人。更衣,上廁所的代稱。

〔22〕麾,指揮,這裏當招請。

〔23〕驕,使動用法。

〔24〕傳(zhuàn)舍,驛站供應過往官員的房舍。這裏指田蚡家的客舍。

〔25〕長(zhǎng)史,官名,是諸史(掌文書的官吏)之長。漢代丞相、御史大
　　夫、大將軍下面都有長史。

〔26〕居室,少府下所屬的官署之一,後改名保宫。

〔27〕案,查辦。

〔28〕分曹,分班。

〔29〕棄市,死刑。古代處決罪犯,多在鬧市,所以説棄市,表示爲人所棄。

〔30〕媿,同"愧",慚愧。

〔31〕爲出資費(貨財),使賓客爲灌夫請罪(依如淳説)。

　　魏其鋭身爲救灌夫[1],夫人諫魏其曰:"灌將軍得罪
丞相,與太后家忤[2],寧可救邪?"魏其侯曰:"侯自我得
之,自我捐之[3],無所恨!且終不令灌仲孺獨死,嬰獨
生!"乃匿其家[4],竊出上書,立召入,具言灌夫醉飽事不
足誅。上然之,賜魏其食,曰:"東朝廷辯之[5]。"魏其之
東朝,盛推灌夫之善[6],言其醉飽得過,乃丞相以他事誣
罪之。武安又盛毀灌夫所爲橫恣,罪逆不道。魏其度不可
奈何,因言丞相短。武安曰:"天下幸而安樂無事,蚡得爲
肺腑,所好音樂狗馬田宅。蚡所愛倡優巧匠之屬[7],不如
魏其、灌夫日夜招聚天下豪桀壯士與論議,腹誹而心謗,不
仰視天而俯畫地[8],辟倪兩宮間[9],幸天下有變[10],而

欲有大功！臣乃不知魏其等所爲。"於是上問朝臣兩人孰是。御史大夫韓安國曰[11]："魏其言灌夫父死事，身荷戟，馳入不測之吳軍，身被數十創，名冠三軍。此天下壯士。非爲大惡，爭杯酒，不足引他過以誅也。魏其言是也。丞相亦言：灌夫通姦猾，侵細民，家累巨萬，横恣潁川，凌轢宗室[12]，侵犯骨肉[13]。此所謂'枝大於本，脛大於股，不折必披[14]'，丞相言亦是。唯明主裁之！"主爵都尉汲黯是魏其[15]；内史鄭當時是魏其[16]，後不敢堅對；餘皆莫敢對。上怒内史曰："公平生數言魏其、武安長短，今日廷論，局趣效轅下駒[17]，吾并斬若屬矣[18]！"即罷起，入，上食太后[19]。太后亦已使人候伺，具以告太后。太后怒，不食，曰："今我在也，而人皆籍吾弟[20]；令我百歲後[21]，皆魚肉之矣[22]。且帝寧爲石人邪[23]？此特帝在，即錄錄[24]；設百歲後，是屬寧有可信者乎[25]！"上謝曰："俱宗室外家，故廷辯之。不然，此一獄吏所決耳。"是時，郎中令石建爲上分别言兩人事。

〔1〕銳，等於説疾進。銳身，疾進其身，也就是挺身而出的意思。

〔2〕忤，逆，等於説作對。

〔3〕捐，抛棄。

〔4〕匿，躲。匿其家，瞞着家裏人。

〔5〕東朝，指太后。太后居長樂宫，在未央宫之東。

〔6〕盛推，極力推崇。

〔7〕倡，樂人。優，戲人。

〔8〕"不"字當是衍文（《漢書》無不字）。仰視天、俯畫地，極言其睥睨無禮的樣子（依周壽昌説）。

〔9〕辟倪(bìní)，同"睥睨"，邪視。這裏有窺伺的意思。兩宮,指王太后與
　　武帝。

〔10〕幸,希望。

〔11〕韓安國,字長孺,曾任梁王相及梁内史,後犯罪失官。時田蚡任太尉,安
　　國以賄賂田蚡,得任北地都尉,昇大司農。等到田蚡任丞相,安國任御史
　　大夫。

〔12〕凌轢(lì),等於説欺壓。

〔13〕骨肉,指宗室。

〔14〕披,裂。

〔15〕主爵都尉,官名,掌列侯。汲黯(jiàn),人名,性高傲,有氣節,敢直諫。
　　是,意動用法。

〔16〕内史,官名,掌治理京師。鄭當時,人名。

〔17〕局趣,即侷促。

〔18〕若屬,等於説你們這班人。

〔19〕上食,進食。

〔20〕藉,踐踏,即蹂躪的意思。

〔21〕令,假令。百歲後,指死。

〔22〕魚肉,意動用法。

〔23〕石人,比喻没有主見的人(參用周壽昌説)。

〔24〕特,副詞,衹。録録,指隨聲附和,没有主見。

〔25〕是屬,這班人。

　　武安已罷朝,出止車門〔1〕,召韓御史大夫載〔2〕,怒
曰:"與長孺共一老秃翁〔3〕,何爲首鼠兩端〔4〕!"韓御史
良久謂丞相曰:"君何不自喜〔5〕!夫魏其毁君,君當免冠
解印綬歸〔6〕,曰:'臣以肺腑幸得待罪〔7〕,固非其任,魏
其言皆是。'如此,上必多君有讓,不廢君;魏其必内愧,杜
門齰舌自殺〔8〕。今人毁君,君亦毁人,譬如賈豎女子爭

言〔9〕，何其無大體也！”武安謝罪曰：“爭時急，不知
出此。”

〔1〕止車門，宮禁的外門名。百官上朝時，到此必須下車，步行入宮。

〔2〕載，指同載，同車。

〔3〕共，指共同對付。禿翁，指竇嬰年老頭禿。

〔4〕首鼠，等於說躊躇。首鼠兩端，徘徊於兩端之間。

〔5〕自喜，等於說自愛（依張照說）。

〔6〕綬，古代官員繫在腰間的佩帶，上面可以繫印，綬帶的顏色不同，標誌官
　　位的高低不同。歸，歸隱。

〔7〕待罪，即做官，謙詞。

〔8〕杜，塞。齰（zé），咬。齰舌，指不說話。

〔9〕賈（gǔ）豎，商人。

　　於是上使御史簿責魏其〔1〕，所言灌夫頗不讎〔2〕，欺
謾，劾繫都司空〔3〕。孝景時，魏其常受遺詔〔4〕，曰：“事
有不便，以便宜論上〔5〕。”及繫灌夫，罪至族。事日急，諸
公莫敢復明言於上。魏其乃使昆弟子上書言之〔6〕，幸得
復召見。書奏上，而案尚書〔7〕，大行無遺詔〔8〕，詔書獨
藏魏其家，家丞封〔9〕。乃劾魏其矯先帝詔，罪當棄市。五
年十月，悉論灌夫及家屬〔10〕。魏其良久乃聞，聞即
恚〔11〕，病痱〔12〕，不食，欲死。或聞上無意殺魏其，魏其復
食，治病。議定不死矣。乃有蜚語〔13〕，爲惡言聞上，故以
十二月晦，論棄市渭城〔14〕。

〔1〕簿責魏其，這是說按簿籍上所記載的灌夫的罪狀追究魏其。

〔2〕魏其所說的灌夫的情況，和簿籍所記載的頗不合。讎，對，符合。

〔3〕都司空，宗正屬官，主逮治宗室及外戚犯法獲罪到髡刑以上者。

〔4〕常,通"嘗",曾經。

〔5〕這是説:用方便靈活的辦法來論事上奏,也就是可以不按照公事程序。

〔6〕昆弟子,即姪。

〔7〕案,查。尚書,官署名,掌章奏文書等。

〔8〕大行,皇帝剛死叫大行。大行是説不回來了(依韋昭説)。這裏指景帝。

〔9〕家丞,官名,太子及諸侯國都有此官,掌管太子或諸侯國的家事。這裏指竇嬰的家丞。封,指用印封藏起來。

〔10〕論,判罪,這裏指處決。

〔11〕恚(huì),怒。

〔12〕痱(féi),舊説是"風病""風腫"。

〔13〕蜚,通"飛"。蜚語,無根而至的誹謗之言,等於説流言。

〔14〕晦,一月的最後一天。渭城,即秦時的咸陽。漢制常於立春大赦,田蚡怕竇嬰遇赦,所以在十二月晦殺了他。

其春[1],武安侯病,專呼服謝罪。使巫視鬼者視之,見魏其、灌夫共守,欲殺之。竟死。子恬嗣。元朔三年[2],武安侯坐衣襜褕入宫[3],不敬[4]。

〔1〕元光五年的春天。漢武帝太初元年(公元前104年)以前,以十月爲歲首,每年先冬後春。

〔2〕元朔,漢武帝的第三個年號。元朔三年,公元前126年。

〔3〕武安侯,指田恬。襜褕(chānyú),短衣,不是正式朝服。

〔4〕梁玉繩説下缺"國除"二字,見《史記志疑》。(國除,侯國被廢除。)

淮南王安謀反覺[1],治。王前朝[2],武安侯爲太尉時,迎至霸上[3],謂王曰:"上未有太子,大王最賢,高祖孫,即宫車晏駕[4],非大王立,當誰哉?"淮南王大喜,厚遺金財物。上自魏其時,不直武安[5],特爲太后故耳[6]。及聞淮南王金事,上曰:"使武安侯在者,族矣!"

〔1〕覺,發覺。事在元狩元年(公元前122年)。

〔2〕前朝,前次朝見〔武帝〕。事在建元二年(公元前139年)。

〔3〕霸上,也寫作灞上,在灞水西,即白鹿原,在今陝西長安縣東。

〔4〕即,假如。宮車晏駕,指皇帝死了,委婉語。晏,晚,遲。皇帝本應早起駕
　　車臨朝,車駕晚出,一定有變故,所以用以代表"死"。

〔5〕以爲武安理曲。直,意動用法。

〔6〕這是説所以治竇嬰的罪,衹是因爲太后的緣故。

　　太史公曰:"魏其、武安皆以外戚重。灌夫用一時決筴
而名顯〔1〕。魏其之舉,以吳楚〔2〕;武安之貴,在日月之
際〔3〕。然魏其誠不知時變,灌夫無術而不遜。兩人相
翼〔4〕,乃成禍亂。武安負貴而好權,杯酒責望,陷彼兩賢。
嗚呼哀哉! 遷怒及人〔5〕,命亦不延〔6〕。衆庶不載〔7〕,
竟被惡言〔8〕。嗚呼哀哉! 禍所從來矣!"

〔1〕用,因。一時決筴,指馳入吳軍求報父仇的事。

〔2〕魏其的顯貴是因爲平定吳楚之亂。

〔3〕日月之際,指武帝初即位和王太后當權的機會。

〔4〕翼,輔翼,輔助。

〔5〕遷怒,把對某人的忿怒移到別人身上。這是指田蚡把對灌夫的忿怒移到
　　竇嬰身上。

〔6〕延,長。

〔7〕衆庶,百姓。載,同"戴",尊奉,等於説擁戴。

〔8〕被,受。惡言,指不好的議論。

漢　書

　　《漢書》是繼《史記》之後的一部有名的歷史著作。作者班固

（公元 32—92 年），字孟堅，東漢扶風安陵（在今陝西咸陽東）人，是有名的歷史家。

公元 58 年，班固開始在家私纂《漢書》，後來被明帝知道了，以私自改作國史罪，將他逮捕入獄。他弟弟班超上書，説明他著述《漢書》的意圖，明帝纔釋放了他。因贊賞他的才能，任他爲蘭臺令史（典校圖籍、治理文書的官），並命他繼續編纂《漢書》。歷時二十多年，基本上完成了這部著作（未完部分是八表和天文志，他死後由他妹妹班昭和馬續先後續補而成）。

公元 89 年，班固隨大將軍竇憲出征匈奴，任中護軍。大敗匈奴後，登燕然山，班固作銘，刻石記功。公元 92 年，竇憲謀反事敗，班固連坐免官。後又爲仇家洛陽令种（chóng）兢所讒，被捕入獄，死在獄裏，時年六十一歲。

班固寫《漢書》，凡漢武帝以前的史實，基本上根據《史記》，祇稍微作了些補充及文字上的變動。武帝以後的，則是在他父親班彪所寫的《後傳》六十五篇的基礎上，經過採集史料，蒐輯異聞，重新加工整理而成的。全書共一百篇，包括十二帝紀、八表、十志、七十列傳。記事起自漢高祖元年（公元前 206 年），止於王莽地皇四年（公元 23 年），是我國的第一部斷代史。

班固的《漢書》是從正統觀念出發來敍述並評價歷史人物的，但是作者能够尊重客觀歷史事實，一般地做到了實録，這就客觀地反映出當時的社會現實，從而暴露了社會的矛盾以及統治階級的腐朽和罪惡。有些篇反映人民的疾苦，對人民表示一定的同情，這也是值得肯定的。

《漢書》語言凝煉，結構緊嚴，對人物的描繪也很細膩，所以過去一些文人往往把《漢書》和《史記》並稱。《漢書》對後代的史學起了一定的示範作用,對於傳記文學也有一定的影響。

　　歷來爲《漢書》作注的人很多;早在東漢末年,服虔、應劭就給《漢書》作過音義。目前通行的《漢書》,有唐顏師古的注本和清王先謙的《漢書補注》。

藝文志·諸子略[1]

　　儒家者流[2],蓋出於司徒之官[3],助人君順陰陽、明教化者也[4]。游文於六經之中[5],留意於仁義之際。祖述堯舜[6],憲章文武[7],宗師仲尼[8],以重其言[9],於道最爲高。孔子曰:"如有所譽,其有所試[10]。"唐虞之隆,殷周之盛,仲尼之業,已試之效者也。然惑者既失精微[11],而辟者又隨時抑揚[12],違離道本[13],苟以譁衆取寵[14]。後進循之,是以五經乖析[15],儒學寖衰[16]。此辟儒之患。

〔1〕藝文,指書籍。略,概要。《藝文志》是根據西漢劉歆的《七略》寫成的。其中的《諸子略》是根據劉歆《輯略》中有關諸子部分及其《諸子略》寫成的。這裏祇採其論述部分而刪去其書目。從本文中可以看出,班固是站在儒家正統派的立場來評論諸子學派的。

〔2〕流,流派。

〔3〕司徒,官名,秦以前掌管對人民進行教化的事。

〔4〕陰陽,指儒家所説的陰陽之道,即天地人事自然之道。

〔5〕游文,等於説習文。六經,詩、書、禮、樂、易、春秋。這句大意是鑽研六經的文字。

〔6〕祖述,奉行其道。

〔7〕憲章,法制。這裏用如動詞,是守其法制的意思。

〔8〕尊敬仲尼,並以他爲師。宗,尊敬。

〔9〕大意是説:這樣做是爲了增加自己的學説的重要性。

〔10〕見《論語·衞靈公》,原文作:"如有所譽者,其有所試矣。"大意是:如果我對人有所稱譽,那是因爲我試用過他。

〔11〕精微,指儒家學説的精妙細微之處。

〔12〕辟(pì),僻。辟者,邪僻不正的人。抑,壓抑。揚,抬高。

〔13〕道本,指儒道的本旨。

〔14〕苟,苟且,隨隨便便。譁,喧嘩。寵,尊榮。譁衆取寵,使衆人轟動,以取得尊榮。

〔15〕乖(guāi),背戾,相反,這裏指違反五經的本義。析,分離,這裏指弄得經義支離破碎。

〔16〕寖,通"浸",漸。

道家者流,蓋出於史官〔1〕。歷記成敗、存亡、禍福、古今之道,然後知秉要執本。清虛以自守〔2〕,卑弱以自持〔3〕,此君人南面之術也〔4〕。合於堯之克攘〔5〕,《易》之嗛嗛〔6〕,一謙而四益〔7〕。此其所長也。及放者爲之〔8〕,則欲絶去禮學,兼弃仁義〔9〕;曰:獨任清虛,可以爲治。

〔1〕史官,記事之官。

〔2〕道家主張清虛自守,鼓吹"清靜爲天下正","致虛極","見素抱樸,少私寡欲"(俱見《老子》)。

〔3〕道家提倡柔道,認爲弱能勝强,柔能勝剛。《老子》七十六章:"强大處下,柔弱處上。"又七十八章:"天下莫柔弱於水,而攻堅强者莫之能勝。"

〔4〕君,用如動詞。君人,做老百姓的君主。

〔5〕克,能。攘,通"讓"。《尚書·堯典》稱堯之德爲"允恭克讓"(真正恭而能讓)。

〔6〕嗛,通"謙"。《周易·謙》:"謙謙君子。"這是説謙而又謙,極言其謙退。

〔7〕益,增益。四益,《周易·謙》:"天道虧盈而益謙,地道變盈而流謙,鬼神

害盈而福謙,人道惡盈而好謙。"(變盈流謙,依舊說是丘陵川谷之屬,高者漸下,下者漸高。)按:這跟道家所提倡的柔道是一致的,所以班固用來說明道家。

〔8〕放,放任,指無爲。

〔9〕弃,同"棄"。道家主張純任自然,反對仁義禮法;鼓吹無知識,反對學問。老子有以下這些話:"絶聖棄智,民利百倍;絶仁棄義,民復孝慈。""法令滋彰,盜賊多有。""絶學無憂。"莊子在這方面有更多的發揮。

陰陽家者流〔1〕,蓋出於羲和之官〔2〕。敬順昊天〔3〕,歷象日月星辰〔4〕,敬授民時〔5〕。此其所長也。及拘者爲之〔6〕,則牽於禁忌〔7〕,泥於小數〔8〕,舍人事而任鬼神〔9〕。

〔1〕陰陽家,研究陰陽律曆的一個學派。

〔2〕羲和,羲氏、和氏,相傳爲上古世掌天地四時的官。《尚書・堯典》:"乃命羲和,欽若昊天,歷象日月星辰,敬授民時。"(欽,敬。若,順。)

〔3〕昊(hào)天,就是天。昊,大。

〔4〕歷,通"曆",紀載曆法的書。象,觀測天文的儀器。"歷""象"在這裏用如動詞,指推曆觀象。

〔5〕敬,慎。時,天時,包括年、月、日、晦、朔、弦、望、四季、節氣等。

〔6〕拘,固執不通。

〔7〕牽,牽制。禁忌,有關吉凶的忌諱。後來陰陽家更講擇日占星等迷信的事,禁忌很多。

〔8〕泥(nì),拘泥,拘執。數,術。小數,有關禁忌的小術。

〔9〕任,聽憑。

法家者流,蓋出於理官〔1〕。信賞必罰〔2〕,以輔禮制。《易》曰:"先王以明罰飭法〔3〕。"此其所長也。及刻者爲之〔4〕,則無教化,去仁愛,專任刑法,而欲以致治;至於殘害至親,傷恩薄厚〔5〕。

〔1〕理官,審理獄訟的官,即法官。

〔2〕信,誠。必,果。兩個詞都用如動詞。

〔3〕飭,整頓。這句話見於《周易·噬嗑(shìhé)卦》,但"飭"作"勑"。

〔4〕刻,刻薄,仁厚的反面。

〔5〕薄厚,使仁厚變爲刻薄。

　　名家者流〔1〕,蓋出於禮官〔2〕。古者名位不同,禮亦異數〔3〕。孔子曰〔4〕:"必也,正名乎?名不正則言不順,言不順則事不成。"此其所長也。及警者爲之〔5〕,則苟鉤鈲析亂而已〔6〕。

〔1〕名家,戰國時代的一個學派。這個學派企圖用比較嚴密的推理方式來辯論問題,但是也有詭辯的傾向。

〔2〕禮官,古代掌禮儀的官。

〔3〕數,這裏指差等。

〔4〕見《論語·子路》。參看第一冊第194頁。

〔5〕警(jiào),挑剔,找岔子。

〔6〕鉤,取。鈲(pī),破。鉤鈲,鉤取出詭怪的道理而破壞名實。析亂,分析得支離破碎而淆亂名實。

　　墨家者流,蓋出於清廟之守〔1〕。茅屋采椽〔2〕,是以貴儉;養三老五更〔3〕,是以兼愛;選士大射〔4〕,是以上賢〔5〕;宗祀嚴父〔6〕,是以右鬼〔7〕;順四時而行,是以非命〔8〕;以孝視天下〔9〕,是以上同〔10〕。此其所長也。及蔽者爲之〔11〕,見儉之利,因以非禮;推兼愛之意,而不知別親疏。

〔1〕清廟,宗廟,宗廟肅然清靜,所以稱爲清廟。守字是官字之誤(依余嘉錫說)。

〔２〕采，木名，即櫟(lì)木。

〔３〕三老五更，古代天子以父兄之禮養三老、五更各一人。更當作叟(依錢大昕説，見《潛研堂文集》卷十一)。

〔４〕選士，相傳周代有選士的制度。《禮記・王制》："命鄉論秀士，昇之司徒，曰選士。"大射，古射禮之一。據説諸侯將有祭祀之事，與羣臣射，屢中者得參與祭祀，否則不得參與。

〔５〕上，通"尚"。墨子主張選擇賢者居上位，就是天子也不應世襲而應由萬民選擇。

〔６〕宗祀，廟祭。

〔７〕右，等於説尊尚。墨家信鬼神，尊尚鬼神。

〔８〕非命，反對天命之説。

〔９〕視，通"示"。

〔10〕上同，指與在上者取得一致，然後天下太平。墨子主張上同於鄉長、國君、天子，最後上同於天。

〔11〕蔽，見解不全面。

　　從橫家者流〔１〕，蓋出於行人之官〔２〕。孔子曰〔３〕："誦詩三百，使於四方，不能專對〔４〕，雖多，亦奚以爲!"又曰："使乎! 使乎〔５〕!"言其當權事制宜〔６〕，受命而不受辭〔７〕。此其所長也。及邪人爲之，則上詐諼而棄其信〔８〕。

〔１〕從橫家，指策辯之士。本來春秋時代的使臣就很講究辭令。戰國時代，蘇秦、張儀合從連橫，以雄辯的語言遊説諸侯。從此策辯之士自成一家，叫做縱橫家。從(zòng)，後來寫作"縱"。

〔２〕行人，《周禮》有大行人、小行人，掌朝覲聘問之事，類似後世的外交官。

〔３〕見《論語・子路》。原文於"誦詩三百"後，尚有"授之以政，不達"。

〔４〕春秋時代，使者出使四方，有會同之事，常引用《詩經》的詩句以見意，所以做外交官要熟讀《詩經》。專對，獨自應對。

〔5〕《論語・憲問》:"蘧伯玉使人於孔子,孔子與之坐而問焉。曰:'夫子何爲?'對曰:'夫子欲寡其過而未能也。'使者出,子曰:'使乎! 使乎!'"

"使乎! 使乎!"是孔子贊美使者的話。

〔6〕權事制宜,權衡事實做合適的對策。

〔7〕大意是:祇從國君那裏接受出使的命令而不接受應對的話。《公羊傳・莊公十九年》:"聘禮,大夫受命不受辭。"

〔8〕上,通"尚"。諼(xuān),詐。

　　雜家者流〔1〕,蓋出於議官〔2〕。兼儒墨,合名法,知國體之有此〔3〕,見王治之無不貫〔4〕。此其所長也。及盪者爲之〔5〕,則漫羨而無所歸心〔6〕。

〔1〕雜家,不主一説而糅合諸家之説的一個學派,其學説以《吕氏春秋》《淮南子》所表現的思想爲代表。

〔2〕議官,諫議之官。

〔3〕國體,治國之法。此,指儒、墨、名、法諸家的學説。

〔4〕王治,王者的政治。無不貫,對各家學説無不貫通。

〔5〕盪者,學識浮泛的人。盪,通"蕩"。

〔6〕漫羨(yǎn),即漫衍,指牽涉面很廣而抓不住要點。無所歸心,等於説使人心没有歸宿。

　　農家者流,蓋出於農稷之官〔1〕。播百穀,勸耕桑,以足衣食。故八政一曰食,二曰貨〔2〕。孔子曰:"所重民食〔3〕。"此其所長也。及鄙者爲之〔4〕,以爲無所事聖王,欲使君臣並耕〔5〕,誖上下之序〔6〕。

〔1〕農稷之官,周的始祖棄在堯時做稷官,號曰"后稷"。

〔2〕八政,《尚書・洪範》:"農用八政(農,厚)……一曰食(教民勤於農耕),二曰貨(教民寶用貨物),三曰祀(教民敬鬼神),四曰司空(主使民安居),五曰司徒(主教民以禮義),六曰司寇(主治姦盜),七曰賓(教民以

禮待賓客),八曰師(建立軍隊)。"食列在第一項,表明八政以食爲先。

〔3〕見《論語・堯曰》。意思是:治理國家,所重的是人民和吃的東西。本文
　　引用這句話,重點祗在食上。

〔4〕鄙者,鄙野的人,實指主張親自參加農業勞動的人。儒家認爲參加農業
　　勞動是鄙事,含有輕視之意。

〔5〕竝,同"並"。《孟子・滕文公上》中的許行就是一位農家,主張君臣竝耕
　　而食。

〔6〕誖(bèi),擾亂。

　　小説家者流〔1〕,蓋出於稗官〔2〕。街談巷語、道聽塗
説者之所造也。孔子曰〔3〕:"雖小道〔4〕,必有可觀者焉。
致遠恐泥〔5〕,是以君子弗爲也。"然亦弗滅也。閭里小知
者之所及〔6〕,亦使綴而不忘〔7〕,如或一言可采,此亦芻
蕘狂夫之議也〔8〕。

〔1〕小説,我國上古所説的"小説"和現代所説的"小説",涵義不同。在上
　　古,凡記載下來的街談巷語,都叫做小説。

〔2〕稗(bài)官,負責記述閭巷風俗的官。

〔3〕見《論語・子張》,但現在的《論語》作"子夏曰"。又,"弗爲"作"不爲"。

〔4〕小道,小的道理。按《論語》原意當解作"小技藝"。《漢書》引用時,祗當
　　小道理講,用來説明小説家。

〔5〕這是説:小道用在遠大的事業上就窒礙不通了。泥(nì),阻滯。

〔6〕里巷裏知識淺薄的人所看到的道理。

〔7〕綴,聯綴,這裏指聯綴辭句記録下來。

〔8〕芻蕘,割草打柴。這裏泛指一般平民。

　　凡諸子百八十九家,四千三百二十四篇。

　　諸子十家,其可觀者九家而已〔1〕,皆起於王道既微,
諸侯力政〔2〕,時君世主,好惡殊方。是以九家之説,蠭出

竝作〔３〕,各引一端,崇其所善,以此馳説,取合諸侯。其言雖殊,辟猶水火〔４〕,相滅亦相生也;仁之與義,敬之與和,相反而相成也。《易》曰〔５〕:"天下同歸而殊塗,一致而百慮〔６〕。"今異家者,各推所長,窮知究慮〔７〕,以明其指〔８〕,雖有蔽短〔９〕,合其要歸〔10〕,亦六經之支與流裔〔11〕。使其人遭明王聖主,得其所折中〔12〕,皆股肱之材已〔13〕。仲尼有言:"禮失而求諸野〔14〕。"方今去聖久遠,道術缺廢,無所更索,彼九家者不猶瘉於野乎〔15〕?若能修六藝之術〔16〕,而觀此九家之言,舍短取長,則可以通萬方之略矣〔17〕。

〔１〕九家,指除小説家以外的九家。

〔２〕政,通"征"。力政,以武力相征伐。

〔３〕蠭,同"蜂"。蠭出,像羣蜂紛飛似地出現了。

〔４〕辟(pì),比喻,後來寫作"譬"。

〔５〕見《周易·繫辭下》。

〔６〕同一個目的地,可以有不同的途徑;同一個目標,可以有不同的考慮。

〔７〕大意是用盡心思。窮、究,都是盡。

〔８〕指,通"旨",宗旨。

〔９〕蔽,蔽塞,對某方面的道理蔽塞不通。

〔10〕要,主要的道理。歸,歸宿,目的。

〔11〕支,分支。流裔(yì),末流。

〔12〕折中,調節過與不及,使合乎中道。

〔13〕股,大腿。肱(gōng),上胳膊。人體靠股肱來活動,用以比喻輔佐之臣。

〔14〕野,指民間。

〔15〕瘉,通"愈",勝。

〔16〕六藝,這裏指六經。

〔17〕就可以通曉天下一切道術了。萬方，指天下。略，道術。

霍　光　傳〔1〕

　　霍光，字子孟，票騎將軍去病弟也〔2〕。父中孺，河東平陽人也〔3〕，以縣吏給事平陽侯家〔4〕，與侍者衛少兒私通而生去病。中孺吏畢歸家〔5〕，娶婦生光，因絕不相聞〔6〕。久之，少兒女弟子夫得幸於武帝〔7〕，立爲皇后，去病以皇后姊子貴幸。既壯大，迺自知父爲霍中孺，未及求問。會爲票騎將軍，擊匈奴，道出河東。河東太守郊迎，負弩矢先驅。至平陽傳舍，遣吏迎霍中孺。中孺趨入拜謁，將軍迎拜，因跪曰：“去病不早自知爲大人遺體也〔8〕。”中孺扶服叩頭〔9〕，曰：“老臣得託命將軍，此天力也。”去病大爲中孺買田宅奴婢而去。還，復過焉〔10〕，迺將光西至長安〔11〕。時年十餘歲。任光爲郎〔12〕，稍遷諸曹侍中〔13〕。去病死，後光爲奉車都尉、光禄大夫〔14〕，出則奉車，入侍左右。出入禁闥二十餘年〔15〕，小心謹慎，未嘗有過，甚見親信。

〔1〕《漢書》霍光和金日磾（mìdī）同傳，這裏選的是《霍光傳》的一部分（約刪去三分之一）。這篇傳記主要寫霍光受漢武帝託孤後，經過複雜尖銳的鬥爭，完成了輔昭帝、廢昌邑王、立宣帝這三件大事，通過這三件事就把霍光的一生很形象地刻畫出來。霍光的“沈靜詳審”的性格，是貫穿全文的一條綫索，廢昌邑王的奏文中，表現出他詳盡地掌握了昌邑王放縱自恣的實情，更突出了他這一特點。作者大力稱譽霍光對漢王朝的忠誠，但也指出霍氏黨親連體、盤踞朝廷，伏下了霍氏覆滅之機。文中有些地方寫得十分細緻生動，有聲有色，使人物躍然紙上。

〔2〕票騎將軍,官名,位次丞相,主征伐。去病,姓霍,漢武帝時爲票姚校尉,曾六次出擊匈奴,立了很多戰功,拜票騎將軍,封冠軍侯。後人稱爲"霍票姚"。票騎,後來寫作"驃騎"。票姚,後來寫作"嫖姚"。

〔3〕中,通"仲"。河東,郡名,今山西境内黄河以東之地。平陽,縣名,故城在今山西臨汾縣西北。

〔4〕以縣吏,憑着縣吏的身份。給事,供事,等於説供使唤,平陽侯,曹參的後人。

〔5〕吏畢,在平陽侯家給事完畢。

〔6〕絶,斷絶關係。

〔7〕女弟,即妹。子夫,少兒女弟的名字。幸,寵愛。

〔8〕遺體,留下來的身體,這是説子女的身體是父母留下來的。

〔9〕扶服,同"匍匐"。

〔10〕過,等於説探望。

〔11〕將,帶着。

〔12〕任,保舉。漢制:吏二千石以上視事滿三年,得保舉弟或子一人爲郎。

〔13〕稍,逐漸。遷,昇官。諸曹,即左右曹。諸曹、侍中都是加官名。

〔14〕奉車都尉,官名,掌皇帝所乘的車駕。皇帝出行時,要隨車駕侍奉。光禄大夫,漢武帝太初元年,郎中令改爲光禄勳,郎中令屬下的中大夫改爲光禄大夫,掌顧問應對。這是説霍光做了奉車都尉兼光禄大夫。

〔15〕闥(tà),門。禁闥,皇宫中的門。皇帝所居之處,門禁森嚴,所以叫禁闥。

  征和二年〔1〕,衞太子爲江充所敗〔2〕,而燕王旦、廣陵王胥皆多過失〔3〕。是時,上年老,寵姬鉤弋趙倢伃有男〔4〕,上心欲以爲嗣,命大臣輔之。察羣臣,唯光任大重〔5〕,可屬社稷〔6〕。上迺使黄門畫者畫周公負成王朝諸侯以賜光〔7〕。

  後元二年春〔8〕,上游五柞宫〔9〕,病篤。光涕泣問曰："如有不諱〔10〕,誰當嗣者?"上曰："君未諭前畫意邪〔11〕! 立少子,君行周公之事。"光頓首讓曰："臣不如金日磾〔12〕。"日磾亦曰："臣外國人,不如光。"上以光爲大司馬大將軍〔13〕,日磾爲車騎將軍,及太僕上官桀爲左將軍〔14〕,搜粟都尉桑弘羊爲御史大夫〔15〕。皆拜臥內牀下〔16〕,受遺詔輔少主。明日,武帝崩,太子襲尊號〔17〕,是爲孝昭皇帝。帝年八歲,政事壹決於光〔18〕。

〔1〕征和二年,武帝即位的第五十年,當公元前91年。

〔2〕衛太子,名據,衛皇后所生,所以稱衛太子;謚戾,所以又稱戾太子。江充,字次倩(qiàn),邯鄲人。武帝拜他爲直指繡衣使者(直接受皇帝調度的司法官吏),因事和太子不和。征和二年,武帝病,充見武帝年老,恐武帝死後自己爲太子所殺,因而想陷害太子,奏稱武帝的病是由於巫蠱。(巫用呪詛之術爲蠱來害人。蠱音 gǔ,毒害人的東西。)於是武帝派江充爲使者,查辦巫蠱。江充在太子宮裏掘蠱,誣稱掘得桐木人。太子很害怕,把江充殺了。丞相劉屈氂(lí)領兵攻太子,太子兵敗,逃到湖縣〔在今河南舊閿(wén)鄉縣東〕。後來被地方官發覺,自縊而死。敗,敗壞。

〔3〕燕王旦,武帝第三子。衛太子死,武帝次子齊王閎(hóng)又早死,旦自以爲按次第當立爲太子,於是上書請求到京在宮禁中值宿護衞。這實際是一種表面的措辭。武帝很生氣,把他的使者下到獄裏。後又因隱藏亡命徒而犯法,武帝對他更加憎惡。本文所説"多過失",當指此。廣陵王胥,武帝第四子,行爲放蕩,不守法度,所以也説他"多過失"。

〔4〕鉤弋(yì)趙倢伃(jiéyú),昭帝(名弗陵)的母親。鉤弋,宮名。倢伃,同"婕妤",女官名,位同上卿,爵比列侯。趙倢伃住鉤弋宮,所以稱"鉤弋趙倢伃"。

〔5〕任,擔當得了。大,指大事。重,指重要的任務。

〔6〕屬社稷,拿社稷委託他。

〔7〕黄門，官署名，有黄門侍郎等官，專門在宮内服務，侍奉皇帝。畫者，
　　畫工。

〔8〕後元，漢武帝的最後一個年號。後元二年，當公元前 87 年。

〔9〕五柞（zuò）宫，漢時的離宫（行宫），在今陝西周至縣東南。

〔10〕不諱，不可避諱的事，指死。

〔11〕諭，同"喻"，明白，了解。

〔12〕金日磾，字翁叔，原是匈奴休屠王的太子。武帝元狩（公元前122—公元
　　前117 年）年間，昆邪王殺休屠王降漢，日磾和他母親、弟弟都被收入漢
　　廷，在黄門養馬。後被武帝重用。莽何羅謀殺武帝，日磾擒殺何羅，因功
　　封秺（dù）侯，又拜爲車騎將軍。

〔13〕大司馬，是冠於將軍之上的加銜，有了這個加銜，就可以輔朝政。

〔14〕上官桀，字少叔，隴西上邽（今甘肅天水縣。邽音 guī）人。左將軍，官名，
　　位次上卿，主征伐。

〔15〕搜粟都尉，官名，負責催索軍糧。桑弘羊，洛陽人。

〔16〕臥内，臥室。

〔17〕襲尊號，承襲皇帝這個尊號。

〔18〕壹，一切。

　　先是，後元年〔1〕，侍中僕射莽何羅與弟重合侯通謀爲
逆〔2〕。時光與金日磾、上官桀等共誅之〔3〕，功未録〔4〕。
武帝病，封璽書曰〔5〕："帝崩，發書以從事〔6〕。"遺詔封金
日磾爲秺侯〔7〕，上官桀爲安陽侯〔8〕，光爲博陸侯〔9〕，皆
以前捕反者功封。時衛尉王莽子男忽侍中〔10〕，揚語
曰〔11〕："帝病，忽常在左右，安得遺詔封三子事？羣兒自
相貴耳。"光聞之，切讓王莽〔12〕。莽酖殺忽〔13〕。

〔1〕先是，在這以前。後元年，等於説後元元年，當公元前 88 年。

〔2〕侍中僕射（yè），官名，是領導侍中的。莽何羅，本姓馬，"馬"和"莽"音

近。馬何羅是東漢明帝皇后的先人，馬后憎惡她的先人謀反，因而將何羅改姓莽。重合，縣名，故城在今山東樂陵縣西，馬通封在這裏。

〔3〕共誅之，實際是霍光和上官桀捕斬馬通，金日磾擒殺莽何羅（見《漢書》的《昭帝紀》和《金日磾傳》）。這裏説光等三人共誅之，是籠統的説法。

〔4〕功未録，功績沒有登記，等於説沒有計功行賞。

〔5〕璽(xǐ)，印，自秦以後專指皇帝的印。璽書，封口處蓋有皇帝印記的詔書。

〔6〕發，打開。從事，這裏指依照璽書的指示辦事。

〔7〕稏(dù)，縣名，故城在今山東成武縣西北。

〔8〕安陽，縣名，故城在今河南正陽縣西南。

〔9〕博陸，在今北京市密雲縣東南。霍光的封號雖是博陸，他的采邑卻是北海、河間、東郡(都是郡名)。

〔10〕衞尉，官名，九卿之一，掌管宮門衞屯兵，負責保衞宮城。王莽，字稚叔，天水人，與西漢末年的王莽不是一個人。

〔11〕揚語，把話宣揚出去。

〔12〕切，深切地。讓(rǎng)，責問。

〔13〕酖(zhèn)，用鴆鳥的羽毛泡成的毒酒。

　　光爲人沈靜詳審〔1〕；長財七尺三寸〔2〕，白皙〔3〕，疏眉目〔4〕，美須髯〔5〕。每出入，下殿門，止進有常處〔6〕。郎、僕射竊識視之〔7〕，不失尺寸。其資性端正如此〔8〕。初輔幼主，政自己出，天下想聞其風采〔9〕。

　　殿中嘗有怪，一夜羣臣相驚，光召尚符璽郎〔10〕。郎不肯授光，光欲奪之。郎按劍曰：“臣頭可得，璽不可得也！”光甚誼之〔11〕。明日，詔增此郎秩二等〔12〕。衆庶莫不多光〔13〕。

〔1〕沈靜，穩重。詳審，審慎。

〔2〕財,通“纔”。

〔3〕晳(xī),膚色白。

〔4〕疏,等於説疏朗。疏眉目,眉毛疏淡,眼睛明亮。

〔5〕須,鬚,嘴下邊的鬍子。古書中“鬚”本作“須”,“鬚”是後起字。顤
　　　(rán),同“髯”,兩頰上的鬍子。

〔6〕止,停步。進,行進。常處,一定的地點。

〔7〕識(zhì),記住。

〔8〕資性,天性。

〔9〕想,想望,希冀。聞,等於説知道。風采,風度文采。

〔10〕尚符璽郎,官名,屬符節令,掌管皇帝的印璽符節。王先謙説,這句下應
　　　據《資治通鑑》補“欲收取璽”四字,纔與下文連貫。

〔11〕誼,通“義”,意動用法。

〔12〕秩,官吏的禄位。

〔13〕衆庶,老百姓。

　　光與左將軍桀結婚相親[1],光長女爲桀子安妻,有
女,年與帝相配[2]。桀因帝姊鄂邑蓋主,内安女後宮爲倢
伃[3]。數月,立爲皇后。父安爲票騎將軍,封桑樂侯。光
時休沐出[4],桀輒入代光決事。桀父子既尊盛,而德長公
主[5]。公主内行不修[6],近幸河間丁外人[7]。桀、安
欲爲外人求封,幸依國家故事以列侯尚公主者[8],光不
許。又爲外人求光禄大夫,欲令得召見,又不許。長主大
以是怨光。而桀、安數爲外人求官爵弗能得,亦慙。自先
帝時,桀已爲九卿,位在光右[9]。及父子並爲將軍,有椒
房中宮之重[10],皇后親安女[11],光迺其外祖,而顧專制
朝事,繇是與光爭權[12]。燕王旦自以昭帝兄[13],常懷怨

望。及御史大夫桑弘羊建造酒榷鹽鐵[14]，爲國興利，伐其功，欲爲子弟得官，亦怨恨光。於是蓋主、上官桀、安及弘羊皆與燕王旦通謀，詐令人爲燕王上書言："光出，都肄郎、羽林[15]，道上稱趯[16]，太官先置[17]。"又引[18]："蘇武前使匈奴，拘留二十年不降，還迺爲典屬國[19]，而大將軍長史敞亡功爲搜粟都尉[20]，又擅調益莫府校尉[21]。光專權自恣，疑有非常[22]。臣旦願歸符璽，入宿衞，察姦臣變[23]。"候司光出沐日奏之[24]。桀欲從中下其事[25]，桑弘羊當與諸大臣共執退光[26]。書奏，帝不肯下。

〔1〕結婚，結爲兒女親家。婦之父母與夫之父母相稱爲婚姻。

〔2〕相配，等於説相當。據《昭帝紀》，這時昭帝十二歲。又據《外戚傳》，這時上官皇后纔六歲。

〔3〕因，依靠。鄂邑蓋主，武帝長女，封爲鄂邑長公主（鄂邑，今湖北鄂城縣）；因她嫁給蓋侯，所以又稱蓋主。昭帝是她撫養長大的。内(nà)，送進去，後來寫作"納"。

〔4〕時，按時。休沐，指休假沐浴的日子。漢制，中朝官（大司馬、左右前後將軍、侍中、左右曹、諸吏、散騎、中常侍）每五天可回私宅休沐一次。

〔5〕德，用如動詞，感恩。

〔6〕内行，等於説私生活。不修，等於説不檢點。

〔7〕近幸，親近而寵倖。丁外人，姓丁，名外人。這話是説公主與丁外人私通。

〔8〕幸，希望。故事，舊例。列侯，參看本册第714頁《魏其武安侯列傳》注〔31〕。這話的大意是：希望按照國家以列侯的身份娶公主爲妻的舊例，封丁外人爲列侯，但丁並不是長公主的丈夫，所以霍光不答應。

〔9〕九卿，漢時爲奉常（太常）、郎中令（光禄勳）、衞尉、太僕、廷尉、典客（大鴻臚）、宗正（宗伯）、治粟内史（大司農）、少府。按：武帝後元二年以前，

上官桀已爲太僕,霍光則是奉車都尉、光禄大夫,位在九卿之下。

〔10〕椒房,皇后所居之處。椒是香料,用椒和泥塗牆,取其温暖芳香。中宫,指皇后的宫。這裏椒房、中宫都指皇后。

〔11〕親安女,等於説安的親生女。

〔12〕繇,通"由"。

〔13〕燕王旦自以爲是昭帝之兄,理應爲帝。

〔14〕榷(què),專利。酒榷鹽鐵,指酒業和鹽鐵專營、專賣。

〔15〕都,總。肄,習。郎,指郎官。羽林,指羽林軍(漢代保衛宫禁的軍隊)。這是説把郎和羽林軍集合起來操練演習。

〔16〕蹕(bì),同"蹕"。古代帝王出行時,禁止行人往來,叫做蹕。稱蹕,傳令戒嚴。

〔17〕太官,掌管皇帝飲食的官,屬少府。先置,指先去備辦飲食。按:"稱蹕"和"太官先置"都不是人臣應有的事,所以把這作爲霍光的罪狀。

〔18〕又引,等於説又云。

〔19〕典屬國,官名,掌管來歸附的各外族屬國。

〔20〕大將軍,指霍光。敞,指楊敞。亡,通"無"。

〔21〕擅(shàn),專,這裏有獨斷專行的意思。調(diào),選。益,增加。莫府,即幕府,軍隊出征,要住在帳幕裏,所以將軍府也叫幕府。校尉,武官名。

〔22〕非常,這裏指篡位的事。

〔23〕歸,歸還。宿衛,值宿護衛。變,指造反。

〔24〕司,通"伺"。

〔25〕下其事,把這件事下交給有關的官吏去處理。

〔26〕當,擔當。執,持,這裏有脅迫之意。退,使退職。

　　明旦,光聞之,止畫室中不入[1]。上問:"大將軍安在?"左將軍桀對曰:"以燕王告其罪,故不敢入。"有詔召大將軍。光入,免冠頓首謝。上曰:"將軍冠!朕知是書詐也。將軍亡罪。"光曰:"陛下何以知之?"上曰:"將軍之廣明都郎,屬耳[2]。調校尉以來,未能十日,燕王何以得知之?且將軍爲非,不須校尉。"是時帝年十四,尚書左右皆驚。而上書者果亡,捕之甚急。桀等懼,白上:"小事不足遂[3]。"上不聽。後桀黨與有譖光者[4],上輒怒曰:"大將軍忠臣,先帝所屬以輔朕身。敢有毀者,坐之[5]。"自是桀等不敢復言,迺謀令長公主置酒請光,伏兵格殺之[6],因廢帝,迎立燕王爲天子。事發覺,光盡誅桀、安、弘羊、外人宗族,燕王、蓋主皆自殺。光威震海内。

　　昭帝既冠,遂委任光[7],訖十三年[8]。百姓充實,四夷賓服[9]。

〔1〕畫室,指殿前西閣之室,西閣畫古帝王像,所以稱畫室。

〔2〕廣明,亭驛名,在長安城東東都門外。都郎,指上文"都肄郎、羽林"一事。
　　屬,近,指近時,就是説時間很近。

〔3〕遂,竟,指追究到底。

〔4〕黨與,同黨的人。譖(zèn),誣陷。

〔5〕坐,犯罪。坐之,這裏是説要叫他因陷害人而獲罪。

〔6〕格,擊。

〔7〕遂,竟,指直到最後。

〔8〕訖(qì),終。昭帝在位共十三年,國政都由霍光主持,所以説"訖十三年"。

〔9〕賓,服。賓服,就是服的意思。

　　元平元年[1],昭帝崩,亡嗣。武帝六男[2],獨有廣陵王胥在。羣臣議所立,咸持廣陵王[3]。王本以行失道[4],先帝所不用。光内不自安。郎有上書,言:"周太王廢太伯,立王季[5];文王舍伯邑考[6],立武王。唯在所宜[7]。雖廢長立少[8]，可也。廣陵王不可以承宗廟[9]。"言合光意。光以其書視丞相敞等[10]，擢郎爲九江太守[11]。即日承皇太后詔[12]，遣行大鴻臚事少府樂成、宗正德、光禄大夫吉、中郎將利漢迎昌邑王賀[13]。賀者，武帝孫，昌邑哀王子也。

〔1〕元平，昭帝年號。元平元年，當公元前74年。

〔2〕武帝六男，長子戾太子據，次子齊懷王閎，三子燕剌王旦，四子廣陵王胥，五子昌邑哀王髆(bó)，六子昭帝弗陵。

〔3〕持廣陵王，意思是採取立廣陵王的議論主張。

〔4〕行失道，行爲失去正道，即行爲不正。

〔5〕參看第一冊第17頁注〔3〕。

〔6〕伯邑考，周文王的長子。

〔7〕所宜，適宜的人，指適宜做皇帝的人。

〔8〕長，指年齡大或輩分高。少，指年齡小或輩分低。

〔9〕承宗廟，指繼承帝位。

〔10〕視，通"示"。敞，指楊敞，這時是丞相。

〔11〕擢(zhuó)，提拔。郎，指上書的那個郎。九江，郡名，包括今江西全省及江蘇、安徽的長江北岸一帶地。郡治在壽春，即今安徽壽春縣。

〔12〕皇太后，指昭帝的上官皇后，霍光的外孫女。

〔13〕大鴻臚，官名，掌管朝賀慶弔的贊禮司儀。少府，官名，掌管山海池澤的稅收。樂成，姓史，他的官職是少府，暫時兼代大鴻臚的職務，所以説"行大鴻臚事"。行，是兼攝的意思。宗正，官名，掌管皇族親屬的事務。德，劉德。吉，丙吉。利漢，人名，不知其姓。昌邑，故城在今山東金鄉縣西北四十里。

　　既至，即位。行淫亂，光憂懣，獨以問所親故吏大司農田延年[1]。延年曰："將軍爲國柱石，審此人不可[2]，何不建白太后[3]，更選賢而立之?"光曰:"今欲如是,於古嘗有此否?"延年曰:"伊尹相殷,廢太甲以安宗廟[4],後世稱其忠。將軍若能行此,亦漢之伊尹也。"光迺引延年給事中[5],陰與車騎將軍張安世圖計[6]。遂召丞相、御史、將軍、列侯、中二千石、大夫、博士會議未央宮[7]。

　　光曰:"昌邑王行昏亂,恐危社稷,如何?"羣臣皆驚鄂失色[8],莫敢發言,但唯唯而已[9]。田延年前,離席,按劍曰:"先帝屬將軍以幼孤,寄將軍以天下,以將軍忠賢,能安劉氏也。今羣下鼎沸[10],社稷將傾。且漢之傳諡常爲孝者[11],以長有天下,令宗廟血食也[12]。如令漢家絕祀[13],將軍雖死,何面目見先帝於地下乎? 今日之議,不得旋踵[14]。羣臣後應者,臣請劍斬之。"

　　光謝曰[15]:"九卿責光是也[16]。天下匈匈不安[17],光當受難[18]。"於是議者皆叩頭曰:"萬姓之命,在於將軍。唯大將軍令[19]。"

〔1〕故吏,舊日的僚屬。田延年,字子賓,曾供職於霍光幕府,很受到霍光的器重。

〔2〕審,深知。

〔3〕建,建議。白,指上奏。

〔4〕伊尹,商湯的賢相。太甲,湯的嫡長孫。太甲即位三年,縱欲妄爲,伊尹把他流放到桐宮(湯之陵寢所在地)。過了三年,太甲改過自新,伊尹又把他接回,讓他執政。

〔5〕引,援引,這裏有提拔薦舉的意思。給(jǐ)事中,加官名,因供職於宮中,所以叫給事中。掌顧問應對。

〔6〕陰,暗中。車騎將軍,官名,位次上卿。張安世,字子孺,昭帝時封富

平侯。

〔7〕中二千石，漢制，官吏按所得俸禄的多寡，分爲若干等級。中二千石月俸百八十斛穀。九卿及御史大夫、執金吾都是中二千石，這裏的中二千石即指這些官。大夫，官名，掌論議，屬光禄勳。博士，官名，掌通曉古今事物，國有疑事，備問對，屬太常。未央宮，漢宮名。

〔8〕鄂(è)，通“愕”，驚訝。

〔9〕唯唯，象聲詞，答應的聲音。

〔10〕羣下，指臣民。鼎沸，像鼎中的開水那樣沸騰着，比喻人心不安。

〔11〕謚常爲孝，漢代自惠帝起，每個皇帝的謚號都加一個“孝”字，如武帝的全稱是“孝武皇帝”。

〔12〕血食，參看本册第712頁《淮陰侯列傳》注〔4〕。

〔13〕絕祀，斷絕祭祀，等於説亡國。

〔14〕旋踵，轉動腳跟向後退。不得旋踵，等於説不得躊躇。

〔15〕謝，謝罪。

〔16〕九卿，這裏指田延年，因田延年是大司農，爲九卿之一。

〔17〕匈匈，同“洶洶”，紛擾不安的樣子。

〔18〕受難，受責難。

〔19〕等於説“唯大將軍之令是從”。

　　光即與羣臣俱見白太后〔1〕，具陳昌邑王不可以承宗廟狀〔2〕。皇太后迺車駕幸未央承明殿〔3〕，詔諸禁門，毋内昌邑羣臣〔4〕。王入朝太后還，乘輦欲歸溫室〔5〕。中黃門宦者各持門扇〔6〕，王入，門閉。昌邑羣臣不得入。王曰：“何爲？”大將軍跪曰：“有皇太后詔，毋内昌邑羣臣。”王曰：“徐之〔7〕，何迺驚人如是！”

　　光使盡驅出昌邑羣臣，置金馬門外〔8〕。車騎將軍安世將羽林騎收縛二百餘人，皆送廷尉、詔獄〔9〕。令故昭帝侍中、中臣侍守王[10]。光敕左右[11]：“謹宿衛！卒有物故自裁[12]，令我負天下，有殺主名。”王尚未自知當廢，謂左右：“我故羣臣從官安得罪，而大將軍盡繫之乎？”頃之，有太后詔召王。王聞召，意恐，迺曰：“我安得罪而召我哉？”

〔1〕見白太后，謁見太后並向太后稟白。

〔2〕具陳，詳盡地陳述。

〔3〕幸，太后到哪裏去也叫做幸。承明殿，在未央宮中，是皇帝召見儒生學士的地方。

〔4〕内(nà)，放進來，後來寫作“納”。昌邑羣臣，昌邑王原有的羣臣。

〔5〕温室，即温室殿，在未央宮中，是冬日取暖的地方。

〔6〕中黄門宦者，住在宮禁裏在黄門内服役的宦官。黄門，因宮門是黄的，所以叫黄門。持，把持着。

〔7〕徐之，等於説慢一點。

〔8〕金馬門，未央宮前有銅馬，所以未央宮門叫金馬門。

〔9〕廷尉，官名，掌刑法。詔獄，監獄的一種，專門拘禁皇帝特旨交審的罪犯。這種罪犯，漢代都由司空負責審判。一般罪犯則由廷尉審判。

〔10〕中臣侍，當作中常侍（依朱一新、王先謙説，見《漢書補注》），加官名。

〔11〕敕(chì)，告誡。

〔12〕卒，倉卒。物故，等於説死亡。自裁，自殺。

太后被珠襦[1]，盛服坐武帳中[2]。侍御數百人[3]，皆持兵；期門武士陛戟陳列殿下[4]。羣臣以次上殿，召昌邑王伏前聽詔。光與羣臣連名奏王。尚書令讀奏曰[5]：“丞相臣敞、大司馬大將軍臣光、車騎將軍臣安世、度遼將軍臣明友[6]、前將軍臣增[7]、後將軍臣充國[8]、御史大夫臣誼[9]、宜春侯臣譚[10]、當塗侯臣聖[11]、隨桃侯臣昌樂[12]、杜侯臣屠耆堂[13]、太僕臣延年[14]、太常臣昌〔15〕、大司農臣延年〔16〕、宗正臣德〔17〕、少府臣樂成〔18〕、廷尉臣光〔19〕、執金吾臣延壽〔20〕、大鴻臚臣賢〔21〕、左馮翊臣廣明〔22〕、右扶風臣德〔23〕、長信少府臣嘉〔24〕、典屬國臣武〔25〕、京輔都尉臣廣漢〔26〕、司隸校尉臣辟兵〔27〕、諸吏文學光禄大夫臣遷、臣畸、臣吉、臣賜、臣管、臣勝、臣梁、臣長幸、臣夏侯勝〔28〕、太中大夫臣德、臣卬〔29〕，昧死言皇太后陛下〔30〕：臣敞等頓首死罪。天子所以永保宗廟、總壹海内者〔31〕，以慈孝禮誼賞罰爲本。孝昭皇帝早棄天下，亡嗣。臣敞等議，禮曰：‘爲人後者，爲之子也。’〔32〕昌邑王宜嗣後。遣宗正、大鴻臚、光禄大夫奉節〔33〕，使徵昌邑王。典喪〔34〕，服斬縗〔35〕，亡悲哀之心，廢禮誼。居道上〔36〕，不素食。使從官略女子〔37〕，載衣車〔38〕，内所居傳舍。始至，謁見〔39〕，立爲皇太子，常私買雞豚以食。受皇帝信璽、行璽大行前〔40〕，就次發璽不封〔41〕。從官更持節引内昌邑從官、騶宰、官奴二百餘人〔42〕，常與居禁闥内敖戲〔43〕。自之符璽〔44〕，取節十六〔45〕。朝暮臨〔46〕，令從官更持節從〔47〕。爲書曰〔48〕：‘皇帝問侍中君卿〔49〕。使中御府令高昌奉黄金千斤賜君卿取十妻〔50〕。’大行在前殿，發樂府樂器〔51〕，引内昌邑樂人，擊鼓歌吹作俳倡〔52〕。會下還〔53〕，上前殿，擊鐘磬。召内泰壹、宗廟樂人〔54〕，輦道牟首〔55〕，鼓吹歌舞，悉奏衆樂。發長安廚三太牢具祠閣室中〔56〕。祀已，與從官飲啗〔57〕。駕法駕皮軒鸞旗〔58〕，驅馳北宫、桂宫〔59〕，弄彘鬭虎。召皇太后御小馬車[60]，使官奴騎乘，遊戲掖庭中[61]。與孝昭皇帝宮人蒙等淫亂[62]，詔掖庭令敢泄言[63]，要斬[64]。”

　　太后曰：“止！爲人臣子，當悖亂如是邪！”王離席伏。

〔1〕珠襦，用珍珠穿成的短上衣。

〔2〕武帳，帷帳中設置五兵（矛、戟、鉞、楯、弓矢），所以叫武帳。

〔3〕侍御，守衛在左右的侍從。

〔4〕期門，官名，掌執兵器隨從皇帝，屬光禄勳。陛，宫殿的臺階，名詞作狀語。戟，用如動詞，拿着戟。陛戟，在殿階下拿着戟來護衛。

〔5〕尚書令，官名，掌管文書，屬少府。

〔6〕明友，姓范，霍光的女壻，因擊氐及烏桓有功，拜度遼將軍，後封平陵侯。

〔7〕前將軍，官名，位上卿，主征伐。增，姓韓，襲父封爲龍頷（è）侯，昭帝時拜前將軍。

〔8〕充國，姓趙，武帝時破匈奴有功。宣帝時因功封營平侯。

〔9〕誼，姓蔡，誼又作“義”。因通經爲霍光幕府中人物，後來代替楊敞爲丞相，封陽平侯。

〔10〕譚，姓王，襲父封爲宜春侯。

〔11〕聖，姓魏，襲父封爲當塗侯。

〔12〕昌樂，姓趙，故蒼梧王趙光的兒子，光降漢，封隨桃侯，昌樂襲父封。

〔13〕屠耆（zhǐ）堂，本胡人，他祖父復陸支降漢，從霍去病有軍功，封杜侯。

〔14〕延年，姓杜，昭帝時因揭發上官桀的逆謀，封建平侯。

〔15〕太常，掌宗廟禮儀。昌，姓蘇，封蒲侯。

〔16〕延年，即田延年。

〔17〕德，即劉德。

〔18〕樂成，即史樂成。

〔19〕光，姓李。

〔20〕執金吾，官名，負責京師的治安。“吾”是大棒的名稱，棒是銅的，所以叫

"金吾"。巡邏時,手拿金吾,因而把"執金吾"作爲官名(參用崔豹及俞樾説)。延壽,姓李。

〔21〕賢,姓韋,通《詩》《禮》《尚書》,曾教昭帝讀《詩》。後來代蔡誼爲丞相。

〔22〕左馮翊,官名,與京兆尹、右扶風分治京畿地區,叫做三輔。廣明,姓田。

〔23〕右扶風,官名。德,姓周。

〔24〕長信少府,官名,掌皇太后宫。太后居長信宫,所以叫長信少府。嘉,不知其姓。

〔25〕武,即蘇武。

〔26〕京輔都尉,官名,屬中尉。廣漢,姓趙,昭帝時著名的能吏。

〔27〕司隸校尉,官名,掌巡察京師及近郊,察舉百官以下及京師近郊犯法者。辟兵,不知其姓。

〔28〕諸吏文學光禄大夫,概括下文九人的官職,或爲諸吏,或爲文學(學習經術的儒生),或爲光禄大夫。遷,姓王。畸,姓宋。吉,即丙吉。賜、管、勝、梁、長幸,都不知其姓。夏侯勝,字長公,以治《尚書》著名,和他從兄的兒子建,並稱爲大小夏侯。

〔29〕德,不知其姓。卬(áng),趙充國的兒子。

〔30〕昧死,冒着死罪。

〔31〕總壹,統一。

〔32〕禮,指《儀禮》,但今本《儀禮》無所引二句,今本《禮記》亦無,祇見於《公羊傳·成公十五年》。爲人後者,指出繼於人,做人家的後嗣的人。

〔33〕奉節,指拿着太后所給的旄節(表示奉太后之命)。

〔34〕典,主。典喪,主持喪事,這裏是説作爲喪主。

〔35〕斬縗(cuī),用最粗的生麻布做的孝衣,衣的下邊不用綫縫,是喪服中最重的。

〔36〕居道上,指在來京師的道上。

〔37〕從官,侍從的官吏。略,通"掠"。

〔38〕衣車,後面有帷幔遮蔽,前面有門可開可閉的車(依孫詒讓説,見《周禮正義·春官·巾車》)。

〔39〕始至,指剛到京師。謁見,指謁見太后。

〔40〕信璽、行璽,漢初,皇帝有三璽,天子之璽,皇帝自己佩帶着,信璽、行璽,
　　存放在符節臺(掌管符節印璽的官署)。大行前,指昭帝的靈柩前。

〔41〕次,指所居之位。發璽,打開封匣取出璽來。這話是説昌邑王這種行爲
　　是極不嚴肅的。

〔42〕更(gēng),輪流更替。引,招引。騶宰,管馬廄的人。官奴,被没收在官
　　府中的奴隸。

〔43〕敖戲,遊戲。

〔44〕之,動詞。符璽,指藏符璽的官署。

〔45〕節,符節。

〔46〕臨(lìn),哭,用於哭奠死者。這裏指昌邑王到昭帝的靈柩前去哭。

〔47〕這句是説昌邑王對符節也很不嚴肅。

〔48〕爲書,寫了封信。

〔49〕問,問候。君卿,人名,是昌邑王的侍中。

〔50〕御府令,官名,掌管皇家衣服珍寶財物,屬少府。宦官做這個官,加"中"
　　字,稱爲中御府令。高昌,人名。

〔51〕樂府,掌管音樂的官署,開始設立於漢武帝時,負責採集歌謡,製定樂譜,
　　訓練樂工。

〔52〕作俳(pái)倡,作俳倡之戲,等於説演戲。

〔53〕下,指昭帝的靈柩下葬。

〔54〕泰壹,即太一,神名。這句是説把祭祀泰壹神和祭祀宗廟時奏樂的樂工
　　召納到後宫。

〔55〕輦道,帝王車駕所行之路。牟首,池名,在上林苑中。這句是説從輦道到
　　牟首。

〔56〕長安廚,官署名。太牢,牛羊豕三牲。具,饌,這裏指祭品。祠,祭祀。閣
　　室,閣道(宫苑中架木以通車的道)旁的屋子。這句的大意是:把長安廚
　　的三份太牢的祭品取出在閣室裏祭祀。

〔57〕啗(dàn),同"啖",吃。

〔58〕法駕，皇帝所乘之車的一種。皮軒，用虎皮作屏障的車。鸞旗，用羽毛編起來列繫橦（旗竿）旁的一種旗子。皮軒、鸞旗都是先行的儀仗。按：法駕祇有在祭天和郊祀社稷時纔能用。

〔59〕北宮、桂宮，都是漢代的宮名，都在長安城中未央宮北。

〔60〕召，招來，這裏作取來解。皇太后御小馬車，皇太后所用的小馬車。這種車是皇太后在宮中乘着遊玩的。小馬，又名果下馬，高三尺。

〔61〕掖庭，宮殿中的旁舍，這裏作宮庭解。

〔62〕蒙，宮人的名字。

〔63〕掖庭令，宮庭内管宮女的官。

〔64〕要（yāo），腰，後來寫作“腰”。

　　尚書令復讀曰：“取諸侯王、列侯、二千石綬及墨綬、黄綬以并佩昌邑郎官者免奴〔1〕。變易節上黄旄以赤〔2〕。發御府金錢、刀、劍、玉器、采繒〔3〕，賞賜所與遊戲者。與從官、官奴夜飲，湛沔於酒〔4〕。詔太官上乘輿食如故〔5〕。食監奏〔6〕：‘未釋服〔7〕，未可御故食〔8〕。’復詔太官趣具〔9〕，無關食監〔10〕。太官不敢具，即使從官出買雞豚，詔殿門内以爲常〔11〕。獨夜設九賓温室〔12〕，延見姊夫昌邑關内侯〔13〕。祖宗廟祠未舉〔14〕，爲璽書，使使者持節，以三太牢祠昌邑哀王園廟，稱嗣子皇帝〔15〕。受璽以來二十七日，使者旁午〔16〕，持節詔諸官署徵發凡千一百二十七事〔17〕。文學光禄大夫夏侯勝等及侍中傅嘉數進諫以過失，使人簿責勝，縛嘉繫獄。荒淫迷惑，失帝王禮誼，亂漢制度。臣敞等數進諫，不變更，日以益甚。恐危社稷，天下不安。臣敞等謹與博士臣霸、臣雋舍、臣德、臣虞舍、臣射、臣倉議〔18〕，皆曰：高皇帝建功業〔19〕，爲漢太祖〔20〕；孝文皇帝慈仁節儉,爲太宗[21]。今陛下嗣孝昭皇帝後,行淫辟不軌[22]。《詩》云[23]:'籍曰未知,亦既抱子[24]。'五辟之屬,莫大不孝[25]。周襄王不能事母[26],《春秋》曰:'天王出居於鄭[27]。' 繇不孝出之,絕之於天下也[28]。宗廟重於君。陛下未見命高廟[29],不可以承天序,奉祖宗廟,子萬姓[30],當廢。臣請有司御史大夫臣誼、宗正臣德、太常臣昌[31],與太祝以一太牢具[32],告祠高廟。臣敞等昧死以聞。"

　　皇太后詔曰:"可!"

〔1〕諸侯王,漢制,皇子封爲王,其實是諸侯,總名之爲諸侯王。諸侯王金印螯(lì,緑色)綬,列侯金印紫綬,二千石銀印青綬,秩比六百石以上銅印墨綬(墨綬即黑綬),比二百石以上銅印黃綬。者,衍文(依王先謙説)。免奴,被赦免爲良人的奴隸。這句是説昌邑王拿諸侯王等的印綬給自己的郎官和免奴們佩帶。

〔2〕旄,節上用旄牛尾作的裝飾。這句是説把黃旄改變爲赤旄。

〔3〕御府,宮中藏財物的府庫。采繒(zēng),有文彩的絲織物。

〔4〕湛(chén)沔,同"沈湎",沈溺,特指沈溺於酒。

〔5〕上,等於説進獻。乘輿,皇帝的代稱。如故,像過去那樣。

〔6〕食監,監管皇帝膳食的人。

〔7〕未釋服,未脱孝服,指居喪未滿。

〔8〕御,皇帝進用叫御。故食,指平日吃的食物。

〔9〕趣,通"促",急速。

〔10〕關,指通過,經過。

〔11〕殿門,指看守殿門的人。内(nà),使入,後來寫作"納"。

〔12〕設九賓温室,在温室殿中設九賓之禮。九賓,由儐者(司儀)九人以次傳呼接引上殿。祇有接待貴賓纔用這種儀式。

〔13〕昌邑關内侯,劉賀做昌邑王時所封的關内侯,這不如皇帝所封的侯爵級別高。

〔14〕舉,舉行。按制度,新君即位,須在已葬故君三十六日之後,纔祭祀祖先的宗廟,昌邑王即位僅二十多天,所以還没舉行祭祀宗廟的儀式。

〔15〕昌邑哀王園廟,指昌邑哀王的陵廟。以上是説:昌邑王還没祭祀祖先的宗廟,先祭自己的父親,是違禮的;既然做了昭帝的嗣子,再對昌邑王稱"嗣子皇帝",也是違禮的。

〔16〕旁午,一縱一横爲旁午,表示錯雜。這是説:使者紛紛四出。

〔17〕徵發,指徵發物資。事,量詞,件。

〔18〕霸、德、舒、倉,這四人的姓都不詳。雋(juàn)舍、虞舍,這兩人同名,所以都標出姓來。

〔19〕高皇帝,指漢高祖劉邦。

〔20〕太祖,等於説始祖。"太祖"是廟號,高皇帝的"高"是謚號。

〔21〕太宗,文帝的廟號,"文"是謚號。

〔22〕不軌,不合法度。

〔23〕詩,這裏指《大雅·抑》。

〔24〕籍,通"藉",今本《詩經》作"借"。籍曰,假使説。未知,没有知識。亦既抱子,也已經抱着孩子了。這是説已經年紀不小了。

〔25〕五辟,即五刑。屬,類。《孝經·五刑章》:"五刑之屬三千,而罪莫大於不孝。"

〔26〕周襄王,名鄭,惠王子。襄王生母早死,後母惠后生叔帶,惠王很愛叔帶。襄王十六年,叔帶與狄人伐周,襄王逃到鄭國。後來晉文公殺了叔帶,襄王纔恢復王位。

〔27〕這句話見於僖公二十四年《春秋經》。《公羊傳》認爲"王者無外"。爲什麼説他"出"呢,就因爲他跟母親不相得的緣故。這是説《春秋》用"出"字是貶辭,批評襄王不孝。

〔28〕出之,等於説用"出"字來貶他。這話的意思是:由於他不孝,《春秋》纔用"出"字來貶他,這就是在天下人面前棄絕他。

〔29〕未見命高廟,等於説未曾受命於高廟。這樣説是因昌邑王即位後還没祭祀高廟。

〔30〕天序,等於説天命。子萬姓,以百姓爲子民。

〔31〕有司,負責官員。誼,蔡誼。德,劉德。昌,蘇昌。

〔32〕太祝,官名,掌祭祀宗廟,屬太常。

　　光令王起拜受詔。王曰:"聞天子有爭臣七人〔1〕,雖無道,不失天下。"光曰:"皇太后詔廢,安得天子!"乃即持其手,解脱其璽組〔2〕,奉上太后。扶王下殿,出金馬門,羣臣隨送。

　　王西面拜曰:"愚戇不任漢事〔3〕。"起就乘輿副車〔4〕。大將軍光送至昌邑邸〔5〕。光謝曰:"王行自絶於天。臣等駑怯〔6〕,不能殺身報德。臣寧負王,不敢負社稷。願王自愛,臣長不復見左右〔7〕。"光涕泣而去。

　　羣臣奏言:"古者廢放之人,屏於遠方〔8〕,不及以政〔9〕。請徙王賀漢中房陵縣〔10〕。"太后詔歸賀昌邑,賜湯沐邑二千户〔11〕。昌邑羣臣坐無輔導之誼,陷王於惡,光悉誅殺二百餘人。出死〔12〕,號呼市中,曰:"當斷不斷,反受其亂〔13〕!"

〔1〕爭(zhèng),通"諍"。爭臣,諫諍之臣。《孝經・諫諍章》:"昔者天子有爭臣七人,雖無道,不失其天下。"昌邑王的話本此。

〔2〕即,走近。璽組,即璽綬。

〔3〕戇(zhuàng),愚。不任,擔任不了。

〔4〕乘輿副車,皇帝的副車。因昌邑王已被廢,祇能乘副車。

〔5〕邸(dǐ),諸侯王到京師朝見皇帝時所住的房舍。昌邑邸,昌邑王在京師的邸舍。

〔6〕駑,馬劣,這裏指無能。

〔7〕長,永遠。左右,這裏指昌邑王左右伺候的人。這是委婉的話。大意是
　　説,我永遠不再和您見面了。

〔8〕屏(bǐng),棄。

〔9〕不及以政,等於説不得參與政事。

〔10〕房陵縣,今湖北房縣。

〔11〕湯沐邑,古代帝王賜給諸侯來朝時齋戒自潔的地方。戰國以後國君賜給
　　大臣的封邑也叫湯沐邑。

〔12〕出死,出獄到刑場被處死刑。

〔13〕斷,決斷。亂,等於説禍。這話大約是諺語,用在這裏,是表示悔不早殺
　　霍光等。"斷"與"亂"押韻(元部)。

　　光坐庭中〔1〕,會丞相以下議定所立。廣陵王已前不
用〔2〕;及燕刺王反誅,其子不在議中。近親唯有衛太子
孫,號皇曾孫〔3〕,在民間,咸稱述焉。光遂復與丞相敞等
上奏曰:"《禮》曰〔4〕:'人道親親,故尊祖;尊祖,故敬
宗〔5〕。'太宗亡嗣〔6〕,擇支子孫賢者爲嗣。孝武皇帝曾
孫病已,武帝時有詔掖庭養視〔7〕,至今年十八,師受《詩》
《論語》《孝經》〔8〕。躬行節儉,慈仁愛人。可以嗣孝昭皇
帝後,奉承祖宗廟,子萬姓。臣昧死以聞。"

　　皇太后詔曰:"可!"

〔1〕庭,指掖庭。

〔2〕已前不用,已經在先前選立皇帝時不被用。

〔3〕皇曾孫,病已(即宣帝,後改名詢)是武帝的曾孫,所以稱皇曾孫。

〔4〕禮,指《禮記·大傳》。原文是:"是故人道親親也。親親故尊祖,尊祖故
　　敬宗。"

〔5〕親親,愛自己的父母。祖,指遠祖。宗,指由遠祖傳下來的較近的上輩

親屬。

〔6〕太宗,當爲大宗(依王念孫説,見《讀書雜誌》)。貴族之家,父親死後,嫡長子繼嗣,代代相傳,所謂"百世不遷之宗"。帝王則以皇帝之世代相傳爲大宗。昭帝無子,所以説"大宗無嗣"。

〔7〕巫蠱事起,衛太子一支的人,除病已外,全被殺害。後來武帝後悔了,於是命令掖庭令撫養病已。

〔8〕師受,從師傅受。

　　光遣宗正劉德至曾孫家尚冠里〔1〕,洗沐,賜御衣〔2〕。太僕以軨獵車迎曾孫〔3〕,就齋宗正府〔4〕。入未央宮見皇太后,封爲陽武侯〔5〕。已而〔6〕,光奉上皇帝璽綬,謁於高廟。是爲孝宣皇帝。

　　明年,下詔曰:"夫褒有德,賞元功,古今通誼也。大司馬大將軍光,宿衛忠正〔7〕,宣德明恩〔8〕,守節秉誼〔9〕,以安宗廟。其以河北、東武陽益封光萬七千户〔10〕,與故所食凡二萬户。"賞賜前後黃金七千斤,錢六千萬,雜繒三萬疋,奴婢百七十人,馬二千疋,甲第一區〔11〕。

　　自昭帝時,光子禹及兄孫雲皆中郎將〔12〕。雲弟山奉車都尉侍中,領胡越兵〔13〕。光兩女壻爲東西宮衛尉〔14〕。昆弟諸壻、外孫皆奉朝請〔15〕,爲諸曹大夫、騎都尉、給事中〔16〕。黨親連體,根據於朝廷〔17〕。光自後元秉持萬機〔18〕,及上即位,乃歸政。上謙讓不受,諸事皆先關白光〔19〕,然後奏御天子〔20〕。光每朝見,上虛己斂容〔21〕,禮下之已甚〔22〕。光秉政前後二十年。

〔1〕尚冠里,里名,在長安城南。

〔2〕御衣,當作御府衣(依王念孫説,見《讀書雜誌》),宮内庫中的衣服。

〔3〕太僕,指杜延年。軨(líng)獵車,一種輕便的小車,這本是射獵所乘的車,所以叫軨獵車。

〔4〕齋,齋戒。修身反省叫做齋,齋必有所戒,所以叫齋戒。宗正府,宗正的衙署。

〔5〕陽武,縣名,故城在今河南原陽縣東南二十八里。按:先封宣帝爲陽武侯,原因是不能立庶人爲皇帝。

〔6〕已而,過了不久。

〔7〕宿衛,指霍光在武帝時宿衛後宮。

〔8〕宣德明恩,宣揚表彰皇帝的恩德。

〔9〕守節,守節操。秉誼,秉持正義。

〔10〕河北,漢時縣名,故城在今山西芮城縣東北。東武陽,縣名,故城在今山東朝城縣西四十里。

〔11〕甲第,最好的宅第。一區,一所。

〔12〕兄,指霍去病。中郎將,官名,宣帝令中郎將統率羽林軍,屬光禄勳。

〔13〕領胡越兵,統率外族歸附的軍隊。

〔14〕光兩女壻,指范明友和鄧廣漢。范爲未央宮(西宮)衛尉,鄧爲長樂宮(東宮)衛尉。

〔15〕昆弟諸壻、外孫,指霍光兄弟輩的女壻和外孫。奉朝請,朝廷有事時即參加朝會。這不是官職,祇是一種優遇。

〔16〕騎都尉,官名,統率羽林騎,屬光禄勳。

〔17〕黨親,族黨親戚。連體,連成一體。根據,像樹根一樣盤據着。

〔18〕萬機,等於説萬事,指治理天下的萬事。

〔19〕關白,稟告請示。

〔20〕御,進。

〔21〕斂容,收斂起放逸鬆懈的表情,也就是態度嚴肅莊重起來。

〔22〕禮下之,以禮接待他並且屈居於他之下,表示很謙遜。已甚,太過。

地節二年春〔1〕,病篤。車駕自臨問光病,上爲之涕泣。光上書謝恩曰:"願分國邑三千户以封兄孫奉車都尉山爲列侯,奉兄票騎將軍去病祀。"事下丞相御史,即日拜光子禹爲右將軍。光薨,上及皇太后親臨光喪,太中大夫任宣與侍御史五人持節護喪事〔2〕,中二千石治莫府冢上〔3〕,賜金錢、繒絮,繡被百領〔4〕,衣五十篋,璧、珠璣、玉衣、梓宮、便房、黄腸題湊各一具〔5〕,樅木外臧椁十五具〔6〕,東園温明〔7〕,皆如乘輿制度〔8〕。載光尸柩以輼輬車〔9〕,黄屋左纛〔10〕,發材官、輕車、北軍五校士〔11〕,軍陳至茂陵〔12〕,以送其葬。謚曰宣成侯。發三河卒,穿復土起冢〔13〕,祠堂置園邑三百家〔14〕,長丞奉守如舊法〔15〕。

〔1〕地節,宣帝的第二個年號。地節二年爲宣帝即位後的第六年,當公元前68年。

〔2〕侍御史,官名,御史大夫下的屬官。

〔3〕中二千石,指中二千石的官。治莫府冢上,等於説在墳上設立臨時辦公處。

〔4〕繡被,錦繡被子。領,量詞。

〔5〕璧,平圓形而中心有孔的玉。璣(jī),不圓的珠子。玉衣,裹尸之物。梓宮,棺材,因用梓木做成,所以叫梓宮。便(pián,通"楩")房,用楩木做成的槨(套在棺材外面的大棺材)。題湊,用木累在棺上,好像四面有檐的屋子,木的頭都向内,所以叫題湊(題,頭。湊,聚);因用黄心柏木,所以叫黄腸題湊。

〔6〕樅(cōng),松杉科常緑喬木。臧,通"藏"(zàng)。外臧椁,廚廐之屬。(參用服虔説。服虔説"在正臧外,婢妾臧也,或曰廚廐之屬也"。按:漢代不以人殉葬,故未從婢妾臧之説。)

〔7〕東園,官署名,專門製作供喪葬用的器物,屬少府。温明,下應有"秘器"

二字(依王念孫説,見《讀書雜誌》)。這種温明秘器,形如方漆桶,一面開着,把鏡子放在裏面,懸在尸上,大斂時,封入棺内。因藏在棺材裏,所以叫秘器。

〔8〕乘輿制度,指皇帝的喪葬制度。

〔9〕輼(wēn)輬(liáng)車,像衣車,旁有窗,關上就温暖,打開就涼爽,所以叫輼輬車。這本是供人臥息的車,後因用來載喪,於是成爲喪車。

〔10〕黄屋,用黄繒做車蓋的裏子。左纛(dào),在車衡(轅端橫木)的左方插上纛。纛,飾有羽毛的大旗。按:黄屋左纛,是皇帝乘輿的制度。

〔11〕材官,高級武官手下的武弁。輕車,漢代兵種之一。北軍,漢代禁衛軍之一,共五營。五校,即五營。北軍五校的軍士衹有在皇帝出殯時纔充任儀仗隊,現在爲霍光送殯,也是用皇帝喪葬的制度。

〔12〕軍陳,軍隊排成行陣。陳,戰陣,後來寫作"陣"。茂陵,漢武帝的墓地。霍光的墳墓在茂陵的東邊。

〔13〕三河,指河東郡、河内郡(今河南黄河以北地區)、河南郡(今河南黄河以南地區)。卒,指服勞役的隸卒。穿,指穿壙,即挖掘墓穴。復土,下棺後把土填上。起冢,封起墳頭。

〔14〕大意是在祠堂附近用三百户人家作爲看守陵園的一個邑。

〔15〕長丞,守護陵園的官吏。如舊法,等於説按舊例。

常 用 詞(八)　93字

　　建置罷　學養　干謁　徇矯效　留遣逢候延　勝敗守破騎伏圍突　禽縱購　抑按拔擢挾將　烝亨　顧察裁斷　奏敕　委捐詳詐　與奪　至止　寤寐　恨驚冀

　　貴賤　壯大多　篤專壹　稍略　輒猶

　　陰陽　休咎　機要　祖賓郎男　部曹　鄰里　獄闕祠第屏帳壁案　字畫　項乳體意

453.【建】

(一)豎立。《老子》五十四章:"善~者不拔。"(善於豎立的,人家拔不掉。)引申爲豎起,特指豎起旗鼓、旌節。《左傳·哀公十三年》:"~鼓整列。"(整列:擺開陣勢。)《史記·淮陰侯列傳》:"信~大將之旗鼓。"丘遲《與陳伯之書》:"乘軺~節。"(軺 yáo 車:古代使者或被徵召者所乘的一種輕便車。)

(二)設立,建立。《左傳·襄公三年》:"~一官而三物成。"《史記·淮陰侯列傳》:"欲~萬世之業。"

(三)向在上者提出意見。《漢書·霍光傳》:"何不~白太后,更選賢而立之。"又《東平思王宇傳》:"~欲使我輔佐天子。"

(四)建築。《水經注·廬江水》:"其水歷澗,逕龍泉精舍南,太元中沙門釋慧遠所~也。"(精舍:這裏指寺院。沙門:和尚。)

454.【置】

(一)安放,放,安置。《史記·項羽本紀》:"項王則受璧,~之坐上。"又《淮陰侯列傳》:"~之亡地而後存。"又:"諸侯之見項王遷逐義帝,~江南。"引申爲擺設。《戰國策·趙策三》:"平原君乃~酒。"《漢書·霍光傳》:"迺謀令長公主~酒請光,伏兵格殺之。"又爲安置在某一職位上。《史記·項羽本紀》:"因~以爲上將軍。"韓愈《進學解》:"投閑~散。"(置散:安置在不重要的位子上。)

(二)建立,設立。多指機關或官職。《漢書·張禹傳》:"~從事史五人。"《漢書·霍光傳》:"~園邑三百家。"引申爲購置,特指購買產業。《宋史·食貨志》:"女適人以匲錢~產,以夫爲户。"(匲 lián 錢:陪嫁的錢。)

(三)放下來,擱下,放開,放棄。《史記·項羽本紀》:"沛公則~車騎,脱身獨騎。"嵇康《與山巨源絕交書》:"足下若嬲之不～。"(嬲 niǎo：戲相擾。)鮑照《擬行路難》："棄～罷官去。"引申爲赦免。《史記·淮陰侯列傳》："高帝曰：'～之。'乃釋通之罪。"

（四）驛車，驛馬。《孟子·公孫丑上》："德之流行，速於～郵而傳命。"蘇軾《荔枝歎》詩："十里一～飛塵灰。"按："置"字的意義隨時代而不同：大約在先秦時代，"置"指驛車；漢代以後，"置"指驛馬。

[辨] 寘，置。二字在上古不同音（"寘"在錫部照母，"置"在職部知母），意義也不完全相同。"寘"字一般衹用於"安放"的意義，如《詩經·周南·卷耳》："寘彼周行。"《左傳·宣公二年》："寘諸畚。"其餘的意義都衹寫作"置"，不寫作"寘"。

455.【罷】

（一）停止。《論語·子罕》："欲～不能。"《史記·魏其武安侯列傳》："武安已～朝，出止車門。"王勃《滕王閣詩》："佩玉鳴鸞～歌舞。"

（二）罷免，撤職。《史記·魏其武安侯列傳》："竇太后大怒，乃～逐趙綰王臧等，而免丞相太尉。"歐陽修《瀧岡阡表》："修以非才，入副樞密，遂參政事，又七年而～。"

（三）讀 pí，通"疲"。疲勞。《史記·淮陰侯列傳》："能千里而襲我，亦已～極。"賈誼《過秦論》上："率～散之卒，將數百之衆。"

456.【學】

（一）學習。《論語·述而》："～而不厭。"又《子張》："～而優則仕。"又《子路》："樊遲請～稼。"又名詞。《論語·雍也》："有顏回者好～。"成語有"求～""治～"。注意："學"字用作不及物動詞時，泛指學習。古人所謂"學"，一般指書本知識，但也有師傅口授的知識，這些知識有的是關於政治的，有的是關於生產的，有的是關於修養的,等等。"學"字用作及物動詞時,則專指學習某一方面的知識,如"~稼""~詩"等。

(二)學校。《禮記·學記》:"比年入~。"(比年:每年。)又:"古之教者,家有塾,黨有庠,術有序,國有~。"(術就是遂,一萬二千五百家爲遂。)[太~]古學校名,爲國家培養人才的最高機關。韓愈《進學解》:"國子先生晨入太~。"

457.【養】

養活,使能生活下去。《禮記·禮運》:"矜寡孤獨廢疾者皆有所~。"《戰國策·齊策四》:"是助王~其民也。"又特指奉養〔父母或其他尊親〕。《戰國策·齊策四》:"至老不嫁,以~父母。"李密《陳情表》:"臣以供~無主,辭不赴命。"歐陽修《瀧岡阡表》:"祭而豐不如~之薄也。"舊時於奉養的意義讀去聲(yàng)。

[辨]養,畜。"養"指養人,"畜"(xù)指養禽獸,雖然也有通用的時候,如《孟子·梁惠王》的"仰不足以事父母,俯不足以畜妻子",司馬遷《報任安書》的"倡優畜之",但那是就"低賤"的人而言,在多數情況下還是有分別的。

458.【干】

(一)盾牌。《禮記·檀弓下》:"能執~戈,以衛社稷。""干戈"二字連用,往往表示兵事。《論語·季氏》:"而謀動~戈於邦内。"

(二)岸。《詩經·魏風·伐檀》:"寘之河之~兮。"杜甫《有客》詩:"謾勞車馬駐江~。"

(三)犯,冒犯,觸犯,衝犯。《左傳·襄公二十三年》:"~國之紀。"孔稚珪《北山移文》:"~青雲而直上。"李白《古風五十九首》:"鼻息~虹蜺,行人皆怵惕。"杜甫《兵車行》:"哭聲直上~雲霄。"

(四)追求。《論語·爲政》:"子張學~禄。"引申爲向統治者獻策以追求禄位。《史記·淮陰侯列傳》:"數以策~項羽。"《列子·說符》:"好學者以術~齊侯。""干謁"二字連用,表示爲了謀求禄位而謁見當權者。杜甫《赴奉先縣詠懷》詩:"獨恥事~謁。"

(五)[~支]指天干和地支。天干十:甲乙丙丁戊己庚辛壬癸;地支十二:子丑寅卯辰巳午未申酉戌亥。干支相配,凡六十組而循環。即甲子、乙丑等直到癸亥。東漢以前用來紀日,建武(公元56年)以後,也用來紀年。

(六)[若~][如~]指不定的數目。《禮記·曲禮下》:"聞之始服衣若~尺矣。"任昉《王文憲集序》:"是用綴緝遺文,永貽世範,爲如~袠,如~卷。"(袠〔帙〕zhì:書套。)

(七)關,發生關係(晚起義)。李清照《鳳凰臺上憶吹簫》詞:"非~病酒,不是悲秋。"

459.【謁】

告,稟告。《左傳·隱公十一年》:"惟我鄭國之有請~焉。"《漢書·霍光傳》:"~於高廟。"引申爲謁見。古代的謁見是把姓名籍貫官爵寫在名片上,並寫明因何事求見。《史記·淮陰侯列傳》:"欲~上,恐見禽。"《漢書·霍光傳》:"使蒼頭奴上朝~。"杜甫《赴奉先縣詠懷》詩:"獨恥事干~。"

460.【徇】

(一)巡行,特指巡行以示衆。《左傳·僖公二十八年》:"殺顛頡以~於師。"引申爲巡行並劫掠。《史記·淮陰侯列傳》:"引兵下井陘,誅成安君,~趙,脅燕,定齊。"又《項羽本紀》:"籍爲裨將,~下縣。"

(二)從。以身從人(從葬),以身從物,都叫"徇"。《左傳·文公六年》:"奄息、中行、鍼虎爲~。"《漢書·賈誼傳》:"貪夫~財,烈士~名。"司馬遷《報任安書》:"常思奮不顧身,以~國家之急。"這個意義後來又寫作"殉"。

(三)營謀,爲……打算。《史記·項羽本紀》:"今不恤士卒而~其私。"按:這個意義一般祇用於"徇私"這個成語。

461.【矯】

(一)揉曲使直。《荀子·性惡》:"故枸木必將待檃栝烝~然後直。"(枸木:曲木。檃栝 yǐn guā:矯正曲木的工具。烝:烤。)"矯"又用於譬喻(抽象意義)。《莊子·胠篋》:"爲之仁義以~之。"《文心雕龍·鎔裁》:"檃栝情理,~揉文采也。"現代有雙音詞"~正"。

(二)强的樣子。《禮記·中庸》:"至死不變,强哉~!"今雙音詞有"~健"。[~~]勇武的樣子。《詩經·魯頌·泮水》:"~~虎臣。"

(三)假傳〔命令〕。《戰國策·齊策四》:"~命以責賜諸民。"《史記·魏公子列傳》:"~魏王令代晉鄙。"又《魏其武安侯列傳》:"乃劾繫魏其~先帝詔,罪當棄市。"

(四)舉。揚雄《解嘲》:"~翼厲翮,恣意所存。"陶潛《歸去來辭》:"時~首而遐觀。"

462.【效】

(一)致,呈獻。《史記·淮陰侯列傳》:"諸將~首虜。"引申爲交出,授與。《左傳·文公八年》:"~符於府人。"(把符節交出給主管符節的人。)用於抽象意義,表示貢獻,獻出。《史記·淮陰侯列傳》:"願~愚忠。"又:"臣願披腹心,輸肝膽,~愚計。"司馬遷《報任安書》:"上之不能納忠~信。"又:"誠欲~其款款之愚。"今成語有"~勞""~忠"等。

(二)結果,後果。《淮南子·脩務》:"哭者,悲之~也。"司馬遷

《報任安書》:"苟合取容,無所短長之～,可見於此矣。"引申爲有效(動詞)或效果(名詞)。《漢書·藝文志》:"唐虞之隆,殷周之盛,仲尼之業已試之～者也。"《後漢書·班超傳》:"固大喜,具上超功～。"(固:竇固。)蘇洵《六國論》:"斯用兵之～也。"現代有雙音詞"～果""～用""～驗""功～"等。

(三)模仿,仿效。《史記·魏其武安侯列傳》:"今日廷論,局趣～轅下駒。"王勃《滕王閣序》:"阮籍猖狂,豈～窮途之哭?"

463.【留】

停留,不走,不離開原地點。跟"去"相對。《史記·淮陰侯列傳》:"王計必欲東,能用信,信即～。"陶潛《歸去來辭》:"曷不委心任去～。"《文心雕龍·鎔裁》:"字去而意～。""留"又用於使動意義,表示不讓走,不讓離開。《史記·項羽本紀》:"項王即日因～沛公與飲。"引申爲拘留,扣留。《史記·魏其武安侯列傳》:"乃令騎～灌夫,灌夫欲出不得。"

464.【遣】

(一)派遣,差使,打發。《史記·項羽本紀》:"乃～其子宋襄相齊。"引申爲放逐,遷謫。韓愈《柳子厚墓誌銘》:"中山劉夢得禹錫亦在～中。"又爲排遣,使離開(後起義)。杜甫《白水崔翁高齋》詩:"贈此～岑寂。"

(二)釋放,放走。《後漢書·班超傳》:"欲示以威信,釋而～之。"又:"即遣使請罪,願得生歸。超縱～之。"

465.【逢】

(一)遭遇。《詩經·邶風·柏舟》:"～彼之怒。"又《王風·兔爰》:"～此百憂。"《左傳·宣公三年》:"魑魅罔兩,莫能～之。"(罔兩:即魍魎。)引申爲遇見。《論衡·非韓》:"使韓子～人不拜,見君父不謁,未必有賊於身體也。"李白《清平調》:"若非羣玉山頭見,會向瑶臺月下~。"

(二)迎。《史記・項羽本紀》:"於是大風從西北而起……~迎楚軍。""逢"又用於抽象的意義,表示迎合。《孟子・告子下》:"今之大夫皆~君之惡。"今成語有"~迎",表示在言語或行爲上討好別人。

[辨]逢,遇,遭。在遭遇的意義上,"逢""遇""遭"都是同義詞。但"逢迎"的意義不能用"遇"或"遭","待遇"的意義不能用"遭"或"逢"。"遭"字較多地用於不幸的事,如鄒陽《獄中上梁王書》"恐遭此患也",但這並不是絶對的。

466.【候】

(一)守望,放哨。《戰國策・秦策四》:"韓必爲關中之~……而魏亦關內~矣。"又指哨所。《史記・律書》:"願且堅邊設~。"這種意義又寫作"堠"。蘇軾《荔支歎》詩:"五里一~兵火催。"引申爲伺候,偵察。《史記・魏其武安侯列傳》:"太后亦已使人~伺。"《漢書・霍光傳》:"~司光出沐日奏之。"[斥~](1)偵察或偵察兵。《史記・李將軍列傳》:"然亦遠斥~,未嘗遇害。"(2)瞭望敵情的土堡。尹耕《紫荆關》詩:"斥~直通沙磧外。"

(二)問候。《漢書・霍光傳》:"禹故長史任宣~問。"

(三)氣候。按:古人以五日爲一候,三候爲一氣,六氣爲一時,四時爲一歲。氣和候都和寒暖有關。後來連稱爲"氣候",也簡稱爲"候",指時令的寒暖變化。謝靈運《登池上樓》詩:"衾枕昧節~。"杜甫《雨》詩:"白谷變氣~。"又《秋行》詩:"荆揚風土暖,蕭蕭~微霜。"[時~]時令和氣候。梁簡文帝《與劉孝綽書》:"玉霜夜下,旅鴈晨飛,想涼燠得宜,時~無爽。"李清照《聲聲慢》詞:"乍暖還寒時～,最難將息。”

（四）症候。陶弘景《肘後方序》：“其論諸病證～。”（證:通“症”。）

467.【延】

（一）引長,延長。《左傳·成公十三年》：“君亦悔禍之～。”《史記·魏其武安侯列傳》：“遷怒及人,命亦不～。”

（二）引進,迎接。《戰國策·齊策四》：“宣王使謁者～入。”（謁者:通報的人。）引申爲羅致,延請。《漢書·公孫弘傳》：“以～賢人。”今有雙音詞“～聘”。［～見]接見。《漢書·霍光傳》：“～見姊夫昌邑關內侯。”

468.【勝】

（一）讀 shēng,陰平聲。動詞,用於名詞的前面。禁得起。《史記·項羽本紀》：“沛公不～桮杓。”杜甫《春望》詩：“白頭搔更短,渾欲不～簪。”現代有雙音詞“～任”。

（二）也讀 shēng。副詞,用於動詞的前面。盡。《孟子·梁惠王上》：“穀與魚鱉不可～食,材木不可～用。”《史記·淮陰侯列傳》：“所殺亡不可～計。”司馬遷《報任安書》：“古者富貴而名摩滅,不可～記。”

（三）打勝仗。跟“敗”相對。《孟子·梁惠王上》：“鄒人與楚人戰,則王以爲孰～?”注意:在這個意義上,古人説“勝”不説“贏”。引申爲勝過。《論語·雍也》：“質～文則野,文～質則史。”杜甫《北征》詩：“顏色白～雪。”

（四）優美的,雅的,可喜可樂的（後起義）。《文心雕龍·隱秀》：“文集～篇,不盈十一;篇章秀句,裁可百二。”王勃《滕王閣序》：“～友如雲。”又：“躬逢～餞。”又：“～地不常,盛筵難再。”“勝”

又用作名詞,表示優美的山水或古迹。蘇轍《快哉亭記》:"即其廬之西南爲亭,以覽觀江流之~。"又:"而況乎濯長江之清流,挹西山之白雲,窮耳目之~以自適也哉?"現代有雙音詞"名~"。

469.【敗】

(一)毁壞。《左傳·僖公十五年》:"涉河,侯車~。"(〔秦伯的兵〕渡河,〔看見〕晉侯的車壞了。)"敗"又用於抽象的意義。《左傳·成公二年》:"若之何其以病~君之大事也?"《漢書·霍光傳》:"衞太子爲江充所~。"《世説新語·德行》:"~義以求生,豈荀臣伯所行邪?"又爲成功的反面,跟"成"相對。《史記·淮陰侯列傳》:"夫功者難成而易~。"引申爲〔食物〕腐敗或味道變壞。《論語·鄉黨》:"魚餒而肉~,不食。"仲長統《昌言·理亂》:"三牲之肉,臭而不可食;清醇之酎,~而不可飲。"(酎 zhòu:醇酒。)現代有雙音詞"~壞""腐~"。

(二)打敗仗。《史記·淮陰侯列傳》:"至彭城,漢兵~散而還。"又《項羽本紀》:"宋義論武安君之軍必~。"注意:在這個意義上,古人説"敗"不説"輸"。

[辨]敗,負。"敗"和"負"是同義詞,都表示打敗仗。但是"負"字一般祇用於勝負對舉的時候;否則祇説"敗",不説"負"。例如"武安君必敗"不説成"武安君必負";"兵未戰而先見敗徵"不説成"兵未戰而先見負徵"。

470.【守】

(一)防守,保衞。跟"攻"相對。《孟子·梁惠王下》:"鑿斯池也,築斯城也,與民~之。"引申爲保守,保持。《戰國策·魏策四》:"受地於先王,願終~之。"揚雄《解嘲》:"故默然~吾太玄。"

(二)名詞。官職,職守。《孟子·公孫丑下》:"有官~者,不得其職則去。”《漢書·藝文志》：“墨家者流，蓋出於清廟之~。”

（三）一郡的首長。《史記·項羽本紀》：“於是籍遂拔劍斬~頭。”（籍：項羽的名。）又《萬石君列傳》：“慶自沛~爲太子傅。”（慶：指石慶。）郡守又稱爲“太守”。《漢書·龔遂傳》：“上以爲勃海太~。”歐陽修《醉翁亭記》：“太~謂誰？廬陵歐陽修也。”

471.【破】

（一）打破。及物動詞。《史記·項羽本紀》：“皆沈船，~釜甑。”射中箭靶叫做“破的”。曹植《白馬篇》：“控弦~左的。”引申爲殘破。不及物動詞。杜甫《春望》詩：“國~山河在，城春草木深。”

（二）打敗（敵軍），攻破（城池）。《史記·淮陰侯列傳》：“於是漢兵夾擊，大~虜趙軍。”蘇洵《六國論》：“六國~滅。”蘇軾《赤壁賦》：“方其~荆州，下江陵，順流而東也。”現代有雙音詞“擊~”。

472.【騎】

（一）騎〔馬〕。《史記·項羽本紀》：“駿馬名騅，常~之。”

（二）讀 jì，去聲。騎兵。《史記·項羽本紀》：“沛公旦日從百餘~來見項王。”又《魏其武安侯列傳》：“獨二人及從奴十數~馳入吳軍。”高適《燕歌行》：“胡~憑陵雜風雨。”

473.【伏】

（一）趴〔在地上、牀上等〕。《禮記·曲禮上》：“寢毋~。”《史記·淮陰侯列傳》：“且酈生一士，~軾掉三寸之舌。”鄒陽《獄中上梁王書》：“則士有~死堀穴巖藪之中耳。”又古人以伏地表示尊敬或敬畏。《漢書·霍光傳》：“召昌邑王~前聽詔。”又：“王離席~。”“伏罪”或“伏法”二字連用，表示因罪受到制裁或刑罰。司馬遷《報任安書》：“假令僕~法受誅，若九牛亡一毛，與螻蟻何以異？”

“伏惟”二字連用,表示伏在地上想,是敬詞,常用於涉及君主的時候。楊惲《報孫會宗書》:“～惟聖主之恩不可勝量。”引申爲埋伏。《左傳·莊公十年》:“懼有～焉。”《史記·淮陰侯列傳》:“而～兵從夏陽以木罌瓴渡軍。”

（二）夏祭名。夏祭爲伏;冬祭爲臘。楊惲《報孫會宗書》:“歲時～臘,烹羊炰羔。”杜甫《詠懷古迹》詩:“歲時～臘走村翁。”按:伏祭之名由三伏而來。三伏是:夏至後第三庚日爲初伏,第四庚日爲中伏,立秋後第一庚日爲末伏。

474.【圍】

（一）環繞。《莊子·則陽》:“精至於無倫,大至於不可～。”引申爲以軍隊包圍。《史記·淮陰侯列傳》:“楚方急～漢王於榮陽。”高適《燕歌行》:“力盡關山未解～。”

（二）名詞。獵時的包圍圈。《漢書·霍光傳》:“張～獵黃山苑中。”又量詞,表示打獵的次數（後起義）。李商隱《北齊》詩:“更請君王獵一～。”

（三）量詞。合抱爲一圍（或云直徑一尺爲一圍,又云周圍八尺爲一圍,等等）。枚乘《上書諫吳王》:“夫十～之木,始生如蘗。”

475.【突】

（一）很急速地向前衝或向外衝。王延壽《魯靈光殿賦序》:“盜賊奔～。”又成語有“～圍”。［～如］副詞。突然。《周易》離卦:“～如其來如。”

（二）竈上的煙囪。《漢書·霍光傳》:“曲～徙薪亡恩澤,焦頭爛額爲上客。”《漢書·敘傳》:“孔席不煖,墨～不黔。”（孔子的席没有坐暖,墨子的竈突没有薰黑,又踏上征途,周遊列國了。煖:同“暖”;黔:黑。）

476.【禽】

（一）鳥獸的總名。《周易》屯卦：“即鹿無虞，以從~也。”《左傳·宣公十二年》：“使攝叔奉麋獻焉，曰：‘以歲之非時，獻~之未至，敢膳諸從者。’”《漢書·蒯通傳》：“野~殫，走犬亨。”引申爲一般的鳥獸。《孟子·滕文公下》：“終日而不獲一~。”《周禮·天官·庖人》“六禽”，鄭玄注：“宜爲羔豚犢麛雉鴈。”（羔：小羊。豚 tún：小猪。犢 dú：小牛。麛 mí：小鹿。雉 zhì：野雞。鴈：鵝。）三國時華佗創“五禽戲”。五禽指虎鹿熊猿鳥五種鳥獸。又爲鳥類。《孟子·梁惠王上》：“君子之於~獸也，見其生，不忍見其死。”謝靈運《登池上樓》詩：“園柳變鳴~。”

（二）捉，逮住。《史記·淮陰侯列傳》：“~趙王歇。”又：“欲謁上，恐見~。”這個意義後來寫作“擒”。

477.【縱】

（一）釋放。跟“禽”相對。《莊子·胠篋》：“掊擊聖人，~舍盜賊。”《後漢書·班超傳》：“超~遣之。”引申爲放縱，不拘束。《楚辭·離騷》：“夏康娛以自~。”《史記·淮陰侯列傳》：“齊已聽酈生，即留~酒。”蘇軾《前赤壁賦》：“~一葦之所如。”陸游《鵲橋仙》詞：“華燈~博。”現代有雙音詞“放~”“~容”。又引申爲放〔火〕。《後漢書·班超傳》：“超乃順風~火。”

（二）連詞。即使。《史記·項羽本紀》：“~江東父兄憐而王我，我何面目見之？”

（三）讀 zōng，陰平聲。豎的，直的，南北的方向。跟“橫”相對。《荀子·王制》：“案以中立，無有所偏而爲~橫之事。”盧照鄰《長安古意》詩：“玉輦~橫過主地。”這個意義在上古一般寫作“從”。《漢書·藝文志》：“從橫家者流，蓋出於行人之官。”賈誼

《過秦論》上:"尊賢重士,約從離衡。"(衡:同"橫"。)

478.【購】

懸賞徵求。《史記·項羽本紀》:"吾聞漢~我頭千金,邑萬户。"又《淮陰侯列傳》:"有能生得者~千金。"

[辨]購,買,市。"購"和"買"不是同義詞,"買"和"市"是同義詞。"購"字在上古衹是懸重賞以徵求的意思,所購的東西往往不是商品,跟買賣的性質大不相同。直到宋代,"購"字也衹表示重價收買,跟一般的買還是有細微的分別的。

479.【抑】

(一)用手壓,摁(èn)。跟"揚"相對。《老子》七十七章:"高者~之,下者舉之。""抑"常用於抽象的意義,表示按下來。《漢書·霍光傳》:"朕以大將軍故,~而不揚。"又表示控制。《漢書·霍光傳》:"宜以時~制,無使至亡。"《史記·魏公子列傳》:"遂乘勝逐秦軍至函谷關,~秦兵,秦兵不敢出。"又表示克制自己,不驕傲。陸雲《贈顧尚書詩》:"謙光自~,厥輝彌揚。"又表示不使太顯露。柳宗元《答韋中立論師道書》:"~之欲其奥。"

(二)[~鬱]雙聲聯綿字。苦悶的樣子。白居易《與元九書》:"彷徨~鬱。"也作"悒鬱"。司馬遷《報任安書》:"是以獨悒鬱而誰與語?"

(三)連詞。表示輕微的轉折。《孟子·梁惠王上》:"~王興甲兵,危士臣,構怨於諸侯,然後快於心與?""抑"字又用來表示選擇的問。《論語·學而》:"求之與? ~與之與?"柳宗元《答韋中立論師道書》:"有取乎? ~其無取乎?"有時候,兩個"抑"字前後呼應,也是表示選擇的問。韓愈《送孟東野序》:"~不知天將和其聲,而使鳴國家之盛邪? ~將窮餓其身,思愁其心腸,而使自鳴其不幸邪？"

（四）副詞。"抑亦"二字連用，表示委婉語氣。《文心雕龍·物色》："屈平所以能洞鑒風騷之情者，~亦江山之助乎？"

480.【按】

（一）用手向下壓，摁（èn）。《漢書·霍光傳》："田延年前，離席，~劍。"字又寫作"案"。《史記·魏其武安侯列傳》："案灌夫項令謝。"引申爲按下不用，抑止。《史記·淮陰侯列傳》："莫如案甲休兵。"今成語有"~兵不動"。

（二）勒住，拉住。《史記·絳侯周勃世家》："於是天子乃~轡徐行。"《文心雕龍·情采》："~轡於邪正之路。"

（三）巡行，巡視。《史記·衛將軍驃騎列傳》："遂西定河南地，~榆谿舊塞。"〔~行〕巡視。《洛陽伽藍記·開善寺》："復引諸王~行府庫。"後世官職有"巡~"。

（四）按照，依照。《商君書·君臣》："緣法而治，~功而賞。"（緣：依據。）《漢書·揚雄傳》："各~行伍。"

（五）查考，考察。賈誼《治安策》："~之當今之務。"字又作"案"。《論衡·問孔》："案聖人之言，上下多相違。"

按：在古代"按"字往往寫作"案"。參看"案"字條。

〔辨〕抑，按。"抑"比"按"重，所以"抑"引申爲壓抑、抑制，"按"引申爲按照、依照。

481.【拔】

（一）拔起來，拔出來。《老子》五十四章："善建者不~。"《史記·淮陰侯列傳》："~趙幟，立漢赤幟。"又《項羽本紀》："於是籍遂~劍斬守頭。"引申爲提拔。李密《陳情表》："過蒙~擢。"

（二）突出，超出。《孟子·公孫丑上》："出乎其類，~乎其萃。"

(萃:聚。這裏是"羣"或"類"的意思。)成語有"出類~萃"。孔稚珪《北山移文》:"夫以耿介~俗之標,蕭灑出塵之想。"

(三)攻取,攻佔,佔領。《史記·項羽本紀》:"襄城堅守不下,已~,皆阬之。"又《魏公子列傳》:"使蒙驁攻魏,~二十城。"

482.【擢】

(一)拔。枚乘《上書諫吳王》:"夫十圍之木,始生如蘗,足可搔而絶,手可~而拔。"(這裏"擢"指拔的動作,"拔"指拔的結果,即被拔了起來。)

(二)提拔,提昇。《漢書·霍光傳》:"~郎爲九江太守。"李密《陳情表》:"過蒙拔~。"

[辨]拔,擢。"拔"和"擢"是同義詞,其間衹有細微的區別。"擢"可以專指拔的動作而不涉及拔的結果,所以"擢而拔之"不能說成"拔而擢之","擢"也不能表示"攻取"或"佔領"。在提拔的意義上,"拔"往往指提拔本來沒有官職的人,"擢"往往指提昇官職。

483.【挾】

夾在腋下。《孟子·梁惠王上》:"~太山以超北海。"盧照鄰《長安古意》詩:"~彈飛鷹杜陵北。"蘇軾《前赤壁賦》:"~飛仙以遨遊。""挾"又用於抽象的意義,表示有或懷抱着。鄒陽《獄中上梁王書》:"~孤獨之交。"又:"~伊管之辯。"引申爲脅持,用强力逼別人執行某事。《三國志·蜀書·諸葛亮傳》:"~天子以令諸侯。"現代有雙音詞"要挾"。

484.【將】

(一)奉,承。《詩經·周頌·我將》:"我~我享,維羊維牛。"又《商頌·烈祖》:"湯孫之~。"《僞古文尚書·泰誓》:"皇天震怒,命我文考肅~天威。""將事"表示奉行其事。《左傳·成公十七年》:

“晉侯使郤錡來乞師，～事不敬。”“將命”表示傳命，轉達命令。《論語·陽貨》：“～命者出戶。”引申爲奉養。《詩經·小雅·四牡》：“不遑～父。”又：“不遑～母。”（不遑 huáng：不暇，來不及。）引申爲休養，休息，調養（後起義）。李清照《聲聲慢》詞：“乍暖還寒時候，最難～息。”

（二）扶。《詩經·小雅·無將大車》：“無～大車。”《史記·田叔列傳》：“少孤貧，爲人～車。”（將車：扶着車子前進。）樂府詩《孤兒行》：“～是瓜車，來到還家。”樂府詩《木蘭辭》：“爺娘聞女來，出郭相扶～。”引申爲携帶，牽拉。《漢書·霍光傳》：“迺～光西至長安。”《水經注·廬江水》：“吳猛～子弟登山。”又爲用手拿。李白《俠客行》：“～炙啖朱亥，持觴勸侯嬴。”引申爲拿來。古詩《上山采蘼蕪》：“～縑來比素。”按：“將”的意義非常廣泛。凡手的動作，近似於扶、提、携、持等等，都叫“將”。

（三）讀 jiàng。領，率領〔軍隊〕。《史記·項羽本紀》：“乃遣當陽君、蒲將軍～卒二萬渡河。”又《淮陰侯列傳》：“陛下不能～兵，而善～將。”〔～（jiāng）軍〕原是一軍的統帥，後來成爲武職的名稱，有“大～軍”“上～軍”等。《史記·項羽本紀》：“項羽晨朝上～軍宋義。”

（四）讀 jiàng，去聲。將領，將帥。《戰國策·趙策三》：“秦～聞之，爲卻軍五十里。”《史記·廉頗藺相如列傳》：“我爲趙～。”作動詞時，表示使爲將。《史記·孫子吳起列傳》：“齊威王欲～孫臏。”又《廉頗藺相如列傳》：“使趙不～趙括則已。”按：“將軍”和“將領”的“將”，都是從率領的意義引申出來的，而一個讀平聲，一個讀去聲。這是後代纔産生的讀音上的差別。

（五）副詞。將要，快要。《尚書·盤庚中》：“予～試以汝遷。”

《論語·季氏》:"季氏~伐顓臾。"又《陽貨》:"吾~仕矣。"又《雍也》:"~入門,策其馬。""將"又用於條件句,表示在某種條件下將出現某種情況。《論語·子路》:"衛君待子而爲政,子~奚先?"又《季氏》:"危而不持,顛而不扶,則~焉用彼相矣?"又《子張》:"我之不賢與? 人~拒我。"由"將要"的意義引申爲"將近"。常指數目的接近。《孟子·滕文公上》:"今滕,絶長補短,~五十里也。"《宋書·謝靈運傳·論》:"歷載~百。"(載:年。)

(六)連詞。表示選擇問,與"抑"略同。《楚辭·卜居》:"吾寧悃悃款款朴以忠乎? ~送往勞來斯無窮乎?"又爲"與"或"共"(後起義)。常見於駢文、詞賦、詩歌。庾信《春賦》:"眉~柳而爭緑,面共桃而競紅。"李白《月下獨酌》詩:"暫伴月~影,行樂須及春。"

485.【烝】

(一)火氣上昇。《荀子·性惡》:"枸木必將待檃栝~矯然後直。"(這裏的"烝"實際上就是"烘"。)引申爲熱氣盛。常常寫作"蒸"。杜甫《早秋苦熱》詩:"七月六日苦炎~。"又《寄劉峽州伯華使君》詩:"峽内多雲雨,秋來尚鬱~。"引申爲用熱水氣蒸東西。杜甫《壯遊》詩:"~魚聞匕首。"

(二)衆。《詩經·大雅·烝民》:"天生~民。"杜甫《無家别》詩:"人生無家别,何以爲~黎?"(烝黎:即烝民。)這個意義也寫作"蒸"。《漢書·霍光傳》:"天下蒸庶,咸以安寧。"李華《弔古戰場文》:"蒼蒼蒸民,誰無父母?"

(三)下淫上爲烝。《左傳·桓公十六年》:"~於夷姜。"

[辨]烝,蒸。二字同音,常常通用。"蒸"的本義是麻之稭程。後來本義罕用,就借"蒸"爲"烝"。祇有下淫上的意義不能寫作"蒸"。

486.【亨】

（一）讀 hēng。通。《周易》坤卦：“品物咸～。”《左傳·昭公四年》：“以～神人。”今成語有“萬事～通”。

（二）讀 pēng，後來寫作“烹”。煮。《詩經·豳風·七月》：“～葵及菽。”又指古代的一種酷刑。《史記·淮陰侯列傳》：“上怒曰：‘～之。’”又：“通曰：‘嗟乎！冤哉，～也！’”

（三）讀 xiǎng。獻。《周易》大有卦：“公用～于天子。”（亨：指朝獻，即入朝時並進貢。）這個意義後來寫作“享”。指獻食於神。《詩經·小雅·楚茨》：“以享以祀。”參看“享”字條。

487.【顧】

（一）回頭看。《楚辭·九章·哀郢》：“過夏口而西浮兮，～龍門而不見。”賈誼《論積貯疏》：“失時不雨，民且狼～。”

（二）關心，照看，照顧。《詩經·魏風·碩鼠》：“莫我肯～。”司馬遷《報任安書》：“念父母，～妻子。”

（三）連詞。表示輕微的轉折，略等於現代的“不過”。《史記·淮陰侯列傳》：“～恐臣計未必足用。”又：“且天下銳精持鋒，欲爲陛下所爲者甚衆，～力不能耳。”司馬遷《報任安書》：“～自以爲身殘處穢，動而見尤，欲益反損。”

488.【察】

（一）觀察，審察。《孟子·梁惠王上》：“～鄰國之政，無如寡人之用心者。”《呂氏春秋·察傳》：“夫得言不可以不～。”引申爲了解，仔細了解。《楚辭·離騷》：“荃不～余之中情兮。”《漢書·霍光傳》：“於是上始聞而未～。”

（二）昭著，明顯。《禮記·中庸》：“言其上下～也。”引申爲看清楚。《孟子·梁惠王上》：“明足以～秋毫之末。”又爲審察清楚。

《左傳・莊公十年》：“小大之獄，雖不能～，必以情。”[～～]（1）明察的樣子。《老子》二十章：“俗人～～。”引申爲苛細的樣子。《晉書・顧和傳》：“～～爲政。”成語有“～～爲明”。（2）潔白的樣子。《楚辭・漁父》：“安能以身之～～，受物之汶汶者乎？”

489.【裁】

（一）裁〔衣〕。杜甫《白絲行》：“～縫滅盡針綫迹。”引申爲剪裁，刪減。《文心雕龍・鎔裁》：“剪截浮詞謂之～。”今成語有“～員”。

（二）判決，裁斷。《戰國策・秦策一》：“大王～其罪。”[自～]表示自殺。《漢書・霍光傳》：“卒有物故自～。”司馬遷《報任安書》：“不能引決自～。”

（三）體制，風格。《宋書・謝靈運傳・論》：“靈運之興會標舉，延年之體～明密。”

（四）副詞。僅。《漢書・功臣表》：“～什二三。”這個意義又寫作“財”“才”“纔”。

490.【斷】

（一）及物動詞。砍斷，截斷，剪斷，鋸斷。《周易・繫辭下》：“～木爲杵。”《莊子・駢拇》：“鶴脛雖長，～之則悲。”又《逍遙遊》：“宋人資章甫而適諸越，越人～髮文身，無所用之。”枚乘《上書諫吳王》：“彈極之統～幹。”注意：現代漢語“斷”字作補語，加於“砍”“截”“剪”等字的後面，古代漢語祇一個“斷”字就表示“砍斷”“截斷”“剪斷”等動作。又爲不及物動詞。被弄斷，或自然折斷。這等於現代的“斷”。杜甫《赴奉先縣詠懷》詩：“霜嚴衣帶～。”“斷”又用於抽象的意義。杜甫《將適吳楚留別》詩：“中原消息～。”又《月夜憶舍弟》詩：“戍鼓～人行。”

（二）決斷，斷定。《漢書·霍光傳》：“當~不~，反受其亂。”

舊時“斷”字有三個讀音：(1)砍斷、截斷等義的“斷”讀濁音上聲(徒管切)；(2)折斷的“斷”(不及物動詞)讀濁音去聲(徒玩切)；(3)決斷的“斷”讀清音去聲(丁貫切)。今普通話無別。

491.【奏】

（一）進。《莊子·養生主》：“~刀騞然。”《漢書·丙吉傳》：“數~甘毳食物。”(毳：通“脆”。)又《韓延壽傳》：“爭~酒炙。”《論衡·逢遇篇》：“以夏進鑪，以冬~扇。”司馬遷《報任安書》：“使得~薄伎。”

（二）進言或上書〔給君王〕。《漢書·霍光傳》：“候司光出沐日~之。”又：“光遂復與丞相敞等上~曰。”又：“上令吏民得~封事。”又名詞。所上的書。蕭統《文選序》：“表~牋記之列。”

（三）奏〔樂〕。《漢書·霍光傳》：“鼓吹歌舞，悉~衆樂。”王勃《滕王閣序》：“鍾期既遇，~流水以何慚？”

492.【敕】(勅,勑)

告誡，囑咐。《史記·樂書》：“余每讀虞書，至於君臣相~。”《漢書·霍光傳》：“光~左右謹宿衛。”《世説新語·賢媛》：“不從母~，以至今日。”引申爲特指皇帝告諭臣下的文書(後起義)。杜甫《送楊六判官使西番》詩：“~書憐贊普。”(贊普：西番主的名字。)杜甫《巴西聞收京》詩：“劍外春天遠，巴西~使稀。”

493.【委】

（一）堆積〔在地〕。《莊子·養生主》：“如土~地。”引申爲連結，聚積。《宋書·謝靈運傳·論》：“波屬雲~。”“~積”連用指財物的聚積。《孫子·軍爭》：“無糧食則亡，無~積則亡。”

（二）捨棄，放棄。《孟子·公孫丑下》：“~而去之。”又爲抛棄。

揚雄《解嘲》："失路者~溝渠。"又："~輅脫輓。"白居易《長恨歌》："花鈿~地無人收。"

（三）任，託付。鄒陽《獄中上梁王書》："繆公~之以政。"《漢書·霍光傳》："遂~任光。"引申爲任憑，聽任。陶潛《自祭文》："樂天~分。"又《歸去來辭》："曷不~心任去留。"《文心雕龍·鎔裁》："若術不素定，而~心逐辭。"

494.【捐】

（一）除去，撤去。《孟子·萬章上》："父母使舜完廩，~階。"（廩 lǐn：倉房。階：梯子。）

（二）捨棄，拋棄。《史記·魏其武安侯列傳》："侯自我得之，自我~之，無所恨。"《古詩十九首》："棄~勿復道，努力加餐飯。"韓愈《進學解》："貪多務得，細大不~。"注意：近代的"捐款""捐稅"的"捐"都是從"放棄"的意義引申出來的，但是古代的"捐"祇當"放棄"講，不當"捐款""捐稅"講。

［辨］棄，委，捐。這三個字是同義詞，所以產生雙音詞"委棄""棄捐"。"棄"字比較常用，它表示把自己的東西拋棄了，有"扔掉"的意思。"委"有"拋開"的意思，故引申爲"委託"。在放棄的意義上，捐跟"棄"沒有什麼分別。

495.【詳】

（一）詳細，詳盡。《孟子·離婁下》："博學而~說之。"又《萬章下》："其~不可得聞也。"《史記·淮陰侯列傳》："願足下~察之。"引申爲詳細地知道。歐陽修《瀧岡阡表》："吾耳熟焉，故能~也。""未詳"二字連用，表示不知道底細。《水經注·廬江水》："言其上有玉膏可採，所未~也。"

（二）讀 yáng，假裝。《史記·項羽本紀》："見使者，~驚愕。"

又《淮陰侯列傳》:"於是信張耳~棄旗鼓走水上軍。"又:"蒯通説不聽,已~狂爲巫。"這個意義又寫作"佯"。鄒陽《獄中上梁王書》:"是以箕子佯狂,接輿避世。"又寫作"陽"。《漢書·田儋傳》:"儋陽爲縛其奴。"

496.【詐】

不誠實,虛僞。《論語·子罕》:"久矣哉,由之行~也。"注意:"詐"常被認爲仁義的反面。賈誼《過秦論》中:"先~力而後仁義。"《史記·淮陰侯列傳》:"常稱義兵不用~謀奇計。"曾鞏《戰國策目錄序》:"謀~用而仁義之路塞。"又:"故論~之便而諱其敗。"引申爲説謊,騙。《史記·淮陰侯列傳》:"追信,~也。"又:"項王~阬秦降卒二十餘萬。"又:"吾悔不用蒯通之計,乃爲兒女子所~。"《後漢書·班超傳》:"乃召侍胡~之曰。"注意:古代沒有"騙"字,凡"騙"的意義都説成"詐"。

[辨]詐,僞。在不誠實的意義上,"詐"與"僞"是同義詞。但是"詐"常被當作仁義的反面來提,可見"詐"的意義較重。在"説謊"的意義上,祇能用"詐",不能用"僞"。

497.【與】

(一)給。跟"取"相對,又跟"奪"相對。《左傳·隱公元年》:"欲~大叔,臣請事之。"《史記·項羽本紀》:"則~斗卮酒。"又:"則~一生彘肩。"司馬遷《報任安書》:"臨財廉,取~義。"《世説新語·雅量》:"因嫁女~焉。"這個意義又寫作"予"。《史記·淮陰侯列傳》:"忍不能予。"《戰國策·趙策三》:"此彈丸之地猶不予也。""施與"二字連用,表示周濟別人。歐陽修《瀧岡阡表》:"汝父爲吏廉,而好施~。"

(二)偕同,結交,親附。《左傳·僖公三十年》:"失其所~,不知。"[~國]互相親善的國家。《孟子‧告子下》:"我能爲君約~國,戰必克。"

(三)讀yù,去聲。參加,參預。《左傳‧僖公三十二年》:"蹇叔之子~師。"《史記‧魏其武安侯列傳》:"且灌夫何~也?"這個意義又寫作"預"。杜甫《諸將》詩:"朝廷袞職雖多預,天下軍儲不自供。"

(四)連詞。和。《尚書‧金縢》:"我其以璧~珪,歸俟爾命。"(俟sì:等待。)《左傳‧成公三年》:"晉人歸楚公子穀臣~連尹襄老之尸於楚。"又介詞。跟,同。《左傳‧僖公四年》:"齊侯陳諸侯之師,~屈完乘而觀之。"《孟子‧滕文公上》:"何爲紛紛然~百工交易?"[~其]表示比較。《論語‧八佾》:"禮~其奢也,寧儉。"

(五)讀yú,陽平聲。語氣詞。表示疑問。《論語‧憲問》:"管仲非仁者~?"這個意義後來寫作"歟"。陶潛《五柳先生傳》:"無懷氏之民歟? 葛天氏之民歟?"(無懷氏、葛天氏:都是傳説中古帝王的名號。)

498.【奪】

奪去。《史記‧淮陰侯列傳》:"即其臥内,上~其印符。""奪"常用於抽象的意義,表示一種强迫的行爲。《孟子‧梁惠王上》:"百畝之田,勿~其時。"李密《陳情表》:"舅~母志。"鄒陽《獄中上梁王書》:"不~乎衆多之口。"又杜甫《自京赴奉先縣詠懷五百字》詩:"葵藿傾太陽,物性固莫~。"江淹《別賦》:"使人意~神駭,心折骨驚。"

499.【至】

(一)到。《戰國策‧齊策四》:"孟嘗君就國於薛,未~百里,民扶老攜幼,迎君道中。""至"又用於抽象意義,表示到某時。《老子》八十章:"民~老死不相往來。"李密《陳情表》:"臣無祖母,無以～今日。"[～若][～如]至於。江淹《別賦》:"～若龍馬銀鞍,朱軒繡軸。"又:"～如一赴絕國,詎相見期?"

(二)達到極點的,最完善的,最大的。《孝經·開宗明義章》:"先王有～德要道。"《莊子·逍遙遊》:"此亦飛之～也。"杜甫《自京赴奉先縣詠懷五百字》詩:"臣如忽～理,君豈棄此物?"蘇軾《賈誼論》:"君子之愛其身,如此其～也。"引申爲副詞。極,最。賈誼《論積貯疏》:"古之治天下,～孅～悉也。"李密《陳情表》:"今臣亡國賤俘,～微～陋。"現代有成語"～少"。

[辨]至,到。在"到"的意義上,"至"和"到"是同義詞,但"至"往往不帶賓語,義近"來";"到"往往帶賓語。

500.【止】

(一)站住,不走了。跟"行"相對。《孟子·梁惠王上》:"或百步而後～,或五十步而後～。"枚乘《上書諫吳王》:"人性有畏其景而惡其迹者,卻背而走,迹愈多,景愈疾,不如就陰而～,景滅迹絕。""止"又用於使動意義,表示阻止。《史記·項羽本紀》:"交戟之衛士欲～不内。"又表示留住。《論語·微子》:"～子路宿。"又爲停留。《詩經·秦風·黃鳥》:"交交黃鳥,～于棘。"又爲停止。《莊子·馬蹄》:"爭歸於利,不可～也。"又比喻不做官。《孟子·公孫丑上》:"可以仕則仕,可以～則～。"

(二)副詞。僅(後起義)。杜甫《無家別》詩:"内顧無所攜,近行～一身。"

(三)語氣詞。《詩經·召南·草蟲》:"亦既見～,亦既覯～,我心則降。"

501.【寤】

(一)睡醒。《詩經·周南·關雎》:"窈窕淑女,～寐求之。"蘇軾《後赤壁賦》：“道士顧笑，予亦驚~。”引申爲醒悟，覺悟。《漢書·霍光傳》：“主人乃~而請之。”鄒陽《獄中上梁王書》：“是使荊軻衞先生復起，而燕秦不~也。”又：“是以聖王覺~。”曾鞏《戰國策目録序》：“其爲世之大禍明矣，而俗猶莫之~也。”按：“覺悟”的意義後來一般寫作“悟”。

（二）通“牾”（wǔ）。逆。《左傳·隱公元年》：“莊公~生。”

502.【寐】

睡着。《詩經·周南·關雎》：“寤~求之。”曹植《洛神賦》：“夜耿耿而不~。”李華《弔古戰場文》：“寢~見之。”

[辨]寢，臥，眠，寐，睡。“寢”指在牀上睡覺，或病人躺在牀上。“寢”可以是睡着，也可以是没有睡着。《國語·晉語一》：“歸寢不寐。”《公羊傳·僖公二年》：“寡人夜者寢而不寐。”就是指没有睡着。“臥”是靠着几（一種矮桌子）睡覺，所以《孟子·公孫丑下》說：“坐而言，不應，隱几而臥。”“眠”是閉上眼睛，原寫作“瞑”。《莊子·德充符》：“倚樹而吟，據槁梧而瞑。”“睡”是“坐寐”，即坐着打瞌睡，與“寢”不同。《戰國策·秦策一》：“讀書欲睡，引錐自刺其股。”《史記·商君列傳》：“衞鞅語事良久，孝公時時睡，弗聽。”假寐則是不脱衣冠而睡。《左傳·宣公二年》：“尚早，坐而假寐。”到了中古以後，詞義有了變化，“睡”即等於“寐”。如杜甫《彭衙行》：“衆雛爛漫睡，喚起霑盤餐。”

503.【恨】

引爲憾事，感到遺憾。《史記·淮陰侯列傳》：“大王失職入漢中，秦民無不~者。”又：“信言~不用蒯通計。”又《魏其武安侯列傳》：“~相知晚也。”楊惲《報孫會宗書》：“然竊~足下不深惟其終始，而猥隨俗之毁譽也。”諸葛亮《出師表》：“未嘗不歎息痛~

於桓靈也。"（痛：痛心。恨：感到遺憾。）陶潛《自祭文》："余今斯化，可以無~。"歐陽修《瀧岡阡表》："求其生而不得，則死者與我皆無~也。"杜甫《八陣圖》詩："遺~失吞吳。"杜牧《泊秦淮》詩："商女不知亡國~。"注意：古代的"恨"字不當"仇恨""懷恨在心"講。

［辨］憾，恨，怨。"憾"和"恨"是同義詞：先秦一般衹用"憾"，漢代以後多用"恨"。"恨"和"怨"不是同義詞："恨"淺而"怨"深。"怨"纔是"懷恨在心"，纔是"仇恨"。《史記·淮陰侯列傳》："二人相怨。"又《魏其武安侯列傳》："武安由此大怨灌夫魏其。"這些"怨"字都不能換成"恨"字。在上面"恨"字條所舉諸例中，"恨"字也都不能換成"怨"字。有時候，"怨恨"或"恨望"二字連用，那就當"懷恨"講。例如《漢書·霍光傳》："欲爲子弟得官，亦怨恨光。"又："宜見禹恨望深。"這是要分別來看的。

504.【驚】

馬因害怕狂奔起來。《戰國策·趙策一》："襄子至橋而馬~。"枚乘《上書諫吳王》："馬方駭，鼓而~之。"引申爲禽獸的驚。曹植《洛神賦》："翩若~鴻。"王勃《滕王閣序》："雁陣~寒。"又爲人的吃驚，因意料不到的事而心中震動。《漢書·霍光傳》："羣臣皆~鄂失色。"又："顯恐事敗，即具以實告光，光大~。"賈誼《論積貯疏》："安有爲天下阽危若是而上不~者！"引申爲情緒被觸動或擾亂（後起義）。陶潛《詠荊軻》詩："商音更流涕，羽奏壯士~。"杜甫《春望》詩："恨別鳥~心。"白居易《長恨歌》："聞道漢家天子使，九華帳裏夢魂~。"

［辨］驚，恐，畏，懼。這四個詞應該分爲兩類："恐""畏""懼"爲一類，"驚"自成一類。關於"畏"和"懼"的分別，已見於第一册

古漢語通論(三)。"恐"和"懼"是同義詞,但"恐"比"懼"更嚴重一些,常常用來表示大難臨頭,驚慌失措。《左傳‧僖公二十六年》:"室如縣罄,野無青草,何恃而不恐?"現代有雙音詞"恐怖"。"驚"的主要特點是突然的感受,它不一定表示恐懼。一種外界刺激,使人的内心動蕩,叫做驚。"羽奏壯士驚",不但不是怕,而且相反,壯士是被音樂激發了情緒,更加慷慨激昂了。這些意義都是"恐""畏""懼"所不具備的。

505.【冀】

(一)希望。《楚辭‧離騷》:"~枝葉之峻茂兮。"《漢書‧霍光傳》:"~其自新。"李密《陳情表》:"豈敢盤桓,有所希~?"

(二)古九州之一。在今河北山西二全省,及遼寧省遼河以西,河南省黃河以北。

506.【貴】

物價高。跟"賤"相對。《左傳‧昭公三年》:"屨賤踊~。"(踊:刖足者的屨。)引申爲禄位高。《論語‧述而》:"不義而富且~,於我如浮雲。""貴"又用於使動意義,表示使居高位。《漢書‧霍光傳》:"羣兒自相~耳。"又引申爲重視,崇尚。《韓非子‧五蠹》:"富國以農,距敵恃卒,而~文學之士。"

507.【賤】

物價低。楊惲《報孫會宗書》:"方糴~販貴,逐什一之利。"杜甫《歲晏行》:"今年米~大傷農。"引申爲没有禄位,卑賤。李密《陳情表》:"猥以微~,當侍東宮。"又爲没有價值,微不足道。李華《弔古戰場文》:"威尊命~。"又爲以之爲賤,輕視。《戰國策‧齊策四》:"左右以君~之也,食以草具。"又謙詞,例如稱自己的私事爲"~事"。司馬遷《報任安書》:"又迫~事。"

508.【壯】

（一）壯年，指三十歲以上，未到老年。《左傳·僖公三十年》："臣之~也，猶不如人。"《漢書·霍光傳》："既~大，迺自知父爲霍中孺。"［丁~］適合服役年齡的男子。《史記·項羽本紀》："丁~苦軍旅，老弱罷轉漕。"

（二）强，健。《左傳·宣公十二年》："楚師方~。""壯"又用於意動，表示欽佩別人的勇敢或有氣概。《史記·淮陰侯列傳》："滕公奇其言，~其貌。"韓愈《送李愿歸盤谷序》："昌黎韓愈聞其言而~之。"

509.【大】

（一）大。跟"小"相對。《孟子·梁惠王上》："以小易~，彼惡知之？"《史記·淮陰侯列傳》："若雖長~，好帶刀劍，中情怯耳。"又副詞。大大地，非常，很。《漢書·霍光傳》："長主~以是怨光。"又："去病~爲中孺買田宅奴婢而去。"［~夫］古代官職，在卿之下，士之上。《漢書·霍光傳》："率三公九卿~夫定萬世册，以安社稷。"［~王］戰國時諸侯稱王，臣下尊稱之爲"~王"。《戰國策·魏策四》："~王嘗聞布衣之怒乎？"《史記·項羽本紀》："以待~王來。"［~人］（1）居高位的人。《孟子·滕文公上》："有~人之事，有小人之事。"又《盡心下》："説~人則藐之。"（2）有道德的人。《孟子·盡心上》："有~人者，正己而物正者也。"劉伶《酒德頌》："有~人先生。"（3）敬詞，指父母。《漢書·霍光傳》："去病不早自知爲~人遺體也。"古詩《爲焦仲卿妻作》："三日斷五匹，~人故嫌遲。"

（二）通"太"。《左傳·隱公元年》："~叔出奔共。"

510.【多】

（一）多。跟"寡"或"少"相對。《史記·淮陰侯列傳》："又自以爲功~,漢終不奪我齊。"又副詞。多數。《洛陽伽藍記・開善寺》:"王侯第宅~題爲寺。"

(二)稱贊。《史記・魏其武安侯列傳》:"士亦以此~之。"又:"上必~君有讓。"《漢書・霍光傳》:"衆庶莫不~光。"

511.【篤】

(一)厚。《詩經・唐風・椒聊》:"碩大且~。"《論語・泰伯》:"君子~於親。"引申爲純。《禮記・儒行》:"~行而不倦。"又爲固。《老子》十六章:"致虛極,守靜~。"柳宗元《答韋中立論師道書》:"僕道不~。"

(二)堅定。《論語・子張》:"信道不~。"用作狀語,表示堅定地。《論語・泰伯》:"~信好學。"《禮記・中庸》:"明辨之,~行之。"引申爲非常地,十分地。《晉書・溫嶠傳》:"實憑明公~愛。"《南史・文學傳・序》:"蓋由時主~好文章。"[~論]正確的言論。《文心雕龍・才略》:"未爲~論也。"

(三)重,特指病重。《漢書・霍光傳》:"地節二年春,病~。"李密《陳情表》:"臣欲奉詔奔馳,則劉病日~。"

512.【專】

專一,集中。《孟子・公孫丑上》:"管仲得君,如彼其~也。"又《告子上》:"不~心致志則不得也。"韓愈《精衛填海》詩:"我獨賞~精。"引申爲獨佔,獨裁。《左傳・莊公十年》:"衣食所安,弗敢~也,必以分人。"《漢書・霍光傳》:"光~權自恣。"又:"主弱臣强,~制擅權。"盧照鄰《長安古意》詩:"意氣由來排灌夫,~權判不容蕭相。"

513.【壹】

(一)專一,無二心。《左傳・成公十三年》:"以懲不~。"司馬遷《報任安書》:"務~心營職,以求親媚於主上。"("壹"字依《漢書》。)

(二)總。《漢書‧霍光傳》:"天子所以永保宗廟,總~海内者,以慈孝禮誼賞罰爲本。"又副詞。一切。《漢書‧霍光傳》:"政事~決於光。"

(三)萬一,如果。《漢書‧霍光傳》:"他人~間女,能復自救邪?"

514.【稍】

(一)副詞。漸。《史記‧項羽本紀》:"項王乃疑范增與漢有私,~奪之權。"司馬遷《報任安書》:"以~陵遲,至於鞭箠之間。"《漢書‧霍光傳》:"光薨後語~泄。""稍稍"二字疊用,等於現代的"漸漸"。《史記‧項羽本紀》:"漢王間往從之,~~收其士卒。"又《魏其武安侯列傳》:"坐乃起更衣,~~去。"注意:在上古漢語裏,"稍"字用作副詞時,都是"漸"的意思,不是"略"的意思。直到唐宋,一般還用這個意義。杜甫《課小豎鉏斫舍北果林》詩:"天涯~曛黑,倚杖更徘徊。"蘇軾《與述古自有美堂乘月夜歸》詩:"娟娟雲月~侵軒,激激星河半隱山。"

(二)副詞。稍微,略微(晚起義)。黃宗羲《原臣》:"其禮~優。"方苞《獄中雜記》:"邇年獄訟,情~重,京兆五城即不敢專決。"

515.【略】

(一)劃定疆界。《左傳‧昭公七年》:"天子經~。"引申爲疆界。《左傳‧僖公十五年》:"東盡虢~。"

(二)巡行。《左傳‧隱公五年》:"公曰:'吾將~地焉。'遂往。陳魚而觀之。"又《昭公二十四年》:"楚子爲舟師以~吳疆。"

(三)軍行異域强取〔財物〕。《左傳‧宣公十五年》:"晉侯治

兵於稷,以~狄土。"《淮南子·兵略》:"古之用兵者,非利土壤之
廣,而貪金玉之~。"雙音詞有"侵~"。引申爲搶劫,掠奪。《漢
書·霍光傳》:"使從官~女子。"又《龔遂傳》:"勃海又多劫~。"這
個意義後來又寫作"掠"。《後漢書·班超傳》:"因縱兵鈔掠。"
(鈔:義同"掠"。)杜牧《阿房宮賦》:"取掠其人。"

(四)道術。《漢書·藝文志》:"若能修六藝之術,而觀此九家
之言,舍短取長,則可以通萬方之~矣。"

(五)才略,智謀。《史記·淮陰侯列傳》:"此所謂功無二於天
下,而~不世出者也。"蘇洵《六國論》:"燕趙之君始有遠~。"今成
語有"雄才大~"。

(六)大概,概要。《孟子·滕文公上》:"此其大~也。"又《萬
章下》:"然而軻也嘗聞其~也。"現代有雙音詞"要略"。引申爲簡
略。跟"繁"或"詳"相對。《文心雕龍·鎔裁》:"謂繁與~,隨分所
好。"又《物色》:"~語則闕,詳說則繁。"引申爲略去不載。蕭統《文
選序》:"自非~其蕪穢,集其清英,蓋欲兼功,太半難矣。"又:"又
以~諸。"現代有雙音詞"省~"。

(七)副詞。大致,稍微。《史記·項羽本紀》:"~知其意。"司
馬遷《報任安書》:"書不能悉意,~陳固陋。""略無"二字連用,表示
毫無。《水經注·江水》:"兩岸連山,~無闕處。"杜甫《舟中苦熱遣
懷》詩:"王室不肯微,凶徒~無憚。"注意:"略無"不應該解作"稍微
沒有"。

[辨]稍,略,頗。在上古時代,"稍"表示"漸"的意思,跟"略"
截然不同。"頗"在漢代也不常常表示"稍微",有時候卻被用來表
示極度。"頗有"即表示"多有",例如樂府《陌上桑》:"鬑鬑(lián
lián)~有鬚。"這樣,通常表示"稍微"的意義的,就衹有一個"略"

字了。

516.【輒】(輙)

（一）副詞。表示每次都是那樣。《史記‧項羽本紀》："楚挑戰三合，樓煩~射殺之。"《漢書‧霍光傳》："光時休沐出，桀~入代光決事。"引申爲就一定，就。韓愈《進學解》："動~得咎。"柳宗元《答韋中立論師道書》："今之世不聞有師。有，~譁笑之。"歐陽修《醉翁亭記》："飲少~醉。"

（二）專擅。《晉書‧劉弘傳》："甘受專~之罪。"

517.【猶】

（一）同，如同。《詩經‧召南‧小星》："寔命不~。"《論語‧顏淵》："虎豹之鞹~犬羊之鞹。"

（二）副詞。尚且，還(hái)。《論語‧微子》："往者不可諫，來者~可追。"李密《陳情表》："凡在故老，~蒙矜育。"

（三）[~與][~豫]遲疑不決的樣子。《史記‧淮陰侯列傳》："韓信~豫，不忍倍漢。"

[辨]猶，尚。在"尚且"的意義上，二者是同義詞，所以二字常連用，説成"尚猶"或"猶尚"。

518.【陰】

（一）山北爲陰，水南爲陰。《詩經‧大雅‧公劉》："相其~陽。"（觀察山北和山南。）按：地名第二字用"陰"的，一般都來自這個意義，如華陰在華山之北，江陰在長江之南。

（二）没有日光，陰天。《詩經‧豳風‧鴟鴞》："迨天之未~雨。"引申爲陽光照不到的地方。枚乘《上書諫吳王》："不如就~而止，景滅迹絶。"周邦彦《蘭陵王》詞："柳~直。"又《滿庭芳》詞："午~嘉樹清圓。"[光~]原指陽光和陰影，引申爲時間。江淹《別賦》:"明月白露,光~往來。"

(三)副詞。暗中,暗地裏。《韓非子·説難》:"若説之以厚利,則~用其言而顯棄其身。"《史記·淮陰侯列傳》:"~使人至豨所。"《漢書·霍光傳》:"~與車騎將軍張安世圖計。"

(四)哲學名詞。在古代哲學中,陰陽指兩種對立的事物。例如日月、男女、寒暑、清濁、盛衰、生死,都被視爲陰陽。《莊子·天運》:"一清一濁,~陽調和。"

519.【陽】

(一)山南爲陽,水北爲陽。《詩經·大雅·公劉》:"相其陰~。"又《秦風·渭陽》:"我送舅氏,曰至渭~。"韓愈《送李愿歸盤谷序》:"太行之~有盤谷。"蘇軾《喜雨亭記》:"雨麥於岐山之~。"按:地名第二字用"陽"的,一般都來自這個意義,如衡陽在衡山之南,洛陽在洛水之北。

(二)日光。《詩經·小雅·湛露》:"匪~不晞。"(匪:非。晞xī:乾。)

(三)表面上,假裝。《韓非子·説難》:"而説之以名高,則~收其身而實疏之。"鄒陽《獄中上梁王書》:"是以箕子~狂,接輿避世。"(陽字據李善本文選。)這個意義又寫作"佯""詳"。參看"詳"字條。

(四)哲學名詞。見"陰"字條。

520.【休】

(一)休息。《詩經·周南·漢廣》:"南有喬木,不可~息。"歐陽修《醉翁亭記》:"行者~於樹。"[~沐]原意是休息沐浴,實指休假。《漢書·霍光傳》:"光時~沐出。"引申爲退職,不再做官。杜甫《旅夜書懷》詩:"官應老病~。"

（二）喜慶。跟"咎"相對。《詩經·大雅·民勞》："以爲王~。"今成語有"~戚相關"。又爲美善。《左傳·宣公三年》："德之~明,雖小,重也。"

（三）完了。杜甫《天育驃騎歌》："時無王良伯樂死即~。"李商隱《馬嵬》詩："他生未卜此生~。"

（四）副詞。別,不要。杜甫《歲晏行》："汝~枉殺南飛鴻。"

521.【咎】

（一）災禍。跟"休"相對。《史記·淮陰侯列傳》："蓋聞天與弗取,反受其~。"賈誼《弔屈原賦》："嗟苦先生,獨離此~兮。"

（二）罪過。諸葛亮《出師表》："若無興德之言,則責攸之、褘、允之慢,以彰其~。"李華《弔古戰場文》："殺之何~?"韓愈《進學解》："動輒得~。"引申爲責怪。《論語·八佾》："既往不~。"王安石《遊褒禪山記》："或~其欲出者。"

522.【機】

（一）發動弩的機關。（弩是用機關發射的弓。）《周易·繫辭上》："言行君子之樞~。"（樞:門上的轉軸。）《莊子·齊物論》："其發若~栝。"（栝 guā:箭的尾端。）《淮南子·原道》："其用之也若發~。"《史記·淮陰侯列傳》："計者,事之~也。"引申爲機巧。《文心雕龍·麗辭》："然契~者入巧,浮假者無功。"

（二）事情未發生時,可以預見的迹象。這個意義本作"幾"。後來又寫作"機",如"知幾"作"知機"。《周易·繫辭下》："知幾其神乎。"《說文繫傳》引作"知機"。又:"君子見幾而作。""見幾"也可以寫成"見機"。

（三）事務。僅見於"萬~"。表示天子所處理的萬事。《漢書·霍光傳》："光自後元秉持萬~。"（霍光攝政,所以稱萬機。）按:

《尚書·皋陶謨》有"一日二日萬幾"。

(四)織布的機。《古詩十九首》："纖纖擢素手,札札弄~杼。"《後漢書·列女傳》:"此織生於纍繭,成於~杼。"(杼:持經之具。)

523.【要】

(一)讀 yāo,陰平聲。古"腰"字。《墨子·兼愛中》:"昔楚靈王好士細~。"《漢書·霍光傳》:"敢泄言~斬。"又:"禹~斬,顯及諸女昆弟皆棄市。"[~領](1)腰和脖子。古代有腰斬和斬首的刑罰,所以"要"和"領"並舉。《禮記·檀弓下》:"是全~領以從先大夫於九京也。"(九京:即九泉,指地下。)(2)衣腰和衣領,比喻主要的情況。《漢書·張騫傳》:"騫自月支至大夏,竟不能得月支~領。"今成語有"不得要~"。在"要領"的第二義上,"要"字今讀去聲。

(二)也讀 yāo。在半路上攔住。《孟子·公孫丑下》:"使數人~於路。"又《萬章上》:"將~而殺之。"《後漢書·班超傳》:"乃遣兵數百於東界上~之。"這個意義又寫作"邀"。《晉書·陶潛傳》:"王弘令潛故人齎酒於半道邀之。"引申爲邀請。《詩經·鄘風·桑中》:"期我乎桑中,~我乎上宮,送我乎淇之上矣。"陶潛《桃花源記》:"便~還家。"杜甫《寒食》詩:"田父~皆去。"也寫作"邀"。杜甫《遭田父泥飲》詩:"田翁逼社日,邀我嘗春酒。"

(三)讀 yāo。求得,設法獲得。《孟子·公孫丑上》:"非所以~譽於鄉黨朋友也。"今有雙音詞"~求"。

(四)讀 yāo。要挾。《論語·憲問》:"雖曰不~君,吾不信也。"賈誼《過秦論》下:"章邯因以三軍之衆~市於外。"今有雙音詞"~挾"。又爲要求。《史記·文帝本紀》:"帝欲自將擊匈奴,羣臣諫,皆不聽。皇太后固~帝,帝乃止。"

（五）讀 yào。名詞。要點，基本的東西。《莊子·天道》："願聞其~。"《漢書·藝文志》："然後知秉~執本。"又："合其~歸，亦六經之支與流裔。"韓愈《進學解》："記事者必提其~。"又形容詞。簡要的。《文心雕龍·情采》："故爲情者~約而寫真，爲文者淫麗而煩濫。"又《鎔裁》："精論~語，極略之體。"〔~害〕有戰略價值的〔地方〕。賈誼《過秦論》上："守~害之處。"又爲精要，關鍵。《文心雕龍·物色》："且詩騷所標，並據~害。"〔~之〕總之，概括地説。司馬遷《報任安書》："~之，死日然後是非乃定。"

注意：上古"要"字一般不當"需要""想要"講，中古以後的文言文也很少當"需要""想要"講。古人於"想要"意義上説"欲"。

524.【祖】

（一）祖先。自父之父以上都稱祖。《漢書·霍光傳》："人道親親，故尊~；尊~，故敬宗。"又特指父之父。《荀子·成相》："下以教誨子弟，上以事~考。"（考：父親。）

（二）動詞。效法，宗奉。《史記·韓世家》："秦王必~張儀之故智。"《漢書·藝文志》："~述堯舜。"《宋書·謝靈運傳·論》："莫不同~風騷。"

（三）動詞。祭路神。《左傳·昭公七年》："夢襄公~。"陶潛《自祭文》："同~行於今夕。"韓愈《送楊少尹序》："於時公卿設供帳，~道都門外。"引申爲餞別。杜甫《許生處乞維摩圖樣》詩："~席倍輝光。"

525.【賓】

（一）賓客。《詩經·小雅·鹿鳴》："我有嘉~。"

（二）服。《國語·楚語上》："其不~也久矣。"〔~服〕也就是服。《漢書·霍光傳》："四夷~服。"

526.【郎】

(一)官名。有侍郎、中郎、郎中等。統稱爲"郎"。《史記·魏其武安侯列傳》："蚡爲諸~,未貴。"《漢書·霍光傳》："時年十餘歲,任光爲~。"又:"上迺賜福帛十疋,後以爲~。"李密《陳情表》:"歷職~署。"又有分別指稱的。揚雄《解嘲》:"然而位不過侍~。"

(二)少年男子的美稱。《世説新語·雅量》:"王家諸~亦皆可嘉。"引申爲婦女稱其所愛的男子。《子夜歌》:"始欲識~時,兩心望如一。"劉禹錫《竹枝詞》:"楊柳青青江水平,聞~江上踏歌聲。"

527.【男】

(一)形容詞。男性的。《詩經·小雅·斯干》:"乃生~子。"韓愈《柳子厚墓誌銘》:"子厚有子~二人。"

(二)兒子。《漢書·霍光傳》:"武帝六~,獨有廣陵王胥在。"

528.【部】

(一)動詞。統率。《史記·項羽本紀》:"漢王~五諸侯兵凡五十六萬人,東伐楚。"[~勒]指揮。《史記·項羽本紀》:"陰以兵法~勒賓客及子弟。"《後漢書·班超傳》:"密召諸~勒兵雞鳴馳赴莎車營。"(莎車:漢時西域國名。)[~署]布置,安排。《史記·項羽本紀》:"梁~署吳中豪傑爲校尉、侯、司馬。"又《淮陰侯列傳》:"遂聽信計,~署諸將所擊。"又:"~署已定。"

(二)部隊。《三國志·吳書·周瑜傳》:"瑜爲前~大督。"

(三)部分,門類。《説文解字·序》:"分別~居。"

529.【曹】

(一)左右曹,加官之一種。《漢書·霍光傳》:"稍遷諸~侍中。"又《李廣蘇建傳》:"復爲右~典屬國。"引申爲尚書省的各部門。《後漢書·百官志》：“成帝初置尚書四人，分爲四~。”［功~］主管祭祀、學校、選舉等事的部門。《後漢書·范滂傳》：“請署功~，委任政事。”

（二）等輩，儕類。一般祇用於“吾~”“汝~”“卿~”等，略等於現代的“我們”“你們”等。《漢書·霍光傳》：“女~不務奉大將軍餘業。”《後漢書·班超傳》：“卿~與我俱在絕域。”又爲羣。杜甫《曲江》詩：“哀鳴獨叫求其~。”

530.【鄰】

（一）五家爲鄰。《論語·雍也》：“原思爲之宰，與之粟九百，辭。子曰：‘毋！以與爾~里鄉黨乎？’”（二十五家爲里，萬二千五百家爲鄉，五百家爲黨。）《孟子·離婁下》：“鄉~有鬥者。”

（二）住處接近的家或國。《孟子·滕文公下》：“今有人日攘其~之雞者。”《左傳·僖公三十年》：“~之厚，君之薄也。”又形容詞。《孟子·梁惠王上》：“~國之民不加少。”《漢書·霍光傳》：“於是殺牛置酒，謝其~人。”

531.【里】

（一）二十五家爲里。里是一個住宅區，里有里門。《詩經·鄭風·將仲子》：“無踰我~。”《漢書·霍光傳》：“鄰~共救之。”鄒陽《獄中上梁王書》：“~名勝母，曾子不入。”引申爲一般的鄉里，里巷。江淹《別賦》：“離邦去~。”韓愈《柳子厚墓誌銘》：“平居~巷相慕悅。”

（二）量地的單位。上古以三百步爲一里（六尺爲一步）。司馬遷《報任安書》：“轉鬥千~。”

532.【獄】

（一）官司，訴訟。《詩經·召南·行露》：“何以速我~？”《左傳·莊公十年》：“小大之～，雖不能察，必以情。”賈誼《治安策序》：“百姓素樸，～訟衰息。”孔稚珪《北山移文》：“每紛綸於折～。”歐陽修《瀧岡阡表》：“此死～也。”“獄掾”“獄吏”都指處理訴訟的官。《史記·項羽本紀》：“乃請蘄～掾曹咎書抵櫟陽～掾司馬欣。”又《魏其武安侯列傳》：“此一～吏所決耳。”

（二）監牢。《詩經·小雅·小宛》：“哀我填寡，宜岸宜～。”《漢書·霍光傳》：“縛嘉繫～。”楊惲《報孫會宗書》：“妻子滿～。”

533.【闕】

（一）讀 què。城門兩邊的高臺和建築物。《詩經·鄭風·子衿》：“在城～兮。”又特指王宮門前兩邊的觀闕（中間爲通道）。《左傳·莊公二十一年》：“鄭伯享王于～西辟。”（西辟：西邊。）自有皇帝後，闕指皇宮的闕。鄒陽《獄中上梁王書》：“安有盡忠信而趨～下者哉？”楊惲《報孫會宗書》：“身幽北～。”皇宮的闕又叫“象魏”，因此亦稱“魏～”。《呂氏春秋·審爲》：“身在江海之上，心居乎魏～之下。”孔稚珪《北山移文》：“雖情投於魏～。”“城闕”連用時指京城。王勃《送杜少府之任蜀州》詩：“城～輔三秦。”杜甫《自京赴奉先縣詠懷五百字》詩：“鞭撻其夫家，聚歛貢城～。”引申爲豁口。《水經注·江水》：“自三峽七百里中，兩岸連山，略無～處。”

（二）讀 què。缺點。《詩經·大雅·烝民》：“袞職有～，維仲山甫補之。”司馬遷《報任安書》：“次之又不能拾遺補～。”嵇康《與山巨源絕交書》：“吾不如嗣宗之賢，而有弛慢之～。”用作動詞時，表示使虧損。《左傳·僖公三十年》：“若不～秦，將焉取之？”

（三）讀 jué。挖掘。《左傳·隱公元年》：“若～地及泉。”

[辨]闕，缺。“闕”的本義是宮闕，“缺”的本義是器破。“闕”的(一)(三)兩義絕對不能寫作“缺”。第二義原則上與“缺”相通，但是習慣上也不寫作“缺”。

534.【祠】

(一)動詞。春祭。《詩經·小雅·天保》：“禴~烝嘗。”（禴：夏祭。烝：冬祭。嘗：秋祭。）引申爲祭。《漢書·霍光傳》：“以三太牢~昌邑哀王園廟。”又：“吏卒奉~焉。”

(二)祠堂。杜甫《詠懷古迹》詩：“武侯~屋長鄰近。”又《奉送崔都水翁下峽》詩：“白狗黃牛峽，朝雲暮雨~。”

535.【第】

(一)次第，次序。《左傳·哀公十六年》：“楚國~，我死，令尹司馬，非勝而誰？”（楚國第：依照楚國的選官用人的次序。）又爲動詞。排次序。《史記·蕭相國世家》：“平陽侯曹參身被七十創，攻城略地，功最多，宜~一。”（應該排在一。）再引申爲序數的詞頭，如“第一”“第九”等。

(二)大宅子。《漢書·霍光傳》：“甲~一區。”又：“顯夢~中井水溢流庭下。”

(三)科第，科舉榜上的次第。韓愈《柳子厚墓誌銘》：“能取進士~。”今有“及~”。

(四)副詞。祇管。《史記·陳丞相世家》：“陛下~出偽游雲夢。”

536.【屏】

(一)國君宮門內當門的小牆。《後漢書·包咸傳》：“每進見，錫以几杖，入~不趨。”引申爲板製的擋子，其作用是不讓外面的人看見裏面。杜甫《李監宅》詩：“~開金孔雀，褥隱繡芙蓉。”

(二)讀 bǐng,上聲。排除,除去。《論語·堯曰》:"尊五美,~四惡。"《漢書·霍光傳》:"古者廢放之人~於遠方。"《文心雕龍·情采》:"正采耀乎朱藍,間色~於紅紫。"引申爲讓左右侍從的人走開。《史記·魏公子列傳》:"乃~人間語。"又爲退隱。《史記·魏其武安侯列傳》:"魏其謝病,~居藍田南山之下數月。"

537.【帳】

(一)帳幕,特指軍用的帳篷。《史記·項羽本紀》:"即其~中斬宋義頭。"高適《燕歌行》:"戰士軍前半死生,美人~下猶歌舞。"用作動詞時,指準備宴飲用的帷帳。《史記·魏其武安侯列傳》:"請語魏其侯~具。"又特指餞行宴飲的帷帳。江淹《別賦》:"~飲東都,送客金谷。"柳永《雨霖鈴》詞:"都門~飲無緒。"引申爲牀上的帳。孔稚珪《北山移文》:"蕙~空兮夜鶴怨。"

(二)計算的簿子,銀錢出入的記錄(後起義)。《隋書·高帝本紀》:"凡是軍人,可悉屬州縣,墾田籍~,一與民同。"這個意義後來又寫作"賬"。

538.【壁】

(一)牆。《史記·司馬相如列傳》:"家居徒四~立。"柳宗元《永州韋使君新堂記》:"宗元請志諸石,措諸~。"引申爲陡峭的山崖。《水經注·廬江水》:"高~緬然。"(緬然:高而遠的樣子。)

(二)壁壘,軍營的圍牆。《史記·淮陰侯列傳》:"趙見我走,必空~逐我。"又《魏其武安侯列傳》:"吾益知吳~中曲折,請復往。"

539.【案】

(一)木製的托盤,有腳,用來盛食物。《史記·萬石君列傳》:"對~不食。"《後漢書·梁鴻傳》:"每歸,妻爲具食,不敢於鴻前仰視,舉~齊眉。”鮑照《擬行路難》詩:“對~不能食,拔劍擊柱長歎息。”

(二)几之一種,即矮小的方桌。《三國志·吳書·周瑜傳》注引《江表傳》:“孫權拔刀斫前奏~曰:‘諸將復有言迎曹者,與此~同。’”

(三)官府的文書,案卷。《隋書·劉炫傳》:“故諺云:老吏報~死。”劉禹錫《陋室銘》:“無~牘之勞形。”

(四)向下壓。《史記·魏其武安侯列傳》:“~灌夫項,令謝。”引申爲按下不用。《史記·淮陰侯列傳》:“莫如~甲休兵。”

(五)按察,查辦。《史記·魏其武安侯列傳》:“灌夫家在潁川,橫甚,民苦之。請~!”引申爲考察。《論衡·問孔》:“~聖賢之言,上下多相違。”

(四)(五)兩個意義都可以寫成“按”。

540.【字】

(一)生子。《周易》屯卦:“女子貞不~。”引申爲撫育,撫養。《尚書·康誥》:“父不能~厥子。”《左傳·成公十一年》:“又不能~人之孤而殺之。”

(二)文字。《漢書·劉歆傳》:“分文析~。”按:獨體爲文,合體爲字。在一般的用法上,“文”和“字”不再分別。《漢書·藝文志》:“說五~之文,至於二三萬言。”

(三)表字。這是人名之一種。上古時代,男子生下來三個月父親就給命名。到了二十歲,舉行冠禮時,再給他一個字。從此以後,衹有君父和尊長以及他自稱時稱名,卑輩和平輩對他衹能稱字,不能稱名。男子既有名,又有字,中國這個習俗貫串整個封建社會。《漢書·霍光傳》:“霍光,~子孟。”

541.【畫】

（一）劃分界限。《左傳·襄公四年》：“茫茫禹迹，～爲九州。”司馬遷《報任安書》：“故士有～地爲牢，勢不可入。”引申爲劃定界限，不再前進。《論語·雍也》：“力不足者，中道而廢；今女～。”這個意義現在寫作“劃”，又簡化爲“划”。

（二）計劃，籌劃。動詞。《韓非子·外儲説左上》：“客有爲齊王～者，齊王問曰：‘～孰最難者？’”鄒陽《獄中上梁王書》：“衞先生爲秦～長平之事。”揚雄《解嘲》：“留侯～策，陳平出奇。”又名詞。鄒陽《獄中上梁王書》：“此二人者，皆信必然之～。”《史記·淮陰侯列傳》：“言不聽，～不用。”這個意義現在也寫作“劃”，又簡化爲“划”。

（三）圖畫。動詞。《莊子·田子方》：“宋元君將～圖，衆史皆至……公使人視之，則解衣般礴，贏（裸），君曰：‘可矣，是真～者矣。’”《漢書·霍光傳》：“上迺使黃門～者～周公負成王朝諸侯以賜光。”又名詞。《漢書·霍光傳》：“君未諭前～意邪？”

舊時於第一、二兩義讀入聲，第三義讀去聲，今普通話無別。

542.【項】

（一）脖子的後部。《史記·魏其武安侯列傳》：“案灌夫～，令謝。”《後漢書·楊震傳》：“卿强～，真楊震子孫。”又《左雄傳》：“監司～背相望。”

（二）條目（後起義）。《宋史·兵志》：“願應募爲部領人者，逐～名目，權攝部領。”

[辨]領，項，頸。“領”是脖子的通稱，“項”是脖子的後部，“頸”是脖子的前部。《史記·張耳陳餘列傳》：“兩人相與爲刎頸之交。”“刎頸”不能説成“刎項”或“刎領”。後代“頸”字也變成了

脖子的通稱。

543.【乳】

（一）動詞。生子。《禮記・月令》："〔季冬之月〕雁北鄉，鵲始巢，雉雊，雞~。"（雊 gòu：雉鳴。）《漢書・李廣蘇建傳》："乃徙武北海上無人處，使牧羝，羝~乃得歸。"（武：蘇武。羝 dǐ：公羊。）《論衡・氣壽》："婦人疏字者子活，數~者子死。"（"字"與"乳"對文，"字"也是生子。）"乳"用作定語，表示剛生子的（多指獸類）。《莊子・盜跖》："案劍瞋目，聲如~虎。"《荀子・榮辱》："~彘觸虎，~狗不遠遊。"（狗：同"狗"。）又表示產科的。《漢書・霍光傳》："私使~醫淳于衍行毒藥殺許后。"

（二）乳汁。《漢書・高帝紀》："是口尚~臭，不能當韓信。"《魏書・王琚傳》："常飲牛~，色如處子。"又動詞，表示哺乳，喂奶。《左傳・宣公四年》："虎~之。"《漢書・張騫傳》："還見狼~之。"〔~母〕奶媽。《荀子・禮論》："~母，飲食之者也。"

（三）乳房。《莊子・徐无鬼》："~閒股腳。"《白虎通・聖人》："文王四~。"

（四）初生的〔鳥〕（後起義）。鮑照《詠採桑》詩："~燕逐草蟲。"蘇軾《賀新郎》詞："~燕飛華屋。"

544.【體】

（一）身體的各部分，如頭、手、足、肩、背、股等。《孟子・公孫丑上》："子夏、子游、子張皆有聖人之一~，冉牛、閔子、顏淵則具~而微。"（具體：具備所有身體的各部分。）《史記・項羽本紀》："王翳取其頭……最其後郎中騎楊喜、騎司馬呂馬童、郎中呂勝、楊武各得其一~；五人共會其~，皆是。"作動詞時，表示把身體各部分分解開，肢解。《禮記・禮運》："~其犬豕牛羊。"又特指手足。《論語·微子》:"四~不勤。"《文心雕龍·麗辭》:"造化賦形,支~必雙。"(支:肢。)引申爲泛指身體。《孟子·告子下》:"勞其筋骨,餓其~膚。"《漢書·霍光傳》:"去病不早自知爲大人遺~也。"[一~]略等於現代的"一樣"。司馬遷《報任安書》:"古今一~,安在其不辱也?"

(二)形狀,形體。《周易·繫辭上》:"故神無方而易無~。"引申爲徵兆,迹象。《詩經·衛風·氓》:"爾卜爾筮,~無咎言。"(體:卦體,卦象。)

(三)體制,體裁。《宋書·謝靈運傳·論》:"自漢至魏,四百餘年,辭人才子,文~三變。"蕭統《文選序》:"古詩之~,今則全取賦名。"

(四)動詞。設身處其間來分析,體察。《禮記·中庸》:"敬大臣也,~羣臣也。"又:"~羣臣,則士之報禮重。"後來的"~會""~諒""~恤"等義,由此引申出。

545.【意】

(一)名詞。意思。《楚辭·卜居》:"用君之心,行君之~。"《史記·魏其武安侯列傳》:"或聞上無~殺魏其。"

(二)動詞。料想,猜測。《史記·項羽本紀》:"然不自~能先入關破秦。"《列子·説符》:"人有亡鈇者,~其鄰之子。"楊惲《報孫會宗書》:"豈~得全其首領,復奉先人之丘墓乎?"柳宗元《答韋中立論師道書》:"不~吾子自京師來蠻夷間,乃幸見取。"李商隱《安定城樓》詩:"不知腐鼠成滋味,猜~鵷雛竟未休!"[~者]表示我想大概是。《莊子·天運》:"~者其運轉而不能自止邪?"《荀子·天道》:"~者身不敬與?"

古漢語通論

（十九）古代文化常識（甲）

天文，曆法，樂律

天文

在上古時代，人們把自然看得很神秘，認爲整個宇宙有一個至高無上的主宰，就是帝或上帝。在上古文獻裏，天和帝常常成爲同義詞。古人又認爲各種自然現象都有它的主持者，於是把它們人格化了，並賦予一定的名字，例如風師謂之飛廉，雨師謂之萍翳（屏翳），雲師謂之豐隆，日御謂之羲和，月御謂之望舒①，等等，就是這種觀念的反映。這些帶有神話色彩的名字，爲古代作家所沿用，成了古典詩歌辭賦中的辭藻。這是一方面。另一方面，我國是世界上最早進入農耕生活的國家之一，農業生產要求有準確的農事季節，所以古人觀測天象非常精勤，這就促進了古代天文知識的發展。根據現有可信的史料來看，殷商時代的甲骨刻辭早就有了某些星名和日食、月食的記載，《尚書》《詩經》《春秋》《左傳》《國語》《爾雅》等書有許多關於星宿的敘述和豐富的天象記錄，《史記》有《天官書》，《漢書》有《天文志》。我們可以說遠在漢代我國的天文知識就已經相當豐富了。

古人的天文知識也相當普及。明末清初的學者顧炎武說：

三代以上，人人皆知天文。"七月流火"，農夫之辭也。"三星在戶"，婦人之語也。"月離於畢"，戍卒之作也。"龍尾伏辰"，兒童之謠

---

① 這裏是舉例性質，見《廣雅·釋天》。

也。後世文人學士,有問之而茫然不知者矣。①

我們現在學習古代漢語當然不是系統學習我國古代的天文學,但是了解古書中一些常見的天文基本概念,對於提高閱讀古書能力無疑是有幫助的。現在就七政、二十八宿、四象、三垣、十二次、分野等分別加以敘述。

古人把日月和金木水火土五星合起來稱爲七政或七曜。金木水火土五星是古人實際觀測到的五個行星,它們又合起來稱爲五緯。

金星古曰明星,又名太白,因爲它光色銀白,亮度特強。《詩經》"子興視夜,明星有爛"②、"昏以爲期,明星煌煌"③,都是指金星說的。金星黎明見於東方叫啟明,黃昏見於西方叫長庚,所以《詩經》說"東有啟明,西有長庚"④。木星古名歲星,逕稱爲歲。古人認爲歲星十二年繞天一周,每年行經一個特定的星空區域,並據以紀年⑤。水星一名辰星,火星古名熒惑,土星古名鎮星或填星。值得注意的是,先秦古籍中談到天象時所說的水並不是指行星中的水星,而是指恒星中的定星(營室)⑥,《左傳・莊公二十九年》"水昏正而栽",就是一個例子。所說的火也並不是指行星中的火星,而是指恒星中的大火⑦,《詩經》"七月流火",就是一個例子。

---

① 見《日知錄》卷三十"天文"條。"七月流火"見《詩經・豳風・七月》,"三星在户"見《詩經・唐風・綢繆》,"月離於畢"見《詩經・小雅・漸漸之石》,"龍尾伏辰"見《左傳・僖公五年》。

② 見《詩經・鄭風・女曰雞鳴》。

③ 見《詩經・陳風・東門之楊》。

④ 見《詩經・小雅・大東》。

⑤ 下文談到十二次和紀年法時還要回到這一點上來。

⑥ 即室宿,主要是飛馬座的 α β 兩星。

⑦ 即心宿,特指心宿二,即天蠍座 α 星。《史記・天官書》所說的火,纔是指火星(熒惑)。

　　古人觀測日月五星的運行是以恒星爲背景的,這是因爲古人覺得恒星相互間的位置恒久不變,可以利用它們做標誌來説明日月五星運行所到的位置。經過長期的觀測,古人先後選擇了黃道赤道附近的二十八個星宿作爲"坐標"①,稱爲二十八宿:

東方蒼龍七宿	角亢氐房心尾箕
北方玄武七宿	斗牛女虛危室壁
西方白虎七宿	奎婁胃昴畢觜參
南方朱雀七宿	井鬼柳星張翼軫

東方蒼龍、北方玄武(龜蛇)、西方白虎、南方朱雀,這是古人把每一方的七宿聯繫起來想像成的四種動物形象,叫做四象。以東方蒼龍爲例,從角宿到箕宿看成爲一條龍,角像龍角,氐房像龍身,尾宿即龍尾。再以南方朱雀爲例,從井宿到軫宿看成爲一隻鳥,柳爲鳥嘴,星爲鳥頸,張爲嗉,翼爲羽翮。這和外國古代把某些星座想像成爲某些動物的形象(如大熊、獅子、天蝎等)很相類似。

　　上文説過,古人以恒星爲背景來觀測日月五星的運行,而二十八宿都是恒星。了解到這一點,那麼古書上所説的"月離於畢""熒惑守心""太白食昴"這一類關於天象的話就不難懂了②。"月離於畢"意思是月亮附麗於畢宿(離,麗也);"熒惑守心"是説火星居於心宿;"太白食昴"是説金星遮蔽住昴宿。如此而已。蘇軾在《前赤

────────

①　黃道是古人想像的太陽周年運行的軌道。地球沿着自己的軌道圍繞太陽公轉,從地球軌道不同的位置上看太陽,則太陽在天球上的投影的位置也不相同。這種視位置的移動叫做太陽的視運動,太陽周年視運動的軌迹就是黃道。這裏所説的赤道不是指地球赤道,而是天球赤道,即地球赤道在天球上的投影。星宿這個概念不是指一顆一顆的星星,而是表示鄰近的若干個星的集合。古人把比較靠近的若干個星假想地聯繫起來,給以一個特殊的名稱如畢參箕斗等等,後世又名星官。

②　《尚書·洪範》偽孔傳:"月經於箕則多風,離於畢則多雨。""熒惑守心"見《論衡·變虛》篇;"太白食昴"見鄒陽《獄中上梁王書》(參看本册第 875 頁注〔6〕)。

壁賦》裏寫道："少焉，月出於東山之上，徘徊於斗牛之間。"也是用的二十八宿坐標法。

二十八宿不僅是觀測日月五星位置的坐標，其中有些星宿還是古人測定歲時季節的觀測對象。例如在上古時代，人們認爲初昏時參宿在正南方就是春季正月，心宿在正南方就是夏季五月[1]，等等。

古人對於二十八宿是很熟悉的，有些星宿由於星象特殊，引人注目，成了古典詩歌描述的對象。《詩經》"維南有箕，不可以簸揚；維北有斗，不可以挹酒漿"[2]，這是指箕宿和斗宿説的。箕斗二宿同出現於南方天空時，箕宿在南，斗宿在北。箕宿四星聯繫起來想像成爲簸箕形，斗宿六星聯繫起來想像成爲古代舀酒的斗形。《詩經》"三星在天""三星在隅""三星在户"，則是指參宿而言[3]，因爲參宿有耀目的三星連成一綫。至於樂府詩裏所説的"青龍對道隅"[4]，道指黄道，青龍則指整個蒼龍七宿了。有的星宿，伴隨着動人的神話故事，成爲後世作家沿用的典故。膾炙人口的牛郎織女故事不必敘述[5]，二十八宿中的參心二宿的傳説也是常被後人當作典故引用的。《左傳·昭公元年》説：

> 昔高辛氏有二子，伯曰閼伯，季曰實沈，居於曠林，不相能也，日尋干戈，以相征討。后帝不臧，遷閼伯于商丘，主辰（主祀大火），商人是因，故辰爲商星（即心宿）；遷實沈于大夏（晉陽），主參（主祀參星），唐人是因……故參爲晉星（即參宿）。

---

[1] 這是就當時的天象説的。《夏小正》："正月初昏參中，五月初昏大火中。"

[2] 見《詩經·小雅·大東》。

[3] 此從毛傳。

[4] 見《隴西行》。

[5] 但是織女不是指北方玄武的女宿，而是指天琴座的 α 星；牛郎也不是指北方玄武的牛宿，而是指天鷹座的 α 星，牛郎所牽的牛纖是牛宿。

因此後世把兄弟不和睦比喻爲參辰或參商。又因爲參宿居於西方,心宿居於東方,出没兩不相見,所以後世把親朋久別不能重逢也比喻爲參辰或參商。杜甫《贈衛八處士》所説的"人生不相見,動如參與商",就是這個意思。

隨着天文知識的發展,出現了星空分區的觀念。古人以上述的角亢氐房心尾箕等二十八個星宿爲主體,把黄道赤道附近的一周天按照由西向東的方向分爲二十八個不等分。在這個意義上説,二十八宿就意味着二十八個不等分的星空區域了。

古代對星空的分區,除二十八宿外,還有所謂三垣,即紫微垣、太微垣、天市垣。

古人在黄河流域常見的北天上空,以北極星爲標準,集合周圍其他各星,合爲一區,名曰紫微垣。在紫微垣外,在星張翼軫以北的星區是太微垣;在房心尾箕斗以北的星區是天市垣,這裏不一一細説。

現在説一説北斗。北斗是由天樞、天璇、天璣、天權、玉衡、開陽、搖光七星組成的,古人把這七星聯繫起來想像成爲古代舀酒的斗形。天樞、天璇、天璣、天權組成爲斗身,古曰魁;玉衡、開陽、搖光組成爲斗柄,古曰杓。北斗七星屬於大熊座。

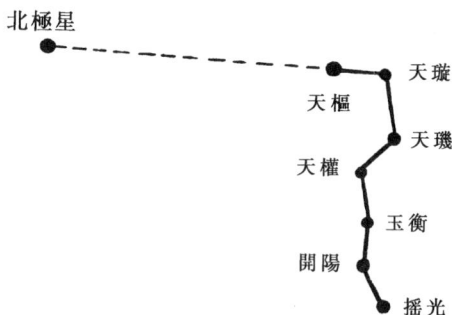

古人很重視北斗,因爲可以利用它來辨方向,定季節。把天璇、天樞連成直綫並延長約五倍的距離,就可以找到北極星,而北極星是北方的標誌。北斗星在不同的季節和夜晚不同的時間,出現於天空不同的方位,人們看起來它在圍繞着北極星轉動,所以古人又根據初昏時斗柄所指的方向來決定季節:斗柄指東,天下皆春;斗柄指南,天下皆夏;斗柄指西,天下皆秋;斗柄指北,天下皆冬。

現在説到十二次。

古人爲了説明日月五星的運行和節氣的變換,把黄道附近一周天按照由西向東的方向分爲星紀、玄枵等十二個等分,叫做十二次。每次都有二十八宿中的某些星宿作爲標誌,例如星紀有斗牛兩宿,玄枵有女虛危三宿,餘皆仿此。但是十二次是等分的,而二十八宿的廣狹不一,所以十二次各次的起訖界限不能和宿與宿的分界一致,換句話説,有些宿是跨屬於相鄰的兩個次的。下表就説明了這種情況[①]:

十二次	二十八宿
1.星紀	斗牛女
2.玄枵	女虛危
3.諏訾[②]	危室壁奎
4.降婁	奎婁胃
5.大梁	胃昴畢
6.實沈	畢觜參井

---

① 這表是根據《漢書·律曆志》作的,各次的名稱、寫法和順序都根據《漢書·律曆志》。

② 諏訾,讀爲 zōuzī。

續　表

十二次	二十八宿
7.鶉首	井鬼柳
8.鶉火	柳星張
9.鶉尾	張翼軫
10.壽星	軫角亢氐
11.大火	氐房心尾
12.析木	尾箕斗①

　　外國古代把黃道南北各八度以内的空間叫做黃道帶,認爲這是日月和行星運行所經過的處所。他們也按照由西向東的方向把黃道帶分爲白羊、金牛等十二個等分,叫做黃道十二宮。其用意和我國古代的十二次相同,但起訖界限稍有差異,對照起來,大致如下表所示:

十二次	黃道十二宮
星紀	摩羯宮
玄枵	寶瓶宮
諏訾	雙魚宮
降婁	白羊宮
大梁	金牛宮
實沈	雙子宮
鶉首	巨蟹宮
鶉火	獅子宮

---

①　字加有着重點的是各次的主要星宿(這是參照《淮南子·天文訓》)。

續　表

十二次	黃道十二宮
鶉尾	室女宮
壽星	天秤宮
大火	天蝎宮
析木	人馬宮

　　我國古代創立的十二次主要有兩種用途：第一，用來指示一年四季太陽所在的位置，以說明節氣的變換，例如說太陽在星紀中交冬至，在玄枵中交大寒，等等。第二，用來說明歲星每年運行所到的位置，並據以紀年，例如說某年"歲在星紀"，次年"歲在玄枵"，等等。這兩點，後面談到曆法時還要討論。

　　有一件事值得提一提，上述十二次的名稱大都和各自所屬的星宿有關。例如大火，這裏是次名，但在古代同時又是所屬心宿的名稱。又如鶉首、鶉火、鶉尾，其所以名鶉，顯然和南方朱雀的星象有關，南方朱雀七宿正分屬於這三次。《左傳·僖公五年》"鶉火中"，孔疏說"鶉火之次正中於南方"，又說"鶉火星者謂柳星張也"，可以爲證。

　　下面談談分野。

　　《史記·天官書》說"天則有列宿，地則有州域"，可見古人是把天上的星宿和地上的州域聯繫起來看的。在春秋戰國時代，人們根據地上的區域來劃分天上的星宿，把天上的星宿分別指配於地上的州國，使它們互相對應，說某星是某國的分星，某某星宿是某某州國的分野①，這種看法，便是所謂分野的觀念。

---

① 也有反過來說某地是某某星宿的分野的，例如《漢書·地理志》："齊地，虛危之分野也。"

　　星宿的分野，一般按列國來分配，如表甲①；後來又按各州來分配，如表乙②：

<table>
<tr><td colspan="2" align="center">表　甲</td><td colspan="2" align="center">表　乙</td></tr>
<tr><td align="center">宿</td><td align="center">國</td><td align="center">宿</td><td align="center">州</td></tr>
<tr><td align="center">角亢</td><td align="center">鄭</td><td align="center">角亢氐</td><td align="center">兗州</td></tr>
<tr><td align="center">氐房心</td><td align="center">宋</td><td align="center">房心</td><td align="center">豫州</td></tr>
<tr><td align="center">尾箕</td><td align="center">燕</td><td align="center">尾箕</td><td align="center">幽州</td></tr>
<tr><td align="center">斗牛</td><td align="center">越</td><td align="center">斗</td><td align="center">江湖</td></tr>
<tr><td align="center">女</td><td align="center">吳</td><td align="center">牛女</td><td align="center">揚州</td></tr>
<tr><td align="center">虛危</td><td align="center">齊</td><td align="center">虛危</td><td align="center">青州</td></tr>
<tr><td align="center">室壁</td><td align="center">衞</td><td align="center">室壁</td><td align="center">并州</td></tr>
<tr><td align="center">奎婁</td><td align="center">魯</td><td align="center">奎婁胃</td><td align="center">徐州</td></tr>
<tr><td align="center">胃昴畢</td><td align="center">魏</td><td align="center">昴畢</td><td align="center">冀州</td></tr>
<tr><td align="center">觜參</td><td align="center">趙</td><td align="center">觜參</td><td align="center">益州</td></tr>
<tr><td align="center">井鬼</td><td align="center">秦</td><td align="center">井鬼</td><td align="center">雍州</td></tr>
<tr><td align="center">柳星張</td><td align="center">周</td><td align="center">柳星張</td><td align="center">三河</td></tr>
<tr><td align="center">翼軫</td><td align="center">楚</td><td align="center">翼軫</td><td align="center">荆州</td></tr>
</table>

　　星宿的分野也有以十二次爲綱，配以列國的，如表丙所示③：

<table>
<tr><td colspan="2" align="center">表　丙</td></tr>
<tr><td align="center">次</td><td align="center">國</td></tr>
<tr><td align="center">星紀</td><td align="center">吳越</td></tr>
<tr><td align="center">玄枵</td><td align="center">齊</td></tr>
<tr><td align="center">諏訾</td><td align="center">衞</td></tr>
<tr><td align="center">降婁</td><td align="center">魯</td></tr>
<tr><td align="center">大梁</td><td align="center">趙</td></tr>
<tr><td align="center">實沈</td><td align="center">晉</td></tr>
</table>

---

① 　表甲是根據《淮南子·天文訓》作的。
② 　表乙是根據《史記·天官書》作的。
③ 　表丙是根據《周禮·保章氏》鄭玄注作的。

續　表

次	國
鶉首	秦
鶉火	周
鶉尾	楚
壽星	鄭
大火	宋
析木	燕

　　古人所以建立星宿的分野,主要是爲了觀察所謂"機祥"的天象,以占卜地上所配州國的吉凶。例如《論衡·變虛篇》講到熒惑守心的時候説:"熒惑,天罰也;心,宋分野也。禍當君。"顯而易見,這是一種迷信。但是古人對於星宿分野的具體分配既然有了一種傳統的了解,那麼古典作家作品在寫到某個地區時連帶寫到和這個地區相配的星宿,就完全可以理解了。庾信《哀江南賦》説"以鶉首而賜秦,天何爲而此醉",王勃《滕王閣序》説"星分翼軫",李白《蜀道難》説"捫參歷井",就是在分野的意義上提到這些星宿的。

　　最後應該指出的是,古人的天文知識雖然已經相當豐富,但是由於科學水平和歷史條件的限制,古代的天文學在很大的程度上是和宗教迷信的占星術相聯繫的。古人對於某些異乎尋常的天象還不能作出科學的解釋,於是在崇敬天帝的思想基礎上,把天象的變化和人間的禍福聯繫起來,認爲天象的變化預示着人事的吉凶。例如日食,被認爲對最高統治者不利,所以《左傳·昭公十七年》説:"日有食之,天子不舉(不殺牲盛饌),伐鼓於社。"《禮記·昏義》也説:"日蝕則天子素服而修六官之職。"這是把日食看成是上天對最高統治者的警告。又如彗星(一名孛星,欃槍)的出現,被認爲是兵災的凶象,所以史書上常有記載。甚至行星運行的情況也被認爲是吉凶的預兆。例如歲星正常運行到某某星宿,則地上與之相配的州國就五穀昌盛,而熒惑運行到這一星宿,這個國家就要發生種種禍殃,等等。占星家還認爲某某星主水旱,某某星主饑饉,某某星主疾疫,某某星主盜賊,注意它們的隱現出没和光色的變化而加以占驗。這些就不一一敘述了。

曆法

古人經常觀察到的天象是太陽的出没和月亮的盈虧,所以以晝夜交替的周期爲一"日",以月相變化的周期爲一"月"(現代叫做朔望月)。至於"年"的概念,最初大約是由於莊稼成熟的物候而形成的,《說文》說:"年,熟穀也。"如果說禾穀成熟的周期意味着寒來暑往的周期,那就是地球繞太陽一周的時間,現代叫做太陽年。以朔望月爲單位的曆法是陰曆,以太陽年爲單位的曆法是陽曆。我國古代的曆法不是純陰曆,而是陰陽合曆。平年十二個月,有六個大月各三十天,六個小月各二十九天[1],全年總共 354 天。但是這個日數少於一個太陽年。《尚書·堯典》說"朞三百有六旬有六日",實際上四季循環的周期約爲 $365\frac{1}{4}$ 日,比十二個朔望月的日數約多 $11\frac{1}{4}$ 日,積三年就相差一個月以上的時間,所以三年就要閏一個月,使歷年的平均長度大約等於一個太陽年,並和自然季節大致調和配合。《堯典》說"以閏月定四時成歲"[2],就是這個意思。

古人很重視置閏。《左傳·文公六年》說:"閏以正時,時以作事,事以厚生,生民之道於是乎在矣。"三年一閏還不够,五年要閏

---

[1] 這是因爲月相變化的周期在二十九到三十天之間,現代測得是 29.53 日。

[2] 注意:《堯典》這裏說"歲",不說"年",這是用"歲"表示從今年某一節氣(例如冬至)到明年同一節氣之間的這一段時間,使之和"年"有分工,"年"表示從今年正月初一到明年正月初一之間的這一段時間。所以《周禮·春官·大史》說"正歲年以序事",歲年並舉。

兩次,所以《説文》説"五年再閏"。五年閏兩次又多了些,後來規定十九年共閏七個月。從現有文獻看,殷周時代已經置閏,閏月一般放在年終,稱爲"十三月"。當時置閏尚無定制,有時一年再閏,所以會有"十四月"。春秋時代就没有一年再閏的情況了。漢初在九月之後置閏,稱爲"後九月",這是因爲當時沿襲秦制,以十月爲歲首,以九月爲年終的緣故①。上古也有年中置閏,如閏三月、閏六月之類。當閏而不閏叫做"失閏"。如何適當安插閏月,這是古代曆法工作中的重要課題,這裏没有必要敘述。

一年分爲春夏秋冬四時(季),後來又按夏曆正月、二月、三月等十二個月依次分爲孟春、仲春、季春,孟夏、仲夏、季夏,孟秋、仲秋、季秋,孟冬、仲冬、季冬。這些名稱,古人常用作相應的月份的代稱。《楚辭·九章·哀郢》"民離散而相失兮,方仲春而東遷"②,就是指夏曆二月説的。但是在商代和西周前期,一年祇分爲春秋二時,所以後來稱春秋就意味着一年。《莊子·逍遙遊》:"蟪蛄不知春秋。"③意思是蟪蛄生命短促不到一年。此外史官所記的史料在上古也稱爲春秋,這是因爲"史之所記必表年以首事"④。後來曆法日趨詳密,由春秋二時再分出冬夏二時,所以有些古書所列的四時順序不是"春夏秋冬",而是"春秋冬夏",這是值得注意的⑤。

古人在長期的生產實踐中逐步認識到季節更替和氣候變化的

---

① 這一點,下文還要談到。

② 參看第二册第 555 頁。

③ 參看第二册第 373 頁。

④ 見杜預《春秋序》。舊説春秋猶言四時(《詩經·魯頌·閟宫》鄭玄箋),錯舉春秋以包春夏秋冬四時(杜預《春秋序》孔穎達《正義》),似難置信。

⑤ 例如《墨子·天志中》"制爲四時春秋冬夏,以紀綱之",《管子·幼官圖》"修春秋冬夏之常祭",《禮記·孔子閒居》"天有四時,春秋冬夏",等等。

規律,把周歲 365$\frac{1}{4}$ 日平分爲立春、雨水、驚蟄、春分、清明、穀雨等二十四個節氣①,以反映四季、氣溫、降雨、物候等方面的變化,這是我國古代勞動人民掌握農事季節的經驗總結,對農業生產的發展貢獻很大。二十四節氣系統是我國舊曆特有的重要組成部分,其名稱和順序是:

正月	立春雨水	二月	驚蟄春分	三月	清明穀雨
四月	立夏小滿	五月	芒種夏至	六月	小暑大暑
七月	立秋處暑	八月	白露秋分	九月	寒露霜降
十月	立冬小雪	十一月	大雪冬至	十二月	小寒大寒②

　　古人最初把二十四節氣細分爲節氣和中氣兩種。例如立春是正月節,雨水是正月中,驚蟄是二月節,春分是二月中,節氣和中氣相間,其餘由此順推③。

　　二十四節氣是根據太陽在黃道上不同的視位置定的。前面講天文時說過,古人把黃道附近一周天平分爲星紀、玄枵等十二次,太陽運行到某次就交某某節氣④。試以《漢書·律曆志》所載的即二千多年前的天象爲例。太陽運行到星紀初點交大雪,運行到星紀中央交冬至,運行到玄枵初點交小寒,運行到玄枵中央交大寒,

---

① 每個節氣佔 15.22 日弱。後代根據太陽移動的速度,有的節氣佔 14 日多(冬至前後),有的節氣佔 16 日多(夏至前後)。

② 這是依照後代的順序;名稱和《淮南子·天文訓》相同。驚蟄古名啟蟄,漢代避景帝諱改名驚蟄。又,二十四節氣和陰曆月份的配搭不是絕對固定年年一致的,因爲節氣跟太陽走,和朔望月沒有關係。這裏所列的是綜合一般的情況。

③ 由於一個節氣加一個中氣差不多是三十天半,大於一個朔望月,所以每月的節氣和中氣總要比上月推遲一兩天,推遲到某月祇有節氣沒有中氣,後來就以這個月份置閏,所以古人說"閏月無中氣"。陽曆每月都有節氣和中氣,上半年每月六日和二十一日左右是交節日期,下半年每月八日和二十三日左右是交節日期。

④ 實際上二十四個節氣是表示地球在圍繞太陽公轉的軌道上的二十四個不同的位置。

等等。下表就説明了這種情況①：

太陽視位置 (日躔星次)②	星紀		玄枵		諏訾		降婁		大梁		實沈	
	初	中	初	中	初	中	初	中	初	中	初	中
節　氣	大雪	冬至	小寒	大寒	立春	驚蟄	雨水	春分	穀雨	清明	立夏	小滿
太陽視位置 (日躔星次)	鶉首		鶉火		鶉尾		壽星		大火		析木	
	初	中	初	中	初	中	初	中	初	中	初	中
節　氣	芒種	夏至	小暑	大暑	立秋	處暑	白露	秋分	寒露	霜降	立冬	小雪

　　二十四節氣系統是逐步完備起來的。古人很早就掌握了二分二至這四個最重要的節氣：《尚書・堯典》把春分叫做日中，秋分叫做宵中，《吕氏春秋》統名之曰日夜分，因爲這兩天晝夜長短相等；《堯典》把夏至叫做日永，冬至叫做日短，因爲夏至白天最長，冬至白天最短，所以《吕氏春秋》分别叫做日長至，日短至③。《左傳・僖公五年》説“凡分至啟閉必書雲物”，分指春分秋分，至指夏至冬至，啟指立春立夏，閉指立秋立冬④。《吕氏春秋》則明確提到立春、立夏、立秋、立冬四個季節。到《淮南子》我們就見到和後世完全相同的二十四節氣的名稱了。

　　我們閲讀古書，有必要了解古人記録時間的法則，下面就古代

---

① 這表是根據《漢書・律曆志》的順序排的，驚蟄在雨水之前，清明在穀雨之後，和後代不同。《漢書・律曆志》並指出交某節氣時太陽所在的星宿及其度數，如冬至日在牽牛初度，即摩羯座 β 星附近。現代天象和古代不同，現在的冬至點在人馬座（相當於古代的析木）。

② 太陽運行叫做躔。

③ 《孟子》統名之曰日至。《孟子・告子上》“今夫麰麥，播種而耰之，其地同，樹之時又同，浡然而生，至於日至之時皆熟矣”，這指夏至而言；《孟子・離婁下》“天之高也，星辰之遠也，苟求其故，千歲之日至可坐而致也”，舊説指冬至而言。《左傳》又稱冬至爲日南至。

④ 據杜預注。

的紀日法（包括一天之內的記時法）、紀月法和紀年法分別加以敘述。

古人用干支紀日，例如《左傳・隱公元年》"五月辛丑，大叔出奔共"。干是天干，即甲乙丙丁戊己庚辛壬癸。支是地支，即子丑寅卯辰巳午未申酉戌亥。十干和十二支依次組合爲六十單位，稱爲六十甲子：

甲子 乙丑 丙寅 丁卯 戊辰 己巳 庚午 辛未 壬申 癸酉
甲戌 乙亥 丙子 丁丑 戊寅 己卯 庚辰 辛巳 壬午 癸未
甲申 乙酉 丙戌 丁亥 戊子 己丑 庚寅 辛卯 壬辰 癸巳
甲午 乙未 丙申 丁酉 戊戌 己亥 庚子 辛丑 壬寅 癸卯
甲辰 乙巳 丙午 丁未 戊申 己酉 庚戌 辛亥 壬子 癸丑
甲寅 乙卯 丙辰 丁巳 戊午 己未 庚申 辛酉 壬戌 癸亥①

每個單位代表一天，假設某日爲甲子日，則甲子以後的日子依次順推爲乙丑、丙寅、丁卯等；甲子以前的日子依次逆推爲癸亥、壬戌、辛酉等。六十甲子周而復始。這種紀日法遠在甲骨文時代就已經有了。

古人紀日有時衹記天干不記地支，例如《楚辭・九章・哀郢》"出國門而軫懷兮，甲之鼂吾以行"②。這種情況在甲骨文時代也已經有了。用地支紀日比較後起，大多限於特定的日子如"子卯不樂"（禮記・檀弓）、"三月上巳"之類。

從一個月來説，有些日子在古代有特定的名稱。每月的第一天叫做朔，最後一天叫做晦。所以《莊子》説"朝菌不知晦朔"③。

---

① 干支的組合是天干的單數配地支的單數，天干的雙數配地支的雙數，所以不可能有"甲丑""乙寅"之類。
② 參看第二册第556頁。
③ 參看第二册第373頁。

初三叫做朏(fěi),大月十六、小月十五叫做望,鮑照詩"三五二八時,千里與君同"①,就是指望日的明月説的。近在望後的日子叫做既望②。所以蘇軾《前赤壁賦》説:"壬戌之秋,七月既望。"朔晦兩天,一般既稱干支又稱朔晦,例如《左傳·僖公五年》"冬十二月丙子朔,晉滅虢,虢公醜奔京師",《左傳·襄公十八年》"十月……丙寅晦,齊師夜遁"。其他日子一般就衹記干支③,但是人們可以根據當月朔日的干支推知它是這個月的第幾天。例如《左傳·隱公元年》"五月辛丑,大叔出奔共",根據後人推定的春秋長曆可以知道辛丑是魯隱公元年五月二十三日。

附帶説一説,根據曆譜中干支的日序,甚至可以推斷出古書的錯誤來。《春秋·襄公二十八年》説:"十有二月甲寅,天王崩。乙未,楚子昭卒。"從甲寅到乙未共四十二天,不可能同在一個月之内,可見這裏必有錯誤。

下面談談一天之内的記時法。

古人主要根據天色把一晝夜分爲若干時段。一般地説,日出時叫做旦早朝晨,日入時叫做夕暮昏晚④,所以古書上常常見到朝夕並舉,旦暮並舉,晨昏並舉,昏旦並舉,等等。太陽正中時叫做日中,將近日中的時間叫做隅中⑤,太陽西斜叫做昃。了解到這一點,

---

① 見《翫月城西門廨中》。
② 西周初期有一種特別的記日法,即把一個月分爲四分,類似現代的周(星期),每分都有一個特定的名稱,"既望"就是其中之一。這種紀日法後來沒有使用,這裏不細説。
③ 《尚書》朏日也是既稱干支又稱朏,例如《畢命》"惟十有二年六月庚午朏",這種情況在一般古書中很少見。
④ 古代夕又當夜講,通作昔。《莊子·天運》:"蚊虻噆膚,則通昔不寐矣。"《説文》:"晚,暮也。"
⑤ 《左傳·昭公五年》孔穎達疏:"隅謂東南隅也,過隅未中,故爲隅中也。"

對於古書上所説的"自朝至於日中昃不遑暇食"①這一類記録時間的話就了解得更加具體了。

古人一日兩餐,朝食在日出之後,隅中之前,這段時間就叫做食時或蚤食;夕食在日昃之後,日入之前,這段時間就叫做晡(餔)時。日入以後是黄昏,黄昏以後是人定。《孔雀東南飛》:"晻晻黄昏後,寂寂人定初。"可以看成爲古代這兩個時段之間的確切描繪。人定以後就是夜半了。

《詩經》:"女曰雞鳴,士曰昧旦。"②雞鳴和昧旦是夜半以後先後相繼的兩個時段。昧旦又叫昧爽,這是天將亮的時間。此外古書上又常常提到平旦、平明,這是天亮的時間。

古人對於一晝夜有等分的時辰概念之後,用十二地支表示十二個時辰,每個時辰恰好等於現代的兩小時③。和現代的時間對照,夜半十二點(即二十四點)是子時(所以説子夜),上午兩點是丑時,四點是寅時,六點是卯時,其餘由此順推。近代又把每個時辰細分爲初、正。晚上十一點(即二十三點)爲子初,夜半十二點爲子正;上午一點爲丑初,上午兩點爲丑正,等等。這就等於把一晝夜分爲二十四小時了。列表對照如下:

	子	丑	寅	卯	辰	巳	午	未	申	酉	戌	亥
初	23	1	3	5	7	9	11	13	15	17	19	21
正	24	2	4	6	8	10	12	14	16	18	20	22

古人紀月通常以序數爲記,如一月二月三月等等;作爲歲首的

---

① 見《尚書·無逸》。
② 見《詩經·鄭風·女曰雞鳴》。
③ 小時本來是小時辰的意思;因爲一小時衹等於半個時辰。

月份叫做正（zhēng）月①。在先秦時代每個月似乎還有特定的名稱，例如正月爲孟陬（楚辭），四月爲除（詩經），九月爲玄（國語），十月爲陽（詩經），等等②。古人又有所謂“月建”的觀念，就是把子丑寅卯等十二支和十二個月份相配，以通常冬至所在的十一月（夏曆）配子，稱爲建子之月，由此順推，十二月爲建丑之月，正月爲建寅之月，二月爲建卯之月，直到十月爲建亥之月③，如此周而復始④。至於以天干配合着地支來紀月，則是後起的事。

　　我國古代最早的紀年法是按照王公即位的年次紀年，例如公元前 770 年記爲周平王元年，秦襄公八年等，以元、二、三的序數遞記，直到舊君出位爲止。漢武帝開始用年號紀元，例如建元元年、元光三年，也是以元、二、三的序數遞記，更換年號就重新紀元。這兩種紀年法是過去史家所用的傳統紀年法。戰國時代，天文占星家根據天象紀年，有所謂星歲紀年法，星指歲星，歲指太歲。下面分別敘述。

　　先說歲星紀年法。前面講天文時說過，古人把黃道附近一周天分爲十二等分，由西向東命名爲星紀、玄枵等十二次。古人認爲歲星由西向東十二年繞天一周，每年行經一個星次。假如某年歲

---

① 秦避始皇諱，改正月爲端月。但是秦以十月爲歲首，下文還要談到。又《詩經·小雅·正月》“正月繁霜，我心憂傷”，這裏的正月指夏曆四月（毛傳），不是作爲歲首的正月。

② 這裏是舉例性質，參看《爾雅·釋天》。

③ 庾信《哀江南賦·序》：“粵以戊辰之年，建亥之月，大盜移國，金陵瓦解。”（參看本冊第 1138 頁）

④ 《說文》對於十二支各字的解釋就是聯繫着月份的。前人把“建”解釋爲“斗建”，意思是斗柄所指，認爲十二支代表北斗星斗柄所指的十二個不同的方位（例如以子爲北，午爲南，卯爲東，酉爲西等等），十一月斗柄指北，所以爲建子之月，以後斗柄每月移指一個方位，十二個月周而復始，這種說法在過去很普遍。南北朝的天文學家祖沖之、清朝的天文學家梅文鼎都指出月建和斗柄所指的方位沒有關係。

星運行到星紀範圍,這一年就記爲"歲在星紀",第二年歲星運行到玄枵範圍,就記爲"歲在玄枵",其餘由此類推,十二年周而復始①。《左傳·襄公三十年》"於子蟜之卒也,將葬,公孫揮與裨竈晨會事焉。過伯有氏,其門上生莠。子羽曰:'其莠猶在乎?'於是歲在降婁",《國語·晉語四》"君之行也,歲在大火",就是用歲星紀年的例子②。

再説太歲紀年法。古人有所謂十二辰的概念,就是把黄道附近一周天的十二等分由東向西配以子丑寅卯等十二支,其安排的方向和順序正好和十二次相反。二者對照如下表:

十二次 (由西向東)	星紀	玄枵	諏訾	降婁	大梁	實沈	鶉首	鶉火	鶉尾	壽星	大火	析木
十二辰 (由東向西)	丑	子	亥	戌	酉	申	未	午	巳	辰	卯	寅

歲星由西向東運行,和人們所熟悉的十二辰的方向和順序正好相反,所以歲星紀年法在實際生活中應用起來並不方便。爲此,古代天文占星家便設想出一個假歲星叫做太歲③,讓它和真歲星"背道而馳",這樣就和十二辰的方向順序相一致,並用它來紀年。根據《漢書·天文志》所載戰國時代的天象紀録,某年歲星在星紀,太歲便在析木(寅),這一年就是"太歲在寅";第二年歲星運行到玄枵,太歲便運行到大火(卯),這一年就是"太歲在卯",其餘由此類推,如下面圖所示:

---

① 事實上歲星並不是十二年繞天一周,而是 11.8622 年繞天一周,每年移動的範圍比一個星次稍微多一點,漸積至八十六年,便多走過一個星次,這叫做"超辰"。
② 有人認爲《左傳》《國語》裏的歲星紀年出自劉歆僞託,並不反映當時的實際天象。
③ 《漢書·天文志》叫做太歲,《史記·天官書》叫做歲陰,《淮南子·天文訓》叫做太陰。

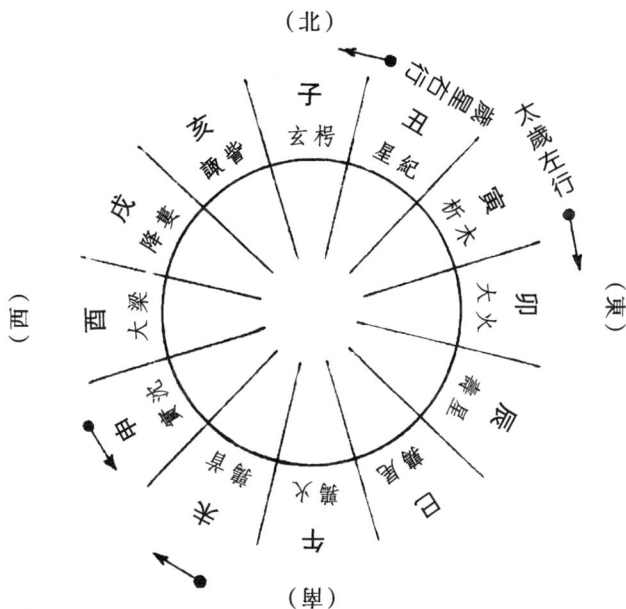

　　此外古人還取了攝提格、單閼等十二個太歲年名作爲"太歲在寅""太歲在卯"等十二個年份的名稱①。屈原《離騷》"攝提貞于孟陬兮,惟庚寅吾以降"②,一般認爲這裏的攝提就是作爲太歲年名的攝提格,是説屈原出生於"太歲在寅"之年③;孟陬指夏曆正月建寅之月;庚寅是生日的干支。這樣説來,屈原的生辰恰巧是寅年寅月寅日。

　　下面列表説明攝提格、單閼等十二個太歲年名和太歲所在、歲

---

① 單閼,讀 chányān。

② 參看第二册第 544 頁。

③ 注意:屈原時代的"太歲在寅"是反映當時歲星所在的相應的方位的,人們可以把《離騷》裏的攝提(格)翻譯爲寅年,但不能理解爲後世干支紀年法裏的寅年,干支紀年法裏的子丑寅卯衹是一套抽象的次序符號,和太歲所在、歲星所在沒有關係。又,朱熹《楚辭集注》説:"攝提,星名;隨斗柄以指十二辰者也。"這是另外一種解釋。

星所在的對應關係：

太歲年名	太歲所在	歲星所在
攝提格	寅（析木）	星紀（丑）
單閼	卯（大火）	玄枵（子）
執徐	辰（壽星）	諏訾（亥）
大荒落	巳（鶉尾）	降婁（戌）
敦牂①	午（鶉火）	大梁（酉）
協洽	未（鶉首）	實沈（申）
涒灘	申（實沈）	鶉首（未）
作噩	酉（大梁）	鶉火（午）
閹茂	戌（降婁）	鶉尾（巳）
大淵獻	亥（諏訾）	壽星（辰）
困敦	子（玄枵）	大火（卯）
赤奮若②	丑（星紀）	析木（寅）

　　大概在西漢年間，曆家又取了閼逢、旃蒙等十個名稱，叫做歲陽，依次和上述十二個太歲年名相配（配法和前述六十甲子相同），組合成爲六十個年名，以閼逢攝提格爲第一年，旃蒙單閼爲第二年，其餘由此類推，六十年周而復始。《史記·曆書·曆術甲子篇》自太初元年（公元前 104 年）始，就用這些年名紀年。《爾雅·釋天》載有十個歲陽和十干對應，列表如下③：

---

① 牂，讀 zāng。涒，讀 tūn。閹，讀 yǎn。敦，讀 dùn。

② 太歲年名的寫法根據《爾雅·釋天》。大荒落、協洽，《史記·天官書》作大荒駱、叶洽。作噩，《漢書·天文志》作詻，《淮南子·天文訓》《史記·曆書、天官書》作作鄂。閹茂，《史記·曆書》作淹茂，《天官書》作閹茂，《漢書·天文志》作掩茂。

③ 歲陽名稱也根據《爾雅·釋天》。《淮南子·天文訓》與此基本相同。《史記·曆書》所見十個歲陽的名稱和順序是：焉逢、端蒙、游兆、彊梧、徒維、祝犁、商橫、昭陽、橫艾、尚章。和《爾雅》有出入。

歲陽	閼①逢	旃蒙	柔兆	强圉	著雍	屠維	上章	重光	玄黓	昭陽
十干	甲	乙	丙	丁	戊	己	庚	辛	壬	癸

上文説過，十二個太歲年名和十二辰對應。爲便於查閱，再作簡表如下：

太歲年名	攝提格	單閼	執徐	大荒落	敦牂	協洽	涒灘	作噩	閹茂	大淵獻	困敦	赤奮若
十二辰	寅	卯	辰	巳	午	未	申	酉	戌	亥	子	丑

所以如果用干支來更代，閼逢攝提格可以稱爲甲寅年，旃蒙單閼可以稱爲乙卯年，等等。這些年名創制之初是爲了反映歲星逐年所在的方位的，但是後來發現歲星並不是每年整走一個星次，用它們來紀年並不能反映逐年的實際天象，所以就廢而改用六十甲子紀年了。後世有人使用這些古年名紀年，那是根據當年的干支來對照的。例如司馬光《資治通鑑》卷一七六《陳紀》十下注曰：“起閼逢執徐，盡著雍涒灘，凡五年。”是説從甲辰到戊申共五年。清初作家朱彝尊在《謁孔林賦》裏寫道：“粵以屠維作噩之年，我來自東，至於仙源。”其實是説在己酉年。他的《曝書亭集》裏的古今詩繫年，也用這些年名。我們閱讀古書，應該知道這種情況。

　　干支紀年法一般認爲興自東漢②，六十甲子周而復始，到現在没有中斷。由此可以向上逆推，知道上古某年是什麽干支。一般歷史年表所記的西漢以前的逐年干支，是後人逆推附加上去的，這一點應該注意。

---

① 閼，讀 yān。旃，讀 zhān。重，讀 chóng。黓，讀 yì。
② 有人認爲在漢朝初年就開始用干支紀年，到了東漢元和二年（公元 85 年）纔用政府命令的形式，在全國範圍内實行。

關於紀年法我們就説到這裏。

最後談談"三正(zhēng)"的問題。

春秋戰國時代有所謂夏曆、殷曆和周曆,三者主要的區別在於歲首的月建不同,所以又叫做三正。周曆以通常冬至所在的建子之月(即夏曆的十一月)爲歲首,殷曆以建丑之月(即夏曆的十二月)爲歲首,夏曆以建寅之月(即後世通常所説的陰曆正月)爲歲首。周曆比殷曆早一個月,比夏曆早兩個月。由於三正歲首的月建不同,四季也就隨之而異。下表以月建爲綱,説明三正之間月份和季節的對應(見下頁):

夏殷周三正是春秋戰國時代不同地區所使用的不同的曆日制度,我們閲讀先秦古籍有必要了解三正的差異,因爲先秦古籍所據以紀時的曆日制度並不統一。舉例來説,《春秋》和《孟子》多用周曆①,《楚辭》和《吕氏春秋》用夏曆。《詩經》要看具體詩篇,例如《小雅·四月》用夏曆②,《豳風·七月》就是夏曆和周曆並用③。《春秋·成公八年》説"二月無冰",史官把這一罕見的現象載入史册,顯而易見,這是指周曆二月即夏曆十二月而言;如果是夏曆二月,則已經"東風解凍",無冰應是正常現象,無須大書特書了。又如《春秋·莊公七年》説"秋,大水,無麥苗",這也指周曆,周曆秋季相當於夏曆五六月,晚收的麥子和"五稼之苗"有可能被大水所"漂殺";如果是夏曆秋季,就很難索解了。由此可知《孟子·梁惠王上》所説的"七八月之間旱,則苗槁矣"也是用周曆,周曆七八月相當於夏曆五六月,其時正是禾苗需要雨水的時候。根據同樣的理

---

① 《孟子·離婁下》:"歲十一月徒杠成,十二月輿梁成,民未病涉也。"阮元以爲此用夏曆,但是這一點學者間有爭論。

② 所以原詩説"四月維夏,六月徂暑""秋日淒淒,百卉具腓""冬日烈烈,飄風發發"。

③ 此詩凡言"七月"等處是夏曆,"一之日"等處是周曆。

月建	子	丑	寅	卯	辰	巳	午	未	申	酉	戌	亥
周曆	正月	二月	三月(春)	四月	五月(夏)	六月	七月	八月(秋)	九月	十月	十一月(冬)	十二月
殷曆	十二月(冬)	正月	二月(春)	三月	四月	五月(夏)	六月	七月(秋)	八月	九月	十月(冬)	十一月
夏曆	十一月(冬)	十二月	正月(春)	二月	三月	四月(夏)	五月	六月	七月(秋)	八月	九月	十月(冬)

由,我們相信《孟子·滕文公上》所説的"江漢以濯之,秋陽以暴之"的秋陽是指夏曆五六月的炎日[1]。在《春秋》和《左傳》裏,同一歷史事實,《春秋》經文和《左傳》所記的時月每有出入,甚至同屬《左傳》所記,而時月也互有異同,這可以從三正的差異中求得解釋[2]。例如《春秋·隱公六年》説"冬,宋人取長葛",《左傳》記載爲"秋,宋人取長葛"[3];《春秋·僖公五年》説"春,晉侯殺其世子申生",《左傳》記此事於僖公四年十二月。可見《左傳》所依據的史料有的是用夏曆。

　　在戰國秦漢之間有所謂"三正論",認爲夏正建寅、殷正建丑、周正建子是夏商周三代輪流更改正朔,説什麼"王者始起"要"改正

---

[1]　參看第一册第305頁。

[2]　文字錯亂又當別論。

[3]　杜預想調和經傳記時上的矛盾,解釋説:"秋取,冬乃告也。"又説:"今冬乘長葛無備而取之。"則自相矛盾。其實從周曆夏曆的差異上來解釋就很自然。

朔”“易服色”等等以表示“受命於天”。當然這並不可信。秦始皇統一中國後，改以建亥之月（即夏曆的十月）爲歲首，但是夏正比較適合農事季節，所以並不稱十月爲正月，不改正月（秦人叫端月）爲四月，春夏秋冬和月份的搭配，完全和夏正相同。漢初沿襲秦制。《史記·魏其武安侯列傳》載漢武帝元光五年（公元前130年）十月殺灌夫，十二月晦殺魏其，接着説：“其春，武安侯病，專呼服謝罪。使巫視鬼者視之，見魏其、灌夫共守，欲殺之。”①司馬遷不説“明春”，而説“其春”，就是因爲當時以十月爲歲首，當年的春天在當年的十二月之後的緣故。漢武帝元封七年（公元前104年）改用太初曆，以建寅之月爲歲首，此後大約二千年間，除王莽和魏明帝時一度改用殷正，唐武后和肅宗時一度改用周正外，一般都是用的夏正。

　　附帶談談一些節日。

　　由於風俗習慣的關係，一年有許多節日。下面把一些主要節日按月加以敘述。

　　元旦　　這是正月初一日。

　　人日　　這是正月初七日。據傳説，正月一日爲雞，二日爲狗，三日爲猪，四日爲羊，五日爲牛，六日爲馬，七日爲人。高適《人日寄杜二拾遺》（按：即杜甫）：“人日題詩寄草堂。”

　　上元（元月元宵）　正月十五日。舊俗以元夜張燈爲戲，所以又叫燈節。朱淑貞《生查子》：“去年元夜時，花市燈如晝。”

　　社日　　農家祭社祈年的日子，立春後第五個戊日（在春分前後）。杜甫《遭田夫泥飲美嚴中丞》：“田翁逼社日，邀我嘗春酒。”王駕《社日》詩：“桑柘影斜春社散，家家扶得醉人歸。”這是春社。

---

①　參看本册第732頁。

又,立秋後第五個戊日爲秋社,在秋分前後。

寒食　清明前二日。《荊楚歲時記》説,冬至後一百五日,謂之寒食,禁火三日。因此,有人以"一百五"爲寒食的代稱。温庭筠《寒食節日寄楚望》詩:"時當一百五。"但依照舊法推算,清明前二日不一定是一百五日,有時是一百六日。所以元稹《連昌宫詞》説:"初過寒食一百六,店舍無煙宫樹緑。"

清明　就是清明節。古人常常把清明和寒食聯繫起來。杜牧《清明》詩:"清明時節雨紛紛。"

花朝　二月十二日爲花朝,又叫百花生日。

上巳　原定爲三月上旬的一個巳日(所以叫上巳),舊俗以此日臨水祓除不祥,叫做修禊。但是自曹魏以後,把節日固定爲三月三日。後來變成了水邊飲宴、郊外遊春的節日。杜甫《麗人行》:"三月三日天氣新,長安水邊多麗人。"

浴佛節　傳説四月初八日是釋迦牟尼的生日。《荊楚歲時記》説,荊楚以四月八日諸寺香湯浴佛,共作龍華會。《洛陽伽藍記‧法雲寺》:"四月初八日,京師士女多至河間寺。"

端午(端陽)　五月初五日。《荊楚歲時記》説,屈原在五月五日投江,人們在這一天競渡,表示要拯救屈原(後來又把船做成龍形,叫龍舟競渡)。關於端午節的傳説很多。唐代以後,端午節被規定爲大節日,常有賞賜。杜甫《端午日賜衣》:"端午被恩榮。"

伏日　夏至後第三個庚日叫初伏,第四個庚日叫中伏,立秋後第一個庚日叫終伏(末伏),總稱爲三伏。據説伏是隱伏避盛暑的意思①。伏日祭祀,所以也是一個大節日。一般所謂伏日,大約指的是初伏。楊惲《報孫會宗書》:"田家作苦,歲時伏臘,烹羊炰羔,

①　此據《史記‧秦本紀》"二年初伏"張守節正義。

斗酒自勞。”

七夕　七月七日。《荆楚歲時記》説，七月初七日的晚間是牽牛織女聚會之夜，人家婦女結綵縷穿七孔針，陳酒脯瓜果於庭中，以乞巧。杜牧《七夕》詩：“銀燭秋光冷畫屏，輕羅小扇撲流螢。天街夜色涼如水，臥看牽牛織女星。”

中元　七月十五日①。佛教傳説：目連的母親墮入餓鬼道中，食物入口，即化烈火，目連求救於佛，佛爲他説盂蘭盆經，叫他在七月十五日作盂蘭盆以救其母②。後代把中元看成鬼節，有施餓鬼等等迷信行爲。

中秋　八月十五日。人們以爲這時的月亮最亮，所以是賞月的佳節。蘇軾《水調歌頭》(中秋)：“明月幾時有，把酒問青天。”

重陽(重九、九日)　九月初九日。古人以爲九是陽數，日月都逢九，所以稱爲重陽。古人在這一天有登高飲酒的習慣。據《續齊諧記》所載，費長房對汝南桓景説，九月九日汝南有大災難，帶茱萸囊登山飲菊花酒可以免禍。這是一般人認爲重九登高的來源，但不一定可靠③。王維《九月九日憶山東兄弟》：“遙知兄弟登高處，遍插茱萸少一人。”

冬至　就是冬至節。冬至前一日稱爲小至。古人把冬至看成是節氣的起點④，從冬至起，日子一天天長起來，叫做“冬至一陽生”⑤。古人又認爲：冬天來了，春天就要跟着到來。杜甫《小至》

---

① 正月十五日爲上元，七月十五日爲中元，十月十五日爲下元。後代祇有上元中元成爲節日。

② 盂蘭盆，梵語，是倒懸的意義。作盂蘭盆，指施佛及僧，以報父母養育之恩。

③ 《風土記》以爲此日折茱萸插頭，以辟惡氣，而禦初寒，與此也不相同。

④ 《史記·律書》：“氣始於冬至，周而復始。”

⑤ 《史記·律書》：“日冬至，則一陰下藏，一陽上舒。”

詩:"冬至陽生春又來。"

臘日 臘是祭名。《説文》:"冬至後三戌臘祭百神。"可見漢代的臘日是冬至後第三個戌日。但是《荆楚歲時記》以十二月初八日爲臘日,並説村人擊細腰鼓,作金剛力士以逐疫。十二月初八日是一般的解釋,到今天還有"臘八粥"的風俗。杜甫《臘日》詩:"臘日常年暖尚遥,今年臘日凍全消。"又《詠懷古迹》(其四):"歲時伏臘走村翁。"

除夕 一年最後一天的晚上。除是除舊布新的意思。一年的最後一天叫"歲除",所以那天晚上叫"除夕"。蘇軾《守歲》詩:"兒童强不睡,相守夜讙譁。"

上述這些節日,不是一個時代的,而是許多時代積累下來的。

樂律

古人把宫商角徵羽稱爲五聲或五音,大致相當於現代音樂簡譜上的 1(do)2(re)3(mi)5(sol)6(la)。從宫到羽,按照音的高低排列起來,形成一個五聲音階,宫商角徵羽就是五聲音階上的五個音級:

$$宫\quad 商\quad 角\quad 徵\quad 羽$$
$$1\quad 2\quad 3\quad 5\quad 6$$

後來再加上變宫、變徵,稱爲七音。變宫、變徵大致和現代簡譜上的 7(ti)和 $^\#$4(fis)相當①,這樣就形成一個七聲音階:

$$宫\quad 商\quad 角\quad 變徵\quad 徵\quad 羽\quad 變宫$$
$$1\quad 2\quad 3\quad ^\#4\quad 5\quad 6\quad 7$$

---

① 《淮南子·天文訓》把變宫叫做和,變徵叫做繆。後世變宫又叫做閏。我國傳統音樂没有和 4(fa)相當的音,變徵大致和 $^\#$4(fis)近似。

　　作爲音級,宫商角徵羽等音衹有相對音高,没有絶對音高。這就是説它們的音高是隨着調子轉移的。但是相鄰兩音的距離卻固定不變,衹要第一級音的音高確定了,其他各級的音高也就都確定了。古人通常以宫作爲音階的起點,《淮南子·原道訓》説:"故音者,宫立而五音形矣。"宫的音高確定了,全部五聲音階各級的音高也就都確定了。七聲音階的情況也是這樣。

　　古書上常常把五聲或五音和六律並舉。《吕氏春秋·察傳》説:"夔於是正六律,和五聲。"①《孟子·離婁上》説:"師曠之聰,不以六律,不能正五音。"可見律和音是兩個不同的概念。律,本來指用來定音的竹管②,舊説古人用十二個長度不同的律管,吹出十二個高度不同的標準音,以確定樂音的高低,因此這十二個標準音也就叫做十二律。十二律各有固定的音高和特定的名稱,和現代西樂對照,大致相當於 C ＃C D ＃D E F G ＃G A ＃A B 等十二個固定的音。從低到高排列起來,依次爲:

　　1.黄鐘　　2.大吕　　3.太簇　　4.夾鐘　　5.姑洗　　6.中吕
　　C　　　　＃C　　　　D　　　　＃D　　　　E　　　　F

　　7.蕤賓　　8.林鐘　　9.夷則　　10.南吕　　11.無射　　12.應鐘③
　　＃F　　　　G　　　　＃G　　　　A　　　　＃A　　　　B

十二律分爲陰陽兩類:奇數六律爲陽律,叫做六律;偶數六律爲陰律,叫做六吕。合稱爲律吕。古書上所説的"六律",通常是包舉陰

---

① 參看第二册第 399 頁。
② 蔡邕《月令章句》:"截竹爲管謂之律。"《國語·周語下》:"律以平聲。"後世律管改爲銅製。又,古人也用鐘弦定音,故有所謂管律、鐘律和弦律。
③ 這樣對照,衹是爲了便於了解,不是説上古的黄鐘就等於現代的 C,上古黄鐘的絶對音高尚待研究。其餘各音和今樂也不一一相等。黄鐘、夾鐘、林鐘、應鐘的鐘字又作鍾;太簇又作太蔟、太族、大族、大蔟、泰簇、泰族;中吕又作仲吕;姑洗的洗,讀 xiǎn;無射又作亡射,射,讀 yì。

陽各六的十二律説的。

　　律管的長度是固定的。長管發音低,短管發音高。蔡邕《月令章句》説:"黄鐘之管長九寸①,孔徑三分,圍九分。其餘皆稍短(漸短),唯大小無增減。"十二律管的長度有一定的數的比例:以黄鐘爲準,將黄鐘管長三分減一,得六寸,就是林鐘的管長;林鐘管長三分增一,得八寸,就是太簇的管長;太簇管長三分減一,得 $5\frac{1}{3}$ 寸,就是南呂的管長;南呂管長三分增一,得 $7\frac{1}{9}$ 寸,就是姑洗的管長②;以下的次序是應鐘、蕤賓、大呂、夷則、夾鐘、無射、中呂。除由應鐘到蕤賓,由蕤賓到大呂都是三分增一外③,其餘都是先三分減一,後三分增一。這就是十二律相生的三分損益法。十二個律管的長度有一定的比例,這意味着十二個標準音的音高有一定的比例。

　　現在説到樂調。

　　上文説過,古人通常以宫作爲音階的第一級音。其實商角徵羽也都可以作爲第一級音。《管子·地員》篇有一段描寫五聲的文字,其中所列的五聲順序是徵羽宫商角,這就是以徵爲第一級音的五聲音階:

徵	羽	宫	商	角
$\underset{\cdot}{5}$	$\underset{\cdot}{6}$	1	2	3

音階的第一級音不同,意味着調式的不同:以宫爲音階起點的是宫調式,意思是以宫作爲樂曲旋律中最重要的居於核心地位的主音;

① 這是晚周的尺度,一尺長約二十三釐米。

② 尺寸依照《禮記·月令》鄭玄注。

③ 《漢書·律曆志》説:"參分蕤賓損一,下生大呂。"其説非是。應以《淮南子》、《禮記·月令》鄭注及《後漢書·律曆志》爲準。參看王光祈《中國音樂史》上册22—38頁。

以徵爲音階起點的是徵調式,意思是以徵作爲樂曲旋律中最重要的居於核心地位的主音;其餘由此類推。這樣,五聲音階就可以有五種主音不同的調式。根據同樣的道理,七聲音階可以有七種主音不同的調式。《孟子・梁惠王下》:"'爲我作君臣相説之樂。'蓋徵招、角招是也。"招就是韶(舞樂),徵招、角招就是徵調式舞樂和角調式舞樂。《史記・刺客列傳》載:"高漸離擊筑,荆軻和而歌,爲變徵之聲,士皆垂淚涕泣。又前而爲歌曰:'風蕭蕭兮易水寒,壯士一去兮不復還。'復爲羽聲忼慨,士皆瞋目,髮盡上指冠。"這裏所説的變徵之聲就是變徵調式,羽聲就是羽調式。以上的記載表明,不同的調式有不同的色彩,産生不同的音樂效果。

　　但是上文説過,宮商角徵羽等音衹有相對音高,没有絶對音高。在實際音樂中,它們的音高要用律來確定。試以宮調式爲例。用黄鐘所定的宮音(黄鐘爲宮),就比用大吕所定的宮音(大吕爲宮)要低。前者叫做黄鐘宮,後者叫做大吕宮①。宮音既定,其他各音用哪幾個律,也就隨之而定。例如:

黄　鐘　宮

黄鐘宮	大吕	太簇商	夾鐘	姑洗角	中吕	蕤賓	林鐘徵	夷則	南吕羽	無射	應鐘

大　吕　宮

黄鐘	大吕宮	太簇	夾鐘商	姑洗	中吕角	蕤賓	林鐘	夷則徵	南吕	無射羽	應鐘

理論上十二律都可以用來確定宮的音高,這樣就可能有十二種不

① 古書上有時候説"奏黄鐘""歌大吕"等等,雖衹提律名,實際上指的是黄鐘宮、大吕宮等等。

同音高的宫調式。商角徵羽各調式仿此,也可以各有十二種不同音高的調式。總起來説,五聲音階的五種調式,用十二律定音,可各得十二"調",因此古人有所謂六十"調"之説。所以《淮南子·原道訓》説:"五音之數不過五,而五音之變不可勝聽也。"根據同樣的道理,七聲音階的七種調式,用十二律定音,可得八十四"調"。了解到這一點,那麼古書上所説的"黄鐘爲宫,大吕爲角,太簇爲徵,應鐘爲羽"這一類的話就不難懂了①,所指的不過是不同音高的不同調式而已。

　　有一點須要注意:無論六十"調"或八十四"調",都祇是理論上有這樣多的可能組合,在實際音樂中不見得全都用到。例如隋唐燕樂祇用二十八宫調②,南宋詞曲音樂祇用七宫十二調,元代北曲祇用六宫十一調,明清以來南曲祇用五宫八調。常用的祇有九種,即五宫四調,通稱爲"九宫":

　　　　五宫: 正宫　中吕宫　南吕宫　仙吕宫　黄鐘宫

　　　　四調: 大石調(又作大食調)　雙調　商調　越調③

　　古書上又常常提到八音。《尚書·舜典》説:"八音克諧。"《周禮·春官·大司樂》説:"文之以五聲,播之以八音。"所謂八音,是指上古的八類樂器,即金石土革絲木匏竹。依《周禮·春官·大

---

① 見《周禮·春官·大司樂》。

② 前人把以宫爲主音的調式稱之爲宫,以其他各聲爲主音的調式統稱之爲調,例如八十四調可以分稱爲十二宫七十二調,也可以合稱爲八十四宫調。隋唐燕樂所用的二十八宫調包括七宫二十一調。

③ 這裏所列的"調"的名稱是傳統慣用的俗名。和上古的"調"對照,大致是:

　　正宫——黄鐘宫　　　　中吕宫——夾鐘宫　　　　南吕宫——林鐘宫

　　仙吕宫——夷則宫　　　黄鐘宫——無射宫　　　　大石調——黄鐘商

　　雙調——夾鐘商　　　　商調——夷則商　　　　　越調——無射商

師》鄭玄注，金指鐘鎛（bó），石指磬，土指塤（xūn），革指鼓鼗（táo），絲指琴瑟，木指柷敔（zhùyǔ），匏指笙，竹指管簫。由此可見八音和五聲、七音是不同性質的。

　　我國樂律，歷代有不少變更，這裏沒有必要加以敘述。

　　我國音樂有悠久的歷史，我國樂律知識在二千多年以前就已經非常精微，這是值得我們自豪的。但是由於歷史條件的限制，古人對樂律的理解還有不正確的一面，我們學習古代樂律，對這一點也應該有所了解。

　　古人把宮商角徵羽五聲和四季、五方、五行相配。如果以四季為綱排起表來，它們之間的配合關係是：

四季	春	夏	季夏	秋	冬
五聲	角	徵	宮	商	羽
五方	東	南	中	西	北
五行	木	火	土	金	水

這種配合關係，可舉兩條舊注來説明。《禮記·月令》鄭玄注：“春氣和，則角聲調。”所以角配春。《呂氏春秋·孟春紀》高誘注：“角，木也；位在東方。”所以角配木，配東。其餘由此類推。顯而易見，這樣解釋是沒有科學根據的。但是古人對於五聲和四季、五方、五行的具體配合既然有了一種傳統的了解，那麼古典作家的作品在寫到某個季節時連帶寫到和這個季節相配的音名和方位，就完全可以理解了。歐陽修《秋聲賦》之所以説“商聲主西方之音”，就是因為古人以秋季、商音和西方相配的緣故。

　　歐陽修《秋聲賦》接着還説：“夷則為七月之律。”夷則和七月的聯繫要從十二律和十二月的配合來説明。在上古時代，人們把樂律和曆法聯繫起來，依照《禮記·月令》，一年十二月正好和十二律相適應：

> 孟春之月，律中太簇；
>
> 仲春之月，律中夾鐘；
>
> 季春之月，律中姑洗；
>
> 孟夏之月，律中中呂；
>
> 仲夏之月，律中蕤賓；
>
> 季夏之月，律中林鐘；
>
> 孟秋之月，律中夷則；
>
> 仲秋之月，律中南呂；
>
> 季秋之月，律中無射；
>
> 孟冬之月，律中應鐘；
>
> 仲冬之月，律中黃鐘；
>
> 季冬之月，律中大呂。

所謂“律中”，據《禮記·月令》鄭玄注就是“律應”，“律應”的徵驗則憑“吹灰”。吹灰是古人候氣的方法，據説是用葭莩的灰塞在律管裏，某個月份到了，和它相應的律管裏的葭灰就飛動起來了。歐陽修《秋聲賦》“夷則爲七月之律”，就是在這個意義上説的。這種方法當然是不科學的，但是也成了典故。陶潛《自祭文》説：“歲惟丁卯，律中無射，天寒夜長，風氣蕭索。”[1]是指季秋九月。杜甫《小至》：“吹葭六琯動飛灰。”[2]小至是冬至的前一天，仲冬之月，律中黃鐘，詩人的意思是説：“冬至到了，律中黃鐘，黃鐘管的葭灰飛動了。”韓愈《憶昨行》：“憶昨夾鐘之呂初吹灰。”意思是説“想起了二

---

[1]　參看第四册第 1240 頁。

[2]　琯，玉製的律管。前人説這裏的“六琯”包舉六律六呂十二個管，其實是指黃鐘管。詩人爲了和上句“刺繡五紋添弱綫”的“五紋”相對，所以説“六琯”。詩歌用詞靈活，不可拘泥。

月的時候",因爲仲春之月律中夾鐘。

由於古人把十二律和十二月相配,後世作家常喜歡用十二律的名稱代表時令月份。例如曹丕《與吳質書》:"方今蕤賓紀時,景風扇物。"就是指仲夏五月説的。

關於古代樂律,我們就説到這裏。

（二十）古代文化常識（乙）

地理,職官,科舉

地理

歷代地方區域的劃分,各有不同。有時候,同一個區域名稱,而涵義大有區別。有些名稱則是上古所没有的。現在舉出一些例子來加以説明。

州　相傳堯時禹平洪水,分天下爲九州,即冀州、兗州、青州、徐州、揚州、荆州、豫州、梁州、雍州。又相傳舜時分爲十二州,即除了九州外,又從冀州分出并州、幽州,從青州分出營州。這樣,疆域的大小是一樣的,衹是州的大小稍有不同罷了。到了漢代,中國的疆土更大了,於是增加了一個交州,一個朔方。後來朔方併入并州,改雍州爲涼州,改梁州爲益州。東漢時代,共有十三州,即:司隸(直轄州)、豫州、兗州、徐州、青州、涼州、并州、冀州、幽州、揚州、益州、荆州、交州。晉初分爲十九州,和東漢十三州比較,增加六州。(1)把涼州分爲雍、涼、秦三州;(2)把益州分爲梁、益、寧三州;(3)把幽州分爲幽、平兩州;(4)把交州分爲交、廣兩州。

　　後漢到南北朝末,州基本上是監察區①,有時也是行政區。不過從南北朝起,州的範圍漸漸地縮小了。在唐代,全國共有三百多個州,是行政區,宋元所謂州,則與唐代基本上一致。明清改州爲府,所以有"兗州府""揚州府"等名稱,祇留少數直隸州直轄於省,散州隸屬於府。

　　郡　郡是行政區域。秦分天下爲三十六郡,其中著名的有隴西、潁川、南陽、邯鄲、鉅鹿、漁陽、右北平、遼西、遼東、河東、上黨、太原、代郡、鴈門、雲中、琅琊、漢中、巴郡、蜀郡、長沙、黔中。後來又增加桂林、象郡、南海、閩中,共爲四十郡。此後歷代都有郡,但是區域變小了。直到隋代纔取消了郡。唐代州郡迭改,都是行政區域。宋廢郡。

　　國　國是漢代諸侯王的封域,也是行政區。國的區域略等於郡,所以"郡國"連稱。

　　道　唐代的道是監察區,略相當於漢代的州。貞觀年間,分全國爲十道:(1)關內道,即古雍州;(2)河南道,即古豫兗青徐四州;(3)河東道,即古冀州;(4)河北道,即古幽冀二州②;(5)山南道,即古荆梁二州;(6)隴右道,即古雍梁二州;(7)淮南道,即古揚州;(8)江南道,即古揚州的南部(今浙江福建江西湖南等省);(9)劍南道,即古梁州(劍閣以南);(10)嶺南道,即古揚州的南部。開元年間,又分爲十五道,這是從關內道分出一個京畿(治長安),從河南道分出一個都畿(治洛陽),再把山南分爲山南東道、山南西道,把江南分爲江南東道、江南西道和黔中道。

────────────

①　漢武帝爲了加强中央集權,分全國爲十幾個監察區,稱爲州或部。每州置刺史(後或稱州牧)一人,巡察所屬郡國。後來刺史都掌兵權,不是單純的監察官了。

②　冀州共出現兩次,表示是冀州的一部分。下仿此。這些説法根據鄭樵《通志》卷四十《地理略》。

　　路　　宋代的路最初是爲徵收賦稅轉運漕糧而分的區域,後來逐漸帶有行政區劃和軍區的性質。最初分全國爲十五路,後來分爲十八路、二十三路①。和今天的省區大致相似。例如福建路、廣東路、廣西路、湖南路、湖北路、陝西路、河北路等,都和今天的省名相同,區域也大致相當②。元代也有路,宋代的路大,元代的路小,相當於州府。

　　省　　本來是官署的名稱。元代以中書省爲中央政府,又在路之上分設行中書省(略等於中書省辦事處或中書省行署),簡稱行省。後來行省成爲正式的行政區域名稱,簡稱爲省。

　　府　　依唐代制度,大州稱爲府,因爲這些州都置有都督府或都護府,唐代府隸屬於道,宋代府隸屬於路,元代的府,有的隸屬於路,有的直轄於中央。明清改州爲府(見上文)。

　　軍　　軍是宋代的行政區域,一個軍等於一個州或府,直轄於路。宋代的平定軍即清代的平定州,宋代的南安軍即清代的南安府,可見軍和州府是差不多的。

　　縣　　縣是地方基層行政區域。秦漢的縣屬於郡(漢代國以下也有縣),後代的縣屬於州或府。

　　我們閱讀古書,要注意同名異地的情況。例如山東,戰國時稱六國爲山東,這是因爲秦都關中,六國在崤山函谷關以東的緣故。所以《戰國策・趙策》説:“六國從親以擯秦,秦必不敢出兵於函谷關以害山東矣。”賈誼《過秦論》也説:“山東豪俊,遂並起而亡秦族矣。”但是《漢書・儒林傳》説,伏生得《尚書》二十九篇,“以教于齊

① 此外還有少數特爲軍事而設的路,不領民事。
② 廣西路又稱廣南東路,廣西路又稱廣南西路,湖南路又稱荊湖南路,湖北路又稱荊湖北路。

魯之間,齊學者由此頗能言《尚書》,山東大師亡不涉《尚書》以教",這裏的山東卻指齊魯一帶①。又如江南,《史記·貨殖列傳》説:"江南豫章長沙。"指今天的湖廣江西一帶。今天的江南,《史記》卻稱爲江東,《史記·項羽本紀》説:"縱江東父兄憐而王我,我何面目見之。"

至於具體地名,在不同時代指不同地點,則更爲常見。例如:

薊,南北朝以前指今北京(舊址在今北京城西南角);薊州,唐以後指今河北省薊縣一帶②。

桂林,秦代指今廣西貴縣南,三國時指今梧州市,西晉時指今柳州市東;桂州在南北朝及唐五代、桂林府在明清兩代,都指今桂林市。

關於古代西州郡縣邑的建置、因革及其境域,目前可查閱商務印書館編印的《中國古今地名大辭典》。

職官

我國古代的職官,歷代建置不同,其間因革損益,情況複雜。在這個題目下,我們不能全面敍述歷代官制的發展,祇能大致談談幾個重要的問題:中央官制、地方官制、品階勳爵等。

(1)中央官制

戰國時代,各國國君之下分設相將,分掌文武二柄。趙惠文王以藺相如爲相,以廉頗爲將,是人所熟知的例子。《荀子·王霸》説相是"百官之長",所以《戰國策·齊策》説:"於是梁王虚上位,以故相爲上將軍,遣使者黄金千斤,車百乘,往聘孟嘗君。"楚國最高

---

① 古代山東山西有就華山而言,有就太行山而言,這裏不細説。
② 薊縣1973年由河北省劃歸天津市。薊州轄境包括現在天津市薊縣和河北省香河、玉田、豐潤、遵化等縣。

的長官稱爲令尹，次於令尹的是武官上柱國，官號和其他各國不同。

秦代皇帝之下設丞相府、太尉府和御史大夫寺組成中樞機構。丞相稟承皇帝意旨佐理國政；太尉掌全國軍事；御史大夫是皇帝的秘書長兼管監察。丞相官位最高，尊稱爲相國，通稱爲宰相。漢初沿襲秦制，漢武帝以後，丞相地位雖尊，權力卻逐漸縮小。例如霍光以大司馬大將軍領尚書事，輔理國政，其權勢就遠在丞相之上。西漢末丞相改稱大司徒，太尉改稱大司馬，御史大夫改稱大司空①，號稱三公（又稱三司），都是宰相。但到東漢光武帝時，“雖置三公，事歸臺閣”②，三公祇處理例行公事，臺閣反而成了實際上的宰相府了。

所謂臺閣，是指尚書機構尚書臺説的，後世逐漸稱爲尚書省③，首長是尚書令，副職是尚書僕射。魏文帝鑒於東漢尚書臺的權勢太大，把它改爲外圍的執行機構，另外設置以中書監、令爲首長的中書省，參掌中樞機密。南北朝時皇帝鑒於中書省權勢日大，又設置以侍中爲首長的門下省，對中書省加以限制。這樣，就形成了皇朝中央尚書、中書、門下三省分職的制度：中書省取旨，門下省審核，尚書省執行④，三省首長同爲宰相，共議國政。

唐代因爲唐太宗曾任尚書令，以後此官不再授人，而以左右僕射爲宰相。唐高宗以後左右僕射不再參決大政。唐太宗又認爲中

---

① 大司空是主水土之官，和先前御史大夫的職掌不同。

② 見《後漢書·仲長統傳》。

③ 晉稱爲尚書都省，劉宋稱爲尚書寺，一名尚書省。

④ 隋代避用“中”字，改中書省爲内史省，改侍中爲納言。在唐高宗、武后和玄宗時，三省名稱曾有幾度改變：尚書省稱中臺，文昌臺；中書省稱西臺，鳳閣，紫微；門下省稱東臺，鸞臺，黄門。

書令和侍中的官位太高,不輕易授人,常用他官加上"參議朝政"
"參議得失""參知政事"之類的名義掌宰相之職,高宗以後執行宰
相職務的稱爲"同中書門下三品""同中書門下平章事",宋代簡稱
爲"同平章事",以"參知政事"爲副相。

　　宋代中央是中書和樞密院分掌文武二柄,號稱二府。樞密院
類似秦代的太尉府,正副首長是樞密使、副使。

　　宰相一詞最早見於《韓非子》①,但是正式定爲官號是在遼代。
遼代中樞機構是北、南宰相府,各設左、右宰相。明代廢中書省,皇
帝親理國政,以翰林院官員加殿閣大學士銜草擬詔諭。後來大學
士逐漸參與大政,成了實際上的宰相,號稱輔臣,首席輔臣有元輔、
首輔之稱。清沿明制。到雍正時成立軍機處,大學士就沒有什麼
職權了。

　　秦漢時中央的行政長官有:(一)奉常,漢初沿用此稱,後來改
稱太常,掌宗廟禮儀。(二)郎中令,漢初沿用此稱,後來改稱光禄
勳,管宮廷侍衞。(三)衞尉,漢景帝初一度改稱中大夫令,管宮門
近衞軍。(四)太僕,管皇帝車馬。(五)廷尉,漢代有時又稱爲大
理,是最高的法官。(六)典客,漢初沿用此稱,後來又稱大行令、大
鴻臚,管理少數民族來朝事宜。(七)宗正,管理皇族事務。(八)治
粟内史,漢初沿用此稱,後來又稱大農令、大司農,管租稅賦役。
(九)少府,管宮廷總務。以上諸官,後來稱爲九卿。九卿之中,廷
尉、典客和治粟内史管的是政務,其餘六卿管的是皇帝私人事務。

　　九卿之外,還有掌管京師治安的中尉(後來稱爲執金吾),以及
掌管營建宮室的將作少府(後來稱爲將作大匠),等等。

_____

① 　《韓非子·顯學》:"故明主之吏,宰相必起於州部,猛將必發於卒伍。"又,過去文人
常用宰輔宰衡等以稱宰相,但都不是正式官號。

　　諸卿各有屬官,這裏不都列舉,祇就郎中令(光禄勳)的屬官大夫和郎稍加説明如下:

　　漢代有太中大夫、中大夫(漢武帝改稱光禄大夫)等。大夫"掌論議","無常事,唯詔命所使",是後世散官的性質(後詳)。

　　郎是皇帝侍衞官的通稱,有議郎、中郎、侍郎、郎中。議郎掌顧問應對,比較特殊。其他諸郎皆"掌守門户,出充車騎"。

　　此外漢武帝又置期門、羽林作爲光禄勳的屬官,期門是漢武帝微行時的侍從①,羽林是宿衞之官②,都是郎的一類,所以有期門郎、羽林郎之稱。

　　附帶説一説漢代的加官,這是本官之外另加的官職。

　　漢代的加官有侍中、給事中、諸吏等。加侍中就能出入宮禁,成爲皇帝的親信。加給事中就能掌顧問應對。加諸吏就能對宮廷官員進行監察和彈劾。後世侍中成爲門下省的首長(見前),給事中成爲門下省的屬官。

　　漢代的加官還有中常侍和散騎等。中常侍在禁中侍奉皇帝(東漢改用宦者),散騎是皇帝的騎從,掌"獻可替否"。曹魏時合稱散騎常侍,備皇帝顧問並掌規諫。南北朝散騎常侍是集書省(皇帝的侍從顧問機構)的首長,後世併入門下省。

　　下面説到六部。

　　尚書本是九卿中少府的屬官,發展爲尚書臺後,事務增多,於是分曹治事,每曹設尚書一人,這是後世中央各部的前身。從東漢到南北朝,部曹尚無定制,隋代始定爲吏、民、禮、兵、刑、工六部,屬

---

① 《漢書·百官公卿表》注引服虔説:"與期門下以微行,後遂以爲官。"王先謙説:"期諸殿門,故有期門之號。"
② 《漢書·百官公卿表》顏師古注:"羽林亦宿衞之官,言其如羽之疾,如林之多也。一説羽所以爲王者羽翼也。"

於尚書省。唐避太宗諱,改民部爲户部。此後歷代相承,作爲中央行政機構的六部制基本未變。

六部的職掌大致是:

(一)吏部,掌官吏的任免、銓敘、考績、昇降等。(二)户部,掌土地、户口、賦税、財政等。(三)禮部,掌典禮、科舉、學校等。(四)兵部,掌全國軍政。(五)刑部,掌刑法、獄訟等。(六)工部,掌工程、營造、屯田、水利等。

各部的首長稱爲尚書,副首長稱爲侍郎。部下設司①,司的首長稱爲郎中,副首長稱爲員外郎。屬官有都事、主事等。

六部仿《周禮》六官,列表對照如下:

六部尚書	《周禮》六官
吏部尚書	天官大宰(冢宰)②
户部尚書	地官大司徒
禮部尚書	春官大宗伯
兵部尚書	夏官大司馬
刑部尚書	秋官大司寇
工部尚書	冬官大司空③

後世以《周禮》六官作爲六部尚書的代稱,如户部尚書稱爲大司徒,禮部尚書稱爲大宗伯等④。

六部成立,諸卿的職權變小,有的卿由於職務併入有關的部

---

① 隋唐時每部分爲四司,第一司即以本部爲名,"佐其長而行政令",其餘三司各以職掌命名。例如唐代吏部,第一司仍稱吏部,其餘三司爲司封、司勳、考功。後代部司有所調整,名稱也不盡相同。

② 杜佑《通典》卷二十三《職官》五説:"若參詳古今,徵考職任,則天官大宰當爲尚書令,非吏部之任。今吏部之始,宜出夏官之司士。"

③ 《周禮·冬官·司空》早亡。後補的《考工記》不足以當《冬官·司空》。

④ 但是吏部尚書則稱冢宰。又清代以户部掌漕糧田賦,故又稱户部尚書爲大司農。

司，後來就裁撤了。

　　現在説到中央的監察官和諫官。監察官對百官進行糾彈，諫官對皇帝進行規諫。下面分別敘述。

　　我國古代中央的監察官，可以追溯到戰國時代的御史。御史是記事之官兼糾察之職，秦漢稱爲侍御史，秦以御史大夫爲侍御史之長。西漢御史大夫是副丞相，由其助手御史中丞領導監察彈劾工作。後來成立監察機構御史臺，以御史中丞爲首長。御史臺又稱憲臺，後世或稱肅政臺等，所以習慣上把監察官稱爲臺官。歷代監察官的首長或爲御史大夫，或爲御史中丞等。明清中央監察機構稱爲都察院，首長稱爲左、右都御史。歷代管監察的屬官除侍御史外，還有治書侍御史、殿中侍御史、監察御史等①。

　　前人把臺官和諫官合稱爲臺諫。西漢有諫大夫，東漢稱爲諫議大夫，是屬於光禄勳的專職諫官。唐代除諫議大夫外，又增設補闕、拾遺，三者各分左右，分屬門下、中書二省。宋代左右補闕改爲左右司諫，左右拾遺改爲左右正言，後來併入諫院，以左右諫議大夫爲首長。隋唐以來，和諫官同居門下省的有給事中，負責審閲各部奏章和封駁中書省所擬的詔旨（有不合者封還駁回），明代給事中負責稽查六部，並兼任前代諫議、補闕、拾遺之職，所以後來俗稱給事中爲給諫。清雍正時給事中和御史同屬都察院，這樣，御史也就稱爲臺諫了。

　　封建皇帝有文學侍從。漢代選文章經術之士待詔金馬門②。或供奉辭賦，或講論六藝羣書，没有特定的官號。唐初設翰林院，這是文人和卜醫技術待詔的處所，並不是中央機關。唐玄宗以翰

---

① 　唐避高宗諱，改治書侍御史爲持書侍御史，又誤作侍書侍御史。
② 　金馬門是漢代未央宫門。未央宫門前有銅馬，故名金馬門。

林待詔（後稱翰林供奉）草擬詔令、應和文章。翰林待詔也是文學侍從的性質。後來另建學士院，入院的稱爲翰林學士，專掌皇帝的機密詔令，被認爲是"清要顯美"之官。宋代學士院改稱翰林學士院。明清稱爲翰林院，但職掌和唐宋有所不同。

侍奉皇帝講讀稱爲侍讀、侍講。唐代有集賢院侍讀學士等；宋代有翰林侍讀學士、侍講學士等。宋元以來，皇帝和侍讀、侍講學士以及其他高級官員定期在内廷講論經史，稱爲經筵。清代主講經筵者稱爲經筵講官。

古有史官。舊説周代太史掌文史星曆兼管國家圖書。秦漢時太史和太卜、太祝等官歸奉常領導。魏晉南北朝設專職史官，一般稱爲著作郎。唐代設史館，以他官兼任史館修撰，由宰相監修國史。宋代史館稱爲國史實録院，有修撰、編修、檢討等官。明代史官併入翰林院，仍沿用過去的官號。

我國從古就很重視圖書的收藏和校訂。漢代御史中丞除作爲監察官外，還在蘭臺掌圖籍秘書，其下有蘭臺令史掌校書定字。東漢的秘書監以及後來增設的秘書郎、校書郎都是專管圖書的官員。管理圖書的機構一般稱爲秘書省。唐代秘書省一度稱爲蘭臺，這是因爲蘭臺是漢宮的藏書之處。唐代内廷有收藏經史子集的宏文館和修寫"御本"的集賢殿書院①，設學士、直學士、修撰、校理等官，並有校書郎、正字等，從事圖書的管理、修撰和校訂。宋代把收藏圖書和編修國史的單位合稱爲館閣：館指昭文館、史館和集賢院，閣指秘閣和龍圖、天章等閣②。明代館閣之職併入翰林院，所以翰

---

① "御本"是繕寫給皇帝看的。
② 秘閣收藏真本書和古字畫。龍圖、天章等十一閣分藏宋太宗、真宗諸帝的"御書""御製文集"等。

林院也就稱爲館閣了。

　　宋代龍圖、天章諸閣各置學士、直學士和待制，其職掌是備皇帝顧問、參與論議或校訂圖書。後來這類閣學士成了朝臣外補(外調)時的"加恩兼職"，並不擔任上述職務。宋代又有殿學士，這是授予舊相、輔臣的"職名"，有觀文殿大學士、學士，資政殿大學士、學士，端明殿學士。這類殿學士和閣學士都是表示優寵的虛銜。

　　古代有博士、助教等官。秦漢時博士掌通古今、備顧問。漢文帝時，《論語》《孝經》《孟子》《爾雅》皆立博士，漢武帝設五經博士並置博士弟子學習經術。漢代博士是太常的屬官，所以有太常博士之稱，以聰明威重者一人爲博士祭酒①。魏晉以後歷代所設的太常博士衹是禮官的性質，和作爲教官的國子博士、太學博士等職掌不同。晉代以博士爲國子學和太學的教官②，並設助教作爲博士的副職，後代沿置，直到明清中央教育機構國子監還有博士和助教。北魏以後地方教官一度也稱爲博士、助教。附帶説一説教授。宋代府州開始設教授，負責教誨所屬生員。明清府學設教授，州學設學正，縣學設教諭，各以訓導作爲副職。至於地方最高的教育行政長官，宋代各路一度設過提舉學事司，這是清代各省提督學政的前身。

　　最後談談武官。

　　春秋時已有將軍稱號。戰國有大將軍，後來又有左右前後將軍，秦漢沿置。漢代還有驃騎將軍、車騎將軍、衛將軍，地位都很高。此外還有臨時設置的將軍，例如對匈奴作戰則置祁連將軍，對

---

① 祭酒的本義是在大饗宴時以年老賓客一人舉酒祭祀地神，引申爲對同輩或同官中年高望重者的尊稱，後用爲官名，如國子祭酒等。
② 國子學是高級官員子弟的學校，太學是一般官員和庶民俊秀子弟的學校。

大宛作戰則置貳師將軍等。漢代略次於將軍的是校尉,各依職掌命名。例如掌騎士的稱爲屯騎校尉,掌西域屯兵的稱爲戊己校尉等。魏晉以後,將軍和校尉名目繁多,其中不少是虚銜,如雲麾將軍、振威校尉等,這裏不細説。

(2)地方官制

春秋時的地方行政單位有邑縣。邑縣的長官,魯衛稱宰,晉稱大夫,楚稱令尹。戰國時有郡有縣。郡的長官爲守,掌軍事爲主;縣的長官爲令,掌民政爲主。後來以郡領縣,形成郡縣二級的地方行政單位。

秦漢萬户以上的縣,長官稱令;不及萬户的縣,長官稱長。縣丞助理縣政,縣尉掌管治安。隋唐縣的長官統稱令。宋代派中央官員出掌縣政則稱爲"知某某縣事",簡稱知縣。明清沿用知縣之稱,元代則稱爲縣尹。歷代縣有諸曹掾史,各有不同職掌。

秦漢縣以上的行政單位是郡。秦代郡的行政長官是郡守,掌軍事的是尉,掌監察的是監御史,簡稱爲監。郡丞是郡守的佐貳。漢代郡守改稱太守,後因兼領軍事,所以有郡將之稱。郡的屬官除諸曹外還有督郵、主簿等。督郵舉察屬縣官吏的功罪善惡,並督治地方豪强奸惡,主簿主管文書簿籍①。漢代和郡平行的還有"國",這是皇帝子弟的封地,設官初仿中央,吳楚七國之亂後加以裁削,由中央派相處理行政②。相和太守相當,都是二千石的官③,所以漢代往往用二千石作爲"郡國守相"的代稱。

漢武帝時全國分爲十幾個監察區,稱爲州或部,每州置刺史一

---

① 督郵職權很重,唐以後始廢。古代官署一般都設主簿,宋以後縣的主簿和丞尉同爲縣令(知縣)的助理。
② 魏晉南北朝改稱内史。
③ 漢制以俸禄多少作爲職官等級的標誌,二千石的官月俸120斛。

人（後或稱爲牧）監察所屬郡國。京師所在的州置司隸校尉，略如刺史。刺史有別駕從事史、治中從事史等屬官。別駕隨刺史出巡，治中“主衆曹文書”①。東漢戰爭頻仍，刺史或州牧都掌兵權。魏晉南北朝刺史多帶將軍稱號，並允許成立軍府，自置僚屬，權勢很大②。這樣，刺史就有兩套屬官，一套是屬於監察系統的別駕、治中等，一套是屬於軍事系統的長史、司馬、參軍等。

隋唐縣以上的行政單位是州或郡。稱州時長官是刺史，稱郡時長官是太守③，刺史實際上等於太守。古人把刺史或太守稱爲使君，柳宗元爲永州刺史韋公寫了《永州韋使君新堂記》，文章最後説“編以爲二千石楷法”，這裏二千石是襲用漢代郡國守相的稱呼，其實是指當時州的行政長官刺史説的。刺史既然成了行政長官，那麼前代刺史的兩套屬官的稱號也就參用爲行政系統的官號了④。了解了這一點，就會知道隋唐州郡的司馬其實是不掌武事的。

唐代中央對地方的監察起初是派員出巡各州，稱爲黜陟使（有權罷免或擢昇地方官吏）。後來全國分爲若干道，每道派京官一人巡察所屬州縣，先後稱爲巡察使、按察使、採訪處置使、觀察使。唐代又每聚邊境數州爲一鎮，設節度使，兼度支、營田、觀察等使，總攬一方軍政、民政、財政和監察大權。觀察使、節度使有判官、掌書記、推官等屬官。節度使初設於邊防重鎮，後來內地普遍設置，形成藩鎮割據的局面。宋代廢藩鎮制度，節度使衹是優寵將帥大臣

---

① 杜佑《通典》卷三十二《職官》十四説：“治中從事史一人，居中治事，主衆曹文書，漢制也。”
② 不加將軍稱號的稱爲單車刺史，多由庶姓充任。又，晉代郡守也多加將軍稱號。
③ 首都或陪都所在的州稱爲府，有尹、少尹等官。
④ 《舊唐書·高宗紀》載貞觀二十三年（公元 649 年）七月改諸州治中爲司馬，別駕爲長史。

和宗室勳戚的虛銜。另分全國爲若干路,各路設轉運使等官,掌一路財賦等事。

　　宋代縣以上的行政單位是州,州政由中央派員前往管理,稱爲"知某州軍州事"("軍"指地方軍隊,"州"指民政),簡稱知州。州有通判,號稱監州官,不似後世一般的副職。州的屬官有判官管行政,有推官管司法。和州平行的還有府、軍、監,設官和州大致相同。

　　宋代没有太守,刺史也是虛銜。歐陽修知滁州時寫《醉翁亭記》提到太守,寫《豐樂亭記》提到刺史,都是沿用前代的舊稱。

　　元代地方最高行政機構是行中書省,體制類似中央,也有丞相、參知政事等官。明初沿襲元制,後改承宣布政使司,簡稱布政司,但習慣仍稱爲"省",長官爲左右布政使,掌一省之政。明代有戰事時,派朝臣出巡地方,處理軍務,稱爲巡撫。遇有軍事問題牽連幾省,巡撫不能解決時,則派總督處理。總督巡撫都是臨時差使,不算正式地方官。清代總督巡撫纔成爲固定的"封疆大吏",巡撫是省級的最高長官,總督則總攬一省或兩三省的軍民要政。這樣,布政使就衹管財政和人事,成了督撫的下屬了。

　　明清一省分爲數道,道下有府有州。府州的長官稱爲知府、知州。其佐貳,府有同知、通判等,州有州同(同知)、州判等。有兩種州:直隸州略等於府;散州隸屬於府,和縣相當。

　　(3)品階勳爵

　　品　古代把職官分爲若干等級,通稱爲品。漢代以祿石多寡作爲官位高低的標誌,例如九卿是中二千石,刺史太守之類是二千石,縣令是千石到六百石,祿石不同,月俸收入不同。曹魏時職官分爲九品,一品最高,九品最低。隋唐時九品又分正從,自正四品起,每品又分上下二階,共有三十級。明清加以簡化,九品祇各分正從,共十八級。隋唐時九品以内的職官稱爲流内,九品以外的職官稱爲流外。流外官經過考銓轉授流内官,唐代稱爲入流。清代不列入九品之内的官稱爲未入流。

階　隋代把有職務的官稱爲職事官,没有職務的官稱爲散官。唐代把前代散官官號加以整理和補充,並從新規定品級,作爲標誌官員身份級别的稱號,稱爲階,通稱爲階官。例如文官階是:從一品稱開府儀同三司,正二品稱特進,從二品稱光禄大夫,等等。六品以下的文官階稱郎,例如正六品上稱朝儀郎,正六品下稱承議郎,等等。唐代又採取前代各種將軍和校尉的官號作爲武官階,這裏不再敘述。後來宋元明清都有階官,祇是名稱和品級不盡相同而已。

唐宋時一個人在某一時期的階官品級和當時所任的職事官的品級不一定相同。階官高於職事官,則在職事官上加"行"字,階官低於職事官,則在職事官上加"守"字,階官比職事官低二品則加"試"字。

勳　唐代又採取前代某些散官官號略加補充作爲酬賞軍功的勳號,稱爲勳,通稱爲勳官。有上柱國、柱國、上護軍、護軍、輕車都尉、驍騎尉等等,共十二級。後代沿襲唐制,祇是品級略有不同。明代有文勳武勳,武官勳號和前代基本相同,文官勳號除"柱國"外還有正治卿、資治尹之類。清代勳和爵就合而爲一了。

爵　舊説周代封爵有公侯伯子男五等。漢代封爵實際上祇有王侯二等。皇子封王,相當於先秦的諸侯,所以通稱諸侯王。漢初異姓也封王,後來"非劉氏不王",異姓受封者通稱列侯。漢武帝以後,諸侯王得在王國境内分封庶子爲侯,也是列侯性質(稱爲王子

侯）。漢代列侯食邑一般是縣，有的是鄉、亭，視所食户數多寡而
定，所以後來有鄉侯、亭侯之稱。三國以後，歷代封爵制度不盡相
同，但是同姓封王基本一致，異姓則一般封爲公侯伯子男①。晉宋
以後，爵號加"開國"字樣以示尊貴，例如樂安郡開國公，曲阜縣開國
子，稱爲開國爵。不加"開國"的稱爲散爵。封地雖説有郡有縣，但是
後來都成了虛名，宋代所謂食邑若干户，食實封若干户，並不表示實
際的賦税收入。明清皇室封爵和異姓封爵不同，這裏不再細説了。

科舉

古有鄉舉里選之説。《周禮·地官·鄉大夫》講到三年舉行一
次"大比"，以考查鄉人的"德行道藝"，選拔賢能的人才。《禮記·
王制》提到"鄉論秀士"，經過逐級選拔，有所謂俊士、進士等名稱。
《禮記·射義》還提到諸侯貢士於天子。這些説法雖然不能證明先
秦確有貢舉制度，但是後世科舉制度上的一些做法和用語，有的是
從這裏來的。

漢代爲了選拔統治人才，有察舉的制度。漢高祖下過求賢詔，
漢文帝也曾下詔察舉賢良方正直言極諫之士，漢武帝又詔令天下
察舉孝廉和茂材。茂材就是秀才（優秀的人才），據説後因避東漢
光武帝諱才改稱茂才的②。漢昭帝以後，舉士包括多方面的人才。
東漢承襲舊制。一般説來，西漢以舉賢良爲盛，東漢以舉孝廉爲
盛。但是東漢桓帝靈帝以後，"舉秀才，不知書；察孝廉，父別居"③。
可見當時的察舉已經很濫了。

---

① 異姓也有封王的，例如楊堅（隋文帝）初仕北周，封隨公，後來封爲隨王。李淵（唐高
　祖）初仕隋，封唐公，後來封爲唐王。唐代郭子儀有軍功，封爲汾陽王。
② 《史記·屈原賈生列傳》張守節《正義》引應劭云："避光武改茂才也。"
③ 見《抱朴子·審舉》。秀才本應賢良，而連字都不認得；孝廉本應孝廉，而察舉的卻
　是與父不同居的不孝之子。

漢代被薦舉的吏民經過皇帝"策問"後按等第高下授官。有所謂"對策"和"射策"。"對策"是將政事或經義方面的問題寫在簡策上，發給應舉者作答；"射策"則類似抽籤考試，由應舉者用矢投射簡策，並解釋射中的簡策上的疑難問題①。後來"策問"的形式定型化了，所以後世把它看成爲一種文體，蕭統《文選》稱之爲"文"②。"對策"也被認爲是一種文體，簡稱爲"策"，劉勰《文心雕龍·議對》説是"議"的別體。漢代董仲舒的對賢良策，是這種文體的名篇。至於"射策"，後來則成了一個典故，杜甫《醉歌行》説"祇今年纔十六七，射策君門期第一"，就是在應舉考試的意義上運用這個典故的。

魏晉以後，地方察舉孝廉、秀才的制度基本未廢。所以李密《陳情表》説："前太守臣逵，察臣孝廉；後刺史臣榮，舉臣秀才。"③魏晉南北朝有所謂九品官人法，各州郡都設中正官負責品評當地人物的高低，分爲上上、上中直到下下九品。這種制度本來是爲了品評人才的優劣，以便選人授官，但是後來由於擔任中正的都是"著姓士族"，人物品評全被豪門貴族所操縱，"上品無寒門，下品無勢族"，九品實際上成了門第高低的標誌了。

隋廢九品中正，設進士、明經二科取士。唐承隋制，並增設明法、明字、明算諸科，而以進士、明經二科爲主。進士科重文辭，明經科重經術。唐高宗、武則天以後，進士科最爲社會所重，參加進士科考試被認爲是致身通顯的重要途徑。進士科以考詩賦爲主，此外還考時務策等。詩賦的題目和用韻都有一定的規定。詩多用

---

① 見《漢書·晉望之傳》顏師古注，《唐摭言》卷一。但是《文心雕龍·議對》説，射策是"言中理準，譬射侯中的"，這是對射策的另一種解釋。

② 《文選》著録了王融、任昉所擬的策秀才文共十三首。

③ 參看本册第 908 頁。

五言六韻(近代變爲五言八韻),有一定的程式,一般稱爲試帖詩。本書第十三單元文選所選的韓愈《學諸進士作精衞銜石填海》一詩,就是這種體裁的作品。

　　唐代取士由地方舉送中央考試,稱爲鄉貢。被舉送應試的人通稱爲舉人。唐人常說"舉進士",例如韓愈《諱辯》說"愈與李賀書,勸賀舉進士",意思是應舉參加進士科的考試,這種人在唐代就稱爲進士。韓愈《送孟秀才序》說"京師之進士以千數,其人靡所不有",就是指當時應舉參加進士科考試的人說的。唐初設有秀才科,不久即廢,但是唐人後來仍通稱應進士科考試的人爲秀才①。由此可見,唐代進士、舉人和秀才的概念與後世不同(參看下文清代的科舉制度)。

　　唐代中央主持科舉考試的機關是禮部,考官通常由禮部侍郎擔任,稱爲知貢舉②。唐人有關科舉考試的文章常常講到有司、主司等,都指考官而言。參加進士科考試要請當世顯人向考官推薦獎譽,纔有及第(及格)的希望。及第以後稱考官爲座主、爲恩門,對座主則自稱門生。同科及第的人互稱爲同年。

　　唐人進士及第第一名稱爲狀頭或狀元。同榜的人在長安慈恩寺雁塔題名,稱爲題名會。宴會於曲江亭子,稱爲曲江會。又遍遊名園,以同榜少年二人爲"探花使",探採名花。

　　唐人進士及第後尚未授官稱爲前進士,還要參加吏部"博學宏詞"或"拔萃"的考選,取中後纔授予官職③。韓愈《柳子厚墓誌

①　見李肇《唐國史補》卷下。
②　唐初考官由吏部考功員外郎擔任,開元中改由禮部侍郎擔任。禮部侍郎缺人,由他官主考,稱爲權知貢舉。
③　《新唐書·選舉志》:"選未滿而試文三篇謂之宏辭,試判三條謂之拔萃,中者即授官。"

銘》説，柳宗元“雖少年，已自成人，能取進士第”，“其後以博學宏詞，授集賢殿正字”①。白居易進士及第後，因爲取中“拔萃”，所以授秘書省校書郎。韓愈雖然進士及第，但是由於應吏部考選未中，未能得官。爲此，韓愈以“前鄉貢進士”的名義三次上書宰相求仕。

以上所説的進士、明經等科通常每年都舉行考試。此外唐代還有所謂制舉，這是由皇帝特詔舉行的考試，據説是要選拔特殊的人才。無論取中進士、明經等科與否，都可以應制舉。考期不固定，科目由皇帝臨時決定，有賢良方正能直言極諫科，才識兼茂明於體用科，文辭秀逸科，風雅古調科，等等，前後不下百十種。這些稱爲制科。唐代博學宏詞科本來也是制科，開元十九年（公元731年）以後改爲吏部選人的科目，每年舉行考試（見上文）②。宋代制舉恢復博學宏詞科，直到清代還有博學鴻詞科。

宋代最初也以進士、明經等科取士。宋神宗時王安石建議廢明經等科，祇保留進士科。進士科不考詩賦而改試經義，此外仍考論策（後來也間或兼考詩賦）。禮部考試合格後，再由皇帝殿試覆審，然後分五甲（五等）放榜，授予官職。

明清兩代的科舉制度大致相同。下面祇就清代的科舉制度加以簡單的敘述。

清人爲了取得參加正式科舉考試的資格，先要參加童試，參加童試的人稱爲儒童或童生，錄取“入學”後稱爲生員③，又稱爲庠生，

---

① 參看本册第 1003—1004 頁。
② 參看徐松《登科記考》凡例、卷五、卷七。
③ 清代有府學、州學和縣學，統稱爲儒學。儒學和孔廟在一起，稱爲學宫。生員“入學”後即受教官（教授、學正、教諭、訓導）的管教。清初生員尚在學宫肄業，有月課和季考，後來變成有名無實了。

俗稱秀才。這是"功名"的起點。

生員分爲三種：成績最好的是廩生，有一定名額，由公家發給糧食；其次是增生，也有一定名額；新"入學"的稱爲附生①。每年由學政考試，按成績等第依次昇降。

正式的科舉考試分爲三級：（1）鄉試，（2）會試，（3）殿試。

鄉試通常每三年在各省省城舉行一次，又稱爲大比。由於是在秋季舉行，所以又稱爲秋闈。參加鄉試的是秀才（庠生），但是秀才在參加鄉試之前先要通過本省學政巡迴舉行的科考，成績優良的纔能選送參加鄉試②。鄉試取中後稱爲舉人，第一名稱爲解元。

會試在鄉試後的第二年春天在禮部舉行，所以會試又稱爲禮闈，又稱爲春闈。參加會試的是舉人，取中後稱爲貢士，第一名稱爲會元。會試後一般要舉行覆試。

以上各種考試主要是考八股文和試帖詩等。八股文題目出自四書五經，略仿宋代的經義，但是措辭要用古人口氣，所謂代聖賢立言。結構有一定的程式，字數有一定的限制，句法要求排偶，又稱爲八比文、時文、時藝、制藝。

殿試是皇帝主試的考試，考策問。參加殿試的是貢士，取中後統稱爲進士。殿試分三甲錄取。第一甲賜進士及第，第二甲賜進士出身，第三甲賜同進士出身。第一甲錄取三名，第一名俗稱狀元，第二名俗稱榜眼，第三名俗稱探花，合稱爲三鼎甲。第二甲第一名俗稱傳臚。

---

① 　廩生是廩膳生員的簡稱，明初生員每人每月皆由公家給糧食，所以稱爲廩生。後來名額增廣，在增廣名額中的生員稱爲增廣生員，簡稱增生，增生不廩糧。明代府學縣學之外還有附學生員，簡稱爲附生，清代沿用明代的舊稱。

② 　由捐納而取得監生（國子監生員）資格的（所謂例監），也可以參加鄉試。

狀元授翰林院修撰，榜眼、探花授翰林院編修。其餘諸進士再參加朝考，考論詔奏議詩賦，選擅長文學書法的爲庶吉士，其餘分別授主事（各部職員）、知縣等①。庶吉士在翰林院内特設的教習館（亦名庶常館）肄業三年期滿後舉行"散館"考試，成績優良的分別授翰林院編修、翰林院檢討②，其餘分發各部任主事，或分發到各省任知縣。

附帶説一説貢生。清代有歲貢、恩貢、拔貢、副貢。每一年或兩三年由地方選送年資長久的廩生入國子監肄業的，稱爲歲貢。逢國家慶典進貢的生員，稱爲恩貢。每三年各省學政就本省生員擇優保送國子監的，稱爲優貢。每十二年各省學政考選本省生員擇優保送中央參加朝考合格的，稱爲拔貢。鄉試取入副榜直接送往國子監的，稱爲副貢。

科舉還有武科一類。唐朝武則天時代就開始有武舉了，後代相沿，直到清代還有武科考試，這裏不細説了。

科舉是封建時代最高統治階級收買士人爲之服務的一種手段，漢代的察舉也是同樣的性質。封建皇帝並不隱諱這一點。漢高祖十一年（公元前 196 年）下詔説："賢士大夫有肯從我游者，吾能尊顯之。"③漢武帝元封五年（公元前 106 年）下詔説："夫泛駕之馬，跅弛之士，亦在御之而已。"④《唐摭言》記載唐太宗"嘗私幸端門，見新進士綴行而出，喜曰'天下英雄入吾彀中矣'"⑤。知識分子熱衷於功名利禄者，把科舉當作入仕的途徑，因此也就甘心受人

① 實際上，要獲得主事、知縣等職，還須經過候選、候補，有終身不得官者。
② 原來是第二甲的授翰林院編修、原來是第三甲的授翰林院檢討。
③ 見《漢書·高帝紀》。
④ 見《漢書·武帝紀》。跅(tuò)弛，放任無檢束。
⑤ 見《唐摭言》卷一《述進士上篇》。

收買和籠絡,雖老死於科場亦無所恨。——"太宗皇帝真長策,賺得英雄盡白頭"①,一千多年以前,早就有人揭露了科舉制度的實質了。

---

① 　見《唐摭言》卷一《散序進士》。

第九單元

文　選

賈　誼

賈誼(公元前201—公元前169),西漢洛陽人。十八歲時就很有才名。二十多歲時,文帝任他爲博士。不久,昇爲太中大夫。任職期間,在政治法制方面提出了不少建議。文帝想讓他擔任公卿職位,但一些大臣批評他"紛亂諸事",後來文帝也疏遠了他,派他做長沙王太傅。四年以後,被召回京城,改任梁懷王(文帝少子)太傅。這期間,賈誼曾幾次上疏陳述對政事的看法。但終未被重用,才能無從施展,因此鬱鬱不得志。後來梁懷王騎馬摔死,賈誼自傷沒有盡到作太傅的責任,常常哭泣,一年多後就死了,死時纔三十三歲。

賈誼是我國古代有名的政論家和辭賦家。他議論政事多中時弊,犀利激切,有戰國縱橫家的風格,對後代有一定的影響。後人將他的政論文輯在一起,名爲《新書》。

論積貯疏〔1〕

筦子曰〔2〕:"倉廩實而知禮節〔3〕。"民不足而可治者,自古及今,未之嘗聞。古之人曰:"一夫不耕,或受之饑;一女不織,或受之寒[4]。"生之有時,而用之亡度[5],則物力必屈[6]。古之治天下,至孅至悉也[7],故其畜積足恃。今背本而趨末[8],食者甚衆,是天下之大殘也[9]。淫侈之俗,日日以長,是天下之大賊也[10]。殘賊公行,莫之或止[11];大命將泛[12],莫之振救[13]。生之者甚少,而靡之者甚多,天下財產,何得不蹶[14]?漢之爲漢,幾四十年矣[15],公私之積,猶可哀痛[16]。失時不雨,民且狼顧[17],歲惡不入[18],請賣爵子[19],既聞耳矣[20],安有爲天下阽危者若是而上不驚者[21]?

〔1〕疏,古代的一種文體,是上給皇帝的奏議。本文選自《漢書·食貨志》,標題是後人加的。戰國秦末之際,由於連年戰亂,社會生產力遭到了很大的破壞。漢初,統治者採取了一些措施,力圖恢復社會經濟。文帝即位後,勵精圖治,提倡節儉。當時生產力尚未完全恢復,很多農民棄農業而從事工商。於是賈誼上這篇疏,說明農業生產對治國安邦的重要性,要文帝鼓勵人民從事農業,積貯糧食,以防意外。

〔2〕筦,同"管"。《管子》舊題爲管仲撰,其實有很多地方是後人在輯錄的過程中僞託的。

〔3〕見《管子·牧民》,原作"倉廩實則知禮節"。實,充滿。

〔4〕見《管子·輕重甲》,原作"一農不耕,民或爲之飢;一女不織,民或爲之寒"。之,代詞。

〔5〕亡,通"無"。

〔6〕屈,盡、竭盡。

〔7〕孅,通"纖",細緻。悉,詳密。

〔8〕本,指農業。末,指工商。

〔9〕殘,傷害。

〔10〕賊,危害。

〔11〕或,句中語氣詞。

〔12〕大命,指社稷的命運。泛,通"覂"(fěng),傾覆,倒。

〔13〕振救,拯救。

〔14〕蹷(jué),竭盡。

〔15〕幾(jī),近。

〔16〕這是説公家私家還是没有積蓄,很可哀痛。

〔17〕這是説百姓因爲不下雨,就像狼頻頻回顧那樣害怕。狼性疑,走路愛回
　　　頭看。

〔18〕歲惡,年成壞。入,納。不入,指納不了税。

〔19〕指人民有爵賣爵,無爵賣子。

〔20〕聞耳,是説傳達到皇帝的耳朵裏。

〔21〕爲,指治理。阽(diàn),危。阽危,摇摇欲墜。前一個"者"是衍文(依
　　　《賈子新書》)。

　　世之有饑穰〔1〕,天之行也〔2〕,禹湯被之矣〔3〕。即
不幸有方二三千里之旱〔4〕,國胡以相恤?卒然邊境有急,
數千百萬之衆,國胡以餽之?兵旱相乘〔5〕,天下大屈。有
勇力者聚徒而衡擊〔6〕;罷夫羸老〔7〕,易子而齩其骨〔8〕。
政治未畢通也〔9〕,遠方之能疑者〔10〕,並舉而爭起矣。迺
駭而圖之,豈將有及乎?

〔1〕穰(ráng),豐收。

〔2〕行,道。

〔3〕被,遭受。指禹曾遭九年水災,湯曾遭七年旱災。

〔4〕即,倘若,假若。

〔5〕兵,指戰爭。相乘,相因。

〔6〕衡,通"横"(hèng),横暴。衡擊,等於説搶劫。

〔7〕罷,通"疲"。羸(léi),瘦弱。

〔8〕齩，"咬"的本字。

〔9〕這句是説政治力量還没有完全達到各地，也就是説還没有牢固地控制全國。政，政治，政事。治，政令教化。畢，完全。通，達。

〔10〕依《賈子新書》無"能"字。疑，通"擬"，指與皇帝相比擬，即"僭越"。

　　夫積貯者，天下之大命也〔1〕。苟粟多而財有餘，何爲而不成？以攻則取，以守則固，以戰則勝。懷敵附遠〔2〕，何招而不至？今敺民而歸之農〔3〕，皆著於本〔4〕，使天下各食其力，末技游食之民〔5〕，轉而緣南畮〔6〕，則蓄積足而人樂其所矣。可以爲富安天下，而直爲此廩廩也〔7〕。竊爲陛下惜之。

〔1〕命，命脈，這裏指命脈之所繫。

〔2〕懷，來，使動用法。懷敵，使敵對者來歸順。附，使動用法。附遠，使遠方的人歸附。

〔3〕敺，驅使，後來一般寫作"驅"。

〔4〕著，附著。著於本，指從事農業。

〔5〕末技，指工商業。

〔6〕緣，沿，繞。畮，同"畝"。緣南畮，指趨向農事。《詩經·豳風·七月》："同我婦子，饁彼南畝。"參看第二册第485頁。

〔7〕本可以做到使天下富足安定，卻造成這種叫人害怕的情況。廩，通"懍"。廩廩，害怕的樣子。直，等於説卻。

鄒　陽

　　鄒陽，西漢初時齊人。最初在吳王濞手下任職，以文辭著稱。吳王謀反，鄒陽諫而不聽，於是鄒陽改投梁孝王門下。鄒陽爲人有智謀才略，忼慨不苟合，因此被人讒忌。梁孝王聽信讒言要殺他，他在獄中寫了這封信。梁孝王看信後,立刻釋放了他,並且把他當做上客。《史記》有《鄒陽列傳》。

獄中上梁王書[1]

臣聞"忠無不報,信不見疑",臣常以爲然;徒虛語耳。昔荊軻慕燕丹之義[2],白虹貫日[3],太子畏之[4];衞先生爲秦畫長平之事[5],太白食昴[6],昭王疑之。夫精誠變天地,而信不諭兩主[7],豈不哀哉!今臣盡忠竭誠,畢議願知[8],左右不明,卒從吏訊[9],爲世所疑。是使荊軻衞先生復起,而燕秦不寤也。願大王孰察之。昔玉人獻寶,楚王誅之[10];李斯竭忠,胡亥極刑[11]。是以箕子陽狂[12],接輿避世[13],恐遭此患也。願大王察玉人李斯之意,而後楚王胡亥之聽[14],毋使臣爲箕子接輿所笑。臣聞比干剖心[15],子胥鴟夷[16],臣始不信,乃今知之。願大王孰察,少加憐焉。

[1]此篇文字參照《史記》《漢書》《文選》。

[2]荊軻,戰國末衞人。燕丹,燕太子丹。丹曾在秦爲質,秦始皇對待他很不禮貌,丹於是逃回。當時秦蠶食諸侯,燕丹厚養荊軻,讓他去刺秦王。行刺没有成功,荊軻被殺。

[3]這是説荊軻精誠感動天地,以致天上出現不平常的現象。

[4]畏之,指畏其不去(依王先謙説,見《漢書補注》引)。據《戰國策·燕策》載,荊軻臨出發至秦,等一個事先約好一同到秦國去的人,遲遲未發。太子丹懷疑他是不想去秦了。

[5]衞先生,秦人。長平之事,秦將白起伐趙,在趙地長平大敗趙軍,打算趁勢滅趙,派衞先生説秦昭王增撥兵糧,被秦相應侯范雎(事詳後)從中破

壞,事未成。下文"昭王疑之"即指此事。

〔6〕太白,即金星。昴,星宿名,趙之分野。太白食昴,金星運行到昴宿的位置,遮住了昴宿,主趙地將有兵事(依蘇林説)。這也是説衞先生的精誠達於上天。

〔7〕諭,明白,懂。這裏是使動用法。

〔8〕把計議説盡了,希望〔大王〕知道。

〔9〕終於聽從了獄吏〔對我〕的審訊。

〔10〕楚人卞和得璞(玉在石中未經治理叫璞),獻給楚武王,武王交給治玉的工匠看,工匠説是石頭,於是武王砍斷卞和的右腳。文王即位,卞和又獻,文王也以爲是石頭,又砍斷他的左腳。到成王時,卞和抱着璞在郊外哭,成王讓工匠治理,果然得到寶玉。後代即稱這塊玉爲和氏璧。這裏説"誅之",就是"刑之"的意思。

〔11〕胡亥,秦二世名。二世即位,荒淫無道,李斯上書諫戒,胡亥不聽,反而聽信趙高誣陷的話,把李斯殺了。

〔12〕箕子,名胥餘,紂的叔伯,因封於箕,故稱箕子。紂荒淫昏亂,箕子諫而不聽,又不肯出走"彰君之惡",於是假裝瘋癲。陽,通"佯",一本即作佯。

〔13〕接輿,參看第一册第200頁《微子》注〔1〕。

〔14〕後,使動用法,把……放在後邊。實際上是説不要那樣。

〔15〕比干,紂之叔父,極力諫紂,紂大怒,説:"我聽説聖人的心有七個竅。"於是剖出比干的心來看。

〔16〕子胥,即伍子胥,名員(yún),子胥是字,春秋時楚人。子胥的父兄都被楚平王殺死,子胥逃到吳國,輔佐吳王夫差攻打楚國、滅掉越國。後來夫差想攻打齊國,子胥勸諫,夫差不聽,命子胥自殺,並用皮口袋裝了他的屍體扔到江中。鴟夷,又作鴟鵜,皮口袋(依韋昭説,見《國語·吳語》注)。

　　語曰:"白頭如新,傾蓋如故〔1〕。"何則〔2〕?知與不知也〔3〕。故樊於期逃秦之燕,藉荆軻首以奉丹事〔4〕;王奢去齊之魏,臨城自剄,以卻齊而存魏〔5〕。夫王奢樊於期非新於齊秦而故於燕魏也，所以去二國、死兩君者，行合於志，而慕義無窮也。是以蘇秦不信於天下，爲燕尾生[6]；白圭戰亡六城，爲魏取中山[7]。何則？誠有以相知也。蘇秦相燕，人惡之於燕王，燕王按劍而怒，食以駃騠[8]；白圭顯於中山[9]，人惡之於魏文侯[10]，文侯賜以夜光之璧。何則？兩主二臣，剖心析肝相信，豈移於浮辭哉[11]？故女無美惡，入宮見妒；士無賢不肖，入朝見嫉。昔司馬喜臏腳於宋[12]，卒相中山；范雎拉脅折齒於魏，卒爲應侯[13]。此二人者，皆信必然之畫[14]，捐朋黨之私，挾孤獨之交[15]，故不能自免於嫉妒之人也。是以申徒狄蹈雍之河[16]，徐衍負石入海[17]，不容於世，義不苟取比周於朝[18]，以移主上之心。故百里奚乞食於道路[19]，繆公委之以政；甯戚飯牛車下，而桓公任之以國[20]。此二人豈素宦於朝，借譽於左右，然後二主用之哉？感於心，合於行，堅如膠漆，昆弟不能離，豈惑於衆口哉？故偏聽生姦，獨任成亂。昔魯聽季孫之説逐孔子[21]，宋信子冉之計囚墨翟[22]。夫以孔墨之辯，不能自免於讒諛，而二國以危。何則？衆口鑠金，積毀銷骨也[23]。是以秦用戎人由余，而霸中國[24]；齊用越人子臧，而彊威宣[25]。此二國豈拘於俗，牽於世，繫奇偏之辭哉[26]？公聽並觀[27]，垂明當世。故意合則胡越爲昆弟，由余子臧是矣；不合則骨肉爲讎敵，朱象管蔡是矣[28]。今人主誠能用齊秦之明，後宋魯之聽，則五伯不足侔[29]，三王易爲比也。

〔1〕這是説:相識多年,直到頭髮白了,還和新結識一樣,没有很深的感情;在路上相遇,停車交談,就好像有多年交情一樣。語,俗語。傾蓋,指兩車緊靠着以致把車蓋擠歪了。

〔2〕何則,爲什麽。

〔3〕白頭如新是因爲不相知,傾蓋如故是因爲相知。

〔4〕樊於期,秦將,被讒害而逃到燕國,秦王殺了他全家,並用重金購其頭。荆軻要刺秦王,樊於期自刎,讓荆軻用他的頭來做進獻的禮物,以便荆軻能接近秦王。藉,借。奉,等於説助。

〔5〕王奢,齊臣,由齊逃到魏,後來齊伐魏,王奢登城對齊將説:“現在你們來不過是因爲我的緣故。我不願意苟且偷生,成爲魏國的拖累。”於是自殺。

〔6〕蘇秦,戰國時的縱横家。尾生,古代傳説中的極守信的人,據説他與一個女子約定在橋下相見,女子没到,大水來了,他抱橋柱而死。這裏“尾生”即指極守信用而被人信任的人。蘇秦曾先説秦、趙没有被用,又以合縱説燕文侯,文侯出車馬金帛,讓他去説諸侯。蘇秦終於成爲縱約之長,並相六國。後來諸侯不信任蘇秦,唯獨燕國仍然信任他,使他爲相。

〔7〕白圭,戰國時中山國之將,因失掉六城,中山王要殺他,他逃到魏,魏文侯待他極厚,於是,白圭爲魏攻取中山(依張晏説,見《史記集解》)。

〔8〕怒,指對讒者怒。駃騠(juétí),一種駿馬。“食以駃騠”是表示敬重蘇秦。

〔9〕即“白圭因取中山而顯貴”的意思。

〔10〕魏文侯,名都。魏與韓趙分晉後,至魏文侯始列爲諸侯。

〔11〕移,轉移,這裏指變心。

〔12〕司馬喜,戰國時人,據説在宋受臏刑,後來三次爲中山國之相。臏(bìn),古代刑罰之一,割去膝蓋骨。腳,小腿。

〔13〕范雎,戰國時魏人。初隨魏國中大夫須賈出使到齊國。回國後,魏相魏齊懷疑范雎通齊,毒打范雎,以至脇斷齒脱,然後把他扔到廁所裏。范雎逃到秦國,爲秦相,封爲應侯。拉(là),折斷。

〔14〕大意是:深信自己認爲必然可行的計劃。

〔15〕挾,持。

〔16〕申徒狄,姓申徒,名狄,商代人,諫君不聽,投黄河而死。雍之河,雍州的黄河(依服虔說)。雍,古九州之一,今陝西、甘肅和青海一部分。

〔17〕徐衍,周末人,惡世之亂,自殺。

〔18〕比(bì)周,結黨。義不苟取比周於朝,按照道義不隨便取利結黨於朝。

〔19〕百里奚,參看第一册第312頁注〔6〕。這裏説"乞食於道路",未詳出處。

〔20〕甯戚,春秋時衛人。因不被用,於是行商,住在齊郭門之外。齊桓公夜裏出來,甯戚唱着歌喂牛。桓公知道他是賢者,舉用爲大夫。飯,喂。

〔21〕季孫,即季桓子。齊人送給季桓子女子歌舞隊,季桓子接受了,並且三天不上朝,於是孔子離開了魯國。參看第一册第199頁《微子》。魯君聽信季孫,就等於是逐孔子。

〔22〕此事出處未詳。

〔23〕鑠(shuò)、銷,都是鎔化的意思。毁,讒言。

〔24〕由余,春秋時晉人,其祖先爲晉人,後來入居戎地。戎人聽説秦繆(穆)公賢明,派由余到秦國觀察,繆公和他交談,知道他很賢能,於是用計迫他降秦。後來由余替秦謀畫攻打西戎,使秦國能够稱霸。

〔25〕子臧,人名。威、宣,指齊威王、齊宣王。彊,使動用法。此事出處未詳。

〔26〕牽,牽制。繫,束縛。奇偏之辭,一面之辭。

〔27〕公聽,公正地聽取〔意見〕。並觀,各方面都看,即不單看一面的意思。

〔28〕朱,指丹朱,堯之子。丹朱頑凶不肖,所以堯没傳位給他而禪位於舜。象,舜之後母弟。象曾與父母共謀,要害死舜。管、蔡,指管叔、蔡叔,周武王之弟。武王滅商後,封紂的兒子武庚於殷故地,讓管叔蔡叔輔佐他。武王死,成王年幼,周公攝政,管蔡挾武庚反,周公殺死了武庚、管叔,流放了蔡叔。

〔29〕侔,相等,這裏等於説相提並論,與下句"比"字意思相近。

　　是以聖王覺寤,捐子之之心〔1〕,而不説田常之賢〔2〕,封比干之後〔3〕,修孕婦之墓〔4〕,故功業覆於天

下。何則？欲善無厭也。夫晉文公親其讎而彊霸諸
侯[5]；齊桓公用其仇而一匡天下[6]。何則？慈仁殷勤，
誠加於心，不可以虛辭借也[7]。至夫秦用商鞅之法，東弱
韓魏，立彊天下，而卒車裂之[8]；越用大夫種之謀[9]，禽
勁吳而霸中國，遂誅其身。是以孫叔敖三去相而不悔[10]，
於陵子仲辭三公，爲人灌園[11]。今人主誠能去驕傲之心，
懷可報之意[12]，披心腹，見情素[13]，墮肝膽[14]，施德厚，
終與之窮達[15]，無愛於士[16]，則桀之犬可使吠堯，跖之
客可使刺由[17]。何況因萬乘之權，假聖王之資乎[18]？
然則荊軻湛七族[19]，要離燔妻子[20]，豈足爲大王道哉？

〔1〕捐，棄。子之，戰國時燕王噲之相。噲極信任子之，讓位給他，燕國大亂，
　　齊趁機而入。

〔2〕說(yuè)，後來寫作"悅"。田常，春秋時齊簡公的臣，殺簡公而立平公
　　(簡公弟)，相平公，五年，專國政。後來齊終於被田氏所篡奪。賢，這裏
　　著重指才能。

〔3〕據說武王伐紂後，曾封比干之子。

〔4〕紂曾剖孕婦之腹，這裏是說武王給被紂殺死的孕婦修墓。

〔5〕讎，指寺人(宦官)披。晉文公重耳爲公子時，獻公使寺人披去殺重耳，追
　　殺時袛斬下重耳的袖子。後來重耳歸國爲君，晉臣呂甥、郤芮要殺他，寺
　　人披謁見重耳告密，使重耳得免於難。這裏即指此事。

〔6〕仇，指管仲。齊襄公死後，魯送公子糾回國，桓公小白由莒國先入。齊魯
　　交戰，在戰鬥中管仲曾射中桓公的帶鈎。後來桓公以管仲爲相，齊國遂
　　霸。參看第一册第193頁《憲問》。

〔7〕借，借用。以虛辭借，即"借用空話"的意思。

〔8〕車裂，古代的一種酷刑，用牛或馬駕車分裂人的身體。商鞅變法，對貴族
　　宗室傷害很大。孝公死後，商鞅被處車裂之刑。

〔9〕種,指春秋時越國大夫文種。參看本册第705頁《淮陰侯列傳》注〔36〕。

〔10〕孫叔敖,楚人,曾三次相楚莊王。《史記·循吏列傳》説他三次爲相而不喜,因爲知道是自己的才能得來的;三次免去相也並不悔,因爲知道並不是自己的罪所造成的。

〔11〕據説楚王曾派使者用重金請於陵子仲任楚相,於陵子仲拒絶了,並帶着妻子逃走,爲人灌園。

〔12〕大意是:懷着讓人可以報答之意。鄒陽這是要梁王推誠待士。

〔13〕見(xiàn),表現出。素,通“愫”,真情。情素,等於説真情實意。

〔14〕墮肝膽,就是輸肝膽,推心置腹的意思。

〔15〕這是説始終與士同甘苦、共命運。

〔16〕對士毫不吝嗇。

〔17〕由,許由。據説堯想把天下讓給他,他退而隱於潁水之陽,箕山之下。堯又召他爲九州長,許由聽説後認爲玷汙了他的耳朵,於是洗耳於潁水之濱。

〔18〕資,能力。

〔19〕湛,通“沈”。湛七族,即因爲荆軻一人而使七族被殺。

〔20〕要(yāo)離,春秋時吳人。公子光(即吳王闔廬)殺吳王僚而自立,當時僚之子慶忌在衛,公子光使要離前去刺殺。要離爲了能接近慶忌,請公子光僞加罪於他而燒死了他的妻子。燔(fán),燒。

　　臣聞明月之珠,夜光之璧,以暗投人於道,衆莫不按劍相眄者〔1〕,何則? 無因而至前也。蟠木根柢,輪囷離奇〔2〕,而爲萬乘器者〔3〕,何則? 以左右先爲之容也〔4〕。故無因而至前,雖出隨侯之珠〔5〕,夜光之璧,秖足結怨而不見德〔6〕。故有人先游〔7〕,則枯木朽株,樹功而不忘。今天下布衣窮居之士,身在貧羸,雖蒙堯舜之術,挾伊管之辯〔8〕,懷龍逢比干之意〔9〕,而素無根柢之容,雖竭精神,欲開忠於當世之君,則人主必襲按劍相眄之迹矣[10]。是使布衣之士,不得爲枯木朽株之資也[11]。

〔1〕眄,邪視。

〔2〕蟠木,屈曲的樹。柢(dǐ),樹根。輪囷、離奇,都是聯緜字,盤繞屈曲的樣子。

〔3〕萬乘,指天子。器,指服玩之屬(依李善説)。輪囷離奇的樹根,正好雕飾成爲玩物。

〔4〕容,指雕飾。

〔5〕隨,春秋時國名。隨侯之珠,據説隨侯曾救活過一條受了傷的大蛇,後來大蛇銜來一顆明珠報答他,後世即稱之爲隨珠。

〔6〕柢(zhī),通“適”。

〔7〕游,指游揚(依王先謙説,是《漢書補注》)。

〔8〕伊,伊尹。管,管仲。

〔9〕龍逢(péng),關龍逢,夏代的賢臣。桀無道,龍逢强諫,被桀殺死。

〔10〕襲,因襲。這是説,人主必定仍舊走上“按劍相眄”的老路。

〔11〕資,等於説作用。大意是:這就使布衣之士甚至起不了枯木朽株的作用了。

　　是以聖王制世御俗,獨化於陶鈞之上[1],而不牽乎卑辭之語,不奪乎衆多之口[2]。故秦皇帝任中庶子蒙嘉之言[3],以信荆軻,而匕首竊發[4];周文王獵涇渭,載呂尚而歸,以王天下[5]。秦信左右而亡,周用烏集而王[6]。何則? 以其能越拘攣之語[7],馳域外之議[8],獨觀於昭曠之道也[9]。今人主沈於諂諛之辭,牽於帷牆之制[10],使不羈之士與牛驥同皁[11],此鮑焦所以憤於世也[12]。

〔1〕大意是:聖王治理天下,應該與陶工轉鈞一樣,自有權衡。鈞,陶工製陶器時放在模子下面能够旋轉的工具。

〔2〕奪,指受影響而改變。

〔3〕中庶子,官名,太子的屬官,職如侍中。蒙嘉,人名。荆軻到秦國後,贈蒙嘉重禮,蒙嘉替他在秦王那裏説好話,荆軻因而得見秦王。

〔4〕荆軻見到秦王,進獻樊於期首級及燕督亢地方的地圖,地圖内藏有匕首。荆軻展開地圖給秦王看,趁機刺秦王。

〔5〕涇渭,二水名,都在今陝西省。吕尚,姓姜,因祖先封於吕,所以稱吕尚。吕尚釣於渭水,文王出來打獵,遇見了他,與他交談,知道他是賢者,和他一同乘車回去。後來吕尚輔佐武王而有天下。

〔6〕烏集,像烏鴉那樣猝然聚合,這裏指烏集之人,即素不相識的人,指吕尚。

〔7〕越,超出。拘攣(luán),沾滯,固執。

〔8〕域外之議,即不受任何局限的議論。

〔9〕昭,光明。曠,寬廣。

〔10〕帷牆,指近臣妻妾。制,制約。

〔11〕皁,同"皂",牲口槽。

〔12〕鮑焦,參看第一册第119頁《魯仲連義不帝秦》注〔2〕。

　　臣聞盛飾入朝者,不以私汙義;砥厲名號者〔1〕,不以利傷行。故里名勝母,曾子不入〔2〕;邑號朝歌,墨子回車〔3〕。今欲使天下寥廓之士〔4〕,籠於威重之權〔5〕,脅於位勢之貴,回面汙行以事諂諛之人〔6〕,而求親近於左右,則士有伏死堀穴巖藪之中耳〔7〕,安有盡忠信而趨闕下者哉?

〔1〕砥、厲,都是磨刀石,砥細而厲粗,這裏用如動詞。砥厲名號,指修身立名。

〔2〕曾子極孝,以爲"勝母"(勝過母親)之名不順,所以不入。

〔3〕朝(zhāo)歌,殷之故都,在今河南湯陰縣南。墨子"非樂",認爲朝歌就是早晨唱歌的意思。早晨不是唱歌的時候,所以回車不入朝歌。

〔4〕寥廓,極高的樣子。

〔5〕籠，籠絡，控制。《文選》作"誘"。

〔6〕回面，掉轉臉孔，指改變態度。

〔7〕堀，同"窟"。藪(sǒu)，湖澤。

枚　乘

　　枚乘(？—公元前 140 年)，字叔，西漢初時淮陰人。初與鄒陽等在吳王濞手下供職，任郎中，以文辭著稱。吳王謀反，枚乘上書諫阻。吳王不聽，於是枚乘與鄒陽等至梁孝王門下。吳王起兵後，枚乘又上書勸諫。七國反叛平定後，景帝拜他爲弘農都尉(弘農，漢郡名，在今河南靈寶縣東)，不久，辭去。武帝即位，召他進京，死在路上。枚乘善於辭賦，所作《七發》今傳於世。《漢書》有《枚乘傳》。

上書諫吳王〔1〕

　　臣聞"得全者昌，失全者亡〔2〕"。舜無立錐之地，以有天下；禹無十户之聚〔3〕，以王諸侯；湯武之土不過百里，上不絕三光之明〔4〕，下不傷百姓之心者，有王術也〔5〕。故父子之道，天性也〔6〕。忠臣不避重誅以直諫，則事無遺策，功流萬世。臣乘願披腹心而効愚忠，惟大王少加意念惻怛之心於臣乘言〔7〕。

〔1〕這是枚乘給吳王的第一次上書。本篇文字根據《漢書》，參照《文選》。

〔2〕全，完備，指行爲完美無瑕。

〔3〕聚，村落。

〔4〕三光，日月星。不絕三光之明，指無日食月食，金木水火土等星運轉正

常。古人以爲日食等現象是上天對帝王的警告;日月星不發生異常現象,這是天下有道所致。

〔5〕王(wàng)術,王天下之術。

〔6〕語見《孝經·聖治》。這裏説"父子"下面説"臣",這是説父子君臣的道理是一樣的。

〔7〕這話的意思與鄒陽《獄中上梁王書》中的"願大王執察,少加憐焉"的意思相近。惻怛(dá),等於説惻隱,有憐憫的意思。

　　夫以一縷之任〔1〕,係千鈞之重,上懸之無極之高,下垂之不測之淵,雖甚愚之人,猶知哀其將絕也。馬方駭,鼓而驚之〔2〕,係方絕,又重鎮之〔3〕。係絕於天,不可復結;墜入深淵,難以復出。其出不出,閒不容髮〔4〕。能聽忠臣之言,百舉必脱〔5〕。必若所欲爲,危於累卵〔6〕,難於上天。變所欲爲,易於反掌,安於泰山。今欲極天命之壽〔7〕,弊無窮之樂〔8〕,究萬乘之勢,不出反掌之易。居泰山之安,而欲乘累卵之危,走上天之難,此愚臣之所大惑也。

〔1〕任,負擔。

〔2〕方,將。

〔3〕係,用如名詞,指縷。鎮,壓,指加上重量。

〔4〕這是説出得來與出不來,其間相差極微。隱喻能不能從災禍中逃出來,決定於今日,已經很急迫了。

〔5〕脱,指脱離災禍。

〔6〕累卵,堆疊起來的蛋。

〔7〕天命,天所賦予的。

〔8〕弊,盡,指享盡。

　　人性有畏其景而惡其迹者〔1〕,卻背而走,迹逾多,景逾疾。不知就陰而止〔2〕,景滅迹絕。欲人勿聞,莫若勿言。欲人勿知,莫若勿爲。欲湯之滄〔3〕,一人炊之,百人揚之〔4〕,無益也,不如絕薪止火而已。不絕之於彼,而救之於此,譬由抱薪而救火也。養由基,楚之善射者也。去楊葉百步,百發百中。楊葉之大,加百中焉,可謂善射矣。然其所止,百步之内耳,比於臣乘,未知操弓持矢也〔5〕。福生有基,禍生有胎,納其基〔6〕,絕其胎,禍何自來?

〔1〕景,影的本字。《文選》即作“影”。迹,腳印子。

〔2〕陰,陽光照射不到的地方。

〔3〕湯,熱水。滄(chuàng),冷。

〔4〕揚,指以勺舀起沸水再傾下,使之散熱。

〔5〕這是説:我所見甚遠,養由基祇見百步之内,與我相比,養由基等於是未知操弓持矢。

〔6〕納,接受。與下文絕字爲反義詞。

　　泰山之霤穿石〔1〕,單極之統斷幹〔2〕。水非石之鑽,索非木之鋸,漸靡使之然也〔3〕。夫銖銖而稱之,至石必差〔4〕;寸寸而度之,至丈必過;石稱丈量,徑而寡失〔5〕。夫十圍之木,始生如蘗〔6〕,足可搔而絕〔7〕,手可擢而拔〔8〕,據其未生,先其未形也。磨礱底厲〔9〕,不見其損,有時而盡;種樹畜養〔10〕,不見其益,有時而大;積德累行,不知其善,有時而用;棄義背理,不知其惡,有時而亡。臣願大王熟計而身行之,此百世不易之道也。

〔1〕霤(liù),本指水從屋檐流下來,這裏指山水流下山。

〔2〕極,桔槔上的橫木。統(gěng),同“綆”,汲水的繩子。幹,通“斡”,指井梁。這句是説:桔槔上橫木所繫的繩子可以斷幹。

〔3〕靡,通"摩"(依王先謙說),摩擦。

〔4〕銖(zhū),古代量名,一兩的二十四分之一。石,一百二十斤。

〔5〕徑,直接。

〔6〕如,《文選》作"而",今依《漢書》。蘖(niè),樹木被伐去後新長出來的嫩芽。

〔7〕搔,這裏指用腳趾撓。

〔8〕擢,拔,揪。拔,指拔出來。

〔9〕礱(lóng),也是磨。底厲,《文選》作"砥礪",也是磨。

〔10〕樹,動詞,栽。

司 馬 遷

報任安書〔1〕

　　太史公牛馬走司馬遷再拜言〔2〕。少卿足下:曩者辱賜書〔3〕,教以慎於接物〔4〕,推賢進士爲務〔5〕。意氣懃懃懇懇〔6〕,若望僕不相師,而用流俗人之言〔7〕。僕非敢如此也。僕雖罷駑〔8〕,亦嘗側聞長者之遺風矣〔9〕;顧自以爲身殘處穢〔10〕,動而見尤〔11〕,欲益反損,是以獨鬱悒而誰與語〔12〕。諺曰:"誰爲爲之?孰令聽之〔13〕?"蓋鍾子期死,伯牙終身不復鼓琴〔14〕。何則?士爲知己者用,女爲說己者容。若僕大質已虧缺矣〔15〕,雖才懷隨和〔16〕,行若由夷〔17〕,終不可以爲榮,適足以見笑而自點耳〔18〕。書辭宜答,會東從上來〔19〕,又迫賤事〔20〕,相見日淺,卒卒無須臾之間〔21〕,得竭指意〔22〕。今少卿抱不測之罪〔23〕,涉旬月〔24〕,迫季冬〔25〕,僕又薄從上雍〔26〕,恐卒然不可爲諱〔27〕,是僕終已不得舒憤懣以曉左右〔28〕,則長逝者魂魄私恨無窮〔29〕。請略陳固陋〔30〕。闕然久不報,幸勿爲過。

〔1〕報,答。任安,字少卿,西漢滎陽人。年輕時很貧困,後來做大將軍衛青舍人,經衛青推舉,任郎中,後來遷益州刺史。征和二年,戾太子發兵殺江充等,當時任安任北軍使者護軍(監理京城禁衛軍北軍的官),太子命令任安發兵,任安接受了命令,但閉門不出。太子事平,任安被判腰斬。他生前曾寫信給司馬遷,責以進賢之義,司馬遷寫了這封信答覆他。在這封信中,表現了他遇刑後的憤慨不滿,並説明自己隱忍苟活的原因。這封信見於《漢書·司馬遷傳》,又見於《昭明文選》。這裏基本上依照《昭明文選》李善注本,並參照五臣注本及《漢書》。

〔2〕太史公,官名,即太史令。牛馬走,像牛馬般被驅使的僕人,這是謙詞。走,等於説僕人。

〔3〕曩(nǎng),從前,過去。

〔4〕慎,《文選》作“順”,今從《漢書》。接物,待人接物。

〔5〕務,事。爲務,作爲應當做的事。當時司馬遷任中書令(由宦者擔任),掌文書及推選人才等事,所以任安要他推賢進士。

〔6〕意氣,這裏等於説情意。懃懃懇懇,誠懇的樣子。

〔7〕大意是:好像怨我不效法你的話,而遵行世俗之人的話。望,怨。

〔8〕罷,通“疲”。駑,劣馬。自喻駑馬,表示才能低下。

〔9〕側聞,在旁聽到。這是謙辭。

〔10〕顧,祇是。身殘,指身遭宮刑。穢,指卑汙醜惡的境地。

〔11〕尤,過,用如動詞,等於説指責、責備。

〔12〕鬱悒(yì),愁悶。誰與語,《文選》李善本作“與誰語”,《漢書》作“無誰語”,今從《文選》五臣本。

〔13〕第一個爲讀 wèi,介詞。司馬遷引用這兩句的意思是:即使我推賢進士,可是君非聖明之君,我又爲誰去推賢進士,又能讓誰聽我的呢?

〔14〕鍾子期、伯牙,都是春秋時楚人。伯牙善彈琴,鍾子期最能欣賞、了解他

的琴音。後來鍾子期死了,伯牙破琴絕弦,終身不再鼓琴,以爲世無知音。司馬遷的意思是:君王不明察,不能了解我,我能做什麽呢?

〔15〕大質,身體。

〔16〕隨,指隨侯珠。參看本册第 881 頁《獄中上梁王書》注〔5〕。和,指和氏璧。參看本册第 875 頁《獄中上梁王書》注〔10〕。

〔17〕由,許由。夷,伯夷。

〔18〕點,汙。

〔19〕會,正遇上。東,往東,等於説由西邊。上,當今皇帝,指武帝。按:這是指征和二年七月戾太子舉兵後武帝自甘泉宮(在今陝西淳化縣西北)還長安。

〔20〕又迫於賤事,即又被賤事所迫。賤事,謙詞,指煩瑣的事務。

〔21〕卒卒(cùcù),同"猝猝",匆忙急迫的樣子。

〔22〕《文選》李善本作"得竭至意"。今從《漢書》。指,同旨。指意,意旨,心意。

〔23〕不測,指深。不測之罪,指被處腰斬。

〔24〕過一個月。旬,徧,滿。旬月,滿月。

〔25〕迫,靠近。季冬,十二月。漢律,十二月處決犯人。

〔26〕大意是:我又接近隨皇帝到雍去的日期了。薄,迫近。雍,地名,在今陝西鳳翔縣南。這裏築有祭五帝的壇,漢武帝常到這裏來祭祀。據《漢書·武帝紀》載,征和三年春正月武帝至雍。

〔27〕不可爲諱,死的婉辭,指任安死。

〔28〕終已,等於説終於。邑,煩悶。曉,告知。左右,不直稱對方,而稱對方左右的人,以表尊敬。

〔29〕長逝者,死者,指任安。

〔30〕固陋,指固塞鄙陋之見,這是謙詞。

僕聞之:脩身者,智之符也[1];愛施者,仁之端也;取與者,義之表也[2];恥辱者,勇之決也[3];立名者,行之極也[4]。士有此五者,然後可以託於世,而列於君子之林矣。故禍莫憯於欲利[5],悲莫痛於傷心,行莫醜於辱先,詬莫大於宮刑[6]。刑餘之人[7],無所比數[8],非一世也,所從來遠矣。昔衛靈公與雍渠同載,孔子適陳[9];商鞅因景監見,趙良寒心[10];同子參乘,袁絲變色[11]:自古而恥之。夫以中才之人,事有關於宦豎[12],莫不傷氣[13],而況於慷慨之士乎?如今朝廷雖乏人,奈何令刀鋸之餘[14],薦天下之豪俊哉!僕賴先人緒業[15],得待罪輦轂下[16],二十餘年矣。所以自惟,上之不能納忠效信[17],有奇策才力之譽,自結明主;次之又不能拾遺補闕[18],招賢進能,顯巖穴之士[19];外之又不能備行伍[20],攻城野戰,有斬將搴旗之功[21];下之不能積日累勞,取尊官厚祿,以爲宗族交遊光寵[22]。四者無一遂[23],苟合取容[24],無所短長之效[25],可見於此矣[26]。嚮者僕常廁下大夫之列[27],陪外廷末議[28],不以此時引維綱[29],盡思慮,今以虧形爲掃除之隸[30],在闒茸之中[31],乃欲仰首伸眉,論列是非,不亦輕朝廷,羞當世之士邪?嗟乎!嗟乎!如僕尚何言哉!尚何言哉!

〔1〕符,信,這裏是憑證的意思。

〔2〕表,標誌,表現。

〔3〕大意是:如何對待恥辱,是斷定一個人是否勇敢的標準。

〔4〕行(xìng),品行。極,指最高的境界。

〔5〕憯(cǎn),通"慘"。

〔6〕詬(gòu),恥辱。

〔7〕刑餘之人,在刑罰下得到餘生的人,即受過刑的人,這裏指宦者。

〔8〕没有〔把他們〕放在一起來計算的,即不能和任何人相比。比,比並,放在一起。數(shǔ),計算。

〔9〕衛靈公和他的夫人同車出遊,讓宦者雍渠參乘,孔子爲次乘。孔子感到很恥辱,説:"我没見過像好色那樣好德的。"於是離開了衛國,到陳國去。

〔10〕商鞅是靠着秦孝公寵信的宦官景監引見而得官的。趙良,當時秦之賢者。他認爲商鞅得官的方法不當,而且傷王族過甚,曾勸説商鞅引退,商鞅不聽。

〔11〕同子,指漢文帝的宦官趙談,司馬遷爲避父諱,改稱他爲同子。袁絲,姓袁名盎,絲是字。漢文帝時人,官至太常,以敢於直諫聞名,後來被梁王派人刺死。在他任中郎時,見趙談參乘,就伏在漢文帝的車前諫阻説:"我聽説天子祇和天下的豪傑英雄同車。現在漢雖缺乏人才,陛下怎麼偏偏和宦者同車呢?"事詳《史記·袁盎列傳》。

〔12〕豎,宮廷供役使的小臣。宦豎,等於説宦官。

〔13〕傷氣,等於説挫傷了志氣。

〔14〕刀鋸之餘,指受過刑的人。

〔15〕緒業,遺業。

〔16〕待罪,即做官,謙詞。輦,皇帝坐的車。輦轂下,京城的代稱。

〔17〕效,獻出。

〔18〕拾遺補闕,拾人君之所遺忘,補人君之所闕失,指諷諫。

〔19〕巖穴之士,指隱士。

〔20〕行伍,古代軍隊的編制,五人爲伍,二十五人爲行。備行伍,等於説備數於行伍之中。

〔21〕搴(qiān),拔取。

〔22〕交遊,指朋友。光寵,光榮富貴。

〔23〕遂,成。

〔24〕苟,苟且。合,指合於時。取容,指取得皇帝的收容。

〔25〕連上句是説,即使苟且合時,取容當道,也没有什麼功效(參用李善説)。

〔26〕即於此可見矣。《文選》"於"作"如"，今從《漢書》。

〔27〕廁，夾雜，謙詞。下大夫，周代太史屬下大夫，這也是謙詞。

〔28〕外廷，外朝。漢代把官員分爲外朝官（丞相以下至六百石）和中朝官（大司馬、侍中等）。太史令屬外朝。末議，謙詞。

〔29〕維綱，指國家的法令。

〔30〕掃除之隸，謙詞。

〔31〕闒茸(tàrǒng)，下賤，指下賤的人。

　　且事本末未易明也。僕少負不羈之才〔１〕，長無鄉曲之譽〔２〕。主上幸以先人之故，使得奏薄技〔３〕，出入周衛之中〔４〕。僕以爲戴盆何以望天〔５〕，故絶賓客之知〔６〕，忘室家之業，日夜思竭其不肖之才力，務一心營職，以求親媚於主上〔７〕。而事乃有大謬不然者！夫僕與李陵俱居門下〔８〕，素非能相善也。趣舍異路〔９〕，未嘗銜杯酒，接慇懃之餘懽〔10〕。然僕觀其爲人，自守奇士〔11〕：事親孝，與士信，臨財廉，取與義，分別有讓〔12〕，恭儉下人〔13〕，常思奮不顧身，以徇國家之急〔14〕。其素所蓄積也，僕以爲有國士之風。夫人臣出萬死不顧一生之計，赴公家之難，斯已奇矣〔15〕，今舉事一不當〔16〕，而全軀保妻子之臣，隨而媒蘗其短〔17〕，僕誠私心痛之。且李陵提步卒不滿五千，深踐戎馬之地，足歷王庭〔18〕，垂餌虎口，橫挑彊胡〔19〕，仰億萬之師〔20〕，與單于連戰十有餘日〔21〕，所殺過當〔22〕。虜救死扶傷不給〔23〕，旃裘之君長咸震怖〔24〕。乃悉徵其左右賢王〔25〕，舉引弓之民〔26〕，一國共攻而圍之。轉鬬千里，矢盡道窮，救兵不至，士卒死傷如積。然陵一呼勞軍，士無

不起，躬自流涕，沫血飲泣[27]，更張空弮[28]，冒白刃，北
嚮爭死敵者[29]。陵未没時[30]，使有來報[31]，漢公卿王
侯皆奉觴上壽[32]。後數日，陵敗書聞[33]，主上爲之食不
甘味，聽朝不怡[34]，大臣憂懼，不知所出。僕竊不自料其
卑賤，見主上慘愴怛悼[35]，誠欲效其款款之愚[36]，以爲
李陵素與士大夫絶甘分少[37]，能得人死力，雖古之名將，
不能過也。身雖陷敗，彼觀其意，且欲得其當而報於
漢[38]。事已無可奈何，其所摧敗，功亦足以暴於天下
矣[39]。僕懷欲陳之，而未有路，適會召問，即以此指[40]，
推言陵之功[41]。欲以廣主上之意，塞睚眦之辭[42]。未
能盡明，明主不曉，以爲僕沮貳師[43]，而爲李陵遊説，遂下
於理[44]。拳拳之忠[45]，終不能自列[46]，因爲誣上，卒從
吏議[47]。家貧，貨賂不足以自贖[48]；交遊莫救，左右親
近不爲一言[49]。身非木石，獨與法吏爲伍，深幽囹圄之
中[50]，誰可告愬者！此真少卿所親見，僕行事豈不然乎？
李陵既生降，隤其家聲[51]，而僕又佴之蠶室[52]，重爲天
下觀笑[53]。悲夫！悲夫！事未易一二爲俗人言也[54]。

〔1〕負，恃（依王先謙説）。不羈，指才質高遠不可羈繫。才，《文選》作“行”，
　　今依《漢書》。

〔2〕鄉曲，鄉里。

〔3〕奏，貢獻。

〔4〕周，環繞（依朱駿聲説，見《説文通訓定聲》）；衞，宿衞。周衞，即宮禁
　　之中。

〔5〕這是説戴着盆子與望天，二者不可得兼。比喻自己既一心營職，就無暇

再管私事。

〔6〕知,了解。這句是説和朋友斷絶來往。

〔7〕大意是:以求得與主上親近、撫愛。媚,愛。

〔8〕李陵,漢景帝、武帝時名將李廣的孫子,善騎射。率兵入匈奴,被匈奴包圍,矢盡援絶,投降匈奴。事詳《史記·李將軍列傳》及《漢書·李廣蘇建傳》。李陵曾任侍中,司馬遷當時任太史令,都是能出入宮門的官,所以説"俱居門下"。(後代有門下省,侍中屬之,名稱即本此。)

〔9〕各人走或不走的道路彼此不同。這是比喻各人志向不同。趣,向前走。舍,止。

〔10〕銜杯酒,酒杯叼在嘴裏,指飲酒。慇懃,即殷勤,疊韻聯緜字,深情委曲的樣子。杯酒、餘懽,都是形容其少。

〔11〕自守,指能守住自己的節操。"自守"修飾"奇士"。

〔12〕分別,指能分別尊卑長幼,即知禮。有讓,有謙讓之禮。

〔13〕恭,恭敬有禮。儉,收斂而不放肆。下人,下於人,是謙居於人下的意思。

〔14〕徇,以身從物,後來寫作"殉"。

〔15〕已,《文選》作"以",今從《漢書》。

〔16〕畢,等於説行。

〔17〕媒,酒麴。蘖,通"糵",也是酒麴。"媒蘖"在這裏用如動詞,當釀講。媒蘖其短,指把李陵的過失釀成大罪。

〔18〕王庭,指匈奴君王所居之地。

〔19〕橫挑,四處挑戰。

〔20〕仰,仰攻。漢軍北向,匈奴南向,北方地高,所以説"仰"。

〔21〕單(chán)于,古代匈奴對其君王的稱呼。

〔22〕這是説所殺之敵超過漢軍的數目。當(dāng),相當的,相等的,用如名詞。

〔23〕給,供給。不給,等於説顧不上。

〔24〕旃,通"氊"。旃裘,匈奴人穿的衣服,這裏指匈奴。

〔25〕左右賢王,左賢王、右賢王,都是匈奴王之號。單于之下設左右賢王。

〔26〕發動所有能拉弓射箭的人。舉,發動。民,《文選》作"人",今從《漢書》。

〔27〕沫(huì),洗臉。沫血,以血洗臉,等於説血流滿面。

〔28〕彀(gōu),弩弓。

〔29〕死敵,死於敵,等於説跟敵人拚命。這裏的"者"字和上文"無不"相應。

〔30〕没,指軍隊覆没。

〔31〕《漢書·李廣蘇建傳》:陵出兵後,"舉圖所過山川地形,使麾下騎陳步樂還以聞,步樂召見,道陵將率(帥)得士死力,上甚説"。此處云"使有來報",當即此事。

〔32〕觴,盛了酒的爵。上壽,獻祝壽之辭。一般是指在宴會上向尊者進酒祝壽。這裏是指祝捷。

〔33〕聞,被動用法,特指讓皇帝聽説、知道。陵敗書聞,關於李陵戰敗的奏章皇上知道了。

〔34〕聽朝,上朝聽政。

〔35〕慘愴(chuàng)怛(dá)悼,都是悲傷的意思。

〔36〕款款,忠誠的樣子。

〔37〕絶甘分少,自己不吃甘美的東西,把不多的東西分給大家。

〔38〕當(dāng),有抵罪的意思,這裏用如名詞,指足以抵罪之功。

〔39〕暴(pù),暴露,顯示。

〔40〕指,旨,意思。

〔41〕推,推廣。推言,等於説闡述。

〔42〕睚眦(yázì),怒目而視。睚眦之辭,指怨家之辭(依周壽昌説,見《漢書注校補》)。

〔43〕沮,毀壞。貳師,指貳師將軍李廣利,其妹爲武帝寵妃。貳師本是當時大宛國的地名。太初元年(公元前104年),武帝派李廣利至該地奪取良馬,因而以貳師爲廣利之號。天漢二年,武帝派李廣利征匈奴,令李陵爲助。李廣利出兵祁連山,李陵率五千步卒出居延北,以分散匈奴兵勢。李陵被圍,李廣利卻按兵不動。此次李廣利功少,武帝就以爲司馬遷存心詆毀李廣利。

〔44〕理,指大理,亦即廷尉,九卿之一,掌訴訟刑獄之事。此官在秦時稱廷尉,
　　　景帝時改稱大理,武帝又改爲廷尉,這裏是用舊名。

〔45〕拳拳,忠誠恭謹的樣子。

〔46〕列,列舉,這裏指陳述。

〔47〕這兩句是說:獄吏因而定司馬遷爲誣上之罪,武帝最後同意了獄吏的判
　　　決,處以宮刑。

〔48〕貨賂,財貨。依漢律,可以用錢贖罪。

〔49〕左右親近,指在皇帝左右的近臣。

〔50〕幽,禁閉,關閉。囹圄(língyǔ),監獄。

〔51〕隤(tuí),敗壞。

〔52〕佴(èr),次,等於說編次、排列。這句是說我又被排列到應入蠶室之列,
　　　即使我受宮刑。蠶室,指像蠶室那樣的密封之室。受過宮刑的人怕風
　　　寒,所居之室必須嚴密而温暖,就像養蠶的屋子一樣,所以稱蠶室。

〔53〕重(chóng),等於說深深地。

〔54〕事情不容易爲俗人言其一二。這是說,如果把我心裏的話全說出來,更
　　　不爲俗人所了解了。

　　僕之先非有剖符丹書之功〔1〕;文史星曆〔2〕,近乎卜
祝之閒〔3〕,固主上所戲弄,倡優畜之〔4〕,流俗之所輕也。
假令僕伏法受誅,若九牛亡一毛,與螻蟻何以異? 而世又
不與能死節者比〔5〕,特以爲智窮罪極,不能自免,卒就死
耳。何也? 素所自樹立使然也〔6〕。人固有一死,或重於
泰山,或輕於鴻毛,用之所趨異也〔7〕。太上不辱先,其次
不辱身,其次不辱理色〔8〕,其次不辱辭令,其次詘體受
辱〔9〕,其次易服受辱〔10〕,其次關木索、被箠楚受辱〔11〕,
其次剔毛髮、嬰金鐵受辱〔12〕,其次毁肌膚、斷肢體受辱,最
下腐刑極矣! 傳曰:"刑不上大夫。"〔13〕此言士節不可不

勉勵也。猛虎在深山，百獸震恐，及在檻穽之中[14]，搖尾
而求食，積威約之漸也[15]。故士有畫地爲牢，勢不可入，
削木爲吏，議不可對，定計於鮮也[16]。今交手足，受木索，
暴肌膚，受榜箠，幽於圜牆之中[17]。當此之時，見獄吏則
頭槍地[18]，視徒隸則心惕息[19]。何者？積威約之勢也。
及以至是[20]，言不辱者，所謂强顏耳[21]，曷足貴乎？且
西伯[22]，伯也[23]，拘於羑里；李斯[24]，相也，具于五
刑[25]；淮陰，王也，受械於陳[26]；彭越、張敖，南面稱孤，
繫獄抵罪[27]；絳侯誅諸呂[28]，權傾五伯[29]，囚於請
室[30]；魏其，大將也，衣赭衣，關三木[31]；季布爲朱家鉗
奴[32]；灌夫受辱於居室[33]。此人皆身至王侯將相，聲聞
鄰國，及罪至罔加[34]，不能引決自裁[35]，在塵埃之中。
古今一體[36]，安在其不辱也？由此言之，勇怯，勢也；强
弱，形也[37]。審矣，何足怪乎？夫人不能早自裁繩墨之
外[38]，以稍陵遲[39]，至於鞭箠之閒，乃欲引節[40]，斯不亦
遠乎！古人所以重施刑於大夫者[41]，殆爲此也。夫人情莫
不貪生惡死，念父母，顧妻子。至激於義理者不然，乃有所
不得已也。今僕不幸，早失父母，無兄弟之親，獨身孤立，少
卿視僕於妻子何如哉？且勇者不必死節，怯夫慕義，何處不
勉焉？僕雖怯懦，欲苟活，亦頗識去就之分矣[42]，何至自
沈溺縲紲之辱哉[43]！且夫臧獲婢妾[44]，猶能引決[45]，
況僕之不得已乎？所以隱忍苟活，幽於糞土之中而不辭
者，恨私心有所不盡，鄙陋没世[46]，而文采不表於後也。

〔1〕剖符,分剖之符。古代符分作兩塊,君臣各執其一,以示信守。丹書,又
　　稱丹書鐵券,是在鐵券上用硃砂寫上誓詞,作爲後世子孫免罪的憑信。
　　剖符、丹書,都是頒發給功臣的。

〔2〕星,指天文。曆,曆算。"文史星曆"都是太史令掌管的事。

〔3〕卜,卜官。祝,祭祀時贊辭的人。

〔4〕像優伶一樣養育着他(實指我)。倡,樂人。優,戲人。在封建社會倡優
　　被視爲所謂下等人。《文選》作"倡優所畜",今依《漢書》。

〔5〕比,同等看待,相提並論。《文選》李善本作"而世又不與能死節者",無
　　"比"字。五臣本作"而世俗又不能與死節者次比"。今依《漢書》。

〔6〕所自樹立,自己用來立身於世的,也就是自己的職業和地位。

〔7〕大意是:應用死節的地方不同。趨,向。

〔8〕理,腠理。色,臉上的氣色。"理色"在這裏泛指臉面。

〔9〕詘,通"屈"。詘體,指被繫縛。

〔10〕易服,換上〔罪人的〕衣服(赭色)。

〔11〕關,貫,指戴上。木,指枷。索,繩。被,遭受。箠,杖。楚,荊條。"箠楚"
　　都是當時用來打犯人的。

〔12〕剔,通"剃"。剔毛髮,剃去頭髮,即所謂髡(kūn)刑。嬰,繞。嬰金鐵,以
　　鐵圈束頸,即所謂鉗(qián)刑。

〔13〕語見《禮記·曲禮上》。

〔14〕檻,養獸之圈(juàn)。穽,同"阱",捕獸的陷阱。

〔15〕漸,浸漬,用如名詞,指浸漬的結果,亦即逐步發展的結果。

〔16〕大意是説,準備未遇刑就自殺以免受侮辱。鮮,不以壽終爲鮮(依沈欽韓
　　説,見《漢書疏證》)。

〔17〕圜牆,牢獄。

〔18〕槍,通"搶",著,觸。

〔19〕徒隸,服勞役的囚犯。惕,怕。息,喘息。心惕息,即膽戰心驚的意思。
　　《文選》"心"作"正",今從《漢書》。

〔20〕以,通"已"。

〔21〕强(qiǎng),使動用法。强顔,等於説厚着臉皮。

〔22〕西伯,即周文王。參看第一册第 121 頁《魯仲連義不帝秦》注〔11〕。據《史記》,文王之被囚,是由於崇侯虎譖文王於紂,説文王積善累德,將不利於紂。

〔23〕伯,方伯,周時一方諸侯之長。

〔24〕李斯,參看本册第 875 頁《獄中上梁王書》注〔11〕。

〔25〕具,具備。五刑,據《漢書·刑法志》,漢初"尚有夷三族之令。令曰:'當三族者皆先黥劓,斬左右趾,笞殺之,梟其首,菹(即醢,剁成肉醬)其骨肉於市,其誹謗詈詛者又先斷舌。'故謂之具五刑"。漢初係承用秦制,秦時之五刑,也當如此。

〔26〕械,拘束手足的刑具如桎梏等,類似手銬腳鐐之類。

〔27〕彭越,昌邑(今山東金鄉縣西北)人,字仲,最初事項羽,不久降劉邦,多建奇功,封梁王。後來被人誣告謀反,夷三族。《史記》有《彭越列傳》。張敖,張耳之子(張耳事參看《淮陰侯列傳》),張耳死,張敖嗣立趙王,他曾因人誣告謀反而被囚。抵,抵當。

〔28〕絳侯,周勃。參看本册第 709 頁《淮陰侯列傳》注〔3〕。諸呂,劉邦之妻呂后的親族呂産、呂禄等。惠帝、呂后死後,呂禄爲上將軍,呂産任相國,將要顛覆漢朝。周勃與陳平等共誅諸呂,迎立劉邦次子代王恒,是爲文帝。

〔29〕傾,超過。

〔30〕請室,官署名。皇帝出,請室令在前先驅。請室有特設的監獄。周勃後來也曾因人誣告謀反而被囚於請室。

〔31〕赭衣,罪人之服。三木,加在頸手足三處的刑具,即枷及桎梏。

〔32〕季布,楚人,好任俠,有名於楚。初事項羽,數窘劉邦。項羽滅,劉邦以重金購求季布。布藏於濮陽周氏,周氏與季布定計,使布髡鉗爲奴,賣給魯之大俠朱家,朱家説汝陰侯夏侯嬰去勸劉邦赦免季布。季布遇赦,拜爲郎中,後官至河東太守。《史記》有《季布列傳》。

〔33〕居室,參看本册第 728 頁《魏其武安侯列傳》注〔26〕。

〔34〕罔,通"網",羅網。這裏比喻"法"。

〔35〕引決,下決心。裁,制裁。自裁,等於説自殺。

〔36〕一體,等於説一樣。

〔37〕勇怯强弱都是形勢所決定的。語出《孫子兵法·勢》。

〔38〕繩墨,指法律。

〔39〕以,以此,因此。稍,漸。陵遲,衰頹,這裏指志氣衰微。

〔40〕引節,等於説死節。

〔41〕重,意動用法,等於説難。

〔42〕頗,稍。去就,指捨生就義。

〔43〕縲(léi),大繩子。紲(xiè),長繩子。縲紲,專指綁犯人的繩子。

〔44〕臧獲,古人駡奴婢的賤稱。《方言》卷三:"荆淮海岱雜齊之間,駡奴曰臧,駡婢曰獲。齊之北鄙,燕之北郊,凡民男而壻婢謂之臧,女而婦奴謂之獲,亡奴謂之臧,亡婢謂之獲。皆異方駡奴婢之醜稱也。"

〔45〕引決,承上文引決自裁,含有自裁意。後世因此以引決表示自裁。猶,《文選》作"由",今依《漢書》。

〔46〕没世,等於説終結一生,也就是死的意思。

　　古者富貴而名摩滅〔1〕,不可勝記,唯倜儻非常之人稱焉〔2〕。蓋文王拘而演《周易》〔3〕;仲尼厄而作《春秋》〔4〕;屈原放逐,乃賦《離騷》;左丘失明,厥有《國語》〔5〕;孫子臏腳,兵法脩列〔6〕;不韋遷蜀,世傳《吕覽》〔7〕;韓非囚秦,《説難》《孤憤》〔8〕;《詩》三百篇,大底聖賢發憤之所爲作也〔9〕。此人皆意有所鬱結,不得通其道,故述往事,思來者〔10〕。乃如左丘無目〔11〕,孫子斷足,終不可用,退而論書策,以舒其憤,思垂空文以自見〔12〕。僕竊不遜,近自託於無能之辭,網羅天下放失舊聞〔13〕,略考其行事,綜其終始,稽其成敗興壞之紀〔14〕,上計軒轅〔15〕，下至於茲，爲十表，本紀十二，書八章，世家三十，列傳七十，凡百三十篇。亦欲以究天人之際〔16〕，通古今之變，成一家之言。草創未就，會遭此禍。惜其不成，是以就極刑而無慍色〔17〕。僕誠以著此書，藏之名山，傳之其人，通邑大都〔18〕，則僕償前辱之責，雖萬被戮，豈有悔哉！然此可爲智者道，難爲俗人言也！

〔1〕摩，通"磨"。

〔2〕倜儻(tìtǎng)，卓越，特出。稱，稱頌，指爲人所知。

〔3〕演，推演。相傳周文王被紂拘於羑里後，推演易之八卦爲六十四卦。

〔4〕厄，同"戹"，困。《史記·孔子世家》："子曰：……君子病没世而名不稱焉。吾道不行矣，吾何以自見於後世哉？乃因史記(指魯國史書)而作《春秋》。"

〔5〕左丘，即左丘明。失明，失掉視力。此事未詳。厥，句首語氣詞。據説《國語》爲左丘明所作。

〔6〕孫子，姓孫，其名不詳，戰國時的大軍事家，據説他著有兵法八十九篇，今不傳。孫子的同學龐涓事魏惠王，妒忌孫子之才，就把他騙到魏國處以臏刑。後來孫子事齊威王，大敗魏軍。因爲孫子受過臏刑，後世就稱之爲孫臏。《史記》有《孫子列傳》。

〔7〕不韋，即呂不韋，戰國末的大商人，秦莊襄王因其力而得立。莊襄王元年，爲丞相，秦始皇即位，尊不韋爲相國。始皇十年，以罪免職，後又奉命徙蜀，於是自殺。據《史記·呂不韋列傳》，《呂覽》成於不韋爲丞相時。

〔8〕據《史記·韓非列傳》，韓非屢次以書諫韓王，韓王不能用，韓非於是作《説難》《孤憤》等篇十餘萬言。書傳到秦國，秦始皇看了很喜愛，因而急攻韓，韓於是派韓非出使秦國。至秦，因受李斯等的讒毀而被害。

〔9〕大底，即大抵。

〔10〕思來者，意思是想讓將來的人知己之志。

〔11〕乃如，至於。

〔12〕垂,指流傳。空文,是與具體的功業相對而言。

〔13〕放,散。

〔14〕稽,考察。紀,綱紀,這裏指道理、規律。

〔15〕軒轅,即黄帝,傳説中的遠古君王,姓公孫,因居於軒轅丘,所以又稱軒轅。

〔16〕天人,天意人事。天人之際,指從自然到人事。

〔17〕極刑,指腐刑。

〔18〕即傳之其人於通邑大都。其人,李善注:"謂與己同志者。"通邑,大邑。

　　且負下未易居〔1〕,下流多謗議〔2〕。僕以口語遇遭此禍,重爲鄉黨所笑,以汙辱先人,亦何面目復上父母之丘墓乎?雖累百世,垢彌甚耳!是以腸一日而九迴,居則忽忽若有所亡〔3〕,出則不知其所往。每念斯恥,汗未嘗不發背沾衣也!身直爲閨閤之臣〔4〕,寧得自引深藏於巖穴邪〔5〕?故且從俗浮沈,與時俯仰,以通其狂惑〔6〕。今少卿乃教以推賢進士,無乃與僕私心剌謬乎〔7〕?今雖欲自雕琢,曼辭以自飾〔8〕,無益,於俗不信,適足取辱耳。要之〔9〕,死日然後是非乃定。書不能悉意,略陳固陋。謹再拜。

〔1〕負下,負罪之下,就是在背過負罪的情況下面。未易居,不容易處。

〔2〕下流,水的下游,這裏比喻卑賤的身份與受辱的處境。

〔3〕忽忽,等於説恍恍惚惚。

〔4〕直,僅,不過。閨閤,都是宮中的小門,二字連文,即指宮禁。閨閤之臣,即宦官。

〔5〕自引,指自己引身而退。深藏於巖穴,指過隱居生活。《文選》作"自引於深藏岩穴",今依《漢書》。

〔6〕大意是:用以達到狂惑。這是憤慨之言。據李善引《鶡子》説,知善不行

叫狂,知惡不改叫惑。

〔7〕私心,我的心思,謙詞。剌(là),乖戾。剌謬,違背。

〔8〕曼,美。

〔9〕要之,總之。

楊　惲

楊惲(yùn,？—公元前54年),字子幼,華陰(今陝西華陰縣)人,司馬遷的外孫。素有才幹,好結交豪傑儒生,在朝廷中很有名望。宣帝任他爲郎。霍氏(霍光的子孫)謀反,楊惲先得到了消息,上報皇帝。霍氏被誅後,封爲平通侯,不久,遷昇中郎將,後來官至諸吏光禄勳(即郎中令)。楊惲爲人比較坦率,但自大而又刻薄,好揭人陰私,得罪了很多人。後來與太僕戴長樂不和。有人上書告戴長樂,戴以爲是楊惲指使的,於是上書告他平時言語不敬,楊惲被免爲庶人。適逢日蝕,有人上書説是由於楊惲驕奢不悔過所致,宣帝便將他下獄治罪。後又搜得他寫給孫會宗的信,宣帝看了很不高興,便加上大逆無道的罪名,處以腰斬,妻子兒女被流放到酒泉郡。

報孫會宗書〔1〕

惲材朽行穢,文質無所底〔2〕,幸賴先人餘業,得備宿衞〔3〕。遭遇時變,以獲爵位〔4〕。終非其任,卒與禍會。足下哀其愚矇,賜書教督以所不及,慇懃甚厚。然竊恨足下不深惟其終始,而猥隨俗之毀譽也〔5〕。言鄙陋之愚心,則若逆指而文過〔6〕;默而息乎,恐違孔氏各言爾志之義〔7〕。故敢略陳其愚,惟君子察焉〔8〕。

〔1〕孫會宗,安定(今甘肅平涼一帶)太守,西河(漢郡名,今内蒙古伊克昭盟東勝附近)人,楊惲的朋友。楊惲失掉官爵以後,就歸家閒居,治產業、造宅室。孫會宗寫信告誡他説,大臣廢退,應當閉門惶恐,表現出可憐的樣子,不該治產業,通賓客。楊惲便寫了這封回信給他。本篇文字根據《文選》,並參照《漢書》。

〔2〕底,至。無所底,就是没有成就。

〔3〕先人,指其父楊敞,楊敞官至丞相。備,充數。這是自謙的話,説自己並没有什麽才能,靠着父親的面子當個郎官。

〔4〕指告霍氏謀反而封侯的事。

〔5〕狠,副詞,隨隨便便地。

〔6〕逆指,違背孫會宗來信之意。文(wèn)過,掩飾自己的過錯。

〔7〕《論語·公冶長》:"盍各言爾志。"

〔8〕惟,句首語氣詞,表示希望。君子,指孫會宗。

　　惲家方隆盛時,乘朱輪者十人〔1〕,位在列卿,爵爲通侯〔2〕,總領從官〔3〕,與聞政事。曾不能以此時有所建明,以宣德化,又不能與羣僚同心并力,陪輔朝廷之遺忘,已負竊位素飡之責久矣〔4〕。懷禄貪勢,不能自退,遂遭變故,橫被口語,身幽北闕〔5〕,妻子滿獄。當此之時,自以夷滅不足以塞責,豈意得全其首領,復奉先人之丘墓乎?伏惟聖主之恩不可勝量〔6〕。君子遊道,樂以忘憂;小人全軀,説以忘罪。竊自念過已大矣,行已虧矣,長爲農夫以没世矣。是故身率妻子,勠力耕桑,灌園治産,以給公上〔7〕,不意當復用此爲譏議也〔8〕。

〔1〕朱輪,顯貴者所乘之車。漢制,公卿列侯及二千石以上的官員,都能乘

朱輪。

〔2〕通侯,即列侯。參看本册第714頁《魏其武安侯列傳》注〔31〕。

〔3〕從官,指皇帝的侍從官。楊惲任光禄勳加諸吏,所有侍從官都歸他管,並負責監察彈劾羣官,所以説總領從官。

〔4〕竊位,竊取官位而不盡職。湌,同“餐”。素湌,參看第二册第478頁《伐檀》注〔10〕。這裏指無功受禄。

〔5〕北闕,古代宫殿北面的觀闕。漢制,上章奏事和被皇帝徵召都到北闕。

〔6〕伏惟,伏在地上想,敬詞。

〔7〕公上,公家、主上。給公上,等於説供給國家的税收。

〔8〕用,以。

　　夫人情所不能止者,聖人弗禁。故君父至尊親〔1〕,送其終也〔2〕,有時而既〔3〕。臣之得罪已三年矣〔4〕。田家作苦,歲時伏臘〔5〕,烹羊炰羔〔6〕,斗酒自勞。家本秦也〔7〕,能爲秦聲。婦趙女也,雅善鼓瑟〔8〕。奴婢歌者數人,酒後耳熱,仰天撫缶而呼嗚嗚〔9〕。其詩曰:“田彼南山,蕪穢不治。種一頃豆,落而爲萁〔10〕。人生行樂耳,須富貴何時〔11〕?”是日也,拂衣而喜,奮袖低昂,頓足起舞,誠淫荒無度,不知其不可也。惲幸有餘禄,方糴賤販貴,逐什一之利。此賈豎之事,汙辱之處,惲親行之。下流之人,衆毁所歸,不寒而慄。雖雅知惲者,猶隨風而靡,尚何稱譽之有?董生不云乎〔12〕:“明明求仁義,常恐不能化民者,卿大夫之意也。明明求財利,常恐困乏者,庶人之事也。”〔13〕故道不同不相爲謀〔14〕,今子尚安得以卿大夫之制而責僕哉?

〔1〕古人認爲君至尊,父至親。

〔2〕指爲君父服喪。

〔3〕既,盡。古制,臣子爲君父服三年喪,除喪後起居行動就不再受喪服的
　　限制。

〔4〕楊惲的意思是:就是君父死了,三年過後也不能限制我,何況"得罪已三
　　年",我之所作所爲,更不能算違背臣禮了。

〔5〕伏、臘,都是節日。參看本册第839—841頁通論《古代文化常識》(甲)。

〔6〕炰(páo),裹起來烤。

〔7〕楊惲是華陰人,華陰原是秦地。

〔8〕雅,甚。下文"雖雅知惲者"的"雅"同。

〔9〕缶(fǒu),一種瓦器,秦人用來作爲樂器,唱歌時按節奏敲擊。嗚嗚,唱歌
　　的聲音。語出李斯《諫逐客書》。

〔10〕田,動詞,種植穀物。萁(jī),豆莖。這兩句大意是諷刺朝廷荒亂。

〔11〕須,待。治、其、時,古音屬之部。

〔12〕董生,指董仲舒,漢景帝時的大儒。

〔13〕這兩句引自董仲舒的《對賢良策》三。原文作:"夫皇皇求財利,常恐乏匱
　　者,庶人之意也。皇皇求仁義,常恐不能化民者,大夫之意也。"明明,應
　　該當皇皇講。皇皇,急急忙忙的樣子,後來寫作遑遑。

〔14〕語出《論語·衛靈公》。

　　夫西河魏土〔1〕,文侯所興〔2〕,有段干木田子方之遺
風〔3〕,凜然皆有節槩〔4〕,知去就之分。頃者足下離舊
土〔5〕,臨安定〔6〕。安定山谷之間,昆夷舊壤〔7〕,子弟貪
鄙,豈習俗之移人哉〔8〕?於今乃睹子之志矣!方當盛漢
之隆,願勉旃〔9〕,無多談。

〔1〕西河魏土,按戰國時魏的西河,在今陝西部陽一帶,與漢代的西河郡不
　　同。楊惲這樣説,是爲了諷刺孫會宗。

〔2〕文侯,即魏文侯。參看本册第877頁《獄中上梁王書》注〔10〕。魏文侯在
　　當時被認爲是賢君。

〔３〕段干木，魏文侯時人，守道不仕，文侯請他作魏相，他不接受，於是文侯以客禮相待，把他當成老師，極爲尊敬。田子方，也是魏文侯的老師。

〔４〕凜然，不可犯的樣子。槩，同“概”。節槩，等於説節操。

〔５〕舊土，家鄉。

〔６〕安定，漢郡名，故治在今甘肅固原縣。當時孫會宗任安定郡守。

〔７〕昆夷，殷及西周時代西方的一個種族。

〔８〕移，變動。移人，指改變人的志向。

〔９〕旃（zhān），“之焉”的合音字。

李　密

　　李密（公元 224—287 年），一名虔，字令伯，晉犍爲武陽縣（在今四川彭山縣東）人。年輕時曾隨當時名儒譙周學習，以文學見稱。曾仕蜀漢，屢次出使東吳，東吳人很稱贊他的才辯。蜀滅亡後，晉武帝徵他爲太子洗馬，逼迫甚緊。他以奉養祖母爲理由，辭不應徵，武帝也就不再勉强。李密祖母死後，喪服期滿，出任太子洗馬，後來官至漢中太守。不久，因懷怨免官，老死家中。《晉書》有傳。

陳　情　表〔１〕

　　臣密言：臣以險釁〔２〕，夙遭閔凶〔３〕。生孩六月〔４〕，慈父見背〔５〕；行年四歲，舅奪母志〔６〕。祖母劉，愍臣孤弱〔７〕，躬親撫養。臣少多疾病，九歲不行〔８〕；零丁孤苦，至於成立〔９〕。既無伯叔，終鮮兄弟〔１０〕。門衰祚薄〔１１〕，晚有兒息〔１２〕。外無朞功强近之親〔１３〕，内無應門五尺之僮〔14〕。煢煢獨立〔15〕，形影相弔〔16〕。而劉夙嬰疾病〔17〕，常在牀蓐〔18〕。臣侍湯藥，未曾廢離〔19〕。

〔1〕表，古代的一種文體，屬於奏議一類，是臣民對君有所陳請的一種文書。本文就是李密不肯應徵，上給晉武帝的表。《文選》題作《陳情事表》。文中陳述他之所以不肯應徵，是由於祖母年邁多病，奉養無人，並不是自矜名節，另有所希望。

〔2〕險，坎坷。釁，罪過。險釁，指命運坎坷，罪孽深重。

〔3〕夙，早，這裏指幼年時。閔，憂傷，此義後作“憫”。凶，指不幸的事。

〔4〕大意是：生下來六個月剛懂得笑的時候。孩，小兒笑。

〔5〕背，違背，指拋棄人。見背，等於説相棄。這是委婉語，指死。注意：這種“見”字句雖由被動句發展而來，但這裏已經不再表示被動。類似的結構有“見訪”“見愛”等。

〔6〕奪母志，指強行改變了母親守節之志，即強迫母親改嫁了。

〔7〕愍(mǐn)，憐憫。

〔8〕不行，走不了路。

〔9〕成立，成人自立。這兩句是説，自小到成年，一直是孤苦零丁的。

〔10〕終，也是既的意思。《詩經·鄭風·揚之水》：“終鮮兄弟，維予與女。”鮮(xiǎn)，少，這裏指沒有。

〔11〕門衰，家門衰微。祚(zuò)，福。

〔12〕息，子。

〔13〕外，家外。朞(jī)、功，都是古代喪服名稱。朞，服喪一年。功，指大功小功。大功服喪九個月，小功服喪五個月。古代服喪的不同，是按親屬關係的遠近來規定的。強(qiǎng)近，勉強接近。

〔14〕應門，指管客來開門的事。僮，童子，此義後作“童”。上文説“晚有兒息”，所以這裏説“內無應門五尺之僮”。

〔15〕煢煢(qióngqióng)，孤單的樣子。

〔16〕弔，慰問。

〔17〕嬰,纏繞,等於説纏上了。

〔18〕蓐(rù),草墊子,也就是寝褥。

〔19〕廢,廢止,指不侍奉。離,離開。

　　逮奉聖朝[１],沐浴清化[２]。前太守臣逵[３],察臣
孝廉[４];後刺史臣榮[５],舉臣秀才[６]。臣以供養無
主[７],辭不赴命。詔書特下,拜臣郎中;尋蒙國恩[８],除
臣洗馬[９]。猥以微賤[10],當侍東宮[11],非臣隕首所能
上報[12]。臣具以表聞,辭不就職。詔書切峻[13],責臣逋
慢[14];郡縣逼迫,催臣上道;州司臨門[15],急於星火。臣
欲奉詔奔馳,則劉病日篤[16];欲苟順私情,則告訴不
許[17]。臣之進退,實爲狼狽[18]。

〔１〕聖朝,指晉,敬詞。

〔２〕沐浴於清化之中,即浸潤在清化之中。清化,清明的教化。

〔３〕太守,指犍爲郡太守。逵,太守的名。

〔４〕察,考察和推舉。孝廉,指善事父母,品行方正的人。漢武帝開始令郡國
　　每年推舉孝、廉各一人,晉時仍保留此制。

〔５〕刺史,指益州刺史。刺史在晉代是州的負責監察、軍事及行政的長官。
　　榮,益州刺史的名。

〔６〕秀才,也是由地方推舉的人材,由州推舉。注意:晉時所謂秀才與後代所
　　謂秀才的含義不同。

〔７〕主,主持,這裏指主持的人。

〔８〕尋,不久。

〔９〕洗(xiǎn)馬,即太子洗馬,太子的侍從官。掌圖籍,祭奠先聖先師,講經;
　　太子出行則爲先驅。

〔10〕猥,鄙,謙詞。

〔11〕東宮,指太子,因太子居東宮。

〔12〕隕,墜。隕首,即殺身的意思。

〔13〕切峻,急切嚴厲。

〔14〕逋(bū),逃避。慢,輕慢。逋慢,等於説怠慢,指故意逃避,輕視命令。

〔15〕州司,等於説州官。

〔16〕篤,(病)重。

〔17〕告訴,報告、訴説。

〔18〕狽,一種狼類動物。舊説:狽的前腿很短,走路時常把前腿架在狼身上,否則不能走路。這裏"狼狽"指進退兩難。

伏惟聖朝以孝治天下〔1〕,凡在故老〔2〕,猶蒙矜育〔3〕,況臣孤苦,特爲尤甚。且臣少仕僞朝〔4〕,歷職郎署〔5〕,本圖宦達〔6〕,不矜名節〔7〕。今臣亡國賤俘,至微至陋,過蒙拔擢〔8〕,寵命優渥〔9〕,豈敢盤桓〔10〕,有所希冀。但以劉日薄西山,氣息奄奄〔11〕,人命危淺〔12〕,朝不慮夕。臣無祖母,無以至今日;祖母無臣,無以終餘年。母孫二人更相爲命〔13〕,是以區區不能廢遠〔14〕。臣密今年四十有四,祖母劉今年九十有六。是臣盡節於陛下之日長,報養劉之日短也。烏鳥私情〔15〕,願乞終養。臣之辛苦〔16〕,非獨蜀之人士及二州牧伯所見明知〔17〕,皇天后土,實所共鑒〔18〕。願陛下矜愍愚誠,聽臣微志。庶劉僥倖保卒餘年,臣生當隕首,死當結草〔19〕。臣不勝犬馬怖懼之情,謹拜表以聞。

〔1〕伏惟,參看本册第904頁《報孫會宗書》注〔6〕。

〔2〕故老,指舊臣。

〔3〕矜,憐憫。育,養。

〔4〕僞朝,指蜀漢。對晉提起蜀,不得不這麼説。

〔5〕這是李密説自己曾經在蜀漢的郎署裏做過郎一類的官。署,官署。

〔6〕宦,做官。達,顯達。

〔7〕矜,自誇。李密這樣説是怕晉武帝懷疑自己拒不出仕是以名節自誇。

〔8〕過,過分地。拔擢,提拔。

〔9〕寵,恩榮。寵命,指拜洗馬等事。優渥,優厚。

〔10〕盤桓,聯緜字,徘徊不進。在這裏指故意不去做官。

〔11〕奄奄(yǎnyǎn),氣息短促將絶的樣子。

〔12〕淺,指不長。

〔13〕等於説輪流替換着維持彼此的生命,即相依爲命的意思。

〔14〕區區,等於説款款。這裏指區區之心,就是孝順祖母的私衷。廢遠,指廢掉奉養而遠離祖母。

〔15〕烏鳥,即烏鴉。據説烏鴉能反哺其親,所以常用以比喻人的孝道。

〔16〕辛苦,辛酸苦楚。與今天所謂辛苦不同。

〔17〕二州,指梁州、益州。漢魏時祇有益州,晉武帝纔把原來漢中一帶分出,立爲梁州。梁益二州大致相當於蜀漢所統治的範圍。牧伯,即刺史。上古一州之長稱爲牧,又稱方伯,所以後代以牧伯稱刺史。明,明白地。所見明知,所明明白白知道的。

〔18〕鑒,察。

〔19〕結草,春秋時晉卿魏犨有個寵妾,無子。魏犨病了,告訴他兒子魏顆,等他死後一定把寵妾嫁出去。等到病重,又要寵妾殉葬。魏犨死後,魏顆覺得父親病重神志不清時的話不足從,所以仍把寵妾嫁出去了。後來魏顆與秦人交戰,據説看見有一個老人結草把秦的力士杜回絆倒了,於是俘獲了杜回。夜裏夢見老人自稱是寵妾的父親,是來報答不殺其女之恩的。事見《左傳·宣公十五年》。後代就以“結草”表示死後報恩。

常　用　詞(九)　　91字

諂諛誣辯愬　憐閔弔　除拜　營務　積聚尋　迭代替　成遂

係累羈繫牽縣結絶　擅披拉

　　姦回　雅俗　公私　偏全　獨特　醜陋穢　玄素白　方夙惟

　　霄漢　景曜　都邑鄙　邊塞　殷周　胡虜戎　倡優伎卓宦豎

臧獲　禄位　産業　貨賂資財賄　性情　聲響　拳脚　端緒

節度

546.【諂】

　　巴結，奉承。《論語・學而》：“貧而無～。”又《八佾》：“事君盡

禮，人以爲～也。”鄒陽《獄中上梁王書》：“今人主沈～諛之辭。”

547.【諛】

　　恭維，奉承。《史記・魏其武安侯列傳》：“灌夫爲人剛直，使酒，不

好面～。”鄒陽《獄中上梁王書》：“夫以孔墨之辯，不能自免於讒～。”

　　［辨］諂，諛。“諛”是用言語奉承，“諂”則不限於言語。如“事

君盡禮，人以爲諂也”，“諂”字就不能換成“諛”字。“諂諛”二字連

用時，不再有這種細微的區別。

548.【誣】

　　言語不真實，欺騙。《左傳・僖公二十四年》：“天實置之，而二

三子以爲己力，不亦～乎！”《莊子・秋水》：“然且語而不舍，非愚

則～也。”司馬遷《報任安書》：“因爲～上，卒從吏議。”引申爲虛構

罪惡以陷害別人。《周易・繫辭下》：“吉人之辭寡，躁人之辭多，～

善之人其辭游，失其守者其辭屈。”

549.【辯】

　　（一）辯論。《孟子・滕文公下》：“予豈好～哉？予不得已也。”

　　（二）形容詞。動聽。《荀子・非相》：“言雖～，君子不聽。”

《韓非子・五蠹》：“子言非不～也。”引申爲口才好，有辯才。《史

記・淮陰侯列傳》：“是齊之～士也。”鄒陽《獄中上梁王書》：“夫以

孔墨之~,不能自免於讒諛。"

（三）通"辨"。辨別。《莊子·逍遙遊》:"此小大之~也。"又:
"~乎榮辱之境。"

[辨]辯,辨。"辯"是辯論,"辨"是辨別。但在上古時代,二字
常常混用。"辯"當辨別講已見上面所舉《莊子·逍遙遊》的例子;
"辨"當"辯論"講則如《戰國策·趙策三》:"鄂侯爭之急,辨之疾。"

550.【愬】（訴）

訴說〔痛苦,冤屈〕。《孟子·梁惠王上》:"天下之欲疾其君
者,皆欲赴~於王。"司馬遷《報任安書》:"深幽囹圄之中,誰可告~
者。"蕭統《文選序》:"壹鬱之懷靡~。"李密《陳情表》:"欲苟順私
情,則告訴不許。"注意:古代所謂"告訴"（告愬）,與現代所謂"告
訴"稍有不同。古代多指訴說痛苦或冤屈,現代衹是告知。

551.【憐】

（一）憐憫。鄒陽《獄中上梁王書》:"願大王孰察,少加~焉。"
杜甫《月夜》詩:"遙~小兒女,未解憶長安。"

（二）愛。《戰國策·趙策四》:"丈夫亦愛~其少子乎?"韓愈
《送李愿歸盤谷序》:"爭妍而取~。"李商隱《晚晴》詩:"天意~
幽草。"

唐以來,"可憐"二字連用,有三種意義:（1）可憐,值得憐憫。
杜甫《哀王孫》詩:"可~王孫泣路隅。"（2）可愛。杜甫《江畔獨步
尋花》詩:"東望少城花滿煙,百花高樓更可~。"（3）可羨。杜甫《題
終明府水樓》詩:"可~賓客盡傾蓋。"白居易《長恨歌》:"姊妹弟兄
皆列土,可~光彩生門户。"

552.【閔】

（一）憂患,傷心的事。《詩經·邶風·柏舟》:"覯~既多,受侮

不少。"李密《陳情表》："臣以險釁,夙遭~凶。"

(二)憐憫。《詩經·豳風·東山·序》："序其情而~其勞。"這個意義後來寫作"憫"。

[辨]愍,閔。在憐憫的意義上,"愍"和"閔"是同義詞。至於憂患的意義,則用"閔"不用"愍"。

553.【弔】

(一)善。《詩經·小雅·節南山》："昊天不~。"

(二)慰問,對傷心的事表同情。《左傳·莊公十一年》："宋大水,公使~焉。"《淮南子·人間》："馬無故亡入胡,人皆~之。"李密《陳情表》："形影相~。"成語有"~民伐罪"。引申爲哀悼死者。賈誼《弔屈原賦》："敬~先生。"李華《弔古戰場文》："~祭不至。"又引申爲憑弔,指懷念古人。陸游《謝池春》詞："傷懷~古。"注意:古代"弔"字没有懸掛的意義。

554.【除】

(一)宫殿的臺階。《漢書·李廣蘇建傳》："從至雍棫陽宫,扶輦下~,觸柱折轅。"引申爲一般的臺階。杜甫《南鄰》詩："得食階~鳥雀馴。"

(二)去。《詩經·唐風·蟋蟀》："日月其~。"引申爲去掉。《史記·魏其武安侯列傳》："太后~竇嬰門籍。"[~夕][歲~]一年的最後一天。《風土記》："至~夕達旦不眠,謂之守歲。"

(三)任命。《史記·魏其武安侯列傳》："君~吏已盡未? 吾亦欲~吏。"李密《陳情表》："尋蒙國恩,~臣洗馬。"

555.【拜】

(一)一種表示敬意的禮節。古人的拜是先跪下,頭低到手,與心平。《左傳·僖公三十二年》："卜偃使大夫~。"杜甫《新婚別》

詩:"妾身未分明,何以~姑嫜?"引申爲謁見,拜見。《論語·陽貨》:"孔子時其亡也而往~之。"

(二)授予〔官職〕。《史記·淮陰侯列傳》:"至~大將,乃韓信也。"李密《陳情表》:"詔書特下,~臣郎中。"韓愈《柳子厚墓誌銘》:"乃復~侍御史。"

556.【營】

(一)量地。東西量地爲"經",周圍量地爲"營"。《詩經·大雅·靈臺》:"經始靈臺,經之~之。"引申爲規劃,料理。《詩經·小雅·黍苗》:"肅肅謝功,召伯~之。"(肅肅:嚴正的樣子。謝:邑名。功:工役之事。)司馬遷《報任安書》:"務一心~職,以求親媚於主上。"〔經~〕營謀,規劃,安排。《史記·項羽本紀》:"欲以力征經~天下。"杜甫《丹青引》:"詔謂將軍拂絹素,意匠慘澹經~中。"

(二)軍營。《史記·絳侯周勃世家》:"於是天子乃按轡徐行至~。"

557.【務】

(一)動詞。致力於某事,從事於。《論語·學而》:"君子~本。"司馬遷《報任安書》:"~一心營職。"《漢書·霍光傳》:"女曹不~奉大將軍餘業。"韓愈《答李翊書》:"惟陳言之~去。"又《柳子厚墓誌銘》:"益自刻苦,~記覽。"引申爲爭取做到。《文心雕龍·麗辭》:"是以言對爲美,貴在精巧;事對爲先,~在允當。"又爲追求。劉伶《酒德頌》:"唯酒是~,焉知其餘?"柳宗元《答韋中立論師道書》:"~采色,夸聲音。"韓愈《進學解》:"貪多~得,細大不捐。"

(二)名詞。事務,事情。《世説新語·政事》:"望卿擺撥常~,應對玄言。"杜甫《詠懷古迹》詩:"志決身殲軍~勞。"

558.【積】

(一)積聚穀物。《詩經·周頌·良耜》:"～之栗栗。"(栗栗:眾多的樣子。)司馬遷《報任安書》:"士卒死傷如～。"引申爲一般的積聚。鄒陽《獄中上梁王書》:"～毀銷骨。"

(二)儲蓄。賈誼《論積貯疏》:"故其畜～足恃。"又:"公私之～,猶可哀痛。"

舊時於第一義讀入聲,第二義讀去聲。今無別。

559.【聚】

(一)使民眾聚居。《左傳·隱公元年》:"大叔完～,繕甲兵,具卒乘。"《孟子·公孫丑上》:"地不改辟矣,民不改～矣。"引申爲村落。枚乘《上書諫吳王》:"禹無十户之～,以王諸侯。"《史記·五帝本紀》:"一年而所居成～。"

(二)聚集,集合。蕭統《文選序》:"各以彙～。"柳宗元《答韋中立論師道書》:"世果羣怪～罵。"[～斂]搜括人民的財物。《論語·先進》:"而求也爲之～斂而附益之。"杜甫《赴奉先縣詠懷》詩:"～斂貢城闕。"

560.【尋】

(一)八尺。《孟子·滕文公下》:"枉尺而直～。"[～常]兩尋爲常。"尋常"指不長,或不寬。《韓非子·五蠹》:"布帛～常,庸人不釋。"賈誼《弔屈原賦》:"彼～常之汙瀆兮,豈能容吞舟之魚!"引申爲普通,一般(後起義)。杜甫《曲江》詩:"酒債～常行處有。"劉禹錫《烏衣巷》詩:"飛入～常百姓家。"周邦彥《西河》詞:"向～常巷陌人家,相對如説興亡,斜陽裏。"

(二)推求,搜索。《史記·管蔡世家》:"太史公曰:余～曹共公之不用僖負羈,乃乘軒者三百人,知唯德之不建。"《三國志·蜀書·張嶷傳》：“因斬慕等五十餘級，渠帥悉殄。～其餘類，旬日清泰。”引申爲找，尋找。陶潛《桃花源記》：“太守即遣人隨其往，～向所誌。”韓愈《進學解》：“～墜緒之茫茫。”

（三）副詞。不久以後。李密《陳情表》：“詔書特下，拜臣郎中；～蒙國恩，除臣洗馬。”

[辨]求，尋，覓。在“找”的意義上，先秦時代多用“求”，用“尋”者少見。以後用“尋”“覓”漸多。“尋”多用於物，“覓”多用於人，但區別並不嚴格。

561.【迭】

動詞。輪流。《詩經·邶風·柏舟》：“日居月諸，胡～而微。”（居、諸：語氣詞。微：指無光。）又副詞。輪流地，交替地。《洛陽伽藍記·開善寺》：“～相謂曰。”《宋書·謝靈運傳·論》：“剛柔～用。”柳宗元《永州韋使君新堂記》：“奇勢～出。”注意：“迭”和“疊”古音不同，絕不通用。

562.【代】

（一）更換，代替。《左傳·莊公八年》：“及瓜而～。”《莊子·秋水》：“莊子來，欲～子相。”《史記·項羽本紀》：“彼可取而～也。”

（二）輪流地，交替地。《禮記·中庸》：“如日月之～明。”《荀子·天論》：“日月遞炤，四時～御。”（“遞”“代”同義互換。炤：同“照”。）《楚辭·離騷》：“春與秋其～序。”成語有“新陳～謝”。

（三）朝代。《禮記·禮運》：“大道之行也，與三～之英，丘未之逮也。”蕭統《文選序》：“時更七～。”

（四）父子相繼爲一代，世代（唐以後的意義）。王維《李陵詠》詩：“漢家李將軍，三～將門子。”杜甫《寄薛三郎中》詩：“乃知蓋～手，才力老益神。”“蓋代”就是“蓋世”。

563.【替】

（一）廢。《詩經・小雅・楚茨》：“子子孫孫，勿~引之。”《楚辭・離騷》：“謇朝誶而夕~。”引申爲衰微。跟“隆”相對。《晉書・慕容暐載記》：“風頹化~。”又《王羲之傳》：“足觀政之隆~。”潘岳《西征賦》：“隨政隆~。”［陵~］陵遲，陵夷，衰微。柳宗元《封建論》：“晉之承魏也，因循不革，而二姓陵~，不聞延祚。”

（二）代替（後起義）。《木蘭詩》：“願爲市鞍馬，從此~爺征。”蘇軾《跋漁父詞》：“以山光水色~其玉肌花貌。”

［辨］（1）迭，代，替。在用作狀語的時候，“迭”和“代”是同義詞。所以“代序”也可説成“迭序”。但是在這一個用途上，一般用“迭”不用“代”。“替”在上古衹有“廢”和“衰微”的意義，中古以後纔逐漸用於“代替”的意義。因此，“替”和“代”在上古還不是同義詞。（2）世，代。唐以前，世指父子相繼（世系相傳）。這一意義衹用“世”，不用“代”。自唐人避太宗（李世民）諱，以“代”代“世”，二者逐漸混同，但仍保有各自的習慣用法。參見第二册第431頁“世”字條。

564.【成】

（一）成爲事實，實現。《論語・子路》：“見小利則大事不~。”引申爲成全。《論語・顏淵》：“君子~人之美，不~人之惡。”又爲完成。《論語・先進》：“春服既~。”司馬遷《報任安書》：“惜其不~。”又爲成功。跟“敗”相對。《史記・淮陰侯列傳》：“~敗在於決斷。”又爲成爲。司馬遷《報任安書》：“亦欲以究天人之際，通古今之變，~一家之言。”

（二）平，特指和平。《左傳・成公十一年》：“秦晉爲~。”（爲成：講和。）“請~”“求~”“行~”都是求和的意思。《左傳・隱公六年》：“鄭伯請~於陳。”又《桓公六年》：“使薳章求~焉。”又《哀公元年》：“使大夫種因吳大宰嚭以行～。”

565.【遂】

（一）成，順利地做到。《禮記·月令》：“百事乃～。”司馬遷《報任安書》：“四者無一～。”引申爲成長，順利地生長。《國語·齊語》：“犧牲不略則牛羊～。”（犧牲：祭祀用的牛羊豬。略：掠奪。）《莊子·馬蹄》：“禽獸成羣，草木～長。”韓愈《答李翊書》：“根之茂者其實～。”“遂過”二字連用，表示知過不改，索性錯到底。賈誼《過秦論》下：“秦王足己不問，～過而不變。”柳宗元《桐葉封弟辨》：“是周公教王～過也。”

（二）副詞。於是，就，從此就。《左傳·隱公元年》：“莊公寤生，驚姜氏，故名曰寤生，～惡之。”又《僖公四年》：“蔡潰，～伐楚。”

566.【係】

（一）縛，捆綁，拴。《孟子·梁惠王下》：“～累其子弟。”（累：綁。）賈誼《過秦論》：“百越之君俯首～頸。”又《弔屈原賦》：“騏驥可得～而羈兮。”

（二）繫，連結。《漢書·李廣蘇建傳》：“天子射上林中得雁，足有～帛書。”枚乘《上書諫吳王》：“夫以一縷之任，～千鈞之重。”又名詞，指用來連結之物。枚乘《上書諫吳王》：“～方絕，又重鎮之。”用於抽象意義，表示拘束。也寫作“繫”。鄒陽《獄中上梁王書》：“此二國豈拘於俗，牽於世，繫奇偏之辭哉？”又爲維繫。文天祥《正氣歌》：“三綱實～命。”又爲關係。黃宗羲《原臣》：“苟無～於社稷之存亡。”

（三）是（晚起義）。

567.【累】

（一）讀 léi，陽平聲。大繩子，特指用來綁人的。字又寫作

“縲”。《漢書・李廣蘇建傳》：“以劍斫絕~。”《史記・仲尼弟子列傳》：“公冶長雖在~絏之中，非其罪也。”累絏，又寫作“縲紲”。司馬遷《報任安書》：“何至自沈溺縲紲之辱哉？”引申爲捆綁。《左傳・成公三年》：“兩釋纍囚以成其好。”《史記・項羽本紀》：“係~其老弱婦女。”

（二）讀 lěi，上聲。堆疊。枚乘《上書諫吳王》：“危於~卵。”柳宗元《愚溪詩序》：“遂負土~石，塞其隘，爲愚池。”引申爲積累。鄒陽《諫吳王書》：“臣聞鷙鳥~百，不如一鶚。”司馬遷《報任安書》：“雖~百世，垢彌甚耳。”杜甫《贈衛八處士》詩：“一舉~十觴。”“累”又用於抽象的意義。枚乘《上書諫吳王》：“積德~行。”司馬遷《報任安書》：“下之不能積日~勞。”“累日”表示多日，“累夜”表示多夜，“累月”表示多月，“累年”表示多年。柳宗元《答韋中立論師道書》：“數州之犬皆蒼黃吠噬，狂走者~日。”杜甫《奉贈盧十丈》詩：“說詩能~夜，醉酒或連朝。”又《送人從軍》詩：“今君渡沙磧，~月斷人煙。”《後漢書・陳蕃傳》：“輔弼先帝，出内~年。”（出内：同“出納”。指出納天子的命令。）這個意義又寫作“絫”。

（三）讀 lèi，去聲。帶累，因牽連而受到損害。《僞古文尚書・旅獒》：“不矜細行，終~大德。”歐陽修《瀧岡阡表》：“毋以是爲我~。”

568.【羈】（羈）

（一）馬籠頭。《莊子・馬蹄》：“連之以~馽。”（馽 zhí：通“縶”。絆馬腳的繩子。）曹植《白馬篇》：“白馬飾金~。”引申爲用籠頭套在馬頭上。賈誼《弔屈原賦》：“騏驥可得係~兮。”再引申爲拘束。“不羈”指不受拘束，不凡。鄒陽《獄中上梁王書》：“使不~之士與牛驥同皁。”司馬遷《報任安書》：“僕少負不~之才。”

（二）寄居。《周禮・地官・遺人》：“以待～旅。”杜甫《白絲行》：“恐懼棄捐忍～旅。”又《第五弟豐獨在江左》詩：“亂後嗟吾在，～栖見汝難。”

569.【繫】

（一）掛。《論語・陽貨》：“吾豈匏瓜也哉？焉能～而不食？”《荀子・勸學》：“以羽爲巢，而編之以髮，～之葦苕。”枚乘《上書諫吳王》：“夫以一縷之任，～千鈞之重。”

（二）拴。《莊子・天道》：“似～馬而止也。”又《列禦寇》：“汎若不～之舟。”又爲縛，捆綁。《漢書・霍光傳》：“我故羣臣從官安得罪，而大將軍盡～之乎？”司馬遷《報任安書》：“～獄抵罪。”引申爲發生關係。《莊子・知北遊》：“夫體道者，天下之君子所～焉。”

[辨] 系，係，繫。三字是同義詞。名詞多用“係”，動詞則“係”“繫”都用。“系”見於樂府《陌上桑》：“青絲爲籠系，桂枝爲籠鉤。”“系”就是“係”。但是後來“系”祇用於“世系”“譜系”“系統”，就跟“係”“繫”都不相通了。

570.【牽】

牽。《孟子・梁惠王上》：“有～牛而過堂下者。”引申爲拘束，牽制。鄒陽《獄中上梁王書》：“此二國豈拘於俗，～於世，繫奇偏之辭哉？”又：“而不～乎卑辭之語。”又：“～帷牆之制。”

571.【縣】

（一）讀 xuán，陽平聲。懸掛。《詩經・魏風・伐檀》：“胡瞻爾庭有～貆兮！”枚乘《上書諫吳王》：“上～無極之高，下垂不測之淵。”這個意義又寫作“懸”。《孟子・公孫丑上》：“民之悅之，猶解倒懸也。”注意：在上古時代，除孟子外，這個意義都寫作“縣”，不寫作“懸”。

(二)縣,政治區域之一種。揚雄《解嘲》:“當今~令不請士。”

572.【結】

(一)打結。《老子》二十七章:“善閉無關楗而不可開,善~無繩約而不可解。”(約:也是繩。)枚乘《上書諫吳王》:“係絕於天,不可復~。”又名詞。結。揚雄《解嘲》:“往昔周罔解~。”(罔:網。)引申爲心裏煩悶。司馬遷《報任安書》:“意有所鬱~。”

(二)結合,結交,交往。司馬遷《報任安書》:“自~明主。”現代漢語有“~拜”“~伴”“~親”“~識”等。

573.【絕】

(一)〔繩索〕斷。枚乘《上書諫吳王》:“係方~,又重鎮之。”引申爲一般的斷。枚乘《上書諫吳王》:“夫十圍之木,始生如蘖,足可搔而~。”又爲停止,隔絕。枚乘《上書諫吳王》:“不如~薪止火而已。”又:“納其基,~其胎,禍何自來?”司馬遷《報任安書》:“~賓客之知。”

(二)形容詞。到了極點的。用來表示極遠、極高、極好等。“絕域”表示極遠的地方。《後漢書·班超傳》:“效命~域。”“絕國”表示極遠的國家。江淹《別賦》:“至如一赴~國,詎相見期?”“絕壁”表示極高的石壁。李白《蜀道難》詩:“枯松倒掛倚~壁。”“絕唱”表示極好的詩文。《宋書·謝靈運傳·論》:“~唱高蹤,久無嗣響。”

(三)橫渡。《荀子·勸學》:“假舟楫者,非能水也,而~江河。”《史記·李將軍列傳》:“南~幕。”(幕:通“漠”。指沙漠。)陸游《夜泊水村》詩:“老子猶堪~大漠。”

574.【擅】

(一)專有,持有,領有,佔有。晁錯《論貴粟疏》:“爵者上之所~。"《洛陽伽藍記·開善寺》："~山海之富,居川林之饒。"《宋書·謝靈運傳·論》："並摽能~美,獨映當時。"現代有雙音詞"~長"。

（二）副詞。擅自。《左傳·成公十三年》："~及鄭盟。"《漢書·霍光傳》："又~調益莫府校尉。"

575.【披】

（一）剖開。鄒陽《獄中上梁王書》："~心腹,見情素。"枚乘《上書諫吳王》："臣乘願~腹心而效愚忠。"引申爲展開,打開。王勃《滕王閣序》："~繡闥,俯雕甍。"韓愈《進學解》："手不停~於百家之編。"

（二）穿着,披上。曹植《洛神賦》："~羅衣之璀粲兮。"這個意義本寫作"被"。《楚辭·九歌·國殤》："操吳戈兮被犀甲。"

576.【拉】

讀 là,去聲。摧折,扳斷。鄒陽《獄中上梁王書》："范雎~脅折齒於魏。"《史記·齊世家》："使力士彭生抱上魯君車,因~殺魯桓公。"注意："拉"字舊讀入聲,音如"臘"。它跟現代漢語的"拉"沒有關係。

577.【姦】

（一）邪惡。《左傳·僖公二十四年》："棄德崇~。"賈誼《過秦論》中："然後~僞並起。"姦淫的意義由此發展而來,但古代罕見。

（二）惡人,作亂的人。《尚書·舜典》："寇賊~宄。"（内部的爲姦,外部的爲宄 guǐ。）

[辨]姦,奸。古代二字不同音:姦,古顏切,今當讀 jiān;奸,古寒切,今當讀 gān。意義也不一樣:姦是"邪惡"的意思;奸是"干犯"的意思。《左傳·襄公十四年》："君制其國,臣敢奸之。"《史

記‧龜策列傳》：“寒氣不和,賊氣相奸。”《漢書‧溝洫志》：“使神人各得其所,而不相奸。”這些“奸”字都不能換成“姦”。到了後代,“姦邪”的“姦”也可以寫成“奸”（在這種情況下讀與“姦”同）。

578.【回】

（一）轉,掉轉。《楚辭‧離騷》：“～朕車以復路兮。”鄒陽《獄中上梁王書》：“邑號朝歌,墨子～車。”陶潛《飲酒》詩：“吾駕不可～。”盧照鄰《長安古意》詩：“轉日～天不相讓。”歐陽修《醉翁亭記》：“峯～路轉。”“回首”也是掉轉頭來的意思。高適《燕歌行》：“征人薊北空～首。”王維《觀獵》詩：“～看射雕處,千里暮雲平。”按:這個意義也可以寫作“迴”。參看第十三單元“迴”字條。

（二）回來,回去（後起義）。王翰《涼州曲》：“醉臥沙場君莫笑,古來征戰幾人～!”

（三）量詞。表示行爲的次數（後起義）。樂府詩《西曲歌‧江陵樂》：“試作兩三～,踢場方就好。”杜甫《絕句漫興》詩：“漸老逢春能幾～?”

（四）姦邪。《詩經‧小雅‧小旻》：“謀猶～遹。”（猶:通“猷”。遹 yù:僻。）《僞古文尚書‧泰誓》：“崇信姦～。”

579.【雅】

（一）鳥名。鳥類的一屬。這個意義一般寫作“鴉”,又寫作“鵶”。

（二）正。《論語‧述而》：“子所～言,詩書執禮,皆～言也。”又《陽貨》：“惡鄭聲之亂～樂也。”《荀子‧王制》：“使夷俗邪音不敢亂～。”引申爲不庸俗。跟“俗”相對。《論衡‧自紀》：“鴻重優～。”曹丕《典論‧論文》：“蓋奏議宜～,書論宜理。”又爲尊稱他人之詞。王勃《滕王閣序》：“都督閻公之～望,棨戟遙臨。”又如說“～教”“～

誨”“~正”等。

(三)詩經中的一種體裁。《詩經》分爲風、雅、頌三種。這大約是音樂上的分類。風大多是各諸侯國的民歌;雅本是樂曲名,大多是周王朝王畿士大夫所作的樂歌;頌是廟堂祭祀的舞曲。《論語·子罕》:“~頌各得其所。”蕭統《文選序》:“故風~之道,粲然可觀。”《文心雕龍·情采》:“蓋風~之興,志思蓄積。”

(四)[~素]舊交情。《漢書·張禹傳》:“忽忘~素。”又省稱“雅”。蘇軾《答謝民師書》:“況與左右無一日之~。”

(五)副詞。很,十分,實在。楊惲《報孫會宗書》:“婦趙女也,~善鼓瑟。”又:“雖~知惲者,猶隨風而靡。”《文心雕龍·鎔裁》:“士龍思劣,而~好清省。”

580.【俗】

(一)社會習慣,社會風氣。《孟子·公孫丑上》:“其故家遺~,流風善政,猶有存者。”楊惲《報孫會宗書》:“豈習~之移人哉?”

(二)庸俗。跟“雅”相對。孔稚珪《北山移文》:“請迴~士駕,爲君謝逋客。”

581.【公】

(一)公家的(統治者的)。跟“私”相對。《詩經·豳風·七月》:“躋彼~堂。”《論語·雍也》:“非~事未嘗至於偃之室也。”又名詞。公家。《詩經·豳風·七月》:“獻豜於~。”楊惲《報孫會宗書》:“灌園治產,以給~上。”庾信《哀江南賦·序》:“~私塗炭。”引申爲公正,無私。韓愈《進學解》:“無患有司之不~。”

(二)副詞。公開地。賈誼《論積貯疏》:“殘賊~行。”[~然]無所顧忌地。杜甫《茅屋爲秋風所破歌》:“~然抱茅入竹去。”

(三)五等爵的第一等,在侯之上。《尚書·金縢》:“~將不利於孺子。"侯爵、伯爵等在一般叙述中也可以稱"公"。《左傳·莊公十年》："~將戰。"又《隱公元年》："~聞其期。"

（四）官職的最高級，在卿之上。《漢書·霍光傳》："率三~九卿大夫定萬世册，以安社稷。"引申爲對人的敬稱。《史記·淮陰侯列傳》："吾今日死，~亦隨手亡矣。"王勃《滕王閣序》："登高作賦，是所望於羣~。"

582.【私】

（一）私人的。賈誼《論積貯疏》："公~之積，猶可哀痛。"李密《陳情表》："欲苟順~情，則告訴不許。"又名詞。私事，私情。《史記·項羽本紀》："今不恤士卒而徇其~。"鄒陽《獄中上梁王書》："捐朋黨之~。"曹植《白馬篇》："不得中顧~。"

（二）副詞。偷偷地。《漢書·霍光傳》："~使乳醫淳于衍行毒，藥殺許后。"

583.【偏】

（一）不正。《尚書·洪範》："無~無頗。"引申爲偏於一方。《荀子·不苟》："公生明，~生闇。"

（二）不全。鄒陽《獄中上梁王書》："故~聽生姦，獨任成亂。"

584.【全】

（一）完備，完全，齊備。枚乘《上書諫吳王》："臣聞得~者昌，失~者亡。"又副詞。杜甫《南鄰》詩："園收芋栗未~貧。"

（二）保全。司馬遷《報任安書》："而~軀保妻子之臣隨而媒蘖其短。"楊惲《報孫會宗書》："小人~軀，説以忘罪。"揚雄《解嘲》："位極者宗危，自守者身~。"歐陽修《瀧岡阡表》："而幸~大節。"

[辨]完，全。二字是同義詞，"完人"也就是"全人"。但是，它們之間還有細微的分別："完"作"完整"講時，不能説成"全"，如杜

甫《石壕吏》詩“出入無完裙”不能説成“出入無全裙”；“全”作“齊備”“完全”講時，不能説成“完”，杜甫《寄題江外草堂》詩“幽貞愧雙全”不能説成“幽貞愧雙完”，《南鄰》詩“園收芋栗未全貧”，也不能説成“園收芋栗未完貧”。特別是在用作動詞時，“完”和“全”的意義完全不同：“完”有“修葺”的意義，《左傳·隱公元年》“大叔完聚”，《孟子·萬章上》“父母使舜完廩”，這些地方都不能用“全”；“全”有“保全”的意義，揚雄《解嘲》“自守者身全”，杜甫《述懷》詩“幾人全性命”，這些地方都不能用“完”。

585.【獨】

（一）單獨，孤獨。《禮記·大學》：“故君子必慎其~也。”鄒陽《獄中上梁王書》：“挾孤~之交。”又特指無依無靠。《尚書·洪範》：“無虐煢~而畏高明。”又特指老而無子的人。《禮記·禮運》：“矜寡孤~廢疾者皆有所養。”“獨”字用作狀語時，表示獨自。《孟子·梁惠王上》：“雖有臺池鳥獸，豈能~樂哉？”鄒陽《獄中上梁王書》：“以其能越攣拘之語，馳域外之議，~觀於昭曠之道也。”柳宗元《愚溪詩序》：“今是溪~見辱於愚。”“不獨”或“非獨”二字連用，表示不但、不僅。《禮記·禮運》：“故人不~親其親，不~子其子。”李密《陳情表》：“臣之辛苦，非~蜀之人士及二州牧伯所見明知，皇天后土，實所共鑒。”

（二）語氣副詞，表示反問。《戰國策·楚策四》：“王~不見夫蜻蛉乎？”又表示“偏偏”的意思。司馬遷《報任安書》：“身非木石，~與法吏爲伍。”

586.【特】

（一）公牛。《三國志·魏書·明帝紀》：“遣使者以~牛祠中嶽。”

(二)三歲的獸。《詩經・魏風・伐檀》:"胡瞻爾庭有縣~兮?"

(三)特別。李密《陳情表》:"詔書~下,拜臣郎中。"又:"況臣孤苦,~爲尤甚。"

(四)副詞。衹,僅,不過。司馬遷《報任安書》:"而世俗又不能與死節者次比,~以爲智窮罪極,不能自免,卒就死耳。""非特"二字連用,表示不但,不僅。《荀子・非相》:"然則人之所以爲人者,非~以二足而無毛也,以其有辨也。""豈特"二字連用,表示豈但,豈衹。蘇軾《賈誼論》:"此其君臣相得,豈~父子骨肉手足哉!"

587.【醜】

(一)難看。《後漢書・梁鴻傳》:"同縣孟氏有女,狀肥~而黑。"引申爲可恥,可羞。《詩經・小雅・十月之交》:"日有食之,亦孔之~。"(孔:很。之:語氣詞。)司馬遷《報任安書》:"行莫~於辱先。"又動詞。以爲可惡。《左傳・昭公二十八年》:"惡直~正,實繁有徒。"韓愈《送孟東野序》:"將天~其德莫之顧邪?"

(二)衆,特指戰爭的衆士卒。《詩經・小雅・出車》:"執訊獲~。"(訊:指其魁首當受訊問者。)又《大雅・常武》:"仍執~虜。"

(三)類,種類。《爾雅・釋鳥》:"梟,鴟~。"引申爲比。《禮記・學記》:"比物~類。"又爲類似。《孟子・公孫丑下》:"今天下地~德齊,莫能相尚。"

588.【陋】

狹隘,特指里巷或房屋的狹隘。《論語・雍也》:"在~巷,人不堪其憂,回也不改其樂。"引申爲僻陋,不知禮儀、不成事業或知識淺薄。《論語・子罕》:"君子居之,何~之有?"司馬遷《報任安書》:"恨私心有所不盡,鄙~没世,而文采不表於後世也。"又:"書不能悉意,略陳固~。”

589.【穢】

（一）荒蕪。《楚辭·離騷》：“哀衆芳之蕪~。”楊惲《報孫會宗書》：“田彼南山,蕪~不治。”柳宗元《永州韋使君新堂記》：“號爲~墟。”

（二）汙穢。《漢書·李尋傳》：“盪滌濁~。”“穢”又用於抽象的意義,表示醜惡。《楚辭·離騷》：“不撫壯而棄~兮,何不改乎此度?”司馬遷《報任安書》：“顧自以爲身殘處~,動而見尤。”楊惲《報孫會宗書》：“惲材朽行~。”

590.【玄】

（一）黑中帶赤。《詩經·豳風·七月》：“八月載績,載~載黃。”揚雄《解嘲》：“意者~得無尚白乎?”《宋書·謝靈運傳·論》：“夫五色相宣,八音協暢,由乎~黃律呂,各通物宜。”

（二）不顯露的。《尚書·舜典》：“~德升聞。”引申爲幽遠,深奧。《老子》一章：“~之又~,衆妙之門。”蕭統《文選序》：“式觀元始,眇覿~風。”韓愈《進學解》：“提要者必鉤其~。”又引申爲玄妙。特指道家的道理或清談。孔稚珪《北山移文》：“既文既博,亦~亦史。”《宋書·謝靈運傳·論》：“在晉中興,~風獨扇。”

591.【素】

（一）没有染色的。《詩經·召南·羔羊》：“~絲五紽。”又指没染色的生絹帛。《孟子·滕文公上》：“曰:‘冠~。’”古詩《上山采蘼蕪》：“新人工織縑,故人工織~。”《水經注·廬江水》：“飛湍林表,望若縣~。”引申爲白的。《古詩十九首》：“纖纖擢~手。”又爲樸素。賈誼《治安策》：“百姓樸~。”范縝《神滅論》：“君子保其恬~。”［~餐］無功受禄,白吃飯。《詩經·魏風·伐檀》：“不~餐兮。"楊惲《報孫會宗書》:"已負竊位~飱之責久矣。"

(二)副詞。素來,一向。鄒陽《獄中上梁王書》:"雖蒙堯舜之術,挾伊吕之辯,懷龍逢比干之意,而~無根柢之容。"司馬遷《報任安書》:"夫僕與李陵俱居門下,~非能相善也。"又:"以爲李陵~與士大夫絕甘分少。"又名詞。[有~]有很長的日子。歐陽修《瀧岡阡表》:"汝家故貧賤也,吾處之有~矣。"

(三)真情。鄒陽《獄中上梁王書》:"披心腹,見情~。"這個意義又寫作"愫"。

592.【白】

(一)白色的。《詩經·秦風·蒹葭》:"~露爲霜。"比喻純潔。《楚辭·離騷》:"伏清~以死直兮。"

(二)上奏,稟告。《漢書·霍光傳》:"光即與羣臣俱見~太后。"韓愈《柳子厚墓誌銘》:"無辭以~其大人。"柳宗元《段太尉逸事狀》:"爲~尚書,出聽我言。"在書信中,對平輩或卑輩,自謙也説"白"。韓愈《答李翊書》:"六月二十六日,愈~。"[建~]建議。《漢書·霍光傳》:"何不建~太后,更選賢而立之?"胡銓《上高宗封事》:"而乃建~。"

593.【方】

(一)兩船平行。《詩經·周南·漢廣》:"江之永矣,不可~思。"又《邶風·谷風》:"就其深矣,~之舟之。"引申爲兩車平行。"方軌"二字連用,等於説"雙軌"。《史記·淮陰侯列傳》:"今井陘之道,車不得~軌,騎不得成列。"

(二)方。跟"圓"相對。《孟子·離婁上》:"不以規矩,不能成~員。"(員:通"圓"。)引申爲正直。賈誼《弔屈原賦》:"賢聖逆曳兮,~正倒植。"[~……里]古代計算面積的術語。"方"等於説

"見方"。《孟子·梁惠王上》:"地~百里而可以王。"這是說擁有東西南北百里見方的土地,就可以王天下。《戰國策·楚策一》:"今王之地~五千里。"這是說楚國的版圖東西五千里,南北五千里。不是指五千平方里。如果地形不規則,就截長補短來計算。《孟子·滕文公上》有"今滕絶長補短,將五十里也"的説法。這是說絶長補短計算之後,滕有東西五十里,南北五十里的疆域。注意:上古"地方"連用,不可解作今日所謂"地方"。

(三)一邊或一面。《論語·子路》:"使於四~,不辱君命。"又《學而》:"有朋自遠~來。"《詩經·秦風·蒹葭》:"在水一~。"用於抽象意義時,表示道理或前進的方向。《論語·先進》:"且知~也。"

(四)方法,方式。《論語·雍也》:"可謂仁之~也已。"《文心雕龍·鎔裁》:"趨時無~。"韓愈《柳子厚墓誌銘》:"子厚與設~計。"引申爲藥方。《莊子·逍遥遊》:"請買其~百金。"[~士]據說有法術的人。白居易《長恨歌》:"遂教~士殷勤覓。"

(五)動詞。當在[……時候]。《莊子·養生主》:"~此之時,臣以神遇而不以目視。"《韓非子·難一》:"~此時也,堯安在?"又副詞。表示事情正在進行。《戰國策·燕策二》:"蚌~出曝。"楊惲《報孫會宗書》:"~耀賤販貴。"又表示快要成爲事實。枚乘《上書諫吳王》:"係~絶,又重鎮之。"

594.【夙】

(一)早晨,清晨。常以"夙夜"連用。《詩經·召南·小星》:"~夜在公。"又《衛風·氓》:"~興夜寐。"引申爲早年。李密《陳情表》:"臣以險釁,~遭閔凶。"謝靈運《山居賦》:"愧班生之~悟。"(夙悟:少年聰明。)

（二）舊時，一向。杜甫《驄馬行》："～昔傳聞思一見。"又《贈秘書監江夏李公邕》詩："～擁文侯簝。"又《昔游》詩："良覿違～願。"注意："夙昔""夙願"等又寫作"宿"。

595.【惟】

（一）思想。《詩經·大雅·生民》："載謀載～。"司馬遷《報任安書》："所以自～。"楊惲《報孫會宗書》："伏～聖主之恩不可勝量。"

（二）祇有，祇。《論語·述而》："～我與爾有是夫！"《孟子·梁惠王上》："無恆產而有恆心者，～士爲能。"白居易《長恨歌》："～將舊物表深情。"

（三）句首、句中語氣詞。表示聯繫主謂語。《尚書·禹貢》："厥土～塗泥。"《孟子·滕文公上》："周雖舊邦，其命～新。"又表示祈求。楊惲《報孫會宗書》："故敢略陳其愚，～君子察焉。"

［辨］惟，唯，維。"惟"的本義是"思"，"唯"的本義是"答應"（讀 wěi），"維"的本義是"維繫"。在本義上，三字不相通。但是在"祇"的意義上，"唯""惟"通用；在語氣詞的意義上，三者通用。

596.【霄】

日旁氣，雲氣。張衡《思玄賦》："涉清～而昇遐兮。"［～漢］雲和銀河。《水經注·廬江水》："高壁緬然，與～漢相接。"引申爲天空，高空。謝靈運《登池上樓》詩："薄～愧浮雲。"王勃《滕王閣序》："層巒聳翠，上出重～。"

597.【漢】

（一）水名。《孟子·滕文公上》："決汝～，排淮泗，而注之江。"

（二）銀河。曹丕《燕歌行》："星～西流夜未央。"《水經注·廬江水》："與霄～相接。"江淹《別賦》："駕鶴上～，驂鸞騰天。"

598.【景】

(一)日光。左思《詠史》詩:"皓天舒白日,靈~耀神州。"張載《七哀》詩:"朱光馳北陸,浮~忽西沉。"江淹《別賦》:"日出天而耀~。"[風~]原意是風和日麗的好天氣,後來發展爲雙音詞,指景物。王勃《滕王閣序》:"訪風~於崇阿。"後來單説"景"也代表"風景"。柳永《雨霖鈴》詞:"應是良辰好~虛設。"

(二)日影,影子。《詩經·邶風·二子乘舟》:"二子乘舟,汎汎其~。"《周禮·地官·大司徒》:"正日~以求地中。"枚乘《上書諫吳王》:"人性有畏其~而惡其迹者。"按:舊時這個意義仍讀 jǐng,今讀 yǐng。這個意義後來寫作"影"。

599.【曜】

(一)日光。《水經注·廬江水》:"晨光初散,則延~入石。"引申爲光芒。范仲淹《岳陽樓記》:"日星隱~。""七曜"指日月五星。《穀梁傳·序》:"七~爲之盈縮。"

(二)照。左思《詠史》詩:"連璽~前庭。"這個意義又寫作"耀""燿"。

[辨]曜,耀,燿。三字同音同義。但在習慣上,在用於"日光"的意義時,祇用"曜"字。

600.【都】

(一)大邑。《左傳·隱公元年》:"~城過百雉,國之害也。"引申爲國都,都城。賈誼《弔屈原賦》:"何必懷此~也?"杜甫《北征》詩:"~人望翠華。"用作動詞,表示建都。揚雄《解嘲》:"天下已定,金革已平,~於洛陽。"(金:指武器。革:指甲。連用指戰爭,戰事。)

(二)雅,大方。《詩經·鄭風·有女同車》:"彼美孟姜,洵美且~。”(洵 xún:誠然。)

(三)總。曹丕《與吳質書》:“頃撰其遺文,~爲一集。”蕭統《文選序》:“遠自周室,迄于聖代,~爲三十卷。”

(四)副詞。放在否定詞之前,加強否定語氣。“~無”略等於現代的“並無”,“~不”略等於現代的“並不”。《世說新語·政事》:“於是用木屑覆之,~無所妨。”又《雅量》:“〔王〕夷甫~無言。”又《賞譽》:“此子神情~不關山水而能作文。”注意:這種用法是中古的口語,不可解作現代的意義。又表示“全都”。范縝《神滅論》:“生形之謝,便應豁然~盡。”杜甫《喜雨》詩:“農事~已休。”

601.【邑】

(一)國。在《左傳》裏,稱別人的國爲“大國”,自稱爲“敝~”。《左傳·隱公四年》:“君惠徼福於敝~之社稷。”

(二)國都。《詩經·商頌·殷武》:“商~翼翼,四方之極。”《左傳·隱公十一年》:“吾先君新~於此。”(新邑的邑,用如動詞。)

(三)政治區域之一種。古代以有宗廟者爲都,無宗廟者爲邑。《左傳·隱公元年》:“大叔又收貳以爲己~。”蘇洵《六國論》:“小則獲~,大則得城。”

602.【鄙】

(一)邊邑。《左傳·隱公元年》:“既而大叔命西~北~貳於己。”用如動詞,當作邊邑。《左傳·僖公三十年》:“越國以~遠,君知其難也。”

(二)鄙陋。《左傳·莊公十年》:“肉食者~。”引申爲自謙之詞。王勃《滕王閣序》:“敢竭~誠。”[~夫][~人](1)郊野之人。《論語·子罕》:“有~夫問於我。”《荀子·非相》:“楚之孫叔敖,期

思之～人也。”（期思：楚邑。）（2）鄙陋的人，胸襟狹隘的人。《孟
子·萬章下》：“～夫寬。”王褒《四子講德論》：“～人黯淺，不能究
識。”（黯 yǎn：不明。）後代以“～人”爲對自己的謙稱。

603.【邊】

（一）邊疆。賈誼《論積貯疏》：“卒然～境有急。”曹植《白馬
篇》詩：“～城多警急。”

（二）旁邊，邊緣。杜甫《登高》詩：“無～落木蕭蕭下，不盡長江
滾滾來。”

604.【塞】

（一）讀 sài。邊界上的險要地方。李陵《答蘇武書》：“涼秋九
月，～外草衰。”《漢書·李廣蘇建傳》：“使陵將五校兵隨後行
至～。”高適《燕歌行》：“大漠窮秋～草衰。”

（二）讀 sè。舊讀入聲。堵塞，塞住。韓愈《送李愿歸盤谷
序》：“從者～途。”柳宗元《段太尉逸事狀》：“副元帥勳～天地。”曾
鞏《戰國策目録序》：“仁義之路～。”［～責］（1）脫卸自己的責任。
《史記·項羽本紀》：“〔趙高〕欲以法誅將軍以～責。”（將軍：指章
邯。）又爲抵償過失。楊惲《報孫會宗書》：“自以夷滅不足以～責。”
（2）盡自己的責任。《韓詩外傳》卷十：“今母没矣，請～責。”注意：
古代的“塞責”和現代所謂“塞責”不同。現代所謂“塞責”是敷衍
了事的意思。

605.【殷】

（一）衆，盛。《詩經·鄭風·溱洧》：“士與女，～其盈矣。”引申
爲富。《史記·文帝本紀》：“是以海内～富，興於禮義。”《洛陽伽藍
記·開善寺》：“百姓～阜，年登俗樂。”

（二）［～～］憂愁的樣子。《詩經·邶風·北門》：“出自北門，

憂心～～。""殷憂"二字連用,表示嚴重的憂患。劉琨《勸進表》:"或多難以固邦國,或～憂以啟聖明。"

（三）[～勤]情意很重的樣子。鄒陽《獄中上梁王書》:"仁慈之～勤,誠加於心。"司馬遷《報任安書》:"未嘗銜杯酒,接～勤之餘歡。"楊惲《報孫會宗書》:"蒙賜書教督以所不及,～勤甚厚。"白居易《長恨歌》:"遂教方士～勤覓。"這個意義有時候又寫作"慇懃"。有時候,單用一個"殷"字,也表示情意重。《舊唐書·樂志》:"慕深視篋,情～撫鏡。"

（四）讀 yān。紅中帶黑。《左傳·成公二年》:"左輪朱～。"李華《弔古戰場文》:"荼毒生靈,萬里朱～。"杜甫《觀曹將軍霸畫馬圖》詩:"内府～紅馬腦盤。"

606.【周】

（一）環繞。《左傳·成公二年》:"逐之,三～華不注。"杜牧《阿房宮賦》:"瓦縫參差,多於～身之帛縷。"引申爲循環,回到原來的地方。《漢書·禮樂志》:"～而復始。"又爲徧及,周徧。《周易·繫辭下》:"知～乎萬物。"（知 zhì:智,知識。）顧祖禹《讀史方輿紀要序》:"遠而～知天下之故。"今有雙音詞"～到"。

（二）嚴密,嚴實。《左傳·昭公四年》:"夫冰……其藏之也～。"引申爲周密。《文心雕龍·鎔裁》:"若情～而不繁,辭運而不濫。"

（三）結合,親密。《論語·爲政》:"君子～而不比,小人比而不～。"（周:指以"義"結合。比:指以"利"結合。）"比～"連用,指結黨營私。鄒陽《獄中上梁王書》:"義不苟取比～於朝。"

（四）救濟,周濟。《論語·雍也》:"君子～急不繼富。"這個意義後來寫作"賙"。

607.【胡】

（一）獸頸下垂的肉。《詩經・豳風・狼跋》："狼跋其~。"
（跋：踩。舊説老狼有胡。）

（二）壽。衹用於"~考""~耇"。[~考]長壽。《詩經・周
頌・絲衣》："~考之休。"（休：福。）[~耇]老壽的人。《左傳・僖公
二十二年》："雖及~耇，獲則取之。"

（三）匈奴。賈誼《過秦論》上："~人不敢南下而牧馬。"高適
《燕歌行》："~騎憑陵雜風雨。"引申爲匈奴人。司馬遷《報任安
書》："橫挑强~。"《後漢書・班超傳》："侍~惶恐。"再引申爲泛指
外族。《洛陽伽藍記・白馬寺》："~人號曰佛。"

（四）疑問代詞。《詩經・鄭風・風雨》："云~不喜？"又《魏
風・伐檀》："~取禾三百廛兮？"

608.【虜】

（一）俘獲。《史記・淮陰侯列傳》："於是漢兵夾擊，大破~趙
軍。"引申爲被俘獲的人，奴隸。古代俘虜常被用爲奴隸，所以"奴"
與"虜"是同義詞。《史記・項羽本紀》："多奴~使之。"

（二）對敵人的賤稱。司馬遷《報任安書》："~救死扶傷不給。"
《漢書・李廣蘇建傳》："陵居谷中，~在山上。"《後漢書・班超傳》：
"此必有北~使來。"李白《子夜吳歌》："何日平胡~，良人罷遠征？"

609.【戎】

（一）兵器。《禮記・月令》："乃教於田獵，以習五~。"（五戎：
指弓、殳、矛、戈、戟。）引申爲執兵器的人，士兵。《周易》同人卦：
"伏~於莽。"（莽：草木叢雜之地。）又爲軍事。《論語・子路》："善
人教民七年，亦可以即~矣。"杜甫《遣憤》詩："自從收帝里，誰復
總~機？"[~行]軍隊。《左傳・成公二年》："下臣不幸，屬當~

行。"杜甫《新婚別》詩："努力事~行。"引申爲戰爭。《僞古文尚書·説命中》："惟甲胄起~。"[~馬]兵馬。司馬遷《報任安書》："深踐~馬之地。"又指戰爭,戰亂。杜甫《登岳陽樓》詩："~馬關山北,憑軒涕四流。"

(二)西方種族名。鄒陽《獄中上梁王書》："是以秦用~人由余而霸中國。"

610.【倡】

(一)讀 chāng,陰平聲。以歌舞演戲爲業的人。司馬遷《報任安書》："~優畜之。"又《霍光傳》："擊鼓歌吹作俳~。"注意:在上古時代,"倡"並不是娼妓,也不限於女人。後世變爲娼妓的意義,並且改寫爲"娼"。

(二)讀 chàng,去聲。領唱。《詩經·鄭風·蘀兮》："~予和女。"《禮記·樂記》："一~而三歎。"現代有雙音詞"提倡"。按:領唱的倡又寫作"唱"。後來"唱"字由領唱的意義發展爲一般的唱。

611.【優】

(一)扮演雜戲的人。《左傳·襄公二十八年》："士皆釋甲束馬而飲酒,且觀~。"司馬遷《報任安書》："倡~畜之。"陸游《黄州》詩："遷流還歎學齊~。"

(二)優渥,雨水充沛。《詩經·小雅·信南山》："既~既渥。"引申爲充足。《國語·周語上》："布施~裕。"又爲深厚(指君恩,友誼)。李密《陳情表》："寵命~渥。"

(三)[~游]聯緜字。閒暇自得的樣子。《詩經·大雅·卷阿》："~游爾休矣。"蘇軾《賈誼論》："~游浸漬而深交之。"又《喜雨亭記》："雖欲~游以樂於此亭,其可得耶?"

(四)優勝,優良。跟"劣"相對。《文心雕龍·麗辭》："反對爲~,正對爲劣。"韓愈《進學解》:"絶類離倫,~入聖域。"

612.【伎】

(一)技藝,才能。《尚書·泰誓》:"無他~。"司馬遷《報任安書》:"使得奏薄~。"這個意義又寫作"技"。

(二)女樂,歌女。《唐書·元載傳》:"歌者名姝異~。"《洛陽伽藍記·開善寺》:"~女樓上坐而摘食。"這個意義又寫作"妓"。《洛陽伽藍記·開善寺》:"~女三百人,盡皆國色。"

613.【皁】(皂)

(一)古代一種賤役。《左傳·昭公七年》:"士臣~,~臣輿,輿臣隸。"後代有雙音詞"皁隸"。

(二)馬槽,槽。鄒陽《獄中上梁王書》:"使不羈之士與牛驥同~。"

(三)黑色。《晉書·天文志》:"此復是天公憒憒,無~白之徵也。"

614.【宦】

(一)當貴族的僕隸。《左傳·宣公二年》:"~三年矣。"引申爲做官,官。李密《陳情表》:"本圖~達,不矜名節。"杜審言《和晉陵陸丞早春遊望》詩:"獨有~遊人,偏驚物候新。"李商隱《蟬》詩:"薄~梗猶汎。"

(二)宦官,太監。司馬遷《報任安書》:"夫中材之人,事有關於~豎,莫不傷氣。"

615.【豎】

(一)豎立。《後漢書·靈帝紀》:"槐樹自拔倒~。"

(二)童役,家僮。《莊子·山木》:"命~子殺鴈而烹之。"《史記·魏其武安侯列傳》:"譬如賈~女子爭言,何其無大體也!"引申爲内豎,宫中小臣。司馬遷《報任安書》:"事有關於宦~。"後來"内豎"即指宦官。

616.【臧】

(一)好,良好。《詩經·鄘風·定之方中》:"卜云其吉,終焉允~。"(允:實在。)又《鄭風·野有蔓草》:"邂逅相遇,與子偕~。"又《小雅·頍弁》:"既見君子,庶幾有~。"[~否(pǐ)]指善惡得失。《詩經·大雅·抑》:"未知~否。"後來用爲動詞,指褒貶。《晉書·阮籍傳》:"口不~否人物。"

(二)婢之夫。《莊子·駢拇》:"~與穀二人相與牧羊。"(穀:孩子。)[~獲]舊説,婢之夫爲臧,奴之妻爲獲。"臧獲"二字連用是駡奴婢的賤稱。司馬遷《報任安書》:"且夫~獲婢妾,猶能引決。"

617.【獲】

(一)獵得〔禽獸〕。《孟子·滕文公下》:"終日而不~一禽。"司馬相如《子虛賦》:"烏有先生問曰:'今日畋,樂乎?'子虛曰:'樂。''~多乎?'曰:'少。'"引申爲戰爭中虜獲敵人。《左傳·文公九年》:"陳人敗之,~公子筏。"又《僖公三十三年》:"~百里孟明視、西乞術、白乙丙以歸。"又引申爲得。《墨子·天志下》:"不與其勞,~其實。"楊惲《報孫會宗書》:"遭遇時變,以~爵位。"

(二)奴之妻。《墨子·大取》:"慮臧之利,非慮~之利也。"[臧~]例見"臧"字條。

618.【禄】

(一)天的賞賜,食福。《詩經·大雅·既醉》:"天被爾~。"《左傳·莊公四年》:"王~盡矣。"(禄盡:指將死。)

(二)俸禄。指官吏所受的粟。《論語·爲政》:"子張學干~。"司馬遷《報任安書》:"取尊官厚~。"楊惲《報孫會宗書》:"惲幸有餘~。"揚雄《解嘲》:"分人之~。""不禄"連用,指士人的死。《禮記・曲禮下》:"士曰不~。"

[辨]福,禄。"福"是一般的福,"禄"是食福。依上古的説法,二者都是天所賜的,但是稍有不同。"福禄"二字連用時,並不意味着它們完全同義,而是表示既有福,又有禄。到了後代,"福"往往指富,"禄"往往指貴,所謂"福禄壽",就是"富貴壽考"。

619.【位】

官吏在朝廷上所站的位置。《禮記・坊記》:"朝廷有~。"引申爲泛指坐位或站位。《論語・憲問》:"吾見其居於~也。"又爲官職。《論語・泰伯》:"不在其~,不謀其政。"鄒陽《獄中上梁王書》:"脅於~勢之貴。"楊惲《報孫會宗書》:"遭遇時變,以獲爵~。"又:"~在列卿,爵爲通侯。"左思《詠史》詩:"世胄躡高~,英俊沈下僚。"

620.【產】

(一)生,出生。《孟子・滕文公上》:"陳良,楚~也。"《周禮・大宗伯》:"以禮樂合天地之化,百物之~。"現代有雙音詞"生~"。

(二)財産,産業。《孟子・梁惠王上》:"無恒~而有恒心者,惟士爲能。"賈誼《論積貯疏》:"天下財~,何得不蹙?"楊惲《報孫會宗書》:"灌園治~,以給公上。"

621.【業】

事。司馬遷《報任安書》:"故絶賓客之知,忘室家之~。"引申爲事業,功業。《周易・乾・文言》:"君子進德修~。"司馬遷《報任安書》:"僕賴先人緒~。"左思《詠史》詩:"金張藉舊~。"又爲職業。杜甫《赴奉先縣詠懷》詩:"默思失~徒,因念遠戍卒。"又爲學業。韓愈《進學解》:"先生之~可謂勤矣。"柳宗元《答韋中立論師道書》：“僕道不篤，~甚淺近。”

622.【貨】

（一）財物，物資。《孟子·梁惠王下》：“寡人好~。”《禮記·禮運》：“~惡其棄於地也，不必藏於己。”司馬遷《報任安書》：“家貧，~賂不足以自贖。”《洛陽伽藍記·開善寺》：“常謂高陽一人寶~多於融。”引申爲貨物。《周易·繫辭下》：“聚天下之~，交易而退。”《史記·平準書》：“商賈以幣之變，多積~逐利。”

（二）貨幣，錢。《漢書·食貨志》：“故~寶於金，利於刀，流於泉。”

（三）賄賂，用財物買通別人。《孟子·公孫丑下》：“無處而餽之，是~之也。”柳宗元《段太尉逸事狀》：“以~竄名軍伍中。”

623.【賂】

（一）財物。常以“貨賂”二字連用。《荀子·富國》：“貨~將甚厚。”司馬遷《報任安書》：“家貧，貨~不足以自贖。”

（二）贈送〔禮物〕。《左傳·桓公二年》：“以郜大鼎~公。”引申爲奉送。《荀子·富國》：“割國之錙銖而~之，則割定而欲無猒。”（錙銖：比喻少量的土地。猒：厭，滿足。）蘇洵《六國論》：“弊在~秦。”按：上古的“賂”還不就是今天所謂“賄賂”。“賂”在上古既指正當地贈送，也指非正當地贈送。今天所謂“賄賂”，在上古叫“賕”。《漢書·刑法志》：“吏坐受~枉法。”“賂”由贈送的意義引申爲賄賂（後起義）。《後漢書·馮緄傳》：“緄性烈直，不行賄~。”

624.【資】

（一）錢財。《周易》旅卦：“懷其~。”現代有雙音詞“~本”“~產”“~財”“~金”等。引申爲動詞。以錢財供應人。《戰國策·秦策四》：“王~臣萬金。”又爲供給。李斯《諫逐客書》：“今逐客以~

敵國,損民以益讎。”

（二）憑藉。《老子》二十七章：“善人者不善人之師,不善人者善人之～。”《孝經·士章》：“～于事父以事君。”《文心雕龍·情采》：“犀兕有皮,而色～丹漆。”

（三）天性,資質。作用。《史記·商君列傳》：“商君其天～刻薄人也。”《漢書·霍光傳》：“其～性端正如此。”鄒陽《獄中上梁王書》：“何況因萬乘之權,假聖王之～乎?”又:“是使布衣之士不得爲枯木朽株之～也。”後代有成語“天～”“～質”等。

（四）資格（後起義）。《晉書·郄愔傳》：“愔自以～望少。”（望:名望。）

625.【財】

（一）財物,錢財。《韓非子·説難》：“暮而果大亡其～。”《孟子·梁惠王上》：“我非愛其～而易之以羊也。”司馬遷《報任安書》：“臨～廉。”

（二）副詞。僅僅。《漢書·霍光傳》：“長～七尺三寸。”這個意義又寫作“才”“材”“纔”。

626.【賄】

（一）財物。《詩經·衛風·氓》：“以爾車來,以我～遷。”《左傳·隱公十一年》：“凡而器用財～無實於許。”

（二）贈送〔禮物〕。《左傳·昭公五年》：“出有贈～。”《儀禮·聘禮》：“～用束紡。”引申爲賄賂（後起義）。韓愈《永貞行》：“公然白日受～賂。”

[辨]貨,賂,資,財,賄。這五個字是同義詞。如果仔細加以區別,則金玉爲“貨”,布帛爲“賄”;“資”字多指錢財,“財”則多指日常生活必需品,包括米粟在内。“賂”和“賄”之間差別更微,衹是

"賂"字較多用作動詞，"賄"字較多用作名詞罷了。

627.【性】

人一生下來就具有的本質，本能。《論語・陽貨》："～相近也，習相遠也。"《莊子・馬蹄》："素樸而民～得矣。"枚乘《上書諫吳王》："父子之道，天～也。"引申爲事物的本性，特點。《莊子・馬蹄》："此馬之真～也。"又："夫埴木之～豈欲中規矩鉤繩哉？"杜甫《赴奉先縣詠懷》詩："葵藿傾太陽，物～固莫奪。"

628.【情】

感情，情感，情緒。《禮記・禮運》："何謂人～？喜怒哀樂愛惡欲七者，不學而能。"楊惲《報孫會宗書》："夫人～所不能止者，聖人弗禁。"李密《陳情表》："臣不勝犬馬怖懼之～。"引申爲事物的本性。《孟子・滕文公上》："夫物之不齊，物之～也。"又爲情態，姿態。盧照鄰《長安古意》詩："含嬌含態～非一。"又爲愛情。白居易《長恨歌》："惟將舊物表深～。"

[辨]性，情。"性"是自然的精神狀態，"情"是衝動，所以它們不是同義詞。但當它們引申爲事物本性的意義時，卻又變爲同義詞；所以"物之情"等於說"物之性"。

629.【聲】

(一)聲音。《孟子・梁惠王上》："聞其～不忍食其肉。"《荀子・勸學》："干越夷貉之子，生而同～，長而異俗。"引申爲樂歌，歌曲。《論語・陽貨》："子之武城，聞弦歌之～。"又："惡鄭～之亂雅樂也。"楊惲《報孫會宗書》："家本秦也，能爲秦～。"

(二)名譽。《詩經・大雅・文王有聲》："文王有～。"司馬遷《報任安書》："此人皆身至王侯將相，～聞鄰國。"《文心雕龍・情采》："鬻～釣世。"《宋書・謝靈運傳・論》："顏謝騰～。"韓愈《柳子厚墓誌銘》：“名~大振。”

　　[辨]聲,音。二者是同義詞。《禮記·樂記》説：“聲成文,謂之音。”這是就音樂而言。其實在音樂上“聲”和“音”常常相通。如《左傳》有“五聲”,《孟子》則稱“五音”。又《孟子·梁惠王下》“鐘鼓之聲”和“管籥之音”對舉。可見二者區別不太嚴格。在其他引申義上,“聲”和“音”區別較顯著。“聲”指名譽,如“聲譽”“聲威”；“音”指語言,如“德音”“徽音”(徽:美)。這是不能互換的。另外,在樂歌這種意義上,一般祇用“聲”,不用“音”。

　　630.【響】

　　(一)回聲。賈誼《過秦論》上：“天下雲集~應。”《史記·淮陰侯列傳》：“西鄉爲百姓請命,則天下風起~應矣。”引申爲和聲,比喻文學上或道德上的繼承　《宋書·謝靈運傳·論》：“絶唱高蹤,久無嗣~。”又：“綴平臺之逸~。”[影~]原義是影子和回聲。《僞古文尚書·大禹謨》：“惠迪吉,從逆凶,惟影~。”(順道就吉,從逆就凶,好像是影之隨形,響之應聲。惠:順。迪:道。)引申爲現代的“影響”。

　　(二)聲音。《宋書·謝靈運傳·論》：“若前有浮聲,則後須切~。”駱賓王《獄中詠蟬》詩：“風多~易沈。”又動詞。發出聲音。吳均《與顧章書》：“蟬吟鶴唳,水~猿嘯。”

　　631.【拳】

　　(一)動詞。握拳。《漢書·鉤弋倢伃傳》：“女兩手皆~。”引申爲曲。《莊子·人間世》：“夫仰而視其細枝,則~曲不可以爲棟梁。”又爲拳。《晉書·劉伶傳》：“雞肋不足以安尊~。”

　　(二)[~~]忠誠的樣子。司馬遷《報任安書》：“~~之忠,終不能自列。”

632.【腳】

小腿。《莊子・徐无鬼》："乳閒股~。"鄒陽《獄中上梁王書》："昔司馬喜臏~於宋,卒相中山。"司馬遷《報任安書》:"孫子臏~,兵法修列。"引申爲腳(後起義)。杜甫《乾元中寓居同谷縣作》詩:"手~凍皴皮肉死。"(皴 jūn:皮凍裂。)

633.【端】

(一)端正,正直。《孟子・離婁下》:"夫尹公之他,~人也。"《漢書・霍光傳》:"其資性~正如此。"

(二)事物的兩頭都叫端。《論語・子罕》:"我叩其兩~而竭焉。"(叩:問。竭:指竭盡所知而回答來問的人。)《史記・魏其武安侯列傳》:"何爲首鼠兩~?"引申爲盡頭。《莊子・秋水》:"不見水~。"《水經注・廬江水》:"水出嶺~。"曹植《白馬篇》:"棄身鋒刃~。"又爲開頭,開始。《孟子・公孫丑上》:"惻隱之心,仁之~也。"司馬遷《報任安書》:"愛施者,仁之~也。"又爲頭緒,方面。《淮南子・精神》:"反覆終始,不知其~緒。"《漢書・東方朔傳》:"朔恢達多~,不名一行。"

(三)量詞。布帛單位,各説不同:或云兩丈,或云一丈六尺,或云六丈。"一端"大致等於説"一匹"。《晉書・王導傳》:"庫中惟有練數千~。"(練 shū:麻布之一種。)

634.【緒】

(一)絲的頭緒。《易林・兑之坎》:"絲多~亂,端不可得。"引申爲頭緒。《文心雕龍・鎔裁》:"凡思~初發,辭采苦雜。"

(二)事業。《詩經・魯頌・閟宮》:"纘禹之~。"(纘:繼承。)司馬遷《報任安書》:"僕賴先人~業。"韓愈《進學解》:"尋墜~之茫茫。"

（三）餘，殘餘。《楚辭·九章·涉江》：“欸秋冬之～風。”（欸
ǎi：欺。）[～論] 發而未盡的言論。顧祖禹《讀史方輿紀要·總敘》：
“集百代之成言，考諸家之～論。”後代把概括説明全書大意，説明
寫作目的文字叫“緒論”或“緒言”。

635.【節】

（一）竹節，木節。左思《吳都賦》：“竹則苞筍抽～。”（苞筍：冬
筍。）《後漢書·虞詡傳》：“不遇槃根錯～，何以別利器乎？”（槃：同
“盤”。）

（二）節制。《論語·學而》：“不以禮～之，亦不可行也。”引申爲
節省。《左傳·成公十八年》：“～器用。”《論語·學而》：“～用而愛人。”
又爲制約。《宋書·謝靈運傳·論》：“欲使宮羽相變，低昂互～。”

（三）在倫理上或道義上應守的原則。《論語·微子》：“長幼
之～不可廢也。”賈誼《論積貯疏》：“倉廩實而知禮～。”司馬遷《報任
安書》：“而世俗又不能與死～者比。”李密《陳情表》：“不矜名～。”

（四）古代用來作憑證的東西。一般用竹、木、玉、銅、角等，刻
上文字，分成兩半，雙方各執一半。歷代形制不一。《孟子·離婁
下》：“若合符～。”又特指使節，即出使外國所持的憑證。《漢書·
張騫傳》：“騫持漢～不失。”又《蘇武傳》：“杖漢～牧羊。”現代雙音
詞“使～”（派到外國的使者），由此發展而來。

（五）太陽初達某一個星次的時間。《漢書·天文志》：“凡十
二次，日至其初爲～。”引申爲時節，節日。謝靈運《登池上樓》詩：
“衾枕昧～候。”盧照鄰《長安古意》詩：“～物風光不相待。”

（六）樂器之一種，起表示拍子的作用。左思《蜀都賦》：“巴姬
彈弦，漢女擊～。”引申爲節拍，節奏。韓愈《送孟東野序》：“其～數
以急。”

636.【度】

(一)讀 duò,去聲。量長短。《孟子·梁惠王上》:"~,然後知長短。"枚乘《上書諫吳王》:"寸寸而~之,至丈必過。"

(二)讀 duó。揣度,計算,推測。《左傳·隱公十一年》:"山有木,工則~之。"《史記·項羽本紀》:"~我至軍中,公乃入。"又《陳涉世家》:"~已失期。"柳宗元《答韋中立論師道書》:"~今天下不吠者幾人。"

(三)讀 dù。量長短的標準。《論語·堯曰》:"謹權量,審法~。"《禮記·月令》:"同~量,鈞衡石。"引申爲限度,尺度。賈誼《論積貯疏》:"生之有時,而用之亡~。"楊惲《報孫會宗書》:"誠荒淫無~,不知其不可也。"《文心雕龍·鎔裁》:"脩短有~。"又爲法制,法度。《左傳·隱公元年》:"今京不~,非制也。"韓愈《柳子厚墓誌銘》:"爲文詞者悉有法~可觀。"

(四)讀 dù。風度,度量。《漢書·高帝紀》:"常有大~。"

(五)讀 dù。過,渡過。《漢書·賈誼傳》:"是猶~江河亡維楫。"《後漢書·光武紀》:"~水逃去。"《木蘭辭》:"關山~若飛。"李白《蜀道難》詩:"猿猱欲~愁攀援。"後代於渡水這個意義寫作"渡"。

古漢語通論

(二十一)古代文化常識(丙)

姓名,禮俗,宗法

姓名

上古有姓有氏。姓是一種族號,氏是姓的分支。不少古姓如姜姬姚嬴姒等都加女旁,這暗示先民曾經經歷過母權社會。後來

　　由於子孫繁衍，一族分爲若干分支散居各地，每支有一個特殊的稱號作爲標誌，這就是氏。例如舊説商人的祖先是子姓，後來分爲殷、時、來、宋、空同等氏。這樣，姓就成了舊有的族號，氏就成了後起的族號了。《通鑑外紀》説："姓者統其祖考之所自出，氏者别其子孫之所自分。"可見姓和氏是既有區别又有聯繫的。

　　周代的姓氏制度和封建制度、宗法制度有密切聯繫。貴族有姓氏，一般平民没有姓氏。貴族中女子稱姓，男子稱氏，這是因爲氏是用來"明貴賤"的，姓是用來"别婚姻"的，二者的作用不同。

　　周王室及其同姓封國如魯晉鄭衛虞虢吴燕等國都是姬姓；異姓封國如齊是姜姓，秦是嬴姓，楚是芈（mǐ）姓，宋是子姓，越是姒姓，等等。上古同姓不婚，貴族婦女的姓比名更爲重要，待嫁的女子如果要加以區别，則在姓上冠以孟（伯）仲叔季，表示排行。例如：

　　　　孟姜　　　伯姬　　　仲子　　　叔姬　　　季芈

出嫁以後如果要加以區别，就採用下列幾種方法：

　　1.在姓上冠以所自出的國名或氏。例如：

　　　　齊姜　　　晉姬　　　秦嬴　　　陳嬀　　　國姜（國，氏。）

　　2.嫁給别國的國君，在姓上冠以配偶受封的國名。例如：

　　　　秦姬　　　芮姜　　　息嬀　　　江芈

　　3.嫁給别國的卿大夫，在姓上冠以配偶的氏或邑名。例如：

　　　　趙姬（趙衰妻）　　　　孔姬（孔圉妻）

　　　　秦姬（秦遄妻）　　　　棠姜（棠公妻；棠，邑名。）

　　4.死後在姓上冠以配偶或本人的謚號①。例如：

　　　　武姜（鄭武公妻）　　　昭姬（齊昭公妻）

　　　　共姬（宋共公妻）　　　敬嬴（魯文公妃）

---

① 　謚號，下文就要講到。

　　文姜(魯桓公妻)　　　齊歸(魯昭公母)

氏的情況比較複雜。諸侯以受封的國名爲氏①。例如:

　　鄭捷(鄭文公)　　　蔡甲午(蔡莊公)

　　齊環(齊靈公)　　　宋王臣(宋成公)

卿大夫及其後裔則以受封的邑名爲氏。例如:

　　　屈完　　知罃　　羊舌赤　　解狐

或以所居的地名爲氏。例如:

　　　東門襄仲　　北郭佐　　南宮敬叔　　百里孟明視

或以官名爲氏。例如:

　　　卜偃　　祝鮀　　司馬牛　　樂正克

古人還有以祖先的字或諡號爲氏的。例如:

　　　孔丘(宋公孫嘉之後,嘉字孔父)

　　　仲孫閱(魯公子慶父之後,慶父字仲)

　　　叔孫得臣(魯公子牙之後,牙字叔)

　　　季孫肥(魯公子友之後,友字季)

　　　莊辛(楚莊王之後)

此外還有以技爲氏的,如巫陶甄等。

　　關於姓氏,有幾點須要提出來説一説:

　　第一,上古稱呼婦女可以在姓下加"氏"字。例如武姜被稱爲姜氏,敬嬴被稱爲嬴氏,驪姬被稱爲姬氏,等等。

　　第二,在某些情況下,族和氏是同義詞。《春秋·成公十四年》:"叔孫僑如如齊逆女。"《左傳》説:"稱族,尊君命也。"《春秋》在下文説:"僑如以夫人婦姜氏至自齊。"《左傳》説:"舍族,尊夫人也。"這裏所謂稱族,舍族,指的是稱叔孫,不稱叔孫,可見族就是

————————

① 此從舊説。顧炎武《亭林文集》卷一《原姓》篇認爲國君無氏,不稱氏,稱國。

氏。《戰國策·秦策》:"昔者曾子處費,費人有與曾子同名族者而殺人",這裏的族也就是氏的意思。

第三,戰國以後,人們以氏爲姓,姓氏逐漸合而爲一,漢代則通謂之姓[①],並且自天子以至於庶人就都能有姓了。

第四,後世有非漢族的複姓。例如長孫、万俟、宇文、慕容、賀蘭、獨孤、拓跋、尉遲、呼延、秃髮、乞伏、僕固、歌舒,等等。

古人有名有字。舊説上古嬰兒出生三月後由父親命名。男子二十歲成人舉行冠禮(結髮加冠)時取字,女子十五歲許嫁舉行笄禮(結髮加笄)時取字。名和字有意義上的聯繫。例如屈原,名平,字原。(《爾雅·釋地》:"廣平曰原。")又如顏回,字子淵。(《説文》:"淵,回水也。"回是旋轉的意思。)有的名和字是同義詞,例如宰予,字子我;樊須,字子遲。(須和遲都有待的意思。)有的名和字是反義詞,例如曾點,字皙。(《説文》:"點,小黑也。"引申爲汙的意思。又:"皙,人色白也。")有時候我們看不出名和字的聯繫,這主要是因爲語義變遷的緣故。

周代貴族男子字的前面加伯仲叔季表示排行,字的後面加"父"或"甫"字表示性別,這樣構成男子字的全稱。例如:

　　　　伯禽父　　　仲山甫　　　仲尼父　　　叔興父

有時候省去"父"(甫)字,例如:

　　　　伯禽　　　仲尼　　　叔向　　　季路

有時候省去排行,例如:

　　　　禽父　　　尼父　　　羽父

有時候以排行爲字,例如管夷吾字仲,范雎字叔,魯公子友字季,不

---

① 參看顧炎武《日知録》卷二十三。錢大昕《十駕齋養新録》卷十二"姓氏"條則認爲"蓋三代以前,姓與氏分;漢魏以後,姓與氏合"。

過這種情況比較少見。

　　周代貴族女子字的前面加姓,姓的前面加孟(伯)仲叔季表示排行,字的後面加"母"或"女"字表示性別,這樣構成女子字的全稱。例如孟妊車母①、中姞義母②,等等。有時候省去"母"字,例如季姬牙③;有時候省去排行,例如姬原母④;有時候單稱"某母"或"某女",例如壽母⑤、帛女⑥。但是最常見的是在姓上冠以排行,例如孟姜、叔姬、季芈,等等(見前)。

　　春秋時男子取字最普通的方式是在字的前面加上"子"字,這是因爲"子"是男子的尊稱。例如:

　　　子產(公孫僑)　　　子犯(狐偃)　　　子胥(伍員)

　　　子淵(顏回)　　　　子有(冉求)　　　子夏(卜商)

　　　子我(宰予)　　　　子貢(端木賜)

這個"子"字常常省去,直接稱顏淵、冉有、宰我,等等。

　　附帶説一説,古人名字連着説的時候,通常是先稱字,後稱名⑦。例如孟明(字)視(名)、孔父(字)嘉(名)、叔梁(字)紇(名),等等。

　　古人尊對卑稱名,卑自稱也稱名;對平輩或尊輩則稱字⑧。試

---

①　見《鑄公簠》。

②　見《仲姞匜》,中即仲字。

③　見《魯大宰原父盤》。

④　見《應侯簠》。

⑤　見《魯生鼎》。

⑥　見《帛女鬲》。

⑦　漢代以後,也可以名在前,字在後。例如《漢書》卷七十二有唐林(名)子高(字)、唐尊(名)伯高(字);又王安石《遊褒禪山記》有蕭君圭(名)君玉(字)等,參看本册第1032頁。

⑧　稱字不是最尊敬的方式,最尊敬的方式是不稱名也不稱字。例如孔子,在《論語》二十篇中祇有《子張》篇稱孔子爲仲尼。

以《論語》爲例。孔子自稱爲丘，這是謙稱。孔子對弟子稱名，
例如：

　　　　求，爾何如？（論語·先進）

　　　　赤，爾何如？（同上）

弟子自稱也稱名，例如：

　　　　由也爲之，比及三年，……（論語·先進）

　　　　求也爲之，比及三年，……（同上）

弟子當着老師稱呼其他弟子也稱名，例如：

　　　　夫子何哂由也？（論語·先進）

記録《論語》的人對孔門弟子一般都稱字，例如：

　　　　顔淵、季路侍。（論語·公冶長）

　　　　子路、曾晳、冉有、公西華侍坐。（論語·先進）

祇有對曾子稱子不稱字，對有若也有一次稱子不稱字，所以有人推
想《論語》是曾子和有若的門人所記的。直到後代稱名、稱字基本
上還是依照這個標準。

　　後人通常用兩個字爲字，例如諸葛亮字孔明、陸機字士衡、鮑
照字明遠，等等。除名和字外，還有別號（別字）。別號和名不一定
有意義上的聯繫。這大致可以分爲兩類：第一類是三個字以上的
別號，例如葛洪自號抱朴子，陶潛自號五柳先生，蘇軾自號東坡居
士；第二類是兩個字的別號，例如王安石字介甫，別號半山，陸游字
務觀，別號放翁。兩個字的別號和字在應用上沒有什麼顯著的區
別，甚至不大稱字，反而以稱號爲常（如陸放翁）。三個字以上的別
號有時候也可以壓縮爲兩個字，例如蘇東坡。

　　後來有人以爲稱字稱號還不够尊敬，於是稱官爵，稱地望（出
生地或住地），例如杜甫被稱爲杜工部，王安石被稱爲王臨川。

　　此外，唐代詩文還常常見到以排行相稱，或以排行和官職連

稱,例如白居易被稱爲白二十二,李紳被稱爲李二十侍郎。唐代女子也有被稱爲廿幾娘的。這種排行是按照同曾祖兄弟的長幼次序來排算的,並不是同父所生的兄弟排行,這是值得注意的。

　　古代帝王、諸侯、卿大夫、高官大臣等死後,朝廷根據他們的生平行爲給予一種稱號以褒貶善惡,稱爲諡或諡號。據説諡號是死者生前事迹和品德的概括,其實,這往往是虛僞的,不符合事實的。但是一個人有了諡,就等於在名字之外又多了一個別名了。

　　諡法是給予諡號的標準。諡號是固定的一些字,這些字被賦予特定的含義,用來指稱死者的美德、惡德等。諡號大致可以分爲三類:

　　1.表揚的,例如:

　　　經緯天地曰文　　布義行剛曰景　　威強叡德曰武
　　　柔質慈民曰惠　　聖聞周達曰昭　　聖善聞周曰宣
　　　行義悦民曰元　　安民立政曰成　　布綱治紀曰平
　　　照臨四方曰明　　辟土服遠曰桓　　聰明睿知曰獻
　　　温柔好樂曰康　　布德執義曰穆

　　2.批評的,例如:

　　　亂而不損曰靈①　　好内遠禮曰煬　　殺戮無辜曰厲

　　3.同情的,例如:

　　　恭仁短折曰哀　　在國遭憂曰愍　　慈仁短折曰懷

上古諡號多用一個字,也有用兩三個字的,例如:

　　　周平王　　　　鄭武公　　　　齊桓公　　　秦穆公
　　　魏安釐王　　　趙孝成王　　　貞惠文子

---

① "靈"是無道昏君的諡號,所謂"亂而不損",衹是帶着隱諱的説法。晉靈公不君,所以諡爲靈公。

後世諡號除皇帝外，大多用兩個字，例如：

　　　　宣成侯（霍光）　　　忠武侯（諸葛亮）　　　文忠公（歐陽修）
　　　　武穆王（岳飛）

此外還有私諡，這是有名望的學者死後其親友門人所加的諡號。例如東漢時陳寔死後，海內赴弔者三萬餘人，諡爲文範先生；晉代陶淵明死後，顏延年爲他作誄，諡爲靖節徵士；宋代張載死後，門人諡爲明誠夫子。

　　封建皇帝在諡號前面還有廟號。從漢代起，每個朝代的第一個皇帝一般稱爲太祖、高祖或世祖，以後的嗣君則稱爲太宗、世宗等等①。舉例來説，漢高祖的全號是太祖高皇帝，漢文帝的全號是太宗孝文皇帝②，漢武帝的全號是世宗孝武皇帝，魏文帝的全號是世祖文皇帝，隋文帝的全號是高祖文皇帝，等等。

　　從唐代起，皇帝還有尊號，這是生前奉上的③。例如唐玄宗開元二十七年（公元739年）受尊號爲開元聖文神武皇帝，宋太祖乾德元年（公元963年）受尊號爲應天廣運仁聖文武至德皇帝。尊號可以上好幾次，都是尊崇褒美之詞，實際上是阿諛奉承④。也有死後上尊號的，例如唐高宗死後，到天寶十三載（公元754年）上尊號爲神堯大聖大光孝皇帝。這種死後所加的尊號也可以説是諡號，這樣，諡號的字數就加多了。唐以前對歿世的皇帝簡稱諡號（如漢武帝、隋煬帝），不稱廟號；唐以後由於諡號加長，不便稱呼，所以改

---

①　嗣君也有稱世祖、太祖的，這有別的原因，這裏沒有必要敘述。又，漢代不是每個皇帝都有廟號的，要“有功”“有德”的纔被稱爲“祖”“宗”。南北朝時稱“宗”已濫，到唐代就無帝不“宗”了。

②　漢惠帝以後一律加一個“孝”字，算是諡號的一部分。

③　尊號起於唐武后中宗之世。見司馬光《司馬文正集》二十六，《請不受尊號劄子》。

④　帝后也有尊號，後來稱爲徽號。例如清代同治尊自己的生母那拉氏爲聖母皇太后，上徽號曰慈禧。徽號可以每逢慶典累加，所以那拉氏的徽號積累有慈禧等十六個字。

稱廟號（如唐玄宗、宋太祖）。

年號，是封建皇帝紀年的名號。年號是從漢武帝開始有的，漢武帝即位的一年（公元前 140 年）稱爲建元元年，第二年稱爲建元二年，等等。新君即位必須改變年號，稱爲“改元”。同一皇帝在位時也可以改元，例如漢武帝曾經改元爲元光、元朔、元狩、元鼎、元封、太初、天漢、太始、征和等①。明清兩代的皇帝基本上不改元，因此有可能用年號來稱謂皇帝，例如明世宗被稱爲嘉靖皇帝，清高宗被稱爲乾隆皇帝，等等。

最後簡單地談談避諱的問題。

所謂避諱就是不直稱君主或尊長的名字，凡遇到和君主尊長的名字相同的字面，則用改字、缺筆等辦法來迴避，其結果往往造成語文上的若干混亂。試舉一些例子：

漢高祖名邦，“邦”改爲“國”。《論語·微子》“何必去父母之邦”，漢石經殘碑作“何必去父母之國”。

漢文帝名恒，“恒”改爲“常”。恒山被改爲常山。

唐太宗名世民，“世”改爲“代”或改爲“系”，“民”改爲“人”。“三世”稱爲“三代”，《世本》改稱《系本》，柳宗元《捕蛇者説》把“民風”寫成“人風”。

唐高宗名治，“治”改爲“理”，或改爲“持”或“化”。韓愈《送李愿歸盤谷序》把“治亂不知”寫成“理亂不知”，李賢把《後漢書·曹褒傳》“治慶氏禮”改成“持慶氏禮”，把《後漢書·王符傳》“治國之日舒以長”改成“化國之日舒以長”。

清聖祖（康熙）名玄燁，“玄”改爲“元”，“燁”改爲“煜”。我們讀清人著作或清刻的古書時應該注意，許多地方本來應該是玄字

_____

① 有人説征和當作延和，形近而誤。

的,如玄鳥、玄武、玄黄等,都寫成了元。

以上是避君諱的例子。此外,文人還避家諱。例如:

淮南王安的父親名長,"長"改爲"脩"。《老子》"長短相形",《淮南子·齊俗訓》引改爲"短脩相形"。

蘇軾的祖父名序,蘇洵文章改"序"作"引",蘇軾爲人作序又改用"敍"字。

上古不諱嫌名。所謂嫌名是指和君主或尊長的名字音同或音近似的字。例如漢和帝名肇,"肇""兆"同音,由於不諱嫌名,所以不改變"京兆"字。三國以後漸漸避嫌名了,隋文帝的父親名忠,因爲"忠""中"同音,所以連帶避"中"字,"中"改爲"内",官名"中書"改爲"内史",就是諱嫌名的例子。

由於避諱,甚至改變別人的名或姓。漢文帝名恒,春秋時的田恒被改稱田常;漢景帝名啟,微子啟被改稱微子開;漢武帝名徹,蒯徹被改稱蒯通;漢明帝名莊,莊助被改稱嚴助。劉知幾著《史通》,後人因避唐玄宗李隆基諱(基幾同音),改爲劉子玄所著(子玄是劉知幾的字)。到了清代,爲了避清聖祖諱,又恢復劉知幾著,但是當提到劉子玄的時候,則改稱劉子元。地名官名等也有不少由於避諱而改變的,這裏不一一舉例了。

以上説的是避諱改字。至於避諱缺筆,則是到唐代纔有的。例如避唐太宗李世民諱,"世"字作"卅";避宋真宗趙恒諱,"恒"字作"㤚";避清世宗諱,"胤"字作"胤";避清宣宗諱,"寧"字作"寍";避孔子諱,"丘"字作"丘",等等。

禮俗

禮俗是社會的上層建築,它是和社會的經濟基礎相適應的。奴隸社會有奴隸社會的禮俗,封建社會有封建社會的禮俗。在古代社會中，統治階級所提倡的禮俗是維護統治階級利益的，在今天看來，許多不合理的繁瑣的禮俗和吃人的禮教，在當時都是爲了鞏固統治階級的統治的。在這個題目下，我們不能全面敘述上古的禮俗，祇能談談幾個重要的方面。

（1）階級、階層

堯舜禪讓的傳説與原始公社制的階段相符合；夏禹不傳賢而傳子，可以認爲原始公社制的瓦解。夏代是否已經達到奴隸制，還不得而知。至於殷代，可以確實斷定是奴隸社會了。

依照古代史的研究者的一般結論，最初所謂“衆”“奚”“僕”“臣”“妾”都是奴隸。臣是男奴隸，妾是女奴隸。周初的社會還存在着大量的奴隸，周天子常常拿奴隸賞賜給他的大臣。奴隸有在室內勞動的，但是他們的主要勞動還是農業生產。有人説《詩經·周頌·噫嘻》説的“亦服爾耕，十千維耦”指的就是兩萬奴隸在那裏耕田。《尚書·牧誓》説到“臣妾逋逃”是指的奴隸逃亡。

周代的奴隸還可以像牛馬一樣在市場上販賣。《周禮·地官·質人》：“質人掌成市之貨賄人民牛馬兵器珍異。”鄭玄注：“人民，奴婢也。”販賣成交後，要訂立合同。這種合同叫做“質劑”。依鄭玄説：人民牛馬的合同叫“質”，兵器珍異的合同叫“劑”。

奴隸還可以被當做牲畜來屠殺，這表現在上古的殉葬制度上。《墨子·節葬下》：“天子殺殉，衆者數百，寡者數十；將軍大夫殺殉，衆者數十，寡者數人。”在殷代，這話完全合乎事實。到了周代，雖然此風稍衰（這不是由於仁慈，而是由於人力可貴），但是在某些國度仍然是盛行的。例如秦國，據《史記·秦本紀》所載，秦武公葬時，從死者六十六人，秦穆公葬時，從死者一百七十七人（包括《詩經·秦風·黃鳥》所悼念的三良在內）。又據《史記·秦始皇本紀》

所載,秦始皇葬時,秦二世令後宮(妃嬪等)無子者一律"從死","死者甚衆"。而且把工匠都關閉在陵墓裏。古代統治階級的這種淫威,至今還令人髮指。

奴隸和奴隸主是兩個相對抗的階級。商代的奴隸主是貴族,總稱爲"百姓"①,商王是貴族最高的代表,自稱爲"余一人"②。《論語·堯曰》引《尚書·泰誓》的話説:"百姓有過,在予一人。"可見周初還這樣稱呼。後來百姓成爲民的同義詞。民在古代又稱爲黎民,秦國則稱爲黔首。

商代王位的繼承是兄終弟及,無弟然後傳子。周代王位由嫡長子世襲,餘子分封爲諸侯(也有異姓功臣封爲諸侯的)。諸侯的君位也由嫡長子繼承,餘子分封爲卿大夫。諸侯受封國於天子,卿大夫受采邑於諸侯。卿大夫下面是士(大體是大夫的宗族),士受禄田於卿大夫。周天子有天下,諸侯有國,卿大夫有家。家是卿大夫統治的區域,擔任家的官職的通常是士,稱爲家臣。孔子的學生冉有季路就擔任過季康子的家臣。

《左傳·昭公七年》説:"王臣公,公臣大夫,大夫臣士。"這樣,形成統治階級内部的各級階層。春秋以前士是武士,有義務"執干戈以衞社稷";春秋以後士是文士,士逐漸成了統治階級知識分子的通稱。

士的下面是庶人,又稱庶民。西周時庶人雖然還是用來封賜的對象,但是庶人的身份比奴隸爲高,以後庶人就逐漸成爲個體農民了。《荀子·王制》説:"君者,舟也;庶人者,水也。水則載舟,水則覆舟。"可見庶人的向背直接關係到上層統治階級的安危。

---

① 百姓,金文寫作"百生"。後來周人稱商的貴族爲"殷多士"。
② "余一人"見於甲骨文,古書上寫作"予一人"。

君子小人也是兩個相對立的概念。最初君子是貴族統治階級的通稱,小人是被統治階級的通稱,後來以所謂有德無德來區別君子和小人。統治階級的階級偏見影響到詞義的發展。

(2)冠禮

據近人研究,氏族社會的男女青年到達成熟期後必須參加"成丁禮"纔能成爲氏族公社的正式成員,纔能享受應有的權利和履行應盡的義務。周代的冠禮(加冠儀式)就是由這種"成丁禮"變化來的。

周代貴族男子二十歲時由父親在宗廟裏主持冠禮。行禮前先筮日(選定加冠的日期)、筮賓(選定加冠的來賓)。行禮時由來賓加冠三次:先加緇布冠,表示從此有治人的特權;次加皮弁,表示從此要服兵役;最後加爵弁,表示從此有權參加祭祀①。來賓敬酒後,去見母親,又由來賓取"字",然後去見兄弟姑姊,最後戴禮帽穿禮服帶禮品去見國君卿大夫和鄉先生。主人向來賓敬酒贈禮品後,禮成。

貴族男子二十歲結髮加冠後可以娶妻,貴族女子十五歲許嫁時舉行笄禮後結髮加笄。所謂結髮,就是在頭頂上盤成髮髻(區別於童年的髮式),表示年屆"成人",可以結婚了。《文選》卷二十九蘇武詩説"結髮爲夫妻,恩愛兩不疑",可見這種風俗流傳很久。

(3)婚姻

春秋時代,諸侯娶一國之女爲妻(嫡夫人),女方以姪(兄弟之女)娣(妹妹)隨嫁,此外還有兩個和女方同姓的國家送女兒陪嫁,亦各以姪娣相從,這統稱爲"媵"。嫡夫人是正妻,媵是非正妻。媵

---

① 緇布冠是用黑麻布做的冠,皮弁是用白鹿皮做的,爵弁是赤黑色的平頂帽子,是祭祀時戴的。

的地位和妾不同。妾被認爲是賤妾，是嬖人，而媵的身份還是比較尊貴的。戰國時代就沒有媵的制度了。

古代女子出嫁曰"歸"。《說文》說："歸，女嫁也。"《詩經·周南·桃夭》："之子于歸，宜其室家。"可見出嫁的女子以男家爲家。《白虎通·嫁娶》說："嫁者，家也。"可見"嫁"字本身就意味着"有家"。《白虎通·嫁娶》又說："娶者，取也。"《說文》也說："娶，取婦也。"《周易》和《詩經》就寫成"取"，這表示男子把別家的女兒取到自己家裏來。男尊女卑的風俗，由嫁娶兩字就可以證明。嫁對於女子來說是被動的，古代祇說"嫁女"或"嫁妹"，不說"嫁夫"，可見嫁的權操在父兄之手。娶，對於男子來說是主動的，所以古代常說"娶妻""娶婦"（婦就是妻）。

《詩經》兩次歌詠"娶妻如之何，匪媒不得"①。媒在古代婚姻中的作用非常大，多少青年男女的命運掌握在媒人的手裏。

古代的婚姻，據說要經過六道手續，叫做六禮：第一是納采，男家向女家送一點小禮物（一隻雁），表示求親的意思；第二是問名，男家問清楚女子的姓氏，以便回家占卜吉凶；第三是納吉，在祖廟卜得吉兆以後，到女家報喜，在問名納吉時當然也要送禮；第四是納徵，這等於宣告訂婚，所以要送比較重的聘禮，即致送幣帛；第五是請期，這是擇定完婚吉日，向女家徵求同意；第六是親迎，也就是迎親。

六禮之中，納徵和親迎最爲重要。《詩經·大雅·大明》"文定厥祥，親迎於渭"，舊說是周文王卜得吉兆納徵訂婚後，親迎太姒於渭濱。後世以"文定"作爲訂婚的代稱。《禮記·昏義》談到親迎後

---

① 見《齊風·南山》《豳風·伐柯》。後者少一個"之"字。

新郎新娘"共牢而食,合卺而酳"①,後世夫婦成婚稱爲"合卺"就是從這裏來的。

以上所説的六禮當然衹是爲貴族士大夫規定的,一般庶民對這六禮往往精簡合併。

(4)喪葬

人將死時叫做"屬纊"(禮記·喪大記)。屬是放置的意思,纊是新絮。新絮很輕。據説古人把新絮放在臨終的人的口鼻上,試看是否斷氣。這不一定成爲風俗,至多也衹是個別地方的風俗罷了,但是"屬纊"卻成爲臨終的代稱。

古人初死,生人要上屋面向北方爲死者招魂,這叫做"復",意思是招唤死者的靈魂回復到身體。復而不醒,然後辦理喪事。

古人死後,要給他沐浴。這在《禮記·喪大記》裏有記載。這個風俗持續到後世。《晉書·王祥傳》記載王祥將死戒其子曰:"氣絶但洗手足,不須沐浴。"可見一般人死後是要沐浴的。

死後有"斂"(殮)的儀式。有小斂,有大斂。小斂是給屍體裹上衣衾,越是貴族,衣衾越多。大斂則是把屍體裝進棺材。斂時死人口裏須飯含,所以《戰國策·趙策》講到"鄒魯之臣,生則不得事養,死則不得飯含"②。

入殮後,停喪待葬叫做"殯"。《論語·鄉黨》:"朋友死,無所歸,曰:於我殯。"孔子的意思是説:"就在我家裏停柩吧!"《左傳·僖公三十二年》:"冬,晉文公卒。庚辰,將殯於曲沃。"這是説把晉

---

① 以一瓠分爲兩瓢謂之卺(jǐn),新郎新娘各執一瓢而酳(yìn,用酒漱口),稱爲合卺。後代合卺變爲交杯,新郎新娘换杯對飲(衹做個樣子)。

② 參看第一册第122頁。飯是把米放在死者口裏。"含"又寫作"琀",是把玉放在死者口裏。

文公的靈柩送到曲沃停喪，還不是葬。據《春秋》《左傳》，次年四月纔葬晉文公的。後世所謂出殯是把靈柩送到埋葬的地方去。

貴族出葬時還有許多排場，這裏没有必要敘述。

送葬的規矩是白衣執紼。紼是拉柩車的繩子。執紼的原意是親友們幫助拉車，實際上祇有形式。後來出殯，在送殯人的行列的兩旁拉兩根帶子，那就是執紼的遺制。

挽歌據説最初是挽柩的人唱的。古樂府相和曲中的《薤露》《蒿里》都是挽歌，陶淵明有《挽歌》詩三首，後世的挽聯（輓聯）就是從挽歌演變來的。

下面説到葬。

上文説過，殷代奴隸主有人殉的制度。後世知道人力可貴，改以"俑"來代替。俑是人偶，有木俑、土俑。後來孔子還反對用俑，孟子説（《孟子·梁惠王上》）："仲尼曰：'始作俑者，其無後乎！'爲其象人而用之也。"

從殷代到戰國，統治階級還把生前使用的車馬帶到墓裏去。其他隨葬的物品是多方面的，包括青銅製的飲食器兵器樂器等，玉製骨製的裝飾品以及其他什物。越是貴族，隨葬品就越多越精美。也有一些專爲隨葬而作的"明器"（伴葬的器物）。漢代日常生活中的東西被仿製成陶土模型隨葬，明器的象徵性就更加明顯了。

上古貴族統治階級的墓裏大多有槨（椁），槨是外棺，主要是用來保護棺材的，有的竟有三四重之多。《論語·先進》説，孔子的兒子孔鯉死後，"有棺而無椁"，可見槨不是一般人所能具備的。

以上所説的祇是貴族士大夫的喪葬，至於庶人的喪葬，那完全是另一回事。即使是最節儉的喪葬，對於"匹夫賤人"來説，已經是"殆竭家室"。庶人死了至多祇能"槀葬"（草草安葬），如果遇着饑荒的年頭，就衹好餓死以填溝壑了。

《禮記·檀弓上》説："古也墓而不墳。"根據現代田野考古工作報告，我們知道殷代和西周的墓都還没有墳堆，後來在墓上築起墳堆，主要是作爲墓的標誌，其次是爲了增加盗墓的困難。

先秦文獻有合葬的記載。例如《詩經·王風·大車》説："死則同穴。"《禮記·檀弓上》記載孔子將其父母合葬於防。現代田野考古發現一座戰國墓中有一槨兩棺的結構，考古工作者認爲，夫婦合葬的普遍流行是西漢中葉以後的事。《孔雀東南飛》説："兩家求合葬，合葬華山傍，東西植松柏，左右植梧桐。"仲長統《昌言》説："古之葬者，松柏梧桐以識墳也。"這風俗也流傳很久。

關於喪服，留到下文"宗法"裏討論。

宗法

宗法是以家族爲中心、根據血統遠近區分嫡庶親疏的一種等級制度。這種制度鞏固了統治階級的世襲統治，在封建社會中長期被保存下來，爲封建制度服務。下面把有關中國古代宗法制度的一些主要的知識分四方面加以敘述。

（1）族、昭、穆

族，表示親屬關係。《尚書·堯典》："克明俊德，以親九族。"依舊説，九族指的是高祖、曾祖、祖、父、自己、子、孫、曾孫、玄孫①，這是同姓的族。九族之外，有所謂三族。三族有三説：（甲）父子孫爲三族；（乙）父母、兄弟、妻子爲三族；（丙）父族、母族、妻族爲三族。

古代一人"犯罪"，常常牽連到親屬也被殺戮。《史記·秦本紀》載，秦文公二十年（公元前746年）"法初有三族之罪"，依張晏

---

① 　九族還有別的説法，這裏不討論。

説，這裏的三族指父母、兄弟、妻子①。《史記·魏其武安侯列傳》：
"使武安侯在者，族矣！"②族是族誅的意思。後世所謂誅九族，包括
從高祖到玄孫的直系親屬，以及旁系親屬中的兄弟、堂兄弟等，這
是專制時代最慘無人道的刑法。

　　周代貴族把始祖以下的同族男子逐代先後相承地分爲"昭"
"穆"兩輩，這是周代宗法和後世不同的一點。試從大王（古公亶
父）算起，大王的下一代是大伯、虞仲和王季，這是昭輩；王季既屬
昭輩，則王季的下一代文王、虢仲和虢叔就是穆輩。以後各代依此
類推，文王的下一代是武王，又是昭輩；武王的下一代是成王，又是
穆輩。由此可見周代貴族用昭穆字樣來區別父子兩代，隔代的字
輩相同。這種昭穆的分別，也體現在宗廟、墓冢和祭祀上，始祖居
中，昭的位次在左，穆的位次在右。了解到這一點，就會知道《左
傳·僖公五年》所説的"大伯虞仲，大王之昭也"，"虢仲虢叔，王季
之穆也"③，不過是説大伯虞仲是大王的下一代，虢仲虢叔是王季的
下一代。《左傳·定公四年》説："曹，文之昭也；晉，武之穆也。"曹
晉都是姬姓封國，這是説曹國的祖先是文王的兒子，晉國的祖先是
武王的兒子。

　　（2）大宗、小宗

　　古代宗法上有大宗、小宗的分別。嫡長子孫這一系是大宗，其
餘的子孫是小宗。周天子自稱是上帝的長子，其王位由嫡長子世
襲，這是天下的大宗；餘子分封爲諸侯，對天子來説是小宗。諸侯
的君位也由嫡長子世襲，在本國是大宗；餘子分封爲卿大夫，對諸

———————

① 　如淳認爲指父族、母族、妻族。
② 　參看本册第 732 頁。
③ 　參看第一册第 17 頁。

侯來説是小宗。卿大夫在本族是大宗;餘子爲士,對卿大夫來説是小宗。士和庶人的關係也是這樣。

在宗法上,大宗比小宗爲尊,嫡長子比其餘諸子爲尊。嫡長子被認爲是繼承始祖的,稱爲宗子。衹有宗子纔有主祭始祖的特權,纔能繼承特別多的財産,應該受到小宗的尊敬。《禮記·大傳》説:"尊祖故敬宗;敬宗,尊祖之義也。"這樣,嫡長子的地位就顯得特別高貴,對其餘諸子來説,在家族上是以兄統弟,在政治上是以君統臣,這就抑止了統治階層的内訌,鞏固了貴族的世襲統治,所以歷代的封建統治階級都努力保存宗法制度。

(3)親屬

中國宗法的特點是:(甲)親屬關係拉得遠;(乙)親屬名稱分得細,特別是先生後生要有不同的名稱,如兄弟姊妹等。

父之父爲祖,古稱王父;父之母爲祖母,古稱王母。祖之父母爲曾祖父、曾祖母;曾祖之父母爲高祖父、高祖母。

子之子爲孫,孫之子爲曾孫,曾孫之子爲玄孫,玄孫之子爲來孫,來孫之子爲晜(昆)孫,晜孫之子爲仍孫,仍孫之子爲雲孫。

父之兄爲世父(伯父),父之弟爲叔父,簡稱爲伯叔。世父叔父之妻稱爲世母(伯母)叔母(後來稱爲嬸)。伯叔之子(堂兄弟)稱爲從父晜弟,又稱爲從兄弟,這是同祖父的兄弟。父之姊妹爲姑。

父之伯叔稱爲從祖祖父(伯祖父、叔祖父),其妻稱爲從祖祖母(伯祖母、叔祖母),其子稱爲從祖父,俗稱堂伯、堂叔,這是同曾祖的伯叔,其妻稱爲從祖母(堂伯母、堂叔母),堂伯叔之子稱爲從祖晜弟,又稱爲再從兄弟(從堂兄弟),這是同曾祖的兄弟。

祖父的伯叔是族曾祖父,稱爲族曾王父;其妻是族曾祖母,稱爲族曾王母。族曾祖父之子是族祖父,稱爲族祖王父。族祖父之子爲族父。族父之子爲族兄弟，這是同高祖的兄弟。

兄之妻爲嫂，弟之妻爲弟婦。兄弟之子爲從子，又稱爲姪；兄弟之女爲從女，後來又稱姪女。《爾雅·釋親》："女子謂晜弟之子爲姪。"《儀禮·喪服傳》："謂吾姑者，吾謂之姪。"可見上古姑姪對稱。兄弟之孫爲從孫。

姊妹之子爲甥，後來又稱外甥。女之夫爲女壻或子壻①，後來省稱爲壻。

父之姊妹之子女稱爲中表（表兄、表弟、表姊、表妹），中表是晉代以後纔有的稱呼。

母之父爲外祖父，古稱外王父，母之母爲外祖母，古稱外王母，外祖父之父母爲外曾王父與外曾王母。母之兄弟爲舅，母之姊妹爲從母，母之從兄弟爲從舅。母之兄弟姊妹之子女爲從母兄弟與從母姊妹，後來也稱爲中表。

妻又稱爲婦。妻之父爲外舅（岳父），妻之母爲外姑（岳母）。妻之姊妹爲姨。

夫又稱爲壻。夫之父爲舅，又稱爲嫜。夫之母爲姑。連稱爲舅姑或姑嫜。夫之妹爲小姑（中古以後的稱呼）。夫之弟婦爲娣婦，夫之嫂爲姒婦，簡稱爲娣姒，又叫妯娌。

婦之父母與壻之父母相謂爲婚姻，分開來說，則婦之父爲婚，壻之父爲姻。兩壻相謂爲婭，後代俗稱爲連襟（襟兄、襟弟）。

在重視宗法的封建社會裏，講究父慈，子孝，兄友，弟恭，要求婦女講究婦道。實際上，統治階級自己並不遵守這些道德。弒父、殺兄等事，史不絕書。

嫡庶之分，在中國宗法社會裏也是非常嚴格的。正妻稱爲嫡

---

① 壻的本義是夫，女壻是女之夫。子在上古兼指兒子和女兒，子壻也是指女之夫。

妻,嫡妻之子爲嫡子。妾之子稱爲庶子。這是一種區別。長子爲
嫡子,非長子爲衆子,這又是一種區別。當然,所謂長子爲嫡子,也
必須是正妻之子。嫡庶之分,關係到承襲制度。《公羊傳·隱公元
年》:"立嫡以長不以賢,立子以貴不以長。"根據這個原則,正妻所
生的長子纔合乎承襲的資格,妾媵所生的子即使年長,如果正妻有
子,仍應由正妻的子承襲。這樣做法,據説可以不引起爭端。但是
由於爭奪利益,統治階級殺嫡立庶的事情也是史不絕書的。

(4)喪服

喪服是居喪的衣服制度。由於生者和死者親屬關係有親疏遠
近的不同,喪服和居喪的期限也各有不同。喪服分爲五個等級,叫
做五服。五服的名稱是斬衰、齊衰、大功、小功、緦麻。下面根據
《儀禮·喪服》所記,分別加以敘述。

斬衰(縗)是五服中最重的一種。凡喪服上衣叫衰(披在胸
前),下衣叫裳。衰是用最粗的生麻布做的,衣旁和下邊不縫邊,所
以叫做斬衰,斬就是不縫緝的意思。子爲父、父爲長子都是斬衰①,
妻妾爲夫、未嫁的女子爲父,除服斬衰外還有喪髻,這叫"髽(zhuā)
衰"。斬衰都是三年喪(實際上是兩周年)。

齊衰次於斬衰,這是用熟麻布做的。因爲縫邊整齊,所以叫做
齊衰。《儀禮·喪服》載齊衰分爲四等:(甲)齊衰三年,這是父卒爲
母、母爲長子的喪服;(乙)齊衰一年,用杖(喪禮中所執的),這叫
"杖期(jī)",這是父在爲母、夫爲妻的喪服;(丙)齊衰一年,不用
杖,這叫"不杖期",這是男子爲伯叔父母、爲兄弟的喪服,已嫁的女
子爲父母,媳婦爲舅姑(公婆),孫和孫女爲祖父母也是不杖期;
(丁)齊衰三月,這是爲曾祖父母的喪服。

---

① 諸侯爲天子、臣爲君也是斬衰。

　　大功次於齊衰,這是用熟麻布做的,比齊衰精細些。功,指織布的工作。大功是九個月的喪服,男子爲出嫁的姊妹和姑母、爲堂兄弟和未嫁的堂姊妹都是大功,女子爲丈夫的祖父母伯叔父母、爲自己的兄弟也是大功。

　　小功又次於大功,小功服比大功服更精細,是五個月的喪服。男子爲從祖祖父(伯祖父、叔祖父)、從祖祖母(伯祖母、叔祖母)、從祖父(堂伯、堂叔)、從祖母(堂伯母、堂叔母)、從祖昆弟(再從兄弟)、從父姊妹(堂姊妹)、外祖父母都是小功,女子爲丈夫的姑母姊妹,爲娣婦姒婦也是小功。

　　緦麻是五服中最輕的一種,比小功服更精細,喪期是三個月。男子爲族曾祖父、族曾祖母、族祖父、族祖母、族父、族母、族兄弟,爲外孫(女之子)、外甥、壻、妻之父母、舅父等都是緦麻。

　　以上是禮經上所記的一套喪服制度。這套制度在當時雖然不見得全部實行,後世的喪服喪期雖然也有所改變,但是從中我們可以看到以下三點:

　　第一,在喪期中可以看出重男輕女的情況。妻爲夫居喪三年,夫爲妻服喪祇有期年。明代以前,如果父親還在,兒子爲母親居喪也祇是齊衰而不是斬衰。

　　第二,在喪服中又可以看出嫡庶的分別甚嚴。庶子爲嫡母服喪三年(明代以後,庶子爲自己的母親也服喪三年),但是嫡子不爲庶母服喪,後來改爲期年喪。長子長孫在服喪中很重要。在喪制中有所謂"承重孫",就是由於嫡長子已死,應由嫡長子的兒子承擔喪祭(和宗廟)的重任。又有所謂"承重曾孫",承重孫或承重曾孫在訃聞(訃告)中名字是列第一位的。

　　第三,在喪服中明顯地表現了血統親疏的等級。因此,習慣上以五服以内爲親,五服以外爲疏。《爾雅・釋親》:"族父之子相謂爲族晜弟,族晜弟之子相謂爲親同姓。"注:"同姓之親無服屬。"這就是説,族兄或族弟的兒子相互間已經没有喪服的關係,祇有同姓的關係了。

　　古人講到親戚關係時,常常用喪服來表示親疏遠近。例如李密《陳情表》:"外無朞功强近之親,内無應門五尺之僮。"①又如杜甫《遣興》:"共指親戚大,緦麻百夫行。"在這種情況下,朞功緦麻並不指的是喪服,而指的是親戚了。

（二十二）古代文化常識（丁）
宮室,車馬,飲食,衣飾,什物

宮室

《爾雅・釋宮》:"宮謂之室,室謂之宮。"宮和室是同義詞。區別開來説,宮是總名,指整所房子,外面有圍牆包着,室祇是其中的一個居住單位②。

　　上古時代,宮指一般的房屋住宅,無貴賤之分。所以《孟子・滕文公上》説:"且許子何不爲陶冶,舍皆取諸其宮中而用之?"③秦漢以後,祇有王者所居纔稱爲宮。

　　古代宮室一般向南。主要建築物的内部空間分爲堂、室、房。前部分是堂,通常是行吉凶大禮的地方,不住人。堂的後面是室,住人。室的東西兩側是東房和西房。整幢房子是建築在一個高出

---

① 　參看本册第 906 頁。
② 　上古宗廟也稱宮室,這裏不討論。
③ 　參看第一册第 301 頁。

地面的臺基上的,所以堂前有階。要進入堂屋必須昇(升)階,所以古人常説"升堂"。《論語·先進》:"由也升堂矣,未入於室也。"

　　上古堂前没有門,堂上東西有兩根楹柱。堂東西兩壁的牆叫序,堂内靠近序的地方也就稱爲東序、西序。堂後有牆和室房隔開,室和房各有户和堂相通。古書上所説的户通常指室的户。東房後部有階通往後庭。

　　室户偏東。户西相應的位置有一個窗口叫牖。《論語·雍也》説:"伯牛有疾,子問之,自牖執其手。"室還有一個朝北的窗口叫向。《説文》説:"向,北出牖也。"《詩經·豳風·七月》説:"塞向墐户。"①

　　古人席地而坐。堂上的坐位以室的户牖之間朝南的方向爲尊,所以古書上常説"南面"。室内的坐位則以朝東的方向爲尊。《史記·項羽本記》説:"項王、項伯東嚮坐。"又《魏其武安侯列傳》説,田蚡"嘗召客飲,坐其兄蓋侯南鄉,自坐東鄉,以爲漢相尊,不可以兄故私橈"②,可見漢代還是這種習俗。

　　漢代文獻上常常提到閣和廂,這是堂的東西兩側和堂毗連平行的房子,和後世閣廂的概念不盡相同。上文説,堂東西有牆叫序。序外東西各有一個小夾室,叫東夾、西夾,這就是閣③。東夾、西夾前面的空間叫東堂、西堂,這就是廂。閣和廂有户相通,廂前也有階。樂府詩《雞鳴》:"鳴聲何啾啾,聞我殿東廂。"東廂就是東堂,殿就是前面所説的堂屋。《説文》説:"堂,殿也。"秦漢以前叫堂不叫殿,漢代雖叫殿,但不限於帝王受朝理事的處所,後來殿才專

①　參看第二册第 488 頁。
②　參看本册第 719 頁。
③　漢代閣又指小門。

用於宮廷和廟宇裏的主要建築。

　　以上所説的大致可以代表上古宮室主體建築的基本法式。當然，從帝王宮殿到小康之家，宮室的豐儉崇卑是各不相同的，歷代宮室制度也有變化發展，這裏不能一一敍述。

　　漢代帝王宮殿和將相之家還有廊廡。《史記·魏其武安侯列傳》説，孝景帝拜竇嬰爲大將軍，賜金千斤，竇嬰把所賜金“陳之廊廡下”。顏師古説：“廊，堂下周屋也。”《説文》説：“廡，堂下周屋。”廊廡似乎沒有多少分別①。一般人家大約是沒有廊廡的。

　　臺榭觀闕都是統治者的建築。臺高而平，便於瞭望。榭是臺上的木構建築，特點是衹有楹柱沒有牆壁。觀是宗廟或宮廷大門外兩旁的高建築物，兩觀之間有一個豁口，所以叫做闕。漢宮中有白虎觀，這種觀卻是獨立的建築物，至於道教的廟宇叫觀，更是後起的意義了。

　　附帶説一説，先秦文獻很少看見樓字。《孟子·告子下》“方寸之木，可使高於岑樓”，趙岐注：“岑樓，山之鋭嶺者。”據此則不是樓房的樓。《説文》：“樓，重屋也。”又：“層，重屋也。”《考工記》上也講到“殷人重屋”，重屋指的是複屋（棟上加棟），而複屋是不可以住人的（段玉裁説）。《荀子·賦》：“志愛公利，重樓疏堂。”可見戰國晚期已經出現了樓房。但是窮人的房子形成鮮明的對比。他們的住房是篳門圭竇，甕牖繩樞。

　　我國建築有悠久的歷史。古代勞動人民和匠師們在不斷地改進建築材料和建築技術。根據田野考古報告，我們知道殷代一般住房是在地面上挖一個地穴，穴周加培低牆，然後立柱蓋頂，出入

---

① 顏師古説：“廡，門屋也。”王先謙認爲“廡是廊下之屋，而廊但是東西廂之上有周檐、下無牆壁者，蓋今所謂遊廊，《説文》新附以爲東西序，是也”。此説不同。

口有斜坡或土階。這種形式的住房,考古工作者認爲就是窶。《詩經·大雅·緜》說:“古公亶父,陶復陶穴,未有家室。”復就是窶字的假借。帝王的宮室是建築在地面上的,現在還看到當時的基礎。基是夯土而成的臺基或地基,礎是柱子底部的墊石。後世建築一直很講究基礎。

　　殷代遺址至今還没有發現瓦,屋頂大概是茅草蓋的。據推測至遲周初已發明瓦,但是大多數的房子仍然是茅草屋,所以古人說“茅茨土階”“茅茨不翦”。《詩經·豳風·七月》說:“晝爾于茅,宵爾索綯。亟其乘屋,其始播百穀。”[1]可見瓦屋是挨不着農民住的。

　　磚的發明比瓦要晚些。戰國遺址發現過空心磚,那是用於墓中的。但是《詩經·陳風·防有鵲巢》已經說“中唐有甓”,唐指堂塗,是堂下通過中庭通往前門去的一條路,甓,舊說是瓴甋(一作令適),也就是磚[2]。但是用磚砌牆是比較後起的事。

　　古人築牆很早就運用版築技術。《孟子·告子下》:“傅說舉於版築之間。”所謂版築是說築土牆用兩塊木板相夾,兩版中間的寬度等於牆的厚度,板外用木柱襯住,裝滿泥土,用杵搗緊,築畢拆除木柱木板,就成了一座牆了。版築技術在古代建築中佔有很重要的地位,直到現在有的地方還用這種築牆技術。後來又用土坯砌牆,土坯叫做墼(jī)[3]。

　　斗拱是我國古代高級木結構建築裏的重要構件,同時有裝飾的作用。《論語·公冶長》說臧文仲“山節藻梲(zhuó)”,舊說梲是梁上短柱,節就是斗拱。我們從戰國銅器圖案上可以見到類似斗

---

① 參看第二册第 489 頁。

② 晉代陶侃有運甓的故事,也是指運磚。

③ 墼和磚在很多方面相近,所以東漢時也有稱磚爲墼的,不少漢磚上面有墼字。

拱的結構構件。

關於古代宮室,我們就説到這裏。

車馬

古書上常見車馬並舉。例如《詩經·唐風·山有樞》説"子有車馬,弗馳弗驅",《論語·公冶長》説"願車馬衣輕裘,與朋友共,敝之而無憾"[1]。戰國以前,車馬是相連的,一般地説,没有無馬的車[2],也没有無車的馬。因此,古人所謂御車也就是御馬,所謂乘馬也就是乘車。《論語·雍也》:"赤之適齊也,乘肥馬,衣輕裘。"這是説乘肥馬駕的車。古代駕二馬爲駢,駕三馬爲驂,駕四馬爲駟。《論語·季氏》:"齊景公有馬千駟。"這不在於説他有四千匹馬,而在於説他有一千乘車。

古人説"服牛乘馬",可見馬車之外還有牛車。馬車古名小車,是供貴族出行和作戰用的;牛車古名大車,一般衹用來載運貨物。

古代馬車的車廂叫輿,這是乘人的部分[3]。輿的前面和兩旁以木板爲屏蔽,乘車的人從輿的後面上車[4]。《論語·鄉黨》説孔子"升車必正立執綏",綏是車上的繩子,供人上車時拉手用的。

古人乘車是站在車輿裏的,叫做"立乘"[5]。輿兩旁的木板可以倚靠身體,叫做輢。輿前部的橫木可以憑倚扶手,叫做式(軾)。古人在行車途中用扶式俯首的姿勢表示敬禮,這種致敬的動作也叫

---

① 參看第一册第 181 頁。

② 當然,馬車之外還有牛車等。

③ 所以後世轎子也叫肩輿。

④ 此據古書所記。近來考古發掘,知道上古車輿有的是方形,有的是長方形,有的是六角形,有的周圍是高起的欄干,後面留有缺口,以便乘者昇降。

⑤ 但是"婦人不立乘",見《禮記·曲禮上》。

做式①。所以《檀弓》説：“夫子式而聽之。”②一般車輿上有活動裝置的車蓋，主要是用來遮雨的，像一把大傘。

車輪的邊框叫輞（wǎng），車輪中心有孔的圓木叫轂（孔是穿軸的），輞和轂成爲兩個同心圓。《老子》説：“三十輻共一轂。”③輻是一根一根的木條，一端接輞，一端接轂。四周的輻條都向車轂集中，叫做“輻輳”，後來輻輳引申爲從各方聚集的意思。《漢書·叔孫通傳》説：“四方輻輳。”

車軸是一根橫梁，上面駕着車輿，兩端套上車輪。軸的兩端露在轂外，上面插着一個三四寸長的銷子，叫做轄（又寫作鎋、鐯），不讓車輪外脱。轄是個很重要的零件，所以《淮南子·人間》上提到“夫車之所以能轉千里者，以其要在三寸之轄”。後來引申爲管轄的意思。露在轂外的車軸末端，古代有特定的名稱叫軎（wèi，又寫作轊），又叫軌。《詩經·邶風·匏有苦葉》説：“濟盈不濡軌。”古人常乘車渡水，這是説濟水雖滿並没有溼到車軸頭，意思是水位不到半輪高。軌的另一個意義是指一車兩輪之間的距離，引申爲兩輪在泥道上碾出來的痕迹，又叫做轍。《禮記·中庸》所謂“今天下車同軌”，並不是有人把天下的車轍大小都規定下來，而是規定了車子的統一尺寸，車輪的軌轍就自然一致了。

附帶説一説軔（rèn）。軔不是車子的組成部分，而是阻止車輪轉動的一塊木頭。行車時先要把軔移開，所以啟程稱爲“發軔”。引申開來，事情的開端也叫“發軔”。

轅是駕車用的車槓，後端和車軸相連。轅和輈是同義詞。區

---

① 但是“兵車不式”，見《禮記·曲禮上》。
② 參看第一册第 207 頁。
③ 參看第二册第 369 頁。

別開來説,夾在牲畜兩旁的兩根直木叫轅,適用於大車;駕在當中的單根曲木叫輈,適用於小車①。所以《左傳・隱公十一年》説:"公孫閼與潁考叔爭車,潁考叔挾輈以走。"

車轅前端駕在牲口脖子上的橫木叫做軛。軛和衡是同義詞。區別開來説,軛用於大車,衡用於小車。所以《論語・衛靈公》説:"在輿則見其倚於衡也。"

車轅前端插上銷子和軛相連,叫做輗。輗和軏是同義詞。區別開來説,輗用於大車,軏用於小車。所以《論語・爲政》説:"大車無輗,小車無軏,其何以行之哉?"②

古人乘車尚左(以左方爲尊),尊者在左,御者在中,另有一人在右陪乘。陪乘叫做驂乘,又叫車右。所以《左傳・宣公二年》説:"其右提彌明知之。"③兵車情況不同。主帥居中自掌旗鼓,御者在左,另有一人在右保護主帥,叫做車右。一般兵車則是御者居中,左邊甲士一人持弓,右邊甲士一人持矛。

駕車的馬如果是三匹或四匹,則有驂服之分。兩旁的馬叫驂,中間的馬叫服。一説服之左曰驂,右曰騑。籠統地説,則驂和騑是同義詞。所以《楚辭・九章・國殤》説:"左驂殪兮右刃傷。"④王勃《滕王閣序》説:"儼驂騑於上路。"⑤

古代貴族的車馬還有若干裝飾附件,不一一敘述。

上文説過,戰國以前馬是專爲拉車用的。《左傳・昭公二十五

---

① 此據古書所記。近來考古發掘,知道上古乘人的馬車多爲獨轅直木。又,漢代乘人的車,種類複雜化,車轅成雙,駕車的馬以一匹爲常,這裏不細説。
② 參看第一册第 179 頁。
③ 參看第一册第 27 頁。
④ 參看第二册第 554 頁。
⑤ 參看本册第 1150 頁。

年》：“左師展將以公乘馬而歸。”孔疏：“古者服牛乘馬，馬以駕車，不單騎也。至六國之時始有單騎，蘇秦所云‘車千乘，騎萬匹’是也。”但是孔疏又引劉炫的話，以爲左師展“欲共公單騎而歸”，這是“騎馬之漸”（開端）。我們認爲春秋時代可能有騎馬的事，但那祇是極個別的情況。到了戰國時代，趙武靈王胡服騎射，纔從匈奴學來了騎馬。後來騎馬之風纔漸漸盛行起來的。

飲食

上古的糧食作物有所謂五穀、六穀和百穀。按照一般的説法，五穀是稷、黍、麥、菽、麻；六穀是稻、稷、黍、麥、菽、麻。六穀比起五穀來祇多了一種稻，這顯然是因爲水稻本是南方作物，後來纔傳到北方來的①。至於百穀，不是説上古真有那麼多的糧食品種，而是多種穀物的意思。

稷是小米，又叫穀子②。稷在古代很長一段時期內是最重要的糧食。古人以稷代表穀神，和社神（土神）合稱爲社稷，並以社稷作爲國家的代稱。由此可見稷在上古的重要性。

黍是現代北方所説的黍子，又叫黃米。《詩經》裏常見黍稷連稱，可見黍在上古也很重要。上古時代，黍被認爲比較好吃的糧食，所以《論語·微》説：“殺雞爲黍而食之。”③

麥有大麥小麥之分。古代大麥叫䴬，又名來牟。

菽就是豆。上古祇稱菽，漢以後叫豆。

麻指大麻子，古代也供食用，後世還有吃麻粥的。《詩經·豳風·七月》：“九月叔苴。”苴就是麻子。麻不是主要的糧食作物，古

---

① 五穀還有別的説法，例如《孟子·滕文公上》：“樹藝五穀。”趙岐注：“五穀爲稻黍稷麥菽。”第一册第 202 頁即依此注。六穀也有別的説法，這裏不列舉。

② 有人説稷和黍是一類，黍的籽粒黃色，有黏性；稷的籽粒白色，沒有黏性。

③ 參看第一册第 202 頁。

代以絲麻或桑麻並稱,那是指大麻的纖維。

現在説一説穀禾粟粱。

穀是百穀的總稱。禾本來專指稷,後來逐漸變爲一般糧食作物的通稱。粟本來是禾黍的籽粒,後來也用作糧食的通稱。粱是稷的良種。古人常以稻粱並稱,認爲這兩種穀物好吃;又以膏粱或粱肉並稱,認爲是精美的膳食。

糧食炒成乾糧叫糗,也叫餱糧。《詩經・大雅・公劉》:"迺裹餱糧。"①糧字本身也指的是乾糧,行軍或旅行時纔吃糧。所以《莊子・逍遥遊》説:"適千里者,三月聚糧。"②

古人以牛羊豕爲三牲。祭祀時三牲齊全叫太牢;衹用羊豕不用牛叫少牢。牛最珍貴,衹有統治階級吃得起,比較普遍的肉食是羊肉,所以美(美味)羞(饈)等字從羊,羹字從羔從美。古人也吃狗肉,並有以屠狗爲職業的,漢代樊噲還"以屠狗爲事"。《漢書・樊噲傳》顏師古注:"時人食狗,亦與羊豕同,故噲專屠以賣。"可見唐人已經不吃狗了。

上古乾肉叫脯(fǔ),叫脩,肉醬叫醢(hǎi)。本來醢有多種:醓(tǎn)醢(肉醬)外,還有魚醢、蠯醢(蛤蜊醬)等。但一般所謂醢則指肉醬而言。上古已有醋,叫做醯(xī)。有了醯,就可製成酸菜、泡菜,叫做菹(zū)。細切的瓜菜做成的叫齏(jī)。醃肉醃魚也叫菹,所以有鹿菹、魚菹等。在這個意義上,菹與醢相近。

除了乾肉(脯)和肉醬(醢)以外,上古還吃羹。據説有兩種羹:一種是不調五味不和菜蔬的純肉汁,這是飲的。《左傳・桓公二年》:"大羹不致,粢食不鑿,昭其儉也。"所謂"大(太)羹",就是這

①　參看第二册第495頁。
②　參看第二册第373頁。

種羹。另一種是肉羹,把肉放進烹飪器裏,加上五味煮爛。所謂五
味,據説是醯、醢、鹽、梅和一種菜。這菜可以是葵,可以是葱,可以
是韭。另一説牛羹用藿,羊羹用苦(苦菜),豕羹用薇。《尚書·説
命》:"若作和羹,爾惟鹽梅。"可見鹹與酸是羹的主要的味道。《孟
子》所謂"一簞食,一豆羹",大概就是這種羹。《左傳·隱公元年》
載鄭莊公賜潁考叔食,潁考叔"食舍肉。公問之。對曰'小人有母,
皆嘗小人之食矣,未嘗君之羹。請以遺之'"①。大概也是這一類的
肉羹。

上古家禽有雞、鵝、鴨。鵝又叫做鴈(有野鴈,有舒鴈,舒鴈就
是鵝)。鴨字是後起的字,戰國時代叫做鶩,所以《楚辭·卜居》説:
"將與雞鶩爭食乎?"②鴨又叫做舒鳬,和野鳬(野鴨)區別開來。

上古人們所吃的糖衹是麥芽糖之類,叫做飴。飴加上糯米粉
(餹),可以熬成餳(xíng)。飴是軟的,餳是硬的。餳是古代的糖。
但當時的糖並不是後代的沙糖。沙糖(甘蔗糖)不是中原所舊有。
白沙糖叫做石蜜,也是外國進貢的東西。一般人所吃的飴或餳是
麥芽糖。宋初宋祁《寒食》詩"簫聲吹暖賣餳天",賣的就是麥芽糖。

古人很早就知道釀酒。殷人好酒是有名的,出土的觚爵等酒
器之多,可以説明當時飲酒之盛。不過古代一般所謂酒都是以黍
爲糜(煮爛的黍),加上麴糵(酒母)釀成的,不是燒酒。燒酒是後
起的。

茶是我國主要的特産之一。《爾雅·釋木》:"檟,苦荼。"荼茶
本是同一個字。但是上古没有關於飲茶的記載。王褒《僮約》裏説
到"烹茶""買茶",可見茶在漢代某些地區不但是一種飲料,而且是

----

① 　參看第一册第 11 頁。
② 　參看第二册第 561 頁。

一種商品。《三國志・吳書・韋曜傳》載,孫皓密賜韋曜茶荈以當酒①,《續博物志》説南人好飲茶,大概飲茶的風氣是從江南傳開的。南北朝時飲茶風氣漸盛。唐宋以後,茶更成爲一般文人的飲料了。

古代漢族不吃乳類的飲料和食品。《史記・匈奴列傳》:"得漢食物皆去之,以示不如湩(dòng)酪之便美也。"湩是牛馬乳。酪有乾溼兩種。依《史記》看來,飲食乳酪都不是漢族的習慣。酥油古稱爲酥。本來也是胡人的食品,所以唐玄宗嘲安禄山説:"堪笑胡兒但識酥。"醍醐是上等的乳酪,依《涅槃經》説,牛乳成酪,酪成生酥,生酥成熟酥,熟酥成醍醐,醍醐是最上品。凡此都可證明,飲食乳類的習慣是從少數民族傳來的。韓愈《初春小雨》詩:"天街小雨潤如酥。"可見唐時漢人已逐漸習慣於酥酪了。

衣飾

衣有廣狹二義。廣義的衣指一切蔽體的織品,包括頭衣、脛衣、足衣等。狹義的衣指身上所穿的;當衣和裳並舉的時候,就祇指上衣而言。下面分別敘述。

上古的頭衣主要有冠、冕、弁三種。

冠是貴族男子所戴的"帽子",但是它的樣式和用途與後世所謂的帽子不同。《説文》説:"冠,絭也,所以絭髮。"(絭 juàn,束縛。)古人蓄長髮②,用髮笄縮住髮髻後再用冠束住。據説早先的冠祇有冠梁,冠梁不很寬,有褶子,兩端連在冠圈上,戴起來冠梁像一根弧形的帶子,從前到後覆在頭髮上。由此可以想見,上古的冠並

---

① 韋曜就是韋昭,史爲避晉文帝諱改。《爾雅》郭注:"今呼早采者爲茶,晚取者爲茗,一名荈(chuǎn)。"
② 《左傳・哀公七年》説吳人"斷髮文身",《左傳・哀公十一年》説"吳髮短",《史記・越世家》也説越人"文身斷髮",可見剪短頭髮在上古被認爲是所謂"蠻夷"的風俗。至於剃光頭,那是一種相當重的刑罰,叫做髡。

不像後世的帽子那樣把頭頂全部蓋住。冠圈兩旁有纓，這是兩根小絲帶，可以在頷下打結。《史記·滑稽列傳》記載："淳于髡仰天大笑，冠纓索絶。"纓和緌(ruí)是同義詞。區別開來説，緌是結餘下垂的部分，有裝飾的作用。

古代冠不止一種，質料和顔色也不盡相同。秦漢以後，冠梁逐漸加寬，和冠圈連成覆杯的樣子。冠的名目和形制也愈益複雜化了。

冠又是冕和弁的總名。冕，黑色，是一種最尊貴的禮冠。最初天子諸侯大夫在祭祀時都戴冕，所以後來有"冠冕堂皇"這個成語。"冠冕"又可以用作仕宦的代稱，它又被用來比喻"居於首位"。冕的形制和一般的冠不同。冕上面是一幅長方形的版，叫延(綖)，下面戴在頭上。延的前沿掛着一串串的小圓玉，叫做旒。據説天子十二旒①，諸侯以下旒數各有等差。後來衹有帝王可以戴冕，所以"冕旒"可以用作帝王的代稱。王維《和賈至舍人早朝大明宫之作》："萬國衣冠拜冕旒。"

弁也是一種比較尊貴的冠，有爵弁，有皮弁。爵弁據説就是没有旒的冕。皮弁是用白鹿皮做的，尖頂，類似後世的瓜皮帽。鹿皮各個縫合的地方，綴有一行行閃閃發光的小玉石，看上去像星星一樣，所以《詩經·衛風·淇奥》説："會弁如星。"

冕弁加在髮髻上時都要橫插一根較長的笄(不同於髮笄)，笄穿過髮髻，把冕弁別在髻上。然後在笄的一端繫上一根小絲帶，從頷下繞過，再繫到笄的另一端。這根帶子不叫纓而叫紘(hóng)，此外，笄的兩端各用一條名叫紞(dǎn)的絲繩垂下一顆玉來，名叫瑱(zhèn)。因爲兩瑱正當左右兩耳，所以一名充耳，又叫塞耳。《詩

---

① 一説皇帝的冕前後各有十二旒。

經·衞風·淇奧》説"充耳琇瑩",就是指瑱説的。

　　附帶説一説,古時貴族纔能戴冠乘車,車有車蓋,所以古人以"冠蓋"爲貴人的代稱。"冠蓋"又指仕宦的冠服和車蓋,所以也用作仕宦的代稱。

　　庶人的頭衣和統治階級不同。他們不但没有財力製置冠弁,而且統治階級還不讓他們有戴冠弁的權利。《釋名·釋首飾》:"士冠,庶人巾。"可見庶人衹能戴巾。《玉篇》:"巾,佩巾也,本以拭物,後人著之于頭。"可見庶人的巾大約就是勞動時擦汗的布,一物兩用,也可以當作帽子裹在頭上。直到漢代,頭巾仍用於庶人和隱士。

　　幘(zé),就是包髮的巾。蔡邕《獨斷》:"幘者,古之卑賤執事不冠者之所服也。"庶人的幘是黑色或青色的,庶人既不許戴冠,衹許戴巾幘,在頭衣的制度上就有深刻的階級內容。所以秦稱人民爲黔首(黔,黑色),漢稱僕隸爲蒼頭(蒼,青色),都是從頭衣上區別的(依陶宗儀《輟耕録》説)。

　　幘有壓髮定冠的作用,所以後來貴族也戴幘,那是幘上再加冠。這種幘,前面高些,後面低些,中間露出頭髮。現在戲臺上王侯將相冠下也都有幘,免冠後就露出幘來了。此外還有一種比較正式的幘,即幘之有屋(帽頂)者。戴這種幘可以不再戴冠。幘本覆額,戴幘而露出前額,古人叫做岸幘(岸是顯露的意思),這表示灑脱不拘禮節。《晉書·謝奕傳》:"岸幘笑詠,無異常日。"

　　帽,據説是没有冠冕以前的頭衣,《荀子·哀公》"哀公問舜冠於孔子","孔子對曰:古之王者有務而拘領者矣",楊倞注"務讀爲冒",意思是説務就是帽。《説文》説,月是小兒及蠻夷的頭衣,月是古帽字。但是上古文獻中很少談及帽。魏晉以前漢人所戴的帽衹是一種便帽,《世説新語·任誕》説,謝尚"脱幘著帽","酣飲於桓子野家",可見當時的帽還是一種便帽。後來帽成爲正式的頭衣，杜甫《飲中八仙歌》説，張旭"脱帽露頂王公前"，脱帽没有禮貌，可見戴帽就有禮貌了。

上文説過，古代衣裳並舉時，衣衹指上衣。下衣叫做裳。《詩經·邶風·緑衣》説："緑衣黄裳。"《詩經·齊風·東方未明》説："顛倒衣裳。"但是裳並不是褲而是裙①。《説文》説："常（裳），下帬（裙）也。"衣裳連在一起的叫做深衣。

古人衣襟向右掩（右衽）用縧繫結，然後在腰間束帶。《論語·憲問》："微管仲，吾其被髮左衽矣。"②可見左衽不是中原的習俗③。帶有兩種：一種是絲織的大帶，一種是皮做的革帶。大帶是用來束衣的，叫做紳，紳又特指束餘下垂的部分。古人常説"搢紳"，意思是把上朝時所執的手版（笏）插在帶間④。這樣，"搢紳"就成了仕宦的代稱，而"紳士"的意義也由此發展而來。革帶叫做鞶（pán），這是用來懸佩玉飾等物的。

古人非常珍視玉。玉器不但用於祭祀、外交和社交等方面，而且用於服飾。《禮記·玉藻》説："古之君子必佩玉。"又説："君子無故，玉不去身。"可見佩玉是貴族很看重的衣飾。據説禮服有兩套相同的佩玉，腰的左右各佩一套。每套佩玉都用絲繩繫聯着。上端是一枚弧形的玉叫珩（衡），珩的兩端各懸着一枚半圓形的玉叫璜，中間綴有兩片玉，叫做琚和瑀（yǔ），兩璜之間懸着一枚玉叫做衝牙。走起路來衝牙和兩璜相觸，發出鏗鏘悦耳的聲音。《詩

---

① 古代男女都著裙，見下文。
② 參看第一册第 194 頁。
③ 上古斂死者纔左衽。
④ 笏是古代君臣朝見時所執的狹長的板子，用玉、象牙或竹子製的，用來指畫或在上面記事。搢紳又作縉紳，薦紳。《史記·五帝本紀》："薦紳先生難言之。"

經·鄭風·女曰雞鳴》說:"雜佩以贈之。"據舊注,"雜佩"就是這套佩玉。此外,古書上還常常談到佩環、佩玦(玦 jué 是有缺口的佩環)。婦女也有環佩。

裘和袍是禦寒的衣服。《詩經·檜風·羔裘》說:"羔裘如膏,日出有曜。"《詩經·小雅·都人士》說:"彼都人士,狐裘黃黃。"可見古人穿裘,毛是向外的,否則不容易看見裘毛的色澤。在行禮或接見賓客時,裘上加一件罩衣,叫做裼(xī)衣,否則被認爲不敬。裼衣和裘,顏色要相配,所以《論語·鄉黨》說:"緇衣,羔裘;素衣,麑裘;黃衣,狐裘。"平常家居,裘上不加裼衣。庶人穿犬羊之裘,也不加裼衣。

袍是長襖,據說裏面鋪的是亂麻(縕)①。一般說來,窮到穿不起裘的人纔穿袍。《論語·子罕》:"衣敝縕袍,與衣狐貉者立,而不恥者,其由也與?"可見穿袍穿裘有貧富的差別。漢以後有絳紗袍、皂紗袍,袍成了朝服了。

袞,這是天子和最高級的官吏的禮服。據說袞上繡有蜷曲形的龍。後代所謂"龍袍"就是袞的遺制。

上古時代還不懂得種棉花。所謂"絮",所謂"緜",都衹是絲棉②。因此,上古所謂布並不是棉織品,而是麻織品或葛織品。帛則是絲織品的總稱。布與帛也形成了低級衣服與高級衣服的對比,貧賤的人穿不起絲織品,衹能穿麻織品,所以"布衣"成了庶人的代稱。最粗劣的一種衣服稱爲"褐",這是用粗毛編織的,所以貧苦的人被稱爲"褐夫"。《孟子·滕文公上》說,許行之徒"皆衣褐,捆屨織席以爲食"③,這是說過着勞動人民的生活。揚雄《解嘲》說

---

① 現在單袍也叫袍,上古沒有這種說法。一說袍裏面鋪的新緜和舊絮。
② 依《廣韻》,精的叫緜,粗的叫絮。其實上古一般都叫絮。
③ 參見第一册第 299 頁。

“或釋褐而傅”①，這是説脱掉粗劣的衣服做大官去了。後世科舉新進士及第授官，也沿稱“釋褐”。

　　上古時代，男女服裝的差別似乎不很大。直到中古，男女服裝也還不是嚴格分開的。試舉“襦”“裙”爲例②。樂府詩《陌上桑》：“緗綺爲下帬(裙)，紫綺爲上襦。”這裏“襦”和“裙”是婦女的服裝。但是《莊子·外物》“未解裙襦”，並非專指婦女。《南史·張譏傳》載梁武帝以裙襦賜給張譏，可見男人也是穿着裙襦的。衹有袿(guī)被解釋爲婦女的上衣③。這大概是可信的。宋玉《神女賦》“被袿裳”，曹植《洛神賦》“揚輕袿之綺靡”，可以爲證。唐宋以後，婦女着裙之風大盛，男以袍爲常服，女以裙爲常服。

　　上古有裳無褲。上古文獻中有個絝字，又寫作袴，按字音説，也就是後代的褲字。但是上古所説的褲(絝)，並不等於今天所謂褲。《説文》：“絝，脛衣也。”可見當時所説的袴，很像今天的套褲④，所不同者，它不是套在褲子外面的。袴的作用是禦寒。《太平御覽》引《列士傳》“馮援(馮諼)經冬無袴，面有飢色”，又引《高士傳》“孫略冬日見貧士，脱袴遺之”，都可爲證。

　　有襠的褲子叫褌(kūn)，又寫作幝。《釋名·釋衣服》説：“褌，貫也，貫兩脚，上繫腰中也。”此外有一種褌，類似後世的短褲叉，形似犢鼻，叫犢鼻褌⑤，穿起來便於勞動操作。《史記·司馬相如列傳》説，司馬相如在臨邛“身自著犢鼻褌”，和奴婢們一起洗滌食具。

---

①　參見第四册第 1229 頁。
②　襦，短襖(依段玉裁説)。
③　見《釋名·釋衣服》。今天的褂字大約是袿字的音變。
④　依段玉裁説。王國維《觀堂集林》卷二十二《胡服考》認爲“袴與今時褲制無異”。
⑤　錢大昕《十駕齋養新録》卷四“犢鼻褌”條説，幝無襠者謂之袴，突犢聲相近，重言爲犢鼻，單言爲突，後人加衣旁作褌。這是另一種解釋。

古人用一塊布斜裹在小腿上,叫邪幅或幅(偪)。《左傳·桓公二年》:"帶裳幅舄。"《詩經·小雅·采菽》:"邪幅在下。"鄭玄注:"邪幅,如今行縢也;偪束其脛,自足至膝,故曰'在下'。"上古的邪幅如同漢代的行縢,相當於後世的裹腿。

上古的鞋叫屨,有麻屨、葛屨等。據説葛屨是夏天穿的,冬天穿皮屨。一般的屨是用麻繩編成的。編時要邊編邊砸,使之結實,所以《孟子·滕文公上》説"捆屨織席"①。

舄(xì)是屨的別名。區別開來説,單底叫屨,複底叫舄。《方言》説,屨中有木者叫複舄,可以走到泥地裏去,不怕泥溼。

履字本是動詞,是踐的意思。《詩經·魏風·葛屨》説:"糾糾葛屨,可以履霜。"戰國以後履字漸漸用爲名詞。《荀子·正名》:"麤(粗)布之衣,麤紃(xún,鞋帶)之履,而可以養體。"《史記·留侯世家》:"孺子,下取履。"

古人的草鞋叫蹻(蹻、屝 xǐ)②,又叫屬(蹻 jué)。《孟子·盡心上》:"舜視棄天下猶棄敝蹻也。"敝蹻就是破草鞋。《史記·虞卿列傳》説虞卿"躡蹻檐簦説趙孝成王"③,就是穿着草鞋,揹着長柄笠(相當於後世的雨傘)去遊説趙孝成王。

屐是木頭鞋。屐和舄不同。舄的底下衹襯一塊薄板,甚至衹是複底,而屐底下是厚板,而且前後有齒。《宋書·謝靈運傳》記載,謝靈運常著木屐,上山則去前齒,下山則去後齒。可見屐是有齒的。戰國時代就開始有屐。《莊子·天下》提到墨子之徒"以跂蹻爲服",跂就是屐字。但不知當時的屐有沒有齒。

---

① 參看第一册第 299 頁。

② 《説文》説,蹻是舞履,字亦作蹻、屝。

③ 檐,當作擔。

古書上用皮屨、革舄、革履、韋履等詞來指用皮做的鞋子。皮鞋比較貴重，一般人穿不起。《説文》："鞮，革履也，胡人履連脛謂之絡鞮（dī）。"絡鞮就是後代所謂靴，可見靴是由少數民族傳入的。

鞵字古作鞵。《説文》："鞵，生革鞮也。"可見鞵是鞮的一種。後來鞋字變成了鞋類的總稱，所以有麻鞋、草鞋、芒鞋、絲鞋等。

最後説一説韤（襪）。《説文》説韤是足衣。大約是用皮做的，所以寫作韤。古人以跣足爲至敬，登席必須脱韤。《左傳·哀公二十五年》"褚師聲子韤而登席"，這是對人君無禮。韤字後來又寫作袜，這暗示韤的質料改變了。

什物

什物很多，不可能一一加以敘述。現在祇選主要的而且古今差別較大的談一談。

古人席地而坐，所以登堂必先脱屨。席長短不一，長的可坐數人，短的僅坐一人。席和筵是同義詞。區別開來説，筵比席長些，是鋪在地上墊席的；席是加在筵上供人坐用的。後來筵字用來表示宴飲的陳設。陳子昂《春夜別友人》："金樽對綺筵。"近代"筵席"成爲一個詞，用作酒饌的代稱。

古代牀有兩用，既可以用作臥具，又可以用作坐具。《詩經·小雅·斯干》"載寢之牀"，那是用作臥具；《孟子·萬章上》"舜在牀琴"[1]，那是用作坐具。

古人坐時兩膝跪在席或牀上，臀部坐在腳後跟上[2]，坐時可以

---

[1]　琴，用如動詞，彈琴。

[2]　古人坐着要起身時，先把腰挺直，這叫長跪。長跪可以表示敬意，《戰國策·魏策》説秦王"長跪而謝"。又，箕踞在古代被認爲是一種不恭敬的坐式，所謂箕踞，是説坐時臀部著地，兩足向前伸展，膝微曲，其狀如箕。《戰國策·燕策》説荊軻刺秦王不中，"自知事不就，倚柱而笑，箕踞以罵"，正表現了蔑視敵人的氣概。

憑几。几是長方形的,不高,類似今天北方的炕几。《孟子·公孫
丑上》説孟子“隱几而臥”。《莊子·齊物論》説“南郭子綦隱机而
坐”,机就是几。几通常是老年人憑倚的,所以古代常以几杖並舉,
作爲養尊敬老的用具。

　　古代進送食物用的托盤叫做案,有長方形的,也有圓形的,前
者四足,後者三足,可以放在地上,這是食案。食案形體不大,足很
矮,所以《後漢書·梁鴻傳》説梁鴻妻“舉案齊眉”。此外還有書案,
長方形,兩端有寬足向内曲成弧形,不很高。後世因爲坐的方式改
成今天的樣子,所以纔有較高的案几和桌椅。

　　先秦已有燭字,但是上古的燭並不是後世所指的蠟燭。《説
文》説:“燭,庭燎大燭也。”燭和庭燎是一樣的東西,都是火炬。細
分起來,拿在手上叫燭,大燭立在地上叫庭燎。據説大燭是用葦薪
做的,小燭是用麻蒸做的①。

　　戰國時代就有照明用的鐙(燈)了,當時的鐙和後世的燈不同。
因爲形狀類似盛食物的登(瓦豆),所以就叫做鐙②。古代點鐙用
膏,膏是獸類的脂肪,《楚辭·招魂》説:“蘭膏明燭,華鐙錯些。”③
點燈用植物油,是後起的事。

　　耒耜是上古耕田的工具。《説文》説:“耒,手耕曲木也。”起初
是用自然的曲木,後來知道“揉木爲耒”。耒和耜本來是兩種農具。
耒上端勾曲,下端分叉;耜的下端則是一塊圓頭的平板,後來嵌入
青銅或鐵片,就成了犁的前身。古人常以耒耜並舉,例如《孟子·
滕文公上》説:“陳良之徒陳相,與其弟辛,負耒耜而自宋之滕。”④

––––––––––––

①　依朱駿聲説。麻蒸是去掉皮的麻稭。
②　後來鐙的形制多樣化了。
③　蘭膏,加蘭香煉的膏,燃起來有香味。燭,動詞,照耀。錯,錯鏤。些,語氣詞。
④　參看第一册第299頁。

古代注家往往認爲耒耜是一種農具的兩個不同部位的名稱,認爲耒是耜上端的曲木,耜是耒下端的圓木或金屬刃片,可見耒耜混淆由來已久了。後來耒耜用作一般農具的代稱。

銍(zhì)是一種短小的鐮刀,錢和鎛(bó)是耘草挖土的鏟形農具。在上古時代,錢鎛大約曾經是交易的媒介,所以春秋晚期和戰國的貨幣模仿錢鎛的形狀,稱爲錢或布(布和鎛古音相同)。

上古的烹飪器有鼎、鬲(lì)、甗(yǎn)等。有陶製的,也有青銅製的。

鼎是用來煮肉盛肉的,一般是圓腹三足①,也有長方形四足的,那是方鼎。鼎口左右有耳,可以穿鉉,鉉是抬鼎用的槓子②。鼎足的下面可以燒火,有幾種肉食就分幾個鼎來煮,煮熟後就在鼎內取食,所以説“列鼎而食”。鐘鳴鼎食是貴族奢侈生活的一個方面。王勃《滕王閣序》説:“閭閻撲地,鐘鳴鼎食之家。”③

古人用匕從鼎內把肉取出來後,放在俎上用刀割着吃。所以古書上常以刀匕並舉,刀俎並舉。匕是長柄湯匙。俎是一塊長方形的小板,兩端有足支撐着,一般是木製的,銅俎很少。

上古煮飯用鬲,蒸飯用甗。鬲似鼎,有三隻空心的短足,下面舉火炊煮。甗分爲上下兩層。下層似鬲,裏面盛水,燒火煮水使蒸氣上昇到上層。上層似甑(底部有孔的蒸器),裏面放米穀之類。上下兩層之間有個帶着許多孔的橫隔(箅 bì 子),既便於透過蒸氣,又免得米穀漏到下層。

古書上常見釜甑並舉。《孟子·滕文公上》:“許子以釜甑爨,

----

① 所以古人用“鼎足”“鼎立”等詞語來譬喻三方並峙的情況。《史記·淮陰侯列傳》:“三分天下,鼎足而居。”
② 鉉是木製的槓子,以金爲飾(參看《説文》鍵字段玉裁注)。
③ 參看本册第 1151 頁。

以鐵耕乎?"①《史記·項羽本紀》:"項羽乃悉引兵渡河,皆沈船,破釜甑。"釜甑是配合起來用的。釜似鍋,它的用途相當於鬲的下層;甑似盆,底部有細孔,放在釜上,相當於鬲的上層。釜甑之間也有箅子。

　　古人盛飯盛菜不用盌。《説文》雖有盌字,那是"小盂"(水器)。傳世古器自銘爲盌的,實際上是一個小盂旁邊加上一個柄,那是用來舀水的②。上古盛飯用簋(guǐ),一般圓腹圈足(足在腹底,成圈狀),兩旁有耳,是青銅或陶製的,也有木製或竹製的。又有一種簠(fǔ),長方形,用途和簋相同。古書上常以簠簋並舉。上古的盛食器還有豆,像今天的高腳盤,有的有蓋。豆本來是盛黍稷的,後來逐漸變爲盛肉醬、盛肉羹了。古代木豆叫做豆,竹豆叫做籩,瓦豆叫做登(豋)。《詩經·大雅·生民》:"于豆于豋。"銅豆還有別的名稱,這裏没有必要細説。

　　筷子古代叫箸,但是先秦時代,吃飯一般不用筷子。《禮記·曲禮上》:"毋摶飯。"意思是不要用手把飯弄成一團來吃,可見當時是用手送飯入口的。但是在一定情況下則用筷子。《禮記·曲禮上》:"羹之有菜者用梜。"孔疏:"以其菜交横,非梜不可。"梜就是一種筷子。大約到了漢代纔普遍用筷子。《漢書·張良傳》説:"請借前箸以籌之。"

　　上古的盛酒器有尊、觥、罍、壺等。《詩經·周南·卷耳》"我姑酌彼金罍""我姑酌彼兕觥"③,那是盛酒器。觥,同時又是飲酒器,所以《詩經·豳風·七月》説:"稱彼兕觥,萬壽無疆。"④罍壺除了

<hr />

①　參看第一册第 300 頁。
②　但是這並不等於説上古没有和現代盌形大致類似的器物,不過它們的名稱用途和現代所謂的盌不同。
③　參看第二册第 465 頁。
④　參看第二册第 490 頁。

盛酒外,還用來盛水。古人用斗勺來舀酒、舀水。舀叫做挹,挹後倒到飲器中叫做注。所以《詩經・小雅・大東》説:"不可以挹酒漿。"《詩經・大雅・洞酌》説:"挹彼注兹。"

爵是古代飲酒器的通稱。但是作爲專名,爵是用來温酒的,它有三隻腳,下面可以舉火。上古常用的飲酒器是觚(gū)和觶(zhì),觶比較輕小,所以古人説"揚觶"。戰國以後出現了一種橢圓形的杯(桮),兩側有弧形的耳,後人稱爲耳杯,又叫羽觴①。杯可以用來飲酒,也可以盛羹。《史記・項羽本紀》説:"必欲烹而翁,幸分我一桮羹。"杯的質料有玉、銀、銅、漆等,漢代很流行。

古書上常見槃(盤)匜(yí)並舉,二者是配合起來用的盥洗器。匜像一隻瓢,有把,有足,有蓋。《左傳・僖公二十三年》記載懷嬴爲晉公子重耳"奉匜沃盥",可見匜是用來澆水洗手的。古代祭祀燕饗有沃盥的禮節,用匜澆水洗手時,下面用槃接住水,所以《説文》説槃是"承槃"。上古槃又用於飲食,《左傳・僖公二十三年》提到"乃饋盤飧",《史記・滑稽列傳》提到"杯盤狼藉"②,但還不是現代所謂的盤子。現代的盤子是瓷器發達以後纔出現的。

以上所説的飲食用具,大多數是貴族所享用的,平民則用陶製的鬲盆盂罐等器而已。

---

① 《漢書・外戚傳》顏師古注引孟康曰:"羽觴,爵也,作生爵形,有頭尾羽翼。"此外還有別的説法,這裏不列舉。
② 依桂馥説。

第十單元

文　選

韩　愈

　　韓愈(公元 768—824 年)，字退之，鄧州南陽人(據朱熹考證，這個南陽即今河南脩武縣)。因爲昌黎(在今河北昌黎縣)韓氏是望族，所以後人又稱他爲韓昌黎。韓愈早年不得志，二十五歲中進士，二十九歲纔被宣武節度使董晉徵爲屬官，後來累官至吏部侍郎。中間曾幾度被貶。唐德宗貞元十九年(公元 803 年)在監察御史任時，因天旱人饑，上書請求緩徵徭役租税，得罪了京兆尹李實，被貶爲陽山(今廣東省陽山縣)令。憲宗元和十四年(公元 819 年)在刑部侍郎任時，又因諫迎佛骨，觸怒了皇帝，被貶爲潮州(今廣東省豐順、揭陽、潮陽一帶)刺史。

　　韓愈是唐代古文運動的倡導者。他主張文章要闡明孔孟之道，以此來反對當時單純追求形式的駢文。這些，對當時的文壇以及後世散文的發展都有巨大的影響。

　　韓愈的作品現存有《韓昌黎文集》，由宋廖瑩中輯注，明徐世泰整理。

答李翊書〔1〕

　　六月二十六日，愈白。李生足下：生之書辭甚高，而其問何下而恭也。能如是，誰不欲告生以其道〔2〕？道德之歸也有日矣，況其外之文乎〔3〕？抑愈所謂望孔子之門牆而不入於其宮者〔4〕，焉足以知是且非邪〔5〕？雖然，不可不爲生言之。

〔1〕李翊(yì)，唐德宗時人。貞元十八年(公元 802 年)中進士。韓愈在這封信裏，强調學習古文必須從道德修養入手。他介紹了自己學習古文的經驗，提出了氣盛言宜的主張。

〔2〕道，指仁義之道。

〔3〕文，文章。

〔4〕抑，轉折連詞，相當於現代漢語的"不過""可是"。《論語·子張》："夫子之牆數仞，不得其門而入，不見宗廟之美，百官之富。"這裏用此典，是自謙之辭，説自己没有學問。

〔5〕且，還是，或。

　　生所謂"立言"者，是也〔1〕；生之所爲者與所期者〔2〕，甚似而幾矣〔3〕。抑不知生之志，蘄勝於人而取於人邪〔4〕？將蘄至於古之立言者邪？蘄勝於人而取於人，則固勝於人而可取於人矣；將蘄至於古之立言者，則無望其速成，無誘於勢利，養其根而竢其實，加其膏而希其光〔5〕。根之茂者其實遂〔6〕，膏之沃者其光曄〔7〕。仁義之人，其言藹如也〔8〕。

〔1〕你所謂"立言"這句話，是對的。

〔2〕期，期望。

〔3〕幾,近,接近。

〔4〕蘄(qí),通"祈",求。勝於人,勝過人。取於人,指被人取而用之,即被人學習。

〔5〕俟,古"俟"字,等待。根、膏,都指"道"。實、光,都指"文"。

〔6〕遂,成,這裏指順利地成熟。

〔7〕沃,肥美,這裏指油脂多而好。曄(yè),明亮。

〔8〕藹如,茂盛的樣子。這句意思是説,仁義之人有了仁義作根,説出話來必然氣勢充沛。

　　抑又有難者。愈之所爲,不自知其至猶未也。雖然,學之二十餘年矣。始者,非三代兩漢之書不敢觀,非聖人之志不敢存。處若忘〔1〕,行若遺〔2〕,儼乎其若思〔3〕,茫乎其若迷〔4〕,當其取於心而注於手也〔5〕,惟陳言之務去〔6〕,戛戛乎其難哉〔7〕!其觀於人,不知其非笑之爲非笑也〔8〕。如是者亦有年,猶不改〔9〕。然後識古書之正僞,與雖正而不至焉者〔10〕,昭昭然白黑分矣〔11〕,而務去之〔12〕,乃徐有得也。當其取於心而注於手也,汩汩然來矣〔13〕。其觀於人也,笑之則以爲喜,譽之則以爲憂,以其猶有人之説者存也〔14〕。如是者亦有年,然後浩乎其沛然矣〔15〕。吾又懼其雜也,迎而距之,平心而察之〔16〕,其皆醇也,然後肆焉〔17〕。雖然,不可以不養也,行之乎仁義之途,游之乎《詩》《書》之源〔18〕。無迷其途,無絶其源,終吾身而已矣。

〔1〕呆着的時候好像忘掉了什麽。

〔2〕走着的時候好像丟掉了什麽。

〔3〕儼乎,莊重的樣子。

〔4〕茫乎,等於説茫茫然。迷,迷惑,昏迷。從"處若忘"到"茫乎其若迷",都是形容學習時苦思苦想,用心專一的樣子。

〔5〕當自己把心裏想的寫出來的時候。

〔6〕陳言,陳腐的言論。

〔7〕戛戛(jiájiá),很吃力的樣子。

〔8〕非,非難。笑,譏笑。這話是説,不怕別人譏笑自己的文章不合時俗。

〔9〕不改,指不改上述學習的路子和對非笑所抱的態度。

〔10〕正僞,指古書中所載之道的是非真假。正僞的標準即上文所説的"聖人之志",也就是儒家的思想。不至,指没有達到頂點。

〔11〕昭昭然,清楚明白的樣子。

〔12〕去之,指去掉"古書之僞,與雖正而不至焉者"。

〔13〕汩汩(gǔgǔ)然,水流急速的樣子,這裏形容文思敏捷。

〔14〕大意是,因爲其中還存有時人之説。説者,指見解。

〔15〕浩乎、沛然,都是水勢汹湧的樣子,這裏指文筆奔放。

〔16〕這是説在寫之前,先把意思從正反面來研究,並且平心靜氣地加以考慮。距,通"拒"。

〔17〕肆,指放手去寫。

〔18〕詩,《詩經》。書,《尚書》。詩書,這裏泛指古代經典著作。

氣〔1〕,水也;言,浮物也。水大而物之浮者大小畢浮〔2〕。氣之與言猶是也,氣盛則言之短長與聲之高下者皆宜〔3〕。雖如是,其敢自謂幾於成乎?雖幾於成,其用於人也,奚取焉〔4〕?雖然,待用於人者,其肖於器邪?用與舍屬諸人〔5〕。君子則不然。處心有道〔6〕,行己有方,用則施諸人,舍則傳諸其徒,垂諸文而爲後世法。如是者,其亦足樂乎?其無足樂也?

〔1〕氣,指思想修養。

〔2〕畢,盡。

〔3〕這是説氣盛了就能駕馭語言,運用自如。言之短長,語句的長短。聲之
　　高下,聲調的抑揚。

〔4〕被人用時,人家取什麼呢? 也就是不見得可以被人取用。

〔5〕等待別人用的人,就像器物一樣,用和不用,都由別人擺布。

〔6〕處,處理,安排。心,指思想。道,方法。

　　有志乎古者希矣,志乎古必遺乎今〔1〕,吾誠樂而悲
之。亟稱其人〔2〕,所以勸之,非敢褒其可褒而貶其可貶
也。問於愈者多矣,念生之言不志乎利,聊相爲言之。
愈白。

〔1〕遺,棄。指被今人所棄。

〔2〕亟(qì),屢次。其人,指志乎古的人。

送孟東野序〔1〕

　　大凡物不得其平則鳴。草木之無聲,風撓之鳴〔2〕。
水之無聲,風蕩之鳴。其躍也,或激之〔3〕;其趨也〔4〕,或
梗之〔5〕;其沸也,或炙之〔6〕。金石之無聲,或擊之鳴。
人之於言也亦然,有不得已者而後言,其歌也有思,其哭也
有懷。凡出乎口而爲聲者,其皆有弗平者乎!

〔1〕孟東野,名郊,唐代著名詩人。他一生窮愁潦倒,四十六歲纔考中進士,
　　五十歲纔任溧陽(今江蘇溧陽縣西北)尉。韓愈很同情他,於是贈此序來
　　勉勵他。序,唐初形成的一種文體,即贈言。本文主要説明兩點:(一)文
　　學和時代是密切聯繫着的,不同的時代產生不同的文學;(二)作家必須
　　有真情實感,纔能寫出好作品來。

〔2〕撓(náo),攪動。

〔3〕激,阻礙水勢,使其激揚。

〔４〕趨,這裏指水流得很快。

〔５〕梗,塞。這裏指阻塞水流,以强其勢。

〔６〕炙,燒。

　　樂也者[１],鬱於中而泄於外者也,擇其善鳴者而假之鳴。金石絲竹匏土革木八者[２],物之善鳴者也。維天之於時也亦然,擇其善鳴者而假之鳴。是故以鳥鳴春,以雷鳴夏,以蟲鳴秋,以風鳴冬。四時之相推敓[３],其必有不得其平者乎? 其於人也亦然,人聲之精者爲言,文辭之於言,又其精也,尤擇其善鳴者而假之鳴。

〔１〕樂,音樂。

〔２〕這八種都是樂器。參看本册第845頁通論第十九節。

〔３〕敓(duó),奪。推敓,等於説推移。

　　其在唐虞,咎陶、禹,其善鳴者也[１],而假以鳴。夔弗能以文辭鳴,又自假於韶以鳴[２]。夏之時,五子以其歌鳴[３]。伊尹鳴殷[４]。周公鳴周[５]。凡載於《詩》《書》六藝[６],皆鳴之善者也。周之衰,孔子之徒鳴之,其聲大而遠。傳曰:“天將以夫子爲木鐸[７]。”其弗信矣乎[８]?其末也,莊周以其荒唐之辭鳴[９]。楚,大國也,其亡也,以屈原鳴。臧孫辰、孟軻、荀卿[１０],以道鳴者也。楊朱、墨翟、管夷吾、晏嬰、老聃、申不害、韓非、慎到、田駢、鄒衍、尸佼、孫武、張儀、蘇秦之屬[１１],皆以其術鳴。秦之興,李斯鳴之[１２]。漢之時,司馬遷、相如、揚雄,最其善鳴者也[１３]。其下魏晉氏,鳴者不及於古,然亦未嘗絶也。就其善鳴者[１４],其聲清以浮,其節數以急[１５],其辭淫以哀〔16〕，其志弛以肆〔17〕；其爲言也，亂雜而無章。將天醜其德莫之顧邪〔18〕？何爲乎不鳴其善鳴者也？

〔1〕咎陶（gāoyáo），一作皋陶，又作咎繇，相傳爲虞舜的臣，爲舜掌司法，造律立獄。今《尚書》有《皋陶謨》，僞古文《尚書》有《大禹謨》。

〔2〕夔（kuí），相傳爲虞舜時的樂官。韶，相傳爲舜時的樂曲名。

〔3〕五子，夏王太康的五個弟弟。太康沈於遊樂，百姓都懷有貳心，有窮國后羿趁太康遊於洛水之南時，在黃河拒守，不讓他入國。五子怨太康失國，作歌述大禹的警戒。五子之歌現已亡佚。今僞古文《尚書》有《五子之歌》，係後人僞託。

〔4〕伊尹，名摯，商的賢臣，曾助湯伐桀。湯死，又輔佐湯的孫子帝太甲。據説他曾經作《汝鳩》《汝方》《咸有一德》《伊訓》《肆命》《徂后》《太甲》等文。今《尚書》有《伊訓》《太甲》《咸有一德》，都是後人的擬作。

〔5〕指周公曾作《大誥》《嘉禾》《康誥》等文。今《尚書》有《大誥》《康誥》等。

〔6〕詩，《詩經》。書，《尚書》。六藝，這裏指六經。

〔7〕鐸，鈴。木鐸，木舌的鈴。古代宣布新政令時，搖鈴召集百姓來聽。這句話見於《論語・八佾》。這是説孔子不被諸侯所用，將退而著述。

〔8〕難道不是真的嗎？

〔9〕荒唐，廣大無邊的樣子。《莊子・天下》説，莊子的學説是一種"荒唐之言"。這是説莊子的文章汪洋閎肆，無涯無涘，與現在所謂"荒唐"不同。

〔10〕臧孫辰，即臧文仲，春秋時魯國大夫。《左傳・襄公二十四年》："魯有先大夫曰臧文仲既没，其言立。"

〔11〕楊朱，戰國時思想家，衛國人，字子居。他的著作已失傳，他的學説散見於《孟子》《列子》等書中。管夷吾，即管仲，後人將他的言論集爲《管子》。晏嬰，春秋時齊國大夫，謚平，字仲，史稱晏平仲，後人採其行事和言論，輯爲《晏子春秋》。申不害，法家，戰國時韓昭侯之相，著有《申子》。眘到，即慎到（眘是古"慎"字），法家，戰國時趙人，著有《慎子》。田駢，道家，戰國時齊人，齊宣王時爲上大夫。鄒衍，陰陽家，戰國時齊

人,爲燕昭王師。尸佼(jiǎo),雜家,戰國時魯人,曾經是秦相商鞅的門
客,著有《尸子》。孫武,春秋時軍事家,齊人,著有《孫子》。張儀,戰國
時魏人,秦惠王之相,倡連橫之説。蘇秦,戰國時周人,爲六國之相,倡合
縱之説,與張儀同屬縱橫家。

〔12〕李斯,戰國時楚國人,後爲秦始皇的丞相。李斯有《諫逐客書》和《論督責
　　書》,皆見於《史記・李斯列傳》。

〔13〕相如,即司馬相如,字長卿,西漢成都人。揚雄,字子雲,西漢成都人。二
　　人都是有名的辭賦家。

〔14〕即使就其善鳴者而論。

〔15〕節,節拍。數(shuò),頻繁,密。

〔16〕淫,放蕩。

〔17〕弛,鬆弛,懈怠。肆,放縱。

〔18〕大概上天認爲他們的德行醜惡而不顧念他們吧? 將,副詞,大概,或者。
　　醜,用如動詞,意動用法。

　　唐之有天下,陳子昂、蘇源明、元結、李白、杜甫、李
觀〔1〕,皆以其所能鳴。其存而在下者,孟郊東野,始以其
詩鳴。其高出魏晉,不懈而及於古;其他浸淫乎漢氏
矣〔2〕。從吾遊者,李翺、張籍其尤也〔3〕。三子者之鳴信
善矣。抑不知天將和其聲而使鳴國家之盛邪? 抑將窮餓
其身、思愁其心腸而使自鳴其不幸邪? 三子者之命則懸乎
天矣。其在上也奚以喜? 其在下也奚以悲? 東野之役於
江南也〔4〕,有若不釋然者〔5〕,故吾道其命於天者以
解之。

〔1〕陳子昂,字伯玉,梓州射洪縣(今四川射洪縣)人,初唐著名詩人。蘇源
　　明,初名預,字弱夫,京兆武功(今陝西武功縣)人,唐代文學家。元結,字
　　次山,河南人,唐代詩人。李觀,字元賓,趙州贊皇(在今河北臨城縣北)

人,唐代文學家。

〔2〕不懈,這裏指作品無懈可擊。浸淫,疊韻聯緜字,逐漸滲透。這裏比喻接
　　近,大意是,他的詩超過了魏晉時代的詩,有些精妙的詩達到了上古詩歌
　　的水平,其他的詩也接近漢詩的水平了。

〔3〕李翱,字習之,趙郡(今河北趙縣)人,一說成紀(今甘肅秦安縣東)人,以
　　古文著稱。張籍,字文昌,蘇州人,擅長樂府。尤,特出。

〔4〕指孟東野做溧陽尉的事。溧陽在唐代屬江南道。役,服役。

〔5〕不釋,指心放不開,即鬱鬱不樂的意思。

送李愿歸盤谷序〔1〕

　　太行之陽有盤谷〔2〕,盤谷之間,泉甘而土肥,草木藂茂〔3〕,居民鮮少。或曰:"謂其環兩山之間,故曰盤。"或曰:"是谷也,宅幽而勢阻〔4〕,隱者之所盤旋〔5〕。"友人李愿居之。

〔1〕李愿,生平不詳,與唐西平忠武王李晟的兒子李愿不是一人(依閻若璩
　　說)。盤谷,地名,在河南濟源縣北。本文作於唐德宗貞元十七年,當時
　　政治昏亂,藩鎮恣橫。作者在貞元十六年失官後,到京師求官,但一直未
　　達到目的,心情沈重,牢騷滿腹。所以在這篇文章中表現了對隱居生活
　　的嚮往,對名利之徒的蔑視。

〔2〕太行(háng),太行山。陽,山南爲陽。

〔3〕藂,通"叢"。

〔4〕宅,位置。幽,深暗。

〔5〕盤旋,盤桓,留連。

　　愿之言曰:"人之稱大丈夫者,我知之矣。利澤施於人,名聲昭於時,坐於廟朝〔1〕,進退百官而佐天子出令〔2〕。其在外,則樹旗旄〔3〕,羅弓矢,武夫前呵,從者塞

途。供給之人，各執其物，夾道而疾馳。喜有賞，怒有刑。才畯滿前〔4〕，道古今而譽盛德，入耳而不煩。曲眉豐頰，清聲而便體〔5〕，秀外而惠中〔6〕，飄輕裾〔7〕，翳長袖〔8〕，粉白黛綠者〔9〕，列屋而閑居，妒寵而負恃〔10〕，爭妍而取憐〔11〕。大丈夫之遇知於天子〔12〕，用力於當世者之所爲也。吾非惡此而逃之，是有命焉，不可幸而致也〔13〕。

〔1〕廟，宗廟。朝，朝廷。古代聘享、命官、議事都在祖廟進行，與朝廷出政並重，所以廟朝並舉。坐於廟朝，指參與國家大事。

〔2〕進退，指任免，昇降。

〔3〕旄，旗的一種，旗竿上附有犛牛尾或鳥的羽毛。

〔4〕畯，一本作“俊”。

〔5〕便（pián）體，體態輕盈。

〔6〕惠，通“慧”，聰明。外，指外表。中，指内心。

〔7〕裾（jū），衣服的前襟。

〔8〕翳，遮蔽。翳長袖，讓長袖遮蔽着身子。《韓非子・五蠹》説：“長袖善舞。”飄輕裾，翳長袖，都是描寫跳舞姿態的美。

〔9〕黛，古代女子用來畫眉的青黑色顏料。

〔10〕負，倚靠。恃，這裏用如名詞，指色藝。

〔11〕妍（yán），美。憐，愛。

〔12〕遇，遇合。知，被知，被了解。

〔13〕這兩句是説，這種作威作福的享樂生活是命運決定的，不能够徼倖取得。幸，徼倖。

　　“窮居而野處，升高而望遠，坐茂樹以終日，濯清泉以自潔。採於山，美可茹〔1〕；釣於水，鮮可食。起居無時，惟適之安〔2〕。與其有譽於前，孰若無毀於其後〔3〕；與其有

樂於身,孰若無憂於其心。車服不維[4],刀鋸不加[5],
理亂不知[6],黜陟不聞[7]。大丈夫不遇於時者之所爲
也,我則行之。

[1]茹(rú),吃。

[2]適,舒適,用如名詞,是"安"的賓語。這話是説,怎樣舒服就怎樣做。

[3]大意是,與其當面受到稱譽,不如背後不受毁謗。

[4]車服,古代官位高低,車服有所不同,這裏車服指官職。維,束縛。這話
　　是説没有官職束縛我。

[5]刀鋸,指刑戮。這話是説刑戮加不到我身上。

[6]理,治(因避唐高宗諱改用"理"字),指天下太平。亂,指不太平。

[7]黜(chù),貶斥。陟,進用。

　　"伺候於公卿之門,奔走於形勢之途[1],足將進而趑
趄[2],口將言而囁嚅[3],處穢汙而不羞,觸刑辟而誅
戮[4],徼倖於萬一、老死而後止者,其於爲人賢不肖何
如也[5]?"

[1]等於説奔走於勢利之途,也就是趨炎附勢的意思。

[2]趑趄(zījū),躊躇不前的樣子。

[3]囁嚅(nièrú),想説話又不敢説出口的樣子。

[4]辟,法。

[5]他們在爲人方面賢不肖怎麽樣呢? 不肖,不賢。

　　昌黎韓愈,聞其言而壯之,與之酒而爲之歌曰:"盤之
中,維子之宫;盤之土,可以稼;盤之泉,可濯可沿[1];盤之
阻[2],誰爭子所[3]? 窈而深[4],廓其有容[5];繚而
曲,如往而復[6]。嗟盤之樂兮,樂且無央[7]! 虎豹遠迹
兮,蛟龍遁藏[8];鬼神守護兮,呵禁不祥[9]。飲且食兮

壽而康;無不足兮奚所望? 膏吾車兮秣吾馬^[10],從子於盤
兮,終吾生以徜徉^[11]。"

〔1〕沿,這裏指沿水散步。

〔2〕阻,險阻。指險阻梗塞的地方。

〔3〕所,處所。

〔4〕窈,幽遠。

〔5〕廓,空闊的樣子。有容,有所容,指寬闊。

〔6〕繚,纏繞,指迴環曲折。這話大意是,盤谷曲折迴環,行人好像在往前走,
　　　卻不知不覺又走回來了。

〔7〕央,盡。

〔8〕這是雙關語,明説虎豹蛟龍,實則隱寓奸佞豪强。

〔9〕呵,呵斥。

〔10〕膏,油脂,塗在車軸和車轂之間,可使車輪運轉滑利,這裏用如動詞。秣,
　　　喂〔牲口〕。

〔11〕徜徉(chángyáng),徘徊放蕩。這首歌的韻腳是:中宫;土稼;泉沿;阻
　　　所;深容;曲復;央藏祥康望(wáng)徉。土與稼押,深與容押,都是仿古。
　　　土與稼同屬古音魚部。深屬古音侵部,容屬古音東部,侵東通韻。

柳子厚墓誌銘^[1]

　　子厚,諱宗元^[2]。七世祖慶,爲拓跋魏侍中,封濟陰
公^[3]。曾伯祖奭^[4],爲唐宰相,與褚遂良韓瑗俱得罪武
后^[5],死高宗朝。皇考諱鎮^[6],以事母棄太常博士,求
爲縣令江南^[7]。其後以不能媚權貴,失御史^[8]。權貴
人死,乃復拜侍御史^[9],號爲剛直。所與游皆當世名人。

〔1〕墓誌銘,古代的一種文體,表示對死者的紀念。文章通常分兩部分:第一
　　　部分是序文,敘述死者的姓氏、爵位和生平事蹟;後一部分是銘文,表示

對死者的悼念和頌贊。這一篇墓誌銘的銘文很短，可説是一種變格。墓
誌銘刻在石上，埋於墓中。

〔2〕諱，死去的人的名，敬稱。

〔3〕拓跋魏，指南北朝時的北魏王朝，因國君姓拓跋(後改姓元)，所以稱爲拓
跋魏。史書記載，柳慶任北魏侍中，入北周，被封爲平齊公。子柳旦爲北
周中書侍郎，被封爲濟陰公。此處可能有脱文。

〔4〕奭(shì)，先爲中書舍人，因外甥女王氏爲皇太子(唐高宗)妃，擢昇爲兵
部侍郎。王氏當了皇后後，又昇爲中書侍郎。永徽三年(公元652年)代
褚遂良爲中書令。高宗廢王氏，柳奭也被貶爲愛州刺史。後來朝臣許敬
宗、李義府告發他企圖謀害皇帝，並説他與褚遂良等朋黨爲奸，高宗派人
到愛州將他殺死了。按：柳奭是柳宗元的高伯祖，這裏説是曾伯祖。

〔5〕褚(chǔ)遂良，字登善，曾做過吏部尚書、同中書門下三品、尚書右僕射等
官。後因勸阻唐高宗立武則天爲皇后，遭到貶黜。韓瑗(yuàn)，字伯玉，
做過同中書門下三品、侍中等官，爲救褚遂良，也被貶黜。

〔6〕皇考，參看第二册第545頁《離騷》注〔3〕。

〔7〕事，侍奉。太常博士，太常指太常寺，掌禮樂、郊廟、社稷之事，長官爲太
常卿。博士是其屬官，掌管禮儀祭祀和議定王公大臣的諡號。當時常袞
爲吏部尚書，他推薦柳鎮爲太常博士。柳鎮因爲老母在江南，請求做宣
城縣(今安徽宣城縣)令。

〔8〕柳鎮後昇爲殿中侍御史，因不肯與御史中丞盧侶、宰相竇參一同誣陷侍
御史穆贊，並且爲穆贊平反了冤獄，被竇參以別的事陷害，貶爲夔州(今
四川奉節縣)司馬。這裏的"御史"即指殿中侍御史。唐代御史臺分三
院：臺院、殿院、察院。殿中侍御史屬殿院，是皇帝周圍糾察羣僚的監
察官。

〔9〕唐德宗貞元八年(公元792年)，竇參因罪被貶，第二年皇帝賜他死，任柳
鎮爲侍御史。侍御史，屬臺院，掌糾舉百僚、審訊案件。

　子厚少精敏，無不通達。逮其父時，雖少年，已自成

人,能取進士第[1],嶄然見頭角[2]。衆謂柳氏有子矣。其後以博學宏詞[3],授集賢殿正字[4],藍田尉[5]。儁傑廉悍[6],議論證據今古,出入經史百子[7],踔厲風發[8],率常屈其座人[9]。名聲大振,一時皆慕與之交。諸公要人,爭欲令出我門下[10],交口薦譽之[11]。

〔1〕唐德宗貞元九年,柳宗元二十一歲時中進士。

〔2〕嶄(zhǎn)然,高峻的樣子。見(xiàn),顯露。這是比喻青年人顯露才華。

〔3〕博學宏詞,這裏指唐代吏部考選進士及第者的科目,取中後即授予官職。

〔4〕集賢殿,全名爲集賢殿書院,掌刊輯經籍,搜求佚書。置學士、正字等官。正字掌管校讎典籍、刊正文字的工作。

〔5〕藍田,地名,今陝西藍田縣。

〔6〕儁,同“俊”。儁傑,指才能出衆。廉,方正,有骨氣。悍,勇敢。

〔7〕百子,指諸子百家。

〔8〕踔厲,騰躍的樣子。踔厲風發,形容柳宗元發表議論時見識高遠、精神奮發的樣子。

〔9〕率(shuài),一般。

〔10〕這是説,因柳宗元有才學,當時的顯貴人物都想叫他做自己的門生。

〔11〕交口,等於説衆口同聲。

　　貞元十九年,由藍田尉拜監察御史[1],順宗即位,拜禮部員外郎。遇用事者得罪[2],例出爲刺史[3]。未至,又例貶永州司馬[4]。居閑[5],益自刻苦,務記覽[6]。爲詞章泛濫停蓄[7],爲深博無涯涘,而自肆於山水閒[8]。

〔1〕監察御史,屬察院,掌分察百僚,巡按郡縣,糾視刑獄,整肅朝儀。

〔2〕用事,等於説當權。用事者,指王叔文。順宗時,王叔文任户部侍郎,深得順宗信任。他看到當時政治黑暗,想進行改革,於是以韋執誼爲尚書

左丞、同中書門下平章事（宰相之職），更引用柳宗元、劉禹錫等新進之士。當時憲宗爲太子，對王叔文很不滿意，即位後，將王叔文貶黜，後來又把他殺死了。

〔3〕這裏指永貞元年（公元 805 年）柳宗元因坐王叔文黨，被貶爲邵州（今湖南邵陽市）刺史一事。當時凡被視爲王叔文同黨的都被遣出，所以稱"例出"。

〔4〕永州，今湖南永州市。司馬，唐代州行政長官刺史的屬官，是刺史的助手，不掌武職。

〔5〕居閑，處於閑暇的時候。

〔6〕記覽，記誦和閱覽。這是説柳宗元刻苦讀書。

〔7〕形容文筆汪洋恣肆，像水的泛濫；雄厚凝鍊，像水的停蓄。

〔8〕肆，指放蕩。

　　元和中，嘗例召至京師，又偕出爲刺史〔1〕，而子厚得柳州〔2〕。既至，歎曰："是豈不足爲政邪？"因其土俗〔3〕，爲設教禁〔4〕，州人順賴。其俗以男女質錢〔5〕，約不時贖〔6〕，子本相侔〔7〕，則没爲奴婢。子厚與設方計，悉令贖歸。其尤貧力不能者，令書其傭〔8〕，足相當，則使歸其質。觀察使下其法於他州〔9〕，比一歲〔10〕，免而歸者且千人。衡湘以南爲進士者〔11〕，皆以子厚爲師，其經承子厚口講指畫爲文詞者，悉有法度可觀。

〔1〕偕，指很多人一起。

〔2〕柳州，唐置的州名，故治即廣西舊馬平縣治。

〔3〕因，順着。土俗，當地的風俗。

〔4〕教，教化。禁，禁令。

〔5〕質，抵押。

〔6〕約，約定。時，按時。

〔7〕子,指利息。本,指本錢。相侔(móu),相等。

〔8〕書,寫,這裏指記下。傭,這裏指勞動所值。書其傭,把他們的勞動所值記下來。

〔9〕觀察使,官名,又叫觀察處置使,是中央派往地方掌管監察的官,每道設有一個(唐代把全國劃分爲十五個監察區,叫做道)。下其法,推行柳宗元使百姓贖回人質的辦法。

〔10〕比,及,等到。

〔11〕衡湘,衡山、湘水。

其召至京師而復爲刺史也,中山劉夢得禹錫亦在遣中〔1〕,當詣播州。子厚泣曰:"播州非人所居,而夢得親在堂〔2〕,吾不忍夢得之窮,無辭以白其大人。且萬無母子俱往理。"請於朝,將拜疏〔3〕,願以柳易播,雖重得罪,死不恨。遇有以夢得事白上者,夢得於是改刺連州〔4〕。嗚呼!士窮乃見節義。今夫平居里巷相慕悅,酒食游戲相徵逐〔5〕,詡詡强笑語以相取下〔6〕,握手出肺肝相示,指天日涕泣,誓生死不相背負,真若可信;一旦臨小利害,僅如毛髮比,反眼若不相識,落陷穽,不一引手救,反擠之,又下石焉者,皆是也。此宜禽獸夷狄所不忍爲,而其人自視以爲得計。聞子厚之風,亦可以少媿矣。

〔1〕中山,今河北省定縣。劉夢得,名禹錫,彭城(今江蘇省銅山縣)人,先爲王叔文所知,授屯田員外郎判度支鹽鐵案兼崇陵使判官。王叔文失敗後,劉被貶爲朗州(今湖南常德市)司馬。後來召還,又貶播州(在今貴州遵義縣西)刺史,改爲連州。

〔2〕親在堂,指母親健在。

〔3〕拜疏,向皇帝上疏。

〔4〕當時御史中丞裴度以劉禹錫母親年老不能同去爲理由,請憲宗派他到較

近的地方去,於是改任他爲連州(州治在今廣東省連縣)刺史。刺,用如動詞,做刺史。

〔5〕徵,召,這裏指邀請。徵逐,指朋友之間互相邀請飲樂。

〔6〕詡詡(xǔxǔ),和諧地聚集在一起的樣子。強(qiǎng),勉强。取下,指採取謙下的態度。

　　子厚前時少年,勇於爲人〔1〕,不自貴重顧藉〔2〕,謂功業可立就,故坐廢退。既退,又無相知有氣力得位者推挽〔3〕,故卒死於窮裔〔4〕,材不爲世用,道不行於時也。使子厚在臺省時〔5〕,自持其身〔6〕,已能如司馬刺史時,亦自不斥〔7〕;斥時,有人力能舉之,且必復用不窮。然子厚斥不久,窮不極,雖有出於人,其文學辭章,必不能自力以致必傳於後如今〔8〕,無疑也。雖使子厚得所願,爲將相於一時,以彼易此,孰得孰失,必有能辨之者。

〔1〕爲(wèi),等於説幫助。

〔2〕顧藉,愛惜。

〔3〕推挽,等於説推舉提拔。

〔4〕卒,終於。窮裔(yì),僻遠的邊地。

〔5〕臺,指御史臺。省,指尚書。在臺省,指柳宗元在御史臺任監察御史,在尚書禮部任員外郎時。

〔6〕意爲謹慎持重,指不參與王叔文集團的政治改革活動。

〔7〕斥,貶斥。

〔8〕以致於一定傳到後世像今天這樣。

　　子厚以元和十四年十一月八日卒〔1〕,年四十七。以十五年七月十日,歸葬萬年先人墓側〔2〕。子厚有子男二人,長曰周六,始四歲;季曰周七,子厚卒乃生。女子二人,皆幼。其得歸葬也，費皆出觀察使河東裴君行立^[3]。行立有節概，重然諾^[4]，與子厚結交，子厚亦爲之盡，竟賴其力。葬子厚於萬年之墓者，舅弟盧遵^[5]。遵，涿人^[6]，性謹慎，學問不厭。自子厚之斥，遵從而家焉，逮其死不去。既往葬子厚，又將經紀其家^[7]，庶幾有始終者。

銘曰：是惟子厚之室，既固既安，以利其嗣人。

〔1〕元和十四年，當公元819年。

〔2〕萬年，在今陝西長安縣境內。

〔3〕裴行立，絳州稷山（今山西稷山縣）人，元和十二年爲桂管觀察使。

〔4〕然、諾，都是應答的聲音。重然諾，看重許下的諾言，就是講信用的意思。

〔5〕舅弟，表弟。

〔6〕涿，今河北涿縣。

〔7〕經紀，安排料理。

柳　宗　元

柳宗元（公元773—819年），河東（今山西永濟縣）人，因曾做過柳州刺史，所以後人又稱爲“柳柳州”。他當時參加了比較進步的王叔文集團，想改革時政。後來王叔文集團在舊官僚和宦官的聯合進攻下失敗了，於是被落後勢力說成是小人集團，而柳宗元也就長期被某些人看成品德上有欠缺的人，這實在是對他的誣衊。

柳宗元積極地參加了韓愈所倡導的古文運動。他在政治上較開明，加以遭到沉重的政治迫害，被貶到邊遠地區，這就使得他有機會深入社會，接觸下層人民。他的很多作品都暴露了封建政治的黑暗，反映了窮苦人民的痛苦生活，具有較強的人民性和現實主義精神。柳文的藝術性也很高。說理散文結構嚴密，筆鋒犀利，富於戰鬥性。寓言散文諷刺辛辣深刻。山水散文流暢清新。

柳宗元的作品由唐代劉禹錫保存下來，並編成集子。較流行的有宋廖瑩中編注的《柳河東集》和明蔣之翹輯注的《柳河東集》。

愚溪詩序[1]

灌水之陽有溪焉[2]，東流入於瀟水[3]。或曰冉氏嘗居也，故姓是溪爲冉溪；或曰可以染也，名之以其能，故謂之染溪。余以愚觸罪，謫瀟水上[4]。愛是溪，入二三里，得其尤絕者，家焉。古有愚公谷[5]，今余家是溪，而名莫能定。土之居者，猶齗齗然[6]，不可以不更也，故更之爲愚溪。

[1]這篇文章是愚溪詩的序言，詩已亡佚。文中流露出被埋沒受屈辱的牢騷，以及不得不愚的憤懣情緒。愚溪，在今湖南永州市西南。

[2]灌水，湘江的支流，在今廣西省全州、灌陽一帶。

[3]瀟水，也是湘江的支流，源出九疑山，在永州市入湘江。灌水、瀟水都在當時永州境內。

[4]指遭貶爲永州司馬事。

[5]《水經注·淄水》：“……西北逕黃山東，又北歷愚山。山東有愚公冢。時水又屈而逕杜山北，有愚公谷。”《說苑·政理》：“齊桓出獵，逐鹿而走入山谷之中，見一老公而問之曰：‘是爲何谷？’對曰：‘爲愚公之谷。’桓公曰：‘何故？’對曰：‘以臣名之。’”按：谷在今山東臨淄縣西。

[6]齗齗(yínyín)然，爭辯的樣子。這幾句是說當地的居民，有的主張叫它冉溪，有的主張叫它染溪，在那裏爭論不休。

愚溪之上，買小丘，爲愚丘。自愚丘東北行六十步，得泉焉，又買居之，爲愚泉。愚泉凡六穴，皆出山下平地，蓋上出也〔1〕。合流屈曲而南,爲愚溝。遂負土累石,塞其隘,爲愚池。愚池之東,爲愚堂。其南,爲愚亭。池之中,爲愚島。嘉木異石錯置,皆山水之奇者,以余故,咸以愚辱焉。

　　夫水,智者樂也〔2〕;今是溪獨見辱於愚,何哉?蓋其流甚下,不可以灌溉;又峻急多坻石〔3〕,大舟不可入也;幽邃淺狹〔4〕,蛟龍不屑〔5〕,不能興雲雨。無以利世,而適類於余,然則雖辱而愚之可也〔6〕。

〔1〕上出,向上湧出。

〔2〕樂(yào),喜愛。《論語·雍也》:"知者樂水,仁者樂山。"

〔3〕坻(chí),水中小洲。

〔4〕邃(suì),深遠。

〔5〕不屑,等於説不屑居住。

〔6〕愚,用如動詞。愚之,叫它做愚。

　　甯武子"邦無道則愚"〔1〕,智而爲愚者也;顔子"終日不違如愚"〔2〕,睿而爲愚者也〔3〕。皆不得爲真愚。今余遭有道而違於理,悖於事,故凡爲愚者,莫我若也。夫然,則天下莫能爭是溪,余得專而名焉。

〔1〕甯武子,名俞,諡武,春秋時衛國大夫。《論語·公冶長》:"甯武子,邦有道則知,邦無道則愚(指佯愚)。其知可及也,其愚不可及也。"

〔2〕《論語·爲政》:"子曰:'吾與回言終日,不違如愚。退而省其私,亦足以發,回也不愚。'"(退,顔回退。省,指孔子觀察。私,指顔回的言論行爲。發,指能把孔子所講的道理加以發揮。)

〔3〕睿(ruì),聰明。

　　溪雖莫利於世,而善鑒萬類〔1〕。清瑩秀澈,鏘鳴金石〔２〕。能使愚者喜笑眷慕，樂而不能去也。余雖不合於俗，亦頗以文墨自慰。漱滌萬物〔３〕，牢籠百態〔４〕，而無所避之。以愚辭歌愚溪，則茫然而不違〔５〕，昏然而同歸〔６〕，超鴻蒙〔７〕，混希夷〔８〕，寂寥而莫我知也。於是作八愚詩于溪石上。

〔１〕鑒，照。萬類，即萬物。

〔２〕鏘，金玉的響聲。這是説水聲像鐘磬聲。

〔３〕漱(shù)，洗滌。

〔４〕牢籠，包括。

〔５〕不違，指不違於外物。

〔６〕同歸，指與外物同歸於一體。

〔７〕鴻蒙，自然之元氣。超鴻蒙，等於説出世。

〔８〕《老子》：“視之不見名曰夷，聽之不聞名曰希，搏之不得名曰微。此三者，不可致詰，故混而爲一。”混希夷，指與自然混同，物我不分。

答韋中立論師道書〔１〕

二十一日宗元白。

辱書云欲相師。僕道不篤，業甚淺近，環顧其中，未見可師者。雖常好言論，爲文章，甚不自是也。不意吾子自京師來蠻夷間〔２〕，乃幸見取〔３〕。僕自卜固無取〔４〕；假令有取，亦不敢爲人師。爲衆人師且不敢〔５〕，況敢爲吾子師乎？

〔１〕韋中立，潭州刺史韋彪的孫子，元和十四年(公元819年)中進士。元和八年，他曾請求柳宗元做他的老師，這是柳宗元答覆他的信。這封信的前半論師道之衰，表示自己不敢擔當老師的名義。後半着重闡述自己“文以明道”的文學主張，介紹自己的學習經驗和體會。

〔2〕柳宗元當時謫居永州，韋中立從長安來找他，所以説"自京師來蠻夷間"。

〔3〕見取，取我。就是説韋中立要拜柳宗元爲師。

〔4〕自卜，自己估量。無取，没有可取之處。

〔5〕衆人，指普通的人。

　　孟子稱"人之患在好爲人師"〔1〕。由魏晉氏以下，人益不事師。今之世不聞有師。有，輒譁笑之，以爲狂人。獨韓愈奮不顧流俗，犯笑侮，收召後學，作《師説》〔2〕，因抗顔而爲師〔3〕。世果羣怪聚罵，指目牽引〔4〕，而增與爲言辭〔5〕。愈以是得狂名，居長安，炊不暇熟〔6〕，又挈挈而東〔7〕。如是者數矣。屈子賦曰："邑犬羣吠，吠所怪也。"〔8〕僕往聞庸蜀之南〔9〕，恒雨少日，日出則犬吠，余以爲過言。前六七年，僕來南。二年冬〔10〕，幸大雪踰嶺〔11〕，被南越中數州〔12〕。數州之犬，皆蒼黄吠噬狂走者累日〔13〕，至無雪乃已，然後始信前所聞者。今韓愈既自以爲蜀之日，而吾子又欲使吾爲越之雪，不以病乎〔14〕？非獨見病，亦以病吾子。然雪與日豈有過哉？顧吠者犬耳。度今天下不吠者幾人？而誰敢衒怪於羣目〔15〕，以召鬧取怒乎？

〔1〕見《孟子·離婁上》。

〔2〕韓愈作《師説》，專論從師之道。

〔3〕抗，舉。抗顔，毫不客氣的樣子。

〔4〕指目，手指而目視的意思。牽引，拉拉扯扯。這話是説，衆人看到了韓愈，便指手畫腳，遞眼色，並互相拉扯示意，以表示對他的輕視。

〔5〕這是説增添一些言辭來毀謗韓愈。

〔6〕煮飯都來不及煮熟，表示匆匆忙忙。

〔7〕挈挈(qièqiè),孤獨的樣子。

〔8〕見《楚辭·九章·懷沙》。原文作:"邑犬之羣吠兮,吠所怪也。"

〔9〕往,從前。庸,古國名,在今湖北竹山縣東南。庸蜀,這裏泛指四川。

〔10〕二年冬,指元和二年冬。

〔11〕嶺,指五嶺。嶺南一般是不下雪的。

〔12〕被,覆蓋。南越,泛指今廣東廣西一帶。

〔13〕蒼黃,同"倉皇",張皇失措的樣子。累日,連日。

〔14〕以,通"已",太甚。病,有毛病,不妥。

〔15〕衒(xuàn),通"炫",顯露自己。

　　僕自謫過以來〔1〕,益少志慮。居南中九年〔2〕,增腳氣病,漸不喜鬧。豈可使呶呶者早暮咈吾耳〔3〕,騷吾心?則固僵仆煩憒〔4〕,愈不可過矣〔5〕!平居望外遭齒舌不少〔6〕,獨欠爲人師耳!

〔1〕謫過,指謫降,貶官。

〔2〕南中,泛指南方。

〔3〕呶呶(náonáo),喧鬧不休。咈(fú),拂逆。

〔4〕憒(kuì),心亂。

〔5〕不可過,不能過下去。

〔6〕望外,等於説意外。齒舌,等於説口舌。

　　抑又聞之,古者重冠禮,將以責成人之道〔1〕,是聖人所尤用心者也〔2〕。數百年來,人不復行。近有孫昌胤者,獨發憤行之。既成禮,明日造朝〔3〕,至外廷,薦笏言於卿士曰〔4〕:"某子冠畢〔5〕。"應之者咸憮然〔6〕。京兆尹鄭叔則〔7〕,怫然曳笏卻立〔8〕,曰:"何預我邪〔9〕?"廷中皆大笑。天下不以非鄭尹而快孫子〔10〕,何哉?獨爲所不爲也。今之命師者大類此。

〔1〕責,要求。

〔2〕尤,最。

〔3〕造朝,到朝廷去。

〔4〕薦,插。笏(hù),古代臣子朝見皇帝時所拿的手版。薦笏,把笏插在衣帶中。

〔5〕某,孫昌胤自稱。

〔6〕憮(wǔ)然,驚愕莫名的樣子。

〔7〕京兆尹,官名。漢以來,歷代以京城所在州爲京兆,京兆尹是其行政長官。唐時以雍州(今陝西長安縣西北一帶)爲京兆。

〔8〕怫然,不高興的樣子。曳,拖。曳笏,指一手拿着笏而垂下。卻,後退。

〔9〕等於説與我何干?

〔10〕非,意動用法,以鄭尹的話爲非。快,意動用法,以孫子的行冠禮爲快。

　　吾子行厚而辭深,凡所作,皆恢恢然有古人形貌[1]。雖僕敢爲師,亦何所增加也? 假而以僕年先吾子,聞道著書之日不後,誠欲往來言所聞,則僕固願悉陳中所得者[2]。吾子苟自擇之,取某事去某事則可矣。若定是非以教吾子,僕材不足,而又畏前所陳者,其爲不敢也決矣! 吾子前所欲見吾文,既悉以陳之。非以耀明於子,聊欲以觀子氣色,誠好惡何如也[3]。今書來,言者皆大過[4]。吾子誠非佞譽誣諛之徒,直見愛甚故然耳[5]。

〔1〕恢恢然,寬廣的樣子,這裏指氣魄宏大。

〔2〕中,指心中。

〔3〕好(hào),喜歡。惡(wù),討厭。

〔4〕大過,太過分。

〔5〕直,衹不過。

　　始吾幼且少,爲文章,以辭爲工[1]。及長,乃知文者以明道,是固不苟爲炳炳烺烺[2],務采色[3],夸聲音[4],而以爲能也。凡吾所陳,皆自謂近道,而不知道之果近乎遠乎?吾子好道而可吾文[5],或者其於道不遠矣。故吾每爲文章,未嘗敢以輕心掉之[6],懼其剽而不留也[7];未嘗敢以怠心易之[8],懼其弛而不嚴也[9];未嘗敢以昏氣出之[10],懼其昧没而雜也[11];未嘗敢以矜氣作之[12],懼其偃蹇而驕也[13]。抑之欲其奥[14],揚之欲其明[15]。疏之欲其通[16],廉之欲其節[17]。激而發之欲其清[18],固而存之欲其重[19]。此吾所以羽翼夫道也[20]。本之《書》以求其質[21];本之《詩》以求其恒[22];本之《禮》以求其宜[23];本之《春秋》以求其斷[24];本之《易》以求其動[25]。此吾所以取道之原也。參之穀梁氏以厲其氣[26];參之孟荀以暢其支[27];參之莊老以肆其端[28];參之《國語》以博其趣[29];參之《離騷》以致其幽[30];參之太史以著其潔[31]。此吾所以旁推交通[32],而以爲之文也。

〔1〕辭,文辭。工,巧。柳宗元早年喜歡寫駢體文。這裏是説他早年以爲講究文辭就能把文章寫好。

〔2〕炳炳,明亮的樣子。烺烺(lǎnglǎng),意同"炳炳"。炳炳烺烺,等於説漂亮,形式上好看。

〔3〕采色,指華麗的辭藻。

〔4〕聲音,指文章的聲韻。

〔5〕可,意動用法,認爲可以,認爲還不錯。

〔6〕輕心,輕率之心。掉,大摇大擺,指放縱、隨便。後代成語有"掉以輕心"。

〔7〕剽(piāo),輕而易動。

〔8〕怠,不嚴肅。易,簡率。

〔9〕弛,鬆弛。嚴,謹嚴。

〔10〕昏氣,指不清醒的頭腦。

〔11〕昧没,不明朗的樣子。

〔12〕矜氣,驕氣。

〔13〕偃蹇,驕傲的樣子。

〔14〕抑,抑制,指不盡情發揮。奥,深奥,這裏指含蓄。

〔15〕揚,發揚,這裏指發揮。從"抑之"到"欲其明",是説既要含蓄,又要明快。

〔16〕疏,疏通。通,通暢。

〔17〕廉,等於説收斂,指删削繁冗。從"疏之"到"欲其節",是説既要暢達,又要簡潔。

〔18〕激,使水激起浪花,比喻揚去汙濁。

〔19〕固,凝聚。存,保存。從"激而發之"到"欲其重",是説既要不俗氣,又要不輕浮。

〔20〕羽翼,等於説輔助。道,指聖人之道。即上文所謂文以明道。

〔21〕書,《尚書》。質,樸實。柳宗元認爲《尚書》的優點是樸實。

〔22〕詩,《詩經》。恒,常,久。柳宗元認爲《詩經》有永恒的情理。

〔23〕禮,《周禮》《儀禮》《禮記》。宜,合理。柳宗元認爲《禮》的優點是合理。

〔24〕斷,判斷,指有褒有貶,能判斷是非。

〔25〕易,《周易》。動,有變化,有發展。《周易》由六爻推演爲六十四卦,而"聖人有以見天下之動"(《繫辭上》),所以柳宗元認爲它有"動"的優點。

〔26〕厲,磨,這裏有"加强"的意思。氣,文氣。柳宗元認爲《穀梁傳》的文氣是值得學習的。

〔27〕支,枝,這裏指文章的條理。柳宗元認爲《孟子》《荀子》的文章是暢達的。

〔28〕肆,放縱。莊子曾説他的文章是"荒唐之言,無端崖之辭"(見天下篇),所以柳宗元這樣説。

〔29〕博,大,這裏用如動詞,使動用法。趣,情味。柳宗元認爲《國語》的文章富有情味。

〔30〕致,這裏指窮盡。幽,隱微。柳宗元認爲《離騷》文意隱微。

〔31〕太史,指司馬遷著的《史記》。著(zhù),彰明,使動用法。柳宗元認爲
《史記》的文章是精煉的。

〔32〕《穀梁》以下,不是經,而是子史,所以祇説"參之",祇説"旁推交通"。柳
宗元的意思是:道理從五經來,而文章作法則可以向子史學習。

凡若此者,果是邪? 非邪? 有取乎? 抑其無取乎? 吾
子幸觀焉,擇焉,有餘以告焉〔1〕。苟亟來以廣是道〔2〕,
子不有得焉,則我得矣〔3〕。又何以師云爾哉? 取其實而
去其名,無招越蜀吠怪,而爲外廷所笑,則幸矣。宗元白。

〔1〕餘,指閒暇。

〔2〕亟(qì),屢次。亟來,常來。

〔3〕大意是你不因我的幫助而有所得,我卻因你的幫助而有所得。這是客
氣話。

段太尉逸事狀〔1〕

太尉始爲涇州刺史時〔2〕,汾陽王以副元帥居蒲〔3〕。
王子晞爲尚書〔4〕,領行營節度使〔5〕,寓軍邠州〔6〕,縱士
卒無賴。邠人偷嗜暴惡者〔7〕,卒以貨竄名軍伍中〔8〕,則
肆志〔9〕,吏不得問。日羣行丐取於市〔10〕,不嗛〔11〕,輒奮
擊,折人手足,椎釜鬲甕盎盈道上〔12〕,袒臂徐去,至撞殺孕
婦人。邠寧節度使白孝德〔13〕,以王故〔14〕,戚不敢言〔15〕。
太尉自州以狀白府〔16〕,願計事。至則曰:"天子以生人付
公理〔17〕,公見人被暴害,因恬然〔18〕,且大亂,若何?"孝德
曰:"願奉教。"太尉曰:"某爲涇州〔19〕,甚適,少事。今不
忍人無寇暴死,以亂天子邊事。公誠以都虞候命某者〔20〕,

能爲公已亂〔21〕,使公之人不得害。"孝德曰:"幸甚。"如太
尉請。

〔1〕段太尉,名秀實,字成公,唐汧(qiān)陽(今陝西千陽縣)人。累官至涇原
　　鄭穎節度使、司農卿。德宗建中四年(公元 783 年),朱泚反,段秀實被
　　殺。興元元年(公元 784 年)追贈太尉。逸事,同"軼事",指散逸之事。
　　逸事狀,是"行狀"(記述死者生平事蹟,供撰作正式傳記者參考的傳狀類
　　文體)的變體,祇記錄逸事(軼事),至於死者的世系、名字、爵里、壽年以
　　及其他生平事蹟,不詳細記載。柳宗元於貞元十年(公元 794 年)曾至邠
　　州(今陝西彬縣)軍中探望叔父,得知段秀實逸事,元和九年(公元 814
　　年),寫成此文。

〔2〕涇州,即今甘肅涇川縣一帶。

〔3〕汾陽王,郭子儀。肅宗時,平安(祿山)史(思明)之亂,郭子儀功第一,封
　　汾陽王。以後,唐遭多次變亂,都靠他的力量轉危爲安。德宗時,拜太尉
　　中書令,死後,謚忠武。蒲,蒲州,在今山西永濟縣境,爲唐河中府故治所
　　在地。代宗時,郭子儀以關內副元帥兼河東副元帥河中節度使,駐軍
　　於此。

〔4〕晞,郭子儀第三子,在平定安史之亂時,隨父征伐,有軍功,官至御史中
　　丞。按郭晞當時爲左散騎常侍。

〔5〕行營,指副元帥的行營,即副元帥的辦公處。凡副元帥行營管轄地區內
　　的節度使,都可通稱爲行營節度使。

〔6〕寓軍,等於説駐軍。

〔7〕偷,懶惰。嗜,貪婪。暴,兇殘。惡,行爲不善。

〔8〕卒,終於。貨,財貨。竄,指添改。這話是説,各種各樣的壞人,終於拿財
　　物行賄,得以把姓名添進軍籍中。

〔9〕肆志,指任意胡作非爲。

〔10〕丐,指强求。丐取,敲詐勒索。

〔11〕嗛(qiè),通"慊",滿足。

〔12〕椎(chuí),敲打,這裏指砸碎。鬲(lì),古代煮飯用的器皿,似鼎而矮小。
盎(àng),盆。

〔13〕白孝德,因軍功歷任北庭行營節度使,邠寧節度使,封昌化郡王。

〔14〕王,指汾陽王郭子儀。

〔15〕戚,憂愁。

〔16〕州,指涇州。狀,情況。白,告知。府,指節度使府,也就是指白孝德。

〔17〕生人,即生民,指老百姓。因避唐太宗李世民諱,唐人於"民"往往改爲
"人"。付公理,交給您管。理,治。因避唐高宗諱改用"理"字。

〔18〕因,仍然。恬(tián)然,安閒的樣子。

〔19〕爲,治。

〔20〕誠,果真,這裏含有假設的意思。都虞候,軍中執法的官。某,這類"某"
字是説話人自稱其名的代替字。此處代秀實。

〔21〕已,停止。

　　既署一月〔1〕,晞軍士十七人入市取酒〔2〕,又以刃刺
酒翁,壞釀器,酒流溝中。太尉列卒取十七人,皆斷頭注槊
上〔3〕,植市門外,晞一營大譟〔4〕,盡甲〔5〕。孝德震恐,
召太尉曰:"將奈何?"太尉曰:"無傷也,請辭於軍〔6〕。"孝
德使數十人從太尉,太尉盡辭去。解佩刀,選老躄者一人
持馬〔7〕,至晞門下。甲者出,太尉笑且入曰:"殺一老卒,
何甲也?吾戴吾頭來矣。"甲者愕。因諭曰〔8〕:"尚書固
負若屬邪〔9〕?副元帥固負若屬邪?奈何欲以亂敗郭氏?
爲白尚書,出聽我言。"晞出見太尉,太尉曰:"副元帥勳塞
天地,當務始終〔10〕。今尚書恣卒爲暴〔11〕,暴且亂,亂天
子邊,欲誰歸罪?罪且及副元帥。今邠人惡子弟,以貨竄
名軍籍中〔12〕,殺害人如是不止,幾日不大亂?大亂由尚書

出，人皆曰尚書倚副元帥不戢士[13]。然則郭氏功名，其與存者幾何？"言未畢，晞再拜曰："公幸教晞以道，恩甚大，願奉軍以從。"顧叱左右曰："皆解甲散還火伍中[14]，敢譁者死。"太尉曰："吾未晡食[15]，請假設草具[16]。"既食，曰："吾疾作，願留宿門下。"命持馬者去，旦日來[17]。遂臥軍中。晞不解衣，戒候卒擊柝衛太尉[18]。旦，俱至孝德所，謝不能[19]，請改過，邠州由是無禍。

〔 1 〕署，代理，暫任或試充某官職，這裏指代理都虞候官職。

〔 2 〕取，這裏指搶掠。

〔 3 〕注，附着。槊，長矛。

〔 4 〕譟（zào）吵鬧騷動。

〔 5 〕甲，鎧甲，這裏用如動詞。

〔 6 〕辭，這裏有解説的意思。

〔 7 〕躄（bì），跛。

〔 8 〕諭，開導。

〔 9 〕若屬，等於説你們這班人。

〔10〕務，指努力從事。當務始終，應當做到有始有終。

〔11〕恣，放縱。

〔12〕籍，名册。

〔13〕倚，仗着。戢（jí），禁止。

〔14〕火，《新唐書·兵志》：府兵十人爲火，火有長。纊騎（宿衛兵），十人爲火，五火爲團。火伍，即隊伍。

〔15〕晡（bū），申時，等於現在下午三時至五時。晡食，夕食，古人一日兩餐，這是指吃第二頓飯。

〔16〕假，借，等於説就便。草具，參看第一册第101頁《馮諼客孟嘗君》注〔9〕。

〔17〕旦日，次日。

〔18〕候卒,負責巡邏警衛的士兵。柝(tuò),巡夜時用來敲打的木梆子。

〔19〕旦,即旦日,次日。謝,謝罪。不能,等於説無能。

　　先是太尉在涇州爲營田官〔1〕,涇大將焦令諶取人田〔2〕,自占數十頃,給與農〔3〕,曰:"且熟,歸我半。"是歲大旱,野無草。農以告諶,諶曰:"我知入數而已,不知旱也。"督責益急〔4〕。且飢死,無以償,即告太尉。太尉判狀〔5〕,辭甚巽〔6〕,使人求諭諶〔7〕。諶盛怒,召農者曰:"我畏段某邪?何敢言我?"取判鋪背上,以大杖擊二十,垂死〔8〕,舁來庭中〔9〕。太尉大泣曰:"乃我困汝。"即自取水洗去血,裂裳衣瘡〔10〕,手注善藥〔11〕,旦夕自哺農者然後食。取騎馬賣,市穀代償〔12〕,使勿知。淮西寓軍帥尹少榮,剛直士也,入見諶,大罵曰:"汝誠人耶!涇州野如赭〔13〕,人且飢死,而必得穀,又用大杖擊無罪者。段公,仁信大人也,而汝不知敬。今段公唯一馬,賤賣市穀入汝,汝又取不恥。凡爲人,傲天災、犯大人、擊無罪者〔14〕,又取仁者穀,使主人出無馬,汝將何以視天地,尚不愧奴隸邪〔15〕?"諶雖暴抗〔16〕,然聞言則大愧,流汗不能食。曰:"吾終不可以見段公。"一夕,自恨死〔17〕。

〔1〕段秀實任涇州刺史前,曾在白孝德手下任支度營田副使(幫助節度使掌管一方財政、召集流民爲官府墾田的官)。

〔2〕焦令諶(chén),人名。

〔3〕給與農,這裏指佃給農夫耕種。

〔4〕責,索取。

〔5〕判,裁決,判决。

〔6〕巽(xùn),通"遜",恭順。

〔7〕諭,告。

〔8〕垂,將近。

〔9〕舁(yú),抬。

〔10〕衣(yì),這裏指包紮。瘡,通"創",傷口。

〔11〕手,親手。注,附著,這裏指敷。

〔12〕市,買。

〔13〕赭,赤土。野如赭,指大旱。

〔14〕傲,這裏指輕視。大人,等於説長者,這裏指段秀實。

〔15〕尚,還。奴隸,泛指卑賤者。這是説行事如此,連奴隸都不如。

〔16〕抗,等於説傲慢。

〔17〕據《通鑑考異》,代宗大曆八年(公元773年),焦令諶還活着,柳宗元這樣
　　説,可能是根據傳聞。

　　及太尉自涇州以司農徵〔1〕,戒其族:"過岐〔2〕,朱泚
幸致貨幣〔3〕,慎勿納。"及過,泚固致大綾三百匹〔4〕。太
尉壻韋晤堅拒,不得命。至都,太尉怒曰:"果不用吾言。"
晤謝曰:"處賤無以拒也〔5〕。"太尉曰:"然終不以在吾
第〔6〕。"以如司農治事堂〔7〕,棲之梁木上。泚反,太尉
終,吏以告泚,泚取視,其故封識具存〔8〕。

〔1〕徵,召。以司農徵,指段秀實被召至京城作司農卿(主管儲糧和供應國家
　　用糧的官)。

〔2〕岐,指岐州,今陝西鳳翔縣。這是朱泚軍隊駐紮的地方。

〔3〕朱泚,唐德宗時拜太尉,後反唐,立爲大秦皇帝。不久,又改國號爲漢,後
　　來爲其部將所殺。幸,敬詞,等於説有幸。致,這裏指贈送。

〔4〕固,副詞,硬要,固執地。

〔5〕處賤,居於賤位。

〔6〕第,住宅。這句是説,不可把綾放在我的住宅裏。

〔7〕如,往。以如,指把綾送往。

〔8〕識(zhì),封條上所記的字。

　　大尉逸事如右。

　　元和九年月日,永州司馬員外置同正員柳宗元謹上史館〔1〕。今之稱太尉大節者出入〔2〕,以爲武人一時奮不慮死,以取名天下,不知太尉之所立如是。宗元嘗出入岐周邠斄閒〔3〕,過真定,北上馬嶺〔4〕,歷亭鄣堡戍〔5〕。竊好問老校退卒〔6〕,能言其事。太尉爲人姁姁〔7〕,常低首拱手行步,言氣卑弱,未嘗以色待物〔8〕,人視之,儒者也。遇不可,必達其志〔9〕,決非偶然者。會州刺史崔公來〔10〕,言信行直,備得太尉遺事,覆校無疑〔11〕。或恐尚逸墜,未集太史氏〔12〕,敢以狀私於執事〔13〕。謹狀〔14〕。

〔1〕員外置同正員,指定額以外的與正員禄俸相同的官員。

〔2〕出入,指不符合實際情況。

〔3〕周,今陝西岐山縣。斄(tái),通"邰",古邰國故地,在今陝西武功縣
　　　西南。

〔4〕真定,不詳,疑爲馬嶺山南的一個地名。馬嶺,即馬嶺山,在甘肅慶陽縣
　　　西北。

〔5〕亭,這裏指邊防區的哨所。鄣,同"障",在邊塞險要處所築的防禦工事。
　　　堡,防守用的堡壘。戍,守邊,這裏指戍邊士兵的駐地。

〔6〕校,低級軍官。

〔7〕姁姁(xǔxǔ),和悦的樣子。

〔8〕色,顏色,這裏指傲慢之色。物,這裏指人。

〔9〕不可,這裏指不合理的事。必達其志,這是説一定要達到糾正不合理的
　　　事的目的。

〔10〕崔公,指崔能。崔在元和六年任黔中觀察使,因郡邑被外族攻陷,坐罪,

貶永州刺史。

〔11〕校(jiào)，審查。

〔12〕逸，失。太史氏，指史官。

〔13〕私，用如動詞，有"私自送交"的意思。

〔14〕狀，用如動詞。

永州韋使君新堂記〔1〕

將爲穿谷嵌巖淵池於郊邑之中〔2〕，則必輦山石〔3〕，溝澗壑〔4〕，陵絕險阻〔5〕，疲極人力，乃可以有爲也。然而求天作地生之狀，咸無得焉。逸其人，因其地，全其天〔6〕，昔之所難，今於是乎在〔7〕。

〔1〕韋使君，當時的永州刺史。使君，對刺史的尊稱。

〔2〕穿谷，深谷。嵌(kān)巖，深巖。淵池，深池。

〔3〕輦，人拉的車，用如動詞。

〔4〕溝，用如動詞。

〔5〕陵，登。絕，越過。

〔6〕全，保全。天，指天然的形狀。

〔7〕是，指示代詞，指下文所説的新堂。

永州實惟九疑之麓〔1〕。其始度土者〔2〕，環山爲城。有石焉，翳於奧草〔3〕；有泉焉，伏於土塗〔4〕。蛇虺之所蟠〔5〕，貍鼠之所游。茂樹惡木，嘉葩毒卉〔6〕，亂雜而爭植〔7〕，號爲穢墟。

〔1〕九疑，即九嶷，山名，在今湖南省境。麓，山腳。

〔2〕度(duó)，量度，這裏有勘測的意思。度土，指度土建州。

〔3〕翳，遮蔽。奧草，深草。

〔4〕伏，隱藏。塗，汙泥。

〔5〕虺(huǐ)，一種毒蛇。蟠，也寫作"盤"，屈曲，這裏指盤據。

〔6〕葩(pā)，花。卉(huì)，草。

〔7〕植，生長。

　　韋公之來，既逾月，理甚無事〔1〕。望其地，且異之。始命芟其蕪〔2〕，行其塗〔3〕。積之丘如〔4〕，蠲之瀏如〔5〕。既焚既釃〔6〕，奇勢迭出〔7〕。清濁辨質，美惡異位〔8〕。視其植〔9〕，則清秀敷舒〔10〕；視其蓄〔11〕，則溶漾紆餘〔12〕。怪石森然〔13〕，周於四隅〔14〕。或列或跪，或立或仆，竅穴逶邃〔15〕，堆阜突怒〔16〕。乃作棟宇，以爲觀游〔17〕。凡其物類，無不合形輔勢〔18〕，效伎於堂廡之下〔19〕。外之連山高原〔20〕，林麓之崖〔21〕，間廁隱顯〔22〕。邇延野綠〔23〕，遠混天碧，咸會於譙門之內〔24〕。

〔1〕理，形容詞，政治有成績。

〔2〕芟(shān)，削除。蕪，荒草。芟其蕪，與上文"翳於奧草"相應，又與下文"積之丘如"相應。

〔3〕行，使動用法，指疏通。塗，泥。行其塗，與上文"伏於土塗"相應，又與下文"蠲之瀏如"相應。

〔4〕之，指荒草。丘如，像山丘的樣子。

〔5〕蠲(juān)，除去。之，指泥塗。瀏如，水清澈的樣子。

〔6〕焚，指燒草。釃(shī)，疏濬。

〔7〕迭，副詞，等於説一個跟着一個。

〔8〕泉水樹木不再像以前那樣清濁美惡不分了。

〔9〕植，指樹木。

〔10〕敷舒，即"扶疏"，疊韻聯緜字，枝葉茂盛的樣子。

〔11〕蓄，指積蓄的水。

〔12〕溶漾，一作"容漾"，雙聲聯緜字，水動蕩的樣子。紆(yū)餘，疊韻聯緜

字,曲折縈回的樣子。

〔13〕這是説怪石像樹木叢生的樣子。

〔14〕周,環繞。

〔15〕竅穴,這裏指山洞。逶,曲折。邃(suì),深遠。

〔16〕堆,小阜。阜,小土山。突怒,等於説突兀。

〔17〕拿來做觀賞和游覽的地方。

〔18〕合形輔勢,配合自然的形勢。

〔19〕效,獻。伎,通"技"。廡(wǔ),廊。

〔20〕外,指新堂外邊。

〔21〕林麓,布滿樹木的山腳。崖,邊際。

〔22〕閒(jiàn)廁,互相交雜。隱顯,若隱若現。

〔23〕邇,近。

〔24〕譙(qiáo)門,城門上的高樓,用來眺望敵人的,又叫譙樓。因爲新堂設在
　　城內,所以説"譙門之內"。

　　已乃延客入觀〔1〕,繼以宴娛。或贊且賀曰:"見公之
作,知公之志。公之因土而得勝〔2〕,豈不欲因俗以成
化〔3〕?公之擇惡而取美,豈不欲除殘而佑仁〔4〕?公之
蠲濁而流清,豈不欲廢貪而立廉?公之居高以望遠,豈不
欲家撫而戶曉?"夫然,則是堂也,豈獨草木土石水泉之適
歟〔5〕?山原林麓之觀歟?將使繼公之理者〔6〕,視其細
知其大也。宗元請志諸石〔7〕,措諸壁〔8〕,編以爲二千石
楷法〔9〕。

〔1〕延,引進。

〔2〕因,藉,這裏指順着。勝,勝景。因土而得勝,順着山水的自然而獲得
　　勝景。

〔3〕因俗以成化,順着風俗而形成教化。

〔４〕佑，助。

〔５〕適，指適意。

〔６〕理，治理。繼公之理者，即下任刺史。

〔７〕志，記載，這個意義後來寫作“誌”。

〔８〕措，置。措諸壁，嵌置石刻於牆壁上。

〔９〕編，指編入卷册。二千石，襲用漢代郡國守相的稱呼，這裏指當時州的行政長官刺史而言。楷法，楷模法式。

歐　陽　修

　　歐陽修（公元 1007—1072 年），字永叔，晚年自號六一居士，北宋廬陵（今江西吉安市）人。仁宗天聖八年（公元 1030 年）中進士，累官至樞密副使（樞密院掌管全國軍事）、參知政事（副宰相）。最後因與王安石政見不合，辭官退休，死後諡文忠。

　　歐陽修出身較寒微，對人民疾苦、社會弊病有一定程度的了解，所以居官時曾提出許多改革時政的主張，要求減輕人民的負擔。在當時革新派范仲淹與守舊派呂夷簡的政治鬥爭中，他站在革新派一邊，曾因此數次被貶。可是當他晚年王安石變法時，他又採取保守的態度而反對新法。

　　歐陽修又是當時詩文革新運動的主將。他和尹洙、梅堯臣等人一起，極力反對當時內容空洞、辭藻華麗的文風，提倡寫平易樸素的詩文，強調內容重於形式，實際上繼承了韓愈文以載道的精神。經過多年的努力，加以三蘇、曾鞏、王安石等的支持，這一革新運動蓬勃地發展起來。

　　歐陽修的散文、詩、詞都有很高的成就，尤其是他的散文具有平易流暢、委曲婉轉的獨特風格，對後世影響很大。

他留下的作品很多,現存的有《歐陽文忠公集》共一百五十三卷。

醉翁亭記[1]

環滁皆山也[2]。其西南諸峯,林壑尤美,望之蔚然而深秀者,瑯琊也[3]。山行六七里,漸聞水聲潺潺,而瀉出於兩峯之間者,釀泉也。峯回路轉[4],有亭翼然臨於泉上者[5],醉翁亭也。作亭者誰?山之僧曰智僊也[6]。名之者誰?太守自謂也[7]。太守與客來飲於此,飲少輒醉,而年又最高,故自號曰醉翁也。醉翁之意不在酒,在乎山水之間也。山水之樂,得之心而寓之酒也。

〔1〕宋仁宗慶曆五年(公元 1045 年),范仲淹、富弼等由於守舊派的陷害,相繼去職,歐陽修上疏力爭。守舊派給歐陽修加上別的罪名,貶知滁州。這篇文章是他在滁州時寫的。於寫景敘事之中,蘊蓄着抑鬱的心情。

〔2〕滁,滁州,今安徽省滁州市。

〔3〕瑯琊,山名,在滁州西南。

〔4〕回,轉彎。

〔5〕翼然,像鳥展翅的樣子。

〔6〕僊,同"仙"。

〔7〕太守,即郡太守,這是襲用前代郡的行政長官的稱號。宋代有州無郡,沒有太守的名稱,一州長官叫知州,全名是知某州軍州事。這裏是歐陽修的自稱。

若夫日出而林霏開[1],雲歸而巖穴暝[2],晦明變化者,山間之朝暮也。野芳發而幽香,佳木秀而繁陰[3],風霜高潔,水落而石出者,山間之四時也[4]。朝而往,暮而歸,四時之景不同,而樂亦無窮也。

〔1〕林霏(fēi),樹林中的雲氣。

〔2〕暝(míng),昏暗(指夜色)。

〔3〕秀,茂盛。

〔4〕四時,四季。

　　至於負者歌於塗,行者休於樹,前者呼,後者應,傴僂提攜〔1〕,往來而不絶者,滁人遊也。臨谿而漁,谿深而魚肥;釀泉爲酒,泉香而酒洌〔2〕。山肴野蔌〔3〕,雜然而前陳者,太守宴也。宴酣之樂,非絲非竹,射者中〔4〕,弈者勝,觥籌交錯〔5〕,起坐而諠譁者,衆賓懽也〔6〕。蒼顔白髮,頽乎其中者〔7〕,太守醉也。

〔1〕傴僂(yǔlǚ),疊韻聯緜字,腰彎背曲的樣子,指老年。提攜,抱着攙着,指小孩。

〔2〕洌(liè),清。

〔3〕肴(yáo),魚肉等葷菜。山肴,指山裏得來的野味。蔌(sù),菜。

〔4〕射,指投壺。這是古代舉行宴會時常玩的一種遊戲,把箭投向壺裏,以投中多少決勝負,負者要罰酒。

〔5〕籌,這裏指酒籌,用來計算飲酒的數量。

〔6〕懽,同"歡"。

〔7〕頽,倒。

　　已而夕陽在山,人影散亂,太守歸而賓客從也。樹林陰翳〔1〕,鳴聲上下,遊人去而禽鳥樂也。然而禽鳥知山林之樂,而不知人之樂;人知從太守遊而樂,而不知太守之樂其樂也。醉能同其樂,醒能述以文者,太守也。太守謂誰?廬陵歐陽修也。

〔1〕翳(yì),遮蔽。

王　安　石

　　王安石(公元 1021—1086 年),字介甫,號半山,北宋臨川(今江西臨川市)人。仁宗慶曆二年(公元 1042 年)中進士,累官至參知政事、同中書門下平章事(宰相)、尚書左僕射兼門下侍郎(也是宰相,神宗改官制後用此名),封荊國公。王安石執政後,積極推行新法。他的新法是在北宋階級矛盾尖銳、民族危機嚴重的情況下產生的。新法的目的在於給大官僚大地主等特權階級以一定的限制,以增加朝廷收入,加強國防力量,因而遭到了大官僚大地主的堅決反對,屢受排擠,最後衹得辭職。哲宗元祐元年(公元 1086 年),死在南京。

　　他的散文有較大的成就,他也是唐宋八大家之一。他主張作文章一定要"有福於世",因而他寫文章的態度很嚴肅,目的性很明確。他的散文大多數是政論性的,抨擊時政,指責時弊,多精闢中肯,富有說服力。他的詩也有一定的成就。

　　他的作品輯爲《臨川集》,共一百卷,由南宋詹大和核定。南宋李壁爲他的詩作了注。清沈欽韓爲他的文作了注,並補正了李壁所注王詩的闕誤。沈氏注中華書局有重印本。

遊褒禪山記[1]

　　褒禪山亦謂之華山。唐浮圖慧褒始舍於其址[2],而卒葬之,以故其後名之曰褒禪。今所謂慧空禪院者,褒之廬冢也[3]。距其院東五里,所謂華陽洞者,以其乃華山之陽名之也。距洞百餘步,有碑仆道,其文漫滅,獨其爲文猶可識,曰花山[4]。今言華如華實之華者,蓋音謬也[5]。其下平曠,有泉側出,而記遊者甚衆[6],所謂前洞也。由山以上五六里,有穴窈然[7],入之甚寒,問其深,則其好遊者不能窮也,謂之後洞。予與四人擁火以入,入之愈深,其進愈難,而其見愈奇。有怠而欲出者,曰:“不出,火且盡。”遂與之俱出。蓋予所至,比好遊者尚不能十一[8]。然視其左右,來而記之者已少。蓋其又深,則其至又加少矣。方是時,予之力尚足以入,火尚足以明也。既其出,則或咎其欲出者[9],而予亦悔其隨之,而不得極夫遊之樂也。

〔1〕褒禪山,在今安徽含山縣。

〔2〕浮圖,梵語譯音,佛家認爲僧人之中修行圓滿大徹大悟的叫浮圖。慧褒,唐代高僧。址,基,這裏指山腳下。

〔3〕廬,廬舍,指墓旁的房舍。冢,墳墓。

〔4〕其,指華山。這是説,碑上的字迹,已經模糊不清了,祇有“花山”二字還可認出來。

〔5〕“花”“華”不同音,王安石認爲讀華是讀錯了。

〔6〕記遊,指題詩文在洞壁上以記遊。

〔7〕窈(yǎo)然,深遠的樣子。

〔8〕十一,十分之一。

〔9〕咎,責怪。

　　於是予有歎焉。古人之觀於天地、山川、草木、蟲魚、鳥獸,往往有得[1],以其求思之深,而無不在也。夫夷以近[2],則遊者衆;險以遠,則至者少。而世之奇偉瑰怪非常之觀[3],常在於險遠,而人之所罕至焉,故非有志者不能至也。有志矣，不隨以止也〔4〕，然力不足者，亦不能至也。有志與力，而又不隨以怠，至於幽暗昏惑而無物以相之〔5〕，亦不能至也。然力足以至焉，於人爲可譏，而在己爲有悔。盡吾志也而不能至者，可以無悔矣，其孰能譏之乎？此予之所得也。

〔1〕得，指收獲。

〔2〕夷，平坦。以，連詞，等於説而。

〔3〕瑰(guī)怪，珍貴而奇特。

〔4〕不跟隨別人中途停止。

〔5〕相(xiàng)，輔助。

　　予於仆碑，又以悲夫古書之不存，後世之謬其傳而莫能名者〔1〕，何可勝道也哉？此所以學者不可以不深思而慎取之也。

　　四人者，廬陵蕭君圭君玉〔2〕、長樂王回深父〔3〕、予弟安國平父、安上純父。至和元年七月某日，臨川王某記〔4〕。

〔1〕謬其傳，以訛傳訛。莫能名，不能稱名，這裏泛指古説失傳。

〔2〕君圭是名，君玉是字。下文王回深父，安國平父，安上純父仿此。

〔3〕長樂，地名，今福建長樂縣。

〔4〕至和，宋仁宗年號。至和元年，當公元 1054 年。

蘇　軾

　　蘇軾(公元 1037—1101 年)，字子瞻，號東坡居士，四川眉山(今四川眉州市)人。仁宗嘉祐二年(公元 1057 年)中進士，歷任翰林學士兼侍讀、兵部尚書兼侍讀、端明殿翰林侍讀等職,死後謚爲文忠公。他反對王安石新法,因而多次被捲入政治鬥爭的漩渦。他一生的宦途是不平靜的,曾屢次遭到貶黜,最遠被貶到瓊州(今海南島),爲瓊州別駕。六十六歲時死在常州。

蘇軾是有多方面成就的作家。他的散文與詩詞都很有名。在散文方面,他是唐宋八大家之一;在詞方面,他和辛棄疾齊名。豪放是他的詩文的特點。

他有時在作品中也流露出消極頹廢的感傷情調,且常常闡發老莊的哲理。

蘇軾的作品,保存下來的共一百一十卷,收入《東坡七集》。南宋郎曄把他的文章選出四百幾十篇,編成六十卷,爲之作注,定名爲《經進東坡文集事略》。這兩種本子,解放後都有重印本。關於詩,有宋施元之的《施注蘇詩》、清王文誥的《蘇詩編注集成》、翁方綱的《蘇詩補注》等。關於詞,有《東坡詞》和《東坡樂府》。

賈 誼 論[1]

非才之難,所以自用者實難。惜乎! 賈生王者之佐[2],而不能自用其才也。

夫君子之所取者遠[3],則必有所待;所就者大[4],則必有所忍。古之賢人,皆負可致之才[5],而卒不能行其萬一者,未必皆其時君之罪,或者其自取也。

〔1〕賈誼,參看本册第 870 頁。蘇軾在這篇文章裏分析了賈誼在政治上不得
　　志的原因。他歸結爲賈誼不能自用其才,不能等待和不能容忍。其實根
　　本原因在於賈誼對朝廷的建議不利於當時的當權派,因而遭到排擠。
〔2〕賈生,漢代的儒者稱爲"生",如賈生、董生(董仲舒)。

〔3〕所取者,指功業。

〔4〕所就者,也是指功業。

〔5〕致,指致功業。

　　愚觀賈生之論,如其所言,雖三代何以遠過? 得君如漢文〔1〕,猶且以不用死。然則是天下無堯舜,終不可有所爲耶? 仲尼聖人,歷試於天下,苟非大無道之國,皆欲勉强扶持,庶幾一日得行其道。將之荆,先之以冉有,申之以子夏〔2〕。君子之欲得其君,如此其勤也。孟子去齊,三宿而後出晝〔3〕,猶曰:“王其庶幾召我。”君子之不忍棄其君,如此其厚也。公孫丑問曰:“夫子何爲不豫?”孟子曰:“方今天下,舍我其誰哉? 而吾何爲不豫?”〔4〕君子之愛其身,如此其至也。夫如此而不用,然後知天下果不足與有爲,而可以無憾矣。若賈生者,非漢文之不能用生,生之不能用漢文也。

〔1〕漢文,漢文帝。

〔2〕見第一册《有子之言似夫子》。此處與原文略有不同。

〔3〕晝,齊地名。孟子曾在齊國爲卿,後來見齊王不能行王道,便辭官而去,但是在齊地晝停留了三天,想等齊王改過,重新召他入朝。事見《孟子·公孫丑下》。

〔4〕《孟子·公孫丑下》:“孟子去齊,充虞路問曰:‘夫子若不豫色然,前日虞聞諸夫子曰:“君子不怨天,不尤人。”’曰:‘……夫天未欲平治天下也,如欲平治天下,當今之世,舍我其誰也? 吾何爲不豫哉?’”充虞,孟子弟子,蘇軾這裏誤爲公孫丑。豫,喜悦。

　　夫絳侯親握天子璽而授之文帝〔1〕,灌嬰連兵數十萬,以決劉呂之雌雄〔2〕,又皆高帝之舊將,此其君臣相得之分,豈特父子骨肉手足哉[3]？賈生,洛陽之少年,欲使其一朝之間,盡棄其舊而謀其新[4],亦已難矣。爲賈生者,上得其君,下得其大臣,如絳灌之屬,優游浸漬而深交之[5],使天子不疑,大臣不忌,然後舉天下而唯吾之所欲爲,不過十年,可以得志。安有立談之間,而遽爲人痛哭哉[6]！觀其過湘爲賦以弔屈原[7],縈紆鬱悶[8],趯然有遠舉之志[9]。其後以自傷哭泣,至於夭絕[10],是亦不善處窮者也。夫謀之一不見用,則安知終不復用也。不知默默以待其變,而自殘至此。嗚呼！賈生志大而量小,才有餘而識不足也。

〔1〕絳侯,周勃。參看本册第709頁《淮陰侯列傳》注〔3〕。漢文帝劉恒是劉邦第二子,初封爲代王。吕后死後,諸吕想篡奪劉家天下,於是以周勃、陳平、灌嬰爲首的劉邦舊臣共誅諸吕,迎立劉恒爲皇帝。劉恒回京城路過渭橋時,周勃曾向他跪上天子璽。

〔2〕諸吕作亂,齊哀王聽到了消息,便舉兵討伐。吕禄等派灌嬰迎擊,灌嬰率兵到滎陽(今河南滎陽縣)後,不擊齊王,而與周勃等共謀,並屯兵滎陽,與齊連和,爲齊王助威。周勃等誅諸吕後,齊王撤兵回國。灌嬰便回到長安,與周勃、陳平等共立文帝。

〔3〕這是説他們君臣之間,比父子兄弟還親。

〔4〕賈誼爲太中大夫時,曾向文帝提出"改正朔,易服色,法制度,定官名,興禮樂",以及列侯就國,更改律令等一系列建議,得罪了周勃、灌嬰等人。他做梁懷王太傅時,又向文帝獻治安策,對治國、禦外等方面提出了建議。

〔5〕優游,疊韻聯緜字,從容不迫的樣子。浸漬(zì),雙聲聯緜字,漸漸滲透的樣子。

〔6〕遽,副詞,迫不及待地。賈誼《治安策序》:"臣竊惟事勢,可爲痛哭者一,

可爲流涕者二,可爲長太息者六。”

〔7〕賈誼因被朝中大臣排擠,貶爲長沙王太傅,路過湘水,作賦弔屈原。

〔8〕縈紆(yíngyū),雙聲聯緜字,繚繞的樣子。這裏比喻心緒不寧。

〔9〕趯(tì)然,超然的樣子,形容遠舉。遠舉,原指高飛,這裏比喻退隱。賈誼
　　《弔屈原賦》:“見細德之險徵兮,遥曾擊而去之。”正是遠舉的意思。

〔10〕賈誼在做梁懷王太傅時,梁懷王騎馬摔死,他自傷未能盡職,時常哭泣,
　　一年多後就死了。夭絶,指賈誼早死。

　　古之人,有高世之才,必有遺俗之累〔1〕。是故非聰明睿智不惑之主〔2〕,則不能全其用。古今稱苻堅得王猛於草茅之中〔3〕,一朝盡斥去其舊臣而與之謀〔4〕。彼其匹夫略有天下之半〔5〕,其以此哉!愚深悲生之志,故備論之。亦使人君得如賈生之臣,則知其有狷介之操〔6〕,一不見用,則憂傷病沮〔7〕,不能復振。而爲賈生者,亦謹其所發哉〔8〕!

〔1〕累,憂慮。

〔2〕睿(ruì),智慧通達。

〔3〕苻堅,晉時前秦的國君。王猛,字景略,初隱居華山,後受苻堅召,拜爲中
　　書侍郎。

〔4〕王猛被用後,受到苻堅的寵信,屢有昇遷,權傾內外,遭到舊臣仇騰、席寶
　　的反對。苻堅大怒,貶黜仇、席二人,於是上下皆服(見《晉書·載記·王
　　猛傳》)。

〔5〕匹夫,指苻堅。略,奪取。當時前秦削平羣雄,佔據着北中國,與東晉對
　　抗,所以説“略有天下之半”。

〔6〕狷(juàn)介,孤高,不同流合汙。

〔7〕沮(jǔ),頹喪。

〔8〕發,泛指立身處世,也就是上文所謂自用其才。

喜雨亭記

　　亭以雨名,志喜也[1]。古者有喜,則以名物,示不忘也。周公得禾,以名其書[2];漢武得鼎,以名其年[3];叔孫勝敵,以名其子[4]。其喜之大小不齊,其示不忘一也。

[1]志,記,後來寫作"誌"。

[2]周成王的同母弟唐叔得一異禾。這種禾是兩禾生在不同的田畝上,而合生一穗。於是獻給成王,成王送給周公。周公受禾後,作《嘉禾》一篇。《嘉禾》文已佚亡,今《尚書》僅存篇名。

[3]據《漢書·武帝紀》記載,元鼎元年(公元前116年)五月,得寶鼎於汾水上,於是改元爲元鼎元年。《通鑑考異》認爲得寶鼎應在元鼎四年,元鼎年號是後來追改的。

[4]魯文公十一年,北狄鄋(sōu)瞞國伐魯,魯文公派叔孫得臣禦敵,打敗了鄋瞞,並擊殺其國君僑如,於是將自己的兒子命名爲僑如,以表其功。

　　予至扶風之明年[1],始治官舍。爲亭於堂之北,而鑿池其南。引流種樹,以爲休息之所。是歲之春,雨麥於岐山之陽[2],其占爲有年[3]。既而彌月不雨[4],民方以爲憂。越三月,乙卯乃雨,甲子又雨,民以爲未足。丁卯大雨,三日乃止[5]。官吏相與慶於庭,商賈相與歌於市,農夫相與忭於野[6]。憂者以喜[7],病者以愈,而吾亭適成。

[1]扶風,即鳳翔府,今陝西鳳翔縣。蘇軾曾做過鳳翔府判官,於嘉祐六年(公元1061年)到任。

[2]雨麥,上天下麥子。岐山,今陝西岐山縣。

[3]占,占卦。年,年成,收成。有年,指豐收。人們不知道雨麥是不是"祥

瑞”，所以占卦。

〔4〕彌，滿。彌月，整月。

〔5〕乙卯，四月初二日；甲子，四月十一日；丁卯，四月十四日。

〔6〕忭（biàn），高興，喜歡。

〔7〕以，介詞，因，省略了賓語。

於是舉酒於亭上，以屬客而告之〔1〕，曰：“五日不雨可乎？曰：五日不雨則無麥。——十日不雨可乎？曰：十日不雨則無禾。——無麥無禾，歲且薦饑〔2〕，獄訟繁興而盜賊滋熾，則吾與二三子，雖欲優游以樂於此亭〔3〕，其可得耶？今天不遺斯民，始旱而賜之以雨，使吾與二三子得相與優遊而樂於此亭者，皆雨之賜也，其又可忘耶？”

〔1〕屬（zhǔ），注，酌。屬客，指斟酒給客人喝。

〔2〕薦，重。薦饑，重複地遭到饑荒。

〔3〕優游，參看本册第1035頁《賈誼論》注〔5〕。

既以名亭，又從而歌之，曰：“使天而雨珠，寒者不得以爲襦；使天而雨玉，飢者不得以爲粟。一雨三日，伊誰之力？民曰太守，太守不有；歸之天子，天子曰不然；歸之造物〔1〕，造物不自以爲功；歸之太空，太空冥冥，不可得而名，吾以名吾亭。”〔2〕

〔1〕造物，造物主。

〔2〕珠襦押韻；玉粟押韻；日力押韻；守有押韻；功空押韻；冥名亭押韻。

常　用　詞（十）　95字

議論諷　貶謫斥宣　褒贈　顛覆　率詣歷　寓寄　禁戒　恃

玩肆　敷化　加損　刻勒　鬱舒　張弛　是非　能可以

　　凡聖　殘暴　甘辛　鮮敝　寒溫　幽冥奥　精衆　便嘉　遽
速　彌愈尤極甚最

　　夫婦　嬰孩　親眷　竹木　谷壑　亭臺　郊墟　材才　簿籍
狀類　壽命　志趣　涕泣　膏澤　帷蓋　梗概　本末

637.【議】

（一）發表言論。《詩經・小雅・北山》：“或出入風~。”又特指議論政事。《論語・季氏》：“天下有道，則庶人不~。”《左傳・襄公三十一年》：“夫人朝夕退而游焉，以~執政之善否。”《漢書・藝文志》：“如或一言可采，此亦芻蕘狂夫之~也。”蕭統《文選序》：“所謂坐狙丘，~稷下。”引申爲討論政事以便決定措施。司馬遷《報任安書》：“陪外廷末~。”《漢書・李廣蘇建傳》：“召諸貴人~。”“議官”二字連用，指議論政事的官。《漢書・藝文志》：“雜家者流，蓋出於~官。”又引申爲判罪。司馬遷《報任安書》：“因爲誣上，卒從吏~。”又爲評論。劉伶《酒德頌》：“~其所以。”韓愈《柳子厚墓誌銘》：“~論證據今古。”

（二）文體之一種。古代的“議”是上給皇帝的奏章，議論得失的。《文心雕龍・議對》：“若賈誼之遍代諸生，可謂捷於~也。”

638.【論】

（一）評論，研究。《論語・憲問》：“世叔討~之。”《孟子・萬章下》：“尚~古之人。”又爲辯論。《史記・魏其武安侯列傳》：“今日廷~。”又爲議論。司馬遷《報任安書》：“~列是非。”曾鞏《戰國策目録序》：“豈好爲異~哉？”

（二）判罪。《史記・魏其武安侯列傳》：“故以十二月晦~棄市渭城。”

（三）文體之一種。這是對人或對事的議論。蕭統《文選序》：“~則析理精微。”

“論”字作動詞用時讀 lún，陽平聲；作名詞用時讀 lùn，去聲。

[辨]議，論。“議”著重在得失，所以“議”的結果往往是作出決定；“論”著重在是非，所以“論”的結果往往是作出判斷。“議”往往是許多人在一起，你一句我一句地交換意見；“論”不一定要有許多人在一起。作爲名詞用時，“議”和“論”更有分別：“議”是建議，而“論”是評論或議論。

639.【諷】

（一）背誦。《周禮·春官·大司樂》：“以樂語教國子興道~誦言語。”杜甫《寄岑嘉州》詩：“謝朓每篇堪~詠。”

（二）微言婉詞進諫。《史記·滑稽列傳》：“（優孟）常以談笑~諫。”《文心雕龍·情采》：“而吟詠情性，以~其上。”蘇轍《快哉亭記》：“玉之言蓋有~焉。”（玉：宋玉。）引申爲譏諷，諷刺（後起義）。諸葛亮《正議》：“欲以誣毀唐帝，~解禹稷，所謂徒喪文藻，煩勞翰墨者矣。”蘇軾《送李公恕》詩：“酒酣箕坐語驚衆，雜以嘲~窮詩騷。”[~刺]（1）用比喻或隱語批評勸説。《文心雕龍·書記》：“刺者，達也。詩人~刺，周禮三刺，事敘相達，若針之通結矣。”（2）今指以比喻、誇張手段進行揭露、批評或嘲笑。

640.【貶】

（一）減損。《左傳·僖公二十一年》：“~食省用。”現代有雙音詞“~值”。

（二）給予低的評價。跟“褒”相對。《公羊傳·隱公二年》：“何以不氏？~。”杜甫《哭韋大夫之晉》詩：“春秋褒~例，名器重雙全。”

（三）降職。《三國志·蜀書·諸葛亮傳》：“是當請自～三等，以督厥咎。”引申爲降職並外放。韓愈《柳子厚墓誌銘》：“未至，又例～永州司馬。”韓愈《左遷至藍關示姪孫湘》詩：“一封朝奏九重天，夕～潮州路八千。”

641.【謫】

（一）譴責，責怪。《左傳·成公十七年》：“國子～我。”這個意義又寫作“讁”。《詩經·邶風·北門》：“室人交徧讁我。”又寫作“適”。《史記·魏其武安侯列傳》：“舉適諸竇宗室毋節行者。”

（二）降職並外放。柳宗元《愚溪詩序》：“余以愚觸罪～瀟水上。”蘇轍《快哉亭記》：“清河張君夢得～居齊安。”這個意義又寫作“適”。《史記·屈原賈生列傳》：“自以壽不得長，又以適去。”

642.【斥】

（一）屏棄，不用。《漢書·武帝紀》：“與聞國政而無益於民者～，在上位而不能進賢者退。”韓愈《柳子厚墓誌銘》：“使子厚在臺省時，自持其身，已能如司馬刺史時，亦自不～。”蘇軾《賈誼論》：“一朝盡～去其舊臣。”現代有雙音詞“～退”“排～”。

（二）斥責，責罵（後起義）。秦觀《春日》詩：“兒曹獨何事？觗～幾覆醬。”

（三）［～候］（1）偵察或偵察敵情的士兵。《史記·李將軍列傳》：“然亦遠～候，未嘗遇害。”（2）瞭望敵情的土堡。尹耕《紫荆關》詩：“～候直通沙磧外。”

（四）［充～］雙聲聯緜字。多的樣子。《左傳·襄公三十一年》：“敝邑以政刑之不脩，盜賊充～。”

[**辨**]貶,謫,斥。在貶斥的意義上,這三個字是同義詞。但是,由於詞源的不同,意義也有細微的分別。"貶"字著重在降職,"謫"字著重在譴責,"斥"字著重在屏棄。因此,有時候可以"貶"而不"謫",如諸葛亮的"自貶三等"。有時候,"謫"字表面上表示譴責,實際上表示貶斥,如柳子厚《答韋中立論師道書》:"僕自謫過以來,益少志慮。"在這些地方,該用"貶"的不能用"謫",該用"謫"的不能用"貶"。"斥"的意義衹是屏棄不用,與"貶""謫"差別更大些,所以"一朝盡斥去其舊臣"不能換成"貶去"或"謫去"。但是有時候作者明指屏棄不用,暗指貶謫,如韓愈在《柳子厚墓誌銘》中所説的,那又跟"貶""謫"相通了。

643.【宣】

(一)散布,傳播。楊惲《報孫會宗書》:"曾不能以此時有所建樹,以~德化。"李華《弔古戰場文》:"文教失~。"現代有雙音詞"~布""~揚""~傳"等。引申爲公開地做某一件事(貶義)。仲長統《昌言·理亂》:"君臣~淫。""相宣"二字連用,表示互相襯托。《宋書·謝靈運傳·論》:"夫五色相~,八音協暢。"

(二)以君王的命令宣召(後起義)。《水經注·江水》:"或王命急~,有時朝發白帝,暮到江陵。"

(三)[~室]天子的宮殿名。《淮南子·本經》:"武王甲卒三千,破紂牧野,殺之于~室。"王勃《滕王閣序》:"懷帝閽而不見,奉~室以何年?"

644.【褒】(襃)

表揚。跟"貶"相對。《公羊傳·隱公元年》:"曷爲稱字? ~之也。"《漢書·霍光傳》:"夫~有德,賞元功。"蕭統《文選序》:"頌者所以游揚德業,~贊成功。"

645.【贈】

(一)贈送。《詩經・秦風・渭陽》:"何以~之? 瓊瑰玉佩。"又特指以言相贈。《文心雕龍・物色》:"情往似~,興來如答。"王勃《滕王閣序》:"臨別~言。"杜甫《天末懷李白》詩:"應共冤魂語,投詩~汨羅。"

(二)死後追封爵位(後起義)。《晉書・荀勖傳》:"太康十年卒,詔~司徒。"又《山簡傳》:"年六十卒,追~征南大將軍、儀同三司。"歐陽修《瀧岡阡表》:"列官於朝,始得封~其親。"又:"皇曾祖府君累~金紫光禄大夫,太師中書令兼尚書令。"

[辨]封,贈。生時封爲封,死後封爲贈。

646.【顛】

(一)頭頂。《詩經・秦風・車鄰》:"有馬白~。"《後漢書・蔡邕傳》:"爾有務世公子,誨於華~胡老。"(華顛:白頭。胡老:老人。)引申爲山頂。《詩經・唐風・采苓》:"采苓采苓,首陽之~。"山頂的意義後來寫作"巔"。(今本《詩經》寫作"首陽之巔"。)

(二)跌倒。《尚書・盤庚中》:"~越不恭。"(越:墜。)《論語・季氏》:"~而不扶。"蘇軾《荔支歎》詩:"~阬仆谷相枕藉。"[~覆]原意是跌倒。一般用於抽象的意義,表示破壞,搞垮,滅亡。《孟子・萬章上》:"太甲~覆湯之典刑。"蘇洵《六國論》:"至於~覆,理固宜然。"[~沛][~連]生活困難,流離失所。《論語・里仁》:"~沛必於是。"張載《西銘》:"凡天下疲癃殘疾惸獨鰥寡,皆吾兄弟之~連而無告者也。"[~倒]倒,倒過來。《詩經・齊風・東方未明》:"~倒衣裳。"

(三)精神錯亂(後起義)。《北史・齊紀中》:"問婦人曰:'天子何如?'答曰:'~~癡癡,何成天子。'帝乃殺之。"張籍《贈道士》

詩：“對花歌詠似狂～。”這個意義後來寫作“癲”。

647.【覆】

（一）反。《詩經·小雅·小明》：“豈不懷歸？畏此反～。”引申爲翻。《莊子·達生》：“視舟之～猶其車卻也。”《荀子·王制》：“水則載舟，水則～舟。”《漢書·賈誼傳》：“前車～，後車戒。”孔稚珪《北山移文》：“蒼黃翻～。”又引申爲覆没。李華《弔古戰場文》：“常～三軍。”又：“將軍～没。”

（二）倒，傾倒，使傾倒。《論語·子罕》：“雖～一簣，進，吾往也。”《莊子·逍遙遊》：“～杯水於坳堂之上。”［傾～］顛覆。《左傳·成公十三年》：“傾～我國家。”這個意義也可以單説“覆”。《論語·陽貨》：“惡利口之～邦家者。”

（三）蓋（動詞）。《莊子·德充符》：“夫天無不～，地無不載。”庾信《春賦》：“麥纔青而～雉。”歐陽修《瀧岡阡表》：“無一瓦之～。”

（四）對上次的結果再進行一次檢驗。《唐書·選舉志》有“覆試”，《李嶠傳》有“覆驗”。《宋史·職官志》有“覆議”，《食貨志》有“覆檢”。

（五）回信（晚起義）。如“答～”“奉～”。

舊時於（一）（二）（四）（五）諸義讀入聲（芳福切），於（三）義讀去聲（芳救切）。今無别。

［辨］復，覆，複。“復”是回來或回去，“覆”是遮蓋、翻或倒，“複”是雙層的衣服。它們的本義各不相同，但在用法上卻出現了交叉現象。這主要表現在上古，後來就各有固定用法了。如復、覆，《孟子·梁惠王上》“有復於王者曰”，後世這個意義多寫作“覆”。復、複，《史記·留侯世家》和《漢書·高帝紀》“從復道望見諸將……”，後來這個意義祇作“複”，不再寫成“復”。至於“覆”的

遮蓋、翻或倒等義,是從不寫作"復"或"複"的。

648.【率】

(一)循,沿着。《詩經·大雅·緜》:"~西水滸。"引申爲遵循,依照。《詩經·大雅·假樂》:"~由舊章。"韓愈《子産不毀鄉校頌》:"誠~是道,相天下君。""率性"二字連用,表示"依循性之所感而行"。《禮記·中庸》:"~性之謂道。"由此引申爲"坦率""直率""輕率"(後起義)。

(二)率領。《孟子·梁惠王上》:"此~獸而食人也。"楊惲《報孫會宗書》:"是故身~妻子,勠力耕桑。"

(三)大概,一般。《禮記·祭義》:"其~用此與?"《史記·老莊申韓列傳》:"大抵~寓言也。"《漢書·宣帝紀》:"~常在下。"韓愈《柳子厚墓誌銘》:"~常屈其座人。"這個意義又説成"大率"。《漢書·百官表》:"大~十里一亭。"引申爲一概,一律。韓愈《進學解》:"占小善者~以録,名一藝者無不庸。"蘇洵《六國論》:"六國互喪,~賂秦耶?"

(四)讀lǜ。一定的標準。《孟子·盡心上》:"羿不爲拙射變其彀~。"(羿yì:人名,古之善射者。彀gòu:張弓。)現代漢語有"稅~""效~""生産~"等。

649.【詣】

到,到達。《史記·文帝本紀》:"乘傳~長安。"《世説新語·言語》:"~門者皆儁才清稱及中表親戚乃通。"韓愈《柳子厚墓誌銘》:"當~播州。"現代雙音詞"造~"是由此發展而來的。引申爲拜訪。《梁書·張纘傳》:"裴子野自云年出三十不復~人。"又:"有過~纘者。"

650.【歷】

(一)經過。司馬遷《報任安書》:"足~王庭。"《後漢書·張儉傳》：“其所經~，伏重誅者以十數。”《水經注・汶水》：“水出泰山南溪，南流~中下兩廟間。”《洛陽伽藍記・白馬寺》：“得者不敢輒食，乃~數家。”“歷”又用於抽象意義，表示經過時間。丘遲《與陳伯之書》：“北虜僭盜中原，多~年所。”“歷世”二字連用，表示過去的各個時代。《論衡・問孔》：“故謂七十子~世希有。”後來説成“歷代”。

（二）副詞。逐一地。《漢書・藝文志》：“~記成敗存亡禍福古今之道。”蕭統《文選序》：“~觀文囿，泛覽辭林。”蘇軾《賈誼論》：“仲尼聖人，~試於天下。”

（三）清晰。左思《嬌女詩》：“口齒自清~。”［~~］清晰，分明。《晉書・劉寔傳》：“~~相次，不可得而亂也。”杜甫《歷歷》詩：“~~開元事，分明在目前。”成語有“歷歷在目”。

（四）紀載曆法的書。《漢書・藝文志》：“敬順昊天，~象日月星辰，敬授民時。”也寫作“曆”。《尚書・堯典》：“曆象日月星辰。”又寫作“厤”。《荀子・天論》：“日月星辰瑞厤。”引申爲曆法，即推算歲時的方法。《周易》革卦：“君子以治~明時。”也指掌管推算歲時的人。司馬遷《報任安書》：“文史星~，近乎卜祝之間。”這個意義後來寫作“曆”。

［辨］厤，歷，曆。在“曆象”的意義上，“歷”和“曆”是古今字；“厤”雖與“歷”“曆”相通，但後代少見。“歷”的其他意義，古代都不作“曆”或“厤”。

651.【寓】

寄居。《禮記・郊特牲》：“諸侯不臣~公。”《孟子・離婁下》：“無~人於我室。”（寓：使動用法。）庾信《詠懷》詩：“~衛非所~，安齊獨未安。”今人稱在故鄉以外的住所爲“寓所”。引申爲寄託。

《左傳・成公二年》:"請~乘。"《文心雕龍・頌讚》:"比類~意。"歐陽修《醉翁亭記》:"得之心而~之酒也。""寓目"二字連用,表示過目,看一看。《左傳・僖公二十八年》:"得臣與~目焉。"[~言]有所寄託的話。《史記・老莊申韓列傳》:"大抵率~言也。"

652.【寄】

寄居。《漢書・息夫躬傳》:"未有第宅,~居丘亭。"曹丕《燕歌行》:"君何淹留~他方。"杜甫《自京赴奉先縣詠懷五百字》詩:"老妻~異縣。"引申爲寄託。《論語・泰伯》:"可以託六尺之孤,可以~百里之命。"李華《弔古戰場文》:"~身鋒刃,腷臆誰訴?"又特指寄託言語或寄託書信。杜甫《驅豎子摘蒼耳》詩:"~語惡少年,黃金且休擲。"白居易《長恨歌》:"臨別殷勤重~詞。"杜甫《月夜憶舍弟》詩:"~書長不達,況乃未休兵!""寄書"本來是託人帶信的意思,現代"寄信"的意義由此發展而來。

[辨]寓,寄。從來源上説,"寓"和"寄"是同義詞,衹在習慣用法上略有不同。

653.【禁】

(一)禁止。《韓非子・五蠹》:"賞其功,必~無用。"楊惲《報孫會宗書》:"夫人情所不能止者,聖人弗~。"又名詞。禁令。《孟子・梁惠王上》:"問國之大~。"

(二)天子所居。《史記・秦始皇本紀》:"二世常居~中。"《漢書・霍光傳》:"召諸~門,毋内昌邑羣臣。"

654.【戒】

(一)警戒,防備。《周易》萃卦:"~不虞。"《孟子・公孫丑下》:"當在薛也,予有~心。"現代有雙音詞"~嚴"。引申爲留神,當心。《莊子・養生主》:"怵然爲~。"

（二）戒除，革除不良的習慣。《論語·季氏》：“少之時，血氣未定，~之在色。”“戒”又用作名詞。《論語·季氏》：“君子有三~。”

（三）警告，勸人警惕。《孟子·梁惠王下》：“~之~之。”蕭統《文選序》：“~畋遊則有長楊羽獵之制。”柳宗元《段太尉逸事狀》：“~候卒擊柝衛太尉。”這個意義後來寫作“誡”。引申爲文體的一種。蕭統《文選序》：“箴興於補闕，~出於弼匡。”

（四）齋戒。《禮記·禮器》：“七日~。”[齋~]舊時迷信，祭祀前，穿整潔的衣服，戒絕嗜慾，使身心清靜，以表示對鬼神的虔誠。《孟子·離婁下》：“齋~沐浴，則可以祀上帝。”《史記·淮陰侯列傳》：“齋~，設壇具禮，乃可耳。”

655.【恃】

依靠，依賴。《詩經·小雅·蓼莪》：“無母何~？”《左傳·僖公二十六年》：“室如縣罄，野無青草，何~而不恐？”賈誼《論積貯疏》：“故其畜積足~。”歐陽修《瀧岡阡表》：“無一瓦之覆，一壟之植，以庇而爲生，吾何~而能自守邪？”引申爲仗着，指心理上的依賴（後起義）。韓愈《送溫處士赴河陽軍序》：“~才能深藏而不市者。”《唐書·程千里傳》：“千里~勇，開縣門，率百騎，欲直擒希德。”（希德：指程希德。）

656.【玩】（翫）

（一）玩弄。《僞古文尚書·旅獒》：“~人喪德，~物喪志。”蘇轍《快哉亭記》：“今乃得~之几席之上。”引申爲欣賞。《文心雕龍·鎔裁》：“雖翫其采，不倍領袖。”韋應物《月下會徐十一草堂》詩：“暫輟觀書夜，還題~月詩。”

（二）名詞。供玩賞的物品。《國語·楚語下》：“若夫白珩，先王之～也。"（珩 héng：佩玉上的橫玉。）〔～好（hào）〕供玩賞之物。《穀梁傳・僖公二年》："且夫～好在耳目之前，而患在一國之後。"

（三）習慣而不留心，放鬆警惕。《左傳・僖公五年》："寇不可翫。"

按：依説文，（一）（二）兩義應寫作"玩"，（三）義應寫作"翫"。但是，二字同音，古人通用。

657.【肆】

（一）陳設。《詩經・大雅・行葦》："或～之筵。"（筵：竹席。）又《小雅・楚茨》："或～或將。"（將：捧持。）

（二）陳列貨物或工藝品的場所，作坊。《論語・子張》："百工居～以成其事。"引申爲市場。《莊子・外物》："曾不如早索我於枯魚之～。"左思《吳都賦》："樓船舉颿而過～。"（颿：同"帆"。）引申爲店鋪（晚起義）。

（三）放肆。用於褒義，表示不受拘束。韓愈《答李翊書》："其皆醇也，然後～焉。"又《柳子厚墓誌銘》："而自～於山水間。"又《進學解》："先生之於文，可謂閎其中而～其外矣。"柳宗元《答韋中立論師道書》："參之莊老以～其端。"蘇轍《快哉亭記》："其流奔放～大。"又用於貶義，表示不依法度，不守規矩。韓愈《送孟東野序》："其辭淫以哀，其志弛以～。"在現代漢語裏，"放肆"衹用於貶義。成語有"～無忌憚"。

658.【敷】

鋪，鋪開。《穆天子傳》："～筵席。"柳宗元《永州韋使君新堂記》："視其植則清秀～舒。"引申爲展開。《楚辭・離騷》："跪～衽以陳辭兮。"又用於抽象的意義，表示散布。《僞古文尚書・大禹謨》："帝乃誕～文德。"（誕：大。）又《君牙》："弘～五典。"又表示擴大,鋪張。《文心雕龍·鎔裁》:“思贍者善~,才覈者善删。”

659.【化】

(一)變化。《周易》乾卦:“乾道變~。”《楚辭·離騷》:“傷靈脩之數~。”《禮記·月令》:“田鼠~爲鴽。”(鴽 rú:鳥名。)李白《蜀道難》詩:“所守或匪親,~爲狼與豺。”引申爲死,這是委婉的説法。《孟子·公孫丑下》:“且比~者無使土親膚。”《莊子·大宗師》:“無怛~。”(無:同“毋”。怛 dá:驚動。)陶潛《自祭文》:“余今斯~,可以無恨。”[造~]原意是創造而使之變化。用作雙音詞,表示宇宙的主宰者。《莊子·大宗師》:“偉哉造~。”又:“夫造~者必以爲不祥之人。”《文心雕龍·麗辭》:“造~賦形,支體必雙。”

(二)教化,使民俗歸淳。《孟子·盡心上》:“夫君子所過者~。”鄒陽《獄中上梁王書》:“是以聖王制俗,獨~於陶鈞之上。”楊惲《報孫會宗書》:“明明求仁義,常恐不能~民者,卿大夫之意也。”韓愈《子産不毀鄉校頌》:“~止一國。”又名詞。教化。李密《陳情表》:“逮奉聖朝,沐浴清~。”柳宗元《永州韋使君新堂記》:“豈不欲因俗以成~?”

[辨](一)變,化。“變”是改變,變換;“化”是由某一物轉化爲另一物。因此,“天變”不能説成“天化”,而“田鼠化爲鴽”(《禮記·月令》)不能説成“田鼠變爲鴽”。(二)教,化。“教”是教育,“化”是教育所産生的影響,有時候“化”還可以指潛移默化,二者並不相同。因此,“因俗以成化”不能説成“因俗以成教”。

660.【加】

(一)把一物放在另一物的上面。《左傳·昭公八年》:“~絰於顙而逃。”(絰 dié:居喪時用粗麻做的帽子。顙 sǎng:額。)《莊子·馬蹄》:“夫~之以衡軛。”引申爲施恩或刑於某人身上。《戰國策·

魏策四》：“大王~惠。”歐陽修《瀧岡阡表》：“逢國大慶，必~寵錫。”司馬遷《報任安書》：“及罪至罔~。”韓愈《送李愿歸盤谷序》：“刀鋸不~。”又爲敷在臉上。曹植《洛神賦》：“芳澤無~，鉛華弗御。”注意：這些“加”字都不應該解釋爲“增加”的“加”。

（二）增加。《論語·子路》：“既富矣，又何~焉？”蕭統《文選序》：“蓋踵其事而增華，變其本而~厲。”韓愈《答李翊書》：“~其膏而希其光。”

（三）加以，予以。仲長統《昌言·法誡》：“猶~譴責。”

（四）副詞。更，更加。《孟子·梁惠王上》：“鄰國之民不~少，寡人之民不~多。”王安石《遊褒禪山記》：“則其至又~少矣。”注意：這種“加”字不能解作“增加”，否則“加少”不好講。

661.【損】

（一）減少。跟“益”相對。《孟子·滕文公下》：“請~之，月攘一雞。”枚乘《上書諫吳王》：“磨礱底厲，不見其~，有時而盡。”

（二）損害。也跟“益”相對。《論語·季氏》：“益者三友，~者三友。”司馬遷《報任安書》：“欲益反~。”

662.【刻】

（一）雕刻。《禮記·哀公問》：“器不~鏤。”杜甫《歲晏行》：“~泥爲之最易得。”[漏~]又稱“刻漏”。古代計時的器具。以銅壺盛水，底穿一孔，壺中立箭，上刻度數，水漏則所刻度數依次顯露，用以計時。舊法每一晝夜共一百刻。杜甫《湖城東遇孟雲卿》詩：“可惜~漏隨更箭。”蘇軾《春宵》詩：“春宵一~值千金。”依舊法，每刻合 14.4 分鐘，現代以十五分鐘爲一刻。

（二）不厚道，不寬大。《漢書·藝文志》：“及~者爲之，則無教化，去仁愛，專任刑法。”“刻薄”二字連用，也表示不厚道。《史記·

商君列傳》：“商君，天資～薄人也。”現代漢語雙音詞“～薄”“～毒”由此發展而來。

663.【勒】

（一）套在馬頭上帶嚼口的籠頭。《漢書・匈奴傳》：“鞌～一具。”（鞌：同“鞍”。）杜甫《哀江頭》詩：“白馬嚼齧黃金～。”引申爲勒馬（後起義）。《魏書・世祖紀》：“詔發高平，勅～騎赴長安。”今成語有“懸崖～馬”。

（二）強制執行（後起義）。《隋書・食貨志》：“于是僑居者各～還本屬。”今有雙音詞“～令”。

（三）統率。《後漢書・光武紀》：“親～六軍。”

（四）刻。《禮記・月令》：“〔孟冬之月〕物～工名，以考其誠。”（物：器物。工：指工匠。）又特指刻石，刻碑。司馬相如《封禪書》：“～功中岳。”孔稚珪《北山移文》：“～移山庭。”陸游《夜泊水村》詩：“太息燕然未～銘。”引申爲編寫。裴駰《史記集解序》：“雖時有紕繆，實～成一家。”

664.【鬱】

（一）茂盛的樣子。《詩經・秦風・晨風》：“～彼北林。”左思《詠史》詩：“～～澗底松。”蘇軾《前赤壁賦》：“山川相繆，～乎蒼蒼。”〔～律〕煙氣上昇很盛的樣子。杜甫《自京赴奉先縣詠懷五百字》詩：“瑤池氣～律。”

（二）積滯不通的樣子。《楚辭・九章・哀郢》：“慘～～而不通兮。”又用作動詞。《漢書・路温舒傳》：“忠良切言，皆～於胸。”司馬遷《報任安書》：“此人皆意有所～結，不得通其道。”韓愈《送孟東野序》：“樂也者，～於中而泄於外者也。”蘇軾《賈誼論》：“縈紆～悶，趯然有遠舉之志。”〔～邑〕〔堙～〕〔抑～〕〔壹～〕都是雙聲聯緜字。憂愁煩悶的樣子。《楚辭·離騷》:"忳~邑余侘傺兮。"賈誼《弔屈原賦》:"獨壹~兮其誰語?"(《漢書》作"壹鬱"。)司馬遷《報任安書》:"是以獨抑~而誰與語?"蕭統《文選序》:"耿介之意既傷,壹~之懷靡愬。"[~陶]聯緜字。思念的樣子。《孟子·萬章上》:"~陶思君爾。"《文心雕龍·情采》:"諸子之徒,心非~陶。"

665.【舒】

(一)展開。跟"卷"相對。《淮南子·本經》:"贏縮卷~。"蕭統《文選序》:"~布爲詩。"《文心雕龍·鎔裁》:"然後~華布實。"杜甫《小至》詩:"岸容待臘將~柳,山意衝寒欲放梅。"柳宗元《永州韋使君新堂記》:"視其植則清秀敷~。"引申爲宣洩〔積滯〕。《楚辭·離騷》:"聊以~吾憂心。"司馬遷《報任安書》:"退而論書策以~其憤。"

(二)遲緩。《詩經·召南·野有死麕》:"~而脫脫兮。"(脫脫:遲緩的樣子。)又《陳風·月出》:"~窈糾兮。"

666.【張】

(一)把弓弦繃緊。跟"弛"相對。《詩經·小雅·吉日》:"既~我弓,既挾我矢。"《老子》七十七章:"天之道其猶~弓與?"司馬遷《報任安書》:"~空拳,冒白刃。"引申爲把琴絃繃緊(準備彈琴)。江淹《別賦》:"琴羽~兮簫鼓陳。"

(二)張開,擴大。《老子》三十六章:"將欲歙之,必固~之。"(歙 xī:合。)《紫玉歌》:"南山有鳥,北山~羅。"蘇轍《快哉亭記》:"其流奔放肆大,南合湘沅,北合漢沔,其勢益~。"

(三)量詞。指可張之物的單位。《左傳·昭公十三年》:"子產以帷幕九~行。"

667.【弛】

把弓弦放鬆。跟"張"相對。《左傳·襄公十八年》:"乃~弓而自後縛之。"《禮記・雜記》:"張而不～,文武弗能也;～而不張,文武弗爲也;一張一～,文武之道也。"(這是比喻。文武,指周文王、武王。)引申爲鬆懈。韓愈《送孟東野序》:"其志～以肆。"柳宗元《答韋中立論師道書》:"未嘗敢以怠心易之,懼其～而不嚴也。"

668.【是】

(一)對的,合理的。跟"非"相對。《孟子・盡心下》:"自以爲～。"《莊子・大宗師》:"堯謂我:汝必躬服仁義而明言～非。"柳宗元《答韋中立論師道書》:"若定～非以教吾子。"

(二)代詞。這,這個,這些。《莊子・逍遥遊》:"～鳥也,海運則將徙於南冥。"《孟子・梁惠王上》:"直不百步耳,～亦走也。"又:"吾何快於～?"又:"王之不王,～折枝之類也。"又《滕文公上》:"戎狄～膺,荆舒～懲。"

(三)繫詞。是。《史記・刺客列傳》:"此必～豫讓也。"(豫讓:人名。)王勃《滕王閣序》:"萍水相逢,盡～他鄉之客。"[～處]到處,處處(晚起義)。柳永《八聲甘州》詞:"～處紅衰翠減。"孔平仲《八月十六日翫月》詩:"地闊天空～處宜。"

669.【非】

(一)不對的,不合理的。《孟子・公孫丑下》:"前日之不受是,則今日之受～也。"《莊子・齊物論》:"彼亦一是～,此亦一是～。""非"又用作動詞,表示以爲不對。柳宗元《答韋中立論師道書》:"天下不以～鄭尹而快孫子。"韓愈《答李翊書》:"其觀於人,不知其～笑之爲～笑也。"

(二)否定副詞。用於判斷句,以否定謂語。《論語・憲問》:"管仲～仁者與?"又用於複合句的從屬子句,表示撇開。《論語・雍也》:"～不説子之道,力不足也。"又:"～敢後也,馬不進也。"

670.【能】

（一）動詞。能够做到。《論語·先進》：“非曰~之,願學焉。”《孟子·梁惠王上》：“無恒產而有恒心者,惟士爲~。”韓愈《送孟東野序》：“皆以其所~鳴。”又能願動詞。能够。《論語·八佾》：“夏禮吾~言之。”又《述而》：“聞義不~徙,不善不~改,是吾憂也。”注意:在現代漢語裏,“能”字一般衹用作能願動詞;在古代漢語裏,“能”字還可以用作謂語。今天的成語“各盡所~”,就是用的古代的意義。

（二）名詞。能力,才幹。《論語·子罕》：“固天縱之將聖,又多~也。”《宋書·謝靈運傳·論》：“並標~擅美,獨映當時。”

（三）形容詞,名詞。有才能的,有才能的人。《禮記·禮運》：“選賢與~。”《孟子·公孫丑上》：“賢者在位,~者在職。”又：“尊賢使~。”司馬遷《報任安書》：“次之又不能拾遺補闕,招賢進~,顯巖穴之士。”

671.【可】

（一）形容詞。可以,能行。《左傳·襄公三年》：“午也~。”又：“赤也~。”又《莊公十年》：“劌曰:‘未~。’”又《僖公二十二年》：“公曰:‘不~。’”〔~也〕(1)可以〔但不能令人感到滿足〕。《論語·學而》：“子貢曰:‘貧而無諂,富而無驕,何如?’子曰:‘~也。未若貧而樂,富而好禮者也。’”又《子路》：“苟有用我者,期月而已~也,三年有成。”(期jī月:一周年。)(2)表示容許這樣做。《論語·先進》：“小子鳴鼓而攻之~也。”〔~矣〕(1)表示條件成熟,事情可以進行了。略等於現代的“行了”。《左傳·莊公十年》：“下視其轍,登軾而望之,曰:‘~矣。’”(2)表示够了。《論語·公冶長》：“再,斯~矣。”

（二）助動詞。可以。《孟子·梁惠王上》：“不違農時，穀不～勝食也。”［～以］（1）可以用來〔做某事物〕。《詩經·小雅·大東》：“維南有箕，不～以簸揚；維北有斗，不～以挹酒漿。”《莊子·馬蹄》：“馬蹄～以踐霜雪，毛～以禦風寒。”（2）表示情況容許。《左傳·襄公十五年》：“小人懷璧，不～以越鄉。”《孟子·梁惠王上》：“五畝之宅，樹之以桑，五十者～以衣帛矣。”

（三）副詞。大約。《史記·滑稽列傳》：“飲～五六斗。”

［辨］能，可。“能”字表示能力所及，“可”字表示客觀情況容許。“能”字後面的動詞用於主動意義，“可”字後面的動詞用於被動意義。試比較“能爲”和“可爲”：“能爲”表示某人有此能力，“可爲”表示某事可以（被）做到。

672.【以】

（一）動詞。用。《論語·爲政》：“視其所～。”又《先進》：“如或知爾，則何～哉？”

（二）介詞。帶“以”字的介詞結構表示工具、方式等。《論語·子罕》：“博我～文，約我～禮。”《孟子·梁惠王上》：“～羊易之。”［～爲］（1）拿來做。《莊子·逍遥遊》：“剖之～爲瓢。”（2）認爲。《戰國策·齊策一》：“自～爲不如。”《史記·陳涉世家》：“或～爲死，或～爲亡。”［何～］（1）拿什麽，憑什麽。《左傳·莊公十年》：“問何～戰。”《史記·淮陰侯列傳》：“後有大者，何～加之？”

（三）介詞。由，由於。《史記·項羽本紀》：“～是知其能。”又表示目的，有“藉以”“以便”的意思，可以譯爲現代漢語的“來”。《左傳·僖公二十二年》：“楚人伐宋～救鄭。”［何～］（2）爲什麽。《史記·項羽本紀》：“不然，籍何～至此？”［是～］因此。《孟子·梁惠王上》：“仲尼之徒無道桓文之事者，是～後世無傳焉。”［有～］有原因,有理由。《詩經·邶風·旄丘》:"何其久也? 必有~也。"

(四)"以上""以下""以前""以後""以東""以西""以往""以來"等,二字連用,表示時間、方位、質量的界限。《論語·雍也》:"中人~下不可以語上也。"《戰國策·趙策四》:"今三世~前。"《史記·陳涉世家》:"乃令符離人葛嬰將兵徇蘄~東。"

(五)連詞。義同"而"。《禮記·樂記》:"治世之音安~樂,其政和;亂世之音怨~怒,其政乖;亡國之音哀~思,其民困。"王勃《滕王閣序》:"酌貪泉而覺爽,處涸轍~猶懽。"

(六)副詞。通"已"。《史記·陳涉世家》:"固~怪之矣。"柳宗元《答韋中立論師道書》:"今韓愈既自以爲蜀之日,而吾子又欲使吾爲越之雪,不~病乎!"按:"以"和"已"不但同音,而且在篆文中是同一個字,都寫作㠯。

673.【凡】

(一)平凡,平庸。《孟子·盡心上》:"待文王而後興者~民也。"杜甫《丹青引》:"一洗萬古~馬空。"引申爲塵世的。跟"仙"相對(後起義)。司空圖《携仙籙》詩:"仙~路阻兩難留。"

(二)副詞。表示概括。《詩經·小雅·常棣》:"~今之人,莫如兄弟。"《孟子·盡心上》:"故~同類者舉相似也。"韓愈《送孟東野序》:"~載於詩書六藝,皆鳴之善者也。"[大~]大概,一般地説。韓愈《送孟東野序》:"大~物不得其平則鳴。"

(三)副詞。總共。司馬遷《報任安書》:"~百三十篇。"柳宗元《愚溪詩序》:"愚泉~六穴。"

674.【聖】

形容詞。懂道理,通達事理。《詩經·邶風·凱風》:"母氏~善。"引申爲無所不知,無所不通,合於最高的道德標準。《論語·

述而》：“若~與仁，則吾豈敢?”又名詞。聖人。司馬遷《報任安書》：“大底~賢發憤之所爲作也。”

　　[辨]聖，賢。在最初的時候，“聖”是從知識方面説，“賢”是從道德方面説，應用範圍較寬。後來儒家把聖的概念神秘化了，有“不學而知，不學而能”的意思。在中古時代，皇帝被尊稱爲聖人。此後，除皇帝以外，祇有周公孔子被稱爲聖人了。這樣，聖和賢就變成人品高下的差別：賢是經過努力可以達到的道德標準，聖則被認爲是“天生”的。

675.【殘】

　　(一)動詞。殺害，傷害，害。《史記·淮陰侯列傳》：“項王所過無不~滅者。”蘇軾《賈誼論》：“而自~至此!”又形容詞，名詞。殘害他人的。《僞古文尚書·泰誓》：“取彼凶~。”《孟子·梁惠王下》：“~賊之人，謂之一夫。”(賊：戕害。)柳宗元《永州韋使君新堂記》：“豈不欲除~而佑仁。”現代有雙音詞“~殺”“摧~”“~暴”“~忍”。由傷害的意義引申爲殘廢。司馬遷《報任安書》：“顧自以爲身~處穢。”

　　(二)殘餘，剩餘。《吕氏春秋·權勳》：“達子又帥其~卒。”杜甫《重題鄭氏東亭》詩：“向晚尋征路，~雲傍馬飛。”

676.【暴】

　　(一)讀 pù，去聲，舊讀入聲。曬。《孟子·滕文公上》：“秋陽以~之。”這個意義後來寫作“曝”。引申爲暴露。司馬遷《報任安書》：“功亦足以~於天下矣。”李華《弔古戰場文》：“連年~露。”又：“骨~沙礫。”

　　(二)强大而突然來的，又猛又急的。《詩經·邶風·終風》：“終風且~。”引申爲突然。《史記·項羽本紀》：“何興之~也!”後代有成語“～卒”“～富”“～發户”。又爲急躁。《荀子・彊國》：
“有～察之威者。”又爲兇惡殘毒的。《孟子・滕文公上》：“是故～
君汙吏必慢其經界。”（慢：弄亂。經界：田的界限。）蘇洵《六國
論》：“～秦之欲無厭。”

677.【甘】

（一）好吃，味美。《孟子・梁惠王上》：“爲肥～不足於口與?”
用作動詞，表示以爲味美。《論語・陽貨》：“夫君子之居喪，食旨
不～，聞樂不樂。”（旨：好吃的東西。）引申爲甜。《史記・燕召公世
家》：“燕王弔死問孤，與百姓同～苦。”韓愈《送李愿歸盤谷序》：
“泉～而土肥。”注意：上古没有“甜”字，凡“甜”的意義都説成
“甘”。引申爲〔言語〕好聽，動聽。《左傳・昭公十一年》：“幣重而
言～，誘我也。”

（二）心裏痛快。《左傳・莊公九年》：“請受而～心焉。”引申爲
甘心，情願。杜甫《病後遇王倚飲贈歌》：“素知賤子～貧賤。”

678.【辛】

辣。《楚辭・招魂》：“大苦鹹酸，～甘行些。”（些：語氣詞。）常
用來比喻心情。李密《陳情表》：“臣之～苦，非獨蜀之人士及二州
牧伯所見明知。”杜甫《赴奉先縣詠懷》詩：“撫迹猶酸～。”注意：“辛
苦”“酸辛”都是以辣味比喻心中的痛苦；“辛苦”應作兩個詞講，不
等於現代漢語的雙音詞“辛苦”。引申爲勞苦。高適《燕歌行》：
“鐵衣遠戍～勤久。”現代有雙音詞“辛勤”。

679.【鮮】

（一）讀 xiān。鮮魚，對乾魚而言。《詩經・大雅・韓奕》：“炰
鼈～魚。”《禮記・曲禮下》：“槀魚曰商祭，～魚曰脡祭。”（槀：同
“槁”。乾枯。）《老子》六十章：“治大國若烹小～。”引申爲新鮮。

《儀禮·士昏禮》:"腊必用~。"(腊 xī:乾肉。)又爲鮮明,鮮艷。《文心雕龍·物色》:"灼灼狀桃花之~。"

(二)讀 xiǎn。少。《論語·學而》:"其爲人也孝弟,而好犯上者~矣。"《詩經·大雅·蕩》:"靡不有初,~克有終。"韓愈《送李愿歸盤谷序》:"居民~少。"也寫作"尟"或"尠"。

680.【敝】

(一)破爛。《詩經·鄭風·緇衣》:"緇衣之宜兮,~予又改爲兮。"《論語·子罕》:"衣~縕袍。"《孟子·盡心上》:"舜視棄天下猶棄~蹝也。"(蹝 xǐ:鞋。)引申爲過時,不能再用。曾鞏《戰國策目録序》:"而考之無疵,用之無~。"

(二)謙稱。《左傳·僖公四年》:"君惠徼福於~邑之社稷。"

681.【寒】

冷。《論語·子罕》:"歲~,然後知松柏之後彫也。"楊惲《報孫會宗書》:"衆毁所歸,不~而慄。"王安石《遊褒禪山記》:"有穴窈然,入之甚~。""寒心"二字連用,表示害怕。司馬遷《報任安書》:"商鞅因景監見,趙良~心。""寒"又特指缺乏冬衣而受凍的情況。常與"飢"並舉。《孟子·梁惠王上》:"黎民不飢不~。"賈誼《論積貯疏》:"一夫不耕,或受之饑(飢);一女不織,或受之~。"韓愈《進學解》:"冬煖而兒號~,年豐而妻啼飢。"注意:先秦書面語言中,"冷"的意義一般多用"寒"。

682.【温】

(一)煖。《墨子·辭過》:"古之民,未知爲衣服時,衣皮帶茭,冬則不輕而~,夏則不輕而清。"(茭:乾草。清 jìng:涼。)李華《弔古戰場文》:"繒纊無~。"白居易《長恨歌》:"~泉水滑洗凝脂。"

(二)和氣,柔和。《詩經·邶風·燕燕》:"終~且惠。"《論語·述而》：“子~而厲，威而不猛，恭而安。”

（三）溫習。《論語·爲政》：“~故而知新。”

[辨]溫，暖。二字是同義詞，所以“飢寒”的反面可以是“溫飽”，也可以是“飽暖”。但是“溫”字的（二）（三）兩義則是“暖”字所不具備的。

683.【幽】

（一）暗，深暗。跟“明”相對，又跟“顯”相對。《詩經·小雅·伐木》：“出自~谷，遷於喬木。”韓愈《送李愿歸盤谷序》：“宅~而勢阻。”王安石《遊褒禪山記》：“至於~暗昏惑。”引申爲隱晦的，隱微的。柳宗元《答韋中立論師道書》：“參之離騷以致其~。”歐陽修《醉翁亭記》：“野芳發而~香。”“幽人”二字連用，表示隱士。孔稚珪《北山移文》：“或歎~人長往，或怨王孫不遊。”又引申爲僻靜。杜甫《卜居》詩：“主人爲卜林塘~。”又爲清勝，幽雅。杜甫《江村》詩：“長夏江村事事~。”又《北征》詩：“青雲動高興，~事亦可悅。”

（二）拘囚，監禁。司馬遷《報任安書》：“身~囹圄之中。”楊惲《報孫會宗書》：“身~北闕。”

（三）古十二州之一。大致在今河北省東北部及遼寧省西南部。曹植《白馬篇》：“借問誰家子，~并遊俠兒。”

684.【冥】

暗，深暗。《詩經·小雅·斯干》：“噲噲其~。”（噲噲 huì huì：深廣的樣子。）引申爲深。杜牧《阿房宮賦》：“高低~迷，不知西東。”[~~]昏暗的樣子。《楚辭·九歌·山鬼》：“靁填填兮雨~~。”《荀子·勸學》：“是故無~~之志者，無昭昭之明。”又深遠的樣子。蘇軾《喜雨亭記》：“太空~~，不可得而名。”

[辨]幽，冥。在“暗”的意義上，“幽”和“冥”是同義詞。但

"幽"引申爲"幽靜""幽雅"等義,則是"冥"所不具備的。

685.【奧】

(一)屋子裏的西南角。《論語·八佾》:"與其媚於~,寧媚於竈。"(奧:指房屋西南角的神。竈:指竈神。)

(二)深,不容易看透其中的妙處。蕭統《文選序》:"若夫姬公之籍,孔父之書,與日月俱懸,鬼神爭~。"《文心雕龍·物色》:"若乃山林皋壤,實文思之~府。"引申爲不是淺露的。柳宗元《答韋中立論師道書》:"抑之欲其~。"

686.【精】

(一)上等細米。跟"粗"相對。《論語·鄉黨》:"食不厭~。"引申爲精華的,少而好的。也跟"粗"相對。《文心雕龍·鎔裁》:"~論要語,極略之體。"韓愈《送孟東野序》:"人聲之~者爲言。"又爲美妙。《文心雕龍·情采》:"而五千~妙,則非棄美矣。"江淹《別賦》:"雖淵雲之墨妙,嚴樂之筆~。"又爲細密。蕭統《文選序》:"論則析理~微。"又爲造就高。韓愈《進學解》:"業~於勤,荒於嬉。"

(二)精誠,誠心。鄒陽《獄中上梁王書》:"夫~誠變天地,而信不諭兩主,豈不哀哉?"[~神]精力。鄒陽《獄中上梁王書》:"雖竭~神,欲開忠於當世之君。"

(三)精氣,靈魂。李華《弔古戰場文》:"~魂何依?"

687.【衆】

多,特指人多。《孟子·梁惠王上》:"寡固不可以敵~。"引申爲羣。《論語·爲政》:"譬如北辰,居其所而~星共之。"又名詞。衆人。《論語·學而》:"汎愛~。"又《子張》:"君子尊賢而容~。"[~人]一般人,普普通通的人。《楚辭·漁父》:"~人皆醉我獨醒。"柳宗元《答韋中立論師道書》："爲~人師且不敢,況敢爲吾子師乎?"

688.【便】

(一)安。《墨子·天志中》："百姓皆得煖衣飽食,~寧無憂。"引申爲方便。《史記·李將軍列傳》："人人自~。"

(二)有利,有好處。《戰國策·秦策二》："或謂救之~。"曾鞏《戰國策目録序》："論詐之~而諱其敗。"引申爲有利的機會,適宜的機會。李華《弔古戰場文》："胡兵伺~。"[~宜]名詞。應做的事,特指對國家有利的事。《漢書·婁敬傳》："臣願見上言~宜。"又《嚴助傳》："因言國家~宜。"又副詞。不經過合法手續,從權地。《史記·魏其武安侯列傳》："事有不便,以~宜論上。"

(三)讀 pián,陽平聲。[~辟][~嬖]善於討好的。《論語·季氏》："友~辟,友善柔,友便佞,損矣。"《孟子·梁惠王上》："~嬖不足使令於前與?"

(四)輕便。韓愈《送李愿歸盤谷序》："清聲而~體,秀外而惠中。"

(五)副詞。就。《莊子·達生》："若乃夫没人之未嘗見舟而~操之也。彼視淵若陵,視舟之覆猶其車卻也。"陶潛《桃花源記》："~要還家。"周邦彦《蘭陵王》詞："回頭迢遞~數驛。"

689.【嘉】

好的,美好的。《詩經·小雅·鹿鳴》："我有~賓。"《楚辭·離騷》："肇錫余以~名。"柳宗元《永州韋使君新堂記》："茂樹惡木,~葩毒卉,亂雜而爭植。"引申爲讚美,讚許。《論語·子張》："~善而矜不能。"《漢書·霍光傳》："朕甚~之。"今成語有"其志可~"。

690.【遽】

(一)傳車,送信的快車或快馬。《左傳·僖公三十三年》:“且使~告於鄭。”又《哀公二十一年》:“羣臣將傳~以告寡君。”《國語·晉語九》:“~人來告。”

(二)匆忙。《左傳·昭公五年》:“~不設備。”又副詞。匆匆忙忙地,迫不及待地。蘇軾《賈誼論》:“安有立談之間,而~爲人痛哭哉?”

691.【速】

(一)快。《禮記·檀弓上》:“喪欲~貧,死欲~朽。”《孟子·梁惠王下》:“王~出令。”

(二)招致。《周易》需卦:“有不~之客三人來。”《詩經·召南·行露》:“誰謂女無家,何以~我獄?”《左傳·閔公二年》:“與其危身以~罪也。”蘇洵《六國論》:“至丹以荆軻爲計,始~禍焉。”

692.【彌】

(一)滿。《楚辭·離騷》:“芳菲菲其~章。”蘇軾《喜雨亭記》:“既而~月不雨,民方以爲憂。”

(二)副詞。更加。《論語·子罕》:“仰之~高,鑽之~堅。”司馬遷《報任安書》:“雖累百世,垢~甚耳。”

693.【愈】

(一)病好了。《孟子·公孫丑下》:“昔者疾,今日~。”蘇軾《喜雨亭記》:“憂者以喜,病者以~。”這個意義又寫作“瘉”“癒”。

(二)勝過。《論語·公冶長》:“女與回也孰~?”又《先進》:“然則師~與?”

(三)副詞。更加,越發。《老子》八十一章:“既以爲人,己~有;既以與人,己~多。”《莊子·列禦寇》:“所治~下,得車~多。”

《史記·魏其武安侯列傳》：“夫~怒，不肯謝。”在這個意義上，古人說“愈”不説“越”。

694.【尤】

（一）罪過，過失。《論語·爲政》：“言寡~，行寡悔。”賈誼《弔屈原賦》：“般紛紛其離此~兮。”引申爲歸罪，怨恨。《論語·憲問》：“不怨天，不~人。”《孟子·梁惠王下》：“君無~焉。”司馬遷《報任安書》：“動而見~，欲益反損。”後代成語有“怨天~人”。

（二）優異。《左傳·昭公二十八年》：“夫有~物，足以移人。”（這裏“尤物”指美人。）蘇軾《荔支歎》詩：“我願天公憐赤子，莫生~物成瘡痏。”（這裏“尤物”指荔枝。）韓愈《送孟東野序》：“從吾遊者，李翱、張籍其~也。”又《送溫處士赴河陽軍序》：“朝取一人焉，拔其~；暮取一人焉，拔其~。”柳宗元《愚溪詩序》：“愛是溪，入二三里，得其~絶者家焉。”

（三）特別，格外。李密《陳情表》：“況臣孤苦，特爲~甚。”韓愈《柳子厚墓誌銘》：“其~貧力不能者，令書其傭。”柳宗元《答韋中立論師道書》：“是聖人所~用心者也”引申爲尤其，更。《史記·刺客列傳》：“秦所以~追燕急者，以太子丹故也。”歐陽修《醉翁亭記》：“其西南諸峯，林壑尤美。”

[辨]彌，愈，尤。“彌”字簡單地表示“更加”，“愈”字則表示事物進一層的發展。因此，“奉之彌繁，侵之愈急”不能換成“奉之愈繁，侵之彌急”。“尤”和“彌”“愈”更不相同。“尤”字表示在同類事物中顯得特出：它表示質量上的特別好或特別壞，而不表示事物進一層的發展。因此，“林壑尤美”不能説成“林壑彌美”或“林壑愈美”。

695.【極】

（一）名詞。原爲房屋的脊檁（在房屋的最高處），引申爲房梁。

《莊子·則陽》:"其鄰有夫妻臣妾登~者。"張衡《西京賦》:"跱遊~於浮柱。"(跱 zhì:置,安放。)又指井梁。枚乘《上書諫吳王》:"泰山之霤穿石,單~之綆斷幹。"引申爲屋脊,房頂。方苞《獄中雜記》:"屋~有窗以達氣。"

(二)極點,最高限度。枚乘《上書諫吳王》:"上懸之無~之高,下垂之不測之淵。"司馬遷《報任安書》:"立名者,行之~也。"引申爲達到極點。枚乘《上書諫吳王》:"今欲~天命之上壽,弊無窮之~樂。"王安石《遊褒禪山記》:"而予亦悔其隨之,而不得~乎遊之樂也。"又爲最高的,達到極點的。司馬遷《報任安書》:"是以就~刑而無慍色。"

(三)至。《詩經·大雅·崧高》:"崧高維嶽,駿~於天。"(崧:中嶽嵩山。駿:通"峻"。高。)《國語·魯語下》:"齊朝駕則夕~於魯國。"引申爲終止,盡頭。《尚書·盤庚下》:"罔有定~。"《詩經·唐風·鴇羽》:"悠悠蒼天,曷其有~。"《莊子·逍遥遊》:"其遠而無所至~邪?"

696.【甚】

(一)形容詞。厲害,達到了很厲害的程度。《莊子·天下》:"沐~雨,櫛疾風。"《老子》二十九章:"去~,去奢,去泰。"《孟子·梁惠王上》:"物皆然,心爲~。""甚於"二字連用,表示勝於,勝過。《論語·衛靈公》:"民之於仁也,~於水火。"也可以單用"甚"字,表示"甚於"。《墨子·非攻上》:"至攘人犬豕雞豚者,其不義又~入人園圃竊桃李。"吳均《與宋元思書》:"急湍~箭,猛浪若奔。"

(二)副詞。很。《莊子·養生主》:"動刀~微。"蘇洵《六國論》:"子孫視之不~惜。"

(三)疑問代詞。什麼(晚起義)。周邦彦《西河》詞:"酒旗戲鼓~處市?"引申爲副詞。爲什麼。辛棄疾《滿江紅》詞:"~當年,寂寞賈長沙,傷時哭?"又《八聲甘州》詞:"漢開邊,功名萬里,~當時健者也曾閑?"

697.【最】

(一)最。《莊子·天下》:"然惠施之口談,自以爲~賢。"《史記·項羽本紀》:"~其後,郎中騎楊喜、騎司馬呂馬童、郎中呂勝、楊武各得其一體。"歐陽修《醉翁亭記》:"而年又~高。"

(二)名詞。上等政績,上功。跟"殿"相對。《漢書·宣帝紀》:"課殿~以聞。"陸機《文賦》:"考殿~於錙銖,定去留於毫釐。"(這是比喻。)又形容詞。〔功〕最高,〔政績〕最好。《陳書·周鐵虎傳》:"鐵虎功~。"《唐書·劉禹錫傳》:"禹錫出爲蘇州刺史,以政~賜金紫。""考最"二字連用,等於説"考績"。《唐書·百官志》:"月終則進課於內,歲終則考~於外。"

[辨]甚,最,至,極。"甚""最""至"都是程度副詞。"甚"字表示程度相當高,但未達到頂點,等於現代的"很"。"最"字表示達到頂點,即最高級。"最"和"至"是同義詞,但是上古漢語表示最高級時,一般用"至"不用"最"。例如《老子》四十三章:"天下之至柔,馳騁天下之至堅。""極"字一般祇用作名詞和形容詞,很少用作副詞,所以它跟"至"字也是有區別的。

698.【夫】

(一)成年男人。《詩經·周南·兔罝》:"赳赳武~,公侯干城。"《論語·憲問》:"豈若匹~匹婦之爲諒也?"又特指勞動力。賈誼《論積貯疏》:"一~不耕,或受之饑。"《列子·湯問》:"遂率子孫荷擔者三~。"[丈~]男子。《戰國策·趙策四》:"丈~亦愛憐其少子乎?"《韓非子·五蠹》:"丈~不耕,草木之實足食也。"

（二）[~子]對男子的敬稱，又對師的敬稱。《論語·季氏》：“今由與求也，相~子。”又《微子》：“孰爲~子?”[~人]對君之妻的敬稱。《左傳·隱公元年》：“~人將啟之。”其後變爲對高級官員之妻的敬稱。

（三）丈夫。跟“妻”相對。《左傳·桓公十五年》：“父與~孰親?”《孟子·滕文公上》：“~婦有別。”

（四）讀 fú，陽平聲。指示代詞。這，那。《左傳·宣公二年》：“公嗾~獒焉。”《論語·先進》：“~三子者之言何如?”賈誼《弔屈原賦》：“使騏驥可得係而羈兮，豈云異~犬羊!”“夫”字放在比較複雜的賓語結構前面，指示整個賓語結構。《論語·季氏》：“君子疾~舍曰欲之而必爲之辭。”李華《弔古戰場文》：“吾聞~齊魏徭戍，荆韓召募。”又：“吾想~北風振漠，胡兵伺便。”

（五）也讀 fú，句首語氣詞。表示將對某事進行判斷。《論語·季氏》：“~顓臾，昔者先王以爲東蒙主，且在邦域之中矣，是社稷之臣也。何以伐爲?”蘇軾《賈誼論》：“~君子之所取者遠，則必有所待;所就者大，則必有所忍。”

（六）句尾語氣詞。表示感歎。《論語·子罕》：“逝者如斯~!”又《憲問》：“莫我知也~!”

　699.【婦】

（一）妻。《詩經·衞風·氓》：“三歲爲~。”《孟子·滕文公上》：“夫~有別。”古詩《爲焦仲卿妻作》：“十七爲君~。”

（二）女人，已婚的女子。《論語·泰伯》：“有~人焉。”歐陽修《瀧岡阡表》：“自吾爲汝家~，不及事吾姑。”蘇軾《前赤壁賦》：“泣孤舟之嫠~。”

[辨]婦，女。“婦”是已婚女子，“女”是未婚女子，古人分得很

清楚。有時候,特別是男女對舉的時候,"女"也用作婦女的通稱,但未婚的女子絕對不能叫做"婦"。

700.【嬰】

(一)纏繞,被……纏着。司馬遷《報任安書》:"其次剔毛髮,~金鐵受辱。"李密《陳情表》:"而劉夙~疾病,常在牀蓐。"杜甫《前出塞》詩:"亡命~禍羅。"又《回棹》詩:"散才~薄俗。"

(二)嬰兒,初生的孩兒。《老子》十章:"專氣致柔,能~兒乎?"《列子·天瑞》:"其在~孩,氣專志一,和之至也。"

701.【孩】

(一)小兒笑。《老子》二十章:"如嬰兒之未~。"(未孩:還不會笑。)《孟子·盡心上》:"~提之童,無不知愛其親者。"(孩提:指知孩笑可提抱。)李密《陳情表》:"生~六月,慈父見背。"這個意義又寫作"咳"。《史記·扁鵲倉公列傳》:"不能若是,而欲生之,曾不可以告咳嬰之兒!"

(二)小孩(後起義)。杜甫《山寺》詩:"自哂同嬰~。"

702.【親】

(一)父母。《孟子·梁惠王上》:"未有仁而遺其~者也。"歐陽修《瀧岡阡表》:"始得贈封其~。"現代有雙音詞"父~""母~"。引申爲親屬,親人。《論語·泰伯》:"君子篤於~,則民興於仁。"[~戚]《孟子·公孫丑下》:"寡助之至,~戚畔之。"(這是指同姓和異姓的親屬。畔:通"叛"。)《左傳·昭公二十年》:"~戚爲戮,不可以莫之報。"(這是指父兄。)《大戴禮·曾子疾病》:"~戚既没,雖欲孝,誰爲孝?"(這是指父母。)注意:上古的"親戚"所指較廣,不同於現代。現代"親戚"專指異姓的親屬。中古以來也稱"親情"。

(二)親近,親愛。《論語·學而》:"汎愛衆,而~仁。"司馬遷

《報任安書》：“以求~媚於主上。”

（三）親自。《孟子·萬章上》：“吾豈若於吾身~見之哉？”蘇軾《賈誼論》：“夫絳侯~握天子璽而授之文帝。”

703.【眷】

（一）回顧而表示戀戀不捨。《詩經·大雅·皇矣》：“乃~西顧。”這個意義又寫作“睠”。《詩經·小雅·大東》：“睠言顧之，潸焉出涕。”引申爲懷戀。束皙《補亡詩》：“~戀庭闈。”陶潛《自祭文》：“疇能罔~？”又爲愛。杜甫《奉贈鮮于京兆》詩：“獻納紓皇~。”柳宗元《愚溪詩序》：“能使愚者喜笑~慕，樂而不能去也。”

（二）親屬（後起義）。這個意義也寫作“婘”。《史記·樊酈滕灌列傳》：“大臣誅諸呂、呂須婘屬，因誅伉。”（伉：呂須之子。）鮑照《吳興黃浦亭庾中郎別詩》：“已經江海別，復與親~違。”

704.【竹】

（一）竹。《詩經·衛風·淇奧》：“綠~青青。”

（二）八音之一，即簫笛之類。韓愈《送孟東野序》：“金石絲~匏土革木八者，物之善鳴者也。”劉禹錫《陋室銘》：“無絲~之亂耳。”

705.【木】

（一）樹。《孟子·梁惠王上》：“猶緣~而求魚也。”柳宗元《愚溪詩序》：“嘉~異石錯置。”又《永州韋使君新堂記》：“茂樹惡~，嘉葩毒卉，亂雜而爭植。”蘇轍《快哉亭記》：“長林古~。”

（二）木材。《論語·公冶長》：“朽~不可雕也。”《孟子·梁惠王上》：“材~不可勝用也。”又《梁惠王下》：“爲巨室，則必使工師求大~。”

（三）八音之一，指木製的樂器。韓愈《送孟東野序》：“金石絲竹匏土革～八者,物之善鳴者也。"

706.【谷】

（一）兩山之間的溪流。《公羊傳・僖公三年》:"無障～。"（不要攔斷了溪流。）引申爲兩山之間的狹形地帶。《孟子・滕文公上》:"吾聞出於幽～,遷於喬木者,未聞下喬木而入於幽～者。"孔稚珪《北山移文》:"及其鳴騶入～。"韓愈《送李愿歸盤谷序》:"是～也,宅幽而勢阻。"

（二）形容詞。走不通,沒有出路。《詩經・大雅・桑柔》:"人亦有言,進退維～。"注意:這個意義衹用於"進退維～"這個成語裏。

707.【壑】

山溝。《國語・晉語八》:"谿～可盈。"張衡《西京賦》:"陵巒超～。"孔稚珪《北山移文》:"誘我松桂,欺我雲～。"王維《終南山》詩:"陰晴衆～殊。"歐陽修《醉翁亭記》:"林～尤美。"引申爲一般的水溝,常以"溝壑"二字連用。《戰國策・趙策四》:"願及未填溝～而託之。"

708.【亭】

（一）秦漢時地方基層行政機構。《漢書・百官公卿表》:"大率十里一～,～有長,十～一鄉。"《史記・淮陰侯列傳》:"常數從其下鄉南昌～長寄食。"

（二）秦漢以來亭所設的供過往官吏、旅客食宿之所。《風俗通・過譽》:"爲高唐令,密乘輦車徑至高唐,變易姓名,止都～中十餘日。"李白《菩薩蠻》詞:"何處是歸程? 長～連短～!"

（三）亭子。一種建築物,有頂無牆（後起義）。劉禹錫《陋室銘》:"南陽諸葛廬,西蜀子雲～。"歐陽修《醉翁亭記》:"有～翼然。"蘇軾《喜雨亭記》:"而吾～適成。"

（四）[～～]聳立的樣子。曹丕《雜詩》：“西北有浮雲，～～如車蓋。”孔稚珪《北山移文》：“若其～～物表，皎皎霞外。”

（五）[～午]正午。李白《古風》：“大車揚飛塵，～午暗阡陌。”

709.【臺】

（一）臺。一種建築物，築土成正方形，高一丈以上，以便觀望。臺上可以有屋，也可以無屋。《詩經·大雅·靈臺》：“經始靈～，經之營之。”《左傳·宣公二年》：“從～上彈人。”杜甫《登高》詩：“百年多病獨登～。”杜牧《阿房宮賦》：“歌～暖響，春光融融。”

（二）中央政府機關。漢代稱尚書爲中臺，御史爲憲臺。唐代中臺爲尚書省，東臺爲門下省，西臺爲中書省，總稱“臺省”。韓愈《柳子厚墓誌銘》：“使子厚在～省時，自持其身，已能如司馬刺史時，亦自不斥。”

[辨]亭，臺，榭，樓。“亭”字在上古時代祇指旅宿的亭和監守盜賊的亭；園亭的亭的意義是後起的。園亭的亭有頂無牆，跟臺榭樓都不同。“臺”的特點是築土很高，也就是一種高壇。“榭”是臺上的房子。“樓”和臺榭都不同：“樓”是“重屋”，樓上樓下都可以住人。

710.【郊】

（一）郊。上古時代，國都百里之外爲郊。又五十里爲近郊，百里爲遠郊。《孟子·梁惠王下》：“臣聞～關之內有囿方四十里。”引申爲泛指城外（後起義）。杜甫《野望》詩：“跨馬出～時極目，不堪人事日蕭條。”

（二）祭祀名。天子每年冬至祭天於近郊五十里，所以這種祭叫“郊”。歐陽修《瀧岡阡表》：“今上初～。”

711.【墟】

(一)大丘。這個意義本寫作"虛"。《詩經·鄘風·定之方中》:"升彼虛矣。"引申爲廢墟,多指原來繁華而後來變爲荒丘的地方。《漢書·賈誼傳》:"凡十三歲而社稷爲虛。"王勃《滕王閣序》:"蘭亭已矣,梓澤丘～。"柳宗元《永州韋使君新堂記》:"號爲穢～。"蘇轍《快哉亭記》:"至於長洲之濱,故城之～。"

(二)[～里][～落]村落,鄉下許多人家聚居的地方。陶潛《歸園田居》詩:"曖曖遠人村,依依～里煙。"王維《渭川田家》詩:"斜光照～落,窮巷牛羊歸。"

712.【材】

(一)木材。《孟子·梁惠王上》:"～木不可勝用也。"《文心雕龍·鎔裁》:"美～既斲。"

(二)才能。司馬遷《報任安書》:"雖～懷隨和,行若由夷,終不可以爲榮。"又:"夫中～之人,事有關於宦豎,莫不傷氣。"楊惲《報孫會宗書》:"惲～朽行穢。"("材"字語意雙關,以木材比喻才能。)柳宗元《答韋中立論師道書》:"僕～不足。"

713.【才】

(一)才能。《論語·子路》:"舉賢～。"司馬遷《報任安書》:"日夜思竭其不肖之～力。"蘇軾《賈誼論》:"惜乎! 賈生王者之佐,而不能自用其～也。"

(二)形容詞。有才能的。《論語·先進》:"～不～,亦各言其子也。"[～人]宮中女官名。杜甫《哀江頭》詩:"輦前～人帶弓箭。"[～子]有文才的人。孟浩然《訪袁拾遺不遇》詩:"洛陽訪～子,江嶺作流人。"

(三)副詞。纔,祇有,僅僅。《晉書·謝混傳》:"～小富貴,便豫人家事。”

　　[辨]材,才。木材的意義爲“材”字所專有,不寫作“才”。在“才能”的意義上,“材”和“才”通用,所以上面所舉司馬遷《報任安書》的兩個“材”字,《漢書》寫作“材”,而《昭明文選》作“才”。但是當用作形容詞的時候,習慣上祇寫作“才”,不寫作“材”。

　　714.【簿】

　　(一)册子,上面記録着審問的材料或罪人的供狀。《史記·李將軍列傳》:“大將軍使長史急責廣之幕府對~。”又《魏其武安侯列傳》:“於是上使御史~責魏其。”《漢書·霍光傳》:“吏~問急。”後代成語有“對~公庭”。

　　(二)册子,上面登記賬目、事物等。《史記·張釋之列傳》:“上問上林尉諸禽獸~。”[~書]文書,檔案。杜甫《早秋苦熱》詩:“~書何急來相仍!”[主~]官名,主管文書、檔案。杜甫《逢唐興劉主簿弟》詩:“輕舟下吳會,主~意何如?”

　　715.【籍】

　　(一)文獻,書籍。《孟子·萬章下》:“諸侯惡其害己也,而皆去其~。”又《告子下》:“諸侯地方百里;不百里,不足以守宗廟之典~。”班固《東都賦》:“蓋六~所不能談。”(六籍:指六經,即《詩》《書》《易》《禮》《樂》《春秋》。)蕭統《文選序》:“若夫姬公之~,孔父之書。”又:“概見墳~。”

　　(二)登記册,户口册。《周禮·秋官·小行人》:“掌邦國賓客之禮~,以待四方之使者。”《論衡·自紀》:“户口衆,簿~不得少。”曹植《白馬篇》詩:“名編壯士~。”柳宗元《段太尉逸事狀》:“以貨竄名軍~中。”[門~][通~]出入宫禁的名籍。漢時將出入宫廷者的姓名、年齡、形貌寫於二尺長的竹牒上,懸於宫門,核對相符纔可進入。《史記·魏其武安侯列傳》:"太后除竇嬰門~,不得入朝請。"《漢書·元帝紀》:"令從官給事官司馬中者,得爲大父母、父母、兄弟通~。"後代稱進入仕途叫"通籍"。意思是説宫禁中有了他的姓名。作動詞時,表示登記。《史記·項羽本紀》:"~吏民,封府庫,而待將軍。"[~没]登記其財産而没收,即抄家。《三國志·魏書·王修傳》:"太祖破鄴,~没審配等家財貨物以萬數。"(審配:人名。)

(三)讀 jiè。通"藉"。《韓非子·五蠹》:"則稱先王之道以~仁義。"左思《詠史》詩:"金張~舊業。"

[辨]書,籍。在書籍的意義上,"書"與"籍"是同義詞。但是,"書"偏重指書上的文字和内容,"籍"偏重指簿册。因此,"讀書"不能换成"讀籍"。

716.【狀】

形狀,樣子。《世説新語·雅量》:"~如不覺。"《水經注·廬江水》:"其~若門。"柳宗元《永州韋使君新堂記》:"然而求天作地生之~,咸無得焉。"引申爲狀況。《史記·淮陰侯列傳》:"告信欲反~於吕后。""無狀"二字連用,表示不像樣,没有好的表現。《史記·項羽本紀》:"秦中吏卒遇之多無~。"又《夏本紀》:"鯀之治水無~。"《漢書·賈誼傳》:"自傷爲傅無~,常哭泣。"又動詞。描寫,描繪,描述。《文心雕龍·物色》:"灼灼~桃花之鮮。"

717.【類】

種類。《孟子·梁惠王上》:"王之不王,是折枝之~也。""萬類"二字連用,等於説萬物。柳宗元《愚溪詩序》:"溪雖莫利於世,而善鑒萬~。"引申爲同類。《孟子·公孫丑上》:"聖人之於民,亦~也。"《荀子·勸學》:"物各從其~也。"韓愈《進學解》:"絶~離倫,優入聖域。"又爲類似,像。《左傳·莊公八年》:"非君也,不~。"《呂氏春秋·察傳》:"辭多~非而是,多~是而非。"柳宗元《愚溪詩序》:"無以利世,而適~於余。"又《答韋中立論師道書》:"今之命師者,大~此。"

718.【壽】

(一)長命。《詩經·小雅·天保》:"如南山之~。"李華《弔古戰場文》:"畏其不~。"引申爲年壽,壽命。《左傳·僖公三十二年》:"中~,爾墓之木拱矣。"陶潛《自祭文》:"~涉百齡。"

(二)贈金帛、禮品、敬酒都叫"壽"。《戰國策·趙策三》:"以千金爲魯連~。"《史記·項羽本紀》:"沛公奉卮酒爲~。"又《魏其武安侯列傳》:"武安起爲~。"又《廉頗藺相如列傳》:"請以秦之咸陽爲趙王~。"

719.【命】

(一)動詞。命令。《左傳·隱公元年》:"~子封帥車二百乘以伐京。"又《僖公三十二年》:"君~大事。"又名詞。《左傳·宣公二年》:"棄君之~,不信。"《孟子·公孫丑上》:"德之流行,速於置郵而傳~。"引申爲使命。《論語·子路》:"使於西方,不辱君~。"《孟子·滕文公上》:"然友反~。"(然友:人名。)

(二)命運。《論語·顏淵》:"死生有~。"陶潛《自祭文》:"識運知~。"韓愈《送孟東野序》:"三子者之~則懸乎天矣。"又《送李愿歸盤谷序》:"是有~焉,不可幸而致也。"

(三)生命。《論語·雍也》:"不幸短~死矣。"《史記·魏其武安侯列傳》:"遷怒及人,~亦不延。"李密《陳情表》:"母孫二人更相爲~。"李華《弔古戰場文》:"威尊~賤。"[性~](1)"性"指人的天生的性質,如剛柔之別;"命"指命運,如貴賤壽夭。《周易》乾卦:

"乾道變化,各正性~。"(2)等於説"生命"。曹植《白馬篇》詩:"棄身鋒刃端,性~安可懷?"

[辨]命,令。二者都有"使"的意思,但"令"往往用作不及物動詞(不帶賓語),表示發出命令。如《論語·子路》:"其身正,不令而行;其身不正,雖令不從。"又如《孟子·離婁上》:"既不能令,又不受命。"這裏的"令"都不能换。"令"帶賓語時,和"命"也有區别。"命"往往指上級命令下級;"令"往往祇有一般"使"的意思。

720.【志】

(一)心的傾向,志向,志願。《論語·公冶長》:"盍各言爾~。"韓愈《送孟東野序》:"其~弛以肆。"蘇軾《賈誼論》:"賈生~大而量小,才有餘而識不足也。""得志"二字連用,表示得遂志願,達到目的。《莊子·繕性》:"樂全之謂得~。"又特指仕宦,得高位。《莊子·繕性》:"今之所謂得~者,軒冕之謂也。"《孟子·滕文公下》:"得~,與民由之;不得~,獨行其道。"蘇軾《賈誼論》:"不過十年,可以得~。"

(二)記載下來。柳宗元《永州韋使君新堂記》:"宗元請~諸石,措諸壁。"歐陽修《瀧岡阡表》:"修泣而~之。"蘇軾《喜雨亭記》:"亭以雨名,~喜也。"這個意義又寫作"誌"。現代有雙音詞"雜誌"(雜志)。

[辨]意,志。兩字意義相近,但不完全相同。"志"是心之所向,"意"是心之所想。

721.【趣】

(一)讀 qù。朝某一方向奔去。跟"舍"相對。《史記·孫子吴起列傳》:"兵法:百里而~利者蹶上將。"(蹶 jué:垮掉。)司馬遷《報任安書》:"~舍異路。"

（二）讀 qù。傾向，意向。《淮南子·原道》："秉其要歸之～。"嵇康《琴賦序》："覽其旨～，亦未達禮樂之情也。"引申爲趣味，興趣。陶潛《歸去來辭》："園日涉以成～。"杜甫《送高司直尋封閬州》詩："荒山甚無～。"

（三）讀 cù，舊讀入聲。催促。《禮記·月令》："～民收斂。"《史記·陳涉世家》："～趙兵亟入關。"引申爲趕快，急。《史記·項羽本紀》："若不～降漢，漢今虜若，若非漢敵也。"《漢書·周勃傳》："～爲我語！"

[辨]趨，趣。"趨"是一般的疾行，"趣"是有目的奔往。但"趨"的引申義"嚮往"的意思與"趣"（一）有某些相近。如"趣利"也說"趨利"。"趣"（二）是"趨"所沒有的。在"催促""急促"的意義上，"趨""趣"相通。

722.【涕】

眼淚。《詩經·衛風·氓》："泣～漣漣。"《楚辭·九章·哀郢》："～淫淫其若霰。"《左傳·襄公二十三年》："臧叔入，哭甚哀，多～。"司馬遷《報任安書》："士無不起，躬自流～。"庾信《哀江南賦·序》："自然流～。"又爲鼻涕。王褒《僮約》："目淚下落，鼻～長一尺。"

723.【泣】

（一）眼淚。《史記·項羽本紀》："項羽～數行下。"司馬遷《報任安書》："沫血飲～。"江淹《別賦》："瀝～共訣，抆血相視。"

（二）哭，指無聲而有淚的。《戰國策·趙策四》："持其踵爲之～。"庾信《哀江南賦·序》："～將何及？"歐陽修《瀧岡阡表》："於是小子修～而言曰。"蘇軾《賈誼論》："其後自傷哭～。"陸游《夜泊水村》詩："老子猶堪絕大漠，諸君何至～新亭？"

[辨]泣，哭，號。無聲有淚叫"泣"；有聲有淚叫"哭"；哭而有

言叫"號"。

724.【膏】

脂肪,脂肪所熬的油。《莊子·山木》:"~火自煎也。"韓愈《進學解》:"焚~油以繼晷。"又《答李翊書》:"加其~而希其光。""膏"又用如動詞,讀 gào,比喻滋潤。《詩經·曹風·下泉》:"芃芃黍苗,陰雨~之。"(芃芃 péng péng:茂盛的樣子。)又表示上油。韓愈《送李愿歸盤谷序》:"~吾車兮秣吾馬。"[~粱]"膏"指肥肉,"粱"是上等的小米。《孟子·告子上》:"所以不願人之~粱之味也。"後代有成語"~粱子弟"。[~澤]恩澤。《孟子·離婁下》:"~澤下於民。"[~腴]肥沃。賈誼《過秦論》上:"東割~腴之地。"[~肓]心尖脂肪叫膏,橫膈膜叫肓(huāng)。《左傳·成公十年》:"疾不可爲也,在肓之上,~之下。"後代成語有"病入~肓"。

725.【澤】

(一)水所聚的地方,一般指湖沼。《孟子·滕文公上》:"益烈山~而焚之。"《史記·項羽本紀》:"乃陷大~中。"又《淮陰侯列傳》:"右倍山陵,前左水~。"王勃《滕王閣序》:"山原曠其盈視,川~盱其駭矚。"

(二)光潤。《左傳·襄公二十八年》:"獻車於季武子,美~可以鑑。"《楚辭·離騷》:"芳與~其雜糅兮。"《孟子·滕文公上》:"若夫潤~之,則在君與子矣。"

(三)恩澤,恩惠,好處。《莊子·大宗師》:"~及萬世而不爲仁。"韓愈《送李愿歸盤谷序》:"利~施於人。"白居易《長恨歌》:"始是新承恩~時。"

726.【帷】

圍在四周的帳幕,布製的圍牆。鄒陽《獄中上梁王書》:"今人

主沈諂諛之辭,牽～牆之制。"［襜～］車帷。王勃《滕王閣序》:
"襜～暫駐。"

［辨］帷,幕,幄,帳,幬。圍在四周的叫"帷",有頂的叫"幕"。
"幄"是帛圍的板屋。"帳"就是幕,但是後來牀上的帳子也叫
"帳",就跟"幕"分了工,因爲牀上的帳子不能稱爲"幕"。"幬"本
來就是帷,但是後來牀上的帳子也叫"幬"(詩的用語),也跟"帷"
分了工,因爲牀上的帳子不能稱爲"帷"(古代"帷""幬"不同音)。
《古詩十九首》:"明月何皎皎!照我羅牀幬。"李白《春思》詩:"春
風不相識,何事入羅幃?"這些"幬"字都不能換成"帷"。

727.【蓋】

(一)茅草編織物,用來蓋屋的,又用來遮蔽身體保煖的。《左
傳·襄公十四年》:"乃祖吾離被苫～,蒙荆棘,以來歸我先君。"(吾
離:人名。苫 shān:茅草編織物。)

(二)器物的蓋子。《儀禮·聘禮》:"夫人使下大夫勞以二竹
簋方……有～。"

(三)車蓋。古代車上傘狀的篷子。鄒陽《獄中上梁王書》:
"白頭如新,傾～如故。"(傾蓋:旅途相遇,停車交談,雙方車蓋相
接。指初交。)陶潛《詠荆軻》詩:"登車何時顧,飛～入秦庭。"(飛
蓋:形容車走得快。)［冠～］官員的冠服和車蓋。《史記·平準書》:
"冠～相望。"李白《古風》詩:"路逢鬥雞者,冠～何輝赫!"

(四)遮蔽,掩蓋。《淮南子·説林》:"日月欲明,而浮雲～之。"
《史記·項羽本紀》:"力拔山兮氣～世。"又《淮陰侯列傳》:"且臣
聞勇略震主者身危,而功～天下者不賞。"杜甫《自京赴奉先縣詠懷
五百字》詩:"～棺事則已。"

(五)副詞。大概。《論語·里仁》:"～有之矣,我未之見也。"

蘇轍《快哉亭記》：“玉之言~有諷焉。”（玉：指宋玉。）

（六）連詞。連接上句或上文一段，表示原因。《論語·季氏》：“~均無貧，和無寡，安無傾。”蕭統《文選序》：“何哉？ ~蹋其事而增華，變其本而加厲。”引申爲句首語氣詞，並非連接上文，也没有明確的具體意義。朱浮《爲幽州牧與彭寵書》：“~聞智者順時而謀，愚者逆時而動。”

728.【梗】

（一）植物的枝或莖。《戰國策·齊策三》：“有土偶人與桃~相與語。”（桃梗：這裏指以桃枝作的木偶。）李商隱《蟬》詩：“薄宦~猶泛。”《夢溪筆談》二十四卷：“自後人有爲蜂螫者，挼芋~傅之則愈。”（挼 nuó：揉搓。傅：敷，塗上。）

（二）正直。《楚辭·九章·橘頌》：“淑離不淫，~其有理兮。”（淑：美，善。離：通“麗”。）〔~直〕剛直。《北史·景穆十二王傳上》：“子文都，性~直。”（文都：人名。）

（三）〔~概〕概況，概要。張衡《東京賦》：“故粗爲賓言其~概如此。”左思《吴都賦》：“略舉其~概。”白居易《與元九書》：“然去詩未遠，~概尚存。”

（四）動詞。阻塞。韓愈《送孟東野序》：“其趨也或~之。”

729.【概】（槩）

（一）量米粟的工具。這是一種木板，量米粟時，放在斗斛上刮平，不使過滿。《禮記·月令》：“正權~。”《荀子·宥坐》：“〔水〕盈不求~。”《管子·水地》：“量之不可使~，至滿而止。”《漢書·律曆志》：“以井水準其~。”〔一~〕比喻把不同的事物等同起來。《楚辭·九章·懷沙》：“同糅玉石兮，一~而相量。”揚雄《法言》：“一~諸聖。”引申爲一律。杜甫《秦州》詩：“萬方聲一~。”

（二）節操，風度。楊惲《報孫會宗書》：“凜然皆有節～。”《晉書·桓溫傳》：“溫豪爽有風～。”杜甫《投贈哥舒開府》詩：“勳業青冥上，交親氣～中。”今以正直豪邁的態度爲“氣～”。

（三）情況，景象（後起義）。杜甫《奉留贈集賢院崔于二學士》詩：“故山多藥物，勝～憶桃源。”按：這個意義祇用於極少數的詞組裏。

（四）副詞。大略，大概。《史記·伯夷列傳》：“其文辭不少～見。”蕭統《文選序》：“～見墳籍，旁出子史。”

730.【本】

（一）樹的主榦。跟“末”相對。《左傳·成公二年》：“禽之而乘其車，繫桑～焉。”又《昭公元年》：“我在伯父，猶衣服之有冠冕，木水之有～原。”引申爲根本，基礎，主要的東西。《論語·學而》：“君子務～。”《孟子·梁惠王上》：“蓋亦反其～矣。”賈誼《論積貯疏》：“今敺民而歸之農，皆著於～。”司馬遷《報任安書》：“且事～末未易明也。”“本”又用如動詞，表示以爲基礎。柳宗元《答韋中立論師道書》：“～之書以求其質。”

（二）本來。《莊子·至樂》：“是其始死也，我獨無慨然？察其始而～無生，非徒無生也，而～無形。”諸葛亮《前出師表》：“臣～布衣，躬耕於南陽。”李密《陳情表》：“～圖宦達，不矜名節。”李白《廬山謠》詩：“我～楚狂人，鳳歌笑孔丘。”

（三）本錢。跟“子”“息”相對（子～，～息）。《漢書·食貨志下》：“人君不理，則畜賈游於市，乘民之不給，百倍其～矣。”韓愈《柳子厚墓誌銘》：“子～相侔，則没爲奴婢。”

[辨]根，本。“根”是地下的部分；“本”則一般指地上的部分。一木祇有一本，但可以有多根。

731.【末】

（一）樹杪，樹梢。跟“本”相對。《楚辭·九歌·湘君》：“采薜荔兮水中，搴芙蓉兮木～。”引申爲尖端。《孟子·梁惠王上》：“明足以察秋毫之～。”又爲非根本的東西，不重要的事。賈誼《論積貯疏》：“今背本而趨～。”

（二）微末的，淺薄的，小的，不重要的。司馬遷《報任安書》：“陪外廷～議。”張衡《東京賦》：“～學膚受。”

古漢語通論
（二十三）古文的文體及其特點

古人很早就注意到各種文體的特點。例如曹丕在《典論·論文》中說：“夫文本同而末異。蓋奏議宜雅，書論宜理，銘誄尚實，詞賦欲麗。”他的意思是說：奏議應該做到雅，雅就是善於運用經典；書信和論說應該做到理，理就是條理明暢；銘誄應該做到實，實就是切實而不浮誇；詩賦應該做到麗，麗就是敷陳辭藻。此外，陸機《文賦》、劉勰《文心雕龍》也講到各種文體的特點，《文心雕龍》的前二十五篇，可以說是當時論述文體的集大成的著作。後人討論文體的著作還很多，這裏不一一列舉了。

姚鼐《古文辭類籑》把文章分爲論辨、序跋、奏議、書說（shuì）、贈序、詔令、傳（zhuàn）狀、碑誌、雜記、箴銘、頌贊、辭賦、哀祭十三類。現在我們按照這十三類大致談談各種文體的特點。

1.論辨類就是論說文，包括哲學論文、政治論文、史論、文論等。先秦諸子書，一般都可認爲論文集。單篇論文則以賈誼《過秦論》爲最早。論辨類或者是發表自己的主張，闡明一個道理（論）；或者是辨別事理的是非,駁斥別人的言論(辨)。舉例來説,《淮南子》是論,而《論衡》則是辨;《過秦論》是論,而《神滅論》則是辨。

2.序跋類是一部書(或一篇文章)的序言或後序。序(敘)是一般的序言,放在書的前面;跋則放在書的後面,即後序。上古時代的序都是放在後面的。有人認爲《莊子·天下》就是《莊子》的序。至於《淮南子·要略》《論衡·自紀》《史記·太史公自序》《漢書·敘傳》等,更顯然都是序言,它們都是在書的後面。《説文解字》的敘也在後面。後來像蕭統《文選》等書,序文纔移到前面。

3.奏議類是臣子上給皇帝的書信,包括《文心雕龍》所説的章表、奏啟、議對三類。《文心雕龍·章表》説:"章以謝恩,奏以按劾,表以陳請,議以執異。"可見較古的時候(漢代)四者是有分別的,後來逐漸變爲没有多大分别了。此外還有疏、上書、封事。疏的本意是條陳(逐條陳説),封事是預防洩漏的意思,是一種秘密的奏議。

對策(簡稱策),是奏議的一個附類。《文心雕龍·議對》説:"對策者,應詔而陳政也。"這是應舉時由皇帝出題目,寫在簡上,叫做策問;應舉者按題陳述自己的意見,叫做對策。漢代鼂錯、董仲舒都以對策著名。

4.書説類包括書和説。書指一般的書信,説大多是游士説别國人君的言詞。

5.贈序類是一種特殊的文體,古人有所謂"贈言"。到了唐初,贈言纔成爲一種文體,叫做"序"。韓愈所作的贈序最多,也被認爲最好。

6.詔令類是皇帝對臣下的書信。詔令和奏議本來都是書信,但因封建時代最高統治者被認爲與一般人不同,所以臣子給皇帝的書信叫奏議,皇帝給臣下的書信叫詔令。

皇帝下達的文書還有"制""誥"等等,這裏没有必要細説。

橄(xí),是詔令的一個附類。它被用來曉諭或者用來聲討罪惡。橄,不一定是皇帝發出的;有時候,也可能是敵國互相聲討,或者是所謂"討賊"。由於封建社會很少正義戰爭,互相攻擊的人往往是一丘之貉,所謂橄就往往是强詞奪理,或者是捏造事實。

7.傳狀類是記述個人生平事蹟的文章,一般是記述死者的事蹟。傳指傳記,狀指行狀。傳來源於《史記》《漢書》。拿《史記》來説,《項羽本紀》《孔子世家》《淮陰侯列傳》《魏其武安侯列傳》等,都應該屬於傳①。"行狀"又稱"行述""行略""事略"等。行狀本來是提供禮官爲死者議定謚號或提供史官采擇立傳的。又,請人寫墓誌銘碑表之類(見後),也往往提供行狀。有的行狀實際上就是一篇很好的傳記,柳宗元的《段太尉逸事狀》被認爲是傳狀類的名篇②。

傳奇小説,如《霍小玉傳》《李娃傳》《鶯鶯傳》等,可歸入傳狀一類。

8.碑誌類包括碑銘和墓誌銘。碑銘的範圍頗廣。有封禪和紀功的刻文,例如秦始皇《泰山刻文》、班固《封燕然山銘》、韓愈《平淮西碑》等。有寺觀、橋梁等建築物的刻文,例如王簡栖《頭陀寺碑文》、韓愈《南海神廟碑》等。此外還有墓碑,這是紀載死者生前事蹟的,文章最後有銘(韻語)。封建時代大官的墓碑是樹立在墓前道路(神道)上的,所以叫做神道碑,官階低的則樹立墓碣。碑碣的

---

① 姚鼐以爲正史的傳不算傳狀類,所以《古文辭類篹》祇收韓愈《圬者王承福傳》、柳宗元《種樹郭橐駝傳》等。那是錯誤的。

② 徐師曾《文體明辨》説:"逸事狀則但録其逸者,其所已載,不必詳焉,乃狀之變體也。"

文體没有什麽差別,衹是碑碣本身的形制有所不同①。此外還有一種墓表,無論死者入仕與否都可以樹立。墓表也是立在神道上的,所以又稱爲神道表。墓表一般没有銘(韻語)。

墓誌銘(墓誌)也是紀載死者生前事蹟的,前有誌,後有銘。它一般是兩塊方石,一底一蓋,底刻誌銘,蓋刻標題(某朝某官某人墓誌),安葬時埋在墓壙裏,據説是防備陵谷變遷,以便後人辨認的,所以後來又稱爲埋銘、壙銘、壙志等。

9.雜記類包括除傳狀、碑誌以外的一切記叙文。有刻石的;有不刻石的。刻石的如柳宗元的《永州韋使君新堂記》;不刻石的如柳宗元的山水遊記。雜記文的特點是叙事,但唐宋古文家的雜記往往是叙中夾論,像蘇轍的《快哉亭記》、范仲淹的《岳陽樓記》則是議論多於記事。

10.箴銘類是用於規戒的文章,大多是用來戒勉自己的。劉禹錫的《陋室銘》屬於這一類。

11.頌贊類是用於頌贊的文章,一般是對別人的歌頌和贊揚。韓愈的《子産不毀鄉校頌》屬於這一類。

12.辭賦類近似於長詩,可以抒情,可以詠物。本書第十二單元將有專文討論。

13.哀祭類包括哀辭和祭文。二者都是哀弔死者的文章,但祭文則是設祭時拿來宣讀的。

誄,就内容來説,是在碑誌與哀辭之間的。《文心雕龍·誄碑》説:"大夫之材,臨喪能誄。誄者,累也;累其德行,旌之不朽也。"由

---

① 《唐六典》卷四載碑碣之制説:"五品以上立碑,螭首龜趺(碑首盤螭,碑座龜形),趺上高不過九尺。七品以上立碣,圭首方趺(碣首圭形,碣座方形),趺上高不過四尺。若隱論道素,孝義著聞,雖不仕亦立碣。"明代三品以上立神道碑。

此看來,誄就很像碑誌,衹是不刻石罷了。顏延年作《陶徵士誄》,就是敘述陶淵明的德行的。後來誄和哀辭沒有多大的差別。

　　以上十三類有些類的界限不是十分清楚的。就名稱來看,有的是同名而異實:序跋的序和贈序的序完全不同;座右銘的銘和墓誌銘的銘也完全不同。就内容來看,有些作品可能跨類。例如賈誼的《論積貯疏》雖屬奏議類,但通篇是發議論,很像一篇論説文;韓愈的《送孟東野序》雖屬贈序類,但通篇是説理,也很像一篇論説文。揚雄的《解嘲》,蕭統《文選》把它歸入"設論"類,《古文辭類篹》則歸入辭賦類,因爲就内容説應該屬論辨,就形式説則應該屬辭賦。韓愈的《進學解》是仿照《解嘲》的體裁的,《古文辭類篹》也把它歸入辭賦類。

　　我們不能機械地看待古人這種分類,因爲這種分類還是不够科學的。同時,我們也不宜完全抹殺這種分類,因爲這種分類還是有一些客觀根據的。

　　下面我們再從用韻的角度來看文體。辭賦、頌贊、箴銘、碑誌、哀祭,這五類一般都是有韻的文章,我們把它叫做"韻文"。但是,有完全的韻文,有不完全的韻文。個別的也有完全不用韻的。五類用韻的情況又各有不同,所以必須分别加以討論。

　　1.辭賦類是完全的韻文,從頭到尾都是有韻的①。所以古人往往把詩賦並稱。班固《兩都賦序》説"賦者,古詩之流也",《文選》也把賦與詩放在一起(賦在詩前),可見一向認爲賦是接近詩的。姚鼐在《古文辭類篹·序目》中説:"辭賦固當有韻,然古人亦有無韻者。"這話不合事實。枚乘《七發》不完全用韻,正因爲它不是純粹的賦體。揚雄《解嘲》、韓愈《進學解》等,基本上是用韻的,衹不

————————

① 賦的前頭如有序,序文當然不用韻。

過稍有變通罷了。

2.頌贊類也是完全的韻文。雖然有些頌贊也容許有序（散文），如柳宗元的《伊尹五就桀贊》，但是這種頌贊仍屬韻文，因爲韻語是全篇的主體。一般頌贊是沒有序的，從頭到尾都用韻，如韓愈的《子産不毀鄉校頌》。

另有一種贊與頌贊的贊不同，那衹是幾句結論性的話，通常是四字一句，如《文心雕龍》每篇後面的贊。但是，這種贊也是從頭到尾用韻的。

3.箴銘類也是完全的韻文。劉禹錫《陋室銘》一開頭就有韻，而且是以“名、靈、馨、青、丁、經、形、亭”一韻到底。衹有最後一句是不入韻的。

4.碑誌類的情況稍有不同。封禪的刻文還是自首至尾用韻的。但是，紀功的刻文就不一定完全用韻，特別是唐代以後，碑文往往是序長於銘，也就是散文部分長於韻文部分。如韓愈的《平淮西碑》有大半篇幅是序。

墓碑和墓誌銘的韻文部分更少①。一般情況是敘述佔了大部分的篇幅，略等於一篇行狀，最後纔是幾句銘。試舉歐陽修《徂徠石先生墓誌銘》爲例。全文千餘字，最後衹有七十八個字的銘：

徂徠之巖巖，與子之德兮，魯人之所瞻。汶水之湯湯，與子之道兮，逾遠而彌長。道之難行兮，孔孟亦云遑遑。一世之屯兮，萬世之光。曰：吾不有命兮，安在夫桓魋與臧倉②？自古聖賢皆然兮，噫子雖毀其何傷？

① 這是就唐以後的情況説的。《文選》載有任昉所作的一篇墓誌，與此恰恰相反，那是一篇完全的韻文。

② 桓魋（tuí），春秋時宋國的司馬，曾欲殺孔子。臧倉，魯平公嬖臣，曾阻止魯君見孟子。

墓誌銘的銘也有不用韻的,如韓愈的《柳子厚墓誌銘》,但那是很少的例外。

5.哀祭類是接近辭賦類的。《古文辭類篹》把賈誼的《弔屈原賦》歸入哀祭類,《文選》認爲《弔屈原賦》是"弔文",把它和"祭文"平列。祭文一般是完全的韻文,所以和辭賦是同一性質的(從語言角度看)。韓愈《祭柳子厚文》,除開頭幾句外,完全用韻。李翱《祭韓侍郎文》則自首至尾全部用韻。

祭文中長距離押韻,而且句子長短參差,這是宋人的一種風氣。王安石《祭歐陽文忠公文》可以作爲代表。

祭文中也有完全不押韻的,這種情況極爲少見。韓愈《祭十二郎文》便是一例。

祭文與哀辭(或誄)都可能有序。但是唐以後的祭文就不再有序;相反地,唐以後的哀辭一般都有長序。因此,哀辭在形式上近似碑誌。

除了以上五類之外,別的文體也可能用韻。比如柳宗元的《愚溪詩序》,就體裁説,是完全可以不用韻的,但其中卻有韻語:

> 以愚辭歌愚溪,則茫然而不違,昏然而同歸。超鴻蒙,混希夷,寂寥而莫我知也。

其中"違"和"歸"押韻,"夷"和"知"押韻(也可以認爲四字一起押韻,算是支微通押)。

此外,雜記中也經常可以見到一些押韻的情況。試看柳宗元《永州韋使君新堂記》中的一段:

> 始命芟其蕪,行其塗。積之丘如,蠲之瀏如。既焚既釃,奇勢迭出。清濁辨質,美惡異位。視其植,則清秀敷舒;視其蓄,則溶漾紆餘。怪石森然,周於四隅。或列或跪,或立或仆,竅穴逶邃,堆阜突怒。

其中"蕪"和"塗"押韻，"丘"和"瀏"押韻（虛字前韻），"出"（尺類切，讀 chuì）和"位"押韻，"舒""餘"和"隅"押韻，"仆"和"怒"押韻。又如范仲淹《岳陽樓記》中的一段：

　　　若夫霪雨霏霏，連月不開。陰風怒號，濁浪排空；日星隱曜，山岳潛形。商旅不行，檣傾楫摧。薄暮冥冥，虎嘯猿啼。登斯樓也，則有去國懷鄉，憂讒畏譏，滿目蕭然，感極而悲者矣。至若春和景明，波瀾不驚。上下天光，一碧萬頃。沙鷗翔集，錦鱗游泳。岸芷汀蘭，郁郁青青。而或長煙一空，皓月千里，浮光耀金，靜影沈璧。漁歌互答，此樂何極！登斯樓也，則有心曠神怡，寵辱皆忘，把酒臨風，其喜洋洋者矣！

其中"霏"和"開"押韻（不完全韻），"空"和"形"押韻（不完全韻），"摧"和"啼"押韻（不完全韻），"譏"和"悲"押韻，"明""驚"和"頃""泳""青"押韻（平仄通押），"璧"和"極"押韻，"忘"和"洋"押韻。這是自由式的韻文，它的押韻在有意無意之間，不受任何格律的約束，所以可以用不完全韻，可以平仄通押，可以不遵守韻書的規定（如"譏"和"悲"押，"明""驚"和"青"押，"璧"和"極"押）。其所以這樣做，是使讀者朗誦起來覺得有聲調鏗鏘之美。

　　散文中夾雜着韻語的做法來源很遠。先秦散文中就常常夾雜有一些韻語（參看本書第二册）。這種做法，是值得注意的。

（二十四）古書的句讀

　　古書一般是不斷句的，前人讀書時要自己斷句。古代斷句用"、"作爲標誌。《説文解字》説："、（zhǔ），有所絶止而識之也。"有人認爲這就是句讀（dòu）的"讀"的本字①。前人在語意未完而

---

① 見楊樹達《古書句讀釋例·敘論》。

須要停頓的地方，點在兩個字的中間；在句終的地方，點在字的旁邊。後來用圈號作爲句終的標誌。古代又有一個"↓"（jué）字，《説文解字》説："↓，鉤識也。"這也是古人讀書時所用的句讀標誌①。

古人很重視句讀的訓練，因爲明辨句讀是讀懂古書的起點。假使斷句沒有錯誤，也就可以證明對古書有了初步的了解。所以《禮記·學記》説："一年視離經辨志。"這就是説，小孩讀書一年以後，要考查"離經辨志"，所謂"離經"，就是句讀經典的能力。

當然，能點句無誤，還不能説就是完全了解了；但是，反過來説，如果點句有誤，那就一定是對古書某些詞句沒有讀懂。現存的古書，經過標點的衹是一小部分。我們要具備閱讀古書的能力，首先就要培養句讀的能力。

在閱讀古書時怎樣纔能不斷錯句，不用錯標點呢？ 這先要研究錯誤的原因。原因是多方面的。歸納起來大致可以分爲三個方面②：一是意義不明，二是語法不明，三是音韻不明。下面分別加以討論（討論以斷句爲主，也涉及標點符號的使用）。

意義不明

詞和句子的意義有未了解清楚的地方，這是弄錯句讀最主要的原因。不明詞義，不通文理，缺乏古代文化常識，不知出典等，都容易導致句讀錯誤。

1.不明詞義，不通文理

有時是不明了一個單音詞的意義，有時是不明了一個複音詞的意義，有時是把甲義誤認爲乙義。這些情況都會把句子斷錯。

---

① 王筠説這是分章所用的標誌（見《説文句讀》）。
② 在分類之中，有跨類的情況，不一一説明。

有時,讀者並不是不明詞義,而是不能把上下文連貫起來,不能串講;讀時不求甚解,不從上下文仔細體會古人的用意,也可以説是不通文理。這樣,拿起筆來斷句,就容易産生錯誤。

例一

(正)收天下之兵,聚之咸陽,銷鋒鍉,鑄以爲金人十二,以弱天下之民。(賈誼:過秦論)

(誤)收天下之兵。聚之咸陽。銷鋒鍉鑄。以爲金人十二。以弱天下之民。①

"鍉"又作"鏑",就是箭鏃。"鑄"是"鎔鑄"的意思。《文選》的斷句者將"銷鋒鍉鑄"連讀,這是講不通的。《漢書·項羽傳》載賈誼《過秦論》,如淳,顏師古諸家皆讀"鍉"字斷句②。爲什麽《文選》的斷句者會斷錯句呢? 因爲《史記·秦始皇本紀》所載賈誼《過秦論》在這裏作"銷鋒鑄鐻"(鐻,鐘類)③,斷句者大約受了這個影響,没有仔細考慮"鍉""鑄"兩字的意義,就把"鑄"字歸到上句去了。

例二

(正)洪於大義,不得不死;念諸君無事空與此禍,可先城未敗,將妻子出(資治通鑑卷六十一)。

(誤)洪於大義,不得不死;念諸君無事,空與此禍,可先城未敗,將妻子出。④

這段文章是寫臧洪守東郡,糧盡援絶,叫部下將士和百姓棄城逃

---

① 引自商務印書館出版的《國學基本叢書簡編》本《文選》;下引《文選》,版本同此,不再注明。

② 他們雖没有斷句,但是在"鍉"字下面加注,依《漢書》注的規矩,必須在斷句處加注,所以知道是這裏斷句。

③ 《古文辭類纂》根據《史記》,也作"銷鋒鑄鐻"。

④ 見中華書局《資治通鑑》標點本1956年初版(下同)。轉引自吕叔湘《"通鑑"標點瑣議》(見《中國語文》1979年第2期)。

命。斷句者没有弄懂這段話中的複音詞"無事"是"没有必要""犯不上"的意思，並不是現代漢語"無事生非"中"無事"的意思，因此把句子斷錯了。

例三

(正)使盡之，而爲之簞食與肉：實諸橐以與之。(左傳·宣公二年)

(誤)使盡之，而爲之簞食，與肉，實諸橐以與之。①

這裏是説，"給他預備一筐飯和肉，放在口袋裏給他"。標點者把連詞"與"看成動詞"給予"的"與"，就和後面"以與之"的"與"重複了。

例四

(正)世儒學者，好信師而是古，以爲賢聖所言皆無非，專精講習，不知難問。(論衡·問孔)

(誤)世儒學者，好信師而是古，以爲賢聖所言，皆無非專精講習，不知難問。②

這裏的"非"字應當作"錯誤"講，《諸子集成》本《論衡》的標點者誤認爲否定副詞，所以弄錯了。

例五

(正)今往僕少小所著辭賦一通相與。夫街談巷説，必有可采……(曹植：與楊德祖書)

(誤)今往僕少小。所著辭賦一通。相與夫街談巷説。必有可采。

第一句意思是説"現在送我少年時代所著的辭賦一篇給你"。《文選》的斷句者不懂"往"是"送往"的意思，"相與"的"與"是"給予"的意思，"少小"一詞也不懂，這就全句不了解了。"少小"指少年時

———————————————

① 參看王伯祥《春秋左傳讀本》201頁。

② 以下所引《論衡》的例子，都是採自中華書局出版的《諸子集成》本，國學整理社整理，其中標點錯誤很多。

代,這是占人常用的詞語。曹植自己在《白馬篇》就說"少小去鄉邑,揚聲沙漠垂"。像上述的《文選》標點者這樣斷句,"今往僕少小"還成什麼話呢?

例六

(正)時人始而驚。中而笑且排,先生益堅,終而翕然隨以定。(李漢:韓昌黎集序)

(誤)時人始而驚。中而笑。且排先生益堅。終而翕然隨以定。①

笑且排,意思是"嘲笑而且排斥";先生益堅,意思是"韓愈受到嘲笑和排斥以後,不但不氣餒,而且更加堅定"。這纔顯出了韓愈的戰鬥精神。如果把"且排先生益堅"讀成一句,那是說"時人更堅決地排斥韓愈",和作者的原意正相違反了。

例七

(正)或時賢而輔惡;或以大才從於小才;或俱大才,道有清濁;或無道德,而以技合;或無技能,而以色幸。(論衡・逢遇)

(誤)或時賢而輔惡,或以大才從於小才,或俱大才。道有清濁。或無道德而以技合,或無技能而以色幸。

假使用舊式點句法,這裏的錯誤就顯露不出來。現在用的是新式標點,錯誤就很明顯了。"或俱大才,道有清濁"本是"或俱大才而道有清濁"的意思。現在把"道有清濁"獨立成句,上下文都講不通了。

例八

(正)綦毋張喪車,從韓厥曰:"請寓乘。"從左右,皆肘之,使立於後。(左傳・成公二年)

(誤)綦母(毋)張喪車,從韓厥曰:"請寓乘,從左右。"皆肘之,使立於後。②

---

① 參看商務印書館出版的《國學基本叢書簡編》本《韓昌黎集》。

② 參看王伯祥《春秋左傳讀本》250頁。

這裏是説綦毋張站在左邊和右邊，韓厥都用手肘制止他，讓他站在後面。如果把"從左右"看成是綦毋張説的話，那麼"皆肘之"就無所繫屬，上下文的意思都説不通了。杜預注和孔穎達疏都是把"從左右"和"皆肘之"連起來解釋的。

2. 缺乏古代文化知識，不知出典

　　缺乏古代天文地理典章制度等方面的常識，就影響對某些特定詞語的了解。不知出典，就容易用錯引號。

　　例一

　　　　(正)《史記·天官書》云："牽牛爲犧牲，其北河鼓。河鼓：大星，上將；左右，左右將。"(胡仔：苕溪漁隱叢話後集卷七)

　　　　(誤)史記天官書云。牽牛爲犧牲。其北河鼓。河鼓大星。上將左右。左右將。

《史記》張守節《正義》説："河鼓三星①，在牽牛北，主軍鼓。蓋天子三將軍：中央大星，大將軍；其南左星，左將軍；其北右星，右將軍。所以備關梁而拒難也。"這就是説，"河鼓"有三顆星，中間的大星爲上將，左右二星爲左右將②。《萬有文庫》本《苕溪漁隱叢話》的斷句者沒有這種古代的天文常識，把句子斷得完全不可理解。

　　例二

　　　　(正)彗星復見西方十六日。夏太后死。(史記·秦始皇本紀)

　　　　(誤)彗星復見西方。十六日，夏太后死。

這裏是説彗星又在西方出現，一共經過十六天；不是説夏太后死在十六日那天。因爲古人是用干支記日的，《史記》也是這樣。就以《秦始皇本紀》來説，凡記日都用干支。如四年十(七)月庚寅，九年

---

① 河鼓三星即我國民間所説的扁擔星，中央大星即牛郎星。
② 古人迷信，有所謂占星術，把天上的某些星和人間的某些職官聯繫起來，認爲河鼓三星"明大光潤，將軍吉；動搖差戾，亂兵起；直，將有功；曲則將失計"。

四月己酉,三十七年十月癸丑,三十七年七月丙寅,二世三年八月己亥等。在《史記》中,數字和“日”連用總是説多少天,而不是説某月某日①。用數字記日,大概起自東漢,但史書和其他正式的文件中,一般仍用干支記日。《史記會注考證》的斷句者没有細心考察中國古代的記日制度,因而弄錯了。

　　例三

　　(正)泰山聳左爲龍,華山聳右爲虎,嵩爲前案,淮南諸山爲第二重案。(聽雨叢談卷五京城建置里數)

　　(誤)泰山聳左爲龍華山。聳右爲虎嵩。爲前案。淮南諸山。爲第二重案。②

泰山、華山、嵩山都是屬於五嶽的。泰山是東嶽,在北京之左,所以説聳左爲龍;華山是西嶽,在北京之右,所以説聳右爲虎;嵩山是中嶽,在北京之前,所以説嵩爲前案。斷句的人没有弄清楚這一地理關係,錯誤很大,這話變得完全不可理解。

　　例四

　　(正)冬,十一月,初令郡國舉孝廉各一人,從董仲舒之言也。(資治通鑑卷十七)

　　(誤)冬,十一月,初令郡國舉孝、廉各一人,從董仲舒之言也。③

孝、廉分科,古代不曾有過。這裏“孝廉”不宜斷開。“各一人”是説各郡或國分别推舉一人。

　　例五

　　(正)凡他官入院,未除學士,謂之直院。學士俱闕,他官暫行文書,謂之權直。(歷代職官表卷二十三引山堂考索)

---

① 《史記·孟嘗君列傳》:“文以五月五日生,其父勿舉。”這是一個特殊的例子。

② 參看中華書局1959年版《聽雨叢談》。

③ 引自吕叔湘《“通鑑”標點瑣議》。

（誤）凡他官入院未除學士。謂之直院學士。俱闕他官。暫行文書。謂之權直。①

宋代翰林學士院有翰林學士等掌管起草制誥詔令，別的官到翰林學士院沒有被任命爲翰林學士時，叫做"直院"（直學士院）②；翰林學士院一時闕員暫由別的官掌管文書，叫做"權直"（翰林權直、學士院直）。《叢書集成》本《歷代職官表》的斷句者不懂宋代翰林學士院的官制，斷句就完全弄錯了。宋代翰林學士院沒有"直院學士"銜。"俱闕他官"，在意思上也講不通。

例六

（正）故有所覽，輒省記。通籍後，俸去書來，落落大滿。（袁枚：黄生借書説，見小倉山房文集卷二十二）

（誤）故有所覽，輒省記通籍。後俸去書來，落落大滿。③

"省記"等於説記得，這裏是把它記在腦子裏的意思。"通籍後，俸去書來"是説通籍後有俸可以買書。過去中了進士的，他的名字就上通到朝廷了，叫做"通籍"。標點者不知道什麼是通籍，所以弄錯了。

例七

（正）傳書曰："……是夕也，火星果徙三舍。"如子韋之言……則必得景公祐矣。（論衡・變虛）

（誤）傳書曰："……是夕也，火星果徙三舍。如子韋之言……則必得景公祐矣。"

"傳書"，指的是《史記》等書。《史記・宋微子世家》所載，與此大同小異，最後一句是"果徙三度"。可見引號應該放在"果徙三舍"

---

① 　引自《叢書集成》本《歷代職官表》。
② 　《文獻通考》卷十一"職官"八："資淺者爲直院，暫行者爲權直。"
③ 　參看 1961 年 1 月 23 日和 30 日的《人民日報》第四版。

後面。至於"如子韋之言"以下,那是《論衡》作者的話了。標點者不明出典,把作者的話也歸到引文裏去了。

語法方面

語句總是按照一定的規則組織起來的,語法就是組詞造句的規則。不通語法,自然也容易弄錯句讀。在這個題目下,附帶討論由於不了解對偶和文體而產生的句讀錯誤。

例一

(正)夫拜謁,禮義之效,非益身之實也。(論衡·非韓)

(誤)夫拜謁禮義之效,非益身之實也。

這句話的意思應該是,"拜謁是禮義之效,而不是益身之實"。判斷句在古代一般不用繫詞,依傳統的句讀法,"拜謁"後面應該斷句,依新式標點用法也應該用逗號。這裏是動詞用作主語,《諸子集成》本標點者沒有弄清,所以錯了。

例二

(正)廄焚,子退朝,曰:"傷人乎?"不問馬。(論語·鄉黨)

(誤)廄焚。子退朝。曰。傷人乎不。問馬。

一般都是在"乎"字斷句。陸德明《經典釋文》說:"一讀至不字絕句。"王若虛在《滹南遺老集》卷五《論語辨惑》中就曾批評這種斷法。他說,這樣斷句,意謂"聖人至仁,必不至賤畜而無所恤也。義理之是非,姑置勿論,且道世之為文者,有如此語法乎?故凡解經,其論雖高,其於文勢語法不順者,亦未可遽從,況未高乎!"王若虛的意見無疑是正確的。古漢語沒有這種在疑問語氣詞後再加"不"字的疑問句。不問語法規律而去推求"義理",這種義理是主觀的產物,不可能不錯。

例三

(正)且夫天者,氣邪?體也?(論衡·談天)

（誤）且夫天者,氣邪? 體也。

這是説,"再説,天是氣呢? 還是實體呢?"這是選擇性問句,這種句子往往用"邪"字和"也"字相呼應。《諸子集成》本標點者不懂這個規則,所以不知道在"也"字後面也要用疑問號。

例四

（正）是故治世之音安以樂,其政和;亂世之音怨以怒,其政乖;亡國之音哀以思,其民困。（禮記·樂記）

（誤）是故治世之音安。以樂其政和。亂世之音怨。以怒其政乖。亡國之音哀。以思其民困。

《禮記·樂記》這一段話,從唐代起就有幾種不同的斷句法。《經典釋文》卷一三載:"雷讀上至安絶句,樂音岳,二字爲句。崔讀上句依雷,下'以樂其政和',總爲一句。下'亂世''亡國'各放此。"雷讀、崔讀都是錯誤的。因爲這裏的"以"字是連詞,正如《經傳釋詞》所指出的,它和"而"字的作用相同。"安以樂"就是"安而樂","怨以怒"就是"怨而怒","哀以思"就是"哀而思"。下文"其政""其民"是主語,"和""乖""困"都是形容詞作謂語。按照崔讀斷句,"以"祇能看作介詞,"樂""怒""思"是動詞謂語,"其政""其民"是賓語,"和""乖""困"無所隸屬。漢語沒有這種句法結構,因此"以樂""以怒""以思"祇能屬上。

例五

（正）問今是何世,乃不知有漢,無論魏晉。此人一一爲具言所聞,皆歎惋。（陶淵明:桃花源記）

（誤）問今是何世,乃不知有漢,無論魏晉。此人一一爲具言,所聞皆歎惋。

"所聞","所"指代"聞"的對象,即漁人聞知的漢和魏晉間的情況。它不可能指代"聞"這一行爲的主動者——聽漁人説話的村中人。

如果指村中人,就祇能説"聞者"。《古文觀止》的斷句者不懂"者""所"的用法的不同,誤將"所聞"屬下①。

例六

(正)夫王者有過,異見於國。不改,災見草木;不改,災見於五穀;不改,災至身。(論衡·異虛)

(誤)夫王者有過,異見於國,不改;災見草木,不改;災見於五穀,不改,災至身。

假設句不用連詞,在現代漢語裏也不是罕見的,在古代漢語裏更是常見。特別是否定的假設,往往不用"如""若"等字。這裏《諸子集成》本標點者不懂"不改"是一種假設,等於説"如果再不改",因而把分號用錯了。

例七

(正)虞舜爲父弟所害,幾死再三,有遇唐堯,堯禪舜,立爲帝。嘗見害,未有非;立爲帝,未有是。前時未到,後則命時至也。(論衡·禍虛)

(誤)……堯禪舜立爲帝。嘗見害,未有非;立爲帝,未有是前時未到,後則命時至也。

《諸子集成》本在"堯禪舜"後不斷句,不對。"未有是"不斷句,更不對。作者明顯地以"未有是"和"未有非"相對,意思是說,"虞舜被謀害的時候,他並沒有做錯什麽;他立爲帝的時候,也沒有做對什麽"。古人行文,往往愛用對偶。了解這一點,有助於我們識辨古書的句讀。

例八

(正)維是子産,執政之式。維其不遇,化止一國。誠率是道,相天下君。交暢旁達,施及無垠。於虖! 四海所以不理,有君無臣。(韓愈:子産

---

① 參看文學古籍刊行社 1956 年本的《古文觀止》,解放前某些版本的《古文觀止》也將"所聞"屬下。文學古籍刊行社 1956 年版的《靖節先生集》則將"所聞"屬上。

不毀鄉校頌)

（誤）……於虖四海。所以不理。有君無臣。①

這是一篇頌贊體的文章，每句四字（"四海所以不理"六字），兩句一換韻，中間插入一個"於虖"（嗚呼），算是外加的。如果按照後一種句讀法，就失其韻讀，與文體不合了。而且，"四海所以不理"等於說"四海之所以不理"，"四海"斷句是不通的。

例九

（正）……自作清歌傳皓齒，風起，雪飛炎海變清涼。……試問嶺南應不好，卻道，此心安處是吾鄉。（蘇軾:定風波）

（誤）……自作清歌傳皓齒。風起雪飛。炎海變清涼。……試問嶺南應不好。卻道此心安處是吾鄉。

"定風波"這一詞牌分前後兩闋，最後三句的字數都是七、二、七，而且二字句與前面七字句還要押仄聲韻②。這裏前闋應該在"風起"處斷句，後闋應該在"卻道"後斷句。《苕溪漁隱叢話·後集》卷第四十引用了蘇東坡這首詞，《萬有文庫》本的斷句者不懂"定風波"詞牌的格律，把它斷錯了。

音韻方面

不懂音韻，也可能影響到句讀的正確性。雖然這方面的情況比較少見，但也值得注意。

例一

（正）衛侯貞卜，其繇曰:"如魚窺尾，衡流而方羊，裔焉大國，滅之將亡。闔門塞竇，乃自後踰。"（左傳·哀公十七年）

（誤）衛侯貞卜。其繇曰。如魚窺尾。衡流而方羊裔焉。大國滅之。

---

① 參看《國學基本叢書簡編》本《韓昌黎集》四，第 1 頁。
② 關於什麼是仄聲，參看通論（二十六）。

將亡。闔門塞竇。乃自後踰。①

世界書局銅版《四書五經》這樣斷句，大概是根據杜注孔疏。杜預和孔穎達以“衡流而方羊裔焉”爲句，顧炎武、王引之、武億等都不同意②。顧炎武《杜解補正》説：“當以‘裔焉大國’爲句。言其邊於大國，將見滅而亡。”這是對的。孔穎達認爲“繇詞之例，未必皆韻”，“或韻或不韻，理無定準”；因而説“竇”“踰”不與“將亡”爲韻。實際上“竇”“踰”兩字雖不與“將亡”押韻，但是“羊”字與“亡”字押韻（古音同在陽部），“竇”字與“踰”字押韻（古音同在侯部）。這是換韻，不能説是“或韻或不韻”。

例二

（正）養氣自守，適食則酒。閉明塞聰，愛精自保。適輔服藥引導，庶冀性命可延，斯須不老。既晚無還，垂書示後。（論衡・自紀）

（誤）養氣自守，適食則酒，閉明塞聰，愛精自保。適輔服藥引導，庶冀性命可延。斯須不老，既晚無還，垂書示後。

“守”“酒”“保”“導”“老”“後”都是韻脚。《諸子集成》本在“延”字後面用句號是不對的，因爲“延”字不是韻脚；“老”字是韻脚，句號應該移到“老”字後面。“斯須不老”是“暫時不老”的意思，和“性命可延”的意思是連貫的。

由上所述，可見造成句讀錯誤的原因是複雜的。今人整理的古籍常常有標點錯誤的地方，我們必須注意；就是古代的注疏家，對某些文句，也有不同的句讀法，須要有審辨能力。古代不同的句讀，有的是某一注疏家弄錯了，如上面所舉《左傳・哀公十七年》一例。有的是數讀皆可通的。其實數讀皆可通，也可分爲兩種情況：

---

① 引自世界書局銅版《四書五經》下冊 542 頁。

② 參看王引之《經傳釋詞》卷二和楊樹達《古書句讀釋例》。

一種祇是不同的斷法,如《論語·季氏》:"君子疾夫,舍曰欲之,而必爲之辭。"一讀"夫"字後不斷句,還有一讀"欲之"後也不讀斷①。無論哪一讀法,意思都是一樣。另一種情況則是因爲時代久遠,目前無法確定作者的原意,暫時數讀皆可通,如《論語·公冶長》:"願車馬,衣輕裘,與朋友共,敝之而無憾。"《白虎通》引作"願車馬輕裘與朋友共敝之",無"衣"字,從"敝之"斷句;《一切經音義》引作"共敝之而無憾",是以"共"與"敝之而無憾"連爲一句②。"共"字屬下不屬下,意思稍有區別,現在還無從確定哪一斷法符合作者的原意。

　　總之,正確地標點古書不是十分容易的事情,要避免標點古書的錯誤,是沒有簡單的辦法的。一方面要重視詞義、語法、音韻以及古代文化等各方面的知識;另一方面還要多讀古書,多掌握材料,並進行適當的句讀練習。等到詞義、語法、音韻、文化常識等各方面的知識都具備了,又讀了一定數量的古文,自然就不至於不會斷句了。

---

① ② 　參看武億《經讀考異》。

第十一單元

文　選

沈　約

　　沈約(公元 441—513 年),字休文,武康(今浙江德清縣武康鎮)人,歷仕宋、齊、梁三朝,梁武帝時官至尚書令。博通羣書,著述很多,有《晉書》《宋書》《齊紀》《四聲譜》等書。他主張作詩必須講求聲律對仗。他和謝朓、王融作詩就努力在這方面下功夫,世稱爲"永明體"(永明是齊武帝的年號,永明體就是指這一時期詩的風格)。永明體偏重形式,忽視作品的思想內容,助長了當時綺麗柔靡的文風。但是他的聲律論對詩歌的發展也有一定的貢獻。

謝靈運傳論[1]

　　史臣曰[2]:民稟天地之靈,含五常之德[3],剛柔迭用[4],喜愠分情[5]。夫志動於中,則歌詠外發[6]。六義所因[7],四始攸繫[8],升降謳謠[9],紛披風什[10]。雖虞夏以前,遺文不覩[11],稟氣懷靈,理無或異[12]。然則歌詠所興,宜自生民始也。

〔1〕謝靈運,南北朝時陳郡陽夏(今河南太康縣)人,襲封祖父謝玄的爵位康

樂公,所以後人稱他爲謝康樂。他的詩文都很好,特別長於山水詩。他先做永嘉太守,遊山玩水,不理政務。後來做臨川内史,放浪無異過去。被人彈劾,徙廣州。不久,因有人告他謀反,被殺。這篇是附在《宋書・謝靈運傳》後的一段議論文字,《昭明文選》列入"史論"一類。文中共談兩個問題:一是情和文的問題,一是聲律問題,並以此來評論前人的作品。全文以後者爲主,因爲這在沈約看來是他獨得之秘。

〔2〕史臣曰,史臣即指沈約自己,這是仿《史記》"太史公曰"之例。

〔3〕五常,即五行,指水、火、木、金、土。德,德性,性質。古人説人承受天地的精氣,含有五行的本性,這是古人不科學的説法。

〔4〕剛柔,指人的本性有剛有柔。迭,更替,輪換。

〔5〕愠,怒。情,感情。舊有所謂七情,即喜、怒、哀、懼、愛、惡、欲。

〔6〕志,心意,即思想感情。《毛詩序》:"情動於中而形於言,言之不足,故嗟歎之;嗟歎之不足,故永歌之。"《漢書・藝文志》:"《書》曰:'詩言志,歌詠言。'故哀樂之心感,而歌詠之聲發。"

〔7〕六義,詩有六義,即風、賦、比、興、雅、頌,見《毛詩序》。

〔8〕四始,古來有不同的説法。《史記・孔子世家》:"《關雎》之亂以爲《風》始,《鹿鳴》爲《小雅》始,《文王》爲《大雅》始,《清廟》爲《頌》始。"攸,所。

〔9〕升降,指歌唱,唱時聲音有高有低。謳,歌。謠,不用樂器伴奏的歌。

〔10〕紛披,雙聲聯緜字,等於説繽紛,繁盛的樣子。風,指國風。什,指雅頌,因雅頌十篇爲一什。

〔11〕虞夏以前,未見有遺文(遺詩)留傳下來。《僞古文尚書・虞書・益稷謨》:"帝庸(乃)作歌。"又《僞古文尚書・夏書》有《五子之歌》。

〔12〕李善注《文選》作"理或無異"。以"理無或異"爲是。無或異,没有什麽不同。這是説,雖然遠古没有詩歌傳下來,祇要是稟氣懷靈的人,志動於中,就一定要歌詠外發,和後代没有什麽差異。

　　周室既衰,風流彌著〔1〕。屈平、宋玉導清源於前〔2〕,賈誼、相如振芳塵於後〔3〕。英辭潤金石〔4〕,高義薄雲天〔5〕。自兹以降,情志愈廣。王褒、劉向、揚、班、崔、蔡之徒〔6〕,異軌同奔〔7〕,遞相師祖〔8〕。雖清辭麗曲〔9〕,時發乎篇,而蕪音累氣〔10〕,固亦多矣。若夫平子豔發〔11〕,文以情變〔12〕,絕唱高蹤〔13〕,久無嗣響〔14〕。至於建安〔15〕,曹氏基命〔16〕,三祖陳王〔17〕,咸蓄盛藻〔18〕。甫乃以情緯文,以文被質〔19〕。自漢至魏,四百餘年,辭人才子,文體三變:相如工爲形似之言〔20〕,二班長於情理之說〔21〕,子建仲宣以氣質爲體〔22〕。並摽能擅美〔23〕,獨映當時。是以一世之士,各相慕習。源其颷流所始〔24〕,莫不同祖風騷〔25〕;徒以賞好異情〔26〕,故意製相詭〔27〕。

〔1〕這是說到了西周末季,王室無道,人們作詩(以諷刺王室)的風氣盛起來了。風流,指作詩的風氣。

〔2〕屈平,即屈原。導清源,比喻開闢了好的先路。

〔3〕相如,即司馬相如。振,舉。芳塵,等於說美好的名聲。振芳塵,指創作上取得巨大的成就。

〔4〕英辭,華美的文辭。潤金石,使金石增光生色。金,指鐘鼎之類。石,指碑碣之類。古人頌功、紀事、寓戒之文,常刻在金石之上,以垂久遠。

〔5〕高義,表現於作品中的作者的高潔的思想。薄,迫近。

〔6〕王褒,字子淵。劉向,字子政。揚,指揚雄,字子雲。班,指班固。崔,指崔駰(yīn),字亭伯。蔡,指蔡邕。這幾個人都是漢代的辭賦家。

〔7〕異軌,等於說不同的道路。同奔,一齊向前奔馳。這是說所取的道路雖然不同,卻共同努力於創作。

〔8〕遞,順次,一個接一個地。師祖,等於說傚法。這句是說王、劉、揚、班、崔、蔡等人一個接一個地以前人爲師祖。

〔9〕曲,樂曲,曲調。這裏指文章的聲韻。

〔10〕蕪音,蕪雜之音。累氣,累贅的言辭。

〔11〕平子,張衡的字。張衡,東漢西鄂(今河南南陽一帶)人,是我國古代有名的科學家和文學家。他作《兩京賦》,構思十年乃成。豔發,指文章漂亮有文采。

〔12〕情,思想感情。這是説文章隨着思想感情不同而變化。

〔13〕絶唱,等於説絶調,指無人能及的文章。高蹤,等於説高的造詣。

〔14〕嗣響,指能繼續平子之作的作品。"響"字和"唱"字相應。

〔15〕建安,漢獻帝年號(公元196—220年),當時曹操執政。

〔16〕基命,等於説始受命,指建安末曹丕做了皇帝。基,始。

〔17〕三祖,曹操是魏太祖,曹丕是魏高祖,曹叡是魏烈祖。陳王,指曹植。植字子建,封爲陳王。

〔18〕這是説曹氏諸人具有文學的才華。盛藻,豐盛的辭藻。

〔19〕甫,開始。緯,織物的横綫,這裏用如動詞,等於説組織。這兩句是説根據思想感情來組織文辭,用文辭來潤飾内容,也就是思想内容與形式並重。

〔20〕工,巧,擅長。形似之言,指描寫物態之文。

〔21〕二班,指班彪、班固父子。情理之説,指抒情説理之文。

〔22〕仲宣,王粲的字。王粲是建安七子之一。氣質,指材性。

〔23〕摽(biāo)能,表現出才能。擅美,獨具優點。

〔24〕源,用如動詞,等於説推尋。飇(biāo),暴風。飇流,略等於上文的"風流",這裏指漢魏四百餘年的詩賦創作。

〔25〕風騷,指國風(《詩經》)、離騷。

〔26〕賞好,欣賞愛好。

〔27〕意,指内容。製,指體裁。詭,異,不同。

降及元康〔1〕,潘陸特秀〔2〕,律異班賈〔3〕,體變曹王〔4〕。縟旨星稠〔5〕,繁文綺合〔6〕,綴平臺之逸響〔7〕,采南皮之高韻〔8〕。遺風餘烈〔9〕,事極江右〔10〕。在晉中興〔11〕,玄風獨扇〔12〕,爲學窮於柱下,博物止乎七篇〔13〕。

馳騁文辭，義殫乎此[14]。自建武暨于義熙[15]，歷載將百。雖綴響聯辭，波屬雲委[16]；莫不寄言上德，託意玄珠[17]，遒麗之辭，無聞焉爾[18]。仲文始革孫、許之風，叔源大變太元之氣[19]。爰逮宋氏[20]，顏謝騰聲[21]，靈運之興會標舉[22]，延年之體裁明密[23]，並方軌前秀[24]，垂範後昆[25]。

〔1〕元康，晉惠帝年號（公元291—299年）。

〔2〕潘，指潘岳，字安仁。陸，指陸機、陸雲。

〔3〕律，指詩文的聲律。班賈，指班固、賈誼。

〔4〕體，指詩文的體裁。曹王，指曹植、王粲。

〔5〕縟，繁，複雜。旨，指作品的思想。星稠，像星辰一樣稠密。

〔6〕文，指作品的文采，即指辭藻。綺，有花紋的絲織物。合，和。綺合，像綺一樣組織得那麼協調。

〔7〕綴，聯接，這裏指繼續。平臺，西漢梁孝王在睢陽（今河南商丘縣）修建宮室，築複道，從王宮到城東北的平臺，招攬四方才士。司馬相如也曾客遊於梁，和諸文人一起住了幾年，並著《子虛賦》。逸響，指司馬相如的文章。逸，高超。

〔8〕南皮，今河北南皮縣，魏文帝爲五官中郎將時，曾與諸文士遊於此。高韻，指應瑒、徐幹的文章（依《文選》李善注）。

〔9〕餘烈，餘業。

〔10〕極，盡。江右，指西晉。東晉建都建業（今南京），稱江左；西晉建都洛陽，故稱江右。

〔11〕中興，衰而復興。西晉亡後，元帝建都建業，東晉建國，故稱中興。

〔12〕玄風，玄學的風氣，指老莊之學。扇，後來寫作“煽”，熾盛。東晉時士大夫崇尚老莊之學，清談之風很盛。

〔13〕爲學，治學。柱下，指老子，老子曾做過周柱下史。博物，多識事物。七

篇,指《莊子》内篇七篇。這兩句是説當時人所學習研究的衹是老莊之學。

〔14〕義,理。殫,盡。這兩句是説當時人作起詩文來,所談的道理完全是老莊的思想。

〔15〕建武,晉元帝年號,當公元 317 年。暨,到。義熙,晉安帝年號(公元405—418 年)。

〔16〕綴,《文選》作"比"。綴響聯辭,指詩文寫作。屬(zhǔ),連接。委,聚積。波屬雲委,比喻作品衆多。

〔17〕寄言,寄託言論。上德,指老子的學説。《老子》三十八章:"上德不德,是以有德。"玄珠,指莊子的學説。《莊子·天地》:"黃帝遊乎赤水之北,登乎崑崙之丘,而南望還歸,遺其玄珠。"

〔18〕遒(qiú),剛勁。大意是説,這一百年之間,没有見到遒麗的文章。

〔19〕仲文,姓殷,陳郡(今河南淮陽一帶)人。孫,指孫綽,字興公,太原中都(今山西榆次縣)人。許,指許詢,字玄度,高陽人。孫、許都是東晉的玄言詩人。叔原,謝混的字,陳郡陽夏(今河南太康縣)人。太元,晉孝武帝年號(公元 376—396 年)。太元之氣,仍指以孫、許爲首的玄言詩風。

〔20〕宋氏,指南朝宋(公元 420—479 年)。

〔21〕顏,指顏延之,字延年,臨沂(今山東臨沂市)人。謝,指謝靈運。《南史·顏延之傳》:"延之、靈運,自潘岳、陸機之後,文士莫及。江右稱潘陸,江左稱顏謝焉。"騰,飛騰。聲,名望。

〔22〕興會,情興所會。摽舉,高舉,昂揚。

〔23〕明密,明白細密。

〔24〕與前代的優秀作家並駕齊驅。方軌,見參看本册第 693 頁《淮陰侯列傳》注〔8〕。

〔25〕垂範,傳下法式。後昆,後代子孫,指後人。

　　若夫敷衽論心[1],商搉前藻[2],工拙之數,如有可言[3]。夫五色相宣[4],八音協暢[5],由乎玄黄律呂[6],各適物宜[7]。欲使宫羽相變,低昂互節[8],若前有浮聲,則後須切響[9]。一簡之内[10],音韻盡殊[11];兩句之中,輕重悉異[12]。妙達此旨,始可言文。

〔1〕衽,裳(下衣)兩旁的襟,用以掩前後幅間的縫隙。敷衽,鋪開衣襟。古人席地而坐,坐時襟要鋪開。《離騷》:"跪敷衽以陳詞兮。"心,指文心。

〔2〕商搉(què),商討。前藻,前人的作品。

〔3〕數,術。如,好像,似乎。

〔4〕五色互相映襯,使彼此顯得更加鮮明。五色,青黄赤白黑,這裏指文學作品的藻飾。宣,顯。

〔5〕八音合奏,聲音協調流暢。八音,金、石、絲、竹、匏、土、革、木八類樂器所奏出的聲音,這裏指文學作品的聲律節奏。

〔6〕玄,黑中帶赤之色。玄黄,泛指顔色。律吕,古代用來確定樂音高低的十二個律管,這裏指律吕所發的聲音。

〔7〕每一樣都安排得當。宜,安,得其所。

〔8〕宫羽,泛指五聲。在這裏宫指平聲,羽指仄聲(包括上去入三聲)。必須四聲交替,文章纔有聲律的美。互節,《文選》作"舛節"。低昂互節,高低的聲音互相節制。

〔9〕切,不浮。《文心雕龍·聲律》説:"凡聲有飛沈。"浮聲正是飛,切響正是沈。浮聲可能指平聲,切響可能指仄聲。

〔10〕一簡,指五言詩的一句。《南史·陸厥傳》説沈約以平上去入四聲制韻,"五字之中,音韻各異;兩句之内,角徵不同"。與本文相比,可知"一簡"即等於一句"五字"。

〔11〕音韻,指雙聲疊韻。除聯縣字外,一句之中不能用雙聲疊韻。例如曹植《贈丁儀、王粲》"壯哉帝王居,佳麗殊百城","殊""城"雙聲,又"皇佐揚天惠,四海無交兵","皇""揚"疊韻。這是沈約所主張避免的(參照《文鏡秘府論》)。

〔12〕輕重,指聲調的高低。輕重悉異,即五言詩第五字不得與第十字同聲之類。例如《古詩十九首》"西北有高樓,上與浮雲齊","樓""齊"都是平

聲,就犯"上尾"的毛病(參照《文鏡秘府論》)。

　　至於先士茂製[1],諷高歷賞[2]。子建"函京"之作[3],仲宣"灞岸"之篇[4],子荆"零雨"之章[5],正長"朔風"之句[6],並直舉胸情,非傍詩史[7]。正以音律調韻,取高前式[8]。自靈均以來[9],多歷年代,雖文體稍精,而此秘未覩[10]。至於高言妙句,音韻天成,皆暗與理合,匪由思至[11]。張、蔡、曹、王[12],曾無先覺;潘、陸、顏、謝[13],去之彌遠[14]。世之知音者,有以得之,知此言之非謬[15]。如曰不然,請待來哲[16]。

〔1〕先士,前代的文士。茂製,好的作品。

〔2〕諷高,諷誦的人都以爲高妙。歷賞,歷代辭人共同欣賞。

〔3〕曹植《贈丁儀、王粲》:"從軍度函谷,驅馬過西京。"

〔4〕王粲《七哀詩》:"南登霸陵岸,回首望長安。"

〔5〕子荆,孫楚的字。孫楚是孫綽的祖父。他的《征西官屬送於陟陽候作》中有"晨風飄歧路,零雨被秋草"之句。

〔6〕正長,王瓚的字。王瓚,義陽(今河南信陽市一帶)人。他的《雜詩》中有"朔風動秋草,邊馬有歸心"之句。

〔7〕傍,依靠。詩史,指別人的詩句和史實(歷史典故)。

〔8〕比起前人作詩的法度來,取得更高的成就。式,法度。

〔9〕靈均,屈原的字。

〔10〕稍精,漸精。此秘,指聲律方面的道理,沈約認爲這是他獨得之秘。

〔11〕理,也指聲律方面的道理。匪由思至,不是自覺地經過思考達到的。

〔12〕張蔡曹王,指張衡、蔡邕、曹植、王粲。

〔13〕潘陸顏謝,指潘岳、陸機、陸雲、顏延之、謝靈運。

〔14〕去,離。之,指聲律的美。

〔15〕《文選》作"此言非謬"。

〔16〕來哲，將來的明智之人。

陶　弘　景

　　陶弘景(公元452—536年)，字通明，秣陵(今江蘇江寧縣)人。不到二十歲時，蕭道成爲相，就任用他爲諸王侍讀，後隱居於句容的句曲山。梁武帝遇有國家大事，常去徵詢他的意見，時人稱他爲"山中宰相"。他愛山水，好道術，精通陰陽五行、地理、醫藥。著有《帝代年厤》《古今州郡記》《本草集注》等書，都秘而不傳。今傳《陶隱居集》輯本一卷。又《古今刀劍錄》舊題爲陶弘景所作。

答謝中書書〔1〕

　　山川之美，古來共談。高峯入雲，清流見底。兩岸石壁，五色交輝〔2〕。青林翠竹，四時俱備。曉霧將歇〔3〕，猿鳥亂鳴。夕日欲頹〔4〕，沈鱗競躍〔5〕。實是欲界之仙都〔6〕。自康樂以來〔7〕，未復有能與其奇者〔8〕。

〔1〕謝中書，指謝徵(或作微)，字元度，陽夏(今河南太康縣)人。曾做中書鴻臚，所以稱"謝中書"。這段文字是原信的一部分，很像一首清新優美的山水詩。

〔2〕交輝，交相輝映。

〔3〕歇，這裏指散盡。

〔4〕頹，墜落。

〔5〕沈鱗，指潛游水中的魚。

〔6〕欲界，指人世。佛家把生死往來的世界分爲三界：一，欲界，有淫欲和食欲。二，色界，在欲界之上。色指外在的有形物質。色界已無淫食二欲，但還有物質的障礙。三，無色界，在色界之上。此界已無一切物質。欲

界之仙都,等於説人間之仙境。

〔7〕康樂,指謝靈運,襲封康樂公。生平喜遊山玩水,以山水詩著稱於世。

〔8〕與,參與。這裏指欣賞。

吳　均

吳均(公元469—519年),字叔庠,故鄣(故城在今浙江安吉縣西北)人。好學,有俊才。南朝梁時曾任吳興刺史、郡主簿,官至奉朝請。他的詩文清新挺拔,當時有些人摹仿他,號爲"吳均體"。有《吳朝請集》輯本一卷傳世。

與顧章書〔1〕

僕去月謝病〔2〕,還覓薜蘿〔3〕。梅谿之西〔4〕,有石門山者,森壁爭霞〔5〕,孤峯限日〔6〕;幽岫含雲〔7〕,深谿蓄翠〔8〕;蟬吟鶴唳〔9〕,水響猿嗁〔10〕,英英相襍〔11〕,綿綿成韻〔12〕。既素重幽居〔13〕,遂葺宇其上〔14〕。幸富菊花,偏饒竹實〔15〕。山谷所資〔16〕,於斯已辦〔17〕。仁智所樂〔18〕,豈徒語哉〔19〕!

〔1〕顧章,生平不詳。本文語言清新,意境高遠,是一篇六朝山水小品中的優
　　秀作品。

〔2〕去月,上月。謝病,告病,即因病辭官。

〔3〕薜蘿,即薜荔與女蘿。《楚辭・九歌・山鬼》(參看第二册第551頁):
　　"若有人兮山之阿,被薜荔兮帶女蘿。"後世以稱隱者之居。還覓薜蘿,是
　　説自己要隱居。

〔4〕梅谿,在浙江安吉縣境。

〔5〕森,衆多的樣子。壁,險峻的山崖。霞,早晚的彩雲。

〔6〕限,阻,這裏指攔住。

〔7〕岫(xiù),山洞。

〔8〕翠,指緑水。

〔9〕唳(lì),鶴鳴。

〔10〕嘅,同"啼",鳴。

〔11〕英英,和盛的樣子。《吕氏春秋·古樂》:"其音英英。"褋,同"雜"。

〔12〕緜緜,連緜不斷的樣子。韻,和聲。

〔13〕幽居,指隱居。

〔14〕茸(qì)宇,蓋房子。

〔15〕饒,富裕。菊花、竹實,都是隱者之所食。《楚辭·離騷》:"夕餐秋菊之落英。"《三國志·魏書·王粲傳》裴松之注:"蘇門山有隱者,莫知姓名,有竹實數斛,臼杵而已。"

〔16〕資,借。所資,所需的東西。

〔17〕這幾句是説,有了很富饒的菊花與竹實,隱居的需要已經具備了。辦,具備。

〔18〕仁智所樂,指山水。《論語·雍也》:"智者樂水,仁者樂山。"

〔19〕徒語,等於説空話。

劉　勰

　　劉勰(生卒年不可詳考,約在公元465—521年),字彦和,東莞莒(今山東莒縣)人,世居京口(今江蘇丹徒縣)。他出身於貧寒家庭,早年喪父。青年時代依靠沙門僧侶生活,專心學問,博通經論。南朝梁時,做過東宫通事舍人等幾任小官,昭明太子很看得起他。晚年出家,改名慧地。他的思想受儒家和佛家的影響都很深。

　　他最有名的著作是《文心雕龍》,這部書完成於齊代,分上下兩篇(編)共五十篇。上篇前五篇闡述他的文學應宣揚聖道以便有益風化的道理，其餘各篇詳論文體，闡明各種文體的源流和特徵，並評論前人作品的優缺點。下篇全面系統地討論了創作問題。這部書可以説是六朝以前文學批評的全面的總結，是我國古典文學批評史上傑出的巨著。

現在通行的《文心雕龍》，有黃叔琳注本和范文瀾注本。

情　采[1]

聖賢書辭[2]，總稱文章，非采而何[3]？夫水性虛而淪漪結[4]，木體實而花萼振，文附質也[5]。虎豹無文，則鞟同犬羊[6]，犀兕有皮，而色資丹漆[7]，質待文也。若乃綜述性靈[8]，敷寫器象[9]，鏤心鳥迹之中[10]，織辭魚網之上[11]，其爲彪炳縟采名矣[12]。故立文之道，其理有三：一曰形文，五色是也[13]；二曰聲文，五音是也[14]；三曰情文，五性是也[15]。五色雜而成黼黻[16]，五音比而成韶夏[17]，五情發而爲辭章[18]，神理之數也[19]。《孝經》垂典[20]，喪言不文[21]；故知君子常言未嘗質也[22]。老子疾僞[23]，故稱"美言不信"[24]；而五千精妙[25]，則非棄美矣。莊周云，"辯雕萬物"[26]，謂藻飾也[27]；韓非云，"豔采辯説"[28]，謂綺麗也[29]。綺麗以豔説，藻飾以辯雕[30]，文辭之變，於斯極矣。研味李老，則知文質附乎性情[31]；詳覽莊韓，則見華實過乎淫侈[32]。若擇源於涇渭之流，按轡於邪正之路[33]，亦可以馭文采矣。夫鉛黛所以飾容[34]，而盼倩生於淑姿[35]；文采所以飾言，而辯麗本於情性。故情者文之經，辭者理之緯[36]；經正而後緯成,理定而後辭暢[37]:此立文之本源也。

〔 1 〕情,指文章的思想内容。采,指文章的修辭,亦即文章的形式。全篇先論情與采不可偏廢,内容要有真情實感,而形式要美。進而着重説明思想内容決定表現形式,形式爲内容服務,抨擊了當時的淫麗文風。

〔 2 〕書辭,指著作。

〔 3 〕文章原指繪畫與刺繡上彩色的交錯,所以説"非采而何"。

〔 4 〕淪,小的波紋。《詩經·魏風·伐檀》:"河水清且淪猗。""猗"本是語氣詞,後人把"淪猗"當作雙音詞,並加水旁於"猗"爲"漪"。

〔 5 〕文,指表現形式。質,指思想内容。

〔 6 〕語出《論語》,參看第一册第 190 頁。鞟,同"鞟",去掉了毛的皮。

〔 7 〕犀兕雖然有皮,但要憑藉丹漆纔能有色彩。資,等於説憑藉。《左傳·宣公二年》:"牛則有皮,犀兕尚多……從(縱)其有皮,丹漆若何?"

〔 8 〕若乃,至於。性靈,性情。綜述性靈,是説抒情。

〔 9 〕敷,鋪陳。寫,描繪。器,指萬物。《周易·繫辭》:"形而上者謂之道,形而下者謂之器。"(這是説凡是具體的東西都叫做器。)敷寫器象,是説狀物。

〔10〕鏤心,刻畫思想感情。鳥迹,指文字。許慎《説文解字敍》:"黄帝之史倉頡,見鳥獸蹏迒之迹,知分理之可相别異也,初造書契。"(這是説倉頡因見鳥獸的足迹得到啓發而創造了文字。)

〔11〕織辭,組織文辭。魚網,指紙。《後漢書·宦者傳》:"〔蔡〕倫乃造意用樹膚、麻頭及敝布、魚網以爲紙。"

〔12〕彪炳,文采焕發的樣子。縟采,豐富的文采。名,當作"明"。

〔13〕形文,形中之文。這就是由青黄赤白黑五色構成的繪畫。

〔14〕聲文,聲中之文。這就是由宫商角徵羽五音構成的音樂。

〔15〕情文,情中之文。五性,喜怒哀樂怨。這就是由喜怒哀樂怨構成的辭章。作者在這裏用廣義的文,包括繪畫音樂在内,而以繪畫音樂來襯托辭章。

〔16〕黼黻(fǔfú),古代禮服上繡飾的花紋。白與黑相間的花紋叫黼,黑與青相間的花紋叫黻。這句與"形文"相應。

〔17〕比(bì),並列,這裏指配合在一起。韶夏,古樂章名,這裏泛指音樂。這句與"聲文"相應。

〔18〕五情,當作"五性"。這句與"情文"相應。

〔19〕神理之數,天然的規律。神理,等於説天理。數,等於説規律。

〔20〕孝經,書名,十三經之一,是一部宣傳封建孝道的書。垂典,傳下法則。

〔21〕喪言不文,父母死了,居喪期間,説話不加文采。《孝經・喪親》:"孝子之喪親也……言不文,服美不安,聞樂不樂。"

〔22〕常言,平常説的話。未嘗質,未曾没有文采。

〔23〕疾,憎惡。

〔24〕信,真實。《老子》八十一章:"信言不美,美言不信。"

〔25〕五千,指《老子》,因爲《老子》有五千字。

〔26〕辯,巧言。雕,雕飾。《莊子・天道》:"故古之王天下者……辯雖雕萬物,不自説(悦)也。"

〔27〕藻飾,文采。

〔28〕豔采,豔麗的文采。辯説,巧妙的語言。《韓非子・外儲説左上》:"夫不謀治强之功,而豔乎辯説文麗之聲。"這裏作"豔采","采"可能是"乎"字之誤。

〔29〕綺(qǐ),華麗,有文采。

〔30〕用豔麗的言辭使文章達到綺麗,用巧言的雕飾使文章達到藻飾。

〔31〕研,窮究。味,體會。李老,當作"孝老",因上文提到《孝經》《老子》。文質附乎性情,文章的華美或樸質依附於所表現的性情。文,文采。質,樸質。

〔32〕華實過乎淫侈,文采(即形式)和實質(即內容)過於淫侈。華實,《左傳・文公五年》:"且華而不實,怨之所聚也。"淫侈,凡事過分都叫淫或侈。

〔33〕涇渭,二水名。《詩經・邶風・谷風》:"涇以渭濁。"舊説涇濁渭清,其實

是涇清渭濁。按彎,指停住車馬不前進。這裏用選擇清流和正路來比喻
情采不偏廢。采過於情,就是擇濁流,趨邪路。

〔34〕鉛,古人用鉛粉化妝。黛,青黑色的顏料,古時婦女用以畫眉。

〔35〕盼,眼睛黑白分明。倩(qiàn),口頰含笑的樣子。盼倩,這裏泛指女子妍
媚之態。《詩經·衛風·碩人》:"巧笑倩兮,美目盼兮。"淑,善,美好。

〔36〕經、緯,織物所用的直綫叫經,橫綫叫緯。必先有直綫纔能織,所以經被
認爲比緯重要。

〔37〕劉永濟《文心雕龍校釋》認爲上文以經配緯,則"理定"句應以情配辭,作
"情定而後辭暢"。

　　昔詩人什篇〔1〕,爲情而造文;辭人賦頌〔2〕,爲文而
造情。何以明其然? 蓋風雅之興〔3〕,志思蓄憤,而吟詠情
性,以諷其上〔4〕,此爲情而造文也。諸子之徒〔5〕,心非
鬱陶〔6〕,苟馳誇飾〔7〕,鬻聲釣世〔8〕,此爲文而造情也。
故爲情者要約而寫真〔9〕,爲文者淫麗而煩濫〔10〕。而後
之作者,採濫忽真〔11〕,遠棄風雅,近師辭賦,故體情之製日
疏〔12〕,逐文之篇愈盛〔13〕。故有志深軒冕〔14〕,而汎詠皋
壤〔15〕;心纏幾務〔16〕,而虛述人外〔17〕。真宰弗存〔18〕,翩
其反矣〔19〕。夫桃李不言而成蹊,有實存也〔20〕;男子樹蘭
而不芳〔21〕,無其情也。夫以草木之微,依情待實;況乎文
章,述志爲本,言與志反,文豈足徵〔22〕!

〔1〕詩人,指《詩經》的作者。什篇,即篇什。《詩經》的雅和頌都以十篇爲什
　　(什就是以十爲一個單位的意思),所以後人泛稱詩篇爲"什篇"或"篇
　　什"。

〔2〕辭人,泛指漢代的辭賦家。

〔3〕風雅,這裏指全部《詩經》。

〔4〕志思蓄憤,《毛詩序》:"詩者,志之所之也,在心爲志,發言爲詩。"司馬遷

《報任安書》:"《詩》三百篇,大底聖賢發憤之所爲作也。""吟詠情性,以諷其上"見《毛詩序》,但"諷"作"風"。

[5]諸子之徒,指上文所説的"辭人"。

[6]鬱陶(yáo),精神鬱結的樣子。《僞古文尚書·五子之歌》:"鬱陶乎予心。"《孟子·萬章上》:"鬱陶思君爾。"

[7]誇飾,指誇張修飾之辭。

[8]鬻(yù)聲釣世,等於説沽名釣譽。鬻,這裏是買的意思。釣世,作僞來騙取世人對自己的稱贊,好像釣者用餌來誘魚上鈎。

[9]要,扼要。約,簡約。

[10]淫,過分。煩,多而亂。濫,指浮辭,即無真情實感的話。

[11]忽,忽略,輕視。

[12]體情,體現出思想感情。製,指作品。疎,稀少。

[13]逐文,追求文采。

[14]軒,古代大夫以上所乘的車。冕,古代大夫以上所戴的禮帽。軒冕,指官爵。

[15]汎,浮泛。皋壤,澤邊地,這裏指隱居。《莊子·知北游》:"山林與,皋壤與,使我欣欣然而樂與!"

[16]幾,事務,這個意義後來寫作"機"。幾務,官府中的事務。嵇康《與山巨源絶交書》:"機務纏其心。"

[17]人外,等於説世外。

[18]真宰,這裏指性情。真,指本性。宰,主宰。《莊子·齊物論》:"若有真宰而不得其眹(同"朕",徵兆,迹象)。"

[19]翩其反矣,等於説結果適得其反。《詩經·小雅·角弓》:"騂騂角弓,翩其反矣。"(騂騂,調和的樣子。翩,清人陳奐認爲是"偏"的假借字,見《詩毛氏傳疏》。)

[20]蹊(xī),人們踐踏出來的小路。實,果實。這話的大意是:桃李從來不説話,而人們常常到樹下去,因而走出路來,因爲那裏有果實。《史記·李將軍列傳》:"桃李不言,下自成蹊。"

〔21〕《淮南子·繆稱訓》:"男了樹蘭,美而不芳。"

〔22〕徵,憑信。《論語·八佾》:"夏禮吾能言之,杞不足徵也;殷禮吾能言之,宋不足徵也。文獻不足故也。"

　　是以聯辭結采,將欲明經〔1〕;采濫辭詭〔2〕,則心理愈翳〔3〕。固知翠綸桂餌〔4〕,反所以失魚;言隱榮華〔5〕,殆謂此也。是以衣錦褧衣〔6〕,惡文太章〔7〕;賁象窮白,貴乎反本〔8〕。夫能設謨以位理〔9〕,擬地以置心〔10〕,心定而後結音〔11〕,理正而後摛藻〔12〕。使文不滅質,博不溺心〔13〕,正采耀乎朱藍〔14〕,間色屏於紅紫〔15〕,乃可謂雕琢其章〔16〕,彬彬君子矣〔17〕。

〔1〕經,一本作"理",從上下文來看,理字是。

〔2〕采濫,文采過多。辭詭,言辭虛偽。

〔3〕心,思想。理,道理。翳(yì),掩蔽。

〔4〕翠綸,用翡翠裝飾着的釣魚的絲綫。桂餌,用丹桂(肉桂)做釣魚的魚食。《太平御覽》八三四引《闕子》:"魯人有好釣者,以桂爲餌,黄金之鈎,錯以銀碧(鍍上銀白色和青綠色),垂翡翠之綸,其持竿處位即是,然其得魚不幾矣(不能希望了)。"

〔5〕言語的真義被文采所隱蔽了。隱,隱蔽。榮,草的花。華,木的花。榮華,在這裏指文采。《莊子·齊物論》:"言隱於榮華。"

〔6〕穿着錦衣,外面再罩上一件麻布衣。第一個"衣"字讀 yì。錦,有彩色花紋的絲織物。褧(jiǒng),麻布衣。《詩經·衛風·碩人》:"衣錦褧衣。"《禮記·中庸》:"衣錦尚褧,惡其文之著也。"(尚,指套在上面。)

〔7〕章,通"彰",明顯。

〔8〕賁(bì),卦名。象,指卦象。《易經·賁》:"上九,白賁无咎。"賁是裝飾的意思,"白賁无咎"是説用白色做裝飾,就不會有什麼過錯。窮,極,到最後。上九是賁卦的最後一爻(卦的每一橫行叫一爻),象徵着裝飾到極點

又返回到素，即用白色做裝飾，所以説"窮白"，即終於白，也就是返本之
意。文辭太華麗不好，應回到素樸上來。

〔9〕設謨，指布局。謨，通"謀"。位，動詞，安置。理，指思想。

〔10〕擬地，也指布局。擬，酌量。地，地位。置，安排。心，指感情。

〔11〕結音，把聲音聯結起來，即組成篇章。

〔12〕摛（chī）藻，鋪陳辭藻。

〔13〕文不滅質，文采不隱没内容。博不溺心，博學而不淹没心靈。《莊子・繕
性》："文滅質，博溺心。"

〔14〕正采，正色。古人以青黄赤白黑爲正色，這裏的朱藍就是赤色和青色。

〔15〕間（jiàn）色，雜色，指不正的顏色。古人以紅紫爲間色。按：赤白相間爲
紅（今稱粉紅），赤青相間爲紫。屛（bǐng），除去，拋棄。《論語・鄉黨》：
"紅紫不以爲褻服。"又《陽貨》："惡紫之奪朱也。"

〔16〕雕，刻金。琢，治玉。章，這裏指花紋。《詩經・大雅・棫樸》："追琢其
章，金玉其相。"（追琢即雕琢。相，當質講。）《詩經》的話是説：雕琢的是
器物的花紋，金玉是器物的本質。這裏祇説了"雕琢其章"，其實兼有"金
玉其相"的意思，比喻文章的形式固然要美，但不能忽視思想内容。

〔17〕彬彬，文質各半的樣子。《論語・雍也》："文質彬彬，然後君子。"這裏用
"彬彬君子"來比喻内容豐富正確、文采美麗焕發的文章。

　　贊曰〔1〕：言以文遠〔2〕，誠哉斯驗〔3〕。心術既
形〔4〕，英華乃贍〔5〕。吴錦好渝〔6〕，舜英徒豔〔7〕。繁
采寡情，味之必厭〔8〕。

〔1〕贊，文體的一種。《文心雕龍》的贊則是概括全篇大意，作爲簡短的結論，
和一般的贊不同。贊一般是韻文。

〔2〕《左傳・襄公二十五年》："言之無文，行而不遠。"

〔3〕驗，證明。

〔4〕心術，等於説内心的活動。形，表現。《禮記・樂記》："應感起物而動，然
後心術形焉。"

〔5〕英華,指文藻。瞻,豐富,充足。

〔6〕吳錦,吳地織的錦。好(hào),等於説容易。渝,變質。

〔7〕舜英,木槿花。徒豔,白白地豔麗。木槿花朝開暮落,所以説"徒豔"。連
　　上句是比喻文章衹有華麗的形式而無真實的内容,就不能垂之久遠。

〔8〕厭,厭煩,膩煩。

鎔　裁〔1〕

　　情理設位〔2〕,文采行乎其中。剛柔以立本〔3〕,變通
以趨時〔4〕。立本有體,意或偏長〔5〕;趨時無方,辭或繁
雜〔6〕。蹊要所司,職在鎔裁〔7〕,櫽括情理,矯揉文采
也〔8〕。規範本體謂之鎔〔9〕,剪截浮詞謂之裁〔10〕。裁則
蕪穢不生〔11〕,鎔則綱領昭暢〔12〕,譬繩墨之審分〔13〕,斧斤
之斲削矣。駢拇枝指,由侈於性;附贅懸肬,實侈於形〔14〕。
二意兩出〔15〕,義之駢枝也;同辭重句,文之肬贅也。

〔1〕鎔,鎔鑄,指使文章内容得體合度。裁,剪裁,指斟酌繁略,使文辭不致蕪
　　雜。本文指出處理文章的思想内容和表現形式,應該像鑄金器、製衣服
　　一樣,要做到恰到好處。思想内容的雜亂、空乏,語言的繁雜、枯竭,都是
　　不好的。

〔2〕情理,情感道理,指思想内容。設位,安排位置,即布局。

〔3〕憑着氣勢的剛柔來建立文章之本。剛柔,指文章的氣勢而言。本,指文
　　章的思想内容。

〔4〕文辭的變化是爲了適應臨時的需要。變通,等於説變化,指文辭而言。
　　趨時,追隨時勢,等於説適應情況。

〔5〕確定文章的思想内容有一定的體製,但有時意思偏頗冗長,就超出體製
　　的限制。體,即體製。或,有時。偏,偏頗,不正。長,冗長。

〔6〕適應情況,没有固定的方法,所以有時文辭顯得繁蕪雜亂。

〔7〕蹊，路。要，要衝。蹊要，這裏指寫作的關鍵。司，主管。職，主要。

〔8〕檃(yǐn)括，矯正邪曲的工具，這裏用如動詞，當矯正講。矯，使曲者直。揉，使直者曲。矯揉，使……屈伸。這兩句大意是：使文章的情理和文采都納入正規。

〔9〕本體，指思想內容，即情理。規範本體，使思想內容納入一定的規範，即納入一定的綱領中。

〔10〕浮詞，虛飾不實的言辭。

〔11〕蕪穢，田不整治，生出許多雜草。這裏指没用的詞句。

〔12〕昭暢，明白暢通。

〔13〕審分，指審定曲直、分辨曲直。

〔14〕駢拇，腳的大拇指和二指相連，合成一指。枝指，手的大拇指旁枝生一指。侈，過多，多餘。駢拇枝指都是先天生長的，所以説是性。附贅，附生的多餘的肉。肬(yóu)，通"疣"。懸肬，懸在身上的小瘤。附贅懸肬都是後天形成的，所以説是形。《莊子·駢拇》："駢拇枝指，出乎性哉，而侈於德；附贅縣(懸)疣，出乎形哉，而侈於性。"

〔15〕二意，黄丕烈校本作"一意"，甚是。一意兩出，同一個意思兩次出現。

　　凡思緒初發〔1〕，辭采苦雜；心非權衡，勢必輕重〔2〕。是以草創鴻筆〔3〕，先標三準：履端於始，則設情以位體〔4〕；舉正於中，則酌事以取類〔5〕；歸餘於終，則撮辭以舉要〔6〕。然後舒華布實，獻替節文〔7〕。繩墨以外，美材既斲〔8〕，故能首尾圓合〔9〕，條貫統序〔10〕。若術不素定，而委心逐辭〔11〕，異端叢至〔12〕，駢贅必多。

〔1〕思緒，思想的頭緒，等於説思路。

〔2〕權衡，就是秤。輕重，指或輕或重，即有偏差。

〔3〕草創，指起草。《論語·憲問》："爲命，裨諶草創之。"鴻筆，等於説鴻文，大文。

〔4〕開始走第一步,就要確定思想内容,安排綱領。履,踐,走。端,開始,即第一步。設情,立意,即確定思想内容。位體,安排綱領,亦即布局。

〔5〕其次,取用正確的合適的材料,也就是要斟酌用典。《文心雕龍》有《事類》篇,專講用典。舉,取,用。於中,等於説其次。

〔6〕最後,歸到餘下的事,就是要用最精練的言辭來突出要點。於終,等於説最後。撮,攝取。以上所説三準,可概括爲:立意與布局;考慮用典;用精練語句突出要點。《左傳·文公元年》:"先王之正時也,履端於始,舉正於中,歸餘於終。"那是講曆法的。這裏斷章取義,和《左傳》原文的意義不同。

〔7〕舒,鋪展。華,指辭藻。布,鋪陳。實,指思想内容。獻替,"獻可替否"的署語,比喻斟酌損益。節,節制。這句是説要删除蕪雜,節制辭采。

〔8〕美材,好的木材,比喻文章所用的好材料。斲(zhuó),砍削。大意是:美材之在繩墨以外的也去掉了。

〔9〕首尾圓合,前後圓滿吻合。

〔10〕條貫,條理,系統。統序,有次序,有層次。

〔11〕術,方法、路子。素,預先。委心逐辭,指一心放在追求辭藻上。

〔12〕異端,指繩墨以外的東西。

　　故三準既定,次討字句〔1〕。句有可削,足見其疎〔2〕;字不得減,乃知其密。精論要語,極略之體;游心竄句〔3〕,極繁之體。謂繁與略,隨分所好〔4〕。引而申之,則兩句敷爲一章;約以貫之〔5〕,則一章删成兩句。思贍者善敷,才覈者善删〔6〕。善删者字去而意留;善敷者辭殊而意顯〔7〕。字删而意闕,則短乏而非覈;辭敷而言重〔8〕,則蕪穢而非贍。

〔1〕討,探討,研究。

〔2〕疎,這裏當鬆散講。

〔３〕游心，游蕩心思。竄句，穿鑿文句（依司馬彪説，見《經典釋文》引）。《莊子・駢拇》：“駢於辯者，纍瓦結繩，竄句游心於堅白同異之間。”

〔４〕隨分所好，隨着作者性之所好。分，天分，秉性。剪裁不一定要删削，有時反而要敷陳。這要看各人的天分。下文即講明這個道理。

〔５〕約，約束，壓縮。

〔６〕覈（hé），謹嚴。

〔７〕辭殊，辭句不同，即多變化。意顯，黄叔琳校本：“汪本作義。”甚是。

〔８〕重（chóng），重複。

　　昔謝艾、王濟，西河文士〔１〕。張俊以爲艾繁而不可删〔２〕，濟略而不可益。若二子者，可謂練鎔裁而曉繁略矣〔３〕。至如士衡才優〔４〕，而綴辭尤繁；士龍思劣〔５〕，而雅好清省〔６〕。及雲之論機，亟恨其多，而稱清新相接，不以爲病〔７〕，蓋崇友于耳〔８〕。夫美錦製衣，脩短有度，雖翫其采〔９〕，不倍領袖〔１０〕。巧猶難繁，況在乎拙〔１１〕？而《文賦》以爲榛楛勿剪，庸音足曲〔１２〕。其識非不鑒〔１３〕，乃情苦芟繁也〔１４〕。夫百節成體，共資榮衛〔１５〕，萬趣會文〔１６〕，不離辭情〔１７〕。若情周而不繁〔１８〕，辭運而不濫〔１９〕，非夫鎔裁，可以行之乎？

〔１〕謝艾、王濟，二人名。謝艾見《晉書・張重華傳》，王濟不見於傳。西河，指涼州（在今甘肅）。

〔２〕張俊，應作張駿，字公庭，東晉時人，十歲能屬文，《晉書》有傳。

〔３〕練，熟練，這裏指擅長，會。

〔４〕士衡，陸機的字。陸機，晉華亭（今上海市松江縣）人，與弟雲並有才名。武帝末，兄弟二人一同到洛陽，太常張華説：“伐吴之役，利獲二俊。”後事成都王穎，爲人所讒，與弟雲同時被殺。

〔５〕士龍，陸雲的字。

〔6〕雅,甚,很。清省,清淡省略。陸雲《與兄平原(即陸機,因機曾爲平原内史,故稱)書》:“雲今意視文,乃好清省。”

〔7〕亟(qì),屢次。陸雲《與兄平原書》:“兄文章之高遠絕異,不可復稱譽,然猶皆欲微多,但清新相接,不以此爲病耳。”

〔8〕崇,尊重。友于,指兄弟。《尚書·君陳》:“惟孝友于兄弟。”(友,指兄愛弟,弟敬兄。)“于”本是介詞,後人把“友于”連用,作爲兄弟的代稱。

〔9〕翫,玩習,這裏是欣賞、喜愛的意思。

〔10〕倍,加倍,指加寬加大。領,衣領。

〔11〕即使文章工巧,也不能讓它蕪穢,何況是拙的呢?

〔12〕榛(zhēn),樹名。楛(hù),樹名。榛楛都是不好的樹。庸音足曲,平凡之音能補足樂曲。陸機《文賦》:“石韞玉而山輝,水懷珠而川媚。彼榛楛之勿翦,亦蒙榮於集翠。”這是比喻因有珠玉之句,所以榛楛之辭也美。《文賦》又説:“放庸音以足曲。”這是説平凡的辭句,配合着美妙的辭句,也顯得美妙。按:劉勰不同意陸機的説法,所以在下面批評他。

〔13〕識,見識,見解。鑒,等於説高明。

〔14〕苦,意動用法。

〔15〕百個關節共成一個身體,必須依靠血脈的流通。節,關節。榮(營)衛,指血脈。《黄帝内經》:“營衛不行,五藏(臟)不通。”

〔16〕萬趣,萬種意趣。會文,會合成文。

〔17〕辭情,辭句和思想内容。

〔18〕周,周密。

〔19〕運,運用。

　　贊曰:篇章户牖,左右相瞰〔1〕。辭如川流,溢則汎濫。權衡損益〔2〕,斟酌濃淡〔3〕,芟繁剪穢,弛於負擔〔4〕。

〔1〕大意是:文章好比門窗,左右對照着,要求配置得當。牖(yǒu),窗。瞰(kàn),窺看。

〔2〕權衡,衡量。損益,刪增。

〔3〕濃淡,指詳和簡。

〔4〕弛,解除。

蕭 統

蕭統(公元501—531年),字德施,小字維摩,南朝梁武帝的長子。兩歲時立爲太子。長大後博覽羣書,和一些才學之士共同研討,並從事著述。年三十一,病卒,謚昭明,所以世稱"昭明太子"。他的著述以《文選》三十卷(今本分六十卷)爲最有名。這部書集先秦至梁代的詩文很多,包括各種文體的代表作品,是我國現存最早的文章總集。唐以後很受世人的重視;但是文體分得太碎雜,爲後世所譏。

文 選 序〔1〕

式觀元始〔2〕,眇覿玄風〔3〕,冬穴夏巢之時,茹毛飲血之世〔4〕,世質民淳,斯文未作〔5〕。逮乎伏羲氏之王天下也,始畫八卦,造書契,以代結繩之政,由是文籍生焉〔6〕。《易》曰:"觀乎天文,以察時變;觀乎人文,以化成天下。"〔7〕文之時義遠矣哉〔8〕!若夫椎輪爲大輅之始,大輅寧有椎輪之質〔9〕?增冰爲積水所成,積水曾微增冰之凜〔10〕。何哉?蓋踵其事而增華〔11〕,變其本而加厲〔12〕。物既有之,文亦宜然;隨時變改,難可詳悉〔13〕。

〔1〕這是《文選》的序文,敘述文章的源起、體製及選文的標準,從中也論述了文學的性質。

〔2〕式,句首語氣詞。元始,指原始時代。

〔3〕眇，遠。覿(dí)，見。玄風，遠古的風俗、風氣。

〔4〕《禮記·禮運》：“昔者先王未有宮室，冬則居營窟，夏則居橧(zēng)巢（聚柴木所做的巢）；未有火化，食草木之實，鳥獸之肉，飲其血，茹其毛。”茹，吃。

〔5〕質，質樸。淳，淳厚。斯文，指文章。作，興起。《論語·子罕》：“天之將喪斯文也，後死者不得與於斯文也。”這裏借用“斯文”二字來指文。

〔6〕逮，及，到。伏義氏，相傳爲我國遠古時代的一位帝王。八卦，☰(乾)、☷(坤)、☳(震)、☴(巽)、☵(坎)、☲(離)、☶(艮)、☱(兌)。書契，指文字。結繩，上古用繩子打結以記事。從“逮乎”到“生焉”，見《尚書序》，衹是“逮乎”作“古者”。

〔7〕語見《周易·賁(bì)》。天文，指日月星辰。時變，四時的變化。人文，指詩書禮樂。化成，教化人民使有成就。

〔8〕時義，等於説時代的意義，作用。這句是説，文隨時代而産生、演進，這很早就體現了。《周易·隨》（依王肅本）：“隨之時義大矣哉。”王巾《頭陀寺碑文》：“時義遠矣，能事畢矣。”

〔9〕椎輪，指古代無輻無輞的車，是極原始的簡陋的車。大輅(lù)，天子所乘的車。質，樸質。

〔10〕增冰，即層冰，等於説厚冰。曾微，曾無，並没有。凜(lǐn)，冷。

〔11〕踵，繼。華，文飾。

〔12〕變其本，變了它本來的樣子。加厲，加甚，這裏等於説更加寒冷。後代因此有“變本加厲”的成語，但是用於貶義，指變得更加厲害或嚴重。

〔13〕悉，知道。

　　嘗試論之曰：《詩序》云〔1〕：“詩有六義焉：一曰風，二曰賦，三曰比，四曰興，五曰雅，六曰頌。”〔2〕至於今之作者，異乎古昔。古詩之體，今則全取賦名〔3〕。荀宋表之於前〔4〕，賈馬繼之於末〔5〕。自兹以降，源流寔繁〔6〕。述邑居則有“憑虛”“亡是”之作〔7〕，戒畋遊則有《長楊》《羽獵》之制〔8〕。若其紀一事,詠一物,風雲草木之興,魚蟲禽獸之流,推而廣之,不可勝載矣。

〔1〕詩序,指《毛詩序》。

〔2〕賦、比、興,是詩的寫作方法。直陳其事叫賦,比喻叫比,先言他物以引起正意叫興。

〔3〕大意是:古代所謂賦祇是詩的一體;現在直陳其事的詩卻索性叫做賦,不再叫做詩了。

〔4〕荀,指荀卿。宋,指宋玉。《漢書·藝文志》載荀卿賦十篇,宋玉賦十六篇。按:《文選》所説的賦是以體物爲主的賦,以荀宋爲宗;而屈原等人的以抒情爲主的作品則歸入騷一類。

〔5〕賈,指賈誼。馬,指司馬相如。駢體文爲了字句整齊和對仗,往往把複姓改成單姓。至於用"馬"而不用"司",則是習慣。《漢書·藝文志》載賈誼賦七篇,司馬相如賦二十九篇。

〔6〕源流,偏義複詞,這裏就是流的意思。寔,通"實"。

〔7〕憑虛,張衡《西京賦》託憑虛公子(憑,依託;虛,無。意思是無有此公子)述西京咸陽。亡(wú)是,司馬相如《上林賦》託亡是公(意思是無此人)誇上林苑。

〔8〕畋(tián),打獵。長楊、羽獵,指揚雄的《長楊賦》《羽獵賦》。

又楚人屈原,含忠履潔,君匪從流〔1〕,臣進逆耳〔2〕,深思遠慮,遂放湘南。耿介之意既傷,壹鬱之懷靡愬〔3〕。臨淵有"懷沙"之志〔4〕,吟澤有"憔悴"之容〔5〕。騷人之文,自兹而作。

〔1〕君,指楚王。匪,通"非"。從流,指從善如流。《左傳·成公八年》:"從善如流。"如流,比喻快速。

〔2〕臣,指屈原。逆耳,不順耳,指忠言。《孔子家語·六本》:"良藥苦於口而利於病,忠言逆於耳而利於行。"

〔3〕耿介,守正不阿。壹鬱,等於抑鬱。靡愬,無處申訴。

〔４〕懷沙,指懷石自沈。《史記·屈原賈生列傳》:"屈原至於江濱……乃作懷
　　沙之賦……於是懷石,遂自投汨羅以死。"

〔５〕這裏用《楚辭·漁父》的語意,參看第二册第 562 頁。

　　詩者,蓋志之所之也,情動於中而形於言〔１〕。《關
雎》《麟趾》,正始之道著〔２〕;桑間濮上,亡國之音表〔３〕。
故風雅之道,粲然可觀〔４〕。自炎漢中葉〔５〕,厥塗漸
異〔６〕,退傅有"在鄒"之作〔７〕,降將著"河梁"之篇〔８〕。
四言五言〔９〕,區以別矣〔１０〕。又少則三字,多則九言〔１１〕,
各體互興,分鑣並驅〔１２〕。頌者,所以游揚德業,褒讚成
功〔１３〕。吉甫有"穆若"之談〔１４〕,季子有"至矣"之歎〔１５〕。
舒布爲詩,既言如彼〔１６〕;總成爲頌,又亦若此〔１７〕。次則
箴興於補闕〔１８〕,戒出於弼匡〔１９〕,論則析理精微,銘則序
事清潤〔２０〕,美終則誄發〔２１〕,圖像則讚興〔２２〕。又詔誥教
令之流〔２３〕,表奏牋記之列〔２４〕,書誓符檄之品〔２５〕,弔祭悲
哀之作〔２６〕,答客指事之制〔２７〕,三言八字之文〔２８〕,篇辭引
序〔２９〕,碑碣誌狀〔３０〕,衆制鋒起〔３１〕,源流間出〔３２〕。譬陶
匏異器〔３３〕,並爲入耳之娛;黼黻不同〔３４〕,俱爲悦目之玩。
作者之致,蓋云備矣〔３５〕。

〔１〕這話出自《毛詩序》。《毛詩序》原文是:"詩者,志之所之也,在心爲志,
　　發言爲詩,情動於中而形於言。"志,心意,即思想感情。"所之"的"之",
　　在這裏是向往的意思。

〔２〕《關雎》是《周南》的第一篇,《麟趾》是《周南》的最末一篇,這裏用這兩篇
　　代表全部《周南》。《毛詩序》:"《周南》《召南》,正始之道,王化之基。"
　　正始之道,正其初始的大道,指先正家而後正國的大道。

〔３〕《禮記·樂記》:"桑間濮上之音,亡國之音也。"鄭玄注:"濮水之上,地有

桑間者,亡國之音於此之水出也。昔殷紂使師延作靡靡之樂,已而自沈於濮水。後師涓過焉,夜聞而寫之,爲晉平公鼓之,是之謂也。桑間在濮陽南。"

〔4〕風雅,指《詩經》中的國風、小雅、大雅。粲然,鮮明的樣子。

〔5〕炎漢,古人以水火木金土五行生剋作爲帝王遞相更代之應,認爲漢是火德,所以稱炎漢。

〔6〕厥,其。厥塗,指詩歌發展的道路。

〔7〕退傅,指西漢韋孟。孟爲楚元王、夷王及王戊祖孫三代之傅,戊荒淫不遵正道,孟作詩諷諫。後退職居鄒,又作了一篇。因爲是退職後在鄒作的,所以稱"退傅",稱"在鄒之作"。

〔8〕降將,指李陵。河梁之篇,相傳李陵爲蘇武在河梁(河橋)上送別,作了三首詩送他,其中的第三首有"攜手上河梁,遊子暮何之"之句。

〔9〕四言,指韋孟的諷諫詩和在鄒詩。五言,指李陵給蘇武的詩。蕭統認爲這是最早的五言詩,其實這是後人僞託的。

〔10〕《論語·子張》:"譬諸草木,區以別矣。"區即區域,區域用來分別,所以區就是別(依劉寶楠說,見《論語正義》)。

〔11〕《文選》五臣注呂向說:"《文始》:三字起夏侯湛,九言出高貴鄉公。"夏侯湛,西晉人。高貴鄉公,名髦,曹丕之孫。

〔12〕分鑣並驅,這裏用來比喻不同的詩體同時並起。鑣(biāo),馬勒,在馬口中爲銜,在馬口旁爲鑣。

〔13〕游揚,稱揚。《毛詩序》:"頌者,美盛德之形容,以其成功告於神明者也。"

〔14〕吉甫,指尹吉甫,周宣王之臣。《詩經·大雅》中有《烝民》一詩,是尹吉甫作的,通篇頌揚仲山甫。中有"吉甫作頌,穆如清風"之句。穆,和。穆若,等於穆如。"若""如"都是詞尾。

〔15〕季子,指春秋時吳公子季札。《左傳·襄公二十九年》載:季札聘於魯,觀樂。爲他歌《頌》,他贊歎道:"至矣哉!……盛德之所同也。"

〔16〕舒布,展示鋪陳。"詩""舒"雙聲,這是從聲音上解釋,叫做聲訓。彼,指國風、小雅、大雅以及漢中葉以後的詩。

〔17〕總成爲頌，"頌""總"疊韻，這也是聲訓。此，指詩經中的頌和漢代以後的頌。

〔18〕由彌補缺陷過失的需要產生了箴。以下幾句的結構同。箴(zhēn)，用以規戒勸告的一種文體。補闕，最初指臣彌補君王不盡職的地方。《詩經·大雅·烝民》："衮職有闕，維仲山甫補之。"參看第一册第 26 頁注〔22〕。

〔19〕戒，用以警戒的一種文體。弼(bì)，輔助。匡，糾正。

〔20〕銘，用以稱揚功德或申明鑒戒的一種文體。

〔21〕美終，贊揚死去的人。誄(lěi)，用以累列死者生前功業而加以稱揚的一種文體。

〔22〕讚，以贊美爲主的一種文體。《文選》録有夏侯湛《東方朔畫讚》一篇，蕭統可能以爲畫像與讚有關係，所以説"圖像則讚興"。

〔23〕詔誥教令，是四種文體。詔，皇帝頒發的詔書。誥，皇帝對臣下的一種訓戒或勉勵的文告。教，諸侯王公的文告。《文選》載有傅亮《爲宋公修張良廟教》《爲宋公修楚元王墓教》。令，諸侯王公的書信。《文選》載有任昉《宣德皇后令》。

〔24〕表奏牋記，也是四種文體。表，臣對君有所陳請的書信。奏，進之於君以言事的書信。牋，下屬對上級的書信。記，又叫奏記，也是屬給上級的信。據《文心雕龍·書記》説："公府奏記，而郡將奏牋。"《文選》載有楊修《答臨淄侯牋》、阮籍《奏記詣蔣公》等。

〔25〕書誓符檄，也是四種文體。書，書信。誓，誓師的文告，如《尚書·甘誓》。符，用以傳達命令或聲討的文書。《全後漢文》載有《討羌符》。檄，用以徵召曉喻或聲討的文書。

〔26〕弔，指弔文；祭，指祭文；哀，指哀文。這三種文體的性質都差不多。但是祭有祭品，弔沒有祭品。哀文往往用以哀悼夭折的人，但也用於一般的哀悼。《文選》載有賈誼《弔屈原文》、謝惠連《祭古冢文》、潘岳《哀永逝文》等篇。弔祭悲哀祗指三種文體，因爲要湊成四個字，所以加上一個"悲"字。

〔27〕答客,借答人問難以抒自己情懷的一種文體,如東方朔的《答客難》。指事,即"七"體,《文選》載有枚乘的《七發》,即説七事以啟發太子,所以稱"指事"。

〔28〕三言八字之文,不好懂。有人説這都指隱語。如《古微書》引《孝經援神契》:"寶文出,劉季握。卯金刀,在軫北。字禾子,天下服。"是三言之文。《後漢書·曹娥傳》注引《會稽典録》:"(邯鄲淳作《曹娥碑》)援筆而成,無所點定……其後蔡邕又題八字曰:'黃絹幼婦,外孫齏(jī)臼。'"是八字之文。按:"卯金刀"是"劉","禾子"是"季"。"黃絹"八字是"絕妙好辭"。《世説新語·捷悟》:"黃絹,色絲也,於字爲絕;幼婦,少女也,於字爲妙;外孫,女子也,於字爲好;齏臼,受辛也,於字爲辤(辭)。所謂絕妙好辭也。"

〔29〕篇辭引序,也是四種文體。篇,詩篇,《文選》樂府類載的曹植《美女篇》《白馬篇》《名都篇》,這裏的"篇"可能是指樂府。辭,《文選》有辭一類,載有漢武帝《秋風辭》、陶淵明《歸去來辭》。引(yìn),歌曲之一種。《文選》載有曹植的《箜篌引》。序,用來陳述作者的意旨的文章。《文選》有卜子夏《毛詩序》等。

〔30〕碑碣誌狀,也是四種文體。碑,指碑文。碣(jié),也是碑文之類。誌,墓誌,記死者之年代行事。狀,行狀,敘述死者的德行。參看本册第1083頁通論(二十三)。

〔31〕鋒起,同"蠭起",言其衆多。鋒,通"蠭"(蜂)。

〔32〕這是説:許多文體的源與流相互間雜交錯着出現。間(jiàn),間雜,交錯。

〔33〕陶,指塤(xūn),一種樂器,用土燒成。匏,指笙,笙用匏(葫蘆)爲座,上設簧管。

〔34〕黼黻,參看本册第1117頁《情采》注〔16〕。

〔35〕由於有這許多文體,作者在各方面的情致意趣可以説是完備了。致,情致。

余監撫餘閑〔1〕,居多暇日。歷觀文囿,泛覽辭林〔2〕，未嘗不心遊目想〔3〕，移晷忘倦〔4〕。自姬、漢以來〔5〕，眇焉悠邈〔6〕，時更七代〔7〕，數逾千祀〔8〕。詞人才子，則名溢於縹囊〔9〕；飛文染翰〔10〕，則卷盈乎緗帙〔11〕。自非略其蕪穢〔12〕，集其清英〔13〕，蓋欲兼功，太半難矣〔14〕。

〔1〕監，指監國，皇帝外行，由太子代攝朝政。撫，指撫軍，太子隨從皇帝巡行外地。《左傳·閔公二年》：“故曰冢子（太子），君行則守，有守則從。從曰撫軍，守曰監國。”蕭統當時是太子，所以這樣説。

〔2〕文囿，文章的園囿。辭林，文章之林。稱“囿”稱“林”，極言其多。

〔3〕心遊目想，應理解爲“心想目遊”，這是古人的一種修辭手法。

〔4〕晷（guǐ），日影。移晷，等於説移時，指經過一段長時間（例如一兩個時辰）。張衡《西京賦》：“白日未及移其晷。”那是甚言時隙之短，這裏用“移晷”則甚言時隙之長。

〔5〕姬，指周代，因周天子是姬姓。

〔6〕眇焉悠邈，指年代久遠。眇、悠、邈，都是久遠的意思。

〔7〕七代，指周、秦、漢、魏、晉、宋、齊。

〔8〕祀，年。

〔9〕縹（piǎo），青白色的帛。縹囊，指青白色帛做的書袋。

〔10〕飛文染翰，形容才思敏捷，書寫快速。翰，筆。染翰，用筆蘸墨。

〔11〕緗，淺黃色的帛。帙（zhì），書套。緗帙，用淺黃色帛做的書套。

〔12〕自非，若非。略，删略。蕪穢，指不好的文章。

〔13〕清英，指好的文章。

〔14〕要想兩方面兼顧，多半是很難的了。功，事。兼功，等於説兩方面（作家與作品）兼顧。太半，等於説多半。

　　若夫姬公之籍〔1〕，孔父之書〔2〕，與日月俱懸，鬼神爭奧〔3〕，孝敬之准式〔4〕，人倫之師友，豈可重以芟夷，加之剪截[5]？老、莊之作，管、孟之流[6]，蓋以立意爲宗，不以能文爲本。今之所撰，又以略諸[7]。若賢人之美辭，忠臣之抗直[8]，謀夫之話，辨士之端[9]，冰釋泉湧[10]，金相玉振[11]。所謂坐狙丘，議稷下[12]，仲連之卻秦軍[13]，食其之下齊國[14]，留侯之發八難[15]，曲逆之吐六奇[16]，蓋乃事美一時，語流千載，概見墳籍[17]，旁出子史。若斯之流，又亦繁博，雖傳之簡牘[18]，而事異篇章[19]，今之所集，亦所不取。至於記事之史，繫年之書[20]，所以褒貶是非，紀別異同，方之篇翰[21]，亦已不同。若其讚論之綜緝辭采，序述之錯比文華[22]，事出於沈思，義歸乎翰藻[23]，故與夫篇什[24]，雜而集之。遠自周室，迄于聖代[25]，都爲三十卷[26]，名曰《文選》云耳。

〔1〕姬公，指周公旦。

〔2〕孔父，指孔子。魯哀公誄孔子，稱孔子爲“尼父”。姬公之籍、孔父之書，泛指儒家尊奉的經典。

〔3〕鬼神爭奧，上文“與”直貫到這句，是説與鬼神競賽奧妙。

〔4〕准，同“準”，準則。式，法式。

〔5〕這是説，經典是不可以選録其中的一部分的。重（chóng），加。芟（shān）夷，除草，這裏指删削。

〔6〕老莊之作、管孟之流，泛指諸子之書。

〔7〕撰，編纂。諸，之。

〔8〕抗直，這裏指高抗不屈、正直無私的話。

〔9〕辨，通“辯”。端，指舌端，實指言論。《韓詩外傳》七：“君子避三端：避文士之筆端，避武士之鋒端，避辯士之舌端。”

〔10〕冰釋泉湧，形容言辭滔滔不絕。

〔11〕相，質。振，發聲。玉振，喻聲調鏗鏘。金相玉振，指文章的内容和形式都很美。《詩經·大雅·棫樸》：“金玉其相。”王逸《離騷序》：“所謂金相玉質，百世無匹。”《孟子·萬章下》：“集大成也者，金聲而玉振之也。”參看本册第 1121 頁《情采》注〔16〕。

〔12〕狙丘、稷，都是齊國的山名。稷下，稷山之下。曹植《與楊德祖書》李善注引《魯連子》：“齊之辯者曰田巴，辯於狙丘而議於稷下，毁五帝，罪三王，一日而服千人。”《史記·田敬仲完世家》：“宣王喜文學游説之士……是以齊稷下學士復盛，且數百千人。”《索隱》引虞喜説：“齊有稷山，立館其下，以待游士。”

〔13〕見《戰國策·趙策》，參看第一册第 115—125 頁。

〔14〕食其（yìjī），姓酈，陳留高陽（在今河南杞縣西）人。楚漢相爭時，他説齊王田廣歸漢，下齊七十餘城（見《史記·酈生陸賈列傳》）。

〔15〕留侯，指張良。難（nàn），辯駁。漢高祖用酈食其之計，想封六國之後來削弱楚權。張良連發八難來攔阻，這纔作罷（見《史記·留侯世家》）。

〔16〕曲逆，指陳平，平封曲逆侯。《史記·陳丞相世家》：“凡六出奇計，奇計或頗秘，世莫能聞也。”

〔17〕概，梗概，大略。墳籍，《尚書序》：“伏犧、神農、黄帝之書，謂之三墳，言大道也。”這裏泛指典籍。

〔18〕簡牘，泛指書籍。古代没有紙時，寫在竹上的叫簡，寫在版上的叫牘。

〔19〕事，指以上所説賢人、忠臣、謀夫、辯士之辭。篇章，指文學作品。

〔20〕繫年之書，亦指史書。杜預《左傳序》：“記事者以事繫日，以日繫月，以月繫時（四季），以時繫年，所以紀遠近，別同異也。”

〔21〕方，比。篇翰，也指文學作品。

〔22〕讚論，指“史論”，是對某一史實加以評論，提出作者看法的文字。綜緝，綜合聯緝。辭采、文華，都指華美的辭藻。序述，指“史述贊”，是對歷史人物加以重點扼要的敘述，於敘述之中，寓褒貶之意。讚論和序述都是史書裏的一部分。錯比，錯雜比次，亦即組織。

〔23〕事，指“史述贊”中的事實。沈思，深刻地構思。義，指“史論”中的道理。

翰藻,指文學辭藻。這裏互文見義,即"事"與"義"都是出於沈思、歸乎翰藻的。

〔24〕與夫,等於説與。篇什,《詩經》的雅頌十篇爲什,後人泛稱詩篇爲篇什。

〔25〕聖代,指梁代。

〔26〕都,總共。

　　凡次文之體〔1〕,各以彙聚〔2〕。詩賦體既不一,又以類分〔3〕;類分之中,各以時代相次。

〔1〕次,編次,排列。

〔2〕彙,等於説類。《文選》把文體分爲三十七類:賦、詩、騷、七、詔、册、令、教、文、表、上書、啟、彈事、牋、奏記、書、檄、對問、設論、辭、序、頌、讚、符命、史論、史述贊、論、連珠、箴、銘、誄、哀、碑文、墓誌、行狀、弔文、祭文。

〔3〕《文選》中賦分十五類,詩分二十三類。

庾　信

　　庾信(公元 513—581 年),字子山,南朝梁新野(今河南新野縣)人。起初在梁任抄撰學士、東宫學士等官,梁元帝承聖三年(公元 554 年)出使西魏,被强留在長安(西魏國都),並在强迫下做了官。北周代魏後,累遷驃騎大將軍、開府儀同三司,所以世稱"庾開府"。他雖位望通顯,但由於梁元帝被西魏殺死,梁朝快要滅亡了,自己卻屈身仕敵,内心裏産生矛盾,因此常常懷念故土,自傷身世。後來陳與北周通好,曾請求北周讓他回到南朝,但没有成功。

　　庾信前期在梁朝做抄撰學士時,爲迎合帝王的口味,與徐陵等人作了許多綺豔靡麗的宫體詩和駢體文,世稱"徐庾體"。後期由於生活境遇的改變,創作面貌也隨之而有所轉變。這期的作品裏,充滿着故土之思和對自己身世的感傷。藝術上也更趨於成熟,風

格蒼勁悲涼,對唐代詩歌的發展有很大的影響。杜甫稱"庾信文章
老更成",就是指他後期的作品而言。有《庾子山集》傳世,清代倪
璠爲它作過注。

哀江南賦序[1]

　　粵以戊辰之年,建亥之月[2],大盜移國[3],金陵瓦
解[4]。余乃竄身荒谷[5],公私塗炭[6]。華陽奔
命[7],有去無歸。中興道銷[8],窮於甲戌[9]。三日哭
於都亭[10],三年囚於別館[11]。天道周星[12],物極不
反[13]。傅燮之但悲身世,無處求生[14];袁安之每念王
室,自然流涕[15]。昔桓君山之志事,杜元凱之平生,並有
著書,咸能自序[16]。潘岳之文采,始述家風[17];陸機之
辭賦,先陳世德[18]。信年始二毛[19],即逢喪亂;藐是流
離,至於暮齒[20]。燕歌遠別,悲不自勝[21];楚老相逢,泣
將何及[22]!畏南山之雨,忽踐秦庭[23];讓東海之濱,遂
餐周粟[24]。下亭漂泊[25],高橋羈旅[26]。楚歌非取樂之
方,魯酒無忘憂之用[27]。追爲此賦,聊以記言[28],不無
危苦之辭,唯以悲哀爲主[29]。

[1]《哀江南賦》是中國古典文學中一篇有名的長賦,内容以自己的遭遇爲綫
　　索,敘述梁朝的興亡和人民遭遇的痛苦,抒發了他内心的悲哀。"哀江
　　南"出於《楚辭·招魂》的"魂兮歸來哀江南"。梁武帝建都建業(今南
　　京),元帝建都江陵(今湖北江陵縣),都在江南,所以借用成語作爲賦名。
　　本篇是賦前面的序,概括了賦的全篇大意,並説明作賦的動機。這篇序
　　是用駢體文寫成的。庾信的駢體文,實集六朝之大成,而《哀江南賦序》
　　更是其中最著名的一篇。

〔2〕粵，句首語氣詞。以，介詞，在這裏相當於"於"。戊辰之年，梁武帝太清二年（公元 548 年）。建亥之月，陰曆十月。

〔3〕大盜，指侯景。侯景原先在魏做官，後降梁。太清二年八月反，先攻進金陵（即建業），又攻陷臺城（梁的宮城），梁武帝被逼餓死。立簡文帝。後又逼簡文帝禪位於豫章王蕭棟而殺簡文帝。不久，又廢蕭棟，自立爲帝。移國，等於説篡國。

〔4〕瓦解，比喻崩潰。

〔5〕竄，逃匿。荒谷，春秋楚地名。《左傳·桓公十三年》："莫敖縊于荒谷。"這裏借指江陵。

〔6〕公私，公室和私門。塗，泥。炭，炭火。《僞古文尚書·仲虺之誥》："有夏昏德，民墜塗炭。"塗炭，指陷入汙泥炭火之中，比喻陷於極端困苦的境地。

〔7〕華陽，指西魏。《尚書·禹貢》："華陽黑水惟梁州。"據胡渭考證，華陽在今陝西商縣（見《禹貢錐指》）。西魏京都在長安，用華陽是活用典故。奔命，爲王命奔走。這是指梁元帝承聖三年（公元 554 年），庾信從江陵奉命出使西魏的事。

〔8〕中興，指梁元帝平定侯景之亂，即位江陵，梁亡而復興。銷，消，削減。《周易》泰卦："君子道長，小人道消也。"這裏借用"道銷"二字來説明中興越來越没有希望。

〔9〕窮，指中興道銷到了極點。甲戌，即承聖三年，這年西魏派于謹來攻，梁王詧（古察字，元帝的姪子）與于謹合兵攻下江陵，殺死元帝。

〔10〕都亭，城郭附近的亭舍。三國時，魏兵攻蜀，後主劉禪降魏。守永安城的蜀將羅憲聽説後，率部下到都亭哭了三天。這是庾信寫他對梁朝滅亡的哀痛。

〔11〕囚於別館，庾信出使西魏後，梁朝接近滅亡，西魏扣留住他，他成了囚徒，不能居使臣的正館，而住在正館以外的館舍裏。

〔12〕天道，天理。周星，指歲星（木星）運行一周天，歲星約十二年繞天一周。

〔13〕物極不反，古人認爲事物發展的常理是"物極則反"（語見《鶡冠子》），而

梁朝自江陵失敗至甲戌元帝被殺,却未能復興,所以説"物極不反"。連
上是説:按天理,周星之時,應出現物極必反的現象,現在卻是物極不
反了。

〔14〕傅燮(xiè),字南容,東漢靈州(今寧夏靈武縣人),任漢陽(今甘肅天水一
帶)太守。被王國、韓遂圍攻,城中兵少糧盡。他兒子勸他棄城歸鄉,他
慨歎道:"世亂不能養浩然之志,食禄又欲避其難乎! 吾行何之? 必死於
此!"終於臨陣戰死。這裏用傅燮來比喻自己的遭遇,是説梁不復興,身
羈異國,祇能悲歎自己的身世,而無處求生。

〔15〕袁安,字邵公,東漢汝陽(故城在今河南商水縣西北)人。官至司徒。因
和帝幼弱,外戚竇憲專權,每當朝會進見及與公卿談論國事時,總是嗚咽
流涕。這裏以袁安自比,表明自己對梁朝的覆亡時時悲歎。

〔16〕桓君山,名譚,東漢光武時人,著有《新論》。志事,有志於事業。事,一本
作"士"。杜元凱,名預,西晉時人,著有《春秋左氏經傳集解》。序,通
"敘"。自序,寫文章來敘述自己的身世和志趣。《太平御覽》卷六一四
載杜預的自序,中有"少而好學,在官則觀於吏治,在家則滋味典籍"等
語。桓譚的自序已佚失。

〔17〕潘岳,字安仁,晉滎陽中牟(今河南中牟縣)人,曾作《家風詩》。

〔18〕潘岳首先以華美的辭采述其家風,陸機首先以辭賦陳其祖德。陸機,字
士衡,晉華亭(在今上海市松江縣)人,擅長詩賦,他曾作《祖德》《述先》
二賦。又,他的《文賦》中有"詠世德之駿烈,誦先人之清芬"的句子(陸
機的祖父陸遜是吳國的丞相,父親陸抗是吳國的大司馬,都有功於吳)。
庾信在這裏隱含着自己要向潘陸學習的意思。

〔19〕二毛,頭髮有黑有白,即花白頭髮,指年已半老。時庾信年三十六歲。

〔20〕大意是:遠遠地離開故國,流落在異域,一直到晚年。藐,遠。流離,因災
荒或戰亂而轉徙流落在異鄉。暮齒,晚年。

〔21〕燕歌,曹丕有《燕歌行》。王褒(庾信同時詩人)曾作《燕歌》,元帝與庾信
等諸文士都有和作。《燕歌》多是傷別之作。

〔22〕大意是:遇到故國遺老,也祇有對泣,但哭又有什麼用呢!《後漢書·逸

民列傳》載:桓帝時,黨錮事起,兼代外黃令陳留張升棄官歸鄉,路上遇見一位朋友,兩人坐在草上共談,談到悲痛處,相抱而泣。陳留老父走過,放下拐杖長歎道:"吁! 二大夫何泣之悲也? 夫龍不隱鱗,鳳不藏羽,網羅高懸,去將安所,雖泣何及乎!"陳留古爲楚地。

〔23〕這是説本想潔身遠害,卻又出使西魏。《列女傳》載:陶答子妻嫌丈夫貪位懷禄,不修名節,説道:"妾聞南山有玄豹,霧雨七日而不下食者,何也? 欲以澤其毛而成文章也,故藏而遠害。"忽,快速。秦庭,喻魏都。魏都長安,秦都咸陽,二城相距不遠。春秋時,吳兵攻陷楚都,楚國幾亡,申包胥到秦國乞師救楚,纔恢復了楚國。

〔24〕讓東海之濱,讓位而居於東海之濱。戰國時,田和把齊康公遷到海濱,自立爲齊國的國君。這裏指宇文覺篡奪西魏,改國號爲北周。"讓"是委婉的説法。因庾信在北周做官,衹好這樣説。餐周粟,周武王滅商,伯夷叔齊恥食周粟,餓死於首陽山。這話是説自己先失節於西魏,又失節於北周,不像伯夷叔齊恥食周粟而死,表示慚愧。

〔25〕下亭,《後漢書·獨行列傳》載:孔嵩被徵召,在去京師的路上,宿在下亭(地名),馬被盜去。這是説旅途漂泊之苦。

〔26〕高橋,又作皋橋,在江蘇吳縣閶門内,相傳漢時皋伯通居此橋旁。《後漢書·梁鴻傳》載:梁鴻曾至吳依皋伯通,居廡(廊下的小屋子)下。羈旅,寄迹於外,他鄉作客。這是説在異鄉過着羈旅生活。

〔27〕楚歌,項羽被圍垓下,夜聞漢軍四面皆楚歌。又《史記·留侯世家》載:漢高祖對戚夫人説:"爲我楚舞,吾爲若(你)楚歌。"魯酒,《莊子·胠篋》:"魯酒薄而邯鄲圍。"忘憂,陶潛《飲酒》:"汎此忘憂物,遠我遺世情。"這裏用"楚歌""魯酒"這兩個現成的詞泛指歌與酒。這是説歌與酒都不能取樂忘憂。

〔28〕《漢書·藝文志》:"左史記言,右史記事。"這裏説"記言"也是指記事。因爲"言"字平聲,合於這裏所要求的平仄。

〔29〕危苦,危懼愁苦。嵇康《琴賦》:"稱其材幹,則以危苦爲上;賦其聲音,則以悲哀爲主。"從"追爲"到"爲主",大意是:作賦是要記載歷史事實,雖

有寫自己危苦的話,但主要是哀痛梁朝的滅亡。

　　日暮途遠,人間何世〔1〕! 將軍一去,大樹飄零〔2〕;
壯士不還,寒風蕭瑟〔3〕。荊璧睨柱,受連城而見欺〔4〕;
載書橫階,捧珠盤而不定〔5〕。鍾儀君子,入就南冠之
囚〔6〕;季孫行人,留守西河之館〔7〕。申包胥之頓地,碎
之以首〔8〕;蔡威公之淚盡,加之以血〔9〕。釣臺移柳,非
玉關之可望〔10〕;華亭鶴唳,豈河橋之可聞〔11〕!

〔1〕世變多故,不知現在是個怎樣的世界,而自己已老,不能再有所作爲了。
　　日暮,喻年已垂老。遠,一作"窮"。《史記·伍子胥列傳》:"吾日暮塗
　　遠。"人間何世,《莊子》有《人間世》篇。

〔2〕《後漢書·馮異傳》:"每所止舍,諸將並坐論功,異常獨屏樹下。軍中號
　　曰大樹將軍。"這裏祇借用字面,不用故事。"將軍"是庾信用以自比。大
　　樹飄零,比喻軍隊潰散。侯景進攻金陵時,信率宮中文武千餘人駐紮於
　　朱雀航(即朱雀橋),侯景兵到,信率衆先退。

〔3〕這是說他一去西魏,即不得重返故國。《戰國策·燕策》(又見《史記·
　　刺客列傳》)載:荊軻入秦,燕太子丹在易水上爲他餞行,高漸離擊筑,荊
　　軻歌曰:"風蕭蕭兮易水寒,壯士一去兮不復還。"蕭瑟,雙聲聯緜字,形容
　　秋風吹拂樹木所發的聲音。

〔4〕這是說相如出使沒有被騙,而自己卻爲西魏所欺。荊璧,即和氏璧,因楚
　　人卞和得玉於楚國的荊山,所以稱荊璧。睨柱,斜視着柱子。連城,相連
　　的城。《史記·廉頗藺相如列傳》載:趙得楚和氏璧,秦昭王聽説後,願以
　　十五連城換和氏璧。趙王使藺相如奉璧見秦王。相如見秦王無意償趙
　　城,於是詭稱璧上有瑕,要指給秦王看。相如取回璧後説:"臣觀大王無
　　意償趙王城邑,故臣復取璧。大王必欲急臣,臣頭今與璧俱碎於柱矣。"
　　説後就"持其璧睨柱,欲以擊柱"。秦王怕他摔破了璧,於是向他道歉,並
　　召有司案圖指出所要給的十五城。

〔5〕這是説毛遂能訂盟而自己卻不能。載書,盟書。珠盤,用珠子裝飾的盤子。珠盤是盟會時所用的。《周禮·天官·玉府》:"若合諸侯,則共(供)珠槃(盤)玉敦。"《史記·平原君列傳》載:平原君與楚合從,從早晨到正午,還没談妥。毛遂按着寶劍邁幾層臺階闖上堂去,責備楚王,楚王這纔答應了。毛遂捧銅盤和楚王歃(shà)血(飲血,借以示信)而定合從之約。

〔6〕這是説自己本是楚人,而被留在北朝,有如南冠之囚。鍾儀,春秋時楚人。入,指入晉。就,成。《左傳·成公七年》載:楚伐鄭,鄭人俘虜了鍾儀,獻給晉國。晉人把他囚在軍府(儲藏軍器的地方)。又《九年》載:晉侯到軍府去,見了鍾儀,問道:"南冠(戴着南方楚國式的帽子)而繫(拘禁)者誰也?"有司回答説:"鄭人所獻楚囚也。"問明了鍾儀的先人是個伶人,於是讓他彈琴,奏出了南方楚國的音樂。范文子説:"楚囚,君子也。"

〔7〕季孫,名意如,春秋時魯大夫。行人,官名,掌朝覲聘問之事。西河,地名,在陝西東境。《左傳·昭公十三年》載:晉侯與諸侯盟於平丘,季孫意如相魯昭公去參加盟會,由於邾人莒人告魯侵伐他們,以致無力給晉國進貢,於是晉人不讓昭公參加盟會,並把季孫意如扣住帶回晉國。後來晉國要釋放季孫,季孫要求按禮把他送回。晉人恐嚇他説要把他拘囚在西河。這是比喻自己被留在西魏。

〔8〕頓地,叩頭。碎,破。碎之以首,即碎首,碰破了頭的意思。《左傳·定公四年》載:楚破於吳,申包胥到秦國乞師,秦哀公不肯出兵,申包胥"立依於庭牆而哭,日夜不絕聲,勺飲不入口,七日"。等到秦哀公允許出兵,申包胥纔"九頓首而坐"。

〔9〕劉向《説苑·權謀》載:"下蔡威公閉門而哭,三日三夜,泣盡而繼以血。"鄰人問他爲什麽哭,他説:"吾國且亡。"下蔡是春秋時邑名(蔡昭侯時蔡國的都城),在今安徽壽縣一帶。從"申包胥"到"以血"是説自己對於梁朝之亡,不能像申包胥那樣設法拯救,祇能像下蔡威公那樣痛哭罷了。

〔10〕釣臺,在武昌。移,一作"杉"(yí),柳的一種。《晉書·陶侃傳》載:陶侃

鎮守武昌,曾經考核諸營士兵種柳的情況。玉關,即玉門關,在甘肅敦煌縣西北。這話表面是說釣臺的柳不是玉門關可以望見的,實際是說自己望不見故鄉的樹木。

〔11〕華亭,在今上海市所屬松江縣西平原村,陸機的故宅在這裏。唳(lì),鶴叫。河橋,在河南孟縣南。陸機和弟雲事成都王穎,穎進攻長沙王乂,使陸機都督前鋒諸軍事。機敗於河橋,受到盧志的讒毀,與弟雲同時被穎殺死。《世説新語·尤悔》載:機臨刑前歎道:"欲聞華亭鶴唳,可復得乎?"這話是説自己聽不到故鄉的鳥鳴。從"釣臺"到"可聞",表示懷念家國而不得見。

　　孫策以天下爲三分,衆纔一旅〔1〕;項籍用江東之子弟,人唯八千〔2〕。遂乃分裂山河,宰割天下〔3〕。豈有百萬義師,一朝卷甲〔4〕,芟夷斬伐〔5〕,如草木焉?江淮無涯岸之阻,亭壁無藩籬之固〔6〕。頭會箕斂者,合從締交〔7〕;鋤櫌棘矜者,因利乘便〔8〕。將非江表王氣,終於三百年乎〔9〕?是知并吞六合,不免軹道之災〔10〕;混一車書,無救平陽之禍〔11〕。嗚呼!山嶽崩頹,既履危亡之運〔12〕;春秋迭代,必有去故之悲〔13〕。天意人事,可以悽愴傷心者矣〔14〕!況復舟楫路窮,星漢非乘槎可上〔15〕;風飈道阻,蓬萊無可到之期〔16〕。窮者欲達其言,勞者須歌其事〔17〕。陸士衡聞而撫掌,是所甘心〔18〕;張平子見而陋之,固其宜矣〔19〕。

〔1〕孫策,孫權的哥哥,字伯符。《三國志·吳書·陸遜傳》載:遜上疏曰:"昔桓王(孫策謚號爲長沙桓王)創基,兵不一旅,而開大業。"三分,指魏蜀吳三分天下。一旅,五百人。

〔2〕項籍,字羽。《史記·項羽本紀》載:項籍隨叔父梁起事,"舉吳中兵,使人

收下縣(吳郡的屬縣),得精兵八千人"。項籍臨死前,對烏江亭長説:
"籍與江東子弟八千人渡江而西,今無一人還。"江東,長江下游南岸
之地。

〔3〕賈誼《過秦論》:"宰割天下,分裂河山。"

〔4〕卷,同"捲"。卷甲,把戰衣捲起來,形容軍隊敗退的情況。侯景破金陵,
梁兵號稱百萬紛紛敗走。

〔5〕芟(shān),割草。芟夷,削平。斬伐,砍伐。侯景入金陵,殺人很多。于
謹入江陵,虜男女數萬口充當奴婢,弱小的都殺死。從"豈有"到"如草木
焉",大意是:梁兵百萬,一旦潰退,使得侯景、于謹殺人像割草伐木一樣,
難道古來有過這樣的事嗎?

〔6〕這是説,江淮不起險阻的作用,而防禦工事還不如藩籬堅固。涯岸,指河
岸。亭,指亭候。古人在邊塞的險要處,築亭駐兵以伺候寇盜。壁,營
壘。藩籬,用竹木編的籬笆或圍柵。

〔7〕這是説,人民因爲不堪橫徵暴斂之苦,於是互相聯合,結成武裝集團,起
兵反抗。會,斂,抽税。頭會箕斂,秦時按人頭數抽税,用簸箕來收斂租
穀,以充軍用。《漢書·張耳陳餘傳》:"頭會箕斂,以供軍費。"合從,戰
國時六國南北聯合以抗秦叫合從。賈誼《過秦論》:"合從締交,相與爲
一。"這裏指起事者互相聯合。

〔8〕這是説,南朝陳的開國皇帝陳高祖(名陳霸先)和拿着低劣武器的平民乘
機推翻了梁朝。耰(yōu),平整田地的一種農具。棘,棘木杖。矜,矛柄,
這裏指戈戟的柄。鋤耰棘矜,用如動詞,是拿着鋤耰棘矜的意思。《過秦
論》:"鉏耰棘矜,非銛(xiān,鋒利)於鉤戟長鎩(shā,長刃矛)也。"因利
乘便,是兩個同義詞組,乘時勢之便利的意思。《過秦論》:"因利乘便,宰
割天下,分裂河山。"

〔9〕將非,等於説豈不是。江表,即江南,這裏指金陵。王氣,王者之氣。古
人迷信,認爲某地出帝王,就有王氣。三百年,金陵作爲國都,自吳孫權
黃龍元年至孫皓天紀四年(公元229—280年)共五十二年;又自東晉元
帝大興元年至梁敬帝太平二年(公元318—557年)共二百四十年。兩段

時間合計爲二百九十二年,説"三百年"是舉其整數。

[10]這是以秦始則强盛,終不免滅亡,比喻江陵陷後梁元帝投降西魏。六合,天地四方,指天下。《過秦論》説秦有"并吞八荒之心"。又説秦始皇"吞二周而亡諸侯,履至尊而制六合"。軹(zhǐ)道,亭名,在今陝西咸陽縣東北。劉邦入關,秦王子嬰降於軹道旁。

[11]這是以晉比喻金陵陷後,梁武帝和簡文帝先後被害死。混一車書,即"車同軌,書同文"的意思(見《禮記·中庸》),這裏指統一天下。干寶《晉紀·總論》:"太康(晉開國皇帝武帝的年號)之中,天下書同文,車同軌。"平陽,今山西臨汾縣。西晉永嘉五年(公元 311 年),劉聰攻陷洛陽,懷帝被虜至平陽,後被殺。又建興四年(公元 316 年),劉曜攻陷長安,愍帝被俘至平陽,也被殺。從"是知吞併六合"到"無救平陽之禍",含有即便是統一了天下的國家也難免滅亡的意思,所以下文説"天意人事"。

[12]山嶽崩頹,比喻國家覆滅。覆,踐,走上。

[13]迭代,更替。春秋迭代,四時更替,比喻朝代更替。去故,指離開故土。班昭《東征賦》:"遂去故而就新兮,志愴悢(chuànglǎng)而懷悲。"

[14]悽愴,悲傷。阮籍《詠懷詩》:"素質遊商聲,悽愴傷我心。"

[15]星漢,天河。槎(chá),用竹木編成的筏子。張華《博物志》有一段神話,説天河與海相通,年年八月,有浮槎按期往來。有個人好奇,帶着食糧乘槎而去。起初還能見到日月星辰,後來一片茫茫,不分晝夜。忽然來到一處,城郭環繞,房屋整齊。遠遠望見宮裏有許多織婦,又見一男子在水邊飲牛。牽牛人很驚奇,問他怎麽來到此處的。他説明之後,並問這是什麽地方。那人告訴他回去後到蜀郡問嚴君平便知。他回來後去問嚴君平,君平説某年月日有客星犯牽牛宿。經過計算,那正是他見到牽牛人的時間。

[16]蓬萊,傳説中的仙山,和方丈、瀛洲並稱海中三仙山。據説其上有不死之藥。戰國時齊燕諸王及漢武帝都曾派人去尋求。《漢書·郊祀志》説三仙山"未至,望之如雲;及到,三神山反居水下。臨之,患且至,則風輒引船而去,終莫能至云"。從"況復"到"可到之期",是説自己不可能回到

江南,就像天河蓬萊之不能到達一樣。

〔17〕這兩句是說自己寫《哀江南賦》的動機。窮與達相反。不得志的人希望立言,也就是在言中求得志(達)。《公羊傳·宣公十五年》:"什一行而頌聲作矣。"何休《解詁》:"勞者歌其事。"這是說勞役的人祇能唱歌以減少辛苦。

〔18〕陸士衡,即陸機。撫掌,拍手。《晉書·左思傳》載:陸機剛到洛陽,打算作《三都賦》,聽説左思也在作,便拍掌大笑,並在給陸雲的信中説:"此間有傖父(等於説鄙夫),欲作《三都賦》,須(等待)其成,當以覆酒甕耳。"等左思把賦寫成之後,他見了卻十分敬佩,自己就不再寫了。

〔19〕張平子,即張衡。班固作《兩都賦》,張衡薄而陋之。另作《二京賦》。陋之,認爲不好。從"陸士衡"到"宜矣",都是自謙之辭,意思是:自己寫這篇賦,被人嘲笑,是甘心情願的,受人輕視,也是理所當然的。

王 勃

　　王勃(公元649—676年),字子安,龍門(今山西河津縣)人,是唐初有才華的青年詩人。當他二十八歲時,在探視父親的路上,渡海溺水,驚悸而死。他和楊炯、盧照鄰、駱賓王並稱爲初唐文壇四傑。他們的作品突破了齊梁以來綺麗詩風的束縛,對開創唐代新詩風,有一定的貢獻。王勃在五言律詩上曾起促進作用。他的文章以《秋日登洪府滕王閣餞別序》(後人簡稱爲《滕王閣序》)爲最有名,是一篇膾炙人口的作品。有《王子安集》傳世。

滕王閣序〔1〕

　　豫章故郡,洪都新府〔2〕。星分翼軫〔3〕,地接衡廬〔4〕。襟三江而帶五湖〔5〕,控蠻荆而引甌越〔6〕。物華天寶,龍光射牛斗之墟[7];人傑地靈,徐孺下陳蕃之榻[8]。雄州霧列[9],俊采星馳[10];臺隍枕夷夏之交[11],賓主盡東南之美。都督閻公之雅望[12],棨戟遙臨[13];宇文新州之懿範[14],襜帷暫駐[15]。十旬休假[16],勝友如雲;千里逢迎,高朋滿座。騰蛟起鳳[17],孟學士之詞宗[18];紫電青霜[19],王將軍之武庫[20]。家君作宰[21],路出名區[22];童子何知[23],躬逢勝餞[24]。

〔1〕唐高祖的兒子滕王元嬰任洪州都督時,在長洲上建閣,人稱滕王閣。閣公(張遜業校正《王勃集》序,說是閻伯嶼,未知何據)任洪州都督時,重修此閣。九月九日在閣上宴集賓客幕僚。正好王勃省親經過洪州,也參加了宴會,對客寫成這篇序。本文描繪了滕王閣周圍的景色,敘述了當時的熱鬧情況,也抒發了封建時代文人懷才不遇的感慨。這篇序不像一般駢體文那樣單純堆砌辭藻典故,而能生動流暢地表達了作者的真實感情。

〔2〕豫章,一作"南昌"。豫章是漢時郡名(郡治在南昌,今江西南昌縣)。隋曾一度改爲洪州,不久又恢復豫章郡之名,所以稱"故郡"。唐又改爲洪州,設大都督府,所以稱"新府"。這話大意是:豫章故郡,它的郡治就是現在的洪州都督府所在地。

〔3〕翼軫,二星宿名,翼軫是楚的分野。豫章古爲楚地,所以説"星分翼軫"。

〔4〕衡廬,指湖南的衡山和江西的廬山。

〔5〕襟三江,以三江爲襟。對"三江"有各種不同的解釋。《尚書·禹貢》僞孔傳説:"自彭蠡江分爲三。"彭蠡即今都陽湖,在豫章附近,王勃大約是用的這個典故。帶五湖,以五湖爲帶,五湖指菱湖、游湖、莫湖、貢湖、胥湖,都在太湖東岸,古時各爲一湖,今則相連(依高步瀛説,見《唐宋文舉要》)。

〔6〕蠻荆,指今兩湖全部及四川、貴州各一部分地區。甌越,包括東甌、閩越、

南越、西甌,指今浙江溫州一帶以及福建、廣東、廣西等地。由於甌越更遠,所以説引。

〔7〕物華天寶,物的精華就是天的珍寶。龍光,指寶劍的光。《晉書·張華傳》載:晉惠帝時,張華見斗牛之間有紫氣,問雷焕是怎麼回事。雷焕説是豐城(屬洪州)寶劍之精上通於天的緣故。張華於是派雷焕爲豐城令,讓他尋找那寶劍。雷焕到縣後,掘獄屋基,得到一個石匣,裏面有兩把寶劍,都刻着字,一把叫龍泉,一把叫太阿,光芒奪目。雷焕送給張華一把,自己佩帶一把。後來張華被殺,失劍所在。雷焕的那一把掉在水中,派人下水去找,衹看見兩條龍。牛斗,二星宿名。墟,居住的地方,這裏指星座。這兩句是説洪州有奇寶。

〔8〕人傑地靈,人中之俊傑是由於地的靈氣。徐孺,即徐孺子,名穉,東漢人。家貧,在家種地,不肯做官。陳蕃做豫章太守,素來不接待賓客,衹有徐穉來時纔招待,並爲他特設一坐榻,徐穉去後,就把坐榻懸掛起來,不准別人用。按:稱徐孺子爲徐孺,是駢體文要求語句整齊的緣故。下文稱楊得意爲楊意,鍾子期爲鍾期,同此。這是説洪州有傑出的人才。

〔9〕雄,雄偉。雄州,指洪州。霧列,〔房屋〕像霧一樣羅列着。這是形容洪州的富庶和繁華。

〔10〕采,一作"彩"。俊采,指人才。星馳,比喻洪州才士之多。衆星看起來是運行的,所以説馳。

〔11〕隍,指護城河,有水叫池,無水叫隍。夷,指我國古代少數民族居住地。夏,指中原地區。交,指交接之地。這是説洪都處於要害之地。

〔12〕都督,官名,唐代有大都督府、中都督府、下都督府,設在各州,各設都督一人。望,名望。

〔13〕棨(qǐ)戟,有衣套的戟,衣用赤黑繒做成。古代官吏出行,有騎吏帶劍持棨戟前驅。這話大意是:閻公遠遠地來到洪州做官。

〔14〕宇文,名與事都未詳。有人説是宇文鈞,更有的説是《王子安集·宇文德陽宅秋夜山亭宴序》中所説的宇文嶠,都無確證。新州,治新興縣,今廣東新興縣治。大概宇文爲新州刺史,故稱宇文新州。懿,美。

〔15〕襜(chān)帷,車帷,這裏指車馬。這是説宇文路過洪州暫住。

〔16〕旬,十天。十旬,這裏也等於説十天。唐制,官吏遇旬則休沐,叫做旬休。
　　　假,一作"暇"。

〔17〕騰蛟起鳳,形容文才之豐富多彩,有如蛟龍鳳凰騰空飛起,光彩奪目。
　　　《西京雜記》卷二:"董仲舒夢蛟龍入懷,乃作《春秋繁露》詞。"又:"(揚)
　　　雄著《太玄經》,夢吐鳳凰集《玄》之上,頃而滅。"

〔18〕孟學士,名未詳。王定保《唐摭言》説是閻公之婿,不可靠。孟學士可能
　　　是用典,不是指參與宴會的人。有人説是指東晉時的孟嘉。詞宗,衆人
　　　所仰望的文章能手。

〔19〕紫電,寶劍名。《古今注》卷上:"吴大皇帝有⋯⋯寶劍六⋯⋯二曰紫
　　　電。"青霜,亦指劍。《西京雜記》載:漢高祖的斬白蛇劍,十二年磨一次,
　　　劍刃常像霜雪那樣白亮。按:傳説主霜雪之神是青女,所以稱爲"青霜"。
　　　見《淮南子·天文訓》。

〔20〕王將軍,名未詳。可能指王僧辯。梁徐陵《爲貞陽侯(蕭淵明)與王太尉
　　　(王僧辯)書》:"霜戈雪戟,無非武庫之兵。"又杜預被稱爲"杜武庫"。從
　　　"騰蛟"到"武庫",是説參與宴會的人無論文臣武將,都是很有才學的。

〔21〕家君,家父。作宰,作縣官。當時王勃的父親作交趾令。

〔22〕名區,指洪州。

〔23〕童子,王勃自稱。

〔24〕餞(jiàn),餞行。這裏用如名詞,指餞別的酒宴。可能當時閻氏宴會同時
　　　是給宇文餞行,所以這裏用"餞"字。

　　　　時維九月,序屬三秋〔1〕。潦水盡而寒潭清〔2〕,煙光
凝而暮山紫。儼驂騑於上路〔3〕,訪風景於崇阿〔4〕;臨帝
子之長洲〔5〕,得仙人之舊館〔6〕。層巒聳翠,上出重
霄〔7〕;飛閣流丹〔8〕,下臨無地〔9〕。鶴汀鳧渚〔10〕,窮島
嶼之縈迴〔11〕;桂殿蘭宮,列岡巒之體勢〔12〕。

〔1〕序,時序。三秋,指秋季的第三個月,也就是九月。

〔２〕潦(lǎo)水,因雨而積的水。潭,淵,大的深水池。

〔３〕儼,整肅的樣子。楊炯《王公神道碑》:“車徒儼兮在門。”驂騑(fēi),駕在車轅兩旁的馬,這裏指車馬。上路,地勢高的路,跟下句“崇阿”的意思差不多。這句是形容來賓車馬之盛。

〔４〕崇阿,高的山陵。

〔５〕帝子,指滕王。長洲,指建滕王閣於其上的長洲。

〔６〕仙人,一本作“天人”。仙人之舊館,指滕王閣。這是説來到了滕王閣。

〔７〕翠,绿色。重霄,等於説高空。

〔８〕飛閣,架空的閣道。班固《西都賦》:“輦路經營,脩除飛閣。”(輦路:閣道;脩除:長級。)《三輔黄圖》:“於宫西跨城池作飛閣,通建章宫。”流丹,流着紅光,因閣是用紅色油飾了的。流,一本作“翔”。

〔９〕下臨無地,因爲飛閣是架空的,又高,所以人們覺得好像看不見地。王巾《頭陀寺碑文》:“飛閣逶迤,下臨無地。”

〔10〕汀(tīng),水邊平地。鶴汀,鶴所棲的汀。渚,水中小洲。鳧(fú)渚,野鴨所聚集的小洲。

〔11〕窮,極。這話大意是:達到了島嶼縈迴曲折的極點。

〔12〕高高低低的桂殿蘭宫,排列成岡巒的體勢,也就是説看樣子像起伏的岡巒。

披繡闥〔１〕,俯雕甍〔２〕,山原曠其盈視〔３〕,川澤紆其駭矚〔４〕。閭閻撲地,鐘鳴鼎食之家〔５〕;舸艦迷津,青雀黄龍之舳〔６〕。雲銷雨霽,彩徹區明〔７〕。落霞與孤鶩齊飛,秋水共長天一色〔８〕。漁舟唱晚,響窮彭蠡之濱〔９〕;雁陣驚寒,聲斷衡陽之浦〔10〕。

〔１〕披,開。繡闥,繪飾華美的門。

〔２〕俯,指俯視。甍(méng),屋脊。

〔３〕曠,空闊。盈視,指山原盡入眼中。

〔４〕紆(yū),曲折。一作“盱”。矚(zhǔ),注視。駭矚,駭其所矚,等於説對

所看到的吃驚(驚的是曲折非常)。

〔5〕閭閻,里巷的門,這裏指住宅。撲地,等於説滿地、遍地。鮑照《蕪城賦》:
"廛閈撲地,歌吹沸天。"鐘鳴鼎食之家,鳴鐘列鼎而食的人家,指富貴人
家。張衡《西京賦》:"擊鐘鼎食,連騎相過。"這是説遍地住宅都是富貴
人家。

〔6〕舸(gě),大船。迷津,迷亂了渡口。青雀黄龍,船的形制像青雀黄龍。舳
(zhú),船後持舵的地方,這裏指船。

〔7〕霽(jì),雨止。彩,指陽光。區,指天空。

〔8〕鶩(wù),鴨,這裏當鳧(野鴨)講。落霞與孤鶩齊飛,秋水共長天一色,脱
胎於前人熟句,如庾信《馬射賦》:"落花與芝蓋同飛,楊柳共春旗一色。"

〔9〕漁舟唱晚,漁船上的漁夫在傍晚歌唱。彭蠡,即鄱陽湖。

〔10〕衡陽,今湖南衡陽縣。斷,等於説止。浦,水邊。據《一統志》載:衡陽有
回鴈峯,鴈至此不過,遇春而迴。庾信《和侃法師》:"近學衡陽雁,秋分俱
渡河。"九月九日正是鴈南歸的時候,所以這樣説。

　　遥吟俯暢[1],逸興遄飛[2]。爽籟發而清風生[3],
纖歌凝而白雲遏[4]。睢園緑竹[5],氣凌彭澤之樽[6];
鄴水朱華[7],光照臨川之筆[8]。四美俱[9],二
難并[10]。

〔1〕遥,指遠望。俯,指登高俯視。吟,一本作"襟"。俯,一本作"甫"。

〔2〕逸興,超逸豪邁的興致。遄(chuán),急速。

〔3〕籟,類似簫的一種樂器,這裏比喻自然的聲音。《莊子·齊物論》:"女聞
人籟而未聞地籟,女聞地籟而未聞天籟夫。"爽籟,比喻秋聲(爽是秋高氣
爽的意思)。殷仲文《南州桓公九井作》:"爽籟警幽律。"

〔4〕纖歌,聲音柔細的歌。凝,指歌聲慢慢拉長。遏(è),阻止。白雲遏,流動
的白雲被高入雲霄的歌聲阻止住。這是用"響遏行雲"的典故。《列子·
湯問》:"薛譚學謳(歌唱)於秦青,未窮青之技,自謂盡之,遂辭歸。秦青
弗止,餞於郊衢,撫節悲歌,聲振林木,響遏行雲。薛譚乃謝,求反(返),

終身不敢言歸。”

〔5〕睢園綠竹,此用梁園事。《水經注》卷二十四:“睢水又東南流,歷(經過)於竹圃,水次(水濱)綠竹蔭渚,菁菁(茂盛的樣子)實望。世人言梁王竹園也。”梁孝王常和能文善賦之客在這裏飲宴。

〔6〕淩,通“凌”,壓倒。彭澤,指陶淵明,淵明曾做過彭澤令,喜飲酒。《歸去來辭》:“有酒盈尊。”從“睢園”到“之樽”是說,此日滕王閣上盛宴,座中嘉賓都有陶潛的雅量高致。

〔7〕此用曹植公讌事。鄴,故城在今河北臨漳縣西,是曹魏興起之地。朱華,指芙蓉,即荷花。曹植《公讌詩》:“朱華冒綠池。”

〔8〕臨川,郡名,故治在今江西臨川縣西,謝靈運曾做過臨川內史。這裏的臨川,即指謝靈運。從“鄴水”到“之筆”,借曹植的公讌與謝靈運之善詩來贊美閣公及座中善於作詩的人。

〔9〕四美,指音、味、文、言。劉琨《答盧諶》詩:“音以賞奏,味以殊珍;文以明言,言以暢神。之子之往,四美不臻。”

〔10〕二難,指賢主嘉賓。

　　窮睇眄於中天〔1〕,極娛遊於暇日〔2〕。天高地迥〔3〕,覺宇宙之無窮;興盡悲來,識盈虛之有數〔4〕。望長安於日下,指吳會於雲間〔5〕。地勢極而南溟深〔6〕,天柱高而北辰遠〔7〕。關山難越,誰悲失路之人〔8〕?萍水相逢,盡是他鄉之客〔9〕。懷帝閽而不見〔10〕,奉宣室以何年〔11〕?

　　嗟乎!時運不齊〔12〕,命途多舛〔13〕。馮唐易老〔14〕,李廣難封〔15〕。屈賈誼於長沙〔16〕,非無聖主;竄梁鴻於海曲〔17〕,豈乏明時〔18〕!所賴君子見幾〔19〕,達人知命〔20〕。老當益壯,寧知白首之心;窮且益堅,不墜青雲之志〔21〕。酌貪泉而覺爽〔22〕,處涸轍以猶懽〔23〕。北海雖賒,扶搖可

接〔24〕;東隅已逝,桑榆非晚〔25〕。孟嘗高潔〔26〕,空餘報國
之情;阮籍猖狂,豈效窮途之哭〔27〕。

〔1〕窮,動詞,極、盡。睇眄(dìmiàn),邪視,這裏指目光左右流動着看。中
　　天,半天空。

〔2〕極,動詞,盡。娛遊,娛樂嬉遊。

〔3〕迥(jiǒng),遠。

〔4〕盈虛,指盛衰、興亡、貴賤、窮通等。數,運數,即命運。

〔5〕長安,唐之京城。指,一作"目"。吳會,指吳郡。《世説新語·排調》載
　　陸雲與荀隱互通姓名,陸雲自稱"雲間陸士龍",荀隱自稱"日下荀鳴
　　鶴"。陸雲,字士龍,三國吳丞相陸遜孫。陸遜封華亭侯,陸氏世居華亭。
　　華亭古稱"雲間"。荀隱,潁川人。潁川,地近京城。後以"日下"喻"京
　　都"。這裏借用此典來表現地理相距的遙遠,以引起下文的悲哀。

〔6〕極,遠。南溟,《莊子·逍遥遊》:"南冥(同溟)者,天池也。"參看第二册
　　第372頁。

〔7〕天柱,《神異經》説:崑崙山上有一根銅柱,高入天際。叫作天柱。北辰,
　　北天極。《論語·爲政》:"爲政以德,譬如北辰,居其所而衆星共之。"這
　　裏和上文一樣,越聯想到天高地迥,就越是悲從中來。

〔8〕失路,比喻不得志。

〔9〕萍水,指流浪生涯如萍隨水。萍,一本作"溝"。

〔10〕帝,指天帝。閽,看門的人。《楚辭·離騷》:"吾令帝閽開關兮。"帝閽,
　　這裏喻君門,即宮門。

〔11〕宣室,漢未央殿前正室。漢文帝曾在這裏召見賈誼。這是説想入朝做官
　　而不能。

〔12〕時運不齊,等於説命運不好。

〔13〕舛(chuǎn),不順。

〔14〕馮唐,西漢人。文帝時,馮唐已經很老了,還祇做個職位低下的郎中署
　　長。(郎中署:官署名,主管宮中警衛的事。)

〔15〕李廣,西漢名將,功雖大,但終身未得封侯。

〔16〕漢文帝本想任賈誼爲公卿,但因朝中權貴反對,疏遠了賈誼,任他爲長沙
王太傅。參看本册第 870 頁。

〔17〕竄,隱匿,這裏是使動用法。梁鴻,見本册第 1141 頁《哀江南賦序》注
〔26〕。他曾作《五噫歌》,漢章帝聽説後,不以爲然,派人去找他。他改名
換姓,和妻子住在齊魯之間,後來又到吳地去。海曲,指海邊隱僻處。齊
魯濱海,故以海曲稱齊魯。

〔18〕明時,指政治清明之時。

〔19〕見幾,事前洞察事物的動向。《周易·繫辭下》:"君子見幾而作,不俟終
日。"見幾,一本作"安貧"。

〔20〕達人,通達事理的人。《左傳·昭公七年》:"其後必有達人。"知命,知道
自己的命運。《周易·繫辭上》:"樂天知命,故不憂。"

〔21〕老當益壯,年紀雖老,志氣應當更加旺盛。《後漢書·馬援傳》:"〔援〕嘗
謂賓客曰:'丈夫爲志,窮當益堅,老當益壯。'"寧,難道。知,一本作
"移"。白首,指年老。青雲,比喻高速。《史記·伯夷列傳》:"閭巷之
士,欲砥行立名者,非附青雲之士,惡能施於後世哉!"從"老當"到"之
志",是説自己想建功立業,修德立名。

〔22〕貪泉,《晉書·吳隱之傳》載:廣州北二十里的石門有水叫貪泉。據説誰
喝了那水就要懷無厭之欲。隱之到了那裏,喝了泉水,賦詩一首:"古人
云此水,一歃懷千金。試使夷齊(伯夷叔齊)飲,終當不易心。"

〔23〕涸(hé)轍,水枯竭了的車轍,比喻困境。《莊子·外物》:"周昨來,有中
道而呼者,周顧視車轍中,有鮒魚焉。周問之曰:'鮒魚來,子何爲者邪?'
對曰:'我東海之波臣也。君豈有斗升之水而活我哉?'周曰:'諾,我且南
遊吳越之王,激西江之水而迎子,可乎?'鮒魚忿然作色曰:'吾失我常與,
我無所處,吾得斗升之水然活耳。君乃言此,曾不如早索我於枯魚之
肆。'"從"酌貪泉"到"猶懽",是説自己不爲外物所沾汙,不因窮困而
愁苦。

〔24〕賒,遠。扶摇,旋風。這是活用《莊子·逍遥遊》的語意。參看第二册第

375—376 頁。這裏是説還有達到自己目的的機會。

〔25〕東隅，東方日出的地方，指早晨。桑榆，日落時，餘光還留在桑榆之上，喻
黃昏。《後漢書·馮異傳》：“可謂失之東隅，收之桑榆。”這裏大意是説，
如果能奮發有爲，還不算晚。

〔26〕孟嘗，字伯周，會稽上虞（今浙江上虞縣）人，操行高潔。漢順帝時，做合
浦（郡名，今廣西合浦縣一帶）太守，後因病辭職。桓帝時，尚書楊喬上書
推薦孟嘗，但終没被用，七十歲時，死在家裏。

〔27〕阮籍，魏晉間人。因不滿於司馬氏，借飲酒來掩護自己，以免被害。常常
自己駕車外出，也不順着路走。當前面有什麽障礙，再也不能前進時，就
痛哭着回來。從“孟嘗”到“窮途之哭”，是説雖然不爲世用，也不要頹廢。

　　勃三尺微命，一介書生〔1〕。無路請纓，等終軍之弱
冠〔2〕；有懷投筆〔3〕，慕宗愨之長風〔4〕。舍簪笏於百
齡〔5〕，奉晨昏於萬里〔6〕。非謝家之寶樹〔7〕，接孟氏之
芳鄰〔8〕。他日趨庭，叨陪鯉對〔9〕；今晨捧袂〔10〕，喜託龍
門〔11〕。楊意不逢，撫淩雲而自惜〔12〕；鍾期既遇，奏流水
以何慚〔13〕？

〔1〕三尺，指衣帶結餘下垂的部分（紳）的長度。《禮記·玉藻》：“紳長制，士
三尺。”微命，指卑賤的官階。《周禮·春官·典命》鄭注：“下士一命。”
王勃曾爲虢州參軍，所以自比於一命之士，而説“三尺微命”（依高步瀛
説）。一介，一個，謙詞。

〔2〕請纓，請求賜與長纓，意思是請求賜與殺敵的命令。纓，繫在馬頸用以駕
車的皮條。等，等於。終軍，字子雲，西漢濟南人。二十多歲時，曾請纓
要去縛南越王。弱冠，二十歲。這是説自己雖同於終軍的年齡，但没有
請纓的門路。

〔3〕投筆，用班超投筆從戎故事。班超當初做抄寫工作，有一天，投筆歎道：
“大丈夫無他志略，猶當效傅介子、張騫，立功異域，以取封侯，安能久事

筆研(硯)間乎!"後來從軍,因通西域有功,封定遠侯。

〔4〕慕,一本作"愛"。宗慤(què),字元幹,南朝宋南陽(今河南南陽縣)人。年少時,叔父問他有什麼志向,他說:"願乘長風破萬里浪。"後來官至將軍。

〔5〕簪笏。笏,手版一類的東西。都是做官者所用的。舍簪笏,指不做官了。百齡,指一生。

〔6〕晨昏,早晚向父母問安。《禮記·曲禮》:"凡爲人子之禮,冬温而夏凊(qìng,使涼),昏定(安其牀衽)而晨省(問其安否)。"大意是:捨掉一生前程而到萬里之外去探望父親。

〔7〕謝家之寶樹,指謝玄。《世說新語·言語》載:謝安問他的子姪們,爲什麼人們總希望子弟好。姪子謝玄答道:"譬如芝蘭玉樹,欲使其生於階庭耳。"因之稱謝玄爲謝家寶樹。這是王勃謙言自己無才。

〔8〕據說孟子的母親三次搬家,爲了要找個好的鄰居。這是說自己能和衆賢士相交遊。

〔9〕趨庭,在庭中疾步走過(趨是禮節)。叨(tāo),忝辱,謙詞。鯉,孔子之子的名字。鯉對,指孔鯉在父親面前對答父親的話,並接受父親的教導。《論語·季氏》有一章記載鯉趨而過庭,孔子問他學了《詩》和《禮》没有,他回答說没有。孔子告訴他所以要學《詩》學《禮》的原因,他從此就學《詩》學《禮》。

〔10〕晨,一作"兹"。袂(mèi),衣袖。捧袂,即奉手,恭敬的表示。

〔11〕龍門,在山西河津縣西北,陝西韓城縣東北,相傳爲禹所鑿。《後漢書·李膺傳》注引辛氏《三秦記》:"河津一名龍門,水險不通,魚鱉之屬不能上。江海大魚薄集龍門下數千,不得上,上則爲龍也。"世因以龍門比喻高名碩望。《後漢書·李膺傳》載:李膺名望很高,被他接見的,就叫登龍門。這是恭維閻都督的話。

〔12〕楊意,即楊得意。司馬相如得到他的推薦而做了官。凌雲,本指超出塵世,在這裏用來代表司馬相如的賦。《史記·司馬相如列傳》:"相如既奏《大人》之頌,天子大説(悦),飄飄有凌雲之氣,似游天地之間意。"這是

以司馬相如自比,又歎惜遇不到引薦的人。

〔13〕鍾期,即鍾子期,春秋時楚人。參看本册第 887 頁《報任安書》注〔14〕。
這是以伯牙自比,表示既遇閻都督知音,所以敢作此序。

嗚呼!勝地不常,盛筵難再。蘭亭已矣〔1〕,梓澤丘
墟〔2〕。臨別贈言〔3〕,幸承恩於偉餞;登高作賦,是所望
於羣公〔4〕。敢竭鄙誠,恭疏短引〔5〕。一言均賦,四韻俱
成〔6〕。請灑潘江,各傾陸海云爾〔7〕。

〔1〕蘭亭,在會稽郡山陰縣境,約在今浙江紹興縣境內。晉王羲之曾與人在
此宴集。

〔2〕梓澤,晉石崇之金谷園的別名,故址在今河南洛陽市西北。石崇以奢侈
著名。墟,大丘。這是説名園也荒廢成了丘墟。

〔3〕贈言,指作序。

〔4〕《韓詩外傳》七:"孔子曰:'君子登高必賦。'"《漢書·藝文志》:"登高能
賦,可以爲大夫。"這是恭維在座的賓客都是君子、大夫。

〔5〕誠,一本作"懷"。疏,陳述。引,序。

〔6〕這是説每人都按自己分得的韻字賦詩,完成一首四韻八句的詩。一言,
即一字,指分韻所得的字。

〔7〕潘,指潘岳。陸,指陸機。江、海,喻才學淵博。鍾嶸《詩品》卷上:"晉平
原相陸機","其源出於陳思(曹植)","晉黃門郎潘岳,其源出於仲宣(王
粲)","余常言陸才如海,潘才如江"。云爾,語氣詞,表示結束。從"一
言"到"云爾",是説請在座的客人各展才筆,賦詩一首。

常 用 詞(十一)　89字

紀載　監撫　游揚　抗奮　沈没　通達　辨析判切　推移革
聞宿隨沮　擬測　當須

饒秀麗工　博覈　奇偶　丹紅　允舛　寧豫尚攸甫聊匪厥

經典　簡篇　詞賦序銘誄贊章表旨　風騷　翰藻　韻律

榮華　軌範規則準　昆弟　形迹　綺練　倫常　綱維　契幾

始終　羞辱

732.【紀】

(一)絲的頭緒,絲的條理。《禮記·禮器》:"~散而衆亂。"《淮南子·泰族》:"繭之性爲絲,然非得女工煮以熱湯,而抽其統~,則不能成絲。"引申爲法度,紀律,準則。揚雄《解嘲》:"吾聞上世之士,人綱人~,不生則已,生必上尊人君,下榮父母。"

(二)記載。蕭統《文選序》:"若其~一事,詠一物。"韓愈《進學解》:"~事者必提其要。"注意:在這個意義上也寫作"記"。《史記·太史公自序》:"書記先王之事,故長於政。"

(三)十二年爲一紀。《國語·晉語四》:"蓄力一~,可以遠矣。"李商隱《馬嵬》詩:"如何四~爲天子,不及盧家有莫愁。""年紀"二字連用,等於説年代。謝靈運《山居賦》:"爰暨山棲,彌歷年~。"

[辨]記,紀。在"記載"這個意義上,二者相通,但各有一些習慣用法,不容相混。如"五帝本紀"不作"五帝本記","漢紀"不作"漢記",而"史記"也不作"史紀"。至如"記"作爲一種文體(奏記,遊記),則是"紀"所没有的意義。

733.【載】

(一)用車裝載。《禮記·檀弓上》:"南宫敬叔反,必~寶而朝。"《戰國策·楚策四》:"飯封禄之粟,而~方府之金。"引申爲用船或其他工具裝載。柳宗元《三戒》:"黔無驢,有好事者船~以入。"李清照《武陵春》詞:"祇恐雙溪舴艋舟,~不動許多愁。"又特指乘車。司馬遷《報任安書》：“昔衛靈公與雍渠同～，孔子適陳。”漢樂府《陌上桑》：“使君謝羅敷，寧可共～不？”又爲負擔，承載。《禮記·中庸》：“今夫地，一撮土之多，及其廣厚，～華嶽而不重。”又：“萬物～焉。”《荀子·王制》：“水則～舟，水則覆舟。”

（二）記載。蕭統《文選序》：“推而廣之，不可勝～矣。”

（三）開始。《詩經·豳風·七月》：“春日～陽。”《孟子·滕文公下》：“湯始征，自葛～。”（葛：古國名。）

（四）動詞或形容詞詞頭。《詩經·邶風·凱風》：“～好其音。”陶潛《歸去來辭》：“～欣～奔。”

（五）讀 zǎi。年。《尚書·堯典》：“朕在位七十～。”蕭統《文選序》：“蓋乃事美一時，語流千～。”

734.【監】

（一）讀 jiàn。對着盆水照看自己的形象。《尚書·酒誥》：“古人有言曰：‘人無於水～，當於民～。’”又名詞。用來照看自己形象的器具。這個意義又寫作“鑑”“鑒”。《左傳·莊公二十一年》：“王以后之鞶鑑予之。”後代又寫作“鏡”。按：原始的鏡子祇是以盤盛水，先秦時代已有了銅鏡；至於玻璃鏡子，那是近代纔有的。“監”字用於抽象意義時表示借鑑。《論語·八佾》：“周～於二代，郁郁乎文哉！”《詩經·大雅·蕩》：“殷鑒不遠，在夏后之世。”

（二）讀 jiān。自上視下。《詩經·大雅·皇矣》：“～觀四方。”蕭統《文選序》：“余～撫餘閑，居多暇日。”引申爲察看，督促。《禮記·王制》：“～於方伯之國。”今有“互相～督”。

735.【撫】

（一）撫摩。《禮記·喪大記》：“主人降，北面於堂下，君～之，主人拜稽顙。”引申爲安撫，撫慰。《史記·淮陰侯列傳》：“鎮趙，～

其孤。"這個意義古書中也寫作"拊"。《左傳·宣公十二年》:"王
巡三軍,拊而勉之。"《史記·越王句踐世家》:"拊循其士民。"又
《淮陰侯列傳》:"且信非得素拊循士大夫也。"

(二)拍,敲。李白《蜀道難》詩:"以手～膺坐長歎。"這個意義
古書也作"拊"。《尚書·舜典》:"予擊石拊石,百獸率舞。"(石:樂
器,石磬之類。)《禮記·喪大記》:"凡主人之出也,徒跣,扱衽,拊
心,降自西階。"(徒跣:赤足。扱衽:提着衣襟。拊心:即捶胸。)引
申爲撫弄,彈奏。庾信《春賦》:"玉管初調,鳴弦暫～。"

(三)按,握。《左傳·襄公二十六年》:"～劍從之。"《孟子·
梁惠王下》:"夫～劍疾視。"引申爲據有,佔有。《左傳·襄公十三
年》:"～有蠻夷。"又《昭公三年》:"～有晉國。"

[辨]拊,撫,拂。三者都有"撫摩"的意思。"拊"和"撫"是古
今字。先秦兩漢古籍中,(一)(二)兩種意義多作"拊",兩漢以後
多作"撫"。後代於"撫恤""巡撫"等義衹用"撫",不用"拊"。在
"撫弦"這種用法上,有時作"拂弦"。如李端《聽箏》詩:"欲得周郎
顧,時時誤拂弦。"在"撫循""敲擊"等意義上決不能用"拂"。

736.【游】

(一)在水面上浮行。《詩經·邶風·谷風》:"就其淺矣,泳
之～之。"引申爲浮動,飄蕩不定。晏殊《踏莎行》詞:"爐香靜逐～
絲轉。"

(二)通"遊"。《墨子·貴義》:"子墨子南～於楚。"歐陽修《浪
淘沙》詞:"今日北池～,漾漾輕舟。"[～揚]雙聲聯縣字。稱揚。蕭
統《文選序》:"頌者所以～揚德業。"注意:凡有關水中的活動,衹能
用"游",不可用"遊";而有關陸上活動的,"游"與"遊"可以通用。
參看第六單元的"遊"字條及[辨](第二冊第502頁)。

737.【揚】

(一)舉起來。《禮記·檀弓下》:"杜蕢洗而~觶。"(觶 zhì:酒器。)又:"~其目而視之。"引申爲拋起來,播揚。《詩經·小雅·大東》:"維南有箕,不可以簸~。"《楚辭·漁父》:"何不淈其泥而~其波?"枚乘《上書諫吳王》:"一人炊之,百人~之。"成語有"~湯止沸"。又爲飛揚,飄揚。劉邦《大風歌》:"大風起兮雲飛~。"李白《古風五十九首》:"大車~飛塵。"

(二)振奮,昂奮。杜甫《新婚別》詩:"婦人在軍中,兵氣恐不~。"[~~]得意愉快的樣子。《荀子·儒效》:"~~如也。"《史記·管晏列傳》:"擁大蓋,策駟馬,意氣~~,甚自得也。"這個意義也作"陽陽"。《詩經·王風·君子陽陽》:"君子陽陽,左執簧。"

(三)稱説,傳播,宣揚。《禮記·中庸》:"隱惡而~善。"《史記·魏其武安侯列傳》:"是自明~主上之過。"曹植《白馬篇》詩:"~聲沙漠垂。"[對~]受天子賞賜後的頌揚之詞。原意是説答對君命,並向衆臣宣揚天子的美德。《詩經·大雅·江漢》:"虎拜稽首,對~王休。"(虎:召穆公的名。休:美。)後來成爲答對天子的套語。《僞古文尚書·説命下》:"説拜稽首曰:'敢對~天子之休命!'"(説 yuè:傅説。)

(四)兵器(斧鉞之類)。《詩經·大雅·公劉》:"干戈戚~。"

(五)古九州之一。大致包括江蘇、安徽、江西、浙江、福建等地。《尚書·禹貢》:"淮海惟~州。"

738.【抗】

(一)抵禦,抵抗。《列子·黃帝》:"而以道與世~。"李華《弔古戰場文》:"古稱戎夏,不~王師。"引申爲不順從,違抗。《荀子·臣道》:"有能~君之命。"又爲剛正不屈,持正不阿。蕭統《文選序》:"若賢人之美辭,忠臣之~直。""抗疏"二字連用,表示上書直陳。揚雄《解嘲》:"獨可~疏,時道是非。"杜甫《秋興》詩:"匡衡~疏功名薄。"又爲對抗。《史記·貨殖列傳》:"所至,國君無不與之分庭~禮。"

(二)舉。《禮記·文王世子》:"~世子法於伯禽,欲令成王之知父子君臣長幼之道也。"(伯禽:周公之子。)孔稚珪《北山移文》:"~塵容而走俗狀。"引申爲高。《楚辭·九章·哀郢》:"堯舜之~行兮,瞭杳杳而薄天。"

739.【奮】

鳥舉翅飛翔。《詩經·邶風·柏舟》:"靜言思之,不能~飛。"《禮記·樂記》:"羽翼~。"引申爲舉起來。賈誼《過秦論》中:"~臂於大澤。"楊惲《報孫會宗書》:"~袖低昂。"揚雄《解嘲》:"是以士頗得信其舌而~其筆。"又爲振作,振奮,發揚。《禮記·樂記》:"~至德之光。"賈誼《過秦論》上:"~六世之餘烈。"

740.【沈】(沉)

(一)没入水中。與"浮"相對。《詩經·小雅·菁菁者莪》:"載~載浮。"賈誼《弔屈原賦》:"側聞屈原兮,自~汨羅。"引申爲沉溺,陷溺。《僞古文尚書·胤征》:"~亂於酒。"司馬遷《報任安書》:"何至自~溺縲紲之辱哉?"又爲不顯露,深沉。《尚書·洪範》:"~潛剛克。"蕭統《文選序》:"事出於~思。"《文心雕龍·物色》:"陰~之志遠。"又引申爲沉埋,埋没。《史記·禮書》:"仲尼没後,受業之徒~湮而不舉。"左思《詠史》詩:"世胄躡高位,英俊~下僚。"李煜《浪淘沙》詞:"金劍已~埋,壯氣蒿萊。"又爲銷沉,低沉。駱賓王《在獄詠蟬》詩:"風多響易~。"又爲落下去。辛棄疾《生查子》詞:"紅日又西~。"

（二）深，深重。杜甫《新婚別》詩：“～痛迫中腸。”李清照《如夢令》：“醉不知歸路。”［～～］深邃或濃重的樣子。柳永《雨霖鈴》詞：“暮靄～～楚天闊。”蘇軾《春宵》詩：“鞦韆院落夜～～。”［～吟］疊韻聯縣字。反復思量。曹操《短歌行》：“但爲君故，～吟至今。”辛棄疾《沁園春》詞：“～吟久，怕君恩未許，此意徘徊。”

注意：“沈”字後代多寫作“沉”，但於姓（讀 shěn）仍作“沈”。

741.【没】

（一）讀 mò。沉入水中有所取。《莊子·達生》：“若乃夫～人，則未嘗見舟而便操之也。”蘇軾《日喻》：“七歲而能涉，十歲而能浮，十五而能～矣。”引申爲沉没，沉。《史記·滑稽列傳》（褚少孫補）：“始浮，行數十里乃～。”又爲淹没，埋没。《史記·滑稽列傳》（褚少孫補）：“水來漂～，溺其人民。”李華《弔古戰場文》：“積雪～脛。”又爲隱匿（對“出現”而言）。盧照鄰《長安古意》詩：“遥遥翠幰～金堤。”蘇轍《快哉亭記》：“晝則舟楫出～於其前。”今成語有“神出鬼没”“出没無常”。又爲覆没。司馬遷《報任安書》：“陵未～時，使有來報。”

（二）死，去世（委婉語）。《孟子·滕文公上》：“昔者孔子～。”陶潛《詠荆軻》詩：“其人雖已～。”李華《弔古戰場文》：“其存其～，家莫聞知。”［～世］終生，一輩子。《論語·衛靈公》：“君子疾～世而名不稱焉。”司馬遷《報任安書》：“鄙陋～世。”永久，永遠。《禮記·大學》：“此以～世不忘也。”

（三）依法收取犯人的財産家人入官。《漢書·刑法志》：“妾願～入爲官婢，以贖父刑罪。”韓愈《柳子厚墓誌銘》：“子本相侔，則～爲奴婢。”現代有雙音詞“～收”。

［辨］殁，没。“殁”衹用於“去世”一個意義，與“没”通。其餘

都不能用“殁”。

742.【通】

(一)通,通到。《莊子·秋水》:“舟車之所～。”又特指國與國之間的交通。《漢書·張騫傳》:“大宛聞漢之饒財,欲～不得。”又:“於是漢以求大夏道始～滇國。”引申爲往來交好,酬酢。《史記·魏其武安侯列傳》:“諸所與交～,無非豪桀大猾。”《漢書·季布傳》:“吾聞曹丘生非長者,勿與～。”《世說新語·簡傲》:“主已失望,猶冀還當～。”又爲靈活,變化,變通。《文心雕龍·鎔裁》:“變～以趨時。”又《物色》:“曉會～也。”

(二)搞不正當的男女關係。《左傳·成公十六年》:“宣伯～於穆姜。”又《昭公二十年》:“公子朝～於襄夫人宣姜。”

(三)形容詞。四通八達的,往來無阻的。跟“窮”相對。司馬遷《報任安書》:“～都大邑。”又用來比喻得志。《莊子·讓王》:“古之得道者,窮亦樂,～亦樂。”由四通八達引申爲淹通,淵博。許慎《説文解字·敘》:“不見～學。”又:“博采～人。”《後漢書·杜林傳》:“博洽多聞,時稱～儒。”又動詞。通曉。《漢書·王吉傳》:“吉兼～五經。”韓愈《柳子厚墓誌銘》:“子厚少精敏,無不～達。”

(四)形容詞。共同的。《孟子·滕文公上》:“天下之～義也。”引申爲全。《孟子·離婁下》:“匡章～國皆稱不孝焉。”

743.【達】

(一)通到,到。《尚書·禹貢》:“浮於淮泗,～於河。”《論語·子路》:“欲速則不～。”引申爲通曉事理。《論語·雍也》:“賜也～,於從政乎何有?”(賜:端木賜。)又《鄉黨》:“丘未～,不敢嘗。”《宋書·謝靈運傳·論》:“妙～此旨,始可言文。”又爲豁達,不爲世俗之見所局限(後起義)。《世說新語・德行》:“效之,不亦~乎?”王勃《滕王閣序》:“所賴君子見幾,~人知命。”

(二)得志,得行其道。跟“窮”相對。《孟子・盡心上》:“窮則獨善其身,~則兼善天下。”引申爲通顯,顯貴。左思《詠史》詩:“主父宦不~。”(主父:指漢主父偃。主父是姓。)李密《陳情表》:“本圖宦~,不矜名節。”杜甫《歲晏行》:“高馬~官厭酒肉。”

(三)通行的,共同遵行的。《禮記・中庸》:“天下之~道也。”

[辨]通,達。“通”與“達”古雙聲(“達”古音如“撻”),二字音近義通,但也有一些差別。“通”字多指通往、通向;“達”字多指達到、到達。因此,如“通西域”“通四夷”就不能用“達”。“不通”也不等於説“不達”。用作形容詞時,“通”字多指接觸面廣,“達”字多指胸懷寬,因此,“通人”不等於“達人”。

744.【辨】

(一)判別,分別。《荀子・榮辱》:“目~白黑美惡,耳~音聲清濁,口~酸鹹甘苦。”

(二)通“辯”。陶潛《飲酒》詩:“此中有真意,欲~已忘言。”蕭統《文選序》:“謀夫之話,~士之端。”《文心雕龍・情采》:“莊周云:‘~雕萬物。’”又:“豔采~説。”

[辨]辨,辯。“辨”從“刀”(原作“辡”),本義是用刀剖分物體;“辯”從“言”,本義是爭論或爭辯。但在古代,兩字可以通用。如《莊子・秋水》的“不辯牛馬”,陶潛《飲酒》詩中的“欲辨已忘言”都是互用的。後代兩字纔嚴格地分別開來,“辯論”不作“辨論”,“辨別”不作“辯別”。

745.【析】

劈。《詩經・齊風・南山》:“~薪如之何?匪斧不克。”引申爲剖分。揚雄《解嘲》:"~人之珪。"又爲辨析,解釋,分析。陶潛《移居》詩:"奇文共欣賞,疑義相與~。"蕭統《文選序》:"論則~理精微。"

746.【判】

(一)分,分開,分離。《國語·周語中》:"若七德離~,民乃攜貳。"(攜:離。)引申爲區別,分辨。蘇洵《六國論》:"强弱勝負已~矣。"今成語有"~若兩人"。

(二)分辨其是非而加以裁斷。《北齊書·許惇傳》:"以能~斷,見知時人。"又特指官府判斷案件。《宋書·孔覬傳》:"醒時~決,未嘗有壅。"柳宗元《段太尉逸事狀》:"太尉~狀,辭甚巽。"[~官]唐宋時代地方長官的僚屬。

(三)拚,捨棄。《吳越春秋》卷十:"一士~死兮而當百夫。"王偁《東都事略》卷九十五:"能自~命者,能殺人也。"引申爲表示豁出去。杜甫《曲江對酒》詩:"縱飲久~人共棄。"按:唐詩中用作這個意義時都讀平聲(pān)。這種意義後來也作"拚"(今讀pīn)。

(四)高位兼低職,或出任地方官叫"判"(後起義)。《韻會》:"宰相出典州曰~。"《宋史·趙挺之傳》:"既而坐不論蔡確,通~徐州。"(趙原爲監察御史。)

747.【切】

(一)讀qiē。用刀切開。《禮記·內則》:"~葱若薤。"白居易《輕肥》詩:"膾~天池鱗。"[一~(qiè)]一律,一概。《史記·李斯列傳》:"請一~逐客。"王安石《答司馬諫議書》:"如曰今日當一~不事事。"

(二)讀qiē。磨,特指磨骨製成工具。《詩經·衞風·淇奧》:"如~如磋,如琢如磨。"[~齒]表示憤恨到了極點。《史記·刺客列傳》：“此臣之日夜~齒腐心也。”劉伶《酒德頌》：“怒目~齒。”今有成語“咬牙~齒”。按：今於“切磋”的“切”讀陰平（qiē），“切齒”的“切”讀去聲（qiè）。

（三）讀 qiè。近，貼近。《周易》剝卦：“~近災也。”引申爲“切身”“切膚”。引申爲密合。《文心雕龍・物色》：“故巧言~狀，如印之印泥。”又爲不浮。跟“浮”相對。《宋書・謝靈運傳・論》：“若前有浮聲，則後須~響。”又爲急迫。李密《陳情表》：“詔書~峻，責臣逋慢。”又爲急促，凄切。辛棄疾《賀新郎》詞：“更那堪鷓鴣聲住，杜鵑聲~。”柳永《雨霖鈴》詞：“寒蟬凄~。”[~~]（1）懇切的樣子。《論語・子路》：“~~偲偲，怡怡如也。”（偲偲 sīsī：互相責備的樣子。怡怡 yí yí：和樂的樣子。）（2）凄切的樣子。柳永《傾杯》詞：“~~蛩吟如織。”（蛩 qióng：蟋蟀。）注意：“切切”連用，所表示的意思還很多，往往隨上下文義變動，如白居易《琵琶行》的“小弦~~如私語”是形容聲音的細微。

748.【推】

（一）以手從後用力使物體前移。《左傳・成公二年》：“苟有險，余必下~車。”引申爲移。《史記・淮陰侯列傳》：“解衣衣我，~食食我。”又爲順着遷移。《周易・繫辭上》：“剛柔相~而生變化。”又下：“寒暑相~而歲成焉。”《楚辭・漁父》：“聖人不凝滯於物，故能與世~移。”

（二）推廣。《孟子・梁惠王上》：“故~恩足以保四海，不~恩無以保妻子。”引申爲推論。《韓非子・五蠹》：“~是言之，是無亂父子也。”

（三）舉，推舉。《禮記・儒行》：“~賢而進達之。”《僞古文尚書・周官》：“~賢讓能。”司馬遷《報任安書》：“教以慎於接物，~賢進士爲務。"

749.【移】

(一)遷移,移動。《孟子·梁惠王上》:"河内凶,則~其民於河東。"王勃《滕王閣詩》:"物換星~幾度秋。"引申爲改變,變化。《論語·陽貨》:"唯上知與下愚不~。"《荀子·樂論》:"~風易俗,天下皆寧。"又爲動搖。《孟子·滕文公下》:"貧賤不能~,威武不能屈。"鄒陽《獄中上梁王書》:"豈~於浮辭哉?"

(二)傳遞〔文書〕。《漢書·劉歆傳》:"歆因~書太常博士,責讓之曰。"又《龔遂傳》:"~書敕屬縣,悉罷逐捕盜賊吏。"引申爲文體的一種。孔稚珪《北山移文》:"馳煙驛路,勒~山庭。"按:移有文移、武移兩種。文移是譴責性的公文,唐代成爲官府各平行機構之間相互交涉的一種文書;武移則跟檄文相似,是一種聲討性的公文。

[辨]遷,移,徙。參看第七單元"徙"字條。

750.【革】

(一)去毛的獸皮。《詩經·召南·羔羊》:"羔羊之~。"《左傳·僖公二十三年》:"羽毛齒~則君地生焉。"

(二)皮製的戰時護身用具。即甲、盾之類。《莊子·徐无鬼》:"兵~之士樂戰。"《孟子·公孫丑下》:"威天下不以兵~之利。"也指代戰爭,常"金~"(兵~)連用。揚雄《解嘲》:"金~已平。"

(三)皮製的樂器,如鼓等。古代八音之一。韓愈《送孟東野序》:"金石絲竹匏土~木八者,物之善鳴者也。"

(四)變革,除去舊的(換上新的)。《周易·雜卦》傳:"~,去故也。"又革卦:"天地~而四時成。湯武~命,順乎天而應乎人。"《宋書·謝靈運傳·論》:"仲文始~孫許之風。"

（五）通“亟”。讀 jí。急，重。特指疾病重。《禮記·檀弓上》：“夫子之病~矣。”又：“子之病~矣。”

751.【聞】

（一）聽見。《孟子·梁惠王上》：“~其聲，不忍食其肉。”又爲聽説，知道。《左傳·隱公元年》：“公~其期，曰：‘可矣！’”《戰國策·趙策四》：“老婦不~也。”又特指使皇帝聞。司馬遷《報任安書》：“陵敗書~，主上爲之食不甘味。”揚雄《解嘲》：“下觸~罷。”李密《陳情表》：“謹拜表以~。”又引申爲名詞。知識，見聞。《論語·季氏》：“友直，友諒，友多~。”（諒：誠信。）又爲傳説，事蹟。司馬遷《報任安書》：“網羅天下放失舊~。”

（二）讀 wèn。名聲，聲望。《詩經·大雅·卷阿》：“令~令望。”《孟子·告子上》：“令~廣譽施於身。”

[辨] 聽，聞。“聽”是一般的聽，“聞”是聽見，意義不同。“聞”與“聽”的關係等於“見”與“視”的關係，所以《禮記·大學》説“心不在焉，視而不見，聽而不聞”。

752.【宿】

（一）住宿，過夜。《論語·微子》：“止子路~。”《孟子·公孫丑下》：“三~而後出晝。”（晝：齊國地名。）引申爲夜。《齊民要術·水稻》：“淨淘種子，漬經三~。”（漬 zì：浸泡。）又爲隔夜的。温庭筠《酒泉子》詞：“~粧惆悵倚高閣。”周邦彦《蘇幕遮》詞：“葉上初陽乾~雨。”[~衛] 宮中的衛隊。因爲是值宿的，所以叫“宿衛”。楊惲《報孫會宗書》：“幸賴先人緒業，得備~衛。”又爲動詞。《史記·齊悼惠王世家》：“其弟章入~衛於漢。”《漢書·霍光傳》：“入~衛，察奸臣變。”

（二）舊日，素來。《三國志·蜀書·諸葛亮傳》：“~服仰備。”

（備：劉備。）又爲舊日的，素來就有的。《新唐書·李道宗傳》：“長孫無忌、褚遂良與道宗有~怨。”［~將］有經驗的老將。《戰國策·齊策二》：“田盼，~將也。”（盼：讀 bān。）《史記·魏公子列傳》：“晉鄙嚄唶~將，往恐不聽，必當殺之。”（嚄唶 huòjiè：大聲呼叫談笑。這裏形容威猛。）他如“宿儒”指飽學的老儒，“名宿”指有某種素養的名流。［~昔］早先，向來。曹植《白馬篇》：“~昔秉良弓。”按：這些意義又可寫作“夙”。參看“夙”字條。

（三）讀 xiù。星座，星宿。特指二十八宿。《列子·天瑞》：“天果積氣，日月星~不當墜耶？”

［辨］居，住，宿。“居”是定居，“住”是暫住。“住”是比較後起的詞。它的反面是“去”。“去住”等於説去留。在這點上“居”和“住”的差別較大。唐代“住”已有“定居”的意思。杜甫《曲江》詩：“故將移住南山邊。”在這種情況下，“居”和“住”是同義詞。祇是後來“居”成爲文言，“住”成了口語。“宿”指臨時寄宿或投宿。現在“宿舍”的“宿”距古義已經很遠了。

753.【隨】

（一）跟隨。《莊子·人間世》：“自吾執斧斤以~夫子，未嘗見材如此美也。”引申爲循，沿着。《尚書·益稷》：“~山刊木。”（刊：伐去。）又用於抽象意義，表示聽從。楊惲《報孫會宗書》：“而猥~俗之毀譽也。”又表示跟着，順着。楊惲《報孫會宗書》：“雖雅知惲者，猶~風而靡。”

（二）隨即，接着。時間副詞。司馬遷《報任安書》：“~而媒孽其短。”《漢書·鄧通傳》：“長公主賜鄧通，吏輒~没入之。”

754.【沮】

讀 jǔ。阻止。《孟子·梁惠王下》：“嬖人有臧倉者~君，君是

以不果來也。"引申爲敗壞,毀壞。司馬遷《報任安書》:"以爲僕～
貳師,而爲李陵遊説。"又爲喪氣,頽喪。嵇康《幽憤詩》:"神辱
志～。"蘇軾《賈誼論》:"一不見用,則憂傷病～。"現代有雙音詞"沮
喪"。

[辨]阻,沮。"阻"的本義是路難行,"沮"是水名。二者衹有
在"阻止"這種意義上是相通的,其他全不一樣。於"阻止"的意義
先秦古籍多用"沮",後代多用"阻"。參看第六單元"阻"字條。

755.【擬】

(一)比量,比劃。《漢書·蘇武傳》:"復舉劍～之,武不動。"引
申爲摹擬。《漢書·揚雄傳》:"雄心壯之,每作賦,常～之以爲式。"
《文心雕龍·物色》:"灘灘～雨雪之狀。"[～古]仿古,特指詩歌仿
古。陸機、陶潛、鮑照等都有"～古"詩,蕭統《文選》有"雜～"一類。
又爲比擬。揚雄《解嘲》:"戴縰垂纓者,皆～於阿衡。"(縰 xǐ:裹髮
的絲織物。纓:繫冠的絲帶。"戴縰垂纓"是卿大夫的裝束。阿衡:
伊尹,商湯的相。)字也作"儗"。《禮記·曲禮下》:"儗人必於其
倫。"(倫:類。)今成語有"擬於不倫"。

(二)比,比併。《史記·管晏列傳》:"管仲富～於公室。"(公
室:指國君。)又《貨殖列傳》:"卓王孫田池射獵之樂,～於人君。"

(三)忖度,思量。《周易·繫辭上》:"～之而後言,議之而後
動。"引申爲打算,準備。杜甫《自京赴奉先縣詠懷五百字》詩:
"輒～偃溟渤。"(偃:偃臥,遊息。溟渤:指海。)李清照《武陵春》詞:
"也～泛輕舟。"又爲估量,預料。楊萬里《傷春》詩:"準～今春樂事
濃。"辛棄疾《摸魚兒》詞:"準～佳期又誤。"

756.【測】

度量水的深淺。枚乘《上書諫吳王》:"上懸之無極之高,下垂

之不~之淵。"《水經注・廬江水》:"其深不~。"引申爲設想,預料。《左傳・莊公十年》:"夫大國難~也。"《史記・魏其武安侯列傳》:"身荷戟馳入不~之吳軍。""不測"連用又常當作"禍患""死亡"等不祥事情的委婉語。如說"倘有不~"。

757.【當】

(一)讀 dāng。對着,面對。《禮記・曲禮下》:"凡奉者~心。"(凡捧物對着胸口。)《論衡・變動》:"盛夏之時,~風而立。"又用於抽象意義。《論語・衛靈公》:"~仁,不讓於師。"引申爲擋住,阻擋。《莊子・人間世》:"汝不知夫螳螂乎? 怒其臂以~車轍。"今成語有"螳臂~車"。又爲抵禦,抵擋。《史記・項羽本紀》:"料大王士卒足以~項王乎?"又:"楚戰士莫不一以~十。"注意:古代無"擋"字,"當"就是"擋",但讀平聲,不讀去聲。

(二)處在某個地方。《孟子・公孫丑上》:"夫子~路於齊。"揚雄《解嘲》:"~塗者升青雲。"又指時間,"當在〔……時候〕"。《孟子・滕文公上》:"~堯之時,天下猶未平。"

(三)讀 dāng。應該,必定。《史記・魏其武安侯列傳》:"夫魏其毀君,君~免冠解印綬歸。"李密《陳情表》:"臣生~殞首。"〔何~〕幾時(後起義)。杜甫《晦日尋崔戢李封》詩:"何~甲兵休?"〔會~〕將來總會(後起義)。杜甫《望嶽》詩:"會~凌絕頂,一覽衆山小。"

(四)讀 dāng。判罪,判決。《史記・魏其武安侯列傳》:"乃劾魏其矯先帝詔,罪~棄市。"(不是說"應當棄市",而是說"其罪合於棄市而判處以死刑"。)又《李將軍列傳》:"漢法:博望侯留遲後期,~死,贖爲庶人。"(判處死刑後,自贖免死,廢爲庶人。)

(五)讀 dàng。合適,合宜。《孟子・萬章下》:"會計~而已矣。”司馬遷《報任安書》：“今舉事一不～。”《文心雕龍·麗辭》：
“務在允～。”

758.【須】

（一）鬍鬚。《漢書·高帝紀》：“隆準而龍顏，美～髯。”（隆準：高
鼻子。）又《霍光傳》：“疏眉目，美～髯。”注意：後代因爲“須”借來
表示（二）（三）等意義了，所以於“鬍子”這種意義就另造一個“鬚”
來代替了。

（二）等待。《詩經·邶風·匏有苦葉》：“卬～我友。”（卬 áng：
代詞。我。）《左傳·成公十二年》：“日云暮矣，寡君～矣，吾子其入
也。”又爲遲延，遲緩。《左傳·成公二年》：“師敗矣，子不少～，衆
懼盡。”（意思是説：要打軍隊會敗的，您不少遲延一會以待援軍，一
打怕要全軍覆没。）[～臾] 短暫的時間。《禮記·中庸》：“不可～臾
離也。”劉伶《酒德頌》：“萬期爲～臾。”

（三）動詞。要，需要。《宋書·謝靈運傳·論》：“若前有浮
聲，則後～切響。”林逋《梅花》詩：“不～檀板共金樽。”

（四）助動詞。必要，應當。《漢書·馮奉世傳》：“不～煩大
將。”杜甫《聞官軍收復河南河北》詩：“白日放歌～縱酒。”

759.【饒】

（一）富，豐足。《史記·陳丞相世家》：“齎用益～，游道日廣。”
《洛陽伽藍記·開善寺》：“居川林之～。”引申爲多。吳均《與顧章
書》：“偏～竹實。”

（二）寬恕，寬容，原諒（後起義）。鮑照《擬行路難》詩：“日月
流邁不相～。”

760.【秀】

（一）穀類吐穗開花。《詩經·大雅·生民》：“實發實～。”《論

語·子罕》:"苗而不~者有矣夫!~而不實者有矣夫!"引申爲某些草類開花。《詩經·豳風·七月》:"四月~葽。"又爲暢茂。歐陽修《醉翁亭記》:"佳木~而繁陰。"用於抽象意義時,表示優異,特出。《宋書·謝靈運傳·論》:"潘陸特~。"又:"並方軌前~。"[~才]才學優異的人。漢代選拔人才所定的名稱。李密《陳情表》:"擧臣~才。"按:東漢人爲避光武帝諱,曾改"秀才"爲"茂才",後代仍稱"秀才"。

(二)俊秀,清秀,美麗。柳宗元《愚溪詩序》:"清瑩~澈。"韓愈《送李愿歸盤谷序》:"~外而惠中。"

761.【麗】

(一)雙,偶,成對。《文心雕龍·麗辭》:"豈營~辭,率然對爾。"又:"故~辭之體,凡有四對。"這種意義也寫作"儷"。《文心雕龍·麗辭》:"則字字相儷。"

(二)附著。《周易》離卦:"日月~乎天,百穀草木~乎土。"現代有雙音詞"附~"。

(三)華美。曹丕《典論·論文》:"辭賦欲~。"《宋書·謝靈運傳·論》:"雖清辭~曲,時發乎篇。"《文心雕龍·情采》:"爲文者淫~而煩濫。"引申爲美貌,漂亮。特指女性的美貌。杜甫《麗人行》:"長安水邊多~人。"

[辨]美,麗。在"美麗""華美"這種意義上,二者是同義詞。但"麗"應用的範圍比較狹,多表示具體的事物,而且祇限於衣飾、宮室、器皿、容貌和顏色等視覺所能及的方面,如"絢麗""都麗""秀麗"等。"美"就不同,各種感官所及的方面,都可以用"美"來表示,既可用於具體事物,也可用於抽象事物,應用範圍極廣。

762.【工】

(一)工人,有技藝的人。《論語·衞靈公》:"～欲善其事,必先利其器。"《孟子·滕文公上》:"百～之事,固不可耕且爲也。"

(二)精巧。《宋書·謝靈運傳·論》:"～拙之數。"韓愈《進學解》:"子雲相如,同～異曲。"引申爲擅長。《韓非子·五蠹》:"～文學者非所用。"《楚辭·離騷》:"固時俗之～巧兮。"古詩《上山采蘼蕪》:"新人～織縑,故人～織素。"

763.【博】

(一)寬廣,廣闊。《禮記·中庸》:"～厚配地,高明配天。"引申爲廣泛,普遍。《論語·雍也》:"～施於民,而能濟衆。"今成語有"旁徵～引"。又特指學識、技藝或文才的廣博。《文心雕龍·情采》:"使文不滅質,～不溺心。"今成語有"～大精深",雙音詞有"淵～""該～"。

(二)古代一種賭輸贏的遊戲(與棋相仿)。《論語·陽貨》:"不有～弈者乎? 爲之猶賢乎已!"《孟子·離婁下》:"～弈好飲酒。"引申爲賭博。《史記·魏公子列傳》:"公子聞趙有處士毛公藏於～徒。"又《刺客列傳》:"魯句踐與荆軻～。"

764.【覈】

(一)考究其内在的意義。孔稚珪《北山移文》:"～玄玄於道流。"引申爲一般的查對,考核,如説"～算"。

(二)謹嚴。《後漢書·第五倫傳》:"峭～爲方。"《文心雕龍·鎔裁》:"才～者善删。"注意:"覈"字後來都通作"核"。

765.【奇】

(一)異乎尋常的。跟"正"相對。《史記·淮陰侯列傳》:"願足下假臣～兵三萬人。"韓愈《進學解》:"易～而法,詩正而葩。"特指軍事上或其他鬥爭策略上出人意料的措施。揚雄《解嘲》:"曾不能畫一～,出一策。"又:"留侯畫策,陳平出～。"又意動用法,表示"以爲奇"。《史記·項羽本紀》:"梁以此～籍。"(梁:項梁。籍:項羽的名。)引申爲卓越,奇特。司馬遷《報任安書》:"然僕觀其爲人,自守～士。"陶潛《詠荆軻》詩:"～功遂不成。"

(二)讀jī。單數,不成雙的。跟"偶"相對。《禮記·投壺》:"一算爲～。"又:"遂以～算告曰。"(算:投壺用的箭。)《周易·繫辭下》:"陽爲～,陰爲耦。"古人認爲單數不成雙,不吉利,所以於人的命運不好也叫"奇"。常是"數奇"二字連用。《史記·李將軍列傳》:"以爲李廣老,數～,毋令當單于。"王維《老將行》:"衛青不敗由天幸,李廣無功緣數～。"

766.【偶】

(一)土或木作的人像。《戰國策·齊策三》:"有土～人與桃梗相與語。桃梗謂土～人曰。"

(二)配偶。這個意義古代作"耦"。《左傳·桓公二年》:"嘉耦曰妃。"引申爲雙,成雙。跟"奇"相對。《禮記·郊特牲》:"鼎俎奇而籩豆～。"(鼎、俎、籩、豆:都是祭器。)又引申爲二人相對。《史記·秦始皇本紀》:"有敢～言詩書者棄市。"又爲對偶,指兩兩相對的語言形式。《文心雕龍·麗辭》:"奇～適變,不勞經營。"

(三)碰巧,偶然。《列子·楊朱》:"鄭國之治,～耳。"白居易《有木詩》:"～依一株樹,遂抽百尺條。"

[辨]偶。耦。從本義看,"偶"是木偶,"耦"是一種耕作方法,二者毫不相干。但"耦"的引申義"雙數"和"配偶"等,後來被"偶"取代了,兩者遂有了糾葛。在先秦古籍中,"配偶"的意義一般都寫作"耦";兩漢以後則多作"偶",也可作"耦"。後代在習慣上"偶

語"奇偶""不偶"中的"偶"不寫作"耦","耦耕"的"耦"不寫作
"偶"。參看第六單元"耦"字條。

767.【丹】

(一)丹砂,朱砂,可以作彩色用。《詩經·秦風·終南》:"顔
如渥~。"《文心雕龍·情采》:"犀兕有皮,而色資~漆。"引申爲赤
色,大紅色。揚雄《解嘲》:"客徒欲朱~吾轂。"王勃《滕王閣序》:
"飛閣流~。"[~書](1)皇帝賜給功臣的鐵券用丹色書寫。叫"鐵
券~書",簡稱"~書"。司馬遷《報任安書》:"僕之先非有剖符~書
之功。"《漢書·高帝紀》:"又與功臣剖符作誓,~書鐵券,金匱石
室,藏之宗廟。"(2)皇帝的詔書用朱紅書寫,所以"詔書"也叫"~
書"(也叫"~詔")。[~青]繪畫。《漢書·蘇武傳》:"雖古竹帛所
載,~青所畫,何以過子卿!"杜甫《丹青引》:"~青不知老將至。"

(二)藥物名。漢代以後的道家方士以丹砂、丹汞鍊製成的藥
叫"丹"。江淹《別賦》:"守~竈而不顧。"後世引申爲舉凡從藥物中
精鍊出的成品皆稱作"丹"。

768.【紅】

(一)淺紅,桃紅,粉紅。《論語·鄉黨》:"~紫不以爲褻服。"
(褻服:家居所穿的。對朝服、禮服而言。)《文心雕龍·情采》:"間
色屏於~紫。"又爲赤色。《韓非子·內儲說下》:"奉熾爐炭,火盡
赤~。"泛指各種各樣紅色。《史記·司馬相如列傳》:"~杳渺以眩
潎兮,焱風涌而雲浮。"庾信《春賦》:"面共桃(花)而競~。"杜牧
《江南春》詩:"千里鶯啼綠映~。"

(二)婦女紡織、針黹操作之類的勞動。《漢書·景帝紀》:"錦
繡纂組,害女~者也。"又《哀帝紀》:"諸官織綺繡難成,害女~之
物,皆止。"按:這種意義,先秦古籍或作"功",或作"工";兩漢起多

作"紅"(讀 gōng),而且袛限於婦女紡績、刺繡等事。

769.【允】

(一)信,誠。《尚書・舜典》:"夙夜出納朕命,惟~。"又副詞。的確,確實。《詩經・大雅・公劉》:"豳居~荒。"

(二)得當,合適。《文心雕龍・麗辭》:"務在~當。"

(三)答應,許諾。韓愈《上鄭尚書相公啟》:"不蒙察~。"

770.【舛】

錯亂,違背。《楚辭・九歎・惜賢》:"情~錯以曼憂。"引申爲不順利。王勃《滕王閣序》:"命途多~。"

771.【寧】

(一)安,安寧。《詩經・小雅・常棣》:"喪亂既平,既安且~。"又《節南山》:"俾民不~。"[歸~]已嫁的女子回家省親。《詩經・周南・葛覃》:"歸~父母。"

(二)副詞。難道,豈。《詩經・小雅・小弁》:"~莫之知?"蕭統《文選序》:"大輅~有椎輪之質?"王勃《滕王閣序》:"~知白首之心。"

(三)副詞。寧願,寧可。《史記・項羽本紀》:"吾~鬥智,不能鬥力。"今格言有"~爲玉碎,不爲瓦全"。

[辨]寧,甯。二字在上古音義皆同,常常通用。後來漸有分工:"寧"(一)寫作"寧";"寧"(二)(三)寫作"甯",讀 nìng。但是直到中古,仍可用"寧"表示"寧"的三個意義。

772.【豫】

(一)出遊。特指天子秋日出巡。《孟子・梁惠王下》:"夏諺曰:'吾王不遊,吾何以休? 吾王不~,吾何以助? 一遊一~,爲諸侯度。'"張衡《東京賦》:"既春遊以發生,啟諸蟄於潛户;度秋~以收成,觀豐年之多稌。"(稌 tú:稻子。)

（二）安樂,舒服。《周易·序卦》:"有大而能謙必~。"《詩經·小雅·白駒》:"逸~無期。"《尚書·金縢》:"王有疾,弗~。"引申爲喜悦。《孟子·公孫丑下》:"舍我其誰也? 吾何爲不~哉?"《文心雕龍·物色》:"是以獻歲發春,悦~之情暢。"

（三）古代九州之一。大致包括今河南、山東西部、湖北北部等地。《尚書·禹貢》:"荆河惟~州。"今河南省簡稱"~"。

（四）通"預"。預備。《禮記·學記》:"禁於未發之謂~。"又《中庸》:"凡事~則立,不~則廢。"

773.【尚】

（一）上。《孟子·萬章下》:"以友天下之善士爲未足,又~論古之人。"又:"是~友也。"引申爲加於其上。《論語·里仁》:"好仁者無以~之。"《孟子·滕文公上》:"皜皜乎不可~矣!"又爲以爲上,尊尚,崇尚。《禮記·檀弓上》:"夏后氏~黑。"《墨子·尚賢上》:"不能以~賢事能爲政也。"《文心雕龍·物色》:"析辭~簡。"又爲高尚。陶潛《桃花源記》:"南陽劉子驥,高~士也。"［~書］(1)即書經。《漢書·藝文志》:"事爲春秋,言爲尚書。"(2)官名。《漢書·鄭崇傳》:"哀帝擢爲~書僕射。"(僕射 yè:尚書之長。)《木蘭辭》:"木蘭不用~書郎。"

（二）仰攀婚姻。《史記·司馬相如列傳》:"卓王孫喟然而歎,自以得使女~司馬長卿晚。"特指娶公主爲妻。《史記·魏其武安侯列傳》:"列侯多~公主,皆不欲就國。"《漢書·霍光傳》:"桀、安欲爲外人求封,幸依國家故事,以列侯~公主者,光不許。"

（三）副詞。猶,還,又。《史記·魏其武安侯列傳》:"及夫至門,丞相~臥。"司馬遷《報任安書》:"如僕~何言哉! ~何言哉!"

（四）副詞。表示祈求或命令，略等於"庶幾"。《尚書·湯誓》："爾~輔予一人，致天之罰！"《偽古文尚書·大禹謨》："爾~一乃心力，其克有勳！"

[辨]上，尚。在先秦兩漢古籍中，二者區別不嚴。"上""尚"可以通用，如《戰國策·趙策》的"彼秦者，棄禮義而上首功之國也"，《詩經·魏風·陟岵》的"上慎旃哉"，都作"上"。兩漢以後二者區別漸嚴，原來可以相通的地方也不再通用了，"尚"的四個意義，都衹能寫作"尚"，不能寫作"上"了。

774.【攸】

（一）所。《周易》坤卦："君子有~往。"《宋書·謝靈運傳·論》："六義所因，四始~繫。"今成語有"責任~關""罪有~歸"。

（二）動詞詞頭或形容詞詞頭。《詩經·大雅·靈臺》："麀鹿~伏。"又《小雅·斯干》："君子~寧。"

775.【甫】

（一）始，剛剛。表時間的副詞。《漢書·匈奴傳》："今歌唫之聲未絕，傷痍者~起。"（唫：同"吟"。痍：創傷。）《宋書·謝靈運傳·論》："~乃以情緯文，以文被質。"

（二）通"父"。上古成年都可稱"父"。貴族男子行冠禮之後，多以"……甫（父）"爲字。《詩經·大雅·烝民》："保茲天子，生仲山~。"《左傳·宣公二年》："又曰：'袞職有闕，惟仲山~補之。'"後代尊稱別人的名或字叫"台~"。[章~]古代禮帽的一種。禮帽成年人纔能戴，"章甫"即表明成年男子的身份。《論語·先進》："端章~，願爲小相焉。"《禮記·儒行》："長居宋，冠章~之冠。"賈誼《弔屈原賦》："章~薦履，漸不可久兮。"

[辨]甫，父。在"甫"（二）的意義上，古代"甫""父"通用。如

稱孔子爲"尼父",也作"尼甫"(孔子字的全稱是"仲尼甫")。仲山甫、尹吉甫(周宣王時大夫)《漢書・古今人表》作"中山父、尹吉父"。其他義,一般不相通。注意:後世於"甫"(二)仍讀 fǔ。

776.【聊】

(一)藉,依賴,依靠。王粲《登樓賦》:"登兹樓以四望兮,~暇日以銷憂。"今成語有"民不~生"。"聊賴"二字連用,表示憑藉。蔡琰《悲憤詩》:"雖生何~賴?"[無~賴][無~]太閑了,提不起精神。賀鑄《憶故人》詞:"人閒畫永無~賴。"李玉《賀新郎》詞:"鎮無~,殢酒厭厭病。"

(二)副詞。姑且,暫且。《楚辭・九章・哀郢》:"~以舒吾憂心。"庾信《哀江南賦・序》:"追爲此賦,~以記言。"杜甫《登樓》詩:"日暮~爲梁父吟。"

777.【匪】

(一)竹製的器皿,筐子之類。《孟子・滕文公下》:"東征,綏厥士女,~厥玄黄。"(綏:安定。匪:用作動詞,用匪盛着。玄黄:指各種顏色的帛。人們用匪盛着帛迎接周武王。)這種意義也寫作"篚"。《尚書・禹貢》:"厥篚織文。"(文:錦綺之類。)

(二)不,不是。副詞。《詩經・衞風・氓》:"~來貿絲。"又《木瓜》:"~報也,永以爲好也。"[~人](1)不是自己親近的人。《周易》比卦:"比之~人,不亦傷乎?"(2)行爲不正的人。李朝威《柳毅傳》:"不幸見辱於~人。"注意:古代的"匪"不當"土匪""匪徒"講。

778.【厥】

(一)代詞。他的,它的。賈誼《弔屈原賦》:"遭世罔極兮,乃殞~身。"蕭統《文選序》:"自炎漢中葉,~塗漸異。"

（二）語氣詞。司馬遷《報任安書》：“左丘失明，~有國語。”

[辨] 其，厥。“其”與“厥”雖是同義詞，但用途廣狹不同。“其”字後面可以是名詞、形容詞、動詞，也可以是整個動賓結構；“厥”字後面祇能是名詞或名詞性詞組（《詩經·大雅·文王有聲》“貽厥孫謀”）。又，“厥”字帶有存古性質，後代往往祇用於成語中，不能像“其”字那樣自由運用。

779.【經】

（一）織布縱綫爲經。跟“緯”（橫綫）相對。常用作比喻。《文心雕龍·情采》：“故情者文之~，辭者理之緯。”又：“~正而後緯成，理定而後辭暢。”引申爲道路南北走向的爲經（東西走向者爲緯）。《周禮·考工記·匠人》：“國中九~九緯。”中醫學於人體氣血循環通路的主幹叫“經”。如“~絡”“~脈”。

（二）經典。指傳統的具有權威性的著作。西漢起，尊儒家的著作爲經。《漢書·藝文志》：“詔光禄大夫劉向校~傳諸子詩賦。”韓愈《柳子厚墓誌銘》：“出入~史百子。”後來有“五~”“九~”“十三~”等名。引申爲各種學術思想流派對本派權威性著作的尊稱。如“道德~”“佛~”“太平~”等。又爲某種專門著作的名稱。如“水~”“黃帝内~”“茶~”等。

（三）原則，原則性。跟“權變”和“靈活性”相對。《左傳·桓公十一年》：“權者及於~。”《禮記·中庸》：“凡爲天下國家有九~，曰：脩身也，尊賢也……”柳宗元《斷刑論》：“~也者，常也；權也者，達~也。”（達經：實現這個原則。）

（四）經歷，經過。《文心雕龍·物色》：“雖復思~千載，將何易奪？”白居易《長恨歌》：“悠悠生死別~年。”

（五）度量，畫分。《周禮·天官冢宰》：“辨方正位，體國~野。”

（體：分。）《詩經·大雅·靈臺》：“～始靈臺。”又：“～之營之。”
（營：標記，表記。）引申爲治理。《周禮·天官·大宰》：“以～邦國，
以治官府。”曹丕《典論·論文》：“蓋文章～國之大業。”［～營］謀
畫，安排。《文心雕龍·麗辭》：“奇偶適變，不勞～營。”杜牧《阿房
宮賦》：“燕趙之收藏，韓魏之～營。”［～紀］主持，操持，治辦。韓愈
《柳子厚墓誌銘》：“又將～紀其家。”

（六）懸起來，懸掛。特指自縊。《論語·憲問》：“自～於溝瀆
而莫之知也。”《史記·田單列傳》：“遂～其頸於樹枝，自奮絕脰而
死。”（脰 dòu：脖子。）

780.【典】

（一）簡册，重要的文獻，書籍。《左傳·昭公十二年》：“是能
讀三墳、五～、八索、九丘。”（三墳：三皇之書。五典：五帝之書。八
索：有關八卦的書。九丘：九州之志。）又《十五年》：“司晉之～籍。”
（司：主管。晉：晉國。）引申爲前代的典章、文物、故事。《左傳·昭
公十五年》：“數～而忘其祖。”（數：講說。祖：指先人的事業。）
［會～］記載一代典章制度之類的類書。黃遵憲《人境廬詩草·自
序》：“官書會～。”現代有雙音詞“～故”。又爲應遵守的規則、法
則。《文心雕龍·情采》：“孝經垂～，喪言不文。”引申爲禮節，儀式
（後起義）。如說“開國大～”“盛～”。

（二）法律，法規。《僞古文尚書·五子之歌》：“有～有則，貽厥
子孫。”曹操《敗軍抵罪令》：“但賞功而不罰罪，非國～也。”［～刑］
（1）刑法，常刑。《尚書·舜典》：“象以～刑。”後代有成語“明正～
刑”（處以死刑）。（2）舊的法度。《詩經·大雅·蕩》：“雖無老成
人，尚有～刑。”引申爲可學習的楷模，模範。文天祥《正氣歌》：“～
刑在夙昔。”這個意義也寫作“～型”。蘇舜欽《代人上申公祝壽》

詩:"人思奉~型。"

(三)典雅。指文章有文獻可依,且規範而不粗俗。蕭統《答玄圃園講頌啟令》:"辭~文艷,既温且雅。"《顏氏家訓·文章》:"吾家世文章,甚爲~正,不從流俗。"

(四)守,主管。《尚書·舜典》:"命汝~樂。"《漢書·霍光傳》:"還迺爲~屬國。"《三國志·吳書·是儀傳》:"專~機密。"古代官名凡帶"典"字的,都是表示它的職掌。如《周禮》所載的"~瑞""~絲""~祀"等。

(五)典當(dàng),用實物作抵押,向高利貸借錢(後起義)。杜甫《曲江》詩:"朝回日日~春衣。"

781.【簡】

(一)竹簡,古代用來寫字的狹長竹片。一簡爲一行,若干簡並排編起來,成爲一篇文章或一本書,叫做"策"或"册"。《左傳·襄公二十五年》:"南史氏聞太史盡死,執~以往。"蕭統《文選序》:"雖傳之~牘,而事異篇章。"

(二)簡略,簡單。《論語·雍也》:"居~而行~,無乃太~乎!"引申爲怠慢,傲慢,不敬。《孟子·離婁下》:"孟子獨不與驩言,是~驩也!"(驩:齊大夫右師王驩。)又:"子敖以我爲~,不亦異乎!"(子敖:王驩的字。)

(三)挑選,選拔。諸葛亮《前出師表》:"是以先帝~拔以遺陛下。"

782.【篇】

古代文章寫在竹簡上,把首尾完整的一部分用絲繩或皮帶編在一起叫"篇"。司馬遷《報任安書》:"詩三百~,大底聖賢發憤之所爲作也。"《史記·儒林列傳》:"漢定,伏生求其書,亡數十~,獨得二十九~,即以教於齊魯之間。"引申爲書的各部分。《漢書・張禹傳》:"時魯扶卿及夏侯勝、王陽、蕭望之、韋玄成皆説論語,~第或異。"引申爲書籍,典籍。《漢書・儒林傳》:"觀古今之~籍。"左思《詠史》詩:"四賢豈不偉? 遺烈光~籍。"又特指詩歌、辭賦等文藝著作。《宋書・謝靈運傳・論》:"雖清辭麗曲,時發乎~。"蕭統《文選序》:"降將著河梁之~。"又:"方之~翰,亦已不同。"

[辨]篇,編。二者既有聯繫,又有區別。"編"可以作動詞,"篇"則不能。同用作名詞時,"編"指整部的書,如"簡編""長編",也可指書中較大的一部分,如"上編""下編""前編""後編";"篇"則祇指"篇章"。"編"比"篇"的外延大。

783.【詞】

(一)詞句,言詞。《文心雕龍・鎔裁》:"剪截浮~謂之裁。"庾信《哀江南賦・序》:"不無危苦之~。"又爲詞章,文詞。蕭統《文選序》:"~人才子,則名溢於縹囊。"注意:上述這些意義,後代一般都作"辭",不常作"詞"。

(二)文體的一種。起於唐五代,盛於宋。朱彝尊《解佩令》詞:"老去填~,一半是空中傳恨。"

[辨]辭,詞。在言詞和文詞的意義上,"辭"和"詞"是同義詞。在較古的時代,一般祇説"辭",不説"詞",所以《周易・乾・文言》説"修辭立其誠",《論語・季氏》説"而必爲之辭"。漢以後逐漸以"詞"代"辭"。如《史記・儒林列傳》:"是時天子方好文詞。"至於推辭的"辭"決不寫作"詞";"詩詞"的"詞"決不能作"辭"。參看第二單元"辭"字條。

784.【賦】

(一)田賦,賦税。《尚書・禹貢》:"厥田惟上下,厥~中上。"

《漢書·哀帝紀》:"皆無出今年租~。"古代按田賦出兵,所以又特指兵賦。《論語·公冶長》:"千乘之國,可使治其~也。"

(二)授與,給與。《國語·晉語四》:"公屬百官,~職任功。"《呂氏春秋·分職》:"出高庫之兵以~民。"《漢書·平帝紀》:"安漢公、四輔、三公、卿大夫、吏民爲百姓困乏獻其田宅者二百三十人,以口~貧民。"(以口:按人口。)又用於抽象意義。《文心雕龍·麗辭》:"造化~形,支體必雙。"文天祥《正氣歌》:"天地有正氣,雜然~流形。"後代雙音詞"天~""稟~"由此發展而來。

(三)吟誦或歌詠〔詩篇〕。《左傳·隱公元年》:"公入而~。"又《僖公二十三年》:"公子~河水,公~六月。"(公子:指晉公子重耳。河水:逸詩。公:指秦穆公。六月:《詩經·小雅·六月》。)引申爲做詩。陶潛《自祭文》:"酣飲~詩。"《歸去來辭》:"臨清流而~詩。"

(四)文體的一種。《史記·屈原賈生列傳》:"爲~以弔屈原。"

785.【序】

(一)東西牆。《尚書·顧命》:"西~東向。"又:"東~西向。"《儀禮·鄉飲酒禮》:"當西~東面。"

(二)學校。《孟子·梁惠王上》:"謹庠~之教。"又《滕文公上》:"夏曰校,殷曰~,周曰庠。"

(三)次序,秩序。《孟子·滕文公上》:"長幼有~。"《漢書·藝文志》:"悖上下之~。"《文心雕龍·鎔裁》:"故能首尾圓合,條貫統~。"用作動詞時表示排列次序。《禮記·中庸》:"所以~昭穆也。"又:"所以~齒也。"(齒:年齡。)

(四)敘述,說明。蕭統《文選序》:"銘則~事清潤。"這種意義也寫作"敘"。引申爲文體的一種。蕭統《文選序》:"篇辭引~,碑碣誌狀。”注意:古代序文是在全書的後面,綜述作書的宗旨,如《史記·太史公自序》,《漢書》的《敘傳》,許慎《説文解字》的《敘》等,皆在書末。漢代以後,書序纔置於書首。

(五)文體的另一種。贈序。這是臨别贈言,創於唐初。韓愈有《送孟東野序》《送李愿歸盤谷序》等。

786.【銘】

在器物上刻鑄文辭用以自警,或稱述功德,叫做“銘”。《禮記·大學》:“湯之盤~曰:‘苟日新,日日新,又日新。’”用作動詞時表示刻,鏤。特用於“永記不忘”這種意義上。柳宗元《謝除柳州刺史表》:“~心鏤骨,無報上天。”引申爲文體的一種。蕭統《文選序》:“~則序事清潤。”

787.【誄】

讀 lěi。稱述死者生前的言行而加以哀悼。《左傳·哀公十六年》:“公~之曰。”(公:哀公。這是誄孔子的。)引申爲一種文體。哀悼死者的文字。蕭統《文選序》:“美終則~發,圖像則讚興。”

788.【讚】

(一)輔助,輔佐。《左傳·僖公二十二年》:“天~我也。”《禮記·中庸》:“則可以~天地之化育。”《三國志·吴書·魯肅傳》:“以肅爲~軍校尉,助畫方略。”現代有雙音詞“參贊”“贊助”。

(二)贊美,稱贊。《三國志·魏書·許褚傳》:“下詔褒~。”這個意義又寫作“讚”。《後漢書·崔駰傳》:“進不黨以讚己。”

(三)文章的結尾部分,略等於一個總評。“贊”是闡明的意思。《漢書·敘傳》:“總百氏,~篇章。”《史記》在本紀、世家、列傳的後面,《漢書》在紀和傳的後面都有贊。這是用散文寫的。另有一種贊是用韻文寫的,四字一句,兩句一韻(這是古代傳統所謂句),也是闡明篇章大旨的,放在全書的結尾,如《史記・太史公自序》的後半,《漢書・敘傳》的後半,都是贊的性質。後來《後漢書》把韻文的贊放在紀和傳的後邊,就不再有散文的贊了。《文心雕龍》每篇後面也都有韻文的贊。

(四)文體的一種。這種意義一般寫作"讚"。"讚"一般用於頌揚,也是韻文。蕭統《文選序》:"圖像則讚興。"

789.【章】

(一)音樂的一章。《禮記・曲禮下》:"既葬,讀祭禮;喪復常,讀樂~。"今有雙音詞"樂~"。引申爲一般作品的一章。《文心雕龍・鎔裁》:"引而申之,則兩句敷爲一~;約以貫之,則一~删成兩句。"蕭統《文選序》:"而事異篇~。"[~句]分析古書的篇章、句讀,解釋其文義。揚雄《解嘲》:"~句之徒,可與坐而守之。"引申爲注疏的名稱。如王逸有《楚辭~句》,朱熹有《大學~句》等。

(二)赤白相間的絲織品。《古詩十九首》:"終日不成~,泣涕零如雨。"[文~]見第三單元"文"字條。[憲~]法制。常用作動詞,表示遵循其法制。《漢書・藝文志》:"憲~文武。"

(三)奏章,上給皇帝的書信。劉知幾《史通・言語》:"運籌畫策,自具於~表。"

(四)印章。孔稚珪《北山移文》:"至其紐金~,縵墨綬。"今有雙音詞"圖~"。

(五)通"彰"。明顯,鮮明。《文心雕龍・情采》:"惡文太~。"

790.【表】

(一)穿在外面的衣服,罩衫。又爲衣服的外層。跟"裏"相對。《左傳・僖公二十八年》:"~裏山河。"(〔晉國〕以黃河爲表,以山爲裏。這是比喻。)"表裏"連用,也比喻互相補足,互相依存。《後漢書·盧植傳》："今毛詩、左氏、周禮各有傳記,其與春秋共相~裏。""表"又比喻爲屏障。《左傳·僖公五年》："虢,虞之~也。"引申爲外,外面。《尚書·堯典》："光被四~。"又《立政》："至於海~。"今雙音詞有"外~"。作動詞時,表示穿在外面。《論語·鄉黨》："當暑,袗絺綌,必~而出之。"(在夏天,穿葛製的單衣,必穿裏衣,把葛衣穿在外面。袗 zhěn:單衣。用作動詞。絺 chī:細葛。綌 xì:粗葛。)引申爲出現,表現。蕭統《文選序》："桑間濮上,亡國之音~。"

(二)測日影的儀表(日晷 guǐ)。《史記·司馬穰苴列傳》："穰苴先馳至軍,立~下漏,待賈。"(漏:漏壺。計時器。賈:指莊賈。)《後漢書·律曆志》："乃立儀~以校日影。"引申爲標準,表率。《史記·太史公自序》："國有賢相良將,民之師~也。"又爲表格,圖表。司馬遷《報任安書》："爲十~,本紀十二。"

(三)樹立木石標志物以示表揚。《史記·留侯世家》："~商容之閭。"(商容:殷紂時賢臣。)《晉書·苟崧傳》："苟有一介之善,宜在旌~之列。"引申爲表揚,顯揚。《漢書·武帝紀·贊》："罷黜百家,~章六經。"今雙音詞有:"~揚""~彰"。

(四)文體的一種,給皇帝的信,奏章。諸葛亮《出師表》:"臨~涕泣,不知所云。"李密《陳情表》:"謹拜~以聞。"蕭統《文選序》:"~奏牋記之列。"

(五)文體的另一種。墓誌,不帶銘文的。歐陽修有《瀧岡阡表》。

791.【旨】

(一)美味,好吃的東西。《論語·陽貨》:"食~不甘,聞樂不樂。"引申爲美味的。《詩經·小雅·鹿鳴》:"我有~酒。"

(二)意,意思。《文心雕龍·附會》:"故善附者,異~如肝膽。"

《宋書‧謝靈運傳‧論》：“妙達此～，始可言文。”今有雙音詞
“宗～”“主～”。又特指皇帝的命令。《漢書‧孔光傳》：“成帝初即
位，舉爲博士，數使録冤獄，行風俗，振贍流民，奉使稱～，由是知
名。”杜甫《入奏行》：“密奉聖～恩宜殊。”《舊唐書‧劉洎傳》：“陛
下降恩～。”

792.【風】

（一）風。《詩經‧鄭風‧風雨》：“～雨淒淒。”引申爲能流動傳
播的事物。特指前代的政治、功令、制度、教化等。《孟子‧公孫丑
上》：“其故家遺俗，流～善政，猶有存者。”又爲習俗，風氣。《禮
記‧樂記》：“移～易俗。”又爲風度，節操。司馬遷《報任安書》：“亦
嘗側聞長者之遺～矣。”楊惲《報孫會宗書》：“有段干木、田子方之
遺～。”成語有“高～亮節”。〔～景〕風和日光，即風光。《世說新
語‧言語》：“～景不殊，舉目有山河之異。”

（二）歌謡，地方歌曲。《左傳‧成公九年》：“樂操土～，不忘舊
也。”《漢書‧藝文志‧詩賦略》：“自孝武立樂府而採歌謡，於是有
趙代之謳，秦楚之～。”《文心雕龍‧樂府》：“匹夫庶婦，謳吟土～。”
《詩經》有十五國風，所以又特指《詩經》或國風。常“風雅”“風騷”
連用。《文心雕龍‧情采》：“蓋～雅之興，志思蓄憤。”又：“遠棄～
雅。”又《物色》：“然屈平所以能洞監～騷之情者，抑亦江山之
助乎？”

（三）微言婉詞勸諫。《詩經‧小雅‧北山》：“或出入～議。”
《詩大序》：“吟詠性情，以～其上。”《史記‧魏其武安侯列傳》：“武
安侯乃微言太后～上。”這個意義後來寫作“諷”。

793.【騷】

（一）擾亂，擾動。《詩經‧大雅‧常武》：“徐方繹～。”（徐方：

周時江淮一帶的少數民族部落。)柳宗元《答韋中立論師道書》:"早暮咈吾耳,~吾心。"

(二)詩體的一種。由屈原的《離騷》得名。包括《楚辭》以及後世摹倣《楚辭》的作品。蕭統《文選》有"騷"類。特指《楚辭》。《文心雕龍·辨騷》:"昔漢武愛~,而淮南作傳。"韓愈《進學解》:"下逮莊~。"[~人]騷體詩人。蕭統《文選序》:"~人之文,自兹而作。"引申爲一般詩人。范仲淹《岳陽樓記》:"遷客~人,多會於此。""風騷"連用,指《詩經》和《楚辭》。

794.【翰】

(一)鳥名。或名天雞。《説文》引《逸周書》:"文~若翬雉。"引申爲飛得高而疾。《詩經·小雅·小宛》:"~飛戾天。"(戾:至。)

(二)筆。潘岳《秋興賦》:"於是染~操紙。"蕭統《文選序》:"飛文染~。"賈至《早朝大明宮》:"朝朝染~事君王。"引申爲文章,文采。蕭統《文選序》:"方之篇~,亦已不同。"又:"事出於沉思,義歸乎~藻。"[~林]唐以來文學侍從官員名。唐代始設翰林院(意爲"文苑""文學之林"),置學士,專司起草詔書,以及承應皇帝的各種文字工作。宋明元清一直設有這種機構,但職權與具體工作歷代各有不同。

795.【藻】

水草之一種。莖大如釵股,葉蒙茸,深綠色。《詩經·召南·采蘋》:"于以采~,于彼行潦。"(行潦:流動的水。)古人認爲藻是有文采的草,故引申爲修飾。《文心雕龍·情采》:"辨雕萬物,謂~飾也。"又:"~飾以辨雕。"又爲文采,文章。曹植《與楊德祖書》:"公幹振~於海隅。"(公幹:劉楨的字。)《文心雕龍·情采》:"理正而後摛~。"也指文才。《宋書·謝靈運傳·論》:"三祖陳王,咸蓄盛~。"

796.【韻】(韵)

(一)和諧悦耳的聲音,旋律。《文心雕龍·物色》:"喓喓學草蟲之~。"(喓喓:蟲鳴聲。)吳均《與宋元思書》:"好鳥相鳴,嚶嚶成~。"比喻文章。陸機《文賦》:"收百世之闕文,採千載之遺~。"又:"或託言於短~。"《宋書·謝靈運傳·論》:"綴平臺之逸響,采南皮之高~。"

(二)詩賦中的韻腳或押韻的字。《文心雕龍·聲律》:"異音相從謂之和,同聲相應謂之~。"王勃《滕王閣序》:"一言均賦,四~俱成。"又指字的韻母部分。《宋書·謝靈運傳·論》:"一簡之内,音~盡殊。"[聲~]聲律,特指詩歌的格律。白居易《與元九書》:"九歲諳識聲~。"

(三)氣韻,風度。《世説新語·任誕》:"阮渾長成,風氣~度似父。"(阮渾:阮籍之子。)《晉書·桓石秀傳》:"石秀幼有令名,風~秀徹。"

797.【律】

(一)規則,法令。特指刑法的條文。《漢書·高帝紀》:"天下既定,令蕭何次~令。"(次:編次。)揚雄《解嘲》:"秦法酷烈,而蕭何造~。"引申爲必須遵守的格式,準則。杜甫《遣悶戲呈路十九曹長》詩:"晚節漸於詩~細。"用作動詞,表示按一定準則來要求。成語有"嚴以~己"。

(二)古代用來正樂音的一種竹管。陽律六,陰律六,總稱"六律"。《孟子·離婁上》:"師曠之聰,不以六~,不能正五音。"《莊子·胠篋》:"擢亂六~,鑠絶竽瑟。"古人以十二律和十二月相配,所以"律"又指稱季節,氣候,節令。《文心雕龍·物色》:"陰~凝而

丹鳥羞。"陸游《春望》詩:"天地回春~,山川掃積陰。"張栻《立春偶

成》詩:"~回歲晚冰霜少,春到人間草木知。"[~呂]陽律六,叫

"律";陰律六,叫"呂"。常指音樂。杜甫《吹笛》詩:"風飄~呂相

和切。"

[辨]法,律。"法"所指的範圍大,多偏重於"法則""制度"等

意義,所以"遵先王之法"不能說成"遵先王之律","變法"不能說

成"變律"。"律"所指的範圍小,多着重在具體的刑法條文。用作

動詞時,"法"是"效法""傚效";"律"是"根據某一準則來要求"。

798.【榮】

(一)花,開花。《禮記・月令》:"木堇(槿)~。"《古詩十九

首》:"攀條折其~。"用於抽象意義表示華美。《文心雕龍・情采》:

"言隱~華。"引申爲茂盛。和"枯"相對。陶潛《歸去來辭》:"木欣

欣以向~。"白居易《賦得古原草送別》詩:"離離原上草,一歲一

枯~。"

(二)光采,榮耀。跟"辱"相對。《莊子・逍遙遊》:"辯乎~辱

之境。"司馬遷《報任安書》:"終不可以爲~。"揚雄《解嘲》:"生必

上尊人君,下~父母。"

799.【華】

(一)花,開花。《詩經・周南・桃夭》:"桃之夭夭,灼灼其~。"

《禮記・月令》:"桃始~。"注意:這種意義後代都寫作"花"。用於

抽象意義時特表示文章的辭藻。《文心雕龍・情采》:"英~乃贍。"

韓愈《進學解》:"含英咀~。"引申爲文才。《文心雕龍・程器》:

"昔庾元規才~清英。"又引申爲事物之精美者。王勃《滕王閣序》:

"物~天寶。"又爲光明,光采。《卿雲歌》:"日月光~,旦復旦兮。"

又爲華麗,豪華。《洛陽伽藍記・開善寺》:"況我大魏天王,不爲~

侈?"〔翠～〕翡翠鳥的羽毛(作旗子的裝飾)。《漢書·司馬相如傳》:"建翠～之旗。"後來"翠～"指天子的旗。杜甫《北征》詩:"都人望翠～。"〔京～〕京師,首都。杜甫《秋興》詩:"每依南斗望京～。"注意:後代於"花"的意義讀陰平,於其他意義讀陽平。

(二)讀huà。華山,五嶽之一。又稱"太～"。《尚書·禹貢》:"至于太～。"

800.【軌】

車兩輪間的距離,車轍。《禮記·中庸》:"今天下車同～。"《史記·淮陰侯列傳》:"車不得方～。"《宋書·謝靈運傳·論》:"異～同奔。"引申爲法則,法度,可遵行的常規。《左傳·隱公五年》:"君將納民於～物者也。"《史記·平準書》:"不～之臣,不可以爲化而亂法。"又爲遵循,合乎。《韓非子·五蠹》:"是境内之民,其言談者必～於法。"

801.【範】

鑄造器物用的竹模子。本作"笵"。《論衡·物勢》:"今之陶冶者,初埏埴作器,必模笵爲形。"引申爲法式,楷模。《宋書·謝靈運傳·論》:"垂～後昆。"王勃《滕王閣序》:"宇文新州之懿～。"又用作動詞。《文心雕龍·鎔裁》:"規～本體謂之鎔。"〔～圍〕範,模範;圍,周圍。《周易·繫辭上》:"～圍天地之化而不過。"現代變爲雙音詞,指四周的界限。

802.【規】

(一)圓規,畫圓形的工具。《孟子·離婁上》:"不以～矩,不能成方圓。"《莊子·胠篋》:"毁絶鉤繩,而棄～矩。"引申爲畫,規畫。揚雄《解嘲》:"蕭～曹隨。"又爲法度,準繩。《文心雕龍·才略》:"必循～以溫雅。"

(二)〔對上或對平輩〕告誡。《詩經・衛風・淇奥・序》:"又能聽其~諫。"今雙音詞有"~勸"。

803.【則】

(一)準則,模範。《詩經・豳風・伐柯》:"伐柯伐柯,其~不遠。"(柯:斧子把。)《楚辭・離騷》:"願依彭咸之遺~。"成語有"以身作~"。引申爲效法。《孟子・滕文公上》:"惟天爲大,惟堯~之。"

(二)連詞。表示兩件事在時間上的相承,往往表示條件或因果關係。《左傳・宣公二年》:"不入,~子繼之。"《論語・季氏》:"故遠人不服,~修文德以來之。"又《子路》:"名不正,~言不順。"《文心雕龍・鎔裁》:"引而申之,~兩句敷爲一章。"表示一種發現,發現在某事之前,一事已經發生。《論語・微子》:"至~行矣。"《左傳・僖公三十三年》:"及諸河,~在舟中矣。"

804.【準】

(一)水平。引申爲一般的平。《史記・平準書》:"置平~于京師,都受天下委輸。"引申爲標準,法則。《漢書・東方朔傳》:"以道德爲麗,以仁義爲~。"《文心雕龍・鎔裁》:"是以草創鴻筆,先標三~。"這種意義也作"准"。蕭統《文選序》:"孝敬之准式。"

(二)鼻子。《史記・高祖本紀》:"高祖爲人,隆~而龍顏。"

〔辨〕準,准。"准"本是"準"的異體字,後來二者有了分工。"允許"的意義用"准",其餘一律用"準"。

805.【昆】

兄。《詩經・王風・葛藟》:"謂他人~。"《論語・先進》:"人不間於其父母~弟之言。"鄒陽《獄中上梁王書》:"故意合則胡越爲~弟。"〔後~〕後嗣,後世。《僞古文尚書・仲虺之誥》:"垂裕後~。"《宋書·謝靈運傳·論》:"垂範後~。"

806.【弟】

(一)兄弟。《左傳·隱公元年》:"況君之寵~乎?"上古女性也可稱"弟"。《孟子·萬章上》:"彌子之妻,與子路之妻兄~也。"[~子](1)泛稱年幼者。《論語·爲政》:"有事,~子服其勞。"這個意義後代作"子弟"。(2)學生,門徒。《論語·雍也》:"哀公問~子孰爲好學。"

(二)盡弟道。《左傳·隱公元年》:"段不~,故不言弟。"《論語·學而》:"其爲人也,孝~而好犯上者,鮮矣。"這個意義也寫作"悌"。《論語·學而》:"弟子入則孝,出則悌。"《孟子·梁惠王上》:"申之以孝悌之義。"

(三)次第,等第。《史記·禮書》:"子夏,門人之高~也。"(子夏是孔子門人中排在前列的。)《漢書·朱博傳》:"以高~入爲長安令。"按:後代以"高弟"稱別人的學生,但意思有變化。這個意義後來寫作"第"。

(四)副詞。但,衹管。《史記·孫子吳起列傳》:"君~重射,臣能令君勝。"這個意義後來也寫作"第"。

按:舊時(一)讀上聲,(二)(三)(四)都讀去聲。今普通話(一)(三)(四)都讀 dì,(二)讀 tì。

807.【形】

形象,形體,形狀。《文心雕龍·物色》:"參差沃若,兩字窮~。"又:"文貴~似。"用作動詞表示成爲某種形體。枚乘《上書諫吳王》:"先其未~。"引申爲形勢。司馬遷《報任安書》:"勇怯,勢也;強弱,~也。"柳宗元《永州韋使君新堂記》:"無不合~輔勢效伎於堂廡之下。"又爲表現,使之形之於外。蕭統《文選序》:"情動於中而~於言。”今成語有“喜~於色”。

808.【迹】(跡,蹟)

腳印。枚乘《上書諫吳王》:“人性有畏其景而惡其~者,卻背而走,景逾疾。”引申爲痕迹,過去的事情。《孟子·離婁下》:“王者之~熄而詩亡。”鄒陽《獄中上梁王書》:“則人主必襲按劍相眄之~矣。”韓愈《子產不毀鄉校頌》:“成敗之~,昭哉可觀。”按:“迹”“跡”二字完全通用,“蹟”字一般祇用於“遺蹟”“古蹟”“事蹟”。

809.【綺】

花紋敧斜的絲織品。《古詩十九首》:“客從遠方來,遺我一端~。”謝朓《晚登三山還望京邑》詩:“餘霞散成~。”引申爲華麗。《文心雕龍·情采》:“豔采辯説,謂~麗也。”

810.【練】

熟絹(白色的)。謝朓《晚登三山還望京邑》詩:“澄江靜如~。”《水經注·廬江水》:“若曳飛~。”“練”字用作動詞,表示把生絹煮熟。《淮南子·説林》:“墨子見~絲而泣之。”引申爲熟練,精熟。《文心雕龍·鎔裁》:“可謂~鎔裁而曉繁略矣。”

811.【倫】

(一)人與人之間的正常關係。《論語·微子》:“欲潔其身而亂大~。”《孟子·萬章上》:“男女居室,人之大~也。”蕭統《文選序》:“人~之師友。”

(二)順序,條理。《荀子·解蔽》:“衆異不得相蔽以亂其~。”(衆異:指事物的差異。)今成語有“語無~次”。

(三)類。《禮記·中庸》:“毛猶有~。”《三國志·蜀書·關羽傳》:“猶未及髯之絕~超羣也。”韓愈《進學解》:“絕類離~。”今成語有“超羣絕~”“無與~比”。

812.【常】

(一)永久的,固定的。《論語・子張》:"而亦何~師之有?"《韓非子・五蠹》:"不期修古,不法~可。"揚雄《解嘲》:"士無~君,國無定臣。"特指禮教中所規定的秩序(古人以爲它是永恒不變的)。《僞古文尚書・泰誓下》:"今商王受,狎侮五~。"(受:紂王。五常:指仁、義、禮、智、信。)又用如副詞。表示常常。《莊子・天地》:"身~無缺。"《史記・淮陰侯列傳》:"~稱病不朝從。"引申爲平素,平常。《穀梁傳・隱公五年》:"傳曰:~事曰視,非~曰觀。"《文心雕龍・情采》:"故知君子~言未嘗質也。"

(二)兩尋爲常(十六尺)。《韓非子・五蠹》:"布帛尋~,庸人不釋。"注意:"尋常"連用作"平常"解,那是後起義。杜甫《曲江》詩:"酒債尋~行處有。"又《壯遊》詩:"吾觀鴟夷子,才略出尋~。"(鴟夷子:范蠡的化名。)

813.【綱】

(一)魚網上的總繩。《尚書・盤庚上》:"若網在~,有條而不紊。"《韓非子・外儲説右下》:"引網之~。"(引:拉。)引申爲起決定作用的部分。《北史・源賀傳》:"爲政貴當舉~。"[~領]網綱和衣領,比喻最關鍵或最主要的部分。《文心雕龍・鎔裁》:"鎔則~領昭暢。"引申爲必須遵守的法紀,秩序。揚雄《解嘲》:"吾聞上世之士,人~人紀,生必上尊人君,下榮父母。"後代有雙音詞"~紀"。[三~]指維護封建秩序的三條基本紀律,即君爲臣綱,父爲子綱,夫爲妻綱。文天祥《正氣歌》:"三~實係命,道義爲之根。"

(二)唐宋時成批運送物資的組織名稱。如"茶~""鹽~""花石~"等等。

814.【維】

（一）繫物的大繩。《淮南子・天文》：“〔共工〕怒而觸不周之山，天柱折，地～絶。”作動詞時，表示拴，繫。《詩經・小雅・白駒》：“縶之～之。”《儀禮・士相見禮》：“～之以索。”引申爲維持，維係。《詩經・小雅・節南山》：“四方是～。”《周禮・夏官・大司馬》：“以～邦國。”引申爲法度，制度。司馬遷《報任安書》：“不以此時引綱～，盡思慮。”《史記・淮陰侯列傳》：“秦之綱絶而～弛，山東大擾。”

（二）句首或句中語氣詞。《詩經・周南・鵲巢》：“～鵲有巢，～鳩居之。”又《大雅・文王》：“周雖舊邦，其命～新。”王勃《滕王閣序》：“時～九月，序屬三秋。”注意：這個意義可以寫作“惟”“唯”。

815.【契】

（一）用刀刻。《詩經・大雅・緜》：“爰～我龜。”這個意義也作“鍥”（讀 qiè）。《荀子・勸學》：“鍥而舍之，朽木不折；鍥而不舍，金石可鏤。”“書契”二字連用，表示文字。《周易・繫辭上》：“上古結繩而治，後世聖人易之以書～。”蕭統《文選序》：“始畫八卦，造書～，以代結繩之政。”

（二）券，符契。《韓非子・主道》：“符～之所合，賞罰之所生也。”《文心雕龍・徵聖》：“文成規矩，思合符～。”古代符契，刻字之後，剖分爲二，雙方收存以爲憑證，驗看時雙方取出彌合起來。所以“契”又引申爲合。司空圖《詩品・超詣》：“少有道～，終與俗違。”現代有雙音詞“投～”“默～”。［～闊］離合。《詩經・邶風・擊鼓》：“死生～闊。”引申爲久別。曹操《短歌行》：“～闊談讌。”

816.【幾】

(一)讀jī。隱微。特指事情的孕育、萌動。《周易‧繫辭上》："夫易，聖人之所以極深而研~也。"引申爲先兆，預兆。《周易‧繫辭下》："知~其神乎?"又："~者動之微，吉之先見者也。故君子見~而作，不俟終日。"

(二)讀jī。事務。《尚書‧皋陶謨》："一日二日萬~。"漢代以來，"萬幾"連用，特指國政。又往往寫作"萬機"。《漢書‧霍光傳》："光自後元秉持萬機。"又《張禹傳》："朕以幼年執政，萬機懼失其中。"後代"萬機"專指皇帝處理的政務。"幾務"連用，指行政事務。《文心雕龍‧情采》："心纏~務，而虛述人外。"也寫作"機"。嵇康《與山巨源絕交書》："機務纏其心。"

(三)讀jī。近，接近，相去不遠。《論語‧子路》："如知爲君之難也，不~乎一言而興邦乎?"賈誼《論積貯疏》："漢之爲漢，~四十年矣。"韓愈《答李翊書》："豈敢自謂~於成乎?""庶幾"也是從這種意義來的。參看第六單元"庶"字條。又用作副詞，表示差一點，幾乎。《史記‧留侯世家》："漢王吐哺罵曰：'豎儒!~敗而公事!'"又《叔孫通列傳》："我~不脫於虎口!"

(四)讀jǐ。疑問詞。問數量。《孟子‧離婁上》："子來~日矣?"柳宗元《答韋中立論師道書》："度今天下不吠者~人?"

[辨]幾，機。"幾"的本義是微，"機"的本義是機械。"幾"(一)(二)的各種意義，先秦多用"幾"，後來逐漸與"機"通用。"幾"(三)(四)等義都不能作"機"。"機械"的意義也不作"幾"。

817.【始】

事情的開頭。跟"終"相對。《論語‧公冶長》："~吾於人也，聽其言而信其行。"柳宗元《段太尉逸事狀》："當務~終。"引申爲纔,方纔。曾鞏《戰國策目録序》:"臣訪之士大夫家,~盡得其書。"

818.【終】

(一)終結,終了。跟"始"相對。《左傳·宣公二年》:"詩曰:'靡不有初,鮮克有~。'"韓愈《柳子厚墓誌銘》:"庶幾有始~者。"[~日]一天到晚。《論語·衛靈公》:"吾嘗~日不食。"《荀子·勸學》:"吾嘗~日而思矣。"[~朝]從天亮到食時一段時間。《詩經·小雅·采緑》:"~朝采緑。"《老子》二十三章:"飄風不~朝,驟雨不~日。"[~身]一輩子。《孟子·梁惠王上》:"樂歲~身飽。"

(二)副詞。自始至終,永遠。《戰國策·魏策四》:"受地於先王,願~守之。"又表示終於,畢竟。《漢書·卜式傳》:"上於是以式~爲長者。"

(三)壽命完結,死。《禮記·文王世子》:"文王九十七乃~。"蕭統《文選序》:"美~則誄發。"歐陽修《瀧岡阡表》:"太夫人以疾~於官舍。"今成語有"壽~正寢"。

819.【羞】

(一)進獻美味,薦。《左傳·隱公三年》:"可薦於鬼神,可~於王公。"陶潛《自祭文》:"~以嘉蔬,薦以清酌。"又指所進獻的食物,美味。《儀禮·既夕禮》:"燕養饋~湯沐之饌如他日。"注意:這種意義後代都寫作"饈"。

(二)羞慚,丟臉。《周易》恒卦:"不恒其德,或承之~。"《戰國策·齊策四》:"先生不~,乃有意爲文收責於薛者乎?"

820.【辱】

(一)名詞,形容詞。恥辱,可恥。跟"榮""寵"相對。《詩經·鄘風·牆有茨》:"言之~也。"《莊子·逍遥遊》:"辨乎榮~之境。"封建文人以顯貴爲榮,以貶謫爲辱。柳宗元《送薛存義序》:"吾賤且～。”范仲淹《岳陽樓記》：“寵～偕忘。”用作狀語，是一種謙詞，意思是你這樣做是受屈辱了。《左傳・僖公四年》：“～收寡君，寡君之願也。”後代多用於書信中。司馬遷《報任安書》：“曩者～賜書。”柳宗元《答韋中立論師道書》：“～書云欲相師。”蘇軾《答謝民師書》：“亟～問訊。”

　　[辨]羞，恥，辱。“羞”祇表示羞慚，丟臉，語義比“恥、辱”輕。“恥”與“辱”用作名詞時是同義詞。但當它們用作及物動詞時，意義大不相同。“恥”表示以此爲恥；“辱”表示侮辱。例如《孟子・梁惠王上》：“南辱於楚，寡人恥之。”“恥”與“辱”是不能互換的。

古漢語通論
（二十五）駢體文的構成（上）

　　駢體文是漢以後産生的一種特殊的文體。劉勰的《文心雕龍》以爲從司馬相如、揚雄以後就有了駢體文，清代李兆洛的《駢體文鈔》把賈誼《過秦論》、司馬遷《報任安書》、揚雄《解嘲》等都收録進去。的確，司馬相如、揚雄等人的文章是用了許多平行的句子，東漢班固、蔡邕等人的文章更講求句法的整齊，可以認爲是駢體文的先河。但是上述諸家作品裏的平行句法，祇是爲了修辭的需要，還没有形成固定的格式，不能算作一種文體。明代王志堅在《四六法海序》中説，駢體文從魏晉纔開始形成，這是有道理的。南北朝是駢體文的全盛時代，這時候，駢體文成爲文章的正宗。唐宋以後，駢體文的正統地位被“古文”代替了，但是仍舊有人寫駢體文。

　　駢體文的表達方式與一般的散文有所不同。我們要培養閱讀古書的能力，不能不了解駢體文，否則有些用駢體文寫的名著就不能徹底讀懂。在這兩節通論裏,我們從語言的角度來說明駢體文的構成,以便讀者對駢體文的語言特點有個基本的了解。

駢體文的語言有三方面的特點:第一是語句方面的特點,即駢偶和"四六";第二是語音方面的特點,即平仄相對;第三是用詞方面的特點,即用典和藻飾。

先談駢偶問題。

兩馬並駕叫做駢,兩人在一起叫做偶。駢偶就是兩兩相對。古代宮中衛隊的行列叫仗(儀仗),儀仗是兩兩相對的,所以駢偶又叫對仗。駢偶、對仗都是比喻的説法。駢體文一般是用平行的兩句話,兩兩配對,直到篇末。下面舉一些駢偶的例子:

> 英辭潤金石,高義薄雲天。(宋書·謝靈運傳·論)
>
> 高峯入雲,清流見底。(陶弘景:答謝中書書)
>
> 經正而後緯成,理定而後辭暢。(文心雕龍·情采)
>
> 燕歌遠別,悲不自勝;楚老相逢,泣將何及。(庾信:哀江南賦序)
>
> 無路請纓,等終軍之弱冠;有懷投筆,慕宗愨之長風。(王勃:滕王閣序)

偶然也有兩個以上的意思平列的,那祇算是特殊的情況:

> 五色雜而成黼黻,五音比而成韶夏,五情發而爲辭章。(文心雕龍·情采)
>
> 履端於始,則設情以位體;舉正於中,則酌事以取類;歸餘於終,則撮辭以舉要。(文心雕龍·鎔裁)

駢偶(對仗)的基本要求是句法結構的相互對稱:主謂結構對主謂結構,動賓結構對動賓結構,偏正結構對偏正結構,複句對複句。古代雖沒有這些語法術語,但事實上是這樣做的。現在各舉一些例子如下:

(1)主謂結構對主謂結構

靈運之興會摽舉,延年之體裁明密。(宋書・謝靈運傳・論)

幽岫含雲,深谿蓄翠。(吳均:與顧章書)

故情者文之經,辭者理之緯。(文心雕龍・情采)

潘岳之文采,始述家風;陸機之辭賦,先陳世德。(庾信:哀江南賦序)

(2)動賓結構對動賓結構

莫不寄言上德,託意玄珠。(宋書・謝靈運傳・論)

若擇源於涇渭之流,按轡於邪正之路。(文心雕龍・情采)

遂乃分裂山河,宰割天下。(庾信:哀江南賦序)

披繡闥,俯雕甍。(王勃:滕王閣序)

(3)偏正結構對偏正結構

子建函京之作,仲宣霸岸之篇。(宋書・謝靈運傳・論)

風雲草木之興,魚蟲禽獸之流。(蕭統:文選序)

粵以戊辰之年,建亥之月。(庾信:哀江南賦序)

勃三尺微命,一介書生。(王勃:滕王閣序)

(4)複句對複句

蟬吟鶴唳,水響猿嘷。(吳均:與顧章書)

水性虛而淪漪結,木質實而花萼振。(文心雕龍・情采)

若夫椎輪為大輅之始,大輅寧有椎輪之質;增冰為積水所成,積水曾微增冰之凜。(蕭統:文選序)

北海雖賒,扶搖可接;東隅已逝,桑榆非晚。(王勃:滕王閣序)

　　如果進一步分析,駢偶不僅要求整體對稱,而且上下聯內部的句法結構也要求一致:主語對主語,謂語對謂語,賓語對賓語,補語對補語,定語對定語,狀語對狀語。例如:

森壁爭霞,孤峯限日。(吳均:與顧章書)

若乃綜述性靈,敷寫器象。(文心雕龍・情采)

規範本體謂之鎔,剪截浮詞謂之裁。(文心雕龍・鎔裁)

荀宋表之於前,賈馬繼之於末。(蕭統:文選序)

例一"森壁"對"孤峯"是主語對主語,"爭霞"對"限日"是謂語對謂語;在主語中"森"對"孤"是定語對定語,在謂語中"霞"對"日"是賓語對賓語。例二"綜"對"敷"是狀語對狀語。例三"規範本體"對"剪裁浮辭"都是用動賓結構作主語。例四"荀宋"對"賈馬"是主語對主語,"表之於前"對"繼之於末"是謂語對謂語;在謂語中"於前"對"於末"是補語對補語。總之,各例的内部結構是完全一致的。内部結構參差不齊的,並不常見:

> 山谷所資,於斯已辦;仁智所樂,豈徒語哉!（吴均:與顧章書）
>
> 至於士衡才優,而綴辭尤繁;士龍思劣,而雅好清省。（文心雕龍·鎔裁）
>
> 況復舟楫路窮,星漢非乘槎可上;風飈道阻,蓬萊無可到之期。（庾信:哀江南賦序）
>
> 懷帝閽而不見,奉宣室以何年?（王勃:滕王閣序）

以上例句,上下聯在句法結構方面都有些差異,似乎是半對半不對,但總的看來,仍然是對稱的。比如例一"於斯已辦"和"豈徒語哉",内部結構雖然不同,但都是充當謂語,上下聯仍是主語對主語,謂語對謂語。最後一例"而不見"和"以何年"的語法結構差別較大,但上下聯都是省去了主語,整個來説,還是謂語對謂語。

駢偶注意句子結構的對稱,從另一角度來看,也就是注意詞語的相互配對。原則上總是名詞對名詞,動詞對動詞,形容詞對形容詞,副詞對副詞,連詞介詞也與連詞介詞相對。凡用作主語、賓語的,一律看成名詞（"幽岫含雲,深谿蓄翠"）。用作定語的,除"之"字隔開的名詞外,名詞和形容詞被看成一類,相互配對（"落霞與孤鶩齊飛,秋水共長天一色"）。用作狀語的,一般都看成副詞（"若乃綜述性靈,敷寫器物"）。用作敘述句謂語中心詞的,一般都看成動詞（"英辭潤金石,高義薄雲天"）;如果後面不帶賓語,那麽,動詞和形容詞(作謂語的形容詞)被認爲同屬一類,相爲對仗("靈運之興會標舉,延年之體裁明密")。名詞、動詞、形容詞、副詞一般是異字相對;連詞、介詞大多是同字相對,但也有異字相對的。上文所舉的例子可以説明這些情況,這裏不再討論。

有一點值得提一提,駢偶在句法結構、詞性相互配對的原則下,上下聯的字數自必相等。但是句首句尾的虛詞以及共有的句子成分(主語、動詞、助動詞等)不算在對仗之内。例如:

> 民禀天地之靈,含五常之德。(宋書・謝靈運傳・論)
> 夫能設謨以位理,擬地以置心。(文心雕龍・情采)
> 譬繩墨之審分,斧斤之斲削矣。(文心雕龍・鎔裁)
> 若夫姬公之籍,孔父之書,與日月俱懸,鬼神爭奥。(蕭統:文選序)

駢偶在達到上面所説的基本要求以後,進一步要求對仗工整。作者不以句法結構和詞性相對爲滿足,還要求分别"事類"。這就是説,要求把相近的概念作爲對仗。例如《哀江南賦序》:"潘岳之文采,始述家風;陸機之辭賦,先陳世德。""潘岳"對"陸機",是人名對人名;"始述"對"先陳",一字扣一字;"家風"對"世德","文采"對"辭賦",也是同類概念相對。現在再舉一些對仗工整的例子:

> 律異班賈,體變曹王。(宋書・謝靈運傳・論)
> 曉霧將歇,猿鳥亂鳴;夕日欲頽,沈鱗競躍。(陶弘景:答謝中書書)
> 思瞻者善敷,才覈者善删。(文心雕龍・鎔裁)
> 歷觀文囿,泛覽辭林。(蕭統:文選序)
> 地勢極而南溟深,天柱高而北辰遠。(王勃:滕王閣序)

當然,過於要求工整,就會弄到用同義詞配對(以"異"對"變",以"將"對"欲",以"觀"對"覽")。同義詞用得太多,就顯得重複,是駢體文的毛病。《文選序》"豈可重以芟夷,加之剪截",就是上下聯

意思雷同的例子。與同義詞配對相反,用反義詞配對,內容既充實,又顯得很工整。例如:

> 並方軌前秀,垂範後昆。(宋書·謝靈運傳·論)
>
> 遠棄風雅,近師辭賦。(文心雕龍·情采)
>
> 艾繁而不可刪,濟略而不可益。(文心雕龍·鎔裁)
>
> 又少則三字,多則九言。(蕭統:文選序)

　　數目對和顏色對是工整的典型,駢體文在這一點上儘可能做到。例如:

> 一簡之內,音韻盡殊;兩句之中,輕重悉異。(宋書·謝靈運傳·論)
>
> 夫百節成體,共資榮衛;萬趣會文,不離辭情。(文心雕龍·鎔裁)
>
> 時更七代,數逾千祀。(蕭統:文選序)
>
> 層巒聳翠,上出重霄;飛閣流丹,下臨無地。(王勃:滕王閣序)
>
> 睢園綠竹,氣凌彭澤之樽;鄴水朱華,光照臨川之筆。(王勃:滕王閣序)
>
> 老當益壯,寧知白首之心;窮且益堅,不墜青雲之志。(王勃:滕王閣序)

前三例是數目對數目,後三例是顏色對顏色。數目中的"一"字又用作一般的副詞,所以能和副詞相對,例如《哀江南賦序》"將軍一去,大樹飄零;壯士不還,寒風蕭瑟","一"字和副詞"不"字相對。

　　句中自對,然後兩句相對,也是工整對。因為兩句相對已經很勻稱,句中再自相為對,整個對仗就顯得更加工整了。例如:

> 駢拇枝指,由侈於性;附贅懸肬,實侈於形。(文心雕龍·鎔裁)
>
> 冰釋泉湧,金相玉振。(蕭統:文選序)
>
> 騰蛟起鳳,孟學士之詞宗;紫電清霜,王將軍之武庫。(王勃:滕王閣序)

例一、例二上下聯的句法結構完全一致,句中自對又很工整,因此兩句相對更精巧。例三是兩個動賓結構和兩個偏正結構相對,句法結構雖有些不同,但是由於句中自對很精巧,兩句相對也就顯得工整。

　　駢體文的對仗是逐漸工整起來的。初期的駢體文,一般衹要能對就行,不避同字對,不十分講究工整;後期的駢體文則力求避免同字對,力求工整和精巧。因此有人能把對仗分成聯緜對、雙聲對、疊韻對等二三十類①。這裏没有必要細説。

　　初期的駢體文,不僅不十分講究工整,而且有駢散兼行的作法,這就是説,在駢偶中摻雜一些散句。《文心雕龍》雖然是寫在駢體文的全盛時期,但劉勰本人是主張"迭用奇偶,節以雜佩"的(文心雕龍·麗辭),所以《文心雕龍》一書裏頗有一些散句。例如:

> 聖賢書辭,總稱文章。非采而何? 夫水性虛而淪漪結,木質實而花萼振,文附質也。虎豹無文,則鞹同犬羊,犀兕有皮,而色資丹漆,質待文也。若乃綜述性靈,敷寫器象,鏤心鳥迹之中,織辭魚網之上,其爲彪炳縟采名矣。(文心雕龍·情采)

從這段文章可以看出,散句的作用在於引起下文或結束上文。這樣,文氣纔容易通暢。後期的駢體文儘可能少用或不用散句,追求形式的整齊,《滕王閣序》就是一個典型的例子。

(二十六)駢體文的構成(下)

　　上節我們談了駢偶問題,現在再談"四六"問題。

　　駢體文一般是用四字句和六字句。《文心雕龍·章句》説:"四字密而不促,六字格而非緩;或變之以三五,蓋應機之權節也。"柳宗元《乞巧文》説:"駢四儷六,錦心繡口。"都是對駢體文這一特點

---

① 《文鏡秘府論》把對仗分成二十九種。

的説明。因此駢體文在晚唐被稱爲"四六",李商隱的文集就題爲
《樊南四六甲乙集》。從宋到明都沿用"四六"這個名稱,清代纔叫
做駢體文。

"四六"是有一個發展過程的。魏晉時代的駢體文,句子的字
數還沒有嚴格的限制,一般以四字句爲多。劉宋時代,"四六"的格
式已具雛形。齊梁以後,"四六"的格式完全形成,所以劉勰能從理
論上加以説明。唐宋以後,"四六"的格式就更加定型化了。本單
元文選所選的庾信《哀江南賦序》、王勃《滕王閣序》都可以作爲
代表。

"四六"的基本結構有五種:(1)四四;(2)六六;(3)四四四
四;(4)四六四六;(5)六四六四。這五種基本結構是由對仗來決
定的:四字句和四字句相對爲四四;六字句和六字句相對爲六六;
上四下四和上四下四相對爲四四四四;上四下六和上四下六相對
爲四六四六;上六下四和上六下四相對爲六四六四。現在分別舉
例如下:

(1)四四

　　縟旨星稠,繁文綺合。(宋書·謝靈運傳·論)

　　英英相襍,緜緜成韻。(吳均:與顧章書)

　　心非權衡,勢必輕重。(文心雕龍·鎔裁)

　　衆制鋒起,源流間出。(蕭統:文選序)

(2)六六

　　綴平臺之逸響,采南皮之高韻。(宋書·謝靈運傳·論)

　　鏤心鳥迹之中,織辭魚網之上。(文心雕龍·情采)

　　蓋踵其事而增華,變其本而加厲。(蕭統:文選序)

　　窮者欲達其言,勞者須歌其事。(庾信:哀江南賦序)

(3)四四四四

張蔡曹王,曾無先覺;潘陸顏謝,去之彌遠。(宋書·謝靈運傳·論)

兩岸石壁,五色交輝;青林翠竹,四時俱備。(陶弘景:答謝中書書)

舒布爲詩,既言如彼;總成爲頌,又亦若此。(蕭統:文選序)

家君作宰,路出名區;童子何知,躬逢勝餞。(王勃:滕王閣序)

(4)四六四六

譬陶匏異器,並爲入耳之娛;黼黻不同,俱爲悅目之翫。(蕭統:文選序)

鍾儀君子,入就南冠之囚;季孫行人,留守西河之館。(庾信:哀江南賦序)

鶴汀鳧渚,窮島嶼之縈迴;桂殿蘭宮,列岡巒之體勢。(王勃:滕王閣序)

漁舟唱晚,響窮彭蠡之濱;雁陣驚寒,聲斷衡陽之浦。(王勃:滕王閣序)

(5)六四六四

申包胥之頓地,碎之以首;蔡威公之淚盡,加之以血。(庾信:哀江南賦序)

屈賈誼於長沙,非無聖主;竄梁鴻於海曲,豈乏明時。(王勃:滕王閣序)

前期駢體文的對偶,主要是上述第一、二兩種句式;後期駢體文的對偶,則以第三、四兩種爲最常見。四字句的節奏一般是二二,六字句的節奏主要有三三("酌貪泉而覺爽,處涸轍以猶懽")二四("流連萬象之際,沈吟視聽之區")兩種。三三的句式,一般是第四字用個虛詞,也可以劃分爲三一二;二四的句式,是以二字爲基礎的,也可劃分爲二二二。

　　駢體文中,除四六句以外,還有五字句和七字句。駢體文的五字句和詩句的節奏不同:詩句的節奏一般是二三;駢體文五字句的節奏一般是二一二或一四。例如:

雖清辭麗曲,時發乎篇;而蕪音累氣,固亦多矣。(宋書·謝靈運傳·論)

美終則誄發,圖像則讚興。(蕭統:文選序)

故有志深軒冕,而汎詠皋壤;心纏幾務,而虛述人外。(文心雕龍·情采)

若情周而不繁,辭運而不濫。(文心雕龍·鎔裁)

第一、三兩例是一四的五字句,這種格式大多是四字句的前面加一個連詞或別的虛詞;第二、四兩例是二一二的五字句,這種格式大多是四字句中間插進一個虛詞。

駢體文的七字句也和詩句的節奏不同:詩句的節奏一般是四三;駢體文七字句的節奏一般是三四、三一三、二五、四一二、二三二等。例如:

陸士衡——聞而撫掌,是所甘心;張平子——見而陋之,固其宜矣。(庾信:哀江南賦序)

襟三江——而——帶五湖,控蠻荆——而——引甌越。(王勃:滕王閣序)

臺隍——枕夷夏之交,賓主——盡東南之美。(王勃:滕王閣序)

都督閻公——之——雅望,棨戟遥臨;宇文新州——之——懿範,襜帷暫駐。(王勃:滕王閣序)

落霞——與孤鶩——齊飛,秋水——共長天——一色。(王勃:滕王閣序)

七字句實際上也是以六字句爲基調增加一字而成。

短到三字句,長到八字句,如王勃《滕王閣序》:"四美俱,二難并。"《宋書·謝靈運傳·論》:"相如巧爲形似之言,班固長於情理之説。"那是罕見的情況,這裏不詳細討論了。

下面我們談一談平仄問題。

"平仄"是與"四六"對仗有關的。平是平聲,仄是非平聲,包括上聲、去聲、入聲①。在對仗的時候,應該以平對仄,以仄對平。這

---

① 這裏所說的是中古漢語的聲調系統,和現代漢語普通話的聲調系統不完全相同。普通話没有入聲,而平聲分爲陰平、陽平。

是後期駢體文的特點,發端於齊梁,形成於盛唐。在我們的文選中,可以舉《滕王閣序》爲代表。現在分別加以說明①:

(1)四字句

甲式:◯平平◯仄仄,◯仄仄◯平平

例句:馮唐易老,李廣難封。

乙式:◯仄仄◯平平,◯平平◯仄仄

例句:敢竭鄙誠,恭疏短引。

(2)六字句

二四甲式:◯平平——◯仄仄◯平平,◯仄仄——◯平平◯仄仄

例句:(老當益壯,)寧知白首之心;(窮且益堅,)不墜青雲之志。

二四乙式:◯仄仄——◯平平◯仄仄,◯平平——◯仄仄◯平平

例句:坐昧先幾之兆,必貽後至之誅。②

三三甲式:◯平◯仄仄——◯仄平平,◯仄◯平平——◯平仄仄

例句:窮睇眄於中天,極娛遊於暇日。

三三乙式:◯仄◯平平——◯平仄仄,◯平◯仄仄——◯仄平平

例句:酌貪泉而覺爽,處涸轍以猶懽。

　　上文所述四六句的五種基本結構,其平仄都可以由此推知。節奏點的平仄是最嚴格的:四字句的第二第四字是節奏點;六字句如果是二四式,第二第四第六字是節奏點,如果是三三式,第三第六字是節奏點。五字句和七字句也可由此類推。五字句如果是二一二式,節奏點就是第二第五字,如果是一四式,節奏點就是第三第五字。七字句如果是三四式或三一三式,節奏點就落在第三第七字;如果是二五式或二三二式,節奏點就落在第二第五第七字;

---

① 下面例句,除第四例以外,均引自《滕王閣序》;字外加圈表示可平可仄。

② 駢體文中,一般多用甲式,《滕王閣序》沒有這種乙式,這裏舉駱賓王《代李敬業以武后臨朝移諸郡縣檄》。

如果是四一二式,節奏點就落在第二第四第七字。我們祇要記着平對仄,一切就都了解了。

現在,我們談用典的問題。

用典,古人叫做用事,《文心雕龍》有《事類》一章是專講用典的。不論什麼文章,完全不用典是很難的。先秦的古書就有不少引言引事的,漢代的文章用典更多。但這祇是修辭的手段,不成爲文體的特點。魏晉以後,駢體文逐漸以數典爲工,以博雅見長,形成滿紙典故,用典成爲駢體文語言表達上的一個特點。

《文心雕龍‧事類》説:"事類者,蓋文章之外,據事以類義,援古以證今者也。"這就是説,用典的目的是援引古事或古人的話來證明自己的觀點是古已有之,自己的話是正確的。例如蕭統《文選序》:"詩者,蓋志之所之也,情動於中而形於言。《關雎》《麟趾》,正始之道著;桑間濮上,亡國之音表。"第一句是引用《毛詩序》的話,表明這個觀點是有所本的。後面一聯對偶,上半聯也是引自《毛詩序》,下半聯是引自《禮記‧樂記》。蕭統再引用這兩個典故,進一步證明自己提出的觀點是正確的。

但是駢體文用典的目的,更主要的還在於使文章委婉、含蓄、典雅、精練。例如:

三日哭於都亭,三年囚於別館。(庾信:哀江南賦序)

釣臺移柳,非玉關之可望;華亭鶴唳,豈河橋之可聞。(庾信:哀江南賦序)

馮唐易老,李廣難封。(王勃:滕王閣序)

屈賈誼於長沙,非無聖主;竄梁鴻於海曲,豈乏明時。(王勃:滕王閣序)

例一庾信用兩個典故表現了他對梁朝滅亡和自己被羈留西魏的悲痛心情,做到了言簡意賅。例二庾信用兩個典故表達了他的鄉關之思,能喚起很多聯想,耐人尋味。例三、例四王勃用馮唐、李廣、賈誼、梁鴻的故事來暗喻他自己的不得志和受貶斥的遭遇,發洩他的"時運不齊,命運多舛"的感慨。其實是牢騷很深的話,但由於用了典故,表現得非常委婉。總之,駢體文用典,往往意在言外,說的是甲,影射的是乙,使讀者從典故中可以聯想到更多的内容。

駢體文用典,往往不指明出處,最講究剪截融化。剪截是裁取合乎本處屬對所需的古事古語,融化是把裁取的古事古語加以改易,使它同文中的本意相合。例如:

> 虎豹無文,則鞟同犬羊;犀兕有皮,而色資丹漆。(文心雕龍·情采)
>
> 駢拇枝指,由侈於性;附贅懸疣,實侈於形。(文心雕龍·鎔裁)
>
> 楚歌非取樂之方,魯酒無忘憂之用。(庾信:哀江南賦序)
>
> 他日趨庭,叨陪鯉對;今晨捧袂,喜託龍門。(王勃:滕王閣序)

例一的上半聯出自《論語·顏淵》,原話是:"文猶質也,質猶文也,虎豹之鞟,猶犬羊之鞟。"下半聯出自《左傳》,《左傳·宣公二年》:"使其驂乘謂之曰:'牛則有皮,犀兕尚多,棄甲則那。'役人曰:'從其有皮,丹漆若何。'"劉勰從《論語》《左傳》這兩段話中裁取了需要的詞語,完全重新組織,融化成一聯對偶,使它符合下文所提出的"質待文也"的觀點。正如《文心雕龍·事類》所指出的,"不啻自其口出"。例二也是融化古語,例三、例四則是援引古事。作者把這些古語古事都融化成自己的話,用的是古語或古事,表達的卻是作者的思想感情。

有時候,融化到了和原文差別很大,已經等於改寫了。例如《文心雕龍·情采》:"言以文遠。"《左傳》的原文是:"言之無文,行而不遠。"但"文"和"遠"的關係則是《左傳》原意,這仍算是用典。有時候甚至不是一句話,而祇是簡單的兩個字,也算是用典。

例如：

> 莫不寄言上德,託意玄珠。(宋書·謝靈運傳·論)
>
> (老子:"上德不德,是以有德。"莊子·天地:"黃帝游乎赤水之北,登乎崑崙之丘,而南望還歸,遺其玄珠。")
>
> 吳錦好渝,舜英徒豔。(文心雕龍·情采)
>
> (詩經·鄭風·有女同車:"有女同車,顏如舜英。")
>
> 夫百節成體,共資榮衞。(文心雕龍·鎔裁)
>
> (黃帝内經:"榮衞不行,五藏不通。")

有時候,極平常的一句話,或者一個詞或詞組,似乎没有什麼出典,但是作者確實是有意識地用典。例如：

> 正采耀乎朱藍,間色屏於紅紫。(文心雕龍·情采)
>
> (論語·鄉黨:"紅紫不以爲褻服。")
>
> 大盜移國,金陵瓦解。(庾信:哀江南賦序)
>
> (後漢書·光武贊:"炎政中微,大盜移國。"史記·秦本紀:"土崩瓦解。")
>
> 遂乃分裂山河,宰割天下。(庾信:哀江南賦序)
>
> (賈誼:過秦論:"宰割天下,分裂山河。")

駢體文用典,一般多是正用,但有時也反用。反用就是把古語古事反説。《哀江南賦序》中就有不少反用的例子：

> 讓東海之濱,遂餐周粟。
>
> 荆璧睨柱,受連城而見欺。
>
> 載書橫階,捧珠盤而不定。
>
> 況復舟楫路窮,星漢非乘槎可上。
>
> 風飆道阻,蓬萊無可到之期。

典故正用,如上面所分析的,可起比喻影射的作用,反用則有襯托、對比的效果。伯夷、叔齊,不食周粟;庾信卻做了北周的官,所以例一説"遂餐周粟"。庾信不能和伯夷、叔齊相比,用這個典故衹是襯托他自己的處境。例二、例三是同樣情況。庾信引用這些典故衹是掩飾他的不光彩的事情,把話説得委婉一些。例四是引《博物志》上的典故,《博物志》載,海濱有一人,曾乘浮槎到達天河。這裏卻説"星漢非乘槎可上",這就獲得了對比的效果,使感情表現得更加深刻。例五是同樣的情況。

　　總之,駢體文要做到"典雅",所以大量用典。我們如果要深入了解駢體文,就要知道其中典故的出處,否則不容易懂得透徹,例如《文心雕龍·情采》:"研味李老,則知文質附於性情;詳覽莊韓,則見華實過於淫侈。"如果不知道"文質"出自《論語》(論語·雍也"質勝文則野,文勝質則史,文質彬彬,然後君子"),"華實"出自《左傳》(文公五年"且華而不實,怨之所聚也"),也就不容易了解"文"與"質"對立,"華"與"實"並稱,對於整句的了解也就不够全面。特別是像"乃可謂雕琢其章,彬彬君子矣"(文心雕龍·情采),如果不按《詩經》和《論語》原文去解釋,單憑字面就完全講不通。駢體文用典,最主要的是採取這種融化的辦法,這是閱讀駢體文時的難點,值得我們重視。

　　最後,我們附帶談談藻飾問題。

　　藻飾就是追求詞藻華麗。顔色、金玉、靈禽、奇獸、香花、異草等類的詞是駢體文用得最多的詞語。正如楊炯《王勃集序》所説:"糅之金玉龍鳳,亂之朱紫青黄。"六朝有的駢體文僅顔色一類詞就佔全文字數的十分之一以上。我們可以説,藻飾和用典共同構成駢體文詞彙方面的特色。

　　在這兩節通論裏,我們已經對駢體文的語言特點作了一個簡要的説明。駢體文的這些特點是與漢語的特點有一定的關係的。

古漢語的單音詞多，組成對偶比較方便。但是駢體文的形成，主要地還是由於魏晉以後的文風。

對偶和四六，能使文章産生整齊的美感；用典容易引起聯想，並使文章變得典雅；協調平仄能增强語言的聲音美。但是過分追求形式整齊，詞句對偶，就往往使文章單調板滯，並影響内容的表達。例如《滕王閣序》："時維九月，序屬三秋。"一個意思，説了兩句，正是《文心雕龍·麗辭》所批評的"對句之駢枝"。又："楊意不逢，撫淩雲而自惜；鍾期既遇，奏流水以何慚。"爲了適合四六句式，就割裂詞語，把楊得意説成楊意，鍾子期説成鍾期。過多地用典，堆砌成篇，不僅使文章繁冗累贅，"殆同書抄"，而且使内容隱晦難懂，影響文章的效果。比如徐陵《玉臺新詠序》："新製連篇，寧止蒲葡之樹。"千多年來，就没有人知道它的出處。過分拘泥平仄，不僅妨礙内容的表達，並且影響語言的自然節奏，反而會削弱語言的聲音美。

就一般情況來説，駢體文總是追求形式美，而内容往往是平庸和貧乏的。在漢語文學語言的發展過程中，駢體文是一股逆流，它是宮廷文學、貴族文學的産物，是和人民口語背道而馳的書面語言。但是，駢體文不是没有好作品，六朝的駢體文中有許多作品確實是有文采的。駢體文寫得好，不爲格式所困，仍可言之有物，既能細膩地寫景，又能婉轉地抒情，也能精密地説理。古人文章，不少是用駢體文寫的；駢體文對唐宋以後的文學語言（特別是律詩）也有很大的影響。爲了培養閲讀古書的能力，爲了批判地吸收駢體文某些有用的藝術，駢體文作爲一種文體，還是值得研究分析的。

普通高等教育"十二五"國家級規劃教材

古 代 漢 語

（典藏本）

第 四 册

主　編　王　力

編　者　（以姓氏筆畫爲序）

吉常宏　祝敏徹　馬漢麟　郭錫良

許嘉璐　趙克勤　劉益之　蕭　璋

中 華 書 局

目　録

第十四單元

文選：詞

第十二單元

文　選

賈　誼

弔屈原賦[1]

　　恭承嘉惠兮,俟罪長沙[2]。側聞屈原兮,自沈汨羅[3]。造託湘流兮,敬弔先生[4],遭世罔極兮,乃殞厥身[5]。

[1]《文選》作《弔屈原文》。賈誼因受周勃、灌嬰等的譖毀,出爲長沙王太傅,實無異於貶謫。當他上任去經過湘水時,寫了這篇賦來弔屈原,並用以自喻。

[2]嘉惠,美好的恩惠,指皇帝任命他做長沙王太傅的詔命。俟罪,指做官,謙詞。長沙,漢長沙國,在今湖南省東部。漢高祖封吳芮(ruì)爲長沙王。賈誼是當吳芮的玄孫吳差的太傅。

[3]側聞,從旁聽説,謙詞。汨(mì)羅,水名,在今湖南東北部。沙、羅,押韻(歌部)。

[4]造,到。託湘流,指把弔文寄託給湘水,即投弔文於湘水之中。按:湘水和汨羅江都注入洞庭湖,古人以爲汨羅流入湘水,所以託湘水而弔。

[5]罔,無。極,指中正之道。殞(yǔn),歿。厥,其。生、身,押韻(耕真通韻)。

　　嗚呼哀哉! 逢時不祥。鸞鳳伏竄兮,鴟梟翺翔[1]。闒茸尊顯兮,讒諛得志[2];賢聖逆曳兮,方正倒植[3]。世謂隨夷爲溷兮,謂跖蹻爲廉[4],莫邪爲鈍兮,鉛刀爲銛[5]。吁嗟默默,生之無故兮[6]!斡棄周鼎,寶康瓠兮[7];騰駕罷牛,驂蹇驢兮[8];驥垂兩耳,服鹽車兮[9];章甫薦履,漸不可久兮[10]。嗟苦先生,獨離此咎兮[11]!

〔1〕伏竄,隱藏。鴟(chī),指鴟鵂(xiū),俗名猫頭鷹。梟(xiāo),又名鵂鶹(liú),外形跟鴟鵂相似。古人以爲鴟梟都是不祥之鳥。祥、翔,押韻(陽部)。

〔2〕闒茸,參看第三册第891頁《報任安書》注〔31〕。這裏指不才之人。

〔3〕逆曳,這裏是被倒着拉的意思,即不得順正道而行。方正,指方正的人。倒植,指本應居高位反而居下位。志、植,押韻(之職通韻)。

〔4〕隨,卞隨,殷代的賢士。據説湯要把天下讓給他,他認爲可恥,於是投水而死。夷,指伯夷。溷(hùn),混濁。跖,指盜跖。蹻,指莊蹻。舊説二人都是古時的大盜。

〔5〕莫邪,寶劍名。銛(xiān),犀利,快。廉、銛,押韻(談部)。

〔6〕吁嗟,感歎詞。默默,不得意。生,指屈原。無故,指無故遇禍。

〔7〕斡(wò),轉,也就是棄的意思。周鼎,周朝的傳國鼎,被認爲是國寶。康瓠,破罌。

〔8〕騰,乘。罷(pí),通"疲"。驂,使動用法。蹇(jiǎn),跛足,瘸。

〔9〕垂兩耳,吃力的樣子。馬負重過於吃力,就要低下頭去並垂兩耳。服,駕,乘。《戰國策·楚策》:"夫驥之齒至矣,服鹽車而上太行,中阪(半坡上)遷延(慢慢向下退),負轅不能上。"從"斡棄"到"車兮",比喻人君摒棄賢才而重用無能的人。故、瓠、驢、車,押韻(魚部)。

〔10〕章甫,參看第一册第188頁《先進》注〔21〕。薦,墊。章甫薦履,比喻倒行逆施。

〔11〕離,通"罹",遭受。咎,災禍。久、咎,押韻(之幽通韻)。

訊曰[1]:已矣!國其莫我知兮,獨壹鬱其誰語[2]?鳳漂漂其高逝兮,固自引而遠去[3]。襲九淵之神龍兮,沕深潛以自珍[4]。偭蟂獺以隱處兮[5]，夫豈從蝦與蛭蟥[6]？所貴聖人之神德兮，遠濁世而自藏。使騏驥可得係而羈兮[7]，豈云異夫犬羊[8]？般紛紛其離此尤兮[9]，亦夫子之故也。歷九州而相其君兮，何必懷此都也[10]？鳳凰翔於千仞兮，覽德輝而下之[11]。見細德之險徵兮，遥曾擊而去之[12]。彼尋常之汙瀆兮，豈能容夫吞舟之巨魚[13]？橫江湖之鱣鯨兮，固將制於螻蟻[14]。

〔1〕訊(xùn)，告，《漢書》作"誶"(suì)。訊曰或誶曰，都等於楚辭的亂曰。參看第二册第 559 頁《哀郢》注〔1〕。

〔2〕壹鬱，同"抑鬱"。

〔3〕漂漂，同"飄飄"，飛翔的樣子。語、去，押韻(魚部)。

〔4〕襲，因襲，這裏有效法的意思。九淵，等於説九重淵，即極深的淵。《莊子·列禦寇》："夫千金之珠，必在九重之淵，而驪龍(黑龍)頷下。"沕(wù)，深潛的樣子。

〔5〕偭(miǎn)，背。蟂(xiāo)，水蟲，像蛇，四足，食魚。獺(tǎ)，水獺，食魚。偭蟂獺，大意是：想要抛棄了蟂獺而從神龍(依服虔説，見《漢書》顔師古注引)。

〔6〕蝦，指蛤蟆(háma)。蛭(zhì)，水蛭，螞蟥，吸人畜的血。蟥，同"蚓"，蚯蚓。珍、蟥，押韻(真部)。

〔7〕使，假使。

〔8〕藏、羊，押韻(陽部)。

〔9〕般，通"盤"，盤桓，停留不走。紛紛，紊亂的樣子。離，通"罹"。

〔10〕故、都，押韻(魚部)。

〔11〕仞，七尺，一説八尺。德輝，指人君之道德的光輝。

〔12〕細德，卑鄙之德。險徵，危險的徵兆。大意是：看見細德之人顯出的危險的徵兆(即有謀害之意)。曾，高。擊，指兩翅擊空，也就是飛的意思。遥

曾擊,遠遠地高高地飛。下、去,押韻(魚部)。

〔13〕尋,八尺。常,十六尺。汙,停積不流的水。瀆(dú),小溝渠。《莊子·庚桑楚》:"夫尋常之溝,巨魚無所還(轉動)其體。"

〔14〕鱣(zhān),一種大魚。螻蟻,螻蛄和螞蟻。《莊子·庚桑楚》:"吞舟之魚,碭(溢出)而失水,則螻蟻能苦之。"從"鳳漂漂其高逝兮"至此,是作者怪屈原不該投江,而應當遠世自藏,待時而動。這實際上是對屈原的同情,同時也表示了作者對待當時社會的態度。魚、蟻,押韻(魚歌通韻)。

揚　雄

揚雄(依後人考證,揚當作楊;公元前53—公元18年),字子雲,西漢成都人。四十多歲時,由蜀至京師。大司馬車騎將軍王音欣賞他的文才,召爲門下史。一年以後,因進獻《羽獵賦》而拜爲郎,給事黃門。王莽的新朝建立以後,他調任大夫。但由於他不願趨附權貴,又爲王莽所忌,所以一直抑鬱不得志。他的學問淵博,在經學、小學等方面都有造詣,並擅長作賦。他留下來的作品,除了賦外,還有《法言》《太玄》《方言》等。

解　嘲〔1〕

客嘲揚子曰:"吾聞上世之士〔2〕,人綱人紀〔3〕,不生則已,生必上尊人君,下榮父母〔4〕。析人之珪〔5〕,儋人之爵〔6〕,懷人之符,分人之禄,紆青拖紫〔7〕,朱丹其轂〔8〕。今吾子幸得遭明盛之世,處不諱之朝〔9〕,與羣賢同行〔10〕,歷金門〔11〕,上玉堂有日矣〔12〕。曾不能畫一奇,出一策,上說人主,下談公卿,目如耀星〔13〕,舌如電光〔14〕,一從一横[15],論者莫當[16]。顧默而作《太玄》五千文[17],枝葉扶疏[18],獨説十餘萬言[19]。深者入黃泉,高者出蒼天,大者含元氣[20],細者入無閒[21]。然而位不過侍郎[22],擢纔給事黃門[23]。意者玄得無尚白乎[24]? 何爲官之拓落也[25]?"

[1]解嘲,對別人的嘲笑進行辯解。《漢書·揚雄傳》:"哀帝時,丁傅董賢(丁是丁明,哀帝母之兄。傅是傅晏,哀帝后之父。董賢是哀帝寵幸的小臣)用事。諸附離(依附)之者,或起家至二千石。時雄方草太玄,有以自守,泊如(淡泊的樣子)也。或嘲(古嘲字)雄以玄尚白,而雄解之,號曰解嘲(嘲)。"這篇賦揭露了西漢末年外戚專權,小人用事,競尚逢迎,排斥異己的黑暗政治,表示了作者不願意同流合汙的正確態度。

[2]上世,指上古。

[3]人綱人紀,指人們遵循的準則。

[4]"尊"和"榮"都用如動詞,使動用法。士、紀、己、母,押韻(之部)。

[5]析,分。人,指人君。珪,通"圭",古人以圭封諸侯,諸侯執以朝天子。《漢書·司馬相如傳》"析珪而爵"如淳注:珪中分爲二,白的一半藏於天子,青的一半給諸侯。

[6]儋(dān),同"擔"。這裏指承受。

[7]紆(yū),纏繞。青,指青色綬。紫,指紫色綬。漢制,印綬,公侯紫綬,九卿青綬。

[8]漢制,公列侯及二千石以上的官,皆得乘朱輪。朱、丹,都是紅顏色,這裏用如動詞,使動用法。爵、祿、轂,押韻(藥屋通韻)。

[9]不諱,不忌諱,這裏指説話無所忌禁。"不諱之朝"是從來没有的,這祇是一句恭維話。

[10]行(háng),行列。

[11]金門,金馬門。漢制,天下被徵召之士,都在公車(機關名稱)待詔,其中最優異的在金馬門待詔,備顧問。

〔12〕玉堂,官署名,略等於後世的翰林院。《漢書·李尋傳》:"臣隨衆賢待詔,久汙玉堂之署。"

〔13〕這句是説眼光有神,能吸引聽者。

〔14〕這句是説口才敏捷,善於應對。

〔15〕從、横,本指合從、連横。這裏"一從一横"指辭鋒時反時正,有辯才。

〔16〕卿、光、横、當,押韻(陽部)。

〔17〕顧,反而。太玄,即《太玄經》,是揚雄摹仿《易經》和《老子》而作的一部哲學著作。

〔18〕扶疏,疊韻聯緜字,枝葉四面分布的樣子。這裏以樹喻文。

〔19〕《文選》"十"字上有"數"字,今從《漢書》。十餘萬言,可能是指《太玄經》的傳和章句。

〔20〕元氣,古人認爲天地未開闢前是一團混沌的氣體,叫做"元氣"。元,始。這句是説大的道理把整個宇宙都包括了。

〔21〕閒,間隙。無閒,没有間隙的東西。這是説,没有間隙,應該就不能入,而《太玄》理論之細,連没有間隙的東西也被它貫徹到了。

〔22〕侍郎,秦漢官名,即皇帝左右的侍從武官,漢屬光禄勳,官位較低。

〔23〕給事黄門,漢官名,供職宮中,位次將(中郎將)大夫,比一般侍郎官位高。按:秦漢有黄門侍郎,另有給事黄門,後漢併爲一官,稱爲給事黄門侍郎。文、言、泉、天、閒、門,押韻(真文元通韻)。

〔24〕意者,等於説想來。得無,等於説莫非。玄尚白,借《太玄》的"玄"字示意,玄是黑,應該黑而還是白,借以譏笑揚雄無禄位。

〔25〕拓落,疊韻聯緜字,不得意的樣子。白、落,押韻(鐸韻)。

　　揚子笑而應之曰:"客徒欲朱丹吾轂,不知一跌將赤吾之族也〔1〕!往昔周網解結〔2〕,羣鹿爭逸〔3〕,離爲十二〔4〕,合爲六七〔5〕,四分五剖,並爲戰國〔6〕。士無常君,國無定臣,得士者富,失士者貧。矯翼厲翮〔7〕,恣意所存〔8〕。故士或自盛以橐〔9〕,或鑿坏以遁〔10〕。是故鄒衍以頡頑而取世資〔11〕,孟軻雖連蹇猶爲萬乘師〔12〕。

〔1〕跌,失足。赤,用如動詞,使動用法,這裏等於説誅滅,因爲被誅戮者必流血。殼、族,押韻(屋部)。

〔2〕比喻周朝統治的崩潰。

〔3〕比喻宗室渙散,諸侯叛離。

〔4〕十二,十二國,指魯、衞、齊、宋、楚、鄭、燕、趙、韓、魏、秦、中山。

〔5〕六七,指齊、燕、楚、韓、趙、魏六國,加上秦爲七國。

〔6〕結、逸、七、國,押韻(質職通韻)。

〔7〕矯,舉。厲,振奮。

〔8〕恣意,任意。存,止息。這是説,這些士或仕或隱,任意找尋自己安身的地方。

〔9〕指范雎(jū)入秦,藏於囊中(依服虔説)。這是指忍辱求仕。

〔10〕坏(péi),牆。《淮南子·齊俗訓》:“顔闔(魯之隱士),魯君欲相之而不肯,使人以幣先焉,鑿培(即坏)而遁之,爲天下顯武(有名之士)。”這是指堅決不仕。君、臣、貧、存、遁,押韻(真文通韻)。

〔11〕頡頑(xiéháng),雙聲聯緜字,指迂怪之説(依蘇林説,見《文選》注引)。取世資,大意是取世以爲資(憑藉),而己爲之師(依李善説)。《老子》第二十七章:“故善人者不善人之師,不善人者善人之資。”這裏用“資”字,避免與下文“師”字重複。鄒衍是齊國的陰陽家,他的學説閎大不經,當時名重諸侯,燕昭王拜他爲師。齊國人稱他爲“談天衍”。

〔12〕連蹇,疊韻聯緜字,處境困難的樣子。《史記·孟子荀卿列傳》説“孟軻困於齊梁”。猶爲萬乘師,這是説還是受到各國諸侯像弟子對待老師那樣的尊敬。資、師,押韻(脂部)。

　　“今大漢左東海〔1〕,右渠搜〔2〕,前番禺〔3〕,後椒塗〔4〕,東南一尉〔5〕,西北一候〔6〕。徽以糾墨〔7〕,制以鑕鈇〔8〕;散以禮樂〔9〕,風以詩書〔10〕;曠以歲月〔11〕,結以倚廬〔12〕。天下之士,雷動雲合,魚鱗雜襲〔13〕,咸營於八區〔14〕。家家自以爲稷契,人人自以爲皋陶,戴縰垂纓而談者〔15〕,皆擬於阿衡〔16〕,五尺童子,羞比晏嬰與夷吾〔17〕。當塗者升青云〔18〕,失路者委溝渠〔19〕,旦握權則爲卿相,夕失勢則爲匹夫。譬若江湖之崖,渤澥之島〔20〕,乘雁集不爲之多〔21〕,雙鳧飛不爲之少〔22〕。

〔1〕東海,指會稽郡的東海(依應劭説,見《漢書》注),即今浙江東部。

〔2〕渠搜,古西戎國名,其地即漢時的康居(依胡渭説,見《禹貢錐指》),在今新疆北部及中亞一部分地方。

〔3〕番(pān)禺,今廣州市。

〔4〕椒塗,北方國名,其地漢時在漁陽郡(今北京市以東、天津市以北及長城以南一帶地方)的北界。

〔5〕尉,都尉,官名。漢制凡邊疆各郡,除太守以外,都兼設都尉管理軍事,負守禦鎮撫之責。這裏指會稽郡(在今江蘇東南部及浙江東南部)的都尉。

〔6〕候,關隘上守望之所。這裏指敦煌郡的玉門關候(依孟康説,見《漢書》注)。那裏也是都尉所治的地方。

〔7〕徽,捆。糾墨,同"糾纆",糾與纆都是繩索名,這裏泛指繩索。

〔8〕鑕(zhì),刀砧(zhēn)。鈇(fū),鍘刀。合言爲鈇鑕,即腰斬的刑具。

〔9〕散,散布,這裏指宣揚。

〔10〕風,感化。

〔11〕曠,費〔時間〕。

〔12〕結,構,搭。倚廬,遭喪者所居。這是指三年居喪,即行禮教的意思。漢律:不爲親居喪三年,不得選舉。

〔13〕雜襲,疊韻聯緜字,紛紜眾多的樣子。魚鱗雜襲,像魚鱗似的密密麻麻。

〔14〕八區,八方。營於八區,從四面八方營求官位的意思。

〔15〕縰(xǐ),包髮的巾,古人先用縰包髮,然後戴冠。纓,繫冠的絲帶子。垂纓,是説纓繫在腮下,纓穗下垂。這句指當時的士大夫。

〔16〕阿衡,商代官名,伊尹做過阿衡,因此成了伊尹的代稱。

〔17〕晏嬰,春秋時人,曾相齊景公。夷吾,即管仲。兩人都輔佐君王,圖謀霸業。這句是說漢朝已統一天下,行王道,非五霸可比。

〔18〕當塗,當道,即當權。

〔19〕失路,不當道,即失勢。搜、禺、塗、候、鈇、書、廬、區、陶、吾、渠、夫,押韻(魚侯幽通韻)。

〔20〕渤澥(xiè),海旁叫渤,斷水叫澥。

〔21〕乘雁,一隻雁(依王念孫說,見《讀書雜誌》)。

〔22〕雙鳧,應作隻鳧(依王念孫說,見《讀書雜誌》)。這是說朝廷人才濟濟,來一個不顯其多,減一個不覺其少。鳧、少,押韻(宵部)。

　　"昔三仁去而殷墟〔1〕,二老歸而周熾〔2〕;子胥死而吳亡〔3〕,種蠡存而越霸〔4〕;五羖入而秦喜〔5〕,樂毅出而燕懼〔6〕;范雎以折摺而危穰侯〔7〕,蔡澤以噤吟而笑唐舉〔8〕。故當其有事也〔9〕,非蕭曹子房平勃樊霍則不能安〔10〕;當其無事也,章句之徒〔11〕,相與坐而守之,亦無所患〔12〕。故世亂則聖哲馳騖而不足,世治則庸夫高枕而有餘。

〔1〕三仁,指微子、箕子、比干。《論語·微子》:"微子去之,箕子爲之奴,比干諫而死。孔子曰:'殷有三仁焉。'"墟,廢墟,用如動詞。殷墟,指殷都變爲廢墟,也就是亡國的意思。

〔2〕二老,指伯夷、姜尚(姜太公)。《孟子·離婁上》:"伯夷辟紂,居北海之濱,聞文王作,興曰:'盍歸乎來!吾聞西伯善養老者。'太公辟紂,居東海之濱,聞文王作,興曰:'盍歸乎來!吾聞西伯善養老者。'二老者,天下之大老也,而歸之,是天下之父歸之也。天下之父歸之,其子焉往?"熾,興旺。

〔3〕子胥,姓伍,名員(yún)。曾經幫助吳王闔廬伐楚,攻破郢都,給父兄報仇。闔廬伐越,受傷死了,他的兒子夫差再伐越,大破越軍。越王勾踐請和,夫差不顧子胥的諫阻,答應了越國的請求。後來子胥屢次勸夫差攻取越國,

夫差都没有聽從,反而去伐齊。夫差並且聽信讒言,賜劍給子胥,迫他自殺了。九年後,越國滅了吴國。

〔4〕種,文種。蠡,范蠡。越王勾踐從吴回國後,把國政委託給文種,並使范蠡作人質向吴國求和。後來吴國把范蠡送回越國。種、蠡二人輔佐勾踐,滅吴稱霸。

〔5〕羖(gǔ),牡黑羊。五羖,指五羖大夫百里奚,先爲虞大夫,晉獻公滅虞後,將他俘獲,並把他作爲秦穆公夫人陪嫁的臣子。後來,百里奚從秦國逃出,到楚的宛邑(今河南南陽縣)時,被楚人捕獲。秦穆公聽説百里奚有才能,就用五張羖皮贖他回來。穆公和他談論國事,非常高興,於是把國政委給他。

〔6〕樂毅,戰國時燕人,爲燕昭王伐齊,大破齊。昭王死,子立爲惠王,心疑樂毅在齊稱王,就召回樂毅,使騎劫替代他。樂毅怕回燕後被誅,就逃到趙國,趙封他爲望諸君,用來威脅燕齊,惠王於是感到恐懼。

〔7〕折摺(là),這裏指折脅摺齒,即折斷了肋骨、牙齒。參看第三册第877頁《獄中上梁王書》注〔13〕。穰(ráng)侯,名魏冉,爲秦昭王母宣太后之弟,當時爲秦相。危穰侯,范雎説秦昭王,昭王驅逐穰侯,拜雎爲相。

〔8〕蔡澤,戰國時燕的辯士,入秦,昭王待爲客卿,後來又代范雎爲秦相。噤吟(jìnyín),疊韻聯縣字,下巴下垂經常閉不住口的樣子。笑唐舉,見笑於唐舉。蔡澤曾請魏國相士唐舉給他相面,唐舉仔細看了他幾眼,就笑了起來,開玩笑地説:"我聽説聖人不像一般人的相貌,大概就是指的你吧?"霸、懼、舉,押韻(鐸魚合韻)。

〔9〕其,指天下。有事,指有亂事。

〔10〕蕭,蕭何,輔助劉邦建立漢朝,當了丞相。曹,曹參,劉邦的將官,蕭何死後,繼任爲相。子房,張良,輔佐劉邦平天下,封爲留侯。平,陳平,劉邦開國時的謀臣,後來做了惠帝的丞相,和周勃合謀平諸吕之變。勃,周勃,先是劉邦的將官,後來做了太尉,封絳侯,平諸吕有功。樊,樊噲,也是劉邦的將官,鴻門宴中,范增欲殺劉邦,因樊噲衛護,劉邦得免,後封舞陽侯。霍,霍光,漢昭帝死後,曾立昌邑王,後來昌邑王淫亂,廢去,立宣帝。

〔11〕即那些靠章句之學顯達的人。

〔12〕安、患(huán)，押韻(元部)。

　　“夫上世之士，或解縛而相〔１〕，或釋褐而傅〔２〕；或倚夷門而笑〔３〕，或橫江潭而漁〔４〕；或七十説而不遇〔５〕，或立談而封侯〔６〕；或枉千乘於陋巷〔７〕，或擁篲而先驅〔８〕。是以士頗得信其舌而奮其筆〔９〕，窒隙蹈瑕而無所詘也〔10〕。當今縣令不請士，郡守不迎師，羣卿不揖客〔11〕，將相不俛眉〔12〕。言奇者見疑，行殊者得辟〔13〕。是以欲談者卷舌而同聲〔14〕，欲步者擬足而投迹〔15〕。鄉使上世之士處乎今世〔16〕，策非甲科〔17〕，行非孝廉，舉非方正〔18〕，獨可抗疏〔19〕，時道是非，高得待詔，下觸聞罷，又安得青紫〔20〕？

〔１〕指管仲被鮑叔牙釋放，並向齊桓公推薦爲相的故事。參看第一册第 194 頁《憲問》注〔1〕。

〔２〕釋，指脱掉。釋褐，脱去粗毛衣服，指登仕。傅，太傅，三公之一。這裏指傅説的故事。參看第一册第 311 頁《舜發於畎畝之中》注〔2〕。《墨子・尚賢》説傅説“被褐帶索，庸(傭)築乎傅巖，武丁(殷高宗)得之，舉以爲三公”。按：殷武丁時未有三公的制度，文人用典不拘。

〔３〕夷門，魏都大梁的東門。夷門監者侯嬴，被魏公子信陵君待爲上賓。後來秦攻趙，趙求救於魏，魏畏秦，觀望不前。信陵君準備到秦軍中拚死，往辭侯嬴，嬴不表示什麼意見。信陵君走至半路，又回轉來見侯嬴，侯嬴笑着説：“我本來就知道你會回來的。”就爲信陵君設謀，盜得兵符，矯魏王令代晉鄙，率軍擊秦軍，解邯鄲圍。

〔４〕指與屈原談話的漁父。參看第二册第 562 頁《漁父》。

〔５〕説，遊説。這裏指孔子的故事。傳説孔子遊説了七十多個國君，但没有碰上一個明主。

〔６〕指虞卿的故事。虞卿是個遊説之士，曾遊説趙孝成王，祇見了兩次，孝成

王就讓他做了趙國的上卿。

〔7〕枉,委屈。千乘,指千乘之國的國君,這裏用齊桓公的故事。齊桓公有個
小臣名稷的,桓公曾一天到他家裏三次,都没有見到,但桓公仍堅持要
見他。

〔8〕篲(huì),笤帚。擁篲而先驅,以衣袂擁帚卻行,恐塵埃汙及長者(依司馬
貞説,見《史記索隱》)。這裏用燕昭王的故事。《史記·孟子荀卿列
傳》:"(騶衍)如燕,昭王擁篲先驅,請列弟子之座而受業。"傅、漁、遇、
侯、驅,押韻(魚侯通韻)。

〔9〕信,通"伸"。

〔10〕瑕(xiá),裂縫。窒隙蹈瑕,等於説乘機。詘(qū),通"屈"。無所詘,没
有受到什麼挫折,也就是無往而不利。筆、詘,押韻(物部)。

〔11〕揖客,對客作揖,指禮賢下士。

〔12〕俛,通"俯"。俛眉,低眉,指謙恭自抑。師、眉,押韻(脂部)。

〔13〕辟,罪。

〔14〕大意是:想談論的都捲舌不言,別人説了,然後來附和別人的論調,也就
是人云亦云的意思。

〔15〕擬,揣度,比量。大意是:想行動的人抬起腳來比量了半天,纔看準前人
的腳印踏下去,也就是亦步亦趨的意思。辟、迹,押韻(錫部)。

〔16〕嚮使,假使。

〔17〕策,指射策和對策,都是漢代考試士子的辦法。甲科,漢平帝時(公元1—
5年,即揚雄的時代)科舉分爲甲乙丙三科。甲科爲最上級,入選者爲
郎中。

〔18〕漢代選舉士子,科目大致有兩種:一種是孝廉,一種是賢良方正。孝廉重
品行,以孝順父母和廉潔見稱的,始得被選。賢良方正則稍有才學就能
充選。

〔19〕獨,衹。抗疏,上疏〔給皇帝〕。

〔20〕這幾句的大意是:如果他們上疏發表議論,最高的不過能留下備皇帝諮
詢;如果談得不好,有所觸犯,皇帝説知道了,就不予任用,又怎麼能位至

公卿呢? 漢制,四方上書之士,文章被皇帝看上的,就令上書人待詔公車,看不上的,就打發他回去,不任用他。罷,罷免,這裏指不用。

　　"且吾聞之:炎炎者滅[1],隆隆者絕[2]。觀雷觀火,爲盈爲實,天收其聲,地藏其熱。高明之家[3],鬼瞰其室[4]。攫挐者亡[5],默默者存[6];位極者宗危[7],自守者身全[8]。是故知玄知默[9],守道之極[10];爰清爰靜[11],游神之庭[12];惟寂惟漠,守德之宅[13]。世異事變,人道不殊[14],彼我易時[15],未知何如[16]。今子乃以鴟梟而笑鳳皇[17],執蝘蜒而嘲龜龍[18],不亦病乎? 子之笑我玄之尚白,吾亦笑子病甚,不遇俞跗與扁鵲也[19],悲夫!"

〔1〕炎炎,火光旺盛的樣子。炎炎者,指旺盛的火光。

〔2〕隆隆,形容劇烈的聲音。隆隆者,指隆隆不斷的雷聲。

〔3〕高明,等於説顯貴。

〔4〕瞰(kàn),窺望。以上八句,是演繹《易經》豐卦之義而成的。豐卦震居上,震代表雷,就是"天收其聲"之意;豐卦離居下,離代表火,就是"地藏其熱"之意;這是旺盛不能持久、將要滅絕的象徵。豐卦還説:"豐(光大)其屋,蔀(音 bù,遮蔽光亮)其家,闚(窺)其户,閴(音 qù,靜)其無人。"就是"高明之家,鬼瞰其室"之意,也就是説顯貴人家要家敗人亡。而豐卦總的精神,就是"炎炎者滅,隆隆者絕"(以上本清李光地之説,見《周易通論》)。滅、絕、實、熱、室,押韻(質月通韻)。

〔5〕攫挐(juénú),妄有搏執牽引(依顏師古説),妄取。

〔6〕默默,不言不語,這裏指恬淡自守,不爭名利。

〔7〕位極者,指作大官的人。"宗"李善本《文選》作"高",今從《漢書》。

〔8〕存、全,押韻(文元通韻)。

〔9〕玄,黑,比喻清靜無爲。這裏和"默"的意思差不多,指不求聞達。

〔10〕極,最高處,這裏指最高的標準。默、極,押韻(職部)。

〔11〕爰,乃,於是。清、靜,指淡泊無欲。

〔12〕神之庭,指精神所居處。靜、庭,押韻(耕部)。

〔13〕德之宅,指道德所存之處。從"是故"到"之宅",抒發了老莊清靜無爲的消極思想。漠、宅,押韻(鐸部)。

〔14〕人道,作人的道理。

〔15〕彼,指上世之士。

〔16〕這裏暗含有或許我還比他們强的意思。殊、如,押韻(侯魚通韻)。

〔17〕鴟梟,參看本册第1220頁《弔屈原賦》注〔1〕。

〔18〕蝘蜓(yǎntíng),疊韻聯緜字,壁虎。這是本着《荀子‧賦》篇佹詩"螭龍爲蝘蜓,鴟梟爲鳳皇"語意,説明世人不辨上智與下愚。皇、龍,押韻(陽東通韻)。

〔19〕俞跗(fù),上古的良醫。扁鵲,戰國時代的良醫。白、鵲,押韻(鐸部)。

　　客曰:"然則靡玄無所成名乎〔1〕?范蔡以下〔2〕,何必玄哉?"

　　揚子曰:"范雎,魏之亡命也〔3〕。折脅摺髀〔4〕,免於徽索〔5〕,翕肩蹈背〔6〕,扶服入橐〔7〕。激卬萬乘之主,介涇陽,抵穰侯而代之〔8〕,當也〔9〕。蔡澤,山東之匹夫也〔10〕。顑頤折頞〔11〕,涕唾流沫〔12〕,西揖彊秦之相〔13〕,搤其咽而亢其氣〔14〕,俯其背而奪其位〔15〕,時也〔16〕。天下已定,金革已平〔17〕,都於洛陽;婁敬委輅脱輓〔18〕,掉三寸之舌〔19〕,建不拔之策〔20〕,舉中國徙之長安〔21〕,適也〔22〕。五帝垂典〔23〕,三王傳禮〔24〕,百世不易;叔孫通起於枹鼓之間,解甲投戈,遂作君臣之儀〔25〕,得也。吕刑靡敝〔26〕,秦法酷烈,聖漢權制〔27〕,而蕭何造律〔28〕,宜

也[29]。故有造蕭何之律於唐虞之世，則悂矣[30]。有作
叔孫通儀於夏殷之時，則惑矣[31]。有建婁敬之策於成周
之世，則乖矣[32]。有談范蔡之說於金張許史之間[33]，則
狂矣。夫蕭規曹隨[34]，留侯畫策，陳平出奇[35]，功若泰
山，響若坻隤[36]，雖其人之贍智哉[37]，亦會其時之可爲
也[38]。故爲可爲於可爲之時，則從[39]；爲不可爲於不可
爲之時，則凶[40]。若夫藺生收功於章臺[41]，四皓采榮於
南山[42]，公孫創業於金馬[43]，驃騎發迹於祁連[44]，司馬
長卿竊貲於卓氏[45]，東方朔割炙於細君[46]，僕誠不能與
此數子並，故默然獨守吾《太玄》[47]。"

〔1〕靡，無。

〔2〕范，范睢。蔡，蔡澤。以下，指蕭何、曹參等人。

〔3〕亡命，逃亡，這裏指亡命之徒。

〔4〕摺(lā)骼(qià)，摧折腰骨。

〔5〕徽索，繩子。這兩句指范睢"折脅摺骼"以後，裝死，沒有被囚，魏齊叫人
　　拿席子把他捲起來放在廁所裏。

〔6〕翕(xī)，收斂。翕肩，聳肩，實指把身子縮起來。蹈，當讀爲搯(tāo)，叩，
　　敲打(依楊樹達說)。蹈背，輕叩其背以便幫助他鑽進橐中。

〔7〕扶服，同"匍匐"。入橐，參看本册第1225頁《解嘲》注〔9〕。這裏是指范
　　睢躲避穰侯的車。范睢跟隨秦使者王稽坐車由魏逃入秦國，中途遇見秦
　　相穰侯。范睢知道穰侯專權，恨六國諸侯之客被秦收納，怕被穰侯發現，
　　就請王稽將他藏在車箱裏頭。"翕肩蹈背，扶服入橐"是形容范睢入橐的
　　樣子。骼、索、橐，押韻(鐸部)。

〔8〕卬，昂。激卬，等於說激怒。介，指離間。涇陽，涇陽君(秦昭王弟)。抵，
　　當作"扺"(zhǐ)，從旁攻擊。秦昭王母宣太后專制，其弟穰侯擅權，涇陽
　　君、高陵君(也是昭王之弟)等生活奢侈，比王室還闊。范睢趁此機會向昭

王離間他們,説他們勢力很大,將來會篡奪王位,昭王甚以爲然,非常恐懼。於是廢掉了太后,罷免了穰侯的相位,並把穰侯、涇陽君、高陵君驅逐出函谷關外,拜范雎爲相。

〔9〕當(dàng),適當,這裏指碰上機會。

〔10〕山東,泛指崤山函谷關以東地區,即六國地區。蔡澤是燕國人,故稱他爲"山東之匹夫"。

〔11〕頯,是鎮(qīn)的借字(依王念孫説,見《讀書雜誌》)。頯頤,即鎮頤,垂下下巴(依段玉裁説,見《説文解字注》)。折頞(è),斷鼻梁,就是説鼻梁骨陷塌。

〔12〕唾,唾沫。沬(huì),洗臉。涕唾流沬,等於説涕唾滿面,這是形容蔡澤的骯髒樣子。今本《文選》沬作沫,誤。

〔13〕彊秦之相,指范雎。這句是説蔡澤見了范雎,長揖不拜,表示對范雎傲慢無禮。

〔14〕搤(è),同"扼",搯(qiā)住。亢,絶。這句形容蔡澤挾持范雎的厲害樣子。

〔15〕拊,同"拊",拍打。搤咽亢氣之後,繼以拍背,都是挾持手段。范雎爲秦相以後,使鄭安平伐趙,鄭卻投降了趙國;范雎所任用的河東太守王稽又因私自和六國勾結而被誅。按秦法,范雎當有坐連三族之罪。因此,秦昭王雖然寬待他,他還是慄慄危懼。蔡澤乘此機會入秦,抓住了范雎的心病,用言語要挾,勸他退位。於是范雎稱病免相,昭王就拜蔡澤爲相。沬、氣、位,押韻(物部)。

〔16〕時,時機,機會,這裏指碰上機會。

〔17〕金革,兵革,指戰爭。定、平,押韻(耕部)。

〔18〕婁敬,西漢時齊人,因向劉邦獻策都關中,賜姓劉,號爲奉春君,封關内侯。委,扔下。輅(lù),車前橫木,用來挽車的。脱,取下。輓,挽車,這裏指挽車的皮帶。《史記·劉敬叔孫通列傳》載:婁敬戍隴西(服勞役),經過洛陽,正碰上高祖在洛陽,於是他"脱輓輅"而獻建都之策。

〔19〕掉,摇,這裏有擺弄的意思。

〔20〕拔,移動。不拔,動不了,指穩妥可靠。

〔21〕舉,舉起來,這是形象的説法。中國,指京都。

〔22〕適,碰巧。

〔23〕五帝,參看第二册第406頁《五蠹》注〔19〕。典,典籍。

〔24〕三王,參看第二册第406頁《五蠹》注〔19〕。

〔25〕枹(fú),鼓槌。枹鼓,指戰鼓。枹鼓之間,指戰場。劉邦既定天下,諸侯
　　　共尊他爲皇帝,但羣臣飲酒爭功,醉或狂呼,拔劍擊柱,劉邦頗以爲患。
　　　叔孫通本是秦的博士,後降漢,看見了這種情況,就招集了許多儒生,明
　　　習君臣間的禮儀,使貴賤有差别,尊卑有次第。以後諸侯羣臣朝見,或置
　　　酒會飲,皆不敢喧譁失禮,這纔顯出皇帝的尊貴。

〔26〕吕,即吕侯,亦稱甫侯,周穆王時人,爲天子司寇,穆王叫他制定刑法,通
　　　告四方。今《尚書·吕刑》即記載其事。吕刑,這裏泛指周代的刑法。靡
　　　(mí)敝,敗壞。敝、烈、制、律,押韻(月物通韻)。

〔27〕權,權變。

〔28〕漢朝初年,蕭何搜集了秦法,取其中適宜於當時情況的,制定律令九章。

〔29〕宜,指合時宜。

〔30〕悂(pī),錯誤。

〔31〕惑,不明事理。

〔32〕成周,指西周初年的洛邑,即後來的洛陽。周公輔佐成王時,曾築城於
　　　此,號爲成周。成周之世,指周公輔成王的時代。

〔33〕金,金日磾(mìdī)。張,張安世。金、張二人都是漢宣帝時的顯宦。後世
　　　以"金張"爲顯宦的代稱。許,許廣漢,是漢宣帝皇后許氏的父親。史,指
　　　史恭及其長子史高。史恭是漢宣帝的祖母史良娣之兄。許、史兩家都是
　　　宣帝的外戚,後世以"許史"爲外戚的代稱。

〔34〕規,規畫。隨,遵循。這是說曹參繼蕭何做宰相,沒有改變蕭何的規劃。

〔35〕陳平輔佐劉邦得天下,曾六出奇計。

〔36〕響,指聲譽。坻,當作"坁"(shì),坁,古作"氏",巴(漢巴郡,今四川東部
　　　地)蜀(漢蜀郡,今四川中部地)把山上突出而欲墜的崖石叫做氏,氏崩,
　　　聲聞數里(本《説文》)。隤(tuí),崩。

〔37〕贍(shàn),足。贍智,贍於智。

〔38〕隨、奇、隤、爲,押韻(歌微通韻)。

〔39〕從,順。

〔40〕從、凶,押韻(東部)。

〔41〕藺生,即藺相如。收功,取得功績。章臺,秦國宮殿名。這裏指藺相如完
璧歸趙事,參看第三册第1142頁《哀江南賦序》注〔4〕。

〔42〕四皓,四個白髮老人,指秦漢之際的四個隱士,即東園公、綺里季、夏黄
公、角(lù)里先生。這都不是真姓名。采榮,採取榮譽。按:采榮是雙關
語,榮本是草木之英(花),採取以供食,這是隱士的生活,但是許多隱士
的隱居卻是爲了榮名。南山,即今河南省的商山。秦始皇時,四皓避世,
隱居南山。漢高祖初即皇帝位,想徵用他們,他們都不去。後來,高祖想
廢掉太子,吕后用張良計,使人奉太子書,卑辭厚禮,迎接他們來輔佐太
子,他們都接受了這個請求。

〔43〕公孫,指公孫弘。金馬,指金馬門。漢武帝元光五年,徵賢良文學,公孫
弘被推薦赴京到太常對策。當時對策者百餘人,公孫弘被録取爲第一。
於是拜爲博士,待詔金馬門。以後累官至丞相,封平津侯。

〔44〕驃騎,指霍去病,霍去病作過驃騎將軍。發迹,等於説起家。祁連,祁連
山,在今甘肅省張掖縣西南。漢武帝時,霍去病打匈奴,至祁連山,捕獲
俘虜很多,因此日見親信,屢次加封,最後和大將軍衞青同加官大司馬,
職位俸禄和大將軍相等。

〔45〕長(zhǎng)卿,司馬相如之字。貲,財物。竊貲,是説財物來得不正。卓
氏,指卓文君父卓王孫,卓王孫爲臨邛(今四川邛崍縣)富人,有女文君寡
居在家,知音律。司馬相如在卓王孫家作客時,以琴挑之,文君於是私奔
相如。卓王孫知此事後大怒,不分一錢給文君。後來,司馬相如在臨邛
開設酒肆,叫文君當盧(盧:酒壚,以土壘成,用以安置酒甕,形如鍛爐),
自己則著犢鼻褌,與酒保一起操作。卓王孫不得已,分與文君奴婢百人,
錢百萬,及其嫁時衣被財物。

〔46〕炙(zhì),烤肉。細君,指妻。割炙於細君,是爲細君割炙的意思。有一

次,漢武帝在三伏天賜從官肉,天已經傍晚了,主持其事的大(同"太")官丞還没有來,東方朔獨自割肉而去。大官把這件事奏知武帝。第二天,武帝令東方朔自責。朔就責備自己説:"朔來!朔來!受賜不待詔,何無禮也!拔劍割肉,一何壯也!割之不多,又何廉也!歸遺細君,又何仁也!"武帝笑了,説:讓你自責,你倒自譽起來了。又賞他酒一石,肉百斤,帶回去給他的妻子。

〔47〕數子,指藺相如、商山四皓、公孫弘、霍去病、司馬相如、東方朔。並,並列。這一方面是説自己趕不上上面所説的幾個人,另一方面也是暗中責備哀帝無能,縱用小人,遠不如高祖武帝之能識人才,所以祇有草創《太玄》,以成己志。山、連、君、玄,押韻(元文真通韻)。

劉　伶

劉伶(約公元 221—300 年),字伯倫,西晉沛國(故治在今安徽宿縣西北)人。曾官建威參軍,後與阮籍、嵇康同隱,是竹林七賢之一。他和阮籍、嵇康一樣反對當時的統治者司馬氏,因而也反對統治者用以欺騙麻痹人民的名教禮法。他佯狂飲酒,以避免當時的政治迫害。

酒　德　頌〔1〕

有大人先生〔2〕,以天地爲一朝〔3〕,萬期爲須臾〔4〕,日月爲扃牖〔5〕,八荒爲庭衢〔6〕。行無轍迹,居無室廬〔7〕,幕天席地〔8〕,縱意所如〔9〕。止則操卮執觚〔10〕,動則挈榼提壺〔11〕,唯酒是務〔12〕,焉知其餘?

〔1〕酒德,飲酒的德性。頌,文體的一種,一般是韻文。在這篇文章裏,表現了作者蔑視禮法、敵視士大夫階級的反抗精神。

〔2〕大人,古代用來稱聖人或有道德的人。先生,對有德業者的敬稱。大人先生,在這裏是劉伶用來自稱。

〔3〕朝(zhāo),平旦至食時爲朝。這句大意是:把天地開闢以來看做一朝。

〔4〕期(jī),周年。萬期,萬年。一本作"萬物"。

〔5〕扃,門。

〔6〕八荒,四方和四隅叫做八方,八方極遠的地方叫做八荒。

〔7〕《老子》第二十七章:"善行無轍迹。"馬融《琴賦》:"游閒公子,中道失志,居無室廬,罔所自置。"作者在這裏表示他的曠達,不可拘泥爲真的無轍迹,無室廬。

〔8〕幕、席,都是意動用法。"幕天席地"承上文"居無室廬"。

〔9〕如,往。"縱意所如"承上文"行無轍迹"。

〔10〕止字承上文居字。卮(zhī),古代的一種圓形盛酒器。觚(gū),古代的一種飲酒器,一般是長身,細腰,闊底,大口。

〔11〕動字承上文行字。挈(qiè),提。榼(kē),古代的一種盛酒器。

〔12〕務,勉力從事。臾、衢、廬、如、觚、壺、餘,押韻。

　　有貴介公子〔1〕,搢紳處士〔2〕,聞吾風聲,議其所以。乃奮袂攘襟〔3〕,怒目切齒〔4〕,陳説禮法,是非鋒起〔5〕。先生於是方捧罌承槽〔6〕,銜杯漱醪〔7〕,奮髯踑踞〔8〕,枕麴藉糟〔9〕,無思無慮,其樂陶陶〔10〕。兀然而醉〔11〕,豁爾而醒〔12〕,靜聽不聞雷霆之聲,熟視不覩泰山之形,不覺寒暑之切肌〔13〕,利欲之感情〔14〕。俯觀萬物,擾擾焉如江漢之載浮萍〔15〕;二豪侍側焉〔16〕,如螺蠃之與螟蛉〔17〕。

〔1〕介,大。貴介,等於説尊貴。公子,古代用來稱諸侯的兒子,後則用來稱官宦人家的子弟。

〔2〕搢(jìn)紳,參看第二册第404頁《五蠹》注〔14〕。處士,隱居放言的人。

〔3〕奮袂(mèi)攘襟,把袖子揎起,把衣襟撩起。這是形容要打人的姿勢。

〔4〕切齒,咬牙。

〔5〕鋒起,即蠭起。是非鋒起,陳説是非,嘵叨不絶。子、士、以、齒、起,押韻。

〔6〕於是,在這時。罌(yīng),瓮,這裏指酒瓮。槽,貯酒之器。

〔7〕漱,等於説含着。醪(láo),濁酒。

〔8〕髯,兩頰上的鬍子。奮髯,擺動着鬍子,表示悠閒自得,毫不在意。踑(jī)踞,一本作"箕踞",坐時臀部着地,兩足向前伸展,這是對人不敬、不守禮法的姿勢。

〔9〕麴(qū),酒母。藉,墊着。糟,酒糟。

〔10〕陶陶,和樂的樣子。槽、醪、糟、陶,押韻。

〔11〕兀然,無知覺的樣子。

〔12〕豁爾,開通的樣子,這裏指清醒的樣子。

〔13〕切,接觸。

〔14〕感,動。感情,等於説動心。從"静聽"到"感情",是説酒的妙用,也就是酒德。

〔15〕這是説萬物像江漢所載的浮萍一樣,亂七八糟的,不值一顧。擾擾焉,紛亂的樣子。枚乘《七發》:"其波涌而雲亂,擾擾焉如三軍之騰裝。"

〔16〕二豪,指公子和處士。

〔17〕蜾蠃(guǒluǒ),蜂的一種,體青黑,細腰,用泥在牆上或樹上作窩。螟蛉(mínglíng),蛾的幼蟲。蜾蠃捕捉螟蛉,存放在窩裏,留作它的幼蟲的食物,然後產卵,封閉窩口。舊時誤認蜾蠃養螟蛉爲己子,螟蛉即變爲蜾蠃。《詩經·小雅·小宛》:"螟蛉有子,蜾蠃負之。"這裏以二蟲比二豪,表示藐視二豪的意思。後來宋代孔平仲《大雪郡侯送酒》説:"醉眼懵騰視天地,蜾蠃螟蛉輕二豪。"醒、聲、形、情、萍、蛉,押韻。

陶　潛

陶潛(公元 365—427 年),字淵明,一説名淵明,字元亮,世稱靖節先生,潯陽柴桑(今江西九江)人,是我國晉宋時代的一位偉大詩人。他出身於没落的士族家庭,自幼生活貧苦。早年他立下了濟世的壯志,曾幾次出仕,先後做過江州祭酒、鎮軍参軍、建威参軍、彭澤令,每次做官的時間都不長。最後因爲實在看不慣當時政治的黑暗和官場的醜惡,決心不"爲五斗米折腰",於是辭官回家,親自從事耕作。儘管他常常不免於凍餓,但他拒絕與統治集團合作的決心,絲毫没有動摇。

他的作品表現了對當時社會的不滿以及對理想社會的追求,也表達了不肯與統治者同流合汙的志向和對勞動生活贊美的心情。在形式上一反六朝時華而不實的文風,語言樸素自然。不論在思想上、藝術上都是一代頂峯,對以後歷代的文學有巨大的影響。他的作品中也存在着一些消極因素,如隨順自然、逃避鬥爭等思想。後來的一些封建文人往往宣揚他這一面。

清人陶澍注的《靖節先生集》是現有的較好的注本。

自 祭 文[1]

歲惟丁卯[2],律中無射[3]。天寒夜長,風氣蕭索[4];鴻雁于征[5],草木黄落。陶子將辭逆旅之館[6],永歸於本宅[7]。故人悽其相悲[8],同祖行於今夕[9],羞以嘉蔬[10],薦以清酌[11]。候顔已冥[12],聆音愈漠[13]。嗚呼哀哉!

[1]祭文是文體的一種,一般是韻文。本來是生者爲死者而作,表示哀悼之意,而本文則是作者生前爲自己作的,也是他最後的一篇作品(作於宋文帝元嘉四年九月,作者卒於是年十一月)。文中表現了生無所戀、死無所恨的達觀思想,也曲折地反映了對當時社會的不滿。

〔 2 〕惟，句中語氣詞。

〔 3 〕律中（zhòng）無射（yì），等於説時值九月。參看第三册第 841 頁古漢語通論（十九）古代文化常識之樂律部分。

〔 4 〕蕭索。雙聲聯緜字，淒涼的樣子。

〔 5 〕于，詞頭。征，行，這裏指飛行。秋日鴻雁南飛。王逸《九思·悼亂》：“歸雁兮于征。”

〔 6 〕陶子，作者自稱。逆，迎。逆旅之館，迎接旅客之館，即旅館，這裏喻人世，是把人活在世上看做好像旅客暫時住在旅館一樣。

〔 7 〕本宅，等於説老家。這句是説死亡。

〔 8 〕悽，悲痛，這裏做狀語。

〔 9 〕祖，出行時祭路神。祖行，等於説餞行，這裏指出殯前一夕的祭奠。也就是給死者餞行的意思。

〔10〕羞，進獻。嘉蔬，祭奠所用的稻的專稱。

〔11〕薦，獻。清酌，祭奠所用的酒的專稱。

〔12〕候，伺望。冥，杳冥，無影無蹤。

〔13〕聆（líng），聽。漠，通“寞”，寂寞無聲。射、索、落、宅、夕、酌、漠，押韻。

茫茫大塊〔 1 〕，悠悠高旻〔 2 〕，是生萬物，余得爲人。自余爲人，逢運之貧。簞瓢屢罄〔 3 〕，絺綌冬陳〔 4 〕。含歡谷汲〔 5 〕，行歌負薪〔 6 〕。翳翳柴門〔 7 〕，事我宵晨〔 8 〕。春秋代謝，有務中園〔 9 〕，載耘載耔〔10〕，迺育迺繁〔11〕。欣以素牘〔12〕，和以七弦〔13〕。冬曝其日，夏濯其泉。勤靡餘勞〔14〕，心有常閒。樂天委分〔15〕，以至百年〔16〕。惟此百年，夫人愛之〔17〕。懼彼無成，愒日惜時〔18〕。存爲世珍〔19〕，没亦見思〔20〕。嗟我獨邁〔21〕，曾是異兹〔22〕。寵非己榮〔23〕，涅豈吾緇〔24〕。捽兀窮廬〔25〕，酣飲賦詩〔26〕。識運知命，疇能罔眷〔27〕。余今斯化〔28〕，可以無恨。壽涉百齡〔29〕,身慕肥遯〔30〕。從老得終,奚所復戀〔31〕!寒暑逾邁〔32〕,亡既異存。外姻晨來,良友宵奔〔33〕。葬之中野〔34〕,以安其魂。窅窅我行〔35〕,蕭蕭墓門〔36〕。奢恥宋臣〔37〕,儉笑王孫〔38〕。廓兮已滅〔39〕,慨焉已遐〔40〕。不封不樹〔41〕,日月遂過。匪貴前譽〔42〕,孰重後歌〔43〕?人生實難,死如之何〔44〕?嗚呼哀哉!

〔1〕茫茫,廣大的樣子。大塊,指大地。

〔2〕悠悠,渺遠的樣子。旻(mín),天。高旻,指上天。

〔3〕罄,空,盡。

〔4〕絺(chī),細麻布。綌(xì),粗麻布。陳,陳列,顯示,指穿出來。這是説冬天沒有皮裘禦寒,衹能穿絺綌之衣。冬天把麻布陳列出來,沒有皮裘,是不能禦寒的。

〔5〕谷汲,在山谷裏打水。

〔6〕行歌,一面走一面唱歌。《漢書·朱買臣傳》:“買臣獨行歌道中,負薪墓間。”

〔7〕翳翳,昏暗不明的樣子。

〔8〕事我宵晨,等於説伴我晨昏。旻、人、貧、陳、薪、晨,押韻。

〔9〕有務,有事。事指下面所説的耘、籽。中園,即園中。

〔10〕載,詞頭。耘,除草。籽(zǐ),把土壅在禾的根部,以免因風雨而倒下。《詩經·小雅·甫田》:“或耘或籽。”

〔11〕育,培育。繁,繁殖。

〔12〕素牘,指書籍。

〔13〕七弦,指七弦琴。

〔14〕靡,沒有。

〔15〕樂天,樂從天道。《周易·繫辭上》:“樂天知命,故不憂。”委,隨順。委分(fèn),交託給名分,等於説守本分。

〔16〕百年,等於説一生。園、繁、弦、泉、閒、年,押韻。

[17]夫(fú)人,泛指衆人,等於説人人。

[18]愒(kài),貪。

[19]存,活着。珍,珍貴,這裏等於説重視。

[20]没,死亡。

[21]邁,行。

[22]曾,乃、竟。兹,指衆人所抱的那種態度。

[23]寵,榮。

[24]涅(niè),黑色染料。緇(zī),黑。這句是説雖周圍有壞東西,但不能染汙了我。《論語・陽貨》:"不曰白乎,涅而不緇。"

[25]捽兀(zúwù),意氣高傲的樣子。窮廬,即穹廬,遊牧民族所住的游帳,這裏指隘陋的居室。這是説自己傲然地住在窮廬裏。

[26]之、時、思、兹、緇、詩,押韻。

[27]疇,句首語氣詞。罔,無。眷,顧念。這是説,由於識運知命,所以能不眷戀人世。這和上文的"樂天委分"都表現了他的消極的人生觀。

[28]化,等於説死。

[29]涉,經歷。

[30]肥遯(dùn),高隱。《周易・遯》:"肥遯無不利。"(肥,饒裕之意。孔穎達疏:"遯之最優,故曰'肥遯'。")

[31]眷、恨、遯、戀,押韻。

[32]寒暑,指歲月。逾邁,進行。

[33]奔,指奔喪。

[34]中野,曠野之中。《周易・繫辭下》:"古之葬者……葬之中野,不封不樹。"

[35]窅窅(yǎoyǎo),深遠的樣子。

[36]蕭蕭,風聲。

[37]宋臣,指春秋時宋國的司馬桓魋。參看第一册第 205 頁《有子之言似夫子》注[2]。

[38]王孫,指西漢的楊王孫。《漢書・楊王孫傳》載:楊王孫臨終前,囑咐他兒子把他裸葬。《後漢書・張奐傳》:"〔奐〕遺命曰:……奢非晉文,儉非王

孫。"存、奔、魂、門、孫,押韻。

〔39〕廓(kuò),空寂。

〔40〕邈,遠。

〔41〕封,聚土,這裏指聚土爲墳。樹,種樹,這裏指在墓旁種樹。

〔42〕匪,通"非",不。前譽,指生前的榮譽。

〔43〕後歌,指死後的歌頌。

〔44〕人活着很困難,死了又怎麼樣呢? 邈、過(guō)、歌、何,押韻。

孔 稚 珪

　　孔稚珪(公元 447—501 年),字德璋,會稽山陰(今浙江紹興縣)人。齊高帝在宋朝做驃騎將軍時,用他做記室參軍,和江淹對掌文牘奏記。到了齊代,官至太子詹事加散騎常侍。他爲人不樂世務,喜飲酒,好詩文。有《孔詹事集》輯本一卷。

北山移文〔1〕

　　鍾山之英,草堂之靈〔2〕,馳煙驛路〔3〕,勒移山庭〔4〕。

　　夫以耿介拔俗之標〔5〕,蕭灑出塵之想〔6〕,度白雪以方絜〔7〕,干青云而直上〔8〕,吾方知之矣。若其亭亭物表〔9〕,皎皎霞外〔10〕,芥千金而不盼〔11〕,屣萬乘其如脫〔12〕,聞鳳吹於洛浦〔13〕,值薪歌於延瀨〔14〕,固亦有焉。豈期終始參差〔15〕,蒼黄翻覆〔16〕,淚翟子之悲〔17〕,慟朱公之哭〔18〕,乍迴迹以心染〔19〕,或先貞而後黷〔20〕,何其謬哉〔21〕!嗚呼! 尚生不存〔22〕,仲氏既往〔23〕,山阿寂寥,千載誰賞？

〔１〕北山，又名鍾山，即今南京的紫金山。移文，文書的一種。依《文心雕龍》
　　說，移文與檄文相似。舊説：和孔稚珪同時的周顒（yóng，字彥倫）曾隱居
　　北山，後又應詔出任海鹽縣令。期滿入京，再經過北山。孔稚珪假託山
　　神的意思，寫成這篇文章聲討他，不許他再到北山來。但據後人考證，周
　　顒並非先隱後仕，也没有作過海鹽縣令，孔稚珪在這裏所述周顒行述也
　　與史實不盡相符。因此有人認爲本文是朋友間的戲謔之作。文中表現
　　了作者對利祿薰心的假隱士的深惡痛絶。

〔２〕英、靈，都指神靈。草堂，指周顒在鍾山所居住的草堂寺。周顒曾遊蜀之
　　草堂寺，後來在鍾山仿造了一座。

〔３〕大意是：在驛路上騰云駕霧地馳驅。馳煙，驅駛着煙霧。驛路，古代驛馬
　　傳遞官家文書所走的大道。

〔４〕勒，刻。移，即移文。山庭，指山前。英、靈、庭，押韻。

〔５〕拔俗，突出世俗之上。標，標格，等於説儀表、風度。

〔６〕出塵，超出塵世。

〔７〕度（duó），衡量。方，比。絜，潔。

〔８〕干，犯，凌駕。想、上，押韻。

〔９〕亭亭，挺立的樣子。物表，等於説世外。

〔10〕皎皎，潔白明亮的樣子。

〔11〕芥，小草，意動用法。盼，顧。這句是用魯仲連的典故，參看第一册第115
　　頁《魯仲連義不帝秦》。

〔12〕屣（xǐ），草鞋，意動用法。這句是説擺脱天子之位像脱鞋一樣容易。《孟
　　子·盡心上》：“舜視棄天下猶棄敝蹝（屣）也。”《淮南子·主術訓》：
　　“〔堯〕舉天下而傳之舜，猶卻屣脱蹝也。”

〔13〕洛浦，洛水邊。洛水發源於陝西雒南縣冢嶺山，流至河南鞏縣入黄河。
　　李善注引《列仙傳》：“王子喬，周靈王太子晉也，好吹笙作鳳鳴，遊伊、雒
　　之間。”（雒：同“洛”。）

〔14〕值，遇上。瀨，淺水流在沙上叫瀨。延瀨，等於説長河。吕向説："蘇門先生游於延瀨，見一人採薪，謂之曰：'子以終此乎？'採薪人曰：'吾聞聖人無懷，以道德爲心，何怪乎而爲哀也。'遂爲歌二章而去。"外、脱、瀨，押韻。

〔15〕期，料想。終始參差，結尾和開頭不一致。

〔16〕蒼，青色。蒼黄翻覆，指白絲可染成青的，也可染成黄的，變化不定。《淮南子·説林訓》："楊子見歧路而哭之，爲其可以南，可以北；墨子見練絲而泣之，爲其可以黄，可以黑。"

〔17〕爲墨翟所悲痛的而流涙。涙，用如動詞，流涙。翟子，指墨翟。

〔18〕爲楊朱所哭的而慟哭。朱公，指楊朱。

〔19〕乍，暫時。迴迹，掉轉蹤迹，指隱居山林。染，指被世俗所染，也就是未能忘俗想做官的意思。

〔20〕貞，堅貞，指潔身自好。黷（dú），汙濁，指同流合汙。覆、哭、黷，押韻。

〔21〕謬，欺詐，虚偽。

〔22〕尚生，指尚長，亦即向長。《後漢書·逸民傳》："向長，字子平，隱居不仕。"

〔23〕仲氏，指仲長統。《後漢書·仲長統傳》："仲長統，字公理……統性俶儻，敢直言，不矜小節，默語無常，時人或謂之狂生。每州郡命召，輒稱疾不就。"往、賞，押韻。

　　世有周子〔1〕，雋俗之士〔2〕，既文既博〔3〕，亦玄亦史〔4〕。然而學遁東魯〔5〕，習隱南郭〔6〕，偶吹草堂〔7〕，濫巾北嶽〔8〕，誘我松桂，欺我雲壑。雖假容於江皋〔9〕，乃纓情於好爵〔10〕。

〔1〕周子，即周顒。

〔2〕雋俗之士，世俗中才智過人的人。

〔3〕文，有文彩。博，淵博。

〔4〕也通老莊之學，也通歷史。玄，指老莊之學。子、士、史，押韻。

〔5〕學遁東魯，學習顏闔遁於東魯，也就是學習顏闔的隱遁不仕。《莊子·讓王》："魯君聞顏闔得道之人也，使人以幣先焉……使者致幣。顏闔曰：'恐

聽者謬,而遺使者罪,不若審之。'使者還反審之,復來求之,則不得已。"

參看本册第 1225 頁《解嘲》注〔10〕。

〔6〕習隱南郭,學習隱几而坐的南郭子綦,也就是學習南郭子綦的超然物外,忘情於一切。《莊子·齊物論》:"南郭子綦隱机(通"几")而坐,仰天而噓,荅焉似喪其耦。"(耦:通"偶",指其軀體。)

〔7〕偶,對偶。偶吹,意謂結伴合吹,也就是不會吹而假裝吹的意思。《韓非子·内儲説》:"齊宣王使人吹竽,必三百人。南郭處士請爲王吹竽,宣王説之。廩食以數百人。宣王死,湣王立,好一一聽之。處士逃。"這是説周顒像南郭處士一樣,濫竽充數,在北山草堂冒充隱士。

〔8〕濫,過分,不得當。濫巾,不得當地穿戴着隱者的服飾。北嶽,即北山。

〔9〕假容,指假裝隱者的樣子。江皋,江邊之地。《楚辭·九歌·湘夫人》:"朝馳余馬兮江皋,夕濟兮西澨(shì,水涯)。"屈原用這兩句表示幽居草澤,這裏用"江皋"泛指隱者所居之處。

〔10〕纓,一本作"攖",繞。纓情,等於説繫心。爵,官爵。郭、嶽、壑、爵,押韻。

其始至也,將欲排巢父,拉許由[1],傲百氏[2],蔑王侯,風情張日[3],霜氣橫秋[4]。或歎幽人長往[5],或怨王孫不遊[6]。談空空於釋部[7],覈玄玄於道流[8]。務光何足比[9],涓子不能儔[10]。

〔1〕巢父、許由,都是堯時高士。《高士傳》載:堯想把天下讓給許由,許由把這事告訴給巢父。巢父説:"汝何不隱汝形,藏汝光? 若非吾友也。"又載:堯又想讓許由做九州長,許由很不願聽這話,於是到潁水之濱去洗耳朵。這時巢父牽着牛犢來飲,看見許由洗耳,問他爲了什麼。許由説:"堯欲召我爲九州長,惡聞其聲,是故洗耳。"巢父説:"子若處高岸深谷,人道不通,誰能見子? 子故浮游欲聞,求其名譽。汙吾犢口。"説罷,牽着牛犢到上流去飲。排,擠,這裏指擠下去。拉(là),摧折,這裏指壓倒。"排巢父,拉許由",是説超過巢父和許由。

〔2〕百氏,指諸子百家。

〔3〕風情,風度神情,等於説氣概。張(zhàng),這裏有擋住的意思。

〔4〕霜氣,嚴肅如霜的神氣。横,指蓋住。這是説周顒的神氣比秋氣還嚴肅。

〔5〕歎,慨歎。幽人,隱士。長往,指久離塵世,長期隱遁。

〔6〕王孫,古代貴族子弟的通稱。遊,指遊於山林,逃避現實。淮南小山《招隱士》:"王孫遊兮不歸。"這裏是説埋怨貴族子弟貪戀富貴。

〔7〕空空,佛家語,佛家認爲一切事物都没有實體叫做空,可是空是假名,假名也是空,所以稱空空。釋部,指佛經。

〔8〕覈(hé),考核。玄玄,道家語,指道的微妙深奥。《老子》第一章:"玄之又玄,衆妙之門。"王弼注:"玄者冥也,默然無有也。"道流,參看第三册第735頁《藝文志·諸子略》。《南齊書·周顒傳》:"汎涉百家,長於佛理……兼善《老》《易》。"

〔9〕務光,李善注引《列仙傳》:"務光者,夏時人也……湯得天下,已而讓光,光遂負石沈窾(kuǎn)水而自匿。"

〔10〕涓子,據李善注引《列仙傳》,涓子是齊人,隱於宕山。儔(chóu),匹敵。由、侯、秋、遊、流、儔,押韻。

　　　及其鳴騶入谷〔1〕,鶴書赴隴〔2〕,形馳魄散,志變神動〔3〕。爾乃眉軒席次〔4〕,袂聳筵上〔5〕,焚芰製而裂荷衣〔6〕,抗塵容而走俗狀〔7〕。風云悽其帶憤〔8〕,石泉咽而下愴〔9〕。望林巒而有失,顧草木而如喪〔10〕。

〔1〕大意是:等到皇帝的使者帶着前呼後擁的隨從進入山裏。騶(zōu),騶從,古代達官貴人出門時前後隨從的騎士。鳴騶,前呼後擁的騶從。

〔2〕大意是:皇帝徵召的詔書送到山中。鶴書,書體名,形似鵠頭,所以又叫鶴頭書。古代詔書上用這種字體,這裏指詔書。

〔3〕隴,動,押韻。

〔4〕爾乃,如此於是。軒,揚起。席次,等於説座中。

〔5〕聳,高舉。從"爾乃"到"筵上",寫周顒得意的樣子。

〔6〕製,用如名詞,指所製之衣。芰製、荷衣,指隱者的服裝。《離騷》:"製芰荷

以爲衣兮,集芙蓉以爲裳。"參看第二册第551頁《離騷》注〔8〕。

〔7〕抗,舉,這裏指顯現出。塵容,塵世的儀容。走,騁,這裏指恣意表現,使動用法。俗狀,俗人的狀態。從"焚芰"到"俗狀",是説周顒抛棄隱士生活,奔向仕途。

〔8〕悽,悲痛。憤,憤恨。

〔9〕咽(yè),嗚咽,哽咽。愴(chuàng),悲傷。下愴,等於説生悲。

〔10〕上、狀、愴、喪,押韻。

　　至其紐金章,綰墨綬〔1〕,跨屬城之雄,冠百里之首〔2〕,張英風於海甸〔3〕,馳妙譽於浙右〔4〕。道帙長殯〔5〕,法筵久埋〔6〕,敲扑諠囂犯其慮〔7〕,牒訴倥傯裝其懷〔8〕。琴歌既斷,酒賦無續〔9〕。常綢繆於結課〔10〕,每紛綸於折獄〔11〕。籠張趙於往圖,架卓魯於前籙〔12〕。希蹤三輔豪〔13〕,馳聲九州牧〔14〕。使我高霞孤映,明月獨舉,青松落陰〔15〕,白雲誰侶? 磵户摧絶無與歸〔16〕,石逕荒涼徒延佇〔17〕。至於還飆入幕〔18〕,寫霧出楹〔19〕,蕙帳空兮夜鵠怨〔20〕,山人去兮曉猨驚〔21〕。昔聞投簪逸海岸〔22〕,今見解蘭縛塵纓〔23〕。

〔1〕紐,繫掛,佩帶。金章,銅印。綰(wǎn),繫(jì)。墨綬,即黑綬。漢制,萬户以上之縣的長官叫令,秩千石至六百石,又秩比六百石以上,都是銅印墨綬。這裏以"金章""墨綬"象徵縣令,這是説周顒做了海鹽縣令。

〔2〕據一郡所屬各縣的最大的一縣,居於各縣縣令的首位。跨,佔據。屬城,指一郡所屬的各縣。雄,長,這裏指最大的縣。冠,位居第一。百里,漢制,縣大約方百里,這裏用來代表縣。

〔3〕英風,美的聲望。海甸,濱海的地區,這裏指海鹽縣。

〔4〕浙右,指浙江(水名)之北,海鹽就在浙江之北。綬、首、右,押韻。

〔5〕帙(zhì),書套。道帙,指道家的書。殯,等於説埋葬。

〔6〕法筵,講佛法的坐席。

〔7〕敲扑誼囂,打犯人時的誼譁聲。慮,心思。

〔8〕牒,文牒,文書。訴,訴訟。倥偬(kǒngzǒng),繁忙。裝,裹束。埋、懷,押韻。

〔9〕琴、歌、酒、賦,泛指雅人逸士的事。

〔10〕綢繆(móu),纏縛。課,考核,這裏用如名詞。結課,總結考核的結果,分別差等,來定昇降。

〔11〕紛綸,繁亂,忙碌。折,判斷。獄,訴訟的事。折獄,判案子。

〔12〕籠,包括。張,指張敞。趙,指趙廣漢。二人都是西漢人,都曾做過京兆尹,是當時有名的能吏。圖,法度。往圖,指張、趙已有的政績。架,通"駕",凌駕,跨越。卓,指卓茂,東漢人,曾當過密縣縣令,愛護人民,吏民對他非常愛戴。魯,指魯恭,東漢人,曾當過中牟縣縣令,用德化治理人民,不任刑罰。籙(lù),簿籍。前籙,意思和"往圖"相近。這是説周顒想兼有張、趙、卓、魯的成就並且超過他們。續、獄、籙、牧,押韻。

〔13〕希蹤,希望踐踏(前賢的)蹤迹,等於説希望追蹤。三輔,漢制,京兆尹、左馮翊、右扶風共治(設立機關)長安城中,叫做三輔。三輔豪,三輔中傑出的官吏。漢代趙廣漢、張敞、王尊、王章、王駿曾先後爲三輔的官吏,都有政績,時諺謂"前有趙張,後有三王"。這裏與"籠張趙於往圖"句相應,是説追蹤張趙等名臣。

〔14〕在天下地方官中傳播名聲。馳聲,馳名,傳播名聲。九州牧,指天下的地方長官。

〔15〕落,等於説荒廢。

〔16〕澗,一本作"磵",兩山之間的流水。户,一本作"石",以作户爲是。澗户,澗邊的路在兩山之間像門户。摧絶,破壞。無與歸,無人與之同歸。實際上是指周子不歸。這是説,澗户由於没有人走而逐漸破壞了,周子也不再回來了。

〔17〕延,長久。佇(zhù),舉踵而望。舉、侶、佇,押韻。

〔18〕還(xuán)飆,旋風。這裏表示夜晚。

〔19〕寫,瀉,吐。楹,堂前柱子。出楹,出於楹間。這裏表示早晨。

〔20〕蕙,香草名。蕙帳,指隱士的帷帳。

〔21〕山人,指隱士。猨,同"猿"。

〔22〕簪,貴人的冠飾。投簪,指棄官。李善説是用漢疏廣辭官歸里事(疏廣:
　　　東海蘭陵人,地近海,所以説"逸海岸")。逸,隱遁。

〔23〕蘭,指蘭佩。《離騷》:"紉秋蘭以爲佩。"這裏指隱士的服飾。塵纓,塵世
　　　的冠纓。縛塵纓,指走入仕途。楹、驚、纓,押韻。

　　於是南岳獻嘲,北隴騰笑〔1〕,列壑爭譏,攢峯竦
誚〔2〕。慨遊子之我欺,悲無人以赴弔〔3〕。故其林慙無
盡,澗愧不歇,秋桂遣風,春蘿罷月〔4〕。騁西山之逸議,馳
東皋之素謁〔5〕。

〔1〕嘲、笑,都用如名詞。

〔2〕攢(cuán),聚。攢峯,聚在一起的山峯。竦,引領舉足。竦誚,引領舉足
　　　地來譏誚。從"於是"到"竦誚",寫北山的峯壑爭相譏笑、自嘲原來沒有
　　　眼光,誤認周顒爲真隱士而容納他,終致受欺。

〔3〕遊子,指周顒。弔,慰問。無人赴弔,是説沒有人來慰問。笑、誚、弔,
　　　押韻。

〔4〕遣,打發……回去。蘿,女蘿。這是説桂蘿也因慚愧而把風月打發回去。

〔5〕騁、馳,都等於説疾速傳布。西山,指首陽山,伯夷、叔齊曾隱居在這裏。
　　　《史記・伯夷列傳》載伯夷、叔齊的歌:"登彼西山兮,採其薇矣。"逸議,
　　　隱士的言論。皋,水邊高地。東皋,阮籍奏記《詣蔣公》:"方將耕於東皋
　　　之陽,輸黍稷之税,以避當塗者(執政的人)之路。"謁,告,這裏用如名詞,
　　　指謁告的話。素謁,素士(布衣)之謁。這是説要趕快傳布伯夷、阮籍等
　　　人隱逸安貧的議論,表示對周顒的棄絕。歇、月、謁,押韻。

　　今又促裝下邑〔1〕,浪拽上京〔2〕。雖情投於魏
闕〔3〕,或假步於山扃〔4〕。豈可使芳杜厚顏〔5〕,薜荔蒙

恥,碧嶺再辱,丹崖重滓〔6〕,塵遊躅於蕙路〔7〕,汙淥池以
洗耳〔8〕? 宜扃岫幌,掩雲關〔9〕,斂輕霧,藏鳴湍,截來轅
於谷口,杜妄轡於郊端〔10〕。於是叢條瞋膽〔11〕,疊穎怒
魄〔12〕,或飛柯以折輪〔13〕,乍低枝而掃迹〔14〕。請迴俗士
駕,爲君謝逋客〔15〕。

〔1〕促裝,等於説急治行裝。下邑,對京都來説,縣稱下邑。這裏指海鹽縣。

〔2〕浪,放。拽,通"枻",船旁板。浪拽,等於説放手行船,即使船快行的意
　　思。上京,對縣來説,京都稱上京。這裏指建康(今南京)。以上兩句指
　　周顒海鹽縣令任期剛滿,即奔赴建康,等候昇遷。

〔3〕魏闕,宮門兩邊的門樓,常懸布法令。這裏指朝廷。《吕氏春秋·審爲》:
　　"身在江海之上,心居魏闕之下。"又見《莊子·讓王》。

〔4〕或,又。假步,等於説假道。山扃,山門,指草堂的外門。這是説周顒要
　　再遊北山。京、扃,押韻。

〔5〕芳杜,即杜若,香草名。

〔6〕滓,汙穢。

〔7〕塵,用如動詞,等於説汙染。躅,足迹。遊躅,這裏指隱者的足迹。蕙路,
　　長着蕙這種香草的路。

〔8〕淥(lù)池,清水池。洗耳,參看本册第1247頁注〔1〕。這裏是説周顒來北
　　山後,聽到他的談話必得洗耳,那就要把清水池弄髒了。恥、滓、耳,押韻。

〔9〕扃,用如動詞,關上。岫(xiù),山穴。幌(huǎng),帷幔,窗簾。岫幌,山
　　窗。岫幌、雲關都是虛指。

〔10〕轅,指車。杜,堵住,阻塞。妄轡,指不該來而擅自來的車馬。從"宜扃"到
　　"郊端",是説對周顒要享以閉門羹,把他拒絕在山外。關、湍、端,押韻。

〔11〕叢,聚在一起的。條,樹枝。瞋(chēn),通"嗔",怒。瞋膽,等於説肝膽
　　都被氣壞了。

〔12〕疊,重重疊疊的。穎,草穗。怒魄,使魂魄發怒,極言憤怒得厲害。

〔13〕柯,樹枝。

〔14〕掃，除滅。迹，指車迹。這是説用樹枝除滅原有的車溝，使周顗的車不得前進。

〔15〕君，指北山山神。逋，逃亡。逋客，指周顗。魄、迹、客，押韻。

江　淹

江淹（公元 444—505 年），字文通，考城（今河南蘭考縣）人，歷仕宋、齊、梁三朝。早年仕途不得志，到了梁朝，官至金紫光禄大夫，封醴陵侯。他的詩，致力於摹擬古人，缺乏個人的創造性。但也正由於此，卻在一定程度上擺脱了當時的綺麗之風。他最有名的作品是《別賦》和《恨賦》。有《江文通集》傳世。

別　賦[1]

黯然銷魂者[2]，唯別而已矣！況秦吳兮絶國，復燕宋兮千里[3]。或春苔兮始生，乍秋風兮蹔起[4]。是以行子腸斷[5]，百感悽惻[6]。風蕭蕭而異響，雲漫漫而奇色[7]。舟凝滯於水濱，車逶遲於山側[8]；櫂容與而詎前，馬寒鳴而不息[9]。掩金觴而誰御，横玉柱而霑軾[10]。居人愁臥，怳若有亡[11]。日下壁而沈彩，月上軒而飛光[12]。見紅蘭之受露，望青楸之離霜[13]。巡曾楹而空揜，撫錦幕而虚涼[14]。知離夢之躑躅[15]，意別魂之飛揚[16]。

〔1〕本文歷敍古代社會中幾類人的離別，通過他們各自的特點和不同的環境，刻畫出他們不同的離情別緒。文辭雖然富麗，但有濃厚的感傷情調。

〔2〕黯然，心神沮喪而面色黯淡無光的樣子。銷魂，彷彿魂離軀體，形容人極度悲傷愁苦的情況。

〔3〕秦,主要部分在今陝西。吳,主要部分在今江蘇南部。絕國,相隔極遠的
　　國家。燕,主要部分在今河北北部。宋,主要部分在今河南東部。這兩
　　句是説這四國路途很遠,如此遠別,相見必難,別恨也就更深。

〔4〕苔,一種隱花植物。乍,忽然。蹔,同"暫",剛剛。這兩句是説春秋二季,
　　景物最易感人,因而別恨愈切。已、里、起,押韻。以上總説最苦是離別。

〔5〕行子,離家遠行的人。鮑照《東門行》:"野風吹秋木,行子心腸斷。"

〔6〕悽惻,悲傷。

〔7〕漫漫,無邊際的樣子。這兩句是説在風聲蕭蕭、浮云漫漫的情況下離別,
　　感到風聲雲色都有些異常。

〔8〕凝滯,停留不動。逶(wēi)遲,等於説逶迤(一本即作"逶迤"),斜行的
　　樣子。

〔9〕櫂(zhào),船槳,這裏指船。容與,參看第二册第556頁《哀郢》注〔7〕。
　　詎(jù),豈。息,停止。

〔10〕掩,覆。御,進用。橫,指橫放着。玉柱,琴瑟上支弦的用玉做的短柱,這
　　裏指琴瑟一類的樂器。橫玉柱,是放着琴瑟而無心彈奏的意思。霑
　　(zhān),浸溼。惻、色、側、息、軾,押韻。從"行人"至"霑軾",是寫行人
　　的心情。

〔11〕居人,留在家裏的人。怳(huǎng),恍惚,神思不定。有亡,有所失。《莊
　　子·則陽》:"客出而君惝(chǎng)然若有亡也。"

〔12〕沈(chén)彩,沈没了光彩。軒,檻板,略等於後代的欄杆。

〔13〕楸(qiū),樹木名。離,通"罹",遭逢。這兩句互文見義,是説眼看到蘭和
　　楸先前承受露水,現在蒙上了霜,年華易逝,觸景傷情,更增離別之感。

〔14〕巡,一邊走一邊看。曾,一作"層",高。曾楹,高柱,指高大的房子。揜
　　(yǎn),掩,這裏指掩門。錦幕,用錦做的帷帳。

〔15〕躑躅(zhízhú),徘徊不進的樣子。離夢,指行子離別的夢。這是説,知道
　　行人做着捨不得離家的夢。

〔16〕意,料想。飛揚,飄揚。這是説,料想行子的魂魄正在飄揚。亡、光、霜、
　　涼、揚,押韻。從"居人"至"飛揚",是寫居人的心情。

　　故別雖一緒,事乃萬族[1]。至若龍馬銀鞍[2],朱軒繡軸[3],帳飲東都[4],送客金谷[5]。琴羽張兮簫鼓陳[6],燕趙歌兮傷美人[7];珠與玉兮豔暮秋,羅與綺兮嬌上春[8]。驚駟馬之仰秣,聳淵魚之赤鱗[9]。造分手而銜涕[10],感寂漠而傷神[11]。

[1]緒,端緒。族,類,這是總領下文。

[2]龍馬,駿馬。古人稱八尺以上的馬爲龍。

[3]朱軒,顯貴者所乘的車。繡,指有文繡的車帷。軸,這裏指車子。

[4]帳飲,在郊野設置帷帳,擺宴送別。東都,長安城門名。《漢書·疏廣傳》載:疏廣爲太子太傅,他姪子疏受爲少傅,很受器重。後二人同時辭官歸鄉,公卿、大夫、故人、邑子等在東都門外爲他倆送別,送客的車子有幾百輛。

[5]金谷,指金谷澗,石崇的金谷園就在這裏。李善注引石崇《金谷詩序》説:征西將軍祭酒王詡(xǔ)回長安,石崇和一些人在金谷澗中給他送行。族,軸,谷,押韻。

[6]羽,五聲之一,這裏指羽調式,其聲最細。張,指琴張弦。琴羽張,琴奏起羽調來。陳,列,這裏等於説演奏。

[7]《古詩十九首》:"燕趙多佳人,美者顏如玉。"後來稱美人常言燕趙。傷美人,使美人傷感。這是説美人和樂唱歌,也爲離別而傷感起來。

[8]珠、玉、羅、綺,指歌女們的華美服飾。暮秋,季秋(九月)。上春,孟春(正月)。這是説無論春與秋,歌女們都很嬌艷。

[9]驚,使動用法。秣,牲口吃飼料。仰秣,仰頭咀嚼飼料。聳,懼,這裏等於説驚。淵魚之赤鱗,等於説"淵中赤鱗之魚"。這是形容音樂優美動聽,使得正在吃飼料的馬也仰起頭來聽,深淵中的魚也跳出水面來欣賞。《韓詩外傳》卷六:"昔者瓠巴鼓瑟而潛魚出聽,伯牙鼓琴而六馬仰秣。"

[10]造,到。銜涕,含淚。

[11]感,一本作"咸"。漠,通"寞"。陳、人、春、鱗、神,押韻。從"至若"至"傷

神"，寫富貴者的離別。

　　乃有劍客慙恩[1]，少年報士[2]，韓國趙廁[3]，吳宮燕市[4]，割慈忍愛，離邦去里。瀝泣共訣[5]，拔血相視[6]。驅征馬而不顧，見行塵之時起。方銜感於一劍，非買價於泉裏[7]。金石震而色變[8]，骨肉悲而心死[9]。

〔1〕劍客，精通劍術的俠客。慙恩，對所受的恩感到慚愧。

〔2〕報士，報答別人以國士相待。《史記·刺客列傳》："〔豫讓曰〕至于智伯，國士遇我，我故國士報之。"少年報士，《漢書·游俠傳》："郭解……以驅糈（助）友報仇，……而少年慕其行，亦輒爲報仇。"

〔3〕韓國，指聶政刺死俠累事。戰國時，嚴仲子和韓相俠累有仇，至衞，以黃金百鎰結交聶政。聶政謝絕了黃金，但因感激嚴仲子的知遇之恩，於是在母親死後，到韓國把俠累刺死。趙廁，指豫讓謀刺趙襄子事。豫讓事晉智伯，受到智伯的尊寵。趙襄子滅智伯後，豫讓變姓名爲刑人（奴隸），入襄子宮中塗飾廁所，想等襄子入廁所時刺殺他，但没成功。

〔4〕吳宮，指專諸刺死吳王僚事。春秋時，吳國公子光想奪王位，定計請吳王僚宴飲，使專諸在烹好的魚腹裏暗藏匕首，進獻吳王。專諸走近席前，抽出匕首刺死了吳王僚。燕市，指荆軻刺秦王事。荆軻到燕國後，天天和高漸離在燕市飲酒，後來由田光介紹給燕太子丹。荆軻爲了報太子丹的恩遇，到秦國去刺秦王。事未成，被殺。

〔5〕瀝，水下滴。瀝泣，流淚。訣，長別。

〔6〕拔（wěn），擦。血，指淚。

〔7〕銜感，銜恩感德。一劍，指憑一把劍行刺報仇。泉裏，黃泉之中，指死。買價，求得聲價。

〔8〕金石，指鐘磬等樂器。這句指秦武陽事。荆軻和秦武陽到了秦國，秦王接見他們時，使衞士們在殿階下持戟護衞，鼓鐘聲發，羣臣都呼萬歲。武陽大恐，面如死灰色（見李善注引《燕丹子》）。

〔9〕骨肉，指聶政的姐姐。聶政刺殺俠累後，恐怕連累他姐姐，於是自己割裂

面皮,挖出眼珠,破腹而死。韓國把聶政的屍體擺在市上,懸賞購求刺客姓名。很久也没人知道是誰。聶政的姐姐不願埋没了聶政的聲名,於是到韓市去抱屍而哭,最後悲哀而死於聶政屍體旁。心死,這裏指悲哀到了極點。《莊子·田子方》:"夫哀莫大於心死。"士、市、里、視、起、裏、死,押韻。這段寫劍客的離別。

　　或乃邊郡未和,負羽從軍〔1〕。遼水無極〔2〕,鴈山參雲〔3〕。閨中風暖,陌上草薰〔4〕。日出天而耀景〔5〕,露下地而騰文〔6〕。鏡朱塵之照爛〔7〕,襲青氣之煙煴〔8〕。攀桃李兮不忍別〔9〕,送愛子兮霑羅裙〔10〕。

〔1〕羽,指箭。
〔2〕遼水,即今遼寧省境内的遼河。無極,没盡頭。
〔3〕鴈山,即今山西北部的雁門山,上有雁門關,自古就是軍事重地。參雲,高入雲霄。
〔4〕陌,田間小路。薰,香。
〔5〕景,日光。耀景,閃耀着光輝。
〔6〕文,文彩。騰文,指露珠附在草木上,在陽光下閃耀着光彩。
〔7〕鏡,照。朱塵,紅塵,即飛揚的塵埃。照爛,光彩燦爛。這是説日光照耀着光彩燦爛的紅塵。
〔8〕青氣,這裏指春天之氣。煙煴(yīnyūn),同"氤氲",氣盛的樣子。這句説襲來旺盛的春氣。
〔9〕當盛春之時而分別,所以説"不忍"。
〔10〕霑羅裙,指淚溼羅裙。軍、雲、薰、文、煴、裙,押韻。這段寫從軍者的離別。

　　至如一赴絕國,詎相見期〔1〕?視喬木兮故里〔2〕,決北梁兮永辭〔3〕。左右兮魂動〔4〕,親賓兮淚滋〔5〕。可班荆兮贈恨〔6〕,唯罇酒兮敘悲〔7〕。值秋雁兮飛日,當白露兮下時。怨復怨兮遠山曲〔8〕,去復去兮長河湄〔9〕。

〔1〕難道還有相見的日期嗎?

〔2〕喬木,高大的樹木。王充《論衡·佚文》:"睹喬木,知舊都。"

〔3〕決,通"訣"。北梁,北橋,習慣上用來指送別之地,與下文"南浦"同意。永辭,永別。王褒《九懷·陶壅》:"絕北梁兮永辭。"

〔4〕左右,指近侍的僕從。

〔5〕滋,益。淚滋,等於説淚水很多。

〔6〕班,布,鋪。班荊,指鋪荊於地而坐。《左傳·襄公二十六年》載:"楚伍舉與聲子相善……伍舉奔鄭,將遂奔晉。聲子將如(往)晉,遇之於鄭郊,班荊相與食,而言復故(談歸楚的事)。"贈恨,以恨別的詩贈人。

〔7〕蘇武(?)《別詩》:"我有一樽酒,欲以贈遠人。願子留斟酌,敍此平生親。"

〔8〕曲,指山的曲折處。

〔9〕湄,水和草交接的地方,即岸邊。期、辭、滋、悲、時、湄,押韻。這段寫赴絕國的離別。

又若君居淄右〔1〕,妾家河陽〔2〕。同瓊珮之晨照,共金爐之夕香〔3〕。君結綬兮千里〔4〕,惜瑤草之徒芳〔5〕。慙幽閨之琴瑟〔6〕,晦高臺之流黃〔7〕。春宮閟此青苔色,秋帳含茲明月光〔8〕。夏簟清兮晝不暮,冬釭凝兮夜何長〔9〕!織錦曲兮泣已盡,迴文詩兮影獨傷〔10〕。

〔1〕淄(zī),水名,在山東省。淄右,淄水的西邊。

〔2〕河陽,黃河的北邊。

〔3〕瓊,美玉。瓊珮,用瓊做的珮。金爐,指燃燒香料的銅爐。這是説離別前的共同生活。

〔4〕結綬,指做官。

〔5〕瑤草,香草,這裏喻少婦。《山海經·中山經》:"姑媱之山,帝女死焉,其名曰女尸,化爲䔄草。"(䔄:通"瑤"。)

〔6〕幽閨,深閨。這句大意是:對深閨的琴瑟感到慚愧,指放着琴瑟無心彈。

〔7〕晦,昏暗不明。流黃,紫黃色的絹。古樂府《相逢行》:"大婦織綺羅,中婦

織流黄,小婦無所爲,挾瑟上高堂。"這裏大意是説:思婦無心織流黄,仿佛覺得流黄的顔色也不鮮明了。

〔8〕閟(bì),關閉。這是説非常孤獨寂寞,春天衹有青苔色、秋天衹有明月光與己爲伴。

〔9〕簟(diàn),竹席。釭(gāng),燈。凝,指燈光凝聚不動。這是説因思念在外的人,感到夏日冬夜的時間格外長。

〔10〕織錦曲,即迴文詩,縱橫反覆去讀,都有意義。武則天《璇璣圖序》説:前秦苻堅時,竇滔鎮守襄陽,把寵姬趙陽臺帶到任上,和妻子蘇蕙斷絶了音訊。蕙織錦爲迴文,五色交錯,縱橫八寸,題詩二百多首,計八百餘言。縱橫反覆,都成文章,名爲璇璣圖,寄給竇滔。陽、香、芳、黄、光、長、傷,押韻。這段寫夫婦的離別,着重在寫思婦的心情。

　　儻有華陰上士,服食還山〔1〕。術既妙而猶學,道已寂而未傳〔2〕。守丹竈而不顧,鍊金鼎而方堅〔3〕。駕鶴上漢〔4〕,驂鸞騰天〔5〕,暫遊萬里,少別千年〔6〕。惟世間兮重別〔7〕,謝主人兮依然〔8〕。

〔1〕儻,同"倘",或。華陰,今陝西華陰縣。上士,指求仙鍊丹的方術之士。服食,指服食丹藥,以求成仙。《列仙傳》載:魏人脩羊(qiān)在華陰山下石室中的龍石上鍊丹,取黄精(藥名)吃下。後來離開那裏,不知去向。山,一本作"仙"。

〔2〕寂,寂靜。道已寂,指修道已達到很高的境界。未傳,指還没得到真傳。

〔3〕丹竈,鍊丹的爐竈。顧,指顧念人世。鍊金鼎,在金鼎中鍊丹。堅,指意志堅定。

〔4〕駕鶴,指王子晉的故事。《列仙傳》載:王子晉被道士浮丘公引上嵩山。三十多年後,見桓良説:"告我家,七月七日,待我緱氏山(在今河南偃師縣南)頭。"到時,晉果然乘白鶴而來。參看本册第1245頁《北山移文》注〔13〕。漢,天河,這裏指天。

〔5〕驂鸞,等於説乘鸞。李善注引張僧鑒《豫章記》:"洪井(即洪崖下的鍊丹

井。洪崖在今江西新建縣西南)有鸞岡,舊說云洪崖先生乘鸞所憩處也。"

〔6〕這是說天上的時間和人世的時間不同。在仙人們看來,離別的地點是近的,時間是短暫的。蹔,同"暫"。

〔7〕重別,重視離別。

〔8〕謝,辭。依然,依戀的樣子。這是說,由於世人重視離別,所以得道昇仙的人也不免依依不捨。山、傳、堅、天、年、然,押韻。這段寫方士的離別。

下有芍藥之詩,佳人之謌〔1〕,桑中衞女,上宮陳娥〔2〕。春草碧色,春水綠波〔3〕。送君南浦,傷如之何〔4〕! 至乃秋露如珠,秋月如珪〔5〕,明月白露,光陰往來。與子之別,思心徘徊〔6〕。

〔1〕下有,此外還有。芍藥之詩,《詩經·鄭風·溱洧》:"維士與女,伊其相謔,贈之以勺藥。"謌,同"歌"。佳人之謌,漢李延年歌:"北方有佳人,絕世而獨立。一顧傾人城,再顧傾人國。寧不知傾城與傾國,佳人難再得。"以上用《溱洧》和李延年歌比喻戀人之愛。

〔2〕桑中、上宮,《詩經·鄘風·桑中》:"期我乎桑中,要我乎上宮,送我乎淇之上矣。"(桑中、上宮:都是雙方約定相會的地點。淇:水名。)衞女、陳娥,泛指美女。以上用《詩經》中的典故來敘述幽會。

〔3〕綠,一本作"淥"。

〔4〕南浦,《楚辭·九歌·河伯》:"送美人兮南浦。"後來常用來指送別的地方。謌、娥、波、何,押韻。

〔5〕珪,同"圭",瑞玉,上圓下方。

〔6〕從"至乃"至"徘徊",寫別後秋夜相思。珪、來、徊,押韻。這段寫戀人的離別。

是以別方不定〔1〕,別理千名〔2〕。有別必怨,有怨必盈。使人意奪神駭,心折骨驚〔3〕。雖淵雲之墨妙〔4〕,嚴樂之筆精〔5〕,金閨之諸彥〔6〕,蘭臺之羣英〔7〕,賦有凌雲之稱[8],辯有雕龍之聲[9],誰能摹暫離之狀,寫永訣之情者乎[10]!

〔1〕方,類。

〔2〕理,道理。

〔3〕心折骨驚,實際是"骨折心驚"。

〔4〕淵,指西漢辭賦家王褒,字子淵。雲,指揚雄,字子雲。

〔5〕嚴,指西漢嚴安。樂,指西漢徐樂。二人都曾上書給武帝談時務,很得武帝的讚賞。

〔6〕金閨,指金馬門。漢武帝使文學之士待詔金馬門,備顧問。彦,古代對士的美稱。

〔7〕蘭臺,漢時宮中藏書的地方,由御史中丞掌管。後又設蘭臺令史,典校圖籍,治理文書。

〔8〕凌雲,直上雲霄。《史記・司馬相如列傳》載:司馬相如把他寫的《大人賦》獻給漢武帝,武帝讀後非常高興,"飄飄有凌雲之氣,似游天地之間意。"

〔9〕雕龍,比喻善於修辭。《史記・孟子荀卿列傳》:"騶衍之術,迂大而閎辯。〔騶〕奭也,文具難施……故齊人頌曰:'談天衍,雕龍奭。'"裴駰《集解》引劉向《別錄》:"騶衍之所言,五德終始,天地廣大,書言天事,故曰'談天'。騶奭脩衍之文,飾若雕鏤龍文,故曰'雕龍'。"

〔10〕名、盈、驚、精、英、聲、情,押韻。這段總結全文,並説明離情別緒之難以描寫。

庾 信

春 賦[1]

宜春苑中春已歸[2],披香殿裏作春衣[3]。新年鳥聲千種囀[4],二月楊花滿路飛[5]。河陽一縣併是花[6],

金谷從來滿園樹[7]。一叢香草足礙人，數尺遊絲即橫路[8]。開上林而競入，擁河橋而爭渡[9]。

[1]這是庾信在南朝做東宮學士時的作品，是他前期的代表作之一。文中描寫統治階級春遊時的狂歡極樂，辭藻則備極絢麗，對仗亦工，充分表現了六朝的綺靡文風。

[2]宜春苑，秦漢時的苑名，即唐代的曲江，在今陝西省長安縣南。

[3]披香殿，漢後宮有披香殿。

[4]囀(zhuàn)，鳥鳴。

[5]楊花，即柳絮。歸、衣、飛，押韻。

[6]晉潘岳做河陽令，命於縣中遍種桃樹，春來滿縣都是桃花。

[7]金谷，指晉石崇的金谷園。石崇《思歸引序》："遂肥遁(隱居)於河陽別業。其制宅也，卻阻長堤，前臨清渠，柏木幾於萬株。"所以這裏說"滿園樹"。

[8]遊絲，春天蟲類所吐的絲在空中飛揚，叫遊絲。

[9]上林，秦舊苑，漢武帝加以擴大。故址在今陝西周至縣界。河橋，在今河南孟縣南，是晉杜預造的。樹、路、渡，押韻。這段寫春到人間。

　　出麗華之金屋，下飛燕之蘭宮[1]，釵朵多而訝重，髻鬟高而畏風[2]。眉將柳而爭綠[3]，面共桃而競紅。影來池裏，花落衫中[4]。

[1]麗華，姓陰，東漢光武帝的皇后。《後漢書·光烈皇后傳》："初光武聞后美，歎曰：'娶妻當得陰麗華。'"金屋，《漢武故事》載：武帝幼時，他的姑母館陶長公主把他抱置膝上，問道："兒欲得婦不?"後來又指阿嬌(長公主的女兒)說："阿嬌好否?"武帝笑着說："好！若得阿嬌做婦，當作金屋貯之也。"後因以"金屋"指稱藏所愛女子的地方。飛燕，姓趙，漢成帝的皇后，貌美，善歌舞。蘭宮，趙飛燕女弟爲昭儀(女官名)，居昭陽舍，其舍蘭房椒壁。這裏用麗華、飛燕喻美人，是說美人們都離開華美的宮室而出遊。

[2]釵朵，金釵做成花朵的形狀。髻鬟，把髮束在頭頂叫髻，環形的髻叫鬟。這是說美人們極力裝飾。

〔3〕將，等於説跟（介詞）。柳，指柳葉。古代女子用黛（青黑色的顏料）畫眉，所以説眉跟柳葉爭緑。

〔4〕影，指美人的身影。宮、風、紅、中，押韻。這段寫宮庭中的美人們出遊。

　　苔始緑而藏魚，麥纔青而覆雉。吹簫弄玉之臺〔1〕，鳴佩凌波之水〔2〕。移戚里而家富，入新豐而酒美〔3〕。石榴聊汎，蒲桃醱醅〔4〕。芙蓉玉盌，蓮子金杯〔5〕。新芽竹笋，細核楊梅。緑珠捧琴至〔6〕，文君送酒來〔7〕。

〔1〕弄玉，秦穆公的女兒。《列仙傳》載：穆公將女兒弄玉嫁給善吹簫的蕭史，蕭史教弄玉吹簫作鳳鳴。穆公又爲他們築鳳凰臺，讓他們住在臺上。後來蕭史乘龍，弄玉乘鳳，飛昇而去。這裏是説有樓臺的美。

〔2〕佩，繫在襟帶上的玉石裝飾品。鳴佩，佩上玉聲鏘鏘，所以叫鳴佩。凌波，乘波。曹植《洛神賦》："凌波微步，羅襪生塵。"這裏是説有湖沼的美。

〔3〕戚里，西漢時皇家姻親所住的地方。《漢書・石奮傳》："於是高祖召其（石奮）姊爲美人……徙其家長安中戚里。"新豐，漢高祖的父親思念他的家鄉豐邑，高祖於是仿照豐邑建立新豐（在今陝西臨潼縣東），把豐邑的屠户、賣酒、煮餅的商人都遷到新豐。新豐以美酒聞名天下。這裏著重在贊揚家富酒美，並非實指戚里新豐。雉、水、美，押韻。

〔4〕石榴，指石榴酒。《南史・夷貊傳》："有頓遜國在海崎上，有酒樹似安石榴，採其花汁，停甕中，數日成酒。聊，姑且。汎，同"泛"，指泛杯，即流杯（參看下文"流杯"注）。蒲桃，同"葡萄"。醱醅（pōpēi），酒再釀。這裏是説有美酒。

〔5〕這是説用的是雕刻着荷花的玉盌金杯。

〔6〕緑珠，石崇的歌妓。

〔7〕文君，即卓文君，司馬相如之妻。參看本冊第1236頁《解嘲》注〔45〕。醅、杯、梅、來，押韻。這段主要是寫春遊時飲酒。

　　玉管初調，鳴弦暫撫〔1〕，陽春渌水之曲〔2〕，對鳳迴鸞之舞〔3〕。更炙笙簧〔4〕，還移箏柱〔5〕，月入歌扇〔6〕，花承節鼓〔7〕。協律都尉,射雉中郎〔8〕,停車小苑〔9〕,連騎長楊〔10〕。金鞍始被〔11〕,柘弓新張〔12〕。拂塵看馬埒〔13〕,分朋入射堂〔14〕。馬是天池之龍種〔15〕,帶乃荊山之玉梁〔16〕,艷錦安天鹿,新綾織鳳皇〔17〕。

〔1〕玉管,用玉做的樂管。鳴弦,指琴。陶潛《閑情賦》:"仰睇天路,俯促鳴弦。"

〔2〕陽春,古曲名。淥(lù)水,古詩名。

〔3〕對鳳、迴鸞,都是舞蹈的姿勢。

〔4〕炙,烘烤。簧,笙管中的金屬薄片。簧暖則聲清,所以天寒時笙簧必須烘烤。《癸辛雜識》:"自十月旦至二月終,給焙笙炭五十斤,用錦薰籠藉笙於上,復以四和香薰之。"

〔5〕箏,古樂器名。本十二弦,後爲十三弦,柱高三寸。移柱可以變調改曲。

〔6〕月入歌扇,這是説歌女們拿着團扇歌舞。班婕妤《怨歌行》詩:"裁爲合歡扇,團圓似明月。"

〔7〕花,指花蕚,喻鼓架,因鼓架承鼓,好像花蕚承花。節鼓,用以節樂的鼓。《唐書·音樂志二》:"節鼓狀如博局,中間員(圓)孔適容其鼓,擊之節樂也。"撫、舞、柱、鼓,押韻。

〔8〕協律都尉,樂官名。漢武帝時,李延年做過協律都尉。射雉中郎,指晉代潘岳,他著有《射雉賦》,又當過虎賁中郎將。

〔9〕苑,養禽獸的地方。

〔10〕長楊,漢宮名,在今陝西周至縣東南,内有長楊樹,秋冬讓武士搏射禽獸,皇帝在樹上觀看。

〔11〕始被(pī),等於説新披上。

〔12〕柘弓,用柘木作的弓。張,把弦安在弓上。

〔13〕埒(liè),矮牆,這裏指跑馬場的圍牆。馬埒,等於説跑馬道。大意是説:跑馬時令人看見馬道上的飛塵,好像馬尾在拂塵。庾肩吾《樂遊苑應令》:"塵飛金埒滿,葉破柳條空。"

〔14〕分朋,分成一對一對的。射堂,古代習射的地方。

〔15〕天池,倪璠注引《開山圖》:"隴西神馬山有泉,乃龍馬所生。"天池即指神馬山之泉。

〔16〕荆山,在今湖北南漳縣西,楚卞和得玉於此。玉梁,《北史・陳順傳》載:陳順破趙青雀,魏文帝解所服金鏤玉梁帶賜給他。這是説玉梁帶是用荆山之玉做成的。

〔17〕錦、綾,都是絲織物。天鹿,獸名。鳳皇,即鳳凰。這是説那些人所穿的衣服都是用織有天鹿或鳳凰等花紋的艷錦新綾製成的。郎、楊、張、堂、梁、皇,押韻。這段寫貴族們歌舞騎射。

三日曲水向河津〔1〕,日晚河邊多解神〔2〕。樹下流杯客〔3〕,沙頭渡水人。鏤薄窄衫袖〔4〕,穿珠帖領巾〔5〕。百丈山頭日欲斜,三晡未醉莫還家〔6〕。池中水影懸勝鏡,屋裏衣香不如花〔7〕。

〔1〕三日,指三月三日。曲水,古代在三月三日就河邊宴飲,並引水環曲成渠,流杯(參看本頁注〔3〕)取樂,因稱這種渠爲曲水。河津,河邊渡水處。

〔2〕解神,還願謝神。

〔3〕流杯,三月三日人們集會在環曲的水渠旁,在上流放置酒杯,任其順流而下,停在誰的面前,誰就拿起杯來喝酒。

〔4〕鏤薄,刻金薄(金箔)。《荆楚歲時記》:"正月七日爲人日,以七種菜爲羹。翦綵爲人,或鏤金薄爲人,以貼屏風,亦戴之頭鬢。"衫,短袖的衣。

〔5〕穿珠,穿成串的珠子。帖,緊貼着的。領巾,婦人披巾一類的東西。從"鏤薄"到"領巾",是説婦女的四種裝飾。津、神、人、巾,押韻。

〔6〕晡(bū),申時。三晡,申時將盡,即傍晚之時。

〔7〕懸勝,等於説遠勝。斜、家、花,押韻。這段寫三月三日的歡樂,不到天晚大醉不回家。

李　華

李華(生卒年不詳),字遐叔,趙州贊皇(今河北贊皇縣)人。玄宗天寶間,官監察御史,彈劾不法,不避權貴,因而爲權貴所嫉忌,徙右補闕。安禄山反,被俘,並被委任爲鳳閣舍人。亂平後,被貶爲杭州司户參軍。唐初承六朝浮艷的文風,寫文章多雜以駢麗之辭。李華與蕭穎士等主張恢復古文,實開韓愈古文運動的先河。著有《李遐叔集》。

弔古戰場文〔1〕

浩浩乎平沙無垠〔2〕,敻不見人〔3〕,河水縈帶〔4〕,羣山糾紛〔5〕。黯兮慘悴〔6〕,風悲日曛〔7〕。蓬斷草枯,凜若霜晨。鳥飛不下,獸鋌亡羣〔8〕。亭長告余曰:"此古戰場也,常覆三軍。往往鬼哭,天陰則聞。"傷心哉! 秦歟? 漢歟? 將近代歟〔9〕?

〔1〕唐玄宗時,大舉進行對外戰爭,給人民帶來極大的災難。作者在文章裏通過對古戰場的描寫,表現了反對不義戰爭的思想感情。名爲弔古,實是譴責唐朝統治者的窮兵黷武政策,對戰士的命運則寄與深切的同情。

〔2〕浩浩,廣大的樣子。垠(yín),邊際。

〔3〕敻(xiòng),遠。

〔4〕縈(yíng),環繞。縈帶,像帶子一樣環繞着。

〔5〕糾紛,雜亂的樣子。

〔6〕黯,黯淡無光。悴,憂愁。這句是説氣象黯淡愁慘。

〔7〕風悲,風聲淒厲。曛(xūn),日落時的餘光,這裏是昏暗不明的意思。

〔8〕鋌(tǐng),快跑的樣子。

〔9〕將，還是。垠、人、紛、曛、晨、羣、軍、聞，押韻。

　　吾聞夫齊魏徭戍〔1〕，荆韓召募。萬里奔走，連年暴露〔2〕。沙草晨牧〔3〕，河冰夜渡〔4〕。地闊天長，不知歸路。寄身鋒刃，腷臆誰訴〔5〕？秦漢而還〔6〕，多事四夷〔7〕。中州耗斁〔8〕，無世無之。古稱戎夏，不抗王師〔9〕。文教失宣，武臣用奇。奇兵有異於仁義，王道迂闊而莫爲〔10〕。嗚呼！噫嘻〔11〕！

〔1〕徭，勞役。戍，守邊。

〔2〕暴(pù)露，指置身露天之下。

〔3〕早晨在沙漠中的草地上牧馬。

〔4〕夜裏在黄河的冰上渡過。

〔5〕腷(bì)臆，抑鬱不舒的心情。誰訴，向誰訴説。戍、募、露、渡、路、訴，押韻。

〔6〕秦漢以來。

〔7〕事，軍事，這裏指用兵。

〔8〕中州，本指古豫州，因在九州的中心，所以稱中州，這裏指中原地帶。耗，損失。斁(dù)，敗壞。

〔9〕戎，泛指居住在邊境地區的少數民族。夏，指中原地帶。這是説古代夏之王師，有征無戰，戎夏都不敢抗拒。

〔10〕迂闊，迂遠而不切合實際。這是説人們認爲王道迂闊而不去實行。

〔11〕夷、之、師、奇、爲、嘻，押韻。

　　吾想夫北風振漠，胡兵伺便〔1〕，主將驕敵，期門受戰〔2〕。野豎旄旗，川迴組練〔3〕。法重心駭〔4〕，威尊命賤〔5〕。利鏃穿骨，驚沙入面。主客相搏，山川震眩〔6〕，聲析江河〔7〕，勢崩雷電〔8〕。至若窮陰凝閉〔9〕，凜冽海隅〔10〕，積雪没脛，堅冰在鬚，鷙鳥休巢〔11〕，征馬踟躕，繒纊無温^[12]，墮指裂膚。當此苦寒，天假強胡^[13]，憑陵殺氣^[14]，以相剪屠^[15]。徑截輜重^[16]，横攻士卒。都尉新降^[17]，將軍覆没。屍填巨港之岸，血滿長城之窟。無貴無賤，同爲枯骨^[18]。可勝言哉？鼓衰兮力盡^[19]，矢竭兮弦絶，白刃交兮寶刀折，兩軍蹙兮生死決^[20]。降矣哉？終身夷狄。戰矣哉？骨暴沙礫。鳥無聲兮山寂寂，夜正長兮風淅淅^[21]。魂魄結兮天沈沈^[22]，鬼神聚兮雲幂幂^[23]，日光寒兮草短，月色苦兮霜白^[24]。傷心慘目，有如是耶？

〔1〕伺便，偵察便利，指偵察便於進攻的機會。

〔2〕期門，漢官名。漢武帝好微行，與侍中常侍武騎及待詔隴西北地良家子能騎射者期（約會）於殿門，所以後來把執兵器護送的人叫做期門。漢平帝時期門改稱虎賁郎，指主宿衛的武官。這裏可能是泛指武將。參看第三册第 757 頁《霍光傳》注〔4〕。

〔3〕川，河。迴，環繞。組練，這裏指軍隊。《左傳·襄公三年》：“楚子重使鄧廖帥組甲三百、被練三千以侵吴。”孔穎達《正義》引賈逵説：“組甲，以組（絛帶）綴甲，車士服之。被練，帛也，以帛綴甲，步卒服之。”

〔4〕法，指軍法。

〔5〕威，指主將的威嚴。命，指戰士的生命。

〔6〕眩，迷亂。

〔7〕析，分。大意是：聲音之大能把江河的水震得分開。

〔8〕大意是：聲勢的凶猛好像打雷閃電。便、戰、練、賤、面、眩、電，押韻。

〔9〕窮陰，極陰，就是天陰得非常厲害。凝閉，指嚴寒。

〔10〕海隅，海邊。

〔11〕鷙（zhì）鳥，凶猛的鳥。

〔12〕繒（zēng）帛。纊（kuàng），絮，即粗的絲綿。

〔13〕天借給胡人以機會。

〔14〕憑陵,疊韻聯緜字,逾越、凌駕。這裏有憑仗的意思。

〔15〕隅、鬌、躓、膚、胡、屠,押韻。

〔16〕徑,直。截,攔路截搶。

〔17〕都尉,官名。漢代郡設都尉,掌武事。

〔18〕卒、没、窟、骨,押韻。

〔19〕鼓衰,指鼓聲逐漸低下去。

〔20〕蹙(cù),迫近。絶、折、決,押韻。

〔21〕浙浙(xīxī),風聲。

〔22〕結,聚。沈沈(chénchén),昏暗的樣子。

〔23〕冪冪(mìmì),陰森的樣子。

〔24〕狄、礫、寂、浙、冪、白,押韻。

　　吾聞之:牧用趙卒〔1〕,大破林胡〔2〕,開地千里,遁逃匈奴〔3〕。漢傾天下,財殫力痡〔4〕。任人而已〔5〕,其在多乎〔6〕?周逐獫狁,北至太原〔7〕,既城朔方〔8〕,全師而還〔9〕。飲至策勳〔10〕,和樂且閑〔11〕,穆穆棣棣〔12〕,君臣之間。秦起長城,竟海爲關〔13〕,荼毒生靈〔14〕,萬里朱殷〔15〕。漢擊匈奴,雖得陰山〔16〕,枕骸徧野,功不補患〔17〕。

〔1〕牧,指李牧,戰國時趙國的良將。

〔2〕林胡,匈奴的一種。

〔3〕遁逃,使動用法。《史記·廉頗藺相如列傳》(李牧)載:匈奴屢次進攻趙國,趙國派李牧去防守,滅襜襤,破東胡,降林胡。從此匈奴遠遁,十餘年不敢近趙邊城。

〔4〕傾天下,盡全國之力。殫(dān),竭盡。痡(pū),病,這裏是疲敝的意思。這是說漢武帝連年用兵,進攻匈奴,以致財盡力疲。

〔5〕任人,指任用得人,即用人得當。

〔6〕胡、奴、痛、乎,押韻。

〔7〕獫狁(xiǎnyǔn),亦作"玁狁",古代北方的一個民族。太原,在今甘肅固
　　原縣北界,是太原戎所居之地。《詩經·小雅·六月》:"薄伐玁狁,至於
　　大(太)原。"

〔8〕城,用如動詞,築城。朔方,地名,周時接近獫狁。《詩經·小雅·出車》:
　　"天子命我,城彼朔方。"漢武帝時置朔方郡,並築朔方城,在今内蒙古自
　　治區鄂爾多斯右翼後旗界内。

〔9〕全師,保全軍隊,指没受損失。

〔10〕飲至,古代的告廟禮。還師告至於宗廟(至,指軍隊回到了國都),獻俘,
　　並在宗廟中飲酒慶賀。策勳,把功勞記録在簡策上。

〔11〕閑,通"閒",閒靜,閒適。

〔12〕穆穆,和而且敬的樣子。棣棣(dìdì),雍容嫻雅的樣子。

〔13〕竟,終。竟海,一直到海。

〔14〕荼(tú)毒,苦,使動用法。生靈,百姓。

〔15〕朱殷,參看第一册第31頁《齊晉鞌之戰》注〔14〕。這是説修築萬里長城,
　　死了很多人。

〔16〕陰山,山名,起於河套西北,東西綿亘於内蒙古自治區,東北和大興安嶺
　　相接。漢武帝北征匈奴,奪取此山,設兵屯守,匈奴之勢纔衰落下去。

〔17〕補,補償。患,等於説害處。原、還、閑、間、關、殷、山、患,押韻。

　　蒼蒼蒸民〔1〕,誰無父母?提攜捧負,畏其不壽。誰無
兄弟,如足如手?誰無夫婦,如賓如友?生也何恩?殺之
何咎〔2〕?其存其没,家莫聞知。人或有言〔3〕,將信將
疑。悁悁心目〔4〕,寢寐見之。布奠傾觴〔5〕,哭望天涯。
天地爲愁〔6〕,草木淒悲。弔祭不至,精魂何依?必有凶
年〔7〕,人其流離。嗚呼噫嘻!時耶命耶?從古如斯。爲
之奈何?守在四夷〔8〕。

〔1〕蒼蒼,盛的樣子。蒸,衆。

〔2〕讓老百姓活着,算做什麼恩? 把老百姓殺死,他們有什麼過錯? 母、負、
　　壽、手、婦、友,押韻。

〔3〕言,指談到從軍者的生死存亡的消息。

〔4〕悁悁(yuānyuān),憂悶的樣子。

〔5〕布奠,擺下祭品。傾觴,把酒杯裏的酒倒在地上。

〔6〕爲(wèi)愁,爲之愁。

〔7〕《老子》第三十章:"大軍之後,必有凶年。"

〔8〕《左傳・昭公二十三年》:"古者天子,守在四夷。"這是説要用文德使四
　　夷歸服,各爲天子守土,就没有戰爭之禍了。知、疑、之、涯(yí)、悲、依、
　　離、斯、夷,押韻。

韓　愈

進　學　解〔1〕

　　國子先生〔2〕晨入太學〔3〕,招諸生立館下,誨之曰:
"業精于勤,荒于嬉〔4〕;行成于思,毀于隨〔5〕。方今聖賢
相逢〔6〕,治具畢張〔7〕,拔去兇邪,登崇畯良〔8〕。占小善
者率以録〔9〕,名一藝者無不庸〔10〕。爬羅剔抉〔11〕,刮垢
磨光〔12〕。蓋有幸而獲選,孰云多而不揚〔13〕? 諸生業患
不能精,無患有司之不明〔14〕;行患不能成,無患有司之
不公〔15〕。"

〔1〕唐憲宗元和六年(公元811年),韓愈再降爲國子博士,心懷憤懑,作《進
　　學解》以自喻。文中用含蓄的反語諷刺當權者之不明與不公,發泄自己
　　的滿腹牢騷。

〔2〕國子,指國子監中的國子。唐代的國子監是設在京城的最高學府,内設國

子、太學、廣文、四門、律、書、算七學，各學都有博士。這裏的"國子先生"
是韓愈自稱，即國子博士，掌教三品以上國公子孫、從二品以上曾孫之爲
生者。

〔3〕太學，指國子監。唐代的國子監相當於上古的太學。

〔4〕業，指學業。嬉，遊戲，玩耍。

〔5〕行，指爲人行事。思，思考。隨，指盲目地跟着別人走。嬉、思、隨，押韻。

〔6〕聖賢，指聖主賢臣。

〔7〕治具，治國之具，指法律政令。張，設。

〔8〕登，進。崇，尊。登、崇都是使動用法。畯，或作俊，才智過人的人。

〔9〕占(zhàn)，具有。率，都。錄，錄取，錄用。

〔10〕名一藝者，以一種才能著稱的人。庸，用。

〔11〕爬，耙。爬羅，等於説搜羅。剔抉(tījué)，指剔除不好的，挑選好的。這
是説選拔人才。

〔12〕刮垢，刮去汙垢。磨光，磨出光亮。這是比喻訓練人才。

〔13〕多，指學問多、才能多。揚，舉。大意是：可能有無才而僥倖獲選的，不會
有多才而不被舉用的。

〔14〕有司，主管的官吏。

〔15〕逢、張、良、庸、光、揚、精、明、成、公，押韻。

　　言未既〔1〕，有笑于列者曰："先生欺余哉！弟子事先
生，于兹有年矣。先生口不絕吟於六藝之文〔2〕，手不停披
於百家之編〔3〕。記事者必提其要〔4〕，纂言者必鉤其
玄〔5〕。貪多務得，細大不捐〔6〕。焚膏油以繼晷〔7〕，恒
兀兀以窮年〔8〕。先生之業可謂勤矣。觝排異端〔9〕，攘
斥佛老〔10〕；補苴罅漏〔11〕，張皇幽眇〔12〕。尋墜緒之茫
茫〔13〕，獨旁搜而遠紹〔14〕。障百川而東之〔15〕，迴狂瀾於
既倒〔16〕。先生之於儒，可謂有勞矣。沈浸醲郁，含英咀

華[17];作爲文章,其書滿家[18]。上規姚姒[19],渾渾無涯[20];周誥殷盤[21],佶屈聱牙[22],《春秋》謹嚴[23],《左氏》浮夸[24],《易》奇而法[25],《詩》正而葩[26];下逮《莊》《騷》[27],太史所錄[28],子雲、相如[29],同工異曲[30]。先生之於文,可謂閎其中而肆其外矣[31]。少始知學,勇於敢爲;長通於方[32],左右具宜[33]。先生之於爲人,可謂成矣[34]。然而公不見信於人,私不見助於友,跋前躓後[35],動輒得咎[36]。暫爲御史,遂竄南夷[37]。三年博士[38],冗不見治[39]。命與仇謀,取敗幾時[40]。冬暖而兒號寒,年豐而妻啼飢。頭童齒豁[41],竟死何裨[42]? 不知慮此,而反教人爲[43]?"

〔 1 〕既,盡,完畢。

〔 2 〕六藝,指六經。

〔 3 〕披,打開,翻開,這裏是翻閱的意思。百家之編,諸子的著作。

〔 4 〕記事者,指記事的著作。

〔 5 〕纂言者,指理論性的著作。鉤,鉤取,這裏指探索。玄,指深微的道理。

〔 6 〕細,小。捐,棄。

〔 7 〕晷(guǐ),日影。這是説夜以繼日。

〔 8 〕兀兀(wùwù),勤勉不懈的樣子。一作"矻矻"。窮年,盡年,即過完一年。編、玄、捐、年,押韻。

〔 9 〕觝(dǐ),同"牴",觸,這裏當抗拒、抵制講。異端,不合正道的學説。儒家稱墨家、道家等不同學派爲異端。《論語·爲政》:"攻(治)乎異端,斯害也已。"

〔10〕攘斥,排斥。

〔11〕苴(jū),鞋裏墊的草,這裏用如動詞,當填補講。罅(xià),裂縫。罅漏,這裏指儒術的缺漏之處。

〔12〕張皇,張大,使動用法。幽,微。眇,小。幽眇,這裏指儒術中微眇的道理。

〔13〕尋,等於説整理。緒,指事業(緒業)。墜緒,指斷絕了的儒家道統。茫茫,茫無頭緒的樣子。

〔14〕紹,繼續。

〔15〕障,防堵。東之,使之向東流。這是説防止異端邪説之横行,而使之歸於正道。

〔16〕迴,迴轉,使動用法。狂瀾,比喻異端。既倒,指狂瀾横決而不東流。老、眇、紹、倒,押韻。

〔17〕醲郁,酒味濃厚,這裏指内容醇厚的著作。咀(jǔ),含在嘴裏細細玩味。這兩句是説深入鑽研古人的好作品,細細體會其中的精華。

〔18〕滿家的書,是作文的根據。意思是説,作文都有所本。

〔19〕規,摹擬,取法。姚,虞舜的姓。姒(sì),夏禹的姓。這裏用姚姒代表虞夏時代的作品。

〔20〕渾渾,水大的樣子,這裏指學問淵博。《法言·問神》:"虞夏之書渾渾爾。"

〔21〕周誥,指《尚書》中的《大誥》《康誥》《酒誥》《洛誥》等篇。殷盤,指《尚書》中的《盤庚》上中下三篇。

〔22〕佶(jí)屈,曲屈。聱牙,不順口。這是形容文章艱澀難讀。

〔23〕謹嚴,指《春秋》用字不苟,寓有褒貶之義。

〔24〕左氏,指《左傳》。夸,通"誇"。浮夸,指文筆誇張。

〔25〕奇,奇妙,指卦的變易奇妙。法,指有法則。

〔26〕正,指"思無邪",即義理正大。《論語·爲政》:"詩三百,一言以蔽之,曰思無邪。"葩(pā),花,華美,這裏指辭藻華美。華、家、涯、牙、夸、葩,押韻。

〔27〕《莊》,指《莊子》。《騷》,指《離騷》。

〔28〕太史所録,指司馬遷的《史記》。

〔29〕子雲,揚雄的字。相如,司馬相如。

〔30〕工,巧。曲,樂曲。這是説文章雖各有特點,但同樣是好的。録、曲,押韻。

〔31〕閎(hóng),大。這是説韓愈的文章,内容閎富,文筆恣肆。

〔32〕方,道。通方,通達道理(不入迷途)。

〔33〕具,俱。這是説無論對什麽事都處理得合適。

〔34〕成,成熟,成就。

〔35〕跋,踐踏。躓(zhì),遇到障礙而跌倒。一本作"疐"。這是説進退不得自由。《詩經·豳風·狼跋》:"狼跋其胡(下巴下垂着的肉),載疐其尾。"意思是老狼前進就會踩着自己的胡,後退就會被尾巴絆倒,進退都難。

〔36〕得咎,獲罪,惹禍。友、後、咎,押韻。

〔37〕竄,流放。南夷,南方少數民族地區,這裏指陽山縣(今廣東陽山縣附近)。德宗貞元十九年(公元 803 年),韓愈任監察御史,同年冬,貶連州陽山令。

〔38〕憲宗元和元年(公元 806 年)六月至四年六月,韓愈任國子博士,共三年。

〔39〕冗(rǒng),這裏指閒散。治,指政治才能。這是説做閒散的官,表現不出政治才能。

〔40〕大意是:命運跟您的仇敵早已商量好了,所以您屢次失敗。幾時,等於説屢次。

〔41〕頭童,頭秃無髮。豁,開。齒豁,有的牙齒掉了,兩排牙齒開出豁口。

〔42〕竟,終。竟死,等於説直到死。裨(bì),補益。

〔43〕夷、治、時、飢、裨、爲,押韻。

先生曰:"吁〔1〕!子來前!夫大木爲杗〔2〕,細木爲桷〔3〕,欂櫨侏儒〔4〕,椳闑扂楔〔5〕,各得其宜,施以成室者〔6〕,匠氏之工也。玉札丹砂,赤箭青芝〔7〕,牛溲馬勃,敗鼓之皮〔8〕,俱收並蓄,待用無遺者〔9〕,醫師之良也。登明選公,雜進巧拙,紆餘爲妍〔10〕,卓犖爲傑〔11〕,校短量長〔12〕,惟器是適者〔13〕,宰相之方也。昔者孟軻好辯,孔道以明〔14〕,轍環天下〔15〕,卒老於行〔16〕。荀卿守正,大論是弘〔17〕,逃讒於楚,廢死蘭陵〔18〕。是二儒者,吐辭爲經,舉足爲法〔19〕,絶類離倫〔20〕,優入聖域〔21〕,其遇於世何如也?今先生學雖勤而不繇其統〔22〕,言雖多而不要其中〔23〕，文雖奇而不濟於用，行雖修而不顯於衆〔24〕。猶且月費俸錢，歲縻廩粟〔25〕，子不知耕，婦不知織，乘馬從徒〔26〕，安坐而食。踵常途之促促〔27〕，窺陳編以盜竊〔28〕。然而聖主不加誅〔29〕，宰臣不見斥〔30〕，茲非其幸歟？動而得謗，名亦隨之〔31〕。投閑置散，乃分之宜〔32〕。若夫商財賄之有無〔33〕，計班資之崇庳〔34〕，忘己量之所稱〔35〕，指前人之瑕疵〔36〕，是所謂詰匠氏之不以杙爲楹〔37〕，而訾醫師以昌陽引年〔38〕，欲進其豨苓也〔39〕。"

〔1〕吁(xū)，歎詞，表示不同意。

〔2〕宋(máng)，房屋的大梁。爲，當做，充當。

〔3〕桷(jué)，方椽子。

〔4〕欂櫨(bó lú)，斗栱(gǒng)，即柱頂上承托棟梁的構件。侏儒，指侏儒柱，即梁上的短柱。

〔5〕椳(wēi)，門樞臼。闑(niè)，門中央所立的短木，在門兩扇相交處。扂(diàn)，門閂之類。楔，門兩旁豎立之木，是用來防備車碰壞門的。

〔6〕桷、楔、室，押韻。

〔7〕玉扎、丹砂(即朱砂)、赤箭、青芝，都是較貴重的藥材。

〔8〕牛溲，又叫車前。馬勃，又叫馬屁菌。敗鼓之皮，即壞了的鼓皮。這三種都是粗賤的藥材。

〔9〕芝、皮、遺，押韻。

〔10〕紆餘，疊韻聯緜字，屈曲的樣子。妍(yán)，美好。這是説，不露鋒芒的人被認爲可愛。

〔11〕卓犖(luò)，特出，超過一般人。這是説，露鋒芒的人被認爲豪傑。

〔12〕校(jiào)，比較。一本作"較"。

〔13〕器，等於説材能。拙、傑、適，押韻。

〔14〕孟軻好辯，《孟子·滕文公下》："公都子曰：'外人皆稱夫子好辯，敢問何

也?'孟子曰:'予豈好辯哉? 予不得已也。'"孔道,指孔子之道。

〔15〕轍,車轍。環,繞。這是說孟子周遊列國。

〔16〕明、行,押韻。

〔17〕弘,擴充光大。這是說把儒家的學說發揚光大了。

〔18〕蘭陵,故城在今山東鄒縣。荀卿在齊國做祭酒,因被人讒毁,逃到楚國。
　　春申君黄歇任他爲蘭陵令。春申君死後,荀卿罷官,老死在蘭陵。弘、
　　陵,押韻。

〔19〕舉足,指行動。

〔20〕絕類、離倫,是兩個同義詞組,都是超過一般人的意思。

〔21〕法、域,押韻。

〔22〕先生,韓愈自稱。繇,通"由"。不繇其統,不遵從〔儒家的〕道統。

〔23〕要(yāo),約。不要其中,等於說不得其要。

〔24〕統、中、用、衆,押韻。

〔25〕糜,浪費。一本作"靡"。廩粟,公家供給的食粟。

〔26〕從(zòng)徒,使僕役跟隨伺侯。

〔27〕踵,追隨。促促,同"娖娖"(chuòchuò),拘謹的樣子。一本作"役役"。
　　這是說拘謹隨俗而無異能。

〔28〕陳編,古人的著作。這是說盜竊舊章而無創見。

〔29〕誅,責。

〔30〕宰臣,指宰相。粟、纖、食、促、竊、斥,押韻。

〔31〕名亦隨之,名譽也跟着起來了。這是自慰之辭。

〔32〕分(fèn),本分。之、宜,押韻。

〔33〕商,量度,計較。財賄,指俸禄。

〔34〕班資,位次資格,都就官職而言。庳(bēi),通"卑"。

〔35〕稱(chèn),適合,相當。這是說忘掉自己的才能適合什麽職位。

〔36〕前人,在己之前的人,指顯貴者。瑕(xiá),玉石上的斑點。疵(cī),病。
　　瑕疵都比喻人的缺點或毛病。庳、疵,押韻。

〔37〕詰,責問。杙(yì),小木橛。楹,柱。

〔38〕訾(zǐ),詆毀。昌陽,菖蒲的一種,是一種藥材。據説久服之可以延年。引年,等於説延年。

〔39〕豨(xī)苓,又叫猪苓、豕零,也是一種藥材,利尿,無助於延年。楹、苓,押韻。

子産不毀鄉校頌〔1〕

我思古人,伊鄭之僑〔2〕。以禮相國〔3〕,人未安其教。遊於鄉之校,衆口囂囂〔4〕。或謂子産:"毀鄉校則止。"曰:"何患焉?可以成美。夫豈多言?亦各其志〔5〕。善也吾行,不善吾避。維善維否〔6〕,我於此視。川不可防,言不可弭〔7〕。下塞上聾,邦其傾矣!"既鄉校不毀,而鄭國以理〔8〕。在周之興,養老乞言〔9〕;及其已衰,謗者使監〔10〕。成敗之迹,昭哉可觀。維是子産〔11〕,執政之式〔12〕。維其不遇〔13〕,化止一國〔14〕。誠率是道,相天下君,交暢旁達,施及無垠。於虖〔15〕!四海所以不理,有君無臣〔16〕。誰其嗣之〔17〕?我思古人。

〔1〕這篇通過對子産的贊頌,表現了韓愈改革政治的要求。他希望統治者廣開言路,普施教化,把國家治理好。可參看第一册第39頁《子産不毀鄉校》。

〔2〕伊,句首語氣詞。僑,子産的名。

〔3〕禮,指治國的禮法綱紀。

〔4〕囂囂(xiāoxiāo),喧嘩的聲音。僑、教、囂,押韻。

〔5〕這是"亦各言其志"的意思。《論語·先進》:"亦各言其志也已矣。"

〔6〕維,語氣詞。否(pǐ),惡。

〔7〕弭(mǐ),止。

〔8〕理,治,指平治。止、美、志、避、視、弭、矣、理,押韻。

〔9〕養老乞言,周朝興盛的時候,曾奉養一些年老而有聲望的人,讓他們提意見,幫助把國家治理好。《詩經·大雅·行葦》序:"行葦,忠厚也。周家忠厚,仁及草木,故能内睦九族,外尊事黄耇(gǒu,黄耇,老人之稱),養老乞言,以成其福禄焉。"

〔10〕謗者,指批評國政的人。《國語·周語》載:周厲王暴虐無道,國人批評他,他派衞巫監視批評他的人。最後國人忍無可忍,把他放逐出國。

〔11〕是,指示代詞,這個。

〔12〕式,法式,榜樣。

〔13〕維,通"惟"。

〔14〕這兩句是説衹因子産没有遇到聖君,他的教化就衹限於一個鄭國。化,教化。

〔15〕於虖,同"嗚呼"。

〔16〕四海(天下)之所以治不好,是因爲衹有君,没有臣(指稱職的人臣)。

〔17〕《左傳·襄公三十年》載:"子産從政三年,輿(衆)人誦之曰:'我有子弟,子産誨之;我有田疇,子産殖之。子産而死,誰其嗣之?'"

劉 禹 錫

　　劉禹錫(公元 772—842 年),字夢得,彭城(今江蘇徐州市)人。二十一歲中進士,官至監察御史。因參加了較進步的王叔文集團,在王叔文失敗後,長期被貶。晚年回到洛陽,任太子賓客。秉性傲岸耿介,雖在政治上一再遭受打擊,卻表現了頑强不屈的精神。他長於詩文,在洛陽的時候,和白居易唱和很多,世稱劉白。有《劉賓客文集》及外集。

陋 室 銘〔1〕

　　山不在高,有仙則名;水不在深,有龍則靈。斯是陋室,唯吾德馨[2]。苔痕上階綠,草色入簾青[3]。談笑有鴻儒[4],往來無白丁[5]。可以調素琴,閲金經[6]。無絲竹之亂耳[7],無案牘之勞形[8]。南陽諸葛廬[9],西蜀子雲亭[10]。孔子云:"何陋之有[11]?"

[1]陋室,狹隘簡陋的屋子。銘,文體的一種。本文通過對陋室的描寫和欣賞,表現了作者孤芳自賞,不肯和權貴同流合汙的思想感情。可是他"往來無白丁",也表現了他是不接近勞動人民的。

[2]這雖然是陋室,但是我的道德是芬芳的,〔因此,房子也變爲芬芳的了〕。馨,能散布到遠處去的芳香。《左傳·僖公五年》:"黍稷非馨,明德惟馨。"參看第一册第18頁《宮之奇諫假道》注[6]。

[3]苔長到臺階上去,使臺階都綠了;草色從竹簾映入,使室内帶有青色。

[4]鴻,大。鴻儒,學識淵博的學者。

[5]白丁,無官職的平民。唐朝的服色,以柘黄(黄赤色)爲最高貴,紅紫爲上,藍綠較次,黑褐最低,白色無地位。

[6]金經,指用泥金書寫的佛經。

[7]絲竹,泛指樂器。

[8]案牘,文書,公文。

[9]諸葛,指諸葛亮。亮未出山前,隱居南陽茅廬中。

[10]子雲,揚雄的字。揚雄是蜀郡成都人。《漢書》説他"有田一壥(廛),有宅一區。"後人常稱"揚子宅"。這裏爲了押韻,説成"子雲亭"。名、靈、馨、青、丁、經、形、亭,押韻。

[11]《論語·子罕》:"君子居之,何陋之有?"本文祇用"何陋之有",兼含着"君子居之"的意思。

杜　牧

杜牧(公元803—853年),字牧之,號樊川,京兆萬年(今陝西長安)人,二十六歲中進士,歷官監察御史、史館修撰、中書舍人等職,也曾做過幾任州刺史。他爲人剛直,不肯逢迎權貴,在仕途上不很得意。早年頗有抱負,晚年漸趨消極。他是晚唐傑出的詩人,尤其長於七絶。人稱小杜,以别於杜甫。著有《樊川集》。清人馮集梧爲他的詩作注,名《樊川詩集注》。

阿房宮賦[1]

　　六王畢[2],四海一,蜀山兀[3],阿房出。覆壓三百餘里,隔離天日[4]。驪山北構而西折[5],直走咸陽。二川溶溶[6],流入宮牆[7]。五步一樓,十步一閣,廊腰縵迴[8],簷牙高啄[9],各抱地勢[10],鈎心鬬角[11]。盤盤焉[12],囷囷焉[13],蜂房水渦[14],矗不知乎幾千萬落[15]。長橋臥波[16],未雲何龍[17]?複道行空[18],不霽何虹[19]?高低冥迷[20],不知西東。歌臺暖響,春光融融[21];舞殿冷袖,風雨淒淒[22]。一日之内,一宫之間,而氣候不齊[23]。

[1]阿(ē)房(舊讀 páng)宮,秦宮名,故址在今陝西長安縣西北。《三輔黄圖》:"阿房宮亦曰阿城,惠文王(秦孝公之子)造宮未成而亡,始皇廣其宫,規恢三百餘里。"本文通過對阿房宮的描寫,揭露了秦朝統治者的奢侈荒淫,同時也借古戒今,對當時沈溺聲色、大修宮殿的唐敬宗提出了警告。

[2]六王,指齊、楚、燕、韓、趙、魏六國之君。這是説六國滅亡了。

[3]兀,高而上平,這裏指樹木被砍光,山秃了。

[4]畢、一、兀、出、日,押韻。

[5]從驪山向北建築,再往西折。驪山,在今陝西臨潼縣東南。

[6]二川,指渭川、樊川。溶溶,水盛的樣子。

〔7〕陽、牆,押韻。

〔8〕廊腰,遊廊曲折好像人的腰能曲折一樣,所以説“廊腰”。縵,迴環的樣子。

〔9〕簷牙好像羣鳥向高處啄食一樣。簷牙,房簷的滴水瓦排列着像一排牙齒似的,所以説“簷牙”。

〔10〕大意是:所有建築物都因地勢之高下而建,各自守着一種地勢。抱,守持而不失叫抱。

〔11〕心,指宮室的中心。角,指屋角。諸角向心,像鈎一樣發生聯繫;諸角相向,又像兵戈相鬥。這是説建築結構極其對稱而嚴整。

〔12〕盤盤焉,曲折的樣子。

〔13〕囷囷(qūnqūn)焉,回旋的樣子。

〔14〕蜂房,蜂巢内六角形的小室,這裏比喻建築物的多而密。水渦,水的漩渦,比喻建築物的曲折回旋。蜂房水渦,都是遠觀鳥瞰的印象。

〔15〕矗(chù),聳立的樣子。落,居(聚居之處),這裏略等於説院落。幾千萬落,幾千萬個院落。閣、啄、角、落,押韻。

〔16〕波,指渭水。阿房宮跨渭水,建有長橋。

〔17〕這是故設疑辭,極言長橋之似龍。《易經》乾卦:“雲從龍。”古人以爲有龍必有雲。這裏提出反問。

〔18〕複道,樓閣間架在空中的木質通道,像現在的天橋。

〔19〕這也是故設疑辭,極言複道之似虹。複道油飾着彩色,所以把它比作虹。霽,雨初止。霽時纔有虹。這裏提出反問。

〔20〕冥迷,雙聲聯綿字,模糊不清。

〔21〕大意是:歌臺由於歌聲嘹亮,好像充滿暖意,如春光之融融。龍、空、虹、東、融,押韻。

〔22〕大意是:舞殿由於舞袖飄拂,好像帶來冷氣,如風雨之淒淒。

〔23〕淒、齊,押韻。

妃嬪媵嬙〔1〕,王子皇孫〔2〕,辭樓下殿,輦來於秦。朝歌夜絃,爲秦宮人〔3〕。明星熒熒〔4〕,開妝鏡也;綠雲擾擾[5],梳曉鬟也;渭流漲膩[6],棄脂水也;煙斜霧橫,焚椒蘭也;雷霆乍驚,宮車過也;轆轆遠聽[7],杳不知其所之也[8]。一肌一容,盡態極妍[9],縵立遠視[10],而望幸焉。有不得見者,三十六年[11]。燕趙之收藏,韓魏之經營,齊楚之精英[12],幾世幾年,取掠其人[13],倚疊如山。一旦不能有,輸來其間[14]。鼎鐺玉石,金塊珠礫[15],棄擲邐迤[16]。秦人視之,亦不甚惜[17]。

〔1〕妃,配偶,上古統治階級嫡妻和妾的通稱。這裏指帝王的妃。嬪(pín),古代宮廷中的女官名。媵(yìng),隨嫁女子。嬙(qiáng),也是古代宮廷中的女官名。在這裏,四者都指六國的宮妃。

〔2〕王子皇孫,指六國國君的女兒、孫女。

〔3〕孫、秦、人,押韻。

〔4〕熒熒(yíngyíng),星光明亮的樣子。

〔5〕綠雲,比喻女子黑潤而稠密的頭髮。擾擾,紛亂的樣子。

〔6〕漲膩,漲起一層油膩。

〔7〕轆轆,車聲。

〔8〕杳,深遠。六個也字押韻,鬟、蘭也可認爲押韻。

〔9〕態,指嫵媚之態。極,盡。

〔10〕縵立,迴環地立待着。

〔11〕不得見,指不得見秦始皇。三十六年,秦始皇在位三十七年,但他是在第三十七年的七月裏死的,所以這裏祇說三十六年。妍、焉、年,押韻。

〔12〕收藏、經營、精英,指金玉重器。營、英,押韻。

〔13〕人,即民。唐人避唐太宗李世民的諱,所以用"人"字,下文"使六國各愛其人""秦復愛六國之人"的兩個"人"字同。

〔14〕其間,指阿房宮內。年、山、間,押韻。

〔15〕大意是:把鼎當作鐺,把玉當作石,把金當作土塊,把珍珠當作碎石。這是

極言其不愛惜這些寶物。鐺(chēng)，鍋一類的東西。塊，土塊。礫
(lì)，碎石。

〔16〕邐迤(lǐyǐ)，連接不斷的樣子。這句是説棄擲不止一處。

〔17〕礫、惜，押韻。

　　嗟乎！一人之心，千萬人之心也〔1〕。秦愛紛奢〔2〕，
人亦念其家。奈何取之盡錙銖〔3〕，用之如泥沙〔4〕！使
負棟之柱，多於南畝之農夫〔5〕，架梁之椽〔6〕，多於機上
之工女，釘頭磷磷〔7〕，多於在庾之粟粒〔8〕，瓦縫參差，多
於周身之帛縷，直欄橫檻，多於九土之城郭〔9〕，管絃嘔
啞〔10〕，多於市人之言語〔11〕。使天下之人，不敢言而敢
怒。獨夫之心〔12〕，日益驕固〔13〕。戍卒叫〔14〕，函谷
舉〔15〕，楚人一炬〔16〕，可憐焦土〔17〕。

〔1〕一個人的心怎麼樣，千萬人的心(也該是)怎麼樣。這是説應該以自己的
　　心去體會千萬人的心。

〔2〕紛奢，繁華奢侈。

〔3〕錙銖(zīzhū)，都是古代很小的重量單位，連用喻微小的數量。

〔4〕奢、家、沙，押韻。

〔5〕南畝，參看第二册第486頁《七月》注〔11〕。

〔6〕架梁之椽，架在梁上的椽子。跟"負棟之柱"的語法結構不同。

〔7〕磷磷(lìnlìn)，原指玉石的色彩映耀，這裏是形容梁柱上的釘頭的光彩
　　耀目。

〔8〕庾，穀倉。

〔9〕欄、檻，都是欄杆。九土，九州之土，等於説全國的土地。

〔10〕嘔啞，在這裏形容雜亂的樂器聲。

〔11〕女、縷、語，押韻。

〔12〕獨夫，失盡人心的君主，這裏指秦始皇。

〔13〕怒、固，押韻。

〔14〕戍卒叫，指陳涉起義。陳涉一呼而天下響應。

〔15〕函谷舉，指劉邦打進關中，函谷關也守不住了。

〔16〕指項羽火燒阿房宮。炬，火把，這裏用如動詞，等於説放把火。

〔17〕舉、土，押韻。

　　嗚呼！滅六國者，六國也，非秦也。族秦者〔1〕，秦也，非天下也。嗟夫！使六國各愛其人，則足以拒秦，秦復愛六國之人，則遞三世可至萬世而爲君〔2〕，誰得而族滅也？秦人不暇自哀，而後人哀之；後人哀之而不鑑之，亦使後人而復哀後人也〔3〕。

〔1〕族，動詞，滅族。族秦，使秦滅族。

〔2〕遞，更遞。遞三世，指傳位到三世。人、秦、人、君，押韻。

〔3〕第一個"後人"指更後的人。六個"也"字押韻。

蘇　軾

前赤壁賦〔1〕

　　壬戌之秋〔2〕，七月既望，蘇子與客泛舟，遊於赤壁之下。清風徐來，水波不興。舉酒屬客〔3〕，誦明月之詩，歌窈窕之章〔4〕。少焉，月出於東山之上，徘徊於斗牛之間〔5〕。白露橫江〔6〕，水光接天。縱一葦之所如〔7〕，凌萬頃之茫然〔8〕。浩浩乎如馮虛御風〔9〕，而不知其所止；飄飄乎如遺世獨立〔10〕，羽化而登仙〔11〕。於是飲酒樂甚，扣舷而歌之〔12〕。歌曰："桂棹兮蘭槳〔13〕，擊空明兮泝流光〔14〕。渺渺兮余懷〔15〕，望美人兮天一方〔16〕。"客有吹洞簫者,倚歌而和之[17]。其聲嗚嗚然,如怨如慕,如泣如訴,餘音嫋嫋[18],不絕如縷。舞幽壑之潛蛟,泣孤舟之嫠婦[19]。

[1]蘇軾因反對王安石的新法,被貶到黃州(今湖北黃岡縣)。他曾兩次到黃州城外的赤壁(赤鼻磯)去遊覽,寫了兩篇賦,這裏選的是前一篇。文中談及赤壁之戰。周瑜破曹軍於赤壁,地在今湖北嘉魚縣東北,不是黃州的赤壁,作者一時興會所至,於是託以爲文。本文反映了蘇軾被貶後的心情,雖流露一些消沈的情緒,而主要的則是表現他的豁達樂觀的精神。

[2]壬戌,指宋神宗元豐五年,當公元 1082 年,時蘇軾四十七歲。

[3]屬(zhǔ),注,酌,斟酒給人喝。下文"舉匏尊以相屬"同。

[4]明月之詩、窈窕之章,指《詩經·陳風·月出》第一章,參看第二册第484頁《月出》。"窈糾"與"窈窕"聲近,所以蘇軾稱之爲"窈窕之章"。

[5]斗、牛,二星宿名。

[6]白露,指白茫茫的水氣。

[7]一葦,喻小船。《詩經·衛風·河廣》:"誰謂河廣,一葦杭(渡)之。"如,往。

[8]凌,乘。萬頃,形容水的廣大。茫然,廣大的樣子。這是説泛舟在廣大的萬頃波濤之上。

[9]馮,依託,後來寫作"憑"。御風,駕着風。《莊子·逍遥遊》:"夫列子御風而行,泠然(泠音 líng,泠然,輕妙的樣子)善也。"

[10]遺世,等於説離開人世。

[11]羽化,道教稱成仙爲羽化,認爲成仙後可以飛昇。《抱朴子·對俗》:"古之得僊(仙)者,或身生羽翼,變化飛行。"間、天、然、仙,押韻。

[12]舷(xián),船的兩邊。

[13]丹桂做的棹,木蘭做的槳。這是對棹、槳的美稱。

[14]空明,倒映在水中的月亮。泝,同"溯"。流光,水面上隨波浮動的月光。

[15]渺渺,悠遠的樣子。

[16]美人,有隱喻君王的意思。《楚辭·九章·思美人》王逸注:"此章言己思

念其君,不能自達。"槳、光、方,押韻。

〔17〕倚,依。

〔18〕嫋嫋(niǎoniǎo),聲音細弱而長的樣子。

〔19〕舞、泣,都是使動用法。嫠(lí)婦,寡婦。慕、訴、縷、婦,押韻。

蘇子愀然,正襟危坐而問客曰〔1〕:"何爲其然也?"客曰:"'月明星稀,烏鵲南飛',此非曹孟德之詩乎〔2〕?西望夏口〔3〕,東望武昌〔4〕,山川相繆〔5〕,鬱乎蒼蒼〔6〕,此非孟德之困於周郎者乎〔7〕?方其破荆州〔8〕,下江陵〔9〕,順流而東也,舳艫千里〔10〕,旌旗蔽空,釃酒臨江〔11〕,橫槊賦詩〔12〕,固一世之雄也〔13〕,而今安在哉?況吾與子漁樵於江渚之上,侶魚蝦而友麋鹿〔14〕;駕一葉之扁舟〔15〕,舉匏尊以相屬〔16〕;寄蜉蝣於天地〔17〕,渺滄海之一粟〔18〕。哀吾生之須臾,羨長江之無窮。挾飛仙以遨遊〔19〕,抱明月而長終〔20〕。知不可乎驟得,託遺響於悲風〔21〕。"

〔1〕愀(qiǎo)然,容色變動的樣子。危坐,端坐。

〔2〕指曹操的《短歌行》。稀、飛、詩,押韻。

〔3〕夏口,指夏口城,在今湖北武昌縣蛇山上。

〔4〕武昌,今湖北鄂城市。

〔5〕繆,通"繚",纏結。

〔6〕鬱、蒼蒼,都是山川的夜色。

〔7〕周郎,指周瑜。瑜字公瑾,三國時廬江郡舒(故城在今安徽廬江縣西)人。因他二十四歲就被任爲建威中郎將,吳中都叫他周郎。建安十三年(公元208年),破曹操於赤壁。昌、蒼、郎,押韻。

〔8〕荆州,東漢時州名,治襄陽,即今湖北襄陽縣治。

〔9〕江陵,東漢時縣名,今湖北江陵縣。

〔10〕舳(zhú),船後掌舵的地方。艫(lú),船前安棹的地方。舳艫連文是説船

首尾連接。《漢書·武帝紀》:"舳艫千里,薄樅陽(地名)而出。"

〔11〕釃(shī),濾酒。釃酒,這裏當斟酒講。

〔12〕槊(shuò),長一丈八尺的矛,馬上所用。

〔13〕東、空、雄,押韻。

〔14〕侶、友,都是意動用法,麋(mí),鹿的一種。

〔15〕扁(piān)舟,小舟。

〔16〕匏(páo),葫蘆的一種。匏尊,指粗陋的酒器。

〔17〕蜉蝣(fúyóu),一種生存期很短的小蟲。這是説人的一生像蜉蝣那樣生
　　命短促,寄託在天地之間。

〔18〕渺,小。這是説人在宇宙中小得像大海中的一顆小米粒。渺、屬、粟,
　　押韻。

〔19〕這是説願和飛仙一起遨遊。

〔20〕這是説願同月亮一起長存。

〔21〕遺,餘。遺響,指簫聲的餘音以及上述的那種心情。窮、終、風,押韻。

蘇子曰:"客亦知夫水與月乎? 逝者如斯,而未嘗往
也〔1〕;盈虛者如彼,而卒莫消長也〔2〕。蓋將自其變者而
觀之,則天地曾不能以一瞬;自其不變者而觀之,則物與我
皆無盡也〔3〕。而又何羨乎? 且夫天地之間,物各有主,苟
非吾之所有,雖一毫而莫取〔4〕。惟江上之清風,與山間之
明月,耳得之而爲聲,目遇之而成色,取之無禁,用之不竭,
是造物者之無盡藏也〔5〕,而吾與子之所共適〔6〕。"客喜
而笑,洗盞更酌。肴核既盡〔7〕,杯盤狼藉〔8〕。相與枕藉
乎舟中〔9〕,不知東方之既白〔10〕。

〔1〕斯,指江水。大意是:江水這樣不停地流去,但從整個大江來看,卻未曾
　　流去。《論語·子罕》:"逝者如斯夫,不舍晝夜!"

〔2〕盈,指月圓。虛,指月缺。彼,指月。大意是:月亮這樣有圓有缺,可是月

亮本身始終没有增减。往、長,押韻。

〔3〕瞬、盡,押韻。從"逝者"到"無盡",大意是:從變的一面看,天地不到一轉眼的工夫就完了;從不變的一面看,萬物和我都是没個窮盡的。

〔4〕主、取,押韻。

〔5〕藏(zàng),寶藏。

〔6〕月、色、竭、適,押韻。

〔7〕肴(yáo),豆所盛的食品(葅醢);核,籩所盛的食品(桃梅之類)。《詩經·小雅·賓之初筵》:"籩豆有楚,殽核維旅。"(籩、豆:都是盛食品的器皿。有:形容詞詞頭。楚:陳列整齊的樣子。殽:通"肴"。旅:陳列。)這裏"肴核"泛指下酒菜。

〔8〕狼藉(jí),縱橫散亂。

〔9〕相與枕藉(jiè),互相枕着墊着。

〔10〕既白,已經顯出白色,指天明了。酌、藉、白,押韻。

常 用 詞(十二)　**88字**

創造　潛藏　步履　枕藉　凌厲　脅迫　隕落　運輸　徭役
戍募　吹唱　叩彈讀　啼號　訊詰　敘訴　摹寫　排攘竄　列垂
尊盛　虛枉　和順　凜凝　爛漫　赤碧青蒼　乍暫　每既
卿傅　儀容　祥殃　條理　支葉　朵穎　軒冕　庾廩　帛縷
扃牖　楹檻梁　陵津浦　疇陌　晡曛　塊礫

821.【創】

(一)讀 chuāng。名詞。傷,傷口。《史記·項羽本紀》:"項王身亦被十餘~。"又《魏其武安侯列傳》:"夫身中~十餘。"引申爲瘡瘤。《禮記·曲禮上》:"頭有~則沐。"後來"創"又寫作"瘡",但仍可指戰爭所受的創傷或外傷。杜甫《奉送郭中丞充隴右節度使》

詩："瘡痍親接戰。"（痍：箭傷。）柳宗元《段太尉逸事狀》："裂裳衣瘡。"

（二）讀 chuàng。動詞。開創，創製。《論語‧憲問》："裨諶草～之。"《孟子‧梁惠王下》："君子～業垂統。"揚雄《解嘲》："公孫～業於金馬。"（公孫：指西漢公孫弘。金馬：金馬門。）

822.【造】

（一）到〔某地〕去。最初指到尊貴者的處所去。《孟子‧公孫丑下》："不幸而有疾，不能～朝。"《戰國策‧齊策四》："先生王斗，～門而欲見齊宣王。"賈誼《弔屈原賦》："～託湘流兮，敬弔先生。"後來也指到平輩或卑輩的處所去。《世說新語‧言語》："庾公～周伯仁。"現代有雙音詞"～訪"。引申為到達某一境界。《孟子‧離婁下》："君子深～之以道。"現代有成語"登峯～極"。[～詣][～就]謁見尊貴。《晉書‧陶潛傳》："未嘗有所～詣。"駱賓王《與陳將軍書》："禁門清切，～就無緣。"引申為達到某種境界，成就（晚起義）。

（二）[～次]雙聲聯緜字。倉猝，匆忙。《論語‧里仁》："君子無終食之間違仁；～次必於是，顛沛必於是。"引申為隨便，草率，鹵莽。杜甫《送顧八分文學適洪吉州》詩："揄揚非～次。"韓愈《精衛填海》詩："人皆譏～次，我獨賞專精。"

（三）做成，製造。《詩經‧鄭風‧緇衣》："緇衣之好兮，敝予又改～兮。"[～化]大自然。《莊子‧大宗師》："今一以天地為大爐，以～化為大冶。"《淮南子‧覽冥》："懷萬物而友～化。"[～化者][～物者]創造化育者，創造萬物者，即自然的主宰者。《莊子‧大宗師》："夫～化者必以為不祥之人。"又："偉哉！夫～物者將以予為此拘拘也。"（拘拘：攣曲不申的樣子。）蘇軾《前赤壁賦》："是～物

者之無盡藏也。"又省稱"~物"。蘇軾《喜雨亭記》:"~物不自以
爲功。"

舊時於(一)(二)讀cào(七到切,清母),於(三)讀zǎo(昨早
切,從母)。今一律讀zào。

823.【潛】

在水面下行走。《莊子‧達生》:"至人~行不窒,蹈火不熱。"
引申爲潛伏水中。《周易》乾卦:"~龍勿用。"謝靈運《登池上樓》
詩:"~虬媚幽姿。"蘇軾《前赤壁賦》:"舞幽壑之~蛟。"又爲秘密地
出動〔軍隊〕。《左傳‧僖公三十年》:"若~師以來,國可得也。"
《荀子‧議兵》:"不~軍。""潛"又用爲副詞,表示秘密地,偷偷地。
杜甫《哀江頭》詩:"春日~行曲江曲。"

824.【藏】

(一)把穀物保藏起來。《墨子‧三辯》:"農夫春耕,夏耘,
秋斂,冬~。"《荀子‧王制》:"春耕,夏耘,秋收,冬~。"引申爲
收藏。《禮記‧禮運》:"貨惡其棄於地也,不必~於己。"《莊
子‧養生主》:"善刀而~之。"又爲隱藏。《論語‧述而》:"用
之則行,舍之則~。"司馬遷《報任安書》:"寧得自引深~於巖
穴邪?"

(二)讀zàng,名詞。儲藏東西的地方,特指儲藏錢財寶物的
地方。《左傳‧僖公二十四年》:"初,晉侯之豎頭須,守~者也。"
《漢書‧翼奉傳》:"詔吏虛倉廩,開府~,振捄貧民。"(捄,古救字)
"藏"又用來指大自然的儲藏。《禮記‧中庸》:"草木生之,禽獸居
之,寶~興焉。"蘇軾《前赤壁賦》:"是造物者之無盡~也。"引申爲人
體的內臟。古人以府藏比喻內臟,以爲人體內有"五藏"(心、肝、脾、
肺、腎)、"六府"(膽、胃、膀胱、三焦、大腸、小腸)。《莊子‧駢拇》:

"多方乎仁義而用之者,列於五~哉,而非道德之正也。"又《齊物論》:"百骸九竅六~。"(腎有兩個,所以又稱六藏。)《漢書·藝文志》:"五~六府。"後來用於内臟意義的"藏府"寫成"臟腑"。

825.【步】

(一)走路,特指慢慢地走。《莊子·田子方》:"夫子~亦~,夫子趨亦趨。""步"又用作名詞,表示腳步,步伐。《楚辭·離騷》:"夫唯捷徑以窘~。"《漢書·敘傳》:"又復失其故~。"(故步:舊時的步伐。)今有雙音詞"~伐",成語"故~自封"。

(二)量詞。(1)舉足兩次爲一步。《孟子·梁惠王上》:"或百~而後止,或五十~而後止。"《荀子·勸學》:"故不積蹞~,無以致千里。"按:古人所謂"步",等於今人所謂兩步,古人所謂"蹞"(又作"跬"),等於今人所謂一步。(2)六尺爲一步。這是量地的單位,三百步爲一里。《周禮·考工記·匠人》:"野度以~。"(量原野以步計算。)《三輔黄圖》:"作阿房前殿,東西五十~,南北五十丈,上可坐萬人。"

826.【履】

(一)踐,踩,在……上行走。《周易》坤卦:"~霜堅冰至。"《詩經·小雅·小旻》:"戰戰兢兢,如臨深淵,如~薄冰。"又《大東》:"周道如砥,其直如矢,君子所~,小人所視。"履又用於抽象意義。《文心雕龍·鎔裁》:"~端於始,則設情以位體。"現代有雙音詞"履行"。

(二)鞋子。《韓非子·外儲説左上》:"鄭人有欲買~者。"《史記·留侯世家》:"孺子下取~。"

[辨] 屨,履,鞋。戰國以前,"履""屨"不同義。"履"衹用作動詞,"屨"則作名詞。《詩經·魏風·葛屨》:"糾糾葛屨,可以履霜。"

"履""屨"不能互換。戰國以來,"履""屨"同義。"鞋"(鞵)是後起字。"鞋"原是皮鞋或皮底鞋,跟草織的或絲麻織的"屨"不同。後來"鞋"與"履""屨"也變成了同義詞。但一般散文仍多用"履""屨";唐以後詩詞多用"鞋"字。

827.【枕】

枕頭。《戰國策·齊策四》:"君姑高~爲樂矣。"又用作動詞,讀 zhèn。《論語·述而》:"曲肱而~之。"《晉書·劉琨傳》:"吾~戈待旦,志梟逆虜。"李華《弔古戰場文》:"~骸徧野。"引申爲臨,指臨水、臨山等。《漢書·嚴助傳》:"北~大江。"杜甫《滕王亭子》詩:"君王臺榭~巴山。"王勃《滕王閣序》:"臺隍~夷夏之交。"〔~藉〕横七豎八地躺着(以人體爲枕蓆)。蘇軾《前赤壁賦》:"相與~藉乎舟中。"

828.【藉】

(一)讀 jiè。草墊子。《周易·大過》:"~用白茅。"又爲墊。柳宗元《捕蛇者説》:"往往而死者相~也。"蘇軾《前赤壁賦》:"相與枕~乎舟中。"引申爲坐臥其上。劉伶《酒德頌》:"枕麴~糟。"孫綽《遊天台山賦》:"~萋萋之纖草。"

(二)讀 jiè。憑借,依託。《商君書·開塞》:"~刑以去刑。"

(三)讀 jiè。假使。《史記·陳涉世家》:"~弟令毋斬,而戍死者固十六七。"(十六七:十之六七。)

(四)讀 jí。舊讀入聲。踐踏。《史記·魏其武安侯列傳》:"太后怒,不食,曰:'今我在也,而人皆~吾弟。'"〔狼~〕雜亂的樣子。蘇軾《前赤壁賦》:"杯盤狼~。"

829.【凌】

犯,越。又寫作"淩"。《楚辭·九歌·國殤》:"~余陣兮躐余行。"引申爲乘。《楚辭·九章·哀郢》:"凌陽侯之氾濫兮。"王勃《滕王閣序》:"撫凌雲而自惜。"又爲登。杜甫《望嶽》詩:"會當~絕頂,一覽衆山小。"又爲凌駕,壓倒。曹植《白馬篇》詩:"左顧~鮮卑。"左思《詠史》詩:"驕奢~王公。"王勃《滕王閣序》:"氣淩彭澤之樽。"〔~厲〕振奮的樣子。陶潛《詠荊軻》詩:"~厲越萬里。"〔~晨〕侵晨,拂曉,清早。杜甫《自京赴奉先縣詠懷》詩:"~晨過驪山。"

[辨]凌,淩,陵。"凌"的本義是冰。《詩經·豳風·七月》:"三之日納于凌陰。"(這個意義後來不常用,所以未列入常用詞。)"淩"的本義是水名。"陵"的本義是大山。按本義説,這三個字的差別是很大的。但是,由於同音的緣故,在犯、越等意義上,"凌、淩、陵"常常通用。

830.【厲】

(一)磨刀石。《詩經·大雅·公劉》:"取~取鍛。"《史記·高祖功臣侯者年表》:"泰山若~。"引申爲磨。《左傳·僖公三十三年》:"則束載~兵秣馬矣。"又《哀公十六年》:"勝自~劍。"(勝:指白公勝。)枚乘《上書諫吳王》:"磨礱底~,不見其損,有時而盡。"這個意義又寫作"礪"。《尚書·禹貢》:"礪砥砮丹。"(砮:石可爲矢鏃者。丹:丹砂。)用於抽象意義,表示磨練,激厲。柳宗元《答韋中立論師道書》:"參之穀梁氏以~其氣。"

(二)兇惡〔的災禍〕。《詩經·大雅·瞻卬》:"降此大~。"又:"維~之階。"特指一種惡疾,癩(大麻瘋)。《史記·范雎蔡澤列傳》:"漆身爲~,被髮爲狂。"按:這個意義後來寫作"癩",讀lài。也寫作"癘"。引申爲外形兇惡的怪物,惡鬼。《左傳·成公十年》:

"晉侯夢大~,被髮及地。"又爲形容詞。《左傳·昭公元年》:"今夢黃熊入于寢門,其何~鬼也?"又:"其何~之有?"

（三）一種曼延迅速而猛烈的病,瘟疫。這個意義也寫作"癘"。《周禮·天官·疾醫》:"四時皆有癘疾。"《左傳·昭公元年》:"山川之神,則水旱癘疫之災。"引申爲猛烈,劇烈。《莊子·齊物論》:"~風濟。"（濟:停止。）又爲嚴厲,嚴肅。《論語·述而》:"子温而~,威而不猛。"（子:指孔子。）《世説新語·汰侈》:"聲色甚~。"又爲厲害,甚。蕭統《文選序》:"變其本而加~。"

831.【脅】(脇)

（一）從腋下到肋骨盡處的部分。揚雄《解嘲》:"折~拉髂。"（拉 là:折,扳斷。髂 qià:腰骨。）

（二）威脅。鄒陽《獄中上梁王書》:"~於位勢之貴。"《僞古文尚書·胤征》:"~從罔治。"

（三）讀 xī。收斂。又寫作"翕"。[~肩]把雙肩收斂,表示恐懼或恭順。《孟子·滕文公下》:"~肩諂笑。"《漢書·吴王濞傳》:"~肩絫足。"（絫:同"累"。）揚雄《解嘲》:"翕肩蹈背。"[~息]斂息,因恐懼而不敢大口喘氣。宋玉《高唐賦》:"股戰~息。"（股戰:兩腿發抖。）《漢書·嚴延年傳》:"豪彊~息。"

按:"脅"字舊讀入聲。

832.【迫】

（一）近。司馬遷《報任安書》:"涉旬月,~季冬。"曹植《洛神賦》:"~而察之。"

（二）强迫,逼。《莊子·刻意》:"感而後應,~而後動。"司馬遷《報任安書》:"又~賤事。"

按:"迫"字舊讀入聲。

833.【隕】

（一）從高處掉下來。《周易》姤卦：“有～自天。”《左傳·僖公十六年》：“～石於宋五。”引申爲落。《詩經·小雅·小弁》：“涕既～之。”又《衞風·氓》：“其黃而～。”李密《陳情表》：“臣生當～首，死當結草。”又寫作“霣”。《公羊傳·莊公七年》：“夜中星霣如雨。”

（二）殁，死的敬稱。賈誼《弔屈原賦》：“遭世罔極兮，乃～厥身。”又寫作“殞”。

834.【落】

（一）草木凋謝。《詩經·衞風·氓》：“桑之未～。”《禮記·月令》：“季秋之月，草木黃～。”杜甫《詠懷古迹》詩：“搖～深知宋玉悲。”又指花落。《楚辭·離騷》：“及榮華之未～兮。”引申爲落。王維《輞川閒居贈裴秀才迪》詩：“渡頭餘～日。”

（二）居住的地方。《後漢書·仇覽傳》：“廬～整頓。”王維《渭川田家》詩：“斜光照墟～。”杜牧《阿房宮賦》：“矗不知乎幾千萬～。”現代有雙音詞“村～”。

按：“落”字舊讀入聲。

835.【運】

（一）轉動，旋轉。《周易·繫辭上》：“日月～行。”《莊子·天運》：“天其～乎？地其處乎？”《孟子·梁惠王上》：“天下可～於掌。”引申爲掄動。《莊子·徐无鬼》：“匠石～斤成風。”又爲移動。《史記·高祖本紀》：“夫～籌策帷帳之中，決勝於千里之外，吾不如子房。”（籌策：計數的籌碼。帷帳：軍中的帳幕。子房：張良的字。）

（二）運輸，搬運。司馬相如《喻巴蜀檄》：“郡又擅爲轉粟～輸。”《晉書·陶侃傳》：“侃在州無事，輒朝～百甓於齋外，暮～於齋内。"(甓 pì:磚。)

(三)命運,氣數。《漢書·高帝紀》:"漢承堯~。"陶潛《自祭文》:"逢~之貧。"王勃《滕王閣序》:"時~不齊。"杜甫《詠懷古迹》詩:"~移漢祚終難復。"

836.【輸】

運送。《左傳·僖公十三年》:"秦於是乎~粟于晉。"杜牧《阿房宮賦》:"一旦不能有,~來其間。"現代有雙音詞"運~"。引申爲繳納。王維《送梓州李使君》詩:"漢女~橦布。"杜甫《今夕行》:"家無儋石~百萬。"又特指納税。《唐書·食貨志》:"夏~無過六月,秋~無過十一月。"

注意:輸贏的"輸"在上古漢語中是沒有的。上古時代祇説勝負,不説輸贏。中古時代,"輸"字一般也不用於輸贏的意義。

837.【傜】(傜)

傜役,統治者强制人民給他擔任的勞役。李華《弔古戰場文》:"齊魏~戍。"又寫作"繇"。《史記·項羽本紀》:"每吳中有大繇役及喪,項梁嘗爲主辦。"

838.【役】

(一)戍守邊疆。《詩經·王風·君子于役》:"君子于~。"引申爲兵役,又泛指勞役。《墨子·七患》:"苦其~徒。"《孟子·萬章下》:"庶人,召之~,則往~。"《荀子·富國》:"罕興力~,無奪農時。"再引申爲驅使。《孟子·離婁上》:"天下無道,小~大,弱~强。"(小役於大,弱役於强。)《荀子·修身》:"君子~物,小人~於物。"陶潛《歸去來辭》:"既自以心爲形~,奚惆悵而獨悲?"現代有雙音詞"奴~"。[行~]因勞役而遠行。《詩經·魏風·陟岵》:"父曰嗟予子行～。"後來即指旅行。杜甫《別房太尉墓》詩："他鄉復行～。"出外做官也叫役（比於勞役）。韓愈《送孟東野序》："東野之～於江南也,有若不釋然者。"

（二）事。《左傳·昭公十三年》："爲此～也。"《國語·晉語五》："國有大～。"又特指戰事,戰役。《左傳·文公二年》："秦孟明視帥師伐晉,以報殽之～。"

按："役"字舊讀入聲。

839.【戍】（≠戌）

〔軍隊〕防守。《左傳·僖公三十年》："使杞子、逢孫、楊孫～之。"李華《弔古戰場文》："齊魏徭～。"杜牧《阿房宮賦》："～卒叫,函谷舉。"現代有雙音詞"衛～"。

840.【募】

廣泛徵求,招集。《荀子·議兵》："招延～選。"又《王制》："案謹～選閱材伎之士。"引申爲特指招兵。《漢書·李廣蘇建傳》："～士斥候百餘人俱。"李華《弔古戰場文》："荆韓召～。"

841.【吹】

（一）急呼氣。《老子》二十九章："或噓或～。"（噓:緩呼氣。）《莊子·逍遥遊》："生物之以息相～也。"引申爲一般的呼氣。《洞冥記》："～氣勝蘭。"〔～噓〕爲人宣傳（後起義）。《北史·盧思道傳》："翦拂～噓,長其光價。"杜甫《寄岑嘉州》詩："馮唐已老聽～噓。"引申爲吹簫管之類。《詩經·小雅·何人斯》："伯氏～壎,仲氏～篪。"（伯氏:指兄。仲氏:指弟。壎 xūn、篪 chí:都是樂器名。）又爲風吹。《詩經·邶風·凱風》："凱風自南,～彼棘心。"

（二）舊讀 chuì。名詞,管樂。陶潛《述酒》詩："王子愛清～。"

孔稚珪《北山移文》:"聞鳳~於洛浦。"杜甫《滕王亭子》詩:"尚思歌~入,千騎把霓旌。"[鼓~]表示鼓鉦簫笳等合奏的樂曲。《漢書‧霍光傳》:"鼓~歌舞,悉奏衆樂。"

842.【唱】

(一)領唱。《莊子‧德充符》:"和而不~。"(和:跟着唱。)《荀子‧樂論》:"~和有應。"這個意義又寫作"倡"。《詩經‧鄭風‧蘀兮》:"倡予和女。"(女:汝。)《禮記‧樂記》:"壹倡而三歎。"(一人唱,三人和。)[~和](1)表示帶頭與隨聲附和。杜甫《草堂》詩:"~和作威福,孰肯辨無辜?"(2)詩人以詩詞互相酬答。杜甫《同豆盧峯貽主客》詩:"~和將雛曲。"

(二)帶頭,倡導。《後漢書‧臧洪傳》:"爲天下~。"杜甫《題衡山縣文宣王廟新學堂》詩:"衡山雖小邑,首~恢大義。"這個意義後來一般寫作"倡"。現代有雙音詞"提倡"。

(三)歌唱(後起義)。由"領唱"的意義發展而來。《西京雜記》卷一:"後宮齊首高~,聲入云霄。"王勃《滕王閣序》:"漁舟~晚。"引申爲高聲呼報。《南史‧檀道濟傳》:"道濟夜~籌量沙。""~名"連用,表示點名。《北史‧元文遙傳》:"宣旨~名。"

843.【叩】

(一)詢問。《論語‧子罕》:"我~其兩端而竭焉。"李中《下蔡春偶作》詩:"採蘭扇枕何時遂? 洗慮焚香~上穹。"方苞《獄中雜記》:"余~所以。"

(二)敲。《論語‧憲問》:"以杖~其脛。"《孟子‧盡心上》:"昏暮~人之門户。"陶潛《飲酒》詩:"清晨聞~門。"又寫作"扣"。蘇軾《前赤壁賦》:"扣舷而歌之。"[~頭]以頭叩地,這是舊時最敬之禮。《史記‧田叔列傳》:"叔~頭對曰。"《漢書‧元后傳》:"左右~頭爭之。"注意:"叩頭"的"叩"不能寫作"扣"。[~關](敂關)敲關。《周禮·地官·司關》:"凡四方賓客敂關則爲之告。"賈誼《過秦論》上:"常以十倍之地,百萬之衆,~關而攻秦。"

　　(三)牽〔馬〕,拉住〔馬的韁繩〕。《史記·伯夷列傳》:"伯夷叔齊~馬而諫。"又寫作"扣"。《左傳·襄公十八年》:"大子與郭榮扣馬。"《吕氏春秋·仲秋紀·愛士》:"梁由靡已扣繆公之左驂矣。"

　　[辨]叩,扣。"叩"的第二("叩頭"除外)和第三兩義都可以寫作"扣",但(一)義不可以寫作"扣"。

844.【彈】

　　(一)讀 dàn,名詞。彈弓。《戰國策·楚策四》:"左挾~,右攝丸。"《莊子·齊物論》:"見卵而求時夜,見~而求鴞炙。"

　　(二)讀 tán,動詞。用彈弓射。《左傳·宣公二年》:"從臺上~人,而觀其辟丸也。"引申爲用手指輕敲。《戰國策·齊策四》:"倚柱~其劍。"《楚辭·漁父》:"新沐者必~冠。"又爲彈奏〔樂器〕。《禮記·檀弓上》:"孔子既祥,五日~琴而不成聲。"(既祥:父母喪期已滿。)吳文英《鶯啼序》詞:"~入哀箏柱。"

　　(三)讀 tán,動詞。譏彈,批評(後起義)。曹植《與楊修書》:"僕常好人譏~其文,有不善者,應時改定。"引申爲彈劾。《北史·魏收傳》:"南臺將加~劾。"

845.【讀】

　　(一)讀 dú,舊讀入聲。讀書。古人所謂讀,包括誦讀、講解和研究。《孟子·萬章下》:"頌其詩,~其書,不知其人可乎?"《漢書·霍光傳》:"尚書令~奏。""讀爲"二字連用,表示古音通假。《禮記·雜記上》:"大夫訃於同國適者。"鄭玄注:"適~爲匹敵之敵。""讀爲"又説成"讀曰"。《漢書·五行志上》:"殊別適庶。"顔師古注：“適~曰嫡。”

（二）讀 dòu。名詞。未足一句，而讀時須稍有停頓處，叫讀。韓愈《師説》：“授之書而習其句~。”

846.【啼】（嗁）

（一）叫。《左傳・莊公八年》：“豕人立而~。”後代一般祇用於鳥啼和猿啼。李白《蜀道難》詩：“又聞子規~夜月。”又《夢遊天姥吟留別》詩：“淥水蕩漾清猿~。”

（二）哭。《莊子・天運》：“有弟而兄~。”《荀子・非相》：“莫不呼天~哭。”高適《燕歌行》：“玉箸應~別離後。”韓愈《進學解》：“年豐而妻~飢。”

847.【號】

（一）讀 háo。高聲呼喊。《詩經・小雅・賓之初筵》：“載~載呶。”（呶 náo：喧譁。）又《北山》：“或不知叫~。”引申爲哭死人，特指帶言語的哭。《莊子・養生主》：“老聃死，秦失弔之，三~而出。”《漢書・劉向傳》：“~曰：‘骨肉歸復於土，命也。’”引申爲放聲哭。韓愈《進學解》：“冬暖而兒~寒。”又比喻颮風。范仲淹《岳陽樓記》：“陰風怒~。”[~咷]疊韻聯縣字。放聲大哭。《周易・同人》：“同人先~咷而後笑。”杜甫《自京赴奉先縣詠懷》詩：“入門聞~咷。”

（二）讀 hào。號令，發表命令。《莊子・田子方》：“何不~於國中？”《荀子・議兵》：“故制~政令欲嚴以威。”在這個意義上，常以“號令”二字連用。《國語・越語上》：“乃~令於三軍。”

（三）讀 hào。名稱。《莊子・駢拇》：“事業不同，名聲異~。”《荀子・賦篇》：“名~不美。”《史記・五帝本紀》：“皆同姓而異其國~。"引申爲表功德的名號。帝王生有尊號,死而諡號。班固《典引》:"厥有氏~。"《史記・秦始皇本紀》:"朕聞太古有~毋諡。"(毋:通"無"。)又爲別號(後起義)。古人名外有字,字外還可能有號。陶潛《五柳先生傳》:"宅邊有五柳樹,因以爲~焉。"又如白居易字樂天,號香山居士;蘇軾字子瞻,號東坡居士;陸游字務觀,號放翁;辛棄疾字幼安,號稼軒。又引申爲被人稱爲。韓愈《柳子厚墓誌銘》:"~爲剛直。"孫樵《書褒城驛壁》:"褒城驛~天下第一。"

[辨]哭,泣,號,啼。"哭"是有聲有淚,"泣"是無聲有淚(若泣而有細微的聲音,則叫做"嗚咽")。"號"是哭而且言,"啼"是痛哭。後來啼、號、哭三字漸漸沒有分別。

848.【訊】

(一)問,特指上問下。《詩經・小雅・正月》:"召彼故老,~之占夢。"(故老:舊臣。占夢:官名。)《公羊傳・僖公十年》:"君嘗~臣矣。"引申爲審問。《詩經・小雅・出車》:"執~獲醜。"(醜:徒衆。執訊其魁首,俘獲其徒衆。)鄒陽《獄中上梁王書》:"卒從吏~。"又爲一般的詢問。孫樵《書褒城驛壁》:"~於驛吏。"[問~]詢問。陶潛《桃花源記》:"村中聞有此人,咸來問~。"

(二)書信。《荀子・賦篇》:"行遠疾速而不可託~者與?"陸機《贈馮文羆》詩:"愧無雜珮贈,良~代兼金。"[音~]音信,書信。元稹《醉樂天早春閑遊西湖》詩:"故交音~少,歸夢往來頻。"

849.【詰】

責問。《左傳・襄公二十五年》:"士莊伯不能~。"韓愈《進學解》:"是所謂~匠氏之不以杙爲楹。"引申爲追問,追究。《淮南子・時則》:"牛馬畜獸有放失者,取之不~。"[~朝]平旦,清早。《左傳・成公二年》:"~朝請見。"又《襄公十四年》:"~朝之事。"

"詰"字舊讀入聲。

[辨]問,訊,詰。"問"的意義很廣,既表示一般的問,也可以表示審問。《詩經·魯頌·泮水》:"淑問如皋陶。""訊"字較多用於審問,"詰"字較多用於追問,都和一般的問不同。

850.【敍】

(一)使有次序,妥善地安排。《尚書·皋陶謨》:"惇~九族。"又《舜典》:"百揆時~。"又《洪範》:"彝倫攸~。"[~用]按一定的標準分別等級任用。《三國志·魏書·甄皇后傳》:"親疏高下~用各有差。"

(二)敍述。《國語·晉語三》:"紀言以~之。"引申爲交談過去的情況。江淹《別賦》:"唯罇酒兮~悲。"《南齊書·劉悛傳》:"歡宴~舊。"

(三)名詞。通"序"。序文。《說文解字》卷十五:"~曰。"

[辨]敍,序。在次序的意義上,"敍"與"序"的分別是:"敍"是動詞,表示使有次序;"序"是名詞,表示次序。在序文的意義上,"敍""序"通用,後代一般寫作"序"。至於"庠序"的"序",不能用"敍";"贈序"的"序",習慣上也不用"敍"。

851.【訴】

(一)告,特指以冤枉或委屈告訴在上的人。《史記·龜策列傳》:"身在患中,莫可告語,王有德義,故來告~。"《後漢書·鄧皇后紀》:"舉頭若欲自~。"李密《陳情表》:"欲苟順私情,則告~不許。"引申爲一般的訴苦。李華《弔古戰場文》:"膈臆誰~?"蘇軾《前赤壁賦》:"如泣如~。"

(二)告狀。《三國志·魏書·郭嘉傳》:"初,陳羣非嘉不治行檢,數廷~嘉。"孔稚珪《北山移文》:"牒~倥傯裝其懷。"《唐書·張鎰傳》：“由是獄~衰息。”

　　按：“愬”與“訴”是古今字。參看第三册第912頁第九單元
“愬”字條。

　　852.【摹】

　　照樣描畫。江淹《别賦》：“誰能~暫離之狀？”韓愈《畫記》：
“余之手~也。”引申爲照樣寫字。《宋史·李建中傳》：“善書札，行
筆尤工，多搆新體草隸篆籀，八分亦妙，人多~習。”又爲以薄紙蓋在
字帖上照描。《丹鉛總録》：“~帖如梓人作室。”

　　853.【寫】

　　（一）傾注，傾瀉。《禮記·曲禮上》：“御食於君，君賜餘，器之
溉者不~，其餘皆~。”（侍奉君主用膳，君主把吃剩的食品賜給服侍
的人，如果盛食品的器皿是可以洗滌的，就不把食品倒入另器内；
否則，必須倒在另器内。）《周禮·地官·稻人》：“以澮~水。”這個
意義後來寫作“瀉”。又爲除去〔憂愁〕。《詩經·邶風·泉水》：
“駕言出遊，以~我憂。”又《小雅·蓼蕭》：“既見君子，我心~兮。”
杜甫《别贊上人》詩：“異縣逢舊友，初欣~胸臆。”

　　（二）畫，摹畫。《新序·雜事五》：“葉公子高好龍，鈎以~龍，
鑿以~龍，屋室雕文以~龍。”《文心雕龍·情采》：“敷~器象。”杜甫
《畫鶻行》：“~此神俊姿。”引申爲摹做，做效。《淮南子·本經》：
“雷震之聲，可以鼓鍾~也。”（鍾：通“鐘”。）又爲描繪，描寫。江淹
《别賦》：“誰能摹暫離之狀，~永訣之情者乎？”

　　（三）對着文本抄録。《漢書·藝文志》：“置~書之官。”《後漢
書·班超傳》：“爲官~書受直，以養老母。”李白《送賀賓客歸越》
詩：“山陰道士如相見，應~黄庭换白鵝。”（黄庭：指黄庭經。）引申
爲書寫。《梁谿漫志》：“世人~字，能大不能小，能小不能大。”吴文

英《鶯啼序》詞:"殷勤待~,書中長恨。"

[辨]書,寫。在書寫的意義上,古代説"書"不説"寫"。漢代以後,"寫信""寫字"尚説"作書"。如古詩《枯魚過河泣》:"作書與魴鱮,相教慎出入。"《三國志·吴書·魯肅傳》:"〔曹操〕方作書,落筆於地。"大約唐以後纔逐漸説"寫"。如蘇軾《答謝民師書》:"軾本不善作大字,强作終不佳,又舟中局迫難寫。"這裏還是"作""寫"互用。還應注意的是,"書寫"的意思雖是從"抄録"發展來的,但"抄録"的意義還不等於今天的"寫"。"寫書受直"的"寫書",還重在"摹畫""倣效"(對着正本謄抄)。

854.【排】

(一)推,推開。《禮記·少儀》:"~闔説屨於户内者,一人而已矣。"(闔:門扇。説:脱。)《史記·樊噲列傳》:"噲乃~闥直入。"(闥 tà:門。)諸葛亮《梁父吟》:"力能~南山。"引申爲排解。《戰國策·趙策三》:"爲人~患、釋難、解紛亂而無所取也。"又指排除淤塞。《孟子·滕文公上》:"決汝漢,~淮泗。"今有雙音詞"~泄"。

(二)排擠,排斥。《史記·主父偃列傳》:"齊諸儒生相與~擯,不容於齊。"韓愈《進學解》:"觝~異端。"盧照鄰《長安古意》詩:"意氣由來~灌夫。""排空"二字連用,表示凌空。何遜《贈韋記室黯别》詩:"無因生羽翰,千里暫~空。"白居易《長恨歌》:"~雲馭氣奔如電。"

(三)安排。《莊子·大宗師》:"造適不及笑,獻笑不及排,安~而去化,乃入於寥天一。"又爲編排,編次。沈約《注制旨連珠表》:"連珠者,蓋謂辭句連續,互相發明,若珠之結~也。"

855.【攘】

(一)排斥,打退。《公羊傳·僖公四年》:"~夷狄。"韓愈《進學解》：“~斥佛老。”

（二）偷。《論語·子路》：“其父~羊，而子證之。”《孟子·滕文公下》：“今有人日~其鄰之雞者。”

（三）揎［袖］，撩起〔衣襟〕。《孟子·盡心下》：“馮婦~臂下車。”（攘臂：揎袖露臂。）曹植《美女篇》詩：“~袖見素手，皓腕約金環。”《晉書·劉伶傳》：“其人~袂奮拳而往。”劉伶《酒德頌》：“奮袂~襟，怒目切齒。”

856.【竄】

（一）躲藏。《左傳·定公四年》：“天誘其衷，致罰於楚，而君又~之。”（竄：使動用法，使躲藏。）《國語·晉語二》：“求廣土而~伏焉。”賈誼《弔屈原賦》：“鸞鳳伏~兮，鴟梟翱翔。”王勃《滕王閣序》：“~梁鴻於海曲，豈乏明時？”（竄：也是使動用法。）引申爲逃匿。《漢書·蒯通傳》：“奉頭鼠~。”

（二）放逐。《尚書·舜典》：“~三苗于三危。”韓愈《進學解》：“暫爲御史，遂~南夷。”

（三）删改（後起義）。李商隱《韓碑》詩：“點~堯典舜典字。”現代有雙音詞“~改”。

857.【列】

（一）分裂。“列地”“列土”二字連用，表示分封爲王侯。《史記·韓王信盧綰列傳》：“遭漢初定，故得~地，南面稱孤。”白居易《長恨歌》：“姊妹弟兄皆~土，可憐光彩生門户。”按：“列土”又寫作“裂土”。《漢書·韓彭英盧吳傳·贊》：“咸得裂土。”

（二）行列。《史記·淮陰侯列傳》：“車不得方軌，騎不得成~。”又特指朝廷的行列。司馬遷《報任安書》：“廁下大夫之~。”

（三）排列。陶潛《詠荊軻》詩：“四座~羣英。”韓愈《送李愿歸盤谷序》：“~屋而閑居。”［論~］列舉事實，加以評論。司馬遷《報任安書》：“乃欲仰首伸眉，論~是非。”

（四）形容詞。略等於“眾”“諸”的意思。《荀子·天論》：“~星隨旋。”［~國］諸侯不止一國，所以稱列國。《左傳·襄公二十五年》：“天子之地一圻，~國一同。”（圻：方千里。同：方百里。）［~侯］漢制，異姓封侯者爲列侯。《漢書·霍光傳》：“願分國邑三千戶以封兄孫奉車都尉山爲~侯。”又引申爲一般。《史記·廉頗藺相如列傳》：“大王見臣~觀。”（列觀：一般的宮觀。這是對正殿而言。）

按：“列”字舊讀入聲。

858.【垂】

（一）邊疆。《荀子·臣道》：“邊境之臣處，則疆~不喪。”《史記·秦本紀》：“在西戎，保西~。”《漢書·武帝紀》：“朕將巡邊~。”引申爲邊。曹植《白馬篇》詩：“揚聲沙漠~。”王粲《詠史》詩：“妻子當門泣，兄弟哭路~。”“邊疆”和“邊”的意義又寫作“陲”。《左傳·成公十三年》：“虔劉我邊陲。”（虔劉：殺害。殺害我邊疆的人民。）

（二）上端固定，下端不固定；垂下來。《周易·繫辭下》：“黃帝堯舜~衣裳而天下治。”揚雄《解嘲》：“戴縰~纓。”曹植《七啟》：“迺使任子~釣。”盧照鄰《長安古意》詩：“弱柳青槐拂地~。”引申爲掛着〔眼淚〕。《荀子·禮論》：“~涕恐懼。”白居易《長恨歌》：“芙蓉如面柳如眉，對此如何不淚~？”

（三）〔好的東西〕留傳下來。《孟子·公孫丑下》：“君子創業~統。”揚雄《解嘲》：“五帝~典。”《宋書·謝靈運傳·論》：“~範後昆。”杜甫《詠懷古迹》詩：“諸葛大名~宇宙。”

（四）副詞。表示將近（後起義）。《後漢書·韋彪傳》："今歲~
盡。"杜甫《送崔侍御常正字入京》詩："不堪~老鬢,還對欲分襟。"

859.【尊】

（一）盛酒器。《莊子·馬蹄》："故純樸不殘,孰爲犧~?"《荀
子·禮論》："大饗尚玄~。"這個意義後來也寫作"樽"或"罇"。樂
府《隴西行》："清白各異樽。"陶潛《歸去來辭》："有酒盈罇。"王勃
《滕王閣序》："氣淩彭澤之樽。"

（二）地位高,跟"卑"相對,又跟"賤"相對。《孟子·梁惠王
下》："將使卑踰~,疏踰戚。"《戰國策·趙策四》："猶不能恃無功
之~,無勞之奉。"用作動詞時,表示使地位高。《戰國策·趙策
四》："今媼~長安君之位,而封之以膏腴之地。"[至~]封建時代指
稱皇帝。杜甫《北征》詩："至~尚蒙塵。"

（三）尊敬,尊重。《論語·子張》："君子~賢而容眾。"

860.【盛】

（一）讀 chéng。黍稷在器中,用來祭祀的。常以"粢盛"二字
連用(粢:讀 zī,黍稷。)《孟子·滕文公下》："諸侯耕助以供粢~。"
魏徵《雍和》詩："粢~咸潔。"引申爲盛物入器中。《莊子·逍遥
遊》："以~水漿。"

（二）讀 shèng。興旺,旺盛。跟"衰"相對。《孟子·公孫丑
上》："夏后殷周之~,地未有過千里者也。"韓愈《送孟東野序》："抑
不知天將和其聲而使鳴國家之~邪?"又《送李愿歸盤谷序》："道古今
而譽~德。"引申爲茂盛。《莊子·山木》："見大木枝葉~茂。"[~服]
(1)穿戴整齊。《左傳·宣公二年》："~服將朝。"(2)隆重的服飾。
《漢書·霍光傳》："太后被珠襦,~服坐武帳中。"[~氣]氣沖沖地。
《戰國策·趙策四》："太后~氣而揖之。"今成語有"~氣淩人"。

861.【虛】

(一)大丘,特指舊都邑的遺址。舊讀如胠(qū)。《詩經·鄘風·定之方中》:"升彼~矣。"《漢書·賈誼傳》:"凡十三歲而社稷爲~。"這個意義後來又寫作"墟"。蘇轍《快哉亭記》:"至於長洲之濱,故城之墟。"用作動詞,表示成爲廢墟。揚雄《解嘲》:"三仁去而殷墟。"王勃《滕王閣序》:"梓澤邱墟。"

(二)空虛。跟"盈"相對。《荀子·宥坐》:"~則欹,中則正,滿則覆。"蘇軾《前赤壁賦》:"盈~者如彼,而卒莫消長也。"引申爲不真實,不實際。鄒陽《獄中上梁王書》:"徒~語耳。"又爲徒然。《漢書·匡衡傳》:"而~爲此紛紛也。"李商隱《安定城樓》詩:"賈生年少~垂涕。"

862.【枉】

(一)〔木〕不直。跟"直"相對。《荀子·王霸》:"辟之是猶立直木而求其景之~也。"《淮南子·本經》:"矯~以爲直。"引申爲不正直的,邪惡的。《論語·顏淵》:"能使~者直。"又爲〔審判〕不公正。《禮記·月令》:"斬殺必當,無或~橈。"(橈 náo:曲。)後代有雙音詞"冤~"。

(二)委屈,指屈尊就卑。揚雄《解嘲》:"或~千乘於陋巷。"曹操《短歌行》:"~用相存。"《三國志·蜀書·諸葛亮傳》:"將軍宜~駕顧之。"

(三)副詞。徒然。杜甫《歲晏行》:"汝休~殺南飛鴻。"

863.【和】

(一)〔音樂〕調和,和諧。《尚書·舜典》:"聲依永,律~聲。"《老子》二章:"音聲相~。"這個意義又寫作"龢"。《國語·周語下》:"飲食可饗,龢同可觀。"引申爲和睦,不爭。《論語·季氏》:

“～無寡。”《荀子·樂論》：“故先王導之以禮樂而民～睦。”

（二）混合，合在一起。《公羊傳·莊公三十二年》：“季子～藥而飲之。”白居易《長恨歌》：“回看血淚相～流。”李煜《擣練子》詞：“數聲～月到簾櫳。”又用作副詞，表示連。秦觀《阮郎歸》詞：“衡陽猶有雁傳書，郴陽～雁無！”現代連詞“和”由此發展起來。

（三）讀 hè，動詞。〔聲音〕相應。特指和着唱，幫腔。《詩經·鄭風·籜兮》：“倡予～女。”《論語·述而》：“子與人歌而善，必使反之，而後～之。”宋玉《對楚王問》：“國中屬而～者數千人。”又指與樂器相和。蘇軾《前赤壁賦》：“倚歌而～之。”引申爲依照他人的詩的格律或内容作詩酬答（後起義）。鮑照有《～傅大農與僚故別詩》《～王護軍秋夕詩》。白居易《初冬早起寄夢得》詩：“詩成遣誰～？還是寄蘇州！”

864.【順】

（一）順從。跟“逆”相對。《孟子·公孫丑下》：“多助之至，天下～之。”引申爲順理，順理的事。也跟“逆”相對。《左傳·隱公三年》：“去～效逆，所以速禍也。”按古人常從倫理觀點看順逆。《漢書·文帝紀》：“孝悌，天下之大～也。”又從正義和非正義看順逆。杜甫《北征》詩：“其王願助～，其俗善馳突。”又《新安吏》詩：“況乃王師～，撫養甚分明。”

（二）隨着，沿着。《莊子·秋水》：“～流而東行，至於北海。”蘇軾《前赤壁賦》：“～流而東。”

865.【凜】

寒冷。潘岳《閒居賦》：“～秋暑退，熙春寒往。”蕭統《文選序》：“增冰爲積水所成，積水曾微增冰之～。”〔～然〕不可干犯的樣子。楊惲《報孫會宗書》：“～然皆有節槩。”後代成語有“大義～然”。〔～～〕

等於凜然。《宋史·辛棄疾傳》：“孰謂公死？～～如生！”［～冽］非常寒冷的樣子。李華《弔古戰場文》：“至若窮陰凝閉，～冽海隅。”

866.【凝】

（一）結冰。《周易》坤卦：“履霜堅冰，陰始～也。”岑參《白雪歌送武判官歸京》：“瀚海闌干百丈冰，愁雲慘淡萬里～。”“凝”字往往不單指結冰，而是指冰天雪地的氣候。李華《弔古戰場文》：“至若窮陰～閉，凜冽海隅。”由結冰的意義引申爲凝結。《詩經·衞風·碩人》：“膚如～脂。”白居易《長恨歌》：“溫泉水滑洗～脂。”王勃《滕王閣序》：“煙光～而暮山紫。”

（二）集中。多指精神方面的行爲。《莊子·達生》：“用志不分，乃～於神。”白居易《長恨歌》：“含情～睇謝君王。”柳永《八聲甘州》詞：“想佳人妝樓～望。”李清照《鳳凰臺上憶吹簫》詞：“～眸處，從今又添一段新愁。”現代有“～神”“～思”等雙音詞。

867.【爛】

（一）煮爛。《呂氏春秋·本味》：“熟而不～。”引申爲腐爛。《莊子·人間世》：“咶其葉，則口～而爲傷。”（咶 shì：同“舐”，用舌舔。）又爲火燒傷。《漢書·霍光傳》：“焦頭～額爲上客。”

（二）燦爛，有光芒。《詩經·鄭風·女曰雞鳴》：“明星有～。”《楚辭·九歌·雲中君》：“～昭昭兮未央。”江淹《別賦》：“鏡朱塵之照～。”現代有雙音詞“燦～”。［～漫］光彩分布的樣子。杜甫《春日江村》詩：“種竹交加翠，栽桃～漫紅。”韓愈《山石》詩：“山紅澗碧紛～漫。”

868.【漫】

（一）讀 màn。水大的樣子。引申爲沒有邊際的樣子。《荀子·正名》：“長夜～兮。”［～～］沒有邊際的樣子。甯戚《飯牛歌》：

"長夜~~何時旦?"班彪《北征賦》:"遵長城之~~。"江淹《別賦》:"雲~~而奇色。"[彌~](瀰漫)水大的樣子。潘岳《西征賦》:"其池則湯湯汗汗,滉瀁彌~,浩如河漢。"(湯湯 shāngshāng:水大而疾的樣子。汗汗:水勢廣闊的樣子。滉瀁 huǎngyǎng:水波動蕩的樣子。)

(二)讀 màn。遍。《齊民要術·種葵》:"~散子。"(散:撒。)有"~山遍野"。引申爲全,都。胡銓《上高宗封事》:"~不敢可否事。"

(三)讀 màn。[~滅]模糊不可辨認的樣子。王安石《遊褒禪山記》:"其文~滅。"[汗~]廣泛的樣子。杜甫《奉送王信州》詩:"甘爲汗~遊。"

(四)讀 màn。副詞。表示隨便,隨他,姑且,徒然。杜甫《聞官軍收河南河北》詩:"~卷詩書喜欲狂。"又《閣夜》詩:"人事音書~寂寥。"吳文英《鶯啼序》詞:"~相思,彈入哀箏柱。"這個意義又寫作"謾"。杜甫《有客》詩:"豈有文章驚海內,謾勞車馬駐江干。"

按:"漫"舊有兩讀:於(一)(二)義讀 mán,於(三)(四)義讀 màn。今普通話都讀 màn。

869.【赤】

紅。《詩經·豳風·狼跋》:"~舄几几。"(赤舄 xì:紅鞋。几几:安重的樣子。)韓愈《進學解》:"~箭青芝。"[~子]初生的嬰兒。《尚書·康誥》:"若保~子。"後世以"赤子"爲民的代稱。蘇軾《荔支歎》詩:"我願天公憐~子。"[~族]滅族。揚雄《解嘲》:"客徒欲朱丹吾轂,不知一跌將~吾之族也。"杜甫《壯遊》詩:"朱門任傾奪,~族迭罹殃。"

按:"赤"字舊讀入聲。

[辨]赤,朱,丹,絳,紅。“赤”是紅,“朱”是大紅。“朱”深於赤,但是籠統地說就沒有分別。由於“朱”是大紅,所以是正色。“丹”是丹砂的顏色,比“赤”更淺些。“絳”是深紅,比“朱”更深。“紅”是赤白色,也就是淺紅。按照深淺的次序,這五種顏色是:絳,朱,赤,丹,紅。到了中古時代,“紅”和“赤”沒有分別。

870.【碧】

青白色,即淺藍。孔稚珪《北山移文》:“～嶺再辱。”江淹《別賦》:“春草～色,春水綠波。”[～落]天界。白居易《長恨歌》:“上窮～落下黃泉。”

按:“碧”字舊讀入聲。

871.【青】

(一)春季植物葉子的顏色。《禮記·月令》:“孟春之月……載～旂,衣～衣。”庾信《春賦》:“麥纔～而覆雉。”劉禹錫《陋室銘》:“草色入簾～。”[～春]古人把春季屬東方,其色爲青,主春之神爲青帝,所以春季稱青春。杜甫《聞官軍收河南河北》詩:“～春作伴好還鄉。”後代指年齡,以及特指青少年時期,都由此引申而來。[～樓](1)女子所居。《西洲曲》:“望郎上～樓。”(2)妓院。杜牧《遣懷》詩:“十年一覺揚州夢,贏得～樓薄幸名。”秦觀《滿庭芳》詞:“漫贏得～樓、薄幸名存。”

(二)黑色。《尚書·禹貢》:“厥土～黎。”疏引王肅曰:“～,黑色。黎,小疏也。”《世說新語·簡傲》:“喜出戶延之。”注引《晉百官名》曰:“籍(阮籍)能爲～白眼,見凡俗之士,以白眼對之。”李白《將進酒》詩:“君不見高堂明鏡悲白髮,朝如～絲暮成雪。”

(三)藍色。《莊子·逍遙遊》:“絕雲氣,負～天。”又《田子方》:“上闚～天,下潛黃泉。”

872.【蒼】

深藍。《莊子·逍遥遊》:"天之~~,其正色邪?"揚雄《解嘲》:"高者出~天。"孔稚珪《北山移文》:"~黄反覆。"[~茫]曠遠迷茫的樣子。高適《燕歌行》:"絶域~茫更何有?"

[辨]青,蒼,碧,緑,藍。"青"最爲複雜,它一身兼表緑、藍、黑三色。"蒼"爲深藍,"碧"是淺藍,它們之間都是有分别的,但卻常常混用。如青天又叫蒼天、藍天(杜甫《冬到金華山觀因得故拾遺陳公學堂遺迹》詩"上有蔚藍天,垂光抱瓊臺"),也叫碧空或碧落。青草又叫緑草或碧草;青苔又叫蒼苔。水可以用碧或緑來形容,還可以用藍形容,陸龜蒙《和襲美懷鹿門縣名離合》詩有"水色侵磯直是藍"的説法,白居易《憶江南》詞有"春來江水緑如藍"之句,這都是取其相似,不加區别的。

873.【乍】

(一)副詞。突然,忽然。《孟子·公孫丑上》:"今人~見孺子將入於井。"曹植《洛神賦》:"~陰~陽。"孔稚珪《北山移文》:"~低枝而掃迹。"江淹《别賦》:"~秋風兮蹔起。"杜牧《阿房宫賦》:"雷霆~驚。"

(二)副詞。剛,纔(晚起義)。柳永《黄鶯兒》詞:"~出暖煙來,又趁游蜂去。"

874.【蹔】(暫)

(一)副詞。突然,忽然。《左傳·僖公三十三年》:"武夫力而拘諸原,婦人~而免諸國。"馬融《長笛賦》:"融去京師踰年,~聞甚悲而樂之。"杜甫《夜》詩:"~憶江東鱠,兼懷雪下船。"

(二)副詞。初,剛。江淹《别賦》:"或春苔兮始生,乍秋風兮蹔起。"庾信《春賦》:"玉管初調,鳴弦~撫。"

（三）副詞。表示短暫的時間。江淹《別賦》："暫游萬里，少別千年。"又："誰能摹~離之狀，寫永訣之情者乎？"杜甫《堂成》詩："~止飛鳥將數子，頻來語燕定新巢。"韓愈《進學解》："~爲御史，遂竄南夷。"注意：現代漢語的"暫"字由此發展而來，但是意義不完全相同。現代所謂"暫"，指暫時這樣，將來不這樣。古代所謂"暫"，祇指時間很短，沒有與將來對比的意思。例如今人說"暫停"，是指以後還要繼續；古人說"暫停"，祇指停一個短暫的時間，不意味着以後還要繼續。《唐書·李德林傳》："心無別慮，筆不~停。"也有表示以後還要繼續的，但終以前者爲多見。注意微殊是有好處的。

875.【每】

（一）每一。《論語·八佾》："子入太廟，~事問。"

（二）每次，每逢。《莊子·養生主》："~至於族，吾見其難爲。"司馬遷《報任安書》："~念斯恥，汗未嘗不發背沾衣也。"

（三）［~~］常常。《莊子·胠篋》："故天下~~大亂。"後來單用一個每字，也表示常。孔稚珪《北山移文》："常綢繆於結課，~紛綸於折獄。"杜甫《去秋行》："戰場冤魂~夜哭。"又《秋興》詩："夔府孤城落日斜，~依南斗望京華。"

876.【既】

（一）動詞。盡。《老子》三十五章："道之出口，淡乎其無味。視之不足見，聽之不足聞，用之不可~。"楊惲《報孫會宗書》："故君父至尊親，送其終也，有時而~。"韓愈《進學解》："言未~，有笑于列者曰：'先生欺余哉！'"

（二）副詞。已經。《論語·先進》："春服~成。"《孟子·梁惠王上》："兵刃~接。""既……且……"二字相照應，表示兩種情況同時存在。《詩經·大雅·烝民》:"～明且哲,以保其身。"既……則……"二字相照應,表示甲種情況和乙種情況有連帶關係。《論語·季氏》:"～來之,則安之。"[～而](已而)副詞。不久,一會兒。《孟子·萬章上》:"～而幡然改曰。"(幡然:變動的樣子。)

[辨]已,既。在已經的意義上,"已"與"既"有相通之處。但"已"字多獨立用,不與"且""則"相照應。如"既明且哲"不能說成"已明且哲";"既"字多用於與下文發生關係的地方,一般不獨立用。即以"春服既成"而論,也是和"浴乎沂,風乎舞雩"聯繫的;又以"兵刃既接"而論,也是和"棄甲曳兵而走"聯繫的。實際上等於說"在春服已成以後""在兵刃已接以後"。至於像"道之不行,已知之矣",就不能換成"既知之矣",因爲沒有下文了。

"已"字有停止的意義,"既"字有盡的意義,停止和盡更不相同。固然,"言未既"也可以說成"言未已",因爲"話沒說完"和"話沒停止"都是講得通的(當然意思仍略有不同);但是"死而後已"就不能說成"死而後既","有時而既"也不能換成"有時而已",因爲"死而後已"指的是停止工作,沒有盡的意思,"有時而既"指的是送終的期限已盡,沒有停止的意思。

877.【卿】

(一)官階名,爵位名。卿在公之下,大夫之上。《孟子·告子上》:"公～大夫,此人爵也。"《左傳·宣公二年》:"子爲正～。"《漢書·霍光傳》:"自先帝時,桀已爲九～,位在光右。"揚雄《解嘲》:"羣～不揖客。"

(二)君對臣的愛稱。《戰國策·趙策四》:"王曰:'是何言也?固且爲書而厚寄～。'"(這是趙王對樓緩說的話。)《世說新語·捷悟》:"我才不及～。"(這是曹操對楊修說的話。)《宋史·趙普傳》:

"吾意正如此,特試~耳。"(這是宋太祖對趙普說的話。)又爲士大夫之間的愛稱。《晉書‧周顗傳》:"此中空洞無物,然足容~曹數百人。"杜甫《惜別行送向卿》:"~家兄弟功名震。"又爲夫對妻的愛稱。古詩《焦仲卿妻》:"我自不驅~,逼迫有阿母。"

878.【傅】

(一)師傅,教師。《禮記‧内則》:"十年,出就外~,居宿於外。"《孟子‧滕文公下》:"有楚大夫於此,欲其子之齊語也,則使齊人~諸? 使楚人~諸?"(傅,用如動詞。)又特指帝王之子或諸侯之子的師傅。《莊子‧人間世》:"顏闔將~衞靈公太子。"《荀子‧堯問》:"周公謂伯禽之~曰。"(伯禽,周公之子。)又特指帝王的師傅,實際上指帝王的相。揚雄《解嘲》:"或釋褐而~。"[太~]三公之一,位在太師之下,太保之上。《僞古文尚書‧周官》:"立太師,太~,太保。"《左傳‧成公十八年》:"使士渥濁爲大~。"漢制,帝王之子的師傅亦得稱太傅。《史記‧屈原賈生列傳》:"賈生爲長沙王太~。"

(二)附著。《左傳‧僖公十四年》:"皮之不存,毛將安~?"引申爲塗〔粉,藥〕。《顏氏家訓‧勉學》:"莫不燻衣剃面,~粉施朱。"《舊唐書‧白元光傳》:"身被數創,肅宗躬爲~藥。"這個意義在現代漢語説成"敷"。[~會](附會)傅:附著。會:會合。(1)指隨機應變來説話。《史記‧袁盎鼂錯列傳》:"袁盎雖不好學,亦善~會。"成語"牽强附會"由此發展而來。(2)指組織文句。《後漢書‧張衡傳》:"精思~會,十年乃成。"《文心雕龍‧附會》:"何謂附會? 謂總文理,統首尾……彌綸一篇,使雜而不越者也。"(3)指隨聲附和。胡銓《上高宗封事》:"頃者孫近~會檜議。"(檜:秦檜。)

879.【儀】

儀容。飲食起居進退動作的準則,特指行禮的儀式。《左傳·昭公二十五年》:"子大叔見趙簡子,簡子問揖讓周旋之禮焉。對曰:'是～也,非禮也。'"揚雄《解嘲》:"遂作君臣之～。"引申爲法度。《國語·周語下》:"示民軌～也。"

880.【容】

(一)容納,容得下。《詩經·衞風·河廣》:"誰謂河廣? 曾不～刀!"(刀:小船。)《莊子·逍遥遊》:"剖之以爲瓢,則瓠落無所～。"枚乘《上書諫吳王》:"間不～髮。"用於抽象的意義,表示包容,寬容。《論語·子張》:"君子尊賢而～衆。"司馬遷《報任安書》:"苟合取～。"

(二)容貌,容色。《莊子·德充符》:"子産蹵然改～更貌。"又《天地》:"夫子何故見之變～失色,終日不自反邪?"《楚辭·漁父》:"顔色憔悴,形～枯槁。"

(三)[～與]雙聲聯緜字。從容逍遥的樣子。《楚辭·離騷》:"遵赤水而～與。"又《九歌·湘君》:"聊逍遥兮～與。"曹植《洛神賦》:"～與乎陽林。"引申爲徘徊不進的樣子。江淹《別賦》:"櫂～與而詎前? 馬寒鳴而不息。"(櫂 zhào:划船的工具。詎 jù:豈。)

[辨]容,貌。"容"與"貌"是同義詞,常常可以通用。仔細分析起來,"容"字多用於内心的表現,如《孟子·萬章上》:"舜見瞽瞍,其容有蹙。""貌"字多用於外貌,如《史記·魏其武安侯列傳》:"武安者貌侵。"

881.【祥】

(一)吉凶的預兆。《左傳·僖公十六年》:"是何～也? 吉凶焉在?"又《昭公十八年》:"將有大～。"《戰國策·楚策四》:"將以爲楚國祆~乎?"引申爲吉兆。《周禮·春官·眡祲》:"以觀妖~,定吉凶。"《老子》三十一章:"夫佳兵者不~之器。"再引申爲福,善。《戰國策·齊策四》:"寡人不~,被於宗廟之祟。"賈誼《弔屈原賦》:"遭時不~。"

（二）祭名。父母死後,十三月而祭,叫做小祥;二十五月而祭,叫做大祥。大祥表示喪服期滿。《禮記·檀弓上》:"孔子既~,五日彈琴而不成聲。"（祥:指大祥。）

882.【殃】

禍害,災禍。《周易》坤卦:"積善之家,必有餘慶;積不善之家,必有餘~。"《禮記·禮運》:"衆以爲~。"《楚辭·離騷》:"豈余身之憚~兮。"現代有雙音詞"遭~"。

883.【條】

（一）樹枝。《詩經·周南·汝墳》:"伐其~枚。"（枚:樹幹。）孔稚珪《北山移文》:"於是叢~瞋膽,疊穎怒魄。"

（二）條理。《尚書·盤庚上》:"若網在綱,有~而不紊。"引申爲條目,項目。《漢書·劉向傳》:"比類相從,各有~目。"又《李尋》傳:"臣謹~陳所聞。"[~理]秩序,層次。《孟子·萬章下》:"集大成也者,金聲而玉振之也。金聲也者,始~理也;玉振之也者,終~理也。"[~暢]有條理而通暢。王褒《洞簫賦》:"~暢洞達。"

884.【理】

（一）加工玉石,雕琢〔玉器〕。《戰國策·秦策三》:"鄭人謂玉未~者璞。"（鄭國人管未加工過的玉叫做"璞"。）《韓非子·和氏》:"使玉人~其璞。"（玉人:治玉的工匠。）引申爲治理。《荀子·君道》:"然後明分職,序事業,材技官能,莫不治~。"又《天論》:"本事

不~。"(本事:指農業。)又爲治理得好。《孝經·廣揚名章》:"居
家~,故治可移於官。"韓愈《子産不毀鄉校頌》:"既鄉校不毀,而鄭
國以~。"按:唐人爲避高宗諱,不用"治"而用"理"。又爲整理,料
理。《木蘭詩》:"當窗~雲鬢。"又:"當户~紅妝。"

(二)文理(紋理),腠理,條理。《禮記·中庸》:"文~密察。"
《荀子·解蔽》:"則足以見鬚眉而察~矣。"《史記·扁鵲列傳》:
"君有疾在腠~。"張衡《西京賦》:"剖析毫釐,擘肌分~。"引申爲規
律。《莊子·養生主》:"依乎天~。"杜甫《自京赴奉先縣詠懷》詩:
"以兹悟生~。"蘇洵《六國論》:"存亡之~。"又爲道理。《孟子·告
子上》:"故~義之悦我心,猶芻豢之悦我口。"司馬遷《報任安書》:
"至激於義~者不然。"韓愈《柳子厚墓誌銘》:"萬無母子俱往~。"

(三)治理獄訟的官,法官。《漢書·藝文志》:"法家者流,蓋
出於~官。"司馬遷《報任安書》:"遂下於~。"

885.【支】

(一)枝。《詩經·衛風·芄蘭》:"芄蘭之~。"(芄蘭:草名。)
又《大雅·文王》:"本~百世。"(本:樹幹。)這個意義後來寫作
"枝"。《莊子·逍遥遊》:"鷦鷯巢於深林,不過一枝。"揚雄《解
嘲》:"枝葉扶疎。"(《漢書》作"支")引申爲肢。《周易》坤卦:"美
在其中而暢於四~。"《孟子·離婁下》:"惰其四~。"這個意義後來
寫作"肢"。《孟子·盡心下》:"四肢之於安佚也。"又爲分支。《史
記·魏其武安侯列傳》:"分曹逐捕諸灌氏~屬。"柳宗元《答韋中立
論師道書》:"參之荀孟以暢其~。"現代漢語有"~流""~店"等。

(二)支撐,支持。《左傳·定公元年》:"天之所~,不可壞也。"
引申爲頂得住。《戰國策·燕策一》:"夫一齊之强,而燕猶不能~
也。"成語有"樂不可~"。

886.【葉】

(一)葉子。《詩經·周南·桃夭》:"其~蓁蓁。"揚雄《解嘲》:"枝~扶疎。"

(二)世,世代。《詩經·商頌·長發》:"昔在中~。"左思《詠史》詩:"金張籍舊業,七~珥漢貂。"又《吳都賦》:"雖累~百疊,而富彊相繼。"蕭統《文選序》:"自炎漢中~,厥塗漸異。"[奕~]累代。潘岳《楊仲武誄》:"奕~熙隆。"

按:"葉"字舊讀入聲。

注意:"葉""叶"不同字。"叶"是"協"的異體字。漢字簡化後,"叶"取代了"葉"。

887.【朵】(朶)

花。庾信《春賦》:"釵~多而訝重,髻鬟高而畏風。"杜甫《題新津北橋樓》詩:"白花簷外~,青柳檻前梢。"白居易《新春江次》詩:"粉片妝梅~,金絲刷柳條。"現代有雙音詞"花~"。引申爲量詞,指花的朵數。杜甫《江畔獨步尋花》詩:"黃四娘家花滿蹊,千~萬~壓枝低。"

888.【穎】

禾末。《詩經·大雅·生民》:"實~實栗。"(穎:指穗垂。栗:等於栗栗,衆盛的樣子。)孔稚珪《北山移文》:"疊~怒魄。"引申爲尖端。《史記·平原君列傳》:"使遂蚤得處囊中,乃~脱而出,非特其末見而已。"[~悟]特別聰明。《南史·謝靈運傳》:"靈運幼便~悟。"

889.【軒】

(一)大夫的車。《左傳·閔公二年》:"衛懿公好鶴,鶴有乘~者。"又《僖公二十八年》:"而乘~者三百人也。"[~冕]表示官爵,地位的尊貴。《莊子·胠篋》:"雖有~冕之賞弗能勸。"《文心雕龍·情采》:"故有志深~冕,而汎詠皋壤。"李白《贈孟浩然》詩:"紅顔棄~冕,白首臥雲松。"引申爲車。江淹《別賦》:"朱~繡軸。"

（二）檻板,略等於後代的欄杆。江淹《別賦》:"日下壁而沈彩,月上~而飛光。"杜甫《登岳陽樓》詩:"憑~涕泗流。"

（三）長廊的窗,長窗,窗。張協《七命》:"承倒景而開~。"沈約《學省愁臥》詩:"愁人掩~臥。"蘇軾《江城子》詞:"小~窗,正梳妝。"引申爲小室(晚起義)。如宋張鎡有"讀易軒""無所要軒",明歸有光室名"項脊軒"。

（四）飛,舉。王粲《贈蔡子篤》詩:"歸雁載~。"孔稚珪《北山移文》:"爾乃眉~席次,袂聳筵上。"〔~昂〕高舉的樣子。《三國志·吳書·孫堅傳》:"而~昂自高。"成語有"氣宇~昂"。〔~然〕高舉的樣子。杜甫《畫鶻行》:"烏鵲滿樛枝,~然恐其出。"成語有"~然大波"。

890.【冕】

大夫以上的冠。《論語·衛靈公》:"行夏之時,乘殷之輅,服周之~。"《文心雕龍·情采》:"故有志深軒~,而汎詠皋壤。"

891.【庾】

在野的穀倉。《詩經·小雅·甫田》:"曾孫之~,如坻如京。"(坻:水中高地。京:高丘。)《國語·周語中》:"野有~積。"引申爲一般的穀倉。杜牧《阿房宮賦》:"釘頭磷磷,多於在~之粟粒。"

892.【廩】

米倉,倉。《孟子·萬章上》:"父母使舜完~。"(完:修葺。)引申爲公家供給的糧食。常以"廩粟"二字連用。韓愈《進學解》："猶且月費俸錢,歲靡~粟。"

893.【帛】

絲織品,綢子。《孟子·梁惠王上》:"五十者可以衣~矣。"杜牧《阿房宮賦》:"瓦縫參差,多於周身之~縷。"

按:"帛"字舊讀入聲。

894.【縷】

麻綫,綫。《墨子·尚同上》:"譬若絲~之有紀,罔罟之有綱。"杜牧《阿房宮賦》:"多於周身之帛~。"蘇軾《前赤壁賦》:"餘音嫋嫋,不絕如~。"今成語有"一絲一~""千絲萬~"。引申爲一條一條地,詳盡地。枚乘《七發》:"固未能~形其所由然也。"今有"~析","~述"。[藍~]衣服破爛。《左傳·宣公十二年》:"篳路藍~,以啟山林。"(篳路:柴車。)杜甫《山寺》詩:"山僧衣藍~。"也寫作"襤褸"。

895.【扃】

從外面可以關門的閂。《莊子·胠篋》:"固~鐍。"引申爲門。劉伶《酒德頌》:"日月爲~牖。"孔稚珪《北山移文》:"或假步於山~。"白居易《長恨歌》:"金闕西廂叩玉~。"又爲關閉。孔稚珪《北山移文》:"宜~岫幌,掩雲關。"

896.【牖】

窗。《論語·雍也》:"自~執其手。"賈誼《過秦論》上:"甕~繩樞之子。"《文心雕龍·鎔裁》:"篇章户~。"

[辨]牖,窗。在牆上的叫"牖","牖"正是今天所謂窗。"窗"字的本義是在屋頂上的窗,即天窗。在上古漢語中,"窗"字罕見。到了中古以後,"窗"與"牖"無別,而倒反是"窗"字常見了。

897.【楹】

柱子。《詩經·小雅·斯干》:"有覺其～。"(覺:高大而直的樣子。)孔稚珪《北山移文》:"至於還飇入幕,寫霧出～。"江淹《別賦》:"巡曾～而空揜,撫錦幕而虛涼。"

898.【檻】

圈野獸的柵欄。《淮南子·主術》:"故夫養虎豹犀象者,爲之圈～。"司馬遷《報任安書》:"猛虎在深山,百獸震恐,及在～穽之中,搖尾而求食。"引申爲欄杆。《漢書·朱雲傳》:"雲攀殿～,～折。"王勃《滕王閣詩》:"閣中帝子今何在?～外長江空自流!"杜牧《阿房宫賦》:"直欄橫～,多於九土之城郭。"

899.【梁】

(一)橋。《莊子·馬蹄》:"澤無舟～。"曹丕《燕歌行》:"爾獨何辜限河～?"庾信《春賦》:"帶乃荆山之玉～。"又爲在水中築起的捕魚的堰。《詩經·邶風·谷風》:"毋逝我～,毋發我笱。"(逝:往。笱 gǒu:捕魚的工具。)現代有雙音詞"橋～"。

(二)房梁。《莊子·人間世》:"夫仰而視其細枝,則拳曲而不可以爲棟～。"盧照鄰《長安古意》詩:"雙燕雙飛繞畫～。"杜牧《阿房宫賦》:"架～之椽,多於機上之工女。"這個意義後來寫作"樑"。

900.【陵】

(一)大土山。《詩經·小雅·天保》:"如山如阜,如岡如～。"《左傳·僖公三十二年》:"殽有二～焉。"引申爲陵墓,帝王的墳墓。李白《憶秦娥》詞:"漢家～闕。"杜牧《將赴吳興登樂遊原》詩:"樂遊原上望昭～。"

(二)登上,昇。張衡《西京賦》:"～重巘。"(巘 yǎn:山峯。)引申爲乘,陵駕。曹植《洛神賦》:"～波微步。"《三國志·魏書·鄧艾傳》:"勇氣~雲。"

(三)侵陵,欺陵。《左傳·隱公三年》:"少~長。"《禮記·樂記》:"迭相~謂之慢。"

(四)[~遲]原指山勢的坡度愈下愈緩,引申爲衰微。司馬遷《報任安書》:"夫人不能早自裁繩墨之外,以稍~遲。"《史記·司馬相如列傳》:"反衰世之~遲,繼周氏之絕業。"也作"~夷"。《漢書·成帝紀》:"帝王之道,日以~夷。"

注意:"陵"的(二)(三)義也寫作"凌"或"淩"。參看"淩"字條。

901.【津】

(一)渡口。《論語·微子》:"使子路問~焉。"庾信《春賦》:"三日曲水向河~。"王勃《滕王閣序》:"舸艦迷~。"

(二)津液,口水。《素問·調經論》:"人有精氣~液。"

902.【浦】

(一)水邊,河邊,江邊。《詩經·大雅·常武》:"率彼淮~。"(率:沿着走。)

(二)水港,港口。江淹《別賦》:"送君南~,傷如之何!"王勃《滕王閣詩》:"畫棟朝飛南~雲,朱簾暮捲西山雨。"杜甫《朝》詩:"~帆晨初發,郊扉冷未開。"周邦彦《蘭陵王》詞:"漸別~縈迴,津堠岑寂。"

903.【疇】

(一)麻田,田。《孟子·盡心上》:"易其田~。"(易:治,耕。)陶潛《歸去來辭》:"農人告余以春及,將有事於西~。"

(二)誰。《尚書·舜典》:"~若予工?"(若:順。誰能順我百工之事?)

(三)[~昔](1)昨天。《禮記·檀弓上》:"予~昔之夜。"蘇軾

《後赤壁賦》:"～昔之夜,飛鳴而過我者,非子也耶?"(2)從前。潘岳《夏侯常侍誄》:"～昔之游,二紀於茲。"杜甫《遣悶奉呈嚴公》詩:"～昔論詩早,光輝仗鉞雄。"

904.【陌】

田間的路。南北爲阡,東西爲陌。引申爲路。曹操《短歌行》:"越～度阡。"陶潛《詠荆軻》詩:"素驥鳴廣～,慷慨送我行。"江淹《別賦》:"閨中風暖,～上草薰。"

905.【晡】

申時(等於現在下午四時)。杜甫《徐步》詩:"荒庭日欲～。""三晡"二字連用,表示傍晚。庾信《春賦》:"百丈山頭日欲斜,三～未醉莫還家。"注意:"晡"本作"餔",指申時食。[～食]吃第二頓飯。柳宗元《段太尉逸事狀》:"吾未～食。"

906.【曛】

黃昏。李華《弔古戰場文》:"風悲日～。"杜甫《信行遠修水筒》詩:"日～驚未湌。"

按:"曛"是中古以後的字。

907.【塊】

(一)土塊。《左傳·僖公二十三年》:"乞食於野人,野人與之～。"杜牧《阿房宮賦》:"鼎鐺玉石,金～珠礫。"

(二)孤獨。《楚辭·九辯》:"～獨守此無澤兮。"杜甫《送重表姪王砅》詩:"～獨委蓬蒿。"[～然]孤獨的樣子。劉琨《答盧諶書》:"～然獨立,則哀憤兩集。"

908.【礫】

小石,碎石。《韓非子·内儲説下》:"僖侯浴,湯中有～。"《楚辭·惜誓》：“相與貴夫～石。”杜牧《阿房宮賦》：“金塊珠～。”

古漢語通論
（二十七）賦的構成

1.賦與詩騷的區別

　　賦是文體的一種。劉勰《文心雕龍·詮賦》説：“然賦也者，受命於詩人，拓宇於楚辭也。”這是説，賦是由《詩經》《楚辭》發展而來的。《詩經》是賦的遠源，《楚辭》是賦的近源。

　　古人把賦與詩（《詩經》）騷（《楚辭》）分開，主要是從思想内容來看的。譬如騷之所以有別於詩，是因爲騷没有詩那樣純正，而有詭異譎怪等類的内容（劉勰《文心雕龍·辯騷》）；賦之所以異於騷，是因爲賦是“鋪采摛文，體物寫志”的（劉勰《文心雕龍·詮賦》），而“騷則長於言幽怨之情”（清程廷祚《騷賦論上》）。

　　“鋪采摛文，體物寫志”，這是説賦的主要特點在於鋪陳事物。王逸、陸機、劉勰、程廷祚等都曾指出這一點。從漢賦到唐宋的賦都是如此，可以説這特點貫串了整個賦史。例如揚雄《解嘲》就是鋪陳許多故事來爲自己的“爲官之拓落”辯解，江淹《別賦》就是用許多典故來鋪陳各種離愁別緒。鋪陳事物最典型的作品是漢代那些描寫京殿和苑囿的賦。例如司馬相如的《上林賦》，其内容就是細膩誇張地描寫上林苑的水勢、山形、蟲魚、鳥獸、草木、珠玉、宮館等景物和皇帝在苑中進行田獵、宴樂等情況，可以説極盡其鋪陳誇張之能事。試舉其中一小段：

　　　於是乎蛟龍赤螭，䱹（gèng）鰽（měng）漸離，鰅（rǒng）鰫鰜（qián）鰖（tuō），禺禺魼（qū）鰨（tǎ），捷鰭掉尾，振鱗奮翼，潛處乎深巖。魚鼈讙聲，萬物衆夥。明月珠子，的皪江靡，蜀石黃碝（ruǎn），水玉磊砢，磷磷爛爛，采色澔汗，叢積乎其中。鴻鷫鵠鴇，駕鵝屬玉，交精旋目，煩鶩庸渠，箴疵鵁盧，羣浮乎其上。汎淫泛濫，隨風澹淡，與波摇蕩，奄薄水渚，唼喋（喋）菁藻，咀嚼菱藕。

爲了誇張上林苑水中東西多，不論什麽蟲魚、珠玉和水禽，衹要想得到的，都把它鋪陳出來。我們讀漢賦，不要把這種誇張的描寫都看成實有其事。劉勰在《文心雕龍·夸飾》中批評説：“相如憑風，詭濫愈甚。”實際上這並不是司馬相如個人的缺點，而是漢賦的共同特色。這種描寫苑囿和京殿（如班固《兩都賦》）的賦，與詩騷不同是很明顯的。

　　從形式上看，詩騷和賦都是押韻的，這是三者的共同點。但是一般來説：詩以四言爲主；騷一般是六言，或加兮字成爲七言；賦則字數不拘，但多數以四言六言爲主。典型的漢賦多夾雜散文句式，詩、騷則基本上没有散句。詩、騷在句與句之間，特别是段與段之間，偏重内在的聯繫，極少用連結的詞語。例如上册文選《詩經》中的《關雎》《桃夭》《七月》，《楚辭》中的《山鬼》《國殤》《哀郢》等都没有用連結的詞語。而賦則與散文一致，多用連結的詞語。例如揚雄《解嘲》，很多地方用“故”“是故”“是以”“然而”“然則”“若夫”“且”“雖”“遂”等詞語來連結上下文；江淹《別賦》用“况”“復”“故”“至若”“乃有”“又有”“儻有”“是以”“雖”等連結的詞語；蘇軾《前赤壁賦》用“於是”“况”“蓋將”“則”“且夫”“苟”“雖”等連結的詞語。總的來説，賦與騷的差别是不大的。至於所謂騷體賦（如賈誼《弔屈原賦》），形式上更與楚辭没有分别。如果專從形式上看，賦與騷甚至可以認爲同一類文體。

　　因此賦與詩、騷的分别，必須從内容和形式兩方面來考察。賦比騷抒情的成分少，詠物説理的成分多，詩的成分少，散文的成分多。賦的性質在詩和散文之間。

2.賦體的演變

賦的形式有幾次大的演變。明代徐師曾的《文體明辨》把賦分爲古賦、俳（pái）賦、律賦和文賦四種，比較概括地説明了賦體演變的結果。

漢代的賦是古賦①。古賦又叫辭賦。漢賦的篇幅一般比較長，多採用問答體的形式，韻文中夾雜散文。例如揚雄《解嘲》就是用主客的兩次問答組成，全篇基本上押韻，但也有不押韻的地方。司馬相如的《子虛賦》《上林賦》是用子虛與烏有先生、亡是公三人的對話組成，兩篇賦的首尾部分都是不押韻的散文，《上林賦》中間主要部分還有一些不押韻的地方。

漢賦的句式以四言六言爲主，這是繼承了《詩經》《楚辭》的句式，但又有所變革，不僅有三言、五言、七言等句式，還有許多長句。例如揚雄《解嘲》：

> 故有造蕭何之律於唐虞之世，則悂矣。有作叔孫通儀於夏殷之時，則惑矣。有建婁敬之策於成周之世，則乖矣。有談范蔡之説於金張許史之間，則狂矣。

這種長句在《詩經》《楚辭》中是没有的，漢賦中卻不少。

在用詞方面，漢賦喜歡用許多僻字。上面所舉《上林賦》的一段，就可以作爲例證。劉勰在《文心雕龍·練字》中所批評的"瓌怪""字林"，正是漢代賦家用詞的風尚。劉勰轉引曹植的話説："揚馬之作，趣幽旨深。讀者非師傅不能析其詞，非博學不能綜其理；豈直才懸，抑亦字隱。"②這是當時的風尚，也成了漢賦的一種語言特色。

---

① 從此以下，講到漢賦，一般祇指典型的漢賦，即古賦或辭賦，不包括騷體賦。
② 見劉勰《文心雕龍·練字》。

　　六朝賦是俳賦。俳賦又叫駢賦。孫梅《四六叢話》説:"左陸以下,漸趨整鍊,益事妍華,古賦一變而爲駢賦。"六朝的賦與漢賦有很大的差別。這時期的賦篇幅一般比較短小,像左思《三都賦》那樣的長篇大賦是很少的。六朝賦除用韻與漢賦相同外,駢偶、用典是它與漢賦顯然不同的地方。由此看來,所謂駢賦實際上是押韻的駢體文。

　　駢偶的來源很遠,漢賦中就有一些對句。例如揚雄《解嘲》:"譬若江湖之崖,渤澥之島,乘鴈集不爲之多,雙鳬飛不爲之少。"但是漢賦往往是用多句排比,而很少是雙句對偶;漢賦往往不避免同字相對,又不限於四字對和六字對。到了六朝賦,則篇中的駢偶變得非常突出,往往全篇都是四字對和六字對,而且儘可能避免同字相對。例如江淹《別賦》:

　　　　風蕭蕭而異響,雲漫漫而奇色。舟凝滯於水濱,車逶遲於山側。櫂容與而詎前,馬寒鳴而不息。掩金觴而誰御,橫玉柱而霑軾。居人愁臥,怳若有亡。日下壁而沈彩,月上軒而飛光。見紅蘭之受露,望青楸之離霜。巡曾楹而空掩,撫錦幕而虛涼。知離夢之躑躅,意別魂之飛揚。

這一段都是四字對和六字對,除"而""於""之"等虛詞外,都是異字相對,而且許多地方對得很工整。這是六朝賦的典型,與漢賦在形式上有顯著的不同。

　　用典是六朝賦不同於漢賦的又一特色。因爲漢賦或者是很少用典,如賈誼《弔屈原賦》,或者是明顯地堆砌一些歷史故事,如揚雄《解嘲》,並不像江淹的《別賦》和庾信的《春賦》那樣,把典故融化在句子裏。

　　六朝賦到了後期,有明顯的詩歌化的趨勢,多夾用五七言詩句。例如庾信的《春賦》,前以七言詩起,後以七言詩結,中間也雜有七言詩句。這種賦到唐初更盛，可説是駢賦的變體。

　　律賦是唐宋時代科舉考試所採用的一種試體賦。宋代王銍《四六話序》説："唐天寶十二載，始詔舉人策問，外試詩賦各一首，於是八韻律賦始盛。"律賦比駢賦更追求對仗工整，並注意平仄諧和。其最明顯的不同之處在於押韻有嚴格的限制。一般是由考官命題，並出八個韻字①，規定八類韻腳，所以説八韻律賦。例如，唐代李昂《旗賦》以"風日雲野軍國清肅"爲韻，宋代范仲淹《金在鎔賦》以"金在良冶求鑄成器"爲韻，除韻字有規定外，甚至押韻的次序，韻腳的平仄也有規定。李調元《賦話》説："唐人賦韻，有云次用韻者，始依次遞用，否則任以己意行之。晚唐作者，取音節之諧暢，往往以一平一仄相間而出（按：上文所舉李昂《旗賦》和范仲淹《金在鎔賦》即一平一仄相間）。宋人則篇篇順敘，鮮有顛倒錯綜者矣。"②律賦的字數，也有一定限制，一般不超過四百字③。科舉考試，特別講究程式，因此律賦近乎一種文字遊戲。我們祇要知道這種賦體的梗概，沒有必要去多加研究。

　　文賦是受古文運動的影響而產生的。中唐以後，古文家所作的賦，逐漸以散代駢，句式參差，押韻也比較隨便。形式與六朝賦差別很大，與漢賦倒很接近。因此有人把唐宋以後的賦和漢賦合在一起，也叫古賦。其實唐宋時代的文賦和漢賦無論在内容上或是在形式上，都是有區别的。在形式上，文賦不像漢賦那樣一味重視鋪排和藻飾，而是用寫散文的方法寫賦，通篇貫串散文的氣勢，重視清新流暢。杜牧的《阿房宫賦》已開文賦的先聲，蘇軾的《前赤

---

① 律賦也有由皇帝親自命題限韻的。律賦雖以八韻爲通例，但也有三、四、五、六、七韻的。詳見（宋）洪邁《容齋續筆》卷十三。

② （清）李調元《賦話》卷二，十二頁。渝雅齋校刊本。

③ 李調元説："唐時律賦，字有定限，鮮有過四百者。"見《賦話》卷四，四頁。

壁賦》則是文賦的典型作品。當然，文賦的句子結構也頗有與散文不同的，例如蘇軾《前赤壁賦》：“縱一葦之所如，凌萬頃之茫然”“寄蜉蝣於天地，渺滄海之一粟。”但是，從整個内容安排上説，文賦的確是十分接近散文了。

3.賦的押韻

上文説過，賦是韻文的一種。賦的押韻與詩歌有相同之處，也有不同之處。下面我們著重談一談賦的押韻方式。試以揚雄《解嘲》、江淹《別賦》和蘇軾《前赤壁賦》爲例①：

揚雄《解嘲》：士紀已母|爵禄縠|卿光檔當|文言泉天問門|白落 ‖ 縠族|結逸七國|君臣貧存逎|資師 ‖ 搜禺塗候鈌書廬區陶吾渠夫|島少 ‖ 霸懼舉|安患 ‖ 傅漁遇侯驅|筆詘|師詘|辟迹 ‖ 滅絶實熱室|存全|默極|靜庭；漠宅|殊如|皇龍|白鵲|髂索橐|沫氣位|定平|敝烈制律|隨奇隤爲|從凶 ‖ 山連君玄 ‖

江淹《別賦》：已里起|惻色側息軾|亡光霜涼揚 ‖ 族軸谷|陳人春鱗神 ‖ 士市里視起裏死 ‖ 軍雲薰文熅裙 ‖ 期辭滋悲時湄 ‖ 陽香芳黄光長傷 ‖ 山傳堅天年然 ‖ 謌娥波何|珪來徊 ‖ 名盈驚精英聲情 ‖

蘇軾《前赤壁賦》：間天然仙|槳光方|慕訴縷婦 ‖ 稀飛詩|昌蒼郎|東空雄|鹿屬粟|窮終風 ‖ 往長|瞬盡|主取|月色竭適|酌藉白 ‖

從上面三篇賦，關於賦的用韻，可以歸納出下列五點：

（1）由於賦的篇幅較長，往往須要換韻，一韻到底的賦極少。有的賦換韻比較快，像揚雄《解嘲》很多地方祇用了兩三個韻腳就換韻。賈誼《弔屈原賦》換韻更快，每兩句一換韻，每一個韻祇用了兩個韻腳。江淹《別賦》換韻較慢，至少三個韻腳，多數是五個韻腳以上纔換韻。六朝賦換韻往往比較慢，這是時代的風尚。

---

① 參看本册文選部分。下面引文中的“|”表示換韻，“‖”表示一段結束。

（2）賦的換韻,往往與内容段落是一致的。例如揚雄《解嘲》每段所用一至八類韻,没有任何一類韻是跨段相押的①。每段所用的幾類韻,換韻的地方在内容方面也有轉變。這一點在六朝以後的賦中,表現得更加明顯。例如江淹《别賦》許多段都是一韻到底,换韻就是另一個段落。這樣,賦的作者可以用換韻來表示賦的段落。直到宋代的文賦,例如蘇軾《前赤壁賦》,以及更後的賦,情況大都如此。

（3）賦的押韻,有的句句押,如揚雄《解嘲》中的:

　　　　是故知玄知默,守道之極;爰清爰靜,遊神之庭;惟寂惟漠,守德之宅。

有的隔句相押,如江淹《别賦》,除了"琴羽張兮簫鼓陳,燕趙歌兮傷美人"以外,都是隔句相押。隔句相押是最常見的押韻方法,這與《詩經》《楚辭》的押韻方法相同。但如上面所説的,古賦和文賦常夾有散句,押與不押,比較自由。例如揚雄《解嘲》:

　　　　范雎,魏之亡命也。折脅摺髂,免於徽索,翕肩蹈背,扶服入橐。激卬萬乘之主,介涇陽,抵穰侯而代之,當也。蔡澤,山東之匹夫也。顑頤折頞,涕唾流沫,西揖彊秦之相,搤其咽而亢其氣,搚其背而奪其位,時也。天下已定,金革已平,都於洛陽;婁敬委輅脱輓,掉三寸之舌,建不拔之策,舉中國徙之長安,適也。五帝垂典,三王傳禮,百世不易;叔孫通起於枹鼓之間,解甲投戈,遂作君臣之儀,得也。吕刑靡敝,秦法酷烈,聖漢權制,而蕭何造律②,宜也。

這一段押韻很不規則,有句句押,有隔句押,也有六七句到十多句

---

① 有人認爲"世治則庸夫高枕而有餘"的"餘"與"或釋褐而傅"的"傅"押韻,但是"傅"字與下文"漁"等字押韻,"餘"字不必認爲入韻。
② 這裏既可認爲"敝""烈""制""律"四字通押,也可認爲"敝"與"制"押,"烈"與"律"押。

不押的。文賦如蘇軾的《前赤壁賦》除句句押和隔句押外，也有三句或四句纔押的。這種作法是賦體中詩的成分減少、散文成分加多的表現之一。

（4）所謂韻腳，不一定在句末。如果句末是虛詞，往往在虛詞的前面押韻。這是繼承了《詩經》《楚辭》的作法。例如：

> 意者玄得無尚白乎？何爲官之拓落也？
>
> 客徒欲朱丹吾轂，不知一跌將赤吾族也！
>
> 是以士頗得信其舌而奮其筆，窒隙蹈瑕，而無所詘也。
>
> 　　　　　　　　　　　　　　（以上揚雄：解嘲）
>
> 賦有凌雲之稱，辯有雕龍之聲，誰能摹暫離之狀，寫永訣之情者乎！
>
> 　　　　　　　　　　　　　　（以上江淹：別賦）
>
> “月明星稀，烏鵲南飛”，此非曹孟德之詩乎？
>
> 西望夏口，東望武昌，山川相繆，鬱乎蒼蒼，此非孟德之困於周郎者乎？
>
> 方其破荆州，下江陵，順流而東也，舳艫千里，旌旗蔽空，釃酒臨江，橫槊賦詩，固一世之雄也，而今安在哉！
>
> 逝者如斯，而未嘗往也；盈虛者如彼，而卒莫消長也。蓋將自其變者而觀之，則天地曾不能以一瞬；自其不變者而觀之，則物與我皆無盡也。
>
> 　　　　　　　　　　　　　　（以上蘇軾：前赤壁賦）

這種押韻方式古賦和文賦中用得較多，六朝駢賦一般少用。

句末的虛詞，一般不用作韻腳，但也有用來押韻的。例如：

> 一肌一容，盡態極妍。縵立遠視，而望幸焉。有不得見者，三十六年。
>
> 　　　　　　　　　　　　　　（杜牧：阿房宮賦）

（5）韻腳以不重複爲原則，例如上面所舉的三篇賦和本單元文選中其他幾篇賦都沒有同字重押的。有時候看來好像是重韻，實際上這兩個韻字的字形雖然相同，意義卻迥然有別，那衹能認爲用了同形詞或同音詞，而不是重韻。試以庾信《哀江南賦》爲例：

> 天子方删詩書，定禮樂，設重雲之講，開七林之學。談劫燼之灰飛，辯

常星之夜落。地平魚齒,城危獸角。臥刁斗於滎陽,絆龍媒於平樂。

　　爾乃桀黠(xiá)構扇,馮陵畿甸。擁狼望於黃圖,填盧山於赤縣……陶
侃(侃)空爭米船,顧榮虛搖羽扇。

例一,"禮樂"的"樂"(yuè)和"平樂"的"樂"(lè)不但不同義,而
且不同音,祇能算同形詞。例二,"桀黠構扇"的意思是叛臣捏造事
實,煽動君主。"構扇"的"扇"與"煽"同義,和"羽扇"的"扇"不同
義,祇能算同音詞。即使是這樣,同形詞或同音詞也要保持一定的
距離。這個規矩,直到唐詩宋詞中還是適用的①。

4.賦的結構

　　賦可以有三個部分:前面有序,中間是賦的本身,後面有"亂"
或"訊"等。劉勰《文心雕龍·詮賦》說:"既履端於倡序,亦歸餘於
總亂。序以建言,首引情本;亂以理篇,迭致文契。"序是說明作賦
的原因,"亂"或"訊"大多概括全篇的大意。但序和"亂"等不是賦
一定要具備的。

　　西漢以前的賦是沒有序的,例如賈誼的《弔屈原賦》和揚雄
的《解嘲》等。後人把《漢書》的話抄來作序,那並不是作者的原
序。從東漢開始,作者纔自己寫賦序②,例如班固的《兩都賦》。賦
序與賦本身在形式上的差別,是賦用韻而序不用韻。漢代賦序和
一般散文沒有分別,六朝賦序有用駢體文寫的,例如庾信《哀江南
賦序》。

　　"亂"或"訊"在漢賦中多有這一部分。例如賈誼《弔屈原賦》
有"訊",揚雄《甘泉賦》有"亂"。這是騷體形式的沿用。六朝以後的

―――――――――

① 杜甫《自京赴奉先縣詠懷五百字》共用三個"卒"字押韻,它們是既不同義,又不同
　音。參看本冊第 1384—1385 頁注〔16〕。
② 清代王芑孫《讀賦卮言·序例》說:"自序之作,始於東京。"

賦很少運用這種形式的。

有的漢賦假設賓主對答,開始和結尾都多用散文,賦本身就分成三個部分。開始部分有點近似序;結尾部分往往發點議論,以寄託諷諭之意,近似"亂"或"訊"。例如司馬相如的《子虛賦》《上林賦》就是如此。唐宋時代有些賦還沿用這種作法。例如韓愈《進學解》開始有幾句散文,作用是爲下文作張本[①];杜牧《阿房宮賦》從"嗚呼! 滅六國者,六國也,非秦也"起,是一段發議論的散文,這就是寄託諷諭的結尾部分。蘇軾的《前赤壁賦》,開始和結尾雖然不是散文,但是結構仍可分成三部分。"壬戌之秋,七月既望,蘇子與客泛舟游於赤壁之下",這是略等於序的開始部分。"蘇子曰:客亦知夫水與月乎"以下,是發議論的結尾部分。

(二十八)古漢語的修辭

古代漢語裏的修辭方式很多。在這一節通論裏,我們祇選那些比較重要的,有助於提高閲讀古書能力的修辭手段來談談,目的祇是幫助讀者了解這些修辭手段,從而提高閲讀古書的能力。

我們打算談八個方面:(1)稽古;(2)引經;(3)代稱;(4)倒置;(5)隱喻;(6)迂迴;(7)委婉;(8)誇飾。

(1)稽古

稽古是援引古人的事蹟來證實自己的論點,這在古代作品裏是一種頗爲常見的修辭手段。例如:

> 故令尹誅而楚姦不上聞,仲尼賞而魯民易降北,上下之利,若是其異也。(韓非子·五蠹)

> 昔玉人獻寶,楚王誅之;李斯竭忠,胡亥極刑;是以箕子陽狂,接輿避

---

① 《古文辭類篡》以《進學解》歸入辭賦類,我們認爲是對的。

世,恐遭此患也。(鄒陽:獄中上梁王書)

　　古者富貴而名摩滅,不可勝記,唯倜儻非常之人稱焉。蓋文王拘而演周易;仲尼厄而作春秋;屈原放逐,乃賦離騷;左丘失明,厥有國語;孫子臏腳,兵法修列;不韋遷蜀,世傳呂覽;韓非囚秦,説難孤憤;詩三百篇,大底聖賢發憤之所爲作也。(司馬遷:報任安書)

　　古者有喜,則以名物,示不忘也。周公得禾,以名其書;漢武得鼎,以名其年;叔孫勝敵,以名其子。其喜之大小不齊,其示不忘一也。(蘇軾:喜雨亭記)

　稽古有明有暗。以上都是明的稽古。暗的稽古,是假定讀者通曉古籍,用不着説明是誰的事蹟。例如:

　　故士或自盛以橐,或鑿坏以遁。(揚雄:解嘲)

　　夫上世之士,或解縛而相,或釋褐而傅,或倚夷門而笑,或横江潭而漁,或七十説而不遇,或立談而封侯,或枉千乘於陋巷,或擁篲而先驅。是以士頗得信其舌而奮其筆,窒隙蹈瑕,而無所詘也。(同上)

　　臣聞洪水横流,帝思俾乂。(孔融:薦禰衡表)

揚雄《解嘲》的例子,我們在文選中已經注釋過了。至於孔融《薦禰衡表》一例,那是引用《孟子》和《尚書》中的故事。《孟子·滕文公上》:"當堯之時,天下猶未平,洪水横流,氾濫於天下。"《尚書·堯典》:"帝曰:'咨四岳,湯湯洪水方割,蕩蕩懷山襄陵,浩浩滔天,下民其咨,有能俾乂。'"[1]孔融把帝堯求賢治水的事壓縮成爲八個字説出來,如果讀者沒有讀過《孟子》或《尚書》,就不容易知道他的用意了。

(2)引經

　　引經與稽古的分別,主要在於:稽古是敘述一些歷史事實,引

---

① 四岳,官名,一人而總四岳諸侯之事(依蔡沈説)。湯湯,水盛的樣子。割,害。蕩蕩,廣闊的樣子。懷,包圍四面。襄,泛出其上。下民其咨,百姓咨歎憂傷。俾,使。乂(yì),治。有能俾乂,有才能的人使他去治水。

經則是援引古代聖賢的言辭;稽古可以有正面的,有反面的,而引經則一律是正面的言論。試舉數例如下:

> 老吾老,以及人之老;幼吾幼,以及人之幼:天下可運於掌。《詩》云:"刑于寡妻,至于兄弟,以御于家邦。"言舉斯心加諸彼而已。(孟子·梁惠王上)

> 故周書曰:"皇天無親,惟德是輔。"又曰:"黍稷非馨,明德惟馨。"又曰:"民不易物,惟德繄物。"如是,則非德民不和神不享矣。(左傳·僖公五年)

> 仁之與義,敬之與和,相反而皆相成也。易曰:"天下同歸而殊塗,一致而百慮。"(漢書·藝文志)

有一點值得注意,古人引《詩》,有時並不切合《詩經》的原意。例如《荀子·勸學》篇引《詩經·小雅·小明》:"嗟爾君子,無恒安息,靖共爾位,好是正直,神之聽之,介爾景福。"《勸學》篇接着説:"神莫大於化道,福莫長於無禍。"《荀子》這裏所謂"神"(人的精神修養),已經不是《詩經》的原意(天神);但是荀子要借化道來勸學,他就不能不這樣引。《勸學》篇又引《詩經·曹風·尸鳩》:"尸鳩在桑,其子七兮,淑人君子,其儀一兮。其儀一兮,心如結兮。"下面接着説:"故君子結於一也。"《詩經》的"一"是"一致"的一(均一),《荀子》的"一"是"專一"的一,意義上很不相同。在上古時代這種作法是允許的。

先秦所引的經主要祇有《詩經》《尚書》和《周易》三種。除經之外,還有所謂"傳"。先秦所謂傳,大約是一些傳説(包括歷史故事和格言)。《孟子》所謂"於傳有之"(《梁惠王上》),《荀子》所謂"傳曰",都屬於這一類。到了漢代,所謂傳則包括那些當時不屬於經而又與經相表裏的著作,如《論語》之類①。

---

① 《史記·李將軍列傳》:"傳曰:'其身正,不令而行;其身不正,雖令不從。'""傳"指的是《論語》。

　　戰國時代,引經成爲風氣。《論語》引《詩》兩次,引《書》兩次;《孟子》引《詩》已達二十六次,此外還引《書》兩次。《荀子》引經更多,引《詩》竟達七十次,另外引《書》十二次,引《易》三次,此外還有"傳曰"二十次。諸子當中,引經最多的是《荀子》。《墨子》雖不是儒家的著作,也引了幾次《詩》《書》。

　　漢代以後,引經據典不限於《詩》《書》《易》三種了,還可以引《左傳》《論語》《老子》《莊子》《韓非子》《管子》,甚至引用董仲舒的作品①。當然,越到後代,可引的著作就越多了。這種引用一般著作的手法,是從"引經"發展來的。

(3) 代稱

　　代稱的範圍很廣,下面分作八個方面來敘述:

　　①以事物的特徵或標誌來指代該事物。例如:

　　　君子不重傷,不禽二毛。(左傳·僖公二十二年)

　　　黃髮垂髫,并怡然自樂。(陶潛:桃花源記)

　　　帶甲百萬,而專屬之昭奚恤。(戰國策·楚策一)

　　　何爲棄墳井,在山谷爲寇也。(洛陽伽藍記·王子坊)

"二毛"是指花白頭髮,這是老年人的特徵,借用來指代老年人。"黃髮垂髫"是老人和小孩的特徵,借來指代老人和小孩。"帶甲"是武裝戰士的標誌,借來指代軍隊。"墳井"是古代鄉里的標誌,借用來指代鄉里。

　　②以部分代全體。有時候是以事物的主要部分指代該事物的全體,例如國風和大小雅是《詩經》的主要部分,所以"風雅"可作爲《詩經》的代稱;《離騷》是《楚辭》的主要部分,所以"風騷"可作爲

---

① 例如楊惲《報孫會宗書》:"董生不云乎:'明明求仁義,常恐不能化民者,卿大夫之意也;明明求財利,常恐困乏者,庶人之事也。'"

《詩經》《楚辭》的代稱。試看下面的例子：

> 遠棄風雅，近師辭賦。（文心雕龍·情采）

> 源其飆流所始，莫不同祖風騷。（宋書·謝靈運傳·論）

有時是摘取一篇作品裏的個別的詞或詞組指代整篇作品，例如：

> 子建函京之作，仲宣灞岸之篇，子荆零雨之章，正長朔風之句，並直舉胸情，非傍詩史。（宋書·謝靈運傳·論）

> （曹子建贈丁儀王粲詩：“從軍度函谷，驅馬過西京。”王仲宣七哀詩：“南登霸陵岸，回首望長安。”孫子荆陟陽候詩：“晨風飆岐路，零雨被秋草。”王正長雜詩：“朔風動秋草，邊馬有歸心。”）

至於像“莫不寄言上德，託意玄珠”（《宋書·謝靈運傳·論》），則是以“上德”和“玄珠”分別指代老子和莊子的學說了①。

③以原料代成品。原料和成品是互相有關的事物，所以原料可以指代成品。例如《孟子·滕文公上》：“許子以釜甑爨，以鐵耕乎？”鐵是製造農具的原料，所以拿鐵來指代鐵製的耕田農具。又如《文心雕龍·情采》篇説：“鏤心鳥迹之中，織辭魚網之上。”魚網是造紙的原料②，所以拿魚網作爲紙的代稱。至於鳥迹，它不是文字的原料，而是文字的象徵③，也被用作代稱，指代文字。

④以具體代抽象。這是古人在修辭上常用的一種手法。試舉“刑罰”的概念爲例。“刑罰”是一種比較抽象的概念，古人則常用刑具“徽索”“縲紲”“刀鋸”等作爲刑罰的代稱：

> 范睢，魏之亡命也，折脅摺䶌，免於徽索。（揚雄：解嘲）

> 亦頗識去就之分矣，何至自沈溺縲紲之辱哉？（司馬遷：報任安書）

---

① 參看古漢語通論（二十六）駢體文的構成（下）。

② 參看第三册第 1116 頁《情采》注〔11〕。

③ 參看第三册第 1116 頁《情采》注〔10〕。

車服不維,刀鋸不加。(韓愈:送李愿歸盤谷序)

　　再舉"音樂"的概念爲例。"音樂"是一種比較抽象的概念,古人則常用音樂器材"絲竹"等作爲"音樂"的代稱:

　　　　無絲竹之亂耳,無案牘之勞形。(劉禹錫:陋室銘)

　　　　雖無絲竹管弦之盛,一觴一詠,亦足以暢敘幽情。(王羲之:蘭亭集序)

　　⑤以地代人①。古書中常見的一種是以做官的地點爲人的代稱。例如王勃《滕王閣序》:"睢園綠竹,氣凌彭澤之樽;鄴水朱華,光照臨川之筆。"彭澤代陶淵明,臨川代謝靈運②。又如《世説新語·自新》篇:"平原不在,正見清河。"平原代陸機,清河代陸雲③。又如嵇康《與山巨源絕交書》:"足下昔稱吾於潁川。"潁川代山嶽④。

　　⑥以官代人。以官代人是表示尊重。上文所述的以地代人,實際上也是以官代人,祇不過把官名隱去,祇剩做官的地點罷了。司馬遷把自己的父親稱爲太史公而不稱名,這是很明顯地表示尊敬。甚至有簡省官名,祇剩兩個字的,例如王羲之曾任右軍將軍,世稱王右軍,後代也有人省稱爲右軍。再舉兩個例子:

　　　　驃騎發迹於祁連。(揚雄:解嘲)

　　　　(驃騎將軍霍去病。)

　　　　及三閭橘頌,情采芬芳。(文心雕龍·頌讚)

　　　　(三閭大夫屈原。)

　　⑦專名用作通名。古代漢語裏,專名用作通名的例子很多。例如:

---

① 以地代人和下文以官代人可參看古漢語通論(二十一)古代文化常識之姓名部分。

② 陶淵明爲彭澤令,謝靈運爲臨川內史。

③ 陸機爲平原內史,陸雲爲清河內史。

④ 山嶽爲潁川太守。

子之笑我玄之尚白，吾亦笑子病甚不遇俞跗與扁鵲也。（揚雄：解嘲）

（俞跗、扁鵲都是良醫的代稱。）

尚生不存，仲氏既往，山阿寂寥，千載誰賞。（孔稚珪：北山移文）

（尚子平、仲長統都是隱士的代稱。）

楊意不逢，撫凌雲而自惜；鍾期既遇，奏流水以何慚。（王勃：滕王閣序）

（楊得意是推薦者的代稱，鍾子期是知音者的代稱。）

⑧割裂式的代稱。把古書中的一個詞組割裂開來，用其中的一部分代替另一部分，這是割裂式的代稱。例如《文心雕龍·鎔裁》篇説：“及雲之論機，亟恨其多，而稱清新相接，不以爲病，蓋崇友于耳。”這裏的“友于”指代“兄弟”。這是因爲《尚書·君陳》篇説“惟孝友于兄弟”，後人就截取其中的“友于”二字作爲“兄弟”的代稱。又如丘遲《與陳伯之書》説：“主上屈法申恩，吞舟是漏。”“吞舟”爲大魚的代稱。這是因爲賈誼《弔屈原賦》説：“彼尋常之汙瀆分，豈能容夫吞舟之巨魚？”桓寬《鹽鐵論·論菑》篇也説：“網漏吞舟之魚。”“吞舟”指代大魚是當時的習慣用法，不單是丘遲這樣用，《晉書·顧和傳》也説：“和答王導曰：‘明公作輔，寧使網漏吞舟；何緣採聽風聞，以察察爲政？’”

這種代稱影響語言的純潔性，是不應該提倡的。

(4) 倒置

由於對仗、平仄和押韻的要求，古代作家往往著意造了一些詞序顛倒的句子。這種句子多半出現在辭賦駢文裏，散文裏有時也可見到。例如：

歷觀文囿，泛覽辭林，未嘗不心遊目想，移晷忘倦。（蕭統：文選序）

（應理解爲目遊心想。）

使人意奪神駭，心折骨驚。（江淹：別賦）

（應理解爲骨折心驚。）

臨溪而漁,溪深而魚肥;釀泉爲酒,泉香而酒冽。(歐陽修:醉翁亭記)

（應理解爲泉冽而酒香。）

例一是由於本句平仄的要求(心遊目想:平平仄仄);例二一方面是由於對仗和平仄的要求(“心”對“意”:平對仄;“骨”對“神”:仄對平),一方面是由於押韻的要求(“驚”與上文“名”“盈”、下文“精”“英”“聲”“情”等字押韻);例三是由於對仗和平仄的要求(“冽”對“肥”:仄對平)。遇到這種句子時,我們應當按照正常的詞序去理解文意。

(5)隱喻

譬喻有明有隱。明喻用“如”“若”等字,容易懂;隱喻不用“如”“若”等字,不容易懂。我們要學會識別古人的隱喻,否則以喻爲真,就會引起誤解。現在試舉一些例子:

今子乃以鴟梟而笑鳳皇,執蝘蜓而嘲龜龍,不亦病乎?(揚雄:解嘲)

（鴟梟蝘蜓比喻卑鄙的人,鳳皇龜龍比喻高尚的人。）

當塗者昇青雲,失路者委溝渠。(同上)

（當塗比喻得志,失路比喻失志,青雲比喻高位。）

若擇源於涇渭之流,按轡於邪正之路,亦可以馭文采矣。(文心雕龍·情采)

（涇渭比喻清濁。）

像這一類的隱喻,古書中用得很多。我們不能依照本義去了解,而應該依照比喻的意義去了解。

(6)迂迴

迂迴是一種隱晦難懂的修辭手法。作者的話不是直說的,而是用轉彎抹角的方式說出來,所以叫做迂迴法。古人的迂迴法往往是利用典故來表現的。這種情況,突出地表現在駢體文或者是駢散兼行的文章裏面①。我們現在讀駢體文之所以感到難懂，往往是由於這種表達方式和口語背道而馳，因而和我們的語言習慣格格不入。現在先舉一個例子，然後加以討論：

> 所賴君子見幾，達人知命。老當益壯，寧知白首之心；窮且益堅，不墜青雲之志。酌貪泉而覺爽，處涸轍以猶懽。北海雖賒，扶搖可接；東隅已逝，桑榆非晚。（王勃：滕王閣序）

要讀懂這幾句話，首先要了解"見幾""達人""白首""青云""涸轍""賒""扶搖""東隅""桑榆"等詞語的意義（參看本書文選注）。前面幾句比較好懂，"酌貪泉而覺爽"以後的句子都是用典，就不容易懂了。我們如果要了解後面幾句話，須要經過兩個步驟：第一，要先找出這些典故的出處來：

（甲）酌貪泉　《晉書·吳隱之傳》："未至州（廣州）二十里，地名石門，有水曰貪泉，飲者懷無厭之欲。隱之至泉所，酌而飲之，賦詩曰：'古人云此水，一歃懷千金，試使夷齊（伯夷、叔齊）飲，終當不易心。'清操愈厲。"

（乙）處涸轍　《莊子·外物》："（莊）周昨來，有中道而呼者，周顧視車轍中，有鮒魚焉。周問之曰："鮒魚來，子何爲者耶？'對曰：'我東海之波臣也。君豈有斗升之水而活我哉？'周曰：'諾，我且南遊吳越之王，激西江之水而迎子，可乎？'鮒魚忿然作色曰：'吾失我常與，我無所處，吾得斗升之水然活耳。君乃言此，曾不如早索我於枯魚之肆。'"

（丙）北海雖賒，扶搖可接　《莊子·逍遙遊》："北冥有魚，其名爲鯤……化而爲鳥，其名爲鵬……鵬之徙於南冥也，水擊三千里，搏扶搖而上者九萬里。"

---

① 參看古漢語通論（二十六）駢體文的構成（下）。

(丁)東隅已逝,桑榆非晚　《後漢書‧馮異傳》:"始雖垂翅回谿,終能奮翼黽池;可謂失之東隅,收之桑榆。"

第二,要從這些典故裏去體會作者的意思:同一個典故,可以從各種不同的角度去看;因此,要了解作者的意思,必須從上下文去體會它的連貫性。在《滕王閣序》裏,這幾句話的大意是:好在君子能預見事物的動向,曠達的人會知道自己的命運。越老越應該健旺,哪能有衰老的想法;越窮困越應該堅強,不能喪失高尚的節操。喝了貪泉中的水,反而覺得清爽;處在涸轍般的困境,卻仍然心情歡暢。北海雖然很遠,凭藉着旋風還是可以達到;早上的時光錯過了,傍晚的機會能利用也不算晚。

駢體文在這些地方似乎做到了言簡意賅,但是,既然意思是迂迴的,也就比較隱晦,讀者要費心去揣摩。現在舉一反三,使大家知道怎樣去應付這一類句子,這裏就不再討論了。

(7)委婉

在封建社會裏,説話有所顧忌,怕得罪權貴、統治者,以致惹禍;所以説話時,往往是委婉曲折地把意思表達出來。司馬遷爲李陵事受了宮刑,遭到了冤屈,但是他在《報任安書》中祇説"明主不曉",不敢直指君上的罪惡。鄒陽爲梁王出謀畫策,梁王卻聽信讒言,把鄒陽下在獄中,並且準備殺死他,這也是冤屈的;但是鄒陽在《獄中上梁王書》中卻祇説"左右不明",不敢直言梁王的愚昧。諸葛亮在寫《出師表》時,心裏實際上是痛恨後主寵任宦官,但他在《出師表》裏卻祇説"未嘗不歎息痛恨於桓靈也",話也説得很含蓄。因此,我們閱讀古書的時候,要從字裏行間去領會作者真正的思想感情。

外交辭令是委婉語的一種。古人(特別是上古時代)的外交辭令,往往是拐彎抹角、委婉曲折地把意思表達出來的。曲折到那種地步,不但後人不那樣說,有時甚至使後人很難了解本來的用意。《左傳·僖公四年》:"君惠徼福於敝邑之社稷,辱收寡君。"意思是說:"您如果不毀滅我國,肯跟我們結成同盟。"《左傳·成公三年》:"雖遇執事,其弗敢違。"意思是說:"即使跟您相遇,也非打您不可。"《左傳·成公十三年》:"寡人不佞,其不能以諸侯退矣。"意思是說:"那麼我就要和諸侯來攻打你了。"

謙詞也是委婉語的一種。司馬遷在《報任安書》中說"待罪輦轂下",又說"廁下大夫之列,陪外廷末議"。這裏所謂"待罪""廁""下大夫""陪""末議",都不能按字面解釋;實際上"待罪"祇等於任職,"廁"祇等於位置(動詞),"下大夫"祇等於羣臣,"陪"祇等於參加,"末議"祇等於議事或議政。

在古人書信中,謙詞是特別多的。差不多凡講到對方都用敬詞,凡講到自己都用謙詞。即以司馬遷《報任安書》爲例,除了上述的謙詞以外,其他謙詞還有:

牛馬走　僕　側聞　賤事　請　略陳　固陋

幸　私心　竊　謹　再拜

至於敬詞則有:

足下　辱賜　教　左右

後代的書信,大都採用這種方式。其中有些已經變成客套,這是讀古人書信時不可不知的。

(8)誇飾

誇飾是一種重要的修辭手段,古今都是一樣的。誇飾不等於誇大。誇大是言過其實;誇飾不是言過其實,而是一種極度形容語,使語言增加生動性。現在試舉一些例子:

人固有一死,或重於泰山,或輕於鴻毛。(司馬遷:報任安書)

天下之士,雲合霧集,魚鱗雜遝,熛至風起。(史記·淮陰侯列傳)

飛館生風,重樓起霧。(洛陽伽藍記·開善寺)

明星熒熒,開妝鏡也。綠雲擾擾,梳曉鬟也。渭流漲膩,棄脂水也。煙斜霧橫,焚椒蘭也。雷霆乍驚,宮車過也。(杜牧:阿房宮賦)

　　某些人名地名,以及某些特殊的物名,可以用作極度形容語。上面所舉的"(死)或重於泰山"的泰山即是一例;由於泰山在古人看來是最高的山,也就代表着最重要的東西。下面再舉一些例子:

非有仲尼墨翟之賢,陶朱猗頓之富。(賈誼:過秦論)

(仲尼、墨翟代表最賢的人,陶朱、猗頓代表最富的人。)

雖才懷隨和,行若由夷,終不可以爲榮。(司馬遷:報任安書)

(隨侯之珠、和氏之璧代表最寶貴的東西,比喻最好的才能;許由、伯夷代表最清高的人。)

家家自以爲稷契,人人自以爲皋陶,戴縰垂緌而談者,皆擬於阿衡。(揚雄:解嘲)

(稷、契、皋陶、阿衡代表最賢能的人。)

雖梁王兔苑,想之不如也。(洛陽伽藍記·開善寺)

(梁王兔苑代表最奢華的園林。)

　　以上所述古代漢語的修辭,大多數與用典有關。一方面,我們要掌握一些典故;另一方面,我們也要知道古人的修辭手段,以免找出典故以後還理解不透。這一節所講的古漢語修辭,雖然還不夠全面,如果能由此類推,也就"思過半"了。

第十三單元

文　選

兩漢樂府民歌

　　"樂府"本來是漢武帝時開始設立的采詩配樂的官署,後來凡是這個官署采來配樂的詩歌也叫做"樂府",漸漸地"樂府"又成爲一種有特殊風格的詩體了。

　　漢樂府詩的來源有二:一是從民間采來的歌謠,一是文人製作的歌功頌德的作品。無論采來的還是文人製作的,都配以音樂。這裏所選的都是民間歌謠。

　　據《漢書·藝文志》説,民間歌謠,"皆感於哀樂,緣事而發,亦可以觀風俗,知厚薄。"其實主要目的是爲了供統治者的宮廷娛樂和點綴昇平。儘管如此,樂府的設立,使好多民歌被保存了下來,在中國文學史上的貢獻還是很大的。

　　樂府詩歷來都是根據音樂的類別來分類的。主要分以下四類:

　　一、郊廟歌辭:主要是貴族文人爲祭祀而作的樂歌,華麗典奧,價值不高。

　　二、鼓吹曲辭:又叫短簫鐃歌,是漢初從北方民族傳入的北狄樂。歌辭是後來補寫的,内容龐雜。主要是民間創作。

三、相和歌辭:音樂是各地采來的俗樂,歌辭也多是"街陌謡
謳"。其中有許多優秀作品,是漢樂府中的精華。

四、雜曲歌辭:其中樂調多不知所起。因無可歸類,就自成一
類。裏面有一部分優秀民歌。

兩漢樂府民歌通過敘事來抒發感情,它廣泛而深刻地反映了
當時的社會生活和人民的思想感情與願望。藝術上的成就也很
高,形式上非常自由,保持了口語的真面目。句子由一二字到八九
字,參差錯落,不拘一格。這種真實樸素、自由變化的形式,爲前所
未有。其次是故事性强,通過敘事來抒發感情。

有　所　思 [1]

有所思,乃在大海南。何用問遺君 [2]?雙珠瑇瑁
簪 [3],用玉紹繚之 [4]。聞君有他心,拉雜摧燒之 [5]。
摧燒之,當風揚其灰。從今以往,勿復相思!相思與君絶。
雞鳴狗吠,兄嫂當知之 [6]。〔妃呼豨〕[7],秋風蕭蕭晨風
颸 [8],東方須臾高知之 [9]。

[1]本篇是漢鼓吹曲《鐃歌十八曲》中的一篇,歌中描寫女主人公的熱烈真摯
　　的愛情和她聽説對方變了心的憤激而悔恨的思想活動。
[2]何用,用什麽。問遺(wèi),贈送。
[3]瑇瑁(dàimào),即玳瑁,龜類,它的外殼可製裝飾品。這是説想送給他
　　一根兩頭掛珠子的瑇瑁簪子。
[4]紹繚,纏繞。
[5]拉雜,雜亂不整齊,使動用法。摧,折。南、簪、心,押韻。繚、燒,押韻。
[6]這是回憶過去兩人相會時的情況,估計兄嫂已經知道。
[7]妃呼豨(xī),表聲的字,無意義。

〔8〕蕭蕭，風聲。晨風，即鸇(zhān)，鷂子一類的鳥。颸(sī)，快。

〔9〕高，通"皜"(hào)，白。這是説一夜也沒打定主意，再想一會兒天亮了該
　　　會知道辦法的。之、灰、思、之、颸、之，押韻。

上　邪〔1〕

上邪！我欲與君相知〔2〕，長命無絕衰〔3〕。山無陵〔4〕，江水爲竭，冬雷震震〔5〕，夏雨雪〔6〕，天地合，乃敢與君絕〔7〕。

〔1〕上，指天。邪，通"耶"。上邪，天啊！本篇也是《鐃歌十八曲》中的一篇，
　　　是一個女子表示堅決跟她的情人相愛的誓辭。

〔2〕相知，等於説相親相愛。

〔3〕命，等於説令、使。這是説使愛永遠不斷絕、不衰減。知、衰，押韻。

〔4〕陵，指山峯。

〔5〕震震，雷聲。

〔6〕雨雪，降雪。

〔7〕竭、雪、絕，押韻。

孤　兒　行〔1〕

孤兒生，孤子遇生〔2〕，命獨當苦。父母在時，乘堅車，駕駟馬。父母已去〔3〕，兄嫂令我行賈〔4〕。南到九江〔5〕，東到齊與魯。臘月來歸，不敢自言苦。頭多蟣蝨〔6〕，面目多塵〔7〕。大兄言辦飯〔8〕，大嫂言視馬〔9〕。上高堂，行取殿下堂〔10〕，孤兒淚下如雨〔11〕。

使我朝行汲〔12〕，暮得水來歸。手爲錯〔13〕，足下無菲〔14〕。愴愴履霜〔15〕，中多蒺藜。拔斷蒺藜腸月中〔16〕，

愴欲悲。淚下渫渫[17]，清涕纍纍[18]。冬無複襦[19]，夏無單衣[20]。居生不樂[21]，不如早去，下從地下黃泉[22]。

　　春氣動，草萌芽，三月蠶桑，六月收瓜。將是瓜車[23]，來到還家[24]。瓜車反覆[25]，助我者少，啗瓜者多[26]。願還我蒂[27]。兄與嫂嚴，獨且急歸[28]，當興校計[29]。

　　亂曰[30]：里中一何譊譊[31]！願欲寄尺書[32]，將與地下父母[33]：兄嫂難與久居[34]。

〔1〕本篇屬《相和歌辭・瑟調曲》，寫一個孤兒遭受兄嫂虐待的情況，反映了當時的社會問題。

〔2〕遇生，偶然碰上生到世上來。"遇"是"偶"的假借字。

〔3〕去，指死。

〔4〕行賈(gǔ)，往來經商。《史記・貨殖列傳》："行賈，丈夫賤行也。"

〔5〕九江，漢時郡名，包括今江蘇、安徽長江北岸和江西全省之地。

〔6〕蟣(jǐ)，蝨卵。

〔7〕這句的末尾可能脫一"土"字。

〔8〕辦飯，準備飯。

〔9〕視馬，照顧馬匹。

〔10〕取，通"趣"，即趨，快步走。殿，高大的房屋，即上句的高堂。殿下堂，指高堂下的另一房屋。這兩句是說叫孤兒做些家務事，一會兒上高堂，一會兒下高堂，就這樣上下奔走。

〔11〕苦、馬、賈、魯、苦、〔土〕、馬、雨，押韻。

〔12〕行汲，出去打水。

〔13〕錯，一種較粗糙的磨刀石。手爲錯，手裂得簡直成了粗糙的磨刀石。

〔14〕菲，通"屝"(fèi)，草鞋。

〔15〕愴愴，悲傷的樣子。

〔16〕腸，指腓(féi)腸，脛骨後的肉，即小腿肚子。肙，古肉字。腸肙，小腿肚子

的肉。

〔17〕潨潨(xièxiè)，水波連續的樣子,這裏是指淚落不斷的樣子。

〔18〕纍纍,連續不絕的樣子。

〔19〕複襦,短袷襖。

〔20〕歸、菲、藜、悲、纍、衣,押韻。

〔21〕居生,等於説在世上活着。

〔22〕從,指跟隨父母。

〔23〕將,等於説拉。

〔24〕還家,指回家的路。

〔25〕反覆,翻倒。

〔26〕芽、瓜、車、家、多,押韻。

〔27〕蒂,瓜和瓜蔓相接的部分。

〔28〕且,將。

〔29〕興,起,這裏有惹起的意思。校計,即計較。興校計,等於説惹起糾紛。
　　　蒂、計,押韻。

〔30〕亂,樂歌的末章。

〔31〕譊譊(náonáo),爭辯聲,喧鬧嘈雜聲。

〔32〕尺書,指信札。古代書信都寫在一尺一寸長的木板或絹帛上,木叫牘,帛
　　　叫素,所以稱書信爲"尺書"。

〔33〕將與,帶給。

〔34〕書、居,押韻。

隴　西　行〔1〕

　　天上何所有？歷歷種白榆〔2〕,桂樹夾道生〔3〕,青龍
對道隅〔4〕。鳳凰鳴啾啾〔5〕,一母將九雛〔6〕。顧視世間
人,爲樂甚獨殊。好婦出迎客,顏色正敷愉〔7〕,伸腰再拜跪,
問客平安不〔8〕。請客北堂上,坐客氈氍毹〔9〕。清白各異

樽[10],酒上正華疏[11]。酌酒持與客,客言主人持[12]。卻略
再拜跪[13],然後持一杯。談笑未及竟,左顧勑中廚[14],促令
辦麤飰[15],慎莫使稽留[16]。廢禮送客出[17],盈盈府中
趨[18]。送客亦不遠,足不過門樞[19]。取婦得如此,齊姜亦
不如[20]。健婦持門户[21],亦勝一丈夫。

〔1〕本篇屬《相和歌辭・瑟調曲》,寫一個婦女招待賓客,從容大方,送迎有禮。

〔2〕歷歷,分明的樣子。白榆,星名。

〔3〕桂樹,星名。道,指黄道,是古人想像太陽周年運行的軌道。詳見古漢語
　　通論(十九)。

〔4〕青龍,也叫蒼龍,是東方七宿的總稱。詳見古漢語通論(十九)。

〔5〕鳳凰,指朱鳥,也叫朱雀。朱雀是南方七宿的總稱。詳見古漢語通論(十
　　九)。啾啾(jiūjiū),蟲鳥的細碎的鳴聲。

〔6〕一母,指上文的鳳凰。將,率領。九雛,指附近的若干小星。

〔7〕敷愉,疊韻聯緜字,和悦的樣子。

〔8〕不,讀 fōu。

〔9〕坐客,使客坐。氍毹(qúshū),毛織的地毯,隴西(今甘肅東南部)一帶多
　　用以鋪地。

〔10〕清白,指清酒白酒。

〔11〕上,動詞,送上。華疏,一種柄首雕花的酒勺。正華疏,扶正華疏。

〔12〕這是説客人也請主人舉杯飲酒。

〔13〕卻略,稍稍退後。

〔14〕勑(chì),同"敕",告誡,吩咐。

〔15〕麤,同"粗"。飰,同"飯"。

〔16〕稽留,停留。

〔17〕廢禮,等於説終禮。

〔18〕盈盈,儀態美好的樣子。

〔19〕樞,門臼。

〔20〕齊姜,齊國的姜姓女,這裏指能幹的婦女。《詩經·陳風·衡門》:"豈其取妻,必齊之姜?"

〔21〕健婦,剛健能自立的婦人。持,主管,料理。榆、隅、雛、殊、愉、不、餔、疏、持、杯、廚、留、趨、樞、如、夫,押韻。

上山采蘼蕪〔1〕

上山采蘼蕪,下山逢故夫。長跪問故夫〔2〕:"新人復何如?""新人雖言好,未若故人姝〔3〕。顏色類相似,手爪不相如〔4〕。""新人從門入,故人從閤去〔5〕。""新人工織縑〔6〕,故人工織素〔7〕。織縑日一匹〔8〕,織素五丈餘。將縑來比素,新人不如故。"

〔1〕蘼蕪,一種香草,可做香料。這首詩屬《雜曲》,通過一個棄婦和故夫重逢時的對話,反映出婦女在封建社會所處的被壓迫的地位。

〔2〕長跪,伸直了腰跪着。這是表示恭敬。

〔3〕姝(shū),好,這裏不專指容貌,泛指各個方面都好。

〔4〕手爪,指紡織、縫紉等技巧。

〔5〕閤,小門。

〔6〕縑(jiān),帶黄色的絹。

〔7〕素,白色的細絹,價比縑貴。

〔8〕一匹,長四丈。蕪、夫、如、姝、如、去、素、餘、故,押韻。

漢魏六朝詩

古詩十九首

"古詩十九首"是東漢末葉中下層知識分子學習民歌所寫的五言詩。不是一人所作,也不是一時之作。原數不衹十九首,梁蕭統選了十九首收入《文選》,題爲"古詩"。十九首的内容主要是反映中小地主知識分子階層的思想感情。有的表達遊子思婦的離情別緒,有的抒發仕途失意的感慨悲哀,從而曲折地表達了他們對當時那種動蕩社會的不滿,更有些是感歎人生無常和宣揚及時行樂的消極頹廢思想的。風格自然樸素,語言生動凝煉,對後世尤其是建安時代的文人五言詩的發展有較大的影響。這裏衹選了三首。

行行重行行[1]

　　行行重行行,與君生別離[2]。相去萬餘里,各在天一涯[3]。道路阻且長[4],會面安可知?胡馬依北風,越鳥巢南枝[5]。相去日已遠,衣帶日已緩[6]。浮雲蔽白日[7],遊子不顧反[8]。思君令人老,歲月忽已晚。棄捐勿復道[9],努力加餐飯[10]。

[1]行行重行行,即走個不停的意思。這首詩寫一個婦女對遠離家鄉的丈夫的思念。

[2]生別離,《楚辭・九歌・少司命》:“悲莫悲兮生別離。”

[3]涯,讀 yí,邊。

[4]阻且長,《詩經・秦風・蒹葭》:“遡洄從之,道阻且長。”參看第二册第481頁注[6]。

[5]胡馬,指北方胡地所產之馬。依,依傍。越鳥。指南方越地的鳥。這是說鳥獸尚且懷戀故土,難道遊子就不思念故鄉嗎?李善注引《韓詩外傳》:“代(今山西東北部)馬依北風,飛鳥棲故巢。”(今本《韓詩外傳》無。)離、涯、知、枝,押韻。

[6]緩,寬鬆。這句是説一天天瘦下去。古樂府:“離家日趍(趨)遠,衣帶日趍緩。”

[7]比喻遊子心有所惑,是婦人設想丈夫另有所歡。

[8]顧反,回來。反,返。

〔9〕勿復道,不要再説了。

〔10〕緩、反、晚、飯,押韻。

庭中有奇樹〔1〕

　　庭中有奇樹,綠葉發華滋〔2〕。攀條折其榮〔3〕,將以遺所思。馨香盈懷袖,路遠莫致之〔4〕。此物何足貢〔5〕,但感別經時〔6〕。

〔1〕奇,珍奇。這首詩寫思婦面對庭中奇樹而引起對遠方愛人的懷念。

〔2〕滋,繁盛。發華滋,等於説開花開得很茂盛。

〔3〕榮,花。

〔4〕致,送到。

〔5〕貢,獻。一作"貴"。

〔6〕大意是:祇因感到離別很久了,想藉這花把我的懷念之情帶給你罷了。
　　滋、思、之、時,押韻。

迢迢牽牛星〔1〕

　　迢迢牽牛星,皎皎河漢女〔2〕。纖纖擢素手〔3〕,札札弄機杼〔4〕。終日不成章〔5〕,泣涕零如雨〔6〕。河漢清且淺,相去復幾許〔7〕?盈盈一水間,脈脈不得語〔8〕。

〔1〕迢迢,遙遠的樣子。牽牛星,又名河鼓,在天河南,與天河北的織女星相對。這首詩借織女牽牛的故事,寫出了夫婦因受人爲的阻隔而久別的愁苦心情。

〔2〕皎皎,明亮的樣子。河漢,天河。女,指織女星。

〔3〕纖纖,細的樣子。擢,引,指從袖中伸出來。

〔4〕札札,織布時織布機發出的聲音。杼(zhù),織布機上理緯綫的工具,即織布梭(不同於現在織布機上的杼)。

〔5〕章,指布上的經緯文理。不成章,即織不出布的意思。

〔6〕零,落。

〔7〕幾許,多少,這裏指多遠。許,表約數的量詞。

〔8〕大意是:端莊美麗的織女隔着一條水,仔細地看着牛郎而不得跟他談話。盈盈,水清淺的樣子。脈脈(mòmò),同"眽眽",仔細看的樣子。女、杼、雨、許、語,押韻。

曹　操

　　曹操(公元155—220年),字孟德,沛國譙(qiáo,今安徽亳縣)人。漢獻帝建安初年,拜大將軍及丞相,後又封爲魏王。曹丕稱帝後,追尊爲武帝。他是東漢末年的大政治家、軍事家,也是一位傑出的詩人。他在詩歌的創作上,擺脱了古典詩歌的束縛,從民間文學吸取營養,寫出了語言質樸、民歌化的五言詩,並創作了一些四言詩,打破了《詩經》以來四言詩衰落的局面,被稱爲復興四言詩的作家。現存他的詩歌二十多首,有近人黃節的注本。

步出夏門行〔1〕

觀　滄　海〔2〕

　　東臨碣石〔3〕,以觀滄海。水何澹澹〔4〕,山島竦峙〔5〕。樹木叢生,百草豐茂〔6〕。秋風蕭瑟〔7〕,洪波湧起。日月之行,若出其中;星漢粲爛〔8〕,若出其裏〔9〕。幸甚至哉,歌以詠志〔10〕。

〔1〕《步出夏門行》,一名《隴西行》,屬古樂府《相和歌辭·瑟調曲》。曹操是借舊調舊題來寫時事。全篇由五部分組成,開頭是"豔",即序曲,下面有《觀滄海》《冬十月》《土不同》《龜雖壽》四解(解相當於章)。各解的内容都可以獨立。這裏祇選了《觀滄海》。

〔2〕滄，通“蒼”。滄海，海水青蒼色，所以叫滄海。這首詩是建安十二年（公元 207 年）曹操遠征烏桓（部落名，當時散居在今河北、山西二省之北）經過碣石山時所寫的，把登高望海所見的初秋自然景色特別是大海的壯闊真實地描繪出來。

〔3〕碣石，山名，原在今河北樂亭縣西南，後世沈陷到海裏。

〔4〕澹澹（dàndàn），水波搖動的樣子。

〔5〕竦，通“聳”。竦峙（zhì），高高地立着。

〔6〕藂，同“叢”。這兩句寫島上的景物。

〔7〕蕭瑟，參看第三冊第 1142 頁《哀江南賦序》注〔3〕。

〔8〕星漢，天河。

〔9〕從“日月”到“其裏”，寫滄海的廣闊浩大。

〔10〕從“幸甚”到“詠志”，是配合樂曲時所加的，和正文無關。海、峙、茂、起、裏、志，押韻。

曹　丕

　　曹丕（公元 187—226 年），字子桓，曹操次子。公元 220 年，他迫使漢獻帝禪位，自立爲皇帝，都洛陽。文帝是他的謚號。他是以三曹爲中心的鄴下文人集團的實際首領，自己也致力於創作實踐，不過他創作上的成就不如曹操和曹植。較好的詩歌多半是寫離情別緒的。他的《典論·論文》是我國最早的文學批評的論著。他原有詩歌百餘首，現存約四十首，辭賦約三十篇，有近人黃節的注本。

燕　歌　行〔1〕

　　秋風蕭瑟天氣涼，草木搖落露爲霜〔2〕。羣燕辭歸雁南翔，念君客游思斷腸〔3〕。慊慊思歸戀故鄉〔4〕，君何淹留寄他方〔5〕？賤妾煢煢守空房〔6〕，憂來思君不敢忘，不覺淚下霑衣裳。援琴鳴弦發清商〔7〕，短歌微吟不能長。明月皎皎照我牀，星漢西流夜未央〔8〕。牽牛織女遥相望，爾獨何辜限河梁〔9〕？

〔1〕《燕歌行》屬《相和歌辭·平調曲》。樂府詩題目上冠以地名，是表示曲調的地方特點，後來曲調失傳，於是衹用來歌詠各地的風土。"燕"是北方邊地，征戍不絶，所以《燕歌行》多寫離別之情。這首詩寫一個婦女在秋夜懷念客居異鄉的丈夫。

〔2〕搖落，零落。

〔3〕雁，一本作"鵠"。思斷腸，一本作"多思腸"。

〔4〕慊慊(qiànqiàn)，心中不滿足的樣子。這句是婦女設想丈夫在外思歸。

〔5〕君何，一本作"何爲"。淹留，久留。

〔6〕煢煢(qióngqióng)，孤單的樣子。

〔7〕清商，曲調名。其節短促，其音纖微，所以下句説"短歌微吟不能長"。

〔8〕西流，向西移動。初秋黃昏時，牽牛織女之間的一段銀河正在中天，等到深夜時，已經移到西天了。央，盡。

〔9〕爾，指牽牛、織女星。何辜，何罪。河梁，河上的橋梁。這是爲牛郎織女抱不平。涼、霜、翔、腸、鄉、方、房、忘、裳、商、長、牀、央、望(wáng)、梁，押韻。

陳　琳

陳琳(公元？—217年)字孔璋，廣陵(今江蘇江都縣)人。先爲袁紹掌書記，後歸曹操。他和孔融、王粲、劉楨、阮瑀、徐幹、應瑒被稱爲建安七子。他的詩歌流傳下來的衹有四篇。

飲馬長城窟行[1]

飲馬長城窟,水寒傷馬骨。往謂長城吏:"慎莫稽留太原卒[2]!""官作自有程[3],舉築諧汝聲[4]!""男兒寧當格鬪死[5],何能怫鬱築長城[6]!"長城何連連[7],連連三千里。邊城多健少,内舍多寡婦[8]。作書與内舍[9]:"便嫁莫留住! 善侍新姑嫜[10],時時念我故夫子。"報書往邊地:"君今出語一何鄙[11]!""身在禍難中,何爲稽留他家子[12]? 生男慎莫舉[13],生女哺用脯[14]。君獨不見長城下,死人骸骨相撐拄[15]?""結髮行事君[16],慊慊心意關[17],明知邊地苦,賤妾何能久自全[18]!"

〔1〕窟,流出泉水的土穴,即今所謂"泉眼"。本篇屬《相和歌辭·瑟調曲》,寫繁重的徭役給人民帶來的痛苦。

〔2〕稽留,久留。太原,郡名,約在今山西中部地。這句話是太原卒向長城吏提出的要求。窟、骨、卒,押韻。

〔3〕官作,官家的工程。程,期限。

〔4〕築,築土的杵,相當於現在的夯(hāng)。諧汝聲,使你們的夯歌諧和,即唱齊你們的夯歌,意思是叫人們努力築城。這是長城吏的話。

〔5〕格,擊。格鬪,指作戰。

〔6〕怫(fú)鬱,心情不舒暢。這是太原卒的話。程、聲、城,押韻。

〔7〕連連,連緜不斷的樣子。

〔8〕寡婦,古代凡獨居的婦女都可叫寡婦。里、婦,押韻。

〔9〕這句的主語是太原卒。舍、住,押韻。

〔10〕侍,一本作"事"。姑嫜(zhāng),婦人稱丈夫的母爲姑,稱丈夫的父爲嫜。

〔11〕鄙,鄙陋,見識淺薄。這是太原卒之妻的話。

〔12〕子,這裏指女子。他家子,實指太原卒自己的妻子。子、鄙、子,押韻。

〔13〕舉,小兒初生時,其母給他洗澡吃奶,叫做舉。莫舉,就是抛棄了他或者弄死了他(溺嬰)。

〔14〕哺,喂。脯,乾肉。

〔15〕撐拄,支撐。從"身在"到"撐拄",是太原卒再答妻的話。"生男"以下可能是借用現成的歌謠而稍有變動。楊泉《物理論》載:秦築長城,又起驪山之冢,民間有個歌謠:"生男慎勿舉,生女哺用脯。不見長城下,尸骸相支拄。"舉、脯、拄,押韻。

〔16〕結髮,指男女初成年時。男年二十結髮加冠,女年十五結髮加笄,表示已長大成人,可以結婚了。行,指女子出嫁。

〔17〕慊慊,參看本册第1359頁《燕歌行》注〔4〕。關,關聯,牽繫。

〔18〕自全,自己保全自己,即活下去的意思。從"結髮"到"自全",是妻再答太原卒的話。君、關、全,押韻。

曹　植

　　曹植(公元192—232年),字子建,曹丕同母弟,封陳王,諡思,所以世稱"陳思王"。他受到曹丕和曹叡(明帝,曹丕的兒子)的猜忌與壓抑,因而常抑鬱不歡,四十一歲便死去了。

　　曹植早期具有强烈的功名事業心,因此他的詩歌充滿了昂揚奮發的精神。後期因在政治上受迫害,壯志受挫折,寫下了許多慷慨不平的詩篇。這些詩反映了統治階級的矛盾,反映了時代的面貌。他是建安時期的代表詩人,成就在一般作家之上。有《曹子建集》,近人黃節有注本。

白　馬　篇〔1〕

　　白馬飾金羈,連翩西北馳〔2〕。借問誰家子? 幽并游俠兒〔3〕。少小去鄉邑,揚聲沙漠垂〔4〕。宿昔秉良弓〔5〕,楛矢何參差〔6〕。控弦破左的〔7〕,右發摧月支〔8〕。仰手接飛猱〔9〕,俯身散馬蹄〔10〕。狡捷過猴猿,勇剽若豹螭〔11〕。邊城多警急,胡虜數遷移。羽檄從北來〔12〕,厲馬登高堤〔13〕。長驅蹈匈奴,左顧凌鮮卑〔14〕。棄身鋒刃端,性命安可懷。父母且不顧,何言子與妻。名編壯士籍〔15〕,不得中顧私〔16〕。捐軀赴國難,視死忽如歸〔17〕。

〔1〕本篇屬樂府《雜曲歌辭·齊瑟行》,用篇首兩字作篇名。作者在這首詩裏歌頌了一位少年的英勇敢戰、視死如歸的精神。

〔2〕連翩,飛跑不停的樣子。

〔3〕幽、并(bīng),二州名。幽州,今河北東北部及遼寧西南部一帶地方。并州,今山西北部、陝西北部及河套地區。相傳幽、并多出游俠之士。

〔4〕垂,通"陲",邊疆。一本作"陲"。

〔5〕宿昔,向來。秉,持。

〔6〕楛(hù)矢,用楛木做桿的箭。參差,這裏用來形容多。

〔7〕控弦,等於説拉弓。的,箭靶的中心部分。

〔8〕月支,箭靶的名稱,又叫素支。

〔9〕接,射擊迎面飛來的東西。飛猱(náo),猱是猿類動物,身體矮小,行動便捷,攀援樹木,輕捷如飛,所以稱"飛猱"。

〔10〕散,碎散,使動用法。馬蹄,箭靶的名稱。

〔11〕剽(piāo),行動疾速輕捷。螭(chī),傳説中的一種猛獸,像龍而色黃。

〔12〕羽檄,徵兵的文書。有緊急的事,就在上面插上羽毛,所以叫做羽檄。

〔13〕厲,奮起,使動用法。厲馬,指策馬。

〔14〕蹈,踐踏。凌,凌駕,壓倒。鮮卑,我國古代東北方的一個民族。

〔15〕籍,名册。

〔16〕中,指心中。

〔17〕羈、馳、兒、垂、差(cī)、支、蹄、螭、移、堤、卑、懷、妻、私、歸,押韻。

左　思

　　左思(公元250？—305年？),字太沖,齊國臨淄(今山東淄博市)人。由於出身寒門,一生仕進不得意。曾因創作《三都賦》而聞名於世。他是西晉太康時期傑出的詩人。《詠史》是他的代表作。

詠　史〔1〕

鬱鬱澗底松〔2〕

　　鬱鬱澗底松,離離山上苗〔3〕。以彼徑寸莖,蔭此百尺條〔4〕。世胄躡高位〔5〕,英俊沈下僚〔6〕。地勢使之然,由來非一朝。金、張籍舊業〔7〕,七葉珥漢貂〔8〕。馮公豈不偉〔9〕,白首不見招。

〔1〕《詠史》共八首,都是借詠古人古事來寫個人的懷抱的。這裏選了兩首,
　　每首的小標題是編者加的。

〔2〕鬱鬱,茂盛的樣子。澗底松,比喻有才能而屈居下位的人。這首詩揭露
　　了當時封建門閥制度的不合理,抨擊了由於這種制度所造成的社會不平
　　現象。

〔3〕離離,下垂的樣子。苗,初生的草木。山上苗,比喻無能而居高位的世族。

〔4〕彼,指山上苗。蔭,遮蓋。此,指澗底松。

〔5〕世胄,世家子弟。躡(niè),踩。躡高位,等於說居高位。

〔6〕下僚,低下的職位。

〔7〕金、張,指金日磾和張安世(參看第三冊第746頁《霍光傳》注〔12〕及本冊
　　第1235頁《解嘲》注〔33〕)的子孫。籍,通“借”,憑藉。舊業,指先人的
　　功業。金日磾和張安世的子孫幾代都因先人有功而做大官。

〔8〕七葉,七世,指從漢武帝到漢平帝。珥(ěr),插戴。貂(diāo),指貂尾。漢

代侍中、中常侍等官,冠上都插戴貂尾做裝飾。《漢書·金日磾傳贊》:
"七世内侍,何其盛也。"又《漢書·張安世傳》:"安世子孫相繼,自宣、元
以來,爲侍中、中常侍、諸曹、散騎、列校尉者,凡十餘人。功臣之世,唯有
金氏張氏親近貴寵,比於外戚。"

〔9〕馮公,指西漢馮唐,參看第三册第1154頁《滕王閣序》注〔14〕。偉,指才
識卓越。苗、條、僚、朝、貂、招,押韻。

吾希段干木〔1〕

　　吾希段干木,偃息藩魏君〔2〕。吾慕魯仲連〔3〕,談笑
卻秦軍。當世貴不羈〔4〕,遭難能解紛。功成恥受賞,高節
卓不羣〔5〕。臨組不肯緤,對珪寧肯分〔6〕? 連璽燿前
庭〔7〕,比之猶浮雲〔8〕。

〔1〕希,仰慕。段干木,參看第三册第906頁《報孫會宗書》注〔3〕。這首詩用
　　段干木和魯仲連有功於國而不要利禄的故事來表達自己救世濟人的遠
　　大抱負。

〔2〕偃,臥。偃息,這裏指不做官。藩,屏障。班固《幽通賦》:"〔干〕木偃息
　　以藩魏兮。"《吕氏春秋·期賢》載:秦要攻魏,司馬唐諫秦君説:"段干
　　木,賢者也,而魏禮之,天下莫不聞,無乃不可加兵乎?"秦君以爲然,於是
　　罷攻魏之兵,魏國因而免受兵禍。

〔3〕從此句以下都是談的魯仲連,參看第一册第115—125頁。

〔4〕不羈,參看第三册第892頁《報任安書》注〔1〕。

〔5〕卓,高超。不羣,不同一般人。

〔6〕組,繫印璽的絲縧。緤(xiè),繫。珪,瑞玉,上圓下方。寧,豈。古代封
　　賜爵位時,不同的爵位頒發給不同的珪。"緤組""分珪"都指接受官爵。

〔7〕連璽,魯仲連拒絶了平原君的封爵,後來燕攻齊,仲連爲齊寫信給燕將,
　　燕將自殺。田單要封他,他又拒絶而逃隱於海上。由於兩次要封他,而
　　封爵必授印璽,所以説"連璽"。燿,或作"曜""耀"。

〔8〕浮雲,比喻不值得關心的東西。《論語·述而》:"子曰:'不義而富且貴,
於我如浮雲。'"君、軍、紛、羣、分、雲,押韻。

陶　潛

飲　酒〔1〕

結廬在人境〔2〕

　　結廬在人境,而無車馬喧。問君何能爾〔3〕,心遠地自
偏〔4〕。採菊東籬下,悠然見南山〔5〕。山氣日夕佳〔6〕,
飛鳥相與還。此中有真意,欲辯已忘言〔7〕。

〔1〕《飲酒》共二十首,詩前有序。這都是酒後偶然的題詠,不是一時所作。
　　這裏選了兩首,每首的小標題是編者加的。

〔2〕結廬,構室,即蓋房子。人境,世人所居的地方。這首詩寫他退隱後心境
　　的恬靜,能使自己的精神與自然景物相契合,也流露出隨順自然與世無
　　爭的消極思想。

〔3〕爾,如此。

〔4〕大意是:祇要心遠遠離開塵俗,便覺得所住的地方遠隔塵世了。偏,偏僻。

〔5〕悠然,悠閑的樣子。見,一本作"望"。

〔6〕日夕,黃昏。

〔7〕辯,一本作"辨"。這兩句是說從大自然的景色中領悟到一種人生的真
　　意,本想辯說一下這真意究竟是什麼,可是又忘記了要說的話。《莊子·
　　齊物論》:"大辯不言。"又《外物》:"言者所以在意也,得意而忘言。"喧、
　　偏、山、還、言,押韻。

清晨聞叩門〔1〕

　　清晨聞叩門,倒裳往自開〔2〕。問子爲誰與〔3〕,田父
有好懷〔4〕。壺漿遠見候〔5〕,疑我與時乖〔6〕。"襤縷茅
簷下〔7〕,未足爲高栖〔8〕。一世皆尚同〔9〕,願君汩其

泥〔10〕。"深感父老言,稟氣寡所諧〔11〕。紆轡誠可學〔12〕,
違己詎非迷〔13〕!且共歡此飲,吾駕不可回〔14〕。

〔1〕這首詩寫自己不再出仕的決心和不願與世同流合汙的堅定意志,也表現
　　了封建文人的消沈、孤獨、逃避現實的思想。

〔2〕裳,下衣,類似裙子。《詩經·齊風·東方未明》:"東方未明,顛倒衣
　　裳。"本篇即用"顛倒衣裳"之意,是説匆匆忙忙,把衣裳穿倒了。

〔3〕與,疑問語氣詞,後來寫作"歟"。

〔4〕田父,等於説老農。好懷,好的心意。

〔5〕漿,指酒。候,問候。見候,等於説相候,參看第三册第907頁《陳情表》
　　注〔5〕。

〔6〕乖,違背,不合。

〔7〕繿縷(lánlǔ),同"襤褸",雙聲聯緜字,衣服破爛的樣子。

〔8〕高栖,指隱居。

〔9〕尚同,以同於流俗爲尚。

〔10〕汩(gǔ),通"淈",混濁,使動用法。汩其泥,比喻跟世人同濁。《楚辭·
　　漁父》:"世人皆濁,何不淈其泥而揚其波?"參看第二册第563頁。

〔11〕稟氣,稟受的天然氣質,即天性。寡所諧,少有能合得來的。

〔12〕紆,回。紆轡,等於説回車,比喻改變本意,曲道而行,也即指出仕。

〔13〕違己,指違背了自己的本意。詎,豈。迷,指走入迷途。

〔14〕回,轉,即上文"紆轡"的意思。開、懷、乖、栖、泥、諧、迷、回,押韻。

讀山海經〔1〕

孟夏草木長〔2〕

　　孟夏草木長,繞屋樹扶疏〔3〕。衆鳥欣有託,吾亦愛吾
廬。既耕亦已種,時還讀我書。窮巷隔深轍〔4〕,頗迴故人
車〔5〕。歡言酌春酒〔6〕,摘我園中蔬。微雨從東來,好風

與之俱。泛覽周王傳〔7〕，流觀山海圖〔8〕。俯仰終宇宙〔9〕，不樂復何如〔10〕？

〔1〕《山海經》，共十八卷，記述古代神話傳説和海内外山川異物。舊日相傳爲大禹命伯益記述的，都是治水時的所見所聞，不可信。漢劉歆校定，晉郭璞作注和圖贊。《讀山海經》是陶潛隱居中觀覽《山海經》所寫的一組詩，共十三首。第一首是發端，其餘每首都是歌詠《山海經》所載的事物。這裏祇選了第一首。

〔2〕這個標題是編者加的。這首詩寫隱居中於耕種之餘泛覽圖書的樂趣。

〔3〕扶疏，枝葉四布的樣子。

〔4〕窮巷，隱僻的里巷。《漢書・陳平傳》：“負（張負）隨平至其家，家迺負郭窮巷，以席爲門。然門外多長者車轍。”隔，隔絶。深轍，深的車轍，表示經常有車來往。

〔5〕頗，甚，等於説多。迴，回轉，使動用法。這是説很少和故人來往。

〔6〕春酒，《詩經・豳風・七月》：“爲此春酒，以介眉壽。”參看第二册第489頁注〔4〕。

〔7〕周王傳，指《穆天子傳》。晉太康間汲郡人不準盜發魏襄王墓（或言安釐王冢）得竹書數十車，其中有《穆天子傳》五篇，記周穆王西遊故事，多爲神怪傳説，是我國最古的神怪小説之一。郭璞給它作了注。

〔8〕山海圖，《山海經》的圖，這裏指《山海經》。

〔9〕俯仰，一俯一仰，表示時間很短。終，窮盡。宇宙，這裏指宇宙間的事。注意：這裏的宇宙，與現代漢語的宇宙含義不同。

〔10〕疏、廬、書、車(jū)、蔬、俱、圖、如，押韻。

詠　荆　軻〔1〕

燕丹善養士〔2〕，志在報强嬴〔3〕。招集百夫良〔4〕，歲暮得荆卿〔5〕。君子死知己〔6〕，提劍出燕京。素驥鳴廣陌〔7〕，慷慨送我行。雄髮指危冠〔8〕，猛氣衝長纓。飲餞易水上〔9〕,四座列羣英。漸離擊悲筑,宋意唱高聲〔10〕。蕭蕭哀風逝〔11〕,淡淡寒波生〔12〕。商音更流涕,羽奏壯士驚〔13〕。心知去不歸,且有後世名。登車何時顧〔14〕,飛蓋入秦庭〔15〕。凌厲越萬里〔16〕,逶迤過千城〔17〕。圖窮事自至〔18〕,豪主正怔營〔19〕。惜哉劍術疎〔20〕,奇功遂不成。其人雖已没,千載有餘情〔21〕。

〔1〕荆軻,參看第三册第874頁《獄中上梁王書》注〔2〕。這首詩贊美荆軻刺秦王的俠義行爲,並惋惜他的失敗。

〔2〕燕丹,即燕太子丹,燕王喜的兒子。

〔3〕報,指報仇。强嬴,指秦國,因秦王姓嬴。

〔4〕百夫良,百人中最傑出的人。這是從《詩經·秦風·黄鳥》"百夫之特""殲我良人"來的。參看第二册第482頁。

〔5〕荆卿,即荆軻。

〔6〕死知己,爲知己而死。

〔7〕素驥,白色良馬。據史傳所載,太子丹及賓客在易水上穿戴着白衣冠爲荆軻送行,並没説有白馬,這是作者推想的。廣陌,寬廣的路。

〔8〕危冠,高冠。雄髮指危冠,等於説"怒髮衝冠"。

〔9〕易水,燕國的一條河,源出今河北易縣。

〔10〕漸離,姓高,燕人,善擊筑,是荆軻的好友。筑(zhú),古代的一種樂器。宋意,太子丹的門客(依《淮南子·泰族》高誘注)。《淮南子·泰族》:"荆軻西刺秦王,高漸離、宋意爲擊筑而歌於易水之上,聞者莫不瞋目裂眦,髮植穿冠。"

〔11〕蕭蕭,風聲。荆軻《易水歌》:"風蕭蕭兮易水寒,壯士一去兮不復還。"

〔12〕淡淡,水動蕩的樣子。

〔13〕商,指商調式的樂曲。羽,指羽調式的樂曲。調式不同,音樂效果不同,所以這樣説。參看古漢語通論(十九)古代文化常識之樂律部分。

〔14〕何時顧,意思是不曾回顧。

〔15〕蓋，指車蓋，即古代車上的圓傘形物，用以禦雨遮陽。飛蓋，指疾馳如飛的車。

〔16〕凌厲，意氣昂揚、奮往直前的樣子。

〔17〕逶迤(wēiyí)，曲折而長的樣子，這裏指路途逶迤。

〔18〕圖，指燕國督亢的地圖。事，指行刺的事。燕人以獻督亢之地爲名，把匕首藏在地圖中。荆軻在秦庭展獻地圖時，圖盡而匕首見，遂刺秦王。

〔19〕豪主，指秦王。怔(zhēng)營，惶恐不安的樣子。怔，一本作“征”。

〔20〕疎，不精。《史記·刺客列傳》：“魯句踐已聞荆軻之刺秦王，私曰：‘嗟乎！惜哉，其不講於刺劍之術也！’”

〔21〕嬴、卿、京、行、纓、英、聲、生、驚、名、庭、城、營、成、情，押韻。

謝　靈　運

　　謝靈運(公元385—433年)，陳郡陽夏(今河南太康縣北)人，東晉車騎將軍謝玄的孫子。他早年就襲封了祖父的爵位康樂公，所以人們稱他爲“謝康樂”。南朝宋時，曾做過永嘉太守、秘書監、臨川内史等官。文帝元嘉十年，因有人告他謀反，被殺。他好遊山玩水，寫了很多山水詩，打破了東晉玄言詩佔統治地位的局面，並開後世山水詩的先河，同時也開了齊梁雕琢之風。他出身世族，政治上又不得意，更受了玄言詩的影響，所以有不少的詩表現出没落頹廢的感情和樂天安命的思想。有《謝康樂集》，近人黄節有注本。

登池上樓〔1〕

　　潛虬媚幽姿，飛鴻響遠音〔2〕。薄霄愧雲浮〔3〕，棲川怍淵沈〔4〕。進德智所拙〔5〕，退耕力不任。徇禄反窮海〔6〕，臥痾對空林〔7〕。衾枕昧節候〔8〕，褰開暫窺臨〔9〕。傾耳聆波瀾〔10〕，舉目眺嶇嶔〔11〕。初景革緒風〔12〕,新陽改故陰〔13〕。池塘生春草,園柳變鳴禽〔14〕。祁祁傷豳歌,萋萋感楚吟〔15〕。索居易永久,離羣難處心〔16〕。持操豈獨古,無悶徵在今〔17〕。

〔1〕池上樓,在永嘉郡治(今浙江永嘉縣)。這首詩是作者做永嘉太守時久病初愈後登池上樓寫的。詩中抒發了自己官場失意的頹喪心情,並表示決心退隱。

〔2〕虬(qiú),傳説中有角的龍。媚,喜愛。幽姿,指隱居不現的姿態。響遠音,叫出傳得很遠的聲音。這是説虬與鴻都能各得其所。

〔3〕薄,迫近。雲浮,指在雲霄中浮游的鴻。

〔4〕怍(zuò),慚愧。淵沈,指在深淵中潛藏的虬。

〔5〕進德,增進品德,這裏指做一番事業。《周易》乾卦:“君子進德脩業,欲及時也。”

〔6〕徇(xùn),從。徇禄,指做官。反,返。一本作“及”。窮海,邊遠的海濱,指永嘉郡。這是説到永嘉做太守。

〔7〕痾(ē),病。空林,僻静的樹林。

〔8〕衾,被子。衾枕,指臥病於衾枕。昧,不明,分不清。節候,季候。

〔9〕褰(qiān),揭起。褰開,指揭起窗帷打開窗户。窺臨,臨窗窺看。

〔10〕聆(líng),聽。波瀾,指波瀾的聲音。

〔11〕嶇嶔(qīn),山高峻的樣子,這裏指高山。

〔12〕景,日光。初景,指初春的日光。革,革除。緒風,餘風,指冬天殘餘的風。

〔13〕陽,古代以春夏爲陽,這裏專指春。陰,古代以秋冬爲陰,這裏專指冬。

〔14〕變鳴禽,鳴禽隨季節而换了種類。

〔15〕祁祁,《詩經·豳風·七月》:“春日遲遲,采蘩祁祁。”參看第二册第486頁。豳歌,即指《豳風》。萋萋,草木茂盛的樣子。淮南小山《招隱士》:“王孫遊兮不歸,春草生兮萋萋。”楚吟,即指《招隱士》,《招隱士》是楚辭,所以説“楚吟”。這表示因春景引起了感傷。

〔16〕索居,散居,獨居。易永久,指容易感到時間長久。羣,指朋友。難處心,

指難以安排孤寂的心情。《禮記・檀弓上》:"吾離羣索居,亦已久矣。"

〔17〕大意是:保持節操,遯世無悶,難道衹有古人能做到? 今天也可以在我身
上來證明。持操,保持節操。無悶,沒有煩悶。《周易》乾卦:"潛龍勿用,
何謂也? 子曰:'龍德而隱者也。不易乎世(不爲世俗所移易),不成乎
名,遯世無悶。'"(遯:音 dùn,逃。遯世:避世。)徵,驗,證明。音、沈、任
(rén)、林、臨、嶔、陰、禽、吟、心、今,押韻。

鮑　照

鮑照(公元? —466 年),字明遠,南朝宋東海(故治在今江蘇
漣水縣北)人。宋文帝時官中書舍人,後任臨海王劉子頊(xū)的參
軍,所以稱爲"鮑參軍"。子頊作亂失敗,鮑照爲亂兵所殺。他有遠
大的抱負,想做一番事業,但因出身寒微,受到門閥制度的限制,以
致屈居下位;又正當南北分立,民族矛盾十分尖銳,所以他的詩表
現了對當時社會的不滿和恢復中原的願望。詩的語言精煉,風格
俊拔,是劉宋詩人中最突出的一人,對後世有較大影響。有《鮑參
軍集》,近人黃節有注本。

擬行路難〔1〕

瀉水置平地〔2〕

瀉水置平地,各自東西南北流〔3〕。人生亦有命,安能
行歎復坐愁〔4〕? 酌酒以自寬,舉杯斷絕歌路難〔5〕。心
非木石豈無感? 吞聲踯躅不敢言〔6〕。

〔1〕《行路難》本是漢代歌謠,後已失傳。《樂府解題》說:"《行路難》備言世
路艱難及離別悲傷之意。"鮑照依照它的本旨,共寫了十九首。這裏選了
兩首,每首的小標題是編者加的。

〔2〕瀉,傾倒(dào)。這首詩表達了作者在門閥制度壓抑下內心的矛盾和無

可奈何的不平心情。

〔3〕比喻同樣是人,而門第高下,貧富貴賤不齊,使得每人的遭遇各有不同。

〔4〕流、愁,押韻。

〔5〕因舉杯飲酒而中斷了唱《行路難》的歌。

〔6〕吞聲,聲音要發出又吞回去。躑躅(zhízhú),徘徊不進的樣子,這裏是想說不説的樣子。寬、難、言,押韻。

對案不能食〔1〕

對案不能食,拔劍擊柱長歎息。丈夫生世會幾時,安能蹀躞垂羽翼〔2〕?棄置罷官去〔3〕,還家自休息。朝出與親辭,暮還在親側。弄兒牀前戲,看婦機中織。自古聖賢盡貧賤,何況我輩孤且直〔4〕。

〔1〕案,古代進食用的有短足的托盤。這首詩表現了强烈的不平與憤慨。

〔2〕蹀躞(diéxiè),疊韻聯緜字,小步走路的樣子。垂羽翼,形容失意喪氣的樣子。

〔3〕棄置,一作"棄檄",指扔下公文。

〔4〕孤,寒微勢孤。食、息、翼、息、側、織、直,押韻。

謝　朓

謝朓(公元 464—499 年),字玄暉,陳郡陽夏(今河南太康縣北)人。南朝齊時,累官中書郎、尚書吏部郎,又曾做過宣城太守,所以人稱"謝宣城"。他和謝靈運是同族,因而又有"小謝"之稱。東昏侯永元元年,由於受人誣陷,下獄死。

他是永明體詩派的代表人物之一,寫了很多山水詩,比較徹底地擺脱了玄言詩的影響,使山水詩在謝靈運之後得到進一步的發展。有《謝宣城集》。

晚登三山還望京邑[1]

灞涘望長安,河陽視京縣[2]。白日麗飛甍[3],參差皆可見。餘霞散成綺[4],澄江靜如練[5]。喧鳥覆春洲[6],雜英滿芳甸[7]。去矣方滯淫[8],懷哉罷歡宴[9]。佳期悵何許[10],淚下如流霰[11]。有情知望鄉,誰能鬒不變[12]?

〔1〕三山,山名,在今南京市西南。還望,回頭眺望。京邑,指建業,即今南京。這首詩寫登三山所見美景和遙望京師而引起的故鄉之思。

〔2〕灞,水名,流經長安城東。涘(sì),岸。王粲《七哀詩》:"南登灞陵岸,迴首望長安。"河陽,故城在今河南孟縣西。京縣,指洛陽。晉潘岳《河陽縣詩》:"引領望京室。"這裏以王粲、潘岳的望京師比喻自己還望京邑。

〔3〕白日,指太陽。麗,使動用法。甍(méng),屋脊。飛甍,高聳如飛的屋脊。

〔4〕綺,有花紋的絲織品。

〔5〕澄江,清澈的江水。練,潔白的熟絹。

〔6〕覆,蓋。覆春洲,這是極言鳥多。

〔7〕雜英,各色的花。甸,郊外。

〔8〕大意是:我要離開京邑了,將久留在外。方,將。滯淫,久留。

〔9〕大意是:想念啊,那停止了的故鄉的歡宴。

〔10〕大意是:爲了歸期,惆悵到什麼地步啊!佳期,指歸期。何許,等於説何所。

〔11〕霰(xiàn),雪珠。

〔12〕鬒(zhěn),通"鬒",墨髮,一本作"鬒"。變,指變白。

庾 信

擬 詠 懷[1]

楚材稱晉用[2]

楚材稱晉用,秦臣即趙冠[3]。離宮延子產[4],羈旅接陳完〔5〕。寓衞非所寓〔6〕,安齊獨未安〔7〕。雪泣悲去魯〔8〕,悽然憶相韓〔9〕。惟彼窮途慟,知余行路難〔10〕。

〔1〕《擬詠懷》,倪璠注《庾子山集》説這是擬阮籍《詠懷》而成,但《藝文類聚》無"擬"字。《擬詠懷》共二十七首,大都是寫身世之感和鄉關之思的。這裏祇選一首。

〔2〕這個標題是編者加的。楚材,楚國的人材。稱(chèn),適合。用,使用。《左傳・襄公二十六年》:"雖楚有材,晉實用之。"杜預注:"言楚亡臣多在晉。"

〔3〕即趙冠,等於説戴趙國的冠。《後漢書・輿服志》:"武冠……謂之趙惠文冠。胡廣説曰:'趙武靈王效胡服,以金璫飾首、前插貂尾爲貴職。秦滅趙,以其君冠賜近臣。'"

〔4〕離宮,行宮,這裏指招待外賓的賓館。延,引進。這句是用子產壞垣的故事。《左傳・襄公三十一年》載:子產佐鄭伯到晉國,晉侯不接見。子產使人毀掉賓館的牆,把車馬趕進去。這裏用以表示出使的意思。

〔5〕羈旅,參看第三册第 1141 頁《哀江南賦序》注〔26〕。接,接待。陳完,春秋時陳國的公子。《左傳・莊公二十二年》載:陳公子完奔齊,齊侯想使他爲卿,他自稱"羈旅之臣",不肯接受。這裏是説自己出使西魏,成爲羈旅之臣。

〔6〕寓衞,《詩經・邶風・式微》序:"黎侯寓於衞,其臣勸以歸也。"當時黎侯爲狄人所逐,黎侯棄其國而寄寓在衞國。

〔7〕安齊,《左傳・僖公二十三年》載:重耳出亡到齊國,齊桓公把女兒嫁給他,他於是有安居的意思,不再圖謀復國。這裏是説自己並不甘心樂意留在北朝。

〔8〕雪泣,拭淚。去魯,《韓詩外傳》卷三:"孔子去魯,遲遲乎其行也。"

〔9〕相韓,《史記・留侯世家》載:韓國亡後,張良用全部家財訪求刺客,要刺殺秦始皇,爲韓報仇,"以大父、父五世相韓故"。庾信和他父親庾肩吾都在梁做官,所以用張良五世相韓作比。這裏寫懷念故國。

〔10〕窮途,參看第三册1156頁《滕王閣序》注〔27〕。這裏是説自己有無路可
　　走之悲。冠、完、安、韓、難,押韻。

唐宋五言古體詩

王　維

　　王維(公元701—761年),字摩詰,原籍太原祁州(今山西祁
縣)人,後來,他父親遷居於蒲(今山西永濟縣),於是爲蒲人。王維
少年即有文才,唐玄宗開元九年(公元721年)中進士,累官至給事
中。安史之亂,長安失陷,王維被俘,後來接受了安禄山封給他的
官職。亂平之後,貶官爲太子中允,後來官至尚書右丞,所以世人
又稱他爲王右丞。

　　王維以田園山水詩著稱,文筆清雅。著有《王右丞集》,最流行
的注本是清趙殿成的《王右丞集箋注》。

渭川田家〔1〕

　　斜光照墟落〔2〕,窮巷牛羊歸。野老念牧童,倚杖候荆
扉〔3〕。雉雊麥苗秀〔4〕,蠶眠桑葉稀。田夫荷鋤立,相見
語依依〔5〕。即此羨閒逸,悵然吟式微〔6〕。

〔1〕渭川,即渭水,在今陝西省境内。

〔2〕斜光,斜陽,夕陽。墟落,等於説村落。

〔3〕扉,門扇。

〔4〕雉,即野雞。雊(gòu),雉鳴。秀,〔禾黍〕開花。潘岳《射雉賦》:“麥漸漸
　　以擢芒,雉鷕鷕(yǎo)而朝雊。”

〔5〕依依,情意深的樣子。

〔6〕吟,一本作“歌”。式微,《詩經·邶風》的一篇,裏面有“式微,式微(式,語
　　氣詞。微,衰微),胡不歸?”等語。這裏借用其意,指歸隱。歸、扉、稀、依、

微,押韻(微韻)。

李　白

李白(公元701—762年),字太白。祖籍隴西成紀(在今甘肅天水縣附近),先世流入西域,李白即出生於中亞細亞的碎葉城。後隨父遷徙入蜀,居住在綿州昌明縣青蓮鄉(今四川綿陽縣北),因而自號青蓮居士。青年時期,出外漫遊。四十二歲時,唐玄宗召他入京,命他供奉翰林。不到三年,由於受到排擠而離開長安,遊河南、山東及東南各地。天寶十四年(公元755年),安禄山發動叛亂,他隱居在廬山。後來永王李璘以抗敵爲名,起兵於東南,李白參加李璘的幕府。不久,李璘兵敗被肅宗所殺,李白也被判流放夜郎(今貴州桐梓縣一帶)。乾元二年(公元759年),在途中遇赦。李白晚年來往於金陵、宣城(今安徽宣城縣)一帶。肅宗寶應元年(公元762年),死在當塗(今安徽當塗縣)。

李白的詩很豪放,充滿了浪漫主義特色。注釋比較完善的詩文集,有清王琦輯注的《李太白全集》。

古風五十九首

大車揚飛塵〔1〕

大車揚飛塵,亭午暗阡陌〔2〕。中貴多黄金〔3〕,連雲開甲宅〔4〕。路逢鬭雞者〔5〕,冠蓋何輝赫〔6〕!鼻息干虹蜺〔7〕,行人皆怵惕〔8〕。世無洗耳翁〔9〕,誰知堯與跖〔10〕?

〔1〕唐玄宗晚年,沈於聲色,寵信宦官佞臣,濫施賞賜。這首詩揭露了宦官佞臣的囂張氣焰,並進行了辛辣的諷刺。標題爲編者所加。

〔2〕亭午,正午。暗,使動用法。阡,南北的路。陌,東西的路。

〔3〕中貴,皇帝寵愛的宦官。

〔4〕甲宅,頭等大宅。這是説甲宅像層層相連的雲彩一樣地鋪陳着。

〔5〕唐玄宗酷好鬥雞遊戲,在兩宮間築起雞坊,養雄雞數千。當時善於鬥雞
　　的人都得到玄宗的寵幸,烜赫一時。

〔6〕輝赫,光彩奪目的樣子。

〔7〕干,犯。虹蜺(ní),即虹霓。這是説鬥雞者氣焰沖天。

〔8〕怵(chù)惕,恐懼。

〔9〕洗耳翁,指堯時的高士許由。參看本册第1247頁《北山移文》注〔1〕。

〔10〕跖,盜跖。陌、宅、赫、惕、跖,押韻(陌錫通韻)。

俠 客 行

　　趙客縵胡纓〔1〕,吳鈎霜雪明〔2〕。銀鞍照白馬,颯沓
如流星〔3〕。十步殺一人,千里不留行〔4〕。事了拂衣去,
深藏身與名。閑過信陵飲〔5〕,脱劍膝前横。將炙啖朱
亥〔6〕,持觴勸侯嬴〔7〕。三杯吐然諾〔8〕,五岳倒爲
輕〔9〕。眼花耳熱後〔10〕,意氣素霓生〔11〕。救趙揮金槌,
邯鄲先震驚〔12〕。千秋二壯士〔13〕,烜赫大梁城〔14〕。縱死
俠骨香,不慙世上英。誰能書閣下,白首太玄經〔15〕?

〔1〕趙客,《莊子·説劍》:"昔趙文王好劍,劍士夾門而客三千餘人。"縵胡
　　纓,没有文理的粗纓。《莊子·説劍》:"吾王所見劍士,皆蓬頭突鬢,垂
　　冠,曼胡(即縵胡)之纓,短後之衣。"

〔2〕吳鈎,寶刀名。《吳越春秋》:"闔廬既寶莫邪,復命於國中作金鈎。令曰:
　　'所爲善鈎者賞之百金。'吳作鈎者甚衆。而有人貪王之重賞也,殺其二
　　子,以血釁金,遂成二鈎,獻於闔廬。"這裏泛指寶刀。

〔3〕颯沓(sàtà),羣飛的樣子,這裏形容馬跑得快。

〔4〕《莊子·説劍》:"臣之劍十步一人,千里不留行。"《莊子》原意是説劍很
　　銳利,殺到千里之外劍刃不鈍。這裏是指俠客劍術高强,而且勇敢。

〔5〕信陵,信陵君,戰國時魏昭王少子,魏安釐王異母弟,名無忌。安釐王即
　　位後,封爲信陵君。爲人禮賢下士,門下食客三千多人,是當時有名的四
　　公子之一。

〔6〕將,持。炙,烤肉。啖,吃,這裏是使動用法。朱亥,魏國的俠士,本是一
　　個屠夫,後來受到信陵君的禮遇。

〔7〕勸,指勸酒。侯嬴,參看本册第 1229 頁《解嘲》注〔3〕。

〔8〕然、諾,都是答應的聲音,這裏構成雙音詞,指諾言。

〔9〕俠客重信義,把許下的諾言看得比五嶽還重。

〔10〕眼花耳熱,指酒酣耳熱,醉眼昏花。

〔11〕素霓,即白虹。這是説,他們誓死如歸的精神,使得上天感動而出現素
　　霓。古人迷信,認爲凡有什麽驚天動地的大事,就會出現不尋常的天象。
　　鄒陽《獄中上梁王書》裏所説"白虹貫日""太白食昂"即屬於這一類。參
　　看第三册第 874 頁。

〔12〕金槌,鐵椎。邯鄲,趙國國都,故城在今河北邯鄲縣西南。秦軍圍邯鄲,
　　趙向魏求救。魏王先派晉鄙帥兵救趙,隨後因受到秦王恐嚇,又命令晉
　　鄙按兵不動。信陵君用侯嬴計,串通魏王寵姬,盜得兵符,去到晉鄙軍
　　中,假託魏王命令代晉鄙。晉鄙很懷疑,隨同信陵君前往的朱亥,從袖中
　　掏出四十斤重的鐵椎,將晉鄙打死。信陵君奪得晉鄙軍後,進擊秦兵,解
　　救了邯鄲的危急。

〔13〕二壯士,指朱亥與侯嬴。

〔14〕烜(xuǎn)赫,指聲名顯揚。

〔15〕書閣下,揚雄曾在皇帝藏書的天禄閣擔任校勘工作。白首太玄經,等於
　　説老於太玄經。太玄經,參看本册第 1224 頁《解嘲》注〔17〕。縷、明、星、
　　行、名、横、嬴、輕、生、驚、城、英、經,押韻(庚青通韻)。

杜　甫

　　杜甫(公元 712—770 年),字子美,原籍襄陽(今湖北襄陽市),

曾祖時,遷居河南鞏縣。祖父杜審言是武則天時著名詩人,父親杜
閑曾任兗州司馬和奉天縣令。杜甫早年刻苦學習,三十五歲以前
在江南和山東等地過了十年遊歷生活,後來在長安住了十年,在仕
途上很不得志,一直到四十四歲時纔做上了右衛率府冑曹參軍(太
子屬官,掌軍器儀仗公廨營造等事)。安禄山作亂,杜甫由鄜州往
靈武投奔肅宗,途中被安禄山部下俘獲押解到長安,過了一年俘虜
生活。肅宗至德二年(公元757年),他由長安逃到鳳翔,做了肅宗
的左拾遺。不久,因上疏救房琯,被貶爲華州(在陝西鄭縣一帶)司
功參軍。後來,他棄官入蜀,在成都築了一所草堂,安家定居。兩
年以後,西川節度使嚴武任他爲節度參謀,並舉薦他爲檢校工部員
外郎,因此,後人又稱爲杜工部。嚴武死後,他便東下夔州(今四川
奉節一帶),住了三年。代宗大曆三年(公元768年),他帶領全家
去湖南,大曆五年,在去郴州的途中,病死在由岳陽到長沙的一條
小船上。

　　杜甫是一位偉大的現實主義詩人,他出身寒微,一生不得志,
在動蕩和戰亂中,流離失所,東西漂泊。他在現實生活中看到了社
會的黑暗、人民的疾苦。他的整個詩歌創作,就是那個時代的一面
鏡子,因此,後人把他具有强烈的民主性和現實主義、愛國主義精
神的詩篇稱爲"詩史"。杜詩最通行的注本有清代錢謙益的《草堂
詩箋》,仇兆鰲的《杜少陵集詳注》,楊倫的《杜詩鏡銓》,浦起龍的
《讀杜心解》。

自京赴奉先縣詠懷五百字[1]

　　杜陵有布衣[2],老大意轉拙[3]。許身一何愚[4],
竊比稷與契[5]!居然成濩落[6],白首甘契闊[7]。蓋棺

事則已,此志常覬豁[8]。窮年憂黎元[9],歎息腸内熱。取笑同學翁[10],浩歌彌激烈[11]。非無江海志,蕭灑送日月[12]。生逢堯舜君[13],不忍便永訣[14]。當今廊廟具,構厦豈云缺[15]?葵藿傾太陽,物性固莫奪[16]。顧惟螻蟻輩[17],但自求其穴。胡爲慕大鯨,輒擬偃溟渤[18]?以兹悟生理[19],獨恥事干謁[20]。兀兀遂至今[21],忍爲塵埃没。終愧巢與由[22],未能易其節[23]。沈飲聊自遣[24],放歌頗愁絶[25]。

〔1〕奉先縣,今陝西蒲城縣。天寶十四載,杜甫在受任右衞率府胄曹參軍前,回到奉先縣探望家屬。這時社會已極窮困動蕩,統治階級仍然過着醉生夢死的奢侈生活。這首詩是他回到奉先後寫的,詩中寫了自己的抱負,途中的見聞以及家中的不幸,從而譴責了統治階級的荒淫,反映了人民的苦難,表達了自己憂國憂民的思想。

〔2〕杜陵,地名,在今陝西長安縣東南,秦時爲杜縣,漢宣帝葬在這裏,因此叫杜陵。東南爲宣帝許皇后墓地,叫少陵。杜甫的遠祖是杜陵人,他自己早年曾在少陵附近住過,因此常自稱爲"杜陵布衣"或"少陵野老"。

〔3〕意,指對生活的看法。拙,笨拙,不靈活,這是謙詞,實際上是表示自己的意志更堅定了。

〔4〕許身,準備把自己貢獻給國家。愚,謙詞,實際上是説自己懷着忠心。

〔5〕稷,后稷,見第一册第303頁《許行》注〔1〕。契(xiè),見第一册第303頁《許行》注〔6〕。

〔6〕濩落,即瓠落,參看第二册第379頁《不龜手之藥》注〔6〕。這裏指大而無用之物。這句是説竟然成了志大材疏的無用之人。按:這也是謙詞,實際是説皇帝没有用他。

〔7〕契闊,勞苦。

〔8〕覬(jì),希望。豁,通達。這一聯是説,死了就算了,如果不死,就常希望這

個志願能够實現。

〔9〕窮年,一年到頭。黎元,老百姓。

〔10〕取笑,引起(別人的)嗤笑。同學,同師爲同學。翁,尊稱。取笑同學翁,
　　等於説見笑於同學翁。

〔11〕浩歌,大聲地歌唱。

〔12〕江海志,放浪江海的志願,即隱居的志願。蕭灑,雙聲聯緜字,無拘束的
　　樣子。這裏十字爲一句,等於説豈無放浪江海,過着蕭灑生活的志願。

〔13〕堯舜君,指玄宗。這是恭維的話。

〔14〕不忍便和堯舜君永遠分別。

〔15〕廊廟,指朝廷。廊廟具,等於説廊廟器,即朝廷的棟梁。這裏十字爲一
　　句,大意是説,當今難道缺乏朝廷的棟梁嗎?

〔16〕這句本曹植《求通親親表》:"若葵藿之傾葉,太陽雖不爲之迴光,然終向
　　之者,誠也。"葵向日,藿是豆葉,並無向日的特徵。《詩經·豳風·七月》
　　有"七月亨葵及菽",這個菽就是藿,曹植因而連用葵藿以配成雙音節。
　　葵藿,杜甫自比。太陽,比皇帝。莫,一本作"難"。

〔17〕螻蟻輩,比喻追求名利的小人。

〔18〕大鯨,比喻有遠大抱負的人。擬,度,考慮。偃,偃卧。溟渤,海。這兩聯
　　是説,人們都祇顧自己營求名利,我爲什麽要羨慕那些有遠大抱負的人
　　呢? 這是反話,杜甫正是有遠大抱負的。

〔19〕悟生理,指從螻蟻、大鯨悟出人生的道理。悟,一本作悮。

〔20〕干謁,以私事請求,這裏指依附權貴,營求名利。

〔21〕兀兀,勤勞困苦的樣子。

〔22〕巢,巢父。由,許由。兩人都是堯時的高士。參看本册第 1247 頁《北山
　　移文》注〔1〕。這句是説自己對巢由很慚愧,這是委婉語,也就是説自己
　　不願學巢、由隱居。

〔23〕節,節操,即學習稷與契的志向。

〔24〕沈飲,沈溺於飲酒。

〔25〕頗,甚。愁絶,等於説愁極。頗,一本作"破"。

　　歲暮百草零,疾風高崗裂。天衢陰崢嶸[1],客子中夜發[2]。嚴霜衣帶斷,指直不能結[3]。凌晨過驪山[4],御榻在嶔崟[5]。蚩尤塞寒空[6],蹴踏崖谷滑[7]。瑤池氣鬱律[8],羽林相摩戛[9]。君臣留懽娛[10],樂動殷膠葛[11]。賜浴皆長纓[12],與宴非短褐。彤庭所分帛[13],本自寒女出。鞭撻其夫家,聚斂貢城闕。聖人筐篚恩,實欲邦國活[14]。臣如忽至理,君豈棄此物?多士盈朝廷,仁者宜戰慄[15]。況聞内金盤[16],盡在衛霍室[17]。中堂有神仙[18],煙霧蒙玉質[19]。煖客貂鼠裘,悲管逐清瑟。勸客駝蹄羹[20],霜橙壓香橘。朱門酒肉臭[21],路有凍死骨。榮枯咫尺異[22],惆悵難再述。

〔1〕天衢,指天空。陰崢嶸,陰寒之氣很盛。

〔2〕客子,杜甫自稱。發,出發。

〔3〕結,指結帶。這一聯意思是説:由於嚴寒,手指凍僵了,連衣帶斷了都不能結起來。

〔4〕凌晨,天剛亮的時候。

〔5〕嶔崟(dìniè),山高峻的樣子。這裏指驪山高處。唐玄宗每年十二月即往驪山過冬,歲盡纔回長安。

〔6〕蚩尤,古代傳説中的人物,據説他與黄帝作戰時,曾興起大霧,黄帝發明指南車辨明方向,纔擒住了他。這裏作爲霧的代稱。

〔7〕蹴(cù),踢。

〔8〕瑤池,仙境,相傳爲西王母所居。這裏指驪山上的華清池。鬱律,疊韻聯緜字,煙氣上昇很盛的樣子。

〔9〕羽林,皇帝的禁衛軍。摩戛(jiá),摩擦。這句是形容衛兵很多,兵仗互相摩擦。

〔10〕留,留連,留戀。

〔11〕殷(yǐn)，雷聲。《詩經·召南·殷其雷》："殷其雷，在南山之陽。"這裏指震動。膠葛，雙聲聯緜字，曠遠的樣子，這裏指天空。

〔12〕長纓，指達官貴族。

〔13〕彤，朱紅色。彤庭，指朝廷，皇帝的宮殿多用朱紅塗飾。

〔14〕聖人，唐人對天子的習慣稱呼。筐篚，都是竹器，圓形叫筐，方形叫篚，古代用來盛幣帛。筐篚恩，承"彤庭所分帛"而來，是用《詩經·小雅·鹿鳴》小序"鹿鳴，燕羣臣嘉賓也，既飲食之，又實幣帛筐篚，以將其厚意，然後忠臣嘉賓得盡其心矣"的語意。欲，一本作"願"。

〔15〕仁者，指"多士"中的"仁者"。這句是說，仁者看到上述情況，應該爲之恐懼戰慄。

〔16〕内，指宫内。内金盤，這裏泛指宫内的珍寶器物。

〔17〕衞，指衞青。霍，指霍去病。兩人都是漢武帝的外戚，深得寵幸。這裏影射楊國忠兄弟姊妹。

〔18〕神仙，指歌姬舞妓。

〔19〕煙霧，形容衣裳的輕薄飄舉。玉質，指潔美的肌膚。

〔20〕駝蹄羹，指最珍貴的食品。

〔21〕朱門，古代王侯以朱塗户。這裏指貴族之家。

〔22〕榮，開花，茂盛，與"枯"相對。

　　北轅就涇渭〔1〕，官渡又改轍〔2〕。羣水從西下，極目高崒兀〔3〕。疑是崆峒來〔4〕，恐觸天柱折〔5〕。河梁幸未坼〔6〕，枝撑聲窸窣〔7〕。行旅相攀援〔8〕，川廣不可越。老妻寄異縣〔9〕，十口隔風雪。誰能久不顧，庶往共饑渴。入門聞號咷，幼子餓已卒。吾寧捨一哀，里巷亦嗚咽〔10〕？所愧爲人父，無食致夭折。豈知秋禾登〔11〕，貧窶有倉卒〔12〕？生常免租税，名不隸征伐〔13〕。撫迹猶酸辛，平人固騷屑〔14〕。默思失業徒，因念遠戍卒。憂端齊終南〔15〕，澒洞不可掇〔16〕。

〔1〕北轅,轅向北,即車向北走。

〔2〕官渡,指官家在昭應縣(即今臨潼縣)北涇渭二水交會處所設立的渡口。改轍,改道。這個渡口唐代遷徙無常,所以説"又改轍"。

〔3〕崒(zú)兀,高峻而危險的樣子。涇渭二水源出隴西,這是説它們從上流汹湧而來的水勢好像高山。

〔4〕崆峒,山名,在今甘肅省境。

〔5〕天柱,《淮南子·天文》載:共工怒觸不周山,"天柱折,地維絶。"

〔6〕梁,橋。坼,裂開,分裂。這句是説橋未被水沖散。

〔7〕枝撑,指橋的支柱。窸窣(xīsū),象聲詞,這裏形容橋柱動搖所發出的聲音。

〔8〕行旅,行人。一本作"行李"。

〔9〕寄,託身。異縣,指奉先。

〔10〕這一聯是説,連鄰居都悲傷,難道我不悲傷嗎?

〔11〕登,指成熟。

〔12〕貧窶(jù),貧窮。倉卒(cù),雙聲聯緜字,匆忙的樣子。這裏指突然發生的事情,即幼子夭折。

〔13〕封建時代,士大夫可以免繳租税和免服兵役。

〔14〕撫迹,指追念家中的慘況。酸辛,等於説悲苦。平人,平民,即下文所説的"失業徒"和"遠戍卒"。騷屑,雙聲聯緜字,本義是形容風聲,這裏表示騷動不安的樣子。

〔15〕憂端,憂思的端緒。終南,終南山。

〔16〕澒(hòng)洞,疊韻聯緜字,水浩大的樣子,指憂思之多如水汗漫無邊。掇(duō),收拾。全詩一韻到底,質物月曷黠屑六韻通爲一韻:出、慄、室、質、瑟、橘、述、卒(餓已卒),質韻;物,物韻;月、謁、没、發、闕、骨、兀、窣、越、卒(遠戍卒)、卒(倉卒)、伐,月韻;闊、豁、奪、渤、葛、褐、活、渴、掇,曷韻;滑、戛,黠韻;拙、契、熱、烈、訣、缺、穴、節、絶、裂、結、嵲、轍、折(天柱

折)、雪、咽、折(夭折)、屑，屑韻。按：此詩兩用"折"字，三用"卒"字，都不同音。"天柱折"的"折"讀常列切(shé)，"夭折"的"折"讀旨熱切(zhé)；"餓已卒"的"卒"讀子律切(zú)，"遠戌卒"的"卒"讀臧没切(今音與子律切無別)，"倉卒"的"卒"讀千忽切(cù)。

潼　關　吏[1]

士卒何草草，築城潼關道[2]。大城鐵不如，小城萬丈餘[3]。借問潼關吏："修關還備胡[4]？"要我下馬行[5]，爲我指山隅[6]："連雲列戰格[7]，飛鳥不能踰。胡來但自守，豈復憂西都[8]？丈人視要處[9]，窄狹容單車[10]。艱難奮長戟，千古用一夫[11]。"哀哉桃林戰，百萬化爲魚[12]。請囑防關將，慎勿學哥舒[13]！

〔1〕潼關，在今陝西潼關縣。

〔2〕草草，勞苦的樣子。草、道，押韻(皓韻)。

〔3〕大城、小城，都是指潼關。鐵不如，指潼關堅固。萬丈餘，指潼關高峻，因關在山上。這兩句互文見義，是説潼關上的城牆既堅又高。

〔4〕這句是杜甫問潼關吏的話。

〔5〕要(yāo)，邀。

〔6〕從"連雲"到"一夫"，是潼關吏對杜甫説的話。

〔7〕戰格，作戰時用以防禦的柵欄。連雲列戰格，形容戰格像連縣的雲那樣排列着。

〔8〕西都，指長安。

〔9〕丈人，等於説長者，潼關吏對杜甫的敬稱。

〔10〕指不能兩車並行。

〔11〕千，一本作"萬"。這句極言潼關的險要，衹要一人守關，敵人就攻不進來。

〔12〕桃林，地名。由靈寶(在今河南靈寶縣北)以西至潼關，統稱爲桃林塞。安

禄山舉兵西進時,潼關守將哥舒翰率兵二十萬出關迎敵,在靈寶以西被安禄山擊敗,部下互相踐踏推擠,有幾萬人掉進黃河淹死,所以這裏説"百萬化爲魚"。

〔13〕哥舒,即哥舒翰,突厥族的後裔。因破吐蕃有功,封隴右節度副大使,進封西平郡王。安禄山反時,召拜爲兵馬元帥,後來被安禄山俘獲並殺死。據《新唐書·哥舒翰傳》載:安禄山進逼潼關時,郭子儀、李光弼等都主張固守潼關,不要輕易出戰。但唐玄宗聽信楊國忠的話,一再下令催促哥舒翰出關迎戰,以致大敗。杜甫在這裏明裏是指責哥舒翰,暗裏卻是警戒朝廷吸取前次失敗的教訓。如、餘、胡、隅、踰、都、車、夫、魚、舒,押韻(魚虞通韻)。

新　婚　別

兔絲附蓬麻,引蔓故不長〔1〕。嫁女與征夫,不如棄路旁。結髮爲君妻〔2〕,席不煖君牀。暮婚晨告別,無乃太匆忙!君行雖不遠,守邊赴河陽〔3〕。妾身未分明〔4〕,何以拜姑嫜〔5〕?父母養我時,日夜令我藏〔6〕。生女有所歸〔7〕,雞狗亦得將〔8〕。君今往死地,沈痛迫中腸。誓欲隨君去,形勢反蒼黃〔9〕。勿爲新婚念,努力事戎行〔10〕。婦人在軍中,兵氣恐不揚〔11〕。自嗟貧家女,久致羅襦裳〔12〕。羅襦不復施〔13〕,對君洗紅妝。仰視百鳥飛,大小必雙翔。人事多錯迕〔14〕,與君永相望〔15〕。

〔1〕兔絲,即菟絲子,一種蔓生的草,多纏繞在別的植物上生長。蓬和麻都是短小的植物,所以説"引蔓不長"。這裏是起興,意在引起下文,即女子嫁與征夫,就好像兔絲之附蓬麻,不可依靠。

〔2〕結髮,參看本冊第1361頁《飲馬長城窟行》注〔16〕。

〔3〕河陽,故城在今河南孟縣南。赴,一本作"戍"。

〔４〕身，身分，名分。古禮：婦人嫁三日，告廟上墳，謂之成婚（依仇兆鰲引夢

　　　弼説）。婚禮未完備時丈夫就走了，所以説"妾身未分明"。

〔５〕姑嫜，丈夫的母親爲姑，父親爲嫜。

〔６〕藏，指藏在閨閣之中，不讓人看見。

〔７〕歸，參看第二册第 466 頁《桃夭》注〔４〕。

〔８〕這是説，父母連雞狗都陪送給我（依趙彦材、仇兆鰲説）。《詩經·召南·

　　　鵲巢》："之子于歸，百兩將之。"這裏借用這個"將"字表示"送嫁"的意思。

〔９〕蒼黄，參看本册第 1246 頁《北山移文》注〔16〕。

〔10〕戎行（háng），參看第一册 34 頁《齊晉鞌之戰》注〔13〕。

〔11〕不揚，即不振。《漢書·李廣蘇建傳》載：李陵發現士氣不振，懷疑軍中藏

　　　有女子，後來果然查得許多士卒的妻子，於是把她們全部殺掉。

〔12〕致，等於説弄到。久致，一本作"致此"。襦（rú），短衣。羅襦裳，這裏泛

　　　指用絲織品裁製的衣裳，也就是指出嫁時穿的衣裳。這是説，父母很久

　　　纔爲她準備好出嫁時穿的衣裳。

〔13〕施，等於説用。

〔14〕事，一本作"生"。錯迕（wǔ），對不上，即不順利的意思。

〔15〕這句表示自己對愛情的堅貞。長、旁、牀、忙、陽、嫜、藏、將、腸、黄、行、

　　　揚、裳、妝、翔、望（wáng），押韻（陽韻）。

白 居 易

　　白居易（公元 772—846 年），字樂天，晚年自號香山居士。原
籍太原，曾祖時遷居下邽（guī，今陝西渭南縣）。他出身於没落的小
官僚家庭，在藩鎮作亂、社會動蕩不安的歲月裏成長起來。青少年時
期因爲避亂，過着顛沛流離的生活，體會到廣大人民的疾苦，這對他
後來的創作是有影響的。德宗貞元十六年（公元 800 年）中進士。
憲宗元和三年（公元 808 年）任左拾遺，由於直言敢諫，又寫了些諷
諭詩，深爲權貴所不滿。元和九年，改任贊善大夫（東宮屬官，職責

是諷諫太子過失），十年，因越職言事，被貶爲江州（故治在今江西九江）司馬。以後，做過杭州、蘇州刺史，累官至太子少傅，武宗會昌二年（公元 842 年），以刑部尚書退休。會昌六年，在洛陽逝世。

白居易是一位偉大的現實主義詩人，他前期的作品戰鬥性很強，流傳很廣，影響很深。現存有《白氏長慶集》共七十一卷。

秦　中　吟[1]

輕　肥[2]

意氣驕滿路，鞍馬光照塵。借問何爲者，人稱是内臣[3]。朱紱皆大夫，紫綬悉將軍[4]。誇赴軍中宴[5]，走馬去如雲[6]。罇罍溢九醖[7]，水陸羅八珍[8]。果擘洞庭橘，膾切天池鱗[9]。食飽心自若[10]，酒酣氣益振[11]。是歲江南旱，衢州人食人[12]！

〔1〕秦中，即關中，秦國故地，即今陝西省一帶。在《秦中吟》中，作者深刻地揭露了現實的黑暗，反映了秦中人民的疾苦。作者在序中説：“貞元、元和之際，予在長安，聞見之間，有足非者。因直歌其事，命爲《秦中吟》。”共十首，這裏衹選了一首。

〔2〕輕肥，指輕裘肥馬，這裏指奢侈豪華的生活。中唐以後，朝廷寵任宦官，肅宗時宦官可任將軍，以後代宗德宗都派宦官到各地去做監軍使，掌軍權，於是宦官驕縱一時。這首詩就是揭露宦官的驕縱與奢侈。

〔3〕内臣，宦官。

〔4〕紱，組綬，繫印的絲帶。朱紱、紫綬都是官位高者所佩帶的。

〔5〕誇，誇耀，這裏含有耀武揚威的意思。

〔6〕如雲，這裏形容車馬騶從之多。

〔7〕罇、罍，都是盛酒器。九醖（yùn），最醇的酒。酒釀的次數越多越醇，九醖（九釀）最醇。《抱朴子・金丹》：“猶一酘之酒，不可以方九醖之醇耳。”

（酘：讀 tóu，釀兩次。方，比。）

〔8〕羅，擺。八珍，八種美味，説法不一，這裏指最上等的美食。這句是"羅水
　　陸八珍"的倒裝。

〔9〕擘(bò)，分剖。膾，這裏指切得很細的魚肉。天池，海的別名。鱗，指魚。

〔10〕自若，自如，這裏有稱心如意的意思。

〔11〕振(zhēn)，盛。

〔12〕江南旱，據史書記載，元和三年冬至四年春，江淮一帶大旱。衢州，今浙
　　江省衢縣一帶。塵、臣、軍、雲、珍、鱗、振、人，押韻(真文通韻)。

唐宋七言古體詩

王　勃

滕　王　閣〔1〕

滕王高閣臨江渚，佩玉鳴鸞罷歌舞〔2〕。畫棟朝飛南
浦雲，珠簾暮捲西山雨〔3〕。閒雲潭影日悠悠，物換星移幾
度秋〔4〕？閣中帝子今何在？檻外長江空自流〔5〕。

〔1〕參看第三册第 1148 頁《滕王閣序》注〔1〕。

〔2〕珮玉，古人佩帶在腰間的玉飾，走路時則相撞擊發出響聲。鸞，安在車衡
　　上的鈴，車行則搖動發出響聲。《禮記・玉藻》："故君子在車則聞鸞和之
　　聲，行則鳴佩玉。"佩玉鳴鸞，指鳴佩玉鳴鸞，就是説宴畢人散。

〔3〕南浦，地名，在南昌西南。西山，在南昌西北，又叫南昌山。渚、舞、雨，押
　　韻(語麌通韻)。

〔4〕潭影，這裏指閒雲在潭中的陰影。日，日日，天天。悠悠，等於説悠然，悠
　　閒的樣子。"悠悠"與"閒"相應。星移，天上星宿移動。

〔5〕帝子，指滕王。悠、秋、流，押韻(尤韻)。

李　白

蜀　道　難〔1〕

噫吁嚱〔2〕！危乎高哉！蜀道之難，難於上青天。蠶

叢及魚鳧[3]，開國何茫然[4]。爾來四萬八千歲，不與秦塞通人煙[5]。西當太白有鳥道，可以橫絶峨眉巔[6]。地崩山摧壯士死，然後天梯石棧相鉤連[7]。上有六龍回日之高標[8]，下有衝波逆折之回川[9]。黃鶴之飛尚不得過[10]，猨猱欲度愁攀緣[11]。青泥何盤盤[12]，百步九折縈巖巒[13]。捫參歷井仰脅息[14]，以手撫膺坐長歎[15]。問君西遊何時還，畏途巉巖不可攀[16]。但見悲鳥號古木，雄飛雌從繞林間。又聞子規啼夜月[17]，愁空山。蜀道之難，難於上青天，使人聽此凋朱顏[18]。連峯去天不盈尺，枯松倒挂倚絶壁[19]。飛湍瀑流爭喧豗[20]，砯崖轉石萬壑雷[21]。其險也若此，嗟爾遠道之人胡爲乎來哉！劍閣崢嶸而崔嵬[22]，一夫當關，萬夫莫開。所守或匪親，化爲狼與豺[23]。朝避猛虎，夕避長蛇，磨牙吮血[24]，殺人如麻。錦城雖云樂[25]，不如早還家。蜀道之難，難於上青天，側身西望長咨嗟[26]！

〔1〕樂府相和歌辭的瑟調曲三十八曲裏有《蜀道難》。《樂府詩集》引《樂府古題要解》：“《蜀道難》備言玉壘、銅梁（都是蜀中山名）之阻。”梁陳間已經有人擬作。李白在這首詩中，用誇張的筆調，描寫蜀中地勢的險要，最後結合時局，抒發無限的感慨。

〔2〕噫吁嚱（yīxūxī），蜀地方言，驚異聲。

〔3〕蠶叢、魚鳧，都是傳說中古蜀國國王的祖先。

〔4〕茫然，模糊不清的樣子。這是說蜀國祖先如何開國，已經不清楚了。

〔5〕爾來，等於說從此以後。秦塞，指秦國，秦地多險阻，古代稱爲“四塞之國”。通人煙，指人民互相往來。秦惠王滅蜀以後，蜀纔和秦發生關係。四萬八千歲，祇是極言時間之長，並不是確數。

〔6〕太白,山名,在陝西省眉縣南。鳥道,指連山高峻,衹有鳥纔能在低缺處飛過的道(這裏是誇張)。橫絶,橫度。這一聯是説,從秦入蜀,隔着太白山,衹有鳥道可以橫度到峨嵋山頂。

〔7〕這是古代神話傳説。秦惠王想滅蜀,知道蜀王好色,許嫁五美女於蜀,蜀王遣五個力士前往迎接。回來時路過梓潼(今四川梓潼縣),見一條大蛇鑽入山穴中,一力士拉蛇尾,拉不出來,於是其餘四人也來協助,結果山崩塌,壓死五力士,而山也分爲五嶺。天梯,上山的道路又高又陡,像上天的梯子。棧,棧道,在懸崖絶壁上,將木頭嵌入絶壁中架成的道路。石棧,石崖上的棧道。

〔8〕古代神話傳説,太陽坐着六條龍拉的車,由羲和駕馭着,在空中行駛。這一聯是説蜀中的山峯非常高,連太陽坐的六龍車也過不去。回,回轉。高標,指蜀山中最高而成爲一方標識的山峯。

〔9〕逆折,回旋。回川,有漩渦的水流。

〔10〕黄鶴,即黄鵠,又叫天鵝,能飛得很高。

〔11〕猨,同"猿"。猱(náo),猿類。緣,一本作援。天、然、煙、巔、連、川、緣,押韻(先韻)。

〔12〕青泥,山嶺名,在陝西略陽縣西北,嶺上有入蜀的要道。盤盤,曲折的樣子。

〔13〕縈,旋繞。

〔14〕捫(mén),摸。參、井,都是星宿名,參爲益州(今四川)的分星(分野),井爲雍州(今陝西甘肅大部分)的分星(分野)。脅息,屏住氣。這一聯是説入蜀的道路處在極高的山上,人要仰着頭用手摸着天上的星宿走過,連氣都不敢喘。

〔15〕膺,胸。盤、巒、歎(tān),押韻(寒韻)。

〔16〕巉巖,山石險峻的樣子。

〔17〕子規,即杜鵑。

〔18〕還、攀、間、山、顔,押韻(删韻)。

〔19〕尺、壁,押韻(陌錫通韻)。

〔20〕湍(tuān)，急流的水。瀑，瀑布。喧豗(huī)，雙聲聯緜字，等於説喧囂。

〔21〕砯(pēng)，水撞擊巖石發出的聲音，這裏用如動詞。轉石，激流使大石轉動。

〔22〕劍閣，在四川劍閣縣北。大小劍山之間，相離三十里，連山絶險，古代築有棧道，叫劍閣，也叫劍門關。崢嶸、崔嵬，都是高峻的樣子。按：劍閣是歷代軍事上防守要地，所以下文説"一夫當關，萬夫莫開"。

〔23〕這是説，假如不是親信的人防守，他就會據險叛亂，成爲國家的禍害。晉張載《劍閣銘》："一人荷戟，萬夫趦趄，形勝之地，匪親勿居。"豗、雷、哉、嵬、開、豺，押韻(灰佳通韻)。

〔24〕吮(shǔn)，吸。

〔25〕錦城，即錦官城，指成都。

〔26〕咨嗟(jiē)，歎息。蛇、麻、家、嗟，押韻(麻韻)。

夢遊天姥吟留別[1]

　　海客談瀛州[2]，煙濤微茫信難求[3]；越人語天姥[4]，雲霞明滅或可覩[5]。天姥連天向天橫，勢拔五岳掩赤城[6]。天台四萬八千丈[7]，對此欲倒東南傾[8]。我欲因之夢吴越，一夜飛度鏡湖月[9]。湖月照我影，送我至剡溪[10]。謝公宿處今尚在[11]，淥水蕩漾清猿啼[12]。腳著謝公屐[13]，身登青雲梯[14]。半壁見海日[15]，空中聞天雞[16]。千巖萬轉路不定，迷花倚石忽已暝[17]。熊咆龍吟殷巖泉[18]，慄深林兮驚層巔。雲青青兮欲雨，水澹澹兮生煙[19]。列缺霹靂[20]，丘巒崩摧。洞天石扇[21]，訇然中開[22]。青冥浩蕩不見底[23]，日月照耀金銀臺[24]。霓爲衣兮風爲馬，雲之君兮紛紛而來下[25]。虎鼓瑟兮鸞回車[26]，仙之人兮列如麻。忽魂悸以魄動[27]，怳驚起而長嗟[28]，惟覺時之枕席，失向來之煙霞[29]。世間行樂亦如此，古來萬事東流水[30]。別君去兮何時還？且放白鹿青崖間[31]，須行即騎訪名山。安能摧眉折腰事權貴，使我不得開心顏[32]！

〔1〕天姥(mǔ)，山名，在今浙江新昌縣東。吟，詩歌名稱的一種。這首詩又題爲《別東魯諸公》。天寶四年(公元745年)，李白將離開東魯，南遊吳越，作此詩向朋友告別。詩中表現了詩人恥事權貴，嚮往仙境，以求解脫的思想感情。

〔2〕海客，指航海者。瀛州，傳說中的仙山。《史記·秦始皇本紀》："海中有三神山，名曰蓬萊、方丈、瀛州，仙人居之。"

〔3〕微茫，等於說迷茫。州、求，押韻(尤韻)。

〔4〕越，今浙江省一帶地方。

〔5〕霞，一本作"霓"。姥、覩，押韻(麌韻)。

〔6〕拔，超出。掩，遮蔽。赤城，山名，在今浙江天台縣北。

〔7〕天台，山名，在今浙江天台縣北。四，當作"一"。《雲笈七籤》："天台山高一萬八千丈。"

〔8〕橫、城、傾，押韻(庚韻)。

〔9〕鏡湖，又名鑑湖，在今浙江紹興縣南。這是說在月光下飛度鏡湖。越、月，押韻(月韻)。

〔10〕剡(shàn)溪，在今浙江嵊縣南，即曹娥江的上游。

〔11〕謝公，指謝靈運。謝靈運喜歡遊山玩水，常在浙東會稽一帶遊玩，天姥山也是他常去的地方。他遊天姥時，曾在剡溪住宿。謝靈運《登臨海嶠詩》："暝投剡中宿，明登天姥岑。"

〔12〕淥水，清水。

〔13〕謝公屐，謝靈運遊山，必到最高峻深幽的地方。他備有一種特製的木屐，屐底裝有活動木齒，上山則去掉前齒，下山則去掉後齒。

〔14〕青雲梯,比喻高出雲霄的峻嶺。謝靈運《登石門最高頂》:"惜無同懷客,
　　　共登青雲梯。"

〔15〕壁,指石壁。

〔16〕天雞,古代神話傳説,東南有桃都山,山上有棵大樹叫桃都,樹枝之間相
　　　隔三千里,上有天雞,太陽剛出來照耀這棵樹的時候,天雞就叫起來,天
　　　下的雞也都跟着它叫(見《述異記》)。溪、啼、梯、雞,押韻(齊韻)。

〔17〕定、暝(mìng),押韻(徑韻)。

〔18〕殷(yǐn),象聲詞,雷聲。這裏用如動詞。殷巖泉,像雷一樣地在巖泉間
　　　震響。

〔19〕泉、巔、煙,押韻(先韻)。

〔20〕列缺,疊韻聯緜字,指閃電。霹靂,疊韻聯緜字,指雷聲。揚雄《羽獵賦》:
　　　"霹靂烈缺,吐火施鞭。"(烈:《漢書》作"列"。)

〔21〕洞天,道家對神仙所居的山中洞府的稱呼,是洞中別有天地的意思。扇,
　　　門扇,一本作"屝"。

〔22〕訇(hōng),象聲詞。

〔23〕青冥,指天空。浩蕩,廣大。

〔24〕金銀臺,《漢書·郊祀志》:"自威宣(齊威王、齊宣王)燕昭(燕昭王)使人
　　　入海求蓬萊方丈瀛州……蓋嘗有至者,諸僊(仙)人及不死之藥皆在焉。
　　　其物禽獸盡白,而黃金銀爲宮闕。"郭璞《遊仙詩》:"神仙排雲出,但見金
　　　銀臺。"摧、開、臺,押韻(灰韻)。

〔25〕雲之君,雲神。《楚辭·九歌》有《雲中君》篇。馬、下,押韻(馬韻)。

〔26〕鸞,傳説中的一種神鳥。回,這裏指轉運,運行。傳説仙人乘鸞車。

〔27〕悸,驚懼。

〔28〕怳,同"恍",恍惚。

〔29〕向來,指夢中。車、麻、嗟、霞,押韻(麻韻)。

〔30〕此、水,押韻(紙韻)。

〔31〕白鹿,隱者的坐騎。《楚辭·哀時命》:"浮雲霧而入冥兮,騎白鹿而容與。"

〔32〕摧眉,低眉順眼。還、間、顏,押韻(删韻)。

杜　甫

哀　江　頭[1]

少陵野老吞聲哭，春日潛行曲江曲[2]。江頭宮殿鎖千門，細柳新蒲爲誰綠[3]？憶昔霓旌下南苑[4]，苑中萬物生顏色。昭陽殿裏第一人[5]，同輦隨君侍君側。輦前才人帶弓箭[6]，白馬嚼齧黃金勒。翻身向天仰射雲，一笑正墜雙飛翼[7]。明眸皓齒今何在[8]？血汙遊魂歸不得[9]。清渭東流劍閣深[10]，去住彼此無消息[11]。人生有情淚霑臆，江草江花豈終極[12]？黃昏胡騎塵滿城，欲往城南望城北[13]。

〔1〕江，指曲江，在長安城東南，秦時爲宜春苑，漢時爲樂遊原。唐玄宗開元年間加以整頓，成爲當時遊覽勝地。唐玄宗和楊貴妃經常到這裏來遊玩。這首詩是肅宗至德二年(公元757年)杜甫被安禄山拘留在長安時所寫。作者面對着荒涼的景象，回想起當年的盛況，不禁引起無限感慨，因而寫成這首詩，抒發了國破家亡的悲痛。

〔2〕吞聲，不敢出聲。曲江曲，指曲江邊背人的角落。

〔3〕哭、曲、綠，押韻(屋沃通韻)。

〔4〕霓旌，綴着五色羽毛看起來像虹霓的旗子，這裏指天子的儀仗。南苑，指曲江南的芙蓉苑。

〔5〕昭陽殿，漢宮殿名。漢成帝的寵姬趙昭儀(趙飛燕的妹妹)居昭陽殿。昭陽殿裏第一人，指楊貴妃。

〔6〕才人，宮中女官名。

〔7〕一笑，指楊貴妃笑，一本作"一箭"。

〔8〕明眸皓齒，指楊貴妃。

〔9〕指楊貴妃縊死馬嵬驛(在今陝西興平縣西)事。

〔10〕清渭,渭水,馬嵬驛即在渭水北岸。劍閣,見本冊第 1392 頁《蜀道難》注〔22〕。楊貴妃死後,玄宗將她草草安葬,倉皇由劍閣逃入四川。

〔11〕去,指唐玄宗由劍閣入川。住,指楊貴妃長眠渭濱。彼此,指唐玄宗和楊貴妃。

〔12〕臆,胸。終極,等於説窮盡。草,一本作"水"。這兩句是説,有情人看到江頭景色便觸景生情,淚流霑臆;而江草江花年年依舊,哪有窮盡?因而人們亡國之恨也將年年因江花江草而生,永無絶期。

〔13〕當時杜甫住在城南,"欲往城南"是説準備回住所。望城北,一本作"忘城北",或作"忘南北"。這是説,由於極度的悲痛,自己心情迷惘,已經分不清東西南北了。色、側、勒、翼、得、息、臆、極、北,押韻(職韻)。

歲 晏 行〔1〕

歲云暮矣多北風〔2〕,瀟湘洞庭白雪中〔3〕。漁父天寒網罟凍,莫徭射雁鳴桑弓〔4〕。去年米貴闕軍食,今年米賤大傷農。高馬達官厭酒肉,此輩杼柚茅茨空〔5〕。楚人重魚不重鳥〔6〕,汝休枉殺南飛鴻〔7〕。況聞處處鬻男女〔8〕,割慈忍愛還租庸〔9〕。往日用錢捉私鑄〔10〕,今許鉛錫和青銅〔11〕。刻泥爲之最易得〔12〕,好惡不合長相蒙〔13〕。萬國城頭吹畫角,此曲哀怨何時終〔14〕?

〔1〕歲晏,歲暮,歲末。這首詩是大曆三年(公元 768 年)或四年在湖南時寫的,詩中反映了洞庭湖濱的勞動人民的痛苦生活。

〔2〕云,句中語氣詞。《詩經·小雅·小明》:"歲聿云暮。"《左傳·僖公十五年》:"歲云秋矣。"

〔3〕瀟湘,二水名,在湖南零陵縣合流,入洞庭湖。雪,一本作"雲"。

〔4〕罟(gǔ),網。莫徭,居住在長沙一帶的少數民族,自稱祖先有功,常免徭役,所以自名爲"莫徭"。桑弓,桑木做成的弓。

〔5〕此輩,指上述的漁父、獵户和農夫。杼柚(zhùzhú),織布機,又作“杼軸”。《詩經·小雅·大東》:“杼柚其空。”茨,草蓋的屋頂。茅茨,即茅屋。杼柚茅茨空,是説吃穿皆空。

〔6〕《風俗通》:“吴楚之人嗜魚鹽,不重禽獸之肉。”

〔7〕汝,指莫徭。這句是説,楚人不喜歡禽獸的肉,即使射到鴻雁,也没人買,不能解決生活問題。

〔8〕鬻(yù),賣。

〔9〕租庸,唐制:每丁每年納定量的粟稻叫做租;每丁每年爲公家服一定天數的勞役,不服役者,每天繳納絹三尺,叫做庸。

〔10〕私鑄,指私自鑄錢的人。《唐書·食貨志上》:“敢有盜鑄者身死,家口配没。”

〔11〕和,指攪和。鑄錢本應用青銅,現在私鑄者攪和鉛鐵,官府也不加干涉。

〔12〕刻泥,指刻泥爲錢模。

〔13〕好,指官錢。惡,指私人鑄的錢。不合,不該。蒙,欺。這句是説,不該總是把壞錢當好錢用來欺騙人。

〔14〕萬國,等於説各地。畫角,軍中樂器,作用相當於現在的軍號。吹畫角,暗指兵革未息,一本作“畫吹角”。哀怨,一本作“哀悲”。這兩句意思是説,人民窮困是由於兵革未息所致,而人民窮困到了極點,又將造成新的戰亂,因而畫角吹出的哀怨聲,將永無終止。風、中、弓、農、空、鴻、庸、銅、蒙、終,押韻(東冬通韻)。

韓　愈

山　石〔1〕

山石犖确行徑微〔2〕,黄昏到寺蝙蝠飛。昇堂坐階新雨足,芭蕉葉大支子肥〔3〕。僧言古壁佛畫好,以火來照所見稀。鋪牀拂席置羹飯,疎糲亦足飽我飢〔4〕。夜深靜臥百蟲絶〔5〕,清月出嶺光入扉。天明獨去無道路,出入高下窮煙霏〔6〕。山紅澗碧紛爛漫,時見松櫪皆十圍〔7〕。當流赤足蹋澗石,水聲激激風吹衣。人生如此自可樂,豈必局束爲人鞿〔8〕? 嗟哉吾黨二三子,安得至老不更歸〔9〕!

〔1〕這首詩可能作於貞元十七年(公元 801 年)。這年七月二十二日,韓愈曾與朋友到洛水釣魚,夜宿洛北惠林寺。這時韓愈在政治上很不得意,因而詩中流露出憤懣的情緒。

〔2〕犖确(luòquè),疊韻聯緜字,險峻不平的樣子。

〔3〕支子,即梔子,一本即作"梔子",植物名。這裏指梔子的果實,可以入藥,又可以作染料用。

〔4〕糲,糙米。疎糲,等於説粗糲。

〔5〕百蟲絶,各種蟲子都停止了鳴叫。

〔6〕出入,指出入山谷。煙霏,等於説煙雲。

〔7〕櫪,通"櫟",一本即作"櫟",樹名。

〔8〕局束,同"局趣、侷促",參看第三册第 730 頁《魏其武安侯列傳》注〔17〕。鞿(jī),馬口上的韁繩,這裏用如動詞,指管束。

〔9〕《論語·公冶長》:"歸與! 歸與! 吾黨之小子狂簡。"《論語·述而》:"二三子以我爲隱乎?"歸,即用"歸與"之意,這裏指歸隱。微、飛、肥、稀、飢、扉、霏、圍、衣、鞿、歸,押韻(十字屬微韻,衹有"飢"屬支韻,因"飢""饑"常通用,而"饑"在微韻)。

白 居 易

長 恨 歌〔1〕

漢皇重色思傾國〔2〕,御宇多年求不得〔3〕。楊家有女初長成,養在深閨人未識〔4〕。天生麗質難自棄,一朝選在君王側。迴眸一笑百媚生〔5〕,六宫粉黛無顔色〔6〕。春寒賜浴華清池〔7〕,温泉水滑洗凝脂〔8〕;侍兒扶起嬌無力,始是新承恩澤時〔9〕。雲鬢花顔金步搖〔10〕，芙蓉帳暖度春宵。春宵苦短日高起，從此君王不早朝〔11〕。承歡侍宴無閒暇，春從春遊夜專夜〔12〕。後宮佳麗三千人，三千寵愛在一身。金屋妝成嬌侍夜〔13〕，玉樓宴罷醉和春〔14〕。姊妹兄弟皆列土〔15〕，可憐光彩生門户〔16〕。遂令天下父母心，不重生男重生女〔17〕。驪宮高處入青雲〔18〕，仙樂風飄處處聞〔19〕。緩歌謾舞凝絲竹〔20〕，盡日君王看不足。漁陽鞞鼓動地來〔21〕，驚破霓裳羽衣曲〔22〕。

〔1〕這首詩取材於唐玄宗和楊貴妃的愛情故事，大膽地揭露了統治者的荒淫無恥，譴責了他們禍國殃民的罪行。但由於作者思想的局限性，詩中對李楊悲劇性的結局，充滿了同情和憐憫。白居易的朋友陳鴻另外寫了《長恨歌傳》，所述較詳，可與此詩互爲表裏。

〔2〕漢皇，指漢武帝，這裏借指唐玄宗。傾國，指絕色女子，即絕代佳人。漢代倡樂人李延年，有一次在武帝面前唱歌，歌辭爲："北方有佳人（暗指他的妹妹），絕世而獨立。一顧傾人城，再顧傾人國。寧不知傾城與傾國？佳人難再得！"武帝聽了很感歎。後來打聽到他有個妹妹，長得很美，便召入宮中爲妃，是爲李夫人。後代就用"傾城傾國"來形容女子的美貌。

〔3〕御，駕馭，控制。宇，即宇内，指中國。賈誼《過秦論》："振長策而御宇内。"御宇，這裏指即位當皇帝。

〔4〕楊家有女，指揚貴妃。楊貴妃爲蒲州永樂（在今山西芮城縣境）人，幼時養在叔父楊玄珪家。開元二十三年，爲壽王（玄宗的兒子李瑁）妃，二十八年，玄宗將她召入宮中，先度（使脱離世俗，即出家）爲女道士，號太真。天寶四年，册封爲貴妃。作者因爲有所諱忌，所以説她"養在深閨人未識"。未識，不知道。

〔5〕眸，瞳子，這裏指眼珠。迴眸，轉動眼珠。

〔6〕六宮，古代天子立六宮，是后妃居住的地方。粉黛，婦女施脂粉，以黛（青

黑色的顔料)畫眉,這裏用爲婦女的代稱。無顔色,顯得不美了。國、得、

識、側、色,押韻(職韻)。

〔7〕華清池,陝西臨潼縣驪山上有温泉,唐玄宗在山上建温泉宫(後改名爲華

清宫),就温泉建爲池,叫華清池,每年冬季和初春,便到這裏來居住。

〔8〕滑,柔和潤澤。凝脂,凝凍的脂肪,這裏比喻潔白細膩的皮膚。《詩經·

衞風·碩人》:"膚如凝脂。"

〔9〕池、脂、時,押韻(支韻)。

〔10〕步搖,古代的一種首飾,上有垂珠,走起路來就搖動,所以叫步搖。

〔11〕搖、宵、朝,押韻(蕭韻)。

〔12〕暇、夜,押韻(禡韻)。

〔13〕金屋,參看本册第1262頁《春賦》注〔1〕。這裏指楊貴妃的寢宫。全句大

意是楊貴妃在寢宫妝扮了來侍寢。

〔14〕玉樓,泛指美麗的樓閣。醉和春,春是良辰美景,醉是樂事,醉與春相和,

是雙美。人、身、春,押韻(真韻)。

〔15〕列,通"裂"。列土,天子把土地分封給王侯,這裏兼指封爵封官。楊貴妃

得寵後,父玄琰追贈爲太尉、齊國公;叔父玄珪提昇爲光禄卿;宗兄銛爲

鴻臚卿,錡爲侍御史,釗(國忠)也逐漸顯貴起來;三個姐姐分別封爲韓國

夫人、虢國夫人和秦國夫人。

〔16〕可憐,等於説可羨。

〔17〕當時民間有這樣的歌謡:"生女勿悲酸,生男勿喜歡。"又有:"男不封侯女

作妃,看女卻爲門上楣(門上橫梁)。"均見《長恨歌傳》。土、户、女,押韻

(語麌通韻)。

〔18〕驪宫,即華清宫。

〔19〕雲、聞,押韻(文韻)。

〔20〕謾,通"慢",一本即作"慢"。凝,慢慢拉長聲音,這裏指樂器奏出緩慢的

旋律。這句是由三個偏正詞組組成,意思是:緩歌謾舞,配上奏出緩慢旋

律的絲竹。

〔21〕漁陽,郡名,屬范陽節度使管轄,在北京平谷、天津薊縣一帶。鼙(pí)鼓,

同"鼙鼓",騎兵用的小鼓。天寶十四載十一月,安禄山在范陽(今北京市)以討伐楊國忠爲名,起兵反唐。這裏説漁陽而不説范陽,是用後漢彭寵據漁陽反漢的典故。

〔22〕霓裳羽衣曲,又名婆羅門曲,開元年間由印度傳入中國的舞曲。《長恨歌傳》:"進見之日,奏霓裳羽衣曲以導之。"竹、足、曲,押韻(屋沃通韻)。

　　九重城闕煙塵生,千乘萬騎西南行〔1〕。翠華搖搖行復止〔2〕,西出都門百餘里。六軍不發無奈何,宛轉蛾眉馬前死〔3〕。花鈿委地無人收,翠翹金雀玉搔頭〔4〕。君王掩面救不得,回看血淚相和流〔5〕。黃埃散漫風蕭索,雲棧縈紆登劍閣〔6〕。峨眉山下少人行〔7〕,旌旗無光日色薄〔8〕。蜀江水碧蜀山青,聖主朝朝暮暮情。行宮見月傷心色〔9〕,夜雨聞鈴斷腸聲〔10〕。

〔1〕九重城闕,指京城長安,古代天子居住的地方有九道門,所以説"九重城闕"。天寶十五年(公元756年),安禄山攻破潼關,進逼長安。唐玄宗於是帶着楊貴妃、楊國忠等在少數騎兵的護衛下,向四川逃跑。這裏説"千乘萬騎",是誇張之辭。生、行,押韻(庚韻)。

〔2〕翠華,天子的旌旗,用翠羽裝飾而成。

〔3〕六軍,周代制度,天子六軍,諸侯大國三軍,次國二軍,小國一軍。這裏指皇帝的警衛部隊。蛾眉,見第二册第549頁《離騷》注〔2〕,這裏指楊貴妃。玄宗逃到馬嵬驛時,發生了兵變。將士們殺了楊國忠,並請玄宗殺楊貴妃。玄宗爲了安定軍心,便令高力士將楊貴妃縊死。止、里、死,押韻(紙韻)。

〔4〕鈿,用金片做成的首飾,形狀像花。委,棄。翠翹,一種首飾,形狀像翡翠鳥尾上的長羽。金雀,即金爵釵,又叫鳳頭釵。玉搔頭,玉簪。這一聯是説:金鈿、翠翹、金雀、玉搔頭都委地無人收。

〔5〕收、頭、流,押韻(尤韻)。

〔6〕雲棧,高入雲霄的棧道。縈紆,環繞曲折。

〔7〕峨眉山在成都西南,唐玄宗去成都的道路根本不經過峨眉山,這裏是泛指蜀山。

〔8〕索、閣、薄,押韻(藥韻)。

〔9〕行宮,京城以外供帝王出行時居住的宫室。

〔10〕《明皇雜録補遺》:"明皇既幸蜀,西南行。初入斜谷,屬霖雨涉旬,於棧道雨中聞鈴音與山相應。上既悼念貴妃,採其聲爲《雨霖鈴曲》以寄恨焉。"這句暗指此事。青、情、聲,押韻(青庚通韻)。

　　天旋日轉回龍馭〔1〕,到此躊躇不能去。馬嵬坡下泥土中,不見玉顔空死處〔2〕。君臣相顧盡沾衣,東望都門信馬歸〔3〕。歸來池苑皆依舊,太液芙蓉未央柳〔4〕。芙蓉如面柳如眉,對此如何不淚垂?春風桃李花開日,秋雨梧桐葉落時〔5〕。西宮南内多秋草〔6〕,落葉滿堦紅不掃。梨園弟子白髮新〔7〕,椒房阿監青娥老〔8〕。夕殿螢飛思悄然〔9〕,孤燈挑盡未成眠〔10〕,遲遲鐘鼓初長夜〔11〕,耿耿星河欲曙天〔12〕。鴛鴦瓦冷霜華重〔13〕,翡翠衾寒誰與共〔14〕?悠悠生死別經年〔15〕,魂魄不曾來入夢〔16〕。

〔1〕天旋日轉,比喻局勢轉變。龍馭,指天子的車駕。肅宗至德二年(公元757年)九月,郭子儀收復長安,十二月,玄宗由蜀返長安。

〔2〕空死處,等於説"空見死處"。馭、去、處,押韻(御韻)。

〔3〕信馬,任隨馬。衣、歸,押韻(微韻)。

〔4〕太液,漢時宮中的池名,故址在今陝西長安縣西北,這裏借指唐宮中的池苑。未央,漢宮名,故址在今陝西長安縣西北,這裏借指唐宮。舊、柳,押韻(宥有去上通韻)。

〔5〕眉、垂、時,押韻(支韻)。

〔6〕天子宮禁叫大内,簡稱内。西宮,即太極宮,又稱西内。南内,興慶宮。玄

宗從四川回長安後,住在南内。

〔7〕梨園,故址在今陝西長安縣。梨園弟子,唐玄宗通曉音律,他從坐部伎
　　(唐玄宗把在堂下站着奏樂的叫立部伎,堂上坐着奏樂的叫坐部伎,另有
　　學習雅樂的,叫雅樂部)子弟中選出三百多人,親自教於梨園,號爲皇帝
　　梨園弟子。另有宮女幾百人,也作爲梨園弟子。白髮新,指剛進入老年。

〔8〕椒房,參看第三册第 750 頁《霍光傳》注〔10〕。阿監,宮中女官。青娥,指
　　宮女。草、掃、老,押韻(皓韻)。

〔9〕悄然,憂愁的樣子。

〔10〕古代富貴人家夜點蠟燭,不點燈,皇宮更是如此。這裏説"孤燈挑盡",衹
　　不過是對唐玄宗的孤寂與淒涼加以渲染。

〔11〕鐘鼓,用以報時辰。初長夜,指秋夜,秋夜開始長起來,所以説初長夜。

〔12〕耿耿,明亮的樣子。然、眠、天,押韻(先韻)。

〔13〕鴛鴦瓦,一俯一仰,配合在一起的瓦。霜華,即霜花。重,厚。

〔14〕衾,被子。翡翠衾,繡有翡翠的被子。

〔15〕悠悠,漫長的樣子。經年,經過一年以上的時間。《長恨歌傳》説,明皇於
　　貴妃死後,"三載一意,其念不衰"。

〔16〕重、共、夢,押韻(腫宋送上去通韻)。

　　臨邛道士鴻都客〔1〕,能以精誠致魂魄。爲感君王展
轉思〔2〕,遂教方士殷勤覓〔3〕。排雲馭氣奔如電,升天入
地求之遍。上窮碧落下黃泉〔4〕,兩處茫茫皆不見〔5〕。
忽聞海上有仙山,山在虛無縹緲間〔6〕。樓閣玲瓏五雲
起〔7〕,其中綽約多仙子〔8〕。中有一人字太真,雪膚花貌
參差是〔9〕。金闕西廂叩玉扃〔10〕,轉教小玉報雙成〔11〕。
聞道漢家天子使,九華帳裏夢魂驚〔12〕。攬衣推枕起徘徊,
珠箔銀屏迤邐開〔13〕。雲髻半偏新睡覺〔14〕,花冠不整下
堂來〔15〕。風吹仙袂飄飄舉,猶似霓裳羽衣舞。玉容寂寞淚

闌干,梨花一枝春帶雨[16]。含情凝睇謝君王[17],一別音容兩渺茫。昭陽殿裏恩愛絕[18],蓬萊宮中日月長[19]。回頭下望人寰處[20],不見長安見塵霧。唯將舊物表深情,鈿合金釵寄將去[21]。釵留一股合一扇[22],釵擘黃金合分鈿[23]。但教心似金鈿堅,天上人間會相見[24]。臨別殷勤重寄詞,詞中有誓兩心知,七月七日長生殿[25],夜半無人私語時:在天願作比翼鳥[26],在地願爲連理枝[27]。天長地久有時盡,此恨綿綿無盡期[28]!

〔1〕臨邛(qióng),今四川邛崍縣。鴻都,東漢都城洛陽的宮門名,是藏書和設太學的地方,這裏借指長安。鴻都客,這裏説道士是寓居長安的客人。

〔2〕展轉,用《詩經·周南·關雎》"輾轉反側"語意。

〔3〕教(jiāo),使,致令。方士,專門講求仙、煉丹等事的人,這裏指臨邛道士。客、魄、覓,押韻(陌錫通韻)。

〔4〕碧落,道家稱天空爲碧落。

〔5〕電、遍、見,押韻(霰韻)。

〔6〕山、間,押韻(刪韻)。

〔7〕五雲,五色雲彩。

〔8〕綽約,疊韻聯緜字,嫵媚的樣子。這句等於説其中多綽約仙子。《莊子·逍遙遊》:"淖約若處子。"綽約與淖約同。

〔9〕參差(cēncī),這裏有大約、大概的意思。起、子、是,押韻(紙韻)。

〔10〕金闕,道家謂天上有黃金闕白玉京,爲天帝所居。

〔11〕小玉,吳王夫差的女兒。雙成,董雙成,西王母的侍女。二人都借指楊貴妃在仙境的侍女。

〔12〕扃、成、驚,押韻(青庚通韻)。

〔13〕珠箔,珠簾。迤邐(yǐlǐ),這裏有相繼的意思。

〔14〕覺(jiào),睡醒。

〔15〕徊、開、來,押韻(灰韻)。

〔16〕闌干,疊韻聯緜字,縱橫的樣子。這一聯是說:掛滿淚水的面容,就像春天裏帶着雨水的梨花。舉、舞、雨,押韻(語麌通韻)。

〔17〕睇,參看第二册第552頁《山鬼》注〔4〕。凝睇,等於說凝視。

〔18〕昭陽殿,參看本册第1395頁《哀江頭》注〔5〕。

〔19〕蓬萊,傳說中的仙山名。蓬萊宫,泛指仙宫。王、茫、長,押韻(陽韻)。

〔20〕寰,廣大的地區。人寰,指人間。

〔21〕鈿合,即鈿盒,用金花鑲飾的盒子。《長恨歌傳》:"定情之夕,授金釵鈿合以固之。"所以這裏說是"舊物"。處、霧、去,押韻(御遇通韻)。

〔22〕合一扇,指盒的一半,即盒蓋或盒底。

〔23〕擘,分開。這句實際上是"擘黄金釵分鈿合"的倒裝。

〔24〕扇、鈿(diàn)、見,押韻(霰韻)。

〔25〕長生殿,在驪山華清宫内,天寶元年十月造,又名爲集靈臺,以祀神。

〔26〕比翼鳥,古代傳說中的鳥,叫鶼鶼,據說這種鳥衹有一目一翅,雌雄並在一起纔能飛。

〔27〕連理枝,異本的樹木,其枝連生在一起,古人以爲祥瑞。

〔28〕綿綿,連綿不斷的樣子。詞、知、時、枝、期,押韻(支韻)。

蘇　軾

荔　支　歎〔1〕

　　十里一置飛塵灰,五里一堠兵火催〔2〕。顛阬仆谷相枕藉〔3〕,知是荔支龍眼來〔4〕。飛車跨山鶻橫海〔5〕,風枝露葉如新採。宫中美人一破顔,驚塵濺血流千載〔6〕。永元荔支來交州,天寶歲貢取之涪〔7〕。至今欲食林甫肉,無人舉觴酹伯游〔8〕。我願天公憐赤子〔9〕,莫生尤物爲瘡痏〔10〕。雨順風調百穀登,民不飢寒爲上瑞〔11〕。君不見武夷溪邊粟粒芽[12]，前丁後蔡相籠加[13]。爭新買寵各出意，今年鬭品充官茶[14]。吾君所乏豈此物？致養口體何陋耶！洛陽相君忠孝家，可憐亦進姚黄花[15]。

〔1〕這首詩是宋哲宗紹聖二年（公元 1095 年）作者被貶在惠州（故治在今廣東惠陽縣西）時寫的。

〔2〕置，驛站。堠，關隘上用於瞭望的土堡，也寫作"候"。參看本册第 1226 頁《解嘲》注〔6〕。

〔3〕阬，通"坑"。顛阬，跌倒在坑裏。仆谷，仆倒在山谷裏。相枕藉，指死人屍體相枕藉。

〔4〕龍眼，水果名，其乾果稱桂圓，産荔支的地方都兼産龍眼。灰、催、來，押韻（灰韻）。

〔5〕鶻（hú），又名隼，一種猛禽，飛起來很快。這句是説：載荔支的車子跨山越嶺快得像横渡大海的鶻。

〔6〕《國史補》上："楊貴妃生於蜀，好食荔枝，南海所生尤勝蜀者，故每歲飛馳以進。"按：蘇軾認爲取自四川涪陵。以上四聯用杜牧《過華清宮》詩"一騎紅塵妃子笑，無人知是荔支來"語意。載，讀 zǎi。海、採、載，押韻（賄韻）。

〔7〕永元，東漢和帝年號。交州，今廣東廣西一帶。涪（fú），涪州，即今重慶市涪陵縣。

〔8〕林甫，李林甫，唐玄宗的宰相，專事諂媚，是當時的大奸臣。酹（lèi），以酒灑地祭神。蘇軾自注："漢永元中，交州進荔支、龍眼，十里一置，五里一堠，奔騰死亡，罹猛獸毒蟲之害者無數。唐羌，字伯游，爲臨武長，上書言狀，和帝罷之。唐天寶中，蓋取涪州荔支，自子午谷（在陜西秦嶺中）路進入。"州、涪（本音 fóu）、游，押韻（尤韻）。

〔9〕赤子，指老百姓。

〔10〕尤物，奇異、珍貴的物品，這裏指荔支以及下面所説的武夷茶、姚黄花。痏（wěi），瘡有瘢痕者。瘡痏，這裏比喻民間疾苦。

〔11〕子、痏、瑞，押韻（紙寘上去通押）。

〔12〕武夷,武夷山,在福建省,是我國著名的産茶區。粟粒芽,武夷茶的最上品,因嫩芽形似粟粒,故名。

〔13〕丁,指丁謂,字謂之,宋真宗的宰相。蔡,指蔡襄,字君謨,累官至知諫院,曾知福州,是宋代四大書法家之一,也是茶事專家,著有《茶録》。籠加,是加籠的倒裝,等於説裝到籠子裏,這裏表示進貢。蘇軾自注:"大小龍茶,始於丁晉公,成於蔡君謨。歐陽永叔聞君謨進小龍團,驚歎曰:'君謨士人,何至作此事!'"

〔14〕鬪品,當時有比賽茶葉優劣的會,叫"茗戰",鬪品指用以比賽的茶葉。官茶,貢給朝廷的茶。

〔15〕洛陽相(xiàng)君,指錢惟演,字希聖,是五代吳越王錢俶的兒子,隨俶歸宋,累官至樞密副使。宋太宗曾稱贊錢俶"以忠孝而保社稷",所以這裏説錢惟演是"忠孝家"。姚黄,牡丹的一種,人們稱爲牡丹之王。蘇軾自注:"洛陽貢花,自錢惟演始。"芽、加、茶、耶、家、花,押韻(麻韻)。

五言律詩

王　維

輞川閒居贈裴秀才迪〔1〕

寒山轉蒼翠,秋水日潺湲〔2〕。倚仗柴門外,臨風聽暮蟬。渡頭餘落日,墟里上孤煙〔3〕。復值接輿醉〔4〕,狂歌五柳前〔5〕。

〔1〕輞(wǎng)川,在陝西藍田縣。王維在此有別墅。裴迪,王維的朋友,與王維遊於輞川,互相唱和。

〔2〕潺湲(chányuán),水流動的樣子。

〔3〕墟里,等於説村落。陶潛《歸田園居》:"曖曖(àiài)遠人村,依依墟里煙。"

〔4〕值,當,碰上。接輿,楚國的隱者,參看第一册第200頁《微子》注〔1〕。這裏喻裴迪。

〔5〕五柳,陶潛宅邊有五柳樹,自號五柳先生。湲、蟬、煙、前,押韻(先韻)。

終 南 山[1]

太乙近天都[2]，連山到海隅[3]。白雲迴望合，青靄入看無[4]。分野中峯變[5]，陰晴衆壑殊[6]。欲投人處宿，隔水問樵夫。

〔1〕終南山，又叫南山，在今陝西省眉縣南，不是指今長安縣東南的終南山。

〔2〕太乙，山名，又作"太一"，即今太白山，在陝西省眉縣南。按：古人或以爲終南太一爲二山，太一在終南之南二十里。王維這裏則以太乙爲終南的別稱。天都，帝都，這裏指長安。

〔3〕海隅，海邊。這是説終南山與别的山連接不斷，一直到海邊。

〔4〕迴望，回頭看。靄(ǎi)，雲霧。入看(kān)，等於説入眼。這是説，遠看白雲層層聚合，近看什麼也没有。

〔5〕分野，古人把天上的星宿分别指配於地上的州國，使它們互相對應，説某某星宿是某某州國的分野，或説某某州國是某某星宿的分野。這裏指後者而言。參看《古漢語通論》(十九)古代文化常識之天文部分。中峯變，是説到了中峯就變換了另一個分野，極言終南山之大。

〔6〕這是説，由於終南山處地遼闊，因而衆山壑陰晴的變化也都不同。都、隅、無、殊、夫，押韻(虞韻)。

送梓州李使君[1]

萬壑樹參天，千山響杜鵑[2]。山中一夜雨[3]，樹杪百重泉[4]。漢女輸橦布[5]，巴人訟芋田[6]。文翁翻教授[7]，不敢倚先賢？

〔1〕梓(zǐ)州，故治在今四川三台縣。使君，參看第三册第1024頁《永州韋使君新堂記》注〔1〕。

〔2〕杜鵑，鳥名，相傳爲古蜀帝杜宇的魂所化。

〔3〕夜,一本作"半"。

〔4〕樹杪(miǎo),樹梢。這是説一夜下雨,就見高山上飛泉直瀉,遠遠望去,
　　就像從層層樹梢之上流下來。以上兩聯描寫巴蜀的景物特點。

〔5〕漢女,泛指蜀中婦女。輸,納税,進貢。橦(tóng),樹名,花可以織布,劍
　　南道嶲(xī)州(今四川越西縣)出産橦布。一本作賨(cóng)布(賨布是
　　南蠻所進貢的)。

〔6〕巴,古國名,故都在今重慶市,後爲秦所滅,這裏泛指蜀地。訟,打官司。
　　芋田,種芋頭的田。訟芋田,因爭奪芋田而打官司。以上一聯描寫巴蜀
　　的風俗特點。

〔7〕文翁,西漢廬江舒(今安徽舒縣)人,景帝末,舉爲蜀郡守。他見蜀郡僻
　　陋,想推行教化,於是選聰明而有才幹的郡縣小吏十多人,派往京都學
　　習,學成回來,都派任官職。又在成都設學官,招各縣子弟入學,從此教
　　化大行。翻,副詞,倒反。這句贊揚西漢的文翁知道推行教化。倚先賢,
　　指向文翁學習。不敢倚先賢,這是反問句,是説李使君敢於學文翁。天、
　　鵑、泉、田、賢,押韻(先韻)。

觀　獵

　　風勁角弓鳴〔1〕,將軍獵渭城〔2〕。草枯鷹眼疾〔3〕,
雪盡馬蹄輕〔4〕。忽過新豐市〔5〕,還歸細柳營〔6〕。迴看
射鵰處〔7〕,千里暮雲平〔8〕。

〔1〕角弓,鑲有牛角的弓。

〔2〕渭城,參看第三册第732頁《魏其武安侯列傳》注〔14〕。

〔3〕冬季草枯,動物没有藏身的地方,容易被獵鷹發現。

〔4〕地上没有積雪,馬蹄跑起來特別輕快。

〔5〕新豐,在今陝西臨潼縣東。新豐市以美酒著名,這是説將軍射獵後經過
　　鬧市去喝酒,不一定實指新豐。

〔6〕細柳營,漢代名將周亞夫駐兵的地方,在今咸陽市西南。周亞夫軍令森

嚴。漢文帝到霸上及棘門兩處軍營勞軍,都直馳而入,但到了細柳營不得入。這裏衹是説射獵的將軍回到了自己的駐地,借用"細柳"二字來頌揚他。

〔7〕鵰,又名鷲,比鷹還兇猛強健,不容易捕獲。北齊斛律光在出獵時射得一隻鵰,被譽爲"射雕手"。射鵰處,指將軍打獵處。

〔8〕這是説將軍離開打獵的地方已經很遠,遠處的暮雲已和視綫相平了。鳴、城、輕、營、平,押韻(庚韻)。

李　白

贈孟浩然〔1〕

　　吾愛孟夫子,風流天下聞〔2〕。紅顏棄軒冕〔3〕,白首臥松雲〔4〕。醉月頻中聖〔5〕,迷花不事君。高山安可仰?徒此揖清芬〔6〕。

〔1〕孟浩然,唐代詩人,襄陽(今湖北襄陽市)人。少年時好節義,喜歡拯人患難,隱居在鹿門山(在今襄陽東南三十里)。四十歲時進京應試,落第。後來山南采訪使韓朝宗想把他推薦給朝廷,約他同去京師,他因與故人飲酒負約,失去了這次機會,但他也並不後悔。晚年仍隱居鹿門山。開元二十八年(公元 740 年),因得疽病,死在襄陽。

〔2〕風流,品格清高。

〔3〕紅顏,指少年時代。棄軒冕,是説不求官職。

〔4〕臥松雲,是説隱居。

〔5〕醉月,指醉於月下。頻,連續。中(zhòng)聖,等於説中酒,即喝醉了酒。因平仄格律的關係,"中"在這裏仍應讀爲平聲。《三國志·魏書·徐邈傳》:"魏國初建,(邈)爲尚書郎。時科禁酒,而邈私飲,至於沈醉,校事趙達問以曹事(衙門裏的事務),邈曰:'中聖人。'達白之太祖(曹操),太祖甚怒。度遼將軍鮮于輔進曰:'平日醉客謂酒清者爲聖人,濁者爲賢人,邈性脩慎,偶醉言耳。'"

〔6〕高山,指其高如山之德。仰,仰慕。《詩經·小雅·車舝》:"高山仰止,景
　　行行止。"揖,拱手爲禮,這裏表示敬仰。清芬,清美芬芳之德。這一聯是
　　説,我怎能企及(仰)你的高尚的道德呢? 我祇能用這首詩來表示敬仰
　　了。聞、雲、君、芬,押韻(文韻)。

送　友　人

　　青山橫北郭,白水遶東城。此地一爲別,孤蓬萬里
征〔1〕。浮雲遊子意〔2〕,落日故人情〔3〕。揮手自兹去,
蕭蕭班馬鳴〔4〕。

〔1〕孤蓬,這裏比喻即將孤身遠征的友人。蓬草容易隨風飛轉,所以古人稱
　　流浪生活爲"轉蓬"。

〔2〕《古詩十九首》:"浮雲蔽白日,遊子不顧反。"浮雲一往而無定處,所以用
　　來比喻遊子的心情。

〔3〕故人,指自己。

〔4〕蕭蕭,馬鳴聲。班,别。班馬,將要離别的馬。《詩經·小雅·車攻》:"蕭
　　蕭馬鳴,悠悠旆旌。"《左傳·襄公十八年》:"有班馬之聲。"城、征、情、
　　鳴,押韻(庚韻)。

杜　甫

春　望〔1〕

　　國破山河在,城春草木深〔2〕。感時花濺淚,恨别鳥驚
心〔3〕。烽火連三月,家書抵萬金〔4〕。白頭搔更短〔5〕,
渾欲不勝簪〔6〕。

〔1〕這首詩與《哀江頭》作於同時。

〔2〕這兩句點題。國,國都,和"城"皆指長安。

〔3〕濺、驚,都是使動用法。這一聯是説,因感傷國事,春花使我的淚飛濺;因

恨別之苦,鳥聲使我心驚。

〔4〕烽火,指戰事。三月,指正月、二月、三月。抵,當,相當。這三個月中,各方戰事緊張,杜甫家在鄜州,音信稀少。"烽火"句承"感時"句,"家書"句承"恨別"句。

〔5〕白頭,指白髮。

〔6〕渾,副詞,簡直。欲,將要。簪(zān),簪子,古代男女用來綰髮的首飾,古代男子也留長髮。鮑照《行路難》:"白頭零落不勝簪。"深、心、金、簪,押韻(侵韻)。

天末懷李白〔1〕

涼風起天末,君子意如何?鴻雁幾時到〔2〕?江湖秋水多〔3〕。文章憎命達〔4〕,魑魅喜人過〔5〕。應共冤魂語〔6〕,投詩贈汨羅〔7〕。

〔1〕天末,天的盡頭,這裏指秦州(故治在今甘肅秦安縣東),因杜甫與李白天各一方,所以説"天末"。肅宗乾元二年(公元759年),杜甫在秦州得知李白流放夜郎,便寫了這首詩懷念他。詩中設想李白在流放途中的情形。

〔2〕鴻雁,《漢書·李廣蘇建傳》載漢使詭稱天子在上林射雁得蘇武書。後人就以鴻雁爲書信的代稱。

〔3〕這句是擔心李白遭遇風險。

〔4〕這句是説,文人多遭厄運,好像文章討厭人的命運通達似的。

〔5〕魑(chī)魅,山精水怪。魑魅吃人,所以喜歡有人經過。

〔6〕冤魂,指屈原的魂靈。

〔7〕何、多、過(guō)、羅,押韻(歌韻)。

別房太尉墓〔1〕

他鄉復行役〔2〕,駐馬別孤墳。近淚無乾土〔3〕,低空

有斷雲。對碁陪謝傅[4]，把劍覓徐君[5]。惟見林花落，
鶯啼送客聞[6]。

[1]房太尉，房琯，字次律，唐玄宗入蜀，拜爲相。蕭宗乾元元年(公元 758
　　年)，貶爲邠州刺史，蕭宗寶應二年(即代宗廣德元年，公元 763 年)，拜特
　　進刑部尚書，在途中得病，後來死在閬州(故治在今四川閬中縣)，死後追
　　贈太尉。杜甫和房琯交誼頗深，房琯被罷相時，杜甫爲左拾遺，曾上疏營
　　救，自己也因而遭貶。這首詩寫於代宗廣德二年(公元 764 年)，當時蜀
　　中亂平，杜甫將由閬州回成都。

[2]行役，行旅，這裏指離開閬州回成都。

[3]近淚，指淚落之處的附近。

[4]碁，同“棋”。謝傅，指謝安。謝安，晉陽夏(今河南太康縣)人，晉孝武帝
　　時爲尚書僕射，領中書令。平時喜歡下圍棋。淝水戰中，謝玄大破秦苻
　　堅，捷書送來的時候，他正與客人下圍棋。他看了捷書後，放在几上，臉
　　上毫無喜色。客人問他，他纔慢慢答道：“小兒輩遂已破賊。”於是傳爲佳
　　話。死後追贈太傅，世稱謝太傅。這裏的“謝傅”和下文的“徐君”，都是
　　比喻房琯。

[5]把，握，持。據《史記・吳太伯世家》載，吳國的季札去晉國訪問，經過徐
　　國，心知徐君喜歡他所佩的寶劍，但因爲要訪問大國，沒有把劍送給他。
　　等回來經過徐國時，徐君已死，於是他便繫劍於徐君墓旁的樹上而去。

[6]這一聯是説，別時唯有落花啼鳥，不見有送客之人。墳、雲、君、聞，押韻
　　(文韻)。

李 商 隱

　　李商隱(公元 812—858 年)，字義山，號玉谿生，懷州河內(今
河南沁陽縣)人，唐文宗開成二年(公元 837 年)中進士，授秘書省
校書郎。當時朝廷内部有所謂牛李(牛僧孺、李德裕)黨爭。李商
隱早年被牛黨令狐楚、令狐綯父子賞識，後來在李黨涇原節度使王

茂元幕府,並娶王茂元的女兒爲妻,因此爲牛黨所排擠,在政治上一直受到壓抑。他長期在各藩鎮作幕僚,宣宗大中六年(公元852年)纔補太學博士。大中十二年,死在滎陽。

　　李商隱是晚唐藝術成就很高的詩人,他的作品現存有《樊南文集詳注》八卷,《玉谿生詩詳注》三卷,清人馮浩注。

蟬

　　本以高難飽,徒勞恨費聲[1]。五更疎欲斷,一樹碧無情[2]。薄宦梗猶泛[3],故園蕪已平[4]。煩君最相警[5],我亦舉家清[6]。

[1]《吳越春秋》:"秋蟬登高樹,飲清露,隨風撝(揮)撓,長吟悲鳴。"這一聯是説:蟬本來因爲在高樹飲清露而難飽,現在發出怨恨的聲音也是徒勞的。明是寫蟬,實際上是説自己因爲清高而境遇困厄。

[2]疎欲斷,指蟬聲漸漸稀疏而幾乎要斷絕了。這一聯是説:儘管蟬叫喚到天亮,連聲音幾乎要斷絕了,可是全樹的顏色照舊碧綠而無動於衷。這裏暗指統治者不了解他的懷抱,不同情他的境遇。

[3]薄宦,指小官。梗,指桃梗。《戰國策·齊策》載,孟嘗君要到秦國去,蘇秦就用土偶人與桃梗的寓言來勸諫他:"今者臣來,過於淄上,有土偶人與桃梗相與語。桃梗謂土偶人曰:'子西岸之土也,挺子以爲人,至歲八月,降雨下,淄水至,則汝殘矣。'土偶曰:'不然,吾西岸之土也,土則復西岸耳。今子東國之桃梗也,刻削子以爲人,降雨下,淄水至,流子而去,則子漂漂者將何如耳?'"這句是説,爲了做個小官,也像桃梗那樣到處漂泊。

[4]蕪,草。平,指草長得一般齊,也就是草茂盛的意思。這裏化用陶淵明《歸去來辭》"歸去來兮! 田園將蕪胡不歸"的語意,意思是説自己將要歸隱。

[5]君,指蟬。

[6]舉,全。清,清白,清高。聲、情、平、清,押韻(庚韻)。

晚　晴[1]

深居俯夾城[2]，春去夏猶清。天意憐幽草，人間重晚晴。併添高閣迥[3]，微注小窗明[4]。越鳥巢乾後，歸飛體更輕[5]。

〔1〕這首詩是作者旅居桂林時寫的，寫的是黃昏後雨過天晴的景色。

〔2〕夾城，指城門内的甕城。

〔3〕這句是説：晴後登高閣，眺望更遠。

〔4〕注，等於説照射。這句是説：夕陽的光微微照射，小窗顯得分外明亮。

〔5〕越鳥，越地的鳥。《古詩十九首》："越鳥巢南枝。"桂林爲百越故地，所以這裏説"越鳥"。"巢乾"點明"晴"，"歸飛"點明"晚"。城、清、晴、明、輕，押韻（庚韻）。

五言長律

韓　愈

學諸進士作精衛銜石填海[1]

鳥有償冤者[2]，終年抱寸誠[3]。口銜山石細，心望海波平。渺渺功難見，區區命已輕[4]。人皆譏造次[5]，我獨賞專精。豈計休無日[6]？惟應盡此生。何慚刺客傳，不著報讎名[7]？

〔1〕精衛填海，《山海經》載，古炎帝的少女女娃，溺死東海，化而爲鳥，名叫精衛，常銜西山的木石填東海。填東海所以報冤，所以又名冤禽。

〔2〕償冤，報冤，報仇。

〔3〕寸誠，等於説微忱，即微小的心意。

〔4〕命已輕，與功難見的填海相比，精衛的區區生命自然顯得輕微。

〔5〕造次，輕率。

〔6〕計,計較。休,止息。

〔7〕刺客傳,指《史記·刺客列傳》。著,著録,記載。這一聯是説,《刺客傳》不記載精衛的名字,並不能使精衛感到慚愧。誠、平、輕、精、生、名,押韻(庚韻)。

七言律詩

杜　甫

客　至〔1〕

　　舍南舍北皆春水,但見羣鷗日日來〔2〕。花徑不曾緣客掃,蓬門今始爲君開〔3〕。盤飧市遠無兼味〔4〕,樽酒家貧祇舊醅〔5〕。肯與鄰翁相對飲,隔籬呼取盡餘杯〔6〕。

〔1〕這首詩是肅宗上元二年(公元761年)寫的。當時杜甫居住在成都草堂。杜甫自注:“喜崔明府相過。”唐時人稱縣令爲明府。

〔2〕這一聯是説自己交游冷淡,祇有鷗鳥每天來和他作伴。

〔3〕緣,因。客是泛指,君指崔明府。這一聯是互文見義,整個意思是説自己不輕易接待客人,祇對崔的來訪表示歡迎:“花徑不曾緣客掃,今始爲君掃;蓬門不曾爲客開,今始爲君開。”

〔4〕飧(sūn),熟食。兼味,不止一味,即多樣的菜肴。

〔5〕醅(pēi),未經過濾的酒。

〔6〕取,等於説得(依張相説)。“取”在這裏用作補語。杜甫這時以務農爲生,來往的多是野老田父。這一聯是説,徵得客人的同意後,便邀請鄰居的田父共同飲酒。來、開、醅、杯,押韻(灰韻)。

登　樓〔1〕

　　花近高樓傷客心,萬方多難此登臨〔2〕。錦江春色來天地〔3〕,玉壘浮雲變古今〔4〕。北極朝廷終不改,西山寇盜莫相侵〔5〕。可憐後主還祠廟,日暮聊爲梁甫吟〔6〕。

〔1〕這首詩大約是代宗廣德二年(公元764年)杜甫由閬州回成都以後寫的。

〔2〕萬方多難,指吐蕃之亂。廣德元年冬,吐蕃曾攻陷京師,後來郭子儀收復
　　長安,代宗回長安復位。這年十二月,吐蕃又侵佔了松、維、保三州(都在
　　四川省)。

〔3〕錦江,是岷江的支流,由四川郫(pí)縣流經成都西南。來天地,來自天地。

〔4〕玉壘,山名,在四川灌縣西北。這一聯寫登樓所見。

〔5〕北極,北天極,又名北辰。終不改,北極的位置是永不改變的,比喻朝廷
　　不可動搖。西山寇盜,指吐蕃。這一聯是對吐蕃的警告,意思是說吐蕃
　　想推翻唐室是不可能的。

〔6〕後主,劉備的兒子劉禪。祠,指舉行祀禮。梁甫吟,樂府篇名,相傳諸葛亮
　　隱居時好爲梁甫吟。這一聯是說,後主尚且能祠其宗廟三十餘年,全賴諸
　　葛亮的輔佐。這是感傷當世的無人。心、臨、今、侵、吟,押韻(侵韻)。

詠懷古迹五首〔1〕

支離東北風塵際,飄泊西南天地間〔2〕。三峽樓臺淹
日月〔3〕,五溪衣服共雲山〔4〕。羯胡事主終無賴〔5〕,詞
客哀時且未還〔6〕。庾信平生最蕭瑟,暮年詩賦動
江關〔7〕。

〔1〕這五首詩是作者在夔州(今四川奉節一帶)時寫的。第一首自敘兼懷庾
　　信,第二首懷宋玉,第三首懷王昭君,第四首懷劉備,第五首懷諸葛亮。
　　作者通過懷古,表達了對自己身世的感歎。

〔2〕支離,等於說流離。風塵,指安史之亂。西南,指蜀中。這兩句是說自己
　　避安史之亂,由長安展轉流離,逃至蜀地,又在蜀地到處漂泊。

〔3〕三峽,這裏指蜀東夔州一帶地方。樓臺,這裏指夔州人民的住處。淹,久
　　留。大曆元年(公元766年),杜甫由成都移居夔州,一共住了兩年,這句
　　是說在夔州滯留的日子很久。

〔4〕五溪,雄溪、横溪、無溪、酉溪、辰溪,在今湖南沅陵縣一帶,正在夔州之
　　南。在這裏,古代居住着五溪蠻。據《後漢書·南蠻傳》載,五溪蠻的服
　　色與漢人不同,喜歡穿五色衣服。五溪衣服,這裏指夔州一帶的少數民
　　族。這句是説在夔州與少數民族雜居。

〔5〕羯胡,指梁朝造反的侯景,兼指安禄山。無賴,不可靠。

〔6〕詞客,指庾信,兼指自己。庾信留居北周而思江南,和杜甫漂泊西南而思
　　故鄉相似。

〔7〕動,指轟動。江關,長江流經湖北省荆門虎牙二山之間,叫江關,這裏泛
　　指江南。庾信晚年,常常思念故鄉,作《哀江南賦》。參看第三册第1138
　　頁《哀江南賦序》。間、山、還、關,押韻(删韻)。

　　　摇落深知宋玉悲〔1〕,風流儒雅亦吾師〔2〕。悵望千
秋一灑淚〔3〕,蕭條異代不同時〔4〕。江山故宅空文
藻〔5〕,雲雨荒臺豈夢思〔6〕?最是楚宫俱泯滅,舟人指點
到今疑〔7〕。

〔1〕宋玉《九辯》:"悲哉秋之爲氣也,蕭瑟兮草木摇落而變衰。"

〔2〕儒雅,氣度雍容、學問深湛,這裏指宋玉的文才。

〔3〕悵,失意。

〔4〕我和宋玉蕭條的景況是一樣的,祇是時代不同罷了。

〔5〕故宅,相傳江陵、歸州(今湖北秭歸縣)有宋玉故宅,這裏指歸州的故宅。
　　秭歸靠長江,地處三峽,所以説"江山故宅"。空文藻,指其人已殁,空留
　　文藻。

〔6〕雲雨荒臺,指楚懷王夢見"旦爲朝雲,暮爲行雨"之神女的高唐臺。宋玉
　　《高唐賦》:"昔者,先王(楚懷王)嘗遊高唐,怠而晝寝,夢見一婦人曰:
　　'妾,巫山之女也,爲高唐之客,聞君遊高唐,願薦枕席。'王因幸之,去而
　　辭曰:'妾在巫山之陽,高丘之阻,旦爲朝雲,暮爲行雨,朝朝暮暮,陽臺之
　　下。'旦朝視之,如言,故爲立廟,號曰朝雲。"

〔7〕以上兩聯大意是:宋玉的故宅雖在,而其人已殁,空留文章於後世。《高唐

賦》所寫的巫山雲雨之事,本爲諷諫,難道真是夢思嗎? 最令人痛心的
是,直到楚宮全部湮滅了的今天,船夫還向過客指點,疑實有其事,使宋
玉諷諫的真意反而隱晦了。悲、師、時、思、疑,押韻(支韻)。

　　羣山萬壑赴荆門[1],生長明妃尚有村[2]。一去紫臺
連朔漠[3],獨留青塚向黃昏[4]。畫圖省識春風面,環珮
空歸月夜魂[5]。千載琵琶作胡語,分明怨恨曲中論[6]。

[1]荆門,山名,在今湖北宜都縣西北。赴,形容羣山相連,像奔赴一樣。

[2]明妃,即王昭君,名嫱,湖北秭歸人,漢元帝宮女。竟寧元年(公元前33
　　年),元帝和匈奴和親,將王昭君嫁給呼韓邪單于,號寧胡閼氏。晉時爲
　　避司馬昭諱,改稱明君,也稱明妃。昭君村在秭歸東北四十里。

[3]紫臺,紫宮,就是皇宮。朔漠,北方的沙漠地帶。

[4]青塚,指王昭君墓,在今內蒙古自治區呼和浩特城南二十里。相傳邊地
　　多白草,獨昭君墓呈青色,所以叫青塚。

[5]省(xǐng),察。省識,等於説辨認。春風面,指美麗的容貌。環珮,婦女
　　戴的佩玉,這裏借指王昭君。這兩句是譏諷漢元帝。大意是説:由於元
　　帝祇憑藉畫像來辨認美人的容貌,因而使王昭君遠嫁匈奴,祇有死後的
　　魂靈在月夜歸來。《西京雜記》載,元帝按畫像召見宮人,宮人都賄賂畫
　　工,獨王昭君自恃貌美,不肯行賄,畫工將她的像畫得很醜,因而始終沒
　　能見到元帝。後來匈奴與漢和親,元帝就將她嫁給匈奴。臨別之前,元
　　帝召見她,發現她的美麗爲後宮第一,悔恨異常,便將畫工毛延壽殺了。

[6]作胡語,琵琶原是西北少數民族的樂器,昭君彈琵琶所伴奏的歌曲當是
　　胡曲,所以説"作胡語"。曲中論,等於説在曲中表達出來。傳説昭君在
　　匈奴作有思怨的歌曲,今琵琶曲和琴曲中都有《昭君怨》。這一聯是説,
　　王昭君雖已死去,但她的怨恨卻流傳千載,人們常常用琵琶彈奏《昭君
　　怨》。門、村、昏、魂、論,押韻(元韻)。

　　蜀主窺吳幸三峽,崩年亦在永安宮[1]。翠華想像空
山裏[2],玉殿虛無野寺中[3]。古廟杉松巢水鶴[4],歲

時伏臘走村翁[5]。武侯祠屋長鄰近[6]，一體君臣祭祀同[7]。

〔1〕蜀主，指劉備，史稱先主。孫權破荆州殺關羽後，劉備率軍伐吳，駐軍秭歸。章武二年（公元 222 年）被吳擊敗，退還魚復縣（在今四川奉節縣東），並將魚復改爲永安。章武三年，死於永安宮（在永安西七里）。這一聯是追溯先主廟的由來。

〔2〕翠華，參看本册第 1401 頁《長恨歌》注〔2〕。這句是説：劉備當年的儀仗早已滅迹，現在祇能在空山裏想像而已。

〔3〕玉殿，劉備當年在永安建造的宮殿，後來改爲臥龍寺。

〔4〕水鶴，鶴是水鳥，故又稱水鶴。《抱朴子·對俗》："千歲之鶴，隨時而鳴，能登於木。其未千載者，終不集於樹上也。"這句形容廟的古老。

〔5〕歲時伏臘，參看第三册第 905 頁《報孫會宗書》注〔5〕。這句是説：村民按季節前往祭祀。

〔6〕武侯，諸葛亮死後謚爲忠武，故稱武侯。武侯祠在先主廟西。

〔7〕君爲元首，臣爲肱股，所以説"一體君臣"。宮、中、翁、同，押韻（東韻）。

　　諸葛大名垂宇宙，宗臣遺像肅清高[1]。三分割據紆籌策[2]，萬古雲霄一羽毛[3]。伯仲之間見伊吕[4]，指揮若定失蕭曹[5]。運移漢祚終難復[6]，志決身殲軍務勞[7]。

〔1〕宗臣，爲後世所尊仰的大臣。

〔2〕紆，屈，即不得施展的意思。籌策，謀略。這句是説：在三分割據的形勢下，諸葛亮不能施展他的謀略。

〔3〕萬古，永世。羽毛，指飛鳥。凌霄之鳥，比喻諸葛亮絶世獨立的高尚品德。

〔4〕伯仲之間，等於説不相上下。伊，殷代的伊尹。吕，周代的吕尚。這句是説，諸葛亮的品德和才能和伊尹吕尚不相上下。

〔5〕指揮若定，指處理國事時胸有成竹、從容不迫。蕭，蕭何。曹，曹參。這句是説，指揮若定的本領，蕭曹猶有所失，也就是説蕭曹不如諸葛亮。

〔６〕祚,皇位。

〔７〕殲,盡、滅。身殲,身死,這裏指以身殉職。高、毛、曹、勞,押韻(豪韻)。

登　高

風急天高猿嘯哀,渚清沙白鳥飛迴〔１〕。無邊落木蕭蕭下〔２〕,不盡長江滾滾來。萬里悲秋常作客,百年多病獨登臺〔３〕。艱難苦恨繁霜鬢〔４〕,潦倒新停濁酒杯〔５〕。

〔１〕飛迴,旋轉地飛翔。

〔２〕落木,指落葉。

〔３〕百年,等於説一生。

〔４〕苦恨,等於説非常恨。繁,多。霜鬢,指白髮。

〔５〕潦倒,衰頹。新停濁酒杯,當時杜甫因肺病而戒酒。哀、迴、來、臺、杯,押韻(灰韻)。

韓　愈

左遷至藍關示姪孫湘〔１〕

一封朝奏九重天〔２〕,夕貶潮州路八千〔３〕。欲爲聖明除弊事〔４〕,肯將衰朽惜殘年〔５〕?雲橫秦嶺家何在?雪擁藍關馬不前〔６〕。知汝遠來應有意,好收吾骨瘴江邊〔７〕。

〔１〕左遷,貶官。藍關,藍田關,又叫嶢(yáo)關,在陝西藍田縣東南。湘,韓愈姪韓老成的兒子,字北渚,唐穆宗長慶三年(公元823年)中進士,爲大理丞。唐憲宗元和十四年,韓愈爲刑部侍郎,因諫迎佛骨,被貶爲潮州刺史。

〔２〕一封,指《諫迎佛骨表》。九重天,指宮闕。《楚辭·九辯》:“君之門以九重。”

〔３〕潮州,故治在今廣東潮安縣,一本作“潮陽”。

〔4〕欲,一本作"本"。聖明,指皇帝。弊事,指迎佛骨事。

〔5〕肯,等於說豈肯,一本作"豈"。將,拿。惜殘年,愛惜殘年的生命。當時韓愈已五十二歲,所以說"殘年"。

〔6〕擁,阻塞。

〔7〕瘴江,泛指嶺南河流,舊說嶺南多瘴氣,人碰上就要生病。潮州地處嶺南,所以韓愈這樣說。天、千、年、前、邊,押韻(先韻)。

李 商 隱

安定城樓〔1〕

迢遞高城百尺樓〔2〕,綠楊枝外盡汀洲〔3〕。賈生年少虛垂涕〔4〕,王粲春來更遠遊〔5〕。永憶江湖歸白髮,欲迴天地入扁舟〔6〕。不知腐鼠成滋味,猜意鵷雛竟未休〔7〕。

〔1〕唐文宗開成三年(公元838年),李商隱應宏詞科試,不中選,到涇源作節度使王茂元的幕僚,寫了這首詩抒發自己的憤懣心情。安定,即涇州(故治在今甘肅涇川縣北五里),是涇源節度使的衙門所在地。

〔2〕迢遞,高峻的樣子。

〔3〕汀洲,平坦的沙洲。

〔4〕賈生,指賈誼,這裏作者用來自比,感歎不為世用。垂涕,賈誼《治安策序》裏有"臣竊惟事勢可為痛哭者一"等語,參看第三冊第1035頁注〔6〕。

〔5〕王粲,字仲宣,東漢末年人,因避西京(長安)之亂,往荊州投靠劉表,未被重用。後曾登湖北當陽城樓,作《登樓賦》,裏面有這樣的話:"雖信美而非吾土兮,曾何足以少留。"作者在這裏借詠歎王粲的身世,抒發自己仕途不得志,寄人籬下的感慨。

〔6〕迴天地,即扭轉乾坤的意思,指幹一番大事業。這一聯是說,自己長久想着的是,將來幹了一番扭轉乾坤的大事業之後,乘着一葉扁舟,帶着滿頭的白髮,歸隱江湖。春秋時,范蠡輔佐越王勾踐滅吳之後,即辭官浮海而去。這裏暗用其事。

〔7〕"腐鼠""鵷雛"的故事,參看第二冊第388頁《惠子相梁》。在這裏,"腐鼠"比喻功名富貴,"鵷雛"是作者自比。意,也是猜。這一聯大意是:自己營求官職,是爲了實現救國濟民的大志,並不是爲了功名富貴,沒有想到有些人把功名富貴當作好東西,竟無休止地猜疑我也和他們一樣。樓、洲、遊、舟、休,押韻(尤韻)。

無 題〔1〕

相見時難別亦難,東風無力百花殘〔2〕。春蠶到死絲方盡,蠟炬成灰淚始乾〔3〕。曉鏡但愁雲鬢改〔4〕,夜吟應覺月光寒。蓬山此去無多路〔5〕,青鳥殷勤爲探看〔6〕。

〔1〕李商隱把一些不便標題和難於標題的詩,都標以"無題",這類詩大多含義隱晦。

〔2〕這句點明分別時的季節是"百花殘"的暮春。

〔3〕蠟炬,蠟燭。淚,指蠟燭燃燒時流下的蠟油。

〔4〕鏡,用如動詞,照鏡子。改,指改變顏色(由黑變白)。這句是感歎年華易逝。

〔5〕蓬山,指蓬萊山。

〔6〕青鳥,《漢武故事》:"王母遣使謂帝曰:'七月七日,我當暫來。'帝至日,掃宮内,燃九華燈,於承華殿齋。日正中,忽見有青鳥從西方來集殿前,上問東方朔,朔對曰:'西王母暮必降尊像,上宜灑掃以待之。'"後代因此用青鳥比作傳遞消息的人。難、殘、乾、寒、看(kān),押韻(寒韻)。

馬 嵬(二首選一)

海外徒聞更九州〔1〕,他生未卜此生休〔2〕。空聞虎旅鳴宵柝,無復雞人報曉籌〔3〕。此日六軍同駐馬〔4〕,當時七夕笑牽牛〔5〕。如何四紀爲天子〔6〕,不及盧家有莫愁[7]。

[1]更九州，《史記·孟子荀卿列傳》：“中國名爲赤縣神州。赤縣神州内自有
　　九州，禹之序九州是也，不得爲州數。中國外如赤縣神州者九，乃所謂九
　　州也。”這句是説，海外復有九州的傳説，是不可靠的，也就是説，楊貴妃
　　死後成爲神仙居於海外的説法是荒謬的。

[2]未卜，等於説未知。這句大意是：他生的情況無法知道，而這一輩子也已
　　經完了。

[3]旅，軍隊。虎旅，指保護玄宗入蜀的警衛部隊。柝(tuò)，巡夜時敲打的
　　木梆子。雞人，古官名，見《周禮·春官》。雞人職掌之一是夜呼旦以警
　　起百官。籌，指漏壺中箭形的立柱。這一聯是寫楊貴妃死後唐玄宗的悽
　　涼情況。

[4]這句指馬嵬驛兵變事，參看本册第1401頁《長恨歌》注[3]。

[5]《長恨歌傳》：“秋七月，牽牛織女相見之夕……時夜殆半，休侍衛于東西
　　廂，獨侍上。上憑肩而立，因仰天感牛女事，密相誓心，願世世爲夫婦。
　　言畢，執手各嗚咽。”笑牽牛，意思是説唐玄宗和楊貴妃認爲牽牛織女一
　　年相會一次，不如自己幸福。這一聯是倒敘法，先説此日，再説當時。

[6]古代以十二年爲一紀。唐玄宗在位共四十四年，將近四紀。

[7]莫愁，洛陽女子，嫁與盧家爲婦，婚後生活很幸福。梁武帝《河中之水
　　歌》：“河中之水向東流，洛陽女兒名莫愁。十五嫁作盧家婦，十六生子字
　　阿侯。”州、休、籌、牛、愁，押韻(尤韻)。

蘇　軾

新城道中[1](二首選一)

　　東風知我欲山行，吹斷簷間積雨聲。嶺上晴雲披絮
帽[2]，樹頭初日掛銅鉦[3]。野桃含笑竹籬短，溪柳自搖
沙水清。西崦人家應最樂[4]，煮葵燒筍餉春耕[5]。

[1]新城，在杭州西南，原是杭州的屬縣，現爲富春縣新登鎮。作者知杭州時，

曾於神宗熙寧六年(公元 1073 年)巡行屬縣,在由富陽至新城的途中寫了這首詩。

〔２〕絮帽,棉絮做成的帽。嶺上浮着晴雲像披着絮帽,比喻晴雲既白又厚。

〔３〕鉦,樂器,似鈴,無舌,柄半在上,半在下,稍稍寬其孔,執柄搖之,使與體相擊爲聲(據段玉裁説)。樹頭昇起的初日像掛着的銅鉦,比喻初日圓而微紅。

〔４〕西崦(yǎn),等於説西山。

〔５〕葵,一本作"芹"。餉,把食物送給……吃。行、聲、鉦、清、耕,押韻(庚韻)。

有美堂暴雨〔１〕

遊人腳底一聲雷,滿座頑雲撥不開。天外黑風吹海立,浙東飛雨過江來〔２〕。十分瀲灩金樽凸〔３〕,千杖敲鏗羯鼓催〔４〕。喚起謫仙泉灑面〔５〕,倒傾鮫室瀉瓊瑰〔６〕。

〔１〕有美堂,在杭州城內吳山的最高處。嘉祐初,梅摯知杭州,仁宗特地寫了一首詩賜給他,詩中有"地有吳山美,東南第一州"兩句。梅摯到任後,便在吳山上建立了"有美堂"。

〔２〕江,指錢塘江。

〔３〕瀲灩(liànyàn),水溢出的樣子。樽,盛酒器。這句是形容海立,是説波浪湧起,海面就像裝得過滿的酒從酒器中鼓出來。

〔４〕杖,指鼓槌。鏗,也是敲。這裏"敲鏗"連用,成爲雙聲,使與上聯疊韻聯緜字"瀲灩"爲對仗。羯鼓,又叫兩杖鼓,是用兩個鼓槌同時打的鼓。這句是形容"飛雨",是説飛雨落得像千杖敲打着羯鼓。

〔５〕謫仙,從天上謫貶到人世的仙人,指李白。《唐書・李白傳》:"〔賀〕知章見其文,歎曰:'子,謫仙人也!'"唐玄宗有一次召李白填寫樂府新詞,李白已醉臥酒肆。入宮後,宮人用水灑他的臉,纔清醒過來,玄宗叫他做詩,他馬上就寫成了十餘章。這一句應上文"金樽凸"。

〔６〕鮫室,《述異記》載,南海中有鮫人室,鮫人哭泣時,眼中就流出珠子。瓊,

美玉。瑰(guī)，美石。《左傳·成公十七年》：“初，聲伯夢涉洹，或與己瓊瑰食之，泣而爲瓊瑰盈其懷。”“傾鮫室”“瀉瓊瑰”，這裏都用來比喻做出好詩。這一句應上文“羯鼓催”（催出詩來）。雷、開、來、催、瑰，押韻（灰韻）。

陸　游

陸游（公元 1125—1210 年），字務觀，號放翁，越州山陰（今浙江紹興）人。早年因主張恢復中原，深爲秦檜所嫉，政治上很不得志。秦檜死後，高宗紹興二十八年（公元 1158 年），纔被任爲寧德（今福建寧德縣）主簿。公元 1163 年，孝宗即位，賜他進士出身，任爲樞密院編修。不久，受到當權的主和派的排擠，被貶爲鎮江通判。從此遷徙頻繁，不被朝廷重用。公元 1190 年，光宗即位，召入朝中，任爲朝議大夫禮部郎中。次年，又被劾去官。晚年居住在山陰故居，過着窮困的生活，一直到死。

陸游是南宋時代的一位偉大的愛國詩人，他以大量的愛國詩篇，譴責了敵人入侵的罪行，揭露了統治者投降賣國的勾當，表達了中原人民光復神州的願望。他留下的作品有《渭南文集》五十卷，《劍南詩稿》八十五卷。

觀長安城圖

許國雖堅鬢已斑〔1〕，山南經歲望南山〔2〕。橫戈上馬嗟心在〔3〕，穿塹環城笑虜孱〔4〕。日暮風煙傳隴上〔5〕，秋高刁斗落雲間〔6〕。三秦父老應惆悵〔7〕，不見王師出散關〔8〕。

〔1〕許國，以身許國。
〔2〕經歲，常年。南山，即終南山。當時作者在四川，在終南山南。

〔３〕心，指報國的心。

〔４〕塹(qiàn)，護城的濠溝。孱(chán)，弱。陸游自注：“諜者(偵察者)言虜穿塹三重環長安城。”

〔５〕風煙，指烽煙。古代邊境築有若干土高臺，遇有軍情，立刻舉烽火，相鄰的臺依次舉烽，用以報警。隴上，指今陝西省西部隴縣一帶地方。

〔６〕刁斗，軍中用具，白天用來做飯，夜間用來敲打巡夜。刁斗落雲間，指刁斗之聲響徹雲霄。

〔７〕三秦，指關中(今陝西省)。秦亡後，項羽三分關中，以封秦降將章邯、司馬欣、董翳，人稱爲“三秦”。

〔８〕散關，又叫大散關，在陝西寶雞市西南，古代爲秦蜀往來要道。斑、山、孱、間、關，押韻(刪韻)。

夜泊水村

　　腰間羽箭久凋零，太息燕然未勒銘〔１〕。老子猶堪絶大漠〔２〕，諸君何至泣新亭〔３〕？一身報國有萬死，雙鬢向人無再青〔４〕。記取江湖泊船處，臥聞新雁落寒汀〔５〕。

〔１〕太息，等於説歎息。燕然，燕然山，即今蒙古境内的杭愛山。勒，刻。銘，文體的一種，刻於器皿或石上。東漢和帝永元元年(公元89年)，車騎將軍竇憲擊敗北單于，登燕然山刻石記功而還。這裏用此典，表示自己抗金復國的大志未能實現。

〔２〕老子，等於説老夫，作者自稱。絶，横渡。

〔３〕新亭，在今南京市南。泣新亭，《世説新語・言語》：“過江諸人，每至美日，輒相邀新亭，藉卉飲宴。周侯(周顗)中坐而歎曰：‘風景不殊，正自有山河之異。’皆相視流淚。唯王丞相(王導)愀然變色曰：‘當共戮力王室，克復神州，何至作楚囚相對？’”這句是説，不應該學晉朝士大夫那樣空憂國事，應該行動起來。

〔４〕這兩句大意是：自己一身報國有萬死不辭的決心，可是雙鬢已白，無再青

之時。就是説,雖然決心許國,但年已老大,自己的志向不能實現。

〔5〕記取,等於説牢牢記住。新雁,新從北方飛來的雁。這一聯是説,自己不被朝廷重用,常年漂泊江湖,眼看着時光年復一年地過去。零、銘、亭、青、汀,押韻(青韻)。

黃　州〔1〕

局促常悲類楚囚〔2〕,遷流還歎學齊優〔3〕。江聲不盡英雄恨,天地無私草木秋〔4〕。萬里羈愁添白髮,一帆寒日過黃州。君看赤壁終陳迹,生子何須似仲謀〔5〕?

〔1〕黃州,宋代叫黃州齊安郡,故治在今湖北黃岡縣。

〔2〕楚囚,參看第三册第 1143 頁《哀江南賦序》注〔6〕。

〔3〕齊優,齊人淳于髡、東方朔都以滑稽見長,而古代的優人是以滑稽娛主的。陸游當時很不得志,"類楚囚""學齊優",都是對自己身世的感慨。

〔4〕這一聯是即景生情。上句是説,江聲似表英雄之恨而不能盡表。下句是説,天地是無私的,並不因爲人們有未竟的事業而讓時間停留,眼前又是秋季,一年又將過去了。

〔5〕仲謀,孫權的字。據説曹操攻吳時見孫權軍隊很整齊,於是歎説:"生子當如孫仲謀。"詩人反用其意以抒心中憤慨(見《三國志·吳書·吳主傳》裴松之注引《吳歷》)。囚、優、秋、州、謀,押韻(尤韻)。

五言絶句

王　維

雜　詩

君自故鄉來,應知故鄉事。來日綺窗前,寒梅著花未〔1〕?

〔1〕這兩句的大意是:你由故鄉來的時候,窗前的梅枝上添了花朵没有(即:開

花了沒有)？綺(qǐ)，畫有交錯方文的絹綾一類的絲織品。綺窗，雕空了像綺文的窗子。也就是把窗木刻成交錯透空像網子似的窗子。寒梅，就是梅，因爲梅在寒冬開花，所以稱寒梅。著(zhuó)，附著。著花，開花。事、未，押韻(實未通韻)。

柳 宗 元

江 雪

千山鳥飛絕，萬徑人蹤滅。孤舟簑笠翁，獨釣寒江雪[1]。

[1]絕、滅、雪，押韻(屑韻)。

李 白

夜宿山寺[1]

危樓高百尺[2]，手可摘星辰。不敢高聲語，恐驚天上人[3]。

[1]一本題作"題峯頂寺"。

[2]危樓，高樓。此句一本作"夜宿峯頂寺"。

[3]辰、人，押韻(真韻)。

杜 甫

八 陣 圖[1]

功蓋三分國[2]，名成八陣圖。江流石不轉[3]，遺恨失吞吳[4]。

[1]八陣圖，傳說中的一種古代布陣法。《三國志・蜀書・諸葛亮傳》："推演兵法，作八陣圖。"據說諸葛亮曾聚石壘成天地風雲龍虎鳥蛇八陣。關於"八陣圖"的所在地，歷來說法不一。一般認爲是在當時的永安縣(蜀縣

名,在今重慶奉節縣東)永安宮(劉備的行宮)前的平沙上。

〔2〕這是説諸葛亮的功業蓋天下。三分國,三分天下之國,即魏蜀吴。

〔3〕這句是説雖然數百年來每至夏日長江水漲時,八陣圖就遭江水沖激,但卻屹然不動。《詩經·邶風·柏舟》:"我心匪石,不可轉也。"這裏暗用了《柏舟》的語句。

〔4〕遺恨,遺憾。失,指失策。全句的大意是:遺憾的是出兵想吞併東吴,作錯了。劉備曾於章武元年(公元221年)親征東吴,諸葛亮不能諫止,結果大敗而歸,國力因此削弱。圖、吴,押韻(虞韻)。

七言絶句

李　白

黄鶴樓送孟浩然之廣陵〔1〕

故人西辭黄鶴樓,煙花三月下揚州〔2〕。孤帆遠影碧空盡,唯見長江天際流〔3〕。

〔1〕黄鶴樓,在武昌黄鵠山(俗名蛇山)上。廣陵,今江蘇省揚州市。

〔2〕煙花,指春天艷麗的景物。

〔3〕空,一本作"山"。樓、州、流,押韻(尤韻)。

杜　牧

將赴吴興登樂遊原一絶〔1〕

清時有味是無能〔2〕,閒愛孤雲靜愛僧〔3〕。欲把一麾江海去〔4〕,樂遊原上望昭陵〔5〕。

〔1〕這首詩是宣宗大中四年(公元850年)秋作者將離長安赴任湖州(即吴興)刺史時所作。吴興,今浙江湖州市。樂遊原,在長安縣南。一絶,一首絶句。

〔2〕清時,指太平時期。這句是説,太平時期像我這樣有閒適趣味的人都是無

才能的。這是反話。

〔3〕這句是説,愛孤雲的閒,愛僧的靜。

〔4〕把,握,持。麾,旌旗的一種。古代常稱外出作州牧或郡守爲"建麾"。這句是説自己將要去作湖州刺史。

〔5〕昭陵,唐太宗的陵墓,在今陝西禮泉縣東北九嵕(zōng)山。這句暗示自己對當時政治的不滿,而嚮往唐太宗的貞觀之治。能、僧、陵,押韻(蒸韻)。

泊　秦　淮〔1〕

煙籠寒水月籠沙〔2〕,夜泊秦淮近酒家。商女不知亡國恨〔3〕,隔江猶唱後庭花〔4〕。

〔1〕秦淮,河名,發源於江蘇溧水縣,穿過金陵(南京),入長江。金陵是陳的國都,陳後主沈於聲色,終於亡國。詩中所説的"亡國恨"就是指此事。

〔2〕煙,指水上霧氣。籠,籠罩。這句互文見義,意即月光和霧氣籠罩着河水及水邊沙地。

〔3〕商女,指歌妓。

〔4〕江,指秦淮河。後庭花,《玉樹後庭花》的簡稱,爲陳後主所作的樂曲。沙、家、花,押韻(麻韻)。

寄揚州韓綽判官〔1〕

青山隱隱水遥遥〔2〕,秋盡江南草木彫〔3〕。二十四橋明月夜〔4〕,玉人何處教吹簫〔5〕?

〔1〕韓綽,事蹟不詳。判官,唐時官名,爲節度使、觀察使的僚屬。韓綽大概是淮南節度使判官。

〔2〕隱隱,不清楚的樣子。遥遥,一本作"迢迢"。

〔3〕彫,通"凋"。木,一本作"未"。

〔4〕二十四橋,唐時揚州最繁華,城南北十五里一百一十步,東西七里三十步,

有二十四座橋。

〔5〕玉人,美人。遥、彫、簫,押韻(蕭韻)。

金 谷 園〔1〕

繁華事散逐香塵〔2〕,流水無情草自春。日暮東風怨啼鳥,落花猶似墜樓人〔3〕。

〔1〕金谷園,西晉石崇的別墅,又叫梓澤,參看第三册第1158頁《滕王閣序》注〔2〕。

〔2〕香塵,石崇生活極其豪華,曾將沈水香末鋪在象牙牀上,叫他所寵愛的姬妾在上面踐踏,步輕無痕迹的,賜以珍珠。這句是説,當年金谷園的繁華事隨着沈水香塵消逝了。

〔3〕墜樓人,指石崇的愛妾綠珠。晉惠帝時,趙王倫專權,他的親信孫秀派人向石崇索綠珠,石崇不肯,於是孫秀矯詔逮捕石崇,綠珠跳樓自殺。塵、春、人,押韻(真韻)。

蘇　軾

飲湖上初晴後雨〔1〕(二首選一)

水光瀲灩晴方好〔2〕,山色空濛雨亦奇〔3〕。欲把西湖比西子〔4〕,淡妝濃抹總相宜〔5〕。

〔1〕湖,指西湖。

〔2〕瀲灩,波動的樣子(與《有美堂暴雨》的“瀲灩”微異)。方,一本作“的”。

〔3〕空濛,又寫作“涳濛”,微雨迷茫的樣子。

〔4〕欲,一本作“若”。西子,指西施。

〔5〕總,一本作“也”。奇、宜,押韻(支韻)。

題西林壁〔1〕

橫看成嶺側成峯〔2〕,遠近高低各不同〔3〕,不識廬山真面目,祇緣身在此山中〔4〕。

〔1〕西林,西林寺,在廬山。

〔2〕嶺,一條山(不是獨立的峯)。

〔3〕一本作“遠近看山總不同”。

〔4〕緣,因。峯、同、中,押韻(首句用冬韻,其餘用東韻)。

陸　游

十一月四日風雨大作

　　僵臥孤村不自哀,尚思爲國戍輪臺〔1〕。夜闌臥聽風吹雨〔2〕,鐵馬冰河入夢來〔3〕。

〔1〕輪臺,漢時西域地名,即今新疆輪臺縣,漢代在那裏駐兵屯田。戍輪臺,這裏泛指戍守邊境。

〔2〕夜闌,夜將盡。

〔3〕鐵馬,配有鐵甲的戰馬。冰河,泛指北方冰凍的河流。哀、臺、來,押韻(灰韻)。

常　用　詞(十三)　96字

　　掇控捫把挑搔投擲遞　蹈蹋　升緣　傴仆斃傾　聆眺睇眄瞻迴還逝　分訣　悸慟悵慨　警惕　欲感　酌酵　酣覺　央闌

　　清澄渾　安閑　乖互　繁煩　急忽但

　　星辰　嶽丘嶺　棧閣　旬藩苑隴塹墳　蹊徑　汀洲渚臯涯塘垠　輦轂轅轍　簪纓紱綬衾襦袂　羹飧　絲管弦　鼓鼙　僚羣輩

909.【掇】

　　拾取。《詩經·周南·芣苢》:“采采芣苢,薄言~之。”曹操《短歌行》:“明明如月,何時可~?”杜甫《自京赴奉先縣詠懷五百字》詩:"憂端齊終南,澒洞不可~。"(澒 hòng 洞:連續不斷的樣子。)

910.【控】

(一)拉弓。《史記·劉敬叔孫通列傳》:"當是時,冒頓爲單于,兵彊,~弦三十萬。"曹植《白馬篇》:"~弦破左的。"岑參《白雪歌送武判官歸京》詩:"將軍角弓不得~,都護鐵衣冷猶著。"

(二)勒馬。《詩經·鄭風·大叔于田》:"叔善射忌,又良御忌,抑磬~忌,抑縱送忌。"(忌:句末語氣詞。抑:句首語氣詞。磬:騁馬。)引申爲控制。王勃《滕王閣序》:"~蠻荆而引甌越。"盧照鄰《長安古意》詩:"五劇三條~三市。"

911.【捫】

持。《詩經·大雅·抑》:"莫~朕舌。"引申爲摸。《史記·高祖本紀》:"乃~足曰:'虜中吾指。'"李白《蜀道難》詩:"~參歷井仰脅息。"

912.【把】

(一)握持,攥(zuàn)。《史記·殷本紀》:"湯自~鉞以伐昆吾。"杜甫《別房太尉墓》詩:"對棋陪謝傅,~劍覓徐君。"又《奉濟驛重送嚴公》詩:"幾時杯重~,昨夜月同行。"蘇軾《水調歌頭》詞:"明月幾時有?~酒問青天。"現代有雙音詞"~握"。

(二)捆成束的。杜甫《園官送菜》詩:"清晨送菜~。"

(三)介詞。將,把(後起義)。蘇軾《飲湖上初晴後雨》詩:"欲~西湖比西子。"

913.【挑】

(一)讀 tiāo。撓,撥動。《莊子·大宗師》:"孰能登天游霧,撓~无極?"(无極:指宇宙。)白居易《長恨歌》:"孤燈~盡未成眠。"

又特指彈奏樂器的一種指法(後起義)。白居易《琵琶行》:"輕攏
慢撚抹復~。"現代雙音詞"~撥""~剔""~選",都由撥動的意義發
展而來。引申爲以尖狀物挖取。杜荀鶴《山中寡婦》詩:"時~野菜
和根煮。"劉時中《正宮·端正好》(上高監司)套曲:"剝榆樹殽,~
野菜嘗。"

(二)讀 tiǎo。刺激對方以引起戰鬥。《史記·項羽本紀》:"則
漢欲~戰,慎勿與戰。"司馬遷《報任安書》:"橫~彊胡。"

(三)讀 tiǎo。引誘,打動〔別人的心〕。《戰國策·秦策一》:
"楚人有兩妻者,人~其長者,詈之。"《史記·司馬相如列傳》:"是
時卓王孫有女文君新寡,好音,故相如以琴心~之。"

(四)讀 tiǎo。用棍棒的一端插着或掛着(晚起義)。睢景臣
《高祖還鄉》套曲:"明晃晃馬鐙槍尖上~。"

(五)讀 tiǎo。擔着(晚起義)。《桃花扇》餘韻:"山松野草帶
花~,猛抬頭秣陵重到。"(秣陵:地名,今南京。)

914.【搔】

撓,用手指甲輕刮。《詩經·鄭風·靜女》:"愛而不見,~首踟
躕。"杜甫《春望》詩:"白頭~更短。"也可指以足輕蹴。枚乘《上書
諫吳王》:"足可~而絕。"[~頭]簪。劉禹錫《春詞》:"蜻蜓飛上
玉~頭。"白居易《長恨歌》:"翠翹金雀玉~頭。"

915.【投】

(一)拋擲,拋向。《詩經·衛風·木瓜》:"~我以木瓜。"鄒陽
《獄中上梁王書》:"以暗~人於道,衆莫不按劍相眄者。"韓愈《進學
解》:"~閑置散,乃分之宜。"引申爲拋棄,扔掉。王勃《滕王閣序》:
"有懷~筆,慕宗慤之長風。"

(二)投入。《史記·滑稽列傳》:"即使吏卒共抱大巫嫗~之河

中。"曹植《野田黄雀行》:"見鷂自~羅。"成語有"自~羅網"。引申
爲投合,迎合。元好問《贈答劉御史雲卿》詩:"膠漆本易~。"成語
有"~其所好""臭味相~""情~意合"等。

(三)投靠,依託。《南史・王懿傳》:"有遠來相~者,莫不竭力
營贍。"(營贍 shàn:供養。)引申爲到……住宿。杜甫《石壕吏》詩:
"暮~石壕村。"又爲到,接近。王安石《觀明州圖》詩:"~老心情非
復昔,當時山水故依然。"

916.【擲】(擿)

抛向。本寫作"擿"。《史記・刺客列傳》:"乃引其匕首以擿
秦王。"引申爲抛棄,扔掉。《莊子・胠篋》:"擿玉毀珠,小盜不
起。"杜枚《阿房宮賦》:"棄~邐迤,秦人視之,亦不甚惜。"按:"擲"
字舊讀入聲。

[辨]投,擲。"投"和"擲"是同義詞,但是"投"字較多用於抛
向的意義,"擲"字較多用於抛棄的意義。

917.【遞】

(一)交替。《楚辭・招魂》:"二八侍宿,射~代些。"(些:句末
語氣詞。)杜牧《阿房宮賦》:"秦復愛六國之人,則~三世可至萬世
而爲君。"又副詞。交替地,一個接一個地。《莊子・齊物論》:
"其~相爲君臣乎?"《吕氏春秋・先己》:"當今之世,巧謀並行,詐
術~用。"

(二)運送(後起義)。《舊唐書・郭虔瓘傳》:"一萬行人詣六
千餘里,咸給~馱,並供熟食。"現代傳遞的意義由此發展而來。

(三)[迢~]遼遠的樣子。左思《吴都賦》:"曠瞻迢~。"杜甫
《春日江村》詩:"迢~來三蜀,蹉跎又六年。"温庭筠《更漏子》詞:
"柳絲長,春雨細,花外漏聲迢~。"

[**辨**]遞,迭。在交替的意義上,"遞"和"迭"没有分別。但"迭"字不能用於傳遞的意義,"迢遞"不能説成"迢迭"。

918.【蹈】

(一)踩,踏。《莊子·達生》:"至人潛行不窒,~火不熱。"《僞古文尚書·君牙》:"若~虎尾。"引申爲頓足,跺腳。《孟子·離婁上》:"則不知足之~之,手之舞之。"又雙音詞有"舞~",成語有"手舞足~"。"蹈河"連用,指跳河或投河。鄒陽《獄中上梁王書》:"是以申徒狄~雍之河。"

(二)行,行走。《左傳·哀公二十一年》:"使我高~。"(高蹈:遠行。)後代"高~"連用,表示隱居。張協《七命》:"翫世高~。"用於抽象意義表示實踐,實行,遵循。《荀子·王制》:"故明君不~也。"今成語有"循規~矩"。

919.【躡】

(一)踩。《史記·淮陰侯列傳》:"張良、陳平~漢王足。"引申爲踏上,登上〔位置〕。左思《詠史》詩:"世胄~高位,英俊沈下僚。"引申爲跟蹤,追隨。《三國志·魏書·鄧艾傳》:"欣等追~於彊川口。"(欣:楊欣。)

(二)穿〔鞋〕。古詩《焦仲卿妻》:"足下~絲履,頭上玳瑁光。"

[**辨**]履,踐,蹈,躡。"履"和"踐"都是"行走在……上"的意思。"蹈"則是踩踏的意思,常帶有冒險的意味,如"蹈火""蹈海""蹈河"等。"躡"是有意識地踩上去,所以能引申出登上、跟蹤的意義來。

920.【升】

(一)量名,一斗的十分之一。《莊子·外物》:"君豈有斗~之水而活我哉?"

(二)上升,登。跟"降"相對。《詩經·小雅·天保》:"如日之~。"《論語・先進》:"由也~堂矣,未入於室也。"白居易《長恨歌》:"~天入地求之遍。"日升的意義在後代寫作"昇"。江淹《石劫賦》:"日照水而東昇。"後來一般升登的意義也都可以寫作"昇"。杜甫《多病執熱》詩:"奇峯硉兀火雲昇。"(硉兀 lùwù:突兀。)韓愈《山石》詩:"昇堂坐階新雨足。"引申爲升進,升遷〔官職〕。《舊唐書・馬周傳》:"欲有擢~宰相,必先試以臨人。"這個意義也可以寫作"昇"。杜甫《寄岳州賈司馬》詩:"每覺昇元輔,深期列大賢。"後來於升遷的意義多寫作"陞"。《金史・陳規傳》:"朝授一官,暮陞一職。"〔~平〕〔昇平〕太平。《三國志・魏書・王朗傳》:"蒸庶欣欣,喜遇~平。"(蒸庶:蒸民,老百姓。)張居正《辛未會試呈策二》:"建昇平之業。"

[辨]升,昇,陞。三字同音,除升斗的意義以外,三字原則上可以通用。即以"陞"字而論,《爾雅・釋畜》:"騏騋枝蹄趼,善陞甗。"(騏騋:良馬名。趼:讀 yàn,蹄下平正。甗:山形似甑,上大下小。)但是,近代升遷的意義在習慣上寫作"陞"。

921.【緣】

(一)衣邊飾,古代的一種花邊。《禮記・玉藻》:"緇布衣,錦~。"現代有雙音詞"邊~"。引申爲沿。陶潛《桃花源記》:"~溪行,忘路之遠近。"

(二)攀援。《孟子・梁惠王上》:"以若所爲,求若所欲,猶~木而求魚也。"李白《蜀道難》詩:"猨猱欲度愁攀~。"

(三)循,靠着。《荀子・正名》:"則~耳而知聲可也,~目而知形可也。"引申爲因爲。《公羊傳・宣公六年》:"趙穿~民眾不悅,起弒靈公。"杜甫《客至》詩:"花徑不曾~客掃。"蘇軾《題西林壁》詩:"不識廬山真面目,祇~身在此山中。"

（四）機緣,緣分。《韓非子‧二柄》:"今人主不掩其情,不匿其端,而使人臣有~以侵其主。"謝靈運《還舊園作》詩:"長與懽愛別,永絕平生~。"杜甫《清明》詩:"繡羽銜花他自得,紅顏騎竹我無~。"

922.【偃】

（一）仰臥。《詩經‧小雅‧北山》:"或息~在牀。"又:"或棲遲~仰。"引申爲向後倒。跟"仆"相對。《左傳‧定公八年》:"與一人俱斃,~,且射子鉏。"（斃:倒下。）再引申爲一般的倒伏。《尚書‧金縢》:"禾盡~。"《論語‧顏淵》:"草上之風必~。"成語有"~旗息鼓"。又爲棲息。杜甫《自京赴奉先縣詠懷五百字》詩:"胡爲慕大鯨,輒擬~溟渤?"

（二）停息,特指不用干戈。《僞古文尚書‧武成》:"乃~武修文。"杜甫《寄題江外草堂》詩:"干戈未~息,安得酣歌眠?"又《同元使君舂陵行》詩:"獄訟久衰息,豈惟~甲兵?"

923.【仆】

向前倒。《漢書‧貢禹傳》:"誠恐一旦蹷~。"又《梁孝王傳》:"即詐僵~,陽病。"柳宗元《永州韋使君新堂記》:"或立或~。"後世向後倒也叫仆。王安石《遊褒禪山記》:"有碑~道,其文漫滅,獨其爲文猶可識。"今成語有"前~後繼"。

924.【斃】

倒下去（指因傷因病）。《左傳‧成公二年》:"射其右,~于車中。"又《定公八年》:"與一人俱~,偃,且射子鉏。"用於抽象意義時,表示失敗或垮掉。《左傳‧隱公元年》:"多行不義,必自~。"引申爲死。《左傳‧僖公四年》:"與犬,犬~;與小臣,小臣亦~。"現代漢語有"槍~"。

[辨]偃,仆,跌,僵,斃。"偃""僵"是向後倒,"仆"是向前倒,

"斃"是倒下去(包括偃仆),"跌"是失足跌倒,跟"偃、仆、僵、斃"都不同。所以揚雄《解嘲》説:"不知一跌,將赤吾之族也。""偃"與"僵"雖同是向後倒,但向後倒衹是"偃"的引申義。偃臥、偃息的意義則不是"僵"字所能代替的。"僵"的引申義是僵硬,跟"偃"的意義距離更遠了。

925.【傾】

(一)傾斜,歪。《荀子·非十二子》:"端然正己,不爲物~側。"曹植《洛神賦》:"日既西~。"謝靈運《登池上樓》詩:"~耳聆波瀾,舉目眺嶇嶔。"李華《弔古戰場文》:"布奠~觴,哭望天涯。"引申爲傾向。杜甫《自京赴奉先縣詠懷五百字》詩:"葵藿~太陽,物性固莫奪。"

(二)顛覆,危。《論語·季氏》:"安無~。"《荀子·儒效》:"齊一天下而莫能~。"韓愈《子產不毀鄉校頌》:"下塞上聾,邦其~矣!"引申爲排擠,壓倒。《史記·魏其武安侯列傳》:"欲以~魏其諸將相。"

926.【聆】

聽。張衡《思玄賦》:"~廣樂之九奏兮。"謝靈運《登池上樓》詩:"傾耳~波瀾。"

[辨]聽,聆。"聽"和"聆"是同義詞,但也有細微的區別。"聽"是一般的聽,而"聆"是傾耳細聽。

927.【眺】

望,遠望。《禮記·月令》:"可以遠~望。"張衡《思玄賦》:"流目~夫衡阿兮。"謝靈運《登池上樓》詩:"舉目~嶇嶔。"

928.【睇】

微微斜視。《楚辭·九歌·山鬼》:"既含~兮又宜笑。"趙至

《與嵇茂齊書》:"龍~大野,虎嘯六合。"王勃《滕王閣序》:"窮~眄
於中天。"引申爲瞄。班固《幽通賦》:"養流~而猿號兮,李虎發而
石開。"(養:指養由基。春秋時楚人,善射。猿號:據説諸人射猿,
都不中,養由基一拉弓猿就嚇得哀啼。李:指西漢名將李廣。李善
騎射,一次出獵誤認石爲虎,一箭射去,連箭羽都透入石中。)

929.【眄】

斜視。鄒陽《獄中上梁王書》:"臣聞明月之珠,夜光之璧,以暗
投人於道,衆莫不按劍相~者。"王勃《滕王閣序》:"窮睇~於
中天。"

930.【瞻】

視,看。《詩經·邶風·燕燕》:"~望弗及,佇立以泣。"又《雄
雉》:"~彼日月。"又《小雅·節南山》:"赫赫師尹,民具爾~。"《楚
辭·離騷》:"~前而顧後兮。"現代有雙音詞"~仰"。

[辨]瞻,眺,睇,眄。"瞻""眺"是一類,"睇""眄"是一類。
"瞻"是看,但不是一般的看,而是往遠處看,往高處看,等等。"眺"
是遠望,常常用於看風景。"睇"和"眄"都是斜視,差別不大,但是
含情的斜視就祇能説"睇",不能説"眄"。

931.【迴】

轉,掉轉,回轉。司馬遷《報任安書》:"是以腸一日而九~。"陶
潛《讀山海經》詩:"窮巷隔深轍,頗~故人車。"王維《終南山》詩:
"白雲~望合,青靄入看無。"引申爲回來。杜甫《佳人》詩:"侍婢賣
珠~。"[縈~]迂迴曲折的樣子。王勃《滕王閣序》:"窮島嶼之
縈~。"又指水的迴旋。周邦彥《蘭陵王》詞:"漸別浦縈~,津堠岑
寂。"這個意義後來又寫作"瀠洄"。

[辨]回,迴。"回"與"迴"同音同義,"迴"是後起字。凡旋轉的

意義和回還的意義,既可寫作"回",又可寫作"迴"。惟有姦回的"回"不能寫作"迴"。

932.【還】

(一)回去,回來。《左傳·僖公三十年》:"吾其~也。"鮑照《擬行路難》詩:"~家自休息。"李白《蜀道難》詩:"問君西遊何時~。""而還"二字連用,等於説"以來",表示過去某時直到現在。李華《弔古戰場文》:"秦漢而~,多事四夷。"

(二)交還。《周禮·秋官·司儀》:"致饔餼,~圭。"引申爲償還。杜甫《歲晏行》:"況聞處處鬻男女,割慈忍愛~租庸。"

(三)副詞。還,更。杜甫《九日藍田崔氏莊》詩:"羞將短髮~吹帽。"陸游《黃州》詩:"邅流~歎學齊優。"

933.【逝】

去。《論語·陽貨》:"日月~矣。"司馬遷《報任安書》:"則長~者魂魄私恨無窮。"陶潛《詠荆軻》詩:"蕭蕭哀風~,淡淡寒波生。"蘇軾《前赤壁賦》:"~者如斯,而未嘗往也。"現代雙音詞"逝世"由"長逝"發展而來。

[辨]逝,往,去。"往"是有目的地的,祇是"往"字後面不説明目的地罷了。"逝"是没有目的地的(上下文都不提到目的地),略似"遂辭平原而去"的"去"。但"逝"和"去"也不一樣,因爲"逝"字常帶感情色彩,有一去不復返的意思。

934.【分】

(一)分開。《論語·泰伯》:"三~天下有其二。"又《季氏》:"邦~崩離析而不能守也。"江淹《別賦》:"造~手而銜涕。"引申爲分給。《左傳·莊公十年》:"衣食所安,弗敢專也,必以~人。"又爲分享。揚雄《解嘲》:"~人之禄。"又爲分辨,分别。《論語·微子》:

"五穀不~。"《莊子·齊物論》:"周與胡蝶則必有~矣。"[~明]清
楚。賈誼《論時政疏》:"等級~明。"杜甫《新婚別》詩:"妾身未~
明,何以拜姑嫜?"

(二)讀 fèn,等級制度中規定給每人的義務,本分,職分,名分。
《禮記·禮運》:"男有~,女有歸。"陶潛《自祭文》:"樂天委~,以至
百年。"韓愈《進學解》:"投閒置散,乃~之宜。"今成語有"安~守
己"。

935.【訣】

辭別,告別。江淹《別賦》:"瀝泣共~,抆血相視。"又:"誰能摹
暫離之狀,寫永~之情者乎?"杜甫《自京赴奉先縣詠懷五百字》詩:
"不忍便永~。"按:"訣"字本作"決"。《漢書·李廣蘇建傳》:"與
武決去。"又:"因與武決。""訣"是後起字。

936.【悸】

心跳。《漢書·田延年傳》:"使我至今病~。"引申爲膽戰心
驚。《楚辭·九思·悼亂》:"惶~兮失氣。"王延壽《魯靈光殿賦》:
"心猥猥而發~。"(猥猥 sìsì:不安的樣子。)李白《夢遊天姥吟留
別》詩:"忽魂~以魄動,悢驚起而長嗟。"

937.【慟】

悲哀過度。《論語·先進》:"顏淵死,子哭之~。"庾信《擬詠
懷》詩:"惟彼窮途~,知余行路難。"

[辨]痛,慟。二字古不同音(慟,徒弄切,音洞),意義也有分
別。疼痛的"痛"不能説成"慟"。即以悲哀的意義而論,"痛"與
"慟"也有程度的不同。

938.【悵】

心中如有所失,不稱心,不痛快。《楚辭·九歌·山鬼》:"怨公

子兮~忘歸。"王維《渭川田家》詩:"即此羨閒逸,~然吟式微。"杜甫《詠懷古迹》詩:"~望千秋一灑淚,蕭條異代不同時。"[惆~]心中如有所失的樣子。《楚辭·九辯》:"惆~兮而私自憐。"杜甫《自京赴奉先縣詠懷五百字》詩:"惆~難再述。"陸游《觀長安城圖》詩:"三秦父老應惆~,不見王師出散關。"

939.【慨】

(一)歎息,歎氣。《荀子·宥坐》:"孔子~然歎曰。"張衡《東京賦》:"~長思而懷古。"杜甫《秦州雜詩》:"萬方聲一~,吾道竟何之?"現代有雙音詞"感~"。

(二)[忼~][慷~]壯士激昂的樣子。《史記·項羽本紀》:"於是項王乃悲歌忼~。"司馬遷《報任安書》:"夫以中材之人,事有關於宦豎,莫不傷氣,而況於慷~之士乎?"陶潛《詠荊軻》詩:"慷~送我行。"今成語有"慷~激昂"。注意:現代"慷慨"又有"不吝嗇"的意義,古代"慷慨"不當"不吝嗇"講。

940.【警】

(一)使警惕,使知所戒。《左傳·宣公十二年》:"今天或者大~晉也。"《孟子·滕文公下》:"洚水~余。"(洚水:洪水。)李商隱《蟬》詩:"煩君最相~。"這個意義又寫作"儆"。《僞古文尚書·大禹謨》:"降水儆予。"(降水:即洚水。)現代有雙音詞"~戒""~告"。

(二)戒備,特指軍事上的戒備。《左傳·宣公十二年》:"且雖諸侯相見,軍衛不徹~也。"引申爲須要戒備的事件或消息。曹植《白馬篇》:"邊城多~急,胡虜數遷移。"現代有雙音詞"~報"。

941.【惕】

提心弔膽,擔心。《周易》乾卦:"君子終日乾乾,夕~若厲。"(乾乾:健强不息。若:如同。厲:危。)《左傳·襄公二十二年》:"無日不~。"現代有雙音詞"警~"。[怵~]提心弔膽,害怕。《孟子·公孫丑上》:"今人乍見孺子將入於井,皆有怵~惻隱之心。"李白《古風》:"行人皆怵~。"

942.【欲】

(一)及物動詞。想要得到,希望有某事。《論語·季氏》:"夫子~之。"《孟子·梁惠王上》:"以若所爲,求若所~。"《莊子·大宗師》:"父母豈~吾貧哉?"又能願動詞。想,想要。《莊子·秋水》:"莊子來,~代子相。"李白《蜀道難》詩:"猿猱~度愁攀緣。"引申爲將要。《史記·魏豹彭越列傳》:"西至鄭,逢呂后從長安來,~之洛陽,道見彭王。"高適《燕歌行》:"少婦城南~斷腸。"

(二)名詞。願望。《莊子·馬蹄》:"同乎无~,是謂素樸。"又《天地》:"无~而天下足。""欲"字常用於貶義,表示慾望,貪慾。《孟子·離婁下》:"從耳目之~。"劉伶《酒德頌》:"不覺寒暑之切肌,利~之感情。"這個意義又寫作"慾"。《論語·公冶長》:"棖也慾,焉得剛!"(棖 chéng:申棖,人名。)

943.【感】

使人心動,令人心情起變化。《周易》咸卦:"聖人~人心而天下和平。"《荀子·樂論》:"其~人深。"劉伶《酒德頌》:"不覺寒暑之切肌,利欲之~情。"引申爲感觸,感動,感傷。謝靈運《登池上樓》詩:"祁祁傷豳歌,萋萋~楚吟。"杜甫《春望》:"~時花濺淚,恨別鳥驚心。"[~激](1)感動激發。《後漢書·朱穆傳·論》:"專諸荊卿之~激。"(2)感謝。《宋書·范曄傳》:"皆~激舊恩,規相拯拔。"

944.【酌】

舀酒(自己喝或給人喝)。《詩經·周南·卷耳》:"我姑~彼兕觥。"蘇軾《前赤壁賦》:"洗盞更~。"《漢書·蓋寬饒傳》:"無多~

我,我迺酒狂。"陶潛《讀山海經》詩:"歡言~春酒。"引申爲舀水喝。王勃《滕王閣序》:"~貪泉而覺爽。"[斟~]斟酒。左思《吳都賦》:"仰南斗以斟~。"《昭明文選》所錄蘇武詩:"我有一罇酒,欲以贈遠人。願子留斟~,敍此平生親。"引申爲考慮取捨或損益。《國語·周語上》:"而後王斟~焉。"諸葛亮《出師表》:"至於斟~損益,進盡忠言,則攸之、褘、允之任也。"今有"~辦""~減"等。

945.【酹】

以酒沃地。這是古人祭神的一種儀式。《後漢書·張奐傳》:"以酒~地。"蘇軾《荔支歎》詩:"無人舉觴~伯游。"又《念奴嬌》詞:"一樽還~江月。"

946.【酣】

酒喝得很暢快,半醉。《戰國策·燕策一》:"即酒~樂,進熱歠。"《史記·魏其武安侯列傳》:"及飲酒~,夫起舞屬丞相。"白居易《輕肥》詩:"食飽心自若,酒~氣益振。"引申爲盡量或盡情從事某種行爲。《淮南子·覽冥》:"戰~日暮。"

947.【覺】

(一)讀 jiào。睡醒。跟"寐"相對。《詩經·王風·兔爰》:"尚寐無~。"《莊子·齊物論》:"~而後知其夢也。"李白《夢遊天姥吟留別》詩:"唯~時之枕席,失向來之煙霞。"白居易《長恨歌》:"雲鬢半偏新睡~。"注意:古代説"睡覺"是指睡醒的意思,與今天所謂"睡覺"不同。

(二)讀 jué。覺悟,省悟。《孟子·萬章上》:"天之生此民也,使先知~後知,使先~~後~也。"《公羊傳·昭公三十一年》:"叔術~焉,曰:'嘻! 此誠爾國也夫!'"引申爲發覺,覺察。《漢書·高帝紀》:"有而弗言,~,免。"(免:指免職。)"發覺"連用,表示事情被發覺，洩露。《史記·高祖本紀》：“趙相貫高等事發~。”《漢書·霍光傳》：“會事發~，雲、山、明友自殺。”

（三）感覺到，覺得。《僞古文尚書·説命下》：“厥德脩罔~。”王勃《滕王閣序》：“天高地迥，~宇宙之無窮。”又：“酌貪泉而~爽。”李商隱《無題》詩：“夜吟應~月光寒。”

按：舊時於（一）讀去聲或入聲，於（二）（三）讀入聲。

948.【央】

（一）［中~］中間，中心，正中。《詩經·秦風·蒹葭》：“宛在水中~。”《莊子·天下》：“我知天下之中~。”又《應帝王》：“南海之帝爲儵（shù），北海之帝爲忽，中~之帝爲渾沌。”《淮南子·天文》：“中~土也。”注意：“中央”是雙音詞，不能簡稱爲“央”；又“中央”表示正中的意思，常與東西南北並舉，並不是所有用中字的地方都可以説成“中央”。

（二）盡，完了。這個意義一般祇出現在“未央”這個詞組裏，並且一般祇和“夜”“歡樂”發生關係。《詩經·小雅·庭燎》：“夜未~。”曹丕《燕歌行》：“星漢西流夜未~。”劉楨《贈五官中郎將詩》：“歡悦誠未~。”韓愈《送李愿歸盤谷序》：“嗟盤之樂也，樂且無~。”（這是以“無央”代“未央”。）有時也和一般時間結合。《楚辭·離騷》：“時亦猶其未~。”

949.【闌】

（一）門前的柵欄。《史記·楚世家》：“是以敝邑之王不得事王，而令儀亦不得爲門~之斯也。”（儀：張儀自稱。）後來“門闌”二字連用就表示門。杜甫《李監宅》：“門~多喜色，女壻近乘龍。”引申爲欄杆（後起義）。柳永《玉蝴蝶》詞：“憑~悄悄，目送秋光。”周邦彦《滿庭芳》詞：“憑~久。”這個意義又寫作“欄”。杜牧《阿房宮賦》：“直欄橫檻。”辛棄疾《摸魚兒》詞：“休去倚危欄。”［~干］疊韻聯緜字。（1）縱橫交錯的樣子。曹植《妾薄命行》：“騰觚飛爵~干。”左思《吳都賦》：“珠琲~干。”（珠十貫爲一琲。）杜甫《彭衙行》：“相視涕~干。”白居易《長恨歌》：“玉容寂寞淚~干。”（2）欄杆。李白《清平調》：“沈香亭北倚~干。”柳永《八聲甘州》詞：“爭知我倚~干處，正恁凝愁。”這個意義又寫成“欄杆”。

（二）［~入］没有符籍（通行證）而擅入宫門。《漢書·高祖功臣年表》：“平陽侯曹宗~入宫掖門。”又《成帝紀》：“小女陳持弓，聞大水至，走入橫城門，~入尚方掖門。”

（三）盡，晚。常用於談及酒和時令的時候。“酒~”，表示酒喝得差不多了。《史記·高祖本紀》：“酒~，吕公因目固留高祖。”杜甫《九日》詩：“酒~卻憶十年事。”“歲~”，表示一年將盡。謝莊《宋孝武宣貴妃誄》：“白露凝兮歲將~。”杜甫《廢畦》詩：“緑霑泥滓盡，香與歲時~。”“夜~”，表示夜深。杜甫《羌村》詩：“夜~更秉燭，相對如夢寐。”又《放船》詩：“已泊城樓底，何曾夜色~？”陸游《十一月四日風雨大作》詩：“夜~臥聽風吹雨，鐵馬冰河入夢來。”

（四）［~珊］疊韻聯緜字。衰落的樣子。白居易《詠懷》詩：“白髮滿頭歸得也，詩情酒興漸~珊。”李煜《浪淘沙》詞：“春意~珊。”

950.【清】

清潔，特指水清。跟“濁”相對。《楚辭·漁父》：“滄浪之水~兮，可以濯吾纓。”引申爲天氣清，不冷也不熱。李商隱《晚晴》詩：“春去夏猶~。”柳永《八聲甘州》詞：“對瀟瀟暮雨灑江天，一番洗~秋。”又爲清白。李商隱《蟬》詩：“煩君最相警，我亦舉家~。”又爲清平，太平。常以“清世”或“清時”二字連用。《吕氏春秋·序意》：“蓋聞古之~世，是法天地。”李陵《答蘇武書》：“策名~時。”（策名：

名書於簡策,指仕宦。)杜牧《將赴吳興登樂游原》詩:"～時有味是無能,閒愛孤雲靜愛僧。"

951.【澄】(澂)

清,特指水清。《淮南子·説山》:"人莫鑑於沫雨,而鑑於～水。"謝朓《晚登三山還望京邑》:"～江靜如練。"引申爲使濁水澄清。《三國志·吳書·孫靜傳》:"頃連雨水濁,兵飲多腹痛,令促具甖缶數百口～水。""澄清"又用於抽象的意義。《後漢書·范滂傳》:"登車攬轡,慨然有～清天下之志。"

[辨]澄,清。在水清的意義上,"澄"與"清"是同義詞。但是"澄"字不像"清"字有那麼多的引申意義。又在使濁水澄清的意義上,用"澄"不用"清"。

952.【渾】

(一)濁,渾濁。《老子》十五章:"～兮其若濁。"杜甫《示從孫濟》詩:"汲多井水～。"

(二)混同合爲一體。《漢書·劉向傳》:"賢不肖～殽,白黑不分。"孫綽《遊天台山賦》:"～萬象以冥觀,兀同體於自然。"(渾萬象:指將自身與萬物渾然合爲一體。冥觀:不作明細的觀察。兀:無知的樣子。)引申爲未加工的,自然狀態的。《晉書·王戎傳》:"嘗目山濤爲璞玉～金。"後代"～朴""～厚"等雙音詞由此發展而來。

(三)副詞。完全,簡直。杜甫《春望》詩:"白頭搔更短,～欲不勝簪。"

(四)[～～](1)源泉湧流的樣子。舊讀 gǔngǔn。也寫作"混混"。《荀子·富國》:"財貨～～如泉源。"《孟子·離婁下》:"源泉混混,不舍晝夜。"(2)水勢大的樣子。韓愈《進學解》:"上規姚姒，~~無涯。”(3)混濁的樣子。陸雲《九愍》：“世~~其難澄。”

953.【安】

（一）安。跟“危”相對。《論語・季氏》：“蓋均無貧，和無寡，~無傾。”曹植《洛神賦》：“若危若~。”安又用於使動意義，表示使安，使免於滅亡。《史記・高祖本紀》：“周勃重厚少文，然~劉氏者必勃也。”庾信《詠懷》詩：“~齊獨未~。”引申爲舒服。《論語・學而》：“君子食無求飽，居無求~。”韓愈《進學解》：“~坐而食。”又爲安放（後起義）。周邦彥《滿庭芳》詞：“歌筵畔，先~簟枕，容我醉時眠。”

（二）疑問代詞。何，什麼。《左傳・僖公十四年》：“皮之不存，毛將~傅？”又用作狀語。怎麼，哪裏。《論語・先進》：“~見方六七十，如五六十，而非邦也者？”揚雄《解嘲》：“又~得青紫？”

954.【閑】

（一）柵欄，養牛馬的圈。《漢書・百官公卿表》：“又龍馬~駒。”引申爲道德的範圍。《論語・子張》：“大德不踰~，小德出入可也。”

（二）防止，防閑。《周易》乾卦：“~邪存其誠。”《左傳・昭公六年》：“是故~之以義。”

（三）熟練，熟習。《詩經・秦風・駟驖》：“四馬既~。”又《大雅・卷阿》：“君子之馬，既~且馳。”這個意義後來也寫作“嫻”。

（四）安靜，鎮靜。《淮南子・本經》：“~靜而不躁。”賈誼《鵬鳥賦》：“貌甚~暇。”（這裏的“閑暇”是鎮靜不驚的意思。）引申爲文雅，不浮躁粗俗。曹植《美女篇》：“美女妖且~。”（妖：艷麗。）這個意義後來寫作“嫻”。

（五）清閑，空閑。跟“忙”相對。《論衡・紀妖》：“常~從容步

游下邳、泗上。"李白《俠客行》:"～過信陵飲。"韓愈《進學解》:
"投～置散,乃分之宜。"這個意義本來作"閒"。

[辨]閑,閒。在清閒的意義上,"閑"與"閒"同義。但是要注
意:唐詩中許多"閑"字都應該解作安閑,而不應該解作清閒。例如
李白《獨坐敬亭山》詩:"衆鳥高飛盡,孤雲獨去～。"這種"閑"字解
作清閒就錯了。

955.【乖】

悖謬,相反,不協調。《左傳‧昭公三十年》:"楚執政衆而～。"
《荀子‧天論》:"則父子相疑,上下～離。"《楚辭‧七諫‧怨世》:
"吾獨～剌而無當兮。"陶潛《飲酒》詩:"疑我與時～。"引申爲不順
適。元稹《遣悲懷》詩:"謝公最少偏憐女,自嫁黔婁百事～。"(黔
婁:古代的窮士。)

[辨]乖,舛,戾,剌。這四個字是同義詞。"乖"與"舛"意義最
近,所以"乖互"又可以説成"舛互"。"戾"的本義是曲,乖戾衹是
它的引申義。又暴戾的"戾"更與"乖""舛"不同。"剌(là)"字一
般衹用於雙音詞中,如"乖剌""剌謬"等。

956.【互】

(一)交互,交錯。京房《易傳》:"陰陽交～。"[回～](迴互)雙
聲聯緜字。交錯的樣子。蕭穎士《蓬池宴序》:"洲島回～。"杜甫
《宿花石戍》詩:"四序本平分,氣候何迴～?"[乖～]錯亂。《後漢
書‧樂恢傳》:"天地乖～,衆物大傷。"

(二)副詞。互相。《宋書‧謝靈運傳‧論》:"欲使宮羽相變,
低昂～節。"

957.【繁】

繁多,多種多樣。《左傳‧昭公三年》:"於是景公～于刑。"《楚

辭·離騷》:"佩繽紛其~飾兮。"蕭統《文選序》:"自兹以降,源流
寔~。"引申爲繁雜,繁冗。跟"略"相對。又跟"簡"相對。《文心雕
龍·鎔裁》:"精論要語,極略之體;游心竄句,極~之體。"又爲
密。周邦彦《滿庭芳》詞:"憔悴江南倦客,不堪聽急管~絃。"[~
華]奢侈豪華的生活。杜牧《金谷園》詩:"~華事散逐香塵。"

958.【煩】

(一)煩躁。《素問·生氣通天論》:"~則喘喝。"引申爲煩悶。
《史記·扁鵲倉公列傳》:"病使人~懣。"《楚辭·哀時命》:"惟~懣
而盈匈。"(匈:胸。)引申爲煩擾。韓愈《送李愿歸盤谷序》:"入耳
而不~。"

(二)麻煩。《左傳·僖公三十年》:"敢以~執事。"李商隱
《蟬》詩:"~君最相警。"

(三)繁多,煩瑣。《淮南子·主術》:"法省而不~。"《漢書·
刑法志》:"高祖初入關……蠲削~苛,兆民大説。"

[辨]繁,蕃,煩。三字同音。在繁多的意義上,這三個字有共
同之處。所以"蕃盛"也可以作"繁盛","蕃庶"也可以作"繁庶",
"蕃殖"也可以作"繁殖","煩文"也可以作"繁文","煩細"也可以
作"繁細"。大致説來,"蕃"與"繁"通,"繁"與"煩"通,而"煩"與
"蕃"卻很少相通。

959.【急】

(一)性情急躁,没有耐心。《孟子·滕文公下》:"三月無君則
弔,不以~乎?"《莊子·人間世》:"齊之待使者,蓋將甚敬而不~。"

(二)迫切,緊急。跟"緩"相對。《孟子·盡心上》:"當務之
爲~。"《荀子·王霸》:"今君人者~逐樂而緩治國。"(君人:給人做
君,統治人。)曹植《白馬篇》詩:"邊城多警~。"今雙音詞有"緊~"

“危~”。又指迫切需要的生活資料，生活困難。《論語・雍也》：“君子周~不繼富。”（周：通“賙”。）

（三）快，趕緊。《史記・秦始皇本紀》：“項羽~擊秦軍。”又爲急促。周邦彥《滿庭芳》詞：“~管繁絃。”

按：“急”字舊讀入聲。

960.【忽】

（一）不注意，不重視，無視。《漢書・王嘉傳》：“~於小過。”又《賈誼傳》：“願幸毋~。”《文心雕龍・情采》：“采濫~真。”杜甫《自京赴奉先縣詠懷五百字》詩：“臣如~至理，君豈棄此物？”現代有雙音詞“~略”“~視”“疏~”。

（二）突然。《左傳・莊公十一年》：“禹湯罪己，其興也悖焉；桀紂罪人，其亡也~焉。”（悖：通“勃”，勃焉，突然的樣子。）《論語・子罕》：“瞻之在前，~焉在後。”按：在最初的時候，常常是以“忽焉”二字連用來表示突然，後來變爲單用“忽”字。《楚辭・離騷》：“~反顧以游目兮。”李白《夢遊天姥吟留別》詩：“迷花倚石~已暝。”

（二）[~~]心裏迷迷糊糊的樣子。宋玉《高唐賦》：“悠悠~~，怊悵自失。”（怊悵：同“惆悵”。）司馬遷《報任安書》：“居則~~若有所亡。”又說成雙聲聯緜字“恍忽”。宋玉《神女賦序》：“精神恍~，若有所喜。”（恍：同“恍”。）後來又寫成“恍惚”。

按：“忽”字舊讀入聲。

961.【但】

祇，僅。《史記・劉敬叔孫通列傳》：“匈奴匿其壯士肥牛馬，~見老弱及羸畜。”曹丕《與吳質書》：“公幹有逸氣，~未遒耳。”李白《蜀道難》詩：“~見悲鳥號古木，雄飛雌從繞林間。”杜甫《客至》詩：“~見羣鷗日日來。”李商隱《無題》詩：“曉鏡~愁雲鬢改。”注意：在古代漢語裏，"但"字不當"但是"講。"但是"的意義用"然""然而"或"而"來表示。

962.【星】

星。王勃《滕王閣詩》："物換~移幾度秋？"［~歷］(~曆)天文曆數。司馬遷《報任安書》："文史~曆，近乎卜祝之間。"［~辰］泛指星空。有人以爲"星"指火水木金土五星，"辰"指二十八宿。《尚書·堯典》："曆象日月~辰。"

963.【辰】

(一)十二支的第五位。用來紀日。《左傳·僖公三十二年》："庚~，將殯于曲沃。"後來又用來紀年，紀月，紀時。又十二支總稱爲十二辰。"浹~"二字連用，表示十二日。《左傳·成公九年》："浹~之間，而楚克其三都。"

(二)時，特指時運。《詩經·小雅·小弁》："我~安在？"又《大雅·桑柔》："我生不~。""良辰"二字連用，指好日子。《楚辭·九歌·東皇太一》："吉日兮良~。"又指好時令。柳永《雨霖鈴》詞："應是良~好景虛設。"

(二)星名。北極稱爲北辰。《論語·爲政》："譬如北~，居其所而衆星共之。"王勃《滕王閣序》："天柱高而北~遠。"按：依朱熹說，北辰是北天中心無星處。這是天文學的嚴格說法。其實古人是依一般的說法，以北極星爲北辰。周秦時代的北極是小熊座 β 星，今天北極則是小熊座 α 星。又特指二十八宿中的心宿，稱爲"大辰"，簡稱爲"辰"。也叫"商星"。《法言·學行》："吾不覩參~之相比也。"(辰星夏季出現，參星冬季出現，所以不能"相比"，並列天空。)按：二十八宿中的房宿、行星中的水星也稱"辰星"。

(四)通"晨"。早晨。《詩經·齊風·東方未明》："不能~夜。"

(不能分辨早晨和夜晚。)

964.【嶽】(岳)

山之尊者。古人以泰山(岱)爲東嶽,衡山(霍)爲南嶽,華山爲西嶽,恒山爲北嶽,合稱四嶽。再加上中嶽嵩山(太室),合稱五嶽。《詩經‧大雅‧崧高》:"崧高維~。"(山大而高爲崧。)李白《俠客行》:"三杯吐然諾,五岳倒爲輕。"又《夢遊天姥吟留別》詩:"天姥連天向天横,勢拔五岳掩赤城。"

965.【丘】(邱)

(一)小土山。《莊子‧胠篋》:"夫川竭而谷虛,~夷而淵實。"又《則陽》:"是故~山積卑而爲高,江河合水而爲大。"引申爲山。《漢書‧司馬相如傳》:"以登介~。"(介丘:大山。)陶潛《歸園田居》詩:"少無適俗韻,性本愛~山。"又《歸去來辭》:"既窈窕以尋壑,亦崎嶇而經邱。"李白《夢遊天姥吟留別》詩:"列缺霹靂,~巒崩摧。"

(二)廢墟。《楚辭‧九章‧哀郢》:"曾不知夏之爲~兮。"王勃《滕王閣序》:"蘭亭已矣,梓澤~墟。"

(三)墳墓。常以"丘墓"二字連用。司馬遷《報任安書》:"亦何面目復上父母之~墓乎!"楊惲《報孫會宗書》:"豈意得全其首領,復奉先人之~墓乎!"

"丘"與"邱"本有分別:"丘"是山丘,"邱"是邑名。後來因避孔子諱,山丘的"丘"也寫作"邱",或省筆爲"匚"。俗又作"坵"。

966.【嶺】

山腰。本作領。《漢書‧嚴助傳》:"輿轎而隃領。"(隃:同"踰"。)引申爲山。韓愈《山石》詩:"清月出~光入扉。"又爲一條山(不是獨立的峯)。蘇軾《題西林壁》詩:"横看成~側成峯。"又爲連緜不斷的山,山脈的幹系。王羲之《蘭亭序》:"此地有崇山峻~。"

“五嶺”二字連用,指大庾嶺、越城嶺、都龐嶺、萌渚嶺、騎田嶺,在今江西湖南和廣東廣西交界處。《漢書·張耳傳》:“南有五領之戍。”後來“嶺”字獨用,也特指五嶺,而嶺南、嶺表則指今廣東省。《晉書·吳隱之傳》:“朝廷欲革~南之弊。”又《晉書·滕修傳》:“修爲廣州牧,宿有威惠,爲~表所服。”

[辨]山,嶺。“嶺”字作山腰或一條山講的時候,與“山”大有區別。“横看成嶺側成峯”,其中的嶺不能解作“山”。但是,“嶺”的引申義則與“山”的意義差不多。“崇山峻嶺”的“嶺”也可以説是“山”的同義詞。

967.【棧】

(一)棚車,用木條横排編成車廂的輕便車子。《詩經·小雅·何草不黄》:“有~之車,行彼周道。”又寫作“輚”。《左傳·成公二年》:“丑父寢於輚中。”

(二)方格的木架,放在馬房地上防溼的。《莊子·馬蹄》:“編之以皁~。”顏延之《赭白馬賦》:“歲老氣殫,斃於内~。”

(三)棧道,在山上用木材架起來修成的道路。《漢書·張良傳》:“良因説漢王燒絶~道。”白居易《長恨歌》:“雲~縈紆登劍閣。”

注意:古代“棧”字不解作貨棧或客棧。

968.【閣】

(一)複道,用木材架於空中以爲道路。《戰國策·齊策六》:“爲棧道木~而迎王與后於城陽山中。”劍閣即因閣道得名。白居易《長恨歌》:“雲棧縈紆登劍~。”引申爲樓與樓之間的架空複道,人們經過複道從此樓到彼樓。謝朓《和江丞北戍瑯琊城》詩:“春城麗白日,阿~跨層樓。”引申爲一種方形、六角形或八角形的樓式建築。王勃《滕王閣序》：“飛～流丹，下臨無地。”杜牧《阿房宮賦》：“五步一樓，十步一～。”

（二）收藏書籍的房子，建在高地上，或者是樓房。《漢書·揚雄傳》：“時雄校書天禄～，上治獄事，使者來欲收雄。雄恐不能自免，迺從～上自投下，幾死。”李白《俠客行》：“誰能書～下，白首太玄經？”

（三）官署。西漢時官府辦公處所稱“閣”。也作“閤”。《漢書·朱博傳》：“於是府丞詣閣，博迺見丞。”陸機《答張士然詩》：“絜身躋秘～。”（絜：潔。躋 jī：登。秘閣：指秘書省。）按：漢時官府機構中的長官居閣（閤）上，吏役在閣下。如《漢書·朱博傳》：“閣下書佐入，博口占檄文……”後世尊稱人爲“閣下”，意思是“閣下的辦事人員”。這是表示不敢直稱其人，而以“閣下辦事人員”相代。與“執事”“陛下”性質相似。

（四）小門。古詩《上山采蘼蕪》：“新人從門入，故人從～去。”引申爲婦女所居的房屋。周邦彦《齊天樂》詞：“深～時聞裁翦。”又特指未婚女子所居。《木蘭詩》：“開我東～門，坐我西～牀。”後世女子出嫁叫“出～”。［閨～］“閨”“閤”都指宮中的小門，連用指宮禁。司馬遷《報任安書》：“身直爲閨閣之臣，寧得自引深藏於巖穴邪？”按：後世“閨閣之臣”專指宦官。“閨閣”又指未婚女子所居的地方。

（五）放下，擱置（後起義）。《新唐書·劉知幾傳》：“～筆相視。”這個意義後來寫作“擱”。引申爲存貯，積存。《西廂記》第四本第三折：“我見他～淚汪汪不敢垂，恐怕人知。”

（六）忍，禁受（晚起義）。《西廂記》第四本第三折：“～不住淚眼愁眉。”

[辨]棧,閣。在棧道的意義上,"棧"與"閣"是同義詞。分開來説。"棧"是平鋪的,"閣"是架空的。

969.【甸】

王國四郊之外,周圍五百里爲甸服。《尚書·禹貢》:"五百里~服。"引申爲郊外,郊野。謝朓《晚登三山還望京邑》詩:"喧鳥覆春洲,雜英滿芳~。"

970.【藩】

籬笆。《周易》大壯卦:"羝羊觸~。"(羝羊:公羊。)"藩"又用於比喻,表示藉以保障、保衛國家的人或地。《詩經·大雅·板》:"价人維~。"(价:大。价人:大德之人。)左思《詠史》詩:"吾希段干木,偃息~魏君。"又寫作"蕃"。《左傳·昭公九年》:"文武成康之建母弟,以蕃屏周。"[~鎮]唐代於地處邊境的州設置十節度使,統轄軍政,以便防禦外患。安史之亂後,内地也普遍置節度使,總攬軍政大權,成爲對抗中央的軍閥勢力。李尤《函谷關賦》:"~鎮造而惕息,侯伯過而震惶。"蘇軾《指掌圖序》:"~鎮强梁于河北。"

971.【苑】

天子遊樂田獵的廣闊場所,其中種植花木,豢養禽獸(不是關起來飼養)。司馬相如《上林賦》:"不務明君臣之義,正諸侯之禮,徒事爭於遊戲之樂,~囿之大。"杜甫《哀江頭》詩:"憶昔霓旌下南~,~中萬物生顔色。"

[辨]囿,苑,園,圃。"囿""苑"是一類,"園""圃"是一類。"囿""苑"是帝王窮奢極侈的遊樂場所。先秦叫"囿",叫"苑",漢以後多叫"苑","囿"和"苑"是同義詞。"園"和"圃"是農民所有:種樹的叫"園",種菜的叫"圃"。渾言則園圃無別。潘岳《閒居賦序》:"灌園粥(鬻)蔬,以供朝夕之膳。"可見"園"也可以種菜。後來"園"字用

來表示貴家的花園,纔和"圃"字分開了。

972.【隴】

(一)地名。隴山(在陝西、甘肅交界處。漢屬天水郡)。《漢書·武帝紀》:"遂躐~。"陸游《觀長安城圖》詩:"日暮風煙傳~上。"又泛指山。孔稚珪《北山移文》:"及其鳴騶入谷,鶴書赴~。"也作"壟"。孔稚珪《北山移文》:"於是南岳獻嘲,北~騰笑。"一本作"壟"。

(二)田地分界的高處。《史記·項羽本紀》:"乘勢起~畝之中。"這個意義也寫作"壟"。《史記·陳涉世家》:"輟耕之壟上,悵恨久之。"

按:後來於(二)義習慣上寫作"壟"。(一)義的地名不能作"壟"。

973.【塹】(壍)

坑,溝。《左傳·昭公十七年》:"環而~之及泉。"《後漢書·耿弇傳》:"城中溝~皆滿。"引申爲護城河。《史記·高祖本紀》:"郎中鄭忠乃説止漢王,使高壘深~勿與戰。"《南史·孔範傳》:"長江天塹,古來限隔南北。"陸游《觀長安城圖》詩:"穿~環城笑虜屏。"

974.【墳】

(一)大堤。《詩經·周南·汝墳》:"遵彼汝~。"

(二)水中高地。《楚辭·九章·哀郢》:"登大~以遠望兮。"

(三)墳墓。《呂氏春秋·首時》:"昭王出奔隨,遂有郢,親射王宮,鞭荆平之~三百。"張衡《思玄賦》:"覯有黎之圮~。"(有黎:即祝融氏。圮墳:毀壞了的墳墓。)杜甫《別房太尉墓》詩:"駐馬別孤~。"

(四)經典,遠古的書籍。相傳最古的書是"三墳五典"。《左傳·昭公十二年》:"是能讀三~五典八索九丘。"所以遠古的書籍又稱"典~"或"~籍"。陸機《文賦》："頤情志於典~。"（頤：養。）蕭統《文選序》："概見~籍,旁出子史。"

[辨]丘,墓,墳,冢。在墳墓的意義上,這四個字是同義詞。"丘"與"墓"常常通用,而且常常二字連用。區別開來説,平者爲"墓",高者爲"丘"。"墳"當墓講時,"墳"與"墓"的分別也是高和平的分別,所以《禮記·檀弓》説："古者墓而不墳。""冢"是大墳。杜甫《曲江》詩："苑邊高冢臥麒麟。""丘"是大冢,所以趙武靈王的墓稱爲"靈丘",吴王闔閭的墓稱爲"虎丘"。

975.【蹊】

人走出來的小路。《莊子·馬蹄》："山無~隧,澤無舟梁。"《史記·李將軍列傳》："桃李不言,下自成~。"《文心雕龍·情采》："夫桃李不言而成~,有實存也。"

976.【徑】

(一)小路,不能容車的步道。《論語·雍也》："行不由~。"《老子》五十三章："大道甚夷,而民好~。"杜甫《客至》詩："花~不曾緣客掃,蓬門今始爲君開。"

(二)直。枚乘《上書諫吳王》："~而寡失。"引申爲直徑。《史記·田敬仲完世家》："尚有~寸之珠。"左思《詠史》詩："以彼~寸莖,蔭此百尺條。"《南史·劉穆之傳》："一字~尺無嫌大。"

[辨]道,路,塗,蹊,徑。"道、路、塗"是一類,都是通車的路。"塗"容一軌,"道"容二軌,"路"容三軌,泛指則没有分别。"蹊、徑"是一類,都是不能通車的路。"徑"常常是直而近的小路,可以通牛馬,而"蹊"則比"徑"更小,袛是人們經常踐踏而成的。

977.【汀】

水邊平地。《楚辭·九歌·湘夫人》："搴~洲兮杜若。"王勃

《滕王閣序》:"鶴~鳧渚,窮島嶼之縈迴。"李商隱《安定城樓》詩:
"綠楊枝外盡~洲。"陸游《夜泊水村》詩:"臥聞新雁落寒~。"

978.【洲】

水中的陸地。《詩經·周南·關雎》:"關關雎鳩,在河之~。"
王勃《滕王閣序》:"臨帝子之長~。"蘇軾《卜算子》詞:"寂寞
沙~冷。"

979.【渚】

水中的小塊陸地,小洲。王勃《滕王閣序》:"鶴汀鳧~,窮島嶼
之縈迴。"杜甫《登高》詩:"~清沙白鳥飛迴。"

980.【皋】(皐)

水旁高地。《楚辭·離騷》:"步余馬於蘭~兮。"孔稚珪《北山
移文》:"雖假容於江~,乃纓情於好爵。""東皋"二字連用,常常表
示隱士躬耕的地方。陶潛《歸去來辭》:"登東~以舒嘯,臨清流而
賦詩。"孔稚珪《北山移文》:"騁西山之逸議,馳東~之素謁。"王績
《野望》詩:"東~薄暮望,徙倚欲何依?"

981.【涯】

水邊。《尚書·微子》:"若涉大水,其無津~。"引申爲邊,邊
際,盡頭。《莊子·養生主》:"吾生也有~,而知也無~。"《古詩十
九首》:"相去萬餘里,各在天一~。"[天~]天邊,遼遠的地方。李
華《弔古戰場文》:"布奠傾觴,哭望天~。"馬致遠《天淨沙》:"斷腸
人在天~。"[生~]生活。杜甫《杜位宅守歲》詩:"誰能更拘束?爛
醉是生~!"

"涯"字有三種讀音:(1)音宜(yí),支韻,如《弔古戰場文》押
"知、疑、之、涯、悲、依、離、斯、夷"。(2)音牙(yá),麻韻。如《進學
解》押"華、家、涯、牙、夸、葩"。(3)音崖(ái),佳韻。第三種讀音比

較少見。

982.【塘】

（一）堤。本作“唐”。《吕氏春秋‧尊師》：“治唐圃。”《淮南子‧主術》：“若發城決唐。”（城 xián：也是堤）。謝靈運《登池上樓》詩：“池~生春草，園柳變鳴禽。”庾信《哀江南賦》：“連茂苑於海陵，跨橫~於江浦。”《唐書‧地理志》：“繞州郭有堤~百八十里。”按：地名如錢塘、瞿塘、橫塘，都是一種堤壩。

（二）水塘。《國語‧周語下》：“疏爲川谷，以導其氣；陂~汙庳，以鍾其美。”《太平御覽》卷七十四引《荆州記》曰：“水從下注~，一日再減盈縮，因名爲朝夕~。”杜甫《和裴迪登新津寺》詩：“蟬聲集古寺，鳥影度寒~。”

983.【垠】

邊，邊際。《楚辭‧遠遊》：“其小無内兮，其大無~。”李華《弔古戰場文》：“平沙無~。”韓愈《子産不毀鄉校頌》：“施及無~。”

［辨］岸，涯，垠。這三個字是同義詞。“岸”的本義是高的水涯，在一般的用途上，“岸”也就是涯。但“涯”的引申義是岸所没有的。“垠”的本義也是岸，但常見的祇有邊際的意義，而且祇用在“無垠”這個組合裏。“無涯”與“無垠”不同：“無涯”比較多用於抽象意義，而“無垠”比較多用於具體意義。

984.【輦】

（一）用人推挽的車。《戰國策‧趙策四》：“老婦恃~而行。”秦漢以來專指帝后乘坐的車。盧照鄰《長安古意》詩：“玉~縱橫過主第。”（主第：公主的府第。）杜甫《哀江頭》詩：“昭陽殿裏第一人，同~隨君侍君側。”《宋史‧寇準傳》：“瓊即麾衛士進~，帝遂渡河。”（瓊：指高瓊。麾：指揮。）［~下］帝輦之下。指京城。杜牧《冬至日遇京使發寄舍弟》詩：“尊前豈解愁家國，~下唯能憶弟兄。”也“~轂下”連用。司馬遷《報任安書》：“僕賴先人緒業，得待罪~轂下。”

（二）〔用車〕運載。《詩經・小雅・黍苗》：“我任我~。”（任：背或扛。）陸游《聞虜亂次前輩韻》詩：“~金輪虜庭。”又爲乘坐。《荀子・大略》：“諸侯~輿就馬。”杜牧《阿房宮賦》：“辭樓下殿，~來於秦。”

985.【轂】

車輪中心，有圓孔可以插軸的部分。《老子》十一章：“三十輻共一~。”也指稱車。《漢書・食貨志》：“轉~百數。”（百數：指數量多。）“輦~下”連用時，指稱京都。司馬遷《報任安書》：“得待罪輦~下。”

986.【轅】

車前駕牲畜的兩根直木。《莊子・達生》：“委蛇其大如轂，其長如~。”（委蛇 wēiyí：鬼物名。）杜甫《自京赴奉先縣詠懷五百字》詩：“北~就涇渭。”今成語有“南~北轍”。〔~門〕古代在軍營前面用兩乘車仰放着，使車轅相向以表示營門，叫做轅門。《漢書・項籍傳》：“羽見諸侯將入~門。”

987.【轍】

車輪軋出的痕迹。《莊子・人間世》：“汝不知夫螳蜋乎？怒其臂以當車~，不知其不勝任也。”王勃《滕王閣序》：“處涸~以猶懽。”杜甫《自京赴奉先縣詠懷五百字》詩：“官渡又改~。”現代有雙音詞“覆~”，又有成語“如出一~”。

988.【簪】

用來綰住頭髮的一種首飾，古時也用來把帽子別在頭髮上。古代男女都用簪。孔稚珪《北山移文》：“昔聞投~逸海岸。”杜甫

《春望》詩:"白頭搔更短,渾欲不勝~。"簪又用作動詞。辛棄疾《祝英臺近》詞:"才~又重數。"[~纓]指貴人的冠飾。杜甫《八哀詩·贈左僕射鄭國公》詩:"身上媿~纓。"

[辨]笄,簪,釵。"笄"就是簪。《儀禮·士冠禮:》"皮弁笄。"鄭玄注:"笄,今之簪。"是笄簪一物。因《士昏禮》和《禮記·曲禮上》都有"女子許嫁笄而字"的説法,所以後世多以"笄"稱女性之簪。"釵"是由兩股簪子合成的,與簪不完全同義。"釵"專用作婦女的首飾,而"簪"則在許多情況下指男人的首飾,這更使"簪"與"釵"區別開來了。

989.【纓】

(一)繫冠的帶子,結在下巴的。《楚辭·漁父》:"滄浪之水清兮,可以濯我~。"揚雄《解嘲》:"戴縰垂~而談者,皆擬於阿衡。""長纓"二字連用,表示:(1)長的冠帶。陶潛《詠荆軻》詩:"雄髮指危冠,猛氣衝長~。"(2)貴官的服飾。杜甫《自京赴奉先縣詠懷五百字》詩:"賜浴皆長~,與宴非短褐。"(3)繫頸的長繩。《漢書·終軍傳》:"軍自請,願受長~,必羈南越王而致之闕下。"成語有"請~"。王勃《滕王閣序》:"無路請~,等終軍之弱冠。"

(二)馬胸前的革帶。《左傳·桓公二年》:"鞶厲游~。"(鞶pán:紳帶。厲:下垂的帶端。游:通"斿",旌旗的飾物。)

990.【紱】

(一)讀fú。繫印的絲帶(其顔色依品級而定)。《漢書·匈奴傳》:"授單于印~。"又:"解故印~奉上,將率受。"曹植《求自試表》:"是以上慚玄冕,俯愧朱~。"(印繫於肘後的腰間,所以説"俯愧"。朱紱:諸侯王的服色。)

(二)禮服(祭服、朝服)之一種,用來蔽膝。用熟皮革製作。

《易經》困卦:"朱~方來。"這個意義原寫作"芾"或"韍"。《詩經·曹風·候人》:"三百赤芾。"《漢書·王莽傳》:"服天子韍冕。"

991.【綬】

用來繫印的絲帶,紱。《史記·蔡澤列傳》:"懷黃金之印,結紫~於要。"(要:腰)白居易《輕肥》詩:"紫~悉將軍。"江淹《別賦》:"君結~兮千里。"

992.【衾】(ㄑㄧㄣ衿)

被子。《詩經·召南·小星》:"抱~與裯。"(裯 chóu:單被。)謝靈運《登池上樓》詩:"~枕昧節候。"白居易《長恨歌》:"鴛鴦瓦冷霜華重,翡翠~寒誰與共?"

[辨]衾,被。小被叫寢衣,大被叫衾。泛指則"衾""被"沒有分別。但是,在先秦多説"衾",漢以後用"被"的情況纔多起來。

993.【襦】

短襖。《左傳·昭公二十五年》:"徵褰與~。"(褰 qiān:袴。)《漢書·霍光傳》:"太后被珠~。"杜甫《新婚別》詩:"羅~不復施,對君洗紅妝。"

994.【袂】

袖子。《左傳·宣公十四年》:"投~而起。"王勃《滕王閣序》:"今晨捧~,喜託龍門。"白居易《長恨歌》:"風吹仙~飄颻舉,猶似霓裳羽衣舞。"

995.【羹】

上古時代的一種肉食。牛肉、羊肉、猪肉都可以做羹。有五味羹:這是肉中加菜、醯(醋)、醢(醬)、鹽、梅。《僞古文尚書·説命下》:"若作和~,爾惟鹽梅。"也有不加菜的羹,叫做臛(huò)。又有不加任何調味的羹,叫做大羹(太羹)。《禮記·樂記》:"大~不和。”《左傳・隱公元年》：“未嘗君之～。”此外又有一種菜羹，是窮人吃的。《孟子・萬章下》：“雖蔬食菜～未嘗不飽。”韓愈《山石》詩：“鋪牀拂席置～飯，疎糲亦足飽我飢。”按：上古的羹，一般是帶汁的肉，而不是湯。到了中古以後，羹和湯就差不多了。王建《新嫁娘》詩：“三日入廚下，洗手作～湯。”

996.【飧】（飱）

晚飯。《孟子・滕文公上》：“饔～而治。”引申爲熟食，飯菜。杜甫《客至》詩：“盤～市遠無兼味，樽酒家貧祇舊醅。”

997.【絲】

（一）絲。《戰國策・楚策四》：“方將調飴膠～。”李商隱《無題》詩：“春蠶到死～方盡。”［遊～］蟲類所吐的絲，在空中飛盪，叫做遊絲。庾信《春賦》：“數尺遊～即橫路。”盧照鄰《長安古意》詩：“百丈遊～爭遶樹。”也省稱絲。杜甫《雨》詩：“天晴忽放～。”

（二）絃樂。八音之一。韓愈《送孟東野序》：“金石～竹匏土革木八者，物之善鳴者也。”劉禹錫《陋室銘》：無～竹之亂耳，無案牘之勞形。”歐陽修《醉翁亭記》：“宴酣之樂，非～非竹。”

998.【管】（筦）

（一）管樂器之一種，竹製，六孔，像笛。《詩經・周頌・有瞽》：“簫～備舉。”《孟子・梁惠王下》：“百姓聞王鐘鼓之聲，～籥之音。”引申爲泛指管樂。杜甫《自京赴奉先縣詠懷五百字》詩：“悲～逐清瑟。”杜牧《阿房宮賦》：“～絃嘔啞。”周邦彥《滿庭芳》詞：“急～繁絃。”又泛指管狀的器物。《詩經・邶風・靜女》：“貽我彤～。”

（二）古代的一種鑰匙。《左傳・僖公三十二年》：“鄭人使我掌其北門之～。”引申爲掌管，主管。《史記・范睢蔡澤列傳》：“崔杼淖齒～齊。”（淖齒：人名。）《漢書・食貨志》：“～在縣官。”辛棄疾

《祝英臺近》詞:"都無人~。"

999.【弦】

(一)弓的弦。《韓非子·觀行》:"西門豹之性急,常佩韋以自緩;董安于之性緩,常佩~以自急。"《史記·李將軍列傳》:"度不中不發,發即應~而倒。"曹植《白馬篇》詩:"控~破左的,右發摧月支。"引申爲指弦形的月亮。杜甫《初月》詩:"光細~初上,影斜輪未安。"有上弦,有下弦。杜甫《月》詩:"萬里瞿唐月,春來六上~。"

(二)琴瑟的弦,弦樂器的弦。《論語·陽貨》:"聞~歌之聲。"《莊子·徐无鬼》:"鼓之,二十五~皆動。"這個意義又寫作"絃"。李端《聽箏》詩:"欲得周郎顧,時時誤拂絃。"周邦彥《滿庭芳》詞:"急管繁絃。"

[辨]弦,絃。"弦"與"絃"本是同一個詞。原寫作"弦"。後人區別開來,弓弦的弦寫作"弦",琴瑟的弦寫作"絃"。

1000.【鼓】

(一)名詞。鼓。《論語·先進》:"小子鳴~而攻之可也。"《左傳·成公二年》:"師之耳目,在吾旗~。"

(二)動詞。擊鼓。《詩經·唐風·山有樞》:"子有鐘鼓,弗~弗考。"(考:敲。)特指擊鼓進軍,發起攻擊。《左傳·莊公十年》:"公將~之。"又《僖公二十二年》:"不~不成列。"(不進攻未成陣列的軍隊。)《孟子·梁惠王上》:"填然~之。"引申爲敲擊〔樂器〕。《詩經·小雅·白華》:"~鐘于宮。"《周易》離卦:"不~缶而歌。"又爲彈奏〔弦樂器〕。《詩經·小雅·鹿鳴》:"~瑟吹笙。"《論語·先進》:"~瑟希。"司馬遷《報任安書》:"蓋鍾子期死,伯牙終身不復~琴。"

(三)振動,使振動。《周易·繫辭上》:"~之舞之以盡神。"又:"~天下之動者存乎辭。"《莊子·盜跖》:"搖脣~舌,擅生是非。"又特指鼓風冶鐵。《左傳‧昭公二十九年》："一~鐵以鑄刑鼎。"《史記‧貨殖列傳》："即鐵山~鑄。"現代有雙音詞"~動""~舞"。

1001.【鼙】(鞞)

騎鼓。常以"鼓鼙"(或"鼙鼓")二字連用,表示進軍的鼓。《禮記‧樂記》："君子聽鼓~之聲,則思將帥之臣。"白居易《長恨歌》："漁陽~鼓動地來,驚破霓裳羽衣曲。"又表示戰事。杜甫《出郭》詩："故國猶兵馬,他鄉亦鼓~。"

1002.【僚】

官府,官職。《詩經‧大雅‧板》："我雖異事,及爾同~。"又《小雅‧大東》："百~是試。"左思《詠史》詩:"世胄躡高位,英俊沈下~。"又寫作"寮"。《左傳‧文公七年》："吾嘗同寮,敢不盡心乎?"引申爲同事。《世說新語‧雅量》："劭在郡卒,雍盛集~屬,自圍棋。"(雍:劭之父。)

1003.【羣】

羊羣,獸羣。《詩經‧小雅‧無羊》："誰謂爾無羊?三百維~!"又吉日:"或~或友。"(獸三爲羣,二爲友。)引申爲人羣,物羣。《禮記‧檀弓上》："吾離~而索居。"《周易‧繫辭上》："物以~分。""不~"二字連用,表示卓越,與一般人不同。左思《詠史》詩:"功成恥受賞,高節卓不~。"杜甫《春日憶李白》詩:"白也詩無敵,飄然思不~。"又用作定語,表示衆。陶潛《詠荊軻》詩:"四座列~英。"王勃《滕王閣序》："登高作賦,是所望於~公。"

1004.【輩】

同類,同流品,同等級,同輩分。《史記‧魏其武安侯列傳》："薦寵下~。"杜甫《八哀詩‧贈秘書監江夏李公邕》詩:"古人不可見,前~誰復繼?"引申爲〔某物〕之類。杜甫《自京赴奉先縣詠懷五百字》詩:"顧惟螻蟻~,但自求其穴。"又爲〔某人〕等。杜甫《上水遣懷》詩:"中間屈賈~,讒毀竟自取。""此~"二字連用,表示這等人。杜甫《歲晏行》:"高馬達官厭酒肉,此~杼柚茅茨空。""我~""汝~""爾~""君~""卿~"二字連用時,"輩"字也都是等的意思。《晉書·王衍傳》:"然則情之所鍾,正在我~。"

古漢語通論

(二十九)詩　律(上)

《詩經》《楚辭》以後,詩歌的形式不斷有新的發展。唐代律詩興起以後,詩歌更有了嚴密的格律。不了解詩歌的形式格律,將影響對詩歌内容的理解,也談不上充分地欣賞。本單元兩節通論,將扼要地談談從漢至唐宋時代詩歌的格律,至於唐宋以後的詞律和曲律則將在下一單元的通論裏敘述。

1.詩體

詩體的分類,是一個複雜的問題。現在,祇就一般的看法,簡單地談談漢魏六朝和唐宋的詩體。

漢魏六朝詩,一般稱爲古詩,其中包括漢魏樂府古辭、南北朝樂府民歌,以及這個時期的文人詩,樂府本是官署的名稱。樂府歌辭是由樂府機關采集,並爲它配上樂譜,以便歌唱的。《文心雕龍·樂府》篇説:"凡樂辭曰詩,詩聲曰歌。"由此可以看出詩、歌、樂府這三個概念之間的關係:詩指的是詩人所作的歌辭,歌指的是和詩相配合的樂曲,樂府則兼指二者而言。後來襲用樂府舊題或摹仿樂府體裁寫的作品,雖然沒有配樂,也稱爲樂府。中唐時白居易等掀起一個新樂府運動,創新題,寫時事,因而叫作新樂府。

　　唐以後的詩體，從格律上看，大致可分爲近體詩和古體詩兩類。近體詩又叫今體詩，它有一定的格律。古體詩一般又叫古風，這是依照古詩的作法寫的，形式比較自由，不受格律的束縛。

　　從詩句的字數看，有所謂四言詩、五言詩和七言詩。四言是四個字一句，五言是五個字一句，七言是七個字一句。唐代以後，四言詩很少見了，所以通常祇分五言、七言兩類。五言古體詩簡稱五古；七言古體詩簡稱七古；三五七言兼用者，一般也算七古。五言律詩簡稱五律，限定八句四十字；七言律詩簡稱七律，限定八句五十六字。超過八句的叫長律，又叫排律。長律一般都是五言詩。祇有四句的叫絕句；五絕共二十個字，七絕共二十八個字。絕句可分爲律絕和古絕兩種。律絕要受平仄格律的限制，古絕不受平仄格律的限制。古絕一般祇限於五絕。

2.漢魏六朝詩的語言特點

　　漢魏六朝詩以五言詩爲主，此外，也有四言詩、六言詩、七言詩等。五言詩可舉古詩十九首爲例。四言詩如曹操的《步出夏門行·觀滄海》，七言詩如曹丕的《燕歌行》，六言詩非常少見，不舉例。樂府又有雜言詩。所謂雜言，是説詩句的字數多寡不等，如《有所思》《上邪》等。雜言的樂府詩是很常見的。這對後人的古風有相當大的影響。例如李白，他就很喜歡寫雜言的古風。

　　就語言的形式説，漢魏六朝詩和散文的區別並不很大。五言詩（或四言詩、七言詩）祇有兩點不同於散文：每句字數一定；押韻。至於雜言詩就更和散文近似，因爲除了有韻以外，和散文就没有什麼顯著的差別了。當然，雜言詩的句子一般要比散文的句子短些，但是那很難説就是雜言詩的語言特點。隨着駢體文的興起，魏晉以後的詩比較多用對仗。謝靈運的《登池上樓》和謝朓的《晚登三山還望京邑》都是對仗很多的,特別是《登池上樓》,二十句中竟有十八句用了對仗。但是這也不成爲這個時期的詩歌語言特點,因爲當時一般的散文,由於受到駢體文的影響,也喜用對仗。再説這個時期,詩用對仗是帶有很大的隨意性的;用對仗,祇是一種修辭手段,不是形式格律上的固定要求。

從另一方面説,多用口語詞彙卻是漢魏六朝詩的特點。樂府歌辭多數來自民間,口語詞彙固然非常顯著。例如:

何用問遺君?雙珠瑇瑁簪。(有所思)

聞君有他心,拉雜摧燒之。(同上)

長跪問故夫,新人復何如?(上山采蘼蕪)

將縑來比素,新人不如故。(同上)

就是當時文人的作品,也是比較接近口語的。例如:

河漢清且淺,相去復幾許?(古詩:迢迢牽牛星)

男兒寧當格鬥死,何能怫鬱築長城?(陳琳:飲馬長城窟行)

作書與内舍,便嫁莫留住!(同上)

報書與邊地,君今出語一何鄙?(同上)

詩歌口語化,這是優良的傳統。唐詩宋詞都是循着這條道路發展的。至於元曲,那就更加口語化了。

3.漢魏六朝詩的句式

漢魏六朝詩的句式,上承詩騷,下啟唐宋。現代民歌的句式,和漢魏六朝詩也有一定的繼承關係。

句式和字數是有密切關係的。偶字句和奇字句是顯然不同的兩個類型。所謂偶字句,主要是四言和六言;所謂奇字句,主要是五言和七言。

《詩經》和《楚辭》的《離騷》《九章》等是偶字句的一類。《詩經》以四字句爲主要形式;《楚辭》以六字句爲主要形式,兮字不算在六字之内，例如《離騷》的"帝高陽之苗裔（兮），朕皇考曰伯庸"；《哀郢》的"民離散而相失（兮），方仲春而東遷"。詩騷的偶字句發展爲漢賦、六朝賦以及駢體文的句式。

《詩經》和《楚辭》也有一些奇字句。例如《靜女》"俟我於城隅""匪女之爲美"；《離騷》"名余曰正則（兮），字余曰靈均"。這是五字句。又如《七月》"二之日鑿冰沖沖，三之日納于凌陰"；《離騷》"謡諑謂余以善淫""夫孰異道而相安"。這是七字句。但是我們一般不説五言詩和七言詩始於詩騷，因爲詩騷中没有全篇都是五字句或七字句的，而且真正五言詩和七言詩的一般句式也和詩騷中的五字句七字句不同，這一點下文還要談到。

真正的五言詩起源於西漢的民謡，文人寫的五言詩則是到東漢纔出現的[①]。七言詩又比五言詩出現得晚些。曹丕的《燕歌行》是現存最早的一首完整的七言詩[②]。

現在討論偶字句和奇字句的句式。

四言詩的一般句式是二二，這就是説全句的節奏是二字加二字，意義單位和節奏單位是一致的，這種句式繼承了《詩經》的傳統。試舉曹操《步出夏門行·觀滄海》裏的幾句爲例：

　　樹木——叢生　　　　　　百草——豐茂

　　秋風——蕭瑟　　　　　　洪波——湧起

五言詩的一般句式是二三，這就是説全句的節奏是二字加三字。這種句式是四言的擴展。在二二的當中插入一個音，或在後面加添一個音，就成爲五言。這樣，二三可以細分爲二一二或二二一。例如：

_____

[①]　蕭統《文選》載有李陵蘇武的詩，徐陵《玉臺新詠》以《古詩十九首》中的八首爲枚乘所作，那是靠不住的。

[②]　柏梁臺聯句大概是僞託的，參看下文 1474 頁。張衡的《四愁詩》不是純粹的七言。

　　纖纖——擢素手　　札札——弄機杼(古詩:迢迢牽牛星)

　　仰手——接飛猱　　俯身——散馬蹄(曹植:白馬篇)

　　金張——籍舊業　　七葉——珥漢貂(左思:鬱鬱澗底松)

以上各例可以細分爲二一二。

　　迢迢——牽牛星　　皎皎——河漢女(古詩:迢迢牽牛星)

　　借問——誰家子　　幽并——游俠兒(曹植:白馬篇)

　　鬱鬱——澗底松　　離離——山上苗(左思:鬱鬱澗底松)

以上各例可以細分爲二二一。

　　七言詩的一般句式是四三。這是五言的擴展,因此細分起來是二二三。試舉曹丕的《燕歌行》爲例:

　　秋風蕭瑟——天氣涼　　草木搖落——露爲霜

　　慊慊思歸——戀故鄉　　何爲淹留——寄他方

　　憂來思君——不敢忘　　不覺淚下——霑衣裳

　　明月皎皎——照我牀　　星漢西流——夜未央

全篇詩的句式都是四三,這裏祇摘引了八句。每句前四字又可以細分爲二二,後三字可以細分爲一二或二一。

　　由此可見,五言詩七言詩的一般句式和上文所引的《詩經》《楚辭》裏的五字句七字句是不完全相同的。

　　當然我們不能說所有的詩句都是依照這種句式寫成的。例如曹操《步出夏門行·觀滄海》的"以觀滄海""若出其裏""水何澹澹"等是一三;古詩《行行重行行》的"各在天一涯",陶淵明《飲酒》第五首的"而無車馬喧",第九首的"且共歡此飲"是一四;第九首的"問子爲誰歟"是一三一。但是這些比較特別的句式不是詩句的主要形式,對後代的影響不大。

　　以上所述的一般句式,是就文人的作品來說的。至於來自民間的樂府,句式就比較自由了。

4.漢魏六朝詩的用韻

　　漢魏六朝詩的韻例,繼承了詩騷的傳統。四言詩和五言詩一般是隔句爲韻,也就是説偶句的末一字用韻。例如古詩《迢迢牽牛星》的韻腳是"女、杼、雨、許、語";左思《鬱鬱澗底松》的韻腳是"苗、條、僚、朝、貂、招"。偶然有一般押韻處而不用韻的,曹操《步出夏門行·觀滄海》的"日月之行,若出其中"的"中"字就是一個例子。但是這祇是極其個別的情況,後人也没有仿傚的。

　　五言詩首句可以不入韻,也可以入韻。首句不入韻的情況比較常見,不必舉例。首句入韻的例如:

　　　　上山采蘼蕪,下山逢故夫。（上山采蘼蕪）
　　　　白馬飾金羈,連翩西北馳。（曹植:白馬篇）

　　五言詩以不換韻爲比較常見,但也可以換韻。例如古詩《行行重行行》的韻腳是:|離、涯、知、枝‖遠、緩、反、晚、飯|,共用兩個韻[1]。陳琳《飲馬長城窟行》的韻腳是:|窟、骨、卒‖程、聲、城‖里、婦‖舍、住‖子、鄙、子‖舉、脯、挂‖君、關、全|,共用七個韻[2]。換韻後的第一句有的入韻,有的不入韻。這裏不再舉例。

　　七言詩在南北朝以前是句句入韻的,曹丕的《燕歌行》是一個典型的例子。後人把這種七言詩叫做"柏梁體",因爲相傳漢武帝作柏梁臺,與羣臣共賦七言聯句,就是句句入韻[3]。其實句句入韻的七言詩,與其稱爲柏梁體,不如稱爲漢魏古體,因爲漢魏時代就祇有這一類七言詩。直到鮑照纔寫了一些隔句爲韻的七言詩[4]。

---

[1]　參看本册第 1355 頁。

[2]　參看本册文選部分。

[3]　僞託的柏梁臺聯句,全詩二十五句,句句押韻,一韻到底。例如:"日月星辰和四時,驂駕駟馬從梁來。郡國士馬羽林材,和撫四夷不易哉！……"

[4]　例如他的《擬行路難》其一《奉君金卮之美酒》和其三《璇閨玉墀上椒閣》。

來自民間的雜言樂府詩，在韻例方面，比五言詩、七言詩都要自由一些。試看《戰城南》：

> 梁築室，何以南，何以北？禾黍不穫君何食？願爲忠臣安可得？

這一段前兩句不押韻，後三句句句押韻。《有所思》的韻例更加特殊，前七句的韻腳，"乃在大海南""雙珠瑇瑁簪""聞君有他心"三句相押；"用玉紹繚之""拉雜摧燒之"兩句；"繚"和"燒"押韻①。後九句的韻腳則是"之灰思之颸之"；其中"兄嫂當知之"和"東方須臾高知之"的"知"也可以認爲押韻。《有所思》押韻的情況畢竟是個別的，雜言樂府詩主要還是隔句韻和句句韻。

有一點值得提一提，漢魏六朝的文人詩一般是避免重韻的，樂府詩卻不避重韻，例如《上山采蘼蕪》既有"新人復何如"，又有"手爪不相如"。著名的《陌上桑》和《孔雀東南飛》也有類似的情況。

以上談的是韻例。至於漢魏六朝詩的韻部系統，由於這一時期沒有韻書留傳於世，而作品的地域分布又比《詩經》時代廣闊，所以還不容易弄清楚。大致説來，漢魏古詩的用韻接近先秦韻部，晉以後的詩韻，越到後來越接近隋唐韻部。依照一般的看法，漢魏詩的用韻是比較寬的。我們可以用合韻的眼光來了解漢魏時代的寬韻。例如曹操《步出夏門行・觀滄海》的韻腳是"海、峙、茂、起、裏、志"②，就是之幽合韻，其中的"茂"字是幽部字。合韻不是漫無標準的，必須鄰韻纔能通押。

5.唐詩的用韻

唐代產生的近體詩，押韻的位置是固定的。律詩是二、四、六、

---

① 參看本册文選部分。"心"也可認爲不押韻。

② 參看本册文選部分。

八句押韻①，絕句是二、四句押韻。無論律詩或絕句，首句可以用韻，也可以不用韻。本單元文選中，律詩首句入韻的如王維的《終南山》、杜甫的《登高》、李商隱的《馬嵬》、陸游的《黄州》等②；絕句首句入韻的如杜牧的《泊秦淮》等。律詩首句不入韻的如李白的《贈孟浩然》、杜甫的《客至》等；絕句首句不入韻的如杜甫的《八陣圖》、蘇軾的《飲湖上初晴後雨》等。

唐以後的古風和樂府在韻例方面和漢魏六朝詩沒有什麼不同。祇是七言詩以隔句用韻爲常，句句用韻爲變，上文所説的柏梁體這個名稱，就是用來跟當時的常體相區別的。

唐詩的韻部和前代大不相同。不僅和上古的韻部大不相同，和魏晉的韻部也不相同。宋代以後，凡做詩的，都依照唐人的韻部，因此有必要簡單介紹唐代的詩韻。

隋陸法言著《切韻》，北宋陳彭年等曾修爲《廣韻》，盛行於世。《廣韻》一共分爲 206 韻，分韻太細，也不完全符合當時的語音。唐代曾規定相近的韻可以"同用"，南宋平水劉淵索性把同用的韻合併起來，成爲 107 韻，後人又減爲 106 韻，這 106 韻被稱爲平水韻③，一般就叫做"詩韻"。唐代詩人雖然不是依照平水韻用韻的，但是他們既然依照"同用""獨用"的規則，那麼平水韻正可以用來説明唐人的用韻。現在列舉 106 韻的韻目如下：

平 聲	上 聲	去 聲	入 聲
一東	一董	一送	一屋

---

① 長律也是偶句押韻。

② 本文討論近體詩，以唐詩爲主，但是唐以後的詩在格律上完全和唐詩一樣，所以我們也舉本書文選中的宋詩爲例，後同。

③ 此用舊説。錢大昕以平水韻屬之平水王文郁，見《十駕齋養新録》卷五。

二冬	二腫	二宋	二沃
三江	三講	三絳	三覺
四支	四紙	四寘	
五微	五尾	五未	
六魚	六語	六御	
七虞	七麌	七遇	
八齊	八薺	八霽	
——	——	九泰	
九佳	九蟹	十卦	
十灰	十賄	十一隊	
十一真	十一軫	十二震	四質
十二文	十二吻	十三問	五物
十三元	十三阮	十四願	六月
十四寒	十四旱	十五翰	七曷
十五刪	十五潸	十六諫	八黠

以上上平聲①。

一先	十六銑	十七霰	九屑
二蕭	十七篠	十八嘯	
三肴	十八巧	十九效	
四豪	十九皓	二十號	
五歌	二十哿	二十一箇	
六麻	二十一馬	二十二禡	
七陽	二十二養	二十三漾	十藥

① 平聲分爲上平聲和下平聲是因爲平聲字多,分爲兩卷;上平聲等於平聲上卷,下平聲
　等於平聲下卷。

八庚	二十三梗	二十四敬	十一陌
九青	二十四迥	二十五徑	十二錫
十蒸	——	——	十三職
十一尤	二十五有	二十六宥	
十二侵	二十六寢	二十七沁	十四緝
十三覃	二十七感	二十八勘	十五合
十四鹽	二十八琰	二十九艷	十六葉
十五咸	二十九豏	三十陷	十七洽

以上下平聲。

每一韻有哪些常用字,可查閱本書附録《詩韻常用字表》。

下面談談近體詩和古體詩用韻的特點:

(1)近體詩一般衹押平聲韻,仄韻的近體詩非常罕見。本單元文選中王維《雜詩》、柳宗元《江雪》是押仄聲韻的,但是兩首詩都是古絶。現在舉杜甫的《丁香》爲例:

> 丁香體柔弱,亂結枝猶墊。
> 細葉帶浮毛,疎花披素艷。
> 深栽小齋後,庶近幽人占。
> 晚墮蘭麝中,休懷粉身念。

這是一首五律,押的是去聲艷韻。

(2)近體詩用韻的要求很嚴格。無論律詩、長律或絕句,都必須一韻到底,而且不許鄰韻通押①。字數多的寬韻,如東韻、支韻、先韻、陽韻、庚韻、尤韻等,固然不能與鄰韻通押;就是字數少的窄韻,如微韻、文韻、刪韻、蒸韻、侵韻等,也不能與鄰韻通押。試舉本

---

① 早期近體詩格律未嚴,有的作家偶爾也用鄰韻通押,如王維《輞川閒居贈裴秀才迪》的韻腳是"煖、蟬、煙、前",就是元先通押,"煖"屬元韻,"蟬、煙、前"屬先韻。

單元文選中的作品爲例。李白的《贈孟浩然》、杜甫的《別房太尉墓》是押文韻，杜甫的《登樓》、《春望》是押侵韻，杜甫的《詠懷古迹》(其一)、陸游的《觀長安城圖》是押删韻，杜牧的《將赴吳興登樂游原》是押蒸韻，都没有出韻的情況。不過如果首句入韻時，詩人卻往往借用鄰韻字來作爲首句的韻腳；這種做法中晚唐漸多，到了宋代，甚至成爲風氣。蘇軾《題西林壁》首句末字借冬韻的"峯"字，和東韻的"同""中"二字爲韻，就是一個例子。但是我們不能因此認爲近體詩押韻也很寬，也有合韻的情況，因爲這祇限於第一句，而第一句實際上可以説是多餘的韻腳，入韻與否是自由的。

(3)古體詩既可以押平聲韻，又可以押仄聲韻。在仄聲韻中，還要區別上聲韻、去聲韻和入聲韻，不同聲調一般是不相押的，祇有上聲韻和去聲韻偶然可以相押。白居易的《長恨歌》除"歸來池苑皆依舊，太液芙蓉未央柳"是上去相押外，其他則是平上去入分別相押①。

(4)古體詩押韻比近體詩寬，鄰近的韻可以通押。例如李白的《俠客行》是庚青二韻通押②，杜甫的《自京赴奉先縣詠懷五百字》是質物月曷黠屑六韻通押③。又如白居易《長恨歌》中的：

　　姊妹弟兄皆列土，可憐光彩生門户。
　　遂令天下父母心，不重生男重生女。

這是語韻和麌韻通押。"女"是語韻，"土"和"户"是麌韻。此外還有送宋通押、陌錫通押、御遇通押等例子。

――――――――

① 本書文選中蘇軾的《荔支歎》："我願天公憐赤子，莫生尤物爲瘡痏，雨順風調百穀登，民不飢寒爲上瑞。""子""痏"是紙韻，"瑞"是寘韻，也是上去相押。
② 《俠客行》是偶句押韻，全詩十三個韻字，除"星""經"是青韻字外，其他都是庚韻字。
③ 這六個入聲韻的收音都是-t。

(三十)詩　律(下)

上節通論我們討論了詩體，漢魏六朝詩的語言特點和句式，漢魏六朝詩和唐詩的用韻。本節通論繼續討論唐詩的平仄、對仗、句式和語法特點。

6.唐詩的平仄

平仄是近體詩最重要的格律因素。我們講近體詩的格律，主要就是講平仄。

平仄在詩和韻文中的作用是構成一種節奏。作家依照漢語聲調的特點，安排一種高低長短互相交替的節奏，就是所謂"聲律"。《文心雕龍·聲律》篇就談到這個問題。中國文人很早就有意識地運用聲調的交互，主要是平仄的交互，來尋求聲律的美。但是，平仄的交互作爲一種規則固定下來，則是從近體詩開始的。

相傳南朝沈約發明了四聲，甚至有人說平仄的區分也是沈約在他的《四聲譜》裏規定了的。這種說法是錯誤的。聲調在古代漢語裏是客觀存在的，不是由誰主觀創造的。至於沈約等人有意識地運用聲調的交互來寫詩，那自然是可能的。但是我們也應該承認：聲調的交互是中國歷代詩人們長期創作所積累的藝術經驗，決不是少數文人所發明的。遠在魏晉時代，詩人們可能就已經探索用聲調的交互作爲一種藝術手段①，沈約等人不過更積極更有意識

---

① 范文瀾在《文心雕龍·聲律》篇的注中說："（曹）子建集中如《贈白馬王彪》云'孤魂翔故域，靈柩寄京師'；《情詩》'遊魚潛綠水，翔鳥薄天飛；始出嚴霜結，今來白露晞'，皆音節和諧，豈盡暗合哉？"又說："《世說新語·排調》篇載陸雲'雲間陸士龍'，荀隱'日下荀鳴鶴'二語，以爲美談，今觀二語無奇意，蓋徒以聲律相尚也。"范文瀾的話是對的。他所引的語句都是合於後代律詩的平仄的。

地提倡罷了。

　　平仄的交互成爲詩的格律要求以後,其影響是很深遠的。不但近體詩用平仄,連某些古體詩也用平仄,這就是所謂入律的古風(見下文)。不但詩用平仄,連詞律和曲律也離不了平仄。懂得了近體詩的平仄,對於詞、曲的平仄也就迎刃而解了。

　　平仄的掌握不是很困難的。拿普通話來説,陰平、陽平都是平聲,上聲、去聲都是仄聲。古代的入聲字,現在轉到上聲、去聲的,也不成問題,因爲反正上、去、入三聲都是仄聲。祇有從入聲轉到陰平、陽平的字,纔須要記一下,而這類字是有限的。吴方言、閩方言、粤方言、湘方言、贛方言等區域的人辨別平仄更加容易,因爲他們的方言裏仍保存着入聲。普通話區域像河北省、山西省、内蒙古自治區等,也有許多地方還保存入聲。因此,經過一定的學習,各地方的人辨別平仄都不是很困難的。

　　下面分別敍述五律、七律的平仄格式。

　　五言律詩的句子祇有四個類型:

　　　　A 仄仄仄平平　　　　a 仄仄平平仄

　　　　B 平平仄仄平　　　　b 平平平仄仄

這四類句型可以歸成兩大類:(1)A 和 a 爲一類,頭兩個字都是仄仄,是仄起句;分別在於 A 收平聲,a 收仄聲。(2)B 和 b 爲一類,頭兩個字都是平平,是平起句;分別在於 B 收平聲,b 收仄聲①。

　　由這四個句型錯綜變化,可以構成五言律詩的四種平仄格式。

　　(1)仄起式

　　(甲)首句不入韻的　　杜甫:春望

---

①　A 與 a,B 與 b,第三字的平仄也相反。

　　仄仄平平仄①　　　國破山河在，
　　平平仄仄平　　　城春草木深。
　　平平平仄仄②　　　感時花濺淚，
　　仄仄仄平平　　　恨別鳥驚心。
　　仄仄平平仄　　　烽火連三月，
　　平平仄仄平　　　家書抵萬金。
　　平平平仄仄　　　白頭搔更短，
　　仄仄仄平平　　　渾欲不勝簪③。

（乙）首句入韻的　　王維：終南山

　　仄仄仄平平　　　太乙近天都，
　　平平仄仄平　　　連山到海隅。
　　平平平仄仄　　　白雲迴望合，
　　仄仄仄平平　　　青靄入看無。
　　仄仄平平仄　　　分野中峯變，
　　平平仄仄平　　　陰晴衆壑殊。
　　平平平仄仄　　　欲投人處宿，
　　仄仄仄平平　　　隔水問樵夫。

這祇是把甲式的首句改爲仄仄仄平平，其餘没有變化。

　　（2）平起式

　　（甲）首句不入韻的　李白：送友人

　　平平平仄仄　　　青山橫北郭，
　　仄仄仄平平　　　白水遶東城。
　　仄仄平平仄　　　此地一爲別，
　　平平仄仄平　　　孤蓬萬里征。

---

① 字外加圈的，表示可平可仄。這裏從寬，下文還要討論。
② 這個句型第三字如用仄，則第一字必須用平，下仿此。
③ 勝，平聲，讀如升。

⊕平⊕仄仄	浮雲遊子意，
⊗仄仄平平	落日故人情。

⊗仄⊕平仄	揮手自茲去，
平平⊗仄平	蕭蕭班馬鳴。

(乙)首句入韻的　　　李商隱：晚晴

平平⊗仄平	深居俯夾城，
⊗仄仄平平	春去夏猶清。

⊗仄⊕平仄	天意憐幽草，
平平⊗仄平	人間重晚晴。

⊕平⊕仄仄	併添高閣迥，
⊗仄仄平平	微注小窗明。

⊗仄⊕平仄	越鳥巢乾後，
平平⊗仄平	歸飛體更輕。

這祇是把甲式的首句改爲平平⊗仄平，其餘沒有變化。

五言律詩以首句不入韻爲正軌，而且以仄起式爲較常見。首句入韻的仄起式也有一些；至於首句入韻的平起式，那是非常罕見的。

以上四種格式其實祇有兩種基本格式(首句不入韻的)，其餘兩種不過是在基本格式的基礎上稍有變化而已。

懂了五律的平仄規則以後，對於七律的平仄就容易懂了。七言律句不過是在五言律句的前面增加兩個字，把仄起變爲平起，把平起變爲仄起罷了。

七言律句也祇有四個類型：

A 平平仄仄仄平平　　a 平平仄仄平平仄

B 仄仄平平仄仄平　　b 仄仄平平平仄仄

由這四個句型錯綜變化，也可以構成七言律詩的四種平仄格式，其中也祇有兩種基本格式。

（1）平起式

（甲）首句入韻的　　　韓愈：左遷藍關示姪孫湘

⎰（平）平（仄）仄仄平平　　一封朝奏九重天，
⎱（仄）仄平平（仄）仄平　　夕貶潮州路八千。

⎰（仄）仄（平）平（平）仄仄①　欲爲聖明除弊事，
⎱（平）平（仄）仄仄平平　　肯將衰朽惜殘年。

⎰（平）平（仄）仄平平仄　　雲橫秦嶺家何在？
⎱（仄）仄平平（仄）仄平　　雪擁藍關馬不前。

⎰（仄）仄（平）平（平）仄仄　知汝遠來應有意，
⎱（平）平（仄）仄仄平平　　好收吾骨瘴江邊。

（乙）首句不入韻的　　　杜甫：客至

⎰（平）平（仄）仄（平）平仄　舍南舍北皆春水，
⎱（仄）仄平平（仄）仄平　　但見羣鷗日日來。

⎰（仄）仄（平）平平仄仄　　花徑不曾緣客掃，
⎱（平）平（仄）仄仄平平　　蓬門今始爲君開。

⎰（平）平（仄）仄（平）平仄　盤飧市遠無兼味，
⎱（仄）仄平平（仄）仄平　　樽酒家貧祇舊醅。

⎰（仄）仄（平）平（平）仄仄　肯與鄰翁相對飲，
⎱（平）平（仄）仄仄平平　　隔籬呼取盡餘杯。

這祇是把甲式的第一句改爲（平）平（仄）仄（平）平仄，其餘沒有變化。

（2）仄起式

（甲）首句入韻的　　　杜甫：登高

⎰（仄）仄平平（仄）仄平　　風急天高猿嘯哀，
⎱（平）平（仄）仄仄平平　　渚清沙白鳥飛迴。

---

①　這個句型如第五字用仄，第三字必須用平，下仿此。

$\begin{cases}平平仄仄平平仄 \\ 仄仄平平仄仄平\end{cases}$　　無邊落木蕭蕭下,

不盡長江滾滾來。

$\begin{cases}仄仄平平平仄仄 \\ 平平仄仄仄平平\end{cases}$　　萬里悲秋常作客,

百年多病獨登臺。

$\begin{cases}平平仄仄平平仄 \\ 仄仄平平仄仄平\end{cases}$　　艱難苦恨繁霜鬢,

潦倒新停濁酒杯。

(乙)首句不入韻的　　杜甫:詠懷古迹(其五)

$\begin{cases}仄仄平平平仄仄 \\ 平平仄仄仄平平\end{cases}$　　諸葛大名垂宇宙,

宗臣遺像肅清高。

$\begin{cases}平平仄仄平平仄 \\ 仄仄平平仄仄平\end{cases}$　　三分割據紆籌策,

萬古雲霄一羽毛。

$\begin{cases}平平仄仄平平仄 \\ 仄仄平平仄仄平\end{cases}$　　伯仲之間見伊呂①,

指揮若定失蕭曹。

$\begin{cases}平平仄仄平平仄 \\ 仄仄平平仄仄平\end{cases}$　　運移漢祚終難復,

志決身殲軍務勞。

這衹是把甲式的第一句改爲仄仄平平平仄仄,其餘沒有變化。

　　七言律詩以首句入韻爲正軌,這一點與五言律詩正好相反。上面所列的七言律詩的四種平仄格式當中,也應該以首句入韻的兩種爲基本格式。

　　律詩一共八句,每兩句成爲一聯,這樣,一首律詩分成四聯:第一二句稱爲首聯,第三四句稱爲頷聯,第五六句稱爲頸聯,第七八句稱爲尾聯。每聯的上句稱爲出句,下句稱爲對句。

　　律詩有"黏對"的講究。所謂"黏",是指上聯的對句和下聯的出句的平仄類型必須是同一大類的:上聯對句是 A 型,則下聯出句是 a 型;上聯對句是 B 型,則下聯出句是 b 型。也就是後聯出句第

───────────

① 　這句是一種拗句,下面要談到。

二字的平仄必須跟前聯對句第二字的平仄一致,平黏平,仄黏仄,把兩聯黏聯起來。所謂"對",是指每聯的出句和對句必須是相反的類型:出句是 a 型,則對句是 B 型;出句是 b 型,則對句是 A 型。也就是在對句中,平仄完全是對立的。以五律爲例,杜甫的《春望》就是 aB,bA,aB,bA;李白的《送友人》就是 bA,aB,bA,aB。上文所引的律詩都是合乎黏對規則的。

不合乎黏的規則的,叫"失黏";不合乎對的規則的,叫"失對"。初唐時,格律未嚴,黏的規則尚未確定下來,所以有少數失黏的現象,直到王維還是如此。杜甫的詩中也有個別失黏的例子,如《詠懷古迹》(其二)的頷聯和首聯就是失黏。至於對的規則,似乎確定得較早,所以在唐詩中極少失對的情形①。宋代以後,失黏和失對成爲大忌,更沒有人犯這些規則了。

黏對的作用是使平仄的安排多樣化。因爲如果不對,上下兩句的平仄就雷同了;如果不黏,前後兩聯的平仄又雷同了。講究黏對能使整首詩的平仄有變化、有迴還,對詩的節奏優美能起一定的作用。

律詩除了講究黏對外,還要避免孤平,講究拗救。

孤平是就 B 型句説的。B 型句七律第三字,五律第一字必須是平聲,否則叫做犯孤平。具體説來,仄仄平平仄仄平不能變爲仄仄仄平仄仄平,平平仄仄平不能變爲仄平仄仄平。其所以稱爲孤平,是因爲除了韻腳之外祇剩一個平聲字。孤平是律詩的大忌。在唐人的律詩中,很難發現孤平的句子②。但是應該注意,犯孤平

---

① 温庭筠《春日》:"柳岸杏花稀,梅梁乳燕飛。美人鸞鏡笑,嘶馬雁門歸。楚宫雲影薄,臺城心賞違。從來千里恨,邊色滿戎衣。"第五句既失黏,第六句又失對。這種情況非常罕見。杜甫近體詩祇有一個失對的例子,參看本册第 1488 頁注①。

② 杜甫近體詩中祇有一個例外,參看第 1488 頁注①。

祇指 B 型句,仄收的句子(a 和 b 型)即使祇有一個平聲字,也不算犯孤平。例如李白《送友人》的“此地一爲別”,陸游《夜泊水村》的“一身報國有萬死”,都祇算拗句,不算孤平。

　　所謂拗句,就是不依照一般平仄的句子。詩人對於拗句,往往用“救”。具體地説,就是一個句子該用平聲的地方用了仄聲,然後在本句或對句的適當位置,把該用仄聲的字改用平聲,以便補救。合起來叫做拗救。常見的拗救格式有下列三種:

　　(1)b 型句的拗救:五律的平平平仄仄改爲平平仄平仄。如王維《輞川閒居贈裴秀才迪》的“寒山轉蒼翠”,李白《贈孟浩然》的“紅顔棄軒冕”,杜甫《天末懷李白》的“涼風起天末”,又《別房太尉墓》的“他鄉復行役”等。七律的仄仄平平平仄仄改爲仄仄平平仄平仄。如杜甫《詠懷古迹》(其四)的“蜀主窺吳幸三峽”,又《詠懷古迹》(其五)的“伯仲之間見伊呂”等。這就是説,五律的第三字拗,第四字救;七律的第五字拗,第六字救。詩人們最喜歡把這種拗句用在尾聯的出句,即第七句。例如:

　　　迴看射鵰處,千里暮雲平。(王維:觀獵)
　　　庾信平生最蕭瑟,暮年詩賦動江關。(杜甫:詠懷古迹其一)
　　　千載琵琶作胡語,分明怨恨曲中論。(杜甫:詠懷古迹其三)
　　　煩君最相警,我亦舉家清。(李商隱:蟬)
　　　記取江湖泊船處,臥聞新雁落寒汀。(陸游:夜泊水村)

在唐宋的律詩中,這種拗句幾乎和常規的 b 型句一樣常見;因此也可以認爲不是拗句,而是一種特定的平仄格式。注意:這樣拗救的句子,五言第一字、七言第三字必須是平聲。

　　(2)B 型句的拗救:五律的平平仄仄平改爲仄平平仄平。如李商隱《蟬》的“故園蕪欲平”。七律的仄仄平平仄仄平改爲仄仄仄平平仄平。如蘇軾《新城道中》的“溪柳自搖沙水清”,陸游《夜泊水村》的“雙鬢向人無再青”等。前面講到 B 型句五律的第一字、七律的第三字必須用平聲,現在用了仄聲,就必須在五律的第三字、七律的第五字補償一個平聲,以免犯孤平①。

（3）a 型句的拗救:五律的仄仄平平仄,第三字用了仄聲。詩人往往在對句第三字改用個平聲來補救。也就是仄仄平平仄,平平仄仄平改爲仄仄仄平仄,平平平仄平。如李白《贈孟浩然》的“吾愛孟夫子,風流天下聞”;杜甫《天末懷李白》的“鴻雁幾時到,江湖秋水多”。七律的平平仄仄平平仄,第五字用了仄聲,就在對句第五字改用平聲來補救。也就是平平仄仄平平仄,仄仄平平仄仄平改爲平平仄仄仄平仄,仄仄平平平仄平。如王維《輞川別業》的“雨中草色綠堪染,水上桃花紅欲然”。這種拗救常常和 B 型句的拗救結合起來。例如李商隱《蟬》:“薄宦梗猶泛,故園蕪欲平。”“梗”是 a 型句的拗,“故”是 B 型句的拗,“蕪”字兩救。又如蘇軾《新城道中》:“野桃含笑竹籬短,溪柳自搖沙水清。”“竹”“自”都拗,“沙”字兩救。這種 a 型拗句也可以不救,如王維《輞川閒居贈裴秀才迪》:“復值接輿醉,狂歌五柳前。”又如李白的《送友人》,同一首詩中頷聯“此地一爲別,孤蓬萬里征”,也是拗而不救;尾聯“揮手自兹去,蕭蕭班馬鳴”,有拗有救。但是,如果這種句型五律的第四字或七律的第六字用了仄聲(有時是三、四或五、六兩字都用了仄聲),那就必須在對句相救。例如白居易《賦得古原草送別》:“野火燒不盡,春風吹又生。”“不”字拗,“吹”字救。又如陸游《夜泊水村》:“一身報國有萬死,雙鬢向人無再青。”“有萬”拗,“無”字救。同時還和 B 型句的

---

① 杜甫《寄贈王十將軍承俊》前六句:“將軍膽氣雄,臂懸兩角弓。纏結青驄馬,出入錦城中。時危未授鉞,勢屈難爲功。”錢謙益引李(因篤?)云:“臂字宜平而仄,應於第三字還之,且無黏聯,拗體也。集中祇此一首,人藉口不得。”

拗救相結合，"無"字還救本句的"向"字。

　　律詩的平仄規則略如上述。從前學詩的人有兩句口訣："一三五不論，二四六分明。"意思是説：每句第一字、第三字、第五字的平仄可以不拘，至於第二字、第四字、第六字的平仄則是固定的，爲什麼不提第七字呢？因爲第七字平仄的固定是容易了解的，就用不着説了。這是就七律説的。如果就五律説，那就該是：一三不論，二四分明。

　　這兩句口訣對初學的人有一些幫助，但也引起一些誤會，因爲這並不完全符合事實。對於仄收的句子（a型和b型）來説，的確是一三五不論（五律是一三不論）；對於平收的句子（A型和B型）來説，那就不然了。上面講到，B型的句子，五律第一字，七律第三字是要論平仄的，必須是平聲，否則叫做犯孤平。至於A型的句子，五律第三字，七律第五字，必須是仄聲；否則最後三字變爲平平平，是所謂三平調。而三平調是古風專用的形式（下面再談）。

　　了解了律詩的平仄規則，律絕和長律的平仄也就迎刃而解了。律絕的平仄格式等於半首律詩（見下文）①。律絕也有四種格式。和律詩一樣，五言絕句以首句不入韻的仄起式爲最常見，七言絕句以首句入韻的平起式爲最常見。本單元文選中所選的七言律絕，除李白《黃鶴樓送孟浩然之廣陵》、陸游《十一月四日風雨大作》是首句入韻的仄起式，蘇軾《飲湖上初晴後雨》是首句不入韻的平起式以外，其他像杜牧的四首七絕和蘇軾的《題西林壁》都是首句入韻的平起式。長律就是普通律詩的延長，平仄規則完全以律詩爲標準；長律不管多長，都不過是依照黏對的規則來安排平仄，韓愈

---

①　上節通論説過，絕句分爲律絕和古絕。古絕不依照律句的平仄，以五言爲常見，而且常用仄聲韻。

的《學諸進士作精衛衛石填海》就是依照首句不入韻仄起式五律的平仄加以延長的。長律一般都是五言，七言長律很少見。五言長律和五言律詩一樣，也以首句不入韻的仄起式爲最常見。

古體詩的平仄並沒有任何規定。漢魏六朝詩的平仄完全是自由的①。唐以後古體詩受到律詩的影響，平仄上也有了一些講究。根據這一點，古體詩可以分爲兩種：一種是純粹的古風，一種是入律的古風。

純粹的古風的平仄基本上是自由的。不過，唐以後有些詩人在寫古體詩的時候，有意避免律句，於是無形中造成一種風氣，要讓古體詩儘可能和律詩的形式區別開來。這樣就使古體詩的句子有了某些特點。

前面說過，三平調是古風專用的形式，這成爲古風的特點之一。最後三字除了這種三平調以外，其次就是收尾於平仄平；還有比較少見的兩種，收尾於仄仄仄或仄平仄。這就是說，平腳的句子，五言第三字或七言第五字以用平聲爲原則；仄腳的句子，五言第三字或七言第五字以用仄聲爲原則。從全句的平仄看，多數句子的節奏不是平仄交替，而是疊平疊仄，這就是說，五古第二、第四字都仄，或者是第二、第四字都平；七古還有第四、第六字都仄或都平的②。例如杜甫《歲晏行》：

歲云暮矣**多北風**③，瀟湘洞庭白雪中。漁父天寒**網罟凍**，莫徭射雁鳴**桑弓**。去年米貴**闕軍食**，今年米賤大傷農。高馬達官**厭酒肉**，此輩杼軸**茅茨空**。楚人重魚**不重鳥**，汝休枉殺**南飛鴻**。況聞處處**鬻男女**，割慈忍愛還

① 清初王士禎著《古詩平仄論》，首先提出古詩也有平仄講究，趙執信作《聲調譜》，以爲古詩另有平仄規則。他們的話不完全可信。
② 這種情況正和律句相反，律句偶字的平仄是交替的。
③ 用黑體字排的符合四種三字尾的要求，加·的是疊平或疊仄。

　　租庸。往日用錢**捉私鑄**，今許鉛錫和**青銅**。刻泥爲之**最易得**，好惡不合**長**
相蒙。萬國城頭吹畫角，此曲哀怨何時終？

全詩十八句中，有十五句符合上面所談的四種三字尾的要求；特別
是十個平腳的句子中有七個是三平調，尤其值得注意。符合疊平
疊仄要求的有九句。剩下來祇有兩個律句（"今年米賤大傷農"和
"萬國城頭吹畫角"）。由此可見純粹的古風的平仄與律詩的平仄
有很大的不同。

　　入律的古風，和純粹的古風恰恰相反，詩人們儘可能用律句。
入律古風之所以和律詩不同，主要在於：（1）句數不定；（2）平韻和
仄韻交替；（3）常常是四句一換韻。這種情況，一般祇存在於七言
古風中。例如王勃《滕王閣》，句子的平仄基本上都合律①，簡直是
兩首律絕連在一起，不過其中一首是仄韻絕句罷了。這種仄韻和
平韻交替，四句一換韻，到後來成爲入律古風的典型。白居易的
《長恨歌》基本上就是這種形式，還有他的《琵琶行》和元稹的《連
昌宮詞》等，都採用這種形式。這就是通常所説的"元和體"。

7.唐詩的對仗

　　唐以後近體詩的對仗，顯然是受了駢體文的影響。如果借用
散文的術語，律詩可以説是"駢散兼行"。律詩的一般情況是半駢
半散：首尾兩聯是散行的，中間兩聯則規定要用對仗。例如杜甫
《別房太尉墓》、蘇軾《有美堂暴雨》等。

　　初唐律詩還沒有完全定型時，頷聯的對仗還是很自由的。直
到王維、杜甫，頷聯還有不用對仗的，例如王維《輞川閒居贈裴秀才
迪》的"倚杖柴門外，臨風聽暮蟬"，杜甫《天末懷李白》的"鴻雁幾
時到，江湖秋水多"。以後雖然還有人這樣做，但是非常罕見。

---

① 　參看本册第 1389 頁。

與此相反,不但中間兩聯用對仗,連首聯也用對仗,這倒相當常見。比較起來,五律首聯用對仗的情況多一些,原因是五律首句以不入韻爲常,比較適宜於對仗。例如李白《送友人》、杜甫《春望》等。但是我們不要以爲首句入韻就不能再用對仗了,杜甫的《登高》和陸游的《黃州》就是首句入韻而首聯用對仗的。

尾聯一般不用對仗,但也有用對仗的。例如杜甫《聞官軍收河南河北》:

劍外忽傳收薊北,	初聞涕淚滿衣裳。
卻看妻子愁何在?	漫卷詩書喜欲狂!
白日放歌須縱酒,	青春作伴好還鄉。
即從巴峽穿巫峽,	便下襄陽向洛陽。

總的來説,作爲格律要求,律詩一般是中間兩聯用對仗。頷聯不用對仗,尾聯用對仗,都算特殊情況,不構成一般規律。首聯是否用對仗,往往決定於詩的内容和詩人的藝術技巧。律詩極少完全不用對仗的①,也極少全首都用對仗的。

長律的對仗和律詩一樣:首聯可以用對仗,也可以不用;中間各聯一律要用對仗;尾聯不用對仗,以便結束,例如韓愈《學諸進士作精衛銜石填海》。

律絶一般是截取律詩的首尾兩聯,也就是完全不用對仗。例如本單元所選的七首律絶,除蘇軾的《飲湖上初晴後雨》外,都沒有用對仗。但是也有一種相當普遍的情況,就是截取律詩的後半,即頸聯和尾聯。這就是説,開始一聯用對仗。蘇軾《飲湖上初晴後雨》就是一個例子。又如杜甫《八陣圖》:

---

① 李白《夜泊牛渚懷古》:"牛渚西江夜,青天無片雲。登舟望秋月,空憶謝將軍。余亦能高詠,斯人不可聞。明朝掛帆去,楓葉落紛紛。"這是完全不用對仗的律詩,但也有人以爲這是以律句寫古體詩。

功蓋三分國，　　　　　名成八陣圖。

江流石不轉，　　　　　遺恨失吞吳。

至於截取中間兩聯(完全用對仗)，或者截取律詩的前半(後面一聯用對仗)，比起上面兩類就要少見得多，現在試舉兩個例子：

　　　　　杜甫：絕句四首其三

兩個黃鸝鳴翠柳，　　　一行白鷺上青天。

窗含西嶺千秋雪，　　　門泊東吳萬里船。

截取中間兩聯，完全用對仗。

　　　　　李白：九日龍山飲

九日龍山飲，　　　黃花笑逐臣。

醉看風落帽，　　　舞愛月留人。

截取律詩的前半，後面一聯用對仗。

　　近體詩的對仗，和駢體文的對仗一樣，句法結構相同的語句相爲對仗，這是正格。但是我們也應該注意到，近體詩的對仗還有另一種情況，就是祇要求字面相對，不要求句法結構相同。例如：

　　口銜山石細，心望海波平。（韓愈：學諸進士作精衛銜石填海）

　　永憶江湖歸白髮，欲迴天地入扁舟。（李商隱：安定城樓）

　　天外黑風吹海立，浙東飛雨過江來。（蘇軾：有美堂暴雨）

例一，出句的"細"是修飾語後置，"山石細"的意思是"細山石"；對句"海波平"是主謂結構，"海波"是主語，這個主謂結構用作動詞"望"的賓語。例二，出句的"白髮"不是"歸"的直接賓語，"歸白髮"等於"白髮歸"；對句的"扁舟"則是"入"的直接賓語。例三，出句的"吹海立"是兼語式，對句的"過江來"卻是連動式。

　　字面相對也就是詞類相同的互爲對仗：名詞對名詞，代詞對代詞，動詞對動詞，形容詞對形容詞，副詞對副詞，虛詞對虛詞。依照

傳統,名詞還可以分爲以下一些小類:

(1)天文(日月風雲等);　　　　(2)時令(年節朝夕等);

(3)地理(山水江河等);　　　　(4)宮室(樓臺門户等);

(5)器物(刀劍杯盤等);　　　　(6)衣飾(衣冠巾帶等);

(7)飲食(茶酒餐飯等);　　　　(8)文具(筆墨紙硯等);

(9)文學(詩賦書畫等);　　　　(10)草木(草木桃杏等);

(11)鳥獸蟲魚(麟鳳龜龍等);　　(12)形體(身心手足等);

(13)人事(道德才情等);　　　　(14)人倫(父子兄弟等)。

　　同類的詞相對是工對,顏色對、數目對也是近體詩常用的工對類型。同義詞相對在近體詩中比駢體文少得多。一聯對仗出句和對句完全同義(或基本上同義),是詩家的大忌,叫做"合掌",詩中極少這種情況。因爲詩的篇幅短,要使詩的内容豐富,就應該讓每一個詞都充分發揮作用。

　　近體詩的對仗,總是避免用同字相對。同時,由於平仄格律的規定,近體詩的對仗一般總是平對仄、仄對平①。近體詩對仗的平仄比駢體文的要求嚴格得多。

　　近體詩的對仗中,有兩種特殊的類型②:流水對和借對。

　　所謂流水對是説相對的兩句之間的關係不是對立的,而是一個意思連貫下來;也就是説,出句和對句不是兩句話,而是一句話。例如:

　　　　不堪玄鬢影,來對白頭吟。(駱賓王:在獄詠蟬)

　　　　即從巴峽穿巫峽,便下襄陽向洛陽。(杜甫:聞官軍收河南河北)

　　　　請看石上藤蘿月,已映洲前蘆荻花。(杜甫:秋興其二)

----

① 首聯用對仗,如果是首句入韻,平仄不完全是對立的。

② "特殊"是就一般對仗而言的,不是説衹有近體詩纔用。

唯將終夜長開眼,報答平生未展眉。(元稹:遣悲懷)

這種流水對最適宜於尾聯;尾聯如果用對仗,祇有這種對仗最能收得住全詩。上面後三例就都是用於尾聯。

所謂借對是説一個詞有兩個以上的意義,詩人在詩中用的是甲義,但是同時借用它的乙義或丙義來與另一詞相對。例如:

行李淹吾舅,誅茅問老翁①。(杜甫:巫峽敝廬奉贈侍御四舅別之澧朗)

岐王宅里尋常見,崔九堂前幾度聞。(杜甫:江南逢李龜年)

漢苑風煙吹客夢,雲臺洞穴接郊扉。(李商隱:令狐八拾遺綯見招)

例一"行李"的"李"不是桃李的"李",這裏借用桃李的意義來與"茅"字相對。例二"尋常"是平常的意思;但是古代八尺爲尋,兩尋爲常,所以借來對數目。例三"漢苑"的"漢"是漢朝的意思,借用"星漢"的意思來與"雲"字相對。

有時候不是借意義,而是借聲音。例如:

馬驕珠汗落,胡舞白題斜。(杜甫:秦州雜詩其三)

滄溟恨衰謝,朱紱負平生。(杜甫:獨坐)

事直皇天在,歸遲白髮生。(劉長卿:新安奉送穆諭德)

滄海月明珠有淚,藍田日暖玉生煙。(李商隱:錦瑟)

例一借"珠"爲"朱",例二例四借"滄"爲"蒼",例三借"皇"爲"黄"。這種借音多見於顏色對。

總的來説,近體詩的對仗不像平仄那樣嚴格,詩人在運用對仗的時候有更大的自由。詩人善於運用對仗,可以增加詩的藝術性;但是太拘泥了就會束縛思想内容的表達。宋詩在對仗上比唐詩纖巧,風格也往往卑下一些。

---

① 誅茅,誅鋤茅草,指到杜甫敝廬來。

　　唐以後的古體詩,和漢魏六朝詩一樣,可以用對仗,也可以不用。用對仗也不求工整,並且不避同字相對。甚至可以説,詩人在古體詩中用對仗反而是有意求拙,以顯得高古。例如:

　　　腳著謝公屐,身登青雲梯。(李白:夢遊天姥吟留別)

　　　半壁見海日,空中聞天雞。(同上)

　　　上有六龍迴日之高標,下有衝波逆折之回川。(李白:蜀道難)

　　　朝避猛虎,夕避長蛇。(同上)

前兩例對得不工整,後兩例不避同字對。

8.近體詩的句式及其語法特點

　　唐詩的句式和漢魏六朝詩的句式基本上是一致的。不過,唐以後七言詩多了,句式自然也多了一些變化。七言除了上節通論所講的那種四三式以外,也可以在整個五言詩句的前面加兩個音成爲獨立的節奏,從而形成二五的句式。例如:

　　　畫棟——朝飛南浦雲,珠簾——暮捲西山雨。(王勃:滕王閣)

　　　況聞——處處鬻男女。(杜甫:歲晏行)

　　　驚破——霓裳羽衣曲。(白居易:長恨歌)

　　　知是——荔支龍眼來。(蘇軾:荔支歎)

這些七言詩句的後五字,如果細加分析,有的是二一二,如杜甫《歲晏行》例;有的是二二一,如王勃《滕王閣》例和白居易《長恨歌》例;有的是四一,如蘇軾《荔支歎》例。

　　反過來,五二式則是非常少見的。杜甫《宿府》的“午夜角聲悲——自語,中天月色好——誰看”,是僅有的情況。

　　近體詩的句式,和古體詩的句式沒有多少不同的地方。五言七言的一般句式,既適合古體詩,也適合近體詩。這裏祇作兩點補充説明:

　　(1)近體詩的句式一般是每兩個音節構成一個節奏單位,每一節奏單位相當於一個雙音詞或詞組。音樂節奏和意義單位基本上是一致的。例如：

　　白雲──迴望──合，青靄──入看──無。（王維:終南山）

　　無邊──落木──蕭蕭──下，不盡──長江──滾滾──來。（杜甫:登高）

　　天意──憐──幽草，人間──重──晚晴。（李商隱:晚晴）

　　局促──常悲──類──楚囚，遷流──還歎──學──齊優。（陸游:黄州）

由此可見，一個雙音詞或者雙音的名詞性詞組一般是不跨兩個節奏單位的。但是多音詞或多音的名詞性詞組不能不跨兩個節奏單位，李商隱《無題》的"相見時難別亦難"，其中"相見時"就是跨兩個節奏單位；又如杜牧《寄揚州韓綽判官》的"二十四橋明月夜"，其中的"二十四"也是跨兩個節奏單位。不過這種情況在近體詩中也是比較少見的。

　　(2)近體詩的句式，往往是以三字結尾，這最後三字保持相當的獨立性。這就是説雖然三字尾還可以細分爲二一或一二，但是它們總是構成一個整體：如果是五律，後三字和前兩字是分成兩個較大的節奏；如果是七律，後三字和前四字是分開成兩個較大的節奏。因此，漢魏六朝詩和唐以後古體詩中某些句式一般是不能用於近體詩的。例如：

　　黄泉下相見。（古詩:焦仲卿妻）

　　其險也若此。（李白:蜀道難）

　　且共歡此飲。（陶淵明:飲酒其三）

　　一丈毯用千兩絲。（白居易:紅綫毯）

　　血作陳陶澤中水。（杜甫:悲陳陶）

　　家在蝦蟆陵下住。（白居易:琵琶行）

從意義單位看,這些詩句都不是三字尾。一二兩例是二字尾,三四兩例是四字尾,五六兩例是五字尾。這都不合於一般律句的節奏。特別是二字尾最不可能用於近體詩。

以上講的是近體詩的句式,下面談談近體詩的語法特點。

漢魏六朝詩和唐以後的古體詩在語法上和散文是一致的。近體詩就不同了,近體詩有一些語法特點是散文所不能有的。有些詩句我們不但能從平仄上辨別出來它們是律句,而且在語法上也能辨別出來它們是律句。入律的古風也是這樣。關於這個問題,我們不打算談得太詳細。這裏祇提出兩點來談:省略和倒裝。

先説省略。近體詩的字數是有一定的限制的,因此語言要求特別精練。主語、連詞、介詞經常省略,這且不説;下面要談的是缺乏動詞謂語的句子,這可以細分爲四種:

第一種是祇用一個簡單的名詞性詞組。例如:

> 山中一夜雨,樹杪百重泉。(王維:送梓州李使君)
>
> 渭北春天樹,江東日暮雲。(杜甫:春日憶李白)
>
> 失寵故姬歸院夜,没蕃老將上樓時。(白居易:中秋月)

第二種是把兩個名詞性的詞組排在一起,讓讀者去體會它們之間的關係。例如:

> 浮雲遊子意,落日故人情。(李白:送友人)
>
> 細草微風岸,危檣獨夜舟。(杜甫:旅夜書懷)
>
> 巫峽啼猿數行淚,衡陽歸雁幾封書。(高適:送李少府貶峽中王少府
> 貶長沙)

第三種是保留副詞,省略動詞。例如:

> 故國猶兵馬,他鄉亦鼓鼙。(杜甫:送遠)
>
> 江山故宅空文藻,云雨荒臺豈夢思。(杜甫:詠懷古迹其二)

副詞後省去了什麼動詞,很難確定,但意思是很清楚的。

第四種是複合句,其中一個分句有謂語,另一個分句没有謂語。例如:

　　香霧雲鬟溼,清輝玉臂寒。(杜甫:月夜)

　　暮鐘寒鳥聚,秋雨病僧寒。(白居易:旅次景空)

　　晴川歷歷漢陽樹,芳草萋萋鸚鵡洲。(崔顥:黄鶴樓)

這幾種省略的情況,在近體詩裏是常常出現的。

　　再説倒裝。近體詩爲了適應聲律的要求,往往可以把語序作適當的變换,這是句法上的倒裝。散文雖然也有倒裝的句法,但是比近體詩少,而且遠不如近體詩自由。近體詩的某些倒裝句,在散文裏是不允許的。例如:

　　緑垂風折笋,紅綻雨肥梅。(杜甫:陪鄭廣文)

　　(風折笋垂緑,雨肥梅綻紅。)

　　竹憐新雨後,山愛夕陽時。(錢起:谷口書齋寄楊補闕)

　　(新雨後憐竹,夕陽時愛山。)

　　香稻啄餘鸚鵡粒,碧梧棲老鳳凰枝。(杜甫:秋興其八)

　　(鸚鵡啄餘香稻粒,鳳凰棲老碧梧枝。)

　　永憶江湖歸白髮,欲迴天地入扁舟。(李商隱:安定城樓)

　　(永憶江湖白髮歸。)

這種語序的變换,從散文的語法來看都是不好理解的。但是,在近體詩裏既適應了聲律的要求,又能增加詩的情味。

　　我們知道了近體詩的這些語法特點,纔能更好地了解近體詩的意思,而不至於拿讀散文或讀古詩的眼光去看近體詩。

第十四單元

文　選

詞

李　白

菩 薩 蠻〔1〕

　　平林漠漠煙如織〔2〕,寒山一帶傷心碧〔3〕。暝色入高樓〔4〕,有人樓上愁〔5〕。　　玉階空佇立〔6〕,宿鳥歸飛急〔7〕。何處是歸程〔8〕?長亭連短亭〔9〕。

〔1〕這首詞可能不是李白所作,但是它代表早期的詞。

〔2〕這句是寫黃昏的景象。平林,遠遠的一排一排的樹林。漠漠,布列得很密的樣子。煙如織,煙霧稠密得像布帛等織品。

〔3〕織、碧,押韻(職陌通韻)。

〔4〕暝,通"冥"。暝色,等於説暮色。

〔5〕樓、愁,押韻(尤韻)。

〔6〕玉階,白石砌成的階梯。佇(zhù)立,久立。

〔7〕宿鳥,歸巢的鳥。立、急,押韻(緝韻)。

〔8〕歸程,等於説歸路。

〔9〕這是説長亭短亭接連不斷,即回家的路很遙遠。古代十里一長亭,五里一短亭。庾信《哀江南賦》:"十里五里,長亭短亭。"程、亭,押韻(庚青

通韻)。

憶　秦　娥[1]

簫聲咽[2]，秦娥夢斷秦樓月[3]。秦樓月，年年柳色，霸陵傷別[4]。　　樂遊原上清秋節[5]，咸陽古道音塵絕[6]。音塵絕，西風殘照[7]，漢家陵闕[8]。

〔1〕這首詞也可能不是李白所作。

〔2〕咽，嗚咽，形容簫聲悲涼。

〔3〕秦娥在秦樓的月色中醒來。這是形容秦娥的孤寂。秦娥，即弄玉。參看本册第 1263 頁《春賦》注〔1〕。這裏泛指秦地女子。

〔4〕霸陵，地名，因漢文帝的陵墓而得名，在今陝西長安縣東。附近有霸橋（今作灞橋），古人常在這裏折柳送別。

〔5〕樂遊原，參看本册第 1430 頁《將赴吳興登樂遊原一絕》注〔1〕。清秋節，指九月九日。唐人三月三日、九月九日登樂遊原。

〔6〕塵，等於説蹤迹。

〔7〕音塵絕，是説聲音聽不着，蹤迹也看不着了。殘照，殘餘的日光，這裏指夕陽。

〔8〕咽、月、月、別、節、絕、絕、闕，押韻（屑月通韻）。

張　志　和

張志和，字子同，唐肅宗時金華（今浙江金華市）人，生卒年不詳。自號煙波釣徒。曾著《玄真子》，又取號玄真子。

漁　歌　子[1]

西塞山前白鷺飛[2]，桃花流水鱖魚肥[3]。青箬笠[4]，綠簑衣，斜風細雨不須歸[5]。

〔1〕五首選一。

〔2〕西塞山,在今浙江吳興縣城西。

〔3〕鱖(guì)魚,魚的一種,也作"桂魚"。

〔4〕箬(ruò),竹之一種。箬笠,箬竹葉製成的帽子,用來遮雨和陽光。

〔5〕飛、肥、衣、歸,押韻(微韻)。

王　建

王建,字仲初,潁川(今河南中部、南部一帶)人,生卒年不詳。大曆十年(公元 775 年)中進士,先後作過渭南尉、秘書丞、侍御史、陝州司馬等官。當時以一百首寫宮中生活的詩著名。

調　笑　令〔1〕

團扇〔2〕,團扇,美人病來遮面〔3〕。玉顏憔悴三年,誰復商量管絃〔4〕？絃管,絃管,春草昭陽路斷〔5〕。

〔1〕這首詞反映了宮中女子的苦悶。

〔2〕團扇,圓形的扇子,又稱宮扇。漢成帝寵幸趙飛燕姐妹後,原來受到寵幸的班婕妤失寵,自己要求到長信宮侍奉太后。據說她作了一首《怨歌行》:"新裂齊紈素,鮮絜(潔)如霜雪。裁成合歡扇,團團似明月。出入君懷袖,動搖微風發。常恐秋節至,涼颼奪炎熱。棄捐篋笥中,恩情中道絕。"後來人們常用團扇的故事代表失寵。

〔3〕扇、扇、面,押韻(霰韻)。

〔4〕年、絃,押韻(先韻)。

〔5〕昭陽路,通往昭陽宮的路,這裏代表得寵者的住所。趙飛燕女弟受寵時居昭陽舍。這句是說先寵後疏的女子無人再來眷顧,所以昭陽路上長滿青草,看不見路了。管、管、斷,押韻(旱韻)。

溫 庭 筠

　　溫庭筠(公元 813？—870 年？)，字飛卿，唐末太原祁(今山西祁縣)人。曾屢次應試，都未考中。後來做過國子助教、方城尉等官。他長於詩詞，精通音樂，是第一個注意寫詞的文人，使民間詞在辭藻、音樂方面得到進一步提高。他的詞穠艷綺麗，内容狹窄空虛，這是他的缺點。有《金荃集》，已不傳。今存詞七十餘首。

菩 薩 蠻[1]

　　小山重疊金明滅[2]，鬢雲欲度香顋雪[3]。懶起畫蛾眉，弄妝梳洗遲[4]。　　　照花前後鏡[5]，花面交相映[6]。新帖繡羅襦[7]，雙雙金鷓鴣[8]。

〔1〕這首詞寫一個晚起的女子梳洗打扮時的嬌懶神態。

〔2〕小山，指屏山，即屏風。金明滅，指日光在屏風的彩畫上閃爍不定，忽明忽暗，表示已經天亮。

〔3〕鬢雲，即髮鬢。説"雲"是形容女子髮鬢輕盈，像浮雲一樣。香顋雪，就是顋。説"雪"是形容皮膚很白。這是説睡過一夜，髮鬢鬆散，幾乎滑到顋上了。滅、雪，押韻(屑韻)。

〔4〕眉、遲，押韻(支韻)。

〔5〕花，指頭上戴的花。這句是説女子梳妝時用兩面鏡子來對照頭上所戴的花。

〔6〕鏡、映，押韻(敬韻)。

〔7〕帖，指繡貼，即繡貼鷓鴣圖案。一本作"著"。

〔8〕鷓鴣(zhègū)，鳥名。金鷓鴣，指羅襦上用金綫繡的鷓鴣。襦、鴣，押韻(虞韻)。

更　漏　子[1]

　　柳絲長，春雨細，花外漏聲迢遞[2]。驚塞雁，起城烏[3]，畫屏金鷓鴣[4]。　　香霧薄，透簾幙[5]，惆悵謝家池閣[6]。紅燭背[7]，繡簾垂，夢長君不知[8]。

〔1〕這首詞是寫一個封建貴族婦女在極靜的夜裏懷念他的愛人。

〔2〕漏聲，漏壺滴水的聲音。迢遞(tiáodì)，遠的樣子。細、遞，押韻(霽韻)。

〔3〕大意是：輕微的漏聲驚起了塞外飛來的大雁和棲宿在城上的烏鴉。這是極言周圍寂靜。

〔4〕畫屏，上面有畫的屏風，這裏指枕邊的小屏。這句是説：祇有畫屏上金色的鷓鴣沒有受到漏聲的驚擾，一動不動。這也是襯託周圍的寂靜。烏、鴣，押韻(虞韻)。

〔5〕幙，通"幕"，指帳子。

〔6〕謝家，西晉謝安的家族，謝家在西晉時是豪門貴族。謝家池閣，指豪華的池閣。薄、幙、閣，押韻(藥韻)。

〔7〕紅燭背着我，實際是人背對着紅燭，面向裏睡。

〔8〕垂、知，押韻(支韻)。

李　煜

　　李煜(公元937—978年)，字重光，南唐的最後一個皇帝，世稱李後主。在位十五年，沈湎聲色，最後國破出降，宋封他爲違命侯，不久被宋太宗毒死。他前期的詞，主要是寫宮廷中的淫靡生活。他被囚後的作品，題材較以前擴大了些，抒發了他的亡國之恨。李煜的詞在藝術上有一定的成就。

搗　練　子

　　深院靜，小庭空，斷續寒砧斷續風[1]。無奈夜長人不寐,數聲和月到簾櫳〔2〕。

〔1〕砧(zhēn),洗衣服用的搗衣石。寒砧,指寒夜中搗衣的聲音。

〔2〕櫳,有橫直格子的窗子。這是說砧聲、風聲傳來,月光照着,使不眠的人更無法入睡了。空、風、櫳,押韻(東韻)。

<h1 style="text-align:center">浪　淘　沙〔1〕</h1>

　　簾外雨潺潺〔2〕,春意闌珊〔3〕,羅衾不耐五更寒。夢裏不知身是客,一晌貪歡〔4〕。　　　　獨自莫憑闌,無限江山〔5〕,別時容易見時難。流水落花春去也,天上人間〔6〕!

〔1〕這是他亡國後所作,表達了他思念故國的悲苦心情。實際上是懷戀他過去的宮廷生活。

〔2〕潺潺(chánchán),水流的聲音,這裏形容雨聲。

〔3〕闌珊,疊韻聯緜字,衰落的樣子。一本作"將闌"。

〔4〕等於說貪一晌(shǎng)歡。一晌,一會兒,片刻。

〔5〕莫,一本作"暮"。江山。指故國的河山。

〔6〕春,暗喻過去的美好的生活。一本作"歸"。這是說,過去的生活和現在相比,有着天上和人間的差別。潺、珊、寒、歡、闌、山、難、間,押韻(刪寒通韻)。

<h1 style="text-align:center">柳　　永</h1>

　　柳永(公元 987?—1053 年?),字耆卿,原名三變,字景莊,宋初崇安(今福建崇安縣)人。因爲他後來曾任屯田員外郎,所以世稱柳屯田。少年時出入於歌樓妓館,屢次應試都沒有登第,晚年纔考中進士。宦途失意,使他對功名利禄感到厭倦、淡漠,行爲更加放蕩不羈。

　　柳詞主要内容爲反映中下層市民的生活和城市繁華的景象,

其中有些是描寫羈旅行役、離愁別恨和同情妓女之作,反映了一定的社會現實,但也有些作品庸俗、猥褻,没有什麼價值。他是第一個創作了大量慢詞的人,對詞調的發展起了一定的作用。語言通俗,情景交融,善於鋪敍,是柳詞的特色。今存有《樂章集》。

雨 霖 鈴[1]

寒蟬淒切,對長亭晚,驟雨初歇。都門帳飲無緒[2],方留戀處[3],蘭舟催發[4]。執手相看淚眼,竟無語凝噎[5]。念去去、千里煙波[6],暮靄沈沈楚天闊[7]。

多情自古傷離別,更那堪、冷落清秋節[8]。今宵酒醒何處?楊柳岸、曉風殘月。此去經年[9],應是良辰好景虛設。便縱有、千種風情,更與何人說[10]?

〔1〕這首詞寫離情。上闋寫分別時的難捨難分,下闋寫想像中的分別後的情景。

〔2〕都門,京都城門。帳飲,參看本册第1255頁《別賦》注〔4〕。緒,情緒。無緒,等於説心情不好。

〔3〕一本無“方”字。

〔4〕蘭舟,木蘭木做成的船,這是對船的美稱。

〔5〕凝噎,指嗓子被氣憋住了,哭不出來。一本作“凝咽”。

〔6〕去去,等於説往前走了又走。

〔7〕靄(ǎi),雲氣。楚天,泛指南方天空。

〔8〕節,季節,時節。與李白《憶秦娥》中的清秋節不同。

〔9〕這是説,這一走,一年年下去了。

〔10〕更,一本作“待”。切、歇、發、噎、闊、別、節、月、設、説,押韻(屑月曷通韻)。

八聲甘州[1]

　　對瀟瀟暮雨灑江天[2]，一番洗清秋[3]。漸霜風淒緊，關河冷落，殘照當樓。是處紅衰翠減[4]，苒苒物華休[5]。惟有長江水，無語東流。　　不忍登高臨遠，望故鄉渺邈，歸思難收[6]。歎年來蹤迹，何事苦淹留？想佳人、妝樓凝望，誤幾回、天際識歸舟[7]。爭知我[8]、倚闌干處，正恁凝愁[9]。

[1]這首詞寫旅客懷念家鄉的淒苦心情。

[2]瀟瀟，雨勢急驟的樣子。

[3]即把清爽的秋天洗了一番。

[4]是處，等於説到處。紅，指花。翠，指葉。一本作"綠"。李商隱《贈荷花》："此荷此葉常相映，翠減紅衰愁煞人。"

[5]苒苒(rǎnrǎn)，漸漸。物華，美好的景物。

[6]思(sì)，名詞，心思。

[7]天際，指眼力所能達到的極遠之處。這句是説，想像愛人從妝樓遠望天際，辨認我的歸舟，而認錯了多少回。謝朓《之宣城郡出新林浦向板橋》："天際識歸舟，雲中辨江樹。"

[8]爭，怎麼。

[9]恁(nèn)，如此。秋、樓、休、流、收、留、舟、愁，押韻(尤韻)。

玉　蝴　蝶[1]

　　望處雨收雲斷，凭闌悄悄，目送秋光。晚景蕭疏[2]，堪動宋玉悲涼[3]。水風輕、蘋花漸老[4]，月露冷、梧葉飄黄。遣情傷，故人何在？煙水茫茫。　　難忘，文期酒會[5]，幾孤風月[6]，屢變星霜[7]。海闊山遥，未知何處是瀟湘[8]？念雙燕、難憑遠信，指暮天、空識歸航[9]。
黯相望[10]，斷鴻聲裏[11]，立盡斜陽[12]。

〔1〕這首詞是懷念飄泊在外的故人。

〔2〕蕭疏，雙聲聯綿字，蕭條淒涼的樣子。

〔3〕參看本冊第 1418 頁《詠懷古迹》二注〔1〕。

〔4〕蘋，一種生在淺水中的草本植物。

〔5〕文期，古代文人們在一起爲文作詩的一種聚會。

〔6〕孤，通“辜”。幾孤風月，多少次辜負了風月，也就是空放過了多少良辰
　　美景。

〔7〕變星霜，星在天上運行，霜在每年開始寒冷時出現，所以用“變星霜”表示
　　年歲改易。以上幾句是説，雖然已經經過了很多歲月，但仍未能忘懷當
　　年和朋友們在一起的聚會。

〔8〕瀟湘，本指今湖南省境内的瀟湘二水，後來用以指所思之處，這裏指故人
　　所在的地方。

〔9〕航，船。

〔10〕黯，黯然。

〔11〕斷鴻，失羣的鴻雁，即孤雁。

〔12〕光、涼、黄、傷、茫、忘、霜、湘、航、望、陽，押韻（陽韻）。

滿　江　紅[1]

　　暮雨初收，長川靜、征帆夜落[2]。臨島嶼、蓼煙疎
淡[3]，葦風蕭索。幾許漁人橫短艇[4]，盡將燈火歸村
郭[5]。遣行客、到此念回程。傷漂泊。　　桐江好[6]，
煙漠漠。波似染，山如削。遠嚴陵灘畔[7]，鷺飛魚躍。游
宦區區成底事[8]？平生況有林泉約[9]。歸去來、一曲
仲宣吟，從軍樂[10]。

〔1〕這首詞反映了作者對游宦的厭倦心情。

〔2〕征帆，遠行之船的帆。夜落，晚上帆落下來，也就是停泊。

〔3〕蓼(liǎo)，水蓼，一種生長在水邊上的水草。

〔4〕橫短艇，指使短艇傍岸。

〔5〕將，持，拿着。

〔6〕桐江，在今浙江省境。

〔7〕遶，同"繞"。嚴陵灘，水灘名，又名嚴陵瀨，東漢嚴光(字子陵)隱居釣魚處，在今浙江桐廬縣桐江邊上。

〔8〕區區，言其微小、不足道。底，甚麼。

〔9〕林泉約，和林泉相約，就是隱居之願。

〔10〕回去吧，吟一首王粲的《從軍行》。歸去來，陶潛《歸去來兮辭》："歸去來兮，田園將蕪胡不歸。"仲宣，王粲字。王粲作有《從軍行》，其中反映了軍士苦於行旅懷念親人的情感。落、索、郭、泊、漠、削、躍、約、樂，押韻(藥韻)。

蘇　軾

江城子(密州出獵〔1〕)

　　老夫聊發少年狂，左牽黃，右擎蒼〔2〕。錦帽貂裘、千騎卷平岡〔3〕。爲報傾城隨太守，親射虎，看孫郎〔4〕。酒酣胸膽尚開張〔5〕，鬢微霜〔6〕，又何妨？持節雲中、何日遣馮唐〔7〕？會挽雕弓如滿月〔8〕，西北望，射天狼〔9〕。

〔1〕此詞作於宋神宗熙寧八年(公元1075年)冬。當時國家正受到外族(主要是遼國和西夏)的威脅。作者在詞中表現出親上前綫保衛邊疆的決心。密州，今山東諸城縣。這時蘇軾知密州。

〔2〕黃，指黃狗。《史記·李斯列傳》載李斯臨刑時，對他的兒子説："吾欲與若復牽黃犬，俱出上蔡東門，逐狡兔，豈可得乎？"擎，舉着，在這裏指胳膊上架着。蒼，指蒼鷹。黃狗、蒼鷹都是打獵用的。

〔3〕千騎,言從騎之多。卷,通"捲"。這是形容馬多塵大,似乎把山岡捲起來了。

〔4〕孫郎,指孫權。《三國志·吳書·孫權傳》:"〔建安〕二十三年,權將如吳(吳郡),親乘馬射虎於庱亭(庱音 líng。庱亭,地名)。馬爲虎所傷,權投以雙戟,虎卻廢,常從張世擊以戈,獲之。"從"爲報"到"孫郎",大意是:爲了報答大家傾城出動隨着我去出獵,我親自射虎,請他們看看孫郎當年射虎的英姿。

〔5〕胸膽尚開張,等於説胸襟還放得開,也就是還有豪興。

〔6〕鬢角略微白了一些,指已近老年。

〔7〕什麼時候派遣馮唐持節到雲中去呢? 也就是説什麼時候派我到邊地去呢? 雲中,漢郡名,在今內蒙古托克托一帶。唐置雲州,宋改爲雲中府,府治在今山西大同市。馮唐,參看第三冊第 1154 頁《滕王閣序》注〔14〕。據《史記·馮唐列傳》載,漢文帝時,雲中郡守魏尚愛惜士卒,優待軍吏賓客,使匈奴不敢靠近邊塞。後因在報功狀上報多了六顆首級而被判刑。當時馮唐任郎中署長,他對文帝列舉魏尚的功勞,指出文帝賞罰不當,不善用將。文帝聽了很高興,"是日遣馮唐持節赦魏尚,復以爲雲中守,而拜馮唐爲車騎都尉。"作者這裏以馮唐自比。

〔8〕會,將要。

〔9〕天狼,星名,主戰爭。這裏喻西北方的敵人,即西夏。《楚辭·九歌·東君》:"舉長矢兮射天狼。"狂、黃、蒼、岡、郎、張、霜、妨、唐、狼,押韻(陽韻)。

蝶戀花(密州上元〔1〕)

　　燈火錢塘三五夜〔2〕。明月如霜,照見人如畫。帳底吹笙香吐麝〔3〕,更無一點塵隨馬。　　　寂寞山城人老也〔4〕。擊鼓吹簫〔5〕,卻入農桑社〔6〕。火冷燈稀霜露下,昏昏雪意雲垂野〔7〕。

〔1〕這首詞爲作者知密州時所作。上闋回憶當年在錢塘過元宵節的情景,下

閱寫在密州過節時的寂寞。上元，即元宵節。

〔2〕錢塘，即今杭州市。三五，正月十五。

〔3〕麝，麝香，一種香料。

〔4〕山城，指密州。

〔5〕擊鼓吹簫，指社祭(祭土神)時的音樂。

〔6〕農桑社，等於說農村的社祭。

〔7〕這是說天陰得很厲害，就要下雪了。夜、畫、麝、馬、也、社、下、野，押韻（禡卦馬通韻，上去通押）。

水調歌頭

丙辰中秋〔1〕，歡飲達旦，大醉，作此篇，兼懷子由〔2〕。

明月幾時有？把酒問青天〔3〕。不知天上宮闕、今夕是何年？我欲乘風歸去〔4〕，惟恐瓊樓玉宇〔5〕，高處不勝寒。起舞弄清影，何似在人間？　　轉朱閣，低綺户〔6〕，照無眠〔7〕。不應有恨、何事長向別時圓〔8〕？人有悲歡離合，月有陰晴圓缺，此事古難全。但願人長久，千里共嬋娟〔9〕。

〔1〕這首詞作於密州。詞中反映了作者的出世與熱愛人間生活這兩種思想的矛盾，但全詞的基調是樂觀的。丙辰，神宗熙寧九年，當公元 1076 年。

〔2〕子由，作者的弟弟蘇轍的字。這時蘇轍在濟南，二人已七年沒有見面。

〔3〕把，拿着。李白《把酒問月》："青天有月來幾時？我今停杯一問之。"此句即化李白詩句而成。

〔4〕這句是用《列子・黃帝篇》的典故。據列子自己說，他從老商氏學道，最後做到忘物忘我，"心凝形釋，骨肉都融，不覺形之所倚，足之所履，隨風東西，猶木葉幹殼。竟不知風乘我邪？我乘風乎？"蘇軾用這個典故，暗含有忘掉一切的意思。

〔5〕瓊樓玉宇,指上文的"天上宮闕"。《酉陽雜俎》:"翟天師名乾祐……曾于江岸與弟子數十玩月,或曰:'此中竟何有?'翟笑曰:'可隨吾指觀。'弟子中兩人見月規半天,瓊樓金闕滿焉。數息間不復見。"

〔6〕月光轉移,照到朱閣上;月光漸低,照到綺户上。綺户,刻有紋飾的門窗。參看本册第 1428 頁《雜詩》注〔1〕。

〔7〕無眠,指不能入睡的人。

〔8〕這是説,月亮對人們應該没有什麼怨恨,但是爲什麼老是趁人們不能團聚的時候圓呢?

〔9〕嬋(chán)娟,美好的樣子,這裏指明月。語本謝莊《月賦》:"美人邁兮音塵絕,隔千里兮共明月。"天、年、寒、間、眠、圓、全、娟,押韻(先寒删通韻)。

西 江 月

頃在黄州,春夜行蘄水中〔1〕。過酒家飲酒,醉,乘月至一溪橋上,解鞍曲肱,醉臥少休。及覺已曉。亂山攢擁〔2〕,流水鏘然,疑非塵世也,書此語橋柱上。

照野瀰瀰淺浪〔3〕,横空隱隱層霄〔4〕。障泥未解玉驄驕〔5〕,我欲醉眠芳草。　　可惜一溪風月〔6〕,莫教踏碎瓊瑶〔7〕。解鞍敧枕綠楊橋〔8〕,杜宇一聲春曉〔9〕。

〔1〕宋神宗元豐八年(公元 1082 年)作。當時作者謫居黄州(今湖北黄岡縣)。蘄(qí)水,宋縣名,在黄州附近,即今湖北浠水縣。

〔2〕攢擁,簇聚擁集。

〔3〕大意是:瀰瀰的淺浪泛出的水光照在曠野上。這是説月光照在溪水上,反射出光亮。瀰瀰,水盛的樣子。

〔4〕大意是:隱隱的層雲横在天空裏。

〔5〕障泥,即馬薦,用錦或布做成,用來墊馬鞍,兩旁下垂以擋泥土。玉驄,青白相雜的馬,這裏泛指馬。驕,驕縱。《世説新語·術解》:"王武子(名濟,

晉人)善解馬性。嘗乘一馬,著連錢障泥(連錢,同"連乾",一種馬飾)。
前有水,終日不肯渡。王云:'此必是惜障泥。'使人解去,便徑渡。"

〔6〕可惜,可愛。

〔7〕瓊瑤,都是美玉名,這裏指美好的月色。

〔8〕攲(qī),斜。攲枕(zhèn),斜枕着。

〔9〕杜宇,鳥名,即杜鵑,一名子規。參看本册第1391頁《蜀道難》注〔17〕。
霄、驕、草、瑤、橋、曉,押韻。霄、驕、瑤、橋,照例押平聲韻(蕭韻),草、曉,
照例押仄聲韻(皓篠通韻)。

念奴嬌(赤壁懷古〔1〕)

　　大江東去〔2〕,浪淘盡、千古風流人物〔3〕。故壘西
邊,人道是三國周郎赤壁〔4〕。亂石穿空,驚濤拍岸〔5〕,
捲起千堆雪。江山如畫,一時多少豪傑。　　遥想公瑾當
年,小喬初嫁了〔6〕,雄姿英發。羽扇綸巾談笑間〔7〕、檣
櫓灰飛煙滅〔8〕。故國神遊〔9〕,多情應笑我,早生華
髮〔10〕。人生如夢,一尊還酹江月〔11〕。

〔1〕此詞作於神宗元豐五年壬戌七月,與《前赤壁賦》同時。詞中借遥想古代
　　英雄表現了自己渴望爲國家建立一番事業的志向。詞末尾表現出失意
　　後產生的無可奈何的感歎,比較消極。赤壁,參看本册第1286頁《前赤
　　壁賦》注〔1〕。

〔2〕大江,長江。

〔3〕風流人物,傑出的英雄人物。

〔4〕因爲作者所遊的赤壁,並不是周瑜破曹軍的地方,所以説"人道是"。周
　　郎,即周瑜,參看本册第1287頁《前赤壁賦》注〔7〕。赤壁係因周瑜火燒
　　曹軍而得名,所以稱"周郎赤壁"。

〔5〕一本"穿空"作"崩雲","拍岸"作"裂岸"。

〔6〕小喬,周瑜的妻子,很美,與他的姐姐並稱大喬小喬。

〔7〕綸(guān)巾,一種青絲帛的頭巾。"羽扇綸巾"是儒將的裝束。這裏形容周瑜從容閑雅的風度。

〔8〕檣,船桅杆。檣櫓,這裏指曹軍的戰船。或作"强虜""狂虜"。

〔9〕這是説上面的想像把自己帶到古代去了。

〔10〕華髮,花白頭髮。這是説應該笑我因多情懷古而過早地生出了白頭髮。

〔11〕人生,一本作"人間"。酹,參看本册第1406頁《荔支歎》注〔8〕。物、壁、雪、傑、發、滅、髮、月,押韻(物錫屑月通韻)。

卜算子(黃州定慧院寓居作〔1〕)

　　缺月掛疏桐〔2〕,漏斷人初靜〔3〕。誰見幽人獨往來〔4〕?縹緲孤鴻影〔5〕。　　驚起卻回頭,有恨無人省〔6〕。揀盡寒枝不肯棲,寂寞沙洲冷〔7〕。

〔1〕在這首詞裏作者以孤鴻自比,表現了不願隨遇而安的生活態度,反映了謫居時的孤獨與寂寞。定慧院,又稱定惠院,在黃州東南。

〔2〕疏桐,枝葉稀疏的梧桐。

〔3〕漏斷,指漏壺裏的水滴完了,即已到深夜。

〔4〕幽人,詞人自指。

〔5〕縹緲,高遠的樣子。

〔6〕省,等於説了解、明白。

〔7〕這是説,孤鴻不肯棲於寒枝,寧願棲於寂寞寒冷的沙洲。鴻雁本來祇宿葦塘草澤,不棲樹枝。這裏説"不肯棲",含有不肯苟合取容的意思。靜、影、省、冷,押韻(梗韻)。

水龍吟(次韻章質夫楊花詞〔1〕)

　　似花還似非花,也無人惜從教墜〔2〕。拋家傍路,思量

卻是,無情有思[3]。縈損柔腸[4],困酣嬌眼,欲開還
閉[5]。夢隨風萬里,尋郎去處,又還被、鶯呼起[6]。
不恨此花飛盡,恨西園、落紅難綴。曉來雨過,遺蹤何
在[7]?一池萍碎[8]。春色三分,二分塵土,一分流
水[9]。細看來不是楊花,點點是、離人淚[10]。

〔1〕這是一首閨怨詞,以擬人的手法寫楊花。次韻,依照別人的詩詞的韻腳
　　　作詩作詞。章質夫,名楶(jié),曾與蘇軾同時在京中作官。楊花,柳絮。
　　　章質夫作《水龍吟》詠楊花,蘇軾依他的韻腳和了這一首。

〔2〕從教(jiāo),任憑。從教墜,任憑它落下來。

〔3〕細想想,都是看來無情,而實際上懷有深意。思(sì),意。韓愈《晚春》
　　　詩:"楊花榆莢無才思,惟解漫天作雪飛。"

〔4〕縈(yíng),迴。

〔5〕這是把柳葉比作女子的嬌眼,因困倦而欲開還閉。困酣,等於説困極了。

〔6〕以上三句是想像之辭,是説楊柳剛剛從尋找情郎的夢中醒來(因此有"困
　　　酣嬌眼"的神態)。唐金昌緒《春怨》:"打起黃鶯兒,莫教枝上啼。啼時
　　　驚妾夢,不得到遼西。"這裏活用了這首詩的意思。

〔7〕遺蹤,指楊花留下的蹤迹。

〔8〕原注:"楊花落水爲浮萍,驗之信然。"按:這是古人的不科學的看法。萍
　　　碎,這是説浮在水面上的萍本來是一大片,清晨一陣雨過去,被打成碎
　　　塊了。

〔9〕春色分成三份,三分之二墮於塵土,三分之一落於流水(其實是楊花墮於
　　　塵土,落於流水)。這是説春天隨着楊花的消逝而消逝了。

〔10〕墜、思、閉、起、綴、碎、水、淚,押韻(真霽紙隊通韻,上去通押)。

周　邦　彦

　　周邦彦(公元 1057—1121 年),字美成,號清真居士,北宋末錢

塘(今杭州市)人。他精於音律,曾做過大晟府的提舉(大晟府是管音樂的機構)。

他的詞講求音律,法度嚴密,語言典雅含蓄,他還創造了許多新調,對後世影響很大。但內容貧乏。

今傳有《片玉集》,清陳元龍作注。

齊天樂(秋思[1])

緑蕪凋盡臺城路[2],殊鄉又逢秋晚[3]。暮雨生寒,鳴蛩勸織[4],深閣時聞裁翦。雲窗靜掩[5]。歎重拂羅裀[6],頓疎花簟[7]。尚有練囊,露螢清夜照書卷[8]。
荆江留滯最久[9],故人相望處,離思何限?渭水西風,長安亂葉[10],空憶詩情宛轉。凭高眺遠。正玉液新篘[11],蟹螯初薦[12]。醉倒山翁[13],但愁斜照斂[14]。

[1]這首詞可能是作者漂泊荆江時作的,表達了與故人久別的離愁。

[2]臺城路上的緑草凋盡了。這表明已是深秋。臺城,東晉和南朝宋時稱宮禁爲臺城。這裏指晉、宋時的宮殿,故址在今南京市玄武湖邊。

[3]殊鄉,異鄉。

[4]鳴蛩(qióng),蟋蟀。蟋蟀古代一名"促織",就是催促人們紡織的意思,所以這裏説"勸織"。

[5]雲窗,雕有雲狀花飾的窗。

[6]裀,褥子。重拂羅裀,這是説又鋪上了羅製的裀褥。

[7]這是説取下了涼席。頓疎,頓時疏遠。簟(diàn),竹席。花簟,織有花紋的竹席。

[8]練(shū)囊,疏麻布袋。露螢,沾着露水的螢火蟲。《晉書·車胤傳》:"胤博學多通,家貧不常得油,夏月則練囊盛數十螢火以照書,以夜繼日焉。"這裏暗用車胤的故事,是説清寒的秋夜,還有人在刻苦地囊螢讀書。

〔9〕荆江,指楚地,即今湖南湖北一帶。

〔10〕作者所懷念的故人,可能在關中一帶,所以説渭水、長安。唐賈島《憶江
　　　上吴處士》詩:"秋風吹渭水,落葉滿長安。"

〔11〕玉液,酒的美稱。篘(chóu),一種竹製的濾酒器,這裏用如動詞,等於
　　　説濾。

〔12〕蟹螯(áo),螃蟹的鉗夾,這裏指螃蟹。

〔13〕山翁,指西晉時的山簡。山簡字季倫,喜歡飲酒,經常喝得大醉。當時兒
　　　歌諷刺他(見《晉書·山簡傳》):"山公出何許(何所)?往至高陽池。日
　　　夕倒載歸,酩酊無所知。"這裏山翁暗指作者所懷念的故人。

〔14〕斜照,等於説斜陽。斂,指收斂了餘光。晚、蔫、掩、簟、卷、限、轉、遠、薦、
　　　斂,押韻(阮銑琰湫霰豔通韻,上去通押)。

蘭陵王(柳〔1〕)

　　柳陰直〔2〕,煙裏絲絲弄碧〔3〕。隋堤上〔4〕、曾見幾
番,拂水飄綿送行色〔5〕。登臨望故國〔6〕,誰識?京華倦
客〔7〕。長亭路、年去歲來,應折柔條過千尺〔8〕。　　閒
尋舊蹤迹,又酒趁哀弦,鐙照離席〔9〕。梨花榆火催寒
食〔10〕。愁一箭風快〔11〕,半篙波暖〔12〕,回頭迢遞便數
驛〔13〕,望人在天北〔14〕。　　悽惻〔15〕,恨堆積。漸別浦
縈迴〔16〕,津堠岑寂〔17〕,斜陽冉冉春無極〔18〕。念月榭攜
手,露橋聞笛〔19〕。沈思前事,似夢裏,淚暗滴〔20〕。

〔1〕這首詞題目是"柳",但並不是真正詠柳,而是送別之作(古人有折柳送別
　　　的習慣)。詞中表達了惜別之情和自己久居京城的厭倦。

〔2〕這是説堤岸上的柳樹排得很齊,因而樹的陰影是直的。

〔3〕弄,舞弄。碧,指碧色的枝條。

〔4〕隋堤,指當時東京(今開封市)附近的堤,是隋代修的,所以稱爲隋堤。堤

上種有柳樹。

〔5〕這是說自己不止一次到這裏來送行。綿,指柳絮。

〔6〕故國,在這裏是故鄉的意思。

〔7〕京華,京城。倦客,厭倦了的旅客,作者自指。

〔8〕這也是說自己經常到這裏來送行。柔條,指柳枝。

〔9〕酒趁哀弦,等於說伴隨着哀怨的樂聲飲酒。從"閒尋"到"離席"是說:閒來剛剛尋訪過曾與已經離去的朋友共同遊賞的地方,現在又爲別的朋友餞行了。

〔10〕大意是:這時正是梨花盛開、快到寒食節的時候。榆火,指榆柳火。《周禮·夏官·司爟(guàn)》:"四時變國火,以救時疾。"鄭衆注引鄹子:"春取榆柳之火,夏取棗杏之火,季夏取桑柘之火,秋取柞楢之火,冬取槐檀之火。"舊時在清明節前二日禁火(不生火煮飯,叫做"寒食"),節後另取新火(用木燧、金燧或燧石取得的火)。唐宋時,朝廷在這一天賜給百官"榆柳火"(表示依照古制,從榆柳中鑽取的火)。

〔11〕一箭,喻行者所乘的船。注意:這裏的"愁"字一直貫到"望人在天北"。

〔12〕因爲篙插入水中的衹是半截,所以說"半篙"。時近暮春,水已暖,所以說"波暖"。

〔13〕驛,驛站。數驛,表示去得遠。

〔14〕人,指送行的人。天北,指相距很遠很遠的地方,也就是看不見的地方。從"愁一箭"到"天北",是替行人設想(依周濟說,見《宋四家詞選》)。

〔15〕參看本册第1254頁《別賦》注〔6〕。

〔16〕這是說,船啟航了,岸邊的水波漸漸形成旋渦。別浦,水邊送別的地方。縈迴,曲折宛轉的樣子。

〔17〕津堠,碼頭上候望船隻的處所,這裏等於說"碼頭"。岑寂,雙聲聯緜字,寂寞。

〔18〕冉冉,這裏指慢慢移動。春無極,春色一望無邊。

〔19〕榭,建在高臺上的房屋。這兩句是回想過去的夜遊。

〔20〕直、碧、色、國、識、客、尺、迹、席、食、驛、北、惻、積、寂、極、笛、滴,押韻(職

陌錫通韻)。

滿庭芳(夏日溧水無想山作[1])

風老鶯雛[2]，雨肥梅子[3]，午陰嘉樹清圓[4]。地卑山近，衣潤費爐煙[5]。人靜烏鳶自樂[6]，小橋外、新綠濺濺[7]。憑闌久，黃蘆苦竹[8]，擬泛九江船[9]。

年年，如社燕[10]，飄流瀚海[11]，來寄修椽[12]。且莫思身外，長近尊前[13]。憔悴江南倦客，不堪聽、急管繁弦。歌筵畔，先安簟枕，容我醉時眠[14]。

〔1〕作者曾任溧水(今江蘇溧水縣)令，這首詞就是這時作的。詞中表達了失意、沉鬱的心情。

〔2〕風吹老了鶯雛。

〔3〕雨水澆肥了梅子。杜甫《陪鄭廣文游何將軍山林十首》之五："紅綻雨肥梅。"

〔4〕正午嘉樹的陰影清晰而圓。嘉，一本作"佳"。

〔5〕卑，低。潤，溼。爐，薰爐，用來燃香去潮溼之氣的。這句是說，衣服潮溼，要費很多爐火來薰乾。

〔6〕烏，烏鴉。鳶，鳥名，俗名鷂鷹。烏鳶，泛指飛禽。

〔7〕新綠，指河水。濺濺(jiānjiān)，水流很急的樣子。

〔8〕這句和上文"地卑山近"都是說自己所住的地方和白居易謫居江州(今九江市)時所住的地方很相似。白居易《琵琶行》："住近溼江地低溼，黃蘆苦竹遶宅生。"

〔9〕擬，比擬。這是說自己這時的心情和白居易遭貶後的心情可以相比。

〔10〕社燕，即燕子。燕子每年春社前後從南方飛來，秋社前後飛去，所以稱爲社燕(社：春秋兩次祭土神的日子)。

〔11〕瀚海，沙漠，這裏泛指遠僻的地方。

〔12〕寄,託身。修椽,長的椽子。

〔13〕身外,身外之物,指功名利禄等。杜甫《絶句漫興》:"莫思身外無窮事,且盡尊前有限杯。"

〔14〕圓、煙、濺、船、年、椽、前、弦、眠,押韻(先韻)。

西河(金陵懷古〔1〕)

佳麗地〔2〕,南朝盛事誰記〔3〕?山圍故國繞清江〔4〕,髻鬟對起〔5〕。怒濤寂寞打孤城〔6〕,風檣遥度天際。斷崖樹,猶倒倚,莫愁艇子曾繫〔7〕。空遺舊迹鬱蒼蒼,霧沈半壘〔8〕。夜深月過女牆來,賞心東望淮水〔9〕。 酒旗戲鼓甚處市〔10〕?想依稀、王謝鄰里〔11〕。燕子不知何世,向尋常、巷陌人家,相對如説興亡,斜陽裏〔12〕。

〔1〕金陵,今南京市。宋代叫江寧,宋以前曾稱爲金陵。

〔2〕佳麗地,即金陵。謝朓《入城曲》:"江南佳麗地,金陵帝王州。"

〔3〕南朝,南北朝時的宋、齊、梁、陳。這幾個朝代都建都金陵(當時叫建業)。

〔4〕故國,指金陵。繞清江,清江繞着金陵。

〔5〕這是説青山對峙,像女人的髻鬟。

〔6〕劉禹錫《金陵五題·石頭城》:"山圍故國周遭在,潮打孤城寂寞回。淮水東邊舊明月,夜深還過女牆來。"(女牆:城上的小牆,用來掩蔽守城者進行射擊的。)

〔7〕南朝樂府《莫愁樂》:"莫愁在何處?莫愁石城西。艇子打兩槳,催送莫愁來。"(莫愁:女子名。石城:即石頭城,故址在今南京市西。)今南京水西門外有莫愁湖。

〔8〕遺,一本作"餘"。壘,指古代的營壘。

〔9〕賞心,賞心亭。一本作"傷心"。淮水,即秦淮河。

〔10〕大意是:充滿酒樓戲館的鬧市,過去是什麽地方?

〔11〕大意是:想來大約是王謝的鄰里。依稀,彷彿,這裏有大約的意思。王謝,指東晉時王導、謝安的家族。王謝在當時是大族,後世常以王謝爲南朝豪族的代稱。

〔12〕大意是:昔時王謝堂前的燕子不知道人間是何世,如今飛入尋常人家,在斜陽中相對鳴叫,好像是在評論古今興亡的事。按:第三闋是檃栝劉禹錫《烏衣巷》詩句而成。《烏衣巷》:"朱雀橋邊野草花,烏衣巷口夕陽斜。舊時王謝堂前燕,飛入尋常百姓家。"(烏衣巷:王謝家族聚居的街巷名,故址在今南京市區東南角。朱雀橋:烏衣巷附近一橋名,在秦淮河上。)地、記、起、際、倚、繫、壘、水、市、里、世、裏,押韻(紙寘霽通韻,上去通押)。

李　清　照

　　李清照(公元 1084—1151 年?),號易安居士,南宋初期著名女作家,濟南人。她的父母都工於文章,丈夫趙明誠是金石學家,也很喜歡詩詞。中原淪陷後,與丈夫南渡,不久丈夫病死,她便過着顛沛流離、凄涼愁苦的生活。她的作品散失了很多,現在所傳《漱玉詞》爲後人所輯錄。中華書局印有《李清照集》。

　　她前期的詞,內容比較狹窄。南渡後詞風大變,具有一定的社會意義。她在語言的運用方面有獨到之處,超出了當時一般作家。

如　夢　令〔1〕

　　昨夜雨疏風驟,濃睡不消殘酒〔2〕。試問捲簾人〔3〕,卻道"海棠依舊"。"知否? 知否? 應是綠肥紅瘦〔4〕。"

〔1〕這首詞表現了作者惜花的心情和對春色消逝的敏感。

〔2〕不消,在這裏是沒能消掉的意思。

〔3〕捲簾人,正在捲簾的侍女。

〔4〕綠,指葉。紅,指花。驟、酒、舊、否、瘦,押韻(宥有通韻,上去通押)。

醉　花　陰[1]

薄霧濃雲愁永晝[2]，瑞腦消金獸[3]。佳節又重陽，玉枕紗廚[4]，半夜涼初透。　　東籬把酒黃昏後[5]，有暗香盈袖[6]。莫道不消魂[7]，簾捲西風[8]，人比黃花瘦[9]。

〔1〕這首詞有的本子題作“九日”，是作者前期的作品。據説作者把這首詞寄給她丈夫，用以表達相思之苦。

〔2〕永，長。永晝，漫長的白天。

〔3〕瑞腦在薰爐中燃盡了。瑞腦，一種香料。金獸，獸形的銅香爐。

〔4〕玉枕，指瓷枕。紗廚，紗帳，是在牀上設一長方形木架，罩上紗，用來避蚊蠅。因爲形狀像廚，所以稱“紗廚”。

〔5〕東籬，泛指種着菊花的園地。陶潛《飲酒》：“採菊東籬下。”參看本册第1365頁。

〔6〕暗香，指菊花的香氣。

〔7〕消魂，即銷魂，參看本册第1253頁《別賦》注〔2〕。

〔8〕簾子被西風捲起。

〔9〕黃花，菊。晝、獸、透、後、袖、瘦，押韻（宥有通韻）。

鳳凰臺上憶吹簫[1]

香冷金猊[2]，被翻紅浪[3]，起來慵自梳頭[4]。任寶奩塵滿[5]，日上簾鉤。生怕離懷別苦，多少事、欲説還休。新來瘦，非干病酒[6]，不是悲秋。　　休休！這回去也，千萬徧陽關[7]，也則難留[8]。念武陵人遠[9]，煙鎖秦樓[10]。惟有樓前流水，應念我、終日凝眸。凝眸處，從今又添、一段新愁[11]。

〔1〕這首詞寫別情,是作者前期的作品。

〔2〕香在金猊爐中冷了,也就是爐中的香燃盡了。猊(ní),狻(suān)猊,就是獅子。金猊,狻猊形的銅香爐。

〔3〕醒後懶於起牀,輾轉反側,使紅錦被波動得像紅浪一樣。

〔4〕慵(yōng),懶。

〔5〕奩(lián),女子梳妝用的鏡匣。

〔6〕不是因爲喝酒喝病了。干,關涉。

〔7〕陽關,指送別曲。王維《送元二使安西》:"勸君更盡一杯酒,西出陽關無故人。"後歌入樂府,以此詩爲送別曲,唱至"陽關"句反復,稱爲"陽關三疊",後來又産生了《陽關三疊》詞。

〔8〕也則,也衹是。

〔9〕武陵人,武陵的漁人。陶潛《桃花源記》載:武陵(郡名,今湖南常德一帶)的一個漁人曾偶然到了一個與世隔絕的桃花源,其中的人都是秦時避亂者的後裔。

〔10〕這是說煙霧遮住了視綫,再也看不見遠去的人。秦樓,參看本册第1501頁《憶秦娥》注〔3〕。煙鎖秦樓,一本作"雲鎖重樓"。

〔11〕頭、鉤、休、秋、休、留、樓、眸、愁,押韻(尤韻)。

永　遇　樂〔1〕

　　落日鎔金〔2〕,暮雲合璧〔3〕,人在何處〔4〕?染柳煙濃,吹梅笛怨〔5〕,春意知幾許?元宵佳節,融和天氣,次第豈無風雨〔6〕?來相召、香車寶馬,謝他酒朋詩侶〔7〕。　　中州盛日〔8〕,閨門多暇,記得偏重三五〔9〕。鋪翠冠兒〔10〕,撚金雪柳〔11〕,簇帶爭濟楚〔12〕。如今憔悴,風鬟霧鬢〔13〕,怕見夜間出去〔14〕。不如向、簾兒底下,聽人笑語〔15〕。

〔1〕這是作者南渡後所作,撫今思昔,流露了對故國的懷念和自己的孤寂之情。

〔2〕大意是:落日之色像鎔化了的黄金一樣。

〔3〕大意是:暮雲聯成一片,像一塊璧玉。璧,平圓形而中有孔的玉。

〔4〕人,指親人。這句表明作者的孤獨寂寞。

〔5〕梅,梅花,兼指古笛曲《梅花落》。李白《與史郎中欽聽黄鶴樓上吹笛》:"黄鶴樓中吹玉笛,江城五月落梅花。"(落梅花:即梅花落,意思雙關。)

〔6〕次第,跟着。這句大意是:跟着就會有風雨來到。這是對來約自己出遊的朋友推託的話,透露了作者的好景無常的悲觀情緒。

〔7〕大意是:酒朋詩侣以華美的車馬來召我出遊,我謝絶了他們。

〔8〕中州,即今河南省,在上古爲豫州,因爲在九州中心,所以稱中州。這裏"中州"是指東京汴梁(即今開封市)。盛日,指未淪陷時。

〔9〕偏重,特别看重。三五,即正月十五元宵節。

〔10〕鑲着翡翠羽的冠,婦女所戴。

〔11〕撚(niǎn),揉紙使緊。撚金雪柳,用黄紙、白紙紮的柳枝,是婦女元宵節戴的一種頭飾。

〔12〕簇帶,等於説戴在一起。濟楚,整齊漂亮。

〔13〕形容頭髮蓬鬆散亂。李朝威《柳毅傳》:"見大王愛女牧羊於野,風鬟雨鬢,所不忍睹。"蘇軾《題毛女真》:"風鬟霧鬢鬢木葉衣。"

〔14〕怕見,等於説懶得。一本作"怕向花間重去"。

〔15〕處、許、雨、侣、五、楚、去、語,押韻(御語麌通韻,上去通押)。

陸　游

鵲　橋　仙〔1〕

　　華鐙縱博,雕鞍馳射,誰記當年豪舉〔2〕?酒徒一一取封侯,獨去作、江邊漁父〔3〕。　　輕舟八尺,低篷三扇,占斷蘋洲煙雨〔4〕。鏡湖元自屬閒人〔5〕,又何必、官家賜與〔6〕！

〔1〕這是作者晚年閒居山陰三山故居時所作。詞中反映了作者對朝廷腐敗、
　　　無意收復中原的憤慨不滿。

〔2〕縱，放肆，盡情。博，古代的一種棋戲，這裏用如動詞。雕鞍馳射，1172
　　　年，作者在漢中時，經常身穿戎衣練習騎射，並有過雪中刺虎的壯舉。

〔3〕這句是説自己獨自去江邊過隱逸的生活。

〔4〕占斷，等於説佔盡，也就是獨享的意思。蘋洲，長有蘋草的小洲。蘋洲煙
　　　雨，泛指水邊的美景。

〔5〕鏡湖，又名鑑湖，在紹興南，臨近作者的住所。元自，等於説本自。

〔6〕官家賜與，唐代詩人賀知章晚年回到山陰故里當道士，請朝廷賜湖數頃
　　　做放生池，於是皇帝"有詔賜鏡湖剡川一曲"。官家，對皇帝的稱呼。舉、
　　　父、雨、與，押韻（語虞通韻）。

訴　衷　情〔1〕

　　當年萬里覓封侯〔2〕，匹馬戍梁州〔3〕。關河夢斷何
處〔4〕？塵暗舊貂裘〔5〕。　　　胡未滅，鬢先秋〔6〕，淚空
流。此生誰料，心在天山〔7〕，身老滄洲〔8〕。

〔1〕在這首詞中，作者表示了中原尚未恢復而自己已老的苦悶。

〔2〕這裏暗用班超投筆從戎的故事。參看第三冊第 1156 頁《滕王閣序》
　　　注〔3〕。

〔3〕作者曾在漢中川陝安撫使王炎手下任幹辦公事。梁州，宋代漢中一帶在
　　　唐以前曾叫梁州。參看第三冊第 910 頁《陳情表》注〔17〕。

〔4〕關河，山川險要之處，這裏指邊境。這句是説邊塞戍守生活像夢一樣消
　　　逝了，無處可尋。

〔5〕貂裘，《戰國策・秦策》載，蘇秦以連橫説秦惠王，"説秦王書十上而説不
　　　行，黑貂之裘弊，黃金百斤盡，資用乏絕，去秦而歸"。這句是説，灰塵使
　　　得貂裘的顏色變暗了，暗指自己的志願未能實現。

〔6〕秋,指白如秋霜。李白《秋浦歌》其十五:"白髮三千丈,緣愁似箇長。不知明鏡裏,何處得秋霜。"

〔7〕天山,這裏泛指邊疆。

〔8〕滄洲,等於説水濱,古代用來代表隱者居住的地方。侯、州、裘、秋、流、洲,押韻(尤韻)。

謝　池　春

壯歲從戎,曾是氣吞殘虜。陣雲高〔1〕、狼煙夜舉〔2〕。朱顔青鬢,擁雕戈西戍〔3〕。笑儒冠、自來多誤〔4〕。功名夢斷〔5〕,卻泛扁舟吳楚〔6〕。漫悲歌、傷懷弔古。煙波無際,望秦關何處? 歎流年、又成虛度〔7〕。

〔1〕陣雲,以陣比喻雲。

〔2〕狼煙,又叫烽煙、烽火。參看本册第 1412 頁《春望》注〔4〕。《酉陽雜俎》:"古邊亭舉烽火時,用狼糞燒煙,以其煙直上,風吹不斜也。"

〔3〕雕戈,刻有花紋的戈。以上是指當年在漢中的事,漢中在西方,所以説"西戍"。

〔4〕這是説:笑儒者都想立一番功業,但很多都是一生不得志。杜甫《奉贈韋左丞丈二十二韻》:"紈綺不餓死,儒冠多誤身。"(紈綺:貴族子弟的衣服,這裏指貴族子弟。)

〔5〕大意是:當年戍邊報國的事未能繼續下去。

〔6〕泛扁舟,表示退隱。這是暗用范蠡的故事。參看本册第 1422 頁《安定城樓》注〔6〕。吳楚,泛指南方。

〔7〕流年,像流水一樣逝去的歲月。虜、舉、戍、誤、楚、古、處、度,押韻(麌語遇御通韻,上去通押)。

辛　棄　疾

辛棄疾(公元 1140—1207 年),字幼安,號稼軒,南宋初濟南人。他出生時正值中原淪陷、民族災難極爲深重的時代,自幼受到祖父的愛國思想的熏陶。二十一歲時,組織了一支義軍,後來投歸南宋,任江陰僉判。此後逐漸顯露出過人的才識,歷任湖南、湖北、江西、福建等地安撫使,以及湖北湖南轉運副使等職。他每任新職,都努力整頓地方,積蓄軍力,爲人民做了不少好事。但他恢復中原、親上前綫的壯志卻始終未能實現。他幾次上書論述北伐大計,都没有被接受,兩次被罷黜,退居鄉間達二十年。

辛詞具有深刻的愛國主義思想,反映了時代精神。他繼承了蘇軾的豪放的詞風,縱橫慷慨,奮發激越,也有一些作品清麗嫵媚,含蓄委婉。後世常以蘇辛並提。辛詞對當時以至後代的詩歌發展有深遠的影響。

辛詞過去没有注本,今人鄧廣銘的《稼軒詞編年箋注》可資參考。

摸 魚 兒

淳熙己亥[1],自湖北漕移湖南[2],同官
王正之置酒小山亭[3],爲賦。

更能消、幾番風雨[4]?匆匆春又歸去。惜春長怕花開早,何況落紅無數[5]。春且住。見說道、天涯芳草無歸路[6]。怨春不語,算祇有殷勤,畫簷蛛網,盡日惹飛絮[7]。　　長門事,準擬佳期又誤[8]。蛾眉曾有人妒[9]。千金縱買相如賦,脈脈此情誰訴[10]?君莫舞[11]。君不見、玉環飛燕皆塵土[12]?閑愁最苦。休去倚危欄[13],斜陽正在,煙柳斷腸處[14]。

〔1〕這首詞用隱喻的手法,表達了作者對國事的憂憤。上闋喻國運垂危和自

己的希望,下闋喻自己在當政者壓抑之下的苦悶和憤慨。全詞表面上很委婉,其實感情很強烈。據説宋孝宗讀了這首詞以後很不高興。淳熙,宋孝宗的第三個年號。淳熙六年爲己亥年,當公元 1179 年。

〔2〕漕,本指水道運輸,這裏指漕司,即轉運使(負責糧餉運輸並兼理一路軍事、行政的長官)。作者這時由湖北路轉運副使改任湖南路轉運副使。

〔3〕王正之,名特起。小山亭,在鄂州(今湖北武昌縣)湖北轉運副使的衙門裏。

〔4〕消,禁得起。

〔5〕紅,指花。

〔6〕見説道,等於説聽説。這是説:聽説天邊長滿了芳草,春没有回去的路了。

〔7〕大意是:算來衹有簷下的蛛網殷勤地整天在那裏沾惹飄飛的柳絮,像是要把春留住似的。

〔8〕長門事,《文選·長門賦序》載,漢武帝的陳皇后失寵,住在長門宮。她聽説司馬相如文章寫得好,就以黄金百斤請相如作一篇解其悲愁的文章,於是相如作了《長門賦》以使武帝悔悟,陳皇后因而又得親幸。準擬,副詞,表示揣測。

〔9〕《楚辭·離騷》:"衆女嫉余之蛾眉兮,謡諑謂余以善淫。"參看第二册第549 頁。

〔10〕脈脈,含情慾吐的樣子。誰訴,向誰訴説? 以上五句是説因爲有人妒忌,縱然用千金買到《長門賦》那樣的文章,仍然達不到預期的目的,自己的深情依舊無處訴説。這是比喻自己爲當朝權貴所排擠,不能被重用。

〔11〕君,指好忌妒的人,也就是當權者。

〔12〕玉環,楊貴妃的小名。飛燕,即趙飛燕,參看本册第 1262 頁《春賦》注〔1〕。這兩個人都寵極一時,而且都好忌妒。

〔13〕危,高。危欄,高樓上的欄杆。欄,一本作"樓"。

〔14〕雨、去、數、住、路、語、絮、誤、妒、訴、舞、土、苦、處,押韻(御遇語麌通韻,上去通押)。

木蘭花慢(席上送張仲固帥興元[1])

　　漢中開漢業[2]，問此地，是耶非？想劍指三秦，君王得意，一戰東歸[3]。追亡事[4]，今不見，但山川滿目淚沾衣[5]。落日胡塵未斷[6]，西風塞馬空肥[7]。　　一編書是帝王師[8]，小試去征西[9]。更草草離筵，匆匆去路，愁滿旌旗[10]。君思我，回首處，正江涵秋影雁初飛[11]。安得車輪四角[12]，不堪帶減腰圍[13]。

〔1〕這首詞以漢時與今日對比，寫出壯志未酬、英雄無用武之地的苦悶，同時勉勵張仲固在漢中有所建樹。張仲固，名堅。興元，南宋府名，在漢中，府治即今陝西漢中市。

〔2〕指劉邦被項羽封爲漢王，王巴、蜀、漢中，劉邦就在漢中奠定了漢朝的基業。

〔3〕君王，指劉邦。

〔4〕追亡事，指蕭何追韓信事。參看第三册第687頁《淮陰侯列傳》。

〔5〕唐李嶠《汾陰行》："路逢故老長歎息，世事迴環不可測。昔時青樓對歌舞，今日黃埃聚荆棘。山川滿目淚沾衣，富貴榮華能幾時？不見只今汾水上，惟有年年雁秋飛。"李嶠本來是因漢武帝事而感慨於世事興敗的，辛棄疾借用他的詩句來説劉邦圖謀統一天下的事業和重用人材的盛事已不可復見。

〔6〕胡塵，指金人的侵略。

〔7〕西風，指秋天。塞馬，邊塞上的戰馬。空肥，秋天馬肥，宜於用兵，但朝廷苟安，無意進取，所以説"空肥"。空，白白地。

〔8〕據《史記・留侯世家》載，張良遊下邳，遇見一個老人，老人送給他一編書，説："讀此，則爲帝王師矣。"天亮後張良纔知道是"太公兵法"(太公：姜太公)。後來張良果然輔佐劉邦成就了帝業。這句是説張仲固有張良之才。

〔9〕指張仲固到興元去爲帥是小試其技。

〔10〕"更草草"到"旌旗"大意是:你就要走了,再加上分別得這樣匆忙,使我滿懷離愁。

〔11〕涵,包涵。秋影,秋天的景物在水中的倒影。杜牧《九日齊山登高》:"江涵秋影雁初飛,與客攜壺上翠微。"(壺:酒壺。翠微:本指山氣呈現的青紫色,這裏指山。)

〔12〕車輪四角,唐陸龜蒙《古意》:"君心莫淡薄,妾意正栖託。願得雙車輪,一日生四角。"希望車輪生角無法行進,是想把要走的人留下來。

〔13〕帶,衣帶。帶減腰圍,指因想念遠方的人而消瘦。《古詩》:"相去日已遠,衣帶日已緩。"(緩:顯得寬了。)杜甫《傷秋詩》:"懶慢頭時櫛,艱難帶減圍。"(櫛:梳頭。)非、歸、衣、肥、師、西、旗、飛、圍,押韻(微支齊通韻)。

祝英臺近(晚春〔1〕)

寶釵分〔2〕,桃葉渡〔3〕,煙柳暗南浦〔4〕。怕上層樓〔5〕,十日九風雨。斷腸片片飛紅,都無人管,更誰勸、啼鶯聲住〔6〕。　　　鬢邊覷,試把花卜歸期〔7〕,才簪又重數〔8〕。羅帳燈昏,哽咽夢中語:是他春帶愁來〔9〕,春歸何處?卻不解、帶將愁去〔10〕。

〔1〕這一首寫閨怨。

〔2〕釵,古代婦女的一種頭飾。古代男女離別時常分釵相贈。這裏說"寶釵分"就意味着與愛人分別。

〔3〕桃葉,晉王獻之的愛妾。王獻之曾送桃葉渡河,並作了一首詩:"桃葉復桃葉,渡江不用楫,但渡無所苦,我自迎接汝。"後來人們把桃葉渡河處稱爲桃葉渡(在今南京秦淮河與青溪合流處)。這裏"桃葉渡"指送別愛人的地方。

〔4〕煙柳使南浦昏暗。煙柳,暮煙籠罩着的柳。南浦,江淹《別賦》:"送君南浦,傷如之何?"參看本册第1260頁注〔4〕。這裏也代表送別愛人的

地方。

〔5〕層,重。層樓,就是樓。

〔6〕一本作"倩誰唤流鶯聲住"。

〔7〕覷(qù),同"覻",伺視。這是説,無意中看見了插在鬢邊的花,於是試着拿花占卜一下愛人的歸期。"花卜歸期"的辦法不詳,可能是根據花瓣的數目占卜歸期。

〔8〕這是説:剛剛占卜過,把花插在頭上了,又取下來重數。

〔9〕他,指春。

〔10〕解,等於説懂得。將,語氣詞,用於動詞後。渡、浦、雨、住、覷、數、語、去,押韻(遇麌語御通韻,上去通押)。

八聲甘州

夜讀李廣傳〔1〕,不能寐,因念晁楚老、楊民瞻約同居山間〔2〕,戲用李廣事,賦以寄之。

　　故將軍飲罷夜歸來,長亭解雕鞍〔3〕。恨灞陵醉尉,匆匆未識,桃李無言〔4〕。射虎山橫一騎,裂石響驚弦〔5〕。落魄封侯事〔6〕,歲晚田園。　　　誰向桑麻杜曲〔7〕?要短衣匹馬,移住南山〔8〕。看風流慷慨,談笑過殘年。漢開邊、功名萬里〔9〕,甚當時、健者也曾閑〔10〕?紗窗外、斜風細雨,一陣輕寒〔11〕。

〔1〕李廣,西漢名將,在抗擊匈奴的戰爭中屢建大功,但始終未得封侯,最後還被迫自殺。辛棄疾感於自己的遭遇與李廣相似,因此在他的詞裏多次借李廣事發洩自己的悒鬱之情。

〔2〕晁楚老、楊民瞻,二人生平不詳。

〔3〕《史記·李將軍列傳》載,李廣曾被免爲庶人,在藍田南山中閒居,"〔廣〕嘗夜從一騎出,從人田間飲,還至霸陵亭。霸陵尉醉,呵止廣。廣騎曰:'故

李將軍。'尉曰:'今將軍尚不得夜行,何乃故也。'止廣宿亭下。"長亭,指
霸陵亭,在今陝西西安市東。

〔4〕這是説李廣是不善於説話卻爲人所共仰的英雄。《史記·李將軍列傳》:
"太史公曰……余睹李將軍,悛悛如鄙人,口不能道辭。及死之日,天下
知與不知,皆爲盡哀。彼其忠實心誠信於士大夫也。諺曰:'桃李不言,
下自成蹊。'此言雖小,可以諭大也。"(悛悛:音 xúnxún,同"恂恂",謹厚
的樣子。)"桃李無言"是上面"未識"的賓語。灞陵,即霸陵,漢文帝陵
墓,在今西安市東。

〔5〕驚弦,令人驚心的弦聲。《史記·李將軍列傳》:"廣出獵,見草中石,以爲
虎而射之,中石没鏃。視之,石也。"

〔6〕落魄(luòtuò),同"落拓",不得志的樣子。

〔7〕桑麻,泛指農事。杜曲,地名,長安城南的名勝區。

〔8〕短衣匹馬,指打獵的裝束。南山,參看第三册第 715 頁《魏其武安侯列
傳》注〔3〕。這三句是用杜甫《曲江三章》的語意。《曲江三章》第三章:
"自斷此生休問天,杜曲幸有桑麻田。故將移住南山邊,短衣匹馬隨李
廣,看射猛虎終殘年。"

〔9〕建立功名於萬里之外,也就是可以在邊疆上立功。

〔10〕甚,爲什麽。健者,指李廣。閑,閑散無事,指没有被重用。

〔11〕鞍、言、弦、園、山、年、邊、閑、寒,押韻(寒元先删通韻)。

賀 新 郎

邑中園亭,僕皆爲賦此詞〔1〕。一日,獨坐停雲〔2〕,水
聲山色,競來相娛,意溪山欲援例者〔3〕。遂作數語,庶
幾彷彿淵明思親友之意云〔4〕。

甚矣吾衰矣〔5〕。悵平生、交遊零落,只今餘幾! 白髮
空垂三千丈〔6〕,一笑人間萬事〔7〕。問何物、能令公
喜〔8〕? 我見青山多嫵媚,料青山、見我應如是〔9〕。情與

貌,略相似〔10〕。　　　　一尊搔首東窗裏〔11〕。想淵明、《停雲》詩就,此時風味。江左沈酣求名者〔12〕,豈識濁醪妙理〔13〕?回首叫、雲飛風起。不恨古人吾不見,恨古人、不見吾狂耳〔14〕。知我者,二三子〔15〕。

〔1〕這首詞是寄情山水之作,但其中包含着世無知己的苦悶和對爭名者的不滿。此詞,指賀新郎這一詞調。

〔2〕停雲,亭名,在鉛山縣作者的寓所中,取名於陶潛的《停雲》詩。

〔3〕大意是:可能是溪山想援用邑中諸園亭的先例〔要我也賦一首《賀新郎》〕。

〔4〕《停雲》詩的序說:"停雲,思親友也。"《停雲》全詩是寫想和親友同飲而不能如願。

〔5〕《論語‧述而》:"子曰:'甚矣,吾衰也。久矣,吾不復夢見周公。'"孔子是欽慕周公之道的。沒有夢見周公,是說自己的道行不通了。這裏衹用《論語》的前一句(改"也"爲"矣",是爲了押韻),但也包含了己道不行的意思。

〔6〕李白《秋浦歌》:"白髮三千丈,緣愁似箇長。"(似箇:如此。)這裏說"空垂",意思是白白發愁。

〔7〕這是說:對人間萬事,還是一笑置之吧。

〔8〕公,作者自指。《世說新語‧寵禮》:"王珣、郗超並有奇才,爲大司馬所眷拔。珣爲主簿,超爲記室參軍。超爲人多須,珣狀短小。於是荆州爲之語曰:'髯參軍,短主簿。能令公喜,能令公怒。'"(大司馬:指桓溫。須:鬚。公:指桓溫。)

〔9〕《新唐書‧魏徵傳》:"帝曰:'人言徵舉動疏慢,我但見其嫵媚耳。'"魏徵是唐太宗時的名臣,敢於直諫,唐太宗也比較能接受他的意見。作者這是以魏徵自比。

〔10〕這是說山和人的形貌都嫵媚,性情大致也是相似的。

〔11〕尊,"樽"的古字。《停雲》詩:"靜寄東軒,春醪獨撫。良朋悠邈,搔首延佇。"(軒:窗。悠邈:很遠的樣子。)

〔12〕江左,這裏指東晉。沈酣,等於說沈醉。蘇軾《和陶淵明飲酒詩》:"道喪士

此生。”

〔13〕杜甫《晦日尋崔戢李封》詩:“濁醪有妙理,庶用慰沈浮。”以上兩句表面
　　上是説東晉時的士大夫祇知營求名利,但實際上是諷刺當時的士大夫。

〔14〕《南史·張融傳》:“融常歎曰:‘不恨我不見古人,所恨古人不見我。’”

〔15〕二三子,《論語·八佾》:“二三子,何患於喪乎?”孔子稱弟子們爲“二三
　　子”,這裏指知己朋友。矣、幾、事、喜、是、似、裏、味、理、起、耳、子,押韻
　　(紙尾實未通韻,上去通押)。

浣 溪 沙

父老爭言雨水匀,眉頭不似去年顰〔1〕。殷勤謝卻甑
中塵〔2〕。　　啼鳥有時能勸客〔3〕,小桃無賴已撩
人〔4〕。梨花也作白頭新〔5〕。

〔1〕顰(pín),〔眉頭〕皺着。

〔2〕這是説又可以吃上飯了。甑中生塵,表示斷炊已經很久。《後漢書·獨
　　行傳》:“范冉字史雲,陳留内黄人也。桓帝時以冉爲萊蕪長……所止單
　　陋,有時絶粒。窮居自若,言貌不改。閭里歌之曰:‘甑中生塵范史雲,釜
　　中生魚范萊蕪。’”

〔3〕勸客,勸客飲酒。

〔4〕無賴,這裏有可愛的意思。撩,挑逗。這句是説桃樹已經開花。

〔5〕匀、顰、塵、人、新,押韻(真韻)。

滿 江 紅〔1〕

倦客新豐〔2〕,貂裘敝〔3〕、征塵滿目。彈短鋏、青蛇
三尺,浩歌誰續〔4〕?不念英雄江左老〔5〕,用之可以尊中
國〔6〕。歎詩書、萬卷致君人〔7〕,翻沈陸〔8〕。　　休感

慨,澆醽醁〔9〕。人易老,歡難足。有玉人憐我〔10〕,爲簪黃菊〔11〕。且置請纓封萬户〔12〕,竟須賣劍酬黃犢〔13〕。甚當年、寂寞賈長沙,傷時哭〔14〕?

〔1〕這首詞表達了作者不被重用、壯志不能實現時的憂憤。下闋故作達觀,其實感情是極爲沈痛的。

〔2〕新豐,《新唐書·馬周傳》載,馬周"舍新豐逆旅(客店),主人不之顧。命酒一斗八升,悠然獨酌,衆異之。至長安,舍中郎將常何家。貞觀五年,詔百官言得失。何武人,不涉學,爲條二十餘事,皆當世所切。太宗怪,問何,何曰:'此非臣所能,家客馬周教臣言之。客,忠孝人也。'帝即召之……與語,帝大悦,詔直門下省,明年,拜監察御史"。辛棄疾是以未得志的馬周自比。

〔3〕指長期未遇到建立功業的機會。參看本册第 1525 頁《訴衷情》注〔5〕。

〔4〕這是用馮諼彈鋏而歌的故事。參看第一册第 100 頁《馮諼客孟嘗君》。青蛇,也是指劍。浩歌,指馮諼所唱的歌。

〔5〕江左,長江下游南岸一帶地,這裏泛指江南。江左老,在江左變老了。

〔6〕尊,使動用法。尊中國,指恢復中原。

〔7〕杜甫《奉贈韋左丞丈二十二韻》:"讀書破萬卷,下筆如有神……自謂頗挺出,立登要路津。致君堯舜上,再使風俗淳。"(要路津:指重要的職位。)致君人,就是"致君堯舜上"的人。

〔8〕翻,等於説反而。沈陸,即陸沈,意即無水而沈,比喻隱居。《史記·滑稽列傳》:"〔東方朔〕據地歌曰:'陸沈於俗,避世金馬門。宮殿中可以避世全身,何必深山之中,蒿廬之下。'"這是説,不但不能尊中國,反而閒着没事。

〔9〕醽醁(línglù),酒名,這裏泛指酒。澆醽醁,指喝酒。《世説新語·任誕》:"阮籍胸中壘塊,故須酒澆之。"

〔10〕玉人,參看本册第 1432 頁《寄揚州韓綽判官》注〔5〕。

〔11〕爲,讀 wèi。簪,用如動詞,插上。蘇軾《千秋歲》:"美人憐我老,玉手簪黃菊。"

〔12〕請纓,參看第三册第 1156 頁《滕王閣序》注〔2〕。這句是説姑且放下殺敵立功的打算。

〔13〕酤,同"酬",這裏是買的意思。酬黄犢,指務農,也就是退隱鄉間。《漢書·龔遂傳》:"遂見齊俗奢侈,好末技,不田作,乃躬率以儉約,勸民務農桑……民有帶持刀劍者,使賣劍買牛,賣刀買犢。"

〔14〕甚,等於説爲什麽。賈長沙,即賈誼。賈誼曾任長沙王太傅,所以稱賈長沙。賈誼《治安策序》:"臣竊惟事勢可爲痛哭者一,可爲流涕者二,可爲長太息者六。"參看第三册第 870 頁《論積貯疏》。目、續、國、陸、酥、足、菊、犢、哭,押韻(屋沃職通韻)。

永遇樂(京口北固亭懷古〔1〕)

千古江山,英雄無覓、孫仲謀處〔2〕。舞榭歌臺,風流總被、雨打風吹去。斜陽草樹,尋常巷陌,人道寄奴曾住〔3〕。想當年、金戈鐵馬,氣吞萬里如虎〔4〕。 元嘉草草,封狼居胥〔5〕,贏得倉皇北顧〔6〕。四十三年,望中猶記、烽火揚州路〔7〕。可堪回首〔8〕,佛貍祠下〔9〕,一片神鴉社鼓〔10〕。憑誰問、廉頗老矣,尚能飯否〔11〕?

〔1〕這首詞作於宋寧宗開禧元年(公元 1205 年),作者這時已六十六歲,正任鎮江知府。在這首詞裏作者借古喻今,表達了他對當時國事的憤慨。京口,地名,即今江蘇鎮江市。原名丹徒,孫權曾建都於此,號曰京城。後遷都建業,改京城爲京口縣。北固亭,又稱北固樓,在今鎮江市東北的北固山上,下臨長江。

〔2〕英雄孫仲謀已無處可尋。孫仲謀,即孫權,參看本册第 1510 頁《江城子》注〔4〕。

〔3〕寄奴,南朝宋武帝劉裕的小字。劉裕家在京口。東晉安帝時任下邳(在今江蘇宿遷縣西北)太守。桓玄叛晉,劉裕起兵京口,平定了桓玄。後來他

推翻了東晉,建立了宋朝。

〔4〕指劉裕曾滅南燕和後秦(南燕:鮮卑族。後秦:羌族),收復了洛陽長安等地。

〔5〕這是説宋文帝草草從事北伐。元嘉,南朝宋文帝劉義隆(劉裕之子)的年號。封,積土增山,用以祭天。狼居胥,山名,又名狼山,在今内蒙古自治區境内。《史記·衛將軍驃騎列傳》載霍去病曾率兵深入匈奴地區,大敗匈奴,封狼居胥。《宋書·王玄謨傳》:"玄謨每陳北侵之策,上(宋文帝)謂殷景仁曰:'聞玄謨陳説,使人有封狼居胥意。'"宋文帝於元嘉二十七年(公元450年)命王玄謨北伐,大敗而歸。

〔6〕北顧,指看到北方追來的後魏軍隊。劉宋北伐失敗,後魏軍一直追到長江邊。《宋書·索虜傳》載宋文帝詩中有"北顧涕交流"句。

〔7〕大意是:向北瞭望之中還記得四十三年前揚州以北地區到處是戰火的情景。當時作者正在那裏率領義軍進行抗敵鬥爭。紹興三十二年(公元1162年)他率衆南歸,到作這首詞時已四十三年。揚州路,這裏指揚州一帶地方。當時揚州屬淮南東路。

〔8〕可堪,等於説那堪。

〔9〕佛貍祠,廟宇名。後魏太武帝小字佛貍,他擊敗劉宋,追到長江邊上,在瓜步山(在今江蘇六合縣東南)上建立行宫,後來改爲太武廟,又稱佛貍祠。

〔10〕神鴉,祭祀時來吃祭品的烏鴉。據《岳陽風土記》載,巴陵烏鴉很多,土人稱之爲神鴉,不敢射它。社鼓,指祭祀時的鼓聲。

〔11〕大意是,有誰來問我:年紀老了,還能不能用呢?《史記·廉頗藺相如列傳》:"趙王思復得廉頗,廉頗亦思復用於趙。趙王使使者視廉頗尚可用否。廉頗之仇郭開多與使者金,令毁之。趙使者既見廉頗,廉頗爲之一飯斗米,肉十斤,被甲上馬,以示尚可用。趙使還報王曰:'廉將軍雖老,尚善飯。然與臣坐,頃之,三遺矢矣。'趙王以爲老,遂不召。"(矢:屎。遺矢:大便。)處、去、住、虎、顧、路、鼓、否,押韻(御遇麌通韻,上去通押)。

姜　夔

姜夔(公元1155?—1221年),字堯章,號白石道人。南宋末饒州鄱陽(今江西鄱陽縣)人。他具有多方面的才能,善書法,精音樂,而尤以詩詞著稱。他没有做過官,一直過着清客的生活。他的詩詞在文字上刻意求工而又不流於浮豔輕靡,自成一派,對後世有較大影響。但由於長期脱離現實生活,過於追求藝術形式,因此思想内容受到很大局限。

他著有《大樂議》,今見於《宋史・樂志》。詞集今傳有《白石道人歌曲》,其中有十七首旁邊注有樂譜,是研究詞樂的寶貴資料。

揚 州 慢

淳熙丙申至日〔1〕,予過維陽〔2〕。夜雪初霽〔3〕,薺麥彌望〔4〕。入其城,則四顧蕭條,寒水自碧,暮色漸起,戍角悲吟〔5〕。予懷愴然,感慨今昔,因自度此曲〔6〕。千巖老人以爲有《黍離》之悲也〔7〕。

淮左名都〔8〕,竹西佳處〔9〕,解鞍少駐初程〔10〕。過春風十里〔11〕,盡薺麥青青。自胡馬、窺江去後〔12〕,廢池喬木,猶厭言兵〔13〕。漸黄昏、清角吹寒,都在空城〔14〕。杜郎俊賞〔15〕,算而今、重到須驚。縱豆蔻詞工,青樓夢好〔16〕,難賦深情。二十四橋仍在〔17〕,波心蕩、冷月無聲。念橋邊紅藥〔18〕,年年知爲誰生〔19〕?

〔1〕這個詞調是作者創製的。詞中由眼前揚州的荒涼想到昔日的繁華,反映了一定的社會現實,但情調卻過於淒清悲傷。淳熙丙申,宋孝宗淳熙三年(公元1176年)。至日,指冬至日。

〔2〕維揚,即揚州。《尚書・禹貢》:"淮海維揚州。"後來就截取"維揚"二字代表揚州。

〔3〕霽(jì),雨雪停止。

〔4〕這是説揚州非常荒涼。薺麥,葦蘆之類(參照朱駿聲説,見《説文通訓定
　　聲》)。《淮南子·天文訓》:"陰生於午,故五月爲小刑,薺麥亭歷枯。"彌
　　望,等於説充滿視野。

〔5〕戍角,軍中號角。

〔6〕因而自己創製了這個詞調。

〔7〕千巖老人,當時著名詩人蕭德藻的別號。德藻字東夫,福建閩縣(今閩清
　　縣)人,晚年住在湖州(今浙江湖州市)。他很賞識姜夔的詩,把姪女嫁給
　　他,並常常周濟他。《黍離》,即《詩經·王風·黍離》,參看第二册第475
　　頁。舊説周平王東遷之後,周大夫經過故都,見到宗廟宫室中長滿了禾
　　黍,傷悼周室顛覆,彷徨不能離去,於是作《黍離》。

〔8〕淮左,即淮東。宋代揚州屬淮南東路(簡稱淮東路)。

〔9〕竹西,亭名,在揚州城東禪智寺旁。"竹西"之名,取自杜牧《題揚州禪智
　　寺》詩句:"誰知竹西路,歌吹是揚州。"

〔10〕初程,開頭的一段路程。

〔11〕春風十里,指先前繁華的揚州城裏的街道。杜牧《贈别》:"娉娉嫋嫋十三
　　餘,豆蔻梢頭二月初。春風十里揚州路,卷上珠簾總不如。"

〔12〕胡馬窺江,指金兵侵犯到長江附近。金兵於宋高宗建炎三年(公元1129
　　年)、紹興三十一年(1161年)都曾南侵,揚州受到嚴重破壞。

〔13〕連毁壞了的城池和古老的大樹都還厭惡談論戰爭。

〔14〕這是説在寒氣中吹起了淒清的戍角,這角聲都落在空城裏。這是形容黄
　　昏後揚州的空寂冷落。

〔15〕杜郎,杜牧。俊賞,指遊賞方面欣賞力過人,也就是善於遊賞。

〔16〕豆蔻,即指《贈别》詩。青樓,指杜牧《遣懷》:"落魄江南載酒行,楚腰腸
　　斷掌中輕。十年一覺揚州夢,贏得青樓薄倖名。"

〔17〕二十四橋,參看本册第1431頁《寄揚州韓綽判官》注〔4〕。二十四橋到北
　　宋祇剩下七橋,作者這裏説"仍在"並非紀實。

〔18〕紅藥,紅色的芍藥花。在宋代,揚州的芍藥很著名。

〔19〕程、青、兵、城、驚、情、聲、生,押韻(庚青通韻)。

暗　香

辛亥之冬[1]，予載雪詣石湖[2]。止既月[3]，授簡索句[4]，且徵新聲[5]。作此兩曲，石湖把玩不已，使工妓隸習之[6]，音節諧婉，乃名之曰《暗香》《疏影》[7]。

舊時月色，算幾番照我，梅邊吹笛？喚起玉人，不管清寒與攀摘[8]。何遜而今漸老[9]，都忘卻、春風詞筆。但怪得、竹外疏花，香冷入瑤席[10]。　　江國，正寂寂。歎寄與路遙[11]，夜雪初積。翠尊易泣，紅萼無言耿相憶[12]。長記曾攜手處，千樹壓、西湖寒碧[13]。又片片、吹盡也，幾時見得[14]？

〔1〕這一首和下面的《疏影》都是作者自度曲。這兩首詞都是通過詠梅來懷人的，但懷念的是什麼人，歷來說法不一。辛亥，宋光宗紹熙二年（公元1191年）。

〔2〕石湖，即南宋末名詩人范成大（公元1126—1193年），他晚年退居蘇州西南的石湖，自號石湖居士。

〔3〕住了一個多月。

〔4〕授簡，等於說給紙。

〔5〕這是說范成大請他創作新詞調。新聲，新詞調。

〔6〕工妓，樂工歌妓。隸（yì），通“肄”，習。

〔7〕宋代詩人林逋《梅花》詩：“疏影橫斜水清淺，暗香浮動月黃昏。”姜夔的這兩個詞牌名即取自這兩句。

〔8〕叫起美人來，不管夜晚的清寒，一起攀摘梅花。這是眼前的月色梅花引起的回憶。

〔9〕何遜，南朝梁代詩人，曾在當時的揚州作《詠早梅》詩（一本題作《揚州法曹梅花盛開》）。這裏作者以何遜自比。

〔10〕瑤席,席的美稱。

〔11〕這是説,感歎路遠不能把梅花寄給所思念的人。南朝宋陸凱《贈范曄詩》:"折梅逢驛使,寄與隴頭人。江南無所有,聊贈一枝春。"

〔12〕這是説連當年共享的酒和花都懷念玉人。尊,酒杯,這裏指酒。

〔13〕這是説西湖邊上梅林碧水相映,就像梅林壓在碧水上一樣。

〔14〕湖邊的梅花又一片一片地被吹盡了,什麼時候纔能再看到"千樹壓西湖寒碧"的景色呢? 色、笛、摘、筆、席、國、寂、積、泣、憶、碧、得,押韻(職錫陌質緝通韻)。

疏　影

　　苔枝綴玉〔1〕,有翠禽小小,枝上同宿。客裏相逢,籬角黃昏,無言自倚修竹〔2〕。昭君不慣胡沙遠〔3〕,但暗憶、江南江北。想珮環、月夜歸來,化作此花幽獨〔4〕。

猶記深宮舊事,那人正睡裏,飛近蛾綠〔5〕,莫似春風,不管盈盈,早與安排金屋〔6〕。還教一片隨波去,又卻怨、玉龍哀曲〔7〕。等恁時、重覓幽香,已入小窗橫幅〔8〕。

〔1〕長有苔蘚的梅枝上點綴着玉石般的花朵。

〔2〕這是把梅花比做美人。杜甫《佳人》:"天寒翠袖薄,日暮倚修竹。"

〔3〕昭君,參看本册第1419頁《詠懷古迹》三注〔5〕。

〔4〕這是説這梅花大概就是昭君的靈魂在月夜歸來所化成的。杜甫《詠懷古迹》:"環珮空歸月夜魂。"這裏爲了平仄關係,改"環珮"爲"珮環"。

〔5〕以上是説:梅花讓人想起美人臉上的梅花妝。深宮舊事,《太平御覽·時序部》引《雜五行事》:"〔南朝〕宋武帝女壽陽公主人日(正月初七)臥於含章殿簷下。梅花落公主額上,成五出花,拂之不去。皇后留之,看得幾時。經三日,洗之乃落。宮女奇其異,竟效之,今梅花妝是也。"蛾綠,等於説蛾眉。飛近蛾綠,指落在公主額上。

〔6〕盈盈,儀態美好的樣子。《古詩》:"盈盈樓上女。"這裏"盈盈"代表美人,也就是梅花。蘇軾《再和楊公濟梅花》:"盈盈解佩臨煙浦,脈脈當壚傍酒家。"金屋,參看本册第 1262 頁《春賦》注〔1〕。這是説:不要像春風那樣對梅花無情(指風把梅花吹落),要像美人那樣愛惜梅花,留住梅花。

〔7〕大意是:可是還讓它一片片地落下來隨波流走了,反而抱怨是笛子曲《梅花落》吹落了梅花。玉龍,笛子名。唐虞世南《琵琶賦》:"鳳簫輟吹,龍笛韜吟。"(韜:收藏,指停止。)哀曲,指古代笛曲《梅花落》。參看本册第 1524 頁《永遇樂》注〔5〕。

〔8〕這是説,等到梅花落了的時候再去尋找,祇有畫上纔有呢。横幅,指横着展開的畫幅。玉、宿、竹、北、獨、緑、屋、曲、幅,押韻(沃屋職通韻)。

吳 文 英

　　吳文英(公元 1200—1260 年),字君特,號夢窗,又號覺翁,南宋四明(今浙江寧波市)人。他没有做過官,以清客身份往來於當時顯貴門下。他的詞忽視思想内容而注重形式格律,有些作品流於雕琢堆砌。今傳有《夢窗甲乙丙丁稿》。

鶯　啼　序〔1〕

　　殘寒正欺病酒〔2〕,掩沈香繡户〔3〕。燕來晚、飛入西城,似説春事遲暮。畫船載、清明過卻,晴煙冉冉吴宮樹〔4〕。念羈情遊蕩,隨風化爲輕絮。　　十載西湖,傍柳繫馬,趁嬌塵頓霧〔5〕。遡紅漸、招入仙溪〔6〕,錦兒偷寄幽素〔7〕。倚銀屏、春寬夢窄〔8〕,斷紅溼、歌紈金縷〔9〕。暝隄空,輕把斜陽,總還鷗鷺。　　幽蘭旋老,杜若還生〔10〕,水鄉尚寄旅。别後訪、六橋無信〔11〕,事往花萎〔12〕,瘞玉埋香〔13〕,幾番風雨。長波妬盼〔14〕,遥山羞黛〔15〕,漁鐙分影春江宿。記當時、短檝桃根渡[16]。青樓彷彿[17]，臨分敗壁題詩，淚墨慘淡塵土。　　危亭望極，草色天涯，歎鬢侵半苧[18]。暗點檢[19]、離痕歡唾，尚染鮫綃[20]，嚲鳳迷歸，破鸞慵舞[21]。殷勤待寫，書中長恨，藍霞遼海沈過雁[22]，漫相思、彈入哀箏柱[23]。傷心千里江南，怨曲重招，斷魂在否[24]？

〔１〕鶯啼序是最長的詞調，共分四闋。詞中主要寫與愛人生離死別的傷感和悼念。第一段寫傷春，第二段是回憶當年的歡情，第三、四段是寫傷別和悼亡。

〔２〕病酒，因飲酒過量而身體不爽，這裏指病酒的人，即作者自己。

〔３〕沈香，香木名。繡户，雕繪華美的門户。

〔４〕冉冉，輕柔的樣子。吳宮，指南宋的宫苑，南宋的都城（臨安）在古代是吳地，所以説吳宫。

〔５〕趁，追逐，等於説尋求。嬌塵頓霧，代表西湖的嬌美的景色。

〔６〕大意是：沿着花徑，漸漸被花招引到仙境之中，遇到了仙女（即作者的愛人）。

〔７〕錦兒，南宋初錢塘（今杭州市）妓女楊愛愛的侍婢。這裏用來代表作者愛人的侍婢。寄，傳。素，通“愫”。幽素，幽情，深情。

〔８〕銀屏，鑲銀的屏風。春寬夢窄，指歡聚的時間很少。

〔９〕斷紅，指眼淚。歌紈，唱歌時拿着的紈扇。金縷，指金綫繡的衣服。

〔10〕這是説，花漸漸地凋謝了，草還在生長。這是暮春的景色。旋（xuàn），副詞，不久。杜若，香草名。

〔11〕六橋，西湖外湖有六橋，叫映波、鎖瀾、望山、壓堤、東浦、跨虹，爲蘇軾所建。這裏“六橋”代表西湖。

〔12〕花萎，等於説花謝了，喻愛人死了。

〔13〕瘞（yì），埋。玉、香，這裏指作者的愛人。

〔14〕盼，眼睛黑白分明的樣子。

〔15〕黛,古代女子用來畫眉的青黑色顔料。這裏指愛人的眉。

〔16〕桃根,王獻之的愛妾桃葉的妹妹。王獻之曾作《桃葉歌》爲桃葉送行。一首已見本册第 1530 頁《祝英臺近》注〔3〕,又一首:"桃葉復桃葉,桃樹連樹根。相憐兩樂事,獨使我殷勤。"短檝桃根渡,等於説送別愛人。

〔17〕彷彿,相似,等於説和舊時差不多。

〔18〕苧,苧麻,這裏喻白髮。鬢侵半苧,鬢角上漸漸攙進了一半白髮。

〔19〕點檢,等於説檢點,一樣一樣地檢查,指檢點舊物。

〔20〕離痕,離別時的淚痕。歃唾,李煜《一斛珠》詞:"爛嚼紅茸,笑向檀郎唾。"(紅茸,即紅絨,紅絨綫。檀郎,古代女子對愛人的稱呼。)這裏可能是用李煜詞的語意。鮫綃,鮫人所織的綃。傳説鮫人能織綃。這裏指絲綢手帕。(鮫人:參看本册第 1425—1426 頁《有美堂暴雨》注〔6〕。)

〔21〕嚲(duǒ),下垂的樣子。嚲鳳,下垂着翅膀的鳳。破鶯,離鶯。慵,懶。鳳鶯通常是成對的,"嚲鳳""破鶯"喻愛人離散。

〔22〕這句是説海闊天空,相距甚遠,傳信的雁也飛不過去,無法寄書。

〔23〕哀箏,發出哀怨的聲音的箏。柱,箏上用來支弦的小立柱。

〔24〕《楚辭·招魂》:"目極千里兮傷春心,魂兮歸來哀江南。"相傳《招魂》爲屈原死後宋玉爲招屈原的魂而作。作者這裏又用箏曲招愛人的魂,所以説"重招"。户、暮、樹、絮、霧、素、縷、鶯、旅、雨、渡、土、苧、舞、柱、否,押韻(麌遇御語通韻,上去通押)。

曲

小 令

白 樸

　　白樸(公元 1226—1306 年以後),字仁甫,號蘭谷先生,真定(今河北正定縣)人。生於金末,曾受到元代大詩人元好問的撫養教育。他一生没有做官,縱情詩酒。著有《天籟集》(詞集)二卷,後面附有"摭遺"，都是散曲。所作雜劇十餘種，今僅存《梧桐雨》《牆頭馬上》。

陽春曲(題情[1])

從來好事天生儉[2]，自古瓜兒苦後甜。嬭娘催逼緊拘鉗[3]，甚是嚴，越間阻越情忺[4]。

[1] 在這題目下共有六首，都是以女子的口吻寫的有關愛情的題材。

[2] 好事，指男女相愛。儉，在這裏是受拘束的意思。

[3] 嬭，同"奶"。嬭娘，就是娘。拘鉗，拘束鉗制。

[4] 間阻，從中阻攔。忺(xiān)，合意。情忺，情投意合，等於說要好。儉、甜、鉗、嚴、忺，押韻(廉纖)。

馬　致　遠

馬致遠，元大都(今北京)人，號東籬，生卒年不詳。曾任浙江省務提舉，後來歸隱山林。著有雜劇十餘種，今存《漢宮秋》《青衫淚》等數種。他與關漢卿、王實甫、白樸被稱爲雜劇四大家。他的散曲被推崇爲元代第一大家，後人輯爲《東籬樂府》。

天淨沙(秋思)

枯藤老樹昏鴉。小橋流水人家。古道西風瘦馬。夕陽西下，斷腸人在天涯[1]。

[1] 鴉、家、馬、下、涯，押韻(家麻)。

張　養　浩

張養浩(公元1269—1329年)，字希孟，號雲莊，濟南人。官至禮部尚書,後來棄官歸隱。有散曲集《雲莊閒居自適小樂府》。

山坡羊(潼關懷古)

峯巒如聚,波濤如怒,山河表裏潼關路[1]。望西都[2],意踟躕,傷心秦漢經行處。宮闕萬間都做了土。興,百姓苦。亡,百姓苦[3]。

〔1〕表,外面。表裏,等於説内外。《左傳・僖公二十八年》:"表裏山河,必無害也。"這句是説潼關形勢險要。

〔2〕西都,指長安。

〔3〕聚、怒、路、都、躕、處、土、苦、苦,押韻(魚模)。

雁兒落帶得勝令(退隱[1])

雲來山更佳,雲去山如畫。山因雲晦明,雲共山高下。倚仗立雲沙[2],回首看山家。野鹿眠山草,山猿戲野花。雲霞,我愛山無價。看時行踏,雲山也愛咱[3]。

〔1〕這一題目下原共兩首,今選一首。

〔2〕雲沙,即雲。

〔3〕佳、畫、下、沙、家、花、霞、價、踏、咱,押韻(家麻)。

張 可 久

張可久(公元 1280? —1330 年前),字小山,慶元(今浙江鄞縣)人。曾任典吏、首領官(管民務的官)。他專作散曲,不作雜劇,今傳小令七百多首,套數七,爲元代散曲作家中流傳作品最多的,近人任中敏輯爲《小山樂府》。他的作品清麗典雅,適合士大夫的愛好,很受明清文人的推崇。

賣花聲(懷古[1])

美人自刎烏江岸[2],戰火曾燒赤壁山,將軍空老玉門關[3]。傷心秦漢,生民塗炭[4],讀書人一聲長歎[5]。

〔1〕在此題目下,原共二首,今選一首。

〔2〕美人,指虞姬,項羽的寵姬。烏江,在今安徽和縣東。據《史記・項羽本紀》載,項羽在垓下(地名,在今安徽靈璧縣東南)被漢軍包圍,"項王則夜起,飲帳中。有美人名虞,常幸從;駿馬名騅,常騎之。於是項王悲歌忼慨,自爲詩曰:'力拔山兮氣蓋世! 時不利兮騅不逝! 騅不逝兮可奈何! 虞兮虞兮奈若何!'"當夜,項羽突出重圍,被漢軍追到烏江岸,項羽自刎而死。這裏活用了這一典故。

〔3〕玉門關,《後漢書・班超傳》載,超久在絕域,年老思歸,上疏云:"臣不敢望到酒泉郡,但願生入玉門關。"

〔4〕生民,等於說人民。塗,泥塗。炭,炭火。《偽古文尚書・仲虺之誥》:"有夏昏德,民墜塗炭。"

〔5〕岸、山、關、漢、炭、歎,押韻(寒山)。

張 鳴 善

張鳴善,元代揚州人,生卒年不詳。曾任宣慰使司令史。作有雜劇二種,今不傳。

水仙子(譏時)

鋪眉苫眼早三公[1],裸袖揎拳享萬鍾[2],胡言亂語成時用,大剛來都是哄[3]。說英雄誰是英雄? 五眼雞岐山鳴鳳[4],兩頭蛇南陽臥龍[5],三腳貓渭水飛熊[6]。

〔1〕鋪眉苫眼,大模大樣,臉上毫無表情(今河北省中部還保留這種説法)。這

裏指對人蠻橫、欺壓人的人。苫，讀 shān。早，早已。

〔2〕裸袖揎拳，捋起袖子露出胳膊。這裏也指蠻橫的人。鍾，參看第一册第309頁《陳仲子》注〔5〕。

〔3〕大剛來，總之。哄（hòng），胡鬧。

〔4〕這是説：五眼雞竟成了岐山的鳴鳳。五眼雞，與下文兩頭蛇、三腳貓，都指怪物。岐山，在今陝西岐山縣東北。《國語·周語上》：“周之興也，鸑鷟（yuèzhuó，鳳之别名）鳴於岐山。”《太平寰宇記·鳳翔府》：“周之興也，鸑鷟鳴於山上，時人亦謂此山爲鳳凰堆。”

〔5〕南陽臥龍，指諸葛亮。《三國志·蜀志·諸葛亮傳》：“徐庶謂先主曰：‘諸葛孔明，臥龍也。’”參看本册第1280頁《陋室銘》注〔9〕。

〔6〕渭水飛熊，指呂尚。參看第三册第882頁《獄中上梁王書》注〔5〕。據《史記·齊世家》載，文王要出獵，先占卜，卜辭説：“所獲非龍非彨（音 chī，通“螭”），非熊非羆（音 pí，似熊而大），所獲霸王之輔。”後來果然在渭水之陽遇到呂尚。後世俗語把“非熊”誤爲“飛熊”，以“飛熊入夢”代表文王遇呂尚的故事。公、鍾、用、哄、雄、鳳、龍、熊，押韻（東鍾）。

鍾 嗣 成

鍾嗣成，字繼先，號醜齋，元代汴（今河南省）人。著有《録鬼簿》，是研究元曲作家的重要資料。散曲有《醜齋樂府》。

南吕罵玉郎帶感皇恩採茶歌（四時佳興（春）〔1〕）

梅花漏泄陽和信〔2〕，才殘臘又逢春〔3〕。東風北岸冰消盡〔4〕。元夜過〔5〕，社日臨〔6〕，中和近〔7〕。　　　天氣氤氳〔8〕，花柳精神。駕香輪，馳玉勒，醉遊人。清明過了，飛絮紛紛。隔孤村，聞杜宇，怨東君〔9〕。　　　歎芳辰，已三分，二分流水一分塵〔10〕。寂寂落花傷暮景，淒淒芳草怕黃昏[11]。

〔1〕原共四首,詠春夏秋冬,這裏選了第一首。

〔2〕陽和,指春天。

〔3〕殘臘,等於説殘冬。

〔4〕河的北岸向陽,而且春風容易吹到,所以這樣説。

〔5〕元夜,上元(元宵節)之夜,這裏指上元這一天。

〔6〕社日,農家祭社祈年的日子,立春後第五個戊日(在春分前後)。

〔7〕中和,即中和節(二月初一),與上巳(三月初三)、九日(九月初九)合稱
　　三令節。

〔8〕氤氲(yīnyūn),氣很盛的樣子。

〔9〕這是説怨春天不肯久留人間。東君,指春神。一過了清明,春天就要完
　　了,所以這樣説。

〔10〕這是化用了蘇軾《水龍吟》(次韻章質夫楊花詞)的句子。《水龍吟》:"春
　　色三分,二分塵土,一分流水。"參看本册第1515頁《水龍吟》注〔9〕。

〔11〕信、春、盡、近、氲、神、人、紛、君、辰、分、塵、昏,押韻(真文)。

套　　數

馬　致　遠

雙調夜行船(秋思[1])

　　百歲光陰如夢蝶[2],重回首往事堪嗟。今日春來,明
朝花謝。急罰盞夜闌燈滅[3]。

　　〔喬木查〕　想秦宮漢闕,都做了衰草牛羊野。不恁麽
漁樵無話説[4]。縱荒墳橫斷碑,不辯龍蛇[5]。

　　〔慶宣和〕　投至狐蹤與兔穴,多少豪傑[6]。鼎足三
分半腰折,知他是魏耶? 知他是晉耶[7]?

　　〔落梅風〕　天教你富,莫太奢[8]。無多時好天良夜。看錢奴硬將心似鐵,空辜負錦堂風月。

　　〔風入松〕　眼前紅日又西斜,疾似下坡車。曉來清鏡添白雪[9],上牀與鞋履相別。莫笑鳩巢計拙[10],葫蘆提一向粧呆[11]。

　　〔撥不斷〕　利名竭,是非絕。紅塵不向門前惹[12],綠樹偏宜屋角遮,青山正補牆頭缺,竹籬茅舍。

　　〔離亭宴煞〕　蛩吟一覺纔寧貼,雞鳴萬事無休歇[13]。爭名利,何年是徹[14]。密匝匝蟻排兵,亂紛紛蜂釀蜜,鬧穰穰蠅爭血[15]。裴公綠野堂[16],陶令白蓮社[17]。愛秋來那些:和露摘黃花,帶霜烹紫蟹,煮酒燒紅葉。人生有限杯,幾個登高節。囑咐俺頑童記者[18]:便北海探吾來[19],道東籬醉了也[20]。

〔1〕這個套曲表達了作者對功名利祿的否定和對社會上爭名奪利現象的激憤,但總的傾向仍是"人生如夢""行樂及時"的消極情緒。此處文字係根據《東籬樂府》和《中原音韻》。

〔2〕這句是說人的一生就像一場夢。夢蝶,《莊子·齊物論》:"昔者莊周夢爲胡蝶,栩栩然胡蝶也……俄然覺,則蘧蘧然周也。"(栩栩然:歡喜的樣子。蘧蘧然:驚動的樣子。)

〔3〕急罰盞,急忙罰酒行令,指急忙喝酒。夜闌,夜將盡。

〔4〕恁麽,這麽。

〔5〕辯,通"辨"。龍蛇,這裏指碑上的字。古人常以龍蛇喻書法的筆勢。

〔6〕多少英雄豪傑最後都投到狐蹤兔穴(指墳墓)中去了。

〔7〕這是說魏蜀吳三國鼎立的形勢中途完結了(即蜀吳中道滅亡),最後的勝利者是魏呢,還是晉呢?

〔8〕奢,等於説奢望。

〔9〕白雪,指白髮。

〔10〕《詩經·召南·鵲巢》:"維鵲有巢,維鳩居之。"朱注:"鳩性拙不能爲巢,或有居鵲之成巢者。"這裏"鳩巢計拙"指不善營生。

〔11〕胡蘆提,糊裏糊塗。一向,等於説一味。粧,通"裝",假裝。呆,傻。

〔12〕紅塵,這裏指熱鬧繁華的景象。

〔13〕這是説爭名奪利的人直到深夜纔睡去,天一亮就又爲名利而奔忙了。蛩(qióng),蟋蟀。

〔14〕徹,等於説頭、終結。

〔15〕這三句是形容世人爭名利的情況。

〔16〕裴公,指唐代裴度。裴度字中立,歷事德宗、憲宗、穆宗、敬宗、文宗,官至中書侍郎平章事。爲人堅正有操守,屢次被當權者貶斥在外。後來宦官當權,裴度便在洛陽治宅第,修了一個別墅叫綠野堂,和白居易、劉禹錫在這裏飲酒作詩。

〔17〕陶令,指陶潛。陶潛作過彭澤令,所以稱他爲陶令。白蓮社,晉代慧遠法師在廬山虎溪東林寺邀集當時著名的和尚、儒士百餘人組成白蓮社,同修佛事,舊時傳説陶潛也曾參加。

〔18〕者,近代語氣詞,表示命令語氣。

〔19〕北海,指東漢的孔融。孔融曾任北海相,所以後世稱他爲孔北海。他曾經説:"座上客常滿,尊中酒不空,吾無憂矣。"

〔20〕東籬,參閱本冊第1522頁《醉花陰》注〔5〕。蝶、嗟、謝、滅、闕、野、説、蛇、穴、傑、折、耶、耶、奢、夜、鐵、月、斜、車、雪、別、呆、竭、絕、惹、遮、缺、舍、貼、歇、徹、血、社、些、葉、節、者、也,押韻(車遮)。

睢　景　臣

睢(suī)景臣,字景賢,13世紀末、14世紀初揚州人。曾寫過三個雜劇,今不傳,現存套數三套和小令〔一枝花〕的四句斷句。

般涉哨遍（高祖還鄉[1]）

社長排門告示[2]，但有的差使無推故[3]。這差使不尋俗[4]，一壁廂納草除根，一邊又要差夫[5]，索應付[6]。又言是車駕，都説是鑾輿，今日還鄉故[7]。王鄉老執定瓦臺盤，趙忙郎抱着酒葫蘆。新刷來的頭巾，恰糨來的袖衫[8]，暢好是粧么大户[9]。

〔耍孩兒〕　瞎王留引定火喬男女[10]，胡踢蹬吹笛擂鼓[11]。見一颩人馬到莊門[12]，匹頭裏幾面旗舒[13]。一面旗白胡闌套住個迎霜兔[14]，一面旗紅曲連打着個畢月烏[15]，一面旗雞學舞[16]，一面旗狗生雙翅[17]，一面旗蛇纏葫蘆[18]。

〔五煞〕　紅漆了叉，銀錚了斧[19]，甜瓜苦瓜黃金鍍[20]。明晃晃馬鐙鎗尖上挑[21]，白雪雪鵝毛扇上鋪[22]。這幾個喬人物[23]，拿着些不曾見的器仗，穿着些大作怪的衣服。

〔四煞〕　轅條上都是馬，套頂上不見驢[24]。黃羅傘柄天生曲[25]。車前八個天曹判[26]，車後若干遞送夫[27]。更幾個多嬌女，一般穿着，一樣粧梳。

〔三煞〕　那大漢下的車，衆人施禮數。那大漢覷得人如無物[28]。衆鄉老屈腳舒腰拜，那大漢那身着手扶[29]。猛可裏抬頭覷[30]，覷多時認得，險氣破我胸脯。

〔二煞〕　你須身姓劉，你妻須姓呂[31]。把你兩家兒根腳從頭數[32]。你本身做亭長耽幾盞酒[33]。你丈人教村學讀幾卷書。曾在俺莊東住。也曾與我喂牛切草,拽壩扶鋤[34]。

〔一煞〕 春採了桑,冬借了俺粟。零支了米麥無重數。換田契强秤了麻三秤[35],還酒債偷量了豆幾斛。有甚胡突處[36]?明標着册曆[37],見放着文書[38]。

〔尾〕 少我的錢差發内旋撥還[39],欠我的粟税糧中私准除。只道劉三誰肯把你揪捽住[40],白什麽改了姓更了名喚做漢高祖[41]。

〔1〕高祖,即漢高祖劉邦。曲中以一個鄉民的口吻寫出他對漢高祖的嘲駡和諷刺,否定了最高統治者的"神聖尊嚴"。

〔2〕社長,一社之長。元代五十家爲一社。排門告示,等於説挨門挨户通知。在各家門前立有粉壁,有科歛差使時就寫在上面通知大家。

〔3〕衹要是有差使都不得借故推辭。

〔4〕尋俗,尋常。

〔5〕一壁廂,一邊。除,一本作"也"。

〔6〕索,須。

〔7〕車駕、鑾輿,皇帝的車,都是皇帝的代稱。鄉故,即故鄉。

〔8〕糨(jiàng),漿洗。

〔9〕暢好是,正好是。粧么,裝模作樣。

〔10〕瞎,等於説壞。王留,元曲中習用的農村中好事者的名字。火,通"伙",夥。喬,是駡人的話,等於説惡(è),怪,壞。喬男女,男人的賤稱,元曲中奴僕對主人也自稱男女。

〔11〕胡踢蹬,胡鬧,亂來。

〔12〕彪(biāo),一本作"彪"。一彪,一大隊。

〔13〕匹頭裏,劈頭,迎面,當頭。舒,展開。

〔14〕這句是寫月旗。胡闌,環的複音。傳説月中有玉兔搗藥,所以用白環套
　　着個兔子代表月亮。鄉間人没看到過這種旗,所以隨意作了解釋。下四
　　句同。

〔15〕這句是寫日旗。曲連,圈的複音。用紅圈和烏鴉代表日,是因爲傳説日中
　　有三足烏。畢月烏,近代星曆家以七曜(日月火水木金土)配二十八宿,又
　　以各種鳥獸配二十八宿,如"昴日雞""畢月烏"等。這裏"畢月烏"即指烏。

〔16〕這句是寫舞鳳旗。

〔17〕這句是寫飛虎旗。

〔18〕這句是寫蟠龍旗。

〔19〕叉、斧,都是儀仗。錚(zhēng),這裏指鍍。

〔20〕這句是寫"金瓜",皇帝的儀仗之一。

〔21〕這句是寫"朝天鐙",皇帝的儀仗之一。

〔22〕這句是寫鵝毛宮扇。

〔23〕喬人物,等於説怪人物。

〔24〕當時農村常以騾駕輦以驢拉靼,很少用馬,所以這裏對全用馬表示奇怪。

〔25〕這句是寫一種叫曲蓋的儀仗。曲蓋像傘,柄是曲的。

〔26〕這句是寫皇帝的儀仗隊。他們舉止拘束,表情呆板,所以把他們比作天
　　上的判官。

〔27〕這句是寫侍從人員。他們手裏拿着備皇帝隨時使用的各種東西,所以説
　　他們是遞送夫。

〔28〕覷,偷看,在這裏就是看的意思。

〔29〕那身,挪動身體。那,通"挪"。

〔30〕猛可裏,猛然間。

〔31〕須姓劉、須姓呂,等於説本姓劉,本姓呂(依張相説,見《詩詞曲語辭匯
　　釋》)。

〔32〕根腳,等於説出身。

〔33〕躭,同"耽",樂(lè),沈溺,過度地愛好。

〔34〕壩,一種碎土、平整土地的農具。拽壩扶鋤,泛指田裏的活。

〔35〕這句是說劉邦當年借別人換田契的機會從中勒索。

〔36〕胡突，同"糊塗"。

〔37〕標，寫。冊曆，指賬簿。

〔38〕見(xiàn)，現。文書，指借據之類。

〔39〕差發，元代指賦稅徭役。旋(xuàn)，不久，立刻。

〔40〕揪捽住，即揪住。

〔41〕白，平白無故。故、俗、夫、付、興、故、蘆、戶、女、鼓、舒、兔、烏、舞、蘆、斧、鍍、鋪、物、服、驢、曲、夫、女、梳、車、數、物、扶、覷、脯、呂、數、書、住、鋤、粟、數、斛、處、書、除、住、祖，押韻(魚模)。

雜　劇

王　實　甫

　　王實甫，名德信，元初大都(今北京)人。生平事蹟不詳，衹知道他在當時作家中是個才華較突出的人，曾著有雜劇十四種，其中《西廂記》在當時就極負盛名。今傳《西廂記》《破窰記》《麗春堂》三種雜劇。

西廂記〔1〕(第四本第三折)

　　(夫人長老上云〔2〕)今日送張生赴京，十里長亭，安排下筵席；我和長老先行，不見張生小姐來到。

　　(旦末紅同上〔3〕)(旦云)今日送張生上朝取應〔4〕，早是離人傷感，況值那暮秋天氣，好煩惱人也呵！"悲歡聚散一杯酒，南北東西萬里程。"

〔正宮〕〔端正好〕　　碧雲天，黃花地〔5〕，西風緊、北雁南飛。曉來誰染霜林醉？總是離人淚。

〔滾繡球〕　　恨相見得遲，怨歸去得疾。柳絲長玉驄難

繫〔6〕,恨不倩疏林挂住斜暉〔7〕。馬兒迍迍的行〔8〕,車
兒快快的隨,卻告了相思迴避,破題兒又早別離〔9〕。聽得
一聲去也鬆了金釧〔10〕,遥望見十里長亭減了玉肌。此恨
誰知!

　　(紅云)姐姐今日怎麽不打扮? (旦云)你那知我的心裏啊。
　　(唱)

〔叨叨令〕　見安排着車兒馬兒不由人熬熬煎煎的氣,有甚
麽心情花兒靨兒打扮的嬌嬌滴滴的媚〔11〕。準備着被兒枕
兒則索昏昏沈沈的睡〔12〕,從今後衫兒袖兒都搵做重重疊
疊的淚。兀的不悶殺人也麽哥〔13〕? 兀的不悶殺人也麽
哥? 久已後書兒信兒索與我恓恓惶惶的寄〔14〕。

〔1〕《西廂記》,全名爲《崔鶯鶯待月西廂記》,是元雜劇中不朽的作品之一。
全劇的故事梗概是這樣的:有個叫張珙(gǒng)字君瑞的書生,路過河中
府(即今山西永濟縣),在普救寺裏偶然看到前相國的女兒崔鶯鶯,立刻
發生了愛情。爲了能與鶯鶯親近,他寓居於普救寺的西廂房,但仍無緣
接近鶯鶯。這時恰好强寇孫飛虎率兵圍了普救寺,要搶鶯鶯。鶯鶯的母
親崔夫人就宣言誰能退得賊兵,就把鶯鶯嫁給他。張生於是挺身而出,
給義兄白馬將軍杜確捎去一封信,請來救兵,殺退了孫飛虎。但這時夫
人卻以鶯鶯早就許配鄭尚書的兒子鄭恒爲借口,違約賴婚。張生極爲失
望,因而病倒。鶯鶯本來對張生就懷愛慕之心,這時在丫環紅娘的幫助
下,了解到張生的苦悶與病因,更爲感動,於是毅然與張生私下結爲夫
妻。不久夫人得知,大爲震怒,卻無計可施,被迫許嫁,但須張生得官後
纔許成親。後來張生中了狀元回來,與鶯鶯正式結婚。全劇共五本二十
一折,這裏選的一折,是寫張生進京趕考鶯鶯在長亭送別。在這一折裏
作者著重描寫了鶯鶯對張生的愛情和對拆散他們夫妻的禮教的憎恨。
〔2〕長老,寺院住持僧的通稱。

〔3〕旦,劇中的女腳,這裏指扮演鶯鶯的演員。末,劇中的男腳,這裏指扮演張生的演員。按:這兩個腳色分別爲正旦(女主腳)、正末(男主腳),但常常簡寫作旦、末。紅,指紅娘。

〔4〕取應,即應試、趕考。

〔5〕范仲淹《蘇幕遮》詞:"碧雲天,黃葉地。"

〔6〕玉驄,馬。參看本册第1512頁《西江月》注〔5〕。這句是説無法留住要遠行的人。

〔7〕倩(qiàn),請人代自己做事。這裏是請、讓的意思。

〔8〕迍迍(zhūnzhūn),等於説慢騰騰。

〔9〕大意是説:剛剛擺脱了相思之苦,又要別離了。破題兒,唐宋人的詩賦起首要剖析題義,叫破題,因而事情的開頭也叫破題兒。

〔10〕釧(chuàn),鐲子。鬆了金釧,表示瘦了。

〔11〕靨(yè),面頰。

〔12〕則索,祇須。

〔13〕兀的,等於説這。也麼哥,襯字,用於句末。

〔14〕恓恓惶惶,急急忙忙的樣子。地、飛、醉、淚、遲、疾、繫、暉、隨、避、離、肌、知、氣、媚、睡、淚、寄,押韻(齊微)。

（做到見夫人科〔1〕）（夫人云）張生和長老坐,小姐這壁坐〔2〕。紅娘將酒來。張生,你向前來,是自家親眷,不要迴避。借今日將鶯鶯與你,到京師休辱没了俺孩兒,掙揣一個狀元回來者〔3〕！（末云）小生託夫人餘蔭,憑着胸中之才,視官如拾芥耳。（潔云〔4〕）夫人主見不差,張生不是落後的人。（把酒了。坐科）（旦長吁科）

〔脱布衫〕　下西風黃葉紛飛,染寒煙衰草萋迷。酒席上斜簽着坐的〔5〕,蹙愁眉死臨侵地〔6〕。

〔小梁州〕　我見他閣淚汪汪不敢垂〔7〕,恐怕人知。猛然見了把頭低，長吁氣，推整素羅衣。

〔幺篇[8]〕 雖然久後成佳配，奈時間怎不悲啼[9]。意似癡，心如醉，昨宵今日，清減了小腰圍。

（夫人云）小姐把盞者！（紅遞酒，旦把盞長吁科云）請吃酒。

〔上小樓〕 合歡未已，離愁相繼。想着俺前暮私情，昨夜成親，今日別離。我諗知這幾日相思滋味[10]。卻元來此別離情更增十倍[11]。

〔幺篇〕 年少呵輕遠別，情薄呵易棄擲。全不想腿兒相挨，臉兒相偎，手兒相攜。你與俺崔相國做女婿，妻榮夫貴。但是一箇並頭蓮，煞强如狀元及第[12]。

（夫人云）紅娘把盞者！（紅把酒科）（旦唱）

〔滿庭芳〕 供食太急。須臾對面，頃刻別離。若不是酒席間子母每當迴避[13]，有心待與他舉案齊眉[14]。雖然是廝守得一時半刻[15]，也合着俺夫妻每共桌而食。眼底空留意，尋思起就裏[16]，險化做望夫石[17]。

（紅云）姐姐不曾吃早飯，飲一口兒湯水。（旦云）紅娘，甚麼湯水嚥得下！

〔快活三〕 將來的酒共食，嘗着似土和泥。假若便是土和泥，也有些土氣息泥滋味。

〔朝天子〕 煖溶溶玉醅[18]，白泠泠似水，多半是相思淚。眼面前茶飯怕不待要吃[19]，恨塞滿愁腸胃。蝸角虛名，蠅頭微利[20]，拆鴛鴦在兩下裏。一個這壁，一個那壁，一遞一聲長吁氣[21]。

〔1〕科，表示演員到此處要表演某種戲劇動作。又稱為介。

〔2〕這壁,這邊。

〔3〕掙揣,博取,努力爭取到。

〔4〕潔,元代雜劇中稱和尚爲潔郎,簡稱爲潔。這裏指普救寺的長老。

〔5〕斜簽,即斜,今北方方言還有斜簽的説法。斜簽着坐的,斜着身子坐着,指鶯鶯。

〔6〕臨侵,疊韻聯緜字。死臨侵,等於説發呆發死。

〔7〕閣淚,眼淚停留在眼裏。

〔8〕凡是重複前曲的,叫幺(yāo)篇。

〔9〕奈時間,這時節。《古本戲曲叢刊》初集張深之正北西廂秘本正作“這時節”。

〔10〕諗(shěn)知,熟知,深知。

〔11〕元來,同“原來”。

〔12〕煞强如,等於説賽强如,即賽過(依張相説)。

〔13〕每,們。

〔14〕舉案齊眉,這是用的東漢梁鴻的故事。參看第三册第1155頁《滕王閣序》注〔17〕。梁鴻的妻子孟光每次遞飯給梁鴻時總要舉案齊眉。後世就用“舉案齊眉”表示夫妻相敬。這裏用來表示像夫妻那樣親熱地一起吃飯。

〔15〕廝守,相守。

〔16〕就裏,等於説内容,情況。

〔17〕望夫石,傳説古代有個女子的丈夫服役在外,這女子每天登山眺望,結果化成了石頭,世稱此石爲望夫石。這裏用來形容自己呆望。

〔18〕玉醅,泛指酒。

〔19〕怕不待要,難道不要。

〔20〕《莊子·則陽》:“有國於蝸之左角者,曰觸氏。有國於蝸之右角者,曰蠻氏。時相與爭地而戰。”蘇軾《滿庭芳》:“蝸角虛名,蠅頭微利。”“蝸角”“蠅頭”均言其小。

〔21〕一遞一聲,交替着一聲聲地,也就是你一聲我一聲地。飛、迷、的,地、垂、

知、低、氣、衣、配、啼、癡、醉、圍、已、繼、離、味、倍、擲、攜、堦、貴、第,急、
離、避、眉、刻、食、意、裏、石、食、泥、泥、味、醅、水、淚、吃、胃、利、裏、壁、
壁、氣,押韻(齊微)。

(夫人云)輛起車兒,俺先回去,小姐隨後和紅娘來。(下)

(末辭潔科)(潔云)此一行別無話兒,貧僧準備買登科錄
看[1],做親的茶飯少不得貧僧的。先生在意,鞍馬上保重者:
"從今經懺無心禮[2],專聽春雷第一聲[3]。"(下)(旦唱)

〔四邊靜〕　霎時間杯盤狼藉。車兒投東馬兒向西,兩意徘
徊,落日山橫翠。知他今宵宿在那裏?有夢也難尋覓。

張生,此一行得官不得官,疾便回來。(末云)小生這一去白奪
一個狀元,正是"青霄有路終須到,金榜無名誓不歸"。(旦云)
君行別無所贈,口占一絕,為君送行。"棄擲今何在?當時且
自親。還將舊來意,憐取眼前人。"(末云)小姐之意差矣,張珙
更敢憐誰?謹賡一絕[4],以剖寸心。"人生長遠別,孰與最
關親?不遇知音者,誰憐長歎人?"(旦唱)

〔耍孩兒〕　淋漓襟袖啼紅淚,比司馬青衫更溼[5]。伯勞
東去燕西飛[6],未登程先問歸期。雖然眼底人千里[7],
且盡生前酒一杯。未飲心先醉,眼中流血,心裏成灰。

〔五煞〕　到京師服水土,趁程途節飲食[8],順時自保揣
身體[9]。荒村雨露宜眠早,野店風霜要起遲。鞍馬秋風
裏,最難調護,最要扶持。

〔四煞〕　這憂愁訴與誰?相思只自知。老天不管人憔悴。
淚添九曲黃河溢,恨壓三峯華嶽低[10]。到晚來悶把西樓
倚,見了些夕陽古道,衰柳長堤。

〔三煞〕　笑吟吟一處來,哭啼啼獨自歸。歸家若到羅幃

裏,昨宵箇繡衾香暖留春住,今夜箇翠被生寒有夢知。留
戀你別無意,見據鞍上馬,閣不住淚眼愁眉[11]。

　　(末云)有甚言語囑咐小生咱[12]?(旦唱)

〔二煞〕　你休憂文齊福不齊[13],我則怕你停妻再娶妻。
休要一春魚雁無消息[14]。我這裏青鸞有信頻須寄[15],
你卻休"金榜無名誓不歸"。此一節君須記:若見了那異鄉
花草[16],再休似此處棲遲。

　　(末云)再誰似小姐?小生又生此念!(旦唱)

〔一煞〕　青山隔送行,疏林不作美,淡煙暮靄相遮蔽。夕
陽古道無人語,禾黍秋風聽馬嘶。我爲甚麼懶上車兒內?
來時甚急,去後何遲?

　　(紅云)夫人去好一會,姐姐,咱家去!(旦唱)

〔尾聲〕　四圍山色中,一鞭殘照裏。遍人間煩惱填胸臆,
量這些大小車兒如何載得起[17]?

　　(旦紅下)(末云)童僕趕早行一程兒,早尋箇宿處。"淚隨流
　　水急,愁逐野雲飛。"(下)

〔1〕登科錄,科舉考試的錄取名冊。

〔2〕懺,僧尼代人懺悔時念的經文。經懺,指佛經。禮,禮拜,這裏指誦習。

〔3〕春雷第一聲,指考中的消息。演員下場前,往往先吟兩句詩。下文"淚隨
　　流水急,愁逐野雲飛"同此。

〔4〕賡,續,酬和。

〔5〕這句是說自己落的淚,比白居易在江州聽琵琶時落的淚更多。白居易
　　《琵琶行》:"淒淒不似向前聲,滿座重聞皆掩泣。就中泣下誰最多?江州
　　司馬青衫溼。"

〔6〕伯勞,鳥名。這句是比喻兩個人的別離。古樂府:"東飛伯勞西飛燕。"

〔7〕眼底,等於説眼前。

〔8〕趁程途,等於説趕路。

〔9〕時,時令。揣,弱(依張相説)。

〔10〕華嶽,即華山。華山的三峯爲:蓮花峯、仙人峯、落雁峯。

〔11〕閣不住,禁受不住,這裏是忍不住的意思。

〔12〕咱,語氣詞,表示祈使,略等於現代漢語的"吧"。

〔13〕文齊福不齊,當時熟語,意思是文才够格但是福氣不够,即不能考中。

〔14〕秦觀《鷓鴣天》詞:"一春魚鳥無消息。"

〔15〕青鸞,鳥名,鳳屬。古代有青鸞送信的傳説。

〔16〕花草,這裏指女色。

〔17〕量,料想。藉、西、徊、翠、裏、覓、淚、溼、飛、期、里、杯、醉、灰、食、體、遲、裏、持、誰、知、悴、溢、低、倚、堤、歸、裏、知、意、眉、齊、妻、息、寄、歸、記、遲、美、蔽、嘶、内、急、遲、裏、臆、起,押韻(齊微)。

常　用　詞(十四)　　*82字*

　　思索　鑑賞　料想　占卜　戲弄　動定　駐住依倚　雕製
生消　淹漏泛涵　蒙蔽蔭　炙啖餉　斂貢　激濯　拂逆　凋零
屠滅　馨盡了　肖　暨逮

　　暝黯　纖悉　贏短　驕慢妄　層喬　耿渺　縟稠　綜雜偏
塵靄　巒巖阿隅畔際　繪纂　痳蔘　妝匲　廚筵　肌膚

1005.【思】

　　(一)思考,考慮。《論語·爲政》:"學而不~則罔,~而不學則殆。"又《公冶長》:"季文子三~而後行。"引申爲懷念,想念。《孟子·萬章上》:"鬱陶~君爾。"辛棄疾《木蘭花慢》詞:"君~我,回首處,正江涵秋影雁初飛。"

(二)名詞。讀 sì。心緒,情懷。曹操《短歌行》:"憂~難忘。"蘇軾《水龍吟》詞:"無情有~。"柳永《八聲甘州》詞:"歸~難收。"

(三)語氣詞。在句首、句中或句末。多見於《詩經》。《詩經·魯頌·駉》:"~馬斯臧。"(斯:語氣詞。臧:好。)又《小雅·桑扈》:"旨酒~柔。"(旨酒:美酒。柔:好。)又《周南·漢廣》:"漢之廣矣,不可泳~。"(漢:指漢水。)

1006.【索】

(一)大繩,繩子。司馬遷《報任安書》:"其次關木~,被箠楚受辱。"又:"今交手足,受木~。"用作動詞時,表示製繩索,絞。《詩經·豳風·七月》:"宵爾~綯。"

(二)探尋,索取。《莊子·外物》:"曾不如早~我於枯魚之肆。"《楚辭·離騷》:"衆皆競進以貪婪兮,憑不厭乎求~。"

(三)散,獨,孤獨。《禮記·檀弓上》:"吾離羣而~居。"謝靈運《登池上樓》詩:"~居易永久。"陸游《釵頭鳳》詞:"一懷愁緒,幾年離~。"按:這個意義一般祇用於"~居""離~"。

(四)盡,完了,完結。《儀禮·鄉射禮》:"命曰:'取矢不~!'弟子自西方應曰:'諾!'"《韓非子·初見秦》:"士民病,蓄積~。"[~然](1)離散的樣子。《晉書·羊祜傳》:"劉禪降服,諸營堡者~然俱散。"(2)興盡的樣子。陸機《歎逝賦》:"十年之外,~然已盡。"今成語有"興致~然""~然無味"。

1007.【鑑】(鑒)

銅鏡。《新唐書·魏徵傳》:"以銅爲~,可正衣冠;以古爲~,可知興替;以人爲~,可明得失。"引申爲照,察看。柳宗元《愚溪詩序》:"溪雖莫利於世,而善~萬類。"又引申爲引以爲戒,借鑑。杜牧《阿房宮賦》:"後人哀之而不~之。"今成語有"前車之~"。

[辨]監,鑑,鑒。“監”與“鑑”是古今字,“鑒”與“鑑”是異體字。“監”字出現很早(金文中已有),最初以盆水爲監,所以“監”字从“皿”。在兩漢以前的古籍中,凡用“鑑”的地方,也都可以作“監”,没有什麽差别,如《尚書》的“人無於水監”,《詩經》的“殷監不遠”,《論語》的“周監於二代”等,都是通用的。漢以後,兩字分工漸細,於“銅鏡”“照”“借鑑”等義,用“鑑”不用“監”;於“監臨”“監督”等義,用“監”不用“鑑”。二者讀音也有了差别。

1008.【賞】

(一)獎勵有功的。《史記·項羽本紀》:“未有封侯之~。”又《淮陰侯列傳》:“而功蓋天下者不~。”

(二)嘉許,賞識。《世説新語·文學》:“因此相要,大相~得。”引申爲喜愛,欣賞。陶潛《移居》詩:“奇文共欣~,疑義相與析。”《宋書·謝靈運傳·論》:“徒以~好異情。”

1009.【料】

稱量,度量。《史記·孔子世家》:“嘗爲季氏吏,~量平。”引申爲計算,統計。《國語·周語上》:“夫古者不~民而知其少多。”又爲估量,揣度。《史記·淮陰侯列傳》:“大王自~勇悍仁彊孰與項王?”又爲猜想,猜測。辛棄疾《賀新郎》詞:“~青山見我應如是。”

1010.【想】

一種心理活動,表現爲希望遇見,羨慕,懷念等。《吕氏春秋·情慾》:“耳不可以聽,目不可以視,口不可以食,胸中大擾,妄言~見。”《史記·孔子世家》:“余讀孔氏書,~見其爲人。”《後漢書·王霸傳》:“夢~賢士,共成功業。”又《隗囂傳》:“欲先崇郭隗,~望樂毅。”孟浩然《夏日南亭懷辛大》詩:“感此懷故人,中宵勞夢~。”引

申爲設想,想像。蘇軾《念奴嬌》詞:"遙~公瑾當年,小喬初嫁了,
雄姿英發。"柳永《八聲甘州》詞:"~佳人妝樓凝望,誤幾回、天際識
歸舟。"用作名詞時,表示意念。陶潛《歸園田居》詩:"白日掩荆扉,
虛室絕塵~。"孔稚珪《北山移文》:"瀟灑出塵之~。"

1011.【占】

(一)根據燒灼過的龜甲裂紋占問吉凶。《周禮·春官·宗
伯》:"占人掌~龜。"引申作一般占驗吉凶的迷信行爲(不一定灼
龜)。蘇軾《喜雨亭記》:"其~爲有年。"

(二)讀 zhàn。文章不起草而口授他人寫出叫"口占"。《漢
書·朱博傳》:"閣下書佐入,博口~檄文曰。"後代特指作詩不起
草。如李商隱有《病中聞河東公樂營置酒口~寄上》的詩,高崇文
有《雪席口~》的詩,等等。

(三)讀 zhàn。據有,擅有。柳宗元《段太尉逸事狀》:"涇大將
焦令諶取人田自~數十頃。"這個意義後代寫作"佔"。

1012.【卜】

灼龜占卦。《左傳·僖公四年》:"~之,不吉。"也指掌管卜卦
的人。《楚辭·卜居》:"乃往見太~鄭詹尹。"司馬遷《報任安書》:
"文史星曆,近乎~祝之間。"引申爲預料,預知,料度。柳宗元《答
韋中立論師道書》:"僕自~固無取。"今成語有"吉凶未~"。

1013.【戲】

(一)讀 huī。軍中大將的大旗。《史記·高祖本紀》:"兵罷~
下,諸侯各就國。"又《淮陰侯列傳》:"於是有縛廣武君而致~下
者。"這個意義後代多作"麾"。

(二)詼諧,開玩笑。《論語·陽貨》:"前言~之耳。"又爲嬉戲,
遊戲。鮑照《擬行路難》詩:"弄兒牀前~。"

（三）讀 hū。“於戲”連用，等於“嗚呼”。《詩經·周頌·烈文》：“於~前王不忘。”

1014.【弄】

（一）用手把玩。《詩經·小雅·斯干》：“載~之璋。”（讓他拿着璋玩。）引申爲戲耍，遊戲。《左傳·僖公九年》：“夷吾弱不好~。”（夷吾：人名。弱：年幼。好：愛好。）《漢書·趙堯傳》：“高祖持御史大夫印，~之。”又凡以此爲樂的事都可以叫弄。李白《宣州謝朓樓餞別校書叔雲》詩：“明朝散髮~扁舟。”溫庭筠《菩薩蠻》詞：“~妝梳洗遲。”蘇軾《水調歌頭》詞：“起舞~清影，何似在人間。”

（二）演奏樂器。《世説新語·任誕》：“踞胡牀，爲作三調，~畢，便上車去。”（胡牀：魏晉時的一種可以摺疊起來攜帶的坐具。）王涯《秋夜曲》：“銀箏夜久殷勤~。”又爲曲子。王褒《洞簫賦》：“時奏狡~。”（狡：急。）

[辨]戲，弄。在“戲耍”這種意義上，二者是同義詞。在古書中，“戲”一般可以用於形體動作方面，也可用於言語行爲方面；“弄”則偏重於手的動作方面。

1015.【動】

（一）移動，振動。跟“靜”相對。《詩經·豳風·七月》：“五月斯螽~股。”引申爲行動，行爲。《論語·顔淵》：“非禮勿~。”又爲思想情感的變化或衝動。《孟子·公孫丑上》：“我四十不~心。”杜甫《詠懷古迹》五首詩：“暮年詩賦~江關。”

（二）副詞。每次都，常常（後起義）。諸葛亮《後出師表》：“論安言計，~引聖人。”杜甫《贈衛八處士》詩：“人生不相見，~如參與商。”又《佳人》詩：“采柏~盈掬。”

1016.【定】

（一）安定，安靜。《詩經・小雅・采薇》：“豈敢~居。”《禮記・大學》：“知止而後有~，~而後能靜。”引申爲停止。《詩經・小雅・節南山》：“亂靡有~。”又爲平定，使安定。《史記・淮陰侯列傳》：“三秦可傳檄而~也。”又：“八月，漢王出陳倉，~三秦。”引申爲決定，確定，排定。《漢書・賈誼傳》：“量材而授官，錄德而~位。”《文心雕龍・情采》：“理~而後辭暢。”

（二）副詞。到底，究竟（後起義）。《世説新語・言語》：“卿云‘艾艾’，~是幾艾？”杜甫《將曉》詩：“筋力~如何？”

（三）副詞。一定。《韓非子・六反》：“是不須視而~明也，不待對而~辯也。”《論衡・薄葬》：“今死親之魂~無所知。”杜甫《寄高適》詩：“~知相見日，爛漫倒芳樽。”

1017.【駐】

車馬停止。王勃《滕王閣序》：“襜帷暫~。”杜甫《別房太尉墓》詩：“~馬別孤墳。”姜夔《揚州慢》詞：“解鞍少~初程。”古代行軍多用車馬，所以又特指軍隊的停留，駐紮。《三國志・蜀書・諸葛亮傳》：“率諸軍北~漢中。”又：“是以分兵屯田，爲久~之基。”引申爲留住。一般衹用於“~顔”。蘇軾《洞霄宮》詩：“不用金丹苦~顔。”

1018.【住】

留，留下。跟“去”相對。杜甫《哀江頭》詩：“去~彼此無消息。”又爲停止，停住。辛棄疾《摸魚兒》詞：“更誰勸啼鶯聲~。”又《賀新郎》詞：“更那堪鷓鴣聲~，杜鵑聲切。”引申爲居住。崔顥《長干行》：“君家~何處？妾~在橫塘。”辛棄疾《八聲甘州》詞：“移~南山。”

[辨]駐,住。"駐"和"住"雖都有"停留"的意義,但是有細微的差別。駐,中句切;住,持遇切,古音也不相同。"駐"的"停留"義是從車馬和車駕停留引申來的,意義較莊重;"住"則指一般的停留,住宿。所以"駐馬""駐車"的"駐"不能改作"住","住宿"的"住"也不可用"駐"。此外"駐"的一些習慣用法也不能改作"住",如"駐顏"不能寫作"住顏"。

1019.【依】

(一)傍着,緊靠着。《古詩十九首》:"胡馬~北風。"王之渙《登鸛鵲樓》詩:"白日~山盡。"引申爲依託。曹操《短歌行》:"繞樹三匝,何枝可~?"又爲依照,按照。《漢書·霍光傳》:"桀、安欲爲外人求封,希~國家故事,以列侯尚公主者,光不許。"今成語有"~樣畫葫蘆"。

(二)[~~](1)柔曼的樣子。《詩經·小雅·采薇》:"昔我往矣,楊柳~~。"(2)留戀惜別的樣子。王維《渭川田家》詩:"相見語~~。"今成語有"~~惜別"。

(三)[~稀]彷彿。趙嘏《江樓有感》詩:"風景~稀似去年。"周邦彥《西河》詞:"想~稀、王謝鄰里。"

1020.【倚】

(一)斜靠着。《史記·刺客列傳》:"軻自知事不就,~柱而笑。"李白《夢遊天姥吟留別》詩:"迷花~石忽已暝。"又用於抽象意義,表示依靠,憑恃,仗恃。《史記·淮陰侯列傳》:"百姓罷極怨望,容容無所~。"又《魏其武安侯列傳》:"灌夫亦~魏其而通列侯宗室爲名高。"漢樂府《羽林郎》:"依~將軍勢,調笑酒家胡。"引申爲偏斜。《禮記·中庸》:"中立而不~。"成語有"不偏不~"。

(二)隨着,合着(指音樂)。《史記·張釋之列傳》:"使慎夫人鼓瑟,上自~瑟而歌。"蘇軾《前赤壁賦》:"客有吹洞簫者,~歌而和之。"

[辨]依,倚。二者都有"依靠"的意義,但詞義輕重不同。"依"是靠近某物,意義輕,所以能引申出"依傍""依照"等義。"倚"是斜靠在某物上,其義重,所以引申爲"偏斜""憑恃""倚仗"等義。"倚"(二)的意義不與"依"通。《前赤壁賦》的"倚歌而和之",有的本子作"依",不足爲訓。

1021.【雕】

(一)猛禽。鷹鷲一類的鳥。王維《觀獵》詩:"迴看射~處,千里暮雲平。"這個意義常寫作"鵰"。

(二)與"彫"通。刻畫,雕鏤,雕琢。《論語·公冶長》:"朽木不可~也。"又用於抽象意義,指文章或言辭的修飾。《文心雕龍·情采》:"綺麗以豔説,藻飾以辨~。"又:"乃可謂~琢其章,彬彬君子矣。"

1022.【製】

裁成衣服。《楚辭·離騷》:"~芰荷以爲衣兮。"《文心雕龍·鎔裁》:"夫美錦~衣,脩短有度。"引申爲製造一般的器物。《洛陽伽藍記·報德寺》:"時高祖新營洛邑,多所造~。"又特指寫作。《洛陽伽藍記·景明寺》:"所~詩賦詔策章表碑頌讚記五百篇,皆傳於世。"用作名詞時指篇什,篇章。《文心雕龍·情采》:"故體情之~日疏,逐文之篇日盛。"也作"制"。蕭統《文選序》:"戒畋遊則有長楊羽獵之制。"

[辨]制,製。二者是古今字,在古書中可以通用。如《詩經·豳風·東山》的"制彼裳衣"作"制",《楚辭·離騷》的"製芰荷以爲衣兮"作"製"。後來在表示動作時,"制"多用於抽象意義,如"制禮

作樂";"製"則用於具體意義。於法式,成規的意義方面,後代衹用"制",不用"製"。如"制度""法制""制服"不作"製"。參看第六單元"制"字條。

1023.【生】

(一)植物長出來,生出來。《禮記・月令》:"王瓜~,苦菜秀。"又:"虹始見,萍始~。"又爲生長。《孟子・告子上》:"雖有天下易~之物,一日暴之,十日寒之,未有能~者也。"引申爲生育〔兒女〕。《左傳・隱公元年》:"~莊公及共叔段。莊公寤~。"又爲發生,產生。《左傳・隱公元年》:"無~民心。"又《僖公三十三年》:"敵不可縱。縱敵患~。"

(二)活着,生存。《論語・衛靈公》:"志士仁人,無求~以害仁。"《史記・淮陰侯列傳》:"陷之死地而後~。"生又用作狀語。《史記・淮陰侯列傳》:"有能~得者購千金。"又形容詞。活的,活着的。《孟子・萬章上》:"昔者有饋~魚於鄭子產。"引申爲生命,性命。《孟子・告子上》:"舍~而取義者也。"引申爲一生,一輩子。李商隱《馬嵬》詩:"海外徒聞更九州,他~未卜此~休。"

(三)不熟的。與"熟"相對。《史記・項羽本紀》:"則與一~彘肩。"後代的"生疏""不熟練"等義都是從這個意義引申出來的。

(四)有學識者或儒家門徒的通稱。《史記・秦始皇本紀》:"侯~盧~相與謀曰。"又《劉敬叔孫通列傳》:"於是叔孫通使徵魯諸~三十餘人,魯有兩~不肯行。"《漢書・貢禹傳》:"朕以~有伯夷之廉,史魚之直。"引申爲讀書人或青年男子的通稱。元稹《鶯鶯傳》:"有張~者,性溫茂,美風容。"韓愈《答李翊書》:"不可不爲~言之。"〔諸~〕(1)稱衆多有學識的人。《管子・君臣上》:"是以爲人君者,坐萬物之原,而官諸~之職者也。"(2)特稱儒家門徒。《史記·秦始皇本紀》:"今諸~不師今而學古,以非當世。"(3)衆弟子。太學的學生們。韓愈《進學解》:"晨入太學,招諸~立館下。"(4)明清時稱秀才。《聊齋誌異·廟鬼》:"新城諸~王啟後者,方伯中宇公象坤曾孫。"又《九山王》:"曹州李姓者,邑諸~。"

(五)弟子,學生。《後漢書·馬融傳》:"前授~徒,後列女樂。"《聊齋誌異·浙東生》:"浙東生房某,客於陝,教授~徒。"

1024.【消】

(一)消失,減少。與"息"相對。《周易》泰卦:"君子道長,小人道~也。"蘇軾《前赤壁賦》:"盈虛者如彼,而卒莫~長也。"又爲消除,解除。陶潛《歸去來辭》:"樂琴書以~憂。"引申爲融解。《禮記·月令》:"冰凍~釋。"[~息](1)自然中各種事物的增減生滅。《周易》豐卦:"日中則昃,月盈則食,天地盈虛,與時~息。"(2)音訊。蔡琰《悲憤詩》:"迎問其~息,輒復非鄉里。"杜甫《哀江頭》詩:"去住彼此無~息。"

(二)禁得住,經得起(晚起義)。辛棄疾《摸魚兒》詞:"更能~幾番風雨?"

1025.【淹】

(一)浸漬。《楚辭·九歎·怨思》:"~芳芷於腐井兮。"又用於抽象意義。《禮記·儒行》:"~之以樂好。"(樂 yào:喜愛。好:愛好。)引申爲淹没(後起義)。《北史·皇甫和傳》:"宅中水~。"

(二)深。特指知識的深廣,多是"~通""~博""~貫""~雅"連用。《文心雕龍·體性》:"平子~通,故慮周而藻密。"(平子:張衡的字。)《世說新語·品藻》:"世目殷中軍(浩)'思緯~通,比羊叔子'。"

(三)遲延,滯留。《楚辭·離騷》:"日月忽其不~兮。"曹丕《燕歌行》:"君何~留寄他方?"杜甫《詠懷古迹》詩:"三峽樓臺~日月。"柳永《八聲甘州》詞:"何事苦~留。"

1026.【漏】

（一）水滲下。杜甫《茅屋爲秋風所破歌》:"牀頭屋~無乾處。"引申爲疏漏。《漢書·酷吏傳》:"號爲罔~吞舟之魚。"（罔:網。）

（二）古代計時用的漏壺。《三國志·吳書·吳範傳》:"權立表下~以待之。"（權:孫權。表:測日影的器具。）引申爲報時的更鼓。杜甫《和賈舍人早朝》詩:"五夜~聲催曉箭。"溫庭筠《更漏子》詞:"花外~聲迢遞。"

1027.【泛】

（一）在水上飄浮。蘇軾《前赤壁賦》:"蘇子與客~舟,遊於赤壁之下。"陸游《謝池春》詞:"卻~扁舟吳楚。"也可以寫作"汎"。《詩經·鄘風·柏舟》:"汎彼柏舟。"也作"氾"。《楚辭·卜居》:"將氾氾若水中之梟。"引申爲空浮,浮泛。《文心雕龍·情采》:"故有志深軒冕,而汎詠皋壤。"

（二）泛濫。《漢書·武帝紀》:"河水決濮陽,~郡十六。"《水經注·河水》:"河水盛溢,~浸瓠子。"（瓠 hù 子:河名。）

（三）廣泛,普遍。《楚辭·九歎·思古》:"且倘佯而~觀。"（倘佯:即"徜徉"chángyáng,閑適從容的樣子。）

[辨]泛,汎,氾。在古代漢語中,上述三個意義三字互通,無嚴格的區別。如《詩經·邶風·二子乘舟》的"汎汎其景"和《楚辭·卜居》的"將氾氾若水中之梟",《左傳·僖公十三年》的"汎舟之役"和陸游《謝池春》詞的"卻泛扁舟吳楚",《孟子·滕文公上》的"氾濫於天下"和司馬相如《上林賦》的"汎淫泛濫",《禮記·喪大記》的"氾拜衆賓於堂上"和《論語·學而》的"汎愛衆,而親仁",等等,都是義同而字不同。後代這三個字有一些習慣用法上的分別,如"泛

舟”不作“氾舟”，“汎愛”不作“泛愛”等。

1028.【涵】

（一）潛沈，潛游。左思《吳都賦》：“～泳乎其中。”韓愈《祭鱷魚文》：“鱷魚之～淹卵育於此，亦固其所。”

（二）包含，包容。孟浩然《臨洞庭上張丞相》詩：“八月湖水平，～虛混太清。”（虛：虛空。太清：指“天”。）辛棄疾《木蘭花慢》詞：“正江～秋影雁初飛。”

1029.【蒙】

（一）覆蓋。《詩經·鄘風·君子偕老》：“～彼縐絺。”（縐絺chī：都是細葛布。）又爲掩蓋真相以相欺騙。《左傳·僖公二十四年》：“上下相～。”杜甫《歲晏行》：“刻泥爲之最易得，好惡不合長相～。”引申爲闇昧不明，愚昧。《周易》蒙卦：“匪我求童～，童～求我。”（童：幼稚。）後代有雙音詞“啟～”。

（二）蒙受，遭受。《漢書·杜欽傳》：“申生～無罪之辜。”孔稚珪《北山移文》：“薜荔～恥。”

（三）敬詞。承，承蒙。李密《陳情表》：“凡在故老，猶～矜育。”又：“過～拔擢。”王安石《答司馬諫議書》：“昨日～教。”

1030.【蔽】

（一）遮住，遮掩。《楚辭·九歌·國殤》：“旌～日兮敵若雲。”蘇軾《前赤壁賦》：“旌旗～空。”用於抽象意義時表示總括，概括。《論語·爲政》：“詩三百，一言以～之，曰：‘思無邪。’”後代祇在運用《論語》這一成語時用這個意義。引申爲障隔、遮擋。《楚辭·卜居》：“竭智盡忠，而～鄣於讒。”《史記·項羽本紀》：“項伯亦拔劍起舞，常以身翼～沛公。”

（二）蒙蔽。《荀子·解蔽》：“凡人之患，～于一曲，而闇于大理。"（一曲：指事理的局部，一端。）

（三）隱蔽，藏匿。《漢書·王莽傳》："不可以骨肉故，～隱不揚。"（骨肉：指近親。）柳宗元《三戒·黔之驢》："～林間窺之。"

1031.【蔭】

樹蔭。《荀子·勸學》："樹成～而衆鳥息焉。"用作動詞時表示遮蓋。左思《詠史》詩："以彼徑寸莖，～此百尺條。"陶潛《歸園田居》詩："榆柳～後簷。"引申爲庇蔭。封建時代，皇帝因爲某個大臣有功而賜給他的子孫的恩惠（如可以取得某種官職，或享有某種特權）叫"蔭"。《隋書·柳述傳》："少以父～，爲太子親衛。"這個意義一般都作"廕"（但樹蔭的"蔭"不能作"廕"）。查繼佐《徐光啟傳》："加贈少保，并兩廕。"（兩廕：兩代可由廕襲得官。）

[辨]蔽，蔭。"蔽"與"蔭"的差別頗大。蔽，可以從前後左右遮住，如"以身翼蔽沛公"，也可以從上下遮住，如"旌旗蔽空"。"蔭"衹能是從上下遮住，而且是遮住太陽。

1032.【炙】

（一）燒肉，烤肉。《左傳·哀公十五年》："～未熟。"《孟子·盡心下》："膾～與羊棗孰美？"揚雄《解嘲》："東方朔割～於細君。"李白《俠客行》："將～啖朱亥。"又用作動詞，表示烤〔肉〕。《詩經·小雅·瓠葉》："燔之～之。"引申爲烤。杜甫《麗人行》："～手可熱勢絕倫。"

（二）親近，薰染。《孟子·盡心下》："而況於親～之者乎？"

"炙"字舊讀去入兩聲。去聲之夜切，音柘（zhè）；入聲之石切，音隻。

1033.【啖】（噉，啗）

吃，給吃。李白《俠客行》："將炙～朱亥。"也寫作"啗"。《史記·滑稽列傳》：“啗以棗脯。”也作“噉”。《世説新語·任誕》：“籍飲噉不輟，神色自若。”按：“啖”“啗”“噉”是異體字，古書中通用。

1034.【餉】（饟）

(一)送飯給田中耕作的人。《詩經·周頌·良耜》：“其饟伊黍。”《孟子·滕文公下》：“有童子以黍肉～。”王維《積雨輞川莊作》詩：“蒸藜炊黍～東菑。”蘇軾《新城道中》詩：“煮葵燒筍～春耕。”

(二)供給軍用的錢糧，物資。《漢書·高帝紀》：“填國家，撫百姓，給～餽，不絕糧道，吾不如蕭何。”《唐書·食貨志》：“天下之賦，鹽利居半，宮闈服御，軍饟，百官禄俸，皆仰給焉。”後代有雙音詞“軍～”“糧～”等。

按：“餉”字舊讀式亮切，商去聲；又書兩切，音賞。今讀 xiǎng。

1035.【斂】

(一)聚積，特指聚積財物。《論語·先進》：“而求也爲之聚～而附益之。”杜甫《自京赴奉先縣詠懷五百字》詩：“聚～貢城闕。”引申爲收斂，節制。《漢書·霍光傳》：“上虚己～容，禮下之已甚。”又《張敞傳》：“此言尊貴所以自～制，不從恣之義也。”（從恣：放縱恣肆。）孔稚珪《北山移文》：“～輕霧，藏鳴湍。”

(二)通“殮”。《漢書·趙廣漢傳》：“至冬當出死，豫爲調棺，給～葬具。”

1036.【貢】

把物品進獻給天子。《尚書·禹貢》：“厥～漆絲。”《左傳·僖公四年》：“爾～包茅不入。”又：“～之不入，寡君之罪也。”杜甫《自京赴奉先縣詠懷五百字》詩：“聚斂～城闕。”引申爲舉薦，推薦。《禮記·射義》：“諸侯歲獻，～士於天子，天子試之於射宮。”《明史·太祖紀三》：“〔洪武十六年〕二月丙申，初命天下學校歲~士於京師。”清代稱各省應禮部試而考中的舉人爲“~士”。

1037.【激】

（一）遏阻水勢。《孟子·告子上》：“今夫水，搏而躍之，可使過顙；~而行之，可使在山。”韓愈《送孟東野序》：“其躍也，或~之。”引申爲流急。王羲之《蘭亭集序》：“又有清流~湍，映帶左右。”

（二）情緒因受刺激而衝動。司馬遷《報任安書》：“至~於義理者不然。”引申爲情緒昂揚奮發。杜甫《自京赴奉先縣詠懷五百字》詩：“浩歌彌~烈。”岳飛《滿江紅》詞：“壯懷~烈。”

按：“激”字舊讀入聲。

1038.【濯】

洗。《楚辭·漁父》：“滄浪之水清兮，可以~吾纓。”韓愈《送李愿歸盤谷序》：“~清泉以自潔。”〔~~〕山嶺光禿的樣子。《孟子·告子上》：“人見其~~也，以爲未嘗有材焉。”成語有“童山~~”。

按：“濯”字舊讀入聲。

1039.【拂】

（一）撣（dǎn）。《楚辭·卜居》：“詹尹乃端策~龜。”楊惲《報孫會宗書》：“是日也，~衣而喜，奮袖低昂。”李白《俠客行》：“事了~衣去。”引申爲斜掠過，輕輕擦過。岑參《和賈舍人早朝》詩：“柳~旌旗露未乾。”

（二）違背，不順。《孟子·告子上》：“行~亂其所爲。”《韓非子·外儲說左上》：“忠言~于耳。”

（三）讀 bì。通“弼”。輔佐。《孟子·告子上》：“入則無法家~士，出則無敵國外患者，國恒亡。”《漢書·蓋寬饒傳》：“乃欲以太古久遠之事匡~天子。”

　　按:“拂”字舊讀入聲。

　　[辨]拂,拭。“拂”是撢,即打去塵土;“拭”是揩擦。二者相似而不相同。

　　1040.【逆】

　　(一)迎,迎接,迎着。跟“送”相對。《左傳·成公十四年》:“宣伯如齊~女。”(如齊:到齊國去。)又《桓公元年》:“目~而送之。”引申爲預先,祇限用於預見的意義上。諸葛亮《後出師表》:“凡事如此,難可~料。”又:“至於成敗利鈍,非臣之明所能~覩也。”[~旅]迎接賓客的房舍,旅舍。陶潛《自祭文》:“陶子將辭~旅之館,永歸於本宅。”李白《春夜宴桃李園序》:“夫天地者萬物之~旅。”

　　(二)倒,倒着。《儀禮·公食大夫禮》:“~退復位。”引申爲不順。跟“順”相對。《孟子·離婁上》:“順天者存,~天者亡。”《史記·伍子胥列傳》:“吾日莫途遠,吾故倒行而~施之。”再引申爲背叛,叛逆。《史記·淮陰侯列傳》:“而天下已集,乃謀畔(叛)~。”劉琨《與石勒書》:“附~則爲賊衆。”

　　按:“逆”字舊讀入聲。

　　[辨]逆,迎。二者古音相近。在迎接的意義上,“逆”和“迎”本是一個字。祇是由於方言不同,纔分爲兩字。關東叫“逆”,關西叫“迎”。

　　1041.【凋】

　　草木衰落。杜甫《秋興》八首詩:“玉露~傷楓樹林。”也寫作“彫”。《論語·子罕》:“歲寒,然後知松栢之後彫也。”杜牧《寄揚州韓綽判官》詩:“秋盡江南草木彫。”引申爲傷殘,衰頹。李白《蜀道難》詩:“使人聽此~朱顏。”後代成語有“民生~敝”。

[辨]雕(鵰),琱,彫,凋。"雕"是猛禽,"鵰"是異體字。"琱"是治玉,刻。"彫"是繪飾,刻畫。"凋"是草木衰落。在雕琢、刻畫的意義上,"雕""琱"和"彫"可以相通。在凋落、衰頹的意義上,"凋"和"彫"可以相通。除此而外,彼此毫無關係。

1042.【零】

落〔雨〕。《詩經·豳風·東山》:"~雨其濛。"又《鄘風·定之方中》:"靈雨既~。"(靈:好。)引申爲一般的落下,飄散。《古詩十九首》:"泣涕~如雨。"陶潛《歸園田居》詩:"常恐霜霰至,~落同草莽。"庾信《哀江南賦序》:"將軍一去,大樹飄~。"辛棄疾《賀新郎》詞:"悵平生交遊~落。"成語有"感激涕~"。

1043.【屠】

宰殺牲畜。《史記·樊噲列傳》:"以~狗爲事。"又爲操宰殺職業者。《史記·刺客列傳》:"荊軻既至燕,愛燕之狗~及善擊筑者高漸離。"又:"日與狗~及高漸離飲於燕市。"引申爲屠殺,大量殘殺。《史記·項羽本紀》:"項羽引兵西,~咸陽。"李華《弔古戰場文》:"憑陵殺氣,以相剪~。"

1044.【滅】

(一)把火熄掉。《尚書·盤庚上》:"若火之燎于原,不可嚮邇,其猶可撲~。"引申爲暗,不亮。常以"明~"對舉。溫庭筠《菩薩蠻》詞:"小山重疊金明~。"又爲消滅。杜甫《戲爲六絕句》詩:"爾曹身與名俱~,不廢江河萬古流。"又《詠懷古迹》詩:"最是楚宮俱泯~,舟人指點到今疑。"

(二)除盡,滅絕,特指將一國一家或一族除掉。《左傳·僖公五年》:"將虢是~。"又:"晉~虢。"《史記·淮陰侯列傳》:"夷~宗族,不亦宜乎!"

1045.【罄】

器皿中没有東西。《詩經·小雅·蓼莪》：“缾之~矣。”陶潛《自祭文》：“簞瓢屢~。”又爲盡，用完。《北齊書·循吏傳》：“軍糧且~。”《舊唐書·李密傳》：“~南山之竹，書罪未窮。”現代有成語“~竹難書”。

1046.【盡】

(一)不及物動詞。無餘，没有了。《史記·淮陰侯列傳》：“野獸已~而獵狗亨。”又：“高鳥~，良弓藏。”引申爲皆，都，全部。副詞。《孟子·滕文公上》：“~棄其學而學焉。”

(二)及物動詞。用完，用盡。《孟子·梁惠王上》：“寡人之於國也，~心焉耳矣。”又：“~心力而爲之，後必有災。”

(三)副詞。放在形容詞前面，表示到了頂點。《論語·八佾》：“子謂韶~美矣，又~善也。”放在動詞前面，表示無餘地，一切。《莊子·秋水》：“以天下之美爲~在己。”成語有“~善~美”。

(四)形容詞。整，全(後起義)。祇用於“盡日”等詞組裏。辛棄疾《摸魚兒》詞：“~日惹飛絮。”

1047.【了】

(一)了結，結束。李白《俠客行》：“事~拂衣去。”辛棄疾《破陣子》詞：“~卻君王天下事。”王淇《春暮遊小園》詩：“開到荼蘼花事~。”

(二)副詞。全。《世説新語·文學》：“開卷一尺許便放去，曰：‘~不異人意。’”又《雅量》：“~無恐色。”

(三)明了，了解。《世説新語·雅量》：“雖神氣不變，而心~其故。”又形容詞。《後漢書·孔融傳》：“夫人小而聰~，大未必奇。”[~~]聰明。《世説新語·言語》：“小時~~，大未必佳。”

1048.【肖】

（一）像，似，類似。《老子》六十七章："天下皆謂我道大似不～。"（不肖：指與常情不相類似。）韓愈《答李翊書》："待用於人者，其～於器耶？"後代成語有"維妙維～"。今雙音詞有"～像"。[不～]（1）不賢。跟"賢"相對。《孟子·公孫丑下》："前日不知虞之不～。"（虞：指充虞。人名。）鄒陽《獄中上梁王書》："士無賢不～，入朝見嫉。"韓愈《送李愿歸盤谷序》："其為人賢不～何如也？"（2）不像父親那樣賢。《孟子·萬章上》："丹朱之不～，舜之子亦不～。"（丹朱：帝堯之子。）《戰國策·趙策四》："老臣賤息舒祺，最少，不～。"按：後代多用（2）義。

（二）比並，相等。《漢書·王莽傳》："皇后之尊～於天子。"

1049.【暨】

（一）及，與。《尚書·堯典》："帝曰：'咨，汝羲～和！'"（咨：感歎詞。羲、和：帝堯時兩人名。）又《舜典》："讓于稷契，～皋陶。"

（二）到，至。《宋書·謝靈運傳·論》："自建武～乎義熙。"這個意義又寫作"洎"。駱賓王《為徐敬業討武氏檄》："洎乎晚節，穢亂春宮。"

1050.【逮】

（一）及，到，達到。《論語·里仁》："古者言之不出，恥躬之不～也。"李密《陳情表》："～奉聖朝，沐浴清化。"蕭統《文選序》："～乎伏羲氏之王天下也。"韓愈《進學解》："下～莊騷，太史所錄。"

（二）捉住，收捕。《漢書·趙廣漢傳》："請～捕廣漢。"

1051.【暝】

幽暗，特指天黑。李白《夢遊天姥吟留別》詩："迷花倚石忽已～。"歐陽修《醉翁亭記》："雲歸而巖穴～。""暝色"二字連用，表示夜色。李白《菩薩蠻》詞:"~色入高樓。"

[辨]冥,暝。"冥"與"暝"是古今字。但是"暝"在後代用來特指天黑,又變爲兼讀去聲。

1052.【黯】

深黑色,暗淡無光。李華《弔古戰場文》:"~兮慘悴,風悲日曛。"引申爲失色,神情頹喪。柳永《玉蝴蝶》詞:"~相望,斷鴻聲裏,立盡斜陽。"[~然]悲傷失色的樣子。江淹《別賦》:"~然銷魂者,唯別而已矣!"又爲失去光彩的樣子。劉禹錫《西塞山懷古》詩:"金陵王氣~然收。"[~~]愁悶,惆悵的樣子。韋應物《寄李儋元錫》詩:"春愁~~獨成眠。"蘇軾《永遇樂》詞:"~~夢雲驚斷。"

1053.【纖】(孅)

細。王勃《滕王閣序》:"~歌凝而白雲遏。"杜牧《遣懷》詩:"楚腰~細掌中輕。"又寫作"孅"。賈誼《論積貯疏》:"古之治天下,至孅至悉也。"[~~]細長柔美的樣子。《古詩十九首》:"~~擢素手,札札弄機杼。"李清照《點絳唇》詞:"起來慵整~~手。"

1054.【悉】

盡,全部。《尚書·盤庚上》:"王命衆,~至于庭。"《宋書·謝靈運傳·論》:"兩句之中,輕重~異。"引申爲詳細,詳盡。賈誼《論積貯疏》:"古之治天下,至孅至~也。"司馬遷《報任安書》:"書不能~意。"再引申爲詳盡地知道。蕭統《文選序》:"隨時變改,難可詳~。"杜甫《客夜》詩:"老妻書數紙,應~未歸情。"

1055.【贏】

(一)獲取餘利。《左傳·昭公元年》:"賈而欲~,而惡囂乎?"《史記·貨殖列傳》:"然其~得過當。"引申爲有餘。跟"縮"或"詘"相對。《史記·天官書》:"歲星~縮。"(以贏縮比喻進退。)《唐書·

陸贄傳》:"視墾田~縮以稽本末。"嚴遵《道德指歸論》:"~而若詘,得之若喪。"

(二)博賽獲勝(晚起義)。跟"輸"相對。晏殊《破陣子》詞:"疑怪昨宵春夢好,元是今朝鬥草~。"[~得]博得,獲得,剩得。杜牧《遣懷》詩:"~得青樓薄倖名。"辛棄疾《破陣子》詞:"~得生前身後名,可憐白髮生!"又《永遇樂》詞:"~得倉皇北顧。"

(三)擔,揹。《荀子·議兵》:"~三日之糧。"賈誼《過秦論》上:"~糧而景從。"(景:影。)

1056.【短】

短。跟"長"相對。《楚辭·卜居》:"夫尺有所~,寸有所長。"引申爲不足,缺陷。《莊子·列禦寇》:"商之所~也。"《史記·淮陰侯列傳》:"善用兵者,不以~擊長,而以長擊~。"又爲過失,特指捏造出來的過失。司馬遷《報任安書》:"隨而媒孽其~。"又爲動詞,表示説別人的短處,壞話。《史記·屈原列傳》:"卒使上官大夫~屈原於頃襄王。"

1057.【驕】

(一)馬高大壯健的樣子。《詩經·衛風·碩人》:"四牡有~。"(牡:公馬。)

(二)自滿,自高自大。李華《弔古戰場文》:"主將~敵,期門受戰。"杜牧《阿房宮賦》:"獨夫之心,日益~固。"今成語有"戒驕戒躁"。

[辨]驕,傲。"驕"是自滿,是一種心理狀態;"傲"是傲慢,没禮貌,是一種行爲表現。

1058.【慢】

(一)倨傲不敬。跟"敬"相對。《禮記·緇衣》:"可敬而不可~。"李密《陳情表》:"詔書切峻,責臣逋~。"引申爲懶惰。《淮南子·脩務》：“偷~懈惰。”又爲怠慢，不盡職。諸葛亮《出師表》：“若無興德之言，則責攸之、禕、允等之~，以彰其咎。”（攸之：郭攸之。禕 yī：費禕。允：董允。）

(二)慢走(行遲)。《詩經·鄭風·叔于田》：“叔馬~忌。”（叔：共叔段。忌：語氣詞。）引申爲緩慢。注意：緩慢這一意義在上古很少見，唐代以後纔多起來。韓愈《奉和虢州劉給事使君三堂新題二十一詠(竹溪)》詩：“藹藹溪流~。”

1059.【妄】

亂，不考慮是非得失。禰衡《鸚鵡賦》：“飛不~集，翔必擇林。”今成語有“輕舉~動”。引申爲行爲不正的。孔稚珪《北山移文》：“杜~彎於郊端。”又爲不合事實，虛妄。《論衡·變虛》：“是竟子韋之言~，延年之語虛也。”（竟：終究。子韋：宋國的大夫。延年：延長壽命。）又爲愚昧無知，亂説亂做。《孟子·離婁下》：“此亦~人也已矣。”今成語有“癡心~想”。

1060.【層】

重疊。《楚辭·招魂》：“~臺累榭，臨高山些。”王勃《滕王閣序》：“~巒聳翠，上出重霄。”蘇軾《西江月》詞：“橫空隱隱~霄。”這個意義也可寫作“增”。蕭統《文選序》：“增冰爲積水所成，積水曾微增冰之凜。”引申爲量詞。《墨子·備城門》：“百步一櫓欘，起地高五丈，三~。”王之渙《登鸛鵲樓》詩：“更上一~樓。”

1061.【喬】

(一)高，特指樹木的高大。多以“~木”連用。《詩經·周南·漢廣》：“南有~木，不可休息。”《孟子·公孫丑上》：“所謂故國者，非謂有~木之謂也。”姜夔《揚州慢》詞：“廢池~木，猶厭言兵。”［~遷]原意是遷到喬木上去。《詩經·小雅·伐木》：“出自幽谷，遷于~木。”後來比喻遷居或昇官。張籍《贈殷山人》詩：“滿堂虛左待，衆目望~遷。”

（二）怪，惡劣（晚起義）。多見於元雜劇和早期白話小説。睢景臣《高祖還鄉》套曲：“瞎王留引定火~男女。”又：“這幾個~人物，拿着些不曾見的器仗，穿着些大作怪衣服。”引申爲詐僞，假飾。熟語有“~裝改扮”。

1062.【耿】

光明。《尚書·立政》：“以覲文王之~光，以揚武王之大烈。”（覲：見。）〔~介〕雙聲聯緜字。光明正大，光明正直。《楚辭·離騷》：“彼堯舜之~介兮，既遵道而得路。”《韓非子·五蠹》：“則~介之士寡。”又：“不養~介之士。”〔~~〕（1）老想着不能忘懷的樣子。《詩經·邶風·柏舟》：“~~不寐，如有隱憂。”今成語有“忠心~~”“~~于懷”。（2）明亮的樣子。白居易《長恨歌》：“~~星河欲曙天。”又《上陽白髮人》詩：“~~殘燈背壁影。”

1063.【渺】

水面遼闊。多以“渺渺”連用。寇準《江南春》詞：“波~~，柳依依。”引申爲悠遠。蘇軾《前赤壁賦》：“~~兮余懷。”又爲遼遠而難以看見。柳永《八聲甘州》詞：“望故鄉~邈，歸思難收。”

1064.【縟】

文采盛，花紋多。張衡《西京賦》：“故其館室次舍，采飾纖~。”引申爲一般事物的繁多，繁重。特指文章辭藻繁多。《文心雕龍·情采》：“其爲彪炳~采明矣。”《宋書·謝靈運傳·論》：“~旨星稠，繁文綺合。”注意：辭藻多而用“縟”來形容，一般都含有貶義。

1065.【稠】

多，衆多。《三國志·蜀書·關羽傳》：“而~人廣坐，侍立終日。”引申爲密。跟“稀”相對。《宋書‧謝靈運傳‧論》：“縟旨星~。”謝枋得《蠶婦吟》：“起視蠶~怕葉稀。”

1066.【綜】

使經綫和緯綫交織在一起,引申爲一般事物的交錯,如説“錯~複雜”。引申爲總集起來加以組織。司馬遷《報任安書》：“~其始終。”《文心雕龍‧情采》：“若乃~述性靈,敷寫器象。”蕭統《文選序》：“若其讚論之~緝辭采。”

1067.【雜】

(一)動詞。五彩相合。《文心雕龍‧情采》：“五色~而成黼黻。”引申爲交錯,錯綜。《周易‧繫辭下》：“六爻相~。”[~然](1)多而有條理的樣子。歐陽修《醉翁亭記》：“~然而前陳者,太守宴也。”文天祥《正氣歌》：“天地有正氣,~然賦流形。”(2)紛紛,紛然。《列子‧湯問》：“~然相許。”

(二)形容詞。不純,多種多樣的東西混在一起。陶潛《桃花源記》：“夾岸數百步,中無~樹。”丘遲《與陳伯之書》：“~花生樹,羣鶯亂飛。”引申爲紛亂蕪雜。《文心雕龍‧鎔裁》：“趨時無方,辭或繁~。”又：“凡思緒初發,辭采苦~。”

(三)副詞。皆,都,共。《國語‧越語下》：“其事是以不成,~受其刑。”(刑:指禍患。)《列子‧湯問》：“~曰:‘投諸渤海之尾,隱土之北。’”

1068.【徧】(遍)

(一)走遍,到處都走過。《孟子‧離婁下》：“~國中無與立談者。”白居易《長恨歌》：“排雲馭氣奔如電,昇天入地求之~。”引申爲周徧,普遍。《尚書‧舜典》：“~于羣神。”《左傳‧昭公三十二年》：“~賜大夫,大夫不受。”

（二）周而復始爲一徧，一次（後起義）。《三國志·魏書·王肅傳》“頗傳於世”裴注引《魏略》：“人有從學者，〔董〕遇不肯教，而云‘必當先讀百～。’言‘讀書百～，而義自見。’”李清照《鳳凰臺上憶吹簫》詞：“千萬～陽關，也則難留。”

1069.【塵】

（一）飛揚的細土。《莊子·逍遙遊》：“野馬也，～埃也，生物之以息相吹也。”又《德充符》：“鑑明則～垢不止。”用作動詞時表示蒙上灰塵，受玷汙。《詩經·小雅·無將大車》：“祇自～兮。”孔稚珪《北山移文》：“～遊躅於蕙路，汙渌池以洗耳。”車馬軍隊行動要蕩起塵土，所以“塵”又特指敵寇的騷擾或戰爭（後起義）。杜甫《北征》詩：“況我墮胡～，及歸盡華髮。”辛棄疾《木蘭花慢》詞：“落日胡～未斷。”又常以“煙～”連用。高適《燕歌行》：“漢家煙～在東北，漢將辭家破殘賊。”陸游《書事》詩：“掃盡煙～歸鐵騎。”因爲人行也起塵土，所以又引申爲行迹，事蹟。《宋書·謝靈運傳·論》：“賈誼相如振芳～於後。”今成語有“步人後～”。“音～”二字連用，表示人聲和蹤迹。李白《憶秦娥》詞：“咸陽古道音～絕。”

（二）世俗，凡俗（後起義）。孔稚珪《北山移文》：“蕭灑出～之想。”又：“抗～容而走俗狀。”後代有雙音詞“～世”。

1070.【靄】

雲霧蒸騰的樣子。多以“靄靄”連用。陶潛《停雲》詩：“～～停雲，濛濛時雨。”又：“停云～～。”引申爲煙霧，蒸氣。王維《終南山》詩：“青～入看無。”柳永《雨霖鈴》詞：“暮～沉沉楚天闊。”

1071.【巒】

（一）小而尖的山。孔稚珪《北山移文》：“望林～而有失。”李白《夢遊天姥吟留別》詩：“列缺霹靂，丘～崩摧。”

(二)山脊。王勃《滕王閣序》:"桂殿蘭宮,列岡~之體勢。"

1072.【巖】

(一)高峻的山,陡崖。《世説新語·容止》:"雙目閃閃如~下電。"李白《夢遊天姥吟留別》詩:"千~萬轉路不定。"引申爲高峻。《孟子·盡心上》:"不立乎~牆之下。"又爲險峻,險要。《左傳·隱公元年》:"制,~邑也。"[~~]高峻的樣子。《詩經·小雅·節南山》:"維石~~。"《世説新語·賞譽》:"~~清峙,壁立千仞。"

(二)山中的洞穴。司馬遷《報任安書》:"招賢進能,顯~穴之士。"歐陽修《醉翁亭記》:"雲歸而~穴暝。"杜甫《夜宿贊公土室》詩:"盛論~中趣。"

1073.【阿】

(一)大山。《詩經·小雅·菁菁者莪》:"在彼中~。"王勃《滕王閣序》:"訪風景於崇~。"又爲山的轉折處,山畔。《楚辭·九歌·山鬼》:"若有人兮山之~。"孔稚珪《北山移文》:"山~寂寥。"

(二)屋角處翹起的檐。《周禮·考工記·匠人》:"四~重屋。"《古詩十九首》:"~閣三重階。"

(三)曲意迎合,偏袒。《孟子·公孫丑上》:"汙不至~其所好。"現代有雙音詞"~諛"。

(四)名詞詞頭。用於某些人稱代詞、親屬名詞及人名的前面。古詩《十五從軍征》:"家中有~誰?"古詩《焦仲卿妻》:"堂上啟~母。"

1074.【隅】

(一)靠邊的地方,角落。《詩經·邶風·靜女》:"俟我於城~。"王勃《滕王閣序》:"東~已逝,桑榆非晚。"王維《終南山》詩:"太乙近天都,連山到海~。"李華《弔古戰場文》:"凜冽海～。”

（二）角，方角。《論語·述而》：“舉一～，不以三～反，則不復也。”

1075.【畔】

（一）田界。《左傳·襄公二十五年》：“行無越思，如農之有～。”引申爲一般的邊。周邦彦《滿庭芳》詞：“歌筵～，先安枕簟。”辛棄疾《醜奴兒近》詞：“山那～，別有人家。”

（二）通“叛”。《孟子·公孫丑下》：“寡助之至，親戚～之。”《史記·淮陰侯列傳》：“人言公之～，陛下必不信。”又：“而天下已集，乃謀～逆。”

1076.【際】

（一）兩牆相接處叫“際”。引申爲一般事物的相交，會合。《周易》泰卦：“無往不復，天地～也。”又坎卦：“剛柔～也。”

（二）彼此之間〔以禮〕交往。《莊子·則陽》：“不應諸侯之～。”（不參預諸侯之間的交往。）〔交～〕交往。《孟子·萬章下》：“敢問交～何心也？”

（三）兩者之間，其間，間。《韓非子·難一》：“君臣之～，非父子之親也。”表示時間，指兩者相交接的時候，其時，時。《論語·泰伯》：“唐虞之～，於斯爲盛。”（唐：指帝堯。虞：指帝舜。）《史記·魏其武安侯列傳》：“武安之貴，在日月之～。”又《秦楚之際月表》：“太史公讀秦楚之～。”（秦楚之際：指秦末和楚漢相交接的這段歷史時期。）諸葛亮《出師表》：“受任於敗軍之～，奉命於危難之間。”

（四）邊，際。李白《黃鶴樓送孟浩然之廣陵》詩：“唯見長江天～流。”柳永《八聲甘州》詞：“誤幾回、天～識歸舟。”

1077.【綸】

（一）青絲綬帶。《禮記·緇衣》："王言如絲，其出如～。"又："王言如～。"按：封建社會稱皇帝的詔書爲"綸音"，就是由"王言如綸"發展來的。

（二）釣絲。《文心雕龍·情采》："固知翠～桂餌，反所以失魚。"

（三）讀 guān。[～巾]一種青絲綬作的頭巾。蘇軾《念奴嬌》詞："羽扇～巾，談笑間，檣櫓灰飛煙滅。"

1078.【纂】

（一）赤色的絲帶。《漢書·宣帝紀》："錦繡～組，害女紅者也。"

（二）集合，編輯。韓愈《進學解》："～言者必鉤其玄。"

1079.【牀】

牀。《左傳·宣公十五年》："宋人懼，使華元夜入楚師，登子反之～。"杜甫《新婚別》詩："席不暖君～。"按：古人的牀兼坐臥兩用。漢以後由西域傳入的一種坐具，叫"胡～"。《世説新語·任誕》："即便回下車，踞胡～，爲作三調。"（三調：三支曲子。）

1080.【蓐】

睡眠處所鋪的草，草薦。《左傳·文公七年》："訓卒利兵，秣馬～食，潛師而起。"《史記·淮陰侯列傳》："亭長妻患之，乃晨炊～食。"引申爲牀上所鋪的被褥。李密《陳情表》："而劉夙嬰疾病，常在牀～。"按：這個意義後代都寫作"褥"。上古人民生活簡陋，臥處鋪草，所以用"蓐"，後代生活條件有了改變，所以另造新形聲字"褥"，代替了"蓐"。

1081.【妝】（粧）

婦女用脂粉修飾容貌，打扮。古詩《焦仲卿妻》："新婦起嚴～。"白居易《琵琶行》："～成每被秋娘妬。"（秋娘：唐時著名的樂伎。）也指妝扮所用的脂粉、衣物。《木蘭詩》："阿姊聞妹來，當户理紅～。"杜甫《新婚別》詩："對君洗紅～。"又指妝扮的樣式。白居易《上陽白髮人》詩："天寶末年時世～。"引申爲舉凡與婦女修飾有關的事物都可叫"妝"。杜牧《阿房宮賦》："明星熒熒，開～鏡也。"柳永《八聲甘州》詞："想佳人～樓凝望，誤幾回、天際識歸舟。"〔～匳〕梳妝用的鏡匣。韓愈《大行皇太后輓歌詞》："祇有朝陵日，～匳一暫開。"也寫作"裝奩"。庾信《鏡賦》："暫設裝奩，還抽鏡屜。"後代引申爲嫁女用的箱籠衣飾等物的總稱。

〔辨〕妝，粧，裝。"妝"與"粧"是異體字。"妝"與"裝"兩字相通，但後代祇在一般修飾、裝扮、假作等意義上通用。如"裝點""妝點"；"新妝""新裝"等等都可相通。在"裝束""裝潢""梳妝"等意義上，各自有習慣寫法，不大通用。

1082.【匳】（奩）

匣子之類的器具。特指婦女梳妝用的鏡匣和盛其他化妝用品的器皿。孫光憲《臨江仙》詞："鏡～長掩，無意對孤鸞。"（孤鸞：指鏡中的孤影。）顧敻《酒泉子》詞："鏁香～，恨厭厭。"（鏁：同"鎖"。）李清照《鳳凰臺上憶吹簫》詞："任寶～塵滿，日上簾鉤。"

1083.【廚】

（一）廚房。《孟子·梁惠王上》："是以君子遠庖～也。"漢樂府《隴西行》："談笑未及竟，左顧敕中～。"

（二）櫥，櫥櫃。《晉書·顧愷之傳》："愷之嘗以一～畫寄桓玄。"《南史·陸澄傳》："陸公，書～也。"這個意義今寫作"櫥"。引申爲櫥形的帳子。李清照《醉花陰》詞："玉枕紗～，半夜涼初透。"這個意義又寫作"幮"。

1084.【筵】

座位上鋪的席子。《禮記·樂記》："鋪~席,陳尊俎。"又《投壺》："退反位,揖賓就~。"引申爲席位。孔稚珪《北山移文》："爾乃眉軒席次,袂聳~上。"古人席地而坐,飲食宴會也在席上,所以引申爲酒席,酒筵。王勃《滕王閣序》："嗚呼! 勝地不常,盛~難再。"周邦彦《滿庭芳》詞："歌~畔,先安枕簟。"

[辨]筵,席。二者都是席子。古代把鋪在底下的席叫"筵",鋪在上面坐的叫"席",後代席地而坐的習俗變了,"筵"與"席"就沒有嚴格的區別了。但後代牀上鋪的叫"席"而不叫"筵"。

1085.【肌】

人的肌肉。《莊子·逍遥遊》："藐姑射之山,有神人居焉,~膚如冰雪。"《漢書·文帝紀》："夫刑至斷支體,刻~膚。"司馬遷《報任安書》："其次毀~膚斷肢體受辱。"

[辨]肌,肉。古代"肌"是指人的肉,指稱禽獸的則很少見。"肉"除特指供食用的牲畜之肉外,也可泛指人的肌肉。

1086.【膚】

人的皮。《詩經·衛風·碩人》："~如凝脂。"《孟子·告子下》："餓其體~。"司馬遷《報任安書》："其次毀肌~斷肢體受辱。"杜甫《哀王孫》詩："身上無有完肌~。"引申爲表面的,浮淺的。張衡《東京賦》："末學~受。"范寧《穀梁傳序》："釋穀梁傳者,雖近十家,皆~淺末學,不經師匠。"現代有雙音詞"~淺"。

[辨]皮,革,膚。"皮""革"指獸皮時,帶毛的叫"皮",去了毛的叫"革"。"皮"義廣,"革"義狹。泛稱時,一切物體的表層皆可叫"皮","革"則不能。"膚"則專指人的皮膚。

古漢語通論

(三十一)詞　律

　　詞來自民間文學,它本來是配樂的歌詞,所以當初稱爲曲子詞①。在唐宋時代,了解音樂的詞人是按照樂譜的音律節拍來寫詞的,所以叫做填詞,又叫做倚聲。後來一般詞人大都按照前人作品的字句平仄來填寫,這樣詞就逐漸脱離了音樂,純粹成爲詩的别體了。

　　詞是長短句,但是它和長短句的古風有兩點不同:第一,詞多律句,這是因爲文人詞頗受律詩影響的緣故;第二,在長短句的古風中,句子的長短是隨意的,而詞句的長短則是由詞調所規定的。詞調不同,詞的字數、句數不同,句子的長短和平仄、韻脚也不相同。

　　在這一節通論裏,我們先從詞調説起,然後説到詞譜、詞韻、詞的平仄和句式,最後談談詞的對仗。

1.詞調、詞譜

　　詞調本來是指寫詞時所依據的樂譜。在唐宋時代,詞調有好幾個來源。有的來自民間音樂,有的來自西域音樂(我國西部各兄弟民族的音樂),有的是樂工歌妓或詞人創製的,有的是國家音樂機關創製的,還有其他的來源。詞調很多,每種詞調都有特定的名稱,叫做“詞牌”。有些調名本來是樂曲的名稱如菩薩蠻、西江月等;有些調名本來是詞的題目,例如張志和的《漁歌子》是詠漁父生活的,温庭筠的《更漏子》是詠春夜閨情的。但是絶大多數的調名

---

①　又稱爲曲、曲詞、曲子。後來又有詩餘、樂府、長短句等名稱,這裏不討論。

和詞的題目沒有關係,所以宋人常在一首詞的調名下寫出詞題或小序。蘇軾《念奴嬌》下寫明"赤壁懷古",辛棄疾《木蘭花慢》下寫明"席上送張仲固帥興元",就是這一類的例子①。

前人把詞分爲小令、中調和長調三類,以五十八字以內爲小令,五十九字到九十字爲中調,九十一字以外爲長調②。這種根據字數的分法,未免太拘泥、太絕對化了,我們祇要把小令、中調和長調了解爲大致的分類就是了。

從分段看,詞有單調、雙調、三疊、四疊的分別。詞的一段叫做闋,又叫片③,單調的詞不分段,往往就是小令,如漁歌子、如夢令、搗練子等。雙調的詞分爲前後(或上下)兩闋,小令、中調、長調都有,如菩薩蠻、蝶戀花、滿江紅、雨霖鈴等。三疊四疊的詞都是長調。三疊分爲三段,如蘭陵王,四疊分爲四段,祇有鶯啼序一調。

雙調是最常見的形式。一般的情況是前後兩闋字數相等或基本相等,平仄也相同(如卜算子、浪淘沙令),不相等的大都是前後闋起首的兩三句字數不同(如菩薩蠻、憶秦娥)或平仄不同(如更漏子、浣溪紗)。

關於詞調,我們還應該注意到同調異名和同調異體的兩種情況。

所謂同調異名,是説一種詞調有幾種調名。例如憶秦娥又名秦樓月,卜算子又名缺月掛疏桐,念奴嬌除了又名百字令、百字謠外,還有大江東去、酹江月等別名。詞調的別名大都取自這一詞調

---

① 當然,不寫詞題並不意味着調名就是詞題。

② 見明嘉靖顧從敬刻《類編草堂詩餘》、清毛先舒《填詞名解》卷一。

③ 曲終叫闋(què),片就是遍,一闋一片是説樂曲已奏過了一遍。又,一首詞也可以叫做一闋。

的某一名作①。所謂同調異體，是説一種詞調有幾種別體。舉例來説，江城子有單調的，也有雙調的；滿江紅有押仄韻的，也有押平韻的。別體又表現在字數差異或句法差異等方面，這裏不一一舉例了。前人編撰的詞譜，在"正體"後面羅列各種"又一體"（別體），所謂"正體"大都是時代較早或作者較多的一體，其餘就算做"又一體"。"又一體"之多，可以説明古人填詞有一定的靈活性。

我們還要注意，有些調名大同小異，但不是正體和別體的不同，而是代表了兩種不同的詞調。例如訴衷情和訴衷情近、木蘭花慢和木蘭花，等等。

現在説到詞譜。

上文説過，詞調本來是指填詞時所依賴的樂譜。這類樂譜後來失傳了，填詞的人就按照前人作品中的句法和平仄來填寫。詞譜，則是把前人每一種詞調的作品的句法和平仄分別加以概括，從而建立了各種詞調的平仄格式。後人就按照詞譜的格式來填詞。

詞譜據説始於明人張綖的《詩餘圖譜》。後來較通行的有清人萬樹著的《詞律》和康熙命詞臣王奕清等人編纂的《欽定詞譜》。

下面是《詞律》所列菩薩蠻詞譜的樣子②：

菩薩蠻　四十四字　　　又名子夜歌　　　　　李白
　　　　巫山一片雲　　　重　疊　金

　　　　　　　　　　　　韻　　　　　叶　　　　　　　換平
平　林　漠　漠　煙　如　織　寒　山　一　帶　傷　心　碧　暝　色　入　高　樓　有
可仄　　　可平　　　　　　　可仄　　　　　可平　　　　可平　　　　　可平

　　　　　叶平　　　　　　三換仄　　　　叶三仄　　　　四換平
人　樓　上　愁　玉　階　空　竚　立　宿　鳥　歸　飛　急　何　處　是　歸　程　長
可仄　可平　　　　　　可平　　　可平　　　　　　可仄　　　　　可仄

---

① 前人編撰詞譜，在有別名的詞調下列出別名。

② 《詞律·發凡》説："以小字明注於旁，在右者爲韻、爲叶、爲換、爲疊、爲句、爲豆，在左者爲可平、爲可仄、爲作平、爲某聲。"現在改爲横排，原譜注在字右的，改在字上；原譜注在字左的，改在字下。

亭　連　短　亭　_{叶四平}
_{可仄}

下面是《欽定詞譜》所列菩薩蠻詞譜的樣子①：

菩薩蠻　^{雙調四十四字前後段}
^{各四句兩仄韻兩平韻}　　　李　白

平林漠漠煙如織_{仄韻}寒山一帶傷心碧_韻暝色入高樓_{平韻}
○○●●○○●　　●○○●○○●　●●●○○

有人樓上愁_韻　　玉階空竚立_{換仄韻}宿鳥歸飛急_韻何處是歸程
●○○●○　　●○○●●　●●○○●　○●●○○

_{換平韻}長亭連短亭_韻
○○○●○

我們對於詞調平仄的描寫,採取上一節通論講律詩平仄的辦法,逐字寫出平仄。一句佔一行,前後闋之間空一行,字外加圈表示可平可仄,字下加△表示韻腳,必要的地方附上文字説明。仍以菩薩蠻爲例:

菩薩蠻四十四字　雙調

㊀平㋻仄平平仄
　　　　　　△
㊀平㋻仄平平仄
　　　　　　△
㋻仄仄平平(換平韻)
　　　　△
㋻平㊀仄平
　　　　△

㋻平平仄仄(換仄韻)
　　　　△
㋻仄平平仄
　　　　△
㋻仄仄平平(換平韻)
　　　　△
㋻平㊀仄平
　　　　△

---

① 《欽定詞譜·凡例》説:"平用虚圈;仄用實圈;字本平而可仄者,上虚下實;字本仄而可平者,上實下虚。"原譜圈在字右,現在改爲橫排,移在字下。

前後闋末句第一字可平,第三字可仄。如果第三字用仄,則第一字必用平,否則是犯孤平①。

本單元文選各詞所用的詞調都用這種辦法製成詞譜,作爲本書的附錄。

2.詞韻

古人填詞並没有特別規定的詞韻。所謂詞韻,基本上也就是詩韻,祇是詞韻比詩韻更寬些,更自由些。清人戈載的《詞林正韻》把詞韻分爲十九部,其中平上去三聲分爲十四部,入聲分爲五部。據説這十九部是"取古人之名詞參酌而審定"的,其實不過是詩韻的大致合併,和古體詩的寬韻差不多。戈載《詞林正韻》的韻目用的是《集韻》韻目,現在改用"平水韻"韻目排列如下:

第 一 部　平聲東冬;上聲董腫;去聲送宋。

第 二 部　平聲江陽;上聲講養;去聲絳漾。

第 三 部　平聲支微齊,又灰半②;上聲紙尾薺,又賄半;去聲寘未霽,又泰半、隊半。

第 四 部　平聲魚虞;上聲語麌;去聲御遇。

第 五 部　平聲佳半、灰半;上聲蟹,又賄半;去聲泰半、卦半、隊半。

第 六 部　平聲真文,又元半;上聲軫吻,又阮半;去聲震問,又願半。

第 七 部　平聲寒刪先,又元半;上聲旱潸銑,又阮半;去聲翰諫霰,又願半。

---

① 張惠言《詞選》録温庭筠菩薩蠻十四首,前闋末句都是仄平平仄平,後闋末句有十一首是仄平平仄平,三首是平平平仄平,可見前後闋末句都應以仄平平仄平爲正則(第三字必平)。後代變爲律句平平仄仄平。

② 具體的字見附録《詩韻常用字表》。下同。

第八部　平聲蕭肴豪;上聲篠巧皓;去聲嘯效號。

第九部　平聲歌;上聲哿;去聲箇。

第十部　平聲麻,又佳半;上聲馬;去聲禡,又卦半。

第十一部　平聲庚青蒸;上聲梗迥;去聲敬徑。

第十二部　平聲尤;上聲有;去聲宥。

第十三部　平聲侵;上聲寑;去聲沁。

第十四部　平聲覃鹽咸;上聲感儉豏;去聲勘艷陷。

以上平上去聲十四部。

第十五部　入聲屋沃。

第十六部　入聲覺藥。

第十七部　入聲質陌錫職緝。

第十八部　入聲物月曷黠屑葉。

第十九部　入聲合洽。

以上入聲五部。

事實上由於語音的發展或方言的影響,在宋詞中我們可以看到某些不同韻部的字通押。試以本單元所選的作品爲例。周邦彦的《齊天樂》就是第七部的字(收音於-n,晚剪卷限轉遠薦)和第十四部的字(收音於-m,掩簟斂)通押,辛棄疾的《滿江紅》就是第十五部的字(目續陸醁足菊犢哭)和第十七部的字(國)通押。可見這十九部衹是大致適合宋詞的多數情況。

關於詞的用韻,有幾點須要提出來説一説:

第一,有些詞調是一韻到底,中間不換韻的。一韻到底用平韻的如搗練子、浪淘沙令、江城子、玉蝴蝶等等,一韻到底用仄韻的如卜算子、醉花陰、齊天樂、滿江紅、念奴嬌等等①。平韻和仄韻的界

① 滿江紅、念奴嬌一般都押入聲韻。

限是很清楚的:某調規定用平韻,就不能用仄韻,某調規定用仄韻,就不能用平韻。除非有"又一體"(見前)。

第二,在仄聲韻中,同韻部的上聲韻和去聲韻常常通押,但是入聲韻的獨立性很強,一般都是獨用。仍以本單元所選的作品爲例。上聲韻和去聲韻通押的有水龍吟、西河、齊天樂、永遇樂、謝池春、摸魚兒、賀新郎、祝英臺近、鶯啼序等;入聲韻獨用的有憶秦娥、念奴嬌、雨霖鈴、蘭陵王、滿江紅、暗香、疏影等。

第三,有些詞調規定平仄互押。平仄互押和上去通押性質不同。上去通押,用上用去一般是隨意的;平仄互押,平聲韻脚和仄聲韻脚是由詞調規定的。例如西江月規定前後闋的第二句第三句押平韻,第四句押仄韻,所以蘇軾《西江月》前闋以霄(平)驕(平)草(仄)互押;後闋以瑶(平)橋(平)曉(仄)互押。

第四,有些詞調規定平仄換韻。平仄換韻又和平仄互押性質不同。平仄互押是同韻部的字相押,例如蘇軾西江月的韻字都屬於第八部;平仄換韻是由平韻換仄韻,或由仄韻換平韻,其韻部並不相同。當然,換韻的位置也是由詞調規定了的。例如溫庭筠《更漏子》的前闋,先是細遞(仄,第三部)相押,然後烏鴣(平,第四部)相押;後闋先是薄幙閣(仄,第十六部)相押,然後垂知(平,第三部)相押。

詞的用韻,還有一些別的情況,這裏不一一敘述。

3.詞的平仄和句式

詞句基本上是律句,也有一些不合平仄常規的拗句,我們了解了律詩的平仄,對於詞句的平仄就不難了解了。詞句最短的是一字句,最長的是十一字句,下面分別敘述各類句子的平仄及其用法上的特點。

　　一字句　　一字句很少見,十六字令的第一句是一字句而且入韻。例如:"天! 休使圓蟾照客眠。人何在? 桂影自嬋娟。"(蔡伸《十六字令》)

　　一字豆①　　一字豆是詞的句法特點之一。一字豆可以出現在三字句的前面構成四字句(上一下三),例如"對長亭晚"(柳永《雨霖鈴》);也可以出現在七字句的前面構成八字句(上一下七),例如"正江涵秋影雁初飛"(辛棄疾《木蘭花慢》)。最常見的是出現在四字句的前面構成五字句(上一下四),例如:

　　　　漸霜風淒緊。(柳永:八聲甘州)

　　　　更草草離筵。(辛棄疾:木蘭花慢)

　　　　又酒趁哀弦。(周邦彥:蘭陵王)

　　　　且莫思身外。(周邦彥:滿庭芳)

　　　　縱豆蔻詞工。(姜夔:揚州慢)

　　　　念武陵人遠。(李清照:鳳凰臺上憶吹簫)

　　　　想劍指三秦。(辛棄疾:木蘭花慢)

　　　　歎寄與路遙。(姜夔:暗香)

一字豆多數是虛詞,如"但、正、又、漸、更、甚、乍、尚、況、且、方、縱"等等;有些是動詞,如"對、望、看、念、歎、算、料、想、悵、恨、怕、問"等等。這些字大多是去聲,這是一字豆的特點。

　　二字句　　常見的二字句有平仄(第一字平聲,第二字仄聲)平平(兩個字都是平聲)兩式,它們或則用於疊句,或則用作起句。例如:

　　　　團扇,團扇,美人病來遮面。(王建:調笑令)

　　　　知否? 知否? 應是綠肥紅瘦!(李清照:如夢令)

---

① 豆就是逗,也就是讀(dòu),句中稍有停頓叫豆。

以上用於疊句，“團扇”同時還是起句。

　　　江國，正寂寂。（姜夔：暗香）

　　　難忘，文期酒會，幾孤風月，屢變星霜。（柳永：玉蝴蝶）

　　　年年，如社燕，飄流瀚海，來寄修椽。（周邦彦：滿庭芳）

以上用作第二段的起句。

　　　悽惻，恨堆積。（周邦彦：蘭陵王）

以上用作第三段的起句。

　　至於像“誰識？京華倦客”（周邦彦《蘭陵王》）這種既非疊句又非起句的二字句，則比較少見。

　　二字句有一個特點，即不用則已，用則以入韻爲常。以上所舉的二字句，都可以説明這一點。

　　三字句　　三字句一般是用五言律句或七言律句的三字尾，有平平仄、平仄仄、仄平平等式。平平仄如“從軍樂”（柳永《滿江紅》）、“憑闌久”（周邦彦《滿庭芳》），平仄仄如“佳麗地”（周邦彦《西河》）、“春且住”（辛棄疾《摸魚兒》），仄平平如“鬢微霜，又何妨？”（蘇軾《江城子》）。此外還有仄仄仄、仄平仄兩式，前者如“淚暗滴”（周邦彦《蘭陵王》），後者如“柳陰直”（同上）。這兩種可以説是三字句的拗句。

　　四字句　　四字句一般是用七言律句的上四字，即⊕平⊛仄，⊛仄平平。前者如“曉來雨過”（蘇軾《水龍吟》）、“風鬟霧鬢”（李清照《永遇樂》），後者如“壯歲從戎”（陸游《謝池春》）、“簾捲西風”（李清照《醉花陰》）①。

　　四字句常見⊛平平仄（第三字必平）的格式，可以説這是一種

────────────

① 　還包括平平仄仄，如“鳴蛩勸織”（周邦彦：齊天樂）；平平⊛仄，如“關河冷落”（柳永：八聲甘州）；仄仄平平，如“海闊山遥”（柳永：玉蝴蝶）。

特殊的四字律句。例如"欲開還閉"（蘇軾《水龍吟》）、"對長亭晚"（柳永《雨霖鈴》）、"地卑山近"（周邦彥《滿庭芳》），"此生誰料"（陸游《訴衷情》）等等①。

常見的四字仄腳拗句是平仄平仄。例如"離思何限"（周邦彥《齊天樂》）、"人在何處"（李清照《永遇樂》）②。常見的四字平腳拗句是平平仄平。例如"從今又添"（李清照《鳳凰臺上憶吹簫》）。

四字句常常連用，有的並配成對仗。例如：

故人何在？煙水茫茫。（柳永：玉蝴蝶）

曉來雨過，遺蹤何在？一池萍碎。（蘇軾：水龍吟）

以上是四字句的連用。

亂石穿空，驚濤拍岸。（蘇軾：念奴嬌）

幽蘭旋老，杜若還生。（吳文英：鶯啼序）

以上是四字句的對仗。

四字句的句法一般是二二（前兩個字作爲一個節奏單位，後兩個字作爲一個節奏單位），也有作上一下三的。例如"是離人淚"（蘇軾《水龍吟》）。

五字句　五字句的律句就是普通的五言律句：

⊗仄平平仄："捲起千堆雪"（蘇軾《念奴嬌》）、"人比黃花瘦"（李清照《醉花陰》）。

平平仄仄平：極罕見，不舉例。

⊕平平仄仄③："玉階空竚立"（李白《菩薩蠻》）、"故人相望處"

① 還包括仄平平仄，如"漢家陵闕"（李白：憶秦娥）；⊕平平仄，如"江山如畫"（蘇軾：念奴嬌）；平平平仄，如"寒蟬淒切"（柳永：雨霖鈴）；⊗平⊕仄，如"葦風蕭索"（柳永：滿江紅）。
② 還包括⊕仄平仄，如"枝上同宿"（姜夔：疏影）。
③ 第一字可平可仄，在詞譜中包括⊗平平仄仄的格式。

（周邦彦《齊天樂》）。

Ⓧ仄仄平平："簾外雨潺潺"（李煜《浪淘沙》）、"匹馬戍梁州"（陸游《訴衷情》）。

在五言律詩裏，每句第一字的平仄是不拘的，但是在詞裏有些五字句的平仄卻是固定的。例如上述Ⓟ平平仄仄，有的祇限於仄平平仄仄，第一字並不作平，"漢中開漢業"（辛棄疾《木蘭花慢》）、"但愁斜照斂"（周邦彦《齊天樂》），就是這一類的例子。由此可見詞律比詩律更嚴。

正如五言律詩有平平仄平仄這種特定的平仄格式，詞也有同樣的五字句。"纔簪又重數"（辛棄疾《祝英臺近》）、"閒尋舊蹤迹"（周邦彦《蘭陵王》），都屬於這一類。

五字句的拗句常見的有以下幾種：

Ⓟ仄仄平仄①："明月幾時有""起舞弄清影"（蘇軾《水調歌頭》）、"煙柳暗南浦""十日九風雨"（辛棄疾《祝英臺近》）。

仄平平仄平："有人樓上愁"（李白《菩薩蠻》）、"夢長君不知"（温庭筠《更漏子》）。

仄平平平仄："擁雕戈西戍""望秦關何處"（陸游《謝池春》）。

大多數的五字句可以分爲兩個較大的節奏單位，上二下三。但是有些五字句是上一下四，例如"有暗香盈袖"（李清照《醉花陰》）。

六字句　六字句是四字句的擴展。在平起的四字句前加Ⓧ仄，在仄起的四字句前加Ⓟ平，就是六字句：

Ⓧ仄Ⓟ平Ⓧ仄："是處紅衰翠減"（柳永《八聲甘州》）、"我欲乘風歸去"（蘇軾《永調歌頭》）、"誰記當年豪舉"（陸游《鵲橋仙》）。

---

① 在詞譜中也作Ⓧ仄Ⓟ平仄或Ⓧ仄仄平仄。

㊍平㊄仄平平:"傷心千里江南"(吳文英《鶯啼序》)、"斷腸點點飛紅"(辛棄疾《祝英臺近》)。

六字句常見㊄仄㊄平平㊄(第五字必平)的格式,可以説這是一種特殊的六字律句。例如"望處雨收雲斷"(柳永《玉蝴蝶》)、"燕子不知何事"(周邦彦《西河》)、"曾是氣吞殘虜"(陸游《謝池春》)、"脈脈此情誰訴"(辛棄疾《摸魚兒》)、"二十四橋仍在"(姜夔《揚州慢》)、"花外漏聲迢遞"(溫庭筠《更漏子》)。

六字句頗多拗句,常見的有:

㊄平平仄平仄:"一時多少豪傑""一樽還酹江月"(蘇軾《念奴嬌》)、"匆匆春又歸去""蛾眉曾有人妒"(辛棄疾《摸魚兒》)。

平平仄仄平仄:"都門帳飲無緒""今宵酒醒何處"(柳永《雨霖鈴》)、"南朝盛事誰記"(周邦彦《西河》)、"關河夢斷何處"(陸游《訴衷情》)。

六字句常常連用,有的並配成對仗。例如:

安得車輪四角,不堪帶減腰圍。(辛棄疾:木蘭花慢)

六字句連用。

落日胡塵未斷,西風塞馬空肥。(辛棄疾:木蘭花慢)

六字句對仗。

六字句的句法一般是上二下四,例如"何遜而今漸老"(姜夔《暗香》)、"不恨此花飛盡"(蘇軾《水龍吟》),也有作上四下二的,例如"氣吞萬里如虎"(辛棄疾《永遇樂》)。有些六字句作上三下三,例如"又還被、鶯呼起"(蘇軾《水龍吟》)。

七字句 七字句的律句就是普通的七言律句:

㊍平㊄仄平平仄:"平林漠漠煙如織"(李白《菩薩蠻》)、"綠蕪凋盡臺城路"(周邦彦《齊天樂》)。

㊄仄平平仄仄平:"斷續寒砧斷續風"(李煜《搗練子》)、"誰見

幽人獨往來"（蘇軾《卜算子》）。

Ⓐ仄Ⓟ平平仄仄："幾許漁人橫短艇"（柳永《滿江紅》）、"無奈夜長人不寐"（李煜《搗練子》）。

Ⓟ平Ⓐ仄仄平平："山圍故國繞清江"（周邦彦《西河》）、"老夫聊發少年狂"（蘇軾《江城子》）。

在七言律詩裏，每句第一字的平仄是不拘的，但是在詞裏有些七字句的平仄卻是固定的。例如上述Ⓟ平Ⓐ仄平平仄，有的祇限於平平仄仄平平仄，第一字並不作仄，第三字並不作平。"多情自古傷離別"（柳永《雨霖鈴》）、"晴煙冉冉吳宮樹"（吳文英《鶯啼序》）就是這一類的例子。可見有時詞律比詩律更嚴。

正如七言律詩有Ⓐ仄平平仄平仄這種特定的平仄格式，詞也有同樣的七字句。例如"拂水飄綿送行色""應折柔條過千尺"（周邦彦《蘭陵王》），"不管清寒與攀摘""紅萼無言耿相憶"（姜夔《暗香》）。

七字句也有一些不合平仄常規的拗句，例如"酒旗戲鼓甚處市"（周邦彦《西河》）、"露螢清夜照書卷"（周邦彦《齊天樂》）。

七字句可以分爲兩個較大的節奏單位：上四下三。但是，有些七字句是上三下四。例如：

楊柳岸、曉風殘月。（柳永：雨霖鈴）

長川靜、征帆夜落。（柳永：滿江紅）

不堪聽、急管繁弦。（周邦彦：滿庭芳）

恨西園、落紅難綴。（蘇軾：水龍吟）

更誰勸、啼鶯聲住。（辛棄疾：祝英臺近）

但暗憶、江南江北。（姜夔：疏影）

有些所謂上三下四的七字句，從意思上看不如說是上一下六，像上面所舉的最後三句就可以了解爲：

恨——西園落紅難綴。

更——誰勸啼鶯聲住。

但——暗憶江南江北。

八字句　八字以上的句子往往是由兩句複合而成的,如上三下五或上一下七是八字句,上三下六或上四下五是九字句,等等。其中所包含的兩句一般都符合前面所説的各種平仄格式,這裏不再分析。

八字句最常見的是上三下五,其次是上一下七,例如:

更那堪、冷落清秋節。(柳永:雨霖鈴)

誤幾回、天際識歸舟。(柳永:八聲甘州)

甚當時、健者也曾閑?(辛棄疾:八聲甘州)

恨古人、不見吾狂耳。(辛棄疾:賀新郎)

以上是上三下五。

對、瀟瀟暮雨灑江天。(柳永:八聲甘州)

但、山川滿目淚沾衣。(辛棄疾:木蘭花慢)

以上是上一下七。

從意思上看,有些上三下五的八字句宜於了解爲上一下七,上面所舉的例句,有的就是這樣:

甚——當時健者也曾閑?

恨——古人不見吾狂耳。

個别的八字句按詞譜説應該是上一下七,但是從意思上看句中不應該有停頓,辛棄疾《八聲甘州》"故將軍飲罷夜歸來",就是一個例子。

八字句也有作上二下六的,例如"應是良辰好景虚設"(柳永《雨霖鈴》)。

九字句　九字句的句法有上三下六、上六下三、上四下五等。

上三下六如“浪淘盡、千古風流人物”（蘇軾《念奴嬌》），上六下三如“故國不堪回首月明中”“恰似一江春水向東流”（李煜《虞美人》）①，上四下五如“錦帽貂裘、千騎卷平岡”（蘇軾《江城子》）。

十字句　十字句很罕見，句法是上三下七，例如“見説道、天涯芳草無歸路”（辛棄疾《摸魚兒》）。

十一字句　十一字句是詞中最長的一種句子。或作上六下五，或作上四下七。前者如“不知天上宮闕、今夕是何年”（蘇軾《水調歌頭》），後者如“不應有恨、何事長向別時圓”（蘇軾《水調歌頭》）。

關於詞的平仄，還有許多講究，如有的地方該用去聲，有的地方該用上聲，這裏不討論。

4.詞的對仗

詞的對仗和律詩的對仗有幾點不同：

第一，律詩的對仗原則上要求以平對仄，以仄對平，詞的對仗則不限於平仄相對。例如：

　　　左牽黃、右擎蒼。（蘇軾:江城子）
“左”對“右”是仄對仄，“牽”對“擎”、“黃”對“蒼”是平對平。

　　　波似染，山如削。（柳永:滿江紅）
“波”對“山”是平對平，“染”對“削”是仄對仄。

　　　心在天山，身老滄洲。（陸游:訴衷情）
“心”對“身”是平對平，“在”對“老”是仄對仄，“天山”對“滄洲”是平平對平平。

　　　華鐙縱博，雕鞍馳射。（陸游:鵲橋仙）
“華”對“雕”、“鐙”對“鞍”是平對平，“博”對“射”是仄對仄。

---

① 此依《欽定詞譜》。其書卷十二説，虞美人“其兩結係九字句，或兩字微讀，或四字微讀，或六字微讀，以蟬聯不斷爲合格”。

第二,律詩的對仗避免同字相對,詞的對仗則允許同字相對。例如蘇軾《水調歌頭》"人有悲歡離合"對"月有陰晴圓缺",蘇軾《水龍吟》"二分塵土"對"一分流水"。不過總的說來,同字相對的情況並不多見。

第三,律詩的對仗有固定的位置,詞的對仗很少有固定的位置,這是因爲詞是長短句,必須相連的兩句字數相同,纔有配對的可能。一般地説,作爲每闋的起首二句,如果字數相同,則以用對仗爲常。例如:

更漏子前闋起二句	柳絲長、春雨細。(温庭筠)
祝英臺近前闋起二句	寶釵分,桃葉渡。(辛棄疾)
滿庭芳前闋起二句	風老鶯雛,雨肥梅子。(周邦彦)
鵲橋仙前闋起二句	華鐙縱博,雕鞍馳射。(陸游)
鵲橋仙後闋起二句	輕舟八尺,低篷三扇。(陸游)
鶯啼序第三段起二句	幽蘭旋老,杜若還生。(吳文英)
西江月前闋起二句	照野瀰瀰淺浪,橫空隱隱層霄。(蘇軾)
西江月後闋起二句	可惜一溪風月,莫教踏碎瓊瑤。(蘇軾)①

在其他的位置上,相連的兩句字數相同也可能配成對仗。例如:

更漏子前闋四五兩句	驚塞雁,起城烏。(温庭筠)
更漏子後闋四五兩句	紅燭背、繡羅垂。(温庭筠)
齊天樂前闋三四兩句	暮雨生寒、鳴蛩勸織。(周邦彦)
齊天樂後闋四五兩句	渭水西風、長安亂葉。(周邦彦)
玉蝴蝶前闋六七兩句	水風輕、蘋花漸老,月露冷、梧葉飄黄。(柳永)②
玉蝴蝶後闋七八兩句	念雙燕、難憑遠信,指暮天、空識歸航。(柳

---

① 這兩句可以不算對仗,但從西江月詞調説,其他作家這裏常用對仗。
② 這是以兩句對兩句:"水風輕"對"月露冷","蘋花漸老"對"梧葉飄黄",稱爲扇面對,和一般對仗不同。

永）

詞在一定的位置上用對仗,這有兩個原因:其一是出於修辭的需要,其二是出於作家的模仿。我們很難説詞的對仗是爲詞律所規定的。這可以從以下兩點來説明:

第一,在同一詞調的特定位置上,某些作家用對仗,另外一些作家不用對仗。例如永遇樂前闋起首三句,李清照作"落日鎔金,暮雲合璧,人在何處",辛棄疾作"千古江山,英雄無覓、孫仲謀處"。李詞首二句用對仗,辛詞不用對仗。永遇樂前闋四、五、六三句,李清照作"染柳煙濃,吹梅笛怨,春意知幾許",辛棄疾作"舞榭歌臺,風流總被,雨打風吹去"。李詞四、五兩句用對仗,辛詞不用。

第二,在同一詞調前後闋的大致相應的位置上,各有兩句字數相同的句子,同一作家作品,這裏用對仗,那裏不用對仗。例如滿江紅前闋五、六兩句都是七字句,後闋七、八兩句也都是七字句,辛棄疾詞前闋兩個七字句作"不念英雄江左老,用之可以尊中國",不用對仗;後闋兩個七字句作"且置請纓封萬户,竟須賣劍酹黄犢",用對仗。

由此可見詞的對仗不像律詩的對仗那樣固定。

附帶説一説帶有一字豆的對仗。

上文説過,詞必須相連的兩句字數相同,纔可能配對。但是,有時候上句是五字句,下句是四字句,也用了對仗。這是因爲上句雖是五字句,實際上是四字句的前面加上一字豆(上一下四),撇開一字豆不論,所以就可能用對仗了。例如:

又酒趁哀弦,燈照離席。(周邦彦:蘭陵王)

念月榭攜手,露橋吹笛。(同上)

歎重拂羅裀,頓疏花簟。(周邦彦:齊天樂)

正玉液新篘,蟹螯初薦。(同上)

　　縱豆蔻詞工,青樓夢好。(姜夔:揚州慢)

這種一字豆後的兩個四字句,用不用對仗是自由的。

　　關於詞律,我們就説到這裏。

(三十二)曲　律

　　曲和詞都是配合音樂的長短句,它們的名稱有時候是相混的:唐人所謂曲,是後代所謂詞;元人所謂詞,又是後代所謂曲①。我們這裏所説的曲,指元曲而言。

　　曲有北曲南曲的分別。在這一節通論裏,我們衹敘述北曲的曲律,不涉及南曲的問題。

　　北曲有雜劇和散曲的分別。雜劇是一種帶科(動作)白(道白)的歌劇,其中的唱詞是劇中人唱的(往往是主角一人唱);散曲不是戲劇,沒有科白,它和詞的性質相近。

　　散曲有小令和套數兩種形式。小令等於一首單調的詞,套數則是由兩個以上的同一宮調的曲子按照一定規則聯綴起來的套曲。雜劇衹有套數,沒有小令,一個套數稱爲一折,全劇通常分爲四折,有時候再加上一個楔子。

　　關於曲律,我們準備談四個問題:曲調和宮調;曲韻;曲字的四聲問題;襯字。

1.曲調、宮調

　　詞有詞調,曲也有曲調。曲調的名稱(又叫"曲牌")有的和詞相同,如秦樓月(憶秦娥)、風入松、點絳唇、念奴嬌等;有的和詞同名而異實,如搗練子、賣花聲、滿庭芳、哨遍等;但是絕大多數的調

―――――――――

① 例如元人周德清《中原音韻》講到"作詞十法",他所説的詞,其實就是曲。此外,曲又有詞餘、樂府等別稱。

名是和詞不同的,如山坡羊、水仙子、落梅風、撥不斷、耍孩兒、叨叨令、脫布衫、小梁州等等。曲一般都是單調,不像詞有雙調、三疊或四疊。作曲的人如果意有未盡,可以把前調重複一遍,再寫幺(yāo)篇。幺篇的字句有時候比前調稍有增損。

　　曲調的選用是有一定的限制性的。有些曲調祇用於小令,如山坡羊等;有些曲調祇用於套數,如滾繡毬等;有些曲調小令和套數都能用,如天淨沙、叨叨令、落梅風之類。

　　每一種曲調都屬於一定的宮調。北曲共有六宮十一調,它們大致是十七種不同的調式①:

　　　　六　宮:1.正　宮　　2. 中吕宮　　3. 道　宮　　4.南吕宮
　　　　　　　　5.仙吕宮　　6. 黄鐘宮
　　　　十一調:1.大石調　　2. 雙　調　　3. 小石調　　4.歇指調
　　　　　　　　5.商　調　　6. 越　調　　7. 般涉調　　8.高平調
　　　　　　　　9.宮　調　　10.角　調　　11.商角調

元代雜劇實際上祇用九個宮調,即五宮四調。五宮是正宮、中吕宮、南吕宮、仙吕宮、黄鐘宮,四調是大石調、雙調、商調、越調,合稱九宮。

　　不同的宮調有不同的"聲情"。前人對各種宮調的"聲情"作過一些分析,譬如說,黄鐘宮富貴纏綿,正宮惆悵雄壯,南吕宮感歎傷悲,大石調風流醖藉,小石調旖旎嫵媚,雙調健捷激裊等等②。這些說法不一定都很具體確切,但是可以作爲我們了解各種宮調特點的參考。

　　上文説過,每種曲調都屬於一定的宮調。例如山坡羊屬中吕,

---

① 參看古漢語通論(十九)古代文化常識之樂律部分。
② 詳見周德清《中原音韻》。

天淨沙屬越調,夜行船屬雙調,哨遍屬般涉調,等等。有些曲調,調名相同,但是屬於不同的宮調,應該了解爲不同的曲調,例如正宮端正好不同於仙呂端正好①,雙調水仙子不同於黃鐘水仙子和商調水仙子。

上文説過,套數是由兩個以上同一宮調的曲子聯綴起來的。但是,在雜劇的套數裏有時候可以借宮,即借用屬於其他宮調的曲調入套。例如王實甫《西廂記》長亭折用的是正宮的端正好、滾繡毬、叨叨令、脱布衫、小梁州等,此外還借用了中呂宮的上小樓、滿庭芳、快活三、朝天子、四邊靜,以及般涉調的耍孩兒和煞。借宮並不是隨意的,大約宮調相近然後可以借。但是散曲的套數則不借宮。

附帶説一説"帶過曲"。有些曲調,彼此之間的音律恰恰銜接而且好聽,所以在套數裏它們經常連起來用,例如正宮端正好後面常接滾繡毬,脱布衫後面常接小梁州,中呂宮快活三後面常接朝天子,等等。仿此,小令裏也就有了一種"帶過曲"的形式,即作者填完一調,如果意有未盡,可以再選一兩個宮調相同而音律恰能銜接的曲調繼續填寫(中間空一個字)。常見的帶過曲有正宮的脱布衫帶小梁州,雙調的水仙子帶折桂令,雁兒落帶得勝令,南呂的罵玉郎帶感皇恩、採茶歌,等等。

2.曲韻

曲韻和詞韻不同。詞韻大致依照詩韻,曲韻則另有韻部。

元曲作家是根據當時的實際語音用韻的。元人周德清根據當時的北曲寫成了《中原音韻》一書。《中原音韻》的價值很高,因爲

---

① 二者句法相同,但是正宮端正好專用於套數,仙呂宮端正好專用作楔子。前者不可增句,後者可以增句。

它反映了當時北方的實際語音系統。現在我們拿元曲來比對，一般是和《中原音韻》相吻合的。

《中原音韻》把平水韻的一百零六韻歸併爲十九個韻部：

　1.東鍾　　　2.江陽　　　3.支思　　　4.齊微　　　5.魚模

　6.皆來　　　7.真文　　　8.寒山　　　9.桓歡　　　10.先天

　11.蕭豪　　12.歌戈　　13.家麻　　14.車遮　　15.庚青

　16.尤侯　　17.侵尋　　18.監咸　　19.廉纖①

北曲最顯著的特點是沒有入聲，原來的入聲字分別歸到平上去三聲去了；又因爲曲韻是平上去三聲通押的，所以不另立上去兩聲的韻目。這兩點下文還要談到。

在本單元所選的作品中，張小山雙調水仙子《譏時》用的是東鍾韻，王實甫《西廂記》長亭折用的是齊微韻，張養浩中呂山坡羊《潼關懷古》用的是魚模韻，睢景臣般涉調哨遍《高祖還鄉》也是魚模韻，鍾嗣成南呂罵玉郎帶感皇恩採茶歌《四時佳興（春）》用的是真文韻，張可久中呂賣花聲《懷古》用的是寒山韻，馬致遠越調天淨沙《秋思》用的是家麻韻，張養浩雙調雁兒落帶得勝令《退隱》也是家麻韻，馬致遠雙調夜行船《秋思》用的是車遮韻，白樸中呂陽春曲《題情》用的是廉纖韻。

元代北方語音系統和今天普通話音系統已經相當接近，但是有些字的讀音和今天普通話還是不同的，特別是某些古入聲字（見下文）。試以馬致遠雙調夜行船套數裏的喬木查一曲爲例：

想秦宮漢闕

都做了衰草牛羊野②

---

① 　各韻常用字見附錄《曲韻常用字表》。
② 　加浪綫的是襯字，後同。下文有專題討論襯字。

　　不恁麼漁樵無話説
　　　　　△
　　縱荒墳橫斷碑

　　不辯龍蛇
　　　　△

這首曲子以"闕野説蛇"四字爲韻,其中的"説"字和"蛇"字,如果依今天普通話的讀法,就不押韻了①。

　　關於曲的用韻,有幾點須要提出來説一説:

　　第一,曲韻以平仄通押爲常規,平仄不通押反而比較少見。上文所引的喬木查就是平仄通押的例子。所謂平仄通押,實際上是平上去三聲通押,因爲入聲已經歸併到平上去三聲去了。試看《西廂記》長亭折裏的脱布衫:

　　下西風黄葉紛飛
　　　　　　　　△
　　染寒煙衰草萋迷
　　　　　　　　△
　　酒席上斜簽着坐的
　　　　　　　　　△
　　蹙愁眉死臨侵地
　　　　　　　　△

這裏"飛""迷"是平聲,"的"是入聲作上聲,"地"是去聲。平上去三聲通押的情況是很明顯的。

　　第二,無論小令或套數,曲韻都是一韻到底,中間不換韻的。因此,在雜劇中,每一折就祇押一個韻部。這一點很容易了解,不必舉例。

　　第三,詩(尤其是近體詩)和詞都忌重韻,曲不忌重韻。所謂重韻,就是在一首曲子裏出現相同的韻腳字。睢景臣哨遍叶"故、俗、夫、付、輿、故、蘆、户",《西廂記》長亭折裏的快活三叶"食、泥、泥、味",都是重韻的例子②。

---

① 當時"説"字讀近 xuě 音,"蛇"字讀近 xié 音,近似今天長沙話的讀法。

② 重疊語不算重韻,例如"興,百姓苦;亡,百姓苦"(張養浩:山坡羊)。
　　　　　　　　　　　　　　　△　　　　　　　△

　　第四,曲可以有贅韻的情況。所謂贅韻,是不必用韻的地方用韻。我們試比較《西廂記》長亭折借自般涉調的幾首煞曲,這首用韻的地方,正是另幾首不用韻的地方,這樣,贅韻就容易看出來了。爲節省篇幅,這裏姑舉五煞四煞來比較:

五煞	四煞
到京師服水土(不用韻)	這憂愁訴與誰(贅韻)
趁程途節飲食	相思只自知
順時自保揣身體	老天不管人憔悴
荒村雨露宜眠早(不用韻)	淚添九曲黃河溢(贅韻)
野店風霜要起遲	恨壓三峯華嶽低
鞍馬秋風裏	到晚來悶把西樓倚
最難調護	見了些夕陽古道
最要扶持	衰柳長堤

3.曲字的四聲問題

　　元代北方的聲調是新的四聲,即陰平聲、陽平聲、上聲和去聲。

　　《中原音韻》把平聲分爲陰平和陽平,這和今天普通話是相一致的。

　　《中原音韻》又把中古的一部分上聲字如"動、是、似、戶、聚、在、倍、近、但、限、道、坐、靜、並、後、右"等等歸併到去聲,這和今天普通話也是相一致的。

　　入聲字的問題比較複雜。《中原音韻》雖把古代的入聲字歸併到平上去三聲,但是具體的字歸併到哪一聲,和今天普通話並不完全一致。譬如說,"入聲作上聲"的字特別多,入聲歸陰平的卻没有。試以馬致遠雙調夜行船套數裏的古入聲韻腳字爲例:

　　蝶、穴、傑、折、別、竭、絶,是入聲作平聲;

　　闕、說、鐵、雪、拙、缺、貼、歇、徹、血、節,是入聲作上聲;

滅、月、葉,是入聲作去聲。

其中有些字和普通話的聲調相同,有些字卻不相同。因此我們如果要確切地知道某一入聲字在元曲裏作某聲,還要查《中原音韻》,單憑普通話是不能推知的。

曲字的平仄有時比詩詞還嚴。周德清《中原音韻》作詞十法曾經講到在某些情況下平聲要分陰陽,仄聲要分上去。但是,我們在曲譜裏看不出陰平陽平有很大的差別,沒有什麼地方是規定必須用陰平或陽平的。上聲去聲的分別有時候的確很嚴,尤其是用於韻腳的時候。

上文説過,曲韻以平仄通押爲常規。這不是説每個韻腳都是可平可仄的,什麼地方押平,什麼地方押仄,取決於曲調的規定。值得注意的是上聲和去聲的對立。上聲和去聲雖然同屬於仄聲,但是在元曲裏上聲韻比較接近平聲韻,所以該用上聲韻的地方偶然可以用平聲韻,該用平聲韻的地方偶然可以用上聲韻;去聲韻的獨立性很強,該用去聲韻的地方不但不可以用平聲韻,甚至不可以用上聲韻。試比較下列兩首山坡羊的用韻:

張養浩:山坡羊	張小山:山坡羊
峯巒如聚(去)	劉伶不戒(去)
波濤如怒(去)	靈均休怪(去)
山河表裏潼關路(去)	沿邨沽酒尋常債(去)
望西都(平)	看梅開(平)
意踟躕(平)	過橋來(平)
傷心秦漢經行處(去)	青旗正在疎籬外(去)
宮闕萬間都做了土(上)	醉和古人安在哉(平)
興(平)	窄(入聲作上聲)

百姓苦（上）　　　　　　　　不勾篩（平）
　△　　　　　　　　　　　　　　△

亡（平）　　　　　　　　　　哎（平）
△

百姓苦（上）　　　　　　　　我再買（上）
　△　　　　　　　　　　　　　　△

這兩首曲子在該用去聲韻的地方都用去聲韻，而不用上聲韻；在該用上聲韻的地方偶然可以用平聲韻，在該用平聲韻的地方偶然可以用上聲韻①，但是不用去聲韻。可見上聲和去聲的界限是很清楚的。

　　周德清《中原音韻》作詞十法指出，有些曲調，最後一句不但平仄是固定的，甚至其中某字該用上聲，某字該用去聲，也是有講究的。舉例來説，落梅風、上小樓、夜行船、賣花聲等曲的末句是仄平平、仄平平去，正宮等調的尾聲的末句是仄仄平平去平上，等等。周氏認爲，像端正好、朝天子、快活三等曲的末句是仄仄平平去，如果最後一個字改用上聲，就屬第二着（次好）了；慶宣和的末句是去上，改用去平就屬第二着，但是切不可用上平，諸如此類。

　　周德清所講的有的是格律，有的是技巧，不可一概而論。但是有一點是肯定的，如果一句最後兩個字都是仄聲，曲律則要求避免重複：句末是上聲，則其上一字要求去聲；句末是去聲，則其上一字要求上聲。下列各句最後兩個仄聲字是去上：

　　　古道西風瘦馬。（馬致遠：天淨沙）

　　　想秦宮漢闕。（馬致遠：喬木查）

闕，入聲作上聲。

　　　不恁麼漁樵無話説。（同上）

説，入聲作上聲。

　　　比司馬青衫更溼。（王實甫：西廂記長亭折耍孩兒）

_____

① 當以張養浩的山坡羊爲正軌。

淫，入聲作上聲。

下列兩句最後兩個仄聲字是上去：

眾人施禮數。（睢景臣：般涉調哨遍套數三煞）

你與俺崔相國，做女壻。（王實甫：西廂記長亭折上小樓么篇）

有時候甚至句中連用的兩個仄聲字也迴避聲調上的重複，這裏不細説了。

但是，有些地方是祇論平仄，仄聲之中不細分上去的。例如水仙子、喬木查等曲的末句是仄仄平平，陽春曲（喜春來）、滿庭芳、小梁州等曲的末句是仄仄仄平平，天淨沙的末句是平平仄仄平平，採茶歌等曲的末句是平平仄仄平平，等等。

曲句的平仄格式有的和律詩很不相同。下面舉幾種常見的七字句爲例（加浪綫的是襯字）。

（1）仄平平、㉘仄平平。例如：

下西風黃葉紛飛。（王實甫：西廂記長亭折脱布衫）

染寒煙衰草萋迷。（同上）

（2）仄平平、仄平平去。例如：

急罰盞夜闌燈滅。（馬致遠：夜行船）

急，入聲作上聲；罰，入聲作平聲；盞，宜平①；滅，入聲作去聲。

無多時好天良夜。（馬致遠：落梅風）

無，宜仄。

卻元來此別離情更增十倍。（王實甫：西廂記長亭折上小樓）

別，入聲作上聲；十，入聲作平聲。

（3）㉘平仄平平去上（末字或作平）。例如：

看錢奴硬將心似鐵。（馬致遠：落梅風）

----

① 在元曲中，上聲常常代替平聲。

鐵,入聲作上聲。

> 古來丈夫天下多。(馬謙齋:寨兒令)

4.襯字

曲句可用襯字,這是曲律的特點。襯字是在規定的字數之外所加添的字,或者加在句首,或者加在句中,但是不能加在句尾。加在句首的,可以是實字,也可以是虛字;加在句中的,以虛字最爲常見,但不限於虛字。襯字不拘平仄,不拘多少①,一般的情況是:小令襯字少,套數襯字多,散曲襯字少,劇曲襯字多。前面所引的張養浩山坡羊"宮闕萬間都做了土",是小令用襯字的例子。套數用襯字,現在祇舉睢景臣《高祖還鄉》裏的兩支煞曲爲例:

二煞	一煞
你須身姓劉,	春採了桑,
你妻須姓呂。	冬借了俺粟。
把你兩家兒根腳從頭數。	零支了米麥無重數。
你本身做亭長耽幾盞酒,	換田契强秤了麻三秤,
你丈人教村學讀幾卷書。	還酒債偷量了豆幾斛。
曾在俺莊東住,	有甚胡突處,
也曾與我喂牛切草,	明標着册曆,
拽壩扶鋤。	見放着文書。

顯而易見,由於用襯字,元曲就更加口語化了,這是和宋詞很不相同的一點。

劇曲用襯字,現在祇舉王實甫《西廂記》長亭折裏的叨叨令爲例:

---

① 一句中之,襯字可以多至一二十字,以六七字最爲常見。

叨叨令

見安排着車兒馬兒<u>不由人</u>熬熬煎煎的氣，

有甚麼心情花兒<u>靨兒</u>打扮的嬌嬌滴滴的媚，

準備着被兒枕兒<u>則索</u>昏昏沈沈的睡，

從今後衫兒袖兒<u>都</u>搵溼重重疊疊的淚。

<u>兀</u>的不悶殺<u>人</u>也麼哥？

<u>兀</u>的不悶殺<u>人</u>也麼哥？

久已後書兒信兒索與我恓恓惶惶的寄。

這首曲子的襯字有兩點值得注意：第一，有些襯字是疊字的第二個字，如熬煎嬌滴等等；第二，在五、六兩句的末尾用“也麼哥”（或作也波哥），這是叨叨令的定格，有人認爲這也算一種襯字，但是它有音無義，祇是由於唱腔上的需要纔加上的，不能和一般的襯字相提並論。類似這樣的襯字，元曲裏還有“也麼天”或“也摩挲”，此外還有“也波”“也那”之類，但不一定都用在句尾。

有一種情況和襯字不同，就是不少曲調的句字可以增損。襯字是正字以外的字，句字增損則是曲句和正字本身的增損，這有如詞的“又一體”，曲譜上稱爲不同的格。清人李玄玉編訂的《北詞廣正譜》，羅列了同一曲調的各種變格，稱爲第一格、第二格，等等，可以參看。變格之多，可以説明古人作曲有一定的靈活性。

區別正字和襯字，是研究曲律的課題之一，因爲這關係到對元曲句讀、句法和平仄的了解。基本的方法是就同一曲調的作品進行字句上的分析和比較。先選一首最單純的曲子作爲考察的對象，弄清它的句讀、句法、平仄和襯字（如果有襯字的話）①，然後再

_____

① 可參看李玄玉的《北詞廣正譜》和近人吳梅的《南北詞簡譜》，其中襯字是用小字寫的。

以這首曲子的格律爲標尺，去考察同一曲調的其他作品。但是這種方法不是絕對的，因爲曲律不是刻板的東西，而用來作爲標尺的曲子又可能有變格，拿它來衡量其他作品的字句，有可能得出不同的結論，這是應該估計到的。

附　錄

（六）詩韻常用字表

　　本表收錄了本書文選所選詩詞的全部入韻字和常用詞部分的全部常用詞，以及杜詩所用的全部字，此外還酌收了杜詩以外的若干常用字。一字收入兩韻以上時，在不同韻中注明其不同意義；如果意義相同時，則注明"某韻同"。通用字和異體字也擇要加括號注明。詩韻一韻的字在詞韻分屬兩部者，或一字在詞韻兼屬兩部者，均加＊標識，並附注説明。各韻所收的字排列次序根據《詩韻合璧》。《詩韻合璧》未收的字，則根據《廣韻》《集韻》等推定它們在《詩韻》中的韻部，排在該韻的最後。

　　1.上平聲

【一東】　東同銅桐筒童僮中（中間）衷忠蟲沖終戎崇嵩（崧）弓躬宮融雄熊穹窮馮風楓豐充隆空（空虛）公功工攻蒙濛籠（名詞，董韻同，又動詞，獨用）聾櫳洪紅鴻虹叢翁蔥聰驄通蓬篷朧怱（匆）峒狨幪忡酆樅朦曨蘢

【二冬】　冬農宗鍾鐘龍舂松衝容蓉庸封胸雍（和也）濃重（重復，層）從（順從，隨從）逢縫（縫紉）蹤茸峯蜂鋒烽筇慵恭供（供給）鬆凶溶邛縱（縱橫）匈兇洶丰彤

【三江】　江釭（燈也）窗邦缸降（降伏）瀧雙龐腔撞（絳韻同）肛

【四支】　支枝移爲(施爲)垂吹(吹噓)陂碑奇宜儀皮兒離施知馳池規危夷師姿遲龜眉悲之芝時詩棋旗辭詞期祠基疑姬絲司葵醫帷思(動詞)滋持隨癡維厄螭麾埵彌慈遺(遺失)肌脂雌披嬉尸貔炊湄籬玆差(參差)疲茨卑虧蕤陲騎(跨馬)歧岐誰斯私窺熙欺疵貲羈彝髭頤資糜飢衰錐姨楣虀衹涯(佳麻韻同)伊追緇箕椎罷篪萎匙澌治(治理,動詞)驪灑屍怡尼而鸝推(灰韻同)縻璃祁綏絺羲羸騏獅嗤咨其漓睢蠡(瓠勺,齊韻同)迤淇淄氂廝痍貔貽鸝瓷鶿罹嵋蚩罽裨伾惟猗庳梔錘劙椅(音漪,木名)郫雖麒崎隋緦逶踟琵枇伾唯

【五微】　微薇暉輝徽揮韋圍幃闈違霏菲(芳菲)妃飛非扉肥威祈旂幾機幾(微也,如見幾)譏磯饑稀希衣(衣服)依歸郗

【六魚】　魚漁初書舒居裾車(麻韻同)渠蕖余予(我也)譽(動詞)輿餘胥狙鋤疏(疏密)疎(同"疏")蔬梳虛噓徐豬閭廬驢諸除儲如墟蒩(蒩)璵畬苴檺櫖於茹(茅茹)沮蛆欄淤妤鴒蹰鋤據(拮据)齬洳

【七虞】　虞愚娛隅芻無蕪巫于衢儒濡襦須鬚株誅蛛殊銖瑜榆諛愉腴區驅軀朱珠趨扶符梟雛敷夫膚紆輸樞廚俱駒模謨蒲胡湖瑚乎壺狐弧孤辜姑菰徒途塗荼圖屠奴呼吾梧吳租盧鱸爐蘆蘇酥烏汙(汙穢)枯粗都鋪禹諏竽雩吁瞿敏繻需朊逾(踰)揄莫臾渝嶇苻枒俘迂姝躕拘瑜酺糊觚酤鴣沽菟顱駑逋艫徂挐瀘毋芙幠轤瓠麤侏鸕茱鄘匍潘嗚洿葡蝴摹晡

【八齊】　齊臍黎犂藜棃蠡(支韻同)鷖妻(夫妻)萋淒悽隄(堤)低題提蹄啼綈鵜箆雞稽兮奚稽蹊倪霓(蜺)醯西栖(棲)犀嘶梯鼙批(屑韻同)躋齏齎迷泥(泥土)溪圭(珪)閨攜畦暌黧

【九佳】　佳*街鞋牌柴釵差(差使)崖涯*(支麻韻同)階偕諧骸排乖懷淮豺儕埋霾齋媧*蝸*皆蛙*槐(灰韻同)

　　　(有 * 號的字,詞韻屬第十部;其餘屬第五部。)

【十灰】　灰恢魁隈回徊（音回）槐（音回，佳韻同）枚梅媒煤瑰雷罍隤（頹）催摧堆陪杯醅嵬（賄韻同）推（支韻同）開*哀*埃*臺*苔*該*才*材*財*裁*來*萊*栽*哉*災*猜*胎*台*頤*（顋）孩*陔峛洄崔裴培駓*詼迴徘（音裴）

　　　（有 * 號的字，詞韻屬第五部；其餘屬第三部。）

【十一真】　真因茵辛新薪晨辰臣人仁神親申伸紳身賓濱鄰鱗麟珍瞋塵陳春津秦頻蘋顰嚬銀垠筠巾囷緡民貧蓴（蒪）淳醇純脣倫綸輪淪勻旬巡馴鈞均臻榛姻宸寅嬪旻彬鶉皴遵循甄岷諄（震韻同）椿詢恂峋漘呻磷鱗闉幽逡泯（軫韻同）詵駪湮驎燐彣荀郇蓁紉嶙氤

【十二文】　文聞紋蚊雲氛分（分離）紛芬焚墳羣裙君軍勤斤筋勳薰曛醺葷耘云芸汾濆雰氳欣芹殷（衆也）沄紜

【十三元】　元*原*源*黿*園*猿*轅*垣*煩*繁*蕃*樊*翻*幡*（旛）喧*萱*喧*冤*言*軒*藩*魂渾温孫門尊樽（罇）存蹲敦墩暾屯豚村盆奔論（動詞）坤昏婚痕根恩吞沅*湲*援*蹯*番*璠*壎*（塤）騫*鴛*掀*昆鯤捫蓀飧崙跟袁*鵷*蜿*崑臀

　　　（有 * 號的字，詞韻屬第七部；其餘屬第六部。）

【十四寒】　寒韓翰（羽翮）丹單安鞍難（艱難）餐壇灘檀彈殘干肝竿乾（乾溼）闌欄瀾蘭看（翰韻同）刊丸桓紈端湍酸團摶攢官觀（觀看）冠（衣冠）鸞巒攣歡（驩）寬盤蟠漫（大水貌）鄲歎（翰韻同）攤姍珊玕奸（奸犯）棺磐潘攔完般磻狻邯①

【十五刪】　刪潸（潸韻同）關彎灣還環鬟寰班斑頒蠻顔姦（奸）攀頑山鰥間（中間）艱閑間（安閒）嫻慳孱（先韻同）潺（先韻同）殷（朱殷）患（諫韻同）

---

① 《詩韻合璧》收在下平聲十三覃，此從《廣韻》。

2.下平聲

【一先】　先前千阡箋韉天堅肩賢絃弦煙燕（國名）蓮憐田填鈿（霰韻同）年顛巔牽妍淵涓蠲邊編玄懸泉遷仙鮮（新鮮）錢煎然燃延筵氈旃饘羶禪（參禪，逃禪）蟬纏躔連聯漣篇偏便（安也）緜全宣鐫穿川緣鳶鉛捐旋（迴旋）娟船涎鞭銓筌專磚（甎）圓員乾（乾坤）虔愆權拳椽傳（傳授）焉蹮濺（濺濺，疾流貌）舷闐駢鵑邅翩扁（扁舟）沿詮痊悛鞮畋滇汧蜓潺（刪韻同）孱（刪韻同）嬋楩顓褰搴癲單（單于）鸇璇棉臙

【二蕭】　蕭簫挑（挑擔）貂刁凋雕鵰迢條髫跳蜩苕調（調和）梟澆聊遼寥撩寮僚堯幺宵消霄綃銷超朝潮囂樵驕嬌焦蕉椒燋饒橈燒（焚燒）遥徭姚摇謡瑶韶昭招飆標鑣瓢苗描貓要（要求，要盟）腰邀鴞喬橋僑妖夭（夭夭）漂（漂浮）飄翹翛祧佻徼（徼幸，徼福）鷯飖瀟驍獠鷦嘹逍憔（顦）剽嫖

【三肴】　肴巢交郊茅嘲鈔抄包膠爻苞梢蛟庖匏坳敲胞抛鮫崤鐃哮捎譊淆啁教（使也）咆鞘抓鵁姣（蟲名）

【四豪】　豪毫操（操持）絛髦刀萄猱褒桃糟漕旄袍撓（巧韻同）蒿濤皋號（呼號）陶鳌翱鼇敖曹遭糕篙羔高嘈搔毛滔騷韜繅膏牢醪逃槽濠勞（勞苦）洮叨舠饕熬臊淘咷嗷壕遨

【五歌】　歌多羅河戈阿和（平和）波科柯陀娥蛾鵝蘿荷（荷花）何過（經過，箇韻同）磨（琢磨，磨滅）螺禾窠哥娑駝沱鼉峨佗（他）苛訶珂軻（孟軻）痾莎蓑梭婆摩魔訛羸（騾）鞾（靴）坡頗（偏頗）俄拕（拖）呵麽渦窩迦磋跎蹉鍋鑼

【六麻】　麻花霞家茶華沙（砂）車（魚韻同）牙蛇瓜斜芽嘉瑕紗鴉遮叉葩奢槎琶衙賒涯（支佳韻同）誇巴加耶嗟遐笳差（差錯）蟆譁蝦葭呀杷蝸爺芭枒驊丫裟杈楂袈邪

【七陽】　陽楊揚香鄉光昌堂章張王（帝王）房芳長（長短）塘妝常涼霜藏（收藏）場央泱鴦秧狼牀方漿觴梁（樑）娘莊黃倉皇裝殤襄驤相（互相）湘廂箱創（創傷）忘芒望（觀望，漾韻同）嘗償檣槍坊囊郎唐狂強（剛強）腸康岡蒼匡荒逞行（行列）妨棠翔良航颺倡羌姜僵薑繮（韁）疆糧穰將（送也，持也）牆桑剛祥詳洋佯粱量（衡量，動詞）羊傷湯魴彰漳璋猖商防筐煌篁隍鳳徨蝗惶璜廊浪（滄浪）滄綱亢鋼喪（喪葬）肓簧忙茫傍（側也）旁汪臧琅蜋（螂）當（應當）璫裳昂糖鏘厖杭邙滂驦攘鶬螿瀼搶（突也）①螳誾蔣（菰蔣）亡殃嬙薔敭嬙瘡閶（漾韻同）

【八庚】　庚更（更改）羹秔坑（阬）盲橫（縱橫）舠彭棚亨鐺（鼎類）英烹平評枰京驚荊明盟鳴榮瑩（徑韻同）兵兄卿生甥笙牲擎鯨迎行（行走）衡耕萌甿薨宏莖罌鶯櫻泓橙爭箏清情晴精睛菁晶旌盈楹瀛嬴贏營嬰纓貞成盛（盛受）城誠呈程聲征正（正月）鉦輕名令（使令）并（交并）傾縈瓊鶊廣撐瞠崢勍鏗嶸鸚轟蜻（青韻同）鶄（青韻同）塋偵

【九青】　青經涇形刑硎型陘亭庭廷霆蜓停寧丁釘仃馨星腥醒（迴韻同）俜靈櫺齡鈴苓伶零娉舲翎鴒瓴聆聽（聆也，徑韻同）廳汀冥溟螟銘瓶屏萍熒螢扃坰瞑暝婷鶄（庚韻同）蜻（庚韻同）

【十蒸】　蒸烝承丞懲澄（澂）陵凌綾菱冰膺鷹應（應當）蠅繩澠（音繩，水名）乘（駕乘，動詞）塍昇升勝（勝任）興（興起）繒憑仍兢矜徵（徵求）凝稱（稱贊）登燈（鐙）僧崩增曾憎罾矰層嶒能棱（稜）朋鵬肱薨騰滕藤縢恒崚凭（徑韻同）姮

【十一尤】　尤郵優憂流旒留榴騮劉由油游遊猷悠攸牛修脩羞秋楸周州洲舟酬讎柔儔疇籌稠邱抽瘳遒收鳩搜（蒐）騶愁休囚求裘毬

(球)仇浮謀牟眸侔矛侯猴喉謳鷗樓婁陬偷頭投鈎溝韝幽蚴疣綢鞦
鶩猶啾酋騆售(宥韻同)蹂揉鄒泅裯餱兜勾惆呦樛琉(瑠)蚯躊丘

【十二侵】　侵尋潯林霖臨針(鍼)箴斟沈砧(碪)深淫心琴禽擒欽
裒吟今襟(衿)金音陰岑簪(覃韻同)駸琳琛忱壬任(負荷)霪黔(鹽
韻同)嶔歆禁(力能勝任)森參(參差;又音森,星名)涔淋祲

【十三覃】　覃潭譚曇參(參拜,參考)驂南枏男諳庵含涵函(包函)
嵐蠶簪(侵韻同)探貪耽龕堪談甘三(數名)醰籃柑憨藍擔(動詞)
痰婪

【十四鹽】　鹽檐(簷)廉簾嫌嚴占(占卜)髯匲纖籤瞻蟾炎添兼縑
霑(沾)尖潛閻鐮幨黏淹箝甜恬拈砭鈐詹殲黔(侵韻同)鈴兼漸(入
也,又浸潤)

【十五咸】　咸鹹函(書函)緘讒銜(啣)巖帆衫杉監(監察)凡饞巉
鑱芟嵌(山深貌)攙

3.上聲

(注意:許多上聲字現在都讀成去聲。)

【一董】　董動孔總籠(名詞,東韻同)澒汞桶洞(澒洞)

【二腫】　腫種(種子)踵寵隴(壟)擁雍宂重(輕重)冢奉捧勇涌
(湧)踊(蹱)甬蛹恐拱栱鞏竦悚聳

【三講】　講港棒蚌項

【四紙】　紙只咫是枳砥氏靡彼毀燬委詭髓累(積累)妓綺觜此蕊徙
屣爾邐弭婢侈弛豕紫企旨指視美否(臧否,否泰)兕几姊匕比(比
較)妣軌水止市恃徵(角徵)喜己紀跪技蟻(螘)鄙麂篚晷子梓矢雉
死履壘誄癸沚趾芷時以已苢似耜已祀史使(使令)駛耳里理裏李
鯉起杞跂士仕俟妃始峙齒矣擬恥滓璽趾址倚被(寢衣)痏你伎

【五尾】　尾鬼葦卉(未韻同)幾(幾多)偉篚斐菲(菲薄)豈匪

【六語】　語（言語）圄禦齬吕侣旅苧抒宁杼伫與（給予）予（賜予）
渚煮汝茹（食也）暑鼠黍杵處（居住，處理）貯褚女許拒距炬鉅苣所
楚礎阻俎沮舉敘序緒嶼墅籔巨詎欅漵去（除也）粔

【七麌】　麌雨羽禹宇舞父府鼓虎古股賈（商賈）蠱土吐（遇韻同）
譜圃庾户樹（種植，動詞）煦努罟肚輔組乳弩補魯櫓覩豎腐鹵數（動
詞）簿姥普侮五廡斧聚午伍釜縷部柱矩武脯苦取撫浦主杜隖（塢）
祖堵愈扈虜甫腑俯（俛）怙怒（遇韻同）詡拄鸛睹僂莽（養韻同）

【八薺】　薺禮體米啟醴陛洗邸底詆抵牴柢坻弟悌遞（霽韻同）涕
（霽韻同）濟（水名）蠡（范蠡）澧棨禰眯醍

【九蟹】　蟹解駭買灑楷獬澥擺枴矮

【十賄】　賄悔改＊采＊彩＊綵＊海在＊（存在）罪宰＊醢＊載＊（年也）餒
（餧）鎧＊愷＊待＊怠＊殆＊倍猥嵬（灰韻同）蕾儡蓓每亥＊乃＊

　　（有＊號的字，詞韻屬第五部；其餘屬第三部。）

【十一軫】　軫敏允引尹盡忍準隼筍盾（阮韻同）閔憫泯（真韻同）
菌蚓診畛哂腎脤牝窘矤隕殞蠢緊憖朕（朕兆）矧

【十二吻】　吻粉蘊憤隱謹近（遠近）忿（問韻同）槿刎

【十三阮】　阮＊遠＊（遠近）本晚＊苑＊（願韻同）返＊反＊阪＊損飯＊（動
詞）偃衮遁（遯，願韻同）穩蹇＊（銑韻同）巘＊（銑韻同）婉＊琬＊闡很
懇墾畚盾（軫韻同）綣＊混沌

　　（有＊號的字，詞韻屬第七部；其餘屬第六部。）

【十四旱】　旱暖管琯滿短館（翰韻同）緩盌（翰韻同）盌（碗）款
（欵）懶傘卵（哿韻同）散（散布）伴誕罕澣（浣）斷（斷絶）侃算（動
詞）纘但坦袒悍（翰韻同）纂

【十五潸】　潸（刪韻同）眼簡版板盞（琖）産限撰棧（諫韻同）綰（諫
韻同）柬揀

【十六銑】　銑善（善惡）遣淺典轉（自轉，不及物動詞）衍犬選冕輦免展繭辯辨篆勉翦（剪）卷（同"捲"）顯餞（霰韻同）踐晛（霰韻同）喘蘚軟蠰（阮韻同）蹇（阮韻同）演舛扁（不正圓，又扁額）闡兗跣腆鮮（少也）獮件撚單（音善，姓也，又單父，縣名）畎褊殄峴緬沔湎鍵澠（音湎，澠池）繾

【十七篠】　篠小表鳥了曉少（多少）擾繞遶紹杪秒沼眇矯蓼皦皎瞭朓杳窅窈嫋裊（裹）窕挑（挑引）掉（嘯韻同）肇旐縹渺緲藐淼殍悄繚夭（夭折）趙兆繳（繳納，又纏也）蔦（嘯韻同）

【十八巧】　巧飽卯昴狡爪鮑撓（豪韻同）攪絞拗咬炒

【十九皓】　皓寶藻早棗老好（好醜）道稻造（造作）腦惱島倒（仆也）禱（號韻同）擣（搗）抱討考燥掃（號韻同）嫂槁潦保葆堡鴇稿草昊浩顥鎬皁襖蚤澡杲縞磝

【二十哿】　哿火舸鼉柁（舵）我娜荷（負荷）可坷左果裹朵鎖（鎖）瑣墮垛惰妥坐（坐立）裸跛頗（稍也）叵禍夥顆卵（旱韻同）

【二十一馬】　馬下（上下）者野雅瓦寡社寫瀉（禡韻同）夏（華夏）冶也把賈（姓也）假（真假）捨（舍）赭廈嘏惹踝且

【二十二養】　養癢鞅像象橡仰朗獎槳敞氅枉顙強（勉強）盪惘倣（仿）兩讜儻曩杖響掌黨想榜爽廣享丈仗（漾韻同）幌晃莽（麌韻同）滰紡蔣（姓也）魍長（長幼）上（昇也）網蕩壤賞徃罔蟒魎廠慷

【二十三梗】　梗影景井嶺領境警請餅永騁逞穎穎頃整靜省幸頸郢猛炳杏丙打哽秉鯁耿荇皿礦冷靖

【二十四迥】　迥炯茗挺梃艇鋌酊醒（青韻同）並等鼎頂泂肯拯酩

【二十五有】　有酒首手口母＊後柳友婦＊斗走狗久負＊厚叟守綬右否＊（是否）醜受牖偶耦阜＊九后咎藪吼帚（箒）垢畝＊舅紐耦朽臼肘韭剖誘牡＊缶＊酉扣（叩）笱莠丑苟糗某＊玖塿壽（宥韻同）

（有＊號的字，在詞韻中兼入麇韻。）

【二十六寢】　寢飲（飲食）錦品枕（衾枕）審甚（沁韻同）廩衽（袵）稔稟沈（姓也）凜懍噤瀋朕（我也）荏嬸

【二十七感】　感覽攬膽澹（淡，勘韻同）噉（啖）坎慘憯敢頷糝撼毯黲輱

【二十八儉】　儉琰錟斂（豔韻同）險檢臉染掩點簟貶冉苒陝諂奄漸（徐進）玷忝（豔韻同）崦剡芡閃歉儼嶄

【二十九豏】　賺檻範減艦犯湛斬黯范

4.去聲

【一送】　送夢鳳洞（巖洞）眾甕弄貢凍痛棟仲中（射中，擊中）糉諷慟輠空（空缺）控

【二宋】　宋重（再也）用頌誦統縱（放縱）訟種（種植）綜俸共供（供設，名詞）從（僕從）縫（隙也）雍（州名）

【三絳】　絳降（昇降）巷撞（江韻同）

【四寘】　寘置事地意志治（治安，太平）思（名詞）淚吏賜字義利器位戲至次累（連累）偽寺瑞智記異致備肆翠騎（車騎，名詞）使（使者）試類棄餌媚鼻易（容易）嚳墜醉議翅避笥幟粹侍誼帥（將帥）廁寄睡忌貳萃穗二臂嗣吹（鼓吹，名詞）遂恣四驥季刺駟泗識（音志，記也，又標識）誌寐魅燧隧悴謚熾飼食（音寺，以食與人也）積被（覆也）芰懿悸覬冀暨（及也）洎概媿（愧）匱饋（餽）覲比（近也）庇閟祕鷙贄躓稘祟玻珥示伺自痢緻輊轡肄啻企爲（因爲）膩遺（餽遺）值墜櫃薏（職韻同）

【五未】　未味氣貴費沸尉畏慰蔚魏緯胃渭彙謂諱卉（尾韻同）毅既衣（著衣）翡蜼曁（諸曁，地名）

【六御】　御處（處所）去（來去）慮譽（名詞）署據馭曙助絮著（顯著）

豫箸恕與（參與）遽疏（書疏）庶預語（告也）踞鋸飫蕷覻

【七遇】　遇路輅賂露鷺樹（樹木）度（制度）渡賦布步固素具數（數量）怒（麌韻同）務霧鶩鷟附兔故顧句墓暮慕募注駐祚裕誤悟瘧晤住戍（戍守）庫護屨訴蠹妒懼趣娶鑄綺（袴）傅付諭喻嫗芋捕汙（動詞）忤措醋赴惡（憎惡）互孺怖寓沍吐（麌韻同）屢塑嫠愬

【八霽】　霽制計勢世麗歲衛濟（渡也）第藝惠慧幣砌滯際厲涕（薺韻同）契（契約）弊獘帝蔽敝髻銳戾裔袂繫係祭隸閉逝綴翳製替細桂稅壻例誓筮蕙詣礪勵瘵噬繼脆諦系叡（睿）毳曳蒂睇憩彗睨纈沴逮芮薊妻（以女妻人）睥篲遞繐嬖棣磽荔泥（拘泥）儷啑薛捩羿謎蚋嘒繐

【九泰】　泰*會帶*外*蓋大*（箇韻同）旆瀨*賴*籟*蔡害*最貝靄*藹*沛艾*兌丐*柰*奈*繪檜膾（鱠）儈薈太汰需酹（隊韻同）狽蕞

　　（有*號的字，詞韻屬第十部；其餘屬第五部。）

【十卦】　卦*掛*懈廨隘賣畫*（圖畫）派債怪壞誠戒界介芥械薢拜快邁話*敗稗曬瘥屆疥玠湃躉

　　（有*號的字，詞韻屬第十部；其餘屬第五部。）

【十一隊】　隊內塞*（邊塞）愛*菫佩代*退載*（載運）碎態*背穢菜*對廢誨晦昧礙*戴*貸*配妹啄潰黛*吠概*岱*肺溉*耒慨*塊乂碓賽刈耐*曖在*（所在）再*酹（泰韻同）瑋*玳*腮*珮

　　（有*號的字，詞韻屬第五部；其餘屬第三部。）

【十二震】　震信印進潤陣鎮刃順慎鬢晉駿閏峻釁（衅）振俊（雋）舜吝燼訊仞軔迅瞬櫬諄（真韻同）饉覲僅認瑾趁浚搢徇

【十三問】　問聞（名譽）運暈韻訓糞奮忿（吻韻同）醞郡分（名分）縕汶惛近（動詞）

【十四願】　願*論（名詞）怨*恨萬*飯*（名詞）獻*健*寸困頓遜（阮韻

同）建*憲*勸*蔓*券*鈍悶遯嫩販*溷遠*（動詞）巽艮苑*（阮韻同）

（有 * 號的字，詞韻屬第七部；其餘屬第六部。）

【十五翰】　翰（翰墨）岸漢難（災難）斷（決斷）亂歎（寒韻同）幹觀（樓觀）散（解散）畔旦算（名詞）玩（翫）爛貫半案按炭汗贊讚漫（寒韻同，又副詞獨用）冠（冠軍）灌爨竄幔粲燦換煥喚悍彈（名詞）憚段看（寒韻同）判叛腕渙絆惋鸛縵鍛瀚衍榦館（旱韻同）盥（旱韻同）

【十六諫】　諫雁患（刪韻同）澗間（間隔）宦晏慢辦盼羡棧（潸韻同）慣串莧綻幻屵綰（潸韻同）瓣扮

【十七霰】　霰殿面縣變箭戰扇膳傳（傳記）見硯院練鍊譴燕宴賤電饌薦絹彥掾甸便（便利）眷麵線倦羨奠徧（遍）戀囀眩釧倩卞汴噸片禪（封禪）譴絢諺顫擅鈿（先韻同）濺繕旋（已而，副詞）咺茜濺善（動詞）盹（銑韻同）轉（以力轉動，及物動詞）餞（銑韻同）卷（書卷）

【十八嘯】　嘯笑照廟竅妙詔召邵要（重要）曜耀（爍）調（音調）釣弔叫嶠少（老少）徼（邊徼）眺峭誚料肖掉（篠韻同）糶燒（野火）療醮蔦（篠韻同）

【十九效】　效（効）教（教訓）貌校孝鬧豹爆罩窖樂（喜愛）較礉（砲）櫂（棹）覺（寤也）稍

【二十號】　號（號令，名號）帽報導盜操（所守也）噪竈奧告（告訴）暴（強暴）好（喜好）到蹈勞（慰勞）傲耗躁造（造就）冒悼倒（顛倒）犒掃（皓韻同）禱（皓韻同）

【二十一箇】　箇個（个）賀佐做軻（轗軻）大（泰韻同）餓過（經過，歌韻同；又過失，獨用）和（唱和）挫課唾播簸磨（石磑也）座坐（行之反，又同“座”）破臥貨涴

【二十二禡】　禡駕夜下（降也）謝榭罷夏（春夏）暇霸灞嫁赦借藉

(憑藉)炙(音蔗,砲火,名詞)蔗假(借也,又休假)化舍(廬舍)價射罵稼架詐亞跨麝怕帕卸瀉(馬韻同)乍

【二十三漾】　漾上(上下)望(觀望,陽韻同;又名望,獨用)相(卿相)將(將帥)狀帳浪(波浪)唱讓曠壯放向仗(養韻同)暢量(度量,數量,名詞)葬匠障謗尚漲餉樣藏(庫藏)航訪睨醬嶂抗當(適當)釀亢(高亢,又星名)況臟瘴王(王天下,霸王)諒亮妄愴粃喪(喪失)悵宕傍(依傍)恙創(開創)旺

【二十四敬】　敬命正(正直)令(命令)政性鏡盛(多也)行(品行)聖詠姓慶映病柄鄭勁競淨竟孟迸聘窉諍泳硬獍更(更加)橫(橫逆)复併(合併)

【二十五徑】　徑定聽(聆也,青韻同;又聽從,獨用)勝(勝敗)磬應(答應)乘(車乘,名詞)媵贈佞稱(相稱)罄鄧甑瑩(庚韻同)證孕興(興趣)甯(姓也)剩(賸)凭(蒸韻同)凳逕

【二十六宥】　宥候堠就授售(尤韻同)壽(有韻同)秀繡宿(星宿)奏富*獸鬥漏陋狩晝寇茂舊冑宙袖(褎)岫柚覆(蓋也)救廄臭嗅幼佑(祐)囿豆竇逗溜構(搆)遘購透瘦漱呪鏤貿副*詬究謬疚驟皺縐又逅讀(句讀)復(又也)

　　(有 * 號的字,在詞韻中兼入遇韻。)

【二十七沁】　沁飲(使飲)禁(禁令,宮禁)任(負擔)蔭讖浸譖鴆枕(動詞)噤甚(寢韻同)

【二十八勘】　勘暗(闇)濫啗(啖)擔(名詞)憾纜瞰紺三(再三)暫澹(感韻同)憨淡

【二十九豔】　豔(艷)劍念驗贍壍店占(佔據)斂(聚斂,儉韻同)厭灩焰潋墊欠僭釅忝(儉韻同)

【三十陷】　陷鑑監(同"鑑",又中書監)汎梵懺賺蘸嵌(嵌入)站

5.入聲

【一屋】 屋木竹目服福禄穀熟谷肉族鹿腹菊陸軸逐牧伏宿(住宿)讀(讀書)犢瀆牘櫝黷轂復粥肅育六縮哭幅斛戮僕畜蓄叔淑菽獨卜馥沐速祝麓鏃蹙築穆睦啄麴禿縠覆(翻也)撲(扑)鬻輻瀑漉恧(忸)鵬竺簇曝(暴)掬郁複簏蓿塾蹴碌踘舳蝠轆夙蝮俶倏苜茯髑孰鱐

【二沃】 沃俗玉足曲粟燭屬録辱獄緑毒局欲束鵠蜀促觸續浴酷縟矚躅褥旭蓐慾頊梏篤督贖劚跼勗淥騄鵒告(音梏,忠告)

【三覺】 覺(知覺)角桷榷搉嶽(岳)樂(禮樂)捉朔數(頻數)斵卓涿啄(啅)琢剥駁(駮)雹璞樸(朴)殼確濁擢濯幄喔握渥犖學

【四質】 質(性質)日筆出室實疾術一乙壹吉秩密率律逸(佚)失漆栗畢恤(卹)蜜橘溢瑟膝匹述慄黜蹕弼七叱卒(終也)蝨悉詰戌(地支名)櫛暱窒必姪秫蟀嫉篥蓽(蓽)怵帥(動詞)潏聿溧蒺蟋窸宓飋

【五物】 物佛拂屈鬱乞掘(月韻同)訖吃(口吃)紱黻綍弗髴袚詘勿迄不

【六月】 月骨髮闕越謁没伐罰卒(士卒)竭窟笏鉞歇發突忽韤勃蹶鶻(黠韻同)揭(屑韻同)筏厥蕨掘(物韻同)閥殁粵兀碣(屑韻同)橜羯渤齕(屑韻同)蠍孛紇暍搰榾曰

【七曷】 曷達末闊活鉢脱奪褐割沫拔(拔起)葛闥渴撥豁括聒抹秣遏撻薩掇(屑韻同)跋魃獺(黠韻同)撮怛剌栝鈸潑斡捋妲

【八黠】 黠札猾拔(拔擢)鶻(月韻同)八察殺軋轄戛瞎獺(曷韻同)刮帕刷鎩滑

【九屑】 屑節雪絶列烈結穴説血舌潔别缺裂熱決鐵滅折拙切悦轍訣泄咽噎傑徹哲鼈設齧劣碣(月韻同)掣譎玦截竊纈閲瞥撇臬媟抉挈冽瞥褻瓞襭巀齕涅頡擷撤跌蔑浙篾澈揭(月韻同)孑孽櫱薛紲渫

啜桀輟爇迭姪洌掇（曷韻同）拮捏桔拽（抴）

【十藥】　藥薄惡（善惡）略作樂（哀樂）落閣鶴爵弱約腳雀幕洛壑索郭錯躍若縛酌託削鐸灼鑿卻（却）絡鵲度（測度）諾蕚橐漠鑰著（着）虐掠穫泊搏籥鍔藿嚼勺博酪謔廓綽霍爍鑊莫簿鑠繳（弓繳）諤鄂恪箔攫駱膜粕拓鱷昨柝酢貉愕寞膊葯噩各芍濩

【十一陌】　陌石客白澤伯迹（跡）宅席策碧籍（典籍）格役帛戟璧驛麥額柏魄積（積聚）脈（脉）夕液冊尺隙逆畫（同"劃"）百闢赤易（變易）革脊獲翮屐適幘劇戹（厄）磧隔益柵窄核虢舄擲賾坼惜癖僻辟掖腋釋舶拍擇軛摘繹懌斥奕弈帟迫疫譯昔瘠赫炙（動詞）謫虢碩頤歹亦鬲骼隻珀蹢埸蝎蹐嶧綌蓆貊檗蹠（跖）汐摭嚇邰鶺

【十二錫】　錫壁歷櫪擊績笛敵滴鏑檄激寂翟覿逖糴析皙溺覓狄荻冪鷁戚慼滌的喫觺霹瀝靂惕踢剔礫嫡迪淅蜥個

【十三職】　職國德食（飲食）蝕色力翼墨極息直得北黑側飾賊刻則塞（閉塞）式軾域殖植敕（勅）飭棘惑默織匿億臆憶特勒劾仄昃稷識（知識）逼（偪）克剋螅即拭弋陟測翊抑惻肋亟殛忒鷿（鸝）嶷洫穡嗇鯽惑薏

【十四緝】　緝輯戢立集邑急入泣溼習給十拾什襲及級澀粒揖汁笈（葉韻同）蟄笠執隰汲吸縶茸岌翕裒浥熠悒挹檝（楫，葉韻同）

【十五合】　合塔答納榻閤雜臘蠟匝闔蛤衲沓榼鴿踏颯拉遝盍塌呷

【十六葉】　葉帖貼牒接獵妾蝶疊篋涉鬣捷頰楫（檝，緝韻同）攝躡諜堞協俠莢愜靨睫浹笈（緝韻同）懾慴蹀挾鋏屜燮躡魘鄴摺鹺魔怗躐輒袷婕聶蛺

【十七洽】　洽狹（陜）峽硤法甲業鄴匣壓鴨乏怯劫脅插鍤歃押狎袷掐業夾恰眨呷

（七）詞　譜

　　這裏所列的詞譜，是本書第十四單元文選所見的各種詞調的譜式。一調有若干體者，衹列本書各詞所用的一體，其餘的不錄。

　　詞譜的排列，以詞調的長短爲序。詞譜的體例見本書《古漢語通論》（三十一）。每一詞調舉本書所選的一首作品爲例，見於本書的同調其他作品則不重出。

　　編製這些詞譜，參考了清人萬樹的《詞律》、清人王奕清等編的《欽定詞譜》，並參考了《歷代詩餘》裏的若干有關作品。

漁歌子 27字　單調

⊛仄平平仄仄平①

⊛平⊛仄仄平平②

平仄仄

仄平平

⊛平⊛仄仄平平③

漁歌子　　　張志和

西塞山前白鷺飛，

桃花流水鱖魚肥。

青箬笠，

綠簑衣，

斜風細雨不須歸。

搗練子 27字　單調

平仄仄

仄平平

⊛仄平平⊛仄平

⊛仄⊛平平仄仄

⊛平⊛仄仄平平

搗練子　　　李　煜

深院靜，

小庭空，

斷續寒砧斷續風。

無奈夜長人不寐，

數聲和月到簾櫳。

────────

①②　起首二句也可作⊛平⊛仄仄平平，⊛仄平平仄仄平。

③　末句也可作⊛仄平平仄仄平。

調笑令 32字　單調　　　　　**調笑令**　　王　建

平仄　　　　　　　　　　團扇，

平仄(疊句)　　　　　　團扇，

仄仄平平平仄　　　　美人病來遮面。

平平仄仄平平(換平韻)　玉顏憔悴三年，

仄仄平平仄平　　　誰復商量管絃？

平仄(顛倒上句末二字)　絃管，

平仄(疊句)　　　　　　絃管，

仄仄平平平仄　　　　春草昭陽路斷。

如夢令 33字　單調　　　　　**如夢令**　　李清照

仄仄仄平平仄　　　昨夜雨疏風驟，

仄仄仄平平仄　　　濃睡不消殘酒。

仄仄仄平平　　　　試問捲簾人，

仄仄仄平平仄　　　卻道海棠依舊。

平仄　　　　　　　　知否？

平仄(疊句)　　　　　　知否？

仄仄仄平平仄　　　應是綠肥紅瘦。

浣溪沙 42字　雙調　　　　　**浣溪沙**　　辛棄疾

仄仄平平仄仄平　　父老爭言雨水勻，

平平仄仄仄平平　　眉頭不似去年顰。

平平仄仄仄平平　　殷勤謝卻甑中塵。

仄仄平平平仄仄　　啼鳥有時能勸客，

平平仄仄仄平平　　小桃無賴已撩人。

平平仄仄仄平平　　梨花也作白頭新。

本調後闋起首二句往往用對仗。

菩薩蠻 44字　雙調　　　　　　　菩薩蠻　　李　白

㊀平㊀仄平平仄　　　　　　　　　平林漠漠煙如織，
　　　　△

㊀平㊀仄平平仄　　　　　　　　　寒山一帶傷心碧。
　　　　△

㊀仄仄平平（換平韻）　　　　　　暝色入高樓，
　　　△

㊀平㊀仄平①　　　　　　　　　　有人樓上愁。
　　　△

㊀平平仄仄（換仄韻）　　　　　　玉階空佇立，
　　　　△

㊀仄平平仄　　　　　　　　　　　宿鳥歸飛急。
　　　△

㊀仄仄平平（換平韻）　　　　　　何處是歸程？
　　　△

㊀平㊀仄平②　　　　　　　　　　長亭連短亭。
　　　△

卜算子 44字　　雙調　　　　　　卜算子　　蘇　軾

㊀仄仄平平　　　　　　　　　　　缺月掛疏桐，

㊀仄平平仄　　　　　　　　　　　漏斷人初靜。
　　　△

㊀仄平平仄仄平　　　　　　　　　誰見幽人獨往來？

㊀仄平平仄　　　　　　　　　　　縹緲孤鴻影。
　　　△

㊀仄仄平平　　　　　　　　　　　驚起卻回頭，

㊀仄平平仄　　　　　　　　　　　有恨無人省。
　　　△

㊀仄平平仄仄平　　　　　　　　　揀盡寒枝不肯棲，

㊀仄平平仄　　　　　　　　　　　寂寞沙洲冷。
　　　△

訴衷情 44字　雙調　　　　　　　訴衷情　　陸　游

㊀平㊀仄仄平平　　　　　　　　　當年萬里覓封侯，
　　　　　△

---

① 第一字可平，第三字可仄。如第三字用仄，則第一字必平，否則是犯孤平。

② 第一字可平，第三字可仄。如第三字用仄，則第一字必平，否則是犯孤平。

仄仄仄平平① 　　　　　　匹馬戍梁州。

平平仄仄平仄 　　　　　　關河夢斷何處？

仄仄仄平平② 　　　　　　塵暗舊貂裘。

平仄仄 　　　　　　　　　　胡未滅，

仄平平 　　　　　　　　　　鬢先秋，

仄平平 　　　　　　　　　　淚空流。

仄平平仄 　　　　　　　　此生誰料，

仄仄平平 　　　　　　　　心在天山，

仄仄平平 　　　　　　　　身老滄洲。

憶秦娥 46字　雙調　　　　　　**憶秦娥**　　李　白

平平仄 　　　　　　　　　　簫聲咽，

平平仄仄平平仄 　　　　　秦娥夢斷秦樓月。

平平仄（疊上句末三字）　　秦樓月，

平平仄仄 　　　　　　　　年年柳色，

仄平平仄 　　　　　　　　霸陵傷別。

平平仄仄平平仄 　　　　　樂遊原上清秋節，

平平仄仄平平仄 　　　　　咸陽古道音塵絕。

平平仄（疊上句末三字）　　音塵絕，

平平仄 　　　　　　　　　　西風殘照，

仄平平仄 　　　　　　　　漢家陵闕。

本調常用入聲韻。

① 一作仄平平仄平。

② 一作上三下三的六字句：仄仄仄、仄平平。

更漏子 46字　雙調　　　　　　　**更漏子**　　温庭筠

仄平平　　　　　　　　　　　　柳絲長，
平仄仄△　　　　　　　　　　　春雨細，
平仄平平仄△　　　　　　　　　花外漏聲迢遞。
平仄仄△　　　　　　　　　　　驚塞雁，
仄平平（換平韻）　　　　　　　起城烏，
仄平平仄平①　　　　　　　　　畫屏金鷓鴣。

平仄仄（換仄韻）②　　　　　　香霧薄，
仄平仄③　　　　　　　　　　　透簾幕，
平仄仄平平仄△　　　　　　　　惆悵謝家池閣。
平仄仄△　　　　　　　　　　　紅燭背，
仄平平（換平韻）　　　　　　　繡簾垂，
仄平平仄平　　　　　　　　　　夢長君不知。

西江月 50字　雙調　　　　　　　**西江月**　　蘇　軾

仄仄平平仄仄　　　　　　　　　照野瀰瀰淺浪，
平平仄仄平平△　　　　　　　　橫空隱隱層霄。
平平仄仄仄平平△　　　　　　　障泥未解玉驄驕，
仄仄平平仄仄△　　　　　　　　我欲醉眠芳草。

仄仄平平仄仄　　　　　　　　　可惜一溪風月，
平平仄仄平平△　　　　　　　　莫教踏碎瓊瑤。
平平仄仄仄平平△　　　　　　　解鞍欹枕綠楊橋，

---

① 這一句或作平平仄仄平，後闋末句同。
②③ 這兩句宋人詞和前闋起首二句相同。

仄仄平平仄仄　　　　　　杜宇一聲春曉。

本調平仄互押。前後闋起首二句一般用對仗。

醉花陰 52 字　雙調　　　　　醉花陰　　李清照

仄仄平平平仄仄①　　　　薄霧濃雲愁永晝，

仄仄平平仄②　　　　　　瑞腦消金獸。

仄仄仄平平　　　　　　　佳節又重陽，

仄仄平平　　　　　　　　玉枕紗廚，

仄仄平平仄　　　　　　　半夜涼初透。

平平仄仄平平仄　　　　　東籬把酒黃昏後，

仄仄平平仄(上一下四)　　有暗香盈袖。

仄仄仄平平　　　　　　　莫道不消魂，

仄仄平平　　　　　　　　簾捲西風，

仄仄平平仄　　　　　　　人比黃花瘦。

浪淘沙 54 字　雙調　　　　　浪淘沙　　李　煜

仄仄仄平平　　　　　　　簾外雨潺潺，

仄仄平平　　　　　　　　春意闌珊，

平平仄仄仄平平　　　　　羅衾不耐五更寒。

仄仄平平平仄仄　　　　　夢裏不知身是客，

仄仄平平　　　　　　　　一晌貪歡。

仄仄仄平平　　　　　　　獨自莫憑闌，

仄仄平平　　　　　　　　無限江山，

---

① 也可作平平仄仄平平仄。如下闋"東籬把酒黃昏後"。

② 這一句也可作上一下四。如下闋"有暗香盈袖"。

平平仄仄仄平平　　　　別時容易見時難。

仄仄平平平仄仄　　　　流水落花春去也，

仄仄平平　　　　　　　天上人間。

鵲橋仙 56字　雙調　　　　**鵲橋仙**　　陸　游

平平仄仄　　　　　　　華鐙縱博，

平平仄仄　　　　　　　雕鞍馳射，

仄仄平平仄仄　　　　　誰記當年豪舉？

平平仄仄仄平平　　　　酒徒一一取封侯，

仄仄仄、平平仄仄(上三下四)　獨去作、江邊漁父。

平平仄仄　　　　　　　輕舟八尺，

平平仄仄　　　　　　　低篷三扇，

仄仄平平仄仄　　　　　占斷蘋洲煙雨。

平平仄仄仄平平　　　　鏡湖元自屬閒人，

仄仄仄、平平仄仄(上三下四)　又何必、官家賜與！

蝶戀花 60字　雙調　　　　**蝶戀花** 密州上元　蘇　軾

仄仄平平平仄仄　　　　燈火錢塘三五夜。

仄仄平平　　　　　　　明月如霜，

仄仄平平仄　　　　　　照見人如畫。

仄仄平平平仄仄①　　　帳底吹笙香吐麝，

平平仄仄平平仄　　　　更無一點塵隨馬。

仄仄平平平仄仄　　　　寂寞山城人老也。

仄仄平平　　　　　　　擊鼓吹簫，

---

① 也可作仄仄平平仄平仄。

仄仄平平仄
卻入農桑社。

仄仄平平平仄仄①
火冷燈稀霜露下，

平平仄仄平平仄
昏昏雪意雲垂野。

謝池春 66字　雙調　　　　　　**謝池春**　　陸　游

仄仄平平
壯歲從戎，

仄仄仄平平仄
曾是氣吞殘虜。

仄平平、平平仄仄(上三下四)
陣雲高、狼煙夜舉。

平平平仄
朱顏青鬢，

仄平平平仄②
擁雕戈西戍。

仄平平、仄平平仄(上三下四)
笑儒冠、自來多誤。

平平仄仄
功名夢斷，

仄仄仄平平仄
卻泛扁舟吳楚。

仄平平、平平仄仄(上三下四)
漫悲歌、傷懷弔古。

平平平仄
煙波無際，

仄平平平仄③
望秦關何處？

仄平平、仄平平仄(上三下四)
歎流年、又成虛度。

本調前後闋基本相同，衹是前後闋首句的平仄稍異。此調平仄較嚴。

江城子 70字　雙調　　　　　　**江城子**　　蘇　軾

平平仄仄仄平平
老夫聊發少年狂，

仄平平
左牽黃，

仄平平
右擎蒼。

仄仄平平、
錦帽貂裘、

①　也可作仄仄平仄平仄。
②③　這句一般作上一下四。

仄仄仄平平(上四下五) 　　千騎卷平岡。

仄仄平平平仄仄 　　爲報傾城隨太守,

平仄仄 　　親射虎,

仄平平 　　看孫郎。

平平仄仄仄平平 　　酒酣胸膽尚開張,

仄平平 　　鬢微霜,

仄平平 　　又何妨?

仄仄平平 　　持節雲中、

　仄仄仄平平(上四下五) 　　何日遣馮唐?

仄仄平平平仄仄 　　會挽雕弓如滿月,

平仄仄 　　西北望,

仄平平 　　射天狼。

本調原是單調,35 字。宋人始作雙調。

祝英臺近 77 字　雙調　　　　祝英臺近　　　辛棄疾

仄平平 　　寶釵分,

平仄仄 　　桃葉渡,

仄仄仄平仄 　　煙柳暗南浦。

仄仄平平 　　怕上層樓,

仄仄仄平仄 　　十日九風雨。

平平仄仄平平 　　斷腸片片飛紅,

仄平平仄 　　都無人管,

仄平仄、仄平平仄(上三下四) 　　更誰勸、啼鶯聲住。

仄平仄 　　鬢邊覷,

仄仄平仄平平 　　試把花卜歸期,

平平仄平仄△　　　　　　　才簪又重數。

⊗仄平平　　　　　　　　　羅帳燈昏，

⊗仄仄平仄△　　　　　　　哽咽夢中語：

⊛平⊗仄平平　　　　　　　是他春帶愁來，

⊗平⊛仄　　　　　　　　　春歸何處？

仄平仄、⊗平平仄△(上三下四)　　卻不解、帶將愁去。

滿江紅 93字　雙調　　　　　**滿江紅**　　柳　永

⊗仄平平　　　　　　　　　暮雨初收，

⊛⊛仄、⊛平⊗仄△(上三下四)　長川靜、征帆夜落。

⊛⊗仄、⊗平⊛仄△(上三下四)　臨島嶼、蓼煙疏淡，

⊗平⊛仄△　　　　　　　　葦風蕭索。

⊗仄⊛平平仄仄　　　　　　幾許漁人橫短艇，

⊛平⊗仄平平仄△　　　　　盡將燈火歸村郭。

仄⊛⊛、　　　　　　　　　遣行客、

　⊗仄仄平平(上三下五)①　　到此念回程，

平平仄△　　　　　　　　　傷漂泊。

⊗⊛仄　　　　　　　　　　桐江好，

平⊗仄△　　　　　　　　　煙漠漠。

平⊗仄　　　　　　　　　　波似染，

平平仄△　　　　　　　　　山如削。

仄平平平仄　　　　　　　　遶嚴陵灘畔，

　仄平平仄△(上五下四)　　　鷺飛魚躍。

_____

① 這兩句裏的三字豆一般是仄⊗平。

韻律	詞文
⊙仄⊙平平仄仄	游宦區區成底事?
⊙平⊙仄平平仄△	平生況有林泉約。
⊙平⊙、	歸去來、
⊙仄仄平平(上三下五)①	一曲仲宣吟。
平平仄△	從軍樂。

本調常用入聲韻,常用一些對仗。

水調歌頭 95字　雙調　　　　　　　　**水調歌頭**　蘇　軾

韻律	詞文
⊙仄⊙平仄	明月幾時有?
⊙仄仄平平△	把酒問青天。
⊙平⊙仄平仄、	不知天上宮闕、
⊙仄仄平平(上六下五)②△	今夕是何年?
⊙仄⊙平⊙仄	我欲乘風歸去,
⊙仄⊙平⊙仄	惟恐瓊樓玉宇,
⊙仄仄平平△	高處不勝寒。
⊙仄⊙平仄	起舞弄清影,
⊙仄仄平平△	何似在人間?
⊙平⊙③	轉朱閣,
⊙平⊙④	低綺戶,
仄⊙平△	照無眠。
⊙平⊙仄、平仄⊙仄	不應有恨、何事長向

---

① 這兩句裏的三字豆一般是仄⊙平。

② 或作上四下七。

③ 可作平平仄、仄平仄、平仄仄、仄仄仄、仄平平。

④ 可作平平仄、平仄仄、仄平仄。

仄平平（上四下七）①　　　　　別時圓？

⊗仄⊕平⊗仄　　　　　人有悲歡離合，

⊗仄⊕平⊗仄　　　　　月有陰晴圓缺，

⊗仄仄平平　　　　　此事古難全。

⊗仄⊕平仄　　　　　但願人長久，

⊗仄仄平平　　　　　千里共嬋娟。

本調平仄相當靈活，常用一些拗句。前後闋後六句字數平仄基本相同。

鳳凰臺上憶吹簫 95字　雙調　　鳳凰臺上憶吹簫　李清照

⊕仄平平　　　　　香冷金猊，

⊗平⊕仄　　　　　被翻紅浪，

⊕平⊗仄平平　　　　　起來慵自梳頭。

仄仄平平仄（上一下四）　　　　　任寶奩塵滿，

⊗仄平平　　　　　日上簾鉤。

⊗仄平平⊗仄　　　　　生怕離懷別苦，

平⊗仄、⊗仄平平（上三下四）　　　　　多少事、欲説還休。

平平仄　　　　　新來瘦，

平平仄仄　　　　　非干病酒，

仄仄平平　　　　　不是悲秋。

平平　　　　　休休！

仄平仄仄　　　　　這回去也，

平⊗仄平平　　　　　千萬徧陽關，

⊗仄平平　　　　　也則難留。

仄仄平平仄（上一下四）　　　　　念武陵人遠，

---

① 或作上六下五。

仄仄平平	煙鎖秦樓。
仄仄平平仄仄	惟有樓前流水，
平仄仄、仄仄平平(上三下四)	應念我、終日凝眸。
平平仄	凝眸處，
平平仄平	從今又添、
仄仄平平	一段新愁。

滿庭芳 95字　雙調	**滿庭芳**　　　周邦彥
平仄平平	風老鶯雛，
仄平平仄	雨肥梅子，
仄平平仄平平	午陰嘉樹清圓。
仄平平仄	地卑山近，
仄仄仄平平	衣潤費爐煙。
仄仄平平仄仄	人靜烏鳶自樂，
仄平仄、仄仄平平(上三下四)	小橋外、新綠濺濺。
平平仄	凭闌久，
平平仄仄	黃蘆苦竹，
仄仄仄平平	擬泛九江船。
平平①	年年，
平仄仄②	如社燕，
平平仄仄	飄流瀚海，
仄仄平平	來寄修椽。
仄仄平平仄(上一下四)	且莫思身外，

①② 這兩句也可以合爲一個五字句：平平平仄仄。

⊘仄平平	長近尊前。
⊘仄平平仄仄	憔悴江南倦客，
⊘⊕仄、⊘仄平平(上三下四)	不堪聽、急管繁絃。
平平仄	歌筵畔，
平平仄仄	先安簟枕，
⊘仄仄平平	容我醉時眠。

八聲甘州 97字 **雙調**   **八聲甘州** 柳 永

仄⊕平⊘仄仄平平(上一下七)	對瀟瀟暮雨灑江天，
⊘平仄平平	一番洗清秋。
仄⊕平⊕仄(上一下四)	漸霜風淒緊，
平平⊘仄	關河冷落，
⊕仄平平	殘照當樓。
⊘仄⊕平⊘仄	是處紅衰翠減，
⊘仄仄平平	苒苒物華休。
⊘仄⊕平仄	惟有長江水，
⊕仄平平	無語東流。
⊘仄⊕平⊕仄	不忍登高臨遠，
仄⊘平⊘仄(上一下四)	望故鄉渺邈，
⊕仄平平	歸思難收①。
仄⊕平⊕仄(上一下四)	歎年來蹤迹，
⊘仄仄平平	何事苦淹留？
仄平平、⊕平⊕仄(上三下四)	想佳人、妝樓凝望，

---

① "思"讀去聲。

仄⃝仄⃝平、仄⃝仄仄平平(上三下五)	誤幾回、天際識歸舟。
平平仄、仄⃝平平⃝仄(上三下四)	爭知我、倚闌干處,
仄⃝仄平平	正恁凝愁。

暗 香 97字　雙調　　　　　　**暗 香**　姜 夔

仄⃝平仄⃝仄	舊時月色,
仄仄⃝平仄⃝仄(上一下四)	算幾番照我,
平⃝平平仄	梅邊吹笛?
仄仄仄⃝平	喚起玉人,
仄⃝仄平平仄平仄	不管清寒與攀摘。
平⃝仄平平仄仄	何遜而今漸老,
平⃝平⃝仄、平⃝平平仄(上三下四)①	都忘卻、春風詞筆。
仄⃝仄⃝仄、仄⃝仄平平(上三下四)②	但怪得、竹外疏花,
平⃝仄仄平仄	香冷入瑤席。
平⃝仄	江國,
仄仄⃝仄	正寂寂。
仄仄仄⃝仄⃝平(上一下四)	歎寄與路遙,
平⃝仄平仄③	夜雪初積。
仄平仄仄	翠尊易泣,
平⃝仄平平仄平仄	紅萼無言耿相憶。
平⃝仄平平仄仄	長記曾攜手處,

---

① 這一句裏的三字豆可以是平平仄、平仄仄、仄平平。

② 這一句裏的三字豆可以是仄仄仄、平仄仄、仄仄平、仄平平。

③ 或作仄⃝平平仄。

平仄仄、㊒平平仄(上三下四)①	千樹壓、西湖寒碧。
仄仄仄、平仄仄(上三下三)	又片片、吹盡也,
仄平㊒仄	幾時見得?

揚州慢 98字　雙調　　　　　　**揚州慢**　　　姜夔

㊒仄平平	淮左名都,
㊒平㊒仄	竹西佳處,
㊒平㊒仄平平	解鞍少駐初程。
仄平平㊒仄(上一下四)②	過春風十里,
㊒㊒仄平平(上一下四)③	盡薺麥青青。
仄㊒仄、平平㊒仄(上三下四)	自胡馬、窺江去後,
㊒平㊒仄	廢池喬木,
㊒仄平平	猶厭言兵。
仄平平、㊒㊒平㊒(上三下四)④	漸黃昏、清角吹寒,
平仄平平⑤	都在空城。
㊒平㊒仄	杜郎俊賞,
仄平平、㊒仄平平(上三下四)	算而今、重到須驚。
仄㊒仄平平(上一下四)	縱豆蔻詞工,
㊒平㊒仄	青樓夢好,
㊒仄平平	難賦深情。
仄仄㊒平平仄	二十四橋仍在,
平平仄、㊒仄平平(上三下四)	波心蕩、冷月無聲。

---

① 這一句裏的三字豆可以是平仄仄、仄平平。
②③ 這兩句一作六字一句,四字一句。
④⑤ 這兩句一作五字一句,六字一句。

仄⊙平平仄（上一下四）	念橋邊紅藥，
⊙平⊙仄平平△	年年知爲誰生？

玉蝴蝶 99字　雙調　　　　　　**玉蝴蝶**　　柳　永

仄仄⊙平平仄	望處雨收雲斷，
⊙平⊙仄	凭闌悄悄，
⊙仄平平△	目送秋光。
⊙仄⊙平平	晚景蕭疏，
⊙仄⊙仄平平△	堪動宋玉悲涼。
仄平⊙、⊙平⊙仄（上三下四）	水風輕、蘋花漸老，
⊙⊙仄、⊙仄平平△（上三下四）	月露冷、梧葉飄黃。
仄平平△	遣情傷，
⊙平⊙仄	故人何在？
⊙仄平平△	煙水茫茫。
平平△	難忘，
⊙平⊙仄	文期酒會，
⊙平⊙仄	幾孤風月，
⊙仄平平△	屢變星霜。
仄仄平平△	海闊山遥，
仄平平仄仄平平△	未知何處是瀟湘？
仄平⊙、⊙平⊙仄（上三下四）	念雙燕、難憑遠信，
⊙⊙平、⊙仄平平△（上三下四）	指暮天、空識歸航。
仄平平△	黯相望①，

---

① "望"讀平聲。

⊛平⊛仄	斷鴻聲裏，
⊛仄平平 △	立盡斜陽。

念奴嬌 100 字　雙調　　　　　　　　　　**念奴嬌**　　　蘇　軾

⊛平⊛仄	大江東去，
仄平⊛、⊛仄⊛平	浪淘盡、千古風流
平仄(上三下六)① △	人物。
⊛仄⊛平平仄仄	故壘西邊人道是②，
⊛仄⊛平平仄 △	三國周郎赤壁③。
⊛仄平平	亂石穿空，
⊛平⊛仄	驚濤拍岸，
⊛仄平平仄 △	捲起千堆雪。
⊛平⊛仄	江山如畫，
⊛平平仄平仄	一時多少豪傑。
平仄⊛仄平平④	遙想公瑾當年，
⊛平平仄⑤	小喬初嫁了⑥，
⊛仄平平仄 △	雄姿英發⑦。
⊛仄⊛平平仄仄	羽扇綸巾談笑處(一作間)，
⊛仄⊛平平仄 △	檣櫓灰飛煙滅。
⊛仄平平	故國神遊，
⊛平⊛仄	多情應笑我⑧，

---

① 　或作上五下四。

②③ 　這兩句依語法結構應讀爲"故壘西邊，人道是三國周郎赤壁"。這裏按詞譜斷句。

④ 　或作⊛平⊛仄平平。

⑤ 　或作⊛仄平平。

⑥ 　一般是四字句，⑦ 　一般是五字句，⑧ 　一般是四字句，詞譜是根據一般情況定的。

⬛仄平平仄 　　　△	早生華髮①。
㉠平㉠仄	人生如夢,
⬛平平仄平仄 　　　　△	一尊還酹江月。

本調常用入聲韻,平仄相當靈活,而且用一些拗句。前後闋後七句字數平仄相同。

木蘭花慢 101字　雙調	**木蘭花慢**　　辛棄疾
仄平平仄仄	漢中開漢業,
⬛㉠仄	問此地,
仄平平 　　△	是耶非?
仄⬛仄平平(上一下四)	想劍指三秦,
㉠平⬛仄	君王得意,
⬛仄平平 　　　△	一戰東歸。
平平仄②	追亡事,
平仄仄③	今不見,
仄㉠平⬛仄仄平平(上一下七)④	但山川滿目淚沾衣。
⬛仄平平仄仄	落日胡塵未斷,
㉠平⬛仄平平 　　　　　△	西風塞馬空肥。
㉠平⬛仄仄平平⑤	一編書是帝王師,
⬛仄仄平平⑥ 　　　　△	小試去征西。

---

① 一般是五字句,詞譜是根據一般情況定的。

②③ 這兩句一般作:平平,仄仄仄仄;也有合爲一個六字句的。

④ 這一句或作上三下五,或作上五下三,或分爲兩個四字句。

⑤⑥ 這兩句或分爲:平平,仄仄仄平平,仄仄仄平平三句;或分爲:平平,仄仄仄平平仄,仄平平三句;還有其他句法,不細説。

仄仄仄平平(上一下四)①　　　更草草離筵，

平平仄仄　　　匆匆去路，

仄仄平平　　　愁滿旌旗。
　△

平平仄②　　　君思我，

平仄仄③　　　回首處，

仄平平仄仄仄平平(上一下七)④　　　正江涵秋影雁初飛。
　　　　　　△

仄仄平平仄仄　　　安得車輪四角，

平平仄仄平平　　　不堪帶減腰圍。
　△

水龍吟 102 字　　雙調　　　　水龍吟　　蘇　軾

平平仄仄平平　　　似花還似非花，

平平仄仄平平仄　　　也無人惜從教墜。
　　　△

平平仄仄　　　拋家傍路，

平平仄仄　　　思量卻是⑤，

平平仄仄　　　無情有思⑥。
　△

仄仄平平　　　縈損柔腸，

仄平平仄　　　困酣嬌眼，

仄平平仄　　　欲開還閉。
　△

仄平平仄仄(上一下四)　　　夢隨風萬里，

平平仄仄　　　尋郎去處，

平平仄、平平仄(上三下三)　　　又還被、鶯呼起。
　　　　　　△

---

① 這一句或作仄平平仄仄(上一下四)。

②③ 這兩句一般作：平平，仄平仄仄；也有合爲一個六字句的。

④ 這一句或作上三下五。

⑤⑥ 這兩句依語法結構應合爲一句：「思量卻是無情有思。」這裏按詞譜斷句。後一
　　「思」字讀去聲。

⊗仄㊀平⊗仄	不恨此花飛盡，
仄平平、⊗平平仄（上三下四）△	恨西園、落紅難綴。
㊀平⊗仄	曉來雨過，
㊀平⊗仄	遺蹤何在？
㊀平⊗仄△	一池萍碎。
⊗仄平平	春色三分，
㊀平⊗仄	二分塵土，
⊗平平仄△	一分流水。
仄㊀平平仄（上一下四）	細看來不是①，
平㊀仄⊗	楊花點點②，
仄平平仄△	是離人淚③。

齊天樂 102字　雙調　　　　**齊天樂**　　周邦彥

㊀平⊗仄平平仄	綠蕪凋盡臺城路，
平平仄平平仄△	殊鄉又逢秋晚。
仄仄平平	暮雨生寒，
平平仄仄△	鳴蛩勸織，
平仄平平平仄△	深閣時聞裁翦。
平平仄仄△	雲窗靜掩。
仄㊀仄平平（上一下四）	歎重拂羅裀
仄平平仄△	頓疏花簟。
仄仄平平	尚有練囊，
仄平平仄仄平仄△	露螢清夜照書卷。

---

①②③　這三句依語法結構應讀爲："細看來不是楊花，點點是、離人淚。"這裏按詞譜斷句。

平平平仄仄仄①	荆江留滯最久，
仄平平仄仄	故人相望處，
平仄平仄②△	離思何限③？
仄仄平平	渭水西風，
平平仄仄	長安亂葉，
平仄平平平仄△	空憶詩情宛轉④。
平平仄仄△	凭高眺遠。
仄㊀仄平平（上一下四）	正玉液新篘，
仄平平仄△	蟹螯初薦。
仄仄平平△	醉倒山翁，
仄平平仄仄△	但愁斜照斂。

此調平仄很嚴。

雨霖鈴 103字　雙調　　　　雨霖鈴　　柳　永

平平平仄△	寒蟬淒切，
仄平平仄，仄㊀仄平仄△（上四下四）	對長亭晚，驟雨初歇。
平平仄仄平仄	都門帳飲無緒，
平平仄仄、平平平仄△（上四下四）	方留戀處，蘭舟催發。
仄仄平平、	執手相看，
仄仄仄平仄平仄△（上四下七）	淚眼竟無語凝噎⑤。
仄仄仄、平仄平平（上三下四）	念去去、千里煙波，

---

① 或作平平仄平仄仄。
② 或作仄平平仄。
③ "思"讀去聲。
④ "宛"讀平聲。
⑤ 兩句依語法結構應讀爲"執手相看淚眼，竟無語凝噎"。這裏按詞譜斷句。

仄仄平平仄平仄　　　　　　　暮靄沈沈楚天闊。
　　　△

平平仄仄平平仄　　　　　　　多情自古傷離別，
　　　　△

仄平平、仄仄平平仄(上三下五)　更那堪、冷落清秋節①。
　　　　　　　　△

平平仄仄平仄　　　　　　　　今宵酒醒何處？

平仄仄、仄平平仄(上三下四)　楊柳岸、曉風殘月。
　　　　　△

仄仄平平　　　　　　　　　　此去經年，

仄仄平平仄仄平仄　　　　　　應是良辰好景虛設。
　　　　　　△

仄仄仄、⊛仄平平(上三下四)　便縱有、千種風情，

仄仄平平仄　　　　　　　　　更與何人説？
　　　△

本調常用入聲韻，多用拗句。

永遇樂 104字　雙調　　　　**永遇樂**　　李清照

⊛仄平平　　　　　　　　　　落日鎔金，

⊛平⊛仄　　　　　　　　　　暮雲合璧，

平仄平仄　　　　　　　　　　人在何處？
　　△

⊛仄平平　　　　　　　　　　染柳煙濃，

⊛平仄仄　　　　　　　　　　吹梅笛怨，

⊛仄平⊛仄　　　　　　　　　春意知幾許？
　　　△

⊛平⊛仄　　　　　　　　　　元宵佳節，

⊛平⊛仄　　　　　　　　　　融和天氣，

⊛仄仄平平仄　　　　　　　　次第豈無風雨？
　　　　△

⊛平⊛、平平仄仄(上三下四)　來相召、香車寶馬，

⊛平仄⊛平仄　　　　　　　　謝他酒朋詩侶。
　　　　△

───────

① "那"讀平聲。

（平）平（仄）仄　　　　中州盛日,

（平）平平仄　　　　閨門多暇,

（仄）仄（平）平（仄）仄△　　記得偏重三五。

（仄）仄平平　　　　鋪翠冠兒,

（平）平（仄）仄　　　　撚金雪柳,

（仄）仄平（平）仄　　　簇帶爭濟楚。

（平）平平仄　　　　如今憔悴,

（平）平（仄）仄　　　　風鬟霧鬢,

（仄）仄（仄）平（平）仄△　怕見夜間出去。

（平）平仄、平平仄仄（上三下四）　不如向、簾兒底下,

仄平仄仄△　　　　聽人笑語。

西　河　105字　三疊　　　西　河　　　周邦彥

平（仄）仄△　　　　佳麗地,

（平）平（平）仄平仄　　南朝盛事誰記?

（平）平（仄）仄仄平平　山圍故國繞清江,

（仄）平（平）仄△　　　髻鬟對起。

（平）平（仄）仄仄平平　怒濤寂寞打孤城,

（平）平（平）仄平仄△　風檣遥度天際。

（仄）（平）（仄）①　　　斷崖樹,

（平）（仄）仄△　　　猶倒倚,

（平）平（平）仄平仄△　莫愁艇子曾繫。

（平）平（仄）仄仄平平　空遺舊迹鬱蒼蒼,

---

①　可以是仄平仄、仄平平、平仄仄、仄仄仄。

(仄)平(仄)仄△	霧沈半壘。
(平)平(仄)仄仄平平	夜深月過女牆來，
(平)平(平)仄平仄△	賞心東望淮水。
仄平仄仄仄仄仄△	酒旗戲鼓甚處市？
仄平平、平(仄)平(仄)(上三下四)△	想依稀、王謝鄰里。
(仄)仄仄平平仄△	燕子不知何世，
仄平平、仄仄平平(上三下四)①	向尋常、巷陌人家，
(平)仄(平)仄平平②	相對如説興亡，
平平仄③△	斜陽裏。

疏　影 110字　雙調	**疏　影**　姜　夔
平平仄仄△	苔枝綴玉，
仄仄平仄仄(上一下四)④	有翠禽小小，
(平)仄平仄△	枝上同宿。
(仄)仄平平	客裏相逢，
(平)仄平平	籬角黄昏，
(平)(平)(仄)(仄)平仄⑤△	無言自倚修竹。
平平仄仄平平仄	昭君不慣胡沙遠，
(仄)(仄)(仄)、(平)平平仄(上三下四)⑥△	但暗憶、江南江北。
仄(仄)平、(仄)仄平平(上三下四)	想佩環、月夜歸來，
(仄)仄仄平平仄△	化作此花幽獨。

①②③　這三句或分爲仄平平，仄仄平平平仄，(平)仄平平仄平仄三句。

④　這一句或作仄仄仄仄平(上一下四)。

⑤　這一句可以是平平仄仄平仄、仄仄平平平仄、仄仄仄仄平仄、平仄仄平平仄、仄仄仄仄仄。

⑥　這一句的三字豆可以是仄仄仄、平仄仄、仄平仄、仄平平。

詞譜	例詞
平仄平平仄仄	猶記深宮舊事，
仄平⊙仄仄	那人正睡裏，
⊙仄平仄△	飛近蛾緑。
⊙仄平平	莫似春風，
⊙仄平平	不管盈盈，
⊙仄⊙平平⊙△	早與安排金屋。
平平仄仄平平仄	還教一片隨波去，
⊙⊙仄、⊙平平仄（上三下四）	又卻怨、玉龍哀曲。
仄⊙⊙、⊙仄平平（上三下四）	等恁時、重覓幽香，
⊙仄仄平平仄△	已入小窗橫幅。

賀新郎 116字　　雙調　　　　　　　**賀新郎**　　辛棄疾

詞譜	例詞
⊙仄平平△	甚矣吾衰矣。
仄平平、⊙平⊙仄（上三下四）	悵平生、交遊零落，
仄平平仄△	只今餘幾！
⊙仄⊙平平平仄①	白髮空垂三千丈，
⊙仄⊙平仄仄△	一笑人間萬事。
仄⊙仄、平平平仄△（上三下四）	問何物、能令公喜？
⊙仄⊙平平仄仄②	我見青山多嫵媚，
仄平平、⊙仄平平仄△（上三下五）	料青山、見我應如是。
⊙仄仄	情與貌，
⊙平仄△	略相似。
⊙平⊙仄平平仄△	一尊搔首東窗裏。

① 　是拗句,也可作律句⊙仄⊙平平仄仄。
② 　是律句,也可作拗句⊙仄⊙平平平仄。

仄平平、(平)平(平)仄（上三下四）	想淵明、停雲詩就，
仄平平仄	此時風味。
(仄)仄(平)平平平仄①	江左沈酣求名者，
(仄)仄(平)平仄仄	豈識濁醪妙理？
(仄)仄仄、平平平仄△（上三下四）	回首叫、雲飛風起。
(仄)仄(平)平平仄仄②	不恨古人吾不見，
仄(平)平、(仄)仄平平仄△（上三下五）	恨古人、不見吾狂耳。
(平)仄仄	知我者，
(仄)平仄△	二三子。

本調上、下闋第四句和第七句可全用律句，或全用拗句，也可以律句拗句並用。

摸魚兒 116字　　雙調　　　　　**摸魚兒**　　　辛棄疾

仄平平、仄平平仄△（上三下四）③	更能消、幾番風雨？
(平)平平仄平仄△	匆匆春又歸去。
(平)平(仄)仄平平仄	惜春長怕花開早，
(仄)仄仄平平仄△	何況落紅無數。
平仄仄△	春且住。
(仄)仄仄、平平(仄)仄平	見說道、天涯芳草無
平仄△（上三下七）	歸路。
(平)平仄仄△	怨春不語，
仄(仄)仄平平（上一下四）	算只有殷勤，
(平)平(仄)仄	畫簷蛛網，

---

① 是拗句，也可作律句(仄)仄(平)平平仄仄。
② 是律句，也可作拗句(仄)仄(平)平平仄。
③ 前闋首句可以不入韻。

⊙仄仄平仄△	盡日惹飛絮。
平平仄	長門事，
⊙仄平平仄仄△	準擬佳期又誤。
⊙平平仄平仄	蛾眉曾有人妬。
⊙平⊙仄平平仄	千金縱買相如賦，
⊙仄仄平平仄△	脈脈此情誰訴？
平仄仄△	君莫舞。
⊙仄仄、⊙平⊙仄平	君不見、玉環飛燕皆
平仄(上三下七)	塵土？
平平仄仄△	閑愁最苦。
仄⊙仄平平(上一下四)	休去倚危欄①，
⊙平⊙仄	斜陽正在，
⊙仄仄平仄	煙柳斷腸處。

蘭陵王 130字　三疊　　　　　　**蘭陵王**　　周邦彥

⊙平仄△	柳陰直，
⊙仄平平仄仄△	煙裏絲絲弄碧。
平平仄、平仄⊙平(上三下四)	隋堤上、曾見幾番，
⊙仄平平仄平仄△	拂水飄綿送行色。
⊙平⊙仄仄△	登臨望故國，
平仄△	誰識？
平平仄仄△	京華倦客。
平平仄、⊙仄仄平(上三下四)	長亭路、年去歲來，

① "休去倚危欄"是上二下三；一般是上一下四,詞譜是根據一般情況定的。

仄仄平平仄平仄△	應折柔條過千尺。
平平仄平仄△	閒尋舊蹤迹,
仄仄仄平平(上一下四)	又酒趁哀絃,
平仄平仄△	燈照離席。
平平仄仄平平仄△	梨花榆火催寒食。
仄仄仄平仄(上一下四)①	愁一箭風快,
仄平平仄	半篙波暖,
平平平仄仄仄仄△	回頭迢遞便數驛。
仄平仄平仄△	望人在天北。
平仄△	悽惻,
仄平仄△	恨堆積。
仄仄仄平平(上一下四)	漸別浦縈迴,
平仄平仄△	津堠岑寂,
平平仄仄平平仄△	斜陽冉冉春無極。
仄仄仄平仄(上一下四)②	念月榭攜手,
仄平平仄△	露橋聞笛。
平平平仄③	沈思前事,
仄仄仄	似夢裹,
仄仄仄△	淚暗滴。

鶯啼序 240 字　　四疊　　　　**鶯啼序**　　　　吳文英

| 平平仄平仄仄 | 殘寒正欺病酒, |

---

① 一作仄平平仄仄(上一下四)。
② 一作仄平仄平仄、仄平仄仄仄、仄仄仄平平。
③ 一作仄仄平平。

仄平平⊙仄(上一下四) △	掩沈香繡户。
⊙⊙仄、⊙仄平平(上三下四)	燕來晚、飛入西城，
仄⊙⊙仄平仄 △	似説春事遲暮。
⊙⊙仄、平平仄仄(上三下四)	畫船載、清明過卻，
平平仄仄平平仄 △	晴煙冉冉吳宮樹。
仄⊙平⊙仄(上一下四)	念羈情遊蕩①，
⊙平⊙⊙平仄 △	隨風化爲輕絮②。
⊙仄平平	十載西湖，
⊙⊙⊙仄③	傍柳繫馬，
仄平平⊙仄(上一下四) △	趁嬌塵頓霧。
⊙⊙仄、⊙仄平平(上三下四)	遡紅漸、招入仙溪，
⊙平平仄⊙仄 △	錦兒偷寄幽素。
仄平平、⊙平仄仄(上三下四)	倚銀屏、春寬夢窄，
⊙⊙仄、⊙平仄仄(上三下四) △	斷紅溼、歌紈金縷。
仄⊙平	暝隄空，
⊙仄⊙平	輕把斜陽，
仄平平仄 △	總還鷗鷺。
⊙平⊙仄	幽蘭旋老，
⊙仄⊙平	杜若還生，
⊙平仄⊙仄④ △	水鄉尚寄旅。

---

① ②　這兩句萬樹《詞律》作三字一句，四字一句，四字一句：念羈情，遊蕩隨風，化爲輕絮。
③　可以是仄仄仄仄、仄平仄仄、仄仄平仄、平平仄仄。
④　可以是仄平仄仄仄、仄仄平仄仄、平仄仄平仄、平仄仄仄仄。

⊙仄仄、⊙平平仄（上三下四）①	別後訪、六橋無信，
⊙仄⊙平②	事往花萎，
仄仄平平	瘞玉埋香，
仄⊙平平仄	幾番風雨。
⊙平平⊙仄	長波妒盼，
平平⊙仄	遙山羞黛，
平平⊙仄平平仄	漁鐙分影春江宿，
仄⊙平、⊙仄⊙平平仄（上三下五）	記當時、短檝桃根渡。
平平仄仄	青樓彷彿，
⊙平⊙平⊙仄平平③	臨分敗壁題詩，
⊙仄⊙仄⊙仄⊙平仄④	淚墨慘淡塵土。
⊙平平仄	危亭望極，
⊙仄平平	草色大涯，
仄仄平⊙仄（上一下四）	欹鬟侵半苧。
仄⊙仄、⊙平⊙平仄（上三下四）	暗點檢、離痕歡唾，
仄仄平平	尚染鮫綃，
⊙仄平⊙平	舞鳳迷歸，
⊙平⊙平仄⑤	破鸞慵舞。
平平仄仄	殷勤待寫，
平平平仄	書中長恨，

---

① 下四字可以是仄平平仄、仄平仄仄、平平仄仄、平仄平仄。
② 可以是仄仄平平、仄仄平仄、平平仄仄。
③ 可以是平平仄仄平平、平仄仄仄平平、仄仄平仄平平。
④ 可以是仄仄仄仄平仄、仄平仄仄平仄、仄仄平平平仄、平仄仄平平仄、平平平平平仄。
⑤ 可以是仄平平仄、平仄平仄、仄平仄仄。

㊞平㊁仄平平㊁①　　　　　　藍霞遼海沈過雁②，

仄平平、㊞仄平平仄（上三下五）　　漫相思、彈入哀箏柱。

㊞平㊒仄平平　　　　　　　　傷心千里江南，

㊁仄平平　　　　　　　　　　怨曲重招，

仄平平仄　　　　　　　　　　斷魂在否？

本調平仄非常靈活。

（八）曲　譜

這裏所列的曲譜，是本書第十四單元文選所見的各種曲調的譜式。一調有若干格者，祇列本書各曲所用的一格，其餘的不録。

曲譜的排列，依照《中原音韻》所列的宮調曲調的序列。曲譜的體例和本書所附的詞譜基本相同。每一曲調舉本書所選的一首作品爲例，見於本書的同調其他作品則不重出。

編製這些曲譜，參考了清人李玄玉的《北詞廣正譜》、近人吳梅的《南北詞簡譜》，並參考了《朝野新聲太平樂府》和《元曲選》裏的若干有關作品。

端正好（正宮）　　　　　　**端正好**　　王實甫

仄平平　　　　　　　　　　碧雲天，

平平仄③　　　　　　　　　黃花地，

平平仄、㊁仄平平（上三下四）　西風緊、北雁南飛。

㊞平㊁仄平平仄④　　　　　曉來誰染霜林醉？

仄仄平平去　　　　　　　　總是離人淚。

───────────

① 這是律句，與第三闋第十句相同。或作拗句：平平平仄平仄仄、仄平平仄仄仄仄。

② "過"讀平聲，是律句；"過"讀去聲，是拗句。

③④ 這兩句常用去聲韻。

滾繡毬（正宮）　　　　　　　　**滾繡毬**　　　王實甫

⊛仄平①　　　　　　　　　　　　　恨相見得遲②，

⊛仄平　　　　　　　　　　　　　　怨歸去得疾。

⊛平⊛去　　　　　　　　　　　　　柳絲長玉驄難繫，

仄平平、⊛仄平平（上三下四）　　恨不倩疏林挂住斜暉。

⊛仄平　　　　　　　　　　　　　　馬兒迍迍的行，

⊛仄平　　　　　　　　　　　　　　車兒快快的隨，

⊛平⊛去　　　　　　　　　　　　　卻告了相思迴避，

仄平平、⊛仄平平（上三下四）　　破題兒又早別離。

⊛平⊛仄平平仄　　　　　　　　　　聽得一聲去也鬆了金釧，

⊛仄平平仄仄平　　　　　　　　　　遙望見十里長亭減了玉肌。

仄仄平平　　　　　　　　　　　　　此恨誰知！

　本調第一句到第四句爲一節，第五句到第八句爲一節，這兩節句數、句法和平仄基本相同。

叨叨令（正宮）　　　　　　　　**叨叨令**　　　王實甫

⊛平⊛仄平平去　　　　　　　　　　見安排着車兒馬兒不由人

　　　　　　　　　　　　　　　　　　　熬熬煎煎的氣，

⊛平⊛仄平平去　　　　　　　　　　有甚麼心情花兒靨兒打扮

　　　　　　　　　　　　　　　　　　　的嬌嬌滴滴的媚。

⊛平⊛仄平平去　　　　　　　　　　準備着被兒枕兒則索昏昏

　　　　　　　　　　　　　　　　　　　沈沈的睡，

⊛平⊛仄平平去　　　　　　　　　　從今後衫兒袖兒都揾做重

---

①　這一句可以不用韻。

②　加浪綫的是襯字，後同。

重疊疊的淚。

仄仄、仄平平①

仄仄、仄平平②

㊉平㊀仄平平去△

兀的不悶殺人也麼哥?

兀的不悶殺人也麼哥?

久已後書兒信兒索與我恓

恓惶惶的寄。

本調用去聲韻。

脱布衫(正宮)

仄平平、㊉仄平平(上三下四)

仄平平、㊉仄平平(上三下四)③

仄㊉㊉、㊉平去上(上三下四)④

仄平平㊉、仄平平去(上三下四)

脱布衫　　王實甫

下西風黄葉紛飛,

染寒煙衰草淒迷。

酒席上斜簽着坐的,

蹙愁眉死臨侵地。

小梁州(正宮)

㊀仄平平仄仄平

㊀仄平平

㊉平㊀仄仄平平

平平去

平仄仄平平

小梁州　　王實甫

我見他閣淚汪汪不敢垂,

恐怕人知。

猛然見了把頭低,

長吁氣,

推整素羅衣。

幺篇

㊉平㊀仄平平去

仄平平、仄仄平平(上三下四)

仄仄平

幺篇

雖然久後成佳配,

奈時間怎不悲啼。

意似癡,

①② 這兩句是疊句,句尾用"也麼哥"(或也波哥),成爲定格。

③ 這一句或用去聲韻。

④ 這一句或用平聲韻。

平平去	心如醉。
仄平㊉去	昨宵今日，
㊉仄仄平平	清減了小腰圍。

尾　聲（正宮）　　　　　　**尾　聲**　　王實甫

仄平平仄平①	四圍山色中，
㊉平平仄仄	一鞭殘照裏。
㊉平㊉仄平平仄	偏人間煩惱填胸臆。
仄仄平平去平上	量這些大小車兒如何載得 起②?

此調本在中呂宮,和中呂宮的尾聲同格。

陽春曲（中呂）　　　　　　**陽春曲**　　白　樸

㊉平㊉仄平平仄	從來好事天生儉，
㊉仄平平仄仄平	自古瓜兒苦後甜，
㊉平㊉仄仄平平	妳娘催逼緊拘鉗。
仄仄平③	甚是嚴，
㊉仄仄平平	越間阻越情忺。

上小樓（中呂）　　　　　　**上小樓**　　王實甫

㊉平去上④	合歡未已，
㊉平平去	離愁相繼。
㊉仄平平⑤	想着俺前暮私情，

---

① 這是孤平拗救,一般作平平仄仄平。又,這一句末字或用上聲。
② 這裏的"得"字作平,不作上。
③ 宜作平去上。
④ 這一句也可以用平聲韻。
⑤ 這一句也可以用韻。

曲譜	曲詞
⊗仄平平①	昨夜成親,
⊗仄平平	今日別離。
仄仄平②	我諗知④
仄仄平③	這幾日⑤,
⊕平平去	相思滋味⑥,
仄平平、仄平平去（上三下四）	卻元來此別離情更增十倍。

幺篇　　　　　　　　　　　　**幺篇**

曲譜	曲詞
⊕仄平	年少呵輕遠別,
⊕仄平	情薄呵易棄擲。
⊗仄平平⑦	全不想腿兒相挨,
⊗仄平平⑧	臉兒相偎,
⊗仄平平	手兒相攜。
仄仄平⑨	你與俺崔相國⑪,
仄仄平⑩	做女壻⑫,
平平平去	妻榮夫貴。
仄平平、仄⊕平去（上三下四）	但得一箇並頭蓮煞强如狀元及第。

---

① 這一句也可以不用韻。

② 或作仄平平，③ 或作⊗仄仄。這兩句也可以不用韻。

④⑤⑥ 這是依曲譜斷句。依語法結構應合爲一句。

⑦ 這一句也可以用韻。

⑧ 這一句也可以不用韻。

⑨⑩ 或作⊗仄仄。這兩句也可以不用韻。

⑪⑫ 這是依曲譜斷句。依語法結構應合爲一句。

滿庭芳(中呂)	**滿庭芳**　　王實甫
平平去上①	供食太急。
平平仄仄	須臾對面，
仄仄平平	頃刻別離。
⊕平⊙仄平平去	若不是酒席間子母每當迴避，
⊙仄平平	有心待與他舉案齊眉。
平仄仄、⊕平去上(上三下四)②	雖然是廝守得一時半刻，
仄平平、⊕仄平平(上三下四)	也合着俺夫妻每共桌而食。
平平去	眼底空留意，
平平去上③	尋思起就裏，
⊙仄仄平平	險化做望夫石。
快活三(中呂)	**快活三**　　王實甫
平平仄仄平	將來的酒共食，
⊙仄仄平平	嘗着似土和泥。
⊕平⊙仄仄平平	假若便是土和泥，
仄仄平平去	也有些土氣息泥滋味。
朝天子(中呂)	**朝天子**　　王實甫
仄平④	煖溶溶玉醅，
仄平⑤	白泠泠似水，
⊙仄平平去	多半是相思淚。

---

①②③　這三句也可以用平聲韻。

④⑤　這兩句可以半疊，如"遠山、近山"。也可以用上聲韻。

平⃝平⃝仄⃝仄仄平平① 　　　　　眼面前茶飯怕不待要吃，

仄⃝仄平平去 　　　　　　　恨塞滿愁腸胃。

平⃝仄平平 　　　　　　　　蝸角虛名，

平⃝平平去 　　　　　　　　蠅頭微利，

平平仄仄平② 　　　　　　　拆鴛鴦在兩下裏。

仄平③ 　　　　　　　　　　一個這壁，

仄平④ 　　　　　　　　　　一個那壁，

仄仄平平去 　　　　　　　　一遞一聲長吁氣。

四邊靜(中呂) 　　　　　　**四邊靜**　　王實甫

平平平去⑤ 　　　　　　　　霎時間杯盤狼藉。

仄⃝仄平平仄仄平 　　　　　車兒投東馬兒向西，

仄仄平平 　　　　　　　　　兩意徘徊，

仄⃝仄平平仄⑥ 　　　　　　落日山橫翠。

平平仄仄⑦ 　　　　　　　　知他今宵宿在那裏？

仄仄平平去 　　　　　　　　有夢也難尋覓。

李玄玉《北詞廣正譜》認爲這是四邊靜的第二格。

山坡羊(中呂) 　　　　　　**山坡羊**　　張養浩

平平平去 　　　　　　　　　峯巒如聚，

平平平去 　　　　　　　　　波濤如怒，

---

① 這一句也可以用上聲韻。

② 或作仄⃝平平仄平，或用上聲韻。

③④ 這兩句可以半疊，如"遠山、近山"。也可以用上聲韻。

⑤ 這是根據一般情況定的。

⑥ 《北詞廣正譜》説，此格第四句五字僅見於西廂記諸闋。

⑦ 一般作平平仄平。這首曲子此句用上聲韻。

㊀平⑧仄平平去	山河表裏潼關路。
仄平平	望西都，
仄平平	意踟躕，
㊀平⑧仄平平去	傷心秦漢經行處。
⑧仄㊀平平去上	宮闕萬間都做了土。
平①	興，
上去上②	百姓苦。
平③	亡，
上去上④	百姓苦。

本調多用對仗和重疊語。

賣花聲(中呂)　　　　賣花聲　　　張可久

㊀平⑧仄平平去	美人自刎烏江岸，
⑧仄平平仄仄平	戰火曾燒赤壁山，
㊀平⑧仄仄平平	將軍空老玉門關。
㊀平平去⑤	傷心秦漢，
㊀平平去	生民塗炭，
仄平平、仄平平去(上三下四)	讀書人一聲長歎。

罵玉郎帶感皇恩採茶歌　　　罵玉郎帶感皇恩採茶歌
　　　　(南呂)　　　　　　　　　鍾嗣成

㊀平⑧仄平平去	梅花漏泄陽和信，

---

① ③　一般用韻，或作仄。
②　一般作平去平。
④　一般作平去平。
⑤　也可以不用韻。

⊙仄仄平平①　　　　　　　纔殘臘又逢春。

⊕平⊙仄平平去　　　　　　東風北岸冰消盡。

⊕仄平　　　　　　　　　　元夜過，

⊕仄平　　　　　　　　　　社日臨，

平平去　　　　　　　　　　中和近。

　　　（以上罵玉郎）

⊕仄平平　　　　　　　　　天氣氤氳，

⊕仄平平　　　　　　　　　花柳精神。

仄平平②　　　　　　　　　駕香輪，

平仄仄　　　　　　　　　　馳玉勒，

仄平平　　　　　　　　　　醉遊人。

平平去上　　　　　　　　　清明過了，

⊕仄平平　　　　　　　　　飛絮紛紛。

仄平平③　　　　　　　　　隔孤村，

平仄仄④　　　　　　　　　聞杜宇，

仄平平　　　　　　　　　　怨東君。

　　　（以上感皇恩）

仄平平　　　　　　　　　　歎芳辰，

仄平平　　　　　　　　　　已三分，

⊕平⊙仄仄平平　　　　　　二分流水一分塵。

------

① 　或作上三下三六字句，這樣，"纔"字可認爲正字。

②③ 　這兩句也可以不用韻。

④ 　這一句也可以用韻。

Ⓐ仄Ⓟ平平去上
　　　　△
Ⓟ平Ⓐ仄仄平平
　　　　　△

　　　（以上採茶歌）

夜行船（雙調）　　　　　**夜行船**　　馬致遠

仄仄平平平去平①　　　　　百歲光陰如夢蝶，
　　　　　　△
平平仄、仄仄平平(上三下四)②　重回首往事堪嗟。
　　　　　　　△
Ⓟ仄平平③　　　　　　　　昨日春來，

Ⓟ平平去④　　　　　　　　今朝花謝，
　　　△
仄平平、仄平平去(上三下四)　急罰盞夜闌燈滅。

喬木查（雙調）　　　　　**喬木查**　　馬致遠

平平去上⑤　　　　　　　　想秦宮漢闕，
　　△
Ⓐ仄平平上　　　　　　　　都做了衰草牛羊野。
　　　　△
仄仄平平平去上　　　　　　不恁麼漁樵無話説。
　　　　　　△
平平平仄平⑥　　　　　　　縱荒墳橫斷碑，

仄仄平平　　　　　　　　　不辯龍蛇。
　　△

慶宣和（雙調）　　　　　**慶宣和**　　馬致遠

Ⓐ仄平平仄仄平　　　　　　投至狐蹤與兔穴，
　　　　　△
Ⓐ仄平平　　　　　　　　　多少豪傑。
　　△
仄仄平平仄平平　　　　　　鼎足三分半腰折。
　　　　　△

────────────

① 或用上聲韻。
② 或作平平仄、仄平平上。
③④ 這兩句用對仗。
⑤ 喬木查的首句是平平平仄仄，此單用喬木查幺篇換頭。
⑥ 一般作平平平上去。

去上①	知他是魏耶？
去上②	知他是晉耶？

撥不斷(雙調)	**撥不斷**　　馬致遠
仄平平	利名竭，
仄平平	是非絶。
(平)平(仄)仄平平仄③	紅塵不向門前惹，
(仄)仄平平仄仄平	緑樹偏宜屋角遮，
(平)平(仄)仄平平仄④	青山正補牆頭缺，
仄平平去	竹籬茅舍。

李玄玉《北詞廣正譜》認爲這是撥不斷的第二格，第一格收馬致遠的小令，末句爲"醉眠時小童休喚"，定爲七字句，其實"醉眠時"爲襯字。

落梅風(雙調)	**落梅風**　　馬致遠
平平仄	天教你富，
仄仄平	莫太奢。
(仄)平平、仄平平去(上三下四)	無多時好天良夜。
平平仄平平去上	看錢奴硬將心似鐵，
(仄)平平、仄平平去(上三下四)	空辜負錦堂風月。

風入松(雙調)	**風入松**　　馬致遠
(平)平(仄)仄仄平平	眼前紅日又西斜，
(仄)仄仄平平	疾似下坡車。
(平)平去上平平仄⑤	曉來鏡裏添白雪，

①② 或作去平，②是①的重疊，亦可作半疊，如"魏耶？晉耶？"

③④ 這兩句一般用去聲韻。

⑤ 這句可以不用韻。

⊕平仄、平仄平平(上三下四)　　　　　　上牀與鞋履相別。

⊗仄平平去上①　　　　　　　　　　　莫笑鳩巢計拙，

⊕平去上平平　　　　　　　　　　　葫蘆提且自粧呆②。

雁兒落帶得勝令
(雙調)

　　　　　　　　　　　　　　　　　雁兒落帶得勝令

　　　　　　　　　　　　　　　　　　　　　　張養浩

平平⊗仄平　　　　　　　　　　　雲來山更佳，

⊗仄平平去　　　　　　　　　　　雲去山如畫。

平平⊗仄平　　　　　　　　　　　山因雲晦明，

⊗仄平平去　　　　　　　　　　　雲共山高下。

　　　(以上雁兒落)

⊗仄仄平平　　　　　　　　　　　倚杖立雲沙，

⊗仄仄平平　　　　　　　　　　　回首看山家。

⊗仄平平仄　　　　　　　　　　　野鹿眠山草，

平平仄仄平　　　　　　　　　　　山猿戲野花。

平平　　　　　　　　　　　　　　雲霞，

⊗仄平平去　　　　　　　　　　　我愛山無價。

平平　　　　　　　　　　　　　　看時行踏，

平平上去平③　　　　　　　　　　雲山也愛咱。

　　　(以上得勝令)

水仙子(雙調)

　　　　　　　　　　　　　　　　　水仙子　　張鳴善

⊕平平⊗仄仄平平　　　　　　　　鋪眉苦眼早三公，

---

① 這句可以不用韻。
② "且自"一作"一向"。
③ 或作平平平去平。

囚仄平平仄仄平　　　　　　　　裸袖揎拳享萬鍾，

㊒平囚仄平平去　　　　　　　　胡言亂語成時用，
　　　△

仄平平、平去平（上三下三）①　　大剛來都是哄。

㊒平仄仄平平　　　　　　　　　説英雄誰是英雄？
　　　△

平平㊒仄②　　　　　　　　　　五眼雞岐山鳴鳳，
　　　△

平平仄平③　　　　　　　　　　兩頭蛇南陽臥龍，
　　　△

囚仄平平④　　　　　　　　　　三腳猫渭水飛熊。
　　　△

本調起首兩句一般用對仗。

離亭宴煞（雙調）　　　　　　### 離亭宴煞　　　馬致遠

㊒平囚仄平平上⑤　　　　　　　蛩吟一覺纔寧貼，

㊒平囚仄平平上⑥　　　　　　　雞鳴萬事無休歇。
　　　　　△

平平去上⑦　　　　　　　　　　爭名利何年是徹。
　　△

囚仄仄平平⑧　　　　　　　　　密匝匝蟻排兵，

㊒平平仄仄　　　　　　　　　　亂紛紛蜂釀蜜，

囚仄平平上⑨　　　　　　　　　鬧穰穰蠅爭血。
　　　△

平平仄仄平⑩　　　　　　　　　裴公緑野堂，

囚仄平平去　　　　　　　　　　陶令白蓮社。
　　　△

---

① 　一般作五字句：平平仄仄平。

②③　這兩句或作兩個三字句：平平仄，仄仄平。或作兩個五字句：仄仄平平仄，平平仄
　　 仄平。此作兩個四字句，和末句相配。

④ 　末句最好是仄仄平平。

⑤⑥⑨　一般用去聲韻。

⑦ 　或作平平去平。

⑧ 　或作平平仄仄平。

⑩ 　這句也可以用韻。

平平去平①	愛秋來那些：
⊗仄仄平平②	和露摘黄花，
⊕平平仄仄③	帶霜烹紫蟹，
⊗仄平平去	煮酒燒紅葉。
平平仄仄平④	人生有限杯，
⊗仄平平上⑤	幾個登高節。
平平去上	囑咐俺頑童記者：
⊗仄仄平平	便北海探吾來，
平平去上上⑥	道東籬醉了也。

此調實際上是離亭宴帶歇指煞。第一二兩句用離亭宴的首二句，第三句到第八句是歇指煞，第九句到第十四句再重複一遍，最後三句用離亭宴的末三句。

天淨沙（越調）	**天淨沙**　　馬致遠
⊕平⊗仄平平	枯藤老樹昏鴉。
⊕平⊗仄平平	小橋流水人家。
仄仄平平去上	古道西風瘦馬。
仄平平去	夕陽西下，
⊕平⊗仄平平	斷腸人在天涯。

| **哨遍**（般涉調） | **哨遍**　　睢景臣 |
| ⊗仄平平平去⑦ | 社長排門告示， |

---

① 或作平平仄仄。
② 或作平平仄仄平。
③ 或作仄仄平平仄。
④ 這句也可以用韻。
⑤ 一般用去聲韻。
⑥ 一般作平平去平上。
⑦ 這一句的平仄是根據一般情況定的；也可以不用韻。

㊉平㊁仄平平去
㊁仄仄平平
仄平平、平仄平平（上三下四）

但有的差使無推故。
這差使不尋俗，
一壁廂納草除根一邊
　　又要差夫，

仄仄仄
㊉平㊁仄
㊁仄平平
㊁仄㊉平去

索應付。
又言是車駕，
都説是鑾輿，
今日還鄉故。

㊁仄平平仄仄
㊉平仄仄
㊁仄平平

㊉平㊁、仄仄平平（上三下四）①
㊁仄平、平仄平平（上三下四）②
㊁仄平平
㊁仄平平
平平仄仄

王鄉老執定瓦臺盤，
趙忙郎抱着酒葫蘆。
新刷來的頭巾，
恰糨來的袖衫，
暢好是粧么大户。

哨遍常格共十六句，睢景臣此曲"今日還鄉故"以下少三句。

耍孩兒（般涉調）　　　　　　**耍孩兒**　　王實甫

㊉平㊁仄平平仄
㊁仄平平去上
㊉平㊁仄仄平平③
㊉平㊁仄平平

淋漓襟袖啼紅淚，
比司馬青衫更溼。
伯勞東去燕西飛，
未登程先問歸期。

---

① ②　這兩句也有作上四下三的。

③　這句可以不用韻。

(平)平(仄)仄平平仄①	雖然眼底人千里，
(仄)仄平平仄仄平	且盡生前酒一杯。
平平仄	未飲心先醉，
(仄)平平仄	眼中流血，
(平)仄平平	心裏成灰。

煞（般涉調）	**煞**　王實甫
平仄仄②	到京師服水土，
仄仄平③	趁程途節飲食，
(平)平(仄)仄平平仄	順時自保揣身體。
(平)平(仄)仄平平仄	荒村雨露宜眠早，
(仄)仄平平仄仄平	野店風霜要起遲。
平平仄④	鞍馬秋風裏，
(仄)平平仄	最難調護，
(仄)仄平平	最要扶持。

般涉調煞和耍孩兒連用，用多少遍沒有定規，從二煞到十二煞均可。序數一般是倒過來寫，例如用五煞則先寫五煞，然後寫四煞、三煞、二煞、一煞。偶爾也有順寫的，但不多見。

尾　聲（般涉調）	**尾　聲**　睢景臣
平平仄仄平⑤	少我的錢差發內旋撥還，
仄平平仄平⑥	欠我的粟稅糧中私准除。

----

① 這句也可以不用韻。
② 或作(仄)仄平。
③ 或作平仄仄。
④ 一般用去聲韻。
⑤ 這是用的中呂宮第一句的平仄。
⑥ 這是孤平拗救。中呂宮第二句的平仄是平平平仄仄。

㊉平㊋仄平平仄
　　　　△
仄仄平平去平上
　　　　　　△

只道劉三誰肯把你揪捽住，
白什麼改了姓更了名唤做
漢高祖。

此調本在中吕宫,和中吕宫的尾聲同格。作爲正格,般涉調尾聲的起首二句是:仄仄平,平仄仄。

（九）曲韻常用字表

本表是根據元代周德清的《中原音韻》編寫的,删去了其中一些比較冷僻和有疑問的字。本書文選所選元曲的入韻字和常用詞部分的常用詞(字),全部收入,其中某些《中原音韻》未收的入韻字或常用詞(字)則根據《中州音韻》(嘯餘譜本)等韻書添補。

一字收入兩韻或同韻兩個聲調以上時,在不同韻或不同聲調中注明其不同意義;如果意義相同,則注明"某韻同"或"某聲同"。《中原音韻》没有釋義,《中州音韻》雖有釋義,但不十分精確。在加注時,主要是根據《辭海》等書,並參考《中州音韻》作出判斷。

各韻所收字的排列次序依據《中原音韻》。同音字在《中原音韻》中基本上是排列在一起,不同音的字之間加〇號隔開,本表一仍《中原音韻》之舊。根據《中州音韻》等韻書添補的字,排在其同音字之後,並加 * 標識。

1.東鍾

【陰平聲】　東冬〇鍾鐘中(中間)忠衷終〇通〇松嵩〇沖充衝春忡撝艟种〇邕嗈雍〇空(空虚)悾〇宗椶騣〇風楓豐封蕚峯鋒烽丰蜂〇鬆〇匆葱聰驄囱〇蹤縱(縱横)椶〇穹芎傾〇工功攻公蚣弓躬恭宫襲供(供給)肱觥〇烘轟薨〇凶汹胸洶(上聲同)兄〇翁癰癕壅泓〇崩繃〇烹

【陽平聲】　同筒銅桐峒童僮瞳朣瞳潼鼕〇戎茙駥絨茸〇龍隆癃

窿○窮藭蛩卭笻○籠曨朧櫳瓏礱(去聲同)聾嚨○膿農儂○濃穠醲○重(重復)蟲慵鱅崇○馮逢縫(縫紉)○叢叢琮○熊雄○容溶蓉瑢鎔庸傭鄘鏞墉融榮○蒙濛朦曚甍盲甍萌○紅虹(江陽韻同)洪鴻紘宏橫(縱橫)嶸弘○蓬篷芃彭棚鵬○從(順從)

【上聲】 董懂○腫踵種(種子)冢○孔恐○桶統○汞○隴壠○簹攏○洶(陰平聲同)詾○聳竦○拱鞏珙○勇涌踴恫永俑○蠓懵猛艋蜢○總○捧○寵○冗

【去聲】 洞動棟凍蝀○鳳奉諷縫(隙也)○貢共供(供設)○宋送○弄礱(陽平聲同)○控空(空缺)鞚○訟誦頌○甕○痛慟○衆中(射中,擊中)仲重(輕重)種(種植)○縱(放縱)從(僕從)粽○夢孟○用詠瑩○哄鬨橫(橫逆)○綜○迸○銃

2.江陽

【陰平聲】 姜江杠釭薑疆韁殭僵○邦梆幫○桑喪(喪葬)○雙霜孀鸘○章漳獐樟璋彰麞張○商傷殤觴湯(湯湯,水流貌)○漿將(欲也)○莊粧裝樁○岡剛鋼綱缸扛亢○康糠○光胱○當(應當)璫襠○荒肓○香鄉○鎊滂雱○腔蜣羌○鴦央殃秧泱○方芳枋妨坊肪○昌猖娼菖閶○湯(熱水)鏜○湘廂相(互相)箱襄驤○搶(突也,拒也)鏘蹡○匡筐眶○汪○倉蒼○膓瘡○贓臧

【陽平聲】 陽揚楊暘易颺羊徉洋佯○忙茫邙芒鋩厖○粮良涼輬梁粱量(衡量,動詞)○穰禳瓤○忘(去聲同)亡○郎榔廊螂稂浪(滄浪)琅狼○杭行(行列)頏航○昂卬○牀幢撞(去聲同)○傍(側也)旁房龐逄○房防○長(長短)萇腸場常裳嚐償○唐搪塘糖堂棠○詳祥翔○牆檣嬙戕○黃潢簧鰉蝗皇篁凰惶艎遑隍○藏(收藏)○强(剛强)○娘○降(降服)○王(帝王)○狂○囊

【上聲】 講港鏹○養(養育,教養)癢鞅○蔣獎槳○兩魎○想○蟒

莽漭〇爽〇響享饗夯〇敞氅昶〇壤穰〇舫倣放(同"倣")訪昉〇罔網輞〇枉往〇顙嗓〇榜搒〇倘帑〇黨讜〇掌長(長幼)〇朗〇謊恍〇仰(舉首望也)〇廣〇沆〇髒〇强(勉强)〇搶(爭搶)〇賞晌

【去聲】　絳降(昇降)洚虹(東鍾韻同)〇象像相(卿相)〇亮諒量(度量,數量,名詞)輛〇煬養(供養)樣快漾恙〇狀壯撞(陽平聲同)〇上尚餉〇讓釀〇帳脹漲丈仗障墇瘴〇巷向項〇匠將(將帥)醬〇唱倡暢悵鬯〇創剏〇望忘(陽平聲同)妄〇旺王(王天下,霸王)〇放(釋放,放肆)訪〇蕩宕碭當(適當)擋〇浪(波浪)閬〇葬藏(庫藏)戇〇謗傍(依傍)蚌棒〇炕亢抗〇曠壙纊〇晃幌〇況貺〇釀仰(仰恃)〇喪(喪失)〇胖〇行(品行)〇愴〇誑〇盎〇鋼〇盪湯(以熱水沃物也,動詞)

3.支思

【陰平聲】　支枝肢巵氏梔之芝脂〇髭觜觜兹(兹益,又此也)孳孜滋資咨淄諮姿〇眵差(參差)〇施(施行,施設)詩師獅尸屍鳲蓍〇斯廝澌鷥颸思(動詞)司私絲偲〇雌

【陽平聲】　兒(兒子)而〇慈鷀磁兹(龜兹)茨疵玼佌〇時塒鰣匙〇詞祠辭辤

【上聲】　紙砥旨指止沚芷趾祉阯址徵(角徵)咫〇爾邇耳餌(去聲同)珥駬〇此玼泚〇史駛使(使令)弛豕矢始屎〇子紫姊梓〇死〇齒佽*

【入聲作上聲】　澀瑟〇塞

【去聲】　是氏市柿侍士仕使(使者)示諡蒔恃事施(惠也,與也)嗜豉試弑筮視噬〇似兕賜姒已汜祀嗣飼笥耜涘俟寺食思(名詞)四肆泗駟〇次刺(刺殺)〇字漬牸自恣眥眦〇志至誌〇二貳餌(上聲同)〇翅〇廁

4.齊微

【陰平聲】 機幾磯璣譏肌飢笄朞箕基雞稽饑姬奇(奇偶)羈羇○歸主龜閨規○虀齎擠(上聲同)躋○雖荽綏睢尿○低堤磾氐羝○妻(夫妻)淒萋棲悽○西犀嘶○灰揮暉輝翬麾徽隳○杯悲卑碑陂○追騅錐○威偎隈煨○非扉緋霏騑菲妃飛○溪欺欹○希稀狶羲曦犧醯熹嘻僖熙○衣依伊醫猗漪噫○吹(吹噓)炊推○醅披邳丕胚紑○魁盔虧窺瑰奎○笞癡郗蚩媸螭鴟絺○崔催衰榱○紕批鈚○堆○篦○知蜘○梯

【陽平聲】 微薇維惟○黎黧犂梨藜瓈離璃籬醨羅离鸝驪麗狸蠡漓○泥(泥土)尼○梅莓枚媒煤眉湄楣嵋麋糜縻靡*○雷檑纍罍羸○隋隨○齊臍○回徊迴○圍闈韋幃違嵬巍危桅爲(作爲)○肥淝○奇(奇異)騎(跨馬)琦萁期旗旂棊祈祁其畿祇耆鬐芪岐麒琪蘄○奚兮畦攜蹊○移兒(姓也)鯢霓倪猊輗姨夷痍疑嶷沂宜儀彝貽怡飴圯頤遺虵○啼蹄提題醍綈稊○鎚垂陲○裴陪培皮○葵馗夔逵○池馳遲墀篪持○頹魋○脾疲比(皋比)毗羆○迷彌瀰○誰○摧○蕤

【入聲作平聲】 實十什石射(以矢射物)食蝕拾○直值姪秩擲○疾嫉葺集寂籍*○夕習席襲○荻狄敵逖笛糴○及極○惑或*○逼偪*○劾○賊

【去聲作平聲】 鼻

【上聲】 迤婍○尾亹○倚椅錡扆蟻矣已以苡擬○浼美○蟣幾己几麂紀○恥侈○捶箠○痞否(否泰)嚭圮秕○鬼簋癸軌詭晷宄○悔賄毀卉譭燬虺○妣比(比較)匕○禮醴里裏理鯉娌李蠡(食木蟲)履○濟(水名)擠(陰平聲同)○底邸詆柢觝○洗(洗滌)璽枲徙屣○起棨啟綮綺杞豈○米弭眯○你旎禰○彼鄙○喜蟢○委猥唯隗葦偉○壘

磊儡蕾〇體〇腿〇蕊〇觜〇髓〇水〇餒

【入聲作上聲】　質(朴也)隻炙織隲汁只執*陟*〇七戚漆刺(黥也，偵刺)〇匹闢僻劈〇吉擊激棘戟急汲給亟*〇筆北〇失室識適拭軾飾釋湿奭〇唧積稷績跡脊鯽即*〇必畢蹕篳碧壁璧甓辟*〇昔惜息錫淅〇尺赤喫勒叱〇的嫡滴〇德得〇滌別踢〇吸隙翕檄覡〇乞泣訖〇國〇黑〇一(去聲同)壹*〇克*

【去聲】　未味〇胃蝟渭謂尉慰緯穢衛魏畏餒位飫爲*(因爲)僞*〇貴櫃餽愧桂檜膾鱠跪繪會*(會計)〇吠沸費肺廢芾〇會(聚會)晦誨諱惠蕙慧潰〇翠脆領倅萃悴淬焠〇異裔義議誼毅藝易翳瘞枻曳瞖詣刈乂意劓懿〇氣器棄愾契裼〇霽濟(渡也)祭際劑〇替剃涕嚏〇帝諦締弟娣第悌地遞蒂棣〇背貝狽焙倍婢備避葷被弊幣臂詖帔〇利痢莉俐例唳戾滲隸癘礪厲溚荔晉麗吏*〇砌妻(以女妻人)〇細壻〇罪醉最〇對隊硺兌〇計記寄繫繼妓忮技髻偈忌季繢騎(車騎，名詞)既驥冀薊鱖〇閉蔽畀笓斃嬖庇比(近也)秘陛賁〇謎佘睡稅說(遊說)瑞〇退蛻〇歲碎粹祟邃繸穗燧隧遂彗〇墜贅綴縋黜〇製制置滯雉稚致觝治智幟熾質(抵押)〇世勢逝誓〇淚累酹擂類纇誄末〇配佩珮轡需沛悖誖〇妹昧媚魅袂瑁寐〇戲系係〇賽揬匱*〇膩泥(拘泥)〇蚋芮銳〇吹(鼓吹，名詞)喙〇內

【入聲作去聲】　日入〇蜜〇墨密〇立粒笠曆歷櫪瀝靂礫力栗〇逸易譯驛益溢鎰鷁液腋掖疫役一(上聲同)佾泆逆乙邑憶揖射(無射，樂律之一)翊翼〇勒肋〇劇〇匿

5.魚模

【陰平聲】　居裾琚車(車遮韻同)駒拘俱〇諸猪潴朱姝株蛛誅珠邾侏〇蘇酥甦〇逋舖哺〇樞樗攄〇粗芻〇梳蔬疏(疏密)疎〇虛墟嘘

歔吁○蛆趨○疽沮趄苴狙雎○孤姑辜鴣酤沽蛄菰觚○枯刳○迂紆○
於○嗚汙(汙穢)烏○書舒輸紓○區軀驅嶇貙○須鬚胥需繻○膚夫
(夫婦)鈇玞趺敷麩孚郛莩枹桴郛○呼○初○都○租○鋪*(鋪設)

【陽平聲】　廬閭驢臚蔂○如茹(茅茹)儒薷襦繻嚅濡○無蕪巫誣○
模謨摸謀○徒圖菟屠荼途瘏塗○奴拏駑○盧蘆顱鱸轤艫瀘鑪爐○
魚漁虞余餘竽于畬雩與(語氣詞,通"歟")與旟璵旔好歟譽(動詞)

愚孟隅禺臾榆愉俞覦瑜窬逾渝腴諛萸蝓*○吾蜈吳梧娛齬○雛
鋤○殊茱銖洙○渠藁碌劬瞿衢臞○除滌廚欄躕儲○扶夫(指示代
詞,句首語氣詞)蚨符芙鳧浮○蒲脯酺捕○胡糊湖醐瑚鶘壺狐弧
乎○殂徂○徐

【入聲作平聲】　獨讀牘瀆犢毒突纛○復佛(歌戈韻同)伏鵬袯服○
鵠鶻斛槲○贖屬述秫術术○俗續○逐(尤侯韻同)軸(尤侯韻同)○
族鏃○僕○局○淑蜀孰熟(尤侯韻同)塾

【上聲】　語雨與(給予)圉圄齬敔䦙愈羽宇禹庾○吕侶旅膂縷僂○
主煮拄渚麈竪麌○汝乳○鼠黍暑○阻俎○杵楮褚處(居住,處理)
杼○數(動詞)所○祖組○武舞鵡侮廡○土吐(吞吐)○魯櫓虜鹵
滷覩堵賭○古罟詁沽牯蠱估鹽鼓瞽股羖賈(商賈)○五伍午仵忤
塢鄔○虎滸○補浦圃○普溥譜○甫斧撫黼脯府俯腑父(男子之美
稱)否(是否,尤侯韻同)○母某牡姥畝○楚礎○舉莒矩○弩努○許
詡○取○苦○咀○女○嶼○傴去(除去,徹也)

【入聲作上聲】　谷穀瀫骨○蔌縮謖速○復福幅蝠腹覆拂○卜不○
菊踘局○笏忽○築燭(尤侯韻同)粥(尤侯韻同)竹(尤侯韻同)○
粟宿(住宿,尤侯韻同)卹*曲麴屈○哭窟酷○出黜畜○叔菽○督
篤○暴(暴露)撲○觸束○簇○足○促○禿○卒○蹙○屋沃兀

【去聲】　御馭遇嫗裕諭芋譽(名詞)預豫喻*○慮濾屢○鋸懼句據

詎巨拒秬距炬苣踞屨具〇恕庶樹成豎署曙〇覰趣娶〇注澍住著(顯著)柱註鑄炷駐紵苧貯竚〇數(數量)疏(書疏)〇絮序敘緒〇孺茹(食也)〇杜妒肚渡鍍斁度(制度)蠹赴父(父母)釜輔付賦傅富仆鮒賻訃拊婦附阜負〇户扈護瓠互戽護岵怙〇務霧鶩戊〇素訴塑溯泝〇暮慕墓募〇路潞鷺輅露賂〇故錮固顧僱〇誤悞悟寤惡(憎惡)汙(動詞)〇布怖佈部簿哺捕步〇醋措錯〇做祚胙詛〇兔吐(嘔吐)〇怒〇鋪(賈肆也)〇處(處所)〇去(離也)〇聚〇助

【入聲作去聲】　禄鹿漉麓〇木沐穆睦没牧目〇録籙緑醁陸戮律〇物勿〇辱褥(尤侯韻同)入〇玉獄欲浴郁育鬻*〇訥

6.皆來

【陰平聲】　皆揩階喈街偕稭楷(木名)〇該垓荄陔〇哉栽災〇釵差(差使)〇台胎駘咍〇哀埃唉〇猜〇挨〇衰〇腮〇歪〇開〇揩齋〇乖〇篩〇揣(上聲同)

【陽平聲】　來萊〇鞋諧骸〇排牌俳〇懷淮槐褢〇埋霾〇駭騋〇孩頦〇紫柴豺儕〇崖厓捱〇才材財栽纔〇臺擡苔〇能(三足鼈)

【入聲作平聲】　白帛舶〇宅澤擇〇畫(畫分)劃

【上聲】　海醢〇駭詯紿〇駭蟹〇宰載〇采彩採綵〇藹藹〇奶乃〇蒯拐夬〇凱鎧塏〇揣(陰平聲同)〇擺〇矮〇解(解剖)〇楷(楷模)〇買〇改

【入聲作上聲】　拍珀魄(魂魄)〇策册柵測〇伯百栢迫擘檗〇骼革隔格〇客(車遮韻同)刻〇責幘摘謫側窄仄昃簀〇色穡索〇摑〇摔〇嚇〇則

【去聲】　懈械薢解(通"懈",又姓)獬〇寨豸瘵債薑眦〇態泰太汰〇蓋丐〇艾愛餲〇隘阨搤〇奈(歌戈韻同)奈耐鼐〇害亥〇帶戴怠迨待代袋大(歌戈韻同)黛岱逮*殆*〇戒誡廨解(發送,發解)界介

芥疥屆玠○外○快噲塊○在再載○賣邁○賴籟瀨賚癩○拜湃敗稗○菜蔡○曬灑煞鎩○賽塞○壞○慨○派○帥率(同"帥")○瀣

【入聲作去聲】 麥貊陌驀脈○額(車遮韻同)厄○搦

7.真文

【陰平聲】 分(分離)紛芬氛汾○昏婚葷閽○因姻茵湮殷○申紳伸身○嗔瞋○春椿○詢荀○吞○暾○諄○逡○根跟○欣昕○氳煴○真珍振(振振,盛貌)甄(先天韻同)○新薪辛○賓濱彬○坤髡○君軍均鈞○榛臻○莘詵○薰勳曛燻○鯤鵾裩昆○温瘟○孫飧蓀○尊樽○敦墩燉○奔(去聲同)賁(虎賁)犇○巾斤筋○村○親○遵○恩○噴(去聲同)○津

【陽平聲】 隣燐鱗磷麟粼轔○貧瀕頻蘋顰嚬○民珉緡旻○人仁○倫綸(絲綸)掄輪淪○裙羣○勤懃芹○門捫○論(動詞)崘○文紋聞蚊○銀誾齦(齒根肉)垠寅夤嚚鄞○盆○陳臣塵娠辰晨宸○秦○脣純蓴淳醇鶉○巡旬馴循○雲芸云紜耘匀員(伍員,人名)筠○墳焚棼○魂渾○豚屯飩臀○神○存蹲○痕○紉

【上聲】 軫疹診稹○肯懇墾齦(齧也)○緊謹槿巹瑾○隱引蚓尹○閔憫泯愍敏○准準○刎吻○筍隼○允殞隕狁○本畚○閫壼悃○窘困○哂蜃○牝品○狠○忍○盾○損○蠢○忖○粉○穩○衮○瞬○儘

【去聲】 震陣振(振奮)賑鎮○信訊迅贐燼○刃訒仞認○吝悋藺○鬢殯臏○腎慎○醞愠運蘊惲暈韻○盡晉進○忿分(名分)糞奮憤*○近覲○襯齔○印孕○峻浚殉噀○遜巽○俊駿○舜順○閏潤○問紊○頓囤鈍遁盾沌○悶懣○奔(陰平聲同)○訓○郡○困○噴(陰平聲同)○釁○論(名詞)○混○寸○恨○嫩○褪○揾諢○趁

8.寒山

【陰平聲】　山刪潸○丹單(孤單)殫鄲簞○干竿肝玕乾(乾溼)○安鞍○姦奸間(中間)艱菅○刊看(去聲同)○關綸(綸巾)鰥擐(去聲同)○檻(閂)拴○斑班般(分布,通"班",又亂也,通"斑")扳頒○彎灣○灘攤○番(量詞)蕃翻旛藩反(通"翻",又反切)○珊跚○攀○慳○餐○殷

【陽平聲】　寒邯韓汗(可汗,汗漫)翰(羽翮)○闌蘭欄斕攔○還環鬟寰圜鐶○殘㦶○閑鷳癇○壇檀彈(動詞)○煩繁膰礬爿帆樊凡○難(艱難)○蠻○顏○潺○頑

【上聲】　反(反覆)返坂○散(閒散,又丸散)傘繖○晚挽○板鈑○簡揀○產鏟剗○癉亶○趲趕○坦袒○罕○侃○懶○趲○綰○赧○盞琖○眼

【去聲】　旱悍漢翰(翰墨)瀚汗(汗液)釬○旦誕彈(名詞)憚但○萬蔓曼○歎炭○案按岸犴旰閒○幹榦○粲燦璨○棧綻○盼○譔饌○渲○慢嫚謾○慣摜○贊讚瓚○患幻宦擐(陰平聲同)豢○間(間隔)潤諫○訕疝汕○辦瓣扮絆(桓歡韻同)○飯販販範泛范犯○限莧○鴈贋晏鷃○看(陰平聲同)○爛○篡○散(聚散)○難(災難)○腕(桓歡韻同)

9.桓歡

【陰平聲】　官冠(衣冠)棺觀(觀看)○搬般(一般)○歡讙驩貛貛○潘○端耑○剜豌蜿○酸狻○寬○鑽(鑽研)○湍○擓(去聲同)

【陽平聲】　鸞鑾孿欒灤圞○瞞謾縵漫(大水貌)饅鏝(去聲同)○桓○丸刓紈紈完瓛○團摶漙槫○盤槃瘢磐般(樂也,大也,通"盤")磻蟠胖(大也,安舒也)弁(樂也)○攢

【上聲】　館管琯○纂纘○欸○盥澣○滿懣(真文韻同)○暖餪○

椀○卵○短

【去聲】 喚換煥渙緩奐○翫玩腕（寒山韻同）惋○鏝（陰平聲同）幔漫（陽平聲同，又副詞獨用）墁○竄爨攛（陰平聲同）躥○斷鍛段○算蒜○判拚○貫冠（冠軍）觀（樓觀）灌瓘鸛○半伴泮畔絆（寒山韻同）○鑽（穿孔之器）○亂○彖○愊

10.先天

【陰平聲】 先仙躚鮮（新鮮）○煎（煎熬）湔箋韉濺（濺濺，水流貌）○堅肩甄（真文韻同）○顛瘨巔○鵑涓娟鐫○邊邊編鞭鯿○喧暄萱諠○氈鸇鱣饘氊旃梅○羶扇（動詞）煽（去聲同）○專磚○千阡遷韆○軒掀○烟燕（國名）胭咽嫣○牽（牽引）愆搴騫○篇扁（扁舟）蹁偏翩○淵冤宛鴛鴛鵷○痊詮筌銓悛荃○宣揎○川穿（穿通）○圈（圓圈）○天○鐫

【陽平聲】 連蓮憐○眠綿○然燃○廛躔纏（去聲同）禪（參禪，逃禪）蟬○前錢○田畋闐（盛也）填（去聲同）鈿（去聲同）○賢絃弦舷懸○玄○延筵綖埏蜒緣（因也）妍言研焉沿○乾（乾坤）虔○元黿圓員（官員）園圜袁猿轅原嫄源垣鉛鳶湲援（援引）○全泉○旋（周旋，迴旋）還璇○船傳（傳授）椽○拳顴權鬈○胼駢便（安也）○聯攣○年○涎

【上聲】 遠（遠近）阮苑畹○兖偃演堰（去聲同）衍魘○卷捲○鮮（少也）跣洗（洗馬，官名）銑獮薛癬○腆殄淰○蹇繭筧梘○剪翦○撚輾碾讞○輦璉○孌變○囀（去聲同）轉（自轉，不及物動詞）○貶扁（不正圓）匾褊纏○沔湎黽免冕勉俛眄○喘舛○闡○典○顯○犬○淺○展○遣○吮○軟○選（選擇）

【去聲】 院願愿怨遠（動詞）援（助也）○勸券○見建健件○獻現憲縣○眩絢○電殿甸佃鈿（陽平聲同）填（陽平聲同）闐（于闐）靛奠○

硯燕（燕子）嚥讌讞堰（上聲同）緣（衣純也）椽宴彥嬿〇睊倦圈（豬牛圈）綣絹狷罥〇面麵〇片騙〇變便（便利）遍徧辨辮卞汴弁（冠弁）〇線羨霰〇釧穿（貫穿）串〇扇（名詞）善煽（陰平聲同）鱔禪（封禪，禪讓）饍擅單（姓也）〇箭薦煎（陰平聲同）賤濺（水激灑也）餞踐〇鏇選（銓官也）旋（遶也，又已而，副詞）漩〇傳（傳記）囀（上聲同）轉（以力轉動，及物動詞）篆〇戰顫纏（陽平聲同）〇譴牽（挽舟索，同"縴"）〇練煉楝〇戀

11.蕭豪

【陰平聲】　蕭簫瀟綃消銷宵霄硝蛸魈翛〇刁貂琱彫鵰凋〇梟鴞囂枵驍〇梢捎弰筲鞘（鞭鞘）〇嬌驕〇蕉焦椒燋憔*〇標膘臕鑣杓（斗柄）飈〇交蛟咬郊茭（上聲同）鮫膠教（使也）〇包胞（又音拋，義同）苞〇嘲抓啁〇高篙膏羔糕槔櫜〇刀叨舠魛〇騷搔艘臊繰〇遭糟〇麆鏪熦〇昭招朝（早晨）〇邀夭（夭夭）幺喓腰妖要（要求，要盟）葽〇飄漂（漂浮）〇拋脬（又音包，義同）脬〇條掏饕叨滔韜慆〇趬橇〇哮虓烋〇敲磽〇抄〇坳凹（去聲同）〇蒿薅〇燒（焚燒）〇褒〇挑（挑擔）〇超〇鍬〇操（操持）

【陽平聲】　豪毫號（號呼）濠嗥〇寮遼僚鷯憭聊〇饒橈蕘〇苗描緢〇毛芼旄茅蝥貓髦〇猱蟯敊恌撓（上聲同）譊〇牢勞（勞苦）澇（水名）醪撈〇迢髫蜩調（調和）條佻跳（去聲同）〇潮朝（朝見，朝廷）〇韶鼉〇遙搖謠瑤飆窰堯陶（皋陶）姚嶢〇樵瞧譙〇鼇嗷敖璈獒鷔遨謷〇喬蕎橋僑翹〇爻肴淆殽〇袍砲（炰）跑鞄匏咆庖〇桃逃咷〇鼗陶（陶瓷）〇萄綯醄淘濤〇曹漕（去聲同）〇槽嘈螬〇瓟〇巢漅

【入聲作平聲】　濁（歌戈韻同）濯（歌戈韻同）鐲（歌戈韻同）擢〇鐸（歌戈韻同）度（測度）踱〇薄（歌戈韻同）箔（歌戈韻同）泊（歌戈韻同）博〇學（歌戈韻同）鷽〇縛（歌戈韻同）〇鶴（歌戈韻同）涸〇鑿

（歌戈韻同）昨*酢*○鑊（歌戈韻同）○著（着）○芍杓（杯杓，通
"勺"，歌戈韻同）

【上聲】　小篠謏○皎繳（繳納）矯○褭鳥嫋○了瞭燎蓼○杳夭（夭
折）殀舀○遶繞嬈擾○眇渺杪藐森○悄愀○寶保堡褓葆○卯昂○
狡攪鉸姣荍絞○老姥獠潦○腦惱碯嫐○掃（去聲同）嫂○殍漂（以
水澄物）儦剽勡○早棗澡藻蚤璪○倒（仆也）島搗禱○杲藁縞鎬鄗
槁○襖懊（去聲同）媼○考栲○挑（挑引）宛○沼○少（多少）○
表○巧○曉○飽○爪○炒○討○草○好（好醜）○撓（陽平聲同）○
皎○稍○剖（尤侯韻同）○缶

【入聲作上聲】　角覺（覺悟）脚（腳）桷○捉卓琢○斫酌繳（生絲
縷，弓繳）灼○爍鑠○鵲雀趩却*○託拓橐魄（落魄）柝○索○郭
廓○朔○剝駁○爵○削○柞作○錯遣○閣（歌戈韻同）各○塹○綽
婥○謔○戳棚

【去聲】　笑嘯肖鞘（刀室）○耀眺跳（陽平聲同）○釣弔調（音調）
掉○豹爆瀑○抱報暴（强暴）鮑○竈皂造（造作）漕（陽平聲同）懆
躁○料鐐廖療○傲○趙兆照旐詔召肇○少（老少）紹邵燒（野火）○
號（號令，名號）皓好（喜好）昊皞耗浩顥灝○道纛翿盜導悼蹈稻到
倒（顛倒）○曜耀要（重要）鷂○叫轎嶠○醮噍○糙操（所守也）造
（造就）○俏峭誚○俵鰾○孝効傚校（學校）○窖校（計校，校對）教
（教訓）覺（睡醒）狡鉸較酵徼○罩笊棹○拗樂（喜愛）凹（陰平聲
同）○貌冒帽耄眊茂○砲泡○告誥部○澇（淹也）勞（慰勞）嫪○噪
燥譟掃（上聲同）○妙廟○鬧淖○奧懊澳○鈔○竅○溺○哨○覆

【入聲作去聲】　岳（歌戈韻同）樂（音樂，歌戈韻同）藥約（歌戈韻
同）躍（歌戈韻同）鑰（歌戈韻同）瀹○搭（歌戈韻同）諾（歌戈韻
同）○末（歌戈韻同）幕（歌戈韻同）漠寞（歌戈韻同）莫（歌戈韻同）

沫（塗沫,歌戈韻同）○落（歌戈韻同）絡（歌戈韻同）烙（歌戈韻同）
洛（歌戈韻同）酪（歌戈韻同）樂（快樂,歌戈韻同）珞○萼（歌戈韻
同）鶚（歌戈韻同）鰐（歌戈韻同）惡（善惡,歌戈韻同）愕○弱（歌戈
韻同）蒻（歌戈韻同）箬○略（歌戈韻同）掠（歌戈韻同）○虐（歌戈
韻同）瘧（歌戈韻同）

12.歌戈

【陰平聲】　歌哥柯○科蝌窠○軻（孟軻）珂○戈過（經過）鍋○莎簑
唆睃梭娑挲○磋（去聲同）瑳蹉瘥搓○他拖佗詑○阿痾○窩渦倭踒○
坡頗（偏頗）○波玻嶓番（番番,勇武貌）○呵訶○多○麽（去聲同）

【陽平聲】　羅蘿籮儸囉鑼螺騾灑蠡（通"贏"）○摩磨（琢磨,動詞）
魔○挪那（多也,美也）挼儺○禾和（和平）○何河荷（荷花）苛菏○
駝紽陀跎鮀酡沱鼉馱（去聲同）○矬○哦蛾娥峨峩鵝俄○婆嶓鄱
膰○訛

【入聲作平聲】　合盒鶴（蕭豪韻同）盍褐*○跋魃○縛（蕭豪韻同）
佛（魚模韻同）○活鑊（蕭豪韻同）穫*○薄（蕭豪韻同）箔（蕭豪韻
同）勃泊（蕭豪韻同）渤○鐸（蕭豪韻同）度（測度）○濁（蕭豪韻同）
濯（蕭豪韻同）鐲（蕭豪韻同）○學（蕭豪韻同）○鑿（蕭豪韻同）○
奪○着○杓（蕭豪韻同）

【上聲】　鎖瑣○果裹蜾○裸臝攞夥○姷哿○朵趓軃○娜那（哪,疑
問代詞）○荷（負荷,去聲同）欹○可坷軻（轗軻）○頗（稍也）叵○
跛簸（去聲同）○我○左（左右）○妥○火○顆○脞

【入聲作上聲】　葛割鴿閣（蕭豪韻同）蛤○鉢撥跋○潑粕○括○
渴○闊○撮○掇○脱○抹（塗抹,蕭豪韻同）

【去聲】　賀荷（上聲同）○佐左（通"佐"）坐座○舵墮惰剁垛大（皆
來韻同）馱（陽平聲同）○銼挫剉磋○禍貨和（唱和）○邏擺○簸（上

聲同)播譒○磨(石磨,名詞)麼(陰平聲同)○臥涴○糯懦那(語氣
詞)奈○箇個○餓○些(語氣詞)○過(經過,陰平聲同,又過失,獨
用)○課○唾○破○嗑

【入聲作去聲】　岳樂(蕭豪韻同)約(蕭豪韻同)躍(蕭豪韻同)鑰
(蕭豪韻同)○幕(蕭豪韻同)末(蕭豪韻同)沫(蕭豪韻同)莫(蕭豪
韻同)寞(蕭豪韻同)○諾(蕭豪韻同)掿(蕭豪韻同)○若(假若)弱
(蕭豪韻同)蒻(蕭豪韻同)○落(蕭豪韻同)洛(蕭豪韻同)絡(蕭豪
韻同)酪(蕭豪韻同)樂(蕭豪韻同)烙(蕭豪韻同)○萼(蕭豪韻同)
鶚(蕭豪韻同)鰐(蕭豪韻同)惡(蕭豪韻同)堊鄂○略(蕭豪韻同)
掠(蕭豪韻同)○虐(蕭豪韻同)瘧(蕭豪韻同)

13.家麻

【陰平聲】　家加珈笳枷袈迦痂葭豭佳嘉○巴疤笆犯芭○蛙洼窪哇
娃蝸○沙砂紗鯊裟○查楂吒○撾抓○鴉丫呀○叉杈差(差錯)艖○
誇夸○蝦○葩○花○瓜

【陽平聲】　麻蟆痳(痳疹)○譁划華(榮華)驊○牙芽涯衙○霞遐
瑕○琶杷爬○茶槎搽○拏○咱

【入聲作平聲】　達撻踏沓○滑猾○狎轄鍇俠(車遮韻同)峽洽匣
袷○乏伐筏罰○拔○雜○閘

【上聲】　馬媽○雅○洒傻○賈(姓賈)假(真假)斝○寡冎剮○妊
詫○把○瓦○打○耍

【入聲作上聲】　塔獺榻塌○殺霎○劄扎○啞厬○察插鍤○法發
髮○甲胛夾○答搭嗒踏○颯撒薩靸○筏○刮○瞎○八○恰愘

【去聲】　駕嫁稼價架假(借也,又休假)○凹(音窪,下不平也)○
跨胯○亞迓訝婭○咤姹詫○帕怕○詐乍榨○下夏嚇(笑聲)暇厦○
化畫(繪畫)華(華山,姓華)樺話○那(指示代詞)○罷霸欛靶壩鈀○

卦掛○大（皆來韻同）○罵

【入聲作去聲】　臘蠟鑞拉㻬辣○納衲○壓押鴨○抹（擦拭）○襪○刷

14.車遮

【陰平聲】　嗟罝○奢賒○車（魚模韻同）○遮○爹○靴○些（少也）

【陽平聲】　爺耶琊呆○斜邪○蛇佘○佮○瘸

【入聲作平聲】　協穴俠（家麻韻同）挾纈○傑竭碣○疊迭牒揲喋諜垤絰凸蝶跌○鐝撅○折（斷，不及物動詞）舌涉○捷截睫○別○絕

【上聲】　野也冶○者赭○寫瀉（去聲同）○捨舍（通“捨”）○惹若（般若，梵語智慧的譯音）○撦哆○姐○且

【入聲作上聲】　屑薛紲泄媟褻爕屟疶○切竊妾沏○結潔劫頰鋏莢○怯挈篋客（皆來韻同）○節接楫癤○血歇嚇（怒也）蝎○闕缺闋○玦決訣譎蕨鳩○鐵餮帖貼○瞥撇○鼈別○拙輟○轍撤澈掣○哲褶摺折（斷，弄斷，及物動詞）浙○設懾○啜○雪○說（說明，釋解）

【去聲】　舍（廬舍）社射（射箭）麝貰赦○謝卸榭瀉（上聲同）○夜射（僕射，官名）○柘鷓炙蔗○借藉○赾

【入聲作去聲】　揑聶躡鑷嚙臬糱○滅篾蔑○拽噎謁葉燁○業鄴額（皆來韻同）○裂冽獵鬣列烈*○月悅說（同“悅”）閱軏越鉞樾刖○熱○爇○劣

15.庚青

【陰平聲】　京庚鶊賡更（更改）粳羹畊驚荆經（經緯，去聲同，又經常，經營，獨用）競矜涇○精睛晶旌鶄菁○生甥笙牲猩○箏爭○丁釘（釘子，名詞）仃○扃坰○征正（正月）貞禎徵（徵求）蒸烝○冰兵并（交并）○登簦燈○轟薨○憎曾（姓曾）贈罾增○鎗錚猙琤撐（去

聲同）瞠○稱（稱贊）秤（動詞）頳桯蟶○英瑛鷹應（應當）膺（去
聲同）櫻嫈嚶膺鸚纓瓔縈○輕坑卿誙硁傾鏗○馨興（興起）○青
清鯖○聲升勝（勝任）昇陞○汀廳聽（聆也，去聲同）○星醒（上聲
同）惺（上聲同）鯹腥騂○崩繃○觥肱○甍○僧○亨○兄○
泓○烹

【陽平聲】 平評萍枰憑馮凭（去聲同）屏（屏障，屏風）瓶俜娉（娉
婷）○明盟名銘鳴冥溟暝（去聲同）螟蓂○靈欞令（使令）零苓伶聆
鈴齡蛉泠瓴翎鴒陵淩（去聲同）菱綾凌○鵬朋棚○楞稜○層曾（曾
經）能（才能）薐○藤滕騰縢塍疼○莖恒○盈嬴攍瀛瑩螢營迎蠅
凝（去聲同）贏○檠擎鯨黥勍○行（行走）刑形邢桁衡鈃珩硎○情晴
繒○亭停婷廷庭蜓霆○瓊煢惸○澄呈程醒成城宬誠盛（盛受）承丞
懲乘（駕乘，動詞）塍○熒譻○盲甿甍萌○橫（縱橫）宏紘閎嶸鈜
弘○橙根○榮○寧○仍○繩○餳

【上聲】 景儆璟撤骾鯁綆梗警境頸耿哽○頃○丙炳邴秉餅屏（屏
棄）○惺（陰平聲同）醒（陰平聲同）省（省視，反省）○影郢穎癭○
省（官署，行政區域）○礦鑛懭○悃冏○艋蜢○整拯○茗皿酩○騁
逞○領嶺○鼎酊頂○艇挺誔町灯○冷○井○請（請求）○等○
永○泞

【去聲】 敬徑俓經（經緯，陰平聲同）鏡鏡竟競勁更（更加）○暎應
（答應）膺（陰平聲同）凝（陽平聲同）硬○慶磬聲罄○命暝（陽平聲
同）○鄧凳嶝隥鐙磴○迥詗復○倩請（朝請）○諍掙○正（正直）政
鄭證○詠瀅○病並柄凭（陽平聲同）○令（命令）淩（陽平聲同）○
聖賸勝（勝敗）乘（車乘，名詞）剩盛（興盛）○性姓○娉（娶問）聘○佞
濘甯○淨靜窄甑靖清圊○杏幸倖脛興（興趣）行（品行）○稱（相稱）
秤（名詞）○定錠矴釘（動詞）訂飣○贈○聽（聆也，陰平聲同，又聽

從,獨用)○迸○孟○横(横逆)○撑(陰平聲同)○亘

16.尤侯

【陰平聲】　啾揫湫○鳩鬮○搜颼○鄒諏鯫陬騶緅○休咻貅庥○謳鷗漚甌歐區○鈎勾(勾當,去聲同,又勾曲、勾描,獨用)篝溝○兜篼○秋鰍鞧楸鞦鶖○憂幽優耰麀○脩修羞饈○抽瘳○周賙啁週洲州舟輈○丘坵○偷媮○篘搊○溲鎪餿○彪○收○齁○摳

【陽平聲】　尤蚰疣訧遊游蝣由油郵牛猷輶猶繇楢悠攸○侯猴喉餱篌○劉留(停留)遛瘤(去聲同)榴鶹騮流旒○柔揉(上聲同)鍒蹂鞣○抔裒○繆(綢繆)矛眸鍪蝥牟麰侔○婁簍艛摟(上聲同)髏慺○囚泅○紬稠綢犨讎酬籌儔躊疇惆○求賕銶毬逑球俅仇樛裘虯○酋遒○頭投骰○愁

【入聲作平聲】　軸(魚模韻同)逐(魚模韻同)○熟(魚模韻同)

【上聲】　有酉牖羑友誘莠黝○柳罶○杻狃紐鈕忸○丑醜○九韭久玖糾灸疚○首(頭也)手守○叟瞍藪○斗枓蚪陡抖○狗垢苟耇枸○藕耦偶嘔毆○摟(陽平聲同)塿簍○肘箒酎○朽○酒○剖(蕭豪韻同)○吼○走○否(是否,魚模韻同)○揉(陽平聲同)○口○㑳

【入聲作上聲】　竹(魚模韻同)燭(魚模韻同)粥(魚模韻同)○宿(住宿,魚模韻同)

【去聲】　又右佑祐宥柚幼囿侑○晝呪胄紂宙籀咮○臼舅舊咎救柩廄究○受授綬壽獸首(有咎自陳)售狩○秀岫袖綉琇宿(星宿)○嗽漱○皺驟○溜霤留(宿留,停待)餾鎦瘤(陽平聲同)瀏○扣寇蔻○后逅候堠後厚○就鷲○豆脰竇鬬逗○搆遘媾購姤彀詬勾(勾當,陰平聲同)○湊輳甃○漏陋鏤瘻○謬繆(繆誤)○臭○嗅○瘦○奏○透○貿楙

【入聲作去聲】　肉褥(魚模韻同)○六

17.侵尋

【陰平聲】 針斟箴砧椹堿○金今衿襟禁(力能勝任)矜*○駸綅浸(去聲同)祲(去聲同)○深○簪(監咸韻同)○森參(星名,又參茸)○琛瞘郴○音瘖陰暗○心○欽衾嶔○侵○歆

【陽平聲】 林淋(去聲同)琳痳(痳病)霖臨(監臨)綝○壬任(負荷)紝(去聲同)○尋潯鱘鐔燂(廉纖韻同)鬻○吟淫岑婬霪○琴芩禽檎擒嚸○岑鍖涔○沈(沈没)鈂湛(深也,又通"沈")○忱煁

【上聲】 廩懔凛○稔稔淰衽(去聲同)荏○審嬸沈(姓沈)瞫○錦噤(去聲同)○碜墋○枕(衾枕)○飲(飲食)○恁○怎○寢

【去聲】 朕沈(陽平聲同)鴆枕(動詞)○甚糂○任(擔任)衽(上聲同)紝(陽平聲同)姙○禁(禁令,宮禁)噤(上聲同)濮衿○蔭廕瘖飲(使飲)恁○沁伈○浸(陰平聲同)祲(陰平聲同)○臨(哭喪)淋(陽平聲同)○滲○譖○譖○賃

18.監咸

【陰平聲】 菴庵鵪唵諳○擔(動詞)聃儋耽湛(樂也)酖躭○監(監察)緘椷○堪龕戡弇○三(數目)毿○甘柑疳泔○杉衫○貪探(去聲同)○參(參拜,參考)驂○憨酣○簪(侵尋韻同)篸鐕○嵌(山深貌)○詀○淊(去聲同)○攙

【陽平聲】 南諵喃楠男○咸醎誠函銜唧○婪爁藍籃嵐○覃潭談餤譚燂薄曇痰○蠶慚○含涵邯○讒毚饞鑱劖巉○巖岩○啗

【上聲】 感鱤噉敢○覽攬欖爁○膽礏統○慘(愁恨也)黲○揞揞(暗也)○喊○毯禫倓菼○減鹻○坎○砍○旮歁○俺○糝○黵○斬○腩

【去聲】 勘磡○贛淦紺○憾撼頷玲菩唅○淡啖恢擔(名詞)○轞檻艦餡陷○濫醶纜○瞰嵌(嵌入)闞○蘸站賺湛(厚也,澄也)○鑑監

(同"鑑"，又中書監)○暫鏨○暗闇○三(再三)○探(陰平聲同)○
潗(陰平聲同)○慘(痛也)○懺○訕*

19.廉纖

【陰平聲】　瞻詹占(占卜)粘沾霑○兼縑鶼鰜○淹腌醃閹厴㦜○纖
銛憸暹○僉韱籤○襜覘○杴忺○尖漸(浸潤)殲○掂○苫(去聲
同)○謙○添

【陽平聲】　廉簾臁奩帘○鮎黏拈○燖燅(侵尋韻同)○鈐鉗黔○蟾
憺○鹽炎閻簷嚴○甜恬○髥○潛○嫌

【上聲】　掩魘魘埯奄晻(晻晻，日無光)崦琰剡○撿憸臉檢*○歛
臉○染(去聲同)苒冉○閃陝○忝舔○險譣○點○諂

【去聲】　艷焰厭饜驗灔釅籢○贍苫(陰平聲同)○欠茨歉○玷店
墊○澉歛殮○念○劍儉○僭漸(徐進)○塹茜○染(上聲同)○占
(占據)○韂

常用詞音序檢字總表

（1）按漢語拼音字母音序排列。

（2）聲母韻母都相同的字，按聲調次序（陰、陽、上、去）排列。

（3）一個字如果有幾種讀音，表內衹列最爲人所習知的讀法，其他不收，如“遺”衹列 yí，不列 wèi，“説”衹列 shuō，不列 shuì 和 yuè；如果幾種讀法一般人都熟悉，則全部列入，如“降”（jiàng、xiáng），“樂”（yuè、lè）之類。

（4）一個字有聲調不同的幾種讀法，雖然一般人都很熟悉，衹選收最普通的一種讀法，如“中”只列 zhōng，不列 zhòng，“相”衹列 xiāng，不列 xiàng。

（5）一般口語音（如“折”讀 shé）不收。

A	靄	1586	按	782	**B**	罷	770
ā		ài	案	809	bá		bái
阿 1587	愛	320	黯	1581	拔	782	白 929
āi		ān		ào	bǎ		bài
哀 218	安	1450	奧	1062	把	1434	敗 777
ǎi		àn			bà		拜 913

bāo		鄙 933	兵 59	裁 787	産 940
褒 1042		bì	bǐng	cǎi	諂 911
（襃） 1042		必 427	秉 505	采 503	chāng
bǎo		辟 226	bìng	cān	倡 937
保 320		敝 1060	並 597	參 428	cháng
bào		碧 1313	病 146	驂 519	長 581
報 43		壁 809	bó	cán	常 1199
暴 1058		蔽 1573	伯 430	殘 1058	裳 518
běi		斃 1439	帛 1323	cāng	chàng
北 437		biān	博 1176	蒼 1314	唱 1299
bèi		邊 934	薄 514	cáng	悵 1443
被 509		biǎn	bū	藏 1291	cháo
倍 329		貶 1040	晡 1326	cāo	朝 332
備 423		biàn	bǔ	操 505	chē
輩 1468		（遍） 1585	卜 1565	cáo	車 59
bēn		便 1063	bù	曹 805	chén
奔 49		徧 1585	布 590	cè	沈 1163
běn		辨 1166	步 1292	策 520	（沉） 1163
本 1081		辯 911	部 805	測 1172	辰 1454
bēng		變 579	簿 1074	céng	陳 423
崩 149		biǎo	**C**	曾 596	塵 1586
bī		表 1189	cái	層 1583	chēng
偪 317		bīn	才 1073	chá	稱 414
bǐ		賓 804	材 1073	察 786	chéng
比 321		bīng	財 942	chǎn	成 917

dòng		duó		fǎ		fèi		扶	572
動	1566	掇	1433	法	330	廢	578	浮	502
dǒu		奪	791	fán		fēn		服	588
斗	591	duǒ		凡	1057	分	1442	紱	1464
dòu		朵	1321	煩	1452	fén		拂	1576
讀	1300	（朵）	1321	繁	1451	墳	1459	fǔ	
dū		**E**		藩	1458	fèn		甫	1181
都	932	ē		fǎn		憤	219	府	334
dú		阿	1587	反	45	奮	1163	撫	1160
獨	926	è		fàn		fēng		fù	
讀	1300	餓	147	泛	1572	封	566	仆	1480
dǔ		惡	227	飯	588	風	1191	負	509
篤	797	ér		範	1195	féng		婦	1068
dù		而	597	fāng		馮	141	赴	139
度	947	ěr		方	929	逢	774	復	45
duān		耳	586	fáng		fěng		傅	1317
端	945	爾	599	防	65	諷	1040	賦	1186
duǎn		èr		fǎng		fèng		覆	1044
短	1582	貳	58	訪	42	奉	420	**G**	
duàn		**F**		fàng		fū		gǎi	
斷	787	fā		放	502	夫	1067	改	417
duì		發	565	fēi		膚	1591	gài	
對	574	fá		非	1054	敷	1049	蓋	1080
duō		乏	57	fěi		fú		概	1081
多	796	伐	506	匪	1182	伏	778	（槩）	1081

hú	賄	942	**jí**		加	1050	鑒	1563
胡 936	晦	430	及	51	家	234	檻	1324
hù	穢	928	亟	517	嘉	1063	鑑	1563
互 1451	**hún**		即	138	**jiǎ**		漸	596
huá	渾	1449	疾	146	甲	59	**jiāng**	
華 1194	**huò**		急	1452	賈	336	江	333
huà	或	595	集	503	假	415	將	783
化 1050	貨	941	極	1065	**jià**		**jiǎng**	
畫 811	穫	507	藉	1293	稼	507	講	222
huái	獲	939	籍	1074	**jiān**		**jiàng**	
懷 512	**J**		**jǐ**		堅	421	降	501
huán	**jī**		給	144	姦	922	**jiāo**	
還 1442	肌	1591	**jì**		監	1160	交	508
huàn	迹	1198	伎	938	閒	241	郊	1072
宦 938	奇	1176	計	145	**jiǎn**		驕	1582
患 220	（蹟）	1198	紀	1159	檢	592	**jiǎo**	
huáng	（跡）	1198	寄	1047	簡	1185	矯	773
皇 515	積	915	悸	1443	繭	222	腳	945
huí	幾	1201	既	1315	**jiàn**		**jiào**	
回 923	機	802	際	1588	見	215	教	330
迴 1441	激	1576	稷	235	賤	795	**jiē**	
huǐ	擊	140	騎	778	建	769	接	571
毀 411	饑	325	暨	1580	諫	44	**jié**	
huì	羈	919	冀	795	（荐）	52	竭	421
會 145	（羇）	919	**jiā**		薦	52	結	921

麗	1175	列	1306	弄	1566	lǜ		冕	1322
礫	1326	烈	326		lòu	律	1193	miàn
	lián		lín	陋	927	慮	576	面	585
匲	1590	臨	413	漏	1572		lüè		miǎo
（奩）	1590	鄰	806		lǔ	略	798	渺	1584
憐	912		lǐn	虜	936	**M**		miào
廉	582	凜	1310		lù		màn	廟	157
	liàn	廩	1322	賂	941	漫	1311		miè
練	1198		líng	戮	574	慢	1582	滅	1578
斂	1575	凌	1293	禄	939		měi		mǐn
	liáng	陵	1324		luán	每	1315	閔	912
梁	1324	聆	1440	巒	1586		mèi		míng
量	414	零	1578		luàn	袂	1465	名	437
	liǎng	靈	592	亂	57	寐	793	明	436
兩	57		lǐng		lún		mén	冥	1061
	liàng	領	522	倫	1198	捫	1434	暝	1580
諒	225	嶺	1455	綸	1589		méng	銘	1188
	liáo		lìng		lùn	蒙	1573		mìng
聊	1182	令	133	論	1039		mí	命	1076
僚	1468		liú		luò	彌	1064		mó
	liǎo	流	501	落	1296		mǐ	摹	1304
了	1579	留	774		lǚ	靡	150		mò
	liào		lǒng	履	1292		miǎn	末	1083
料	1564	隴	1459	縷	1323	免	52	没	1164
	liè		lòng	旅	336	眄	1441	陌	1326

qìng		却	141	如	47	善	323	shèn	
磬	1579	闕	807	襦	1465	贍	326	慎	228
qióng		（卻）	141	rǔ		擅	921	甚	1066
窮	424	qún		乳	812	shāng		shēng	
qiū		羣	1468	辱	1202	商	335	升	1437
丘	1455	**R**		rù		裳	518	生	1570
（邱）	1455	rán		入	314	傷	321	聲	943
qiú		然	593	蓐	1589	shǎng		shěng	
求	419	rǎng		縟	1584	賞	1564	省	575
裘	517	攘	1305	ruò		shàng		shèng	
qū		ràng		若	598	尚	1180	聖	1057
曲	579	讓	132	**S**		shāo		盛	1308
趨	139	ráo		sài		稍	798	乘	61
qǔ		饒	1174	塞	934	shǎo		勝	776
取	418	rén		sān		少	151	shī	
qù		仁	235	三	154	shè		失	569
趣	1077	rěn		參	428	舍	46	施	510
去	136	忍	577	sāo		社	234	詩	157
quán		rèn		搔	1435	設	223	師	63
全	925	任	509	騷	1191	shēn		shí	
權	434	róng		sè		身	521	什	429
拳	944	戎	936	色	238	參	428	食	588
quàn		容	1318	塞	956	shěn		時	431
勸	412	榮	1194	穡	507	審	576	實	436
què		rú		shàn		沈	1192	識	214

庭	518	**W**		圍	779	**X**		弦	1467
		wài				*xī*			
tōng		外	241	委	788	析	1166	**xiǎn**	
通	1165	**wán**		僞	323	息	156	險	514
tóng		完	422	**wèi**		悉	1581	顯	229
同	327	玩	1048	位	940	蹊	1460	**xiàn**	
tòng		（翫）	1048	謂	42	**xí**		縣	920
慟	1443	**wáng**		**wēn**		習	146	**xiāng**	
tōu		亡	49	溫	1060	襲	48	相	230
偷	514	王	155	**wén**		**xǐ**		**xiáng**	
tóu		**wǎng**		文	237	徙	568	祥	1318
投	1435	往	135	聞	1170	**xì**		降	501
tū		枉	1309	**wèn**		係	918	詳	789
突	779	**wàng**		問	574	戲	1565	**xiǎng**	
tú		妄	1583	**wū**		繫	920	享	52
徒	337	望	217	誣	911	**xià**		想	1564
屠	1578	**wēi**		**wú**		下	438	（饟）	1575
塗	333	微	151	無	54	**xiān**		餉	1575
圖	53	危	584	**wǔ**		先	239	響	944
tuī		**wéi**		武	522	鮮	1059	**xiàng**	
推	1168	惟	931	**wù**		纖	1581	項	811
tuì		帷	1079	惡	227	（孅）	1581	**xiāo**	
退	316	維	1200	務	914	**xián**		消	1571
tuō		爲	417	寤	792	閑	1450	霄	931
託	135	違	137			閒	241	**xiǎo**	
								小	582

xiào		xuān		筵	1591	業	940
肖	1580	幸	513	宣	1042	葉	1321
效	773	性	943	巖	1587	yǎn	yī
xié		xiōng		軒	1321	偃	1439
邪	226	凶	324	xuán		yàn	一	428
挾	783	xiū		玄	928	厭	148	衣	335
脅	1295	休	801	縣	920	yāng	依	1568
（脇）	1295	脩	222	xué		央	1447	壹	797
xiě		（修）	222	學	770	殃	1319	yí
寫	1304	羞	1202	xūn		yáng		（詒）	512
xiè		xiù		曛	1326	詳	809	夷	426
謝	131	臭	239	xún		揚	1162	貽	512
xīn		秀	1174	徇	772	陽	801	移	1169
辛	1059	xū		尋	915	yǎng		遺	569
xìn		須	1174	xùn		養	771	儀	1318
信	224	虛	1309	訊	1302	**Y**	yǐ
xīng		墟	1073			yáo		以	1056
星	1454	xǔ		yá		（傜）	1297	已	427
興	578	許	575	涯	1461	徭	1297	倚	1568
xíng		xù		yǎ		yào		yì
行	313	（恤）	218	雅	923	要	803	役	1297
形	1197	序	1187	yān		曜	932	抑	781
xǐng		敘	1303	淹	1571	yě		益	421
省	575	畜	320	yán		野	332	異	328
xìng		卹	218	言	40	yè		邑	933
		緒	945	延	776	謁	772	逸	317

義	235	**yǐng**		虞	53	苑	1458	（蹔）	1314

義　235

yǐng

虞　53

苑　1458

（蹔）　1314

誼　1045

穎　1321

踰　317

怨　577

贊　1188

意　813

yōng

諛　911

yuē

zāng

議　1039

庸　426

yǔ

約　142

臧　939

（藝）　319

yǒng

宇　518

yuè

zǎo

藝　319

永　516

語　41

獄　1455

藻　1192

yīn

yòng

庾　1322

（岳）　1455

zào

因　416

用　510

與　790

樂　159

皁　938

殷　934

yōu

yù

yǔn

（皂）　938

陰　800

攸　1181

欲　1445

允　1179

造　1290

yín

悠　515

寓　1046

隕　1296

zé

垠　1462

幽　1061

獄　806

yùn

則　1196

淫　323

優　937

御　232

韻　1193

責　131

yǐn

yóu

喻　322

（韵）　1193

澤　1079

引　140

尤　1065

遇　571

運　1296

zéi

yìn

游　1161

譽　412

Z

賊　233

蔭　1574

遊　502

鬻　415

zá

zēng

yīng

猶　800

愈　1064

雜　1585

曾　596

英　592

yǒu

豫　1179

zài

zèng

嬰　1069

有　54

鬱　1052

再　153

贈　1043

纓　1464

牖　1323

yuán

載　1159

zhà

yíng

yòu

援　505

zān

乍　1314

營　914

右　232

緣　1438

簪　1463

詐　790

楹　1324

yú

轅　1463

zàn

zhān

贏　1581

隅　1587

yuàn

暫　1314

占　1565

瞻	1441	振	504	至	791	誅	221	zī
zhàn		陳	423	炙	1574	zhú		資 941
棧	1456	zhēng		治	318	竹	1070	滋 326
戰	140	征	500	制	511	逐	50	zǐ
zhāng		爭	132	致	420	zhǔ		子 155
張	1053	烝	785	陟	500	渚	1461	zì
章	1189	徵	564	置	769	屬	134	字 810
zhǎng		zhěng		質	238	zhù		zōng
長	581	整	57	製	1569	住	1567	宗 157
zhàng		zhèng		（摘）	1436	著	229	綜 1585
帳	809	正	225	擲	1436	駐	1567	zòng
zhāo		政	329	zhōng		zhuān		縱 780
昭	55	zhī		中	438	專	797	zǒu
朝	332	之	314	忠	224	zhuāng		走 313
zhào		支	1320	終	1202	（粧）	1589	zòu
召	43	知	214	鍾	329	妝	1589	奏 788
zhé		zhí		zhòng		zhuàng		zú
折	573	直	580	重	583	壯	796	卒 61
（輒）	800	執	51	衆	1062	狀	1075	族 64
輒	800	zhǐ		zhōu		zhǔn		zǔ
謫	1041	止	792	洲	1461	準	1196	阻 515
轍	1463	旨	1190	周	935	zhuó		祖 804
zhěn		指	587	zhòu		酌	1445	zuǎn
枕	1293	zhì		驟	48	濯	1576	纂 1589
zhèn		志	1077	zhū		擢	783	

zuì		zūn		遵	499	作	417	坐	570
最	1067	尊	1308	zuò					

常用詞筆畫檢字總表

（1）字的筆畫以實際字形爲準①，如"進"在十一畫，不在十二畫（"進"）。

（2）同筆畫的字按下列起筆順序排列：

　　丶（點）　一（横）　丨（直）　丿（撇）

如"交""衣""妄""宇"同在六畫的［丶起］下面，"伏""休""伎""伐"同在六畫的［丿起］下面。

（3）"㇇"筆歸"一"，"㇄"筆歸"丨"，"㇋"筆歸"丿"，都在該起筆的最後部分，如"陳""陵""通""習"在十一畫［一起］的最後部分，"婦""終""絃""絨"在十一畫［丿起］的最後部分。

（4）筆畫起筆都相同的字，左邊或上邊結構相同的排在一起，如十一畫［丶起］中的"惟""情""悸""悵""惕""悼""庸""庶""庚"等。

一畫		二畫		卜	1565	三畫		［一起］	
［一起］		［一起］		［丿起］		［丶起］		三	154
一	428	了	1579	入	314	亡	49	下	438
				［丨起］		之	314	士	231

---

① 編者注：原爲"以舊字形印刷體爲準"，考慮到當代讀者的習慣，故改。

工	1176	尤	1065	凶	324	加	1050	衣	335

工　1176　尤　1065　凶　324　加　1050　衣　335
干　771　孔　517　允　1179　[丨起]　妄　1583
大　796　引　140　**五畫**　占　1565　宇　518
才　1073　弔　913　[丶起]　北　437　守　777
子　155　[丨起]　玄　928　田　66　字　810
已　427　少　152　市　415　甲　59　安　1450
[丨起]　比　321　立　223　央　1447　(決)　317
小　582　内　240　永　516　且　594　次　46
口　585　中　438　必　427　目　587　江　333
[丿起]　止　792　汀　1460　出　314　池　66
及　51　以　1056　[一起]　叩　1299　[一起]
女　63　[丿起]　正　225　[丿起]　邪　226
凡　1057　反　45　平　426　矢　521　而　597
四畫　斥　328　示　215　失　569　再　153
[丶起]　升　1437　世　431　生　1570　耳　586
文　237　丹　1178　甘　1059　乍　1314　吏　433
方　929　分　1442　去　136　丘　1455　有　54
斗　591　公　924　右　232　斥　1041　存　569
[一起]　化　1050　布　590　白　929　共　326
王　155　仆　1439　末　1083　外　241　(共)　228
互　1451　什　429　本　1082　用　510　式　591
木　1070　仁　235　可　1055　代　916　夷　426
支　1320　仇　523　功　437　令　133　至　791
夫　1067　介　60　召　43　**六畫**　列　1306
切　1167　乏　57　弗　935　[丶起]　防　65
　　　　　　　　　　　　　　　交　508

治	318	剌	572	果	435	周	935	施	510
河	65	武	522	尚	1180	舍	46	計	145
法	330	或	595	非	1054	命	1076	度	947
泣	1078	玩	1048	典	1184	依	1568	宣	1042
沮	1171	拉	922	昆	1196	使	133	宦	938
泛	1619	披	922	狀	1075	侈	150	宮	334
性	943	拔	782	牀	1589	往	135	突	779
郎	805	拂	1576	[丿起]		祖	499	前	239
[一起]		析	1166	乖	1451	征	500	冠	335
兩	57	枕	1293	迭	916	爭	132	洲	1461
亟	517	枉	1309	帛	1323	姑	63	津	1325
取	418	奔	49	采	503	始	1201	恃	1048
長	581	陋	927	炙	1574	兔	52	恨	793
奉	420	陌	1326	忽	1453	**九畫**		(恤)	218
幸	513	降	501	(岳)	1455	[、起]		[一起]	
青	1313	居	412	迫	1295	庭	518	面	585
表	1189	承	572	卹	218	帝	154	要	803
英	592	弦	1467	所	519	哀	218	(勅)	788
若	598	建	769	知	214	亭	1071	革	1169
苟	228	[丨起]		咎	802	迹	1198	甚	1066
苑	1458	叔	504	乳	812	扃	1323	奏	788
奇	1176	明	436	和	1309	逆	1577	殆	584
直	580	忠	224	委	788	祠	808	殃	1319
來	135	固	152	秉	505	祖	804	政	329
事	319	具	144	服	588	袂	1465	故	423

契 1200
胡 936
赴 139
城 66
垠 1462
（荐） 52
軌 1195
封 566
相 230
指 587
持 220
拱 220
挑 1434
按 782
退 316
陟 500
除 913
孩 1069
矜 218
既 1315
屏 808

[丨起]

省 575
幽 1061
是 1054

星 1454
思 1562
昒 1441
昭 55
則 1196
迴 1441

[丿起]

皇 515
重 583
垂 1307
急 1452
負 509
帥 231
制 511
怨 577
拜 913
風 1191
（卻） 141
食 588
俟 567
侯 155
侵 48
信 224
保 320
便 1063

俗 924
（修） 222
係 918
徇 772
律 1193
後 240
約 142
紅 1178
紀 1159
姦 922

十畫

[、起]

畜 320
衰 148
畝 519
旅 336
部 805
祥 1318
被 509
效 773
疾 146
病 146
害 321
家 234
容 1318

案 809
凌 1293
凋 1577
消 1571
浦 1325
涕 1078
浮 502
流 501
託 135
討 45
訊 1302
朔 431
料 1564
拳 944
益 421
冥 1061

[一起]

逝 1442
都 932
索 1563
素 928
貢 1575
匪 1182
華 1194
速 1064

辱 1202
恭 228
（勑） 788
殊 327
烈 326
致 420
軒 1321
耿 1584
破 778
酌 1445
逐 50
挾 783
捐 789
振 504
書 158
陳 423
陵 1324
陰 800
務 914
通 1165
烝 785
脅 1295

[丨起]

時 431
財 942

畔	1588	恕	219	設	223	著	229	敝	1060
[丿起]		卿	1316	許	575	勒	1052	冕	1322
造	1290	能	1055	訪	42	聊	1182	累	918
(脇)	1295	納	507	寄	1047	聆	1440	異	328
息	156	**十一畫**		宿	1170	捫	1434	患	220
臭	239	[、起]		涵	1573	排	1305	野	332
皋	1461	章	1189	淹	1571	推	1168	略	798
乘	61	牽	920	清	1448	掇	1433	晦	430
躬	521	率	1045	渚	1461	控	1434	晡	1326
師	63	商	335	涯	1461	接	571	眺	1440
殷	934	執	325	梁	1324	措	220	貶	1040
逢	774	望	217	淫	323	(据)	141	敗	777
留	774	族	64	淑	513	梗	1081	唱	1299
特	926	惟	931	羞	1202	陽	801	啖	1574
衾	1465	情	943	眷	1070	隅	1587	(啗)	1574
倚	1568	悸	1443	[一起]		習	146	國	234
倫	1198	悵	1443	教	330	問	574	帷	1079
倡	937	惕	1444	專	797	張	1053	帳	809
倍	329	悼	513	曹	805	逮	1580	過	413
俱	597	庸	426	責	131	屠	1578	將	783
候	775	庶	517	堅	421	[丨起]		[丿起]	
條	1319	庚	1322	執	51	虛	1309	教	330
脩	222	產	940	敕	788	處	570	戚	324
徑	1460	視	216	規	1195	崩	149	敘	1303
徒	337	訣	1443	理	1319	常	1199	第	808

飯	588	塗	333	蓐	1589	置	769	膏	1079
備	423	滅	1578	蒙	1573	賊	233	塵	1586
傅	1317	義	235	蔭	1574	賂	941	實	436
集	503	慎	228	蒼	1314	賄	942	寡	151
（皐）	1461	煩	1452	際	1588	[丿起]		寧	1179
（傜）	1297	詰	1302	蓋	1080	節	946	賓	804
御	232	誄	1188	塘	1462	腳	945	寤	792
復	45	詣	1045	鼓	1467	亂	57	察	786
徧	1585	詳	789	載	1159	毀	411	適	315
殞	1466	誅	221	勢	331	解	143	褐	518
奥	1062	詩	157	辟	226	稠	1584	竭	421
絲	1466	誠	322	羣	1468	（筦）	1466	端	945
絕	921	[一起]		（槃）	1081	感	1445	精	1062
結	921	賈	336	（殨）	1466	遞	1436	愬	912
給	144	裘	517	[丨起]		飾	590	榮	1194
幾	1201	零	1578	歲	338	會	145	慢	1582
十三畫		想	1564	虞	53	愈	1064	慟	1443
[、起]		禁	1047	虜	936	禽	780	鄰	806
棄	567	楹	1324	當	1173	傾	1440	漸	596
廉	582	概	1081	業	940	傷	321	漏	1572
塞	934	馳	47	號	1301	微	151	漫	1311
意	813	勤	56	（嗁）	1301	徭	1297	漢	931
（韵）	1193	聖	1057	遣	774	經	1183	誣	911
資	941	肆	1049	鄙	933	**十四畫**		語	41
準	1196	損	1051	（跡）	1198	[、起]		説	410
						豪	593		

辨	1166	擅	921	錯	508	藉	1293	縱	780
親	1069	樹	318	館	67	（鞞）	1468	縷	1323
（褏）	1042	機	802	衡	435	藏	1291	**十八畫**	
營	914	薄	514	縟	1584	屨	335	［丶起］	
凝	1311	壁	809	**十七畫**		彌	1064	謫	1041
激	1576	（彊）	152	［丶起］		闌	1447	竄	1306
澤	1079	隨	1200	禮	158	［｜起］		雜	1585
憾	219	豫	1179	（壄）	1459	嶽	1455	［一起］	
謂	42	［｜起］		濯	1576	嶺	1455	（檿）	1314
諷	1040	踰	317	講	222	蹩	1460	覆	1044
謁	772	縣	920	謝	131	蹈	1437	檻	1324
諛	911	遽	1064	［一起］		嬰	1069	騎	778
諫	44	戰	140	轂	1463	購	781	藩	1458
謀	145	冀	795	聰	436	竅	1071	藝	319
［一起］		穎	1321	轅	1463	戲	1565	闕	807
醜	927	還	1442	馨	1579	斃	1439	隴	1459
歷	1045	［丿起］		聲	943	［丿起］		［｜起］	
奮	1163	積	915	擊	140	爵	434	（蹟）	1198
整	57	穆	56	臨	413	舉	506	曜	932
翰	1192	獨	926	趨	139	鍾	329	曛	1326
輸	1297	篤	797	（摘）	1436	優	937	瞻	1441
蔽	1621	學	770	擲	1436	斂	1575	［丿起］	
薦	52	興	578	擢	783	繁	1451	穫	507
據	141	獲	939	擬	1172	鮮	1059	穢	928
操	505	雕	1569	檢	592	矯	773	穡	507

歸	500	勸	412	釋	143	**二十二畫**	**［丿起］**
邊	934	騷	1191	饞	325	**［、起］**	讎 65
簡	1185	難	425	饒	1174	襲 48	（讐） 65
簪	1463	關	333	籍	1074	竊 221	纖 1581
斷	787	**［丨起］**		纂	1589	讀 1300	纓 1464
十九畫		贈	1043	覺	1446	**［一起］**	**二十四畫**
［、起］		疇	1325	響	944	聽 411	**［、起］**
麾	150	**［丿起］**		（孃）	1581	驚 794	讓 132
離	415	辭	130	**二十一畫**		（鑒） 1563	**［一起］**
韻	1193	懲	512	**［、起］**		驕 1582	觀 216
識	214	簿	1074	爛	1311	鬻 415	靈 592
襦	1465	贊	1188	辯	911	**［丨起］**	靄 1586
懷	512	**二十畫**		顧	786	體 812	驟 48
羹	1465	**［、起］**		**［一起］**		巖 1587	**［丨起］**
類	1075	贏	1581	鼙	1468	（巗） 919	羈 919
［一起］		議	1039	驂	519	**［丿起］**	**二十五畫**
齏	1176	**［一起］**		權	434	鑑 1563	**［丨起］**
繫	920	礫	1326	屬	134	巒 1586	躡 1437
顛	1043	攘	1305	**［丨起］**		**二十三畫**	**［丿起］**
轍	1463	**［丨起］**		黲	1581	**［、起］**	（釀） 1575
麗	1175	黨	64	**［丿起］**		變 579	**二十九畫**
藻	1192	瞻	326	譽	412	**［丨起］**	**［一起］**
警	1444	**［丿起］**				顯 229	鬱 1052

編 後 記

這一部《古代漢語》編完了。從 1961 年 5 月到 1963 年 11 月，共歷時兩年半。從各校的迫切需要說，編寫的時間嫌太長了；從字數、人力和我們的業務水平來說，編寫的時間又嫌太短了。書編完後，我們覺得還有一些話要說，所以寫這一篇編後記。

本書第一、二册先出討論本，分送各校提意見，並邀請專家開會討論。到第三、四册編完的時候，情況變了，來不及出討論本，也不能再邀請專家討論了。第一、二册曾經四易其稿，第三、四册恐怕祇能說再易其稿。如果說第一、二册工作還不免粗糙的話，那麼第三、四册就更加粗糙一些。祇有盼望各校在使用過程中發現缺點和錯誤，隨時見告，以便修訂。

第三、四册編寫時，基本上是按照原定計劃的內容來編寫的。但是也有一些更動。主要有以下三點：

（1）凡例第九條說："有些詞語是一般注釋家所不注的，爲了便利初學起見，凡是跟現代漢語距離較遠的，我們都注上了。下册隨着學生古文水平的提高，注釋逐漸減少。"我們在編寫第三、四册時沒有能夠做到注釋逐漸減少，因爲：第一，駢體文辭賦比較難懂，還是不能不詳加注解；第二，即使是《史記》《漢書》之類，也不能注得太簡單了，因爲社會上還有別的注本，學生會找來參考，其中有些注是我們認爲不恰當的，不如自己也注上了。

（2）凡例第十四條説："每單元所收常用詞在 60—80 之間。"下册每單元的常用詞實際上在 80—100 之間，因爲我們考慮到常用詞約需 1200 字纔够用（具體的字將來可能有增删），學生到了這時業務水平提高了，每單元增加 20 字左右是消化得了的。況且下册所選的常用詞多數是詞義簡單的，按篇幅説，也不比上册增加什麽。

（3）凡例第二十七條提到通論部分打算講古文結構。原意是要講古文結構與現代文結構不同之點，目的在於幫助學生更好地了解古代漢語，而不是講古文筆法。後來因爲這個問題不容易講得好，就把原來的計劃放棄了。

關於教學參考意見，我們想補充以下三點：

（1）我們認爲工具課與理論課不同，《古代漢語》是工具課，不須要指定參考書或另發參考資料。現在的篇幅已經够大了，又有附錄可供業務水平較高的學生參考，如果再指定參考書或另發參考資料，勢必影響學生熟讀文選的時間，無形中改變了課程的性質。

（2）對於通論部分的文化常識，各校的意見很不一致。有人認爲很有必要，有人認爲沒有必要。我們的意見是：文化常識講不講由各校自己決定。講授文化常識的學校，希望能將教學情況及其效果隨時見告，以便參酌改進。

（3）語法體系的問題是長期爭論的問題，要全國語文工作者在短時期內取得一致的意見是不可能的。依照百家爭鳴的原則，應該鼓勵發表不同的意見。我們認爲教員在照教科書講了之後，可以發表自己的看法。衹是要避免講成語法理論課，因爲這個課程的目的是培養閲讀古書的能力，不需要過多的理論探討。

較多的爭論在於"所""之"二字。在這部書裏，"所"被認爲是代詞，"之"被認爲是介詞，而中學漢語課本（1956 年人民教育出版社出版）和某些現代漢語教本把"所""的"認爲是助詞。讀者感到疑惑，教者也往往提出疑問或批評。有的同志希望我們解釋一下。

中學漢語課本影響頗大，大學裏某些現代漢語教本基本上是按照漢語課本的"暫擬漢語教學語法系統"來編寫的。漢語課本前面有一篇《暫擬漢語教學語法系統簡述》，其中有這樣的一段話："漢語語法學裏還有不少懸而未決的問題，這個'暫擬系統'裏不可避免地存在着没有解決的或者解決得不妥善的問題。"可見"暫擬系統"並不就是一成不變的。我們覺得"暫擬系統"有許多優點，但也有一些缺點。當然我們所謂缺點還是可以爭論的，但是我們不願意把我們不同意的東西寫進自己的書中，這應該可以獲得讀者的諒解。

從《馬氏文通》起，"所"字就被認爲是代詞。馬建忠稱爲接讀代字，劉復稱爲關接代詞，黎錦熙稱爲聯接代詞（《比較文法》第 40 頁）。這裏我們不想談理論上的問題，衹是想說明"所"字被認爲代詞乃是傳統的説法，不是我們標新立異。

從《馬氏文通》起，"之"字就被認爲是介詞（介字）。黎錦熙先生把"之"字認爲特別介詞（《比較文法》第 135 頁）。現代漢語中，跟古代"之"字大致相當的"的"字，也被黎氏認爲是特別介詞（《新著國語文法》第 11 頁，1956 年版）。"之"字該不該算是介詞，跟介詞的定義有密切關係。漢語課本給介詞所下的定義是："用在名詞、代詞等前邊，同它合起來，一同表示動作、行爲的方向、對象、處所、時間等的詞叫作介詞。"按照這個定義，"之"字當然不能認爲是介詞。但是，《馬氏文通》給介詞所下的定義是："凡虛字以聯實字相關之義者，曰介字。"馬氏還解釋説："凡文中實字，孰先孰後，原有一定之理，以識其互相維繫之情。而維繫之情，有非先後之序所能畢達者，因假虛字以明之，所謂介字也。介字也者，凡實字有維繫相關之情，介於其間以聯之耳。"按照這個定義，"之"字正是名符其實的介詞，因爲介詞祇是實詞與實詞之間的中介，而不管它是不是把名詞或代詞介紹到動詞上去的。黎錦熙先生説："介詞是用來介紹名詞或代名詞到動詞或形容詞上去，以表示它們的時間、地位、方法、原因種種關係的……可是國語中有一個用得最多的特別介詞'的'字（這種介詞'的'字略等於古代的'之'字——引者），是用來介紹名詞或代名詞到旁的名詞（或代名詞）上去的。"按照黎氏這個定義，"之"字仍應是介詞，祇不過被認爲是特別介詞罷了。可見"之"字被認爲介詞也是傳統的説法，不是我們標新立異。

　　還有一個理由使我們不能把"之"字認爲助詞。漢語課本助詞分爲三類：1.結構助詞——的、地、得、所；2.時態助詞——了、着、過；3.語氣助詞——呢、嗎、吧、啊等。古代漢語没有時態助詞；語氣助詞是有的，但是現在一般都叫語氣詞，不叫助詞；"所"字我們已歸入代詞；"地""得"兩個助詞爲古代漢語所無，剩下來祇有孤零零的一個"之"字（＝的），也就不能自成一類了。

　　此外還有一些學術上的問題。我們説上古漢語没有繫詞，有人不同意。這個問題還可以討論。如果教員不同意我們的看法，可以講得靈活一些，祇要説"一般"不用繫詞也就行了。説"一般不用"，對古代漢語的了解仍然是有很大的幫助的。

　　關於常用詞的選擇和解釋，我們也想談兩點：

（1）常用詞的選擇，原來想以古書中最常出現者爲準（例如在某書中出現十次以上）。後來覺得這種統計表面上很科學，實用價值不大。有些常見的詞可以不講（如"人"），有些不大常見的詞反而該講（如"捐"）。現在所選的詞，任意性很大。希望古代漢語教師同志們在教學過程中代爲考慮一下，提出應删應增的詞條，我們再考慮修訂。

（2）常用詞的解釋，我們有意識地打破《説文》的框框。例如"辭"字没有依《説文》分爲"辭""辤"，"鼓"字没有依《説文》分爲"鼓""皷"。"辤"字較常見，所以在"辭"字下提一提；"皷"字在古書中幾乎完全不用，連提也不值得提了。祇在"鼓"字下面分爲名詞與動詞兩種意義，稍爲照顧一下。關於本義，我們也費了許多斟酌。凡於古書無據的所謂"本義"，寧缺無濫。例如"屬"字，《説文》說"連也"，我們解作"連接"。有同志認爲應該說明爲什麽從尾。按徐鍇《説文繫傳》說："屬，相連續，若尾之在體，故從尾。"即使這個解釋是正確的，也祇能説明字形，對於閱讀古書没有任何益處；更何況未必可靠呢。總之，凡祇從字形上講本義而無法從古書中找到例證者（或例證出於牽强附會者），都以不講爲宜。

以上所説的，是我們的一些粗淺的意見。説的不一定對，僅供參考。此書執筆非一人，各册付印非一時，前後不一致的地方很多。雖然改正了一些，想來還會有許多地方尚待改正。希望讀者在這方面也協助我們。

這一部書從頭到尾都蒙葉聖陶先生審閱。他看了第一、二册討論本。第一、二册付印時，他仔細地看了校樣，連一個標點也不放過。第三、四册原稿也蒙他仔細審查過了。我們感謝葉先生給我們的鼓勵和幫助。伊世同同志給我們繪了一張天文圖作爲附錄,在這裏也一併道謝。

　　最後,我們還應該向中華書局編輯部表示謝意。此書從審閱、付排到校對,都費了編輯部同志們許多力量。

　　　　　　　　　　　　　　　　　　　王　力
　　　　　　　　　　　　　　　　1963 年 11 月 29 日

重排校改後記

　　這部《古代漢語》是 1980 年修訂的，80 年代以後，多達幾十種古代漢語教材先後出版。這雖然分流了高等院校的教學用書，但是這部《古代漢語》的社會需求數仍然很高，每年都要加印。由於它的内容精粹豐富，既承許多高校仍把它當作教材，又蒙社會廣大讀者厚愛，把它當作學習古代漢語的重要參考書。出版後不久，香港、臺灣即出現翻印本，日本學者豐福健二教授等把通論部分譯成了日文（書名《中國古典讀法通論》）出版。1987 年舉行首屆全國高等學校優秀教材評獎，評選三十多年積累出版的教材，這部《古代漢語》獲得了特等獎，當時不但原編寫組的劉益之、馬漢麟先生早已先後去世，主編王力先生也已作古。獲此殊榮，我們修訂組的五個成員，更感到肩上的責任重大，經常關心教材的質量，發現錯誤，隨時通知挖改。1995 年重印前，我們更作了一次全面的校訂，但是由於是挖改，自然受到很大的限制。現在累計印了近三十次，總印數接近一百五十萬部。紙型已經模糊，須要重排。出版社和我們商量，趁此機會作一次較大的校改。校改工作由郭錫良主持，具體分工如下：

　　文選部分：

許嘉璐(國家語委)

趙克勤(商務印書館)

常用詞部分：

吉常宏(山東大學)

通論部分(包括附錄)：

郭錫良(北京大學)

祝敏徹(湖北大學)

　　這次校改由於主編已經不在，我們不便於作太大的變動。因此主要是校改錯誤，修改字句，在一些地方力求敘述更爲準確。由於 80 年代以來，新編的字典辭書大量出版，有的已經成爲主要的工具書，原書的《怎樣查字典辭書》一節通論不得不重新改寫。

　　還須要説明，過去的挖改和這次的校改，責任編輯劉尚慈同志做了許多工作，校改後所有的古文字都是請許青松同志摹寫的，在這裏一併表示感謝。

郭錫良　吉常宏　祝敏徹

許嘉璐　趙克勤

1997 年 11 月

2004 年重印校改説明

前年我得到了作者之一白平教授所贈的《〈古代漢語〉注釋商榷》一書，去年夏天就同趙克勤教授商量，請他閲讀該書後再酌改本教材。趙克勤教授十月完成任務，經過商討，我們採納了《商榷》附録《勘誤》的多數條目及正文的少部分意見，校改了一百四十多處（有部分《勘誤》條目，在本教材重排前校訂時已改正，未計），並由趙克勤教授寫了《王力〈古代漢語〉注釋原則》一文，以説明我們對某些問題的看法。校改稿寄中華書局後，去年底又收到作者富金壁教授寄贈的《王力〈古代漢語〉注釋匯考》一書，爲了趕在一起改排，我祇得立即閲讀，加快校改。《注釋匯考》的作者使用本教材進行教學已經近二十年，他除將多年的教學經驗、心得匯集外，還收集了從上世紀 60 年代以來對本教材質疑、商榷的文章三十九篇，加以細心研究、考索，寫成匯考，大多言之有據，抉擇也較平實、謹慎，很有參考價值。我們採納了約一百七十條（有三十多條在本教材重排前校訂時已改正，未計）。在這次校改中偶爾又發現幾條不甚妥帖者，也一併改正。在這裏我首先要代表修訂組對兩書的作者表示誠摯的謝意，謝謝他們幫助我們改正了不少錯誤；其次，對某些錯誤長期沒有改正，也應向讀者表示歉意，並作點説明。這部教材上世紀 60 年代編寫時，主編是王力先生，北京大學是主編單位，參加編寫工作的有四人；80 年代修訂時，吉常宏、趙克勤兩位同志已經變動工作崗位，北京大學祇剩下兩人。王力先生年事已高，具體工作都交給了我，因此所有錯誤都首先要由我負責，與王力先生無關。還有從當時起，我們修訂組五人都已不在古代漢語教學第一綫，加以修訂時經多方努力纔爭取了修訂組集中半年，時間緊迫，煞尾工作祇能拖後擠時間完成。後來重排校改那次，更完全是分散、擠業餘時間做的，幾位同志都任務重，工作忙，來不及收集有關資料。我對這些都欠考慮，因而留下了一些問題，在這裏再次向讀者致歉。

　　　　　　　　　　　　郭錫良 2004 年 3 月 5 日
　　　　　　　　　　　　　　於京郊藍旗營小區